BARDAHL
®

EVITA EL DESGASTE

VENTAS
624 99 02
CON 30 LINEAS

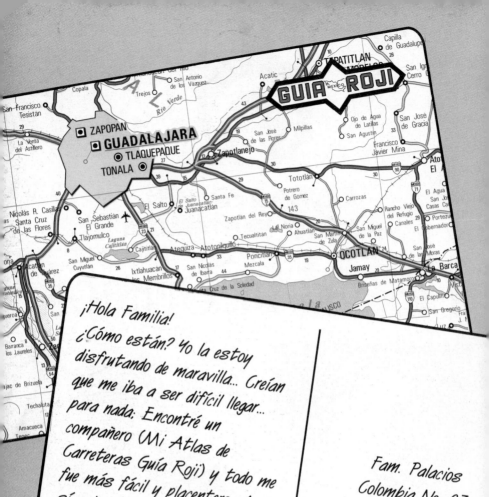

¡Hola Familia!

¿Cómo están? Yo la estoy disfrutando de maravilla... Creían que me iba a ser difícil llegar... para nada. Encontré un compañero (Mi Atlas de Carreteras Guía Roji) y todo me fue más fácil y placentero. Así sí vale la pena conocer México.

Los extraño

Enry

MEXICO ATLAS DE CARRETERAS
ESCALA 1: 1 000000 28 x 21.5 cms.

Fam. Palacios
Colombia No. 23
06020 México, D.F.
México

DE VENTA EN PUESTOS DE PERIODICOS, TIENDAS DE AUTOSERVICIO Y LIBRERIAS

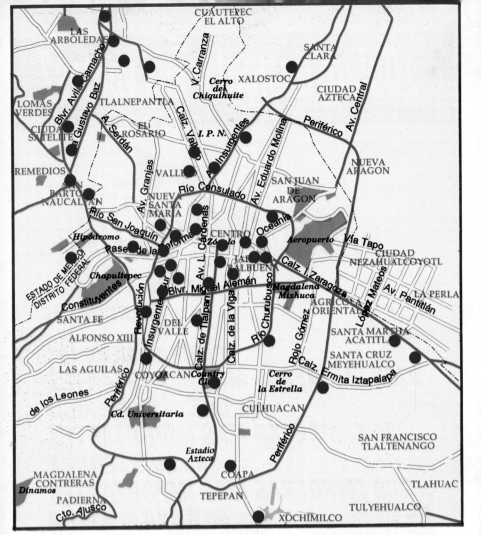

4ruedas

La revista del automovilista

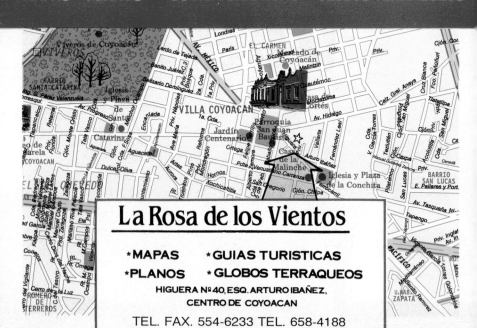

PLANO DE INFORMACION MERCADOLOGICA

- ANALISIS
- ESTRATEGIAS DE VENTAS
- CAMPAÑAS PUBLICITARIAS
- PENETRACION DE MERCADO
- VALORES INMOVILIARIOS
- DISTRIBUCION
- BIENES RAICES

DIR COM.M.R.

Ofrecen toda la información mercadológica que su empresa necesita para cualquier negocio en la Ciudad de México

GUIA ROJI S.A. DE C.V.
Gob. José Morán No. 31, Col. San Miguel Chapultepec, 11850 México D.F.
Tels.515 0384, 515 7963, 271 8699 Fax (5) 277 2307 (5) 702 0886

PONE EL MUNDO A SU ALCANCE...

Todos necesitamos información para localizar algún sitio en México o cualquier lugar del mundo y GUIA ROJI lo tiene

- ATLAS DE CARRETERAS
- GUIAS DE CUIDADES
- MAPAS DE ESTADOS
- MAPAS DEL MUNDO
- PLANOS TURISTICOS
- GLOBOS TERRAQUEOS
- MATERIAL DIDACTICO
- PLANOS DE DELEGACIONES
- PLANOS MERCADOLOGICOS

VENTA DE MAYOREO Y MENUDEO

Gob. José Morán No. 31, Col. San Miguel Chapultepec, 11850 México D.F.
Tels. 515 0384, 515 7963, 271 8699 Fax (5) 277 2307 (5) 702 0886
PARA ENTREGAS A DOMICILIO TEL. 328-6267

CIUDAD DE MEXICO

AREA METROPOLITANA Y ALREDEDORES

1996

MEXICO

GUIA ROJI CIUDAD DE MEXICO 1996

Autores: Agustín Palacios Roji García
Joaquín Palacios Roji García

Derechos reservados © 1995, por GUIA ROJI, S.A. de C.V.
ISBN 970-621-107-1

GUIA ROJI CIUDAD DE MEXICO es editada y publicada anualmente por GUIA ROJI, S.A de C.V., R.F.C. GRO-841113-A88. Gob. José Morán No. 31, Colonia San Miguel Chapultepec, 11850 México, D.F. Tels. 515-0384 271-8699 Fax (5)277-2307. Editor responsable: Joaquín Palacios Roji García. Director General: Agustín Palacios Roji García. Miembro de la Cámara Nacional de la Industria Editorial. Reg. No. 800. Certificado de Licitud de Título Reg. No. 384, Certificado de Licitud de Contenido Reg. No. 184. Reserva al uso exclusivo del Título ante la Dirección General del Derecho de Autor Reg. No. 610-84.

EDICION, PRODUCCION Y COMERCIALIZACION
GUIA ROJI, S.A de C.V.
Gob. José Morán No. 31, Col. San Miguel Chapultepec
11850 México, D.F. Tels. 515-0384 515-7963 271-8699
Fax (5)277-2307

IMPRESION
GUIA ROJI, S.A de C.V.
Rep. de Colombia No. 23, Col. Centro
06020 México, D.F., Tels. 702-0931 Fax 277-2307

Impreso en México/*Printed in Mexico*

CONTENIDO

CIUDAD DE MEXICO
PLANOS SECCIONADOS

Ya puede adquirir de forma individual
1 o los 103 planos que cubren la
Ciudad de México
Area Metropolitana y Alrededores

INDISPENSABLES PARA ANALISIS Y ESTRATEGIAS DE VENTAS
CAMPAÑAS PUBLICITARIAS, DISTRIBUCION, PENETRACION
DE MERCADOS Y MUCHO MAS

Por su escala, son de fácil ubicación y
consulta todas las calles, avenidas y
colonias; con sus nombres y coordenadas

GUIA ROJI S.A. DE C.V.
Gob. José Morán No. 31 Col. San Miguel Chapultepec 11850 México D.F.
Tels. 515-0384 515-7963 271-8699 Fax (5) 277-2307 (5) 702-0886

A LOS USUARIOS

Editada por primera vez en 1928, la *Guía Roji Ciudad de México* ha sido la pionera de las guías y desde entonces, año con año, continúa su actualización y publicación, para que usted pueda consultarla con la plena seguridad de que su información es veraz y confiable.

En 1996, los herederos de este importante proyecto, en su constante esfuerzo por mantenerlos al corriente, ponen en sus manos esta edición de la *Guía Roji Ciudad de México* —el sistema más sencillo para la localización de calles y colonias—, como un apoyo en la búsqueda de sus objetivos y así ahorrarles tiempo y dinero.

Para su consulta, esta *guía* está dividida en dos partes: la primera, integrada por tres índices a) índice alfabético de calles con la colonia a que pertenecen, b) índice de calles numeradas, y c) índice alfabético de colonias con la delegación o municipio a que corresponden y su código postal; cada una de las calles y colonias incluyen referencia de planos y coordenadas.

La segunda parte la conforman 103 planos —impresos a color—, en que se ha dividido la ciudad y área metropolitana, con simbología para facilitar la información de calles, avenidas, límites delegacionales y municipales, lugares públicos y de interés, centros de enseñanza y comerciales, áreas verdes, etc., todo para hacer de esta *guía* una herramienta útil y práctica para quienes vivimos en esta inmensa urbe y también para los turistas.

La información de esta *guía* pretende una completa veracidad al momento de su impresión, sin embargo el continuo crecimiento urbano y cambios imprevistos de nomenclatura en la zona metropolitana ocasionará que alguna información sea modificada, por lo que agradeceremos todo comentario, sugerencia o queja, dirigiendo su correspondencia a:

GUIA ROJI, S.A. de C.V.
Gob. José Morán No. 31
Col. San Miguel Chapultepec
11850 México, D.F.

Tels. 515-0384 515-7963
Fax: 277-2307 702-0886

COMO UTILIZAR ESTA

INDICE

EL INDICE de esta GUIA ROJI está dividido en tres secciones:

• La primera sección incluye el índice de calles y avenidas en orden alfabético, así como las colonias o municipios a los que pertenecen, con su número de plano y coordenadas.

• La segunda sección incluye el índice de calles y avenidas numeradas en orden progresivo, así como las colonias o municipios a las que pertenecen, con su número de plano y coordenadas.

• La tercera sección incluye el índice de colonias en orden alfabético, así como la delegación o municipio al que pertenecen, con su número de plano, coordenadas y código postal.

PARA USO DEL INDICE

1. Para buscar calles o colonias con nombres de algún personaje, deberán localizarse en el índice por la inicial del apellido paterno, seguido del nombre propio.

2. En la localización de calles y colonias que inician su nombre con artículo o preposición, deberá buscarse en el índice por la inicial del sustantivo propio.

3. Para las localidades que vienen acompañadas de su rango habitacional: Residencial...Fraccionamiento...Unidad Habitacional...,etc., deberá buscarse en el índice por la inicial de su nombre propio.

4. No se incluyen en el índice los nombres de andadores de unidades habitacionales.

5. Los callejones, privadas y cerradas, en muchos casos se encuentran en el índice con su nombre completo, sin embargo, por razones de espacio para rotular en el plano, únicamente se ha colocado su abreviatura, ya que la calle o avenida en que se encuentran lleva el mismo nombre, con el cual se puede guiar para su localización.

PLANOS SECCIONADOS

La superficie de la ciudad de México y sus alrededores se representa en 103 planos numerados (PLANO 4, PLANO 16, PLANO 17, etcétera), parcialmente superpuestos entre sí.

VER EJEMPLO PLANO ADYACENTE

Para localizar una calle o colonia, en primer lugar búsquela en el índice (en letras mayúsculas), a continuación del nombre de la calle encontrará el(las) colonia(s) donde existen calles con ese nombre; localice la colonia en la que se encuentra la calle que usted busca, y a continuación tendrá el número de plano y coordenadas.

NOTA Existen muchas calles con el mismo nombre en diferentes colonias de la ciudad, en el índice usted encontrará una sola vez el nombre de la calle y a continuación el listado de colonias en orden alfabético por las que atraviesa (*ver* EJEMPLO).

EJEMPLO

Localicemos la AVENIDA REVOLUCION, en la colonia San Cristóbal Ecatepec

PRIMER PASO: Buscar en el índice de calles (en la letra R)
REVOLUCION AV.

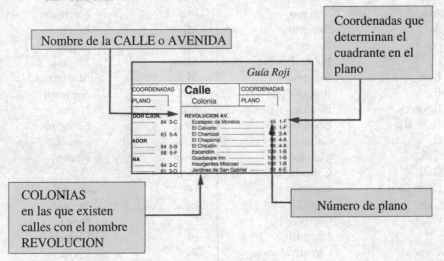

Nombre de la CALLE o AVENIDA

Coordenadas que determinan el cuadrante en el plano

COLONIAS
en las que existen calles con el nombre REVOLUCION

Número de plano

SEGUNDO PASO: Buscar la calle AV. REVOLUCION en el cuadrante que forman las coordenadas 1-F del plano 46

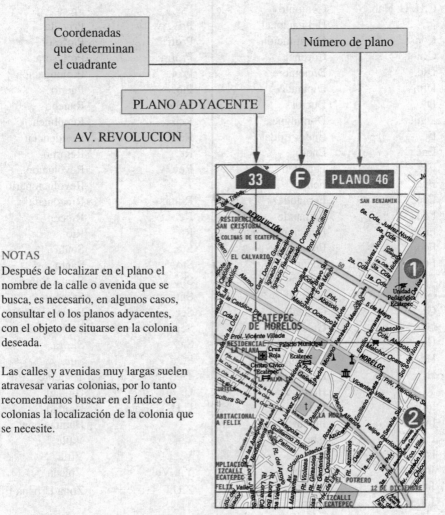

Coordenadas que determinan el cuadrante

Número de plano

PLANO ADYACENTE

AV. REVOLUCION

NOTAS

Después de localizar en el plano el nombre de la calle o avenida que se busca, es necesario, en algunos casos, consultar el o los planos adyacentes, con el objeto de situarse en la colonia deseada.

Las calles y avenidas muy largas suelen atravesar varias colonias, por lo tanto recomendamos buscar en el índice de colonias la localización de la colonia que se necesite.

ABREVIATURAS

Abr.	Abril	Jun.	Junio
Ags.	Agosto	L.	Lago
Alte.	Almirante	La.	Laguna
Ampl.	Ampliación	Lic.	Licenciado
And.	Andador	Ma.	María
Ant.	Antiguo	Mtnez.	Martínez
Art.	Artículo	Mzo.	Marzo
Av.	Avenida	Mte.	Monte
B.	Bahía, Bosque	Mtes.	Montes
Bca.	Barranca	Mpio.	Municipio
Bque.	Bosque	Nal.	Nacional
Bques.	Bosques	Nte.	Norte
Blvr. Blvrd.	Boulevard	Nov.	Noviembre
C.	Calle	Nva.	Nueva
Cjón.	Callejón	Nvo.	Nuevo
Calz.	Calzada	Oct.	Octubre
Cam. Cmno.	Camino	Ote.	Oriente
Cap.	Capitán	Pque.	Parque
Cda.	Cerrada	Po.	Paseo
Cir.	Circuito	Pl.	Plano
Circun.	Circunvalación	Pya.	Playa
Co.	Cerro	Pza.	Plaza
Cto.	Circuito	Plas.	Plazuelas
Cd.	Ciudad	Pte.	Poniente
C.H. C. Hab.	Conjunto	Psa.	Presa
	Habitacional	Priv.	Privada
Const.	Constitución	Profr.	Profesor
Crnel.	Coronel	Profra.	Profesora
Dic.	Diciembre	Prol.	Prolongación
Dip.	Diputado	Pto.	Puerto
Dr.	Doctor	Rcho.	Rancho
Dguez.	Domínguez	Rep.	República
Ej.	Ejido, Ejidal	Res.	Residencial
Ene.	Enero	Rt.	Retorno
Fac.	Facultad	Rev.	Revolución
Fpe.	Felipe		Revolucionario
Fdez.	Fernández	Rnda.	Rinconada
Fdo.	Fernando	Rcn.	Rincón
Fracc.	Fraccionamiento	R.	Río
Fco.	Francisco	Sta.	Santa
Fte.	Fuente	Sto.	Santo
Ftes.	Fuentes	Sn.	Santa, Santo
Gral.	General	Sgto.	Sargento
Glez.	González	Sec.	Sector, Sección
Gpe.	Guadalupe	Sep.	Septiembre
Hda.	Hacienda	Sa.	Sierra
Hdez.	Hernández	S.	Sur
H.	Héroe	Tte.	Teniente
	Heroico	U.	Unidad
Ind.	Industrial	U.H. U. Hab.	Unidad
Ing.	Ingeniero		Habitacional
I.	Isla	Va.	Valle
Is.	Islas	V.	Villa
Jn.	Jardín	Vn. Vol.	Volcán
Jards.	Jardines	Z.U.E.	Zona Urbana Ejida
Jul.	Julio		

Calle / Colonia	PLANO	COORDENADAS

Calle / Colonia	Plano	Coordenadas
Lázaro Cárdenas	60	6-C
Los Sauces Coalición	60	6-C
México Colonial I	60	6-C
México Colonial II	60	6-C
Novela Mexicana I	60	6-C
PROFOPEC Polígono 3	60	6-C
Valle de Anáhuac Secc. C	60	6-C
ACERO DEL		
Esfuerzo Nacional	59	5-C
Rústica Xalostoc	59	5-C
ACERO ISABEL		
Ampliación Corpus Christi	108	1-B
ACERO Y CDA.		
Maza	84	2-C
ACEROS NACIONALES		
Vista Hermosa	56	6-D
ACEVEDO CATALINA		
Ampliación Corpus Christi	108	1-B
ACEVEDO EDUARDO		
Zapotitla	125	1-B
ACEVEDO JOSE MARIA		
Zapotitla	125	1-A
ACEVES MEJIA MIGUEL		
Del Carmen	138	2-C
San Miguel Teotongo	113	3-B
ACEVES PARRA SALVADOR DR.		
Doctores	97	1-A
ACEVES PEDRO		
San Sebastián Tecoloxtitla	112	1-D
Santa Martha Acatitla Sur	99	6-D
ACEVES PEDRO Y CDA.		
Santa Martha Acatitla Sur	99	6-D
ACIANO		
Jesús Vela	111	2-B
Prizo	73	2-C
ACITLI		
El Arenal 4a. Sección	85	4-E
El Arenal 4a. Sección	85	5-E
ACOATL		
Barrio Tejedores	87	4-C
Barrio Vidrieros	87	4-C
ACOCILI		
Barrio Tejedores	87	4-C
Barrio Vidrieros	87	4-C
ACOCOLPA CJON.		
Barrio San Juan	136	1-F
ACOCHICHI		
Barrio Mineros	87	4-E
Barrio Pescadores	87	4-E
ACOLCO		
Tecacalanco	137	3-D
ACOLCO PROL.		
Santa Cruz Acalpixca	137	3-D
ACOLHUA		
Rincón de los Reyes	100	6-C
San Pablo Tepetlapa	110	6-B
ACOLHUACAN		
Ciudad Cuauhtémoc	34	2-F
El Arenal 2a. Sección	85	5-E
El Arenal 3a. Sección	85	5-E
Ixtapaluca	114	5-F
U. H. Infonavit Xochináhuac	70	1-A
ACOLHUACAN CIRCUITO		
Lomas de Cristo	76	5-B
ACOLMAN		
Almárcigo Norte	46	4-D
Almárcigo Sur	46	4-C
Altavilla	72	1-A
Ancón de los Reyes	100	6-D
Cuautitlán Izc. Cumbria	30	1-E
La Romana	57	2-A
Lomas Tlalmex	56	4-F
Lomas Verdes	32	5-A
Lomas de Atizapán	55	2-E
Lomas de Atizapán	55	1-F
Pueblo de Axotlan	17	2-A
Valle de Ayotla	126	1-E
ACOLMAN CDA.		
La Sardaña	44	3-D
ACOLOTITLA		
Barrio San Lucas	109	3-F
ACOMULCO		
B. San Esteban	70	4-C
ACONCAGUA		
Benito Juárez	81	4-E
Lomas Barrilaco Vertientes	82	6-D
Lomas de Chapultepec	82	6-D
Lomas de Occipaco	68	4-E
Los Volcanes	122	6-D
Occipaco	68	4-E
ACONCHI		
Alvaro Obregón	97	1-D
Magdalena Mixhuca	97	1-D
ACONITO		
Prizo	73	2-D
ACONITOS Y 5 PRIVS.		
Villa de las Flores	20	6-A
ACORDADA		
San José Insurgentes	96	6-C
ACORDADA DE LA		
Lomas Verdes Sección V	55	6-D
ACOSTA CECILIO		
Zapotitla	125	1-B
ACOSTA DIONISIO C 1 2 Y 3		
U. H. Vicente Guerrero	111	1-E
ACOSTA EMILIO N.		
Santa Martha Acatitla	99	5-C
ACOSTA MANUEL		
Magisterial Vista Bella	56	5-B
ACOSTA S.		
Paraje La Herradura	150	2-A
ACOXPA		
San Lorenzo Huipulco	123	3-A
Villa Lázaro Cárdenas	123	3-A
ACOXPA 2 CDAS.		
Residencial Villa Coapa	123	4-D
ACOXPA CALZ.		
Ex Hacienda Coapa	123	3-C
Prado Coapa	123	3-C
Residencial Villa Coapa	123	3-C
San Lorenzo Huipulco	123	3-C
Santa Ursula Coapa	123	3-C
U. H. Narciso Mendoza	123	3-C
Villa Lázaro Cárdenas	123	3-C
ACOXPA CDA.		
Santa Ursula Coapa	123	3-A
ACOXPA DE 3 RTS.		
Villa Lázaro Cárdenas	123	3-B
ACOXPAN		
Villa San Agustín Atlapulco	100	3-D
ACOYAPA		
San Pedro Zacatenco	71	1-C
ACOYAPA 1A. Y 2A. CDA.		
San Pedro Zacatenco	71	1-C
ACOZAC		
Campestre del Lago	29	6-E
Ixtapaluca	114	5-F
ACOZAC AV.		
Loma Bonita	127	1-D
ACOZAC CALZ.		
Ampliación Santa Bárbara	114	6-F
Ixtapaluca	114	6-F
ACOZAC CENTRO BLVR.		
Acozac	115	4-B
ACOZAC OTE. BLVR.		
Acozac	115	4-C
ACROS Y CDA.		
Tierra Colorada	121	6-A
ACROSTICO		
Jaime Torres Bodet	138	5-F
ACTINIA		
El Manto	111	2-B
ACTIPAN		
Actipan	96	6-C
Coatlinchán	89	1-C
Insurgentes Mixcoac	96	6-C
ACTIPAN CDA.		
Xochitenco	87	6-E
ACTOPAN		
Roma Sur	96	1-E
San Felipe de Jesús	72	2-D
Santa María Tulpetlac	59	1-F
ACTOPAN AV. Y 2 CDAS.		
San Gregorio Atlapulco	137	3-E
ACTOPAN Y CDA.		
Miguel de la Madrid Hurtado	112	2-E
ACTOR		
Barrio San Bartolo	139	5-E
ACTORES CIR.		
Santa Cruz del Monte	69	1-A
ACTUALIDAD DE MEXICO		
Palmillas	113	5-B
ACTUARIA		
Lomas Anáhuac	94	3-F
ACUAHUTZINGO		
La Concepción Tlacopa	123	6-F
ACUARELA		
Dr. Jorge Jiménez Cantú	30	4-C
ACUARIO		
Jardines de Satélite	68	1-F
Josefa Ortiz de Domínguez	47	6-D
La Estrella	59	5-F
La Sideral	57	4-D
Las Colonias	81	2-F
Prado Churubusco	110	1-C
Prados de Ecatepec	19	3-F
U. Izcalli Santa Clara	73	2-C
Valle de la Hacienda	17	3-E
ACUARIO PRIV.		
U. H. Valle de Luces	111	4-A
ACUAUTLA		
Texalpa	115	2-F
ACUEDUCTO		
Acueducto	95	3-F
Arbolitos	59	3-A
Barrio La Candelaria	138	2-B
Barrio La Magdalena	138	1-F
Barrio San Andrés	138	1-F
Barrio San Juan Ticomán	58	6-B
Belén de las Flores	95	3-F
Benito Juárez	59	3-C
El Capulín	95	3-F
Gral. Manuel Avila Camacho	82	5-C
Guadalupe Ticomán	58	6-C
Guadalupita Tlaxialtemalco	138	2-B
Ixtapaluca	115	5-A
Jardines de la Hda. Sur	17	4-F
La Candelaria Ticomán	58	6-B
La Concha	136	2-E
Las Palmas	95	3-F
Lomas Hipódromo	82	5-C
Lomas de Chapultepec	82	6-F
Lomas de Virreyes	82	6-F
Nueva Santa Anita	97	3-C
P. San Luis Tlaxialtemalco	138	2-B
Piedra Grande	59	3-A
Pueblo Nativitas	137	3-A
Pueblo Santa Rosa Xochiac	107	5-C
Pueblo Santa Rosa Xochiac	107	5-B
Pueblo Tepepan	123	5-B
Quiahuatla	138	1-F
San Antonio Xahuento	19	3-E
San Francisco Chilpan	31	6-B
San Gregorio Atlapulco	137	3-F
San José	138	2-B
San Juan Bautista	147	3-F
Santa Isabel Tola	71	2-D
Santa María Ticomán	58	6-B
Tecoentitla	147	2-E
ACUEDUCTO 2A. PRIV.		
La Concha	136	2-D
ACUEDUCTO 3 CDAS.		
San Lucas Xochimanca	136	3-E
ACUEDUCTO ALTO LERMA		
Pueblo Santa Lucía	108	2-A
ACUEDUCTO AV.		
Ampliación Tepepan	136	1-C
Ampliación Tulpetlac	46	5-E
Azolco	46	3-F
Barrio Guadalupe Ticomán	58	6-C
Barrio San Juan Ticomán	58	6-C
Barrio San Rafael Ticomán	71	2-D
Dr. Jorge Jiménez Cantú	59	4-A
El Hostol Zona Comunal	46	5-E
La Palma	59	1-D
Panorámica	46	3-F
Residencial Zacatenco	71	2-D
San Lucas Xochimanca	136	3-E
San Pedro Zacatenco	71	2-D
Santa María Ticomán	58	6-C
Texalpa	46	5-E
U. H. Acueducto de Ticomán	58	6-C
ACUEDUCTO CALZ.		
San Lorenzo Huipulco	123	3-A
ACUEDUCTO CDA.		
Guadalupita Tlaxialtemalco	138	2-B
La Estación	125	3-C
Pueblo Santa Rosa Xochiac	107	5-C
San Juan Bautista	147	3-E
ACUEDUCTO CHAPULTEPEC		
Lomas de la Cañada	82	2-B
ACUEDUCTO DE 2A. CDA.		
La Candelaria Ticomán	58	6-B
ACUEDUCTO DE BELEN		
Vista del Valle	68	5-E
Vista del Valle	68	6-E
ACUEDUCTO DE CLAUDIO		
Vista del Valle	68	6-D
ACUEDUCTO DE COCOYOC		
Vista del Valle	68	5-E
ACUEDUCTO DE CHAPULTEPEC		
Estado de México	82	3-A
Paseo del Bosque	68	5-D
Vista del Valle	68	5-D
ACUEDUCTO DE GRANADA		
Vista del Valle	68	6-D
ACUEDUCTO DE GUADALUPE		
Ampl. Guadalupe Proletaria	57	5-F
Guadalupe	57	5-F
Guadalupe Proletaria	57	5-F
Pueblo Santa Rosa Xochiac	107	6-C
Res. Acueducto de Guadalupe	57	5-F
Santiago Atepetlac	57	5-F
Vista del Valle	68	5-D
ACUEDUCTO DE JURICA		
Vista del Valle	68	6-D
ACUEDUCTO DE LERMA		
Vista del Valle	68	5-D
Vista del Valle	68	5-E
ACUEDUCTO DE LERMA Y 2 CDAS.		
Progreso	82	4-A
ACUEDUCTO DE LISBOA		
Vista del Valle	68	6-D
ACUEDUCTO DE LOS REMEDIOS		
San Juan Totoltepec	68	5-E
Vista del Valle	68	5-E
ACUEDUCTO DE MINAS		
Vista del Valle	68	6-D
ACUEDUCTO DE MORELIA		
Vista del Valle	68	6-E
ACUEDUCTO DE NIMES		
Vista del Valle	68	6-D
ACUEDUCTO DE OJINAGA		
Vista del Valle	68	5-E
ACUEDUCTO DE PALMIRA		
Vista del Valle	68	5-D
ACUEDUCTO DE PRIV.		
San Pedro Zacatenco	71	1-C
ACUEDUCTO DE PUENTE GRANDE		
Vista del Valle	68	5-D
ACUEDUCTO DE QUERETARO		
Vista del Valle	68	6-E
ACUEDUCTO DE SEGOVIA		
Vista del Valle	68	5-D
ACUEDUCTO DE TARRAGONA		
Vista del Valle	68	6-D
ACUEDUCTO DE TAXCO		
Vista del Valle	68	5-E
ACUEDUCTO DE TEMPLEQUE		
Vista del Valle	68	6-E
ACUEDUCTO DE TLAXPANA		
San Juan Totoltepec	68	6-F
Vista del Valle	68	6-F
ACUEDUCTO DE TOLEDO		
Vista del Valle	68	5-D
ACUEDUCTO DE VISTA DEL VALLE		
Vista del Valle	68	6-E
ACUEDUCTO DE XALPA		
Vista del Valle	68	5-E
ACUEDUCTO DE XOCHIMILCO		
Vista del Valle	68	6-E
ACUEDUCTO DE ZACATECAS		
Vista del Valle	68	6-E
ACUEDUCTO DE ZACATENCO		
Vista del Valle	68	6-E
ACUEDUCTO DE ZEMPOALA		
Vista del Valle	68	6-E
ACUEDUCTO DEL		
El Tranquero	21	4-B
Hacienda Ojo de Agua	21	4-B
San Pedro Atzompa	21	4-B
Tierra Larga	68	3-F
ACUEDUCTO DEL SALTO		
Vista del Valle	68	6-D
ACUEDUCTO DEL SITIO		
Vista del Valle	68	6-E
ACUEDUCTO FUENTES BROTANTES		
Vista del Valle	68	6-E
ACUEDUCTO LERMA AV.		
San Bartolomé Coatepec	93	3-F
ACUEDUCTO PRIV.		
El Potrero	34	4-E
La Candelaria Ticomán	58	6-B
Pueblo Santa Rosa Xochiac	107	5-C
San Pedro Zacatenco	71	1-D
Zacatenco	125	3-C
ACUEDUCTO PROL.		
C. H. Jardines del Sur	136	2-E
Jardines del Sur	136	2-E
La Concha	136	2-E
Santiago Tepalcatlalpan	136	2-E
ACUEDUCTO RIO HONDO		
Lomas de Virreyes	82	6-F
ACUEDUCTO RIO LERMA		
San Bartolomé Coatepec	93	3-F
ACUEDUCTO RIO LERMA BLVR.		
Gral. Manuel Avila Camacho	82	4-C
ACUEDUCTO STA MA PIPIOLTEPEC		
Vista del Valle	68	5-E
ACUEDUCTO TENAYUCA Y 3 RTS.		
San Bartolo Tenayuca	57	5-E
ACUEDUCTO XOCHIMILCO		
Vista del Valle	68	6-E
ACUEDUCTO Y 1A. CDA DE		
San Gregorio Atlapulco	137	3-F
ACUEDUCTO Y 2 CDAS.		
Zacatenco	125	3-C
ACUEDUCTO Y 6 CDAS.		
Acueducto	95	3-F
ACUEDUCTO Y CDA.		
Lomas de Santa Fe	95	4-B
ACUEXCOMAC		
San Luis Tlaxialtemalco	138	2-B
ACUEZCUNCO		
San Miguel Tecamachalco	82	6-C
ACUILOTITLA		
Santa Lucía	108	2-A
ACUITLAPILCO		
Dos de Marzo	88	5-A
Santa María Chimalhuacán	88	4-A
Santa María Chimalhuacán	88	3-A
ACUITLAPILCO 3 CDAS.		
San Miguel	88	6-A
ACUITLAPILCO AV.		
Dos de Marzo	88	5-A
San Miguel	88	5-A
ACUITLAPILCO CDA.		
Jardines de Acuitlapilco	88	4-B
Santa María Chimalhuacán	88	4-A
ACUITLAPILCO PRIV.		
San Miguel	88	6-A
ACULCO		
Almárcigo Norte	46	4-D
Altavilla	72	1-A
Coatepec	102	3-F
Del Carmen	126	1-E
El CEGOR	60	3-B
La Romana	57	2-A
La Sardaña	44	2-C
Lomas Tlalmex	56	4-F
Lomas Verdes	32	5-A
Lomas de Atizapán	55	2-E
Sagitario V	73	2-C
San Juan Ixtacala	57	6-C
Santiago Atlaltongo	23	5-E
ACULCO Y 2 CDAS.		
Santa Cruz Acalpixca	137	3-D
ACULCO Y PRIV.		
Pueblo Los Reyes	109	4-F
ACULMAN		
Rey Neza	100	2-B
ACULTZINGO		
Loma Bonita	57	1-C
San Felipe de Jesús	72	2-D
ACULTZINGO CDA.		
Loma Bonita	57	1-C
ACUÑA CDA.		
Barrio San Pedro	97	3-C
ACUÑA DE FIGUEROA FRANCISCO		
Zapotitla	125	1-B
ACUÑA JUAN DE		
Lomas de Virreyes	82	6-F
ACUÑA MANUEL		
Alfredo del Mazo	127	1-D
Barrio San Miguel	139	6-D
Barrio San Pedro	97	3-C
Barrio Texcacoa	4	6-D
Dr. Jorge Jiménez Cantú	18	2-F
Filiberto Gómez	100	1-B
Ixtapaluca	128	1-B
Jacarandas	111	4-F
La Hera	111	4-F
La Nopalera	124	3-F
Lázaro Cárdenas	18	4-D
Melchor Ocampo	18	2-F
Moderna	97	3-C
Palmitas	112	4-C
Reforma Política	112	4-C
Tultitlán	31	3-C
Villa Azcapotzalco	70	5-B
ACUÑA MANUEL CJON.		
San Francisco Xicaltongo	97	3-D
ACUÑA MANUEL PROL.		
Corralitos	112	4-C
Independencia	31	4-C
San Francisco Tetecala	70	5-B
ACUÑA Y ROSETE ELISA		
Santa Martha Acatitla	99	5-D
ACUYOTL Y CDA.		
Barrio Labradores	87	3-C
ACHA FRANCISCO DE		
Zapotitla	125	1-B
ACHACAZI		
Chimalhuacán	87	4-E
ACHAZI		
Barrio Pescadores	87	3-E
ACHIOTE		
Barrio Curtidores	87	3-D
Barrio Talladores	87	4-D
ACHOTAL		
Jalalpa Tepito	95	6-B
ADAGIO		
Lomas Hidalgo	121	6-E
ADAME JULIAN		
San José de los Cedros	94	6-C
ADAME MACIAS ENRIQUE		
Santa Martha Acatitla Nte.	99	4-D
ADELAIDA Y PRIV. Y 5 CJONES.		
Barrio San Lorenzo	137	1-A
ADELFA		
Agrícola Oriental	98	4-E
Ampliación Emiliano Zapata	127	2-C
ADELIA		
2a. Ampl. Stgo Acahualtepec	112	3-E
ADELITA		
Carmen Serdán	110	6-F
Pantitlán	98	2-E
Santa María Chimalhuacán	88	4-A
Xalpa	112	3-E
ADELITA LA		
Ampliación Emiliano Zapata	42	2-E
Benito Juárez	99	1-F
ADIANTO		
Prizo	73	2-D
ADIOS		
Aurora	100	3-A
Esperanza	100	3-A
ADMINISTRACION DE EMPRESAS		
Lomas Anáhuac	94	2-F
ADMINISTRADORES		
Reforma Urbana Tlayacampa	44	5-B
ADORMIDERA		
Agrícola Oriental	98	4-E
Un Hogar para Nosotros	83	2-D
ADORMIDERAS		
Villa de las Flores	33	1-A
ADRIANA		
Miguel Hidalgo	124	3-F
AEROLITO		
Casa Blanca	111	5-D
Tres Estrellas	71	5-E
AERONAUTAS		
Purísima Atlazolpa	97	5-F
AEROPUERTO		
La Estación	125	1-A
AEROPUERTO AV.		
Ampl. Ciudad Lago	85	1-F
Bosques de Aragón	73	6-A
Canal de Aeropuertos	73	6-A
Ciudad Lago	85	1-F
AEROPUERTO CDA.		
Ampliación Ciudad Lago	73	6-B
AEROPUERTO CIVIL		
Aeropuerto Internacional	85	4-B
AFLUENTE		
Parques del Pedregal	122	3-B
AFLUENTE GUADALUPE		
Nuevo San Lucas Patoni	45	6-A
AFRICA		
Aquiles Serdán	85	2-F
Barrio La Concepción	109	3-F
Romero Rubio	84	3-F
Romero Rubio	85	2-F
Tex-Plus	62	6-F
AFRICANA LA		
Miguel Hidalgo	124	4-F
AFRODITA		
Cuautitlán Izc. Ensueños	30	1-D
Izcalli Rinconada	20	6-B
AGAMENON		
Geo 2000	35	3-A
Lomas de Axomiatla	108	4-A
AGAMI		
Ciudad Cuauhtémoc	35	1-A
AGAPANDO		
Ejidos de San Pedro Mártir	135	1-F
Jardines de Coyoacán	123	1-C
Los Angeles	111	3-E
Rinconada El Mirador	135	1-F
San Pedro Mártir	122	6-F
Torres del Potrero	108	5-A
AGAPANDOS		
El Rosario	124	2-D
AGATA		
Ciudad Cuauhtémoc	34	2-F
Estrella	71	5-E
AGAVE		
Jardines de Coyoacán	123	1-C
U. INFONAVIT Iztacalco	97	4-F
AGIABAMPO		
Alvaro Obregón	97	1-D
Jardín Balbuena	97	1-D
Magdalena Mixhuca	97	1-D
AGIABAMPO 2 CDAS.		
Jardín Balbuena	97	1-E
AGIABAMPO CDA.		
Alvaro Obregón	97	1-D
AGOSTITLAN		
Francisco Villa	111	4-E
AGRARIO		
Z. U. E. Culhuacán	110	4-E
AGRARISMO		
Almontila	87	5-C
Barrio Alfareros	87	5-C
Barrio Canteros	87	5-C
Barrio Hojalateros	87	5-C
Barrio Mineros	87	5-C
Barrio Talabarteros	87	5-C
Barrio Talladores	87	5-C
Barrio Tejedores	87	5-C
Jiménez Cantú	128	1-F
Nueva Guadalupe	87	5-C
San Juan Tlalpizahuac	114	6-A
Tlatelco	87	5-C
AGRARISMO 2 CDAS.		
Barrio Hojalateros	87	4-D
AGRARISMO Y CDA.		
Escandón	96	2-D

Calle / Colonia	Plano	Coordenadas
AGREDA Y SANCHEZ JOSE MARIA		
El Tránsito	84	6-C
AGRICULTOR		
Lomas de Totolco	101	2-A
San Luis Tlaxialtemalco	138	2-B
AGRICULTORES		
Ampliación San Lorenzo	100	1-C
Barrio La Cruz	97	4-D
Granjas Esmeralda	110	2-D
Los Cipreses	110	2-E
Minerva	110	2-E
San Juan Moyotepec	137	2-D
Santa Isabel Industrial	110	2-E
U. H. El Rosario	69	1-F
AGRICULTORES AV.		
Ampliación Emiliano Zapata	127	1-B
Ayotla	127	1-B
Emiliano Zapata	127	1-B
José de la Mora	127	1-B
AGRICULTURA		
Coatepec	102	4-F
Ejidal Emiliano Zapata	33	6-F
Escandón	96	2-C
Federal	85	6-B
Guadalupe Victoria	33	5-C
San Juan Tlalpizahuac	113	5-F
San Pablo Tecalco	22	4-D
Tlalpizahuac	113	5-E
Z. U. E San Andrés Tomatlán	110	5-F
AGRICULTURA 1A. Y 2A. CDA.		
Agricultura	83	2-E
AGRICULTURA CDA.		
El Carmen	33	6-F
AGRICULTURA CDA. Y PRIV.		
Guadalupe Victoria	33	5-D
AGRICULTURA PROL. Y CDA.		
Ecatepec de Morelos	46	1-F
AGRICULTURA SUR		
Ecatepec de Morelos	46	2-D
AGRICULTURA Y 2 CDAS.		
Guadalupe Victoria	33	5-D
AGRONOMOS		
El Sifón	97	6-D
AGRUPACION OBRERA DE EXCMO.		
Montañista	58	3-E
AGUA		
Ampliación Vista Hermosa	56	6-D
Ampliación Vista Hermosa	69	1-D
Ejidal Los Acuales	33	5-A
Granjas de San Cristóbal	33	5-A
Jardines de Morelos	47	2-F
Jardines del Pedregal	108	5-F
Jardines del Pedregal	121	1-F
Lomas de San Cristóbal	32	5-F
Mirador	93	3-D
Nuevo Renacimiento Axalco	135	2-E
Prados de Ecatepec	20	4-B
Profr. Cristóbal Higuera	43	5-A
U. H. Infonavit Iztacalco	97	5-F
AGUA 2o. RT.		
Jardines del Pedregal	108	6-E
AGUA AZUL		
Alfredo del Mazo	127	1-E
Blvres. de San Cristóbal	46	1-E
Ecatepec de Morelos	46	1-E
La Agüita	46	6-A
La Agüita	45	6-F
La Cuevita	69	6-A
AGUA BENDITA		
La Agüita	46	6-A
AGUA BLANCA		
San Jerónimo Aculco	121	1-D
AGUA CALIENTE		
Gral. Manuel Avila Camacho	82	4-C
Independencia	28	5-D
La Cuevita	69	6-A
Nicolás Romero	28	5-D
AGUA CALIENTE 2 CDAS.		
Independencia	28	5-E
AGUA CALIENTE Y CDA. Y PRIV.		
Independencia	28	4-D
Pantitlán	98	1-C
AGUA CDA.		
Jardines del Pedregal	108	6-E
AGUA CLARA		
La Agüita	46	6-A
AGUA CRISTALINA		
Tlalpuente	135	3-B
AGUA DE LOS MUROS		
México Colonial II	60	6-D
AGUA DEL		
Los Reyes Acaquilpan	113	2-C
Santa Cruz del Monte	68	1-F
Valle de los Reyes	113	1-C
AGUA DULCE		
El Salado	59	6-C
Petrolera	70	4-A
AGUA ESCONDIDA CJON.		
Tlalpan	122	4-D
AGUA FRIA AND.		
Segunda Ampliación Jalalpa	95	6-C
AGUA MANZANA		
La Agüita	46	6-A
AGUA MINERAL		
La Agüita	46	6-A
Nuevo Renacimiento Axalco	135	2-E
AGUA PRIETA		
Francisco Villa	111	4-E
AGUA ZARCA		
La Agüita	46	6-A
AGUACATE		
Laderas de San Mateo	68	4-E
Las Huertas	81	1-B
AGUACATE CDA.		
La Loma	56	4-F
AGUACATE EL		
Dos Ríos	93	6-B
AGUACATE Y CJON.		
Villa Coyoacán	109	3-D
AGUACATITLA CJON.		
Pueblo Los Reyes	109	4-F
AGUAJE EL		
Crescencio Juárez Chavira	120	3-F
AGUAJITO EL		
Crescencio Juárez Chavira	120	3-F
AGUAMARINA		
Ciudad Cuauhtémoc	34	2-E
Estrella	71	5-D
La Esmeralda	21	6-D
La Joya	33	6-C
Nueva San Isidro	127	4-E
San Vicente Chicoloapan	88	6-F
U. H. La Esmeralda	72	3-B
AGUAMARINA CDA.		
Diamante	122	6-B
AGUAMIEL		
U. INFONAVIT Iztacalco	97	4-F
AGUAPACLE		
Barrio San Fernando	122	3-D
AGUAS POTABLES		
Santa Cecilia Tepetlapa	150	1-A
AGUAS TERMALES		
Nuevo Renacimiento Axalco	135	2-F
AGUASCALIENTES		
Ampl. Buenavista	44	4-C
Ampl. Margarito F. Ayala	34	1-E
Ampliación San Agustín	100	3-D
Buenavista	112	5-B
Buenavista	44	1-D
Chalma de Guadalupe	57	2-F
Dr. Jorge Jiménez Cantú	30	4-D
El Chamizal	72	2-E
El Progreso	16	5-F
Ermita	108	4-F
Hipódromo	96	1-E
Jardines de Morelos	47	2-C
La Cantera	19	2-B
La Providencia	72	4-D
Lázaro Cárdenas	56	1-C
Loma Bonita	21	5-D
Loma de la Palma	58	1-A
Lomas de San Andrés Atenco	56	3-C
Nuevo San Lucas Patoni	58	1-A
Peñón de los Baños	85	3-C
Progreso	108	4-F
Residencial La Pradera	47	2-B
Roma Sur	96	1-E
San Isidro La Paz	29	6-B
San José Tecamac	22	3-C
San Martín	22	3-C
Santa María Tulpetlac	46	6-F
Temamatla	154	2-D
Tlalpizahuac	113	5-F
Valentín Gómez Farías	108	2-C
Valle Ceylán	57	3-C
AGUASCALIENTES AV.		
Barrio San Mateo	151	4-D
Villa Milpa Alta	151	4-D
AGUASCALIENTES CDA.		
Santiago Tepalcapa	30	5-F
AGUASCALIENTES DE 3A. CDA.		
Independencia	28	4-D
AGUASCALIENTES NORTE		
Barrio Santa Martha	151	3-D
Villa Milpa Alta	151	3-D
AGUASCALIENTES PRIV.		
Pantitlán	98	1-E
Santiago Tepalcapa	30	6-F
AGUASCALIENTES Y CDA.		
Santiago Tepalcapa	30	6-F
AGUATECPANI PRIV.		
Pueblo San Bartolo Ameyalco	107	5-F
AGUAYO		
El Carmen	109	2-E
AGUILA		
Barrio Santa Apolonia	70	5-B
Bellavista	96	3-A
Ciudad Cuauhtémoc	35	1-A
Cocotitlán	141	5-D
Granjas Pop. Gpe. Tulpetlac	60	1-B
Jardines de Cerro Gordo	60	1-B
Lago de Guadalupe	30	5-A
Las Golondrinas	95	5-E
Rinconada de Aragón	60	4-C
AGUILA BLANCA Y PRIV.		
Las Aguilas	43	5-A
AGUILA BLANQUINEGRA		
Fuego Nuevo	110	4-E
AGUILA CDA.		
San Jerónimo Lídice	108	5-E
AGUILA DEL		
Industrial	71	6-C
AGUILA NEGRA		
Benito Juárez	99	1-D
Las Aguilas	42	4-F
AGUILA PENACHUDA		
Fuego Nuevo	110	4-E
AGUILA REAL		
Las Aguilas	42	4-F
Palmitas	112	4-C
Sierra de Guadalupe	44	2-E
AGUILA REAL CDA.		
Sierra de Guadalupe	44	3-E
AGUILA TRIANA		
Fuego Nuevo	110	4-E
AGUILAR ANTONIO		
El Carmen	138	3-C
AGUILAR CANDIDO		
Constitución de 1917	111	2-E
AGUILAR CANDIDO GRAL.		
Industrial Atoto	69	6-C
Tultitlán	31	3-D
AGUILAR EMILIANO		
Santa Cruz Mixquic	139	5-F
AGUILAR FRANCISCO		
Cuautepec El Alto	58	1-B
Santiago Atepetlac	57	5-E
AGUILAR G. LUZ MARIA		
Santa Cruz Mixquic	139	6-F
AGUILAR GONZALEZ ENRIQUE		
Educación	110	5-C
AGUILAR JOAQUIN		
Francisco Villa	56	4-C
AGUILAR JOSE		
C. H. Biatlón	99	6-B
AGUILAR LOPEZ JUAN		
Churubusco	110	2-A
San Mateo	110	2-A
AGUILAR LUIS		
Ampliación Emiliano Zapata	113	4-C
AGUILAR MAYA JOSE LIC.		
La Esperanza	124	1-C
AGUILAR RODOLFO		
Benito Juárez	97	4-E
AGUILAR SANTIAGO		
Emiliano Zapata	127	1-C
AGUILAR SEIJAS		
Lomas de Virreyes	82	6-F
AGUILAR TALAMANTES RAFAEL		
Prados de San Juan Ixtacala	43	2-A
AGUILAR VARGAS SILVESTRE		
Colonial Iztapalapa	111	2-F
AGUILAS		
Dr. Jorge Jiménez Cantú	58	4-F
El Mirador II	121	6-D
Las Arboledas	56	1-D
Los Alpes	109	2-B
San Fernando	94	4-C
Tlalpexco	58	2-C
AGUILAS AND.		
Las Cruces	108	6-A
AGUILAS AV.		
Ahuehuetes	58	2-C
Cocoyotes	58	2-C
Lomas de San Esteban	76	6-B
AGUILAS AV. CDA.		
Tlalpexco	58	2-C
AGUILAS BLANCAS		
Francisco I. Madero	41	3-F
AGUILAS CJON.		
El Carmen	58	3-B
AGUILAS DE 2A. CDA.		
Ahuehuetes	58	2-C
AGUILAS DE LAS AV.		
Las Aguilas	42	4-F
AGUILAS DE LAS CALZ.		
Alcantarilla	108	3-B
Ampl. Las Aguilas	108	3-B
Ampl. Los Alpes	108	3-B
Conj. Res. Aguila Real	108	3-B
Las Aguilas	108	3-B
Las Aguilas Ampl 1o, 2o Pqe	108	3-B
Las Haciendas	108	3-B
Lomas de Axomiatla	108	3-B
Lomas de Guadalupe	108	3-B
Lomas de Las Aguilas	108	3-B
Los Alpes	109	1-A
Puente Colorado	108	3-B
San Clemente	108	3-B
Villa Verdún	107	4-F
Villa Verdún	107	4-E
AGUILAS DE LAS CDA.		
Rancho San Francisco	107	5-F
AGUILAS DE LAS PRIV.		
San Francisco	107	5-F
AGUILAS LAS		
Conjunto Hab. Las Veletas	34	6-D
Los Olivos	124	2-E
AGUILAS LAS 2 CDAS.		
Las Aguilas	108	1-F
AGUILAS LAS CALZ 3A Y 4A CDA		
Ampliación Las Aguilas	108	2-E
AGUILAS LAS CDA.		
Granjas de Guadalupe	42	1-C
AGUILAS REALES		
Francisco I. Madero	41	3-F
AGUILERA FRANCISCO		
México Nuevo	55	1-D
AGUILILLA		
Luis Donaldo Colosio M.	45	6-A
AGUILILLAS		
Nuevo San Lucas Patoni	45	6-A
AGUILLON MARGARITA		
La Esperanza	124	1-C
AGUIRRE ADOLFO C 1 2 Y 3		
U. H. Vicente Guerrero	111	1-F
AGUIRRE AMADO		
Barrio San Miguel	111	2-D
Constitución de 1917	111	2-D
AGUIRRE BENAVIDES		
Rómulo Sánchez Mireles	122	3-D
AGUIRRE BENAVIDES E.		
Santa Martha Acatitla	99	5-E
AGUIRRE BERLANGA JOAQUIN		
Colonial Iztapalapa	111	2-F
AGUIRRE BERLANGA M. LIC.		
Constituyentes de 1917	94	1-D
AGUIRRE CERDA PEDRO		
Ampliación Presidentes	95	6-D
AGUIRRE COLORADO E.		
Z. U. E. Santa Martha A Nte	99	4-C
AGUIRRE CRISOFORO		
U. Santa Cruz Meyehualco	112	3-A
AGUIRRE LAURO		
La Soledad	82	2-A
Magisterial Vista Bella	56	5-B
San Antonio Zomeyucan	82	2-A
San Rafael Chamapa	81	3-D
AGUIRRE LAURO CDA.		
Agricultura	83	2-E
AGUIRRE LAURO PROFR.		
Ampl. Gabriel Hernández	72	2-A
AGUIRRE MORDLE AUGUSTO		
Zapotitla	125	2-A
AGUIRRE Y FIERRO GUILLERMO		
México	99	2-A
AGUJAS 3 CDAS.		
Vergel	124	1-B
AGUJAS Y CDA.		
Vergel	111	6-B
AGUSTIN MELGAR		
Almontila	87	6-B
Chimalhuacán	87	6-B
Nueva Guadalupe	87	6-B
AGUSTINOS DE LOS CALZ.		
Acolman de Nezahualcóyotl	36	3-C
AGÜEROS VICTORIANO		
Ciudad Satélite	69	3-A
AGÜITA LA		
La Agüita	46	5-A
AGÜITAS DE CDA.		
Casa Blanca	41	3-F
AH KIN PECH ALPINO		
La Presa Lázaro Cárdenas	58	5-D
AHOME		
San Lorenzo Xicoténcatl	99	4-C
AHORRO POPULAR		
México Nuevo	55	1-D
AHORRO POSTAL		
Postal	97	4-B
AHUACAN		
Pedregal de Santo Domingo	109	5-E
AHUACATE		
Avándaro	127	3-C
AHUACATITLA		
Barrio Los Reyes	70	4-B
Hank González	59	2-C
San Miguel Tociac	148	2-F
Villa Azcapotzalco	70	4-B
AHUACATITLA CDA.		
Pueblo de Tepexpan	35	6-F
AHUACATITLA PRIV.		
Barrio Los Reyes	70	4-B
AHUACATL		
Barrio Alfareros	87	4-D
Barrio Ebanistas	87	4-D
AHUALAPA		
La Conchita	152	2-D
Pueblo Santa Cruz Acalpixca	137	3-D
San Nicolás Tetelco	152	1-D
AHUALAPA Y CJON.		
Santa Cruz Acalpixca	137	3-D
AHUALULCO		
El Convento	122	6-C
Pedregal Santa Ursula	122	6-C
AHUALULCOS PRIV.		
Pedregal Santa Ursula Xitla	122	6-C
AHUANTEPEC		
Lomas de Cristo	76	5-B
AHUANUSCO		
Pedregal de Santo Domingo	109	6-E
AHUATENCO		
Ahuatenco	107	1-A
Manzanastitla	107	1-A
AHUATEPEC Y 5 AND.		
Mesa de los Hornos	122	5-C
AHUATITLAN		
Pueblo San Bartolo Ameyalco	107	5-D
AHUATLA		
El Tanque	108	5-A
El Tanque	108	6-A
Las Cruces	108	6-A
AHUATLA Y CDA. Y PRIV.		
Las Cruces	107	6-F
AHUECALOTL		
Santa Isabel Tola	71	3-D
AHUEHUECALCO		
Acolman de Nezahualcóyotl	36	3-C
AHUEHUETE		
Avándaro	127	1-B
Buenavista	112	6-C
Chitchitcáspatl	121	6-B
Huayatla	120	2-F
La Palma	59	1-D
Los Cuartos III	81	2-C
Los Olivos	100	3-C
Peña Alta	138	5-E
Tabla Honda	57	2-C
Valle de Ecatepec	47	5-B
Villa San Agustín Atlapulco	100	3-D
Vista Hermosa	46	1-D
AHUEHUETE CJON.		
San Luis Tlaxialtemalco	138	2-A
AHUEHUETE PRIV.		
Huayatla	120	2-F
AHUEHUETES		
Ahuehuetes	57	4-D
Ahuehuetes	58	2-B
Ahuehuetes	76	1-B
Barrio La Guadalupita	136	1-F
Barrio del Refugio	16	2-F
Bosque del Pedregal	121	6-B
Bosques de Ixtacala	43	1-A
Copalera	101	3-A
Ejidal Ampl. San Marcos	44	4-D
Ixtapaluca Izcalli	114	6-B
Izcalli del Bosque	68	5-F
Jesús del Monte	107	1-A
La Perla	97	4-F
Las Aguilas	109	1-A
Las Peñitas	43	4-D
Pedregal de San Nicolás	121	6-B
Peña Alta	138	5-F
San Bartolo Atepehuacán	71	3-A
San José	101	1-C
San José de las Palmas	101	6-B
San José de los Cedros	107	1-A
San Juan Xalpa	111	4-B
San Rafael	57	1-B
Tenorios	112	5-C
Tultitlán	31	4-D
U. H. El Rosario	69	1-F
U. H. Solidaridad	99	5-E
U. INFONAVIT Iztacalco	97	4-F
Valle Verde	114	6-D
Venustiano Carranza	101	1-C
Vicente Guerrero 1a. Secc.	41	1-E
Villa de las Flores	32	3-E
AHUEHUETES 1ER. Y 2DO. CJON.		
San Luis Tlaxialtemalco	138	2-B
AHUEHUETES 2 CDAS.		
Jesús del Monte	94	6-B
AHUEHUETES 3A. CDA.		
Ahuehuetes	58	2-B
AHUEHUETES AV. DE LOS		
Tlalpexco	58	2-C
AHUEHUETES AV. Y 3 CDAS.		
Pasteros	70	3-A
AHUEHUETES CDA.		
Ampliación Miguel Hidalgo	121	6-F
Ejidos de San Cristóbal	33	5-F
AHUEHUETES DE 2A. CDA.		
San José de los Cedros	107	1-B
AHUEHUETES DE LOS		
Colinas de San Mateo	68	3-E
Lomas de San Mateo	68	3-E
AHUEHUETES DE LOS AV.		
Bosques de Xhala	18	4-B
Lomas de Tecamachalco	94	2-F
Los Morales	18	4-B
Valle del Tenayo	57	2-D
AHUEHUETES PRIV.		
Ahuehuetes	58	2-B
AHUEHUETITLA PRIV.		
Rancho Tejomulco	137	3-B
AHUEHUETITLA Y CJON.		
Rancho Tejomulco	137	3-B
AHUEJOTE		
Palmitas	112	4-C
Pedregal de Santo Domingo	109	4-E
Pueblo Nuevo Alto	121	2-A
AHUEJOTE CDA.		
La Carbonera	120	2-F
AHUEJOTES		
Ampliación Titla	137	2-D
AHUEJOTES AV.		
Ampliación San Marcos Norte	136	1-E
AHUEJOTES AV. Y AND.		
Ampliación San Marcos Norte	123	6-E
AHUEJOTES CDA.		
Ampliación San Marcos Norte	136	1-E
AHUEYOTL		
Ampliación Estrella del Sur	110	3-F
AHUIZOTL		
2a. Ampl. Stgo Acahualtepec	112	2-D
Adolfo Ruiz Cortines	110	6-A
Ampliación Estrella del Sur	110	3-F
Barrio de Titini	16	3-B
Ciudad Cuauhtémoc	35	2-A
El Paraíso	99	5-B
La Florida de Ciudad Azteca	60	2-D
La Pastora	58	5-B
La Preciosa	70	4-A
Las Tijeras	89	1-C
Nueva Santa Anita	97	3-C
Rincón de los Reyes	100	6-D
Santa Isabel Tola	71	3-D
Xalpa	112	3-D
AHUIZOTL CDA.		
Lomas de Zaragoza	112	2-F
San Miguel Teotongo	113	2-A
AHUIZOTL PROL.		
San Francisco Xicaltongo	97	3-C
AHUIZOTL SUR 47		
U. H. Jajalpa	47	3-A
AHUIZOTLA		
Santiago Ahuizotla	69	5-E
AHUIZOTLA CALZ.		
Las Armas	69	5-E
San Miguel Amantla	69	5-E
Santiago Ahuizotla	69	5-E
AHUIZOTLA CDA. Y PRIV.		
Santiago Ahuizotla	69	5-E
AHUMADA VILLALON		
Lomas de Virreyes	82	6-F
AHUMADA VILLALON A. Y CDA.		
Lomas de Virreyes	95	1-E
AHUTONGO PRIV.		
El Rosal	121	1-A
AIDA		
2a. Ampl. Stgo Acahualtepec	112	3-D
Altavista	109	2-A
Ex Hda Sn Nicolás Tolentino	124	3-E
Miguel Hidalgo	124	3-F
San Angel Inn	109	2-A
AIDA CJON.		
San Andrés Tetepilco	97	5-B
AILE		
Ampliación San Agustín	100	3-D
Cumbres de San Mateo	68	2-E
Las Huertas	68	6-D
Pedregal de Santo Domingo	109	6-D
Rincón Verde	68	2-C
San Mateo Nopala	68	2-F
AILE 2A. CDA.		
Pedregal de Santo Domingo	109	5-E
AILE CDA.		
Crescencio Juárez Chavira	120	2-F
Pedregal de Santo Domingo	109	5-E
Xochimilco	137	2-C
AILE DEL		
Tepotzotlán	4	6-C
AILE Y 2 CDAS.		
Pedregal de Santo Domingo	109	5-E
AILES		
Atizapán Moderno	56	2-B
Independencia	28	4-E

Calle / Colonia	PLANO	COORDENADAS
Jardines del Pedregal	108	5-F
Villa de las Flores	32	3-F
AILES AV.		
Jardines de San Mateo	68	3-F
AILES CALZ.		
Club de Golf Bellavista	56	5-B
Privada de las Arboledas	56	5-B
Privada de las Huertas	56	5-B
Rinconada de la Charrería	56	5-B
AIRE		
Ampliación Vista Hermosa	56	6-C
Jardines de Morelos	47	2-F
AIRE DEL CDA.		
Pueblo San Miguel Xicalco	135	5-E
AJENJO		
Prizo	73	2-D
Sagitario I	73	2-D
Tlapechico	95	5-B
Villa de las Flores	33	2-A
AJENJOS		
Lomas de San Mateo	68	3-E
AJIJIC		
La Joya	31	6-D
AJIJIC PRIV.		
Pantitlán	98	1-D
AJOLOAPAN		
Izcalli La Cuchilla	57	2-D
AJUSCO		
Benito Juárez	81	4-E
Ciudad Azteca	60	3-C
Dr. Jorge Jiménez Cantú	58	4-F
Florida	109	1-C
Loma Bonita	57	1-C
Los Alpes	109	1-A
Los Volcanes	98	1-F
Portales	109	1-F
Porvenir	98	1-F
Progreso	108	4-F
Pueblo de Tetelpan	109	1-F
Ricardo Flores Magón	82	4-A
San Lorenzo Huipulco	123	3-A
San Nicolás II	134	1-C
Toriello Guerra	122	4-E
U. H. Parque Nacional	44	1-C
Vergel de Coyoacán	123	2-B
AJUSCO AV.		
Adolfo Ruiz Cortines	122	1-F
Ajusco	122	1-F
AJUSCO CIR.		
Ampl. Miguel Hidalgo	121	6-F
Comunal Lomas de Tememeca	134	2-B
El Zacatón	134	2-B
Paraje 38	134	2-B
Solidaridad	134	2-B
AJUSCO DEL		
Ampliación La Rivera	68	6-F
AJUSCO NORTE		
Bellavista	17	4-C
INFONAVIT Nte. CTM	17	4-C
AJUSCO PRIV.		
Jardines del Pedregal	108	5-F
AJUSCO SUR		
INFONAVIT Cuaut. Izc. Nte.	17	4-D
AKAN		
U. H. Infonavit Xochináhuac	70	1-A
AKENATON		
Geo 2000	35	3-A
Geo 2000	35	3-B
AKIL		
Lomas de Padierna	121	4-D
Lomas de Padierna Sur	121	4-D
López Portillo	121	4-D
Popular Santa Teresa	121	2-D
Popular Santa Teresa	121	4-D
Torres de Padierna	121	4-D
AKIL PROL.		
El Mirador II	134	1-D
AKRON		
Corpus Christi	108	1-A
ALABAMA		
Corpus Christi	108	1-A
Nápoles	96	4-C
Tepopotla	108	1-A
ALABE Y PRIV.		
Santa Cruz Acalpixca	137	3-C
ALACRAN TORRES		
Ampl. La Olímpica	81	4-B
ALAJUELA RT.		
San Jerónimo Lídice	108	5-D
ALAMAN LUCAS		
Aeronáutica Militar	84	6-D
Ciudad Satélite	69	1-C
Darío Martínez	114	6-A
El Parque	84	6-D
México Insurgente	73	2-C
Obrera	84	6-B
Olímpica Radio	81	3-B
Tultitlán	31	2-D
ALAMAN LUCAS CDA.		
Merced Balbuena	84	6-D
ALAMEDA		
Lomas de Capistrano	56	3-A
ALAMEDA CENTRAL		
Metropolitana 2a. Secc.	99	3-C
ALAMEDA DE LA RT.		
El Cerrito	55	5-F
ALAMITO CDA.		
Trabajadores del Hierro	70	5-F
ALAMO		
2a. Ampl. Stgo Acahualtepec	112	3-E
Ahuehuetes	57	4-D
Ampl. Minas Palacio	81	5-B
Arboledas de Aragón	73	2-B
Bosques de San Lorenzo	76	1-B
Capultitla	153	1-D
Consejo Agrarista Mexicano	111	6-E
Corrales	113	5-A
Cuauhtémoc	108	6-B
Chimalhuacán	88	4-A
Ecatepec de Morelos	47	2-A
Ecatepec de Morelos	46	1-E
Ejidos de San Cristóbal	33	5-F
El Arenal	70	6-F
El Calvario	46	1-E
El Molino Tezonco	124	3-D
Hank González	59	1-B
La Nopalera	35	3-B
La Vuelta de San Agustín	100	3-C
Las Huertas	68	6-D
Libertad	44	1-E
Los Olivos	100	3-C
Los Pirules	94	2-D
Los Reyes Ixtacala	57	5-A
Mirador	93	3-D
Patrimonio Familiar	70	6-F
Prizo	73	2-D
Residencial del Parque	56	6-D
Rincón Verde	68	2-C
Rinconada El Mirador	136	1-A
Sagitario I	73	2-D
San José	101	1-C
San José del Jaral	43	2-D
San Juan	138	2-C
San Martín Calacoaya	56	3-A
Tabla Honda	57	2-B
Techachaltitla	101	6-A
Tlatel Xochitenco	87	2-C
Tultitlán	31	4-D
U. H. Mirador del Conde	41	3-F
Valle Verde	127	1-D
Valle de Ecatepec	47	5-C
Valle de los Pinos	56	4-D
Vista Hermosa	46	1-D
Viveros de San Carlos	46	4-F
Xalpa	112	3-E
ALAMO 2A. CDA.		
El Calvario	46	1-E
ALAMO BLANCO		
Los Alamos	68	2-F
ALAMO BLVR.		
Jardines de Ecatepec	47	2-B
ALAMO CDA.		
Barrio Coltongo	70	4-F
El Calvario	46	1-E
San José de las Palmas	101	6-A
ALAMO CJON.		
El Calvario	46	1-E
ALAMO DE LA INDIA		
Los Alamos	68	2-F
ALAMO DEL		
Los Reyes Ixtacala	57	5-B
ALAMO DORADO		
Los Alamos	68	2-F
ALAMO PLATEADO		
Los Alamos	68	2-F
ALAMO PRIV.		
Ecatepec de Morelos	46	1-D
El Arenal	70	6-F
ALAMO ROJO		
Los Alamos	68	2-F
ALAMOS		
Ampl. Buenavista	44	3-D
Ampl. La Forestal	45	5-C
Ampliación San Marcos Norte	123	6-E
Ampliación Vicente Villada	99	3-D
Arboledas de Cuautepec	45	6-C
Atizapán Moderno	56	2-B
Bosque del Pedregal	121	6-C
Bosques de Ixtacala	43	1-B
Bosques de Morelos	30	4-B
Bosques de Xhala	18	4-B
Copalera	101	3-A
Chimalhuacán	87	6-E
Del Bosque	58	3-A
Ejidos de San Cristóbal	33	6-E
El Bosque	46	5-F
El Molinito	82	2-C
El Tráfico	28	6-C
Francisco Alvarez	114	6-B
Francisco Villa	56	3-C
Ixtapaluca Izcalli	114	5-B
La Floresta	100	6-B
La Perla	99	3-F
Las Huertas	68	6-D
Las Peñitas	43	4-D
Loma Encantada	113	3-D
Los Alamos	68	2-F
Metropolitana 3a. Secc.	99	3-D
Montecillo	88	1-E
Palmitas	112	4-C
Paraje de San Fco. Chilpa	44	1-C
Pedregal de San Nicolás	121	6-C
Pueblo de Tetelpan	108	4-C
San Lorenzo Xicoténcatl	99	4-C
San Miguel Teotongo	113	3-B
San Miguel Teotongo	113	3-A
San Sebastián Chimalpa	100	5-F
Santa María Aztahuacán	112	2-C
Tlapacoya	127	2-E
U. H. E. Zapata ISSSTE	76	3-C
Univ. Aut. Metropolitana	43	2-A
Villa de las Flores	32	3-F
Vista Hermosa	33	6-D
ALAMOS 2 CDAS.		
Ejidal Emiliano Zapata	33	6-F
ALAMOS 3A. CDA.		
Ejidos de San Cristóbal	33	6-F
ALAMOS 4 PRIVS.		
Tlapacoya	127	2-E
ALAMOS 4A. CDA.		
Ejidos de San Cristóbal	33	6-E
Pueblo de Tetelpan	108	4-C
ALAMOS 5A. CDA.		
Ejidos de San Cristóbal	33	6-E
ALAMOS AV.		
Campestre El Potrero	113	5-C
ALAMOS CDA.		
Bosques de San Martín	56	3-A
Ej. Santa María Aztahuacán	112	2-C
Las Palmas	121	1-A
San Bartolomé Coatepec	93	3-F
San José	101	1-C
Santa María Chiconautla	34	4-F
ALAMOS CJON.		
Valle del Sur	110	3-E
ALAMOS DE 1A. CDA.		
Ejidos de San Cristóbal	33	6-F
ALAMOS DE 2A. CDA.		
Ejidos de San Cristóbal	33	6-F
ALAMOS DE LOS		
Jardines de San Mateo	69	4-A
ALAMOS DE LOS PRIV.		
Lomas del Sol	94	4-D
ALAMOS LOS		
Ampliación El Rosario	16	5-E
Arcos del Alba	30	2-F
ALAMOS LOS RESIDENCIAL		
Residencial Los Alamos	4	6-C
ALAMOS PROL.		
Los Alamos	68	2-F
ALARCON		
Centro	84	4-D
Díez de Mayo	84	4-D
Lomas de Totolco	101	2-A
ALARCON ALFONSO		
Ciudad Satélite	69	1-C
ALARCON CJON.		
Centro	84	4-C
ALARCON FRANCISCO CAP.		
La Esperanza	46	6-B
ALARCON SALVADOR		
Nexquipayac	49	4-A
San Lucas Huitzinhuacán	50	3-A
ALARCON SALVADOR AV.		
San Lucas Huitzinhuacán	50	3-A
ALAS MANUEL		
Barrio Jicareros	87	4-C
Barrio Talabarteros	87	4-C
Barrio Talabarteros	87	5-C
Barrio Tejedores	87	4-C
Barrio Vidrieros	87	4-C
ALASKA		
Del Valle	96	2-E
ALATORRE GRAL.		
Daniel Garza	96	1-A
ALATORRE IGNACIO		
Ignacio Zaragoza	28	5-D
ALATORRE IGNACIO CDA.		
La "Y"	28	5-C
ALATORRE IGNACIO L. CDA.		
La "Y"	28	4-B
ALATORRE IGNACIO L. Y CDA.		
El Gavillero	28	5-C
Ignacio Zaragoza	28	5-C
ALAZAN DEL		
Villas de la Hacienda	43	2-C
ALBA		
Insurgentes Cuicuilco	122	2-C
Quinto Sol	73	1-C
ALBA DEL AND.		
Ciudad Labor	44	1-D
ALBA IGNACIO		
Progreso	82	3-A
ALBA PEDRO DE		
Iztaccíhuatl	97	4-B
Villa de Cortés	97	4-B
ALBACETE		
San Rafael	70	4-B
ALBAHACA		
Tlatilco	83	1-E
ALBANESA		
Santa María Gpe. Las Torres	30	4-D
ALBAÑILES		
Ampliación Penitenciaría	84	4-E
Azteca	84	4-E
Morelos	84	4-E
Penitenciaría	84	4-E
San Sebastián Xhala	18	2-B
U. H. El Rosario	70	1-A
Univ. Aut. Metropolitana	43	2-A
Venustiano Carranza	84	4-E
ALBAÑILES DE LOS		
Ejército del Trabajo I	73	2-B
ALBARICOQUE		
Ahuehuetes	58	3-C
ALBARRADA		
Albarrada	111	1-D
La Purísima	111	1-D
ALBARRADON		
Tepeyac Insurgentes	71	3-D
ALBATENIUS Y CDA.		
Fuego Nuevo	110	4-F
ALBATROS		
Ave Real	108	1-B
Ave Real	108	1-C
Ciudad Cuauhtémoc	35	1-A
Granjas de Guadalupe	42	2-C
Izcalli Jardines	47	1-B
Las Arboledas	43	6-D
ALBATROS 2a.		
PROFOPEC Polígono 3	60	6-C
ALBATROS AV.		
Rinconada de Aragón	60	5-C
ALBATROS DE LOS RT.		
Residencial Las Alamedas	55	2-F
ALBATROS LOS		
Lomas de las Aguilas	108	3-C
ALBENIZ		
Guadalupe Victoria	71	6-A
Peralvillo	84	1-A
Vallejo Poniente	71	6-A
ALBERCA DE LA		
Santa Cruz	35	4-D
ALBERGUE CHALCHOAPAN		
Lázaro Cárdenas	58	3-C
ALBERGUE DE CHALCHOAPAN		
Montañista	58	3-C
ALBERGUE HUILANGO		
Montañista	58	3-D
ALBERGUE TEPIXCALCO		
La Presa Lázaro Cárdenas	58	3-C
ALBERGUE TLAMACAS		
La Presa Lázaro Cárdenas	58	3-C
ALBERT		
Albert	97	6-B
San Andrés Tetepilco	97	6-B
San Andrés Tetepilco	97	6-C
ALBERT Y CDA.		
El Retoño	97	6-C
ALBINO CORZO ANGEL		
Ampl. Martires Río Blanco	84	1-F
Belisario Domínguez	84	1-F
Bondojito	84	1-F
Gertrudis Sánchez	84	1-F
La Joyita	71	6-D
Nueva Tenochtitlán	84	1-F
Tablas de San Agustín	71	6-D
U. H. San Juan de Aragón	84	1-F
ALBORADA		
El Retiro	63	6-B
ALBORADA 2A. CDA.		
Parques del Pedregal	122	3-B
ALBORADA AV.		
Parques del Pedregal	122	2-B
ALBORADA DE LA		
Santa Cruz del Monte	56	6-A
ALBORADA LA		
La Alborada II	20	5-B
Los Pastores	69	4-D
ALBORADA ORIENTE		
Parques del Pedregal	122	2-B
ALBORADA PONIENTE		
Parques del Pedregal	122	3-B
ALBORADA PONIENTE 1a. CDA.		
Parques del Pedregal	122	2-A
ALBORADA RT.		
Pedregal del Maurel	122	1-D
ALBUFERAS		
Las Aguilas	108	2-F
Pilares Aguilas	108	2-F
ALCAICERIA		
Los Paseos de Churubusco	98	5-C
Metropolitana	99	3-B
ALCALA DE HENARES		
La Mancha 2a. Secc.	81	5-D
ALCALA MACEDONIO		
Acueducto	46	6-D
Cumbres de Tepetongo	122	6-B
Guadalupe Inn	109	1-B
ALCALA MANUEL		
Martín Carrera	71	4-E
ALCALA RT.		
El Dorado	56	1-E
ALCANFOR		
2a. Ampl. Stgo Acahualtepec	112	3-E
Barrio La Tabla	137	3-C
Consejo Agrarista Mexicano	111	6-E
El Molino Tezonco	124	3-D
Lomas del Olivo	94	4-D
Pueblo Nuevo Alto	121	2-A
Santa María Aztahuacán	112	2-C
Tultitlán	31	4-D
Valle Verde	127	1-D
Vicente Guerrero 1a. Secc.	41	1-D
Vista Hermosa	46	1-D
ALCANFOR CDA.		
Xalpa	112	3-E
ALCANFORES		
Alcanfores	137	4-B
Ampl. San Miguel	43	1-B
Ampliación San Marcos Norte	123	6-E
Arboledas de Cuautepec	45	6-C
Buenavista	31	6-E
Chamacuero	43	3-E
Ejidal Ampl. San Marcos	44	4-D
El Tanque	108	6-A
Francisco I. Madero	41	3-F
Las Aguilas	108	1-F
Lomas de Vista Hermosa	94	5-E
Lomas de la Era	107	6-F
Nueva Santa María	69	1-E
Pasteros	70	3-A
Plutarco Elías Calles	114	5-F
San Clemente	108	3-D
San José de los Cedros	107	1-C
San Juan Totoltepec	68	6-F
San Juan Xalpa	111	5-B
Santa Cruz	69	1-E
Tultitlán	32	3-F
Valle del Sur	110	3-E
Vicente Suárez	19	2-E
Villa de las Flores	32	3-F
Xocotlán	63	5-F
Zoquiapan	115	6-E
ALCANFORES 2A. CDA.		
Chamacuero	43	3-D
ALCANFORES AV.		
Alcanfores	68	4-D
Ampl. Jards. de San Mateo	68	4-D
Bosques de Moctezuma	68	4-D
El Panorama	68	4-D
Jardines de San Mateo	68	4-D
Laderas de San Mateo	68	4-D
Lomas de San Mateo	68	4-D
México 68	68	4-D
Occipaco	68	4-D
Santa Cruz Acatlán	68	4-D
ALCANFORES CALZ.		
Z. U. E. San Mateo Nopala	68	2-D
ALCANFORES CDA.		
Arboledas de Cuautepec	45	6-C
Lomas de la Hera	107	6-F
ALCANFORES CJON.		
Atlamica	81	2-F
Santa Elena	81	2-E
ALCANFORES LOS		
Jardines del Molinito	82	1-B
ALCANFORES PRIV.		
Cuauhtémoc	108	6-B
ALCANFORES RT.		
Vergel de las Arboledas	43	6-B
ALCANFORES Y CDA.		
Zona Industrial Tultepec	19	3-D
ALCANTARA G. CDA.		
El Salado	100	5-E
ALCANTARA GABRIEL		
La Magdalena Atlicpan	100	5-E
ALCANTARA GABRIEL PRIV.		
Las Alamedas	100	5-E
ALCANTARILLA		
Barrio Barranca Seca	121	2-B
ALCAPARRAS		
Villa de las Flores	33	2-A
ALCARAVAN		
Residencial Las Alamedas	55	2-F
ALCARAVANES		
Loma de la Cruz	42	2-B
ALCARAVEAS		
Villa de las Flores	33	1-A
ALCARAZ ENRIQUE DR.		
Ciudad Adolfo López Mateos	56	1-A
ALCARAZ LUIS		
San José	126	6-A
ALCARAZ SALVADOR (C. 15)		
U. Santa Cruz Meyehualco	112	3-B
ALCATRACES		
Jardines de Santa Mónica	56	4-D
Jardines de la Cañada	44	2-D
Las Margaritas	56	4-D
Pedregal de Santo Domingo	109	5-D
Valle de los Pinos	56	4-D
Villa de las Flores	33	1-A
ALCATRAZ		
Ampliación Emiliano Zapata	127	2-C
Belén de las Flores	95	3-E
Ciudad Cuauhtémoc	35	1-A
Emiliano Zapata	113	4-C
Jardines de Morelos	47	1-E
Jardines de Santa Cruz	19	1-B
Jardines del Molinito	82	1-B
Jardines del Tepeyac	59	6-E
Juan González Romero	72	1-A
La Cañada	82	2-B
Las Flores	56	3-A
Las Palmas	42	2-F
Las Peñitas	43	3-D
Loma Encantada	113	3-D
Lomas de San Miguel	43	3-C
Lomas de la Era	120	1-E
Los Angeles	111	3-E
Minas Palacio	81	4-C
San Francisco Chilpan	31	6-C
San Isidro La Paz	29	6-B
San José Huilango	16	4-F
San José del Jaral	43	2-D
San Miguel Teotongo	113	4-B
Santa María de Guadalupe	44	4-A
Santa Rosa	48	2-D
Santa Rosa	101	2-E
Tamaulipas El Palmar	86	6-C
Tamaulipas Flores	86	6-C
Tenorios	112	4-D
U. H. Morelos Ecatepec	47	2-B
Vista Hermosa	4	4-B
Z. U. E. El Pedregal	121	3-C
ALCATRAZ CDA.		
Jardines de Santa Cruz	19	1-B
ALCATRAZ CJON.		
Barrio Caltongo	137	2-B
Barros Sierra	121	1-B
Lomas Quebradas	121	1-B
ALCATRAZ DE CDA.		
Lomas de Chamontoya	120	1-E
ALCATRAZ Y 2 CDAS.		
San José del Jaral	43	2-D
ALCAZAR		
Jardines del Sur	136	1-E
Tabacalera	83	4-F
ALCAZAR ALVARO L. (AV. 10)		
U. Santa Cruz Meyehualco	112	2-A
ALCAZAR DE TOLEDO		
Castillo Grande	58	3-B
ALCAZAR DE TOLEDO 2A. CDA.		
Lomas Reforma	95	2-C
ALCAZAR DE TOLEDO AV.		
Lomas Reforma	95	2-C
ALCAZAR DEL ALMIRANTE		
Castillo Grande	58	3-A
ALCE BLANCO		
Alce Blanco	69	5-C
ALCERRECA PRIV.		
San Simón Tolnáhuac	84	1-A
ALCES		
Cocoyotes	58	2-B
ALCES 1a. Y 2a.		
PROFOPEC Polígono 3	60	6-C
ALCES 3a.		
PROFOPEC Polígono 3	60	6-C
ALCESTIS		
Miguel Hidalgo	124	3-F
ALCIBAR JOSE		
Ciudad Satélite	69	1-D
ALCOCATITLA CJON.		
Santa Cruz Acalpixca	137	3-D
ALCOCER CLAUDIO		
Santa Martha Acatitla	99	6-D
ALCOCER JOSE ANTONIO		
Ciudad Satélite	69	2-A
ALCOCER VIDAL		

Calle / Colonia	Plano	Coordenadas
Centro	84	4-C
ALCOCER VIDAL CJON.		
San Gregorio Atlapulco	137	2-F
ALCONEDO		
Merced Gómez	109	1-B
ALCONES		
Lomas de Guadalupe	108	3-B
ALCORNOQUE		
La Palma	59	1-D
Prizo	73	2-D
ALDABA DE LA		
Colina del Sur	95	6-D
ALDABONES		
Jardines del Sur	136	2-D
ALDACO		
Centro	84	5-B
Pueblo de Tepexpan	36	6-A
ALDAMA		
1a. Ampl. Stgo Acahualtepec	112	2-E
Ampl. Ejido Axotlan	29	4-A
Barrio Barranca Seca	121	2-B
Barrio Norte	95	5-F
Barrio San Lucas	111	1-A
Barrio San Pablo	111	1-A
Barrio Tenantitla	139	6-A
Barrio Texcatitla	139	6-A
Buenavista	83	3-F
Carlos Hank González	112	4-A
Cinco de Febrero	28	6-E
Cuauhtémoc	22	4-A
Cuautitlán	18	5-B
Cuchilla Cerro del Marqués	127	6-C
Chimalhuacán	88	6-A
Ecatepec de Morelos	33	6-E
El Carmen	109	2-E
Guerrero	83	3-F
Hidalgo	28	6-E
ISSSEMYM	63	6-B
Independencia	87	5-D
Iztapalapa	111	1-A
Jorge Jiménez Cantú	28	3-E
La Candelaria Tlapala	141	3-F
La Cantera	19	2-B
La Conchita	63	6-B
La Escuela	56	6-E
Libertad	28	3-F
Loma Bonita	31	2-B
Lomas de Chamapa	81	3-E
Lomas de Chamontoya	120	1-E
Maquixco	23	3-F
México	19	2-B
Nativitas	138	3-E
Nicolás Bravo	73	3-B
Ocopulco	49	2-F
Papalotla	50	6-D
Primero de Septiembre	42	3-F
Pueblo Coanalán	36	6-C
Pueblo San Bartolo Ameyalco	107	5-E
Pueblo Zapotlán	62	2-E
Resurrección	63	3-D
San Antonio Zomeyucan	82	2-B
San Bernardino	75	4-F
San Francisco Acuautla	115	2-D
San Francisco Chilpan	31	6-B
San Francisco Tepojaco	30	3-A
San Francisco Tepojaco	29	3-F
San Francisco Xalostoc	59	5-E
San Gregorio Cuautzingo	141	1-E
San Isidro	30	6-E
San Juan Teotihuacán	24	3-C
San Juan Ticomán	58	5-B
San Juan Ticomán	58	5-C
San Juan Tlalpizahuac	113	4-F
San Juan de Dios	63	6-B
San Juanico Nextipac	97	5-D
San Lorenzo Tetlixtac	33	3-B
San Lorenzo Tlacoyucan	151	6-C
San Lucas Huitzinhuacán	50	3-A
San Lucas Tepango	37	2-C
San Marcos Nepantla	23	5-B
San Martín Tepetlixpan	31	6-A
San Martín de Porres	47	2-C
San Miguel	88	6-B
San Miguel Amantla	69	5-F
San Miguel Tocuila	62	5-E
San Miguel Topilejo	149	3-B
San Pablo Xalpa	70	1-B
San Pedro	63	6-B
San Pedro Xalostoc	59	3-C
San Rafael Chamapa	81	2-C
San Sebastián Chimalpa	100	4-E
San Simón	63	3-C
San Vicente Chicoloapan	88	6-D
Santa Cruz Acalpixca	137	3-C
Santiago Acahualtepec	112	2-F
Santiago Tepalcapa	30	5-F
Santiago Yanhuitlalpan	94	5-A
Santiago Zacualuca	23	1-B
Tecamachalco	113	1-E
Tepalcates	98	4-F
Tequisistlán	48	2-F
Tezoyuca	49	2-E
Tizapán	109	4-A
Tlalnepantla	57	3-A
Tultepec	19	2-B
Universal	81	1-D
Valle de Madero	58	2-B
Xochiaca	87	6-C
ALDAMA 2A. CDA.		
San Miguel Tocuila	62	6-E
ALDAMA 2A. PRIV.		
La Cantera	19	2-B
ALDAMA 3 CDAS.		
Las Peñas	111	4-F
ALDAMA AND.		
La Olímpica	81	3-C
ALDAMA CDA.		
Barrio Texcatitla	139	6-A
Pueblo Tepepan	123	5-B
San Simón	63	3-C
Santa Cruz Meyehualco	112	4-A
Santiago Teyahualco	19	6-C
ALDAMA CJON.		
La Magdalena Atlicpan	100	6-F
San Bartolomé Xicomulco	150	3-D
Santa Ana Tlacotenco	152	6-A
ALDAMA DE 1A. PRIV.		
Tultepec	19	3-B
ALDAMA DE 2A. CDA.		
Hank González	59	1-C
ALDAMA DE CJON.		
San Salvador Cuauhtenco	150	4-B
ALDAMA I.		
San Francisco Xicaltongo	97	3-C
ALDAMA IGNACIO		
Aldama	123	6-C
Alfredo del Mazo	127	1-A
Ampliación Miguel Hidalgo	122	5-A
Barrio San Antonio	124	1-D
Barrio San Lorenzo	124	1-D
Barrio Tenantitla	139	6-A
Barrio Xaltipac	139	6-A
Benito Juárez	44	1-D
Buenavista	44	1-D
Cuauhtémoc	59	6-A
Dieciseis de Septiembre	60	6-C
Héroes de la Revolución	82	5-A
Hidalgo	56	5-E
Jalalpa	95	5-D
Jardines de San Lorenzo	124	1-D
Loma Bonita	100	5-A
Los Reyes Acaquilpan	113	1-B
Los Reyes Ixtacala	57	4-B
Manantiales	100	5-A
Miguel Hidalgo	59	3-F
Pueblo San Lorenzo Tezonco	124	1-D
Pueblo Tepepan	123	6-C
Pueblo Tepepan	123	6-B
San Salvador Cuauhtenco	150	4-B
Santa Cruz Meyehualco	112	4-A
Santa María Xalostoc	59	5-D
Santiago Zapotitlán	125	3-B
Tepotzotlán	4	6-C
ALDAMA IGNACIO 1A. CDA.		
Aldama	123	6-C
ALDAMA IGNACIO AV. Y CDA.		
Barrio San Lorenzo	124	2-D
ALDAMA IGNACIO DE 1A. CDA.		
Arbolitos	59	3-F
ALDAMA IGNACIO DE 2A. CDA.		
Miguel Hidalgo	59	4-F
ALDAMA IGNACIO PROL.		
San Salvador Cuauhtenco	150	4-B
ALDAMA IGNACIO Y 2 CJONES.		
Pueblo Tepepan	123	5-B
ALDAMA IGNACIO Y 4a. CDA.		
San Lorenzo Atemoaya	136	4-F
ALDAMA IGNACIO Y T.		
Aldama	123	5-C
ALDAMA JUAN		
Alfredo del Mazo	127	1-A
Ampliación Emiliano Zapata	42	2-E
Ampliación La Cañada	95	4-D
Cinco de Mayo	22	2-A
Ejido San Juan Tlihuaca	42	3-B
Guadalupe del Moral	98	6-D
Hank González	59	1-C
Héroes de la Independencia	59	3-F
Independencia	57	1-D
Jiménez Cantú	128	1-F
Miguel Hidalgo	59	3-F
Nueva Aragón	73	1-D
Pueblo San Miguel Ajusco	147	1-F
San Gabriel	43	3-D
San José del Jaral	43	3-D
San Mateo Huitzilzingo	140	5-C
Santo Tomás Ajusco	147	1-F
ALDAMA JUAN CDA.		
Hank González	59	1-C
Santo Tomás Ajusco	147	1-F
ALDAMA JUAN CJON.		
Pueblo Santa Ana Tlacotenco	152	6-A
ALDAMA JUAN DE		
Barrio Concepción	126	1-D
Barrio Guadalupe	126	1-D
Barrio San Miguel	126	1-D
Del Carmen	126	1-D
ALDAMA JUAN PRIV.		
San Mateo Huitzilzingo	140	5-C
ALDAMA JUAN PROL.		
San Mateo Huitzilzingo	140	5-C
ALDAMA MARIANO		
Barrio de Capula	17	1-B
ALDAMA MARIANO CDA.		
Barrio de Capula	17	1-B
ALDAMA PRIV.		
Barrio Tenantitla	139	6-A
Chimalhuacán	88	6-A
Santa Anita	97	2-D
ALDAMA PROL.		
Misiones de la Noria	123	6-C
Potreros de la Noria	123	6-C
San Juan Tepepan	123	6-C
San Miguel	88	6-A
San Simón Tolnáhuac	84	1-A
ALDAMA RAMON		
Paulino Navarro	97	1-C
ALDAMA SUR NORTE Y PRIV.		
Rivera del Bosque	56	1-F
ALDAMA VILLA CDA.		
San Jerónimo Lídice	108	5-D
ALDAMA Y CDA.		
2a. Ampl. Stgo Acahualtepec	112	3-E
Ampl. Cristóbal Higuera	43	5-A
Lázaro Cárdenas	82	1-D
San Miguel	88	6-B
ALDAMA Y CJON.		
San Lorenzo Chimalpa	140	4-D
ALDAMA Y PRIV.		
Cinco de Mayo	43	4-A
San Mateo Tlaltenango	107	3-D
ALDANA		
Ampl. Cosmopolita	70	5-E
ALDANA CDA.		
Las Peñas	111	4-F
ALDANA ESTEBAN		
Las Peñas	111	4-F
ALDANA HERMENEGILDO J.		
Pueblo de Tepexpan	36	6-B
ALDASORO JUAN PABLO		
Ampliación Aviación Civil	85	6-C
Aviación Civil	85	6-C
ALDEA LA		
Los Pastores	69	4-D
ALDEBARAN		
Espartaco	110	6-B
Prados de Coyoacán	110	6-B
U. H. El Rosario	56	6-F
ALDONZA		
Vicente Guerrero	81	4-E
ALDRETE JESUS		
U. H. Atzacoalco CTM	71	1-F
ALDUCIN RAFAEL		
Ciudad Satélite	69	3-A
Del Valle	96	5-D
Periodista	82	2-D
San Juan Tlihuaca	69	3-F
Santo Domingo	95	3-F
Tezozómoc	69	3-F
Unidad Miguel Hidalgo	69	3-F
ALEGRE		
Barros Sierra	121	1-A
ALEGRE FRANCISCO JAVIER		
Barrio Texcacoa	4	6-D
Ciudad Satélite	56	5-B
Paulino Navarro	97	1-C
Vista Alegre	97	1-C
ALEGRIA		
Barrio La Guadalupita	138	2-D
Ejido de Atlautenco	34	6-F
Palmatitla	58	1-C
ALEJANDRIA		
Clavería	83	1-B
Los Encinos	121	6-D
Santiago Cuautlalpan	88	3-E
ALEJANDRINA		
Ampliación La Esmeralda	34	1-D
Del Trabajo	88	3-F
Jaime Torres Bodet	138	5-F
Joya de Vargas	137	5-A
La Joya Ixtacala	57	5-C
Nueva San Isidro	127	4-E
Piedra Grande	59	3-B
ALEJANDRINA DE SEGUNDO CJON.		
Ampliación La Esmeralda	34	1-D
ALEJANDRINOS		
Isidro Fabela	95	4-D
ALEMAN MANUEL		
La Conchita Zapotitlán	125	3-B
La Conchita Zapotitlán	125	4-B
ALEMAN MANUEL 3R. CJON		
La Conchita Zapotitlán	125	3-B
ALEMAN MANUEL PRIVS.		
La Conchita Zapotitlán	125	4-B
ALEMAN MIGUEL		
Albarrada	111	1-D
Ampl. Granada	83	3-A
Atzacoalco	71	3-F
Benito Juárez	36	5-C
Benito Juárez	59	2-B
Centro Urbano Atizapán	56	2-B
Cnel. José Antonio Torres	60	1-D
Consejo Agrarista Mexicano	111	5-E
Ej. Santa María Aztahuacán	112	2-A
El Chamizal	72	2-E
El Hostol Zona Comunal	44	6-B
Eva Sámano de López Mateos	111	1-D
Guadalupe	57	5-E
Hank González	59	2-C
La Trinidad	76	1-C
Lomas de la Era	107	6-E
Marina Nacional	59	6-A
Miguel de la Madrid Hurtado	113	5-C
Miravalle	112	4-F
Presidentes de México	111	5-E
Progresista	111	1-D
Progreso de Oriente	100	1-B
San Lorenzo	56	2-B
Santiago Atepetlac	57	5-E
Vicente Guerrero 1a. Secc.	28	6-E
Villa San Lorenzo Chimalco	100	2-C
Xaltipac	100	1-B
ALEMAN MIGUEL 2A. CDA.		
Presidentes	88	6-D
ALEMAN MIGUEL CDA.		
Lomas de Totolco	101	2-A
Presidentes	88	6-D
Vicente Guerrero	28	6-E
ALEMAN MIGUEL GRAL.		
Centro	84	4-C
ALEMAN MIGUEL LIC.		
Ejido San Agustín Atlapulco	100	4-C
La Conchita Zapotitlán	125	3-B
ALEMAN MIGUEL LIC. 2 PRIVS.		
La Conchita Zapotitlán	125	4-B
ALEMAN MIGUEL LIC. 3R. CJON.		
La Conchita Zapotitlán	125	3-B
ALEMAN MIGUEL PDTE.		
Manantiales	100	5-A
ALEMAN MIGUEL PDTE. PRIV.		
Buenos Aires	96	2-F
ALEMAN MIGUEL PDTE. VIADUCTO		
Alamos	97	2-A
Algarín	97	2-A
Atenor Sala	97	2-A
Buenos Aires	97	2-A
Del Valle	96	2-F
Escandón	96	2-F
Nápoles	96	2-F
Piedad Narvarte	96	2-F
Roma Sur	96	2-F
ALEMAN MIGUEL PRESIDENTE AV.		
Los Parajes	57	1-A
Pueblo San Rafael	57	1-A
Tlayapa	44	6-A
ALEMAN MIGUEL Y 1A. CDA.		
Benito Juárez	58	4-A
ALEMAN VALDEZ MIGUEL		
Emiliano Zapata	60	5-B
Lázaro Cárdenas	73	5-B
Valle de Anáhuac Secc. A	60	5-B
ALEMANES		
El Paraíso	95	4-E
ALEMANIA		
Barrio Transportistas	87	3-C
Centro Urbano Cuaut Izcalli	17	5-E
Independencia	97	5-A
Jardines de Acuitlapilco	88	5-B
Jardines de Cerro Gordo	60	1-B
La Olímpica II	60	5-B
Lomas de Bulevares	43	6-E
México 68	68	4-E
México 68	68	4-D
México 68	60	5-B
México 86	81	2-B
Parque San Andrés	110	3-A
San Simón Ticumac	97	5-A
ALEMANIA DE PRIV.		
Residencial La Luz	17	2-E
ALENCASTRE		
Lomas de Virreyes	82	6-F
ALEONIL		
Ciudad Cuauhtémoc	35	1-A
ALESSIO ROBLES ANGELA PRIV.		
Pantitlán	98	2-D
ALESSIO ROBLES PRIV.		
Pantitlán	98	1-D
ALESSIO ROBLES VITO		
Ampliación Miguel Hidalgo	122	4-A
Florida	109	2-C
Granjas Cabrera	124	2-E
Hda. de Gpe. Chimalistac	109	2-C
Jacarandas	111	3-F
Pantitlán	98	2-D
ALESSIO ROBLES VITO CDA.		
Hda. de Gpe. Chimalistac	109	2-C
ALETA AV.		
Del Mar	124	4-E
ALEUTIANAS		
Cosmopolita	70	5-E
ALFA		
Casa Blanca	111	5-E
Manuel Romero de Terreros	109	3-D
Pedregal de San Francisco	109	3-D
Unidad Infonavit C.T.M.	75	1-F
ALFA CENTAURO		
Arboleda	57	4-D
San Pablo Los Gallos	17	5-A
Sideral	57	4-D
ALFA DEL CENTAURO PRIV.		
Sideral	57	4-D
ALFAJAYUCAN		
San Andrés Tetepilco	97	5-C
ALFALFAR		
Granjas México	98	2-A
ALFALFARES Y 4 CDAS.		
Granjas Coapa	123	3-E
ALFANJES DE LOS AV.		
Izcalli La Cuchilla	57	2-D
ALFARERIA		
Morelos	84	3-C
ALFAREROS		
Barrio del Carmen	18	2-C
San Mateo Ixtacalco	18	2-C
San Mateo Ixtacalco	18	1-D
U. H. El Rosario	69	1-E
ALFAREROS SUR		
Santa Clara	59	4-C
ALFARO SIQUEIROS DAVID		
Amado Nervo	19	2-D
Rufino Tamayo	46	5-E
San Miguel Teotongo	113	2-A
U. H. E. Zapata ISSSTE	76	3-D
U. Pedro Ojeda Paullada	73	3-B
ALFARO SIQUEIROS DAVID(C.47)		
Ignacio Zaragoza	98	1-B
ALFEÑIQUE		
Dos Ríos	108	2-A
Dos Ríos	108	2-B
ALFOMBRILLA		
Un Hogar para Nosotros	83	2-D
ALFONSO XIII		
Alamos	97	3-B
Ampliación San Mateo	68	2-E
La Malinche	108	6-B
ALFREDO		
Ampl. San Mateo	68	2-D
ALGARA CERVANTES JOSE		
Paulino Navarro	97	1-C
ALGARROBO		
El Manto	111	2-B
La Palma	59	1-D
ALGARROBOS		
Villa de las Flores	33	1-A
ALGEBRA		
México	98	2-F
México	99	1-A
ALGECIRAS		
Insurgentes Mixcoac	96	6-C
ALGIBE		
La Mesa	122	5-C
Santa Ursula Xitla	122	5-C
ALGODON		
Villa de las Flores	33	1-A
ALGODONALES		
Gabriel Ramos Millán	123	2-D
ALGUACIL		
Villa Royale	123	3-D
ALHAMBRA		
Portales	97	6-A
ALHELI		
Altavista	113	1-F
Ampliación El Tesoro	44	3-D
Ampliación Emiliano Zapata	127	2-C
Barrio San Miguel	139	6-E
Belén de las Flores	95	3-E
Colinas de Ecatepec	46	3-E
Cooperativa Ceguayo	108	2-B
Ejidos de San Pedro Mártir	122	6-F
El Molino	124	3-E
Ex Hda Sn Nicolás Tolentino	124	3-E
Hogares de Atizapán	42	4-E
Izcalli Ecatepec	46	3-E
Jardines de Chalco	140	2-D
Jardines de Monterrey	43	3-C
Jesús Vela	111	2-B
Juventud Unida	135	1-F
La Nopalera	113	4-B
Lomas San Lorenzo	111	6-E
Lomas de San Lorenzo	124	1-E
México	19	2-B
Miraflores	42	2-F
Nueva Santa María	83	1-D
Paraje La Joyita	135	2-E
Prados de Ecatepec	20	4-A
San Francisco Chilpa	44	1-C
San José del Jaral	43	3-D
San Juan Zapotla	100	1-E
San Miguel Teotongo	113	4-B
Santa María de Guadalupe	44	3-A
Santa Rosa	101	1-E
Tamaulipas El Palmar	86	6-C
Tamaulipas Oriente	86	6-C
U. H. Morelos Ecatepec	47	2-B
Villas de Tolimpa	76	5-B
Xalpa	112	3-D
ALHELI CDA.		
Lomas de San Miguel	43	3-B
ALHELI CJON.		
Barrio La Santísima	137	1-A
ALHELI DE CDA.		
Torres del Potrero	108	5-A
ALHELI DEL CDA.		
Arenal de Guadalupe	123	4-A
ALHELI PRIV.		
Santa Rosa	101	1-E
ALHELI Y CDA.		
Lomas de San Miguel	43	3-B
Torres del Potrero	108	5-A
ALHELIES		
Ejidal Ampl. San Marcos	44	4-D
El Mirador II	121	6-E
Jardines de Morelos	47	1-E
Jardines de Morelos	47	1-D
San José del Jaral	43	2-D
San Pablo de las Salinas	20	6-A
U. H. Solidaridad Social	20	6-A
Villa de las Flores	33	1-A
ALHELIES LOS		
Jardín de la Florida	69	2-C
ALHEÑA		
Prizo	73	2-D
ALHONDIGA		
Centro	84	5-C
ALHONDIGA DE GRANADITAS		
Granjas Independencia III	73	1-B
Héroes de la Independencia	59	3-F
Lomas de la Estancia	112	4-F
Miguel Hidalgo	59	3-F
San Martín de las Pirámides	24	1-F
ALHOVAS		
San Clemente	108	3-D
ALICA		
Molino del Rey	82	6-F
ALICAMA		
Lomas Virreyes	82	6-F
Molino del Rey	82	6-F
ALICANTE		
Alamos	97	4-A
Corazón de la Herradura	81	6-E
Miguel Alemán	97	4-A
Niños Héroes de Chapultepec	97	4-A
Nuevo San Lucas Patoni	45	6-A
Postal	97	4-A
Residencial El Dorado	56	2-E
ALICIA		
Ex Hda Sn Nicolás Tolentino	124	3-E
Guadalupe Tepeyac	71	6-C
Las Granjas Acolman	36	4-B
Rincón de Echegaray	69	3-D
ALICIA PRIV.		
Cuchilla Pantitlán	85	5-E
Los Cerrillos	138	2-D
ALIJADORES		
San Sebastián Xhala	18	2-B
ALISO		
La Palma	46	6-E
La Palma	59	1-E
ALISOS		
Los Morales	18	4-B
ALIZA		
Miguel de la Madrid Hurtado	112	3-E
ALMA FUERTE		
Zapotitla	125	1-B
ALMACENES CDA.		
Atzacoalco	71	3-F
Barrio Jagüey	70	4-D
ALMACIGO		
Tepotzotlán	4	6-C
ALMADA FERNANDO		
San Miguel Teotongo	113	4-B

Calle / Colonia — COORDENADAS PLANO

ALMADA MARIO
- San Miguel Teotongo 113 4-B

ALMAGRES
- Jalalpa El Grande 95 6-B

ALMAGUER IGNACIO
- Las Peñas 111 4-F

ALMANALCO
- Vergel de Coyoacán 123 2-B

ALMANDINA
- Ciudad Cuauhtémoc 34 2-D
- Estrella 71 5-D

ALMANIA OTE.
- San Francisco Cascantitla 18 6-C

ALMANIA PTE.
- San Francisco Cascantitla 18 6-C

ALMANZA FRAY JESUS PRIV.
- Tepalcates 98 3-F

ALMANZA JESUS CDA.
- Tepalcates 98 3-F

ALMANZA MATEO
- Francisco Villa 111 4-E

ALMANZA MATEO CDA.
- Francisco Villa 111 4-E

ALMARAZ ANDRES
- Ciudad Satélite 56 6-C

ALMARAZ ESPINOZA ASCENSION
- Abdías García Soto 107 3-B

ALMAZAN
- Lomas del Carmen 94 1-E

ALMAZAN ANDREW
- Marina Nacional 59 6-A
- Ojo de Agua 125 4-E

ALMEJA
- Caracol 85 5-D
- Del Mar 124 4-E

ALMENAS
- Jardines del Sur 136 2-D
- La Cebada 123 5-D
- San Lorenzo 123 5-D

ALMENDRA
- Chiconautla 3000 35 3-B
- El Mirador 59 1-A
- Jardines de Ecatepec 47 2-A
- La Palma 59 1-D
- Las Huertas 81 1-C
- Lomas de San Miguel 43 2-B
- San Juan Xalpa 111 4-B

ALMENDRA Y CDA.
- Las Huertas 68 6-D
- Tabla del Pozo 59 2-A

ALMENDRADO
- Santa María Chimalhuacán 88 5-A

ALMENDRAS
- Ejido Santa Cruz Xochitepec 136 1-C
- Ejidos de San Cristóbal 33 6-E
- Prados de Ecatepec 20 3-A
- Pueblo Nuevo Alto 121 2-A
- Tlatel Xochitenco 87 2-D

ALMENDRAS DE 1A. CDA.
- Ejidos de San Cristóbal 33 6-E

ALMENDRAS DE 2A. CDA.
- Ejidos de San Cristóbal 33 6-E

ALMENDRO
- Ampl. San José del Jaral 43 3-D
- Capulines 43 2-A
- Chamacuero 43 3-D
- Jalalpa Tepito 95 6-B
- México Nuevo 60 4-D
- Nueva Santa María 83 1-E
- Pueblo Nuevo Alto 121 2-A

ALMENDROS
- Barrio Fundidores 87 2-F
- Bosques de Morelos 30 4-C
- La Perla 99 4-F
- Prados de San Mateo 68 3-E
- Punta La Zanja 87 3-F
- U. H. El Rosario 69 2-F
- Villa de las Flores 32 3-F

ALMENDROS DE LOS
- Lomas de San Mateo 68 3-D

ALMERIA
- Miguel Alemán 97 4-A

ALMICA
- Cerro del Tejolote 114 6-D

ALMOLOYA
- Altavilla 72 1-A
- Barrio Jugueteros 87 6-B
- Emiliano Zapata 152 2-D
- La Sardaña 44 3-C
- Lomas Verdes 32 5-A
- Lomas de Atizapán 55 2-F
- Los Reyes 100 6-C
- Sagitario V 73 2-C
- Sagitario V 73 3-C
- Valle de los Reyes 100 6-C
- Vergel de Coyoacán 123 2-B

ALMOLOYA CDA.
- El Molino 127 3-D

ALMOLOYA DE ALQUISIRAS
- Valle de Ayotla 126 1-F

ALMOLOYA DE JUAREZ
- Lomas Verdes 31 5-F
- Los Angeles 57 2-D
- Valle de Ayotla 126 1-F

ALMOLOYA DE JUAREZ NTE Y SUR
- Lomas de Atizapán 55 2-E

ALMOLOYA DEL RIO
- Lomas Verdes 31 5-F
- Valle de Ayotla 126 1-F

ALMOLOYA PRIV.
- El Molino 127 3-D

ALMOLOYA PRIV. CDA.
- El Molino 127 3-D

ALMOREJOS
- San Clemente 108 3-D

ALMURIA OTE.
- San Francisco Cascantitla 18 6-C

ALMURIA PTE.
- San Francisco Cascantitla 18 6-C

ALO
- Pedregal de Santo Domingo 109 5-E

ALOE
- El Manto 111 3-B
- San Juan Cerro 111 3-B

ALOES
- Villa de las Flores 33 1-A

ALOLBA
- Tlapechico 95 5-B

ALONDRA
- Benito Juárez 41 1-F
- Ciudad Cuauhtémoc 35 1-A
- El Rosedal 110 3-A
- Granjas de Guadalupe 42 1-C
- Las Aguilas 43 4-A
- Las Tórtolas 20 4-C
- Minas del Coyote 81 3-B
- Prados de Ecatepec 19 3-F
- San Cristóbal Texcalucan 93 2-C

ALONDRA AV.
- Chicatín 56 3-B
- La Cañada 56 3-B

ALONDRAS
- Granjas de Guadalupe 42 2-C
- Izcalli Jardines 47 1-B
- Las Arboledas 43 6-D
- Lomas de San Esteban 76 6-B
- Lomas de San Esteban 89 1-B
- Parque Residencial Coacalco 33 5-B
- Rinconada de Aragón 60 5-B

ALONDRAS CDA.
- Valle de Tules 44 3-C

ALONSO PINZON FRANCISCO
- Colón Echegaray 69 3-D

ALONSO PINZON MARTIN
- Colón Echegaray 69 3-D

ALOTEPEC
- Residencial Cafetales 123 2-F

ALPACAS 1a., 2a. Y 3a.
- PROFOPEC Polígono 3 60 6-C

ALPES
- Ampliación Benito Juárez 81 3-F
- Ampliación Benito Juárez 81 4-E
- Bosques de la Hacienda 17 4-D
- Loma Colorada 81 2-D
- Lomas Verdes Sección IV 55 6-E
- Los Alpes 109 1-B
- Observatorio 96 2-A
- San Bartolo Ameyalco 108 5-A
- San Juan Totoltepec 68 5-F
- San Miguel Teotongo 113 2-A

ALPES DE LOS AV.
- Lomas Reforma 95 1-D
- Lomas de Chapultepec 82 5-E

ALPES LOS
- Loma de la Cañada 82 2-B
- Lomas de la Cañada 82 3-B

ALPINA LA
- Industrial 71 5-C

ALPINA Y PRIV.
- Tizapán 109 4-A

ALPINA ZINACANTECATL
- La Presa Lázaro Cárdenas 58 4-D

ALPINISMO
- Las Peñitas 43 4-C

ALPINO CARPIO
- La Presa Lázaro Cárdenas 58 5-C

ALPINO COMETA
- Montañista 58 3-D

ALPINO FUEGO NUEVO
- Montañista 58 4-D

ALPUYECA
- U. H. Emiliano Zapata 123 1-E

ALQUICIRAS SIMON
- Las Peñas 111 4-F

ALQUIMILAS
- Villa de las Flores 33 1-A

ALQUISIRAS ASCENCIO PEDRO
- Pueblo San Miguel Ajusco 148 1-A

ALSACIA
- San Andrés Tetepilco 97 6-C

ALSINE
- Jesús Vela 111 2-B

ALSINES
- Villa de las Flores 33 1-A

ALTA MAR DE LA
- Zona Res. Acueducto de Gpe. 58 5-A

ALTA TENSION
- Ampliación Molino de Rosas 95 6-F
- Arboledas 124 1-F
- Barrio Santa Ana Zapotitlán 125 1-A
- Dolores Tlali 136 4-A
- Los Padres 108 6-B
- Los Padres 108 6-A
- Merced Gómez 108 1-F
- Molino de Rosas 95 6-F
- Olivar del Conde 1a. Secc. 95 6-F
- Tepetitla 136 4-A
- Tlacuitlapa 108 2-C
- Tlaxiopan 136 4-A

ALTA TENSION AV.
- Ciudad Lago 86 1-A
- Torres del Potrero 108 5-A

ALTADENA
- Nápoles 96 3-D

ALTAIR
- Prados de Coyoacán 110 6-C

ALTAMAR
- U. INFONAVIT Iztacalco 97 4-E

ALTAMIRA
- Lomas San Lorenzo 111 6-E
- Miravalle 110 1-B

ALTAMIRA AV.
- Altamira 81 2-F
- Ampl. Altamira 81 2-F
- Balcones de Chamapa 81 2-F
- Las Colonias 81 2-F
- Nopalera 81 2-F
- Nueva San Rafael 81 2-F

ALTAMIRANO
- Barrio Cesteros 87 3-E
- Barrio Mineros 87 3-E
- Barrio Pescadores 87 3-E
- Barrio Talladores 87 3-E
- Ixtlahuacan 112 3-F
- La Magdalena Atlicpan 100 6-F
- Progreso Guadalupe Victoria 33 4-D
- San Francisco Tepojaco 29 2-F
- San Mateo Chipiltepec 36 6-F
- San Miguel Teotongo 113 2-A
- San Pablo 87 4-E
- Villa San Lorenzo Chimalco 100 2-C
- Xalpa 112 3-D

ALTAMIRANO CJON.
- Calacoaya 56 4-B

ALTAMIRANO I. M. MAESTRO
- Zona Escolar 58 3-A

ALTAMIRANO I. MANUEL
- Ignacio Allende 60 4-B

ALTAMIRANO IGNACIO
- México 99 2-A
- San Rafael 83 4-E

ALTAMIRANO IGNACIO M.
- Corralitos 112 4-C
- El Calvario 46 1-F
- San Miguel Teotongo 113 2-A
- Tenorios 112 4-C

ALTAMIRANO IGNACIO M. AND.
- San Rafael Chamapa 81 2-E

ALTAMIRANO IGNACIO M. AV.
- María Isabel 126 3-E
- San Isidro 127 4-A
- Santa Cruz 127 4-A

ALTAMIRANO IGNACIO M. CDA.
- Palmitas 112 4-C
- Tultepec 19 3-B

ALTAMIRANO IGNACIO MANUEL
- Ampliación Jalalpa 95 5-D
- Barrio Carpinteros 87 3-F
- Barrio Pescadores 87 3-F
- Barrio Santa Ana Zapotitlán 124 3-F
- Carlos Hank González 111 4-F
- Ciudad Satélite 56 6-B
- Covadonga 127 5-E
- Hacienda Santa Mónica 56 5-C
- José María Morelos y Pavón 47 6-D
- La Nopalera 124 3-F
- Las Américas 63 5-A
- Las Peñas 111 4-F
- Lomas de Chamapa 81 3-D
- Miguel Hidalgo 124 3-F
- Punta La Zanja 87 3-F
- Revolución 63 5-A
- San Pedro Atocpan 150 3-F
- Santa Cruz Meyehualco 111 4-F
- Tultepec 19 3-B
- Veintiuno de Marzo 44 5-A
- Xaltipac 100 1-B

ALTAMIRANO M. I. Y 3 CDAS.
- Barrio Santa Ana Zapotitlán 125 3-A

ALTAMIRANO MANLIO FAVIO LIC.
- Jacarandas 111 3-F

ALTAMIRANO MANUEL CDA.
- San Antonio Xahuento 19 2-E

ALTAMIRANO PRIV.
- Carlos Hank González 112 4-A

ALTAMIRANO Y 4 PRIVS.
- Barrio Loreto 109 4-B

ALTAMIRANO Y CDA.
- San Juan Atlamica 17 4-E

ALTATA Y CDA.
- Hipódromo 96 2-D

ALTAVILLA AV.
- Altavilla 72 1-A

ALTAVISTA
- El Mirador 136 1-C
- Héroes de Padierna 121 1-D
- La Casilda 58 1-C
- Las Cruces 108 6-A
- Paseo de las Lomas 94 6-E

ALTAVISTA AV.
- San Angel 109 3-A
- San Angel Inn 109 3-A

ALTAVISTA CJON.
- Pueblo Sn Nicolás Totolapan 121 3-B

ALTAVISTA DE Y 2 CDAS.
- San Miguel Xicalco 135 5-D

ALTAVISTA Y CDA.
- Olivar Santa María 138 3-E

ALTEA
- Jesús Vela 111 2-B

ALTEÑA
- San Juan Ixhuatepec 58 5-F

ALTEÑA LA
- La Alteña 69 1-A
- Lomas de las Fuentes 69 1-A

ALTEPEMILPA PRIV.
- San Pedro Mártir 122 6-E

ALTEPETL
- Barrio Labradores 87 3-C
- Barrio San Hipólito 87 3-C
- Barrio Santa Eugenia 87 3-C

ALTILLO
- U. H. Narciso Mendoza 123 3-C

ALTIPERA 1 CDAS.
- Guadalupe Victoria 33 6-C

ALTIPLANO
- Izcalli San Pablo 20 6-B

ALTO LERMA
- Club de Golf Prados de la M 107 2-F
- Pueblo Santa Lucía 107 2-F
- Reacomodo Santa Lucía 107 2-F
- Tetlalpan 107 2-F

ALTO LERMA CDA.
- Pueblo Santa Lucía 107 2-F

ALTO LUCERO
- San Francisco Zacango 36 6-E

ALTO LUCERO CDA.
- San Jerónimo Lídice 108 5-C

ALTO VALLE
- La Casilda 58 1-C

ALTO VALLE PROL.
- Arboledas Cuaut. El Alto 58 1-C

ALTOS DE LOS
- Cuautepec El Alto 58 1-A

ALTOS HORNOS
- Barrio Fundidores 87 2-F
- Punta La Zanja 87 2-F

ALTOS LERMA
- Corpus Christi 108 1-A

ALTOTONGA CDA.
- San Jerónimo Lídice 108 5-D

ALTUN HA
- Tikal 30 5-D

ALTUNA
- Centro 84 3-B

ALUD
- Jardines del Pedregal 121 2-F

ALUMINIO
- Ampliación Michoacana 84 2-C
- Chamacuero 43 3-D
- Felipe Angeles 84 2-C
- Felipe Pescador 84 2-C
- Lázaro Cárdenas 60 6-D
- Maza 84 2-C
- Nicolás Bravo 84 2-C
- Nueva San Isidro 127 4-E
- Popular Rastro 84 2-C
- San Juan Cerro 111 3-B
- Tlatempa 46 6-E
- Veinte de Noviembre 84 2-C

ALUMINIO DEL
- Esfuerzo Nacional 59 5-D

ALUMNOS
- Axotla 109 2-D
- Palmitas 112 5-C
- Pueblo San Bernabé Ocotepec 120 1-F
- San Miguel Chapultepec 96 1-C

ALVA CESAREO
- Tulyehualco 138 2-E

ALVA DE LA CANAL R. (C.43)
- Ignacio Zaragoza 98 1-B

ALVA EDISON TOMAS
- Ind. San Nicolás Tlaxcolpan 56 2-F
- Parque Ind. Cuamatla 18 6-A
- San Martín de las Pirámides 24 1-F

ALVA IXTLILXOCHITL F. Y CDA.
- Obrera 84 6-B
- Tránsito 84 6-B

ALVA IXTLILXOCHITL FDO. DE
- Ciudad Satélite 69 1-C
- Residencial San Pedro 76 1-A

ALVARADO
- San Jerónimo Aculco 108 6-D

ALVARADO AURELIO
- Del Bosque 114 6-B

ALVARADO AURELIO DE 4A. CDA.
- Rincón del Bosque 114 6-B

ALVARADO DOMINGO
- La Conchita Zapotitlán 125 3-C

ALVARADO GENARO RT.
- U. H. Atzacoalco CTM 71 1-F

ALVARADO JOSE
- Roma Norte 96 1-E

ALVARADO PABLO
- Benito Juárez 97 4-E

ALVARADO S. GRAL. Y CDA.
- Escandón 96 2-C

ALVARADO SALVADOR GRAL.
- Héroes de la Revolución 82 5-B

ALVARADO TEZOZOMOC FERNANDO
- Ciudad Satélite 69 2-A

ALVAREZ BERTIN
- Francisco Alvarez 114 6-C

ALVAREZ DE ICAZA FRANCISCO
- Obrera 84 6-A

ALVAREZ DEL CASTILLO FCO ING
- Barrio Guadalupe 124 1-D

ALVAREZ DEL CASTILLO FCO.
- Barrio San Antonio 124 2-C

ALVAREZ DOMINGA
- Carmen Serdán 110 6-E

ALVAREZ ENRIQUE
- Zapotitla 125 1-B

ALVAREZ J. M.
- Ampliación Jalalpa 95 5-C

ALVAREZ J. Y 3 CDAS.
- Barrio San Miguel 111 2-C

ALVAREZ JOSE JUSTO Y CDA.
- Constitución de la Rep. 71 4-F

ALVAREZ JUAN
- Barrio San Antonio 124 2-C
- Buenavista 31 6-D
- Centro 84 3-B
- Insurgentes 111 4-F
- Jalalpa 95 5-D
- Jiménez Cantú 128 1-F
- La Concepción 121 3-C
- Las Peñas 111 4-F
- Lázaro Cárdenas 86 1-A
- Nicolás Bravo 73 3-B
- San Juan Atlamica 17 4-E
- Veintiuno de Marzo 44 5-A

ALVAREZ JUAN AV.
- Benito Juárez 97 4-D

ALVAREZ JUAN CDA.
- Benito Juárez 41 2-F

ALVAREZ JUAN GRAL.
- Lázaro Cárdenas 86 1-A
- San Juan Ixhuatepec 58 5-F

ALVAREZ JUAN N.
- Paraje Zacatepec 112 2-D

ALVAREZ M. RAMON
- San Juan Tlihuaca 69 4-F

ALVAREZ MANUEL
- Juan Escutia 98 3-F

ALVAREZ MARQUEZ ARTURO
- U. H. San Rafael Coacalco 33 1-C

ALVAREZ TORRES GILBERTO
- Z. E. Santa Martha Acatitla 99 5-D

ALVAREZ VENUSTIANO
- El Capulín 114 6-D

ALVAREZ Y ALVAREZ JOSE
- Constitución de 1917 111 3-E

ALZATE ANTONIO
- Ciudad Satélite 69 2-C

ALZATE AV.
- Chalco 140 2-F

ALZATE JOSE ANTONIO
- Agricultura 83 3-E
- Santa María La Ribera 83 3-E
- Tepotzotlán 4 6-C
- Tepotzotlán 4 5-C

ALZATE MIGUEL
- Alfredo del Mazo 126 1-F

ALLANTO
- Prizo 73 2-D

ALLEGRI GREGORIO
- Miguel Hidalgo 124 3-F

ALLENDE
- 1a. Ampl. Stgo Acahualtepec 112 2-E
- Adolfo López Mateos 100 4-E
- Ampl. Buenavista 44 3-D
- Ampl. Cristóbal Higuera 43 5-A
- Ampl. Profr. C. Higuera 43 5-B
- Barrio Chapultepec 136 6-F
- Barrio San Agustín 139 6-D
- Barrio Santiago 141 1-A
- Barrón Centro 41 1-F
- Benito Juárez 41 1-F
- Benito Juárez 28 5-E
- Benito Juárez 41 2-F
- Bulevares Impala 47 2-A
- Centro 84 4-B
- Centro Poniente 63 6-B
- Clavería 70 6-C
- Coatlinchán 89 2-C
- Cuauhtémoc 22 4-A
- Chalco 127 6-F
- Chalco Centro 127 6-F
- Chiconcuac 62 2-F
- Chiconcuac 49 6-F
- Dr. Jorge Jiménez Cantú 18 2-F
- Ecatepec de Morelos 33 6-D
- Ecatepec de Morelos 46 1-D
- Ejidal 127 6-F
- Ejido Axotlan 29 3-A
- El Carmen 109 2-E
- El Tanque 108 6-A
- Emiliano Zapata 2a. Secc. 152 1-D
- Francisco I. Madero 42 2-A
- Guadalupana 18 5-B
- Guadalupita 123 3-F
- Guerrero 84 4-B
- Hank González 59 2-C
- Ignacio Zaragoza 28 5-D
- Jorge Jiménez Cantú 28 3-E
- Juárez Pantitlán 98 2-F
- La Conchita 63 6-B
- La Lupita 139 3-A
- La Magdalena Panohaya 62 3-D
- La Paz 63 6-B
- Las Huertas 81 1-D
- Lindavista 114 6-B
- Loma Azul 56 2-D
- Lomas de Chamontoya 120 1-E
- Lomas de Zaragoza 113 2-A
- Los Reyes 113 1-D
- Los Reyes Acatlizhuayan 154 1-B
- Lotería Nacional 70 6-C
- Llano de las Cruces 113 5-C
- Magdalena de los Reyes 113 1-D
- Maquixco 23 3-F
- México 99 2-A
- Naucalpan de Juárez 69 6-C
- Nicolás Romero 28 5-D
- Ocopulco 49 2-E
- Paraje San Juan 111 3-C
- Pentecostés 63 1-D
- Pueblo San Andrés Ahuayucan 136 6-F
- Pueblo San Diego 76 2-C
- Pueblo San Lorenzo Tezonco 124 1-D
- Pueblo Santa Ursula Coapa 123 1-B
- Pueblo Zapotlán 62 2-E
- Resurrección 63 3-D
- Revolucionaria 19 1-C
- San Andrés Ahuayucan 136 6-F
- San Andrés Chiautla 63 2-B
- San Andrés Riva Palacio 62 4-D
- San Andrés Riva Palacio 62 5-E
- San Antonio Zomeyucan 82 2-A
- San Bernardino 75 4-F
- San Francisco Acuautla 115 2-D
- San Francisco Chilpa 31 6-C
- San Francisco Mazapa 24 3-F
- San Francisco Zacango 36 6-D
- San Isidro 30 6-E
- San Isidro La Paz 29 6-A
- San José Buenavista 112 5-B
- San Juan Ixtayopan 139 4-A
- San Juan Ticomán 58 5-B
- San Juan de Dios 63 6-B
- San Juanito 63 6-B
- San Lorenzo Acopilco 106 5-D
- San Lorenzo Río Tenco 17 1-F
- San Lorenzo Tetlixtac 33 4-A
- San Lucas Huitzinhuacán 50 3-A
- San Luis Huexotla 76 4-C
- San Martín Xico Nuevo 140 4-D
- San Martín de Porres 47 2-C

Calle — Colonia — COORDENADAS — PLANO

San Miguel 88 5-B
San Miguel Chalma 57 2-F
San Miguel Topilejo 149 3-B
San Nicolás Tetelco 152 1-C
San Pablo Oztotepec 150 5-D
San Pablo Tecalco 22 5-D
San Pedro 63 6-B
San Sebastián Chimalpa 100 4-E
San Simón 63 3-C
Santa Catarina Ayotzingo 153 2-C
Santa Catarina Ayotzingo 153 1-C
Santa María Chimalhuacán 88 3-A
Santa María Ozumbilla 21 4-F
Santiago Acahualtepec 112 2-F
Santiago Cuautlalpan 88 4-E
Santiago Cuautlalpan 16 4-B
Santiago Yanhuitlalpan 94 5-A
Santiago Zula 141 6-A
Santo Tomás Chiconautla 34 3-E
Tizapán 108 4-F
Tlalpan 122 4-E
Torres del Potrero 108 5-B
Tultepec 19 3-C
Valle de Madero 58 2-B
Vista Hermosa 33 6-D
Xochiaca 87 6-C
Xolalpa 50 3-E
ALLENDE 1A. CDA.
El Tanque 108 6-A
San Isidro La Paz 29 6-B
ALLENDE 2a. CDA.
Lomas de la Estancia 112 3-E
ALLENDE AND.
Ecatepec de Morelos 47 2-A
La Olímpica 81 3-C
ALLENDE AV.
San Mateo Tlaltenango 107 4-C
San Vicente Chicoloapan 88 6-E
ALLENDE CDA.
Barrio Norte 95 5-F
Ejército del Trabajo 101 1-B
Guadalupe Victoria 33 6-C
Guerrero 84 3-B
Lomas de la Estancia 112 4-E
Los Rosales 44 4-A
San Andrés Ahuayucan 136 6-F
San Miguel 88 6-B
San Miguel Tocuila 62 5-E
San Pablo Oztotepec 150 5-D
San Sebastián Chimalpa 100 5-E
Santa María Cuautepec 32 5-A
Santiago Cuautlalpan 88 4-E
Torres del Potrero 108 5-B
ALLENDE CJON.
Barrio Cruztitla 152 1-A
Chiconcuac 62 1-F
El Sifón 97 6-D
Los Reyes Culhuacán 110 3-E
Pueblo Santa Lucía 108 2-A
Xochiaca 87 6-C
ALLENDE DE 1A. CDA.
Francisco I. Madero 42 2-A
San Felipe de Jesús 138 2-D
Valle de Madero 58 2-A
ALLENDE DE 2A. CDA.
El Tanque 108 6-A
Francisco I. Madero 42 2-A
San Vicente Chicoloapan 88 6-F
Valle de Madero 58 2-A
ALLENDE DE 3A. CDA.
Francisco I. Madero 42 2-A
ALLENDE DE CDA.
Coacalco de Berriozábal 32 4-F
San Andrés Riva Palacio 62 5-E
San Vicente Chicoloapan 88 6-F
ALLENDE DE PROL. 2A. CDA.
San Sebastián Chimalpa 100 5-E
ALLENDE DE RT.
Ampliación San Esteban 100 5-D
ALLENDE IGNACIO
16 de Septiembre 60 6-C
Acuitlapilco 88 3-B
Alfredo del Mazo 127 1-E
Alfredo del Mazo 127 3-E
Amipant 98 2-F
Ampl. Granjas de Guadalupe 42 1-D
Ampl. Torreblanca 83 2-A
Ampliación Emiliano Zapata 42 2-D
Año de Juárez 111 6-D
Arbolitos 59 3-B
Argentina Antigua 82 2-F
Barrio Norte 95 5-F
Barrio de Capula 17 1-B
Barrio de San Miguel 139 6-D
Barros Sierra 121 1-B
Benito Juárez 44 1-D
Buenavista 31 6-D
Buenavista 44 1-D
Carlos Hank González 111 4-F
Central Michoacana 60 5-C
Consejo Agrarista Mexicano 111 5-E
Cuauhtémoc 59 5-B
Chimalistac 109 3-C
Dieciseis de Septiembre 60 6-C
Ej. Santa María Aztahuacán 112 1-C
Ejido San Agustín Atlapulco 100 3-C
El Chamizal 82 3-A
Emiliano Zapata 113 3-C
Fuego Nuevo 111 5-A
Guadalupe del Moral 98 6-D
Hank González 59 1-C
Hidalgo 56 5-E
Hidalgo 82 3-A
Ignacio Allende 60 4-B
Independencia 57 1-D
Jalalpa 95 5-D
Jardines de Aragón 60 5-C
Jiménez Cantú 128 1-F
Juárez Pantitlán 98 2-F
La Estación 125 2-A
La Joyita 98 2-F
La Unidad 94 1-D
Las Peñas 111 4-F
Lázaro Cárdenas 35 6-B
Lázaro Cárdenas 82 1-D
Loma Bonita 31 2-B
Loma Bonita 100 6-A
Lomas de Chamapa 81 3-E
Los Alamos 60 5-C
Los Cuartos 81 3-D
Los Reyes Ixtacala 57 5-B
Margarita Maza de Juárez 43 3-C
Mártires de Río Blanco 81 3-F
Nicolás Bravo 73 3-B
Nueva Aragón 73 1-C
Palmatitla 58 2-C
Papalotla 50 6-D
Paraje Zacatepec 112 1-D
Progreso 82 3-A
Progreso Guadalupe Victoria 33 4-D
Pueblo San Miguel Ajusco 148 1-A
Purictac 108 2-C
San Antonio Tecomitl 152 1-A
San Antonio Zomeyucan 82 2-A
San Felipe de Jesús 138 2-D
San Francisco Xalostoc 59 5-E
San Javier 57 3-A
San Joaquín 82 2-F
San José Aculco 97 5-F

San José Buenavista 112 5-B
San Juan Ixhuatepec 58 6-E
San Juan de Aragón 72 6-B
San Lorenzo Atemoaya 136 4-F
San Lucas Patoni 57 4-E
San Mateo Huitzilzingo 140 5-C
San Miguel Xochimanga 43 5-D
San Pablo 87 4-E
San Pedro Atlazalpa 153 1-E
San Pedro Atzompa 21 4-D
San Rafael Chamapa 81 3-D
San Salvador Cuauhtenco 150 4-B
Santa Cruz Meyehualco 112 3-B
Santa María 44 5-B
Santa María Xalostoc 59 5-D
Santa Martha Acatitla 99 5-F
Santa Ursula Coapa 123 2-B
Santiago Zapotitlán 125 3-B
Tlalnepantla 57 3-A
Tlalpan 122 3-D
Tollotzin II 60 5-C
Universal 81 1-D
Vicente Guerrero 81 5-D
Villa de Aragón 60 5-C
Xaltipac 100 1-B
Xochiaca 87 6-C
ALLENDE IGNACIO 3 PRIVS.
Ecatepec de Morelos 46 2-F
ALLENDE IGNACIO AV.
Jardines de Morelos 47 2-E
ALLENDE IGNACIO CDA.
Universal 81 1-D
ALLENDE IGNACIO CJON.
Tezoyuca 49 2-D
ALLENDE IGNACIO Y CDA.
Coacalco de Berriozábal 32 4-F
ALLENDE IGNACIO Y CJON.
Barrio San Mateo 125 6-F
ALLENDE IGNACIO Y PRIV Y CDA
Argentina Antigua 82 2-F
ALLENDE MIGUEL
Barrio de Nativitas 31 2-D
Diez de Mayo 84 4-D
Lomas de Chamapa 81 3-E
Plan de Guadalupe Victoria 30 6-D
San Miguel Xometla 37 2-A
San Miguel Tepalcapa 30 5-F
Z. U. E. San Mateo Nopala 68 2-D
ALLENDE MIGUEL 1A. PRIV.
Z. U. E. San Mateo Nopala 68 2-C
ALLENDE MIGUEL 2A. PRIV.
Z. U. E. San Mateo Nopala 68 2-C
ALLENDE MIGUEL PROL.
Fracc. Industrial Tultitlán 31 1-D
ALLENDE PRIV.
Barrio Norte 95 5-F
ALLENDE PROL.
Barrio San Antonio 88 5-E
Barrio San Ignacio 98 6-A
Barrio San Juan 150 6-D
Barrio San Juan 150 4-D
Barrio San Miguel 150 4-D
Barrio Santa Bárbara 98 6-A
La Paz 63 6-D
Magdalena Atlazolpa 97 5-E
Miguel de la Madrid Hurtado 112 3-E
Presidentes 88 5-D
San Sebastián Chimalpa 100 4-E
San Vicente Chicoloapan 88 6-F
San Vicente Chicoloapan 88 5-E
Valle de Madero 58 2-A
ALLENDE RT.
San Juanito 63 6-C
ALLENDE SALADOR CDA.
La Conchita Zapotitlán 125 4-B
ALLENDE SALVADOR
Ampliación Miguel Hidalgo 122 5-A
Del Sol 86 4-B
Ej. Santa María Aztahuacán 112 3-B
Guadalupe Victoria 33 6-C
Guadalupe Victoria 33 5-C
La Conchita Zapotitlán 125 4-B
La Joya 33 6-C
Las Peñas 111 4-F
ALLENDE SALVADOR PRIV.
La Conchita Zapotitlán 125 4-B
ALLENDE SALVADOR Y 3 CDAS.
Citlalli 112 3-C
ALLENDE SEBASTIAN
Constitución de 1917 111 2-D
ALLENDE Y 1A. CDA.
San Miguel Amantla 69 5-F
ALLENDE Y CDA.
El Rosario 16 4-E
Gustavo A. Madero 71 3-D
Hidalgo 28 5-E
Libertad 28 4-F
Rosas del Tepeyac 71 3-D
San Mateo Tecoloapan 43 5-C
ALLENDE Y CJON.
Barrio San Pedro 111 1-B
San Mateo Chipiltepec 36 6-F
ALLORI ALEJANDRO
Alfonso XIII 96 5-A
Santa María Nonoalco 96 5-A
AMACUZAC
Ampl. San Fco. Culhuacán 110 5-C
Campestre Churubusco 110 2-C
Chilero I 97 3-C
Chilero II 97 3-C
El Retoño 97 3-C
Militar Marte 97 3-C
Reforma Iztaccíhuatl Norte 97 3-C
Reforma Iztaccíhuatl Sur 97 3-C
San Andrés Tetepilco 97 3-C
San Francisco Xicaltongo 97 3-C
Santiago Norte y Sur 97 3-C
U. H. Emiliano Zapata 110 6-E
U. Santiago 97 3-C
Unidad Modelo 110 1-C
AMACUZAC 4 CDAS.
San Francisco Xicaltongo 97 3-C
AMACUZAC AV. 4 CDAS.
San Andrés Tetepilco 97 6-C
AMACUZAC PRIV.
Santiago Norte y Sur 97 3-C
AMADIS DE GAULA
La Mancha 1a. Secc. 81 5-E
AMADO NERVO 2A. CDA.
Hidalgo 28 6-E
AMADOR GUADALUPE
Ojo de Agua 125 4-E
AMAGASAKI
Guadalupe 123 4-A
AMALCATL
Barrio Mineros 87 4-E
Barrio Pescadores 87 4-E
AMALIA
Guadalupe Tepeyac 71 6-C
AMALIA PRIV.
Pantitlán 98 1-E
AMALILLO DE 3A. CDA.
San Andrés Totoltepec 135 3-E
AMALILLO DE 4A. CDA.
San Andrés Totoltepec 135 3-E
AMALILLO DE 4A. PRIV.
San Andrés Totoltepec 135 3-F
AMALILLO DE 5A. PRIV.

San Andrés Totoltepec 135 3-E
AMALILLO DEL PRIV.
Viveros de Cuautetlán 135 4-E
AMALILLO PROL.
San Andrés Totoltepec 135 3-F
AMALILLO Y 2 CDAS.
San Andrés Totoltepec 135 3-E
AMALPICA
San Miguel Amantla 69 5-F
AMALPICA PRIV. Y CDA.
Plan de Iguala 111 2-B
AMANALCO
Almárcigo Sur 46 5-A
Del Carmen 126 1-F
La Romana 57 2-A
La Sardaña 44 3-C
AMANALCO NORTE Y SUR
Lomas de Atizapán 55 2-E
AMANECER
Independencia 82 4-A
Ricardo Flores Magón 82 4-A
Santa Cruz del Monte 56 6-A
U. H. Valle de Luces 110 4-F
AMANECER DEL AND.
Ciudad Labor 44 1-D
AMANECER RANCHERO
Benito Juárez 99 1-E
Esperanza 100 3-B
AMANECER Y CDA.
Libertad 28 3-F
AMANTECATL
San Miguel Amantla 69 5-F
AMANTLA
Barrio de la Concepción 16 2-A
AMANTLI
Barrio Labradores 87 3-D
Tlatelco 87 6-B
AMAPA
Agrícola Metropolitana 124 4-F
AMAPOLA
Agua Azul 86 6-B
Ampl. Emiliano Zapata 42 2-F
Ampliación 19 de Septiembre 34 5-E
Ampliación El Tesoro 44 3-D
Ampliación Emiliano Zapata 127 2-C
Barrio La Rosita 87 3-C
Barrio Xaltocan 136 2-F
Barrio Xochitenco 87 5-E
Bosques de Xhala 18 4-B
Campestre del Potrero 113 5-C
El Capulín 114 6-D
El Mirador 16 5-C
El Tanque 108 6-A
Granjas Valle de Guadalupe 59 5-F
Hacienda de la Luz 43 2-C
Hank González 59 1-B
Jardines de Chalco 140 1-E
Jardines de Morelos 47 1-E
Jardines de Santa Cruz 19 1-B
Jardines del Molinito 82 1-B
Las Huertas 81 1-C
Las Peñas 111 4-F
Loma Encantada 113 3-D
Loma de la Cruz 42 1-B
Lomas Quebradas 121 1-B
Lomas San Juan Ixhuatepec 58 6-E
Lomas de San Lorenzo 124 1-E
Lomas de San Miguel 43 3-B
Lomas de la Era 107 6-E
Los Angeles 111 3-C
Los Padres 121 1-A
Minas Palacio 81 3-C
Palmatitla 58 2-B
Potrero de San Bernardino 123 6-D
Sagitario I 42 4-E
San Antonio Zomeyucan 82 2-B
San José del Jaral 43 3-D
San Pablo I 112 4-E
Santa María Chimalhuacán 88 4-A
Santa María de Guadalupe 44 3-A
Santa Rosa 101 2-D
Santa Rosa 101 2-F
Santa Rosa 48 3-D
Tamaulipas Oriente 86 6-B
Tenorios 112 4-D
Tlatilco 83 1-E
Torres del Potrero 108 5-A
U. H. El Paraíso FOVISSSTE 18 6-C
Valle de las Flores 30 5-D
Villa de las Palmas 42 3-F
Vista Hermosa 46 1-D
Xalpa 112 3-D
Xalpa 112 4-D
Xochiaca 100 1-C
AMAPOLA 1A. CDA.
Acuitlapilco 88 3-A
AMAPOLA 2A. CDA.
Acuitlapilco 88 3-A
AMAPOLA 3A. CDA.
Acuitlapilco 88 3-A
AMAPOLA CDA.
2a. Ampl. Stgo Acahualtepec 112 2-D
El Tanque 108 6-A
Las Peñitas 43 4-D
Torres del Potrero 108 5-B
Xochitenco 87 5-E
AMAPOLA DE
Los Morales 18 4-C
AMAPOLA PRIV.
San Bartolo Ameyalco 107 4-E
AMAPOLA Y 2 CDAS.
Xalpa 112 4-D
AMAPOLAS
Barrio San Miguel 139 6-E
Bellavista 59 2-E
Jardines de Aragón 60 5-B
Jardines de San José 33 2-A
Jardines de la Cañada 44 1-C
La Florida 73 1-B
Los Cuyos 100 3-D
Petroquímica Ecatepec 73 1-B
Prados de Ecatepec 20 4-A
San Gregorio Atlapulco 138 2-A
San Isidro La Paz 29 6-B
San José Huilango 16 4-F
San Pedro 87 4-F
U. H. La Alborada 73 1-B
Villa de las Flores 33 2-A
Vista Hermosa 29 5-A
AMAPOLAS DE LAS
Ampliación Izcalli Ecatepec 46 2-F
Los Bordos 46 6-B
AMAPOLAS DE LAS RT.
La Florida 69 3-C
AMAPOLAS LAS
Barrio Santa Cruz 16 2-E
AMAQUEMECAN
Lomas de Cristo 76 6-B
AMARANTO
Ampliación Miguel Hidalgo 122 6-A
Jardines de la Cañada 44 2-D
Revolución 101 2-B
San Miguel Chalma 57 3-F
AMARANTO CDA.
Ahuehuetes 58 2-C
AMARANTO CJON.
Barrio Caltongo 137 1-B
AMARANTOS

Villa de las Flores 33 1-A
AMARET
Pueblo San Bartolo Ameyalco 107 5-E
AMARET DE CDA.
San Francisco 107 5-E
AMARET Y 2 CDAS.
San Bartolo Ameyalco 107 5-E
AMARGURA
Chimalhuacán 87 6-F
Santa Catarina Acolman 36 3-B
AMARGURA CDA.
Centro 84 3-B
AMARGURA DE LA
Balcones de la Herradura 94 1-E
Lomas de la Herradura 94 1-E
AMARGURA DE LA CJON.
Santa Catarina Ayotzingo 153 2-B
AMARGURA Y CDA.
San Angel 109 3-B
AMARO JOAQUIN
Alfredo del Mazo 127 2-E
Ampliación San Pedro Xalpa 69 5-E
Emiliano Zapata 42 2-F
Francisco Villa 111 4-E
San María Ozumbilla 21 4-E
Tlapacoya 127 2-E
Venustiano Carranza 101 1-C
Z. U. E. Ozumbilla 21 4-E
AMARO JOAQUIN GRAL.
Ampliación Caracol 85 5-D
Caracol 85 5-D
Guadalupe Tlaltenco 125 3-D
Marina Nacional 59 6-A
Tultitlán 31 2-D
AMAT BERNARDO
Tulyehualco 138 2-E
AMATAN
Residencial Cafetales 123 1-E
AMATE Y CDA.
San Luis Tlatilco 82 1-A
AMATENANGO
Cuchilla de Padierna 121 6-E
Lomas Hidalgo 121 6-E
Residencial Cafetales 123 1-E
AMATEPEC
Almárcigo Sur 46 5-D
Barrio Orfebres 87 6-A
Barrio Orfebres 87 5-B
Cuautitlán Izc. Cumbria 30 2-E
La Sardaña 44 3-C
Lomas de Atizapán 55 2-F
Los Angeles 57 2-D
Sagitario V 73 2-C
Tultitlán 31 3-C
Valle de Ayotla 126 1-F
AMATES
Alcanfores 69 4-A
Bosques de Morelos 30 4-B
Colinas 68 3-D
Occipaco 68 4-E
San Rafael 57 1-A
AMATES PRIV.
San Rafael 57 1-A
AMATISTA
Ciudad Cuauhtémoc 34 2-E
Estrella 71 5-D
La Joya Ixtacala 57 5-C
Pedregal de Atizapán 42 5-F
U. H. La Esmeralda 72 3-B
AMATL
Pedregal de Santo Domingo 109 4-E
Pedregal de Santo Domingo 109 5-E
Pedregal de Santo Domingo 109 6-D
AMATLAN
Condesa 96 1-D
AMATULA 1A. CDA.
Tequesquináhuac 100 5-D
AMATULA 2A. CDA.
Tequesquináhuac 100 5-D
AMATULA 3A. CDA.
Tequesquináhuac 100 5-D
AMATULA 4A. CDA.
Tequesquináhuac 100 5-D
AMAYA MANUEL
Colonial Iztapalapa 111 2-F
AMAZINTLALLI
Montañista 58 2-D
AMAZONAS
Lomas de San Lorenzo 124 1-F
AMAZONAS CJON.
Barrio San Antonio 124 2-C
AMAZONAS DE LAS AV.
Cuautitlán Izc. Ensueños 30 1-E
AMBAR
Estrella 71 5-E
Tlatel Xochitenco 87 2-C
AMBATO
Lindavista 71 2-C
AMBERES
Juárez 83 5-E
AMBERES 1920
U. H. Olímpica 122 2-D
AMBROSI JOSE ING.
Ampliación La Mexicana 95 4-C
AMBROSSI V. Y CDA.
Santa María Nonoalco 96 5-B
AMEALCO
Roma Sur 96 2-E
AMEALCO PRIV.
Villa Azcapotzalco 70 5-B
AMECA
Barrio Labradores 87 3-C
Barrio Santa Eugenia 87 3-C
AMECAMECA
Adolfo López Mateos 17 4-C
Altavilla 72 1-B
Barrio Jugueteros 87 6-A
Cuautitlán Izc. Cumbria 30 2-E
El Barco I 85 6-F
El Conde 69 6-C
El Hostol Zona Comunal 46 4-D
La Sardaña 44 2-D
Lomas Verdes 32 5-A
Lomas de Atizapán 55 1-F
Los Angeles 57 2-D
Maravillas 85 6-F
Tultitlán 31 3-C
Valle de Ayotla 126 1-F
AMERICA
Colón Echegaray 69 3-D
La Regadera 111 2-E
Los Reyes 109 3-F
Prensa Nacional 70 1-D
San Lorenzo Huipulco 123 3-A
Tex-Plus 62 6-F
AMERICA AV.
Barrio La Concepción 110 3-A
Barrio San Lucas 110 3-A
El Rosedal 110 3-A
Parque San Andrés 110 3-A
AMERICA LATINA
Tlapacoya 127 1-D
AMERICAS
Xalpa 112 4-E
AMERICAS DE LAS AV. Y CDA.
Moderna 97 3-B
AMERICAS LAS

Calle / Colonia	COORDENADAS PLANO	
Guadalupe	101	1-B
Lomas de Chamapa	81	3-D
San Miguel Teotongo	113	3-B
Tepalcates	98	3-F
AMEYALCO		
Barrio Santa Eugenia	87	3-C
AMEYALCO Y CDA.		
Del Valle	96	4-D
AMEZCUA FRANCISCO GRAL.		
Emiliano Zapata	128	5-B
AMEZCUA GENARO		
Santa Cruz Amalinalco	128	5-B
AMEZCUA OTILIO		
Emiliano Zapata	128	5-A
AMEZQUITE		
Pedregal de Santo Domingo	109	4-E
Pedregal de Santo Domingo	109	5-E
Pedregal de Santo Domingo	109	6-D
AMICTLAN		
Pueblo de Axotlan	17	2-B
Pueblo de Axotlan	17	2-C
AMILOTL		
Barrio Artesanos	87	3-F
Barrio Cesteros	87	3-E
Barrio Cesteros	87	3-D
Barrio Curtidores	87	3-D
Barrio Ebanistas	87	3-D
Barrio Pescadores	87	3-F
Barrio Vidrieros	87	3-D
AMILPA FERNANDO AV.		
U. H. Atzacoalco CTM	71	1-F
U. H. El Risco CTM	71	1-F
AMILPA PRIV.		
Barrio Santa Apolonia	70	5-B
AMISTAD		
Barrio del Refugio	16	1-E
La Presa Lázaro Cárdenas	58	5-C
Santa Inés	70	3-B
AMISTAD DE LA		
Ejército del Trabajo II	73	2-C
Ind. Puente de Vigas	56	5-F
La Navidad	94	6-C
AMISTAD DE LA 1A. CDA.		
Barrio Guadalupana	138	3-B
AMISTAD DE LA 1o Y 2o CJON.		
Campestre Aragón	72	4-C
AMISTAD DE LA 2A. CDA.		
Barrio Guadalupana	138	3-B
AMISTAD DE LA 3A. CDA.		
Barrio Guadalupana	138	3-A
AMISTAD DE LA AV.		
San Francisco Mazapa	24	2-F
San Martín de las Pirámides	24	2-F
AMISTAD DE LA CDA.		
Santa María Gpe. Las Torres	30	5-E
AMISTAD LA		
La Guadalupana	138	2-A
San Francisco Zacango	36	6-E
AMIXTLE		
Pedregal de Santo Domingo	109	5-E
AMIZTLI		
Barrio Jicareros	87	4-B
U. H. Infonavit Xochináhuac	70	1-A
AMOR		
Maquixco	23	3-F
AMOR DE CDA.		
Maquixco	23	3-F
AMOR DEL		
Palmatitla	58	1-C
AMOR DEL CJON.		
San Juanico Acolman	23	6-E
AMOR INES		
Barrio de los Reyes	31	3-C
AMORES		
Barrio del Carmen	18	2-D
Nezahualcóyotl	48	4-F
Santa Inés	70	3-B
Tepotzotlán	4	5-C
AMORES AV.		
Acacias	109	1-D
Del Valle	96	3-E
AMORES CDA. Y PRIV.		
Del Valle	96	3-E
AMORES CJON.		
Santa María Ozumbilla	21	4-F
AMORES DE CDA.		
La Magdalena Panohaya	62	4-D
AMORES RT.		
Acacias	109	1-D
AMOXTLI		
Barrio Curtidores	87	4-D
Barrio Hojalateros	87	4-D
AMOZOC		
Lomas de San Lorenzo	124	1-E
AMPERE ANDRE MARIE AV.		
Parque Ind. Cuamatla	31	1-A
AMPUERO		
El Tejocote	88	3-E
AMRILLAS B. JOSE		
C. H. Biatlón	99	6-B
AMSTERDAM		
Bellavista	56	5-A
Hipódromo	96	1-D
AMSTERDAM 1928		
Pedregal de Carrasco	122	2-D
U. H. Olímpica	122	2-D
AMSTERDAM CDA. 1928		
U. H. Olímpica	122	2-D
AMUZGO		
Lic. Carlos Zapata Vela	98	4-A
AMUZGOS		
Tezozómoc	70	3-A
ANA		
La Purísima	34	5-F
ANA BOLENA		
La Nopalera	124	3-F
Miguel Hidalgo	124	3-F
ANA KARENINA		
Albarrada	111	2-D
Eva Sámano de López Mateos	111	2-D
Progresista	111	2-D
ANA MARIA		
Acueducto	46	6-D
Ampliación Tulpetlac	46	5-E
ANA MARIA PRIV.		
Pantitlán	98	1-E
ANA ROSA		
San Fernando	94	5-C
ANACAHUITA		
Pedregal de Santo Domingo	109	6-D
ANACAHUITA 3A. CDA.		
Pedregal de Santo Domingo	109	5-D
ANACAHUITA 5A. CDA.		
Pedregal de Santo Domingo	109	5-D
ANACAHUITA 6A. CDA.		
Pedregal de Santo Domingo	109	5-D
ANACAHUITA 8A. CDA.		
Pedregal de Santo Domingo	109	5-D
ANACAHUITA Y 4 CDAS Y 1 PRIV		
Pedregal de Santo Domingo	109	5-D
ANADE		
Ciudad Cuauhtémoc	35	2-A
ANADES		
Izcalli Jardines	47	1-C
Las Arboledas	43	6-D
ANAFRE		
Miguel de la Madrid Hurtado	112	4-F
ANAHUAC		
Ancón de los Reyes	100	5-D
B. de Tepetates	71	3-D
Barrio Parque del Tepeyac	71	3-D
Benito Juárez	59	2-C
El Arenal 1a. Sección	85	5-E
El Mirador	123	2-E
El Paraíso	99	5-B
Izcalli Nezahualcóyotl	100	4-B
La Pastora	58	4-B
Lomas Anáhuac	94	2-F
Pueblo de Tepexpan	35	6-F
Roma Sur	96	2-E
San Bartolo Tenayuca	57	4-E
San Lorenzo Totolinga	81	1-E
Tlacuitlapa	108	2-B
ANAHUAC AV.		
Alfredo Baranda	127	4-A
Alfredo Baranda	126	4-F
Jardín	127	4-A
Niños Héroes	126	4-F
Niños Héroes	127	4-A
Santa Cruz	127	4-A
ANAHUAC BLVR.		
Lomas de las Palmas	94	3-D
ANAHUAC CDA.		
La Herradura	94	2-F
San Andrés Totoltepec	135	4-E
San Juan y San P. Tezompa	152	1-E
ANAHUAC CJON.		
Barrio Los Reyes	97	3-D
ANAHUAC DE RT.		
Lomas de las Palmas	94	4-D
ANAHUATL		
Ixtapaluca	114	5-F
ANALISIS ESTRUCTURAL		
Univ. Aut. Metropolitana	43	1-A
ANALISTAS		
San José Aculco	97	5-F
ANALLI		
Vista Hermosa	121	1-A
ANANA		
La Palma	59	1-D
ANANTLI		
Tlatelco	87	6-B
ANAXAGORAS		
Letrán Valle	96	3-F
Narvarte	96	3-F
Piedad Narvarte	96	3-F
Santa Cruz Atoyac	96	3-F
ANAYA		
San Bartolo Ameyalco	108	5-B
ANAYA A. S. CJON.		
Pueblo Santa Bárbara	70	2-C
ANAYA ALFONSO LIC. RT.		
U. H. Atzacoalco CTM	71	1-F
ANAYA CDA. GRAL.		
San Antonio Tecomitl	151	1-F
ANAYA GENERAL		
San Francisco Acuautla	115	2-E
ANAYA GENERAL AV.		
San Francisco Acuautla	115	2-F
ANAYA GRAL.		
Ampl. Emiliano Zapata	42	2-E
Apatlaco	97	5-D
Barrio San Agustín	139	6-D
Centro	84	5-D
Chiconcuac	49	6-E
Ej. Santa María Aztahuacán	112	2-B
Independencia	28	3-E
Jorge Jiménez Cantú	28	3-F
La Estación	125	1-A
La Magdalena Atlicpan	100	5-F
La Nopalera	124	3-F
Lomas de Zaragoza	112	2-F
Maximino Escobedo	31	6-B
Merced Gómez	109	1-A
San Antonio Tecomitl	151	1-F
San Miguel Tocuila	62	6-D
San Pedro Atocpan	150	3-F
Santiago Teyahualco	19	6-C
ANAYA GRAL. 2 CDAS.		
San Francisco Acuautla	115	2-E
ANAYA GRAL. CALZ.		
El Carmen	109	2-F
San Diego Churubusco	109	2-F
ANAYA GRAL. CDA.		
Churubusco	110	2-A
ANAYA GRAL. CJON.		
Barrio Santa Bárbara	110	1-F
ANAYA GRAL. CJON. Y 2 PRIVS.		
Churubusco	110	2-A
ANAYA GRAL. PRIV.		
Santiago Teyahualco	19	6-C
ANAYA GRAL. Y 3 CJONES.		
Barrio Santa Bárbara	110	1-F
ANAYA JOSE MARIA		
Ampliación Miguel Hidalgo	122	4-A
Guadalupe Victoria	33	6-C
La Joya	33	6-C
ANAYA MONROY FERNANDO		
Ermita	110	2-A
ANAYA PEDRO CIR.		
Ignacio Zaragoza	28	5-D
ANAYA PEDRO MARIA		
Darío Martínez	126	1-F
Guadalupe Tlaltenco	125	3-E
Lázaro Cárdenas	73	6-A
Olímpica Radio	81	3-B
ANAYA PEDRO MARIA 1A. CDA.		
Pueblo San Miguel Ajusco	135	6-A
ANAYA PEDRO MARIA 2 CDAS.		
Santo Tomás Ajusco	134	6-F
ANAYA PEDRO MARIA GRAL		
Pueblo San Miguel Ajusco	134	6-F
ANAYA PEDRO MARIA GRAL.		
Buenavista	31	6-D
Ciudad Satélite	69	2-C
Emiliano Zapata 2a. Secc.	72	1-D
Granjas Valle de Guadalupe	72	1-D
Gustavo A. Madero	71	4-E
Martín Carrera	71	4-E
Presidentes de México	111	4-E
Quince de Agosto	71	4-E
San Bartolo Ameyalco	108	5-B
U. H. José María Morelos	30	2-F
Z. U. E. Ozumbilla	21	5-E
ANAYA PEDRO MARIA GRAL. CDA.		
Martín Carrera	71	4-E
ANAYA PEDRO MARIA PRIV.		
Santo Tomás Ajusco	134	6-F
ANAYA SOLORZANO SOLEDAD		
Magisterial Vista Bella	56	5-C
ANCAYATL		
Adolfo Ruiz Cortines	109	6-F
ANCIAR RT.		
Balcones de San Mateo	68	5-E
ANCIRAS CDA.		
Balcones de San Mateo	68	4-E
ANCON		
Tepeyac Insurgentes	71	4-C
ANCONA ALBERTOS ANTONIO		
La Mexicana	95	5-C
ANCONA ANTONIO		
Constitución de 1917	111	3-D
Cuajimalpa	107	2-B
ANCONA ELIGIO		
Ampliación Emiliano Zapata	42	2-E
Plutarco Elías Calles	83	2-D
Santa María La Ribera	83	2-E
ANCONA ELIGIO Y CDA.		
Insurgentes	111	5-F
ANCHA		
Ferrocarrilera Insurgentes	72	4-A
Lomas Verdes Sección V	55	6-D
ANDA AGUSTIN DE		
La Forestal	45	6-C
ANDA Y BARREDO MANUEL DE		
U. Profesional Zacatenco	71	2-B
ANDADOR		
Ampl. Nativitas La Joya	137	4-B
Chalma de Guadalupe	57	2-F
San Mateo Nopala	68	2-E
Venta de Carpio	34	5-E
ANDADOR A		
Renovación	47	3-A
ANDADOR B		
Renovación	47	3-A
ANDADOR C		
Renovación	47	3-A
ANDADOR D		
Renovación	47	3-A
ANDADOR DEL 1 AL 14		
San Fernando	94	4-C
ANDADOR EL		
Mirador	93	3-D
ANDALUCIA		
Alamos	97	2-A
Postal	97	2-A
ANDALUCIA CDA.		
La Hera	111	4-F
ANDALUCIA PRIV.		
San Rafael	70	4-B
ANDALUCIA Y PRIV.		
San Rafael	70	4-B
ANDAMIO CDA.		
Lomas del Carmen	81	1-D
ANDERSEN HANS CHRISTIAN		
Bosques de Chapultepec	83	5-B
ANDERSEN JUAN CRISTIAN		
Bosque de Chapultepec	83	5-B
ANDERSON CARLOS DAVID		
Culhuacán	110	4-F
ANDES		
Ampl. Mártires Río Blanco	81	3-E
Lomas Verdes Sección IV	55	6-F
Lomas Verdes Sección IV	55	6-E
ANDES DE LOS AV.		
Lomas de Barrilaco	82	5-F
Lomas de Chapultepec	82	5-F
ANDES DE LOS CDAS.		
Lomas del Carmen	81	1-D
ANDES LOS		
El Corralito	81	1-D
ANDES Y PRIV.		
Los Alpes	109	1-B
ANDINO TEPETZALAN AV.		
Montañista	58	3-D
ANDORRA		
María del Carmen	97	5-B
ANDRADE CAYETANO		
El Edén	99	6-D
San Sebastián Tecoloxtitla	99	6-D
Santa Martha Acatitla	99	6-D
ANDRADE CAYETANO CDA.		
El Edén	99	6-D
ANDRADE DR.		
Buenos Aires	97	1-A
Doctores	84	6-A
ANDRADE FRANCISCO		
Barrio Concepción	126	1-D
Progresista	111	2-D
ANDRADE LUIS		
San Isidro La Paz	29	6-B
ANDRADE LUIS CDA.		
San Isidro La Paz	29	6-B
ANDRADE MANUEL		
Ejército de Ote. Z. Peñón	99	6-C
ANDRES		
Ejército de Ote. Z. Peñón	99	6-C
ANDRINOS		
Villa de las Flores	33	1-A
ANDROMEDA		
Casa Blanca	111	5-D
Las Rosas	56	4-E
Los Sauces Coalición	60	6-C
Plaza de las Rosas	56	4-E
Prado Churubusco	110	1-B
San Pablo Los Gallos	17	4-A
U. H. El Rosario	69	1-F
ANDROMEDA AV.		
Jardines de Satélite	68	1-F
ANDSA AV.		
Ceylan Ixtacala	57	6-C
Nueva San Juan Ixtacala	57	6-C
ANEMONA		
Tlatilco	83	1-E
ANEMONAS		
Villa de las Flores	33	2-A
ANENECUILCO		
Lázaro Cárdenas	18	5-D
Plan de Ayala	81	4-E
Revolución	101	2-B
San Felipe de Jesús	72	3-B
San Juan Tlalpizahuac	113	5-F
Tequesquináhuac	100	5-D
Venustiano Carranza	101	2-C
ANEXOTITLA		
Ejidos de San Pedro Mártir	122	6-F
ANEXUCA		
Huayatla	120	2-F
Rancho Pachita	120	2-F
ANFORA		
Ampliación Penitenciaría	84	4-E
Industrial	71	5-C
Madero	84	4-E
ANGANGUEO		
San Felipe de Jesús	72	3-C
ANGEL		
San José Insurgentes	96	6-C
ANGEL DE LA INDEPENDENCIA AV		
Benito Juárez	99	3-B
Evolución	99	3-B
Metropolitana 2a. Secc.	99	3-B
ANGEL DEL CDA.		
San Miguel Topilejo	149	4-B
ANGEL M.		
Carlos Hank González	111	4-F
ANGELES		
Emiliano Zapata	113	3-C
Los Cerrillos	138	3-D
ANGELES 1932 LOS		
U. H. Olímpica	122	2-D
ANGELES DE LOS 2A. CDA.		
San Martín Xochináhuac	70	2-B
ANGELES DE LOS CDA.		
Vicente Guerrero	28	6-D
ANGELES DE LOS CJON.		
Guerrero	84	2-A
ANGELES FELIPE		
Acueducto	46	6-D
Alfredo V. Bonfil	81	4-E
Ampliación 19 de Septiembre	34	6-E
Ampliación Los Reyes	113	2-B
Ampliación Miguel Hidalgo	122	5-A
Ampliación San Lorenzo	56	2-C
Ampliación San Sebastián	100	5-E
Apatlaco	97	5-E
Arboledas de Xalostoc	46	6-A
Azolco	46	3-F
Barrio San Agustín	139	6-D
Barrio San Antonio	124	2-C
Benito Juárez	59	2-C
Carmen Serdán	110	6-E
Casco de San Juan	128	6-A
Cinco de Mayo	43	4-A
División del Norte	59	5-F
Dr. Ignacio Capetillo	28	6-D
Ej. Santa María Aztahuacán	112	2-B
Ejido San Juan Tlihuaca	42	3-B
Emiliano Zapata	128	5-A
Emiliano Zapata	127	1-B
Emiliano Zapata	42	1-E
Francisco Villa	30	5-E
Francisco Villa	101	2-A
Granjas de Guadalupe	42	1-B
Guadalupe	121	2-C
Guadalupe San Marcos	128	2-D
Guadalupe Victoria	33	5-D
Hacienda de Aragón	73	1-B
Héroes de la Revolución	82	5-B
Jalalpa	95	5-D
La Conchita Zapotitlán	125	3-C
La Pastoria	62	3-E
La Piedad Oriente	17	6-B
La Providencia	69	3-E
Las Alamedas	100	5-E
Lomas de Azolco	46	3-E
Lomas de Guadalupe	56	4-A
Lomas de Zaragoza	112	1-F
Llano Redondo	108	2-B
Marina Nacional	59	6-A
Melchor Múzquiz	73	1-B
Miravalle	113	4-A
Ojo de Agua	125	4-E
Paraje Zacatepec	112	2-D
Parques de Aragón	73	1-B
Prados de San Juan Ixtacala	43	2-A
Prados del Sur	123	5-D
Punta de Ceguayo	108	1-B
Revolución	43	2-A
San Antonio Xahuento	19	3-E
San Francisco Acuautla	115	2-E
San Juan de Aragón	72	6-B
San Lorenzo Chamapa	81	2-D
San Marcos Huixtoco	128	2-D
San Miguel Teotongo	113	4-A
Santa Fe	95	4-B
Santa María Ozumbilla	21	4-F
Santa Martha Acatitla	99	6-D
Santiago Zapotitlán	125	3-C
Santiago Zula	141	6-A
Tezoyuca	49	1-E
Torres del Potrero	108	5-A
Universal	81	1-D
Vista Hermosa Ozumbilla	21	4-F
Vivienda del Taxista	47	1-C
ANGELES FELIPE AND.		
Emiliano Zapata	81	2-C
Pachatitla	58	1-B
ANGELES FELIPE AV.		
Alfredo del Mazo	127	2-A
Avándaro	127	2-A
Del Carmen	126	1-F
Independencia	127	2-A
Santiago	127	2-A
ANGELES FELIPE CDA.		
Ampliación Emiliano Zapata	42	2-D
Ampliación La Cañada	95	5-D
Apatlaco	97	5-E
Barrio San Miguel	97	3-D
El Rosal	121	2-A
Emiliano Zapata	113	3-C
La Conchita Zapotitlán	125	3-C
Texalpa	115	2-F
ANGELES FELIPE CJON.		
Conj. U. Pop. Los Picos Izt	97	4-E
Santiago Zapotitlán	125	3-C
ANGELES FELIPE DE 3a. CDA.		
La Casilda	58	1-C
ANGELES FELIPE DIAG.		
Barrio San Antonio	124	2-C
ANGELES FELIPE GRAL.		
Amipant	98	2-F
Ampliación Caracol	85	5-D
Bellavista	96	3-A
Francisco Villa	111	4-E
Juárez Pantitlán	98	2-F
La Esperanza	124	1-C
Nueva Juárez Pantitlán	98	2-F
Ocho de Agosto	96	3-A
Revolución	84	4-F
Tolteca	96	3-A
Tultitlán	31	3-D
Vicente Guerrero	28	6-D
ANGELES FELIPE GRAL. AV.		
Los Reyes Acaquilpan	113	1-D
ANGELES FELIPE PRIV.		
La Conchita Zapotitlán	125	4-C
ANGELES FELIPE Y 2 CDAS.		
Arboledas Cuaut. El Alto	58	1-B
Cuautepec El Alto	58	1-B
Gral. Felipe Berriozábal	58	1-B
La Casilda	58	1-B
ANGELES FELIPE Y CDA.		
San Juan Tepepan	123	6-C
San Lucas Patoni	57	4-E
ANGELES FELIPE Y RT.		
Azolco	46	4-F
ANGELES LOS		
Ampliación El Santuario	111	2-A
Del Valle	96	4-D
Granjas Navidad	94	6-C
Lomas San Lorenzo	111	6-E
Lomas de Capistrano	56	3-B
Lomas de la Era	107	6-F
San José de los Cedros	94	6-C
San Pedro Atlazalpa	153	1-E
Santa Inés	70	3-B
ANGELES LOS 2 CDAS.		
Pueblo Santa Bárbara	70	2-C
ANGELES LOS 4A. PRIV.		
Santa Bárbara	70	2-B
ANGELES LOS AV.		
Cooperativa	76	4-B
Ejido El Rosario	70	2-A
Nueva Ampl. El Rosario	70	2-A
Pueblo Santa Bárbara	70	2-A
San Martín Xochináhuac	70	2-A
San Mateo Huexotla	76	4-B
ANGELES LOS CJON.		
Pueblo Santa Bárbara	70	2-B
San Andrés Tetepilco	97	5-B
ANGELES LOS PRIV.		
Olivar de los Padres	108	4-E
Pantitlán	98	1-E
ANGELES LOS PROL.		
Centro Poniente	63	6-B
Prolongación Los Angeles	148	2-F
ANGELES LOS PROL. 2A. CDA.		
Prolongación Los Angeles	148	2-F

Calle / Colonia — COORDENADAS / PLANO

ANGELES LOS PROL. 4A. CDA.
Prolongación Los Angeles 148 2-F
ANGELES LOS RT.
Miguel Hidalgo 122 5-B
ANGELES LOS Y 2 CDAS.
Los Cerrillos 138 2-D
ANGELES LOS Y CDA.
Barrio Las Animas 21 3-F
Corpus Christi 108 1-A
ANGELICA MARIA
Tlacuitlapa 108 2-B
ANGELINA
San Angel 109 2-B
ANGOSTURA
Jardines de San Gabriel 59 5-E
ANGOSTURA DE LA CJON.
Apatlaco 97 5-D
ANGOSTURA LA CDA.
San Miguel 97 3-D
ANGOSTURA PRIV.
Barrio San Miguel 97 3-D
ANGUIANO MIGUEL
Ciudad Satélite 69 2-B
ANGUIANO RAUL
U. H. E. Zapata ISSSTE 76 3-D
ANGULO IÑIGUEZ
Olivar de los Padres 108 4-E
ANGULO JUAN
México Nuevo 55 1-E
ANILLO
El Tesoro 44 2-E
ANILLO DE CIRCUN 3R Y 2 RTS
U. H. Pop. Lomas de Sotelo 82 2-E
ANILLO DE CIRCUN TERCER PROL
Casas Alemán 72 5-C
ANILLO DE CIRCUN. TERCER
Barrio Santa Bárbara 110 1-F
Granjas San Antonio 110 1-F
ANILLO DE CIRCUNV. SUR AV.
Ej. Santa María Aztahuacán 112 2-A
ANILLO DE CIRCUNVALACION
Atlántida 110 4-A
Centro 84 5-C
Ciudad Jardín 110 4-A
Villa de las Flores 19 6-F
ANILLO PERIFERICO
AMSA 123 4-E
Acueducto Tenayuca 57 4-B
Agrícola Oriental 98 5-E
Alfonso XIII 96 4-B
Altavilla 72 2-C
Altavista 109 3-A
Ampl. Ciudad Lago 86 2-A
Ampl. Daniel Garza 96 4-B
Ampl. Guadalupe Proletaria 57 4-B
Ampl. P. Ojeda Paullada 73 4-B
Año de Juárez 111 2-E
Arenal 58 5-D
Atlamaya 108 4-F
B. La Candelaria Ticomán 58 5-D
Barrio Guadalupe Ticomán 58 5-D
Barrio La Purísima Ticomán 58 5-D
Barrio San Juan Ticomán 58 5-D
Belisario Domínguez S. XVI 122 2-B
Bellavista 96 4-B
Bosque de Echegaray 69 3-B
Bosques de Tetlameya 122 2-B
Bulevares 69 3-B
Campestre 109 3-A
Canal de Sales 73 4-B
Caracol 122 2-B
Casa Blanca 111 2-E
Cerro de la Estrella 111 2-E
Ciudad Satélite Oriente 69 3-B
Ciudad Satélite Poniente 69 3-B
Comuneros de Santa Ursula 122 2-B
Conj. INFONAVIT Cuemanco 123 4-E
Conjunto San Miguel 69 3-B
Conjunto Urbano Coapa 123 4-E
Constitución de 1917 111 2-E
Cove 96 4-B
Cuchilla Pantitlán 85 4-F
Chinampac de Juárez 98 5-E
Del Bosque 82 3-E
Del Sol 85 4-F
El Arenal 57 4-B
El Arenal 2a. Sección 85 4-F
El Arenal 3a. Sección 85 4-F
El Arenal 4a. Sección 85 4-F
El Arenal Tepepan 123 4-E
El Barco I, II, y III 85 4-F
El Cortijo 57 4-B
El Chamizal 72 2-C
El Mirador 69 3-B
El Parque 82 3-E
Ermita 109 3-A
Estado de México 85 4-F
Ex Ejido de Huipulco 123 4-E
Flor de María 108 4-F
Fracc. Parques del Pedregal 122 2-B
Fraccionamiento Electra 56 4-D
Francisco Villa 111 2-E
Frentes Chinampac de Juárez 98 5-E
Fuentes del Pedregal 121 2-F
Granjas Coapa 123 4-E
Granjas Valle de Guadalupe 72 2-C
Guadalupe 123 4-E
Guadalupe 57 4-B
Guadalupe Proletaria 57 4-B
Hacienda de Echegaray 69 3-B
Héroes de Padierna 121 2-F
INFONAVIT Dr. I. Chávez 123 4-E
Industrial Alce Blanco 69 3-B
Industrial Atoto 69 3-B
Industrial Naucalpan 69 3-B
Industrial San Lorenzo 56 4-F
Insurgentes Cuicuilco 122 2-B
Irrigación 82 3-E
Isidro Fabela 122 2-B
Jardines del Pedregal 108 4-F
Jardines en la Montaña 121 2-F
Jards. Pedregal de Sn Angel 122 2-B
José López Portillo 124 2-B
Juan Escutia 98 5-E
Juan González Romero 72 2-C
Juárez Pantitlán 98 5-E
La Esperanza 124 2-B
La Florida 69 3-B
La Joya Ixtacala 57 4-B
La Laguna 58 5-D
La Loma 56 4-F
La Suiza 56 4-D
Las Rosas 56 4-D
Las Vegas Xalostoc 72 2-C
Leyes de Reforma 98 5-E
Lomas Barrilaco Vertientes 82 3-E
Lomas San Juan Ixhuatepec 58 5-D
Lomas de Chapultepec 96 4-B
Lomas de San Angel Inn 108 4-F
Lomas de Sotelo 82 3-E
Los Alpes 109 3-A
Los Angeles 111 2-E
Los Angeles Apanoaya 111 2-E
Los Morales 82 3-E
Los Reyes Ixtacala 57 4-B
Maravillas 85 4-F
Margaritas 56 4-D
Media Luna 122 2-B
Merced Gómez 109 3-A
Miraflores 57 4-B
Mixcoac 96 4-B
Molino de Rosas 96 4-B
Nezahualcoyotl I, II, y III 98 5-E
Nonoalco 96 4-B
Nueva Atzacoalco 72 2-C
Observatorio 96 4-B
Ocho de Agosto 96 4-B
Pantitlán 98 5-E
Paseo de Carretas 56 4-D
Pedregal de Carrasco 122 2-B
Peña Pobre 122 2-B
Periodista 82 3-E
Pilares Aguilas 108 4-F
Plaza de la Colina 56 4-D
Plaza de las Rosas 56 4-D
Plaza de las Rosas 56 4-D
Plazas de Aragón 73 4-B
Porvenir 98 5-E
Presidentes de México 111 2-E
Progreso 108 4-F
Pueblo Quieto 122 2-B
Pueblo Tepepan 123 4-E
Puente Blanco 111 2-E
Puente Sierra 108 4-F
Purísima 98 5-E
Reforma Social 82 3-E
Renacimiento de Aragón 73 4-B
Res. Faroles del Pedregal 122 2-B
Res. Pedregal Picacho 121 2-F
Res. Puerta Tepepan 123 4-E
Residencial Ermita 111 2-E
Residencial Esmeralda 123 4-E
Residencial Militar 82 3-E
Residencial Villa Coapa 123 4-E
Rinconada Coapa 123 4-E
San Andrés Atenco 56 4-D
San Angel 109 3-A
San Angel Inn 109 3-A
San Bartolo El Chico 123 4-E
San Bartolo Naucalpan 69 3-B
San Bartolo Tenayuca 57 4-B
San Felipe de Jesús 72 2-C
San Francisco Cuautlalpan 82 3-E
San Javier 57 4-B
San Jerónimo Aculco 121 2-F
San Jerónimo Lídice 108 4-F
San José de la Escalera 57 4-B
San Juan Estrella 111 2-E
San Juan Ixhuatepec 58 5-D
San Juan Joya 111 2-E
San Lorenzo 123 4-E
San Lucas Tepetlacalco 56 4-D
San Pedro de los Pinos 96 4-B
Santa Cruz Acatlán 69 3-B
Santa María Nativitas 69 3-B
Santa María Nonoalco 96 4-B
Santa María Ticomán 58 5-D
Santa Teresa 121 2-F
Santiago Atepetlac 57 4-B
Siete Maravillas 58 5-D
Tacubaya 96 4-B
Tepalcates 98 5-E
Ticomán 58 5-D
Tizapán 108 4-F
Tlacopac 109 3-A
Tlanepantla 57 4-B
Tolteca 96 4-B
Toriello Guerra 122 2-B
U. H. Cuitláhuac 111 2-E
U. H. El Risco CTM 72 2-C
U. H. Girasoles 124 2-B
U. H. Hueso Periférico 123 4-E
U. H. Lomas de Plateros 96 4-B
U. H. Militar Sedena 124 2-B
U. H. Olímpica 122 2-B
U. H. PEMEX Picacho 121 2-F
U. H. Tulyehualco 124 2-B
Unidad Hab. Independencia 108 4-F
Unidad Res. Naucalpan 69 3-B
Unidad Vicente Guerrero 111 2-E
Valle Ceylán 57 4-B
Valle Verde 56 4-D
Valle de Aragón 1a. Secc. 72 2-C
Valle de Aragón Norte II 73 4-B
Valle de los Pinos 56 4-F
Valle de los Pinos 56 4-D
Vergel 111 2-E
Villa Coapa 123 4-E
Villa Olímpica M. Hidalgo 122 2-B
Villa del Puente 123 4-E
Viveros de la Loma 56 4-D
Viveros del Río 56 4-F
Viveros del Valle 56 4-D
Z. U. E. Iztapalapa 98 5-E
Zona Centro 57 4-B
Zona Industrial La Presa 58 5-D
Zona Res. Acueducto de Gpe. 57 4-B
ANILLO PERIFERICO CDA.
San Jerónimo Lídice 108 6-E
ANIMAS CDA.
Pueblo Santa Bárbara 70 3-C
ANIS
El Tambor 82 3-A
Ex Ejido Magdalena Mixhuca 98 3-B
Sagitario I 42 4-E
ANITAS 1A. CDA.
La Bomba 128 6-B
ANITAS 2A. CDA.
La Bomba 128 6-B
ANITAS 3A. CDA.
La Bomba 128 5-B
ANITAS CDA.
Chalco 128 5-B
ANITAS DE LAS CALZ.
Chalco 128 5-A
ANONA
Las Huertas 81 1-C
Prizo 73 2-D
ANONAS
Ampliación San Marcos Norte 136 1-E
El Mirador 59 1-A
ANSAR
Granjas Modernas 71 5-F
ANSARES
Las Arboledas 43 6-D
Las Arboledas 56 1-D
ANTARES
Prados de Coyoacán 110 6-B
U. H. El Rosario 56 6-F
ANTARTICO
Cuautitlán Izc. Atlanta 30 3-E
ANTIGONA
Cuautitlán Izc. Ensueños 17 6-D
ANTIGUA CALZADA DE GUADALUPE
Reynosa Tamaulipas 70 3-B
San Andrés 70 3-B
San Marcos 70 3-B
San Rafael 70 3-B
Santa Catarina 70 3-B
Santo Tomás 70 3-B
ANTIGUA CARRETERA A TOLUCA
Adolfo López Mateos 107 2-B
Cuajimalpa 107 2-B
La Manzanita 107 2-B
Manzanastitla 107 2-B
San Pedro 107 2-B
ANTIGUA LA
Lomas de la Herradura 94 1-E
ANTIGUA PRIVADA TAXQUEÑA
Parque San Andrés 110 3-A
ANTIGUA VERACRUZ
San Felipe de Jesús 72 3-D
ANTIGUA VIA DE FERROCARRIL
Ampliación López Portillo 125 2-C
López Portillo 125 2-C
ANTIGUO C. XOCHIMILCO TUL.
Barrio La Candelaria 138 2-A
Guadalupita Tlaxialtemalco 138 2-A
San Luis Tlaxialtemalco 138 2-A
ANTIGUO CAM. A SAN P. MARTIR
San Pedro Mártir 122 6-E
U. H. San Pedro Mártir 122 6-E
ANTIGUO CAM. DE DILIGENCIAS
La Magdalena Petlacalco 135 5-D
San Miguel Xicalco 135 5-D
ANTIGUO CAMINO A CHICONCUAC
Papalotla 50 6-C
ANTIGUO CAMINO A LA SIERRA
San Andrés Totoltepec 135 4-D
ANTIGUO CAMINO A LAS ANIMAS
Barrio Tlacateco 4 4-D
Barrio Tlacateco 4 5-D
ANTIGUO CAMINO A PAPALOTLA
Tezoyuca 49 4-B
ANTIGUO CAMINO A SAN FCO.
Pueblo San Mateo Xalpa 136 6-D
ANTIGUO CAMINO A SAN M XALPA
San Lucas Xochimanca 136 3-E
San Mateo Xalpa 136 3-E
ANTIGUO CAMINO A SAN MATEO
Lomas del Ocote 107 3-C
ANTIGUO CAMINO A TLALTENCO
Degollado 125 1-B
La Estación 125 1-B
López Portillo 125 1-B
Mixcoatl 125 1-B
Polvorilla 125 1-B
Santiago Zapotitlán 125 1-B
Zapotitla 125 1-B
ANTIGUO CAMINO A XOCHIMILCO
Alquisiras 136 3-A
Huichapan 136 1-D
La Magueyera 136 3-A
La Noria 136 1-D
Santa Cruz Xochitepec 136 1-D
U. H. Villa Xochimilco 136 1-D
Valle Verde 136 3-A
ANTIGUO CAMINO DILIGENCIAS
La Magdalena Petlacalco 135 4-D
San Miguel Xicalco 135 4-D
ANTIGUO CAMINO FERROCARRIL
Loma de la Cruz 42 2-B
Temamatla 154 2-D
ANTIGUO CAMINO FFCC 1A. CDA.
Temamatla 154 2-D
ANTIGUO CANAL DE HUMANTLA
Libertad 28 3-F
ANTIGUO CANAL DE HUMATLA
Libertad 28 3-F
ANTIGUO CANAL GEOLOGIA
Solidaridad Nacional 57 4-F
ANTIGUO RIO MIXCOAC PROL.
Garcimarrero 108 1-B
ANTILLAS
Portales 97 6-A
ANTILLAS Y CDA.
Xalpa 112 4-D
ANTILLON FLORENCIO
Quince de Agosto 71 4-E
ANTILLON FLORENTINO GRAL.
Juan Escutia 99 4-B
ANTIMONIO
El Tesoro 44 2-D
Lázaro Cárdenas 60 6-D
ANTOFAGASTA
Santa Isabel Tola 71 3-D
ANTONIA
San Jerónimo Lídice 108 5-E
ANTONIO
Miravalle 112 4-F
ANTORCHA
Barrio Norte 95 5-F
ANTROPOLOGIA
U. H. El Rosario 69 1-F
ANTROPOLOGIA E HISTORIA
Federal 85 6-B
ANTROPOLOGOS
Ampliación El Triunfo 97 5-D
Apatlaco 97 5-D
El Sifón 97 6-D
El Triunfo 97 5-D
ANTUNEZ MIGUEL
Nextitla 83 1-D
ANZA ANTONIO M.
Ciudad Satélite 56 6-B
Roma Norte 96 1-F
ANZAR
El Mirador II 134 1-D
ANZIO
Izcalli Pirámide 57 3-D
ANZURES MIGUEL
San Felipe de Jesús 72 2-D
AÑEJO DE BACARDI
Ciudad Alegre 88 4-B
Jardines de Acuitlapilco 88 4-B
AÑIL
Granjas México 98 2-A
AÑIL 2 CDAS. Y PRIV.
Granjas México 97 2-E
AÑO 1325
Santa María Ticomán 58 6-C
AÑO 1779
Santa María Ticomán 58 6-C
AÑO 1810
Santa María Ticomán 58 6-B
AÑO 1857 PRIV.
Ticomán 71 1-B
AÑO 1910
Santa María Ticomán 58 6-C
AÑO 1917
Santa María Ticomán 58 6-B
AÑO DE 1857
Ticomán 71 1-B
AÑO DE 1991 AND.
Diecinueve de Mayo 108 1-A
AÑO DE 1991 AV.
Diecinueve de Mayo 108 1-A
AÑO DE JUAREZ
Citlalli 112 3-C
Constitución del Moral 138 2-D
San Felipe de Jesús 138 2-D
San Luis Tlaxialtemalco 138 2-B
Santiago Acahualtepec 112 2-F
Santiaguito 138 2-D
AÑO DE JUAREZ AV.
Ampl. Granjas San Antonio 97 6-F
Granjas San Antonio 110 1-F
AÑO DE JUAREZ PROL.
Santiago Acahualtepec 112 2-F
Santiaguito 138 2-D
AÑO INTERNACIONAL DEL NIÑO
Ocopulco 49 3-F
AÑO NUEVO
Acuitlapilco 88 4-A
La Cañada 82 2-B
Santa María Chimalhuacán 88 4-B
AÑO NUEVO CDA.
Lomas de San Bernabé 120 1-E
AÑORVE ENRIQUE
Ampliación San Pedro Xalpa 69 5-E
AÑOS
Quinto Sol 73 1-C
APACHES DE LOS AV.
Ampl. San Fco. Culhuacán 110 5-D
San Francisco Culhuacán 110 5-D
U. O. CTM Culhuacán Z. V 110 5-D
APANCO
U. H. Infonavit Xochináhuac 70 1-A
APANGO
Cuautepec El Alto 58 1-B
La Casilda 58 1-C
APANGO PROL. Y 5a. CDA.
Gral. Felipe Berriozábal 58 1-C
APANGO Y 4 CDAS.
Gral. Felipe Berriozábal 58 1-B
APANOAYA
Los Angeles 111 4-E
APANTLI
Barrio Jicareros 87 4-B
APARTADO
Centro 84 3-C
APARTADO CJON.
Santa María Ozumbilla 21 4-F
APARTADOS POSTALES
Postal 97 4-B
APASCO
Barrio La Concepción 31 3-B
APASEO EL ALTO
Valle del Tepeyac 71 3-A
APASEO EL GRANDE
San Felipe de Jesús 72 2-C
APATECOLLI
Ixtapaluca 114 5-F
APATENCO
La Magdalena Atlicpan 100 6-E
APATLACO
Santa Cruz Acalpixca 137 3-C
Toriello Guerra 122 3-F
APATLACO AV.
Apatlaco 97 4-D
Benito Juárez 97 4-D
Purísima Atlazolpa 97 4-D
U. INFONAVIT Iztacalco 97 4-D
U. Los Picos de Iztacalco 97 4-D
APATLACO CDA.
Pueblo Santa Cruz Acalpixca 137 3-C
APATLACO CJON.
San Lorenzo Huipulco 122 3-F
APATZCALLI
Barrio Curtidores 87 3-D
Barrio Hojalateros 87 3-D
APATZINGAN
San Felipe de Jesús 72 2-C
San Felipe de Jesús 72 3-C
APAXCO
Almárcigo Norte 46 4-D
Barrio Orfebres 87 5-B
Lomas de San Carlos 46 4-F
Nueva San Juan Ixtacala 57 6-C
Sagitario V 73 3-C
Valle de Aragón CTM XIV 73 3-C
Valle de Ayotla 126 1-F
Vergel de Coyoacán 123 2-B
APEROS
Residencial Villa Coapa 123 4-D
APETLATIPAC
El Mirador 137 5-A
APEXOCO
Abdías García Soto 107 3-B
APICULTURA
Veinte de Nov. 2o. Tramo 84 2-F
Veinte de Noviembre 84 2-F
APIPILHUASCO RT.
Jalalpa El Grande 95 6-B
APIPISCA
Pedregal de Santo Domingo 109 4-F
Pedregal de Santo Domingo 109 5-E
APOLO
Ampl. San Mateo 68 2-E
Cuautitlán Izc. Ensueños 30 1-D
Las Huertas 81 1-D
Las Rosas 56 4-E
Xalpa 112 4-D
APOLO II
San Juan Ixhuatepec 58 5-E
APOLO IX
Tenorios 112 4-D
APOLO VIII CIR.
Tenorios 112 4-D
APOLO XI
Xalpa 112 4-D
APOLO XII
Montañista 58 2-D
APOLOCALCO AV.
Campestre El Potrero 113 5-D
San Francisco Apolocalco 113 5-D
APOLOGIA Y CDA.
Jaime Torres Bodet 139 5-A
APOLOGISTAS
Purísima Atlazolpa 97 5-F
APONECAS
Caracol 122 2-E
APOPOCATZIN
El Cerrito 106 2-B
Huixquilucan de Degollado 106 2-B
APOPOCATZIN JOSE MARIA
Huixquilucan de Degollado 106 1-B
APOPOCATZIN PROL.
El Cerrito 106 2-B
APOSTOL SANTIAGO
Santiago Cuautlalpan 16 4-B
APOZOL
El Rodeo 111 4-D
AQUILA
Izcalli Pirámide 57 3-C
AQUILEA
Lomas Estrella 2a. Secc. 124 1-B
AQUILES
Geo 2000 35 3-A
Las Rosas 56 4-E
Lomas de Axomiatla 107 3-F
AQUITANIA
Lomas Estrella 2a. Secc. 124 1-B
ARABELLA
Miguel Hidalgo 124 3-F
ARABIA
Jardines de Cerro Gordo 47 6-B
México 68 68 4-D
Revolución 84 4-F
Romero Rubio 84 4-F
ARACAJU
San Pedro Zacatenco 71 1-D
ARACUAN
Las Arboledas 56 1-E
ARADO DEL
Villas de la Hacienda 43 3-C
ARAGON
Alamos 97 2-B
ARAGON 2 PRIVS.
San Rafael 70 4-B

Calle / Colonia	Coordenadas Plano

Calle / Colonia	Plano	Coordenadas
ARQUERIA		
Barrio Guadalupe	124	1-D
ARQUIMEDES		
Bosque de Chapultepec	83	4-B
Ciudad Brisa	68	4-E
Chapultepec Morales	83	4-B
Polanco Chapultepec	83	4-B
Polanco Reforma	83	4-B
ARQUITECTOS		
Ejidal Emiliano Zapata	33	6-E
El Sifón	97	6-D
Escandón	96	2-D
U. H. La Viga	97	6-D
ARQUITECTOS CDA.		
Villa San Lorenzo Chimalco	100	2-D
ARQUITECTOS CIR.		
Ciudad Satélite	69	1-B
ARQUITECTOS CJON.		
Los Reyes Acaquilpan	113	1-D
ARQUITECTOS DE LOS		
Ejército del Trabajo I	73	2-C
ARQUITECTURA		
Copilco Universidad	109	4-C
Dr. Jorge Jiménez Cantú	30	5-C
Lomas Anáhuac	94	2-F
U. H. El Rosario	69	1-F
Univ. Aut. Metropolitana	42	2-F
ARRANCADERO		
Hacienda de Cristo	69	2-C
Jardín de la Florida	69	2-C
ARRANDA		
El Tejocote	88	3-D
ARRAYAN		
Garcimarrero	108	1-B
Jalalpa El Grande	108	1-A
Las Peñas	111	4-F
Texcoco	76	1-A
U. INFONAVIT Iztacalco	97	4-F
ARRAYAN DE 2A. CDA.		
Jalalpa El Grande	108	1-A
ARRAYANES		
Villa de las Flores	32	3-F
ARRAYANES DE LOS		
Lomas de San Mateo	68	3-D
ARRAYANES Y AND.		
Ampliación San Marcos Norte	123	6-E
ARRECIFE		
Cuautitlán Izc. Atlanta	30	2-E
Jardines de Morelos	48	2-A
Los Fresnos	68	3-F
ARRECIFE 2o. RT.		
Ampliación Las Aguilas	108	3-D
ARRECIFE CDA.		
Ampliación Las Aguilas	108	3-E
ARRECIFE RT. Y AND.		
U. CTM Alborada Jaltenco	20	6-D
ARRECIFE SEGUNDO RT.		
Ampliación Las Aguilas	108	3-D
ARRECIFE Y RT.		
Ampliación Las Aguilas	108	3-D
ARRECIFES DE LOS		
Zona Res. Acueducto de Gpe.	58	5-A
ARREDONDO ELISEO		
Ciudad Satélite	69	1-A
ARREGUI DE CDA.		
Vicente Guerrero Zona Ej.	41	1-B
ARRENDAJO		
Rinconada de Aragón	60	5-B
ARREOLA BERNARDO		
U. José Ma. Morelos y Pavón	20	4-B
ARREOLA INOCENCIO		
Santa Martha Acatitla	99	6-D
Santa Martha Acatitla Sur	112	1-D
ARREOLA JUAN JOSE		
Poesía Mexicana	60	6-C
Tierra Blanca	46	2-E
ARREZA PROFRA. Y CDA.		
Pueblo Los Reyes	109	4-F
ARRIAGA ACEVES RAMON SGTO 2o		
Los Cipreses	110	6-C
ARRIAGA CAMILO		
Santa Martha Acatitla	99	6-D
ARRIAGA JESUS		
San Lucas	57	2-E
ARRIAGA JOSE JOAQUIN		
Obrera	84	6-B
Tránsito	84	6-B
ARRIAGA PONCIANO		
Benito Juárez	97	4-E
Darío Martínez	127	1-A
La Nopalera	124	3-F
Leandro Valle	56	4-C
Liberales de 1857	95	3-E
Prados del Sur	123	5-D
San Lorenzo Totolinga	81	1-E
Tabacalera	83	4-F
Veintiuno de Marzo	44	5-A
ARRIAGA PONCIANO Y CDA.		
Tultepec	19	3-C
ARRIEROS		
Hacienda Ojo de Agua	21	4-C
ARRIEROS DE LOS		
Pueblo San Diego	76	1-E
ARRIETA ALBA 1A. CDA.		
Barrio Tlatel	88	6-E
ARRIETA ALBA 2A. CDA.		
Barrio Tlatel	88	6-E
ARRIETA ANDRES		
Alvaro Obregón	99	6-A
Santa Martha Acatitla Nte.	99	4-D
ARRIETA DOMINGO M. GRAL.		
Héroes de la Revolución	82	6-A
ARRIETA ELBA AV.		
San Vicente Chicoloapan	88	6-E
ARRIETA I.		
Los Reyes	113	1-C
ARRILLAGA FRANCISCO		
Minas de Cristo	96	5-A
ARRIOJA MIGUEL M.		
Constitución de la Rep.	71	4-F
ARROYO		
Barrio Tlacateco	4	5-D
Ciudad Labor	44	2-D
Club de Golf Bellavista	56	5-B
El Mirador	59	1-B
Jardines de Morelos	47	2-F
La Candelaria Ticomán	58	5-B
La Magdalena Atlicpan	100	6-F
Lomas de San Cristóbal	32	5-F
Nuevo Renacimiento Axalco	135	2-E
Ricardo Flores Magón	4	5-D
San Lorenzo	81	2-D
San Pablo Oztotepec	150	5-E
San Pedro Atzompa	21	3-D
ARROYO 1A. CDA.		
Coatlinchán	89	2-C
ARROYO 2A. CDA.		
Coatlinchán	89	2-D
ARROYO AV.		
Panorámica	46	3-F
ARROYO CDA.		
Rancho Pachita	120	2-E
ARROYO DE CANTERAS		
Lomas de Cuautepec	45	5-B
ARROYO DE LA ESCALERA		
La Escalera	71	1-B
ARROYO DE LA LUZ		
Consejo Agrarista Mexicano	111	5-E
ARROYO DE LA PAZ		
Rancho Pachita	120	2-E
ARROYO DE LOS AHUEHUETES		
La Escalera	71	1-B
ARROYO DE LOS SAUCES		
La Escalera	71	1-B
ARROYO DE TICOMAN		
La Escalera	71	1-B
ARROYO DE ZACATENCO		
La Escalera	71	1-B
ARROYO DEL		
Ricardo Flores Magón	4	4-C
Tierra Larga	68	3-F
ARROYO DEL MORTERO		
Consejo Agrarista Mexicano	111	5-E
ARROYO DEL RT.		
Izcalli Ecatepec	46	2-F
ARROYO DEL SILENCIO		
La Retama	94	5-C
ARROYO EL		
Jards. Pedregal de Sn Angel	122	2-B
ARROYO ENCINAL		
Chitchitcáspatl	121	6-B
ARROYO ESCONDIDO		
La Escalera	71	1-B
ARROYO FRIO		
Consejo Agrarista Mexicano	111	5-F
ARROYO GRANDE		
Puente Blanco	111	5-E
ARROYO MUERTO		
Consejo Agrarista Mexicano	111	5-E
ARROYO NORTE		
La Herradura	81	6-F
ARROYO NUEVO		
La Escalera	71	1-B
ARROYO PEÑA GORDA		
Valle de Madero	58	2-B
ARROYO PRIETO		
Consejo Agrarista Mexicano	111	5-E
ARROYO RT.		
El Cerrito	55	5-F
ARROYO SAN MARCOS Y CDA.		
Barrio San Marcos	136	2-E
ARROYO SECO		
Hacienda Ojo de Agua	21	5-B
ARROYO SUR		
La Herradura	81	6-F
ARROYO TEXCALATLACO		
San Bartolo Ameyalco	107	5-F
ARROYO TLALOC		
Ampliación El Santuario	111	2-A
Ampliación Flores Magón	110	2-F
Estrella del Sur	111	2-A
Estrella del Sur	110	2-F
ARROYO VIEJO		
La Escalera	71	1-B
ARROYUELO EL		
Los Pastores	69	4-D
ARROZ		
Las Huertas	81	1-C
Lomas de San Miguel	43	3-C
Santa Isabel Industrial	110	2-F
Tenorios	112	5-C
ARRUTI FERNANDO		
Santa Martha Acatitla	99	5-D
ARRUZA CARLOS 1A. CDA.		
San Lorenzo Tlaltenango	69	6-E
ARRUZA CARLOS 2A. CDA.		
San Lorenzo Tlaltenango	69	6-E
ARRUZA CARLOS Y 2a. CDA.		
San Lorenzo Tlaltenango	69	6-E
ARTE		
Lomas Hidalgo	121	6-E
San Salvador Atenco	62	1-C
ARTE DEL		
San Lorenzo Tlalmimilolpan	24	5-B
ARTEAGA		
Centro Oriente	63	6-A
Guerrero	84	2-A
Residencial Las Salinas	63	6-A
San Andrés Chiautla	63	2-B
San Angel	109	3-B
San Pedro	63	6-A
Santa Catarina Ayotzingo	153	2-C
Santa Cruz de Abajo	62	6-F
ARTEAGA ANDRES L.		
U. Santa Cruz Meyehualco	112	3-B
ARTEAGA CDA.		
San Andrés Chiautla	63	2-B
ARTEAGA EDUARDO		
Ciudad Satélite	69	1-A
ARTEAGA IGNACIO		
Ciudad Satélite	69	2-C
ARTEAGA JOSE MARIA		
U. H. Ejército de Oriente	99	4-B
ARTEAGA RT.		
San Pedro	63	6-A
ARTEAGA Y SALAZAR		
La Artillera	107	3-C
ARTEAGA Y SALAZAR 4 CDAS.		
Pueblo El Contadero	107	3-A
ARTEAGA Y SALAZAR 5A. PRIV.		
La Artillera	107	3-C
ARTEAGA Y SALAZAR AV.		
El Encinal	107	3-A
La Artillera	107	3-A
La Rosita	107	3-A
La Venta	106	4-F
Las Tinajas	107	3-A
Lomas del Ocote	107	3-A
Pueblo El Contadero	107	3-A
ARTEAGA Y SALAZAR CDA.		
El Encinal	107	3-A
Pueblo El Contadero	107	3-A
ARTEMISA		
Cuautitlán Izc. Ensueños	30	1-D
Nueva Santa María	83	1-D
Santa María de Guadalupe	44	3-A
Tlatilco	83	1-E
ARTEMISA CDA.		
Santa Rosa de Lima	30	1-D
ARTEMISAS		
Villa de las Flores	33	1-A
ARTES		
Villa Coyoacán	109	3-E
ARTES CDA.		
Ampl Miguel Hidalgo 2a Secc	121	6-E
ARTES CJON.		
Axotla	109	2-D
ARTES DE LAS		
Chiconcuac	49	6-F
ARTES DE LAS 2A.		
Coanalán	36	6-C
ARTES DE LAS CDA.		
Pueblo Coanalán	36	6-C
ARTES DE LAS CJON.		
Chimalhuacán	87	6-D
ARTES PRIV.		
Triunfo de la República	71	3-F
ARTES Y 2 CDAS.		
La Estanzuela	71	3-E
ARTES Y OFICIOS		
Chalco	128	6-A
ARTESANOS		
Guerrero	84	2-B
Pueblo de Tepexpan	36	6-A
San Luis Huexotla	76	4-C
Tlatel Xochitenco	87	2-D
ARTESANOS CJON.		
Mexicaltzingo	110	1-D
San Pablo Tecalco	22	4-D
ARTICO		
Cuautitlán Izc. Atlanta	30	2-E
ARTICULO 123		
Ahuehuetes	56	1-B
Ampl. Mártires Río Blanco	81	3-F
Ampliación Emiliano Zapata	42	2-E
Centro	84	4-A
Loma Bonita	36	6-D
ARTICULO 123 Y CDA.		
Cuautitlán	18	6-B
Guadalupana	18	6-B
La Ciudadela	18	6-B
Necapa	18	6-B
ARTICULO 27		
Loma Bonita	36	6-D
Nueva Santa Anita	97	2-C
Nueva Santa María	18	6-C
Plan de Ayala	81	4-E
ARTICULO 27 CONST. AV.		
Valle del Tepeyac	71	3-A
ARTIFICIOS		
Acueducto	95	3-F
El Capulín	95	3-F
Estado de Hidalgo	95	3-F
Las Américas	95	3-F
Las Palmas	95	3-F
ARTIGUENSES Y AND.		
La Presa	95	5-E
ARTISTAS DE LOS CALZ.		
Bosque de Chap. 1a. Secc.	83	6-B
ARTURO		
Miravalle	112	4-F
San Angel Inn	109	2-A
ARUBA		
Las Américas	69	5-B
ARUCO DEL		
Las Alamedas	56	2-A
ARUCOS		
Izcalli Jardines	34	6-C
Izcalli Jardines	47	1-B
ARVAES JUAN DE DIOS		
Benito Juárez	97	4-E
ARVIDE NICANOR		
Nicanor Arvide	96	5-A
ARVIDE NICANOR PRIV.		
Nicanor Arvide	95	5-F
ARVIZU PEDRO		
Emiliano Zapata	110	5-B
ARZATE FRANCISCO		
Revolución	84	3-F
ARZON		
San Pablo I	112	4-F
San Pablo II	112	4-F
ASAMBLEA GENERAL		
México Nuevo	55	1-E
ASBAJE JUANA DE		
Tultepec	19	3-C
ASCENCIO DE A. P. 5 RTS.		
Rincón Colonial	17	6-E
ASCENCIO DE ALQUISIRAS PEDRO		
Rincón Colonial	17	6-E
ASCENCIO PEDRO		
Darío Martínez	113	6-F
Pueblo San Miguel Ajusco	135	6-A
ASCENCION LA		
Tlaltecahuacán	50	4-A
ASCOT		
Lomas Hipódromo	82	5-C
ASEDERA		
Tlapechico	95	5-B
ASER		
Israel	100	3-C
ASERRADERO RT.		
Bosques de la Hacienda	17	4-D
ASFALTO		
Barrio Santa Apolonia	70	6-A
Plenitud	70	6-A
ASIA		
Barrio La Concepción	109	3-F
Tex-Plus	62	6-F
ASIA AV.		
Romero Rubio	84	3-F
ASIBAR		
Tlapechico	95	5-B
ASIENTOS		
Popular Rastro	84	2-D
ASIS		
Izcalli Pirámide	57	3-C
ASISTENCIA PUBLICA		
Federal	85	6-A
Industrial Puerto Aéreo	85	6-A
ASISTENCIA TECNICA		
Olímpica Radio	81	3-B
ASOCIACION EXTAS DEL D.F.AV.		
Montañista	58	2-E
ASOCIACION N. IND. EDO. MEX.		
Zona Ind. Cuaut. Izcalli	31	1-A
ASPECTO EL		
Pueblo Santa Isabel Ixtapan	48	3-F
ASPERGULAS AV.		
Ampliación Las Aguilas	108	3-D
San Clemente	108	3-D
ASPERILLAS		
San Clemente	108	3-D
ASPERON		
Tres Estrellas	71	5-E
ASPIROS		
Santa María Maninalco	70	5-C
Sindicato Mex. de Elect.	70	5-C
ASPIROS 2 CJONES.		
Hacienda Ojo de Agua	70	5-C
Santa María Maninalco	70	5-C
ASTACINGA		
Ampliación Jalalpa	95	5-C
ASTAR PRIV.		
San Nicolás Tolentino	111	5-C
ASTER PRIV.		
Pantitlán	98	1-E
ASTEROIDE		
Ampl. Casa Blanca	111	4-D
San Pablo Los Gallos	17	4-A
ASTEROIDES		
Casa Blanca	111	5-D
Media Luna	73	3-C
ASTILLERO		
San Juan de Aragón	72	5-B
ASTILLEROS		
Lomas de la Era	120	1-E
ASTILLEROS 3A. CDA.		
Lomas de San Bernabé	120	1-E
ASTILLEROS PRIV.		
Lomas de San Bernabé	120	1-E
ASTILLEROS Y 4 CDAS.		
Lomas de San Bernabé	120	1-E
ASTORIA		
Carlos A. Madrazo	95	5-A
ASTREA		
Izcalli Rinconada	20	6-B
ASTRO		
Ampl. Casa Blanca	111	4-D
Estrella de Oriente	73	2-C
ASTRO CDA.		
Alfredo V. Bonfil	81	4-E
ASTRO REY		
Casa Blanca	111	4-D
ASTRON		
Prados de Coyoacán	110	6-C
ASTRONOMIA		
U. H. El Rosario	69	1-F
ASTRONOMOS		
Escandón	96	2-D
San José Xalostoc	59	6-B
ASTROS DE LOS AV.		
Valle de la Hacienda	17	3-E
ASTURIAS		
Actipan	96	6-C
Alamos	97	2-B
Insurgentes Mixcoac	96	6-C
Xochiaca	87	6-C
ASTURIAS CDA. Y PRIV.		
Xochiaca	87	6-C
ASTURIAS MIGUEL ANGEL		
Villas Copilco	109	4-D
ASUNCION		
La Presa Secc. Hornos	95	5-E
Las Américas	69	5-B
Las Peñas	111	4-F
San Jerónimo Lídice	108	6-D
San Jerónimo Lídice	108	6-C
Tlalpizahuac	113	5-E
Torres de Lindavista	71	1-A
Valle Dorado	56	2-E
ASUNCION CDA.		
Las Peñas	111	4-F
ASUNCION CJON.		
Magdalena Atlazolpa	97	5-E
ASUNCION DE LA CJON.		
Magdalena Atlazolpa	97	5-E
ASUNCION LA PRIV.		
Pueblo Santa Rosa Xochiac	107	5-C
ASUNCION Y CJON.		
Barrio La Asunción	97	4-D
ATACAMEÑOS		
Tlacuitlapa	108	2-C
ATAJO		
Hacienda Ojo de Agua	21	5-B
ATARDECER		
Santa Cruz del Monte	56	6-A
U. H. Valle de Luces	110	3-F
ATARDECER AND.		
Buenavista	44	1-D
ATARDECER CIR.		
Libertad	28	3-F
ATAYDE HERMANOS		
Jorge Negrete	58	4-A
ATEMOC		
Pueblo de Axotlan	17	2-C
ATEMOZTLI		
Pueblo de Axotlan	17	2-C
ATENAS		
Belvedere de Eslava	121	6-D
Bellavista	56	6-B
Clavería	83	1-C
Juárez	83	4-F
San Alvaro	83	1-C
San Mateo Nopala	68	2-E
Valle Dorado	56	2-E
ATENAS 1906		
U. H. Olímpica	122	2-D
ATENAS DEL ANAHUAC		
Las Salinas	63	6-A
ATENCINGO		
Lomas de Becerra Granada	95	4-E
Unidad Belén	95	4-D
ATENCO		
Almárcigo Norte	46	4-D
Almontila	87	6-B
Barrio Saraperos	87	5-B
Club de Golf La Hacienda	43	6-C
El CEGOR	60	3-B
Gustavo Baz Prada	57	1-C
La Candelaria	110	5-A
La Romana	57	2-A
La Sardaña	44	2-C
Lomas de Atizapán 1a. Secc.	55	2-F
Lomas de San Carlos	46	4-F
Miravalle	113	4-A
Nueva San Juan Ixtacala	57	6-D
Prado Ixtacala	57	6-D
San Felipe Ixtacala	57	6-D
Tultitlán	31	3-C
Valle de Ayotla	126	1-F
Vergel Tlalpan	123	2-B
ATENCO CJON.		
San Martín Xochináhuac	70	2-B
ATENCO PRIV.		
Barrio San Sebastián	70	5-C
ATENCO Y 2 RTS.		
Cuautitlán Izc. Cumbria	30	2-E
ATENCO Y CJON.		
Alce Blanco	69	5-D
Pueblo Los Reyes	109	4-F
ATENEA		
Izcalli Rinconada	20	6-B
La Olimpiada 68	81	3-C
Las Cruces	108	6-A
Las Rosas	56	4-E
ATENELI		
Barrio Labradores	87	3-C
ATEPEHUACAN		
San Bartolo Atepehuacán	71	2-A
ATEPOCATE		
Pedregal de Santo Domingo	109	5-E
ATEPOXCO		
Tepeyac Insurgentes	71	4-D
ATESQUINSANA		
Ampliación Tlacoyaque	107	6-D
ATETELCO		
Purificación	24	3-C
Purificación	24	3-D
ATEXCAL		
El Arenal 2a. Sección	85	5-E
ATEZCATL		
Almontila	87	6-B
ATICA		
Lomas de Padierna Sur	134	1-D
ATILOZLI		
Barrio Labradores	87	3-D
ATITLA		
San Pablo Chimalpa	106	3-F
ATITLAN CDA.		
México Nuevo	82	2-F
ATITLAN DE CDA.		
Carlos Jonguitud Barrios	124	1-B
ATITLECAS		
Pedregal Santa Ursula Xitla	122	6-C
ATIZAPAN		
Almárcigo Norte	46	4-D
Altavilla	72	1-B
Barrio Orfebres	87	6-B
Cuautitlán Izc. Cumbria	30	2-E
El Hostol Zona Comunal	46	3-F
El Hostol Zona Comunal	46	4-E
La Sardaña	44	3-C
Lomas de Atizapán	55	2-F
San Martín Calacoaya	56	3-A
Santa Anita La Bolsa	29	4-A

Calle / Colonia — COORDENADAS PLANO

Parques de Aragón 73 1-B
Petroquímica Ecatepec 73 1-B
Presidentes 95 5-E
Presidentes 88 5-D
Presidentes de México 111 4-E
Progreso de Oriente 100 1-B
Providencia 127 5-C
San Mateo Tecalco 22 4-C
San Pedro Atlazalpa 153 1-E
Tepetongo 94 6-B
Unión de Guadalupe 127 4-E
Valle de Anáhuac Secc. A 60 5-B
Vicente Guerrero 59 6-E
Villa San Lorenzo Chimalco 100 2-C
Xaltipac 100 1-B
AVILA CAMACHO MANUEL AV.
El Chamizal 72 2-D
AVILA CAMACHO MANUEL BLVR.
Alce Blanco 69 3-B
Bosque de Echegaray 69 3-B
Bulevares 69 3-B
Ciudad Satélite Oriente 69 3-B
Ciudad Satélite Poniente 69 3-B
Conjunto San Miguel 69 3-B
Del Bosque 82 5-F
El Mirador 69 3-B
El Parque 82 5-F
Electra 56 3-E
Hacienda de Echegaray 69 3-B
Industrial Atoto 69 3-B
Industrial Naucalpan 69 3-B
Irrigación 82 5-F
La Florida 69 3-B
La Suiza 56 3-E
Las Margaritas 56 3-E
Las Rosas 56 3-E
Lomas Barrilaco 82 5-F
Lomas de Sotelo 82 5-F
Los Morales 82 5-F
Paseo de Carretas 56 3-E
Periodista 82 5-F
Plaza de la Colina 56 3-E
Plaza de las Rosas 56 3-E
Reforma Social 82 5-F
Residencial Militar 82 5-F
San Andrés Atenco 56 3-E
San Bartolo Naucalpan 69 3-B
San Francisco Cuautlalpan 82 5-F
San Lucas Tepetlacalco 56 3-E
Santa Cruz Acatlán 69 3-B
Santa María Nativitas 69 3-B
Transmisiones 82 5-F
Unidad Res. Naucalpan 69 3-B
Valle Verde 56 3-E
Valle de los Pinos 56 3-E
Viveros de la Loma 56 3-E
Viveros del Valle 56 3-E
AVILA CAMACHO MANUEL CDA.
La Conchita Zapotitlán 125 4-A
Santiago Tepalcapa 30 5-F
AVILA CAMACHO MANUEL GRAL.
Ampliación Caracol 85 5-D
Caracol 85 5-D
Héroes de la Revolución 82 5-A
José López Portillo 124 1-C
La Conchita Zapotitlán 125 3-C
La Esperanza 124 1-C
Lázaro Cárdenas 73 5-B
Presidentes de México 111 4-E
AVILA CAMACHO MANUEL LIC.
San Francisco Tepojaco 30 2-A
AVILA CAMACHO MAXIMINO
Ciudad de los Deportes 96 4-C
La Conchita Zapotitlán 125 4-B
Solidaridad Nacional 57 4-F
AVILA CAMACHO Y 3 CDAS.
Vicente Guerrero 2a. Secc. 28 6-F
AVILA CAMACHO Y PRIV.
Benito Juárez 42 1-A
AVILA JESUS M.
C. H. Biatlón 99 6-B
AVILAN
Lomas de Atizapán 55 2-F
AVILES ARIEL
Colonial Iztapalapa 111 3-F
AVILES CANDIDO
Constitución de 1917 111 2-D
AVILES CANDIDO CONSTTE.
Lomas de Memetla 107 2-C
AVILES DE LA SERNA ING.
Cuautitlán Izc. Atlanta 30 3-E
AVIÑA EUGENIO
Santa Martha Acatitla 99 5-C
AVIÑON
Villa Verdún 107 4-F
AVISPA AV.
Arco Iris 42 2-B
La Colmena 42 2-B
AVOCETA DE LA
Las Alamedas 56 2-A
AVOCETAS
Izcalli Jardines 47 1-B
AXALCO
Lomas de San Pablo 153 2-D
AXALCO CDA.
Nuevo Renacimiento Axalco 135 2-E
AXAPOXCO
Lomas de Cristo 76 5-B
AXAPUSCO
Cuautitlán Izc. Cumbria 30 2-E
La Sardaña 44 3-D
Lomas de Atizapán 55 2-E
AXAXALCO Y CDA.
San Marcos 136 1-E
AXAYACATL
2a. Ampl. Stgo Acahualtepec 112 2-D
Acozac 114 3-F
Adolfo Ruiz Cortines 110 6-A
El Arenal 1a. Sección 85 5-D
Fidel Velázquez Sánchez 30 4-E
La Urbana 57 3-D
Nezahualcóyotl 98 1-F
Porvenir 98 1-F
San Pedro Atocpan 150 3-F
Santa Isabel Tola 71 2-D
Tlaxpana 83 3-D
AXAYACATL AV.
Xico 126 6-E
Xico 139 1-F
AXAYACATL PROL.
Ampliación Estrella del Sur 110 3-F
San Pedro Atocpan 150 4-F
Xico 126 6-F
AXAYACATL PROL. 1A. CDA.
Xico 126 6-F
AXAYACATL PROL. 2A. CDA.
Xico 126 6-F
AXOCOTLE
Pueblo San Miguel Xicalco 135 5-E
AXOCHITL
Año de Juárez 137 3-B
Xochipilli 137 3-B
AXOLOACAN PRIV. Y CJON.
Barrio Santa Bárbara 110 1-F
AXOLOHUA
Juárez Pantitlán 85 6-E
La Preciosa 70 4-A
AXOLOLUA

Tlayehuale 114 5-F
AXOMULCO
Barrio San Pedro 136 2-F
AXOMULCO CJON.
Barrio San Pedro 136 1-F
AXOPILCO
El Imparcial 70 6-C
El Recreo 70 6-C
AXOQUEN
Barrio Mineros 87 4-E
Barrio Pescadores 87 3-E
Barrio Pescadores 87 4-E
AXOYES
Pedregal Santa Ursula Xitla 122 6-D
AYACAHUITE
El Molino Tezonco 124 3-D
Pirules de Bayisco 34 4-F
AYACAHUITES
Villa de las Flores 32 3-F
AYACUCHO
Torres de Lindavista 71 1-A
AYALA ARTEMIO
Educación 19 1-B
AYALA FRANCISCO
Ampliación Asturias 97 1-B
Paulino Navarro 97 1-B
Vista Alegre 97 1-B
AYALA IGNACIO
Vicente Guerrero 81 5-D
AYALA MARGARITO F.
Santo Tomás Chiconautla 34 4-E
AYALA MODESTA
Barrio San Sebastián 138 2-F
AYANCIHUATL
San Miguel Xochimanga 43 5-D
AYAPANGO
Lomas Verdes 31 5-F
Lomas Verdes 32 5-A
Lomas de Atizapán 55 2-F
Vergel de Coyoacán 123 2-B
AYAQUEMEL
Caserío de Cortés 152 2-F
AYATL
Barrio Curtidores 87 4-D
Barrio Hojalateros 87 4-D
AYAUHCOZAMALOTL
Acozac 115 3-B
AYAUTLA
Residencial Cafetales 123 2-F
AYAUTLE
Barrio Curtidores 87 3-D
AYAX
Arboledas del Sur 123 4-B
AYECAC
San Nicolás Tetelco 139 6-C
AYECATL
La Concepción Tlacopa 123 6-F
AYECATL Y 2 PRIVS.
Barrio Asunción 123 6-F
AYLA
Crescencio Juárez Chavira 120 2-F
AYLE
La Carbonera 121 2-A
La Carbonera 120 2-F
Pueblo Nuevo Alto 121 2-A
Pueblo Nuevo Alto 120 2-F
AYLE PROL.
La Carbonera 120 3-F
AYMARAS
Tlacuitlapa 108 2-C
AYOCALTITLA
San Miguel Topilejo 149 4-A
San Miguel Topilejo 149 5-A
Xaxalco 149 4-A
Xaxalipa 149 4-A
AYOCALTITLA CJON.
San Miguel Topilejo 149 4-A
AYOCALTITLA DE 1A. CDA.
San Miguel Topilejo 149 4-A
AYOCALTITLA DE 2A. CDA.
San Miguel Topilejo 149 4-A
AYOCALTITLA DE 3A. CDA.
San Miguel Topilejo 149 4-A
AYOCALTITLA Y CJON.
San Miguel Topilejo 149 4-A
AYOPALLI
Barrio Labradores 87 3-D
AYOPANGO
Barrio Orfebres 87 5-B
AYOPANGO DE 1A. CDA.
Barrio Orfebres 87 5-B
AYOPANGO DE 2A. CDA.
Barrio Orfebres 87 5-B
AYOTECTLI
Barrio Canteros 87 5-B
Barrio Jicareros 87 4-B
Barrio Plateros 87 5-B
AYOTL
Barrio Vidrieros 87 4-C
Pueblo de Axotlan 17 2-C
AYOTLA
Barrio Tejedores 87 4-C
Barrio Vidrieros 87 4-C
El CEGOR 60 3-B
La Carbonera 120 2-F
Lindavista 114 6-C
AYOTLA CDA.
Francisco Alvarez 114 6-C
Pueblo Nuevo Alto 120 2-F
AYOTOCA
Barrio Curtidores 87 4-D
Barrio Hojalateros 87 4-D
AYOTOSCO
Pedregal de Santo Domingo 109 5-E
AYOXOCHITL
Xochipilli 137 3-B
AYUCUAN
Barrio Jicareros 87 4-C
Barrio Talabarteros 87 4-C
AYUHUALCO
San Andrés Totoltepec 135 2-D
AYUME
Ampl. Tepepan 136 1-C
Xicalhuaca 137 2-C
AYUNTAMIENTO
Barrio La Asunción 111 1-A
Barrio La Fama 122 4-C
Barrio La Lonja 122 4-C
Barrio Loreto 109 4-B
Barrio San José 111 1-A
Barrio San Lucas 111 1-A
Barrio San Pablo 111 1-A
Centro 83 4-F
Ciudad Adolfo López Mateos 56 1-A
FOVISSSTE Fuentes Brotantes 122 5-B
Guadalupe Victoria 33 5-D
Iztapalapa 111 1-A
Libertad 31 6-E
Miguel Hidalgo 122 4-C
San Francisco Tlalnepantla 149 3-D
Tlalpan 122 4-C
Tultepec 19 4-A
Tultitlán 31 2-D
AYUNTAMIENTO 3 CDAS.
San Bernabé Ocotepec 120 1-F
AYUNTAMIENTO 82 84
Ampliación San Mateo 68 2-E

San Mateo Nopala 68 2-E
AYUNTAMIENTO AV.
San Pablo de las Salinas 19 6-F
Villa de las Flores 19 6-F
AYUNTAMIENTO CDA.
San Pablo de las Salinas 19 6-F
AYUNTAMIENTO PRIV.
Miguel Hidalgo 122 4-C
Pueblo San Bernabé Ocotepec 120 1-F
AYUNTAMIENTO PROL.
El Santuario 111 2-A
Manuel Romero de Terreros 109 3-D
AYUNTAMIENTO Y CDA.
Melchor Ocampo 19 2-A
Pueblo San Bernabé Ocotepec 120 1-F
AYUNTAMIENTO Y PRIV.
Villa Coyoacán 109 3-D
AYUTLA
San Felipe de Jesús 72 2-C
AZABACHE
Ciudad Cuauhtémoc 34 2-F
Estrella 71 5-D
Potrero de la Luna 112 5-E
AZABACHE CDA.
Santa Catarina Ayotzingo 153 2-A
AZABACHE DEL
Villas de la Hacienda 43 2-C
AZADON DEL
Villas de la Hacienda 43 3-C
AZAFRAN
Ampliación Emiliano Zapata 113 4-C
Emiliano Zapata 113 4-C
Granjas de Guadalupe 42 1-C
Las Huertas 81 1-B
Tlatel Xochitenco 87 2-D
AZAFRAN Y 2 CDAS.
Granjas México 98 2-A
AZAHAR
Lomas de San Miguel 43 3-B
Tamaulipas El Palmar 86 6-C
AZAHAR DE CDA.
San José del Jaral 43 2-D
AZAHARES
Ampl. Buenavista 44 3-D
Ampl. San Miguel 43 2-A
Cumbres de San Mateo 68 2-D
Chamacuero 43 3-D
Ejidal Emiliano Zapata 33 5-E
Ejido Santa Cruz Xochitepec 136 2-D
Emiliano Zapata 59 6-F
Jardines de Chalco 140 1-E
Jardines de la Cañada 44 2-D
Jardines del Tepeyac 59 6-F
Juan González Romero 72 2-A
Lomas San Lorenzo 111 6-E
Prados de Ecatepec 20 4-A
Santa María Insurgentes 83 1-F
Santa María de Guadalupe 44 3-A
Torres del Potrero 108 5-A
Villa de las Flores 33 1-A
Vista Hermosa 29 5-A
AZAHARES CDA.
San José del Jaral 43 2-D
AZAHARES CJON.
Jardines del Alba 30 4-F
AZAHARES RT. Y CJON.
Jardines del Alba 30 4-F
AZALEA
Ahuehuetes 56 1-C
Ampliación El Tesoro 44 3-D
Ampliación Emiliano Zapata 113 4-C
Barrio Fundidores 87 2-E
Barrio La Rosita 87 3-C
Barrio Pescadores 87 3-E
Barrio Pescadores 87 2-E
Belén de las Flores 95 3-E
C. H. La Pradera I 72 5-D
Conjunto Hab. Las Vegas 76 1-A
Ejido Santa Cruz Xochitepec 136 2-D
Ejidos de San Pedro Mártir 122 6-F
El Molino 127 3-D
Emiliano Zapata 113 4-C
Granjas Valle de Guadalupe 59 5-F
Hank González 59 1-C
Jardines de Atizapán 56 1-B
Jardines de Santa Cruz 19 2-C
Joyas de Nieve 58 1-D
Loma Encantada 113 3-D
Lomas de Chamontoya 120 1-E
Lomas de Chamontoya 107 6-E
Lomas de San Lorenzo 124 1-E
Los Angeles 111 3-C
Minas Palacio 81 4-C
Nopalera 122 6-F
Plan Sagitario 42 4-E
San Gabriel 43 3-D
San Miguel Teotongo 113 4-A
San Miguel Teotongo 113 3-A
Santa María de Guadalupe 44 3-A
Santa Rosa 101 1-D
Santa Ursula Coapa 123 2-B
Tezoyuca 49 1-E
Tlatilco 83 1-E
U. H. El Paraíso FOVISSSTE 18 6-C
Valle de las Flores 30 5-D
Vista Hermosa 33 6-D
AZALEA CDA.
La Nopalera 122 6-F
Villa San Agustín Atlapulco 100 3-D
AZALEA DE 1A. CDA.
San José del Jaral 43 2-D
AZALEA DE 2A. CDA.
San José del Jaral 43 2-D
AZALEA DE LA
Los Reyes Ixtacala 57 6-B
AZALEA PRIV.
Ampliación Emiliano Zapata 127 1-C
AZALEA Y 2 CDAS.
Barrio Xaltocan 136 3-F
San José del Jaral 43 2-D
AZALEAS
Jardines de Aragón 60 5-B
Jardines de Chalco 140 1-D
Jardines de Santa Cruz 19 2-B
Jardines de la Cañada 44 2-D
Las Margaritas 56 4-D
Pilares 36 5-F
San Bartolo El Chico 123 5-C
San Isidro La Paz 29 6-B
Valle Hermoso 43 6-F
Villa de las Flores 33 2-A
AZALEAS DE
Santa Cecilia 57 2-C
AZALEAS Y 2 CDAS.
Vista Hermosa 28 5-F
AZARA FELIX DE
Lomas de Capula 95 5-E
AZCAPOTZALCO
Ampliación Vicente Villada 99 3-E
Ciudad Azteca 60 2-D
La Florida de Ciudad Azteca 60 2-D
Vicente Villada 99 3-E
Zacamulpa 106 2-D
AZCAPOTZALCO AV.
Angel Zimbrón 70 4-B
Barrio Los Reyes 70 4-B
Barrio Nextengo 70 4-B
Barrio San Simón 40 4-B

Clavería 70 4-B
El Recreo 70 4-B
Tacuba 83 1-B
Villa Azcapotzalco 70 4-B
AZCAPOTZALCO LA VILLA
San Bartolo Atepehuacán 71 3-B
Valle del Tepeyac 71 3-B
AZCAPOTZALCO LA VILLA CALZ.
B. Huautla de las Salinas 70 3-F
Barrio Jagüey 70 3-F
Barrio Los Reyes 70 3-F
Barrio San Andrés 70 3-F
Barrio San Marcos 70 3-F
Barrio de Santo Tomás 70 3-F
Del Maestro 70 3-F
Industrial Vallejo 70 3-F
Pueblo Las Salinas 70 3-F
Pueblo Santa Catarina 70 3-F
San Andrés de las Salinas 70 3-F
San Bartolo Atepehuacán 70 3-F
Santa Cruz de las Salinas 70 3-F
Valle del Tepeyac 70 3-F
AZCAPOTZALCO Y 3 PRIVS.
Merced Gómez 109 1-A
AZCARRAGA VIDAURRETA EMILIO
U. Cabeza de Juárez 99 4-A
U. H. Guelatao de Juárez 99 4-A
AZOMALLI
Pueblo de Axotlan 17 2-C
AZORES
Izcalli Jardines 47 1-C
Letrán Valle 96 6-F
Portales 96 6-F
AZOYAPAN
Pueblo San Bartolo Ameyalco 107 5-D
Pueblo Santa Rosa Xochiac 107 5-D
AZOYAPAN CDA.
Pueblo Santa Rosa Xochiac 107 5-D
AZTACALCO
U. H. Infonavit Xochináhuac 70 1-A
AZTAHUACAN
Pedregal de Santo Domingo 109 5-E
AZTAQUEMECAN CDA.
Pedregal de Santo Domingo 109 5-E
AZTECA
El Olivo 44 5-A
El Tesoro 44 2-D
Nueva San Rafael 81 2-F
San José de las Palmas 101 6-A
Tlacuitlapa 108 2-B
AZTECA 2000
México 86 43 3-A
AZTECA AV. Y CDA.
Ocopulco 49 3-E
AZTECA CDA. Y PRIV.
Lomas de San Bernabé 107 6-F
AZTECA DE ORO
Ciudad Alegre 88 5-B
AZTECA Y CDA.
El Manto 111 2-C
AZTECAS
Ahuehuetes 58 3-C
Barrio San Antonio 124 2-D
Barrio San Francisco 121 2-B
Barrio San Lorenzo 124 2-D
Centro 84 3-C
Cuauhtémoc 57 1-D
Culturas de México 127 6-E
Degollado 112 6-A
El Arenal 2a. Sección 85 5-E
El Chicatín 56 4-B
El Molino Tezonco 124 2-D
Emiquia 19 1-C
Hueyotencotl 22 1-B
Independencia 28 3-E
La Romana 57 2-A
Magdalena Atlazolpa 97 5-E
Mixcoatl 111 5-F
Rincón de los Reyes 100 6-C
San Bartolo Tenayuca 57 4-E
San Francisco Tetecala 70 5-B
San Pablo Xolalpa 50 4-D
San Sebastián Xolalpa 24 5-E
Santa Clara 59 3-C
Santa Cruz Acatlán 69 4-B
Tepetitlán 50 4-B
Tlalnepantla 57 3-A
Villa Azcapotzalco 70 5-B
Xolalpa 50 4-E
Zapotecas 59 2-E
AZTECAS 2 CDAS.
Barrio El Truenito 122 5-E
AZTECAS AV Y 2 PRIVS. Y CDA.
Pueblo San Bernabé Ocotepec 120 1-F
AZTECAS AV.
Ajusco 109 6-F
Ampliación La Candelaria 109 6-F
La Candelaria 109 6-F
Pueblo Los Reyes 109 6-F
AZTECAS CDA.
Pueblo de Axotlan 17 2-B
San Lorenzo Totolinga 81 1-E
Santa Clara 59 3-C
AZTECAS DE 1A. CDA.
Lomas de San Bernabé 107 6-F
AZTECAS DE 2A. CDA.
Lomas de San Bernabé 107 6-F
AZTECAS DE 3R. AND.
Lomas de San Bernabé 107 6-F
AZTECAS DE 4A. CDA.
Lomas de San Bernabé 107 6-F
AZTECAS DE ANDADOR CINCO
Lomas de San Bernabé 107 6-F
AZTECAS DE LOS BLVR.
CEGOR 60 3-B
Ciudad Azteca 60 3-B
AZTECAS Y 2 CDAS.
Barrio El Truenito 122 5-D
AZTECAS Y 2 PRIVS Y 2 CJONES
Barrio La Asunción 111 1-A
Barrio San José 111 1-A
AZTECAS Y CDA.
San Luis Huexotla 76 4-C
San Sebastián Xolalpa 24 4-E
AZTLAN
La Raza 71 6-A
La Urbana 57 3-E
Mixcoatl 111 5-A
Pueblo de Axotlan 17 2-C
Santa Cruz Mixquic 139 5-F
Tepetitlán 50 5-C
AZTLAN AV.
La Cantera 57 4-D
La Soledad 57 4-D
AZTLAN CIR.
Paseos del Bosque 68 5-D
AZTLAN Y CDA.
Barrio La Cruz 97 4-D
AZTLAN Y CJON.
La Cantera 57 4-D
AZUCAR
De la Cruz 97 2-E
Granjas México 97 2-E
AZUCENA
2a. Ampl. Stgo Acahualtepec 112 3-E
2o. Reac. de Tlacuitlapa 108 2-C
Agua Azul 86 6-B
Almárcigo Sur 46 5-D

Calle / Colonia	COORDENADAS PLANO
Altavista	113 1-F
Ampl. Guadalupe Victoria	33 4-D
Ampliación El Tesoro	44 3-D
Ampliación Emiliano Zapata	127 2-C
Barrio Fundidores	87 2-E
Barrio Hojalateros	87 5-D
Barrio La Rosita	87 3-C
Barrio Pescadores	87 3-E
Barrio Pescadores	87 2-E
Barrio San Hipólito	87 3-C
Barrio Santa Eugenia	87 5-D
Belén de las Flores	95 3-E
Campestre El Potrero	113 5-C
Consejo Agrarista Mexicano	111 5-F
Copalera	101 3-A
Del Bosque	114 5-B
Desarrollo U. Quetzalcóatl	112 4-F
Dos de Marzo	88 5-A
Ejército del Trabajo III	73 3-B
El Mirador	136 1-C
El Mirador	16 4-B
El Potrero	56 3-B
El Toro	121 1-A
Emiliano Zapata	42 1-E
Escalerilla	114 6-D
Hacienda Ojo de Agua	21 3-B
Hacienda de la Luz	43 2-D
Jardines de Monterrey	43 3-C
Jardines de Morelos	47 1-D
Jardines de San José	33 3-A
Jardines de la Cañada	44 3-D
Jardines del Tepeyac	59 6-F
Joyas de Nieve	58 1-D
Juan González Romero	72 1-A
La Cruz	121 2-C
Las Huertas	81 1-D
Las Peñitas	43 4-D
Loma Encantada	113 3-D
Lomas San Juan Ixhuatepec	71 1-E
Lomas San Lorenzo	111 6-E
Lomas de Altavista	100 6-F
Lomas de Chamapa	81 2-E
Lomas de Chamontoya	120 1-E
Lomas de Chamontoya	107 6-E
Lomas de la Era	107 6-F
Los Bordos	59 1-B
Minas Palacio	81 4-C
Miraflores	42 2-F
Miraflores	57 4-C
Palmatitla	58 2-B
Quiahuatla	138 1-F
Ricardo Flores Magón	4 4-C
Rincón Verde	68 2-C
Sagitario I	42 4-E
San José del Jaral	43 3-D
San Lucas Patoni	57 3-F
San Miguel Teotongo	113 3-B
San Pablo	112 4-E
San Pablo	112 4-F
San Pedro Mártir	135 1-D
Santa María de Guadalupe	44 3-A
Santa Rosa	101 1-E
Santa Rosa	48 3-D
Santa Rosa de Lima	17 6-D
Santiago Acahualtepec	112 2-E
Santiaguito	138 2-D
Tamaulipas Oriente	86 6-B
Tlaltecahuacán	50 4-B
Torres del Potrero	108 5-A
U. H. Belén de las Flores	108 2-C
Villa San Agustín Atlapulco	100 3-D
Villa San Lorenzo Chimalco	100 2-C
Villa de los Capulines	100 3-C
Villas de la Hacienda	43 2-C
Vista Hermosa	58 2-C
Vista Hermosa	46 1-D
Xalpa	112 5-D
Xicalhuaca	137 2-B
AZUCENA 2 CDAS.	
Lomas de Santa Cruz	112 5-B
AZUCENA AV.	
Jardines de Chalco	140 1-D
AZUCENA CDA.	
Caballería de Sales	34 5-F
Lomas de la Era	120 1-E
Santa Rosa	101 1-E
Techalotes	34 4-F
AZUCENA CJON.	
Lomas de la Hera	107 6-F
AZUCENA DE CDA.	
Lomas de San Lorenzo	111 6-E
Paraíso	60 1-A
AZUCENA DE LA	
Los Reyes Ixtacala	57 6-B
AZUCENA PRIV.	
El Tanque	108 6-A
U. Adolfo López Mateos	56 5-E
AZUCENA Y CDA.	
Buenavista	112 5-B
AZUCENA Y PROL.	
Los Angeles	111 3-C
AZUCENAS	
Ampl. San Miguel	43 2-A
Ampliación Malacates	45 4-C
Barrio Xaltocan	137 2-A
Bellavista	59 2-E
Bellavista	59 2-D
Bellavista	76 3-D
Chimalhuacán	87 6-F
El Retiro	57 4-C
El Rosario	124 3-E
Izcalli Ecatepec	46 2-F
Jardines de Aragón	60 5-B
Jardines de San José	33 3-A
Jardines de San José	33 2-A
Jardines de San José	33 3-A
Jardines del Llano	139 5-B
Jardines del Molinito	82 1-B
La Florida	69 3-C
La Florida	73 1-B
Las Margaritas	56 4-D
Las Peñitas	43 4-D
Las Peñitas	43 3-D
Lomas de San Miguel	43 3-C
Prados de Ecatepec	20 4-A
Progreso Guadalupe Victoria	33 4-D
San Gabriel	43 3-D
San José Huilango	16 4-F
San Juan Zapotla	100 1-E
Valle de las Flores	30 5-D
Villa de las Flores	33 3-A
Vista Hermosa	28 5-F
AZUCENAS CJON.	
Jardines del Alba	30 4-F
AZUCENAS DE CDA.	
Bellavista	59 2-E
AZUCENAS DE LAS	
Izcalli Ecatepec	46 2-F
AZUCENAS LAS	
Barrio Santa Cruz	16 3-E
AZUELA JESUS PRIV.	
Presidentes	95 4-D
AZUELA MARIANO	
Ampliación Emiliano Zapata	42 2-E
Ciudad Satélite	69 2-B
México	99 2-A
San Miguel Chalma	81 2-E
Unión de Guadalupe	127 4-D
AZUELA MARIANO DR.	
Santa María La Ribera	83 3-F
AZUETA ABAD JOSE	
Los Ciruelos	110 6-C
AZUETA JESUS	
Z. U. E. Ozumbilla	21 4-E
AZUETA JOSE	
Centro	84 4-A
Las Peñas	111 4-F
Niños Héroes de Chapultepec	97 4-A
AZUETA V.	
Segunda Ampliación Jalalpa	95 6-C
AZULCO	
Pedregal de Santo Domingo	109 5-E
AZULEJO	
La Cañada	56 3-B
AZUMBILLA	
Lomas de San Lorenzo	124 1-E

B

Calle / Colonia	COORDENADAS PLANO
B	
Boca Barranca	59 2-B
C. H. Alianza Popular Rev.	123 1-D
Conjunto San Pablo	20 4-B
Educación	110 4-B
Lomas de Santa Fe	94 6-F
Merced Gómez	108 1-F
Modelo	69 4-C
Pantitlán	98 2-E
Potrero del Llano	70 5-E
Residencial La Pradera	47 2-B
San Andrés	138 1-F
San Juan Ticomán	58 5-B
San Marcos	70 3-B
San Martín Calacoaya	56 3-A
San Mateo Nopala	68 2-E
Social Progresivo Sto Tomás	21 6-F
U. H. Taxqueña	110 4-D
B PRIV.	
Pueblo Culhuacán	110 3-F
B AND.	
Bosques de la Magdalena	113 1-F
El Capulín	81 3-F
La Sideral	57 4-D
B CDA.	
Ampliación Miguel Hidalgo	122 5-A
SITATYR	33 4-A
B PRIV.	
Francisco I. Madero	42 2-A
Pantitlán	85 6-E
B RT.	
Lomas de Zaragoza	112 2-F
San Martín	76 1-B
BAALBEK	
Lomas Estrella 2a. Secc.	111 6-A
BABIT	
Felipe Angeles	84 2-E
BACA CALDERON E. GRAL.	
Constitución de 1917	111 2-D
Constituyentes de 1917	94 1-D
Juan Escutia	99 3-A
BACALAO	
PROFOPEC Polígono 2	60 5-C
BACALAR 2 CDAS.	
Z. U. E. Héroes de Padierna	121 4-F
BACAO	
San Clemente	108 3-D
BACARDI Y CDA.	
Unidad Cívica Bacardí	31 6-A
BACATETE	
Alvaro Obregón	97 1-D
BACERAC	
Alvaro Obregón	97 1-D
BACIROA	
Lic. Carlos Zapata Vela	98 5-A
BACTERIOLOGOS	
Ampliación El Triunfo	97 5-D
BACUM	
Alvaro Obregón	97 1-D
BACH JUAN SEBASTIAN	
Ex Hipódromo de Peralvillo	84 1-B
Peralvillo	84 1-B
Vallejo	71 6-B
BACH PRIV.	
Vallejo	71 6-B
BACHILLERES	
Jaime Torres Bodet	138 5-F
BADEN POWELL	
Bosque de Echegaray	69 4-B
Santa Cruz Acatlán	69 4-B
BADIANA	
Prizo	73 2-D
BADIANO JUAN	
San Lorenzo Atemoaya	137 4-A
Sección XVI	122 4-F
BADILLO M.	
Las Peñas	111 4-F
BADILLO MARIA PROFRA.	
Pantitlán	98 2-E
BAEZ LOS	
Carlos Salinas de Gortari	34 6-E
Carlos Salinas de Gortari	34 6-F
BAEZ PEDRO	
Tlalpexco	58 2-C
BAEZA PEDRO	
San Juan Tlihuaca	69 4-F
BAGRE	
Del Mar	124 4-E
PROFOPEC Polígono 2	60 5-C
BAHAMAS	
Jardines de Cerro Gordo	60 1-B
Loma Taurina	69 5-B
Lomas de Chamapa	81 4-D
U. Industrial Tulpetlac	60 1-B
BAHAMAS CIR. 2 CDAS.	
Lomas Estrella 2a. Secc.	111 6-A
BAHAMAS CIR. Y 3 CDAS.	
Lomas Estrella 1a. Secc.	111 5-A
BAHIA	
Lomas de San Cristóbal	32 5-F
BAHIA ASCENCION	
Verónica Anzures	83 4-D
BAHIA CDA.	
Ampliación La Quebrada	43 3-F
BAHIA DE BALLENAS	
Verónica Anzures	83 4-C
BAHIA DE BANDERAS	
Huasteca	83 4-D
Verónica Anzures	83 4-D
BAHIA DE BRISTOL	
Lomas Lindas	42 5-F
BAHIA DE CARACAS	
Verónica Anzures	83 4-D
BAHIA DE COQUI	
Verónica Anzures	83 4-D
BAHIA DE CORONADO CDA.	
Lomas Lindas	42 4-F
BAHIA DE CORRIENTES	
Verónica Anzures	83 4-C
BAHIA DE CHACHALACAS	
Verónica Anzures	83 4-D
BAHIA DE DESCANSO	
Verónica Anzures	83 4-C
BAHIA DE GUANTANAMO	
Anzures	83 4-C
Verónica Anzures	83 4-C
BAHIA DE LA CONCEPCION	
Verónica Anzures	83 4-D
BAHIA DE LAS PALMAS	
Verónica Anzures	83 4-D
BAHIA DE MANGUEIRAS	
Verónica Anzures	83 4-C
BAHIA DE MONTEJO	
Verónica Anzures	83 4-C
BAHIA DE MORLACO	
Verónica Anzures	83 4-C
BAHIA DE PERULA	
Verónica Anzures	83 4-D
BAHIA DE PESCADORES	
Verónica Anzures	83 4-C
BAHIA DE SAN CRISTOBAL	
Verónica Anzures	83 4-C
BAHIA DE TODOS LOS SANTOS	
Tlalpizahuac	113 5-E
Verónica Anzures	83 4-D
BAHIA DEL ESPIRITU SANTO	
Anáhuac	83 4-C
Huasteca	83 4-C
Verónica Anzures	83 4-C
BAHIA MAGDALENA	
Barrio Coltongo	70 4-F
Verónica Anzures	83 4-D
BAHIA SAN HIPOLITO	
Anáhuac	83 4-C
Huasteca	83 4-C
Verónica Anzures	83 4-C
BAHIA SANTA BARBARA	
Verónica Anzures	83 4-C
BAHIA Y 3 CDAS.	
Ampliación Las Aguilas	108 3-D
BAHIA Y RT.	
U. CTM Alborada Jaltenco	20 6-C
BAIRD JOHN M.	
Granjas de San Cristóbal	33 4-A
BAJA CALIFORNIA	
Ampl. Buenavista	44 3-D
Ampl. Margarito F. Ayala	34 1-E
Buenavista	112 5-B
Des. Urbano Alvaro Obregón	95 5-E
Loma Bonita	21 5-D
México Nuevo	55 1-E
Pueblo Aculco	97 5-F
San Isidro La Paz	29 6-B
San José Tecamac	22 2-B
Santiago Tepalcapa	30 5-F
Temamatla	154 1-D
Unidad El Piru	95 5-E
Valentín Gómez Farías	108 2-C
BAJA CALIFORNIA 2A. CDA.	
República Mexicana	32 5-E
Villa San Agustín Atlapulco	100 3-D
BAJA CALIFORNIA 3A. CDA.	
República Mexicana	32 5-E
BAJA CALIFORNIA AV.	
Ampliación San Agustín	100 3-C
Hipódromo	96 2-D
Los Cuyos	100 3-C
Los Olivos	100 3-C
Roma Sur	96 2-D
Villa Milpa Alta	151 5-E
Villa San Agustín Atlapulco	100 3-C
Villa San Lorenzo Chimalco	100 3-C
Villa de los Capulines	100 3-C
BAJA CALIFORNIA AV. Y PROL.	
Xolalpa	50 4-E
BAJA CALIFORNIA CJON.	
Colinas de San Mateo	68 3-D
BAJA CALIFORNIA NORTE	
CROC Aragón	73 1-B
La Providencia	72 3-C
BAJA CALIFORNIA NORTE AV.	
Ampl. San Francisco	115 1-F
BAJA CALIFORNIA NTE Y 2 CDAS	
Adolfo López Mateos	42 4-E
BAJA CALIFORNIA PRIV.	
Buenavista	112 5-B
Villa San Agustín Atlapulco	100 3-D
BAJA CALIFORNIA PROL.	
Temamatla	154 2-D
BAJA CALIFORNIA SUR	
Adolfo López Mateos	42 4-E
CROC Aragón	73 1-B
La Providencia	72 3-C
U. H. ISSSTE Norma	111 1-C
BAJA CALIFORNIA Y 2 CDAS.	
Santa María Tulpetlac	46 5-F
BAJA CALIFORNIA Y CDA.	
República Mexicana	32 5-E
BAJADA ALDAMA	
San Francisco Tepojaco	30 3-A
BAJADA DE LA JOYITA	
La Peñita	108 3-C
Pueblo de Tetelpan	108 3-C
BAJADA DE LA PEÑITA	
La Joyita	108 3-C
La Peñita	108 3-C
BAJADA DE LOS NIÑOS	
Ciudad de los Niños	69 6-A
Los Remedios	69 6-A
BAJADA DE SAN ANTONIO DE LA	
San Antonio Zomeyucan	82 2-B
BAJADA DEL CERRITO Y PRIV.	
Cuautepec de Madero	58 2-B
Palmatitla	58 2-B
BAJADA DEL TORITO	
La Cuevita	69 6-A
BAJADAS LAS	
Vista Hermosa	58 2-C
BAJAMARES	
Pilares Aguilas	109 2-A
BAJIO CDA.	
Lomas de Becerra Granada	95 4-E
BAJIO Y CDA.	
Roma Sur	96 2-E
BAKKOLA Y CDA.	
Ampl. Tepepan	136 1-C
BALANCAN	
Pedregal Santa Teresa	121 3-D
Z. U. E. El Pedregal	121 3-D
BALANZARIO EUGENIO	
San Lorenzo Atemoaya	137 3-A
BALANZARIO PABLO	
Lomas de Tonalco	137 3-A
San Lorenzo Atemoaya	136 3-F
BALBAS JERONIMO DE	
Ciudad Satélite	69 1-D
BALBOA	
Portales	97 6-A
BALBOAS	
Ampliación Simón Bolívar	85 3-A
Aquiles Serdán	85 3-A
Simón Bolívar	85 3-A
BALBUENA	
Ampliación Vicente Villada	99 3-E
La Estación	125 1-A
San Jerónimo Miacatlán	152 4-A
San Mateo Huitzilzingo	140 5-C
Vicente Villada	99 3-E
BALBUENA CDA.	
San Martín Xico Nuevo	140 4-D
BALBUENA VERA JOSE SGTO. 2o.	
Los Cipreses	110 6-C
BALCARCEL BLAS Y CDA.	
Constitución de la Rep.	71 4-F
BALCON DE LOS EDECANES	
Ampliación San Lorenzo	56 2-C
BALCON DEL PROL.	
San Clemente	108 3-D
Tetecala	108 3-D
BALCON Y CDA.	
Pueblo de Tetelpan	108 3-D
BALCONES	
Villas de la Hacienda	43 2-C
BALCONES DE CEGUAYO	
Balcones de Ceguayo	108 2-B
BALCONES DE SAN GABRIEL	
Balcones de Santa Ana	41 2-F
BALCONES DE SANTA ANA	
Balcones de Santa Ana	41 2-F
BALCONES DEL AHUEHUETE	
Balcones de Santa Ana	41 3-F
BALCONES DEL ROSAL	
Balcones de Santa Ana	41 3-F
BALDAYA ALFONSO	
Lomas de Capula	95 5-E
BALDERAS	
Benito Juárez	59 3-C
Centro	84 4-A
El Molino	111 2-B
San Francisco Tecoxpa	151 4-F
San Jerónimo Miacatlán	151 4-F
San Pedro Xalostoc	59 3-C
BALDERAS ALBERTO	
San Isidro La Paz	42 1-A
BALDERAS Y CDA.	
Ciudad de los Deportes	96 5-C
BALMACEDA	
Josefa Ortiz de Domínguez	97 4-A
BALMES JAIME	
Los Morales	82 4-E
BALMIS DR.	
Doctores	97 1-A
BALSAMEA	
Ampl. Tepepan	136 1-C
El Mirador	136 1-C
BALSAMINA	
San Clemente	108 3-D
BALTASAR	
La Navidad	94 6-C
Lomas de Chamapa	81 2-E
BALTICA	
Dr. Jorge Jiménez Cantú	30 4-C
BALTIMORE	
Ciudad de los Deportes	96 5-C
Nochebuena	96 5-C
BALVANERA	
Juan Escutia	99 4-B
San Lorenzo Xicoténcatl	99 4-B
BALLENA	
Del Mar	124 4-F
Los Olivos	124 2-E
PROFOPEC Polígono 2	60 5-C
Parque Ind. Cuautitlán	18 5-A
BALLENA CIR.	
Ampliación La Quebrada	43 3-F
BALLESTEROS DE LOS	
Lomas de la Herradura	94 1-E
BALLESTEROS RAFAEL	
Ejército de Ote. Z. Peñón	99 6-C
BALLI EMILIO	
U. H. Guelatao de Juárez	99 4-A
BALLROS MANUEL	
C. H. Biatlón	99 6-B
BAMBA LA	
Aurora	99 3-F
BAMBU	
2a. Ampl. Stgo Acahualtepec	112 3-E
Ejidal Ampl. San Marcos	44 4-C
El Rosario	110 5-A
La Palma	59 1-D
Miguel de la Madrid Hurtado	112 3-E
Plutarco Elías Calles	114 5-F
Xotepingo	110 5-B
BAMBU DE CDA.	
Villa San Lorenzo Chimalco	100 2-C
BAMBU Y CDA.	
Paraje de San Fco. Chilpa	44 1-C
BAMBUES	
Villa de las Flores	32 3-F
BAMBUES DE LOS	
Jardines de San Mateo	68 3-F
BAMINGUI	
U. H. Reserva Ecológica	44 2-C
BANABA	
Pueblo Tepepan	136 1-C
BANCO	
Miravalle	112 4-F
BANDA FARFAN RAQUEL	
Residencial Tarango	108 3-A
BANDERA	
Santa María Ticomán	58 6-B
Ticomán	58 6-B
Z. U. E San Andrés Tomatlán	110 5-F
BANDERA CDA. Y CJON.	
Ticomán	58 6-B
BANDERA NACIONAL	
Santa Fe	95 4-C
BANDERA Y CDA.	
Lomas de Zaragoza	112 2-F
BANDERAS JUAN M. GRAL.	
Héroes de la Revolución	82 5-A
BANDERAZO	
U. H. Sitio 217	42 1-D
BANDERILLA CDA.	
San Jerónimo Lídice	108 5-D
BAÑADERO DEL	
Melchor Ocampo	18 1-F
BAÑO JUAN JOSE	
C. H. Biatlón	99 6-B
BAÑOS DE LOS	
La Floresta	100 6-B
BAOBAB	
Sagitario I	73 2-D
BARAJAS	
Estado de México	82 3-A
BARAJAS INGENIERO	
Buenos Aires	96 2-F
BARAJAS LOZANO ING.	
Buenos Aires	97 2-A
BARANDA ALFREDO	
San Mateo Huitzilzingo	140 5-C
BARANDA J.	
Barrio San Lucas	111 2-A
C. H. Cuitláhuac	111 2-A
BARANDA PABLO	
Alvaro Obregón	99 5-B
BARANDA PEDRO	
Tabacalera	83 4-F
BARANDALES	

Calle / Colonia	Plano	Coordenadas
Jardines del Sur	136	2-D
BARATILLO		
Los Paseos de Churubusco	98	4-B
BARBADOS AND.		
Lomas de Chamapa	81	4-D
BARBERO DE SEVILLA		
Agrícola Metropolitana	124	4-F
Lomas Hidalgo	121	6-E
BARBERO DEL		
La Mancha 2a. Secc.	81	5-E
BARCA DE ORO LA		
Benito Juárez	99	1-C
BARCA LA		
Adolfo López Mateos	42	4-E
La Joya	31	6-D
BARCELATA LORENZO		
Compositores Mexicanos	45	6-A
Guadalupe Inn	109	2-B
BARCELONA		
Juárez	83	5-F
San Juan Xalpa	111	5-B
Valle Dorado	56	2-E
BARCENAS FRANCISCO		
Aculotla	108	1-B
Punta de Ceguayo	108	2-B
BARCO EL		
El Barco	85	6-E
BARI		
Izcalli Pirámide	57	3-C
BARINGUETO ANDRADE SEBASTIAN		
Ejército de Agua Prieta	99	6-B
BARIO PRIV.		
Cuchilla Pantitlán	85	5-D
BARQUISIMETO		
La Presa	95	5-F
BARRA DE LA		
Zona Res. Acueducto de Gpe.	58	5-A
BARRA DE NAUTLA		
Barrio San Francisco	121	1-C
Casas Alemán	72	5-B
BARRA DE NAUTLA Y CDA.		
Casas Alemán	72	4-B
BARRA DE NAVIDAD		
Jardines de Casanueva	60	1-A
Piloto A. López Mateos	95	6-C
BARRACUDA		
Del Mar	124	4-E
Parque Ind. Cuautitlán	18	6-A
BARRAGAN DE TOSCANO REFUGIO		
Obrera	84	6-B
BARRAGAN DR.		
Atenor Sala	97	1-A
Buenos Aires	97	1-A
Doctores	97	1-A
Narvarte	97	1-A
Unión de Guadalupe	127	4-D
BARRAGAN HERNANDEZ C 1 2 Y 3		
U. H. Vicente Guerrero	111	2-F
BARRAGAN JUAN		
Rómulo Sánchez Mireles	122	3-D
BARRAGAN M.		
Presidentes de México	111	5-E
BARRAGAN MIGUEL		
Lázaro Cárdenas	73	6-A
BARRAGAN MIGUEL GRAL.		
Barrio La Cruz	71	3-F
La Dinamita	71	3-F
Martín Carrera	71	3-F
BARRANCA		
Ampliación Tulpetlac	46	5-E
Barrancas Tetecon	112	5-D
Comuneros de Santa Ursula	122	3-E
Conjunto Hab. El Rocío	20	4-B
Cuatliquixco	21	3-F
Cuautitlán Izc. Atlanta	30	3-D
Hacienda Ojo de Agua	21	5-B
Hacienda de San Juan	123	4-A
La Cantera	19	2-B
Los Pastores	69	4-D
Miravalle	112	4-F
Pilares	37	5-A
Prados de Ecatepec	20	4-B
Santo Tomás Chiconautla	34	3-E
BARRANCA AND.		
La Olímpica	81	3-C
BARRANCA AV.		
La Quebrada	44	2-A
BARRANCA CDA.		
Barrancas Tetecon	112	5-D
El Rosario	138	3-F
Miravalle	112	4-F
Torres del Potrero	108	5-A
BARRANCA CJON.		
Pueblo de Tetelpan	108	4-D
Segunda del Moral	108	4-D
BARRANCA CHICA		
El Tenayo	57	2-E
Lomas de Cuautepec	45	5-B
Los Bordos	59	1-B
San Juan Totoltepec	68	5-F
BARRANCA CHICA Y CDA.		
Malacates	45	5-B
BARRANCA CHIMALCOYOTL		
Pedregal de las Aguilas	122	6-D
BARRANCA DE LA		
El Rosario	138	4-F
El Rosario	138	3-F
Francisco Villa	138	3-F
Jiménez Cantú	101	4-B
La Loma	138	3-F
San Francisco Mazapa	24	3-F
BARRANCA DE LA 1A. CDA.		
El Rosario	138	3-F
BARRANCA DE LA 2A. CDA.		
El Rosario	138	3-F
BARRANCA DE LA 3 CDAS.		
El Rosario	138	4-F
Tierra Blanca	138	4-F
BARRANCA DE LA 4A. CDA.		
El Rosario	138	4-F
BARRANCA DE LA 6A. CDA.		
El Rosario	138	4-F
BARRANCA DE LA CANTERA LA		
Tultepec	19	3-A
BARRANCA DE LA CDA.		
Ampl. San José del Jaral	43	3-D
San Gabriel	43	3-D
BARRANCA DE MONTE AZUL		
Compositores Mexicanos	45	5-A
BARRANCA DE PILARES		
Pilares Aguilas	109	2-A
BARRANCA DE PILARES 3 CDAS		
Pilares Aguilas	108	2-F
BARRANCA DE SAN MATEO		
Santa María Cuautepec	32	5-E
BARRANCA DE TARANGO		
Las Haciendas	108	3-A
BARRANCA DEL COBRE		
Compositores Mexicanos	45	6-B
La Joya	56	2-D
Lomas de Cuautepec	45	6-B
BARRANCA DEL MEZQUITE		
Cumbres de San Mateo	68	2-E
Lomas de San Mateo	68	2-E
BARRANCA DEL MUERTO		
Carlos Hank González	101	5-A
Crédito Constructor	109	1-A
Florida	109	1-A
Guadalupe Inn	109	1-A
Los Alpes	109	1-A
Merced Gómez	109	1-A
San José Insurgentes	109	1-A
Tlazala	100	5-F
BARRANCA DEL TECOLOTE		
Garcimarrero	108	1-C
BARRANCA DEL ZAPOTE		
San Juan Cerro	111	3-B
BARRANCA GRANDE Y 3 CDAS.		
San Juan Totoltepec	68	5-F
BARRANCA HONDA		
Progreso	108	4-F
BARRANCA LA		
Ampliación Benito Juárez	58	4-B
Calacoaya	56	4-A
Chimalhuacán	87	5-F
Jards. Pedregal de Sn Angel	122	2-B
La Casilda	58	1-C
Minas Palacio	81	3-C
San Andrés Totoltepec	135	2-D
San Bartolo Ameyalco	108	6-B
San Pedro Atocpan	150	3-F
Xochitenco	87	6-E
BARRANCA LA CDA.		
La Loma	138	3-F
Tultepec	19	3-B
BARRANCA LA MORENA		
Bejero	95	5-B
BARRANCA MOCHA		
Loma de Chimalhuacán	100	1-F
BARRANCA SAN JUAN DE DIOS		
Pueblo San Pedro Mártir	135	1-D
BARRANCA SECA		
Huisnáhuac	63	1-A
San Antonio Tecomitl	152	1-A
BARRANQUILLA		
Ahuehuetes	76	1-B
Bosques de San Lorenzo	76	1-B
Daniel Garza	96	2-A
Lindavista	71	2-C
Lomas San Juan Ixhuatepec	58	6-E
Los Reyes Nopala	50	3-F
Observatorio	96	2-A
Pueblo de Tetelpan	108	4-C
San Lorenzo Tlalmimilolpan	24	5-B
San Martín	76	1-B
BARRAS		
Lindavista	71	2-C
BARRAZA ANDRES		
Las Peñas	111	4-F
BARREDA GABINO		
Ampl. Gabriel Hernández	71	2-F
Ciudad Satélite	56	6-B
Desarrollo U. Quetzalcóatl	112	4-A
San Pedro Xalostoc	59	3-B
San Rafael	83	4-E
Zona Escolar	57	3-F
Zona Escolar	58	3-A
BARRERA ANTONIO DE LA		
Constitución de 1917	111	2-D
BARRERA DANIEL		
Ampl. Gabriel Hernández	71	2-F
BARRERA EMILIANO		
San Miguel Xochimanga	43	5-D
BARRERA ENRIQUE Y 3 CDAS.		
Las Peñitas	43	4-D
BARRERA FRANCISCO		
Profr. Cristóbal Higuera	43	5-B
Profr. Cristóbal Higuera	43	6-B
BARRERA GABINO		
Chalco	127	6-F
Josefa Ortiz de Domínguez	60	2-C
Lomas de Chamapa	81	3-D
Lomas de Totolco	101	2-A
BARRERA GABINO Y 2 CDAS.		
San Pedro Barrientos	44	4-A
BARRERA IGNACIO MARIA		
El Rosario	124	2-D
BARRERA J DE LA Y CDA Y CJON		
Villa San Lorenzo Chimalco	100	2-C
BARRERA J. PORTUGUES		
Ignacio Lopez Rayón	56	4-B
BARRERA JUAN DE LA		
Alfredo del Mazo	127	3-F
Alfredo del Mazo	81	4-E
Ampl. Ozumbilla	21	5-E
Ampl. San José Xalostoc	72	1-C
Ampliación Emiliano Zapata	42	2-E
Benito Juárez	28	5-E
Ciudad Satélite	69	2-C
Condesa	83	6-D
Emiliano Zapata	113	3-C
Emiliano Zapata	42	1-E
Guadalupe del Moral	98	6-C
Hank González	59	2-D
Jalalpa	95	5-D
La Concepción	126	3-F
La Nopalera	124	3-F
Libertad	29	3-A
Lomas de Guadalupe	29	4-B
Lomas de Zaragoza	113	2-A
Lomas del Cadete	81	4-D
Los Parajes	57	1-A
Miguel de la Madrid Hurtado	112	3-F
Nicolás Romero	28	5-E
Niños Héroes	63	6-A
Niños Héroes	138	3-B
Niños Héroes de Chapultepec	97	4-B
Paraje Zacatepec	112	2-D
Primero de Septiembre	42	3-F
Progreso	82	4-A
San Bartolomé Xicomulco	150	2-D
San Francisco Acuautla	115	2-F
San Francisco Tepojaco	29	3-F
San Gregorio Atlapulco	137	2-E
San José Buenavista	112	5-B
San Juan Ixtacala Ampl. Nte	57	5-C
San Juan Ixtayopan	139	4-A
San Mateo Cuautepec	32	5-B
San Miguel Teotongo	113	3-B
San Miguel Teotongo	113	2-A
Santa Isabel	126	3-F
Santa María Cuautepec	32	4-B
Tepotzotlán	4	5-C
Valle de Guadalupe	19	2-C
Xalpa	112	4-C
Xochiaca	87	6-C
Z. U. E. Ozumbilla	21	5-E
Zona Industrial Barrientos	44	6-A
BARRERA JUAN DE LA 1A. CDA.		
Santa María Cuautepec	32	4-B
BARRERA JUAN DE LA 2A. CDA.		
Santa María Cuautepec	32	4-C
BARRERA JUAN DE LA 4A. CDA.		
Emiliano Zapata	138	4-F
BARRERA JUAN DE LA CDA.		
Jesús del Monte	94	6-B
Retama	94	6-B
San Juan Ixtayopan	139	4-A
BARRERA JUAN DE LA CJON.		
San Juan Ixtayopan	138	4-F
BARRERA JUAN DE LA PRIV.		
La Retama	94	6-B
BARRERA JUAN DE LA PROL.		
Emiliano Zapata	138	4-F
BARRERA JUAN DE LA TTE.		
Militar Valle de Cuaut.	31	3-A
BARRERA JUAN DE LA Y CDA.		
Chimalhuacán	87	4-F
BARRERA JUAN DE LA Y PRIV.		
Las Peñas	111	4-F
BARRERA JUAN DE LA Y PROL.		
San Pablo Xalpa	70	1-B
BARRERA MANUEL		
San Miguel Tehuizco	148	2-F
BARRERA TOMAS		
Barrio San Sebastián	138	2-E
BARRET CAROLINA		
Parque del Metropolitano	45	6-B
BARRETEROS		
Azteca	84	4-E
BARRIL EL CDA.		
Barrio Texcacoa	4	6-D
BARRILACO		
Lomas de Chapultepec	82	5-E
BARRILITO EL		
Aurora	100	3-A
Esperanza	100	3-A
BARRIOS DE LOS AV.		
Los Reyes Ixtacala	57	5-B
BARRIOS ROBERTO		
Santiago Atepetlac	57	5-E
BARRO NEGRO		
U. INFONAVIT Iztacalco	97	4-E
BARROCA Y CDA.		
Dr. Jorge Jiménez Cantú	30	4-D
BARRON		
Barrón	42	1-A
BARROS SIERRA INGENIERO		
Izcalli Chamapa	81	3-C
BARROS SIERRA JAVIER		
Adolfo López Mateos	85	5-C
BARROSO GUILLERMO		
Industrial Las Armas	69	2-E
BARROW PRIV. DE		
Condado de Sayavedra	54	1-D
BARTLETT MANUEL		
Educación	19	1-B
BARTOLACHE CDA.		
Del Valle	96	6-D
BARTOLACHE JOSE IGNACIO DR.		
Acacias	96	4-D
Del Valle	96	4-D
Tlacoquemécatl	96	4-D
BASALTO		
Lomas de Cantera	69	6-A
Pedregal de Santo Domingo	109	4-F
BASILENSES		
Abraham González	95	4-F
Victoria	95	4-F
BASILICA DE GUADALUPE		
Benito Juárez	99	3-C
Evolución	99	3-C
Metropolitana 2a. Secc.	99	3-C
BASILICA DE GUADALUPE CJON.		
San Miguel Teotongo	113	2-B
BASILIO ENRIQUETA		
La Olímpica	81	3-B
BASILIO Y CDA.		
La Malinche	108	6-B
BASOPAS		
Caracol	122	2-E
BASSOLS NARCISO		
Ciudad Satélite	69	1-B
BASTIDA JOSEFA		
Ampliación Corpus Christi	108	1-B
BATALLA DE 1857		
San Francisco Acuautla	115	3-E
BATALLA DE ACAPONETA		
Alvaro Obregón	99	5-B
BATALLA DE ANGOSTURA		
Alvaro Obregón	99	5-B
BATALLA DE CALPULALPAN		
Leyes de Reforma	98	4-D
BATALLA DE CALVILLO		
Alvaro Obregón	99	5-B
BATALLA DE CASA BLANCA		
Leyes de Reforma	98	4-C
BATALLA DE CELAYA		
Alvaro Obregón	99	6-B
BATALLA DE CELAYA AV.		
Residenciai Militar	82	4-E
BATALLA DE COLIMA		
Alvaro Obregón	99	5-B
BATALLA DE CULIACAN		
Alvaro Obregón	99	5-B
BATALLA DE JIMENEZ		
Francisco Villa	111	4-E
BATALLA DE LA CARBONERA		
Residencial Militar	82	4-D
BATALLA DE LOMA ALTA		
Leyes de Reforma	98	5-C
BATALLA DE NACO		
Alvaro Obregón	99	5-B
BATALLA DE OCOTLAN		
Alvaro Obregón	99	6-B
BATALLA DE OJITOS		
Alvaro Obregón	99	5-B
BATALLA DE ORENDAIN		
Alvaro Obregón	99	6-B
Residencial Militar	82	4-D
BATALLA DE PASO DE OVEJAS		
Leyes de Reforma	98	5-D
BATALLA DE PUEBLA		
Miguel de la Madrid Hurtado	112	3-F
Morelos	28	4-C
BATALLA DE PURUARAN		
México Independiente	73	1-B
BATALLA DE SANTA ROSA		
Alvaro Obregón	99	5-B
Alvaro Obregón	99	6-B
BATALLA DE SILAO		
Leyes de Reforma	98	5-D
BATALLA DE TORREON		
Francisco Villa	111	4-E
BATALLA DE TUNAS BLANCAS		
Leyes de Reforma	98	5-C
BATALLA DE VALLADOLID		
México Independiente	73	1-B
BATALLA DE ZACATECAS		
Francisco Villa	101	2-B
BATALLA DEL 5 DE MAYO		
C. H. Biatlón	99	6-B
Ejército de Agua Prieta	99	6-B
BATALLA DEL CASTILLO		
Alvaro Obregón	99	5-B
BATALLA DEL CINCO DE MAYO		
Alvaro Obregón	99	6-B
Ejército de Ote. Z. Peñón	99	6-B
BATALLA DEL EBANO		
Residencial Militar	82	4-D
BATALLA DIODORO Y CDA.		
Santa Martha Acatitla	99	5-C
BATALLA PUENTE DE CALDERON		
México Independiente	73	1-B
BATALLON CHIAUTLA RT.		
Ejército de Ote. Z. Peñón	99	6-C
BATALLON DE ZACAPOAXTLA AV.		
U. H. Ejército de Oriente	99	4-B
BATALLON DE ZAPADORES		
U. H. Ejército de Oriente	99	5-B
BATALLON LIGERO DE TOLUCA AV		
El Paraíso	99	5-B
U. H. Ejército de Oriente	99	5-B
BATALLONES ROJOS		
Progresista	111	2-E
U. H. Vicente Guerrero	111	2-E
BATAN		
Lomas de San Angel Inn	108	3-F
BATING FEDERICO		
U. IMPI Iztacalco	97	4-F
BATIZ ENRIQUE		
Ejido San Agustín Atlapulco	100	4-C
BATIZ JUAN DE DIOS		
Ciudad Satélite	56	6-B
Josefa Ortiz de Domínguez	60	2-B
Lindavista	71	2-B
Magisterial Vista Bella	56	5-B
U. H. Juan de Dios Bátiz	71	2-B
U. Profesional Zacatenco	71	1-A
U. Profesional Zacatenco	71	2-B
BATOPILAS		
Maza	84	2-C
BATUECAS		
La Presa	95	5-F
BAUL Y PRIV.		
Campo de Tiro Los Gamitos	95	5-B
BAUTISTA CEBALLOS JUAN LIC.		
Lázaro Cárdenas	73	6-A
BAUTISTA JUAN		
Darío Martínez	113	6-F
Villas Copilco	109	4-D
BAUTISTA JUANA		
Darío Martínez	126	1-F
BAVIECA		
Dos Ríos	108	2-A
BAVIECA DE		
La Mancha 1a. Secc.	81	5-D
BAYO		
Dos Ríos	108	2-A
BAYOCO AND.		
San Clemente	108	3-D
BAYONETA Y CDA.		
Ocho de Agosto	96	3-B
BAYONETAS		
Lomas del Chamizal	94	4-F
BAZ E. G. CDA. Y PRIV.		
Calacoaya	56	4-B
BAZ EMILIO		
Ampliación El Chaparral	56	3-A
El Chaparral	56	3-A
Las Flores	56	3-A
San Martín Calacoaya	56	3-A
BAZ EMILIO CDA.		
El Zapote	56	4-A
San Martín Calacoaya	56	4-A
BAZ EMILIO G.		
El Chicatín	56	4-B
Explanada de Calacoaya	56	4-B
Héroes de la Revolución	82	5-A
Rinconada del Bosque	81	5-F
Rincones del Bosque	81	5-F
BAZ GERMAN		
Piedra Grande	59	3-B
BAZ GERMAN Y CDA.		
Lomas San Juan Ixhuatepec	58	6-D
BAZ GUSTAVO		
Ampliación Valle de Aragón	73	2-B
Ampliación Vista Hermosa	29	5-A
Chalco	128	6-A
Ejido San Agustín Atlapulco	100	5-C
El Globo	29	5-A
Granjas independencia I	73	2-B
Lomas de Santa Catarina	36	4-B
Los Angeles	35	6-C
San Sebastián Chimalpa	100	5-E
Tlaltecahuacán	50	4-A
BAZ GUSTAVO AV. DR.		
Aurora	100	2-A
BAZ GUSTAVO CDA.		
Rivera del Bosque	56	1-F
BAZ GUSTAVO DR.		
Ejército del Trabajo	101	2-B
Evangelista	24	2-A
Independencia	28	3-E
Jorge Jiménez Cantú	28	3-E
BAZ GUSTAVO DR. AV.		
Aurora	99	1-E
Benito Juárez	99	1-E
BAZ GUSTAVO DR. CIR Y 2 CDAS		
México Nuevo	42	6-E
BAZ GUSTAVO GOB. AV.		
Emiliano Zapata 2a. Secc.	72	1-D
Granjas Valle de Guadalupe	72	1-D
BAZ GUSTAVO PRIV.		
Arriaga	69	1-D
BAZ PRADA GUSTAVO		
El Hostol Zona Comunal	44	6-B
Jiménez Cantú	128	1-F
Los Reyes Acaquilpan	113	1-C
BAZ PRADA GUSTAVO DR.		
México Nuevo	55	1-D
BAZ PRADA GUSTAVO DR. GOB.		
Alce Blanco	69	6-E
Las Armas	69	6-E
BAZ PRADA GUSTAVO MAESTRO		
Héroes de la Revolución	82	5-A
Independencia	82	5-A
BAZ PRADA GUSTAVO VIA		
Ampl. Loma Linda	82	1-A
Bellavista	56	1-F
Bosque de Echegaray	69	3-C
Centro Ind. Tlalnepantla	56	1-F
Cervecería Modelo	69	3-C
Ciudad Satélite Oriente	69	3-C
Colón Echegaray	69	3-C
El Mirador	56	1-F
El Pedregal	69	3-C
Hacienda de Cristo	69	3-C
Hacienda de Echegaray	69	3-C
Hidalgo	56	1-F
Ind. San Nicolás Tlaxcolpan	56	1-F
Industrial Alce Blanco	69	3-C
Industrial San Lorenzo	56	1-F
La Loma	56	1-F
La Mora	56	1-F
Loma Linda	82	1-A
Loma Tlalnemex	56	1-F
Lomas de San Agustín	82	1-A
Parque Industrial La Loma	56	1-F
Parque Industrial Naucalpan	69	3-C
Parque Industrial Tlatilco	69	3-C
Prados de la Loma	56	1-F
Puente de Vigas	69	3-C
San Bartolo Naucalpan	69	3-C
San Jerónimo Tepetlacalco	56	1-F
San Pedro Barrientos	43	4-F
Santa Ma. Gpe. La Quebrada	44	3-B
Santa María Nativitas	69	3-C
Tequexquináhuac	56	1-F
U. Adolfo López Mateos	56	1-F
U. H. Valle Esmeralda	44	3-B
Unidad 2 IMSS Tlalnepantla	56	1-F
Valle Hermoso	43	4-F
Villas de Satélite	69	3-C
Viveros de la Loma	56	1-F
Viveros del Río	56	1-F
Xocoyahualco	69	3-C
Zona Industrial Barrientos	43	4-F
BAZ PRADA GUSTAVO Y 1A. CDA.		

Calle / Colonia — COORDENADAS / PLANO

San José Tecamac 22 3-C
BAZ PRADA GUSTAVO Y CDA.
Tultitlán 31 2-C
BAZAN GUSTAVO
Ampliación San Pedro Xalpa 69 5-E
Santiago Ahuizotla 69 5-E
BEATO
El Beato 69 6-A
BECAL
Lomas de Padierna 121 3-D
Lomas de Padierna Sur 121 3-D
López Portillo 121 3-D
Pedregal Santa Teresa 121 3-D
Torres de Padierna 121 3-D
BECAL PROL.
Belvedere 134 1-D
BECERRA
Ocho de Agosto 96 3-B
Tacubaya 96 3-B
BECERRA CDA.
Lomas Becerra Granada 95 5-E
BECERRA DIEGO
San José Insurgentes 109 1-B
BECERRA JOSE
Ampl. La Olímpica 81 4-B
BECERRIL ARMANDO
San Rafael Chamapa 81 2-F
BECERRIL ISIDRO
U. H. San Rafael Coacalco 33 1-B
BECERRIL JOSE
Naucalpan de Juárez 69 5-C
BECERRIL JOSE MARIA CJON.
Las Puertas 125 4-D
BECERRIL VICENTE
Dr. Ignacio Capetillo 28 6-D
El Tráfico 28 6-C
Tráfico 28 6-D
BECQUER
Anzures 83 4-C
U. José Ma. Morelos y Pavón 33 5-C
BECQUER GUSTAVO ADOLFO
Amado Nervo 19 2-D
Tultitlán 31 3-C
BECQUER GUSTAVO ADOLFO CDA.
Barrio de Belem 31 3-C
BEECO
Arturo Gámes 108 2-A
BEECO YAA
Arturo Gámes 108 2-A
BEETHOVEN
La Nopalera 124 3-F
Peralvillo 84 1-B
Universal 81 1-E
BEGONIA
Ampliación Emiliano Zapata 127 2-C
Jardines del Tepeyac 72 1-F
Los Angeles 111 3-E
Plan Sagitario 42 4-E
San Miguel Teotongo 113 4-A
Santa Rosa 48 3-D
Torres del Potrero 108 5-A
Villa de las Palmas 42 2-F
Xochimilco 137 1-B
Xochitenco 87 5-E
BEGONIA DE
Los Morales 18 4-C
BEGONIAS
Clavería 83 1-C
Jardines de Aragón 60 5-B
Jardines de Chalco 140 1-D
Nueva Santa María 83 1-D
Paseo de Carretas 56 5-D
San José del Jaral 43 2-D
U. Adolfo López Mateos 56 5-E
Valle Hermoso 43 6-F
BEGOÑA
Santa María de Guadalupe 44 3-A
BEISBOL
Churubusco Country Club 110 2-B
BEISTEGUI CONCEPCION
Del Valle 96 4-E
Narvarte 96 4-E
BEISTEGUI CONCEPCION 2 CDAS.
Narvarte 96 4-E
BEJAR ANTONIO
El Triángulo 125 4-E
Ojo de Agua 125 4-E
BEJUCO
Estado de Hidalgo 95 3-F
Las Palmas 95 3-F
Lomas de Altavista 114 1-A
BEJUCOS
La Sardaña 44 2-C
Progreso Guadalupe Victoria 33 3-C
BEJUCOS DE LOS
Lomas de San Mateo 68 3-E
BELEM
Santa Rosa 48 3-D
BELEN
Arturo Martínez 95 4-E
Barrio Belén 136 2-F
Belén de las Flores 95 3-E
Ex Hda. San Juan de Dios 123 4-C
Israel 100 3-C
Lomas de San Miguel 43 2-B
Lomas de Totolco 101 2-A
San José del Jaral 43 3-D
BELEN 3 CDAS.
U. H. Belén de las Flores 108 2-C
BELEN AV. Y CDA.
Santa María Coatlán 24 4-E
BELEN CDA.
La Peñita 137 4-B
BELEN DE 2A. PRIV.
Valle de Luces 110 4-F
BELEN DE AV.
Vista del Valle 68 6-E
BELEN DE CDA.
Valle de Luces 110 4-F
BELEN Y CDA.
La Peñita 137 4-B
BELGAS
El Paraíso 95 4-E
BELGICA
Barrio Transportistas 87 3-C
Centro Urbano Cuaut Izcalli 17 5-E
México 86 81 2-C
México 86 43 3-A
Portales 97 6-A
Santa Ursula Coapa 123 2-B
BELGICA DE PRIV.
Residencial La Luz 17 2-E
BELGRADO
Juárez 83 5-E
BELICE
Olivar de los Padres 108 4-F
BELINDA
El Edén 112 1-D
BELMAR RODRIGUEZ FRANCISCO
Ermita 110 2-A
BELMONT Y PRIV.
Lomas Hipódromo 82 5-C
BELO HORIZONTE
Residencial Zacatenco 71 2-C
Residencial Zacatenco 71 2-D
San Pedro Zacatenco 71 2-C
BELTRAN
Pantitlán 85 6-E
BELTRAN ANTONIO
San Francisco Acuautla 115 2-E
San Nicolás Tetelco 152 1-C
BELTRAN ANTONIO PROL.
Texalpa 115 3-E
BELTRAN FELIPE CNEL. Y PROL.
Los Cerrillos 138 3-D
BELTRAN JOAQUIN GRAL. GOB.
Granjas Valle de Guadalupe 72 1-C
BELTRAN JOSE 3A. CDA.
Los Cerrillos 138 3-D
BELTRAN JOSE PRIV.
Los Cerrillos 138 3-D
BELTRAN LOLA
Ampliación Emiliano Zapata 113 3-B
BELTRAN Y PUGA FERNANDO
Ampliación Miguel Hidalgo 122 5-A
BELL
Ejido de Santiago Tepalcapa 43 3-A
BELL RICARDO
Ex Hipódromo de Peralvillo 84 1-B
Peralvillo 84 1-B
BELLA AURORA
Santa Rosa 101 1-D
BELLA CDA.
Ampliación La Quebrada 43 3-F
BELLA PUEBLA
Las Torres 31 6-E
BELLA VISTA
Campestre del Lago 29 6-D
Chimalhuacán 87 6-F
Independencia 28 4-E
Villa San Lorenzo Chimalco 100 2-D
Vista Hermosa 29 5-A
Vista Hermosa 4 4-B
BELLA VISTA 4 CDAS.
Buenavista 112 5-C
BELLACO
Jalalpa El Grande 95 6-B
BELLADONA CIR.
Tlapechico 95 5-B
BELLADONA Y CDA.
San Clemente 108 3-D
BELLAS ARTES
Benito Juárez 99 3-C
Evolución 99 3-C
Federal 85 6-B
Metropolitana 2a. Secc. 99 3-C
BELLAVISTA
Bosque del Pedregal 121 6-C
Casablanca 111 4-C
El Mirador 136 1-C
El Rodeo 111 4-C
San Juan Estrella 111 5-D
San Juan Estrella 111 4-C
San Juan Xalpa 111 4-C
Santa Fe 95 4-B
U. Bellavista 111 4-C
BELLAVISTA 2o. RT.
U. Bellavista 111 5-D
BELLAVISTA AV.
Bellavista 56 5-A
Jardines de Bellavista 56 5-A
BELLAVISTA BLVR.
El Calvario 55 5-F
El Cerrito 55 5-F
Lomas de Bellavista 55 5-F
BELLAVISTA CDA.
San Juan Xalpa 111 4-B
BELLAVISTA CJON.
Tlapacoya 127 2-E
BELLAVISTA DE CALZ.
Hacienda Ojo de Agua 21 4-D
BELLAVISTA PRIV.
San Juan Estrella 111 5-D
BELLAVISTA Y 2 CDAS.
Tepexpan 36 5-B
BELLAVISTA Y CDA.
Benito Juárez 59 3-B
BELLINI
Peralvillo 84 1-C
BELLO ANDRES
Polanco Chapultepec 83 5-A
BELLO MARGARITA
El Pirul 108 1-B
BELLOTA
Ampliación Miguel Hidalgo 121 6-F
Corralitos 112 5-C
Las Huertas 81 1-C
Lomas Hidalgo 121 6-F
Los Gallitos 95 5-B
BELLOTAS
Prados de Ecatepec 20 3-A
BENAVIDES CATALINA
Ampliación San Pedro Xalpa 69 5-D
BENAVIDES PEDRO 1A. CDA.
Santa Cruz Acalpixca 137 3-B
BENAVIDES PEDRO Y CDA.
Santa Cruz Acalpixca 137 3-D
BENEMERITO DE LAS AMERICAS
Nueva Díaz Ordaz 110 5-A
San Francisco Zacango 36 6-D
BENFICA
Arboledas del Sur 123 4-B
BENGALA
Zacahuitzco 97 6-B
BENITEZ E.
Carmen Serdán 110 6-F
BENITEZ FERNANDO
Consejo Agrarista Mexicano 111 5-F
BENITEZ FRANCISCO LIC.
Progreso 108 4-F
BENITEZ MANUEL
San Miguel Teotongo 113 3-B
BENITEZ PRIV.
Pantitlán 85 6-D
BENJAMIN
Israel 100 4-C
BENZ CARLOS
Estrella Culhuacán 110 5-F
BERENGUER DE MARQUINA FELIX
Lomas de Virreyes 82 6-F
BERENICE
Cuautitlán Izc. Ensueños 30 1-D
BERENJENA
Ampl. Profr. C. Higuera 43 5-A
BERILO
La Joya Ixtacala 57 5-C
BERISTAIN LEOPOLDO
Ciudad Satélite 69 1-A
BERISTAIN PRIV.
San Lorenzo Huipulco 123 3-A
BERISTAIN SOUZA JOSE MARIANO
Viaducto Piedad 97 2-B
BERISTAIN VICENTE
Ampliación Asturias 97 1-B
Paulino Navarro 97 1-B
Vista Alegre 97 1-B
BERLANGA ANA MARIA
Magisterial Vista Bella 56 5-C
BERLANGA DAVID G. PROFR.
Ampl. Gabriel Hernández 71 2-F
BERLANGA MANUEL
Constitución de 1917 111 2-E
BERLANGA MARIA TERESA
Chiconautla 3000 35 2-B
BERLIN
Albert 97 6-B
Bellavista 56 6-A
El Carmen 109 2-E
Juárez 83 5-F
Valle Dorado 56 2-E
BERLIN 1936
U. H. Olímpica 122 2-D
BERLINER EMILIO
Fuego Nuevo 111 4-A
BERLINER EMILIO Y 3 CDAS.
Fuego Nuevo 110 4-F
BERLIOZ
Ex Hipódromo de Peralvillo 84 1-C
BERMUDAS
Cosmopolita 70 5-E
BERMUDEZ SALVADOR CDA.
Cuautepec El Alto 58 1-B
BERNA
Juárez 83 5-D
Valle Dorado 56 2-E
BERNAL BENITO
C. H. Biatlón 99 6-B
BERNAL EDUARDO
Ignacio Pichardo Pagaza 34 4-E
BERNAL HERACLIO
Unidad Hab. Independencia 108 5-E
BERNAL JIMENEZ MIGUEL
Compositores Mexicanos 45 6-A
BERNAL JOSE
El Triángulo 125 4-E
BERNAL MANUEL
Ampliación Miguel Hidalgo 122 5-A
Compositores Mexicanos 45 6-A
México 99 3-A
Pavón 99 3-A
BERNAL MIGUEL
Ciudad Satélite 69 1-D
BERNARD CLAUDIO DR.
Doctores 84 6-A
BERNARD MIGUEL
B. La Candelaria Ticomán 58 6-A
Barrio La Purísima Ticomán 58 6-A
Bella Vista 56 5-B
Club de Golf Bellavista 56 5-B
Conjunto Hab. La Escalera 71 1-B
La Escalera 71 1-B
Magisterial Vista Bella 56 5-B
Res. Acueducto de Guadalupe 58 6-A
San José Ticomán 71 1-B
Siete Maravillas 58 6-A
Ticomán 71 1-B
Torres de Lindavista 71 1-B
U. H. Escuadrón INFONAVIT 58 6-A
U. P. Zacatenco Lindavista 71 1-B
Unidad Habitacional Ticomán 71 1-B
Unidad La Salle 58 6-A
BERNESES
Abraham González 95 4-F
BERRIOZABAL
Centro 84 3-C
Morelos 84 3-C
San Pedro Xalostoc 59 3-C
BERRIOZABAL CJON.
Barrio La Cruz 97 4-D
BERRIOZABAL FELIPE
Ampliación Benito Juárez 58 4-A
Barrio Alfareros 87 4-D
Barrio Curtidores 87 4-D
Barrio Ebanistas 87 4-D
Barrio Hojalateros 87 4-D
Ecatepec de Morelos 46 2-F
El Paraíso 99 5-B
Gral. Felipe Berriozábal 58 1-C
Liberales de 1857 95 3-E
Villa de Reyes 33 3-C
BERRIOZABAL FELIPE AV.
Cocotitlán 141 4-C
BERRIOZABAL Y PRIV.
San Javier 57 4-A
Tlalnepantla 57 4-A
BERRO
C. H. La Pradera I 72 5-E
BERRUGUETE
San Juan 96 5-B
BERTANI FRANCISCO
Santiago Ahuizotla 69 5-E
BERTHA
Nativitas 97 4-B
BERTHA PRIV.
Pantitlán 98 1-D
BERTHELY LILIA C. DOCTORA
Fuego Nuevo 110 4-F
BESANA DEL POTRERO
Emiliano Zapata 128 4-B
BESO DEL CDA.
San Mateito 98 2-F
BESO DEL CJON.
Lomas de Totolco 101 2-A
Pueblo El Contadero 107 3-A
Pueblo de Tetelpan 108 4-C
Santiago Atlaltongo 23 5-E
Tecolalco 95 5-C
Tepexpan 36 6-C
Z. U. E San Andrés Tomatlán 110 5-F
BEST ADOLFO
Ciudad Satélite 69 1-D
BEST MAUGARD ADOLFO (C.41)
Ignacio Zaragoza 98 1-A
Valentín Gómez Farías 98 1-A
BETA
Manuel Romero de Terreros 109 3-D
Unidad Infonavit C.T.M. 75 2-F
BETA CDA.
Chimalcóyotl 122 6-E
BETABEL
Las Huertas 81 1-C
Los Angeles 111 3-E
BETANCOURT
Buenavista 31 6-D
BETANGO ISIDRO
San Miguel Teotongo 113 2-A
BETANIA
Vergel de las Arboledas 43 6-B
BETETA IGNACIO M. GRAL.
Ampl. Cadena Maquixco 23 3-F
El Palomar 23 3-F
Maquixco 23 3-F
BETETA RAMON
Ciudad Satélite 69 2-A
Santiago Atlaltongo 23 5-D
BETINA
Lomas Estrella 2a. Secc. 124 1-B
BETUNIA
Ampl. Emiliano Zapata 127 2-C
Ampliación Emiliano Zapata 127 2-C
BEZARES PRIV. Y RT.
Retorno de Bezares 95 4-B
BIAFRA
Chimali 123 3-A
BIARRITZ
Juárez 83 6-D
BIBLICAS
Ampl. Buenavista 44 4-D
BIBLIOTECARIOS
San José Aculco 98 5-A
BIENES NACIONALES
Federal 85 6-B
Z. U. E. Culhuacán 110 5-E
BIENESTAR
Pueblo San Miguel Ajusco 135 6-B
BIENESTAR PROL.
Pueblo San Miguel Ajusco 135 6-A
BILBAO
Benito Juárez 111 5-C
Esther Zuno de Echeverría 111 5-C
San Juan Estrella 111 5-C
BILBAO 2 PRIVS.
San Juan Estrella 111 5-D
BILBAO CJON.
San Mateo Chipiltepec 36 6-E
BIOGRAFOS
El Sifón 97 6-E
Jardines de Churubusco 97 5-E
Nueva Rosita 97 5-E
BIOLOGIA
México 98 1-F
U. H. El Rosario 69 1-E
BIOLOGOS
El Retoño 97 6-D
BIOQUIMICA
Univ. Aut. Metropolitana 42 1-F
BIRIMOA
Maza 84 2-C
BISMARCK
Moderna 97 3-B
BISONTES 1a. Y 2a.
PROFOPEC Polígono 3 60 6-D
BITA
U. H. San Juan de Aragón 72 5-B
BIVANO ANTONIO
Las Peñas 111 4-F
BIZET
Vallejo 71 6-B
BIZNAGA Y PRIV.
Las Palmas 95 3-E
BLACKALLER LEOPOLDO
Ampliación San Pedro Xalpa 69 5-D
BLANCA LA AV.
La Blanca 44 6-A
BLANCO ANDRES ELOY
Bosque de Chapultepec 95 2-E
BLANCO FOMBONA R.
Iztaccíhuatl 97 3-B
BLANCO JOSE DE LA LUZ
Santa Martha Acatitla 99 5-D
BLANCO LUCIO
Acueducto 46 6-D
Carlos Hank González 111 5-F
Desarrollo U. Quetzalcóatl 111 5-F
Dos de Septiembre 19 1-D
Insurgentes 111 5-F
La Hera 111 3-F
La Providencia 69 3-E
Las Peñas 111 3-F
Loma Bonita 114 6-C
San Juan Tlalpizahuac 113 5-F
Santa Cruz Meyehualco 112 3-A
Santa Martha Acatitla 99 6-D
BLANCO LUCIO 3A. CDA.
Insurgentes 111 5-F
BLANCO LUCIO CALZ.
La Providencia 69 4-E
San Juan Tlihuaca 69 4-E
San Pedro Xalpa 69 4-E
BLANCO LUCIO CDA.
Santa Cruz Meyehualco 112 4-A
U. Santa Cruz Meyehualco 112 3-A
BLANCO LUCIO GRAL.
Francisco Villa 111 4-E
Héroes de la Revolución 82 5-B
Revolución 84 3-F
BLANCO LUCIO PRIV.
Insurgentes 111 5-F
BLANCO M. R.
Melchor Ocampo 18 1-F
BLANCO PALOMO
Dos Ríos 108 2-A
BLANCO SIMON
El Salado 59 6-C
Francisco Villa 111 4-E
BLANQUET COMANDANTE
Observatorio 96 2-A
BLERIOT LUIS
Aviación Civil 85 6-C
BLOCRETO
Profr. Cristóbal Higuera 43 6-A
BLOM PETERSEN FRANZ
Ermita 110 1-B
BOBADILLA 103
Ciudad Alegre 88 5-B
BOCA BARRANCA
Boca Barranca 59 1-B
BOCA DEL RIO
La Presa 46 6-C
BOCA DEL RIO DE
Zona Res. Acueducto de Gpe. 58 5-A
BOCA JUNIORS
Arboledas del Sur 123 3-B
BOCA RATON
Campestre del Lago 29 5-E
BOCANEGRA
Presidentes de México 111 5-E
San Alvaro 83 1-B
BOCANEGRA FRANCISCO
Emiliano Zapata 113 3-C
BOCANEGRA JOSE MARIA
Martín Carrera 71 4-E
Tultitlán 31 2-E
Tultitlán 31 2-D
BOCANEGRA JOSE MARIA LIC.
Lázaro Cárdenas 73 6-A
BOCOTE
Tlaxopa 136 4-B
BOCHIL
Popular Santa Teresa 121 3-D
Torres de Padierna 121 5-D
BOCHIL PROL.
Belvedere 134 1-D
BODAS DE FIGARO LAS
Barrio Santa Ana Zapotitlán 125 3-A
Miguel Hidalgo 125 3-A
Miguel Hidalgo 125 4-A
BODEGA
Club de Golf México 122 5-F
BODEGAS
Barrio Santiago 128 6-A
Ejidal 127 6-F
La Bomba 128 6-A
BODEGAS CDA.
Barrio Santiago 128 6-A
BODEQUIPA CJON.
Barrio Asunción 124 6-A
BODEQUIPA DE 1R. CJON.
Barrio Asunción 124 6-A
BODEQUIPA DE 2DO. CJON.
Barrio Asunción 124 6-A
BODOQUIPA CJON.
Barrio La Asunción 123 6-F
BOGOTA
Las Américas 69 5-B
Lindavista 71 4-C

Calle / Colonia	PLANO	COORDENADAS
Valle Dorado	56	2-E
BOHEMIA		
Modelo	69	4-D
BOHEMIA LA		
Miguel Hidalgo	124	4-F
BOITO		
Ex Hipódromo de Peralvillo	84	1-C
BOJORQUEZ		
Presidentes Ejidales	110	6-D
BOJORQUEZ JUAN DE DIOS		
Constitución de 1917	111	3-E
BOKER R. Y CDA.		
Campestre	109	2-B
BOKOBA		
Pedregal Chitchitcáspatl	121	4-C
San Nicolás Totolapan	121	4-C
Z. U. E. El Pedregal	121	4-C
BOKOBA Y CDA.		
Z. U. E. El Pedregal	121	3-C
BOLA		
El Dorado	56	2-F
BOLA DE ORO		
Juan González Romero	72	1-A
BOLAÑOS		
Maza	84	1-C
BOLAÑOS CACHO DR.		
Buenos Aires	97	2-A
BOLAÑOS CACHO GILBERTO DR.		
Lomas San Juan Ixhuatepec	58	6-E
BOLAÑOS GASPAR		
Constitución de 1917	111	2-D
BOLDO		
Ignacio Allende	70	6-E
Nueva Santa María	70	6-E
Victoria de las Democracias	70	6-E
BOLEO		
Felipe Pescador	84	2-C
Nicolás Bravo	84	2-C
Valle Gómez	84	2-C
BOLIVAR		
Alamos	97	3-A
Algarín	97	3-A
Barrio El Huerto	18	5-C
Centro	84	5-B
Coanalán	36	6-D
Cuautitlán	18	5-C
Hacienda Ojo de Agua	21	4-D
Ixtlahuacan	112	3-F
Lomas de Guadalupe	29	4-B
Lomas de Zaragoza	113	2-A
Miguel Alemán	97	3-A
Niños Héroes de Chapultepec	97	3-A
Obrera	84	5-B
Postal	97	3-A
Romita	18	5-C
San Jerónimo Miacatlán	151	4-F
San Marcos Nepantla	23	5-A
San Pedro Atzompa	21	4-D
BOLIVAR DIAG.		
Lomas de Chamapa	81	3-D
BOLIVAR PRIV.		
Niños Héroes de Chapultepec	97	4-A
BOLIVAR PROL.		
Independencia	97	6-A
San Simón Ticumac	97	6-A
BOLIVAR SIMON		
Amipant	98	2-F
Carlos A. Madrazo	95	5-A
Juárez Pantitlán	98	2-F
La Habana	126	6-A
Libertad	29	3-A
Los Angeles	111	3-C
Los Reyes	113	1-B
Paraje San Juan	111	3-C
Paraje Zacatepec	112	2-D
Revolución	84	3-F
San Mateo	98	2-F
Santa Ana Tlacotenco	152	6-A
Universal	81	1-E
BOLIVAR SIMON CDA.		
San Luis Huexotla	76	3-D
BOLIVAR SIMON CJON.		
Jardines del Pedregal	121	1-E
Pueblo Santa Ana Tlacotenco	152	6-A
BOLIVAR SIMON Y CDA.		
San Luis Huexotla	76	3-D
BOLIVARES		
Ampliación Simón Bolívar	85	3-A
Aquiles Serdán	85	3-A
Pensador Mexicano	85	3-A
Simón Bolívar	85	3-A
BOLIVIA		
Bosques de Ixtacala	43	1-B
Jardines de Cerro Gordo	60	1-C
México 68	68	4-D
San José Ixhuatepec	58	5-F
BOLIVIA Y PRIV.		
Doctores	97	1-A
BOLIVIANOS		
María G. de García Ruiz	95	4-E
BOLONIA		
Izcalli Pirámide	57	3-D
Residencial Acoxpa	123	2-D
BOLOÑESES		
Isidro Fabela	95	4-F
BOMBAS AV.		
Ampl. Guadalupe Victoria	33	5-E
BOMBAS DE LAS AV.		
Venta de Carpio	34	5-E
BOMBAS DE LAS CALZ.		
Belisario Domínguez	123	1-C
C. H. Alianza Pop. Rev.	123	1-C
Campestre Coyoacán	123	1-C
El Parque	123	1-C
Ex Ej. San Pablo Tepetlapa	123	1-C
Ex Hacienda Coapa	123	1-C
Jardines de Coyoacán	123	1-C
Los Cedros	123	1-C
Los Girasoles	123	1-C
Residencial Cafetales	123	1-C
Santa Cecilia	123	1-C
Santa Ursula Coapa	123	1-C
U. H. O. CTM Culhuacán IX	123	1-C
BOMBAS LAS		
Encinos del Pedregal	149	3-C
Pedregal Amilco	149	3-C
Pedregal de Topilejo	149	3-C
BOMBAS LAS Y CDA.		
Santiago Zapotitlán	125	2-C
BOMBILLA DE LA CJON.		
Chimalistac	109	3-C
Del Carmen	109	3-C
BOMBITA LA PROL.		
San Miguel Chalma	57	2-F
BONAMPAK		
Independencia	96	5-F
Narvarte	96	5-F
Tikal	30	5-D
Vértiz Narvarte	96	5-F
BONANZA		
Felipe Angeles	84	2-E
BONAO		
Lindavista	71	2-C
BONAVIT JULIAN		
Palmatitla	58	2-B
BONDOJITO		
Ampliación Michoacana	84	2-E

Calle / Colonia	PLANO	COORDENADAS
Ampliación Vicente Villada	99	3-E
Estado de Hidalgo	95	3-F
Las Américas	95	3-F
Las Palmas	95	3-F
Vicente Villada	99	3-E
BONDOJO		
Mariano Escobedo	31	6-B
BONETERO		
Tlapechico	95	5-B
BONFIL ALFREDO		
La Conchita Zapotitlán	125	4-B
BONFIL ALFREDO B.		
La "Y"	28	5-B
BONFIL ALFREDO B. CDA.		
La "Y"	28	4-B
BONFIL ALFREDO V.		
Alfredo V. Bonfil	81	4-E
Ampliación Miguel Hidalgo	122	5-A
Jiménez Cantú	115	6-F
Josefa Ortiz de Domínguez	60	2-C
Presidentes Ejidales	110	6-D
BONFIL ALFREDO V. 2A. CDA.		
La Conchita Zapotitlán	125	5-B
BONFIL ALFREDO V. Y CDA.		
La Conchita Zapotitlán	125	4-B
BONFIL V. ALFREDO		
Alfredo V. Bonfil	81	4-E
BONGO		
Miguel de la Madrid Hurtado	112	3-F
BONILLA ADOLFO		
C. H. Biatlón	99	6-B
BONILLA GUILLERMO PROFR.		
Ampl. Gabriel Hernández	72	1-A
BONILLA J.		
San Nicolás Tetelco	152	1-C
BONILLA JUAN C.		
Juan Escutia	99	4-B
BONILLA MANUEL		
José María Morelos	99	5-C
BORBONESA		
San Clemente	108	3-D
BORDA JUAN CARLOS		
Fuego Nuevo	110	4-F
BORDES MANGEL ENRIQUE		
Ampliación Asturias	97	2-C
Asturias	97	2-C
BORDO		
Valle Gómez	84	1-D
BORDO AV.		
Ex Hacienda Coapa	123	2-B
Santa Ursula Coapa	123	2-B
Vergel Tlalpan	123	2-B
Vergel de Coyoacán	123	2-B
Vergel del Sur	123	2-B
BORDO DE XOCHIACA AV.		
Benito Juárez	86	5-C
Del Sol	86	5-C
El Arenal 4a. Sección	85	4-E
Estado de México	86	5-C
Tamaulipas El Palmar	86	5-C
Tamaulipas Flores	86	5-C
Tamaulipas Oriente	86	5-C
Tamaulipas Virgencitas	86	5-C
Tlatelco	87	6-A
Xaltipac	87	6-A
BORDO DEL CDA.		
San Lorenzo Huipulco	123	3-B
BORDO EL		
La Candelaria Tlapala	141	3-E
BORDO EL PRIV.		
Villa Lázaro Cárdenas	123	3-B
BOREAL		
Lomas de la Estancia	112	4-E
BOREAL AV.		
Cuautitlán Izc. Atlanta	30	2-E
BORISOVO		
U. H. Reserva Ecológica	44	2-C
BORJA GUADALUPE		
Ixtlahuaca	112	2-F
Lomas de Zaragoza	112	2-F
BORNEO		
Rosario Ceylán	70	1-C
BORO		
Lázaro Cárdenas	60	6-D
BORODIN Y CDA.		
Vallejo	71	6-B
BOROROS		
Tlacuitlapa	108	2-B
BORQUEZ FLAVIO A.		
Constitución de 1917	111	2-E
BORRAS FRANCISCO SANTIAGO		
Santa Cecilia	125	5-E
BORRASCA DE LA		
Zona Res. Acueducto de Gpe.	58	5-A
BORREGOS DE LOS		
Camino Real de Tetelpan	108	3-D
Pueblo de Tetelpan	108	3-D
San Agustín	108	3-D
BORUNDA FRANCISCO		
Alvaro Obregón	99	5-A
BOSCANILLO		
Dos Ríos	108	2-A
BOSENCHEVE		
U. H. Parque Nacional	44	2-C
BOSQUE		
Izcalli San Pablo	20	5-B
Jesús del Monte	107	1-B
Lago de Guadalupe	30	4-A
Paseos de Taxqueña	110	3-D
BOSQUE AFRICA BLVR.		
Bosque de Aragón	72	5-F
BOSQUE AHUEHUETES		
Lomas del Bosque	30	6-B
BOSQUE ALPINO		
Bosques de la Hacienda	17	4-D
BOSQUE ALTO AV.		
Petroquímica Lomas Verdes	68	1-E
BOSQUE AV.		
Bosques de los Remedios	69	5-A
El Bosque	46	5-F
San Carlos	46	5-F
BOSQUE AZUL		
Bosques del Valle	32	3-C
BOSQUE CENTRAL BLVR.		
Bosques del Valle	32	2-D
Bosques del Valle	32	4-C
BOSQUE CHICO		
Jardines de Morelos	47	2-F
BOSQUE DE ABEDULES		
Bosques de las Lomas	95	3-A
Lomas del Bosque	43	1-B
Lomas del Bosque	43	1-C
Lomas del Bosque	30	6-B
BOSQUE DE ABETO		
Lomas del Bosque	43	1-C
BOSQUE DE ABETOS		
Bosques de la Hacienda	17	3-D
Bosques de las Lomas	95	1-B
Jardines de Morelos	47	2-E
BOSQUE DE ABETOS PRIV.		
Bosques de las Lomas	95	2-B
BOSQUE DE ACACIAS		
Bosques de las Lomas	95	1-C
Jardines de Morelos	47	2-E
BOSQUE DE ACAMBARO CDA.		
Bosques de la Herradura	81	5-F

Calle / Colonia	PLANO	COORDENADAS
BOSQUE DE AFRICA		
Bosques de la Hacienda	17	3-D
BOSQUE DE AGUACATES		
Bosques del Valle	32	3-C
BOSQUE DE AHUEHUETE		
Lomas del Bosque	30	6-B
BOSQUE DE AILES		
Bosques de las Lomas	95	3-A
BOSQUE DE ALAMO		
Lomas del Bosque	43	1-B
BOSQUE DE ALAMOS		
Bosques de las Lomas	95	1-C
Bosques del Valle	32	3-C
Jardines de Morelos	47	3-E
BOSQUE DE ALCANFORES		
Lomas del Bosque	43	1-B
BOSQUE DE ALERCES Y PRIV.		
Bosques de las Lomas	95	2-A
BOSQUE DE ALISOS		
Bosques de las Lomas	95	4-A
BOSQUE DE ALMENDROS		
Bosques de las Lomas	95	3-A
Bosques del Valle	32	3-C
BOSQUE DE AMATES		
Bosques de las Lomas	95	3-A
BOSQUE DE ANDORRA		
Bosque de Aragón	72	6-F
BOSQUE DE ANGOLA		
Bosque de Aragón	72	5-F
BOSQUE DE ANIBAL		
Bosques del Valle	32	3-D
BOSQUE DE ANTEQUERA Y CDA.		
La Herradura	82	6-A
BOSQUE DE ARABIA		
Bosque de Aragón	72	6-E
BOSQUE DE ARAMBUESOS		
Bosques del Valle	32	3-C
BOSQUE DE ARANJUEZ		
Paseos del Bosque	68	5-D
BOSQUE DE ARAUCARIA		
Lomas del Bosque	30	6-B
BOSQUE DE ARAUCARIAS		
Bosques de las Lomas	95	3-A
BOSQUE DE ARCE		
Bosques del Valle	32	2-D
Lomas del Bosque	43	1-C
BOSQUE DE ARCES		
Bosques de las Lomas	95	1-B
BOSQUE DE ARGEL		
Bosque de Aragón	72	6-F
BOSQUE DE ARGELIA AV.		
Bosque de Aragón	72	5-F
BOSQUE DE ARGENTINA		
Bosque de Aragón	85	1-F
BOSQUE DE ARRAYANES		
Bosques de las Lomas	95	2-B
Jardines de Morelos	47	2-E
BOSQUE DE ARRAYANES RT.		
Bosques del Valle	32	2-D
BOSQUE DE ASIA AV.		
Bosque de Aragón	72	6-E
BOSQUE DE ASMARA		
Bosque de Aragón	72	6-F
BOSQUE DE AUSTRIA		
Bosque de Aragón	72	6-F
BOSQUE DE AVELLANOS		
Bosques de la Hacienda	17	4-D
Bosques de las Lomas	95	2-A
BOSQUE DE AZALEAS		
Bosques de las Lomas	95	3-A
BOSQUE DE BALSAS		
Bosques de las Lomas	95	2-A
BOSQUE DE BAMAKO RT.		
Bosque de Aragón	72	5-F
BOSQUE DE BAMBUES		
Bosques del Valle	32	2-C
BOSQUE DE BATA		
Bosque de Aragón	72	6-F
BOSQUE DE BELEN		
La Herradura	82	6-A
BOSQUE DE BELGICA		
Bosque de Aragón	72	6-F
BOSQUE DE BELGRADO		
Bosque de Aragón	72	6-F
BOSQUE DE BERBERA RT.		
Bosque de Aragón	72	5-F
BOSQUE DE BERLIN		
Bosque de Aragón	86	1-A
BOSQUE DE BIRMANIA		
Bosque de Aragón	72	6-F
BOSQUE DE BISSAU		
Bosque de Aragón	72	6-F
BOSQUE DE BOLIVIA		
Bosque de Aragón	85	1-F
BOSQUE DE BOLOGNIA		
Bosques del Lago	30	5-B
Bosques del Lago	30	6-A
BOSQUE DE BOLOGNIA 15		
Bosques del Lago	30	5-B
BOSQUE DE BOLOGNIA 6		
Bosques del Lago	30	6-A
BOSQUE DE BOLOGNIA CDA.		
Bosques del Lago	30	5-B
BOSQUE DE BONN		
Bosque de Aragón	86	1-A
BOSQUE DE BOSENCHEVE		
Jardines de Morelos	47	2-E
BOSQUE DE BRASIL		
Bosque de Aragón	85	1-F
BOSQUE DE BREZOS		
Bosques de las Lomas	94	3-F
Bosques del Valle	32	2-D
BOSQUE DE BRUSELAS		
Bosque de Aragón	86	1-A
BOSQUE DE BUCAREST		
Bosque de Aragón	72	6-F
BOSQUE DE BUGAMBILIAS		
Bosques de las Lomas	94	4-F
BOSQUE DE CACAOS		
Bosques de las Lomas	94	4-F
BOSQUE DE CAFETOS		
Bosques de las Lomas	95	2-B
Bosques del Valle	32	2-D
Jardines de Morelos	47	3-E
Jardines de Morelos	47	2-E
BOSQUE DE CAMBOYA		
Bosque de Aragón	72	6-F
BOSQUE DE CAMELIAS		
Bosques del Valle	32	4-C
BOSQUE DE CAMERUN		
Bosque de Aragón	72	5-F
BOSQUE DE CANELOS		
Bosques de las Lomas	94	4-F
BOSQUE DE CAOBA		
Bosques de la Hacienda	17	3-D
Bosques del Valle	32	3-C
Lomas del Bosque	30	6-B
Lomas del Bosque	43	1-B
BOSQUE DE CAOBA RT.		
Bosques del Valle	32	2-D
BOSQUE DE CAOBAS		
Bosques de las Lomas	95	1-B
Jardines de Morelos	47	2-E
BOSQUE DE CAPULIN		
Lomas del Bosque	30	6-B
BOSQUE DE CAPULINES		

Calle / Colonia	PLANO	COORDENADAS
Bosques de las Lomas	95	2-B
Bosques del Valle	32	3-C
Jardines de Morelos	47	2-E
Lomas del Bosque	43	1-B
BOSQUE DE CASTAÑO		
Lomas del Bosque	30	6-B
BOSQUE DE CASTAÑOS		
Bosques de la Hacienda	17	3-D
Bosques de las Lomas	95	2-A
Lomas del Bosque	43	1-B
BOSQUE DE CASTILLOS		
Bosques de las Lomas	94	3-F
BOSQUE DE CASUARINA		
Lomas del Bosque	30	6-B
BOSQUE DE CASUARINAS		
Bosques de las Lomas	94	5-F
BOSQUE DE CAUCHO		
Lomas del Bosque	43	1-B
BOSQUE DE CEDRO		
Lomas del Bosque	30	6-C
Lomas del Bosque	43	1-B
BOSQUE DE CEDROS		
Bosques de las Lomas	95	2-A
Bosques del Valle	32	3-C
BOSQUE DE CEIBA		
Lomas del Bosque	43	1-B
Lomas del Bosque	43	1-C
BOSQUE DE CEIBAS		
Bosques de las Lomas	95	1-B
Jardines de Morelos	47	3-F
BOSQUE DE CEREZO		
Bosques del Lago	30	6-B
Lomas del Bosque	30	6-B
BOSQUE DE CEREZOS		
Bosques de las Lomas	95	3-A
Bosques del Valle	32	3-C
BOSQUE DE CICLAMOROS		
Bosques de las Lomas	95	4-A
BOSQUE DE CIDROS		
Bosques de las Lomas	95	4-A
BOSQUE DE CIPRES		
Lomas del Bosque	30	6-B
BOSQUE DE CIPRESES		
Bosques de la Hacienda	17	4-E
Bosques del Valle	32	3-C
Jardines de Morelos	47	3-E
BOSQUE DE CIPRESES NORTE		
Bosques de las Lomas	95	1-B
BOSQUE DE CIRUELOS		
Bosques de las Lomas	95	2-B
Bosques del Valle	32	3-C
Jardines de Morelos	47	2-F
BOSQUE DE CIRUELOS PRIV.		
Bosques del Sur	123	5-D
BOSQUE DE CLAVELLINAS		
Bosques de las Lomas	94	4-F
BOSQUE DE COCOTEROS		
Bosques de las Lomas	94	4-F
BOSQUE DE COLIMA		
Jardines de Morelos	47	2-E
BOSQUE DE COLOMBIA		
Bosque de Aragón	72	6-F
BOSQUE DE COLORINES		
Bosques de las Lomas	95	3-A
BOSQUE DE CONAKRY		
Bosque de Aragón	72	5-F
BOSQUE DE CONTINENTES BLVD.		
Bosque de Aragón	72	6-F
BOSQUE DE CONTRERAS 105		
Bosques del Valle	32	2-D
BOSQUE DE CONTRERAS 107		
Bosques del Valle	32	1-D
BOSQUE DE COPENHAGUE		
Bosque de Aragón	73	6-A
BOSQUE DE CORAL		
Bosques de la Hacienda	17	3-D
BOSQUE DE COREA		
Bosque de Aragón	72	6-E
BOSQUE DE COSTA RICA		
Bosque de Aragón	72	6-F
BOSQUE DE COTIJA Y 2 CDAS.		
Bosques de la Herradura	81	6-E
BOSQUE DE CUAUHTEMOC		
Jardines de Morelos	47	2-F
BOSQUE DE CUBA AV.		
Bosque de Aragón	85	1-F
BOSQUE DE CUETZALAN		
Jardines de Morelos	47	2-E
La Herradura	94	1-F
BOSQUE DE CHABACANOS		
Bosques del Valle	32	3-C
BOSQUE DE CHAPULTEPEC		
Bosques de la Hacienda	17	3-D
Bosques del Valle	32	4-D
Jardines de Morelos	47	3-F
Lomas del Cadete	81	4-D
BOSQUE DE CHAPULTEPEC CDA.		
Del Parque	46	5-E
BOSQUE DE CHECOSLOVAQUIA		
Bosque de Aragón	85	1-F
BOSQUE DE CHIAPAS		
Jardines de Morelos	47	3-F
BOSQUE DE CHICLES		
Bosques del Valle	32	3-D
BOSQUE DE CHICHALPA		
Bosques del Valle	32	1-D
BOSQUE DE CHIHUAHUA		
Bosques de las Lomas	95	1-C
Bosques del Valle	32	2-C
BOSQUE DE CHILE		
Bosque de Aragón	85	1-F
BOSQUE DE CHINA		
Bosque de Aragón	72	6-F
BOSQUE DE CHOPO		
Lomas del Bosque	30	6-B
Lomas del Bosque	43	1-B
BOSQUE DE CHOPOS		
Bosques de las Lomas	95	2-B
BOSQUE DE DINAMARCA		
Bosque de Aragón	73	6-A
BOSQUE DE DINAMO RT.		
Bosques del Valle	32	2-D
BOSQUE DE DURAZNOS		
Bosques de las Lomas	95	2-B
BOSQUE DE EBANO		
Lomas del Bosque	30	6-B
BOSQUE DE EBANOS		
Bosques de la Hacienda	17	3-D
Bosques de las Lomas	95	1-B
Bosques del Valle	32	3-C
Jardines de Morelos	47	3-E
BOSQUE DE ECUADOR		
Bosque de Aragón	72	6-F
BOSQUE DE EGIPTO AV.		
Bosque de Aragón	72	5-F
BOSQUE DE ENCINO		
Lomas del Bosque	30	6-B
BOSQUE DE ENCINOS		
Bosques de las Lomas	95	1-B
Lomas del Bosque	43	1-C
BOSQUE DE ENEBROS		
Bosques de las Lomas	94	4-F
BOSQUE DE ESPAÑA AV.		
Bosque de Aragón	72	6-F
BOSQUE DE ETIOPIA		
Bosque de Aragón	72	5-F

Calle / Colonia	Plano	Coordenadas
BOSQUE DE EUCALIPTO		
Lomas del Bosque	43	1-B
BOSQUE DE EUCALIPTOS		
Bosques de las Lomas	95	2-C
Bosques del Valle	32	3-D
Jardines de Morelos	47	3-E
Lomas del Bosque	30	6-C
BOSQUE DE EUCALIPTOS AV.		
Bosques de la Hacienda	17	4-D
BOSQUE DE EUROPA BLVR.		
Bosque de Aragón	72	6-F
Bosque de Aragón	73	6-A
BOSQUE DE FELIPE		
Bosques del Valle	32	4-C
BOSQUE DE FRAMBOYANES		
Bosques de las Lomas	95	2-A
Bosques del Valle	32	3-C
Jardines de Morelos	47	2-E
BOSQUE DE FRAMBUESA		
Bosques del Valle	32	3-C
BOSQUE DE FRANCIA		
Bosque de Aragón	72	6-F
BOSQUE DE FRESNO		
Lomas del Bosque	30	6-B
BOSQUE DE FRESNOS		
Bosques de las Lomas	95	1-C
Bosques del Valle	32	3-C
BOSQUE DE GABON		
Bosque de Aragón	72	5-F
BOSQUE DE GARDENIAS		
Bosques de las Lomas	94	3-F
Jardines de Morelos	47	3-F
BOSQUE DE GERANIOS		
Bosques del Valle	32	1-C
BOSQUE DE GHANA		
Bosque de Aragón	72	5-F
BOSQUE DE GHUAYACANES		
Lomas del Bosque	30	6-B
BOSQUE DE GIBRALTAR		
Corazón de la Herradura	81	6-E
BOSQUE DE GRANADOS		
Bosques de las Lomas	95	2-B
Bosques del Valle	32	3-D
Jardines de Morelos	47	3-F
BOSQUE DE GRECIA		
Bosque de Aragón	73	6-A
BOSQUE DE GROSELLOS		
Bosques del Valle	32	3-D
BOSQUE DE GUANABANOS		
Bosques de las Lomas	95	3-A
BOSQUE DE GUANACASTES		
Bosques de las Lomas	94	3-F
BOSQUE DE GUATEMALA		
Bosque de Aragón	72	6-E
BOSQUE DE GUAYA		
Bosques del Valle	32	2-D
BOSQUE DE GUAYABAS RT.		
Bosques del Valle	32	2-C
BOSQUE DE GUAYACAN		
Lomas del Bosque	30	6-B
BOSQUE DE GUAYACANES		
Bosques de las Lomas	95	2-A
Lomas del Bosque	43	1-C
BOSQUE DE GUINEA		
Bosque de Aragón	72	5-F
BOSQUE DE HAYA		
Bosques del Valle	32	1-D
Lomas del Bosque	30	6-B
Lomas del Bosque	43	1-C
BOSQUE DE HAYAS		
Bosques de las Lomas	95	2-B
BOSQUE DE HELECHOS		
Bosques de las Lomas	95	4-A
BOSQUE DE HIGUERAS Y RT.		
Bosques de las Lomas	95	4-A
BOSQUE DE HOLANDA		
Bosque de Aragón	73	6-A
BOSQUE DE HONDURAS		
Bosque de Aragón	72	6-E
BOSQUE DE HUIZACHES		
Bosques de las Lomas	94	4-F
BOSQUE DE HUNGRIA		
Bosque de Aragón	73	6-A
BOSQUE DE ICACOS		
Bosques de las Lomas	95	4-A
BOSQUE DE INGLATERRA		
Bosque de Aragón	72	6-F
BOSQUE DE IRAK		
Bosque de Aragón	72	6-E
BOSQUE DE IRAN		
Bosque de Aragón	72	6-F
BOSQUE DE IRAPUATO		
Jardines de Morelos	47	2-E
BOSQUE DE IRLANDA		
Bosque de Aragón	72	6-F
BOSQUE DE IRLANDA RT.		
Bosque de Aragón	72	6-F
BOSQUE DE ISLANDIA		
Bosque de Aragón	72	6-F
BOSQUE DE ITALIA		
Bosque de Aragón	73	6-A
BOSQUE DE JACARANDAS		
Bosques de las Lomas	95	1-B
Bosques de las Lomas	95	2-B
Bosques del Lago	30	6-B
Bosques del Valle	32	2-D
Jardines de Morelos	47	3-F
Lomas del Bosque	30	6-B
BOSQUE DE JACINTOS		
Bosques de las Lomas	94	4-F
BOSQUE DE JACONA CDA.		
Bosques de la Herradura	81	6-E
BOSQUE DE JANITZIO		
Bosques del Valle	32	1-D
La Herradura	94	1-F
BOSQUE DE JAZMINES		
Bosques de las Lomas	95	1-B
Jardines de Morelos	47	2-E
BOSQUE DE JIQUILPAN Y 2 CDAS		
Bosques de la Herradura	81	6-E
BOSQUE DE JORDANIA		
Bosque de Aragón	72	6-E
BOSQUE DE KENIA		
Bosque de Aragón	72	5-F
BOSQUE DE LA ANTEQUERA		
Jardines de Morelos	47	2-E
La Herradura	81	6-F
BOSQUE DE LA BARCA		
Jardines de Morelos	47	2-F
La Herradura	82	6-A
BOSQUE DE LA CAMPANA		
Jardines de Morelos	47	2-E
BOSQUE DE LA CAPILLA		
Jardines de Morelos	47	2-E
La Herradura	82	6-A
BOSQUE DE LA CEIBA		
Bosques del Valle	32	3-D
BOSQUE DE LA CONQUISTA		
Bosque de la Herradura	81	6-F
Héroes de la Revolución	82	6-F
La Herradura 1, 2 y 3 Secc	81	6-F
BOSQUE DE LA FE		
Bosques de la Herradura	81	6-F
Bosques del Valle	32	1-D
BOSQUE DE LA GRANJA		
Paseos del Bosque	68	5-D
BOSQUE DE LA INDIA		
Bosque de Aragón	72	6-E
BOSQUE DE LA LUZ		
Bosques del Valle	32	3-D
Jardines de Morelos	47	3-F
La Herradura	82	6-A
BOSQUE DE LA LUZ PROL.		
Rancho La Palma	32	3-C
BOSQUE DE LA MONARCA		
Bosques de la Hacienda	17	3-D
BOSQUE DE LA MONTAÑA RT.		
Bosques de la Hacienda	17	3-D
BOSQUE DE LA PRIMAVERA		
Lomas del Bosque	43	1-B
BOSQUE DE LA REFORMA		
Bosques de las Lomas	95	2-C
Bosques de las Lomas	95	3-A
Lomas Reforma	95	2-C
Lomas Reforma	95	3-A
BOSQUE DE LAGOS RT.		
Bosque de Aragón	72	5-F
BOSQUE DE LAS CATARINAS		
Jardines de Morelos	47	2-F
La Herradura	81	6-F
BOSQUE DE LAS FLORES		
Jardines de Morelos	47	3-F
BOSQUE DE LAS FLORES AV.		
U. H. Belén de las Flores	108	2-C
BOSQUE DE LAS GUAYANAS		
Bosque de Aragón	72	6-F
BOSQUE DE LAS LOMAS		
Bosques del Valle	32	4-C
BOSQUE DE LAS MINAS		
Bosques de la Herradura	81	6-E
BOSQUE DE LAS NACIONES BLVR.		
Bosque de Aragón	72	6-F
BOSQUE DE LAS TORRES		
Jardines de Morelos	47	3-F
La Herradura	94	1-F
BOSQUE DE LAURA		
Bosques del Valle	32	4-C
BOSQUE DE LERMA		
Bosques de la Herradura	81	6-E
Jardines de Morelos	47	3-F
BOSQUE DE LIBERIA RT.		
Bosque de Aragón	72	5-F
BOSQUE DE LIBIA		
Bosque de Aragón	72	5-F
BOSQUE DE LIMAS		
Bosques de las Lomas	94	4-F
BOSQUE DE LIMONEROS		
Bosques de las Lomas	95	3-A
Bosques del Valle	32	2-D
BOSQUE DE LISBOA		
Bosque de Aragón	73	6-A
BOSQUE DE LOME RT.		
Bosque de Aragón	72	5-F
BOSQUE DE LOS ALAMOS		
Lomas del Bosque	43	1-B
BOSQUE DE LOS ALCANFORES		
Lomas del Bosque	43	1-B
BOSQUE DE LOS CAZADORES		
Bosques de la Hacienda	17	4-D
BOSQUE DE LOS CIERVOS		
Bosques de la Hacienda	17	4-D
BOSQUE DE LOS CIPRESES SUR		
Bosques de las Lomas	95	2-B
BOSQUE DE LOS COLORINES		
Bosques del Valle	32	3-C
BOSQUE DE LOS DUENDES		
Jardines de Morelos	47	3-F
BOSQUE DE LOS DURAZNOS		
Bosques del Valle	32	3-D
BOSQUE DE LOS FRAILES		
Bosques de la Hacienda	17	3-D
BOSQUE DE LOS MILAGROS		
Bosques de la Hacienda	17	3-D
Fuentes de Satélite	55	5-F
BOSQUE DE LOS NARANJOS		
Jardines de Morelos	47	2-E
BOSQUE DE LOS OLIVOS		
Bosques de las Lomas	95	3-A
BOSQUE DE LOS PATRICIOS		
Jardines de Morelos	47	2-F
BOSQUE DE LOS REMEDIOS		
Jardines de Morelos	47	3-F
La Herradura	81	6-F
BOSQUE DE LOS RENOS		
Bosques de la Hacienda	17	4-E
BOSQUE DE LOS SOCIOS		
Bosques del Valle	32	3-C
BOSQUE DE LOS VIVEROS		
Bosques del Valle	32	3-D
BOSQUE DE LOS VIVEROS PROL.		
Rancho La Palma	32	3-C
BOSQUE DE LUSAKA RT.		
Bosque de Aragón	72	5-F
BOSQUE DE MADERO		
Lomas del Bosque	30	6-B
BOSQUE DE MADRID		
Bosque de Aragón	73	6-A
BOSQUE DE MAGNOLIAS		
Bosques de las Lomas	95	3-A
BOSQUE DE MALASIA		
Bosque de Aragón	72	6-F
BOSQUE DE MANGLES		
Bosques de las Lomas	95	3-A
BOSQUE DE MANGOS		
Bosques de las Lomas	95	2-B
BOSQUE DE MANZANOS		
Bosques de las Lomas	95	3-A
BOSQUE DE MANZANOS PRIV.		
Bosques del Sur	123	5-D
BOSQUE DE MAPLE		
Ampliación Tres de Mayo	30	6-B
Lomas del Bosque	30	6-B
BOSQUE DE MAPLE 2 CDAS.		
Lomas del Bosque	30	6-B
BOSQUE DE MAPLES		
Bosques de las Lomas	95	2-A
BOSQUE DE MARGARITAS		
Bosques del Valle	32	3-D
BOSQUE DE MASERU		
Bosque de Aragón	72	5-F
BOSQUE DE MAURITANIA		
Bosque de Aragón	72	5-F
BOSQUE DE MEMBRILLO		
Bosques del Valle	32	2-C
BOSQUE DE MEZQUITES		
Bosques de las Lomas	95	2-B
BOSQUE DE MIMOSAS		
Bosques de las Lomas	95	1-B
Jardines de Morelos	47	3-F
BOSQUE DE MOCTEZUMA		
Jardines de Morelos	47	2-F
La Herradura	82	6-A
Paseos del Bosque	68	5-D
BOSQUE DE MOCTEZUMA Y CDA.		
La Herradura	94	1-F
BOSQUE DE MOCTEZUMA Y RT.		
Bosques del Valle	32	1-D
BOSQUE DE MONACO		
Bosque de Aragón	73	6-A
BOSQUE DE MONGOLIA		
Bosque de Aragón	72	6-E
BOSQUE DE MONROVIA RT.		
Bosque de Aragón	72	5-F
BOSQUE DE MORAS		
Bosques de las Lomas	95	2-B
Bosques del Valle	32	2-D
BOSQUE DE MORAS 14		
Bosques del Valle	32	2-D
BOSQUE DE MOSCU RT.		
Bosque de Aragón	72	6-F
BOSQUE DE MOZAMBIQUE		
Bosque de Aragón	72	6-F
BOSQUE DE NAIROBI RT.		
Bosque de Aragón	72	5-F
BOSQUE DE NARANJOS		
Bosques de las Lomas	95	2-B
Bosques del Valle	32	3-D
BOSQUE DE NARANJOS PRIV.		
Bosques del Sur	123	5-D
BOSQUE DE NIAMEY		
Bosque de Aragón	72	5-F
BOSQUE DE NICARAGUA		
Bosque de Aragón	72	6-F
BOSQUE DE NIGERIA		
Bosque de Aragón	72	5-F
BOSQUE DE NISPEROS		
Bosques de las Lomas	95	2-A
BOSQUE DE NOGAL		
Bosques del Lago	30	6-B
Lomas del Bosque	30	6-B
Lomas del Bosque	43	1-B
BOSQUE DE NOGALES		
Bosques de las Lomas	95	3-B
Bosques del Valle	32	1-C
BOSQUE DE NOVARA		
La Herradura	82	6-A
BOSQUE DE NUECES		
Bosques del Valle	32	2-D
BOSQUE DE NURIA		
Jardines de Morelos	47	3-E
BOSQUE DE NURIA PRIV.		
La Herradura	94	1-F
BOSQUE DE OCOTES		
Bosques de las Lomas	94	4-F
BOSQUE DE OCOZOLES		
Bosques de las Lomas	95	3-A
BOSQUE DE OLINALA		
La Herradura	94	1-F
BOSQUE DE OLIVOS		
Bosques de las Lomas	94	3-F
Bosques del Valle	32	2-C
BOSQUE DE OLMOS		
Bosques de las Lomas	95	2-A
Lomas del Bosque	30	6-C
Lomas del Bosque	30	6-B
BOSQUE DE OMBUES		
Bosques de las Lomas	95	2-A
Jardines de Morelos	47	2-F
BOSQUE DE OSLO		
Bosque de Aragón	73	6-A
BOSQUE DE OYAMEL		
Lomas del Bosque	30	6-B
Lomas del Bosque	30	6-C
BOSQUE DE OYAMELES		
Bosques de las Lomas	95	3-B
Bosques del Valle	32	1-C
BOSQUE DE PAJAROS		
Jardines de Morelos	47	2-F
BOSQUE DE PAKISTAN		
Bosque de Aragón	72	6-E
BOSQUE DE PALMA REAL		
Bosques de las Palmas	94	2-D
BOSQUE DE PALMITOS		
Bosques de las Lomas	95	4-A
BOSQUE DE PANAMA		
Bosque de Aragón	72	6-F
BOSQUE DE PARACHO CDA.		
Bosques de la Herradura	81	6-E
BOSQUE DE PARIS		
Bosque de Aragón	73	6-A
BOSQUE DE PERALES		
Bosques de las Lomas	95	3-A
Jardines de Morelos	47	3-F
BOSQUE DE PERALES RT.		
Bosques del Valle	32	2-C
BOSQUE DE PERIBAN CDA.		
Bosques de la Herradura	81	6-E
BOSQUE DE PINO		
Bosques del Lago	30	6-B
Lomas del Bosque	30	6-B
Lomas del Bosque	43	1-B
BOSQUE DE PINOS		
Bosques de la Hacienda	17	4-D
Bosques de las Lomas	95	2-B
Bosques del Valle	32	2-D
Jardines de Morelos	47	3-F
BOSQUE DE PIÑONEROS		
Bosques de las Lomas	95	4-A
BOSQUE DE PIÑONES RT.		
Bosques del Valle	32	2-C
BOSQUE DE PIRUL		
Lomas del Bosque	43	1-B
BOSQUE DE PIRULES		
Bosques de las Lomas	94	3-F
BOSQUE DE POLONIA		
Bosque de Aragón	72	6-F
BOSQUE DE PRAGA		
Bosque de Aragón	73	6-A
BOSQUE DE PRIMAVERAS		
Bosques de las Lomas	94	3-F
BOSQUE DE QUIROGA		
Bosques de la Herradura	81	6-F
BOSQUE DE RABAT RT.		
Bosque de Aragón	72	5-F
BOSQUE DE RADIATAS		
Bosques de las Lomas	95	4-A
BOSQUE DE RHODESIA		
Bosque de Aragón	72	6-F
BOSQUE DE RIO FRIO		
Jardines de Morelos	47	3-E
BOSQUE DE RIO FRIO Y CDA.		
La Herradura	81	6-F
BOSQUE DE ROBLE		
Lomas del Bosque	30	6-C
BOSQUE DE ROBLES		
Bosques de la Hacienda	17	4-E
Bosques de las Lomas	95	2-A
Bosques del Valle	32	2-C
Lomas del Bosque	30	6-B
BOSQUE DE ROMA		
Bosque de Aragón	73	6-A
BOSQUE DE ROMA NO. 2 RT.		
Las Armas	73	5-A
BOSQUE DE ROMA RT. NO. 1		
Bosque de Aragón	73	6-A
BOSQUE DE ROSARIO		
Bosques de la Herradura	81	6-E
BOSQUE DE SABINO		
Lomas del Bosque	30	6-C
BOSQUE DE SABINOS		
Bosques de las Lomas	95	2-B
Jardines de Morelos	47	3-F
BOSQUE DE SALAZAR		
Bosques de la Herradura	81	6-F
Jardines de Morelos	47	3-F
Jardines de Morelos	47	2-F
BOSQUE DE SAN MARCOS		
Jardines de Morelos	47	2-E
La Herradura	82	6-A
BOSQUE DE SAN PEDRO		
La Herradura	82	6-A
BOSQUE DE SANDALOS		
Bosques de las Lomas	95	2-B
BOSQUE DE SAUCES		
Bosques de las Lomas	95	3-A
Bosques de las Lomas	95	1-B
Jardines de Morelos	47	3-F
BOSQUE DE SAYLA		
Jardines de Morelos	47	2-E
BOSQUE DE SAYULA		
La Herradura	94	1-F
BOSQUE DE SENEGAL		
Bosque de Aragón	72	5-F
BOSQUE DE SHERWOOD		
Paseos del Bosque	68	6-D
BOSQUE DE SOFIA		
Bosque de Aragón	73	6-A
BOSQUE DE SOMALIA		
Bosque de Aragón	72	5-F
BOSQUE DE SUDAN		
Bosque de Aragón	72	5-F
BOSQUE DE SUECIA		
Bosque de Aragón	73	6-A
BOSQUE DE SUIZA		
Bosque de Aragón	72	6-F
BOSQUE DE TABACHINES		
Bosques de las Lomas	94	5-F
Bosques de las Lomas	95	4-A
BOSQUE DE TAILANDIA		
Bosque de Aragón	72	6-F
BOSQUE DE TANGER		
Bosque de Aragón	72	5-F
BOSQUE DE TANZANIA		
Bosque de Aragón	72	6-F
BOSQUE DE TARIMORO Y 3 CDAS.		
Bosques de la Herradura	81	6-F
BOSQUE DE TECAS		
Bosques de las Lomas	95	2-B
Jardines de Morelos	47	2-F
BOSQUE DE TEJOCOTES		
Bosques de las Lomas	94	4-F
BOSQUE DE TEJOCOTES RT.		
Bosques del Valle	32	2-D
BOSQUE DE TEJOS		
Bosques de las Lomas	94	5-F
BOSQUE DE TEPONAZTLES		
Bosques de las Lomas	94	5-F
BOSQUE DE TETUAN		
Bosque de Aragón	72	5-F
Bosque de Aragón	73	6-A
BOSQUE DE TEZIUTLAN		
Jardines de Morelos	47	2-E
La Herradura	94	1-F
BOSQUE DE TILOS		
Bosques de las Lomas	95	1-B
BOSQUE DE TINA		
Bosques del Valle	32	4-D
BOSQUE DE TIRANA		
Bosque de Aragón	86	1-A
BOSQUE DE TORONJOS		
Bosques de las Lomas	94	5-E
BOSQUE DE TRIPOLI		
Bosque de Aragón	72	5-F
BOSQUE DE TRUENOS		
Bosques de las Lomas	94	4-F
BOSQUE DE TULIPANES		
Bosques de las Lomas	94	4-F
BOSQUE DE TULLAS		
Bosques de las Lomas	94	4-F
BOSQUE DE TUNEZ		
Bosque de Aragón	72	5-F
BOSQUE DE UGANDA		
Bosque de Aragón	72	5-F
BOSQUE DE VADUZ		
Bosque de Aragón	72	6-F
BOSQUE DE VARSOVIA		
Bosque de Aragón	73	6-A
BOSQUE DE VENEZUELA		
Bosque de Aragón	72	6-F
BOSQUE DE VID		
Bosques del Valle	32	1-D
BOSQUE DE VIENA		
Bosque de Aragón	86	1-A
BOSQUE DE VIETNAM		
Bosque de Aragón	72	6-E
BOSQUE DE VINCENNES C. 4 RTS		
Bosques del Lago	42	1-E
BOSQUE DE VINCENNES CIR.		
Bosques del Lago	42	1-E
BOSQUE DE VIVI		
Bosques del Valle	32	4-C
BOSQUE DE YUCAS		
Bosques de las Lomas	95	4-A
BOSQUE DE YUCATAN		
Jardines de Morelos	47	2-F
BOSQUE DE YUGOSLAVIA		
Bosque de Aragón	85	1-F
BOSQUE DE YURECUARO CDA.		
Bosques de la Herradura	81	5-F
BOSQUE DE YURIRIA		
Jardines de Morelos	47	2-E
BOSQUE DE YURIRIA Y CDA.		
La Herradura	81	6-F
BOSQUE DE ZACAPU CDA.		
Bosques de la Herradura	81	5-F
BOSQUE DE ZAMBIA		
Bosque de Aragón	72	6-F
BOSQUE DE ZAPOPAN		
Bosques del Valle	32	2-D
Jardines de Morelos	47	3-F
La Herradura	94	1-F
BOSQUE DE ZAPOTES		
Bosques de las Lomas	95	3-B
BOSQUE DE ZAPOTES RT.		
Bosques del Valle	32	2-D
BOSQUE DE ZARAGOZA		
Corazón de la Herradura	81	6-E
BOSQUE DE ZARZAS		
Bosques de las Lomas	94	4-F
BOSQUE DE ZITACUARO CDA.		
Bosques de la Herradura	81	6-E
BOSQUE DEL		
Ampl. Minas Palacio	81	4-B
L. I. Campos de Jiménez	81	2-C
La Floresta	100	6-B
Rincón del Bosque	114	6-B
San Juan	138	2-C
BOSQUE DEL AJUSCO		
Jardines de Morelos	47	2-E
BOSQUE DEL ALFEÑIQUE		
La Herradura	81	6-F
BOSQUE DEL ALFEREZ		
La Herradura	81	6-F
BOSQUE DEL ALFIL		
La Herradura	81	6-F
BOSQUE DEL AND.		
Ciudad Labor	44	1-D
BOSQUE DEL ARCO		
La Herradura	81	6-F
BOSQUE DEL AV.		
Cocoyotes	58	2-B
BOSQUE DEL BALUARTE		
Jardines de Morelos	47	2-E
La Herradura	81	6-F

Calle / Colonia	Plano	Coordenadas
BOSQUE DEL CALZ.		
La Estadía	55	5-A
BOSQUE DEL CASTILLO		
Jardines de Morelos	47	3-E
BOSQUE DEL CASTILLO Y CDA.		
La Herradura	94	1-F
BOSQUE DEL CDA.		
San José	138	2-B
San Juan	138	2-B
BOSQUE DEL CENTENARIO		
Jardines de Morelos	47	3-E
La Herradura	94	1-F
BOSQUE DEL CID		
La Herradura	81	6-F
BOSQUE DEL CJON.		
Gustavo A. Madero	71	4-D
San Jerónimo Lídice	108	6-D
BOSQUE DEL COMENDADOR		
La Herradura	81	6-F
BOSQUE DEL CONGO		
Bosque de Aragón	72	5-F
BOSQUE DEL CONSUELO		
Bosques de la Herradura	81	6-E
BOSQUE DEL CORREGIDOR		
La Herradura	82	6-A
BOSQUE DEL EMPERADOR		
Jardines de Morelos	47	2-E
La Herradura	94	1-F
BOSQUE DEL LAGO		
Jardines de Morelos	47	3-E
BOSQUE DEL LAGO RT.		
Bosques de la Hacienda	17	3-D
BOSQUE DEL LAGO Y CDA.		
La Herradura	81	6-F
BOSQUE DEL MARQUES		
La Herradura	81	6-F
BOSQUE DEL MAYORAZGO		
Bosques de la Herradura	81	6-E
BOSQUE DEL MOLINO		
Jardines de Morelos	47	2-E
La Herradura	94	1-F
BOSQUE DEL MONTE		
Jardines de Morelos	47	3-F
BOSQUE DEL MORRO		
Bosques de la Herradura	81	6-E
BOSQUE DEL NAYAR		
Jardines de Morelos	47	2-F
BOSQUE DEL NAYAR Y CDA.		
La Herradura	94	1-F
BOSQUE DEL OCOTAL		
Paseo del Bosque	68	5-D
BOSQUE DEL PARDO		
Paseos del Bosque	68	5-D
BOSQUE DEL PEDREGAL		
Bosques del Valle	32	3-C
BOSQUE DEL PINAL		
La Herradura	81	6-F
BOSQUE DEL POCITO		
Jardines de Morelos	47	3-F
La Herradura	82	6-A
BOSQUE DEL PRIV.		
Bosques del Sur	123	5-D
BOSQUE DEL RAYO		
Jardines de Morelos	47	3-E
BOSQUE DEL RAYO Y CDA.		
La Herradura	81	6-F
BOSQUE DEL REAL DEL MONTE		
La Herradura	94	1-F
BOSQUE DEL REY		
Jardines de Morelos	47	3-F
La Herradura	81	6-F
BOSQUE DEL SAGRARIO		
La Herradura	82	6-A
BOSQUE DEL SALTO		
Bosques de la Hacienda	17	4-D
Jardines de Morelos	47	2-E
La Herradura	82	6-A
BOSQUE DEL SANTUARIO		
Bosques de la Herradura	81	6-F
BOSQUE DEL SECRETO		
Jardines de Morelos	47	3-E
La Herradura	82	6-A
BOSQUE DEL SILENCIO		
Bosques de la Hacienda	17	3-D
BOSQUE DEL TESORO		
La Herradura	94	1-F
BOSQUE DEL TESORO 2 RTS.		
Jardines de Morelos	47	3-E
BOSQUE DEL TESORO Y 2 RTS.		
Jardines de Morelos	47	2-E
BOSQUE DEL TZIRATE		
Jardines de Morelos	47	2-E
BOSQUE EL		
Los Pastores	69	4-D
BOSQUE ESCONDIDO		
Jardines de Morelos	47	2-E
BOSQUE NEGRO		
Jardines de Morelos	47	3-F
BOSQUE NEVADO		
Bosques de la Hacienda	17	3-D
BOSQUE ORIENTE		
Bosques del Valle	32	3-C
BOSQUE PALMA BRAVA		
Bosques de las Palmas	94	2-D
BOSQUE PALMA DE ABANICO		
Bosques de las Palmas	94	2-C
BOSQUE PALMA DE COCO		
Bosques de las Palmas	94	3-D
BOSQUE PALMA DE COQUITO		
Bosques de las Palmas	94	3-C
BOSQUE PALMA DE DATIL		
Bosques de las Palmas	94	2-D
BOSQUE PONIENTE DEL BLVD.		
Bosques del Valle	32	3-C
BOSQUE PRIV.		
El Carmen	109	2-E
BOSQUE REAL		
Bosques del Valle	32	3-C
BOSQUECITO		
Bosques del Valle	32	3-C
BOSQUES		
Ampl. Profr. C. Higuera	43	5-A
Bosque del Pedregal	121	6-B
Del Bosque	114	6-B
Profesores	76	3-A
Profr. Cristóbal Higuera	43	6-B
BOSQUES AMERICANOS		
Bosques de Alba II	31	5-A
Bosques del Alba	30	4-F
BOSQUES ARGENTINOS		
Bosques del Alba	31	5-A
BOSQUES AUSTRIACOS		
Bosques de la Hacienda	17	4-D
BOSQUES AV.		
Lomas de Padierna Sur	134	1-D
BOSQUES BRASILEÑOS		
Bosques del Alba	31	5-A
BOSQUES CANADIENSES		
Bosques de la Hacienda	17	3-D
Bosques del Alba	30	4-F
BOSQUES CDA.		
Pueblo Santa Ursula Coapa	123	2-A
BOSQUES CHILENOS		
Bosques del Alba	30	4-F
BOSQUES DE ALMENDROS		
Bosques del Sur	123	5-D
BOSQUES DE ARABEDES		
Paseo del Bosque	68	6-D
BOSQUES DE ATENAS		
Bosque de Aragón	73	6-A
BOSQUES DE BOHEMIA 1		
Bosques del Lago	42	1-F
BOSQUES DE BOHEMIA 10		
Bosques del Lago	29	6-F
BOSQUES DE BOHEMIA 12		
Bosques del Lago	42	1-F
BOSQUES DE BOHEMIA 13		
Bosques del Lago	42	1-E
BOSQUES DE BOHEMIA 15		
Bosques del Lago	42	1-F
BOSQUES DE BOHEMIA 16		
Bosques del Lago	42	1-F
BOSQUES DE BOHEMIA 17		
Bosques del Lago	42	1-F
BOSQUES DE BOHEMIA 19		
Bosques del Lago	29	6-F
BOSQUES DE BOHEMIA 2		
Bosques del Lago	42	1-F
BOSQUES DE BOHEMIA 20 Y RT.		
Bosques del Lago	29	6-F
BOSQUES DE BOHEMIA 3		
Bosques del Lago	42	1-F
BOSQUES DE BOHEMIA 4		
Bosques del Lago	42	1-F
BOSQUES DE BOHEMIA 5		
Bosques del Lago	42	1-F
BOSQUES DE BOHEMIA 6		
Bosques del Lago	42	1-F
BOSQUES DE BOHEMIA 7		
Bosques del Lago	29	6-F
BOSQUES DE BOHEMIA 8		
Bosques del Lago	29	6-F
BOSQUES DE BOHEMIA 9		
Bosques del Lago	29	6-F
BOSQUES DE BOHEMIA CIR.		
Bosque del Lago	42	1-F
BOSQUES DE BOLOGNIA 1		
Bosques del Lago	30	6-A
BOSQUES DE BOLOGNIA 10		
Bosques del Lago	30	6-B
BOSQUES DE BOLOGNIA 11		
Bosques del Lago	30	6-B
BOSQUES DE BOLOGNIA 12		
Bosques del Lago	30	6-B
BOSQUES DE BOLOGNIA 2		
Bosques del Lago	30	6-B
BOSQUES DE BOLOGNIA 3		
Bosques del Lago	30	6-B
BOSQUES DE BOLOGNIA 4		
Bosques del Lago	30	6-A
BOSQUES DE BOLOGNIA 5		
Bosques del Lago	30	6-A
BOSQUES DE BOLOGNIA 6		
Bosques del Lago	30	6-A
BOSQUES DE BOLOGNIA 7		
Bosques del Lago	30	6-A
BOSQUES DE BOLOGNIA 8		
Bosques del Lago	30	6-A
BOSQUES DE BOLOGNIA 9		
Bosques del Lago	30	6-A
BOSQUES DE BOLOGNIA CIR.		
Bosques del Lago	30	5-A
Bosques del Lago	30	6-A
BOSQUES DE BORNEO		
Bosque de Aragón	72	6-E
BOSQUES DE BRASIL RT.		
Bosques de la Hacienda	17	4-E
BOSQUES DE CELEBES		
Bosque de Aragón	72	5-E
BOSQUES DE CIPRECES		
Bosques del Sur	123	5-D
BOSQUES DE COLIMA		
Bosques de México	56	4-C
BOSQUES DE CHANTILLY		
Paseos del Bosque	68	5-D
BOSQUES DE CHIAPAS		
Bosques de México	56	4-C
BOSQUES DE CHIHUAHUA		
Bosques de México	56	4-C
BOSQUES DE DURANGO		
Bosques de México	56	4-C
BOSQUES DE ECATEPEC AV.		
Bosques de Ecatepec	47	1-C
Villas de Ecatepec	47	1-C
BOSQUES DE EL SALVADOR		
Bosque de Aragón	85	1-E
BOSQUES DE FONTAINEBLEAU		
Paseos del Bosque	68	5-D
BOSQUES DE GAUNDE		
Bosque de Aragón	72	5-F
BOSQUES DE ISRAEL RT.		
Bosque de Aragón	72	6-E
BOSQUES DE JAPON		
Bosque de Aragón	72	6-F
BOSQUES DE LIBANO		
Bosque de Aragón	72	6-F
BOSQUES DE LOS		
Lomas de Bellavista	56	6-A
BOSQUES DE LOS AV.		
Lomas de Tecamachalco	82	6-B
Lomas de Tecamachalco	95	1-B
Lomas de Tecamachalco Cumb.	94	2-F
Lomas de Tecamachalco Ftes.	82	6-B
BOSQUES DE LOS REMEDIOS		
Paseos del Bosque	68	5-C
BOSQUES DE MEXICO		
Bosques de México	56	4-C
Jardines de Santa Mónica	56	4-C
BOSQUES DE MOCTEZUMA RT.		
Paseos del Bosque	68	5-D
BOSQUES DE MORAS 16		
Bosques del Valle	32	2-D
BOSQUES DE MORAS DE 3A.		
Bosques del Valle	32	2-D
BOSQUES DE NAYARIT		
Bosques de México	56	4-C
Jardines de Santa Mónica	56	4-C
Valle de Santa Mónica	56	4-C
BOSQUES DE OAXTEPEC		
Paseos del Bosque	68	5-D
BOSQUES DE OCEANIA		
Bosque de Aragón	72	5-E
BOSQUES DE OLMOS		
Bosques de la Hacienda	17	3-D
BOSQUES DE POME		
Paseos del Bosque	68	5-D
BOSQUES DE PUEBLA		
Bosques de México	56	4-C
BOSQUES DE RAMBOUILLET		
Paseos del Bosque	68	5-D
BOSQUES DE RUSIA AV.		
Bosques de la Hacienda	17	4-E
BOSQUES DE SAN JERONIMO CDA.		
San Jerónimo Lídice	108	5-E
BOSQUES DE SHERWOOD		
Paseos del Bosque	68	5-D
BOSQUES DE SIRIA RT.		
Bosque de Aragón	72	6-E
BOSQUES DE ST. GERMAINE 4RTS		
Bosques del Lago	42	1-E
BOSQUES DE ST. GERMAINE CIR.		
Bosques del Lago	42	1-E
BOSQUES DE SUMATRA		
Bosque de Aragón	72	6-E
BOSQUES DE TABASCO		
Bosques de México	56	4-C
BOSQUES DE VERACRUZ		
Bosques de México	56	4-C
BOSQUES DE VIENA		
Lomas Hidalgo	121	6-E
BOSQUES DE VIENA 10		
Bosques del Lago	42	1-F
BOSQUES DE VIENA 11		
Bosques del Lago	42	1-F
BOSQUES DE VIENA 12		
Bosques del Lago	42	1-F
BOSQUES DE VIENA 13		
Bosques del Lago	30	6-A
BOSQUES DE VIENA 14		
Bosques del Lago	29	6-F
BOSQUES DE VIENA 15		
Bosques del Lago	30	6-A
BOSQUES DE VIENA 16		
Bosques del Lago	30	6-A
BOSQUES DE VIENA 17		
Bosques del Lago	29	6-F
BOSQUES DE VIENA 18		
Bosques del Lago	29	6-F
BOSQUES DE VIENA 2 Y PRIV.		
Bosques del Lago	42	1-F
BOSQUES DE VIENA CIR.		
Bosques del Lago	30	6-A
Bosques del Lago	42	1-F
BOSQUES DE VIENA DEL 1 AL 8		
Bosques del Lago	43	1-A
BOSQUES DE VINCENNES		
Bosques del Lago	42	1-E
BOSQUES DE YUCATAN		
Bosques de México	56	4-C
BOSQUES ESCANDINAVOS		
Bosques de la Hacienda	17	4-D
BOSQUES EUROPEOS		
Bosques de Alba II	31	5-A
Bosques del Alba II	31	4-A
BOSQUES FINLANDESES		
Bosques de Alba II	31	5-A
BOSQUES HOLANDESES		
Bosques del Alba II	31	4-A
BOSQUES IRLANDESES		
Bosques del Alba II	31	4-A
BOSQUES MEXICANOS		
Bosques del Alba	30	4-F
BOSQUES NORDICOS		
Bosques de la Hacienda	17	3-D
BOSQUES NORUEGOS		
Bosques del Alba II	31	4-A
BOSSUT CARLOS Y 3 PRIVS.		
Z. U. E San Andrés Tomatlán	110	5-F
BOSTON		
Nochebuena	96	5-C
BOTAFOGO		
Arboledas del Sur	123	3-B
BOTANICOS		
El Retoño	97	6-D
BOTELLO AGUSTIN		
Ejército de Ote. Z. Peñón	99	6-B
BOTICARIOS		
Purísima Atlazolpa	97	5-E
BOTON		
El Reloj	110	6-A
BOTTICELLI		
San Juan	96	4-B
BOTURINI LORENZO		
Aeronáutica Militar	84	6-B
Del Parque	84	6-B
Esperanza	84	6-B
Jardín Balbuena	84	6-B
Lomas San Juan Ixhuatepec	58	6-D
Lorenzo Boturini	84	6-B
Obrera	84	6-B
Tránsito	84	6-B
Veinticuatro de Abril	84	6-B
BOVEDA		
Ex Hacienda Coapa	123	3-D
BOVEDAS		
Jardines del Sur	136	2-E
BOX		
Olímpica Jajalpa	47	3-A
BOYA		
U. Vallejo La Patera	70	2-E
BOYACA		
Valle del Tepeyac	71	3-A
BOYERO		
Las Arboledas	56	1-C
BRADFORD DE 1A. PRIV.		
Condado de Sayavedra	41	5-F
BRADLEY		
Anzures	83	4-C
BRAGA		
San Andrés Tetepilco	97	5-C
BRAHMS		
Guadalupe Victoria	71	6-A
Héroe de Nacozari	71	6-A
Vallejo Poniente	71	6-A
BRAILE LUIS		
Independencia	97	5-A
San Simón Ticumac	97	5-A
BRANIFF ALBERTO		
Aviación Civil	98	1-C
BRANLY EDUARDO		
Fuego Nuevo	110	5-F
BRASA		
Lomas de Cantera	69	6-B
BRASIL		
Atenguillo	50	6-B
Barrio Transportistas	87	3-C
Jardines de Cerro Gordo	60	1-D
La Olímpica I	60	5-A
La Olímpica II	60	5-A
Las Américas	63	6-A
México 68	68	4-D
México 86	81	2-C
México 86	43	3-A
Pueblo Coanalán	36	5-C
San José Ixhuatepec	58	5-F
San Pedro Zacatenco	71	1-D
Viveros	60	5-A
BRASIL CDA.		
Pueblo Coanalán	36	6-C
BRASIL PRIV.		
Buenos Aires	97	2-A
BRASIL Y CDA.		
Lomas de Totolco	101	2-A
BRASIL Y CJON.		
Barrio Los Reyes	139	5-D
BRASILEÑOS		
Arturo Martínez	95	4-E
María G. de García Ruiz	95	4-E
BRASILIA		
Las Américas	69	5-B
Lindavista	71	2-C
San Pedro Zacatenco	71	1-D
Valle Dorado	56	1-E
BRASILIA CDA.		
San Pedro Zacatenco	71	2-D
BRASILIA NORTE		
San Pedro Zacatenco	71	1-C
BRAVO		
2a. Ampl. Stgo Acahualtepec	112	3-E
Barrio San Simón	70	4-B
Centro	84	4-D
José María Morelos	99	5-C
José de la Mora	127	1-C
Raúl Romero	99	2-A
Residencial Ayotla	127	1-C
BRAVO AHUJA VICTOR Y CDA.		
Educación	19	2-A
BRAVO CJON.		
Pentecostes	63	2-C
BRAVO D.		
Ixtlahuacan	112	3-F
BRAVO DE CDA.		
Nueva Guadalupe	87	6-B
BRAVO DONATO I.		
Constitución de 1917	111	3-E
BRAVO L.		
Ampliación Jalalpa	95	5-C
BRAVO LEONARDO		
Ampliación San Miguel	111	2-D
José María Morelos y Pavón	47	6-D
La Alborada I	20	4-C
La Alborada Valle	20	4-C
Las Peñas	111	4-F
Los Faroles	20	4-C
Margarita Maza de Juárez	43	4-C
Mariano Escobedo	20	4-C
U. José Ma. Morelos y Pavón	20	4-C
Veinte de Septiembre	20	4-C
Vicente Guerrero	81	5-D
BRAVO LEONARDO CIRCUITO		
U. INFONAVIT Lote 12	20	3-B
BRAVO LEONARDO Y CDA.		
Jesús del Monte	94	6-B
Tepetongo	94	6-B
BRAVO MIGUEL		
Cerro del Marqués	127	6-C
José María Morelos y Pavón	47	6-C
Margarita Maza de Juárez	43	4-C
Mariano Escobedo	20	4-B
U. José Ma. Morelos y Pavón	20	4-B
BRAVO MIGUEL CDA.		
Margarita Maza de Juárez	43	4-C
BRAVO MIGUEL SUR		
Ecatepec de Morelos	46	1-F
BRAVO NICOLAS		
Alfredo V. Bonfil	81	4-E
Alfredo del Mazo	126	2-F
Alfredo del Mazo	127	2-F
Ampl. Granjas Lomas de Gpe.	30	5-E
Ampl. San Mateo	68	2-F
Ampliación Emiliano Zapata	42	2-E
Ampliación Miguel Hidalgo	122	4-A
Apatlaco	97	5-E
Arbolitos	59	3-B
Barrio Calyequita	138	2-E
Barrio Carpinteros	87	3-E
Barrio El Huerto	18	5-C
Barrio La Asunción	97	4-D
Barrio San Juan	136	1-F
Barrio San Juan Xochitenco	87	5-E
Barrio San Miguel	139	6-D
Barrio Xaltipac	139	6-A
Buenavista	44	1-D
Carlos Hank González	112	4-A
Centro Oriente	63	6-A
Cinco de Febrero	28	6-F
Cocotitlán	141	5-D
Cuauhtémoc	59	5-B
Chalco	140	1-F
Chimalcóyotl	122	6-E
Darío Martínez	126	2-F
Darío Martínez	126	1-F
Ecatepec de Morelos	46	2-E
Ej. Santa María Aztahuacán	112	2-C
El Sifón	97	6-D
Emiliano Zapata	127	1-C
Emiliano Zapata	127	1-B
Emiliano Zapata	81	2-D
Emiliano Zapata	127	1-C
Emiliano Zapata	113	3-C
Emiliano Zapata	127	1-C
Esfuerzo Nacional	59	5-D
Hank González	59	1-C
Independencia	57	1-C
Independencia	28	4-F
Industrial Atoto	82	1-C
Isidro Fabela	44	5-A
Ixtapaluca	115	6-B
Ixtlahuacan	112	3-F
Jalalpa	95	5-D
Jalalpa	95	5-C
Jardines de Casanueva	60	1-A
José María Morelos	99	5-C
La Estanzuela	71	3-E
La Nopalera	22	1-C
La Tolva	81	3-F
Las Salinas	63	6-A
Las Tórtolas	20	4-B
Lázaro Cárdenas	73	6-A
Libertad	28	4-F
Libertad	29	2-A
Loma Bonita	100	6-A
Lomas de Totolco	100	2-F
Los Faroles	20	4-B
Magdalena Mixhuca	97	1-D
Margarita Maza de Juárez	43	3-C
Mariano Escobedo	31	6-B
Mariano Escobedo	20	4-B
Mariano Escobedo	44	1-B
Martín Carrera	71	3-E
Miguel de la Madrid Hurtado	112	2-E
Montecillo	88	1-E
Nativitas	138	2-E
Niños Héroes	63	6-A
Nueva Aragón	73	1-C
Papalotla	50	6-D
Paraje San Juan 3a. Ampl.	111	4-D
Plan de Ayala	136	4-A
Prado Ixtacala	57	6-D
Prados de Ecatepec	20	4-B
Presidentes	95	5-D
Pueblo Santa Cruz de Abajo	62	6-F
Pueblo Tepepan	123	5-B
Residencial Las Salinas	63	6-A
San Andrés Ahuayucan	136	5-F
San Andrés Totoltepec	135	2-D
San Felipe Ixtacala	57	6-D
San Francisco Acuautla	115	2-D
San Francisco Tlaltenco	125	3-D
San Jerónimo Lídice	108	5-E
San Juan Ixtacala Ampl. Nte	57	5-C
San Juan Teotihuacán	24	3-B
San Juan Tlalpizahuac	113	5-F
San Juanico Nextipac	97	6-D
San Lorenzo Chimalpa	140	4-D
San Mateo Chipiltepec	36	6-F
San Mateo Xalpa	136	5-D
San Miguel Amantla	69	5-F
San Pablo	87	4-E
San Pablo Oztotepec	150	5-D
San Pedro	63	6-A
San Sebastián Chimalpa	100	5-E
San Simón	63	3-C
Santa Catarina Acolman	36	3-B
Santa Catarina Ayotzingo	153	2-C
Santa Cruz Meyehualco	112	4-A
Santa Fe	95	5-C

Calle / Colonia	Plano	Coordenadas
Santa Martha	99	5-F
Santa Ursula Coapa	123	2-B
Santiago	126	2-F
Santo Tomás Ajusco	147	1-F
Tablas de San Lorenzo	136	3-F
Tepexpan	36	6-A
Triunfo de la República	71	3-E
Tultepec	19	3-B
Tultitlán	31	2-E
U. José Ma. Morelos y Pavón	20	4-B
Valle de Ayotla	126	2-F
Vicente Guerrero	81	5-D
Vicente Guerrero	59	6-E
Xaltipac	100	1-B
BRAVO NICOLAS 1A. CDA.		
Cerro del Marqués	127	5-B
Ecatepec de Morelos	46	2-F
Emiliano Zapata	113	3-C
Santo Tomás Ajusco	134	6-F
BRAVO NICOLAS 1A. Y 2A. CDA.		
Centro Oriente	63	6-A
BRAVO NICOLAS 2 CDAS.		
Ixtlahuacan	112	2-F
BRAVO NICOLAS 2A. CDA.		
Emiliano Zapata	113	3-C
BRAVO NICOLAS 2A. CDA.		
Cerro del Marqués	127	5-B
Santa María Chiconautla	34	4-F
Santo Tomás Ajusco	134	6-F
Santo Tomás Ajusco	147	1-F
BRAVO NICOLAS 3 CDAS.		
Barrio Norte	55	1-F
BRAVO NICOLAS 3A. CDA.		
Cerro del Marqués	127	6-B
Niños Héroes	63	6-A
BRAVO NICOLAS AV.		
Jardines de Morelos	47	1-E
Jardines de Morelos	47	1-F
BRAVO NICOLAS CDA.		
Aldama	123	5-C
Ampl. Emiliano Zapata	42	2-E
Barrio Calyequita	138	2-E
Cocotitlán	141	3-D
San Bartolomé Xicomulco	150	2-E
San Francisco Tlaltenco	125	3-D
San Jerónimo Lídice	108	5-E
San Simón	63	3-C
Tultepec	19	3-A
BRAVO NICOLAS CJON.		
La Habana	126	6-A
La Magdalena Atlicpan	100	5-F
BRAVO NICOLAS DE 2A. CDA.		
Ecatepec de Morelos	46	2-F
BRAVO NICOLAS DE CDA.		
Hidalgo	28	6-F
San Andrés Totoltepec	135	2-E
BRAVO NICOLAS GRAL.		
Héroes de la Revolución	82	6-A
U. H. José María Morelos	30	2-F
BRAVO NICOLAS GRAL. Y 2 CDAS		
Tepalcates	98	3-F
BRAVO NICOLAS PRIV.		
Pensil Norte	83	2-B
Rivera del Bosque	56	1-F
San Mateo Nopala	68	2-F
BRAVO NICOLAS PROL.		
Barrio San Miguel	150	5-D
La Habana	126	6-A
La Habana	125	6-F
BRAVO NICOLAS Y 1A. CDA.		
Santa María Chiconautla	34	4-F
BRAVO NICOLAS Y CDA.		
Barrio San Mateo	125	6-F
Santo Tomás Ajusco	134	6-F
BRAVO VICTOR		
Buenavista	44	1-D
Mariano Escobedo	20	4-B
U. José Ma. Morelos y Pavón	20	4-B
BREA		
Granjas México	97	2-E
BRECEDA MERCADO ALFREDO		
Santa Martha Acatitla	99	6-E
BRECHA CERRO DEL CHIQUIHUITE		
Ahuehuetes	58	1-C
Cocoyotes	58	1-C
Gral. Felipe Berriozábal	58	1-C
La Casilda	58	1-C
Montañista	58	1-C
Palmatitla	58	1-C
Tlalpexco	58	1-C
Vista Hermosa	58	1-C
BRECHA LA		
Ahuehuetes	58	3-C
Lázaro Cárdenas	58	3-C
Tlalpexco	58	3-C
BREMEN		
Albert	97	6-B
BREÑAL		
Cuautitlán Izc. Atlanta	30	3-E
BRESO		
El Tejocote	88	3-D
BRETAÑA 2 CDAS.		
San Andrés Tetepilco	97	6-B
San Andrés Tetepilco	97	6-C
Zacahuitzco	97	6-B
BREVA		
Ampl. Profr. C. Higuera	43	5-A
San José del Jaral	43	2-D
BREZO		
Nueva Santa María	70	6-E
Sagitario I	73	2-D
Victoria de las Democracias	70	6-E
BREZOS		
Ampliación San Marcos Norte	136	1-E
BRIDA		
Miguel de la Madrid Hurtado	112	4-F
BRIGADA ALVAREZ		
Ejército de Ote. Z. Peñón	99	6-C
BRIGADA CARBAJAL		
Ejército de Ote. Z. Peñón	99	6-C
BRIGADA DEL TRABAJO		
La Blanca	44	6-A
BRIGADA SIETE		
Lomas de la Hera	107	6-F
BRIGADA ZAPATISTA		
Ahuehuetes	58	2-C
BRILLANTE		
Ciudad Cuauhtémoc	34	2-F
El Tesoro	44	2-D
Estrella	71	5-D
La Esmeralda	34	1-D
La Joya	33	6-C
San Vicente Chicoloapan	88	6-F
BRILLANTE AV.		
Lomas Lindas	42	5-F
Pedregal de Atizapán	42	5-F
BRILLANTE PRIV.		
La Joya	33	6-C
BRILLANTE Y CDA.		
Vallescondido	123	5-B
BRINGAS MARIA DE LA LUZ		
Actipan	96	6-C
BRIONES AURELIO DR.		
La Esperanza	46	5-A
BRIONES TELESFORO CDA.		
San Simón Tolnáhuac	84	1-A
BRIOSO VASCONCELOS A 2 CDAS.		
Palmatitla	58	2-B
BRIOSO VASCONCELOS A.		
Palmatitla	58	2-B
BRISA		
Alamos	46	6-A
Ampliación Emiliano Zapata	127	2-C
Jardines de Morelos	47	2-F
Jardines del Pedregal	109	5-A
Las Llanuras	20	5-C
Mirador	93	3-D
BRISA DE		
Ampliación Vista Hermosa	69	1-D
BRISA DE LA AND.		
Ciudad Labor	44	2-D
BRISAS		
Ampliación Malacates	45	5-B
Jaime Torres Bodet	138	5-F
Vicente Guerrero 1a. Secc.	41	1-D
BRISAS DE 1A. CDA.		
Profr. Cristóbal Higuera	43	6-B
BRISAS DE LAS AV.		
Acueducto de Guadalupe	57	5-F
BRISAS DE LAS CDA.		
Arboledas de Cuautepec	45	6-C
BRISAS DEL VALLE		
Las Huertas	68	6-D
Vista del Valle	68	6-D
BRISAS LAS		
Arboledas de Cuautepec	45	6-C
Las Brisas	34	4-D
Las Brisas	19	1-E
BRISAS NORTE		
Profr. Cristóbal Higuera	43	6-A
BRISAS Y CDA.		
Profr. Cristóbal Higuera	43	6-A
BRITANIA		
Campestre Liberación	42	3-C
BRIZUELA JUAN DE		
Palmatitla	58	2-B
BRIZUELA MIGUEL GRAL.		
Quince de Agosto	71	4-E
BRONCE		
El Tesoro	44	2-D
Lázaro Cárdenas	60	6-D
Nueva San Isidro	127	4-F
San Juan Cerro	111	3-C
San Vicente Chicoloapan	88	6-F
BRONCE DEL		
Citlalli	112	3-D
Corralitos	112	4-C
Minas San Martín	81	4-B
BROUWER ADRIANO		
Alfonso XIII	96	5-A
BRUGUET LUIS FRANCISCO		
Estrella Culhuacán	110	5-F
Z. U. E San Andrés Tomatlán	110	5-F
BRUJAS DE LAS CALZ.		
Condominio Tres Fuentes	123	3-C
Ex Hacienda Coapa	123	3-C
Las Hadas	123	3-C
Real del Sur	123	3-C
Residencial Acoxpa	123	3-C
Villa Royale	123	3-C
BRUJAS DE LAS CDA.		
Ex Hacienda Coapa	123	3-C
BRUJAS LAS		
Ejido Santa Cruz Xochitepec	136	2-C
BRUMA		
Jardines de Morelos	47	2-F
Jardines del Pedregal	109	6-A
BRUMA DE LA AND.		
Ciudad Labor	44	2-D
BRUNDAGE AVERY		
U. H. Olímpica	122	2-D
BRUNEL MARCOS I.		
San Simón Culhuacán	110	4-F
BRUNO JUAN		
Sección XVI	122	4-F
BRUSELAS		
Bellavista	56	6-A
El Carmen	109	2-D
Juárez	83	5-F
Lomas de Zaragoza	112	2-F
Santa Ursula Coapa	123	2-B
Viveros de Coyoacán	109	2-D
BRUSELAS CDA.		
Santa Ursula Coapa	123	2-B
BUCARELI		
Centro	83	4-F
Juárez	83	4-F
BUCARELI CDA.		
Ampliación Emiliano Zapata	42	2-E
BUCAREST		
Bellavista	56	6-A
BUDAPEST		
Bellavista	56	6-A
Valle Dorado	56	2-E
BUELNA EUSTAQUIO LIC.		
Juan Escutia	99	4-B
Voceadores	99	4-B
BUELNA RAFAEL		
Damián Carmona	84	3-F
San Pedro Xalpa	69	4-E
Santiago Ahuizotla	69	4-E
BUELNA RAFAEL 2 PRIVS.		
San Pedro Xalpa	69	4-E
BUELNA RAFAEL AV.		
Tezozómoc	70	4-A
BUELNA RAFAEL GRAL.		
Héroes de la Revolución	82	5-A
BUEN SUCESO Y AND.		
El Zapote	94	1-D
BUEN TONO		
Centro	84	5-A
Industrial	71	4-C
Tepeyac Insurgentes	71	4-C
Vallejo	71	4-C
BUEN VECINO		
La Navidad	94	6-C
BUENA S. 1A. CDA.		
Las Arboledas	124	2-E
BUENA S. 2A. CDA.		
Las Arboledas	124	2-F
BUENA SUERTE		
Barrio La Conchita	141	2-A
Granjas Cabrera	124	2-E
Las Arboledas	124	2-E
Los Olivos	124	2-E
San Jerónimo	124	2-E
Vergel	111	6-C
BUENA SUERTE CDA.		
Las Arboledas	124	2-E
BUENAVISTA		
Acolman de Nezahualcóyotl	36	2-D
Alfredo del Mazo	127	3-E
Ampl. Buenavista	44	4-C
Barrio Niño Jesús	109	3-F
Benito Juárez	59	3-B
Buenavista	83	3-F
Buenavista	44	1-D
Buenavista	112	5-C
Buenavista	81	4-F
C. H. Bugambilias Aragón	73	1-B
Capultitla	153	1-E
Cocotitlán	141	4-D
Corralitos	112	5-C
El Mirador	136	1-C
Emiliano Zapata	42	1-E
La Cantera	19	2-B
La Estación	125	1-A
La Magdalena Petlacalco	135	5-D
Las Huertas	81	1-D
Lindavista	71	3-C
Los Angeles	57	1-D
Olivar Santa María	138	4-E
Pueblo San Bernabé Ocotepec	121	1-A
Pueblo San Rosa Xochiac	107	5-C
Pueblo Santa Ursula Coapa	123	2-A
San Andrés Chiautla	63	1-B
San Bartolo Atepehuacán	71	2-A
San Ildefonso	29	6-A
San Isidro Ixhuatepec	58	4-F
San Luis Huexotla	76	4-D
San Mateo Tecoloapan	43	4-C
San Miguel Topilejo	149	3-A
San Pablo Chimalpa	106	2-E
San Pedro Mártir	135	1-E
Santa María Aztahuacán	112	2-C
Santa María Chimalhuacán	88	4-A
Tecorral	135	1-E
Tenorios	112	5-C
Tultepec	19	2-B
BUENAVISTA 1A. CDA.		
Pueblo San Bernabé Ocotepec	121	1-A
BUENAVISTA 1R. CJON.		
Pueblo San Bernabé Ocotepec	120	1-F
BUENAVISTA 2A. CDA.		
Buenavista	112	5-C
Vista Hermosa	121	1-A
BUENAVISTA 2DO. CJON.		
Pueblo San Bernabé Ocotepec	120	1-F
BUENAVISTA 3A. CDA.		
La Cantera	19	2-B
BUENAVISTA AV.		
Barrio La Luz	151	4-C
Barrio San Mateo	151	4-C
La Magdalena Contreras	121	2-A
Planetario Lindavista	71	3-A
Pueblo Nuevo Bajo	121	2-A
San Francisco Chilpan	31	6-C
Villa Milpa Alta	151	4-C
BUENAVISTA AV. Y 2 CDAS.		
San José Buenavista	17	4-C
BUENAVISTA CDA.		
San Mateo Tecoloapan	43	4-C
BUENAVISTA CJON.		
San Salvador Cuauhtenco	150	4-B
BUENAVISTA DE 2A. CDA.		
La Carbonera	121	2-A
San Isidro Ixhuatepec	58	4-F
BUENAVISTA DE PRIV.		
Pueblo Santa Ursula Coapa	123	2-A
BUENAVISTA PRIV.		
Buenavista	112	5-C
Pueblo Nuevo Bajo	121	2-A
BUENAVISTA PROL.		
San Nicolás Totolapan	121	3-A
Vista Hermosa	121	1-A
BUENAVISTA Y CDA.		
Santa Catarina Acolman	36	3-B
Santa Cruz Xochitepec	136	2-C
BUENDIA CATALINA		
U. H. O CTM Culhuacán Z VII	110	5-F
U. O. CTM Culhuacán Z XIII	110	5-F
BUENDIA CATALINA RT.		
U. O. H. CTM Zona XIII	110	6-F
BUENDIA FRANCISCO		
Barrio Fundidores	87	2-E
BUENDIA FRANCISCO CDA.		
Barrio Fundidores	87	2-E
BUENDIA MANUEL		
Chiconautla 3000	35	3-A
BUENDIA MANUEL RT.		
U. H. Atzacoalco CTM	71	1-F
BUENDIA TORRES		
Nueva Margarita	87	4-C
BUENFIL		
Tabla del Pozo	59	2-A
BUENO		
Emiliano Zapata	127	1-B
BUENOS AIRES		
Coatlinchán	89	2-C
Cocotitlán	141	4-D
Chiconcuac	49	6-E
Las Américas	69	5-B
San José Ixhuatepec	58	5-F
Valle Dorado	56	1-E
BUENOS AIRES AV.		
Coatlinchán	89	2-B
BUENOS AIRES CDA.		
Coatlinchán	89	2-B
BUENOS AIRES CDA. PROL.		
Coatlinchán	89	2-B
BUENOS AIRES PROL.		
Coatlinchán	89	2-B
BUENOS AIRES PROL. 1A. CDA.		
Coatlinchán	89	2-B
BUENOS AIRES PROL. 2A. CDA.		
Coatlinchán	89	2-B
BUENOS AIRES PROL. 3A. CDA.		
Coatlinchán	89	2-B
BUENOS AIRES PROL. 4A. CDA.		
Coatlinchán	89	2-B
BUENOS AIRES Y CDA.		
Los Cerrillos	138	3-D
San Ildefonso	29	6-A
BUENROSTRO MANUEL		
U. H. Ll Legislatura	72	4-A
BUFALAGA		
Ampliación Tepepan	136	1-C
BUFALO		
Actipan	96	6-C
BUFFON		
Anzures	83	4-C
BUGAMBILIA		
2a. Ampl. Stgo Acahualtepec	112	3-E
Agua Azul	86	6-C
Altavista	114	1-A
Ampl. Minas Palacio	81	4-B
Ampl. Tlacoyaque	107	6-E
Ampliación El Chaparral	56	3-A
Ampliación Emiliano Zapata	127	2-C
Ampliación Emiliano Zapata	42	3-E
Ampliación Titla	137	2-C
Avándaro	127	2-B
Barrio Santa Eugenia	87	3-C
Barrio Xaltocan	136	3-F
Belén de las Flores	95	3-E
Campestre El Potrero	113	5-C
Del Bosque	114	5-B
Dos Ríos	93	6-B
Ejidos San Pedro Mártir	135	1-F
El Mirador	16	5-C
El Mirador II	121	6-E
El Rosal	46	5-D
El Toro	121	1-B
Hacienda de la Luz	43	2-C
Hank González	59	2-D
Jardín	76	3-B
Jardines de Acuitlapilco	88	4-B
Jardines de Chalco	140	1-D
Jardines del Molinito	82	1-B
Jardines del Tepeyac	72	1-F
Juan González Romero	72	1-B
La Joya	19	5-B
Las Conchitas	31	4-A
Las Flores	56	3-A
Las Palmas	42	2-F
Loma Linda	82	1-A
Lomas Quebradas	121	1-B
Lomas de la Era	107	6-F
Lomas del Lago	42	1-D
Los Angeles	111	3-C
Los Bordos	46	6-B
Minas Palacio	81	4-C
Miraflores	57	4-C
Monte Albán	112	2-D
Nueva San Isidro	127	4-F
Nueva San Rafael	81	2-F
Palmitas	112	4-C
Plan Sagitario	42	4-E
Prados Iztapalapa	112	6-A
Prados de San Mateo	68	4-E
San Antonio Zomeyucan	82	2-B
San Isidro	30	6-E
San José de las Palmas	101	6-B
San Luis Tlatilco	82	1-A
San Miguel	127	5-F
San Miguel Chalma	57	3-F
San Miguel Teotongo	113	4-A
Santa María Aztahuacán	112	2-C
Santa María La Ribera	83	2-F
Santa María de Guadalupe	44	3-A
Santa Rosa	48	3-D
Santa Rosa	101	1-E
Santa Rosa de Lima	30	1-D
Santo Tomás	114	6-C
Tamaulipas El Palmar	86	6-C
Tamaulipas Flores	86	6-C
Tenorios	112	5-C
Torres del Potrero	108	5-A
U. H. Morelos Ecatepec	47	2-B
Villa de los Capulines	100	3-C
Vista Hermosa	46	1-D
Xotepingo	110	5-A
BUGAMBILIA 3A. CDA.		
Ampl San Lorenzo Los Olivos	137	4-A
BUGAMBILIA 4A. CDA.		
Ampl San Lorenzo Los Olivos	137	4-A
BUGAMBILIA 7A. CDA.		
Ampl San Lorenzo Los Olivos	137	5-A
BUGAMBILIA CDA.		
Ampliación Miguel Hidalgo	122	5-A
Caballería de Sales	34	5-F
El Rosal	46	5-D
México	19	2-B
Nueva Tenochtitlán	137	2-C
Peña Alta	138	5-F
San Andrés Tomatlán	110	5-F
San José de las Palmas	101	6-B
San Sebastián Xhala	18	3-C
Santa María Guadalupe	44	3-A
Tepalcates	98	3-E
Vergel	111	6-C
BUGAMBILIA PRIV.		
Santa Cruz Xochitepec	136	2-C
BUGAMBILIA Y CDA.		
Jazmín	137	3-B
BUGAMBILIA Y PRIV.		
Barrio Xaltocan	136	2-F
BUGAMBILIA Y PROL.		
Alfredo del Mazo	127	2-E
Quiahuatla	138	1-F
BUGAMBILIAS		
Acuitlapilco	88	3-A
Ampl. Guadalupe Victoria	33	4-D
Ampl. San Miguel	43	2-A
Barrio La Rosita	87	3-C
Bellavista	59	2-E
Bellavista	76	3-D
Bellavista	59	2-E
Ciudad Alegre	88	4-B
Cooperativa Ceguayo	108	2-B
Copalera	101	3-A
Ejidal Emiliano Zapata	33	6-D
Ejidos de San Cristóbal	33	5-E
Ixtapaluca Izcalli	114	6-B
Jardines de Morelos	47	1-D
Jazmín de las Flores	153	1-D
Jiménez Cantú	101	4-A
La Joyita	30	5-D
Las Huertas	68	6-D
Las Peñitas	43	4-D
Lomas de San Miguel	43	3-B
Los Cedros	107	5-F
Prados de Ecatepec	20	4-A
San Bartolomé Coatepec	93	3-F
San José Buenavista	100	2-D
San Juan	35	2-C
Santa Ursula Coapa	123	2-A
Tetezcala	36	6-D
U. H. Solidaridad Social	20	6-A
Valle de las Flores	30	5-D
Villa de las Flores	33	2-A
Villa de las Flores	32	2-F
Villas de Tolimpa	76	4-B
Vista Hermosa	33	6-D
Xocotlán	63	5-F
BUGAMBILIAS 1A. CDA.		
San José del Jaral	43	3-D
BUGAMBILIAS 1ER. CJON.		
San Lorenzo Atemoaya	136	4-F
BUGAMBILIAS 2A. CDA.		
La Cantera	19	2-B
BUGAMBILIAS 2o. CJON.		
San Lorenzo Atemoaya	137	4-A
BUGAMBILIAS AV.		
La Cantera	19	2-B
México	19	2-B
BUGAMBILIAS CDA.		
Almárcigo Sur	46	5-D
Bosques de Morelos	30	4-C
México	19	2-B
San Juan Totoltepec	68	5-F
BUGAMBILIAS CJON.		
Jardines del Alba	30	3-F
San Lorenzo Atemoaya	136	4-F
BUGAMBILIAS DE 2A. CDA.		
San José del Jaral	43	3-D
BUGAMBILIAS DE LAS CDA.		
Tlalmille	135	2-B
BUGAMBILIAS DE LAS RT.		
La Florida	69	2-C
BUGAMBILIAS LAS		
Barrio Santa Cruz	16	3-D
BUGAMBILIAS Y 3 CDAS.		
Libertad	28	4-F
BUGAMBILIAS Y CDA.		
San Lorenzo	81	1-E
BUGAMBILIAS		
Ejidal Ampl. San Marcos	44	4-C
BUHARROS LOS Y RT.		
Lomas de las Aguilas	108	3-C
BUHO		
Granjas Pop. Gpe. Tulpetlac	60	1-B
Lomas de Capula	95	5-E
Luis Donaldo Colosio M.	45	6-A
Nuevo San Lucas Patoni	45	6-A
Rinconada de Aragón	60	5-B
BUHOS		
Lomas de Guadalupe	108	4-A
BUITIMEA LUIS		
Santa Martha Acatitla	99	5-D

Calle / Colonia	Plano	Coordenadas
Ciudad Azteca	60	4-D
Ciudad Cuauhtémoc	34	2-F
México Prehispánico II	73	1-D
Papalotla	50	6-E
Pedregal de Monserrat	110	6-A
Pueblo de Axotlan	17	2-C
Santa Cruz Mixquic	139	5-F
Tolteca	50	6-E
CALMETTE ALBERTO		
U. IMPI Iztacalco	97	4-F
CALMIMILOLCO AV.		
San Pablito	62	1-D
CALOA		
Alfredo del Mazo	127	1-E
CALOCA LAURO P.		
Ampl. Gabriel Hernández	72	1-A
CALOR		
Casas Alfa	20	4-B
Jardines de Morelos	48	1-A
Prados de Ecatepec	20	4-B
U. H. San P. de las Salinas	20	4-B
CALPULALPAN		
Rey Neza	100	2-B
San Felipe de Jesús	72	3-C
San Felipe de Jesús	72	2-C
CALPULELQUE		
Ricardo Flores Magón	4	4-C
CALPULLALLI		
La Palma	135	2-F
CALPULLI		
Las Milpas	17	2-B
CALPULLIS DE LOS CIR.		
Ciudad Azteca	60	3-D
CALTENCO PRIV.		
Barrio Texcatitla	139	6-A
CALTENCO Y CDA.		
Barrio Texcatitla	139	5-A
CALTONGO		
San Gregorio Atlapulco	137	2-E
CALTONGO AV.		
Xochimilco	137	2-C
CALTONGO CDA.		
Ampliación Tlatla	137	2-C
San Gregorio Atlapulco	137	2-E
CALTONGO Y CDA.		
San Gregorio Atlapulco	137	2-E
CALVARIO		
Ampliación López Portillo	125	2-D
Ampliación San Mateo	68	2-E
Benito Juárez	59	2-B
Ciudad Cuauhtémoc	34	3-F
Guadalupe Victoria	33	5-D
Guadalupita Tlaxialtemalco	138	2-B
La Magdalena Petlacalco	135	4-C
Lindavista	114	6-B
Natívitas	138	2-E
Pueblo Nuevo Alto	121	2-A
San Andrés Ahuayucan	136	6-F
San Antonio	58	1-B
San Francisco Chilpan	31	6-C
San Francisco Tlaltenco	125	2-D
San Gregorio Atlapulco	137	2-F
San Pablo Tecalco	22	5-D
Santa Cruz Acalpixca	137	3-C
Santiago Zapotitlán	125	2-B
Tepeyac Insurgentes	71	4-D
Tlalnepantla	125	2-D
Tlalpan	122	4-D
Tultepec	19	4-B
Z. U. E. San Mateo Nopala	68	2-D
CALVARIO 2 CDAS.		
Santa Cruz Acalpixca	137	3-D
CALVARIO 2 CJONES.		
San Francisco Tlaltenco	125	3-D
CALVARIO 3A. DE		
Lindavista	114	6-C
CALVARIO 3R. CJON.		
San Francisco Tlaltenco	125	2-D
CALVARIO CDA.		
Pueblo San Andrés Ahuayucan	136	6-F
CALVARIO DEL		
Benito Juárez	36	6-D
Pueblo Coanalán	36	6-D
San Francisco Zacango	36	6-D
Tepotzotlán	4	5-C
CALVARIO DEL AV.		
Santa Cruz	21	6-D
CALVARIO DEL CDA.		
Ampl. Profr. C. Higuera	43	5-B
Barrio Texcatitla	139	5-A
CALVARIO DEL Y CDA. Y PROL.		
Santa María Ozumbilla	21	4-F
CALVARIO DEL Y CJON		
El Santuario	111	2-A
CALVARIO PRIV.		
El Contadero	107	3-A
Santa Clara	59	3-D
CALVARIO PROL.		
La Magdalena Petlacalco	135	4-D
CALVARIO Y 2 CDAS.		
Lindavista	114	6-B
San Lorenzo	81	1-E
CALVARIO Y 2 CJONES.		
Coatepec	102	4-F
CALVARIO Y 3 CJONES.		
El Calvario	56	5-A
CALVARIO Y CDA.		
Loma de la Cruz	42	1-B
Villa San Agustín Atlapulco	100	3-E
CALVARIO Y CJON.		
Naucalpan de Juárez	69	5-C
CALVARIO Y PROL. Y CDA.		
San Andrés Totoltepec	135	2-D
CALYECAC		
Ampliación Santa Catarina	113	6-E
Los Cerrillos	138	3-E
CALYECAC CDA.		
Campestre	109	2-B
CALZADAS DE LAS CJON.		
Barrio Los Reyes	138	1-E
CALZALA CJON.		
Santa Catarina Ayotzingo	153	2-C
CALZOLCO CDA.		
Pedregal de Santo Domingo	109	4-D
CALLAO		
Lindavista	71	4-C
CALLI		
Ciudad Amanecer	73	1-C
Ciudad Cuauhtémoc	34	2-F
CALLOT JACOBO Y CDA.		
Santa María Nonoalco	96	5-B
CAMA DE PIEDRA		
Ampl. Evolución	99	1-C
Benito Juárez	99	1-C
Esperanza	100	3-B
CAMACASTLA		
Emiliano Zapata	113	3-C
CAMACHO ALBERTO		
Margarito F. Ayala	34	2-D
CAMACHO ANSELMO PRIV.		
Pueblo San Miguel Ajusco	135	6-A
CAMACHO CLETO		
Las Peñas	111	4-F
CAMACHO CNEL.		
América	95	2-F
Daniel Garza	96	2-A
Dieciséis de Septiembre	95	2-F
CAMACHO JOSE MARIA		
Tulyehualco	138	2-F
CAMACHO MANUEL CNEL.		
B. Santa María del Olivar	138	3-E
Santa María del Olivar	138	3-E
CAMACHO RAFAEL		
Manzanastitla	107	1-B
CAMACHO SEBASTIAN		
Ciudad Satélite	69	1-A
CAMACHO SOLIS MANUEL		
Solidaridad	134	1-D
CAMACHO SUSANA		
Tulyehualco	138	2-E
CAMAGÜEY		
Las Américas	69	5-B
CAMAPIXTLE		
Nezahualcóyotl	98	1-F
CAMARENA AGUSTIN		
La Conchita Zapotitlán	125	3-B
CAMARGO		
Hipódromo	96	2-C
CAMARILLO DE PEREYRA M. E.		
Santa María La Ribera	83	2-E
CAMARILLO E.		
La Hera	111	4-F
CAMARILLO J. Y CDA.		
Hogar y Redención	95	6-E
CAMARILLO MA. ENRIQUETA		
La Venta	128	1-B
CAMARON		
Del Mar	124	4-E
CAMARON AV.		
Adolfo López Mateos	85	5-D
Caracol	85	5-D
CAMARONCILLO CDA.		
Jalalpa	95	6-B
CAMARONES Y 3 CDAS.		
Santa María Maninalco	70	5-C
CAMARONES 1A. PRIV.		
El Recreo	70	5-B
CAMARONES CALZ.		
Barrio San Bernabé	70	6-C
Clavería	70	6-C
El Recreo	70	6-C
Jardín Azpeitia	70	6-C
Lotería Nacional	70	6-C
Nueva Santa María	70	6-C
Obrero Popular	83	1-D
San Salvador Xochimanga	83	1-D
Santa María Maninalco	70	6-C
Sector Naval	70	6-C
Sindicado Mex. de Elect.	70	6-C
CAMAXTLI		
Santa Isabel Tola	71	2-E
Santa Isabel Tola	71	2-D
U. H. Infonavit Xochináhuac	70	1-A
CAMELIA		
Amajac	50	6-B
Ampliación El Tesoro	44	3-D
Ampliación Emiliano Zapata	127	2-C
Barrio Xaltocan	137	2-A
Campestre El Potrero	113	5-C
Ciudad de los Niños	69	6-A
Conjunto Hab. Las Vegas	76	1-A
Chamacuero	43	2-E
El Rosal	46	5-D
El Toro	121	1-A
Jardines de Atizapán	56	1-B
Jardines de Chalco	140	1-D
Jardines del Tepeyac	59	6-E
La Cañada	82	2-B
La Habana	126	6-A
Lomas de Chamapa	81	2-E
Los Angeles	111	3-C
Miraflores	57	4-C
Nonoalco	63	1-B
Nueva San Rafael	81	2-F
Padre Figueroa	69	6-A
Plan Sagitario	42	4-E
San Angel Inn	109	2-A
San Clemente	108	3-D
San Isidro La Paz	29	6-B
San José del Jaral	43	1-D
San José del Jaral	43	2-D
Santa María Guadalupe	44	3-A
Santa Rosa	101	1-E
Santa Rosa	48	3-D
Tepetongo	122	6-B
Tizapán	108	4-F
Torres del Potrero	108	5-A
CAMELIA 1A. Y 2A. CDA.		
San Juan Cerro	111	3-B
CAMELIA 2 CDAS.		
San Clemente	108	3-D
CAMELIA 4 CDAS.		
Tepetongo	94	6-B
CAMELIA AND.		
San Clemente	108	2-D
Torres del Potrero	108	5-A
Xalpa	112	5-D
CAMELIA CDA.		
Las Huertas	81	1-C
San Luis Tlaxialtemalco	138	1-B
Xalpa	112	5-D
CAMELIA DE		
Los Morales	18	4-C
CAMELIA DE LA		
Los Reyes Ixtacala	57	6-B
CAMELIA PRIV.		
Florida	109	1-C
CAMELIA PROL.		
Nonoalco	63	1-B
CAMELIA Y 1A. CDA.		
San Luis Tlaxialtemalco	138	2-B
CAMELIA Y 2 PRIVS.		
Florida	109	2-C
CAMELIA Y CDA.		
Guerrero	84	3-A
Ricardo Flores Magón	4	4-C
San Francisco Chilpan	31	6-C
CAMELIAS		
Bellavista	76	3-D
Bellavista	59	2-E
Benito Juárez	41	2-F
Copalera	100	3-F
Hacienda Ojo de Agua	21	3-A
Jardines de Santa Cruz	19	2-B
Prados de San Mateo	68	3-E
San Ildefonso	29	6-B
Santa María Chimalhuacán	88	4-A
Santa María Chimalhuacán	88	4-B
Tlacoquemécatl	96	5-D
Valle Hermoso	43	6-F
Villa de las Flores	32	2-F
CAMELIAS 1		
Hacienda Real de Tultepec	32	1-D
CAMELIAS 2		
Hacienda Real de Tultepec	32	1-D
CAMELIAS 3		
Hacienda Real de Tultepec	32	1-D
CAMELIAS 4		
Hacienda Real de Tultepec	32	1-D
CAMELIAS 5		
Hacienda Real de Tultepec	32	1-D
CAMELIAS 6		
Hacienda Real de Tultepec	32	1-D
CAMELIAS DE LAS		
La Florida	69	3-C
CAMELIAS DE LAS CDA.		
Las Tinajas	107	3-C
CAMELINA		
Ampliación Emiliano Zapata	127	2-C
CAMELINAS		
Ex Hda Sn Nicolás Tolentino	124	3-E
CAMERUN		
Lomas Barrilaco	82	5-E
CAMINANTE		
Aurora	100	3-A
CAMINATA SIERRA VISTA		
Siete Maravillas	71	1-A
CAMINO A ACOLMAN		
Acolman de Nezahualcóyotl	36	5-A
Emiliano Zapata	36	5-A
Las Granjas Acolman	36	5-A
Pueblo de Tepexpan	36	5-A
Santa Catarina Acolman	36	5-A
CAMINO A AHUATENCO		
Cuajimalpa	107	2-A
CAMINO A ANTENA DE TV		
San Andrés de la Cañada	45	4-E
CAMINO A BELEN		
Bellavista	96	3-A
Unidad Belén	95	4-D
CAMINO A CAPULA		
Tepotzotlán	4	6-C
CAMINO A COATEPEC		
Municipio de Chicoloapan	101	1-F
Municipio de Ixtapaluca	115	1-D
CAMINO A COCOTITLAN		
Cocotitlán	141	5-D
Temamatla	154	1-D
CAMINO A COYOTEPEC		
Barrio de las Animas	4	4-F
Ricardo Flores Magón	4	4-C
CAMINO A CHALMA		
San Isidro	149	3-F
CAMINO A CHAMIXTO		
Lomas del Padre	106	3-F
CAMINO A CHICOLOAPAN		
Municipio de Chimalhuacán	88	6-B
CAMINO A CHIMALPA		
Zentlápatl	106	2-F
CAMINO A FUENTES BROTANTES		
FOVISSSTE Fuentes Brotantes	122	4-C
Fuentes Brotantes	122	4-C
Santa Ursula Xitla	122	4-C
CAMINO A GUADALUPE		
Ampl. Vista Hermosa	29	5-A
CAMINO A HUIXQUILUCAN		
Constituyentes de 1917	94	1-D
El Zapote	94	1-D
Federal Burocrática	94	1-D
La Unidad	94	1-D
Lomas del Carmen	94	1-D
CAMINO A IXTAPALUCA		
Municipio de Ixtapaluca	102	5-E
CAMINO A JIQUIPILCO		
Barrio La Rosa	67	4-C
CAMINO A LA AURORA		
Bellavista	17	4-C
CAMINO A LA CANTERA		
Ampliación Los Reyes	113	2-B
Santiago Tepalcatlalpan	136	3-C
CAMINO A LA ERA CDA.		
Ampl. Polvorilla	112	6-A
CAMINO A LA ESCUELA		
San Pablo Oztotepec	150	5-D
CAMINO A LA HDA DE LA ESLAVA		
Ixtlahuatongo	121	4-B
Z. U. E. El Pedregal	121	4-B
CAMINO A LA JOYA		
El Mirador	137	5-A
CAMINO A LA LAGUNA		
La Aurorita	17	6-C
CAMINO A LA MAGDALENA		
La Magdalena Petlacalco	135	4-D
San Andrés Totoltepec	135	4-D
CAMINO A LA MESA		
Cumbres de Tepetongo	122	6-C
El Convento	122	6-C
Santa Catarina Acolman	36	2-B
CAMINO A LA MESA CDA.		
Cumbres de Tepetongo	122	6-C
CAMINO A LA MINA		
Jiménez Cantú	101	4-B
Pueblo de Tepexpan	35	5-F
CAMINO A LA PRESA		
El Gavillero	28	5-C
Fracc. Casa de Campo	108	5-D
San Ildefonso	29	6-A
San Isidro La Paz	29	6-A
CAMINO A LA PRESA MADIN		
El Calvario	55	5-E
CAMINO A LA PURISIMA		
San Mateo Cuautepec	31	4-F
CAMINO A LA VENTA		
Ixtapaluca	128	1-A
La Venta	106	4-F
CAMINO A LA VIRGEN		
Ampl. Arboledas de Cuaut.	45	6-C
CAMINO A LAGO		
Ampl. Nexquipayac	49	3-B
CAMINO A LAS AGUILAS		
Ampl. Arboledas de Cuaut.	45	6-C
CAMINO A LAS CRUCES		
Santiago Tepalcatlalpan	136	3-C
CAMINO A LAS CUEVAS		
San Andrés Totoltepec	135	3-C
CAMINO A LAS FTES. BROTANTES		
Cantera	122	4-D
Fuentes Brotantes	122	4-D
Santa Ursula Xitla	122	4-D
CAMINO A LAS GRANJAS		
Libertad	28	3-F
CAMINO A LAS JOYAS		
Ampliación Tepepan	136	1-B
CAMINO A LAS MINAS		
Altavista	100	6-F
Citlalli	112	3-D
Coatepec	102	3-F
Lomas San Isidro	113	4-F
Lomas de Chimalhuacán	100	1-F
Palo Solo	94	1-D
San Isidro Ayotla	113	4-F
San Juan Zapotla	100	1-F
San Rafael Chamapa	81	2-E
Santa Catarina Ayotzingo	153	3-B
Tenorios	112	5-C
Xalpa	112	3-D
CAMINO A LAS TINAJAS		
Benito Juárez	41	1-F
CAMINO A LAS TORRES		
Lomas del Padre	106	3-E
CAMINO A LOS CIPRESES		
Paseos del Bosque	68	6-C
CAMINO A LOS DINAMOS		
Pueblo Sn Nicolás Totolapan	121	3-A
CAMINO A LOS HORNOS		
Cumbres de Tepetongo	122	5-C
CAMINO A LOS PIRULES		
San Juan Tepenáhuac	152	4-A
CAMINO A MAGDALENA		
San Cristóbal Texcalucan	81	5-C
CAMINO A MEXICO		
Delegación Milpa Alta	151	3-E
CAMINO A NATIVITAS		
Barrio Xaltocan	136	2-F
CAMINO A NEXQUIPAYAC		
Nezahualcóyotl	48	4-F
Pueblo Santa Isabel Ixtapan	48	4-F
CAMINO A NEXTENGO		
Angel Zimbrón	70	5-A
Nextengo	70	5-A
Plenitud	70	5-A
San Miguel Amantla	69	5-F
Santa Apolonia	70	5-A
Santa Cruz Acayucan	70	5-A
Santa Lucía	70	5-A
Santiago Ahuizotla	69	5-F
CAMINO A NUEVA ARAGON		
Ciudad Oriente	60	6-C
Ecatepec Federación	60	6-C
Los Sauces	60	6-C
Nueva Aragón	73	1-C
Nuevo Amanecer	73	1-C
CAMINO A OCOPULCO		
San Mateo Chipiltepec	36	6-E
Vista Hermosa	36	6-F
CAMINO A OJO DE AGUA		
Loma Bonita	21	5-E
CAMINO A PALAPA		
San Martín de las Pirámides	24	1-F
CAMINO A PALO SOLO		
Loma Cebada	94	2-C
Palo Solo	94	2-C
CAMINO A PAPALOTLA		
San Andrés Chiautla	63	1-B
CAMINO A PARRES		
San Francisco Tlalnepantla	149	4-D
CAMINO A PIEDRA DEL CORRAL		
Ampl. Tepepan	123	6-A
Fuentes de Tepepan	123	6-A
Pueblo Tepepan	123	6-A
Valle de Tepepan	123	6-A
CAMINO A PUERTO SANTA ANA		
San Pedro Mártir	135	1-E
CAMINO A PUNTA CEGUAYO		
Balcones de Ceguayo	108	2-B
Tepeaca	108	2-B
CAMINO A SAN AGUSTIN		
Ampl. Cadena Maquixco	23	3-F
Ampliación Cadena Maquixco	23	3-F
Maquixco	23	3-F
CAMINO A SAN AGUSTIN ACTIPAN		
Municipio de Teotihuacán	23	1-F
CAMINO A SAN ANDRES		
San Lorenzo Atemoaya	136	4-F
San Miguel Xicalco	135	4-F
CAMINO A SAN ANTONIO		
La Artillera	107	3-C
CAMINO A SAN BARTOLOME		
Santa Cecilia Tepetlapa	150	1-B
CAMINO A SAN CRISTOBAL		
Nexquipayac	49	4-B
CAMINO A SAN DIEGO		
Pueblo San Diego	76	2-B
CAMINO A SAN DIEGUITO		
Xocotlán	63	5-F
CAMINO A SAN FRANCISCO		
Dos Ríos	93	5-B
San Miguel Topilejo	149	3-B
CAMINO A SAN FRANCISCO CDA.		
Santa Cecilia Tepetlapa	150	1-A
CAMINO A SAN ISIDRO		
Los Volcanes	122	6-D
CAMINO A SAN JOSE		
San Bartolo	36	1-D
CAMINO A SAN JOSE HUILANGO		
Barrio del Refugio	16	2-F
CAMINO A SAN JUAN		
San Juan Teotihuacán	24	2-E
San Lorenzo Acopilco	106	5-D
San Martín de las Pirámides	24	2-E
CAMINO A SAN JUAN DE ARAGON		
Casas Alemán	72	5-B
El Olivo	72	5-B
San Juan de Aragón	72	5-B
U. H. San Juan de Aragón	72	5-B
CAMINO A SAN JUAN IXTACALA		
PIPSA	57	5-D
San Juan Ixtacala	57	5-D
San Juan Ixtacala Ampl. Nte	57	5-D
Santa Rosa	57	5-D
CAMINO A SAN JUAN TEPENAHUAC		
Santa Ana Tlacotenco	152	5-A
CAMINO A SAN MARCOS NEPANTLA		
San Pablo Tecalco	22	5-F
CAMINO A SAN MATEO NOPALA		
Valle de San Mateo	68	3-F
CAMINO A SAN MIGUEL		
Buenavista	112	5-C
San Miguel	127	5-F
CAMINO A SAN PABLO		
San Bartolomé Xicomulco	150	3-D
San Pablo Oztotepec	150	3-D
Santa Cecilia Tepetlapa	150	1-B
CAMINO A SAN PABLO CHIMALPA		
San Pablo Chimalpa	106	3-E
CAMINO A SAN PABLO DE LAS S.		
San Pablo de las Salinas	19	4-E
CAMINO A SAN PEDRO		
Barrio Las Animas	21	3-F
Chimalhuacán	87	5-F
Residencial El Molino	87	5-F
San Pedro	87	5-F
U. H. San Pedro Mártir	122	5-E
Villa Tlalpan	122	5-E
CAMINO A SAN PEDRO ATOCPAN		
Pueblo San Pedro Atocpan	151	2-B
San Pablo Oztotepec	150	4-E
San Pedro Atocpan	150	4-E
Villa Milpa Alta	151	3-C
CAMINO A SAN PEDRO CDA.		
Los Volcanes	122	6-D
CAMINO A SAN RAMON		
Dos Ríos	93	6-C
CAMINO A SAN ROQUE		
Fuentes de Satélite	55	6-F
CAMINO A SAN SALVADOR		
San Francisco Tlalnepantla	149	3-E
CAMINO A SAN VICENTE		
San José	89	3-A
CAMINO A SANTA ANA		
Benito Juárez	41	2-F
CAMINO A SANTA CECILIA		
Ampliación San Lorenzo	137	5-A
El Mirador	137	5-A
San Andrés Totoltepec	135	3-D
CAMINO A SANTA CRUZ		
Lomas San Lorenzo	111	6-D
CAMINO A SANTA FE		
Corpus Christi	108	1-A
Jalalpa El Grande	108	1-A
CAMINO A SANTA FE PRIV.		
Jalalpa El Grande	108	1-A
CAMINO A SANTA LUCIA		
Alfalfar	96	5-A
Alfonso XIII	96	5-A
Ampl. Piloto López Mateos	95	6-C
Colinas del Sur	95	6-C

Calle / Colonia	Plano	Coordenadas
Galeana	95	6-C
Garcimarrero	95	6-C
Hogar y Redención	95	6-C
Minas de Cristo	96	5-A
Olivar del Conde 1a. Secc.	95	6-C
Olivar del Conde 2a. Secc.	95	6-C
Olivar del Conde 3a. Secc.	95	6-C
Piloto A. López Mateos	95	6-C
Plenitud	70	5-A
Reacomodo Olivar del Conde	95	6-C
Sacramento	96	5-A
San Francisco Tetecala	70	5-A
Santa Cruz Acayucan	70	5-A
Santa Lucía	70	5-A
Santa María Nonoalco	96	5-A
U. H. Batallón San Patricio	95	6-C
Unidad Preconcreto	95	6-C
CAMINO A SANTA MARTHA		
San Sebastián Tecoloxtitla	112	1-D
Santa Martha Acatitla	112	1-D
Santiago Cuautlalpan	88	4-D
CAMINO A SANTA MONICA		
El Mirador	56	6-D
Residencial del Parque	56	6-D
Vista Hermosa	56	6-D
Viveros de la Loma	56	6-D
CAMINO A SANTA TERESA		
El Bosque	122	3-B
Faroles del Pedregal	122	3-B
Fuentes del Pedregal	121	1-D
Jardines del Pedregal	121	1-D
Jardines en la Montaña	122	3-B
Parques del Pedregal	122	3-B
Rincón del Pedregal	121	1-D
Santa Teresa	121	1-D
U. H. Pedregal del Lago	121	1-D
U. Santa Teresa	121	1-D
Villa Charra del Pedregal	122	3-B
Villa Olímpica M. Hidalgo	122	3-B
CAMINO A SANTA URSULA		
Santa Ursula Xitla	122	5-C
CAMINO A SANTIAGO		
San Andrés Totoltepec	135	3-E
San Lucas Xochimanca	136	3-E
CAMINO A SANTIAGO 1A. CDA.		
Santiago Tepalcatlalpan	136	2-D
CAMINO A SANTIAGO T.		
Santa Cruz Xochitepec	136	2-C
CAMINO A SANTIAGO T. CDA.		
Santa Cruz Xochitepec	136	2-C
CAMINO A SANTIAGO TEPATLAXCO		
Barrio La Cuesta	67	4-B
CAMINO A SANTIAGO Y PRIV.		
2a. Ampl. Stgo Acahualtepec	112	2-E
CAMINO A SANTIAGO Y.		
Santiago Yanhuitlalpan	94	5-A
CAMINO A TECAMAC		
Santiago Zacualuca	23	1-A
CAMINO A TECOMITL		
Barrio Cruztitla	151	2-F
Barrio Santa Cruz	151	2-F
San Francisco Tecoxpa	151	2-F
CAMINO A TECUAC		
Coatlinchán	89	1-D
CAMINO A TENOPALCO		
Vicente Suárez	19	2-E
CAMINO A TEOPANZOLCO		
San Lorenzo Acopilco	106	4-D
CAMINO A TEPALCAPA		
Lechería	31	5-A
CAMINO A TEPETLAOXTOC		
Los Reyes Nopala	50	4-F
CAMINO A TEPETZINGO		
Ejido Nezahualcóyotl	48	4-F
CAMINO A TEPOJACO		
La Aurorita	17	5-C
CAMINO A TEPOTZOTLAN		
Cuautitlán Izcalli	17	2-D
CAMINO A TEQUISISTLAN		
Nexquipayac	49	3-A
Tequisistlán	49	3-A
CAMINO A TLACOTENCO		
San Jerónimo Miacatlán	152	5-A
CAMINO A TLALMIMILOLPAN		
San Vicente Chicoloapan	88	5-F
CAMINO A TLAMINCAS		
Xocotlán	63	5-F
CAMINO A TOPILEJO		
Pedregal de San Francisco	149	3-C
CAMINO A VERACRUZ		
Coacalco de Berriozábal	32	4-F
CAMINO A XICALCO		
San Andrés Totoltepec	135	3-E
San Andrés Totoltepec	135	4-D
CAMINO A XICALCO PRIV.		
San Andrés Totoltepec	135	3-E
CAMINO A XOCHIMILCO		
El Divisadero	135	2-F
La Palma	135	2-F
CAMINO A XOMETLA		
Acolman de Nezahualcóyotl	36	2-D
Tepetitlán	36	3-F
CAMINO ACUEDUCTO		
San José Ixhuatepec	59	5-A
CAMINO AL AJUSCO CDA.		
Ampliación Tepepan	136	1-B
CAMINO AL BOSQUE		
Pueblo Santa Rosa Xochiac	107	6-C
CAMINO AL BOSQUE Y CDA.		
Lomas del Padre	106	3-F
CAMINO AL CALVARIO		
El Calvario	55	5-E
San Lorenzo Tlacoyucan	151	6-C
CAMINO AL CAMPO MILITAR		
Temamatla	154	2-E
CAMINO AL CEDRAL		
Tlalpuente	135	3-C
Tlalpuente	135	4-B
CAMINO AL CERRITO		
Jiménez Cantú	101	4-A
CAMINO AL CERRO		
Jiménez Cantú	101	4-A
CAMINO AL DEPORTIVO		
La Loma	31	5-D
San Bartolomé Xicomulco	150	3-D
CAMINO AL DESIERTO DE LEONES		
San Angel	109	3-B
CAMINO AL DESIERTO LEONES		
Alcantarilla	107	5-B
Ampl. Tlacoyaque	107	5-B
Atlamaya	108	3-F
Azoyapan	107	5-B
C. H. Cumbres de San Fco.	108	3-F
Camino Real de Tetelpan	108	3-F
Cda. del Potrero	108	3-F
Lomas de San Angel Inn	108	3-F
Lomas de la Era	107	5-B
Lomas de los Angeles de T	108	3-F
Ocotillos	108	3-F
Olivar de los Padres	108	3-F
Pueblo Santa Rosa Xochiac	107	5-B
Pueblo de Tetelpan	108	3-F
Tizampámpano	108	3-F
CAMINO AL EJIDO		
Chiconcuac	49	5-F
CAMINO AL HUIZACHITO		
Granjas Navidad	94	6-D
CAMINO AL MIRADOR		
Quirino Mendoza	136	4-E
CAMINO AL MIRADOR CDA.		
San Lucas Xochimanca	136	4-E
CAMINO AL MONTE		
Lomas de Totolco	100	2-F
Michoacán	153	2-E
San Vicente Chicoloapan	88	6-F
CAMINO AL OCOTAL		
San Mateo Tlaltenango	107	3-C
CAMINO AL PANTEON		
San Francisco Chimalpa	80	4-B
San Juan y San P. Tezompa	152	2-E
Santa Cecilia Tepetlapa	150	1-A
Tecoentitla	147	2-E
CAMINO AL PEDREGAL		
El Pedregal	42	5-E
CAMINO AL POZO		
Progreso Guadalupe Victoria	33	4-D
CAMINO AL POZO MONTE SUR		
Joyas de Guadalupe	136	6-E
CAMINO AL PROGRESO		
Ampl. Polvorilla	112	6-A
CAMINO AL RASTRO		
El Gavillero	28	5-C
CAMINO AL RECLUSORIO		
Ampl. San Isidro Atlautenco	35	5-A
CAMINO AL TANQUE		
Pueblo San Juan Tepenáhuac	152	4-A
San Jerónimo Miacatlán	152	4-A
CAMINO AL TEUHTLI		
Los Cerrillos	138	3-C
Paraje Tecoloxtitla	138	4-C
CAMINO AL VERGEL		
Ampl. Arboledas de Cuaut.	45	6-C
CAMINO AL XITLE		
Actopa	135	2-C
María Esther Zuno de E.	135	2-C
Tlalpuente	135	2-C
CAMINO AL XITLE 2A. CDA. DE		
María Esther Zuno de E.	135	2-C
CAMINO AL ZACATON		
Bosque del Pedregal	134	1-B
CAMINO ANCHO		
Los Cerrillos	138	3-D
San Antonio Xahuento	19	3-E
CAMINO ANT A XOCHIMILCO TUL.		
Barrio La Candelaria	138	2-A
Guadalupita Tlaxialtemalco	138	2-A
San José	138	2-A
San Juan	138	2-A
San Luis Tlaxialtemalco	138	2-A
CAMINO ANT. A CARRASCO CDA.		
San Pedro Mártir	135	1-E
CAMINO ANTIGUO A ACAPULCO		
Lomas de San Angel Inn	108	3-F
Olivar de los Padres	108	3-F
CAMINO ANTIGUO A AJUSCO		
San Miguel Topilejo	148	4-E
CAMINO ANTIGUO A ATIZAPAN		
Calacoaya	56	4-B
Jacarandas	56	4-B
Privada de las Huertas	56	4-B
CAMINO ANTIGUO A CUERNAVACA		
San Miguel Topilejo	149	4-A
San Miguel Topilejo	149	5-A
CAMINO ANTIGUO A CULHUACAN		
Ampliación Flores Magón	110	2-F
Santa Isabel Industrial	110	2-F
CAMINO ANTIGUO A LA TURBA		
Agrícola Metropolitana	124	4-E
Del Mar	124	4-E
La Turba	124	4-E
Miguel Hidalgo	125	4-A
V. Centroamer. y del Caribe	124	4-E
CAMINO ANTIGUO A SAN ANDRES		
San Mateo Xalpa	136	5-E
CAMINO ANTIGUO A SAN LUCAS		
Oriente	136	3-F
San Lorenzo Atemoaya	136	3-F
Tablas de San Lorenzo	136	3-F
CAMINO ANTIGUO A SANTIAGO		
San José Zacatepec	136	4-C
CAMINO ANTIGUO A STA. MONICA		
Jardines de Santa Mónica	56	5-D
Paseo de Carretas	56	5-D
CAMINO ANTIGUO AJUSCO CDA.		
Pueblo San Andrés Xicalco	135	4-F
CAMINO ANTIGUO AL AJUSCO		
San Miguel Xicalco	135	4-F
CAMINO ANTIGUO SAN MARTIN		
Reynosa Tamaulipas	70	3-B
Santa Inés	70	3-B
CAMINO ARENERO		
Independencia	82	5-A
Rincón del Bosque	82	5-A
San Miguel Chalma	81	2-E
CAMINO BELEN DE LAS FLORES		
Belén de las Flores	95	3-E
El Capulín	95	3-E
CAMINO CAMPESTRE		
Campestre Aragón	72	4-C
CAMINO CAMPESTRE "A"		
Campestre Aragón	72	4-C
CAMINO CANSACABALLOS		
Tecoentitla	147	3-D
CAMINO CARRETERO		
Melchor Ocampo	19	2-A
CAMINO COATEPEC SAN JOSE		
Municipio de Chicoloapan	102	2-B
CAMINO CUAJIMALPA PALO SOLO		
Huixquilucan	94	4-B
CAMINO DE CANSACABALLO		
Tecoentitla	147	2-E
CAMINO DE CARDENALES		
San Cristóbal Texcalucan	93	2-D
CAMINO DE CHAMIXTO CDA.		
Lomas del Padre	106	4-F
CAMINO DE ENMEDIO		
Campestre Aragón	72	4-B
CAMINO DE HILA		
Monte de las Cruces	106	6-C
CAMINO DE LA AMISTAD "A"		
Campestre Aragón	72	4-C
CAMINO DE LA AMISTAD Y CDA.		
Campestre Aragón	72	4-C
CAMINO DE LA CONSAGRADA		
Progreso Guadalupe Victoria	33	4-D
CAMINO DE LA ENSEÑANZA		
Campestre Aragón	72	4-C
CAMINO DE LA HIEDRA		
Córdoba	67	5-C
CAMINO DE LA LIGA		
Campestre Aragón	72	4-B
Casas Alemán	72	4-B
CAMINO DE LA OPERACION		
Campestre Aragón	72	3-C
CAMINO DE LA PAPA		
Lomas del Padre	106	4-F
CAMINO DE LA PROSPERIDAD		
Campestre Aragón	72	4-B
CAMINO DE LA PROSPERIDAD "A"		
Campestre Aragón	72	4-B
CAMINO DE LA SECRETARIA "B"		
Campestre Aragón	72	4-B
CAMINO DE LA SECRETARIA CJON		
Campestre Aragón	72	3-B
CAMINO DE LA SRIA CJON "G" 5		
Campestre Aragón	72	3-B
CAMINO DE LA TRINIDAD		
Lázaro Cárdenas	18	4-C
CAMINO DE LA VOLUNTAD		
Campestre Aragón	72	3-C
CAMINO DE LAS FLORES CDA.		
Xocotlán	63	5-F
CAMINO DE LOS CALEROS		
La Concepción	49	1-E
CAMINO DE LOS MONJES		
Fuentes de Satélite	55	6-E
CAMINO DE LOS VIVEROS		
Lomas Estrella 1a. Secc.	111	5-A
Santa María Tomatlán	111	5-A
CAMINO DE ORTEGA		
Buenavista	112	5-B
CAMINO DE PIEDRAS		
Fuentes de Tepepan	123	6-B
CAMINO DE RECREO		
El Recreo	70	5-B
CAMINO DE RECREO 2 PRIVS.		
El Recreo	70	5-B
CAMINO DE SANTIAGUITO		
Progreso Nacional	57	5-E
San José de la Escalera	57	5-E
Santiago Atepetlac	57	5-E
CAMINO DE TOROS Y CDA.		
2a. Secc. Bosque de Chap.	96	2-A
América	96	2-A
Daniel Garza	96	2-A
CAMINO DE ZENZONTLES		
San Cristóbal Texcalucan	93	2-D
CAMINO DEL EJ. A TEOLOYUCAN		
Barrio de las Animas	4	3-F
CAMINO DEL ESFUERZO		
Campestre Aragón	72	4-C
CAMINO DEL ESFUERZO "A"		
Campestre Aragón	72	4-C
CAMINO DEL EXITO		
Campestre Aragón	72	4-B
CAMINO DEL EXITO "A"		
Campestre Aragón	72	4-B
CAMINO DEL JARDIN		
Fuentes de Satélite	55	6-E
CAMINO DEL PARQUE		
Del Parque	46	6-D
CAMINO DEL PORVENIR		
Campestre Aragón	72	3-B
CAMINO DEL REMANSO		
Fracc. Lomas Country Club	94	2-B
CAMINO DEL RIO DE LAS ANIMAS		
El Trébol Infonavit	4	4-F
CAMINO DEL TRIUNFO		
Campestre Aragón	72	3-B
CAMINO DEL TRIUNFO "A" Y CDA		
Campestre Aragón	72	4-B
CAMINO FEDERAL		
Miravalle	113	4-A
CAMINO FRANCISCO AV.		
San Francisco Acuautla	115	3-E
CAMINO GOLONDRINAS		
San Cristóbal Texcalucan	93	2-D
CAMINO HERRADURA		
Los Cerrillos	138	3-D
CAMINO LA VAQUITA		
Los Cerrillos	138	2-D
CAMINO LAGO DE GUADALUPE		
Ampl. Vista Hermosa	29	5-A
El Globo	29	5-A
Vista Hermosa	29	5-A
CAMINO MIGUEL		
Cocotitlán	141	5-E
CAMINO MILPA ALTA NOXCALCO		
Noxcalco	152	1-B
CAMINO MORENUCO		
San Pablo Chimalpa	106	3-E
CAMINO NACIONAL		
Independencia	28	3-D
La Cantera	81	1-F
Los Rosales	44	5-A
San Lorenzo	81	1-F
San Lucas Xochimanca	136	3-E
San Mateo Chipiltepec	36	5-F
San Miguel Xometla	37	2-A
Santa María Tulpetlac	59	1-E
CAMINO NACIONAL Y 10 CDAS.		
San Lucas Xochimanca	136	3-E
CAMINO NACIONAL Y PRIV.		
Noxcalco	152	1-B
CAMINO NUEVO		
Benito Juárez	81	5-F
Buenavista	81	5-F
CAMINO PARQUE CENTRAL		
Campestre Aragón	72	4-B
CAMINO PARQUE IND. CARTAGENA		
San Mateo Cuautepec	31	4-F
CAMINO PIRULES		
Venustiano Carranza	101	2-C
CAMINO PITORREAL		
San Lorenzo Acopilco	106	5-C
CAMINO PRIMAVERA		
San Cristóbal Texcalucan	93	2-D
CAMINO PRINCIPAL		
Santo Tomás Chiconautla	34	3-D
CAMINO REAL		
Ahuehuetes	58	3-C
Alcantarilla	108	4-C
Ampl. Alfredo V. Bonfil	43	5-B
Ampl. La Conchita	138	3-F
Ampl. Nativitas La Joya	137	4-B
Ampliación Jiménez Cantú	101	5-B
Ampliación Tepepan	136	1-C
Apolocalco	113	5-C
Barrio La Conchita	138	3-F
Barrio San Agustín	138	3-F
Buenavista	112	5-B
Campestre El Potrero	113	5-C
Campestre Liberación	42	3-D
Cerro del Marqués	127	6-B
Dr. Jorge Jiménez Cantú	60	3-A
Dr. Jorge Jiménez Cantú	58	3-F
El Mirador	136	1-C
El Pedregal	42	3-D
El Pedregal	42	2-D
El Rosario	138	3-F
Guadalupe San Marcos	128	2-E
Hacienda Ojo de Agua	21	5-B
Independencia	28	3-E
Ixtlahuacan	112	3-F
Jaime Torres Bodet	139	4-A
Jorge Jiménez Cantú	28	3-E
La Magdalena Atlicpan	100	6-F
Las Flores	148	3-F
López Portillo	125	2-D
Los Reyes Tultitlán	31	4-D
Nonoalco	63	1-C
Ocopulco	49	2-F
Plutarco Elías Calles	114	4-F
Rincón del Valle	56	3-D
San Andrés Totoltepec	135	3-D
San Antonio	22	4-D
San Felipe de Jesús	72	2-C
San Juan Ixtayopan	139	4-A
San Lorenzo Huipulco	122	3-F
San Mateo Chipiltepec	36	6-E
San Vicente Chicoloapan	88	6-D
Santa María Coatlán	24	4-F
Temamatla	154	2-C
Tepetitlán	50	4-C
Tierra Blanca	138	3-F
Tlachiultepec	150	3-A
Tlalpexco	58	3-C
Tlaltecahuacán	50	4-A
Tolteca	50	6-E
U. H. Loreto y Peña Pobre	136	3-E
CAMINO REAL 3 CDAS.		
La Cañada	136	4-D
CAMINO REAL A MILPA 2A. CDA.		
Las Mesitas	138	3-E
CAMINO REAL A MILPA ALTA		
Las Mesitas	138	3-E
Los Cerrillos	138	3-E
Nativitas	138	3-E
CAMINO REAL A MIXCOAC		
Pueblo San Bartolo Ameyalco	107	5-D
CAMINO REAL A NATIVITAS		
Alcanfores	137	4-B
Jazmín	137	4-B
Lomas de Nativitas	137	4-B
CAMINO REAL A SAN ANDRES		
Santa Cecilia Tepetlapa	149	2-F
CAMINO REAL A SAN BARTOLO		
El Capulín	137	6-A
Rosario Tlali	137	6-A
CAMINO REAL A SAN JAVIER		
San Isidro	149	3-F
CAMINO REAL A SAN JUAN		
San Nicolás Tetelco	139	6-C
CAMINO REAL A SANTA CECILIA		
Pueblo San Andrés Ahuayucan	136	6-F
CAMINO REAL A SANTIAGO		
Tlaxiopan	136	4-A
CAMINO REAL A TEMIXCO		
Jiménez Cantú	101	5-A
CAMINO REAL A TEPEPAN CDA.		
Pueblo San Miguel Xicalco	135	4-E
CAMINO REAL A TETELPAN		
Camino Real de Tetelpan	108	3-E
Lomas de los Angeles de T	108	3-E
CAMINO REAL A XICALCO		
Paraje La Joyita	135	2-E
San Andrés Totoltepec	135	2-E
CAMINO REAL A XICALCO PRIV.		
Paraje La Joyita	135	2-E
CAMINO REAL A XOCHIMILCO		
Ampliación Tepepan	123	6-C
El Mirador	136	1-C
La Noria	123	6-C
Pueblo Tepepan	123	6-C
CAMINO REAL A XOCHIMILCO CDA		
Pueblo Tepepan	123	6-C
CAMINO REAL A XOCHITEPEC		
Ampliación Tepepan	123	6-C
El Mirador	136	2-C
La Noria	123	6-C
Pueblo Tepepan	123	6-C
Santa Cruz Xochitepec	136	2-C
CAMINO REAL AJUSCO 1A. CDA.		
Tortugas	136	1-A
CAMINO REAL AL AJUSCO		
Ampl. Tepepan	136	1-B
Ampliación Tepepan	136	1-C
Pueblo Tepepan	123	6-B
Pueblo Tepepan	136	1-B
San Andrés Totoltepec	135	3-D
CAMINO REAL AL AJUSCO 3 CDAS		
Ampliación Tepepan	136	1-B
El Mirador	136	1-B
CAMINO REAL AL OYAMEYO		
San Miguel Topilejo	148	4-D
CAMINO REAL AND.		
San Mateo Nopala	68	2-D
Z. U. E. San Mateo Nopala	68	2-D
CAMINO REAL AXOLOCALCO		
Santa Cruz Mixquic	139	6-F
CAMINO REAL CDA.		
Ampliación San Lorenzo	137	4-A
Los Reyes Acaquilpan	113	2-C
San Luis Huexotla	76	3-D
Torielo Guerra	122	3-F
Tortugas	136	1-A
Z. U. E. San Mateo Nopala	68	2-C
CAMINO REAL CJON.		
Santiago Zapotitlán	125	2-C
CAMINO REAL CHICHICASPA		
Bosque del Pedregal	134	1-A
CAMINO REAL CHITCHITCASPATL		
Pedregal Chitchitcáspatl	121	5-B
Pedregal de San Nicolás	121	5-B
CAMINO REAL DE 2A. CDA.		
San Juan Ixtayopan	139	4-A
CAMINO REAL DE 3A. CDA.		
San Juan Ixtayopan	138	3-F
San Juan Ixtayopan	139	4-A
CAMINO REAL DE CALERAS		
Santa Catarina Acolman	36	3-B
CAMINO REAL DE CONTRERAS		
Barrio Las Calles	121	2-C
La Concepción	121	2-C
CAMINO REAL DE LAS MINAS		
Camino Real de Tetelpan	108	3-E
Lomas de los Angeles de T	108	3-E
CAMINO REAL DE TOLUCA		
Bellavista	96	3-A
Carlos A. Madrazo	95	5-A
Cristo Rey	96	3-A
José María Pino Suárez	96	3-A
Pólvora	95	4-F
Tolteca	96	3-A
U. H. Santa Fe	95	4-F
CAMINO REAL DEL AJUSCO		
Ampliación Tepepan	136	1-B
C. H. de la CFE	136	1-B
El Mirador	136	1-B
Fuentes de Tepepan	136	1-B
La Nopalera	136	1-B
Los Morales	136	1-B
Pueblo Tepepan	136	1-B
Valle de Tepepan	136	1-B
CAMINO REAL MEXICO TOLUCA		
San Francisco Chimalpa	80	4-B
CAMINO REAL MILPA ALTA CDA.		
Las Mesitas	138	3-E
CAMINO REAL PRIV.		
Campestre Liberación	42	3-D
CAMINO REAL PROL.		
Buenavista	112	5-B
Campestre Liberación	42	3-D
CAMINO REAL RANCHO VIEJO		
San Nicolás II	134	1-C
CAMINO REAL S BARTOLO 2A CDA		
El Capulín	137	6-A
CAMINO REAL SAN ANDRES		
El Mirador	136	5-F
Primavera	135	1-A
CAMINO REAL SAN JUAN		
San José	138	2-B
CAMINO REAL SAN MATEO		
Ampliación San Mateo	68	2-F
Izcalli San Mateo	68	2-F
Las Misiones	68	2-F
Los Alamos	68	2-F

Calle / Colonia	Plano	Coordenadas
Rincón Verde	68	2-F
San Mateo Nopala	68	2-F
Tierra Larga	68	2-F
Z. U. E. San Mateo Nopala	68	2-F
CAMINO REAL SN PEDRO 1A. CDA		
San Gregorio Atlapulco	137	4-F
CAMINO REAL SN PEDRO 2A. CDA		
San Gregorio Atlapulco	137	3-F
CAMINO REAL SN PEDRO 3A. CDA		
San Gregorio Atlapulco	137	3-F
CAMINO REAL SN PEDRO A. PROL		
San Gregorio Atlapulco	137	3-E
CAMINO REAL SN PEDRO ATOCPAN		
San Gregorio Atlapulco	137	3-F
CAMINO REAL STA CECILIA CDA		
San Andrés Ahuayucan	136	6-F
CAMINO REAL STA CECILIA CDA.		
Tlachiultepec	150	3-A
CAMINO REAL VIEJO		
Tepexpan	36	5-B
CAMINO REAL Y CDA.		
San Luis Huexotla	76	3-C
CAMINO REAL Y PRIV.		
Santiago Zapotitlán	125	2-C
CAMINO ROJO		
Campestre Aragón	72	4-B
CAMINO SAN FCO. TLALNEPANTLA		
Delegación Xochimilco	149	2-D
Santa Cruz de Guadalupe	149	2-D
CAMINO SAN MATEO STA. LUCIA		
Cuajimalpa	107	2-D
CAMINO SANTA FE		
Ampliación La Mexicana	95	4-D
Arturo Martínez	95	4-D
Cuevitas	95	4-D
El Cuernito	95	4-D
El Paraíso	95	4-D
La Conchita	95	4-D
La Mexicana	95	4-D
La Palmita	95	4-D
María G. de García Ruiz	95	4-D
Pólvora	95	4-D
U. H. Santa Fe	95	4-D
Unidad Belén	95	4-D
Zenón Delgado	95	4-D
CAMINO STA CECILIA TEPETLAPA		
Delegación Xochimilco	150	1-C
CAMINO SUR Y CJON.		
Campestre Aragón	72	4-B
CAMINO TOLTECA		
Papalotla	50	6-E
CAMINO TORRESCO		
Ej. Santo Tomás Chiconautla	34	4-D
CAMINO UNION		
Campestre Aragón	72	4-C
CAMINO V. SAN ANDRES 1A. CDA		
Pueblo San Miguel Ajusco	134	5-F
CAMINO V. SAN ANDRES 2A CDA		
Pueblo San Miguel Ajusco	134	5-F
CAMINO V. SAN ANDRES 3A. CDA		
Pueblo San Miguel Ajusco	134	5-F
CAMINO V. SAN ANDRES 4A CDA		
Pueblo San Miguel Ajusco	134	5-F
CAMINO VECINAL		
Barrio San Mateo Xoloc	16	1-F
Cocoyotes	58	2-C
La Presa	68	3-C
Loma Encantada	113	3-E
Nezahualcóyotl	75	2-E
CAMINO VECINAL A TEZOYUCA		
Tequisistlán	49	2-A
CAMINO VECINAL NAUCALPAN		
Ampliación Loma Linda	82	1-B
Industrial Tlatilco	82	1-B
Jardines del Molinito	82	1-B
Rosa de Castilla	82	1-B
San Luis Tlatilco	82	1-B
CAMINO VIA CHIQUITA		
Ixtlahuatongo	121	5-A
CAMINO VIEJO		
Benito Juárez	59	2-B
Ex Ejido Santa Cecilia	57	2-D
San Jerónimo Miacatlán	151	4-F
Santa Cecilia	57	2-D
CAMINO VIEJO A CUAUTEPEC		
U. H. CTM El Arbolillo	57	4-F
CAMINO VIEJO A CHAPINGO		
Salitrería	75	2-F
CAMINO VIEJO A CHIMALHUACAN		
Copalera	100	1-F
Lomas de Santa María	100	1-F
Lomas de Totolco	100	1-F
CAMINO VIEJO A HUATONGO		
San José	101	1-D
CAMINO VIEJO A LA COLMENA		
Arco Iris	42	2-B
CAMINO VIEJO A LA FELICIDAD		
Pueblo San Miguel Ajusco	148	2-A
CAMINO VIEJO A LOS REYES		
Pueblo Culhuacán	110	3-F
CAMINO VIEJO A LOS REYES CDA		
Pueblo Culhuacán	110	3-F
CAMINO VIEJO A M. OCAMPO		
Paraje Hostoc	19	3-A
Tultepec	19	3-A
CAMINO VIEJO A MIXCOAC		
Pueblo San Bartolo Ameyalco	107	5-D
CAMINO VIEJO A MIXCOAC PRIV.		
San Francisco	107	5-D
CAMINO VIEJO A NATIVITAS		
Lomas de Tonalco	137	3-A
Pueblo Nativitas	137	3-A
San Lorenzo Atemoaya	137	3-A
CAMINO VIEJO A REAL DE FCO.		
Los Angeles	111	3-D
Paraje San Juan	111	3-D
CAMINO VIEJO A S LORENZO CDA		
Pueblo Nativitas	137	4-A
Pueblo Nativitas	137	4-B
San Lorenzo Atemoaya	137	4-B
CAMINO VIEJO A SAN ANDRES		
Pueblo San Miguel Ajusco	134	5-F
CAMINO VIEJO A SAN BARTOLO		
Ampl. La Peñita	137	4-B
Pueblo Nativitas	137	4-B
CAMINO VIEJO A SAN LORENZO		
Barrio La Luz	151	5-D
CAMINO VIEJO A SAN LUCAS		
Tablas de San Lorenzo	136	3-F
CAMINO VIEJO A SAN PABLO		
Paraje San Pablo	19	5-C
CAMINO VIEJO A SANTA CRUZ		
Rancho Tejomulco	137	3-B
CAMINO VIEJO A TEPATLAXCO		
Las Huertas	81	1-D
Universal	81	1-D
CAMINO VIEJO A TEPEPAN		
Pueblo San Miguel Xicalco	135	4-F
CAMINO VIEJO A TEXCOCO		
Tepetates	100	4-F
CAMINO VIEJO A XICALCO		
Plan de Ayala	136	4-A
Tepetlica	136	4-A
Tres de Mayo	136	4-A
CAMINO VIEJO A ZAPOTLAN		
Chiconcuac	62	1-E
Pueblo Zapotlán	62	1-E
CAMINO VIEJO AL MANINAL		
Los Holandeses	134	6-D
CAMINO VIEJO AL MANINAL CDA.		
Santo Tomás Ajusco	134	6-E
CAMINO VIEJO DE SAN ANDRES		
Hank González	59	1-D
Tierra y Libertad	59	1-D
CAMINO VIEJO DE SAN JOSE		
Infiernillo	18	6-B
CAMINO VIEJO EL QUEMADO		
La Joya	19	4-A
CAMINO VJO. NATIVITAS 4 CDAS		
Tejomulco	137	4-B
CAMINO XALITENI		
San Pablo Chimalpa	106	3-E
CAMINO ZENZONTLES		
San Cristóbal Texcalucan	93	3-C
CAMIXTLI CDA.		
Las Peñitas	43	4-D
CAMPA AMADOR		
San Juan Tlihuaca	69	4-F
CAMPA EMILIO P.		
Santa Martha Acatitla	99	6-E
CAMPA GUSTAVO		
Ciudad Satélite	69	2-D
CAMPA GUSTAVO E.		
Guadalupe Inn	109	1-B
Vallejo	71	6-C
CAMPA RAFAEL		
Buenavista	112	6-C
CAMPAMENTO		
El Santuario	111	2-A
San Rafael Chamapa	81	2-D
CAMPAMENTO PRIV.		
El Santuario	111	2-B
CAMPANA		
El Tesoro	44	2-E
Insurgentes Mixcoac	96	6-B
CAMPANA DE LA CDA.		
La Herradura	82	6-A
CAMPANA DE TLALPAN		
San Nicolás II	134	1-B
CAMPANA LA		
Ignacio Zaragoza	63	5-B
CAMPANARIO		
San Pedro Mártir	135	1-C
Santa Cruz	21	6-D
Villas de la Hacienda	43	3-C
CAMPANAS		
Chimalhuacán	87	6-D
CAMPANILLA		
Jardines de Coyoacán	123	1-C
Santa María de Guadalupe	44	3-A
CAMPANILLAS		
Villa de las Flores	32	2-F
CAMPANITAS		
Granjas Navidad	94	6-C
San José del Jaral	43	2-D
CAMPANITAS 1A. CDA.		
San José del Jaral	43	2-D
CAMPANITAS DE 2A. CDA.		
San José del Jaral	43	2-D
CAMPANITAS DE 3A. CDA.		
San José del Jaral	43	2-D
CAMPANULA		
Los Angeles	111	3-C
Prados de Ecatepec	20	4-A
CAMPAÑA DEL EBANO		
U. H. Vicente Guerrero	111	1-F
CAMPECHE		
Adolfo López Mateos	42	3-D
Ampl. San Francisco	115	2-F
Buenavista	112	5-B
Condesa	96	1-E
Chalma de Guadalupe	57	2-F
El Valle	42	4-D
Hipódromo	96	1-E
Ixtlahuacan	112	4-F
Jardines de Morelos	47	3-B
La Providencia	72	4-D
Lázaro Cárdenas	56	2-B
Loma Bonita	21	5-D
Miravalle	113	4-A
Roma Sur	96	1-E
San Francisco Apolocalco	113	5-D
San Pablo de las Salinas	19	5-F
Santa María Tulpetlac	46	6-F
Temamatla	154	2-D
Tezoyuca	49	4-C
Valle Ceylán	57	4-C
Vergel de Guadalupe	72	5-E
CAMPECHE CDA.		
Miravalle	112	4-F
CAMPECHE DE 4 CDAS.		
Adolfo López Mateos	42	4-D
CAMPECHE PRIV.		
Miravalle	113	4-A
CAMPERO RURALES		
Colinas del Sur	95	6-C
CAMPEROS DE LOS		
Colina del Sur	95	6-D
CAMPESINO		
Ixtlahuacan	112	3-F
CAMPESINOS		
Emiliano Zapata	128	5-A
Emiliano Zapata	127	1-B
Granjas Esmeralda	110	2-D
Los Cipreses	110	2-D
Mexicaltzingo	110	2-D
Minerva	110	2-D
Progreso del Sur	110	2-D
San Lorenzo Acopilco	106	5-D
Santa Isabel Industrial	110	2-D
CAMPESINOS 1A. CDA.		
El Carmen	33	6-F
CAMPESINOS 2 CDAS.		
Emiliano Zapata	127	1-B
CAMPESINOS 2A. CDA.		
El Carmen	33	6-F
CAMPESINOS AV.		
Ejidal Emiliano Zapata	33	6-F
CAMPESINOS CDA.		
San Mateo Ixtacalco	18	2-C
CAMPESINOS PROL.		
Emiliano Zapata	127	1-B
CAMPESTRE		
San Angel Inn	109	2-A
CAMPESTRE CDA.		
Campestre Aragón	72	4-B
CAMPESTRE CJON.		
Campestre Aragón	72	4-B
CAMPESTRE DEL LAGO AV.		
Campestre del Lago	29	6-E
CAMPESTRE DEL LAGO CDA.		
Campestre del Lago	29	6-D
CAMPILLO SAENZ JOSE LIC.		
INFONAVIT COCEM I	31	5-D
CAMPIÑA		
Lomas de Bellavista	55	6-F
CAMPIÑA LA		
Los Pastores	69	4-D
CAMPIÑA LA RT.		
Jardines de la Hda. Sur	17	5-F
CAMPO		
Barrio Texcatitla	139	5-A
CAMPO ACALAPA		
Reynosa Tamaulipas	70	3-B
CAMPO AL CJON.		
San Lucas Amalinalco	128	5-D
CAMPO ALAZAN		
Reynosa Tamaulipas	70	3-B
CAMPO AMATITLAN		
Ampliación Petrolera	69	5-E
CAMPO ANGEL DEL		
Ciudad Satélite	69	2-A
México	99	2-A
Obrera	97	1-A
CAMPO ANGOSTURA		
Reynosa Tamaulipas	70	3-B
CAMPO ARROYO CLARO		
Barrio San Andrés	70	3-B
Reynosa Tamaulipas	70	3-B
CAMPO ARROYO CHICO		
Reynosa Tamaulipas	70	3-B
CAMPO ATASTA		
Nueva Ampl. Petrolera	69	5-F
CAMPO BELLO		
El Rosario	70	2-A
CAMPO BITIZAL		
Nueva Ampl. Petrolera	69	4-F
CAMPO BOCA DEL TORO		
Nueva Ampl. Petrolera	69	5-F
CAMPO CACTUS		
Nueva Ampl. Petrolera	69	4-F
CAMPO CANTEMOC		
Nueva Ampl. Petrolera	69	5-F
San Miguel Amantla	69	5-F
CAMPO COBOS		
Nueva Ampl. Petrolera	69	5-F
CAMPO CORINTO		
Nueva Ampl. Petrolera	69	5-F
San Miguel Amantla	69	5-F
CAMPO CHAC		
Nueva Ampl. Petrolera	69	4-F
CAMPO CHICHAPO		
Santo Domingo	70	4-A
CAMPO CHILAPILLA		
Nueva Ampl. Petrolera	69	5-F
CAMPO CHOPO		
Reynosa Tamaulipas	70	3-B
CAMPO DEL		
San Bernardino	75	4-F
CAMPO DEL AV.		
Barrio Las Cruces	137	4-C
CAMPO DEL CDA.		
Ampl. Profr. C. Higuera	43	5-A
Ampl. Profr. C. Higuera	43	5-B
Pueblo Nuevo Alto	121	2-A
CAMPO DEPORTIVO		
El Mirador	56	6-E
Ixtapaluca	115	6-B
Santa Cruz Xochitepec	136	2-C
Zona Escolar Oriente	58	3-A
CAMPO DEPORTIVO Y CDA.		
San Bernardino	75	4-F
CAMPO EL		
Lomas de Santa Catarina	36	3-B
CAMPO EL MEXICANO		
Reynosa Tamaulipas	70	3-B
CAMPO ENCANTADO		
Nueva Ampl. Petrolera	70	5-A
CAMPO ESCOLIN		
Reynosa Tamaulipas	70	3-B
CAMPO FLORIDO		
Bellavista	96	3-A
Centro Oriente	63	6-A
Purificación	24	3-C
Revolución	63	6-A
San Pablo Atlazalpa	140	6-E
San Pedro Atlazalpa	153	1-E
Tacubaya	96	3-A
Tulantongo	63	3-A
CAMPO FLORIDO CDA.		
San Pablo Atlazalpa	140	6-E
CAMPO FLORIDO PRIV.		
Purificación	24	3-C
CAMPO FLORIDO PROL.		
San Pablo Atlazalpa	140	5-E
CAMPO FLORIDO Y CDA.		
San Miguel Topilejo	149	3-B
CAMPO FORTUNA NACIONAL AV.		
Nueva Ampl. Petrolera	69	4-F
CAMPO FRANCISCO J. DEL		
Colonial Iztapalapa	111	3-E
CAMPO GERMAN DEL		
San Andrés Atenco	56	3-D
CAMPO GRIJALVA		
Ampliación Petrolera	69	5-E
Santiago Ahuizotla	69	5-E
CAMPO GÜICHAPOS		
Santo Domingo	70	4-A
CAMPO GÜIRO		
Nueva Ampl. Petrolera	69	5-F
CAMPO HORCON		
Reynosa Tamaulipas	70	3-B
CAMPO HORMIGUERO		
Ampliación Petrolera	69	5-E
CAMPO HORMIGUERO Y PRIV.		
San Miguel Amantla	69	5-E
CAMPO HUIMANGUILLO		
Santo Domingo	70	4-A
CAMPO IDOLOS		
Nueva Ampl. Petrolera	69	5-F
San Miguel Amantla	69	5-F
CAMPO IXTOC		
Nueva Ampl. Petrolera	69	5-F
CAMPO LAS PIEDRAS		
Nueva Ampl. Petrolera	69	5-F
CAMPO LOMITAS		
Reynosa Tamaulipas	70	3-B
CAMPO LUIS MARTIN DEL		
Manuel Romero de Terreros	109	3-D
CAMPO MACUSPANA		
Reynosa Tamaulipas	70	3-B
CAMPO MATILLAS		
Nueva Ampl. Petrolera	70	5-A
CAMPO MILAGRO		
Santo Domingo	70	4-A
CAMPO MOLOACAN Y AND.		
Reynosa Tamaulipas	70	3-B
CAMPO MOLOCAN		
Reynosa Tamaulipas	70	3-B
CAMPO MOLUCO		
Nueva Ampl. Petrolera	69	5-F
CAMPO MORALILLO		
Reynosa Tamaulipas	70	3-B
CAMPO NUEVO LIMON		
Reynosa Tamaulipas	70	3-B
CAMPO OCOTEPEC		
Santo Domingo	70	3-A
CAMPO PALIZADA		
Nueva Ampl. Petrolera	69	5-F
CAMPO PITERO		
Nueva Ampl. Petrolera	70	4-A
CAMPO SABANA		
Nueva Ampl. Petrolera	69	4-F
CAMPO SAMARIA		
Petrolera Taxqueña	110	4-C
CAMPO SAN PEDRITO		
Nueva Ampl. Petrolera	69	5-F
CAMPO SANTO Y CDA.		
Ahuehuetes	56	1-C
CAMPO SARLAT		
Nueva Ampl. Petrolera	69	4-F
CAMPO TASAJERAS		
Nueva Ampl. Petrolera	69	5-F
San Miguel Amantla	69	5-F
CAMPO TEMAPACHE		
Santo Domingo	70	3-A
CAMPO TORTUGUERO		
Reynosa Tamaulipas	70	3-B
CAMPO TRES BRAZOS		
Nueva Ampl. Petrolera	69	5-F
CAMPO TULILLO		
Reynosa Tamaulipas	70	3-B
CAMPO TUNEL		
Nueva Ampl. Petrolera	69	4-F
CAMPO VERDE		
Nueva Ampl. Petrolera	69	4-F
Nueva Ampl. Petrolera	70	5-A
CAMPO VERNET		
Nueva Ampl. Petrolera	69	5-F
CAMPO VIENTO SUAVE		
Nueva Ampl. Petrolera	69	5-F
CAMPO XICALANGO		
Santo Domingo	70	4-A
CAMPORIS		
Caracol	122	2-E
CAMPOS CARLOS		
U. H. San Rafael Coacalco	33	1-B
CAMPOS EDGARDO A.		
Tlalpexco	58	2-C
CAMPOS EDGARDO AMILCAR		
Francisco Sarabia	42	2-C
CAMPOS ELISEOS		
Ampl. La Forestal	45	5-C
Bosque de Chapultepec	83	5-B
Buenavista	112	5-C
La Soledad	68	2-F
Lomas de Chapultepec	82	5-F
Palmitas	82	5-F
Polanco Chapultepec	83	5-B
Rincón del Bosque	83	5-B
San Lorenzo Tlalmimilolpan	24	5-B
CAMPOS ELISEOS 2A. CDA.		
Ampl. La Forestal	45	5-C
CAMPOS F.		
Gustavo A. Madero	71	4-D
CAMPOS HERMANOS S. A.		
Vista Hermosa	56	6-D
CAMPOS JESUS CNEL.		
La Esperanza	46	5-B
CAMPOS JOSE		
Emiliano Zapata	127	1-C
CAMPOS MANUEL		
Manuel Romero de Terreros	109	3-D
CAMPOS MAURICIO		
Ciudad Satélite	69	1-B
CAMPOS MENA MANUEL GOB.		
Las Armas	69	6-E
CAMPOS NOE		
Buenavista	112	5-C
CAMPOS RUBEN M.		
Villa de Cortés	97	4-B
CAMPOY RAFAEL		
Ciudad Satélite	56	6-B
CANACUATE		
Pedregal de Santo Domingo	109	5-E
CANADA		
Barrio San Lucas	109	3-F
Bosques de Ixtacala	43	1-B
Jardines de Cerro Gordo	60	1-C
La Olímpica I	60	5-A
La Olímpica II	60	5-A
Las Américas	69	5-B
Lomas de San Miguel	43	1-B
México 86	43	3-A
Parque San Andrés	110	3-A
CANAIMA		
Parque Industrial La Loma	56	4-F
U. H. Reserva Ecológica	44	2-C
CANAL		
Fuentes del Pedregal	121	3-C
La Carbonera	120	2-F
Lázaro Cárdenas	60	6-D
Loma de la Palma	58	1-A
Merced Balbuena	84	6-C
San Mateo Ixtacalco	18	1-A
Valle de Anáhuac Secc. C	60	6-D
CANAL 27		
Barrio 18	123	5-E
Pueblo Nativitas	137	3-A
CANAL ALAHUELTACO		
Barrio 18	123	5-E
CANAL ALFONSO XIII		
Insurgentes	111	5-F
CANAL ALMOLOYA		
Barrio 18	123	5-E
CANAL AMEALCO		
Barrio 18	123	5-E
CANAL AMPAMPILCO		
Barrio 18	123	5-F
CANAL APATLACO		
Barrio 18	123	5-E
CANAL APICULCO		
Barrio 18	123	4-F
CANAL ATENCO		
Barrio 18	123	5-E
CANAL ATEZCAPA		
Barrio 18	123	5-E
CANAL ATIZAPA		
Barrio 18	123	5-E
CANAL ATLICOLCO		
Barrio 18	123	5-E
CANAL ATLIPA		
Barrio 18	123	5-E
CANAL AV.		
Alfredo del Mazo	127	2-E
Campestre Guadalupana	72	4-F
CANAL AYAHUELTENCO		
Barrio 18	123	5-E
CANAL BALTICO		
Carlos Hank González	111	5-F
CANAL BRUJAS		
Carlos Hank González	111	5-F
CANAL CALEDONIO		
Carlos Hank González	111	5-F
CANAL CDA.		
Barrio San Miguel	111	1-B
Xochipilli	137	3-B
CANAL CENTRAL		
Unidad CROC Central	73	3-A
CANAL CJON.		
Esperanza	84	6-C
CANAL CRUZTITLA		
Barrio 18	123	5-E
CANAL CUACUANGOCHE		
Barrio 18	123	4-F
CANAL CHICALCO		
Barrio 18	123	5-E
CANAL DE BRUSELAS		
Carlos Hank González	111	5-F
CANAL DE BRUSELAS 3 PRIVS.		
Carlos Hank González	111	5-F
CANAL DE CASTERA AV.		
C. H. INFONAVIT Gustavo Baz	20	6-C
Granjas Ecatepec 1a Secc.	20	6-C
Izcalli San Pablo	20	6-C
Plaza del Kiosko	20	6-C

Calle | COORDENADAS
Colonia | PLANO

Prados Secc. A 20 6-C
Prados Secc. B 20 6-C
U. CTM Alborada Jaltenco 20 6-C
U. José Ma. Morelos y Pavón 20 6-C
CANAL DE CUEMANCO
Unidad CROC Central 73 3-A
CANAL DE CHALCO
Barrio 18 123 5-E
CANAL DE CHALCO AV.
Jards. San Lorenzo Tezonco 124 1-B
José López Portillo 124 1-B
Lomas Estrella 124 1-B
U. H. C. Jonguitud Barrios 124 1-B
Valle de San Lorenzo 124 1-B
CANAL DE DESAGÜE AV.
INFONAVIT José Ma. Morelos 20 4-C
Izcalli San Pedro 20 4-C
Los Faroles 20 4-C
U. H. Hogares de Castera 20 4-C
Veinte de Septiembre 20 4-C
CANAL DE DESFOGUE
Juan González Romero 72 1-A
CANAL DE GARAY
Año de Juárez 111 5-D
Barrio 18 123 4-F
Casa Blanca 111 5-D
Esther Zuno de Echeverría 111 5-D
Francisco Villa 111 5-D
José López Portillo 111 5-D
La Esperanza 111 5-D
Los Angeles 111 5-D
Los Angeles Apanoaya 111 5-D
Presidentes de México 111 5-D
Puente Blanco 111 5-D
San Juan Estrella 111 5-D
San Juan Joya 111 5-D
San Juan Joya 111 4-E
Vergel 111 5-D
CANAL DE GARAY AV.
Año de Juárez 111 3-E
Casa Blanca 111 3-E
Cerro de la Estrella 111 3-E
Francisco Villa 111 3-E
José López Portillo 124 1-C
La Esperanza 124 1-C
Los Angeles 111 3-E
Los Angeles Apanoaya 111 3-E
Paraje San Juan 111 3-E
Presidentes de México 111 3-E
Puente Blanco 111 3-E
Res. Ermita 111 3-E
San Juan Estrella 111 3-E
San Juan Joya 111 3-E
U. H. Alcanfores 111 3-E
U. H. Cuitláhuac 111 3-E
U. H. Girasoles 124 1-C
U. H. Militar Sedena 124 1-C
Vergel 111 3-E
CANAL DE GARAY PRIV.
Los Angeles Apanoaya 111 3-E
CANAL DE LA COMPAÑIA
Cuchilla Alfredo del Mazo 127 3-E
CANAL DE LA COMUNIDAD
Barrio 18 123 5-E
CANAL DE LA DRAGA
Josefa Ortiz de Domínguez 47 6-D
CANAL DE LA MANCHA
Unidad CROC Central 73 3-A
CANAL DE LA RIVERA
San Lorenzo Totolinga 81 1-E
CANAL DE LA S.A.R.H.
Darío Martínez 113 6-F
CANAL DE LA SANTISIMA
Barrio 18 123 5-E
CANAL DE LA TURBA AV.
El Molino 124 3-E
El Rosario 124 3-E
Ex Hda Sn Nicolás Tolentino 124 3-E
Granjas Cabrera 124 3-E
La Turba 124 3-E
CANAL DE MIRAMONTES
El Tejocote 68 4-C
CANAL DE MIRAMONTES AV.
Avante 110 6-C
C. H. Alianza Pop. Rev. 123 2-D
Campestre Churubusco 110 6-C
Churubusco Country Club 110 6-C
Educación 110 6-C
El Centinela 110 6-C
Emiliano Zapata 110 6-C
Ex Hacienda Coapa 123 2-D
Girasoles 123 2-D
Jardines de Coyoacán 123 2-D
Los Cipreses 110 6-C
Los Ciruelos 110 6-C
Los Robles 110 6-C
Prados de Coyoacán 110 6-C
Residencial Acoxpa 123 2-D
Residencial Miramontes 123 2-D
Villa Coapa 123 2-D
CANAL DE MIRAMONTES PROL.
Ex Hda. San Juan de Dios 123 4-C
CANAL DE ORO
Ampliación La Esmeralda 34 1-D
CANAL DE PANAMA
Carlos Hank González 111 5-F
Unidad CROC Central 73 3-A
CANAL DE SALES
Ciudad Lago 85 1-F
CANAL DE SAN ESTEBAN
Barrio 18 123 5-E
CANAL DE SAN JUAN
Agrícola Oriental 98 4-E
Chinampac de Juárez 98 4-E
Frentes Chinampac de Juárez 98 4-E
Leyes de Reforma 98 4-E
Purísima 98 4-E
Tepalcates 98 4-E
U. H. E. Constitucionalista 98 4-E
CANAL DE SAN JUAN 1A. PRIV.
Tepalcates 98 3-E
CANAL DE SAN JUAN 4 CDAS.
Tepalcates 98 3-E
CANAL DE SUEZ
Carlos Hank González 111 5-F
Unidad CROC Central 73 3-A
CANAL DE SUEZ 1A. CDA.
Carlos Hank González 111 5-F
Insurgentes 111 5-F
CANAL DE TEZONTLE AV.
Agrícola Oriental 98 4-B
Ampl. Gabriel Ramos Millán 98 4-B
Barrio La Asunción 97 4-D
Benito Juárez 97 4-D
Conj. U. Pop. Los Picos Izt 97 4-D
Conjunto Hab. Gardenias 98 4-B
Cuchilla G. Ramos Millán 98 4-B
INFONAVIT Iztacalco 97 4-D
Jardines Tecma 97 4-D
Juventino Rosas 97 4-D
Leyes de Reforma 98 4-B
Los Picos Iztacalco 97 4-D
Paseos de Churubusco 98 4-B
U. H. Cuchilla del Moral I 98 4-B
U. H. Cuchilla del Moral II 98 4-B
U. H. Real del Moral 98 4-B
Unidad Ampliación Iztacalco 97 4-D
Z. Res Paseos de Churubusco 98 4-B
Zapata Vela 1a. Secc 98 4-B
Zapata Vela 2a. Secc 98 4-B
CANAL DE TRACANTITLA
Barrio 18 123 5-D
CANAL DEL
Cuatliquixco 21 3-F
CANAL DEL AV.
Covadonga 127 5-D
Ejido Tulpetlac 47 6-B
El Chamizalito 47 6-B
El Charco 47 6-B
Francisco I. Madero 60 1-A
Héroes de la Independencia 59 3-E
Industrias Tulpetlac 47 6-B
Jardines de Casa Nueva 59 3-E
Las Conchitas 31 3-A
Miguel Hidalgo 59 3-E
Paraíso 60 1-A
Prados de Ecatepec 20 4-B
Prados de Santa Clara 59 3-E
Tolotzin I 47 6-B
U. José Ma. Morelos y Pavón 20 4-B
CANAL DEL BORDO
Barrio 18 123 5-E
CANAL DEL BOSQUE
Francisco Alvarez 114 6-B
CANAL DEL CJON.
Barrio San Miguel 111 1-B
Ignacio Zaragoza 28 4-C
CANAL DEL MORAL AV.
Gaudalupe del Moral 98 5-C
Guadalupe del Moral 98 5-D
Leyes de Reforma 98 5-D
San Pedro Albarrada 98 5-C
Sideral 98 5-D
U. H. Margarita M de Juárez 98 5-C
U. H. Margarita M de Juárez 98 5-D
Z. U. E. Iztapalapa 98 5-C
CANAL DEL NORTE
Ampliación Michoacana 84 2-D
Barrio Los Reyes 139 5-D
Barrio San Bartolo 139 5-D
Cuatliquixco 21 4-F
Emilio Carranza 84 2-D
Felipe Pescador 84 2-D
Janitzio 84 2-D
Lomas de San Pedro 21 4-E
Maza 84 2-D
Morelos 84 2-D
Nicolás Bravo 84 2-D
Nueva San Isidro 127 5-F
Popular Rastro 84 2-D
San Nicolás Tetelco 139 6-C
Santa María Ozumbilla 21 4-F
Santa María Ozumbilla 21 4-E
Unidad CROC Central 73 3-A
Veinte de Noviembre 84 2-D
Z. U. E. Ozumbilla 21 4-E
CANAL DEL NORTE 2 CDAS.
Barrio San Bartolo 139 5-E
CANAL DEL NORTE CDA.
Popular Rastro 84 2-D
CANAL DEL NORTE PTE.
Acolman de Nezahualcóyotl 36 2-D
CANAL DEL NORTE Y CDA.
Luis Echeverría 31 5-A
CANAL DEL NORTE Y PRIV.
Acolman de Nezahualcóyotl 36 2-D
CANAL DEL RISCO
Benito Juárez 59 5-D
CANAL DEL RISCO PRIV.
Benito Juárez 59 6-A
CANAL DEL TORO
Barrio 18 123 5-E
CANAL EL
Chalco 128 6-A
CANAL ELBA TRAVE
Carlos Hank González 111 5-F
CANAL HIERBABUENA
Barrio 18 123 5-E
CANAL HUEHUEPA
Barrio 18 123 5-F
CANAL HUEXCOAPA
Barrio 18 123 5-F
CANAL IMPERIAL
Carlos Hank González 111 5-F
CANAL KARAKUM
Las Peñas 111 4-F
CANAL KIEL
Carlos Hank González 111 5-F
CANAL LA MORA
Barrio 18 123 5-E
CANAL LA MORENA
Barrio 18 123 5-F
CANAL LA VIRGEN
Barrio 18 123 5-E
CANAL LENINGRADO
Carlos Hank González 111 5-F
CANAL MANCHESTER
Carlos Hank González 111 5-F
CANAL MARIA CANDELARIA
Barrio 18 123 5-E
CANAL MIRAMAR
Barrio 18 123 5-F
CANAL MOSCU-VOLGA
Carlos Hank González 111 5-F
CANAL NACIONAL
Barrio 18 123 5-E
Barrio San Mateo 125 6-F
Ex Ej. San Pablo Tepetlapa 110 5-F
Granjas Independencia I 73 3-A
Rancho Tejomulco 137 3-B
San José 125 6-F
Santa Anita 97 2-D
U. H. O. CTM Culhuacán Z VII 110 5-F
U. H. O. CTM Zona XIII 110 5-F
Unidad CROC Central 73 3-A
CANAL NACIONAL 15A. PRIV.
San Antonio Culhuacán 110 3-E
CANAL NACIONAL 6A. PRIV.
B. San Antonio Culhuacán 110 3-E
CANAL NACIONAL AV.
B. San Antonio Culhuacán 110 3-E
Barrio Tula 110 3-E
Ex Ej. San Pablo Tepetlapa 124 1-A
INFONAVIT Dr. I. Chávez 124 1-A
Pueblo Culhuacán 110 3-E
San Andrés Tomatlán 110 3-E
San Francisco Culhuacán 110 3-E
Santa María Tomatlán 110 3-E
U. H. San Fco. Culhuacán 110 3-E
Valle del Sur 110 3-E
Z. U. E. Culhuacán 110 3-E
CANAL NACIONAL PRIV.
B. San Antonio Culhuacán 110 3-E
U. CTM Culhuacán Zona VII 110 5-E
CANAL NACIONAL PRIV. Y CDA.
San Francisco Culhuacán 110 4-E
CANAL NACIONAL RT.
U. H. CTM Culhuacán Z. XIII 110 6-F
CANAL NACIONAL Y 2 PRIVS.
Valle del Sur 110 3-D
CANAL NL CHALCO AMECAMECA AV
Barrio Calyequita 138 1-D
Barrio San Isidro 138 1-D
Barrio San Sebastián 138 1-D
Quirino Mendoza 138 1-D
CANAL OHTENCO
San Francisco Xicaltongo 97 3-C
Santiago Norte 97 3-C
CANAL OTENCO
Barrio 18 123 5-E
CANAL OTENCO PRIV.
Santiago Sur 97 4-C
CANAL PINAHUIZATL
Rancho Tezonco 137 3-B
CANAL PIZOCOXPA
Barrio 18 123 5-E
CANAL POTRERO
Barrio 18 123 4-F
CANAL PUERTO AL
Carlos Hank González 111 5-F
CANAL REAL A SAN LORENZO
El Manto 111 2-B
Octava Ampl. San Miguel 111 2-B
Plan de Iguala 111 2-B
CANAL RECODO
Barrio 18 123 5-E
CANAL RUPPEL
Carlos Hank González 111 5-F
CANAL SAN LORENZO
Barrio 18 123 5-E
Carlos Hank González 111 5-F
CANAL SANTA CRUZ
Barrio 18 123 5-E
CANAL SECO
Barrio Guadalupe 125 6-E
CANAL SECO Y CDA.
Barrio San Bartolo 139 6-E
CANAL TECATITLA
Barrio 18 123 5-E
CANAL TECORRALES
Barrio San José 98 6-B
Barrio San Pedro 98 6-B
CANAL TEIPAMPA
Barrio 18 123 5-F
CANAL TEOPANIXCA
Barrio 18 123 5-F
CANAL TEZUHILCO
Barrio 18 123 5-E
CANAL TLAM
Barrio 18 123 5-E
CANAL TLAMANA
Barrio 18 123 5-E
CANAL TLATIL
Barrio 18 123 5-E
CANAL TLICUILI
Barrio 18 123 5-E
CANAL TLILAC
Barrio 18 123 5-E
CANAL TOCHIPA
Barrio 18 123 5-E
CANAL TOLTENGO
Barrio 18 123 5-F
CANAL TURISTICO
Barrio 18 123 5-E
CANAL VILLISCA
Carlos Hank González 111 5-F
CANAL ZACAPA
Barrio 18 123 5-E
CANALES CESAR
San Pedro Xalostoc 59 3-C
CANALES CESAR ELPIDIO
Santa Martha Acatitla 99 6-C
CANALES PRIV.
San Simón Tolnáhuac 84 1-A
CANALETAS
Ejido San Andrés 33 5-E
CANALITO
La Carbonera 121 2-A
Progreso 108 4-F
CANALIZO
Olímpica Radio 81 3-B
CANALIZO VALENTIN
Barrio La Cruz 71 3-F
La Dinamita 71 3-F
Lázaro Cárdenas 73 6-A
Martín Carrera 71 3-F
Triunfo de la República 71 3-F
CANALIZO VALENTIN 10 CDAS.
La Dinamita 71 3-F
CANANEA
Nicolás Bravo 84 2-C
U. H. El Rosario 69 2-F
CANARIAS
Granjas Cabrera 124 2-E
Las Cruces 108 6-A
Portales 97 6-A
CANARIO
Ampliación San Miguel 43 2-B
Artes Gráficas 97 1-C
Bellavista 96 3-B
Casas Reales 34 5-F
Ciudad Cuauhtémoc 35 2-A
La Cañada 56 3-B
Las Arboledas 56 1-D
Lomas de San Esteban 76 6-B
Lomas de San Esteban 89 1-B
Minas Palacio 81 4-B
Rinconada de Aragón 60 5-B
Sierra de Guadalupe 44 3-E
CANARIO CDA.
Lomas del Carmen 94 1-E
CANARIOS
Ampliación Valle de Aragón 73 2-A
Barrio de las Palomas 100 2-C
Benito Juárez 41 1-E
Bosques de Ixtacala 43 1-A
Colina del Sur 95 6-D
Emiliano Zapata 128 5-A
Granjas de Guadalupe 42 2-C
Izcalli Jardines 34 6-C
Las Cruces 121 1-A
Lomas Verdes 68 1-E
Los Pajaritos 34 2-E
Minas del Coyote 81 3-B
Nuevo San Lucas Patoni 45 6-A
Parque Residencial Coacalco 33 5-B
San Cristóbal Texcalucan 93 3-D
Sierra Nevada 69 6-A
Valle de Tules 44 3-C
Vicente Suárez 19 2-E
CANARIOS 1a.
PROFOPEC Polígono 3 60 5-C
CANARIOS 2a.
PROFOPEC Polígono 3 60 6-C
CANARIOS DE LOS
Las Alamedas 56 2-A
Lomas del Río 41 2-A
CANARIOS DE LOS RT.
Vallescondido 41 6-F
CANARIOS PROL.
San Simón Ticumac 97 5-A
CANASTEROS
Tlatel Xochitenco 87 2-D
CANAUHTLI
Pedregal de Santo Domingo 109 5-E
CANAUHTLI 1A. CDA.
Pedregal de Santo Domingo 109 4-E
CANAUHTLI 2A. CDA.
Pedregal de Santo Domingo 109 4-E
CANAUHTLI 3 CDAS.
Pedregal de Santo Domingo 109 4-E
CANAUHTLI 5A. CDA.
Pedregal de Santo Domingo 109 5-E
CANCAB
U. H. Infonavit Xochináhuac 70 1-A
CANCER
Ampl. Emiliano Zapata 113 4-B
Josefa Ortiz de Domínguez 47 6-D
La Estrella 59 5-F
Prados de Ecatepec 19 4-F
San Isidro Ayotla 113 4-F
U. Izcalli Santa Clara 73 2-C
Valle de la Hacienda 17 3-E
Xalpa 112 3-D
CANCIONERO
San José 126 6-A
CANCUN
Chimalhuacán 87 6-F
Lomas de Padierna 121 4-E
Lomas de San Andrés Atenco 56 3-C
Pedregal Santa Teresa 121 3-D
Polvorilla 111 5-F
Popular Santa Teresa 121 2-D
San Lorenzo 81 2-E
Tecuezcomac 46 5-D
Torres de Padierna 121 4-E
U. H. Pemex Picacho 121 3-D
CANDELABRO
Barrio Guadalupe 124 1-D
CANDELARIA
Atlántida 110 4-A
Barrio San Esteban 137 1-A
Centro 84 5-D
Ciudad Jardín 110 4-A
Miravalle 112 4-F
CANDELARIA DE LA
Pueblo San Diego 76 1-D
Pueblo San Diego 76 2-D
CANDELARIA DE LA CJON.
Tlapacoya 127 2-D
CANDELARIA PROL. Y 2a. CDA.
La Candelaria Ticomán 58 6-B
CANDELARITA CJON.
Centro 84 5-A
CANDELILLAS
Las Hadas 123 3-D
CANDIDO FRANCISCO
El Potrero CTM 19 33 3-B
CANEK JACINTO
San Juan Ixhuatepec 58 6-F
CANEK JACINTO CDA.
Francisco Villa 56 4-C
Tenorios 112 5-C
CANELA
La Cañada 82 3-B
La Joya 122 5-E
Torres del Potrero 108 5-A
CANELA 3 PRIVS.
Granjas México 97 2-F
CANELA CDA.
Granjas México 98 3-A
CANELA Y CDA.
Granjas México 97 2-E
CANELOS
La Perla 99 4-F
CANGREJO
Caracol 85 5-D
Del Mar 124 4-F
CANGUROS
Del Parque 46 5-D
CANILES
Cerro de la Estrella 111 6-C
CANILLAS
Residencial El Dorado 56 1-E
CANNES
Residencial Acoxpa 123 3-C
CANO ALFONSO
Alfonso XIII 96 5-A
CANO FRANCISCO
Santa Martha Acatitla 99 5-C
CANO GRAL.
San Miguel Chapultepec 96 1-B
CANOA LA
Bosques de Xhala 18 3-B
CANOA Y CDA.
Tizapán 108 5-F
CANOAS
Barrio Jugueteros 87 6-A
Chimalhuacán 88 5-A
Tecoentitla 147 2-D
U. H. Ex Hacienda El Molino 88 5-A
CANOPO
Los Olivos 123 1-C
Prados de Coyoacán 123 1-C
CANORAS
Las Arboledas 43 6-D
CANOVA ANTONIO
Insurgentes Mixcoac 96 6-C
CANSAHCAB
Pedregal Chitchitcáspatl 121 4-C
San Nicolás Totolapan 121 4-C
Z. U. E. El Pedregal 121 4-C
CANSINO CASAHONDA ENOCH
Sección XVI 122 4-F
CANTAGRAMA BASILIO
Chiconcuac 49 6-F
CANTAMAYEC
Cuchilla de Padierna 121 6-E
CANTARITOS 1A. PRIV.
San Jerónimo 137 3-B
CANTARITOS Y CDA.
San Jerónimo 137 3-B
CANTARO EL
U. H. N.Mendoza Villa Coapa 123 4-C
CANTERA
Acatitla 24 2-C
Barrio Niño Jesús 109 3-E
Cantera Puente de Piedra 122 3-E
Cuauhtémoc 57 2-D
El Manto 111 2-B
El Tenayo 57 2-E
FOVISSSTE Fuentes Brotantes 122 5-C
Jardines del Pedregal 121 1-F
La Magdalena Petlacalco 135 5-C
La Mesa 122 5-E
Las Cruces 108 6-A
Malacates 45 5-B
Miguel Hidalgo 122 6-B
Pedregal de Santo Domingo 109 4-F
Pueblo Nuevo Alto 121 2-A
Santa Cruz del Monte 56 6-A
Tlalpan 122 5-D
Xalpa 112 4-D
CANTERA ALFONSA
La Forestal 45 6-B
Parque del Metropolitano 45 6-B
San Miguel Cuaut. El Alto 45 6-B
CANTERA ALFONSA 1A. PRIV.
La Forestal 45 6-B
CANTERA ALFONSA 2A. CDA.
Parque del Metropolitano 45 6-B
CANTERA AV.
Cantera 122 5-C
Cumbres de Tepetongo 122 5-C
Estanzuela 71 3-D
FOVISSSTE Fuentes Brotantes 122 5-C
Gustavo A. Madero 71 3-D
Los Alcatraces 122 5-C
Martín Carrera 71 3-D

Calle / Colonia	Plano	Coordenadas
Mesa de los Hornos	122	5-C
Res. Fuentes de Cáncer	122	5-C
Rosas del Tepeyac	71	3-D
San Juan Tepeximilpa	122	5-C
Tepejomulco	59	2-E
Tepetongo	122	5-C
Texcaltenco La Mesa	122	5-C
Tlaxcaltenco	122	5-C
CANTERA AV. Y 3 CDAS.		
San Lucas	57	2-E
CANTERA CDA.		
La Cantera	57	4-D
CANTERA CIR.		
Las Cruces	108	6-A
CANTERA DE CDA.		
Ampliación Los Reyes	113	2-B
CANTERA DE LA		
San Miguel Xometla	37	2-A
CANTERA DE LA 1A. CDA.		
Rincón del Bosque	114	6-B
CANTERA DE LA 2A. CDA.		
Atlaxco	121	1-A
CANTERA DE LA CDA.		
San Francisco Tepojaco	30	1-A
CANTERA DE PRIV.		
Cumbres de Tepetongo	122	6-B
CANTERA LA		
Casa Blanca	41	3-E
Dr. Jorge Jiménez Cantú	18	3-F
Vista Hermosa	46	1-D
CANTERA LA AV.		
Las Huertas	81	2-D
CANTERA LA Y 1A. CDA.		
Las Cruces	121	1-A
CANTERA MOCTEZUMA		
Tizapán	109	4-A
CANTERA PRIV.		
Estado de Hidalgo	108	1-B
Garcimarrero	108	1-B
Parque del Metropolitano	45	6-B
San Juan Tepeximilpa	122	6-B
CANTERA PROL.		
Las Cruces	108	6-A
CANTERA Y PRIV.		
El Gallito	59	2-D
Santa Cruz Xochitepec	136	2-B
CANTERAS		
Ampliación La Cebada	95	5-C
Castillo Chico	58	3-B
CANTERAS CDA.		
La Cañada	81	1-D
Lindavista	114	6-C
CANTERAS DE LAS AV.		
Santiago Tepalcatlalpan	136	3-C
Vista del Valle	68	5-D
CANTERAS LAS		
Santiago Tepalcatlalpan	136	3-C
CANTERAS LAS Y DIAG.		
San Juan Ticomán	58	6-C
CANTERBURY		
Condado de Sayavedra	41	4-E
CANTERBURY DE 3 PRIVS.		
Condado de Sayavedra	41	5-E
CANTERIA		
20 de Noviembre 2o. Tramo	84	3-F
Ampl. Venustiano Carranza	84	3-F
CANTERITA		
La Candelaria Ticomán	58	5-B
San Lorenzo	81	1-F
CANTERITAS		
Buenos Aires	46	4-D
CANTEROCO		
Acatitla	24	2-C
Colatitla	24	2-C
Purificación	24	2-C
Purificación	24	3-C
San Juan Teotihuacán	24	3-C
San Juan Teotihuacán	24	2-C
CANTEROS		
Barrio Canteros	87	5-B
Castillo Chico	58	3-B
Chimalhuacán	87	5-B
Nueva Guadalupe	87	5-B
Tlatel Xochitenco	87	2-D
Veinte de Noviembre	84	2-E
CANTEROS DE 3A. CDA.		
Xochiaca	87	6-C
CANTIL		
Ampliación La Cañada	95	4-D
Cuautitlán Izc. Atlanta	30	3-D
Izcalli San Pablo	20	6-B
Jardines de Morelos	48	2-A
Jardines del Pedregal	109	6-A
La Cañada	56	6-A
Lomas de Bellavista	55	6-F
CANTIL ACOCONETLA		
Montañista	58	3-D
CANTIL DEL ALTAR		
Vista del Valle	56	2-C
CANTIL EL AV.		
San Miguel Tociac	148	2-F
CANTIL Y PRIV.		
Estado de Hidalgo	108	1-B
CANTINFLAS		
Compositores Mexicanos	45	6-A
CANTON		
Romero Rubio	84	3-F
Simón Bolívar	84	3-F
CANTU		
Estado de Hidalgo	108	1-B
Nueva Anzures	83	5-C
CANTU J. CDA.		
Ejército del Trabajo	101	2-B
CANTU LUNA		
El Potrero CTM 19	33	3-B
CANUTILLO		
Canutillo	108	1-C
Lomas de la Estancia	112	4-F
San Pablo I	112	4-F
CAÑA		
Las Huertas	81	1-C
Tabla del Pozo	59	2-B
CAÑA FISTULA		
San Juan Cerro	111	2-B
CAÑACORO		
Barrio Norte	95	5-F
CAÑADA		
Ampliación Los Alpes	108	2-F
Benito Juárez	58	4-B
Cerro del Marqués	127	6-A
Conjunto Hab. El Rocío	20	4-B
Cuauhtémoc	108	6-B
Hacienda Ojo de Agua	21	5-B
Jardines de Morelos	47	2-F
Jardines del Pedregal	109	6-A
La Cañada	82	3-B
La Gavia	107	1-D
Las Peñitas	43	4-C
Plaza de la Colina	56	6-C
Prados de Ecatepec	20	4-B
San José del Jaral	43	1-D
San Juan Ticomán	58	6-C
San Mateo Tlaltenango	107	3-C
Xico	127	6-A
CAÑADA ACAHUITZILCO		
Montañista	58	3-D
CAÑADA AND.		
Las Cruces	108	6-A
Los Padres	121	1-A
CAÑADA CDA.		
Francisco I. Madero	42	1-A
CAÑADA DE ACUEDUCTO		
San Juan Bautista	147	3-F
CAÑADA DE ALCALICAN		
Montañista	58	3-D
CAÑADA DE HUEYATLACO		
Montañista	58	3-D
CAÑADA DE LA AND.		
Ciudad Labor	44	1-D
CAÑADA DE LA AV.		
Emiliano Zapata	152	2-D
La Conchita	152	2-D
CAÑADA DE LA CRUZ		
La Cañada	95	5-D
La Cebada	95	5-D
CAÑADA DE LA Y CDA.		
La Estadía	54	5-F
CAÑADA DE LOMBARDIA CDA.		
Olivar de los Padres	108	4-D
CAÑADA DE LUQUE		
La Cañada	95	5-D
La Cebada	95	5-D
CAÑADA DE MARTHA		
La Cañada	95	5-D
La Cebada	95	5-D
CAÑADA DE NEXCAYOTLA		
Montañista	58	3-D
CAÑADA DE RIO BLANCO		
U. H. Parque Nacional	44	1-C
CAÑADA DEL RIO PINTO		
La Cañada	95	5-D
CAÑADA DEL VENTORRILLO		
La Presa Lázaro Cárdenas	58	5-C
CAÑADA HONDA		
La Cañada	95	5-D
CAÑADA LA		
Castillo Chico	58	3-B
Del Carmen	138	3-C
El Contadero	107	3-B
Jiménez Cantú	128	1-F
Jiménez Cantú	115	6-F
Las Tinajas	107	3-B
Lomas de Tarango	108	1-E
San Lucas Xochimanca	136	4-D
Vista Hermosa	58	2-C
Zoquiapan	115	6-E
CAÑADA LA AV.		
2a. Ampl. Stgo Acahualtepec	112	3-E
La Cañada	56	3-B
CAÑADA REAL		
La Cañada	95	5-D
CAÑADA RICA		
La Cañada	95	5-D
CAÑADA ROSQUIN		
La Cañada	95	5-D
La Cebada	95	5-D
CAÑADA SECA		
La Cañada	95	5-D
CAÑADA VERDE		
La Cañada	95	5-D
La Cebada	95	5-D
CAÑADA Y CDA.		
Club de Golf Bellavista	56	5-B
CAÑADAS DE LAS		
Tierra Larga	68	3-F
CAÑADAS LAS		
La Hacienda	43	5-B
CAÑAMO		
Las Palmas	95	3-E
Reacom. Belén de las Flores	95	3-E
San Pablo I	112	4-F
CAÑAS 2 CJONES.		
Las Huertas	81	1-C
CAÑAS M.		
Lomas de Santa Cruz	112	4-B
CAÑAS M. AV.		
Santa Cruz Meyehualco	112	4-A
CAÑAS MANUEL 2 CDAS.		
Santa Cruz Meyehualco	112	4-A
CAÑAS MANUEL 2A. CDA.		
Desarrollo U. Quetzalcóatl	112	4-A
CAÑAVERAL EL RT.		
Jardines de la Hda. Sur	17	5-F
CAÑAVERALES		
U. H. Tenorios FOVISSSTE	123	3-E
Villa Coapa	123	3-E
Villa del Puente	123	3-E
CAÑEDO JUAN DE DIOS		
Ciudad Satélite	69	1-A
CAÑETES		
San Juan Xalpa	111	4-C
CAÑITAS		
Arboledas de Cuautepec	45	6-C
CAÑITAS Y CJON.		
Popotla	83	2-C
CAÑITO		
Altamirano	83	1-A
San Diego Ocoyoacac	83	1-A
Tacuba	83	1-A
CAÑIZALES MANUELA Y 1R. RT.		
U. O. H. CTM Zona VI	110	6-D
CAÑON		
Cuautitlán Izc. Atlanta	30	3-E
San Pablo I	112	4-F
CAÑON DEL SILENCIO		
Balcones del Valle	56	2-C
CAÑON DEL SUMIDERO		
Balcones del Valle	56	2-C
CAÑON ESCONDIDO		
Ampliación San Lorenzo	56	2-C
Balcones del Valle	56	2-C
CAÑONEROS		
Lomas del Chamizal	94	4-E
Lomas del Chamizal 2a. Secc	94	4-E
CAÑUELAS Y CDA.		
San Pablo I	112	4-F
CAO DIEGO		
Lomas de Capula	95	5-E
CAOBA		
2a. Ampl. Stgo Acahualtepec	112	3-E
Alfredo del Mazo	127	3-E
Arboledas de Aragón	73	2-B
Barranca de Guadalupe	112	5-C
Barrio La Tabla	137	3-C
Barrio San José	152	1-E
Bosque del Pedregal	121	6-B
Calacoaya	56	4-B
El Manto	111	2-B
El Molino Tezonco	124	3-D
El Rosario	124	3-D
El Zacatón	134	1-B
Garcimarrero	108	1-C
Jardines de Santa Mónica	56	4-D
La Concepción	49	1-E
La Palma	135	3-F
Las Margaritas	56	4-D
Los Cuartos II	81	2-C
Los Olivos	22	3-B
Palmillas	113	5-B
Pedregal de San Nicolás	121	6-B
Plutarco Elías Calles	114	5-F
Prados de Ecatepec	20	3-A
Rincón Verde	68	2-C
San Miguel Teotongo	113	3-A
Tequesquináhuac Parte Alta	56	1-E
Tlacoyaque	107	6-E
U. H. INFONAVIT La Isla	20	3-A
Valle Verde	127	1-D
Viveros Xalostoc	59	5-B
CAOBA CDA.		
Milpa del Cedro	107	2-F
Xalpa	112	3-D
CAOBA Y CDA.		
Ampl. Minas Palacio	81	4-B
CAOBAS DE LAS		
Prados de San Mateo	68	3-E
CAOBAS LAS		
Vergel de las Arboledas	56	1-B
CAOBAS Y 1A. CDA. Y 2A. CDA.		
Las Peñitas	43	4-D
CAPA LA		
Miguel Hidalgo	124	4-F
CAPACITACION		
Solidaridad Nacional	57	4-F
CAPETILLO		
Dr. Ignacio Capetillo	28	6-D
Santa Anita	28	6-D
Tráfico	28	6-D
CAPETILLO ALONSO		
Ampliación San Pedro Xalpa	69	5-E
Santiago Ahuizotla	69	5-E
CAPETILLO IGNACIO PROL.		
Tráfico	28	6-C
CAPETILLO MANUEL		
San Miguel Teotongo	113	4-B
CAPETILLO MANUEL Y 2 CDAS.		
San Isidro La Paz	42	1-A
CAPILLA		
Copilco El Bajo	109	4-B
Hacienda Ojo de Agua	21	4-B
San Bernabé Ocotepec	120	1-F
CAPILLA CDA.		
El Tanque	108	6-A
Torres del Potrero	108	6-A
CAPILLA DE LOS REYES 2A PRIV		
Barrio Los Reyes	70	4-C
CAPILLA DE LOS REYES Y PRIV.		
Barrio Los Reyes	70	4-B
CAPILLA JOAQUIN		
Tecolalco	95	5-B
CAPILLA LA		
Los Pastores	69	4-D
CAPILLA Y CDA.		
San Antonio Zomeyucan	82	2-A
CAPIRO EL		
Ampliación Evolución	99	2-E
Benito Juárez	99	2-E
CAPIROTE		
San Lorenzo Huipulco	123	3-A
CAPISAYO EL		
Los Pastores	69	4-D
CAPISTRAN JESUS		
Ampliación San Pedro Xalpa	69	5-E
CAPISTRAN JESUS CNEL.		
La Esperanza	46	5-A
CAPISTRANO		
Lomas de Capistrano	56	3-B
San Andrés Atenco	56	3-C
CAPITANEJO AND.		
Tlapechico	95	5-B
CAPITELES		
Jardines del Sur	136	1-E
CAPORAL EL		
Villa Coapa	123	4-C
CAPORAL EL AV.		
Jardines de la Hda. Sur	17	5-E
CAPORALES		
Granjas Esmeralda	110	2-D
CAPORALES DE LOS		
Villas de la Hacienda	43	1-C
CAPRI		
La Presa Lázaro Cárdenas	58	5-C
CAPRI 1A. CDA.		
Lomas Estrella 2a. Secc.	111	6-A
CAPRI AV.		
Izcalli Pirámide	57	4-D
CAPRI BLVR. Y CDAS. 3 Y 4		
Lomas Estrella 1a. Secc.	111	5-A
CAPRICORNIO		
Ampl. Emiliano Zapata	113	4-C
Jardines de Satélite	68	1-F
Josefa Ortiz de Domínguez	47	6-D
La Estrella	59	6-F
La Mora	81	3-D
Las Colonias	81	2-F
Prado Churubusco	110	2-D
Prados de Ecatepec	19	4-F
San Isidro Ayotla	113	3-F
San Rafael Chamapa	81	3-D
U. Izcalli Santa Clara	73	2-C
Valle de la Hacienda	17	3-E
CAPUCHINA AND.		
Tlapechico	95	5-B
CAPUCHINAS		
Evolución	99	3-B
Metropolitana 1a. Secc.	99	3-B
San José Insurgentes	96	6-C
CAPUCHINAS DE LAS		
Lomas Verdes Sección V	55	6-D
CAPUL		
El Mirador	59	1-A
CAPULA		
Barrio de Capula	4	6-C
Tepotzotlán	4	6-C
CAPULAC		
Lomas de Atizapán	55	2-F
Tultitlán	31	2-C
CAPULCO		
Pueblo Santa Cruz Acalpixca	137	3-C
CAPULCO 2o. CJON.		
Pueblo Santa Cruz Acalpixca	137	3-C
CAPULCO DE 1A. CDA.		
Pueblo Santa Cruz Acalpixca	137	3-D
CAPULCO Y CDA.		
Santa Cruz Acalpixca	137	3-C
CAPULHUAC		
Cuautitlán Izc. Cumbria	30	1-E
CAPULIN		
Alfredo del Mazo	127	2-E
Ampl. Emiliano Zapata	42	2-E
Ampliación El Tesoro	44	3-E
Ampliación Loma Linda	82	1-B
Arcos del Sur	123	6-D
Avándaro	127	2-B
Barrio Alfareros	87	4-D
Barrio Ebanistas	87	4-D
Benito Juárez	42	1-A
Bosques de Ixtacala	43	1-B
Buenavista	112	6-C
Capulín	95	3-F
Capulines	43	2-A
Consejo Agrarista Mexicano	111	6-F
Chimalhuacán	87	6-E
Dr. Jorge Jiménez Cantú	58	3-F
Ejidal Ampl. San Marcos	44	4-D
Ejidos de San Cristóbal	33	5-E
Ejidos de San Cristóbal	33	5-F
El Olivo	44	5-A
Hank González	59	1-C
Jardines de Ecatepec	47	2-B
La Carbonera	120	3-F
La Hera	68	3-D
Las Huertas	81	1-C
Las Huertas	68	6-D
Las Peritas	123	6-D
Lomas Cuautetlán	136	3-A
Lomas de Chamontoya	120	1-E
Lomas de San Miguel	43	3-B
Lomas de Totolco	101	2-A
Lomas de la Era	120	1-E
Miravalle	112	4-F
Paseos del Sur	123	6-D
Plan de Iguala	111	2-B
Plutarco Elías Calles	114	4-F
Potreros de la Noria	123	6-D
Pueblo Nuevo Alto	121	2-A
Purificación	24	3-C
Quintas del Valle	88	4-F
Revolución	43	2-A
San Antonio	57	4-A
San José	101	1-D
San José del Jaral	43	2-D
San Juan Xalpa	111	4-B
San Juan Xalpa	111	4-C
San Lorenzo	81	2-D
San Lorenzo	81	1-E
San Lorenzo	81	2-E
San Marcos Huixtoco	128	3-D
San Marcos Huixtoco	128	2-D
San Martín	76	1-B
San Martín Xico	140	2-B
San Miguel Teotongo	113	3-A
San Miguel Teotongo	113	4-A
San Nicolás II	134	1-B
Santa Cruz Xochitepec	136	2-C
Tabla Honda	57	3-C
Tabla del Pozo	59	2-B
Tepetongo	94	6-B
Texalpa	115	2-F
Tierra Blanca	138	4-F
Tlacoquemécatl	96	5-D
Tlapacoya	127	2-E
Tlaxopa 1a. Secc.	136	4-A
U. INFONAVIT Iztacalco	97	4-E
Unidad Hab. STUNAM Acolman	36	5-B
Valle Verde	127	1-D
Xalpa	112	3-D
Xalpa	112	4-D
Xicalhuaca	137	2-C
Xotepingo	110	5-A
CAPULIN 2A. CDA.		
Ejido Santa Cruz Xochitepec	136	2-C
CAPULIN AV.		
Las Golondrinas	95	5-E
Lomas de Capula	95	5-E
CAPULIN CDA.		
Ampl. Malacates	45	4-B
Arenitas	101	2-A
Las Huertas	81	1-D
Lomas de San Bernabé	120	2-F
Lomas de Totolco	100	2-F
Paseos del Sur	123	6-D
Vicente Guerrero 1a. Secc.	41	1-D
CAPULIN DE 1A. CDA.		
San Miguel Tehuizco	148	2-F
CAPULIN DEL CDA.		
Ampliación López Portillo	125	2-D
El Contadero	107	3-A
La Carbonera	120	2-F
San Andrés Totoltepec	135	3-E
CAPULIN DEL RT.		
Hacienda de Vallescondido	41	6-F
CAPULIN EL		
Dos Ríos	93	6-B
La Alteza	68	1-F
San Isidro Atlautenco	35	5-A
San Miguel Tehuizco	148	2-F
CAPULIN EL CDA.		
Santo Tomás Ajusco	134	6-F
CAPULIN PRIV.		
Cuautepec de Madero	58	3-A
CAPULIN SEGUNDO CJON.		
San Miguel Tehuizco	148	2-F
CAPULIN Y CDA.		
San Gabriel	43	3-D
CAPULIN Y CJON.		
Las Huertas	68	6-D
CAPULINES		
Barrio San Pedro	136	3-F
Barrio Santa Cruz	16	3-C
Campestre Liberación	42	3-C
Ejidal Emiliano Zapata	33	6-E
El Mirador	59	1-B
El Tanque	108	6-A
Hacienda Ojo de Agua	21	4-B
Independencia	28	4-E
Independencia	28	3-E
Ixtlahuaca	107	4-E
La Estación	125	1-B
Las Cruces	107	6-F
Lomas de San Mateo	68	4-E
México Nuevo	60	4-D
Prados de San Mateo	68	4-E
Pueblo San Diego	76	2-C
San Lorenzo Totolinga	81	1-E
San Lucas Xochimanca	136	3-F
Santa Inés	136	4-E
Tlalpexco	58	2-C
Valle de Tepepan	122	6-F
Villa de las Flores	32	3-F
CAPULINES 1A. CDA.		
Lomas de San Bernabé	107	6-F
CAPULINES 2 CDAS.		
San Lorenzo	81	1-E
CAPULINES 2A. CDA.		
Lomas de San Bernabé	107	6-F
CAPULINES 3 CDAS.		
Independencia	28	4-E
CAPULINES CDA.		
Plan de Ayala	136	4-A
Pueblo Santa Rosa Xochiac	107	5-B
San José Huilango	17	4-A
Vicente Suárez	19	2-E
CAPULINES CJON.		
Lomas de San Bernabé	120	1-F
CAPULINES DE 2A. CDA.		
Las Cruces	107	6-F
CAPULINES LOS		
Bello Horizonte	31	5-E
Sector Popular	76	4-B
CAPULINES PRIV.		
Ahuehuetes	58	2-C
CAPULINES Y CDA.		
Palmatitla	58	1-C
CAPULTITLA DE CJON.		
Capultitla	153	1-D
CAPULTITLA Y 2 CDAS.		
Miguel de la Madrid Hurtado	112	3-F
CAPULTITLAN		
Capultitlán	71	5-B
Los Angeles	57	1-D
Xolalpa	136	1-A
CAPULLO		
Tabla del Pozo	59	2-A
CARABELA		
Lomas Christi	68	1-F
CARABELA DE LA		
San Miguel Xalostoc	72	1-B
CARABELA LA NIÑA		

Calle / Colonia	Plano	Coordenadas
Colón Echegaray	69	3-D
CARABELA LA PINTA		
Colón Echegaray	69	3-D
CARABELAS		
Torres de Lindavista	71	1-A
CARABOS		
Valle de Tules	44	3-C
CARACAS		
Las Américas	69	5-B
Valle Dorado	56	1-D
CARACAS NORTE		
Torres de Lindavista	71	1-A
CARACAS SUR		
Torres de Lindavista	71	1-A
CARACOL		
Del Mar	124	4-E
U. INFONAVIT Iztacalco	97	5-F
CARACOL AV.		
Caracol	85	5-D
CARACOL CDA.		
Las Huertas	81	1-D
CARACOL PRIV.		
Cuchilla Pantitlán	85	6-E
Pueblo Santa Cecilia	57	2-D
CARACOLES		
San Lorenzo Totolinga	81	1-E
CARAPAN CDA.		
Benito Juárez	111	5-C
Esther Zuno de Echeverría	111	5-C
CARAVAGGIO		
Nonoalco	96	5-B
CARAYAS		
Tlacuitlapa	108	2-C
CARBAJAL		
Morelos	84	2-B
CARBAJAL ANTONIO		
Ampl. La Olímpica	81	4-B
Ejército de Ote. Z. Peñón	99	6-C
CARBAJAL FRANCISCO		
Lomas de Totolco	101	2-A
CARBAJAL Y MEJIA CDA.		
Pantitlán	85	6-E
CARBAJO ROQUE		
San José	126	6-A
CARBALLIDO EMILIO		
Chiconautla 3000	35	3-A
CARBONELLI JORGE		
Residencial San Alberto	63	1-C
CARBONERA		
Lomas de San Bernabé	120	1-E
CARBONERA DE LA 2A. CDA.		
Crescencio Juárez Chavira	120	3-F
CARBONERA DE LA CDA.		
La Carbonera	120	3-F
CARBONERA LA 1A. PRIV.		
La Carbonera	120	3-F
CARBONERA LA Y PRIV.		
La Carbonera	120	3-F
CARBONERA PRIV.		
La Carbonera	121	3-A
CARBONEROS		
Lomas de San Bernabé	120	2-E
CARBONEROS CDA.		
Lomas de San Bernabé	120	2-E
CARBONO		
U. H. El Rosario	69	1-F
CARCAMO EL		
Villa Coapa	123	4-C
CARCAN		
Lic. Carlos Zapata Vela	98	5-A
CARCEL DE MUJERES		
Santa Martha Acatitla	112	1-F
CARCEL DE MUJERES AV.		
Ampliación Emiliano Zapata	113	3-C
Emiliano Zapata	113	3-C
CARDEL JOSE		
Ampliación San Pedro Xalpa	69	5-D
CARDENAL		
La Cañada	56	3-B
Lago de Guadalupe	30	5-A
Las Arboledas	56	1-E
Lomas de San Esteban	89	1-B
Minas del Coyote	81	3-B
Rinconada de Aragón	60	5-B
San Miguel Teotongo	113	4-B
Sierra de Guadalupe	44	3-E
CARDENAL DEL		
Las Alamedas	56	2-A
CARDENALES		
Ampliación San Miguel	43	2-B
Granjas de Guadalupe	42	2-C
Izcalli Jardines	34	6-C
Las Aguilas	108	1-F
Prados de Ecatepec	19	3-F
CARDENALES Y 2 CDAS.		
Barrio de las Palomas	100	2-D
CARDENALES Y PRIV.		
Parque Residencial Coacalco	33	5-B
CARDENAS		
La Unidad	94	1-D
San Miguel Teotongo	113	2-B
CARDENAS ALBERTO		
Lomas de San Lorenzo	124	1-E
CARDENAS ALFONSO		
Coacalco de Berriozábal	32	4-F
Prado Ixtacala	57	5-D
San Felipe Ixtacala	57	5-D
U. H. San Rafael Coacalco	33	1-C
CARDENAS ALFONSO PROFR.		
Ejidal Los Acuales	33	4-A
Villa Las Manzanas	33	4-A
CARDENAS ANTONIO GRAL.		
Héroes de la Revolución	82	5-B
CARDENAS CDA.		
Francisco Villa	56	3-C
Las Puertas	125	3-D
San Gregorio Atlapulco	137	2-E
CARDENAS DAMASO		
Lomas de San Lorenzo	124	1-E
CARDENAS DEL RIO LAZARO GRAL		
Prados de San Juan Ixtacala	43	2-A
CARDENAS EMILIO		
Centro Ind. Tlalnepantla	56	3-F
Industrial San Lorenzo	56	3-F
La Romana	57	3-A
San Javier	57	3-A
San Lorenzo	57	3-A
Tlalnepantla	57	3-A
Zona Centro	57	3-A
CARDENAS EMILIO PRIV.		
San Lorenzo	56	3-F
CARDENAS GUTY		
Guadalupe Inn	109	2-B
CARDENAS GUTY 2 CDAS.		
Compositores Mexicanos	45	6-A
CARDENAS GUTY Y 2 CDAS.		
Compositores Mexicanos	45	6-B
CARDENAS LAZARO		
1a. Ampl. Stgo Acahualtepec	112	2-E
Albarrada	111	1-D
Alfredo del Mazo	81	4-E
Ampl. Alfredo V. Bonfil	43	4-A
Ampl. Granjas de Guadalupe	42	1-D
Ampl. Ozumbilla	21	5-E
Ampl. Profr. C. Higuera	43	6-A
Ampl. Profr. C. Higuera	43	5-B
Ampliación Emiliano Zapata	42	2-E
Ampliación Independencia	57	1-C
Ampliación Los Reyes	113	2-B
Ampliación Miguel Hidalgo	122	5-A
Ampliación Santa Bárbara	114	6-F
Año de Juárez	111	6-D
Arboledas de Cuautepec	45	6-C
Barrio Artesanos	87	4-F
Barrio Cruztitla	151	1-F
Barrio La Asunción	125	6-E
Barrio Los Reyes	139	5-D
Barrio Pescadores	87	4-F
Barrio Pescadores	87	3-F
Barrio de la Luz Bajo	16	3-C
Benito Juárez	43	6-D
Benito Juárez	44	1-D
Benito Juárez	58	4-B
Benito Juárez	97	4-D
Benito Juárez	41	1-F
Benito Juárez	59	2-C
Benito Juárez	59	3-B
Boca Barranca	59	1-B
Bosques de los Remedios	69	5-A
Buenavista	107	3-D
Buenavista	112	5-C
Carlos Salinas de Gortari	34	6-E
Cerro del Tejolote	114	5-D
Cinco de Mayo	43	4-A
Citlalli	112	3-C
Cnel. José Antonio Torres	60	1-D
Consejo Agrarista Mexicano	111	6-F
Consejo Agrarista Mexicano	111	5-E
Covadonga	127	5-E
Cuautepec de Madero	58	3-A
Chiconcuac	62	1-F
Chimalhuacán	87	4-F
Darío Martínez	113	6-E
Del Bosque	58	3-A
Diecisiete de Marzo	100	3-E
Diez de Abril	69	3-D
Diez de Junio	32	1-A
División del Norte	59	5-F
Dos de Septiembre	19	1-D
Dr. Jorge Jiménez Cantú	30	5-C
Ej. Santa María Aztahuacán	112	3-C
Ejército del Trabajo I	73	1-A
Ejido Axotlan	29	3-A
Ejido San Agustín Atlapulco	100	4-B
Ejido San Agustín Atlapulco	100	4-C
Ejido San Juan Tlihuaca	42	3-B
Ejidos de San Pedro Mártir	122	6-F
El Calvario	46	1-E
El Capulín	114	6-D
El Chamizal	72	2-E
El Hostol Zona Comunal	44	6-B
El Mirador	56	6-E
El Pino	113	2-F
Emiliano Zapata	81	2-C
Emiliano Zapata	60	5-B
Emiliano Zapata	113	3-C
Emiliano Zapata	42	1-F
Emiliano Zapata 2a. Secc.	72	1-D
Emiliano Zapata 2a. Secc.	72	2-E
Eva Sámano de López Mateos	111	1-D
Ferrería	70	1-C
Francisco I. Madero	41	2-F
Francisco Sarabia	42	2-C
Granjas Independencia III	73	1-A
Granjas Valle de Guadalupe	72	2-E
Granjas de Guadalupe	42	1-D
Hacienda Santa Mónica	56	5-C
Hacienda de Aragón	73	1-A
Hank González	59	1-C
Hank González	59	2-C
Independencia	140	3-D
Independencia	28	4-E
Independencia	28	3-D
Ixtlahuacan	112	3-F
Jalalpa	95	5-D
Jardines de San Gabriel	59	5-E
Jardines de los Baez	34	6-D
Josefa Ortiz de Domínguez	60	2-C
La Alfalfa	47	2-A
La Cañada	82	2-B
La Casilda	58	1-C
La Concepción	139	3-A
La Conchita Zapotitlán	125	4-A
La Joyita	30	5-D
La Magdalena Panohaya	62	4-D
La Malinche	108	6-B
La Nopalera	122	6-F
La Paz	63	6-D
Loma Bonita	114	6-C
Loma Bonita	31	2-B
Loma Bonita	114	6-D
Loma Cebada	94	1-D
Lomas San Juan Ixhuatepec	58	6-E
Lomas de Chamapa	81	2-F
Lomas de Totolco	101	2-A
Lomas de Zaragoza	112	2-F
Lomas de la Cañada	82	2-B
Lomas de la Era	107	6-F
Lomas de la Estancia	112	4-E
Los Angeles	35	6-C
Los Cerrillos	138	4-D
Los Cerrillos	138	3-D
Los Cuartos	81	3-C
Los Reyes Acaquilpan	113	1-D
Luis Donaldo Colosio	33	3-D
Malacates Cuautepec	45	5-B
Marina Nacional	59	6-A
Mayorazgos La Concordia	56	1-D
Melchor Múzquiz	73	1-A
Melchor Ocampo	18	1-F
México Insurgente	73	1-A
Narciso Mendoza	123	5-C
Nexquipayac	49	4-B
Nexquipayac	49	4-A
Nezahualcóyotl	75	2-E
Nueva Aragón	73	1-C
Panorámica	46	3-F
Paraje Zacatepec	112	1-D
Paseos del Alba	31	5-A
Pedregal Monserrat	110	6-A
Popular	59	5-E
Presidentes	95	5-D
Presidentes de México	111	5-E
Primero de Septiembre	42	3-F
Profr. Cristóbal Higuera	43	6-A
Progresista	111	1-D
Progreso de Oriente	100	1-B
Pueblo Quieto	122	3-E
Pueblo de Tepexpan	35	6-E
Punta de Ceguayo	108	1-B
Residencial El Dorado	56	1-D
Ricardo Flores Magón	82	4-A
Rivera del Bosque	56	1-F
San Bartolo Ameyalco	108	6-B
San Esteban Huitzilacasco	82	3-A
San Francisco Tepojaco	30	2-A
San Gregorio Atlapulco	137	3-E
San Jerónimo Tepetlacalco	56	6-F
San José	101	1-C
San Juan Joya	111	4-D
San Juan Ticomán	58	5-B
San Juan Totoltepec	68	6-F
San Juan de Aragón	72	6-B
San Juan de los Lagos	149	1-E
San Lorenzo Totolinga	81	1-E
San Lucas	57	3-E
San Lucas Tepetlacalco	56	5-C
San Luis Tlaxialtemalco	138	2-A
San Martín	22	3-B
San Martín de las Pirámides	24	1-F
San Mateo Tecalco	22	3-C
San Miguel Xometla	37	2-B
San Pablo Tecalco	22	4-E
San Pedro Xalpa	69	4-E
San Rafael Chamapa	81	3-C
San Rafael Chamapa	81	2-F
San Salvador Cuauhtenco	150	4-B
Santa Anita	28	6-D
Santa Cruz Amalinalco	128	5-B
Santa María Chimalhuacán	88	3-A
Santa María Chimalhuacán	88	3-B
Santa María Tlayacampa	44	6-A
Santa María Xalostoc	59	5-D
Santa Ursula Coapa	123	2-B
Santiago Acahualtepec	112	2-F
Santiago Tepalcapa	31	5-A
Texalpa	46	6-E
Tolotzin II	60	6-C
Unidad 2 IMSS Tlalnepantla	56	1-F
Unión de Guadalupe	127	4-E
Valle de Anáhuac Secc. A	60	5-B
Valle de Aragón	73	1-A
Venustiano Carranza	70	1-E
Vicente Guerrero	59	6-E
Vicente Guerrero	81	5-D
Vicente Guerrero	28	6-F
Villa San Agustín Atlapulco	100	4-E
Xalpa	112	5-E
Xalpa	112	3-D
Xaltipac	100	1-B
Zona Escolar	57	3-F
Zona Escolar	58	3-A
Zona Escolar Oriente	58	3-A
CARDENAS LAZARO 1A. CDA.		
Barrio La Tabla	137	3-C
Ejido San Agustín Atlapulco	100	4-B
San Mateo Tlaltenango	107	3-D
CARDENAS LAZARO 2 CDAS.		
San Bartolo Ameyalco	108	5-B
CARDENAS LAZARO 2A CDA PROL		
Lomas de la Era	120	1-E
CARDENAS LAZARO 2A. CDA.		
Cuautepec de Madero	58	3-A
San Mateo Tlaltenango	107	3-D
CARDENAS LAZARO 4 CDAS.		
Cuautepec de Madero	58	3-A
Profr. Cristóbal Higuera	43	6-A
Santa Cruz Acalpixca	137	3-C
CARDENAS LAZARO 4A. CDA.		
San Mateo Tlaltenango	107	3-D
CARDENAS LAZARO AV.		
Ampl. Profr. C. Higuera	43	5-A
Central Michoacana	60	5-C
Guadalupana	127	5-C
Izcalli Chamapa	81	4-C
Juventud Unida	122	6-F
Lázaro Cárdenas	35	6-A
Nueva Díaz Ordaz	47	1-C
Profr. Cristóbal Higuera	43	5-A
Providencia	127	5-C
Tollotzin II	60	5-C
CARDENAS LAZARO AV. Y CJON.		
San José Tecamac	22	2-B
CARDENAS LAZARO CDA.		
Cinco de Mayo	43	4-A
Compositores Mexicanos	45	6-A
Chalco	127	6-F
La Cañada	56	4-A
La Malinche	108	6-B
Nexquipayac	49	3-B
Pueblo San Bartolo Ameyalco	107	5-E
San José Zacatepec	136	4-D
San Mateo Tecalco	22	4-C
San Mateo Tecalco	22	3-C
San Mateo Tecoloapan	43	4-C
Venustiano Carranza	101	1-C
Vicente Guerrero 1a. Secc.	41	1-E
Xalpa	112	4-C
CARDENAS LAZARO CJON.		
El Paraíso	99	5-B
San Mateo Xalpa	136	4-E
CARDENAS LAZARO DE 1A. PRIV.		
Zona Escolar Oriente	58	3-A
CARDENAS LAZARO DE CDA.		
San Miguel Tocuila	62	6-F
CARDENAS LAZARO DIAGONAL		
Barrio San Bartolo	139	5-D
CARDENAS LAZARO EJE CENTRAL		
Alamos	97	2-A
Algarín	97	2-A
Ampl. Panamericana	71	3-A
Ampl. Progreso Nacional	57	6-F
Atenor Sala	97	2-A
Buenos Aires	97	2-A
Centro	84	3-B
Defensores de la República	71	3-A
Doctores	84	3-B
Ex Hipódromo de Peralvillo	84	3-B
Francisco Zarco	97	2-A
Guadalupe	57	6-F
Guadalupe Victoria	71	3-A
Guerrero	84	3-B
Independencia	97	2-A
Letrán Valle	97	2-A
Magdalena de las Salinas	71	3-A
Miguel Alemán	97	2-A
Narvarte	97	2-A
Niños Héroes de Chapultepec	97	2-A
Nueva Industrial Vallejo	70	1-F
Nueva Vallejo	71	3-A
Obrera	84	3-B
Panamericana	71	3-A
Peralvillo	84	3-B
Portales	97	2-A
Postal	97	2-A
Progreso Nacional	57	6-F
San Bartolo Atepehuacán	71	3-A
San Simón Ticumac	97	2-A
Santiago Atepetlac	57	6-F
Tlamaca	71	3-A
U. H. Nonoalco Tlatelolco	84	3-B
U. Lindavista Vallejo	71	3-A
U. Vallejo La Patera	70	1-F
Valle del Tepeyac	71	3-A
Vallejo	71	3-A
Vértiz Narvarte	97	2-A
CARDENAS LAZARO GRAL.		
Aurora	100	2-A
El Chaparral	56	4-A
Héroes de la Revolución	82	5-B
La Barranquita	56	4-A
Lázaro Cárdenas	88	3-E
Lázaro Cárdenas	73	5-B
San Juan Ixhuatepec	58	5-E
San Lucas Patoni	57	4-E
San Miguel Tocuila	62	6-E
CARDENAS LAZARO PDTE.		
Constitución de 1857	100	5-A
Santa Martha	100	5-A
CARDENAS LAZARO PRIV.		
Guadalupe Victoria	33	4-C
Santa Clara	59	3-C
CARDENAS LAZARO PROL.		
Barrio Carpinteros	87	3-F
Barrio La Tabla	137	3-C
Lomas de la Hera	107	6-F
Punta La Zanja	87	3-F
CARDENAS LAZARO PROL. Y CDA.		
Barrio La Planta	137	3-C
CARDENAS LAZARO Y 1A. CDA.		
Independencia	28	3-E
Jorge Jiménez Cantú	28	3-E
CARDENAS LAZARO Y 2 CDAS.		
Ampl. Presidentes	88	5-D
Tultepec	19	4-A
CARDENAS LAZARO Y 2A. CDA.		
Independencia	28	3-E
CARDENAS LAZARO Y 3a. PRIV.		
Santa Cruz Acalpixca	137	3-D
CARDENAS LAZARO Y CDA.		
Ixtlahuacan	112	3-F
Jardines de Acuitlapilco	88	6-B
Lomas de San Pedro	21	4-E
San Juan Tepepan	123	6-C
San Miguel Teotongo	113	3-A
San Miguel Teotongo	113	2-A
CARDENAS RAFAEL RT.		
U. H. Atzacoalco CTM	71	1-E
CARDENAS RAYMUNDO R.		
U. H. San Rafael Coacalco	33	2-B
CARDENAS RODRIGUEZ A. GRAL.		
Escuadrón 201	110	1-E
Héroes de Churubusco	110	1-E
Sector Popular	110	1-E
CARDIFF PRIV.		
Condado de Sayavedra	54	1-D
CARDIOLOGOS		
Ampliación El Triunfo	97	5-D
El Triunfo	97	5-D
San Juanico Nextipac	97	5-D
CARDO Y RT.		
C. H. La Pradera I	72	5-E
CARDON		
Agrícola Metropolitana	124	4-F
Boca Barranca	59	2-B
CARDONAL		
Valle Gómez	84	1-D
CARDOS		
Villa de las Flores	32	2-F
CARDOS 2 CDAS.		
Ampliación Miguel Hidalgo	121	6-F
CARDOS Y CDA. Y PRIV.		
Ampliación Miguel Hidalgo	121	6-F
CAREY		
Tlatel Xochitenco	87	2-C
CARIACO PRIV.		
Los Corrales	123	6-B
CARIBE DEL AV.		
Las Américas	69	5-B
Loma Taurina	69	5-B
CARIDAD		
Morelos	84	3-C
CARIÑO		
Aurora	99	3-F
CARLITA		
Lomas de Cantera	69	6-B
CARLOTA		
El Edén	112	1-D
Guadalupe Tepeyac	71	6-D
CARMEL		
Lomas de Capistrano	56	3-A
CARMELO DEL		
Chalco	141	2-B
CARMEN		
Chimalistac	109	3-B
El Carmen	58	3-B
Las Tinajas	81	1-F
Miguel Hidalgo	124	3-F
Nativitas	97	4-B
Pueblo San Bernabé Ocotepec	120	1-F
CARMEN CJON.		
El Carmen	58	3-B
CARMEN DEL		
Bellavista	17	4-C
Buenavista	44	1-D
Centro	84	4-C
El Santuario	111	2-A
Lomas Verdes Sección V	55	6-D
CARMEN DEL 2o. CJON.		
El Carmen	58	2-B
CARMEN DEL AV.		
Santa Cruz	21	6-D
CARMEN DEL CDA.		
Adolfo López Mateos	42	4-D
El Carmen	58	3-B
Las Tinajas	107	2-C
Los Cerrillos	138	3-C
CARMEN DEL CJON.		
Pueblo Santa Rosa Xochiac	107	5-D
CARMEN DEL RT.		
La Alteña I	69	1-A
CARMEN EL		
Las Tinajas	107	2-C
San Miguel Teotongo	113	4-B
CARMONA DAMIAN		
Ampliación Miguel Hidalgo	122	5-A
CARMONA DAMIAN AV.		
Gral. Manuel Avila Camacho	82	4-C
CARMONA GABRIEL		
Canutillo	108	1-C
Privada Centenario	108	1-C
CARMONA Y VALLE DR.		
Doctores	83	6-F
CARNERO		
Villas de la Hacienda	43	2-C
CARNICERITO		
Lomas de Sotelo	82	2-E
CARNOT SADI		
San Rafael	83	4-E
CAROLINA		
Ampliación Nápoles	96	5-C
Ciudad de los Deportes	96	5-C
Industrial	71	4-C
Los Angeles	111	3-D
Nochebuena	96	5-C
CARPA		
PROFOPEC Polígono 2	60	5-C
CARPATOS		
Los Alpes	109	1-B
CARPINTERIA		
Emilio Carranza	84	2-D
Morelos	84	2-D
CARPINTERO		
Minas del Coyote	81	3-B
Rinconada de Aragón	60	5-B
Sierra de Guadalupe	44	2-E
CARPINTEROS		
Las Golondrinas	95	5-E
Lomas del Lago	42	1-D
Zona Industrial Xhala	18	3-A
CARPINTEROS DE LOS		
Ejército del Trabajo	73	2-B
U. H. El Rosario	57	6-A
CARPIO JUSTINO		
Vicente Coss	60	4-B
CARPIO MANUEL		
Ciudad Satélite	69	2-A
Santiago Teyahualco	19	6-D
CARPIO MANUEL PROL.		
Plutarco Elías Calles	83	2-D
Santo Tomás	83	2-D
CARPIO MANUEL Y PRIV.		
Santa María La Ribera	83	2-E

Calle / Colonia	PLANO	COORDENADAS
CARPIZO JORGE		
Xalpa	112	4-E
CARR S ROSA S MATEO 1A PRIV		
Pueblo Santa Rosa Xochiac	107	5-C
CARR XOCHIMILCO S P TOPILEJO		
Ejido Santa Cruz Xochitepec	136	2-D
La Cañada	136	2-D
La Concha	136	2-D
La Noria	136	2-D
Rinconada San Pablo	136	2-D
San Lucas Xochimanca	136	2-D
Santa Cruz Xochitepec	136	2-D
Santiago Tepalcatlalpan	136	2-D
CARR. FED. NAUCALPAN TOLUCA		
Ampl. La Olímpica	81	2-E
La Olimpiada 68	81	2-E
La Olímpica	81	2-E
La Olímpica Radio	81	2-E
Las Tinajas	81	2-E
Lomas de San Agustín	81	2-E
Los Cuartos	81	2-E
Minas El Caracol	81	2-E
San Francisco Chimalpa	80	4-B
San Rafael Chamapa	81	2-E
San Rafael Chamapa Secc. II	81	2-E
Santa Lilia	81	2-E
Veinte de Noviembre	81	2-E
CARR. NAUCALPAN JILOTZINGO		
Municipio de Naucalpan	67	3-B
CARR. XOCHIMILCO TOPILEJO		
San Miguel Topilejo	149	3-B
CARRACA		
Rinconada de Aragón	60	5-C
CARRACCI CDA.		
Insurgentes Extremadura	96	5-C
CARRACCI CDA. Y 2 PRIVS.		
San Juan	96	5-C
CARRACCI LUIS		
Insurgentes Extremadura	96	5-B
Nonoalco	96	5-B
San Juan	96	5-B
CARRAL FRANCISCO DE P. DR.		
Doctores	96	1-F
CARRANZA CJON.		
Chiconcuac	62	1-F
CARRANZA E.		
Barrio Barranca Seca	121	2-B
La Concepción	121	2-B
La Magdalena Contreras	121	2-B
San Nicolás Totolapan	121	2-B
CARRANZA E. 4 CDAS Y PRIV.		
San Andrés Tetepilco	97	6-B
CARRANZA E. CALZ.		
Albert	97	6-B
Chilero I	97	6-B
El Retoño	97	6-B
San Andrés Tetepilco	97	6-B
Zacahuitzco	97	6-B
CARRANZA EMILIO		
Ampliación San Esteban	82	1-B
Ampliación San Pedro Xalpa	69	5-E
Barrio San Juan Evangelista	24	3-B
Benito Juárez	44	1-D
Chiconcuac	62	1-F
Chiconcuac	49	6-F
Ecatepec de Morelos	46	1-F
El Olivar	82	1-B
Industrial Atoto	82	1-B
La Trinidad	76	1-C
Melchor Ocampo	18	1-F
Moctezuma 2a. Secc.	84	5-F
San Isidro Atlautenco	35	6-A
San Isidro Atlautenco	35	5-A
San Juan Ixtacala	57	5-C
San Martín Tepetlixpan	31	6-A
San Martín de las Pirámides	24	2-E
San Mateo Huitzilzingo	140	5-C
San Miguel Xochimanga	43	6-D
Santa Anita	97	2-D
Santiago Ahuizotla	69	5-E
Santiago Tepalcatlalpan	136	3-D
CARRANZA EMILIO 2 CDAS.		
Ampliación San Esteban	82	1-B
CARRANZA EMILIO 3 CDAS.		
Melchor Ocampo	19	1-A
San Isidro Atlautenco	35	5-A
CARRANZA EMILIO AV.		
Santa Ana Tlacotenco	152	6-B
CARRANZA EMILIO CJON.		
La Magdalena Contreras	121	2-A
CARRANZA EMILIO Y CDA.		
Melchor Ocampo	19	1-A
CARRANZA EMILIO Y PRIV.		
La Magdalena Contreras	121	3-A
CARRANZA EMILIO Y PRIV. Y RT		
Buenavista	81	4-F
CARRANZA JESUS		
Morelos	84	2-C
San Lucas Patoni	57	3-E
Z. U. E. Ozumbilla	21	4-E
CARRANZA JESUS CDA.		
Loma de la Palma	58	2-A
CARRANZA JESUS GRAL.		
Ampliación Caracol	85	5-D
CARRANZA JESUS Y CDA.		
Héroes de la Revolución	82	5-A
CARRANZA MERCEDES		
Santa Cecilia	125	5-F
CARRANZA PRIV.		
Santa Clara	59	3-C
CARRANZA VENUSTIANO		
Alfredo V. Bonfil	81	4-E
Alfredo del Mazo	81	4-D
Alfredo del Mazo	127	1-E
Amipant	98	2-F
Ampl. Guadalupe Victoria	33	5-C
Ampl. Profr. C. Higuera	43	5-B
Ampl. San Martín Calacoaya	56	4-A
Ampl. San Sebastián	100	5-D
Ampliación Los Reyes	113	2-B
Ampliación Miguel Hidalgo	122	5-A
Ampliación Tlacoyaque	107	5-E
Año de Juárez	111	6-D
Benito Juárez	59	3-C
Benito Juárez	41	1-F
Benito Juárez	97	4-D
Benito Juárez	43	6-E
Buenavista	31	6-D
Casco de San Juan	128	6-B
Central Michoacana	60	5-C
Centro	84	4-B
Cinco de Febrero	28	6-F
Cinco de Mayo	43	4-A
Coacalco de Berriozábal	32	4-F
Cocotitlán	141	5-E
Colinas	68	4-C
Covadonga	127	5-E
Cuautitlán	18	6-C
Chimalhuacán	87	6-F
Diez de Abril	69	3-D
División del Norte	59	5-E
Dr. Jorge Jiménez Cantú	30	5-C
Ecatepec de Morelos	46	1-E
Ej. Santa María Aztahuacán	112	1-B
Ejido Axotlan	29	4-A
Ejido San Agustín Atlapulco	100	4-C
El Chamizal	82	3-A
El Pino	113	2-F
Emiliano Zapata	60	5-A
Francisco I. Madero	60	1-A
Fuego Nuevo	111	5-A
Guadalupe San Marcos	128	2-D
Guadalupe Victoria	33	5-C
Héroes de la Revolución	82	5-A
Huixquilucan de Degollado	106	1-A
Independencia	28	4-E
Independencia	57	1-C
Jalalpa	95	5-D
Jardines de San Gabriel	59	5-E
Jorge Jiménez Cantú	28	3-F
La Ciudadela	18	6-C
La Conchita	152	1-D
La Conchita Zapotitlán	125	3-C
La Joyita	98	2-F
La Loma	33	5-C
La Providencia	69	3-E
Lázaro Cárdenas	82	1-D
Lázaro Cárdenas	18	4-D
Lázaro Cárdenas	35	6-B
Lázaro Cárdenas	73	5-B
Loma Bonita	114	6-C
Loma Bonita	31	2-B
Lomas de San Pedro	21	4-E
Lomas de Zaragoza	112	2-F
Los Angeles	35	6-C
Los Reyes Ixtacala	57	4-A
Luis Donaldo Colosio	33	3-E
Melchor Múzquiz	73	1-A
Miguel de la Madrid Hurtado	112	3-F
Morelos	28	3-A
Narciso Mendoza	123	4-C
Netzahualcóyotl	75	2-E
Nonoalco	63	1-C
Nueva San Isidro	127	4-F
Nueva Santa María	18	6-C
Panorámica	46	3-F
Paraíso	60	1-A
Paraje San Juan 3a. Ampl.	111	4-D
Popular	59	5-E
Presidentes	95	5-D
Primero de Septiembre	42	3-F
Pueblo Coanalán	36	6-D
Pueblo San Bartolo Ameyalco	107	5-E
Pueblo San Felipe	62	6-E
Punta de Ceguayo	108	1-B
Revolución	63	5-A
Sagitario	60	5-C
San Esteban Huitzilacasco	82	3-A
San Francisco Acuexcomac	49	6-C
San Francisco Tepojaco	29	2-F
San Gregorio Cuautzingo	141	1-E
San Jerónimo Tepetlacalco	56	6-E
San Juan Ixtacala	57	5-C
San Juan Ticomán	58	5-C
San Lucas	57	3-E
San Lucas Patoni	57	4-E
San Luis Huexotla	76	3-D
San Mateo Xoloc	17	1-A
San Miguel Chalma	57	3-E
San Miguel Teotongo	113	2-B
San Miguel Tocuila	62	6-E
San Miguel Xometla	37	2-A
San Pablo de las Salinas	19	5-E
San Pedro Atocpan	150	3-F
San Rafael Chamapa	81	2-D
San Salvador Cuauhtenco	150	4-C
Santa Anita	28	6-D
Santa Cecilia	138	6-F
Santa Clara	59	3-C
Santa María Ozumbilla	21	4-F
Santa María Tomatlán	111	5-A
Santa Martha Acatitla	112	1-E
Santiago Cuautlalpan	88	4-E
Santiago Teyahualco	19	6-C
Santiago Yanhuitlalpan	94	5-A
Santiaguito	63	4-C
Santo Tomás	114	6-C
Tierra Blanca	138	3-F
Tultepec	19	4-B
U. H. El Paraíso FOVISSSTE	18	6-C
U. José Ma. Morelos y Pavón	33	5-C
Unidos Avanzamos	47	2-C
Valle de Anáhuac Secc. A	60	5-A
Venustiano Carranza	70	1-E
Vicente Guerrero	59	5-E
Vicente Guerrero	59	6-E
Xaltipac	100	1-B
CARRANZA VENUSTIANO 1 CDA.		
Cuautepec El Alto	58	1-B
CARRANZA VENUSTIANO 1A PRIV.		
Cuautepec El Alto	58	1-B
CARRANZA VENUSTIANO 2A PRIV.		
Santa Ursula Coapa	123	2-B
CARRANZA VENUSTIANO 2A. CDA.		
Cuautepec de Madero	58	2-B
Ejido San Agustín Atlapulco	100	4-C
Palmatitla	58	2-B
CARRANZA VENUSTIANO 2a. PRIV		
Cuautepec El Alto	58	2-B
CARRANZA VENUSTIANO 6A. CDA.		
Cuautepec de Madero	58	2-B
CARRANZA VENUSTIANO AV.		
El Rosario	16	4-E
Naucalpan de Juárez	69	6-C
Piedra Gorda	16	4-E
Santa Martha Acatitla	99	5-E
CARRANZA VENUSTIANO CDA.		
Barrio Tlatel	88	6-D
Coacalco de Berriozábal	32	5-F
Coacalco de Berriozábal	32	4-F
Emiliano Zapata	42	1-F
Guadalupe Victoria	33	5-D
Nonoalco	63	1-B
San Bernardino	75	5-F
Santa Martha Acatitla	112	1-E
CARRANZA VENUSTIANO CJON.		
Francisco I. Madero	42	2-A
Guadalupe Victoria	33	5-D
San Luis Huexotla	76	3-D
CARRANZA VENUSTIANO DE 1A. C		
Los Aguales	32	5-F
CARRANZA VENUSTIANO DE 2A. C		
Los Aguales	32	5-F
CARRANZA VENUSTIANO DE CDA.		
Tezoyuca	49	2-E
CARRANZA VENUSTIANO DOS CDAS		
Santiago Cuautlalpan	88	4-E
CARRANZA VENUSTIANO PDTE.		
Presidentes de México	111	5-E
Villa Coyoacán	109	3-E
CARRANZA VENUSTIANO PDTE. AV		
Progresista	111	2-D
CARRANZA VENUSTIANO PRIV.		
Coacalco de Berriozábal	32	5-F
San Pablo de las Salinas	19	6-F
San Pablo de las Salinas	19	5-F
CARRANZA VENUSTIANO PROL CDA		
Ampliación Miguel Hidalgo	121	5-F
CARRANZA VENUSTIANO PROL.		
Guadalupe Victoria	33	5-D
CARRANZA VENUSTIANO PROL. CD		
El Rosario	138	3-F
CARRANZA VENUSTIANO Y 1 CDA.		
Cuautepec El Alto	58	1-B
Cuautepec de Madero	58	1-B
La Palmita	58	1-B
Valle de Madero	58	1-B
CARRANZA VENUSTIANO Y 2 CDAS		
Ampliación Emiliano Zapata	42	2-E
La Lupita	139	3-A
CARRANZA VENUSTIANO Y CDA.		
Buenavista	28	5-F
Cuautepec de Madero	58	2-B
Chalco	127	6-F
Ricardo Flores Magón	4	5-C
San Juan Ixhuatepec	58	6-F
San Sebastián Xhala	18	2-B
Santa Ursula Coapa	123	2-B
CARRANZA VENUSTIANO Y CJON.		
Tezoyuca	49	2-E
CARRARA		
Residencial Acoxpa	123	3-D
CARRASCO		
Cantera Puente de Piedra	122	3-E
Comuneros de Santa Ursula	122	3-E
La Palma	59	1-D
Toriello Guerra	122	3-E
Vista Hermosa	4	5-C
CARRASCO ALFREDO		
Parque del Metropolitano	45	6-B
Santa Cecilia	125	5-E
CARRASCO CJON.		
Tlalpan	122	4-D
CARRASCO GERARDO		
Vista Hermosa	4	5-C
CARRASCO GONZALO		
Ciudad Satélite	69	1-D
CARRASCO LOPEZ FLORENTINO		
Campestre El Potrero	113	5-C
CARREL ALEJANDRO		
U. IMPI Iztacalco	97	4-F
CARRERA B. Y CDA.		
San Juan Tlihuaca	69	3-F
CARRERA MARTIN		
Ampl. Vicente Villada Ote.	99	4-E
Ampl. Vicente Villada Pte.	99	4-E
Ampliación Emiliano Zapata	42	2-E
Las Peñas	111	4-F
Lázaro Cárdenas	73	6-A
San Juan Tlalpizahuac	114	4-A
Vicente Villada	99	4-E
CARRERA MARTIN GRAL.		
Barrio La Cruz	71	3-F
Benito Juárez	97	4-D
Insurgentes	111	4-F
La Dinamita	71	3-F
Martín Carrera	71	4-E
Martín Carrera	71	3-F
Presidentes de México	111	4-F
CARRERA MARTIN GRAL. CDA.		
Martín Carrera	71	4-E
CARRERA MARTIN GRAL. PRIV.		
Martín Carrera	71	4-E
CARRERO TRINIDAD BLVD.		
Rinconada del Bosque	81	5-F
CARRETA		
Los Laureles	47	3-A
CARRETA AV.		
Villa Coapa	123	4-C
CARRETAS		
Club Rancho Aéreo	21	4-A
Hacienda Ojo de Agua	21	4-A
Minas de Cristo	96	5-A
San Gregorio Atlapulco	137	2-F
CARRETAS DE LAS CALZ.		
Colina del Sur	108	1-D
CARRETAS LAS		
Campestre del Lago	29	5-E
CARRETAS LAS AV.		
Jardines de la Hda. Sur	17	5-E
CARRETAS Y CJON.		
Villas de la Hacienda	43	2-C
CARRETELAS DE LAS		
Lomas de la Herradura	94	1-E
CARRETERA A BARRON		
Barrón Centro	41	1-F
CARRETERA A CALPULALPAN		
Santa Cruz de Arriba	63	4-D
Santiaguito	63	4-D
CARRETERA A CUAUTITLAN		
Ejido La Victoria	31	5-B
Ferrocarrilera	44	2-B
La Quebrada	44	2-B
Lechería	31	5-B
Mariano Escobedo	31	5-B
U. H. Valle Esmeralda	44	2-B
Valle Esmeralda	44	2-B
CARRETERA A CHALCO		
San Martín Xico La Laguna	139	2-F
CARRETERA A CHICONCUAC		
Huisnáhuac	63	1-A
San Andrés Chiautla	63	1-A
CARRETERA A JALALPA		
Ampliación Jalalpa	95	6-C
Jalalpa	95	6-C
Presidentes	95	6-C
CARRETERA A LAGO DE GPE.		
La Providencia	43	5-E
Las Peñitas	43	5-E
San Miguel Xochimanga	43	5-E
CARRETERA A OAXTEPEC		
Barrio Nushtla	151	4-B
Barrio San Marcos	151	4-B
Barrio San Miguel	152	6-A
San Gregorio Atlapulco	137	5-F
San Lorenzo Tlacoyucan	151	4-B
CARRETERA A SAN BARTOLITO		
San Bartolito	93	4-D
CARRETERA A SANTA CATARINA		
Ampl. Selene	125	3-F
Selene	125	3-F
Tezontitla	125	3-F
CARRETERA A TEOLOYUCAN		
Rancho Almaraz	18	1-A
San Mateo Ixtacalco	18	1-A
Zona Industrial Xhala	18	1-A
CARRETERA A TEPEXPAN		
Alvaro Obregón	62	4-E
Joyas de Santa Ana	62	4-E
La Concepción	75	2-F
La Pastora	62	4-E
Pueblo San Felipe	75	2-F
Pueblo Santa Cruz de Abajo	62	4-E
Residencial Las Salinas	62	4-E
San Andrés Riva Palacio	62	4-E
San Bernardino	75	2-F
San Miguel Tocuila	62	4-E
Unidad Infonavit C.T.M.	75	2-F
CARRETERA A TEXCOCO		
Emiliano Zapata	63	3-A
La Pastoria	62	3-F
San Francisco Acuexcomac	49	2-B
San Salvador Atenco	62	3-F
Tequisistlán	48	1-F
Tulantongo	63	3-A
Z. U. E. Nexquipayac	49	2-B
CARRETERA A TLAZALA		
Vicente Guerrero Zona Ej.	41	1-C
CARRETERA AJUSCO PICACHO		
Ampl Miguel Hidalgo 2a Secc	121	5-E
Ampl Miguel Hidalgo 3a Secc	121	5-E
Ampl Miguel Hidalgo 4a Secc	121	5-E
Belvedere	121	5-E
Comunal Lomas de Tememeca	134	6-E
Cruz del Farol	121	5-E
Chimilli	121	5-E
Dos de Octubre	121	5-E
El Mirador II	121	5-E
El Zacatón	134	6-E
Héroes de Padierna	121	5-E
Jardines en la Montaña	121	5-E
Lomas de Padierna	121	5-E
Los Holandeses	134	6-E
Paraje 38	134	6-E
Primavera	134	6-E
Pueblo San Miguel Ajusco	134	6-E
Pueblo Santo Tomás Ajusco	147	1-E
Solidaridad	134	6-E
Zona Ejidos de Padierna	121	5-E
CARRETERA AL OLIVO		
Lomas de Vista Hermosa	94	6-D
CARRETERA ARENERA		
Benito Juárez	82	4-A
San José Río Hondo	82	4-A
CARRETERA ATIZAPAN PROG.IND.		
Campestre Liberación	42	4-D
Ciudad Adolfo López Mateos	42	4-D
Francisco Sarabia	42	4-D
Granjas de Guadalupe	42	4-D
Hogares de Atizapán	42	4-D
Lomas Lindas	42	4-D
Pedregal de Atizapán	42	4-D
CARRETERA ATIZAPAN TLALNE.		
Jardines de Atizapán	56	2-B
Jardines de Santa Mónica	56	2-B
La Condesa	56	2-B
Las Acacias	56	2-B
Las Alamedas	56	2-B
Lomas de San Andrés Atenco	56	2-B
San Andrés Atenco	56	2-B
San Lorenzo	56	2-B
Valle de los Pinos	56	2-B
CARRETERA CENTENARIO		
Cuautitlán	18	4-F
CARRETERA COACALCO TULTEPEC		
Bosques del Valle	32	3-D
Conjunto del Valle	32	3-D
Hacienda Real de Tultepec	32	3-D
Santiago Teyahualco	32	3-D
CARRETERA CUAUTZINGO CHALCO		
Chalco	128	6-C
CARRETERA CHALCO MIXQUIC		
Barrio La Conchita	140	3-C
Barrio San Antonio	140	3-C
San Lorenzo Chimalpa	140	3-C
San Martín Xico Nuevo	140	3-C
San Mateo Huitzilzingo	140	3-C
CARRETERA FED MEXICO CUAUTLA		
Benito Juárez	141	2-C
Casco de San Juan	128	1-A
Emiliano Zapata	128	1-A
Granjas Chalco	141	2-C
Ixtapaluca	128	1-A
La Bomba	128	1-A
Nuevo Pque. Ind. Ixtapaluca	128	1-A
Parque Ind. Sta. Ma. Atoyac	141	2-C
Santa Cruz Amalinalco	128	1-A
CARRETERA FED MEXICO TEXCOCO		
Bosques de la Magdalena	113	2-D
Carlos Hank González	101	4-A
Cooperativa	76	2-B
Ejército del Trabajo	101	4-A
Ejido Santiago Cuautlalpan	88	1-F
El Tejocote	88	1-F
Emiliano Zapata	101	4-A
Francisco Villa	101	4-A
Jiménez Cantú	101	4-A
La Magdalena Atlicpan	100	6-F
Las Rosas	113	2-D
Lázaro Cárdenas	88	1-F
Lomas de Altavista	113	2-D
Los Reyes Acaquilpan	113	2-D
Profesores	76	2-B
Revolución	101	4-A
San Bernardino	75	6-F
San José	101	4-A
San Vicente Chicoloapan	88	1-F
Santiago Cuautlalpan	88	1-F
Tecamachalco	113	2-D
Tlazala	101	4-A
Venustiano Carranza	101	4-A
CARRETERA FED. A CUERNAVACA		
Barrio El Truenito	122	6-D
Chimalcóyotl	122	6-D
María Esther Zuno de E.	135	1-D
Prolongación Los Angeles	135	1-D
Pueblo San Miguel Xicalco	135	1-D
San Andrés Totoltepec	135	1-D
San Miguel Tehuizco	148	3-E
San Miguel Tociac	148	3-E
San Miguel Topilejo	148	3-E
San Pedro Mártir	135	1-D
Tlalcoligia	122	6-D
Tlalpuente	135	1-D
CARRETERA MEX. HUIXQUILUCAN		
Dos Ríos	93	5-C
Ejido San Bartolo Coatepec	81	5-E
El Pedregal	81	5-E
La Cantera	81	5-E
Río Hondo	81	5-E
San Cristóbal Texcalucan	93	5-C
San Francisco Chimalpa	80	5-C
CARRETERA MEXICO AJUSCO		
La Magdalena Petlacalco	135	5-B
San Miguel Ajusco	135	5-B
CARRETERA MEXICO PACHUCA		
Altavilla	59	5-B
Barrio de las Animas	21	3-F
Cinco de Mayo	22	1-A
Cuatliquixco	21	3-F
Cuauhtémoc	59	5-B
Industrial Xalostoc	59	5-B
La Laguna	59	5-B
Marina Nacional	59	5-B
San Miguel Xalostoc	59	5-B
Viveros Xalostoc	59	5-B
CARRETERA MEXICO PUEBLA		
Ampl. Los Reyes	113	3-D
Ampl. Santa Bárbara	127	1-E
Citlalmina	114	6-A
Conj. Villas de Ayotla	114	6-A
Conjunto Hab. Park	114	6-A
Emiliano Zapata	113	3-D
Hermanos Flores Magón	113	3-D
Hornos Santa Bárbara	127	1-E
Ixtapaluca	115	6-D
Ixtapaluca Izcalli	114	6-A
José de la Mora	127	1-E
Loma Bonita	127	1-E
Loma Encantada	113	3-D
Los Reyes Acaquilpan	113	3-D
P. San Juan Tlalpizahuac	113	3-D
Pueblo Ayotla	114	6-A
Rancho del Carmen Infonavit	114	6-A
Residencial Ayotla	114	6-A
San Isidro Ayotla	113	3-D
Santa Bárbara	115	6-D
Santa Cruz Tlapacoya	127	1-E
Valle Verde	127	1-E
CARRETERA MEXICO TEPEXPAN		
Ampl. Los Angeles	35	6-C
Lázaro Cárdenas	35	6-C
Los Angeles	35	6-C

Calle / Colonia	Plano	Coordenadas
Pueblo de Tepexpan	35	6-C
Radiofaro Totolcingo	35	6-C
San Isidro Atlautenco	35	6-C
San Miguel Totolcingo	35	6-C
Santa Cruz Venta de Carpio	34	5-F
CARRETERA MEXICO TOLUCA		
Abdías García Soto	107	1-C
Barrio El Molinito	107	1-C
Campestre Palo Alto	94	6-E
Candelaria	107	1-C
Cooperativa Palo Alto	95	5-A
Cuajimalpa	107	1-C
El Molinito	107	1-C
Granjas de Palo Alto	95	5-A
Jesús del Monte	107	1-C
La Venta	106	6-F
Locaxco	107	1-C
Loma de la Papa	107	1-C
Lomas Memetla	107	1-C
Lomas de Bezares	95	5-A
Lomas de Santa Fe	95	5-A
Lomas de Vista Hermosa	94	6-E
Lomas del Padre	106	6-F
Memetla	107	1-C
Palo Alto	94	6-E
Paseo de las Lomas	94	6-E
Pueblo El Contadero	107	1-C
Rincón de las Lomas	107	1-C
San Gabriel	95	5-A
Vista Hermosa	107	1-C
CARRETERA MEXICO TULANCINGO		
San Sebastián Xolalpa	24	4-D
Santa María Coatlán	24	4-D
CARRETERA NAUCALPAN TOLUCA		
Ampl. La Olímpica	81	2-A
La Olimpiada 68	81	2-A
La Olímpica	81	2-A
Las Tinajas	81	2-A
Lomas de San Agustín	81	2-A
Los Cuartos	81	2-A
Nueva San Rafael	81	2-A
Olímpica Radio	81	2-A
San Rafael Chamapa	81	2-A
Santa Lilia	81	2-A
CARRETERA PICACHO AJUSCO		
Torres de Padierna	121	5-E
Z. U. E. Héroes de Padierna	121	5-E
CARRETERA PICACHO EL AJUSCO		
Primavera	135	1-A
CARRETERA RECURSOS HIDRA.		
Granjas Ecatepec	33	3-E
CARRETERA RIO TLALNEPANTLA		
San José de la Escalera	57	5-E
Santiago Atepetlac	57	5-E
CARRETERA SAN MATEO STA ROSA		
Pueblo El Contadero	107	3-C
San Mateo Tlaltenango	107	3-C
CARRETERA SAN PABLO TOPILEJO		
Santiago Tepalcatlalpan	136	2-D
CARRETERA SAN PEDRO		
Pueblo San Pedro Atocpan	150	2-F
San Bartolomé Xicomulco	150	2-F
CARRETERA SERVICIO ACUEDUCTO		
Huixquilucan	94	1-C
CARRETERA SN P-SN BARTOLOME		
San Bartolomé Xicomulco	150	2-E
San Pedro Atocpan	150	2-E
CARRETERA STA ROSA SAN MATEO		
Azoyapan	107	5-C
Huayatla	107	5-C
La Artillera	107	5-C
San Mateo Tlaltenango	107	5-C
CARRETERA TECOXCONTITLA CDA.		
Santa Cecilia Tepetlapa	150	1-B
CARRETERA TEPOTZOTLAN A MAGU		
Barrio Santa Cruz	16	2-B
Barrio de Titini	16	2-B
Barrio de la Concepción	16	2-B
Barrio de la Luz	16	2-B
Barrio de la Luz Alto	16	2-B
Barrio de la Luz Bajo	16	2-B
Tepotzotlán	16	2-B
CARRETERA TLALTENCO		
Ampl. Selene	126	2-C
Barrio Concepción	126	2-C
Barrio Guadalupe	126	2-C
Barrio San Miguel	126	2-C
Del Carmen	126	2-C
Z.U.E. Sta. C. Yecahuizotl	126	2-C
CARRETERA VIA SAN JUAN		
Santiago Atlaltongo	23	5-D
CARRETERA VIEJA ATIZ.S.PEDRO		
Campestre Liberación	42	2-D
Ejido de Santiago Tepalcapa	42	2-D
El Pedregal	42	2-D
Granjas de Guadalupe	42	2-D
Hogares de Atizapán	42	2-D
Loma María Luisa	42	2-D
Lomas de San Juan	42	2-D
Lomas de Santiago Tepalcapa	42	2-D
México 86	42	2-D
Primero de Septiembre	42	2-D
San Juan Ixtacala	42	2-D
CARRETERA XOCHIMILCO S PABLO		
La Cañada	136	4-E
San Lucas Xochimanca	136	4-E
Santiago Tepalcatlalpan	136	4-E
CARRETERA XOCHIMILCO S.PABLO		
Santa Cruz de Guadalupe	136	6-D
CARRETERACO		
Churubusco	110	3-A
San Mateo	110	3-A
CARRETEROS		
Zona Industrial Xhala	18	4-A
CARRETONES		
Centro	84	5-C
Santa Cecilia	57	2-C
CARRETONES Y 2 CDAS.		
Centro	84	5-D
CARRIL		
2a. Ampl. Stgo Acahualtepec	112	2-E
Ampliación Cadena Maquixco	23	3-E
Barrancas Tetecon	112	5-D
Cocotitlán	141	5-E
Ex Hacienda Coapa	123	3-D
Pueblo Santa Rosa Xochiac	107	5-B
San Juan Xalpa	111	4-B
Santa Ursula Xitla	122	5-C
Tierra Blanca	46	2-D
CARRIL 1ER.		
Hornos Santa Bárbara	114	6-E
CARRIL 2DO.		
Hornos Santa Bárbara	114	6-E
CARRIL 3RO.		
Hornos Santa Bárbara	114	6-E
CARRIL 4TO.		
Ejidal Emiliano Zapata	33	6-E
Hornos Santa Bárbara	114	6-F
CARRIL 5TO.		
Hornos Santa Bárbara	114	6-F
CARRIL CAMINO REAL		
Ixtapaluca	115	6-C
CARRIL CDA.		
2a. Ampl. Stgo Acahualtepec	112	3-E
CARRIL DE LA ERA		
Ampl. Santiago Acahualtepec	112	2-E
CARRIL DE LA MORA		
Lomas de San Mateo	68	3-E
CARRIL DE LOS ARRIEROS		
El Molino de las Flores	63	6-F
Pueblo San Diego	76	1-E
CARRIL DE LOS ARRIEROS CDA.		
Xocotlán	63	5-F
CARRIL DE SAN PEDRO		
San Pedro Atlazalpa	153	1-E
CARRIL DE SOLACHE		
Solache	63	5-A
CARRIL DE ZOQUIAPAN		
San Francisco Acuautla	115	3-E
CARRIL DEL		
San Miguel Teotongo	113	3-B
CARRIL DEL AV.		
Acolman de Nezahualcóyotl	36	2-D
CARRIL EL		
Ejido San Mateo Ixtacalco	18	5-A
CARRIL POTRERO		
Pueblo Santa Isabel Ixtapan	48	3-F
CARRIL Y CDA. 1A. A 5A.		
Barrio San Miguel	111	2-D
CARRILLO ABELARDO		
Los Padres	108	6-A
CARRILLO ALVARO		
Acueducto	46	6-D
San José	126	6-A
CARRILLO CARLOS		
Ampl. Gabriel Hernández	71	1-F
CARRILLO FLORES NABOR DR CDA		
Olivar de los Padres	108	5-C
CARRILLO FLORES NABOR DR.		
Olivar de los Padres	108	4-C
CARRILLO FRANCISCO		
Alfredo del Mazo	127	3-E
CARRILLO JOSE MARIA CAP.		
La Esperanza	46	6-B
CARRILLO JUAN		
Manzanastitla	107	1-B
CARRILLO JULIAN		
Cuautepec El Altó	58	1-B
Educación	19	2-A
Ex Hipódromo de Peralvillo	84	1-B
Melchor Ocampo	19	2-A
CARRILLO MARCOS		
Ampliación Asturias	97	2-B
Asturias	97	2-B
Viaducto Piedad	97	2-B
Vista Alegre	97	2-B
CARRILLO NABOR		
C.N.A.	73	4-B
CARRILLO NABOR DE 2A. CDA.		
Olivar de los Padres	108	5-C
CARRILLO NABOR DR.		
Privada del Bosque	108	5-C
CARRILLO PUERTO		
Ampl. Buenavista	44	3-D
Chalco	127	6-F
Río Hondo	44	1-E
San Lorenzo Chimalpa	140	4-C
CARRILLO PUERTO AV.		
Gral. Pedro María Anaya	109	1-E
CARRILLO PUERTO F. Y 1a. CDA		
Santa Cruz Acalpixca	137	3-D
CARRILLO PUERTO FELIPE		
Ampl. Torreblanca	83	2-A
Anáhuac	83	2-A
Barrio El Huerto	18	5-C
Cuautitlán	18	5-C
Ejido San Agustín Atlapulco	100	4-C
Ejido San Juan Tlihuaca	42	3-B
El Carmen	109	3-E
La Soledad	82	3-A
Legaria	83	2-A
Los Cerrillos	138	3-D
Paraje Zacatepec	112	1-D
Pensil Norte	83	2-A
Popotla	83	2-A
San Francisco Mazapa	24	3-F
San Lucas Patoni	57	4-E
San Miguel Teotongo	113	3-A
San Rafael Chamapa	81	3-D
Tacuba	83	2-A
Tepotzotlán	4	5-C
Torreblanca	83	2-A
Ventura Pérez de Alba	83	2-A
Villa Coyoacán	109	3-E
CARRILLO PUERTO FELIPE CDA.		
San Lucas Patoni	57	4-E
CARRILLO SALVADOR AV.		
U. H. Atzacoalco CTM	71	1-E
CARRILLO TRUJILLO JULIAN		
La Conchita Zapotitlán	125	4-B
CARRILLO Y GABRIEL ABELARDO		
Nativitas	97	4-B
Villa de Cortés	97	4-B
CARRION JESUS M.		
Santa Martha Acatitla	99	6-E
CARRION Y RUBIO MANUEL		
Santa Martha Acatitla	99	5-E
CARRITERO		
San Francisco Mazapa	24	3-F
CARRIZAL		
Copilco El Bajo	109	4-B
Ejido Santa Ursula Coapa	123	1-B
Las Tinajas	81	1-F
Lomas Quebradas	121	1-B
San Juanico Nextipac	97	6-D
CARRIZALES		
Ahuehuetes	58	2-B
Ciudad Alegre	88	5-B
Progreso Guadalupe Victoria	33	3-C
CARRIZALES CDA.		
Ahuehuetes	58	2-B
CARRIZALES Y CDA.		
Jardines de Acuitlapilco	88	5-B
CARRIZO DEL AV.		
La Escalera	71	1-A
Nueva Industrial Vallejo	71	1-A
Torres de Lindavista	71	1-A
CARRIZOS DE LOS		
Lomas de San Mateo	68	3-E
CARRO DEL CDA.		
Santa María Gpe. Las Torres	30	4-E
CARROCEROS		
Morelos	84	4-D
CARRUAJES		
Villas de la Hacienda	43	2-C
CARTAGENA		
La Joya	33	6-C
Libertad	44	1-E
CARTAGENA AV.		
Parque Industrial Cartagena	31	2-F
CARTAGENA AV. Y CDA.		
Libertad	31	6-E
CARTAGENA NORTE		
San Pedro Zacatenco	71	1-D
CARTAGENA PRIV.		
Libertad	31	6-E
CARTAGENA SUR		
San Pedro Zacatenco	71	1-D
CARTAGENA Y CDA.		
San Pedro Zacatenco	71	1-D
CARTAGO		
Lomas Estrella 2a. Secc.	111	6-A
CARTEROS		
Postal	97	3-B
CARTON DEL		
U. H. Tlayacapa	107	2-F
CARTON Y PAPEL CIR.		
Jardines de los Baez	47	1-C
CARTUCHOS		
San Fernando	94	5-C
CARTWRIGHT EDMUND		
Fuego Nuevo	111	5-A
CARUSO		
Ex Hipódromo de Peralvillo	84	1-C
Peralvillo	84	1-C
Vallejo	71	6-C
CARVAJAL FRANCISCO		
Lázaro Cárdenas	73	5-B
CASA AMARILLA RNDA.		
Pensil Norte	83	2-B
CASA AMARILLA Y CDA.		
Pensil Norte	83	2-B
CASA BLANCA		
San Andrés	33	4-E
CASA BLANCA AV.		
Benito Juárez	42	1-A
CASA BLANCA CDA.		
Francisco I. Madero	42	1-A
CASA DE LA		
Valle de los Reyes	113	1-C
CASA DE LA MONEDA AV.		
Diez de Abril	82	2-E
Irrigación	82	2-E
Lomas de Sotelo	82	2-E
Periodista	82	2-E
San Joaquín	82	2-E
U. H. Pop. Lomas de Sotelo	82	2-E
U. Tata Lázaro	82	2-E
CASA VIEJA		
La Agüita	45	6-F
CASADOS G.		
Colonial Iztapalapa	111	3-F
CASAHUATE		
U. INFONAVIT Iztacalco	97	4-F
CASAHUATES		
Los Cerrillos	138	2-D
Santiaguito	138	2-D
CASAHUATES CDA.		
Tierra Blanca	138	4-F
CASALS JULIAN		
Balcones de Ceguayo	108	2-B
CASANUEVA AV.		
Jardines de Casa Nueva	59	2-F
CASAS ALEMAN		
La Perla	30	1-C
CASAS GRANDES		
Francisco Villa	101	2-A
Narvarte	97	3-A
CASAS GRANDES CDA.		
Francisco Villa	101	2-B
CASAS I. MARIANO Y 4 CDAS.		
Ampliación Miguel Hidalgo	122	5-A
CASAS NUEVAS		
Arco Iris	42	2-B
La Colmena	42	2-B
CASASUS JOAQUIN D.		
Ciudad Satélite	69	2-A
CASCABEL EL		
Aurora	100	2-A
CASCADA		
Ampliación Vista Hermosa	56	6-C
Banjidal	97	6-B
Chitchitcáspatl	121	5-B
El Rosario	138	4-F
Guadalupe Coatzochico	46	5-F
Jardines de Morelos	48	2-A
Jardines del Pedregal	109	5-A
Lomas de San Cristóbal	32	5-F
Lomas de la Estancia	112	4-F
Pedregal de San Nicolás	121	6-B
San Andrés Tetepilco	97	6-B
Tlapacoya	127	2-D
Valle Verde	44	3-C
CASCADA CDA.		
Tlapacoya	127	2-D
CASCADA DE LA AND.		
Bosque del Pedregal	121	6-B
Ciudad Labor	44	2-D
CASCADA DE LA RT.		
Bosques de la Hacienda	17	4-D
CASCADA DE PRIV.		
Chitchitcáspatl	121	5-B
CASCADA DEL ANGEL		
Fuentes de Satélite	55	6-F
CASCADA EYIPANTLA		
Montañista	58	4-D
CASCADA LA CDA.		
El Bramadero	42	1-A
CASCANUECES		
Lomas Hidalgo	121	6-E
CASILDA CDA.		
La Casilda	58	2-C
CASILLAS RODOLFO		
Héroes de la Revolución	82	5-B
Las Colonias	56	1-B
CASILLAS RODOLFO Y RT.		
Jardines de Atizapán	56	1-B
CASINO DE LA SELVA		
Alfredo del Mazo	127	2-E
CASIOPEA		
Jardines de Satélite	55	6-F
Prado Churubusco	110	2-C
U. H. El Rosario	69	1-F
CASITAS		
Jalalpa El Grande	95	6-B
CASITAS 1A. DE		
Jalalpa El Grande	95	6-B
CASITAS 2A. DE		
Jalalpa El Grande	95	6-B
CASITAS 3A. DE		
Jalalpa El Grande	95	6-B
CASITAS DE LAS CDA.		
Francisco I. Madero	41	3-F
CASMA		
Lindavista	71	3-B
Valle del Tepeyac	71	3-B
CASO ALFONSO		
Ermita	110	1-B
CASO ANTONIO		
Acolman de Nezahualcóyotl	36	2-D
Ciudad Satélite	56	6-B
La Ciudadela	18	6-B
La Soledad	82	2-A
Maravillas	99	1-A
Palmitas	112	4-C
Tierra Blanca	46	2-E
CASO ANTONIO CDA.		
San Martín Tepetlixpan	44	1-A
CASO ANTONIO CIR.		
Balcones de Chamapa	81	2-F
CASO ANTONIO MAESTRO		
San Rafael	83	4-E
Tabacalera	83	4-E
Zona Escolar	57	3-F
CASONA		
Villas de la Hacienda	43	2-C
CASONA DE LA RT.		
Villas de la Hacienda	43	2-C
CASTAGNO ANDREA DEL Y CDA.		
Nonoalco	96	4-B
CASTAÑA		
El Olivar	82	1-B
La Palma	59	1-D
CASTAÑEDA		
Mixcoac	96	6-B
CASTAÑEDA AURELIANO		
Ferrocarrilera Insurgentes	72	4-A
CASTAÑEDA ESTEFANIA		
Miguel Hidalgo	108	4-E
CASTAÑEDA FRANCISCO		
Constituyentes de 1917	94	1-D
CASTAÑEDA G. RICARDO DR.		
Los Arcos Colonial	56	5-E
CASTAÑEDA GONZALO		
Santiaguito	138	2-D
CASTAÑEDA JOSE		
Ampliación Asturias	97	1-C
Asturias	97	1-C
Paulino Navarro	97	1-C
Tránsito	97	1-C
Vista Alegre	97	1-C
CASTAÑEDA VICENTE		
El Triángulo	125	4-E
Ojo de Agua	125	4-E
CASTAÑEDA Y C. RAMON (C. 47)		
U. Santa Cruz Meyehualco	112	3-A
CASTAÑO FERNANDO		
Constitución de 1917	111	2-D
CASTAÑON SALVADOR		
Ej. Santa María Aztahuacán	112	2-B
CASTAÑOS		
Ampliación Tres de Mayo	30	5-C
Lomas de San Mateo	68	3-D
CASTELAR EMILIO		
Polanco Chapultepec	83	5-A
CASTELLANOS		
Ferrocarrilera Insurgentes	72	4-A
CASTELLANOS A.		
Centro	84	3-C
CASTELLANOS ABRAHAM		
Ampl. Gabriel Hernández	71	1-F
CASTELLANOS ERASMO		
Centro	84	5-C
CASTELLANOS QUINTO ERASMO		
Ciudad Satélite	56	6-B
Tacubaya	96	2-B
CASTELLANOS QUINTO ERASMO AV		
Educación	110	4-C
El Centinela	110	4-C
CASTELLANOS R. DE 1A. CDA.		
Ricardo Flores Magón	4	5-C
CASTELLANOS ROSARIO		
Chiconautla 3000	35	2-B
Desarrollo U. Quetzalcóatl	112	6-B
Guadalupe del Moral	98	6-D
Palmatitla	58	2-B
Poesía Mexicana	60	6-C
Ricardo Flores Magón	4	5-C
Ricardo Flores Magón	4	4-C
Tultitlán	31	3-C
U. H. Margarita M de Juárez	98	6-D
U. H. O. CTM Culhuacán IX	123	1-F
U. H. O. CTM Culhuacán VIII	123	1-F
CASTELLANOS ROSARIO 2 RTS.		
U. O. H. CTM Culhuacán IX	123	1-F
CASTERA DE CDA.		
Miguel Hidalgo	59	4-E
CASTEROS 2		
Tlatel Xochitenco	87	2-E
CASTEROS 3		
Tlatel Xochitenco	87	2-E
CASTILLA		
Alamos	97	2-A
Barrio Los Reyes	70	4-C
Barrio San Simón	70	4-B
Del Maestro	70	4-C
Miguel Alemán	97	2-A
Niños Héroes de Chapultepec	97	2-A
Postal	97	2-A
San Rafael	70	4-C
San Simón	70	4-C
Villa Azcapotzalco	70	4-C
CASTILLA CDA.		
Ampl. Piloto López Mateos	95	6-D
CASTILLA DE CDA.		
Esperanza	100	3-A
CASTILLA MIGUEL ANGEL		
San José	126	6-A
CASTILLA Y CDA.		
Niños Héroes de Chapultepec	97	4-A
CASTILLO		
Guadalupe Victoria	33	5-E
San José El Batán	108	5-E
CASTILLO ANTONIO DEL		
San Rafael	83	4-E
CASTILLO ANTONIO DEL PRIV.		
San Rafael	83	4-F
CASTILLO AZUL		
La Casilda	58	1-C
CASTILLO CARLOS LIC. GOB.		
Granjas Valle de Guadalupe	72	1-F
CASTILLO CDA.		
Guadalupe Victoria	33	5-E
La Casilda	58	1-C
San Antonio Xahuento	19	2-E
CASTILLO CHICO		
El Carmen	58	3-B
CASTILLO CHUCHO		
Ampl. La Olímpica	81	4-B
CASTILLO DE AREVALO		
Castillo Grande	58	3-A
CASTILLO DE BELFAST		
Condado de Sayavedra	41	5-E
CASTILLO DE BRISTOL		
Condado de Sayavedra	41	6-D
CASTILLO DE BUCKINGHAM		
Condado de Sayavedra	41	6-D
CASTILLO DE CHAPULTEPEC		
Benito Juárez	99	3-C
Castillo Grande	58	4-A
Evolución	99	3-C
Lomas del Cadete	81	4-D
Metropolitana 2a. Secc.	99	3-C
Villa San Lorenzo Chimalco	100	2-C
CASTILLO DE CHAPULTEPEC AV.		
Lomas Reforma	95	3-C
CASTILLO DE DUBLIN		
Condado de Sayavedra	41	6-D
CASTILLO DE DUBLIN 2 PRIVS.		
Condado de Sayavedra	41	6-D
CASTILLO DE EDINBURGH		
Condado de Sayavedra	41	6-E
CASTILLO DE EDINBURGH PRIV.		
Condado de Sayavedra	41	6-E
CASTILLO DE ESSEX		
Condado de Sayavedra	41	5-E
CASTILLO DE GLASGOW		
Condado de Sayavedra	41	6-D
CASTILLO DE JAGUA		
Castillo Grande	58	3-B
CASTILLO DE KENT Y PRIV.		
Condado de Sayavedra	41	4-F
CASTILLO DE LEEDS		
Condado de Sayavedra	41	5-E
CASTILLO DE LINCOLN		
Condado de Sayavedra	41	6-D
CASTILLO DE LINCOLN 2 PRIVS.		

Calle / Colonia	Plano	Coordenadas
Tlapacoya	127	2-D
CEDROS DE CDA.		
San Sebastián Xhala	18	3-B
CEDROS DE LOS		
Jardines de San Mateo	69	4-A
CEDROS DE LOS AV.		
Bosques de Ixtacala	43	1-A
Jardines de Santa Cecilia	57	2-C
Santa Cecilia	57	2-C
CEDROS DE LOS AV. Y CDA.		
Abdías García Soto	107	3-B
El Contadero	107	3-B
CEDROS DE LOS CDA.		
Vergel de las Arboledas	43	6-B
CEDROS DE LOS PRIV.		
Alcantarilla	108	4-A
Lomas del Sol	94	4-D
Villa San Lorenzo Chimalco	100	2-C
CEDROS LOS		
Los Reyes Acatlizhuayan	154	1-B
Privada El Rincón	108	2-B
CEDROS LOS ORIENTE		
Arcos del Alba	30	2-F
CEDROS LOS PONIENTE		
Arcos del Alba	30	2-F
CEDROS Y 2 CDAS.		
Santa Cruz Acalpixca	137	3-C
CEDROS Y CDA.		
Ampliación Potrerillo	120	2-F
El Molinito	82	1-B
Pueblo San Bartolo Ameyalco	107	5-E
San Angel Inn	109	2-A
CEFEO		
Prado Churubusco	110	2-C
CEFIRO		
Insurgentes Cuicuilco	122	2-C
Pedregal de Carrasco	122	2-C
CEGOR AV.		
Campiña de Aragón	60	3-A
Ciudad Azteca	60	3-A
El CEGOR	60	3-A
México Nuevo	60	3-A
Nuevo Paseo de San Agustín	60	3-A
PROFOPEC Polígono 3	60	3-A
Plaza de Santa Clara	60	3-A
Valle de Santiago	60	3-A
CEHUAN		
Barrio Curtidores	87	4-D
Barrio Ebanistas	87	4-D
Barrio Hojalateros	87	4-D
Barrio Jicareros	87	4-D
Barrio Vidrieros	87	4-D
CEHUAN 1A. CDA.		
Barrio Curtidores	87	3-D
CEHUAN 2A. CDA.		
Barrio Hojalateros	87	4-D
CEHUAN AV.		
Chimalhuacán	87	4-F
CEHUANTEPEC		
Mesa de los Hornos	122	6-C
CEHUANTEPEC AND. 3		
Mesa de los Hornos	122	6-C
CEHUANTEPEC AND. 4		
Mesa de los Hornos	122	6-C
CEHUANTEPEC AND. 5		
Mesa de los Hornos	122	6-C
CEHUANTEPEC AND. 6		
Mesa de los Hornos	122	6-C
CEHUANTEPEC AND. 7		
Mesa de los Hornos	122	6-C
CEHUANTEPEC AND. 9		
Mesa de los Hornos	122	6-C
CEIBA		
Ampl. Minas Palacio	81	4-B
Avándaro	127	2-B
Bosque del Pedregal	121	6-C
Bosques de la Magdalena	113	1-F
Consejo Agrarista Mexicano	111	6-E
Del Bosque	58	2-A
Ejidal Ampl. San Marcos	44	4-D
El Arenal	70	6-F
La Palma	135	3-F
Mirador	93	3-D
Santa María Insurgentes	84	1-A
Valle de Ecatepec	47	5-C
Vista Hermosa	46	1-D
Viveros Xalostoc	59	6-C
CEIBA CDA.		
Bosques de la Magdalena	113	1-F
Xalpa	112	3-D
CEIBA LA		
Campestre del Lago	29	6-E
Valle de los Pinos	56	4-D
CEIBAS		
Ampliación San Marcos Norte	123	6-E
El Molinito	82	2-C
Ixtapaluca Izcalli	114	6-B
Izcalli del Bosque	68	5-F
Villa de las Flores	32	3-F
CEIBAS DE LAS		
Jardines de San Mateo	68	3-F
CELADA FERNANDO		
Barrio San Pedro	136	2-F
Los Cerrillos	138	3-D
Periodista	82	3-D
San Lorenzo Atemoaya	137	4-A
CELADA FRANCISCO CDA.		
San Lucas Xochimanca	136	4-F
CELAYA		
Adolfo López Mateos	42	4-E
Emiliano Zapata	60	5-A
Hipódromo	96	1-E
Luis Echeverría	31	5-A
Progreso	108	4-F
San Bartolo Atepehuacán	71	4-A
San Fernando	94	5-C
Valle del Tepeyac	71	4-A
CELAYA CDA.		
Rinconada A. Lopez Mateos	42	3-D
San José Tecamac	22	3-C
CELAYA Y 3 PRIVS.		
Adolfo López Mateos	42	3-D
CELCO AV.		
Loma Cebada	94	2-D
CELESTE		
Lomas de la Estancia	112	4-E
CELESTUN		
Héroes de Padierna	121	5-E
Torres de Padierna	121	4-E
Z. U. E. Héroes de Padierna	121	4-E
CELTICA		
Dr. Jorge Jiménez Cantú	30	4-C
Ejido San Martín	30	4-C
CELULOSA		
Las Américas	95	3-F
CELLINI BENVENUTO		
Alfalfar	96	5-A
Alfonso XIII	96	5-A
Mixcoac	96	5-A
Nonoalco	96	5-A
CELLISCA		
Jardines de Morelos	48	1-A
CEMBRO		
La Palma	59	1-D
CEMELOTL		
Barrio Mineros	87	4-E
Barrio Pescadores	87	4-E
CEMENTOS ANAHUAC		
Vista Hermosa	56	6-D
CEMPASUCHIL		
Lomas de San Lorenzo	124	1-E
Santa María de Guadalupe	44	3-A
CEMPASUCHIL PRIV.		
Vista Hermosa	46	1-D
CEMPAZUCHIL		
San José del Jaral	43	3-D
San Miguel Teotongo	113	2-A
CEMPAZUCHIL Y CDA.		
Vista Hermosa	46	1-D
CEMPOALTECAS		
Culturas de México	127	6-F
Tlalcoligia	122	6-D
CEMPOALTECAS AV.		
Hacienda del Rosario	69	3-F
CEMPOALXOCHITL		
Barrio San Diego	137	1-A
Barrio San Diego	136	1-F
El Arenal	100	4-F
CEMPOHUALLAN		
Lomas de Cristo	76	5-B
CENAGAL		
Cuautitlán Izc. Atlanta	30	3-E
CENANTL		
Barrio Cesteros	87	3-D
Barrio Curtidores	87	3-D
CENCERRO		
Villas de la Hacienda	43	2-C
CENICEROS S. CDA. GRAL.		
Tláhuac	125	6-F
CENICEROS S. CJON.		
Barrio Santa Ana	125	6-E
CENICEROS SEVERIANO		
San José de la Pradera	71	3-F
CENICEROS SEVERIANO CDA.		
Barrio San Miguel	125	6-F
CENICEROS SEVERINO GRAL. AV.		
Barrio San Miguel	125	6-E
Barrio Santa Ana	125	6-E
CENICIENTA LA		
Miguel Hidalgo	125	3-A
CENIT		
U. H. Valle de Luces	110	3-F
CENIT DEL AND.		
Ciudad Labor	44	1-D
CENOTE DEL		
Jards. Pedregal de Sn Angel	122	2-B
CENOTILLO		
Cuchilla de Padierna	121	6-E
CENSOS		
Chilero I	97	6-C
El Retoño	97	6-C
CENSOS PRIV.		
El Retoño	97	6-C
CENTAURO		
Jardines de Satélite	68	1-F
Prado Churubusco	110	2-D
CENTAURO DEL NORTE		
Francisco Villa	111	4-E
Francisco Villa	101	2-B
La Era	111	4-E
Las Peñas	111	4-E
México Revolucionario	73	1-C
CENTAURO DEL NORTE 1A. CDA.		
Francisco Villa	101	3-B
Francisco Villa	111	4-E
CENTAURO DEL NORTE 2A. CDA.		
Francisco Villa	101	2-B
CENTAURO DEL NORTE 3A. CDA.		
Francisco Villa	101	2-B
CENTAURO DEL NORTE 4A. CDA.		
Francisco Villa	101	2-B
CENTAUROS AV.		
Cuautitlán Izc. Ensueños	17	6-E
CENTELLA		
U. H. Valle de Luces	111	4-A
CENTENARIO		
Ampl. Buenavista	44	3-D
Ampl. Villahermosa	72	2-A
Atzacoalco	72	2-A
Barrio La Cruz	97	4-D
Barrio Nextengo	70	5-B
Cocotitlán	141	5-D
Cuauhtémoc	22	4-A
Del Bosque	114	6-B
Ecatepec de Morelos	47	2-A
El Carmen	109	2-E
El Tesoro	44	2-D
Ixtapaluca	115	6-B
Juan González Romero	72	2-A
La Cruz	71	3-F
Libertad	31	6-E
Los Reyes Acaquilpan	113	2-F
Montecillo	88	1-E
Pueblo Santa Rosa Xochiac	107	6-C
Salvador Díaz Mirón	71	3-F
San Bernardino	75	5-F
San Francisco Mazapa	24	2-F
San Martín de las Pirámides	24	2-F
San Pablo Oztotepec	150	5-E
San Pedro Atzompa	21	3-D
San Simón Ticumac	97	5-A
Santa Catarina Ayotzingo	153	1-B
Santa Cruz Atoyac	96	6-E
Santa María Ozumbilla	21	4-E
Villa Azcapotzalco	70	5-B
Villa Coyoacán	109	2-E
CENTENARIO 1A. CDA.		
Amado Nervo	19	3-D
CENTENARIO 2A.		
Benito Juárez	59	2-B
CENTENARIO 2A. CDA.		
Amado Nervo	19	3-D
CENTENARIO AV.		
Acuitlola Ampl. II	108	3-A
Ampl. Colinas de Tarango	108	3-A
Ampl. Tlacuitlapa I	108	3-A
Ampliación El Tesoro	44	4-D
Arcos del Centenario	108	3-A
Balcones de Ceguayo	108	3-A
Bosques de Tarango	108	3-A
Coatlinchán	89	2-C
Colina del Sur	108	3-A
Colinas de Tarango	108	3-A
Condominio Casa Blanca	108	3-A
Conj. La Providencia	108	3-A
El Rincón	108	3-A
Herón Proal	108	3-A
Lomas Axomiatla	108	3-A
Lomas de Atizapán	55	1-F
Lomas de Puerta Grande	108	3-A
Lomas de Tarango	108	3-A
Merced Gómez	109	1-A
Misiones de Tarango	108	3-A
Ponciano Arriaga	108	3-A
Priv. Centenario	108	3-A
Priv. El Rincón	108	3-A
Puritac	108	3-A
Reacomodo Lomas de Tarango	108	3-A
Real de Tarango	108	3-A
Residencial Tarango	108	3-A
Rinconada de Tarango	108	3-A
Tlacuitlapa	108	3-A
U. H. Lomas de Plateros	109	1-A
Valentín Gómez Farías	108	3-A
Villa Progresista	108	3-A
Villa Verdún	107	4-F
CENTENARIO AV. Y PRIV.		
San Antonio Zomeyucan	82	2-A
CENTENARIO CDA.		
Herón Proal	108	2-C
Lomas de Tarango	108	1-D
San Bernardino	75	5-F
San Francisco Mazapa	24	2-F
CENTENARIO CJON.		
Santa María Nativitas	101	1-A
CENTENARIO PRIV.		
Colinas del Sur	108	1-D
Merced Gómez	109	1-A
Privada Centenario	108	1-C
Pueblo Santa Rosa Xochiac	107	6-C
San Francisco Mazapa	24	2-F
CENTENARIO PRIV. Y CJON.		
San Pedro Atzompa	21	4-D
CENTENARIO PROL.		
Pueblo Santa Rosa Xochiac	107	6-B
CENTENARIO PROL. PRIV.		
Pueblo Santa Rosa Xochiac	107	6-B
CENTENARIO SUR AV.		
Melchor Ocampo	18	1-F
CENTENARIO Y 4 CDAS.		
Amado Nervo	19	2-D
Valle de Guadalupe	19	2-D
CENTENARIO Y CDA.		
San Antonio Zomeyucan	82	2-B
CENTENO		
Granjas Esmeralda	110	2-D
Granjas México	97	2-E
Tenorios	112	5-D
Tlatel Xochitenco	87	2-D
CENTENO CDA.		
Valle del Sur	110	2-D
CENTENO PRIV.		
Granjas México	97	2-F
CENTENO Y 1 CJON. Y 1 CDA.		
Granjas México	97	2-F
CENTEOTL		
Barrio Labradores	87	3-D
Ciudad Cuauhtémoc	34	1-F
Dolores Tlali	136	4-A
El Arenal 3a. Sección	85	5-E
Industrial San Antonio	70	5-A
La Pastora	58	5-B
La Preciosa	70	4-A
Santa Cruz Mixquic	139	6-F
Santa Lucía	70	5-A
U. H. Culhuacán	110	6-E
CENTIMOS		
Cerro Prieto	84	1-F
CENTLAPAL		
Pasteros	70	2-A
San Martín Xochináhuac	70	2-A
CENTLAPAL 2 PRIVS.		
Pasteros	70	3-A
CENTLAPAL 3A. PRIV.		
Pasteros	70	2-A
CENTRAL		
AMSA	123	4-B
Ampliación San Lorenzo	56	3-C
Atlántida	110	4-A
Barrio Xaltocan	137	3-A
C. H. Alianza Popular Rev.	123	1-D
Ejército Constitucionalista	98	2-F
El Olivo	72	5-B
Isidro Fabela	122	3-D
Isidro Fabela Cantil	122	3-D
La Cuevita	69	6-A
La Hera	68	3-D
La Joya	31	6-D
Molino de Rosas	96	6-A
Parque Industrial La Loma	56	4-F
Pro Hogar	70	5-F
San Andrés Atenco	56	3-D
San José de la Escalera	57	5-D
San Miguel Hila	41	2-D
San Miguel Teotongo	113	3-A
San Pablo Xolalpa	50	4-D
Unidad Vicente Guerrero	111	2-E
CENTRAL 1		
Nextitla	83	2-C
CENTRAL 1A. CDA.		
Barrio San Bernabé	70	6-C
CENTRAL 2		
Nextitla	83	2-D
CENTRAL AND.		
San Martín Xochináhuac	70	2-B
CENTRAL AND. 1R.		
San Martín Xochináhuac	70	2-B
CENTRAL AV.		
Alce Blanco	69	5-D
Alfredo del Mazo	127	2-E
Ampl. San Lorenzo	100	1-C
Ampliación La Magdalena	100	6-D
Bello Horizonte	31	6-E
Bello Horizonte	31	5-E
Benito Juárez	59	5-C
Buenavista	31	6-E
Campo Uno	30	3-E
Carola	96	4-A
Cristo Rey	96	4-A
Ejecutivo América	60	1-B
El Cardonal Xalostoc	59	4-D
El Nardo	59	4-D
El Salado	100	6-D
El Triunfo	127	4-D
Esfuerzo Nacional	59	4-D
Guadalupe	101	1-C
Jardines de Santa Clara	60	1-B
La Joyita	100	1-C
Las Brisas	34	4-E
Las Huertas	68	6-D
Libertad	31	6-E
Lomas de San Agustín	81	1-F
Lomas del Río	41	2-A
Los Laureles	47	3-A
Mariano Escobedo	44	1-B
Minas del Coyote	81	3-B
Modelo	69	4-C
Nueva Industrial Vallejo	70	1-F
Obrera Jajalpa	47	3-A
Ocho de Agosto	96	4-A
Palmatitla	58	2-C
Plan Maestro	30	3-E
Pro Hogar	70	5-F
Rinconada A. López Mateos	42	3-D
Río de Luz	60	1-B
Rústica Xalostoc	59	5-C
San Antonio Zomeyucan	82	2-B
San Carlos	46	4-F
San Pedro de los Pinos	96	4-A
Santa Clara	60	1-B
Santa María Xalostoc	59	4-D
Sección XVI	122	4-F
Tolteca	96	4-A
Unidad 2 IMSS Tlalnepantla	56	1-F
Victoria	96	4-A
Villa San Lorenzo Chimalco	100	1-C
Xochiaca	100	1-C
CENTRAL AV. 3A. CDA.		
Tepalcates	98	3-E
CENTRAL AV. Y PRIV.		
Paraje San Juan	111	3-D
Tepalcates	98	3-E
CENTRAL CDA.		
San Lorenzo	81	2-D
San Lorenzo Totolinga	81	1-E
Villa San Lorenzo Chimalco	100	2-C
Xalpa	112	4-D
CENTRAL CJON.		
Barrio San Andrés	70	3-C
CENTRAL DE ABASTOS		
Los Paseos de Churubusco	98	5-A
CENTRAL DE HERRAMIENTAS		
Lomas del Chamizal	94	3-F
Lomas del Chamizal 1a. Secc	94	3-F
CENTRAL DE LAS FLORES AV.		
Santa Rosa	101	1-E
CENTRAL DE PLOMEROS		
Emilio Carranza	84	2-D
CENTRAL DE TALABARTEROS		
Emilio Carranza	84	2-D
CENTRAL DOS AV.		
Fraccionamiento Tepalcapa	30	4-F
CENTRAL LA		
Tultepec	19	3-A
CENTRAL NORTE		
Campestre Aragón	72	4-C
CENTRAL ORIENTE RT.		
Unidad Modelo	110	1-D
CENTRAL PINTORES		
Emilio Carranza	84	2-D
CENTRAL PLOMEROS		
Emilio Carranza	84	2-D
CENTRAL PRIV.		
Barrio San Andrés	70	3-C
CENTRAL ROSARIO		
Central Rosario	70	2-B
CENTRAL SUR		
Aldana	70	6-F
Campestre Aragón	72	4-C
Liberación	70	6-F
Pro Hogar	70	6-F
Trabajadores del Hierro	70	6-F
CENTRAL TALABARTEROS		
Emilio Carranza	84	2-D
CENTRAL TELEFONICA		
Ampl. Sinatel	97	6-C
CENTRAL UNO AV.		
Fraccionamiento Tepalcapa	30	3-F
CENTRAL Y 4 CDAS.		
Pantitlán	98	1-D
CENTRAL Y CDA.		
Barrio Norte	95	5-F
CENTRAL Y CJON.		
Barrio San Bernabé	70	6-D
CENTRAL Y RT.		
Ampliación Los Alpes	108	1-F
CENTRO CIVICO CIR.		
Ciudad Satélite	69	1-C
CENTRO COMERCIAL AV.		
Jards. Pedregal de Sn Angel	122	2-B
CENTRO COMERCIAL CIR.		
Ciudad Satélite	69	1-C
CENTRO DEL BLVR.		
Bosque de Echegaray	69	3-A
Bulevares	69	3-A
Jardines de Satélite	69	3-A
La Alteña	69	3-A
La Soledad	69	3-A
Las Misiones	69	3-A
Lomas Christi	69	3-A
Lomas Verdes	69	3-A
Santa Cruz Acatlán	69	3-A
Terrazas de Satélite	69	3-A
CENTRO ESCOLAR AV.		
Zona Escolar	57	3-F
CENTRO INDUSTRIAL AV.		
Paraje La Laguna	44	3-C
CENTRO INDUSTRIAL BLVR.		
Ind. Puente de Vigas	56	5-F
CENTRO PONIENTE AV.		
Ampl. La Quebrada	44	3-A
La Quebrada	44	3-A
CENTRO URBANO PONIENTE AV.		
Cuautitlán Izcalli Norte	17	5-E
INFONAVIT Cuaut. Izc. Nte.	17	4-D
CENTROAMERICA		
Las Américas	69	5-B
CENTURION M.		
Ciudad Satélite	69	2-D
CENYAOTL		
Tlayehuale	114	5-F
CENZONTLE		
Barrio Tejedores	87	4-C
Barrio Vidrieros	87	4-C
Casas Reales	34	4-F
La Cañada	56	3-B
Las Arboledas	56	1-D
Lomas de San Esteban	89	1-B
San Miguel Teotongo	113	4-B
Sierra de Gudalupe	44	2-E
Valle de Tules	44	3-C
CENZONTLE PRIV.		
Lomas de las Fuentes	68	1-F
CENZONTLE Y CDA.		
Luis Donaldo Colosio M.	45	6-A
Paseos del Bosque	68	5-D
CENZONTLES		
Granjas de Guadalupe	42	2-C
Izcalli Jardines	47	1-B
Los Pajaritos	34	2-E
Parque Residencial Coacalco	33	5-B
Prados de Ecatepec	19	3-F
CEPATLI		
Santa María Aztahuacán	99	6-A
CEPEDA ABRAHAM GRAL.		
Residencial Militar	82	4-D
CEPEDA BULMARO GRAL.		
Ampl. Cadena Maquixco	23	3-E
CEPEDA MONDRAGON MANUEL		
Constitución de 1917	111	3-E
CEPEDA PEREZ MANUEL GRAL.		
Juan Escutia	98	2-E
CEPEDA RAFAEL GOB.		
Granjas Valle de Guadalupe	59	6-D
CEPEDA VICTORIANO GRAL.		
Juan Escutia	99	3-A
CEPEDA VICTORIANO Y 2 CDAS.		
Observatorio	96	2-A
CERAMICA		
Veinte de Nov. 2o. Tramo	84	2-F
Veinte de Noviembre	84	2-F
Venustiano Carranza	84	2-F
CERCA CDA. DE LA		
Altavista	109	3-A
CERCETAS 1a. Y 2a.		
PROFOPEC Polígono 3	60	6-C
CERDEÑA		
Cosmopolita	70	5-E
CEREALES		
Granjas Esmeralda	110	2-E
Progreso del Sur	110	2-E
CEREALES PROL. Y 3A. PRIV.		
Valle del Sur	110	3-E
CERECEDO NATALIO PRIV.		
Pantitlán	98	1-E
CEREMONIAL CIR.		
Izcalli Pirámide	57	4-D
CEREMONIAL SUR		
Izcalli Pirámide	57	4-D

Calle / Colonia	Plano	Coordenadas
CERES		
Crédito Constructor	109	1-C
Las Rosas	56	4-E
CEREZA DE LA CDA.		
Ampliación López Portillo	125	2-D
CEREZAS		
Barrio Santa Cruz	16	3-C
Del Valle	96	5-D
CEREZAS DE LAS CDA.		
San Juan y San P. Tezompa	152	1-E
CEREZO		
Alfredo del Mazo	127	3-E
Ampl. San José del Jaral	43	3-D
Ampliación El Tesoro	44	3-E
Avándaro	127	3-C
Bulevares Impala	47	2-A
Capulines	43	2-A
Ejidal Ampl. San Marcos	44	4-D
Ejidos de San Cristóbal	33	5-F
El Zapote	94	1-D
Jalalpa Tepito	95	6-B
Jardines de Ecatepec	47	2-A
La Hera	111	4-F
La Planta	124	3-E
Las Huertas	33	5-F
Lomas de Chamontoya	120	1-E
Lomas de San Miguel	43	3-B
Lomas de Totolco	101	2-A
Los Bordos	46	6-A
Olivar Santa María	138	4-E
Paraje del Caballito	120	6-B
Prados de Ecatepec	20	3-A
Prados de San Juan Ixtacala	43	3-A
Pueblo de Tepexpan	36	6-A
Revolución	43	2-A
Rincón de la Bolsa	108	5-A
San Fernando	94	4-C
San José	101	1-D
San José del Jaral	43	2-E
San Juan Xalpa	111	4-B
San Mateo Nopala	68	2-E
Techachaltitla	101	6-A
Tlatel Xochitenco	87	2-D
Univ. Aut. Metropolitana	43	1-A
Xotepingo	110	5-B
CEREZO NTE.		
Paraje del Caballito	120	1-E
CEREZO PROL.		
San Juan Xalpa	111	5-B
CEREZO Y CDA.		
Paraje del Caballito	120	1-E
CEREZOS		
Ampl. Buenavista	44	4-D
Ampl. Profr. C. Higuera	43	5-A
Atizapán Moderno	56	2-B
Ejido Santa Cruz Xochitepec	136	1-C
Granjas Coapa	123	3-E
Ixtapaluca Izcalli	114	5-B
La Arboleda	57	4-E
Las Huertas	81	1-C
Las Huertas	81	1-D
Las Huertas	68	6-D
Las Peñitas	43	4-D
Las Peñitas 3a. Secc.	43	3-D
PROFOPEC Polígono 1	60	4-D
San Martín	76	1-B
San Miguel Xochimanga	43	6-D
Tierra y Libertad	59	1-D
Villa de las Flores	32	2-F
CEREZOS 2A. CDA.		
Ejido Santa Cruz Xochitepec	136	1-C
CEREZOS AND.		
Las Cruces	107	6-F
CEREZOS AV.		
Ampliación La Perla Reforma	100	4-A
La Perla	100	4-A
Lomas de San Miguel	43	3-B
CEREZOS CDA.		
Arenal de Guadalupe	123	4-A
San Bartolomé Coatepec	93	3-F
CEREZOS LOS		
Prados de San Mateo	68	3-F
CEREZOS RT.		
Izcalli Ecatepec	46	3-F
CERILLERA		
Progresista	84	4-E
CERNICALOS		
Izcalli Jardines	47	1-B
CERON LUIS AV.		
Bosques de la Magdalena	113	1-F
CERRADO		
El Tianguillo	106	6-D
CERRAJERIA		
Azteca	84	4-E
Morelos	84	3-D
CERRILLO VALDIVIA DR. M.		
Cuautitlán Izcalli	30	3-E
CERRITO		
Ampliación Tulpetlac	46	6-E
Atzacoalco	72	2-A
Lomas San Lorenzo	111	6-E
Rufino Tamayo	46	6-E
San Francisco Tepojaco	30	2-A
Santiago Ahuizotla	69	5-E
CERRITO DEL		
Barrio Texcacoa	4	6-E
San Mateo Nopala Zona Sur	68	2-E
CERRITO DEL 2 CDA.		
Santiago Acahualtepec	112	2-E
CERRITO DEL 2 CDAS.		
Barrio Texcacoa	4	6-D
CERRITO DEL CDA.		
Ampl. Tlacoyaque	107	6-E
Santiago Ahuizotla	69	5-E
U. H. La Naranja	69	5-E
CERRITO DEL CJON.		
San Mateo	110	2-A
CERRITO EL		
Guadalupe San Ildefonso	29	6-A
San Ildefonso	29	6-A
CERRITO Y 1A. CDA.		
El Contadero	107	3-B
CERRITO Y CJON.		
La Candelaria	110	5-A
CERRITOS		
Barrio Jicareros	87	4-B
CERRITOS LOS		
Del Carmen	138	3-C
Los Cerrillos	138	3-D
CERRO		
Ampliación Las Aguilas	108	3-E
Barrancas Tetecon	112	5-D
Hacienda de San Juan	123	4-B
CERRO ACASULCO		
Jardines de Morelos	47	1-E
La Presa Lázaro Cárdenas	58	5-C
CERRO ACASULCO Y RT.		
Manuel Romero de Terreros	109	3-C
CERRO ALFA		
Pedregal de San Francisco	109	4-D
CERRO ALPES		
Dr. Jorge Jiménez Cantú	60	3-A
CERRO ALTO		
Lomas de San Pablo	153	3-D
CERRO ARENAL		
Dr. Jorge Jiménez Cantú	58	3-F
Dr. Jorge Jiménez Cantú	59	3-A
CERRO AZUL		
Ampliación Los Caracoles	58	3-F
Buenavista	112	5-C
Lomas de Cuautepec	45	5-B
Petrolera	69	4-F
San Jerónimo Aculco	108	6-D
CERRO AZUL CDA.		
Dr. Jorge Jiménez Cantú	58	3-F
Tecuescomac	46	3-F
CERRO AZUL PROL.		
Buenavista	112	5-C
CERRO BLANCO		
Pedregal de San Francisco	109	4-D
CERRO BOLUDO		
Campestre Churubusco	110	3-C
Jardines de Morelos	47	1-E
CERRO CAMERUN		
Ampliación Benito Juárez	81	4-E
Benito Juárez	81	4-E
CERRO CANTERA		
Dr. Jorge Jiménez Cantú	59	4-A
CERRO CAPILLA DE SAN MIGUEL		
Campestre Churubusco	110	2-C
CERRO CAPULINES		
Dr. Jorge Jiménez Cantú	58	4-F
CERRO COBRIZO		
Vista del Valle	56	1-D
CERRO COLMENA		
Dr. Jorge Jiménez Cantú	59	3-A
CERRO COLORADO		
Dr. Jorge Jiménez Cantú	59	4-A
Lomas de Cuautepec	45	6-B
CERRO COMPOSTELA		
Los Pirules	56	3-E
CERRO CONTLALCO Y CDA.		
Pedregal de Santo Domingo	109	4-E
CERRO COPALAR		
Dr. Jorge Jiménez Cantú	58	4-F
CERRO COPORO		
Campestre Churubusco	110	3-B
Jardines de Morelos	47	1-E
CERRO CULIACAN		
Campestre Churubusco	110	3-C
Manuel Romero de Terreros	109	4-C
CERRO CHATO		
Lomas de Cuautepec	45	5-B
CERRO CHICO		
Ampl. Los Caracoles	58	3-F
Jorge Jiménez Cantú	58	3-F
CERRO CHIMALPA		
La Presa Lázaro Cárdenas	58	5-C
CERRO CHINACO		
Campestre Churubusco	110	4-B
La Presa Lázaro Cárdenas	58	5-C
CERRO CHURINTZIO		
Campestre Churubusco	110	4-B
Pedregal de Santo Domingo	109	4-D
CERRO DE ACAMBAY		
Los Pirules	56	2-D
CERRO DE ATENCO		
Los Pirules	56	2-D
CERRO DE AXAYACATL		
Bosques de Moctezuma	69	5-A
CERRO DE CANTARRANAS		
Sagitario III	73	2-C
CERRO DE COMPOSTELA		
Campestre Churubusco	110	3-B
CERRO DE CUAUTEPEC		
Bosques de Moctezuma	68	5-F
CERRO DE CUBITOS		
Manuel Romero de Terreros	109	3-C
CERRO DE CUITLAHUAC		
Bosques de Moctezuma	69	4-A
CERRO DE CHAPULTEPEC		
Lomas de Cuautepec	45	6-B
Manuel Romero de Terreros	109	4-C
CERRO DE CHAPULTEPEC BLVR.		
Los Pirules	56	3-E
CERRO DE CHIMALPOPOCA		
Bosques de Moctezuma	68	5-F
CERRO DE GUADALUPE		
Campestre Churubusco	110	3-C
Guadalupe Tlaltenco	125	3-E
Lomas de Zaragoza	112	1-F
Lomas de la Estancia	112	4-F
Los Pirules	56	3-D
CERRO DE HUITZILAC		
Campestre Churubusco	110	4-B
CERRO DE HUITZILIHUITL		
Bosques de Moctezuma	68	5-F
CERRO DE JESUS		
Campestre Churubusco	110	3-B
Churubusco Country Club	110	3-B
Jardines de Morelos	47	1-E
CERRO DE JUVENCIA		
Campestre Churubusco	110	3-B
CERRO DE LA AGUJA		
Lomas de Cuautepec	45	5-B
CERRO DE LA BUFA		
Campestre Churubusco	110	2-B
Los Pirules	56	2-D
Manuel Romero de Terreros	109	4-D
CERRO DE LA CABRA		
Sagitario III	73	2-C
CERRO DE LA CAMPANA		
Dr. Jorge Jiménez Cantú	59	3-A
Jardines de Morelos	47	1-E
CERRO DE LA CARBONERA		
Campestre Churubusco	110	3-C
Dr. Jorge Jiménez Cantú	59	3-A
CERRO DE LA CRUZ		
Santiago Cuautlalpan	88	3-F
CERRO DE LA CULEBRA		
Sagitario III	73	2-C
CERRO DE LA CUREÑA		
Jardines de Morelos	47	1-E
CERRO DE LA ESCONDIDA		
Pedregal de San Francisco	109	4-E
CERRO DE LA ESMERALDA		
Dr. Jorge Jiménez Cantú	58	3-F
CERRO DE LA ESPERANZA		
Dr. Jorge Jiménez Cantú	59	3-A
CERRO DE LA ESTRELLA		
Campestre Churubusco	110	2-C
Dr. Jorge Jiménez Cantú	59	4-A
El Manto	111	3-C
Lomas de Cuautepec	45	5-B
Los Pirules	56	3-D
Paraje Tecoloxtitla	138	3-C
Paraje Zacatepec	112	1-D
Sagitario III	73	2-C
San Juan Cerro	111	3-C
San Juan Cerro	111	3-B
CERRO DE LA ESTRELLA Y CDA.		
Buenavista	112	5-C
Sierra del Valle	112	3-C
CERRO DE LA GAVIA		
Los Pirules	56	3-E
CERRO DE LA GRANADA		
Pedregal de San Francisco	109	4-D
CERRO DE LA LIBERTAD		
Campestre Churubusco	110	3-B
CERRO DE LA LUNA		
Vista del Valle	56	1-D
CERRO DE LA LUZ		
Manuel Romero de Terreros	109	4-D
CERRO DE LA MALINCHE		
Bosques de Moctezuma	68	5-F
Los Pirules	56	3-D
Rincón del Valle	56	3-D
CERRO DE LA MANO		
Manuel Romero de Terreros	109	4-D
CERRO DE LA MESA		
Ampl. Los Caracoles	58	4-F
Jorge Jiménez Cantú	59	4-A
CERRO DE LA MIEL		
Manuel Romero de Terreros	109	4-D
CERRO DE LA RINCONADA		
Ampl. Los Caracoles	59	3-A
Jorge Jiménez Cantú	59	3-A
CERRO DE LA SILLA		
Campestre Churubusco	110	3-C
Dr. Jorge Jiménez Cantú	59	3-A
Lomas de Coacalco	33	5-A
Los Pirules	56	2-D
Sagitario II	73	3-D
Tlalmille	135	1-C
CERRO DE LA VENTA		
Jardines de Morelos	47	2-E
Lomas de Valle Dorado	56	1-D
Manuel Romero de Terreros	109	4-D
CERRO DE LAS CAMPANAS		
Campestre Churubusco	110	3-B
Lomas de Cuautepec	45	5-B
Lomas de la Estancia	112	4-F
Los Pirules	56	3-E
Nueva Díaz Ordaz	110	5-A
Tlalmille	135	2-C
CERRO DE LAS CRUCES		
Dr. Jorge Jiménez Cantú	59	2-A
Los Pirules	56	3-D
Ricardo Flores Magón	82	5-A
San Andrés Atenco	56	3-D
CERRO DE LAS CRUCES CDA.		
Dr. Jorge Jiménez Cantú	59	4-A
CERRO DE LAS CRUCES PRIV.		
Dr. Jorge Jiménez Cantú	59	4-A
CERRO DE LAS FLORES		
Buenavista	112	5-C
CERRO DE LAS GUASIMAS		
Jardines de Morelos	47	1-E
CERRO DE LAS MESAS		
Lomas de Coacalco	33	5-A
CERRO DE LAS PALMAS		
San Nicolás II	134	1-C
CERRO DE LAS PALOMAS		
Ampl. Los Caracoles	58	3-F
Ampl. Los Caracoles	58	4-F
Jorge Jiménez Cantú	59	4-A
Manuel Romero de Terreros	109	4-D
CERRO DE LAS TORRES		
Campestre Churubusco	110	4-A
Campestre Churubusco	110	2-C
Prados Churubusco	110	2-C
CERRO DE LEON		
Jalalpa El Grande	108	1-B
CERRO DE LORETO		
Campestre Churubusco	110	2-B
Los Pirules	56	3-D
CERRO DE LOS BONETES		
Paraje Zacatepec	112	1-D
CERRO DE LOS CIMIENTOS		
Sagitario III	73	2-C
CERRO DE LOS CONEJOS		
Lomas de Cuautepec	45	6-B
CERRO DE LOS DOS CONEJOS		
Manuel Romero de Terreros	109	3-D
CERRO DE LOS GAVILANES		
San Nicolás II	134	1-C
CERRO DE LOS HORNOS		
Manuel Romero de Terreros	109	4-C
CERRO DE LOS MUÑECOS		
Campestre Churubusco	110	3-B
CERRO DE LOS REMEDIOS		
Campestre Churubusco	110	2-B
CERRO DE LOS REYES		
Sagitario II	73	3-D
CERRO DE LOS TEPOZANES		
Ampl. Los Caracoles	58	3-F
Ampl. Los Caracoles	58	4-F
Jorge Jiménez Cantú	59	4-A
CERRO DE LOS TRES ZAPOTES		
Manuel Romero de Terreros	109	4-D
CERRO DE MAYKA		
Lomas de Chapultepec	82	5-D
CERRO DE MERCURIO		
Vista del Valle	56	1-D
CERRO DE MOCTEZUMA		
Occipaco	68	4-E
CERRO DE MOCTEZUMA II		
Bosques de Moctezuma	69	5-A
CERRO DE OTOCAMPULLO		
Bosques de Moctezuma	68	5-F
CERRO DE PAPASTLA		
Esther Zuno de Echeverría	135	2-C
CERRO DE PICHAHUA		
Lomas Barrilaco Vertientes	82	5-D
CERRO DE PLATA		
Vista del Valle	56	1-C
CERRO DE SAN ANDRES		
Campestre Churubusco	110	2-C
CERRO DE SAN ANTONIO		
Campestre Churubusco	110	4-B
Educación	110	4-B
CERRO DE SAN FRANCISCO		
Campestre Churubusco	110	3-C
Vista del Valle	56	2-D
CERRO DE SAN GREGORIO		
Campestre Churubusco	110	2-B
CERRO DE SAN JUAN		
Campestre Churubusco	110	2-C
Rincón del Valle	56	3-D
CERRO DE SAN MIGUEL		
Rincón del Valle	56	3-D
CERRO DE SAN PEDRO		
Pedregal de San Francisco	109	4-E
CERRO DE SANTA ISABEL		
Campestre Churubusco	110	4-B
CERRO DE TECAMEXTLI		
Bosques de Moctezuma	68	5-F
CERRO DE TETENCO Y CDA.		
Esther Zuno de Echeverría	135	2-C
CERRO DE TIZOC		
Bosques de Moctezuma	69	5-A
CERRO DE TOXTLI CDA.		
Bosques de Moctezuma	69	5-A
CERRO DE TUERA		
Fortín Chimalistac	109	4-C
CERRO DE XITLE		
Los Pirules	56	2-D
CERRO DE ZACAYUCA		
Campestre Churubusco	110	4-B
CERRO DE ZAPOPAN		
Campestre Churubusco	110	3-B
CERRO DE ZEMPOALA		
Campestre Churubusco	110	3-C
Hermosillo	110	3-C
CERRO DE ZEMPOALTEPETL		
Los Pirules	56	3-E
CERRO DEL		
Cuauhtémoc	22	4-A
Zona Res. Acueducto de Gpe.	58	5-A
CERRO DEL ABANICO		
Lomas de Cuautepec	45	6-B
Pedregal de San Francisco	109	4-E
CERRO DEL AGUA AV. Y RT.		
Manuel Romero de Terreros	109	4-D
CERRO DEL AGUILA		
Los Pirules	56	2-D
Tlalmille	135	1-B
CERRO DEL AIRE		
Manuel Romero de Terreros	109	4-D
CERRO DEL AJUSCO		
Esther Zuno de Echeverría	135	2-C
Los Pirules	56	3-E
Rancho de las Nieves	101	1-B
Sierra del Valle	112	3-B
CERRO DEL ARBOLITO		
Manuel Romero de Terreros	109	4-C
CERRO DEL ARROYO		
Lomas de Cuautepec	45	6-B
CERRO DEL ASTILLERO		
Estrella de Oriente	73	2-C
Sagitario III	73	2-C
CERRO DEL BORREGO		
Campestre Churubusco	110	4-B
Los Pirules	56	3-E
U. José Ma. Morelos y Pavón	33	1-B
CERRO DEL CABALLETE		
Sagitario III	73	2-C
CERRO DEL CALZ.		
Bosque de Chap. 1a. Secc.	83	6-C
CERRO DEL CARACOL		
Dr. Jorge Jiménez Cantú	59	3-A
Lomas de Coacalco	32	5-F
CERRO DEL CONEJO		
Santa Catarina	150	1-C
CERRO DEL COYOTE		
Santa Catarina	150	1-C
Santa Cecilia Tepetlapa	150	1-C
CERRO DEL CRESTON		
Campestre Churubusco	110	3-C
Los Pirules	56	3-E
CERRO DEL CUBILETE		
Campestre Churubusco	110	2-C
Dr. Jorge Jiménez Cantú	59	3-A
Dr. Jorge Jiménez Cantú	58	3-F
Jardines de Morelos	47	1-E
Jardines de Morelos	47	2-E
Lomas de Cuautepec	45	6-B
Lomas de la Cañada	82	2-B
Los Pirules	56	3-D
Paraje Tecoloxtitla	138	3-C
Tlalmille	135	1-C
CERRO DEL CUZCO		
Jardines de Morelos	47	2-E
CERRO DEL CHAPULIN		
Campestre Churubusco	110	2-C
Jardines de Morelos	47	1-E
Rincón del Valle	56	3-D
CERRO DEL CHIMBORAZO		
Los Pirules	56	3-E
CERRO DEL CHIQUIHUITE		
Campestre Churubusco	110	3-C
La Presa Lázaro Cárdenas	58	5-C
Lomas de Coacalco	32	6-F
Lomas de Coacalco	32	5-F
Lomas de Cuautepec	45	5-B
CERRO DEL EMBARCADERO		
Pedregal de San Francisco	109	4-D
CERRO DEL ENCINAL		
Pedregal de San Francisco	109	4-D
Sagitario III	73	2-C
CERRO DEL ESMERIL		
Jardines de Morelos	47	1-E
Pedregal de San Francisco	109	4-E
CERRO DEL FARO		
Sagitario III	73	2-C
CERRO DEL FORTIN		
Campestre Churubusco	110	4-B
Jardines de Morelos	47	1-E
CERRO DEL GALLO		
Jardines de Morelos	47	1-E
Pedregal de San Francisco	109	4-E
CERRO DEL GAVILAN		
Pedregal de San Francisco	109	4-E
CERRO DEL GRANDE		
Sagitario III	73	2-C
CERRO DEL HOMBRE		
Jardines de Morelos	47	2-E
Manuel Romero de Terreros	109	4-C
CERRO DEL HOMBRE RT.		
Manuel Romero de Terreros	109	3-C
CERRO DEL HORNO		
Pedregal de San Francisco	109	4-E
CERRO DEL JABALI		
Jardines de Morelos	47	2-E
Manuel Romero de Terreros	109	4-D
Pedregal de San Francisco	109	4-D
CERRO DEL JARAL		
Dr. Jorge Jiménez Cantú	59	4-A
CERRO DEL MALACATE		
Lomas de Coacalco	32	5-F
CERRO DEL MERCADO		
Lomas de Cuautepec	45	5-B
Los Pirules	56	3-D
Rincón del Valle	56	3-D
CERRO DEL MERCADO Y 2 CDAS.		
Campestre Churubusco	110	3-C
CERRO DEL MEZQUITAL		
Dr. Jorge Jiménez Cantú	59	3-A
CERRO DEL OBISPO		
Vista del Valle	56	2-C
CERRO DEL OTATE		
Manuel Romero de Terreros	109	4-D
Pedregal de San Francisco	109	4-D
CERRO DEL PEÑON		
Campestre Churubusco	110	4-B
Jardines de Morelos	47	2-E
Rancho de las Nieves	101	1-A
Sagitario II	73	2-D
CERRO DEL PICACHO		
Sagitario II	73	3-D
CERRO DEL PRIV.		
Tepotzotlán	4	5-C
CERRO DEL RISCO		
Ampl. Los Caracoles	58	3-A
Jorge Jiménez Cantú	58	3-A
CERRO DEL SOL		
Vista del Valle	56	1-D
CERRO DEL SOMBRERETE		
La Joya	56	2-D
Lomas de la Estancia	112	4-F
CERRO DEL SOMBRERO		
Campestre Churubusco	110	4-B
Jardines de Morelos	47	2-E
Sagitario II	73	3-C
CERRO DEL TEJOCOTE		
Dr. Jorge Jiménez Cantú	58	3-F
CERRO DEL TEPEYAC		
Lomas de Coacalco	32	5-F
Rincón del Valle	56	3-D
Sagitario II	73	3-D
CERRO DEL TEPONAXTLE		
Campestre Churubusco	110	4-B
CERRO DEL TEPONAXTLI		
Los Pirules	56	2-D
CERRO DEL TESORO		
Lomas de Coacalco	32	5-F

Calle / Colonia	Plano	Coordenadas
CINCO DE JULIO		
Lomas de la Era	120	1-E
CINCO DE JUNIO		
Francisco Villa	101	3-A
CINCO DE MARZO		
Cinco de Mayo	127	6-F
CINCO DE MAYO		
Ahuehuetes	56	1-B
Alfredo V. Bonfil	43	4-B
Alfredo del Mazo	127	1-D
Altamira	81	2-F
Altamira	82	2-A
Ampl. Ciudad de los Niños	69	6-A
Ampl. Profr. C. Higuera	43	5-B
Ampl. Vista Hermosa	29	5-A
Apatlaco	97	5-D
Axotla	109	2-D
Barrio Artesanos	87	4-F
Barrio Belén	136	2-F
Barrio Pescadores	87	4-F
Barrio Santa Apolonia	70	6-A
Barrio Xaltocan	136	2-F
Benito Juárez	41	2-F
Benito Juárez	44	1-D
Buenavista	31	6-E
Cerro del Tejolote	114	5-D
Cinco de Mayo	22	2-A
Cinco de Mayo	127	6-F
Cinco de Mayo	127	5-F
Cinco de Mayo	43	3-A
Ciudad Adolfo López Mateos	56	1-A
Ciudad de los Niños	69	6-A
Coatlinchán	89	2-C
Cocotitlán	141	4-D
Cocotitlán	141	5-D
Colinas de San Mateo	68	3-D
Cuautepec de Madero	58	2-A
Chalco	127	6-F
Chiconcuac	62	1-F
Chiconcuac	49	6-F
Chimalhuacán	87	4-F
Doce de Diciembre	110	5-F
Dr. Jorge Jiménez Cantú	30	5-C
Ecatepec de Morelos	46	1-F
Ecatepec de Morelos	33	6-E
Ej. Santa María Aztahuacán	112	1-A
Ejército del Trabajo	101	1-B
El Capulín	137	6-A
El Charco	60	1-C
El Rosario	16	4-E
Fracc. San Pedro	28	4-D
Francisco Villa	111	4-E
Francisco Villa	46	3-F
Granjas de Guadalupe	42	1-C
Guadalupe	101	1-B
Guadalupe San Marcos	128	2-D
Guadalupe Victoria	33	6-D
Gustavo A. Madero	71	4-D
Hank González	59	1-C
Himno Nacional	28	5-D
Ignacio Zaragoza	28	4-D
Ignacio Zaragoza	63	5-B
Ignacio Zaragoza	28	4-D
Ignacio Zaragoza	28	5-D
La Aurora	17	5-B
La Aurorita	17	5-C
La Cruz	121	2-C
La Hera	111	4-E
La Hera	68	3-D
La Magdalena Atlicpan	100	6-E
La Magdalena Panohaya	62	3-D
La Magdalena Petlacalco	135	4-C
La Paz	63	6-D
La Providencia	43	4-F
La Providencia	69	3-E
Libertad	31	6-E
Loma Bonita	100	5-A
Loma de la Cruz	42	2-B
Lomas de Palmillas	46	3-F
Lomas de San Agustín	81	1-A
Lomas de Tarango	108	1-E
Lomas de Totolco	101	2-A
Lomas de Zaragoza	112	2-F
Los Angeles Apanoaya	111	4-E
Los Reyes Culhuacán	110	3-E
Magdalena Mixhuca	97	1-D
Manantiales	100	5-A
Mártires de Río Blanco	81	3-F
Melchor Ocampo	18	1-F
Merced Gómez	108	1-E
Modelo	69	4-C
Montón Cuarteles	94	2-C
Morelos	28	4-C
Narciso Mendoza	123	4-C
Naucalpan de Juárez	69	5-C
Nueva Industrial Vallejo	57	6-F
Papalotla	50	6-D
Plenitud	70	6-A
Potrerillo	121	2-A
Pueblo Coanalán	36	5-C
Pueblo San Miguel Hila	41	3-D
Pueblo Santa Isabel Ixtapan	48	3-F
Pueblo de Tepexpan	36	6-A
Resurrección	63	4-D
Ricardo Flores Magón	4	4-C
San Andrés Atenco	56	3-D
San Andrés Riva Palacio	62	5-D
San Andrés Totoltepec	135	3-D
San Antonio Tecomitl	152	1-A
San Antonio Zomeyucan	82	2-A
San Bartolomé Xicomulco	150	2-D
San Felipe	75	1-F
San Felipe de Jesús	138	2-D
San Francisco Acuautla	115	3-D
San Francisco Acuexcomac	49	5-D
San Francisco Tepojaco	30	2-A
San Gregorio Cuautzingo	141	1-D
San José Texopa	63	3-C
San Juan Ixtacala	57	5-C
San Juan Teotihuacán	24	3-B
San Juan de Aragón	72	6-B
San Lorenzo Tlacoyucan	151	6-C
San Lorenzo Totolinga	81	1-E
San Lucas Tepetlacalco	56	5-C
San Luis Huexotla	76	4-D
San Marcos Huixtoco	128	2-D
San Martín de las Pirámides	24	2-F
San Mateo Chipiltepec	36	5-F
San Mateo Ixtacalco	18	2-C
San Mateo Tecalco	22	4-C
San Mateo Tecoloapan	43	5-C
San Miguel	127	5-F
San Miguel Teotongo	113	3-B
San Miguel Teotongo	113	4-A
San Miguel Teotongo	113	3-A
San Miguel Topilejo	149	3-B
San Miguel Totolcingo	35	5-D
San Miguel Xicalco	135	5-E
San Nicolás Tetelco	139	6-C
San Pablo Atlazalpa	140	6-E
San Pedro Atzompa	21	4-C
San Rafael Chamapa	81	3-D
San Salvador Cuauhtenco	150	4-B
San Sebastián Xhala	18	3-B
Santa Agueda	47	1-A
Santa Catarina Acolman	36	3-B
Santa Catarina Ayotzingo	153	1-B
Santa Cruz Atoyac	96	6-E
Santa Cruz Meyehualco	112	3-A
Santa María Aztahuacán	99	6-B
Santa María Aztahuacán	112	3-C
Santa María Cozotlan	24	1-C
Santa María La Barranca	101	1-B
Santa María Nativitas	101	1-B
Santa María Ozumbilla	21	4-E
Santa María Tianguistengo	16	4-F
Santa María Tonanitla	20	3-E
Santiago Acahualtepec	112	2-F
Santiago Cuautlalpan	16	4-B
Santiago Teyahualco	32	1-C
Santiago Yanhuitlalpan	94	4-A
Santiago Zula	141	6-A
Santiaguito	138	2-D
Tecamachalco	113	1-E
Tepetitlán	50	5-C
Tequisistlán	48	1-F
Tezoyuca	49	2-E
Tierra Colorada	121	6-B
Tizapán	109	4-A
Tlalpan	122	4-D
Tlazala	101	4-A
Tultepec	19	4-B
Valle de Madero	58	2-A
Venustiano Carranza	101	1-C
Z. U. E. San Mateo Nopala	68	2-C
CINCO DE MAYO 1A. CDA.		
Fracc. San Pedro	28	4-D
Los Cerrillos	138	3-C
Pueblo Tepepan	123	6-B
San Felipe	75	1-F
San Francisco Zacango	36	6-E
Santa Cruz Meyehualco	112	3-B
Santa María Chiconautla	34	4-F
CINCO DE MAYO 1A. PRIV.		
Cuautepec de Madero	58	2-B
CINCO DE MAYO 1A. Y 2A. CDA.		
Fracc. San Pedro	28	4-D
CINCO DE MAYO 2 CDAS.		
Infiernillo	18	6-B
San Pedro Mártir	135	1-D
CINCO DE MAYO 2 CJONES.		
Barrio Santa Bárbara	110	1-F
CINCO DE MAYO 2A. CDA.		
Ignacio Zaragoza	28	4-D
Pueblo San Felipe	75	1-F
San Felipe	75	1-F
Santa Cruz Meyehualco	112	3-B
Santa María Chiconautla	34	4-F
Santiago Yanhuitlalpan	94	4-A
CINCO DE MAYO 2DO. CJON.		
Pueblo Tepepan	123	6-B
CINCO DE MAYO 3A. CDA.		
San Felipe	75	1-F
San Francisco Zacango	36	6-E
Valle de Madero	58	2-B
CINCO DE MAYO 3A. Y 4A. CDA		
Ignacio Zaragoza	28	4-D
CINCO DE MAYO 4A. CDA.		
Santa María Chiconautla	34	4-F
CINCO DE MAYO 5o. CJON.		
Barrio Xaltocan	136	2-F
CINCO DE MAYO AND.		
El Torito	69	6-A
La Planta	124	3-E
CINCO DE MAYO AV.		
Ampliación Estrella del Sur	110	3-F
Atzacoalco	72	2-A
Barrio La Asunción	111	1-A
Barrio San Ignacio	111	1-A
Barrio San Lucas	111	1-A
Barrio Santa Bárbara	110	1-F
Benito Juárez	141	3-F
Chimalhuacán	87	5-E
Del Obrero	72	2-A
Guadalupita Tlaxialtemalco	138	2-B
Iztapalapa	111	1-A
Lomas de Azolco	46	3-F
Pueblo Culhuacán	110	3-F
Pueblo San Diego	76	1-D
San José	138	2-B
San Juan	138	2-B
San Luis Tlaxialtemalco	138	2-B
Tolotzin I	47	6-B
U. H. Valle de Luces	110	3-F
Vasco de Quiroga	72	2-A
Venustiano Carranza	101	1-C
CINCO DE MAYO CDA.		
Barrio San Ignacio	110	1-F
Barrio San Lucas	111	1-A
Barrio Santa Apolonia	70	6-A
Cinco de Mayo	127	6-F
Cuautepec de Madero	58	2-A
Chimalhuacán	87	5-E
Chimilli	122	4-B
Fuentes de Tepepan	123	6-A
Ignacio Zaragoza	63	5-B
Ixtlahuacan	112	3-F
La Cruz	121	2-C
La Cruz	101	1-A
La Era	111	3-F
La Magdalena Panohaya	62	4-D
Morelos	28	4-C
Pueblo San Pedro Mártir	135	1-D
Pueblo Sn Nicolás Totolapan	121	3-B
Pueblo Sta. Martha Acatitla	112	1-E
San Antonio Xahuento	19	2-E
San Francisco Culhuacán	110	4-D
San Francisco Culhuacán	110	4-E
San Francisco Tepojaco	30	2-B
San José Buenavista	17	5-B
San José Texopa	63	3-C
San Lorenzo Totolinga	81	1-E
San Mateo Tecoloapan	43	4-C
Santa María Ozumbilla	70	6-A
Santiago Cuautlalpan	16	4-A
Tecamachalco	113	1-E
Tequisistlán	48	1-F
Venustiano Carranza	101	2-C
Vicente Guerrero	28	6-D
CINCO DE MAYO CJON.		
Barrio San Lucas	111	1-A
San Bartolomé Xicomulco	150	2-D
San Juan de Aragón	72	5-B
San Lorenzo	56	4-F
San Lorenzo Tlacoyucan	151	6-C
San Rafael Chamapa	81	3-D
San Salvador Cuauhtenco	150	4-B
CINCO DE MAYO CJON. Y PRIV.		
San Juanico Nextipac	97	5-D
CINCO DE MAYO DE 1A. CDA.		
Cinco de Mayo	127	6-F
CINCO DE MAYO DE 1A. PRIV.		
Cuautepec de Madero	58	2-A
CINCO DE MAYO DE 2A. CDA.		
Cuautepec de Madero	58	2-A
CINCO DE MAYO DE 2A. PRIV.		
Cuautepec de Madero	58	2-A
CINCO DE MAYO DE 3A. CDA.		
Santa Cruz Meyehualco	112	3-B
CINCO DE MAYO DIAG.		
San Andrés Totoltepec	135	2-D
CINCO DE MAYO OTE.		
San Bartolomé Xicomulco	150	3-E
CINCO DE MAYO PONIENTE		
Santa Clara	59	3-C
CINCO DE MAYO PRIV.		
Barrio San Sebastián	70	5-C
Ignacio Zaragoza	28	4-D
Santa Cruz Meyehualco	112	3-A
Santa María Nativitas	101	1-B
Santa María Tianguistengo	16	3-F
U. H. Valle de Luces	111	4-A
CINCO DE MAYO PRIV. Y CDA.		
Pueblo San Diego	76	1-D
CINCO DE MAYO PROL.		
Ampliación Potrerillo	120	2-F
Ampliación Tepepan	136	1-B
Loma de la Palma	58	2-A
Los Morales	136	1-B
Melchor Ocampo	18	1-E
Pueblo San Pedro Mártir	135	1-D
San Bartolomé Xicomulco	150	2-E
San Miguel	127	5-F
San Pablo	87	5-E
Tres Marías	127	5-F
CINCO DE MAYO PROL. 1A. CDA.		
San Bartolomé Xicomulco	150	3-D
CINCO DE MAYO PROL. CDA.		
San Andrés Totoltepec	135	3-D
CINCO DE MAYO PROL. CJON.		
San Andrés Totoltepec	135	3-D
CINCO DE MAYO PROL. Y PRIV.		
San Antonio Tecomitl	152	1-B
CINCO DE MAYO Y 2 CDAS.		
El Nopalito	18	5-B
San Francisco Culhuacán	110	4-E
Santa María Chiconautla	34	4-F
CINCO DE MAYO Y 2 CJONES.		
Centro	84	4-B
CINCO DE MAYO Y 3 CDAS.		
San Francisco Culhuacán	110	4-D
CINCO DE MAYO Y 4 CDAS.		
Santa María Nativitas	101	1-A
CINCO DE MAYO Y 6 CDAS.		
Ejido San Juan Tlihuaca	42	3-C
CINCO DE MAYO Y CDA.		
Atzacoalco	72	2-A
Buenavista	28	5-F
Los Padres	121	1-A
Potrerillo	120	2-F
Pueblo Tepepan	123	6-B
Reforma Política	112	4-C
San Andrés Riva Palacio	62	4-D
San Antonio	22	4-D
San Francisco Zacango	36	6-E
San Miguel Teotongo	113	2-A
San Pedro Mártir	135	1-E
Santiago Tepalcatlalpan	136	3-C
CINCO DE MAYO Y CDA. Y CJON.		
Santa Martha Acatitla	112	1-E
CINCO DE MAYO Y CJON.		
San Gregorio Atlapulco	137	2-F
San Juan de Aragón	72	6-B
CINCO DE MAYO Y PRIV. Y CJON		
San Lucas Patoni	57	4-E
CINCO DE NOVIEMBRE		
Venustiano Carranza	101	1-C
CINCO DE NOVIEMBRE AV.		
Francisco Sarabia	42	2-C
CINCO DE OCTUBRE CDA.		
Santa María Tonanitla	20	3-E
CINCO DE SEPTIEMBRE		
Emiliano Zapata	42	1-F
Jardines de los Baez	47	1-D
CINCO DE SEPTIEMBRE CDA.		
Melchor Ocampo	59	5-E
CINCO HALCONES CDA.		
Barros Sierra	121	1-A
CINCUENTA Y SIETE DEL CDA.		
Centro	84	4-B
CINCUENTA Y SIETE DEL CJON.		
Santa Catarina Ayotzingo	153	2-B
CINCUENTA Y SIETE DEL Y CJON		
Barrio San Pedro	111	1-B
CINE		
Cuautitlán Izc. Atlanta	30	2-E
CINE MEXICANO		
U. Benito Juárez	111	6-B
CINE MUNDIAL		
Prensa Nacional	70	1-D
CINEMATOGRAFIA		
U. H. El Rosario	69	1-F
CINEMATOGRAFISTAS		
U. Benito Juárez	111	6-B
CINEMATOGRAFOS		
U. Benito Juárez	111	6-B
CINERARIA		
Lomas de San Miguel	43	3-B
CINTA		
Lomas de Santa María	101	1-A
Lomas de Totolco	101	1-A
CINTALAPA		
Residencial Cafetales	123	1-E
CINTLILXOCHITL		
Xochipilli	137	3-B
CIPACTLI		
Ciudad Cuauhtémoc	34	2-E
Ciudad Cuauhtémoc	34	2-F
La Preciosa	70	4-A
CIPATLI		
Barrio Mineros	87	4-E
Barrio Pescadores	87	3-E
Barrio Pescadores	87	4-E
San Miguel Xochimanga	43	5-D
CIPRES		
2a. Ampl. Stgo Acahualtepec	112	3-E
Agrícola Oriental	98	4-E
Alamos	46	6-A
Ampl. Minas Palacio	81	4-B
Ampl. Titla	137	2-C
Ampl. del Gas	70	6-F
Ampliación San Marcos Norte	123	6-E
Atlampa	83	1-F
Barrio La Tabla	137	3-C
Bello Horizonte	31	5-E
Bosques de Ixtacala	43	1-A
Bosques de San Lorenzo	76	1-B
Bosques de la Magdalena	113	1-F
Bosques de los Pinos	29	3-E
Copalera	100	3-F
Chalco	128	6-A
Chalco	141	2-B
Del Bosque	58	2-A
Del Gas	70	6-F
Ejidal Ampl. San Marcos	44	4-D
El Arenal	70	6-F
El Manto	111	3-B
El Molino Tezonco	124	3-D
El Olivar	82	1-B
El Tranquero	21	3-A
El Zacatón	134	1-B
Escalerilla	114	6-D
Garcimarrero	95	6-C
Jardines de San Agustín	100	4-D
Jardines de Santa Cruz	19	2-B
Juventud Unida	122	6-F
La Mancha 3a. Secc.	81	4-D
La Martinica	108	1-D
La Palma	59	1-D
La Palma	135	3-F
Las Arboledas	124	2-F
Las Peñitas	43	4-D
Liberación	70	6-F
Lomas del Bosque	43	1-B
Los Morales	18	4-B
Los Olivos	100	3-C
Los Olivos	22	3-B
Prados de Ecatepec	20	3-A
Prizo	73	2-D
Pueblo Nuevo Alto	121	2-A
Purificación	24	3-C
Residencial San Andrés	63	2-B
Residencial del Parque	56	6-D
Revolución	101	2-B
Rincón Verde	68	2-C
San Antonio	22	3-B
San Antonio Zomeyucan	82	2-A
San José	88	6-C
San Juan	18	5-B
San Luis Huexotla	76	4-B
San Pedro Mártir	122	6-F
Santa Cruz de Guadalupe	136	6-D
Santa María Aztahuacán	112	2-C
Tabla Honda	57	2-C
Tlacoyaque	107	6-E
Tlatel Xochitenco	87	2-C
Valle Verde	127	1-D
Valle del Sur	110	2-D
Vergel	111	6-C
Viveros Xalostoc	59	6-C
Viveros de San Carlos	46	4-F
CIPRES 5 CDAS.		
Ejidal Emiliano Zapata	33	5-E
CIPRES AND.		
Bosques de la Magdalena	113	1-F
CIPRES AV.		
Alfredo del Mazo	127	1-F
Ejidal Emiliano Zapata	33	5-F
Ejido San Andrés	33	5-D
Ejidos de San Cristóbal	33	5-D
Guadalupe Victoria	33	5-D
Progreso Guadalupe Victoria	33	5-F
Progreso Guadalupe Victoria	33	5-D
Vergel Coapa	123	2-C
CIPRES CDA.		
Ejidos de San Pedro Mártir	122	6-F
El Mirador	137	5-A
Rincón Verde	68	2-C
CIPRES CJON.		
El Molinito	82	2-B
Santiago Zapotitlán	125	3-A
CIPRES DEL		
Valle de los Pinos	56	3-D
CIPRES PRIV.		
Progreso Guadalupe Victoria	33	5-E
CIPRES Y CJON.		
La Cruz	121	2-C
Santiago Zapotitlán	125	3-A
CIPRESES		
Alcanfores	137	4-B
Ampliación Nexquipayac	49	3-B
Atizapán Moderno	56	2-B
Bosques de Morelos	30	4-B
La Arboleda	57	4-D
La Floresta	100	6-B
La Perla	99	3-F
Progreso Guadalupe Victoria	33	4-C
Santa Cruz Xochitepec	136	2-C
Santa María Chimalhuacán	88	4-A
Tierra y Libertad	59	1-D
Valle Verde	136	3-A
Villa de las Flores	32	2-F
CIPRESES 1A. Y 2A. CDA.		
2a. Ampl. Stgo Acahualtepec	112	3-E
CIPRESES CONT.		
Ampl. Jards. de San Mateo	68	4-F
CIPRESES DE		
Santa Cecilia	57	2-C
CIPRESES DE LOS 2 CDAS.		
Ampl. Jards. de San Mateo	68	4-F
CIPRESES DE LOS AV.		
Jardines de San Mateo	68	4-F
San Andrés Totoltepec	135	4-D
CIPRESES DE LOS PRIV.		
Lomas del Sol	94	4-D
CIPRESES DE LOS Y 2 CDAS.		
San Andrés Totoltepec	135	3-D
CIPRESES DEL BOSQUE AV.		
Naucalpan de Juárez	68	5-B
CIPRESES LOS		
San Andrés Totoltepec	135	4-D
CIPRESES PROL.		
Ampliación La Arboleda	57	4-E
CIRCE		
Cuautitlán Izc. Ensueños	30	1-D
CIRCO ALFONSO		
Ampliación Selene	126	4-A
CIRCO JOLIOT		
Selene	125	3-F
CIRCO LOMONOSOV		
Ampliación Selene	126	4-A
CIRCO PTOLOMEO		
Ampliación Selene	126	4-A
CIRCON		
Ampliación La Esmeralda	34	1-D
Ciudad Cuauhtémoc	34	2-E
Estrella	71	5-D
Pedregal de Atizapán	42	5-F
CIRCONIO		
El Manto	111	3-C
San Juan Cerro	111	3-C
CIRCUITO		
Atizapán 2000	43	3-A
Libertad	28	3-F
San Antonio Zomeyucan	82	2-B
CIRCUITO CANTERA		
Las Cruces	108	6-A
Los Padres	108	6-A
CIRCUITO CANTERA 2A. CDA.		
Las Cruces	108	6-A
CIRCUITO COLECTIVO		
Barrio Jicareros	87	3-C
Barrio La Rosita	87	3-C
Barrio Labradores	87	3-C
Barrio San Hipólito	87	3-C
Barrio Santa Eugenia	87	3-C
Barrio Vidrieros	87	3-C
CIRCUITO COLECTIVO AV.		
Barrio Jugueteros	87	4-B
Barrio La Rosita	87	4-B
Barrio Labradores	87	4-B
Barrio Orfebres	87	4-B
Barrio Plateros	87	4-B
Barrio San Hipólito	87	4-B
Barrio Santa Eugenia	87	4-B
Barrio Vidrieros	87	4-B
Lomas de Santa Cruz	87	4-B
Nueva Margarita	87	4-B
CIRCUITO CONDOMINIOS		
Francisco I. Madero	41	2-F
CIRCUITO CUAUHTEMOC		
Ciudad Cuauhtémoc	34	2-F
CIRCUITO CHICOLOAPAN		
U. H. Trece de Octubre	113	3-F
CIRCUITO DEL EJIDO COLECTIVO		
Barrio Carpinteros	87	2-E
Barrio Fundidores	87	2-E
CIRCUITO DEL PARQUE		
Las Llanuras	20	5-C
CIRCUITO EMILIANO ZAPATA		
El Pino	113	2-F
CIRCUITO ESCOLAR		
Ciudad Universitaria	109	5-C

Calle / Colonia	COORDENADAS / PLANO

CIRCUITO EXTERIOR
- Ciudad Universitaria — 109 6-C

CIRCUITO GENERAL ANAYA
- Ignacio Zaragoza — 28 5-D

CIRCUITO INTERIOR
- Acacias — 109 1-D
- Actipan — 96 4-B
- Agricultura — 83 5-C
- Ampl. Del Gas — 83 5-C
- Ampl. Gabriel Ramos Millán — 97 2-F
- Ampl. Granjas San Antonio — 97 2-F
- Ampl. Simón Bolívar — 84 1-D
- Ampl. Sinatel — 110 1-C
- Anzures — 83 5-C
- Aquiles Serdán — 85 4-A
- Atlampa — 83 5-C
- Campestre Churubusco — 110 1-C
- Cerro Prieto — 84 1-D
- Condesa — 96 4-B
- Crédito Constructor — 109 1-D
- Cuauhtémoc — 83 5-C
- Churubusco Country Club — 110 1-C
- Del Valle — 96 4-B
- El Arenal — 83 5-C
- El Carmen — 109 1-D
- El Mosco — 97 2-F
- El Prado — 110 1-C
- El Retoño — 97 2-F
- El Sifón — 97 2-F
- Ermita — 110 1-C
- Escandón — 96 4-B
- Escuadrón 201 — 97 2-F
- Federal — 85 4-A
- Felipe Angeles — 84 1-D
- Fernando Casas Alemán — 85 4-A
- Florida — 109 1-D
- G. Ramos Millán Bramadero — 97 2-F
- Gabriel Ramos Millán — 97 2-F
- Gral. Pedro María Anaya — 109 1-D
- Granjas México — 97 2-F
- Granjas San Antonio — 97 2-F
- Hipódromo de la Condesa — 96 4-B
- Ignacio Zaragoza — 97 2-F
- Industrial Puerto Aéreo — 85 4-A
- Insurgentes Mixcoac — 96 4-B
- Jardín Balbuena — 97 2-F
- La Joya — 97 2-F
- La Raza — 71 6-A
- Lic. Carlos Zapata Vela — 97 2-F
- Malinche — 84 1-D
- Mixcoac — 96 4-B
- Moctezuma 2a. Secc. — 85 4-A
- Nonoalco — 96 4-B
- Nueva Anzures — 83 5-C
- Pensador Mexicano — 85 4-A
- Peñón de los Baños — 85 4-A
- Peralvillo — 84 1-D
- Portales — 110 1-C
- Prado Churubusco — 110 1-C
- Pueblo Aculco — 97 2-F
- Pueblo Axotla — 109 1-D
- Pueblo de Xoco — 109 1-D
- SINATEL — 110 1-C
- San Diego Churubusco — 110 1-C
- San José Aculco — 97 2-F
- San José insurgentes — 96 4-B
- San Juan — 96 4-B
- San Mateo — 110 1-C
- San Miguel Chapultepec — 96 4-B
- San Pedro de los Pinos — 96 4-B
- San Rafael — 96 4-B
- Santa Cruz Aviación — 85 4-A
- Santa María Insurgentes — 83 5-C
- Santa María La Rivera — 83 5-C
- Sector Popular — 84 1-D
- Siete de Noviembre — 84 1-D
- Simón Bolívar — 85 4-A
- Tacubaya — 96 4-B
- Tlatilco — 83 5-C
- Tlaxpana — 83 5-C
- U. H. Acoxpa — 110 1-C
- U. H. Los Picos — 97 2-F
- U. H. San Juan de Aragón — 85 4-A
- U. H. Viveros de Coyoacán — 109 1-D
- U. INFONAVIT Iztacalco — 97 2-F
- Unidad Ampliación Iztacalco — 97 2-F
- Unidad Modelo — 110 1-C
- Valentín Gómez Farías — 85 4-A
- Valle Gómez — 71 6-A
- Vallejo — 71 6-A
- Vallejo Poniente — 71 6-A
- Veinte de Nov. 2o. Tramo — 84 1-D
- Verónica Anzures — 83 5-C

CIRCUITO INTERIOR AV.
- Izcalli Ecatepec — 46 2-F

CIRCUITO LAS FUENTES
- Fuentes de San Cristóbal — 47 2-A

CIRCUITO LAS HACIENDAS
- Las Haciendas — 108 3-A

CIRCUITO NAHOI
- Pedregal de San Nicolás — 121 5-B

CIRCUITO OBREROS
- Ejidal Emiliano Zapata — 33 6-E

CIRCUITO PANAMERICANO
- Pueblo Santa Cruz Acalpixca — 137 3-D
- San Gregorio Atlapulco — 137 3-D

CIRCUITO PRYWER
- Los Tulipanes — 76 3-C

CIRCUITO TLAPA
- Infonavit Ferrocarrilera — 17 5-E

CIRCUITO TURQUESA
- Rancho del Carmen Infonavit — 114 6-A

CIRCUITO UNIV. TECNOLOGICA
- Benito Juárez — 100 1-B
- Rey Nezahualcóyotl — 100 1-B

CIRCULAR DE MORELIA
- Roma — 83 5-F

CIRCUNVALACION
- Barrio Belén — 136 1-F
- Barrio El Rosario — 136 1-F
- Barrio San Antonio — 136 1-F
- Barrio San Pedro — 136 1-F
- Barrio Xaltocan — 136 1-F
- El Gallito — 59 2-D
- El Olivo — 44 5-A
- Emilio Carranza — 84 3-D
- Industrial Cerro Gordo — 59 1-E
- Morelos — 84 3-D
- Prados de la Loma — 56 5-E
- Tepotzotlán — 18 6-D
- Tultitlán — 31 3-D
- Unidad Barrientos — 44 5-A
- Veintiuno de Marzo — 44 5-A

CIRCUNVALACION 2 PRIVS.
- Cuchilla Pantitlán — 85 5-D

CIRCUNVALACION AV.
- Ampl. Sinatel — 97 6-C
- Cuchilla Pantitlán — 85 5-E
- Ej. Santa María Aztahuacán — 112 1-C
- Ej. Santa María Aztahuacán — 112 1-B
- Ej. Santa María Aztahuacán — 112 2-B
- El Arenal 1a. Sección — 85 5-E
- El Arenal 2a. Sección — 85 5-E
- La Aurora — 17 5-B
- La Olimpiada 68 — 81 3-C
- La Olímpica — 81 3-C
- La Piedad — 17 5-B
- Loma Bonita — 31 2-B
- Minas San Martín — 81 4-B

SINATEL — 97 6-C
- San Andrés Tetepilco — 97 6-C
- San Sebastián Tecoloxtitla — 112 1-C
- Santa Cecilia — 112 1-C
- Santa Martha Acatitla Sur — 125 5-E
- Selene — 125 5-E
- Tultitlán — 31 2-B

CIRCUNVALACION CDA.
- Santa María Aztahuacán — 112 2-C

CIRCUNVALACION FED. MEX. AV.
- Montañista — 58 4-D

CIRCUNVALACION NORTE AV.
- América Santa Clara — 60 2-B
- Jardines de Santa Clara — 60 2-B
- San Bartolo Naucalpan — 69 5-C

CIRCUNVALACION ORIENTE
- Ciudad Satélite — 56 6-C
- Jardines de Santa Clara — 60 2-B

CIRCUNVALACION ORIENTE CIR.
- Ciudad Satélite — 56 6-C
- La Florida — 69 2-C

CIRCUNVALACION PONIENTE
- Balcones de San Mateo — 68 4-B
- Ciudad Brisa — 68 4-E
- Jardines de Casa Nueva — 60 2-A
- Jardines de Santa Clara — 60 2-B
- Occipaco — 68 4-E

CIRCUNVALACION PONIENTE AV.
- Ciudad Brisa — 68 4-E

CIRCUNVALACION PONIENTE CIR.
- Ciudad Satélite — 56 6-B
- Ciudad Satélite — 69 2-A
- Ciudad Satélite — 69 1-A
- San Lucas Tepetlacalco — 56 6-B

CIRCUNVALACION SUR
- Jardines de Casa Nueva — 59 2-F
- Jardines de Santa Clara — 60 2-A
- Parque Industrial Naucalpan — 69 6-B
- Parque Industrial Tlatilco — 69 6-B
- San Bartolo Naucalpan — 69 6-B
- Santa María Tulpetlac — 59 2-F
- Unidad Cerro Gordo — 59 2-F

CIRCUNVALACION SUR CDA.
- Parque Industrial Naucalpan — 69 6-B

CIRROS
- Jardines de Morelos — 48 2-A

CIRUELA
- Ampl. San José del Jaral — 43 3-D
- Granjas Independencia — 73 3-B
- Las Huertas — 81 1-C
- San Gabriel — 43 3-D
- Tabla del Pozo — 59 2-D
- Xalpa — 112 3-D

CIRUELA DE LA
- Las Granjas Acolman — 36 4-B

CIRUELAS
- Hacienda Ojo de Agua — 21 4-A
- Prados de Ecatepec — 20 5-A

CIRUELO
- 2a. Ampl. Stgo Acahualtepec — 112 3-E
- Ampl. Minas Palacio — 81 4-B
- Ampliación Titla — 137 2-C
- Avándaro — 127 1-B
- Chiconautla 3000 — 35 3-B
- Chimalhuacán — 87 6-E
- Ejidos de San Cristóbal — 33 6-F
- El Mirador — 95 6-B
- Jalalpa Tepito — 95 6-B
- Las Cruces — 107 6-F
- Las Huertas — 81 1-C
- Las Huertas — 121 3-B
- Manzanastitla — 107 1-B
- Miravalle — 112 4-F
- Paraje del Caballito — 120 1-E
- Revolución — 43 1-C
- San José del Jaral — 43 1-C
- San Juan Potreros — 89 3-B
- San Juan Xalpa — 111 4-C
- San Miguel Tehuizco — 148 2-F
- San Rafael — 57 1-B
- Tecozoma — 113 6-C
- Tlatel Xochitenco — 87 2-D
- Xotepingo — 110 5-A

CIRUELO ANDADOR
- Las Cruces — 107 6-F

CIRUELO CDA.
- Ejidal Emiliano Zapata — 33 5-F
- Ejidos de San Cristóbal — 33 5-F

CIRUELO PRIV.
- Tierra Blanca — 138 4-F

CIRUELOS
- Ahuehuetes — 57 4-D
- Ampl. El Tesoro — 44 3-E
- Ampliación Tres de Mayo — 30 6-B
- Barrio Santa Cruz — 78 3-C
- Barrio Santa Eugenia — 87 3-C
- Bosques de Morelos — 30 4-C
- Copalera — 101 3-A
- Ejidal Ampl. San Marcos — 44 4-D
- Ejidal Emiliano Zapata — 33 6-E
- Ejido Santa Cruz Xochitepec — 136 1-C
- El Gavillero — 28 6-C
- La Perla — 100 4-A
- Las Peñitas — 43 4-D
- Las Peñitas 3a. Secc. — 43 4-D
- Las Peñitas 3a. Sección — 43 4-D
- Loma Encantada — 113 3-E
- Lomas Cuautetlán — 135 3-F
- Los Cipreses — 110 6-C
- Los Ciruelos — 110 6-C
- México Nuevo — 70 3-A
- Pasteros — 72 4-B
- San Fernando — 94 4-C
- San José Huilango — 16 3-F
- San Martín — 76 1-B
- Santa Inés — 136 5-E
- Tlacoyaque — 107 6-E
- U. H. Emiliano Zapata — 76 3-D
- Villa de las Flores — 32 3-F

CIRUELOS CDA.
- Los Ciruelos — 110 6-C
- San Rafael Chamapa — 81 1-F

CIRUELOS DE LOS
- Ampl. Jards. de San Mateo — 68 3-F
- Jardines de San Mateo — 68 3-F

CIRUELOS LOS
- Sector Popular — 76 4-C

CIRUELOS LOS ORIENTE
- Arcos del Alba — 30 2-F

CIRUELOS LOS PONIENTE
- Arcos del Alba — 30 2-F

CIRUELOS Y CDA.
- Ampliación El Rosario — 16 5-E

CIRUJANOS
- El Sifón — 97 6-D

CIRUJANOS CIR.
- Ciudad Satélite — 69 1-C

CISNE
- Bellavista — 96 3-A
- Cocoyotes — 58 2-B
- Granjas Pop. Gpe. Tulpetlac — 60 5-A
- Las Arboledas — 56 1-D
- Rancho Tejomulco — 137 3-D
- Rinconada de Aragón — 60 5-C

CISNE DEL Y CDA.
- Lomas de la Cruz — 42 2-B

CISNEROS JOAQUIN
- Barrio Norte — 95 5-F
- Barrio Norte — 95 6-F
- Olivar del Conde 1a. Secc. — 95 6-F

CISNEROS JOAQUIN LIC.
- Pantitlán — 98 1-E

CISNEROS JOSE ANTONIO
- Ciudad Satélite — 56 6-A

CISNES
- Lago de Guadalupe — 30 4-A
- San Pedro — 87 5-F
- Valle de Tules — 44 3-C

CISNES CDA.
- Los Olivos — 124 3-E

CISNES DE LOS
- Las Alamedas — 56 2-A
- Lomas del Río — 41 2-A

CISNES DE LOS AV.
- La Turba — 124 3-E
- Las Aguilas — 43 4-A
- Los Olivos — 124 3-E

CITA DE LA CJON.
- San Angel Inn — 109 3-A

CITLICUM
- Héroes de Padierna — 121 3-E
- Torres de Padierna — 121 4-E
- Z. U. E. Héroes de Padierna — 121 4-E

CITLAHUA
- San Simón Culhuacán — 110 4-F

CITLALA A
- U. José Ma. Morelos y Pavón — 33 2-B

CITLALA B
- U. José Ma. Morelos y Pavón — 33 2-B

CITLALI
- Acozac — 115 3-B
- Barrio Cesteros — 87 3-E
- Ciudad Cuauhtémoc — 34 3-F
- El Chamizal — 47 6-B
- El Paraíso — 99 5-B
- México Prehispánico II — 73 1-D
- Pedregal de San Nicolás — 121 5-B
- San Gregorio Mapulco — 137 2-F
- San Miguel Xochimanga — 43 5-D
- San Pedro Mártir — 122 6-F

CITLALI Y 8 CDAS.
- Barrio Cesteros — 87 3-D
- Barrio Curtidores — 87 3-D

CITLALTEPETL
- Ciudad Azteca — 60 3-C
- Cuautitlán Izcalli Norte — 17 5-D
- Hipódromo — 96 1-D

CITLALTEPETL BLVR.
- La Patera — 56 1-D
- Loma Azul — 56 1-D
- Lomas de Valle Dorado — 56 1-D

CITLALI
- Los Cerrillos — 138 2-D
- Oriente — 136 4-F

CITLALI Y CJON.
- San Luis Tlaxialtemalco — 138 2-A

CITLATZIN
- Ampliación Flores Magón — 110 2-F

CITLI
- Pedregal de Santo Domingo — 109 5-E
- U. H. Infonavit Xochináhuac — 70 1-A

CITOPLASMA
- Pantitlán — 98 1-E

CIUDAD ANTIGUA
- Las Américas — 69 5-B

CIUDAD AZTECA
- La Florida — 60 6-B
- U. H. La Alborada — 60 6-B
- Valle de Anáhuac Secc. B — 60 6-B

CIUDAD CAMARGO
- Francisco Villa — 111 4-E

CIUDAD CUAUHTEMOC CIRCUITO
- Ciudad Cuauhtémoc — 34 3-F

CIUDAD DE LEON CDA.
- Miguel Hidalgo — 122 4-C

CIUDAD DEL CARMEN
- Miguel de la Madrid Hurtado — 112 3-E

CIUDAD IXTEPEC
- Miguel de la Madrid Hurtado — 112 3-E

CIUDAD JUAREZ
- Fracc. San Benjamín — 47 1-A
- Francisco Villa — 101 2-B
- Francisco Villa — 101 3-A

CIUDAD LABOR BLVR.
- Lomas de Cartagena — 44 2-C

CIUDAD MENDOZA
- Dieciséis de Marzo — 100 3-E

CIUDAD TOCHTLI
- Pedregal de Santo Domingo — 109 5-E

CIUDAD UNIVERSITARIA
- Benito Juárez — 99 3-C
- Evolución — 99 3-C
- Metropolitana 2a. Secc. — 99 3-C

CIUDAD UNIVERSITARIA AV.
- Ciudad Universitaria — 109 5-A
- Jardines del Pedregal — 109 5-A

CIUDAD VICTORIA
- Adolfo López Mateos — 42 3-E
- Ampl. Buenavista — 44 3-D
- Ampl. Buenavista — 44 3-D
- Jardines de Morelos — 47 2-C
- Olivar de los Padres — 108 4-F
- Vergel de Guadalupe — 72 5-E

CIUDAD VICTORIA AV.
- Ampl. Ciudad Victoria — 115 2-F

CIUDADELA
- Ampl. El Mirador — 24 2-B
- Cuautitlán — 18 6-C
- El Mirador — 24 2-B
- Libertad — 44 1-E
- Nueva Santa María — 18 6-C
- Villas de Teotihuacán — 24 2-A

CIVILIZACIONES DE LAS AV.
- U. El Rosario II — 57 6-A
- U. El Rosario — 57 6-A

CIVISMO
- México — 98 1-F
- Nezahualcóyotl — 98 1-F

CLARIN
- Ampliación San Miguel — 43 2-B
- Las Arboledas — 56 1-D
- Rinconada de Aragón — 60 5-C

CLARINES
- Granjas de Guadalupe — 42 2-C
- Las Aguilas — 43 4-A
- Lomas de San Esteban — 89 1-B
- Parque Residencial Coacalco — 33 5-B
- San Cristóbal Texcalucan — 93 2-B
- Valle de Tules — 44 3-C

CLARK
- San Simón Tolnáhuac — 84 1-A

CLARK FLORES J. J.
- U. H. Olímpica — 122 2-D

CLASICOS
- Dr. Jorge Jiménez Cantú — 30 5-D

CLAUSELL JOAQUIN CIR.
- Lomas de Virreyes — 95 1-E

CLAUSSEL JOAQUIN
- Ciudad Satélite — 69 1-D

CLAVE
- Vallejo — 71 6-C
- Vallejo — 71 6-A
- Vallejo Poniente — 71 6-A

CLAVE PELEGRIN
- Ciudad Satélite — 69 1-D

CLAVEL
- 2o. Reac. de Tlacuitlapa — 108 2-C
- Altavista — 100 2-F
- Ampl. Buenavista — 44 3-D
- Ampliación El Tesoro — 44 2-D
- Ampliación Emiliano Zapata — 112 2-E
- Ampliación Tepepan — 136 1-C
- Atlampa — 83 1-D
- Barrio Hojalateros — 87 4-D
- Barrio Las Cruces — 137 4-C
- Barrio San Hipólito — 87 3-C
- Barrio Santa Eugenia — 87 3-C
- Barrio Xaltocan — 112 5-C
- Buenavista — 112 5-B
- Buenavista — 44 3-D
- Buenos Aires — 36 6-E
- Caballería de Sales — 34 5-E
- Campestre El Potrero — 113 5-C
- Capultitla — 153 1-D
- Copilco El Bajo — 109 4-B
- Cumbres de San Mateo — 122 6-E
- Chimalcóyotl — 120 5-E
- Del Carmen — 138 3-C
- Dos de Marzo — 88 3-A
- Ejidal Ampl. San Marcos — 44 4-C
- El Mirador — 136 1-C
- El Rincón — 108 2-B
- El Toro — 121 1-B
- Garcimarrero — 108 1-B
- Hank González — 59 1-C
- Independencia — 28 4-E
- Jardines de Chalco — 140 1-D
- Jardines de Monterrey — 43 3-C
- Jardines del Llano — 139 5-A
- Jardines del Molinito — 82 1-B
- Jardines del Tepeyac — 59 6-F
- Joyas de Nieve — 58 1-D
- La Cañada — 82 2-B
- La Malinche — 108 6-B
- La Mora — 81 3-D
- Las Conchitas — 31 4-A
- Las Flores — 56 3-A
- Las Huertas — 68 6-E
- Las Peñitas — 43 4-D
- Loma Encantada — 113 3-D
- Loma Encantada — 113 3-E
- Loma Linda — 82 1-A
- Lomas de San Miguel — 43 3-C
- Lomas de la Era — 120 1-E
- Los Bordos — 66 6-B
- Los Cuyos — 100 4-C
- Miraflores — 42 2-F
- Nueva Santa María — 83 1-D
- Olivar Santa María — 138 3-A
- Paraíso — 60 1-A
- Plan Sagitario — 42 4-E
- Potrero de San Bernardino — 123 6-D
- San Jerónimo Lídice — 108 6-C
- San José del Jaral — 43 3-D
- San Juan — 87 5-D
- San Lucas — 57 3-F
- San Miguel — 88 6-B
- San Miguel Chalma — 57 3-F
- San Miguel Teotongo — 113 4-B
- San Miguel Teotongo — 113 3-A
- San Miguel Topilejo — 149 4-A
- San Miguel Totolcingo — 35 5-D
- San Pablo I — 112 4-F
- San Pedro Mártir — 122 6-E
- San Rafael Chamapa — 81 3-C
- Santa Cruz Xochitepec — 136 2-C
- Santa María Chimalhuacán — 68 4-B
- Santa María de Guadalupe — 44 3-A
- Santa Rosa — 48 3-D
- Santa Rosa — 101 1-E
- Tamaulipas El Palmar — 86 6-C
- Tamaulipas Flores — 86 6-C
- Tamaulipas Oriente — 86 6-C
- Tezoyuca — 107 6-E
- Tlacoyaque — 83 1-D
- Torres del Potrero — 108 5-A
- U. H. Morelos Ecatepec — 47 2-B
- Valle de las Flores — 30 5-D
- Xalpa — 112 4-D
- Xalpa — 112 5-D

CLAVEL 2A. CDA.
- U. H. Belén de las Flores — 108 1-C

CLAVEL AV.
- El Mirador — 16 5-B

CLAVEL CDA.
- Buenavista — 112 5-B
- Lomas de San Bernabé — 120 1-E
- Minas Palacio — 81 3-C
- Palmitas — 112 4-C
- San Francisco Zacango — 36 6-C

CLAVEL CDA. PROL.
- Tecorral — 135 1-E

CLAVEL DEL CDA.
- Cuauhtémoc — 108 6-B

CLAVEL DEL CJON.
- Cocotitla — 141 4-C
- San Marcos Huitzilzingo — 140 5-C

CLAVEL NORTE CDA.
- San Pedro Mártir — 122 6-E

CLAVEL NTE.
- San Pedro Mártir — 122 6-E

CLAVEL PRIV.
- Ex Hda. San Juan de Dios — 123 4-C

CLAVEL PROL.
- Paraje La Joyita — 135 2-E
- Paraje La Joyita — 135 1-E
- Vista Lomas de Mixcoac — 108 2-B

CLAVEL SUR 2A. CDA.
- Tecorral — 135 1-E

CLAVEL SUR Y 2 CDAS.
- Tecorral — 135 1-E

CLAVEL Y 2 PRIVS.
- Cuautepec El Alto — 58 1-B

CLAVEL Y CJON. Y PRIV.
- Barrio La Guadalupita — 136 1-F

CLAVEL Y PROL.
- Quiahuatla — 138 1-F

CLAVELERO EL
- Ampliación Evolución — 99 2-E
- Benito Juárez — 99 2-E

CLAVELES
- Ampl. Malacates — 45 4-C
- Barrio San Francisco — 121 1-C
- Barrio San Miguel — 139 6-D
- Bellavista — 59 6-B
- Bello Horizonte — 31 5-E
- Ejército del Trabajo III — 73 3-B
- El Arenal — 100 4-F
- El Mirador — 19 2-C
- El Rosario — 124 3-E
- Granjas de Guadalupe — 42 1-C
- Hacienda Ojo de Agua — 21 3-A
- Hacienda Real de Tultepec — 32 1-D
- Hacienda de la Luz — 43 2-C
- Jardines de Acuitlapilco — 88 4-B
- Jardines de Aragón — 60 5-B
- Jardines de Santa Cruz — 19 1-B
- La Huerta — 95 5-B
- La Magdalena Atlicpan — 100 4-F
- Loma de la Cruz — 42 1-D
- Lomas de San Lorenzo — 124 1-E
- Los Cuyos — 100 3-D
- Prados de Ecatepec — 20 4-A

Calle / Colonia	Plano	Coordenadas
San Isidro	17	6-E
San Isidro La Paz	29	6-A
San José Buenavista	100	2-D
San José del Jaral	43	3-D
San Juan Zapotla	100	1-E
San Miguel Teotongo	113	3-B
U. H. El Paraíso FOVISSSTE	18	6-C
Villa de las Flores	32	2-F
Vista Hermosa	33	6-D
Vista Hermosa	46	1-C
CLAVELES CJON.		
Jardines del Alba	30	3-F
CLAVELES DE CDA.		
Bellavista	59	2-D
Torres del Potrero	108	5-A
CLAVELES DE LOS		
La Florida	69	3-C
La Florida Occipaco	69	3-C
CLAVELES PROL.		
Bellavista	59	2-D
CLAVELES RT.		
Izcalli Ecatepec	46	3-F
CLAVELES RT. DE		
Jardines de Morelos	47	1-E
CLAVELILLO		
San José del Jaral	43	2-C
CLAVELITO		
Pueblo San Miguel Ajusco	135	5-A
CLAVELLINA		
Ixtlahuacan	112	2-F
Lomas de San Miguel	43	3-C
Los Angeles	111	3-D
Santa María de Guadalupe	44	3-A
CLAVELLINAS		
Barrio San Bernabé	70	6-D
Ciudad Jardín	110	4-A
Nueva Santa María	70	6-D
San José del Jaral	43	2-D
San José del Jaral	43	1-D
Torres del Potrero	108	5-A
Villa de las Flores	32	2-F
CLAVELLINAS 2 CDAS.		
El Rosario	124	2-D
CLAVELLINAS CDA.		
Ejidos de San Pedro Mártir	122	6-F
Nueva Santa María	70	6-E
CLAVERIA		
Angel Zimbrón	70	6-B
Clavería	70	6-B
CLAVIJERO		
Esperanza	84	6-C
Tránsito	84	6-C
CLAVIJERO FCO. JAVIER CDA.		
Tepotzotlán	4	5-C
CLAVIJERO FRANCISCO JAVIER		
Ampl. Norte	57	5-C
Barrio de Capula	4	6-C
Buenavista	31	6-E
Ciudad Satélite	69	1-D
San Juan Ixtacala Ampl. Nte	57	5-C
Tepotzotlán	4	6-C
CLAVO		
El Tambor	82	3-A
CLEMATIDES		
Villa de las Flores	32	2-F
CLEMATIDES PROL.		
Villa de las Flores	33	2-A
CLEMENTE PRIV.		
Adolfo Ruiz Cortines	110	6-A
CLEVELAND		
Ciudad de los Deportes	96	5-C
Nochebuena	96	5-C
CLUB A. HALCONES REAL DEL M.		
Montañista	58	2-E
CLUB ALEMAN		
Pueblo Tepepan	123	5-B
CLUB ALPINISTA COYOTES		
La Presa Lázaro Cárdenas	58	4-C
CLUB ALPINO ADAMANTE		
La Presa Lázaro Cárdenas	58	5-C
CLUB ALPINO AGUILUCHOS		
La Presa Lázaro Cárdenas	58	5-D
CLUB ALPINO AJUSCO		
La Presa Lázaro Cárdenas	58	4-C
CLUB ALPINO ALUD		
La Presa Lázaro Cárdenas	58	4-C
CLUB ALPINO ANAPURNA		
Montañista	58	2-D
CLUB ALPINO ANDESIA		
Montañista	58	2-D
CLUB ALPINO ARQUEROS		
La Presa Lázaro Cárdenas	58	5-C
CLUB ALPINO CENTAURO		
Montañista	58	2-D
CLUB ALPINO CERRO TARUMBA		
La Presa Lázaro Cárdenas	58	5-C
CLUB ALPINO CIERVOS		
Montañista	58	3-C
CLUB ALPINO CINEMATOGRAFISTA		
La Presa Lázaro Cárdenas	58	3-D
Montañista	58	3-D
CLUB ALPINO CITLALI		
Montañista	58	3-D
CLUB ALPINO CUAUTLI		
Montañista	58	3-D
CLUB ALPINO CHINTOLOS		
La Presa Lázaro Cárdenas	58	5-C
CLUB ALPINO DANUBIO		
Montañista	58	3-D
CLUB ALPINO ERMITAÑOS		
Montañista	58	2-E
CLUB ALPINO GLACIAR		
Montañista	58	2-E
CLUB ALPINO GUARDIANES		
La Presa Lázaro Cárdenas	58	5-D
CLUB ALPINO HORIZONTES		
Montañista	58	2-E
CLUB ALPINO HUILOCHE		
La Presa Lázaro Cárdenas	58	4-C
CLUB ALPINO HUNOS		
Montañista	58	3-D
CLUB ALPINO IXPOCITLAL		
Montañista	58	3-D
CLUB ALPINO IZTANCAGUA		
Montañista	58	3-D
CLUB ALPINO LEON GUANAJUATO		
La Presa Lázaro Cárdenas	58	3-C
Montañista	58	3-C
CLUB ALPINO MACUILTEPETL		
Montañista	58	3-D
CLUB ALPINO MARINA		
Montañista	58	5-C
CLUB ALPINO MATATENOS		
Montañista	58	4-C
CLUB ALPINO MAZATL		
Montañista	58	3-D
CLUB ALPINO MONTEROS		
Montañista	58	2-E
CLUB ALPINO OCELOTL		
Montañista	58	4-C
CLUB ALPINO PENTATLON UNIV.		
Montañista	58	5-C
CLUB ALPINO POLVORA		
Montañista	58	5-C
CLUB ALPINO ROCA Y NIEVE		
Montañista	58	3-D
CLUB ALPINO SHERPAS		
Montañista	58	2-C
CLUB ALPINO TECUANES		
Montañista	58	3-D
CLUB ALPINO TEOCALLI		
Montañista	58	5-C
CLUB ALPINO TEPEILHUITL		
Montañista	58	3-D
CLUB ALPINO TEYOTL		
Montañista	58	3-E
CLUB ALPINO TIBET		
Montañista	58	3-D
CLUB ALPINO TLACOPAN		
Montañista	58	2-D
CLUB ALPINO XITLE		
Montañista	58	4-C
CLUB ALPINO YAUTEPEMES		
Montañista La Presa	58	3-D
CLUB ALPINO ZIRATE		
Montañista	58	5-C
CLUB ANDINO CAXTOLI		
Montañista	58	4-C
CLUB ANDINO DE CHILE		
Montañista	58	3-D
CLUB ANDINO PAINANI		
Montañista	58	3-D
CLUB BULPINO		
Montañista	58	5-C
CLUB CHIMALHUACAN		
Montañista	58	4-C
CLUB DE E. LEGION DE ORIZABA		
Montañista	58	2-E
CLUB DE E. PICO DE ORIZABA		
Montañista	58	3-E
CLUB DE EXCTAS. STROMBOLI		
Montañista	58	3-E
CLUB DE EXCURSIONISMO CIMA		
Montañista	58	3-D
CLUB DE EXPCNES. TEQUITEPETL		
Montañista	58	4-D
CLUB DE EXPLDORES. MEXICO AV		
Montañista	58	2-E
CLUB DE EXPLORADORES MEXICO		
Montañista	58	5-C
CLUB DE GOLF		
Club de Golf México	122	4-F
San Buenaventura	122	4-F
CLUB DE GOLF AV.		
Vallescondido	41	6-F
CLUB DE GOLF BLVR.		
Club de Golf Bellavista	56	6-A
Jardines de Bellavista	56	6-A
Lomas de Bellavista	56	6-A
CLUB DE GOLF LOMAS AV.		
Fracc. Lomas Country Club	94	2-B
CLUB DE LEONES CDA.		
Barrio Xaltocan	136	2-F
CLUB DEL AV.		
Residencial Chiluca	54	2-F
CLUB DEPORTIVO AMERICA		
Villa Lázaro Cárdenas	123	3-B
CLUB DEPORTIVO ATLANTE		
Villa Lázaro Cárdenas	123	3-B
CLUB DEPORTIVO ATLAS		
Villa Lázaro Cárdenas	123	3-B
CLUB DEPORTIVO CRUZ AZUL		
Villa Lázaro Cárdenas	123	3-B
CLUB DEPORTIVO GUADALAJARA		
Villa Lázaro Cárdenas	123	3-B
CLUB DEPORTIVO IRAPUATO		
Villa Lázaro Cárdenas	123	3-B
CLUB DEPORTIVO LEON		
Villa Lázaro Cárdenas	123	3-B
CLUB DEPORTIVO MONTERREY		
Villa Lázaro Cárdenas	123	3-B
CLUB DEPORTIVO NECAXA		
Villa Lázaro Cárdenas	123	3-B
CLUB DEPORTIVO NUEVO LEON		
Villa Lázaro Cárdenas	123	3-B
CLUB DEPORTIVO ORO		
Villa Lázaro Cárdenas	123	3-C
CLUB DEPORTIVO PACHUCA		
Villa Lázaro Cárdenas	123	3-B
CLUB DEPORTIVO TOLUCA		
Villa Lázaro Cárdenas	123	3-B
CLUB DEPORTIVO UNIVERSIDAD		
Villa Lázaro Cárdenas	123	3-B
CLUB DEPORTIVO VERACRUZ		
Villa Lázaro Cárdenas	123	3-C
CLUB E. CABALLEROS AZTECAS		
Montañista	58	3-D
CLUB E. CITLALTEPETL DE MEX.		
Montañista	58	3-C
CLUB E. CRUZ DE LORENA		
Montañista	58	4-D
CLUB EXCTA. AMACITLALI		
Montañista	58	4-D
CLUB EXCTA. CARDENALES		
La Presa Lázaro Cárdenas	58	3-D
Montañista	58	3-D
CLUB EXCTA. CUAUTECUHTLI		
Montañista	58	4-C
CLUB EXCTA. DIANA HUNOS		
Montañista	58	3-D
CLUB EXCTA. DIOS Y MONTAÑA		
Montañista	58	3-C
CLUB EXCTA. GERIFALCOS		
Montañista	58	4-C
CLUB EXCTA. MURCIELAGOS		
Montañista	58	3-C
CLUB EXCTA. SIERRA NEVADA		
Montañista	58	2-D
CLUB EXCTA. VENTISQUEROS		
Montañista	58	4-C
CLUB EXCTA. ZEMPOALTEPETL		
Montañista	58	3-C
CLUB EXCTAS. NEXPAYANTLA		
Montañista	58	3-D
CLUB EXCTAS. SOLITARIOS		
Montañista	58	4-C
CLUB EXCURSIONISTA		
Montañista	58	2-D
CLUB EXCURSIONISTA ADEYA		
Montañista	58	5-C
CLUB EXCURSIONISTA AGUILA		
Montañista	58	4-D
CLUB EXCURSIONISTA ANAHUAC		
Montañista	58	3-D
CLUB EXCURSIONISTA AUDACES		
Montañista	58	3-D
CLUB EXCURSIONISTA BUFALOS		
Montañista	58	2-D
CLUB EXCURSIONISTA CRATER		
Montañista	58	5-D
CLUB EXCURSIONISTA DINGOS		
Montañista	58	2-D
CLUB EXCURSIONISTA ELGO		
Montañista	58	3-D
CLUB EXCURSIONISTA ESPAÑA		
Montañista	58	3-D
CLUB EXCURSIONISTA EVEREST		
Montañista	58	3-C
CLUB EXCURSIONISTA GAVILLA		
Montañista	58	3-D
CLUB EXCURSIONISTA HIMALAYA		
Montañista	58	3-D
CLUB EXCURSIONISTA IXTAPOPO		
Montañista	58	4-C
CLUB EXCURSIONISTA MEXICANO		
Montañista	58	5-C
CLUB EXCURSIONISTA MOTOLINIA		
Montañista	58	4-D
CLUB EXCURSIONISTA OROFILOS		
Montañista	58	3-E
CLUB EXCURSIONISTA PETERETES		
Montañista	58	3-D
CLUB EXCURSIONISTA QUETZALES		
Montañista	58	3-E
CLUB EXCURSIONISTA RANCAGUA		
Montañista	58	3-E
CLUB EXCURSIONISTA SAGITARIO		
Montañista	58	3-D
CLUB EXCURSIONISTA TACANA		
Montañista	58	4-D
CLUB EXCURSIONISTA TEPEYAC		
Montañista	58	3-C
CLUB EXCURSIONISTA TEPOCHTLI		
Montañista	58	4-D
CLUB EXCURSIONISTA TIHUI		
Montañista	58	3-D
CLUB EXCURSIONISTA TLALOC		
Montañista	58	3-E
CLUB EXCURSIONISTA TLAMINCA		
Montañista	58	3-E
CLUB EXCURSIONISTA TONANTZIN		
Montañista	58	3-D
CLUB EXCURSIONISTA TONATIUH		
Montañista	58	4-D
CLUB EXCURSIONISTA TRACTORES		
Montañista	58	3-C
CLUB EXCURSIONISTA TULA		
Montañista	58	3-C
CLUB EXCURSIONISTA VESUBIO		
Montañista	58	4-C
CLUB EXPLORADOR XICOTENCATL		
Montañista	58	3-D
CLUB EXSCTAS. RIELEROS		
Montañista	58	5-C
CLUB EXURSIONISTA ALICAMEX		
Montañista	58	3-D
CLUB FENIX		
Montañista	58	3-E
CLUB LAGUNA		
Villa Lázaro Cárdenas	123	3-B
CLUB LEGION ALPINA		
Montañista	58	3-D
CLUB LEGION HUMBOLDT		
Montañista	58	3-D
CLUB LEOPARDOS		
Montañista	58	4-D
CLUB MATTERHORN		
Montañista	58	3-C
CLUB MEX RAIL		
La Presa	58	5-C
Lázaro Cárdenas	58	5-C
CLUB MEXRAIL		
Montañista	58	5-C
CLUB MONTAÑES CONQUISTADORES		
Montañista	58	2-E
CLUB MONTAÑISTA BORRASCA		
Montañista	58	3-E
CLUB MONTAÑISTA CASTORES		
Montañista	58	2-D
CLUB MONTAÑISTA CONDOR		
Montañista	58	2-D
CLUB MONTAÑISTA GAVILANES		
Montañista	58	2-E
CLUB MONTAÑISTA NIEBLA		
Montañista	58	3-D
CLUB MONTAÑISTA OSOS		
Montañista	58	2-D
CLUB MONTAÑISTA TROTAMONTES		
Montañista	58	2-D
CLUB SIERRA		
Montañista	58	4-D
CLUB TENOCHTITLAN		
Montañista	58	3-D
CLUB TOLLANTZINGO		
Montañista	58	2-D
CLUB VANGUARDIA ALPINA		
Montañista	58	5-D
CLYDE Y PRIV.		
Condado de Sayavedra	41	4-F
CMNO ACOPILCO A HUIXQUILUCAN		
San Lorenzo Acopilco	106	4-D
CMNO VIEJO CHIMALHUACAN CJON		
Lomas de Santa María	100	1-F
CNOP		
Miravalle	112	4-F
COA		
Barrio Cesteros	87	3-E
Barrio Talladores	87	3-E
COACALCO		
Adolfo López Mateos	17	4-C
Barrio Orfebres	87	5-A
El Tesoro	44	2-D
La Sardaña	44	2-D
La Sardaña	44	3-C
Loma Bonita	44	6-C
Lomas Verdes	31	5-F
Los Angeles	57	1-D
U. H. Emiliano Zapata	123	1-F
COACALCO BLVR.		
Villa de las Flores	32	2-F
COACALCO NORTE Y SUR		
Lomas de Atizapán	55	2-E
COACALCO Y CDA.		
Deportivo Pensil	82	2-F
COACOYUNGA		
Pedregal de Santo Domingo	109	5-D
COACPANCO		
Pueblo Santa Rosa Xochiac	107	6-C
COACHILCO Y 2 CJONES.		
Barrio San Marcos	70	4-B
COAHUILA		
Adolfo López Mateos	42	4-E
Ampl. Buenavista	44	3-D
Ampliación San Agustín	100	3-D
Barrio La Luz	151	4-C
Cuajimalpa	107	2-B
Jardines de San Agustín	100	4-D
La Candelaria	107	2-B
La Providencia	72	3-D
Lázaro Cárdenas	56	2-B
Maravillas	100	4-D
Piedra Grande	60	3-A
Roma Sur	96	1-E
Santa Teresa	121	2-C
Temamatla	154	2-C
Tlalpizahuac	113	5-F
Valentín Gómez Farías	108	2-C
Villa Milpa Alta	151	4-C
Villa San Agustín Atlapulco	100	4-D
COAHUILA AV.		
Ampl. San Francisco	115	2-F
COAHUILA CDA.		
San Pablo de las Salinas	19	5-F
COAHUILA CDA. Y PRIV.		
Cuajimalpa	107	3-B
COAHUILA DE		
Jacarandas	56	4-B
COAHUILA DE 3A. CDA.		
Cuajimalpa	107	2-B
COAHUILA DE CDA.		
Villa San Agustín Atlapulco	100	4-D
COAHUILA Y 1A. CDA.		
La Vuelta de San Agustín	100	3-C
COAHUILA Y CDA.		
Buenavista	112	5-B
COAHUILA Y CDA. Y PRIV.		
Santa María Tulpetlac	46	5-F
COAHUILTECOS		
Pedregal Santa Ursula Xitla	122	6-C
COALCOMAN		
Popular Rastro	84	2-D
COALICION DE TAXISTAS		
U. H. Sitio 217	42	1-D
COANACOCH		
Pueblo San Bernabé Ocotepec	120	1-F
COANALCO 1A. CDA.		
Hank González	59	1-B
COANALCO AV.		
Hank González	59	1-C
COANALCO CJON.		
Hank González	59	1-C
COANALCO PRIV.		
Hank González	59	1-C
COANALQUITO		
Hank González	59	1-C
COAPA		
Toriello Guerra	122	3-E
COAPALCOATITLA CJON.		
Barrio Caltongo	137	1-A
COAPALLI		
Chimalhuacán	87	4-F
COAPAN		
Pedregal de Santo Domingo	109	5-E
COAPETATE		
Pedregal de Santo Domingo	109	5-E
COASILES		
Granjas de Guadalupe	42	2-B
COATE		
Pedregal de Santo Domingo	109	5-E
COATEPEC		
Altavilla	72	1-B
Ampl. Raúl Romero Fuentes	99	2-B
Atlacomulco	99	2-B
Barrio Orfebres	87	5-B
Ciudad Cuauhtémoc	34	2-F
Cuautitlán Izc. Cumbria	30	1-E
Evolución Poniente	99	2-B
Modelo	99	2-B
Porfirio Díaz	99	2-B
Raúl Romero	99	2-B
Roma Sur	96	2-F
San Lorenzo	56	3-B
COATEPEC AV.		
San Bartolomé Coatepec	93	3-F
COATEPEC HARINAS		
Lomas Verdes	31	6-F
San Antonio Zomeyucan	82	2-B
COATEPEC NORTE Y SUR		
Lomas de Atizapán	55	2-E
COATL		
Barrio Vidrieros	87	4-C
Ciudad Amanecer	73	1-C
Ciudad Cuauhtémoc	35	2-A
Pedregal de Santo Domingo	109	5-E
COATLI		
Almontila	87	6-B
Tlatelco	87	6-B
COATLICUE		
Ciudad Cuauhtémoc	34	3-F
La Pastora	58	5-B
San Miguel Xochimanga	43	5-D
Santa Isabel Tola	71	2-E
COATLICUE Y 2 CDAS.		
Amado Nervo	94	6-B
Jesús del Monte	94	6-B
COATLINCHAN		
Lomas de Cristo	76	5-B
Rey Neza	100	2-B
COATZACOALCOS		
Adolfo López Mateos	42	4-E
COATZACOALCOS RT.		
San Jerónimo Aculco	121	1-D
COATZAPOTE		
Ecatepec de Morelos	46	1-E
COATZINGO PRIV.		
Pedregal de Santo Domingo	122	1-E
COATZINTLA		
San Jerónimo Aculco	108	6-D
COBALTO AND.		
San Juan Cerro	111	3-B
COBALTO PRIV.		
San Juan Cerro	111	3-C
COBAN		
Valle del Tepeyac	71	4-A
COBANO		
Jardines de San Gabriel	59	5-E
COBOS MAGDALENA		
Carmen Serdán	110	6-E
COBOS Y 2 CDAS.		
Barrio Santa Bárbara	110	1-F
COBRE		
Barrio Santa Eugenia	87	3-C
Chamacuero	43	3-D
El Tesoro	44	2-D
Felipe Pescador	84	2-C
Ixtlahuacan	112	3-F
Jardines de los Baez	47	1-C
La Alborada I	20	3-B
La Alborada Valle	20	3-B
Lázaro Cárdenas	60	6-D
Maza	84	2-C
Nicolás Bravo	84	2-C
Popular Rastro	84	2-C
San Juan Cerro	111	3-B
San Norberto	87	3-C
Santo Domingo	95	3-F
COBRE CDA.		
Felipe Pescador	84	2-C
COBRE DEL		
Citlalli	112	3-D
Esfuerzo Nacional	59	5-C
COBRE Y 2 CDAS.		
Chamacuero	43	2-E
COBRELOA		
Arboledas del Sur	123	4-B
COBRELOA 1A. CDA.		
Arboledas del Sur	123	3-B
COBRELOA 2A. CDA.		
Arboledas del Sur	123	4-B
COCA		
Lic. Carlos Zapata Vela	98	5-A
COCNAHUATL Y PRIV.		
San Pedro	87	5-F
COCO		
Las Huertas	81	1-C
COCOATZINTLA Y CDA.		
Barrio San Francisco	121	2-B
COCODRILO Y CDA.		
Los Olivos	124	2-E
COCOLERA		
Pedregal de Santo Domingo	109	5-F
COCOLITOS CDA.		
Granjas de Guadalupe	42	1-C
COCOLOTZI		

Calle / Colonia	Plano	Coordenadas
San José Zacatepec	136	4-D
COCOLTZIN		
Ciudad Cuauhtémoc	34	2-F
COCONETLA		
U. H. Coyuya	97	2-E
COCONETLA AV.		
Crescencio Juárez Chavira	120	3-E
La Carbonera	120	3-E
Rancho Pachita	120	3-E
COCOS		
Vista Hermosa	58	2-C
COCOS LOS		
Las Palmas	121	1-A
COCOTERO		
Las Palmas	121	1-A
COCOTEROS		
Bulevares	69	3-A
Nueva Santa María	83	1-D
COCOTITLA		
Lomas Verdes	31	6-F
COCOTITLAN		
Cuautitlán Izc. Cumbria	30	1-E
Ex Ejido Santa Cecilia	57	1-D
Tultitlán	31	3-B
COCOTITLAN Y CDA.		
Lomas Verdes	31	6-F
COCOTLI		
El Arenal 3a. Sección	85	5-E
COCOTON		
Ciudad Cuauhtémoc	34	1-F
COCOXOCHITL		
Xochipilli	137	3-B
COCOYOC		
Campestre del Lago	29	5-D
COCOYOTES		
Cocoyotes	58	2-B
Palmatitla	58	2-B
COCOYOTES CDA. Y PRIV.		
Cocoyotes	58	2-B
COCUATLA		
San José Buenavista	100	3-D
COCULA		
Aurora	100	2-A
COCUMATLA		
Ampliación Santa Catarina	113	6-E
COCHABAMBA		
Las Américas	69	5-B
Lindavista	71	3-C
COCHERAS		
Metropolitana	99	3-B
Porfirio Díaz	99	3-B
COCHIMI		
Lic. Carlos Zapata Vela	98	4-A
COCHITONAL		
Barrio Parque del Tepeyac	71	3-E
CODIGO AGRARIO		
Santa Cruz Amalinalco	128	4-B
CODINA GENARO		
Vallejo	71	6-C
CODORNICES		
Granjas de Guadalupe	42	1-C
Izcalli Jardines	47	1-B
Valle de Tules	44	3-C
CODORNICES 1a. Y 2a.		
PROFOPEC Polígono 3	60	6-C
CODORNICES DE LAS		
Lomas del Río	41	2-B
CODORNIZ		
Ampliación San Miguel	43	2-B
Cocoyotes	58	2-C
Lomas de San Esteban	89	1-B
Luis Donaldo Colosio M.	45	6-A
Mayorazgo del Bosque	43	6-C
Nuevo San Lucas Patoni	45	6-A
San Cristóbal Texcalucan	93	2-C
CODORNIZ LA		
Las Alamedas	56	1-A
COFRE		
San Nicolás II	134	1-C
COFRE DE PEROTE		
La Pradera	72	5-D
Loma Bonita	57	1-C
Lomas de Barrilaco	82	5-D
Los Pirules	56	2-D
México	98	1-F
Occipaco	68	4-E
Rancho de las Nieves	101	1-A
Xochitenco	98	1-F
COHUAC		
Pedregal de Santo Domingo	109	5-E
COHUAL		
Ixtlahuacan	112	3-F
COHUATEPEC		
Lomas de Cristo	76	5-B
COLCHAHUAC		
Santa Isabel Tola	71	3-D
COLEADERO		
Villas de la Hacienda	43	2-C
COLEADERO DEL		
Villas de la Hacienda	43	1-C
COLECTOR LAZARO CARDENAS		
Ejido San Juan Tlihuaca	42	3-B
COLECTOR TRECE		
Lindavista	71	4-B
U. Revolución IMSS	71	4-B
COLEGIO		
Ciudad Satélite	69	2-C
Jardines del Pedregal	121	1-F
COLEGIO DE MINERIA		
Ex Hda. San Juan de Dios	123	4-C
COLEGIO DE NIÑAS		
Ex Hda. San Juan de Dios	123	4-C
COLEGIO DEL AIRE		
Lomas del Cadete	81	4-D
COLEGIO DEL AV.		
San Mateo Tecoloapan	43	5-C
COLEGIO MILITAR		
El Carmen	58	3-B
La Estación	125	1-A
La Presa Lázaro Cárdenas	58	5-C
Popotla	83	2-C
COLEGIO MILITAR AV.		
Bosque de Chap. 1a. Secc.	83	6-B
COLEGIO SALESIANO		
Anáhuac	83	3-C
COLEGIO SAN ILDEFONSO		
Ex Hda. San Juan de Dios	123	4-C
COLIBRI		
Alfredo del Mazo	127	1-E
Bellavista	96	2-A
Benito Juárez	41	1-E
Buenavista	112	4-B
Buenavista	112	5-B
Casas Reales	34	5-F
Ciudad Cuauhtémoc	35	2-A
La Cañada	56	3-B
Las Aguilas	43	4-A
Las Golondrinas	95	5-E
Lomas Verdes	68	1-E
Lomas de Capula	95	5-E
Lomas de San Esteban	89	1-B
Los Pajaritos	34	2-E
Luis Donaldo Colosio M.	45	6-A
Minas Palacio	81	4-B
Nuevo San Lucas Patoni	45	6-A
Rinconada de Aragón	60	5-B
San Cristóbal Texcalucan	93	2-D
Vicente Suárez	19	2-E
COLIBRI 1A. CDA.		
Alfredo del Mazo	127	3-E
COLIBRI 2A. CDA.		
Alfredo del Mazo	127	3-E
COLIBRI AV.		
Alfredo del Mazo	127	2-E
COLIBRI DEL		
Las Alamedas	56	1-A
COLIBRI PRIV.		
San Andrés Totoltepec	135	4-F
COLIBRI Y CDA.		
Las Aguilas	43	4-A
San Andrés Totoltepec	135	4-F
COLIBRIES		
Granjas de Guadalupe	42	2-B
Izcalli Jardines	34	6-C
Las Arboledas	43	6-D
Valle de Tules	44	3-C
COLIBRIES DE LOS RT.		
Lomas del Río	41	2-A
COLICA		
U. H. Coyuya	97	2-E
COLIFLOR		
Granjas México	98	2-A
COLIMA		
2a. Ampl. Stgo Acahualtepec	112	2-E
Ampl. Buenavista	44	4-B
Ampl. Buenavista	44	4-C
Ampl. Playa San Juan	34	6-F
Apolocalco	113	5-D
Cuatliquixco	22	3-A
Chalco	128	5-A
El Chamizal	72	2-E
Granjas Valle de Guadalupe	59	5-E
Guadalupe del Moral	98	6-C
Ixtlahuacan	112	3-F
Jardines de Morelos	47	2-C
La Providencia	72	4-D
Lázaro Cárdenas	56	2-B
Lomas de San Andrés Atenco	56	3-C
Los Reyes Ecatepec	60	2-B
Luis Echeverría	30	5-F
México Nuevo	55	1-D
Miguel Hidalgo	122	5-B
Piedra Grande	60	3-A
Progreso	109	3-A
Roma	83	6-D
San Felipe de Jesús	72	2-C
San Isidro La Paz	29	6-B
San José Tecamac	22	3-C
San Lorenzo Tetlixtac	33	3-A
San Sebastián Tecoloxtitla	112	1-D
Santa Ma. Mag. Huichachitla	33	3-A
Santa Teresa	121	1-C
Temamatla	154	3-D
Tultepec	19	3-C
Valle Ceylán	57	3-B
Vergel de Guadalupe	72	5-E
COLIMA AV.		
Barrio San Mateo	151	4-C
Villa Milpa Alta	151	4-C
COLIMA CDA.		
Peña Alta	138	5-F
Roma	83	6-F
San Lorenzo Tetlixtac	33	3-B
San Lorenzo Tetlixtac	33	3-A
Santa María Tulpetlac	46	6-F
Tlalpexco	58	2-C
COLIMA CJON.		
Villa Coyoacán	109	3-E
COLIMA DE		
Jacarandas	56	4-C
COLIMA NORTE		
Santa María Tulpetlac	46	5-F
COLIMA ORIENTE AV.		
La Concepción	151	4-E
Los Angeles	151	4-E
Villa Milpa Alta	151	4-E
COLIMA PTE.		
Barrio San Mateo	151	4-D
COLIMA Y 1A. Y 2A. CDAS.		
Loma Bonita	21	5-E
COLIMA Y CDA.		
Buenavista	112	5-B
Francisco Sarabia	42	3-D
COLIMA Y PRIV.		
San Pablo de las Salinas	19	5-F
COLIN ISAAC CONSTITUYENTE		
Conj. Res. Magnolias	20	6-B
El Potrero	20	6-B
IMEX	20	6-B
Las Granjas	20	6-B
San Pablo de las Salinas	20	6-B
U. H. José María Morelos	20	6-B
U. H. San Rafael Coacalco	20	6-B
Unidad Hab. La Granja	20	6-B
Unidad Hab. Santa María	20	6-B
Villa de las Flores	20	6-B
COLIN MARIO AV.		
El Cortijo	57	4-A
Industrial San Lorenzo	56	3-E
La Loma	56	3-E
Los Reyes Ixtacala	57	4-A
Plaza de las Rosas	56	3-E
San Javier	57	4-A
Tlalnepantla	57	4-A
Valle de los Pinos	56	3-E
Viveros del Río	56	3-E
Zona Centro	57	4-A
COLIN SALVADOR ING.		
Ejido San Agustín Atlapulco	100	4-C
COLINA		
Ampliación Las Aguilas	108	3-E
Izcalli San Pablo	20	6-C
Jardines de Morelos	48	2-A
Lomas de Bezares	95	4-B
COLINA AZUL		
Lomas de Chamapa	81	3-D
Lomas del Carmen	81	1-D
San Rafael Chamapa	81	3-D
San Rafael Chamapa	81	2-D
COLINA AZUL AND.		
Lomas del Carmen	81	1-D
COLINA AZUL CJON.		
Lomas del Carmen	81	1-D
COLINA AZUL PROL.		
Lomas de Chamapa	81	4-D
COLINA BUENAVISTA		
El Corralito	81	1-D
Lomas del Carmen	81	1-D
COLINA CDA.		
Jardines del Pedregal	109	5-A
COLINA DE ARECIBO		
Colinas de Tarango	108	1-D
COLINA DE BUENAVENTURA		
Bulevares	69	3-B
COLINA DE CAHUAS		
Colinas de Tarango	108	1-D
COLINA DE CAPISTRANO		
Bulevares	69	3-B
COLINA DE COAMO		
Colinas de Tarango	108	1-D
COLINA DE DOS ROCAS		
Bulevares	69	3-B
COLINA DE HERNAN		
Bulevares	69	3-B
COLINA DE LA		
El Cerrito	55	5-F
COLINA DE LA ACORDADA		
Bulevares	69	3-A
COLINA DE LA AND.		
Ciudad Labor	44	1-D
COLINA DE LA CRUZ		
El Corralito	81	1-E
COLINA DE LA CUESTA		
El Corralito	81	1-D
Lomas del Carmen	81	1-D
COLINA DE LA CUESTA CDA.		
Lomas del Carmen	81	1-D
COLINA DE LA ENCOMIENDA		
Bulevares	69	3-A
COLINA DE LA ESCONDIDA		
Bulevares	69	3-B
COLINA DE LA GACELA		
Bulevares	69	3-B
COLINA DE LA ILUSION		
Bulevares	69	3-B
COLINA DE LA PAZ		
Bulevares	69	3-A
COLINA DE LA PRIV.		
Universal	81	1-D
COLINA DE LA QUEBRADA		
Bulevares	69	4-A
COLINA DE LA RUMOROSA		
Bulevares	69	4-A
COLINA DE LA UMBRIA		
Bulevares	69	3-A
COLINA DE LA XIMENA		
Bulevares	69	3-A
COLINA DE LAS LAJAS		
Bulevares	69	3-A
COLINA DE LAS MONJAS		
Bulevares	69	3-A
COLINA DE LAS NIEVES		
Bulevares	69	3-A
COLINA DE LAS ORTIGAS		
Bulevares	69	3-A
COLINA DE LAS TERMAS		
Bulevares	69	3-A
COLINA DE LAS VEGAS		
Colinas de Tarango	108	1-D
Rinconada de Tarango	108	1-D
COLINA DE LAS VENTISCAS		
Bulevares	69	3-A
COLINA DE LOS ACONITOS		
Bulevares	69	3-B
COLINA DE LOS CHINACOS		
Bulevares	69	3-B
COLINA DE LOS FRAILES		
Bulevares	69	3-B
COLINA DE LOS JADES		
Bulevares	69	3-B
COLINA DE LOS REMEDIOS		
Loma Colorada	81	1-D
Lomas del Carmen	81	1-D
COLINA DE LOS VENADOS		
Loma Colorada	81	1-D
COLINA DE MOCUZARI		
Bulevares	69	3-A
COLINA DE MONTECARLO		
Colinas de Tarango	108	1-D
Lomas de Tarango	108	1-D
COLINA DEL CESAR		
Colinas del Tarango	108	1-D
COLINA DEL ESTORIL		
Colinas de Tarango	108	1-D
COLINA DEL KAN		
Bulevares	69	3-A
COLINA DEL MANANTIAL		
Bulevares	69	3-A
COLINA DEL SILENCIO		
Bulevares	69	4-A
COLINA DEL YAQUI		
Bulevares	69	3-A
COLINA DEL ZAHORI		
Bulevares	69	3-A
COLINA DORADA		
Lomas del Carmen	81	1-D
COLINA GACELA		
Loma Colorada	81	1-D
Lomas del Carmen	81	1-D
COLINA GACELA PRIV.		
Loma Colorada	81	1-D
COLINA LA		
Vista Hermosa	107	1-D
COLINA LAS CATARINAS		
Loma Colorada	81	1-D
COLINA LOLITA DE LA Y PRIV.		
Compositores Mexicanos	45	6-A
COLINA MIRADOR		
Lomas del Carmen	81	1-D
COLINA PIRAMIDES		
Lomas del Carmen	81	1-D
COLINA RT.		
Ampliación Las Aguilas	108	3-D
COLINA SAN CARLOS		
Loma del Carmen	81	1-D
COLINA SAN LORENZO		
Loma Colorada	81	1-D
Lomas del Carmen	81	1-D
COLINA SAN LUIS		
Lomas del Carmen	81	1-D
COLINA SUR		
Loma Colorada	81	1-D
COLINA UMBRIA		
Bulevares	69	2-A
COLINA VERDE		
Lomas del Carmen	81	1-D
COLINA Y RT.		
El Cerrito	55	5-F
COLINAS		
Tlacoyaque	120	1-E
COLINAS DE SAN MATEO 2A. CDA		
Colinas de San Mateo	68	4-D
COLINAS DE SAN MATEO AV.		
Colinas de San Mateo	68	3-D
Colinas de San Mateo	68	4-D
COLIPA		
Jalalpa El Grande	95	6-A
COLIPA 1A. DE		
Jalalpa El Grande	95	6-B
COLIPA 2A. DE		
Jalalpa El Grande	95	6-B
COLIPA 3A. DE		
Jalalpa El Grande	95	6-B
COLIPA 4A. DE		
Jalalpa El Grande	95	6-B
COLIPA 5A. DE		
Jalalpa El Grande	95	6-B
COLISEO ROMANO		
Los Cedros	123	1-E
COLIZANDRIA		
San Jerónimo	137	3-B
COLMENA CJON. Y 1R. CJON.		
La Asunción	136	1-F
COLMENA LA		
El Socorro	18	3-B
Lomas San Juan Ixhuatepec	71	1-E
COLMENA LA AV.		
Arco Iris	42	2-A
Arco Iris	42	2-B
La Colmena	42	2-B
COLMENA PRIV.		
Palmitas	112	5-C
COLMENAR		
Santa Ursula Xitla	122	5-C
COLO COLO		
Arboledas del Sur	123	3-B
COLOMBIA		
Bosques de Ixtacala	43	1-B
Jardines de Cerro Gordo	60	1-C
México 68	68	4-D
San José Ixhuatepec	58	5-F
COLOMBIANOS		
María G. de García Ruiz	95	4-F
COLOMBINAS		
Las Margaritas	56	4-D
COLOMBO		
Ferrería	70	2-C
COLOMBRES JOAQUIN CDA.		
Ignacio Zaragoza	28	4-C
COLON		
Centro	84	4-A
El Dorado	56	1-E
Las Américas	63	6-A
Lindavista	114	6-C
Niños Héroes	63	6-A
Santa Ma. Mag. Huichachitla	33	4-A
COLON CJON.		
Chimalhuacán	87	5-E
COLON CRISTOBAL		
Barrio Texcacoa	4	6-D
Colón Echegaray	69	3-D
Chimalcóyotl	122	6-E
San Juan y San P. Tezompa	152	2-E
San Miguel Tocuila	62	5-D
San Miguel Xalostoc	72	1-B
Tecamac	22	1-B
Tepotzotlán	17	1-D
COLON CRISTOBAL 2A. CDA.		
Chimalcóyotl	122	6-E
COLON CRISTOBAL AV.		
Huixquilucan de Degollado	106	1-B
La Preciosa	70	4-A
Lomas Christi	68	1-F
Santo Domingo	70	4-A
COLON CRISTOBAL AV. Y CDA.		
Santo Domingo	70	3-A
COLON CRISTOBAL PRIV.		
Libertad	28	4-F
COLON CRISTOBAL Y CDA.		
Independencia	28	4-E
COLON CRISTOBAL Y CJON.		
Barrio San Miguel	111	2-C
COLON DE 1A. CDA.		
Las Américas	63	5-A
COLON PROL.		
Joyas de Santa Ana	62	5-F
Las Américas	63	6-A
COLONES		
Peñón de los Baños	85	3-C
COLONIA DEL VALLE AV.		
Del Valle	96	4-D
COLONIA LA PIEDAD AV.		
La Piedad	17	6-A
COLONIA ROMA		
San Jerónimo Miacatlán	151	4-F
COLONIAS LAS AV. Y CDA.		
Ahuehuetes	56	1-B
Colonias	56	1-B
Real de Atizapán	56	1-B
COLONOS AV.		
San Miguel Teotongo	113	3-A
COLORADA		
San Juan Totoltepec	68	6-F
COLORADA LA DIAG.		
San Juan Totoltepec	68	5-E
COLORADAS LAS		
San Ildefonso	29	6-A
COLORADO		
Nápoles	96	3-D
COLORADO JUAN		
Aurora	100	3-A
COLORIN		
2a. Ampl. Stgo Acahualtepec	112	3-E
El Mirador	59	1-B
El Molino Tezonco	124	3-D
Las Huertas	81	1-C
Lomas de San Miguel	43	2-B
Lomas de Santa Cruz	112	5-B
Lomas del Olivo	94	5-D
Los Angeles	111	4-E
Mirador	93	3-D
Norchuca	22	3-A
Santa María de Guadalupe	44	3-A
U. INFONAVIT Iztacalco	97	4-F
Valle Verde	127	1-D
COLORIN DEL		
Los Reyes Ixtacala	57	5-A
COLORIN Y CDA.		
Avándaro	127	3-C
Bosques de San Lorenzo	76	1-B
COLORINES		
Ampl. Lomas de San Bernabé	120	2-E
Ampliación Tlacoyaque	107	6-E
Barranca de Guadalupe	112	5-C
Barrancas Tetecon	112	5-D
California	153	1-E
Capultitlán	153	1-E
Chimilli	121	6-E
Ecatepec de Morelos	46	1-E
Ejidal Ampl. San Marcos	44	4-D
Ejidos de San Cristóbal	33	5-E
El Zacatón	134	1-B
Francisco I. Madero	42	1-A
Ixtlahuaca	112	4-F
Izcalli del Bosque	68	5-F
Jardines del Pedregal	108	5-F
Jesús del Monte	94	4-B
La Candelaria	110	5-A
La Carbonera	120	3-F
La Floresta	100	6-A
Las Aguilas	43	4-A
Las Brisas	19	1-E
Las Huertas	68	6-D
Las Peñitas	43	3-D
Loma Bonita	100	6-A
Los Angeles	57	1-D
Los Bordos	46	6-B
Ls Arcos	21	5-D
Miravalle	112	4-F
Paraje La Joyita	135	2-E
Pedregal de Santo Domingo	109	6-E
Pilares	37	5-A
Plutarco Elías Calles	114	4-F
Prados de Ecatepec	20	4-A
Progreso Guadalupe Victoria	33	4-C
Rincón Verde	68	2-C
Rincón de la Bolsa	108	5-A
San Gregorio Atlapulco	137	2-E
San Lorenzo	81	1-E
San Lorenzo	100	2-B
San Pedro Mártir	122	6-F
Santa Lilia	81	1-F
Santiago Ahuizotla	69	5-E
U. H. INFONAVIT La Isla	20	4-A
Valle Verde	136	3-B
Valle del Sur	110	3-D
Villa de las Flores	32	2-F
Villa de los Colorines	100	3-C

Calle / Colonia	Plano	Coordenadas
COLORINES AND.		
Flores Magón	42	1-C
COLORINES CDA.		
2a. Ampl. Stgo Acahualtepec	112	3-E
Ampl. La Forestal	45	5-C
Jesús del Monte	94	4-B
Los Cerrillos	138	3-D
COLORINES DE 1A. CDA.		
Tlacoyaque	107	6-E
COLORINES DE 2A. CDA.		
Tlacoyaque	107	6-E
COLORINES DE 3A. CDA.		
Tlacoyaque	107	6-E
COLORINES DE LOS		
Jardines de San Mateo	68	3-F
COLORINES DE LOS AV.		
Jardines de Atizapán	56	1-B
COLORINES DE LOS BLVR.		
Chalco	141	1-B
COLORINES DE LOS CDA.		
Vergel de las Arboledas	43	6-B
COLORINES LOS		
San Jerónimo Lídice	108	5-D
COLORINES LOS ORIENTE		
Arcos del Alba	30	2-F
COLORINES LOS PONIENTE		
Arcos del Alba	30	2-F
COLORINES PRIV.		
Del Bosque	58	3-A
Rancho Los Colorines	123	4-B
COLORINES PRIV. Y CDA.		
Rancho Los Colorines	123	4-B
COLORINES PROL.		
Loma Plutarco Elías Calles	114	4-F
COLORINES Y 2 CDAS.		
2a. Ampl. Stgo Acahualtepec	112	3-E
COLORINES Y CDA.		
La Malinche	108	6-B
San Miguel Topilejo	149	4-B
COLOSIO		
San José de las Palmas	101	6-B
COLOSIO LUIS DONALDO		
Ignacio Pichardo Pagaza	34	4-D
Jardines de Acuitlapilco	88	4-B
Las Peñitas	43	4-C
Luis Donaldo Colosio	33	3-E
San Pedro	87	4-F
Santo Tomás Chiconautla	34	3-D
Veintiuno de Marzo	127	5-D
Zona Ejidal Tepeolulco	58	1-F
COLOSIO LUIS DONALDO CDA.		
Cerro del Marqués	127	6-B
COLOSIO LUIS DONALDO Y CDA.		
Villa San Lorenzo Chimalco	100	1-D
COLOSO DE RODAS		
Siete Maravillas	58	6-A
COLOTLIPA		
Jardines de San Gabriel	59	6-E
COLOTON		
Ciudad Cuauhtémoc	34	2-F
COLOXTITLA		
Purísima Atlazolpa	97	5-E
U. H. Coyuya	97	2-E
COLTONGO 24		
Barrio Caltongo	70	4-F
COLTONGO CALZ.		
Barrio Caltongo	70	4-F
Barrio Coltongo	70	5-F
Trabajadores del Hierro	70	5-F
COLUMBA		
Vista Hermosa	121	1-A
COLUMBUS		
Francisco Villa	101	3-A
Francisco Villa	111	4-E
COLUMNA DE LA		
Tepotzotlán	4	5-C
Vista Hermosa	4	5-C
COLUNGA ENRIQUE		
Constitución de 1917	111	3-E
COLL JOSE		
Las Peñas	111	4-F
COLLADO		
Parque del Pedregal	122	3-B
COLLEARIA		
San Juan Cerro	111	3-B
COLLERAS		
Ex Hacienda Coapa	123	3-D
COMALAPA		
Cuchilla de Padierna	121	6-E
COMALCALCO		
Adolfo López Mateos	42	4-D
COMALTECOS		
Jalalpa El Grande	108	1-B
COMALTECOS 1A. DE		
Jalalpa El Grande	108	1-B
COMALTECOS 2A. DE		
Jalalpa El Grande	108	1-B
COMALTECOS 3A. DE		
Jalalpa El Grande	108	1-B
COMANDO ALPINO		
Montañista	58	4-D
COMANDO AVANTE		
Montañista	58	4-D
COMANITO		
Lic. Carlos Zapata Vela	98	4-A
COMAPA CDA.		
Jalalpa El Grande	95	6-A
COMAYAGÜENSES		
Francisco Villa	95	4-F
COMBATE DE CELAYA		
U. H. Vicente Guerrero	111	1-F
COMBATE DE LAS JUNTAS		
Residencial Militar	82	4-D
COMBATE DE LEON		
U. H. Vicente Guerrero	111	1-E
COMBATE DE URUAPAN		
U. José Ma. Morelos y Pavón	20	4-B
COMEDOR		
Granjas de Guadalupe	42	1-C
COMERCIAL A		
Progreso Nacional	57	6-E
COMERCIAL B		
Progreso Nacional	57	6-E
COMERCIANTES		
Valle del Sur	110	3-D
COMERCIO		
Ejido Santa Cruz Xochitepec	136	2-C
Escandón	96	2-C
La Quebrada	44	3-A
Santa Cruz Xochitepec	136	2-C
COMERCIO DEL NTE.		
El Rosario	138	3-F
Francisco Villa	138	3-F
La Loma	138	3-F
San Juan Ixtayopan	138	3-F
COMERCIO DEL SUR PRIV.		
San Juan Ixtayopan	139	4-A
COMERCIO PROL.		
Ejido Santa Cruz Xochitepec	136	2-C
Santa Cruz Xochitepec	136	2-C
COMERCIO Y ADMINISTRACION		
Copilco Universidad	109	4-C
COMETA		
Atizapán 2000	43	2-A
Casablanca	111	4-D
Cuautepec El Alto	58	1-A
Lomas de la Estancia	112	4-E
Media Luna	73	3-D
San Antonio Zomeyucan	82	2-A
San Juan Xalpa	111	4-C
COMETA CDA.		
Alfredo V. Bonfil	81	4-E
COMILLAS		
México	98	1-F
COMINO		
Ex Ejido Magdalena Mixhuca	98	3-B
COMISION DEL MAIZ		
Federal	85	6-B
COMISION FEDERAL DE ELECT.		
Electra	56	4-E
Lomas de San Agustín	81	1-F
COMISION NACIONAL AGRARIA		
Federal	85	6-B
Federal	98	1-B
COMITAN		
Hipódromo	96	2-D
COMITECOS		
La Raza	71	6-A
COMONFORT		
Calacoaya	56	4-B
Centro	84	3-B
Chimalhuacán	87	6-F
Emiliano Zapata	113	3-B
Jorge Jiménez Cantú	28	3-E
Martín Carrera	71	4-E
Morelos	84	3-B
Papalotla	50	5-D
Pueblo Santa Isabel Ixtapan	48	3-F
Rinconada de Aragón	60	5-C
San Francisco Acuautla	115	2-E
Santa Lucía	108	2-A
COMONFORT 2A. CDA.		
Barrio San Lucas	111	1-A
COMONFORT 3A. CDA.		
Barrio San Lucas	111	1-A
COMONFORT CDA.		
Alfredo del Mazo	81	4-D
Papalotla	50	6-D
COMONFORT CDA. Y PRIV.		
Iztapalapa	111	1-A
COMONFORT CJON.		
Barrio San Lucas	111	1-A
San Francisco Tlaltenco	125	2-D
COMONFORT IGNACIO		
Alfredo V. Bonfil	81	4-E
Ampliación Malacates	45	5-B
Ampliación San Pedro Xalpa	69	5-D
Benito Juárez	43	6-E
Darío Martínez	113	6-F
Ecatepec de Morelos	46	1-F
Emiliano Zapata	60	5-A
La Olimpiada 68	81	3-C
Lázaro Cárdenas	86	1-A
Los Sauces	60	6-C
Los Sauces Coalición	60	6-C
Presidentes	95	5-D
Presidentes de México	111	4-E
Pueblo Santa Isabel Ixtapan	48	3-F
San Pedro Barrientos	44	4-A
COMONFORT IGNACIO AV.		
La Concepción	126	3-F
María Isabel	126	3-F
San Isidro	127	3-B
Santa Cruz	127	3-B
COMONFORT Y PRIV.		
Barrio San Lucas	111	1-A
Barrio Santa Bárbara	110	1-F
Ciudad Adolfo López Mateos	56	1-A
Iztapalapa	111	1-A
COMPADRES LOS		
Ampliación San Esteban	100	5-D
COMPAÑIA DE IXCATLAN		
Ejército de Ote. Z. Peñón	99	6-C
COMPAÑIA LA		
San Gregorio Cuautzingo	128	6-E
COMPAS		
Sevilla	97	1-D
COMPOSTELA Y RT.		
San Juan Estrella	111	5-D
COMPRENSION		
La Retama	94	6-B
COMPUERTA LA		
Chimalhuacán	87	5-F
COMPUTACION		
Solidaridad Nacional	57	4-F
COMTE		
Anzures	83	5-D
COMUNAL		
Acacias	109	1-D
Hda. de Gpe. Chimalistac	109	3-C
Pantitlán	98	1-D
Pantitlán	98	1-C
Pueblo San Bartolo Ameyalco	107	6-D
San Angel	109	3-B
COMUNEROS		
Ejido de Atlautenco	35	6-A
Pueblo San Miguel Ajusco	135	6-A
Villa Tlalpan	122	5-E
COMUNICACIONES		
Z. U. E. Culhuacán	110	5-F
COMUNICACIONES Y OBRAS P.		
Federal	85	6-B
COMUNIDAD		
La Retama	94	5-B
Pueblo Santa Isabel Ixtapan	48	3-E
COMUNIDAD DE CDA.		
La Retama	94	5-B
COMUNIDAD DE LA CDA.		
La Retama	94	5-B
COMUNIDAD DE LA CIR.		
San Pedro Mártir	122	6-F
U. H. San Pedro Mártir	122	6-F
COMUNIDAD DE LA CJON.		
Pueblo Santa Isabel Ixtapan	48	3-F
COMUNIDAD PRIV.		
Pueblo Santa Isabel Ixtapan	48	3-E
CONAHUAC		
San Pablo Tepetlapa	110	6-B
CONALEP MINAS		
Copalera	101	3-A
CONASUPO DE LA		
San Francisco Tepojaco	29	3-F
CONCEPCION		
Barrio Santa Eugenia	87	3-C
El Santuario	111	2-A
Petrolera	69	4-F
Santa Cruz del Monte	69	1-A
Vicente Guerrero 1a. Secc.	28	6-E
CONCEPCION 2 CDAS.		
Villa Azcapotzalco	70	5-B
CONCEPCION AV.		
Barrio Concepción	126	1-D
Barrio Guadalupe	126	1-D
Tezoyuca	49	1-E
CONCEPCION DEL ORO		
San Esteban Huitzilacasco	81	3-F
CONCEPCION PRIV.		
Pantitlán	98	1-E
CONCILIACION Y ARBITRAJE		
Alfredo V. Bonfil	81	3-E
Ampl. Mártires Río Blanco	81	3-E
México Nuevo	55	1-E
CONCORDIA		
La Navidad	94	6-C
Mayorazgos La Concordia	56	1-E
San Pablo Chimalpa	106	3-E
CONCORDIA DE LA PRIV.		
Ecatepec de Morelos	47	1-A
CONCORDIA LA AV.		
Hogares de Atizapán	42	3-E
CONCORDIA PRIV.		
San Pablo Chimalpa	106	3-E
CONCORDIA PROL.		
San Pablo Chimalpa	106	3-E
CONCRETO		
Univ. Aut. Metropolitana	43	2-A
CONCHA		
Caracol	85	5-D
CONCHA ANDRES DE LA		
Ciudad Satélite	69	1-D
San José Insurgentes	96	6-B
CONCHA DE LA 2 CDAS.		
La Concha	136	2-D
CONCHA DE LA CJON.		
La Concha	136	2-D
CONCHAS LAS		
Bellavista	17	5-C
CONCHITA		
Santa Cruz del Monte	55	6-F
CONCHITA LA CDA.		
Nexquipayac	49	4-B
CONCHITA PRIV.		
El Rosario	16	4-E
CONDADO DE SAYAVEDRA BLVR.		
Condado de Sayavedra	41	6-E
Hacienda de Vallescondido	41	6-E
CONDE		
Lomas de las Fuentes	69	1-A
CONDE DE GARAY		
Cerro del Marqués	127	6-B
CONDE DE GARAY CDA.		
Cerro del Marqués	127	6-B
CONDE DE HOOK		
Cerro del Marqués	127	6-B
CONDE DE MALLORCA		
Cerro del Marqués	127	6-B
CONDE DE MONTECRISTO		
Cerro del Marqués	127	6-A
CONDE DE SAVOYA		
Cerro del Marqués	127	6-B
CONDE DE VALLADOLID		
Cerro del Marqués	127	5-B
CONDE DEL		
Chimalcóyotl	122	6-E
CONDE DEL AV.		
La Alteza	68	1-F
CONDE DEL CDA.		
El Paraíso	99	5-C
CONDE DEL VALLE CDA.		
Cerro del Marqués	127	6-B
CONDE GARAY CDA.		
Cerro del Marqués	127	6-B
CONDESA		
Ampliación Vicente Villada	99	3-E
Atenguillo	50	6-B
Centro	84	4-B
Jardines de San Agustín	100	4-D
Vicente Villada	99	3-E
CONDOMINAL CDA.		
Independencia	28	4-E
CONDOMINIO 12		
Bosques de la Magdalena	113	1-E
CONDOMINIO 2		
Conjunto Hab. Las Veletas	34	6-C
CONDOMINIO 32		
Conjunto Hab. Las Veletas	34	6-D
Tolotzin II	60	5-C
CONDOMINIO 33		
Conjunto Hab. Las Veletas	34	6-C
CONDOMINIO 34		
Tolotzin II	60	5-C
CONDOMINIO 35		
Tolotzin II	60	6-C
CONDOMINIO 4		
Conjunto Hab. Las Veletas	34	6-C
CONDOMINIO 40		
Tolotzin II	60	5-C
CONDOMINIO 5		
Conjunto Hab. Las Veletas	34	6-C
CONDOMINIO 50		
Tolotzin II	60	5-C
CONDOMINIO 51		
Tolotzin II	60	6-C
CONDOMINIO 84		
Tolotzin II	60	5-C
CONDOMINIO C-10		
Tolotzin I	47	6-B
CONDOMINIO D-20		
Tolotzin I	47	6-B
CONDOMINIO E-21		
Tolotzin I	47	6-B
CONDOMINIO F-22		
Tolotzin I	47	6-B
CONDOMINIO G-23		
Tolotzin I	47	6-B
CONDOMINIO H-24		
Tolotzin I	47	6-B
CONDOMINIO I-25		
Tolotzin I	47	6-B
CONDOMINIO J-26		
Tolotzin I	47	6-B
CONDOMINIO K-27		
Tolotzin I	47	6-B
CONDOMINIO L-28		
Tolotzin I	47	6-B
CONDOMINIO M-29		
Tolotzin I	47	6-B
CONDOMINIO N-30		
Tolotzin I	47	6-C
CONDOMINIO Ñ-31		
Tolotzin I	47	6-C
CONDOMINIO O-32		
Tolotzin I	47	6-C
CONDOMINIO P-33		
Tolotzin I	60	1-C
CONDOMINIO Q-34		
Tolotzin I	60	1-C
CONDOPLAZA II		
Condoplazas Chiluca	55	2-A
CONDOPLAZA III		
Condoplazas Chiluca	55	2-A
CONDOPLAZA IV		
Condoplazas Chiluca	55	2-A
CONDOPLAZA V		
Condoplazas Chiluca	55	2-A
CONDOPLAZA VI		
Condoplazas Chiluca	55	2-A
CONDOPLAZA VII		
Condoplazas Chiluca	55	2-A
CONDOPLAZA VIII		
Condoplazas Chiluca	55	2-A
CONDOR		
Bellavista	96	3-B
Cocoyotes	58	2-C
El Mirador II	121	6-D
Lago de Guadalupe	30	5-A
Las Aguilas	109	1-A
Las Aguilas	43	4-A
Las Arboledas	56	1-C
Las Arboledas	56	1-D
Lomas de San Esteban	89	1-B
Rinconada de Aragón	60	5-C
Sierra de Guadalupe	44	2-E
CONDOR 1A. CDA.		
Las Golondrinas	95	5-E
CONDOR 2 CDAS.		
Las Aguilas	108	1-F
CONDOR 2A. CDA.		
Las Golondrinas	95	5-E
CONDOR AV.		
Ignacio Allende	60	5-B
Rinconada de Aragón	60	5-B
CONDOR DEL		
Las Alamedas	56	2-A
CONDOR Y PRIV.		
Los Alpes	109	1-A
CONDORES		
Valle de Tules	44	4-C
CONDORES CDA.		
Valle de Tules	44	4-C
CONEJO DEL		
Sabinoco	134	5-F
Villa San Agustín Atlapulco	100	3-D
CONEJO DEL CDA.		
Sabinoco	134	5-F
CONEJOS AV.		
Lomas Lindavista El Copal	58	4-E
CONFEDERACION CDA.		
Miguel Hidalgo	122	4-C
CONFEDERACION NAL. CAMPESINA		
Plan de Ayala	136	4-A
CONFEDERACION NAL. P. PROP.		
Plan de Ayala	136	4-A
CONFEDERACION SUIZA		
San Jerónimo Aculco	108	6-D
San Jerónimo Lídice	108	6-D
CONFITERA		
Santa María Maninalco	70	5-C
CONFITILLO		
Minas del Coyote	81	3-B
CONFLUENCIA DE LA		
Zona Res. Acueducto de Gpe.	58	5-A
CONGRESO		
Federal	85	6-B
Tlalpan	122	4-E
CONGRESO CJON.		
Tlalpan	122	5-D
CONGRESO CHILPANCINGO NTE AV		
Popular Ermita Zaragoza	99	6-F
CONGRESO CHILPANCINGO SUR AV		
Popular Ermita Zaragoza	99	6-F
CONGRESO DE ANAHUAC		
Mariano Escobedo	20	4-B
U. José Ma. Morelos y Pavón	20	4-B
CONGRESO DE APATZINGAN		
José María Morelos	99	5-C
CONGRESO DE CHILPANCINGO		
Mariano Escobedo	20	4-B
U. José Ma. Morelos y Pavón	20	4-B
CONGRESO DE LA UNION		
El Hostol Zona Comunal	46	4-E
Leyes de Reforma	76	5-B
Miguel de la Madrid Hurtado	112	3-F
CONGRESO DE LA UNION AV.		
Aaron Sáenz	97	1-D
Ampl. San Juan de Aragón	71	5-E
Aragón Inguarán	71	5-E
Barrio Zapotla	97	1-D
Belisario Domínguez	84	2-D
Bondojito	71	5-E
Centro	84	2-D
Diez de Mayo	84	2-D
El Parque	84	2-D
Felipe Angeles	84	2-D
Granjas Modernas	71	5-E
Jamaica	97	1-D
Janitzio	84	2-D
Lorenzo Boturini	84	2-D
Mártires de Río Blanco	84	2-D
Merced Balbuena	84	2-D
Michoacana	84	2-D
Morelos	84	2-D
Obregón	97	1-D
Penitenciaria	84	2-D
Popular Rastro	84	2-D
Pueblo Magdalena Mixhuca	97	1-D
Santa Anita	97	1-D
Santa Coleta	71	5-E
Sevilla	97	1-D
Siete de Noviembre	84	2-D
Tablas de San Agustín	71	5-E
Tres Estrellas	71	5-E
Valle Gómez	84	2-D
Veinte de Nov. 2o. Tramo	84	2-D
CONICARI		
Lic. Carlos Zapata Vela	98	5-A
CONKAL		
Los Encinos	121	5-E
Pedregal de San Nicolás	121	5-C
San Nicolás Totolapan	121	5-C
Torres de Padierna	121	5-C
Z. U. E. Héroes de Padierna	121	5-E
CONMUTADOR		
Ampl. Sinatel	97	6-C
CONQUISTA DE LA CDA.		
San Miguel Totolcingo	35	6-D
CONQUISTADOR		
Lomas de la Herradura	94	1-E
CONQUISTADOR DEL CIELO		
El Arenal	83	1-F
CONSAGRADA LA CDA.		
Guadalupe Victoria	33	4-D
CONSAGRADA Y PRIV.		
Guadalupe Victoria	33	5-C
CONSCRIPTO DEL AV.		
Country Club	82	4-C
Gral. Manuel Avila Camacho	82	4-C
Lomas Hipódromo	82	4-C
CONSEJO DE ADMINISTRACION		
México Nuevo	55	1-D
CONSEJO DE VIGILANCIA		
México Nuevo	55	1-D
CONSEJO URBANO		
Buenavista	112	5-C
Corralitos	112	5-C
Tenorios	112	5-C
CONSEJO URBANO CJON.		
Tenorios	112	5-C
CONSOLIDADA LA		
Vista Hermosa	56	6-D
CONSTANCIA		
Industrial	71	4-C
Morelos	84	2-C
San Francisco Tlalnepantla	149	4-D
Tepeyac Insurgentes	71	4-C
CONSTANCIA CDA.		
San Pablo Chimalpa	106	2-E
CONSTANCIA CJON.		
San Pablo Chimalpa	106	2-E
CONSTANCIA Y PRIV.		
San Pablo Chimalpa	106	2-F
CONSTANTINO		
Ex Hipódromo de Peralvillo	84	1-C
Peralvillo	84	1-C
Vallejo	71	6-C
CONSTANTINOPLA		

Calle / Colonia	Plano	Coordenadas
Los Encinos	121	6-D
Valle Dorado	56	2-E
CONSTELACION		
Atizapán 2000	43	3-A
San Pablo Los Gallos	17	4-A
Valle de la Hacienda	17	3-E
CONSTITUCION		
Ampliación Emiliano Zapata	42	2-E
Ampliación Miguel Hidalgo	121	5-F
Ampliación Miguel Hidalgo	122	5-A
Ampliación Petrolera	70	4-A
Benito Juárez	28	5-F
Buenavista	28	5-F
Centro Poniente	63	6-B
Centro de Oriente	63	6-B
Cerro del Marqués	127	6-C
Citlalli	112	3-C
Cooperativa	76	3-B
Corredor Urbano Comercial	30	1-E
Cuautitlán Izcalli	30	1-E
Cumbria	30	1-E
Chalco	128	6-A
Chalco	140	2-F
Chiconcuac	62	2-F
Chiconcuac	62	1-F
Desarrollo U. Quetzalcóatl	111	5-F
Ensueños	30	1-E
La Bomba	141	1-A
La Concha	136	3-D
Loma Bonita	36	6-D
Loma de la Cruz	42	1-B
Malacates	45	5-B
Nicolás Romero	28	5-F
Palmitas	112	3-C
Piedra Gorda	16	4-E
Pueblo San Nicolás Tetelco	152	2-D
Pueblo de Tepexpan	36	6-A
Pueblo de Tepexpan	36	5-A
Residencial Los Lirios	30	1-E
San Andrés Chiautla	63	2-A
San Francisco Acuautla	115	3-D
San José de los Leones 1a S	82	3-F
San José de los Leones 2a S	82	3-F
San Juan Atlamica	17	5-E
San Lucas Tepetlacalco	56	6-C
San Pablo Chimalpa	106	2-E
Santa María Tianguistengo	16	4-E
Santa María Ticomán	71	1-B
Santiago Tepalcatlalpan	136	3-D
Santiago Yanhuitlalpan	94	5-A
Soledad	82	3-F
Tultepec	19	4-A
Z. U. E. Héroes de Padierna	121	5-F
CONSTITUCION 2 CDAS.		
Santiago Tepalcatlalpan	136	3-D
CONSTITUCION AV.		
Barrio Los Angeles	151	4-D
Lomas Hidalgo	121	6-E
San Lorenzo Tlacoyucan	151	6-C
San Sebastián Xolalpa	24	4-E
Villa Milpa Alta	151	4-D
CONSTITUCION CDA.		
Benito Juárez	28	5-E
Carlos Hank González	112	5-A
Chiconcuac	62	1-F
San José	101	1-C
San Pablo Chimalpa	106	2-E
Santiago Yanhuitlalpan	93	5-F
CONSTITUCION CDA. Y CJON.		
Año de Juárez	137	3-B
CONSTITUCION DE 1857		
C. H. INFONAVIT Gustavo Baz	20	5-B
C. H. Lote 84	20	5-B
Conj. Las Casitas de San P.	20	5-B
Conjunto Hab. El Rocío	20	5-B
Conjunto San Pablo	20	5-B
INFONAVIT Lote 82	20	5-B
La Alborada II	20	5-B
Residencial Morelos	20	5-B
CONSTITUCION DE 1917		
INFONAVIT Lote 82	20	5-A
La Alborada II	20	5-A
Venustiano Carranza	101	2-C
CONSTITUCION DE 1A. CDA.		
San Sebastián Xolalpa	24	5-E
CONSTITUCION DE 2A. CDA.		
San Sebastián Xolalpa	24	5-E
CONSTITUCION DE A. RT.		
Popular Ermita Zaragoza	99	6-F
CONSTITUCION DE APATZINGAN		
Reforma Educativa	98	4-F
U. H. Ejército Const.	98	4-F
U. José Ma. Morelos y Pavón	20	4-B
CONSTITUCION DE GUERRERO		
San Pablo de las Salinas	20	5-A
CONSTITUCION DE LA REPUBLICA		
Ampliación La Providencia	72	4-D
INFONAVIT Lote 82	20	5-A
La Alborada II	20	5-A
La Pradera	72	4-D
La Providencia	72	4-D
Lázaro Cárdenas	35	6-B
San Pablo de las Salinas	20	5-A
Santa María Ozumbilla	21	3-E
Vergel de Guadalupe	72	4-D
CONSTITUCION DE LA Y CDA.		
Escandón	96	2-C
Tacubaya	96	2-C
CONSTITUCION DEL TRIUNFO		
San Juan Ticomán	58	5-C
CONSTITUCION LOCAL 1825		
San Mateo	63	5-A
CONSTITUCION MEXICANA		
Los Cerrillos	138	3-D
CONSTITUCION PRIV.		
Benito Juárez	28	5-E
Buenavista	28	5-E
Nicolás Romero	28	5-E
CONSTITUCION PRIV. PROL.		
La Concha	136	2-D
CONSTITUCION PROL.		
La Concha	136	2-D
San Pablo Chimalpa	106	3-D
CONSTITUCION PROL. CDA.		
La Concha	136	2-D
CONSTITUCION Y CDA.		
San Bartolo	23	6-E
San Francisco Tlalnepantla	149	4-D
CONSTITUCIONALISTA 2A. CDA.		
Cinco de Febrero	28	5-F
CONSTITUCIONALISTAS		
Santiaguito	138	2-D
CONSTITUCIONALISTAS Y PRIV.		
Buenavista	28	6-F
Cinco de Febrero	28	6-F
Hidalgo	28	6-F
CONSTITUYENTES		
Barrio de la Luz Bajo	16	3-C
La Magdalena Panohaya	62	3-D
Libertad	31	6-E
Loma de la Cruz	42	1-B
Lomas de Chamapa	81	3-E
San Andrés Riva Palacio	62	5-C
San José de los Leones	81	3-E
CONSTITUYENTES - LA VENTA		
Carlos A. Madrazo	95	5-A
La Venta	106	5-F
Lomas de Santa Fe	95	5-A
Paseo de las Lomas	94	6-F
Pueblo El Contadero	107	4-B
San Gabriel	95	5-A
San Mateo Tlaltenango	107	4-B
CONSTITUYENTES 2 PRIVS.		
Lomas Altas	95	3-C
CONSTITUYENTES AV.		
América	96	1-B
Ampl. Daniel Garza	96	1-B
Belén de las Flores	95	3-C
Daniel Garza	96	1-B
Dieciseis de Septiembre	95	3-C
Las Palmas	95	3-C
Lomas Altas	95	3-C
Margarita Maza de Juárez	43	3-C
P. Santa Fe	95	3-C
San Miguel Chapultepec	96	1-B
CONSTITUYENTES CDA.		
Leyes de Reforma	76	5-B
CONSTITUYENTES Y CDA.		
Magdalena de los Reyes	113	1-D
CONSTITUYENTES Y CJON.		
Pueblo Coanalán	36	6-D
CONSTRUCCION		
Univ. Aut. Metropolitana	43	2-A
CONSTRUCTORES		
Tlatel Xochitenco	87	2-D
CONSUELO DEL		
Santa Martha Acatitla	112	1-E
CONSULADO		
San Jerónimo Miacatlán	151	4-F
San Lorenzo Tlacoyucan	151	6-C
CONSULADO CJON. PROL.		
San Lorenzo Tlacoyucan	151	6-C
CONTABILIDAD		
Lomas Anáhuac	94	2-F
CONTADORES		
El Sifón	97	6-E
Jardines de Churubusco	97	5-E
Nueva Rosita	97	5-E
CONTEL ENRIQUE		
U. H. Guelatao de Juárez	99	4-A
CONTINENTAL		
San Miguel Teotongo	113	2-A
CONTINENTAL LA		
Industrial	71	4-C
CONTINENTES DE LOS AV.		
Cuautitlán Izc. Atlanta	30	3-D
CONTINENTES DE LOS BLVR.		
Valle Dorado	56	2-E
CONTINUACION		
El Rosal	121	2-A
CONTINUACION ALLENDE		
Barrio San Juan	150	5-D
CONTINUACION CRISANTEMOS		
Ampl. San Marcos	44	5-C
CONTINUACION NARANJOS		
Campestre Liberación	42	3-D
CONTINUACION TEXCOCO		
Jardines de Acuitlapilco	88	4-B
CONTLA		
Santa Cecilia Tepetlapa	150	1-A
CONTLA Y CDA.		
Barrio Niño Jesús	109	4-E
CONTOY		
Cuchilla de Padierna	121	6-E
Lomas de Padierna	121	4-E
Popular Santa Teresa	121	2-D
Torres de Padierna	121	4-E
CONTRALORES		
El Sifón	97	6-E
CONTRALORIA		
Federal	85	6-B
CONTRERAS AV.		
San Jerónimo Aculco	108	6-E
San Jerónimo Lídice	108	6-E
CONTRERAS CALIXTO		
San José de la Pradera	71	3-F
CONTRERAS DE 1A. A 3A. CDA.		
Barrio Las Calles	121	2-C
CONTRERAS DE AV.		
Bosques del Valle	32	1-D
CONTRERAS FRANCISCO T.		
Alvaro Obregón	99	5-B
CONTRERAS J. M. Y CDA.		
Ampl San Agustín Parte Baja	100	3-D
CONTRERAS JESUS		
Ciudad Satélite	69	2-D
CONTRERAS MANUEL M. Y PRIV.		
Pueblo Santa Bárbara	70	3-C
CONTRERAS MANUEL MARIA		
México	99	2-A
Pueblo Santa Bárbara	70	3-C
San Rafael	83	4-E
CONTRERAS MANUEL MARIA CJON.		
Pueblo Santa Bárbara	70	3-C
CONTRERAS MANUEL RT.		
U. H. Atzacoalco CTM	71	1-E
CONTRERAS TOMAS PRIV.		
Pantitlán	98	1-D
CONTROL AV.		
Lázaro Cárdenas	35	6-A
CONTROL DEMOCRATICO		
México Nuevo	42	6-E
CONVENTO		
El Santuario	111	2-A
El Trébol Infonavit	4	4-F
Fuentes de Satélite	55	5-F
San José de la Pradera	71	3-F
Santa Cruz	21	6-D
Santa Cruz del Monte	55	6-F
CONVENTO CDA.		
Pedregal Santa Ursula Xitla	122	6-C
CONVENTO DE ACOLMAN		
Jardines de Santa Mónica	56	4-C
Los Reyes Ixtacala	57	6-B
México Colonial I	60	5-D
CONVENTO DE ACTOPAN		
Jardines de Santa Mónica	56	4-D
Los Reyes Ixtacala	57	6-B
México Colonial I	60	5-D
CONVENTO DE BETLEMITAS		
Jardines de Santa Mónica	56	4-C
CONVENTO DE CALACOAYA		
Jardines de Santa Mónica	56	5-C
CONVENTO DE CAPUCHINAS		
Jardines de Santa Mónica	56	4-C
CONVENTO DE CORPUS CHRISTI		
Jardines de Santa Mónica	56	5-C
CONVENTO DE COYOACAN		
México Colonial II	60	5-D
CONVENTO DE CHALMA		
México Colonial I	60	5-D
CONVENTO DE CHURUBUSCO		
Jardines de Santa Mónica	56	5-C
Los Reyes Ixtacala	57	6-B
CONVENTO DE CHURUBUSCO CDA.		
San Mateo	110	2-A
CONVENTO DE EPAZOYUCAN		
Los Reyes Ixtacala	57	6-B
CONVENTO DE GUADALUPE		
Jardines de Santa Mónica	56	5-C
CONVENTO DE LA CONCEPCION		
Jardines de Santa Mónica	56	4-C
CONVENTO DE LA ENSEÑANZA		
Jardines de Santa Mónica	56	4-D
CONVENTO DE LA MERCED		
Jardines de Santa Mónica	56	4-D
CONVENTO DE LA SOLEDAD		
México Colonial II	60	6-D
CONVENTO DE LOS DOMINICOS		
México Colonial II	60	6-D
CONVENTO DE LOS REMEDIOS		
México Colonial II	60	6-D
CONVENTO DE OCOTLAN		
Jardines de Santa Mónica	56	4-C
CONVENTO DE SAN AGUSTIN		
Jardines de Santa Mónica	56	4-C
México Colonial I	60	5-C
PROFOPEC Polígono 3	60	5-C
CONVENTO DE SAN ANTONIO		
México Colonial I	60	5-C
CONVENTO DE SAN BERNARDO		
Jardines de Santa Mónica	56	4-C
CONVENTO DE SAN CAMILO		
Jardines de Santa Mónica	56	4-D
Las Margaritas	56	4-D
CONVENTO DE SAN DIEGO		
Jardines de Santa Mónica	56	5-C
CONVENTO DE SAN JERONIMO		
Jardines de Santa Mónica	56	4-C
CONVENTO DE SAN LORENZO		
Jardines de Santa Mónica	56	5-C
CONVENTO DE SANTA BRIGIDA		
Jardines de Santa Mónica	56	4-D
Valle de los Pinos	56	4-D
CONVENTO DE SANTA CLARA		
Jardines de Santa Mónica	56	4-C
Los Reyes Ixtacala	57	6-B
CONVENTO DE SANTA CRUZ		
Jardines de Santa Mónica	56	5-C
CONVENTO DE SANTA ELENA		
Jardines de Santa Mónica	56	5-C
CONVENTO DE SANTA INES		
Jardines de Santa Mónica	56	4-C
CONVENTO DE SANTA ISABEL		
Jardines de Santa Mónica	56	4-C
CONVENTO DE SANTA ROSA		
México Colonial II	60	6-D
CONVENTO DE SANTO DOMINGO		
Jardines de Santa Mónica	56	5-C
México Colonial I	60	5-D
CONVENTO DE SANTO TOMAS		
México Colonial II	60	6-D
CONVENTO DE TECPAN		
Los Reyes Ixtacala	57	6-B
CONVENTO DE TEPOTZOTLAN		
Jardines de Santa Mónica	56	5-D
Los Reyes Ixtacala	57	6-B
México Colonial II	60	6-D
CONVENTO DE TLATELOLCO		
México Colonial II	60	6-D
CONVENTO DE YURIRIA		
Los Reyes Ixtacala	57	6-B
CONVENTO DEL		
Pedregal Santa Ursula Xitla	122	6-D
San Francisco Tepojaco	30	2-A
CONVENTO DEL AV. Y CDA.		
Churubusco	110	2-A
CONVENTO DEL CARMEN		
Jardines de Santa Mónica	56	4-D
Los Reyes Ixtacala	57	6-B
CONVENTO DEL CDA.		
Pedregal Santa Ursula Xitla	122	6-C
CONVENTO DEL DESIERTO		
México Colonial I	60	5-D
CONVENTO DEL ROSARIO		
Jardines de Santa Mónica	56	5-C
CONVENTO DESIERTO DE LEONES		
México Colonial II	60	6-D
CONVENTO LOS CARMELITAS		
México Colonial I	60	5-C
CONVENTO SAN J. DE LOS LAGOS		
Jardines de Santa Mónica	56	4-D
COOK		
Euzkadi	70	5-E
COOK JAMES		
Lomas de Capula	95	5-E
COOPERATIVA CRUZ AZUL		
México Nuevo	55	1-D
COOPERATIVAS DE CONSUMO		
México Nuevo	42	6-E
COOPERATIVAS DE PRODUCCION		
México Nuevo	42	6-E
COOPERATIVISMO		
Filiberto Gómez	100	1-B
Progreso de Oriente	100	1-B
COOPERATIVISMO DEL AV.		
Barrio Alfareros	87	4-F
Barrio Canteros	87	4-F
Barrio Hojalateros	87	4-F
Barrio Mineros	87	4-F
Barrio Talabarteros	87	4-F
Barrio Talladores	87	4-F
Barrio Tejedores	87	4-F
Chimalhuacán	87	4-F
COPA DE ORO		
Ciudad Jardín	110	4-A
Prados de San Mateo	68	3-E
COPACABANA		
El Tambor	82	3-B
Lomas de la Cañada	82	3-B
COPACABANA CDA.		
Xalpa	112	3-D
COPAL		
El Mirador	59	1-A
COPAL DEL AV.		
Lomas Lindavista El Copal	58	4-E
COPAL DEL CDA.		
El Mirador	59	2-A
COPAL Y 3 CDAS.		
Pedregal de Santo Domingo	109	5-D
COPALME		
El Ebano	94	6-C
COPALTEPEC		
La Sardaña	44	2-D
COPAN		
Tikal	30	5-D
COPAN CDA.		
Cerro Grande	43	5-E
COPAYERA		
El Ebano	94	6-C
COPENHAGUE		
Juárez	83	5-E
Lomas de la Cañada	82	3-B
COPERNICO		
Anzures	83	5-C
Ciudad Brisa	68	4-E
La Estrella	59	5-F
COPILCO AV.		
Copilco El Bajo	109	4-C
Copilco Universidad	109	4-C
Insurgentes San Angel	109	4-C
Romero de Terreros	109	4-C
Villas Copilco	109	4-C
COPILCO CIR.		
La Florida de Ciudad Azteca	60	2-D
COPLAS DE LAS		
Colina del Sur	95	6-D
COPORO		
México Nuevo	54	1-E
COPORO Y CDAS.		
Cóporo	55	1-F
COPORO Y PRIV.		
Coporo	55	1-F
COPRIOLA		
Tlatel Xochitenco	87	2-C
COQUE		
Barrio Santa Apolonia	70	5-A
COQUET BENITO		
Adolfo López Mateos	85	6-D
COQUILLO		
Las Palmas	121	2-A
COQUIMBO		
Lindavista	71	3-C
Lomas de Valle Dorado	56	1-D
COQUITO		
Las Palmas	121	2-A
CORA		
Lic. Carlos Zapata Vela	98	4-A
CORAL		
Agrícola Metropolitana	124	4-F
Caracol	85	5-D
Ciudad Cuauhtémoc	34	2-F
Estrella	71	5-D
Joya Ixtacala	57	5-C
La Esmeralda	21	6-E
Piedra Grande	59	3-B
San Miguel Teotongo	113	3-A
U. H. Tlayacapa	107	1-F
CORAL Y CDA.		
San Antonio Zomeyucan	82	2-B
CORALES		
Conj. U. Pop. Los Picos Izt	97	4-E
CORARYN LAS		
Lomas de Totolco	101	2-A
CORAS		
Ajusco	109	6-F
Ajusco	122	1-E
Culturas de México	127	6-E
Tlalcoligia	122	5-D
CORAS DE LOS		
Santa Cruz Acatlán	69	4-B
CORAZON CDA.		
San Antonio Zomeyucan	82	2-B
CORAZON DE PIEDRA VERDE		
Novela Mexicana I	60	5-D
CORCEGA		
Cosmopolita	70	5-E
CORCELES 3A. CDA.		
Colinas del Sur	108	1-C
CORCELES DE LOS CALZ. 3 CDAS		
Colina del Sur	108	1-D
CORCELES DE LOS CALZ. Y CDA.		
Colina del Sur	108	1-D
CORDERO JUAN		
Ciudad Satélite	69	1-D
Ciudad de los Deportes	96	5-C
San Juan	96	5-C
CORDERO SALVADOR		
Tenorios	112	4-C
CORDERO VICTOR		
Compositores Mexicanos	45	6-A
San José	126	5-A
CORDILLERA		
Cuautitlán Izc. Atlanta	30	3-D
U. INFONAVIT Iztacalco	97	4-E
CORDILLERA DE LA AND.		
Ciudad Labor	44	1-C
CORDILLERA DE LOS ANDES		
Loma Colorada	81	1-D
CORDILLERAS		
Las Aguilas	108	1-F
CORDILLERAS DE LAS		
Zona Res. Acueducto de Gpe.	58	5-A
CORDOBA		
Barrio Barranca Seca	121	2-B
Barrio Santa Cruz	151	3-C
Buenavista	31	6-D
Loma Bonita	21	5-D
Roma	83	6-E
San Jerónimo Aculco	108	6-E
San Miguel Teotongo	113	4-B
San Nicolás Tetelco	152	2-D
CORDOBA AV.		
Lomas de Valle Dorado	56	1-D
CORDOBA CDA.		
Ignacio López Rayón	56	3-B
Villa Milpa Alta	151	3-E
CORDOBA CLARA		
Cerro del Tejolote	114	6-D
CORDOBA Y CDA.		
Santa Ma. Mag. Huichachitla	33	3-A
CORDOBAN CDA.		
La Loma	31	6-D
CORDOBANES		
Evolución	99	3-B
Metropolitana 1a. Secc.	99	3-B
San José Insurgentes	109	1-B
CORDOBES		
San Isidro La Paz	42	1-A
CORDOVA ARTURO DE		
Ampliación Emiliano Zapata	113	3-B
Jorge Negrete	58	5-A
COREA		
México 68	68	4-D
México 86	43	3-A
Revolución	84	3-F
Romero Rubio	84	3-F
CORETT		
Mártires de Río Blanco	81	3-F
CORIA MALDONADO A. ING.		
Cuautitlán Izc. Atlanta	30	3-E
CORINA Y PRIV.		
El Carmen	109	2-F
CORINDON		
Pedregal de Atizapán	42	5-F
CORINTO DE CDA.		
La Herradura	94	1-F
CORMORAN DE LOS		
Lomas de las Aguilas	108	3-C
CORMORANES		
Valle de Tules	44	3-C
CORMORANES DE LOS Y CDA.		
Lomas de las Aguilas	108	3-C
CORNALINAS		
Ampl. La Esmeralda	34	1-D
CORNEJAL		
Pueblo San Bernabé Ocotepec	120	1-F
CORNWELL DE PRIV.		
Condado de Sayavedra	41	6-D
COROCO CJON.		
San Diego Churubusco	109	2-F
COROLA		
El Reloj	110	6-B
COROLA 1A. A 6A. CDA.		
El Reloj	123	1-B
COROLA 7A. Y 8A. CDA.		
El Reloj	123	1-A
CORONA		
Modelo	69	4-C
Santiago Acahualtepec	112	2-F
CORONA AV.		
Lic. Adolfo López Mateos	69	6-A
Los Remedios	69	6-A
Padre Figueroa	69	6-A
CORONA BOREAL		
Prado Churubusco	110	2-C

Calle / Colonia	Plano	Coordenadas
Vista Hermosa	46	1-D
CRISANTEMO CDA.		
Buenos Aires	36	6-D
San José del Jaral	43	3-D
CRISANTEMO DEL		
Los Reyes Ixtacala	57	6-B
CRISANTEMO RT.		
Olivar de los Padres	108	4-B
CRISANTEMOS		
El Rosal	46	5-D
Izcalli Ecatepec	46	3-F
Jardines de Aragón	60	5-B
Jardines de Coyoacán	123	1-D
La Paz	63	6-D
Las Flores	148	3-F
Las Palmas	42	2-F
Res. Jardines Provincial	94	6-D
San José del Jaral	43	2-D
Tepetongo	122	6-B
CRISANTEMOS AV.		
Jardines de Chalco	140	1-D
CRISANTEMOS CDA.		
La Providencia	108	2-B
CRISANTEMOS DE LOS CDA.		
Mirador del Valle	135	2-B
CRISTINA		
Industrial	71	5-C
CRISTINA CDA.		
Huayatla	120	2-F
CRISTO DEL		
El Mirador	56	6-E
CRISTO DEL AV.		
El Mirador	56	6-D
Vista Hermosa	56	6-D
Xocoyahualco	69	1-D
CRISTO DEL CDA.		
Bellavista	17	4-C
CRISTO REY		
Barrio Talabarteros	87	5-C
Buenavista	112	5-C
Xochiaca	87	6-C
Xochiaca	87	6-D
Xochitenco	87	5-D
CROCO		
Barrio Norte	95	5-F
CROIX FRANCISCO DE		
Lomas de Virreyes	82	6-E
CROMO		
Lázaro Cárdenas	60	6-C
CROMPTON SAMUEL		
Estrella Culhuacán	110	5-F
CRONISTAS		
Purísima Atlazolpa	97	5-E
CRONISTAS CIR.		
Ciudad Satélite	69	2-A
CROTONES		
Isidro Fabela	95	4-F
CRUCES		
Paraje San Juan	111	3-D
Santiago Tepalcatlalpan	136	3-C
CRUCES 3 DE LAS CJON.		
San Lorenzo Tlacoyucan	151	6-B
CRUCES CJON.		
San Jerónimo Lídice	108	6-C
San Lorenzo Tlacoyucan	151	5-C
CRUCES DE LAS		
El Cortijo	57	4-A
San Francisco Zacango	36	6-E
San Gregorio Atlapulco	137	3-F
San Mateo Chipiltepec	36	6-E
San Pablo Tecalco	22	4-D
CRUCES DE LAS 1A. CDA.		
Las Cruces	107	6-F
CRUCES DE LAS 2A. CDA.		
Las Cruces	107	6-F
CRUCES DE LAS 3A. CDA.		
Las Cruces	107	6-F
CRUCES DE LAS AV.		
San Gregorio Atlapulco	137	3-F
CRUCES DE LAS AV. PROL.		
San Lorenzo Tlacoyucan	151	6-C
CRUCES DE LAS CDA.		
Benito Juárez	41	1-F
Chimalhuacán	87	6-F
Emiliano Zapata	113	3-C
San Francisco Zacango	36	6-E
San Mateo Chipiltepec	36	6-E
CRUCES DE LAS CJON. 5		
San Lorenzo Tlacoyucan	151	5-C
CRUCES DE LAS PRIV.		
Paraje San Juan	111	4-D
CRUCES LAS		
Barrio Fundidores	87	2-F
Campestre El Potrero	113	5-C
Centro	84	5-C
Chimalhuacán	87	6-F
Chimalhuacán	87	5-E
El Tráfico	28	5-B
Hacienda Ojo de Agua	21	4-C
Las Cruces	107	6-F
San Andrés de la Cañada	46	5-A
San Lorenzo Tlacoyucan	151	6-C
San Pedro Tepetitlán	36	3-F
CRUCES LAS 1A. CDA.		
El Tráfico	28	6-B
CRUCES LAS 1R. CJON.		
San Lorenzo Tlacoyucan	151	5-C
CRUCES LAS 2A. CDA.		
El Tráfico	28	5-B
CRUCES LAS CDA.		
Chimalhuacán	87	5-E
CRUCES LAS PRIV.		
San Juanico Nextipac	97	5-D
CRUCES LAS Y CDA. Y PRIV.		
Pueblo San Lorenzo Tezonco	124	1-D
CRUCIFIXION CJON.		
Chimalhuacán	87	5-E
CRUZ		
Lomas de Chamontoya	120	1-E
Pueblo Sn Nicolás Totolapan	121	3-C
San José Río Hondo	82	4-A
CRUZ AGUSTIN		
Coatepec	102	4-F
CRUZ AZUL		
Industrial	71	5-C
Santa María Tulpetlac	46	6-F
CRUZ BLANCA		
Atenguillo	50	5-B
Cuauhtémoc	108	6-B
El Carmen	109	2-F
Monte de las Cruces	106	4-D
Tlalpan	122	3-C
CRUZ BLANCA AV.		
Las Flores	148	2-F
Las Margaritas	148	2-F
San Miguel Tociac	148	2-F
San Miguel Topilejo	149	3-A
CRUZ BLANCA CDA.		
San Miguel Topilejo	149	3-A
CRUZ BLANCA CJON.		
Cuauhtémoc	108	6-B
CRUZ BLANCA PRIV.		
Cruz Blanca	106	6-D
Lomas Quebradas	121	1-B
CRUZ BLANCA PROL. Y 2 CDAS.		
Cuauhtémoc	108	6-B
CRUZ CDA.		
San Juan Ixhuatepec	58	6-E
CRUZ CENTURION Y RT.		
Santa Cruz del Monte	68	1-F
CRUZ CIRIACO		
Ampl. Gabriel Hernández	72	1-A
CRUZ DE CANTERA PRIV.		
Tepetitla	136	4-A
CRUZ DE CASTRO PRIV.		
Santa Cruz del Monte	69	1-A
CRUZ DE FAROL DE 1A. CDA.		
Cruz del Farol	134	1-F
CRUZ DE FAROL DE 2A. CDA.		
Cruz del Farol	134	1-F
CRUZ DE LA		
Altamira	81	2-F
Amajac	50	6-B
Barrio La Cruz	71	3-F
Copalera	101	3-A
El Chamizal	82	3-A
Francisco I. Madero	42	2-A
Granjas Unidas	30	5-C
Huisnáhuac	63	1-A
La Candelaria Ticomán	58	5-B
Lomas de la Cruz	89	1-C
Nonoalco	63	1-B
Pueblo Nativitas	137	3-A
San Francisco Culhuacán	110	4-E
San José	89	3-A
San Juan Teotihuacán	24	3-B
San Lorenzo Huipulco	123	4-A
San Martín Xico Nuevo	140	4-D
San Simón	63	3-C
Tlacoyaque	107	6-E
Villa San Lorenzo Chimalco	100	1-C
CRUZ DE LA 1A. Y 2A. CDA.		
San Miguel Totolcingo	35	6-D
CRUZ DE LA 4A. CDA.		
Barrio Santa Bárbara	97	6-F
CRUZ DE LA ARBOLEDA		
Santa Cruz del Monte	56	6-A
CRUZ DE LA AV.		
La Magdalena Petlacalco	135	5-D
San Mateo Cuautepec	31	4-F
Xicalhuaca	137	2-C
CRUZ DE LA AV. 1A. CDA		
Xicalhuaca	137	2-C
CRUZ DE LA CDA.		
Amajac	50	6-B
Copalera	100	3-F
El Tráfico	28	6-B
Ex Hda. San Juan de Dios	123	4-C
Lomas de Chamontoya	120	1-E
San Francisco Zacango	36	6-E
San Simón	63	3-C
Santa Cruz Acalpixca	137	3-B
Santa María Tianguistengo	16	4-F
Tulantongo	63	4-B
CRUZ DE LA CJON.		
Ampliación San Lorenzo	100	1-C
Barrio San Mateo	125	6-F
Barrio Santa Bárbara	97	6-F
San Francisco Tlaltenco	125	3-E
Xolalpa	50	4-E
CRUZ DE LA CJON. Y 2 CDAS.		
Ampliación Memetla	107	2-C
CRUZ DE LA CUARTO AND.		
Barrio Santa Bárbara	97	6-F
CRUZ DE LA LOMA		
Santa Cruz del Monte	69	1-A
CRUZ DE LA LUZ		
Santa Cruz del Monte	68	1-F
CRUZ DE LA MISION		
San Juan Teotihuacán	24	4-C
CRUZ DE LA PIEDRA		
Santa Cruz del Monte	69	1-A
CRUZ DE LA PRIV.		
Barrio Santa Bárbara	110	1-F
Ejido Santa Cruz Xochitepec	136	2-C
La Habana	126	6-A
CRUZ DE LA UNION		
Chimalhuacán	87	5-E
CRUZ DE LA UNION CDA.		
Chimalhuacán	87	5-E
CRUZ DE LA Y CDA.		
Barrio Santa Bárbara	110	1-F
CRUZ DE MAYO		
San Lucas Huitzinhuacán	50	3-A
Santa Cruz del Monte	56	6-A
CRUZ DE OLVIDO		
Barrio Xochitenco	87	5-E
CRUZ DEL CALVARIO		
San Pedro Xalostoc	59	3-C
CRUZ DEL FAROL		
Ampliación Miguel Hidalgo	121	6-F
Cruz del Farol	121	6-F
CRUZ DEL NORTE		
Santa Cruz del Monte	56	6-A
CRUZ DEL RIO		
Santa Cruz del Monte	56	6-A
CRUZ DEL SOL		
Santa Cruz del Monte	69	1-A
CRUZ DEL SUR		
Prado Churubusco	110	2-C
Santa Cruz del Monte	69	1-A
CRUZ DEL TEJOCOTE		
La Alteza	68	1-F
CRUZ DEL VALLE VERDE		
Santa Cruz del Monte	56	6-A
CRUZ ESLAVA		
Santo Tomás Ajusco	147	1-F
CRUZ ESLAVA 2A. CDA.		
Santo Tomás Ajusco	147	1-F
CRUZ FLORIDA DE LA AV.		
Santa Cruz del Monte	56	6-A
CRUZ GERMAN CDA.		
El Chicatín	56	4-B
CRUZ GRANDE CDA.		
Comuneros de Santa Ursula	122	3-E
CRUZ HERMINIO		
Francisco Sarabia	42	2-C
CRUZ LA		
Acolman de Nezahualcóyotl	36	3-D
Ampliación El Santuario	111	2-A
Ampliación La Cruz	56	4-A
Cantera Puente de Piedra	122	3-E
El Rosario	138	4-E
La Conchita	63	6-C
La Magdalena Petlacalco	135	5-C
Paulino Navarro	97	1-C
Pueblo Santa Rosa Xochiac	107	6-C
San Bartolomé Coatepec	93	3-F
San Lorenzo Río Tenco	18	1-A
CRUZ LA AV.		
Barrio La Cruz	71	3-F
San José de la Pradera	71	3-F
San Mateo Cuautepec	32	5-A
CRUZ LA CDA.		
La Cruz	56	4-A
San Francisco Chilpan	31	6-B
CRUZ LA CJON.		
San Francisco Tecoxpa	151	3-F
CRUZ MANCA		
San Mateo Tlaltenango	107	3-D
CRUZ MARTIN DE LA		
Ciudad Satélite	56	6-C
Sección XVI	122	4-F
CRUZ MONTE		
San Antonio	138	3-B
CRUZ PALMA		
San Antonio	138	3-B
CRUZ ROBERTO		
Alvaro Obregón	99	6-A
CRUZ RODRIGUEZ JOSE LIC.		
Jacarandas	111	3-F
CRUZ SARA		
Ignacio Pichardo Pagaza	34	4-D
CRUZ VERDE		
Barrio San Fernando	122	3-D
Barros Sierra	108	6-B
Barros Sierra	121	1-B
Cuauhtémoc	108	6-B
Lomas Quebradas	121	1-B
Lomas Quebradas	108	6-B
Pueblo Sn Nicolás Totolapan	121	3-C
Tlalpan	122	3-D
CRUZ VERDE 1A. Y 2A. CDA.		
Lomas Quebradas	121	1-B
CRUZ VERDE CJON.		
Lomas Quebradas	121	1-B
CRUZ VERDE PRIV.		
Barros Sierra	121	1-B
CRUZ VERDE PRIV. Y CJON.		
Barrio Niño Jesús	109	4-F
Pueblo Los Reyes	109	4-F
CRUZADO		
Lomas Estrella 2a. Secc.	111	6-A
CRUZEIROS		
Cerro Prieto	84	2-F
CRUZTIPAC		
Barrio Cruztitla	152	1-A
CRUZTITLA		
Ampliación San Sebastián	100	5-D
CUACONTLE		
Barrio La Candelaria	138	2-A
San Luis Tlaxialtemalco	138	2-A
CUACONTLE CDA.		
Barrio La Candelaria	138	2-A
CUACONTLE CJON.		
San Luis Tlaxialtemalco	138	2-A
CUACOTA		
Zenón Delgado	95	4-E
CUACHICHILES		
Pedregal Santa Ursula Xitla	122	6-C
CUADRANTE DE LA SOLEDAD		
Centro	84	4-D
CUADRANTE SAN FRANCISCO		
Cuadrante de San Francisco	109	3-E
CUAHILAMA		
Tecacalanco	137	4-D
CUAJIMALPA		
Merced Gómez	109	1-A
CUAMATZIN JUAN		
Centro	84	5-C
CUAMIAGUA		
Pedregal de Santo Domingo	109	4-D
CUAMICHIC CDA.		
Pedregal de Santo Domingo	109	4-E
CUANALA		
1a. Ampl. Stgo Acahualtepec	112	2-E
Fracc. Tecorrales	98	6-B
CUANALCO AV.		
Hank González	59	1-C
Mariano Matamoros	59	1-C
CUANALES DE LOS		
Valle de Aragón	73	3-A
CUAPINOL		
Avándaro	127	2-C
Las Huertas	81	1-B
Las Huertas	81	1-C
México 86	81	1-C
Pedregal de Santo Domingo	109	5-D
CUARENTA Y CINCO METROS		
Planetario Lindavista	71	3-A
San Bartolo Atepehuacán	71	3-A
CUARON JOSE M.		
Residencial San Alberto	63	2-C
CUARTA AV.		
Zona Industrial Tultepec	19	4-D
CUARTEL EL		
El Contadero	107	3-B
CUARTO SOL		
Cuautitlán Izc. Parques	17	5-D
CUARZO		
Diamante	122	6-B
Felipe Angeles	84	2-E
Lomas de Cantera	69	6-A
San Vicente Chicoloapan	88	6-F
CUATEPECARINAS		
Almárcigo Norte	46	4-D
CUATEPICO		
San Lucas Xochimanca	136	4-E
CUATEPICO PROL.		
San Lucas Xochimanca	136	4-F
CUATETLAN		
Acoca	136	3-C
Santiago Tepalcatlalpan	136	3-C
CUATLAZOLLI		
Ixtapaluca	114	5-F
CUATOTOLAPA Y 2 CDAS.		
Jalalpa El Grande	95	6-A
CUATOTONQUE CJON.		
Santa María Maninalco	70	5-C
CUATOTONQUE Y PRIV.		
Santa María Maninalco	70	5-B
CUATRO CAMINOS		
Maquixco	23	2-F
CUATRO CIENEGAS		
Miramar	100	4-E
CUATRO DE ABRIL		
Ricardo Flores Magón	4	4-C
CUATRO DE AGOSTO		
Barrio de Santo Tomás	70	4-C
CUATRO DE DICIEMBRE		
Ampl. Altamira	81	2-F
San Antonio Zomeyucan	82	2-A
CUATRO DE DICIEMBRE DE 1860		
Leyes de Reforma	98	4-D
CUATRO DE FEBRERO		
Molino de Santo Domingo	95	3-F
CUATRO DE FEBRERO AND.		
La Conchita	95	4-F
CUATRO DE JULIO		
Hank González	59	1-C
CUATRO DE MARZO DE 1929		
PRI	111	2-D
CUATRO DE MAYO AND.		
La Conchita	95	4-F
CUATRO DE OCTUBRE		
Copalera	100	3-F
La Aurorita	17	5-C
Pueblo San Miguel Hila	41	2-D
CUATRO DE SEPTIEMBRE		
Jardines de los Baez	47	1-D
CUATRO MILPAS		
Benito Juárez	99	1-D
CUATROCIENEGAS AV.		
Lomas de San Agustín	81	1-F
CUAUHNCOL		
Adolfo Ruiz Cortines	110	6-A
CUAUHTEMOC		
Ahuehuetes	56	1-C
Ahuehuetes	58	3-C
Alce Blanco	69	4-C
Aldana	70	6-F
Ampliación Estrella del Sur	110	3-F
Ampliación Jalalpa	95	5-C
Aragón	71	5-E
Atzacoalco	71	2-F
Barrio Coltongo	70	4-F
Barrio La Lonja	122	4-C
Barrio Los Reyes	97	3-D
Barrio Ocotitla	151	4-A
Barrio San Bartolo	139	6-E
Barrio San Hipólito	87	3-C
Barrio San José	111	1-B
Barrio San Miguel	97	3-D
Barrio San Miguel	125	6-F
Barrio San Miguel	150	4-D
Barrio San Pablo	111	1-B
Barrio San Pedro	111	1-B
Barrio San Pedro	97	3-C
Barrio Santa Eugenia	87	3-C
Barrio Tenantitla	139	6-A
Barrio Xaltipac	139	6-A
Barrio de la Concepción	16	3-A
Benito Juárez	59	2-B
Buenavista	44	1-D
Cerro del Tejolote	114	6-D
Ciudad Alegre	88	5-B
Ciudad Azteca	60	3-B
Ciudad Cuauhtémoc	34	2-E
Coanalán	36	6-D
Cocotitlán	141	4-C
Copilco El Bajo	109	4-B
Covadonga	127	5-E
Cuajimalpa	107	1-A
Cuatliquixco	22	3-A
Cuauhtémoc	59	5-B
Cuauhtémoc	22	3-A
Cuautitlán	18	5-A
Chiconcuac	62	1-F
Del Gas	70	6-F
Ej. Santa María Aztahuacán	112	1-B
El Arenal 1a. Sección	85	5-D
El Cardonal Xalostoc	59	4-D
El Carmen	138	2-C
El Carmen	109	2-E
El Hostol Zona Comunal	44	6-B
El Mirador	138	2-C
El Paraíso	99	5-B
El Porvenir	71	6-A
El Potrero	47	2-A
El Rosal	121	2-A
El Triunfo	127	3-D
El Triunfo	97	5-E
Estrella del Sur	110	3-F
Fidel Velázquez INFONAVIT	30	5-E
Francisco I. Madero	42	2-A
Francisco Villa	46	3-F
Gral. Felipe Berriozábal	58	1-C
Guadalupe Victoria	33	6-C
Guadalupe Victoria	33	5-D
Hueyotencotl	22	1-B
Huixquilucan de Degollado	106	1-B
Jardines de Acuitlapilco	88	5-B
La Conchita Zapotitlán	125	3-C
La Magdalena Atlicpan	100	6-E
La Pastora	58	5-B
La Romana	57	3-B
La Teja	46	6-B
La Urbana	57	2-D
Liberación	70	6-F
Loma Bonita	100	5-A
Loma Bonita	31	2-B
Loma Cebada	94	1-D
Lomas de San Pablo	153	2-D
Lomas de Santa Cruz	112	4-B
Lomas de Santa María	101	1-A
Lomas de Zaragoza	112	2-F
Los Padres	108	6-A
Magdalena Atlazolpa	97	5-E
México	99	1-A
México 86	43	3-A
México Prehispánico II	73	1-D
Miguel Hidalgo	122	4-C
Mixcoatl	111	5-F
Nueva Aragón	73	1-D
Oriente	136	4-F
Pavón	98	2-F
Pueblo Quieto	122	3-E
Pueblo Santa Rosa Xochiac	107	5-D
Pueblo Tepepan	123	6-B
Reforma Educativa	98	3-F
Rincón de los Reyes	100	6-D
Rincón del Bosque	69	4-C
San Angel	109	3-B
San Antonio	22	3-A
San Antonio Xahuento	19	2-D
San Francisco Acuautla	115	3-E
San Francisco Culhuacán	110	3-E
San Francisco Chilpa	31	6-C
San Francisco Tepojaco	30	2-A
San Francisco Tlalnepantla	149	3-D
San Francisco Xocotitla	71	6-A
San Gregorio Cuautzingo	141	1-D
San Javier	57	3-B
San José Texopa	63	2-D
San José de los Leones	81	3-E
San Juan Atlamica	17	4-E
San Juan Ixtayopan	139	4-A
San Juan Teotihuacán	24	3-B
San Juan Ticomán	58	5-B
San Juan y San P. Tezompa	152	2-E
San Lorenzo Totolinga	81	1-E
San Lucas Tepetlacalco	56	5-C
San Luis Tlaxialtemalco	138	1-B
San Martín de las Pirámides	24	1-F
San Mateo	63	5-A
San Mateo Xalpa	136	5-D
San Miguel Topilejo	149	3-A
San Miguel Xochimanga	43	5-D
San Nicolás II	134	1-C
San Pablo Tecalco	22	4-D
San Pablo Tepetlapa	110	6-B
San Pedro	107	1-A
San Pedro Atocpan	151	2-A
San Pedro Atocpan	151	3-A
San Pedro Mártir	135	1-E
San Pedro Xalostoc	59	4-B
San Rafael Chamapa	81	2-D
San Simón Culhuacán	110	4-F
Santa Agueda	47	1-A
Santa Ana Tlacotenco	152	6-A
Santa Catarina Acolman	36	3-B
Santa Clara	59	4-B
Santa Cruz Acalpixca	137	3-D
Santa Cruz Chavarrieta	136	5-D
Santa Cruz Meyehualco	112	3-A
Santa Isabel Tola	71	2-E
Santa Isabel Tola	71	2-D
Santa María	36	1-F
Santa María Aztahuacán	99	6-B
Santa María Nativitas	69	4-C
Santa María Ozumbilla	21	4-E
Santa María de Guadalupe	44	3-B
Santiago Acahualtepec	112	2-F
Santiago Atlaltongo	23	5-D
Santiago Tepalcatlalpan	136	3-D
Tabiqueras	81	2-E
Tejomulco	137	4-B
Tepalcates	98	3-F
Tezoyuca	49	2-D

Calle / Colonia	Plano	Coordenadas
Tlayapa	44	6-A
Toriello Guerra	122	3-E
Tultitlán	31	2-C
U. H. Tepalcates	98	3-F
Valle de Tules	44	3-C
Veinticinco de Julio	72	3-B
Vicente Suárez	19	2-D
Villa Azcapotzalco	70	5-B
Vista Hermosa	121	1-A
Xicalhuaca	137	2-C
Z. U. E San Andrés Tomatlán	110	5-F
CUAUHTEMOC 1R. CJON.		
Barrio Tenantitla	139	6-A
CUAUHTEMOC 2 CDAS.		
Santiago Acahualtepec	112	2-E
CUAUHTEMOC 2A. CDA.		
Cuautepec de Madero	58	3-A
Santiago Tepalcatlalpan	136	2-D
CUAUHTEMOC 2DO. CJON. PROL.		
Barrio Tenantitla	138	6-F
CUAUHTEMOC 2a. CDA.		
Pueblo Nativitas	137	3-A
Pueblo Nativitas	137	3-B
CUAUHTEMOC 2o. CJON.		
San Pedro Atocpan	151	4-A
CUAUHTEMOC 3A. CDA.		
Pueblo San Andrés Ahuayucan	136	6-E
Tablas de San Lorenzo	136	4-F
CUAUHTEMOC 4A. CDA.		
San Lorenzo Atemoaya	136	4-F
CUAUHTEMOC 5 CJONES.		
San Pedro Atocpan	151	4-A
CUAUHTEMOC AV.		
Alfredo del Mazo	126	1-F
Ampl. Santa Bárbara	114	6-B
Ayotla	114	6-B
Barrio La Conchita	140	1-F
Barrio San Antonio	140	1-F
Barrio San Lorenzo	124	2-D
Barrio San Sebastián	140	1-F
Barrio Santiago	141	1-A
Citlalmina	114	6-B
Conj. Villas de Ayotla	114	6-B
Conjunto Hab. Park	114	6-B
Chalco	128	5-B
Chalco Centro	140	1-F
Ej. Santa María Aztahuacán	112	2-A
El Molino Tezonco	124	2-D
Estado de Méx. Maravillas	85	5-F
Granjas Chalco	141	1-A
Hornos Santa Bárbara	114	6-B
Ixtapaluca	115	6-B
Ixtapaluca Izcalli	114	6-B
Jards. San Lorenzo Tezonco	124	2-D
José de la Mora	127	1-D
La Concepción	126	5-F
La Unidad	94	1-D
Loma Bonita	114	6-B
Los Sauces Coalición	60	6-C
Maravillas	85	6-F
María Isabel	126	5-F
Niños Héroes de Chapultepec	126	5-F
P. San Juan Tlalpizahuac	113	5-B
Paraje Zacatepec	112	2-D
Pueblo Ayotla	114	6-B
Rancho del Carmen Infonavit	114	6-B
Residencial Ayotla	114	6-B
San Francisco Acuautla	115	3-E
San Gregorio Atlapulco	137	2-F
San José Huilango	16	3-F
Santa Bárbara	115	6-B
Santa Catarina	126	5-F
Santa Cruz Tlapacoya	127	1-D
Santa Isabel	126	5-F
Santa María Tianguistengo	16	3-F
Santiago Acahualtepec	112	2-F
Valle Verde	127	1-D
Valle Verde	114	6-B
Xico	126	5-F
Xico	139	1-E
Zona Industrial Chalco	141	1-A
CUAUHTEMOC CDA.		
Barrio San Lorenzo	124	2-D
Copalera	101	3-A
Cuauhtémoc	108	6-B
Francisco Villa	56	3-C
Guadalupe Victoria	33	6-D
Guadalupe Victoria	33	5-D
La Noria	136	1-C
Los Cerrillos	138	2-C
Pueblo San Andrés Ahuayucan	136	6-E
San Andrés Ahuayucan	136	6-E
San Andrés Mixquic	139	6-E
San Luis Tlaxialtemalco	138	2-B
San Mateo Xoloc	4	6-A
San Pedro Atocpan	151	4-A
San Pedro Mártir	135	1-E
San Pedro Xalostoc	59	4-C
Santa Catarina Acolman	36	3-B
Santa Catarina Ayotzingo	153	2-B
Santa Ursula Xitla	122	5-C
Tultepec	19	3-B
Tultepec	19	3-C
CUAUHTEMOC CDA. Y 3 CJONES.		
Barrio Tenantitla	139	6-A
CUAUHTEMOC CDA. Y PRIV.		
Francisco Sarabia	42	2-C
CUAUHTEMOC CIR.		
Ciudad Cuauhtémoc	34	2-E
Ciudad Cuauhtémoc	34	3-F
CUAUHTEMOC CJON.		
Ampl. El Sifón	97	6-E
Barrio San José	111	1-B
Barrio San Marcos	136	1-E
Pueblo Santa Cruz Acalpixca	137	3-D
CUAUHTEMOC DE 1A. CDA.		
Residencial Ayotla	114	6-B
San Pedro Xalostoc	59	4-B
CUAUHTEMOC DE 2A. CDA.		
San Pedro Xalostoc	59	4-B
CUAUHTEMOC DE 2A. PRIV.		
San Francisco Xocotitla	71	6-A
CUAUHTEMOC DE CDA.		
Francisco I. Madero	42	2-A
Pueblo Tepepan	123	5-B
CUAUHTEMOC PONIENTE AV.		
Ejidal	127	6-F
Emiliano Zapata	128	5-A
La Bomba	128	5-A
Los Jacalones	128	5-A
CUAUHTEMOC PRIV.		
Pueblo San Andrés Ahuayucan	136	6-E
Pueblo Tepepan	123	6-B
Pueblo Tepepan	123	5-B
San Gregorio Cuautzingo	141	2-E
San Jerónimo Lídice	108	6-D
San Juan Tlalpizahuac	113	5-F
Santa Clara	59	3-D
Santa María	44	5-B
Santa Martha Acatitla	112	1-F
CUAUHTEMOC PRIV. Y CDA.		
Barrio San José	111	1-B
Miguel Hidalgo	122	4-C
Quirino Mendoza	138	1-D
CUAUHTEMOC PROL.		
Ejido Santa Cruz Xochitepec	136	2-D
Pueblo Tepepan	123	6-B
San Jerónimo	137	3-A
San Miguel	88	5-A
San Nicolás Tetelco	152	1-C
Santa Cecilia	138	6-F
CUAUHTEMOC PROL. Y CJON.		
San Jerónimo	137	3-B
CUAUHTEMOC SEGUNDO CJON.		
Pueblo Santa Cruz Acalpixca	137	3-D
CUAUHTEMOC SUR 53		
U. H. Jajalpa	47	3-B
CUAUHTEMOC Y 2 CDAS.		
Coacalco de Berriozábal	32	4-F
CUAUHTEMOC Y 2 CDAS. Y PRIV.		
Cuautepec de Madero	58	3-A
CUAUHTEMOC Y 3 CDAS.		
Quirino Mendoza	138	1-C
Santa Cruz Meyehualco	112	4-B
CUAUHTEMOC Y 4 CDA.		
Pueblo Tepepan	123	5-B
CUAUHTEMOC Y CDA.		
Benito Juárez	36	5-D
Ciudad Cuauhtémoc	34	3-D
Los Reyes Culhuacán	110	3-E
Magdalena Atlazolpa	97	5-E
San Jerónimo Lídice	108	5-D
San Juanico Nextipac	97	6-D
Tultepec	19	3-B
CUAUHTEMOC Y CDA. Y PRIV.		
Santa Clara	59	3-D
CUAUHTEMOC Y CJON.		
Barrio Xaltocan	136	2-F
San Juan de Aragón	72	6-B
CUAUHTEMOC Y PRIV.		
Tizapán	109	4-A
CUAUHTEMOC Y PRIV. Y CDA.		
La Conchita	152	1-C
CUAUHTEMOTZIN		
Miguel Hidalgo	122	4-C
U. H. Popular Tepeaca	108	1-B
CUAUHTZI Y CJON.		
San Pablo Oztotepec	150	4-D
CUAUHTZIN DE 1A. CDA.		
Quirino Mendoza	136	4-E
CUAUHT MOC		
Texalpa	46	6-E
CUAUTEMOC AV.		
Buenos Aires	96	4-F
Conj. U. Benito Juárez	96	4-F
Del Valle	96	4-F
Doctores	83	6-F
Letrán Valle	96	4-F
Narvarte	96	4-F
Piedad Narvarte	96	4-F
Roma Norte	83	6-F
Roma Sur	96	4-F
Santa Cruz Atoyac	96	4-F
CUAUTEPEC		
El Arbolito	58	4-A
La Presa	46	5-C
Miravalle	113	4-A
Tultitlán	31	2-C
Vergel del Sur	123	3-B
CUAUTEPEC AV.		
Jorge Negrete	58	5-A
CUAUTEPEC CALZ.		
El Tenayo La Barranca	57	3-F
La Unión Chalma	57	3-F
San Miguel Chalma	57	3-F
Zona Escolar	57	3-F
CUAUTEPEC CDA.		
Jorge Negrete	58	5-A
CUAUTEPEC Y CDA.		
San Antonio Tecomitl	151	1-F
CUAUTITLAN		
Alfredo del Mazo	47	6-C
Altavilla	72	1-B
Barrio Orfebres	87	5-B
Ciudad Azteca	60	2-B
Cuautitlán Izc. Cumbria	30	1-E
El Conde	69	6-C
Isidro Fabela	44	4-A
La Sardaña	44	2-D
Lomas Verdes	31	6-F
Lomas de San Carlos	46	4-F
Los Angeles	57	1-D
San Felipe de Jesús	72	3-C
Tultitlán	31	3-B
CUAUTITLAN DE ROMERO RUBIO		
Lomas Verdes	32	6-A
Santa Anita La Bolsa	29	4-A
CUAUTITLAN IZCALLI		
Estado de México	82	3-A
Lomas Verdes	32	6-A
CUAUTITLAN IZCALLI AV.		
Bosques de Morelos	30	3-C
Colinas del Lago	30	3-C
Ejido San Martín	30	3-C
Santa María Gpe. Las Torres	30	4-E
CUAUTITLE		
México Prehispánico II	73	1-D
CUAUTLA		
Condesa	96	1-C
Chiconcuac	49	6-F
Emiliano Zapata	101	3-B
Jards. San Agustín 2a. Secc	100	5-C
San Felipe de Jesús	72	3-B
Santa Ursula Xitla	122	5-D
U. H. Emiliano Zapata	110	6-E
CUAUTLALPAN		
La Magdalena Petlacalco	135	5-C
Lomas de Cristo	76	6-B
CUAUTLI		
Ampliación Estrella del Sur	111	3-A
Ciudad Amanecer	73	1-C
CUAUTLITA		
Villa San Lorenzo Chimalco	100	1-C
CUBA		
Bosques de Ixtacala	43	1-B
Cuba	29	6-A
Jardines de Cerro Gordo	60	1-B
México 68	68	4-D
México 86	42	3-F
Pueblo Coanalán	36	5-C
Rosario Ceylán	70	1-C
San Ildefonso	29	6-A
Tultepec	19	4-A
CUBA DE CDA.		
Coanalán	36	5-C
CUBANOS		
María G. de García Ruiz	95	4-E
CUBILETE DEL CDA.		
San Miguel Xochimanga	43	5-E
CUBISTAS		
Purísima Atlazolpa	97	5-E
CUBITOS		
Valle Gómez	84	1-D
CUCARACHA		
Xalpa	112	3-D
CUCARACHA LA		
Benito Juárez	99	1-D
CUCLILLO		
Granjas de Guadalupe	42	2-C
CUCLILLOS		
Granjas de Guadalupe	42	2-C
Izcalli Jardines	47	1-B
CUCUMEZT		
Santa Isabel Tola	71	2-E
CUCURPE		
Aeronáutica Militar	97	1-D
El Parque	97	1-D
Magdalena Mixhuca	97	1-D
Obregón	97	1-D
Veinticuatro de Abril	97	1-D
CUCURPE CDA.		
El Parque	84	6-D
CUCURPE PRIV.		
Veinticuatro de Abril	84	6-D
CUCHILLA DEL TESORO AV.		
Cuchilla del Tesoro	85	2-E
CUCHILLA LA		
La Cuchilla	57	5-E
San Bartolo Tenayuca	57	5-E
CUCHILLA LA Y 2A. CDA.		
San Miguel Xochimanga	43	5-E
CUCHILLA LAZARO		
Ampliación Penitenciaría	84	4-E
CUCHILLA LIMA LIMON		
La Agüita	46	6-A
CUELLAR JOSE IGNACIO		
El Triángulo	125	4-E
CUELLAR JOSE T.		
Ciudad Satélite	69	2-A
CUELLAR JOSE TOMAS		
Obrera	84	6-B
Paulino Navarro	97	1-B
Vista Alegre	97	1-B
CUELLAR JOSE TOMAS PROL.		
Ampliación Asturias	97	1-C
CUEMANCO		
Barrio San Pedro	98	6-B
Fracc. Tecorrales	98	6-B
CUEMANCO NTE. CIRCUITO		
Barrio 18	123	5-E
CUEMANCO ORIENTE CIRCUITO		
Barrio 18	123	5-F
CUEMANCO PTE. CIRCUITO		
Barrio 18	123	5-E
CUEMANCO SUR CIRCUITO		
Barrio 18	123	5-E
CUENCA		
Alamos	97	3-B
Cuautitlán Izc. Atlanta	30	2-E
CUENCA D. HERMENEGILDO GRAL.		
U. H. Militar Sedena	124	1-B
CUENCA DIAZ HERMENEGILDO		
Lomas del Carmen	94	1-E
CUENCAS DE LAS		
Tierra Larga	68	3-F
CUENTISTAS		
Purísima Atlazolpa	97	5-F
CUENTLAXOCHITL 3A. CDA.		
Tesmic	136	4-F
CUENTLAXOCHITL DE 2A. CDA.		
Tesmic	136	4-F
CUENTLAXOCHITL Y CDA.		
Oriente	136	4-F
CUERAMARO		
Ahuehuetes	57	4-D
CUERDAS		
Santa Cecilia Tepetlapa	149	1-F
CUERNAVACA		
Buenavista	44	1-D
Buenos Aires	100	3-E
Buenos Aires	100	4-E
Condesa	96	1-D
Fuentes de Ecatepec	47	2-C
Loma María Luisa	42	3-E
Lomas de Becerra Granada	95	5-E
Lomas de San Andrés Atenco	56	3-C
Luis Echeverría	30	5-F
México Nuevo	55	2-E
Peñón de los Baños	85	3-C
San Sebastián Xolalpa	24	5-E
Santa Cruz Meyehualco	112	4-B
Tecuezcomac	46	5-E
Valle Ceylán	57	4-C
Vergel de Guadalupe	72	5-E
CUERNAVACA 5 CDAS.		
Venustiano Carranza	101	2-C
CUERNAVACA CDA.		
Venustiano Carranza	101	2-C
CUERNAVACA DE CJON.		
Colinas de San Mateo	68	3-D
CUERNO DEL		
La Estadía	54	5-F
CUERPO ALPINISTA DE MEXICO		
Montañista	58	4-C
CUERVO		
Cocotitlán	141	4-D
Granjas Pop. Gpe. Tulpetlac	60	1-C
Las Arboledas	56	1-D
Lomas de Padierna Sur	121	6-D
CUESTA		
Jards. Pedregal de Sn Angel	122	2-B
CUESTA DE LA AV.		
San Antonio Zomeyucan	82	2-B
CUESTA JORGE		
Punta de Ceguayo	108	1-B
CUESTAS DE LAS		
Zona Res. Acueducto de Gpe.	58	5-A
CUETLAXOCHITL		
Xochipilli	137	3-B
CUETO DEL		
Parques del Pedregal	122	3-B
CUETO GRAL.		
Observatorio	96	2-B
CUETZPALIN		
Ciudad Cuauhtémoc	34	2-F
CUEVA		
Hacienda de San Juan	123	4-B
CUEVA DE MONTESINOS		
La Mancha 1a. Secc.	81	5-E
Vicente Guerrero	81	5-E
CUEVA MARIO DE LA CIR.		
Ciudad Universitaria	109	6-C
CUEVA MOCHA C.		
Independencia	28	4-D
CUEVAS CARLOS		
San Isidro La Paz	29	6-B
San Isidro La Paz	42	1-A
CUEVAS DE MONTESINOS DIEGO		
La Mancha 1a. Secc.	81	4-E
CUEVAS FELIX		
Fuego Nuevo	111	5-A
CUEVAS FELIX AV.		
Actipan	96	6-D
Del Valle	96	6-D
Presidente Miguel Alemán	96	6-D
Tlacoquemécatl	96	6-D
CUEVAS FELIX CDA.		
Tlacoquemécatl	96	6-D
CUEVAS JOSE LUIS		
Campiña de Aragón	60	4-A
Ciudad Satélite	69	1-B
Rufino Tamayo	46	6-E
U. H. E. Zapata ISSSTE	76	3-D
CUEVAS LUIS		
Pueblo Santa Rosa Xochiac	107	5-C
CUEVAS MANUEL C 1 2 Y 3		
U. H. Vicente Guerrero	111	1-E
CUEVAS R. JOSE A. ING.		
Cuautitlán Izc. Atlanta	30	3-E
CUEXCOMATL		
Rey Neza	100	2-B
CUICALCO		
Pueblo San Andrés Ahuayucan	136	6-F
CUICATECAS		
Tezozómoc	70	3-A
CUICATLAN		
Residencial Cafetales	123	1-F
CUICUILCO		
Letrán Valle	96	5-F
Rancho de las Nieves	101	1-B
CUICUILCO CIR.		
Ciudad Azteca	60	3-D
CUICHAPA		
Petrolera	69	4-F
CUILOTEPEC		
San Nicolás II	134	1-B
CUITLAHUAC		
Adolfo Ruiz Cortines	110	6-A
Anáhuac	83	3-D
Ancón de los Reyes	100	5-D
Aragón	71	4-E
B. de Atizapán	43	1-B
Barrio Cesteros	87	3-D
Barrio Curtidores	87	3-D
Barrio La Asunción	97	3-D
Barrio San Antonio	124	2-D
Barrio San Fernando	122	3-E
Barrio San Lorenzo	124	2-D
Barrio San Marcos	136	2-E
Barrio San Miguel	97	3-E
Barrio San Pedro	136	2-E
Barrio Santa María	22	4-D
Barrio Xaltocan	136	2-E
Barrio de la Concepción	16	2-A
Benito Juárez	59	2-B
Cerro del Tejolote	114	6-E
Ciudad Azteca	60	3-B
Ciudad Cuauhtémoc	34	1-F
Cuauhtémoc	22	3-A
Ecatepec de Morelos	47	2-A
Ej. Santa María Aztahuacán	112	1-B
El Arenal 2a. Sección	85	5-E
El Chamizalito	47	6-C
El Hostol Zona Comunal	44	6-B
El Nardo	59	4-C
El Paraíso	99	5-B
El Rosal	121	2-A
El Santuario	111	2-A
Emiliano Zapata	42	1-E
Esfuerzo Nacional	59	4-C
Francisco Sarabia	42	2-C
Hueyotencotl	22	1-B
Isidro Fabela Cantil	122	3-E
La Conchita Zapotitlán	125	3-B
La Conchita Zapotitlán	125	4-B
La Estación	125	1-A
La Romana	57	3-B
La Urbana	57	3-E
Las Peñitas	43	4-D
Lomas de Chamapa	81	2-E
Lomas de Totolco	101	2-A
Lorenzo Boturini	84	6-C
Los Padres	121	1-A
Merced Balbuena	84	6-C
Mixcoatl	112	5-A
Mixcoatl	111	5-F
Nueva Santa Anita	97	3-C
Pueblo Coanalán	36	6-C
Pueblo Coanalán	36	5-D
Pueblo San Pedro Atocpan	151	2-A
Purísima Atlazolpa	97	5-E
San Andrés Riva Palacio	62	4-E
San Bartolo Tenayuca	57	4-D
San Francisco Chilpa	31	6-C
San Francisco Tepojaco	29	3-F
San Javier	57	3-B
San Marcos Nepantla	23	5-A
San Pablo Tecalco	22	4-D
San Pablo Tecalco	22	5-D
San Pedro Atocpan	151	3-A
San Rafael Chamapa	81	2-E
Santa Cruz Meyehualco	112	3-A
Santa Isabel Tola	71	3-D
Santa María Aztahuacán	99	6-B
Toriello Guerra	122	3-E
Tultepec	19	3-B
CUITLAHUAC 2 CDAS.		
Barrio La Asunción	125	5-F
CUITLAHUAC AV.		
Aguilera	70	6-D
Aldana	70	6-D
Ampl. Cosmopolita	70	6-D
Barrio San Bernabé	70	6-D
Clavería	70	6-D
Cosmopolita	70	6-D
El Porvenir	71	5-A
Guadalupe Victoria	71	5-A
Héroe de Nacozari	71	5-A
Hogar y Seguridad	70	6-D
Jardín Azpeitia	70	6-D
Liberación	70	6-D
Lotería Nacional	70	6-D
Obrero Popular	83	1-C
Popotla	83	1-C
Potrero del Llano	70	6-D
Pro Hogar	70	6-D
San Alvaro	83	1-C
San Salvador Xochimanca	83	1-C
Sector Naval	70	6-D
U. H. Cuitláhuac	70	6-D
Victoria de las Democracias	70	6-D
Xico	126	6-E
Xico	127	6-A
CUITLAHUAC CALZ.		
Barrio La Asunción	125	6-F
Barrio San Mateo	125	6-F
CUITLAHUAC CDA.		
Barrio Tenantitla	139	6-A
Fidel Velázquez INFONAVIT	30	4-E
La Conchita Zapotitlán	125	3-B
CUITLAHUAC CIR.		
Fidel Velázquez INFONAVIT	30	4-E
CUITLAHUAC CJON.		
Barrio Los Reyes	97	3-D
Lorenzo Boturini	84	6-C
Los Reyes Culhuacán	110	3-E
San Gregorio Atlapulco	137	2-F
CUITLAHUAC DE CDA.		
Barrio La Conchita	141	1-A
CUITLAHUAC PRIV.		
La Conchita Zapotitlán	125	4-B
Merced Balbuena	84	6-C
CUITLAHUAC SUR 51		
U. H. Jajalpa	47	3-B
CUITLAHUAC Y CDA.		
La Conchita Zapotitlán	125	4-B
San Francisco Culhuacán	110	4-E
San Martín de las Pirámides	24	1-F
CUITLAHUAC Y CDA. Y PROL.		
Ampliación Estrella del Sur	110	3-F
CUITLANTE		
Tlalcoligia	122	5-D
CUITZEO DE ABASOLO		
Emiliano Zapata	60	5-A
CULHUAS		
U. H. Culhuacán	110	6-E
CULIACAN		
Ampl. Buenavista	44	4-C
Hipódromo	96	2-D
Jardines de Morelos	47	2-C

Calle / Colonia	PLANO	COORDENADAS
Lomas de Cristo	76	5-B
San Sebastián Tecoloxtitla	112	1-D
Tecuezcomac	46	5-E
Valle Ceylán	57	3-B
CULIACAN AV.		
Emiliano Zapata	152	2-D
CULTIVOS		
Progreso del Sur	110	2-E
CULTIVOS PROL.		
Valle del Sur	110	2-E
CULTURA		
El Hostol Zona Comunal	44	6-B
CULTURA GRIEGA		
U. H. El Rosario	70	1-A
CULTURA MAYA		
U. H. El Rosario	57	6-B
CULTURA NAHUATL		
U. H. El Rosario	69	1-F
CULTURA NORTE		
El Rosario	70	1-A
CULTURA ROMANA		
U. El Rosario II	70	1-B
CULTURA TOLTECA		
U. H. El Rosario	57	6-A
CULTURAS		
U. H. El Rosario	57	6-A
CULTURAS DE LAS AV.		
C. U. Manuel Rivera Anaya	70	1-A
U. H. El Rosario	69	1-F
CULTURAS PREHISPANICAS		
Granjas San Antonio	97	6-F
CULUA		
Ciudad Cuauhtémoc	34	1-F
CUMANA		
Del Carmen	109	3-C
CUMBRE		
Castillo Grande	58	3-B
Ciudad Labor	44	1-D
Hacienda de San Juan	123	4-A
La Gavia	107	1-D
U. INFONAVIT Iztacalco	97	4-E
CUMBRE DE LA		
Zona Res. Acueducto de Gpe.	57	5-F
CUMBRE DE LA CDA.		
Tlapacoya	127	2-E
CUMBRE LA		
La Casilda	58	2-C
Los Pastores	69	4-D
CUMBRES		
Ampliación San Agustín	100	3-D
Barrio Texcacoa	4	6-E
El Hostol Zona Comunal	44	6-B
Los Pirules	56	3-D
Plaza de la Colina	56	6-C
San Andrés Atenco	56	3-D
CUMBRES DE ACULTZINGO		
Lomas Altas	95	2-D
Los Pirules	56	3-D
Narvarte	97	3-A
Rincón del Valle	56	3-D
Santo Tomás	114	6-C
CUMBRES DE ACULTZINGO 2 RTS.		
Lomas Altas	95	2-D
CUMBRES DE LAS		
La Estación	125	1-A
CUMBRES DE MALTRATA		
Américas Unidas	97	4-A
Francisco Zarco	97	4-A
Independencia	97	4-A
La Joya	56	2-D
Lago	97	4-A
Loma Bonita	57	1-C
Narvarte	97	4-A
Niños Héroes de Chapultepec	97	4-A
San Simón	97	4-A
CUMBRES DE PRADERA		
Pradera de San Mateo	68	2-D
Z. U. E. San Mateo Nopala	68	2-D
CUMBRES HIMALAYA		
Loma Colorada	81	1-D
CUMBRES Y RT.		
Los Pirules	56	3-C
CUMULO		
Jardines de Morelos	48	1-A
CUNAGUA		
Torres de Lindavista	71	1-A
CUPATITZIO		
Jardines de San Gabriel	59	6-E
CUPIDO		
San Rafael Chamapa	82	2-A
CUPULA		
Agrícola Oriental	98	4-E
Jardines del Sur	136	2-D
CURAZAO		
Lindavista	71	4-C
Lomas de Valle Dorado	56	1-D
CUREL		
Del Mar	124	4-E
CURIE		
Nueva Anzures	83	5-C
CURIE MARIA		
SITATYR	33	4-A
CURIE MARIE		
Ejido de Santiago Tepalcapa	43	3-A
CURIEL GONZALO		
Compositores Mexicanos	45	6-B
El Carmen	138	3-C
El Tepetatal	45	6-B
CURIEL LUIS G. GOB.		
Ampliación Daniel Garza	96	1-B
CURIEL RAFAEL		
Constitución de 1917	111	2-D
CURIO PRIV.		
Cuchilla Pantitlán	85	5-D
CURTIDORES		
Tlatel Xochitenco	87	2-D
Zona Industrial Xhala	18	3-A
CURTIDURIA		
Penitenciaría	84	4-D
CURTIDURIA PROL.		
Diez de Mayo	84	4-D
CURUCU		
Ampliación Tepeaca	108	1-C
CURVA		
José María Pino Suárez	96	3-A
CURVA CIEN PESOS		
Chiconautla 3000	35	3-A
CURVAS DE PINGÜINOS		
Lago de Guadalupe	30	4-A
CUSPIDE		
Parques del Pedregal	122	2-B
CUVIER		
Anzures	83	4-C
CUYUMASCO		
Ampliación Miguel Hidalgo	121	5-F
CUYUTLAN		
Roma Sur	96	1-E
CUZAMA		
Lomas de Padierna	121	3-C
Popular Santa Teresa	121	3-C
CUZCO		
Casas Reales	71	3-C
Lindavista	71	3-C
Santa Cruz Venta de Carpio	71	3-C
Santa María Chiconautla	71	3-C
Lomas de Valle Dorado	56	1-D

CH

Calle / Colonia	PLANO	COORDENADAS
CH CDA.		
SITATYR	33	4-A
CHABACANO		
Ampl. Bosques de Ixtacala	43	2-B
Ampl. Malacates	45	5-B
Ampl. Profr. C. Higuera	43	5-A
Ampl. San José del Jaral	43	3-D
Ampliación El Tesoro	44	3-E
Ampliación López Portillo	125	2-D
Ampliación San Lorenzo	137	4-A
Ampliación Titla	137	2-D
Ampliación Tres de Mayo	30	5-B
Avándaro	127	2-B
Copalera	101	3-A
Chalco	141	2-B
Chimalhuacán	87	6-E
Del Parque	46	5-D
Desarrollo Fernando de Alba	73	2-B
Dos de Septiembre	19	2-C
Dr. Jorge Jiménez Cantú	58	3-F
Ejército del Trabajo III	73	3-B
Ejidal Ampl. San Marcos	44	4-D
Ejido Santa Cruz Xochitepec	136	1-C
El Mirador	19	2-C
El Olivo	44	5-A
El Triángulo	111	6-F
Emiliano Zapata	128	4-B
Guadalupe San Marcos	128	2-D
Jalalpa Tepito	95	6-B
Jardines de Santa Cruz	19	1-C
Jesús del Monte	94	6-B
La Estación	125	1-A
La Hera	111	4-F
La Joya	33	6-C
La Malinche	108	6-B
La Unidad	94	1-D
Las Cruces	107	6-F
Las Huertas	81	1-C
Las Huertas	68	6-D
Las Peritas	123	6-D
Lomas de San Bernabé	120	1-F
Lomas de San Bernabé	120	2-E
Los Bordos	46	6-A
Los Bordos	59	1-B
Miravalle	112	4-F
Nueva Rufino Tamayo	46	5-D
Nueva San Rafael	81	2-F
Paraje del Caballito	120	1-E
Pedregal de Santo Domingo	109	5-F
Pedregal de Topilejo	149	3-C
Plutarco Elías Calles	114	4-F
Quirino Mendoza	136	5-E
Revolución	43	2-A
Rincón de la Bolsa	108	5-A
San Antonio	57	4-A
San Fernando	94	4-C
San Gabriel	43	3-D
San Ildefonso	29	6-A
San José del Jaral	43	2-D
San Juan Potreros	89	3-C
San Juan Xalpa	111	4-C
San Lorenzo	81	2-D
San Lorenzo	81	1-E
San Lorenzo	56	3-B
San Marcos Huixtoco	128	2-D
San Martín	76	1-B
San Martín Xico	140	2-B
San Mateo Tlaltenango	107	4-D
San Miguel Teotongo	113	3-B
San Miguel Teotongo	113	2-A
San Miguel Teotongo	113	4-A
Tabla del Pozo	59	2-A
Texalpa	115	2-F
Tierra Colorada	121	6-A
Tlapacoya	127	1-D
Tlazala	100	5-F
Tultepec	19	2-C
Valle de los Pinos	56	3-E
Villa de las Palmas	42	2-F
Xalpa	112	4-D
Xicalhuaca	137	2-C
CHABACANO 3A. CDA.		
La Cruz	121	1-C
CHABACANO AND.		
El Zapote	94	1-C
CHABACANO ANDADOR		
Las Cruces	107	6-F
CHABACANO CALZ.		
Ampliación Asturias	97	1-B
Paulino Navarro	97	1-B
Vista Alegre	97	1-B
CHABACANO CDA.		
Ampliación Nativitas	137	4-A
Barrio San Francisco	121	1-C
Coporo	55	1-F
Ejido Santa Cruz Xochitepec	136	2-C
El Mirador	19	2-C
El Zapote	94	1-C
Emiliano Zapata	128	4-B
Las Huertas	121	3-C
México Nuevo	55	1-F
Paraje Zacatepec	112	1-D
San José	101	1-D
San José Huilango	17	3-A
Santa Martha Acatitla	112	1-E
Tlapacoya	127	2-E
CHABACANO CJON.		
Cacama	110	1-D
Industrial Naucalpan	69	6-D
San Salvador Cuauhtenco	150	4-B
CHABACANO DE 3 CDAS.		
Las Huertas	33	5-F
CHABACANO PRIV.		
Los Padres	108	6-B
San Isidro	150	3-A
CHABACANO Y 2 CDAS.		
Xalpa	112	3-D
CHABACANO Y 2 CJONES.		
San Miguel Topilejo	149	3-B
CHABACANO Y 3 CDAS.		
La Cruz	121	2-C
CHABACANO Y CDA.		
Canutillo	108	1-D
Loma Encantada	113	3-E
San Miguel Xochimanga	43	5-D
CHABACANO Y PRIV.		
La Magdalena Petlacalco	135	5-D
CHABACANOS		
Ampl. Campestre Liberación	42	2-C
Bosques de Ixtacala	43	1-A
Bosques de los Pinos	29	3-E
Dos de Septiembre	19	1-C
Ejidos de Tototepec	134	1-F
Hacienda Ojo de Agua	21	4-B
Las Peñitas	43	4-D
Lomas Cuautetlán	135	3-F
Pasteros	70	3-A
Prados de Ecatepec	19	3-F
Rosa de Castilla	82	1-B
San Isidro La Paz	29	6-B
Santa Inés	136	4-E
CHABACANOS LOS		
Bello Horizonte	31	5-E
Jardines de San Mateo	68	4-F
Sector Popular	76	4-B
CHACA		
Las Huertas	81	2-C
CHACALAPA		
Zenón Delgado	95	4-E
CHACALCO CDA. Y CJON.		
Pueblo Los Reyes	109	4-F
CHACALTIANGUIS		
Barrio San Francisco	121	1-B
Lomas Quebradas	121	1-B
CHACMULTE		
Cuchilla de Padierna	121	6-E
CHACO		
Las Américas	69	5-B
Residencial Zacatenco	71	2-C
CHACZINKIN		
Cuchilla de Padierna	121	6-E
CHACHALACAS		
Las Arboledas	43	6-D
CHAGOYAN ROSA GLORIA		
Ignacio Zaragoza	28	5-D
CHAHUCINGO		
Pedregal de Santo Domingo	122	1-D
CHAIRE VIDAL		
Moctezuma 1a. Secc.	84	4-E
CHAIREL CDA.		
Santa Lucía	108	2-A
CHALCAS		
Tezozómoc	70	4-A
CHALCO		
Alfredo del Mazo	47	6-D
Altavilla	72	1-B
Ampliación Santa Bárbara	114	6-F
Barrio Jugueteros	87	5-B
Ciudad Azteca	60	3-C
El Barco	85	6-F
El Conde	69	6-C
El Hostol Zona Comunal	46	4-D
El Tejocote	88	3-D
Isidro Fabela	44	4-A
La Florida de Ciudad Azteca	60	3-C
La Romana	57	2-B
La Sardaña	44	3-C
Lomas Tlalmex	57	4-A
Lomas Tlalmex	56	5-F
Lomas Verdes	31	6-F
Lomas de Atizapán	55	2-F
Lomas de Cristo	76	6-B
Maravillas	85	6-F
Pueblo Coanalán	36	6-C
San Lorenzo Acopilco	106	5-D
Tultitlán	31	2-B
CHALCO AV.		
Cuautitlán Izc. Cumbria	30	1-E
CHALCO CALZ.		
San Gregorio Cuautzingo	128	6-E
CHALCO PROL.		
El Tejocote	88	3-D
San Antonio	57	4-A
CHALCHICOMULA Y CDA.		
Pedregal de Santo Domingo	109	6-D
CHALCHIHUI		
Lomas Barrilaco	82	6-C
CHALCHIHUITE		
Santa Isabel Tola	71	2-E
CHALCHIHUITES		
San Esteban Huitzilacasco	81	3-E
CHALCHIHUITLICUE		
Ciudad Cuauhtémoc	34	1-E
Culturas de México	127	6-E
CHALCHITLICUE		
U. H. Popular Tepeaca	108	1-B
CHALMA		
Ciudad Azteca	60	4-D
Hogar Obrero	44	5-A
Lomas Tlalmex	56	4-E
San Juan Ixtacala	57	5-C
CHALMA AV.		
Arcos de la Hacienda	17	5-D
Complejo Ind. Cuamatla	17	5-D
Cuautitlán Izc. Parques	17	5-D
Cuautitlán Izcalli	17	5-D
Cuautitlán Izcalli Norte	17	5-D
Fracc. San Antonio	17	5-D
Infonavit Ferrocarrilera	17	5-D
Jardines de la Hda. Sur	17	5-D
CHALMA LA VILLA CALZ.		
Jorge Negrete	57	4-F
La Unión Chalma	57	4-F
Solidaridad Nacional	57	4-F
U. H. CTM El Arbolillo	57	4-F
Zona Escolar	57	4-F
Zona Escolar Oriente	57	4-F
CHALMITA		
Loma Bonita	44	6-C
CHALPA		
Ampliación Santa Catarina	113	6-D
CHALUPAS		
U. INFONAVIT Iztacalco	97	4-F
CHAMACUERO		
Chamacuero	43	3-D
CHAMBERLAIN HUGO		
Fuego Nuevo	110	4-F
CHAMISTO		
Lomas del Padre	106	3-F
CHAMISTO AND.		
Lomas del Padre	106	3-F
CHAMIXTO PRIV.		
Lomas del Padre	106	3-F
CHAMIZAL		
Ampl. Sn Agustín Parte Baja	100	3-C
Apatlaco	97	5-E
La Arboleda	57	4-E
Paraje Zacatepec	112	1-D
Pueblo Nuevo	95	5-B
Pueblo San Diego	76	1-C
San Fernando	94	5-C
San Francisco Mazapa	24	3-F
Villa San Agustín Atlapulco	100	4-E
Villa San Lorenzo Chimalco	100	3-C
CHAMIZAL AV.		
La Trinidad	76	1-B
CHAMIZAL CDA.		
La Trinidad	76	1-B
CHAMIZAL DEL CDA.		
Ahuehuetes	58	2-B
CHAMIZAL DEL PRIV.		
Cocoyotes	58	2-B
CHAMIZAL DEL Y 2 CDAS.		
Ahuehuetes	58	2-B
CHAMIZAL EL		
San Juan Ticomán	58	6-C
Santa María Chiconautla	34	4-E
CHAMPION AV.		
Miguel Hidalgo	124	3-F
CHAMPOTON		
Piloto A. López Mateos	95	6-C
Roma Sur	96	1-E
CHAMPUSCO		
Lomas de San Lorenzo	124	1-E
CHAMULA		
Z. U. E. El Pedregal	121	3-C
CHAMULAS		
Petrolera	70	4-A
Tezozómoc	70	4-A
CHAN CENOTE		
Pedregal de San Nicolás	121	6-B
CHAN-KOM		
Cuchilla de Padierna	121	6-E
CHANAL		
Cuchilla de Padierna	121	5-E
CHANCAY		
Tepeyac Insurgentes	71	3-D
CHANCENOTE		
San Nicolás Totolapan	121	6-C
CHANTEPEC		
Mesa de los Hornos	122	6-C
CHANTEPEC AND. 4		
Mesa de los Hornos	122	6-C
CHANTEPEC AND. 5		
Mesa de los Hornos	122	6-C
CHANTEPEC AND. 6		
Mesa de los Hornos	122	6-C
CHANTEPEC AND. 7		
Mesa de los Hornos	122	6-C
CHANTICO		
Santa Isabel Tola	71	2-E
U. H. Culhuacán	110	6-E
CHAÑAS		
Las Huertas	81	1-D
CHAPA DE MOTA		
Cuautitlán Izc. Cumbria	30	1-E
El Hostol Zona Comunal	46	4-E
Lomas Verdes	31	6-F
CHAPA PEDRO A.		
Colonial Iztapalapa	111	3-E
Jacarandas	111	3-E
CHAPALA		
Campestre del Lago	29	5-D
La Joya	31	6-D
CHAPALO		
Cuchilla de Padierna	121	6-E
CHAPARRAL		
Condominio Tres Fuentes	123	3-D
Plaza del Kiosko	20	5-C
Real del Sur	123	3-D
CHAPARRAL EL		
San Bartolomé Coatepec	93	2-F
CHAPARRERAS		
Villas de la Hacienda	43	1-B
CHAPARRITA LA		
Benito Juárez	99	3-F
CHAPULIN		
Arco Iris	42	2-B
La Colmena	42	2-B
CHAPULTENANGO		
Cuchilla de Padierna	121	6-E
CHAPULTEPEC		
Alfredo del Mazo	127	1-E
Almárcigo Norte	46	4-D
Campestre del Lago	29	6-D
Francisco I. Madero	42	1-A
Huisnáhuac	63	1-A
Lomas de Atizapán	55	2-F
Lomas de Santa Catarina	36	3-B
Naucalpan de Juárez	69	6-B
San Antonio Zomeyucan	82	2-A
San Francisco Tlaltenco	125	3-D
San Sebastián Chimalpa	100	4-E
Santa Cruz Xochitepec	136	2-C
Vista Hermosa	33	6-D
Xochitenco	87	5-D
CHAPULTEPEC 1A. CDA. Y CJON.		
Guadalupe Victoria	33	5-E
CHAPULTEPEC 2 CDAS.		
San Gregorio Atlapulco	137	2-E
CHAPULTEPEC 2 CJONES.		
Barrio Chapultepec	136	6-F
CHAPULTEPEC AV.		
Ampl. Guadalupe Victoria	33	5-D
Ampliación Emiliano Zapata	42	3-E
Centro	83	6-D
Doctores	83	6-D
Guadalupe Victoria	33	5-D
Juárez	83	6-D
Los Reyes San Salvador	63	2-D
Roma	83	6-D
San Gregorio Atlapulco	137	2-E
San Juan Moyotepec	137	2-E
San Miguel Chapultepec	83	6-D
CHAPULTEPEC AV. 5A. CDA.		
San Gregorio Atlapulco	137	2-E
CHAPULTEPEC CDA.		
Ampl. Guadalupe Victoria	33	5-E
Guadalupe Victoria	33	6-D
Nexquipayac	49	4-B
CHAPULTEPEC CJON.		
San Bartolomé Xicomulco	150	2-D
San Miguel Topilejo	149	3-A
Xochiaca	87	6-C
Xochitenco	87	6-D
CHAPULTEPEC PRIV.		
Guadalupe Victoria	33	5-E
Pantitlán	85	6-E
CHAPULTEPEC PROL.		
Guadalupe Victoria	33	6-D
Progreso Guadalupe Victoria	33	5-E
San Andrés	33	4-E
CHAPULTEPEC RT.		
Guadalupe Victoria	33	6-D
CHAPULTEPEC Y 2 CDAS.		
San Salvador Cuauhtenco	150	4-B
CHAPULTEPEC Y CDA.		
Nexquipayac	49	4-B
CHAQUIS		
Pedregal Santa Ursula Xitla	122	6-D
CHARAL		
Del Mar	124	4-E
CHARCA		
U. INFONAVIT Iztacalco	97	4-F
CHARCAS		
Luis Echeverría	31	5-A
CHARCO		
Arcos del Sur	123	6-D
Paseos del Sur	123	6-D
Potrero de San Bernardino	123	6-D
CHARCO AZUL Y PRIV.		
Mixcoac	96	6-B
CHARRERIA		
Colina del Sur	95	6-E
CHARRO DEL		
Villas de la Hacienda	43	1-B
CHARRUAS AV.		
La Joya	95	4-E
CHARRUAS CDA.		
Lomas de Becerra Granada	95	5-E
CHARTRES		
Villa Verdún	107	4-F
CHATAES		
Pedregal Santa Ursula Xitla	122	6-D
CHATINO		
Lic. Carlos Zapata Vela	97	5-F
CHATINOS		
Tezozómoc	69	3-F

Calle / Colonia	PLANO	COORDENADAS
CHAUTLI		
Barrio Curtidores	87	3-D
Barrio Hojalateros	87	3-D
CHAVARRIA CIR. 1 2 Y 3		
Jalalpa El Grande	108	1-A
CHAVARRIA HERMINIO		
2a. Ampl. Stgo Acahualtepec	112	2-E
Ej. Santa María Aztahuacán	112	1-B
CHAVARRIA HERMINIO GRAL.		
Palmitas	112	4-C
CHAVARRIA MIGUEL 2A. CDA.		
Miguel Hidalgo	125	3-A
CHAVERO ALFREDO		
Benito Juárez	97	4-D
Obrera	84	6-B
Tránsito	84	6-B
CHAVERO ESTEBAN		
Guadalupe Tlaltenco	125	4-E
Ojo de Agua	125	4-E
CHAVEZ ARANDA JOSE		
Jardines de Acuitlapilco	88	4-B
CHAVEZ ARIAS LUIS		
México Nuevo	55	1-E
CHAVEZ CARLOS		
U. Pedro Ojeda Paullada	73	3-A
CHAVEZ EZEQUIEL		
Ciudad Satélite	56	6-B
CHAVEZ EZEQUIEL A.		
Ampl. Gabriel Hernández	71	1-F
Copilco El Alto	109	5-C
Magisterial Vista Bella	56	5-B
CHAVEZ FELIPE		
San Luis Tlatilco	82	1-A
CHAVEZ FIDEL		
El Tráfico	28	6-C
CHAVEZ IGNACIO		
Lomas de Tonalco	137	3-A
CHAVEZ JOSE		
Jiménez Cantú	115	6-F
CHAVEZ JOSE MARIA		
Juan Escutia	99	3-A
CHAVEZ LEONARDO C 1 2 Y 3		
U. H. Vicente Guerrero	111	2-E
CHAVEZ LUIS		
C. H. Cuitláhuac	111	2-A
CHAVEZ OSCAR		
Compositores Mexicanos	45	5-A
CHAVINDA		
El Triángulo	111	6-F
CHAYIYICAME		
San Miguel Tecamachalco	82	6-C
CHAYOTE		
El Mirador	59	1-A
Xalpa	112	4-D
CHECA RAFAEL		
Chimalistac	109	3-B
San Angel	109	3-B
CHECA RAFAEL Y 2A. CDA.		
Pueblo Santa Rosa Xochiac	107	5-C
CHECOSLOVACOS		
Paraíso	95	4-E
CHECOSLOVAQUIA		
La Olímpica II	60	5-B
San Jerónimo Aculco	108	6-D
CHELINES		
Cerro Prieto	84	2-F
CHELO		
Pantitlán	98	1-E
CHEMAX		
Lomas de Padierna	121	4-C
Z. U. E. El Pedregal	121	4-C
Z. U. E. Lomas de Padierna	121	4-C
CHENALHO		
Cuchilla de Padierna	121	6-E
CHERAN		
El Triángulo	111	6-F
CHETUMAL		
Adolfo López Mateos	42	3-E
Jardines de Morelos	47	2-C
Tecuezcomac	46	5-D
Valle Ceylán	57	4-C
CHEVERNY		
Ciudad Alegre	88	5-B
CHEVROLET		
Sierra del Valle	112	3-B
CHIAPANECA LA		
Benito Juárez	99	1-D
CHIAPAS		
Adolfo López Mateos	42	3-D
Adolfo López Mateos	42	4-D
Ampl. San Francisco	115	1-F
Coacalco de Berriozábal	32	5-E
Constitución de 1917	59	4-B
Chalma de Guadalupe	57	1-F
El Chamizal	72	2-E
Ermita	109	4-A
Héroes de Padierna	121	1-D
La Providencia	72	3-D
Lázaro Cárdenas	56	2-C
Luis Echeverría	30	5-F
México Nuevo	55	1-E
República Mexicana	32	5-E
Roma	96	1-E
Roma Sur	96	1-E
San Isidro La Paz	29	6-B
San José Ejidal	32	5-E
San José Tecamac	22	2-B
San Juan Atlamica	17	4-E
San Sebastián Tecoloxtitla	112	1-D
Santiago Tepalcapa	30	5-F
Temamatla	154	2-D
Tezoyuca	49	4-C
Valentín Gómez Farías	108	1-C
Villa San Agustín Atlapulco	100	4-D
CHIAPAS 1A. CDA. Y 2A. CDA.		
Santa María Tulpetlac	46	5-F
CHIAPAS AV.		
Ampliación Tulpetlac	46	5-E
Barrio San Mateo	151	4-D
Barrio Santa Martha	151	4-D
Jacarandas	56	4-B
Tecuezcomac	46	5-E
Villa Milpa Alta	151	4-D
CHIAPAS CDA.		
Almárcigo Norte	46	4-D
El Potrero	56	2-C
San Pablo de las Salinas	19	5-F
CHIAPAS DE 1A. CDA.		
Rinconada A. López Mateos	42	3-D
CHIAPAS DE 2A. CDA.		
Tecuescomac	46	5-E
CHIAPAS NORTE		
Barrio Santa Martha	151	3-D
Villa Milpa Alta	151	3-D
CHIAPAS NORTE CDA.		
Santa María Tulpetlac	46	5-F
CHIAPAS ORIENTE		
Santa María Tulpetlac	46	5-F
CHIAUTLA		
La Sardaña	44	3-D
Lomas de Cristo	76	6-B
Tultitlán	31	2-C
CHICA		
Valle de los Reyes	113	1-C
CHICA LA		
Toriello Guerra	122	3-E
CHICA T. DE LA		
Ciudad Satélite	69	1-C
CHICAGO		
El Pocito	95	5-F
La Presa	95	5-F
Lomas de Becerra Granada	95	5-F
Nápoles	96	3-D
Reacomodo El Cuernito	95	5-F
CHICAGO CDA.		
Lomas de Becerra	95	4-D
CHICALOTE		
U. INFONAVIT Iztacalco	97	4-F
CHICARAS Y CDA.		
Caracol	122	2-E
CHICLAYO		
Lindavista	71	3-C
CHICLE Y CDA. Y 2 PRIVS.		
Granjas México	97	2-E
CHICLERA		
Progresista	84	4-E
CHICO DEL CDA.		
Valle Gómez	84	1-D
CHICO EL		
Hidalgo	95	3-F
U. H. Parque Nacional	44	2-C
Valle Gómez	84	2-D
CHICO GOERNE LUIS		
Ciudad Satélite	56	6-A
CHICOASEN		
Jardines de San Gabriel	59	5-E
Lomas de Padierna	121	6-D
Lomas de Padierna	121	4-C
Los Encinos	121	4-C
San Nicolás Totolapan	121	4-C
Z. U. E. El Pedregal	121	4-C
CHICOASEN CDA.		
Hugo Cervantes del Río	57	2-C
CHICOASEN CIR.		
U. H. CFE Cervantes del Río	57	2-C
CHICOCO 1R. CJON.		
La Concepción Tlacopa	123	6-F
CHICOCO 2DO. CJON.		
La Concepción Tlacopa	123	6-F
CHICOCO 3R. CJON.		
La Concepción Tlacopa	123	6-F
CHICOCO Y 3 CJONES.		
La Concepción Tlacopa	123	6-F
CHICOL		
Ciudad Azteca	60	4-D
CHICOLOAPAN		
El CEGOR	60	3-A
El Hostol Zona Comunal	46	4-D
La Sardaña	44	2-C
Los Angeles	57	1-D
Vergel de Coyoacán	123	2-B
CHICOME		
Ciudad Cuauhtémoc	35	3-A
CHICOMECOATL		
Ciudad Cuauhtémoc	34	3-F
CHICOMOSTOC		
Apatlaco	97	5-D
CHICONAHUI		
Ciudad Cuauhtémoc	35	3-A
CHICONAUTLA		
Arbolitos	59	3-B
Lomas de Cristo	76	5-B
Piedra Grande	59	3-B
CHICONAUTLA AV.		
Venta de Carpio	34	5-E
CHICONAUTLA CDA. Y PRIV.		
Santo Tomás Chiconautla	34	3-D
CHICONAUTLA Y PRIV.		
Ecatepec de Morelos	47	2-A
CHICONCUAC		
Altavilla	72	1-B
El CEGOR	60	3-A
El Hostol Zona Comunal	46	3-F
La Sardaña	44	3-D
Lomas Verdes	31	6-F
Lomas de Atizapán	55	1-F
Lomas de Cristo	76	6-B
Los Angeles	57	1-D
Tultitlán	31	3-B
CHICONTEPEC		
Hipódromo de la Condesa	96	1-C
CHICOZAPOTE		
Pueblo Nuevo Alto	120	2-F
CHICTLI		
Vista Hermosa	121	1-A
CHICUEL		
Ciudad Cuauhtémoc	35	3-A
CHICUNAHUAPAN		
Barrio Parque del Tepeyac	71	3-E
CHICXULUB		
Z. U. E. El Pedregal	121	4-C
CHICHARO		
Las Huertas	81	1-B
Tabla del Pozo	59	2-B
CHICHEN ITZA		
Izcalli Nezahualcóyotl	100	4-B
Letrán Valle	96	5-F
Magdalena de los Reyes	113	1-D
Magdalena de los Reyes	100	6-D
Pueblo Santa Cecilia	57	1-D
San Lorenzo	81	2-D
Tikal	30	6-C
CHICHIHUALTITLA		
Comuneros de Santa Ursula	122	2-E
CHICHILAULA		
Ampliación Santa Catarina	113	6-E
CHICHIMECA		
Ixtapaluca	114	5-F
CHICHIMECAS		
Ajusco	109	6-F
Ajusco	122	1-E
Barrio El Truenito	122	5-E
Ciudad Azteca	60	3-C
Culturas de México	127	6-E
Rincón de los Reyes	100	6-D
U. H. Culhuacán	110	6-E
U. H. San Fco. Culhuacán	110	6-E
Zapotecas	59	2-E
CHICHINAHUAC		
Paraje Hostoc	19	2-A
CHICHINANTLA		
Barrio Los Reyes	70	4-B
CHICHIPILCO		
San Antonio Xahuento	19	2-E
CHICHOLLI		
Ajusco	122	1-F
CHIGAYAN RT.		
Jalalpa El Grande	108	1-A
CHIHUAHUA		
Adolfo López Mateos	42	4-E
Ahuehuetes	57	4-D
Ampl. Buenavista	44	3-D
Barrio La Luz	151	4-D
Chalma de Guadalupe	57	1-F
Dr. Jorge Jiménez Cantú	59	4-A
El Chamizal	72	2-E
Francisco Villa	111	4-E
Francisco Villa	30	4-E
Francisco Villa	101	2-B
Ixtlahuacan	112	3-F
Jardines de Morelos	47	2-B
La Joya	31	6-D
La Providencia	72	3-C
Las Alamedas	100	5-E
Lázaro Cárdenas	56	2-B
Lázaro Cárdenas	56	2-C
Lomas de San Andrés Atenco	56	3-C
Los Reyes Tulpetlac	46	6-F
Luis Echeverría	30	6-F
Paseo de México	56	2-B
Piedra Grande	60	3-A
Progreso	109	3-A
República Mexicana	32	5-E
Roma	83	6-E
San Isidro La Paz	29	6-B
San Lorenzo Tlalmimilolpan	24	5-B
San Pablo de las Salinas	19	5-F
San Sebastián Chimalpa	100	4-E
San Sebastián Tecoloxtitla	112	1-D
Santa María Tulpetlac	46	6-F
Santa Teresa	121	2-C
Temamatla	154	1-C
Temamatla	154	2-D
Tlalpizahuac	113	5-F
Valle Ceylán	57	3-C
Valle Ceylán	57	4-D
Vergel de Guadalupe	72	5-E
Villa Milpa Alta	151	4-D
CHIHUAHUA AV.		
Ampl. San Francisco	115	2-E
Ampl. San Francisco	115	2-F
Emiliano Zapata	152	2-D
CHIHUAHUA CDA.		
Villa Milpa Alta	151	4-D
CHIHUAHUA CJON.		
Villa Milpa Alta	151	4-D
CHIHUAHUA DE		
Jacarandas	56	4-B
CHIHUAHUA PRIV.		
Héroes de Padierna	121	1-D
CHIHUAHUA Y CDA.		
San José Tecamac	22	2-C
Tlalpexco	58	2-C
CHIHUAHUA Y PRIV.		
Pueblo Santa Isabel Ixtapan	48	3-F
CHILAHUITE CDA.		
Jalalpa El Grande	108	1-A
CHILAM BALAM		
Unidad Hab. Independencia	108	5-E
CHILAPA Y CDA.		
Barrio San Antonio	136	1-F
CHILAPA Y PRIV.		
Tlalpan	122	4-D
CHILAQUE		
San Diego Churubusco	109	2-F
CHILAR		
San Mateo Xoloc	4	6-A
CHILAR CJON.		
Santa Cruz Acalpixca	137	3-D
CHILARDI GRAL.		
Observatorio	96	2-A
CHILENOS		
María G. de García Ruiz	95	4-E
CHILPA CDA.		
Santa María Nonoalco	96	5-B
CHILPA CJON.		
Villa Coyoacán	109	3-E
CHILPA Y PRIV.		
Alfonso XIII	96	5-A
Santa María Nonoalco	96	5-A
CHILPANCINGO		
Adolfo López Mateos	42	3-D
Ampl. Buenavista	44	4-C
Ampl. Buenavista	44	3-D
Barrio La Concepción	151	5-E
Buenavista	44	1-D
Buenos Aires	100	4-E
Cuchilla Cerro del Marqués	127	6-C
Hipódromo	96	1-D
Jardines de Morelos	47	2-B
Jards. San Agustín 1a. Secc	100	4-D
Loma María Luisa	42	3-E
San José Tecamac	22	2-B
San Pablo de las Salinas	20	5-A
Tecuezcomac	46	5-E
Valle Ceylán	57	4-C
Vergel de Guadalupe	72	5-E
Xalpa	112	5-D
CHILPANCINGO CDA.		
Xalpa	112	5-D
CHILUCA		
Campestre del Lago	29	5-D
Lomas de Cantera	69	6-B
CHILLANEJOS		
Francisco Villa	95	5-F
CHIMACOATL		
Estrella del Sur	111	2-A
CHIMALAPA		
Residencial Cafetales	123	1-F
CHIMALCOYOTL		
Toriello Guerra	122	3-E
CHIMALCOYOTL PRIV.		
Chimalcóyotl	122	6-E
CHIMALHUACAN		
Altavilla	72	1-B
Chimalhuacán	87	6-F
El CEGOR	60	3-A
Lomas de Atizapán	55	2-F
Lomas de Cristo	76	6-B
Lomas de Chimalhuacán	87	6-F
Lomas de Totolco	101	2-A
Peñón de los Baños	85	4-B
Tultitlán	31	3-B
CHIMALHUACAN AV PROL Y PRIV		
Ejido San Agustín Atlapulco	100	4-C
CHIMALHUACAN AV.		
Agua Azul	99	1-D
Agua Azul Sección 4	99	1-D
Agua Azul Sección Pirules	99	1-D
Ampl. Evolución	99	1-D
Benito Juárez	99	1-D
Esperanza	99	1-D
Estado de México	86	6-A
Maravillas	86	6-A
Santa Rosa	101	1-D
Tamaulipas Virgencitas	86	6-A
Unidad Hab. Auris	101	1-D
CHIMALHUACAN CDA.		
Ampliación Los Angeles	57	1-D
Los Angeles	57	1-D
Maravillas Sección Central	86	6-A
CHIMALHUACAN DE 2A. CDA.		
Ejido San Agustín Atlapulco	100	4-C
CHIMALHUACAN PROL. AV.		
Jards. San Agustín 2a. Secc	100	5-D
CHIMALHUACAN Y CDA.		
Lomas Verdes	31	6-F
CHIMALISTAC		
Chimalistac	109	3-C
Del Carmen	109	3-C
CHIMALMA		
San Miguel Xochimanga	43	5-D
CHIMALPA		
San Mateo Huitzilzingo	140	4-C
CHIMALPA AV.		
Chiconcuac	49	6-F
CHIMALPA CDA.		
Chiconcuac	49	6-F
CHIMALPA ORIENTE		
Ciudad Cuauhtémoc	35	3-A
CHIMALPA PONIENTE		
Ciudad Cuauhtémoc	34	2-F
CHIMALPAIN AV.		
Xico	139	1-F
CHIMALPAN		
U. H. Infonavit Xochináhuac	70	1-A
CHIMALPOPOCA		
Ampliación Emiliano Zapata	42	2-E
Ampliación La Magdalena	100	6-D
Barrio La Asunción	97	3-D
Barrio Los Reyes	97	3-D
Barrio Zapotla	97	3-D
Castillo Chico	58	3-B
Centro	84	5-C
Ciudad Azteca	60	2-A
Ej. Santa María Aztahuacán	112	1-A
El Arenal 2a. Sección	85	5-E
El Arenal 3a. Sección	85	5-E
Esperanza	84	5-C
Industrial Atoto	82	1-C
Ixtlahuaca	107	4-D
La Pastora	58	5-B
La Soledad	57	3-D
Lázaro Cárdenas	82	1-C
Mixcoatl	111	5-F
Nexquipayac	49	3-B
Nezahualcóyotl	98	1-F
Obrera	84	5-C
San Antonio Xahuento	19	2-D
San Bartolo Tenayuca	57	4-D
San Lorenzo Totolinga	81	1-E
San Miguel Xochimanga	43	5-D
Santa Isabel Tola	71	3-D
Santa María Aztahuacán	99	6-A
Tránsito	84	5-C
U. San Esteban	82	1-C
Villa San Lorenzo Chimalco	100	2-D
Xico	139	1-E
CHIMALPOPOCA 1A 2A Y 3A CDA.		
Obrera	84	6-A
CHIMALPOPOCA 2 CDAS.		
Castillo Chico	58	3-B
CHIMALPOPOCA CDA.		
Amado Nervo	19	2-D
CHIMALPOPOCA Y 2 CDAS.		
Barrio Los Reyes	97	3-D
CHIMALTECOS		
Lomas de Capula	95	4-F
CHIMALLI		
Ciudad Cuauhtémoc	34	3-F
San Pedro	87	4-F
CHIMATILLA		
Lomas de la Estancia	112	4-F
CHIMBORAZO		
Ampliación Benito Juárez	81	4-E
CHIMUS		
Tlacuitlapa	108	2-B
CHINA		
Barrio Transportistas	87	3-C
Pensador Mexicano	85	3-A
Romero Rubio	85	3-A
Z. U. E. El Pedregal	121	3-C
CHINACO DEL		
Colina del Sur	108	1-C
CHINAMECA		
San Juan Tlalpizahuac	114	6-A
Venustiano Carranza	101	1-C
Zenón Delgado	95	4-E
CHINAMECA CDA.		
Venustiano Carranza	101	2-C
CHINAMITAS		
Pedregal Santa Ursula Xitla	122	6-C
CHINAMPA		
Miguel de la Madrid Hurtado	112	4-F
CHINAMPA CDA.		
Ixtlahuacan	112	3-F
CHINAMPAS		
Barrio Los Reyes	97	3-E
Juventino Rosas	97	3-E
Mixcoatl	111	6-F
Purísima Atlazolpa	97	5-F
Tlazintla	97	3-E
U. INFONAVIT Iztacalco	97	5-F
CHINAMPAS CDA.		
Barrio San Miguel	97	3-E
CHINANCALCO CDA.		
Pedregal de Santo Domingo	109	5-E
CHINANTECA		
Lic. Carlos Zapata Vela	98	4-A
CHINARA		
El Triángulo	111	6-F
CHINCHAS		
Tlacuitlapa	108	2-B
CHINO CLAUDIO		
Las Peñas	111	4-F
CHIPAHUAPAN DE CDA.		
Pedregal de Santo Domingo	109	5-D
CHIPIONA		
Cerro de la Estrella	111	6-C
CHIPRE		
Ampl. Cosmopolita	70	5-E
Rosario Ceylán	70	1-C
CHIQUIHUITE		
La Candelaria Ticomán	58	5-B
San Juan Ticomán	58	5-B
San Pablo I	112	4-F
CHIQUIHUITE 3 CDAS.		
San Juan Ticomán	58	6-B
CHIQUIHUITE AV.		
La Candelaria Ticomán	58	6-B
San Juan Ticomán	58	6-B
CHIRICANOS		
Francisco Villa	95	4-F
CHIRIMOYA		
Ampl. Campestre Liberación	42	2-C
Las Huertas	68	6-D
Las Huertas	81	1-C
Xalpa	112	4-D
CHIRIMOYAS		
Lomas El Manto	111	2-B
CHIRIMOYAS DE LAS RT.		
Lomas de San Mateo	68	3-E
CHIVATITO CALZ.		
Bosque de Chap. 1a. Secc.	83	6-A
CHOAPAN		
Hipódromo	96	2-C
CHOAPAS LAS		
Petrolera	69	4-F
CHOCOLIN		
San Juan Cerro	111	3-C
Santa María Tomatlán	111	5-A
CHOCOYOTL		
Miravalle	112	4-F
CHOCHON		
Lic. Carlos Zapata Vela	98	4-A
CHOCHOS		
Pedregal de las Aguilas	122	6-D
Tezozómoc	70	3-A
CHOFERES		
Veinte de Noviembre	84	3-E
CHOHUI		
Rinconada de Aragón	60	5-C
CHOLULA		
Hipódromo	96	1-D
San Felipe de Jesús	72	2-C
CHOLULTECAS		
Ciudad Azteca	60	3-B
La Raza	71	6-A

Calle / Colonia	COORDENADAS PLANO
CHOMBIA	
Lic. Carlos Zapata Vela	98 4-A
CHONTAL	
Lic. Carlos Zapata Vela	98 5-A
CHONTALEÑOS	
Francisco Villa	95 4-F
CHONTALES	
Ajusco Huayamilpas	109 6-F
Santa Ursula Xitla	122 5-D
Tlalcoligia	122 5-D
Tlalcoligia	122 6-D
CHONTALES 3 CDAS. Y CJON.	
Santa Cruz Acalpixca	137 3-C
CHOPIN	
Peralvillo	84 1-B
CHOPO	
2a. Ampl. Stgo Acahualtepec	112 3-E
Ciudad Alegre	88 4-B
El Arenal	83 1-F
Los Reyes	57 5-A
Rincón Verde	68 2-C
San Salvador Atenco	62 2-C
Santa María Insurgentes	83 1-F
Xalpa	112 3-E
CHOPO AV.	
Benito Juárez	59 5-C
El Salado	59 5-C
Rústica Xalostoc	59 5-C
Viveros Xalostoc	59 5-C
CHOPO CDA. Y PRIV.	
Viveros Xalostoc	59 6-C
CHOPO DE 1A. CDA.	
San José	101 1-C
CHOPO DEL	
Los Morales	18 4-B
San José	101 1-C
Santa María Nativitas	101 1-B
CHOPO DEL 1ER. CJON.	
San Salvador Atenco	62 2-D
CHOPO DEL 2o. CJON.	
San Salvador Atenco	62 2-D
CHOPO DEL CDA. Y CJON.	
Santa María Nativitas	101 1-B
CHOPO DEL Y CDA.	
Santa Catarina Acolman	36 2-B
CHOPO EL	
Jardines de Acuitlapilco	88 4-B
CHOPO PRIV.	
San Salvador Atenco	62 2-D
CHOPO Y CDA.	
Avándaro	127 1-B
CHOPOS	
Ampliación Cadena Maquixco	23 3-F
Maquixco	23 3-F
Santa Teresa	121 1-D
CHOPOS DE LOS	
Lomas de San Mateo	68 3-D
CHOPOS DE LOS 1A. CDA.	
Ejidos de San Cristóbal	33 6-F
CHOPOS DE LOS 2A. CDA.	
Ejidos de San Cristóbal	33 6-F
CHOPOS DE LOS AV.	
Arcos del Alba	30 2-F
CHOPOS LA DE LOS	
Maquixco	23 4-F
CHOPOS LOS	
Ejidos de San Cristóbal	33 5-E
Ignacio Pichardo Pagaza	34 4-E
Las Brisas	34 4-E
CHORLITO	
Rinconada de Aragón	60 5-C
CHORLITOS	
Granjas de Guadalupe	42 2-B
Izcalli Jardines	34 6-C
CHORLITOS PROL.	
Granjas de Guadalupe	42 2-B
CHORLO DEL	
Mayorazgo de los Gigantes	43 5-C
CHORNE MARGARITA	
Plan de Guadalupe Victoria	30 6-D
CHOSICA	
Churubusco Tepeyac	71 3-B
Lindavista	71 3-B
Valle del Tepeyac	71 3-B
CHOTACABRAS	
Lomas de las Aguilas	108 3-C
CHOUIS	
Valle de Tules	44 3-C
CHOVELL CASIMIRO	
Las Peñas	111 4-F
CHOVELL JOSE CASIMIRO	
Ampliación Miguel Hidalgo	122 5-A
CHUAYFFET CHEMOR EMILIO LIC.	
Ampl. San Francisco	115 1-E
CHUAYFFET EMILIO	
Educación	19 1-B
Educación	19 2-B
Ignacio Pichardo Pagaza	34 4-D
CHUCUMITE	
Del Mar	124 3-F
CHULAVISTA	
Tepeyac Insurgentes	71 3-D
CHUMAYEL	
Los Encinos	121 5-D
CHUMBERAS RT.	
Lomas de San Mateo	68 3-E
CHUPAMIRTO	
Las Aguilas	43 5-A
CHUPARROSA	
Las Aguilas	43 5-A
CHUPICUARO	
Letrán Valle	97 5-A
CHUPIO	
El Triángulo	111 5-F
CHURCHILL CLEMENTINA	
U. H. Margarita M de Juárez	98 6-D
CHURCHILL WINSTON	
Universal	81 1-D
CHURUBUSCO	
Campestre del Lago	29 5-D
Evolución	99 3-D
Metropolitana 3a. Secc.	99 3-D
Santo Tomás Ajusco	139 6-E
Santo Tomás Ajusco	147 2-F

D

Calle / Colonia	COORDENADAS PLANO
D	
Boca Barranca	59 2-B
C. H. Alianza Popular Rev.	123 1-D
Conjunto San Pablo	20 5-B
Educación	110 4-C
Lomas de Santa Fe	94 5-F
Los Aguales	32 5-F
Merced Gómez	108 1-F
Modelo	69 4-C
Potrero del Llano	70 5-E
San Andrés	138 1-F
San Marcos	70 3-B
San Martín Calacoaya	56 3-A
San Mateo Nopala	68 2-E
Social Progresivo Sto Tomás	21 6-F
U. H. Taxqueña	110 4-D
Victoria	96 4-A
D CDA.	
Ampliación Miguel Hidalgo	122 5-B
Ejidal Los Acuales	33 4-A
D PRIV.	
Pueblo Culhuacán	110 3-F
D'ERZELL CATALINA	
Ciudad Satélite	56 6-A
DA VINCI LEONARDO	
Mixcoac	96 5-B
Nonoalco	96 5-B
Palmitas	112 4-C
Paseo de las Lomas	94 6-E
Xalpa	112 4-C
DA VINCI LEONARDO PRIV.	
Santa Cecilia Tepetlapa	137 6-A
DA VINCI LEONARDO Y CDA.	
Granjas de Guadalupe	42 1-C
DACRON AND.	
El Capulín	95 3-E
DAIMLER THOMAS	
Paseo de las Lomas	94 6-E
DAIMON	
Geo 2000	35 3-B
DAKOTA	
Ampliación Nápoles	96 3-D
Nápoles	96 3-D
Parque San Andrés	110 3-A
DALEVUELTA JACOBO CDA.	
Francisco Zarco	97 4-A
DALI SALVADOR	
Rufino Tamayo	46 6-E
DALIA	
2o. Reac. de Tlacuitlapa	108 2-C
Agua Azul	86 6-C
Almárcigo Sur	46 5-D
Altavista	113 1-F
Altavista	101 6-A
Ampl. Bosques de Ixtacala	43 1-B
Ampl. San Marcos	44 5-C
Ampliación El Tesoro	44 3-D
Ampliación Emiliano Zapata	127 2-C
Ampliación Las Peñitas	43 3-E
Barrio Artesanos	87 3-F
Barrio La Rosita	87 3-C
Barrio San Cristóbal	137 1-A
Barrio San Esteban	137 1-A
Barrio San Lorenzo	137 1-A
Barrio Xaltocan	136 2-F
Barrio Xochitenco	87 5-D
Campestre El Potrero	113 5-C
Chamacuero	43 3-D
Dos Ríos	93 6-B
Ejido Santa Cruz Xochitepec	136 2-D
El Manto	111 2-B
El Molinito	82 2-B
Ex Hda. San Juan de Dios	123 4-C
Francisco Villa	138 3-F
Jardines de Chalco	140 1-D
Jardines de Morelos	47 1-D
Jardines de Santa Cruz	19 1-C
Jardines de la Cañada	44 2-D
Jardines del Llano	139 5-A
Jardines del Molinito	82 1-B
Jardines del Tepeyac	59 6-F
Joyas de Nieve	58 1-D
Las Conchitas	31 4-A
Las Huertas	68 6-E
Loma Encantada	113 3-D
Loma Linda	82 1-A
Lomas de San Bernabé	120 1-E
Lomas de San Lorenzo	124 1-E
Lomas de San Miguel	43 3-B
Los Angeles	111 3-D
Minas Palacio	81 4-C
Miraflores	57 4-C
Nezahualcóyotl	48 4-F
Paraíso	60 1-B
Paraje San Juan	111 3-D
Quiahuatla	138 1-F
Rinconada El Mirador	136 1-A
San Isidro La Paz	29 6-A
San José del Jaral	43 2-D
San Luis Tlatilco	82 1-A
San Miguel Teotongo	113 3-A
San Miguel Teotongo	113 4-A
San Pablo	112 4-F
San Pedro Mártir	135 1-D
Santa María de Guadalupe	44 3-A
Santa Rosa	101 1-E
Santa Rosa	48 3-D
Santiaguito	138 2-D
Sutuar Ote.	100 2-D
Tamaulipas Oriente	86 6-C
Tlalmille	135 2-B
Torres del Potrero	108 5-B
Villa San Lorenzo Chimalco	100 3-C
Villa de los Capulines	100 3-C
Vista Hermosa	33 6-D
Xalpa	112 3-D
Xicalhuaca	137 2-C
DALIA 1R. CJON.	
Barrio San Esteban	137 1-A
DALIA 2 CDAS.	
Barrio San Cristóbal	137 2-A
DALIA 2DO. CJON.	
Barrio San Esteban	137 1-A
DALIA 4A. CDA.	
Barrio San Esteban	137 1-A
DALIA 5A. CDA.	
Barrio San Esteban	137 1-A
DALIA CDA.	
Tlalpexco	58 2-C
DALIA CJON. Y 2A. CDA.	
Barrio San Lorenzo	137 1-A
DALIA DE	
Los Morales	18 4-C
DALIA DE LA	
Jardines de Atizapán	56 1-B
Los Reyes Ixtacala	57 6-A
DALIA PRIV.	
San Juan Zapotla	100 1-E
DALIA Y CDA.	
San Sebastián Xolalpa	24 4-E
DALIAS	
2a. Ampl. Stgo Acahualtepec	112 3-E
Ampl. Guadalupe Victoria	33 4-D
Buenavista	112 5-B
Ejidal Ampl. San Marcos	44 5-C
Hacienda Ojo de Agua	21 3-A
Huisnáhuac	63 1-A
Izcalli Ecatepec	46 2-F
Jardines de Aragón	60 5-B
Jardines de Santa Cruz	19 2-B
Jardines del Llano	139 5-B
La Florida	73 1-B
México	19 2-B
Paseo de Carretas	56 5-C
Prados de Ecatepec	20 4-A
Prados de San Mateo	68 3-E
San Francisco Chilpan	44 1-C
San Isidro La Paz	29 6-B
U. H. El Paraíso FOVISSSTE	18 6-C
Valle Hermoso	43 6-F
Valle de las Flores	30 5-D
Villa de las Flores	32 2-F
Vista Hermosa	28 5-F
DALIAS CDA.	
Ejidos de San Cristóbal	33 6-E
DALIAS CJON.	
Jardines del Alba	30 3-F
DALIAS LAS CJON.	
San Salvador Atenco	62 2-C
DALIAS PROL.	
Jardines de San José	33 2-A
Villa de las Flores	33 2-A
DALMACIA	
Lomas Estrella 2a. Secc.	124 1-A
DALMATICA	
Dr. Jorge Jiménez Cantú	30 4-C
DALLAS	
Las Vegas Xalostoc	72 1-C
Nápoles	96 3-D
DAMAS	
San José Insurgentes	109 1-C
DAMAS DE LAS	
Lomas Verdes Sección V	55 6-D
DAMASCO	
Romero Rubio	85 3-A
Simón Bolívar	85 3-A
DANIEL	
Guadalupe Tepeyac	71 6-D
DANTE	
Nueva Anzures	83 5-C
DANZA	
Cuautitlán Izc. Atlanta	30 2-E
U. H. El Rosario	69 1-F
DARWIN	
Anzures	83 5-C
DARWIN CARLOS	
Lomas Hidalgo	121 6-E
DATIL	
Capulines	43 2-A
DATILES	
Tlaxcala	107 2-B
DATSUN	
Sierra del Valle	112 3-B
DAUDA	
Tlapechico	95 5-B
DAVALOS BALBINO	
Ciudad Satélite	69 2-A
México	99 1-A
DAVALOS EUSEBIO	
C. H. Cuitláhuac	111 2-A
DAVALOS FEDERICO	
San Juan Tlihuaca	69 3-F
DAVALOS LORENZO	
Francisco Villa	111 4-E
DAVALOS MARCELINO	
Algarín	97 2-B
Constitución de 1917	111 2-F
DAVALOS ORNELAS MANUEL	
U. Santa Cruz Meyehualco	112 3-A
DAVID LUIS	
Mixcoac	96 6-B
DAVILA ALVARO	
Compositores Mexicanos	45 6-A
DAVILA BRAULIO	
Las Peñas	111 4-F
DAVILA MELCHOR DE 1A. CDA.	
Ampliación Miguel Hidalgo	121 5-F
DAVILA MELCHOR DE 1R. AND.	
Ampliación Miguel Hidalgo	122 5-A
DAVILA MELCHOR DE 2A. CDA.	
Ampliación Miguel Hidalgo	121 5-F
DAVILA MELCHOR DE 2o. AND.	
Ampliación Miguel Hidalgo	122 5-A
DAYTON	
Tepopotla	108 1-A
DAZA CARLOS ING.	
Guadalupe Insurgentes	71 6-B
DEAUVILLE	
Lomas Hipódromo	82 5-C
DEBLI	
El Mirador II	121 6-D
DEBUSSY	
Guadalupe Victoria	71 6-B
Peralvillo	84 1-B
Vallejo	71 6-B
DECATLON	
Las Peñitas	43 4-C
DECENA TRAGICA	
México Revolucionario	73 1-C
DECIMA AV.	
Zona Industrial Tultepec	19 3-D
DECORADO	
Veinte de Nov. 2o. Tramo	84 2-F
Veinte de Noviembre	84 2-F
Venustiano Carranza	84 2-F
DEFEDIL	
San Rafael Chamapa	81 1-F
DEFENSA	
Xalpa	112 5-E
DEFENSORES	
Libertad	31 6-E
DEFENSORES DE LA REPUBLICA	
Libertad	31 6-E
DEGOLLADO	
Guerrero	84 3-A
La Magdalena Atlicpan	100 5-F
San Juan de Dios	63 6-B
DEGOLLADO CJON. Y CDA.	
Tizapán	108 4-F
DEGOLLADO PEDRO	
Tlalpan	122 3-C
DEGOLLADO SANTOS	
Alfredo del Mazo	127 1-E
Barrio San Marcos	70 4-B
Benito Juárez	97 4-E
Centro	84 4-A
Darío Martínez	127 1-A
Emiliano Zapata	81 2-C
Emiliano Zapata	60 5-A
Emiliano Zapata	42 1-E
Izcalli Rinconada	70 4-B
Liberales de 1857	95 3-E
Veintiuno de Marzo	44 5-A
DEGOLLADO SANTOS CDA.	
Ampliación Benito Juárez	58 4-B
DEGOLLADO SANTOS PROL.	
Ampliación Benito Juárez	58 4-B
DEGOLLADO SANTOS Y CDA.	
Pueblo Barrón	42 1-A
DEIMOS	
San Pablo Los Gallos	17 5-A
Sideral	98 5-D
DEL RIO	
San Mateo Nopala Zona Sur	68 2-E
DELFIN	
Del Mar	124 4-E
PROFOPEC Polígono 2	60 5-C
Parque Ind. Cuautitlán	18 6-A
DELFIN ANTONIO AV.	
Copilco El Alto	109 5-D
Pedregal de Santo Domingo	109 5-D
DELFIN ANTONIO AV. 3 PRIVS.	
Copilco El Alto	109 5-D
DELFINES	
Fuentes de Satélite	55 6-F
DELGADILLO CARLOS	
Buenavista	112 6-C
DELGADILLO DANIEL	
Agricultura	83 3-E
Magisterial Vista Bella	56 5-B
Romita	18 5-C
San Isidro La Paz	29 6-B
DELGADO AGUSTIN	
Tránsito	84 6-B
DELGADO AGUSTIN CJON.	
Tránsito	84 6-C
DELGADO FRANCISCO PDTE. MPAL	
Melchor Ocampo	19 2-A
DELGADO LEON RAFAEL	
Prados de San Juan Ixtacala	43 2-A
DELGADO LUIS	
La Conchita Zapotitlán	125 3-C
DELGADO MANUEL M.	
Pavón	99 2-A
DELGADO RAFAEL	
Ciudad Satélite	69 2-B
México	99 1-A
Obrera	97 1-A
DELGADO RICARDO	
La Olímpica	81 3-B
DELGADO SALVADOR	
Chiconcuac	49 6-E
DELIA	
Guadalupe Tepeyac	71 6-D
DELIBES	
Guadalupe Victoria	71 6-A
Vallejo Poniente	71 6-A
DELICIA	
Ampliación Emiliano Zapata	127 2-C
DELICIAS	
Ampl. Profr. C. Higuera	43 5-A
Boca Barranca	59 2-C
Centro	84 5-A
Francisco Villa	30 5-E
San Francisco Chilpan	31 6-C
San José de la Pradera	71 3-F
Tlalpexco	58 2-C
DELICIAS CJON.	
Pueblo Santa Isabel Ixtapan	48 3-F
DELICIAS PROL.	
Lomas San Lorenzo	111 6-D
DELTA	
Jards. Pedregal de Sn Angel	122 2-B
Manuel Romero de Terreros	109 3-D
U. CTM Alborada Jaltenco	20 6-C
DELTAS DE LOS	
Zona Res. Acueducto de Gpe.	57 5-F
DEMOCRACIA	
Gabriel Reyna Nava	41 3-F
La Unidad	94 1-D
Unión Popular	81 2-F
DEMOCRACIA COOPERATIVA	
México Nuevo	55 1-D
DEMOCRACIA Y 2 CDAS. Y PRIV.	
San Miguel Amantla	69 5-F
DEMOCRATA PRIV.	
Clavería	70 6-B
El Imparcial	70 6-B
DENARIOS	
Cerro Prieto	84 2-F
DENEGRI CARLOS	
Las Palmas	95 6-E
Olivar del Conde 1a. Secc.	95 6-E
DENTISTAS	
El Sitón	97 6-D
DENVER	
Nochebuena	96 5-C
DEODATO	
Agrícola Metropolitana	124 3-F
Miguel Hidalgo	124 3-F
DEPORTE DEL	
Amado Nervo	94 6-B
San Miguel Xometla	37 2-A
DEPORTE DEL 1A. CDA.	
Jesús del Monte	94 6-B
DEPORTE DEL AV.	
El Mirador	56 6-D
DEPORTE DEL CDA.	
Jesús del Monte	94 6-B
DEPORTES	
Maquixco	23 3-F
Pueblo San Lorenzo Tezonco	124 1-D
San Lorenzo Tlalmimilolpan	24 5-B
DEPORTES DE LOS AV.	
Las Arboledas	56 1-D
Mayorazgos La Concordia	56 1-D
Zona Industrial Tultepec	19 3-D
DEPORTISTA	
San Lucas Amalinalco	128 5-D
DEPORTISTAS AV.	
Melchor Ocampo	18 1-F
DEPORTISTAS DE LOS	
Vicente Guerrero Zona Ej.	41 1-C
DEPORTIVO	
Altamira	82 2-A
Ojo de Agua	125 4-D
DEPORTIVO DEL 2 CDAS.	
Las Salinas	62 6-F
DEPORTIVO IND. POZA RICA	
Petrolera Taxqueña	110 4-C
DEPORTIVO IND. REYNOSA	
Petrolera Taxqueña	110 4-C
DEPORTIVO INTERNACIONAL	
Lázaro Cárdenas	58 4-D
DEPORTIVO REYNOSA	
Pueblo Santa Bárbara	70 2-C
DEPOSITOS LOS	
Zoquiapan	115 5-F
DERBA MIMI	
La Forestal	45 6-B
DERECHO	
Lomas Anáhuac	94 2-F
Univ. Aut. Metropolitana	42 1-F
DERECHO AGRARIO	
Emiliano Zapata	128 5-A
DERECHOS DEMOCRATICOS	
El Molino	124 3-D
El Molino Tezonco	124 3-D
Ex Hda Sn Nicolás Tolentino	124 3-D
DESARROLLO AV.	
Zona Ind. Cuaut. Izcalli	31 1-A
DESARROLLO PROFESIONAL	
Solidaridad Nacional	57 4-F
DESCARTES	
Anzures	83 5-C
Ejido de Santiago Tepalcapa	43 3-A
Nueva Anzures	83 5-C
DESEMBOCADURA	
Zona Res. Acueducto de Gpe.	58 5-A
DESFILADERO Y 1RT.	
Cuautitlán Izc. Atlanta	30 3-E
DESIERTO	
Santa María Gpe. Las Torres	30 4-E
DESIERTO ARENOSO	
Tetlalpan	107 2-F
DESIERTO DE ATACAMA	
Tetlalpan	107 2-F
DESIERTO DE GIZA	
Tetlalpan	107 2-F

Calle / Colonia — COORDENADAS / PLANO

DESIERTO DE GOBI Y CDA.
Tetlalpan 107 2-F
DESIERTO DE KARAKUM
Tetlalpan 107 2-F
DESIERTO DE LEONES CALZ CDA
Lomas de San Angel Inn 108 3-F
DESIERTO DE LIBIA
Tetlalpan 107 2-F
DESIERTO DE LOS LEONES
Alcantarilla 108 3-F
Ampl. La Herradura 108 3-F
Ampl. Tlacoyaque 107 5-B
Atlamaya 108 3-F
Azoyapan 107 5-B
Benito Juárez 41 2-F
C. H. Cumbres de San Fco. 108 3-F
Camino Real de Tetelpan 108 3-F
Cda. El Potrero 108 3-F
Fracc. Rancho San Francisco 107 5-B
La Herradura 108 3-F
Lomas de San Angel Inn 108 3-F
Lomas de la Era 107 5-B
Lomas de los Angeles de T 108 3-F
Ocotillos 108 3-F
Olivar de los Padres 108 3-F
Pueblo San Bartolo Ameyalco 107 5-B
Pueblo Santa Rosa Xochiac 107 5-B
Pueblo de Tetelpan 108 3-F
Tizampámpano 108 3-F
DESIERTO DE LOS LEONES CALZ.
Desierto de los Leones 106 5-F
DESIERTO DE NAMIBIA
Tetlalpan 107 2-F
DESIERTO DE NUBIA
Tetlalpan 107 2-F
DESIERTO DE SINAI
Tetlalpan 107 2-F
DESIERTO DE SIRIA
Tetlalpan 107 2-F
DESIERTO DE TURAN
Tetlalpan 107 2-F
DESIERTO DE VICTORIA
Tetlalpan 107 2-F
DESIERTO ROCOSO
Tetlalpan 107 2-F
DESIERTOS DE LOS AV.
Cuautitlán Izc. Atlanta 30 3-D
DESPERTADOR AMERICANO EL
Barrio Norte 95 5-F
DESPERTAR
Quinto Sol 73 1-C
DESPOSORIOS LOS
Barrio San Antonio 124 1-D
DESTAJISTAS
Corredor Ind Cuautitlán Izc 17 3-F
DESTINOS
Valle de la Hacienda 17 2-E
DESVIACION ERMITA IZT. 2A.
Ampliación Flores Magón 110 2-F
DETALLISTAS
Los Paseos de Churubusco 98 5-C
DETROIT
Nochebuena 96 5-C
DEUSTO
El Tejocote 88 3-E
DEUTZ HERMANOS S. A.
Vista Hermosa 56 6-D
DIA
Estrella de Oriente 73 2-C
DIA DEL AND.
Ciudad Labor 44 2-D
DIA EL
Prensa Nacional 70 1-D
DIABLO CJON.
Insurgentes Mixcoac 96 6-C
DIAGONAL
Buenavista 81 4-F
Del Valle 96 4-D
La Cañada 81 2-D
San Antonio Zomeyucan 82 2-A
DIAGONAL 1 2 Y 3
San Carlos 46 4-F
San Fernando 94 4-C
DIAGONAL 3A 3B 4 Y 4A
San Fernando 94 4-C
DIAGONAL 9
Valle de Aragón CTM XIV 73 3-C
DIAGONAL AV.
Tlalpizahuac 113 5-F
DIAGONAL CERRO GORDO
Rancho de las Nieves 101 1-A
DIAGONAL COPAL
El Mirador 59 1-B
DIAGONAL DE GALEANA
La Cantera 19 2-B
México 19 2-B
Tultepec 19 2-B
DIAGONAL DE LA ESCUELA
La Quebrada 44 3-A
DIAGONAL DURANGO
Lomas de San Agustín 81 1-F
DIAGONAL SAN ANTONIO
Del Valle 96 3-F
Narvarte 96 3-F
DIAGONAL SAN ANTONIO CDA.
San Mateo Chimaltepec 36 5-F
DIAGUITAS
Tlacuitlapa 108 2-C
DIAMANTE
Ampl. Ejidal San Isidro 30 6-F
Ampl. San Mateo 68 2-E
Ampliación Escalerilla 114 5-D
Arbolitos 59 3-B
Barrio Santa Eugenia 87 3-C
Ciudad Cuauhtémoc 34 2-E
Cuautepec El Alto 45 6-A
Diamante 122 6-B
El Tesoro 44 2-D
Estrella 71 5-D
Joya de Vargas 137 5-B
La Esmeralda 34 1-D
La Joya 33 6-C
La Joya Ixtacala 57 5-C
La Joyita 30 5-D
La Poblanita 113 5-B
Lomas de Cantera 69 6-A
Los Pájaros 30 6-F
Maravillas 100 4-D
Nueva San Isidro 127 4-F
Pedregal de Atizapán 42 5-F
Rancho del Carmen Infonavit 114 6-A
San Norberto 87 3-C
San Vicente Chicoloapan 88 6-F
U. H. La Esmeralda 72 3-B
Vallescondido 123 5-B
DIAMANTE 1A. PRIV.
Joya de Vargas 137 5-A
DIAMANTE 2A. PRIV.
Joya de Vargas 137 4-B
DIAMANTE 3A. PRIV.
Joya de Vargas 137 5-B
DIAMANTE 4A. PRIV.
Joya de Vargas 137 5-B
DIAMANTE DE 2A.
La Joya 33 6-C
DIAMANTES DE LOS CIR.
Joyas del Pedregal 122 2-F

DIAMANTINOS
U. H. ISSFAM No. 1 122 5-E
DIANA
Cuautitlán Izc. Ensueños 30 1-D
Las Rosas 56 4-E
Nueva Industrial Vallejo 71 2-A
DIARIO DE MEXICO
Cuautitlán Izc. Atlanta 30 2-E
Prensa Nacional 70 1-D
DIASA
U. H. DIASA 112 3-F
DIAZ ALBERTO S.
Ejército de Agua Prieta 99 6-B
DIAZ ANAYA CRISTOBAL
Paulino Navarro 97 1-C
DIAZ BARRIGA FRANCISCO
Constitución de la Rep. 71 4-F
DIAZ CARLOS L.
Pantitlán 98 1-E
DIAZ COVARRUBIAS A. DR. AV.
María Isabel 126 4-F
Niños Héroes 126 4-F
San Isidro 127 4-A
Santa Cruz 127 4-A
DIAZ COVARRUBIAS ANTONIO AV.
Guadalupana 127 5-C
Providencia 127 5-C
DIAZ COVARRUBIAS FRANCISCO
Cinco de Mayo 127 6-F
Ciudad Satélite 56 6-C
Chalco 127 6-F
San Rafael 83 4-E
DIAZ DE GAMARRA BENITO
Ciudad Satélite 56 6-B
DIAZ DE LA BARRA FRANCISCO
Lázaro Cárdenas 73 5-B
DIAZ DE LA VEGA
Benito Juárez 97 4-D
DIAZ DE LA VEGA CDA.
Tultitlán 31 2-E
DIAZ DE LA VEGA ROMULO
Lázaro Cárdenas 73 6-A
Lázaro Cárdenas 86 1-A
DIAZ DE LEON
Morelos 84 3-C
DIAZ DE LEON FRANCISCO
Campiña de Aragón 60 3-A
DIAZ DE LEON SALVADOR
Las Puertas 125 4-D
DIAZ DE VELASCO
San Juan Tlihuaca 69 3-F
DIAZ DEL CASTILLO BERNAL
Buenavista 83 3-F
Ciudad Satélite 69 1-C
San Martín de las Pirámides 24 2-E
Tultitlán 31 3-C
Zona Escolar 58 4-A
DIAZ DIONISIO
San Pablo Tecalco 22 5-D
DIAZ JESUS
Ampl. Gabriel Hernández 71 1-E
DIAZ MILLAN CDA.
Bodet 139 5-A
DIAZ MIRON
Barrio Carpinteros 87 3-F
Barrio Pescadores 87 3-E
Punta La Zanja 87 3-E
San Miguel Teotongo 113 2-B
DIAZ MIRON CDA.
Santa María La Ribera 83 2-E
DIAZ MIRON PROL.
Arboledas 124 2-F
DIAZ MIRON SALVADOR
Agricultura 83 2-D
Avándaro 127 1-A
Barrio Santa Ana Zapotitlán 125 2-A
Barrio de los Reyes 31 3-C
Benito Juárez 44 1-E
Ciudad Alegre 88 4-B
Darío Martínez 127 1-A
El Rosario 138 4-F
Jardines de Acuitlapilco 88 4-B
La Estación 125 2-A
La Olimpiada 81 1-E
Los Cuartos 81 3-C
México 99 1-A
Pavón 99 1-A
San Lucas 57 3-E
San Rafael Chamapa 81 3-C
Santa María La Ribera 83 2-D
Santo Tomás 83 2-D
Tultitlán 31 3-C
Tultitlán 31 2-C
Un Hogar para Nosotros 83 2-D
DIAZ MIRON SALVADOR 2A. CDA.
Barrio Santa Ana Zapotitlán 125 2-A
DIAZ MIRON SALVADOR CJON.
Barrio Santa Ana Zapotitlán 125 2-A
DIAZ MIRON SALVADOR PRIV.
Santo Tomás 83 2-D
DIAZ MIRON SALVADOR Y CDA.
Amado Nervo 19 2-D
DIAZ ORDAZ
Barrio Norte 95 5-F
Benito Juárez 59 2-B
Benito Juárez 59 3-B
Buenavista 112 5-C
Granjas Valle de Guadalupe 72 1-D
Guadalupe del Moral 98 6-C
Hank González 59 1-C
Lomas de Totolco 101 2-A
Presidentes de México 111 5-E
Pueblo Santa Bárbara 70 3-C
Pueblo de Tepexpan 35 6-E
San Lucas Tepango 37 2-D
Valle de Tules 44 3-C
DIAZ ORDAZ 2 PRIVS. Y RT.
Pantitlán 98 1-E
DIAZ ORDAZ CDA.
Santiago Acahualtepec 112 2-E
DIAZ ORDAZ GUSTAVO
Adolfo López Mateos 85 6-C
Ampl. Adolfo López Mateos 85 6-C
Ampl. Piloto López Mateos 95 6-D
Ampliación Jalalpa 95 5-C
Ampliación Presidentes 95 6-D
Benito Juárez 43 6-E
Cinco de Mayo 43 3-A
El Chamizal 82 3-A
Emiliano Zapata 60 5-B
Filiberto Gómez 100 1-B
Jalalpa 95 5-C
La Conchita Zapotitlán 125 4-B
Manantiales 100 5-A
San Juan Totoltepec 68 6-F
San Miguel Xometla 37 2-A
San Pablo 87 4-E
San Rafael Chamapa 81 3-C
Santa Martha 100 5-A
Valle de Anáhuac Secc. A 60 5-B
Xaltipac 100 1-B
DIAZ ORDAZ GUSTAVO 1A. CDA.
Barrio Norte 95 5-F
DIAZ ORDAZ GUSTAVO AV.
Jalalpa El Grande 95 6-B
DIAZ ORDAZ GUSTAVO CDA.
Presidentes de México 111 5-E

DIAZ ORDAZ GUSTAVO LIC.
Lázaro Cárdenas 73 4-B
Loma de la Palma 58 2-A
Tultitlán 31 2-D
DIAZ ORDAZ GUSTAVO Y PRIV.
San Juan Moyotepec 137 2-E
DIAZ ORDAZ PRIV.
Cuchilla Pantitlán 85 5-D
El Arenal 1a. Sección 85 5-D
DIAZ ORDAZ Y CDA.
San Miguel Xometla 37 2-B
DIAZ PAULINO
Vicente Guerrero 81 4-E
DIAZ PEDRO CDA.
Presidentes Ejidales 110 5-D
DIAZ PONCIANO
Lomas de Sotelo 82 2-D
DIAZ PORFIRIO
Alfredo V. Bonfil 81 4-E
Ampl. Ejido Axotlan 29 3-B
Ampliación Emiliano Zapata 42 2-E
Ampliación Presidentes 95 5-D
Ampliación San Sebastián 100 5-D
Barrio Norte 56 1-B
Barrio de Atizapán 43 6-B
Bello Horizonte 31 5-E
Benito Juárez 58 4-B
Benito Juárez 59 3-B
Benito Juárez 97 4-D
Buenavista 28 5-F
Cinco de Mayo 43 4-A
Cuauhtémoc 59 5-B
Cuautitlán 18 5-B
El Gavillero 28 5-C
El Sordo 82 3-A
Emiliano Zapata 113 2-B
Emiliano Zapata 42 1-F
Formado Hogar 98 1-F
Francisco Villa 101 2-A
Fuego Nuevo 111 5-A
Guadalupana 18 5-B
Hank González 59 1-B
Insurgentes Extremadura 96 5-D
Insurgentes San Borja 96 5-D
Jardines de Atizapán 56 1-B
La Candelaria Tlapala 141 3-F
Las Peñas 111 4-F
Liberales de 1857 95 3-E
Lomas de Guadalupe 56 4-A
Los Reyes 113 1-C
Los Sauces 60 6-C
Los Sauces Coalición 60 6-C
Nochebuena 96 5-D
Presidentes 95 5-D
Real de Atizapán 56 1-B
Rinconada de las Arboledas 56 1-B
San Andrés Chiautla 63 1-B
San Jerónimo Lídice 108 6-C
San Juan Ixhuatepec 58 6-F
San Juan Teotihuacán 24 3-C
San Lorenzo 81 2-E
San Lucas Patoni 57 4-E
San Martín de las Pirámides 24 2-F
San Mateo Tlaltenango 107 4-C
San Miguel Teotongo 113 4-B
San Pablo Chimalpa 106 3-E
San Rafael Chamapa 81 2-E
San Rafael Chamapa 81 3-D
Santa María Tomatlán 111 5-A
Santa Martha Acatitla 112 1-E
U. H. Porfirio Díaz 56 1-B
Vergel de las Arboledas 43 6-B
Vicente Guerrero 28 6-E
Xalpa 112 5-D
DIAZ PORFIRIO 2A. Y 3A. CDA.
Angel Veraza 98 1-F
DIAZ PORFIRIO AV.
San Francisco Acuautla 115 2-E
DIAZ PORFIRIO CDA.
Ampliación San Lorenzo 56 3-C
Buenavista 28 5-F
Imperial de Bellavista 56 1-A
María Esther Zuno de E. 135 2-C
Mi Retiro 98 2-F
San Andrés Chiautla 63 1-B
San Mateo Tlaltenango 107 4-C
Santa Fe 95 5-B
DIAZ PORFIRIO CJON.
Barrio San Bartolo 139 5-D
San José Aculco 97 5-F
DIAZ PORFIRIO GRAL.
Ampliación Caracol 85 5-D
Lázaro Cárdenas 73 5-B
Presidentes de México 111 4-F
Tultitlán 31 2-D
DIAZ PORFIRIO PRIV.
Santa Fe 95 5-B
DIAZ PORFIRIO PROL.
San Mateo Tlaltenango 107 4-C
DIAZ PORFIRIO RT.
Vergel de las Arboledas 56 1-B
DIAZ PORFIRIO Y CDA.
Lomas de Zaragoza 112 2-F
Presidentes 95 6-D
DIAZ PORFIRIO Y PRIV.
Pueblo San Lorenzo Tezonco 124 1-D
Tlalnepantla 57 3-A
DIAZ PORFIRIO Y PROL.
Santiago Acahualtepec 112 2-F
DIAZ PROFIRIO PRIV.
Pantitlán 98 1-D
DIAZ SOTO Y GAMA
Ej. Santa María Aztahuacán 112 2-A
DIAZ SOTO Y GAMA A. GRAL.
La Esperanza 46 5-B
DIAZ SOTO Y GAMA ANTONIO
Ciudad Satélite 56 6-A
DIAZ SOTO Y GAMA AV.
U. H. Vicente Guerrero 111 1-F
DIBUJANTES
Apatlaco 97 5-D
El Sifón 97 5-D
El Triunfo 97 5-D
San Juanico Nextipac 97 5-D
U. H. La Viga 97 5-D
DIBUJANTES CJON.
Apatlaco 97 5-D
DICKENS
Palmitas 82 5-F
Polanco Chapultepec 82 5-F
DICHA LA
Vicente Guerrero 1a. Secc. 41 1-D
DIECINUEVE
Tolotzin 47 6-B
DIECINUEVE DE AGOSTO
San Jerónimo Aculco 108 6-D
DIECINUEVE DE ENERO 1943
Electra 56 4-E
DIECINUEVE DE FEBRERO
Ampl. Tlacoyaque 107 6-E
Gral. Manuel Avila Camacho 82 4-C
DIECINUEVE DE FEBRERO 2A CDA
Ampl. Tlacoyaque 107 6-E
DIECINUEVE DE FEBRERO 3A CDA
Ampl. Tlacoyaque 107 6-E
DIECINUEVE DE MARZO
La Conchita 95 4-F
Margarita Maza de Juárez 43 4-C

Molino de Santo Domingo 95 4-F
Pólvora 95 4-F
DIECINUEVE DE NOVIEMBRE
Hacienda de la Luz 43 1-C
DIECINUEVE DE OCTUBRE
Tultitlán 31 2-D
DIECINUEVE DE SEPT. CJON.
San Lucas Tepetlacalco 56 5-C
DIECINUEVE DE SEPTIEMBRE
Comuneros de Santa Ursula 122 3-E
Jardines de los Baez 34 6-D
San Lucas Tepetlacalco 122 3-E
Santiago Cuautlalpan 16 5-A
DIECIOCHO DE ABRIL
Toriello Guerra 122 3-E
DIECIOCHO DE JULIO
Altamira 82 2-A
Cuautitlán 31 1-C
Escandón 96 2-C
La Aurorita 17 5-B
Nueva Díaz Ordaz 110 6-A
Profesores 76 3-B
San Antonio Zomeyucan 82 2-A
Santa María Tonanitla 20 3-E
DIECIOCHO DE JULIO 1A. CDA.
Benito Juárez 28 5-F
DIECIOCHO DE JULIO 2A. CDA.
Benito Juárez 28 5-F
DIECIOCHO DE JULIO DE 1872
U. H. Guelatao de Juárez 99 4-A
DIECIOCHO DE JULIO Y CDA.
Benito Juárez 28 5-F
Santa Lucía 108 2-A
DIECIOCHO DE MARZO
Alfredo V. Bonfil 43 4-A
Ampl. El Arenal 100 4-F
Ampl. Veinte de Noviembre 84 3-E
Balcones de Barrón 41 2-E
Castillo Chico 58 3-B
Ceylan Ixtacala 57 6-C
Cuautitlán 31 1-B
El Mirador 56 6-E
Huichapan 136 1-E
Ixtapaluca 115 6-B
La Aurorita 17 5-C
Loma de la Palma 58 2-A
Los Jacalones 128 6-A
Los Reyes Acaquilpan 113 1-C
Naucalpan de Juárez 69 5-C
San Lorenzo Totolinga 81 1-E
San Lucas Tepetlacalco 56 5-C
San Miguel Teotongo 113 3-A
Santa María Ticomán 58 6-B
Santa María Tonanitla 20 3-E
Tultitlán 31 2-D
Z. U. E. San Mateo Nopala 68 2-D
DIECIOCHO DE MARZO AV.
El Molinito 82 1-C
La Cañada 82 1-C
Lomas de la Cañada 82 1-C
DIECIOCHO DE MARZO CDA.
La Concepción 20 3-F
San Andrés Riva Palacio 62 4-D
DIECIOCHO DE MARZO PROL.
Hidalgo 82 3-B
DIECIOCHO DE MARZO Y CDA.
San Andrés Riva Palacio 62 4-D
Santiago Cuautlalpan 16 4-B
DIECIOCHO DE OCTUBRE
Santa María Tonanitla 20 3-E
DIECIOCHO DE SEPTIEMBRE
Jardines de los Baez 34 6-D
DIECISEIS DE DICIEMBRE
Granjas Navidad 94 6-C
DIECISEIS DE ENERO
Altamira 82 2-A
San Antonio Zomeyucan 82 2-A
DIECISEIS DE JULIO
Barrio de las Animas 4 4-E
DIECISEIS DE JUNIO
Barrio de las Animas 4 4-E
DIECISEIS DE MARZO DE 1861
Leyes de Reforma 98 5-D
DIECISEIS DE OCTUBRE
Tecacalanco 137 4-D
DIECISEIS DE SEP. 3A. CDA.
Venustiano Carranza 101 2-C
DIECISEIS DE SEP. CDA.
Revolución 101 2-B
DIECISEIS DE SEP. DE 1823
San Bartolo Atepehuacán 71 2-A
DIECISEIS DE SEP. PROL Y CDA
Barrio Xaltocan 136 3-F
DIECISEIS DE SEP. Y 3 CDAS.
De la Cruz 97 2-D
DIECISEIS DE SEP. Y 4 CDAS.
Tultepec 19 4-A
DIECISEIS DE SEP. Y CDA.
Acolman de Nezahualcóyotl 36 2-D
Pueblo de Tepexpan 36 6-A
Santa Martha Acatitla 112 1-E
DIECISEIS DE SEP. Y CJON.
Los Reyes Culhuacán 110 3-E
San Miguel Topilejo 149 3-B
DIECISEIS DE SEP. Y PRIV
Ixtlahuacan 112 3-F
DIECISEIS DE SEPT. 1A. CDA.
San Mateo Ixtacalco 18 2-C
DIECISEIS DE SEPT. CDA.
Pasteros 70 3-A
DIECISEIS DE SEPT. PROL.
Joyas de San Mateo 63 5-B
DIECISEIS DE SEPT. Y PRIV.
Libertad 31 6-E
DIECISEIS DE SEPT. Y PROL.
San Marcos Nepantla 23 5-A
DIECISEIS DE SEPTIEMBRE
Ahuehuetes 58 3-B
Ace Blanco 69 6-D
Alfredo V. Bonfil 43 4-B
Alfredo del Mazo 127 3-E
Altamira 81 2-F
Ampl. Alfredo V. Bonfil 43 4-B
Ampl. Ciudad de los Niños 69 6-A
Ampl. Miguel Hidalgo 59 4-F
Ampl. Ozumbilla 21 4-F
Ampl. Ozumbilla 21 5-E
Ampl. Profr. C. Higuera 43 5-B
Ampl. Vista Hermosa 29 5-A
Ampliación Emiliano Zapata 42 2-E
Arriaga 69 1-E
Asoc. de Ob.y S.de la R.M. 47 2-A
Atzacoalco 72 2-A
Aurora 17 6-B
Azolco 46 4-F
B. La Crucita 136 2-F
Balcones de Juárez Barrón 41 2-E
Barrio Belén 136 2-F
Barrio Cruztitla 152 1-A
Barrio El Rosario 136 2-F
Barrio La Asunción 111 1-A
Barrio La Conchita 140 1-F
Barrio Labradores 87 3-C
Barrio San Antonio 140 1-F
Barrio San Hipólito 87 3-C
Barrio San Pedro 136 2-F
Barrio San Sebastián 140 1-F
Barrio Transportistas 87 3-C

Calle / Colonia	Plano	Coordenadas
Barrio de las Animas	4	4-E
DOCE DE DICIEMBRE 2A. CDA.		
Ampl San Lorenzo Los Olivos	137	4-A
DOCE DE DICIEMBRE CDA.		
Manzanastitla	107	1-A
Pueblo San Miguel Hila	41	2-D
DOCE DE DICIEMBRE Y CDA.		
La Mesa	94	4-A
DOCE DE FEBRERO		
Coacalco de Berriozábal	32	4-D
DOCE DE JULIO		
Altamira	81	2-F
DOCE DE JULIO DE 1859		
Leyes de Reforma	98	5-C
DOCE DE OCTUBRE		
Alfredo del Mazo	127	3-E
Altamira	81	2-F
Ampl. Alfredo V. Bonfil	43	4-B
Barrio de las Animas	4	3-E
Cerro del Tejolote	114	6-E
Ceylan Ixtacala	57	6-C
El Pino	113	2-E
Escandón	96	2-C
Huayatla	120	2-F
Huichapan	136	1-D
Ixtlahuacan	112	3-F
La Aurorita	17	5-C
La Cruz	101	1-A
Las Américas	63	5-A
Loma de la Palma	58	2-A
Lomas de Santa María	101	1-A
Los Jacalones	128	6-A
Miguel Hidalgo	59	4-E
Nueva San Isidro	127	4-F
Palmitas	112	4-C
Pradera de San Mateo	68	1-C
Ricardo Flores Magón	4	4-C
Salinas de Gortari	101	1-A
San Mateo Xalpa	136	5-D
San Pablo Chimalpa	106	3-E
Santa María Cozotlan	24	2-C
Santa María Tonanitla	20	3-E
Santiago Cuautlalpan	16	4-A
Tezoyuca	49	1-C
DOCE DE OCTUBRE 1A. PRIV.		
Alfredo del Mazo	127	3-E
DOCE DE OCTUBRE 2 CDAS.		
Montón Cuarteles	94	2-C
DOCE DE OCTUBRE 2A. PRIV.		
Alfredo del Mazo	127	3-E
DOCE DE OCTUBRE CDA.		
Huayatla	120	2-F
Palmitas	112	4-C
DOCE DE OCTUBRE CJON.		
San Gregorio Atlapulco	137	2-F
DOCE DE OCTUBRE CONT.		
Montón Cuarteles	94	2-C
DOCE DE OCTUBRE PRIV.		
San Antonio Tecomitl	152	1-B
DOCE DE OCTUBRE PROL.		
Chalco	128	6-A
DOCE DE OCTUBRE Y 2A. CDA.		
Desarrollo U. Quetzalcóatl	112	5-A
DOCE DE OCTUBRE Y 4 CDAS.		
Lomas de Totolco	101	2-A
DOCE DE SEPTIEMBRE		
Jardines de los Baez	34	6-D
DOCE METROS		
1a. Ampl. Stgo Acahualtepec	112	2-E
DOCE ROSAS		
Jardines de Chalco	140	1-E
DOCTOR ARCE PRIV.		
Doctores	96	1-F
DOCTOR ATL		
Ampliación Vista Hermosa	69	1-D
Belisario Domínguez	123	2-C
Campiña de Aragón	60	4-A
Santa María La Ribera	83	2-F
U. Pedro Ojeda Paullada	73	3-B
Valle de Santiago	60	4-A
DOCTORA		
Tacubaya	96	2-B
DOCTORADO		
Peña Alta	138	5-F
DOCTORADO PROL.		
Jaime Torres Bodet	138	5-F
DOCTORES		
Santiago Teyahualco	19	6-B
DOLARES		
Cerro Prieto	84	2-F
DOLCI CARLOS		
Alfonso XIII	96	5-A
DOLORES		
Cocotitlán	141	4-E
San Francisco Acuexcomac	49	6-C
San Miguel	58	1-B
Santa María Chiconautla	34	4-F
DOLORES AV.		
San Pedro Atlazalpa	153	1-E
Santa Catarina Ayotzingo	153	1-B
DOLORES CDA.		
Barrio San Pedro	111	1-B
Santa Catarina Ayotzingo	153	2-B
DOLORES CDA. Y CJON.		
Nexquipayac	49	4-A
DOLORES DE SEGUNDO CJON.		
Centro	84	4-A
DOLORES HIDALGO		
San Felipe de Jesús	72	3-C
Xochiaca	87	6-C
DOLORES ORIENTE		
Santa Clara	59	3-C
DOLORES PROL.		
San Pedro Atlazalpa	153	1-E
DOLORES Y 1o. Y 2o. CJON.		
Centro	84	4-A
DOLORES Y CDA.		
Nexquipayac	49	4-A
DOMINGO DE RAMOS		
Lomas de Guadalupe	56	4-A
DOMINGO JUAN DE PRIV. Y CDA.		
El Chicatín	56	4-B
DOMINGO SABIO		
Arboledas del Sur	123	4-B
Ex Hda. San Juan de Dios	123	4-B
Rancho Los Colorines	123	4-B
DOMINGUEZ		
Lomas de Zaragoza	113	2-A
DOMINGUEZ ABEL		
Compositores Mexicanos	45	6-A
El Tepetatal	45	6-A
DOMINGUEZ ALBERTO		
San José	125	5-F
DOMINGUEZ ANGEL M.		
Ciudad Satélite	69	2-B
DOMINGUEZ B. 1A. PRIV.		
El Carmen	109	2-E
DOMINGUEZ B. 2A. CDA.		
El Carmen	109	2-E
DOMINGUEZ BELISARIO		
Ampl. Emiliano Zapata	42	2-E
Ampl. San Sebastián	100	5-E
Año de Juárez	111	6-D
Barrio Concepción	126	1-D
Barrio La Guadalupita	138	2-E
Barrio Los Reyes	70	4-C
Barrio de la Luz Alto	16	2-B
Campestre El Potrero	113	5-B
Centro	84	4-B
Citlalli	112	3-C
Ciudad Azteca	60	3-C
El Carmen	109	2-D
El Recreo	70	5-B
Emiliano Zapata	42	2-E
Esperanza	82	2-A
Guadalupe del Moral	98	6-C
Hidalgo	28	5-E
La Concepción	75	2-E
Las Américas	63	5-A
Lomas de Chamapa	81	2-E
Lomas de la Estancia	112	4-E
Melchor Ocampo	19	2-A
Miguel Hidalgo	122	3-C
Morelos	56	4-A
Narciso Mendoza	123	5-C
Nezahualcóyotl	75	2-E
Papalotla	50	6-D
Paraje San Juan	111	3-C
Paraje Zacatepec	112	2-D
Profesores	76	2-A
San Francisco Tecoxpa	151	2-F
San Gregorio Atlapulco	138	2-A
San Pablo de las Salinas	19	5-F
San Pedro Atzompa	21	3-C
San Pedro Xalostoc	59	3-B
Santa Clara	59	3-B
Santiago Cuautlalpan	88	4-E
Santiago Yanhuitlalpan	94	5-A
Santiago Zapotitlán	125	3-B
Tlalpan	122	3-C
Veintiuno de Marzo	44	5-A
Villa Azcapotzalco	70	5-B
Villa Coyoacán	109	2-D
DOMINGUEZ BELISARIO 6A PRIV.		
San Gregorio Atlapulco	137	2-F
DOMINGUEZ BELISARIO CDA.		
Barrio San Pablo	111	1-B
San Pablo de las Salinas	19	5-F
Santa Catarina Yecahuízotl	126	1-D
DOMINGUEZ BELISARIO DE CDA.		
San Pedro Xalostoc	59	4-B
DOMINGUEZ BELISARIO PRIV.		
Miguel Hidalgo	122	3-C
San Pedro Xalostoc	59	4-B
DOMINGUEZ BELISARIO Y 2 CDAS		
Coacalco de Berriozábal	32	4-E
DOMINGUEZ BELISARIO Y CDA.		
Ampliación Emiliano Zapata	42	2-E
San Gregorio Atlapulco	137	2-F
DOMINGUEZ BELISARIO Y PROL.		
Chalco	127	6-F
San Lorenzo Río Tenco	17	1-F
DOMINGUEZ CARLOS		
Lomas de Totolco	101	2-A
Rancho de las Nieves	101	2-A
DOMINGUEZ FLOR		
Juárez Pantitlán	98	2-F
DOMINGUEZ LEONARDO		
Santa Cecilia	125	5-F
DOMINGUEZ M.		
Nueva Aragón	73	1-C
DOMINGUEZ MANUEL		
Cuchilla Cerro del Marqués	127	6-C
DOMINGUEZ MIGUEL		
Ampl. Emiliano Zapata	42	2-E
Ejército de Ote. Z. Peñón	99	6-C
Héroes de la Independencia	59	3-F
Miguel Hidalgo	59	3-F
Morelos	84	4-D
San Luis Huexotla	76	4-C
DOMINGUEZ MIGUEL ANGEL		
Santiago Tepalcapa	30	5-F
DOMINGUEZ MIGUEL CORREGIDOR		
Gustavo A. Madero	71	4-E
Héroes de la Independencia	59	3-F
Miguel Hidalgo	59	3-F
DOMINGUEZ RAFAEL		
Tenorios	112	5-C
DOMINGUEZ RAMON		
Ampl. Gabriel Hernández	71	2-F
DOMINGUEZ SOLIS MODESTO		
Ejército de Agua Prieta	99	6-B
DOMINICANOS		
El Paraíso	95	4-E
DOMINICOS		
Ampl. San Miguel	43	2-B
Granjas de Guadalupe	42	2-B
DON AGUSTIN AV.		
Fracc. Club Virreyes	28	2-E
DON ANGEL AV.		
Fracc. Club Virreyes	28	2-E
DON ANTONIO AV.		
Fracc. Club Virreyes	28	2-F
DON ARMANDO AV.		
Fracc. Club Virreyes	28	1-E
DON CARLOS		
Miguel Hidalgo	124	3-F
DON CARLOS AV.		
Fracc. Club Virreyes	28	1-F
DON FERNANDO AV.		
Fracc. Club Virreyes	28	2-E
DON FRANCISCO AV.		
Fracc. Club Virreyes	28	1-F
DON GIOVANNI		
Miguel Hidalgo	124	3-F
DON JUAN AV.		
Nativitas	97	5-B
DON JUAN MANUEL		
San José Insurgentes	96	6-B
DON JUAN NTE.		
Fracc. Club Virreyes	28	1-F
DON JUAN SUR		
Fracc. Club Virreyes	28	2-F
DON LUIS AV.		
Fracc. Club Virreyes	28	1-E
Nativitas	97	5-B
DON MANUEL AV.		
Fracc. Club Virreyes	28	2-F
DON MANUELITO		
Olivar de los Padres	108	4-E
DON MIGUELITO		
Miguel Hidalgo	108	4-E
Progreso	108	4-E
DON PASCUAL		
Del Mar	124	4-F
DON PASCUALE		
Miguel Hidalgo	124	3-F
DON PEDRO		
Ciudad Alegre	88	5-B
Ciudad Alegre	88	4-B
Los Remedios	69	6-A
DON PEDRO AV.		
Fracc. Club Virreyes	28	1-F
DON PEDRO CDA.		
Ciudad Alegre	88	4-B
DON QUIJOTE		
La Mancha 1a. Secc.	81	5-E
DON REFUGIO		
Ex Hacienda Coapa	123	3-D
DONAJI		
La Venta	148	1-C
DONATELLO		
Insurgentes Mixcoac	96	5-B
San Juan	96	5-B
DONCELES		
Centro	84	4-B
DONDE EMILIO		
Centro	83	5-F
DONDI J.		
Fuego Nuevo	111	5-A
DONIZETTI		
Vallejo	71	6-B
DOÑA JUANA Y CDA.		
Pueblo Santa Rosa Xochiac	107	5-B
DOÑA ROSA		
La Hacienda	43	5-B
DORA		
San Lorenzo Xicoténcatl	99	4-C
DORADILLA		
Tlapechico	95	5-B
DORADO EL		
Club de Golf La Hacienda	43	6-B
Lomas de Capistrano	56	3-B
DORADOR SILVESTRE		
Jacarandas	111	3-F
DORADOS		
El Chicatín	56	4-B
DORADOS DE VILLA		
Bellavista	96	3-A
José María Pino Suárez	96	3-A
Tolteca	96	3-A
DORANTES IRMA		
San Miguel Teotongo	113	3-B
DORANTES PROCORO		
U. H. San Rafael Coacalco	33	1-B
DORIA JUAN C. LIC.		
Juan Escutia	99	3-A
DORMILONAS		
Tlalpexco	58	2-C
DOROTEA		
La Mancha 2a. Secc.	81	5-D
DOS ARBOLITOS		
Francisco Alvarez	114	6-C
DOS ARBOLITOS CDA.		
Francisco Alvarez	114	5-C
DOS ARBOLITOS LOS		
Benito Juárez	99	2-D
Evolución	99	2-D
DOS AV.		
Mexicanos Unidos	34	6-F
DOS BOCAS		
Segunda Ampliación Jalalpa	95	6-C
DOS CARLOS DE LOS BLVR.		
San Carlos	46	4-F
DOS CRUCES DE LAS CJON.		
San Lorenzo Tlacoyucan	151	6-C
DOS DE ABRIL		
Ahuehuetes	56	1-C
Altamira	82	2-A
Ampl. Altamira	82	2-A
Ampl. Ciudad de los Niños	69	6-A
Ampliación Vista Hermosa	29	5-A
Arriaga	69	1-E
Carlos Hank González	101	5-A
Coacalco de Berriozábal	32	4-E
Cocotitlán	141	4-D
Corralitos	112	4-C
Crédito Constructor	109	1-C
Ecatepec de Morelos	33	6-D
Ixtapaluca	115	6-B
Jacarandas	111	3-F
La Aurora	17	5-B
La Aurorita	17	5-B
La Cuevita	69	6-A
La Magdalena Atlicpan	100	6-F
Libertad	31	6-E
Los Reyes Acaquilpan	113	1-B
Naucalpan de Juárez	69	5-C
Palo Solo	94	1-D
Paraíso Avícola	56	1-A
Pradera de San Mateo	68	1-C
Pueblo Sn Nicolás Totolapan	121	3-A
Pueblo de Tepexpan	36	6-A
San Andrés Chiautla	63	1-A
San Francisco Culhuacán	110	4-D
San Gregorio Atlapulco	137	2-E
San Gregorio Cuautzingo	141	1-E
San Lucas Tepetlacalco	56	6-C
San Miguel	127	5-F
San Miguel Teotongo	113	3-A
San Miguel Xicalco	135	5-F
Santa Catarina Ayotzingo	153	2-B
Santa María Tonanitla	20	3-E
Santiago Acahualtepec	112	2-F
Santiago Yanhuitlalpan	94	4-A
Santo Tomás Ajusco	147	2-F
Tecacalanco	137	4-D
Tizapán	109	4-A
Unidad Urbana Zaragoza	55	1-F
Villa Azcapotzalco	70	5-B
Zona Urbana Zaragoza	56	1-A
DOS DE ABRIL 1a. CDA.		
Unidad Urbana Zaragoza	56	1-A
DOS DE ABRIL 2a. CDA.		
Paraíso Avícola	56	1-A
DOS DE ABRIL AV.		
Santa María Ozumbilla	21	4-F
DOS DE ABRIL CDA.		
Ampliación Los Reyes	113	2-B
Cuautepec de Madero	58	2-B
San Francisco Culhuacán	110	4-E
San Gregorio Atlapulco	137	2-F
San Gregorio Atlapulco	137	2-D
Santiago Tepalcatlalpan	136	2-D
DOS DE ABRIL CJON.		
Cuautepec de Madero	58	2-B
Chiconcuac	49	5-F
Santa María Aztahuacán	112	2-C
Tezoyuca	49	2-D
DOS DE ABRIL PRIV.		
Tecacalanco	137	3-D
DOS DE ABRIL PROL.		
Tecacalanco	137	3-D
DOS DE ABRIL Y 2 CDAS.		
San Mateo Tecoloapan	43	5-C
DOS DE ABRIL Y 2 CJONES.		
Santa Cruz Acalpixca	137	3-C
DOS DE ABRIL Y CDA.		
San Miguel Teotongo	113	3-B
Santiago Tepalcatlalpan	136	3-D
DOS DE ABRIL Y CDAS.		
Guerrero	84	4-A
DOS DE ABRIL Y CJON.		
Barrio La Asunción	111	1-A
DOS DE ABRIL Y PRIV.		
San Mateo Chipiltepec	36	5-F
DOS DE AGOSTO		
Ampl. Altamira	81	2-F
Benito Juárez	97	4-E
DOS DE ENERO		
Vista Hermosa	4	4-B
DOS DE FEBRERO		
Ampl. Juárez Barrón	41	2-E
Loma Bonita	36	6-D
San Andrés Riva Palacio	62	4-D
San Lorenzo Atemoaya	137	4-A
DOS DE FEBRERO 1A. CDA.		
Ampl San Lorenzo Los Olivos	137	4-A
DOS DE FEBRERO 2A. CDA.		
Ampl San Lorenzo Los Olivos	137	4-A
DOS DE FEBRERO 3A. CDA.		
Ampl San Lorenzo Los Olivos	137	4-A
DOS DE FEBRERO 4A. CDA.		
Ampl San Lorenzo Los Olivos	137	4-A
DOS DE FEBRERO 5A. CDA.		
Ampl San Lorenzo Los Olivos	137	4-A
DOS DE MARZO		
Acolman de Nezahualcóyotl	36	3-D
Ahuehuetes	76	1-B
Barrio San Martín	4	6-D
Barrio Tlacateco	4	5-D
Barrio Tlacateco	4	6-D
Barrio de las Animas	4	4-F
Centro Poniente	63	6-B
Chiconcuac	62	1-F
Ignacio Zaragoza	63	6-B
Ixtapaluca	115	6-B
Juárez	76	1-B
La Aurorita	17	5-C
Loma Bonita	36	6-D
San Francisco Zacango	36	6-D
San José Texopa	63	2-C
San Juan de Dios	63	6-B
San Pablo	63	6-B
San Vicente Chicoloapan	88	5-E
Temamatla	154	2-D
Tepotzotlán	4	6-D
Tepotzotlán	4	5-D
DOS DE MARZO 1A. CDA.		
La Joya	19	5-B
Tultepec	19	4-B
DOS DE MARZO AV.		
La Joya	19	4-A
Tultepec	19	4-A
DOS DE MARZO CDA.		
La Joya	19	5-A
San Vicente Chicoloapan	88	6-E
Tultepec	19	4-B
DOS DE MARZO PRIV.		
San José Texopa	63	2-C
DOS DE MARZO PROL.		
Chiconcuac	62	1-F
Ignacio Zaragoza	63	5-B
San Pablo	63	5-B
DOS DE MARZO Y CDA.		
Izcalli Chamapa	81	3-C
DOS DE MAYO		
Altamira	82	2-A
El Mirador	137	4-A
Texalpa	115	2-F
DOS DE NOVIEMBRE		
El Mirador	137	4-A
Los Pirules	94	2-C
Montón Cuarteles	94	2-C
Revolucionaria	19	1-C
Tecacalanco	137	4-D
DOS DE OCTUBRE		
Alfredo V. Bonfil	43	4-B
Alfredo V. Bonfil	43	4-A
Dr. Ignacio Capetillo	28	6-D
Hank González	59	1-C
Izcalli Chamapa	81	3-C
Los Reyes Acaquilpan	113	1-D
Plan de Ayala	81	4-E
Tepejomulco	59	2-E
Tezoyuca	49	2-C
DOS DE OCTUBRE CDA.		
Santiago Teyahualco	19	6-D
DOS DE SEPTIEMBRE		
Jardines de los Baez	47	1-D
DOS TEPOZANES PRIV.		
Ampliación San Marcos Norte	136	1-E
DOSAMANTES FCO. 2 CDAS.		
Emiliano Zapata ISSSTE	76	3-C
DOSAMANTES FRANCISCO		
Cooperativa	76	3-C
Profesores	76	3-C
San Luis Huexotla	76	3-C
U. H. E. Zapata ISSSTE	76	3-C
DOUGLAS		
Campestre Liberación	42	3-C
DOVALI JAIME ANTONIO ING.		
Cuautitlán Izc. Atlanta	30	3-E
DRACENA		
Jardines de Coyoacán	123	1-C
DRACMAS		
Cerro Prieto	84	2-F
DRAGON		
Prado Churubusco	110	2-C
DRAGONES DE AMERICA		
La Presa Lázaro Cárdenas	58	5-C
DRAMATURGOS		
Purísima Atlazolpa	97	5-E
DRAMATURGOS CIR.		
Jardines de Bellavista	56	6-A
Jardines de Satélite	56	6-A
Santa Cruz del Monte	56	6-A
DRANJERO		
Hacienda Ojo de Agua	21	3-B
DRESDE		
Juárez	83	5-D
DUBLAN MALDONADO G.		
Colonial Iztapalapa	111	3-F
DUBLAN MANUEL		
Ciudad Satélite	69	1-B
DUBLAN MANUEL Y 2 CDAS.		
Tacubaya	96	2-B
DUBLIN		
Juárez	83	5-D
DUCLOS SALINAS ADOLFO		
Santa Martha Acatitla	99	5-D
DUENDE DEL AND.		
Barrio Norte	95	5-F
DUERO		
El Tejocote	88	3-D
DULCE OLIVA		
Villa Coyoacán	109	3-D
DULCINEA		
La Mancha 1a. Secc.	81	5-E
DUMAS ALEJANDRO		
Polanco Chapultepec	83	5-A
Polanco Reforma	83	5-A
DUNA		
Hacienda de San Juan	123	4-B
Insurgentes Cuicuilco	122	2-C
Jardines de Morelos	47	2-F
Jards. Pedregal de Sn Angel	122	2-B
Rincón de San Juan	123	4-B
U. Vallejo La Patera	70	2-F
DUNA DE LA		
Plaza del Kiosko	20	5-C
DUNA Y CDA.		
Ampliación Las Aguilas	108	2-E
DUNANT J. ENRIQUE		
Industrial San Lorenzo	56	4-F
DUNANT J. ENRIQUE PRIV.		
Industrial San Lorenzo	56	3-F
DUNAS DE LAS		
Zona Res. Acueducto de Gpe.	57	5-F
DUPLANT ALFREDO		
San Francisco Xocotitla	71	6-A
DUQUE		
La Alteza	69	1-A
DUQUE DE ALBA		
Cerro del Marqués	127	6-B
DUQUE DE ARMENTA		
Cerro del Marqués	127	6-B
DUQUE DE GANDIA		

Calle / Colonia	Coordenadas	Plano

Calle / Colonia	Plano	Coordenadas
U. H. San Juan de A. 6a. S.	72	6-D
U. H. San Juan de A. 7a. S.	72	6-D
U. La Cuchilla	72	6-D
U. Lindavista Vallejo	70	2-C
U. San Pablo Xalpa	70	2-C
Villa de Aragón	72	6-D
EJE 5 SUR		
Américas Unidas	97	5-C
Ampl. Nápoles	96	4-D
Apatlaco	97	5-C
Ciudad de los Deportes	96	4-D
Del Valle	96	4-D
El Triunfo	97	5-C
Francisco Zarco	97	5-C
Frentes Chinampac de Juárez	98	5-D
Leyes de Reforma	98	5-D
Militar Marte	97	5-C
Narvarte	96	4-D
Nativitas	97	5-C
Niños Héroes de Chapultepec	97	5-C
Nonoalco	96	4-D
Nueva Rosita	97	5-C
Pueblo Aculco	97	5-C
Purísima Alazolpa	97	5-C
Renovación	98	5-D
San José Aculco	98	5-D
San Pedro de los Pinos	96	4-D
Sideral	98	5-D
U. H. Los Picos	97	5-C
Vértiz Narvarte	96	4-D
Z. Res Paseos de Churubusco	98	5-D
EJE 6 CDA.		
Barrio San Ignacio	98	6-A
EJE 6 DE 1ER. CJON.		
Barrio Santa Bárbara	98	6-A
EJE 6 SUR		
Ampl. El Sifón	97	5-B
Ampl. El Triunfo	97	5-B
Ampl. Granjas San Antonio	97	5-B
Barrio La Asunción	98	6-A
Barrio San Ignacio	98	6-A
Barrio San José	98	6-A
Barrio Santa Bárbara	97	5-B
Ciudad de los Deportes	96	4-D
Conjunto Residencial Niza	97	5-B
Chilero II	97	5-B
Del Valle	96	4-D
El Retoño	97	5-B
El Sifón	97	5-B
El Triunfo	97	5-B
Independencia	97	5-B
Jardines de Churubusco	97	5-B
Lago	97	5-B
María del Carmen	96	4-D
Narvarte	97	5-B
Nativitas	96	4-D
Noche Buena	96	4-D
Nonoalco	98	6-A
Paraje Tecorrales	97	5-B
Pueblo Aculco	97	5-B
Pueblo Magdalena Atlazolpa	97	5-B
Reforma Iztaccíhuatl Sur	97	5-B
San Andrés Tetepilco	97	5-B
San Juanico Nextipac	97	5-B
San Simón Ticumac	97	5-B
U. H. Francisco Villa	97	5-B
Vértiz Narvarte	96	4-D
EJE 7 SUR		
Ampl. Sinatel	97	6-A
Banjidal	97	6-A
Del Valle	96	6-C
El Retoño	97	6-A
Insurgentes Mixcoac	96	6-C
Justo Sierra	97	6-A
Portales	97	6-A
Portales Oriente	97	6-A
Presidente Miguel Alemán	96	6-C
San Andrés Tetepilco	97	6-A
Santa Cruz Atoyac	96	6-C
Tlacoquemécatl	96	6-C
EJE 7A SUR		
Ampl. Sinatel	110	1-B
Bandijal	110	1-B
Emperadores	97	6-F
Justo Sierra	110	1-B
Portales	110	1-B
Portales Oriente	110	1-B
Santa Cruz Atoyac	97	6-F
Sinatel	110	1-B
EJE 8 SUR		
Acacias	109	1-F
Actipan	96	6-D
Del Valle	96	6-D
Gral. Pedro María Anaya	109	1-F
Portales	110	1-A
Pueblo Xoco	109	1-F
Santa Cruz Atoyac	96	6-D
EJE CENTRAL		
Alamos	97	3-A
Algarín	97	3-A
Ampl. Panamericana	71	5-B
Atenor Sala	97	3-A
Buenos Aires	97	3-A
Centro	84	2-B
Defensores de la República	71	5-B
Doctores	84	2-B
Ex Hipódromo de Peralvillo	84	2-B
Francisco Zarco	97	3-A
Guadalupe	57	6-F
Gudalupe Victoria	71	5-B
Guerrero	84	2-B
Independencia	97	3-A
Letran Valle	97	3-A
Magdalena de las Salinas	71	5-B
Miguel Alemán	97	3-A
Niños Héroes de Chapultepec	97	3-A
Nueva Industrial Vallejo	70	1-F
Nueva Vallejo	71	5-B
Obrera	84	2-B
Panamericana	71	5-B
Peralvillo	84	2-B
Portales	109	1-F
Postal	97	3-A
Progreso Nacional	57	6-F
San Bartolo Atepehuacán	71	5-B
San Simón Ticumac	97	3-A
Santiago Atepetlac	57	6-F
Tlacamaca	71	5-B
U. H. Nonoalco Tlaltelolco	84	2-B
U. Lindavista Vallejo	70	1-F
U. Vallejo La Patera	70	1-F
Valle del Tepeyac	71	5-B
Vallejo	71	5-B
Vértiz Narvarte	97	3-A
EJE EL		
U. H. Bilbao	111	5-B
EJE SAT. TLALNEPANTLA 1 A 3		
Viveros del Valle	56	5-D
EJE SAT. TLALNEPANTLA 5 A 10		
Viveros del Valle	56	5-D
EJE SATELITE TLALNEPANTLA		
Viveros de la Loma	56	5-D
EJE SATELITE TLALNEPANTLA 12		
Viveros del Valle	56	5-E
EJE SATELITE TLALNEPANTLA 13		
Viveros del Valle	56	4-E
EJE VOLCANICO		
Occipaco	68	4-E
EJERCITO CONSTITUCIONALISTA		
México Revolucionario	73	1-C
EJERCITO DEL SOL		
Emiliano Zapata	128	4-B
EJERCITO DEL TRABAJO		
Ejército del Trabajo II	73	2-C
Hacienda Santa Mónica	56	5-C
Lomas de San Andrés Atenco	56	3-C
San Lucas Patoni	57	3-E
EJERCITO DEL TRABAJO AV.		
División del Norte	59	6-D
Granjas Valle de Guadalupe	72	1-C
Granjas Valle de Guadalupe	59	6-D
Jardines de San Gabriel	59	6-D
Jardines de Xalostoc	59	6-D
Melchor Ocampo	59	6-D
Miguel Hidalgo	59	6-D
Nuevo Paseo San Agustín	60	2-B
Popular	59	6-D
San Francisco Xalostoc	59	6-D
Vicente Guerrero	59	6-D
Villa de Gpe. Xalostoc	72	1-C
EJERCITO LIBERADOR DEL SUR		
Lomas del Cadete	81	4-E
EJERCITO LIBERTADOR DEL SUR		
México Revolucionario	73	1-C
EJERCITO MEXICANO		
Ampl. Emiliano Zapata	42	2-E
Ampliación Emiliano Zapata	42	2-E
EJERCITO MEXICANO AV.		
G. José Ma. Morelos y P.	30	2-F
EJERCITO NACIONAL		
Santa María Aztahuacán	112	2-C
Z. U. E. Culhuacán	110	4-E
EJERCITO NACIONAL AV.		
Chapultepec Morales	83	4-A
Granada	83	4-A
Irrigación	82	4-E
Los Morales	82	4-E
Palmas Polanco	82	4-E
Polanco Reforma	83	4-A
EJETITLA CDA.		
Xochitenco	87	6-E
EJIDAL		
Bosque del Pedregal	121	6-C
Dos de Octubre	121	6-C
Emiliano Zapata	127	1-B
La Conchita Zapotitlán	125	3-C
San Marcos Huixtoco	128	2-D
EJIDAL 2 CDAS.		
Tierra Blanca	46	2-D
EJIDAL AV.		
Tierra Blanca	46	2-E
EJIDATARIOS		
U. H. Emiliano Zapata	110	6-E
Villa Tlalpan	122	5-E
EJIDO		
Atzacoalco	72	2-A
Benito Juárez	81	4-F
Del Obrero	72	2-A
Ej. Santa María Aztahuacán	112	2-C
Ejido Santa Cruz Xochitepec	136	2-C
El Charco	47	5-A
Ex Hacienda Coapa	123	2-B
La Concepción	139	3-A
La Lupita	139	3-A
Las Peritas	123	6-C
Las Puertas	125	3-D
Miguel Hidalgo	122	4-B
Misiones de la Noria	123	6-C
Potrero de San Bernardino	123	6-C
Pueblo San Lorenzo Tezonco	124	1-D
Quiahuatla	138	1-E
San Bartolo Atepehuacán	71	3-A
San Francisco Apolocalco	113	4-D
San Francisco Tlaltenco	125	3-D
San Juan Tepepan	123	6-C
Santa Cruz Xochitepec	136	2-C
Santa María Tulpetlac	47	5-A
Tepotzotlán	4	6-C
Valle del Tepeyac	71	3-A
Veinticinco de Julio	72	2-B
Vergel de Coyoacán	123	2-B
Vergel del Sur	123	2-B
EJIDO 10		
Ejidal Emiliano Zapata	33	6-F
EJIDO 2 CDAS.		
Santa Ursula Coapa	123	2-B
EJIDO ACOXPAN		
Ampl. San Fco. Culhuacán	110	4-D
EJIDO AV.		
Ampl. San Francisco	115	2-E
Arbolitos	59	4-B
Ayotla	127	1-B
Constitución de 1917	59	4-B
Dr. Jorge Jiménez Cantú	59	4-B
Emiliano Zapata	127	1-B
Los Reyes San Salvador	63	2-D
Pentecostés	63	2-D
San Pedro Xalostoc	59	4-B
EJIDO AV. Y CDA.		
Santa María Tulpetlac	47	5-A
EJIDO CARRIZAL AV.		
Las Tinajas	81	1-F
Lomas de San Agustín	81	1-F
San Lorenzo	81	1-F
EJIDO CDA.		
Ej. Santa María Aztahuacán	112	2-C
San Francisco Culhuacán	110	4-D
EJIDO COPILCO		
Ampl. San Fco. Culhuacán	110	5-D
EJIDO CUAUHTEMOC		
Ampl. San Fco. Culhuacán	110	4-C
EJIDO CULHUACAN		
Ampl. San Fco. Culhuacán	110	5-C
EJIDO DE 2A. CDA.		
Santa Ursula Coapa	123	2-B
EJIDO DE ACULTZINGO		
El Cuquio	69	2-D
EJIDO DE CDA.		
Pueblo San Lorenzo Tezonco	124	1-D
EJIDO DE CHURUBUSCO		
Ampl. San Fco. Culhuacán	110	4-D
Ampl. San Fco. Culhuacán	110	5-C
EJIDO DE LA CANDELARIA		
Ampl. San Fco. Culhuacán	110	4-D
EJIDO DE LA POSTA		
El Cuquio	69	2-C
EJIDO DE SANTA BARBARA		
Lázaro Cárdenas	18	4-C
EJIDO DEL		
Benito Juárez	36	5-D
Chiconcuac	49	6-E
Chiconcuac	49	6-D
Parque Industrial La Luz	17	2-F
EJIDO DEL AV.		
Xocotlán	63	5-E
EJIDO DEL CDA.		
Chiconcuac	49	6-E
EJIDO DEL JAZMIN		
El Cuquio	69	2-C
EJIDO DEL MORAL		
Barrio San Antonio	124	2-C
EJIDO HEROES DE PADIERNA		
Ampl. San Fco. Culhuacán	110	5-D
EJIDO HUIPULCO		
Ampl. San Fco. Culhuacán	110	5-D
EJIDO IZTAPALAPA		
Ampl. San Fco. Culhuacán	110	5-C
EJIDO LA MAGDALENA		
Ampl. San Fco. Culhuacán	110	5-C
EJIDO LOS REYES		
Ampl. San Fco. Culhuacán	110	4-C
EJIDO MAGDALENA PETLACALCO		
Ampl. San Fco. Culhuacán	110	5-D
EJIDO MEXICALTZINGO		
Ampl. San Fco. Culhuacán	110	4-C
Educación	110	4-C
EJIDO MIXQUIC		
Ampl. San Fco. Culhuacán	110	4-C
EJIDO NTE. DEL		
Chiconcuac	49	6-D
EJIDO PRIV.		
Barrio San Antonio	124	2-D
Quiahuatla	138	1-F
EJIDO SAN A. TOMATLAN		
Ampl. San Fco. Culhuacán	110	4-C
EJIDO SAN ANDRES		
Francisco Villa	56	3-C
EJIDO SAN ANTONIO		
Ampl. San Fco. Culhuacán	110	5-C
EJIDO SAN FCO. CULHUACAN AV.		
Ampl. San Fco. Culhuacán	110	5-C
Presidentes Ejidales	110	5-C
EJIDO SAN JERONIMO		
Ampl. San Fco. Culhuacán	110	5-D
EJIDO SAN LORENZO T. CDA.		
Ampl. San Fco. Culhuacán	110	5-D
EJIDO SAN LORENZO T. CJON.		
Ampl. San Fco. Culhuacán	110	5-D
EJIDO SAN LORENZO TEZONCO		
Ampl. San Fco. Culhuacán	110	5-C
EJIDO SAN PABLO TEPETLAPA		
Ampl. San Fco. Culhuacán	110	4-C
EJIDO SAN PEDRO MARTIR		
Ampl. San Fco. Culhuacán	110	5-D
EJIDO SANTA ANITA		
Ampl. San Fco. Culhuacán	110	4-D
EJIDO SANTA BARBARA		
Ampl. San Fco. Culhuacán	110	4-C
Ampl. San Fco. Culhuacán	110	4-D
EJIDO SANTA CATARINA		
Ampl. San Fco. Culhuacán	110	4-D
EJIDO SANTA CRUZ ATOYAC		
Ampl. San Fco. Culhuacán	110	4-D
EJIDO SANTA ISABEL TOLA		
Ampl. San Fco. Culhuacán	110	4-C
EJIDO SANTA MARIA TICOMAN		
Ampl. San Fco. Culhuacán	110	4-C
EJIDO SANTA URSULA		
Ampl. San Fco. Culhuacán	110	4-C
EJIDO TEPEPAN		
Ampl. San Fco. Culhuacán	110	4-C
EJIDO TETELCO		
Ampl. San Fco. Culhuacán	110	4-D
EJIDO TLAHUACA		
Ampl. San Fco. Culhuacán	110	4-C
EJIDO TLALPAN		
Ampl. San Fco. Culhuacán	110	5-C
EJIDO TULYEHUALCO		
Ampl. San Fco. Culhuacán	110	4-D
EJIDO XICALCO		
Ampl. San Fco. Culhuacán	110	5-D
EJIDO XOCO		
Ampl. San Fco. Culhuacán	110	5-C
EJIDO XOCHIMILCO		
Ampl. San Fco. Culhuacán	110	4-C
EJIDO Y 1A. CDA.		
Barrio San Antonio	124	2-D
EJIDO Y 2 PRIVS.		
Ej. Santa María Aztahuacán	112	2-C
EJIDO Y 5 CDAS. Y CJON.		
San Francisco Culhuacán	110	4-D
EJIDOS COLECTIVOS		
Barrio Cesteros	87	3-D
EJIDOS DE CUAUTITLAN		
Lázaro Cárdenas	18	4-C
EJIDOS DE LOS AV.		
Jardines de los Reyes	57	6-A
Los Reyes Ixtacala	57	6-A
EJIDOS DE SAN MATEO		
Lázaro Cárdenas	18	4-C
EJOTE		
Tabla del Pozo	59	2-B
EL CRISTO		
Bellavista	17	4-C
EL ORO Y 2 RTS.		
Cuautitlán Izc. Cumbria	30	2-E
ELECTRA		
Unidad Barrientos	44	5-A
ELECTRICIDAD		
San Miguel Xalostoc	59	6-B
ELECTRICISTA		
Paraje Los Pinos	29	3-F
ELECTRICISTAS		
Ampl. Venustiano Carranza	84	3-E
U. Benito Juárez	111	6-B
Veinte de Noviembre	84	3-E
ELECTRICISTAS DE LOS		
Ejército del Trabajo I	73	2-C
ELECTRODO		
Minas de Cristo	96	5-A
ELECTRON		
Industrial Naucalpan 3a Sec	82	1-A
ELECTRON CDA.		
Parque Industrial Naucalpan	82	1-B
ELECTRONICA		
Solidaridad Nacional	57	4-F
ELEFANTE Y CDA.		
Actipan	96	6-C
Del Valle	96	6-C
ELENA		
Industrial	71	5-C
Nativitas	97	5-B
ELENA CDA.		
San Jerónimo Lídice	108	5-E
ELGUERO DR.		
San Angel	109	3-B
ELGUEROS JOSE		
Ciudad Satélite	69	2-A
ELGUEZABAL LOS		
Tlalpuente	135	3-C
ELHUYAR FAUSTO		
Ciudad Satélite	56	6-C
ELIAS CALLES P. PDTE. AV.		
Albert	97	4-B
Banjidal	110	1-A
Barrio Los Reyes	97	4-B
Barrio San Fco. Xicaltongo	97	4-B
Barrio San Pedro	97	4-B
Barrio Zapotla	97	4-B
El Prado	110	1-A
Ermita	110	1-A
G. Ramos Millán Bramadero	97	4-B
Granjas México	97	4-B
Iztaccíhuatl	97	4-B
María del Carmen	97	4-B
Militar Marte	97	4-B
Miravalle	110	1-A
Moderna	97	4-B
Nativitas	97	4-B
Nueva Santa Anita	97	4-B
Portales Oriente	110	1-A
Ramos Millán	97	4-B
Reforma Iztaccíhuatl Norte	97	4-B
Reforma Iztaccíhuatl Sur	97	4-B
San Andrés Tetepilco	97	4-B
Santa Anita	97	4-B
Tlazintla	97	4-B
Unidad Coyuya	97	4-B
Villa de Cortés	97	4-B
Zacahuitzco	97	4-B
ELIAS CALLES PLUTARCO		
Ampliación Los Reyes	113	2-B
Ampliación San Pedro Xalpa	69	5-E
Ampliación San Sebastián	100	5-E
Ampliación Santa Bárbara	114	6-F
Barrio Cruztitla	151	1-F
Barrio San Bartolo	139	5-D
Benito Juárez	58	4-B
Central Michoacana	60	5-C
Cnel. José Antonio Torres	60	1-D
Códice Mendocino I	60	5-C
Códice Mendocino II	60	5-C
Constitución de 1857	99	5-F
Dr. Jorge Jiménez Cantú	30	5-C
Ejido San Agustín Atlapulco	100	3-C
Ejido San Agustín Atlapulco	100	4-B
El Pino	113	2-F
Emiliano Zapata	60	5-A
Jorge Jiménez Cantú	28	3-F
Los Angeles	35	6-C
México Colonial I	60	5-C
PROFOPEC Polígono 3	60	5-C
Paraje San Juan 3a. Ampl.	111	4-D
Parque Ind. Nezahualcóyotl	100	3-C
Presidentes	95	5-D
Presidentes de México	111	5-E
Progresista	111	1-E
Punta de Ceguayo	108	1-B
Sagitario	60	5-C
Sagitario 4	60	5-C
San Juan Joya	111	4-D
San Lucas	57	3-E
Santa María Xalostoc	59	5-D
Santiago Ahuizotla	69	5-E
Tollotzin II	60	5-C
Valle de Anáhuac Secc. A	60	5-A
Venustiano Carranza	101	1-C
ELIAS CALLES PLUTARCO AV.		
Guadalupana	127	5-B
PROFOPEC Polígonos	60	5-C
ELIAS CALLES PLUTARCO CDA.		
Lomas de San Pedro	21	4-E
ELIAS CALLES PLUTARCO GRAL.		
Barrio de San Juan	31	3-D
Héroes de la Revolución	82	5-B
Lázaro Cárdenas	73	5-B
ELIAS CALLES PLUTARCO PROL.		
U. H. Ejército Const.	98	4-F
ELIAS CALLES PRIV.		
Barrio Los Reyes	97	3-D
ELIAS MORENO JOSE		
Jorge Negrete	58	5-A
ELISA		
Industrial	71	5-C
Nativitas	97	5-B
ELISA Y CDA.		
2a. Ampl. Stgo Acahualtepec	112	3-D
ELIZA FRANCISCO		
Ciudad Satélite	69	2-C
ELIZABETH PRIV.		
Pantitlán	98	1-E
ELIZARRARAS PRIV.		
Pantitlán	98	1-E
ELIZONDO ALFREDO CNEL.		
Héroes de la Revolución	82	5-A
ELIZONDO ALFREDO GRAL.		
Damián Carmona	84	3-F
ELIZONDO EMILIO		
Ejército de Agua Prieta	99	6-B
ELIZONDO JOSE F.		
Ciudad Satélite	56	6-A
ELORDUY AQUILES		
Barrio Nextengo	70	5-B
Benito Juárez	70	5-D
El Recreo	70	5-B
Jardín Azpeitia	70	5-D
Santa María Maninalco	70	5-B
Sindicato Mex. de Elect.	70	5-B
Un Hogar para cada Trab.	70	5-D
ELORDUY AQUILES 1A A 4A PRIV		
El Recreo	70	5-B
ELORDUY ERNESTO		
Ciudad Satélite	69	1-D
Ex Hipódromo de Peralvillo	84	1-B
Guadalupe Inn	109	2-C
Peralvillo	84	1-B
Vallejo	71	1-B
ELSA		
Guadalupe Tepeyac	71	6-D
Punta La Zanja	87	2-F
ELVIRA		
Nativitas	97	4-B
Pantitlán	85	6-E
ELVIRA PRIV.		
Pantitlán	85	6-E
ELLEN B. EDWARD PRIV.		
México Nuevo	42	6-E
ELLIOT		
Polanco Chapultepec	83	5-A
EMBAJADA DE ARGELIA		
Ciudad Cuauhtémoc	34	3-F
EMBAJADA DE BELGICA		
Ciudad Cuauhtémoc	34	3-F
Ciudad Cuauhtémoc	34	4-F
EMBAJADA DE BELGICA CDA.		
Santa Cruz	34	4-F
EMBAJADA DE BELICE		
Ciudad Cuauhtémoc	34	4-F
EMBAJADA DE BOLIVIA CDA.		
Santa Cruz	34	4-F
EMBAJADA DE BRASIL CDA.		
Santa Cruz	34	4-F
EMBAJADA DE CHILE		
Ciudad Cuauhtémoc	35	4-F
EMBAJADA DE E. U. A.		
Ciudad Cuauhtémoc	34	3-F
EMBAJADA DE EGIPTO		
Ciudad Cuauhtémoc	35	4-A
EMBAJADA DE ESPAÑA Y CDA.		
Ciudad Cuauhtémoc	34	4-F
EMBAJADA DE ETIOPIA		
Ciudad Cuauhtémoc	35	3-A
EMBAJADA DE FINLANDIA		
Ciudad Cuauhtémoc	34	3-F
EMBAJADA DE FRANCIA		
Ciudad Cuauhtémoc	34	3-F
EMBAJADA DE GRECIA		
Ciudad Cuauhtémoc	34	3-F
EMBAJADA DE GUATEMALA		
Ciudad Cuauhtémoc	35	4-F
EMBAJADA DE HOLANDA		
Ciudad Cuauhtémoc	34	3-F
EMBAJADA DE INGLATERRA		
Ciudad Cuauhtémoc	34	3-F
EMBAJADA DE IRAK		
Ciudad Cuauhtémoc	35	4-A
EMBAJADA DE IRAN		
Ciudad Cuauhtémoc	35	4-A
EMBAJADA DE ISRAEL		

Calle / Colonia — COORDENADAS / PLANO

Ciudad Cuauhtémoc 34 3-F
EMBAJADA DE ITALIA
Ciudad Cuauhtémoc 34 3-F
EMBAJADA DE MARRUECOS
Ciudad Cuauhtémoc 35 3-A
EMBAJADA DE NORUEGA
Ciudad Cuauhtémoc 34 3-F
EMBAJADA DE PERU
Ciudad Cuauhtémoc 34 4-F
EMBAJADA DE PORTUGAL
Ciudad Cuauhtémoc 34 3-F
Ciudad Cuauhtémoc 35 3-A
EMBAJADA DE PUERTO RICO CDA.
Santa Cruz 34 4-F
EMBAJADA DE SUECIA
Ciudad Cuauhtémoc 34 3-F
EMBAJADA DE SUIZA
Ciudad Cuauhtémoc 34 3-F
EMBAJADA DE URUGUAY
Ciudad Cuauhtémoc 35 4-F
EMBAJADA DE YUGOSLAVIA
Ciudad Cuauhtémoc 34 3-F
EMBAJADORES
San José Aculco 97 5-F
EMBARCADERO
Barrio San Cristóbal 136 1-F
Pueblo Nativitas 137 3-A
San Lorenzo Chimalpa 140 4-C
Santa Catarina Ayotzingo 153 1-B
Xochitenco 87 5-D
EMBOCADURA
Ampliación Los Alpes 108 2-F
EMERSON
Chapultepec Morales 83 4-B
EMISOR
Prados de Ecatepec 20 3-A
EMMA
Nativitas 97 5-B
San Lorenzo Xicoténcatl 99 4-C
EMMA CDA.
Texalpa 115 3-E
EMMA PRIV.
Villa Coyoacán 109 3-E
EMMA RT.
Pantitlán 98 2-E
EMPACADORA
Xolalpa 50 4-E
EMPARAN JOSE
Tabacalera 83 4-F
EMPARAN JOSE DE
Liberales de 1857 95 3-E
EMPARAN JOSE MARIA
Benito Juárez 97 4-D
EMPEDRADA
Lindavista 114 6-C
EMPEDRADILLO
Lindavista 114 6-C
Pueblo San Diego 76 1-D
EMPEDRADILLO 2 CDAS.
Pueblo San Diego 76 1-D
EMPEDRADILLO CDA.
Lindavista 114 6-C
EMPEDRADO CJON.
Xolalpa 50 4-E
EMPERADOR
Ampl. San Mateo 68 2-E
EMPERADORES
Arenal 149 2-B
Degollado 112 6-A
EMPERADORES AV.
Portales 97 6-A
Portales Oriente 97 6-A
EMPERADORES AZTECAS
Barrio San Pedro 97 3-C
Nezahualcóyotl 97 5-E
EMPERADORES PROL.
Emperadores 96 6-F
EMPERADORES Y CDA.
Tres de Mayo 125 3-F
EMPRESA
Insurgentes Extremadura 96 5-B
San Juan 96 5-B
EMPRESA EJIDAL
Cruz del Farol 134 1-F
EMU DEL
Las Alamedas 56 2-A
ENCANTADA
Villa Coyoacán 109 2-D
ENCANTO
Florida 109 2-C
ENCARNACION
Alfredo V. Bonfil 81 4-D
ENCARNACION PRIV.
San Simón Ticumac 97 5-A
ENCASA CDA.
Lomas Altas 95 3-D
ENCELADO
Hacienda de San Juan 123 3-A
ENCINAL
San Pablo Chimalpa 106 2-E
Segunda Ampliación Jalalpa 95 6-C
ENCINAS Y 2 CDAS.
Ampliación San Marcos Norte 123 6-E
ENCINO
2a. Ampl. Stgo Acahualtepec 112 3-E
Ahuehuetes 57 4-D
Alfredo del Mazo 127 3-E
Alfredo del Mazo 127 2-E
Ampliación El Chaparral 56 3-A
Ampliación El Fresno 31 6-D
Avándaro 127 2-B
Benito Juárez 41 2-F
Bosques de Primavera 43 1-B
Bosques de la Magdalena 113 1-F
Campestre Liberación 42 3-D
Campestre Liberación 42 3-C
Citlalli 112 3-C
Chamacuero 43 3-D
Chimalhuacán 87 6-F
Chimilli 121 6-E
Ecatepec de Morelos 46 1-E
Ejidal Ampl. San Marcos 44 4-D
El Manto 111 3-C
El Molino Tezonco 124 3-D
El Tanque 108 5-A
El Tesoro 44 2-E
El Zacatón 134 1-B
Hank González 59 1-C
L. I. Campos de Jiménez 81 2-C
La Agüita 46 6-A
La Agüita 46 5-A
La Carbonera 120 2-F
La Concepción 49 1-E
La Palma 59 1-D
Las Huertas 81 1-C
Las Huertas 81 1-D
Lomas El Olivo 94 4-D
Lomas de San Bernabé 120 1-E
Lomas de la Era 120 1-E
Los Bordos 59 1-B
Los Olivos 22 3-B
Palmillas 113 5-B
Plutarco Elías Calles 114 5-F
Prados de Ecatepec 20 3-A
Pueblo Sn Nicolás Totolapan 121 3-C
Residencial San Andrés 63 2-B
Sagitario I 73 2-D
San José de las Palmas 101 6-B
San José de los Cedros 94 6-C
San Juan Xalpa 111 4-B
San Mateo Nopala 68 2-F
San Miguel Teotongo 113 4-B
San Rafael 57 1-B
Santa Cruz de Guadalupe 149 1-D
Tabla Honda 57 2-B
Tepetitla 136 4-A
Tepetongo 94 6-C
Tierra Blanca 46 1-E
U. H. INFONAVIT La Isla 20 3-A
U.H. El Mirador Del Conde 41 3-F
Valle Verde 127 1-D
Valle de Ecatepec 47 5-C
Valle de los Pinos 56 4-D
Viveros Xalostoc 59 6-C
ENCINO 2 CDAS.
Consejo Agrarista Mexicano 111 6-E
ENCINO AV.
Ampl. Coanacalco 59 1-C
Ampl. Coanalco 59 1-C
Buenavista 59 1-C
Hank González 59 1-C
La Palma 46 6-D
La Palma 59 1-C
La Presa 46 6-C
La Presa 59 1-C
San José 101 1-B
Venustiano Carranza 101 1-B
ENCINO CDA.
Ecatepec de Morelos 46 1-E
El Calvario 46 1-E
ENCINO DE 1A. CDA.
Ampl. Tlacoyaque 107 6-E
Ampliación Juárez Barrón 41 2-E
ENCINO DE 2A. CDA.
Ampliación Juárez Barrón 41 2-F
ENCINO DE 3A. CDA.
Ampl. Tlacoyaque 107 6-E
ENCINO DEL
Cerro del Judío 107 6-F
Los Reyes Ixtacala 57 5-B
ENCINO GRANDE
Cda. del Potrero 108 4-C
Pueblo de Tetelpan 108 4-C
ENCINO PROL.
Santa Cruz de Guadalupe 149 1-D
Tierra Blanca 46 2-D
ENCINO Y 3 CDAS.
Consejo Agrarista Mexicano 111 6-F
ENCINO Y CDA.
Garcimarrero 95 6-C
ENCINO Y PRIV.
Ampl. Tlacoyaque 107 6-E
ENCINOS
Ampl. Campestre Liberación 42 2-C
Ampl. Tlacoyaque 107 6-E
Ampliación Miguel Hidalgo 121 6-F
Ampliación Potrerillo 120 2-F
Ampliación Tres de Mayo 30 5-B
Barrio Santa Cruz 16 2-C
Benito Juárez 42 1-A
Bosque de Tarango 108 3-A
Bosque del Pedregal 121 6-B
Bosques de Ixtacala 43 1-A
Bosques de Morelos 30 4-B
Códice Mendocino II 60 5-C
Copalera 100 3-F
Cuautepec de Madero 58 2-A
Del Bosque 58 2-A
El Molinito 82 2-B
Ixtapaluca Izcalli 114 5-B
La Perla 99 4-F
Lomas de San Bernabé 120 1-F
Montañista 58 3-C
PROFOPEC Polígono 5 60 5-C
Pedregal de San Nicolás 121 6-B
Progreso Guadalupe Victoria 33 4-C
Rincón Verde 68 2-C
San Bartolo Ameyalco 108 5-B
Tenorios 112 5-C
Tlachiultepec 150 3-A
U. H. Solidaridad 99 5-E
Villa de las Flores 32 3-F
ENCINOS 1A. CDA.
Pedregal de Topilejo 149 3-C
ENCINOS CDA.
Cuautepec de Madero 58 2-A
Las Palmas 121 1-A
Lomas de San Bernabé 120 1-E
Los Fresnos 19 2-E
ENCINOS CIRCUITO
Primavera 135 1-A
ENCINOS DE LOS
Tierra y Libertad 94 1-D
ENCINOS DE LOS BLVR.
Jardines de San Mateo 68 3-F
ENCINOS DE LOS CJON.
Pueblo San Bartolo Ameyalco 107 6-D
ENCINOS LOS
Loma Cebada 94 2-D
Pedregal de Topilejo 149 3-B
ENCINOS LOS PRIV.
El Tianguillo 106 6-D
ENCINOS ORIENTE LOS
Arcos del Alba 30 2-F
ENCINOS PONIENTE LOS
Arcos del Alba 30 2-F
ENCINOS PRIV.
Bosque de Tarango 108 3-A
Bosque del Pedregal 121 6-B
ENCINOS PROL.
Bosque del Pedregal 121 6-B
ENCINOS Y 2 CDAS.
Bosque del Pedregal 121 6-B
Sector 17 121 6-B
ENCISO JORGE AV.
Escuadrón 201 110 1-E
Héroes de Churubusco 110 1-E
Mexicaltzingo 110 1-E
ENCISO RIVERA FRANCISCO
Ejército de Agua Prieta 99 6-B
ENCOMENDEROS
Los Paseos de Churubusco 98 5-B
ENCUADERNADORES
PIPSA 57 5-C
Penitenciaría 84 4-D
ENCUADERNADORES PROL.
Diez de Mayo 84 4-D
ENEBROS
Ampliación San Marcos Norte 123 6-E
ENEBROS CDA.
Benito Juárez 41 2-E
ENFERMERIA
Univ. Aut. Metropolitana 42 2-F
ENGELS
Ejido de Santiago Tepalcapa 43 3-B
ENNA
San Lorenzo Xicoténcatl 99 4-C
ENRAMADA LA
Benito Juárez 99 2-D
Evolución 99 2-D
ENREDADERA
Las Huertas 68 6-D
ENRIQUETA
Bondojito 71 6-E
ENRIQUETA PRIV.
Pantitlán 98 2-E
ENRIQUEZ DE LA GARZA J. GRAL
Juan Escutia 98 2-F
ENRIQUEZ ENRIQUE A.
Colonial Iztapalapa 111 2-F
Constitución de 1917 111 2-F
ENRIQUEZ HERIBERTO
México 99 1-A
Pavón 99 1-A
ENRIQUEZ JUAN DE 1A. A 6A.
Voceadores 99 4-B
ENRIQUEZ JUAN DE LA LUZ GRAL
Juan Escutia 99 3-A
ENRIQUEZ JUAN DE LA LUZ PRIV
Pantitlán 98 1-E
ENRIQUEZ JUAN L.
Ejército de Ote. Z. Peñón 99 6-C
ENRIQUEZ M. PRIV. GRAL.
Los Cerrillos 138 3-D
ENRIQUEZ MATIAS
Tulyehualco 138 2-E
ENSAYISTAS
Purísima Atlazolpa 97 5-E
ENSENADA
Ampliación San Agustín 100 3-D
Chalma de Guadalupe 57 1-F
Hipódromo 96 1-D
Jardines de Casa Nueva 60 1-A
Lomas de Capistrano 56 3-B
San Lorenzo 81 2-E
ENSENADA CDA.
El Molino 127 3-D
ENSEÑANZA
San Pedro Mártir 135 1-E
ENSEÑANZA TECNICA
Chalco 127 6-F
ENTENDIMIENTO DEL RT.
La Retama 94 6-B
ENTRADA A LOS HORNOS
Hornos de Tultitlán 31 4-E
ENTRONQUE LOMAS VERDES
Municipio Naucalpan 68 1-B
EPATL
Barrio Tejedores 87 4-C
Barrio Vidrieros 87 4-C
EPAZOTE AND.
Tlapechico 95 5-B
EPIRO
Lomas Estrella 2a. Secc. 111 6-A
EPSILON
Carlos A. Madrazo 95 5-A
EPSILON Y RT.
Manuel Romero de Terreros 109 3-D
ERA DE LA 2DO. CJON.
San Bartolo Ameyalco 107 5-E
ERA LA
Barrio San Andrés 70 3-C
Barrón 41 1-F
Ciudad Adolfo López Mateos 56 1-A
Jardines de la Hda. Sur 17 4-F
Los Bordos 59 1-B
Pueblo San Bartolo Ameyalco 107 5-E
Residencial Villa Coapa 123 4-D
Ricardo Flores Magón 4 5-C
Tenorios 112 5-C
ERA LA CDA.
Santiago Acahualtepec 112 2-E
ERA LA Y 3 CDAS.
San Bartolo Ameyalco 107 5-E
ERA LA Y CDA.
Tenorios 112 4-C
ERATOSTENES
Ciudad Brisa 68 4-E
ERAZO DR.
Doctores 83 6-F
ERENDIRA
Del Gas 70 6-E
ERIAL
Cuautitlán Izc. Atlanta 30 3-D
ERICSSON L. M. Y PROL.
Parque Industrial La Loma 56 4-F
ERIDANO
Jardines de Coyoacán 123 1-C
Prados de Coyoacán 123 1-C
ERIK EL ROJO
Lomas de Capula 95 5-E
ERITA
Barrio Barranca Seca 121 2-C
ERMITA
Ampliación Vicente Villada 99 3-D
Los Parajes 57 1-A
Metropolitana 3a. Secc. 99 3-D
Narvarte 96 2-F
ERMITA CJON.
Ermita 111 1-B
ERMITA IZTAPALAPA 2A. PRIV.
Ampliación Flores Magón 110 2-F
ERMITA IZTAPALAPA AV.
Ampl. Flores Magón 110 2-F
Barrio San Lucas 111 2-A
Barrio San Pablo III 111 2-A
Barrio Santa Bárbara 110 2-F
C. H. Cuitláhuac 111 2-A
ERMITA IZTAPALAPA CALZ.
1a. Ampl. Stgo Acahualtepec 112 2-A
2a. Ampl. Stgo Acahualtepec 112 2-A
Ampl. Flores Magón 110 2-E
Ampl. Granjas San Antonio 110 2-E
Ampl. San Miguel 111 3-C
Banjidal 110 2-E
Barrio San Lucas 111 3-C
Barrio San Miguel 111 3-C
Barrio San Pablo 111 3-C
Barrio Santa Bárbara 110 2-E
C. H. Cuitláhuac 111 3-C
Citlalli 112 2-A
Constitución de 1917 111 3-C
Ej. Santa María Aztahuacán 112 2-A
El Molino 111 3-C
El Prado 110 2-E
El Santuario 111 3-C
Ermita 110 2-E
Escuadrón 201 110 2-E
Granjas Esmeralda 110 2-E
Héroes de Churubusco 110 2-E
Iztapalapa 111 3-C
Jacarandas 111 3-C
Justo Sierra 110 2-E
La Hera 111 3-C
Las Peñas 111 3-C
Lomas de Zaragoza 112 2-A
Los Angeles 111 3-C
Los Cipreses 110 2-E
Mexicaltzingo 110 2-E
Minerva 110 2-E
Miravalle 110 2-E
Octava Ampl. San Miguel 111 3-C
Paraje Zacatepec 112 2-A
Prados Churubusco 110 2-E
Progreso del Sur 110 2-E
Pueblo Santa Martha Acatitla 112 2-A
Reforma Política 112 2-A
Residencial Ermita 111 3-C
Ricardo Flores Magón 111 3-C
Santa Cruz Meyehualco 112 2-A
Santa Isabel Industrial 110 2-E
Santa María Aztahuacán 112 2-A
Santiago Acahualtepec 112 2-A
Sierra del Valle 112 2-A
Sinatel 110 2-E
U. H. Acoxpa 110 2-E
U. H. Ermita Churubusco 110 2-E
U. H. La Mora Grande 111 3-C
U. Santa Cruz Meyehualco 112 2-A
Xalpa 112 2-A
ERMITAÑO 2A. CDA.
El Ermitaño 120 3-E
Ermitaño 120 2-E
ERMITAÑO CDA.
El Ermitaño 120 2-F
ERMITAÑO DEL CDA.
Huayatla 120 2-E
ERMITAÑO Y CDA.
El Ermitaño 120 2-E
Huayatla 120 2-E
ERNANI
Agrícola Metropolitana 124 4-F
Miguel Hidalgo 124 4-F
ERNESTO
Rincón de Echegaray 69 3-D
ERRO LUIS ENRIQUE
Ciudad Satélite 69 1-C
Copilco El Alto 109 5-D
U. Profesional Zacatenco 71 2-A
ESCALANTE DIAZ
Barrio Norte 95 5-E
Las Palmas 95 5-E
ESCALANTE SALVADOR Y 2 CDAS.
Santa Martha Acatitla 99 5-C
ESCALARIO
Los Olivos 124 2-E
ESCALERA AV.
San Bartolo Atepehuacán 71 2-A
ESCALERA AV. Y 6 CDAS.
San Lorenzo Totolinga 81 1-E
ESCALERA DE LA CDA.
La Purísima Ticomán 58 6-A
ESCALERA LA
Club de Golf La Hacienda 43 6-C
Zona Res. Acueducto de Gpe. 58 6-A
ESCALERILLA
El Capulín 114 6-D
ESCALERILLAS
Atlacomulco 99 3-B
Metropolitana 99 3-B
Metropolitana 2a. Secc. 99 3-B
Metropolitana 2a. Secc. 99 3-C
San Lorenzo 99 3-B
ESCALERILLAS PRIV.
Bellavista 56 6-E
ESCALINATAS
Jardines del Sur 136 2-D
ESCALONA
Cerro de la Estrella 111 6-C
ESCAMILLA PROFR.
Cooperativa Palo Alto 95 4-A
ESCAMILLA RODOLFO PRIV.
Cooperativa Palo Alto 95 4-A
ESCANDON JOSE DE
Ciudad Satélite 69 2-C
ESCANDON MANUEL
Ciudad Satélite 69 1-B
ESCAPE
Alce Blanco 69 6-D
Industrial Naucalpan 69 6-D
ESCARAMUZA
Villas de la Hacienda 43 1-C
ESCARCHA
Ampliación Vista Hermosa 56 6-D
Jardines de Morelos 48 1-A
Jardines del Pedregal 109 6-A
La Navidad 94 5-C
Mirador 93 3-D
San José 125 5-F
ESCENOGRAFOS
U. Benito Juárez 111 6-B
ESCLAVA
El Tesoro 44 2-D
ESCOBAR MERCED
San Miguel Teotongo 113 3-B
ESCOBAR ZERMAN ROMULO AV.
Industrial 71 5-C
ESCOBEDO MARIANO
Ampliación Benito Juárez 58 3-B
Ampliación San Sebastián 100 5-E
Barrio San Pablo 111 1-B
Barrio San Pedro 111 1-B
Benito Juárez 56 3-E
Benito Juárez 44 1-D
Castillo Grande 58 3-B
Centro Ind. Tlalnepantla 56 3-E
Chilpa 44 1-B
Darío Martínez 113 6-F
El Contadero 107 3-A
Emiliano Zapata 113 3-C
Emiliano Zapata 81 2-C
Emiliano Zapata 60 5-A
Filiberto Gómez 100 2-B
Héroes de la Independencia 59 3-F
Independencia 28 3-D
Industrial San Lorenzo 56 3-E
La Concepción 139 4-A
La Lomita 46 6-A
Lechería 44 1-B
Liberales de 1857 95 3-E
Lomas del Carmen 94 1-D
Los Cerrillos 138 3-D
Magdalena Mixhuca 97 1-D
Mariano Escobedo 44 1-B
Miguel Hidalgo 59 3-F
Morelos 28 4-C
San Juan Ixtayopan 139 4-A
San Lorenzo 100 2-B
San Lucas Patoni 57 4-E
San Mateo Ixtacalco 18 2-C
San Mateo Ixtacalco 18 1-B
San Miguel Teotongo 113 4-B
San Pedro Atocpan 151 3-A
Texalpa 115 2-F
Valle de Anáhuac Secc. A 60 5-A
Veintiuno de Marzo 44 5-A
Venustiano Carranza 101 1-C
Vicente Guerrero 1a. Secc. 41 1-E
ESCOBEDO MARIANO 2 CDAS.
San Juan Ixtayopan 139 4-A
ESCOBEDO MARIANO CDA.
Ignacio Zaragoza 28 4-C
Pueblo San Miguel Ajusco 148 1-A
Río Hondo 44 1-E
Tultepec 19 3-B
ESCOBEDO MARIANO CJON Y CDA
Barrio San Pedro 111 1-B
ESCOBEDO MARIANO CJON.
San Francisco Tlaltenco 125 3-D
ESCOBEDO MARIANO DE 1A. CDA.
Ampliación Benito Juárez 58 4-B
Venustiano Carranza 101 1-C
ESCOBEDO MARIANO DE 2 CDAS.
Tultepec 19 3-A
ESCOBEDO MARIANO GRAL.
Anáhuac 83 5-C
Anzures 83 5-C
Barrio El Huerto 18 6-B
Bosque de Chapultepec 83 5-C

Calle / Colonia	Plano	Coordenadas
Casablanca	83	5-C
Cuautitlán	18	6-B
Chapultepec Morales	83	5-C
Granada	83	5-C
Héroes de la Revolución	82	5-B
La Ciudadela	18	6-B
Nueva Anzures	83	5-C
Popotla	83	5-C
Pueblo San Miguel Ajusco	148	2-A
Pueblo San Miguel Ajusco	148	1-A
Rincón del Bosque	83	5-C
Tacuba	83	5-C
Tultitlán	31	2-D
ESCOBEDO MARIANO PRIV.		
Barrio San Pedro	111	1-B
Cinco de Febrero	28	5-F
Industrial San Lorenzo	56	3-F
Mariano Escobedo	44	1-B
Pueblo San Miguel Ajusco	135	6-A
ESCOBEDO MARIANO Y 2 CDAS.		
Tultepec	19	3-B
ESCOBEDO MARIANO Y CDA.		
Ignacio Zaragoza	28	4-C
ESCOBEDO MARIANO Y PRIV.		
Ampliación Benito Juárez	58	4-B
ESCOBILLERA		
Los Paseos de Churubusco	98	5-C
ESCOCIA		
Del Valle	96	4-E
México 86	43	3-A
ESCOCIA Y CDA. Y PRIV.		
Parque San Andrés	110	3-A
ESCOLOPENDRA		
Tlapechico	95	5-B
ESCOLTA		
San Jerónimo Lídice	108	5-E
ESCOLTA CDA.		
San Jerónimo Lídice	108	4-E
ESCOLTA CDA. Y PRIV.		
San Jerónimo Lídice	108	5-E
ESCOLLERA		
U. H. San Juan de Aragón	72	5-B
ESCOLLERA DE LA		
Zona Res. Acueducto de Gpe.	57	5-F
ESCOLLO		
Ampliación Las Aguilas	108	2-D
ESCONDIDA		
Club de Golf Bellavista	56	5-A
La Peñita	108	4-C
Lomas de Santa Catarina	36	4-B
Lomas de la Herradura	94	1-E
ESCONDIDA DE LA CDA.		
La Herradura	82	6-A
ESCONDIDA DE LA CJON.		
San Pedro Atzompa	21	3-D
ESCONDIDA LA		
Agua Azul	99	2-E
Agua Azul Sección Pirules	99	2-E
Ampl. Evolución	99	2-E
Ampl. Vicente Villada	99	2-E
Benito Juárez	99	2-E
Cerro del Judío	107	6-F
Chimalistac	109	3-C
Evolución	99	2-E
La Estadía	54	5-F
La Perla	99	2-E
Pueblo Santa Rosa Xochiac	107	5-C
San Lucas	57	2-E
San Nicolás II	134	1-B
ESCONDIDA LA PRIV.		
El Pirul	95	5-B
ESCONDIDA LA Y 3 PRIVS.		
Pueblo Santa Rosa Xochiac	107	5-C
ESCONDIDA Y CJON.		
Villa Coyoacán	109	3-D
ESCONDIDO CJON.		
Barrio Carpinteros	87	3-F
San Francisco Zacango	36	6-E
San Francisco Zacango	36	6-D
ESCORIAL EL		
Los Cedros	123	1-E
ESCORIAL Y RT.		
El Dorado	56	2-F
ESCORPENA		
Los Olivos	124	2-E
San Jerónimo	124	2-E
ESCORPIO		
Prado Churubusco	110	2-C
ESCORPION		
Jardines de Satélite	68	1-F
Josefa Ortiz de Domínguez	47	6-D
La Estrella	59	5-F
Lomas de Totolco	100	2-F
Prados de Ecatepec	19	4-F
Progreso de la Unión	60	1-D
San Isidro Ayotla	113	4-F
U. H. Valle de Luces	111	4-A
U. Izcalli Santa Clara	73	2-C
Valle de la Hacienda	17	3-E
ESCORPION Y CDA.		
Xalpa	112	3-D
ESCRITORES		
Purísima Atlazolpa	97	5-E
ESCRITORES DE LOS AV.		
Chiconautla 3000	35	2-A
ESCUADRA		
Del Bosque	114	6-B
Sevilla	97	1-D
ESCUADRA DE LA CJON.		
Lindavista	114	6-C
Santo Tomás	114	6-C
ESCUADRON 201		
Cristo Rey	96	4-A
Francisco Sarabia	42	2-C
Guadalupe	121	2-C
José María Pino Suárez	96	4-A
La Purísima Ticomán	58	6-C
Lomas de Santo Domingo	96	4-A
Pólvora	96	4-A
Santa María Ticomán	58	6-C
U. H. Lomas de Becerra	96	4-A
Victoria	96	4-A
Vista Hermosa	18	2-B
ESCUADRON TRUJANO		
Ejército de Ote. Z. Peñón	99	6-C
Santa Martha Acatitla	99	6-C
ESCUDERO ANTONIO		
Benito Juárez	97	4-E
ESCUDO NACIONAL		
Loma Bonita	114	6-C
ESCUDO NACIONAL 1A. PRIV.		
Las Mesitas	138	3-E
ESCUDO NACIONAL DE 1A. PRIV.		
Santa María del Olivar	138	3-E
ESCUDO NACIONAL PROL.		
Las Mesitas	138	3-E
Olivar Santa María	138	3-E
ESCUELA		
Estrella	71	5-D
Ex Hda. San Juan de Dios	123	4-C
ESCUELA 1R.		
Las Salinas	63	5-A
ESCUELA AERONAVAL		
Lomas del Chamizal	94	4-E
ESCUELA ALPINA CHAMONIA		
Montañista	58	4-C
ESCUELA DE ARTES Y OFICIOS		
Lomas de San Agustín	82	1-A
ESCUELA DE ARTES Y OFICIOS C		
Lomas de San Agustín	82	1-A
ESCUELA DE LA PRIV.		
Pantitlán	98	1-E
ESCUELA DE SANIDAD MILITAR		
Lomas del Cadete	81	4-D
ESCUELA INDUSTRIAL		
Industrial	71	5-D
ESCUELA JOAQUIN REYES		
Las Peñitas	43	4-D
ESCUELA LA		
La Quebrada	44	3-A
ESCUELA MEDICO MILITAR		
Centro	84	5-C
Lomas del Cadete	81	4-D
ESCUELA MILIT. DE EQUITACION		
Lomas del Cadete	81	5-D
ESCUELA MILITAR DE AVIACION		
Lomas del Cadete	81	5-D
ESCUELA MILITAR DE ING. PROL		
Lomas del Cadete	81	4-D
ESCUELA MILITAR DE INGS PROL		
Lomas del Cadete	81	4-D
ESCUELA MILITAR DE INGS.		
Lomas del Cadete	81	4-D
ESCUELA NACIONAL DE MONTAÑA		
Montañista	58	4-D
ESCUELA NAUTICA		
Lomas del Chamizal	94	4-E
ESCUELA NAVAL MILITAR		
Ampl. San Fco. Culhuacán	110	5-D
Ex Ej. San Pablo Tepetlapa	110	5-D
San Francisco Culhuacán	110	5-D
U. H. San Fco. Culhuacán	110	5-D
ESCUELA NUEVA PRIV.		
Lomas Altas	95	2-C
ESCUELA SECUN. 16O 3 CDAS.		
Valle de Madero	58	2-B
ESCUELA SECUNDARIA No. 160		
Cuautepec El Alto	58	2-B
Valle de Madero	58	2-B
ESCUELA SUP. DE GUERRA PRIV.		
Lomas Quebradas	108	6-C
ESCUELA SUPERIOR DE GUERRA		
Lomas del Cadete	81	5-D
ESCUINAPA		
Pedregal de Santo Domingo	109	5-E
ESCUINTLA		
Residencial Cafetales	123	1-E
ESCULTORES		
Alfonso XIII	96	6-B
Dr. Jorge Jiménez Cantú	30	4-C
ESCULTORES CIR.		
Ciudad Satélite	69	1-D
Ciudad Satélite	69	2-D
ESCULTURA		
Cuautitlán Izc. Atlanta	30	2-E
Dr. Jorge Jiménez Cantú	30	4-C
U. H. El Rosario	69	1-F
ESCUTIA ANGEL		
Santa María Cuautepec	32	5-A
ESCUTIA ANGEL Y CDA.		
San Mateo Cuautepec	32	5-A
ESCUTIA JUAN		
Alfredo del Mazo	81	4-D
Ampl San Lorenzo Los Olivos	137	4-A
Ampl. La Forestal	45	5-C
Ampl. Ozumbilla	21	5-E
Ampl. San José Xalostoc	72	1-C
Arboledas de Cuautepec	45	6-C
Barrio Artesanos	87	4-F
Barrio La Rosita	87	3-C
Barrio Pescadores	87	4-F
Barrio San Antonio	124	2-D
Ciudad Satélite	69	2-C
Condesa	83	6-C
Chimalhuacán	87	4-F
Darío Martínez	114	6-A
El Triunfo	127	3-D
Emiliano Zapata	42	2-E
Emiliano Zapata	42	1-E
Emiliano Zapata	42	2-D
Emiliano Zapata	81	2-D
Francisco I. Madero	42	2-A
Guadalupe del Moral	98	6-C
Hank González	59	1-D
Héroes de la Independencia	59	3-F
La Concepción	139	3-A
La Joya Ixtacala	57	5-C
La Nopalera	22	1-C
Las Huertas	81	1-D
Las Peñas	111	4-F
Libertad	29	2-A
Lomas del Cadete	81	5-D
Los Reyes	113	1-C
Magdalena de los Reyes	113	1-C
Miguel Hidalgo	59	3-F
Miguel de la Madrid Hurtado	112	3-E
Niños Héroes	63	6-A
Niños Héroes	138	3-B
Niños Héroes de Chapultepec	97	4-A
Paraje Zacatepec	112	2-D
Primero de Septiembre	42	3-F
Progreso	82	4-A
Pueblo San Antonio Tecomitl	152	1-A
Quirino Mendoza	138	1-D
San Francisco Acuautla	115	3-E
San Francisco Tepojaco	29	2-A
San Francisco Tepojaco	29	3-F
San Gregorio Atlapulco	137	2-E
San José Buenavista	112	5-B
San Juan Ixtacala Ampl. Nte	57	5-C
San Miguel	88	6-A
San Miguel Teotongo	113	3-B
San Pedro Atzompa	21	3-D
San Rafael Chamapa	81	2-E
San Salvador Cuauhtenco	150	4-C
Santa María Cuautepec	32	4-B
Santiago Zula	141	6-A
Santo Tomás Ajusco	147	1-F
Tecuescongo	35	3-A
Valle de Guadalupe	19	2-C
Villa San Lorenzo Chimalco	100	2-C
Z. U. E. Ozumbilla	21	5-E
ESCUTIA JUAN 1R. CJON.		
San Salvador Cuauhtenco	150	4-C
ESCUTIA JUAN 4A. CDA.		
San Salvador Cuauhtenco	150	4-C
ESCUTIA JUAN 5A. CDA.		
San Salvador Cuauhtenco	150	3-C
ESCUTIA JUAN CADETE		
Militar Valle de Cuaut.	31	3-A
ESCUTIA JUAN CDA.		
Arboledas de Cuautepec	45	6-C
Jesús del Monte	94	6-B
Lomas del Cadete	81	4-D
Miguel de la Madrid Hurtado	112	3-E
San Miguel	88	6-A
San Miguel	88	5-A
San Pedro	87	4-F
Santa Anita	28	6-D
Villa San Lorenzo Chimalco	100	2-C
ESCUTIA JUAN CJON.		
San Salvador Cuauhtenco	150	4-C
ESCUTIA JUAN CJON. Y CDA.		
Independencia	97	5-A
ESCUTIA JUAN DE 2A. CDA.		
San Salvador Cuauhtenco	150	4-C
ESCUTIA JUAN DE 3A. CDA.		
San Salvador Cuauhtenco	150	4-C
ESCUTIA JUAN DE 6A. CDA.		
San Salvador Cuauhtenco	150	3-C
ESCUTIA JUAN PROL.		
Desarrollo U. Quetzalcóatl	112	6-B
San Simón Ticumac	97	6-A
ESCUTIA JUAN Y CJON.		
San Pablo Xalpa	70	1-B
ESFINGES DE LAS AV.		
Cuautitlán Izc. Ensueños	30	1-D
ESFIR		
Conjunto Hab. Las Vegas	76	1-A
ESFUERZO		
El Corralito	81	1-E
Industrial Atoto	82	1-D
La Raquelito	81	2-D
San Mateo Tecoloapan	43	4-C
Xaxalipa	149	5-B
ESFUERZO 2 CDAS.		
San Mateo Tecoloapan	43	4-C
ESFUERZO CAMPESINO		
México Nuevo	55	2-D
ESFUERZO CDA.		
Del Carmen	138	3-C
ESFUERZO DEL 2A. CDA.		
Tepetitla	136	4-A
ESFUERZO NACIONAL		
Alce Blanco	69	5-C
ESFUERZO NACIONAL C 1 2 Y 3		
El Nardo	59	4-C
Esfuerzo Nacional	59	4-C
ESFUERZO OBRERO		
México Nuevo	55	1-D
ESFUERZO PRIV.		
Pueblo Santa Ursula Coapa	123	1-B
ESFUERZO PROL.		
Xaxalipa	149	5-A
ESFUERZO Y CDA.		
Ampliación Miguel Hidalgo	122	5-A
ESFUERZO Y CJON.		
Pueblo Santa Ursula Coapa	123	1-A
ESGRIMA		
Las Peñitas	43	4-C
ESLABON DEL		
La Estadía	55	4-A
ESMERALDA		
Ampl. Loma Bonita	21	6-E
Ampliación Ejidal	30	6-E
Ampliación Escalerilla	114	5-D
Barrio Santa Eugenia	87	3-C
Ciudad Cuauhtémoc	34	2-E
Cuautepec El Alto	58	1-B
Cuautitlán Izc. Parques	17	6-D
El Arenal Tepepan	123	5-B
El Tesoro	44	2-D
Joya de Vargas	137	5-A
Joyas de San Mateo	63	5-B
Joyas del Pedregal	122	2-F
La Esmeralda	34	1-E
La Esmeralda	21	6-E
La Joya	33	6-C
La Joya Ixtacala	57	5-C
La Joyita	99	5-C
La Poblanita	113	5-B
Nueva San Isidro	127	5-F
Paraje San Juan 3a. Ampl.	111	4-D
Piedra Grande	59	3-B
Prados del Rosario	69	2-F
Pueblo Tepepan	123	5-B
Rancho del Carmen Infonavit	114	5-A
San Antonio	58	1-B
San Juan Zapotla	100	1-E
Vallescondido	123	5-B
ESMERALDA AV.		
Pedregal de Atizapán	42	5-F
ESMERALDA CJON.		
Guerrero	84	4-A
ESMERALDA DE LA CJON.		
Ampliación La Esmeralda	34	1-D
ESMERALDA LA		
Rancho Tejomulco	137	3-B
ESMERALDA Y CDA.		
Diamante	122	6-B
ESMERIL		
Lomas de Cantera	69	6-B
ESOPO		
Geo 2000	35	3-B
Los Morales Secc. Alameda	82	4-F
ESPACIAL		
Lomas de la Estancia	112	4-E
ESPALDAS TICOMAN		
Pueblo San Andrés	70	3-B
ESPANDAL		
Barrio La Cruz	97	4-D
ESPAÑA		
Barrio Transportistas	87	3-C
Centro Urbano Cuaut Izcalli	17	5-E
Cerro de la Estrella	111	5-C
Jardines de Cerro Gordo	47	6-A
La Olímpica II	60	5-B
Los Padres	108	6-A
México 68	68	4-E
México 86	81	1-B
México 86	43	3-A
México 86	81	2-B
San Simón Tolnáhuac	84	1-A
ESPAÑA 1A. CDA.		
Esther Zuno de Echeverría	111	5-D
ESPAÑA 2 CDAS.		
Esther Zuno de Echeverría	111	5-D
ESPAÑA 4A. CDA.		
Unidad Habitacional España	111	5-D
ESPAÑA AV.		
San Agustín Ohtenco	151	4-F
San Francisco Tecoxpa	151	4-F
San Jerónimo Miacatlán	151	4-F
San Juan Tepenáhuac	152	4-B
ESPAÑA DE PRIV.		
Residencial La Luz	17	2-E
ESPARTA		
Alamos	97	2-A
Ampl. San Mateo	68	2-E
Belvedere de Eslava	121	6-D
Lomas de Padierna Sur	121	6-D
ESPARZA ALFONSO		
Lomas de Chamapa	81	3-D
ESPARZA HILARIO		
Ejército de Agua Prieta	99	6-B
ESPARZA OTEO ALFONSO AV.		
Guadalupe Inn	109	2-B
ESPEJEL FRANCISCO		
Moctezuma 1a. Secc.	84	5-E
ESPEJO DE AGUA		
U. INFONAVIT Iztacalco	97	4-F
ESPERANZA		
Benito Juárez	59	3-B
De la Cruz	97	2-E
Ermitaño	120	2-E
Esperanza	82	1-A
Granjas de Guadalupe	42	1-C
Huayatla	120	2-E
La Nopalera	124	3-F
La Trinidad	76	1-C
Los Cerrillos	138	3-D
Narvarte	96	2-F
Pueblo Nuevo	95	5-B
San Nicolás Totolapan	121	2-B
San Pedro	87	4-F
San Simón	70	4-B
Santa Inés	70	3-B
Teozoma	113	6-D
Vergel	111	6-C
Villa Azcapotzalco	70	4-B
ESPERANZA CDA.		
Santa Inés	70	3-A
ESPERANZA CJON.		
Centro	84	5-B
ESPERANZA DE LA PRIV.		
Ecatepec de Morelos	47	1-A
ESPERANZA LA		
Industrial	71	5-C
ESPERANZA PRIV.		
Santa Inés	70	3-A
ESPERANZA PROL.		
Del Carmen	138	3-C
ESPERON MANUEL		
Del Carmen	138	3-C
ESPERON MANUEL CDA.		
El Carmen	138	3-C
ESPESURA CDA.		
Ampliación Las Aguilas	108	2-E
ESPIGA		
San Miguel Teotongo	113	3-A
ESPIGA LA		
Ampliación Evolución	99	2-E
Benito Juárez	99	2-E
ESPIGON		
U. H. San Juan de Aragón	72	5-B
ESPIGONES		
Las Aguilas	108	2-F
Pilares Aguilas	108	2-F
ESPINAZO		
San Nicolás Totolapan	121	2-B
ESPINAZO DEL DIABLO		
Vista del Valle	56	1-C
ESPINELA		
Sagitario IV	60	5-C
Tres Estrellas	71	6-E
ESPINO JESUS		
Santa Martha Acatitla	99	5-D
ESPINOSA		
Ixtlahuacan	112	3-F
ESPINOSA ALEJANDRO		
U. H. Ejército de Oriente	99	4-B
ESPINOSA AURELIO		
Ampliación Los Reyes	113	2-A
ESPINOSA FERMIN		
San Miguel Teotongo	113	4-B
ESPINOSA FUENTES JOSE		
Cristo Rey	96	4-A
ESPINOSA FUENTES JOSE TTE.		
Escuadrón 201	110	1-E
ESPINOSA G. F. ING.		
Cuautitlán Izc. Atlanta	30	3-E
ESPINOSA G. J. 2 CJONES.		
Barrio San Miguel	126	1-C
ESPINOSA GALVAN HECTOR TTE.		
Escuadrón 201	110	1-E
ESPINOSA GOROSTIZA JOSE CJON		
Barrio San Miguel	126	1-D
ESPINOSA LUIS		
C. H. Acueducto de Gpe.	57	4-F
Ciudad Satélite	56	6-B
Sección XVI	122	4-F
Solidaridad Nacional	57	4-F
ESPINOSA NICOLAS		
Ampl. Profr. C. Higuera	43	5-B
ESPINOSA URBANO Y CDA.		
Santa Martha Acatitla	99	5-C
ESPINOSILLA		
Xalpa	112	4-D
ESPINOSILLA CDA.		
Xalpa	112	4-D
ESPINOZA DE LOS MONTEROS C.		
Santa Cecilia	125	5-E
ESPINOZA GARCIA DAVID		
U. H. San Rafael Coacalco	33	3-B
ESPINOZA LUIS		
U. Santa Cruz Meyehualco	112	3-A
ESPIRITU		
Xalpa	112	3-D
ESPIRITU SANTO		
Barrio La Concepción	109	3-E
Vallescondido	54	2-F
Villa Coyoacán	109	3-E
ESPIRITU SANTO 2A. CDA.		
Ampliación San Mateo	68	2-E
ESPIRITU SANTO AV.		
Santa Cruz	21	6-D
ESPIRITU SANTO CDA.		
Ampl. San Mateo	68	2-E
ESPIRITU SANTO DEL		
Lomas Verdes Sección V	55	6-D
ESPOLETA		
Lomas del Chamizal 3a. Secc	94	4-F
San Fernando	94	5-C
ESPUELA		
Los Angeles	111	3-D
Miguel de la Madrid Hurtado	112	3-F
ESPUELA CJON.		
Rincón de la Charrería	56	4-A
ESPUELA PRIV.		
Los Angeles	111	3-D
ESPUELAS		
El Cuquio	69	2-D
Los Laureles	47	3-A
ESPUELAS DE LAS		
Colina del Sur	108	1-C
Villas de la Hacienda	43	2-C
ESPUELAS DE LAS AV.		
Villa Charra del Pedregal	122	3-A
ESPUMA		
U. INFONAVIT Iztacalco	97	4-E
ESQUER GUMERSINDO		
Ampliación Asturias	97	1-C
ESQUERRA PERAZA R. Y AND.		
Palmatitla	58	2-B
ESQUI		
Las Peñitas	43	4-D
ESQUILO		
Geo 2000	35	3-B
ESQUINA DE LIENZO CHARRO		
Las Salinas	62	6-F
ESQUIROS		
Ampliación Cosmopolita	70	6-E
ESQUIVEL OBREGON T.		
Ciudad Satélite	69	1-A
ESTABLECIMIENTOS FABRILES		
Federal	85	6-B
ESTACAS		
Industrial Tlatilco	69	6-B
Naucalpan de Juárez	69	6-B
Tierra Colorada	121	6-A
ESTACAS DE LAS CDA.		
Naucalpan de Juárez	69	6-B
ESTACION		
Los Reyes	113	1-C
San Sebastián Xolalpa	24	5-E
ESTACION AV.		
San Mateo Chipiltepec	36	5-F
ESTACION DE LA		

Calle / Colonia — COORDENADAS / PLANO

Barrio Barranca Seca 121 2-B
Barrio Barranca Seca 121 2-C
ESTADIO AZTECA AV.
Bosques de Tetlalmeya 122 2-E
Caracol 122 2-E
Joyas del Pedregal 122 2-E
Pedregal Santa Ursula Xitla 123 2-A
Pueblo Santa Ursula Coapa 123 2-A
ESTADISTICA
Federal 85 6-B
ESTADO DE MEXICO
Ampl. Buenavista 44 4-C
Chalma de Guadalupe 57 2-F
La Providencia 72 4-D
Lomas Verdes 32 6-A
Lomas Verdes Solidaridad 31 6-F
Luis Echeverría 31 5-A
México Nuevo 55 1-F
República Mexicana 32 5-E
San José Tecámac 22 2-B
San Martín 22 2-B
ESTADO DE MEXICO AV.
Ahuehuetes 56 1-B
Buenavista 81 4-F
Profr. Cristóbal Higuera 43 6-A
ESTADO DE MORELOS
La Providencia 72 4-C
ESTADO DE NUEVO LEON
La Providencia 72 3-D
ESTADO DE OAXACA
La Providencia 72 4-C
ESTADO DE TABASCO
Buenavista 112 5-B
ESTADOS AMERICANOS
Lomas de Chamapa 81 3-D
San Rafael Chamapa 81 3-D
ESTADOS UNIDOS
Jardines de Cerro Gordo 60 1-B
ESTADOS UNIDOS Y 2a. CDA.
México 68 68 4-D
ESTAFETAS
Postal 97 4-B
ESTALACTITA
Jardines de Morelos 47 2-F
ESTAMPADO
Veinte de Nov. 2o. Tramo 84 2-F
Veinte de Noviembre 84 2-F
Venustiano Carranza 84 2-F
ESTANCO CJON.
Profr. Cristóbal Higuera 43 6-A
ESTANCO Y CDA.
San Pablo Tecalco 22 5-D
ESTANQUE
U. INFONAVIT Iztacalco 97 4-F
ESTANQUILLO CJON.
Morelos 84 3-C
ESTAÑO
Chamacuero 43 3-D
Felipe Angeles 84 2-F
La Alborada I 20 3-B
Lázaro Cárdenas 60 6-D
Maza 84 1-C
Nicolás Bravo 84 2-C
San Juan Cerro 111 3-B
Veinte de Noviembre 84 2-E
ESTAÑO DEL
Esfuerzo Nacional 59 4-D
ESTAÑO PRIV.
Cuchilla Pantitlán 85 6-E
ESTATICA
Univ. Aut. Metropolitana 43 2-A
ESTATUA DE LA LIBERTAD
Los Cedros 123 1-E
ESTEARINA
Plenitud 70 5-A
ESTELA
Guadalupe Tepeyac 71 6-D
San Rafael 70 3-B
ESTENOGRAFOS
Ampliación El Sifón 97 6-E
El Sifón 97 6-E
Magdalena Atlazolpa 97 5-E
ESTEPA
Cuautitlán Izc. Atlanta 30 3-D
ESTEPA DE LA
Izcalli San Pablo 20 6-C
Magnolias 2000 20 6-C
Unidad Habitacional Lote 15 20 6-C
ESTEPA Y RT.
Jards. Pedregal de Sn Angel 122 2-B
ESTERLINAS
Aquiles Serdán 85 2-A
Pensador Mexicano 85 2-A
Simón Bolívar 85 2-A
ESTERLINAS CDA.
Pensador Mexicano 85 3-C
ESTERO
Cuautitlán Izc. Atlanta 30 3-E
ESTERO DEL
Los Fresnos 68 3-F
ESTERO EL
Jards. Pedregal de Sn Angel 122 2-B
ESTERO Y RT.
U. CTM Alborada Jaltenco 20 6-C
ESTEROS
Pilares Aguilas 108 2-F
ESTEROS DE LOS
Zona Res. Acueducto de Gpe. 57 5-F
ESTETAS
San José Aculco 97 5-F
ESTEVA IGNACIO GOB. 1 PRIV.
San Miguel Chapultepec 96 1-B
ESTEVA IGNACIO GOB. Y 2 CDAS
San Miguel Chapultepec 96 1-B
ESTEVEZ ANTONIO
Ejército de Ote. Z. Peñón 99 6-C
ESTEVEZ ARCADIO
Margarito F. Ayala 34 2-D
ESTEVEZ MARIA TOMASA
Carmen Serdán 110 6-E
ESTHER
Industrial 71 5-C
ESTIBADORES DE LOS
U. H. El Rosario 57 6-A
ESTIO
Angel Zimbrón 70 6-B
Merced Gómez 109 1-B
ESTIPAC
La Presita 31 6-A
ESTO
Cuautitlán Izc. Atlanta 30 2-E
Prensa Nacional 70 1-D
ESTOCOLMO
Bellavista 56 6-B
Jardines de Acuitlapilco 88 5-B
Juárez 83 5-E
Valle Dorado 56 2-E
ESTOCOLMO 1912
U. H. Olímpica 122 2-D
ESTORNINO
Rinconada de Aragón 60 5-B
ESTORNINOS DE LOS
Lomas de las Aguilas 108 3-C
Puente Colorado 108 3-C
ESTRADA DIMAS C 2 Y 3
U. H. Vicente Guerrero 111 1-F
ESTRADA ENRIQUE GRAL.
Héroes de la Revolución 82 5-B
ESTRADA GENARO
Ciudad Satélite 69 1-A
ESTRADA GENARO AV.
Jacarandas 111 3-F
Jacarandas 111 2-F
U. H. Vicente Guerrero 111 2-F
U. H. Vicente Guerrero 111 3-F
U. Santa Cruz Meyehualco 111 3-F
ESTRADA L.
Ampl. La Olímpica 81 3-B
ESTRADA ROQUE
Belisario Domínguez 123 2-C
ESTRADA VICENTE
U. H. El Risco CTM 72 1-A
ESTRAGON AND.
Tlapechico 95 5-B
ESTRASBURGO
Juárez 83 5-E
ESTRATOS
Jardines de Morelos 48 1-A
ESTRECHO
Ampliación Las Aguilas 108 3-E
Cuautitlán Izc. Atlanta 30 3-D
ESTRELLA
Benito Juárez 59 2-B
Casablanca 111 4-C
Consejo Agrarista Mexicano 111 5-F
Cuautepec El Alto 45 6-A
El Rodeo 111 4-C
Estrella de Oriente 73 2-C
Guerrero 84 2-A
Industrial 71 6-C
Ixtlahuacan 112 3-F
Los Padres 108 6-A
Olímpica Radio 81 3-B
Potrero de la Luna 112 5-E
Pueblo Culhuacán 110 4-F
San Antonio Zomeyucan 82 2-A
San Antonio Zomeyucan 82 2-B
San Juan Joya 111 4-D
San Juan Xalpa 111 4-C
San Lucas Xochimanca 136 4-E
San Miguel Teotongo 113 4-A
San Pedro Tepetitlán 36 4-F
U. H. Aurorita 125 2-B
U. H. Valle de Luces 110 4-F
Xalpa 112 4-D
Z. U. E. San Mateo Nopala 68 2-D
ESTRELLA AV.
Ampliación El Santuario 111 2-A
Estrella del Sur 111 2-A
Ricardo Flores Magón 111 2-A
ESTRELLA BINARIA
Espartaco 110 6-B
Prados de Coyoacán 110 6-B
ESTRELLA CDA.
La Mancha 3a. Secc. 81 4-E
Minas El Caracol 81 2-C
Pueblo Nuevo Alto 120 2-F
ESTRELLA CDA. Y RNDA.
Guerrero 84 2-A
ESTRELLA CEFEIDA AV.
Espartaco 110 6-C
Prados de Coyoacán 110 6-C
ESTRELLA CJON.
Pueblo San Lorenzo Tezonco 124 1-D
ESTRELLA DE 3 CDAS.
Potrero de la Luna 112 5-E
ESTRELLA DE BELEN
La Navidad 94 6-C
Las Palmas 95 3-E
ESTRELLA DE MAR
Del Mar 124 4-F
ESTRELLA DE ORIENTE
Estrella de Oriente 73 2-C
ESTRELLA DEL AMANECER
U. H. Aurorita 125 2-B
ESTRELLA ERRANTE
Prados de Coyoacán 110 6-C
ESTRELLA LA
Ampl. Estado de Veracruz 111 1-B
Barrio San Pablo 111 1-B
El Molino 111 1-B
El Santuario 111 1-B
Ermita Iztapalapa 111 1-B
Los Pastores 69 3-D
Santa María del Monte 111 1-B
ESTRELLA PROL.
Barrio San Pedro 98 6-B
ESTRELLA VACIA
Novela Mexicana I 60 6-C
ESTRELLA Y CDA.
Las Huertas 81 1-D
Xalpa 112 4-C
ESTRELLAS
Valle de la Hacienda 17 3-E
ESTRELLITA
Lomas de la Estancia 112 4-E
San José 127 6-A
San Miguel Teotongo 113 4-A
Xalpa 112 4-E
ESTRIBO
Villa Charra del Pedregal 122 3-B
ESTRIBO DEL
Colina del Sur 108 1-C
ESTRIBO DEL CJON.
Rincón de la Charrería 56 4-B
ESTRONCIO
San Juan Cerro 111 3-C
U. H. El Rosario 69 1-F
ESTRONCIO PRIV.
Cuchilla Pantitlán 85 6-D
ESTUDIANTE
Veinticinco de Julio 72 2-B
ESTUDIANTES
Ixtlahuacan 112 3-F
ESTUDIANTINA DE LA
Colina del Sur 95 6-D
ESTUDILLO LAUREANO
Santa Martha Acatitla 99 5-D
ESTUDILLO LAUREANO CDA.
Santa Martha Acatitla Nte. 99 4-D
ESTUDIOS AZTECA
Jardines Tecma 97 4-D
ESTUDIOS CLASA
Jardines Tecma 97 4-D
ESTUDIOS CHURUBUSCO
Jardines Tecma 97 4-D
ESTUDIOS ECONOMICOS
Solidaridad Nacional 57 4-F
ESTUDIOS LA NACIONAL
Jardines Tecma 97 4-D
ESTUDIOS SAN ANGEL INN
Jardines Tecma 97 4-E
ESTUDIOS STHAL
Jardines Tecma 97 4-D
ESTURION
Del Mar 124 4-F
PROFOPEC Polígono 2 60 5-C
ETA
Manuel Romero de Terreros 109 3-D
ETA Y CDA.
Lomas de Becerra Granada 95 4-E
ETEN
Tepeyac Insurgentes 71 4-C
ETEN AV.
Churubusco Tepeyac 71 3-B
Lindavista 71 3-B
San Bartolo Atepehuacán 71 3-B
Valle del Tepeyac 71 3-B
ETICA
México 98 1-F
ETIOPIA
Jardines de Cerro Gordo 60 1-B
ETLA
Hipódromo 96 2-D
ETNA
Cuautitlán Izc. Ensueños 30 1-D
Los Alpes 109 1-A
ETNOGRAFOS
San José Aculco 97 5-F
ETZATLAN
Popular Rastro 84 2-D
EUCALIPTO
2a. Ampl. Stgo Acahualtepec 112 3-E
Ahuehuetes 58 2-C
Ampliación La Forestal 45 6-C
Arboledas de Aragón 73 2-B
Arboledas de Cuautepec 45 6-C
Avándaro 127 1-B
Barranca de Guadalupe 112 5-C
Bellavista 56 6-E
Bosques de Primavera 43 1-B
Copalera 100 3-F
Ejidal Ampl. San Marcos 44 4-D
Ejidos de San Cristóbal 33 6-F
El Manto 111 2-C
Francisco Sarabia 42 2-B
Garcimarrero 95 6-C
Huixquilucan de Degollado 94 5-B
Izcalli del Bosque 68 5-F
Jazmín de las Flores 153 1-D
Jesús del Monte 94 5-B
La Agüita 46 5-A
La Palma 59 1-D
Las Arboledas 124 2-F
Las Huertas 81 1-D
Los Bordos 46 6-A
Los Cuartos III 81 2-C
Los Olivos 22 3-B
Mirador 93 3-D
Prados de Ecatepec 20 3-A
Rincón Verde 68 2-B
San José Buenavista 100 3-D
San José de los Cedros 94 6-C
San Juan Cerro 111 3-B
San Lucas Amalinalco 128 5-C
San Martín Xico 140 2-A
San Miguel Teotongo 113 2-A
San Rafael 57 1-B
Santa María La Ribera 83 2-F
Tabla Honda 57 2-C
Techachaltitla 101 6-A
Tierra Blanca 138 4-F
Tierra Colorada 121 6-B
Tultitlán 31 4-D
Valle Verde 127 1-D
Villa San Lorenzo Chimalco 100 3-C
Vista Hermosa 46 1-D
Vista Hermosa 58 2-C
Viveros de San Carlos 46 4-F
EUCALIPTO 1A. CDA.
Lomas Cuautetlán 135 3-F
EUCALIPTO 2A. CDA.
Lomas Cuautetlán 135 3-F
EUCALIPTO AND.
El Arbolito 47 3-B
EUCALIPTO CDA.
Ahuehuetes 58 2-B
Xocotlán 63 5-F
EUCALIPTO DE 1A. CDA.
Ejidos de San Cristóbal 33 6-F
EUCALIPTO DE 2A. CDA.
Ejidos de San Cristóbal 33 6-F
EUCALIPTO DE 3A. CDA.
Ejidos de San Cristóbal 33 6-F
EUCALIPTO DE 4A. CDA.
Ejidos de San Cristóbal 33 6-F
EUCALIPTO DEL
Los Reyes Ixtacala 57 5-A
EUCALIPTO ORIENTE
San José Huilango 17 4-A
EUCALIPTO RT.
Valle de Ecatepec 47 5-B
EUCALIPTO Y 2 RTS.
Valle de Ecatepec 47 5-C
EUCALIPTO Y CDA.
La Palma 46 6-C
Los Arcos 21 5-D
Viveros de Cuernavaca 135 4-F
EUCALIPTO Y PROL.
Lomas Cuautetlán 135 4-F
EUCALIPTOS
Ampliación El Rosario 16 5-E
Bosques de Ixtacala 43 1-A
Bosques de los Pinos 29 3-E
Copalera 100 3-F
Granjas Lomas de Guadalupe 30 5-B
Ixtlahuacan 112 3-F
Izcalli del Bosque 68 5-F
Jalalpa El Grande 108 1-A
La Floresta 113 1-B
La Perla 99 4-F
Miravalle 112 4-F
PROFOPEC Polígono 5 60 4-C
Plutarco Elías Calles 114 5-F
Progreso Guadalupe Victoria 33 3-C
Santa Ursula Xitla 122 5-C
Tierra y Libertad 59 1-D
Tlalpexco 58 2-C
Villa de las Flores 32 1-F
Vista Hermosa 33 6-D
EUCALIPTOS CDA.
Unidad Hab. Independencia 108 5-E
Vista Hermosa 46 1-D
EUCALIPTOS DE LOS
Prados de San Mateo 68 3-E
EUCALIPTOS PROL.
Prados de Ecatepec 20 3-A
EUCKEN
Casablanca 83 4-C
EUCLIDES
Casablanca 83 4-C
EUDEVAS
Caracol 122 2-E
EUGENIA
Del Valle 96 4-D
EUGENIA AV.
Del Valle 96 4-F
Narvarte 96 4-F
Vértiz Narvarte 96 4-F
EULER
Chapultepec Morales 83 4-C
EUREKA
Industrial 71 5-C
EUROPA
Barrio La Concepción 109 3-F
Tex-Plus 62 6-F
EUROPA AV.
Granjas Pop. Gpe. Tulpetlac 60 1-B
Jardines de Cerro Gordo 60 1-B
U. Industrias Tulpetlac 60 1-B
EUTERPE
Las Rosas 56 4-D
EUZKADI
Vallejo 71 6-C
EUZKARO
Industrial 71 4-C
EVEREST
Benito Juárez 81 4-E
Cumbres del Himalaya 68 4-E
Paraje Tecoloxtitla 138 3-C
EX ARZOBISPADO
Observatorio 96 2-A
EX CONVENTO DE CHURUBUSCO
Benito Juárez 99 3-C
Evolución 99 3-C
Metropolitana 2a. Secc. 99 3-C
EX HACIENDA
Ejido de Santiago Tepalcapa 43 4-B
EX HACIENDA DE GPE. 2 RTS.
Unidad Modelo 110 1-C
EX HACIENDA DE GPE. RT. 205
Unidad Modelo 110 1-C
EX HACIENDA DE GUADALUPE
Unidad Modelo 110 1-C
EX HACIENDA DEL PEDREGAL AV.
Ex Hacienda del Pedregal 42 3-D
EX HACIENDA ESLAVA
San Nicolás Totolapan 121 4-B
EX HACIENDA LA ESCALERA PRIV
La Escalera 71 1-A
EXCELSIOR
Cuautitlán Izc. Atlanta 30 2-E
Guadalupe Insurgentes 71 5-C
Industrial 71 5-C
EXCELSIOR PRIV.
Clavería 70 6-B
El Imparcial 70 6-B
EXCELSIOR Y CDA.
Prensa Nacional 70 1-D
EXCURSIONISTA 13
Montañista 58 5-D
EXCURSIONISTA RAZA DE BRONCE
Montañista 58 3-D
EXCURSIONISTA ZEMPOALTEPETL
Montañista 58 5-C
EXCURSIONISTAS
Montañista 58 5-C
EXCURSIONISTAS ACAYUCAN
Montañista 58 4-D
EXCURSIONISTAS HUICHOLES
Montañista 58 3-E
EXITO
Prensa Nacional 70 1-D
EXITOS
Vista Hermosa 36 6-E
EXOTITLA
San José 138 2-B
EXOTL
Almontila 87 6-B
Tlatelco 87 6-B
EXPANSION
Cuautitlán Izc. Atlanta 30 2-E
EXPLANADA
Bellavista 59 2-E
Hacienda Ojo de Agua 21 5-B
EXPLANADA AV.
Lomas Virreyes 82 6-E
Lomas de Chapultepec 82 6-E
EXPLANADA CDA.
Lomas de Chapultepec 82 5-E
EXPLANADA DE LAS FUENTES AV
Río Escondido 82 6-B
EXPLORADORES DE OCCIDENTE
Montañista 58 2-D
EXPLORADORES DE ZARAGOZA AV
Ejército de Ote. Z. Peñón 112 1-C
EXPLORADORES EJERCITO OTE AV
Ejército de Ote. Z. Peñón 99 6-B
El Paraíso 99 6-B
EXPLORADORES PALOMOS
Montañista 58 4-D
EXPLOSIVOS
Lomas del Chamizal 94 4-F
EXPRESIONES
Prensa Nacional 70 1-D
EXPRESO AND.
U. H. Pantaco 70 4-D
EXTREMADURA
Insurgentes Extremadura 96 5-B
Insurgentes Mixcoac 96 5-B
San Juan 96 5-B
EXTREMADURA PRIV.
Insurgentes Mixcoac 96 6-C
EZEQUIEL
Guadalupe Tepeyac 71 6-D
EZETA BRUNO DE
Ciudad Satélite 69 2-C
EZETA BRUNO DE CDA.
Rincón de Echegaray 69 3-D
EZPAMITL
Barrio Mineros 87 4-E
Barrio Pescadores 87 4-E
EZQUEDA R.
Gustavo Baz Prada 57 1-C
EZQUERRO CARLOS M.
Constitución de 1917 111 2-D

F

F
Conjunto San Pablo 20 5-B
Educación 110 4-C
Los Pastores 69 4-D
Petroquímica Lomas Verdes 68 1-E
San Martín Calacoaya 56 3-A
San Mateo Nopala 68 2-E
Social Progresivo Sto Tomás 21 6-F
U. H. Taxqueña 110 4-D
Victoria 96 4-A
F CDA.
SITATYR 33 4-A
F F C C AV.
Alfredo del Mazo 127 1-E
F F C C MEXICANO CDA.
Pueblo de Tepexpan 36 6-B
FABELA ISIDRO
Ampliación San Lorenzo 100 2-C
Ciudad Satélite 69 1-A
Cuautitlán Izc. Cumbria 30 1-D
Chalco 128 6-A
Ejido San Agustín Atlapulco 100 4-C
El Hostol Zona Comunal 46 4-E
INFONAVIT COCEM I 31 5-D
Jiménez Cantú 115 6-F
Libertad 29 4-A
Lomas de Atizapán 55 1-F
Los Cuartos 81 3-C
Nueva Teotihuacán 24 3-A

Calle / Colonia — COORDENADAS / PLANO

Piedra Grande 59 3-B
San Miguel Teotongo 113 2-A
San Rafael Chamapa 81 2-E
San Rafael Chamapa 81 3-C
Tepetongo 122 6-B
Tultitlán 31 2-D
U. Isidro Fabela 20 6-B
FABELA ISIDRO 4 CDAS.
Ampliación San Lorenzo 100 1-C
FABELA ISIDRO AV.
Concepción 127 5-C
Del Carmen 126 2-F
Guadalupana 127 5-C
San Isidro 127 5-C
Santa Cruz 127 5-C
Santiago 126 2-F
FABELA ISIDRO CDA.
Barrio San Antonio 128 6-A
Libertad 29 4-A
Villa San Lorenzo Chimalco 100 2-C
FABELA ISIDRO CJON.
Chalco 128 6-A
FABELA ISIDRO GOB. LIC.
Villa de Guadalupe Xalostoc 59 6-A
FABELA ISIDRO LIC.
Constituyentes de 1917 94 1-D
Emiliano Zapata 81 2-C
Jacarandas 111 3-F
San Martín de las Pirámides 24 1-F
FABELA ISIDRO LIC. GOB.
Granjas Valle de Guadalupe 59 6-D
Las Armas 69 6-E
Villa de Guadalupe Xalostoc 59 6-D
FABELA ISIDRO PRIV.
Lomas San Juan Ixhuatepec 58 6-E
FABELA ISIDRO Y CDA.
Buenavista 81 4-F
FABELA ISIDRO Y CJON.
Los Reyes Culhuacán 110 3-E
FABELA JOSE LORETO
San Juan de Aragón 72 6-B
U. H. San Juan de Aragón 72 6-B
FABELA JOSE LORETO ING.
La Comunidad 57 4-B
FABIE RAMON
Ampliación Asturias 97 2-B
Asturias 97 2-B
Vista Alegre 97 2-B
FABREGAS VIRGINIA
Ciudad Satélite 69 1-A
Jorge Negrete 58 5-A
San Rafael 83 3-E
FABRICA DE ARMAS
Lomas del Chamizal 1a. Secc 94 4-F
FABRICA DE CARTUCHOS
Lomas del Chamizal 94 4-F
FABRICA DE POLVORA
Lomas del Chamizal 94 3-F
FABRICA LA
José María Pino Suárez 96 3-A
San Mateo Chipiltepec 36 6-F
FACTOR
San Francisco Tecoxpa 151 4-F
San José Insurgentes 109 1-C
FACTOR DEL
Santa Cecilia 57 2-C
FACHA JOSE MARIA
Santa Martha Acatitla Sur 112 1-C
FAGOAGA FRANCISCO
Ciudad Satélite 69 1-A
FAGOAGA GOB.
San Miguel Chapultepec 96 1-B
FAISAN
Ampliación San Miguel 43 2-B
Barrio San Miguel 111 2-C
Bellavista 96 3-A
Benito Juárez 99 1-D
Ciudad Cuauhtémoc 35 2-A
Fuentes de Satélite 55 5-E
Fuentes del Sol 55 5-E
Granjas Modernas 71 5-E
Lago de Guadalupe 30 4-A
Lomas de San Esteban 76 6-B
Lomas de San Esteban 89 1-B
Mayorazgo del Bosque 43 6-C
Minas del Coyote 81 3-B
Rinconada de Aragón 60 5-C
Torres del Potrero 108 5-B
FAISAN DEL
Las Alamedas 56 2-A
FAISAN EL CDA.
Torres del Potrero 108 5-B
FAISAN NORTE
Conjunto Hab. Las Veletas 34 6-C
FAISANES
Granjas de Guadalupe 42 2-C
Izcalli Jardines 47 1-B
Valle de Tules 44 4-B
Villas Ecatepec 47 1-B
FAISANES DE LOS
Lomas del Río 41 1-B
FAJA DE ORO
Dr. Jorge Jiménez Cantú 58 2-F
Petrolera 70 4-A
FALCON
Jardines de San Gabriel 59 6-E
FALCON JOSE
U. H. El Risco CTM 71 1-F
FALCON TREVIÑO VICENTE
Magisterial Vista Bella 56 5-B
FAMA LA
Barrio Camisetas 122 4-C
Barrio La Fama 122 4-C
Barrio La Fama 122 4-D
Fuentes Brotantes 122 4-D
Industrial 71 5-C
FAMILIA
Pueblo San Miguel Ajusco 148 1-B
FANDIÑO IGLESIAS RICARDO
Palmatitla 58 2-B
FARADAY M.
Parque Ind. Cuamatla 18 6-A
FARADAY MICHAEL
Parque Ind. Cuamatla 31 1-A
FARALLON
Jardines de Morelos 48 1-A
FARALLON DEL
Jardines del Pedregal 108 6-F
Jardines del Pedregal 109 6-A
FARALLONES DE LOS
Zona Res. Acueducto de Gpe. 57 5-F
FARMACEUTICOS
El Sifón 97 6-E
FARMACEUTICOS CDA.
Pueblo Aculco 97 6-F
FARMACEUTICOS PRIV.
Pueblo Aculco 97 6-E
FARMAN ENRIQUE
Aviación Civil 85 6-C
FARO
U. H. San Juan de Aragón 72 5-B
U. Vallejo La Patera 70 1-F
FARO DE ALEJANDRIA
Siete Maravillas 58 6-A
FARO DE ALEJANDRIA AV.
Los Cedros 123 1-E
FAROL DEL
Lomas de la Herradura 94 1-E
FAROL EL AV.
Villa Coapa 123 4-D
FAROLES DE LOS
Colina del Sur 108 1-D
FAROLITO
Barrio Santa Eugenia 87 3-C
El Rosario 16 4-F
Los Laureles 47 4-A
San José 126 5-A
FAROLITO EL
Ampliación Evolución 99 2-D
Benito Juárez 99 2-D
FAROLITO Y 2A. CDA.
Tierra Blanca 46 2-E
FAROLITOS
Ampliación San Agustín 100 3-C
Tierra Blanca 46 2-E
FAUSTO
Miguel Hidalgo 124 4-F
FAVORITA LA
Barrio San José 152 1-E
Miguel Hidalgo 125 4-A
San Juan y San P. Tezompa 152 1-E
FEBE
Hacienda de San Juan de T. 123 4-B
Rinconada de Aragón 60 5-C
FEBO
Crédito Constructor 109 1-C
Rinconada Coacalco 33 4-B
FEDERACION MEX. DE EXCMO.
Montañista La Presa 58 3-D
FEDERACION MEX. DE FUTBOL A.
Villa Lázaro Cárdenas 123 3-B
FEDERAL
Ampl. Estado de Hidalgo 108 1-B
FEDERAL 3A. CDA.
Tlapacoya 127 2-D
FEDERAL AV.
Lomas San Juan Ixhuatepec 58 6-E
San Juan Ixhuatepec 58 6-E
FEDERAL CDA.
Lomas San Juan Ixhuatepec 58 6-E
FEDRA
Cuautitlán Izc. Ensueños 30 1-D
FELICIDAD
Pueblo San Miguel Ajusco 135 6-B
FELICIDAD DE LA AV.
Pueblo San Miguel Ajusco 148 2-B
FELIPE
Miravalle 112 4-F
FELIPE II
Residencial El Dorado 56 1-E
FELIX MARIA
Ampl. Emiliano Zapata 113 4-C
FENICIA
Dr. Jorge Jiménez Cantú 30 4-D
FENIX
Granjas Modernas 71 4-F
FENIX EL
Industrial 71 5-C
FERIA DE LA
Colina del Sur 108 1-C
FERIA DE LAS FLORES
Ampliación Evolución 99 2-D
Benito Juárez 99 2-D
FERNANDEZ ALBARRAN
Cinco de Mayo 127 6-F
FERNANDEZ ALBARRAN JOSE
Ejército del Trabajo 101 2-B
FERNANDEZ ALBARRAN JUAN
INFONAVIT COCEM I 31 5-D
FERNANDEZ ALBARRAN JUAN LIC.
Coacalco de Berriozábal 32 4-F
Tultitlán 31 1-D
Zona Ind. San Pablo Xalpa 57 6-D
FERNANDEZ ALONSO
ISSSEMYM 63 6-C
FERNANDEZ ARRIETA B.2DO SGTO
Los Cipreses 110 6-C
FERNANDEZ CARLOS CDA.
Del Valle 96 4-E
FERNANDEZ DARIO
Palmatitla 58 1-B
FERNANDEZ DE CORDOBA DIEGO
Lomas de Virreyes 95 1-E
FERNANDEZ DE LIZARDI JOAQUIN
Barrio San Bartolo 31 2-C
FERNANDEZ DE LIZARDI JOSE J.
Ciudad Satélite 69 2-A
Periodista 82 3-E
FERNANDEZ DEL CASTILLO FCO.
Nativitas 97 4-B
Villa de Cortés 97 4-B
FERNANDEZ ENCARNACION FELIPE
Tepotzotlán 4 5-C
FERNANDEZ ESPERON IGNACIO
San José 125 5-F
FERNANDEZ FELIX
U. José Ma. Morelos y Pavón 20 4-B
FERNANDEZ FRANCISCO
San Miguel Teotongo 113 2-A
FERNANDEZ JUSTINO
Benito Juárez 97 4-E
Constitución de la Rep. 71 4-F
San Miguel Chapultepec 96 2-B
FERNANDEZ LEAL
Barrio La Concepción 109 3-F
Barrio La Concepción 109 3-E
Barrio Niño Jesús 109 3-E
FERNANDEZ MIGUEL
U. H. El Risco CTM 72 1-A
FERNANDEZ NICOLAS
Francisco Villa 111 4-E
FERNANDEZ TORIBIO
Las Brisas 34 4-D
Santa María Chiconautla 34 4-E
FERNANDEZ TORIBIO 2 PRIVS.
Las Brisas 34 4-E
FERNANDEZ TORIBIO PROL.
Las Brisas 34 4-E
FERNANDEZ VICENTE
Ampliación Emiliano Zapata 113 3-B
FERNANDEZ VICENTE CDA.
Del Carmen 138 2-C
FERNANDO
Alamos 97 2-B
La Floresta 100 6-B
La Purísima 34 5-F
FERRARA
Izcalli Pirámide 57 3-D
Residencial Acoxpa 123 2-D
FERRAT SOLA ROMAN LIC.
INFONAVIT COCEM I 31 5-D
FERRELO BARTOLOME DE
Lomas de Capula 95 5-E
FERRER PRESIDENTE
San Lucas Patoni 57 3-F
FERRER TITO
Santa Martha Acatitla 99 6-D
FERRERIA
Industrial 71 4-C
Pueblo Santa Catarina 70 3-D
Tepeyac Insurgentes 71 4-C
FERRETERIA
Ampl. Veinte de Noviembre 84 3-D
FERRIZ PEDRO
San Lucas Patoni 57 3-F
FERROCARRIL
Ampl. San Juan de Aragón 71 5-F
Barrio La Concepción 109 3-F
Emiliano Zapata 128 4-B
La Magdalena Atlicpan 100 6-F
Paraje 38 134 1-F
Tizapán 109 4-A
Tlazala 101 4-A
Toriello Guerra 122 4-E
FERROCARRIL 3 CDAS.
Francisco Villa 101 3-B
FERROCARRIL A ACAMBARO
San Bartolomé Coatepec 93 3-F
FERROCARRIL A CUERNAVACA AV.
Lomas de Padierna Sur 121 6-D
López Portillo 121 6-D
FERROCARRIL ACAMBARO TOLUCA
Jardines del Molinito 82 1-B
FERROCARRIL AV.
Ampl. Presidentes 88 5-D
La Laguna 59 6-A
Los Reyes 113 1-B
Los Reyes Acaquilpan 113 1-B
Marina Nacional 59 6-A
FERROCARRIL CDA.
El Salado 59 6-C
San Jerónimo Lídice 108 6-C
FERROCARRIL CENTRAL
Ampliación Del Gas 83 1-F
Atlampa 83 1-F
Del Gas 70 6-E
Del Gas 83 1-F
Hogares Ferrocarrileros 70 5-E
Ignacio Allende 83 1-F
Victoria de las Democracias 83 1-F
FERROCARRIL CENTRAL AV.
Central Rosario 70 2-B
FERROCARRIL CENTRAL CDA.
Tlatilco 70 6-E
FERROCARRIL CUERNAVACA
Barrio San Francisco 121 1-C
Carola 96 5-A
La Cruz 121 1-C
San Francisco 121 1-C
Santa María Nonoalco 96 5-A
FERROCARRIL CUERNAVACA 1A CD
Pedregal de San Nicolás 121 4-B
FERROCARRIL CUERNAVACA 2A CD
Pedregal de San Nicolás 121 3-B
FERROCARRIL CUERNAVACA CDA.
Miguel Hidalgo 108 4-E
FERROCARRIL DE ACAMBARO
Naucalpan de Juárez 69 6-C
FERROCARRIL DE ACAPULCO AV.
Altavilla 72 1-B
Ampl. San José Xalostoc 72 1-B
San Miguel Xalostoc 72 1-B
FERROCARRIL DE CINTURA
Centro 84 4-D
Diez de Mayo 84 4-D
Emilio Carranza 84 4-D
Morelos 84 4-D
FERROCARRIL DE CUER. CDA.
Pueblo San Miguel Ajusco 136 1-B
FERROCARRIL DE CUERNAVACA
Ampliación Granada 82 3-F
Atlamaya 108 3-F
Flor de María 108 3-F
Lomas de San Angel Inn 108 3-F
Lomas de los Angeles de T 108 3-F
Miguel Hidalgo 108 3-F
Olivar de los Padres 108 3-F
Pedregal de San Nicolás 121 4-B
Pilares Aguilas 108 3-F
Progreso 108 3-F
Pueblo San Miguel Ajusco 148 1-B
San Jerónimo Lídice 108 3-F
FERROCARRIL DE CUERNAVACA AV
Ampl. Granada 82 4-F
Anáhuac 82 4-F
Del Bosque 82 4-F
Granada 82 4-F
Irrigación 82 4-F
Los Morales 82 4-F
Los Morales Secc. Alameda 82 4-F
Nueva Santa María 82 4-F
Palmas Polanco 82 4-F
Pensil Sur 82 4-F
Santo Domingo 82 4-F
Tlatilco 82 4-F
FERROCARRIL DE LOS REYES AV.
C. H. La Pradera I 72 5-E
Vergel de Guadalupe 72 5-E
FERROCARRIL DE SANTA FE
Francisco Villa 101 2-B
FERROCARRIL DE VERACRUZ AV.
U. H. Pantaco 70 4-D
FERROCARRIL DEL
Radiofaro Totolcingo 35 6-D
FERROCARRIL DEL AV.
Esfuerzo Nacional 59 4-D
San Miguel Xometla 37 2-A
FERROCARRIL DEL CDA.
Atenguillo 50 6-B
FERROCARRIL HIDALGO
Ampl. San Juan de Aragón 71 6-D
Ampl. Villahermosa 72 3-A
Aragón 71 6-D
Atzacoalco 72 3-A
Bondojito 71 6-D
Constitución de la Rep. 71 6-D
Del Obrero 72 3-A
Emiliano Zapata 84 1-D
Estrella 71 6-D
Felipe Pescador 84 1-D
Granjas Modernas 71 6-D
Guadalupe Tepeyac 71 6-D
Gustavo A. Madero 71 6-D
La Joyita 71 6-D
Martín Carrera 71 6-D
Quince de Agosto 71 6-D
Salvador Díaz Mirón 71 6-D
Santa Coleta 71 6-D
Siete de Noviembre 84 1-D
Tres Estrellas 71 6-D
Valle Gómez 84 1-D
Vasco de Quiroga 72 3-A
FERROCARRIL HIDALGO PRIV.
Santo Tomás Chiconautla 34 3-D
FERROCARRIL INDUSTRIA NAL.
Alce Blanco 69 5-D
FERROCARRIL INDUSTRIAL
Merced Balbuena 84 6-C
FERROCARRIL INDUSTRIAL AV.
Emiliano Zapata 84 1-C
Moctezuma 2a. Secc. 84 4-F
Siete de Noviembre 84 1-C
FERROCARRIL INDUSTRIAL PROL.
Aeronáutica Militar 84 6-D
FERROCARRIL MEXICANO
Aragón 71 4-D
Industrial 71 4-D
Tabla Honda 57 2-C
Tepeyac Insurgentes 71 4-D
FERROCARRIL MEXICO VERACRUZ
Guadalupe Ticomán 58 5-D
Santa María Xalostoc 59 3-E
FERROCARRIL ORIENTE AV.
Lázaro Cárdenas 18 5-C
Los Morales 18 5-C
Romita 18 5-C
FERROCARRIL PRIV.
La Cruz 121 2-C
San Jerónimo Lídice 108 6-C
FERROCARRIL RIO FRIO
Agrícola Oriental 98 4-C
C. H. Real del Moral 98 4-C
Dr. Alfonso Ortiz Tirado 98 4-C
El Rodeo 98 4-C
Z. U. E. Iztapalapa 98 4-C
FERROCARRIL RISCO REYES AV.
Granjas Valle de Guadalupe 72 1-D
FERROCARRIL SAN R. ATLIXCO
Barrio San Miguel 111 1-C
Barrio Santa Ana Zapotitlán 125 1-A
Guadalupe del Moral 98 6-C
La Estación 125 1-A
La Purísima 111 1-C
Las Arboledas 125 1-A
U. H. El Gavilán 111 1-C
U. H. ISSSTE Norma 111 1-C
Zapotitlán 125 1-A
FERROCARRIL SAN RAFAEL
Francisco Villa 111 4-E
La Hera 111 4-E
FERROCARRIL VERACRUZ AV.
Ampl. Gabriel Hernández 71 3-F
Atzacoalco 72 2-A
Barrio La Cruz 71 3-F
Gabriel Hernández 71 3-F
San José de la Pradera 71 3-F
FERROCARRILES
Lázaro Cárdenas 35 6-A
Pilares 37 5-A
FERROCARRILES DE LOS BLVR.
Euzkadi 70 5-E
FERROCARRILES NACIONALES
Tabacalera 83 4-E
FERROCARRILES NACIONALES AV.
Angel Zimbrón 70 5-B
Barrio Nextengo 70 5-B
Barrio Santa Apolonia 70 5-B
San Francisco Tetecala 70 5-D
San Mateo 70 5-D
Santo Domingo 70 5-D
Tacuba 70 5-B
Villa Azcapotzalco 70 5-D
FERROCARRILES NALES. 2 PRIVS
Santo Domingo 70 4-B
FERROL
Del Valle 96 4-E
FERRONALES
Cuautitlán 31 1-C
FERRUSQUILLA JOSE ANGEL
Compositores Mexicanos 45 6-A
FIDEICOMISO AND.
Zentlapatl 106 2-F
FIDEL CDA.
Francisco Zarco 97 4-A
FIDELIO
Miguel Hidalgo 124 4-F
FIELD JURADO FRANCISCO AV.
Independencia 97 5-A
FIERRO
Ampliación El Tesoro 44 2-D
FIERRO A. GRAL.
Fuego Nuevo 111 5-A
FIERRO ALBERTO GRAL.
Marina Nacional 59 6-A
FIERRO HECTOR
Emiliano Zapata 110 5-B
San Juan de Aragón 72 6-B
FIERRO MIGUEL A.
Filiberto Gómez 100 1-B
FIERRO R. CDA.
Francisco Villa 111 4-E
FIERRO ROBERTO
Ahuehuetes 56 1-C
Alfredo del Mazo 127 2-E
Ampliación Aviación Civil 98 1-C
Santiago Zacualuca 23 1-B
FIERRO RODOLFO
Arboledas de Xalostoc 46 6-A
Cuchilla Alfredo del Mazo 127 3-E
Lomas de Chamapa 81 3-D
Lomas de Guadalupe 56 4-A
FIERRO RODOLFO CDA.
San Pablo de las Salinas 19 6-F
FIERRO RODOLFO Y CDA.
Francisco Villa 111 4-E
FIERRO ROGELIO
La Trinidad 76 1-C
FIGARO
Lomas Hidalgo 121 6-E
FIGUEROA ANDRES GRAL.
Héroes de la Revolución 82 5-A
San Juan Tlihuaca 69 4-F
FIGUEROA E. PADRE
Ciudad de los Niños 69 6-A
FIGUEROA FRANCISCO
Constitución de 1917 111 3-E
FIGUEROA ROMULO
Alvaro Obregón 99 5-B
FIJO DE VERACRUZ
U. H. Ejército de Oriente 99 5-B
FILADELFIA
Nápoles 96 3-D
FILATELISTAS CDA.
El Retoño 97 6-C
FILIPINAS
México 68 68 4-D
Portales 97 6-A
San Simón Ticumac 97 6-A
U. Industrias Tulpetlac 60 1-C
FILOSOFIA Y LETRAS
Copilco Universidad 109 4-C
Lomas Anáhuac 94 2-F
FILOSOFOS
Jardines de Churubusco 97 5-F
Nueva Rosita 97 5-F
FILOSOFOS DE LOS CALZ.
Bosque de Chap. 1a. Secc. 83 6-B
FINA ESTAMPA
San Andrés Totoltepec 135 4-D
Tlalpuente 135 3-B
FINANCE ERNESTO
Jorge Negrete 58 5-A
FINCA DE LA
Villas de la Hacienda 43 2-C
FINCA LOS CANTAROS
Barrio del Refugio 16 2-F
FINESA
Dr. Jorge Jiménez Cantú 30 4-D
La Joyita 30 4-D
FINLAY CARLOS AV.
Lomas de San Cristóbal 33 5-A
FINLAY JUAN CARLOS
U. IMPI Iztacalco 97 4-F
FINSA
Chinampac de Juárez 98 6-F
FIORDOS DE LOS
Zona Res. Acueducto de Gpe. 57 5-F
FIPAIN AV.

Calle / Colonia	Plano	Coordenadas
Ampl. Llano de Báez	34	6-D
Diecinueve de Septiembre	34	6-D
FISCALES		
Ampliación El Sifón	97	6-E
El Sifón	97	6-E
FISCALES PRIV. Y CDA.		
Ampliación El Sifón	97	6-E
FISCALES PROL.		
Magdalena Atlazolpa	97	5-E
FISCO DEL CDA.		
Pueblo San Diego	76	1-D
FISICA		
México	98	1-F
U. H. El Rosario	69	1-F
FISICOS		
Ampliación El Sifón	97	6-E
El Sifón	97	6-E
San José Xalostoc	59	6-B
FISICOS AV.		
San Juanico Nextipac	97	6-D
U. H. La Viga	97	6-D
FITOTECNIA		
Profesores	76	3-B
FLAMAND JORGE ING.		
Residencial San Antonio	63	2-C
FLAMENCO		
Rinconada de Aragón	60	5-B
Rinconada de Aragón	60	5-C
FLAMENCOS		
Ampliación Miguel Hidalgo	121	6-F
Granjas Lomas de Guadalupe	30	5-B
Lomas Hidalgo	121	6-F
San José Insurgentes	96	6-C
Santa Cecilia	57	2-C
FLAMENCOS CJON.		
Centro	84	5-B
FLAMENCOS DE LOS		
Lomas de la Herradura	94	1-E
FLAMENGO Y CDA.		
Arboledas del Sur	123	4-B
FLAMINGO		
Ave Real	108	1-C
Loma de la Cruz	42	1-B
San Gabriel	43	3-C
Tlalpexco	58	2-C
FLAMINGOS		
Ampliación Tepeaca	108	1-C
Atlacomulco	99	2-B
Cocoyotes	58	2-B
Las Arboledas	43	6-D
Las Golondrinas	95	5-E
Metropolitana 1a. Secc.	99	2-B
Metropolitana 2a. Secc.	99	2-B
Metropolitana 3a. Secc.	99	2-B
San Lorenzo	99	2-B
Unidad Hab. Fauna Silvestre	87	5-F
Valle de Tules	44	4-C
Valle de Tules	44	3-C
FLAMINGOS 1a.		
PROFOPEC Polígono 3	60	5-D
FLAMINGOS 2a.		
PROFOPEC Polígono 3	60	6-C
FLAMMARION		
Anzures	83	4-C
FLAUTA MAGICA		
Miguel Hidalgo	125	4-A
FLEMING ALEJANDRO		
U. IMPI Iztacalco	97	4-F
FLEMING ALEXANDER DR.		
Granjas de San Cristóbal	33	5-A
FLINT		
Corpus Christi	108	1-A
Tepopotla	108	1-A
FLOR		
Aurora	99	3-F
Las Huertas	68	6-D
FLOR AVE DEL PARAISO		
Bello Horizonte	31	5-E
El Molino	127	2-C
FLOR DE ABRIL		
San José del Jaral	43	2-D
FLOR DE AGUA CDA.		
Florida	109	2-C
FLOR DE AMAPOLA		
Vista Hermosa	4	4-B
FLOR DE AZAHAR		
Lomas San Lorenzo	111	6-D
Vista Hermosa	46	1-C
FLOR DE AZALEA		
Ampl. Minas Palacio	81	4-C
Lomas San Lorenzo	111	6-E
Torres del Potrero	108	5-A
FLOR DE AZUCENA		
Lomas San Lorenzo	111	6-E
FLOR DE CAMELIA		
Lomas San Lorenzo	111	6-E
FLOR DE CAMELIA CDA.		
Ejidos de San Pedro Mártir	122	6-F
FLOR DE CAMPO		
2a. Ampl. Stgo Acahualtepec	112	2-D
Lomas de Totolco	100	2-F
Santa Rosa	101	1-E
FLOR DE CANELA		
Ampl. Minas Palacio	81	4-B
Torres del Potrero	108	5-A
Xalpa	112	4-D
FLOR DE CANELA AND.		
Ampl. Minas Palacio	81	4-C
FLOR DE CAÑAS		
Xalpa	112	4-D
FLOR DE CAPOMO		
2a. Ampl. Stgo Acahualtepec	112	2-D
FLOR DE CISNE		
San José del Jaral	43	2-D
FLOR DE DALIA CDA.		
Santiago Acahualtepec	112	2-E
FLOR DE DALIA Y CDA.		
Santiago Acahualtepec	112	2-E
FLOR DE DELFINO		
Torres del Potrero	107	5-F
FLOR DE DURAZNO		
Ampl. Bosques de Ixtacala	43	1-B
El Molino	127	3-D
Loma Encantada	113	3-E
Lomas de Zaragoza	112	2-F
Miraflores	42	2-F
San José del Jaral	43	2-D
San Pedro Mártir	135	1-D
Santa Rosa	101	2-E
FLOR DE JAZMIN		
Torres del Potrero	108	5-A
FLOR DE JAZMIN CDA. Y PRIV.		
Torres del Potrero	108	5-A
FLOR DE LA		
Santa Rosa	101	1-E
FLOR DE LA PROL.		
Unidad Hab. Auris II	101	1-D
FLOR DE LIMA		
San José del Jaral	43	1-D
FLOR DE LIRIO		
Ampliación Emiliano Zapata	42	3-E
Lomas San Lorenzo	111	6-E
FLOR DE LIRIO CDA.		
Las Palmas	42	3-F
FLOR DE LIS		
Ampl. Minas Palacio	81	4-C
Garcimarrero	108	1-B
Jardines de Chalco	140	2-D
Jardines de la Cañada	44	1-C
Juan González Romero	72	1-A
Lomas de San Lorenzo	111	6-E
Los Angeles Apanoaya	111	3-E
San José del Jaral	43	1-D
San Pablo	112	4-F
Santa Rosa	101	1-E
Santa Rosa	101	2-E
Torres del Potrero	108	5-A
Torres del Potrero	108	5-B
Villa de las Flores	32	1-F
Xalpa	112	4-D
FLOR DE LIS CDA.		
Juan González Romero	72	2-A
Torres del Potrero	108	5-B
FLOR DE LOTO		
El Molino	127	2-C
Jardines de Chalco	140	1-D
Lomas San Lorenzo	111	6-E
San José del Jaral	43	1-D
Santa María de Guadalupe	43	3-F
Santa Rosa	101	2-E
Torres del Potrero	108	5-A
Villas de las Palmas	42	2-F
FLOR DE MAGUEY		
Santa Rosa	101	2-E
FLOR DE MARIA Y 3 CDAS.		
Flor de María	108	3-F
FLOR DE MARZO Y CDA.		
San Jose del Jaral	43	2-D
FLOR DE MAYO		
Ciudad de los Niños	69	6-A
Francisco Villa	111	4-E
Hueyatla	120	2-F
ISSSEMYM Bosque Remedios	69	6-A
Las Palmas	42	3-F
Lomas San Lorenzo	111	6-E
Padre Figueroa	69	6-A
San José del Jaral	43	2-D
Santa María de Guadalupe	44	3-A
Villa de las Flores	32	1-F
FLOR DE MAYUKI		
Lomas San Lorenzo	111	6-E
FLOR DE NARANJO		
Ampl. Minas Palacio	81	4-C
FLOR DE NARDO		
Lomas San Lorenzo	111	6-E
FLOR DE NOCHEBUENA		
Lomas de San Lorenzo	124	1-E
Pueblo San Lorenzo Tezonco	124	1-E
Torres del Potrero	108	5-B
FLOR DE NUBE		
El Rosario	124	2-E
Torres del Potrero	108	5-B
FLOR DE NUBE CDA.		
Ejidos de San Pedro Mártir	122	6-F
FLOR DE OROCALI		
Lomas San Lorenzo	111	6-E
FLOR DE PINCEL		
Torres del Potrero	108	5-A
FLOR DE ROCIO		
Santa Rosa	101	1-D
FLOR DE SALVIA		
Lomas San Lorenzo	111	6-E
FLOR DE SAN JOSE		
San José Buenavista	100	2-D
FLOR DE SAN JUAN		
La Agüita	45	6-F
Torres del Potrero	107	5-F
FLOR DE SEDA CDA.		
San José del Jaral	43	2-D
FLOR DE TE		
Villa de las Flores	32	2-F
FLOR DE VALENCIA		
Lomas de la Era	120	1-E
FLOR DE XIOQUI		
San José del Jaral	43	1-C
FLOR DE YUCCA CDA.		
Ejidos de San Pedro Mártir	122	6-F
FLOR DEL RIO		
Lomas San Lorenzo	111	6-D
Los Bordos	59	1-B
FLOR DEL ROSARIO		
Campestre El Potrero	113	5-C
FLOR HUELE DE NOCHE		
Santa Rosa	101	1-D
FLOR LA		
Castillos de Aragón	73	1-B
Hacienda de Aragón	73	1-B
Parques de Aragón	73	1-B
FLOR MARINA		
2a. Ampl. Stgo Acahualtepec	112	2-D
FLOR SILVESTRE		
2a. Ampl. Stgo Acahualtepec	112	2-D
Ampliación Evolución	99	2-E
Benito Juárez	99	2-E
Jardines de Chalco	140	1-D
Lomas San Lorenzo	111	6-E
Lomas de Totolco	100	2-F
San Pedro Mártir	135	1-C
Vista Hermosa	46	1-C
FLOR SILVESTRE Y CDA.		
San Pedro Mártir	135	1-D
FLORA		
Roma	83	5-F
FLORA LA		
Los Pastores	69	4-D
FLORALES		
Granjas Coapa	123	3-E
Magisterial	123	3-E
FLORECITA CDA.		
Santa Cruz del Monte	56	6-A
FLORECITAS		
El Molino	127	3-C
La Casilda	58	1-C
FLORENCIA		
Juárez	83	5-E
FLORENCIA AV.		
Izcalli Pirámide	57	3-C
FLORENTINOS		
Victoria	96	4-A
FLOREO		
El Cuquio	69	2-D
FLORES		
Barrio San Francisco	121	1-C
Ciudad Adolfo López Mateos	42	6-F
El Molino	127	3-C
Hacienda Ojo de Agua	21	4-B
Juan González Romero	72	1-A
Lomas de San Lorenzo	111	6-E
Pedregal Santa Ursula Xitla	123	2-A
Pueblo Santa Ursula Coapa	123	2-A
San Miguel Teotongo	113	2-B
Tlapacoya	127	2-D
Xalpa	112	4-E
FLORES ALATORRE FRANCISCO		
Alvaro Obregón	99	5-A
FLORES ANGEL		
Ejército de Agua Prieta	99	6-B
FLORES AV.		
Huitzico	113	5-C
FLORES BARTOLOME		
Coacalco de Berriozábal	32	4-E
FLORES CDA.		
San Miguel Teotongo	113	3-A
Torres del Potrero	108	5-B
Xalpa	112	4-E
FLORES CJON.		
Barrio San Cristóbal	137	1-A
FLORES CHAVA		
San José	126	6-A
FLORES DE CDA.		
Buenavista	112	5-B
FLORES DE LAS		
Ayotla	127	1-B
Balcones de Santa Ana	41	2-F
Casas Reales	34	4-F
Colatitla	24	2-C
Dos Ríos	93	6-B
Hacienda de la Luz	43	2-C
Las Huertas	81	1-C
Loma de Chimalhuacán	100	1-F
Los Padres	108	6-B
Los Reyes Acaquilpan	113	1-B
Pirules de Bayisco	34	4-F
Profr. Cristóbal Higuera	43	6-B
San Agustín Ohtenco	151	3-F
San Isidro	30	6-E
San Juan Teotihuacán	24	4-A
San Juan Teotihuacán	24	3-C
San Lorenzo Acopilco	106	5-D
San Miguel Hila	41	3-C
San Sebastián Chimalpa	100	4-E
San Sebastián Xolalpa	24	4-E
Santa Catarina Acolman	36	3-B
Santa María Chiconautla	34	4-F
Santa María Nativitas	101	1-B
Techalotes	34	4-F
Tlapacoya	127	2-D
Xochiaca	87	6-C
Xochiaca	100	1-C
Xochitenco	87	5-D
FLORES DE LAS 1A. CDA.		
San Pedro Xalostoc	59	3-C
Santa Cruz	34	4-F
FLORES DE LAS 1A. PRIV.		
San Lorenzo Acopilco	106	5-D
FLORES DE LAS 2 CDAS.		
Hank González	59	3-C
FLORES DE LAS 2A. CDA.		
Ampl San Lorenzo Los Olivos	137	4-A
FLORES DE LAS 2A. PRIV.		
San Lorenzo Acopilco	106	5-D
FLORES DE LAS 3A. CDA.		
Casas Reales	34	4-F
San Pedro Xalostoc	59	2-C
FLORES DE LAS 4A. CDA.		
Casas Reales	34	4-F
FLORES DE LAS AV.		
Altavista	100	6-F
Ampl. Loma Linda	82	1-A
Benito Juárez	28	5-F
Benito Juárez	59	3-C
Buenavista	28	5-F
Campestre El Potrero	113	5-C
El Tianguillo	106	6-D
Fracc. Lomas Country Club	94	1-C
Granjas de Guadalupe	42	1-C
Guadalupe Victoria	33	5-C
Loma Linda	82	1-A
Monte Las Cruces	106	6-D
Plan Sagitario	42	4-E
Sagitario I	42	4-E
San Lorenzo Acopilco	106	6-D
San Luis Tlatilco	82	1-A
San Rafael Chamapa	81	1-F
Santa Cruz	34	4-F
Santa Rosa	101	1-E
Vista Hermosa	29	5-A
FLORES DE LAS BLVD.		
Villa de las Flores	33	1-A
FLORES DE LAS BLVR.		
Jardines de San José	33	3-A
U. H. Morelos Ecatepec	47	2-B
Villa de las Flores	33	3-A
FLORES DE LAS CDA.		
Amado Nervo	19	2-D
Ampliación Los Reyes	113	2-B
Benito Juárez	59	5-D
El Molino	127	2-D
Ixtlahuacan	112	3-F
La Cruz	101	1-A
Pueblo Los Reyes	109	4-F
San Juan y San P. Tezompa	152	2-E
San Mateo Nopala Zona Sur	68	2-E
Santa Rosa	101	1-E
Santiago Teyahualco	32	1-C
Tlapacoya	127	1-E
Vista Hermosa	29	5-A
Vista Hermosa	4	4-B
Xalpa	112	4-C
FLORES DE LAS CDA. CJON.		
Pueblo de Tetelpan	108	4-D
FLORES DE LAS CIR.		
Jardín de la Florida	69	2-C
Miraflores	57	4-C
FLORES DE LAS CJON.		
Chimalhuacán	100	1-C
El Tianguillo	106	6-D
La Habana	126	6-A
Pueblo Coanalán	36	5-C
Pueblo de Tetelpan	108	4-D
San Diego Ocoyoacac	83	1-A
San Francisco Tlaltenco	125	3-D
San Luis Huexotla	76	4-D
Santa María Nativitas	101	1-B
Valle de Tepepan	123	6-B
Xochiaca	87	6-C
Xochimilco	137	1-B
FLORES DE LAS PRIV.		
Lomas de la Era	107	6-F
San Isidro Atlautenco	35	5-A
San Lorenzo Acopilco	106	6-D
FLORES DE LAS RT.		
Fracc. Lomas Country Club	94	1-C
FLORES DE LAS Y 2 CDAS.		
Casas Reales	34	4-F
Cumbres de San Mateo	68	2-E
Santa María Chiconautla	34	4-F
FLORES DE MAYO		
San Juan Zapotla	100	1-F
FLORES ESTEBAN		
Aculiotla	108	2-B
FLORES ESTEBAN DE 3 CDAS.		
Punta de Ceguayo	108	1-B
FLORES EZEQUIEL		
Santiago Teyahualco	19	6-B
FLORES F. DE LAS		
Francisco Villa	56	3-C
FLORES FABIAN 1ER. CJON.		
San Pablo Oztotepec	150	5-E
FLORES FABIAN 2DO. CJON.		
San Pablo Oztotepec	150	5-E
FLORES FABIAN AV.		
San Pablo Oztotepec	150	4-D
San Pablo Oztotepec	150	5-D
FLORES FABIAN CJON.		
San Pablo Oztotepec	150	5-E
FLORES FELIX DR.		
San Andrés Riva Palacio	62	4-D
FLORES FRANCISCO		
Santa Martha Acatitla Sur	112	1-C
FLORES J. MANUEL C 1 2 Y 3		
Jacarandas	111	2-F
U. H. Vicente Guerrero	111	2-F
U. Santa Cruz Meyehualco	111	2-F
FLORES JESUS ALONSO PRIV.		
Observatorio	96	2-A
FLORES JUAN		
La Pastoria	62	3-E
FLORES LAS		
Ampl. Emiliano Zapata	42	2-E
Ampliación El Tesoro	44	3-D
Arenal de Guadalupe	123	4-A
Barrio Niño Jesús	109	3-E
Bosques de Xhala	18	4-B
Campestre	109	2-A
Coatepec	102	4-F
Cuadrante de San Francisco	109	3-E
Chamacuero	43	3-E
El Mirador	16	5-C
Flor de María	108	3-F
Huichapan	83	1-A
Jardines de Chalco	140	1-D
Jardines de Monterrey	43	3-C
Jazmín	137	3-B
Jesús del Monte	107	1-B
La Candelaria	110	5-A
La Magdalena Atlicpan	100	5-E
Las Alamedas	100	5-E
Loma Encantada	113	3-D
Lomas de Chimalhuacán	100	1-F
Lomas de San Miguel	43	2-B
Lomas de Totolco	101	2-A
Los Alpes	109	2-A
Progreso Guadalupe Victoria	33	4-C
Pueblo Los Reyes	109	5-F
Pueblo Los Reyes	109	4-F
Pueblo San Lorenzo Tezonco	124	1-D
Pueblo de Tepexpan	35	5-E
San Andrés Totoltepec	135	3-E
San Andrés Totoltepec	135	2-E
San Isidro La Paz	42	1-A
San Juan Zapotla	100	1-F
San Lorenzo	56	2-B
San Lorenzo Tlalmimilolpan	24	5-B
San Miguel Xicalco	135	4-E
San Miguel Xochimanga	43	4-D
Tlacopac	109	2-A
Tlalpan	122	3-C
U. H. El Paraíso FOVISSSTE	18	6-C
Villa San Lorenzo Chimalco	100	3-C
FLORES LAS 2 PRIVS.		
Casas Reales	34	4-F
FLORES LAS AV.		
Buenavista	112	5-C
Plan Sagitario	42	4-E
Vista Hermosa	29	5-A
FLORES LAS CDA.		
Barrio Xochitepec	152	2-A
El Tianguillo	106	6-D
Guadalupe Victoria	33	5-C
Lomas de Nativitas	137	4-B
Los Alpes	109	1-B
San Bartolomé Xicomulco	150	3-D
San Diego Ocoyoacac	83	1-A
San Lorenzo Huipulco	123	3-A
FLORES LAS CJON.		
Barrio San Miguel	111	2-C
Coatepec	102	3-F
Lomas de Nativitas	137	4-B
Nueva Tenochtitlán	137	2-C
Pueblo Sn Nicolás Totolapan	121	3-B
San Andrés Ahuayucan	136	6-F
San Francisco Acuexcomac	49	6-D
Xochitenco	87	5-D
FLORES LAS PRIV.		
Casas Reales	34	4-F
Jazmín	137	4-B
Pueblo Los Reyes	109	5-F
Tlacopac	109	2-A
FLORES LAS PROL.		
Pueblo Santa Ursula Coapa	123	2-A
San Rafael Chamapa	81	2-F
FLORES LAS Y 3 CJONES Y CDA		
Pueblo Los Reyes	109	4-F
FLORES LAS Y CDA.		
Alcantarilla	108	4-C
Ampl San Lorenzo Los Olivos	137	4-A
FLORES LAS Y PRIV. Y CJON.		
Santa Cruz Atoyac	96	6-E
FLORES LEOPOLDO AV.		
Ampl. Gabriel Hernández	72	1-A
FLORES MAGON		
Ampliación La Forestal	45	6-C
Ampliación La Magdalena	100	6-D
Barrio San Agustín	139	6-D
Benito Juárez	28	5-E
Benito Juárez	59	2-B
Cinco de Mayo	22	2-A
Cinco de Mayo	22	2-B
Citlalli	112	3-C
El Arenal	100	4-F
Emiliano Zapata	81	2-C
Emiliano Zapata	113	3-C
Ixtlahuacan	112	3-F
Jiménez Cantú	128	1-F
La Forestal	45	6-C
Lomas de Santa Cruz	112	4-B
Los Reyes Acaquilpan	113	2-C
Melchor Ocampo	18	1-F
Nextitla	83	2-D
Revolución	101	2-C
Tabla del Pozo	59	2-B
Venustiano Carranza	101	2-C
FLORES MAGON AV.		
Santiago	126	2-F
FLORES MAGON CDA.		
Balcones de Chamapa	81	2-F
Chalco	128	6-A
FLORES MAGON CJON.		
Barrio San Agustín	139	6-D
FLORES MAGON E.		
Santa Clara	59	3-F
FLORES MAGON ENRIQUE Y CJON.		
San Juan Ixhuatepec	58	6-E
FLORES MAGON HERMANOS		
Darío Martínez	127	1-A
San Miguel Teotongo	113	2-A
FLORES MAGON PROL.		
Santo Tomás	114	6-C
FLORES MAGON RICARDO		
Acueducto	46	6-D
Alfredo del Mazo	127	2-E
Amado Nervo	19	2-D
Ampl. Altamira	81	2-F
Ampl. San Sebastián	100	5-E
Ampliación Los Reyes	113	2-B
Ampliación Miguel Hidalgo	121	5-F
Ampliación San Lorenzo	56	2-C
Atlampa	83	2-E
Barrio Xaltipac	139	6-B
Benito Juárez	59	3-C
Buenavista	83	2-E
Ciudad Azteca	60	2-C
Cumbres de Tepetongo	122	6-B
Ej. Santa María Aztahuacán	112	1-A
Ejido San Agustín Atlapulco	100	4-C
El Gallito	59	2-D
El Triunfo	127	3-D
Emiliano Zapata	42	1-E
Guadalupe	121	2-C
Guerrero	84	2-A

Calle / Colonia	COORDENADAS PLANO
Héroes de la Independencia	59 3-F
Izcalli Chamapa	81 3-C
Izcalli Chamapa	81 4-C
La Magdalena Atlicpan	100 5-F
Las Palmas	95 6-E
Loma Bonita	31 2-B
Loma Bonita	114 6-C
Loma Cebada	94 2-D
Lomas de Guadalupe	56 4-A
Los Cuartos	81 3-C
Melchor Ocampo	19 1-A
Miguel Hidalgo	59 3-F
Narciso Mendoza	123 5-C
Narciso Mendoza	123 4-C
Niños Héroes	63 6-A
Olivar del Conde 2a. Secc.	95 6-E
Paraje Zacatepec	112 2-D
Pedregal II	121 2-C
Prados del Sur	123 5-D
San Antonio Xahuento	19 2-D
San José Zacatepec	136 4-D
San Lorenzo	123 5-D
San Lucas Patoni	57 4-E
San Miguel Teotongo	113 3-A
San Miguel Tocuila	62 6-D
San Pedro Xalostoc	59 3-C
San Rafael Chamapa	81 3-C
Santa María Aztahuacán	99 6-A
Santa María La Rivera	83 2-E
Santa María Tianguistengo	16 4-F
Santa Teresa	121 2-C
Santiago Cuautlalpan	88 3-F
Santiago Teyahualco	32 1-C
Santiago Zapotitlán	125 3-B
Santísima Trinidad	122 6-B
Tepetongo	122 6-B
U. H. Nonoalco Tlatelolco	84 2-A
FLORES MAGON RICARDO 2A. CDA	
El Mirador	19 2-D
FLORES MAGON RICARDO AV.	
Barrio de la Luz Bajo	16 3-C
Lomas de Bellavista	112 6-C
U. H. Atzacoalco CTM	71 1-F
FLORES MAGON RICARDO CDA.	
Celco	94 2-D
Palmitas	112 4-C
Santiago Teyahualco	19 6-D
Santiago Yanhuitlalpan	94 5-A
FLORES MAGON Y 2 CDAS.	
San Miguel Teotongo	113 2-A
FLORES MANUEL M.	
Obrera	84 6-B
FLORES MANUEL M. GRAL.	
Barrio Santa Ana Zapotitlán	125 2-A
Zapotitla	125 2-A
FLORES MANUEL PROFR.	
Ampl. Gabriel Hernández	71 2-F
FLORES MEXICANAS	
Ampliación Evolución	99 2-E
FLORES MIGUEL CONSTITUYENTE	
U. H. San Rafael Coacalco	33 2-B
FLORES NEGRAS	
Prados de Ecatepec	20 4-A
FLORES PEDRO	
La Hera	111 4-F
FLORES PEDRO CDA.	
Las Peñas	111 4-F
FLORES PRIV.	
Barrio San Miguel	150 4-C
FLORES RICARDO	
Santiago Teyahualco	19 6-D
FLORES RIVERA	
Jardines del Tepeyac	59 6-E
FLORES TORRES ANTONIO ARQ.	
C. H. Villas de San José	32 4-C
FLORES VALENTIN	
Santa María Chiconautla	34 4-E
FLORES Y CDA.	
Lomas de Santa Cruz	112 5-B
FLORESTA	
Izcalli San Pablo	20 5-B
San Miguel Amantla	69 5-E
Santiago Ahuizotla	69 5-E
FLORESTA 2A. CDA.	
Clavería	83 1-B
FLORESTA AV.	
Fracc. La Floresta	100 6-B
U. H. La Floresta	100 6-B
FLORESTA LA AV.	
Reforma	100 5-B
FLORESTA Y 1A. CDA.	
Clavería	70 6-B
FLORICULTOR	
Guadalupita Tlaxialtemalco	138 2-B
San Luis Tlaxialtemalco	138 1-B
San Luis Tlaxialtemalco	138 2-B
FLORICULTOR 3 CDAS.	
Guadalupita Tlaxialtemalco	138 2-B
FLORICULTOR 4A. CDA.	
Guadalupita Tlaxialtemalco	138 2-B
FLORICULTOR CJON.	
San Luis Tlaxialtemalco	138 1-B
FLORICULTORES	
San Gregorio Atlapulco	138 2-A
FLORICULTORES Y CJON.	
Benito Juárez	97 4-D
Jardines Tecma	97 4-D
FLORICULTURA	
Veinte de Nov. 2o. Tramo	84 2-F
Veinte de Noviembre	84 2-F
Venustiano Carranza	84 2-F
FLORIDA	
Ampl. Playa San Juan	34 6-F
Barrio Norte	95 5-F
Centro	84 3-C
El Tesoro	44 2-D
Guadalupe	89 3-B
Las Peñas	111 4-F
Morelos	84 3-C
Nochebuena	96 5-C
San Francisco Chilpan	31 6-C
San Lorenzo	81 1-E
San Salvador Atenco	62 1-C
FLORIDA PRIV.	
Villa Coyoacán	109 3-D
FLORINES	
Aquiles Serdán	85 2-A
Simón Bolívar	85 2-A
FLORIPONDIO	
Agua Azul	86 6-D
Jardines de Chalco	140 2-D
Tamaulipas El Palmar	86 6-D
Tamaulipas Flores	86 6-D
FLORIPONDIO AV.	
Santa Rosa	101 1-E
FLORIPONDIOS	
Villa de las Flores	33 1-A
FLOX	
Olivar del Conde	95 5-F
FLUIDOS	
Univ. Aut. Metropolitana	42 1-F
FOBOS	
Media Luna	73 3-D
San Pablo Los Gallos	17 5-A
Sideral	98 5-D
FOGATA	
Villas de la Hacienda	43 2-C

Calle / Colonia	COORDENADAS PLANO
FOGONEROS	
Progresista	84 4-E
FOLKLORISTAS	
Compositores Mexicanos	45 6-A
FOLKS. MEXICANOS	
Compositores Mexicanos	45 6-A
FOMENTO AGRICOLA	
Emiliano Zapata	127 1-B
Emiliano Zapata	128 5-A
FOMENTO AGROPECUARIO	
Emiliano Zapata	127 1-B
FOMENTO COOPERATIVO	
México Nuevo	42 6-E
FONSECA NORBERTO	
U. H. El Risco CTM	72 1-A
FONTANEROS DE LOS	
U. H. El Rosario	57 6-A
FONTES PAULINO	
Héroe de Nacozari	71 6-A
FORCILLEDO GARCIA DANIEL	
Alfredo del Mazo	127 2-E
FORD HENRY	
Ampliación Emiliano Zapata	71 6-D
Bondojito	71 6-D
Faja de Oro	71 6-D
Guadalupe Tepeyac	71 6-D
Ind. San Nicolás Tlaxcolpan	56 2-F
San Francisco	56 2-F
FORD HENRY AV.	
Zona Ind. Cuaut. Izcalli	31 2-A
FORD Y 2a. CDA.	
Sierra del Valle	112 3-B
FORESTACION	
Bosques de la Hacienda	17 4-E
FORESTAL	
Z. U. E. Culhuacán	110 5-F
FORESTAL AV.	
Arenal de Guadalupe	123 3-A
Chimali	123 3-A
Ex Ejido de Huipulco	123 3-A
Hacienda de San Juan	123 3-A
Hda. de San Juan de T 2a S.	123 3-A
San Lorenzo Huipulco	123 3-A
FORESTAL CDA.	
San Lorenzo Huipulco	123 3-A
FORESTAL Y CDA.	
Arenal de Guadalupe	123 4-A
FORMAICA	
La Palma	135 3-F
FORMOSA	
Aquiles Serdán	85 3-B
FORTALEZA	
El Sordo	82 3-A
Industrial	71 5-D
FORTIN	
Ampl. San Francisco	115 2-F
Barrio Barranca Seca	121 2-B
Jalalpa Tepito	95 6-B
San Jerónimo Aculco	121 1-D
FORTIN DE LAS FLORES	
Pedregal de Tezompa	152 2-D
San Nicolás Tetelco	152 2-D
FORTIN EL	
Villa Coapa	123 4-D
FORTIN Y CDA.	
San Lorenzo	56 3-B
FORTUNA AV.	
Churubusco Tepeyac	71 4-B
Industrial	71 4-B
Magdalena de las Salinas	71 4-B
Tepeyac Insurgentes	71 4-D
Tepeyac Insurgentes	71 4-B
Valle del Tepeyac	71 4-B
FORTUNA DE LA	
Pueblo San Diego	76 2-D
FRAGATA	
Lomas del Chamizal 4a. Secc	94 4-E
San Simón Culhuacán	110 4-F
FRAGATA CDA.	
Lomas del Chamizal	94 4-E
FRAGATA DE LA	
San Miguel Xalostoc	72 1-B
FRAGONARD	
Insurgentes Mixcoac	96 5-C
San Juan	96 5-C
FRAGOSO ANGEL	
Margarito F. Ayala	34 2-D
FRAGOSO BENIGNO	
U. H. San Rafael Coacalco	33 2-B
FRAGOSO CARMEN	
Ecatepec de Morelos	33 6-D
FRAGOSO DAVID	
Ejidos de San Pedro Mártir	135 1-E
San Pedro Mártir	135 1-E
FRAGOSO DAVID 2 CDAS.	
Ejidos de San Pedro Mártir	135 1-F
FRAGOSO FERNANDO	
Margarito F. Ayala	34 2-D
FRAGOSO GUILLERMO	
San Francisco Xalostoc	59 5-E
FRAGOSO MANUEL CDA.	
Los Bordos	46 6-A
FRAGOSO MARCELA	
Margarito F. Ayala	34 2-D
FRAGOSO ODILON	
U. H. San Rafael Coacalco	33 2-B
FRAGOSO SILVANO	
Margarito F. Ayala	34 2-D
FRAGOSO VICTORIANO	
Margarito F. Ayala	34 2-D
FRAGUA	
Punta La Zanja	87 3-F
FRAILE	
Lomas de Chamapa	81 3-E
San Esteban Huitzilacasco	81 3-F
FRAILE DEL	
Barrio San Martín	4 6-D
San Pedro Mártir	135 1-C
FRAILES DE LOS	
Colina del Sur	95 6-D
FRAILES DE LOS AV.	
San Andrés Atenco	56 3-D
FRAMBOYAN	
El Tanque	108 5-A
Garcimarrero	108 1-C
Lomas de San Miguel	43 2-B
Santa María de Guadalupe	43 3-F
Villa de las Flores	33 1-A
Viveros de San Carlos	46 4-F
FRAMBOYAN CDA.	
Pedregal de Santo Domingo	109 4-E
FRAMBOYANES	
2a. Ampl. Stgo Acahualtepec	112 2-E
Atizapán Moderno	56 2-B
El Manto	111 2-C
Ixtapaluca Izcalli	114 6-B
La Mancha 3a. Secc.	81 4-D
La Perla	99 4-F
FRAMBOYANES DE LOS	
Jardines de San Mateo	68 3-F
FRAMBUESA	
Ampliación López Portillo	125 2-D
Barrio Fundidores	87 2-F
Ejido Santa Cruz Xochitepec	136 2-C
Hogar y Seguridad	83 1-D
Jardines de Ecatepec	47 2-B
La Planta	124 3-E

Calle / Colonia	COORDENADAS PLANO
Montañista	58 2-D
Nueva Santa María	83 1-D
San Miguel Teotongo	113 3-A
FRAMBUESAS	
Corralitos	112 5-C
Prados de Ecatepec	19 3-F
San Fernando	94 4-C
FRANCE ANATOLE	
Polanco Chapultepec	83 4-A
Polanco Reforma	83 4-A
FRANCESES	
El Paraíso	95 3-F
La Conchita	95 3-F
Molino de Santo Domingo	95 3-F
FRANCIA	
Centro Urbano Cuaut Izcalli	17 5-E
Florida	109 1-C
Jardines de Cerro Gordo	47 6-B
La Olímpica II	60 5-B
México 86	81 2-B
México 86	42 3-F
San Simón Tolnáhuac	84 1-A
FRANCIA 1924	
U. H. Olímpica	122 2-D
FRANCIA 2 CDAS.	
Florida	109 2-C
FRANCIA DE PRIV.	
Residencial La Luz	17 2-E
FRANCIA NORTE Y SUR	
Lomas de Bulevares	43 6-E
FRANCISCO CDA.	
La Conchita Zapotitlán	125 3-B
FRANCISCO PAULA DE	
Nueva Díaz Ordaz	110 5-A
FRANCITA	
Petrolera	69 4-F
FRANCO HERNANDO	
Parque del Metropolitano	45 6-B
FRANCO ITZEL	
Barrio Pescadores	87 2-E
FRANCO JOSE E. (C. 27)	
U. Santa Cruz Meyehualco	112 3-B
FRANCO LIC.	
Lomas San Juan Ixhuatepec	58 6-D
FRANCOS	
Cerro Prieto	84 2-F
FRANKLIN	
San Alvaro	83 1-C
FRANKLIN BENJAMIN	
Escandón	96 1-C
Hipódromo	96 1-C
Hipódromo de la Condesa	96 1-C
Las Huertas	81 1-D
Parque Ind. Cuamatla	31 1-A
FRATERNIDAD	
Cerro del Tejolote	114 5-D
Cerro del Tejolote	114 6-D
Francisco Sarabia	42 2-C
Jardines de Acuitlapilco	88 5-B
Mayorazgos La Concordia	56 1-D
México Nuevo	55 2-D
Res. Puertas del Pedregal	109 4-A
San Pablo Chimalpa	106 2-E
FRATERNIDAD DE LA RT.	
La Retama	94 6-B
FRAY ALONSO DE LA VERACRUZ	
Cuautepec de Madero	58 2-A
San Andrés Atenco	56 3-D
San Lucas Tepetlacalco	56 6-C
FRAY ALONSO LOPEZ DE H. C.73	
Puebla	98 1-B
FRAY ANDRES DE CORDOBA	
San Andrés Atenco	56 3-D
Vasco de Quiroga	72 3-A
FRAY ANDRES DE CORDOBA CDA.	
San Andrés Atenco	56 3-D
FRAY ANGELICO	
Nonoalco	96 5-B
FRAY ANTONIO DE SEGOVIA CDA.	
Tepalcates	98 3-F
FRAY ANTONIO MACEDO CDA.	
Tepalcates	98 3-F
FRAY ANTONIO MARCHENA	
Colón Echegaray	69 3-D
San Andrés Atenco	56 3-D
FRAY BART. DE LAS C. PROL.	
San Andrés Atenco	56 3-C
FRAY BARTOLOME DE LAS CASAS	
Barrio Cruztitla	151 1-F
Ciudad Satélite	69 1-B
Cuautepec de Madero	58 2-A
Morelos	84 3-C
Pueblo San Miguel Ajusco	148 1-A
Pueblo Santa Rosa Xochiac	107 5-C
San Martín de las Pirámides	24 2-F
San Pedro Atocpan	151 3-A
Vasco de Quiroga	72 3-A
FRAY BARTOLOME DE OLMEDO	
Vasco de Quiroga	72 3-A
FRAY BERNARDINO DE LA TORRE	
Vasco de Quiroga	72 2-A
FRAY BERNARDINO DE SAHAGUN	
Buenavista	83 3-F
San Andrés Atenco	56 3-D
Vasco de Quiroga	72 3-A
FRAY DIEGO DE ALTAMIRANO	
Vasco de Quiroga	72 3-A
FRAY DIEGO DE ISIORDIA	
San Andrés Atenco	56 3-D
FRAY DIEGO DE LANDA	
Ciudad Satélite	69 2-A
San Andrés Atenco	56 3-C
FRAY EUSEBIO KINO	
Ciudad Satélite	69 1-B
San Andrés Atenco	56 3-D
FRAY FCO. DE LOS ANGELES	
Vasco de Quiroga	72 3-A
FRAY FELIPE DE JESUS	
San Andrés Atenco	56 3-D
FRAY FELIPE DE LOS ANGELES	
San Andrés Atenco	56 3-D
FRAY FRANCISCO DE ASIS	
San Andrés Atenco	56 3-D
FRAY FRANCISCO FREJES	
Vasco de Quiroga	72 2-A
FRAY GARCIA DE SALVATIERRA	
Ciudad Satélite	69 1-B
FRAY GARCIA GUERRA	
Lomas de Virreyes	95 1-F
FRAY JESUS ALMANZA 6A. CDA.	
Tepalcates	98 3-F
FRAY JESUS ALMANZA 7A. CDA.	
Tepalcates	98 3-F
FRAY JESUS ALMANZA 8A. CDA.	
Tepalcates	98 3-F
FRAY JESUS ALMANZA CDA.	
Tepalcates	98 4-F
FRAY JOSE DE LA CORUÑA	
Vasco de Quiroga	71 3-F
FRAY JOSE MOJICA	
San Andrés Atenco	56 3-D
FRAY JUAN AGUSTIN DE MORFI	
Ciudad Satélite	69 2-C
FRAY JUAN DE PADILLA	
Vasco de Quiroga	72 3-A
FRAY JUAN DE SAN MIGUEL	
Ciudad Satélite	69 1-B

Calle / Colonia	COORDENADAS PLANO
FRAY JUAN DE TECTO	
Ciudad Satélite	69 1-B
FRAY JUAN DE TORQUEMADA	
Obrera	97 1-A
San Andrés Atenco	56 3-D
FRAY JUAN DE UGARTE	
Ciudad Satélite	69 1-B
FRAY JUAN DE ZUMARRAGA	
Ciudad Satélite	69 1-B
Cuautepec de Madero	58 2-A
Guadalupe San Ildefonso	28 6-F
San Andrés Atenco	56 3-D
San Ildefonso	28 6-F
FRAY JUAN PEREZ	
Colón Echegaray	69 3-D
FRAY JUNIPERO SERRA	
Ciudad Satélite	69 1-B
San Andrés Atenco	56 3-D
FRAY LEOPOLDO VILLALOBOS CDA	
Tepalcates	98 3-F
FRAY LUIS DE LEON	
Tultitlán	31 2-C
FRAY MARGIL DE JESUS	
Ciudad Satélite	69 1-B
FRAY MARTIN DE PORRES	
San Andrés Atenco	56 3-D
FRAY MARTIN DE VALENCIA	
Barrio San Isidro	138 2-D
Vasco de Quiroga	72 3-A
FRAY MIGUEL DE GUEVARA	
Ciudad Satélite	69 2-B
FRAY OLIVOS PRIV.	
Olivar de los Padres	108 4-B
FRAY OLMEDO	
Ciudad Satélite	69 1-B
FRAY PAYO ENRIQUEZ DE RIVERA	
Lomas de Virreyes	82 6-F
FRAY PEDRO DE CORDOBA	
Vasco de Quiroga	72 3-A
FRAY PEDRO DE GANTE	
Barrio Cruztitla	151 1-F
Centro Oriente	63 6-A
Ciudad Satélite	69 1-B
Chiconcuac	62 2-F
La Magdalena Panohaya	62 3-E
Residencial San Pedro	76 1-A
Revolución	63 6-A
San Andrés Atenco	56 3-D
San Antonio Tecomitl	152 1-A
San Mateo	63 6-A
San Pedro	63 6-A
Sección XVI	122 3-F
Vasco de Quiroga	72 3-A
FRAY PEDRO DE GANTE CJON.	
Barrio Cruztitla	152 1-A
FRAY SERVANDO T. 2A. CDA.	
Cuautepec de Madero	58 2-A
FRAY SERVANDO T. DE M. CDA.	
Centro	84 5-B
FRAY SERVANDO T. DE MIER 2 R	
Jardín Balbuena	84 6-E
FRAY SERVANDO T. DE MIER CDA	
Esperanza	84 6-B
Tránsito	84 6-B
FRAY SERVANDO T. MIER 22 RTS	
Jardín Balbuena	84 6-F
FRAY SERVANDO TERESA DE MIER	
Aeronáutica Militar	84 6-F
Barrio Cruztitla	152 1-A
Centro	84 6-F
Cuautepec de Madero	58 2-A
Darío Martínez	113 6-F
Esperanza	84 6-F
Jardín Balbuena	84 6-F
Merced Balbuena	84 6-F
San Andrés Atenco	56 3-D
Tránsito	84 6-F
U. Kennedy	84 6-F
Vicente Guerrero	81 5-D
FRAY TOMAS DE AQUINO	
Barrio Cruztitla	152 1-A
FRAY TOMAS DE AQUINO PRIV.	
Barrio Cruztitla	152 1-A
FRAY TORIBIO DE BENAVENTE	
Ciudad Satélite	69 1-B
San Andrés Atenco	56 3-D
Vasco de Quiroga	72 3-A
FREG LUIS	
Lomas de Sotelo	82 2-E
FRENO DEL CDA.	
Rincón de la Charrería	56 5-A
FRENTE DE SOLIDARIDAD	
Unión de Guadalupe	127 5-E
FRENTE ZAPATISTA	
Lázaro Cárdenas	18 4-C
FRESA	
Ampl. Lomas de San Bernabé	120 2-E
El Mirador	59 1-A
Granjas Independencia	73 3-B
Jardines de Ecatepec	47 2-B
La Palma	46 6-D
La Planta	124 3-E
Lomas de Chamontoya	120 1-E
Los Bordos	59 1-B
Viveros de San Carlos	46 4-F
Xalpa	112 4-D
Xalpa	112 3-D
FRESA DE LA	
Las Granjas Acolman	36 5-B
FRESA Y PRIV.	
Las Huertas	81 1-C
FRESALES	
Villa del Puente	123 3-F
FRESAS	
Ejidos de Totoltepec	134 1-F
Hacienda Ojo de Agua	21 4-B
Las Peñitas 3a. Secc.	43 3-D
Los Bordos	46 6-B
PROFOPEC Polígono 1	60 4-D
Prados de Ecatepec	19 3-F
Tlacoquemécatl	96 5-D
FRESITA CDA.	
Ampl. Lomas de San Bernabé	120 2-E
FRESNILLO	
Felipe Angeles	84 2-E
La Joya	31 6-D
Las Palmas	121 1-A
San Esteban Huitzilacasco	81 3-F
San Felipe de Jesús	72 3-B
FRESNILLO 2 CDAS.	
Las Palmas	121 1-A
FRESNILLO CDA.	
Lomas Quebradas	121 1-B
FRESNILLO PROL.	
Buenos Aires	100 3-E
FRESNILLO Y CDA.	
Buenos Aires	100 4-E
FRESNO	
Ahuehuetes	58 2-C
Ampl. Alfredo V. Bonfil	43 4-A
Ampl. Buenavista	44 3-D
Ampl. Minas Palacio	81 4-B
Ampl. San José del Jaral	43 3-D
Ampliación El Fresno	31 6-C
Ampliación San Marcos Norte	123 6-E
Arboledas de Aragón	73 2-B
Atlampa	83 1-E

Calle / Colonia	Plano	Coordenadas
Avándaro	127	1-B
Barrio Barranca Seca	121	2-B
Barrio Texcatitla	139	6-A
Bello Horizonte	31	5-E
Bosque del Pedregal	121	6-C
Bosques de Primavera	43	1-B
Bosques de San Lorenzo	76	1-B
Buenavista	112	5-B
Calacoaya	56	4-B
Campestre El Potrero	113	5-C
Campestre Liberación	42	3-D
Citlalli	112	3-C
Consejo Agrarista Mexicano	111	6-F
Consejo Agrarista Mexicano	111	6-E
Cuauhtémoc	108	6-B
Chimilli	121	6-E
Del Bosque	58	3-A
Ejidal Ampl. San Marcos	44	4-C
Ejidos de San Cristóbal	33	5-F
El Arbol	95	5-C
El Manto	111	2-B
El Mirador	59	1-A
El Molino	127	3-D
El Molino Tezonco	124	3-D
Hank González	59	1-C
Ixtlahuacan	112	3-F
Jardines de Acuitlapilco	88	6-B
Jardines de Ecatepec	47	2-B
Jesús del Monte	94	6-B
La Candelaria	110	5-A
La Candelaria Ticomán	58	5-B
La Cruz	121	2-C
La Malinche	108	6-B
La Mancha 3a. Secc.	81	4-D
La Nopalera	35	3-B
La Palma	56	1-F
La Pastora	58	5-B
Las Cruces	107	6-F
Las Huertas	33	5-F
Loma Linda	82	1-A
Lomas del Bosque	43	1-B
Lomas del Olivo	94	4-D
Los Bordos	46	6-A
Los Olivos	125	1-A
Los Pirules	94	2-D
Los Reyes Tultitlán	31	4-D
Palmitas	112	4-C
Prados de Ecatepec	20	3-A
Pueblo San Juan Tepenáhuac	152	4-B
Pueblo San Lorenzo Tezonco	124	1-D
Pueblo Santa Cruz Acalpixca	137	3-D
Pueblo Santa Ursula Coapa	123	1-A
Pueblo de Tepexpan	35	5-F
Residencial del Parque	56	6-D
Revolución	101	2-B
Rincón Verde	68	2-C
San Antonio	22	3-B
San Antonio	138	3-B
San Antonio	57	4-A
San Bartolomé Coatepec	93	3-F
San Francisco Chilpan	31	6-C
San Francisco Zacango	36	6-D
San Isidro La Paz	29	6-B
San José	101	1-D
San José	88	6-C
San José	101	1-C
San José de las Palmas	101	6-A
San José del Jaral	43	2-D
San Juan Teotihuacán	24	3-C
San Juan Xalpa	111	5-B
San Lucas Amalinalco	128	5-C
San Marcos Nepantla	23	5-A
San Mateo Nopala	68	2-F
San Miguel Amantla	69	5-F
San Miguel Tehuizco	148	2-F
San Miguel Teotongo	113	3-A
San Pedro Tepetitlán	36	4-F
San Rafael	57	1-B
San Salvador Atenco	62	2-D
San Salvador Atenco	62	2-C
San Salvador Cuauhtenco	150	4-B
Santa Catarina Acolman	36	2-B
Santa Cruz Xochitepec	136	2-C
Santa Cruz de Guadalupe	136	6-D
Santa María La Ribera	83	1-E
Tabla Honda	57	2-B
Techachaltitla	101	6-A
Tenorios	112	5-D
Tepeolulco	59	2-B
Tequisistlán	48	2-F
Tetacalanco	137	4-D
Tlaixco	87	6-E
Tlalpexco	58	2-C
Tolteca	96	4-A
U. H. Mirador del Conde	41	3-F
Unidad Cívica Bacardí	31	6-A
Valle Verde	127	1-D
Valle de Ecatepec	47	5-C
Valle de los Pinos	56	4-D
Valle de los Pinos	100	6-B
Viveros Xalostoc	59	6-C
Xalpa	112	4-E
Xalpa	112	4-D
FRESNO 2A. CDA.		
Chimalhuacán	87	6-E
FRESNO 2A. DE		
Emiliano Zapata	101	2-B
FRESNO AND.		
Las Huertas	81	1-D
FRESNO CDA.		
Ahuehuetes	58	3-C
Chamacuero	43	3-D
Fuego Nuevo	111	5-A
Lomas de Chamontoya	120	1-E
Mirador	115	2-E
Pueblo San Bartolo Ameyalco	107	6-F
San Mateo Cuautepec	31	5-F
Santa María Tomatlán	111	5-A
Xalpa	112	3-E
FRESNO CJON.		
San Miguel Xicalco	135	4-D
FRESNO DE 2A. CDA.		
Cocotitlán	141	5-C
FRESNO DE CDA.		
Las Alamedas	100	5-E
FRESNO DEL		
Los Reyes Ixtacala	57	5-A
San Juanico Acolman	23	6-E
Tepotzotlán	4	6-C
FRESNO DEL CDA.		
Barrio San Francisco	121	1-C
Tetezcala	36	6-E
FRESNO DEL CJON.		
Lomas de San Agustín	81	1-F
Pueblo San Bernabé Ocotepec	120	1-F
Tlalpan	122	4-D
FRESNO DEL PRIV.		
Pueblo San Miguel Ajusco	148	2-B
Santa Fe	95	5-B
FRESNO DEL Y CDA.		
Cocotitlán	141	5-D
FRESNO EL AMPL.		
Ampliación El Fresno	31	6-D
FRESNO PRIV.		
Parque Industrial La Loma	56	4-F
U. H. Valle de Luces	111	4-A
FRESNO PROL.		
Villa San Lorenzo Chimalco	100	3-C
FRESNO Y 2 CDAS.		
Ejidos de San Cristóbal	33	6-E
FRESNO Y 2A. CDA.		
Lomas de San Bernabé	120	1-F
FRESNO Y CDA.		
Citlalli	112	3-C
Chimalhuacán	87	6-E
FRESNOS		
2a. Ampl. Stgo Acahualtepec	112	3-E
Ahuehuetes	58	3-C
Almárcigo Sur	46	5-D
Arboledas de Cuautepec	45	6-C
Atizapán Moderno	56	2-B
Bosque del Pedregal	121	6-B
Bosques de Ixtacala	43	1-A
Bosques de Morelos	30	4-B
Bosques de San Martín	56	3-A
Buenavista	31	6-E
Campestre Liberación	42	3-C
Campestre Liberación	42	3-D
Colón Echegaray	69	3-D
Consejo Agrarista Mexicano	111	6-F
Consejo Agrarista Mexicano	111	5-E
Copalera	101	3-A
Corrales	113	5-A
Country Club	82	5-B
Doce de Diciembre	110	5-F
El Bosque	46	5-F
El Corralito	81	1-E
El Mirador	136	5-E
El Molinito	82	2-C
El Reloj	123	1-B
Francisco Villa	56	3-C
Jalalpa El Grande	108	1-A
Jazmín de las Flores	153	1-E
L. I. Campos de Jiménez	81	2-C
La Arboleda	57	4-E
La Cantera	81	1-F
La Casilda	58	1-C
La Floresta	100	6-B
La Hera	68	3-D
Las Acacias	56	2-B
Las Arboledas	124	2-F
Las Huertas	81	1-D
Loma Encantada	113	3-D
Lomas del Bosque	43	1-A
Los Olivos	22	3-B
Nueva Rufino Tamayo	46	5-D
Palo Alto	94	5-F
Pasteros	70	3-A
Plutarco Elías Calles	114	5-F
Primavera	135	1-A
Progreso Guadalupe Victoria	33	4-C
Pueblo San Andrés Ahuayucan	136	4-F
Pueblo Santa Ursula Coapa	123	1-B
Puente Blanco	111	5-E
San Andrés Tomatlán	110	5-F
San Angel Inn	109	2-A
San Clemente	108	3-D
San Isidro La Paz	29	6-B
San Juan	18	5-B
San Martín Xochináhuac	70	2-B
San Mateo Tlaltenango	107	3-D
San Mateo Xoloc	17	1-A
San Pablito	62	1-D
San Sebastián Xhala	18	3-B
Santa María Tomatlán	110	5-F
Tepetongo	122	6-B
Tlalpexco	58	2-C
Tlaltecahuacán	50	4-B
Tlazala	100	4-F
Valle Verde	136	3-A
Valle del Sur	110	3-E
Vicente Suárez	19	2-E
Villa de las Flores	32	3-F
Z. U. E San Andrés Tomatlán	110	5-F
FRESNOS 1A. CDA.		
El Mirador	136	5-F
FRESNOS 2A. CDA.		
El Mirador	136	5-F
FRESNOS 3A. CDA.		
El Mirador	136	5-E
FRESNOS 4A. CDA.		
El Mirador	136	5-E
FRESNOS CDA.		
Copalera	100	3-F
Copalera	101	3-A
Ejidal Emiliano Zapata	33	6-F
Ejidos de San Cristóbal	33	6-E
El Mirador	19	2-C
Los Fresnos	19	2-E
Pueblo San Andrés Ahuayucan	136	4-F
San Andrés Tomatlán	110	5-F
San Pablito	62	1-E
San Simón	63	3-C
Santa María Tomatlán	110	5-F
FRESNOS CJON.		
Pueblo San Andrés Ahuayucan	136	4-F
Pueblo San Andrés Ahuayucan	136	4-F
Santa María Tomatlán	110	5-F
FRESNOS DE CDA.		
Tierra Blanca	138	4-F
FRESNOS DE LOS		
Los Bordos	59	1-B
San Salvador Atenco	62	1-D
FRESNOS DE LOS AV.		
Arcos del Alba	30	2-F
Bosques de Ixtacala	43	1-A
Ex Ejido de los Remedios	68	6-E
Jardines de San Mateo	69	4-A
Loma Colorada	81	1-E
Los Morales	18	4-C
Torres del Potrero	108	5-B
Tultepec	19	3-C
Valle de Guadalupe	19	3-C
FRESNOS DE LOS AV. Y 2 CDAS.		
Santa Cecilia	57	2-C
FRESNOS DE LOS AV. Y CDA.		
San Antonio Xahuento	19	2-E
Vicente Suárez	19	2-E
FRESNOS DE LOS CDA.		
El Carmen	33	6-F
San Salvador Atenco	62	1-D
FRESNOS DE LOS PRIV.		
Lomas del Sol	94	4-D
Real del Parque	30	2-F
FRESNOS LOS		
Barrio Santa Cruz	16	2-C
Bello Horizonte	31	5-E
La Palma	135	3-F
San Mateo Ixtacalco	18	2-C
FRESNOS LOS 3 CDAS.		
La Palma	135	3-F
FRESNOS LOS CDA.		
Santa Cruz Acalpixca	137	3-C
FRESNOS LOS RT.		
Vergel de las Arboledas	56	1-B
FRESNOS PRIV.		
San Pablito	62	1-D
FRESNOS PROL.		
San Mateo Tlaltenango	107	3-D
FRESNOS Y CDA.		
Torres del Potrero	108	5-B
FRESNOTITLA		
Pueblo de Tetelpan	108	4-C
FRESNOTITLA AND.		
Pueblo de Tetelpan	108	4-C
FRESNOTITLA CJON.		
Pueblo de Tetelpan	108	4-C
FRIAS HERIBERTO		
Del Valle	96	2-E
Narvarte	96	2-E
Piedad Narvarte	96	2-E
FRIDA		
Pueblo Santa Catarina	70	3-D
FRIGIA		
Lomas Estrella 2a. Secc.	124	1-A
FRIJOL		
Arenitas	101	3-A
Barrio de las Palomas	100	2-D
Ejido de Atlautenco	34	6-F
Xalpa	112	3-D
FRIJOL CDA.		
Pueblo Las Salinas	70	4-D
FRIJOLES		
Miravalle	112	4-F
FRIO		
Jardines de Morelos	47	1-F
FRONDA LA		
Tlalpuente	135	3-B
FRONTERA		
Ampl. Loma Bonita	21	5-E
Ampl. Ozumbilla	21	5-E
Ampliación San Lorenzo	56	3-C
Arenitas	101	2-A
Lomas de Totolco	101	2-A
Los Padres	108	6-A
Roma	83	6-F
Santa Catarina Acolman	36	2-B
Santa Clara	59	4-C
Villa San Agustín Atlapulco	100	4-E
FRONTERA DE LA AV.		
San Francisco Mazapa	24	2-F
San Martín de las Pirámides	24	2-F
FRONTERA Y 2 CDAS.		
San Angel	109	3-B
Villa Obregón	109	3-B
FRONTERA Y CDA.		
San Salvador Cuauhtenco	150	4-C
FRONTON		
Olímpica Jajalpa	47	3-A
FRUTALES LOS CIRCUITO		
Sector Popular	76	4-C
FRUTAS LAS		
Barrio Cruztitla	151	1-F
FRUTILLA		
Las Huertas	81	1-C
FUCSIA		
Barrio Norte	95	5-F
Olivar del Conde	95	5-F
Olivar del Conde 1a. Secc.	96	5-A
FUEGO		
Ampliación Vista Hermosa	56	6-C
Casas Alfa	20	4-A
Guadalupe Coatzochico	46	5-E
Jardines de Morelos	48	2-A
Jardines del Pedregal	109	5-A
FUEGO FATUO		
U. H. Valle de Luces	110	3-F
U. H. Valle de Luces	111	4-A
FUEGO NUEVO DEL AV.		
Ciudad Azteca	60	2-B
FUEGUINOS		
Palmas Axotitla	108	2-C
Tlacuitlapa	108	2-C
FUEGUINOS CDA.		
Tlacuitlapa	108	2-B
FUENTE		
Nuevo Renacimiento Axalco	135	2-E
FUENTE AZUL		
Fuentes de San Cristóbal	47	2-A
Lomas de Tecamachalco	94	2-F
FUENTE BELLA		
Fuentes de Tepepan	123	6-A
Fuentes del Valle	32	4-B
Rincón del Pedregal	121	1-E
FUENTE BLANCA		
Lomas de Tecamachalco	82	5-C
FUENTE CANTOS		
Fuentes del Pedregal	121	2-D
Rincón del Pedregal	121	2-D
FUENTE CAO		
Lomas de Tecamachalco	95	1-B
FUENTE CHICA		
Fuentes de San Cristóbal	47	2-A
Lomas de Tecamachalco	95	2-A
FUENTE DE ADAN		
Fuentes del Valle	32	3-A
Lomas de Tecamachalco	82	5-C
FUENTE DE ANAHUAC Y RT.		
Lomas de las Palmas	94	4-D
FUENTE DE APOLO		
Fuentes del Valle	32	3-B
Fuentes del Valle	32	4-B
Lomas de Tecamachalco	95	1-B
FUENTE DE APOLO RT.		
Jardines de Morelos	47	2-D
FUENTE DE BACO		
Fuentes del Valle	32	4-A
Jardines de Morelos	47	2-E
Lomas de Tecamachalco	95	1-B
FUENTE DE BALO		
Jardines de Morelos	47	2-D
FUENTE DE CANTARITOS		
Lomas de Tecamachalco	82	6-B
FUENTE DE CASTRO		
Lomas de Tecamachalco	95	1-A
FUENTE DE CERES		
Fuentes del Valle	32	4-A
Jardines de Morelos	47	2-D
Lomas de Tecamachalco	95	1-B
FUENTE DE CERVANTES		
Fuentes del Valle	32	3-A
Lomas de Tecamachalco	82	6-B
FUENTE DE CIBELES		
Fuentes del Valle	32	4-A
FUENTE DE CLEO		
Fuentes del Valle	32	4-A
Lomas de Tecamachalco	95	1-B
FUENTE DE CRETA		
Fuentes del Valle	32	4-A
FUENTE DE DALILA		
Fuentes del Valle	32	3-A
FUENTE DE DAVID		
Fuentes del Valle	32	3-A
Fuentes del Valle	32	4-A
FUENTE DE DIANA		
Fuentes del Valle	32	3-A
Jardines de Morelos	47	2-E
Los Cedros	123	1-E
Prados de Ecatepec	20	3-A
FUENTE DE EMMANUEL		
Lomas de Tecamachalco	82	5-C
FUENTE DE EROS		
Fuentes del Valle	32	3-A
FUENTE DE ETIOPIA		
Fuentes del Valle	32	3-B
Lomas de Tecamachalco	94	1-F
FUENTE DE EVA		
Fuentes del Valle	32	4-A
FUENTE DE FAUNO		
Prados de Ecatepec	20	3-A
FUENTE DE FLORES		
Lomas de Tecamachalco	82	5-C
FUENTE DE GUANAJUATO		
Lomas de Tecamachalco	95	1-A
FUENTE DE HERCULES		
Fuentes del Valle	32	3-A
Jardines de Morelos	47	2-E
Lomas de Tecamachalco	82	6-B
FUENTE DE HERMES		
Fuentes del Valle	32	3-A
Lomas de Tecamachalco	82	6-B
FUENTE DE HORACIO		
Jardines de Morelos	47	2-E
Lomas de Tecamachalco	95	1-A
FUENTE DE JASON		
Fuentes del Valle	32	3-A
FUENTE DE JUANA DE ARCO		
Lomas de Tecamachalco	82	5-C
FUENTE DE JUNO		
Fuentes del Valle	32	4-A
FUENTE DE JUPITER		
Fuente del Valle	32	4-A
Lomas de Tecamachalco	95	1-A
FUENTE DE JUPITER Y RT.		
Jardines de Morelos	47	2-D
FUENTE DE LA ACEQUIA		
Lomas de las Palmas	94	3-D
Villas de las Lomas	94	3-D
FUENTE DE LA ACORDADA		
Lomas de Tecamachalco	95	1-A
FUENTE DE LA ALEGRIA		
Fuentes del Pedregal	121	3-C
Lomas de Tecamachalco	95	1-A
FUENTE DE LA BASTILLA		
Lomas de Tecamachalco	82	6-B
FUENTE DE LA CASCADA		
Jardines de Morelos	47	2-E
Lomas de Tecamachalco	95	1-A
FUENTE DE LA CONCORDIA		
Lomas de Tecamachalco	82	6-B
Lomas de Tecamachalco	95	1-B
FUENTE DE LA DIANA		
Benito Juárez	99	3-B
Evolución	99	3-B
Fuentes de San Cristóbal	47	3-A
Lomas de Tecamachalco	95	1-A
Lomas de Tecamachalco	95	2-A
Lomas de Tecamachalco Cumb.	94	2-F
Lomas de Tecamachalco Ftes.	95	1-A
Metropolitana 2a. Secc.	99	3-B
FUENTE DE LA EMPERATRIZ		
Lomas de Tecamachalco	95	1-A
FUENTE DE LA ESCONDIDA		
Lomas de las Palmas	94	4-D
FUENTE DE LA ESPERANZA		
Fuentes del Pedregal	121	2-D
FUENTE DE LA FELICIDAD		
Fuentes del Pedregal	121	2-D
FUENTE DE LA HUERTA		
Lomas de Tecamachalco	94	2-F
FUENTE DE LA INFANCIA		
Fuentes del Pedregal	121	2-C
FUENTE DE LA INSPIRACION		
Fuentes del Pedregal	121	2-D
FUENTE DE LA JOYA		
Lomas de las Palmas	94	3-D
FUENTE DE LA JUVENTUD		
Jardines de Acuitlapilco	88	4-B
FUENTE DE LA JUVENTUD Y CDA.		
Lomas de Tecamachalco	82	5-C
FUENTE DE LA LUNA		
Fuentes de Satélite	55	6-F
Fuentes del Pedregal	121	2-D
Lomas de Tecamachalco	94	2-F
FUENTE DE LA LUZ		
Fuentes del Pedregal	121	2-D
FUENTE DE LA MISERICORDIA		
Lomas de Tecamachalco	95	1-A
FUENTE DE LA PALMA		
Lomas de las Palmas	94	3-D
FUENTE DE LA PENINSULA		
Lomas de Tecamachalco	95	1-A
FUENTE DE LA PEÑA		
Rincón del Pedregal	121	2-E
FUENTE DE LA PLAZUELA		
Lomas de Tecamachalco	95	1-A
FUENTE DE LA RABIA		
Lomas de Tecamachalco	82	5-C
FUENTE DE LA RANA		
Fuentes de San Cristóbal	47	3-A
FUENTE DE LA RAZA		
Fuentes de San Cristóbal	47	2-A
Lomas de Tecamachalco	95	1-A
FUENTE DE LA SOYA RT.		
Lomas de las Palmas	94	3-D
FUENTE DE LA TEMPLANZA		
Lomas de Tecamachalco	82	5-C
San Miguel Chapultepec	82	5-C
FUENTE DE LA VIDA		
Fuentes del Pedregal	121	2-C
FUENTE DE LAS AGUILAS Y PROL		
Lomas de Tecamachalco	82	6-B
FUENTE DE LAS ANIMAS		
Lomas de las Palmas	94	4-E
FUENTE DE LAS BURBUJAS		
Lomas de Tecamachalco	94	2-F
FUENTE DE LAS CIBELES		
Lomas de Tecamachalco	82	6-B
FUENTE DE LAS DAMAS CIR.		
Lomas de las Palmas	94	4-D
FUENTE DE LAS ESTRELLAS		
Fuentes del Pedregal	121	2-D
FUENTE DE LAS FLORES RT.		
Lomas de Tecamachalco	82	5-C
FUENTE DE LAS HADAS		
Lomas de Tecamachalco	95	2-A
FUENTE DE LAS LILAS		
Lomas de Tecamachalco	95	1-B
FUENTE DE LAS MARAVILLAS		
Lomas de Tecamachalco	95	2-A
FUENTE DE LAS MUSAS		
Lomas de Tecamachalco	95	1-A
FUENTE DE LAS MUSAS Y RT.		
Jardines de Morelos	47	2-D
FUENTE DE LAS NAYADES		
Jardines de Morelos	47	2-D
Lomas de Tecamachalco	82	5-C
FUENTE DE LAS PIRAMIDES		
Lomas de Tecamachalco	82	6-C
Lomas de Tecamachalco	95	1-B
FUENTE DE LAS PIRAMIDES CDA.		
Lomas de Tecamachalco	82	6-C
FUENTE DE LAS PLATERIAS		
Lomas de Tecamachalco	82	6-B
FUENTE DE LAS RANAS		
Lomas de Tecamachalco	82	6-C
FUENTE DE LAS ROSAS		
Lomas de Tecamachalco	95	2-A
FUENTE DE LAS TARASCAS		
Lomas de Tecamachalco	94	2-F
FUENTE DE LAS TEHUANAS		
Lomas de Tecamachalco	94	2-F
FUENTE DE LAS VESTALES		
Lomas de Tecamachalco	95	1-A
FUENTE DE LILAS		
Jardines de Morelos	47	2-D
FUENTE DE LOMITA		
Lomas de Tecamachalco	94	2-F
FUENTE DE LORETO		
Lomas de las Palmas	94	3-D

Calle / Colonia	Plano	Coordenadas
FUENTE DE LOS ANGELES		
Lomas de Tecamachalco	82	6-C
FUENTE DE LOS CANTARES		
Fuentes del Pedregal	121	2-D
FUENTE DE LOS CARRETONES		
Lomas de las Palmas	94	3-D
FUENTE DE LOS CARRETONES RT.		
Lomas de las Palmas	94	3-D
FUENTE DE LOS DESEOS		
Fuentes de San Cristóbal	47	2-A
Fuentes del Pedregal	121	2-D
FUENTE DE LOS DUENDES		
Lomas de Tecamachalco	95	2-A
FUENTE DE LOS HONGOS		
Jardines de Morelos	47	2-E
FUENTE DE LOS LEONES 2o. RT.		
Lomas de Tecamachalco	82	6-B
FUENTE DE LOS LEONES AV.		
Héroes de la Revolución	82	5-B
Lomas Hipódromo	82	5-B
Lomas de Tecamachalco	82	5-B
FUENTE DE LOS LEONES RT.		
Lomas de Tecamachalco	82	5-B
FUENTE DE LOS MOLINOS RT.		
Fuentes del Pedregal	121	2-D
FUENTE DE LOS MONASTERIOS		
Lomas de las Palmas	94	3-D
FUENTE DE LOS MURMULLOS		
Lomas de las Palmas	94	3-D
FUENTE DE LOS SUSPIROS		
Lomas de las Palmas	94	3-D
FUENTE DE LOS TRITONES		
Lomas de Tecamachalco	82	5-C
FUENTE DE LOURDES		
Lomas de Tecamachalco	95	1-A
FUENTE DE MARCELA		
Lomas de Tecamachalco	95	1-B
FUENTE DE MARIA LUISA		
Lomas de Tecamachalco	82	6-A
FUENTE DE MEDUSA		
Fuentes del Valle	32	4-A
Jardines de Morelos	47	2-E
Lomas de Tecamachalco	95	1-A
FUENTE DE MERCURIO		
Fuentes del Valle	32	4-B
Lomas de Tecamachalco	82	6-B
FUENTE DE MIGUEL ANGEL Y CDA		
Fuentes del Valle	32	3-A
FUENTE DE MINERVA		
Fuentes del Valle	32	3-A
FUENTE DE MOCTEZUMA		
Lomas de Tecamachalco	82	6-B
FUENTE DE MOISES		
Lomas de Tecamachalco	95	1-A
FUENTE DE MORELOS		
Fuentes de San Cristóbal	47	2-A
FUENTE DE MORFEO		
Fuentes del Valle	32	3-A
FUENTE DE NARCISO		
Fuentes del Valle	32	4-A
FUENTE DE NEPTUNO		
Fuentes del Valle	32	3-A
Jardines de Morelos	47	2-D
Lomas de Tecamachalco	82	6-B
FUENTE DE NEZAHUALCOYOTL		
Lomas de Tecamachalco	82	5-D
San Miguel Tecamachalco	82	5-D
FUENTE DE OSIRIS		
Fuentes del Valle	32	4-A
Lomas de Tecamachalco	95	1-A
FUENTE DE PALINURO		
Fuentes del Valle	32	4-A
FUENTE DE PEGASO		
Fuentes del Valle	32	3-A
Lomas de Tecamachalco	94	2-F
FUENTE DE PENELOPE		
Lomas de Tecamachalco	95	1-B
FUENTE DE PENELOPE Y RT.		
Jardines de Morelos	47	2-D
FUENTE DE PESCADORES		
Jardines de Morelos	47	2-E
FUENTE DE PETROLEOS		
Fuentes de San Cristóbal	47	3-A
FUENTE DE PETROLEOS Y CDA.		
Lomas de Tecamachalco	82	6-C
San Miguel Tecamachalco	82	6-C
FUENTE DE PIEDRA		
Fuentes de San Cristóbal	47	2-A
FUENTE DE PIEDRA 2A. CDA.		
Fuentes de Tepepan	123	6-A
FUENTE DE PIEDRA CDA.		
Fuentes de Tepepan	123	6-A
FUENTE DE PISA		
Jardines de Morelos	47	2-E
Lomas de Tecamachalco	82	6-B
FUENTE DE PLATON		
Fuentes del Valle	32	4-A
FUENTE DE PROMETEO		
Jardines de Morelos	47	2-E
Lomas de Tecamachalco	95	1-A
FUENTE DE RA		
Lomas de Tecamachalco	94	1-F
FUENTE DE ROLLAND		
Jardines de Morelos	47	2-E
Lomas de Tecamachalco	95	1-B
FUENTE DE ROMA		
Fuentes del Valle	32	4-A
FUENTE DE SAN ANGEL		
Lomas de Tecamachalco	95	1-A
FUENTE DE SAN CRISTOBAL		
Fuentes de San Cristóbal	47	2-A
FUENTE DE SAN HIPOLITA		
Fuentes de Satélite	55	6-F
FUENTE DE SAN PEDRO		
Lomas de Tecamachalco	82	6-B
FUENTE DE SAN SULPICIO		
Lomas de Tecamachalco	82	6-B
FUENTE DE SANSON		
Fuentes del Valle	32	3-A
Lomas de Tecamachalco	82	6-C
FUENTE DE SANTA CECILIA		
Lomas de Tecamachalco	95	1-A
FUENTE DE SANTO TOMAS		
Lomas de Tecamachalco	95	1-A
FUENTE DE SATELITE RT.		
Fuentes de Satélite	55	6-F
Santa Cruz del Monte	55	6-F
FUENTE DE TAURO		
C. H. Villas de San José	32	3-B
Lomas de Tecamachalco	94	2-F
FUENTE DE TEBAS		
Lomas de Tecamachalco	94	2-F
FUENTE DE TECAMACHALCO AV.		
Lomas Barrilaco Vertientes	82	5-D
Lomas de Tecamachalco	82	5-D
FUENTE DE TIROL		
Jardines de Morelos	47	2-E
FUENTE DE TIVOLI		
Jardines de Morelos	47	2-E
Lomas de Tecamachalco	82	6-B
FUENTE DE TLALOC		
Lomas de Tecamachalco	95	1-A
FUENTE DE TREVI		
Fuentes del Valle	32	4-A
Jardines de Morelos	47	2-E
Lomas de Tecamachalco	82	5-D
Los Cedros	123	1-E
Prados de Ecatepec	20	3-A
FUENTE DE TROYA		
Fuentes del Valle	32	4-A
Lomas de Tecamachalco	94	2-F
FUENTE DE TRUENO		
Jardines de Morelos	47	2-E
FUENTE DE VENUS		
Lomas de Tecamachalco	95	1-B
Prados de Ecatepec	20	3-A
Villa de las Flores	32	4-A
FUENTE DE VERONA		
Fuentes del Valle	32	4-A
Jardines de Morelos	47	2-E
Lomas de Tecamachalco	82	6-B
FUENTE DE VIRGILIO		
Lomas de Tecamachalco	95	1-B
FUENTE DE VULCANO		
Fuentes del Valle	32	4-A
Lomas de Tecamachalco	94	1-F
FUENTE DE VULCANO Y RT.		
Jardines de Morelos	47	2-D
FUENTE DE ZEUS		
Fuentes del Valle	32	3-A
FUENTE DEL ACUARIO		
Lomas de Tecamachalco	95	2-A
FUENTE DEL AMOR		
Fuentes del Pedregal	121	2-D
FUENTE DEL CARACOL		
Lomas de Tecamachalco	95	1-A
FUENTE DEL CASTILLO		
Lomas de Tecamachalco	95	1-A
FUENTE DEL CAZADOR		
Lomas de Tecamachalco	95	1-A
FUENTE DEL CESPED		
Rincón del Pedregal	121	2-E
FUENTE DEL DELFIN		
Lomas de Tecamachalco	95	2-A
FUENTE DEL DESEO		
Lomas de Tecamachalco	95	2-A
FUENTE DEL EMPERADOR		
Lomas de Tecamachalco	94	1-F
FUENTE DEL FARAON		
Fuentes del Valle	32	4-A
FUENTE DEL LOBO		
Prados de Ecatepec	20	3-B
FUENTE DEL MIRADOR		
Lomas de Tecamachalco	94	2-F
Lomas de Tecamachalco	82	5-C
San Miguel Tecamachalco	82	5-C
FUENTE DEL MOLINO		
Lomas de Tecamachalco	82	5-D
FUENTE DEL NIÑO		
Lomas de Tecamachalco	82	5-C
FUENTE DEL OLIVO		
Lomas de las Palmas	94	3-D
FUENTE DEL PARIAN		
Lomas de Tecamachalco	82	6-C
FUENTE DEL PASEO		
Lomas de las Palmas	94	3-D
FUENTE DEL PESCADOR		
Lomas de Tecamachalco	95	1-B
FUENTE DEL PIREO		
Jardines de Morelos	47	2-D
Lomas de Tecamachalco	95	1-A
FUENTE DEL QUIJOTE		
Fuentes del Valle	32	4-A
Lomas de Tecamachalco	82	6-B
FUENTE DEL RETIRO		
Jardines de Morelos	47	2-E
San Miguel Tecamachalco	82	6-C
FUENTE DEL REY		
Lomas de Tecamachalco	95	1-A
Lomas de Tecamachalco Nauc.	82	6-A
FUENTE DEL ROCIO		
Fuentes de Satélite	55	6-F
FUENTE DEL SABER		
Fuentes del Pedregal	121	2-D
FUENTE DEL SALTO		
Fuentes de San Cristóbal	47	2-A
Fuentes de Satélite	55	6-F
FUENTE DEL SALTO DEL AGUA		
Lomas de Tecamachalco	82	6-B
FUENTE DEL SALVADOR		
Lomas de Tecamachalco	82	5-C
FUENTE DEL SECRETO		
Lomas de Tecamachalco	95	1-A
FUENTE DEL SECRETO Y RT.		
Jardines de Morelos	47	2-E
FUENTE DEL SOL		
Fuentes del Valle	32	4-A
Lomas de Tecamachalco	95	1-B
FUENTE DEL TESORO		
Fuentes del Pedregal	121	2-D
FUENTE DEL TIROL		
Lomas de Tecamachalco	95	1-A
FUENTE DEL TRUENO		
Lomas de Tecamachalco	94	2-F
FUENTE DEL VENADO		
Fuentes de Satélite	55	5-F
FUENTE DEL ZAR		
Lomas de Tecamachalco	94	1-F
FUENTE EL MIRADOR		
Fuentes del Valle	32	4-A
FUENTE EL VIEJO		
Fuentes de Tepepan	123	6-A
FUENTE EL VIEJO CDA.		
Fuentes de Tepepan	123	6-A
FUENTE FERNANDO		
Ciudad Satélite	69	2-A
FUENTE GRANDE		
Fuentes de San Cristóbal	47	2-A
Lomas de Tecamachalco	95	2-A
FUENTE JAZMIN		
Fuentes de Tepepan	123	6-A
FUENTE JUAN DE LA		
Obrera	84	6-A
FUENTE JULIO DE LA		
C. H. Cuitláhuac	111	2-A
FUENTE LA		
Del Parque	46	5-D
FUENTE LIANTE		
Fuentes de Tepepan	123	6-A
FUENTE NEVADA		
Lomas de Tecamachalco	94	2-F
FUENTE NOVILLA		
Fuentes de Tepepan	123	6-A
FUENTE PORTAL DE LAS F. Y RT		
Lomas de las Palmas	94	3-E
FUENTE TARASCA		
Prados de Ecatepec	20	3-B
FUENTES		
Iztaccíhuatl	97	4-B
Villa de Cortés	97	4-B
FUENTES AV.		
Ampl. Vista Hermosa	69	1-D
Ciudad Satélite Oriente	69	1-D
Vista Hermosa	69	1-D
Xocoyahualco	69	1-D
FUENTES BROTANTES		
Portales Oriente	97	6-B
FUENTES BROTANTES AV.		
FOVISSSTE Fuentes Brotantes	122	4-C
Fuentes Brotantes	122	4-C
FUENTES BROTANTES CJON.		
Tlalpan	122	4-D
FUENTES BUENAS		
Fuentes de Tepepan	123	6-A
FUENTES CARLOS		
Chiconautla 3000	35	3-B
FUENTES CARLOS F.		
Cocoyotes	58	2-C
Palmatitla	58	2-C
Tlalpexco	58	2-C
Vista Hermosa	58	2-C
FUENTES CJON.		
Independencia	87	5-D
FUENTES DE CHAPULTEPEC AV.		
Fuentes del Valle	32	3-B
FUENTES DE LAS AV.		
Jardines del Pedregal	121	1-E
Lomas de Tecamachalco	82	5-C
FUENTES DE LAS BLVR.		
Fuentes del Valle	32	3-A
FUENTES DE LAS CDA.		
Himno Nacional	28	5-D
FUENTES DEL PEDREGAL CIR.		
Fuentes del Pedregal	121	2-D
FUENTES ESPINOZA JOSE		
Cristo Rey	96	4-A
FUENTES FRANCISCO		
Ejército de Ote. Z. Peñón	99	6-B
FUENTES L.		
Paraje La Herradura	150	2-A
FUENTES LAS		
Barrio San Fernando	122	3-D
Isidro Fabela Cantil	122	3-D
Toriello Guerra	122	3-D
FUENTES MANUEL		
Campestre El Potrero	113	5-C
FUENTES MODESTO Y CDA.		
Santiago Teyahualco	32	1-C
FUENTES RAFAEL PRIV.		
El Mirador	136	1-C
FUENTES Y CDA.		
Jardines del Pedregal	108	6-F
FUERO GRAL. CDA.		
Observatorio	96	2-B
FUERTE CASTILLO DE SEGOVIA		
Castillo Grande	58	3-B
FUERTE DE GUADALUPE		
Morelos	28	4-C
FUERTE DE LORETO		
Alvaro Obregón	99	6-B
Ejército de Agua Prieta	99	6-B
Morelos	28	4-C
U. H. Cabeza de Juárez	99	6-B
U. H. Ejército de Oriente	99	6-B
U. H. Las Rosas	99	6-B
FUERTE DE SAN DIEGO		
U. José Ma. Morelos y Pavón	33	1-B
FUERTE DE SAN JERONIMO		
Castillo Grande	58	3-B
FUERTE DEL AV.		
Castillo Grande	58	3-B
FUERTE EL		
San Lorenzo Xicoténcatl	99	4-C
FUERTE EL CALLAO		
Castillo Grande	58	3-B
FUERTE REYES MAGOS		
Guadalupe Victoria	58	3-B
FUERZA		
Ejército del Trabajo II	73	2-C
FUERZA AEREA MEXICANA		
Aviación Civil	85	6-B
Cuatro Arboles	85	6-B
FUETE		
Colina del Sur	108	1-D
FUJIYAMA Y 1A. CDA.		
Lomas de Cuautepec	45	5-B
FUJIYAMA Y CDA.		
Las Aguilas	109	1-A
FULTON ROBERTO		
Ind. San Nicolás Tlaxcolpan	56	2-F
Parque Industrial La Loma	56	4-F
FUMAROLA		
Jardines del Pedregal	108	5-F
FUNDADORES CIR.		
Ciudad Satélite	69	1-C
FUNDICION PROL.		
El Manto	111	2-C
FUNDICION Y 1A. Y 2A. CDA.		
Octava Ampl. San Miguel	111	2-C
FUNDIDORA DE MONTERREY		
Industrial	71	4-C
Peñón de los Baños	85	4-B
FUNDIDORES		
Ejido San Mateo Ixtacalco	18	4-B
Trabajadores del Hierro	70	5-F
Zona Industrial Xhala	18	4-B
Zona Industrial Xhala	18	4-A
FURGON AND.		
U. H. Pantaco	70	4-D
FUTBOL		
Churubusco Country Club	110	2-A
Las Peñitas	43	4-C
Olímpica Jajalpa	47	3-A
FUTURA DE LA CDA.		
Barrio San Juan Xochitenco	87	5-E
FUTURO		
U. H. Valle de Luces	110	3-F

G

Calle / Colonia	Plano	Coordenadas
G		
Educación	110	4-C
San Martín Calacoaya	56	3-A
San Mateo Nopala	68	2-E
Social Progresivo Sto Tomás	21	6-F
U. H. Taxqueña	110	4-D
Victoria	96	4-A
G CDA.		
SITATYR	33	4-A
GABILONDO SOLER "CRI CRI"		
San Jerónimo Lídice	108	6-D
GABILONDO SOLER FCO. AV.		
Chiconautla 3000	35	2-A
GABILONDO SOLER FRANCISCO		
Compositores Mexicanos	45	5-A
San Jerónimo Aculco	121	1-D
GACELA		
Los Olivos	124	3-E
GACELAS		
Cocoyotes	58	2-B
GACETILLA PRIV.		
El Imparcial	70	6-B
El Recreo	70	6-B
GAD		
Israel	100	3-C
GAGALOS		
Prados de San Mateo	68	3-F
GALAN ABRAHAM PRIV.		
Pantitlán	98	1-D
GALAN ALBERTO PRIV.		
Pantitlán	98	1-E
GALANES		
Guadalupe Victoria	33	6-C
GALAPAGOS		
Rosario Ceylán	70	1-C
GALATEA		
Cuautitlán Izc. Ensueños	30	1-D
GALAXIA		
Octava Ampl. San Miguel	111	2-C
Z. U. E. San Mateo Nopala	68	2-D
GALAXIA 2 CDAS. Y PRIV.		
Xalpa	112	4-D
GALAXIA LA CDA.		
Xalpa	112	3-D
GALEANA		
Acolman de Nezahualcóyotl	36	2-D
Altavista	109	3-A
Ampliación Emiliano Zapata	42	2-E
Ampliación Miguel Hidalgo	122	5-A
Apatlaco	97	5-D
Barrio Calyequita	138	2-E
Barrio San Juan Evangelista	24	3-B
Buenavista	44	1-E
Darío Martínez	113	6-F
Ecatepec de Morelos	46	2-F
Ej. Santa María Aztahuacán	112	2-C
El Pino	113	2-F
Emiquia	19	3-B
Guerrero	84	3-A
Hank González	59	1-C
Héroes de la Independencia	59	3-F
Ixtapaluca	115	6-B
Jardines de Santa Cruz	19	3-B
La Hera	111	4-F
La Lupita	139	3-A
La Magdalena Atlicpan	100	6-F
La Nopalera	124	2-F
Las Peñas	111	4-F
Lomas de la Estancia	112	3-E
Los Padres	121	1-A
México	19	3-B
Miguel Hidalgo	59	3-F
Palmatitla	58	2-B
Paraje San Juan 3a. Ampl.	111	4-D
Primero de Septiembre	42	3-F
Pueblo San Andrés Ahuayucan	136	6-F
Pueblo San Miguel Xicalco	135	5-E
Romita	18	5-C
San Angel Inn	109	3-A
San Antonio Tecomitl	151	1-F
San Francisco Acuautla	115	3-E
San Francisco Tlaltenco	125	3-D
San Gregorio Cuautzingo	128	6-D
San Isidro	30	6-E
San Luis Huexotla	76	4-C
San Martín Tepetlixpan	31	6-A
San Martín Xico Nuevo	140	4-D
San Pablo Oztotepec	150	5-D
San Pedro Atzompa	21	3-C
San Pedro Xalostoc	59	3-C
San Vicente Chicoloapan	88	6-E
Santa Cruz Meyehualco	112	4-F
Santa María	36	1-E
Santa María Maninalco	70	5-C
Santa Martha Acatitla	112	1-E
Santiago Yanhuitlalpan	94	5-A
Tecamachalco	113	1-E
Tepeyac Insurgentes	71	4-D
Tultepec	19	3-B
Valle Verde	127	1-D
Villa Obregón	109	3-A
Z. U. E. San Mateo Nopala	68	2-D
GALEANA 1A. CDA.		
Guadalupe Victoria	33	6-C
Jazmín	137	3-B
GALEANA 2 CDAS.		
Barrio Xaltocan	137	2-A
Villa Obregón	109	3-A
GALEANA 2A. CDA.		
Jazmín	137	3-B
GALEANA 3A. CDA.		
Barrio Xaltocan	136	2-F
GALEANA 3A. PRIV.		
San Gregorio Atlapulco	137	2-E
GALEANA 4TO. CJON.		
Barrio Santa Ana	125	6-E
GALEANA 5o. CJON.		
Barrio Xaltocan	137	2-A
GALEANA AND.		
Las Huertas	81	1-D
GALEANA AURELIO		
Santa Ana Tlacotenco	152	6-A
GALEANA CDA.		
Barrio Xaltocan	136	2-F
Barrio de Capula	17	1-B
La Joya	122	5-E
Lomas Tlalmex	56	4-F
México	19	3-B
San Mateo Tlaltenango	107	4-D
Santiago Tepalcapa	31	5-A
Tultepec	19	3-B
GALEANA CJON.		
Barrio Guadalupe	125	6-E
Barrio Los Reyes	97	3-D
Guerrero	84	2-B
Pueblo San Nicolás Tetelco	152	1-C
Pueblo Tepepan	123	5-C
Santa Catarina Acolman	36	3-B
GALEANA CJON. 2DO.		
Loma Tlalmex	56	4-F
GALEANA DE 1R. CJON.		
Parque Industrial La Loma	56	4-F
GALEANA DE 2o. CJON.		
Barrio Xaltocan	136	2-F
GALEANA DE 3R. CJON.		
Parque Industrial La Loma	56	4-F
GALEANA FRANCISCO		
Emiliano Zapata	113	3-C
GALEANA GRAL. AV.		
Jardines de Morelos	47	2-F
GALEANA H. 1A. CDA. DE		
Buenavista	28	5-F
GALEANA H. Y 3 CDAS.		
San Juan Ixhuatepec	58	6-F
GALEANA HERMANOS		
Cocotitlán	141	4-D
El Huizache	46	6-E
San Vicente Chicoloapan	88	6-E
Santa María Tultepec	46	6-E
Texalpa	46	6-E
GALEANA HERMENEGILDO		
Ampl. Buenavista	44	3-D
Barrio Barranca Seca	121	2-B
Barrio Concepción	126	1-D
Barrio Guadalupe	125	6-E
Barrio Niño Jesús	122	4-E
Barrio San Juan	125	6-E
Barrio Santa Ana	125	6-E
Benito Juárez	28	5-E
Buenavista	28	5-E
Buenavista	31	5-D
Cinco de Febrero	28	5-E
Coacalco de Berriozábal	32	5-F
El Cortijo	57	4-A
Emiliano Zapata	42	1-E
Guadalupe Victoria	33	6-C

Calle / Colonia	Plano	Coordenadas
Guadalupe del Moral	98	6-C
Hidalgo	56	4-F
Hidalgo	28	5-E
Independencia	28	4-D
Ixtlahuacan	112	4-F
Jalalpa	95	5-C
Jazmín	137	3-B
José María Morelos	99	5-C
La Cañada	95	5-D
La Concepción	121	2-C
La Joya	122	4-E
La Loma	56	4-F
Las Américas	63	6-A
Las Peñas	111	4-F
Las Puertas	125	3-D
Las Salinas	63	6-A
Loma Bonita	100	6-A
Lomas Tlalmex	57	4-A
Lomas de Santa Cruz	112	4-B
Margarita Maza de Juárez	43	3-C
Mariano Escobedo	44	1-B
Morelos	28	4-B
Niños Héroes	63	6-A
Nueva Aragón	73	1-C
Nueva San Juan Ixtacala	57	6-C
Prado Ixtacala	57	6-C
Presidentes	95	5-D
Pueblo San Miguel Ajusco	148	1-A
Pueblo Tepepan	123	5-B
Residencial Las Salinas	63	6-A
Revolución	63	6-A
Río de Luz	60	1-A
San Juan Ixtacala	57	6-C
San Lucas Tepetlacalco	56	6-B
San Martín de las Pirámides	24	2-F
San Pedro Mártir	122	6-F
San Rafael Chamapa	81	3-D
San Salvador Cuauhtenco	150	4-C
Santa Clara	59	3-C
Santa Fe	95	5-B
Santa Ursula Xitla	122	5-D
Santiago Ahuizotla	69	5-E
Tepotzotlán	4	5-D
Tultitlán	31	2-D
U. José Ma. Morelos y Pavón	33	6-C
U. José Ma. Morelos y Pavón	20	4-B
Vicente Guerrero	81	5-D
GALEANA HERMENEGILDO 2A. CDA		
Guadalupe Victoria	33	5-C
Independencia	28	4-D
GALEANA HERMENEGILDO 3A. CDA		
Independencia	28	4-D
GALEANA HERMENEGILDO 4A. CDA		
Lomas San Juan Ixhuatepec	58	6-F
GALEANA HERMENEGILDO 7o CJON		
Barrio Xaltocan	137	2-A
GALEANA HERMENEGILDO AND.		
San Pedro Atocpan	151	3-A
GALEANA HERMENEGILDO AV.		
Independencia	127	3-B
La Concepción	126	3-F
María Isabel	126	3-F
San Isidro	127	3-B
Santa Cruz	127	3-B
GALEANA HERMENEGILDO CDA.		
Buenavista	31	6-E
GALEANA HERMENEGILDO CJON.		
Calvario Acolman	36	2-C
GALEANA HERMENEGILDO GRAL.		
Emiliano Zapata	128	5-A
Héroes de la Revolución	82	5-A
GALEANA HERMENEGILDO PRIV.		
Boca Barranca	59	1-B
Buenavista	44	1-E
GALEANA HERMENEGILDO PROL.		
Barrio Xaltocan	137	2-A
Jazmín	137	3-B
GALEANA HERMENEGILDO Y CDA.		
Jazmín	137	3-B
San Gregorio Atlapulco	137	2-E
GALEANA PABLO		
Emiliano Zapata	42	1-E
Santo Tomás Ajusco	147	1-F
GALEANA PABLO CDA.		
Santo Tomás Ajusco	147	1-F
GALEANA PABLO PROL.		
Santo Tomás Ajusco	147	1-F
GALEANA PABLO Y CJON.		
San Juan de Aragón	72	6-B
GALEANA PRIV.		
San Miguel Xicalco	135	4-D
Santa Clara	59	3-D
GALEANA PROL.		
Barrio Tlatel	88	6-E
San Pedro Atzompa	21	3-C
Santa Fe	95	4-C
GALEANA SUR		
Barrio San Juan	150	6-D
GALEANA Y 2 CDAS.		
San Jerónimo Lídice	108	6-D
GALEANA Y 2 CJONES.		
Barrio Xaltocan	136	2-F
GALEANA Y 4A. CDA.		
San Miguel Amantla	69	5-F
GALEANA Y CDA.		
Hidalgo	56	5-E
San Martín Tepetlixpan	44	1-A
GALEANA Y CJON.		
San Juan Ixtayopan	139	4-A
GALICIA		
Alamos	97	2-A
Benito Juárez	59	3-C
Cerro de la Estrella	111	6-C
Insurgentes Mixcoac	96	6-C
GALICIA ASCENCIO		
Quiahuatla	138	1-E
GALICIA BENITA		
La Guadalupana	138	2-C
GALICIA DANIEL		
El Molino de las Flores	63	6-F
GALICIA MAESTRO		
Zona Escolar	58	3-A
GALILEO		
Polanco Chapultepec	83	4-A
Polanco Reforma	83	4-A
Santa María Chimalhuacán	88	4-A
GALINDO FRANCISCO		
Francisco Sarabia	42	2-C
La Magueyera	42	2-C
Tlalpexco	58	2-C
GALINDO OMAR ING.		
Residencial San Antonio	63	2-C
GALINDO Y VILLA		
Jardín Balbuena	84	6-F
Valentín Gómez Farías	84	6-F
GALINDO Y VILLA 1R. RT.		
Jardín Balbuena	84	6-F
GALINDO Y VILLA JESUS		
Ciudad Satélite	69	2-B
GALINDO Y VILLA RT. 1 BIS		
Jardín Balbuena	84	6-F
GALINDO Y VILLA Y 3 RTS.		
Jardín Balbuena	97	1-F
GALIO PRIV.		
Cuchilla Pantitlán	85	5-E
GALIZ PIOQUINTO CNEL.		
La Esperanza	46	5-A
GALVAN		
Benito Juárez	59	2-B
GALVAN CDA.		
Desarrollo U. Quetzalcóatl	112	5-A
GALVAN LOPEZ FELIX GRAL.		
U. H. Militar Sedena	124	1-B
GALVAN PEDRO		
Juan González Romero	72	1-A
U. H. El Risco CTM	72	1-A
GALVAN RIVERA MARIANO		
Barrio Tlacateco	4	5-D
GALVAN RIVERA MARIANO CDA.		
Barrio Tlacateco	4	5-D
GALVAN URSULO		
Carlos Hank González	112	4-A
Liberación Proletaria	95	5-C
Presidentes Ejidales	110	5-D
GALVAN URSULO AV.		
Nezahualcóyotl	75	2-E
GALVAN URSULO CDA.		
Presidentes Ejidales	110	5-D
GALVAN URSULO PRIV.		
Carlos Hank González	112	4-A
GALVANI LUIS		
Estrella Culhuacán	110	5-F
Fuego Nuevo	110	5-F
GALVESTON		
Nápoles	96	3-D
GALVEZ		
Educación	110	4-B
GALVEZ BERNARDO DE		
Lomas de Virreyes	82	6-F
GALVEZ CRUZ		
Nueva Santa María	83	1-D
Plutarco Elías Calles	83	1-D
GALVEZ DR.		
San Angel	109	3-B
GALVEZ MOYA JOSE		
La Martinica	108	1-D
GALLAGA ANA MARIA		
Miguel Hidalgo	108	4-E
GALLARDIN		
Los Angeles Apanoaya	111	3-E
GALLARETA		
Bellavista	96	3-B
GALLARETAS		
Ampl. San Miguel	43	2-B
GALLEGO EL		
Fraccionamiento San Antonio	17	5-C
GALLERA DE LA 1A. CDA.		
Pueblo Santa Cruz Acalpixca	137	2-D
GALLERA DE LA PRIV.		
Pueblo Santa Cruz Acalpixca	137	2-D
GALLERA LA		
Ampl. Titla	137	2-D
GALLERA LA CJON.		
Pueblo Santa Cruz Acalpixca	137	2-D
GALLO		
Granjas Pop. Gpe. Tulpetlac	60	1-B
GALLO COLORADO		
Benito Juárez	99	1-D
Tabiqueras	81	2-E
GALLO DEL		
Ampliación La Mexicana	95	4-C
GALLO GIRO		
Tabiqueras	81	2-E
GALLO JOAQUIN		
Ciudad Satélite	56	6-C
Copilco El Bajo	109	4-B
GALLO REAL		
Tabiqueras	81	2-E
GALLOS		
Valle de Tules	44	3-C
GALLOS DE LOS		
Nexquipayac	49	4-B
GALLOS DE LOS CALZ.		
Agricultura	83	1-D
Nueva Santa María	83	1-D
Plutarco Elías Calles	83	1-D
Tlatilco	83	1-D
GALLOS DE LOS CDA.		
Nexquipayac	49	3-B
GALLOS LOS		
Cuchilla G. Ramos Millán	98	4-A
GAMA CDA.		
Chimalcóyotl	122	6-E
GAMA VALENTIN		
Ciudad Satélite	69	1-C
GAMA VASCO DA RT.		
Santo Domingo	70	3-B
GAMAS LAS		
San José del Jaral	43	1-D
GAMBOA ANTONIO		
Benito Juárez	97	4-E
GAMBOA FEDERICO		
Ciudad Satélite	69	2-B
GAMBOA FEDERICO PRIV.		
Balcones de Ceguayo	108	2-B
GAMBOA FRANCISCO		
Ciudad Satélite	69	1-A
GAMBOA FRANCISCO Y CDA.		
San Juan Tlihuaca	69	4-F
GAMBOA J. ANTONIO		
Constitución de la Rep.	71	4-F
GAMBOA MANUEL		
U. H. Monte de Piedad	109	3-D
GAMBUSINOS		
San Sebastián Xhala	18	3-B
GAMIO MANUEL		
SINATEL	110	1-C
GAMIZ EDUARDO		
Lomas San Lorenzo	111	6-D
GAMMA		
Manuel Romero de Terreros	109	3-D
GAMON		
El Manto	111	2-B
GANADERIA		
Z. U. E. Culhuacán	110	4-E
GANADEROS		
Ampliación Los Reyes	110	2-D
Granjas Esmeralda	110	2-D
Los Cipreses	110	2-D
Los Reyes Culhuacán	110	2-D
Minerva	110	2-D
Santa Isabel Industrial	110	2-D
Tepetongo	94	6-C
Valle del Sur	110	2-D
GANADEROS CDA. Y 2 CJONES.		
Valle del Sur	110	2-D
GANDARA MANUEL		
Santa Martha Acatitla Sur	112	1-C
GANDHI CALZ.		
Bosque de Chap. 1a. Secc.	83	6-C
GANDHI INDIRA		
U. H. Margarita M de Juárez	98	6-D
GANDHI MAHATMA CALZ.		
Bosque de Chap. 1a. Secc.	83	5-C
Rincón del Bosque	83	5-C
GANSO		
Granjas Pop. Gpe. Tulpetlac	60	1-B
GANSOS		
PROFOPEC Polígono 3	60	6-D
Valle de Tules	44	4-B
GANSOS DE LOS		
Las Alamedas	56	2-A
GANTE		
Centro	84	4-B
Ciudad Satélite	69	1-B
Valle Dorado	56	2-E
GANTE CJON.		
San Francisco Tlaltenco	125	3-E
GAONA JESUS		
Moctezuma 1a. Secc.	84	5-F
GAONA MIGUEL		
Palmas Axotitla	108	3-C
GAONA RODOLFO		
Periodista	82	3-E
San Isidro La Paz	29	6-B
U. H. Pop. Lomas de Sotelo	82	3-E
GAONA RODOLFO 2 RTS.		
Diez de Abril	82	3-E
U. H. Pop. Lomas de Sotelo	82	3-E
GAONA RODOLFO PROL.		
San Isidro La Paz	29	6-B
GAONA RODOLFO Y CDA.		
San Isidro La Paz	42	1-A
GARABATO		
Novela Mexicana I	60	6-C
GARAMBULLO		
Agrícola Metropolitana	124	4-F
Ampl. San José del Jaral	43	3-D
Un Hogar para Nosotros	83	2-D
Xalpa	112	4-D
GARAY CDA.		
Los Olivos	125	1-A
GARAY DE CJON.		
Cerro del Marqués	127	6-B
GARAY FRANCISCO DE		
Centro	83	5-F
GARBANZO		
Ejido de Atlautenco	34	6-F
GARCES ALVARO		
Buenavista	112	6-C
GARCES ANTONIO		
Ejército de Ote. Z. Peñón	99	6-B
GARCES CELEDONIO		
Los Cerrillos	138	2-D
GARCETA		
Rinconada de Aragón	60	5-C
GARCIA ADOLFO G.		
Barrio El Molino	107	1-C
Constitución de 1917	111	2-E
GARCIA ALBINO		
Ampliación Asturias	97	2-B
Asturias	97	2-B
Paulino Navarro	97	2-B
Viaducto Piedad	97	2-B
Vista Alegre	97	2-B
GARCIA ANA		
Carmen Serdán	110	6-F
GARCIA ASCENCIO CJON.		
Santiago Norte y Sur	97	3-D
GARCIA BATLE FRANCISCA		
U. O. H. CTM Zona VII	110	6-F
GARCIA BONIFACIO CNEL.		
La Esperanza	46	6-B
GARCIA CARLOS		
Ampliación Miguel Hidalgo	122	5-A
GARCIA CECILIO GRAL.		
Damián Carmona	84	3-F
GARCIA CELIO		
Santa Martha Acatitla	112	1-E
GARCIA CJON.		
San Gregorio Cuautzingo	141	1-E
GARCIA CONDE DIEGO		
Ciudad Satélite	69	2-C
GARCIA CONDE GOB.		
San Miguel Chapultepec	96	1-B
GARCIA CONDE P. GRAL.		
Reforma Social	82	4-E
Residencial Militar	82	4-E
GARCIA CONTRERAS MAXIMINO		
Punta de Ceguayo	108	1-B
GARCIA CUBAS ANTONIO		
Obrera	97	1-A
Tránsito	97	1-A
GARCIA EDUARDO C.		
Ejército de Agua Prieta	99	6-A
GARCIA EUSEBIO C 1 2 3 Y 4		
U. H. Vicente Guerrero	111	1-E
GARCIA FERRER PEDRO 2A. CDA.		
Ampliación Miguel Hidalgo	121	5-F
GARCIA FRANCISCO		
Balcones de Ceguayo	108	2-B
GARCIA FRANCISCO PASCUAL		
Barrio San Lucas	111	2-A
GARCIA GABRIEL		
Francisco Sarabia	42	2-C
GARCIA GENARO		
Emiliano Zapata	81	3-C
Minas El Caracol	81	3-C
GARCIA GENARO LIC. 15 RTS.		
Jardín Balbuena	84	6-F
GARCIA GENARO LIC. Y 15 RTS.		
Jardín Balbuena	84	6-E
GARCIA GENARO LIC. Y 4 RTS.		
Jardín Balbuena	97	1-F
GARCIA GONZALEZ VICENTE		
U. H. El Risco CTM	72	1-A
GARCIA GRANADOS A.		
México Nuevo	55	1-E
GARCIA GRANADOS JOAQUIN		
Benito Juárez	97	4-E
GARCIA GREGORIO		
San Isidro La Paz	42	1-B
GARCIA GUMERSINDO		
Loma Bonita	114	6-C
GARCIA ICAZBALCETA JOAQUIN		
Ciudad Satélite	69	1-C
San Rafael	83	3-E
GARCIA JESUS		
Apatenco	113	1-D
Comunidad R. Flores Magón	113	1-E
Lomas de Chamapa	81	3-D
San Lucas	57	2-E
Tecamachalco	113	1-E
Z. U. E. Ozumbilla	21	4-E
GARCIA JESUS AV.		
Buenavista	83	3-F
GARCIA JUAN M.		
La Esperanza	124	1-C
GARCIA JULIO		
Ciudad Satélite	56	6-B
GARCIA JULIO GRAL. 1 PRIV.		
Barrio Los Reyes	97	3-D
GARCIA JULIO GRAL. Y 3 CDAS.		
Barrio Los Reyes	97	3-D
GARCIA JUSTINIANO C 1 2 Y 3		
U. H. Vicente Guerrero	111	1-E
GARCIA LEON CDA.		
Presidentes Ejidales	110	5-D
GARCIA LORCA		
Centro	84	4-A
GARCIA LORCA F. Y 2 CDAS.		
Amado Nervo	107	1-B
GARCIA LUIS		
Santa Martha Acatitla	99	5-C
GARCIA LUIS PRIV.		
Pantitlán	85	6-E
GARCIA LUNA J. LIC. GOB.		
Granjas Valle de Guadalupe	59	6-E
GARCIA M. MIGUEL		
Benito Juárez	97	4-E
GARCIA MARTIN		
Jardines de los Baez	34	6-D
La Purísima	34	5-F
GARCIA MORALES J. GRAL.		
Juan Escutia	99	4-C
San Lorenzo Xicoténcatl	99	4-C
GARCIA NARANJO NEMESIO		
Ciudad Satélite	56	6-A
Valle de Anáhuac	60	6-A
GARCIA P. CDA.		
Juan Escutia	98	3-F
GARCIA PABLO		
Juan Escutia	99	3-A
Santa María Tomatlán	110	5-F
GARCIA PABLO CDA.		
Santa María Tomatlán	111	6-A
GARCIA PANIAGUA JAVIER		
Ampl. San José Xalostoc	59	6-C
GARCIA PANTALEON		
Ejército de Ote. Z. Peñón	99	6-C
GARCIA PRECIAT		
Ampliación Miguel Hidalgo	122	5-A
GARCIA PRECIAT JOSE 2 ANDS.		
Ampliación Miguel Hidalgo	122	5-A
GARCIA PRECIAT JOSE 8 CDAS.		
Ampliación Miguel Hidalgo	122	6-A
GARCIA PROSPERO 1A. CDA.		
Santa María Tomatlán	110	5-F
GARCIA PROSPERO 2A. CDA.		
Santa María Tomatlán	110	5-F
GARCIA RULFO JUAN		
Tultepec	19	2-B
GARCIA SALGADO GERMAN		
U. H. San Rafael Coacalco	33	2-B
GARCIA SALINAS FRANCISCO		
Juan Escutia	99	3-A
GARCIA SARA		
Ampliación Emiliano Zapata	113	4-C
El Carmen	138	3-B
GARCIA SELA M. ING.		
Cuautitlán Izc. Atlanta	30	3-E
GARCIA TORRES VICENTE		
Barrio La Concepción	109	3-F
Barrio San Lucas	109	3-F
El Rosedal	109	3-F
Periodista	82	2-D
GARCIA TORRES VICENTE CDA.		
Barrio La Concepción	109	3-F
GARCIA TORRES VICENTE PRIV.		
Barrio San Lucas	109	3-F
GARCIA TRINIDAD		
Manuel Romero de Terreros	109	3-D
GARCIA V.		
Ixtlahuacan	112	4-F
GARCIA VICENTE		
Fuego Nuevo	110	4-F
GARCIA VILLALOBOS		
Lomas del Manto	111	2-B
Plan de Iguala	111	2-B
GARCIA VILLALOBOS RICARDO		
Renovación	98	6-F
GARCIADIEGO DR.		
Doctores	84	6-A
GARCIADIEGO SALVADOR DR.		
Doctores	83	6-F
GARCILAZO FERNANDO		
Ejército de Ote. Z. Peñón	99	6-B
GARDENIA		
2a. Ampl. Stgo Acahualtepec	112	2-D
Acuitlapilco	88	4-A
Agua Azul	99	1-C
Altavista	113	1-F
Ampl. El Chaparral	56	3-A
Ampl. Emiliano Zapata	42	2-E
Ampl. Titla	127	2-C
Ampliación 19 de Septiembre	34	5-F
Ampliación El Tesoro	44	3-D
Ampliación Emiliano Zapata	127	2-C
Ampliación Tlacoyaque	107	6-E
Ampliación Tulpetlac	46	5-E
Arenal de Guadalupe	123	4-A
Barrio Hojalateros	87	5-D
Barrio La Rosita	87	4-C
Bellavista	59	2-D
Boca Barranca	59	2-B
Caballería de Sales	34	5-E
Campestre El Potrero	113	5-B
Ejército del Trabajo III	73	3-B
El Toro	121	1-A
Emiliano Zapata	42	2-E
Hacienda de la Luz	43	2-C
Independencia	28	4-E
Jardín	76	3-B
Jardines de Morelos	47	1-D
Jardines de Santa Cruz	19	2-C
Jardines del Molinito	82	1-B
Jardines del Tepeyac	72	1-F
Jardines del Tepeyac	59	6-F
Joyas de Santa Ana	62	5-F
Juárez	83	5-F
La Joya	19	5-B
Las Conchitas	31	4-A
Las Huertas	81	1-C
Las Huertas	68	6-D
Loma Encantada	113	3-E
Lomas de Chamontoya	107	6-E
Lomas de San Lorenzo	124	1-E
Lomas de San Miguel	43	2-B
Los Angeles	111	3-D
Los Bordos	46	6-B
Minas Palacio	81	4-C
Miraflores	57	4-C
Miravalle	112	4-F
Palmatitla	58	2-C
Paraíso	60	1-A
Prados Iztapalapa	112	6-A
Reforma Política	112	4-C
San Bartolomé Coatepec	93	3-F
San Francisco Chilpan	31	6-C
San José Buenavista	100	2-D
San José del Jaral	43	3-D
San Juan Ixtacala	43	3-A
San Miguel Teotongo	113	3-B
San Pablo	112	4-F
Santa María de Guadalupe	43	3-F
Santa Rosa	48	3-D
Santa Rosa	101	1-E
Santa Rosa de Lima	30	1-D
Santa Ursula Coapa	123	3-B
Tenorios	112	4-D
Torres del Potrero	108	5-A
Valle de las Flores	30	5-D
Villa de los Capulines	100	3-C
Xalpa	112	5-D
Xalpa	112	4-D
Xicalhuaca	137	3-B
Xochiaca	100	1-C
Xotepingo	110	5-B
GARDENIA 1A. CDA.		
Barrio Santo Domingo	70	4-A
GARDENIA 2a. PRIV.		
Barrio Santo Domingo	70	4-A
GARDENIA AND.		
Belén de las Flores	95	3-E
GARDENIA CDA.		
Hacienda Santa Mónica	56	5-C
Jazmín	137	3-B

Calle / Colonia	PLANO	COORDENADAS
Las Huertas	81	1-D
GARDENIA CJON.		
Loma Encantada	113	3-E
GARDENIA DE		
Los Morales	18	4-C
GARDENIA DE 2 CDAS.		
Torres del Potrero	108	5-A
GARDENIA PRIV.		
Jazmín	137	3-B
GARDENIA RT.		
U. Adolfo López Mateos	56	5-E
GARDENIA Y 2 CDAS.		
Jazmín	137	3-B
GARDENIA Y CDA.		
Las Cruces	107	6-F
San José del Jaral	43	3-D
U. H. Belén de las Flores	108	2-C
GARDENIA Y PROL.		
Quiahuatla	138	1-F
GARDENIAS		
2a. Ampl. Stgo Acahualtepec	112	3-E
Ampl. Guadalupe Victoria	33	4-E
Barrio Xaltocan	137	2-A
Ejidal Ampl. San Marcos	44	5-C
El Bramadero	42	1-A
El Rosal	46	5-D
El Rosario	124	2-D
Hacienda Ojo de Agua	21	3-A
Hueytlalli	108	1-D
Ixtapaluca Izcalli	114	6-B
Jardines de la Cañada	44	2-D
La Cañada	82	2-B
La Concepción	49	1-E
La Florida	60	6-B
La Habana	126	6-A
Las Flores	56	3-A
Las Palmas	42	2-F
Loma de la Cruz	42	1-B
Lomas San Lorenzo	111	6-D
Los Cuyos	100	3-D
México	19	2-B
Pilares	36	5-F
Plan Sagitario	42	4-E
Prados de Ecatepec	20	4-A
Prados de San Mateo	68	3-E
Profr. Cristóbal Higuera	43	6-B
San Isidro La Paz	29	6-A
San Isidro La Paz	29	6-B
San José Huilango	16	4-F
San José de las Palmas	101	6-B
San Miguel Teotongo	113	3-A
San Pedro	87	4-F
San Rafael Chamapa	81	2-C
Techalotes	34	4-F
Tlaltecahuacán	50	4-A
Valle Hermoso	43	6-F
Villa de las Flores	33	1-A
Vista Hermosa	46	1-C
Vista Hermosa	29	5-A
Xochitenco	87	6-E
GARDENIAS AV.		
Jardines de Chalco	140	1-D
GARDENIAS CDA.		
La Providencia	108	2-B
San Gregorio Atlapulco	137	2-E
GARDENIAS DE LAS CDA.		
Barrio Santa Cruz	16	3-E
GARDENIAS DE LAS PRIV.		
Barrio Santa Cruz	16	3-E
GARDENIAS DE LAS Y 2 CDAS.		
Barrio Santa Cruz	16	3-E
GARDENIAS DE PRIV.		
San Lucas Tepetlacalco	56	5-C
GARDENIAS PROL.		
Vista Hermosa	29	5-A
GARDENIAS RT.		
Izcalli Ecatepec	46	2-F
GARDENIAS SUR		
Lomas de la Hera	107	6-F
GARDENIAS Y CDA.		
Libertad	31	6-E
Vista Hermosa	29	5-A
GARGOLAS DE LAS AV.		
Barrio San Marcos	136	2-E
Jardines del Sur	136	2-E
GARIBALDI RNDA.		
Centro	84	3-B
GARIBAY JESUS		
Consejo Agrarista Mexicano	111	5-E
Presidentes de México	111	5-E
Puente Blanco	111	5-E
U. H. Del Valle Residencial	111	5-E
U. H. Fase II	111	5-E
GARIBAY KINTANA ANGEL MARIA		
Olivar de los Padres	108	4-E
GARITA		
Papalotla	50	5-D
GARITA LA		
Coacalco de Berriozábal	32	4-D
Jardines de la Hda. Sur	17	5-F
GARITA LA AV.		
Residencial Villa Coapa	123	4-D
GARITA LA CDA.		
Santa Clara	59	3-D
GARMENDIA GUSTAVO DE CJON.		
San Pedro Xalostoc	59	4-B
GARMENDIA GUSTAVO Y CDA.		
Arbolitos	59	3-B
GARNERIN HERMANOS		
Fuego Nuevo	111	5-A
GARRIDO		
Gustavo A. Madero	71	4-D
Tepeyac Insurgentes	71	4-D
GARRIDO FERNANDO		
México Nuevo	42	6-E
GARRIDO J. S. Y PRIV.		
El Tepetatal	45	6-B
GARROS ROLANDO		
Aviación Civil	85	6-C
GARZA		
Ciudad Cuauhtémoc	35	2-A
Granjas Pop. Gpe. Tulpetlac	60	1-B
Rinconada de Aragón	60	5-C
GARZA BENIGNO		
U. H. Ejército de Oriente	99	4-B
GARZA DARIO CORONEL		
Revolución	84	3-F
GARZA FELIPE DE LA		
Juan Escutia	99	3-A
GARZA GONZALEZ CECILIO		
Alvaro Obregón	99	5-B
GARZA JUAN J. DE LA		
Nueva Díaz Ordaz	110	5-A
GARZA LA PRIV.		
Chimalhuacán	87	5-F
GARZA LORENZO		
San Isidro La Paz	42	1-A
San Lorenzo Tlaltenango	69	6-E
GARZA M. JESUS GRAL.		
Héroes de la Revolución	82	5-A
GARZA MANUEL DE LA		
San Miguel Teotongo	113	3-B
GARZA MELO SIMON DE LA		
Benito Juárez	97	4-E
GARZA PABLO A. DE LA GRAL.		
Héroes de la Revolución	81	5-F
GARZA REYNALDO		
U. Santa Cruz Meyehualco	112	3-A
GARZA RIOS ANASTASIO		
Ciudad Satélite	69	1-C
GARZA Y CDA.		
Bellavista	96	3-B
GARZA Y MELO SIMON DE LA		
Ferrocarrilera Insurgentes	72	4-A
GARZA ZAMBRANO ANTONIO		
U. Santa Cruz Meyehualco	112	3-A
GARZAS		
Ampl. San Miguel	43	2-B
Lago de Guadalupe	30	4-A
Las Aguilas	42	4-F
Las Arboledas	43	6-D
U. INFONAVIT Iztacalco	97	5-F
GARZAS LAS		
San Miguel Xicalco	135	4-F
San Pedro	87	4-F
GARZAS LAS 3 CDAS.		
Barrio San Isidro	138	1-E
GARZAS LAS PRIV.		
Barrio San Isidro	138	2-B
GARZAS LAS Y 2 CDAS.		
Barrio San Isidro	138	2-E
GARZON SANTIBAÑEZ ALFONSO		
Ampl. Ejido Axotlán	29	3-A
Campestre El Potrero	113	5-C
Ejido Axotlan	29	3-A
GARZOTAS		
Izcalli Jardines	34	6-C
GAS DEL AV.		
San Pedro Barrientos	43	4-F
GAS SOLVENTE		
Plenitud	70	5-A
GASCA CELESTINO		
El Mirador	59	1-B
GASCA CELESTINO C 1 2 Y 3		
U. H. Vicente Guerrero	111	1-F
GASCA GRAL.		
Lomas de Zaragoza	112	2-F
GASODUCTO		
La Mancha 3a. Secc.	81	4-D
La Purísima	34	5-F
Los Reyes Tulpetlac	46	6-F
Plenitud	70	5-A
Reynosa Tamaulipas	70	3-B
San Mateo Xalpa	136	5-D
Santa Inés	70	3-B
Santa María Tulpetlac	46	6-F
GASODUCTO AV.		
Las Huertas	68	6-D
Las Huertas	81	1-C
GASODUCTO CJON. Y CDA.		
Las Huertas	81	1-D
GASODUCTO PRIV.		
Arbolitos	59	3-B
GASOLINA		
Plenitud	70	6-A
GASPAR		
La Navidad	94	6-C
Lomas de Chamapa	81	2-E
GATO MONTES		
San Miguel Xicalco	135	5-F
GAULLE CHARLES DE		
Universal	81	1-E
GAUSS		
Casablanca	83	4-C
GAUSS CARLOS FEDERICO		
Fuego Nuevo	110	5-F
GAVIA LA		
Jardines de la Hda. Sur	17	5-F
GAVILAN		
Barrio San Miguel	111	1-C
Cocoyotes	58	2-C
El Mirador II	121	6-D
Granjas Pop. Gpe. Tulpetlac	60	1-B
Las Arboledas	56	1-C
Mayorazgos del Bosque	56	1-C
Rinconada de Aragón	60	5-C
GAVILAN CDA.		
Nuevo San Lucas Patoni	45	6-A
GAVILAN DEL		
Las Alamedas	56	1-A
GAVILAN PRIV.		
U. H. El Gavilán	111	6-C
GAVILAN Y 3 CDAS.		
Barrio San Miguel	111	2-C
GAVILAN Y CDA.		
Luis Donaldo Colosio M.	45	6-A
GAVILANES		
Benito Juárez	99	1-D
Granjas de Guadalupe	42	1-C
Las Aguilas	42	4-F
Lomas de Guadalupe	108	4-B
Punta La Zanja	87	2-F
Valle de Tules	44	3-C
GAVILLERO CDA.		
El Gavillero	28	5-C
GAVILLERO EL		
Residencial Villa Coapa	123	4-D
GAVILLEROS		
Campestre El Potrero	113	4-B
GAVIÑO ANGEL		
Ciudad Satélite	69	1-C
GAVIONES		
PROFOPEC Polígono 3	60	6-D
GAVIOTA		
Barrio Pescadores	87	3-F
Ciudad Cuauhtémoc	35	2-A
Chimalhuacán	87	3-F
La Cañada	56	3-A
Mayorazgos del Bosque	56	1-C
Minas Palacio	81	4-C
Punta La Zanja	87	3-F
Tacubaya	96	2-B
GAVIOTA CDA.		
Xaxalco	149	4-A
GAVIOTA LA		
Benito Juárez	86	6-D
GAVIOTAS		
Granjas Modernas	71	5-E
Granjas de Guadalupe	42	1-C
Izcalli Jardines	34	6-C
Las Aguilas	42	4-F
Las Golondrinas	95	5-E
Punta La Zanja	87	3-F
Rinconada de Aragón	60	5-C
San Cristóbal Texcalucan	93	3-C
Valle de Tules	44	3-C
Vicente Suárez	19	2-E
Vicente Suárez	19	2-D
GAVIOTAS 1a. Y 2a.		
PROFOPEC Polígono 3	60	6-C
GAVIOTAS AV. Y RINC.		
Las Arboledas	43	6-D
GAVIOTAS DE LAS		
Las Alamedas	56	1-A
GAVIOTAS Y CDA.		
Lago de Guadalupe	30	4-A
GAVIRA G.		
Santa Martha Acatitla	99	5-C
GAVITO		
Ciudad Satélite	69	2-A
GAXIOLA ALVARO		
La Olímpica	81	3-C
GAXIOLA ANDRADE RADAMES GRAL		
Escuadrón 201	110	1-E
GAXIOLA MACARIO		
Ampliación San Pedro Xalpa	69	4-E
San Pedro Xalpa	69	4-E
GAYARRE		
Héroe de Nacozari	71	6-A
GAYOL ROBERTO		
Ciudad Satélite	56	6-B
Del Valle	96	5-D
GAYOL ROBERTO ING.		
Guadalupe Insurgentes	71	6-B
GAZANIA		
C. H. La Pradera I	72	5-D
GEDOVIUS GERMAN		
Ciudad Satélite	69	1-D
GELATI Y PRIV. NORTE Y SUR		
San Miguel Chapultepec	96	1-B
GEMA		
Ampl. La Esmeralda	34	1-D
La Esmeralda	34	1-D
Nueva San Isidro	127	4-F
GEMELOS		
Campestre Churubusco	110	3-C
Prado Churubusco	110	2-C
GEMINIS		
Ampl. Emiliano Zapata	113	4-B
Jardines de Satélite	68	1-F
Josefa Ortiz de Domínguez	47	6-D
La Estrella	59	5-F
Las Colonias	81	2-F
Prados de Ecatepec	19	4-F
San Isidro Ayotla	113	4-F
U. H. Valle de Luces	111	4-A
U. Izcalli Santa Clara	73	2-C
Valle de la Hacienda	17	3-E
Xalpa	112	4-D
Xalpa	112	3-D
GEMINIS AV.		
La Nacional	46	1-E
GENCIANA		
Barrio San Marcos	136	2-E
GENERACION CENTENARIO		
Residencial San Antonio	63	2-C
GENERAL POPO		
Industrial	71	4-C
GENERALES		
Observatorio	96	2-A
GENERALISIMO MORELOS		
Popular Ermita Zaragoza	112	1-F
GENIO		
Cuautitlán Izc. Ensueños	30	1-D
GENOVA		
Izcalli Pirámide	57	3-C
Valle Dorado	56	2-E
GENOVA Y CDA.		
Juárez	83	5-E
GENOVESES		
Victoria	96	4-A
GEOGRAFIA		
México	98	1-F
U. H. El Rosario	69	1-E
GEOGRAFOS		
Jardines de Churubusco	97	5-F
Nueva Rosita	97	5-F
San José Xalostoc	59	6-C
GEOGRAFOS 2A. CDA.		
Pueblo Aculco	97	6-E
GEOGRAFOS CIR.		
Ciudad Satélite	69	2-C
GEOGRAFOS PROL.		
Purísima Atlazolpa	97	5-F
U. Los Picos	97	5-F
GEOGRAFOS Y 2 CDAS.		
Pueblo Aculco	97	6-F
GEOLOGIA		
Lomas Anáhuac	94	2-F
U. H. El Rosario	69	1-E
GEOLOGOS		
El Triunfo	97	5-D
San José Xalostoc	59	6-B
San Juanico Nextipac	97	5-D
GEOMETRIA		
México	98	1-F
GEORGIA		
Ampliación Nápoles	96	4-C
Nápoles	96	4-C
GEOTECNIA		
Univ. Aut. Metropolitana	43	1-A
GERADINE		
San Andrés de la Cañada	46	5-A
GERANIO		
Agua Azul	86	6-C
Atlampa	83	1-F
Barrio Hojalateros	87	5-D
Barrio Los Reyes	138	1-F
Barrio San Cristóbal	136	2-F
Barrio San Hipólito	87	3-C
Buenavista	112	5-C
Campestre El Potrero	113	5-C
Ejidos de San Pedro Mártir	122	6-F
El Arenal	70	6-F
El Capulín	114	5-D
El Molino	127	2-C
El Rosal	46	5-D
El Rosario	124	2-D
El Toro	121	1-A
Jardines de Chalco	140	1-D
Jardines de Morelos	47	1-D
Jardines del Tepeyac	59	6-F
Joyas de Nieve	58	1-D
La Cañada	82	2-B
La Estación	125	1-A
La Nopalera	122	6-F
Las Peñas	111	4-F
Las Peñitas	43	4-D
Loma Encantada	113	3-D
Loma Linda	82	1-A
Lomas San Juan Ixhuatepec	71	1-E
Lomas San Lorenzo	111	6-E
Lomas de San Miguel	43	3-B
Los Angeles Apanoaya	111	4-E
Miguel Hidalgo	124	3-F
Minas Palacio	81	3-C
Patrimonio Familiar	70	6-F
Quiahuatla	138	1-F
Rincón Verde	68	2-C
San Francisco Chilpa	44	1-C
San José del Jaral	43	2-D
San José del Jaral	43	3-C
San Luis Tlatilco	82	1-A
San Miguel Chalma	57	3-F
San Miguel Teotongo	113	4-B
Santa María Chimalhuacán	88	4-A
Santa María Insurgentes	83	1-F
Santa Rosa	48	2-D
Santa Rosa	101	1-D
Tamaulipas El Palmar	86	6-C
Tamaulipas Flores	86	6-C
Tenorios	112	5-D
Tlatel Xochitenco	87	2-C
Torres del Potrero	108	5-A
U. H. Morelos Ecatepec	47	2-B
Villa de las Flores	33	1-A
Vista Hermosa	46	1-D
GERANIO 2A. CDA.		
Vista Hermosa	29	5-A
GERANIO CDA.		
Ampliación El Tesoro	44	2-E
GERANIO CJON.		
Barrio Caltongo	137	1-A
GERANIO Y CDA.		
Jardines de Monterrey	43	3-C
GERANIOS		
Bellavista	59	2-D
Bellavista	76	3-D
Independencia	28	4-E
Jardines del Alba	30	3-F
Las Peñitas	43	4-D
Lomas del Lago	42	1-D
Valle de las Flores	30	5-D
Villas de las Palmas	42	2-F
GERANIOS CDA.		
Vista Hermosa	29	5-A
Z. U. E. San Mateo Nopala	68	2-C
GERANIOS DE LOS		
Ampl. Jards. de San Mateo	68	4-F
Jardines de San Mateo	68	3-F
GERANIOS DE LOS CDA.		
Mirador del Valle	135	2-C
GERANIOS LOS		
Jardín de la Florida	69	2-D
GERANIOS PRIV.		
Jardines de Santa Cruz	19	2-C
GERENTES		
San José Aculco	97	5-F
GERIFALTE		
Ampliación Tepeaca	108	1-C
GERIFALTES		
Valle de Tules	44	3-C
GERMANICA		
Dr. Jorge Jiménez Cantú	30	4-C
GERMANIO Y 2A. CDA.		
San Juan Cerro	111	3-C
GERMANIO Y PROL.		
San Juan Cerro	111	3-B
GERONA Y RT.		
U. Bellavista	111	5-D
GEYSER		
Insurgentes Cuicuilco	122	2-C
GHANA		
Chimali	123	3-B
GIFFARD ENRIQUE J.		
Fuego Nuevo	110	4-F
GIGANTE		
Consejo Agrarista Mexicano	111	5-F
GIGANTERA		
San José del Jaral	43	1-D
GIGANTES		
Bosques de Morelos	30	4-B
GIGANTES DE LOS AV.		
Cuautitlán Izc. Ensueños	30	1-D
GIJON		
El Dorado	56	2-E
GIL R. GUILLERMO LIC.		
Adolfo Ruiz Cortines	47	1-B
GIMNASIA		
Olímpica Jajalpa	47	3-A
GIMNASTAS		
Las Peñitas	43	4-C
GINEBRA		
Villa Verdún	107	4-F
GINECOLOGOS		
Purísima Atlazolpa	97	5-E
GINGKO BILOBA		
Ampliación San Lorenzo	137	4-A
GIOCONDA		
Miguel Hidalgo	125	4-A
GIORDANO LUCAS		
Nonoalco	96	5-B
GIORGIONE		
San Juan	96	4-B
GIOTTO		
Alfalfar	96	5-A
Alfonso XIII	96	5-A
Mixcoac	96	5-A
GIOTTO CDA.		
Alfonso XIII	96	5-B
GIRARDON FRANCISCO		
Alfonso XIII	96	5-A
Santa María Nonoalco	96	5-A
GIRAS		
San Andrés de la Cañada	46	6-A
GIRASOL		
Agua Azul	86	6-C
Altavista	113	1-F
Ampliación 19 de Septiembre	34	5-F
Barrio San Antonio	136	1-E
Barrio San Marcos	136	1-E
Caballería de Sales	34	5-F
Celco	94	2-D
El Capulín	114	5-D
El Molino	127	3-C
El Potrero	56	3-B
Jardines de Chalco	140	1-E
Jardines de Monterrey	43	3-C
Jardines de Morelos	47	1-E
Jardines del Llano	139	5-A
Jardines del Tepeyac	59	6-F
Juan González Romero	72	1-A
Las Conchitas	31	3-A
Las Huertas	81	1-C
Las Huertas	68	6-E
Las Huertas	68	6-D
Las Peñitas	43	4-D
Lomas San Juan Ixhuatepec	71	1-E
Lomas de Chamontoya	107	6-E
Lomas de San Miguel	43	3-B
Los Angeles Apanoaya	111	3-E
Miraflores	42	2-F
Palmatitla	58	1-C
Paraje La Laguna	44	3-C
Prados de Ecatepec	20	4-A
Rinconada El Mirador	135	1-F
San Andrés de la Cañada	46	6-A
San Francisco Chilpan	44	1-C
San Isidro	30	6-E
San José Buenavista	100	2-D
San José de las Palmas	101	6-B
San José del Jaral	43	2-D
San Juan	35	2-C
San Miguel Chalma	57	3-F
San Pablo	112	5-F
Santa María de Guadalupe	43	3-F
Santa Rosa	101	2-D
Santa Rosa	48	2-D
Tamaulipas El Palmar	86	6-C
Tamaulipas Flores	86	6-C
Valle de las Flores	30	5-D
Vista Hermosa	46	1-D
GIRASOL 1A. CDA.		
San José del Jaral	43	2-C
GIRASOL 2A. CDA.		
San José del Jaral	43	2-C
GIRASOL AND.		
San Bartolomé Coatepec	93	3-F
GIRASOL AV.		
U. INFONAVIT Iztacalco	97	4-F
GIRASOL CDA.		
La Habana	126	6-A
Los Angeles	111	3-D
Tepeaca	108	2-C
Tlacoyaque	107	6-E
GIRASOL PRIV.		
Barrio San Marcos	136	1-E
GIRASOL Y 3 CDAS.		
San José del Jaral	43	3-D

Calle / Colonia	Plano	Coordenadas
GIRASOL Y CDA.		
Torres del Potrero	108	5-B
GIRASOLES		
Ampl. Los Caracoles	58	4-F
Bellavista	59	2-E
Bosques de los Pinos	29	3-E
Hacienda Ojo de Agua	21	3-A
Jardines de Aragón	60	5-B
La Cantera	19	2-B
La Magdalena Atlicpan	100	5-E
Loma de Chimalhuacán	100	1-F
Paseo de Carretas	56	5-D
Progreso Guadalupe Victoria	33	4-E
San Isidro La Paz	29	6-A
San Juan Zapotla	100	1-E
Santiago Tepalcatlalpan	136	2-D
Villa de las Flores	33	1-A
GIRASOLES CJON.		
Jardines del Alba	30	3-F
GIRASOLES DE 1A. CDA.		
Ejido Santa Cruz Xochitepec	136	2-C
Santa Cruz Xochitepec	136	2-C
GIRASOLES DE 2A. CDA.		
Santa Cruz Xochitepec	136	2-C
GIRASOLES DE LOS 1A. CDA.		
Barrio Santa Cruz	16	2-E
GIRASOLES DE LOS CDA.		
Mirador del Valle	135	2-C
GIRASOLES DE LOS RT.		
La Florida	69	2-C
GIRASOLES DE LOS Y 2A. CDA.		
Barrio Santa Cruz	16	2-D
GIRASOLES LOS		
Barrio Santa Cruz	16	2-E
GIRASOLES PROL.		
Ampl. Los Caracoles	58	4-F
GIRASOLES RT.		
Izcalli Ecatepec	46	2-F
GIRON CDA.		
San Miguel Topilejo	149	4-A
GIRON DE CJON.		
Centro	84	4-C
GIRON EUGENIO INSURGENTE		
Paraje San Juan	111	4-D
GIROS POSTALES		
Postal	97	4-B
GISELA PRIV.		
Pueblo Los Reyes	109	4-F
GITANA		
Agrícola Metropolitana	124	4-E
Barrio Santa Ana Zapotitlán	124	4-E
Del Mar	124	4-E
La Estación	124	4-E
La Nopalera	124	4-E
La Turba	124	4-E
Miguel Hidalgo	124	4-E
GITANA 3A. CDA.		
Unidad Habitacional Gitana	124	2-F
GITANA NORTE		
Barrio Santa Ana Zapotitlán	124	2-F
La Estación	124	2-F
GITANA NORTE CDA.		
Barrio Santa Ana Zapotitlán	124	2-F
GITANA NTE.		
Unidad Habitacional Gitana	125	2-A
GITANA NTE. DE 3A. CDA.		
Arboledas	124	2-F
GITANA NTE. DE 4A. CDA.		
Barrio Santa Ana Zapotitlán	124	1-F
GITANA NTE. DE 5A. CDA.		
Barrio Santa Ana Zapotitlán	125	1-A
GITANA NTE. DE 6A. CDA.		
Barrio Santa Ana Zapotitlán	125	1-A
GITANA NTE. DE 7A. CDA.		
Barrio Santa Ana Zapotitlán	125	1-A
GITANA NTE. DE 8A. CDA.		
Barrio Santa Ana Zapotitlán	125	1-A
GITANA NTE. PRIV.		
Arboledas	124	2-F
GITANA Y CDA.		
La Nopalera	124	3-F
GLACIAL		
Cuautitlán Izc. Atlanta	30	2-E
GLACIAL Y 2 RTS.		
Cuautitlán Izc. Atlanta	30	3-E
GLACIAR		
Jardines de Morelos	48	1-A
Olivar de los Padres	108	4-C
Olivar de los Padres	108	4-E
Pueblo de Tetelpan	108	4-E
GLADIATE		
Agrícola Metropolitana	124	4-F
GLADIOLA		
Agua Azul	86	6-C
Ampl. San José del Jaral	43	3-D
Ampliación 19 de Septiembre	34	5-F
Ampliación El Tesoro	44	2-D
Ampliación Emiliano Zapata	127	1-C
Ampliación Loma Linda	82	1-A
Barrio La Rosita	87	3-C
Barrio San Antonio	136	1-F
Barrio San Marcos	136	1-F
Barrio San Pedro	136	1-F
Buenavista	112	5-C
Caballería de Sales	34	5-F
Campestre El Potrero	113	4-B
Chamacuero	43	3-D
Ejército del Trabajo III	73	3-B
Ejidal Ampl. San Marcos	44	4-C
El Capulín	114	5-D
El Capulín	63	5-C
El Mirador	136	1-C
Jardines de la Cañada	44	2-D
Jardines del Llano	139	5-A
Jardines del Tepeyac	73	1-A
Joyas de Nieve	58	1-D
Juan González Romero	72	2-A
La Cañada	82	2-B
Las Conchitas	31	4-A
Las Huertas	68	6-E
Loma Encantada	113	3-E
Loma Linda	82	1-A
Lomas de San Lorenzo	124	1-E
Lomas de Santa Cruz	112	4-B
Los Angeles	111	3-D
Minas Palacio	81	3-C
Nezahualcóyotl	48	4-F
Prados de Ecatepec	20	4-A
Rincón Verde	68	2-C
San Luis Tlatilco	82	1-A
San Pablo	112	4-F
Santa María de Guadalupe	43	3-F
Santa Rosa	101	1-D
Santa Rosa	48	3-D
Tamaulipas El Palmar	86	6-C
Tamaulipas Flores	86	6-C
Tenorios	112	4-D
Xochitenco	87	5-E
Xotepingo	110	4-B
GLADIOLA AND.		
Torres del Potrero	108	5-A
GLADIOLA CDA.		
Ampliación Emiliano Zapata	127	1-C
GLADIOLAS		
Ampl. Bosques de Ixtacala	43	2-A
Ampl. Guadalupe Victoria	33	4-E
Barrio Las Cruces	137	4-C
Barrio San Pedro	136	2-F
Casas Reales	34	5-F
Ciudad Jardín	110	4-A
Ejidos San Pedro Mártir	135	1-F
El Rosal	46	5-D
El Rosario	124	3-E
Jardines de Aragón	60	5-B
Jardines de Santa Cruz	19	1-B
La Florida	69	6-A
Lomas de San Miguel	43	3-B
Pedregal de Santo Domingo	109	5-D
San Frabcisco Chilpan	44	1-C
San José del Jaral	43	3-C
San José del Jaral	43	3-D
San Miguel Teotongo	113	3-A
Tlacopac	109	2-A
U. H. El Paraíso FOVISSSTE	18	6-C
U. H. Morelos Ecatepec	47	2-B
U. H. Solidaridad Social	20	6-B
Villa de las Flores	33	1-A
GLADIOLAS CDA.		
Ejidos de San Pedro Mártir	135	1-E
El Rosal	46	5-D
GLADIOLAS CJON.		
Jardines del Alba	30	3-F
GLADIOLAS DE CDA.		
Jardines de Santa Cruz	19	2-C
GLADIOLAS DE LAS		
La Florida	69	3-B
La Florida Occipaco	69	3-B
GLADIOLAS DE LAS AND.		
Santa Elena	81	2-E
GLADIOLAS DIAG.		
Barrio San Marcos	136	1-E
GLADIOLAS RT.		
Izcalli Ecatepec	46	3-F
GLADIOLAS Y CDA.		
Jardines de Santa Cruz	19	2-C
Los Bordos	59	1-B
GLICERINA		
Plenitud	70	5-A
GLINKA		
Héroe de Nacozari	71	6-A
GLORIA		
Ampl. Minas Palacio	81	4-B
Ampliación Emiliano Zapata	127	2-C
El Carmen	58	3-C
Juan González Romero	72	1-A
Los Angeles	111	3-D
Paraje San Juan	111	3-D
San José del Jaral	43	2-D
Santa María de Guadalupe	43	3-F
Santa Rosa	48	2-D
Santiaguito	138	2-D
GLORIA 2A. CDA.		
La Candelaria	110	5-A
GLORIA AV. Y 2 CDAS.		
Maquixco	23	3-F
GLORIA CDA.		
Ampl. Emiliano Zapata	127	2-C
Olivar de los Padres	108	4-C
Santiaguito	138	2-D
Torres del Potrero	108	5-A
GLORIA CJON.		
Barrio San Lucas	111	2-A
GLORIA LA		
Los Bordos	46	6-B
GLORIA LA CDA.		
Z. U. E. Culhuacán	110	4-E
GLORIA LA Y CDA.		
San Juanico Acolman	23	6-E
GLORIA PRIV.		
Pantitlán	85	6-D
GLORIA Y PRIV.		
La Candelaria	110	5-A
GLORIAS		
Ejidos de San Cristóbal	33	5-E
GLORIAS DE LAS		
San Rafael Chamapa	81	1-E
GLORIAS DE LAS CDA.		
San Rafael Chamapa	81	2-E
GLORIAS LAS		
Emiliano Zapata	128	5-A
San Lorenzo	81	2-E
GLORIETA CAMARONES		
La Glorieta	73	3-C
GLORIETA DE BUCARELI		
Ampliación Vicente Villada	99	3-C
Evolución	99	3-C
Metropolitana 3a. Secc.	99	3-C
GLORIETA DE COLON		
Ampliación Vicente Villada	99	2-C
Evolución	99	2-C
La Glorieta	73	3-C
Vicente Villada	99	2-C
GLORIETA DE ECATEPEC		
La Glorieta	73	3-C
GLORIETA DE ETIOPIA		
La Glorieta	73	3-C
GLORIETA DE LA AV.		
Las Arboledas	56	1-D
GLORIETA DE LA IGLESIA		
Tetlalmeya	122	3-F
GLORIETA DE PERALVILLO		
La Glorieta	73	3-C
GLORIETA FUENTE DE PETROLEOS		
Ampliación Vicente Villada	99	2-C
Evolución	99	2-C
Pantitlán	99	2-C
Vicente Villada	99	2-C
GLORIETA INSURGENTES		
La Glorieta	73	3-C
GLORIETA NORTE Y SUR		
Club de Golf México	122	5-F
GLORIETA PATRULLA ALPINA		
Montañista	58	4-D
GLORIETA REFORMA		
La Glorieta	73	3-C
GLORIETA TIO SAM		
La Glorieta	73	3-C
GLUCK CDA.		
Vallejo	71	6-B
GNOMOS		
Cuautitlán Izc. Ensueños	30	1-D
GOBERNACION		
Z. U. E. Culhuacán	110	4-F
GOBERNACION Y PRIV.		
Federal	85	6-A
GOBERNADORA AV.		
El Charco	60	1-C
Industrias Tulpetlac	60	1-C
Tolotzin I	47	6-B
GOBIERNO DEL DISTRITO		
Federal	85	6-A
GODARD		
Héroe de Nacozari	71	6-A
GODINEZ		
La Estación	125	1-A
GOETHE		
Anzures	83	5-C
Nueva Anzures	83	5-C
GOITIA FRANCISCO		
Arenal	149	2-B
Barrio San Marcos	136	1-E
Ciudad Satélite	69	1-D
U. H. E. Zapata ISSSTE	76	3-C
GOITIA FRANCISCO 1A. CDA.		
Arenal	149	3-B
GOITIA MANUEL E.		
Benito Juárez	97	4-E
GOLDSMITH		
Polanco Reforma	83	4-A
GOLETA		
San Miguel Xalostoc	59	6-B
GOLETA DE LA		
Ampliación La Mexicana	95	5-C
San José Xalostoc	72	1-B
San Miguel Xalostoc	72	1-B
GOLF		
Churubusco Country Club	110	2-B
GOLFO		
Cuautitlán Izc. Atlanta	30	2-E
GOLFO CDA.		
Ampliación La Quebrada	43	3-F
GOLFO DE ADEN		
Tacuba	83	2-B
GOLFO DE ADEN CDA.		
Lomas Lindas	43	5-A
GOLFO DE ADEN Y CDA.		
Lomas Lindas	42	5-F
GOLFO DE ALASKA		
Lomas Lindas	42	4-F
GOLFO DE AUSTRALIA		
Tacuba	83	1-B
GOLFO DE BENGALA		
Prados de Santa Clara	59	2-F
Tacuba	83	1-B
GOLFO DE CALIF. CDA. Y PRIV.		
Tacuba	83	1-B
GOLFO DE CALIFORNIA Y 2 CDAS		
Lomas Lindas	43	5-A
GOLFO DE CAMPECHE Y CDA.		
Tacuba	83	1-B
GOLFO DE CORINTO		
Prados de Santa Clara	59	2-F
GOLFO DE FINLANDIA		
Lomas Lindas	42	6-F
GOLFO DE GABES		
Tacuba	83	2-B
GOLFO DE GUAYAQUIL		
Tacuba	83	2-B
GOLFO DE LEON		
Prados de Santa Clara	59	2-F
GOLFO DE LOS IRIS		
Selene	125	3-F
GOLFO DE MEXICO		
Prados de Santa Clara	59	2-F
Tacuba	83	1-B
GOLFO DE PANAMA		
Lomas Lindas	42	6-F
GOLFO DE PECHORA		
Lomas Lindas	42	5-F
GOLFO DE RIGA		
Tacuba	83	2-B
GOLFO DE SAN JORGE		
Tacuba	83	2-B
GOLFO DE SAN LORENZO		
Tacuba	83	1-B
GOLFO DE SIAM		
Lomas Lindas	42	4-F
Tacuba	83	1-B
GOLFO DE SIDRA		
Tacuba	83	2-B
GOLFO DE TEHUANTEPEC		
Altamirano	83	1-A
San Diego Ocoyoacac	83	1-A
San Diego Ocoyoacac	83	1-B
Tacuba	83	1-A
Tacuba	83	1-B
GOLFO DE TOMINI		
Lomas Lindas	42	5-F
GOLFO DE TONKIN		
Lomas Lindas	43	6-A
GOLFO DE VISCAYA		
Tacuba	83	2-B
GOLFO DEL		
Zona Res. Acueducto de Gpe.	57	5-F
GOLFO PERSICO		
Prados de Santa Clara	59	2-F
GOLFO SAN MATIAS		
Tacuba	83	2-B
GOLGOTA Y CDA.		
San Pablo Oztotepec	150	5-D
GOLONDRINA		
Ampl. Las Golondrinas	95	5-E
Ampliación San Miguel	43	2-B
Ampliación Valle de Aragón	73	2-A
Bellavista	96	3-A
El Rosedal	109	4-F
Las Golondrinas	95	5-E
Mayorazgos del Bosque	56	1-C
Minas del Coyote	81	3-B
San Miguel Teotongo	113	4-B
GOLONDRINA ACERADA		
Ampl. Las Golondrinas	95	5-E
GOLONDRINA ARTICA		
Las Golondrinas	95	5-E
GOLONDRINA BLANCA		
Las Golondrinas	95	5-F
GOLONDRINA CDA.		
Bellavista	96	3-B
La Cañada	56	3-A
GOLONDRINA DE ACANTILADOS		
Las Golondrinas	95	5-E
Lomas de Capula	95	5-E
GOLONDRINA DE GALANTEO		
La Presa	95	5-E
Las Golondrinas	95	5-E
GOLONDRINA DE LAS COLONIAS		
Las Golondrinas	95	5-E
GOLONDRINA DE LAS RIBERAS		
Las Golondrinas	95	5-E
GOLONDRINA DE MAR		
Las Golondrinas	95	5-F
GOLONDRINA DE MAR RT.		
Ampl. Las Golondrinas	95	5-F
GOLONDRINA DE RIO RT.		
Ampl. Las Golondrinas	95	5-E
GOLONDRINA DEL RIO		
Las Golondrinas	95	5-F
GOLONDRINA LA		
Los Cerrillos	138	3-C
GOLONDRINA MUDA		
Las Golondrinas	95	5-E
GOLONDRINA REAL		
Las Golondrinas	95	5-E
GOLONDRINA RUSTICA		
Las Golondrinas	95	5-F
GOLONDRINA RUSTICA RT.		
Ampl. Las Golondrinas	95	5-E
GOLONDRINAS		
Barrio de las Palomas	100	2-C
Casas Reales	34	5-F
Cocoyotes	58	2-C
El Mirador II	134	1-D
El Mirto	114	5-C
Gral. Pedro María Anaya	109	1-E
Granjas Modernas	71	4-E
Izcalli Jardines	34	6-C
Lomas de San Esteban	76	6-B
Lomas de San Miguel	43	2-B
Luis Donaldo Colosio M.	45	6-A
Nuevo San Lucas Patoni	45	6-A
Rinconada de Aragón	60	5-C
Tlalpexco	58	2-C
Valle de Tules	44	3-C
GOLONDRINAS AV.		
Ampl. Las Golondrinas	95	5-E
Las Golondrinas	95	5-E
GOLONDRINAS BLVR.		
La Cañada	56	3-B
San Lorenzo	56	3-B
GOLONDRINAS CDA.		
Las Huertas	81	1-D
GOLONDRINAS DE LAS		
Las Alamedas	56	2-A
GOLONDRINAS DE MAR		
Las Aguilas	42	4-F
GOLONDRINAS LAS		
Benito Juárez	99	1-D
GOLONDRINAS LAS PRIV.		
El Rosario	16	5-E
GOLONDRINAS Y CDA.		
Granjas de Guadalupe	42	2-B
GOMA		
Chimalcóyotl	122	6-E
Granjas México	97	2-F
San Pedro Mártir	122	6-E
GOMEZ ABUNDIO GRAL.		
Barrio Artesanos	87	3-E
Barrio Carpinteros	87	3-E
Barrio Mineros	87	4-E
Barrio Mineros	87	3-E
Barrio Pescadores	87	3-E
Barrio Pescadores	87	4-E
Chimalhuacán	87	4-E
Tultitlán	31	2-C
GOMEZ ABUNDIO GRAL. CDA.		
Ejército del Trabajo	101	2-B
Tultitlán	31	2-C
GOMEZ ABUNDIO GRAL. GOB.		
Granjas Valle de Guadalupe	72	1-E
Las Armas	69	6-E
GOMEZ ABUNDIO R.		
Granjas Independencia II	73	2-C
GOMEZ ARNULFO R. GRAL.		
Ampliación Caracol	85	5-D
GOMEZ ASCENCIO 2 CDAS.		
Paraje Zacatepec	112	2-D
GOMEZ CIPRIANO IGNACIO		
Francisco Sarabia	42	2-C
GOMEZ DAVID		
Santa Cecilia	125	5-F
GOMEZ DE AVELLANEDA G.		
Ricardo Flores Magón	4	5-C
GOMEZ DE LA CORTINA J. GOB		
San Miguel Chapultepec	96	2-B
GOMEZ DE LA CORTINA JOSE J.		
Ciudad Satélite	69	2-C
GOMEZ FARIAS		
Benito Juárez	97	4-D
El Carmen	109	2-E
El Gavillero	28	5-B
Ignacio Zaragoza	28	5-B
La "Y"	28	5-B
La Estación	125	1-A
Liberales de 1857	95	3-E
Lomas de Totolco	101	2-A
Lomas de Zaragoza	112	2-F
San Rafael	83	4-E
Tabacalera	83	4-E
Valentín Gómez Farías	108	1-C
GOMEZ FARIAS AV. PROL.		
Carlos A. Madrazo	95	5-A
San Gabriel	95	5-A
GOMEZ FARIAS V. Y PRIVS.		
San Pablo de las Salinas	19	5-F
GOMEZ FARIAS VALENTIN		
Alfredo del Mazo	127	2-E
Ampliación Benito Juárez	58	4-B
Bejero	95	5-A
Benito Juárez	97	4-E
Buenavista	31	6-D
Darío Martínez	126	1-F
La Soledad	82	2-A
Lázaro Cárdenas	73	6-A
Leyes de Reforma	76	5-B
Loma Bonita	31	2-B
Lomas de Chamapa	81	3-D
Mariano Escobedo	31	6-B
Olímpica Radio	81	3-B
Revolución	43	2-A
San Antonio Zomeyucan	82	2-A
San Juan Joya	111	4-E
Santiago Cuautlalpan	16	3-C
Tultitlán	31	2-D
Veintiuno de Marzo	44	5-A
GOMEZ FARIAS VALENTIN CDA.		
Tultitlán	31	2-E
GOMEZ FARIAS Y CDA.		
Presidentes	95	5-D
GOMEZ FARIAS Y CDA. Y CJON.		
Villa Obregón	109	3-A
GOMEZ FELIX		
Emiliano Zapata	42	1-F
Guerrero	84	2-B
GOMEZ FILIBERTO		
Centro Ind. Tlalnepantla	56	3-F
Cuautitlán	18	5-C
Ejército del Trabajo	101	2-B
Industrial San Nicolás	57	3-A
Las Armas	69	6-E
Melchor Ocampo	18	1-F
Piedras Negras	82	2-A
Romita	18	5-C
San Juan	18	5-C
San Lorenzo	57	3-A
Santiago Cuautlalpan	88	4-E
Tlalnepantla	56	3-F
Tultepec	19	3-B
GOMEZ FILIBERTO CRNEL. GOB.		
Granjas Valle de Guadalupe	72	1-E
GOMEZ G.		
Liberación Proletaria	95	5-C
GOMEZ GONZALEZ JESUS ING.		
Prado Coapa	123	2-C
GOMEZ HERMENEGILDO		
Ampl. Loma de la Cruz	42	1-C
Flores Magón	42	1-C
GOMEZ HERNAN		
Tepotzotlán	4	5-D
GOMEZ IGNACIO		
Tlalpexco	58	2-C
GOMEZ J. GUADALUPE		
Barrio San Miguel	111	2-B
GOMEZ JORGE		
Ampl. La Olímpica	81	4-B
GOMEZ JOSE L. (AV. 8)		
U. Santa Cruz Meyehualco	112	3-A
GOMEZ JUAN		
Tlalpexco	58	2-C
GOMEZ M. CDA.		
Buenos Aires	97	2-A
GOMEZ M. PRIV. Y 3 CDAS.		
Cuautepec El Alto	58	1-B
GOMEZ MANUEL GRAL.		
Lázaro Cárdenas	73	6-A
GOMEZ MARTE R.		
Netzahualcóyotl	75	2-E
GOMEZ MAURICIO		
Cuautepec El Alto	58	1-B

Calle / Colonia	Plano	Coordenadas
Gral. Felipe Berriozábal	58	1-B
Palmatitla	58	1-B
GOMEZ MERCED		
Merced Gómez	96	6-B
GOMEZ MIGUEL		
Residencial San Alberto	63	1-C
GOMEZ MOHARRO VIRGILIO		
Parque Residencial Coacalco	33	5-B
GOMEZ MORENO ROBERTO TTE.		
Escuadrón 201	110	1-E
GOMEZ MORIN M.		
Barrio Norte	95	5-F
Olivar del Conde	95	5-F
GOMEZ PALACIO		
Condesa	96	1-C
Hipódromo de la Condesa	96	1-C
Villa San Agustín Atlapulco	100	3-D
GOMEZ PEDRAZA		
Centro	84	5-C
GOMEZ PEDRAZA GRAL.		
San Miguel Chapultepec	96	1-C
GOMEZ PEDRAZA MANUEL		
Presidentes	95	5-D
GOMEZ PROTASIO		
U. H. San Rafael Coacalco	20	6-B
U. H. San Rafael Coacalco	33	1-B
GOMEZ R. CDA.		
La Raza	71	6-A
San Francisco Xocotitla	71	6-A
GOMEZ ROBERTO		
U. H. El Risco CTM	71	1-F
GOMEZ ROMAN (AV. 6)		
U. Santa Cruz Meyehualco	112	3-A
GOMEZ SANTOS 2 CDAS.		
Doctores	97	1-A
GOMEZ SANTOS F. DR.		
Doctores	97	1-A
GOMEZ UGARTE JOSE		
Periodista	82	3-D
GOMPERS SAMUEL		
Jacarandas	111	2-F
U. Santa Cruz Meyehualco	112	2-A
Unidad Vicente Guerrero	111	2-F
GONDOLA AND.		
U. H. Pantaco	70	4-D
GONZAGA INCLAN LUIS		
Ciudad Satélite	69	2-B
GONZALEZ ABRAHAM		
Ej. Santa María Aztahuacán	112	1-B
Héroes de la Revolución	82	5-A
Juárez	83	5-F
GONZALEZ AGUIZ		
San Lorenzo Totolinga	81	1-E
GONZALEZ ALBERTO M.		
Constitución de 1917	111	3-D
GONZALEZ ARCE FORTUNATO DR.		
Doctores	97	1-A
GONZALEZ AURELIO L.		
Colonial Iztapalapa	111	3-F
GONZALEZ B.		
Las Peñas	111	4-F
GONZALEZ BAUTISTA VALENTIN		
Chiconautla 3000	35	2-A
GONZALEZ BLANCO SALOMON		
Adolfo López Mateos	85	5-D
GONZALEZ BOCANEGRA		
Darío Martínez	114	6-A
GONZALEZ BOCANEGRA 1A. CDA.		
Lomas de Zaragoza	112	2-F
GONZALEZ BOCANEGRA 2A. CDA.		
Independencia	28	4-D
GONZALEZ BOCANEGRA CDA.		
Retama	94	6-B
GONZALEZ BOCANEGRA F. PRIV.		
Pantitlán	98	1-E
GONZALEZ BOCANEGRA FCO. CDA.		
Miguel Hidalgo	59	3-F
GONZALEZ BOCANEGRA FRANCISCO		
Carmen Serdán	110	6-F
El Mirador	122	6-B
Guerrero	84	3-B
Habitacional Nueva Aragón	73	1-D
Héroes de la Independencia	59	3-F
La Cañada	95	5-D
La Soledad	82	2-A
Lomas de Chamapa	81	3-D
Miguel Hidalgo	59	3-F
Morelos	84	3-B
Paraje San Juan	111	3-D
San Antonio Zomeyucan	82	2-A
Santa María	44	5-B
Torres del Potrero	108	5-A
Unidad Belén	95	4-D
Zona Escolar	58	4-A
GONZALEZ BOCANEGRA PRIV.		
Guerrero	84	3-B
GONZALEZ BOCANEGRA Y 2 CDAS		
La Soledad	81	2-F
GONZALEZ CALDERON GOB.		
Observatorio	96	2-A
GONZALEZ CAMARENA G. ING.		
Jacarandas	111	3-F
GONZALEZ CAMARENA GMO. AV.		
Parque Ind. Cuamatla	18	6-A
GONZALEZ CAMARENA J.		
Campiña de Aragón	60	3-A
GONZALEZ CARLOS		
Ciudad Cuauhtémoc	35	3-A
GONZALEZ CASANOVA PABLO		
Chiconautla 3000	35	2-B
GONZALEZ CATALINA C. DE		
La Esperanza	124	1-C
GONZALEZ CELIO		
Barrio Fundidores	87	2-E
GONZALEZ CELIO CDA.		
Barrio Fundidores	87	2-F
GONZALEZ CJON.		
Montecillo	88	1-E
GONZALEZ DE CDA.		
Coatlinchán	89	2-B
GONZALEZ DE COSSIO AGUSTIN		
Del Valle	96	4-D
Tlacoquemécatl	96	4-D
GONZALEZ DE COSSIO CDA.		
Florida	109	1-C
GONZALEZ DEL MAZO M.		
Dos de Marzo	88	5-A
GONZALEZ DOMINGO		
Los Reyes Culhuacán	110	3-E
GONZALEZ DOMINGO PRIV.		
San Antonio Culhuacán	110	3-E
GONZALEZ E.		
Santa Martha Acatitla Sur	112	1-C
GONZALEZ EDUARDO PRIV.		
Fuego Nuevo	110	4-F
GONZALEZ ENRIQUE		
Filiberto Gómez	100	1-B
GONZALEZ EPIGMENIO		
Ampliación San Miguel	111	2-D
GONZALEZ EUTIMIO		
Ampliación San Sebastián	100	5-D
GONZALEZ EVERARDO		
Emiliano Zapata	128	4-B
Guadalupe Tlaltenco	125	3-E
San Salvador Cuauhtenco	150	4-C
Santa Martha Acatitla	112	1-E
GONZALEZ F. JAVIER LIC. GOB.		
Granjas Valle de Guadalupe	72	1-E
GONZALEZ FERNANDO		
Francisco Villa	101	2-B
GONZALEZ FERNANDO GRAL. GOB.		
Granjas Valle de Guadalupe	72	1-F
GONZALEZ FIDEL		
Barrio de la Concepción	31	4-B
GONZALEZ FILOMENO 2 CDAS.		
Santo Tomás Ajusco	147	1-F
GONZALEZ FILOMENO CDA.		
Santo Tomás Ajusco	147	1-F
GONZALEZ FRANCISCO		
San Isidro La Paz	29	6-A
GONZALEZ GARZA FEDERICO		
San Sebastián Tecoloxtitla	99	6-D
Santa Martha Acatitla	99	6-D
GONZALEZ GARZA ROQUE		
Lomas de Totolco	101	2-A
GONZALEZ GARZA ROQUE GRAL.		
Lázaro Cárdenas	73	5-B
GONZALEZ GLZ. HUGO O. SUBTTE		
Escuadrón 201	97	6-E
GONZALEZ GRAL. AV.		
Montecillo	88	1-E
GONZALEZ GUEVARA R.		
Barrio Norte	95	5-F
Olivar del Conde	95	5-F
GONZALEZ GUSTAVO A.		
Punta de Ceguayo	108	2-B
GONZALEZ HERMANAS		
Carmen Serdán	110	6-F
GONZALEZ HERREJON S. DR.		
U. H. Torres de Mixcoac	96	6-B
GONZALEZ J.		
Pueblo San Juan Tepenáhuac	152	4-B
GONZALEZ J. M. CDA.		
Presidentes Ejidales	110	6-D
GONZALEZ JOSE MARIA		
San Mateo	110	2-A
GONZALEZ JUAN M.		
Ciudad Satélite	69	1-C
GONZALEZ LOBO S. CDA.		
Barrio San Fernando	122	3-C
Rómulo Sánchez Mireles	122	3-C
GONZALEZ M.		
Barrio San Lucas	111	1-A
GONZALEZ MANUEL		
Alfredo del Mazo	81	3-E
Atlampa	83	1-F
Centro Oriente	63	6-A
Centro Poniente	63	6-A
Darío Martínez	113	6-F
Ex Hipódromo de Peralvillo	84	1-A
La Hera	111	4-F
Lomas San Lorenzo	111	6-D
Lomas de Totolco	101	2-A
Olímpica Radio	81	3-B
Presidentes	95	5-D
Presidentes de México	111	4-E
Revolución	63	6-A
San Juan de Dios	63	6-A
San Mateo	63	6-A
San Pablo	63	6-A
San Simón Tolnáhuac	84	1-A
U. H. Nonoalco Tlatelolco	84	1-A
GONZALEZ MANUEL CDA.		
Centro Poniente	63	6-B
GONZALEZ MANUEL GRAL.		
Lázaro Cárdenas	73	5-B
GONZALEZ MANUEL PROL.		
El Capulín	63	6-C
GONZALEZ MARGARITO		
Emiliano Zapata	127	1-B
Emiliano Zapata	127	2-C
GONZALEZ MARTINEZ ENRIQUE		
Ciudad Satélite	69	2-A
México II	99	1-A
México III	99	1-A
GONZALEZ MARTINEZ ENRIQUE DR		
Santa María La Ribera	83	2-F
GONZALEZ MONTECILLO GRAL. AV		
Montecillo	88	1-E
GONZALEZ NOVOA GRAL.		
Damián Carmona	84	3-F
GONZALEZ OBREGON LUIS		
Centro	84	4-B
Ciudad Satélite	69	2-A
Ej. Santa María Aztahuacán	112	1-B
GONZALEZ ORTEGA		
El Gavillero	28	5-C
Héroes de la Revolución	82	5-B
Ignacio Zaragoza	28	5-C
Ojo de Agua	125	4-E
San Juan de Dios	63	6-B
GONZALEZ ORTEGA 2 CDAS.		
Ignacio Zaragoza	28	5-D
GONZALEZ ORTEGA J.		
Barrón	41	1-F
GONZALEZ ORTEGA JESUS		
Ampl. San Miguel Xalostoc	72	1-C
Ampliación Benito Juárez	58	4-A
Benito Juárez	41	1-F
GONZALEZ ORTEGA Y CDA.		
Centro	84	3-C
Morelos	84	3-C
GONZALEZ PABLO		
Guadalupe Tlaltenco	125	3-E
Lázaro Cárdenas	35	6-B
Los Angeles	35	6-C
GONZALEZ PABLO GRAL.		
Francisco Villa	111	4-E
Héroes de la Revolución	82	6-A
GONZALEZ PEÑA CARLOS		
Ciudad Satélite	69	2-B
Copilco El Alto	109	5-C
GONZALEZ PLIEGO PLUTARCO		
Barrio Canteros	87	5-B
Barrio Jicareros	87	5-B
Barrio Plateros	87	5-B
Barrio Talabarteros	87	5-B
GONZALEZ PLUTARCO (AV. 4)		
U. Santa Cruz Meyehualco	112	3-B
GONZALEZ PORFIRIO		
Revolución	84	3-F
GONZALEZ PRIV.		
Garcimarrero	108	1-B
Pantitlán	98	2-E
GONZALEZ QUINTIN		
Emiliano Zapata	127	1-B
Emiliano Zapata	127	2-C
GONZALEZ R. JORGE		
Ampliación Miguel Hidalgo	121	5-F
GONZALEZ RAFAEL		
Las Peñas	111	4-F
GONZALEZ RICO RICARDO		
U. H. El Risco CTM	71	1-F
GONZALEZ ROA FERNANDO		
Ciudad Satélite	69	1-A
GONZALEZ RUL MANUEL		
Ciudad Satélite	69	1-A
GONZALEZ SIMON ELIAS GRAL.		
Juan Escutia	98	2-F
GONZALEZ T.		
La Olimpiada	81	1-E
GONZALEZ T. CIRCUITO		
Universal	81	1-E
GONZALEZ VALERO		
Pueblo San Miguel Ajusco	135	5-A
GONZALEZ VARELA JOSE		
Pueblo San Miguel Ajusco	135	5-A
GONZALEZ VARELA JOSE 1A. CDA		
Pueblo San Miguel Ajusco	135	6-A
GONZALEZ VARELA JOSE 3 CDAS.		
Pueblo San Miguel Ajusco	135	5-A
GONZALEZ VARELA JOSE PRIV.		
Pueblo San Miguel Ajusco	135	5-A
GONZALEZCO		
Cuadrante de San Francisco	109	3-E
GOOD YEAR OXO		
Vista Hermosa	56	6-D
GOODYEAR CARLOS		
Z. U. E San Andrés Tomatlán	110	5-F
GOROSTIZA		
Emilio Carranza	84	2-C
Morelos	84	2-C
GOROSTIZA JOSE		
Poesía Mexicana I	60	6-C
GOROSTIZA JOSE ESPINOSA		
Barrio San Miguel	126	1-C
GOROSTIZA MANUEL E. DE		
Ciudad Satélite	69	1-A
GORRION		
Ampliación Valle de Aragón	73	2-A
Benito Juárez	41	1-E
Ciudad Cuauhtémoc	35	2-A
El Mirto	114	5-C
La Cañada	56	3-B
Lago de Guadalupe	30	4-A
Las Aguilas	43	4-A
Las Arboledas	56	1-E
Las Golondrinas	95	5-E
Las Huertas	68	6-D
Minas Palacio	81	4-B
Minas del Coyote	81	3-B
Rinconada de Aragón	60	5-C
San Miguel Teotongo	113	4-B
Tacubaya	96	2-B
Tenorios	112	5-C
U. H. Parque Nacional	44	1-C
GORRION AV.		
Ampliación San Miguel	43	2-B
GORRION CDA.		
Benito Juárez	41	1-E
Tacubaya	96	3-B
Tenorios	112	5-C
GORRION PRIV.		
Benito Juárez	41	1-E
GORRIONES		
Barrio de las Palomas	100	2-C
Granjas de Guadalupe	42	2-C
Izcalli Jardines	34	6-C
La Rivera	68	6-F
Las Golondrinas	95	5-E
Lomas de San Esteban	76	6-B
Lomas de San Esteban	89	1-B
Parque Residencial Coacalco	33	6-B
Parque Residencial Coacalco	33	5-B
San Cristóbal Texcalucan	93	3-C
GORRIONES 1A. Y 2A. CDA.		
Lomas de San Esteban	76	6-C
GORRIONES 3A. CDA.		
Lomas de San Esteban	76	6-B
GORRIONES CJON.		
Pueblo San Lorenzo Tezonco	124	1-D
GORRIONES DE LOS		
Lomas del Río	41	2-A
GOUNOD CARLOS		
Ex Hipódromo de Peralvillo	84	1-B
GOVEA GRAL.		
Paraje San Juan	111	4-D
GOYA		
Insurgentes Mixcoac	96	6-B
GOYTIA FRANCISCO		
Xochimilco	136	2-F
GRABADORES		
Jardines de Churubusco	97	5-F
Nueva Rosita	97	5-F
GRABADOS		
20 de Noviembre 2o. Tramo	84	3-E
Veinte de Noviembre	84	3-E
Venustiano Carranza	84	3-E
GRACIDA L. C 1 2 Y 3		
U. H. Vicente Guerrero	111	2-F
GRACIDAS CARLOS L.		
Liberación Proletaria	95	5-C
Renovación	111	1-F
GRACIELA		
Guadalupe Tepeyac	71	6-D
GRAFICO		
Prensa Nacional	70	1-D
GRAFICO PRIV.		
El Imparcial	70	6-B
GRAHAM BELL A. NORTE Y SUR		
Ampl. Sinatel	97	6-C
GRAHAM BELL ALEJANDRO		
Granjas de San Cristóbal	33	5-A
Parque Ind. Cuamatla	18	6-A
GRAJALES JOSE MARIA		
México Nuevo	55	1-E
GRAJALES ROBLES LIC.		
Del Valle	96	2-E
GRAMA		
El Rosario	110	5-B
U. INFONAVIT Iztacalco	97	4-E
GRAN AVENIDA		
Bosque de Chap. 1a. Secc.	83	6-C
GRAN BRETAÑA		
Jardines de Cerro Gordo	47	6-A
GRAN CANAL		
Carlos Hank González	114	5-F
Renacimiento de Aragón	73	3-A
Valle de Aragón I	73	3-A
GRAN CANAL AV.		
Ampl. Venustiano Carranza	84	3-F
Azteca	84	3-F
Damián Carmona	84	3-F
La Presita	44	1-A
Miguel Hidalgo	84	3-F
Primero de Mayo	84	3-F
Progresista	84	3-F
Revolución	84	3-F
Tolotzin I	47	6-B
Unidad Cívica Bacardí	44	1-A
Venustiano Carranza	84	3-F
GRAN CANAL DE DESAGÜE AV.		
Campestre Aragón	72	3-B
Casas Alemán	72	3-B
D. M. Nacional	72	3-B
La Esmeralda	72	3-B
Nueva Atzacoalco	72	3-B
U. H. El Coyol	72	3-B
U. H. La Esmeralda	72	3-B
GRAN CHAPARRAL EL		
Lomas de Zaragoza	112	1-F
GRAN DECADA NACIONAL		
U. H. Guelatao de Juárez	99	4-A
GRAN PIRAMIDE AV.		
Ahuehuetes	57	4-D
San BArtolo Tenayuca	57	4-D
GRAN PLAZA DE LA AV.		
Lomas de Bulevares	43	6-E
GRAN TENOCHTITLAN		
El Paraíso	99	5-B
GRAN VIA LA		
El Dorado	56	1-E
La Palma	56	1-E
Residencial El Dorado	56	1-E
GRANADA		
2a. Ampl. Stgo Acahualtepec	112	2-E
Ahuehuetes	57	4-D
Ampl. Minas Palacio	81	4-B
Ampliación El Tesoro	44	3-E
Avándaro	127	2-B
Barrio Hojalateros	87	4-D
Boca Barranca	59	1-B
Citlalli	112	3-C
Cuatliquixco	22	3-A
Del Parque	46	6-D
Del Parque	46	5-D
El Mirador	59	1-B
El Tanque	108	5-A
Francisco I. Madero	41	3-F
La Arboleda	57	4-D
La Cruz	101	1-A
La Cruz	121	1-C
La Palma	46	6-D
La Planta	124	3-E
Las Américas	69	5-B
Las Huertas	68	6-D
Las Huertas	81	1-C
Las Peñitas	43	3-D
Las Peñitas 3a. Secc.	43	4-D
Loma Encantada	113	3-E
Lomas del Olivo	94	4-D
Miravalle	112	4-F
Morelos	84	2-C
Nueva Rufino Tamayo	46	5-D
Rincón de la Bolsa	108	5-A
San José del Jaral	43	3-D
San José del Jaral	43	2-E
San Martín	76	1-B
San Miguel Teotongo	113	4-A
San Miguel Teotongo	113	3-A
San Miguel Xochimanga	43	6-D
Teozoma	113	6-C
Tepeolulco	59	2-B
Tequesquináhuac Parte Alta	56	1-E
Vista Hermosa	46	1-C
Viveros de Cuernavaca	135	3-F
Xalpa	112	4-D
GRANADA AND.		
El Tanque	108	6-A
GRANADA AV. Y CDA.		
Granjas Independencia I	73	2-B
GRANADA CDA.		
Consejo Agrarista Mexicano	111	6-F
Los Padres	108	6-A
Xalpa	112	3-D
GRANADA CJON.		
Las Huertas	81	1-C
GRANADA DE 2A. CDA.		
Las Huertas	81	1-D
GRANADA DE LA CDA.		
Ampliación López Portillo	125	2-D
GRANADA FRANCISCO R.		
U. H. El Risco CTM	71	1-F
GRANADA PROL.		
Las Huertas	81	1-D
Lomas del Carmen	81	1-D
GRANADAS		
Casa Blanca	41	3-F
Ejidal Ampl. San Marcos	44	4-C
Ejido Santa Cruz Xochitepec	136	2-C
Las Huertas	33	5-F
Prados de Ecatepec	19	3-F
San Agustín Ohtenco	151	4-F
San Fernando	94	5-C
Santa Inés	136	5-F
Santa María Tomatlán	110	5-F
GRANADAS CJON.		
San Andrés Tomatlán	110	5-F
GRANADAS Y 3 CDAS.		
Ejidos de San Cristóbal	33	6-E
GRANADILLAS		
Ampliación San Marcos Norte	123	6-E
GRANADILLO		
Ampliación San Marcos Norte	123	6-E
Las Huertas	81	1-C
GRANADITAS		
Barrio San Juan Evangelista	24	3-B
Lázaro Cárdenas	82	1-D
Los Bordos	59	1-B
Pueblo San Juan Ixtayopan	139	4-A
San Agustín Ohtenco	151	4-F
San Juan Teotihuacán	24	3-B
Valle Verde	127	1-D
Villas de Teotihuacán	24	3-B
GRANADITAS CDA.		
Barrio San Juan Evangelista	24	3-B
GRANADITAS CJON.		
San Agustín Ohtenco	151	4-F
GRANADITAS PROL.		
El Mirador	24	2-B
GRANADITAS Y CDA.		
Jaime Torres Bodet	139	4-A
GRANADO		
Ampl. San José del Jaral	43	3-D
San Juan Xalpa	111	4-C
GRANADOS		
Ampliación Tres de Mayo	30	6-C
Barrio Santa Eugenia	87	3-C
Bosques de Morelos	30	4-B
Ejidos de San Cristóbal	33	6-E
Granjas Navidad	94	6-C
La Casilda	58	1-C
La Providencia	43	4-F
Las Huertas	68	6-D
Quirino Mendoza	136	5-E
San Fernando	94	4-C
GRANADOS DE LOS		
Lomas de San Mateo	68	3-E
GRANADOS E.		
Ex Hipódromo de Peralvillo	84	2-C
GRANADOS ENRIQUE		
Algarín	97	2-A
Ex Hipódromo de Peralvillo	84	1-B
GRANADOS FRANCISCO		
Loma de la Palma	58	2-A
GRANADOS PRIV.		
Pueblo Magdalena Atlazolpa	97	5-E
GRANADOS PROL.		
Ampliación La Arboleda	57	4-E
GRANATE		
Ampl. La Esmeralda	34	1-D
Estrella	71	5-D
La Joya Ixtacala	57	5-C
Pedregal de Atizapán	42	5-F
U. H. La Esmeralda	72	3-B
GRANDE JOSE IGNACIO		
Paraje San Juan	111	3-D
GRANDEZA MEXICANA		
San Jerónimo Lídice	108	5-E
GRANERO		
Hacienda Ojo de Agua	21	4-C
GRANERO DEL		
Lomas de San Angel Inn	108	3-F
Villas de la Hacienda	43	2-C
GRANERO EL		
Granjas de San Cristóbal	33	4-A
GRANEROS		
Miravalle	112	4-F

Calle / Colonia	PLANO	COORDENADAS
GRANILLO VICENTE CDA.		
Las Peñas	111	4-F
GRANITO		
Ampliación San Mateo	68	2-E
La Cascada	96	6-A
Lomas de Cantera	69	6-B
Tres Estrellas	71	5-E
GRANITO DE SAL		
Ampliación Evolución	99	2-D
Benito Juárez	99	2-D
GRANIZO		
El Rosario	138	3-F
Guadalupe Coatzochico	46	5-E
Jardines de Morelos	47	2-F
Jardines del Pedregal	108	5-F
Plaza del Kiosko	20	5-C
GRANIZO DE		
Ampliación Vista Hermosa	69	1-D
GRANJA DE LA CDA.		
San José Buenavista	17	5-B
GRANJA JUAN DE LA		
Centro	84	5-D
GRANJA LA		
Palo Alto	94	5-F
GRANJAS		
La Olimpiada 68	81	3-C
San Francisco Tepojaco	30	2-A
Santa Cruz Chavarrieta	136	6-D
Viveros de Cuautetlán	135	3-F
GRANJAS AV.		
Ahuehuetes	56	1-C
Conjunto Tulpetlac	60	1-B
Francisco I. Madero	60	1-B
Granjas Pop. Gpe. Tulpetlac	60	1-B
Izcalli San Mateo	60	1-B
Jardines de Cerro Gordo	60	1-B
GRANJAS CDA.		
Lomas de Capistrano	56	3-B
Santa Cruz Chavarrieta	136	6-D
GRANJAS DE 2 CDAS.		
San Francisco Tepojaco	30	2-A
GRANJAS DE LAS		
Amajac	50	6-B
GRANJAS DE LAS AV.		
Ampl. Mártires Río Blanco	81	3-F
Ampliación Los Fresnos	68	3-F
Barrio Jagüey	70	4-D
Barrio Santo Tomás	70	4-D
Benito Juárez	70	4-D
Jardín Azpeitia	70	4-D
La Tolva	81	3-F
Las Granjas Acolman	36	4-B
Las Granjas Acolman	36	4-A
Libertad	70	4-D
Mártires de Río Blanco	82	3-A
Pueblo Santa Bárbara	70	4-D
Real de Atizapán	56	1-B
Santa Bárbara	70	4-D
Santa Catarina	70	4-D
Sección Naval	70	4-D
U. H. Pantaco	70	4-D
Un Hogar para cada Trab.	70	4-D
GRANJAS DE LAS AV. CDA.		
Barrio Jagüey	70	4-D
GRANJAS DE LAS AV. PROL.		
Ampl Mártires de Río Blanco	81	3-F
GRANJAS DE LAS CALZ.		
U. Adolfo López Mateos	56	5-E
GRANJAS DE LAS PRIV.		
Pueblo San Andrés Ahuayucan	136	6-F
GRANJAS LAS		
Pueblo Santa Rosa Xochiac	107	6-C
Santa Cecilia Tepetlapa	149	1-F
GRANJAS Y 2 CDAS.		
Xaxalipa	149	5-A
GRANJERO		
Agrícola Metropolitana	124	4-F
San Juan Xalpa	111	4-C
GRANJEROS		
Los Cipreses	110	2-E
Minerva	110	2-E
Progreso del Sur	110	2-E
GRANO DE ORO		
Ampl. La Esmeralda	34	1-D
Ampliación La Esmeralda	34	1-D
GRANT ULISES		
Ampl. Presidentes	95	5-D
GRAVA		
Lomas de Cantera	69	6-B
GRAY ELISA		
Ampl. Sinatel	97	6-C
San Andrés Tetepilco	97	6-C
GRECIA		
Barrio Transportistas	87	3-C
Emiliano Zapata Secc. A	60	5-A
Jardines de Cerro Gordo	60	1-B
La Olímpica I	60	5-A
La Olímpica II	60	5-A
Lomas de Padierna Sur	121	6-D
Los Encinos	121	5-D
México 68	68	4-E
San Alvaro	83	1-B
San Mateo Nopala	68	2-E
GRECIA 1896		
U. H. Olímpica	122	2-D
GRECIA NORTE Y SUR		
Lomas de Bulevares	43	6-E
GRECIA PRIV.		
San Alvaro	83	1-C
GRECO EL		
Mixcoac	96	5-B
Nonoalco	96	5-B
GREEVER MARIA		
Cuautepec El Alto	58	1-A
GRIEG EDUARDO		
Ex Hipódromo de Peralvillo	84	2-B
GRIEGA DE LA		
Valle de los Reyes	113	1-C
GRIETA		
Ampliación Vista Hermosa	56	6-C
Jardines de Morelos	47	2-F
Jardines del Pedregal	109	6-A
GRIFFELL PRUDENCIA		
Jorge Negrete	58	5-A
GRIJALVA		
Ex Hda. San Juan de Dios	123	4-C
GRILL		
El Yaqui	107	2-C
GRILLETE DEL CDA.		
La Estadía	55	4-A
GRILLO		
Arco Iris	42	2-B
La Colmena	42	2-B
GRILLO DEL RT.		
Vallescondido	54	1-E
GRISELDA		
Los Reyes	113	1-B
GRISINA		
El Rosario	110	5-B
GROENLANDIA		
Rosario Ceylán	70	1-C
GROSELLAS DE LAS		
Lomas de San Mateo	68	3-E
GRULLA		
Las Arboledas	56	1-C
Rinconada de Aragón	60	5-C
GRULLAS		

Calle / Colonia	PLANO	COORDENADAS
Izcalli Jardines	47	1-C
Las Golondrinas	95	5-E
Valle de Tules	44	4-C
GRULLAS LAS		
Lomas de las Aguilas	108	3-C
GRUPO ALPINISTA POLITECNICO		
Montañista	58	5-C
GRUPO ALPINO AVALANCHA		
Montañista	58	4-C
GRUPO ALPINO HALCONES DE HGO		
Montañista	58	4-D
GRUPO DE LOS CIEN		
Montañista	58	3-D
GRUPO E. IXPOMALIN DE PUEBLA		
Montañista	58	3-D
GRUPO EXCURSIONISTA TONALA		
Montañista	58	3-D
GRUPO MONTAÑES TIZOC		
Montañista	58	2-E
GRUPO MONTAÑISTA RENOS		
Montañista	58	3-D
GRUTA		
Jardines de Morelos	47	2-F
Prados de Ecatepec	20	4-A
GRUTA CDA.		
Jardines del Pedregal	109	5-A
GRUTA DE LA AND.		
Ciudad Labor	44	1-D
GRUTAS		
San Pedro de los Pinos	96	3-B
GUACAMAYA		
Las Golondrinas	95	5-E
Loma de la Cruz	42	1-B
GUACAMAYAS		
PROFOPEC Polígono 3	60	6-D
GUACAMAYAS DE LAS		
Residencial Las Arboledas	55	2-F
GUACAMAYO		
Ampliación Tepeaca	108	1-C
GUACO DEL		
Las Alamedas	56	2-A
GUACHARO		
Rinconada de Aragón	60	5-C
GUADALAJARA		
Adolfo López Mateos	42	3-D
Ampl. Buenavista	44	4-C
Ampl. Buenavista	44	3-C
Ampl. Margarito F. Ayala	34	1-E
Ampliación El Santuario	111	2-A
Campestre del Lago	42	1-D
Constitución de 1917	59	4-B
El Chamizal	72	2-D
Jardines de Morelos	47	2-B
Jards. San Agustín 2a. Secc	100	5-C
La Joya	19	5-B
Miguel Hidalgo	122	4-C
Roma	83	6-D
San Andrés Atenco	56	3-C
San Pablo de las Salinas	19	5-F
Tecuescomac	46	5-D
Tecuescomac	46	5-E
Valle Ceylán	57	3-C
Valle de Tules	44	3-C
Vergel de Guadalupe	72	5-E
Villa Milpa Alta	151	4-C
GUADALAJARA AV.		
Emiliano Zapata	152	1-D
GUADALAJARA CDA.		
Adolfo López Mateos	42	3-D
Miguel Hidalgo	122	4-C
GUADALAJARA CJON.		
Santiago Atlaltongo	23	5-D
GUADALAJARA Y CDA.		
San Pablo de las Salinas	19	5-F
GUADALCANAL		
Euzkadi	70	5-E
GUADALUPANA		
Lomas de la Estancia	112	3-E
GUADALUPANA Y CDA.		
San José del Jaral	43	2-D
GUADALUPE		
Benito Juárez	41	1-F
Chalma de Guadalupe	57	2-F
El Tráfico	28	6-B
Industrial	71	5-D
La Joyita	108	3-C
Lindavista	114	6-C
Lomas de San Angel Inn	108	3-F
Lomas de la Era	120	1-E
Maquixco	23	3-F
Melchor Ocampo	19	1-A
Miravalle	112	4-F
Pueblo Nuevo Alto	121	2-A
Pueblo Nuevo Bajo	121	2-A
Pueblo San Juan Tepenáhuac	152	4-B
San Mateo Tecoloapan	43	4-C
Xalpa	112	5-D
Xicalhuaca	137	2-C
GUADALUPE 1A. PRIV.		
Guadalupe Victoria	58	3-A
GUADALUPE 2A. CDA.		
Santo Tomás Ajusco	134	6-F
GUADALUPE AV.		
Guadalupe	57	6-F
Guadalupe Proletaria	57	6-F
Guadalupe Ticomán	58	6-C
San Juan Ticomán	58	6-C
GUADALUPE CALZ.		
Emiliano Zapata	81	2-C
San Lorenzo	81	2-C
San Rafael Chamapa	81	2-C
GUADALUPE CDA.		
Jesús del Monte	94	5-B
Tecamachalco	113	1-E
Vista Hermosa	4	4-B
Xicalhuaca	137	2-B
GUADALUPE CDA. Y PRIV.		
Pantitlán	85	6-D
GUADALUPE CJON.		
San Rafael Chamapa	81	2-D
GUADALUPE DE 1A. CDA.		
San Mateo Tecoloapan	43	4-C
GUADALUPE DE AND.		
San Rafael Chamapa	81	2-D
GUADALUPE DE CALZ.		
Aragón	71	4-D
Belisario Domínguez	123	2-C
Cuautitlán	18	5-B
Ejido San Mateo Ixtacalco	18	5-B
El Nopalito	18	5-B
Estrella	71	4-D
Ex Hacienda Coapa	123	2-C
Ex Hipódromo de Peralvillo	84	1-C
Guadalupana	18	5-B
Guadalupe Tepeyac	71	4-D
Gustavo A. Madero	71	4-D
Industrial	71	4-D
Maza	84	1-C
Melchor Ocampo	19	2-A
Ocopulco	49	2-F
Peralvillo	84	1-C
Prados de Coapa 2a. Secc.	123	2-C
San Marcos Nepantla	23	5-A
Siete de Noviembre	84	1-C
Tepeyac Insurgentes	71	4-D
Valle Gómez	84	1-C
Vallejo	71	4-D
Vergel Tlalpan	123	2-C

Calle / Colonia	PLANO	COORDENADAS
Vergel de Coyoacán	123	2-C
GUADALUPE DE PRIV.		
San Rafael Chamapa	81	2-E
Santa Clara	59	3-C
GUADALUPE HIDALGO		
Merced Gómez	108	1-F
GUADALUPE PRIV.		
Barrio San Miguel	111	2-C
Guadalupita	123	4-A
Pantitlán	98	1-D
Pantitlán	85	6-E
GUADALUPE PROL.		
Ampl. Tlacoyaque	107	6-E
Tlacoyaque	107	6-E
GUADALUPE Y 2 CDAS.		
Tlacoyaque	107	6-E
GUADALUPE Y CDA.		
El Mirador	19	2-C
GUADALUPE Y CJON.		
Barrio San José	111	1-B
GUADALUPE Y PRIV.		
Pantitlán	85	6-E
GUADARRAMA CDA.		
Arenal II	88	6-F
GUADARRAMA HELIODORO RT.		
U. H. Atzacoalco CTM	71	1-F
GUAIRA		
San Pedro Zacatenco	71	1-D
GUAIREÑOS		
Francisco Villa	95	4-F
GUAJIRAS		
Av. Tlacuitlapa	108	2-C
GUAL GLORIAL PRIV.		
Pantitlán	98	2-E
GUALAGAMBAS		
Villa de las Flores	33	1-A
GUALAPERCHAS		
Villa de las Flores	33	1-A
GUALBERTO JUAN		
C. H. Biatlón	99	6-B
GUALTERIO		
San Esteban Huitzilacasco	81	3-E
GUAM		
Euzkadi	70	5-E
GUAMUCHIL		
Chamacuero	43	3-D
El Mirador	59	1-A
Las Huertas	81	2-C
Las Huertas	81	1-B
Pueblo Nuevo Alto	120	2-F
San Rafael	57	1-B
U. INFONAVIT Iztacalco	97	4-F
GUAMUCHIL Y 4 CDAS.		
Las Huertas	81	1-C
GUAMUCHIL Y CDA.		
Avándaro	127	3-C
GUANABANA		
2a. Ampl. Stgo Acahualtepec	112	2-D
Ampl. Profr. C. Higuera	43	5-A
Avándaro	127	2-C
El Mirador	59	1-A
Hogar y Seguridad	83	1-D
Las Huertas	81	2-C
Nueva Santa María	83	1-D
San Juan Xalpa	111	4-B
Xalpa	112	4-D
GUANABANA AND.		
Xalpa	112	4-E
GUANABANAS		
Ampl. Campestre Liberación	42	2-C
Ejido Santa Cruz Xochitepec	136	2-C
GUANABARA		
La Patera	56	1-D
Lomas de Valle Dorado	56	1-D
Torres de Lindavista	71	1-A
GUANACASTE		
Rincón Verde	68	2-B
GUANACEVI		
Popular Rastro	84	2-D
GUANAJUATO		
2a. Ampl. Stgo Acahualtepec	112	2-E
Ampl. Buenavista	44	4-C
Ampl. Río Hondo	81	4-D
Ampliación San Esteban	82	1-C
CROC Aragón	73	1-B
Calacoaya	56	4-B
Chalma de Guadalupe	57	2-E
Des. Urbano Alvaro Obregón	95	5-E
El Progreso	16	5-E
El Risco	59	5-A
Ermita	109	4-A
Granjas Valle de Guadalupe	59	5-F
Industrial Atoto	82	1-C
Jardines de Morelos	47	2-B
La Providencia	72	4-D
Lázaro Cárdenas	56	1-B
Lázaro Cárdenas	56	2-C
Loma María Luisa	42	3-E
Loma de la Palma	58	2-A
Loma de la Palma	58	1-A
Lomas de San Andrés Atenco	56	3-C
Lomas de Santa Cruz	112	5-B
Luis Echeverría	30	5-F
México Nuevo	55	1-E
Miguel Hidalgo	122	4-B
Peña Alta	138	5-F
Progreso	109	4-A
República Mexicana	32	5-E
Roma	83	6-E
San Antonio Zomeyucan	82	2-A
San Bartolo Atepehuacán	71	3-A
San Felipe de Jesús	72	2-C
San Francisco Chilpan	31	6-C
San Isidro La Paz	29	6-B
San José Tecamac	22	2-C
San José Tecamac	22	2-B
San Martín	22	3-C
Santa María Tulpetlac	59	1-F
Santa Teresa	121	1-D
Temamatla	154	2-D
Valentín Gómez Farías	108	1-C
Valle Ceylán	57	3-C
Vergel de Guadalupe	72	4-D
Villa San Agustín Atlapulco	100	3-D
GUANAJUATO CDA.		
Las Cruces	108	6-A
GUANAJUATO ORIENTE		
Barrio San Agustín	151	4-E
La Concepción	151	4-E
Villa Milpa Alta	151	4-E
GUANAJUATO PONIENTE		
Barrio San Mateo	151	4-D
Villa Milpa Alta	151	4-D
GUANAJUATO PONIENTE CJON.		
Barrio San Mateo	151	4-C
Villa Milpa Alta	151	4-C
GUANAJUATO PRIV.		
Rinconada A. Lopez Mateos	42	3-D
Temamatla	154	2-D
GUANAJUATO Y CDA.		
Tecuescomac	46	5-E
GUANOS Y FERTILIZANTES S. A.		
Vista Hermosa	56	6-D
GUANTANAMO		
Torres de Lindavista	71	1-A
GUARDABOSQUE		
Bosques de la Hacienda	17	4-E

Calle / Colonia	PLANO	COORDENADAS
GUARDIA DE LA		
Lomas de la Herradura	94	1-E
GUARILLOS		
Ampl. Tepeximilpa Servimet	122	6-B
GUARISAMEY		
Felipe Pescador	84	2-C
GUARON JOSE M.		
Residencial San Alberto	63	2-C
GUASAVE		
U. H. CTM Culhuacán Z. V	110	5-E
GUATEMALA		
Bosques de Ixtacala	43	1-B
Jardines de Cerro Gordo	60	1-C
Los Reyes Acatlizhuayan	154	2-B
México 68	68	4-E
Parque San Andrés	110	3-A
San José Ixhuatepec	58	5-F
San Pedro Tepetitlán	36	4-F
San Salvador Cuauhtenco	150	4-B
Tultepec	19	3-A
Valle Dorado	56	2-E
GUATEMALA CDA.		
Tultepec	19	3-A
GUATEMALA Y CDA.		
México 86	42	3-F
GUAYA		
Agrícola Metropolitana	124	4-F
GUAYABA		
El Zapote	94	1-C
Las Huertas	68	6-D
Las Huertas	81	1-C
Miravalle	112	4-F
Vista Hermosa	46	1-C
Xalpa	112	4-D
GUAYABAL		
Las Huertas	81	1-C
GUAYABAS		
PROFOPEC Polígono 1	60	4-D
GUAYABO		
El Arenal	70	6-F
GUAYABO DEL CDA.		
Vista Hermosa	46	1-C
GUAYABOS Y CDA.		
Arboledas de Cuautepec	45	6-C
GUAYACAN		
Los Cuartos III	81	2-C
Villa San Lorenzo Chimalco	100	1-C
GUAYAME		
Las Huertas	81	1-D
GUAYAMEL		
Las Huertas	81	1-C
GUAYANA		
La Patera	56	2-D
GUAYANA BRITANICA		
Las Américas	69	5-B
GUAYANA FRANCESA		
Las Américas	69	5-B
GUAYANA HOLANDESA		
Las Américas	69	5-B
GUAYANAS AND.		
Lomas de Chamapa	81	4-D
GUAYAQUIL		
Las Américas	69	5-B
Lindavista	71	3-B
Valle Dorado	56	2-E
GUAYCURA		
Lic. Carlos Zapata Vela	98	5-A
GUAYMAS		
Jards. San Agustín 1a. Secc	100	4-C
Lomas de San Andrés Atenco	56	3-C
Tierra Blanca	46	2-E
GUAYMAS AV.		
Jardines de Casa Nueva	59	1-F
Jardines de Casa Nueva	59	2-F
GUAYMAS CDA.		
Roma	83	5-F
GUAYMAS CJON.		
Roma	83	5-F
GUAYULE		
Agrícola Metropolitana	124	4-F
GUAZAPAR		
Lic. Carlos Zapata Vela	98	4-A
GUDIÑO PRIV.		
San Pedro de los Pinos	96	4-B
GUEDEA RAFAEL		
Santo Tomás Ajusco	147	1-F
GUELATAO		
San Fernando	94	5-C
GUELATAO AV.		
Alvaro Obregón	99	4-B
Ej. Santa María Aztahuacán	112	2-A
Ej. Santa María Aztahuacán	99	6-A
Ejército de Agua Prieta	99	4-B
U. H. Ejército de Oriente	99	4-B
GUELATAO PONIENTE		
Santa María Tulpetlac	46	5-F
GUERRA DE REFORMA		
Leyes de Reforma	98	5-D
GUERRA DONATO		
Almárcigo Sur	46	5-D
Barrio Loreto	109	4-A
Centro Oriente	63	6-A
El Hostol Zona Comunal	46	4-E
Estado de México	82	3-A
Juárez	83	4-F
Lomas de Atizapán	55	2-E
Residencial San Pedro	76	1-A
San Pedro	63	6-A
Santa Ursula	76	1-A
Tizapán	109	4-A
U. H. Las Vegas	76	1-A
GUERRA DONATO GRAL.		
Ecatepec de Morelos	46	1-F
El Calvario	46	1-F
GUERRA E. CDA.		
Venustiano Carranza	101	1-C
GUERRA FERNANDEZ PRIV.		
Pantitlán	85	6-E
GUERRA GABRIEL		
Ciudad Satélite	69	2-D
GUERRA GABRIEL Y CDA Y PRIV		
Zona Escolar Oriente	58	3-A
GUERRA HIGINIO AV.		
Del Sol	86	4-A
GUERRA PUENTE CALZ.		
Pasteros	70	2-A
Santa María Xochináhuac	70	2-A
Tierra Nueva	70	2-A
GUERRA URGELL O. ING.		
Cuautitlán Izc. Atlanta	30	3-E
GUERRA Y MARINA		
Federal	85	6-B
GUERRERENSES		
Arturo Martínez	95	4-E
GUERRERO		
Acolman de Nezahualcóyotl	36	2-D
Ampl. Buenavista	44	4-C
Ampl. Raúl Romero Fuentes	99	2-A
Apolocalco	113	5-D
Batán Viejo	109	3-A
Calacoaya	56	4-B
Coatlinchán	89	2-C
Concepción	139	3-A
Cuajimalpa	107	2-A
Cuauhtémoc	22	4-A
Chalma de Guadalupe	57	2-F
Des. Urbano Alvaro Obregón	95	5-D

Calle / Colonia	PLANO	COORDENADAS
El Carmen	109	2-E
El Chamizal	72	2-E
El Mirador	59	1-B
Granjas Valle de Guadalupe	59	5-F
Guerrero	84	2-A
Héroes de Padierna	121	1-D
Jacarandas	56	4-B
La Candelaria Tlapala	141	3-F
La Providencia	72	4-D
Lázaro Cárdenas	18	5-D
Lázaro Cárdenas	56	2-C
Loma Azul	56	2-D
Loma Bonita	21	5-D
Lomas Quebradas	121	1-B
Lomas San Lorenzo	111	6-D
Lomas de San Pablo	153	2-D
Los Padres	108	6-A
Maquixco	23	3-F
México Nuevo	55	1-E
Minas Palacio	81	3-C
Naucalpan de Juárez	69	5-C
Ojo de Agua	44	1-C
Pentecostés	63	1-D
Peña Alta	138	5-F
Primero de Septiembre	42	3-F
Progreso	109	3-A
Pueblo San Andrés Ahuayucan	136	6-F
Pueblo San Bernabé Ocotepec	120	1-F
Pueblo Zapotlán	62	2-E
Pueblo de Tepexpan	35	6-F
Raúl Romero	99	2-A
Revolución	101	2-B
San Antonio Xahuento	19	3-E
San Jerónimo Miacatlán	152	3-A
San José Tecamac	22	2-B
San Luis Huexotla	76	4-C
San Martín	22	2-B
San Miguel Totolcingo	35	6-D
San Pablo Oztotepec	150	5-E
San Pablo Oztotepec	150	4-E
San Sebastián Tecoloxtitla	112	1-D
Santa Catarina Ayotzingo	153	2-C
Santa María Aztahuacán	112	2-C
Santa María Tulpetlac	46	6-F
Santiago Cuautlalpan	16	4-B
Santiago Zacualuca	23	1-B
Santo Tomás Chiconautla	34	3-E
Temamatla	154	2-D
Tezoyuca	49	4-B
Tierra Blanca	46	1-E
Tizapán	109	3-A
Tlapacoya	127	1-D
Tulantongo	63	3-B
U. H. Nonoalco Tlatelolco	84	2-A
Valle Verde	127	1-D
Villa Milpa Alta	151	4-D
Villa Obregón	109	3-A
Villa San Agustín Atlapulco	100	4-D
Vista Hermosa	4	4-B
GUERRERO 1A. CDA.		
Tecuescomac	46	5-E
GUERRERO 2 CDAS.		
Chiconcuac	62	1-E
Santa María Aztahuacán	112	3-C
GUERRERO 2 PRIVS.		
San Simón Tolnáhuac	84	1-A
GUERRERO 7A. CDA.		
Santa Clara	59	3-E
GUERRERO AND.		
Acueducto	46	6-D
La Olímpica	81	3-C
GUERRERO ANTONIO		
U. Santa Cruz Meyehualco	112	2-A
GUERRERO AV.		
Ampl. San Francisco	115	1-F
GUERRERO AV. Y CDA.		
Lomas de San Pedro	21	4-E
GUERRERO BRAULIO		
Castillo Grande	58	3-A
Guadalupe Victoria	58	3-A
GUERRERO CDA.		
El Potrero	56	2-B
El Rosal	121	2-A
San Luis Huexotla	76	4-D
San Mateo Tlaltenango	107	4-D
Villa San Agustín Atlapulco	100	4-E
Villa San Agustín Atlapulco	100	4-D
GUERRERO CJON.		
Lomas de Becerra Granada	95	4-E
San Francisco Tlaltenco	125	3-D
San Salvador Cuauhtenco	150	4-B
GUERRERO DE 2A. CDA.		
Santa Clara	59	3-D
GUERRERO DE 3A. CDA.		
Santa Clara	59	3-D
GUERRERO DE 4A. CDA.		
Santa Clara	59	3-D
GUERRERO DOLORES Y RT.		
Residencial Cafetales	123	1-F
U. H. Emiliano Zapata	123	1-F
U. O. H. CTM Culhuacán VII	123	1-F
GUERRERO FRANCISCO		
Benito Juárez	97	4-E
GUERRERO NEGRO		
Lomas de San Andrés Atenco	56	3-C
GUERRERO PRAXEDIS		
Ampliación La Mexicana	95	5-C
Barrio de la Luz Bajo	16	2-B
GUERRERO PRIV.		
San Salvador Cuauhtenco	150	4-B
Santa Clara	59	3-E
GUERRERO PROL.		
Barrio San Juan	150	4-E
Desarrollo U. Quetzalcóatl	112	5-A
Desarrollo U. Quetzalcóatl	111	5-F
Hogar y Redención	95	6-E
San Simón Tolnáhuac	84	1-A
Santa Catarina Ayotzingo	153	2-C
Tollotzin II	60	6-C
GUERRERO PROL. Y CJON.		
San Antonio Tecomitl	152	1-A
GUERRERO TRINIDAD		
Paraje San Juan	111	3-D
GUERRERO V.		
San Antonio Zomeyucan	82	2-A
GUERRERO V. Y PRIV. Y CDA.		
San Francisco Culhuacán	110	4-E
GUERRERO VICENTE		
2a. Ampl. Stgo Acahualtepec	112	3-E
Abdías García Soto	107	3-B
Ahuehuetes	58	3-C
Alfredo V. Bonfil	81	4-E
Alfredo del Mazo	127	1-F
Alfredo del Mazo	127	3-E
Altamira	82	2-A
Ampl. Ciudad de los Niños	69	6-A
Ampl. Ejido Axotlan	29	4-A
Ampl. Granjas Lomas de Gpe.	30	5-D
Ampliación Emiliano Zapata	42	2-D
Ampliación La Forestal	45	6-C
Apatlaco	97	5-E
Aragón de las Fuentes	60	6-B
Arboledas de Cuautepec	45	6-C
Ayotla	114	6-B
Barrio Artesanos	87	4-F
Barrio La Asunción	125	5-E
Barrio Los Reyes	139	5-D
Barrio Mineros	87	4-E
Barrio Norte	95	5-F
Barrio Pescadores	87	4-F
Barrio San Miguel	97	3-D
Barrio Tlacateco	4	5-D
Barrio Tlatel	88	6-D
Barrio Xaltipac	139	6-A
Barrio Xochitepec	152	1-A
Barros Sierra	121	1-B
Benito Juárez	58	4-B
Benito Juárez	44	1-C
Boca Barranca	59	1-B
Bosques de Ecatepec	47	2-B
Bulevares Impala	47	2-A
Cerro del Marqués	127	6-B
Cinco de Mayo	43	4-A
Cinco de Mayo	22	2-A
Ciudad de los Niños	69	6-A
Cnel. José Antonio Torres	60	1-D
Coacalco de Berriozábal	32	4-E
Cocotitlán	141	5-D
Copalera	101	3-A
Covadonga	127	5-E
Cuauhtémoc	59	5-B
Culturas de México	127	5-E
Chimalhuacán	88	6-A
Chimalhuacán	87	6-F
Chimalhuacán	87	4-F
Dieciseis de Septiembre	60	6-B
División del Norte	59	5-E
Ecatepec Federación	60	6-B
Ecatepec de Morelos	46	2-F
Ej. Santa María Aztahuacán	112	2-C
Ejido San Juan Tlihuaca	42	2-B
El Mirador	56	6-E
El Olivar	100	1-C
El Pino	113	2-F
El Rosal	46	5-D
El Rosario	16	4-F
El Rosario	16	4-E
El Tráfico	28	6-B
Emiliano Zapata	127	1-C
Emiliano Zapata	42	1-E
Emiliano Zapata	128	5-A
Emiliano Zapata	81	2-C
Emiliano Zapata	110	6-B
Francisco I. Madero	42	2-A
Fuego Nuevo	110	5-F
Fuentes de Ecatepec	47	2-B
Guadalupe Tlaltenco	125	3-E
Guadalupe del Moral	98	6-C
Hank González	59	1-C
Huayatla	120	1-F
Huixquilucan de Degollado	106	1-B
Independencia	28	3-E
Independencia	57	1-C
Isidro Fabela Cantil	122	3-D
Ixtapaluca	115	6-A
Jalalpa	95	5-D
Jalalpa	95	5-C
Jardines de San Gabriel	59	5-E
José María Morelos y Pavón	47	6-C
Josefa Ortiz de Domínguez	60	2-C
Juárez	63	6-B
La Cañada	136	4-D
La Concepción	121	3-C
La Concepción	139	3-A
La Conchita	152	1-D
La Conchita	152	1-C
La Conchita Zapotitlán	125	4-A
La Estanzuela	71	3-E
La Lupita	139	3-A
La Nopalera	124	3-F
La Nopalera	124	2-F
La Nopalera	22	1-C
La Pastora	58	4-B
La Presa Secc. Hornos	95	5-E
La Unidad	81	6-D
Las Peñas	111	4-F
Las Torres	42	2-F
Las Torres	44	1-E
Loma Bonita	100	6-A
Lomas de Azolco	46	4-F
Lomas de Azolco	46	3-F
Lomas de Becerra Granada	95	5-E
Lomas de Guadalupe	56	4-A
Lomas de Guadalupe	29	4-B
Lomas de San Lorenzo	111	6-D
Lomas de Totolco	101	2-A
Lomas de Zaragoza	113	2-A
Lomas de la Era	107	6-F
Lomas del Carmen	94	1-D
Los Cuartos	81	3-C
Los Reyes Acaquilpan	113	1-C
Los Reyes Ixtacala	57	4-B
Magdalena Mixhuca	97	1-D
Margarita Maza de Juárez	43	4-C
Margarito F. Ayala	34	2-D
Martín Carrera	71	3-E
Melchor Ocampo	18	1-F
México Insurgente	73	2-C
Miguel Hidalgo	59	4-F
Montecillo	88	1-E
Morelos	28	4-B
Narciso Mendoza	123	5-C
Nativitas	138	2-E
Naucalpan de Juárez	69	5-C
Nicolás Bravo	73	3-B
Nueva Aragón	73	1-C
Papalotla	50	6-D
Paraje San Juan	111	3-D
Paraje Zacatepec	112	1-D
Pdte. A. Ruiz Cortines	47	2-B
Poesía Mexicana	60	6-B
Popular	59	5-E
Presidentes	95	5-D
Presidentes de México	111	4-E
Providencia	127	4-D
Pueblo Culhuacán	110	4-F
Pueblo Quieto	122	3-E
Pueblo San Juan Tepenáhuac	152	4-B
Pueblo San Miguel Ajusco	135	6-A
Pueblo Santa Rosa Xochiac	107	5-D
Quince de Agosto	71	3-E
Revolución	42	2-F
Ricardo Flores Magón	4	4-C
San Bartolomé Xicomulco	150	2-E
San Francisco Acuautla	115	2-E
San Francisco Acuautla	115	2-D
San Francisco Tepojaco	30	2-A
San Francisco Tlaltenco	125	3-E
San Gregorio Atlapulco	137	2-E
San Gregorio Cuautzingo	128	6-E
San José de los Leones	81	3-E
San Juan	18	3-B
San Juan Ixhuatepec	58	6-E
San Juan Ixtacala Ampl. Nte	57	5-C
San Juan Moyotepec	137	2-E
San Juan Tlalpizahuac	114	4-A
San Juanico Nextipac	97	6-D
San Lorenzo Tlacoyucan	151	6-C
San Lucas Huitzinhuacán	50	3-A
San Lucas Xochimanca	136	4-D
San Luis Tlatilco	82	1-B
San Marcos Huixtoco	128	2-D
San Martín	22	3-B
San Martín Tepetlixpan	44	1-A
San Martín Xico Nuevo	140	4-D
San Martín de Porres	47	2-B
San Martín de las Pirámides	24	1-F
San Mateo Tlaltenango	107	4-C
San Mateo Xalpa	136	5-D
San Mateo Xalpa	136	4-D
San Mateo Xoloc	17	1-A
San Miguel Teotongo	113	2-A
San Miguel Teotongo	113	4-B
San Miguel Teotongo	113	4-A
San Miguel Tociac	148	2-F
San Miguel Tocuila	62	5-D
San Miguel Topilejo	149	3-B
San Miguel Totolcingo	35	6-D
San Miguel Xometla	37	2-B
San Pablo	87	4-E
San Pablo Atlazalpa	140	6-E
San Pablo Xalpa	70	1-B
San Pedro	63	6-B
San Pedro Mártir	135	1-D
San Pedro Tepetitlán	36	4-F
San Rafael Chamapa	81	2-D
San Sebastián Xhala	18	3-B
San Simón	63	3-C
San Simón Culhuacán	110	4-E
Santa Ana Tlacotenco	152	6-B
Santa Clara	59	3-D
Santa María Xalostoc	59	5-D
Santiago Tepalcapa	30	5-F
Santiago Tepalcapa	30	6-F
Santiago Teyahualco	19	6-C
Tepalcates	98	3-F
Tepejomulco	59	2-E
Tepexpan	36	6-B
Tepotzotlán	4	5-D
Tlayapa	44	6-A
Torres del Potrero	108	5-B
Torres del Potrero	107	5-F
Triunfo de la República	71	3-E
Tultitlán	31	2-D
U. José Ma. Morelos y Pavón	20	4-B
U. Santa Cruz Meyehualco	112	3-A
Venustiano Carranza	101	1-C
Vicente Guerrero	81	5-D
Vicente Guerrero	59	6-E
Vicente Guerrero 1a. Secc.	41	1-D
Xalpa	112	4-C
Xaltipac	100	1-B
Z. U. E. Culhuacán	110	5-F
Z. U. E. Culhuacán	110	4-F
Z. U. E. San Mateo Nopala	68	2-D
Zona Escolar	57	3-F
GUERRERO VICENTE 1A. CDA.		
El Gallito	59	3-D
Huayatla	120	1-F
La Conchita Zapotitlán	125	3-B
Lomas de Tonalco	137	3-A
San Simón Culhuacán	110	4-F
GUERRERO VICENTE 2 CDAS.		
Hank González	59	1-C
Miguel Hidalgo	59	4-F
San Bartolo Ameyalco	108	5-B
GUERRERO VICENTE 2A. CDA.		
Cerro del Marqués	127	6-B
El Gallito	59	3-D
Huayatla	120	1-F
San Simón Culhuacán	110	4-F
GUERRERO VICENTE 3 CDAS.		
Nativitas	138	3-E
GUERRERO VICENTE 3A. CDA.		
San Simón Culhuacán	110	4-F
GUERRERO VICENTE 3A. PRIV.		
Lomas de San Bernabé	120	1-F
GUERRERO VICENTE AND.		
Lomas de Capula	95	5-E
GUERRERO VICENTE AV Y 2 CDAS		
San Andrés Ahuayucan	136	5-F
GUERRERO VICENTE AV.		
Barrio San Sebastián	127	6-F
Barrio Santiago	141	1-A
Casco de San Juan	141	1-A
Chalco Centro	127	6-F
Chiconcuac	62	1-E
Ejidal	127	6-F
Granjas Chalco	141	1-A
Jardines de Morelos	47	2-F
GUERRERO VICENTE AV. Y CDA.		
Barrio de Capula	4	6-B
Tepotzotlán	4	6-B
GUERRERO VICENTE CDA Y CJON		
San Rafael Chamapa	81	3-C
GUERRERO VICENTE CDA.		
Cerro del Marqués	127	6-B
La Cañada	136	4-D
Lomas San Juan Ixhuatepec	58	6-E
Lomas de la Era	107	6-F
Pueblo San Andrés Ahuayucan	136	6-F
San Andrés Ahuayucan	136	6-F
San Francisco Tlaltenco	125	3-D
San Lorenzo Totolinga	81	1-E
San Lucas Xochimanca	136	4-D
San Mateo Cuautepec	32	5-A
San Mateo Tlaltenango	107	4-C
San Mateo Xalpa	136	4-D
San Rafael Chamapa	81	3-D
San Simón Culhuacán	110	4-F
Santiago Cuautlalpan	16	4-B
Tepexpan	36	5-B
Villa San Lorenzo Chimalco	100	1-C
GUERRERO VICENTE CDA. Y AND.		
San Mateo Cuautepec	32	5-A
GUERRERO VICENTE CJON.		
Santiago Tepalcapa	30	5-F
GUERRERO VICENTE DE 1A. CDA.		
Barrio San Agustín	139	5-D
GUERRERO VICENTE DE 2A. CDA.		
Ayotla	114	6-B
Barrio San Agustín	139	5-D
GUERRERO VICENTE GRAL.		
Héroes de la Revolución	82	5-A
Lázaro Cárdenas	73	6-A
Lázaro Cárdenas	88	2-E
Tezoyuca	49	2-C
GUERRERO VICENTE PRESIDENTE		
Las Armas	69	6-E
GUERRERO VICENTE PRIV.		
Margarita Maza de Juárez	43	3-C
Pueblo San Miguel Ajusco	135	6-B
San Simón Culhuacán	110	4-F
Santa María Tianguistengo	16	3-F
GUERRERO VICENTE PROL.		
Ampliación El Triunfo	97	5-E
Chalco	141	1-A
Dr. Jorge Jiménez Cantú	30	5-D
El Mirto	114	5-B
Hidalgo	28	6-E
La Cañada	107	4-C
Lomas de la Hera	107	6-F
Los Manantiales	28	6-E
San Andrés Ahuayucan	136	6-F
San Mateo Tlaltenango	107	4-C
San Mateo Tlaltenango	107	4-D
Santa Ana Tlacotenco	152	5-B
Texalpa	115	2-E
GUERRERO VICENTE PROL. Y CDA		
Santa María	44	5-B
GUERRERO VICENTE Y 1A. CDA.		
Santa Ursula Coapa	123	2-B
GUERRERO VICENTE Y 2 CDAS.		
Isidro Fabela Cantil	122	3-D
GUERRERO VICENTE Y 2A. PRIV.		
Vergel de Coyoacán	123	2-B
GUERRERO VICENTE Y 3 CDAS.		
Barrio San Miguel	111	2-C
GUERRERO VICENTE Y 5 CDAS.		
Ampliación Tulpetlac	46	5-E
GUERRERO VICENTE Y AND.		
Santa María Cuautepec	32	5-A
GUERRERO VICENTE Y CDA.		
Ampliación San Lorenzo	56	3-C
Rosario Tlali	137	6-A
San Antonio Zomeyucan	82	2-B
San Francisco Tepojaco	29	2-F
San Lucas Patoni	57	4-E
San Miguel Teotongo	113	3-A
Tultepec	19	4-B
GUERRERO VICENTE Y CJON.		
Barrio San Antonio	136	1-F
GUERRERO VICENTE Y PRIV.		
San Miguel Chalma	57	3-F
GUERRERO VICENTE Y PROL.		
Pueblo Nativitas	137	3-B
Pueblo de Tepexpan	36	5-B
GUERRERO Y 2 CDAS.		
Adolfo López Mateos	42	4-D
GUERRERO Y AV.		
Explanada de Calacoaya	56	4-B
GUERRERO Y CDA.		
Adolfo López Mateos	42	3-D
Barrio San Juan Evangelista	24	3-B
San Pablo de las Salinas	20	5-A
San Pedro Xalostoc	59	3-C
San Sebastián Chimalpa	100	4-E
Santa Catarina Ayotzingo	153	2-C
GUERRERO Y PRIV.		
San Javier	57	4-A
Tlalnepantla	57	4-A
GUERREROS DE LOS BLVR.		
Ciudad Azteca	60	4-C
México Nuevo	60	4-C
GUERRILLERA LA		
Benito Juárez	99	1-F
GUEVARA CHE		
Benito Juárez	97	4-E
GUEVARA ERNESTO "CHE"		
Ampliación 19 de Septiembre	34	6-E
GUIJA 1A. PRIV.		
Tacuba	83	1-B
GUIJARRO		
U. INFONAVIT Iztacalco	97	4-F
GUIJAS		
La Cascada	95	6-F
U. H. Lomas de Plateros	95	6-F
GUILLAIN Y CDA.		
Mixcoac	96	6-B
GUILLEMIN F. R.		
Ciudad Satélite	69	1-D
GUILLEN FIDEL R.		
Constitución de 1917	111	2-F
GUILLERMO		
Miravalle	112	4-F
GUILLERMO CDA.		
Pueblo Cuajimalpa	107	2-B
GUINEA PRIV.		
Romero Rubio	85	3-A
GUINEA Y PRIV.		
Romero Rubio	84	3-F
GUINEAS		
Cerro Prieto	84	2-F
GUIPUZCOA		
Niños Héroes de Chapultepec	97	4-A
GUIRNALDA		
Ampliación El Tesoro	44	3-D
Texalpa	46	6-E
GUIRNALDAS		
Villa de las Flores	32	1-F
Villa de las Flores	33	1-A
GUISANTES		
Villa de las Flores	33	1-A
GUIZAR "PEPE"		
Compositores Mexicanos	45	6-A
Jorge Negrete	58	4-A
GUIZAR Y VALENCIA		
San Andrés Atoto	69	6-C
GUPIES		
Los Olivos	124	2-E
GURRIA LACROIX		
Olivar de los Padres	108	4-E
GURRION ADOLFO		
Centro	84	5-C
GUTENBERG		
Anzures	83	4-C
Verónica Anzures	83	4-C
GUTENBERG JOHAN		
San Cristóbal Lomas	33	5-A
GUTIERREZ A. CONSTTE.		
Lomas de Memetla	107	1-C
GUTIERREZ AGUSTIN 1 PRIV.		
Gral. Pedro María Anaya	109	1-E
GUTIERREZ AGUSTIN Y 2 CDAS.		
Gral. Pedro María Anaya	109	1-F
GUTIERREZ ANTONIO		
Colonial Iztapalapa	111	3-F
GUTIERREZ BARRIOS FERNANDO		
Carlos Salinas de Gortari	34	6-E
GUTIERREZ CARLOS PRIV.		
Pantitlán	98	1-E
GUTIERREZ DAVID PROFR.		
Barrio San Marcos	136	2-E
GUTIERREZ E.		
Presidentes	95	5-D
GUTIERREZ EUGENIO PRIV.		
San Simón Ticumac	97	6-A
GUTIERREZ EULALIO		
Lázaro Cárdenas	73	5-B
Rómulo Sánchez Mireles	122	3-D
San Juan Joya	111	4-E
GUTIERREZ FELIX		
Ejército de Ote. Z. Peñón	99	6-B
GUTIERREZ JACOBO		
Industrial Atoto	69	6-C
GUTIERREZ JOAQUIN M. GRAL.		
Juan Escutia	98	3-F
GUTIERREZ JOSE F.		
Angel Zimbrón	70	6-B
GUTIERREZ JOSE LUIS GOB.		
Las Armas	69	6-E
GUTIERREZ JOSE MARIA		
Popular Ermita Zaragoza	99	6-F
GUTIERREZ JUAN A.		
Moctezuma 1a. Secc.	84	5-F
GUTIERREZ MORENO RAFAEL		
Renovación	98	6-F
GUTIERREZ NAJERA CDA.		
Obrera	84	6-A
GUTIERREZ NAJERA MANUEL		
Filiberto Gómez	100	1-B
Lorenzo Boturini	84	6-B
México	99	1-A
Moderna	97	3-C
Obrera	84	6-B
Tránsito	84	6-B
Tultitlán	31	2-C
GUTIERREZ SANTIAGO F. (C.51)		
Ignacio Zaragoza	98	1-B
GUTIERREZ SEVERIANO CAP.		
La Esperanza	46	6-B
GUTIERREZ ZAMORA M. AV.		

Calle / Colonia	Plano	Coordenadas
Hacienda Real de Tultepec	32	1-D
HACIENDA LA NUBE CIRCUITO		
Hacienda Real de Tultepec	32	1-D
HACIENDA LA PRIV.		
Pueblo Nuevo Bajo	121	2-B
HACIENDA LA PURISIMA		
La Impulsora	73	4-A
HACIENDA LA RONDA		
Hacienda de las Palmas	94	4-B
HACIENDA LAS AMAPOLAS AV.		
Hacienda Real de Tultepec	19	6-D
HACIENDA LAS PALOMAS		
Hacienda de las Palmas	94	3-C
HACIENDA LAS TROJES		
Hacienda del Rosario	69	2-E
HACIENDA LAS VIOLETAS		
Hacienda Real de Tultepec	19	6-D
HACIENDA LOS CLAVELES CIR.		
Hacienda Real de Tultepec	32	1-D
HACIENDA LOS CLAVELES CTO.		
Hacienda Real de Tultepec	32	1-D
HACIENDA M. CABALLERO CDA.		
Hacienda de las Palmas	94	3-C
HACIENDA MARTIN CABALLERO		
Hacienda de las Palmas	94	4-B
HACIENDA MAYORAZGO		
Hacienda del Rosario	69	2-E
La Impulsora	73	4-A
HACIENDA MAZATEPEC		
Rinconada Coapa 1a. Secc.	123	3-F
Villa Cuemanco	123	3-F
HACIENDA METEPEC		
Prado Coapa	123	3-C
HACIENDA MIMIAHUAPAN		
Hacienda del Rosario	69	2-F
HACIENDA MOLINO		
Prado Coapa	123	3-C
HACIENDA MOLINO DE FLORES		
Bosque de Echegaray	69	4-C
HACIENDA MONTE DE LAS CRUCES		
Lomas de la Estancia	112	4-E
HACIENDA MONTECILLO		
Magisterial	123	3-E
Rinconada Coapa 1a. Secc.	123	3-E
HACIENDA NARVARTE		
Magisterial	123	3-E
HACIENDA OJO DE AGUA		
Ampliación Presidentes	95	6-D
HACIENDA OJUELOS		
Hacienda del Rosario	69	3-F
HACIENDA OLIVAR DEL CONDE		
Prados del Rosario	69	2-E
HACIENDA PASTEJE		
Floresta Coyoacán	123	2-C
HACIENDA PEÑUELAS		
Floresta Coyoacán	123	2-C
HACIENDA PORTALES		
Parque Industrial Cartagena	32	2-A
San Mateo Cuautepec	32	5-A
HACIENDA REAL DE TULTEPEC		
Hacienda Real de Tultepec	32	1-D
HACIENDA REAL DEL PUENTE		
Lomas de la Hacienda	43	4-C
HACIENDA REAL TULTEPEC CIR.		
Hacienda Real de Tultepec	32	1-D
HACIENDA REAL TULTEPEC CTO.		
Hacienda Real de Tultepec	32	1-D
HACIENDA REAL TULTEPEC OTE.		
Hacienda Real de Tultepec	19	6-D
HACIENDA SAN AGUSTIN		
La Impulsora	73	4-A
HACIENDA SAN ANTONIO DE XALA		
Magisterial	123	3-E
HACIENDA SAN CLEMENTE		
Hacienda de las Palmas	94	3-C
HACIENDA SAN D. LOS PADRES		
Residencial Cafetales	123	2-F
Villa Quietud	123	2-F
HACIENDA SAN DIEGO PADRES		
Residencial Cafetales	123	2-F
Villa Quietud	123	2-F
HACIENDA SAN GASPAR		
Las Haciendas	108	3-A
HACIENDA SAN ISIDRO		
Prados del Rosario	69	2-E
HACIENDA SAN JOSE V. HERMOSA		
Bosque de Echegaray	69	4-C
HACIENDA SAN JOSE VISTA H.		
Prado Coapa	123	3-C
HACIENDA SAN JUDAS		
Hacienda de las Palmas	94	4-B
HACIENDA SAN NICOLAS EL GDE.		
Hacienda del Rosario	69	2-F
HACIENDA SAN NICOLAS PERALTA		
Bosque de Echegaray	69	4-D
HACIENDA SAN NICOLAS T.		
Arboledas del Sur	123	4-B
Arboledas del Sur	123	4-C
C. Res. Villa Prado Coapa	123	4-C
Prado Coapa	123	4-C
HACIENDA SANTA CECILIA		
Villa Quietud	123	3-F
HACIENDA SANTA MARIA REGLA		
Prado Coapa	123	3-C
HACIENDA SANTA RITA		
Ampliación Presidentes	95	6-D
HACIENDA SANTA TERESA		
Hacienda de las Palmas	94	4-B
HACIENDA SANTA URSULA		
Villa Quietud	123	3-F
HACIENDA SANTIAGO		
Prados del Rosario	69	2-E
HACIENDA SANTO TOMAS		
U. O. H. CTM Culhuacán X	123	2-E
HACIENDA SN DIEGO LOS PADRES		
Hacienda de Echegaray	69	3-C
HACIENDA SOLTEPEC		
Hacienda del Rosario	69	3-E
HACIENDA STA A. DE LOS LOBOS		
Prado Coapa	123	3-C
HACIENDA TARASQUILLA		
Floresta Coyoacán	123	2-C
HACIENDA TECAJETE		
Hacienda del Rosario	69	3-E
HACIENDA TECANECAPA		
Magisterial	123	3-E
HACIENDA TEJOMULCO		
Villa Quietud	123	3-F
HACIENDA TEMASCALTEPEC		
Prado Coapa	123	3-B
HACIENDA TEMIXCO		
Ex Hacienda del Pedregal	42	3-D
HACIENDA TENANGO		
Hacienda del Rosario	69	3-E
HACIENDA TEPETATES		
Hacienda del Rosario	69	2-E
HACIENDA TEPETITLAN		
Prado Coapa	123	3-C
HACIENDA TEXMELUCAN		
Villa Quietud	123	3-F
HACIENDA TORRECILLAS		
Conj. INFONAVIT Cuemanco	123	2-F
Conj. Urbano Coapa	123	2-F
Residencial Cafetales	123	2-F
Villa Quietud	123	2-F
HACIENDA TOTOAPAN		
Prado Coapa	123	3-C
HACIENDA TOTOLAPA		
Hacienda del Rosario	69	3-E
HACIENDA TOTOLAPAN		
Bosque de Echegaray	69	4-D
Los Pastores	69	4-D
HACIENDA TRANCOS		
Hacienda del Rosario	69	3-F
HACIENDA VALPARAISO		
Hacienda del Rosario	69	3-E
HACIENDA VISTA HERMOSA		
Las Haciendas	108	3-A
Vista Hermosa	123	2-F
HACIENDA VISTA HERMOSA RT.		
U. O. H. CTM Culhuacán X	123	2-E
HACIENDA XAJAY		
Hacienda del Rosario	69	2-F
HACIENDA XALPA		
Bosque de Echegaray	69	4-C
Prado Coapa	123	3-C
HACIENDA Y CREDITO PUBLICO		
Federal	85	6-B
HADES		
Geo 2000	35	3-B
HAENDEL		
Vallejo	71	6-B
HAITI		
Buenos Aires	96	2-F
Jardines de Cerro Gordo	60	1-C
Loma Taurina	69	5-B
México 68	68	4-D
San José Ixhuatepec	58	4-F
HAKONCILLO CDA.		
Tepeaca	108	1-C
HALACHO		
Lomas de Padierna	121	4-B
Pedregal Chitchitcáspatl	121	4-B
Z. U. E. El Pedregal	121	4-B
Z. U. E. Héroes de Padierna	121	4-B
HALCON		
Bellavista	96	3-A
Colina del Sur	95	6-D
Granjas Pop. Gpe. Tulpetlac	60	1-B
Lago de Guadalupe	30	4-A
Las Golondrinas	95	5-E
Lomas de Capula	95	5-E
Sierra de Guadalupe	44	2-E
HALCON AV.		
PROFOPEC Polígono 2	60	5-D
HALCON CDA.		
Nuevo San Lucas Patoni	45	6-A
HALCON NORTE AV.		
Rinconada de Aragón	60	5-C
HALCON ORIENTE		
Halcón Oriente	30	4-A
Lago de Guadalupe	30	4-A
HALCON OTE. CDA.		
Halcón Oriente	30	4-A
HALCON PONIENTE		
Lago de Guadalupe	30	4-A
HALCON Y CDA.		
Luis Donaldo Colosio M.	45	6-A
HALCONES		
Granjas de Guadalupe	42	1-C
Izcalli Jardines	47	1-C
Las Aguilas	42	4-F
Lomas de Guadalupe	108	4-A
Tlalpexco	58	2-C
Valle de Tules	44	4-B
Valle de Tules	44	4-C
HALCONES DE LOS RT.		
Residencial Las Arboledas	55	2-F
HALO		
U. H. Valle de Luces	110	3-F
HALS FRANZ Y CDA.		
Alfonso XIII	96	5-A
HALLEY		
Anzures	83	4-C
HAMBURGO		
Albert	97	6-B
Valle Dorado	56	2-D
HAMBURGO Y CDA.		
Juárez	83	5-E
HAMILTON		
Lomas de Capula	95	5-E
HAMPOLOL		
Z. U. E. El Pedregal	121	3-C
HANGARES AVIACION		
Federal	85	5-A
Industrial Puerto Aéreo	85	5-A
HANK GONZALEZ		
Hank González	59	2-C
Hank González	59	1-B
Santa María Cozotlan	24	1-C
HANK GONZALEZ 4 CDAS.		
Lomas de la Estancia	112	4-E
HANK GONZALEZ C. 2 CDAS.		
El Carmen	58	3-B
HANK GONZALEZ CARLOS		
Barrio San Juan Evangelista	24	3-A
Carlos Salinas de Gortari	34	6-E
Dr. Jorge Jiménez Cantú	30	4-C
Ejido San Agustín Atlapulco	100	4-C
Fuego Nuevo	111	5-A
Jorge Jiménez Cantú	28	3-E
Lomas de Santa Cruz	112	5-B
Nueva Aragón	73	1-C
Nueva Teotihuacán	24	3-A
Piedra Grande	59	3-B
Prensa Nacional	70	1-C
Pueblo de Tepexpan	35	6-E
Rosario Ceylán	70	1-C
San José Tecamac	22	2-B
San José Tecamac	22	3-C
San José Tecámac	22	2-B
San Lorenzo Tlalmimilolpan	24	5-A
San Martín	22	3-C
San Miguel Teotongo	113	2-B
San Rafael Chamapa	81	2-D
Santa Cruz Amalinalco	128	4-B
Villas de Teotihuacán	24	3-A
HANK GONZALEZ CARLOS AV.		
Alfredo del Mazo	47	3-C
Ampl. 19 de Sept. 2a. Secc.	34	6-E
Ampl. Sagitario	60	2-C
Bosques de Aragón	72	5-E
Campestre Guadalupana	72	5-E
Ciudad Azteca	60	2-C
Diecinueve de Septiembre	47	3-C
Ejido Tulpetlac	47	3-C
El Chamizalito	60	2-C
Emiliano Zapata I	60	2-C
Granjas Pop. Gpe. Tulpetlac	60	2-C
Ignacio Allende	60	2-C
Industrias Ecatepec	60	2-C
Industrias Tulpetlac	60	2-C
Jardines de Aragón	60	2-C
Jardines de Cerro Gordo	60	2-C
Jardines de Morelos	47	3-C
José María Morelos y Pavón	47	3-C
Josefa Ortiz de Domínguez	47	3-C
Josefa Ortiz de Domínguez	60	2-C
La Florida	60	2-C
La Impulsora	72	5-E
La Olímpica II	60	2-C
Laderas del Peñón	60	2-C
Lomas de la Estancia	112	4-E
Melchor Múzquiz	73	1-A
Nuevo Paseo de San Agustín	60	2-C
Potrero Chico	47	3-C
Potrero de la Luna	112	4-E
Pro Revolucionaria	60	2-C
Progreso de la Unión	60	2-C
Rinconada de Aragón	60	2-C
Río de Luz	60	2-C
San Pablo	112	4-E
Santa Cruz Venta de Carpio	34	6-E
Unidos Avanzamos	47	3-C
Valle de Anahuac Secc. A	60	2-C
Valle de Anahuac Secc. B	60	2-C
Valle de Aragón 1a. Secc.	72	5-E
Valle de Aragón Norte II	73	1-A
Vergel de Guadalupe	72	5-E
Vicente Coss	60	2-C
Villa Primero de Agosto	60	2-C
Villa de Aragón	72	5-E
Villa de Guadalupe Xalostoc	59	6-A
Villas de Aragón	60	2-C
Vivienda del Taxista	47	3-C
HANK GONZALEZ CARLOS CDA.		
San Miguel Teotongo	113	2-A
HANK GONZALEZ CARLOS PROFR.		
Ejército del Trabajo	101	2-B
INFONAVIT COCEM I	31	5-D
Los Cuartos	81	3-C
San Rafael Chamapa	81	3-C
U. H. Atzacoalco CTM	58	6-F
HANK GONZALEZ CARLOS PROL.		
Carlos Salinas de Gortari	34	6-F
HANK GONZALEZ CARLOS Y CDA.		
Coacalco de Berriozábal	32	4-F
HANK GONZALEZ DE 2A. CDA.		
Fuego Nuevo	111	5-A
HANOI		
Central Rosario	70	2-B
HARE ROBERTO		
Estrella Culhuacán	110	5-F
HARRISON JUAN		
Fuego Nuevo	111	4-A
HARVEY GUILLERMO		
U. IMPI Iztacalco	97	4-F
HASTALMATZIN		
Santa María Aztahuacán	112	2-C
HAVRE		
Juárez	83	5-E
Villa Verdún	107	4-F
HAWAI		
Euzkadi	70	5-E
HAYA		
Ejidos de San Cristóbal	33	5-F
La Palma	46	6-D
HEAVEN		
Condado de Sayavedra	41	4-F
HEBRADERO EL		
Aurora	100	3-A
HEBREA		
Dr. Jorge Jiménez Cantú	30	4-D
HEBREA LA		
Miguel Hidalgo	125	4-A
HECELCHAKAN		
Cuchilla de Padierna	121	6-E
López Portillo	121	5-D
HEGEL		
Chapultepec Morales	83	4-B
Ejido de Santiago Tepalcapa	43	4-B
HELECHO		
C. H. La Pradera I	72	5-D
La Floresta	100	6-A
HELECHOS		
Bosques de Morelos	30	4-B
HELECHOS DE LOS		
Lomas de San Mateo	68	3-E
HELENICA		
Dr. Jorge Jiménez Cantú	30	5-C
HELIO		
U. H. El Rosario	69	1-F
HELIOPOLIS		
Clavería	70	6-C
El Recreo	70	6-C
Lotería Nacional	70	6-C
HELIOS		
Las Rosas	56	4-E
HELIOTROPO		
Ampl. Minas Palacio	81	4-C
Ampliación Loma Linda	82	1-A
Atlampa	83	1-E
Barrio Xaltocan	136	2-F
Loma Linda	82	1-A
San José del Jaral	43	2-D
Santa Rosa	101	2-E
Tamaulipas El Palmar	86	6-C
Tamaulipas Flores	86	6-C
HELIOTROPO 3 CDAS.		
Barrio Niño Jesús	109	4-F
HELIOTROPO 3A. CDA.		
Barrio Niño Jesús	109	4-F
HELIOTROPO CDA.		
Hacienda de la Luz	43	2-C
HELIOTROPO Y CJON		
Barrio Niño Jesús	109	4-E
HELIOTROPOS		
Ixtapaluca Izcalli	114	6-B
Santa Rosa	101	2-D
Valle Hermoso	43	6-F
Villa de las Flores	32	1-F
HELIOTROPOS PRIV.		
Pedregal de Santo Domingo	109	5-D
HELMER RAUL		
Compositores Mexicanos	45	6-B
El Tepetatal	45	6-B
HELMER RAUL 2 CDAS.		
El Tepetatal	45	6-B
HELMER RAUL Y PRIV.		
Compositores Mexicanos	45	6-A
HELSINKI 1952		
U. H. Olímpica	122	2-D
HEMICICLO A JUAREZ		
Benito Juárez	99	3-B
Evolución	99	3-B
Metropolitana 2a. Secc.	99	3-B
HENEQUEN		
Ixtlahuacan	112	3-F
Las Palmas	95	3-F
Loma de Chimalhuacán	100	1-F
U. INFONAVIT Iztacalco	97	4-F
HENO		
La Navidad	94	5-C
HENRICH JAIME		
Los Gamitos	95	5-B
HENRIQUEZ GUZMAN M GRAL PRIV		
Los Cerrillos	138	3-D
HENRIQUEZ GUZMAN M. GRAL.		
Constitución del Moral	138	3-D
Los Cerrillos	138	3-D
HENRIQUEZ MIGUEL GRAL.		
Benito Juárez	59	3-C
San Pedro Xalostoc	59	3-C
HENRIQUEZ UREÑA PEDRO		
Manuel Romero de Terreros	109	4-F
Pedregal de Santo Domingo	109	4-F
Pueblo Los Reyes	109	4-F
HEPTANO		
Barrio Santa Apolonia	70	5-A
HERA		
Crédito Constructor	109	1-C
HERA DE LA		
Tepotzotlán	4	5-C
HERA LA		
Barrio San Andrés	70	3-C
Ixtapaluca	115	5-B
Lomas de la Era	107	5-F
HERA LA CDA.		
Ixtapaluca	115	5-B
HERACLITO		
Chapultepec Morales	83	4-B
HERALDO		
Clavería	70	6-B
El Imparcial	70	6-B
Zona Escolar Oriente	58	3-A
HERALDO DE TOLUCA		
Prensa Nacional	70	1-D
HERALDO EL		
Prensa Nacional	57	6-D
HERALDOS BLVR.		
Ciudad Azteca	60	2-C
Josefa Ortiz de Domínguez	60	2-C
Los Reyes Ecatepec	60	2-C
Río de Luz	60	2-C
HERCULES		
Ciudad Brisa	68	4-E
Crédito Constructor	109	1-C
HEREDIA GUILLERMO DE		
Ciudad Satélite	69	1-D
HEREDIA HERMILIO		
U. H. El Risco CTM	72	1-A
HEREDIA MARTIN		
Tulyehualco	138	2-E
HEREDIA PRIV.		
Escandón	96	2-C
HEREDIA VICENTE		
Ampliación Miguel Hidalgo	121	6-F
HERENCIA		
Xicalhuaca	137	2-C
HERLINDA PRIV.		
Pantitlán	98	1-D
HERMANDAD		
San José de los Cedros	94	6-C
HERMANOS PINZON		
Chimalcóyotl	122	6-E
HERMANOS RAYON CDA.		
Pueblo San Miguel Ajusco	135	6-A
HERMANOS RAYON PRIV.		
Pueblo San Miguel Ajusco	135	6-A
HERMANOS SERDAN		
San Rafael Chamapa	81	2-D
HERMES		
Crédito Constructor	109	1-C
Geo 2000	35	3-A
Las Rosas	56	4-E
HERMOSA CDA.		
Santiago Tepalcatlalpan	136	3-D
HERMOSILLO		
Ampl. Buenavista	44	4-C
Barrio San Mateo	151	4-C
Jardines de Morelos	47	3-B
Jards. San Agustín 2a. Secc	100	5-C
Lomas de San Andrés Atenco	56	3-C
Luis Echeverría	30	5-F
Pensador Mexicano	85	3-B
Peñón de los Baños	85	3-B
Roma Sur	96	2-D
Santiago Tepalcapa	30	5-F
Tecuezcomac	46	5-E
Temamatla	154	2-D
Valle Ceylán	57	2-B
Vergel de Guadalupe	72	5-E
Villa Milpa Alta	151	4-C
HERMOSILLO JOSE A.		
Constitución de la Rep.	71	4-F
HERNANDEZ		
Tepeyac Insurgentes	71	4-D
HERNANDEZ ACEVEDO J.		
Vallejo	71	6-B
HERNANDEZ ALBERTO C 1 2 Y 3		
U. H. Vicente Guerrero	111	2-E
HERNANDEZ B. M. ING.		
Cuautitlán Izc. Atlanta	30	3-E
HERNANDEZ COVARRUBIAS V.		
Presidente Madero	69	3-F
San Juan Tlihuaca	69	3-F
U. H. Francisco Villa	69	3-F
HERNANDEZ COVARRUBIAS VICTOR		
U. H. Francisco Villa	69	3-F
HERNANDEZ DANIEL SGTO 2DO.		
Los Cipreses	110	6-C
HERNANDEZ DAVID 1A. CDA.		
Ejército del Trabajo	101	2-B
HERNANDEZ DAVID Y 3 CDAS.		
Ejército del Trabajo	101	1-B
HERNANDEZ EUSEBIO		
Ojito de Agua	112	3-C
HERNANDEZ EUSTAQUIO		
Carmen Serdán	110	6-E
HERNANDEZ F.		
U. José Ma. Morelos y Pavón	20	4-B
HERNANDEZ GABINO		
U. H. San Rafael Coacalco	33	2-B
HERNANDEZ GABRIEL		
Barrio Guadalupe	125	6-E
Barrio La Magdalena	125	6-E
Barrio San Miguel	125	6-E
Barrio Santa Ana	125	6-E
Doctores	84	5-A
HERNANDEZ GABRIEL 2 CJONES.		
Barrio San Miguel	125	6-F
Barrio Santa Ana	125	6-E
HERNANDEZ GABRIEL CJON.		
Valle del Sur	110	3-D
HERNANDEZ GABRIEL PRIV.		
Guadalupe Victoria	33	5-D
HERNANDEZ GABRIEL Y CDA.		
Guadalupe Victoria	33	5-D
HERNANDEZ GUTIERREZ		
Nueva Margarita	87	4-B
HERNANDEZ JAIME		
Alvaro Obregón	99	5-B
HERNANDEZ JOSE CARLOS		
Las Peñas	111	4-F
HERNANDEZ JUAN		
Las Peñas	111	4-F
HERNANDEZ LEONARDO C 1 2 Y 3		
U. H. Vicente Guerrero	111	1-F
HERNANDEZ LOPEZ ALFONSO		
Buenavista	112	6-C
HERNANDEZ MANUEL		
La Candelaria Tlapala	141	3-F
U. H. El Risco CTM	72	1-A
HERNANDEZ MANUEL A. (C. 23)		
U. Santa Cruz Meyehualco	112	3-B
HERNANDEZ PEDRO RT.		
U. H. Atzacoalco CTM	71	1-F
HERNANDEZ R. L.		
Ciudad Satélite	69	1-A
HERNANDEZ SANTOS Y 2 ANDS.		
Santiago Ahuizotla	69	5-E
HERNANDEZ SILVA PEDRO AV.		
Jaime Torres Bodet	139	5-A
HERNANDEZ TEODORO		
Santa Martha Acatitla	99	5-D
HERNANDEZ TIRSO		
Santa Martha Acatitla	99	5-D

Calle / Colonia	Plano	Coordenadas
HERNANDEZ Y DAVALOS JUAN E.		
Algarín	97	2-B
Ampliación Asturias	97	2-B
Asturias	97	2-B
HERNANDEZ ZARCO MARIA		
Alamos	97	2-A
Belisario Domínguez	123	2-C
Sección XVI	122	4-F
HERODOTO		
Anzures	83	4-D
HEROE DE GRANADITAS		
Benito Juárez	59	3-C
Centro	84	3-C
Morelos	84	3-C
San Lucas Patoni	57	3-E
HEROE DE GRANADITAS PROL.		
Benito Juárez	59	2-C
HEROE DE NACOZARI		
Ampliación Penitenciaría	84	4-D
Arbolitos	59	3-B
Benito Juárez	44	1-E
Centro	84	4-D
Cuautitlán	31	1-C
El Nopalito	18	5-B
Morelos	84	4-D
Penitenciaría	84	4-D
Plan de Ayala	81	4-D
San Felipe de Jesús	72	3-D
San Lucas Patoni	57	3-E
Siete de Julio	84	4-D
HEROE DE NACOZARI 3A. CDA.		
Pueblo Santa Cecilia	57	1-C
HEROE DE NACOZARI 5 CDAS.		
Penitenciaría	84	4-E
HEROE DE NACOZARI Y 2 CDAS.		
El Rosal	57	1-C
Gustavo Baz Prada	57	1-C
Pueblo Santa Cecilia	57	1-C
HEROE DE NACOZARI Y PRIV.		
Santa María Ozumbilla	21	4-F
HEROES		
Barrio San Juan	150	5-E
Guerrero	84	3-A
La Magdalena Contreras	121	2-B
Lomas de la Estancia	112	4-F
San Lucas	57	2-E
Tepalcates	98	3-E
HEROES ANONIMOS		
Tacubaya	96	3-B
HEROES CIR.		
Ciudad Satélite	69	2-C
HEROES DE 1810		
Amado Nervo	19	2-C
Jalalpa	95	5-D
Tacubaya	96	3-B
Valle de Guadalupe	19	2-C
HEROES DE 1821		
Tacubaya	96	3-B
HEROES DE 1914		
Ocho de Agosto	96	3-B
HEROES DE CHAPULTEPEC		
Alfredo del Mazo	81	4-D
Ampl. Río Hondo	81	4-D
Ampliación Los Reyes	113	2-B
Educación	19	1-A
La Mancha 3a. Secc.	81	4-D
Lomas del Cadete	81	4-D
Melchor Ocampo	19	1-A
Plan de Ayala	81	4-D
San José Zacatepec	136	4-D
HEROES DE CHAPULTEPEC AV.		
Militar Valle de Cuaut.	31	3-A
HEROES DE CHAPULTEPEC CDA.		
Ampliación Los Reyes	113	2-B
HEROES DE CHURUBUSCO		
Alfredo del Mazo	81	3-E
Santo Tomás Ajusco	147	1-F
Tacubaya	96	2-B
HEROES DE CHURUBUSCO CDA.		
Santo Tomás Ajusco	147	1-F
HEROES DE CHURUBUSCO PRIV.		
Santo Tomás Ajusco	147	1-F
HEROES DE LA INTERVENCION		
Tacubaya	96	3-B
HEROES DE LA REP. MEXICANA		
Villa San Lorenzo Chimalco	100	2-C
HEROES DE LA REVOLUCION		
Plan de Ayala	81	4-E
HEROES DE PADIERNA		
Alfredo del Mazo	81	3-E
San Jerónimo Lídice	108	6-D
Tacubaya	96	3-B
HEROES DE PADIERNA PRIV.		
San Jerónimo Lídice	108	5-D
HEROES DE REFORMA		
Ejido San Agustín Atlapulco	100	5-C
HEROES DE TLATELOLCO		
Consejo Agrarista Mexicano	111	5-F
HEROES DEL 47		
Churubusco	110	2-A
San Felipe de Jesús	72	2-D
San Mateo	110	2-A
Santa María Chimalhuacán	88	4-A
Villa San Lorenzo Chimalco	100	2-C
HEROES DEL 47 AV.		
Plan de Ayala	81	4-D
HEROES FERROCARRILEROS		
Buenavista	83	3-F
Santa María La Ribera	83	3-F
HEROES Y CDA.		
San Sebastián Chimalpa	100	4-E
HEROICA CDA.		
Miguel Hidalgo	122	5-B
HEROICO COL. M. DE MEX. AV.		
La Presa Lázaro Cárdenas	58	5-D
HEROICO COLEGIO MILITAR		
Lomas del Cadete	81	5-D
HERRADERO DEL		
Colina del Sur	108	1-C
Villas de la Hacienda	43	2-C
HERRADORES		
Tlatel Xochitenco	87	2-D
HERRADURA		
El Encinal	107	3-A
Hacienda Ojo de Agua	21	5-B
Miguel de la Madrid Hurtado	112	4-F
HERRADURA LA		
San Lorenzo Atemoaya	137	4-A
HERRADURA LA AV.		
Bosque de la Herradura	82	5-B
Héroes de la Revolución	82	5-B
HERRADURA LA PRIV.		
Villas Estrella	21	5-C
HERRADURA PROL.		
Ampliación Nativitas	137	4-A
HERRADURA Y PRIV.		
El Rosal	121	1-A
HERRAMIENTAS DE MEXICO		
Vista Hermosa	56	6-C
HERRAN SATURNINO		
Ciudad Satélite	69	1-C
San José Insurgentes	109	1-B
HERRERA A.		
Colonial Iztapalapa	111	3-E
HERRERA ALBERTO		
Aragón	71	4-D
HERRERA ALFONSO		
Lomas de Chamapa	81	3-D
San Rafael	83	3-E
HERRERA ALFONSO PROFR.		
Ampl. Gabriel Hernández	71	1-E
HERRERA DAVID		
Escandón	96	3-C
HERRERA DELGADO		
Nueva Margarita	87	4-C
HERRERA JOAQUIN		
Alfredo del Mazo	127	2-F
HERRERA JOSE J.		
Martín Carrera	71	4-E
HERRERA JOSE JOAQUIN		
Centro	84	4-D
Darío Martínez	126	1-F
Lázaro Cárdenas	73	6-A
Morelos	84	4-D
Presidentes de México	111	4-E
San Juan Joya	111	4-E
HERRERA MACLOVIO		
Francisco Villa	111	4-E
Santiago Zapotitlán	125	3-B
Tultepec	19	3-A
HERRERA MACLOVIO GRAL.		
Ampliación Caracol	85	5-D
Damián Carmona	84	3-F
Héroes de la Revolución	82	5-B
Primero de Mayo	84	3-F
Revolución	84	4-F
San Juan Tlihuaca	69	4-F
HERRERA MATEO		
San José Insurgentes	96	6-B
HERRERA MATIAS		
Campestre El Potrero	113	5-C
HERRERA MORENO		
Héroes de la Revolución	82	5-B
HERRERA RAUL GRAL. Y CDA.		
Barrio San Miguel	111	1-C
HERRERA Y OGAZON ALVA		
Santa Cecilia	125	5-F
HERRERIA		
Ciudad Cuauhtémoc	34	2-E
San Andrés Totoltepec	135	2-D
San Juan Teotihuacán	24	2-C
HERRERIA 1A. CDA.		
Paraje La Joyita	135	2-E
HERRERIA Y CDA. Y PRIV.		
Nuevo Renacimiento Axalco	135	2-E
HERRERIAS		
Ampliación La Cebada	95	5-C
HERRERITA		
San Francisco Cuautlalpan	82	1-D
HERRERO		
Tierra Colorada	121	6-A
HERREROS		
Morelos	84	3-D
U. H. El Rosario	56	6-F
U. H. El Rosario	69	1-F
Venustiano Carranza	84	3-D
Zona Industrial Xhala	18	3-A
HERREROS DE LOS		
Ejército del Trabajo I	73	2-B
HERSCHEL		
Anzures	83	5-C
Casablanca	83	5-C
HESIODO		
Chapultepec Morales	83	4-B
Geo 2000	35	3-A
HESTIA		
Crédito Constructor	109	1-C
Florida	109	1-C
HEVIA DEL PUERTO ERNESTINA		
Santa Cecilia	125	5-E
HEVIA EDUARDO		
México Nuevo	42	6-E
HIDA		
La Magdalena Contreras	121	2-B
HIDALGO		
Adolfo López Mateos	42	4-E
Adolfo López Mateos	107	1-A
Ahuehuetes	56	1-B
Ampl. Buenavista	44	4-C
Ampl. Estado de Hidalgo	108	1-B
Ampl. Guadalupe Victoria	33	5-E
Ampl. Raúl Romero Fuentes	99	2-A
Ampl. Raúl Romero Fuentes	99	1-A
Ampl. San José Xalostoc	72	1-C
Ampl. Santiago Acahualtepec	112	2-E
Ampliación Mirador	111	4-A
Ampliación San Mateo	68	2-E
Apolocalco	113	5-D
Aragón	71	4-D
Arbolitos	59	3-B
Axotla	109	2-D
Ayotla	127	1-C
Barrio San Agustín	139	6-D
Barrio San Andrés	70	3-C
Barrio San Mateo	70	4-B
Barrón	41	1-F
Buenavista	112	5-B
Campestre El Potrero	113	5-C
Cuajimalpa	107	1-A
Cuatliquixco	22	3-A
Cuautitlán	18	5-B
Chiconcuac	49	6-F
Chichileco	49	4-A
Des. Urbano Alvaro Obregón	95	5-D
Ecatepec de Morelos	46	2-F
Ecatepec de Morelos	46	1-F
El Capulín	63	5-C
El Chamizal	72	2-D
El Mirador	59	1-B
El Pino	113	2-F
El Tanque	108	5-A
Fracc. San Benjamín	46	1-F
Francisco I. Madero	42	2-A
Fuego Nuevo	111	4-A
Guadalupe del Moral	98	6-C
Gustavo A. Madero	71	4-D
Hank González	59	2-C
Héroes de Padierna	121	1-D
Huitzico	113	5-C
ISSSEMYM Bosque Remedios	69	6-A
Independencia	28	4-E
Ixtapaluca	128	1-A
Jalalpa	95	5-C
La Alfalfa	47	2-A
La Concepción	49	1-E
La Estación	125	2-A
La Joya	31	6-D
La Lupita	139	3-A
La Magdalena Panohaya	62	3-D
La Mancha 3a. Secc.	81	4-D
La Providencia	72	4-D
Las Cruces	107	6-F
Las Huertas	81	1-D
Las Palmas	121	1-A
Lechería	31	6-B
Loma Azul	56	2-D
Lomas San Juan Ixhuatepec	58	6-E
Lomas San Lorenzo	111	6-D
Lomas de Chamapa	81	3-E
Lomas de Santa Cruz	112	5-B
Lomas de Totolco	101	1-A
Lomas de la Era	107	6-F
Lomas de la Estancia	112	3-E
Los Reyes Acaquilpan	113	2-C
Los Reyes Ecatepec	60	2-B
Llano de las Cruces	113	5-C
Manzanastitla	107	1-B
Manzanastitla	107	1-A
Maquixco	23	3-F
Melchor Ocampo	59	5-E
México	99	2-A
México Nuevo	55	1-E
Miravalle	112	4-F
Naucalpan de Juárez	69	6-B
Nexquipayac	49	3-B
Nexquipayac	49	4-A
Norchuca	22	3-A
Nueva Ampl. Petrolera	69	4-F
Nueva Rufino Tamayo	46	5-D
Oriente	136	4-F
Palmitas	112	4-C
Paraje Hostoc	19	3-A
Paraje Hostoc	19	3-B
Paraje San Juan	111	3-D
Pedregal de Topilejo	149	3-C
Pentecostés	63	1-C
Peñón de los Baños	85	4-B
Porvenir	100	2-F
Primero de Septiembre	42	3-F
Profr. Cristóbal Higuera	43	5-A
Progreso	109	4-A
Progreso Guadalupe Victoria	33	5-E
Pueblo San Juan Tepenáhuac	152	4-B
Pueblo Santa Ana Tlacotenco	152	6-B
Pueblo Santa Bárbara	70	3-C
Pueblo Santa Catarina	70	3-C
Pueblo Santa Isabel Ixtapan	48	3-F
Pueblo Santa Ursula Coapa	123	2-A
Purificación	24	3-C
Puxtla	24	3-B
Raúl Romero	99	2-A
Revolución	101	2-C
Rivera del Bosque	56	1-F
Rufino Tamayo	46	6-E
San Andrés	70	3-C
San Andrés Ahuayucan	136	5-F
San Andrés Chiautla	63	1-B
San Andrés Riva Palacio	62	5-E
San Bartolomé Xicomulco	150	2-D
San Bernardino	75	4-F
San Francisco Chilpan	31	6-B
San Francisco Chilpan	31	6-C
San Francisco Chilpan	31	6-D
San Francisco Tepojaco	30	3-A
San Isidro La Paz	29	6-B
San José Buenavista	112	5-B
San José Tecamac	22	2-B
San José Tecamac	22	3-C
San Juan	18	5-B
San Juan Atlamica	17	4-E
San Juan Moyotepec	137	2-E
San Juan Teotihuacán	24	3-C
San Juan Ticomán	58	5-B
San Juan de Aragón	72	6-B
San Juanico Acolman	23	6-E
San Lorenzo Acopilco	106	5-D
San Lorenzo Atemoaya	136	4-F
San Lorenzo Chimalpa	140	4-D
San Lorenzo Tlalmimilolpan	24	5-B
San Lucas Amalinalco	128	6-D
San Lucas Tepango	37	2-C
San Luis Huexotla	76	3-C
San Luis Huexotla	76	4-C
San Martín	22	2-B
San Martín Tepetlixpan	31	6-A
San Martín Xico Nuevo	140	4-D
San Martín de Porres	47	2-B
San Mateo	63	5-A
San Mateo Chipiltepec	36	5-F
San Mateo Tlaltenango	107	4-D
San Miguel Amantla	69	5-F
San Miguel Teotongo	113	2-B
San Miguel Totolcingo	35	6-D
San Pablo Tecalco	22	5-E
San Pedro	107	1-A
San Pedro	87	5-F
San Pedro Atocpan	151	3-A
San Rafael Chamapa	81	2-E
San Vicente Chicoloapan	88	6-D
Santa Anita	97	2-D
Santa Catarina Acolman	36	3-B
Santa Cecilia Tepetlapa	150	1-A
Santa Cruz de Arriba	63	5-C
Santa María	36	1-F
Santa María Aztahuacán	112	2-C
Santa María Coatlán	24	4-F
Santa María Ozumbilla	21	4-E
Santa María Tlanguistengo	16	3-F
Santiago Chimalpa	49	5-F
Santiago Tepalcapa	30	5-F
Santiago Yanhuitlalpan	94	5-A
Santiago Zacualuca	23	1-B
Santiaguito	63	5-C
Temamatla	154	3-D
Tepalcates	98	3-F
Tepetitlán	50	5-B
Tepetitlán	50	5-C
Texalpa	46	6-E
Tlacopac	109	2-A
Tlayapa	44	6-A
Torres del Potrero	108	5-B
Valentín Gómez Farías	108	1-C
Valle de Luces	110	4-F
Veinticinco de Julio	72	2-B
Vicente Guerrero Zona Ej.	41	1-C
Villa Obregón	109	3-A
Villas Ecatepec	47	1-C
Vista Hermosa Ozumbilla	22	4-A
Xalpa	112	5-D
Xochiaca	87	6-C
Xochiaca	100	1-C
Xolalpa	50	4-E
Zona Escolar	57	3-F
HIDALGO 1A. CDA.		
Fracc San Nicolás Tolentino	111	5-B
San Francisco Culhuacán	110	4-D
HIDALGO 2 CDAS.		
La Escuela	56	6-E
San Juan Xalpa	111	5-B
HIDALGO 2 CDAS. Y 2 CJONES.		
Barrio San Miguel	111	2-C
HIDALGO 2A. CDA.		
Ecatepec de Morelos	33	6-D
El Tanque	108	5-A
Fracc San Nicolás Tolentino	111	5-B
La Habana	126	6-A
Santa Cruz Meyehualco	112	4-A
HIDALGO 2A. CDA. Y 2 PRIVS.		
Santa Clara	59	3-D
HIDALGO 2A. PRIV.		
Pedregal Santa Ursula Xitla	123	1-A
Pueblo Santa Ursula Coapa	123	1-A
HIDALGO 2A. Y 3A. CDA.		
Pueblo Santa Bárbara	70	3-C
HIDALGO 2DO. CJON.		
Barrio San Miguel	111	1-B
HIDALGO 4 CDAS.		
Jacarandas	56	4-C
HIDALGO 5o. CJON.		
La Habana	126	6-A
HIDALGO A.		
Constitución de 1917	111	3-E
HIDALGO AND.		
Emiliano Zapata	81	2-C
Tlachiultepec	150	3-A
HIDALGO AV.		
Barrio La Concepción	151	4-D
Barrio La Concepción	109	2-F
Barrio Los Angeles	151	4-D
Barrio San Juan Evangelista	24	3-A
Barrio San Lucas	109	2-F
Barrio San Miguel	111	2-C
Barrio San Pablo	111	2-C
Centro	84	4-A
Cerro del Tejolote	114	6-D
Ciudad Adolfo López Mateos	43	6-A
Coatepec	102	4-F
Colina del Sur	95	6-E
Chalco	140	1-F
El Carmen	109	2-F
Escalerilla	114	6-D
Fracc San Nicolás Tolentino	111	5-B
Francisco Villa	56	4-C
Guerrero	84	4-A
Hacienda Ojo de Agua	21	4-D
Hidalgo	28	6-E
Huisnáhuac	63	1-A
Ind. San Nicolás Tlaxcolpan	57	2-A
Ixtapaluca	115	6-B
Jacarandas	56	4-C
Jacarandas	111	3-F
La Magdalena Atlicpan	100	5-F
La Romana	57	2-A
Los Manantiales	28	6-E
Mirador	115	2-E
Nicolás Romero	28	6-E
Ocopulco	49	2-E
Olivar del Conde 1a. Secc.	95	6-E
Olivar del Conde 2a. Secc.	95	6-E
Olivar del Conde 3a. Secc.	95	6-E
Papalotla	50	5-D
Paraje La Herradura	150	2-A
Profr. Cristóbal Higuera	43	6-A
Pueblo San Francisco	57	2-A
Pueblo San Miguel Ajusco	135	6-A
San Andrés Ahuayucan	136	6-F
San Andrés Chiautla	63	1-A
San Francisco Acuautla	115	2-E
San Francisco Tepojaco	30	2-A
San Lorenzo	57	2-A
San Lorenzo Tetlixtac	33	4-B
San Mateo Xalpa	136	5-D
San Pablo Oztotepec	150	5-D
San Pedro Atzompa	21	4-D
San Sebastián Chimalpa	100	5-F
Santa Ana Tlacotenco	152	6-B
Santa Catarina Ayotzingo	153	2-C
Santiago Acahualtepec	112	2-E
Santiago Teyahualco	19	6-C
Tabacalera	84	4-A
Tlalnepantla	57	2-A
Unidad 2 IMSS Tlalnepantla	57	2-A
Villa Coyoacán	109	2-F
Villa Milpa Alta	151	4-D
HIDALGO AV. Y PRIV.		
Ampl. San Francisco	115	2-E
HIDALGO CDA.		
Acueducto	95	3-F
Ampliación Mirador	111	4-A
Barrio Coltongo	70	4-F
Barrio San Miguel	125	6-F
Barrio San Miguel	111	2-C
Cocotitlán	141	4-D
Ecatepec de Morelos	46	1-F
El Hostol Zona Comunal	44	6-B
El Rosal	121	1-A
El Rosario	138	3-F
El Tanque	108	5-A
Estado de Hidalgo	95	3-F
Francisco Villa	56	4-B
Guadalupe Victoria	33	6-C
Huitzico	113	5-B
Ixtapaluca	115	6-B
La Poblanita	113	5-B
Loma Bonita	36	6-D
Lomas San Juan Ixhuatepec	58	6-E
Los Padres	108	6-A
Manzanastitla	107	1-B
Mirador	115	2-E
Nueva Ampl. Petrolera	69	4-F
Olivar del Conde 2a. Secc.	95	6-E
Pantitlán	85	6-E
Papalotla	50	6-D
Pueblo San Miguel Ajusco	135	5-A
San Andrés Atenco	56	3-D
San Andrés Atenco	56	4-D
San Andrés de la Cañada	46	5-A
San Bartolo Ameyalco	107	5-F
San Bartolo Ameyalco	107	5-E
San Francisco Chilpan	31	6-C
San Francisco Tecoxpa	151	3-F
San Gregorio Atlapulco	137	2-F
San Gregorio Atlapulco	137	2-E
San Lorenzo Acopilco	106	5-D
San Mateo Xalpa	136	4-D
San Vicente Chicoloapan	88	6-D
Santa María Chiconautla	34	3-E
Santiago Chimalpa	49	5-F
Tequisistlán	49	2-A
Tultepec	19	3-A
Tultitlán	31	2-D
Valle de Luces	110	4-F
Villa San Lorenzo Chimalco	100	2-C
Xochiaca	87	6-C
HIDALGO CJON.		
Barrio Texcatitla	139	5-A
Barrio de Santo Tomás	70	4-C
San Andrés Totoltepec	135	2-D
San Francisco Tlaltenco	125	3-D
San Gregorio Cuautzingo	141	1-E
San Pablo Oztotepec	150	5-D
San Pablo Tepetlapa	110	6-A
San Rafael Chamapa	81	2-D
Tequisistlán	49	1-A
HIDALGO CJON. PROL.		
Barrio San Miguel	125	6-F
HIDALGO CJON. Y CDA.		
Barrio San Andrés	70	3-C
San Andrés	70	3-C
HIDALGO CORTES CARLOS PRIV.		
Pantitlán	98	1-E
HIDALGO DE 2 CDAS.		
Hank González	59	1-C
HIDALGO DE 2A. CDA.		
Ampliación Mirador	111	4-A
Francisco I. Madero	42	2-A
HIDALGO DE 3A. CDA.		
Pueblo San Bartolo Ameyalco	107	5-F
HIDALGO DE 3R. CJON.		
La Habana	126	6-A
HIDALGO DE 4A. CDA.		
Francisco I. Madero	42	2-A
HIDALGO DE CDA.		
Barrio Texcatitla	139	5-A
Guadalupe Victoria	33	5-D
Valle de Santiago	63	6-C
HIDALGO DE CJON.		
Pueblo Santa Ursula Coapa	123	2-A
HIDALGO DOLORES		
Xochiaca	87	6-C
HIDALGO LUIS		
Miguel Hidalgo	108	4-E
HIDALGO MIGUEL		

Calle / Colonia	Plano	Coordenadas
Acolman de Nezahualcóyotl	36	2-C
Adolfo López Mateos	100	4-E
Alfredo del Mazo	127	3-E
Ampl. Altamira	81	2-F
Ampliación El Rosario	16	5-E
Ampliación Emiliano Zapata	42	1-E
Ampliación Emiliano Zapata	42	3-E
Ampliación La Magdalena	100	6-D
Ampliación Malacates	45	5-B
Ampliación San Lorenzo	56	3-C
Ampliación Tulpetlac	46	6-E
Arriaga	69	1-E
Azolco	46	4-F
Barrio Artesanos	87	3-F
Barrio Concepción	126	1-D
Barrio El Rosario	136	1-F
Barrio La Asunción	136	1-F
Barrio La Guadalupita	136	1-F
Barrio Niño Jesús	122	4-E
Barrio San Antonio	124	2-D
Barrio San Lorenzo	124	2-D
Barrio San Miguel	126	1-D
Barrio Xaltipac	139	6-A
Barrio Xochitepec	152	1-A
Benito Juárez	44	1-E
Buenavista	44	1-D
Central Michoacana	60	5-C
Cinco de Mayo	22	2-B
Cinco de Mayo	43	4-A
Ciudad Amanecer	73	1-C
Cocotitlán	141	5-D
Copalera	101	3-A
Cuauhtémoc	59	5-A
Cuchilla Cerro del Marqués	127	6-C
Darío Martínez	126	1-F
Díez de Abril	69	4-D
Dr. Jorge Jiménez Cantú	30	4-D
Dr. Jorge Jiménez Cantú	59	4-A
Ecatepec de Morelos	33	6-E
Ecatepec de Morelos	33	6-D
Ecatepec de Morelos	46	1-E
Ej. Santa María Aztahuacán	112	2-B
Ejido Axotlan	29	3-A
El Mirador	56	6-D
El Mirador II	121	6-D
Emiliano Zapata	113	3-C
Emiliano Zapata	113	2-C
Esther Zuno de Echeverría	111	5-D
Francisco I. Madero	41	2-F
Francisco Sarabia	42	2-C
Fuego Nuevo	111	4-A
Hidalgo	82	3-A
Hidalgo	56	5-E
Ignacio Allende	60	4-B
Independencia	57	1-D
Independencia	28	4-E
Ixtapaluca	115	6-A
Ixtlahuacan	112	3-F
Jalalpa	95	5-C
Jorge Jiménez Cantú	28	3-E
Josefa Ortiz de Domínguez	60	2-C
La Conchita Zapotitlán	125	3-B
La Conchita Zapotitlán	125	4-B
La Estación	125	1-A
La Nopalera	124	3-F
La Pastoría	62	3-E
La Providencia	43	4-F
Las Palmas	42	3-E
Lázaro Cárdenas	82	1-D
Lázaro Cárdenas	35	6-B
Libertad	31	6-E
Loma Bonita	100	6-A
Loma Bonita	31	2-B
Loma Bonita	127	1-C
Loma Bonita	36	6-D
Lomas de Azolco	46	3-F
Lomas de Chamapa	81	2-E
Lomas de Totolco	101	2-A
Lomas de Zaragoza	112	2-F
Lomas de la Era	120	1-E
Lomas de la Estancia	112	4-F
Los Remedios	68	6-F
Luis Donaldo Colosio	33	3-E
Mariano Escobedo	44	1-B
Mártires de Río Blanco	81	3-F
Miguel Hidalgo	59	3-F
Netzahualcóyotl	75	3-E
Nueva Aragón	73	1-C
Nueva San Isidro	127	4-F
Olímpica Radio	81	3-B
Popular	59	5-E
Pueblo Quieto	122	3-F
Pueblo San Bartolo Ameyalco	107	5-F
Pueblo San Nicolás Tetelco	152	1-D
Pueblo Santa Rosa Xochiac	107	6-C
Puente de Vigas	69	1-E
Revolución	43	2-A
San Antonio Tecomitl	139	6-A
San Francisco	107	5-F
San Francisco Tecoxpa	151	3-F
San Francisco Tlaltenco	125	3-D
San Francisco Xalostoc	59	5-E
San Francisco Zacango	36	6-D
San Gregorio Cuautzingo	141	1-E
San Jerónimo Lídice	108	5-D
San José Aculco	97	5-F
San José Texopa	63	2-D
San Juan Ixhuatepec	58	5-E
San Juan Ixhuatepec	58	6-E
San Juan Tlalpizahuac	113	5-F
San Juan y San P. Tezompa	152	2-E
San Lorenzo	123	4-E
San Lucas Amalinalco	128	5-D
San Lucas Tepetlacalco	56	6-C
San Marcos Huixtoco	128	2-D
San Martín de las Pirámides	24	1-F
San Mateo Huitzilzingo	140	5-C
San Miguel Teotongo	112	3-F
San Miguel Teotongo	113	2-A
San Miguel Tociac	148	2-F
San Miguel Xicalco	135	4-D
San Miguel Xometla	37	2-B
San Pablo Atlazalpa	140	6-F
San Pablo Tepetlapa	110	6-B
San Salvador Atenco	62	1-C
San Salvador Cuauhtenco	150	4-B
San Sebastián Chimalpa	100	4-E
San Vicente Chicoloapan	88	6-E
Santa Catarina Yecahuízotl	126	1-D
Santa Fe	95	5-B
Santa María	44	5-B
Santa María Cozotlan	24	1-C
Santa María Cuautepec	32	5-A
Santa María Chimalhuacán	88	4-A
Santa María Tianguistengo	16	3-F
Santa María Xalostoc	59	5-D
Santa Ursula Coapa	123	2-B
Santiago Cuautlalpan	16	4-C
Santiago Tepalcapa	30	4-F
Tepalcates	98	4-F
Tezoyuca	49	1-E
Tizapán	109	4-A
Tlalnepantla	125	3-D
Tlalpan	122	4-E
Tollotzín II	60	5-C
Valle de Tules	44	3-D
Vicente Guerrero	81	5-D
Villa Ecatepec de Morelos	46	1-E
Villa de Guadalupe Xalostoc	59	5-E
Xaltipac	100	1-B
Xochiaca	87	6-D
Xotepingo	110	6-B
Z. U. E. Ozumbilla	21	4-E
Z. U. E. San Mateo Nopala	68	2-D
HIDALGO MIGUEL 1A. CDA.		
Cinco de Mayo	43	4-A
Dr. Jorge Jiménez Cantú	59	4-A
HIDALGO MIGUEL 2 CDAS.		
San Francisco	107	5-F
HIDALGO MIGUEL 2 PRIVS.		
San Francisco Culhuacán	110	4-D
HIDALGO MIGUEL 2A. CDA.		
Ampliación Miguel Hidalgo	122	5-B
Dr. Jorge Jiménez Cantú	59	4-A
San Francisco Culhuacán	110	4-D
San Francisco Tecoxpa	151	3-F
HIDALGO MIGUEL 3A. CDA.		
Dr. Jorge Jiménez Cantú	59	4-A
HIDALGO MIGUEL AV.		
Acapultitlán	112	4-A
Ampl. Ejidal San Isidro	30	5-C
Ampl. Granjas Lomas de Gpe.	30	5-C
Barrio La Asunción	125	6-F
Barrio San Juan	125	6-F
Barrio San Mateo	125	6-F
Barrio San Miguel	125	6-F
Barrio Santa Ana	125	6-F
Casas Viejas	68	3-D
Coacalco de Berriozábal	32	4-E
Chiconcuac	62	1-F
Chiconcuac	49	6-E
Dieciseis de Septiembre	60	6-C
División del Norte	59	5-F
El Tikal	30	5-C
Granjas Lomas de Guadalupe	30	5-C
Granjas Unidas	30	5-C
Granjas Valle de Guadalupe	59	5-F
Jardines de Morelos	47	2-E
La Estrella	59	5-F
La Habana	126	6-A
Los Alamos	60	6-C
Los Pájaros	30	5-C
Los Reyes Ixtacala	57	4-B
Luis Echeverría	30	5-C
Mirador de Santa Rosa	30	5-C
Nueva Ampl. Petrolera	69	4-F
Nueva Santa María	31	6-B
PROFOPEC Polígono 3	60	6-C
Plan de Guadalupe Victoria	30	5-C
Purictac	108	2-C
Rancho San Francisco	107	5-F
San Gregorio Atlapulco	137	2-F
San Juan Ixtacala	57	5-C
San Martín Tepetlixpan	31	6-B
San Pablo Tepetlapa	110	6-A
San Pablo de las Salinas	20	5-A
San Pedro Xalpa	69	4-F
Santa Cruz Meyehualco	112	4-A
Unidad Cívica Bacardí	31	6-B
Unidad La Habana	126	6-A
Valle de Anáhuac Secc. C	60	6-C
Valle de las Flores	30	5-C
HIDALGO MIGUEL AV. Y 2 CDAS.		
San Francisco Culhuacán	110	4-D
HIDALGO MIGUEL AV. Y CJON.		
Pueblo Nativitas	137	3-A
HIDALGO MIGUEL CALZ.		
Granjas Lomas de Guadalupe	30	5-B
Lago de Guadalupe	30	5-B
Plan Guadalupe Victoria	30	5-B
San Isidro	30	5-B
Santa Rosa	30	5-B
Santiago Tepalcapa	30	5-B
Tikal	30	5-B
HIDALGO MIGUEL CDA.		
Arbolitos	59	4-B
El Rosario	16	4-E
Emiliano Zapata	42	1-E
Las Palmas	121	1-A
Niño Jesús	122	4-E
Puente de Vigas	69	1-E
San Gregorio Atlapulco	137	2-E
San Miguel Xicalco	135	5-E
Santiago Tepalcapa	30	6-F
HIDALGO MIGUEL CDA. OTE.		
Santa Clara	59	3-D
HIDALGO MIGUEL CDA. Y PRIV.		
San Francisco	107	5-E
HIDALGO MIGUEL CJON.		
Lázaro Cárdenas	35	6-B
San Pedro Xalpa	69	4-E
HIDALGO MIGUEL ORIENTE		
Santa Clara	59	3-D
HIDALGO MIGUEL PRIV.		
Pueblo San Diego	76	1-C
HIDALGO MIGUEL PROL.		
Ampliación Nativitas	137	4-A
Chalco	140	5-D
Santiago Yanhuitlalpan	94	5-A
HIDALGO MIGUEL Y 2 CDAS.		
Miguel Hidalgo	122	5-B
HIDALGO MIGUEL Y 2A. CDA.		
El Tanque	108	5-A
HIDALGO MIGUEL Y 4 CDAS.		
Libertad	28	4-F
HIDALGO MIGUEL Y CDA.		
La Conchita Zapotitlán	125	4-B
La Trinidad	76	1-C
Pueblo Santa Ursula Coapa	123	2-A
Pueblo Tepepan	123	6-C
San Lorenzo Atemoaya	136	3-F
San Luis Tlaxialtemalco	138	1-B
San Mateo Tecoloapan	43	4-C
HIDALGO MIGUEL Y CJON.		
Barrio La Guadalupita	138	2-D
San Lucas Patoni	57	4-E
HIDALGO MIGUEL Y PRIV.		
San Pablo Xalpa	70	1-B
HIDALGO MIGUEL Y PROL.		
Acolman de Nezahualcóyotl	36	3-D
El Rosario	16	4-E
HIDALGO OTE. AV.		
La Candelaria Tlapala	141	3-F
HIDALGO PARAJE		
Chiconcuac	62	1-F
HIDALGO PONIENTE		
Arbolitos	59	3-B
HIDALGO PRIV.		
Acolman de Nezahualcóyotl	36	2-C
Barrio Norte	95	5-F
Barrio de Nativitas	31	2-D
Cocotitlán	141	4-D
Cuchilla Pantitlán	85	5-D
Ixtapaluca	128	1-A
Libertad	70	5-C
Libertad	31	6-E
Pantitlán	98	1-D
Pueblo Santa Catarina	70	3-C
San Lorenzo	57	3-A
Santa Inés	136	4-E
HIDALGO PRIV. Y CDA. Y CJON.		
Santa Cruz Acalpixca	137	3-C
HIDALGO PROL.		
Ampliación Cadena Maquixco	23	3-E
Barrio San Juan Evangelista	24	3-A
Huisnáhuac	63	1-A
San Francisco Culhuacán	110	4-D
San Francisco Tecoxpa	151	2-F
San Juan Teotihuacán	24	3-C
San Lorenzo Atemoaya	136	4-F
Santiaguito	63	4-C
HIDALGO PTE. AV.		
La Candelaria Tlapala	141	3-E
HIDALGO R. M. GOB.		
Granjas Valle de Guadalupe	59	6-E
HIDALGO RAFAEL M. GOB.		
Granjas Valle de Guadalupe	72	1-E
Jardines del Tepeyac	69	6-E
HIDALGO SUR AV.		
Huizache	46	6-F
Los Reyes Tulpetlac	46	6-F
Santa María Tulpetlac	46	6-F
Tlacoxpa	46	6-F
HIDALGO Y 2 CJONES.		
Los Reyes Culhuacán	110	3-E
HIDALGO Y CDA.		
Ampl. Profr. C. Higuera	43	5-B
Apatlaco	97	5-D
Barrio San Miguel	111	2-D
Emiliano Zapata	152	2-D
Lomas de Becerra Granada	95	5-E
Pueblo San Felipe	62	6-E
San Andrés Atenco	56	3-D
HIDALGO Y CJON. Y CDA.		
Dr. Jiménez Cantú	18	2-F
Melchor Ocampo	18	2-F
HIDALGO Y COSTILLA CRISTOBAL		
Miguel Hidalgo	108	4-E
HIDALGO Y COSTILLA M. AV		
Tultitlán	31	2-D
HIDALGO Y COSTILLA M. AV.		
Margarita Maza de Juárez	43	3-C
HIDALGO Y COSTILLA MIGUEL		
Emiliano Zapata 2a. Secc.	72	1-E
La Cañada	95	5-D
Pro Revolucionaria	60	1-B
HIDALGO Y PRIV.		
Barrio Coltongo	70	4-F
HIDALGO Y PRIV. Y PROL.		
Barrio de Capula	4	6-B
HIDALGUENSES		
Lomas de Becerra Granada	95	4-D
HIDRA		
U. H. El Rosario	69	1-F
HIDROGENO		
U. H. El Rosario	69	1-F
HIEDRA LA		
Barrio La Rosa	67	4-D
La Cañada	81	1-D
HIELO		
Jardines de Morelos	47	2-F
HIERBABUENA		
Victoria de las Democracias	70	6-E
HIERRO		
Lázaro Cárdenas	60	6-D
Molino de Santo Domingo	95	3-F
HIERRO CDA.		
Rústica Xalostoc	59	5-C
HIERRO DEL		
Esfuerzo Nacional	59	5-C
Industrial Morelos	59	5-C
Rústica Xalostoc	59	5-C
HIERRO PRIV.		
Cuchilla Pantitlán	85	5-E
HIERRO Y PRIV.		
Maza	84	1-C
HIGO		
Ampl. Profr. C. Higuera	43	4-A
Ampliación San Marcos Norte	123	6-E
Ejido Santa Cruz Xochitepec	136	2-C
Revolución	43	2-A
San Gabriel	43	3-D
San José del Jaral	43	2-D
San Juan Xalpa	111	4-C
Xalpa	112	5-E
Xalpa	112	5-D
Xicalhuaca	137	2-C
HIGO CDA.		
Ejido Santa Cruz Xochitepec	136	2-C
Ejido Santa Cruz Xochitepec	136	1-C
Esfuerzo Obrero	94	4-C
HIGO DEL AV.		
San Mateo Xoloc	17	1-A
HIGO DEL CDA.		
Ampliación López Portillo	125	2-D
HIGO PRIV.		
Ampliación San Marcos Norte	123	6-E
HIGO Y CDA.		
Las Huertas	81	1-C
HIGUERA		
Ahuehuetes	58	3-C
Ampl. El Tesoro	44	3-E
Avándaro	127	1-B
Ejidal Ampl. San Marcos	44	4-D
Jalalpa Tepito	95	6-B
La Candelaria	110	5-A
Las Cruces	107	6-F
Las Huertas	81	1-D
Las Huertas	81	1-C
Lomas de San Bernabé	120	1-F
Lomas de San Bernabé	107	6-F
Lomas de la Era	107	6-F
Lomas de la Era	107	5-F
Pueblo Santa Ursula Coapa	123	1-A
Rincón de la Bolsa	108	5-A
San José	101	1-D
San Salvador Atenco	62	1-D
Tabla del Pozo	59	2-A
Xalpa	112	5-D
HIGUERA AND.		
El Arbolito	47	3-B
HIGUERA CDA.		
Los Padres	108	6-A
HIGUERA DE 1A. CDA.		
Lomas de San Bernabé	107	6-F
HIGUERA DE 2A. CDA.		
Lomas de San Bernabé	107	6-F
HIGUERA DE 3A. CDA.		
Lomas de San Bernabé	107	6-F
HIGUERA DE 4A. CDA.		
Lomas de San Bernabé	107	6-F
HIGUERA DE LA 2A. CDA.		
Pueblo Santa Ursula Coapa	123	1-B
HIGUERA DE PRIV.		
La Magdalena Atlicpan	100	6-F
HIGUERA LA		
Ejidos de San Cristóbal	33	5-E
HIGUERA PRIV.		
Coyoacán	109	3-E
HIGUERA Y PRIV.		
Villa Coyoacán	109	3-E
HIGUERAL DEL CDA.		
LA Palma	59	1-D
HIGUERAS		
Bulevares	69	3-A
El Tanque	108	5-A
PROFOPEC Polígono 1	60	4-D
San José de las Palmas	101	6-A
San Juan Zapotla	100	1-F
Torres del Potrero	108	5-A
HIGUERILLA		
Texcoco	76	1-A
HIIOSO		
Arturo Gámez	108	2-A
HILA		
San Lorenzo Acopilco	106	6-D
HILADOS Y TEJIDOS		
Ampl. San Miguel Xalostoc	72	1-C
El Corralón	72	1-C
El Salado	59	6-C
Industrial Xalostoc	59	6-C
Rústica Xalostoc	59	6-C
San José Xalostoc	72	1-C
San Miguel Xalostoc	72	1-C
Viveros Xalostoc	59	6-C
HILANDEROS		
Progresista	84	4-E
HILL BENJAMIN		
Ampliación Emiliano Zapata	42	2-F
Guadalupe Victoria	33	5-D
Hipódromo de la Condesa	96	1-C
HILL BENJAMIN GRAL.		
Héroes de la Revolución	82	5-A
HILLER A.		
Ferrería	70	2-C
HIMALAYA		
Ampliación Benito Juárez	81	4-E
HIMALAYA CDA.		
Paraje Tecoloxtitla	138	3-C
HIMNO NACIONAL		
Santa María Ticomán	58	6-B
HINIESTAS		
Villa de las Flores	32	1-F
HINOJOS		
Villa de las Flores	32	1-F
HINOJOSA FRANCISCO		
Desarrollo U. Quetzalcóatl	112	6-A
HINOJOSA PEDRO GRAL.		
Daniel Garza	96	1-A
HIPERION		
Hacienda de San Juan de T.	123	4-B
Sideral	98	5-D
HIPO CJON.		
Del Carmen	109	3-C
HIPOCAMPO		
Del Mar	124	4-E
HIPODROMO		
Cerro Grande	43	5-D
HIPODROMO CDA.		
Cerro Grande	43	5-E
HIPODROMO Y 2 CDAS.		
Santo Tomás Chiconautla	34	3-D
HISPANO CORNELIO		
Zapotitla	125	1-B
HISPANO CORNELIO DE 1A. CDA.		
Zapotitla	125	2-B
HISPANO CORNELIO DE 2A. CDA.		
Zapotitla	125	2-B
HISTORIA		
México	98	1-F
Nezahualcóyotl	98	1-F
HISTORIADORES		
Ampliación El Triunfo	97	5-D
Ampliación San Mateo	68	2-E
Apatlaco	97	5-D
Hda. de Gpe. Chimalistac	109	3-C
San Juanico Nextipac	97	5-D
HISTORIADORES CIR.		
Ciudad Satélite	69	1-C
HISTORIADORES PRIV.		
Apatlaco	97	5-E
HISTORIADORES PROL.		
Apatlaco	97	5-D
HOAZIN		
Ampliación Tepeaca	108	1-C
HOCABA		
Los Encinos	121	5-E
Pedregal de San Nicolás	121	5-C
Pedregal de San Nicolás	121	5-E
San Nicolás Totolapan	121	5-C
San Nicolás Totolapan	121	5-E
Torres de Padierna	121	5-E
Z. U. E. Héroes de Padierna	121	5-E
HOGAR		
Pueblo San Miguel Ajusco	148	1-B
HOGAR DE ATIZAPAN		
Hogares de Atizapán	42	4-E
Sagitario I	42	4-E
HOGAR DE LA ALIANZA		
Hogares de Atizapán	42	3-E
HOGAR DE LA ARMONIA		
Hogares de Atizapán	42	3-E
HOGAR DE LA SIMPATIA		
Hogares de Atizapán	42	3-E
HOGAR DEL GOZO		
Hogares de Atizapán	42	3-F
HOGAR DEL GOZO RT.		
Hogares de Atizapán	42	3-F
HOGAR DEL JUBILO		
Hogares de Atizapán	42	3-F
HOGAR DICHOSO		
Hogares de Atizapán	42	3-F
HOGAR DICHOSO RT.		
Hogares de Atizapán	42	3-F
HOGAR FESTIVO		
Hogares de Atizapán	42	3-E
HOGAR RISUEÑO		
Hogares de Atizapán	42	3-E
HOGARES DE ATIZAPAN		
Hogares de Atizapán	42	4-F
HOGARES DE ATIZAPAN AV.		
Hogares de Atizapán	42	4-E
HOGARES DE LA ALEGRIA		
Hogares de Atizapán	42	3-F
HOGARES DE LA PAZ		
Ampl. Campestre Liberación	42	3-E
Hogares de Atizapán	42	3-E
HOJA SECA		
San José	125	5-F
HOJALATERIA		
Emilio Carranza	84	3-D
Morelos	84	3-D
HOLANDA		
Barrio Transportistas	87	3-C
Churubusco	110	2-A
Jardines de Cerro Gordo	60	1-B
México 68	68	4-D
México 86	43	3-A
México 86	81	2-B
México 86	42	3-F
Primero de Septiembre	42	3-F
Xochitenco	87	6-E
HOLANDA 1A. PRIV.		
México 86	42	3-F
Primero de Septiembre	42	3-F
HOLANDA AND.		
México 68	68	4-D
HOLANDA DE PRIV.		
Residencial La Luz	17	2-E
HOLANDESES		
El Paraíso	95	4-E
HOLBEIN		
Ciudad de los Deportes	96	4-C
Nochebuena	96	4-C
San Juan	96	4-C
HOLBEIN CDA.		
San Juan	96	5-B
HOLCAH		
Pedregal de Chichicaspa	121	4-B
Pedregal de San Nicolás	121	4-B
Z. U. E. El Pedregal	121	4-B

Calle — Colonia — PLANO — COORDENADAS

HOMBRE GRANDE CDA.
- Comuneros de Santa Ursula — 122 3-E

HOMBRES DE PARRAL
- Francisco Villa — 111 4-E

HOMBRES ILUSTRES
- Amado Nervo — 19 2-D
- Atenguillo — 50 6-B
- Barrio de Capula — 4 5-B
- Evolución — 99 3-B
- Los Reyes Acaquilpan — 113 1-C
- Melchor Ocampo — 19 1-A
- Metropolitana 1a. Secc. — 99 3-B
- Modelo — 99 3-B
- Pentecostés — 63 2-D
- San Andrés Ahuayucan — 136 6-F
- San Francisco Acuexcomac — 49 6-C
- San Francisco Acuexcomac — 49 6-D
- San Lorenzo — 99 3-B
- Santa Cecilia Tepetlapa — 136 6-F
- Santiago Atlaltongo — 23 5-D

HOMBRES ILUSTRES 1A. CDA.
- Pueblo Santa Cecilia — 137 6-A

HOMBRES ILUSTRES AV.
- San Francisco Mazapa — 24 3-F

HOMBRES ILUSTRES DE 2A. CDA.
- Santa Cecilia Tepetlapa — 150 2-A

HOMBRES ILUSTRES PONIENTE
- Melchor Ocampo — 18 1-F

HOMBRES ILUSTRES Y CJON.
- Barrio San Lucas — 111 1-A

HOMBU
- Jardines de Acuitlapilco — 88 5-B
- Tlaxopa 2a. Secc. — 136 4-B

HOMEOPATAS
- Purísima Atlazolpa — 97 5-E

HOMERO
- Santa María Chimalhuacán — 88 4-A

HOMERO AV.
- Chapultepec Morales — 83 4-A
- Los Morales — 82 4-F
- Palmas Polanco — 82 4-F
- Polanco Reforma — 83 4-A

HOMEX BLVR.
- HOMEX — 47 2-B

HOMEX SUR AV.
- HOMEX — 47 2-B

HOMUN
- Lomas de Padierna — 121 5-B
- Pedregal Chitchitcáspatl — 121 5-B
- Pedregal de San Nicolás — 121 5-B
- San Nicolás Totolapan — 121 5-B
- Torres de Padierna — 121 5-B
- Z. U. E. Héroes de Padierna — 121 5-B

HONDONADA
- Parques del Pedregal — 122 3-B

HONDURAS
- Buenos Aires — 96 2-F
- Chiconcuac — 49 6-E
- De los Deportes — 24 6-B
- Jardines de Cerro Gordo — 60 1-C
- México 68 — 68 4-D
- San José Ixhuatepec — 58 5-F

HONOR Y GLORIA
- Quirino Mendoza — 138 1-C

HOOVER
- Ampliación Presidentes — 95 5-D

HOOVER PRIV.
- Independencia — 96 5-F

HOPELCHEN
- Héroes de Padierna — 121 4-D
- Lomas de Padierna — 121 4-D
- Lomas de Padierna Sur — 121 4-D
- López Portillo — 121 4-D
- Torres de Padierna — 121 4-D

HOPELCHEN PROL.
- El Mirador II — 134 1-D

HORACIO
- Chapultepec Morales — 83 4-A
- Del Bosque — 82 4-F
- Los Morales — 82 4-F
- Los Morales Secc. Alameda — 82 4-F
- Palmas Polanco — 82 4-F
- Polanco Reforma — 83 4-A

HORACIO PRIV.
- Del Bosque — 82 4-E

HORCONCITOS
- Jalalpa El Grande — 108 1-A

HORMIGA
- Arco Iris — 42 2-B
- La Colmena — 42 2-B
- San Fernando — 94 4-C

HORMIGA LA
- Industrial — 71 4-C

HORMIGUERO CDA.
- San Miguel Amantla — 69 6-F

HORMIGUERO CJON.
- Centro — 84 5-C

HORMONA
- Industrial Atoto — 69 6-C

HORNA JOSE
- Ciudad Satélite — 69 1-D

HORNILLO
- Santa Cecilia — 57 2-C

HORNO CJON.
- Ermita — 108 4-F

HORNOS
- Ampl. Alfredo V. Bonfil — 43 5-B
- Ampl. Profr. C. Higuera — 43 5-A
- Lomas de San Andrés Atenco — 56 3-C
- Villa Coyoacán — 109 3-E

HORNOS AV.
- La Palma — 94 6-C

HORNOS DE LOS
- El Gavillero — 28 5-C

HORNOS DE LOS CDA.
- Profr. Cristóbal Higuera — 43 6-B
- Z. U. E. San Mateo Nopala — 68 2-C

HORNOTITLA
- San Pedro Atocpan — 151 3-A

HOROSCOPOS DE LOS AV.
- Valle de la Hacienda — 17 3-E

HORQUILLA LA RT.
- Lomas de Vista Hermosa — 94 5-F

HORTALIZA
- Cuchilla G. Ramos Millán — 98 3-B
- Ecatepec de Morelos — 47 1-A
- Ex Ejido Magdalena Mixhuca — 98 3-B
- Granjas México — 98 2-A

HORTALIZA DE 1A.
- San Pablo de las Salinas — 20 5-A

HORTELANOS
- Ampl. Veinte de Noviembre — 84 3-D
- Las Tórtolas — 20 4-C
- Morelos — 84 3-D
- Tequisistlán — 49 2-A
- Veinte de Noviembre — 84 3-D
- Venustiano Carranza — 84 3-D

HORTENSIA
- Ampl. Libertad 3a. Sección — 29 3-B
- Arenal de Guadalupe — 123 4-A
- Bellavista — 59 2-D
- Campestre El Potrero — 113 5-B
- Campestre El Potrero — 113 4-B
- Ciudad Jardín — 110 4-A
- Ejidal Ampl. San Marcos — 44 4-C
- Ejidos de San Pedro Mártir — 135 1-F
- El Molino — 127 3-D
- Granjas Valle de Guadalupe — 59 5-F
- Jardines de Chalco — 140 1-E
- Jardines de Morelos — 47 1-D
- Jardines de Santa Cruz — 19 2-C
- Jardines del Molinito — 82 1-B
- La Casilda — 58 1-C
- La Casilda — 140 1-E
- Las Huertas — 81 1-C
- Las Peñitas — 43 3-E
- Lomas San Lorenzo — 111 6-D
- Lomas de San Miguel — 43 2-B
- Los Bordos — 59 1-B
- Miguel Hidalgo — 125 3-A
- Paraje San Juan — 111 3-D
- San Isidro La Paz — 29 6-B
- San Juan Ixtacala — 43 3-B
- San Miguel Teotongo — 113 3-A
- Santa María La Ribera — 83 3-E
- Santa María de Guadalupe — 43 3-F
- Santa Rosa — 101 1-E
- Santa Rosa — 48 3-D
- Tamaulipas El Palmar — 86 6-C
- Tamaulipas Oriente — 86 6-C
- Torres del Potrero — 108 5-A
- U. H. Morelos Ecatepec — 47 2-B

HORTENSIA CDA.
- Florida — 109 2-C
- Las Peñitas — 43 3-D

HORTENSIA CJON.
- Barrio La Santísima — 137 1-A

HORTENSIA DE LA
- Los Reyes Ixtacala — 57 6-B

HORTENSIA PRIV.
- Ejidos de San Pedro Mártir — 135 1-F

HORTENSIA RT.
- Miraflores — 57 4-B

HORTENSIA Y 3 CDAS.
- Emiliano Zapata — 138 4-F

HORTENSIA Y CDA.
- Ampliación Miguel Hidalgo — 121 6-F
- Axotla — 109 2-C
- Florida — 109 2-C
- San Luis Tlaxialtemalco — 138 1-B

HORTENSIA Y PRIV.
- Lomas Quebradas — 121 1-B

HORTENSIA Y PROL.
- Quiahuatla — 138 1-F

HORTENSIAS
- Bellavista — 76 3-D
- Hacienda Ojo de Agua — 21 3-A
- Ixtapaluca Izcalli — 114 6-B
- Jardín de la Florida — 69 2-C
- Jardines de la Cañada — 44 2-D
- Jardines del Alba — 30 3-F
- La Florida — 60 6-B
- Los Angeles — 111 3-D
- Miraflores — 57 4-C
- Prados de Ecatepec — 20 4-A
- Prados de Ecatepec — 19 4-F
- U. H. Solidaridad Social — 20 6-A
- Valle Hermoso — 43 6-F
- Villa de las Flores — 32 1-F

HORTENSIAS CDA.
- Torres del Potrero — 108 5-A

HORTENSIAS LAS
- Barrio Santa Cruz — 16 2-E
- Barrio del Refugio — 16 2-E

HORTENSIAS Y 5 PRIVS.
- Villa de las Flores — 32 2-F

HORTICULTOR Y CDA.
- San Luis Tlaxialtemalco — 138 2-B

HORTICULTURA
- 20 de Noviembre 2o. Tramo — 84 3-E
- Veinte de Noviembre — 84 3-E
- Venustiano Carranza — 84 3-E

HOSPITAL JUAREZ
- Magdalena de las Salinas — 71 4-B
- Maximino Avila Camacho — 71 4-B

HOSTERIA
- El Trébol — 4 4-F

HOSTOC AV.
- Paraje Hostoc — 19 2-A

HOUSTON
- Las Vegas Xalostoc — 72 1-C

HOY
- Quinto Sol — 73 1-C

HOYOZONTLE
- Segunda Ampliación Jalalpa — 95 6-C

HUACACOTLA
- Barrio La Candelaria — 138 3-A

HUACALTITLA
- Santa Cruz Acalpixca — 137 3-C

HUACUJA DANIEL
- Magisterial Vista Bella — 56 5-B

HUACHICHIL PROL.
- San José Huilango — 17 3-A

HUACHICHIL PTE.
- San José Huilango — 17 3-A

HUACHINANGO
- PROFOPEC Polígono 2 — 60 5-D

HUACHO
- Lindavista — 71 3-A
- Planetario Lindavista — 71 3-A
- San Bartolo Atepehuacán — 71 3-A

HUAHUALACO 2DO. CJON.
- Barrio Asunción — 123 6-F

HUAJUAPAN DE LEON
- San Felipe de Jesús — 72 3-C

HUALAHUISES
- San Felipe de Jesús — 72 3-D

HUALQUILA AND.
- Barrio Santa Bárbara — 97 6-F

HUALQUILA CJON. Y 1A. CDA.
- Barrio Santa Bárbara — 110 1-F

HUALQUILA PROL. CJON.
- Barrio Santa Bárbara — 97 6-F

HUALQUILA Y CJON.
- Ampl. Granjas San Antonio — 97 6-F
- Barrio Santa Bárbara — 97 6-F

HUANACA
- Chimalhuacán — 87 4-F

HUANACOX
- Lomas de Cristo — 76 6-B

HUANCAYO
- Lindavista — 71 3-B

HUANITZIN
- Ixtapaluca — 114 5-F

HUANUCO
- Residencial Zacatenco — 71 1-C
- San Pedro Zacatenco — 71 1-C

HUANUSCO
- El Rodeo — 111 4-D

HUAPALCALCO
- Acozac — 115 5-A
- Ixtapaluca — 115 5-A
- Tlayehuale — 114 5-F

HUAPANGO
- San Mateo Ixtacalco — 18 3-C

HUAPANGO DEL
- Colina del Sur — 108 1-C

HUAQUECHULA
- Lomas de San Lorenzo — 124 1-E

HUASCARAN
- Benito Juárez — 81 4-E

HUASTECA
- Pantitlán — 98 1-E

HUASTECA LA
- Industrial — 71 6-C

HUATABAMPO
- Piloto A. López Mateos — 95 6-C
- Roma Sur — 96 1-E

HUATLA CDA.
- Los Tulipanes — 76 3-C
- San Luis Huexotla — 76 3-C

HUATULCO
- Jards. San Agustín 2a. Secc — 100 5-D

HUATUSCO
- Roma Sur — 96 2-D

HUATZIN
- Barrio Fundidores — 87 4-E
- Barrio Mineros — 87 4-E
- Barrio Pescadores — 87 4-E
- Barrio Pescadores — 87 3-E

HUAUCHINANGO
- Del Mar — 124 4-E

HUAUCHINANGO CDA.
- San Jerónimo Aculco — 108 6-D

HUAUCHINANGO Y CDA.
- San Jerónimo Aculco — 108 6-D

HUAUTLA
- Cooperativa — 76 3-B

HUAUTLA DE 1A. CDA.
- Los Tulipanes — 76 3-C

HUAUTLA DE LAS SALINAS CDA.
- Huautla de las Salinas — 70 4-E

HUAUTLA DE LAS SALINAS CJON.
- Huautla de las Salinas — 70 4-E

HUAUTLA DE LAS SALINAS Y CDA
- Huautla de las Salinas — 70 4-E

HUAVE
- Lic. Carlos Zapata Vela — 98 4-A

HUAVES
- Tezozómoc — 70 3-A

HUAXOTLA
- U. H. CTM Culhuacán Z. V — 110 5-E

HUAYACAN
- Ciudad Azteca — 60 4-C

HUAYAMILPA Y 5 CDAS.
- Huayamilpas — 110 5-A

HUAYATLA
- Lomas de San Bernabé — 120 1-F
- Pueblo Nuevo Alto — 121 2-A

HUAYATLA 2 CDAS.
- Pueblo Nuevo Bajo — 121 2-A

HUAYATLA Y 2A. Y 3A. CDA.
- Pueblo Nuevo Alto — 120 2-F

HUAYATLALCO
- Pueblo Santa Rosa Xochiac — 107 6-C

HUAYELI
- Barrio Saraperos — 87 6-B

HUECAMPOOL
- Lomas de la Estancia — 112 4-E
- Xalpa — 112 4-D
- Xalpa — 112 4-E

HUECAMPOOL 1A. CDA.
- Lomas de la Estancia — 112 4-E

HUECONTITLA CJON.
- Barrio Caltongo — 137 1-A

HUEHUECALCO PRIV.
- Acolman de Nezahualcóyotl — 36 3-C

HUEHUECOYOTL
- Ciudad Cuauhtémoc — 34 1-E
- Culturas de México — 127 6-E

HUEHUETAN
- Lomas de Padierna — 121 4-E
- Torres de Padierna — 121 4-E

HUEHUETEOTL
- Ciudad Cuauhtémoc — 34 3-F

HUEHUETOCA
- Ampl. Gustavo Baz Prada — 44 6-D
- La Sardaña — 44 3-C
- Lomas Verdes — 31 6-F
- Lomas de Atizapán — 55 2-F
- Zona Industrial Xhala — 18 3-A

HUEHUETOCA AV.
- El Hostol Zona Comunal — 46 4-D
- Ex Hacienda San Miguel — 17 3-E
- Zona Industrial Xhala — 18 4-B

HUEJOTITLA
- San Miguel Xicalco — 135 4-F

HUEJOTITLAN CDA.
- Acapultitlán — 112 4-B

HUEJUCO
- Vista Hermosa — 4 4-B

HUELTACO Y PRIV.
- San Andrés Tetepilco — 97 6-C

HUELTATITLA CDA.
- Lomas de la Era — 120 1-E

HUELVA
- Reynosa Tamaulipas — 70 3-B
- San Rafael — 70 3-B

HUELVA CDA.
- San Rafael — 70 4-B

HUEMAC
- Rincón de los Reyes — 100 6-D

HUEMILA
- Pueblo San Bartolo Ameyalco — 107 5-D

HUEPALCO CDA.
- Acatitla — 24 2-C

HUERTA ADOLFO DE LA
- Ampliación Los Reyes — 113 2-B
- Ampliación Miguel Hidalgo — 122 4-A
- Ciudad Satélite — 69 1-A
- Ejido San Agustín Atlapulco — 100 4-C
- Lomas de Totolco — 101 2-A
- Marina Nacional — 59 6-A
- Presidentes — 95 5-D
- Presidentes de México — 111 4-E
- Tultitlán — 31 3-D

HUERTA ADOLFO DE LA GRAL.
- Lázaro Cárdenas — 73 5-B

HUERTA CDA.
- Residencial Villa Coapa — 123 4-D

HUERTA EFRAIN
- Chiconautla 3000 — 35 2-A

HUERTA J.
- Buenavista — 44 1-E

HUERTA JOSELITO
- Ampliación San Lorenzo — 56 3-C
- San Miguel Teotongo — 113 3-B

HUERTA LA
- Los Bordos — 46 6-A
- San Antonio — 57 4-A

HUERTA LA AV.
- Residencial Villa Coapa — 123 4-D

HUERTA LA CDA.
- San Juan Moyotepec — 137 2-D
- Santiago Teyahualco — 32 1-C

HUERTA LA CJON.
- San Lucas Amalinalco — 128 6-D

HUERTA LA PRIV.
- San Juan Moyotepec — 137 2-D

HUERTA LA PRIV. Y CDA.
- Independencia — 28 4-D

HUERTA LA RT.
- Jardines de la Hda. Sur — 17 5-F

HUERTA PRIV.
- La Loma — 56 4-F

HUERTA VICTORIANO
- Ejido San Agustín Atlapulco — 100 4-C
- El Chaparral — 56 4-A
- Francisco Villa — 30 5-E
- Lázaro Cárdenas — 73 5-B
- Lázaro Cárdenas — 88 2-E
- Lomas de Guadalupe — 56 4-A
- Presidentes de México — 111 4-E

HUERTAS
- Actipan — 96 6-C
- Ampl. Piloto López Mateos — 95 6-D
- San Isidro La Paz — 29 6-A

HUERTAS CDA.
- Santa Cecilia Tepetlapa — 150 1-A

HUERTAS DE LAS
- Santo Tomás — 83 2-D
- Villas de la Hacienda — 43 1-C

HUERTAS DE LAS 1A. CDA.
- La Colmena — 42 1-B

HUERTAS DE LAS 2A. CDA.
- La Colmena — 42 1-B

HUERTAS DE LAS AV.
- L. I. Campos de Jiménez — 81 2-C
- Las Huertas — 81 2-C
- Loma de la Cruz — 42 1-B
- San Isidro La Paz — 42 1-B

HUERTAS DE LAS CALZ.
- Hacienda Ojo de Agua — 21 4-B

HUERTAS DE LAS CDA.
- La Herradura — 95 1-A
- Santa Cecilia Tepetlapa — 149 1-F

HUERTAS DE LAS CJON.
- San Salvador Atenco — 62 2-C

HUERTAS DE LAS PRIV.
- Santa Cecilia Tepetlapa — 149 1-F

HUERTAS LAS
- Las Huertas — 81 1-C
- Nueva Santa María — 31 6-A
- San Miguel Xometla — 37 2-A
- Tequexquináhuac — 56 1-F

HUERTAS LAS AV.
- Las Huertas — 81 1-B

HUERTAS LAS CDA.
- La Magdalena Atlicpan — 100 5-F
- Observatorio — 96 2-B
- Residencial Villa Coapa — 123 4-D

HUERTAS LAS Y PRIV.
- Santa Cecilia Tepetlapa — 149 1-F

HUERTITA LA
- Pueblo San Felipe — 62 6-E

HUERTO CDA.
- San Luis Tlaxialtemalco — 138 1-B

HUERTO DEL CDA.
- La Estadía — 55 4-A

HUERTO DEL CJON.
- Chimalistac — 109 3-B
- Chimalistac — 109 3-C

HUERTO ORIENTE
- Nueva Santa María — 18 6-C

HUERTO PONIENTE
- Nueva Santa María — 18 6-C

HUESO
- La Joya — 33 6-C

HUESO DEL CALZ.
- Belisario Domínguez — 123 2-D
- Conj. INFONAVIT Cuemanco — 123 2-D
- Conjunto Urbano Coapa — 123 2-D
- Ejidal San Pablo Tepetlapa — 123 2-D
- El Mirador — 123 2-D
- Ex Hacienda Coapa — 123 2-D
- Floresta Coyoacán — 123 2-D
- Gabriel Ramos Millán — 123 2-D
- Granjas Coapa — 123 2-D
- Hacienda de Coyoacán — 123 2-D
- INFONAVIT Dr. I. Chávez — 123 2-D
- Los Girasoles — 123 2-D
- Los Sauces — 123 2-D
- Residencial Hacienda Coapa — 123 2-D
- Santa Ursula Coapa — 123 2-D
- U. H. Hueso Periférico — 123 2-D
- Vergel Coapa — 123 2-D
- Villa Quietud — 123 2-D
- Villa del Puente — 123 2-D

HUETZIN
- Anáhuac — 83 3-D

HUEXOTITLA
- Ejidos de San Pedro Mártir — 122 6-F
- Rinconada El Mirador — 135 1-F

HUEXOTLA
- Lomas de Cristo — 76 5-B
- Lomas de la Cruz — 89 1-C

HUEXOZTLE
- San Lucas Amalinalco — 128 6-D

HUEYATLA
- Pueblo Nuevo Alto — 121 2-A
- Pueblo Nuevo Bajo — 121 2-A

HUEYATLA CDA.
- Hueyatla — 120 2-F

HUEYCALCO
- San Andrés Ahuayucan — 136 6-F

HUEYPANCO
- San Pedro — 87 5-F

HUEYTLALPAN
- Pedregal de San Francisco — 149 3-C

HUGONOTES LOS
- Miguel Hidalgo — 125 4-A

HUHUETEOTL
- Rincón de los Reyes — 100 6-D

HUICHAPAN
- Ampliación Michoacana — 84 2-E
- Hipódromo — 83 6-D

HUICHAPAN DE LEON
- Estado de Hidalgo — 95 3-F

HUICHILAC
- Pedregal de Santo Domingo — 109 5-E

HUICHOLES
- Ajusco — 109 6-F
- Cuauhtémoc — 57 1-D
- Culturas de México — 127 6-E
- San Bartolo Tenayuca — 57 5-E
- Tlalcoligia — 122 5-D

HUICHOLES DE LOS
- Santa Cruz Acatlán — 69 4-A

HUIHUITITLA
- Barrio Niño Jesús — 109 4-E

HUILCAPAN
- San Jerónimo Lídice — 108 5-D

HUILOAPAN
- San Felipe de Jesús — 72 2-D

HUILLIQUIMILPAN
- Manzanastitla — 107 1-B

HUIMILPA CDA.
- Pueblo Culhuacán — 110 3-F

HUIPIL
- San Pablo I — 112 4-F

HUIPULCO
- San Lorenzo Huipulco — 122 3-F
- Toriello Guerra — 122 3-F

HUISTEPEC
- Mesa de los Hornos — 122 6-C

HUISTEPEC AND. 1
- Mesa de los Hornos — 122 6-C

HUISTEPEC AND. 2
- Mesa de los Hornos — 122 6-C

HUISTEPEC AND. 3
- Mesa de los Hornos — 122 6-C

HUITE
- Lic. Carlos Zapata Vela — 98 5-A

HUITLAPANAL
- Castillo Grande — 58 3-B

HUITLAPEXCO
- Lomas de Tecamachalco — 82 5-C

Calle / Colonia — COORDENADAS / PLANO

HUITRON JACINTO C 1 2 Y 3
U. H. Vicente Guerrero 111 1-F
HUITRON MALAQUIAS
U. H. San Rafael Coacalco 33 3-B
HUITZILIHUITL
Acozac 114 3-F
Ampliación Estrella del Sur 110 3-F
La Preciosa 70 4-A
Nueva Guadalupe 87 6-B
Santa Isabel Tola 71 2-D
HUITZILOPOCHTLI
Adolfo Ruiz Cortines 110 6-A
Ahuehuetes 76 1-B
Ampliación Tepepan 136 1-C
Culturas de México 127 6-E
Dolores Tlali 136 4-A
El Chamizalito 47 6-B
El Mirador 24 2-B
Hueyotencotl 22 1-B
La Candelaria Ticomán 58 5-B
La Pastora 58 5-B
Maravillas 85 6-F
México Prehispánico II 73 1-D
Mixcoatl 112 4-F
U. H. Culhuacán 110 6-E
HUITZILOPOCHTLI CDA.
Hueyotencotl 22 1-B
HUITZILOPOCHTLI PRIV.
San Vicente Chicoloapan 88 6-E
HUITZITZI
Pedregal de Santo Domingo 109 5-F
HUITZITZILIN
Pedregal de Santo Domingo 109 4-F
HUIXQUILUCAN
Altavilla 72 1-B
Lomas de Tenopalco 19 2-D
Los Angeles 57 1-D
Parque Ind. Nezahualcóyotl 100 3-C
San Fernando 94 4-C
HUIXQUILUCAN AV.
Buenavista 81 5-F
Cuautitlán Izcalli 30 1-F
Las Canteras 81 5-E
HUIXQUILUCAN PRIV.
San José Río Hondo 81 4-F
HUIXTLA
Residencial Cafetales 123 1-E
HUIYOTLI
Tezoyuca 49 1-E
HUIZACHAL
Barranca de Guadalupe 112 5-C
HUIZACHAL EL
San Mateo Xoloc 16 1-F
HUIZACHE
Ampl. Minas Palacio 81 4-B
Ampl. San Marcos 44 5-C
Ampliación San Marcos 44 4-C
Ejidos de San Cristóbal 33 5-F
El Mirador 59 1-A
Emiliano Zapata 113 3-B
La Palma 46 6-D
Las Flores 56 3-A
Lomas de San Miguel 43 3-B
San Mateo Nopala 68 2-F
U. INFONAVIT Iztacalco 97 4-E
HUIZACHE CDA.
Barrio del Carmen 18 2-D
Las Huertas 81 1-D
San Andrés Totoltepec 135 3-E
San Gabriel 43 3-D
HUIZACHE DEL
Villa San Agustín Atlapulco 100 3-D
HUIZACHE Y PRIV.
San Miguel Xicalco 135 5-E
HUIZACHES DE PRIV.
Arboledas del Sur 123 4-B
HUIZATL
Tlatelco 87 6-B
HUIZCOLOTEC
Ampliación Santa Catarina 113 6-E
HULE
Lomas del Bosque 30 6-B
HUMAITEÑOS
Francisco Villa 95 4-F
HUMAYA PRIV.
U. H. CFE Cervantes del Río 57 2-D
HUMBOLDT
Centro 84 4-A
Tabacalera 84 4-A
HUMO
Ampliación Vista Hermosa 56 6-C
Jardines de Morelos 47 2-F
HUNGAROS
El Paraíso 95 4-E
HUNGRIA
México 86 42 3-F
HUNUCMA
Cuchilla de Padierna 121 6-E
Las Huertas 68 6-D
HURACAN
Jardines del Pedregal 121 1-E
Plaza del Kiosko 20 5-C
HURTADO ELIAS RT.
U. H. Atzacoalco CTM 71 1-F
HURTADO MARIANO
Las Peñas 111 4-F
HUXOTLA
Rey Neza 100 2-B

I

I
Ampl. San Martín Calacoaya 56 4-A
Educación 110 4-C
Social Progresivo Sto Tomás 21 6-F
U. H. Taxqueña 110 4-D
Victoria 96 4-A
I M S S
Ampl. Mártires Río Blanco 81 3-F
I.M.A.N. DEL 2A. CDA.
Pedregal de la Zorra 122 2-F
IA
Social Progresivo Sto Tomás 21 6-F
IBAÑES ARTURO
Barrio La Concepción 109 3-F
Villa Coyoacán 109 3-F
IBAÑEZ NAZARIO
Fuego Nuevo 110 4-F
IBARBOUROU JUANA DE
Chapultepec Morales 83 4-B
IBARGÜEN JOAQUIN
Ejército de Ote. Z. Peñón 99 6-C
IBARRA BENITO
Santa Martha Acatitla 99 5-C
IBARRA EPIGMENIO
Manuel Romero de Terreros 109 3-D
IBARRA FEDERICO E. (C. 43)
U. Santa Cruz Meyehualco 112 3-A
IBARRA FRANCISCO DE
Ciudad Satélite 69 2-C
IBARRA JOSE
U.H. Emiliano Zapata ISSSTE 76 3-C
IBARRA V. JESUS
Ciudad Satélite 56 6-B
IBARRARAN JOSE
San José Insurgentes 109 1-C
IBARROLA JOSE RAMON
Ampl. Miguel Hidalgo 122 5-A
Ampliación Miguel Hidalgo 122 5-A
IBIS
Valle de Tules 44 3-C
IBIS AV.
Ampliación Tepeaca 108 1-C
IBIZA
Cosmopolita 70 5-E
Potrero del Llano 70 5-E
IBSEN
Polanco Chapultepec 82 5-F
ICACOS
Narvarte 96 2-F
ICAICHE
Cuchilla de Padierna 121 6-E
ICALI
Vista Hermosa 121 1-A
ICAYAN
Las Palmas 121 1-A
ICAZA FRANCISCO DE
Ciudad Satélite 69 1-D
ICEBERG
Cuautitlán Izc. Atlanta 30 2-D
ICHCATZINTLI
Barrio Cesteros 87 3-E
Barrio Talladores 87 3-E
ICHIPAUTAN RT.
U. H. ISSSTE Norma 111 1-C
IDAHO
Nápoles 96 4-C
IDEAL
Industrial 71 5-C
Juárez 83 5-F
IGLESIA
Ampl. Tlacoyaque 107 6-E
Barrio La Otra Banda 109 4-A
Jardines del Pedregal 109 5-A
Lomas Quebradas 108 6-C
Res. Puertas del Pedregal 109 4-A
IGLESIA CDA.
Ampl. San Mateo 68 2-E
IGLESIA CJON.
Rincón de la Charrería 56 5-A
IGLESIA DE LA AV.
Club de Golf La Hacienda 43 6-C
Las Arboledas 56 1-C
Mayorazgos del Bosque 43 6-C
Mayorazgos del Bosque 56 1-C
IGLESIA DE SANTO DOMINGO
Benito Juárez 99 3-C
Evolución 99 3-C
Metropolitana 2a. Secc. 99 3-C
IGLESIAS CALDERON F. Y 4 RTS
Jardín Balbuena 97 1-F
IGLESIAS CALDERON FDO. 3 RT
Jardín Balbuena 84 6-F
IGLESIAS EDUARDO
Ciudad Satélite 56 6-A
IGLESIAS JOSE MARIA
Darío Martínez 113 6-F
La Hera 111 3-F
Lázaro Cárdenas 73 5-B
Presidentes 95 5-E
Tabacalera 83 4-F
Tultitlán 31 2-D
IGLESIAS ROBERTO
Jorge Negrete 58 4-A
IGNACIO ZARAGOZA
Colinas de San Mateo 68 4-D
IGNACIO ZARAGOZA 2A. PRIV.
Profr. Cristóbal Higuera 43 6-A
IGNACIO ZARAGOZA GRAL. 2 RTS
Jardín Balbuena 84 5-F
IGUALA
Barrio San Agustín 151 5-E
Cuauhtémoc 108 6-B
Lomas de Becerra Granada 95 5-E
Lomas de Becerra Granada 95 5-E
Roma Sur 96 2-D
San Lucas Patoni 57 3-F
Xalpa 112 4-D
IGUALA PRIV.
El Carmen 58 3-B
IGUALDAD
Cerro del Tejolote 114 5-D
Cooperativa 76 3-B
IGUALDAD CJON.
Centro 84 5-B
IGUAZU
Blvres. de San Cristóbal 46 1-E
Ecatepec de Morelos 46 1-E
ILAMA
Pedregal de Santo Domingo 109 5-D
ILHUICAMINA
Adolfo Ruiz Cortines 109 6-F
Ampliación Estrella del Sur 110 3-F
Barrio La Asunción 123 6-F
El Paraíso 99 5-B
La Concepción Tlacopa 123 6-F
La Pastora 58 5-B
Santa Isabel Tola 71 3-D
Santa Isabel Tola 71 2-D
ILHUICAMINA CDA.
San Pablo Tepetlapa 110 6-B
ILIADA LA
Lomas de Axomiatla 108 4-A
ILUSION
Granjas de Guadalupe 42 1-C
San Miguel Teotongo 113 3-B
ILLINOIS
Ampliación Nápoles 96 4-C
Ciudad de los Deportes 96 4-C
IMAGEN DE LA
Lomas de San Angel Inn 108 3-F
IMAN DEL 1A. CDA.
Pedregal de la Zorra 122 2-F
IMAN DEL 7A. CDA.
Pedregal de la Zorra 122 2-E
IMAN DEL 8A. CDA.
Pedregal de la Zorra 122 2-E
IMAN DEL AV.
Ajusco 122 2-E
Caracol 122 2-E
Insurgentes Cuicuilco 122 2-E
Joyas del Pedregal 122 2-E
Pedregal de Carrasco 122 2-E
Pedregal de Maurel 122 2-E
Pedregal de Santa Ursula 122 2-E
Rnda. Las Playas INFONAVIT 122 2-E
Tetlalmeya 122 2-E
IMPACTO
Cuautitlán Izc. Atlanta 30 2-E
IMPALA
Octava Ampl. San Miguel 111 2-C
IMPARCIAL EL
Prensa Nacional 70 1-D
IMPERIAL LA
Industrial 71 5-C
IMPERIO
La Quebrada 44 2-B
IMPLORACION
Aurora 100 3-A
IMPRENTA
Emilio Carranza 84 3-D
Janitzio 84 3-D
Morelos 84 3-D
IMPRESORA LA CDA.
San Miguel Xochimanga 43 5-C
IMPRESORES
Ampl. Venustiano Carranza 84 3-E
Veinte de Noviembre 84 3-E
IMPRESORES DE LOS
U. H. El Rosario 56 6-F
IMPULSORA AV.
La Impulsora 72 5-F
IMURIS
Alvaro Obregón 97 1-D
INCAS
Centro 84 3-B
INCLAN LUIS G.
Toriello Guerra 122 4-E
Villa de Cortés 97 4-B
INCLAN MIGUEL
Parque del Metropolitano 45 6-B
INDE
Popular Rastro 84 2-D
INDECO AV.
Jardines de los Reyes 57 6-B
Los Reyes Ixtacala 57 6-B
INDELICATO JOSE
Santa Martha Acatitla 112 1-E
INDEPENDENCIA
Alfredo del Mazo 127 1-E
Ampliación El Triunfo 97 5-D
Ampliación Emiliano Zapata 42 2-E
Arbolitos 59 3-A
Arenal 149 2-B
Barrio La Conchita 140 2-F
Barrio San Agustín 139 6-D
Barrio San Antonio 140 2-F
Barrio San Bartolo 139 6-D
Barrio San Miguel 139 6-D
Barrio San Sebastián 140 2-F
Barrio Texcacoa 4 6-D
Barros Sierra 121 1-B
Centro 84 4-A
Cinco de Mayo 22 2-B
Coacalco de Berriozábal 32 4-E
Coatepec 102 4-F
Coatlinchán 89 2-C
Chalco 128 6-B
Chiconcuac 49 6-F
El Mirador 114 5-D
Emiliano Zapata 42 2-E
La Angostura 108 5-C
La Magdalena Atlicpan 100 6-E
La Nopalera 124 3-F
La Palma 46 6-D
La Pastoría 62 3-D
Las Puertas 125 3-D
Libertad 31 6-E
Loma Bonita 114 6-D
Loma de la Cruz 42 2-B
Lomas Quebradas 121 1-B
Lomas de Chamapa 81 3-E
Lomas de Chimalhuacán 100 1-F
Los Reyes Acatlizhuayan 154 1-B
Los Reyes San Salvador 63 2-D
Luis Echeverría 31 5-A
Malacates 45 5-C
Melchor Ocampo 59 4-E
Melchor Ocampo 114 5-D
Miguel Hidalgo 59 4-F
Papalotla 50 6-D
Potrerillo 121 2-A
Pueblo Culhuacán 110 4-E
Pueblo Santa Isabel Ixtapan 48 3-F
Pueblo Sn Nicolás Totolapan 121 3-B
Ricardo Flores Magón 4 4-C
San Alvaro 83 1-B
San Andrés Chiautla 63 1-B
San Andrés Tomatlán 110 5-F
San Bartolo 50 5-A
San Bartolomé Xicomulco 150 2-D
San Felipe de Jesús 72 3-B
San Francisco Tecoxpa 151 3-F
San Francisco Tlaltenco 125 3-D
San Gregorio Cuautzingo 141 1-D
San Juan y San P. Tezompa 152 2-E
San Lucas Amalinalco 128 6-D
San Marcos Nepantla 23 5-A
San Martín Tepetlixpan 31 6-A
San Martín Xico Nuevo 140 4-D
San Martín de las Pirámides 24 2-F
San Miguel Topilejo 149 3-B
San Miguel Totolcingo 35 5-D
San Pablo Atlazalpa 140 6-E
San Pablo Chimalpa 106 2-E
San Pablo Xalpa 70 1-B
San Salvador Atenco 62 2-C
Santa Catarina Ayotzingo 153 1-C
Santa María 18 5-D
Santa María 44 5-B
Santa María Cuautepec 32 4-C
Santa María Chiconautla 34 4-E
Santa María Chimalhuacán 88 4-A
Santa María Chimalhuacán 88 3-A
Santa María Chimalhuacán 88 5-A
Santa María Tomatlán 111 5-A
Santiago Teyahualco 32 1-C
Santiago Yanhuitlalpan 94 5-A
Santo Tomás Chiconautla 34 4-E
Tepetitlán 50 5-B
Tepexpan 36 6-B
Tequisistlán 49 2-A
Tizapán 109 4-A
Tlalpan 122 3-C
Tlatempa 46 6-E
Tultepec 19 3-C
Valle de los Reyes 113 1-D
Xochiaca 87 6-C
INDEPENDENCIA 1A. CDA.
La Magdalena Atlicpan 100 6-E
INDEPENDENCIA 1R. CJON.
Santiago Zapotitlán 125 3-C
INDEPENDENCIA 2 CDAS.
San Jerónimo Miacatlán 152 3-A
INDEPENDENCIA 2A. CDA.
La Magdalena Atlicpan 100 6-E
San Bartolomé Xicomulco 150 2-D
INDEPENDENCIA 2o. CJON.
Santiago Zapotitlán 125 2-C
INDEPENDENCIA 3A. CDA. PROL.
San Lorenzo Tetlixtac 33 3-B
INDEPENDENCIA 4A. CDA. PROL.
San Lorenzo Tetlixtac 33 3-B
INDEPENDENCIA AV.
Ampl. El Arenal 100 4-F
Independencia 97 5-A
Loma Bonita 114 6-D
Los Reyes Tultitlán 31 4-C
Manantiales 100 5-A
Pueblo San Felipe 62 6-E
Pueblo San Lorenzo Tezonco 124 1-D
San Simón Ticumac 97 5-A
Santiago Chimalpa 49 5-F
Tezoyuca 49 2-C
Tezoyuca 49 2-D
Unidad Hab. Electricistas 31 4-C
Valle Verde 114 6-D
Vergel de Guadalupe 72 5-E
INDEPENDENCIA AV. Y PRIV.
Santa Clara 59 3-D
INDEPENDENCIA CDA.
Barrio La Lonja 122 4-C
Campestre Aragón 72 3-B
Coacalco de Berriozábal 32 3-E
Héroes de la Independencia 59 3-F
La Magdalena Atlicpan 100 6-E
Los Reyes San Salvador 63 2-D
Luis Echeverría 31 5-A
Pueblo Santa Isabel Ixtapan 48 3-E
San Gregorio Cuautzingo 141 1-D
San Nicolás Totolapan 121 3-A
Santiago Teyahualco 19 6-C
Tezoyuca 49 2-E
Valle de Madero 58 2-A
INDEPENDENCIA CDA. PROL.
Las Brisas 34 4-D
INDEPENDENCIA CDA. Y PROL.
San Lorenzo Tetlixtac 33 3-B
INDEPENDENCIA CJON.
San Luis Huexotla 76 4-E
INDEPENDENCIA DE 1A. CDA.
Barrio de la Concepción 31 4-B
Santa Clara 59 3-D
INDEPENDENCIA DE 2A. CDA.
Miguel Hidalgo 59 4-F
Papalotla 50 6-D
Santa Clara 59 3-D
INDEPENDENCIA DE 3 PRIV.
Santiago Chimalpa 49 5-F
INDEPENDENCIA DE CDA.
Pueblo San Felipe 62 6-F
INDEPENDENCIA DE LA CALZ.
Coacalco de Berriozábal 32 3-E
INDEPENDENCIA DIAG.
San Rafael Chamapa 81 2-D
INDEPENDENCIA PRIV.
Barros Sierra 121 1-A
Pueblo San Felipe 62 6-F
San Gregorio Cuautzingo 141 1-D
INDEPENDENCIA PROL.
San Bartolo Ixquitlán 50 5-B
San Jerónimo Miacatlán 152 3-A
INDEPENDENCIA SUBIDA
San Lucas Patoni 57 3-E
INDEPENDENCIA Y 2 CJONES.
San Pedro Atocpan 151 3-A
INDEPENDENCIA Y 2A. CDA.
Santiago Zapotitlán 125 3-B
INDEPENDENCIA Y 4 CJONES.
San Andrés Tetepilco 97 5-B
INDEPENDENCIA Y 5 CDAS.
Ampliación El Triunfo 97 5-E
INDEPENDENCIA Y CDA.
Santa Martha Acatitla 112 1-E
INDEPENDENCIA Y PRIV.
San Antonio Tecomitl 152 1-A
San Juan Ixtayopan 139 4-A
INDEPENDENCIA Y PROL.
San Mateo Huitzilzingo 140 5-C
INDEPENDIENTE
Arboledas del Sur 123 4-B
INDIANA
Ampliación Nápoles 96 4-C
Ciudad de los Deportes 96 4-C
Nápoles 96 4-C
INDIANAPOLIS
Nápoles 96 3-C
INDIO PAVONCO Y 2 CDAS.
Barrio San Marcos 136 1-E
INDIO TRISTE
Citlalli 112 3-D
Metropolitana 99 4-D
Santa María Chimalhuacán 88 4-B
INDIO TRISTE CJON.
Barrio San Marcos 136 1-E
INDIOS VERDES
Benito Juárez 99 3-B
Evolución 99 3-B
Metropolitana 2a. Secc. 99 3-B
INDIOS VERDES PRIV.
Santa Isabel Tola 71 2-D
INDONESIA
Jardines de Cerro Gordo 60 1-B
INDUSTRIA
Axotla 109 1-D
Barrio Nextengo 70 5-B
Coatlinchán 89 2-C
Cumbres de San Mateo 68 2-E
Estanzuela 71 3-E
Hacienda Ojo de Agua 70 5-B
Los Reyes 113 1-B
Magdalena Mixhuca 97 1-D
Melchor Ocampo 18 1-F
Profesores 76 3-B
Rosas del Tepeyac 71 3-E
San Francisco Tecoxpa 151 3-F
San Martín de las Pirámides 24 2-F
Santiago Atlaltongo 23 5-E
Santo Tomás Chiconautla 34 3-E
Tepeyac Insurgentes 71 4-D
Toriello Guerra 122 4-E
Triunfo de la República 71 3-E
Tultepec 19 3-B
INDUSTRIA 2 CDAS.
Barrio Nextengo 70 5-B
Villa Azcapotzalco 70 5-B
INDUSTRIA AV.
Industrial Cerro Gordo 59 2-E
Los Reyes 57 5-A
Parque Industrial La Luz 17 2-F
Santa María Tulpetlac 59 1-F
INDUSTRIA CDA.
Tultepec 19 4-C
INDUSTRIA DE COMERCIO Y T.
Federal 85 5-B
INDUSTRIA DE LA AV.
Moctezuma 2a. Secc. 84 4-F
Tepotzotlán 4 6-E
INDUSTRIA EDITORIAL
PIPSA 57 4-C
INDUSTRIA ELEC. DE MEX. AV.
Zona Industrial Barrientos 44 6-A
INDUSTRIA ELECTRICA
Industrial Cerro Gordo 59 1-E
Industrial Naucalpan 69 6-B
INDUSTRIA ELECTRICA DE MEX.
Vista Hermosa 56 6-D
INDUSTRIA MILITAR
San Fernando 94 5-C
INDUSTRIA MILITAR AV.
Lomas San Isidro 82 4-D
Residencial Militar 82 4-D
INDUSTRIA MILITAR Y COVE
San Fernando 94 5-C
INDUSTRIA QUIMICA
Industrial Cerro Gordo 59 1-E
INDUSTRIA TEXTIL
Alfredo V. Bonfil 81 3-E

Calle / Colonia	PLANO	COORDENADAS
INDUSTRIA TEXTIL AV.		
Industrial Naucalpan	69	6-B
INDUSTRIA Y 2 CDAS.		
Santa Cruz Xochitepec	136	2-C
INDUSTRIA Y CDA.		
Purificación	24	4-C
INDUSTRIAL		
Ampliación Vicente Villada	99	3-E
Olímpica Jajalpa	47	3-A
San Francisco Acuexcomac	49	6-C
San Mateo Chipiltepec	36	5-F
INDUSTRIAL AV.		
Santa Rosa	57	6-D
Zona Ind. San Pablo Xalpa	57	6-D
INDUSTRIAL CDA.		
San Francisco Acuexcomac	49	6-C
San Salvador Atenco	62	1-C
INFANTA MICOMICONA		
La Mancha 2a. Secc.	81	5-D
INFANTE PEDRO		
Ampliación Emiliano Zapata	113	4-B
Barrio Fundidores	87	3-E
Barrio Pescadores	87	3-E
Chalco	128	6-A
Del Carmen	138	2-C
La Forestal	45	6-B
INFANTE PEDRO CDA.		
Barrio Fundidores	87	2-E
San Miguel Chalma	57	2-F
INFANTERIA DE MARINA		
Lomas del Chamizal	94	4-E
INFANTIL PRIV.		
Barrio La Santísima	137	1-A
INFIERNILLO		
Jardines de San Gabriel	59	5-E
INFIERNILLO CJON.		
Barrio Asunción	123	6-F
INFIERNITO		
Barrio La Asunción	123	6-F
INFONAVIT		
Ampl. Mártires Río Blanco	81	3-F
INFONAVIT AV.		
Conjunto Hab. Las Veletas	34	6-D
INFORME DE GOBIERNO		
La Conchita	95	4-F
INFRAESTRUCTURA		
Univ. Aut. Metropolitana	43	1-A
INGENIERIA		
Copilco Universidad	109	4-D
INGENIERIA AGRICOLA		
Univ. Aut. Metropolitana	42	2-F
INGENIERIA CIVIL		
Cuautitlán Izcalli	30	1-D
Lomas Anáhuac	94	2-F
Univ. Aut. Metropolitana	43	2-A
INGENIERIA DE OPERACIONES		
Univ. Aut. Metropolitana	42	1-F
INGENIERIA DE SISTEMAS		
Univ. Aut. Metropolitana	42	1-F
INGENIERIA DE SISTEMAS PROL.		
Univ. Aut. Metropolitana	42	1-F
INGENIERIA DE TRANSITO		
Cuautitlán Izcalli	30	1-D
INGENIERIA ELECTRICA		
Univ. Aut. Metropolitana	42	1-F
INGENIERIA ELECTRONICA		
Univ. Aut. Metropolitana	43	2-A
INGENIERIA FISICA		
Univ. Aut. Metropolitana	42	2-F
INGENIERIA GEOFISICA		
Univ. Aut. Metropolitana	43	1-A
INGENIERIA INDUSTRIAL		
Cuautitlán Izcalli	30	1-D
Univ. Aut. Metropolitana	42	1-F
INGENIERIA MECANICA		
Lomas Anáhuac	94	2-F
Univ. Aut. Metropolitana	42	1-F
INGENIERIA METALURGICA		
Univ. Aut. Metropolitana	43	2-A
INGENIERIA MUNICIPAL		
Cuautitlán Izcalli	30	1-D
INGENIERIA PETROLERA		
Cuautitlán Izcalli	30	1-D
INGENIERIA QUIMICA		
Cuautitlán Izcalli	30	1-D
Univ. Aut. Metropolitana	43	2-A
INGENIEROS		
Escandón	96	2-D
San José Xalostoc	59	6-C
INGENIEROS CDA.		
Ejidal Emiliano Zapata	33	6-F
INGENIEROS CIR.		
Ciudad Satélite	56	6-B
INGENIEROS CIVILES		
Jardines de Churubusco	97	5-F
Nueva Rosita	97	5-F
INGENIEROS DE LOS		
U. H. El Rosario	56	6-F
INGENIEROS DE SONIDO		
U. Benito Juárez	111	6-B
INGENIEROS ELECTR. PROL.		
Pueblo Aculco	97	5-F
San José Aculco	97	5-F
INGENIEROS ELECTRICISTAS		
Jardines de Churubusco	97	5-F
Pueblo Aculco	97	5-F
INGENIEROS MECANICOS		
Jardines de Churubusco	97	5-F
Nueva Rosita	97	5-F
INGENIEROS MILITARES 2 RTS.		
U. H. Pop. Lomas de Sotelo	82	2-E
INGENIEROS MILITARES CALZ.		
Argentina Poniente	82	1-E
Lomas de Sotelo	82	1-E
San Joaquín	82	1-E
San Lorenzo Tlaltenango	69	6-F
Transmisiones	82	1-E
INGENIEROS MILITARES CDA.		
El Carmen	33	6-F
INGENIEROS MILITARES PRIV.		
Argentina Poniente	82	1-E
INGENIEROS MILITARES Y 1 RT.		
Periodista	82	3-E
U. H. Pop. Lomas de Sotelo	82	3-E
INGENIEROS PETROLEROS		
Jardines de Churubusco	97	5-F
Nueva Rosita	97	5-F
INGENIEROS QUIMICOS		
Nueva Rosita	97	5-F
U. Los Picos	97	5-F
INGENIEROS TOPOGRAFOS		
Santa Martha Acatitla	99	5-C
INGENIEROS ZAPADORES		
Lomas de Sotelo	82	2-D
INGENIO CALIPAN		
Granjas Coapa	123	3-E
Residencial Hacienda Coapa	123	3-E
Rinconada Coapa 2a. Secc.	123	3-E
INGENIO LA ABEJA		
Residencial Hacienda Coapa	123	2-E
INGENIO LA JOYA		
Granjas Coapa	123	3-E
Residencial Hacienda Coapa	123	3-E
Rinconada Coapa 2a. Secc.	123	3-E
INGENIO SAN CRISTOBAL		
Granjas Coapa	123	3-E
INGENIO SAN GABRIEL		
Granjas Coapa	123	3-E
Rinconada Coapa 2a. Secc.	123	3-E
INGENIO SAN MIGUELITO		
Rinconada Coapa 2a. Secc.	123	3-E
INGENIO TAMAZULA		
Ex Hacienda Coapa	123	3-E
Rinconada Coapa 2a. Secc.	123	3-E
INGENIO ZACATEPEC		
Residencial Hacienda Coapa	123	3-E
Rinconada Coapa	123	3-E
INGLATERRA		
La Olímpica II	60	5-B
México 68	68	4-D
México 86	43	3-A
San Simón Tolnáhuac	84	1-A
Xochitenco	87	6-E
INGLATERRA 1908		
U. H. Olímpica	122	2-D
INGLATERRA AV.		
Parque San Andrés	110	3-A
INGLATERRA PRIV.		
Parque San Andrés	109	3-F
INGOMAR		
Santa Lucía	108	2-A
INGRES JUAN AUGUSTO		
Nonoalco	96	5-B
INSA		
Chinampac de Juárez	98	6-F
INSPECTORES DE LA LUZ		
San Juan Ticomán	58	5-B
INSTITUTO AV.		
Conjunto Hab. El Rocío	20	4-B
INSTITUTO DE HIGIENE		
Popotla	83	2-C
INSTITUTO NACIONAL		
Z. U. E. Culhuacán	110	4-E
INSTITUTO POLITECNICO NAL AV		
Barrio La Laguna Ticomán	71	5-B
Capultitlán	71	5-B
Lindavista	71	5-B
Magdalena de las Salinas	71	5-B
Maximino Avila Camacho	71	5-B
Residencial Zacatenco	71	5-B
San José Ticomán	71	5-B
San Pedro Zacatenco	71	5-B
Tlacamaca	71	5-B
U. H. Juan de Dios Bátiz	71	5-B
Unidad Revolución	71	5-B
INSTITUTO POLITECNICO NAL.		
Zona Escolar	57	3-F
INSTITUTO TECNICO INDUSTRIAL		
Agricultura	83	2-E
Santa María la Ribera	83	2-E
INSULA		
Acueducto de Guadalupe	57	5-F
INSURGENTES		
Barrio Los Reyes	139	5-D
Barrio San Bartolo	139	5-D
Benito Juárez	44	1-D
Buenavista	44	1-D
Casco de San Juan	128	6-A
Central Michoacana	112	3-B
Coatlinchán	89	2-C
Consejo Agrarista Mexicano	111	5-E
Chiconcuac	62	1-E
Desarrollo U. Quetzalcóatl	112	4-B
Dos de Septiembre	19	3-C
Ej. Santa María Aztahuacán	112	3-B
El Mirador	19	3-C
El Mirador	19	2-C
Francisco Villa	111	4-F
Granjas Lomas de Guadalupe	30	5-C
Jardines de Santa Cruz	19	3-C
Jards. San Agustín 1a. Secc	100	4-D
La Conchita	152	1-D
La Era	111	4-F
La Paz	63	6-D
Las Peñas	111	4-F
Lázaro Cárdenas	18	5-D
México	19	3-C
Papalotla	50	6-D
Progreso Guadalupe Victoria	33	5-E
Pueblo San Diego	76	1-D
Reforma Política	112	4-B
Sagitario IV	112	3-B
San Lorenzo Tlacoyucan	151	6-C
San Martín Xico Nuevo	140	4-D
San Martín de Porres	47	2-C
San Miguel Teotongo	113	4-A
San Pedro	87	5-F
San Pedro Atlazalpa	153	1-E
San Pedro Atzompa	21	3-D
San Salvador Cuauhtenco	150	4-B
Santa Catarina Ayotzingo	153	2-B
Santa Cruz Meyehualco	112	4-B
Santa María Cuautepec	32	4-C
Tollotzin II	112	3-B
Tultepec	19	3-C
U. H. Emiliano Zapata	110	6-E
U. H. Morelos II	112	4-B
Xolalpa	50	4-E
INSURGENTES 1A. CDA.		
Lomas San Juan Ixhuatepec	58	6-F
Pueblo San Diego	76	1-D
INSURGENTES 2A. CDA.		
Pueblo San Diego	76	1-D
INSURGENTES 3 CDAS.		
Insurgentes	111	5-F
INSURGENTES 3A. CDA.		
Pueblo San Diego	76	1-D
INSURGENTES AV.		
Barrio San Martín	4	6-D
Barrio Texcacoa	4	6-D
Barrio de Capula	17	1-B
Barrio de Capula	4	6-D
C. H. Paseos del Virrey	4	6-D
Casas Reales	34	4-E
Reforma Política	112	3-C
Residencial Tepotzotlán	4	6-D
San Lorenzo Tlacoyucan	151	6-C
San Mateo Xoloc	17	1-B
Santa María Chiconautla	34	4-E
Tepotzotlán	17	1-B
Tepotzotlán	4	6-D
INSURGENTES BLVR.		
Doce de Diciembre	46	1-E
Ecatepec de Morelos	46	1-E
El Calvario	46	1-E
Francisco Villa	46	1-E
Izcalli Ecatepec	46	1-E
La Curiela	46	1-E
Panorámica	46	1-E
Tierra Blanca	46	1-E
Villas de Jajalpa	46	1-E
INSURGENTES CDA.		
La Hera	111	4-F
Santa Cruz Meyehualco	112	4-A
INSURGENTES CENTRO AV.		
Cuauhtémoc	83	4-E
Juárez	83	4-E
San Rafael	83	4-E
Tabacalera	83	4-E
INSURGENTES CJON.		
Reforma Política	112	4-B
San Lorenzo Tlacoyucan	151	6-C
INSURGENTES DE LOS AV.		
Atenguillo	50	6-B
INSURGENTES NORTE AV.		
Atlampa	83	2-F
Buenavista	83	2-F
Capultitlán	71	5-B
Guadalupe Insurgentes	71	5-B
Guadalupe Victoria	71	5-B
Industrial	71	5-B
La Raza	71	5-B
Lindavista	71	5-B
Magdalena de las Salinas	71	5-B
Peralvillo	84	1-A
San Simón Tolnáhuac	84	1-A
Santa Isabel Tola	71	5-B
Santa María Insurgentes	83	2-F
Santa María La Ribera	83	2-F
Tepeyac Insurgentes	71	5-B
Tlamaca	71	5-B
U. H. Nonoalco Tlatelolco	84	1-A
Vallejo	71	5-B
Vallejo Poniente	71	5-B
INSURGENTES PRIV.		
La Curiela	46	2-E
San Lorenzo Tlacoyucan	151	6-C
Santa María Chiconautla	34	4-F
Santa María Chiconautla	34	4-E
INSURGENTES PROL Y 1A. CDA.		
Las Peñas	111	4-F
INSURGENTES PROL.		
San Lorenzo Tlacoyucan	151	6-C
Tlalcoligia	122	5-E
Tlalpan	122	5-E
INSURGENTES RT.		
Santa Cruz Meyehualco	112	4-A
INSURGENTES SUR		
Villa San Agustín Atlapulco	100	3-D
INSURGENTES SUR AV.		
Actipan	96	5-C
Ampl. Nápoles	96	5-C
Barrio La Fama	122	4-D
Barrio Loreto	109	1-C
Ciudad de los Deportes	96	5-C
Copilco El Bajo	109	1-C
Crédito Constructor	109	1-C
Chimalistac	109	1-C
Del Valle	96	5-C
Escandón	96	5-C
Florida	109	1-C
Fuentes Brotantes	122	4-D
Guadalupe Inn	109	1-C
Hipódromo	96	5-C
Insurgentes Cuicuilco	122	4-D
Insurgentes Extremadura	96	5-C
Insurgentes Mixcoac	96	5-C
Jards. Pedregal de Sn Angel	122	4-D
La Joya	122	4-D
Miguel Hidalgo	122	4-D
Nápoles	96	5-C
Noche Buena	96	5-C
Peña Pobre	122	4-D
Roma Norte	96	5-C
Roma Sur	96	5-C
San Angel	109	1-C
San José Insurgentes	96	5-C
Santa Ursula Xitla	122	4-D
Tizapán	96	5-C
Tlacoquemécatl del Valle	96	5-C
Tlalcoligia	122	4-D
Tlalpan	122	4-D
U. H. Res. Insurgentes Sur	122	4-D
Villa Olímpica M. Hidalgo	122	4-D
INSURGENTES Y CDA.		
San Juan Ixhuatepec	58	6-F
San Pedro Xalostoc	59	3-C
INSURGENTES Y CDA. Y PRIV.		
San Gregorio Atlapulco	137	2-E
INTEGRACION SOCIAL		
Minas del Coyote	81	3-B
Olímpica Radio	81	3-B
INTELECTUALES		
Ixtlahuacan	112	3-F
INTENDENCIA		
Solidaridad Nacional	57	4-F
INTERCEPTOR PONIENTE AV.		
Zona Ind. Cuaut. Izcalli	31	1-B
INTERLOMAS BLVR.		
Bosques de las Palmas	94	2-E
Lomas Anáhuac	94	2-E
INTEROCEANICO		
Diez de Mayo	84	4-D
INVERNADERO		
Barrio San Bernabé	70	6-D
Ejido Santa Cruz Xochitepec	136	2-D
Nueva Santa María	70	6-D
Revolución	101	2-B
San Isidro	17	6-E
INVERNADERO 2 CDAS.		
Nueva Santa María	70	6-E
INVESTIGACION BASICA DE P.		
Solidaridad Nacional	57	4-F
INVESTIGACION CIENTIFICA CTO		
Ciudad Universitaria	109	6-C
INVIERNO		
Angel Zimbrón	70	6-B
Barrio San Juan Ticomán	58	5-B
Clavería	70	6-B
Diecinueve de Mayo	108	1-A
El Imparcial	70	6-B
El Recreo	70	6-B
Los Alamos	60	5-C
Merced Gómez	109	1-A
Profr. Cristóbal Higuera	43	5-A
INVIERNO CDA.		
La Garita	34	2-D
IQUIQUE		
Las Américas	69	5-B
IRAK		
México 86	43	3-A
México 86	81	2-B
IRAN		
Cumbres del Himalaya	68	3-E
México 68	68	4-D
IRAPUATO		
Clavería	83	1-C
Clavería	70	6-C
Granjas Valle de Guadalupe	59	5-F
Hipódromo de la Condesa	96	1-C
Jardines de Morelos	47	2-C
Loma María Luisa	42	3-E
Lotería Nacional	46	1-E
México 86	43	3-A
Miguel de la Madrid Hurtado	112	3-F
Peñón de los Baños	85	4-B
San Bartolo Atepehuacán	71	2-A
San Sebastián Chimalpa	100	4-E
IRIDIO		
San Juan Cerro	111	3-C
Valle Gómez	84	1-D
IRIS		
Chamacuero	43	2-E
Jardines de Coyoacán	123	1-C
IRIS DEL AND.		
Ciudad Labor	44	2-D
IRIS ESPERANZA		
Ciudad Satélite	69	1-A
IRLANDA		
Corredor Urbano Comercial	17	6-E
México 86	43	3-A
Parque San Andrés	110	3-A
IROLO		
María del Carmen	97	5-B
Zacahuitzco	97	5-B
IRRIGACION		
Profesores	76	3-B
IRRIGACION AV.		
Chiconcuac	49	6-E
Irrigación	82	3-F
IRRIGACION CDA.		
Chiconcuac	49	6-E
IRRIGACION CJON.		
Chiconcuac	49	6-E
IRUN		
Lomas Verdes Sección III	55	6-F
IRUPE		
Olivar del Conde 1a. Secc.	96	5-A
ISABEL		
La Purísima	34	5-F
ISABEL DE PORTUGAL		
Barrio San Antonio	124	1-D
ISABEL LA CATOLICA		
Benito Juárez	44	1-D
Centro	84	5-B
Guadalupe Tlaltenco	125	3-E
La Unidad	94	1-D
Naucalpan de Juárez	69	5-C
Obrera	84	5-B
San Francisco Tlaltenco	125	3-E
Santa Cecilia	138	6-F
Santiago Atlaltongo	23	5-D
U. H. Margarita M de Juárez	98	6-D
ISABEL LA CATOLICA 2 CDAS.		
Ecatepec de Morelos	46	1-E
ISABEL LA CATOLICA CJON.		
Niños Héroes de Chapultepec	97	4-A
ISABEL LA CATOLICA DE 1A CDA		
El Calvario	46	1-E
ISABEL LA CATOLICA PONIENTE		
Ecatepec de Morelos	46	1-E
ISABEL LA CATOLITA		
Alamos	97	2-B
Algarín	97	2-B
Américas Unidas	97	2-B
Francisco Zarco	97	2-B
Josefa Ortiz de Domínguez	97	2-B
Miguel Alemán	97	2-B
Niños Héroes de Chapultepec	97	2-B
Postal	97	2-B
ISABELES LAS		
Benito Juárez	99	1-F
ISACAR		
Israel	100	4-C
ISAIAS		
Natívitas	138	3-E
ISLA		
Ampliación Los Alpes	108	2-E
U. INFONAVIT Iztacalco	97	4-E
U. Vallejo La Patera	70	1-E
ISLA Y 4 RTS.		
U. CTM Alborada Jaltenco	20	6-D
ISLA ANGEL DE LA GUARDA		
Prado Vallejo	70	1-E
ISLA BARBADOS CDA.		
Residencial Chiluca	54	2-F
ISLA BORNEO		
Jardines de Morelos	47	1-F
Residencial Chiluca	54	3-F
ISLA CEDROS		
Jardines de Morelos	47	1-F
ISLA CEDROS Y PRIV.		
Prado Vallejo	70	2-E
ISLA CEILAN		
Jardines de Morelos	47	1-F
ISLA CELEBES		
Jardines de Morelos	47	1-F
ISLA CERRALVO		
Jardines de Morelos	47	1-F
Prado Vallejo	70	2-E
ISLA CLARION		
Jardines de Morelos	47	1-F
Prado Vallejo	70	1-E
ISLA COZUMEL		
Jardines de Morelos	47	2-F
Prado Vallejo	70	2-E
ISLA CRECIENTE		
Jardines de Morelos	47	1-F
Prado Vallejo	70	1-E
ISLA CUBA		
Jardines de Morelos	47	1-F
ISLA CHIPRE		
Jardines de Morelos	47	1-F
ISLA DE ENMEDIO		
Prado Vallejo	70	1-E
ISLA DE GUADALUPE		
Jardines de Morelos	47	1-F
ISLA DE GUADALUPE BLVR.		
Prado Vallejo	70	1-E
ISLA DE JAVA		
Jardines de Morelos	47	2-F
ISLA DE LA CONCEPCION BLVR.		
Prado Vallejo	70	2-E
ISLA DE MADAGASCAR		
Jardines de Morelos	47	2-F
ISLA DE MEZCALA		
Jardines de Morelos	47	1-F
ISLA DE SACRIFICIOS		
Tlalpan	122	4-D
ISLA DE SAN DIEGO		
Jardines de Morelos	47	2-F
ISLA DE SAN FRANCISCO		
Jardines de Morelos	47	2-F
ISLA DEL AMOR		
Jardines de Morelos	47	2-F
ISLA DEL CARMEN		
Jardines de Morelos	47	1-F
Prado Vallejo	70	1-E
ISLA DEL SOCORRO		
Prado Vallejo	70	1-E
ISLA DEL SUR		
Jardines de Morelos	47	1-F
ISLA GROENLANDIA		
Jardines de Morelos	47	2-F
ISLA HONSHU		
Jardines de Morelos	47	1-F
ISLA ISABEL		
U. H. Parque Nacional	44	1-C
ISLA MAGDALENA		
Prado Vallejo	70	1-E
ISLA MARGARITA		
Jardines de Morelos	47	2-F
Prado Vallejo	70	1-E
ISLA MARIA MAGDALENA		
Jardines de Morelos	47	1-F
ISLA MUJERES		
Jardines de Morelos	47	2-F
Tecuezcomac	46	5-D
ISLA SACRIFICIOS		
Jardines de Morelos	47	1-F
Prado Vallejo	70	2-E
ISLA SAN DIEGO		
Prado Vallejo	70	2-E
ISLA SAN FRANCISCO		
Prado Vallejo	70	1-E
ISLA SAN JOSE		
Jardines de Morelos	47	2-F
Prado Vallejo	70	1-E

Calle / Colonia	Plano	Coordenadas
C. H. Alianza Popular Rev.	123	1-D
Educación	110	4-C
San Martín Calacoaya	56	4-A
Social Progresivo Sto Tomás	21	6-F
U. H. Taxqueña	110	4-D
Victoria	96	4-A
JABALI		
Actipan	96	6-C
JABALINA		
Las Peñitas	43	4-C
JABI MAURICIO M.		
Fuego Nuevo	111	5-A
JABILLOS		
La Perla	99	3-F
JABIN Y CDA.		
Ampliación San Marcos Norte	123	6-E
JABIRU DEL		
Las Alamedas	56	2-A
JABIRUES		
Izcalli Jardines	34	6-C
JABONERA		
Progresista	84	4-E
JACA		
Santa Cruz Atoyac	109	1-F
JACAL DEL AV.		
La Perla	30	2-C
JACALA		
Nicolás Bravo	84	1-D
Santa María Tulpetlac	59	1-E
JACAMA		
Zona Industrial Xhala	18	3-B
JACAMAR		
Ampliación Tepeaca	108	1-C
Rinconada de Aragón	60	4-C
JACAMARES		
Izcalli Jardines	47	1-B
JACANA		
Rinconada de Aragón	60	4-C
JACARANDA		
Almárcigo Sur	46	5-D
Altavista	114	1-A
Altavista	101	6-A
Ampliación Mirador	111	4-A
Avándaro	127	2-B
Barrio La Tabla	137	3-C
Buenavista	112	6-C
Corralitos	112	4-C
El Capulín	114	6-C
El Manto	111	2-B
El Mirador	59	1-B
El Molino	127	2-C
El Molino	127	3-C
Jardines de Chalco	140	1-D
Juventud Unida	123	6-A
La Palma	46	6-D
Las Huertas	81	1-C
Lomas de San Miguel	43	3-B
Lomas del Olivo	94	5-D
Los Pirules	94	2-D
Miraflores	42	2-F
Paraje de San Fco. Chilpa	44	1-C
Prados de Ecatepec	20	3-A
San Andrés Ahuayucan	149	1-F
San Antonio Zomeyucan	82	1-B
San Francisco Acuautla	115	3-E
San José de los Cedros	94	6-B
San Miguel	127	5-F
San Miguel Teotongo	113	4-B
Santa Cruz Acalpixca	137	3-D
Tamaulipas Oriente	86	6-C
Techachaltitla	101	6-A
Tepetongo	94	6-B
Tierra Colorada	121	6-A
Vista Hermosa	46	1-D
Xalpa	112	3-E
Xalpa	112	5-E
JACARANDA 2A. CDA.		
Santa Cecilia Tepetlapa	149	1-F
JACARANDA AV.		
Vergel Coapa	123	2-C
JACARANDA CDA.		
Jorge Negrete	58	5-A
San José de los Cedros	94	6-C
Tepetongo	94	6-B
JACARANDA NORTE		
San José Huilango	17	3-A
JACARANDA SUR		
San José Huilango	17	3-A
JACARANDA Y 3 CDAS.		
Las Flores	148	3-F
JACARANDAS		
Ahuehuetes	57	4-D
Ahuehuetes	58	3-C
Alfredo del Mazo	127	2-E
Ampl. Buenavista	44	3-D
Ampl. Campestre Liberación	42	2-C
Ampl. Minas Palacio	81	4-C
Ampl. San Miguel	43	2-A
Ampl. Santiago Acahualtepec	112	2-E
Ampliación El Tesoro	44	2-D
Ampliación La Forestal	45	6-C
Ampliación Loma Linda	82	1-D
Ampliación Nexquipayac	49	3-B
Aurora	99	3-F
Barranca de Guadalupe	112	5-C
Barrio San Lorenzo	124	3-D
Barrio Santa Eugenia	87	3-C
Belvedere de Eslava	134	1-E
Bellavista	76	3-D
Bosque del Pedregal	121	6-C
Bosques de Ixtacala	43	1-A
Bosques de Morelos	30	4-B
Bosques de los Pinos	29	3-E
Buenavista	44	1-D
Campestre El Potrero	113	5-C
Campestre Liberación	42	3-D
Citlalli	112	3-C
Ciudad Jardín	110	4-A
Copalera	101	3-A
Chimalhuacán	87	6-F
Chimalhuacán	87	6-E
Del Bosque	58	2-A
Del Parque	46	5-D
Del Trabajo	88	3-F
Desarrollo U. Quetzalcóatl	112	4-A
Dos de Septiembre	19	2-D
Ejidal Ampl. San Marcos	44	4-C
Ejidos de San Cristóbal	33	5-F
El Carmen	58	3-B
El Mirador	19	2-D
El Molinito	82	2-C
El Molino Tezonco	124	3-D
El Olivo	44	5-A
El Pirul	95	5-B
El Rosal	121	1-A
El Salado	100	5-E
El Toro	121	1-A
Emiliano Zapata	101	3-B
Fracc. San Andrés	63	2-B
Garcimarreno	108	1-C
Hacienda Ojo de Agua	21	4-A
Ixtapaluca Izcalli	114	6-B
Izcalli del Bosque	68	5-F
Jardines de Chalco	140	1-E
Jardines de Monterrey	43	3-C
Jardines de Santa Cruz	19	1-B
Jardines de la Cañada	44	2-C
Jardines del Tepeyac	59	6-F
La Floresta	100	6-A
La Magdalena Atlicpan	100	5-E
La Mancha 3a. Secc.	81	4-D
La Palma	56	1-E
La Perla	99	3-F
Las Huertas	68	6-D
Las Huertas	95	5-B
Las Mesitas	138	3-E
Las Palmas	121	1-A
Las Palmas	42	3-F
Las Peñitas	43	4-D
Libertad	44	1-E
Libertad	31	6-E
Loma Linda	82	1-A
Lomas San Lorenzo	111	6-E
Lomas de Santa Cruz	112	4-B
Lomas de la Era	107	6-F
Los Angeles	111	3-D
Los Bordos	46	6-B
Los Morales	18	5-B
Los Olivos	22	3-C
Los Olivos	100	3-C
Oriente	136	4-F
Palmitas	112	5-C
Palmitas	112	4-C
Pedregal de San Nicolás	121	6-C
Pilares	36	5-F
Progreso Guadalupe Victoria	33	3-C
Punta La Zanja	87	3-F
Reacom. Belén de las Flores	95	3-E
Residencial San Andrés	63	2-B
Revolución	101	2-B
Rincón Colonial	17	6-E
Rincón Verde	68	2-C
Rinconada San Pablo	136	2-D
San Bartolomé Coatepec	93	3-F
San Clemente	108	3-D
San Gregorio Atlapulco	138	2-A
San Isidro	17	6-E
San José	101	1-C
San José Buenavista	100	2-D
San José Huilango	16	4-F
San José de las Palmas	101	6-B
San José del Jaral	43	3-C
San Juan Totoltepec	68	5-F
San Lorenzo	100	3-B
San Lorenzo Atemoaya	136	4-F
San Lucas Xochimanca	136	3-E
San Luis Tlatilco	82	1-A
San Miguel Teotongo	113	3-A
San Pedro Mártir	135	1-D
San Rafael Chamapa	81	2-D
Santa Cecilia Tepetlapa	149	1-F
Santa Cruz Xochitepec	136	2-C
Santa Cruz de Guadalupe	136	6-D
Santa María Tianguistengo	16	4-F
Santa Rosa de Lima	17	6-D
Santo Tomás Chiconautla	34	3-E
Tlazintla	97	3-E
Tultitlán	31	4-D
U. H. Emiliano Zapata	76	3-D
U. H. Solidaridad	99	6-E
Unidad La Habana	139	1-A
Valle Hermoso	43	6-F
Valle Verde	127	1-D
Valle Verde	44	3-C
Valle Verde	136	3-B
Valle de Tules	44	3-C
Valle de las Flores	30	5-D
Vergel	111	6-C
Victoria de las Democracias	70	6-E
Villa San Isidro	149	3-F
Villa de las Flores	33	1-A
Villas de Tolimpa	76	4-B
Vista Hermosa	28	5-F
Xicalhuaca	137	2-C
Xochiaca	87	6-C
JACARANDAS 1A. CDA.		
Ampliación Las Aguilas	108	3-D
Rinconada San Pablo	136	2-D
Rinconada de San Pablo	136	2-C
JACARANDAS 2 CDAS.		
Vergel	111	6-C
JACARANDAS 2A. CDA.		
Ampl. La Forestal	45	6-C
Rinconada San Pablo	136	2-D
Rinconada de San Pablo	136	2-C
San Clemente	108	3-D
JACARANDAS 3A. CDA.		
Ampl. La Forestal	45	6-C
Rinconada San Pablo	136	2-D
San Clemente	108	3-D
JACARANDAS 4A. CDA.		
San Clemente	108	3-D
JACARANDAS 5A. CDA.		
San Clemente	108	2-D
JACARANDAS AND.		
Flores Magón	42	1-C
JACARANDAS AV.		
CROC Aragón	73	1-B
Ciudad Oriente	73	1-B
La Florida	60	6-B
Loma Encantada	113	3-E
Lomas de Zaragoza	112	2-F
Petroquímica Ecatepec	73	1-B
Rincón de la Bolsa	107	5-F
Santiago Acahualtepec	112	2-F
U. H. La Alborada	60	6-B
JACARANDAS CDA.		
Ampliación Potrerillo	120	2-F
Barrio La Candelaria	138	2-A
Buenavista	31	6-E
El Molino	127	2-D
Oriente	136	4-F
San Miguel Teotongo	113	3-B
Santa María Chimalhuacán	88	4-B
Vista Hermosa	4	4-B
JACARANDAS CJON.		
Barrio Santa Cruz	16	2-E
JACARANDAS CONTINUACION		
Campestre Liberación	42	3-C
JACARANDAS DE 2 CDAS.		
Del Bosque	58	2-A
JACARANDAS DE LAS AV.		
Ampl. Jards. de San Mateo	68	4-F
Jardines de Atizapán	56	1-B
JACARANDAS DE LAS PRIV.		
Lomas del Sol	94	4-D
JACARANDAS DE PRIV.		
Valle del Sur	110	3-E
JACARANDAS LAS		
Arcos del Alba	30	2-F
Barrio Santa Cruz	16	2-E
JACARANDAS PRIV.		
Jacarandas	56	4-B
JACARANDAS Y 2 ANDS.		
U. H. El Rosario	69	1-F
JACARANDAS Y 2 CDAS.		
San Clemente	108	3-D
JACARANDAS Y CDA.		
Pasteros	70	3-A
Rincón de la Bolsa	108	5-A
U. H. El Rosario	69	1-F
JACARANDAS Y PROL.		
Quiahuatla	138	1-F
JACINTEZ MIGUEL		
Moctezuma 1a. Secc.	84	5-F
JACINTO		
Ampl. Tepepan	136	1-C
Prados de Ecatepec	19	4-F
JACINTO CJON.		
Prados de Ecatepec	20	4-A
JACINTOS		
Olivar del Conde 1a. Secc.	96	5-A
Villa de las Flores	33	1-A
JACOBO DALEVUELTA CDA.		
Del Periodista	97	4-A
JACOBO SORIANO ENRIQUE		
San Rafael Chamapa	81	2-F
JADE		
Acatitla	24	2-C
Ampliación Ejidal	30	6-F
Ciudad Cuauhtémoc	34	2-E
Estrella	71	5-D
Joya de Vargas	137	5-A
Joyas de San Mateo	63	5-B
Joyas del Pedregal	122	2-F
La Joya Ixtacala	57	4-C
Las Lomas	33	6-C
Nueva San Isidro	127	4-F
Pedregal de Atizapán	42	5-F
U. H. La Esmeralda	72	3-B
U. INFONAVIT Iztacalco	97	4-E
JADE DE 2A.		
La Joya	33	6-C
JAEN		
El Dorado	56	2-F
JAGUAR		
Cocoyotes	58	2-B
JAGÜEY		
Santa Cecilia Tepetlapa	150	1-A
Tultepec	19	4-B
JAGÜEY EL		
San Pablo Tecalco	22	5-D
JAIBA		
Caracol	85	5-C
Del Mar	124	4-E
JAIMES RICARDO C 1 2 Y 3		
U. H. Vicente Guerrero	111	1-E
JAINA		
Letrán Valle	96	6-F
JAINA RT.		
U. H. ISSSTE Norma	111	1-C
JALALPA		
Ampliación Jalalpa	95	5-C
Jalalpa	95	5-D
JALALPA AV.		
Jalalpa El Grande	95	6-B
JALALPA SUR		
Jalalpa El Grande	95	6-B
JALAPA		
2a. Ampl. Stgo Acahualtepec	112	2-E
Adolfo López Mateos	42	3-D
Adolfo López Mateos	42	3-E
Adolfo López Mateos	42	4-E
Ampl. Buenavista	44	3-D
Ampl. Estado de Veracruz	111	2-B
Ampliación El Santuario	111	2-A
Centro Urbano B. Juárez	83	6-E
Cuautepec de Madero	58	2-A
Jardines de Morelos	47	3-C
La Cañada	95	4-D
Lomas de San Andrés Atenco	56	3-C
Luis Echeverría	31	5-A
Progreso	108	4-F
Roma	83	6-E
Roma Sur	83	6-E
San Jerónimo Aculco	108	6-D
Tecuezcomac	46	5-E
Valle Ceylán	57	4-C
Vergel de Guadalupe	72	5-E
Villa Milpa Alta	151	3-E
JALAPA AND.		
San Salvador Cuauhtenco	150	4-B
JALAPA CDA.		
La Ponderosa	45	5-B
Villa Milpa Alta	151	2-E
JALAPA DE MENDEZ		
San Felipe de Jesús	72	2-C
JALAPA PRIV.		
2a. Ampl. Stgo Acahualtepec	112	3-E
JALAPA Y CDA.		
San Jerónimo Aculco	108	6-C
San Salvador Cuauhtenco	150	4-B
JALAPAS		
Villa de las Flores	32	1-F
JALATLACO		
Los Angeles	57	1-D
JALATLACO Y CDA.		
Coacalco de Berriozábal	32	5-F
JALCOMULCO		
Barrio San Francisco	121	1-B
JALISCIENSES		
Barrio Norte	95	5-F
JALISCO		
Amajac	50	6-B
Ampl. Buenavista	44	4-D
Ampl. Estado de Hidalgo	108	1-B
Ampl. San Francisco	115	1-E
Ampliación San Agustín	100	2-D
Barrio de las Palomas	100	2-D
Buenavista	112	5-B
Cuauhtémoc	108	6-B
Chalma de Guadalupe	57	2-F
Des. Urbano Alvaro Obregón	95	5-D
El Progreso	16	5-E
Ermita	108	4-F
Granjas Valle de Guadalupe	59	5-F
Héroes de Padierna	121	1-D
Ixtlahuacan	112	3-F
José María Morelos y Pavón	31	5-A
La Cantera	19	2-B
La Joya	31	6-D
La Providencia	72	4-D
Los Reyes Ecatepec	60	2-B
Luis Echeverría	30	5-F
Luis Echeverría	31	5-A
Miguel Hidalgo	122	4-B
Nonoalco	63	1-B
Progreso	108	4-F
San José Tecamac	22	2-B
San Pablo de las Salinas	19	5-F
Santa María Ozumbilla	21	4-F
Santa María Tulpetlac	46	5-F
Santiago Tepalcapa	30	5-F
Temamatla	154	2-D
Tlalpizahuac	113	6-F
Tultepec	19	2-B
Valentín Gómez Farías	108	1-C
JALISCO AV.		
Barrio La Concepción	151	4-D
Barrio Los Angeles	151	4-D
Barrio San Agustín	151	4-D
Barrio San Mateo	151	4-D
Guadalupe del Moral	98	6-D
La Purísima	111	1-D
Los Reyes Acatlizhuayan	154	2-B
Paraje Zacatepec	112	2-D
San Miguel Chapultepec	96	2-C
Santa María Aztahuacán	112	2-D
Santa Martha Acatitla	112	2-D
Tacubaya	96	2-B
U. H. Margarita M de Juárez	98	6-D
Vicentina	98	6-D
Villa Milpa Alta	151	4-D
Villa Milpa Alta	151	3-C
JALISCO CDA.		
El Progreso	16	5-E
Santa María Aztahuacán	112	3-C
JALISCO DE		
Jacarandas	56	4-C
JALISCO ORIENTE AV.		
Barrio San Agustín	151	4-E
La Concepción	151	4-E
Villa Milpa Alta	151	4-E
JALISCO PONIENTE		
Barrio San Mateo	151	4-D
Villa Milpa Alta	151	4-D
JALISCO PRIV.		
Loma Bonita	21	5-D
Santiago Tepalcapa	31	5-A
JALISCO PROL.		
Santa María Ozumbilla	21	4-F
JALISCO Y 2 CDAS.		
Adolfo López Mateos	42	4-E
San José Tecamac	22	3-C
JALISCO Y 3 CDAS.		
Loma Bonita	21	5-D
JALISCO Y CDA.		
Pueblo Santa Isabel Ixtapan	48	3-F
JALISCO Y PRIV.		
Adolfo López Mateos	42	3-D
JALPAN		
Hacienda del Parque	44	1-A
JALTENCO		
Adolfo López Mateos	17	3-D
CEGOR	60	3-A
El Hostol Zona Comunal	46	4-E
La Sardaña	44	3-D
Lomas Verdes	31	5-F
JALTENCO CJON.		
San Francisco Acuexcomac	62	1-C
JALTENCO Y CDA.		
Tultitlán	31	3-B
JALTEPEC		
Barrio de la Concepción	31	3-B
JALTIPA		
Pedregal de Santo Domingo	109	5-D
JALTIPAN		
Zenón Delgado	95	4-E
JAMAICA		
Bosques de Ixtacala	43	1-B
Campestre El Potrero	113	5-C
Jardines de Cerro Gordo	60	1-C
La Estación	125	1-A
JAMAICA Y PRIV.		
Lomas Hipódromo	82	5-B
JAMAICAS		
Villa de las Flores	33	1-A
JAMBRINA FRANCISCO		
Cuautepec El Alto	58	1-B
Juventino Rosas	58	1-B
JANITZIO		
Michoacán	153	2-E
Profr. Cristóbal Higuera	43	6-A
JANITZIO Y CDA.		
Lomas de San Bernabé	107	6-F
JANSSEN ZACARIAS		
Fuego Nuevo	111	5-A
JAPETO		
Hacienda de San Juan de T.	123	4-B
JAPON		
Barrio Transportistas	87	3-C
Jardines de Cerro Gordo	60	1-B
La Olímpica II	60	5-A
México 68	68	4-D
Romero Rubio	84	3-F
JAPON PRIV.		
Romero Rubio	85	3-A
JARA GUTIERREZ		
Villa Azcapotzalco	70	4-B
JARA HERIBERTO		
Ampliación La Magdalena	100	6-D
Buenavista	44	1-D
Constitución de 1917	111	3-E
Liberación Proletaria	95	4-C
Lomas de Chamapa	81	3-E
Santa Martha Acatitla	99	5-D
JARA HERIBERTO GRAL.		
Héroes de la Revolución	82	5-B
JARA HERIBERTO RT.		
U. H. Atzacoalco CTM	71	1-F
JARAL		
Lomas de San Miguel	43	2-B
Montañista	58	2-D
JARAL DEL 2 CDAS.		
San José del Jaral	43	3-C
JARAL DEL AV. Y CDA.		
San José del Jaral	43	2-D
JARAL DEL CDA.		
San José del Jaral	43	2-D
San José del Jaral	43	3-C
JARAMANGOS		
Villa de las Flores	32	1-F
JARAMILLO JULIO RT.		
Vista Hermosa	4	4-B
JARAMILLO JULIO Y 3 CDAS.		
Vista Hermosa	4	4-B
JARAMILLO RUBEN		
Acueducto	46	6-D
Benito Juárez	97	4-E
El Gallito	59	2-D
Ixtlahuacan	112	3-F
Lomas de la Era	120	1-E
Paraje Zacatepec	112	1-D
Pedregal de Santo Domingo	109	6-E
Tlacoyaque	107	6-E
Xalpa	112	4-D
JARAMILLO RUBEN AND.		
Xalpa	112	4-D
JARCIA		
Progresista	84	4-E
JARCIERIA		
Morelos	84	2-C
JARDIN		
Altavista	109	3-A
Ampl. Veinte de Noviembre	84	3-D
Esther Zuno de Echeverría	135	2-C
Izcalli San Pablo	20	6-C
Lomas de la Hera	107	6-F
Los Reyes	113	1-C
Los Reyes Acaquilpan	113	1-C
Naucalpan de Juárez	69	5-C
Nueva San Rafael	81	1-F
Padre Figueroa	69	6-A
San Angel Inn	109	2-A
Santa Rosa	101	2-E
Sección XVI	122	4-F
Unidad Habitacional Lote 15	20	6-C
Unidad Habitacional Lote 15	20	6-B
JARDIN 1A. Y 2A. CDA.		
Del Gas	70	6-E
JARDIN AV.		
Aguilera	70	5-E
Ampliación Cosmopolita	70	5-E
Ampliación Del Gas	70	5-E
Del Gas	70	5-E
Euzkadi	70	5-E
Guadalupe Victoria	33	5-C
José María Pino Suárez	96	3-A
Molino de Santo Domingo	95	3-F
Potrero del Llano	70	5-E
Pro Hogar	70	5-E

Calle / Colonia	PLANO	COORDENADAS
Tlatilco	70	6-E
Trabajadores del Hierro	70	5-E
JARDIN AV. 3 CDAS.		
Ampliación Del Gas	70	6-E
JARDIN AZUCENAS 1A. CDA.		
Jards. San Lorenzo Tezonco	124	3-D
JARDIN AZUCENAS 2A. CDA.		
Jards. San Lorenzo Tezonco	124	3-D
JARDIN CDA.		
San Miguel Xochimanga	43	6-E
U. H. Belén de las Flores	108	2-C
JARDIN CENTRAL		
U. Adolfo López Mateos	56	5-E
JARDIN DE LA RIVIERA		
Ampliación Misiones	68	3-F
JARDIN DE LAS AMAPOLAS		
Jards. San Lorenzo Tezonco	124	3-D
JARDIN DE LAS AZALEAS		
Barrio San Antonio	124	3-D
Barrio San Lorenzo	124	3-D
Jards. San Lorenzo Tezonco	124	3-D
JARDIN DE LAS AZUCENAS		
Jards. San Lorenzo Tezonco	124	3-D
JARDIN DE LAS BUGAMBILIAS		
Jards. San Lorenzo Tezonco	124	3-D
JARDIN DE LAS DALIAS		
Jards. San Lorenzo Tezonco	124	3-D
JARDIN DE LAS HORTENSIAS		
Jards. San Lorenzo Tezonco	124	3-D
JARDIN DE LAS ORQUIDEAS		
Jards. San Lorenzo Tezonco	124	3-D
JARDIN DE LAS ROSAS		
El Rosedal	110	4-A
JARDIN DE LAS VIOLETAS		
Jards. San Lorenzo Tezonco	124	3-D
JARDIN DE LOS ALCATRACES		
Jards. San Lorenzo Tezonco	124	3-D
JARDIN DE LOS ALHELIES		
Jards. San Lorenzo Tezonco	124	3-D
JARDIN DE LOS CIPRESES		
Santa María Chimalhuacán	88	4-A
JARDIN DE LOS CLAVELES		
Jards. San Lorenzo Tezonco	124	3-D
JARDIN DE LOS LIRIOS		
Jards. San Lorenzo Tezonco	124	3-D
JARDIN DE LOS OLIVOS DIAG.		
Jards. San Lorenzo Tezonco	124	3-C
JARDIN DE LOS PENSAMIENTOS		
Jards. San Lorenzo Tezonco	124	3-D
JARDIN DE LOS TULIPANES		
Jards. San Lorenzo Tezonco	124	3-D
JARDIN DE NIÑOS		
San Miguel Totolcingo	35	5-D
Santa María Cuautepec	32	5-A
JARDIN DEL AV. Y PRIV.		
La Casilda	58	1-C
JARDIN DEL PALMAR		
U. José Ma. Morelos y Pavón	33	1-B
JARDIN ESCULTORES		
Ciudad Satélite	69	2-D
JARDIN MARTIRES DE T. PRIV.		
Tacubaya	96	3-B
JARDIN MORELOS		
Barrio El Rosario	136	1-F
JARDIN PROL.		
La Casilda	58	1-C
JARDIN REVOLUCION		
San Juan de Aragón	72	6-B
JARDIN SANTA LUCIA		
Venta de Carpio	34	5-D
JARDIN Y CDA.		
Tlacopac	109	2-A
JARDIN Y PRIV.		
Atlántida	110	4-A
JARDINEROS		
Morelos	84	3-D
San Pablo Xalpa	70	1-B
Tlatel Xochitenco	87	2-D
JARDINES		
Ampl. San José del Jaral	43	3-D
Ampliación San Marcos	44	5-C
Dos Ríos	93	6-B
Ejidal Ampl. San Marcos	44	4-D
El Arenal	100	4-F
Granjas de Guadalupe	42	1-C
Jardines de la Cañada	44	1-C
Plaza de la Colina	56	6-C
Quiahuatla	138	1-F
San José Buenavista	100	3-D
San Miguel Teotongo	113	3-A
Santa Cecilia Tepetlapa	150	1-A
Xochiaca	100	1-C
Xochiaca	87	6-C
Xochitenco	87	6-D
JARDINES CDA.		
Xochiaca	87	6-C
JARDINES COLGANTES		
Siete Maravillas	58	6-A
JARDINES DE LA CRUZ CDA.		
U. H. El Paraíso FOVISSSTE	18	6-C
JARDINES DE MORELOS		
Jardines de Morelos	47	1-D
JARDINES DE MORELOS AV.		
Jardines de Morelos	47	2-F
JARDINES DE SAN MATEO AV.		
Santa Cruz Acatlán	69	4-B
JARDINES DE SAN MATEO CALZ.		
San Miguel	69	4-B
Santa Cruz Acatlán	69	4-B
JARDINES PRIV.		
Santa Cecilia Tepetlapa	150	1-A
JARDINES PROL.		
Santa Cecilia Tepetlapa	150	1-A
JARDON MARIANO		
Tulyehualco	138	2-E
JARIBU		
Ampliación Tepeaca	108	1-C
Ave Real	108	1-C
JARICOR OTE.		
San Francisco Cascantitla	18	6-C
JARICOR PTE.		
San Francisco Cascantitla	18	6-C
JARILLA		
Buenavista	112	5-B
JARIPEO		
Villas de la Hacienda	43	1-C
JARIPEO DEL		
Colina del Sur	108	1-C
JARRILLOS		
Plutarco Elías Calles	114	5-F
JARRITOS		
Olivar Santa María	138	4-E
JARROS		
Olivar Santa María	138	4-E
JASON		
Cuautitlán Izc. Ensueños	30	1-D
JASPE		
Ampl. La Esmeralda	34	1-D
Ciudad Cuauhtémoc	34	2-E
La Cascada	96	6-A
La Esmeralda	72	3-B
La Joya	33	6-C
Tres Estrellas	71	6-E
U. H. La Esmeralda	72	3-B
JASPE PRIV.		
Valle de Tepepan	123	6-B
JASQUI JOSE		
Las Peñitas	43	3-D
JASSO JOSE		
Jorge Negrete	58	4-A
JASSO JOSE J.		
Moctezuma 1a. Secc.	84	5-E
JASSO LUIS		
Santa Martha Acatitla	99	6-D
JASSO ROBERTO		
Independencia	28	4-E
JAULA AND.		
U. H. Pantaco	70	4-D
JAUREGUI EUSEBIO		
Ampliación San Pedro Xalpa	69	5-E
JAVIRO		
Rinconada de Aragón	60	5-C
JAYACATE		
La Retama	94	6-B
JAZMIN		
2o. Reac. de Tlacuitlapa	108	2-C
Agua Azul	99	1-C
Alamos	46	6-A
Alcantarilla	108	4-C
Ampl. Libertad 3a. Sección	29	3-B
Ampl. Malacates	45	5-B
Ampl. Tlacoyaque	107	6-E
Ampliación El Chaparral	56	3-A
Ampliación El Tesoro	44	3-D
Ampliación Emiliano Zapata	42	3-F
Ampliación Loma Linda	82	1-B
Ampliación San Mateo	68	2-D
Ampliación Tulpetlac	46	5-E
Atlampa	83	1-F
Barrio Cesteros	87	3-E
Barrio La Rosita	87	3-C
Barrio Mineros	87	3-E
Barrio Pescadores	87	3-E
Barrio San Felipe	49	1-D
Barrio Santa Eugenia	87	3-C
Barrio Talladores	87	3-E
Barrio Xaltocan	136	2-F
Benito Juárez	31	6-C
Buenavista	112	6-C
Buenavista	112	5-C
Buenos Aires	49	1-D
Consejo Agrarista Mexicano	111	5-F
Chimalhuacán	87	3-E
Del Carmen	138	3-C
Dos de Octubre	121	6-D
Ejército del Trabajo III	73	3-B
Ejidal Ampl. San Marcos	44	4-C
Ejido Santa Cruz Xochitepec	136	2-D
Ejidos de San Cristóbal	33	6-E
Ejidos de San Pedro Mártir	122	6-F
El Capulín	114	5-D
El Capulín	114	6-C
El Manto	111	3-B
El Mirador	136	1-C
El Molino	127	2-C
El Toro	121	1-B
Francisco Villa	138	3-F
Hank González	59	1-B
Jardines de Chalco	140	2-D
Jardines de Monterrey	43	3-C
Jardines de Santa Cruz	19	2-B
Jardines del Llano	139	5-A
Jardines del Tepeyac	73	1-A
Jazmín	137	4-B
La Cañada	82	2-B
La Casilda	58	1-C
La Loma	138	3-F
Las Colonias	81	2-F
Las Flores	56	3-A
Las Huertas	81	1-C
Las Palmas	42	3-F
Las Peñitas	43	4-D
Loma Encantada	113	3-E
Loma de la Cruz	42	1-B
Lomas Quebradas	121	1-B
Lomas San Lorenzo	111	6-E
Lomas de Altavista	114	1-A
Lomas de San Miguel	43	3-B
Lomas de Santiago Tepalcapa	43	3-A
Lomas de Totolco	101	2-A
Los Angeles Apanoaya	111	3-E
Mariano Matamoros	59	1-B
México	19	2-B
Minas Palacios	81	3-C
Mirador	115	2-E
Miraflores	42	2-F
Miraflores	57	5-C
Nezahualcóyotl	48	4-F
Nueva San Isidro	127	5-F
Paraíso	60	1-A
Peña Alta	138	5-F
Quiahuatla	138	1-F
Reacom. Belén de las Flores	95	3-E
Rincón Verde	68	2-C
Rincón de la Bolsa	108	5-A
San Francisco Chilpan	44	1-C
San Francisco Zacango	49	1-D
San Jerónimo	137	3-B
San José del Jaral	43	2-C
San Juan Xalpa	111	5-B
San Juan Zapotla	100	1-E
San Juan Zapotla	100	1-F
San Lucas Amalinalco	128	5-D
San Luis Tlaxialtemalco	138	1-B
San Miguel Teotongo	113	4-A
San Pablo	112	4-F
San Pablo I	112	4-E
San Vicente Chicoloapan	88	6-D
Santa Catarina Ayotzingo	153	1-C
Santa Cruz Tepeyehuali	137	5-A
Santa Rosa	48	2-D
Santa Rosa	101	1-E
Tlacoyaque	107	6-E
Tlacoyaque	120	1-E
Tlalmille	135	2-B
Tlatilco	83	1-E
Torres del Potrero	108	5-A
Valle de Aragón Norte II	73	1-A
JAZMIN 1A. CDA. Y 2A. CDA.		
Tetezcala	36	6-D
JAZMIN AND.		
Ampl. San Mateo	68	2-E
Las Huertas	68	6-D
Loma Cebada	94	2-D
San Bartolomé Coatepec	93	3-E
JAZMIN CDA.		
Barrio San Felipe	36	6-D
Cuajimalpa	107	2-A
Francisco Villa	138	2-F
Jesús del Monte	94	5-B
Lomas de la Era	107	6-F
Palmitas	112	4-C
San Francisco Zacango	36	6-E
San José del Jaral	43	3-C
Santa Catarina Ayotzingo	153	2-C
Tenorios	112	4-D
Tultepec	19	4-B
JAZMIN CJON.		
Xochitenco	87	5-D
JAZMIN DEL		
Barrio Santa Cruz	16	2-E
JAZMIN DEL CJON.		
San Luis Tlaxialtemalco	138	1-B
JAZMIN PRIV.		
Hank González	59	1-B
Pedregal de Santo Domingo	109	5-D
JAZMIN Y 3 ANDS.		
Las Huertas	95	5-B
JAZMIN Y 3 CDAS.		
Santa Cruz Tepeyehuali	137	5-A
JAZMIN Y CDA.		
Ejidos de San Pedro Mártir	122	6-F
Los Angeles	111	3-D
JAZMINES		
Bellavista	59	2-E
Bello Horizonte	31	5-E
Chimilli	121	6-E
El Capulín	63	5-C
Jardines de Aragón	60	5-B
Jardines de Morelos	47	1-E
Jardines de la Cañada	44	2-D
La Floresta	100	6-B
La Joya	19	5-B
Los Cerrillos	138	2-D
Prados de Ecatepec	19	4-F
Prados de San Mateo	68	3-E
Progreso Guadalupe Victoria	33	4-D
San Isidro La Paz	42	1-A
San José Huilango	16	4-F
San Mateo Cuautepec	32	5-A
Santa Ursula Coapa	123	2-B
Tlacopac	109	2-A
U. H. El Paraíso FOVISSSTE	18	6-C
U. H. Solidaridad Social	20	6-B
Valle Hermoso	43	6-F
Villa de las Flores	33	1-A
Zona Industrial Tultepec	19	4-D
JAZMINES DE LOS RT.		
La Florida	69	3-C
JAZMINES RT.		
Izcalli Ecatepec	46	2-F
JECUALMES		
Caracol	122	2-E
JECUITE Y CDA.		
Pedregal de Santo Domingo	109	5-D
JEFFERSON		
Ampliación Presidentes	95	6-D
JEFFERSON TOMAS		
Ampliación Presidentes	95	5-D
JEN OTE.		
San Francisco Cascantitla	18	6-C
JEN PTE.		
San Francisco Cascantitla	18	6-C
JENGIBRES		
Villa de las Flores	33	1-A
JENNER EDUARDO		
Granjas de San Cristóbal	33	4-A
U. IMPI Iztacalco	97	4-F
JERECUARO		
San Fernando	94	5-C
JEREZ		
Insurgentes Mixcoac	96	6-C
San Esteban Huitzilacasco	81	3-E
San Miguel Teotongo	113	2-A
JERICO		
Aquiles Serdán	84	3-F
Romero Rubio	84	3-F
Simón Bolívar	84	3-F
JERICO CDA.		
Romero Rubio	85	3-A
JERUSALEN		
Ampl. Profr. C. Higuera	43	5-A
Aquiles Serdán	85	3-A
Los Padres	108	6-A
Romero Rubio	85	3-A
Valle Dorado	56	2-E
JERUSALEN 3 CJONES.		
San Francisco Tlaltenco	125	3-D
JERUSALEN CDA.		
Los Padres	108	6-B
JESUS CDA.		
Barrio San Miguel	97	3-D
JESUS DE CDA.		
Lomas de Chamontoya	107	6-E
JESUS DEL MONTE AV.		
Adolfo López Mateos	107	1-B
Cuajimalpa	107	1-B
Jesús del Monte	107	1-B
Jesús del Monte	94	5-B
La Manzanita	107	1-B
Manzanastitla	107	1-B
JESUS DEL MONTE AV. 3 CDAS.		
Manzanastitla	107	1-B
JESUS DEL MONTE AV. PRIV.		
Cuajimalpa	107	1-B
JESUS DEL MONTE CDA.		
Cuajimalpa	107	2-B
JESUS MARIA		
Centro	84	5-C
Ixtapaluca	115	6-B
Lomas de Chamontoya	120	1-E
Lomas de Chamontoya	107	6-E
Santa Cecilia	57	2-C
Veinticinco de Julio	72	3-B
JESUS MARIA NORTE		
Veinticinco de Julio	72	2-C
JESUS MARIA PRIV.		
Santa Cruz Acalpixca	137	3-C
JESUS MARIA PROL.		
Carlos Hank González	111	5-F
Desarrollo U. Quetzalcóatl	111	5-F
JESUS MARIA Y CDA.		
Santa María Coatlán	24	4-F
JICAMA		
El Zapote	94	1-D
Ignacio Allende	70	6-E
JICAMAL		
Las Huertas	81	1-C
JICAMAS		
Tabla del Pozo	59	2-A
JICARA		
San Pablo I	112	4-F
JICOTE		
Pedregal de Santo Domingo	109	6-D
JILGUERILLAS LAS		
Ampliación Emiliano Zapata	113	4-B
JILGUERILLOS		
Las Alamedas	56	2-A
JILGUERO		
Ampliación San Miguel	43	2-B
Ampliación Valle de Aragón	73	2-A
Bellavista	96	3-A
Benito Juárez	41	1-F
Casas Reales	34	5-E
Ciudad Cuauhtémoc	35	2-A
El Tanque	108	6-A
José María Pino Suárez	96	3-A
La Cañada	56	3-B
La Rivera	68	6-F
Las Arboledas	56	1-E
Los Padres	108	6-A
Minas Palacio	81	4-B
Minas del Coyote	81	3-B
Nuevo San Lucas Patoni	45	6-A
Rinconada de Aragón	60	4-C
San Gabriel	43	3-D
San Miguel Teotongo	113	4-B
JILGUERO CDA.		
Lomas del Carmen	94	1-E
Los Padres	108	6-A
JILGUERO DE CDA.		
El Tanque	108	6-A
JILGUERO ORIENTE		
Lago de Guadalupe	30	4-A
JILGUERO PONIENTE		
Lago de Guadalupe	30	4-A
JILGUEROS		
Ampl. La Rivera	68	6-F
El Mirador II	134	1-D
Granjas de Guadalupe	42	2-B
Izcalli Jardines	34	6-C
La Rivera	68	6-F
Las Aguilas	42	4-F
Las Aguilas	108	1-F
Lomas de San Esteban	89	1-B
Parque Residencial Coacalco	33	5-B
Prados de Ecatepec	19	3-F
San Cristóbal Texcalucan	93	3-C
Vicente Guerrero 1a. Secc.	41	1-D
JILGUEROS 1a. Y 2a.		
PROFOPEC Polígono 3	60	6-C
JILGUEROS AND.		
Colinas del Sur	95	6-D
JILGUEROS AV. Y 3 CDAS.		
Villa San Lorenzo Chimalco	100	2-C
JILGUEROS CDA.		
San Rafael Chamapa	81	2-D
JILGUEROS DE LOS		
Lomas del Río	41	2-A
JILGUEROS LOS		
Lomas Verdes	68	1-E
JILOSUCHIL		
Pedregal de Santo Domingo	109	5-D
JILOTEPEC		
Alfredo del Mazo	47	6-D
Altavilla	72	1-B
Ampl. Gustavo Baz Prada	44	6-D
Ampl. Santiago Acahualtepec	112	3-E
Ampliación Michoacana	84	2-E
Bosque del Pedregal	121	6-C
CEGOR	60	3-A
Cuautitlán Izc. Cumbria	30	2-E
Del Carmen	126	1-F
Dos de Octubre	121	6-C
El Hostol Zona Comunal	46	4-E
Estado de México	114	4-A
La Romana	57	2-B
La Sardaña	44	3-D
Lomas Tlalmex	56	4-F
Lomas Verdes	31	6-F
Sagitario V	73	3-C
Santa Bárbara	115	6-A
JILOTEPEC NORTE Y SUR		
Lomas de Atizapán	55	2-E
JILOTZINGO		
Cuautitlán Izc. Cumbria	30	2-E
El Hostol Zona Comunal	46	4-D
Estado de México	82	3-A
Lomas Verdes Solidaridad	44	1-F
JILOTZINGO Y 2 CDAS.		
Pedregal de Santo Domingo	109	5-D
JIMENEZ		
Centro	84	5-B
Independencia	28	3-E
Tlalpexco	58	2-C
JIMENEZ CANTU		
Benito Juárez	59	2-B
Chalco	128	6-A
Ejido San Agustín Atlapulco	100	5-B
Fuentes de Ecatepec	47	2-B
Reforma	100	5-B
San Rafael Chamapa	81	3-D
JIMENEZ CANTU 2A. CDA.		
Ejido San Agustín Atlapulco	100	4-C
JIMENEZ CANTU AV.		
Carlos Hank González	101	5-A
JIMENEZ CANTU CDA.		
Carlos Hank González	101	5-A
JIMENEZ CANTU DE PRIV.		
San Pedro Atzompa	21	3-D
JIMENEZ CANTU J.		
San Pedro Atzompa	21	3-D
JIMENEZ CANTU JORGE		
Acatitla	24	2-C
Ciudad Cuauhtémoc	35	3-A
Colatitla	24	2-C
Cuanalco	59	1-B
Cuchilla Alfredo del Mazo	127	3-E
Dr. Jorge Jiménez Cantú	18	2-F
Dr. Jorge Jiménez Cantú	30	4-C
Ejército del Trabajo	101	2-B
Ejido San Agustín Atlapulco	100	4-C
Evangelista	24	2-A
Francisco Villa	101	2-B
INFONAVIT COCEM I	31	5-D
Mariano Matamoros	59	1-B
Melchor Ocampo	59	5-E
Nueva San Rafael	81	2-F
Piedra Grande	59	3-B
Puxtla	24	3-B
San Martín	22	2-B
San Martín de las Pirámides	24	2-F
Santa María Cozotlán	24	1-C
Santa María Cozotlán	24	2-C
Valle de Gpe. Xalostoc	72	1-C
Yanhuitlán	24	2-C
JIMENEZ CANTU JORGE 1A. CDA.		
Ejido San Agustín Atlapulco	100	4-C
San Pedro Atzompa	21	3-D
JIMENEZ CANTU JORGE 2A. CDA.		
Ejido San Agustín Atlapulco	100	4-C
JIMENEZ CANTU JORGE 3 CDAS.		
Hank González	59	1-B
JIMENEZ CANTU JORGE 3A. CDA.		
Ejido San Agustín Atlapulco	100	4-C
JIMENEZ CANTU JORGE AV.		
Vergel de Guadalupe	72	5-E
JIMENEZ CANTU JORGE CDA.		
Emiliano Zapata	42	1-E
Puxtla	24	4-B
San Pedro Atzompa	21	3-C
JIMENEZ CANTU JORGE DR.		
C. H. Lote 84	20	5-A
Conj. Las Casitas de San P.	20	5-A
INFONAVIT Lote 82	20	5-A
San Pablo de las Salinas	20	5-A
JIMENEZ CANTU JORGE DR. AV		
Arcos de la Hacienda	17	5-E
Arcos del Alba	30	2-F
Bosques del Alba	30	2-F
Centro Urbano	17	5-E
Corredor Urbano Comercial	17	5-E
Cuautitlán Izcalli Norte	17	5-E
Galaxia	30	2-F
INFONAVIT Tepalcapa	30	2-F
Infonavit Ferrocarrilera	17	5-E
Jardines del Alba	30	2-F
Joyas del Alba	30	2-F
Monte Verde	30	2-F
Rincón Colonial	17	5-E
San Isidro	17	5-E
Sen Juan Atlamica	17	5-E
Santiago Tepalcapa	30	2-F
JIMENEZ CANTU JORGE DR. AV.		
Bosques de la Hacienda	17	3-E
Villa de Guadalupe Xalostoc	59	5-D
Villa de Guadalupe Xalostoc	59	6-A
JIMENEZ CANTU JORGE DR. VIA		
Condo Plazas Chiluca	55	3-D
Loma de Vallescondido	55	3-D

Calle / Colonia	PLANO	COORDENADAS
San Lorenzo	100	2-C
San Lucas Amalinalco	128	5-D
San Lucas Tepango	37	1-C
San Lucas Tepetlacalco	56	6-C
San Martín	22	3-B
San Martín Tepetlixpan	31	6-A
San Martín de las Pirámides	24	1-F
San Mateo Cuautepec	32	5-A
San Mateo Huexotla	76	4-B
San Mateo Xalpa	136	5-D
San Miguel Teotongo	113	2-A
San Miguel Teotongo	113	4-A
San Miguel Totolcingo	35	5-D
San Miguel Xochimanga	43	6-E
San Miguel Xometla	37	2-A
San Pablo Atlazalpa	140	6-E
San Pablo Atlazalpa	153	1-D
San Pablo Oztotepec	150	5-C
San Pablo Oztotepec	150	5-E
San Pablo Tecalco	22	4-E
San Pedro Atlazapa	153	1-D
San Pedro Atzompa	21	3-D
San Pedro Barrientos	44	4-A
San Pedro Xalostoc	59	3-C
San Rafael Chamapa	81	3-D
San Rafael Chamapa	81	3-C
San Salvador Cuauhtenco	150	4-B
San Sebastián Xhala	18	3-B
Santa Anita	97	2-D
Santa Cruz Chavarrieta	136	5-D
Santa Cruz Meyehualco	112	3-A
Santa María Cuautepec	32	4-A
Santa María Chimalhuacán	88	4-A
Santa María Chimalhuacán	88	3-A
Santa María Tlanguistengo	16	3-F
Santa Ursula Coapa	123	2-B
Santa Ursula Coapa	123	1-B
Santiago Acahualtepec	112	2-E
Santiago Acahualtepec	112	2-F
Santiago Yanhuitlalpan	94	5-A
Santiaguito	63	5-C
Santiaguito	138	2-D
Tecamachalco	113	1-E
Tenorios	112	5-D
Tepalcates	98	4-F
Tepetates	100	4-F
Tepetongo	94	6-B
Texalpa	46	6-E
Tezoyuca	49	1-E
Tezoyuca	49	2-C
Tiziclipa	137	6-B
Tlalnepantla	57	4-A
Tlalpan	122	4-D
Tlapacoya	127	2-E
Torres del Potrero	108	5-B
Tultitlán	31	2-D
U. H. Culhuacán	110	4-E
U. Izcalli Santa Clara	73	2-C
Universal	81	1-D
Vallejo Poniente	71	6-A
Veintiocinco de Julio	72	3-B
Veintiuno de Marzo	44	5-A
Venustiano Carranza	70	1-E
Vicente Guerrero	41	1-F
Villa Coyoacán	109	2-E
Villa San Lorenzo Chimalco	100	2-C
Villa de Guadalupe	100	4-E
Villas de las Palmas	42	2-E
Xalpa	112	4-D
Xalpa	112	4-E
Xalpa	112	5-D
Xaltipac	100	1-C
Z. U. E. Ozumbilla	21	5-E
Zona Industrial Los Reyes	57	4-A
JUAREZ BENITO 1 CJON.		
Albert	97	6-B
JUAREZ BENITO 1A. CDA.		
Ej. Santa María Aztahuacán	112	1-B
Hank González	59	1-C
La Magdalena Panohaya	62	4-D
Lomas de San Bernabé	120	1-E
San Lucas Patoni	57	4-E
San Miguel Tocuila	62	5-E
JUAREZ BENITO 2A. CDA.		
Benito Juárez	41	2-E
Ej. Santa María Aztahuacán	112	1-B
El Rosario	138	4-E
Hank González	59	1-C
La Magdalena Panohaya	62	4-D
Lomas de San Bernabé	120	1-E
Paraje San Juan 3a. Ampl.	111	4-D
Villa San Lorenzo Chimalco	100	2-D
JUAREZ BENITO 2A. CDA. PROL.		
Ampl San Lorenzo Los Olivos	137	4-A
JUAREZ BENITO 2A. PRIV.		
San Luis Tlaxialtemalco	138	2-A
JUAREZ BENITO 3A. CDA.		
Benito Juárez	59	1-C
Lomas de San Bernabé	120	1-E
Los Clubes	43	5-C
JUAREZ BENITO 3A. CDA. PROL.		
Ampl San Lorenzo Los Olivos	137	4-A
JUAREZ BENITO 4A. CDA.		
Santiago Acahualtepec	112	2-F
JUAREZ BENITO 5A. CDA.		
Santiago Acahualtepec	112	2-F
JUAREZ BENITO 6A. CDA.		
Santiago Acahualtepec	112	2-F
JUAREZ BENITO AND.		
San Lorenzo	81	2-E
JUAREZ BENITO AV.		
Ampl. Raúl Romero Fuentes	99	3-D
Ampl. Vicente Villada	99	3-D
Ampl. Vicente Villada Pte.	99	3-D
Ancón de los Reyes	100	4-A
Barrio San Lorenzo	124	2-D
Barrio Santa Ana Zapotitlán	125	3-A
Bellavista	56	6-F
Ciudad Adolfo López Mateos	56	1-A
Cuauhtémoc	59	5-B
El Cortijo	57	5-A
El Molino Tezonco	124	2-D
El Rosario	124	2-D
Estado de México	86	5-A
Evolución	99	3-D
Evolución Poniente	99	3-D
Guadalupana	127	4-D
Ind. Puente de Vigas	56	6-F
La Condesa	56	1-A
La Escuela	56	6-F
La Mora	56	6-F
La Perla	99	3-D
La Perla Reforma	100	4-A
Lomas de la Hacienda	43	5-C
Los Clubes	43	5-C
Los Tejavanes	57	5-A
México	99	3-D
Modelo	99	3-D
Naucalpan de Juárez	69	5-C
Porfirio Díaz	99	3-D
Providencia	127	4-D
Pueblo de los Reyes	57	5-A
Reforma "A" Sección 1	100	4-A
Residencial del Bosque	56	1-A
San Jerónimo Tepetlacalco	56	6-F
San Juan y San P. Tezompa	152	2-E
San Mateo Tecoloapan	43	5-C
San Miguel Tocuila	62	5-F
San Miguel Tocuila	62	5-E
San Miguel Xochimanga	43	5-C
San Pablo Chimalpa	106	2-E
San Pablo Xalpa	70	1-B
Santa Ana Tlacotenco	152	6-A
Santiago Zapotitlán	125	3-A
Tlalnepantla	57	5-A
U. Urbana Zaragoza	56	1-A
Valle de los Reyes	100	4-A
Vicente Villada	99	3-D
Zona Industrial Los Reyes	57	5-A
JUAREZ BENITO AV. Y 2 CDAS.		
San Pablo de las Salinas	20	6-A
JUAREZ BENITO AV. Y 5 CDAS.		
Pueblo Nativitas	137	4-A
JUAREZ BENITO AV. Y CJON.		
Barrio Chapultepec	136	6-F
San Andrés Ahuayucan	136	6-F
JUAREZ BENITO CALZ.		
Consejo Agrarista Mexicano	111	5-F
El Triángulo	111	5-F
Francisco Villa	111	5-F
Insurgentes	111	5-F
Mixcoatl	111	5-F
Polvorilla	111	5-F
Presidentes de México	111	5-F
San Juan Joya	111	5-F
JUAREZ BENITO CDA.		
Ampliación Emiliano Zapata	42	2-F
Barrio Norte	95	5-F
Benito Juárez	59	2-C
Ejido San Mateo Ixtacalco	18	4-B
Emiliano Zapata	42	2-D
Esther Zuno de Echeverría	111	6-C
Guadalupe Victoria	33	5-E
Las Huertas	81	1-E
Lázaro Cárdenas	35	6-B
Lomas de Totolco	101	2-A
Los Angeles Apanoaya	111	3-E
Nueva Rufino Tamayo	46	5-D
Pantitlán	85	6-D
Pueblo San Diego	76	1-D
San Andrés de la Cañada	46	5-A
San Gregorio Cuautzingo	141	1-E
San Lucas Patoni	57	4-E
San Pablo Oztotepec	150	5-C
San Vicente Chicoloapan	88	6-E
Santa Clara	59	3-D
Santa Cruz Acalpixca	137	3-C
Santa Rosa	101	1-E
Santiago Acahualtepec	112	2-E
Santiago Teyahualco	19	6-C
Santiago Teyahualco	32	1-C
Santiago Yanhuitlalpan	94	5-A
JUAREZ BENITO CIR.		
Villas Copilco	109	4-D
JUAREZ BENITO CJON.		
Año de Juárez	137	3-B
Hank González	59	1-C
JUAREZ BENITO DE 1A. C.		
Libertad	28	4-F
JUAREZ BENITO DE 1A. CDA.		
Ampl. Tepeximilpa Servimet	122	6-B
Barrio La Asunción	123	6-F
San Pedro Xalostoc	59	4-B
JUAREZ BENITO DE 2A. C.		
Libertad	28	4-F
JUAREZ BENITO DE 2A. CDA.		
Ampl. Tepeximilpa Servimet	122	6-B
Benito Juárez	59	2-C
San Pedro Xalostoc	59	4-B
JUAREZ BENITO DE 3A. CDA.		
La Magdalena Panohaya	62	4-D
JUAREZ BENITO LIC.		
Barrio San Martín	4	6-D
Granjas Valle de Guadalupe	72	1-E
Lázaro Cárdenas	86	1-A
San Juan Ixhuatepec	58	5-E
Tepotzotlán	4	6-D
JUAREZ BENITO LIC. Y CDA.		
Santa Clara	59	3-D
JUAREZ BENITO NORTE AV.		
San Pedro Xalostoc	59	4-B
JUAREZ BENITO PDTE.		
Constitución de 1857	99	5-F
Santa Martha	99	5-F
JUAREZ BENITO PONIENTE AV.		
Benito Juárez	59	2-C
JUAREZ BENITO PRIV.		
Insurgentes	111	5-F
Pueblo San Mateo Xalpa	136	5-D
San Diego Churubusco	109	2-F
San Juan de Aragón	72	6-B
San Pablo Chimalpa	106	2-E
San Vicente Chicoloapan	88	6-E
Villa San Lorenzo Chimalco	100	2-C
JUAREZ BENITO PROL.		
Ampl San Lorenzo Los Olivos	137	4-A
Cocotitlán	141	4-D
Chalco	140	1-F
La Magdalena Contreras	121	3-A
Pueblo Nativitas	137	4-A
San Andrés Ahuayucan	136	5-F
San Andrés Totoltepec	135	2-D
JUAREZ BENITO PROL. Y CDA.		
El Rosario	138	4-E
Lomas de Chamapa	81	3-D
JUAREZ BENITO PROLONGACION		
Pueblo San Andrés Ahuayucan	136	4-F
JUAREZ BENITO Y 1 PRIV.		
Albert	97	6-B
JUAREZ BENITO Y 2 CDAS.		
Dr. Jorge Jiménez Cantú	30	5-C
Granjas Lomas de Guadalupe	30	5-C
JUAREZ BENITO Y 4 CDAS.		
Tultepec	19	4-B
JUAREZ BENITO Y CDA.		
Ampliación San Agustín	100	3-D
Chiconcuac	49	6-E
Isidro Fabela	122	3-D
La Magdalena Panohaya	62	4-D
La Nopalera	124	2-F
Paraje San Juan	111	4-D
San Antonio Zomeyucan	82	2-A
San José de los Leones	81	3-E
San Lorenzo Río Tenco	17	1-F
Santa Martha Acatitla	112	1-E
Santiago Teyahualco	19	6-C
JUAREZ BENITO Y CDA. Y PRIV.		
Pueblo Santa Isabel Ixtapan	48	3-F
JUAREZ BENITO Y CJON.		
San Francisco Tlaltenco	125	3-D
JUAREZ BENITO Y CJON. Y CDA.		
Santa Cruz Meyehualco	112	4-A
JUAREZ BENITO Y PRIV Y CJON		
Los Reyes Culhuacán	110	3-E
JUAREZ BENITO Y PRIV. Y CDA.		
Miguel Hidalgo	122	5-B
JUAREZ BENITO Y RT.		
San Lucas Patoni	57	4-E
JUAREZ CDA.		
Abdías García Soto	107	2-B
Ahuehuetes	56	1-B
Ampliación La Mexicana	95	5-C
B. San Antonio Culhuacán	110	4-F
Barrio La Asunción	123	6-F
Benito Juárez	41	1-F
Cinco de Mayo	22	2-B
Ixtapaluca	115	6-A
La Magdalena Panohaya	62	4-D
Las Cruces	108	6-A
Las Tinajas	107	2-B
Nexquipayac	49	4-A
Oriente	136	4-F
Papalotla	50	6-D
Pueblo Santa Isabel Ixtapan	48	3-F
San Alvaro	83	1-B
San Andrés Ahuayucan	136	5-F
San Andrés Totoltepec	135	2-E
Santa Catarina Acolman	36	3-B
Santa Lilia	82	2-A
Tepotzotlán	4	6-C
Vicente Guerrero	41	2-F
JUAREZ CDA. Y PRIV.		
Lomas de San Andrés Atenco	56	3-C
JUAREZ CJON.		
La Concepción Tlacopa	123	6-F
Pueblo Santa Cruz Acalpixca	137	2-D
San Lorenzo Acopilco	106	5-D
San Marcos Huixtoco	128	3-D
San Pablo Chimalpa	106	2-E
Tequexquinahuac	56	1-F
Tezoyuca	49	2-C
Tlaxala	107	2-C
JUAREZ DE 1A. CDA.		
La Magdalena Panohaya	62	4-D
San Mateo Ixtacalco	18	1-A
JUAREZ DE 1A. Y 2A CDA.		
San Mateo Ixtacalco	18	2-A
JUAREZ DE 2A. CDA.		
La Magdalena Panohaya	62	4-D
JUAREZ DE 3A. CDA.		
Las Tinajas	107	2-C
JUAREZ DE 4A. CDA.		
Las Tinajas	107	2-C
JUAREZ DE 6A. CDA.		
San Vicente Chicoloapan	88	6-D
JUAREZ DE CDA.		
Libertad	31	6-E
Los Clubes	43	5-C
JUAREZ DE SEGUNDO CJON.		
San Vicente Chicoloapan	88	6-E
JUAREZ JOSE		
Ciudad Satélite	69	1-D
JUAREZ LOS		
San José Insurgentes	96	6-B
JUAREZ LUCAS		
Barrio de Santo Tomás	70	4-C
JUAREZ MARCELINO DON		
U. H. Guelatao de Juárez	99	4-A
JUAREZ NORTE		
Ampl. El Carmen	34	6-A
Ecatepec de Morelos	46	1-F
Fracc. San Benjamín	46	1-F
JUAREZ NORTE Y 6 CDAS.		
Ecatepec de Morelos	46	1-F
JUAREZ NTE. 1A. CDA.		
La Magdalena Panohaya	62	3-D
JUAREZ PRESIDENTE		
El Bramadero	42	1-A
Las Armas	69	6-E
JUAREZ PRESIDENTE 5 CDAS.		
Francisco I. Madero	42	1-A
JUAREZ PRESIDENTE AV.		
Bellavista	56	6-E
Ind. Puente de Vigas	56	6-E
La Escuela	56	6-E
La Mora	56	6-E
Los Reyes	56	6-E
San Jerónimo Tepetlacalco	56	6-E
San José Puente de Vigas	56	6-E
JUAREZ PRIV.		
Churubusco Country Club	110	3-A
Ecatepec de Morelos	46	2-F
Pantitlán	85	6-D
San Andrés Totoltepec	135	3-E
San Luis Tlaxialtemalco	138	2-B
San Miguel Xometla	37	2-A
San Pablo de las Salinas	20	6-A
Santa Cruz Acatlán	69	4-B
Villa Coyoacán	109	3-D
JUAREZ PRIV. AV. PROL.		
San Andrés Totoltepec	135	2-E
JUAREZ PRIV. Y CJON.		
Santiago Zapotitlán	125	3-B
JUAREZ PROL.		
Huixquilucan de Degollado	106	2-C
Ignacio Zaragoza	28	5-D
Oriente	136	4-F
San Pablo Chimalpa	106	3-E
San Vicente Chicoloapan	88	6-D
JUAREZ PROL. 3A. CDA.		
Las Tinajas	107	2-C
JUAREZ PROL. CDA.		
Rancho Locaxco	107	2-B
JUAREZ PTE. DE 1A. CDA.		
Manzanastitla	107	1-A
JUAREZ SUR		
Ahuehuetes	76	1-B
Ampl. Izcalli Ecatepec	46	2-F
Bosques de San Lorenzo	76	1-B
Centro Poniente	63	6-B
Ecatepec de Morelos	46	2-F
El Carmen	63	6-B
Fracc. San Lorenzo	76	1-B
San Pedro	63	6-B
JUAREZ Y 3 CDAS.		
Huixquilucan de Degollado	106	2-B
JUAREZ Y 3 CJONES.		
Benito Juárez	28	5-E
JUAREZ Y 4 CDAS.		
San Bernardino	75	4-F
JUAREZ Y CDA.		
2a. Ampl. Stgo Acahualtepec	112	3-E
JUAREZ Y PRIV.		
Ixtapaluca	128	1-A
JUAREZ Y PROL.		
San Andrés Totoltepec	135	2-E
JUAREZ Y ZARCO		
La Candelaria	107	2-B
JUATIS PRIV.		
San Nicolás Tolentino	111	5-C
JUBILO CDA.		
Francisco Zarco	97	4-A
JUCHIPILA		
El Rodeo	111	4-D
San Esteban Huitzilacasco	81	3-E
JUCHIQUEO		
Jalalpa	95	5-C
JUCHITEPEC		
Cuautitlán Izc. Cumbria	30	2-E
Del Carmen	126	1-F
Lomas Verdes	31	5-F
Los Angeles	57	1-D
JUCHITLAN		
San Esteban Huitzilacasco	81	3-E
JUDA		
Israel	100	4-C
JUDO AND.		
Las Peñitas	43	4-D
JUECES		
Ampliación El Sifón	97	6-E
El Sifón	97	6-E
JUEGOS OLIMPICOS		
Las Peñitas	43	4-D
JUGUETEROS		
Tlatel Xochitenco	87	2-D
JUJEÑOS		
La Joya	95	4-E
JUJUL		
Villa de las Flores	32	1-F
JUJUY		
Valle del Tepeyac	71	4-A
JULIA		
Pavón	99	2-A
JULIETA		
Guadalupe Tepeyac	71	6-C
JULIETA RT.		
Real de las Lomas	95	3-B
Rt. Julieta	95	3-B
JUMIL		
Pedregal de Santo Domingo	109	5-D
JUNCO		
La Palma	46	6-D
Santa Rosa	101	2-D
JUNCOS		
Ampliación San Marcos Norte	136	1-E
La Floresta	113	1-A
Lomas de San Mateo	68	3-E
Villa de las Flores	33	1-A
JUNINENSES		
Francisco Villa	95	4-F
JUNO		
Cuautitlán Izc. Ensueños	30	1-D
Rinconada Coacalco	33	3-B
JUNTA CDA. LA		
Santa María Gpe. Las Torres	30	4-D
JUNTA LA		
Valle de los Reyes	113	1-D
JUPITER		
Ampl. Emiliano Zapata	113	4-C
Atizapán 2000	43	3-A
Cuautitlán Izc. Ensueños	30	1-D
El Mirador	110	4-F
El Sordo	82	3-A
Francisco Alvarez	114	5-C
Ixtlahuacan	112	3-F
La Estrella	60	6-A
Las Rosas	56	4-D
Lomas de la Estancia	112	4-E
Media Luna	122	2-F
Nueva Industrial Vallejo	70	1-F
Reacomodo El Cuernito	95	5-F
Rinconada Coacalco	33	3-B
San Esteban Huitzilacasco	82	3-A
San Simón Tolnáhuac	84	1-A
Z. U. E. San Mateo Nopala	68	2-D
JUQUILLA		
Residencial Cafetales	123	1-F
JURICA		
Campestre del Lago	29	6-D
JURISPRUDENCIA		
Copilco Universidad	109	4-C
JURISTAS CIR.		
Ciudad Satélite	56	6-B
Ciudad Satélite	69	1-B
JURISTAS CIRCUITO		
Ciudad Satélite	56	6-A
JUSTICIA		
Cerro del Tejolote	114	5-D
JUSTICIA FRATERNAL		
Gabriel Reyna Nava	41	3-F
JUSTICIA SOCIAL		
Emiliano Zapata	128	5-A
JUSTICIA SOCIAL PROL.		
Chalco	128	5-B
JUSTINA		
Nativitas	97	5-B
San Lorenzo Xicoténcatl	99	4-C
JUVENTINO ROSAS		
Cuautepec El Alto	58	1-B
La Forestal	58	1-B
JUVENTINO ROSAS 1ER. CJON.		
Cuautepec El Alto	58	1-B
JUVENTUD		
Los Padres	108	6-A

K

Calle / Colonia	PLANO	COORDENADAS
K		
Educación	110	4-C
Social Progresivo Sto Tomás	21	6-F
Victoria	96	4-A
K1 K2		
U. H. Taxqueña	110	4-B
KABAH		
San Juan Zapotla	100	1-F
KAHLO FRIDA		
Campiña de Aragón	60	4-A
U. Pedro Ojeda Paullada	73	3-B
KANSAS		
Ampliación Nápoles	96	4-C
KANT		
Ejido de Santiago Tepalcapa	43	3-B
KANT EMMANUEL		
Nueva Anzures	83	5-C
KANTUNIL		
Pedregal Chitchitcáspatl	121	4-C
San Nicolás Totolapan	121	4-C
Z. U. E. El Pedregal	121	4-C
KAPPA		
Lomas de Becerra Granada	95	4-E
Manuel Romero de Terreros	109	3-D
KARAYAS		
Ampl. Tepeximilpa Servimet	122	6-B
KARLA		
San Rafael Chamapa	81	2-F
KAUA		
Pedregal de San Nicolás	121	5-B
Pedregal de San Nicolás	121	6-B
KAWASAKI		
Guadalupe	123	5-B
KELVIN		
Anzures	83	4-C
Ind. San Nicolás Tlaxcolpan	56	2-F
KENIA		
Chimali	123	3-B
KENNEDY		
Ahuehuetes	58	2-C
KENNEDY AV. Y CDA.		
Vicente Guerrero 1a. Secc.	41	1-D
KENNEDY CDA.		
Vicente Guerrero	28	6-E
KENNEDY JOHN F.		
Ampliación Las Aguilas	99	5-F
Ampliación Presidentes	95	6-D
Benito Juárez	58	4-A
Industrial Atoto	69	6-C
La Pastora	58	4-A
Las Aguilas	99	5-F
Pueblo Aculco	97	5-F
San Isidro La Paz	29	6-B

Calle / Colonia	Plano	Coordenadas
KENNEDY JOHN F. AV.		
El Chamizal	72	2-D
Obrera Jajalpa	47	3-A
Olímpica Jajalpa	47	3-A
KENNEDY JOHN F. CDA.		
La Pastora	58	4-A
KENNEDY JOHN F. CJON.		
Paraje San Juan 3a. Ampl.	111	4-D
San Juan Joya	111	4-D
KENNEDY JOHN F. Y CDA Y PRIV		
Isidro Fabela	122	3-D
KENNEDY ROBERT F. CDA.		
San Isidro La Paz	29	6-B
KENTUCKY		
Nápoles	96	3-C
KEPLER		
Anzures	83	4-C
Casablanca	83	4-C
Ciudad Brisa	68	4-E
KID AZTECA		
Ampl. La Olímpica	81	4-B
KIFF CDA.		
Francisco Zarco	97	5-A
KIKAPUES		
Ampl. Tepeximilpa Servimet	122	6-B
KILIMANJARO		
Lomas de Cuautepec	45	5-B
KIMCHIL		
Cuchilla de Padierna	121	6-E
KINCHIL		
Héroes de Padierna	121	4-E
Lomas de Padierna	121	4-E
Torres de Padierna	121	4-E
KINDER DEL AND.		
Santa Elena	81	2-F
KINDER DEL AV.		
San Miguel Totolcingo	35	5-D
KINGSTON		
Loma Taurina	69	5-B
KIOKA		
Euzkadi	70	5-E
KIOSKO DEL CDA.		
Cruz del Farol	134	1-F
KIOTO		
Guadalupe	123	4-A
KIWI		
Rinconada de Aragón	60	5-B
KIWIS		
Granjas de Guadalupe	42	2-B
Valle de Tules	44	3-C
KLONDIKE		
Del Valle	96	2-E
KOBE		
Guadalupe	123	4-A
KOCH ROBERTO		
Granjas de San Cristóbal	33	5-A
Lomas de Coacalco	33	5-A
U. IMPI Iztacalco	97	4-F
KODALY ZOLTAN		
San Simón Tolnáhuac	84	1-A
KOPOMA		
Pedregal de Chichicaspa	121	4-C
San Nicolás Totolapan	121	4-C
Z. U. E. El Pedregal	121	4-C
KRAKATOA		
Ampliación Benito Juárez	81	4-E
Lomas de Cuautepec	45	6-B
KRAMER		
Atlántida	110	4-A
KRIPTON		
U. H. El Rosario	69	1-F
KUHNE LUIS		
Las Aguilas	109	1-A
KUKULCAN		
Yanhuitlán	24	2-C
KUKULKAN		
Santa Isabel Tola	71	3-D
KUMAMOTO		
Guadalupe	123	4-A
KUWAIT		
Jardines de Cerro Gordo	47	6-B

L

Calle / Colonia	Plano	Coordenadas
L		
C. H. Alianza Popular Rev.	123	1-D
Educación	110	4-B
Social Progresivo Sto Tomás	21	6-F
Victoria	96	4-A
LA PRESA		
Arboledas Cuaut. El Alto	58	1-B
La Forestal	58	1-B
LABASTIDA FRANCISCO		
Constitución de 1917	111	2-D
LABASTIDA G. LUIS		
Ciudad Satélite	69	1-A
LABERINTO DE CRETA		
Pueblo Tepepan	123	6-B
LABNA		
Popular Santa Teresa	121	2-D
San Juan Zapotla	100	1-E
Tikal	30	5-D
U. H. ISSSTE Norma	111	6-C
LABNA RT.		
U. H. ISSSTE Norma	111	1-C
LABORATORISTAS		
El Sifón	97	6-E
U. Benito Juárez	124	1-B
LABORISTAS		
San Andrés Tetepilco	97	5-C
LABRA WENCESLAO		
Ejército del Trabajo	101	2-B
LABRA WENCESLAO GOB.		
Granjas Valle de Guadalupe	72	1-F
LABRADORES		
Ejidal Emiliano Zapata	33	6-E
Emiliano Zapata	127	1-B
Morelos	84	3-D
Tlatel Xochitenco	87	2-D
LACANDONES		
Culturas de México	127	6-E
Pedregal de las Aguilas	122	6-D
Tezozómoc	70	3-A
LACANDONES PRIV.		
Tezozómoc	70	4-A
LACONIA		
Clavería	83	1-C
LADA		
Ampl. Sinatel	110	1-C
LADERA		
Hacienda de San Juan	123	4-A
Jardines del Pedregal	122	2-A
Lomas de Bezares	95	4-B
Nicanor Arvide	95	5-F
LADERA BARRIO NORTE		
Barrio Norte	95	5-F
LADERA CDA.		
Calacoaya	56	4-B
LADERAS		
Cuautitlán Izc. Atlanta	30	3-D
LADERAS DE MONTE ALBAN		
Laderas del Peñón	60	5-B
LADERAS DE MONTEBELLO		
Laderas del Peñón	60	5-B
LADERAS DEL AJUSCO		
Laderas del Peñón	60	5-B
LADERAS DEL ARROYO CDA.		
Ricardo Flores Magón	4	5-D
LADERAS DEL CITLALTEPETL		
Laderas del Peñón	60	5-B
LADERAS DEL CUBILETE		
Laderas del Peñón	60	5-B
LADERAS DEL PARICUTIN		
Laderas del Peñón	60	5-B
LADERAS DEL PEÑON		
Laderas del Peñón	60	4-B
Nuevo Paseo de San Agustín	60	4-B
LADRILLERA		
La Rivera	68	6-F
San Rafael Chamapa	81	2-E
LAFAYETTE		
Anzures	83	5-C
Villa Verdún	108	4-A
LAFONTAINE		
Polanco Chapultepec	83	4-A
Polanco Reforma	83	4-A
LAFRAGUA JOSE MARIA		
Barrio La Cruz	97	4-D
Benito Juárez	97	4-D
Tabacalera	83	4-F
LAGAR CDA.		
Pedregal de Tezompa	152	2-D
LAGO		
Cuautitlán Izc. Atlanta	30	2-E
Ejidal Los Acuales	33	5-A
Granjas de San Cristóbal	33	5-A
Jards. San Agustín 1a. Secc	100	4-D
Pueblo Santa Isabel Ixtapan	48	3-F
Tlatel Xochitenco	87	2-C
U. INFONAVIT Iztacalco	97	4-F
Zacamolpan	46	5-E
LAGO ALBERTO		
Agua Azul	99	1-C
Anáhuac	83	3-B
Granada	83	3-B
Jardines de Morelos	47	1-D
La Turba	124	3-E
Los Manantiales	28	6-E
LAGO ALEGRE		
Ampliación Ciudad Lago	86	1-A
LAGO ALEX		
Ampliación Ciudad Lago	73	6-A
LAGO ALICIA		
Ampliación Ciudad Lago	73	6-A
LAGO ALTAMIRANO		
Ampliación Ciudad Lago	86	1-A
LAGO ALTO		
Ampliación Ciudad Lago	73	6-A
LAGO AMANTLA		
Legaria	83	2-A
LAGO AMATITLAN		
Jardines de Morelos	47	1-D
Torreblanca	83	1-A
LAGO AMMER Y 4 CDAS.		
Pensil Norte	83	3-A
LAGO ANDROMACO Y CDA.		
Ampl. Granada	82	3-F
LAGO ARAL		
Jardines de Morelos	47	2-D
LAGO ARGENTINA		
Ampl. Torreblanca	83	2-A
Argentina Antigua	82	2-F
LAGO ARGENTINA Y PRIV.		
Ampl. Torreblanca	82	2-F
LAGO ARMENTIA		
Ahuehuetes Anáhuac	83	2-B
LAGO ATHABASCA		
Altamirano	83	1-A
Ciudad Lago	85	1-F
San Diego Ocoyoacac	83	1-A
Tacuba	83	1-B
LAGO ATHABASCA PRIV.		
San Diego Ocoyoacac	83	1-A
LAGO ATHER		
Ampliación Ciudad Lago	86	1-A
Ciudad Lago	86	1-A
LAGO ATITLAN		
Agua Azul	86	6-A
Agua Azul	99	1-A
Jardines de Morelos	47	2-D
Maravillas	99	1-A
México Nuevo	82	2-F
Pensil Norte	83	2-A
Unidad Legaria	83	2-A
LAGO ATITLAN 1A. CDA		
Argentina Antigua	82	2-F
LAGO ATTER		
Legaria	83	2-A
LAGO ATTER 2 CDAS.		
Ventura Pérez de Alba	83	2-A
LAGO ATTER PROL.		
Pensil Sur	83	3-A
LAGO AULLAGAS		
Altamirano	83	1-A
Ampl. Torreblanca	83	1-A
Argentina Antigua	83	1-A
Ciudad Lago	85	1-F
Torreblanca	83	1-A
LAGO AV.		
Lomas del Lago	42	1-D
Nativitas	97	5-B
LAGO AYARZA		
Torreblanca	83	2-A
LAGO AYARZA PROL.		
San Diego Ocoyoacac	83	1-A
LAGO AZUL		
Ampliación Ciudad Lago	86	1-A
Ampliación Ciudad Lago	73	6-A
Ampliación Ciudad Lago	73	6-B
Cinco de Mayo	83	3-A
Ciudad Lago	86	1-A
El Salado	100	6-E
Jardines de Morelos	47	2-D
LAGO BAJIO		
Ampliación Ciudad Lago	73	6-A
LAGO BAJO		
Ampliación Ciudad Lago	73	6-A
LAGO BALLEN		
Ampliación Ciudad Lago	86	1-A
Ciudad Lago	86	1-A
LAGO BANGÜEOLO		
Granada	83	4-A
LAGO BAYKAL		
Jardines de Morelos	47	2-D
LAGO BELGRANO		
Ampl. Granada	83	3-A
LAGO BIWA		
Pensil Norte	83	2-B
LAGO BOLSENA		
Agua Azul	99	1-C
Los Manantiales	28	6-F
LAGO BOLSENA PRIV.		
Anáhuac	83	3-B
LAGO BOLSENA Y 2 CDAS.		
Anáhuac	83	3-B
LAGO BUENOS AIRES		
Argentina Antigua	82	2-F
Argentina Poniente	82	2-F
LAGO CALIDO		
Ampliación Ciudad Lago	73	6-A
LAGO CANEGUIN		
Ciudad Lago	85	2-F
Pensil Norte	83	2-B
LAGO CANEGUIN Y 5A CDA Y CDA		
Argentina Antigua	82	2-F
LAGO CARATASCA		
Torreblanca	83	2-A
LAGO CARDIEL		
Ciudad Lago	86	1-A
LAGO CARDIEL Y PRIV. Y CDA.		
Argentina Antigua	82	2-F
LAGO CARTINA		
Pensil Norte	83	2-A
LAGO CASABLANCA		
Ampliación Ciudad Lago	73	6-B
LAGO CASPIO		
Jardines de Morelos	47	2-D
LAGO CATEMACO		
Anáhuac	83	2-C
LAGO CDA.		
Ampl. La Candelaria	109	5-F
Buenavista	112	5-B
LAGO COLHUE		
Ampliación Ciudad Lago	85	1-F
Argentina Poniente	82	1-F
Ciudad Lago	85	1-F
LAGO COLHUE Y CDA.		
Argentina Antigua	82	2-F
LAGO COLIN		
Ampliación Ciudad Lago	86	1-A
Ciudad Lago	86	1-A
LAGO COMO		
Agua Azul	99	1-C
Anáhuac	83	3-B
Granada	83	3-B
Los Manantiales	28	6-E
LAGO COMO PRIV.		
Anáhuac	83	3-B
LAGO CONSTANZA		
Agua Azul	99	1-C
Anáhuac	83	3-B
Granada	83	3-B
LAGO CORTIJO		
La Laguna	58	6-F
LAGO CUATRO MILLONES		
Ampliación Ciudad Lago	85	2-F
LAGO CUITZEO		
Agua Azul	99	1-C
Anáhuac	83	3-D
La Turba	124	3-E
LAGO CUPATITZIO		
Agua Azul	99	1-C
Ampliación Ciudad Lago	85	1-F
Cinco de Mayo	83	3-A
Ciudad Lago	85	1-F
LAGO CHAIREL		
Agua Azul	99	1-C
Cinco de Mayo	83	3-A
Popo	83	3-A
LAGO CHALCO		
Agua Azul	99	1-C
Ampliación Ciudad Lago	73	6-A
LAGO CHAPALA		
La Turba	124	3-E
LAGO CHAPULTEPEC		
Los Manantiales	28	6-E
San Vicente Chicoloapan	88	6-D
LAGO CHAPULTEPEC Y CDA.		
Cinco de Mayo	82	3-F
LAGO CHIEM		
Ciudad Lago	85	1-F
Jardines de Morelos	47	1-D
Pensil Norte	83	2-B
LAGO CHURUBUSCO		
C.N.A.	73	4-B
LAGO DE CUITZEO		
PROFOPEC Polígono 2	60	5-C
LAGO DE CHALCO		
Anáhuac	83	3-C
LAGO DE CHAPALA		
Agua Azul	99	1-C
Anáhuac	83	3-C
La Laguna	59	6-A
Los Manantiales	28	6-F
PROFOPEC Polígono 2	60	5-C
San Vicente Chicoloapan	88	6-D
Tecuezcomac	46	5-E
Zacamolpan	46	5-E
LAGO DE CHAPULTEPEC		
Agua Azul	99	1-C
La Laguna	59	6-A
LAGO DE CHAPULTEPEC RT 4 A 7		
Jardines de Morelos	47	2-D
LAGO DE CHAPULTEPEC RT.1 A 3		
Jardines de Morelos	47	1-D
LAGO DE FONDO		
Ampl. Popo	83	3-A
Pensil Norte	83	3-A
Pensil Sur	83	3-A
Popo	83	3-A
LAGO DE FONDO Y PRIV.		
Pensil Norte	83	2-A
LAGO DE GUADALUPE		
Jardines de Morelos	47	2-C
PROFOPEC Polígono 2	60	4-D
Parque Industrial Cartagena	32	2-A
LAGO DE GUADALUPE AV.		
Ampl. San José del Jaral	43	1-B
Bosques de Ixtacala	43	1-B
Bosques del Lago	43	1-B
Jardines de Monterrey	43	1-B
La Azteca	43	1-B
La Providencia	43	1-B
Lomas del Bosque	43	1-B
Margarita Maza de Juárez	43	1-B
Peñitas	43	1-B
San José del Jaral	43	1-B
San Mateo Tecoloapan	43	1-B
San Miguel Xochimanga	43	1-B
Villas de la Hacienda	43	1-B
LAGO DE LA MUERTE		
Selene	125	3-F
LAGO DE LAS NINFAS		
Fuentes de Satélite	55	6-F
LAGO DE LAS TRUCHAS		
Fuentes de Satélite	55	5-F
LAGO DE LOS ENSUEÑOS		
Selene	125	3-F
LAGO DE LOS ESCLAVOS		
Tacuba	83	1-A
Torreblanca	83	1-A
LAGO DE LOS PINOS		
Fuentes de Satélite	55	6-F
LAGO DE PATZCUARO		
Jardines de Morelos	47	2-D
La Laguna	59	6-A
Los Manantiales	28	6-F
LAGO DE PATZCUARO NORTE		
PROFOPEC Polígono 2	60	5-D
LAGO DE PATZCUARO SUR		
PROFOPEC Polígono 2	60	5-D
LAGO DE SAIMA		
Ampliación Ciudad Lago	86	1-A
Ciudad Lago	86	1-A
LAGO DE TEXCOCO		
Hidalgo	28	6-F
La Laguna	58	6-F
Los Manantiales	28	6-E
LAGO DE XOCHIMILCO		
La Laguna	59	6-A
LAGO DE YURIRIA		
La Laguna	59	6-A
LAGO DE ZIRAHUEN		
PROFOPEC Polígono 2	60	5-D
LAGO DE ZIRAHUEN SUR		
México Colonial I	60	5-D
PROFOPEC Polígono 2	60	5-D
LAGO DE ZUG		
Ampliación Ciudad Lago	73	6-A
Ciudad Lago	73	6-A
LAGO DEL		
Ampl. La Candelaria	109	5-F
Ampliación La Candelaria	109	5-F
Los Fresnos	68	3-F
LAGO DEL CISNE		
Fuentes de Satélite	55	5-F
LAGO DEL JAZMIN		
Fuentes de Satélite	55	6-F
LAGO DEL OSO GRAN		
Agua Azul	99	1-B
LAGO DEL OSO GRAN Y CDA.		
Pensil Norte	83	2-A
LAGO DEL REPOSO		
Fuentes de Satélite	55	5-F
LAGO DEL RISCO		
La Laguna	72	1-A
LAGO DULCE		
Ampliación Ciudad Lago	73	6-A
LAGO EL FONDO		
Agua Azul	99	1-B
LAGO ENARE Y CDA.		
Torreblanca	83	1-A
LAGO ERIE		
Jardines de Morelos	47	2-D
Tacuba	83	2-B
LAGO ERNE		
Agua Azul	99	1-B
Ciudad Lago	85	1-F
LAGO ERNE CDA.		
Ampl. Popo	83	3-A
Pensil Norte	83	2-A
LAGO ERNE Y 4A. CDA.		
Pensil Norte	83	3-A
LAGO ESPEJO		
Ampl. Granada	83	3-A
LAGO ESPIRIDINO Y CDA.		
Tacuba	83	2-B
LAGO ESTEFANIA		
Granada	83	4-B
LAGO FILT		
Granada	83	3-A
LAGO FONDO		
Ciudad Lago	85	1-F
LAGO FONTANA		
Argentina Poniente	82	1-F
Jardines de Morelos	47	2-D
LAGO FRIO		
Ampliación Ciudad Lago	73	6-A
LAGO GARDA		
Agua Azul	99	1-B
Ahuehuetes Anáhuac	83	2-B
Anáhuac	83	2-B
LAGO GARDA CDA.		
Anáhuac	83	2-B
LAGO GASCASONICA		
Argentina Poniente	82	1-F
Huichapan	83	1-A
Ignacio Manuel Altamirano	83	1-A
San Diego Ocoyoacac	83	1-A
Tacuba	83	1-A
LAGO GASCASONICA CDA. Y PRIV		
Huichapan	83	1-A
LAGO GINEBRA		
Agua Azul	99	1-B
Ampl. Popo	83	3-A
Cinco de Mayo	83	3-A
Francisco I. Madero	82	3-F
Jardines de Morelos	47	1-D
Pensil Sur	83	3-A
Popo	83	3-A
Unidad Legaria	82	3-F
LAGO GINEBRA 3A. PRIV.		
Pensil Sur	83	3-A
LAGO GINEBRA CDA.		
Pensil Sur	83	3-A
LAGO GINEBRA PRIV.		
Ampl. Popo	83	3-A
LAGO GRAN ESCLAVO		
Jardines de Morelos	47	2-D
LAGO GRAN OSO		
Jardines de Morelos	47	2-D
Los Manantiales	28	6-F
LAGO GUADALUPE		
Granada	83	3-A
LAGO GUANACACHA		
Agua Azul	99	1-B
Anáhuac	83	3-B
Jardines de Morelos	47	1-D
LAGO GUIJA		
Agua Azul	99	1-B
Ciudad Lago	85	1-F
Jardines de Morelos	47	1-D
Tacuba	83	1-B
Torreblanca	83	1-B
LAGO GUIJA PRIV.		
Torreblanca	83	1-A
LAGO HIELMAR		
Ampliación Ciudad Lago	85	1-F
Anáhuac	83	3-B
Ciudad Lago	85	1-F
Pensil Norte	83	3-B
Pensil Sur	83	3-B
LAGO HURON		
Agua Azul	99	1-B
Ciudad Lago	85	1-F
Tacuba	83	2-B
LAGO ILMEN		
Anáhuac	83	3-C
LAGO ILOPANGO		
Torreblanca	83	2-A
LAGO ILOPANGO PROL.		
San Diego Ocoyoacac	83	1-A
LAGO ISEO		
Anáhuac	83	2-C
Los Manantiales	28	6-F
LAGO IZABAL		
Torreblanca	83	2-A
LAGO JACONA		
Ampliación Ciudad Lago	73	6-B
LAGO KOLIND		
Jardines de Morelos	47	2-D
LAGO KOLIND Y CDA. Y PRIV.		
Pensil Norte	83	2-A
LAGO LADOGA		
Agua Azul	99	1-B
Ampliación Ciudad Lago	86	1-A
Ciudad Lago	86	1-A

Calle / Colonia	PLANO	COORDENADAS
Jardines de Morelos	47	2-D
LAGO LADOGA Y 2 PRIVS.		
Anáhuac	83	3-B
LAGO LAMOND		
Santa Cruz Acayucan	70	5-A
LAGO LETICIA		
Ampliación Ciudad Lago	73	6-A
LAGO MALAR		
Pensil Sur	83	3-A
LAGO MANAGUA		
Huichapan	83	2-A
San Diego Ocoyoacac	83	1-A
San Diego Ocoyoacac	83	2-A
Torreblanca	83	2-A
LAGO MANITOBA		
Ampl. Granada	83	3-A
LAGO MARACAIBO		
Jardines de Morelos	47	2-D
LAGO MARGARITA		
Granada	83	4-B
LAGO MASK		
Agua Azul	99	1-B
Anáhuac	83	3-B
Granada	83	3-B
Jardines de Morelos	47	2-D
LAGO MASK 1A. Y 2A. PRIV.		
Anáhuac	83	2-B
LAGO MASK 3A. PRIV.		
Anáhuac	83	3-B
LAGO MAYOR		
Agua Azul	99	1-B
Anáhuac	83	3-B
Granada	83	3-B
Jardines de Morelos	47	2-D
LAGO MAYOR 1o. Y 2o. CJON.		
Pensil Norte	83	2-B
LAGO MAYOR CDA.		
Pensil Norte	83	2-B
LAGO MEJAC		
Ampliación Ciudad Lago	73	6-A
LAGO MELGAREJO		
Ampliación Ciudad Lago	73	6-B
LAGO MERU		
Granada	83	4-B
LAGO MICHIGAN		
Agua Azul	99	1-B
Ciudad Lago	85	1-F
Jardines de Morelos	47	2-D
La Turba	124	3-E
Tacuba	83	2-B
LAGO MICHIGAN PROL.		
Legaria	83	2-A
LAGO MICHOACAN		
Ampliación Ciudad Lago	73	6-A
LAGO MORELOS		
Ampliación Ciudad Lago	73	6-A
LAGO MURITZ Y 2 CDAS.		
Anáhuac	83	3-C
LAGO MUSTERS		
Ampliación Ciudad Lago	85	1-F
Ampliación Ciudad Lago	86	2-A
Argentina Antigua	82	2-F
Ciudad Lago	85	1-F
LAGO M LAR		
Ciudad Lago	85	1-F
LAGO NARANJA		
Ampliación Ciudad Lago	73	6-A
LAGO NARGIS		
Granada	83	4-B
LAGO NAUR Y 2A. CDA.		
Pensil Norte	83	3-A
LAGO NEGRO		
Ampliación Ciudad Lago	73	6-A
LAGO NESS		
Ciudad Lago	85	1-F
Pensil Norte	83	2-A
Pensil Norte	83	3-A
Pensil Sur	83	3-A
LAGO NESS 2 CDAS.		
Ventura Pérez de Alba	83	2-A
LAGO NEUCHATEL		
Ampl. Granada	82	3-F
LAGO NICARAGUA		
San Diego Ocoyoacac	83	1-A
Torreblanca	83	2-A
LAGO NUEVO		
Ampliación Ciudad Lago	73	6-A
LAGO NYASA		
Granada	83	4-B
Jardines de Morelos	47	2-D
LAGO ONEGA		
Agua Azul	99	1-B
Anáhuac	83	3-B
Ciudad Lago	85	1-F
Granada	83	3-B
Los Manantiales	28	6-E
LAGO ONTARIO		
Agua Azul	99	1-B
Anáhuac	83	2-B
Ciudad Lago	85	1-F
Jardines de Morelos	47	2-D
LAGO ONTARIO Y CDA.		
Legaria	83	2-A
LAGO ORNELAS		
Ampliación Ciudad Lago	73	6-A
Ampliación Ciudad Lago	86	1-A
LAGO PATZCUARO		
Agua Azul	99	1-A
Anáhuac	83	3-D
La Turba	124	3-E
San Vicente Chicoloapan	88	6-D
LAGO PEIPUS		
Agua Azul	99	1-A
Agua Azul	86	6-B
Anáhuac	83	3-B
LAGO PEIPUS PRIV.		
Anáhuac	83	2-B
LAGO PETEN		
Jardines de Morelos	47	1-D
Torreblanca	83	1-A
LAGO PIEDAD		
Ampliación Ciudad Lago	73	6-A
LAGO PLAVA		
Altamirano	83	1-A
Huichapan	83	1-A
LAGO PLAYAS		
Ciudad Lago	85	1-F
LAGO PO		
Torreblanca	83	1-A
LAGO PONIENTE AV.		
Américas Unidas	97	5-B
Lago	97	5-B
LAGO PRIV. Y CDA.		
Américas Unidas	97	5-B
LAGO RASNA		
Ciudad Lago	85	1-F
Tacuba	83	2-B
LAGO RECREATIVO		
C.N.A.	73	4-B
LAGO RODOLFO		
Granada	83	4-B
LAGO SAIMA		
Altamirano	83	1-A
Huichapan	83	1-A
LAGO SALADO		
Ampliación Ciudad Lago	73	6-A
Jardines de Morelos	47	2-D
LAGO SALADO PROL.		
Ventura Pérez de Alba	83	2-A
LAGO SALADO Y CDA.		
Pensil Norte	83	2-A
LAGO SALINAS		
Ampliación Ciudad Lago	86	1-A
LAGO SAN CRISTOBAL		
La Turba	124	3-E
LAGO SAN JOSE		
Ampl. Granada	83	3-A
LAGO SAN MARTIN		
Ampl. Torreblanca	82	1-F
Argentina Antigua	82	1-F
LAGO SAN PEDRO		
Agua Azul	86	6-B
Agua Azul	99	1-A
Cinco de Mayo	83	2-A
Deportivo Pensil	83	2-A
Pensil Norte	83	2-A
LAGO SAN PEDRO DE CDA Y PRIV		
Pensil Norte	83	2-A
LAGO SANDY		
Ampl. Granada	83	3-A
LAGO SANTA ROSA		
La Laguna	58	6-F
LAGO SECO		
Ampliación Ciudad Lago	73	6-A
LAGO SEIS MILLONES		
Ampliación Ciudad Lago	85	2-F
LAGO SEUL		
Ampl. Granada	83	3-A
LAGO SILVERIO Y 3 CDAS.		
Anáhuac	83	3-C
LAGO SOYATLAN Y PRIV.		
La Laguna	58	6-F
LAGO SUIZA		
Agua Azul	99	1-A
Agua Azul	86	6-B
Cinco de Mayo	83	2-A
Pensil Norte	83	2-A
Unidad Legaria	82	2-F
LAGO SUIZA CDA.		
Cinco de Mayo	82	2-F
LAGO SUPERIOR		
Agua Azul	99	1-A
Agua Azul	86	6-B
Jardines de Morelos	47	2-D
La Turba	124	3-E
Los Manantiales	28	6-E
LAGO SUPERIOR 2A. CDA.		
Legaria	83	2-A
LAGO SUPERIOR RNDA.		
Tacuba	83	1-B
LAGO SUPERIOR Y CDA.		
Legaria	83	1-A
Tacuba	83	1-A
Torreblanca	83	1-A
LAGO TANA		
Altamirano	83	1-A
Huichapan	83	1-A
San Diego Ocoyoacac	83	1-A
Torreblanca	83	1-A
LAGO TANGAÑICA		
Granada	83	4-A
Jardines de Morelos	47	2-D
Los Manantiales	28	6-F
LAGO TASIMAY		
Ampl. Torreblanca	83	1-A
Jardines de Morelos	47	2-D
LAGO TAULEBE Y CDA.		
Legaria	83	2-A
LAGO TEQUESQUITENGO		
Agua Azul	86	6-B
Agua Azul	99	1-A
LAGO TEXCOCO		
Ampliación Ciudad Lago	73	6-B
Anáhuac	83	3-C
San Vicente Chicoloapan	88	6-D
LAGO TITICACA		
Jardines de Morelos	47	2-D
LAGO TLAHUAC		
Anáhuac	83	3-D
LAGO TLAHUALILO		
Anáhuac	83	3-C
LAGO TRASIMENO		
Agua Azul	86	6-B
Agua Azul	99	1-A
Ahuehuetes Anáhuac	83	3-B
Anáhuac	83	3-B
LAGO TRASIMENO 4 CDAS.		
Anáhuac	83	3-B
LAGO TRASIMENO 6A. CDA.		
Anáhuac	83	3-B
LAGO TUZ		
Anáhuac	83	2-C
LAGO URMIAH		
Pensil Norte	83	2-A
LAGO VALENCIA		
Ampl. Torreblanca	82	2-F
Argentina Antigua	82	2-F
Ciudad Lago	85	1-F
LAGO VALPARAISO		
Ampl. Torreblanca	83	1-A
Argentina Antigua	83	1-A
Jardines de Morelos	47	2-D
LAGO VALPARAISO CDA.		
Ampl. Torreblanca	83	2-A
LAGO VALLEN		
Anáhuac	83	3-B
LAGO VICTORIA		
Granada	83	4-A
Jardines de Morelos	47	2-D
LAGO VIEDMA		
Argentina Antigua	82	2-F
Ciudad Lago	86	1-A
Ciudad Lago	85	1-F
México Nuevo	82	2-F
LAGO VIENA		
Ciudad Lago	85	1-F
LAGO WAM		
Pensil Norte	83	2-B
LAGO WAM PRIV.		
Anáhuac	83	2-B
LAGO WENNER		
Pensil Sur	83	3-A
LAGO WETTER		
Agua Azul	86	6-A
Los Manantiales	28	6-F
Pensil Norte	83	3-A
Pensil Sur	83	3-A
LAGO WETTER PRIV.		
Pensil Norte	83	2-A
Pensil Norte	83	3-A
LAGO WINNIPEG		
Agua Azul	86	6-A
Ciudad Lago	85	1-F
Jardines de Morelos	47	2-D
Tacuba	83	2-A
LAGO XOCHIMILCO		
Anáhuac	83	4-C
Anáhuac	83	3-C
Jardines de Morelos	47	2-D
San Vicente Chicoloapan	88	6-D
LAGO XOCHIMILCO AV.		
Ampliación Vicente Villada	99	3-D
Evolución	99	3-D
Metropolitana 3a. Secc.	99	3-D
LAGO YOJOA		
Agua Azul	86	6-A
Francisco I. Madero	82	3-F
Maravillas Secc. Central	86	6-A
LAGO YOJOA PRIV.		
Deportivo Pensil	83	2-A
LAGO YURIRIA		
Granada	83	3-A
San Vicente Chicoloapan	88	6-D
LAGO ZIRAHUEN		
Agua Azul	99	1-A
Agua Azul	86	6-B
Anáhuac	83	3-D
Jardines de Morelos	47	2-D
LAGO ZUG		
Tacuba	83	1-B
LAGO ZUM		
Ampliación Ciudad Lago	73	6-A
LAGO ZUMPANGO		
Ampliación Ciudad Lago	85	1-F
Cinco de Mayo	83	3-A
Ciudad Lago	85	1-F
Jardines de Morelos	47	2-D
Los Manantiales	28	6-F
LAGO ZURICH		
Ampl. Granada	82	3-F
Cinco de Mayo	82	3-F
Francisco I. Madero	82	3-F
Pensil	82	3-F
LAGOS CHAZARO FRANCISCO		
Lázaro Cárdenas	73	5-B
LAGOS DE MORENO		
Adolfo López Mateos	42	4-D
Chiconcuac	49	6-F
La Laguna	58	6-F
La Laguna	72	1-A
San Felipe de Jesús	72	2-D
LAGRANGE JOSE LUIS		
Los Morales	82	4-E
LAGUNA		
Ampliación Los Alpes	108	2-E
Ejidal Los Acuales	33	4-A
Ejidal Los Acuales	33	5-A
Granjas de San Cristóbal	33	5-A
Hogar Obrero	44	6-A
Ojo de Agua	44	1-C
LAGUNA DE ALCHICHICA		
PROFOPEC Polígono 2	60	5-C
PROFOPEC Polígono 3	60	5-C
LAGUNA DE BACALAR		
Anáhuac	83	3-D
PROFOPEC Polígono 2	60	5-D
LAGUNA DE BACALAR NORTE		
PROFOPEC Polígono 2	60	5-D
LAGUNA DE BACALAR SUR		
PROFOPEC Polígono 2	60	5-D
LAGUNA DE GUZMAN Y PRIV.		
Anáhuac	83	3-D
Melchor Ocampo	83	3-D
LAGUNA DE LA MANCHA		
Granada	83	3-A
LAGUNA DE MAYRAN		
Agua Azul	99	1-B
Anáhuac	83	3-B
Granada	83	3-B
LAGUNA DE SAN CRISTOBAL		
Agua Azul	99	1-B
Anáhuac	83	3-D
Maravillas	99	1-B
LAGUNA DE TAMIAHUA		
Agua Azul	99	1-A
Anáhuac	83	3-D
LAGUNA DE TEQUESQUITENGO		
PROFOPEC Polígono 2	60	5-D
LAGUNA DE TERMINOS		
Anáhuac	83	3-C
Granada	83	3-C
PROFOPEC Polígono 2	60	5-D
LAGUNA DE TERMINOS AV.		
Agua Azul	99	1-B
LAGUNA DE TERMINOS NORTE		
PROFOPEC Polígono 2	60	5-D
LAGUNA DE TERMINOS RNDA.		
Tlaxpana	83	3-D
LAGUNA DE TERMINOS SUR		
PROFOPEC Polígono 2	60	5-D
LAGUNA DE VIESCA		
Anáhuac	83	3-C
LAGUNA DE YURIRIA		
PROFOPEC Polígono 2	60	4-D
LAGUNA DE YURIRIA NORTE		
PROFOPEC Polígono 3	60	4-D
LAGUNA DE YURIRIA SUR		
PROFOPEC Polígono 3	60	4-D
LAGUNA DE ZEMPOALA		
Agua Azul	99	1-B
Evolución Poniente	99	1-B
Modelo	99	1-B
Porfirio Díaz	99	1-B
LAGUNA DE ZEMPOALA SUR		
PROFOPEC Polígono 2	60	5-D
LAGUNA DE ZEMPOALA SUR Y NTE		
PROFOPEC Polígono 2	60	4-D
LAGUNA DEL CARMEN		
Agua Azul	99	1-A
Anáhuac	83	3-D
La Turba	124	3-E
LAGUNA DEL CARMEN NORTE		
PROFOPEC Polígono 2	60	5-D
LAGUNA DEL CARMEN ORIENTE		
PROFOPEC Polígono 2	60	5-D
LAGUNA DEL CARMEN SUR		
PROFOPEC Polígono 2	60	5-D
LAGUNA DEL ENSUEÑO		
Ampl. Selene	126	4-A
Selene	125	4-F
LAGUNA LA		
Jalalpa El Grande	108	1-A
Jards. Pedregal de Sn Angel	122	2-B
LAGUNA LUNA		
Cuautitlán Izc. Cumbria	30	2-D
LAGUNA VERDE		
U. H. CFE Cervantes del Río	57	2-C
LAGUNA ZIRAHUEN Y 3 CDAS.		
Anáhuac	83	3-D
LAGUNAS		
Pueblo Tulyehualco	138	1-E
LAGUNAS DE MONTEBELLO		
U. H. Parque Nacional	44	2-C
LAGUNAS DE ZEMPOALA		
U. H. Parque Nacional	44	1-C
LAGUNEROS		
Pedregal Santa Ursula Xitla	122	6-D
LAIKA		
Lomas de Totolco	101	2-A
LAIKA Y 3 CDAS.		
Xalpa	112	4-D
LAJA		
El Tenayo	57	2-E
Jardines del Pedregal	108	6-E
Lomas de Cantera	69	6-B
LAJAS LAS		
Ampliación San Lorenzo	56	2-C
Citlalli	112	3-D
LAKME		
Miguel Hidalgo	125	4-A
LAMANAL PRIV.		
Pantitlán	85	6-E
LAMAR ADRIANA		
Parque del Metropolitano	45	6-B
LAMARTINE		
Bosque de Chapultepec	83	4-B
Chapultepec Morales	83	4-B
LAMENTOS Y CJON.		
El Calvario	56	5-A
LAMINADORA		
José María Pino Suárez	96	3-A
LAMINADORA DE ACERO S. A.		
Vista Hermosa	56	6-D
LAMINADORES		
Ampl. Venustiano Carranza	84	3-E
Trabajadores del Hierro	70	5-F
Veinte de Noviembre	84	3-E
LANCASHIRE CIR.		
Condado de Sayavedra	54	1-D
LANCASHIRE PRIV. DE		
Condado de Sayavedra	54	1-D
LANCASTER		
Juárez	83	5-D
LANCEROS DE OAXACA Y 4 RTS.		
U. H. Ejército de Oriente	99	4-B
LANDA VICENTE		
Los Reyes	100	6-B
LANDAVERDE FELIPE		
Paraje San Juan	111	3-D
LANDESIO EUGENIO		
Ciudad Satélite	69	1-D
LANDIN MARCOS		
Paraje San Juan	111	3-C
LANGA		
El Tejocote	88	3-D
LANGOSTA		
Arco Iris	42	2-B
Caracol	85	5-D
Del Mar	124	5-E
La Colmena	42	2-B
LANZ DURET ANGEL LIC. Y RT.		
Periodista	82	3-E
LANZ DURET MIGUEL		
Ciudad Satélite	69	3-A
LANZ GALERA MARCO A. LIC.		
Barrio La Guadalupita	138	2-C
Santiaguito	138	2-C
LANZ JOSE		
Esperanza	84	6-C
Tránsito	84	6-C
LANZADORES		
Ciudad Satélite	69	2-D
El Cuquio	69	2-D
Jardín de la Florida	69	2-D
LAOS		
Jardines de Cerro Gordo	60	1-B
LAOS RT.		
Bosque de Aragón	72	5-E
LAPISLAZULI		
Ciudad Cuauhtémoc	34	2-E
Estrella	71	5-D
La Joya Ixtacala	57	4-C
LAPLACE		
Anzures	83	4-C
LARA LIBERATO		
Ampliación San Pedro Xalpa	69	4-E
LARA A.		
Xico	139	1-F
LARA A. CDA.		
La Hera	111	4-F
LARA AGUSTIN		
Ampliación Emiliano Zapata	113	3-C
Benito Juárez	58	4-A
El Carmen	138	2-C
Jardín Balbuena	97	1-E
Jesús María	115	4-C
Juventino Rosas	97	3-E
Los Cerrillos	138	3-E
Los Cerrillos	138	3-D
Olivar del Conde 2a. Secc.	95	6-E
San José	126	5-A
LARA AGUSTIN AV.		
San José	125	5-F
LARA AGUSTIN CDA.		
Compositores Mexicanos	45	5-B
Los Cerrillos	138	3-D
LARA AGUSTIN Y PROL.		
Compositores Mexicanos	45	6-A
LARA CAMACHO		
Izcalli San Pedro	20	5-C
Jards. de los Claustros III	20	5-C
Las Llanuras	20	5-C
Prados Secc. B	20	5-C
San Pablo de la Castera	20	5-C
Sustitución Arista	20	5-C
U. H. Coyoli Martínez	20	5-C
LARA PARDO LUIS		
Aeronáutica Militar	84	6-E
LAREDO		
Adolfo López Mateos	85	5-C
Caracol	85	5-C
Constitución de 1917	59	4-B
El Tejocote	88	3-E
Hipódromo	96	1-D
Norchuca	22	3-A
LAREST TEODOSIO		
Ciudad Satélite	69	2-A
LARGA DISTANCIA		
Ampl. Sinatel	97	6-C
LARGILLERE NICOLAS		
Santa María Nonoalco	96	5-A
LARIN		
Industrial	71	5-C
LARIOS FELIPE		
Santa Cecilia	125	5-E
LARIOS JUAN MIGUEL		
U. H. Monte de Piedad	109	3-D
LARIOS SALAS CORNELIO		
Palmatitla	58	2-B
LARRAINZAR ERNESTINA		
Del Valle	96	3-E
LARRAZABAL GUILLERMO		
Benito Juárez	97	4-D
LARROYO MAESTRO Y CDA.		
Zona Escolar	58	3-A
LASCURAIN PAREDES PEDRO		
Insurgentes	111	4-F
LASCURAIN PEDRO		
Lázaro Cárdenas	73	5-B
LASSAGA JUAN LUCAS		
Obrera	84	6-B
Tránsito	84	6-B
LASSO FRANCISCO		
La Conchita Zapotitlán	125	3-A
LATACUNGA		
Lindavista	71	3-C
LATAMEX Y CDA.		
Ixtapaluca	115	6-A
LATERAL LOS ALAZANES		
San Miguel Topilejo	148	4-E
LATINOS		
Moderna	97	3-B
LATIROS		
Villa de las Flores	20	6-A
LATON		
Chamacuero	43	3-D
El Tesoro	44	2-E

LATONEROS 80 *Guía Roji*

Calle / Colonia — COORDENADAS: PLANO

LATONEROS
- Trabajadores del Hierro 70 5-F

LAURA
- El Edén 99 6-D
- Nativitas 97 4-B

LAUREL
- Ampl. Buenavista 44 4-D
- Ampl. Minas Palacio 81 4-B
- Ampliación Emiliano Zapata 127 2-C
- Avándaro 127 2-B
- Bosques de la Magdalena 113 1-F
- Campestre El Potrero 113 5-C
- Ejidal Ampl. San Marcos 44 5-C
- Ejidal Ampl. San Marcos 44 4-C
- Ejidos de San Cristóbal 33 5-F
- El Capulín 114 5-C
- El Manto 111 2-B
- El Mirador 59 1-B
- Ixtlahuacan 112 3-F
- La Cañada 82 3-B
- Lomas de San Miguel 43 2-B
- Lomas de Totolco 101 2-A
- Lomas del Carmen 94 1-E
- Miguel Hidalgo 125 3-A
- Minas Palacio 81 4-C
- Minas Palacio 81 3-C
- Pantitlán 98 1-C
- Prados de Ecatepec 20 3-A
- San Andrés Atenco 56 4-C
- San Francisco Chilpan 31 6-C
- San José de los Cedros 94 6-B
- San Juan Zapotla 100 1-E
- San Miguel 88 6-B
- San Miguel Teotongo 113 3-B
- San Pedro Mártir 135 1-D
- San Pedro Mártir 135 1-E
- Santa María Chimalhuacán 88 3-A
- Santa María La Ribera 83 2-E
- Santa Rosa 101 2-D
- Tepetongo 94 6-B
- Tlaixco 87 6-E
- Valle Verde 114 6-D
- Venustiano Carranza 101 1-C
- Vergel Coapa 123 2-D

LAUREL DE CDA.
- Jardines de Acuitlapilco 88 6-B
- U. H. INFONAVIT La Isla 20 3-A

LAUREL DEL
- Los Reyes Ixtacala 57 5-B

LAUREL DEL CDA.
- Lomas del Carmen 94 1-D

LAUREL DEL CJON.
- San Mateo Huitzilzingo 140 5-C

LAUREL PRIV.
- Miguel Hidalgo 122 5-B

LAUREL PROL.
- Loma Bonita 114 6-D

LAURELES
- Ampl. Izcalli Ecatepec 46 2-F
- Bellavista 59 2-D
- Buenos Aires 46 4-D
- Ciudad Alegre 88 6-B
- Copalera 100 3-F
- El Capulín 114 5-D
- El Mirador 19 2-C
- Escalerilla 114 5-D
- Granjas Valle de Guadalupe 72 1-F
- Ixtlahuacan 112 3-F
- Jardines del Tepeyac 72 1-F
- Jazmín de las Flores 153 1-E
- La Floresta 100 6-A
- Narciso Mendoza 123 4-C
- Nueva Rufino Tamayo 46 5-D
- San José del Jaral 43 3-D
- San Juan Xalpa 111 4-B
- San Lucas Patoni 57 4-E
- Tlalpexco 58 2-C
- Villa de las Flores 20 6-A

LAURELES CDA.
- Pedregal de Santo Domingo 109 5-F
- Vicente Guerrero 41 1-F

LAURELES CJON.
- Pedregal de Santo Domingo 109 5-D

LAURELES DE LOS
- Jardines de San Mateo 69 4-A

LAURELES DE LOS AV.
- Jardines de Atizapán 56 1-B

LAURELES DE LOS PRIV.
- Lomas del Sol 94 4-D

LAURELES LOS
- Ampliación Evolución 99 2-E
- Benito Juárez 99 2-E

LAURELES NORTE LOS
- San José Huilango 17 3-A

LAURELES PRIV.
- El Molinito 82 2-B

LAURELES SUR CDA.
- San José Huilango 17 4-A

LAURELES SUR LOS
- San José Huilango 17 4-A
- Santa María Tianguistengo 17 4-A

LAURELES Y CDA.
- Ampl. La Forestal 45 5-C
- Atizapán Moderno 56 2-B
- Tenorios 112 5-C

LAURENT EMILIO CDA.
- La Conchita Zapotitlán 125 3-B

LAURENT MIGUEL
- Del Valle 96 5-D
- Letrán Valle 96 5-D
- Portales 96 5-D
- Santa Cruz Atoyac 96 5-D
- Tlacoquemécatl 96 5-D

LAVA
- Ampliación Vista Hermosa 56 6-C
- Guadalupe Coatzochico 46 5-E
- Jardines de Morelos 48 2-A
- Prados de Ecatepec 20 4-B
- U. H. San P. de las Salinas 20 4-B

LAVA DE LA Y PRIV.
- Jardines del Pedregal 108 6-F

LAVADEROS
- La Candelaria 110 5-A

LAVADEROS LOS CJON.
- Z. U. E San Andrés Tomatlán 110 5-F

LAVADEROS LOS Y CDA.
- San Mateo Tecoloapan 43 5-C

LAVANDULAS
- Villa de las Flores 33 1-A

LAVISTA DR.
- Doctores 83 5-F
- Doctores 84 5-A

LAVOISIER ANTOINE AV.
- Parque Ind. Cuamatla 18 6-A

LAVOISIER ANTOINE PRIV.
- Parque Ind. Cuautitlán 18 6-A

LAZADORES
- El Cuquío 69 2-C

LAZCANO
- San Angel Inn 109 3-A

LAZO CARLOS
- Ampliación Miguel Hidalgo 121 4-F
- Ciudad Satélite 69 1-B

LAZO CARLOS ARQ.
- Tacubaya 96 2-B

LAZO DEL
- Villas de la Hacienda 43 1-B

LE MANS Y RT.
- Villa Verdún 108 4-A

LEAL ALFREDO
- Residencial San Alberto 63 2-C

LEAL ARMANDO RT.
- U. H. Atzacoalco CTM 71 1-F

LEAL FERNANDO
- Ciudad Satélite 69 1-D

LEAL HONORATO
- Las Peñas 111 4-F

LEAL NOVELO FERNANDO
- Ciudad Satélite 69 1-B

LEBLANC NICOLAS
- Estrella Culhuacán 110 5-F
- Z. U. E. Culhuacán 110 5-F

LEBRIJA
- Cerro de la Estrella 111 6-C

LEBRIJA MIGUEL
- Aviación Civil 85 6-C

LECUMBERRI
- Centro 84 4-D

LECUONA J. Y PRIV.
- Ampliación Miguel Hidalgo 122 5-A

LECUONA JESUS
- Ampliación Miguel Hidalgo 121 5-F

LECHERIAS
- Centro 84 4-C

LECHEROS
- San Pablo Xalpa 70 1-B

LECHUGA JUAN
- San Francisco Acuautla 115 2-E

LECHUGA MODESTO C 1 2 Y 3
- U. H. Vicente Guerrero 111 2-F

LECHUGUILLA
- La Agüita 45 6-F

LECHUZA CDA.
- Nuevo San Lucas Patoni 45 6-A

LECHUZA Y CDA.
- Luis Donaldo Colosio M. 45 6-A

LECHUZAS AV.
- Lomas de Guadalupe 108 4-B

LECHUZAS DE LAS RT.
- Residencial Las Alamedas 55 2-F

LEDUC ALBERTO
- Aculiotla 108 1-B
- Punta de Ceguayo 108 1-B

LEDUC RENATO
- Bosques de Tetlalmeya 122 3-E
- Chiconautla 3000 35 3-B
- Tetlalmeya 122 3-F
- Toriello Guerra 122 3-E
- Toriello Guerra 122 3-F

LEDUC RENATO Y 2 CDAS.
- San Isidro La Paz 29 6-A

LEGANAS
- Colinas 68 3-D
- México 68 68 3-D

LEGARIA CALZ.
- Ampl. Torreblanca 82 3-F
- Diez de Abril 82 3-F
- Irrigación 82 3-F
- Legaria 83 3-D
- México Nuevo 82 3-F
- Pensil Norte 83 3-D
- Tacuba 83 3-D
- Torreblanca 83 3-D
- U. H. Pop. Loma Hermosa 82 3-F
- Unidad Legaria 82 3-F
- Ventura Pérez de Alba 83 3-D

LEGARIA CDA.
- Torreblanca 83 1-A

LEGION ALPINISTA MONTENEGRO
- Montañista 58 2-D

LEGION CUMBRES
- La Presa Lázaro Cárdenas 58 3-C

LEGION DE JOVENES ALPINISTAS
- La Presa Lázaro Cárdenas 58 5-D

LEGION DEL NORTE RT. 2
- Ejército de Ote. Z. Peñón 99 6-B

LEGION DEL NORTE RTS. 1 Y 3
- Ejército de Ote. Z. Peñón 99 6-B

LEGION EXCTA. ACONCAGUA
- Montañista 58 3-D

LEGUA LA
- Cuatliquixco 21 3-F

LEGUMBRES Y PRIV.
- Valle del Sur 110 3-E

LEIBNIZ
- Anzures 83 5-C
- Ejido de Santiago Tepalcapa 43 3-B
- Nueva Anzures 83 5-C

LEIJA IRINEO
- Paraje San Juan 111 3-D
- Paraje San Juan 111 4-D

LEIRIA
- San Andrés Tetepilco 97 6-C

LENGUA DE LA CDA.
- La Estadía 55 5-A

LENGUAS INDIGENAS
- Lic. Carlos Zapata Vela 98 4-A

LENIN
- Ejido de Santiago Tepalcapa 43 3-A

LEÑADOR DEL RT.
- Bosques de la Hacienda 17 4-D

LEÑADORES
- Granjas Esmeralda 110 2-D
- Progreso del Sur 110 2-E

LEÑERO RUBEN
- Palmatitla 58 2-B

LEÑERO VICENTE
- Tierra Blanca 46 2-E

LEÑEROS
- El Pino 113 2-F

LEO
- Jardines de Satélite 55 6-F
- Josefa Ortiz de Domínguez 47 6-D
- La Estrella 59 5-F
- La Nacional 46 1-E
- Las Colonias 81 2-F
- Lomas de Totolco 101 2-A
- Prado Churubusco 110 3-C
- Prados de Ecatepec 19 3-F
- U. Izcalli Santa Clara 73 2-C
- Valle de la Hacienda 17 3-E

LEO AND.
- Lomas de Chamapa 81 3-D

LEO SAM
- Consejo Agrarista Mexicano 111 5-E

LEON
- Adolfo López Mateos 42 4-E
- Luis Echeverría 31 5-A
- Vergel de Guadalupe 72 4-D

LEON ANTONIO DE GRAL.
- Tepalcates 98 4-F

LEON ANTONIO G.
- Juan Escutia 99 3-A

LEON CARLOS CAP. PILOTO
- Peñón de los Baños 85 4-B

LEON CDA.
- Ampliación La Quebrada 43 2-F

LEON DE LA BARRA FCO LIC GOB
- Granjas Valle de Guadalupe 72 1-E

LEON DE LA BARRA FRANCISCO
- Darío Martínez 113 6-F
- Presidentes de México 111 4-E

LEON DE LOS ALDAMA
- San Felipe de Jesús 72 3-B

LEON DE LOS ALDAMA AV.
- San Felipe de Jesús 72 2-C

LEON DE LOS ALDAMAS
- Roma Sur 96 1-E

LEON FELIPE
- San Angel Inn 109 2-A
- Tlacopac 109 2-A

LEON FELIPE AV.
- Campestre 109 2-A
- San Angel 109 2-A
- San Angel Inn 109 2-A
- Tlacopac 109 2-A

LEON GRAL.
- San Miguel Chapultepec 96 1-B

LEON GUZMAN
- Benito Juárez 97 4-D

LEON JUAN AV.
- Chiconcuac 62 1-F

LEON LUIS G.
- Copilco El Alto 109 5-D

LEON NICOLAS DR. Y 6 RTS.
- Jardín Balbuena 84 6-E

LEON PRIV.
- Adolfo López Mateos 42 3-D
- Rinconada A. López Mateos 42 3-D

LEON Y GAMA ANTONIO
- Obrera 84 6-B

LEONCAVALLO
- Vallejo 71 6-B

LEONES
- Cocoyotes 58 2-B

LEONES AV.
- Cocoyotes 58 2-B

LEONES DE LOS AV.
- Z. U. E San Andrés Tomatlán 110 5-F

LEONES DE LOS CALZ.
- Barrio de la Cuesta 67 3-C
- Las Aguilas 109 1-A
- Los Alpes 109 1-A
- Pilares Aguilas 109 1-A

LEONES LOS RT.
- Las Aguilas 109 2-A

LEONOR
- Nativitas 97 4-B
- Villa de Cortés 97 4-B

LEOPARDOS
- Cocoyotes 58 2-B

LERDO
- Barrio Barranca Seca 121 2-B
- Barrio La Asunción 111 1-B
- Barrio San Francisco 121 2-B
- Barrio San Lucas 111 1-B
- Barrio San Pablo 111 1-B
- Benito Juárez 44 1-D
- Guerrero 84 3-A
- La Magdalena Atlicpan 100 6-F
- Los Reyes Acaquilpan 113 1-C
- San Andrés Chiautla 63 2-A
- San Juan de Dios 63 5-B
- San Juanito 63 6-C
- San Lorenzo Acopilco 106 5-D
- San Simón Tolnáhuac 84 1-B

LERDO CDA.
- Barrio San Francisco 121 2-B
- Barrio San Pablo 111 1-B
- San Felipe de Jesús 72 3-B
- San Gregorio Cuautzingo 141 1-E

LERDO DE TEJADA
- 1a. Ampl. Stgo Acahualtepec 112 2-E
- Ampl. Buenavista 44 4-D
- Ampl. Libertad 29 3-B
- Arboledas Cuaut. El Alto 58 1-B
- Barrio San Miguel 97 3-D
- Barrio San Sebastián 138 2-E
- Cinco de Mayo 22 2-B
- Coatlinchán 89 2-C
- Compositores Mexicanos 45 6-A
- Cuautepec El Alto 58 1-B
- El Carmen 109 2-E
- El Mirador 19 2-D
- El Tepetatal 45 6-A
- Emiliano Zapata 81 2-C
- Granjas Cabrera 124 2-E
- Juventino Rosas 45 6-A
- La Forestal 58 1-B
- Liberales de 1857 95 3-E
- Los Sauces 60 6-C
- Los Sauces Coalición 60 6-C
- Marina Nacional 58 5-F
- Presidentes de México 111 4-E
- San Francisco Tepojaco 29 3-B
- San Francisco Tepojaco 29 2-F
- San Miguel Cuautepec 45 6-A
- San Miguel Xometla 37 2-B
- San Pablo de las Salinas 19 6-F
- Santa María Maninalco 70 5-C
- Valle de Guadalupe 19 2-D
- Veintiuno de Marzo 44 5-A
- Zazapotla 19 2-D

LERDO DE TEJADA CDA.
- Benito Juárez 28 5-E
- Benito Juárez 41 1-F
- El Tepetatal 45 6-B

LERDO DE TEJADA CIR.
- Independencia 28 4-E

LERDO DE TEJADA CJON.
- Chimalcóyotl 122 6-E

LERDO DE TEJADA MANUEL
- Guadalupe Inn 109 2-B

LERDO DE TEJADA MIGUEL
- Ampliación Petrolera 70 4-A
- Barrio San Antonio 124 1-D
- Barrio San Mateo 70 4-A
- Benito Juárez 97 4-D
- Esperanza 82 2-A
- Loma Bonita 114 6-D
- Petrolera 70 4-A
- Plan de Ayala 81 4-E
- San Gregorio Cuautzingo 141 1-E
- San Pablo Atlazalpa 140 6-E
- Santa María Maninalco 70 5-B
- Tezozómoc 70 4-A
- Vicente Guerrero 41 1-F
- Villa Azcapotzalco 70 5-B

LERDO DE TEJADA MIGUEL AV.
- Melchor Ocampo 19 2-A

LERDO DE TEJADA MIGUEL CDA.
- San Felipe de Jesús 72 2-C
- Vicente Guerrero 1a. Secc. 41 1-E

LERDO DE TEJADA MIGUEL PRIV.
- Santa María Maninalco 70 5-C

LERDO DE TEJADA MIGUEL PROL.
- Girasoles 124 1-C

LERDO DE TEJADA PRIV.
- Tezozómoc 69 4-F

LERDO DE TEJADA PROL.
- Las Golondrinas 95 5-E
- Lomas de Capula 95 5-E
- Melchor Ocampo 19 1-A

LERDO DE TEJADA S. LIC.
- Lázaro Cárdenas 73 5-B

LERDO DE TEJADA SEBASTIAN
- Belisario Domínguez 123 2-C
- Darío Martínez 113 6-F
- Ex Hacienda Coapa 123 2-C
- Paraje San Juan 111 4-D
- San Juan Ixhuatepec 58 5-E
- Tepotzotlán 4 5-C

LERDO DE TEJADA SEBASTIAN AV
- María Isabel 126 3-F
- Niños Héroes 126 3-F
- San Isidro 127 3-A
- Santa Cruz 127 3-A

LERDO DE TEJADA Y 2 CDAS.
- Independencia 28 4-E
- Libertad 28 3-F

LERDO DE TEJADA Y CJON.
- San Jerónimo Lídice 108 6-C

LERDO PONIENTE
- San Felipe de Jesús 72 3-B

LERDO PROL. Y 2 CDAS.
- Cuajimalpa 107 2-A
- El Puente 107 2-A

LERDO Y CJON.
- San Vicente Chicoloapan 88 6-E

LERIDA
- Miguel Alemán 97 3-A
- Niños Héroes de Chapultepec 97 3-A
- Postal 97 3-A

LERMA
- Alfredo del Mazo 127 1-D
- Altavilla 72 1-B
- Ampliación Santa Bárbara 114 6-F
- Barrio Orfebres 87 5-B
- Del Carmen 126 1-F
- El Hostol Zona Comunal 46 3-F
- Estado de México 114 4-A
- Isidro Fabela 44 4-A
- José de la Mora 127 1-D
- Lomas de Atizapán 55 2-F
- Los Parajes 57 1-A
- Los Reyes 100 6-C
- Progreso 82 4-A
- Tejavanes 57 4-A
- Valle de los Reyes 100 6-C
- Vergel Tlalpan 123 2-B

LERMA CHINA
- Ampliación Selene 126 4-A

LESBOS
- Lomas Estrella 1a. Secc. 111 5-A

LESBOS Y 2 CDAS.
- Lomas Estrella 1a. Secc. 111 5-A

LESINA
- Lomas Estrella 1a. Secc. 111 6-A

LETECHIPIA PEDRO CNEL.
- Observatorio 96 2-A

LETRAS
- México 98 1-F

LEVI
- Israel 100 3-C

LEVIN SAUL
- Coacalco 33 4-A
- Granjas de San Cristóbal 33 4-A

LEY DE CIENCIA Y TECNOLOGIA
- Plan de Ayala 136 4-A

LEY DE EDUCACION
- Plan de Ayala 136 4-A

LEY DE LA REF. AGRARIA Y CDA
- Plan de Ayala 136 4-A

LEY DE POBLACION
- Plan de Ayala 136 4-A

LEY DE TURISMO
- Plan de Ayala 136 4-A

LEY FEDERAL DEL TRABAJO
- Plan de Ayala 136 4-A

LEYES DE REFORMA
- Leyes de Reforma 98 5-E
- Los Paseos de Churubusco 98 5-C
- San Andrés Riva Palacio 62 4-D
- San Francisco Tepojaco 30 2-A

LEYES DE REFORMA CDA.
- San Andrés Riva Palacio 62 4-D

LEYVA AGUSTIN
- Ciudad Satélite 69 2-D

LEYVA AURELIO ING.
- Guadalupe Insurgentes 71 6-B

LEYVA FRANCISCO
- Lomas de Tonalco 137 3-A

LEYVA FRANCISCO GRAL.
- Juan Escutia 99 3-B
- U. H. La Valenciana 99 3-B

LEYVA GABRIEL
- Alfredo del Mazo 127 2-E
- Centro 84 4-B
- Guerrero 84 4-B
- Tlapacoya 127 2-E

LEYVA GABRIEL CDA.
- Alfredo del Mazo 127 1-E
- Alfredo del Mazo 127 2-E

LEYVA GABRIEL PRIV.
- Alfredo del Mazo 127 1-E

LEYVA GRAL.
- San Felipe de Jesús 72 2-D

LEYVA JUAN DE
- Lomas de Virreyes 95 1-E

LIBELULA
- Arco Iris 42 2-B
- La Colmena 42 2-B
- Luis Donaldo Colosio M. 45 6-A
- Nuevo San Lucas Patoni 45 6-A

LIBERACION Y PRIV.
- Las Canteras 28 4-D

LIBERTAD
- Amado Nervo 19 2-D
- Arenal II 88 6-D
- Atenguillo 50 6-B
- Barrio La Conchita 140 1-F
- Barrio San Antonio 140 1-F
- Barrio San Juan 150 5-E
- Barrio San Sebastián 140 1-F
- Barrio Tlatel 88 6-D
- Barrio del Refugio 16 2-F
- Cerro del Tejolote 114 6-D
- Chimalhuacán 88 6-A
- El Chamizal 72 2-D
- El Hostol Zona Comunal 44 6-B
- Guerrero 84 3-B
- Ind. Puente de Vigas 56 5-F
- La Floresta 100 6-A
- La Providencia 43 4-E
- La Providencia 43 4-F
- Las Huertas 68 6-D
- Loma Bonita 100 6-A
- Loma de la Cruz 42 1-B
- Lomas San Lorenzo 111 6-D
- Lomas de Chamapa 81 3-E
- Los Reyes Acaquilpan 113 2-C
- Los Reyes Acatlizhuayan 154 1-B
- Mayorazgos La Concordia 56 1-D
- Melchor Ocampo 18 1-F
- México 19 2-B
- México Nuevo 55 1-D
- Morelos 84 3-B
- Niños Héroes de Chapultepec 97 4-A
- Profr. Cristóbal Higuera 43 6-A
- Pueblo San Lorenzo Tezonco 124 1-D
- Pueblo de Tepexpan 36 6-A
- Rancho Tejomulco 137 4-B
- San Alvaro 83 1-B
- San José Jajalpa 47 3-A
- San Marcos Nepantla 23 5-A
- San Martín Tepetlixpan 31 6-A
- San Martín Xico Nuevo 140 3-D
- San Pablo Chimalpa 106 2-E
- San Pedro Atzompa 21 3-D
- San Salvador Atenco 62 1-C

Calle / Colonia	Plano	Coordenadas
San Salvador Atenco	62	1-D
San Sebastián Xolalpa	24	4-E
San Simón Ticumac	97	6-A
San Vicente Chicoloapan	88	6-D
San Vicente Chicoloapan	88	6-F
San Vicente Chicoloapan	88	6-E
Santa Cruz de Arriba	63	5-C
Santiago Tepalcatlalpan	136	3-D
Tejomulco	137	4-B
Tejomulco	137	4-C
Tepexpan	36	5-A
Valle de Guadalupe	19	2-D
Villa Azcapotzalco	70	4-C
Xolalpa	50	3-E
LIBERTAD 1ER. CJON.		
San Vicente Chicoloapan	88	6-E
LIBERTAD 2A. CDA.		
Barrio San Lucas	111	1-A
LIBERTAD AV.		
Pedregal de Carrasco	122	2-E
LIBERTAD CDA.		
Libertad	28	4-F
San Salvador Atenco	62	2-C
San Sebastián Xolalpa	24	4-E
San Vicente Chicoloapan	88	6-E
San Vicente Chicoloapan	88	6-F
LIBERTAD CJON.		
Pentecostés	63	2-C
San Salvador Atenco	62	2-C
San Salvador Atenco	62	1-C
LIBERTAD DE LA		
Ejército del Trabajo II	73	2-C
Prizo	73	2-C
Sagitario I	73	2-C
Sagitario II	73	2-C
LIBERTAD LA		
La Magdalena Atlicpan	100	6-E
Santa María	36	1-F
Tultepec	19	3-A
LIBERTAD LA PRIV.		
La Magdalena Atlicpan	100	6-E
LIBERTAD NORTE AV.		
Santa Clara	59	3-C
LIBERTAD PRIV.		
Barrio de Santo Tomás	70	4-C
Cuchilla Pantitlán	85	6-D
San Francisco Acuexcomac	62	1-D
San Vicente Chicoloapan	88	6-E
LIBERTAD SUR AV.,CDA. Y PRIV		
Santa Clara	59	4-C
LIBERTAD SUR CDA.		
Santa Clara	59	4-C
LIBERTAD Y AV.		
Chiconcuac	49	6-F
LIBERTAD Y CDA.		
Barrio San Lucas	111	1-A
LIBERTAD Y CJON.		
Villa Azcapotzalco	70	5-B
LIBERTAD Y PRIV.		
La Nopalera	124	2-F
LIBERTAD Y PROGRESO		
U. H. Popular Tepeaca	108	1-B
LIBIA		
Chimali	123	3-A
Jardines de Cerro Gordo	47	6-B
LIBRA		
Ampl. Emiliano Zapata	113	4-B
Jardines de Satélite	68	1-F
La Estrella	59	5-F
La Nacional	33	6-E
Las Colonias	81	2-F
Lomas de Totolco	101	2-A
Prado Churubusco	110	2-C
Prados de Ecatepec	19	3-F
U. Izcalli Santa Clara	73	2-C
Valle de la Hacienda	17	3-E
LIBRA AV.		
San Isidro Ayotla	113	4-F
LIBRA CDA.		
Xalpa	112	3-D
LIBRA PRIV.		
U. H. Valle de Luces	111	4-A
LIBRA Y CDA.		
Josefa Ortiz de Domínguez	47	6-D
LIBRAMIENTO CHAMAPA QUEBRADA		
Adolfo López Mateos	42	6-D
Ampl. Bosques de Ixtacala	43	1-E
Ampl. Bosques de Ixtacala	43	1-B
Bosques de Ixtacala	43	1-B
Bosques de Primavera	43	1-E
Bosques de Primavera	43	1-B
Capulines	43	1-E
Capulines	43	1-B
El Pedregal	42	6-D
Hogares de Atizapán	42	6-D
Loma María Luisa	42	6-D
Lomas de San Miguel 3a. Sec	43	1-B
Lomas de San Miguel 3a. Sec	43	1-E
Lomas del Bosque	30	6-C
Lomas del Bosque	43	1-E
México Nuevo	42	6-D
Miraflores	42	6-D
Municipio de Naucalpan	68	2-A
Municipio de Naucalpan	81	3-A
Municipio de Naucalpan	55	3-C
Primero de Septiembre	42	6-D
Revolución	42	6-D
Revolución	43	1-E
San Juan Ixtacala	43	1-B
San Juan Ixtacala	43	1-E
Santiago Tepatlaxco	67	4-F
Univ. Aut. Metropolitana	43	1-B
Univ. Aut. Metropolitana	43	1-E
Villa de las Flores	42	6-D
Villa de las Palmas	42	6-D
Villa de las Torres	43	1-E
LIBRE ADHESION		
México Nuevo	55	1-E
LIBREROS		
U. H. El Rosario	57	6-A
LIBRES		
Lomas San Lorenzo	111	6-D
LICAON		
Geo 2000	35	3-A
LICEAGA		
Barrio Los Reyes	97	3-E
LICEAGA DR.		
Doctores	83	6-F
Morelos	56	4-A
LICEAGA DR. Y CDA.		
Santa María Maninalco	70	5-C
LICEAGA JOSE MARIA		
Buenavista	44	1-D
José María Morelos y Pavón	47	6-C
U. José Ma. Morelos y Pavón	20	4-B
LICENCIADOS CJON.		
Villa Obregón	109	3-A
LICFAS PRIV.		
San Pedro de los Pinos	96	3-C
LICONA A. DR. CDA.		
Ampl. Lomas de San Bernabé	120	2-E
LIDIA		
Guadalupe Tepeyac	71	6-D
LIDO		
Izcalli Pirámide	57	3-C
LIEBANO		
Santa Cruz	35	4-D
LIEBANO Y CDA.		
San Miguel Totolcingo	35	5-D
LIEJA		
Juárez	83	6-D
LIENZO CJON.		
Rincón de la Charrería	56	4-B
LIENZO CHARRO		
Ampliación Tulpetlac	46	5-E
LIGA CDA.		
Campestre Aragón	72	4-B
LIGA EXCTA. DEL D. F. AV.		
Montañista	58	2-D
LIGA EXCURSIONISTA IMSS AV.		
La Presa Lázaro Cárdenas	58	5-C
LIGA NACIONAL		
Pueblo Culhuacán	110	4-E
LILAS		
Ixtapaluca Izcalli	114	6-B
Jardines de Chalco	140	1-E
Jardines de Morelos	47	1-E
Pedregal de Santo Domingo	109	4-D
LILAS AV. Y 1A. A 8A. PRIVS.		
Villa de las Flores	20	6-A
LILAS DE LAS BLVR.		
Villa de las Flores	32	1-F
LILAS LAS		
Jardín de la Florida	69	2-D
LILLE PEDRO DE		
Las Acacias	56	2-B
LIMA		
1a. Ampl. Stgo Acahualtepec	112	2-E
Ampl. San Marcos	44	5-C
Ampliación El Tesoro	44	3-E
Avándaro	127	3-C
Bosques de Ixtacala	43	1-B
Ejido Santa Cruz Xochitepec	136	2-C
El Mirador	59	1-B
Granjas Independencia I	73	2-B
Ixtlahuacan	112	3-F
Jardines de Ecatepec	47	2-B
La Palma	43	6-E
Las Américas	69	5-B
Las Granjas Acolman	36	4-A
Las Huertas	81	1-C
Lindavista	71	3-C
Lomas de Chamontoya	120	1-E
San Fernando	94	4-C
San Gabriel	43	3-D
San Miguel Teotongo	113	4-A
Tabla del Pozo	59	2-B
Valle Dorado	56	2-E
Vista Hermosa	46	1-D
Vista Hermosa	46	1-C
LIMA CDA.		
Granjas Independencia	73	2-B
Las Granjas Acolman	36	4-B
Las Peñitas	43	3-D
LIMA LIMON		
San Andrés de la Cañada	46	6-A
LIMA NTE.		
Ejido Santa Cruz Xochitepec	136	1-C
LIMA PROL.		
Ixtlahuacan	112	3-F
LIMA SALVADOR M.		
Ampl. Gabriel Hernández	72	1-A
LIMA Y 2 CDAS.		
Miravalle	112	4-F
LIMA Y CDA.		
Ampl. Profr. C. Higuera	43	5-A
LIMANTITLA		
Santa Ursula Xitla	122	5-D
Tlalpan	122	5-D
LIMANTOUR IVES		
Ciudad Satélite	69	2-A
LIMAS		
Las Huertas	68	6-D
Tlacoquemécatl	96	6-C
LIMBO CDA.		
Pueblo San Bartolo Ameyalco	107	6-F
LIMON		
Ampl. Minas Palacio	81	4-B
Ampl. Profr. C. Higuera	43	5-A
Avándaro	127	2-B
Campestre Liberación	42	2-D
Centro	84	5-C
Coatlinchán	89	2-D
Consejo Agrarista Mexicano	111	6-F
Chamacuero	43	3-D
Ejidal Ampl. San Marcos	44	4-C
El Olivo	44	5-A
La Palma	43	6-E
Las Huertas	68	6-D
Las Huertas	81	1-C
Las Huertas	68	6-D
Los Bordos	59	1-B
Miguel de la Madrid Hurtado	112	3-F
Nonoalco	63	1-C
Plutarco Elías Calles	114	4-F
Revolución	43	2-A
Rincón de la Bolsa	108	5-A
San Gabriel	43	3-D
San José del Jaral	43	2-D
San Marcos Huixtoco	128	2-D
San Martín Xico La Laguna	140	2-A
San Miguel Teotongo	113	2-A
Santiago Acahualtepec	112	2-E
Tepeolulco	59	2-B
Vista Hermosa	33	6-D
Xalpa	112	4-D
Xalpa	112	3-E
LIMON CDA.		
Santa María La Ribera	83	2-E
LIMON DE CDA.		
Ampliación López Portillo	125	2-D
LIMON DEL CDA.		
Nonoalco	63	1-B
Vista Hermosa	33	6-D
LIMON DEL CJON.		
Pueblo Santa Cruz de Arriba	63	5-C
LIMON JOSE CDA.		
Coatlinchán	89	2-D
LIMONEROS		
Valle de San Mateo	68	3-F
LIMONES		
Barrio Fundidores	87	2-F
Bosques de Ixtacala	43	1-B
Bosques de Morelos	30	4-C
Bosques de los Pinos	29	3-E
Ejido Santa Cruz Xochitepec	136	1-C
Ejidos de Totoltepec	134	1-F
Hacienda Ojo de Agua	21	4-B
Las Huertas	33	5-F
Loma Encantada	113	3-D
PROFOPEC Polígono 1	60	4-D
Punta La Zanja	87	3-F
Tepeolulco	59	2-B
Tierra y Libertad	59	1-D
LIMONES CDA.		
Bosques de los Pinos	29	3-E
LIMONES LOS		
Sector Popular	76	4-B
LIMONES NTE.		
Ejido Santa Cruz Xochitepec	136	1-C
LIMONES SUR		
Ejido Santa Cruz Xochitepec	136	2-C
LIMPEÑOS		
Francisco Villa	95	4-F
LINALOE		
Santa María Insurgentes	84	1-A
LINARES		
Lindavista	71	3-C
Molino de Santo Domingo	95	3-F
Santo Domingo	95	3-F
LINARES DE CDA.		
San Lucas Tepango	37	2-D
LINARES JOSE		
Del Valle	96	6-D
LINARES Y CDA.		
Roma Sur	96	2-E
LINCE		
Cocoyotes	58	2-B
LINCOLN 3A. PRIV.		
Condado de Sayavedra	41	5-D
LINCOLN ABRAHAM AV.		
Ampliación Presidentes	95	5-D
LINCOLN ABRAHAM BLVR.		
Ind. Puente de Vigas	56	5-F
Prados de la Loma	56	5-F
LINCOLN ABRAHAM CJON.		
San Rafael Chamapa	81	2-F
LINDA VISTA Y CDA.		
Vista Hermosa	29	5-A
LINDAVISTA		
Alfredo del Mazo	127	3-E
Ampliación Vicente Villada	99	3-E
Benito Juárez	59	3-B
El Olivar	100	1-C
Gral. Felipe Berriozábal	58	1-C
San Pedro Tepetitlán	36	4-F
Tabla del Pozo	59	3-B
Vicente Villada	99	3-E
Villa San Lorenzo Chimalco	100	1-C
LINDAVISTA AV.		
Lindavista	71	3-C
San Bartolo Atepehuacán	71	2-A
Tepeyac Insurgentes	71	3-C
LINDAVISTA DE 1A. CDA.		
Villa San Lorenzo Chimalco	100	1-C
LINDAVISTA DE 2A. CDA.		
Villa San Lorenzo Chimalco	100	1-C
LINDAVISTA Y 2 CDAS.		
Alfredo del Mazo	127	3-E
LINDBERGH CARLOS AUGUSTO		
Aviación Civil	85	6-C
LINDERO DE PIEDRA SUELTA		
La Palma	46	6-D
LINDERO EL		
Residencial Villa Coapa	123	4-D
LINDEROS		
Dr. Jorge Jiménez Cantú	58	4-F
Montañista	58	2-D
Nueva San Isidro	127	4-F
LINEAS AEREAS		
Unidad Hab. Electricistas	31	4-C
LINEAS SUBTERRANEAS		
Unidad Hab. Electricistas	31	4-C
LINO		
Las Palmas	95	3-E
LINOS		
Villa de las Flores	33	1-A
LINOTIPISTAS		
PIPSA	57	5-C
LINTERNA		
Barrio Norte	95	5-F
LIORNA		
Izcalli Pirámide	57	3-D
Residencial Acoxpa	123	3-C
LIQUIDAMBAR		
Bosque del Pedregal	121	6-B
Valle Verde	127	1-D
LIRA		
Palmatitla	58	2-B
Prados de Coyoacán	110	6-C
LIRA MIGUEL		
Nativitas	97	4-B
Villa de Cortés	97	4-B
LIRA MIGUEL N.		
Ciudad Satélite	56	6-A
LIRA Y ORTEGA MANUEL		
Juan Escutia	99	4-B
Voceadores	99	4-B
LIRAS		
Aquiles Serdán	85	2-A
Parque Residencial Coacalco	33	5-B
Simón Bolívar	85	2-A
Valle de Tules	44	3-C
LIRIO		
2o. Reac. de Tlacuitlapa	108	2-C
Agua Azul	86	6-B
Ahuehuetes	58	3-C
Altavista	114	1-A
Altavista	113	1-F
Ampl. Bosques de Ixtacala	43	2-A
Ampliación El Chaparral	56	3-A
Ampliación El Tesoro	44	3-D
Ampliación Emiliano Zapata	127	2-C
Ampliación Emiliano Zapata	113	4-C
Ampliación Loma Linda	82	1-B
Ampliación Tulpetlac	46	5-E
Atlampa	83	1-F
Barrio La Rosita	87	3-C
Barrio La Santísima	137	1-A
Bellavista	59	2-D
C. H. La Pradera I	72	5-E
Campestre El Potrero	113	5-C
Ejidos de San Cristóbal	33	6-E
El Toro	121	1-A
Emiliano Zapata	113	4-C
Jardines de Chalco	140	1-D
Jardines de Morelos	47	1-E
Jardines del Molinito	82	1-B
Jardines del Tepeyac	59	6-F
Joyas de Santa Ana	62	5-F
Las Conchitas	31	4-A
Las Conchitas	31	3-A
Las Flores	56	3-A
Las Huertas	68	6-E
Las Peñitas	43	3-D
Lomas San Juan Ixhuatepec	71	1-E
Lomas de San Miguel	43	3-B
Lomas de la Era	120	1-F
Los Angeles Apanoaya	111	3-E
Los Volcanes	122	6-D
Quiahuatla	138	1-F
San Francisco Chilpan	44	1-C
San José del Jaral	43	2-D
San Juan	87	5-D
San Lorenzo	100	2-B
San Miguel	127	5-F
San Miguel Chalma	57	3-F
San Miguel Teotongo	113	2-A
San Pablo	112	4-F
Santa Cruz Xochitepec	136	2-C
Santa María La Ribera	83	1-F
Santa María de Guadalupe	43	3-F
Santa Rosa	101	1-D
Tamaulipas Oriente	86	6-B
Tepeolulco	59	2-A
Tlacoquemécatl	96	6-C
Tlatel Xochitenco	87	2-C
Tlatilco	83	1-E
Tlazintla	97	3-E
Torres del Potrero	108	5-A
Vista Hermosa	33	6-D
Xalpa	112	3-D
Xochimilco	137	2-B
Xochimilco	137	1-B
LIRIO ACUATICO		
Barrio Xaltocan	136	3-F
LIRIO ACUATICO 2 CDAS.		
Barrio Xaltocan	136	2-F
LIRIO ACUATICO PROL.		
Barrio Xaltocan	136	2-F
LIRIO CDA.		
Barrio San Juan Xochitenco	87	5-E
Barrio Xochitenco	87	5-D
El Toro	121	1-A
Hacienda de la Luz	43	2-C
U. H. Belén de las Flores	108	2-C
LIRIO DEL		
Los Reyes Ixtacala	57	6-B
LIRIO DEL CJON.		
San Salvador Atenco	62	1-D
LIRIO DEL VALLE CDA.		
Barrio La Santísima	137	1-A
LIRIO DORADO		
Barrio La Santísima	137	1-A
LIRIO PROL.		
Buenavista	112	5-B
LIRIO Y AND.		
Ampl. Minas Palacio	81	4-C
LIRIO Y CDA.		
Ejidal Emiliano Zapata	33	6-E
LIRIOS		
2a. Ampl. Stgo Acahualtepec	112	3-E
Ampliación Tulpetlac	46	5-E
Ecatepec de Morelos	33	6-D
Ejidal Ampl. San Marcos	44	5-C
El Capulín	63	6-C
El Capulín	63	5-C
Hacienda Ojo de Agua	21	3-A
Jardines de Aragón	60	5-B
Jardines de Santa Cruz	19	2-B
Los Cedros	107	6-F
Los Cuyos	100	3-D
Revolución	101	2-B
San Isidro	149	3-F
Tlacoyaque	107	6-E
U. INFONAVIT Iztacalco	97	4-F
Villa de las Flores	33	1-A
Vista Hermosa	28	5-F
Vista Hermosa	33	6-D
Xochitenco	87	5-E
LIRIOS 1		
Hacienda Real de Tultepec	32	1-D
LIRIOS 2		
Hacienda Real de Tultepec	32	1-D
LIRIOS 3		
Hacienda Real de Tultepec	32	1-D
LIRIOS 4		
Hacienda Real de Tultepec	32	1-D
LIRIOS CDA.		
Jardines de Santa Cruz	19	2-C
La Providencia	108	2-B
LIRIOS CJON.		
Jardines del Alba	30	4-F
LIRIOS DE 3 CDAS.		
Xochitenco	87	5-E
LIRIOS DE LOS		
La Florida	69	3-C
LIRIOS DE PRIV.		
Izcalli Ecatepec	46	2-F
LIRIOS LOS		
Barrio Santa Cruz	16	2-E
El Sifón	28	5-B
LIRIOS LOS 2DO. CJON.		
Los Corrales	123	6-B
LIS		
Ampliación 19 de Septiembre	34	5-F
Caballería de Sales	34	5-F
Jardines de Morelos	47	1-E
LISA		
Del Mar	124	3-E
LISBOA		
Bellavista	56	6-A
Juárez	83	5-F
Lomas de la Estancia	112	4-F
Valle Dorado	56	2-D
LISTER JOSE		
U. IMPI Iztacalco	97	4-F
LISZT FRANZ		
Peralvillo	84	1-B
LITERATO		
Purísima Atlazolpa	97	5-E
LITERATURA		
Dr. Jorge Jiménez Cantú	30	5-C
México	98	1-F
Nezahualcóyotl	98	1-F
LITIO		
U. H. El Rosario	69	1-F
LITOGRAFIA		
20 de Noviembre 2o. Tramo	84	3-E
Veinte de Noviembre	84	3-E
Venustiano Carranza	84	3-E
LITORAL		
Cuautitlán Izc. Atlanta	30	3-D
U. INFONAVIT Iztacalco	97	4-E
LITORALES		
Pilares Aguilas	108	2-F
LITOSFERA		
El Tesoro	44	2-D
LITUANIA		
México 86	43	3-A
LIVERPOOL		
Juárez	83	5-E
Valle Dorado	56	2-D
LIZARDI FERNANDO		
Colonial Iztapalapa	111	2-F
Constitución de 1917	111	2-F
LOBELIA		
Barrio Xaltocan	136	3-F
LOBO		
Lomas Lindavista El Copal	58	4-E
LOBOS		
Lomas Lindavista El Copal	58	5-E
PROFOPEC Polígono 3	60	6-C
PROFOPEC Polígono 3	60	6-D
LOBOS 1a.		
PROFOPEC Polígono 3	60	6-D
LOBOS 2a.		
PROFOPEC Polígono 3	60	6-D
LOCATELLI PEDRO		
Miguel Hidalgo	125	3-A
LOCKE		
Ejido de Santiago Tepalcapa	43	3-A
Ejido de Santiago Tepalcapa	43	3-B
LOCOMOTORA AND.		
U. H. Pantaco	70	4-D
LOERA MANUEL GRAL.		
Daniel Garza	96	1-A
LOGICA		
México	98	1-F
Nezahualcóyotl	98	1-F
LOGROÑO		
Miguel Alemán	97	3-A
Postal	97	3-A
LOJEÑOS		
Francisco Villa	95	4-F
LOMA		
Copalera	101	3-A
Izcalli San Pablo	20	5-B
Jardines del Pedregal	122	1-A
La Gavia	107	1-D

Calle / Colonia — COORDENADAS PLANO

Lomas de la Estancia 112 4-F
San Miguel Teotongo 113 3-A
LOMA ADRIANA
Lomas Christi 68 1-F
LOMA ALEGRE
Ampliación El Santuario 111 2-A
Buenavista 112 6-C
Vista Hermosa Ozumbilla 22 4-A
LOMA ALTA
Ampliación El Santuario 111 2-A
Buenavista 112 6-C
Buenavista 112 5-C
Lomas de Santiago Tepalcapa 43 3-B
Margarita Maza de Juárez 95 5-C
LOMA ALTAMIRA
Lomas de Santiago Tepalcapa 43 3-B
LOMA AZUL
Lomas de Tarango 108 1-E
LOMA BAJA
Margarita Maza de Juárez 95 5-C
LOMA BLANCA
Lomas de Chimalhuacán 87 6-F
Margarita Maza de Juárez 95 5-C
LOMA BONITA
Buenavista 112 5-C
Buenavista 112 6-C
Loma Bonita 127 1-C
Lomas Altas 95 3-D
Lomas de Cuautepec 45 5-B
Lomas de Chimalhuacán 100 1-F
Lomas de San Pablo 153 2-D
Lomas de la Cañada 82 3-B
Lomas de la Cruz 89 1-B
Lomas de la Estancia 112 4-E
Lomas del Padre 106 3-F
Parque Ind. Nezahualcóyotl 100 3-B
San Jerónimo Aculco 121 1-D
San Juan Zapotla 100 1-E
Tepetongo 122 6-B
Vista Hermosa 58 2-C
LOMA BONITA 1A. CDA.
Lomas del Padre 106 2-F
LOMA BONITA 2A. CDA.
Lomas del Padre 106 3-F
LOMA BONITA AV.
Reforma 100 6-B
LOMA BONITA CDA.
Lomas de la Cruz 89 1-C
LOMA BONITA RT.
Izcalli Ecatepec 46 3-F
LOMA BONITA Y 2 CDAS.
Arboledas Xalostoc 46 6-A
LOMA BONITA Y CDA.
Lomas del Padre 106 3-F
LOMA BONITA Y RT.
Lomas de Vista Hermosa 94 5-D
LOMA CABADA
Lomas de Santiago Tepalcapa 43 3-B
LOMA CALIDA RT.
Izcalli Ecatepec 46 3-F
LOMA CARMEN
Lomas Christi 68 1-F
LOMA CENTRO
Lomas de Santiago Tepalcapa 43 4-B
LOMA CIERZO
Lomas de Cuautepec 45 6-B
Lomas de la Cañada 82 2-B
LOMA COLORADA 1A. CDA.
San Lorenzo Totolinga 68 6-E
LOMA CRISTINA
Lomas Christi 68 1-F
LOMA CHICA
Lomas de Cuautepec 45 6-B
Lomas de Tarango 108 1-E
Lomas de Totolco 100 2-F
Lomas de Vista Hermosa 94 5-E
Margarita Maza de Juárez 95 5-C
LOMA CHIMALHUACAN
Lomas de Chimalhuacán 87 6-F
LOMA DE ANAHUAC
Lomas de Tarango 108 1-E
LOMA DE CHAMIXTO
Lomas del Padre 106 3-F
LOMA DE GUADALUPE AV.
Lomas de Guadalupe 108 4-B
LOMA DE HILA
Las Maromas 106 6-C
LOMA DE LA
Lomas de San Angel Inn 108 3-F
LOMA DE LA 1A. CDA.
La Loma 138 2-F
LOMA DE LA 2A. CDA.
La Loma 138 2-F
LOMA DE LA 3A. CDA.
La Loma 138 2-F
LOMA DE LA 4A. CDA.
La Loma 138 2-F
LOMA DE LA CDA.
La Herradura 94 1-F
LOMA DE LA CJON.
Rincón de la Charrería 56 4-B
LOMA DE LA CRUZ
Balcones de Juárez Barrón 41 2-E
Loma de la Cruz 42 1-B
LOMA DE LA MORA
Pueblo San Miguel Hila 41 3-D
San Miguel Hila 41 3-D
LOMA DE LA PALMA
Vista Hermosa 107 1-D
LOMA DE LA PAZ
San Isidro La Paz 29 6-B
LOMA DE LA PLATA
Lomas de Tarango 108 1-E
LOMA DE LAS FLORES
Lomas de Vista Hermosa 94 5-D
LOMA DE LAS TORRES
Lomas del Padre 106 3-F
LOMA DE SAN JOSE Y CDA.
Loma de San José 28 3-C
LOMA DE TARAMBA
Crescencio Juárez Chavira 120 3-F
LOMA DE TARANGO
Lomas de Tarango 108 1-E
LOMA DE TETECONTLA CDA.
Arboledas Cuaut. El Alto 58 1-C
LOMA DE VISTA HERMOSA
Lomas de Vista Hermosa 94 6-D
Palo Alto 94 5-E
Vista Hermosa 107 1-D
LOMA DE ZAMORA CDA.
Lomas de Santa Fe 95 4-B
LOMA DEL BOSQUE Y CDA.
Lomas del Padre 106 3-F
LOMA DEL CONVENTO
Lomas de Tarango 108 1-E
LOMA DEL JAGÜEY
Vista Hermosa 107 1-D
LOMA DEL LLANO
Lomas del Padre 106 3-F
LOMA DEL MESON
Lomas de Tarango 108 1-E
LOMA DEL PADRE
Lomas del Padre 106 3-F
LOMA DEL PADRE 2A. CDA.
Lomas del Padre 106 3-F
LOMA DEL PADRE DE 1A. CDA.
Lomas del Padre 106 3-F
LOMA DEL PARQUE
Lomas de Vista Hermosa 94 6-D
LOMA DEL RECUERDO
Lomas de Vista Hermosa 94 5-E
LOMA DEL RECUERDO 2 RTS.
Lomas de Vista Hermosa 94 5-E
LOMA DEL REY
Lomas de Vista Hermosa 94 6-D
LOMA DEL RIO
San Rafael 70 4-B
LOMA DEL VALLE
Lomas de Santiago Tepalcapa 43 3-A
LOMA DOLORES
Lomas Christi 68 1-F
LOMA DORADA
Lomas de Cuautepec 45 6-B
LOMA ENCANTADA Y CDA.
Ampliación El Santuario 111 2-A
LOMA ESCONDIDA
Ampliación El Santuario 111 2-A
Lomas de Cuautepec 45 6-B
Lomas de Santiago Tepalcapa 43 3-B
Lomas de Tarango 108 1-E
LOMA ESPINA
Lomas de Santiago Tepalcapa 43 3-A
LOMA FLORIDA
Lomas de Vista Hermosa 94 5-D
LOMA GRANDE
Lomas de Santiago Tepalcapa 43 3-B
Lomas de Totolco 100 2-F
LOMA GUADALUPE
Lomas Christi 68 1-F
LOMA JUAREZ SUR
Izcalli Ecatepec 46 2-E
LOMA LA
Barrancas Tetecon 112 5-D
Barrio Barranca Seca 121 2-B
Barrio San Sebastián 138 2-F
Barrio de la Concepción 16 2-A
El Convento 122 6-C
Pedregal de Santa Ursula 122 6-C
Pueblo Santa Cruz Acalpixca 137 3-D
San Bartolo Atepehuacán 71 3-A
San Gregorio Atlapulco 137 3-D
San José Buenavista 17 5-C
San Juan Cerro 111 3-B
LOMA LA 1A. CDA.
Pueblo Santa Cruz Acalpixca 137 3-D
LOMA LA 3A. CDA.
Pueblo Santa Cruz Acalpixca 137 3-D
LOMA LA 3r. AND.
Tejomulco 137 4-B
LOMA LA CDA.
Santa Cruz Acalpixca 137 3-D
LOMA LA PROL.
Las Cruces 108 6-A
LOMA LARGA
Loma Larga 28 5-A
Loma Larga 28 5-B
San Bartolomé Coatepec 93 2-F
LOMA LARGA AV.
San Juan Totoltepec 68 5-F
LOMA LARGA DE CDA.
San Juan Totoltepec 68 5-F
LOMA LARGA Y RT.
Lomas de Vista Hermosa 94 6-D
LOMA LINDA
Ampliación El Santuario 111 2-A
Buenavista 112 6-C
El Tanque 108 6-A
Lomas de Capistrano 56 3-A
Lomas de Santiago Tepalcapa 43 3-B
Miguel Hidalgo 122 4-B
LOMA LINDA 2 CDAS.
El Tanque 108 6-A
LOMA LINDA 2A. CDA.
El Tanque 108 6-A
LOMA LINDA CDA.
Ejidos de San Pedro Mártir 135 1-E
LOMA LINDA Y RT.
Lomas de Vista Hermosa 94 5-E
LOMA MARFA
Lomas de la Cañada 82 3-B
LOMA MARIA EMMA
Lomas Christi 68 1-F
LOMA NEVADA
Lomas de Santiago Tepalcapa 43 3-B
LOMA NEVADA CDA.
Lomas Altas 95 3-C
LOMA ORIZABA
Lomas de la Cañada 82 3-B
LOMA PARAISO
Lomas de Santiago Tepalcapa 43 3-B
LOMA PERPETUA
Lomas de Tarango 108 1-E
LOMA ROSA
Lomas Christi 68 1-F
LOMA SANDER
Lomas de la Cañada 82 2-B
LOMA SUAVE
Lomas de Bellavista 56 6-A
LOMA TINAJAS
Olivar de los Padres 108 4-B
LOMA VERDE
Izcalli Ecatepec 46 3-F
La Lomita 46 6-A
Lomas de Santiago Tepalcapa 43 3-B
Margarita Maza de Juárez 95 5-C
LOMA VERDE CDA.
Ampliación El Santuario 111 2-A
LOMA VISTA HERMOSA
Lomas de Santiago Tepalcapa 43 3-B
Lomas de Vista Hermosa 94 5-E
LOMAS
Plaza de la Colina 56 6-C
LOMAS ALEGRES
Pueblo Nuevo 95 5-B
LOMAS ANAHUAC AV.
Lomas Anáhuac 94 3-E
LOMAS CALZ.
Lomas de Virreyes 82 6-F
LOMAS CDA.
Ixtlahuacan 112 3-F
Lomas de Tenopalco 19 2-D
LOMAS DE CABRERA
Los Gamitos 95 5-B
Pueblo Nuevo 95 5-B
LOMAS DE CAPULA AV.
Las Golondrinas 95 5-E
Lomas de Capula 95 5-E
LOMAS DE CARTAGENA BLVR.
Lomas de Cartagena 44 1-C
LOMAS DE CRISTAL
Lomas de Chimalhuacán 87 6-F
LOMAS DE CHAMIXTO
Lomas del Padre 106 3-F
LOMAS DE CHAPULTEPEC DE CDA.
Francisco I. Madero 42 2-A
LOMAS DE LA CANTERA CDA.
Francisco I. Madero 42 2-A
LOMAS DE LA HACIENDA
Vista Hermosa Ozumbilla 22 4-A
LOMAS DE LA HACIENDA BLVR.
Hacienda de la Luz 43 4-B
Izcalli del Campanario 43 4-B
Jardines de Monterrey 43 4-B
La Hacienda 43 4-B
Lomas de San Miguel 43 4-B
Lomas de la Hacienda 43 4-B
Margarita Maza de Juárez 43 4-B
Villas de la Hacienda 43 4-B
LOMAS DE LA HACIENDA CDA.
Hacienda de la Luz 43 2-C
LOMAS DE LA UNION
Lomas de Chimalhuacán 87 6-F
LOMAS DE LAS AV.
Cuautitlán Izc. Atlanta 30 3-D
LOMAS DE LAS FLORES
Vista Hermosa Ozumbilla 22 4-A
LOMAS DE LOS REMEDIOS
Lomas de Chimalhuacán 87 6-F
LOMAS DE OZUMBILLA
Vista Hermosa Ozumbilla 22 4-A
LOMAS DE PLATEROS AV.
Merced Gómez 96 6-A
U. H. Lomas de Plateros 96 6-A
LOMAS DE PLATEROS CIR.
U. H. Lomas de Plateros 95 6-F
LOMAS DE SAN FERNANDO
Ampliación El Olivo 94 4-D
LOMAS DE SAN JUAN
La Carbonera 120 3-F
LOMAS DE SAN RAFAEL
Altamira 81 2-F
LOMAS DE SOTELO
Irrigación 82 3-E
Periodista 82 3-E
LOMAS DE SOTELO RTS 101 102
U. H. Pop. Lomas de Sotelo 82 2-E
LOMAS DE VISTA HERMOSA
Lomas de Vista Hermosa 94 6-E
LOMAS DEL ANGEL
Lomas de Tarango 108 1-E
LOMAS DEL JAZMIN
Balcones de la Herradura 94 1-E
LOMAS DEL MIRADOR
Vista Hermosa Ozumbilla 22 4-A
LOMAS DEL OLIVO
Ampliación El Olivo 94 4-D
LOMAS DEL PAIS
San Isidro La Paz 29 6-B
LOMAS ENCANTO AV.
Fracc. Lomas Country Club 94 2-B
LOMAS LAS
Lomas de San Pablo 153 3-D
Vista Hermosa 58 2-D
LOMAS QUEBRADAS
Lomas Quebradas 108 6-C
San Jerónimo Lídice 108 6-C
LOMAS SUR
Zona Ejidal Tepeolulco 58 2-F
LOMAS VALENTINAS CDA.
Margarita Maza de Juárez 95 5-C
LOMAS VERDES
Lomas de Chimalhuacán 87 6-F
LOMBARDI ENRIQUE
Santa Cecilia 125 5-E
LOMBARDIA
Residencial Acoxpa 123 2-D
LOMBARDINI Y CJON.
Estanzuela 71 3-E
Martín Carrera 71 3-E
LOMBARDO TOLEDANO
El Triunfo 127 3-D
LOMBARDO TOLEDANO AV.
Xico 126 6-F
LOMBARDO TOLEDANO VICENTE
El Cardonal 59 4-D
Esfuerzo Nacional 59 4-D
Hda. de Gpe. Chimalistac 109 2-B
Melchor Ocampo 59 4-D
Miguel Hidalgo 59 4-D
San Francisco Xalostoc 59 4-D
Santa María Xalostoc 59 4-D
LOMBARDO VICENTE
San Juan Zapotla 100 1-E
LOMBARDOS
Miguel Hidalgo 125 4-A
Victoria 96 4-A
Victoria 95 4-F
LOMERIO
Izcalli San Pablo 20 6-B
LOMITA
San Andrés 70 3-B
LOMITA DEL SUR
Lomas de San Mateo 68 3-E
LOMITA LA
Ampliación El Santuario 111 2-A
Barrio San Miguel 111 2-D
LOMITA LA CDA.
El Tanque 108 6-A
LOMITA Y CDA.
Lomas de Bezares 95 4-B
LOMITAS DEL SUR PRIV.
Lomas de San Mateo 68 3-E
LOMITAS PROL.
Pueblo San Andrés 70 3-B
LONDRES
Bellavista 56 5-B
Clavería 83 1-C
El Carmen 109 2-E
Juárez 83 5-E
Lindavista 114 6-B
San Alvaro 83 1-C
Valle Dorado 56 2-D
LONDRES 1948
U. H. Olímpica 122 2-D
LONDRES AND.
Cuautitlán Izcalli 30 1-E
LONDRES CDA.
Juárez 83 6-D
LONGCHAMPS
Lomas Hipódromo 82 5-C
LOPE DE ARMENDARIZ
Lomas de Virreyes 95 1-E
LOPE DE RUEDA
Balcones de Ceguayo 108 1-B
LOPE DE VEGA
Barrio de Belém 31 2-C
Bosque de Chapultepec 83 4-B
Chapultepec Morales 83 4-B
LOPEZ
Barrio del Carmen 18 2-D
Centro 84 4-A
San Francisco Culhuacán 110 4-E
Santa Catarina Yecahuízotl 113 6-D
LOPEZ AGUADO MANUEL
Magisterial Vista Bella 56 5-B
LOPEZ AGUADO RAFAELA
Carmen Serdán 110 6-F
LOPEZ ARIAS FERNANDO
Adolfo López Mateos 85 6-C
LOPEZ AV.
La Joya 19 5-A
LOPEZ BENEDICTO
Ampliación San Miguel 111 2-D
LOPEZ BONIFACIO
Estanzuela 71 3-E
Triunfo de la República 71 3-E
LOPEZ CASTRO
Santa Clara 59 3-D
LOPEZ COTILLA
Acacias 109 1-D
Del Valle 109 1-D
LOPEZ COTILLA MANUEL
Del Valle 96 5-E
LOPEZ COUTO ONESIMO
U. Santa Cruz Meyehualco 112 2-B
LOPEZ DARIO DR. GOB.
Las Vegas Xalostoc 72 1-C
LOPEZ DE LARA CESAR GRAL.
Héroes de la Revolución 82 5-A
LOPEZ DE LEGAZPI MIGUEL
Ciudad Satélite 69 2-C
LOPEZ DE NAVA CDA.
San Andrés Totoltepec 135 2-D
LOPEZ DE SANTA ANNA A. GRAL.
Martín Carrera 71 4-E
LOPEZ DE SANTA ANNA ANTONIO
Lázaro Cárdenas 73 6-A
LOPEZ EDUARDO DR. GOB.
Granjas Valle de Guadalupe 72 1-E
LOPEZ FUENTES GREGORIO
Ciudad Satélite 69 2-B
LOPEZ GERARDO
Cuautepec de Madero 58 3-A
LOPEZ GONZALO
Citlalmina 114 5-A
Francisco Sarabia 42 2-C
Tlalpexco 58 2-C
LOPEZ GREGORIO Y 1A. CDA.
Santa Fe 95 5-B
LOPEZ GUADALUPE
Ejército de Ote. Z. Peñón 99 6-C
LOPEZ GUERRA LAURO
Jacarandas 111 3-F
LOPEZ GUERRA RAFAEL
U. H. El Risco CTM 71 1-F
LOPEZ GUMERSINDO
Tultitlán 31 2-C
LOPEZ HORACIO
La Olímpica 81 3-B
LOPEZ IGNACIO (C. 67)
U. Santa Cruz Meyehualco 112 3-A
LOPEZ JIMENEZ MARCOS Y CDA.
Santa Martha Acatitla 99 5-D
LOPEZ L. MANUEL
Zapotitlán 125 1-B
LOPEZ LIRA JESUS
Colonial Iztapalapa 111 3-F
LOPEZ LOS CDA.
San Lorenzo Huipulco 123 3-A
LOPEZ M. A. LIC. Y 2 CDAS.
Tepotzotlán 4 5-C
LOPEZ M. RICARDO
Abdías García Soto 107 3-B
LOPEZ MANUEL
La Magdalena Atlicpan 100 6-E
LOPEZ MANUEL M. CDA. GRAL.
Barrio Santa Ana Zapotitlán 125 2-A
LOPEZ MANUEL M. GRAL.
Barrio Santa Ana Zapotitlán 125 2-A
Zapotitla 125 2-A
LOPEZ MANUEL M. GRAL. PRIV.
Barrio Santa Ana Zapotitlán 125 3-A
LOPEZ MARGA
Ampliación Emiliano Zapata 113 3-C
San Miguel Teotongo 113 4-C
LOPEZ MARIO
Cristo Rey 96 4-A
Victoria 96 4-A
LOPEZ MATEOS
1a. Ampl. Stgo Acahualtepec 112 2-E
Adolfo López Mateos 107 1-B
Ahuehuetes 56 1-C
Alta Villa 72 1-C
Ampl. Buenavista 44 3-C
Ampl. La Olímpica 81 3-B
Ampl. San José del Jaral 43 3-D
Ampl. San Miguel Xalostoc 72 1-C
Ampliación Las Peñitas 43 3-D
Barrio La Concepción 31 3-B
Benito Juárez 59 2-C
Benito Juárez 43 6-E
Buenavista 31 6-D
Ecatepec de Morelos 33 6-D
Ecatepec de Morelos 33 6-E
El Mirador 19 2-C
El Salado 59 6-C
El Triunfo 127 4-D
Emiliano Zapata 42 1-E
Francisco I. Madero 42 2-A
Francisco Sarabia 42 2-C
Hank González 59 1-C
José María Morelos y Pavón 31 5-A
La Joya 31 6-D
La Loma 31 6-D
Lomas Lindas 42 6-F
Lomas de Santa Catarina 36 3-B
Lomas de Totolco 101 2-A
Primero de Septiembre 42 3-F
San Bartolo Ameyalco 108 5-B
San Francisco Acuautla 115 2-E
San José Xalostoc 72 1-C
San Lucas Patoni 57 4-E
San Miguel Teotongo 113 2-A
Santa Cruz Amalinalco 128 4-B
Tulpetlac 46 6-E
Zona Escolar 57 3-F
LOPEZ MATEOS 2A. CDA.
San Bartolo Ameyalco 108 5-B
Santiago Tepalcapa 30 5-F
LOPEZ MATEOS A.
Dr. Ignacio Capetillo 28 6-D
LOPEZ MATEOS A. DE 1A. CDA.
San Lorenzo 56 3-C
Vicente Guerrero 1a. Secc. 41 1-D
LOPEZ MATEOS A. DE 2A. CDA.
Vicente Guerrero 1a. Secc. 41 1-E
Xico 139 1-F
LOPEZ MATEOS A. LIC. CDA.
Loma de la Palma 58 2-A
LOPEZ MATEOS A. PDTE. AV.
Barrio Norte 42 6-E
Fracc. Ind. El Pedregal 42 6-E
México Nuevo 55 1-E
LOPEZ MATEOS A. PDTE. CIR.
Adolfo López Mateos 17 4-C
LOPEZ MATEOS ADOLFO
Adolfo López Mateos 85 6-C
Adolfo López Mateos 17 3-C
Amado Nervo 19 2-D
Ampl. Adolfo López Mateos 85 6-C
Ampl. San Martín Calacoaya 56 4-A
Ampliación Aviación Civil 85 6-C
Ampliación Independencia 57 1-C
Ampliación Miguel Hidalgo 121 5-F
Ampliación San Lorenzo 100 2-C
Ampliación San Pedro Xalpa 69 5-E
Año de Juárez 111 6-D
Aviación Civil 85 6-C
B. San Antonio Culhuacán 110 4-E
Barrio Norte 95 5-F
Benito Juárez 44 1-D
Benito Juárez 59 3-B
Benito Juárez 58 4-A
Carlos Salinas de Gortari 34 6-E
Central Michoacana 60 5-C

Calle / Colonia	Plano	Coordenadas
Cinco de Mayo	43	3-A
Ciudad Adolfo López Mateos	56	1-A
Ciudad Adolfo López Mateos	42	6-F
Cnel. José Antonio Torres	60	1-D
Covadonga	127	5-E
Darío Martínez	113	6-E
Del Parque	46	5-D
Diez de Abril	69	3-D
División del Norte	59	5-F
Doce de Diciembre	46	3-F
Dos de Marzo	88	5-E
Dr. Jorge Jiménez Cantú	30	5-C
Ejido de San Martín	30	4-C
El Chamizal	82	3-A
El Rosario	16	4-F
El Tráfico	28	6-A
Emiliano Zapata	60	5-A
Emiliano Zapata	81	2-C
Emiliano Zapata 2a. Secc.	72	1-E
Gral. Felipe Berriozábal	58	1-C
Granjas Lomas de Guadalupe	30	4-C
Independencia	28	3-D
Jardines de San Gabriel	59	5-E
Jesús del Monte	94	5-B
Jiménez Cantú	30	4-C
Jorge Jiménez Cantú	28	3-E
La Candelaria Tlapala	141	3-F
La Casilda	58	1-C
La Conchita	63	6-C
La Conchita Zapotitlán	125	4-B
La Loma	138	3-F
La Pastora	58	4-A
La Perla	30	1-C
La Retama	94	5-B
Las Acacias	56	2-B
Las Peñitas	43	3-D
Loma de la Majada	28	6-A
Lomas San Juan Ixhuatepec	58	6-E
Lomas de Guadalupe	56	4-A
Lomas de San Lorenzo	124	1-E
Lomas de San Pedro	21	4-E
Los Cuartos	81	3-C
Los Parajes	57	1-A
Nezahualcóyotl	75	2-E
Nueva Aragón	73	1-C
Nueva San Isidro	127	4-F
Ojito de Agua	112	3-C
Olímpica Radio	81	3-B
Palmitas	112	4-C
Pantitlán	98	2-E
Pantitlán	85	6-E
Pdte. A. Ruiz Cortines	47	2-B
Piedra Grande	59	3-B
Popular	59	5-E
Presidentes	95	5-F
Presidentes	88	5-D
Progreso de Oriente	100	1-B
Pueblo de Tepexpan	35	5-E
Puxtla	24	3-B
Rufino Tamayo	46	6-E
San Francisco Chilpan	31	6-C
San Francisco Tepojaco	30	1-A
San Juan Moyotepec	137	2-E
San Juan Teotihuacán	24	3-B
San Juan Ticomán	58	5-B
San Juan y San P. Tezompa	152	2-E
San Lorenzo Río Tenco	17	1-F
San Lucas Tepango	37	2-D
San Martín de las Pirámides	24	1-F
San Mateo Chipiltepec	36	6-E
San Mateo Tecalco	22	4-C
San Miguel Xometla	37	3-B
San Pablo	87	4-E
San Rafael Chamapa	81	2-C
San Rafael Chamapa	81	3-C
Santa Ana Tlacotenco	152	6-A
Santa Clara	59	3-C
Santa Cruz Acalpixca	137	3-D
Santa María Aztahuacán	112	3-C
Santa María Ozumbilla	21	4-F
Santa María Xalostoc	59	5-D
Santa Martha	100	5-A
Santa Martha Acatitla	99	5-E
Santiago Ahuizotla	69	5-E
Santiago Cuautlalpan	16	3-C
Tecuescomac	46	5-E
Tepotzotlán	4	6-C
Tezompa	152	2-F
Tollotzin II	60	5-C
Unión de Guadalupe	127	4-F
Valle de Anáhuac Secc. A	60	5-A
Venta de Carpio	34	5-E
Villa San Lorenzo Chimalco	100	2-C
Xalpa	112	5-D
Xaltipac	100	1-B
LOPEZ MATEOS ADOLFO 1A. CDA.		
Adolfo López Mateos	107	1-B
El Tráfico	28	6-C
Las Peñitas	43	4-D
Xico	139	1-F
LOPEZ MATEOS ADOLFO 2 CDAS.		
Jesús del Monte	94	5-B
LOPEZ MATEOS ADOLFO 2A. CDA.		
Adolfo López Mateos	107	1-B
Barrio Norte	95	5-F
Jesús del Monte	94	5-B
San Juan Ixhuatepec	58	6-E
Xico	139	1-F
LOPEZ MATEOS ADOLFO 3 CDAS.		
El Tráfico	28	6-C
LOPEZ MATEOS ADOLFO 3A. CDA.		
Adolfo López Mateos	107	1-B
Jesús del Monte	94	5-B
Xico	139	1-F
LOPEZ MATEOS ADOLFO 4A. CDA.		
Xico	139	1-F
LOPEZ MATEOS ADOLFO 5A. CDA.		
Xico	139	1-F
LOPEZ MATEOS ADOLFO 6A. CDA.		
Xico	139	1-F
LOPEZ MATEOS ADOLFO 7A. CDA.		
Xico	139	1-F
LOPEZ MATEOS ADOLFO AV.		
Agua Azul	86	6-D
Ampl. Granjas Lomas de Gpe.	30	5-E
Ecatepec de Morelos	46	2-F
Evolución Poniente	86	6-D
Independencia	82	5-A
Jardines de la Hda. Sur	17	4-E
José María Morelos y Pavón	31	5-A
La Blanca	44	6-A
La Lupita	139	1-F
Luis Echeverría	30	5-E
Metropolitana	86	6-D
Minas del Coyote	81	3-A
San Juan Atlamica	17	4-E
San Pedro Barrientos	44	4-A
Santa María Chimalhuacán	88	4-A
Santiago Tepalcapa	30	5-E
Tamaulipas Flores	86	6-D
Tlayacampa	44	6-A
Unidad Francisco Villa	30	5-E
Vicente Guerrero	28	6-E
Xico	139	1-F
LOPEZ MATEOS ADOLFO BLVR.		
Alfonso XIII	96	6-B
Altavista	109	2-A
Ampl. Daniel Garza	96	6-B
Atlamaya	109	2-A
Bellavista	96	6-B
Ermita	108	6-E
Flor de María	109	2-A
Lomas de San Angel Inn	109	2-A
Los Alpes	109	2-A
Materiales de Guerra	96	6-B
Merced Gómez	109	2-A
Mixcoac	96	6-B
Nonoalco	96	6-B
Observatorio	96	6-B
Ocho de Agosto	96	6-B
Pilares Aguilas	109	2-A
Progreso	108	6-E
San Angel Inn	109	2-A
San Pedro de los Pinos	96	6-B
Santa María Nonoalco	96	6-B
Tacubaya	96	6-B
Tizapán	108	6-E
Tlacopac	109	2-A
U. H. Lomas de Plateros	96	6-B
U. H. Sears Roebuck	96	6-B
Unidad Independencia	108	6-E
LOPEZ MATEOS ADOLFO CDA.		
1a. Ampl. Stgo Acahualtepec	112	2-E
Ampl. Presidentes	88	5-D
Barrio La Cruz	71	3-F
Barrio Norte	95	5-F
Benito Juárez	58	4-A
Dr. Ignacio Capetillo	28	6-D
Dr. Jorge Jiménez Cantú	30	5-D
El Tráfico	28	6-C
Emiliano Zapata	81	2-D
Filiberto Gómez	100	1-B
Gral. Felipe Berriozábal	58	1-C
Jiménez Cantú	128	1-F
La Joya	31	6-D
Puxtla	24	3-B
San Francisco Tepojaco	30	1-A
San Lorenzo	56	4-C
Vicente Guerrero	28	6-F
Vicente Guerrero 1a. Secc.	41	1-E
Vicente Guerrero 2a. Secc.	28	6-F
LOPEZ MATEOS ADOLFO CJON.		
San Juan y San P. Tezompa	152	2-F
LOPEZ MATEOS ADOLFO LIC.		
Lázaro Cárdenas	73	4-B
Luis Donaldo Colosio	33	2-D
Parque Industrial Cartagena	31	2-D
Presidentes de México	111	4-E
Tultitlán	31	2-D
LOPEZ MATEOS ADOLFO LIC. AV.		
Loma de la Palma	58	2-A
LOPEZ MATEOS ADOLFO PDTE.		
Estanzuela	71	3-E
Granjas Valle de Guadalupe	72	2-E
Independencia	82	4-A
San José Río Hondo	82	4-A
Triunfo de la República	71	3-E
LOPEZ MATEOS ADOLFO PRIV.		
Adolfo López Mateos	107	1-B
LOPEZ MATEOS ADOLFO PROL.		
Puxtla	24	4-B
San Juan Teotihuacán	24	4-B
LOPEZ MATEOS ADOLFO VIA		
Bosques de México	56	4-C
Ciudad Satélite	69	2-A
Cuicalli	69	2-A
Ex Hacienda de Santa Mónica	56	4-C
Francisco Villa	56	4-C
Jacarandas	56	4-C
La Alteña I	69	2-A
La Alteña II	69	2-A
Leandro Valle	56	4-C
Residencial Santa Cruz	69	2-A
Santa Cruz del Monte	69	2-A
Valle de Santa Mónica	56	4-C
LOPEZ MATEOS ADOLFO Y 2 CDAS		
San Pedro Barrientos	44	4-A
LOPEZ MATEOS ADOLFO Y CDA.		
La Conchita Zapotitlán	125	4-B
Santa Ursula Coapa	123	2-B
Tráfico	28	6-C
LOPEZ MATEOS ADOLFO Y PRIV.		
Marina Nacional	59	6-A
LOPEZ MATEOS AV.		
Boca Barranca	59	1-B
Industrial Las Armas	69	1-E
México Nuevo	55	1-E
Puente de Vigas	69	1-E
LOPEZ MATEOS BLVR.		
Atizapán Moderno	56	2-B
Jardines de Atizapán	56	2-B
Jardines de Santa Mónica	56	2-B
La Condesa	56	2-B
Las Acacias	56	2-B
Las Alamedas	56	2-B
Lomas de San Andrés Atenco	56	2-B
San Andrés Atenco	56	2-B
San Lorenzo	56	2-B
Valle de los Pinos	56	2-B
LOPEZ MATEOS CDA.		
Los Alpes	109	1-B
Santa María	44	5-B
Tultepec	19	4-A
Vicente Guerrero 1a. Secc.	41	1-E
LOPEZ MATEOS ESPERANZA		
Liberación Proletaria	95	5-C
LOPEZ MATEOS PRIV.		
El Tráfico	28	6-C
Pantitlán	98	1-E
LOPEZ MATEOS Y 2 CDAS.		
Pueblo Santa Bárbara	70	3-C
LOPEZ MATEOS Y CDA.		
Tequexquináhuac	56	1-F
LOPEZ MENDEZ RICARDO		
Tultitlán	31	3-C
LOPEZ MENDEZ ROBERTO		
Abdías García Soto	107	3-B
LOPEZ MORENO JACINTO		
Chiconautla 3000	35	2-B
LOPEZ NEGRETE J. DE 2A. CDA.		
Joaquín López Negrete	18	1-C
LOPEZ NEGRETE J. DE 3A. CDA.		
Joaquín López Negrete	18	1-C
LOPEZ NEGRETE JOAQUIN		
Joaquín López Negrete	18	1-C
LOPEZ PEDRO Y CDA.		
Zoquiapan	115	5-F
LOPEZ PORTILLO		
Benito Juárez	59	2-B
El Paraíso	99	5-B
Hank González	59	2-C
Las Acacias	56	2-B
San Esteban Huitzilacasco	82	3-A
San Francisco Zacango	36	6-E
Santiago Acahualtepec	112	2-F
Tenorios	112	5-C
LOPEZ PORTILLO 2 CDAS.		
Consejo Agrarista Mexicano	111	6-E
LOPEZ PORTILLO AV.		
Consejo Agrarista Mexicano	111	6-E
Israel	100	4-C
LOPEZ PORTILLO CDA.		
Coacalco de Berriozábal	32	3-F
Las Acacias	56	2-B
LOPEZ PORTILLO JOSE		
Ampl. Estado de Veracruz	111	2-B
Cinco de Mayo	43	3-A
Ciudad Satélite	69	2-B
Filiberto Gómez	100	1-B
Guadalupe del Moral	98	6-D
La Pastora	58	4-A
Palmatitla	58	1-C
Piedra Grande	59	3-B
San Miguel Teotongo	113	3-A
San Sebastián Chimalpa	100	5-E
Santa Ursula Coapa	123	2-B
Veracruzana	111	2-B
Xaltipac	100	1-B
LOPEZ PORTILLO JOSE 2 CDAS.		
San Francisco Tecoxpa	151	3-F
LOPEZ PORTILLO JOSE AV.		
Ejido San Agustín Atlapulco	100	5-C
Presidentes de México	111	4-E
LOPEZ PORTILLO JOSE CDA.		
Ejido San Agustín Atlapulco	100	5-C
LOPEZ PORTILLO JOSE PRIV.		
Barrio Texcatitla	139	6-A
LOPEZ PORTILLO JOSE VIA		
Bello Horizonte	31	5-F
Bosques del Valle	32	3-D
Brillantes Ftes. del Valle	32	3-D
C. H. Villas de San José	32	3-D
Coacalco de Berriozábal	32	3-D
Del Fresno	31	5-F
Ejidos de San Cristóbal	33	4-B
Ferrocarrilera	44	2-B
Fuente del Valle	32	3-D
Guadalupe Victoria	33	4-B
INFONAVIT COCEM	31	5-F
Las Villas	33	4-B
Lázaro Cárdenas	31	5-F
Lechería	31	5-F
Los Periodistas Rev.	32	3-D
Los Sabinos	33	4-B
Mariano Escobedo	44	2-B
Paraje de San Fco. Chilpa	44	2-B
Parque Residencial Coacalco	32	3-D
Recursos Hidráulicos	31	5-F
Rincón de las Fuentes	33	4-B
Rinconada Coacalco	33	4-B
SITATYR	33	4-B
San Francisco Chilpa	31	5-F
San Lorenzo Tetlixtac	33	4-B
San Mateo Cuautepec	32	3-D
Santa Ma. Mag. Huichachitla	33	4-B
Santa María Cuautepec	32	3-D
U. Coacalco	33	4-B
U. H. Valle Esmeralda	44	2-B
Valle Esmeralda	44	2-B
Villa de las Flores	32	3-D
Villa de las Manzanas	33	4-B
Vista Hermosa	33	4-B
LOPEZ PORTILLO M.FDO.SUBTTE		
Escuadrón 201	110	1-E
LOPEZ PORTILLO Y CDA.		
Valle de Tules	44	3-D
LOPEZ RAYON		
Buenavista	31	6-D
San Mateo Tlaltenango	107	3-D
LOPEZ RAYON CDA.		
José María Morelos y Pavón	31	5-A
Santiago Tepalcapa	31	6-A
LOPEZ RAYON HERMANOS		
Popular Ermita Zaragoza	99	6-F
LOPEZ RAYON I. CJON.		
Tezoyuca	49	2-D
LOPEZ RAYON IGNACIO		
Ampl. Buenavista	44	4-D
Ampliación Emiliano Zapata	42	2-E
Ampliación Miguel Hidalgo	122	5-A
Arbolitos	59	4-B
Cerro del Marqués	127	6-B
Cuauhtémoc	59	5-B
El Nopalito	18	5-B
Emiliano Zapata	42	1-E
Ignacio Allende	60	4-B
Jardines de Morelos	47	2-D
José María Morelos y Pavón	47	6-C
José María Morelos y Pavón	31	5-A
La Perla	100	4-A
Las Peñas	111	4-F
Margarita Maza de Juárez	43	3-C
Martín Carrera	71	4-E
Rinconada de Aragón	60	4-B
San Juan de Aragón	72	6-A
Santa Lucía	108	2-A
Santa María Xalostoc	59	5-D
Tezoyuca	49	2-C
U. José Ma. Morelos y Pavón	20	4-B
Venustiano Carranza	70	1-E
Villa San Lorenzo Chimalco	100	2-C
LOPEZ RAYON IGNACIO BLVR.		
Ecatepec de Morelos	47	2-A
LOPEZ RAYON IGNACIO CJON.		
San Juan de Aragón	72	6-B
LOPEZ RAYON IGNACIO GRAL.		
Héroes de la Revolución	82	6-A
LOPEZ RAYON IGNACIO Y CDA.		
San Juan Ixhuatepec	58	5-F
Santiago Norte	97	3-D
LOPEZ RAYON JOSE		
Alfredo del Mazo	127	1-A
LOPEZ RAYON RAMON		
Estanzuela	71	3-E
LOPEZ TARSO IGNACIO		
Ampl. Emiliano Zapata	113	4-C
Santa Martha Acatitla Sur	112	1-C
LOPEZ VELARDE		
Paraje San Juan 3a. Ampl.	111	4-D
LOPEZ VELARDE CDA.		
Lomas de la Era	120	1-E
Torres del Potrero	108	5-A
LOPEZ VELARDE JOSE GUADALUPE		
Magdalena de las Salinas	71	4-B
LOPEZ VELARDE RAMON		
Amado Nervo	19	2-D
La Hera	111	3-F
La Hera	111	4-F
La Venta	128	1-B
Lomas de Chamapa	81	3-D
San Antonio Xahuento	19	2-D
San Juan Tlihuaca	69	4-F
Santa María La Ribera	83	3-E
Tenorios	112	4-C
Tultitlán	31	2-D
Vicente Suárez	19	2-D
Xalpa	112	4-C
LOPEZ VELARDE RAMON Y CJON.		
Lomas de Nuevo México	95	5-C
LOPEZ VELARDE Y PRIV.		
Lomas de San Bernabé	120	1-E
LOPEZ VILLALOBOS RUY		
Lomas de Capula	95	5-E
LORA LOPEZ ROBERTO		
Magisterial Vista Bella	56	5-B
LORCA		
Cerro de la Estrella	111	6-C
LORENA		
San Andrés Tetepilco	97	5-C
LORENZANA FRANCISCO		
San Rafael	83	4-D
LORETO		
Barrio Loreto	109	4-B
Centro	84	4-C
Copilco El Bajo	109	4-B
Francisco Villa	56	4-C
La Alteña	68	1-F
Pueblo San Juan Tepenáhuac	152	4-B
San Pedro Tepetitlán	37	4-A
LORETO FABELA JOSE AV.		
Ejido San Juan de Aragón	72	6-B
San Juan de Aragón	72	6-B
U. H. San Juan de A. 1a. S.	85	1-C
U. H. San Juan de A. 2a. S.	85	1-C
U. H. San Juan de A. 7a. S.	72	6-B
U. José L. Fabela INFONAVIT	72	6-B
LORETO FABELA JOSE CDA.		
San Juan de Aragón	72	5-B
LORITOS		
Granjas de Guadalupe	42	2-C
LORO		
Granjas Pop. Gpe. Tulpetlac	60	1-B
Rinconada de Aragón	60	5-C
LORO DEL RT.		
Las Alamedas	55	2-F
LOTERIA		
Tabacalera	83	4-F
LOTO		
Ampliación Miguel Hidalgo	121	5-F
Jardines de Morelos	47	1-E
Miraflores	57	5-C
Santa María La Ribera	83	2-E
Xotepingo	110	5-B
LOTO DEL RT.		
El Retiro	57	4-C
LOTOS		
Jardines de Aragón	60	5-B
Jardines de la Cañada	44	2-D
Paseo de Carretas	56	5-C
Villa de las Flores	33	1-A
LOUISIANA		
Nápoles	96	4-C
LOURDES		
Albert	97	5-B
María del Carmen	97	5-B
Zacahuitzco	97	5-B
LOURDES AV.		
Nuevo Paseo de San Agustín	60	4-A
Paseo de San Agustín	60	4-A
LOURDES DE CDA.		
Los Cedros	107	5-F
LOYA RAMIREZ OSCAR		
Ampliación Veracruzana	111	2-A
LOZADA MANUEL		
Presidentes Ejidales	110	5-D
LOZANO AMADOR		
Constitución de 1917	111	2-D
LOZANO J. DOMINGO		
ISSSEMYM	63	6-C
La Conchita	63	6-C
LOZANO JOSE MARIA		
Ciudad Satélite	56	6-A
Residencial San Pedro	76	1-A
LOZANO VDA. DE BETTI ISABEL		
Vértiz Narvarte	96	4-F
LOZAS J. DR. CDA.		
Miguel Hidalgo	125	3-A
LUARCA CDA.		
Parques del Pedregal	122	3-B
LUCA MARIN CARLOS ING.		
Cuautitlán Izc. Atlanta	30	3-D
LUCECITA		
La Condesa	56	1-A
LUCERITO		
Loma Bonita	114	6-C
Lomas de la Estancia	112	4-E
LUCERNA		
Juárez	83	5-F
San Simón	63	3-C
Santa Cecilia Tepetlapa	137	6-A
Valle Dorado	56	2-D
LUCERNA 1A. CDA.		
Santa Cecilia Tepetlapa	150	1-A
LUCERNA CJON.		
Santa Cecilia Tepetlapa	137	6-A
LUCERNA PRIV.		
Santa Cecilia Tepetlapa	137	6-A
LUCERNA PROL.		
Tlachiultepec	150	2-A
LUCERNA Y 4 CDAS.		
Santa Cecilia Tepetlapa	150	1-A
LUCERO		
Ampliación Veracruzana	111	2-B
Casa Blanca	111	4-D
El Santuario	111	2-B
Estado de Veracruz	111	2-B
San Antonio Zomeyucan	82	2-B
San Miguel Teotongo	113	4-A
Santa María del Monte	111	2-B
Xalpa	112	3-D
Z. U. E. San Mateo Nopala	68	2-D
LUCERO AV.		
Nueva Aragón	73	1-C
Quinto Sol	73	1-C
LUCERO CDA.		
El Rosario	16	4-E
Ixtlahuacan	112	2-F
Ixtlahuacan	112	3-F
LUCERO CJON.		
San Pablo Oztotepec	150	5-E
LUCIERNAGA		
Arco Iris	42	2-B
LUCIO PRIV.		
Atlampa	83	1-F
LUCIO RAFAEL DR.		
Doctores	83	6-F
LUGARDA		
San Lorenzo	81	1-F
Santa Lilia	81	1-F
LUGO		
San Rafael	70	3-B
LUGO CDA.		
San Rafael	70	4-B
LUGO GUTIERREZ JOSE		
Granjas Cabrera	124	3-E
LUGO J. DR.		
Belisario Domínguez	123	2-C
LUGO JOSE		
La Planta	124	3-E
LUGO MARIA		
San Juan Tlihuaca	69	3-F
LUGO MAXIMINO		
Las Puertas	125	4-D
LUGO ROMAN		
Adolfo López Mateos	85	6-C
LUGO VICENTE B.		
La Esperanza	124	1-C
LUGONES LEOPOLDO		
Iztaccíhuatl	97	4-C
Tultitlán	31	2-C
LUIS		
Pavón	98	2-F
LUISA		
Nativitas	97	5-B
LUISA PRIV.		
Lago	97	5-B
LUMIERE HERMANOS		
Fuego Nuevo	111	4-A
LUNA		
Buenavista	84	2-A
Consejo Agrarista Mexicano	111	5-F
El Mirador	110	4-F

Calle | COORDENADAS
Colonia | PLANO

Fuego Nuevo 110 4-F
Guerrero 84 2-A
Lomas de la Estancia 112 4-E
Media Luna 73 3-D
San Antonio Zomeyucan 82 2-A
San Pablo Los Gallos 17 5-A
San Pablo Oztotepec 150 5-D
San Pedro Tepetitlán 36 4-F
LUNA AND.
Lomas de la Estancia 112 4-E
LUNA CDA.
Alfredo V. Bonfil 81 4-E
LUNA DE CDA.
La Cebada 123 5-D
LUNA DE LA
Pueblo de Tepexpan 36 6-B
LUNA DE LA CDA.
Pueblo de Tepexpan 36 5-B
LUNA DE LA CJON.
La Propiedad 47 2-A
LUNA DE LA Y CDA.
Del Valle 24 5-B
LUNA DE LOS CJON.
San Lorenzo Huipulco 123 3-A
LUNA JAIME CDA.
Francisco Zarco 97 5-A
LUNA LA
Barrio del Carmen 18 2-C
Olímpica Radio 81 3-C
LUNA PASCUAL AV.
Tezoyuca 49 2-D
LUNA PASCUAL AV. Y CDA.
Tezoyuca 49 3-D
LUNA PRIV.
Barrio de Santo Tomás 70 4-C
LUNA Y AND.
Z. U. E. San Mateo Nopala 68 2-D
LUNA Y CJON.
Guerrero 84 2-B
LUNA Y PRIV.
San Juan Joya 111 4-D
LUNAS
U. INFONAVIT Iztacalco 97 4-F
LUPITA
Las Huertas 68 6-E
LUPITA PRIV.
Pavón 99 2-A
LUQUE LOYOLA J. ING.
Cuautitlán Izc. Atlanta 30 3-E
LUQUE LOYOLA JORGE ING.
Agua Azul 99 1-B
Ampl. Raúl Romero Fuentes 99 1-B
LUSATI LUIS
México Nuevo 42 6-E
LUSITANIA
Lomas Estrella 2a. Secc. 111 6-A
LUTECIA
Lomas Estrella 2a. Secc. 111 6-A
LUTECIA Y 2 CDAS.
Lomas Estrella 2a. Secc. 111 6-B
LUTHER KING MARTIN
Esther Zuno de Echeverría 111 6-B
LUVIANOS
Estado de México 114 4-A
LUXEMBURG ROSA
U. H. Margarita M de Juárez 98 6-D
LUXO
Industrial 71 5-C
LUYANDO Y VERMEO MANUEL A RT
Xoco 109 1-D
LUZ
Atizapán 2000 43 3-A
Estrella de Oriente 73 2-C
Prados de Ecatepec 20 4-A
Valle de los Reyes 113 1-D
LUZ DE LA
El Santuario 111 2-A
La Quebrada 44 3-A
Santiago Atlaltongo 23 5-D
Villa de las Palmas 42 2-F
LUZ DE LA 1A. CDA.
Pensil Norte 83 2-B
LUZ DE LA 2DO. CJON.
Anáhuac 83 2-B
LUZ DE LA AV.
Parque Industrial La Luz 17 2-F
San Lorenzo Río Tenco 17 2-F
LUZ DE LA BLVR.
Jardines del Pedregal 121 1-E
Lomas de Tecamachalco 95 1-B
LUZ DE PRIV.
Santiago Atlaltongo 23 5-D
LUZ LA
Barrio de la Cruz 71 3-F
Pantitlán 85 6-D
LUZ LA AV.
Barrio Tlacateco 4 4-D
Loma Bonita 4 4-D
Ricardo Flores Magón 4 4-D
LUZ LA AV. 2 PRIVS Y 2 CJONS
San Simón Ticumac 97 5-A
LUZ LA CDA.
Vicente Guerrero 1a. Secc. 41 1-D
LUZ Y FUERZA AV.
Ampliación Los Alpes 108 2-F
Las Aguilas 108 2-F
Pilares Aguilas 108 2-F
LUZON
Rosario Ceylán 70 1-C
LYON
Villa Verdún 108 4-A
LYONNET PIERRE AV.
Jardines de Satélite 68 1-F

LL

LL
Educación 110 4-B
LLAMA
Ampliación Vista Hermosa 56 6-C
Jardines del Pedregal 121 1-E
LLAMARADAS
Occipaco 68 4-E
LLAMAS 1a.
México Colonial II 60 5-C
Novela Mexicana 60 5-C
LLAMAS 2a. Y 3a.
PROFOPEC Polígono 3 60 5-D
LLANO
Izcalli San Pablo 20 6-C
Rincón de San Juan 123 4-B
LLANO AMANDA DEL
Jorge Negrete 58 4-A
LLANO AMARILLO
Llano Redondo 108 2-B
LLANO DE ABAJO EL CDA.
Jardines de Acuitlapilco 88 6-B
LLANO DE AYLA
Crescencio Juárez Chavira 120 2-F
LLANO DE LAS JACARANDAS
Llano Redondo 108 2-B
LLANO DE LOS CIPRESES
Llano Redondo 108 2-B
LLANO DE LOS EUCALIPTOS
Llano Redondo 108 2-B
LLANO DE LOS FRESNOS
Llano Redondo 108 2-B
LLANO DEL
2a. Ampl. Stgo Acahualtepec 112 2-D
Hacienda de San Juan 123 4-A
Rincón de San Juan 123 4-A
San Lorenzo Huipulco 123 4-A
LLANO EL
Ej. Santa María Aztahuacán 112 3-C
Jardines de Acuitlapilco 88 6-B
LLANO ESMERALDA
Llano Redondo 108 2-A
LLANO PLATEADO
Llano Redondo 108 2-B
LLANO REDONDO BLVR.
Llano Redondo 108 2-B
Priv. El Rincón 108 2-B
LLANO REDONDO CDA.
Llano Redondo 108 2-B
LLANO RODRIGO DEL
Ciudad Satélite 69 3-A
LLANO SECO
Llano Redondo 108 2-B
LLANO VERDE
Llano Redondo 108 2-B
Xaltipac 100 1-B
LLANOS DE COPILCO
La Carbonera 120 3-F
LLANURA
Ampliación Las Aguilas 108 3-D
Jardines del Pedregal 122 1-A
Plaza de la Colina 56 6-C
LLANURA DE LA
Las Llanuras 20 5-C
Plaza del Kiosko 20 5-C
Prados Secc. A 20 5-C
Res. Izcalli San Pablo 20 5-C
U. H. Coyoli Martínez 20 5-C
LLANURA LA
Los Pastores 69 4-D
LLAVE DE LA CJON.
Barrio San Antonio 136 1-F
LLAVE IGNACIO DE LA LIC.
Juan Escutia 98 3-F
LLAVE PABLO DE LA
Ciudad Satélite 56 6-C
Tetlalmeya 122 3-F
LLAVE PEDRO DE LA RTS.
Tetlalmeya 122 3-F
LLORONES DE LOS CALZ.
La Estadía 55 4-A
LLOVIZNA
Zona Res. Acueducto de Gpe. 58 5-A
LLUVIA
Ejidal Los Acuales 33 4-A
Ejidal Los Acuales 33 5-A
Estrella de Oriente 73 2-C
Granjas de San Cristóbal 33 5-A
Guadalupe Coatzochico 46 5-F
Jardines de Morelos 48 1-A
Las Brisas 19 1-E
Mirador 93 3-D
Plaza del Kiosko 20 5-C
Prados de Ecatepec 20 4-A
Profr. Cristóbal Higuera 43 5-A
LLUVIA AV.
CROC Aragón 73 1-C
Ciudad Oriente 73 1-C
México Independiente 73 1-C
México Revolucionario 73 1-C
LLUVIA DE
Ampliación Vista Hermosa 69 1-D
LLUVIA DE ORO CDA.
La Retama 94 6-B
LLUVIA Y CDA.
Jardines del Pedregal 108 6-F
Nuevo Renacimiento Axalco 135 2-E

M

M
C. H. Alianza Popular Rev. 123 1-D
Educación 110 4-B
Social Progresivo Sto Tomás 21 6-F
U. H. Taxqueña 110 4-D
Victoria 96 4-A
Vivienda del Taxista 47 1-D
MACANAS
Valle de Tules 44 3-C
MACBETH
Miguel Hidalgo 125 4-A
MACEDO MIGUEL SALVADOR
Ciudad Satélite 69 1-A
MACEDONIA
Lomas Estrella 2a. Secc. 124 1-A
MACEHUALIN
El Chamizalito 47 6-B
MACEO ANTONIO Y CDA Y PRIV.
Escandón 96 2-C
MACEO ANTONIO Y PRIV.
Tacubaya 96 2-B
MACIAS JOSE N. Y 2 CDAS.
Ampliación San Miguel 111 2-D
MACIN FRANCISCO J.
U. H. El Risco CTM 71 1-F
MACKINLEY
U. H. Reserva Ecológica 44 2-C
MACORINA
Benito Juárez 99 3-F
MACUHUIL
Ciudad Cuauhtémoc 34 3-F
MACUILXOCHITL
Ciudad Cuauhtémoc 34 3-F
MACHADO ANTONIO
Jardines de Ceguayo 108 2-B
MACHADO MANUEL
Amado Nervo 19 2-D
MACHORRO NARVAEZ
Constitución de 1917 111 2-E
MACHORRO PAULINO
Ciudad Satélite 56 6-A
MACHU PICCHU
Jardines de Morelos 48 1-A
MACHUILXOCHITL
Ciudad Cuauhtémoc 34 3-F
MADAGASCAR
Rosario Ceylán 70 1-C
MADEIRA
Cosmopolita 70 5-E
MADEREROS CDA.
Lomas Altas 95 3-C
MADEREROS PRIV.
Lomas Altas 95 3-C
MADERO
Barrio de la Concepción 31 2-B
Conj. Industrial Cuautitlán 31 2-B
Cuautepec El Alto 58 2-B
Cuautitlán 18 5-B
Ejido La Victoria 31 2-B
Ejido San Isidro 31 2-B
El Infiernillo 31 2-B
Explanada de Calacoaya 56 4-B
Loma Bonita 31 2-B
Lomas de Zaragoza 112 2-F
Melchor Ocampo 59 4-E
Miguel de la Madrid Hurtado 112 3-F
Rufino Tamayo 46 6-E
San Andrés Ahuayucan 136 6-F
San Angel 109 3-B
San Francisco Tlaltenco 125 3-D
San Martín de Porres 47 2-C
San Martín de las Pirámides 24 2-F
San Pedro Atocpan 150 3-F
Santiago Zacualuca 23 1-B
Santo Tomás Chiconautla 34 3-E
Tepotzotlán 4 6-D
Villa Jardín 31 2-B
Zona Ind. Cuaut. Izcalli 31 2-B
MADERO 3 PRIVS.
El Carmen 58 3-B
MADERO CDA.
Chalco 127 6-F
Pueblo San Felipe 75 1-E
Pueblo San Felipe 75 1-F
Pueblo Zapotlán 62 2-E
San Felipe 75 1-E
San Pablo de las Salinas 19 5-F
MADERO CJON.
San Felipe 75 1-E
San Lorenzo Atemoaya 137 3-B
San Miguel Amantla 69 5-F
MADERO DE 2A. CDA.
Venustiano Carranza 101 2-C
MADERO DE 3A. CDA.
Venustiano Carranza 101 2-C
MADERO EMILIO
Santa Martha Acatitla 99 5-C
Santa Martha Acatitla 99 6-D
MADERO FCO. I. 2A. CDA. PROL
La Peñita 137 4-B
MADERO FCO. I. AV.
Fuentes de San Francisco 32 4-F
Res. Villa de las Flores 32 4-F
MADERO FCO. I. AV. Y CDA.
Coacalco de Berriozábal 32 4-F
MADERO FCO. I. CDA. PROL.
La Peñita 137 4-A
MADERO FCO. I. DE 1A. CDA.
Cuautepec El Alto 58 1-B
Revolución 101 2-B
MADERO FCO. I. DE 2A. CDA.
Cuautepec El Alto 58 1-B
MADERO FCO. I. PRESIDENTE
Progresista 111 1-D
MADERO FCO. I. Y CJON.
Barrio La Asunción 125 6-F
MADERO FCO. I. Y PRIV Y CDA
Tlalnepantla 57 4-A
MADERO FCO. I. Y PRIV. Y CDA
Los Reyes Culhuacán 110 3-E
MADERO FRANCISCO
Santiago Yanhuitlalpan 94 5-A
MADERO FRANCISCO CDA.
Francisco I. Madero 41 2-F
MADERO FRANCISCO I.
1a. Ampl. Stgo Acahualtepec 112 2-E
Acapultitlán 112 4-A
Alfredo V. Bonfil 81 4-E
Alfredo del Mazo 127 1-E
Amipant 98 2-F
Ampl. Buenavista 44 3-D
Ampl. Buenavista 44 4-D
Ampl. Granjas Lomas de Gpe. 30 5-D
Ampl. Guadalupe Victoria 33 5-E
Ampl. Ozumbilla 21 5-E
Ampliación Ejido Axotlan 29 4-B
Ampliación Emiliano Zapata 42 2-F
Ampliación Los Reyes 113 2-B
Ampliación Miguel Hidalgo 121 5-F
Ampliación Nativitas 137 4-A
Ampliación San Lorenzo 100 1-B
Ampliación San Pedro Xalpa 69 5-E
Ampliación San Sebastián 100 5-D
Ave Real 108 1-B
Barrio Belén 136 1-F
Barrio El Rosario 136 1-F
Barrio La Asunción 97 3-D
Barrio La Guadalupita 138 2-D
Barrio Los Reyes 139 5-D
Barrio Los Reyes 97 3-D
Barrio San Antonio 136 1-F
Barrio San Miguel 97 3-D
Barrio Santa Crucita 136 1-F
Barrio Texcatitla 139 6-A
Barrio Zapotla 97 3-D
Bellavista 56 6-E
Benito Juárez 44 1-C
Benito Juárez 59 2-B
Benito Juárez 41 2-F
Bosques de los Remedios 69 5-A
Buenavista 28 5-F
Buenavista 44 1-D
CROC Aragón 73 1-B
Campestre 109 2-A
Campestre El Potrero 113 5-C
Cañada 113 5-E
Central Michoacana 60 5-C
Centro 84 4-B
Cerro del Marqués 127 6-B
Cinco de Mayo 43 4-A
Cnel. José Antonio Torres 60 1-D
Colinas de Ecatepec 46 1-E
Concepción 139 3-A
Cuautepec El Alto 58 1-A
Cuautepec de Madero 58 2-B
Cuautepec de Madero 58 3-B
Chalco 141 1-B
Chalco 127 6-F
Chalpa 46 6-E
Chiconcuac 49 6-F
Darío Martínez 113 6-E
Diez de Abril 69 3-D
Dos de Septiembre 19 2-C
Dr. Ignacio Capetillo 28 6-D
Dr. Jiménez Cantú 18 2-F
Dr. Jorge Jiménez Cantú 30 5-D
Dr. Jorge Jiménez Cantú 28 3-D
Ecatepec de Morelos 46 1-E
El Carmen 138 2-C
El Carmen 58 3-B
El Chamizal 82 3-A
El Mirador 59 2-E
El Pino 113 2-F
El Rosal 121 1-A
El Rosario 16 3-E
El Salado 100 5-D
Emiliano Zapata 60 5-A
Emiliano Zapata 42 1-E
Emiliano Zapata 42 1-F
Emiliano Zapata 36 3-A
Emiliano Zapata 2a. Secc. 72 1-D
Francisco I. Madero 42 2-A
Fuego Nuevo 111 5-A
Granjas Lomas de Guadalupe 30 5-C
Guadalupe 121 2-C
Héroes de la Revolución 81 5-F
Independencia 57 1-C
Industrial Atoto 82 1-C
Insurgentes 111 4-F
Jalalpa 95 5-D
Jardines de San Gabriel 59 5-E
Jards. San Agustín 1a. Secc 100 4-D
Jesús del Monte 94 6-B
Juárez Pantitlán 98 2-F
Juventino Rosas 97 3-E
La Colmena 42 1-B
La Conchita Zapotitlán 125 3-B
La Conchita Zapotitlán 125 4-B
La Joyita 30 5-D
La Magdalena Atlicpan 100 5-F
La Providencia 69 3-E
La Unidad 81 6-D
Las Alamedas 100 5-E
Lázaro Cárdenas 82 1-C
Lázaro Cárdenas 73 5-B
Lázaro Cárdenas 35 6-A
Libertad 29 3-A
Libertad 28 4-F
Libertad 29 3-A
Libertad 31 6-E
Loma Bonita 31 2-B
Loma de la Palma 58 1-A
Lomas San Juan Ixhuatepec 58 6-D
Lomas de Guadalupe 29 4-B
Lomas de Zaragoza 112 2-F
Lomas de la Era 107 6-E
Lomas de las Palmas 58 1-B
Los Alamos 60 5-C
Los Reyes Acaquilpan 113 1-B
Los Reyes Ixtacala 57 4-A
Los Reyes San Salvador 63 2-D
Luis Donaldo Colosio 33 2-D
Marina Nacional 59 6-A
Melchor Ocampo 18 2-F
México Independiente 73 1-B
Mi Retiro 98 2-F
Miguel de la Madrid Hurtado 112 3-E
Minas El Caracol 81 3-C
Miravalle 113 4-A
Nezahualcóyotl 75 3-E
Nicolás Romero 28 5-D
Nueva Aragón 73 1-C
Nueva Juárez Pantitlán 98 2-F
Ocopulco 49 2-F
Paraje San Juan 111 3-C
Parques de Aragón 73 1-B
Petroquímica Ecatepec 73 1-B
Presidentes 95 5-D
Presidentes 88 6-D
Presidentes de México 111 4-F
Primero de Septiembre 42 3-F
Pueblo Nativitas 137 3-B
Pueblo San Bartolo Ameyalco 107 5-D
Pueblo San Bartolo Ameyalco 107 5-E
Pueblo Santa Lucía 107 2-F
Pueblo Zapotlán 62 2-E
Puente de Vigas 69 1-E
Punta de Ceguayo 108 1-B
Quinto Sol 72 2-E
Resurrección 63 3-D
Revolución 101 2-C
Revolución 43 2-A
Rinconada de Aragón 60 5-C
Sagitario 4 60 5-C
San Andrés Riva Palacio 62 5-D
San Antonio 22 5-D
San Bartolo Ameyalco 108 5-A
San Bartolomé Xicomulco 150 2-E
San Bartolomé Xicomulco 150 2-D
San Bernardino 75 4-F
San Felipe 75 1-F
San Felipe de Jesús 138 2-D
San Francisco Acuautla 115 3-D
San Francisco Acuexcomac 49 6-C
San Francisco Cuautlalpan 82 1-D
San Francisco Chilpan 31 6-B
San Francisco Mazapa 24 3-F
San Francisco Tepojaco 30 1-A
San Francisco Tepojaco 30 2-A
San Francisco Zacango 36 6-D
San Jerónimo Tepetlacalco 56 6-E
San José Texopa 63 2-D
San Juan 138 2-D
San Juan Ixtacala 57 5-C
San Juan y San P. Tezompa 152 2-E
San Lorenzo 123 4-E
San Lucas 57 3-E
San Lucas Amalinalco 128 5-D
San Lucas Patoni 57 4-E
San Lucas Tepetlacalco 56 6-C
San Marcos Huixtoco 128 2-D
San Marcos Nepantla 23 5-A
San Martín Tepetlixpan 31 6-A
San Martín de las Pirámides 24 1-F
San Mateo Chipiltepec 36 6-E
San Mateo Huitzilzingo 140 5-C
San Mateo Xoloc 17 1-A
San Miguel Teotongo 113 4-A
San Miguel Xometla 37 2-A
San Pablo Tecalco 22 5-D
San Rafael Chamapa 81 3-C
San Rafael Chamapa 81 2-D
Santa Clara 59 3-D
Santa Cruz Meyehualco 112 4-A
Santa Cruz Meyehualco 112 3-A
Santa María 44 5-B
Santa María Gpe. Las Torres 30 5-D
Santa Martha Acatitla 112 1-E
Santa Martha Acatitla 112 1-F
Santa Rosa 30 5-C
Santa Ursula Xitla 122 5-D
Santiago Ahuizotla 69 5-E
Santiago Cuautlalpan 88 4-E
Santiago Chimalpa 49 5-F
Santiago Zula 141 6-A
Santiaguito 138 2-D
Texalpa 46 6-E
Tezoyuca 49 2-D
Tlacopac 109 2-A
Tlalpan 122 4-E
Tlayapa 44 6-A
Tultepec 19 3-A
U. San Esteban 82 1-C
Valle de Anáhuac Secc. A 60 5-A
Venustiano Carranza 101 2-E
Venustiano Carranza 70 1-E
Villa Las Manzanas 33 4-A
Villa San Lorenzo Chimalco 100 3-C
Xaltipac 100 1-B
MADERO FRANCISCO I. 1ER. RT.
Balcones de Santa Ana 41 2-F
MADERO FRANCISCO I. 1R. AND.
Lázaro Cárdenas 35 6-B
MADERO FRANCISCO I. 2 CDAS.
San Bernardino 76 4-A
Santa María Nativitas 101 1-B

Calle / Colonia	Plano	Coordenadas
MADERO FRANCISCO I. 2 CJONES		
Las Puertas	125	3-D
MADERO FRANCISCO I. 2A. CDA.		
La Peñita	137	4-B
Pueblo San Antonio Tecomitl	152	1-A
Pueblo San Bartolo Ameyalco	107	5-D
San Bartolomé Xicomulco	150	1-E
MADERO FRANCISCO I. 2DO. RT.		
Balcones de Santa Ana	41	2-F
MADERO FRANCISCO I. 2o. AND.		
Lázaro Cárdenas	35	6-B
MADERO FRANCISCO I. 3A. CDA.		
Pueblo San Bartolo Ameyalco	107	5-D
San Antonio Tecomitl	152	1-A
MADERO FRANCISCO I. AV.		
Azolco	46	3-F
Ejército del Trabajo	101	1-B
Francisco Villa	101	1-B
Guadalupe	101	1-B
Lomas de Totolco	101	1-B
Los Angeles	35	6-B
San Pablo de las Salinas	20	5-A
San Pedro Tepetitlán	36	4-F
Santa Ana Tlacotenco	152	6-A
Santa María Nativitas	101	1-B
MADERO FRANCISCO I. CDA.		
Ampl. San Lorenzo	100	1-C
Ampliación Emiliano Zapata	42	2-E
Azolco	46	3-F
Barrio de Capula	4	6-B
Carlos Hank González	101	5-A
Guadalupe	101	1-C
Jards. San Agustín 1a. Secc	100	4-D
La Nopalera	124	3-F
Pueblo San Felipe	75	1-E
San Bartolo Ameyalco	108	5-A
San Francisco Zacango	36	5-E
Tlacopac	109	2-A
Tultepec	19	3-A
Tultepec	19	3-B
Venustiano Carranza	101	1-C
MADERO FRANCISCO I. CJON.		
Barrio La Asunción	97	3-D
El Carmen	58	3-B
San Juan y San P. Tezompa	152	2-E
MADERO FRANCISCO I. PRIV.		
Acapultitlán	112	4-B
Barrio La Guadalupita	138	2-D
Dr. Jorge Jiménez Cantú	18	2-F
La Magdalena Atlicpan	100	5-E
Pueblo San Bartolo Ameyalco	107	5-D
Santa Martha Acatitla	112	1-E
MADERO FRANCISCO I. PROL.		
Ampliación Nativitas	137	4-A
El Rosario	16	4-F
San Bartolomé Xicomulco	150	2-E
MADERO FRANCISCO I. RT.		
Casa Blanca	41	3-F
MADERO FRANCISCO I. Y 1A CDA		
Benito Juárez	58	4-B
MADERO FRANCISCO I. Y 6 CDAS		
Santa Ursula Coapa	123	2-B
MADERO FRANCISCO I. Y CDA.		
La Conchita Zapotitlán	125	4-B
Pueblo Nativitas	137	3-B
Tequisistlán	48	2-F
MADERO FRANCISCO I. Y CJON.		
La Magdalena Panohaya	62	4-D
MADERO FRANCISCO I. Y PRIV.		
San Juan Ixhuatepec	58	6-F
Tizapán	109	4-A
MADERO FRANCISCO I. Y RT.		
Francisco I. Madero	41	3-F
MADERO GRAL.		
Francisco Villa	111	4-E
MADERO GUSTAVO A.		
Diez de Abril	69	3-D
Dr. Ignacio Capetillo	28	6-D
Lázaro Cárdenas	18	4-C
San Juan de Aragón	72	5-A
Unidos Avanzamos	47	2-C
MADERO I. FRANCISCO CDA.		
Tultepec	19	3-B
MADERO PROL.		
Dos de Septiembre	19	1-D
MADERO RAUL		
Dr. Ignacio Capetillo	28	6-D
MADERO Y CDA.		
La Nopalera	124	2-F
MADIN		
Fuentes de Satélite	55	5-E
Fuentes del Sol	55	5-E
San Lucas Tepetlacalco	55	6-B
MADRAZO A.		
Constitución de 1917	111	3-E
MADRAZO CARLOS		
Cooperativa Palo Alto	95	4-A
MADRAZO CARLOS A.		
La Olimpiada 68	81	3-C
MADRAZO CARLOS A. CIR.		
Valentín Gómez Farías	108	1-C
MADRESELVA		
Barrio Santa Cruz	16	2-E
Juan González Romero	72	1-A
Santa Rosa	101	1-D
Un Hogar para Nosotros	83	2-D
MADRESELVA CDA.		
Tablas de San Lorenzo	136	3-F
MADRESELVA Y 1A. CDA.		
Barrio Xaltocan	136	3-F
MADRESELVAS		
Electra	56	4-E
Las Rosas	56	4-E
Paseo de Carretas	56	5-C
Villa de las Flores	32	1-F
MADRID		
Bellavista	56	6-A
Cerro de la Estrella	111	6-C
El Carmen	109	2-E
Jardines de Bellavista	56	6-A
Tabacalera	83	4-E
Valle Dorado	56	2-E
MADRID AND.		
Cuautitlán Izcalli	30	1-E
MADRID MIGUEL DE LA		
Ampl. Presidentes	88	5-D
Barranca de Guadalupe	112	5-C
Consejo Agrarista Mexicano	111	5-F
Ixtlahuacan	112	3-F
MADRID MIGUEL DE LA LIC.		
San Francisco Tepojaco	30	1-A
MADROÑO		
Ampl. Lomas de San Bernabé	120	2-D
Chimilli	121	6-E
Independencia	28	3-D
San José de los Cedros	94	6-B
Santa Cruz de Guadalupe	149	1-D
Tlaxopa	136	4-B
Un Hogar para Nosotros	83	2-D
Xotepingo	110	5-B
MADROÑO CDA.		
Barrio de las Palomas	100	2-D
MADROÑO Y 5 ANDS.		
Consejo Agrarista Mexicano	111	6-E
MADROÑOS		
Tlalpuente	135	3-B
MADRUGADA		
Ixtlahuacan	112	3-F
Quinto Sol	73	1-C
U. H. Aurorita	125	2-B
MAESTRANZA		
San Fernando	94	5-C
MAESTRO		
Concepción	139	3-A
MAESTRO DEL		
Los Clubes	43	5-C
Maquixco	23	3-F
MAESTRO RURAL		
Magisterial	76	3-B
Zona Escolar	57	3-F
MAESTRO RURAL AV.		
Agricultura	83	2-D
Santo Tomás	83	2-D
Un Hogar para Nosotros	83	2-D
MAESTROS		
AMSA	123	5-B
MAESTROS DE LOS		
Ecatepec de Morelos	47	1-A
Ejército del Trabajo I	73	2-C
San Pedro Atzompa	21	4-C
MAESTROS DE LOS 5 CDAS.		
Santa Agueda	47	1-A
MAESTROS DE LOS 6A. PRIV.		
Santa Agueda	47	1-A
MAESTROS DE LOS AV.		
Agricultura	83	2-D
El Capulín	81	2-F
Jardines de Santa Mónica	56	3-D
La Soledad	82	2-A
Nopalera	81	2-F
Nueva Santa María	83	1-E
Plutarco Elías Calles	83	2-D
San Andrés Atenco	56	3-D
San Antonio Zomeyucan	82	2-A
San José de los Leones 1a S	81	2-F
San José de los Leones 2a S	81	2-F
Santo Tomás	83	2-D
Un Hogar para Nosotros	83	2-D
Unión y Progreso	81	2-F
Valle de los Pinos	56	3-D
MAESTROS DE LOS CDA.		
Agricultura	83	2-E
San Andrés Atenco	56	4-C
MAESTROS DE LOS PRIV.		
Zona Escolar	58	3-A
MAFAFA		
El Manto	111	2-B
Jesús del Monte	111	2-B
San Juan Cerro	111	2-B
MAGALLANES		
Los Pastores	69	4-D
MAGALLANES FERNANDO DE		
Pueblo San Diego	76	1-D
MAGALLANES FERNANDO DE CIR.		
Santo Domingo	70	3-B
MAGALLON ANDRES		
Ej. Santa María Aztahuacán	112	2-B
Ej. Santa María Aztahuacán	112	3-B
MAGANDA R.		
Hacienda Santa Mónica	56	5-C
MAGAÑA CRESCENCIO C 1 2 Y 3		
U. H. Vicente Guerrero	111	2-F
MAGAÑA GILDARDO		
Cuchilla Alfredo del Mazo	127	3-E
Santiago Zapotitlán	125	3-B
MAGAÑA GUADALUPE C 1 2 3 Y 4		
U. H. Vicente Guerrero	111	1-E
MAGAÑA SALVADOR		
La Comunidad	57	4-B
MAGDALENA		
Esperanza	100	4-B
La Perla Reforma	100	4-B
MAGDALENA Y CDA.		
Tecuezcomac	46	5-E
MAGDALENA AV.		
Del Valle	96	3-D
Valle de los Reyes	113	1-C
MAGDALENA CDA.		
Tlapacoya	127	1-D
MAGDALENA LA		
Buenavista	81	4-F
MAGDALENA LA CDA.		
San Juan Ixtayopan	139	4-A
MAGDALENA MIXHUCA CALZ.		
Magdalena Mixhuca	97	1-D
MAGISTERIO NACIONAL		
Tlalpan	122	4-E
MAGISTRADOS		
Ampliación El Sifón	97	6-E
El Sifón	97	6-E
San Juanico Nextipac	97	6-E
MAGNESIO		
Chamacuero	43	3-E
MAGNOCENTRO AV.		
Lomas Anáhuac	94	3-D
Villa de las Lomas	94	3-D
MAGNOLIA		
2a. Ampl. Stgo Acahualtepec	112	3-E
Altavista	109	3-A
Ampl. El Tesoro	44	3-D
Ampliación Emiliano Zapata	127	2-C
Ampliación Tulpetlac	46	5-E
Avándaro	127	2-B
Bosques de la Magdalena	113	1-F
Campestre El Potrero	113	4-B
Chamacuero	43	3-E
Desarrollo U. Quetzalcóatl	112	4-A
El Capulín	63	6-C
Francisco I. Madero	41	3-F
Garcimarrero	108	1-C
Guerrero	84	3-A
Ignacio Zaragoza	28	5-D
Jardines del Molinito	82	1-B
Jardines del Tepeyac	72	1-F
Las Huertas	81	1-C
Las Huertas	68	6-E
Loma Encantada	113	3-D
Los Angeles	111	3-D
Miraflores	57	5-C
Prados de Ecatepec	19	4-F
Ricardo Flores Magón	4	4-B
Rinconada El Mirador	136	1-A
San Jerónimo Lídice	108	6-C
San Miguel Teotongo	113	3-A
San Rafael	57	1-B
Santa María de Guadalupe	43	3-F
Tenorios	112	4-D
Tezoyuca	49	1-D
Torres del Potrero	108	5-A
Tultitlán	31	1-D
Villas de las Palmas	42	2-F
Xalpa	112	4-D
MAGNOLIA CDA.		
Ejidos de San Pedro Mártir	135	1-F
Segunda del Moral	108	4-D
MAGNOLIA CJON.		
San Juan Tepeximilpa	122	6-B
MAGNOLIA DE		
Los Morales	18	4-C
MAGNOLIA PRIV.		
Pueblo Santa Cruz Acalpixca	137	3-D
MAGNOLIA PROL.		
Chamacuero	43	2-E
MAGNOLIA Y CDA.		
Chamacuero	43	3-D
San José de los Cedros	107	1-C
MAGNOLIA Y PRIV.		
Santa Fe	95	5-B
MAGNOLIAS		
Bellavista	76	3-D
Bosques de Morelos	30	4-B
Conj. Res. Magnolias	20	6-B
Cooperativa Ceguayo	108	2-B
Country Club	82	5-B
El Molinito	82	2-B
El Rosario	124	3-E
Hacienda Ojo de Agua	21	3-A
Hermanos Flores Magón	113	2-D
Héroes de la Revolución	82	5-B
IMEX	20	6-B
Ixtapaluca Izcalli	114	6-B
Izcalli Rinconada	20	6-B
Izcalli San Pablo III-B	20	6-B
La Cañada	82	2-B
Las Granjas	20	6-B
Lomas de San Mateo	68	3-E
Magnolias 2000	20	6-B
Miraflores	42	2-F
San Francisco Chilpan	44	1-C
San Juan Zapotla	100	1-F
Tlacoquemécatl	96	5-C
U. H. El Paraíso FOVISSSTE	18	6-C
U. H. Magnolias	20	6-B
U. H. Solidaridad Social	20	6-B
Unidad Hab. La Granja	20	6-B
Unidad Habitacional Lote 15	20	6-B
Unidad Isidro Fabela	20	6-B
Villa de las Flores	32	1-F
Vista Hermosa	29	5-A
MAGNOLIAS AND.		
Ocotillos	108	4-B
MAGNOLIAS AV.		
Jardines de Chalco	140	1-D
MAGNOLIAS DE 1A. CDA.		
Ejidos San Pedro Mártir	135	1-F
MAGNOLIAS DE 2A.		
Ampl. Tlacoyaque	107	6-E
MAGNOLIAS DE 2A. CDA.		
Ejidos San Pedro Mártir	135	1-F
MAGNOLIAS DE 3 CDAS.		
San José del Jaral	43	1-D
MAGNOLIAS DE CDA.		
Ampl. Tlacoyaque	107	6-E
MAGO FATY PRIV.		
Santa María Chiconautla	34	4-E
MAGREBINOS		
La Joya	95	4-E
MAGUEY		
Ampl. Emiliano Zapata	42	2-E
Cuajimalpa	107	1-B
Las Huertas	81	1-D
Loma de Chimalhuacán	100	1-F
Tierra Blanca	138	4-F
U. INFONAVIT Iztacalco	97	4-F
Vicente Suárez	19	2-E
MAGUEY CDA.		
Cuauhtémoc	108	6-B
MAGUEY DEL		
Ampl. Profr. C. Higuera	43	5-A
MAGUEY DEL CDA.		
Tierra Blanca	138	4-F
MAGUEY EL		
San Isidro Atlautenco	35	5-D
MAGUEYERA		
Texalpa	115	2-F
MAGUEYES		
Barrio Las Palomas	100	2-D
MAGUEYES LOS		
Ampliación Evolución	99	2-E
Benito Juárez	99	2-E
MAGUEYES LOS CDA.		
Alcanfores	137	4-B
MAGUEYES Y CDA.		
Ampl. Tlacoyaque	107	6-E
MAGUEYITOS		
Cuajimalpa	102	1-B
MAIMONIDES		
Chapultepec Morales	83	4-B
MAIZ		
Barrio San Pedro	136	2-E
C. H. Jardines del Sur	136	2-E
Ejido de Atlautenco	34	6-F
Ejidos de San Cristóbal	33	5-E
Granjas Esmeralda	110	2-E
Ixtlahuacan	112	3-F
Miravalle	112	4-F
San José de las Palmas	101	6-B
Tenorios	112	5-D
Tenorios	112	5-C
MAIZ CDA.		
Pueblo Las Salinas	70	4-D
MAIZ DEL Y 3 CDAS.		
Xalpa	112	3-D
MAIZALES DE LOS		
Villas de la Hacienda	43	2-C
MAJADITAS		
Barrio San Miguel	98	6-C
MAJOMA		
Manuel Romero de Terreros	109	4-D
MAJUELOS		
Ejidos de Tepepan	123	5-C
Paseos del Sur	123	5-C
Potreros de la Noria	123	5-C
MAJUELOS 1A. CDA.		
Ejidos de Tepepan	123	6-D
MALACACHON		
Pedregal de Santo Domingo	109	6-D
MALACATE		
San Miguel Amantla	69	5-F
MALAGA		
El Dorado	56	2-E
Insurgentes Mixcoac	96	6-C
MALAGON		
Cerro de la Estrella	111	6-C
MALAGUEÑA LA		
Benito Juárez	99	1-F
Benito Juárez	99	2-E
MALAQUITA		
Ciudad Cuauhtémoc	34	2-F
Estrella	71	5-E
MALASPINA ALEJANDRO		
Ciudad Satélite	69	2-C
MALDONADO BRAULIO LIC.		
Consejo Agrarista Mexicano	111	5-E
MALDONADO EDELMIRO CJON.		
Lomas del Cadete	81	4-D
Plan de Ayala	81	4-D
MALDONADO FERNANDO Z.		
Compositores Mexicanos	45	6-A
MALDONADO FRANCISCO SEVERO		
Las Palmas	95	5-E
Olivar del Conde	95	5-E
MALECON		
Casas Alemán	72	5-B
U. H. San Juan de Aragón	72	5-B
MALECON DEL		
Zona Res. Acueducto de Gpe.	57	5-F
MALEOS		
Valle de Tules	44	3-C
MALGESTO PACO		
Ampliación Emiliano Zapata	113	3-B
MALINALCO		
Altavilla	72	1-B
Barrio San Juan Evangelista	24	3-B
Cuautitlán Izc. Cumbria	30	2-E
Ejido San Mateo Cuautepec	31	5-F
El CEGOR	60	3-A
El Mirador	24	3-B
Juárez Pantitlán	85	6-F
Lomas Verdes	32	5-A
Lomas de Atizapán	55	1-F
Maravillas	85	6-F
San Juan Teotihuacán	24	3-B
Villas de Teotihuacán	24	3-B
MALINALCO CJON.		
El Mirador	24	3-B
San Juan Teotihuacán	24	3-B
Villas de Teotihuacán	24	3-B
MALINALTEPETL		
Acozac	115	5-A
MALINALLI		
Barrio Alfareros	87	4-D
Barrio Ebanistas	87	4-D
Barrio Labradores	87	3-C
Ciudad Cuauhtémoc	34	3-F
MALINALLI Y PRIV.		
Xochipilli	137	3-B
MALINCHE		
Ampliación Vicente Villada	99	3-E
Barrio Norte	95	5-F
El Cardonal Xalostoc	59	4-D
Hueyotencotl	22	1-B
La Urbana	57	2-D
Las Peñitas	43	4-D
Loma Bonita	57	1-C
Maravillas	85	6-F
Mixcoatl	112	5-A
Occipaco	68	4-E
San Bartolo Tenayuca	57	4-E
San Juan Joya	111	4-E
U. H. Parque Nacional	44	1-C
Vicente Villada	99	3-E
MALINCHE DE LA RT.		
San Andrés Atenco	56	3-D
MALINCHE LA		
Colinas del Bosque	123	5-A
Las Tórtolas	123	5-A
Las Tórtolas	123	6-A
MALINCHE Y CDA.		
La Malinche	108	6-B
MALINQUI		
Vista Hermosa	121	1-A
MALINTZIN		
Aragón	71	5-D
Ciudad Azteca	60	3-C
Ciudad Cuauhtémoc	34	3-F
El Arenal 1a. Sección	85	5-D
Estrella	71	5-D
Los Volcanes	98	1-F
Portales Oriente	97	6-B
U. H. Popular Tepeaca	108	1-B
MALINTZIN Y PRIV.		
El Carmen	109	2-E
MALITZIN		
Ixtapaluca	114	5-F
MALOPES		
Villa de las Flores	32	1-F
MALPASO		
Jardines de San Gabriel	59	5-E
MALPICA		
Country Club	82	5-B
MALTA		
Ampliación Cosmopolita	70	6-E
MALTRATA		
San Jerónimo Aculco	108	6-D
MALVA		
C. H. La Pradera I	72	5-D
Santa María de Guadalupe	43	3-F
MALVAS		
Jardines de Coyoacán	123	1-C
Villa de las Flores	32	1-F
MALVAVISCO		
Villa de las Flores	32	1-F
MALVON		
Granjas Valle de Guadalupe	59	5-F
Hogar y Seguridad	70	6-D
Nueva Santa María	70	6-D
San José del Jaral	43	2-D
MALLA DE LA		
La Palma	46	6-E
MALLORCA		
Cosmopolita	70	5-E
MAMALHUACE		
Lomas de Cristo	76	6-B
MAMATLA		
Ampl. Gustavo Baz Prada	44	6-D
MAMATLAC		
Xalpa	112	3-D
MAMEY		
Ampliación López Portillo	125	2-D
Laderas de San Mateo	68	4-E
Las Huertas	81	1-C
Las Huertas	81	1-D
Lomas de San Miguel	43	2-B
Pueblo Nuevo Alto	120	2-F
San Marcos Huixtoco	128	2-D
Xalpa	112	4-D
Xalpa	112	4-E
MAMEY DE 1R. AND.		
Ampliación López Portillo	125	2-D
MAMEYES		
Hacienda Ojo de Agua	21	4-B
MANAGUA		
Lindavista	71	3-B
Santiago Sur	97	3-C
Valle Dorado	56	2-E
MANAGUA Y PRIV.		
Las Américas	69	5-B
MANANTIAL		
Granjas de San Cristóbal	32	5-F
Nuevo Renacimiento Axalco	135	2-E
MANANTIAL DEL AND.		
Ciudad Labor	44	1-D
MANANTIAL EL		
Los Pastores	69	4-D
MANANTIAL PONIENTE Y OTE.		
Los Clubes	43	5-C
MANANTIALES		
Ojo de Agua	44	1-C
Pueblo Nativitas	137	3-A
San Jerónimo	137	3-A
San Pablo Chimalpa	106	2-E
Tlapacoya	127	2-C
Vicente Suárez	19	2-E
MANANTIALES CDA.		
Tlalpexco	58	2-C
MANANTIALES DE 2 CDAS.		
Ampliación San Lorenzo	100	1-C
MANANTIALES Y CDA.		
Jardines del Pedregal	121	2-F
MANAOS AV.		
San Pedro Zacatenco	71	1-D
MANCERA GABRIEL		
Del Valle	109	1-D
MANCERA GABRIEL Y CDA.		
Del Valle	96	4-E
MANCILLA C. C 1 2 3 4 5 Y 6		
U. H. Vicente Guerrero	111	2-F

Calle / Colonia	Plano	Coordenadas
MANCILLA SERGIO		
San Rafael Chamapa	81	2-E
MANCISIDOR JOSE		
Copilco El Alto	109	5-D
MANCHA LA		
La Mancha 1a. Secc.	81	5-E
La Mancha 2a. Secc.	81	5-E
MANCHESTER		
Juárez	83	5-D
MANCHURIA		
Aquiles Serdán	85	3-A
MANDARINA		
Ampliación López Portillo	125	2-D
Ampliación Tres de Mayo	30	6-B
Granjas Independencia I	73	2-B
Ignacio Allende	70	6-E
Jardines de Ecatepec	47	3-B
Las Huertas	81	1-D
Las Huertas	81	1-C
Los Bordos	59	1-B
San Marcos Huixtoco	128	2-D
Tabla del Pozo	59	2-A
Tepeolulco	59	2-B
Xalpa	112	4-D
MANDARINAS		
Hacienda Ojo de Agua	21	4-B
San Miguel Xochimanga	43	6-D
MANDRAGORA		
Tlalpuente	135	3-C
MANDUJANO		
San Bartolo Atepehuacán	71	3-A
MANFREDI CDA.		
Pedregal de Atizapán	42	5-E
MANGAL		
El Mirador	59	1-A
El Mirador	59	2-A
Tabla del Pozo	59	2-A
MANGANESO		
Felipe Angeles	84	2-E
MANGLARES DE LOS		
Lomas de San Mateo	68	4-E
MANGLE		
La Palma	46	6-D
MANGLE DE 1A. Y 2A.		
Prizo	73	2-D
Sagitario I	73	2-D
MANGLES		
El Molinito	82	2-C
MANGO		
Ampl. Profr. C. Higuera	43	5-A
Avándaro	127	2-B
Caballería de Sales	34	5-F
Ejidal Ampl. San Marcos	44	4-D
Ejidos de San Cristóbal	33	5-F
Florida	109	1-C
Laderas de San Mateo	68	4-E
Las Huertas	81	1-C
Paraje del Caballito	120	1-E
San Juan Xalpa	111	4-B
San Martín Xico	140	2-B
Tabla del Pozo	59	2-A
Xalpa	112	3-D
MANGO AND.		
Las Cruces	107	6-F
MANGO CDA.		
San Fernando	94	4-C
MANGO DEL		
Las Granjas Acolman	36	5-B
MANGOS		
Hacienda Ojo de Agua	21	4-B
PROFOPEC Polígono 1	60	4-D
Primavera	135	1-A
MANGOS Y PROL.		
Hacienda Ojo de Agua	21	3-B
MANI		
Pedregal de Chichicaspa	121	4-C
San Nicolás Totolapan	121	4-C
Z. U. E. El Pedregal	121	4-C
MANI CDA.		
Z. U. E. El Pedregal	121	4-C
MANIGUA		
Izcalli San Pablo	20	5-B
MANINAL		
Santo Tomás Ajusco	134	6-E
MANINAL 1A. PRIV.		
Santo Tomás Ajusco	134	6-F
MANIZALES		
Lindavista	71	2-C
Residencial Zacatenco	71	2-C
San Pedro Zacatenco	71	2-C
MANJARREZ FROYLAN C.		
Constitución de 1917	111	3-D
MANLIO FAVIO		
La Esperanza	124	1-C
MANOLA		
Francisco I. Madero	41	3-F
MANOLETE		
Lomas de Sotelo	82	2-E
San Isidro La Paz	42	1-A
MANRIQUE AURELIO		
Ciudad Satélite	56	6-A
Presidentes Ejidales	110	6-D
MANRIQUE DE ZUÑIGA		
Lomas de Chapultepec	95	1-E
MANRIQUE FRANCISCO		
Santa Martha Acatitla	99	6-D
MANRIQUE SANTIAGO (C. 65)		
U. Santa Cruz Meyehualco	112	3-A
MANRIQUEZ JORGE		
Balcones de Ceguayo	108	2-B
MANSION LA		
Campestre del Lago	29	6-E
MANTA		
Lindavista	71	3-B
MANTARRAYA		
Del Mar	124	3-F
PROFOPEC Polígono 2	60	4-D
MANTAS		
Ampliación San Miguel	43	2-B
MANTICORA		
Cuautitlán Izc. Ensueños	30	1-D
MANTILLA DANIEL CNEL.		
La Esperanza	46	6-B
MANTO		
Buenavista	112	5-C
Lomas de Santa Cruz	112	5-B
Los Angeles Apanoaya	111	3-E
San Antonio Zomeyucan	82	2-B
San José del Jaral	43	2-D
Xochitenco	87	5-E
MANTO DEL		
Buenavista	112	5-C
MANTO EL Y 2 CDAS.		
Xalpa	112	4-E
MANTO Y CDA.		
Xalpa	112	4-E
MANTOS		
Villa de las Flores	32	1-F
MANTUA		
Izcalli Pirámide	57	3-C
Residencial Acoxpa	123	3-C
MANTUANOS		
Abraham González	95	4-F
MANUEL ING.		
Jalalpa	95	5-D
MANZANA		
Ampliación El Tesoro	44	3-E
El Mirador	59	1-B
Jardines de Ecatepec	47	3-B
Las Huertas	81	1-C
Las Huertas	68	6-D
Tabla del Pozo	59	2-B
Unidad CROC Central	73	3-B
Xalpa	112	3-D
Xalpa	112	4-D
MANZANA AV.		
Ampl. Profr. C. Higuera	43	5-A
MANZANA CDA.		
Ejido Santa Cruz Xochitepec	136	2-C
Las Huertas	121	3-C
MANZANA DE LA		
Las Granjas Acolman	36	4-B
MANZANA DE LA 1A. CDA.		
Tabla del Pozo	59	2-B
MANZANA DE LA 2A. CDA.		
Tabla del Pozo	59	2-B
MANZANA DE LA AV.		
San Miguel Xochimanga	43	6-D
MANZANA DE LA CDA.		
Ampliación López Portillo	125	2-D
MANZANA DE LA CJON.		
Los Reyes Culhuacán	110	3-E
MANZANA DE LAS Y 4 CDAS.		
San Miguel Xochimanga	43	5-D
MANZANA LA		
Santa Cruz Aviación	85	5-A
MANZANA XXV		
Condado de Sayavedra	41	4-E
MANZANA Y CDA.		
Ampl. Campestre Liberación	42	2-C
MANZANARES		
Cocotitlán	141	4-C
Copalera	101	3-A
Ejidos de San Cristóbal	33	5-E
Pradera de San Mateo	68	2-D
San Juan Xalpa	111	4-B
Tabla del Pozo	59	2-A
MANZANARES Y 2 CJONES.		
Centro	84	5-C
MANZANAS		
Hacienda Ojo de Agua	21	4-B
Las Huertas	33	5-F
Lomas El Manto	111	2-B
Lomas El Olivo	94	4-D
San Francisco Tepojaco	30	3-A
Tlacoquemécatl	96	5-C
MANZANAS DE 1A. CDA.		
Tabla del Pozo	59	2-B
MANZANAS DE 2A. CDA.		
Tabla del Pozo	59	2-B
MANZANAS DE LAS 1A. CDA.		
San Francisco Tepojaco	30	3-A
MANZANAS DE LAS 2A. CDA.		
San Francisco Tepojaco	30	2-A
MANZANAS DE LAS PRIV.		
San Francisco Tepojaco	30	3-A
MANZANASTITLA CDA.		
Pueblo San Miguel Ajusco	135	6-A
MANZANERO ARMANDO Y CDA.		
Compositores Mexicanos	45	6-B
MANZANILLA		
Lomas de San Lorenzo	124	1-E
San Miguel Teotongo	113	3-A
Santa María de Guadalupe	44	3-A
Santa María de Guadalupe	43	3-F
MANZANILLO		
Chamacuero	43	2-E
Nueva Rufino Tamayo	46	5-D
Roma Sur	96	1-E
San Isidro La Paz	29	6-B
San Lucas Tepango	37	1-C
Tierra Blanca	46	2-E
Vergel de Guadalupe	72	5-D
Villa Ecatepec de Morelos	46	1-D
MANZANILLO 1A. CDA.		
Tequesquináhuac	100	4-E
MANZANILLO 2A. CDA.		
Tequesquináhuac	100	4-E
MANZANILLO 3A. CDA.		
Tequesquináhuac	100	4-E
MANZANILLO AV.		
Ampliación San Sebastián	100	5-D
Jardines de Casa Nueva	59	2-F
Jardines de Casa Nueva	59	1-F
MANZANILLO CDA.		
San Sebastián Tecoloxtitla	112	1-D
MANZANILLO Y CDA.		
Miramar	100	4-E
MANZANITA CJON.		
San Andrés Tetepilco	97	6-B
MANZANITAS		
El Contadero	107	3-A
MANZANITOS		
Barrio Barranca Seca	121	2-C
MANZANITOS CDA.		
Barrio Barranca Seca	121	2-C
MANZANO		
Axotla	109	2-D
Axotla	109	1-D
Consejo Agrarista Mexicano	111	6-F
Ejido Ampl. San Marcos	44	5-C
Ejido Santa Cruz Xochitepec	136	2-C
Florida	109	1-D
Fuentes de Satélite	55	6-E
La Magdalena Chichicaspa	80	6-C
La Palma	46	6-D
Las Huertas	121	3-C
Lomas Cuautetlán	136	3-A
Lomas de San Miguel	43	3-B
Los Bordos	59	1-B
Paraje del Caballito	120	1-E
Prados de Ecatepec	20	3-A
Revolución	43	2-A
San Fernando	94	4-C
San José del Jaral	43	2-E
San Juan Xalpa	111	4-C
San Lorenzo	81	2-D
San Marcos Huixtoco	128	3-D
San Martín	76	1-B
Tierra Blanca	138	4-E
Vista Hermosa	33	6-D
MANZANO 2A. CDA.		
San José del Jaral	43	2-E
MANZANO CDA.		
Tierra Blanca	138	4-E
MANZANO DEL		
Guadalupe San Marcos	128	2-D
San Fernando	94	4-C
MANZANO DEL RT.		
La Huerta	69	4-C
MANZANO JOSE (C. 41)		
U. Santa Cruz Meyehualco	112	3-A
MANZANOS		
Ampliación Tres de Mayo	30	6-B
Barrio Santa Eugenia	87	3-C
Bosques de Morelos	30	4-B
Bosques de los Pinos	29	3-E
La Floresta	100	6-A
Las Peñitas	43	4-D
Las Peñitas 3a. Secc.	43	3-D
Lomas Cuautetlán	135	3-F
PROFOPEC Polígono 1	60	4-D
San José Huilango	16	3-F
Santa María Tianguistengo	16	3-F
Santa Rosa	30	5-C
Villa de las Flores	32	2-F
Viveros de Cuernavaca	135	3-F
MANZANOS AND.		
Las Huertas	81	1-D
MANZANOS DE CDA.		
San Lorenzo	56	3-B
MANZANOS DE LOS		
Bello Horizonte	141	1-B
Chalco	141	1-B
MANZANOS LOS		
Ampliación El Rosario	16	5-E
Bello Horizonte	31	5-E
Jardines de San Mateo	68	4-F
Sector Popular	76	4-C
MANZANOS ORIENTE		
San José Huilango	16	3-F
MANZANOS PONIENTE		
San José Huilango	16	3-F
Santa María Tianguistengo	16	3-F
MANZO MANUEL		
Paraje San Juan	111	3-D
MAÑANA		
Cuautitlán Izc. Atlanta	30	2-E
MAÑANA AV.		
Ciudad Amanecer	73	1-C
Quinto Sol	73	1-C
MAÑANA DE LA AND.		
Ciudad Labor	44	1-D
MAÑANITAS LAS		
Benito Juárez	86	6-E
MAPAXCO CJON.		
San Francisco Tlaltenco	125	3-E
MAPIMI		
Valle Gómez	84	1-C
MAPLE		
Ejido Ampl. San Marcos	44	5-C
Laderas de San Mateo	68	4-E
Plan de Iguala	111	2-B
San Antonio	22	3-A
Santa María Insurgentes	84	1-A
MAPLES		
Villa de las Flores	32	1-F
MAQUIHUANA		
Pueblo San Bernabé Ocotepec	120	1-F
MAQUIZTLI		
Barrio Labradores	87	3-D
MAR		
Ampliación La Quebrada	43	2-F
Ampliación Los Alpes	108	2-E
Jardines de Morelos	47	2-F
Prados de Ecatepec	20	4-A
U. H. INFONAVIT La Isla	20	4-A
U. Vallejo La Patera	70	1-F
MAR ADRIATICO		
Lomas Lindas	42	5-F
Popotla	83	2-D
Tacuba	83	2-C
MAR ARABIGO		
Lomas Lindas	42	5-F
Tacuba	83	1-B
MAR ARCHIPIELAGO		
Tacuba	83	1-B
MAR AUSTRAL		
Ciudad Brisa	68	5-E
MAR AZOV		
Popotla	83	2-C
MAR BAFFIN		
Lomas Lindas	42	4-F
MAR BALTICO		
Nextitla	83	1-D
MAR BLANCO		
Carlos Hank González	111	5-F
MAR BLANCO Y 2 CDAS.		
Popotla	83	2-C
MAR BLANCO Y CDA.		
Lomas Lindas	42	5-F
MAR CANTABRICO		
Popotla	83	2-C
Tacuba	83	2-C
MAR CARIBE		
Popotla	83	1-C
Prados de Santa Clara	59	2-F
MAR CASPIO		
Lomas Lindas	42	4-F
Nextitla	83	1-D
MAR CDA.		
Alfredo V. Bonfil	81	3-E
MAR DE ANDAMAN		
Lomas Lindas	42	5-F
MAR DE ARAFURA		
Lomas Lindas	42	5-F
Tacuba	83	2-C
MAR DE BAFFIN		
Popotla	83	1-B
Tacuba	83	1-B
MAR DE BARENTS		
Lomas Lindas	43	5-A
MAR DE BARENTS CDA.		
Lomas Lindas	42	5-F
MAR DE BEHRING		
Tacuba	83	1-B
MAR DE CELEBES		
Nextitla	83	1-C
MAR DE COPERNICO		
Ejido Santa Ursula Coapa	123	1-C
El Parque	123	1-C
Los Olivos	123	1-C
MAR DE CORTES		
Ojo de Agua	44	1-C
MAR DE CRETA		
Lomas Lindas	42	5-F
MAR DE CHINA		
Lomas Lindas	42	5-F
MAR DE FILIPINAS Y 2 CDAS.		
Lomas Lindas	42	5-F
MAR DE HERODOTO		
Los Olivos	123	1-C
MAR DE HUDSON		
Popotla	83	1-C
MAR DE IRLANDA		
Lomas Lindas	42	5-F
Popotla	83	2-B
Tacuba	83	2-B
MAR DE JAVA		
Nextitla	83	2-D
MAR DE JAVA Y CDA.		
Lomas Lindas	42	5-F
MAR DE KARA		
Lomas Lindas	43	5-A
MAR DE KARA Y CDA.		
Popotla	83	2-C
MAR DE LA BANDA		
Nextitla	83	1-C
MAR DE LA BANDA Y CDA.		
Lomas Lindas	42	5-F
MAR DE LA CRISIS		
Ampl. Selene	126	4-A
Selene	125	4-F
MAR DE LA CHINA		
Popotla	83	2-C
MAR DE LA FECUNDIDAD		
Ampl. Selene	126	4-A
Selene	125	4-E
MAR DE LA FERTILIDAD		
Ciudad Brisa	68	5-E
MAR DE LA SERENIDAD		
Ciudad Brisa	68	5-E
Los Olivos	123	1-C
Selene	125	3-F
MAR DE LA SONDA		
Nextitla	83	1-C
MAR DE LA TRANQUILIDAD		
Ampliación Miguel Hidalgo	122	5-A
Ciudad Brisa	68	5-E
Ejido Santa Ursula Coapa	123	1-B
El Triángulo	125	4-E
Selene	125	4-E
MAR DE LA TRANQUILIDAD AV.		
Los Olivos	123	1-C
Prados de Coyoacán	123	1-C
MAR DE LAS CRISIS		
Los Olivos	123	1-C
MAR DE LAS LLUVIAS		
Ampl. Selene	126	4-A
Ciudad Brisa	68	5-E
Jardines de Coyoacán	123	1-C
Selene	125	4-F
MAR DE LAS MOLUCAS		
Lomas Lindas	42	5-F
MAR DE LAS NUBES		
Ciudad Brisa	68	5-E
Los Olivos	123	1-C
MAR DE LAS ONDAS		
Ciudad Brisa	68	4-E
MAR DE LAS TEMPESTADES		
Los Olivos	123	1-C
MAR DE LIGURIA		
Lomas Lindas	42	4-F
MAR DE LOS HUMORES		
Ampliación Selene	125	4-E
Ciudad Brisa	68	5-E
Selene	125	4-E
MAR DE LOS NECTARES		
Los Olivos	123	1-C
MAR DE LOS NUBLADOS		
El Triángulo	125	4-E
Selene	125	4-E
MAR DE LOS VAPORES		
Ampl. Selene	126	4-A
Ciudad Brisa	68	5-E
Los Olivos	123	1-C
Selene	125	4-E
MAR DE MARMARA		
Lomas Lindas	42	4-F
MAR DE NORUEGA		
Lomas Lindas	42	4-F
MAR DE OKHOTSK		
Tacuba	83	1-B
MAR DE ROSS		
Lomas Lindas	42	5-F
MAR DE SAVU		
Lomas Lindas	42	4-F
MAR DE TIMOR		
Lomas Lindas	42	5-F
MAR DE WEDDELL Y CDA.		
Lomas Lindas	42	5-F
MAR DEL AV.		
Del Mar	124	4-E
MAR DEL CORAL		
Nextitla	83	2-C
Prados de Santa Clara	59	2-F
MAR DEL FRIO		
Ciudad Brisa	68	4-E
Selene	125	3-F
MAR DEL JAPON		
Lomas Lindas	43	6-A
Popotla	83	2-C
Prados de Santa Clara	59	2-F
MAR DEL NECTAR		
Ciudad Brisa	68	5-E
El Triángulo	125	5-E
Selene	125	5-E
MAR DEL NORTE		
San Alvaro	83	1-B
Tacuba	83	1-B
MAR DEL NORTE 2 CDAS.		
Tacuba	83	1-B
MAR DEL ROCIO		
Los Olivos	123	1-C
MAR EGEO		
Lomas Lindas	42	4-F
Nextitla	83	1-C
MAR EGEO CDA.		
Nextitla	83	2-D
MAR EMBRION		
Los Olivos	123	1-C
MAR FRIO		
Ciudad Brisa	68	4-E
MAR HUMBOLDT		
Ciudad Brisa	68	5-E
MAR JONICO		
Lomas Lindas	42	4-F
Popotla	83	2-C
MAR MARIA DEL		
U. O. H. CTM Zona VII	110	6-F
MAR MARMARA		
Nextitla	83	1-C
MAR MEDITERRANEO		
Lomas Lindas	42	4-F
Nextitla	83	1-C
Popotla	83	1-C
Prados de Santa Clara	59	2-F
Santo Tomás	83	1-C
Tacuba	83	1-C
MAR MUERTO		
Lomas Lindas	42	4-F
MAR NEGRO		
Popotla	83	2-C
MAR NEGRO CDA.		
Popotla	83	2-B
MAR ORIENTAL		
Los Olivos	123	1-C
MAR ROJO		
Lomas Lindas	43	6-A
Popotla	83	2-C
MAR SMITH		
Ciudad Brisa	68	5-E
MAR TIRRENO		
Lomas Lindas	42	5-F
Popotla	83	2-B
MARABU		
Ampliación Tepeaca	108	1-C
MARABUES		
Izcalli Jardines	34	6-C
MARACAIBEROS		
Lomas de Becerra Granada	95	4-E
MARACAIBO		
Las Américas	69	5-B
Lindavista	71	2-C
San Isidro Ixhuatepec	58	4-F
San Pedro Zacatenco	71	1-D
Valle Dorado	56	2-E
MARACAIBO CDA.		
Ampl. Torreblanca	83	2-A
Argentina Antigua	82	1-F
MARACANA		
Vista Hermosa	29	5-A
MARACAY		
San Pedro Zacatenco	71	1-C
MARATON		
Las Peñitas	43	4-C
MARAVATIO		

Calle / Colonia	Plano	Coordenadas
Clavería	70	6-C
Lotería Nacional	70	6-C
Michoacán	153	2-E
San Fernando	94	5-C
MARAVILLA		
Los Angeles	111	3-D
San Antonio Zomeyucan	82	1-B
San Juan Ticomán	58	5-C
Santa Rosa	101	1-E
MARAVILLA CDA.		
El Carmen	138	3-C
MARAVILLAS		
1a. Ampl. Stgo Acahualtepec	112	2-E
Ampliación Mirador	111	4-A
Del Carmen	138	3-C
El Capulín	63	6-C
El Pirul	95	5-B
Felipe Angeles	84	2-E
Hank González	59	1-B
Jardines de Santa Cruz	19	1-B
Jards. San Agustín 1a. Secc	100	4-D
La Magdalena Petlacalco	135	5-C
Nueva San Isidro	127	4-F
Palmitas	112	4-C
San José del Jaral	43	2-D
San Lucas Patoni	57	3-E
San Miguel Teotongo	113	4-A
Villa de las Flores	32	1-F
Vista Hermosa	46	1-D
Xalpa	112	4-D
MARAVILLAS AV.		
Emiliano Zapata	59	6-D
Ferrería	70	1-C
Granjas Valle de Guadalupe	59	6-D
Industrial Vallejo	70	1-C
Jardines del Tepeyac	59	6-D
Maravillas	98	1-F
México II	99	1-A
México III	98	1-F
Vicente Guerrero	59	6-D
Villa de Guadalupe Xalostoc	59	6-D
MARAVILLAS CDA.		
Los Cerrillos	138	3-C
MARAVILLAS LAS		
Cantera Puente de Piedra	122	3-E
MARBELLA RT.		
El Dorado	56	1-E
MARCELO		
Del Valle	96	4-D
MARCO DEL		
Jardines del Sur	136	2-D
U. H. Rinconada del Sur	136	2-D
MARCO POLO		
Lomas de Capula	95	5-E
MARCO POLO RT.		
Santo Domingo	70	3-B
MARCONI		
Centro	84	4-B
MARCONI GUILLERMO		
Granjas de San Cristóbal	33	5-A
Ind. San Nicolás Tlaxcolpan	56	2-F
Parque Ind. Cuamatla	18	6-A
Paseo de las Lomas	94	6-E
MARCOS		
Aquiles Serdán	85	2-A
Simón Bolívar	85	2-A
MARCHENA		
San Rafael	70	4-B
MAREA		
U. INFONAVIT Iztacalco	97	4-E
MAREA DE LA		
Zona Res. Acueducto de Gpe.	57	5-F
MAREJADA		
Zona Res. Acueducto de Gpe.	57	5-F
MARES DE LOS AV.		
Cuautitlán Izc. Atlanta	30	2-E
MARFIL		
El Tesoro	44	2-D
Piedra Grande	59	3-B
Tlatel Xochitenco	87	2-D
MARFIL PRIV.		
El Tesoro	44	2-D
MARGARITA		
Agua Azul	86	6-C
Ampl. Buenavista	44	4-D
Ampl. Malacates	45	5-C
Ampliación El Tesoro	44	2-D
Ampliación Malacates	45	5-C
Campestre El Potrero	113	4-B
Ejidos de San Pedro Mártir	122	6-F
El Molino	124	3-E
Ex Hda Sn Nicolás Tolentino	124	3-E
Granjas Valle de Guadalupe	59	5-F
Hueytlalli	108	1-D
Jazmín	137	3-B
Juan González Romero	72	1-A
La Nopalera	122	6-F
Las Conchitas	31	4-A
Las Huertas	81	1-D
Las Huertas	68	6-D
Las Palmas	42	3-F
Lomas de Altavista	100	6-F
Los Angeles	111	3-D
Prados de Ecatepec	19	4-F
Ricardo Flores Magón	4	4-C
San Francisco Zacango	49	1-D
San José del Jaral	43	2-D
San Miguel	127	5-F
San Miguel Teotongo	113	3-A
San Miguel Teotongo	113	2-A
Santa María La Ribera	83	2-F
Santa María de Guadalupe	43	3-F
Santa Rosa	101	1-E
Sutuar Ote.	100	2-C
Tamaulipas El Palmar	86	6-C
Tamaulipas Flores	86	6-C
MARGARITA CDA.		
2a. Ampl. Stgo Acahualtepec	112	2-D
El Toro	121	1-B
Jazmín	137	3-B
Los Remedios	69	6-A
San Miguel Teotongo	113	4-A
MARGARITA DE LA		
Los Reyes Ixtacala	57	6-A
MARGARITAS		
2o. Reac. de Tlacuitlapa	108	2-C
Ampliación Loma Linda	82	1-B
Barrio San Marcos	136	2-E
Barrio San Pedro	136	2-E
Barros Sierra	121	1-B
Bellavista	59	2-E
Bellavista	76	3-D
Chimalhuacán	87	5-F
Chimilli	121	6-E
Ejidal Ampl. San Marcos	44	4-C
Ejidos de San Pedro Mártir	122	6-F
El Mirador	16	4-C
El Mirador II	121	6-E
El Molino	127	3-C
El Rosal	46	5-D
El Rosario	124	3-E
Florida	109	1-C
Florida	109	2-C
Francisco I. Madero	42	1-A
Hacienda Ojo de Agua	21	3-A
Huichapan	136	1-D
Independencia	28	4-E
Jardines de Aragón	60	5-C
Jardines de Morelos	47	1-E
Jardines de Santa Cruz	19	1-B
Jardines de la Cañada	44	2-D
Jardines del Llano	139	5-A
Joyas de Nieve	58	1-D
La Magdalena Atlicpan	100	5-E
Las Huertas	81	1-C
Las Palmas	42	2-F
Las Peñitas	43	4-D
Lomas Quebradas	121	1-B
Lomas de San Bernabé	120	1-E
Lomas de San Miguel	43	3-B
Los Bordos	46	6-B
Los Cuyos	100	3-D
Los Garritos	95	5-B
Minas Palacio	81	4-C
Miraflores	42	2-F
Paraje San Juan	111	3-D
Paraje del Caballito	120	1-E
Pueblo San Miguel Ajusco	148	1-A
Quiahuatla	138	1-F
Rancho Memetla	107	1-C
San Angel Inn	109	2-A
San Isidro	30	1-E
San José de las Palmas	101	6-B
San Juan Potreros	89	3-B
San Luis Tlatilco	82	1-B
San Miguel Teotongo	113	3-B
Santa María Chimalhuacán	88	4-A
Santa María Chimalhuacán	88	4-B
Tierra Nueva	136	1-D
Tlacopac	109	2-A
Tlaxcala	107	2-C
Torres del Potrero	108	5-A
U. H. Cristal	18	5-C
U. H. El Paraíso FOVISSSTE	18	6-C
Villa de las Flores	32	1-F
Villas de Tolimpa	76	5-B
Xalpa	112	5-D
Xalpa	112	4-D
MARGARITAS AV.		
Jardines de Chalco	140	1-D
MARGARITAS CDA.		
Barros Sierra	121	1-B
Florida	109	2-C
La Providencia	108	2-B
Las Peñitas	43	3-D
San Gabriel	43	4-D
Tenorios	112	5-C
Tlaxcala	107	2-C
MARGARITAS CIR.		
Jardines del Molinito	82	1-B
Lomas del Lago	42	1-D
Rosas de Castilla	82	1-B
MARGARITAS CJON.		
Jardines del Alba	30	3-F
MARGARITAS DE CDA.		
Ayotla	127	1-C
MARGARITAS DE LAS		
El Pedregal	46	6-D
La Florida	69	3-C
MARGARITAS DE LAS 1A. CDA.		
Palmitas	112	4-C
MARGARITAS DE LAS 1R. CJON.		
Barrio La Asunción	125	5-F
MARGARITAS DE LAS 2A. CDA.		
Las Flores	148	3-F
Palmitas	112	4-C
MARGARITAS DE LAS CDA.		
Ampliación Tlacoyaque	107	6-E
MARGARITAS DE LAS PRIV.		
Santo Tomás	114	6-C
MARGARITAS DE LAS RT.		
Vergel de las Arboledas	43	6-B
MARGARITAS LAS		
Buenavista	112	5-C
MARGARITAS LAS Y CDA.		
La Chinita	148	3-F
MARGARITAS RT.		
Izcalli Ecatepec	46	3-F
MARGARITAS Y 2 CDAS.		
Florida	109	2-C
MARGARITAS Y CDA.		
Ejidos de San Cristóbal	33	5-E
Ejidos de San Cristóbal	33	6-E
San Gabriel	43	3-D
Santa Rosa	101	1-E
MARGARITO		
B. Plazuela del Pedregal	121	2-C
MARGARITON		
Santa Rosa	48	2-D
Santa Rosa	101	1-E
MARGIL		
Centro	84	4-C
MARIA		
Nativitas	97	4-B
Pavón	98	2-F
MARIA AUXILIADORA		
Ex Hda. San Juan de Dios	123	4-C
MARIA BONITA		
Los Faroles	20	4-C
MARIA CONCEPCION		
Veinte de Septiembre	20	4-C
MARIA CONSUELO		
Veinte de Septiembre	20	3-B
MARIA DE LOS ANGELES		
Los Faroles	20	4-C
MARIA DE LOS ANGELES PRIV.		
Pantitlán	85	6-D
MARIA DE LOURDES		
Los Faroles	20	4-C
MARIA DE LOURDES PRIV.		
Ampliación Juárez Barrón	41	3-E
MARIA DEL CARMEN RT.		
Pantitlán	98	2-E
MARIA DOLORES		
Xalpa	112	4-E
MARIA ELENA CDA.		
Veracruzana	111	2-B
MARIA ELENA RT.		
Pantitlán	98	1-E
MARIA ESTUARDO		
B. Santiago Zapotitlán	125	3-A
MARIA ESTUARDO PRIV.		
Barrio Santa Ana Zapotitlán	125	3-A
MARIA EUGENIA		
El Edén	112	1-D
Veinte de Septiembre	20	3-C
MARIA FRANCISCA		
Ampliación Tulpetlac	46	5-E
MARIA ISABEL		
El Edén	112	1-D
Santiaguito	138	2-D
MARIA LUISA		
Loma María Luisa	42	3-E
San Angel	109	2-B
MARIA LUISA AV.		
San Antonio	56	4-F
MARIA LUISA Y CDA.		
Ampliación Tulpetlac	46	5-E
MARIA MAGDALENA		
Barrio Orfebres	87	6-B
Veinte de Septiembre	20	3-B
MARIA PISTOLAS		
Carmen Serdán	110	6-F
MARIA TERESA PRIV.		
Unidad Gasera	70	1-B
MARIA TERESA RT.		
Pantitlán	98	2-E
MARIA VICTORIA		
Los Faroles	20	4-C
MARIA VICTORIA PRIV.		
Del Carmen	138	2-C
MARIANAO		
Loma Taurina	69	5-C
Torres de Lindavista	71	1-A
MARIANO ABASOLO		
Santa Clara	59	3-D
MARICOPA		
Nápoles	96	3-D
MARIELES		
San Lucas Patoni	57	4-E
MARIETA		
Aurora	100	1-A
Benito Juárez	99	2-F
MARILES MAXIMILIANO		
Jacarandas	111	3-F
MARIN		
Miravalle	112	4-F
MARIN ARTURO RT.		
U. H. Atzacoalco CTM	71	1-F
MARIN GLORIA		
Ampl. Emiliano Zapata	113	3-C
MARIN HERMILO		
San José	126	6-A
MARIN JOSE M.		
Ciudad Satélite	69	2-B
MARIN JUAN		
Francisco Sarabia	42	2-C
Tlalpexco	58	2-C
MARIN TOMAS		
Presidente Madero	69	3-F
MARINA		
Dr. Jorge Jiménez Cantú	30	4-C
San Lorenzo Totolinga	81	1-E
U. INFONAVIT Iztacalco	97	4-E
MARINA LA		
Observatorio	96	2-A
MARINA NACIONAL		
Pueblo Culhuacán	110	4-E
San Francisco Acuexcomac	49	5-C
San Miguel Xometla	37	2-B
Z. U. E. Culhuacán	110	4-E
Z. U. E. Culhuacán	110	4-F
MARINA NACIONAL 2 CDAS.		
San Francisco Acuexcomac	49	5-C
MARINA NACIONAL AV.		
Ampl. Los Caracoles	58	4-F
Anáhuac	83	2-B
Huasteca	83	2-B
Jorge Jiménez Cantú	59	4-A
Popotla	83	2-B
Tacuba	83	2-B
Tlaxpana	83	2-B
Verónica Anzures	83	2-B
MARINAS		
Villa de las Flores	32	1-F
MARIO		
Pavón	98	2-F
MARIPOSA		
Arco Iris	42	2-B
Gral. Pedro María Anaya	109	1-F
La Colmena	42	2-B
Santa Cruz Atoyac	109	1-F
MARIPOSAS		
El Pedregal	46	6-D
La Malinche	108	6-B
Prados de Ecatepec	19	4-F
MARIPOSAS DE LAS CALZ.		
El Mirador	24	2-B
Villas de Teotihuacán	24	2-B
MARIPOSAS DE LAS CDA.		
Del Valle	24	5-B
Lomas de Totolco	100	3-F
MARIQUITA LA		
Benito Juárez	99	1-F
MARIQUITA LINDA		
Benito Juárez	99	1-F
MARISCAL		
Altavista	109	3-A
San Angel Inn	109	3-A
MARISCAL ALFONSO		
Ciudad Satélite	69	1-B
MARISCAL IGNACIO		
Ampliación Emiliano Zapata	42	2-E
Benito Juárez	97	4-D
Tabacalera	83	4-F
MARISCAL ROMMEL		
La Providencia	69	3-F
MARISCAL VICENTE GRAL.		
Juan Escutia	98	3-F
MARISCALA		
San Mateo Cuautepec	32	5-B
San Mateo Cuautepec	32	4-B
San Mateo Cuautepec	32	5-A
Santa María Cuautepec	32	5-A
Santa María Cuautepec	32	5-B
Santa María Cuautepec	32	4-B
MARISCALA CDA.		
Santa María Cuautepec	32	4-B
MARISCALA DE LA		
Lomas Verdes Sección V	55	6-D
MARISCALA OTE.		
Santa María Cuautepec	32	4-B
MARISCALA PTE.		
San Mateo Cuautepec	32	5-A
MARISMA		
Ampliación Los Alpes	108	2-E
MARISMEÑO		
La Joya	95	4-E
Lomas de Becerra Granada	95	4-E
MARISOL Y CDA.		
Atlampa	83	1-E
MARIZAN		
Las Huertas	81	1-C
MARLIN		
Del Mar	124	4-E
MARMOL		
La Esmeralda	21	6-E
La Esmeralda	34	1-E
Lomas de Cantera	69	6-A
Tres Estrellas	71	6-E
MARMOLEJO		
Cerro de la Estrella	111	6-C
MARMOLEJO EMIGDIO L. CNEL.		
La Esperanza	46	5-A
MARMOLEJO EMILIANO		
Emiliano Zapata	127	1-B
Emiliano Zapata	127	2-C
MARMOLERIA		
20 de Noviembre 2o. Tramo	84	3-E
Veinte de Noviembre	84	3-E
Venustiano Carranza	84	3-E
MARQUES		
La Alteza	69	1-A
MARQUES DE AGUAYO		
Ciudad Satélite	69	1-C
MARQUES DE URQUIJO		
Residencial El Dorado	56	1-E
MARQUES DEL PRIV.		
Chimalcóyotl	122	6-E
MARQUESA		
· Maravillas	100	4-D
MARQUESA DE ARISTE		
Cerro del Marqués	127	6-B
MARQUESA LA		
El Mirador	19	2-C
MARQUET S. LUIS		
Los Arcos Colonial	56	5-E
MARQUEZ DR.		
Doctores	97	1-A
MARQUEZ DR. PRIV. Y 2 CDAS.		
Doctores	96	1-F
MARQUEZ FRANCISCO		
Alfredo del Mazo	127	2-F
Ampl. Ozumbilla	21	5-E
Ampl. San Miguel Xalostoc	72	1-C
Ampliación San Lorenzo	100	1-C
Arboledas de Cuautepec	45	6-C
Ciudad Satélite	69	2-C
Condesa	96	1-C
Darío Martínez	113	6-F
Emiliano Zapata	42	1-E
Hank González	59	2-D
Josefa Ortiz de Domínguez	97	4-B
Las Peñas	111	4-F
Loma Cebada	94	2-D
Niños Héroes	63	6-A
Paraje Zacatepec	112	2-D
San Francisco	57	1-A
San Francisco Tepojaco	29	3-F
San Gregorio Atlapulco	137	2-E
San Juan Ixtacala Ampl. Nte	57	5-C
San Pablo Xalpa	70	1-B
San Pablo de las Salinas	19	5-F
Unidad 2 IMSS Tlalnepantla	56	1-F
Valle de Guadalupe	19	2-C
Villa San Lorenzo Chimalco	100	2-C
Z. U. E. Ozumbilla	21	5-E
MARQUEZ FRANCISCO 1R. CJON.		
San Salvador Cuauhtenco	150	4-B
MARQUEZ FRANCISCO CDA.		
Ampliación Emiliano Zapata	42	2-E
Paraje Zacatepec	112	2-D
MARQUEZ FRANCISCO OTE.		
Lomas de Chamapa	81	3-D
MARQUEZ FRANCISCO PRIV.		
Paraje Zacatepec	112	2-D
MARQUEZ FRANCISCO PROL.		
San Gregorio Atlapulco	137	3-E
MARQUEZ FRANCISCO PTE.		
Lomas de Chamapa	81	3-D
MARQUEZ JOSEFA		
Iztapalapa	111	3-E
MARQUEZ MARIANO		
Tultitlán	31	2-E
MARQUEZ MATILDE		
Peñón de los Baños	85	4-B
MARQUEZ RAFAEL (C. 11)		
U. Santa Cruz Meyehualco	112	3-B
MARQUEZ RAMON		
Ejército de Ote. Z. Peñón	99	6-C
MARQUEZ STERLING		
Centro	84	5-A
MARRON		
El Tejocote	88	3-D
MARRON JOSE		
U. H. Frente 10	99	5-A
MARROQUI JOSE MARIA		
Centro	84	4-A
Ciudad Satélite	69	2-A
MARROQUI Y RIBERA MANUEL ING		
Guadalupe Insurgentes	71	6-B
MARROQUIN Y RIBERA J.		
Ciudad Satélite	56	6-C
MARRUECOS		
Jardines de Cerro Gordo	60	1-B
Jardines de Cerro Gordo	47	6-B
México 86	43	3-A
México 86	42	3-F
Romero Rubio	85	3-A
MARRUECOS 2 CDAS.		
México 86	42	3-F
MARSELLA		
Juárez	83	5-F
Valle Dorado	56	2-E
Villa Verdún	107	4-F
MARTE		
Atizapán 2000	43	3-A
Cuautitlán Izc. Ensueños	30	1-D
El Mirador	110	4-F
Francisco Alvarez	114	6-C
Granjas de Guadalupe	42	1-C
La Estrella	60	6-A
La Olimpiada 68	81	3-C
Las Rosas	56	4-E
Lomas de la Estancia	112	4-E
Los Padres	108	6-A
Media Luna	73	3-D
Media Luna	122	2-F
Reacomodo El Cuernito	95	5-F
San Antonio Zomeyucan	82	3-A
San Pablo Los Gallos	17	4-A
MARTE Y PRIV.		
Guerrero	84	2-A
MARTELL FELIPE		
Ocho de Agosto	96	3-B
MARTHA		
El Edén	112	1-D
Guadalupe Tepeyac	71	6-D
San Lorenzo Xicoténcatl	99	4-C
MARTI JOSE		
Balcones de Ceguayo	108	1-B
Escandón	96	2-C
Santiago Teyahualco	19	6-B
Tacubaya	96	2-C
Villas Copilco	109	4-C
MARTI JOSE Y PRIV.		
La Habana	126	6-A
MARTILLO		
Sevilla	97	1-D
MARTIN		
La Purísima	34	5-F
MARTIN ADRIAN PRIV.		
Pantitlán	98	1-E
MARTIN DEL CAMPO WALDO		
Moctezuma 1a. Secc.	84	5-E
MARTIN ESTEBAN		
Centro	84	5-D
MARTINELLI		
San Simón Tolnáhuac	84	1-A
MARTINETE		
Vergel de las Arboledas	43	6-B
MARTINEZ		
Buenavista	44	1-D
Nueva Margarita	87	4-B
MARTINEZ "RIP RIP" RAFAEL		
Independencia	97	5-A
San Simón Ticumac	97	5-A
MARTINEZ ABUNDIO		
Ex Hipódromo de Peralvillo	84	1-B
Guadalupe Inn	109	2-B
Peralvillo	84	1-B
Vallejo	71	6-B
MARTINEZ AMPARO		
San Miguel Totolcingo	35	5-D
MARTINEZ ANGEL		
Margarito F. Ayala Z. B.	34	2-C
MARTINEZ ANTONIO		
Tlalpexco	58	2-C
MARTINEZ AURELIO		

Calle / Colonia	Plano	Coordenadas
Ampl. San José Xalostoc	59	6-C
MARTINEZ BRAULIO ING.		
Guadalupe Insurgentes	71	5-B
MARTINEZ CABRERA DE 1A. CDA.		
Santa Clara	59	3-D
MARTINEZ CABRERA J.		
Fuentes de Ecatepec	47	2-B
MARTINEZ CABRERA J. DE CDA.		
Santa Clara	59	2-D
MARTINEZ CALDERON		
Emiliano Zapata	128	5-A
MARTINEZ CASIMIRO L.		
San Martín de las Pirámides	24	2-F
MARTINEZ CJON.		
San Nicolás Tetelco	139	6-D
MARTINEZ DE ALBA J.		
Moctezuma 1a. Secc.	84	4-E
MARTINEZ DE CASTRO		
Progreso	136	5-D
San José Zacatepec	136	5-D
San Mateo Xalpa	136	5-D
MARTINEZ DE CASTRO CAP.		
San Miguel Chapultepec	96	1-C
MARTINEZ DE CUERVO C. PROFRA		
San Juan Ticomán	58	6-B
MARTINEZ DE LA TORRE		
Héroe de Nacozari	71	6-A
MARTINEZ DEL RIO DR.		
Doctores	83	6-F
MARTINEZ ENCARNACION		
Margarito F. Ayala Z. B.	34	2-C
MARTINEZ ENRICO		
Centro	83	5-F
Cuautitlán	18	5-B
Las Américas	63	5-A
MARTINEZ EPIGMENIO A.		
Ej. Santa María Aztahuacán	112	2-B
MARTINEZ FANTINI		
Cuautitlán	18	5-B
MARTINEZ FEDERICO		
Margarito F. Ayala	34	2-C
MARTINEZ FERNANDEZ LUIS		
Santa Cruz Meyehualco	111	2-F
MARTINEZ FRANCISCO		
San Lorenzo Atemoaya	137	3-A
Tacubaya	96	2-B
MARTINEZ GIL CARLOS		
San José	125	5-F
MARTINEZ GUERRERO ALFREDO		
Ejército de Agua Prieta	99	6-A
MARTINEZ JAVIER		
Cristo Rey	95	4-F
MARTINEZ JESUS		
Lázaro Cárdenas	18	5-D
MARTINEZ JOEL CDA.		
Santa María Cuautepec	32	4-A
MARTINEZ JOSE "EL PIPILA"		
Ampliación Miguel Hidalgo	122	5-A
MARTINEZ JOSE MARIA		
Emiliano Zapata	128	5-A
MARTINEZ JOSE MARIA AV.		
Cinco de Mayo	127	5-F
San Miguel	127	5-F
Tres Marías	127	5-F
MARTINEZ JUAN		
Del Bosque	114	6-B
MARTINEZ LEONARDO		
Margarito F. Ayala	34	2-D
MARTINEZ LUIS G.		
Romita	18	5-C
MARTINEZ LUISA		
Carmen Serdán	110	6-F
MARTINEZ MANOLO		
San Miguel Teotongo	113	3-B
MARTINEZ MANUEL CDA.		
San Miguel Xometla	37	2-B
MARTINEZ MARCELINA		
Margarito F. Ayala	34	3-C
MARTINEZ MARCOS		
Reforma Educativa	98	4-F
Tepalcates	98	4-F
MARTINEZ MARIA CDA. PROFRA.		
Santa Cruz Acalpixca	137	3-C
MARTINEZ MAXIMINO BIOLOGO		
Obrero Popular	83	1-C
MARTINEZ NICOLAS		
Paraje San Juan	111	3-C
MARTINEZ P. HECTOR		
Francisco Sarabia	42	2-C
MARTINEZ PALOMO JUAN DR.		
Barrio La Magdalena	138	1-F
Barrio Los Reyes	138	1-F
MARTINEZ PANFILO		
Del Bosque	114	5-B
MARTINEZ PAULINO		
Plan de Ayala	81	4-E
Santa Martha Acatitla	99	5-D
MARTINEZ PAULINO CNEL.		
La Esperanza	46	5-B
MARTINEZ PINEDA AV.		
San Juan Moyotepec	137	2-D
MARTINEZ RAFAEL		
Constitución de 1917	111	2-E
Constitución de 1917	111	3-E
MARTINEZ SABINO		
Santiaguito	138	2-C
MARTINEZ SOBRAL ENRIQUE		
Ciudad Satélite	69	2-A
MARTINEZ SOLORZANO MANUEL		
Constitución de 1917	111	3-E
Tetlalmeya	122	3-F
MARTINEZ VALLE JAVIER TTE.		
Escuadrón 201	110	1-E
MARTINEZ VICENTE		
San Andrés Totoltepec	135	3-D
MARTIRES DE CANANEA		
Ampliación La Cebada	95	5-C
Consejo Agrarista Mexicano	111	5-F
MARTIRES DE CHICAGO		
Consejo Agrarista Mexicano	111	5-F
Jardines del Sur	136	2-D
Primero de Mayo	84	3-F
MARTIRES DE JALAPA		
Barrio Coltongo	70	4-F
MARTIRES DE LA CONQUISTA		
Escandón	96	2-C
Potrerillo	121	2-A
Tacubaya	96	2-B
MARTIRES DE LA CONQUISTA CDA		
Escandón	96	2-C
Potrerillo	121	2-A
MARTIRES DE LOS CDA.		
Xochitenco	87	6-C
MARTIRES DE RIO BLANCO		
Consejo Agrarista Mexicano	111	5-F
Huichapan	136	2-D
Jardines del Sur	136	2-D
La Concha	136	2-D
U. H. Rinconada del Sur	136	2-D
MARTIRES DE RIO BLANCO CDA.		
Mártires de Río Blanco	84	1-E
Siete de Noviembre	84	1-E
MARTIRES DE SAN ANGEL		
Potrerillo	121	2-A
MARTIRES DE TACUBAYA		
Consejo Agrarista Mexicano	111	5-F
Tacubaya	96	3-B
MARTIRES DE TLATELOLCO		
Santiago Teyahualco	19	6-C
Tultepec	19	4-A
MARTIRES DE TLATELOLCO CDA.		
Santiago Teyahualco	19	6-C
MARTIRES DEL 20 DE OCTUBRE		
Santa Teresa	121	2-D
MARTIRES IRLANDESES		
San Mateo	110	3-A
MARTOS		
Cerro de la Estrella	111	6-C
MARX		
Ejido de Santiago Tepalcapa	43	3-B
MARX CARLOS		
Ampl. Simón Bolívar	84	2-F
Simón Bolívar	84	2-F
MASAGUA		
Valle del Tepeyac	71	3-A
MASARIK PDTE.		
Bosque de Chapultepec	83	5-B
Chapultepec Morales	83	5-B
Los Morales Secc. Alameda	82	4-F
Palmitas	82	4-F
Polanco Chapultepec	83	5-B
Polanco Reforma	83	5-B
MASCAGNI PEDRO		
Ex Hipódromo de Peralvillo	84	1-B
MASCOTA		
Juárez	83	5-F
Luis Echeverría	30	5-F
MASCOTT LOPEZ L. ING.		
Cuautitlán Izc. Atlanta	30	3-E
MASMORRA		
Ampliación San Sebastián	100	5-D
MASSACHUSETTS		
Las Vegas Xalostoc	72	1-C
MASSENET		
Peralvillo	71	6-B
MASSIEU GUILLERMO AV.		
La Escalera	71	1-B
MASSIEU WILFRIDO		
Lindavista	71	3-B
Planetario Lindavista	71	3-B
San Bartolo Atepehuacán	71	3-B
U. Profesional Zacatenco	71	3-B
MASSIEU WILFRIDO ING.		
La Comunidad	57	4-B
MASTRETTA ANGELES CJON.		
Chiconautla 3000	35	2-A
MASTUERZO		
Jardines de Morelos	47	1-D
MASTUERZOS		
Villa de las Flores	32	1-F
MATA ANDRES		
Barrio San Bartolo	31	2-C
MATA FILOMENO		
Centro	84	4-B
Ej. Santa María Aztahuacán	112	2-B
Los Cerrillos	138	3-D
San Juan Ixtacala	57	5-C
San Rafael Chamapa	81	2-E
MATA JOSE MARIA		
Benito Juárez	97	4-E
Constitución de la Rep.	71	4-F
Liberales de 1857	95	3-F
Veintiuno de Marzo	44	5-A
MATA PADILLA ANGEL DE LA		
Ciudad Satélite	69	1-C
MATA RIVERA JUAN		
México Nuevo	42	6-D
MATACUTE		
El Ebano	94	6-B
MATAGALPA		
Lindavista	71	2-C
Residencial Zacatenco	71	2-C
San Pedro Zacatenco	71	2-C
MATAGALPINOS		
Francisco Villa	95	4-F
MATAMOROS		
2a. Ampl. Stgo Acahualtepec	112	3-E
Alfredo del Mazo	127	3-E
Ampl. Guadalupe Victoria	33	5-E
Ampl. Raúl Romero Fuentes	99	2-A
Ampliación Jalalpa	95	5-C
Barrio San Miguel	111	2-D
Buenos Aires	100	3-E
Coatepec	102	4-F
Cuatliquixco	22	3-A
Cuautitlán	18	5-B
Chalma de San Miguel	57	2-F
Chiconcuac	62	1-F
Ecatepec de Morelos	47	2-A
Ej. Santa María Aztahuacán	112	2-C
El Carmen	109	2-D
El Mirador Las Torres	42	3-F
El Pino	113	2-F
Guerrero	84	3-C
Hidalgo	28	6-E
Huisnáhuac	63	1-A
Ixtapaluca	115	6-B
Jorge Jiménez Cantú	28	3-E
La Estación	125	1-A
Libertad	28	3-F
Lomas de Zaragoza	113	2-A
Los Reyes Acatlizhuayan	154	1-B
Maquixco	24	3-A
Margarita Maza de Juárez	43	3-C
Miguel Hidalgo	122	4-B
Miguel de la Madrid Hurtado	112	3-E
Morelos	84	3-C
Peñón de los Baños	85	3-B
Progreso Guadalupe Victoria	33	5-E
Pueblo Culhuacán	110	4-F
Raúl Romero	99	2-A
Resurrección	63	3-D
San Andrés Chiautla	63	2-A
San Andrés Riva Palacio	62	4-D
San Esteban Huitzilacasco	81	2-F
San Francisco Acuautla	115	2-E
San Francisco Tecoxpa	151	3-F
San Juan Teotihuacán	24	3-A
San Lorenzo Tetlixtac	33	3-B
San Luis Huexotla	76	4-D
San Martín Tepetlixpan	31	6-A
San Martín de las Pirámides	24	2-F
San Mateo Tlaltenango	107	4-D
San Miguel Tocuila	62	5-D
San Pablo Oztotepec	150	5-E
San Salvador Cuauhtenco	150	4-B
San Sebastián Tecoloxtitla	112	1-D
San Sebastián Xhala	18	3-B
Santa Catarina Acolman	36	3-B
Santa Cruz Xochitepec	136	2-C
Santa María	44	5-B
Santiago Tepalcapa	31	5-A
Santiago Teyahualco	32	1-B
Santiago Zacualuca	23	1-B
Santo Tomás Chiconautla	34	2-E
Texalpa	46	6-E
Tizapán	109	4-A
Valle de Tules	44	4-D
Villas Ecatepec	47	1-C
MATAMOROS 2 PRIVS.		
San Miguel Chaima	57	2-F
MATAMOROS 3A. CDA.		
Santiago Cuautlalpan	88	4-F
MATAMOROS AV.		
Pueblo San Diego	76	1-C
MATAMOROS CDA.		
2a. Ampl. Stgo Acahualtepec	112	3-E
Ej. Santa María Aztahuacán	112	2-C
Guerrero	84	2-B
San Vicente Chicoloapan	88	6-E
Tepetates	100	4-F
Tultepec	19	3-B
MATAMOROS DE 2 CDAS.		
San Francisco Tepojaco	30	2-A
MATAMOROS IGNACIO		
Pueblo Tepepan	123	5-B
MATAMOROS MARIANO		
2a. Ampl. Stgo Acahualtepec	112	3-E
Ampliación Emiliano Zapata	42	2-E
Ampliación La Mexicana	95	5-D
Ampliación Tulpetlac	46	5-E
Aquiles Serdán	47	2-C
Barrio La Conchita	140	1-F
Barrio San Antonio	136	1-F
Barrio San Antonio	140	1-F
Barrio San Juan	136	1-F
Barrio San Martín	4	6-D
Barrio San Sebastián	140	1-F
Barrio Tlacateco	4	6-D
Cocotitlán	141	4-D
Constitución de 1857	100	5-A
Darío Martínez	113	6-F
Héroes de la Independencia	59	3-F
Jardines de Morelos V Secc.	47	2-C
José María Morelos y Pavón	47	6-C
La Cañada	95	5-D
La Cebada	123	5-D
La Magdalena Atlicpan	100	6-E
Liberación Proletaria	95	5-D
Loma Bonita	100	5-A
Los Cuartos	81	3-C
Luis Donaldo Colosio	33	2-D
Llano de los Báez	47	2-C
Manantiales	100	5-A
Miguel Hidalgo	59	4-F
Miguel Hidalgo	122	5-B
Miguel Hidalgo	59	3-F
Miguel de la Madrid Hurtado	112	3-E
Nueva Aragón	73	1-D
Pueblo San Miguel Ajusco	135	6-A
Pueblo San Miguel Ajusco	148	1-A
Pueblo Sn Nicolás Totolapan	121	3-C
San Gregorio Cuautzingo	141	1-D
San José de los Leones	81	3-E
San Juan Ixhuatepec	58	6-F
San Lorenzo	123	5-D
San Lucas Tepetlacalco	56	6-B
San Martín de las Pirámides	24	2-F
San Mateo Tlaltenango	107	4-D
Santa Clara	59	3-D
Santa Cruz Meyehualco	112	4-B
Santa Martha	100	5-A
Santiago Cuautlalpan	88	4-E
Santo Tomás Ajusco	148	1-A
Tepotzotlán	4	6-D
Tlalpan	122	4-E
Unidos Avanzamos	47	2-C
Vicente Guerrero	81	5-D
MATAMOROS MARIANO 5 CDAS.		
San Pablo de las Salinas	20	6-A
MATAMOROS MARIANO AV.		
C.H. INFONAVIT Gustavo Baz	20	5-B
Izcalli San Pablo	20	5-B
Jardines de Morelos	47	2-D
Plaza del kiosko	20	5-B
Prados Secc. A	20	5-B
Prados Secc. B	20	5-B
San Vicente Chicoloapan	88	6-E
Sustitución Arista	20	5-B
MATAMOROS MARIANO CDA.		
Lomas San Juan Ixhuatepec	58	6-F
Pueblo San Miguel Ajusco	134	6-F
Pueblo San Miguel Ajusco	135	6-A
Tlaljuyaca	46	6-E
Z. U. E. El Pedregal	121	3-C
MATAMOROS MARIANO CJON.		
Progreso	82	4-A
San Antonio Tecomitl	152	1-A
MATAMOROS MARIANO GRAL.		
Héroes de la Revolución	82	5-A
MATAMOROS MARIANO PRIV.		
San Pablo de las Salinas	20	6-A
MATAMOROS MARIANO PROL.		
La Cañada	136	4-D
Progreso	136	4-D
MATAMOROS MARIANO Y CDA.		
San Mateo Xalpa	136	5-D
MATAMOROS MARIANO Y CJON.		
Santa Cruz Meyehualco	112	3-B
MATAMOROS MARIANO Y PRIV.		
Santa Fe	95	5-B
MATAMOROS PRIV.		
Presidentes	88	6-E
Progreso	108	4-F
San Pablo de las Salinas	19	6-F
MATAMOROS PROL.		
Presidentes	88	6-D
Pueblo San Miguel Ajusco	135	6-A
San Pablo Oztotepec	150	4-D
San Vicente Chicoloapan	88	6-D
MATAMOROS Y 2 CDAS.		
Santiago Cuautlalpan	88	4-F
MATAMOROS Y CDA.		
San Francisco Tepojaco	30	2-A
Santiago Teyahualco	32	1-C
Tultepec	19	3-A
MATAMOROS Y CJON. Y PRIV.		
San Agustín Ohtenco	151	3-F
MATAMOROS Y PRIV.		
Asoc. de Ob.y S.de la R.M.	47	2-A
Ecatepec de Morelos	47	2-A
San Lorenzo	57	3-A
MATANZAS		
Lindavista	71	2-C
Residencial Zacatenco	71	2-C
MATARRILLO		
Ampl. Polvorilla	112	6-A
MATE MARIA		
San Martín de las Pirámides	24	1-F
MATEHUALA		
Condesa	83	6-C
MATEMATICAS		
México	98	1-F
U. H. El Rosario	69	1-F
Univ. Aut. Metropolitana	43	2-A
MATEMATICOS		
San José Xalostoc	59	6-B
MATEOS JUAN A.		
Artes Gráficas	97	1-A
Obrera	97	1-A
Paulino Navarro	97	1-A
Sevilla	97	1-A
Vista Alegre	97	1-A
MATEOS LOPEZ AV.		
El Triunfo	127	4-C
Guadalupana	127	4-C
Jardín	127	4-C
Providencia	127	4-C
San Isidro	127	4-C
Unión de Guadalupe	127	4-C
MATERIALES DE GUERRA		
Lomas del Cadete	81	4-D
MATIAS JUAN		
Santa Cecilia	125	5-F
MATLALCIHUATZIN		
Rey Neza	100	2-B
MATLAMA		
Barrio Labradores	87	3-C
MATLANE		
Lic. Carlos Zapata Vela	98	4-A
MATLATZINCA		
Lic. Carlos Zapata Vela	97	5-F
MATORRAL		
Izcalli San Pablo	20	5-C
MATURINES		
Francisco Villa	95	4-F
MAUNA LOA		
Ampliación Benito Juárez	81	4-E
MAURA ANTONIO		
Moderna	97	3-B
MAURICIO		
Santiago Tepalcapa	30	4-F
MAURITANIA		
Lomas Estrella 2a. Secc.	111	6-A
MAXCANU		
Torres de Padierna	121	5-E
MAXKUI ACATL		
U. H. Popular Tepeaca	108	1-B
MAXTLA		
El Arenal 4a. Sección	85	5-E
La Urbana	57	3-E
Maravillas	85	6-F
San Bartolo Tenayuca	57	4-D
MAXTLA PROL.		
San Miguel Teotongo	113	3-B
MAYA		
Degollado	112	6-A
Tlacuitlapa	108	2-B
MAYA CDA.		
Ixtlahuacan	112	3-F
MAYA MARIANO		
Xaltipac	87	6-B
MAYAHUEL		
Ampliación López Portillo	121	6-D
Ciudad Cuauhtémoc	34	1-E
Culturas de México	127	6-E
La Esmeralda	34	1-E
Lomas de Padierna Sur	121	6-D
MAYAPAN		
San Lorenzo	81	2-D
Tikal	30	5-D
Z. U. E. Héroes de Padierna	121	4-E
MAYAQUEN		
Barrio Tejedores	87	4-C
Barrio Vidrieros	87	4-C
MAYAS		
Ajusco	109	6-E
Ciudad Azteca	60	3-B
Cuauhtémoc	57	1-D
Culturas de México	127	6-E
Mixcoatl	112	5-A
Obrera	84	6-B
Pedregal de Santo Domingo	109	6-E
San Bartolo Tenayuca	57	5-E
Santa Cruz Acatitla	69	4-B
Tlalcoligia	122	5-D
Zapotecas	59	2-E
MAYAS Y AND.		
U. H. El Rosario	69	1-F
MAYATL		
Tlatelco	87	6-B
MAYOR		
Santa Cruz del Monte	55	6-F
MAYORAZGO AV.		
Xoco	109	1-E
MAYORAZGO DE LA HIGUERA		
Xoco	109	1-E
MAYORAZGO DE ORDUÑA		
Xoco	109	1-E
MAYORAZGO DE SOLIS Y CDA.		
Xoco	109	1-E
MAYORAZGO EL		
Granjas Coapa	123	4-E
Residencial Villa Coapa	123	4-E
MAYORDOMO		
Ex Hacienda Coapa	123	3-D
MAYORGA		
Lomas de Virreyes	95	1-E
MAYORGA ALFONSO (C. 53)		
U. Santa Cruz Meyehualco	112	3-A
MAYORISTAS		
Los Paseos de Churubusco	98	5-C
MAYOS		
Culturas de México	127	6-E
MAYTORENA JOSE MARIA		
Alvaro Obregón	99	6-B
MAZA ANTONIO		
Filiberto Gómez	100	2-B
MAZA DE JUAREZ M. 2A CDA.		
Vista Hermosa	4	4-B
MAZA DE JUAREZ M. 2A. CDA.		
Benito Juárez	41	1-F
MAZA DE JUAREZ M. CDA. PROL.		
Benito Juárez	41	1-F
MAZA DE JUAREZ M. CJON.		
Benito Juárez	28	5-F
MAZA DE JUAREZ M. Y CDA.		
Ricardo Flores Magón	4	4-B
Santa Ursula Coapa	123	2-B
Tepotzotlán	4	4-B
Vista Hermosa	4	4-B
MAZA DE JUAREZ MARGARITA		
2a. Ampl. Stgo Acahualtepec	112	3-E
Año de Juárez	137	3-B
Barrio Texcatitla	139	6-A
Benito Juárez	44	1-C
Benito Juárez	97	4-D
Francisco I. Madero	41	3-F
Jalalpa	95	5-D
Libertad	29	3-A
Los Reyes Acatlizhuayan	154	1-B
Mariano Escobedo	31	6-B
Nueva Díaz Ordaz	110	5-A
Nueva Industrial Vallejo	70	1-F
Radiofaro Totolcingo	35	6-D
San Francisco Chilpan	31	6-C
Santa María Cuautepec	32	5-A
U. Vallejo La Patera	70	1-F
Xalpa	112	4-C
MAZA DE JUAREZ MARGARITA CDA		
Benito Juárez	41	1-F
Ricardo Flores Magón	4	4-C
MAZA DE LA		
Olivar de los Padres	108	4-E
MAZA MARGARITA		
Ampliación La Cañada	95	5-D
MAZAHUA		
Lic. Carlos Zapata Vela	98	5-A
MAZAHUACAN		
Rey Neza	100	2-B
MAZAHUAS		
Culturas de México	127	6-E
MAZAPIL		
San Esteban Huitzilacasco	81	3-E
MAZATECAS		
Culturas de México	127	6-E
MAZATL		
Ciudad Cuauhtémoc	34	2-F
MAZATL 1A. CDA.		

Calle / Colonia	Plano	Coordenadas
Cerro Grande	43	4-D
MAZATLAN		
Ampl. Playa San Juan	34	6-F
Buenavista	44	1-D
Cuautepec de Madero	58	2-A
Jardines de Casa Nueva	59	2-F
Jards. San Agustín 2a. Secc	100	5-C
Lomas San Andrés Atenco	56	3-C
Nueva Rufino Tamayo	46	5-D
San Lorenzo	81	2-E
San Lorenzo Totolinga	81	1-E
San Pablo de las Salinas	20	5-A
Tecuescomac	46	5-E
Tierra Blanca	46	2-E
MAZATLAN 2 CDAS.		
Ampl. San Andrés Atenco	56	3-C
MAZATLAN 3 CDAS.		
Ampl. Piloto López Mateos	95	6-C
MAZATLAN AV.		
Condesa	96	1-C
Hipódromo de la Condesa	96	1-C
MAZATLAN CDA.		
Ampliación Tulpetlac	46	5-E
Condesa	83	6-C
MAZATLAN PROL.		
Villa Ecatepec de Morelos	46	1-E
MAZATLAN Y 3 CDAS.		
Paraje Zacatepec	112	1-D
Santa Martha Acatitla	112	1-D
MAZO ALFREDO DEL		
Ampl. San Lorenzo	100	2-C
Benito Juárez	59	2-B
Carlos Salinas de Gortari	34	6-E
Cinco de Mayo	127	6-F
Cuchilla Alfredo del Mazo	127	3-E
Chalco	128	5-A
Dr. Jorge Jiménez Cantú	30	5-D
Ejido San Agustín Atlapulco	100	5-C
Granjas Unidas	30	5-D
Hank González	59	2-C
Jiménez Cantú	30	4-C
Jorge Jiménez Cantú	28	3-F
Josefa Ortiz de Domínguez	60	2-C
La Joyita	30	5-D
Los Reyes Acaquilpan	113	1-B
Los Reyes Ecatepec	60	2-C
México Nuevo	42	6-E
Piedra Grande	59	3-B
Plan de Ayala	81	4-E
Reforma "A" Sección 1	100	5-C
Río de Luz	60	2-C
San Miguel Teotongo	113	2-A
San Pablo Los Gallos	17	4-A
San Rafael Chamapa	81	2-F
Santa María Gpe. Las Torres	30	5-D
Temamatla	154	1-D
Tepeolulco	59	2-C
U. H. Atzacoalco CTM	58	6-F
Valle de las Flores	30	5-D
Villa Las Manzanas	33	4-A
MAZO ALFREDO DEL AV.		
Alfredo del Mazo	127	2-A
Ampl. Emiliano Zapata	127	1-A
Avándaro	127	1-A
Concepción	127	2-A
Independencia	127	2-A
Ixchalco	127	2-A
Jardín	127	2-A
Niños Héroes	127	2-A
Santa Cruz	127	2-A
Santiago	127	2-A
Xico	127	2-A
MAZO ALFREDO DEL CDA.		
Hank González	59	1-C
México Nuevo	42	5-E
MAZO ALFREDO DEL GOB.		
Las Armas	69	6-E
MAZO ALFREDO DEL GOB. AV.		
Granjas Valle de Guadalupe	59	6-E
Jardines del Tepeyac	59	6-E
Villa de Guadalupe Xalostoc	59	6-E
MAZO ALFREDO DEL PROL.		
Lázaro Cárdenas	58	2-D
Montañista	58	2-D
Xico	127	6-A
MAZO G. ALFREDO DEL		
INFONAVIT COCEM I	31	5-D
MAZON ANGEL C 1 2 Y 3		
U. H. Vicente Guerrero	111	1-E
MAZTLI		
El Chamizalito	47	6-B
ME VOY		
Aurora	100	3-A
Esperanza	100	3-A
MEADE FIERRO ERNESTO		
Colonial Iztapalapa	111	3-F
MEANDRO		
Cuautitlán Izc. Atlanta	30	3-E
MEAUCAS		
Izcalli Jardines	47	1-C
MEAVE		
Centro	84	5-A
MECANICA DE SUELOS		
Univ. Aut. Metropolitana	43	1-A
MECANICOS		
Morelos	84	3-D
MECANOGRAFOS		
El Sifón	97	6-E
MECAPATLI		
Barrio Carpinteros	87	3-F
Barrio Pescadores	87	3-F
MECATL		
Ciudad Azteca	60	4-D
México Nuevo	60	4-D
MECOAYA		
Barrio Los Reyes	70	4-B
Barrio San Marcos	70	4-B
MECSA ACATL		
U. H. Popular Tepeaca	108	1-B
MEDALLA LA		
San Gregorio Cuautzingo	141	1-E
MEDALLA LA 1A. CDA.		
San Gregorio Cuautzingo	141	1-E
MEDALLA LA 2A. CDA.		
San Gregorio Cuautzingo	141	1-E
MEDANO		
Izcalli San Pablo	20	6-C
Jardines de Morelos	47	2-F
Jards. Pedregal de Sn Angel	122	2-B
MEDANOS		
Pilares Aguilas	108	2-F
MEDANOS CDA.		
Pilares Aguilas	109	2-A
MEDELLIN		
Barrio Los Reyes	139	5-D
Barrio San Agustín	139	5-D
Roma Norte	83	6-E
Roma Sur	96	1-E
Valle Dorado	56	2-E
MEDELLIN DE BRAVO		
Jalalpa	95	5-C
MEDICINA		
Copilco Universidad	109	4-C
Univ. Aut. Metropolitana	42	1-F
MEDICINA Y CDA.		
Lomas Anáhuac	94	3-D
MEDICOS		
El Sifón	97	6-D
MEDICOS CIR.		
Ciudad Satélite	69	1-C
MEDICOS DE LOS		
U. H. El Rosario	57	6-A
MEDIDORES Y CDA.		
Amado Nervo	19	2-D
MEDINA AUGUSTO J. DR. AV.		
La Comunidad	57	5-B
MEDINA GARDUÑO M. ING. GOB.		
Granjas Valle de Guadalupe	72	1-E
MEDINA HILARIO		
Constitución de 1917	111	2-E
MEDINA JOSE CDA.		
La Cantera	19	2-B
MEDINA MANUEL		
Granjas Independencia III	73	1-B
MEDINA MANUELA		
Carmen Serdán	110	6-F
U. O. CTM Culhuacán VIII A	123	1-F
MEDINA PRIV.		
Pantitlán	85	6-E
MEDINA TOMAS		
San Francisco Acuautla	115	2-E
MEDINA TORIBIO		
Algarín	97	2-B
Asturias	97	2-B
MEDINACHELLI		
Cerro de la Estrella	111	5-C
MEDINAS		
Santa Cecilia	57	2-D
MEDITERRANEO Y PRIV.		
El Rosedal	109	3-F
MEDIZ BOLIO ANTONIO		
Ciudad Satélite	56	6-A
MEDRANO		
El Pino	113	2-F
MEDRANO Y BUENDIA AV.		
El Pino	113	2-E
MEDUSA		
Del Mar	124	4-E
Las Rosas	56	4-E
MEIR GOLDA		
U. H. Margarita M de Juárez	98	6-D
MEJIA DELGADO		
Merced Gómez	108	1-F
MEJIA IGNACIO		
Ignacio Zaragoza	28	4-C
La Concepción	121	2-C
Liberales de 1857	95	3-E
MEJIA MAURILIO		
Carlos Hank González	112	4-A
Desarrollo U. Quetzalcóatl	112	4-A
Santa Cruz Meyehualco	112	4-A
MEJIA MAURILIO CJON.		
Santa Cruz Meyehualco	112	4-A
MEJIA TOMAS		
Emiliano Zapata	42	1-E
MEJORAMIENTO DEL AMBIEN. CDA		
San Vicente Chicoloapan	101	1-E
MEJORAMIENTO DEL AMBIENTE		
Himno Nacional	28	5-D
Residencial San Pedro	76	1-A
San Vicente Chicoloapan	88	6-E
MEJORANA		
Victoria de las Democracias	70	6-E
MELBOURNE 1956		
U. H. Olímpica	122	2-D
MELCHOR		
La Navidad	94	6-C
San Rafael Chamapa	81	2-E
MELENDEZ MELESIO		
Cuautepec El Alto	58	1-B
MELERO GREGORIO		
Tlatelco	87	6-B
MELERO GREGORIO AV.		
Barrio Orfebres	87	6-B
MELGAR AGUSTIN		
Alfredo del Mazo	127	3-F
Ampl. Ozumbilla	21	5-E
Ampl. Río Hondo	81	4-D
Ampl. San Miguel Xalostoc	72	1-C
Ampliación Emiliano Zapata	42	2-E
Ampliación Miguel Hidalgo	122	5-A
Barrio Artesanos	87	3-F
Barrio Canteros	87	5-B
Barrio Jugueteros	87	5-B
Barrio Orfebres	87	5-B
Barrio San Antonio	124	2-D
Barrio Saraperos	87	5-B
Ciudad Satélite	69	2-C
Condesa	83	6-C
Emiliano Zapata	113	3-C
Guadalupe del Moral	98	6-C
Hank González	59	1-D
Las Peñas	111	4-F
Libertad	29	3-A
Lomas del Cadete	81	5-D
Miguel de la Madrid Hurtado	112	3-F
Miravalle	113	4-A
Nicolás Romero	28	5-E
Niños Héroes	63	6-A
Niños Héroes	138	3-B
Niños Héroes de Chapultepec	97	4-B
Primero de Septiembre	42	3-F
Progreso	82	4-A
San Francisco	57	1-A
San Francisco Acuautla	115	2-F
San Francisco Tepojaco	29	3-F
San Gregorio Atlapulco	137	2-E
San Juan Ixtacala Ampl. Nte	57	5-C
San Miguel	88	6-A
San Miguel	88	5-A
San Rafael Chamapa	81	2-E
San Salvador Cuauhtenco	150	4-C
San Simón Culhuacán	110	4-F
Santa Ana Tlacotenco	152	6-B
Santa María Cuautepec	32	4-B
Tecuescongo	35	3-A
Tiziclipa	137	6-B
Valle de Guadalupe	19	2-C
Villa San Lorenzo Chimalco	100	2-C
Xochiaca	87	5-B
Z. U. E. Ozumbilla	21	5-E
MELGAR AGUSTIN 1A. CDA.		
Santiago Acahualtepec	112	1-F
MELGAR AGUSTIN 2A. CDA.		
Santiago Acahualtepec	112	1-F
MELGAR AGUSTIN 4 CDAS.		
Las Peñas	111	4-F
MELGAR AGUSTIN CADETE		
Militar Valle de Cuaut.	30	3-F
U. H. José María Morelos	31	3-A
MELGAR AGUSTIN CDA.		
San Gregorio Atlapulco	137	2-E
Tiziclipa	137	6-B
Xochiaca	87	6-C
MELGAR AGUSTIN CJON.		
Santa Ana Tlacotenco	152	6-B
MELGAR AGUSTIN DE CDA.		
Libertad	29	4-A
MELGAR AGUSTIN PRIV.		
Lomas de Zaragoza	113	1-A
MELGAR AGUSTIN Y 2A. CDA.		
Lomas de Zaragoza	112	2-F
MELGAR AGUSTIN Y 3 CDAS.		
Lomas de Zaragoza	113	1-A
MELGAR AGUSTIN Y CDA.		
Lomas de Zaragoza	112	1-F
MELGAREJO SILVESTRE		
Aculiotla	108	1-B
MELGOZA ARMANDO CJON.		
La Forestal	45	6-B
MELO GASTON AV.		
Barrio Tenantitla	139	6-A
MELO GASTON DR.		
Pueblo San Antonio Tecomitl	139	6-A
MELOCOTON		
Jardines de Ecatepec	47	3-B
Las Huertas	81	1-C
MELOCOTONES		
PROFOPEC Polígono 1	60	4-D
MELOCOTONES DE LOS CDA.		
Lomas de San Mateo	68	2-E
MELON		
Ejidos de San Cristóbal	33	6-E
La Cruz	101	1-A
Las Granjas Acolman	36	4-A
Las Huertas	81	2-C
San Juan Xalpa	111	4-B
Tabla del Pozo	59	2-B
Xalpa	112	4-D
MELONES		
El Mirador	59	1-A
PROFOPEC Polígono 1	60	4-D
MELLADO		
Valle Gómez	84	1-C
MELLAT		
El Ermitaño	120	2-E
MEMBRILLO		
2a. Ampl. Stgo Acahualtepec	112	3-E
Ampliación López Portillo	125	2-D
Barrio San José	152	1-E
Bosque del Pedregal	121	6-C
Ejido Santa Cruz Xochitepec	136	1-C
El Tanque	108	6-A
Hacienda Ojo de Agua	21	4-B
Hogar y Seguridad	83	1-D
Las Huertas	81	1-C
Las Huertas	33	5-F
Las Huertas	68	6-D
Lomas de Chamontoya	120	1-E
Miravalle	112	4-F
Nueva Santa María	83	1-D
San Gabriel	43	3-D
San José del Jaral	43	2-D
San Juan Xalpa	111	4-C
San Marcos Huixtoco	128	2-C
San Martín	76	2-B
San Mateo Nopala	68	2-E
Santa Catarina Ayotzingo	153	2-B
Sector Popular	76	4-B
Vista Hermosa	33	6-D
Xicalhuaca	137	2-C
MEMBRILLO CDA.		
Ixtlahuacan	112	3-F
Pueblo Tulyehualco	138	1-E
San Miguel Xochimanga	43	6-D
MEMBRILLO DE CDA.		
San José del Jaral	43	2-D
MEMBRILLO DEL		
Las Granjas Acolman	36	4-B
MEMBRILLO DEL CJON.		
Santa Catarina Ayotzingo	153	2-B
MEMBRILLO PRIV.		
Ejido Santa Cruz Xochitepec	136	2-C
El Tanque	108	6-A
MEMBRILLO PROL.		
Cerro del Judío	107	6-F
San Juan Xalpa	111	4-C
MEMBRILLO Y CDA.		
San Antonio	56	4-F
MEMBRILLOS		
Bosques de Morelos	30	4-C
Las Huertas	33	5-F
MEMBRILLOS DE LOS		
Chalco	141	1-B
Prados de San Mateo	68	3-E
MEMECALA		
San Miguel Xicalco	135	5-F
MEMETLA		
El Oasis de San Bernabé	120	1-F
Pueblo Nuevo Alto	121	2-A
Santiago Acahualtepec	112	2-F
MEMPHIS		
Clavería	70	6-B
MENA FRANCISCO C 1 2 3 Y 4		
U. H. Vicente Guerrero	111	1-F
MENA HERMILO		
Arenal	58	5-D
MENA PABLO		
Ejército de Ote. Z. Peñón	99	6-C
MENCHACA ABELARDO GRAL.		
Héroes de la Revolución	82	5-A
MENDALDE MARTIN		
Acacias	109	1-D
Del Valle	96	5-D
Del Valle	109	1-D
MENDELSSOHN		
Vallejo	71	6-B
MENDEZ ARTURO		
Constitución de 1917	111	2-D
MENDEZ BADILLO CANUTO PROFR.		
San Martín de las Pirámides	24	1-F
MENDEZ CONCEPCION		
Atenor Sala	97	2-A
MENDEZ DE CUENCA CDA.		
Educación	19	2-A
MENDEZ DE CUENCA LAURA		
Ex Ej. San Pablo Tepetlapa	110	6-F
Obrera	84	6-A
U. H. O. CTM Zona VII	110	6-F
MENDEZ ELEUTERIO		
La Conchita Zapotitlán	125	3-C
San Simón Ticumac	97	6-A
MENDEZ ELEUTERIO CJON.		
Churubusco	110	2-A
MENDEZ GRAL.		
Ampliación Daniel Garza	96	1-A
MENDEZ JUAN		
Ejército de Agua Prieta	99	6-A
Lomas de Totolco	101	2-A
Presidentes	95	5-D
MENDEZ JUAN N. GRAL.		
Lázaro Cárdenas	73	6-A
MENDEZ LEOPOLDO		
U.H. Emiliano Zapata ISSSTE	76	3-C
MENDEZ LUCIA		
San Miguel Teotongo	113	3-B
MENDEZ LUIS		
Renovación	111	1-E
U. H. Vicente Guerrero	111	1-E
MENDEZ M. 1A. CDA.		
Ampl. Miguel Hidalgo	121	5-F
MENDEZ MARCOS N.		
Santa Martha Acatitla	99	6-D
MENDEZ RIVAS		
Tultitlán	31	2-D
MENDEZ RODOLFO		
Ampl. Gabriel Hernández	71	1-F
MENDEZ TOMAS		
Compositores Mexicanos	45	6-A
MENDIETA JERONIMO DE		
Ciudad Satélite	69	2-A
MENDIETA LUIS E. C 1 2 Y 3		
U. H. Vicente Guerrero	111	1-F
MENDIETA VICENTE C 1 2 Y 3		
U. H. Vicente Guerrero	111	1-F
MENDIOLA VICENTE		
Ampliación Miguel Hidalgo	122	5-A
MENDIOLA VICENTE 1A. CDA.		
Barrio La Conchita	141	1-A
MENDIOLA VICENTE 2A. CDA.		
Barrio La Conchita	141	1-A
MENDIOLA VICENTE 3A. CDA.		
Barrio La Conchita	141	1-A
MENDIOLA VICENTE ARQ. BLVR.		
Chalco	141	1-A
La Bomba	141	1-A
MENDIOLAS		
Villa de las Flores	32	1-F
MENDIVIL J. M. GRAL.		
Daniel Garza	96	2-A
Observatorio	96	2-A
MENDIZABAL OTHON OTE. DE		
La Escalera	71	1-A
Torres de Lindavista	71	1-A
MENDIZABAL OTHON PTE. DE		
U. Vallejo La Patera	70	2-F
MENDIZABAL PABLO		
Ciudad Satélite	69	1-C
MENDOCINO		
Códice Mendocino	73	3-C
MENDOZA AMALIA		
Ampliación Emiliano Zapata	113	4-B
MENDOZA ANTONIO DE		
Lomas de Virreyes	82	6-F
MENDOZA CDA.		
Santiago Tepalcatlalpan	136	2-C
MENDOZA CIRO RT.		
U. H. Atzacoalco CTM	71	1-F
MENDOZA DE LOS Y PRIV.		
San Lorenzo Huipulco	123	3-A
MENDOZA FRANCISCO GRAL.		
La Esperanza	46	6-B
MENDOZA GRAL.		
Santiago Zapotitlán	125	2-C
MENDOZA GUILLERMO CDA.		
Pantitlán	85	6-E
MENDOZA IGNACIO		
Presidentes de México	111	4-E
MENDOZA IRMA PRIV.		
Pantitlán	98	1-E
MENDOZA JUAN		
Reforma Política	112	4-B
San José	125	5-F
MENDOZA JUANA V. G. DE		
Periodista	82	3-D
MENDOZA MANUEL PRIV.		
Coacalco de Berriozábal	32	4-F
MENDOZA MARCOS N.		
San Sebastián Tecoloxtitla	112	1-D
MENDOZA MIGUEL		
Merced Gómez	96	6-B
Mixcoac	96	6-B
MENDOZA NARCISO		
Ampliación Emiliano Zapata	42	2-E
Ampliación Miguel Hidalgo	121	5-F
Ampliación Miguel Hidalgo	121	6-F
Barrio La Asunción	125	6-E
Barrio Los Reyes	97	3-E
Barrio San Miguel	139	6-D
Barrio San Rafael Ticoman	58	6-C
Barrio Texcatitla	139	6-A
Buenavista	44	1-E
Buenavista	28	5-F
Ej. Santa María Aztahuacán	112	1-C
Emiliano Zapata	113	3-C
Gral. Manuel Avila Camacho	82	4-C
Héroes de la Independencia	58	6-F
José María Morelos y Pavón	47	6-C
Josefa Ortiz de Domínguez	97	4-A
La Concepción	121	3-C
La Conchita Zapotitlán	125	3-A
Libertad	31	6-E
Loma Bonita	100	6-A
Lomas de Totolco	101	2-A
Mártires de Río Blanco	82	3-A
Miguel Hidalgo	59	4-F
Papalotla	50	6-D
Paraje Zacatepec	112	2-D
Parque Industrial Tultitlán	31	1-E
Pueblo Nativitas	137	3-A
Pueblo San Miguel Ajusco	135	6-A
San Andrés Riva Palacio	62	5-D
San Francisco Tepojaco	29	3-F
San Gregorio Atlapulco	137	3-F
San José Zacatepec	136	4-D
San Juan	152	1-E
San Juan Ixhuatepec	58	6-F
San Mateo Chipiltepec	36	5-F
San Miguel Teotongo	113	4-A
San Miguel Tocuila	62	5-D
San Pablo de las Salinas	19	5-F
San Pablo de las Salinas	19	6-F
San Pedro Atzompa	21	3-D
San Pedro Atzompa	152	1-E
San Rafael Ticomán	58	6-C
Santiago Zapotitlán	125	3-A
Tecamachalco	113	1-E
Tlapacoya	127	1-E
Tultepec	19	3-C
Tultitlán	31	1-E
U. José Ma. Morelos y Pavón	20	4-B
Z. U. E. Ozumbilla	21	4-E
MENDOZA NARCISO 2A. CDA.		
Ampl. Miguel Hidalgo	121	5-F
MENDOZA NARCISO AND.		
José María Morelos	99	5-C
MENDOZA NARCISO AV.		
San Sebastián Xhala	18	2-B
MENDOZA NARCISO CDA.		
Pueblo San Miguel Ajusco	135	5-A
San Pedro Atzompa	21	3-D
San Pedro Atzompa	21	3-C
San Salvador Cuauhtenco	150	4-C
San Sebastián Xhala	18	2-B
MENDOZA NARCISO CJON.		
San Francisco Tlaltenco	125	3-D
MENDOZA NARCISO PRIV.		
Miguel Hidalgo	59	4-F
MENDOZA NARCISO PROL.		
Pueblo San Miguel Ajusco	135	6-A
Pueblo San Miguel Ajusco	135	5-A
San Pedro Zacatenco	58	6-C
MENDOZA NARCISO Y CDA.		
Ampliación Miguel Hidalgo	121	5-F
MENDOZA NARCISO Y CJON.		
Barrio San Miguel	139	6-D
MENDOZA NARCISO Y PRIV.		
Coacalco de Berriozábal	32	4-E
San Luis Tlatilco	82	1-B
MENDOZA P.		
Lomas de Capula	95	5-E
MENDOZA PEDRO		
Loma de la Palma	58	1-A
Lomas de Capula	95	5-E
MENDOZA PEDRO PROL.		
Las Golondrinas	95	5-E
MENDOZA PIOQUINTO		
Pueblo Tulyehualco	138	2-E

Calle / Colonia	PLANO	COORDENADAS
MENDOZA QUIRINO		
Las Palmas	95	5-E
Santiaguito	138	2-C
MENDOZA QUIRINO CDA.		
Las Animas	138	2-D
MENDOZA QUIRINO PROL.		
Los Cerrillos	138	4-D
MENDOZA SOFIA		
Los Cerrillos	138	3-D
MENESES		
Israel	100	3-C
MENESES A. C 1 2 Y 3		
U. H. Vicente Guerrero	111	2-F
MENESES CARLOS		
Ciudad Satélite	69	1-D
MENESES CARLOS J.		
Buenavista	83	3-F
Guerrero	83	3-F
MENGIBAR		
Cerro de la Estrella	111	6-C
MENORCA Y CDA.		
Lomas Estrella 1a. Secc.	111	6-A
MENSAJEROS		
Postal	97	3-A
MENTAS		
Villa de las Flores	32	1-F
MEONZA		
Del Mar	124	4-E
MERCADELA		
Ampl. San Miguel	43	2-B
Jardines de Morelos	47	1-E
Juan González Romero	72	2-A
Lomas de San Miguel	43	2-B
San José del Jaral	43	3-D
Torres del Potrero	108	5-A
MERCADERES		
Santa Cecilia	57	2-C
U. H. El Rosario	69	1-F
MERCADERES CDA.		
San José Insurgentes	109	1-C
MERCADERES Y CDA.		
San José Insurgentes	109	1-C
MERCADO		
Barrio Xaltocan	137	3-A
El Molinito	82	1-B
Guerrero	84	2-A
Pueblo Nativitas	137	3-A
MERCADO 1A. Y 2A. CDA.		
Estrella	71	5-D
MERCADO DEL		
La Quebrada	44	3-A
Pueblo San Lorenzo Tezonco	124	1-D
San Juan Joya	111	4-D
MERCADO DEL CJON.		
Olivar del Conde 1a. Secc.	95	6-E
MERCADO LA IND. Y 3 CDAS.		
Industrial	71	5-C
MERCADO REFUGIO M.		
U. Santa Cruz Meyehualco	112	2-A
MERCADO TOMAS		
Ciudad Satélite	56	6-B
MERCED CDA.		
Santo Tomás	83	2-D
MERCED DE LA		
San Mateo Ixtacalco	18	1-C
MERCED DE LA CDA.		
San Mateo Ixtacalco	18	2-C
MERCEDARIOS		
Francisco Villa	95	4-F
MERCEDES		
San Fernando	94	5-C
MERCEDES DE LAS PRIV.		
Pantitlán	98	1-D
MERCURIO		
Cuautitlán Izc. Ensueños	30	1-D
Chamacuero	43	3-D
El Mirador	110	4-F
Francisco Alvarez	114	6-C
Guerrero	84	2-A
La Estrella	59	6-F
La Olimpiada 68	81	3-C
La Sardaña	44	2-D
La Sideral	57	4-D
Las Rosas	56	4-E
Lomas de la Estancia	112	4-E
Media Luna	73	3-D
Nueva Industrial Vallejo	57	6-F
Pueblo Culhuacán	110	4-F
Reacomodo El Cuernito	95	5-F
San Antonio Zomeyucan	82	3-A
San Antonio Zomeyucan	82	2-A
San Juan Cerro	111	3-B
San Pablo Los Gallos	17	5-A
MERCURIO AND.		
La Olimpiada 68	81	3-C
MERCURIO CDA.		
Reacomodo El Cuernito	95	5-F
MERCURIO PRIV.		
Cuchilla Pantitlán	85	5-D
MERCURIO Y CDA.		
Chamacuero	43	2-E
Doce de Diciembre	111	5-A
Santa María Tomatlán	111	5-A
MERE DE LA FUENTE JOSE		
Xalpa	112	5-D
MERIDA		
Adolfo López Mateos	42	4-E
Adolfo López Mateos	42	3-E
Adolfo López Mateos	42	4-D
Jardines de Morelos	47	2-C
Jards. San Agustín 1a. Secc	100	4-C
Loma Bonita	21	5-D
Lomas de San Andrés Atenco	56	3-C
Lomas de Totolco	101	2-A
Peñón de los Baños	85	4-B
Roma	83	6-F
Roma Sur	83	6-F
San Sebastián Tecoloxtitla	112	1-D
Tecuezcomac	46	5-E
Valle Ceylán	57	4-C
Vergel de Guadalupe	72	5-E
MERIDA AV.		
Ampl. San Francisco	115	2-E
MERIDA PRIV.		
Pantitlán	85	6-E
MERIDA RT.		
San Pedro Zacatenco	71	2-D
MERIDA Y CDA.		
Miguel de la Madrid Hurtado	112	3-E
MERINO GABRIEL		
Francisco Sarabia	42	2-C
MERINO LINO CNEL.		
Juan Escutia	99	3-A
MERINO LINO CRNEL.		
Juan Escutia	98	2-E
MERINO RAFAEL		
San Sebastián Tecoloxtitla	112	1-D
MERINO RAFAEL CDA.		
San Sebastián Tecoloxtitla	99	6-D
San Sebastián Tecoloxtitla	112	1-D
MERO		
Del Mar	124	3-F
MESA DE LA		
Santa Ursula Xitla	122	5-C
MESA DE LA CDA.		
Santa Ursula Xitla	122	5-C
MESETA		
Ampliación Las Aguilas	108	2-E
Jardines de Morelos	48	1-A
Jardines del Pedregal	121	1-F
MESETA 201		
Magnolias 2000	20	6-B
MESETA 211		
Magnolias 2000	20	6-B
MESETA 221		
Magnolias 2000	20	6-B
MESETA 231		
Magnolias 2000	20	6-B
MESETA 241		
Magnolias 2000	20	6-B
MESETA DE LA		
Izcalli San Pablo	20	6-B
Jardines de San Pablo	20	6-B
Magnolias 2000	20	6-B
Parque San Pablo	20	6-B
Unidad Isidro Fabela	20	6-B
MESETA LA		
Lomas de Bellavista	55	6-F
MESETA SAN MARTIN		
Tlalmille	135	2-C
MESETA Y 4 CDAS.		
Ampliación Las Aguilas	108	3-E
MESITA 2A.		
La Carbonera	120	3-F
MESITA LA		
La Carbonera	120	3-F
MESITAS CDA.		
Las Mesitas	138	3-E
Nativitas	138	3-E
MESON		
Guadalupe San Marcos	128	2-D
Hacienda Ojo de Agua	21	4-B
Villas Estrella	21	4-B
MESONES		
Hacienda Ojo de Agua	21	4-D
MESONES CJON.		
Centro	84	5-C
MESONES Y 1ER. CJON.		
Centro	84	5-B
MESSINA		
Izcalli Pirámide	57	3-C
Lomas Estrella 2a. Secc.	111	6-A
METAL DEL		
U. H. Tlayacapa	107	2-F
METALURGICOS		
Ampliación El Triunfo	97	5-D
Trabajadores del Hierro	70	5-F
METALURGISTAS CIR.		
Ciudad Satélite	56	6-C
METATIOTOS		
Felipe Pescador	84	2-C
METEORO		
Ampl. Casa Blanca	111	4-D
Atizapán 2000	43	2-A
Media Luna	73	3-D
Potrero de la Luna	112	5-E
METEORO CDA.		
Alfredo V. Bonfil	81	4-E
METEPEC		
Altavilla	72	1-B
Ampl. Almárcigo	46	4-C
Barrio Orfebres	87	5-B
Cuautitlán Izc. Cumbria	30	2-D
El CEGOR	60	3-A
Industrial San Atoto	82	1-C
La Romana	57	3-B
La Sardaña	44	3-C
Lomas de Atizapán 1a. Secc.	55	2-F
Nueva San Juan Ixtacala	57	6-C
Sagitario V	73	3-C
U. San Esteban	82	1-C
METEPEC CDA.		
Buenavista	112	5-B
METEPETL		
Acozac	115	4-A
METRO		
Ampliación San Lorenzo	100	1-C
METROPOLITANA		
Bosque del Pedregal	121	6-B
San Andrés Totoltepec	135	3-D
Tierra Colorada	121	6-A
METZATLIXOCHITL		
Año de Juárez	137	3-B
Xochipilli	137	3-B
METZITLAN		
Ciudad Cuauhtémoc	34	2-F
MEXCALLATL		
Adolfo Ruiz Cortines	109	6-F
MEXCALLI		
Adolfo Ruiz Cortines	109	6-F
MEXI		
Pueblo de Axotlan	17	2-C
MEXICA		
Barrio Cesteros	87	3-E
Barrio Talladores	87	3-E
MEXICALI		
Hipódromo	96	1-D
Rufino Tamayo	46	6-E
Valle Ceylán	57	2-B
MEXICALTZINGO		
Ciudad Adolfo López Mateos	56	1-A
Cuautitlán Izc. Cumbria	30	2-D
Evolución	99	3-D
Metropolitana 3a. Secc.	99	3-D
MEXICALTZINGO CJON.		
Mexicaltzingo	110	1-D
MEXICANOS		
Arturo Martínez	95	4-E
Obrera	84	6-B
MEXICAS		
Ciudad Azteca	60	3-B
Culturas de México	127	6-E
Valle de Santiago	60	3-B
MEXICAS DE LOS		
Santa Cruz Acatlán	69	4-B
MEXICO		
Ampl. San Juan Tlalpizahuac	113	6-F
Atzacoalco	71	2-F
Barrio Los Angeles	151	4-D
Barrio Los Reyes	139	6-D
Barrio San Agustín	139	6-D
Barrio San Mateo	151	4-D
Barrio Santa Martha	151	4-D
Cocotitlán	141	4-D
El Chamizal	72	2-E
Héroes de Padierna	121	1-D
Jardines de Morelos	47	3-C
Jardines de San Agustín	100	4-C
México 86	43	3-A
Peñón de los Baños	85	4-B
San Francisco Acuexcomac	49	6-D
San Francisco Chilpan	31	6-C
San Juanico Acolman	23	6-E
San Lucas Xochimanca	136	4-E
Santa Teresa	121	1-D
Temamatla	154	2-D
Tenorios	112	5-D
Tlalpizahuac	113	6-F
Villa Milpa Alta	151	4-D
MEXICO 1968		
U. H. Olímpica	122	2-D
MEXICO 1A. CDA.		
San Francisco Chilpan	31	6-C
MEXICO 2 CDAS.		
Santa María Aztahuacán	112	2-C
MEXICO 2A. CDA.		
San Francisco Chilpan	31	6-C
Santa María Aztahuacán	112	2-C
MEXICO 68		
México 68	68	4-D
Olímpica Jajalpa	47	3-A
San Mateo Tlaltenango	107	4-C
San Pedro Barrientos	43	4-F
MEXICO 68 AV. Y AND.		
Las Peñitas	43	4-C
MEXICO 70		
Barros Sierra	121	1-B
San Luis Tlaxialtemalco	138	1-B
MEXICO 86		
Barrio Tlatel	101	1-E
Las Peñitas	43	4-C
MEXICO AND.		
Alvaro Obregón	99	5-B
MEXICO AV.		
Acamolpan	46	5-D
Ampl. Ftes. de Sn Cristóbal	47	3-A
Ampl. Raúl Romero Fuentes	99	2-A
Ampliación Tulpetlac	46	5-D
Ampliación Tulpetlac	46	5-E
Barrio La Planta	137	3-C
Barrio San Juan Evangelista	24	3-B
Barrio San Marcos	136	1-D
Barrio San Marcos	136	1-E
Barrio Transportistas	87	3-C
Bosques de Ixtacala	43	1-B
Bosques de la Colmena	42	1-C
Cacalote	107	1-A
Cuajimalpa	107	1-A
De la Nopalera	46	5-D
Del Parque	46	5-E
Des. Urbano Alvaro Obregón	95	5-D
Des. Urbano Alvaro Obregón	95	4-E
Ej. Santa María Aztahuacán	112	2-C
El Carmen	109	2-E
El Paraíso	99	4-B
El Tesoro	44	2-D
Guadalupe	121	2-C
Hipódromo	96	1-D
Huichapan	136	1-D
Huichapan	136	1-E
Ixtlahuacan	112	3-F
Jardines de Cerro Gordo	60	1-D
Jardines de Cerro Gordo	47	6-B
La Cruz	121	2-C
La Olímpica II	60	5-B
La Sardaña	44	2-D
Las Américas	69	5-B
Lomas de San Pablo	153	2-D
Lomas de la Era	107	6-F
Los Cedros	107	6-F
Manzanastitla	107	1-A
Mexicalco	46	5-D
México 68	68	4-D
México 86	81	2-B
México Nuevo	55	1-D
Nueva Rufino Tamayo	46	5-D
Nueva Rufino Tamayo	46	5-E
P. Santa María Tulpetlac	46	5-F
Pantitlán	98	1-D
Paraje Zacatepec	112	2-D
Progreso	109	4-A
Pueblo Aculco	97	6-F
Pueblo de Tepexpan	35	5-F
Puxtla	24	3-B
Raúl Romero	99	2-A
Renovación	47	3-A
San José Jajalpa	47	3-A
San Juan Teotihuacán	24	3-B
San Miguel Xicalco	135	5-E
San Miguel Xometla	36	2-F
San Pedro	107	1-A
San Sebastián Chimalpa	100	4-E
Santa Cruz Acalpixca	137	3-C
Santa Cruz Atoyac	96	6-E
Santa María Aztahuacán	112	2-C
Santa María Tulpetlac	46	5-E
Santa María Tulpetlac	47	6-A
Santa Teresa	121	2-C
Santiago Yanhuitlalpan	94	4-A
Tejomulco	137	4-B
Tezoyuca	49	4-C
Tulpetlac	46	5-E
U. H. Villa Xochimilco	136	1-D
Vergel de Guadalupe	72	5-E
Villa Coyoacán	109	2-E
Villa San Agustín Atlapulco	100	4-E
Viveros de Coyoacán	109	2-E
MEXICO AV. 1A. CDA. DE		
Dos Ríos	93	6-B
MEXICO AV. 2A. CDA. DE		
Dos Ríos	93	6-B
MEXICO AV. 3 PRIVS. Y CDA.		
Manzanastitla	107	1-A
MEXICO AV. 7A. CDA.		
Cuajimalpa	107	1-A
MEXICO AV. PROL.		
Manzanastitla	107	1-A
Santiago Yanhuitlalpan	94	4-A
MEXICO AV. PROL. 4A. CDA.		
Adolfo López Mateos	107	1-A
MEXICO AV. PROL. 7A. CDA.		
Cuajimalpa	107	1-A
MEXICO CDA.		
Barrio San Juan Evangelista	24	3-B
Cuajimalpa	107	2-A
San Gregorio Atlapulco	137	2-E
MEXICO CJON.		
Villa Milpa Alta	151	4-D
MEXICO COOPERATIVO		
México Nuevo	55	1-D
MEXICO COYOACAN AV.		
Gral. Pedro María Anaya	109	1-E
Portales	109	1-E
Santa Cruz Atoyac	109	1-E
Xoco	109	1-E
MEXICO INTERNACIONAL		
México 86	81	2-C
MEXICO LINDO		
Benito Juárez	99	1-F
MEXICO NORTE AV.		
Barrio Santa Martha	151	3-D
Villa Milpa Alta	151	3-D
MEXICO NUEVO		
Ixtapaluca	115	5-A
Lomas de Atizapán	55	1-F
México Nuevo	55	2-D
MEXICO NUEVO CJON.		
Pedregal de Atizapán	42	6-F
MEXICO ORIENTE AV. Y CDA.		
San Gregorio Atlapulco	137	2-F
MEXICO PONIENTE AV.		
San Gregorio Atlapulco	137	2-E
San Juan Minas	137	2-E
Santa María Tulpetlac	46	5-F
MEXICO PRIV.		
La Olímpica II	60	4-D
Santa María Tulpetlac	46	5-F
Tulpetlac	46	5-F
MEXICO PROL.		
Nueva Rufino Tamayo	46	5-D
MEXICO QUERIDO		
México 86	81	2-C
MEXICO SUR AV.		
Villa Milpa Alta	151	5-D
MEXICO TACUBA 1A. Y 2A. CDA.		
Anáhuac	83	3-D
MEXICO TACUBA 3A. CDA.		
Nextitla	83	1-C
MEXICO TACUBA CALZ.		
Agricultura	83	3-D
Anáhuac	83	3-D
Argentina Antigua	82	2-E
Argentina Poniente	82	2-E
Huichapan	83	3-D
Nextitla	83	3-D
Popotla	83	3-D
San Joaquín	82	2-E
Santo Tomás	83	3-D
Tacuba	83	3-D
Tlaxpana	83	3-D
Torreblanca	83	3-D
Un Hogar para Nosotros	83	3-D
MEXICO TACUBA PRIV.		
Huichapan	83	1-A
MEXICO XOCHIMILCO CALZ.		
AMSA	123	4-A
Arenal de Guadalupe	123	4-A
Ex Ejido de Huipulco	123	4-A
Guadalupita	123	4-A
MEXICO Y 2 CDA.		
Adolfo López Mateos	42	4-E
MEXILAMACO CDA.		
Cuautepec El Alto	58	2-B
Palmatitla	58	2-B
MEXOCHITL		
Xochipilli	137	3-B
MEXOLINA		
Plenitud	70	5-A
MEXTITLA Y CDA.		
Del Carmen	138	2-B
MEXTLI AV.		
Ciudad Cuauhtémoc	35	2-A
MEYEHUALCO CDA.		
Tenorios	112	5-D
MEYER LORENZO		
Chiconautla 3000	35	3-B
MEYERBEER		
Vallejo	71	6-B
MEZA GUADALUPE		
La Presita	31	6-A
MEZA GUILLERMO		
Campiña de Aragón	60	4-A
MEZALCO		
Ampliación San Sebastián	100	5-D
MEZCALA		
José de la Mora	127	1-C
MEZCALILLO		
Cruz del Farol	121	6-F
MEZQUITAL		
Valle Gómez	84	1-C
MEZQUITE		
Bosques de los Pinos	29	3-E
Ejidos de San Cristóbal	33	5-E
Hornos Santa Bárbara	127	1-E
Ignacio Allende	70	6-E
La Palma	56	1-F
Los Bordos	46	6-B
Occipaco	68	4-F
San Rafael	57	1-B
Santa Clara	59	3-E
Santa María Aztahuacán	112	2-C
U. INFONAVIT Iztacalco	97	5-F
Valle Verde	127	1-E
Victoria de las Democracias	70	6-E
MEZQUITE 2 PRIVS. Y CDA.		
Plan de Iguala	111	2-B
MEZQUITE CDA.		
Cumbres de San Mateo	68	2-E
MEZQUITE CJON.		
Santiago Atepetlac	57	5-E
MEZQUITE DEL CDA.		
Lomas de San Mateo	68	3-E
MEZQUITE EL		
San Pedro Xalostoc	59	3-B
Tolteca	50	6-F
MEZQUITE Y CDA.		
Cumbres de San Mateo	68	2-E
Lomas de San Mateo	68	2-E
MEZQUITE Y PRIV.		
Las Huertas	81	1-C
MEZQUITES		
El Molino	111	2-B
Occipaco	68	4-F
MEZTLI		
El Arenal 2a. Sección	85	5-E
La Magueyera	136	3-A
Santa Isabel Tola	71	2-E
MIAHUATL		
Barrio Mineros	87	4-E
Barrio Pescadores	87	4-E
MIAHUATLAN CDA.		
San Jerónimo Lídice	108	5-D
MIAMI		
Nápoles	96	3-C
MICA		
Lomas de Cantera	69	6-A
MICROS		
Avándaro	127	3-C
MICROS CDA.		
Francisco Zarco	97	5-A
MICTECACIHUATL		
Ciudad Cuauhtémoc	34	3-F
MICTLAN		
Barrio Parque del Tepeyac	71	2-E
Santa Isabel Tola	71	2-E
MICUANI		
Vista Hermosa	121	1-A
MICHEL PACO		
Compositores Mexicanos	45	6-A
MICHELET		
Anzures	83	5-D
MICHIN		
Barrio Vidrieros	87	4-C
Pedregal de Santo Domingo	109	5-E
MICHOACAN		
Ampl. Buenavista	44	4-C
Apolocalco	113	5-D
Barrio La Concepción	151	4-D
Barrio Los Angeles	151	4-D
Barrio San Agustín	151	4-D
Barrio Santa Cruz	151	4-D
Barrio Santa Martha	151	4-D
Batán Viejo	109	4-A
Constitución de 1917	59	4-B
Chalma de Guadalupe	57	2-F
Chalpa	46	6-D
Chiconcuac	49	6-F
Des. Urbano Alvaro Obregón	95	5-D
El Mirador	59	1-B
Granjas Valle de Guadalupe	59	5-F
Héroes de Padierna	121	1-D
Ixtlahuacan	112	3-F
Jacarandas	56	4-C
Jardines de Churubusco	97	5-F
La Joya	122	5-E
La Loma	31	6-D
La Providencia	72	4-D
Luis Echeverría	30	5-F
México Nuevo	55	1-E

Calle / Colonia	PLANO	COORDENADAS
Miguel Hidalgo	122	4-C
Peña Alta	138	5-F
Profr. Cristóbal Higuera	43	6-A
Pueblo Aculco	97	5-F
Purísima	98	6-F
Renovación	98	6-F
República Mexicana	32	5-E
San José Tecamac	22	2-B
San Martín	22	3-B
San Miguel Teotongo	113	3-B
Santa María Tulpetlac	46	6-F
Santa Teresa	121	1-D
Temamatla	154	3-D
Tezoyuca	49	4-B
Tlalpizahuac	113	6-F
Valentín Gómez Farías	108	1-C
Vergel de las Arboledas	43	6-B
Villa Milpa Alta	151	4-D
MICHOACAN 1A. CDA.		
Adolfo López Mateos	42	3-C
MICHOACAN AV.		
Ampl. San Francisco	115	2-F
Barrio San Miguel	98	6-C
Condesa	96	1-C
Guadalupe del Moral	98	6-C
Hipódromo	96	1-C
La Purísima	98	6-C
U. H. Margarita M de Juárez	98	6-C
MICHOACAN CDA.		
Miguel Hidalgo	122	4-C
Santa Teresa	121	1-D
MICHOACAN Y 1A. CDA.		
San José Tecamac	22	3-C
MICHOACAN Y 2 CDAS.		
Tultepec	19	4-A
MICHOACAN Y 2A. CDA.		
Adolfo López Mateos	42	3-D
MICHOACAN Y AND.		
Polvorilla	111	5-F
MICHOACAN Y CDA.		
Adolfo López Mateos	42	3-D
Miguel Hidalgo	122	4-C
Paraje Zacatepec	112	2-D
MICHOACAN Y PRIV.		
El Bramadero	42	1-A
MICHOACANA		
Ampliación Vicente Villada	99	3-E
Vicente Guerrero 1a. Secc.	28	6-E
Vicente Villada	99	3-E
MICHOACANA DE LA CDA.		
Barrio de Santo Tomás	70	4-C
MICHOACANA PRIV.		
Pantitlán	85	6-E
MICHOACANA Y CDA.		
Tlalpexco	58	2-C
MICHOACANOS		
Bonanza	95	4-E
MIDAS		
Ensueños	30	1-D
MIER ANA MARIA		
Del Valle	96	3-E
MIER Y PESADO		
Aragón	71	5-E
Del Valle	96	3-E
MIER Y TERAN MANUEL		
Vicente Guerrero	81	5-D
MIERES		
Cerro de la Estrella	111	6-C
MIESES		
Progreso del Sur	110	2-E
MIESES PROL.		
Valle del Sur	110	3-E
MIGUEL ANGEL		
Lomas de Bulevares	43	5-E
Miravalle	112	4-F
Mixcoac	96	6-B
Moderna	97	3-B
MIJAS		
Cerro de la Estrella	111	5-C
MIKONOS PRIV.		
Bosques de las Palmas	94	2-D
MIL CUMBRES		
La Cañada	82	2-B
Lindavista	114	6-C
Loma Bonita	57	1-C
Los Pirules	56	2-D
MIL CUMBRES AV.		
Lomas Altas	95	3-C
MILA CJON.		
Churubusco Country Club	110	2-A
MILAGRO DEL		
Barrio del Refugio	16	2-F
MILAN		
Juárez	83	5-F
Valle Dorado	56	2-E
MILAN AV.		
Izcalli Pirámide	57	3-C
MILANESES		
Victoria	96	4-A
MILANO		
Ampliación Tepeaca	108	1-C
Lago de Guadalupe	30	5-A
Mayorazgos del Bosque	56	1-C
Vergel de las Arboledas	43	6-B
MILFORD PRIV.		
Condado de Sayavedra	54	1-D
MILPA ALTA		
Guadalupe Victoria	33	6-C
Merced Gómez	108	1-F
MILPA ALTA CDA.		
Guadalupe Victoria	33	6-C
La Joya	33	6-C
MILPAS DE LAS		
Villas de la Hacienda	43	1-C
MILPILLAS		
Tlazala	100	4-F
MILTENCO CJON.		
Chiconcuac	49	6-D
MILTENCO Y 2 CDAS.		
Reforma Política	112	4-B
MILTENGO		
Lomas de Santa Cruz	112	4-B
MILTON		
Anzures	83	5-C
Nueva Anzures	83	5-C
MILTONGO		
San Francisco Tecoxpa	152	3-A
MILWAUKEE		
Ampliación Nápoles	96	4-C
MILLAN AGUSTIN		
Las Salinas	63	6-A
MILLAN AGUSTIN GRAL.		
Residencial Maravillas	69	6-D
MILLAN AGUSTIN GRAL. GOB.		
Granjas Valle de Guadalupe	59	6-D
MILLAN CEJUDO ENRIQUE		
U. H. San Rafael Coacalco	33	2-B
MILLAN FRANCISCO		
Alfredo del Mazo	127	1-D
MILLAN RAMOS AV.		
Américas Unidas	97	4-B
Del Periodista	97	4-B
Niños Héroes de Chapultepec	97	4-B
MILLET Y 2 CDAS.		
Insurgentes Extremadura	96	5-C
MILLONARIA		
Miraflores	42	2-F
MIMAS		
Hacienda de San Juan	123	3-A
MIMBRE		
Ampl. Minas Palacio	81	4-B
MIMBREÑOS		
Pedregal Santa Ursula Xitla	122	6-C
MIMOSA		
2a. Ampl. Stgo Acahualtepec	112	3-E
Agrícola Oriental	98	4-E
Ciudad Jardín	110	4-A
La Carbonera	120	3-F
Los Cedros	107	5-F
Olivar de los Padres	108	4-C
Prados de Ecatepec	20	3-A
San José del Jaral	43	2-D
MIMOSA CDA.		
Olivar de los Padres	108	4-B
San Francisco	107	5-E
MIMOSA PROL.		
La Angostura	108	5-C
MIMOSAS		
Abdías García Soto	107	3-B
El Contadero	107	3-B
Jardines de Atizapán	56	1-B
La Floresta	100	6-B
Las Tinajas	107	3-B
Lomas de San Mateo	68	3-E
Los Morales	18	4-B
Santa María Insurgentes	83	1-F
MIMOSAS Y 5 PRIVS.		
Villa de las Flores	32	1-F
MIMOSAS Y CDA.		
Pasteros	70	3-A
MINA		
Barrio San Miguel	98	6-C
Barrio San Miguel	111	2-B
Barrio de Capula	4	6-B
Barrio de Capula	4	6-C
Benito Juárez	44	1-D
Boca Barranca	59	1-B
Buenavista	83	3-F
Buenavista	31	6-D
Coanalán	36	6-D
Coatlinchán	89	2-C
El Carmen	58	3-B
El Manto	111	2-B
El Tanque	108	6-A
El Tesoro	44	2-D
Guerrero	83	3-F
Guerrero	84	3-A
Huixquilucan de Degollado	106	1-A
Independencia	28	4-E
Jesús Vela	111	2-B
Joyas de San Mateo	63	5-B
La Magdalena Contreras	121	3-B
La Malinche	108	6-B
Las Cruces	108	6-A
Los Reyes	113	1-C
Maquixco	23	3-F
Plan de Iguala	111	2-B
Primero de Septiembre	42	3-F
Pueblo San Bartolo Ameyalco	107	5-D
San Francisco Xicaltongo	97	3-D
San Lorenzo	81	2-D
San Lorenzo Acopilco	106	5-D
San Marcos Nepantla	23	5-B
San Mateo Tlaltenango	107	3-D
San Pablo	63	5-B
San Pablo Oztotepec	150	5-E
San Salvador Cuauhtenco	150	4-B
San Vicente Chicoloapan	88	6-E
Santiago Zacualuca	23	1-B
Tezoyuca	49	2-E
Villas de Teotihuacán	24	2-B
MINA Y CDA.		
Los Cerrillos	138	2-D
MINA 2 CJONES.		
Barrio San Miguel	111	2-B
MINA AV.		
Jardines de los Baez	47	1-C
MINA AVINO		
Lomas de Santo Domingo	96	3-A
MINA CDA.		
Coatlinchán	89	2-C
El Tanque	108	6-A
San Miguel Amantla	69	5-F
San Miguel Totolcingo	35	6-D
San Salvador Cuauhtenco	150	4-B
MINA CJON.		
Pueblo Coanalán	36	6-D
MINA DE 1R. CJON.		
Santa Cruz Meyehualco	112	3-B
MINA DE ANTIMONIO		
Palmas Axotitla	108	2-C
MINA DE AZUFRE		
Palmas Axotitla	108	2-B
MINA DE CJON.		
San Salvador Cuauhtenco	150	4-B
MINA DE COBRE		
Barrio Norte	95	5-F
Minas de Cristo	95	5-F
MINA DE DIAMANTES		
Palmas Axotitla	108	2-C
Tlacuitlapa	108	2-C
MINA DE LA		
San Miguel Totolcingo	35	6-D
Santa Cruz	35	5-E
MINA DE LA CJON.		
San Miguel Totolcingo	35	6-D
MINA DE PLATA		
Xalpa	112	3-D
MINA DE ZINC Y CDA.		
Palmas Axotitla	108	2-B
MINA DOLORES		
Real del Monte	95	3-F
MINA ETZATLAN		
Lomas de Santo Domingo	96	3-A
MINA FCO. JAVIER CJON.		
Barrio La Asunción	125	6-F
MINA FCO. JAVIER Y PRIV.		
San Lorenzo	57	3-A
MINA FRANCISCO		
Barrio Texcacoa	4	6-D
Colonial Tepotzotlán	4	6-D
MINA FRANCISCO J. 2 CJONES.		
San Francisco Tlaltenco	125	3-D
MINA FRANCISCO JAVIER		
Alfredo del Mazo	127	3-E
Barrio La Asunción	125	6-F
Barrio La Conchita	141	1-A
Barrio Los Reyes	139	5-D
Barrio Los Reyes	139	6-D
Barrio San Agustín	139	6-D
Barrio San Andrés	139	6-D
Barrio San Mateo	125	6-F
Barrio Santiago	141	1-A
Cerro del Marqués	127	6-B
Cinco de Mayo	22	2-A
Chalco Centro	141	1-A
Darío Martínez	113	6-F
Desarrollo U. Quetzalcóatl	112	3-B
Ej. Santa María Aztahuacán	112	2-B
El Carmen	109	2-E
El Rosal	121	2-A
Electra	56	5-E
Emiliano Zapata	127	1-C
Emiliano Zapata	42	1-E
Gustavo Baz Prada	57	1-C
Hank González	59	2-D
Héroes de la Independencia	59	2-F
Independencia	57	1-C
Ixtapaluca	115	6-B
Jalalpa	95	5-D
José María Morelos y Pavón	47	6-D
La Cebada	123	5-D
Loma Azul	56	2-D
Lomas de Chamapa	81	3-E
Los Cerrillos	138	2-D
Los Reyes Ixtacala	57	5-A
Margarita Maza de Juárez	43	3-C
Mártires de Río Blanco	81	3-F
Nicolás Romero	28	5-D
Nueva Aragón	73	1-D
Potrerillo	121	2-A
Pueblo San Miguel Ajusco	148	1-A
Pueblo Tepepan	123	6-C
San Antonio Tecomitl	152	1-A
San Felipe Ixtacala	57	6-D
San Felipe de Jesús	138	2-D
San Francisco Tlaltenco	125	3-D
San Gregorio Cuautzingo	141	1-D
San Juan Teotihuacán	24	3-C
San Mateo Tlaltenango	107	4-C
San Pedro Xalostoc	59	3-C
Santa Cruz Meyehualco	112	3-B
Santa Fe	95	5-B
Santiago Cuautlalpan	88	4-F
Santiago Norte	97	3-D
Santiago Tepalcapa	30	5-F
Tezoyuca	49	2-D
Xaltipac	100	1-B
MINA FRANCISCO JAVIER CDA.		
Los Cerrillos	138	2-D
Pueblo Tepepan	123	6-B
MINA FRANCISCO JAVIER CJON.		
Barrio La Asunción	125	6-E
Barrio San Mateo	125	6-F
San Salvador Cuauhtenco	150	3-B
Tezoyuca	49	2-D
MINA FRANCISCO JAVIER GRAL.		
Héroes de la Revolución	82	5-A
MINA FRANCISCO JAVIER PRIV.		
Barrio Texcacoa	4	6-D
MINA FRANCISCO JAVIER Y CDA.		
Emiliano Zapata	113	3-C
Santa Clara	59	3-D
MINA JAVIER		
Cinco de Mayo	43	4-A
Plan de Guadalupe Victoria	30	6-D
MINA JAVIER FCO. Y PRIV.		
San Pedro Xalpa	69	4-E
MINA JAVIER FRANCISCO		
La Conchita	152	1-C
MINA LA AV.		
La Mina	34	3-F
MINA LA MEXICANA		
U. H. Tlayacapa	107	1-F
MINA PROL.		
San Francisco Tepojaco	30	2-A
San Miguel Totolcingo	35	5-D
MINA PROVIDENCIA		
Real del Monte	96	3-A
MINA PURISIMA		
Real del Monte	95	3-F
MINA RICA		
Real del Monte	95	3-F
MINA SACRAMENTO		
Real del Monte	96	3-A
MINA XICHU		
Real del Monte	95	3-F
MINA Y CDA.		
Barrio San Juan Evangelista	24	3-B
Barrón Centro	41	1-F
San Francisco Tepojaco	30	2-A
San Mateo Tlaltenango	107	4-C
MINAS		
Carlos Hank González	101	6-B
La Presa	95	5-F
Lomas de Becerra	95	4-D
Panorámica	46	3-F
MINAS 3A. CDA.		
Tenorios	112	5-C
MINAS AV.		
Francisco Villa	95	5-F
La Presa	95	5-F
Las Golondrinas	95	5-F
Nicanor Arvide	95	5-F
U. H. Lomas de Becerra	95	5-F
MINAS CDA.		
Barrio San Juan Minas	137	2-D
Buenavista	112	4-B
Lomas de Capula	96	5-A
Nicanor Arvide	95	5-F
San Antonio Zomeyucan	82	2-A
Santa Lilia	82	2-A
Tenorios	112	5-D
MINAS CJON. Y CDA.		
Camino Real de Tetelpan	108	3-E
MINAS DE 1A. CDA.		
Barrio San Juan Minas	137	2-D
MINAS DE 3A. CDA.		
Francisco Villa	95	5-F
San Juan Minas	137	2-E
MINAS DE ARENA CALZ.		
Acueducto	96	3-A
Bellavista	96	3-A
Cove	96	3-A
MINAS DE CDA.		
Nicanor Arvide	95	5-F
MINAS DE CENTENO		
Crescencio Juárez Chavira	120	3-F
La Carbonera	120	3-F
MINAS DE CROMO		
Palmas Axotitla	108	2-C
MINAS DE LAS		
San Miguel Teotongo	113	3-B
MINAS DE LAS AV.		
Chamacuero	43	3-D
La Piedad	17	5-A
San Gabriel	43	3-D
Santa Rosa	101	1-E
MINAS DE MANGANESO		
Palmas Axotitla	108	2-C
MINAS DE ORO		
Xalpa	112	3-D
MINAS DE PLATINO Y CDA.		
Barrio Norte	95	5-F
MINAS LAS		
Las Peñitas	43	4-D
Lomas de Puerta Grande	108	2-C
Tenorios	112	5-D
MINAS LAS AV.		
2a. Ampl. Stgo Acahualtepec	112	3-E
Lomas de la Estancia	112	3-E
Palo Solo	94	1-D
Xalpa	112	3-E
MINAS LAS CDA.		
Altavista	100	6-F
MINAS LAS Y PRIV.		
Pilares Aguilas	108	2-F
MINAS PALACIO		
La Mora	81	3-D
MINAS PALACIO AV.		
Loma Linda	82	1-A
Los Cuartos	81	2-D
Nueva San Rafael	81	2-D
San Antonio Zomeyucan	82	1-A
San Luis Tlatilco	82	1-A
San Rafael Chamapa	81	2-D
San Rafael Chamapa Secc. II	81	2-D
Tabiqueras	81	2-D
MINAS PALACIO DE 2A. CJON.		
San Luis Tlatilco	81	2-F
MINAS PALACIO DIAG.		
San Rafael Chamapa	81	2-E
MINAS PALACIO RT.		
San Rafael Chamapa	81	2-E
MINAS PRIV.		
San Juan Minas	137	2-D
MINAS RAYAS		
San Pablo	112	4-F
MINATITLAN		
Reynosa Tamaulipas	70	3-C
Roma Sur	96	1-E
San Jerónimo Aculco	121	1-D
MINERAL		
Coanalán	36	6-D
La Cascada	96	6-A
MINERAL REAL DE LA PLATA		
Minas San Martín	81	4-B
MINERAL REAL DEL COBRE		
Minas San Martín	81	4-B
MINERAL Y CDA.		
Pueblo Coanalán	36	6-C
MINERIA		
Escandón	96	2-C
MINEROS		
Ampliación El Triunfo	97	5-D
Barrio Carpinteros	87	3-F
Morelos	84	3-D
Punta La Zanja	87	3-F
Real del Monte	95	3-F
San José Xalostoc	59	6-C
Trabajadores del Hierro	70	5-F
U. H. El Rosario	56	6-F
Unidad 2 IMSS Tlalnepantla	56	1-F
MINERVA		
Axotla	109	2-C
Crédito Constructor	109	2-C
Cuautitlán Izc. Ensueños	30	1-D
Florida	109	2-C
Izcalli Rinconada	20	6-B
La Olimpiada 68	81	3-C
Rinconada Coacalco	33	3-B
Santa María Maninalco	70	4-B
Villa Azcapotzalco	70	4-B
MINERVA 2 CDAS.		
Axotla	109	2-C
MINERVA AV. Y CDA.		
San Francisco Mazapa	24	3-F
MINERVA DE 1A. CDA.		
San Francisco Mazapa	24	3-F
MINERVA PRIV.		
Tultepec	19	4-B
MINILLAS		
Michoacana	84	2-D
MINIPANTLA		
Buenavista	112	4-B
Pedregal de Santo Domingo	109	6-E
MINNESOTA		
Nápoles	96	3-D
MINO		
Guadalupe	123	5-A
MINOS		
Cuautitlán Izc. Ensueños	30	1-D
MINOTAURO Y RT.		
Cuautitlán Izc. Ensueños	17	6-D
MINUTERO EL		
Novela Mexicana I	60	5-D
MINUTTI GUSTAVO		
Granjas Independencia III	73	2-B
MIQUIZTLI		
Ciudad Cuauhtémoc	34	2-E
MIRA ARROYO		
Cuautitlán Izc. Cumbria	30	2-C
MIRA AZUL		
Cuautitlán Izc. Cumbria	30	2-D
MIRA BOSQUES		
Cuautitlán Izc. Cumbria	30	3-D
MIRA CAÑADA		
Cuautitlán Izc. Cumbria	30	2-C
MIRA CIELO		
Cuautitlán Izc. Cumbria	30	2-D
MIRA DE LA CDA.		
La Nopalera	123	6-A
MIRA ESPUMA		
Cuautitlán Izc. Cumbria	30	2-D
MIRA ESTRELLA		
Cuautitlán Izc. Cumbria	30	2-D
MIRA FLOR		
Cuautitlán Izc. Cumbria	30	2-D
MIRA FLORES		
San Mateo Ixtacalco	18	2-C
MIRA HUERTO		
Cuautitlán Izc. Cumbria	30	2-C
MIRA LAGO		
Cuautitlán Izc. Cumbria	30	2-C
MIRA LIRIO		
Cuautitlán Izc. Cumbria	30	2-D
MIRA LOMA		
Cuautitlán Izc. Cumbria	30	2-D
MIRA LUNA		
Cuautitlán Izc. Cumbria	30	2-D
MIRA LLUVIA		
Cuautitlán Izc. Cumbria	30	3-D
MIRA MAR		
Cuautitlán Izc. Cumbria	30	2-D
MIRA MONTE		
Cuautitlán Izc. Cumbria	30	2-D
MIRA NUBE		
Cuautitlán Izc. Cumbria	30	2-D
MIRA RIOS		
Cuautitlán Izc. Cumbria	30	2-D
MIRA ROSA		
Cuautitlán Izc. Cumbria	30	2-D
MIRA VALLE		
Lomas de la Estancia	112	4-F
Miravalle	112	4-F
MIRA VALLE AV.		
Cuautitlán Izc. Cumbria	30	2-D
MIRA VEREDA		
Cuautitlán Izc. Cumbria	30	2-C
MIRABEL		
San Juan Cerro	111	3-B
MIRADOR		
Barrio de Chalma	137	4-F
Buenavista	112	5-B
El Carmen	58	3-C
El Mirador	136	1-C
El Mirador	110	4-F
El Mirador	123	2-F
El Rosal	121	1-A
Izcalli Ecatepec	46	3-E
José María Pino Suárez	96	3-A
La Nopalera	123	6-A
Las Huertas	68	6-D
Las Palmas	113	4-A
Lomas de Cuilotepec	121	6-C
Lomas de Totolco	101	3-A
Los Cerrillos	138	3-D
Mirador	115	2-E
Miravalle	112	4-F

Calle / Colonia	PLANO	COORDENADAS
Montañista	58	2-D
Rivera del Bosque	56	1-F
San Lorenzo	81	1-E
San Mateo Tecoloapan	43	4-D
San Miguel Teotongo	113	4-A
Villa San Lorenzo Chimalco	100	3-C
Xalpa	112	4-D
Xalpa	112	3-D
MIRADOR 1 Y CDA.		
El Divisadero	135	2-F
MIRADOR 1A. CDA.		
Ampliación Miguel Hidalgo	122	5-A
Juventud Unida	122	6-F
MIRADOR 2 Y CDA.		
El Divisadero	135	2-F
MIRADOR 2A. CDA.		
Ampliación Miguel Hidalgo	122	5-A
Juventud Unida	122	6-F
MIRADOR 3 Y CDA.		
El Divisadero	135	2-F
MIRADOR 3A. CDA.		
Ampl San Lorenzo Los Olivos	137	5-A
Ampliación Miguel Hidalgo	122	5-A
MIRADOR 4		
El Divisadero	135	2-F
MIRADOR 4A. CDA.		
Ampliación Miguel Hidalgo	122	5-A
MIRADOR 5A. CDA.		
Ampliación Miguel Hidalgo	122	5-A
MIRADOR 6A. CDA.		
Ampliación Miguel Hidalgo	122	5-A
MIRADOR AND.		
Las Cruces	108	6-A
MIRADOR AV.		
Las Peñitas	43	4-C
MIRADOR BUENAVISTA		
Paraje Tetecon	112	6-C
MIRADOR CDA.		
Buenavista	112	5-B
Ejidos de San Pedro Mártir	122	6-F
Las Peñitas	43	4-D
Pueblo Culhuacán	110	4-F
San Pedro Mártir	122	6-E
Santiago Acahualtepec	112	2-F
Xalpa	112	4-D
MIRADOR CHAPULTEPEC		
San Miguel Tocíac	148	2-F
San Miguel Topilejo	149	3-A
MIRADOR CHAPULTEPEC CONT.		
San Miguel Topilejo	149	3-A
MIRADOR DE 3A. CDA.		
Juventud Unida	123	6-A
MIRADOR DEL		
Molino de Santo Domingo	95	3-F
MIRADOR DEL AV Y CDA Y PRIV		
Lomas San Juan Ixhuatepec	71	1-E
MIRADOR DEL CDA.		
La Estadía	55	5-A
Lomas San Juan Ixhuatepec	71	1-E
MIRADOR DEL CJON.		
Cocotitlán	141	4-C
San Esteban Huitzilacasco	81	3-F
MIRADOR DEL PRIV.		
Lomas San Juan Ixhuatepec	71	1-E
MIRADOR DEL VALLE		
Izcalli Ecatepec	46	3-E
MIRADOR EL		
Adolfo López Mateos	107	1-B
Casa Blanca	41	3-F
Compositores Mexicanos	45	6-A
El Mirador	122	6-C
El Olivo	44	5-A
La Joya	31	6-D
La Palma	56	1-F
Los Cerrillos	138	3-C
Manzanastitla	107	1-B
San Juan Ticomán	58	5-C
Santiago Acahualtepec	112	2-F
Vista Hermosa	58	2-C
Vista Hermosa	4	4-B
MIRADOR EL 2 CDAS.		
El Mirador	137	5-A
MIRADOR EL Y 3 CDAS.		
Compositores Mexicanos	45	6-A
MIRADOR EL Y CDA.		
Ampliación Malacates	45	5-B
Malacates	45	5-B
MIRADOR II		
Las Peñitas	43	4-D
MIRADOR PRIV.		
Barrio Norte	95	5-F
Pedregal de Santa Ursula	122	6-C
Santiago Acahualtepec	112	2-F
Santiaguito	138	3-C
MIRADOR Y CDA.		
Torres del Potrero	108	5-A
MIRAFLOR		
El Divisadero	135	2-F
MIRAFLORES		
Ampl. Emiliano Zapata	42	2-E
Buenavista	112	4-B
El Divisadero	135	2-F
El Mirador	136	1-C
Fuego Nuevo	110	5-F
Industrial	71	6-C
Insurgentes San Borja	96	4-D
Lomas de San Miguel	43	2-B
Miravalle	110	1-B
Portales Oriente	110	1-B
San Lorenzo Huipulco	123	4-A
Z. U. E San Andrés Tomatlán	110	5-F
MIRAFLORES 1A. CDA.		
Joaquín López Negrete	18	1-C
MIRAFLORES CDA.		
Buenavista	112	5-B
MIRAFLORES CIR.		
Valle de las Flores	30	5-D
MIRAFLORES PRIV.		
San Pedro de los Pinos	96	4-B
MIRAFLORES PRIV. Y CDA.		
Joaquín López Negrete	18	1-C
MIRAFLORES PROL.		
Joaquín López Negrete	18	1-C
MIRAMAR		
El Divisadero	135	2-F
El Mirador	136	1-C
Miravalle	110	1-A
Xochiaca	87	6-D
MIRAMON M.		
Presidentes de México	111	5-E
MIRAMON MIGUEL		
Darío Martínez	113	6-F
Lomas de Totolco	101	2-A
MIRAMON MIGUEL GRAL.		
Estanzuela	71	3-E
Lázaro Cárdenas	73	5-A
Martín Carrera	71	3-E
MIRAMONTES		
Ciudad Cuauhtémoc	34	3-F
Emiliano Zapata	101	3-B
Lomas San Lorenzo	111	6-E
San Lucas Xochimanca	136	4-E
San Mateo Tecoloapan	43	4-C
Tepetongo	122	6-B
MIRAMONTES ARNULFO		
Santa Cecilia	125	5-E
MIRAMONTES CDA.		
San Lucas Xochimanca	136	4-E
MIRANDA		
Aragón	71	4-D
MIRANDA BENITO		
Insurgentes	111	4-F
Las Peñas	111	4-F
MIRANDA DONATO		
Adolfo López Mateos	85	5-D
MIRANDA F. DE P. DR.		
U. H. Lomas de Plateros	96	6-B
MIRANDA FLORENCIO		
Dieciseis de Septiembre	95	2-F
Estado de Hidalgo	95	2-F
Las Américas	95	2-F
MIRANDA FLORENCIO CDA.		
Dieciseis de Septiembre	95	2-F
MIRANDA FRANCISCO DE P. DR.		
U. H. Lomas de Plateros	108	1-F
MIRANDA PEDRO		
Doctores	97	1-A
MIRANDA RUIZ SARA		
Magisterial Vista Bella	56	5-B
MIRANDA SARA		
Ciudad Satélite	56	5-B
MIRANDESES		
Lomas de Becerra Granada	95	4-E
MIRASOL		
Ampliación El Tesoro	44	2-D
Ampliación Las Aguilas	108	3-D
Belén de las Flores	95	3-E
El Capulín	114	6-C
El Mirador	136	1-C
El Rosario	124	2-D
Francisco Villa	138	3-F
Hacienda de la Luz	43	1-C
Jardines de Chalco	140	2-D
La Aurora	17	5-B
Las Huertas	68	6-D
Lomas del Carmen	81	1-D
San Bartolo Ameyalco	108	5-B
San Clemente	108	3-D
San Francisco Chilpan	31	6-C
San José del Jaral	43	1-D
San Pedro Mártir	135	1-D
Santa Cruz Xochitepec	136	2-C
Villa de las Palmas	42	3-F
Xalpa	112	4-E
MIRASOL 3A. CDA.		
San Bartolo Ameyalco	108	5-B
MIRASOL 4A. CDA.		
San Bartolo Ameyalco	108	5-B
MIRASOL CDA.		
Canutillo	108	1-C
San José del Jaral	43	1-D
San José del Jaral	43	2-D
Valle de las Flores	30	5-D
Xalpa	112	4-D
MIRASOL PRIV.		
Canutillo	108	1-C
MIRASOL Y CJON.		
Copilco El Bajo	109	4-B
MIRASOLES		
Jardines de Santa Cruz	19	1-B
Los Cerrillos	138	3-D
Zona Industrial Tultepec	19	4-D
MIRASOLES CDA.		
Jardines de Santa Cruz	19	1-B
MIRASOLES Y 5 PRIVS.		
Villa de las Flores	32	2-F
MIRASOLILLO		
Xalpa	112	4-D
MIRAVALLE		
Albert	97	6-B
Ciudad Cuauhtémoc	34	4-F
Cocotitlán	141	4-D
La Candelaria Ticomán	58	5-B
La Estación	125	1-A
Lomas de Santiago Tepalcapa	30	6-E
Miravalle	97	6-B
Portales Oriente	97	6-B
San Francisco Chilpan	31	6-C
MIRAVALLE 2A. CDA.		
Ampliación Tepepan	136	1-C
MIRAVALLE CDA.		
San Andrés Totoltepec	135	3-E
MIRAVALLE PRIV.		
San Andrés Totoltepec	135	4-E
MIRAVALLE Y CDA.		
El Mirador	136	1-C
MIRELES Z. ROMULO LIC.		
Pantitlán	98	1-E
MIRLO		
Ciudad Cuauhtémoc	35	2-A
El Rosedal	109	3-F
La Cuevita	69	6-A
Las Arboledas	56	1-D
Minas del Coyote	81	3-B
Rinconada de Aragón	60	5-C
Sierra Nevada	69	6-A
Villas Ecatepec	47	1-C
MIRLO DEL		
Lomas Verdes	68	1-D
MIRLO JOSUE		
Ciudad Satélite	69	3-A
MIRLOS		
Granjas de Guadalupe	42	1-C
Izcalli Jardines	34	6-C
Jaime Torres Bodet	138	5-F
Las Alamedas	56	2-A
Las Golondrinas	95	5-E
Lomas de San Esteban	89	1-B
Lomas de San Esteban	76	6-B
Prados de Ecatepec	19	3-F
San Cristóbal Texcalucan	93	3-D
Valle Verde	44	3-C
Valle de Tules	44	3-C
MIRLOS Y CDA.		
Granjas de Guadalupe	42	2-C
MIRTO		
Ampliación Emiliano Zapata	127	2-C
Lomas de San Miguel	43	3-C
Santa María La Ribera	83	2-E
MIRTOS		
Jardines del Tepeyac	59	5-F
La Estrella	59	5-F
México 68	68	3-D
Villa de las Flores	32	1-F
MIRTOS CJON.		
Jardines del Alba	30	3-F
MIRTOS DE CDA.		
Granjas de Guadalupe	42	1-C
MIRTOS DE LOS RT.		
Jardín de la Florida	69	2-C
MIRZO JOSE		
La Venta	128	1-B
MISANTLA		
Roma Sur	96	2-F
San Jerónimo Aculco	121	1-C
U. H. CTM Culhuacán Zona V	110	5-D
MISERICORDIA		
Santa Cruz Atoyac	96	6-E
MISILES		
Lomas del Chamizal	94	4-F
MISION DE SAN AGUSTIN		
Las Misiones	69	3-A
MISION DE SAN FRANCISCO		
Las Misiones	68	3-F
MISION DE SAN JAVIER		
Las Misiones	69	3-A
MISION DE SAN JOSE		
Bulevares	69	3-A
Las Misiones	69	3-A
MISION DE SAN PABLO		
Las Misiones	68	3-F
MISION DE SAN VICENTE		
Las Misiones	69	2-A
MISION DE SANTA CRUZ		
Las Misiones	68	3-F
MISION DE SANTIAGO		
Las Misiones	69	3-A
MISION DE SANTO DOMINGO		
Las Misiones	68	3-F
MISION DE SANTO TOMAS		
Las Misiones	69	3-A
MISION LA		
Lomas de Santa Fe	95	4-B
MISIONEROS		
Centro	84	5-C
San Andrés Chiautla	63	2-A
MISIONEROS AV.		
Santa Cruz	21	6-D
MISIONEROS CIR.		
Ciudad Satélite	56	6-B
Ciudad Satélite	69	1-A
Ciudad Satélite	69	1-B
MISIONES BLVR.		
Ampl. Los Fresnos	68	3-F
Bulevares	69	2-B
Jardines de Bolevares	68	3-F
Las Misiones	68	3-F
Santiago Occipaco	68	3-F
Valle de San Mateo	68	3-F
MISIONES DE LAS CALZ.		
Hacienda Ojo de Agua	21	4-A
MISSISSIPPI		
Zapotecas	59	2-E
MISSOURI		
Nápoles	96	4-C
MISTERIO		
Esperanza	100	3-A
MISTERIOS		
Villa San Lorenzo Chimalco	100	2-C
MISTERIOS CALZ.		
Ex Hipódromo de Peralvillo	84	2-C
Ex Hipódromo de Peralvillo	84	1-C
Gustavo A. Madero	71	4-D
Industrial	71	4-D
Peralvillo	84	1-C
Tepeyac Insurgentes	71	4-D
Vallejo	71	4-D
MISTERIOS CD.		
Del Bosque	114	6-B
MISTERIOS DE LOS CALZ.		
Hacienda Ojo de Agua	21	4-D
MISTRAL GABRIELA		
Ricardo Flores Magón	4	5-C
Sideral	95	6-D
U. H. Margarita M de Juárez	95	6-D
Vicentina	95	6-D
Zona Escolar	57	3-F
MITLA		
Francisco I. Madero	41	3-F
Independencia	96	5-F
Letrán Valle	96	5-F
Narvarte	97	2-A
Narvarte	96	5-F
Vértiz Narvarte	96	5-F
MITLA Y 2 CDAS.		
Casas Viejas	57	4-D
MITRE BARTOLOME		
Ignacio Zaragoza	85	6-A
Valentín Gómez Farías	85	6-A
MITRE GENERAL CDA.		
Desarrollo U. Quetzalcóatl	112	6-B
MITUENSES		
Lomas de Becerra Granada	95	4-E
MIXCALCO		
Ampl. Gustavo Baz Prada	57	1-C
Ampliación Vicente Villada	99	3-D
Barrio Calyequita	138	2-E
Metropolitana 3a. Secc.	99	3-D
MIXCALCO CJON.		
Centro	84	4-C
MIXCALCO Y CJON.		
Centro	84	4-C
MIXCO PRIV.		
San Salvador Cuauhtenco	150	4-B
MIXCOAC		
Ampl. Estado de Hidalgo	108	1-B
Ampliación Vicente Villada	99	3-D
Merced Gómez	109	1-A
Metropolitana 3a. Secc.	99	3-D
MIXCOATL		
Ampliación Tepepan	136	1-C
Ciudad Cuauhtémoc	34	3-F
Mixcoatl	112	5-A
Rincón de los Reyes	100	6-D
Santa Isabel Tola	71	2-D
MIXES		
Culturas de México	127	6-E
Tezozómoc	70	3-A
MIXQUIAHUALA		
Los Reyes Tulpetlac	46	6-F
Santa María Tulpetlac	46	6-F
MIXQUIC		
La Estación	125	1-A
Pedregal de Santo Domingo	109	5-F
U. H. CTM Culhuacán Z. V	110	5-D
MIXQUIHUALCO Y CDA.		
Hank González	59	1-C
MIXQUITILA		
San Andrés Tetepilco	97	6-C
MIXTECA Y 3 CDAS.		
Tlacuitlapa	108	2-B
MIXTECAS		
Ajusco	122	1-E
Ajusco	109	6-F
Ciudad Azteca	60	3-B
Cuauhtémoc	57	2-D
Culturas de México	127	6-E
Degollado	112	6-A
Mixcoatl	112	5-A
MIXTECAS CJON.		
Ampl. La Candelaria	109	5-F
MIXTECAS LAS		
Benito Juárez	99	1-F
MIXTECAS PROL.		
Tlacuitlapa	108	2-B
MIXTECO		
Lomas de Totolco	101	2-A
MIXTECOS		
Ampl. Tepeximilpa Servimet	122	6-B
Degollado	112	6-A
Pedregal Santa Ursula Xitla	122	6-D
San Bartolo Tenayuca	57	5-E
Tlalcoligia	122	6-D
MIXTECOS DE LOS		
Santa Cruz Acatlán	69	4-A
MIXTEPEC		
Residencial Cafetales	123	1-F
MIXTIU		
Barrio Pescadores	87	3-E
MIXTLA		
Ciudad Cuauhtémoc	34	2-F
MIXTLE		
Barrio Jicareros	87	5-B
MIXTON		
San Miguel Amantla	69	5-F
MIXTON Y CDA.		
Pedregal de Santo Domingo	109	5-F
MIZQUIPAN		
Adolfo López Mateos	42	3-D
MIZTLI		
Pedregal de Santo Domingo	109	5-F
MOAÑA		
Cerro de la Estrella	111	6-C
MOBILE		
Tepopotla	108	1-A
MOCORITO		
Alvaro Obregón	97	1-D
MOCTECUHZOMA		
Ajusco	122	1-E
MOCTEZUMA		
Ahuehuetes	63	6-B
Ahuehuetes	58	3-C
Ampl. Buenavista	44	3-D
Ampliación Estrella del Sur	110	3-F
Ampliación Santa Bárbara	114	6-F
Aragón	71	5-E
Arenal	149	2-B
Barrio Santa María	22	4-D
Barrio Tenantitla	138	6-F
Barrio de Atizapán	56	1-B
Barrio de la Concepción	16	2-A
Benito Juárez	59	2-C
Cantera Puente de Piedra	122	3-E
Cerro del Tejolote	114	6-E
Ciudad Azteca	60	3-B
Coanalán	36	6-C
Corpus Christi	108	1-A
Cuadrante de San Francisco	109	3-E
Cuauhtémoc	57	2-D
Cuauhtémoc	22	3-A
Cuauhtémoc	59	6-B
Churubusco Tepeyac	71	4-B
El Arenal 1a. Sección	85	5-D
El Carmen	109	2-F
El Panorama	68	4-F
El Paraíso	99	5-B
El Rosal	121	2-A
El Tenayo	57	2-E
Estrella del Sur	110	3-F
Granjas Independencia III	73	1-B
Guerrero	84	3-A
Hueyotencotl	22	1-B
Huixquilucan de Degollado	106	1-B
Ixtlahuaca	107	4-D
Izcalli Nezahualcóyotl	100	4-B
La Estación	125	1-A
La Noria	123	6-C
La Pastora	58	5-B
La Teja	46	6-B
Las Palmas	121	2-A
Lomas de Chamapa	81	2-E
Lomas de San Pablo	153	2-D
Lomas de Santa Cruz	112	4-B
Lomas de Totolco	100	2-F
Manuel Romero de Terreros	109	3-E
Maravillas	85	6-F
México Independiente	73	1-B
Mixcoatl	111	5-F
Nueva Aragón	73	2-C
Plutarco Elías Calles	114	4-F
Pueblo Culhuacán	110	4-F
Pueblo Quieto	122	3-E
Rincón de los Reyes	100	6-D
San Andrés Ahuayucan	136	6-F
San Bartolo Tenayuca	57	4-D
San Francisco Chilpa	31	5-C
San Francisco Chilpan	31	6-C
San Francisco Tepojaco	29	3-F
San Gregorio Atlapulco	137	2-E
San Javier	57	4-B
San Juan Totoltepec	68	5-F
San Lorenzo Totolinga	81	1-E
San Miguel Topilejo	149	3-B
San Pablo Tepetlapa	110	6-B
San Pedro	63	6-B
San Pedro	76	1-B
San Pedro Atocpan	150	3-F
San Simón Culhuacán	110	4-F
San Vicente Chicoloapan	88	6-E
Santa Agueda	47	1-A
Santa Isabel Tola	71	2-E
Santa Isabel Tola	71	2-D
Santa Lucía	108	1-A
Santa María Aztahuacán	112	2-C
Santiago Acahualtepec	112	2-E
Tepexpan	36	5-A
Tepopotla	108	1-A
Tezoyuca	49	2-D
Toriello Guerra	122	3-E
U. Izcalli Santa Clara	73	2-C
Valle del Tepeyac	71	4-B
Xicalhuaca	137	2-C
MOCTEZUMA 1A. CDA.		
San Miguel Topilejo	149	3-B
MOCTEZUMA 2 CDA.		
Ampliación Tepepan	136	1-C
MOCTEZUMA 2 CDAS.		
Corpus Christi	108	2-A
Cuadrante de San Francisco	109	4-E
MOCTEZUMA 2A. CDA.		
San Miguel Topilejo	149	3-B
Santa Clara	59	3-C
MOCTEZUMA 2A. PRIV.		
Barrio San Miguel	111	1-B
MOCTEZUMA 3A. CDA.		
San Miguel Topilejo	149	3-B
MOCTEZUMA 4 CDAS. Y CJON.		
Barrio San Miguel	111	1-B
MOCTEZUMA 4 PRIVS.		
Barrio San Miguel	111	1-C
MOCTEZUMA 4A. CDA.		
San Miguel Topilejo	149	3-B
MOCTEZUMA 5 CJONES.		
Barrio San Miguel	111	1-C
MOCTEZUMA 5A. CDA.		
Santiago Acahualtepec	112	2-E
MOCTEZUMA 7A. CDA.		
Santiago Acahualtepec	112	2-E
MOCTEZUMA AV.		
Ciudad Cuauhtémoc	34	2-E
Xico	126	5-E
Xico	127	6-A
MOCTEZUMA AV. (TROJE)		
Xico	126	5-F
MOCTEZUMA CDA.		
Barrio Tenantitla	139	6-A
Guadalupe Victoria	33	6-C
La Habana	139	1-A
La Noria	136	1-C
La Urbana	57	3-D
Santa Clara	59	3-C
Santiago Acahualtepec	112	2-E
Tultepec	19	3-B
MOCTEZUMA CJON.		
Pueblo Nativitas	137	3-A
San Jerónimo	137	3-A
San Vicente Chicoloapan	88	6-E
Santa Clara	59	3-C
MOCTEZUMA DE CDA.		

Calle / Colonia	Plano	Coordenadas
Tepexpan	36	5-A
MOCTEZUMA II		
El Arenal 2a. Sección	85	5-E
El Arenal 3a. Sección	85	5-E
MOCTEZUMA MARIANO ING.		
Cuautitlán Izc. Atlanta	30	3-E
MOCTEZUMA NORTE		
San Gregorio Atlapulco	137	2-E
MOCTEZUMA ORIENTE RT.		
Cuadrante de San Francisco	109	4-E
MOCTEZUMA PRIV.		
Estrella del Sur	111	3-A
Santa Clara	59	3-C
MOCTEZUMA PROL.		
Arenal	149	2-B
San Miguel Topilejo	149	3-B
San Pedro Atocpan	150	4-F
Santa Rosa	101	1-E
Santiago Acahualtepec	112	2-E
MOCTEZUMA PROL. CDA.		
Barrio Tlatel	88	6-E
MOCTEZUMA RET.		
San Pedro	63	6-B
MOCTEZUMA RT.		
Villa Coyoacán	109	3-E
MOCTEZUMA SUR 49		
U. H. Jajalpa	47	3-B
MOCTEZUMA Y 3 CDAS.		
Las Peñitas	43	4-D
MOCTEZUMA Y CDA.		
Tultepec	19	3-B
MOCTEZUMA Y PRIV.		
Santa Clara	59	3-C
MOCHITLAN		
Barrio Pescadores	87	4-F
Chimalhuacán	87	4-F
MOCHUELO		
Lomas de Guadalupe	108	4-B
MODELO		
Industrial	71	4-C
MODENA		
Izcalli Pirámide	57	3-C
Residencial Acoxpa	123	2-D
MODENESES		
Isidro Fabela	95	4-F
MODERNA		
Pueblo Nuevo	63	2-B
San Andrés Chiautla	63	2-B
MODERNIZACION		
La Palma	59	1-D
MOGUER		
Cerro de la Estrella	111	5-C
MOHENO QUERIDO		
Ciudad Satélite	56	6-A
MOJARRA		
PROFOPEC Polígono 2	60	5-D
MOJICA JOSE		
La Forestal	45	6-B
MOLDEADORES		
Trabajadores del Hierro	70	5-F
MOLIERE AV.		
Ampl. Granada	82	4-F
Granada	82	4-F
Palmas Polanco	82	4-F
Polanco Chapultepec	82	4-F
Polanco Reforma	82	4-F
MOLIERE PROL.		
Ampl. Granada	83	3-A
MOLINA ANTONIO GRAL.		
Quince de Agosto	71	4-E
MOLINA EDUARDO CDA.		
Felipe Angeles	84	2-E
MOLINA EDUARDO ING. AV.		
Ampl. Emiliano Zapata	71	6-F
Ampl. Mártires Río Blanco	84	4-D
Ampl. Michoacana	84	4-D
Ampl. Penitenciaría	84	4-D
Ampl. San Juan de Aragón	71	6-F
Ampl. Veinte de Noviembre	84	4-D
Aragón Inguarán	71	6-F
Constitución de la Rep.	71	6-F
D. M. Nacional	72	2-A
Del Obrero	72	2-A
Diez de Mayo	84	4-D
El Parque	84	4-D
Escuela de Tiro	84	4-D
Faja de Oro	71	6-F
Felipe Angeles	84	4-D
Francisco I. Madero	84	4-D
Gertrudis Sánchez 1a. Secc.	71	6-F
Gertrudis Sánchez 2a. Secc.	71	6-F
Granjas Modernas	71	6-F
Juan González Romero	72	2-A
La Joya	84	4-D
Malinche	84	4-D
Michoacana	84	4-D
Morelos	84	4-D
Nueva Atzacoalco	72	2-A
Nueva Tenochtitlán	84	4-D
Penitenciaría	84	4-D
Salvador Díaz Mirón	71	6-F
San Pedro El Chico	71	6-F
Santa Coleta	71	6-F
Siete de Julio	84	4-D
U. H. El Coyol	72	2-A
U.H. José María Morelos I	72	2-A
Vasco de Quiroga	72	2-A
Veinte de Nov. 2o. Tramo	84	4-D
Veinte de Noviembre	84	4-D
Venustiano Carranza	84	4-D
MOLINA EDUARDO ING. CDA.		
Felipe Angeles	84	2-E
MOLINA EDUARDO ING. PRIV.		
Pantitlán	98	1-D
MOLINA ENRIQUEZ ANDRES		
Barrio de la Luz Alto	16	2-B
MOLINA ENRIQUEZ ANDRES AV.		
Ampl. Asturias	97	3-C
Ampl. Sinatel	110	1-C
Asturias	97	3-C
Barrio San Pedro	97	3-C
Los Reyes	113	1-C
Militar Marte	97	3-C
Nueva Santa Anita	97	3-C
Reforma Iztaccíhuatl Norte	97	3-C
Reforma Iztaccíhuatl Sur	97	3-C
SINATEL	110	1-C
San Andrés Tetepilco	97	3-C
Santiago Sur	97	3-C
Valle de los Reyes	113	1-C
Viaducto Piedad	97	3-C
MOLINA ENRIQUEZ ANDRES CDA.		
Reforma Iztaccíhuatl Norte	97	3-C
MOLINA ENRIQUEZ ANDRES PROL.		
Benito Juárez	59	3-C
MOLINA IGNACIO		
Jacarandas	111	4-F
MOLINA MAXIMO RT.		
U. H. Atzacoalco CTM	71	1-F
MOLINA PRIV.		
Chimalhuacán	87	6-F
MOLINA TIRSO DE		
Balcones de Ceguayo	108	1-B
MOLINEROS		
Azteca	84	4-E
MOLINITO		
Barrio El Molinito	107	1-C
MOLINITO CALZ.		
El Molinito	82	1-B
MOLINO		
Nextitla	83	1-D
MOLINO ARROCERO		
El Molino	124	3-E
MOLINO AV.		
El Molino	127	2-C
Tlapacoya	127	2-C
MOLINO CAFETERO		
Ex Hda Sn Nicolás Tolentino	124	3-E
MOLINO DE FLORES 1A Y 2A DE		
Santa María Chimalhuacán	88	4-A
MOLINO DE LAS FLORES		
Ciudad Alegre	88	4-B
MOLINO DE LAS FLORES 1A. DE		
Santa María Chimalhuacán	88	4-A
MOLINO DE LAS FLORES 2A. DE		
Santa María Chimalhuacán	88	4-A
MOLINO DE LAS FLORES HDA.		
Ex Hacienda del Pedregal	42	3-C
MOLINO DE LAS FLORES Y 3 RTS		
Jardines del Alba	30	3-F
MOLINO DE SANTO DOMINGO		
Lomas de Santo Domingo	96	3-A
Real del Monte	96	3-A
MOLINO DE VIENTO		
El Molino	124	3-E
MOLINO DEL		
Cumbres de San Mateo	68	2-E
MOLINO DEL AV.		
Jardines de la Hda. Sur	17	5-F
MOLINO DEL CDA.		
El Molino	127	3-D
Tlapacoya	127	2-C
MOLINO DEL REY CALZ.		
1a. Secc. Bosque de Chap.	83	6-B
MOLINO EL		
Fracc. Rancho El Molino	87	5-F
Residencial Villa Coapa	123	4-D
MOLINO EL 2A. CDA.		
Ampl. Emiliano Zapata	127	2-C
MOLINO EL AV.		
El Molino	127	3-D
MOLINO EL Y CDA.		
Ex Hda Sn Nicolás Tolentino	124	3-E
MOLINO EL Y PRIV.		
Chimalhuacán	87	6-F
MOLINOS		
Mixcoac	96	6-B
MOLINOS DE LOS		
Villas de la Hacienda	43	1-C
MOLINOS DE VIENTO		
La Mancha 1a. Secc.	81	5-D
La Mancha 2a. Secc.	81	5-D
MOLINOS DEL CAMPO GRAL.		
San Miguel Chapultepec	96	1-B
MOLOC		
Adolfo Ruiz Cortines	110	6-A
MOLOCH		
El Carmen	58	3-B
MOLOTE		
El Arenal 3a. Sección	85	5-E
MOLLENDO		
Lindavista	71	2-C
Lindavista	71	3-B
Residencial Zacatenco	71	2-C
MOMAX		
Casablanca	111	4-D
El Rodeo	111	4-D
MOMOLUCO		
Pedregal de Santo Domingo	109	4-D
MONACILLO EL		
Loma Bonita	114	6-C
MONACO		
María del Carmen	97	5-B
Zacahuitzco	97	5-B
MONASTERIO		
San Angel	109	3-B
MONASTERIOS DE LOS		
Lomas de la Herradura	94	1-E
MONCAYO JOSE PABLO		
U. Pedro Ojeda Paullada	73	3-A
MONCLOVA		
Roma Sur	96	2-E
MONDOVIES		
Isidro Fabela	95	4-F
MONDRAGON JORGE		
Parque del Metropolitano	45	5-B
MONDRAGON PRIV.		
Villa Coyoacán	109	3-E
MONEDA		
Centro	84	4-C
Hacienda Ojo de Agua	21	4-D
Metropolitana	99	3-B
Porfirio Díaz	99	3-B
Tlalpan	122	4-D
MONEDA AV.		
El Tesoro	44	2-D
MONEDITA DE ORO		
Ampliación Evolución	99	2-D
Benito Juárez	99	2-D
MONERA		
Lomas de Zaragoza	113	2-A
Los Angeles	88	5-F
MONERA DE LA CALZ.		
Barrio San Sebastián	138	2-F
Quiahuatla	138	2-F
MONERA LA		
San Vicente Chicoloapan	88	5-F
MONERA LA Y CDA.		
San Mateo Tlaltenango	107	4-C
MONGES LOPEZ RICARDO		
Educación	110	4-B
Petrolera Taxqueña	110	4-B
MONJAS DE LAS AV.		
Santa Cruz	21	6-D
MONJE CHUCHO		
Juventino Rosas	97	3-E
MONJE DEL		
Barrio San Martín	4	6-D
MONOSABIO		
Francisco Zarco	97	4-A
MONOXOLA PRIV.		
San Lucas Xochimanca	136	4-E
MONROE JAMES PDTE. AV.		
Ampliación Presidentes	95	5-D
MONROVIA		
Portales	97	6-A
MONROY ESTEBAN C 1 2 Y 3		
U. H. Vicente Guerrero	111	1-E
MONROY LUIS H.		
Ampl. Gabriel Hernández	71	2-F
MONROY PEREZ JUAN		
INFONAVIT COCEM I	31	5-D
MONSERRAT		
La Candelaria	110	4-A
Pueblo Los Reyes	110	4-A
Pueblo Los Reyes	109	5-F
Puente de Vigas	69	1-E
San José Puente de Vigas	69	1-E
MONSERRAT CDA.		
La Candelaria	110	4-A
MONSERRAT PRIV.		
Los Reyes	110	5-A
MONSERRAT Y CDA. Y PRIV.		
La Candelaria	109	5-F
MONSIVAIS CARLOS		
Chiconautla 3000	35	3-B
MONTANA		
Nápoles	96	3-D
MONTAÑA		
Jardines del Pedregal	122	1-A
Jardines del Pedregal	122	2-A
Jards. Pedregal de Sn Angel	122	2-A
MONTAÑA DE AMAYO		
Jardines en la Montaña	121	2-F
MONTAÑA DE ARAMO		
Jardines en la Montaña	122	3-A
MONTAÑA DE AUSEVA		
Jardines en la Montaña	121	2-F
MONTAÑA DE BALNERA		
Jardines en la Montaña	121	3-F
MONTAÑA DE CARAPUCA		
Jardines en la Montaña	121	3-F
MONTAÑA DE COMAYAGUA		
Jardines en la Montaña	122	2-A
MONTAÑA DE MONTERRICO		
Jardines en la Montaña	121	2-F
MONTAÑA DE OMOA		
Jardines en la Montaña	121	3-F
MONTAÑA DE PACAYA		
Jardines en la Montaña	122	2-A
MONTAÑA DE TIRIBICA		
Jardines en la Montaña	122	3-A
MONTAÑA DEL JURA		
Jardines en la Montaña	122	3-A
MONTAÑA DEL MANZANAL		
Buenavista	112	5-C
MONTAÑA LA		
Aurora	100	3-A
El Tanque	108	5-A
Lomas de Bellavista	55	6-F
Los Pastores	69	4-D
MONTAÑA ROCALLOSAS OTE. AV.		
Lomas Reforma	95	1-E
Lomas Virreyes	95	1-E
MONTAÑAS CALIZAS		
Lomas de Chapultepec	82	6-D
MONTAÑAS CDA.		
Pilares Aguilas	109	2-A
MONTAÑAS DE LAS AV.		
Cuautitlán Izc. Atlanta	30	3-D
MONTAÑAS ROCALLOSAS		
Lomas Verdes Sección IV	55	6-E
MONTAÑAS ROCALLOSAS AV.		
Lomas Reforma	95	1-D
Lomas de Virreyes	95	1-D
MONTAÑISTA BANJER		
Montañista	58	3-D
MONTAÑISTA CAUPOLICAN		
Montañista	58	2-D
MONTAÑISTA MEXICO		
La Presa Lázaro Cárdenas	58	4-D
MONTAÑISTA OMEGA		
La Presa Lázaro Cárdenas	58	4-C
MONTAÑISTA PUMAS		
Montañista	58	2-D
MONTAÑO OTILIO		
Acueducto	46	6-D
Alfredo V. Bonfil	81	4-E
Ej. Santa María Aztahuacán	112	1-C
Ejido San Agustín Atlapulco	100	5-B
Ejido San Agustín Atlapulco	100	4-C
Emiliano Zapata	127	1-C
Emiliano Zapata	81	2-D
Emiliano Zapata	127	1-C
La Conchita Zapotitlán	125	3-C
Las Peñas	111	4-F
Lomas de Santa Cruz	112	4-B
Nueva Ampl. Petrolera	69	5-F
Reforma "A" Sección 1	100	5-B
San Juan Tlalpizahuac	113	5-F
MONTAÑO OTILIO 1A. CDA.		
Ejido San Agustín Atlapulco	100	5-B
MONTAÑO OTILIO CDA.		
Ejido San Agustín Atlapulco	100	4-C
MONTAÑO OTILIO E.		
San Juan Ixhuatepec	58	6-F
MONTAÑO OTILIO E. GRAL.		
La Esperanza	46	6-B
MONTAÑO OTILIO E. Y PROL		
Izcalli Chamapa	81	4-C
MONTAÑO OTILIO GRAL. CDA.		
Magdalena Mixhuca	97	1-D
MONTAÑO OTILIO PROFR.		
Ej. Santa María Aztahuacán	112	1-B
MONTAÑO PRIV.		
Palmitas	112	4-C
MONTE A LA VENTA		
Lomas del Padre	106	3-F
MONTE ACONCAGUA		
Jardines de Morelos	34	6-F
Palmitas	112	4-C
Tecuautitlán	112	4-C
MONTE AJUSCO		
Balcones de la Herradura	94	1-E
Jardines de Morelos	34	6-F
Parque Residencial Coacalco	33	5-B
MONTE ALBAN		
Atenor Sala	96	3-F
Barrio Las Palomas	100	2-D
Ejido San Bartolo Coatepec	81	5-D
El Mirador	114	5-D
El Pedregal	81	6-D
El Rosario	138	4-E
Francisco I. Madero	41	3-F
Independencia	96	3-F
Jardines de Morelos	48	1-A
Jesús del Monte	107	1-B
Letrán Valle	96	3-F
Lomas de Montemaría	42	2-D
Narvarte	96	3-F
Olivar Santa María	138	3-E
San Lucas Xochimanca	136	4-E
Santiago Tepalcapa	30	6-F
Tecuescomac	46	3-F
U. H. CTM Culhuacán Zona V	110	5-D
Vértiz Narvarte	96	3-F
Xalpa	112	4-D
MONTE ALEGRE		
El Mirador	114	5-D
Jardines de Morelos	48	1-A
Jesús del Monte	107	1-B
Portales Oriente	110	1-B
Pueblo San Pablo Oztotepec	150	5-D
San Lucas Xochimanca	136	4-E
San Pablo Oztotepec	150	5-D
MONTE ALEGRE CDA.		
Pueblo San Bartolo Ameyalco	107	5-D
MONTE ALEGRE CJON.		
Barrio San Miguel	150	4-C
Barrio San Miguel	150	4-D
MONTE ALEGRE PROL.		
San Pablo Oztotepec	150	4-D
MONTE ALEGRE Y CDA.		
Pueblo San Bartolo Ameyalco	107	5-D
MONTE ALTO		
Ampl. Progreso Nacional	57	6-E
Balcones de la Herradura	94	1-E
Cinco de Febrero	28	6-F
El Rosario	138	4-E
Jardines de Morelos	48	1-A
Las Cruces	107	6-F
Parque Ind. Nezahualcóyotl	100	3-C
San Lucas Xochimanca	136	4-E
San Miguel Teotongo	113	4-A
MONTE ALTO CDA.		
Valle de los Pinos	56	3-D
MONTE ALTO DE 2A. CDA.		
Hidalgo	28	6-F
MONTE ALTO DE CDA.		
San Mateo Tecoloapan	43	4-C
MONTE ALTO PRIV.		
San Mateo Tecoloapan	43	4-C
MONTE ALTO Y 3A. CDA.		
Manzanastitla	107	1-B
MONTE AMARILLO		
Parque Residencial Coacalco	33	6-B
MONTE ANAPURNA		
Jardines de Morelos	35	6-A
MONTE ANTUCO		
Lomas Barrilaco Vertientes	82	6-C
Lomas de Chapultepec	82	6-C
Parque Residencial Coacalco	33	5-B
MONTE ARARAT		
Jardines de Morelos	48	1-A
Lomas Barrilaco Vertientes	82	6-C
Lomas de Chapultepec	82	6-C
Parque Residencial Coacalco	33	6-B
Parque Residencial Coacalco	33	5-B
MONTE ARARAT CDA.		
Lomas de Chapultepec	82	6-D
MONTE ATHOS		
Balcones de la Herradura	94	1-E
Jardines de Morelos	48	1-A
Lomas de Chapultepec	82	6-E
Parque Residencial Coacalco	33	6-B
MONTE AYACUCHO		
Jardines en la Montaña	122	3-A
MONTE AZUL		
Jesús del Monte	107	1-B
Parque Residencial Coacalco	33	5-B
MONTE BELLO		
Jardines de Morelos	35	6-A
San Lucas Xochimanca	136	4-E
MONTE BELLO Y 2 CDAS.		
Ixtlahuacan	112	4-F
MONTE BLANCO		
Jalalpa Tepito	95	6-B
Jardines de Morelos	48	1-A
Jesús del Monte	107	1-B
Lomas Reforma	95	1-D
Lomas Verdes Sección IV	55	6-E
Lomas de Chapultepec	95	1-D
Lomas de Chapultepec	82	6-E
Parque Residencial Coacalco	33	5-B
San Lucas Xochimanca	136	4-E
MONTE CALVARIO		
Cerro del Marqués	127	6-A
El Pedregal	81	6-D
El Rosario	138	4-E
Jardines de Morelos	35	6-A
San Lucas Xochimanca	136	4-E
MONTE CALVARIO 2A. CDA.		
San Lucas Xochimanca	136	4-E
MONTE CALVARIO CDA.		
Cerro del Marqués	127	6-A
MONTE CAMERUN		
Jardines de Morelos	48	1-A
MONTE CAMERUN Y CDA.		
Lomas Barrilaco Vertientes	82	5-E
MONTE CARMELO		
El Rosario	138	3-F
El Rosario	138	4-E
Jesús del Monte	107	1-B
San Lucas Xochimanca	136	4-E
MONTE CARMELO 4A. CDA.		
Olivar Santa María	138	3-F
MONTE CARMELO DE 3A. CDA.		
San Lucas Xochimanca	136	4-E
MONTE CARMELO PROL.		
El Rosario	138	4-E
MONTE CASINO		
Jardines de Morelos	48	1-A
Molino del Rey	82	6-F
Parque Residencial Coacalco	33	6-B
Parque Residencial Coacalco	33	5-A
San Pedro Mártir	135	1-E
MONTE CERVINO		
Jardines de Morelos	48	1-A
MONTE CIPRESES		
El Rosario	138	4-E
MONTE CITLALTEPETL		
Jardines de Morelos	47	1-F
MONTE COLORADO		
Parque Residencial Coacalco	33	6-B
MONTE COTOPAXI		
Jardines de Morelos	35	6-A
MONTE CRISTO		
Lomas de Montemaría	42	2-E
MONTE CRISTO Y 3 CDAS.		
Cuauhtémoc	108	6-B
MONTE CRUCES 2 CDAS.		
San Lucas Xochimanca	136	4-E
MONTE CRUCES CJON.		
San Lucas Xochimanca	136	4-E
MONTE CHIMBORAZO		
Jardines de Morelos	48	1-A
Lomas Barrilaco Vertientes	82	5-D
Lomas de Chapultepec	82	5-D
Parque Residencial Coacalco	33	6-B
MONTE DE AFAYAO		
Jardines en la Montaña	121	3-F
MONTE DE ANTISANA		
Jardines en la Montaña	122	3-A
MONTE DE ARIPO		
Jardines en la Montaña	122	3-A
MONTE DE FUNIAR		
Jardines en la Montaña	122	3-A
MONTE DE LA CRUZ		
Ejido San Bartolo Coatepec	81	5-F
MONTE DE LAS CRUCES		
Benito Juárez	41	1-F
Jesús del Monte	107	1-B
La Pradera	72	5-D
Lomas de la Estancia	112	4-E
San Lucas Xochimanca	136	4-E
MONTE DE LAS CRUCES 2A. CDA.		
El Tianguillo	106	6-E
MONTE DE LAS CRUCES 3A. CDA.		
El Tianguillo	106	6-D
MONTE DE LAS CRUCES AV.		
Cruz Blanca	106	6-D
Monte de las Cruces	106	6-E
MONTE DE LAS CRUCES PRIV.		
Benito Juárez	41	2-F
MONTE DE LOS OLIVOS		
Hank González	59	1-C
MONTE DE LOS OLIVOS AV.		
Villa San Lorenzo Chimalco	100	2-C
MONTE DE MARO		
Jardines de Morelos	48	1-A
MONTE DE PIEDAD		
Benito Juárez	99	3-C
Centro	84	4-B
Evolución	99	3-C
Metropolitana 2a. Secc.	99	3-C
MONTE DE SAJAMA		
Jardines en la Montaña	122	3-A

Calle / Colonia	Plano	Coordenadas
MONTE DE SUEVE		
Jardines en la Montaña	122	3-A
MONTE DE SULACO		
Jardines en la Montaña	122	3-A
MONTE DEL CDA.		
Amado Nervo	94	6-B
MONTE DEL JORULLO		
Jardines de Morelos	48	1-A
MONTE DUBA		
Parque Residencial Coacalco	33	6-A
MONTE EL		
Los Pastores	69	4-D
MONTE EL MISTI		
Jardines de Morelos	35	6-A
MONTE ELBRUS		
Jardines de Morelos	48	1-A
MONTE ELBRUZ		
El Mirador	114	5-D
Palmitas	82	5-F
Parque Residencial Coacalco	33	6-B
MONTE ENCINO		
Jesús del Monte	107	1-B
MONTE ETNA		
Jardines de Morelos	48	1-A
Parque Residencial Coacalco	33	6-B
MONTE EVEREST		
El Mirador	114	5-D
Jardines de Morelos	48	1-A
Loma Colorada	81	1-D
Lomas de Cuautepec	45	5-B
Lomas de Chapultepec	82	6-E
Los Volcanes	122	6-D
Parque Residencial Coacalco	33	6-B
Reforma Política	112	4-C
MONTE EVEREST Y CDA.		
Balcones de la Herradura	94	1-E
MONTE HERMON		
Lomas de Chapultepec	82	5-E
MONTE HUASCARAN		
Jardines de Morelos	35	6-A
MONTE HUILA		
Jardines de Morelos	34	6-F
MONTE ILLIMANI		
Jardines de Morelos	35	6-A
MONTE IQUIQUE		
Jardines en la Montaña	122	3-A
MONTE IRAZU		
Jardines de Morelos	48	1-A
Parque Residencial Coacalco	33	6-A
MONTE IRAZU CDA.		
Lomas Barrilaco Vertientes	82	5-E
MONTE IZTACCIHUATL		
Jardines de Morelos	35	6-A
MONTE JESUS DEL		
Jesús del Monte	94	6-B
MONTE JESUS DEL CDA.		
Jesús del Monte	94	6-B
MONTE JESUS DEL PRIV.		
Pueblo Cuajimalpa	107	2-B
MONTE KILIMANJARO		
Jardines de Morelos	35	6-A
MONTE LAS CRUCES		
Xalpa	106	6-C
MONTE LIBANO		
Arboledas Xalostoc	46	6-A
El Pedregal	81	6-D
Jardines de Morelos	48	1-A
Parque Residencial Coacalco	33	6-A
MONTE LIBANO AV.		
Bosque de las Lomas	82	6-D
Lomas Barrilaco	82	6-D
Lomas de Chapultepec	82	6-D
Lomas de Tecamachalco	82	6-D
MONTE MAKALU		
Reforma Política	112	4-C
MONTE MASLO		
Reforma Política	112	4-C
MONTE MCKINLEY		
Jardines de Morelos	35	6-A
MONTE MILAS		
Parque Residencial Coacalco	33	6-A
MONTE MINYA KONKA		
Jardines de Morelos	35	6-A
MONTE MIRAVALLE		
El Mirador	114	5-D
Jardines de Morelos	48	1-A
San Lucas Xochimanca	136	4-E
MONTE MORELOS		
San Lucas Xochimanca	136	4-E
MONTE NANGA PARBAT		
Jardines de Morelos	35	6-A
MONTE NARANJO		
Jesús del Monte	107	1-B
Parque Residencial Coacalco	33	6-A
MONTE NEGRO		
Parque Residencial Coacalco	33	5-B
MONTE OBSCURO		
Jalalpa Tepito	95	6-B
MONTE OJOS DEL SALADO		
Jardines de Morelos	35	6-A
MONTE OLIMPO		
Balcones de la Herradura	94	1-E
Jardines de Morelos	48	1-A
Lomas de Chapultepec	82	5-E
Parque Residencial Coacalco	33	6-B
MONTE OLIVO		
El Mirador	114	5-D
MONTE OSORNO		
Jardines de Morelos	34	6-F
MONTE PARICUTIN		
Jardines de Morelos	35	6-A
MONTE PARNASO		
Balcones de la Herradura	94	1-E
Jardines de Morelos	48	1-A
Jardines de Morelos	35	6-A
Lomas de Chapultepec	82	5-E
MONTE PELVOUX		
Jardines de Morelos	35	6-A
MONTE PICO DE ORIZABA		
Jardines de Morelos	34	6-F
MONTE PICHINCHA		
Lomas Reforma	95	3-C
Real de las Lomas	95	3-C
MONTE POPOCATEPETL		
Jardines de Morelos	35	6-A
MONTE REAL		
Jesús del Monte	107	1-B
Lomas de Montemaría	42	2-D
MONTE REY		
Ejido San Bartolo Coatepec	81	5-D
MONTE RICO		
Parque Residencial Coacalco	33	6-A
MONTE SALAS		
Jalalpa Tepito	95	6-B
MONTE SAN ELIAS		
Jardines de Morelos	35	6-A
MONTE SINAI		
Barrio de las Palomas	100	2-D
El Pedregal	81	6-D
Francisco I. Madero	41	3-F
Jardines de Morelos	48	1-A
Lomas de Chapultepec	82	5-E
Parque Residencial Coacalco	33	6-A
MONTE SOL		
Lomas de Montemaría	42	2-E
MONTE SOL AV.		
San Lorenzo	56	3-B
MONTE STANOVOI		
Lomas Barrilaco Vertientes	82	5-E
Lomas de Chapultepec	82	5-E
MONTE SUR		
Flores Magón	42	1-C
MONTE TABOR		
Lomas de Chapultepec	82	5-E
MONTE TAURO		
Parque Residencial Coacalco	33	6-B
MONTE TAURO Y CDA.		
Lomas de Chapultepec	82	6-E
MONTE TECLAMA Y CDA.		
Jesús del Monte	107	1-B
MONTE TLAXALA		
San Lucas Xochimanca	136	4-E
MONTE TLAXCALA		
San Lucas Xochimanca	136	4-E
MONTE VERDE		
Barrio de las Palomas	100	2-D
Villa San Lorenzo Chimalco	100	2-D
MONTE XITLE		
Jardines de Morelos	35	6-A
MONTEAGUDO CONSUELO		
Parque del Metropolitano	45	6-B
MONTEBELLO CDA.		
San Lucas Xochimanca	136	4-E
MONTEBLANCO		
Montañista	58	3-D
MONTECARLO		
Jardines de Morelos	35	6-A
MONTECARLO PRIV.		
Lomas Hipódromo	82	5-C
MONTECASINO		
Jesús del Monte	107	1-B
MONTECILLO JESUS DEL		
El Rancho	46	5-F
Nuevo Laredo	46	5-F
Santa María Tulpetlac	46	5-F
MONTECILLO JESUS DEL CDA.		
El Rancho	46	5-F
MONTECILLOS		
Tetecala	135	5-F
MONTECITO		
Nápoles	96	3-D
MONTECITO DEL		
Fuentes de Satélite	55	6-E
MONTECRISTO CJON.		
Barrio Santa Catarina	109	3-D
MONTEJO FRANCISCO DE		
Ciudad Satélite	69	2-C
MONTEMARIA		
Lomas de Montemaría	42	2-D
MONTEMAYOR DIEGO DE		
Ciudad Satélite	69	2-C
MONTEMORELOS		
Barrio Los Reyes	97	3-D
Jardines de Morelos	48	1-A
MONTEMORELOS 2 CDAS.		
San Lucas Xochimanca	136	4-E
MONTEMORELOS CDA.		
Pueblo San Mateo Xalpa	136	4-E
MONTENEGRO JOAQUIN		
Tultepec	19	4-B
MONTENEGRO ROBERTO		
U.H. Emiliano Zapata ISSSTE	76	3-C
MONTERDE GRAL.		
Jacarandas	111	4-F
MONTERDE MARIANO		
Darío Martínez	113	6-F
U. H. José María Morelos	30	2-F
MONTERDE MARIANO GRAL.		
América	95	2-F
Daniel Garza	96	2-A
MONTERILLA		
Santa Cecilia	57	2-C
MONTEROS FELIPE		
Paraje San Juan	111	3-C
MONTERREY		
Campestre del Lago	29	5-E
Emiliano Zapata	101	3-B
Ermita	108	4-F
Jardines de Morelos	47	3-C
La Mancha	81	5-D
Loma Bonita	21	5-D
Loma María Luisa	42	3-E
Lomas de San Andrés Atenco	56	3-C
Luis Echeverría	31	5-A
Miguel Hidalgo	151	4-C
Progreso	108	4-F
Roma Norte	83	6-E
Roma Sur	96	1-E
San Lorenzo Tlalmimilolpan	24	6-B
Santa Ma. Mag. Huichachitla	33	3-A
Tecuezcomac	46	5-E
Valle Ceylán	57	3-B
Vergel de Guadalupe	72	5-E
Villa San Agustín Atlapulco	100	3-D
MONTERREY AV.		
Ampl. San Francisco	115	1-F
Emiliano Zapata	152	2-D
MONTERREY PRIV.		
Las Villas	33	3-A
MONTERREY PROL.		
Pueblo Aculco	97	6-F
MONTERREY SUR		
Santa María Tulpetlac	46	6-F
MONTES ALPES		
Jardines de Morelos	35	6-A
MONTES ALTAI		
Jardines de Morelos	48	1-A
Lomas de Chapultepec	82	5-F
MONTES APALACHES		
Jardines de Morelos	48	1-A
Lomas Reforma	95	1-D
Lomas de Virreyes	95	1-D
MONTES APENINOS		
Lomas Verdes Sección IV	55	6-E
Lomas de Chapultepec	82	6-E
Selene	125	3-E
MONTES APENINOS Y RT.		
Jardines de Morelos	35	6-A
MONTES AUVERNIA AV.		
Lomas Altas	95	2-D
Lomas Reforma	95	2-D
Lomas Virreyes	95	2-D
Lomas de Chapultepec	95	2-D
MONTES AUVERNIA CDA.		
Lomas Virreyes	95	2-D
MONTES AV.		
Portales	110	1-B
Portales Oriente	110	1-B
MONTES CARPATOS		
Jardines de Morelos	48	1-A
Lomas Verdes Sección IV	55	6-F
Lomas de Chapultepec	95	1-E
Lomas de Virreyes	95	1-E
Parque Residencial Coacalco	33	5-B
Selene	125	3-E
MONTES CAUCASO		
Jardines de Morelos	48	1-A
Jardines de Morelos	35	6-A
Parque Residencial Coacalco	33	6-B
Parque Residencial Coacalco	33	5-B
Selene	125	3-F
MONTES CAUCASO AV.		
Loma Reforma	95	1-D
Lomas de Chapultepec	82	6-D
MONTES CAUCASO CDA.		
Tezontitla	125	3-F
Lomas de Chapultepec	82	5-E
MONTES CELESTES		
Jardines de Morelos	48	1-A
MONTES CELESTES CDA.		
Lomas de Chapultepec	82	5-F
MONTES CIPRESES		
San Juan Xalpa	111	5-B
U. H. Bilbao	111	5-B
MONTES CHEVIOT		
Jardines de Morelos	48	1-A
MONTES CHEVIOTS		
Lomas de Chapultepec	82	6-E
MONTES DE AUVERNIA		
Jardines de Morelos	48	1-A
MONTES DE LAS CORDILLERAS		
El Triángulo	125	4-E
Guadalupe Tlaltenco	125	4-E
Ojo de Agua	125	4-E
Selene	125	4-E
MONTES DE LOS CDA.		
Malinche	108	6-B
MONTES DE OCA		
Lomas del Cadete	81	4-D
San Juan Ixtayopan	139	4-A
Tultepec	19	3-A
MONTES DE OCA 1A. CDA.		
Pueblo San Miguel Ajusco	148	2-A
MONTES DE OCA 2A. CDA.		
Pueblo San Miguel Ajusco	148	2-A
MONTES DE OCA 3A. CDA.		
Pueblo San Miguel Ajusco	148	2-A
MONTES DE OCA 4A. CDA.		
Pueblo San Miguel Ajusco	148	2-A
MONTES DE OCA DR.		
Ciudad Adolfo López Mateos	56	1-A
MONTES DE OCA F. Y 2 CDAS.		
Arboledas de Cuautepec	58	1-C
MONTES DE OCA FDO. CADETE		
Militar Valle de Cuaut.	31	3-A
MONTES DE OCA FERNANDO		
Alfredo del Mazo	127	3-F
Ampl. Río Hondo	81	4-D
Ampl. San Miguel Xalostoc	72	1-C
Barrio Los Reyes	139	5-D
Barrio San Agustín	139	5-D
Benito Juárez	28	5-E
Ciudad Satélite	69	2-C
Guadalupe del Moral	98	6-C
Hank González	59	2-D
Hank González	59	1-D
Ind. San Nicolás Tlaxcolpan	56	2-F
Ind. San Nicolás Tlaxcolpan	57	1-A
Jesús del Monte	94	6-B
La Hera	111	4-F
Las Peñas	111	4-F
Libertad	29	2-A
Lomas de Chamapa	81	3-D
Lomas del Cadete	81	5-D
Miguel de la Madrid Hurtado	112	3-F
Nicolás Romero	28	5-E
Niños Héroes	138	4-B
Niños Héroes	138	3-B
Niños Héroes	63	6-A
Niños Héroes de Chapultepec	97	4-A
Paraje Zacatepec	112	1-D
Progreso	82	4-A
Pueblo San Miguel Ajusco	148	2-A
San Bartolomé Xicomulco	150	2-C
San Francisco Acuautla	115	3-E
San Francisco Tepojaco	29	2-A
San Gregorio Atlapulco	137	2-E
San Juan Ixtacala Ampl. Nte	57	5-D
San Pablo Xalpa	70	1-C
San Simón Ticumac	97	6-A
Unidad 2 IMSS Tlalnepantla	57	1-A
Z. U. E. Ozumbilla	21	5-E
MONTES DE OCA FERNANDO CDA.		
San Juan Ixtacala	57	5-C
MONTES DE OCA FERNANDO CJON.		
Villa San Lorenzo Chimalco	100	1-C
MONTES DE OCA FERNANDO PROL.		
Independencia	97	5-A
MONTES DE OCA FERNANDO Y CDA		
Condesa	96	1-C
Villa San Lorenzo Chimalco	100	2-C
MONTES DE OCA FRANCISCO		
Ixtlahuacan	113	3-A
San Miguel Teotongo	113	3-A
MONTES DE OCA LUIS		
Ciudad Satélite	69	2-A
MONTES DE OCA MIGUEL		
Lomas de Totolco	101	2-A
MONTES DE OCA PAZ		
Churubusco	110	2-A
MONTES DE OCA PAZ Y CDA.		
Gral. Pedro María Anaya	109	1-F
MONTES DE OCA PRIV.		
Paraje Zacatepec	112	1-D
MONTES ESCANDINAVOS		
Ampl. Arboledas de Cuaut.	45	6-C
Arboledas de Cuautepec	45	6-C
Jardines de Morelos	48	1-A
Lomas de Chapultepec	82	5-F
Parque Residencial Coacalco	33	5-B
MONTES EZEQUIEL		
1a. Ampl. Stgo Acahualtepec	112	2-E
Ciudad Satélite	69	1-A
Los Rosales	44	4-A
Santiago Acahualtepec	112	2-E
Tabacalera	83	4-F
MONTES FEDERICO		
Presidente Madero	69	3-F
MONTES GEMELOS		
Lomas de Totolco	101	2-A
MONTES GRAMPIANOS		
Lomas Barrilaco Vertientes	82	5-E
MONTES HIMALAYA		
Balcones de la Herradura	81	6-E
Jardines de Morelos	48	1-A
Lomas Verdes Sección IV	55	6-F
Lomas de Cuautepec	45	5-A
Lomas de Chapultepec	82	5-E
Parque Residencial Coacalco	33	5-B
MONTES LUPATA		
Lomas de Chapultepec	95	1-E
MONTES MIL CUMBRES		
Jardines de Morelos	35	6-A
MONTES PELVOUX		
Lomas de Chapultepec	82	5-F
MONTES PIRINEOS		
Jardines de Morelos	48	1-A
Lomas Verdes Sección IV	55	6-E
Selene	125	3-E
MONTES PIRINEOS AV.		
Lomas de Chapultepec	82	6-E
MONTES STANOVOY		
Jardines de Morelos	35	6-A
MONTES TAURO		
Jardines de Morelos	48	1-A
MONTES URALES		
Ampl. Arboledas de Cuaut.	45	6-C
Jardines de Morelos	48	1-A
La Candelaria Ticomán	58	5-B
Lomas Verdes Sección IV	55	6-E
San Juan Xalpa	111	5-B
U. H. Bilbao	111	5-B
MONTES URALES Y CDA.		
Lomas de Chapultepec	82	5-F
MONTESINOS		
La Mancha	81	5-D
MONTESINOS JOSE GRAL.		
Daniel Garza	96	1-A
MONTESQUIEU		
Ejido de Santiago Tepalcapa	43	4-B
MONTEVIDEO		
Las Américas	69	5-B
Lindavista	71	3-B
Lomas de Montemaría	42	2-D
San Bartolo Atepehuacán	71	3-B
Tepeyac Insurgentes	71	3-B
Valle Dorado	56	2-D
Valle del Tepeyac	71	3-B
MONTEVIDEO CDA.		
San Bartolo Atepehuacán	71	3-A
MONTIEL		
Lindavista	71	4-C
Tepeyac Insurgentes	71	4-C
MONTIEL ISIDRO		
Ciudad Satélite	69	1-A
MONTIEL JOSE MARIA		
San Martín de las Pirámides	24	1-F
MONTIEL JULIAN		
Obrera	84	6-B
MONTIEL TIBURCIO		
San Andrés Totoltepec	135	3-D
MONTIEL TIBURCIO GRAL.		
San Miguel Chapultepec	96	1-B
MONTOYA RAYMUNDO		
Benito Juárez	97	4-E
MONTPELLIER Y RT.		
Villa Verdún	107	4-F
MONTREAL		
Las Américas	69	5-B
Valle Dorado	56	2-D
MONUMENTO A LA RAZA		
Benito Juárez	99	3-B
Evolución	99	3-B
Metropolitana 2a. Secc.	99	3-B
MONUMENTO A LA REVOLUCION		
Benito Juárez	99	3-B
Evolución	99	3-B
Metropolitana 2a. Secc.	99	3-B
MONUMENTO A MANUEL M. PONCE		
Zona Escolar	58	4-A
MONZA		
Izcalli Pirámide	57	3-D
MONZON		
Cerro de la Estrella	111	6-C
MONZON 1A. DE		
Cerro de la Estrella	111	6-C
MONZON 2A. DE		
Cerro de la Estrella	111	6-C
MONZON 3A. DE		
Cerro de la Estrella	111	6-C
MONZON 4A. DE		
Cerro de la Estrella	111	6-C
MONZON LUIS G.		
Colonial Iztapalapa	111	2-F
Constitución de 1917	111	2-F
MOPANES		
Pedregal Santa Ursula Xitla	122	6-C
MORA		
Alamos	46	6-A
Ampl. Profr. C. Higuera	43	5-A
Las Huertas	81	2-C
Las Huertas	81	1-C
Los Bordos	46	6-A
Plutarco Elías Calles	114	5-F
San Bartolo Atepehuacán	71	3-A
San Gabriel	43	3-D
San José del Jaral	43	1-D
Tabla del Pozo	59	2-B
MORA CDA.		
Tierra Blanca	138	4-F
MORA DE		
Ejidos de San Pedro Mártir	122	6-F
La Nopalera	122	6-F
Valle de Tepepan	122	6-F
MORA DE LA		
Cuatliquixco	22	3-A
Las Granjas Acolman	36	5-B
San Miguel Xochimanga	43	5-D
MORA DE LA 1A. CDA.		
La Nopalera	122	6-F
MORA DE LA 2A. CDA.		
La Nopalera	122	6-F
MORA DE LA 3A. CDA.		
La Nopalera	122	6-F
MORA DE LA CDA.		
San Mateo Nopala Zona Sur	68	2-E
MORA DE LA CJON.		
Alamos	46	6-A
Independencia	28	4-D
MORA DE LA Y CDA.		
San Simón Culhuacán	110	4-F
MORA DR.		
Centro	84	4-A
MORA JOAQUIN A.		
Campiña de Aragón	60	3-A
MORA JOSE MARIA		
U. H. Ejército de Oriente	99	4-B
MORA JOSE MARIA LUIS		
Barrio San Bartolo	31	1-C
Ciudad Satélite	69	2-A
San Mateo	63	5-A
MORA LA		
Barrio Guadalupe	124	1-D
Barrio San Mateo Xoloc	16	1-F
Barrio del Refugio	16	2-F
Dos Ríos	93	6-B
Ejidos San Pedro Mártir	122	6-F
Rincón de la Bolsa	108	5-A
San Miguel Topilejo	149	3-B
Santa María Ozumbilla	21	4-F
MORA LA CDA.		
La Mora	56	6-E
MORA LA PROL.		
San Lorenzo Tlalmimilolpan	24	5-B
MORA LA Y CDA.		
Pueblo Coanalán	36	5-C
MORA LUIS		
Xocotlán	63	5-F
MORA LUIS DR.		
Chimalhuacán	87	4-F
MORA MIGUEL DE LA		
Ecatepec de Morelos	33	6-D
MORAL DEL		
Granjas Navidad	94	6-C
San José de los Cedros	94	6-C
San Martín	76	1-B
MORAL DEL 1A. CDA.		
Segunda del Moral	108	4-D
MORAL DEL 1R. CJON.		
Segunda del Moral	108	4-D
MORAL DEL 2A. CDA.		
Olivar de los Padres	108	4-B
MORAL DEL 2DO. CJON.		
Segunda del Moral	108	4-D
MORAL DEL Y 2 CDAS.		
Segunda del Moral	108	4-D
MORALES ATILANO		
U. H. El Risco CTM	71	1-F

Calle / Colonia	Plano	Coordenadas
San Gregorio Atlapulco	137	2-F
San Jerónimo Lídice	108	5-D
San Jerónimo Tepetlacalco	56	6-F
San José Aculco	97	5-F
San Juan Ixhuatepec	58	6-E
San Juan Ixtayopan	139	4-A
San Juan Tlalpizahuac	113	4-F
San Juan de Dios	63	6-A
San Juanito	63	6-A
San Martín de las Pirámides	24	2-F
San Mateo	63	6-A
San Mateo Chipiltepec	36	5-F
San Mateo Chipiltepec	36	6-F
San Mateo Xalpa	136	5-D
San Miguel Xicalco	135	4-E
San Pablo Atlazalpa	140	6-E
San Rafael Chamapa	81	2-D
Santa Bárbara	115	6-A
Santa Cruz Meyehualco	111	4-F
Santa Fe	95	4-B
Santa Lucía	108	2-A
Santa María Gpe. Las Torres	30	3-D
Santa Martha Acatitla Sur	99	5-C
Santiago Tepalcapa	31	5-A
Santiago Zapotitlán	125	3-B
Tecamachalco	113	1-E
Tizapán	108	4-F
Tlalpan	122	4-E
Torres del Potrero	108	5-A
U. H. José María Morelos	30	3-F
Vicente Guerrero	81	5-D
Xochiaca	87	6-C
MORELOS JOSE MARIA 1 CJON.		
San Mateo Tlaltenango	107	3-D
MORELOS JOSE MARIA 2A. CDA.		
Lomas de Zaragoza	112	2-F
San Mateo Tlaltenango	107	4-D
MORELOS JOSE MARIA 3 ANDS.		
Naucalpan de Juárez	69	6-B
MORELOS JOSE MARIA AV.		
Ampl. Ciudad de los Niños	69	6-A
Barrio El Rosario	136	1-F
Barrio San Pedro	136	1-F
El Torito	69	6-A
Ferrocarrilera Insurgentes	72	4-A
Lomas de Cantera	69	6-A
Naucalpan de Juárez	69	6-A
Parque Industrial Naucalpan	69	6-A
U. H. Eduardo Molina	72	4-A
U. H. LI Legislatura	72	4-A
MORELOS JOSE MARIA CDA.		
Barrio Niño Jesús	122	4-E
Ejido Axotlan	29	4-A
San Francisco Xicaltongo	97	3-D
San Juan Tlalpizahuac	113	5-F
Tecuentitla	147	2-E
MORELOS JOSE MARIA PRIV.		
José María Morelos y Pavón	47	6-C
MORELOS JOSE MARIA PROL.		
Barrio San Isidro	138	2-E
Quiahuatla	138	1-E
MORELOS JOSE MARIA Y 2 CDAS.		
San Mateo Tlaltenango	107	3-D
MORELOS JOSE MARIA Y 2 PRIVS		
Santa Cruz Xochitepec	136	2-C
MORELOS JOSE MARIA Y 6 CDAS.		
B. San Antonio Culhuacán	110	4-E
MORELOS JOSE MARIA Y CDA.		
Arriaga	69	1-D
Hank González	59	1-C
Pueblo San Bartolo Ameyalco	107	5-D
San Lorenzo Atemoaya	136	3-F
Xalpa	112	4-C
MORELOS JOSE MARIA Y CJON.		
San Francisco Tlaltenco	125	3-D
MORELOS JOSE MARIA Y PRIV.		
Ampliación Independencia	57	1-C
Barrio San Mateo	125	6-F
Gustavo Baz Prada	57	1-C
Independencia	57	1-C
MORELOS JOSE MARIA Y PROL.		
Lomas de Chamapa	81	2-E
MORELOS JOS MARIA		
San José Buenavista	112	5-B
MORELOS MANUEL		
José María Morelos y Pavón	47	6-D
MORELOS MANUEL AV.		
El Potrero CTM 19	33	2-B
U. José Ma. Morelos y Pavón	33	2-B
MORELOS NICOLAS		
El Potrero CTM 19	33	2-B
U. José Ma. Morelos y Pavón	33	2-B
MORELOS NORTE AV.		
Guadalupe Coatzochico	46	5-F
Santa María Tulpetlac	46	5-F
MORELOS OTE. AV.		
Guadalupe Victoria	33	5-C
MORELOS PRIV.		
Ampliación Miguel Hidalgo	122	5-B
Ejido San Mateo Cuautepec	31	5-F
Lomas Estrella 2a. Secc.	111	6-A
Nueva Ampl. Petrolera	69	4-F
Pantitlán	85	6-E
Pantitlán	98	1-D
Pueblo Santa Cruz Acalpixca	137	2-C
San Andrés	70	3-C
San Gregorio Atlapulco	137	3-F
San Miguel Amantla	69	5-F
San Miguel Amantla	69	5-E
Santa María Tianguistengo	16	3-F
MORELOS PROL.		
Ampl. La Rivera	68	6-F
Ampliación Los Reyes	113	2-B
Barrio La Concepción	151	5-E
Barrio Xochitepec	152	1-A
Bellavista	59	2-D
Buenavista	112	5-B
Coacalco de Berriozábal	32	3-D
El Torito	69	6-A
La Rivera	68	6-F
Lomas Estrella 2a. Secc.	111	6-A
Lomas de Chamapa	81	3-D
Papalotla	50	6-D
San Miguel Topilejo	149	3-A
Tecoentitla	147	2-E
Tecuentitla	147	2-E
MORELOS PROL. AV.		
La Rivera	68	6-F
MORELOS PROL. AV. Y CDA.		
Ecatepec de Morelos	47	2-A
MORELOS SUR		
San Andrés Totoltepec	135	3-D
MORELOS Y 2 CDAS.		
B. San Antonio Culhuacán	110	3-E
Santa Martha Acatitla	112	1-D
Venustiano Carranza	70	1-E
MORELOS Y 3 CDAS.		
Miguel Hidalgo	59	4-F
MORELOS Y CDA.		
Chalma de Guadalupe	57	2-F
Los Reyes Culhuacán	110	3-E
San Miguel Amantla	69	5-F
Santa Cruz Meyehualco	112	4-A
Tulantongo	63	4-B
MORELOS Y P. J. M. Y 11 CDAS		
Lomas San Juan Ixhuatepec	58	6-E
MORELOS Y PAVON J. MA. CDA.		
Jesús del Monte	94	6-B
MORELOS Y PAVON JOSE MA GRAL		
Héroes de la Revolución	82	5-A
MORELOS Y PAVON JOSE MARIA		
Cocotitlán	141	4-D
Covadonga	127	5-D
Ecatepec de Morelos	33	6-E
Emiliano Zapata	113	3-C
Emiliano Zapata 2a. Secc.	72	1-E
Jardines de San Gabriel	59	5-E
La Conchita Zapotitlán	125	4-B
Loma Bonita	100	6-A
Los Cuartos	81	3-C
Luis Donaldo Colosio	33	3-E
Melchor Múzquiz	73	1-B
Nueva Aragón	73	1-C
Paraje Zacatepec	112	1-D
Popular	59	5-E
Radiofaro Totolcingo	35	6-D
San Juan Ticomán	58	5-C
San Juan y San P. Tezompa	152	1-E
San Lucas Patoni	57	4-E
San Lucas Tepetlacalco	56	6-C
San Miguel Teotongo	113	4-A
Santo Tomás Ajusco	147	1-F
Torres del Potrero	108	5-B
Vicente Guerrero	59	6-E
MORELOS Y PRIV.		
Ciudad Cuauhtémoc	34	3-E
El Carmen	109	2-F
Santa Cruz Meyehualco	112	4-A
Santa Ursula Coapa	123	2-B
Santo Tomás Chiconautla	34	3-E
MORELOS Y PRIV. Y CDA.		
La Tolva	81	3-F
MORELOS Y PROL.		
Barrio de Capula	4	6-B
MORENA		
Del Valle	96	2-E
Narvarte	96	2-E
MORENA LA		
Santa Fe	95	5-B
MORENA LA CDA.		
San Andrés de las Salinas	70	3-F
MORENITA		
Aurora	100	2-A
MORENO		
San Luis Huexotla	76	4-C
MORENO A.		
Diez de Abril	69	4-D
MORENO BRUNO (C. 37)		
U. Santa Cruz Meyehualco	112	3-A
MORENO ESPIRIDION		
Constitución de la Rep.	71	4-F
MORENO FERNANDO		
Constituyentes de 1917	94	1-D
MORENO FERNANDO (C. 21)		
U. Santa Cruz Meyehualco	112	3-B
MORENO FRANCISCO		
San Juan Ticomán	58	5-C
MORENO FRANCISCO Y CDA.		
Gustavo A. Madero	71	4-E
Vallejo Poniente	71	6-A
MORENO HECTOR		
Josefa Ortiz de Domínguez	60	2-B
MORENO HERMANAS		
Carmen Serdán	110	6-F
MORENO HERNANDEZ JUAN		
Consejo Agrarista Mexicano	111	5-E
MORENO IGNACIO		
Las Peñas	111	4-F
MORENO MARIO		
El Carmen	138	2-C
Jorge Negrete	58	4-A
Villa San Lorenzo Chimalco	100	2-C
MORENO MARIO CANTINFLAS		
Ampliación Emiliano Zapata	113	4-B
San Miguel Teotongo	113	4-B
MORENO MARIO DE 1A. CDA.		
Los Cerrillos	138	2-C
MORENO MARIO DE 2A. CDA.		
Los Cerrillos	138	2-C
MORENO MARIO PROL.		
Ampliación Emiliano Zapata	113	4-C
MORENO MARIO Y CDA. Y PRIV.		
Hogar y Redención	95	6-E
MORENO PABLO PROFR.		
Ampl. Gabriel Hernández	71	2-F
MORENO PEDRO		
Ampl. Emiliano Zapata	42	2-E
Benito Juárez	44	1-E
Buenavista	83	3-F
Buenavista	44	1-E
Cerro del Marqués	127	6-C
Coacalco de Berriozábal	32	4-F
Cuchilla Cerro del Marqués	127	6-C
Ecatepec de Morelos	46	2-F
Ejido San Juan Tlihuaca	42	3-B
Emiliano Zapata	42	3-B
Guerrero	83	3-F
Hidalgo	28	6-D
Jalalpa	95	5-D
Las Salinas	63	6-A
Lomas de Chamapa	81	3-E
Lomas de Chamapa	81	3-D
Palmillas	113	5-B
Pueblo San Miguel Ajusco	147	1-F
Res. Villas de San Pedro	28	6-D
San José de los Leones	81	3-E
San Martín Tepetlixpan	31	6-A
Santa María Xalostoc	59	5-D
Santo Tomás Ajusco	147	1-F
Tecoentitla	147	1-F
Tepeyac Insurgentes	71	4-D
Tultitlán	31	2-D
MORENO PEDRO CDA.		
La Hera	111	4-F
MORENO PEDRO CJON.		
San Rafael Chamapa	81	3-D
MORENO PEDRO INSURGENTE		
Ampl. San Miguel Xalostoc	72	1-C
Ampl. Santa María Xalostoc	59	6-D
Cardenal San José	59	6-D
El Salado	59	6-D
Industrial Xalostoc	59	6-D
Rústica Xalostoc	59	6-D
San José Xalostoc	72	1-C
Viveros Xalostoc	59	6-D
MORENO PEDRO PRIV.		
Tecuentitla	147	2-E
MORENO SALIDO JOSE		
Barrio Barranca Seca	121	2-B
La Magdalena Contreras	121	2-B
MORENO TAPIA		
Constituyentes de 1917	94	1-D
MORENZIO LUCAS		
Miguel Hidalgo	125	3-A
MORERAS		
Ampliación San Marcos Norte	123	6-E
Clavería	70	6-C
Jalalpa Tepito	95	6-B
Villa de las Flores	32	2-F
MORERAS DE LAS		
Lomas de San Mateo	68	4-E
MORFIN EMILIO		
Ecatepec de Morelos	33	6-D
MORINAU OSCAR		
Paseo de las Lomas	107	1-E
MORINEAU OSCAR		
Paseo de las Lomas	94	6-E
MORITA		
El Mirador	59	1-A
Los Cerrillos	138	3-D
MORLETE JUAN R.		
Ciudad Satélite	69	1-D
MORLETE RUIZ JUAN PATRICIO		
El Rosario	124	2-D
MORLEY TOMAS		
Miguel Hidalgo	125	3-A
MORO TOMAS		
Paseo de las Lomas	94	6-E
MOROLEON CDA.		
Roma	83	6-F
MORONES LUIS C 1 2 Y 3		
U. H. Vicente Guerrero	111	1-F
MORONES PRIETO IGNACIO DR AV		
Buenos Aires	96	2-F
Doctores	96	2-F
MORRO DEL		
Los Fresnos	68	3-F
MORSE		
Ejido de Santiago Tepalcapa	43	3-A
MORSE SAMUEL		
Granjas de San Cristóbal	33	4-A
Lomas de Coacalco	33	4-A
MORSE SAMUEL F. B.		
Fuego Nuevo	110	5-F
Z. U. E. Culhuacán	110	5-F
MORSENAT		
Bellavista	56	6-E
MORTEROS		
San Fernando	94	5-C
MORVAN		
Lomas de Virreyes	82	6-F
MOSCO MARINO		
Presidentes Ejidales	110	6-C
MOSCU		
Bellavista	56	5-A
Valle Dorado	56	2-E
MOSQUETA		
Barrio Hojalateros	87	5-D
Buenavista	83	3-F
Crédito Constructor	109	1-C
Guerrero	84	3-A
Tlacoquemécatl	96	5-D
MOSQUETA CDA.		
Del Valle	96	6-D
MOSQUITO DEL CDA.		
San Francisco Culhuacán	110	4-D
MOSTAJO		
La Palma	46	6-D
MOSTAJOS		
Villa de las Flores	32	1-F
MOTA ANTONIO		
Ampl. La Olímpica	81	3-B
MOTOLINIA		
Centro	84	4-B
Emiliano Zapata	42	2-E
MOTOZINTLA		
Letrán Valle	96	5-F
MOTUL		
Torres de Padierna	121	5-E
MOYA DE CONTRERAS AV.		
Lomas de Virreyes	95	1-E
MOYA LUIS		
Barrio La Cruz	59	3-C
Centro	84	4-A
San José de la Pradera	71	3-F
San Pedro Xalostoc	59	3-C
MOYA LUIS PROL.		
Benito Juárez	59	3-B
MOYAHUA		
El Rodeo	111	4-D
MOYOBAMBA		
Residencial Zacatenco	71	2-C
MOYOTEPEC		
Ampliación Santa Catarina	113	6-E
MOYOTLA Y 2 CJONES.		
Santa Cruz Acalpixca	137	3-D
MOYOTLAN		
Barrio Jicareros	87	4-B
MOZAI ACATL		
U. H. Popular Tepeaca	108	1-B
MOZART		
Peralvillo	84	1-B
MOZONTEPEC		
Barros Sierra	121	1-A
MUCEL ACERETO JOAQUIN Y RT.		
Héroes de la Revolución	82	5-B
MUCIÑO GENARO		
Lomas del Carmen	94	1-E
MUCIÑO JOSE		
Tetlalmeya	122	3-F
MUERTO DEL CJON.		
San Pablo Atlazalpa	140	6-F
MUGICA FRANCISCO J.		
Constitución de 1917	111	2-E
Liberación Proletaria	95	4-C
MUGICA FRANCISCO J. GRAL.		
Constituyentes de 1917	94	1-D
MUGICA FRANCISCO J. RT.		
U. H. El Risco CTM	72	1-A
MUGUETE		
Minas de Cristo	96	5-A
Olivar del Conde 1a. Secc.	96	5-A
MUICLES LOS ANT. CALZ.		
Azoyapan	107	5-D
MUITLE		
Victoria de las Democracias	70	6-E
MUITLES		
Azoyapan	107	5-D
Pueblo Santa Rosa Xochiac	107	5-D
MUJERES ILUSTRES		
Diecisiete de Marzo	100	3-E
MUJICA FRANCISCO J.		
Emiliano Zapata	128	4-B
Prados de San Juan Ixtacala	43	3-A
MULATA		
San Juan Totoltepec	68	6-F
MULLER GERMAN J.		
U. IMPI Iztacalco	97	4-F
MUNA		
Torres de Padierna	121	5-D
MUNDET PRIV.		
Santa María La Ribera	83	2-F
MUNDIAL		
Industrial	71	5-C
MUNGUIA CLEMENTE DE JESUS		
Ciudad Satélite	56	6-A
MUNGUIA FERNANDO		
Granjas Independencia III	73	2-B
MUNICIONES		
San Fernando	94	5-C
MUNICIPAL		
Palmitas	112	4-C
Reforma Política	112	4-C
MUNICIPAL E.		
San Martín de las Pirámides	24	1-F
MUNICIPIO LIBRE		
Albert	97	6-B
Ampl. Profr. C. Higuera	43	5-B
Ampl. Sinatel	97	6-B
Banjidal	97	6-B
Ciudad Alegre	88	4-B
Coporo	55	1-F
Diez de Abril	69	3-D
Emperadores	96	6-F
Ixtapaluca	115	6-B
Jardines de Acuitlapilco	88	4-B
Justo Sierra	97	6-B
Las Torres	44	1-E
Libertad	31	6-E
Libertad	28	4-F
Portales	96	6-F
Portales Oriente	97	6-B
Reforma Urbana Tlayacampa	44	5-B
San Andrés Tetepilco	97	6-B
Santa Anita la Bolsa	28	4-F
Santa Cruz Atoyac	96	6-F
Santiago Teyahualco	19	6-C
MUNICIPIO LIBRE CDA.		
Libertad	29	4-A
MUNICH		
Valle Dorado	56	2-E
MUNICH 1972		
U. H. Olímpica	122	2-E
MUÑOZ ANTONIO		
Las Peñas	111	4-F
MUÑOZ FRANCO CLAUDIO		
U. H. San Rafael Coacalco	33	1-C
MUÑOZ LOPEZ L.		
Nueva Aragón	73	1-D
MUÑOZ MIGUEL		
Granjas Independencia III	73	1-B
MUÑOZ TIBIO		
La Olímpica	81	3-B
MUÑOZ VICTOR ANTONIO		
Las Peñas	111	4-F
MURAL		
Dr. Jorge Jiménez Cantú	30	4-C
MURALISTAS		
Purísima Atlazolpa	97	5-E
MURALLA CHINA		
Buenavista	112	5-C
MURALLA CHINA LA		
Los Cedros	123	1-E
MURALLA RECTA		
Selene	125	3-E
MURANO		
Izcalli Pirámide	57	3-C
MURCIA		
El Dorado	56	2-E
Insurgentes Mixcoac	96	6-C
MURCIELAGO		
Granjas Pop. Gpe. Tulpetlac	60	1-C
MURGUIA		
Chimalhuacán	87	6-F
MURGUIA FRANCISCO		
Francisco Villa	101	2-B
MURGUIA FRANCISCO GRAL.		
Ampliación Caracol	85	5-D
Escandón	96	2-C
Héroes de la Revolución	82	6-A
Hipódromo de la Condesa	96	2-C
Residencial Militar	82	4-D
Revolución	84	4-F
San Juan Tlihuaca	69	3-F
Tacubaya	96	2-C
MURGUIA FRANCISCO GRAL. GOB.		
Granjas Valle de Guadalupe	72	1-D
MURILLO		
Nonoalco	96	5-B
Santa María Nonoalco	96	5-B
MURILLO GALILEO		
U. H. Vicente Guerrero	111	1-F
MURILLO GERARDO		
Tezoyuca	49	1-C
MURILLO LUIS		
Tetlalmeya	122	3-F
MURILLO LUIS PROFR.		
Ampl. Gabriel Hernández	71	1-F
MURO MIGUEL		
Las Peñas	111	4-F
MUROS DE AGUA LOS		
Novela Mexicana	60	5-D
MUSA		
Cuautitlán Izc. Ensueños	30	1-E
MUSAS DE LAS AV.		
Cuautitlán Izc. Ensueños	30	1-D
MUSEO		
El Rosario	110	5-B
El Rosario	110	6-A
El Trébol	4	5-F
San Pablo Tepetlapa	110	5-B
San Pablo Tepetlapa	110	6-A
Xotepingo	110	5-B
MUSEO BRITANICO		
Magisterial Vista Bella	56	5-C
MUSEO CIR.		
Magisterial Vista Bella	56	5-C
MUSEO DE ANTROPOLOGIA		
Magisterial Vista Bella	56	5-B
MUSEO DE ARTE MODERNO		
Magisterial Vista Bella	56	5-B
MUSEO DE CIENCIAS		
Magisterial Vista Bella	56	5-C
MUSEO DE LA REVOLUCION		
Bellavista Satélite	56	5-C
MUSEO DE LOS IMPRESIONISTAS		
Magisterial Vista Bella	56	5-C
MUSEO DE LOS OFICIOS		
Magisterial Vista Bella	56	5-B
MUSEO DE SAN CARLOS		
Magisterial Vista Bella	56	5-C
MUSEO DE SAN MARCOS		
Magisterial Vista Bella	56	5-C
MUSEO DEL LOUVRE		
Magisterial Vista Bella	56	5-C
MUSEO DEL PRADO		
Magisterial Vista Bella	56	5-C
MUSEO DEL VATICANO		
Magisterial Vista Bella	56	5-C
MUSEO METROPOLITANO		
Magisterial Vista Bella	56	5-C
MUSGO		
C. H. La Pradera I	72	5-E
U. INFONAVIT Iztacalco	97	4-E
MUSICA		
Dr. Jorge Jiménez Cantú	30	5-C
U. H. El Rosario	69	1-F
MUSICOS CIR.		
Ciudad Satélite	69	1-D
MUSSET		
Polanco Reforma	83	4-A
MUTUALISMO Y CDA.		
Escandón	96	2-D
MUYOPAGO		
El Ebano	94	6-C
MUYUGUARDA AV.		
La Cebada	123	5-E
San Lorenzo	123	5-E
MUZQUIZ MELCHOR		
Ejército del Trabajo	101	2-B
Francisco Villa	101	2-B
La Dinamita	71	3-F
La Nopalera	124	3-F
Martín Carrera	71	3-F
México Insurgente	73	2-C
San Angel	109	3-B
Tultitlán	31	3-D
MUZQUIZ MELCHOR GOB.		

Calle / Colonia	COORDENADAS / PLANO
San Miguel Chapultepec	96 1-B
MUZQUIZ MELCHOR GRAL.	
Las Armas	69 6-E
Lázaro Cárdenas	73 6-A
M XICO AV. PROL.	
Nueva Rufino Tamayo	46 5-D

N

Calle / Colonia	COORDENADAS / PLANO
N	
C. H. Alianza Popular Rev.	123 1-D
Educación	110 4-C
Santa María Tlayacampa	44 5-B
Social Progresivo Sto Tomás	21 6-F
Vivienda del Taxista	47 1-D
NABO	
Los Angeles	111 3-E
NACAHUATL	
San Pablo Tepetlapa	110 6-B
NACAHUITL CDA.	
Oriente	136 4-F
Tesmic	136 4-F
NACAR	
La Esmeralda	34 1-E
NACATON	
Ajusco	109 5-F
Pedregal de Santo Domingo	109 5-F
NACIMIENTO	
Colina del Sur	95 6-E
NACION	
Nexquipayac	49 4-B
NACION Y CDA.	
Santa María Ticomán	58 6-B
NACIONAL	
Centro	84 3-C
Chalco	140 1-F
Residencial San Andrés	63 2-B
San Lucas Amalinalco	128 6-D
San Marcos Huixtoco	128 3-D
San Miguel Totolcingo	35 5-D
San Pedro Tepetitlán	36 4-F
San Sebastián Xolalpa	24 4-D
Santa Clara	59 2-D
Santa María Tomatlán	110 6-F
Santiaguito	63 4-C
Tepalcates	98 4-F
Tepetitlán	37 4-A
Tequisistlán	48 2-F
NACIONAL AV.	
Adolfo Ruiz Cortines	47 1-B
Ampl. Loma Bonita	21 4-E
Ampl. Ozumbilla	21 4-E
Ampl. San José del Jaral	43 3-D
Ciudad Cuauhtémoc	34 4-E
Chamacuero	43 3-D
Chiconcuac	49 6-E
Ejidal Emiliano Zapata	33 6-E
Frac San Cristóbal Ecatepec	47 1-B
Guadalupe Victoria	33 5-C
Izcalli Jardines	34 6-C
Izcalli Jardines	34 4-E
Jardines de los Báez 1a. S.	34 4-E
La Esmeralda	21 4-E
La Magdalena Panohaya	62 4-D
La Veleta Llano de los Baéz	34 4-E
Loma Bonita	21 4-E
Lomas de San Pedro	21 4-E
Los Pajaritos	34 4-E
San Andrés Riva Palacio	62 4-E
San Andrés Riva Palacio	62 4-D
San Francisco Acuexcomac	49 6-D
San Juan Alcahuacán	47 1-B
San Salvador Atenco	62 6-D
San Salvador Atenco	62 2-D
Santa Cruz Venta de Carpio	34 4-E
Santa María Chiconautla	34 4-E
Santa María Ozumbilla	21 4-E
Santo Tomás Chiconautla	34 4-E
Venta de Carpio	34 4-E
Z. U. E. Ozumbilla	21 4-E
NACIONAL AV. Y CDA.	
San Antonio	22 4-D
NACIONAL CARRETERA	
San Pedro Atlazalpa	153 1-D
NACIONAL CDA.	
Santa Clara	59 2-D
NACIONAL CDA. AV.	
San Salvador Atenco	62 2-D
Santa María Ozumbilla	21 4-E
NACIONAL CJON.	
El Gallito	59 2-D
NACIONAL EL	
Prensa Nacional	70 1-D
NACIONAL PRIV.	
San Isidro Atlautenco	35 5-D
San Lucas Amalinalco	128 6-C
San Salvador Atenco	62 2-D
NACIONAL PRIV. DE AV.	
Santa Cruz Venta de Carpio	34 5-E
NACIONAL Y CDA.	
Independencia	28 4-E
NACIONES DE LAS BLVR.	
Valle Dorado	56 2-E
NACIONES UNIDAS	
Del Carmen	138 3-C
NACOZARI	
La Cruz	121 1-C
San Francisco	121 1-C
NACOZARI 1A. Y 2A. CDA.	
San Felipe de Jesús	72 2-C
NADADORES	
Churubusco Country Club	110 2-A
NADIR	
Ciudad Labor	44 1-D
U. H. Valle de Luces	110 4-F
NAFTA	
Plenitud	70 5-A
NAGOYA Y 2 CDAS.	
Guadalupe	123 4-A
NAGUALAPA	
La Conchita	152 1-D
NAHOI	
Pedregal de San Nicolás	121 5-B
NAHUALAPA CJON.	
Santa Cruz Acalpixca	137 3-D
NAHUAS	
Pedregal de las Aguilas	122 6-D
Rincón de los Reyes	100 6-D
Tlalcoligia	122 6-D
NAHUAS Y CDA. Y PROL.	
Tlalcoligia	122 6-D
NAHUATL	
Ancón de los Reyes	100 5-D
Barrio Labradores	87 3-C
Barrio Santa Eugenia	87 3-C
Lic. Carlos Zapata Vela	98 5-A
Santa Cruz Acatlán	69 4-B
NAHUATLACAS	
Ajusco	122 1-E
Ampliación La Candelaria	109 6-F
Cuauhtémoc	57 1-E
Rincón de los Reyes	100 6-D
NAHUATLACAS 1A. CDA.	
Ampl. La Candelaria	109 5-F
NAHUATLACAS 2 CDAS.	
Ajusco	109 5-F
Ampliación La Candelaria	109 5-F
NAHUATLACAS 2A. CDA.	
Ampl. La Candelaria	109 5-F
NAHUATLACAS CDA.	
Ampl. La Candelaria	109 5-F
NAHUATZEN	
El Paraíso	99 5-B
NAHUI	
Ciudad Cuauhtémoc	34 3-F
NAHUIXOCHITL	
Ciudad Cuauhtémoc	34 3-F
NAIROBI	
Chimali	123 3-A
NAJERA	
Jardines de San Agustín	100 4-D
NANACATL	
Barrio Ebanistas	87 4-C
NANACHTLI	
Barrio Ebanistas	87 4-C
Barrio Vidrieros	87 4-C
NANCE	
San Fernando	94 4-C
NANCHE	
Ampl. San José del Jaral	43 3-D
El Mirador	59 1-A
Las Huertas	81 1-C
Las Palmas	42 3-F
NANCHE CJON.	
Del Valle	96 5-D
NANCHES	
Las Huertas	68 6-D
NAPOLEON	
Moderna	97 3-B
NAPOLEON JOSE MARIA	
Compositores Mexicanos	45 6-A
NAPOLES	
Izcalli Pirámide	57 3-C
Juárez	83 5-E
Valle Dorado	56 2-E
NAPOLES PRIV.	
Villa Coyoacán	109 2-E
NAPOLITANOS	
Victoria	95 4-F
Victoria	96 4-A
NARANJA	
Ampl. Profr. C. Higuera	43 5-A
Jardines de Ecatepec	47 3-B
La Cruz	101 1-A
Tabla del Pozo	59 2-A
NARANJA DE LA CALZ.	
Alce Blanco	69 5-C
Ampliación San Pedro Xalpa	69 5-C
Las Armas	69 5-C
San Miguel Amantla	69 5-C
Santiago Ahuizotla	69 5-C
NARANJA Y CDA.	
Las Huertas	81 1-C
NARANJALES	
Las Campanas	123 1-D
NARANJATITLA	
Tlalpan	122 4-D
NARANJEROS Y RT.	
U. H. ISSFAM No. 1	122 5-E
NARANJITOS	
El Triángulo	111 6-F
NARANJO	
2a. Ampl. Stgo Acahualtepec	112 2-E
Ahuehuetes	58 2-C
Alamos	46 6-A
Ampl. Guadalupe Victoria	33 4-D
Ampl. Minas Palacio	81 4-C
Ampl. San Miguel	43 2-B
Ampliación El Fresno	31 6-C
Atlampa	83 1-F
Avándaro	127 2-C
Cerro del Marqués	127 6-A
Chalco	127 6-F
Ejidal Ampl. San Marcos	44 4-C
El Mirador	59 1-A
El Olivo	44 5-A
El Triángulo	111 6-F
El Zapote	94 1-D
Florida	109 1-D
La Alfalfa	47 2-A
La Nopalera	68 6-F
La Palma	59 1-D
Las Cruces	107 6-F
Las Huertas	81 1-D
Los Olivos	100 3-C
Los Padres	121 1-A
Los Reyes Tultitlán	31 4-D
Miguel de la Madrid Hurtado	112 3-F
Petrolera	70 4-A
Plaza de las Rosas	56 3-E
Revolución	43 2-A
Ricardo Flores Magón	4 4-C
Rincón de la Bolsa	108 5-A
San Antonio	57 4-A
San Fernando	94 4-C
San José de los Cedros	107 1-C
San José del Jaral	43 2-C
San Juan Xalpa	111 4-C
San Marcos Huixtoco	128 3-D
San Martín Xico	140 2-A
Santa María La Ribera	83 1-F
Tabla del Pozo	59 2-B
Techachaltitla	101 6-A
Vista Hermosa	46 1-D
NARANJO 1R. CJON.	
Tequesquináhuac Parte Alta	56 1-F
NARANJO 2 CDAS.	
Santa María Aztahuacán	112 2-D
NARANJO 2DO. CJON.	
Tequesquináhuac Parte Alta	56 1-E
NARANJO AND.	
Los Pirules	94 2-C
NARANJO CDA.	
Ampl. San José del Jaral	43 3-D
Ejidos de San Cristóbal	33 5-E
Nueva San Rafael	81 1-F
San José de los Cedros	107 1-C
Santiago Acahualtepec	112 2-E
Tepalcates	98 3-F
NARANJO CJON.	
El Molinito	82 2-C
Miguel de la Madrid Hurtado	112 3-F
San Francisco Acuexcomac	49 6-D
San Salvador Atenco	62 1-D
NARANJO DEL CDA.	
Ampl. Profr. C. Higuera	43 5-A
Ampliación López Portillo	125 2-D
NARANJO DEL CJON.	
Rancho de las Nieves	101 1-B
Santa María Nativitas	101 1-B
NARANJO PRIV.	
El Molino	127 2-D
NARANJO PROL.	
Ampliación Del Gas	70 6-F
NARANJO Y CDA.	
San Francisco	121 1-C
NARANJO Y CJON.	
Las Huertas	81 1-C
NARANJOS	
Alfredo del Mazo	127 2-E
Ampl. Minas Palacio	81 4-C
Ampliación El Rosario	16 5-E
Arboledas de Cuautepec	45 6-C
Bosque del Pedregal	121 6-C
Bosques de Morelos	30 4-B
Bosques de los Pinos	29 3-E
Campestre Liberación	42 3-C
Chiconautla 3000	35 3-B
Del Parque	46 5-D
Ejidal Emiliano Zapata	33 6-F
Ejido Santa Cruz Xochitepec	136 1-C
Ejidos de Tototepec	134 1-F
Hacienda Ojo de Agua	21 5-B
Las Peñitas	43 3-D
Loma Encantada	113 3-D
Lomas Cuautetlán	135 3-F
Miraflores	42 2-F
Nueva Rufino Tamayo	46 5-D
Nueva San Isidro	127 5-F
PROFOPEC Polígono 1	60 4-D
Pilares	36 5-F
Punta La Zanja	87 3-F
Quirino Mendoza	136 5-E
San Francisco Cuautlalpan	82 1-D
San Isidro La Paz	29 6-B
San Jerónimo Aculco	108 6-D
San José de las Palmas	101 6-B
San José del Jaral	43 2-D
San Martín	76 1-B
Tierra y Libertad	59 1-D
Tlalpexco	58 2-C
Valle Hermoso	43 6-F
Villa de las Flores	32 2-F
Vista Hermosa	33 6-D
Xalpa	112 3-E
Xocotlán	63 5-F
Xochitenco	87 6-E
NARANJOS 5A. CDA.	
Jalalpa El Grande	95 6-C
NARANJOS CDA.	
Paraje del Caballito	120 1-E
San Miguel Xochimanga	43 6-D
NARANJOS CJON.	
San Gregorio Atlapulco	138 2-A
NARANJOS DE LOS	
Jardines de San Mateo	68 4-F
NARANJOS DE LOS CDA.	
Cumbres de San Mateo	68 2-E
Malacates	45 5-B
NARANJOS LOS	
Bello Horizonte	31 5-E
Sector Popular	76 4-C
NARANJOS LOS CDA.	
Pueblo San Bernabé Ocotepec	120 1-F
NARANJOS LOS ORIENTE	
Arcos del Alba	30 2-F
NARANJOS LOS PONIENTE	
Arcos del Alba	30 2-F
NARANJOS PRIV.	
La Palma	56 1-E
Las Huertas	33 5-F
Lomas de Chamontoya	120 1-E
NARANJOS RT.	
San Bartolomé Coatepec	93 3-F
NARANJOS Y CDA.	
Ampliación Tres de Mayo	30 6-C
NARBONA	
Lomas Estrella 2a. Secc.	111 6-A
NARCISO	
Hogar y Seguridad	70 6-D
La Purísima	34 5-F
Plaza de las Rosas	56 4-E
Prados de Ecatepec	19 4-F
Torres del Potrero	108 5-A
Victoria de las Democracias	70 6-E
NARCISO CDA.	
Torres del Potrero	108 5-A
NARCISOS	
Ejidal Ampl. San Marcos	44 4-C
Jardines de Coyoacán	123 1-D
Villa de las Flores	32 1-F
NARDO	
Agrícola Metropolitana	124 4-F
Agua Azul	99 1-C
Ampliación 19 de Septiembre	34 5-F
Ampliación El Tesoro	44 3-D
Barrio Hojalateros	87 5-D
Barrio Hojalateros	87 4-D
Barrio La Rosita	87 3-C
Buenavista	112 5-C
Campestre El Potrero	113 4-B
Desarrollo U. Quetzalcóatl	112 4-A
El Molino	127 2-C
El Molino	127 3-D
El Rosario	124 3-E
Huichapan	136 1-D
Jardines del Molinito	82 1-B
Jardines del Tepeyac	73 1-A
Loma Linda	82 1-A
Lomas Quebradas	121 1-B
Lomas de Altavista	100 6-F
Lomas de Chamontoya	107 6-E
Lomas de Chamontoya	120 1-E
Lomas de San Miguel	43 3-B
Lomas de Santa Cruz	112 4-B
Lomas de la Era	120 1-E
Los Angeles Apanoaya	111 3-E
Los Angeles Apanoaya	111 4-E
Minas Palacio	81 3-C
Miraflores	57 4-C
Potrero de San Bernardino	136 1-D
Quiahuatla	138 1-F
San José del Jaral	43 2-D
San Luis Tlatilco	82 1-A
San Miguel Teotongo	113 4-A
San Pedro Mártir	135 1-D
Santa María de Guadalupe	43 3-F
Santa María de Guadalupe	44 3-A
Santa Rosa	48 2-D
Santa Rosa	101 1-D
Texalpa I	46 5-E
Tierra Nueva	136 1-D
Tlaltecahuacán	50 4-B
Valle de las Flores	30 5-D
NARDO AND.	
Torres del Potrero	108 5-A
NARDO CDA.	
Acuitlapilco	88 3-A
San José del Jaral	43 3-C
San Pedro Mártir	122 6-E
NARDO DEL	
Los Reyes Ixtacala	57 6-B
NARDO PRIV.	
Garcimarrero	108 1-B
NARDO Y CDA.	
Chamacuero	43 3-D
San Rafael Chamapa	81 3-D
NARDOS	
Ampl. Buenavista	44 3-D
Bello Horizonte	31 5-E
Consejo Agrarista Mexicano	111 6-F
Ejidal Ampl. San Marcos	44 4-C
Hacienda Ojo de Agua	21 3-A
Jardines de Aragón	60 5-C
Jardines de Coyoacán	123 1-C
Jardines de Chalco	140 1-D
Jardines de Morelos	47 1-E
Jardines de la Cañada	44 2-D
Joyas de Santa Ana	62 5-F
Loma de la Cruz	42 1-B
Lomas de Santiago Tepalcapa	43 3-A
Los Bordos	46 6-B
Los Cuyos	100 3-D
Prados de Ecatepec	19 4-F
Pueblo San Felipe	75 1-E
Revolución	101 2-B
San José de las Palmas	101 6-B
San Lucas Amalinalco	128 5-D
San Miguel Teotongo	113 3-A
Torres del Potrero	108 5-A
Villa San Lorenzo Chimalco	100 2-D
Vista Hermosa	46 1-D
Vista Hermosa	28 5-F
NARDOS CDA.	
Ampliación Tlacoyaque	107 6-E
NARDOS CJON. Y 2 RTS.	
Jardines del Alba	30 4-F
NARDOS DE LOS RT.	
La Florida	69 2-C
La Florida	69 3-C
NARDOS LOS	
Bello Horizonte	31 5-E
NARDOS PRIV.	
Lomas de Santiago Tepalcapa	43 3-A
NARRO ACUÑA ANTONIO ING.	
Industrial	71 6-C
NARVAEZ LUIS DE	
Miguel Hidalgo	124 4-F
Miguel Hidalgo	125 4-A
NARVARTE	
Ampliación Vicente Villada	99 3-D
Metropolitana 3a. Secc.	99 3-D
NASSER GAMAL ABDEL DR.	
Electra	56 5-E
Los Arcos Colonial	56 5-E
NATACION	
El Arbolito	47 3-B
Las Peñitas	43 4-C
Olímpica Jajalpa	47 3-B
U. H. Jajalpa	47 3-B
NATAL	
Churubusco Tepeyac	71 3-B
Lindavista	71 3-B
Valle del Tepeyac	71 3-B
NATAL PESADO	
Mixcoac	96 6-B
NATENCO	
La Candelaria	110 4-A
NATERA PANFILO	
Ampliación Emiliano Zapata	42 2-F
Emiliano Zapata	81 2-C
Plan de Ayala	81 4-E
San Felipe de Jesús	72 2-D
NATERA PANFILO GRAL.	
Fuego Nuevo	111 5-A
NATERA PANFILO GRAL. CDA.	
Francisco Villa	111 4-E
NATIVITAS	
Pueblo de Tepexpan	36 5-B
NATIVITAS AV. Y CDA.	
Tepexpan	36 5-A
NATIVITAS CALZ.	
Francisco Zarco	97 4-A
Niños Héroes de Chapultepec	97 4-A
NATIVITAS Y CDA.	
Tepexpan	36 5-A
NATTIER Y CDA.	
San Juan	96 5-C
NAUCALPAN	
Alfredo del Mazo	47 6-D
Altavilla	72 1-B
Barrio Orfebres	87 5-B
El CEGOR	60 3-A
El Hostol Zona Comunal	46 3-F
El Hostol Zona Comunal	46 4-E
Lomas Verdes	31 6-F
Los Angeles	57 1-D
Nueva San Juan Ixtacala	57 6-C
San Rafael Chamapa	81 2-D
Santa Anita La Bolsa	29 4-A
NAUCALPAN AV.	
Cuautitlán Izc. Cumbria	30 2-E
El Molinito	82 2-B
Estado de México	82 2-B
Hidalgo	82 2-B
La Cañada	82 2-B
La Sardaña	44 3-C
Lomas de la Cañada	82 2-B
NAUCALPAN PROL.	
Valle Verde	44 3-C
Valle de Tules	44 3-C
NAUTLA	
Barrio Labradores	87 3-D
Casablanca	111 4-D
El Rodeo	111 4-D
Francisco Villa	56 3-C
Ixtlahuacan	112 4-F
Piloto A. López Mateos	95 5-C
Roma Sur	96 1-E
San Juan Xalpa	111 4-D
San Nicolás Tolentino	111 4-D
NAUTLA ESTRELLA	
U. H. FOVISSSTE San Juan	111 4-D
NAUYACA CDA.	
Pedregal de Santo Domingo	109 5-E
NAUYACA Y CDA.	
Pedregal de Santo Domingo	109 5-E
NAVA ANTONIO GRAL.	
Carmen Serdán	110 6-F
NAVA CDA.	
Huixquilucan de Degollado	106 2-A
NAVA F. F.	
Magisterial Vista Bella	56 5-B
NAVA MARIA DE JESUS	
Margarito F. Ayala	34 2-D
NAVA ONTIVEROS L. DR.	
Ahuatenco	107 1-A
NAVA PAULA	
Magisterial Vista Bella	56 5-B
NAVA RIVAS DIEGO	
Presidentes Ejidales	110 5-C
NAVAJOS	
Tlalcoligia	122 5-D
NAVAJOS CDA.	
Tlalcoligia	122 6-D
NAVAJOS Y PROL.	
Tlalcoligia	122 6-D
NAVAL	
Lomas del Chamizal 2a. Secc	94 3-E
NAVANCO	
Barrio San Miguel	97 3-E
NAVARRA	
Alamos	97 2-A
NAVARRETE GUADALUPE	
San Rafael Chamapa	81 2-F
NAVARRETE MANUEL DE	
Ciudad Satélite	69 2-B
NAVARRETE MIGUEL	
Algarín	97 2-A

Calle / Colonia	Plano	Coordenadas
NAVARRO		
San Simón Tolnáhuac	84	1-A
NAVARRO CANDIDO CDA.		
San Lorenzo Totolinga	68	6-E
NAVARRO CANDIDO Y 3 CDAS.		
San Juan Tlihuaca	69	3-F
NAVARRO G. CDA.		
Pantitlán	85	6-E
NAVARRO GILBERTO M. (C. 63)		
U. Santa Cruz Meyehualco	112	3-A
NAVARRO JESUS GRAL.		
La Esperanza	46	6-B
NAVARRO JUAN DR.		
Doctores	84	6-A
NAVARRO JUAN N.		
Constitución de la Rep.	71	4-F
NAVARRO LUIS T.		
Santa Martha Acatitla	99	6-E
NAVARRO PAULINO GRAL. RT.		
Héroes de la Revolución	82	5-B
NAVARRO RAMON		
Jorge Negrete	58	5-A
NAVARRO SALVADOR		
Nueva San Rafael	81	2-F
NAVARRO VICENTE		
La Cruz	121	2-C
NAVE		
U. Vallejo La Patera	70	2-F
NAVEGANTES CIR.		
Ciudad Satélite	69	2-C
NAVIDAD		
Buenos Aires	49	1-D
La Cañada	82	3-B
La Navidad	94	6-C
Lomas de San Bernabé	120	2-E
Tenorios	112	5-D
NAVIDAD CDA.		
Ampl. Profr. C. Higuera	43	5-A
NAVIDAD EN LAS MONTAÑAS		
Novela Mexicana I	60	5-D
NAVIO		
Lomas del Chamizal 4a. Secc	94	4-E
NAVOJOA		
Alvaro Obregón	97	1-D
El Yaqui	107	2-C
San Lorenzo Xicoténcatl	99	4-C
NAVONA PLAZA		
Lomas Verdes Sección III	55	6-F
NAYARIT		
Adolfo López Mateos	42	4-E
Ampl. Buenavista	44	4-D
Ampl. Margarito F. Ayala	34	1-E
Barrio San Mateo	151	4-D
Barrio Santa Martha	151	4-D
Constitución de 1917	59	4-B
Chalma de Guadalupe	57	1-F
Des. Urbano Alvaro Obregón	95	5-D
Ixtlahuacan	112	3-F
Jards. San Agustín 1a. Secc	100	4-D
La Loma	31	6-D
La Providencia	72	4-D
Loma Bonita	21	5-E
Luis Echeverría	31	5-A
Luis Echeverría	30	5-F
Norchuca	22	3-A
Peñón de los Baños	85	3-C
Progreso	109	4-A
Progreso	108	4-F
Pueblo Aculco	97	5-F
Pueblo de Tepexpan	35	6-F
República Mexicana	32	5-E
Roma Sur	96	1-E
Santa María Tulpetlac	59	1-F
Temamatla	154	2-D
Villa Milpa Alta	151	4-D
Villa San Agustín Atlapulco	100	4-E
NAYARIT AV.		
Ampl. San Francisco	115	2-F
NAYARIT CDA.		
Tequesquináhuac	100	4-E
NAYARIT DE		
Jacarandas	56	4-C
NAYARIT DE 3 CDAS.		
República Mexicana	32	5-F
NAYARIT NORTE		
Barrio Santa Martha	151	3-D
Villa Milpa Alta	151	3-D
NAYARIT Y PRIV.		
Héroes de Padierna	121	1-D
NAYARITAS		
Ajusco	109	6-F
Ajusco Huayamilpas	109	6-F
Pedregal Monserrat	109	6-F
NEBLINA DE 1A. CDA.		
Las Brisas	34	4-D
NEBLINA DE 2A. CDA.		
Las Brisas	34	4-D
NEBLINA DE LA		
Zona Res. Acueducto de Gpe.	57	5-F
NEBRASKA		
Ampliación Nápoles	96	3-C
Nápoles	96	3-C
NECAXA		
La Regadera	111	2-E
Santa Cecilia Tepetlapa	150	1-A
NECAXA AV.		
Constitución de 1917	59	4-B
Cuauhtémoc	59	4-B
División del Norte	59	4-B
Industrial	71	5-D
La Laguna	59	4-B
Marina Nacional	59	4-B
Portales	96	6-F
NECAXA PROL.		
Capultitlán	71	5-B
NECK CDA.		
Francisco Zarco	97	5-A
NECROPOLIS		
San Miguel Xometla	37	2-A
NEFI		
Arboledas de Cuautepec	58	1-C
NEFTALI		
Israel	100	3-C
NEGRA LA		
Benito Juárez	99	1-D
NEGRA LA Y CDA.		
Vicente Guerrero Zona Ej.	41	1-C
NEGRA MODELO		
Alce Blanco	69	5-D
Alce Blanco	69	4-C
La Perla	69	4-C
Los Pastores	69	4-C
Modelo	69	4-C
NEGRETAS		
Granjas de Guadalupe	42	2-C
NEGRETE		
Barrio Niño Jesús	109	3-F
NEGRETE JORGE		
Ampliación Emiliano Zapata	113	3-C
Barrio Fundidores	87	2-E
Del Carmen	138	2-C
La Forestal	45	6-B
San Juan	138	2-C
NEGRETE JORGE 1A. CDA.		
El Carmen	138	2-C
NEGRETE JORGE 2A. CDA.		
El Carmen	138	2-C
NEGRETE JORGE 3 CDAS.		
Del Carmen	138	2-C
NEGRETE JORGE 4A. CDA.		
El Carmen	138	2-C
NEGRETE JORGE Y PROL.		
Del Carmen	138	2-C
NEGRETE MANUEL Y CDA.		
Diez de Mayo	84	4-D
NEGRETE MARCOS DE 2A. CDA.		
Paraje San Juan	111	3-D
NEGRETE MIGUEL		
Alamos	97	4-A
Amipant	98	2-F
Ampliación Emiliano Zapata	42	2-E
Barrio La Cruz	97	4-D
Barrio Santa Ana Zapotitlán	125	2-B
Bejero	95	5-B
Ignacio Zaragoza	28	4-C
Juárez Pantitlán	98	2-F
La Concepción	139	3-A
La Joyita	98	2-F
La Lupita	139	3-A
Las Américas	63	5-A
Las Salinas	63	5-A
Lomas de Zaragoza	112	2-F
Los Rosales	44	4-A
Miguel Alemán	97	4-A
Niños Héroes de Chapultepec	97	4-A
Olímpica Radio	81	3-C
Piedras Negras	82	2-A
Postal	97	4-A
Revolución	63	5-A
San Andrés Riva Palacio	62	4-D
San Luis Tlatilco	82	2-A
San Mateo	63	5-A
San Pedro Xalostoc	59	3-C
Santiago Zapotitlán	125	2-B
Tultepec	19	4-B
U. H. Aurorita	125	2-B
Zapotitla	125	2-B
NEGRETE MIGUEL CDA.		
Ampl. Emiliano Zapata	42	2-E
Niños Héroes de Chapultepec	97	4-A
San Luis Tlatilco	82	2-A
San Mateo	63	5-A
NEGRETE MIGUEL PRIV.		
Ignacio Zaragoza	28	4-C
NEGRETE MIGUEL Y CDA.		
Centro	84	4-D
Ignacio Zaragoza	28	4-B
Ignacio Zaragoza	28	4-C
Independencia	28	4-E
La "Y"	28	4-B
San Rafael Chamapa	81	3-D
NEGRETE PEDRO		
Estanzuela	71	3-E
Martín Carrera	71	3-E
San Juan de Aragón	72	6-B
Triunfo de la República	71	3-E
NEGRETE PEDRO CELESTINO		
San Juan de Aragón	72	5-B
NEGRITO POETA		
Ciudad Satélite	69	2-B
NEIVA		
Lindavista	71	2-C
NEIVANOS		
Francisco Villa	95	4-F
NELSON HORACIO		
Moderna	97	3-B
NEMONTEMI		
Ciudad Azteca	60	4-D
NENUFAR Y RT.		
Jardines de Morelos	47	1-D
NEON PRIV.		
Cuchilla Pantitlán	85	5-E
NEOT OTE.		
San Francisco Cascantitla	18	6-C
NEOT PTE.		
San Francisco Cascantitla	18	6-C
NEPAL		
Cumbres del Himalaya	68	4-E
NEPANTLA		
Adolfo López Mateos	17	4-C
La Sardaña	44	2-D
Pedregal de Santo Domingo	109	4-E
NEPOMUCENO JUAN		
Ferrocarrilera Insurgentes	71	5-F
NEPOMUCENO JUAN GRAL.		
Lázaro Cárdenas	73	5-A
NEPTUNO		
Cuchilla Pantitlán	85	5-E
El Mirador	110	4-F
La Olimpiada 68	81	3-C
La Sideral	57	4-D
Las Rosas	56	4-D
Lomas de la Estancia	112	4-E
Media Luna	122	2-F
Media Luna	73	2-D
Nueva Industrial Vallejo	70	2-F
Reacomodo El Cuernito	95	5-F
Sagitario II	73	2-D
San Pablo Los Gallos	17	4-A
San Rafael Chamapa	81	2-D
San Rafael Chamapa	81	2-E
San Simón Tolnáhuac	84	1-D
NEPTUNO AV.		
La Estrella	59	5-F
NEPTUNO PRIV.		
Cuchilla Pantitlán	85	5-E
NEPTUNO Y 2 RTS.		
Cuautitlán Izc. Ensueños	17	6-E
NEPTUNO Y CDA.		
San Simón Tolnáhuac	84	1-A
NERI ANTONIO GRAL.		
Quince de Agosto	71	4-E
NERI FELIPE		
El Edén	112	1-D
Prados del Sur	123	5-D
San Sebastián Tecoloxtitla	112	1-D
NERIACO		
Ampl. San Sebastián	100	5-D
Jardines de San Agustín	100	4-D
NERUDA PABLO		
Balcones de Ceguayo	108	2-B
Ciudad Alegre	88	4-B
Jardines de Acuitlapilco	88	4-B
Melchor Ocampo	19	1-A
Tultitlán	31	2-C
U. Pedro Ojeda Paullada	73	3-B
Villas Copilco	109	4-C
NERVO AMADO		
Agricultura	83	3-F
Amado Nervo	19	2-D
Ampliación Miguel Hidalgo	121	5-F
Atzacoalco	72	2-A
Barrio El Huerto	18	5-C
Barrio La Cruz	97	4-D
Barrio San Miguel	139	6-D
Barrio Santa Ana Zapotitlán	124	2-F
Benito Juárez	58	4-B
Buenavista	44	1-D
Darío Martínez	127	1-A
Dr. Jiménez Cantú	18	2-F
Ej. Santa María Aztahuacán	112	3-B
Granjas Independencia III	73	1-B
Ixtapaluca	128	1-B
Jalalpa	95	5-D
Jardines de Acuitlapilco	88	4-B
Jesús María	115	3-C
Jiménez Cantú	101	4-A
La Estación	124	2-F
La Estación	125	1-A
La Hera	111	4-F
La Mexicana	95	5-C
La Nopalera	124	2-F
Loma Bonita	31	2-B
Lomas de Chamapa	81	2-E
Moderna	97	3-B
Nueva Margarita	87	4-E
Nueva Santa María	18	5-C
Poesía Mexicana	60	6-C
Prados del Sur	123	5-D
Rufino Tamayo	46	6-E
San Francisco Chilpan	31	6-C
San Francisco Tetecala	70	5-B
San Juan de Dios	63	6-B
San Lorenzo	81	2-E
San Lorenzo	123	4-E
San Lorenzo Tlacoyucan	151	6-C
San Lucas Patoni	57	4-E
Santa Ana Tlacotenco	152	6-B
Santa María La Ribera	83	3-F
Santiago Teyahualco	19	6-D
Tultitlán	31	3-D
NERVO AMADO 4A. CDA.		
Barrio Santa Ana Zapotitlán	125	2-A
NERVO AMADO AND.		
Educación	19	1-A
NERVO AMADO AV.		
Hidalgo	28	6-E
Vicente Guerrero	28	6-E
NERVO AMADO CDA.		
Chiconcuac	49	6-F
La Nopalera	124	2-F
Lomas de Chamapa	81	3-E
NERVO AMADO PRIV.		
Barrio Los Reyes	31	3-D
NERVO AMADO Y CA.		
Palmitas	112	4-C
NERVO AMADO Y CDA.		
Lomas de Chamapa	81	3-D
Tultepec	19	3-C
NESMEL Y CDA.		
Pedregal de Santo Domingo	109	5-D
NESTLALLI		
1a. Ampl. Stgo Acahualtepec	112	2-E
NETZAHUALCOYOTL		
Barrio de Titini	16	3-A
Ixtapaluca	128	1-B
U. H. Popular Tepeaca	108	1-B
NETZAHUALCOYOTL CDA.		
Balcones de Ceguayo	108	1-B
NETZAHUALPILLI		
La Venta	148	1-C
San Simón Culhuacán	110	4-F
NEUMATOLOGOS		
San José Aculco	97	5-F
NEUTRON		
Atizapán 2000	43	3-A
Industrial Naucalpan	82	1-A
NEVA		
San José del Jaral	43	2-D
NEVA DR.		
Doctores	97	1-A
NEVADA		
Ampliación San Agustín	100	3-D
El Dorado	56	2-E
NEVADA CDA.		
Ampl San Agustín Parte Baja	100	3-D
NEVADO		
Gral. Pedro María Anaya	109	1-F
San Juan Totoltepec	68	5-F
NEVADO AV.		
Portales	110	1-A
NEVADO DE COLIMA		
Real de las Lomas	95	3-B
Ricardo Flores Magón	82	4-A
San Miguel Xochimanga	43	6-D
NEVADO DE COLIMA CDA.		
El Cerrito	16	3-E
NEVADO DE SORATA Y CDA.		
Lomas Reforma	95	3-B
NEVADO DE TOLUCA		
Cuautitlán Izcalli Norte	17	5-D
El Cerrito	16	3-E
El Mirador	122	6-C
La Pradera	72	5-D
Loma Bonita	57	1-C
Lomas de Cuautepec	45	6-B
Los Volcanes	122	6-C
Los Volcanes	98	1-F
Miravalle	113	4-A
Occipaco	68	4-E
Rancho de las Nieves	101	1-B
U. H. Parque Nacional	44	2-C
NEVADO DE TOLUCA AV.		
Cuautitlán Izcalli Norte	17	5-D
La Joya	56	2-D
Los Pirules	56	2-D
NEVADO DE TOLUCA Y CDA.		
San Miguel Teotongo	113	2-A
NEVADO DEL		
Fuentes de Satélite	55	6-E
NEW ORLEANS		
Las Vegas Xalostoc	72	1-C
NEW YORK		
Las Vegas Xalostoc	72	1-C
NEWTON		
Chapultepec Morales	83	5-A
Ejido de Santiago Tepalcapa	43	3-A
La Estrella	59	5-F
Polanco Chapultepec	83	5-A
NEXTENGO 1A. CDA.		
Santiago Ahuizotla	69	5-E
NEXTENGO 1A. Y 3A. CDA.		
San Miguel Amantla	69	5-F
NEXTENGO CDA.		
Santiago Ahuizotla	69	5-E
NEXTITLA		
Nextitla	83	1-D
NEXTLALPAN		
Lomas Verdes	31	6-F
NEXTLI		
Ricardo Flores Magón	111	2-A
NEZA CJON.		
Tezoyuca	49	2-C
NEZAHUALCOYOTL		
Acolman de Nezahualcóyotl	36	2-D
Acozac	115	4-A
Adolfo Ruiz Cortines	122	1-F
Ahuehuetes	56	1-B
Ajusco	109	5-F
Ajusco Huayamilpas	109	5-F
Ampl. Sn Agustín Parte Baja	100	3-D
Aragón	71	5-E
Barrio Belén	136	1-F
Barrio El Rosario	136	1-F
Barrio La Asunción	97	3-D
Barrio Los Reyes	139	5-D
Barrio San Antonio	124	2-D
Barrio San Bartolo	139	5-D
Barrio San Cristóbal	137	2-A
Barrio San Lorenzo	124	2-D
Benito Juárez	82	3-A
Centro Poniente	63	6-B
Ciudad Azteca	60	2-A
Ciudad Cuauhtémoc	34	1-F
Ciudad Cuauhtémoc	34	2-F
Coanalán	36	6-C
Cuauhtémoc	59	5-A
Cuautitlán Izc. Cumbria	30	2-D
Chiconcuac	49	6-F
El Arenal 1a. Sección	85	5-D
El Chamizalito	47	6-B
El Paraíso	99	5-B
Hueyotencotl	22	1-B
INFONAVIT	63	6-B
José María Morelos y Pavón	47	6-D
Josefa Ortiz de Domínguez	47	6-D
La Magdalena Panohaya	62	4-E
La Pastora	58	5-B
La Teja	46	6-B
La Urbana	57	3-D
Lomas Verdes	31	6-F
Lomas de Atizapán	55	2-E
Lomas de Cristo	76	5-B
Lomas de Chamapa	81	2-E
Pantitlán	98	1-C
Rincón de los Reyes	100	6-D
San Bartolo Tenayuca	57	4-D
San Francisco Chilpa	31	6-C
San Francisco Xicaltongo	97	3-D
San José Texopa	63	2-D
San José de los Leones	81	3-E
San Juan de Dios	63	6-B
San Juanito	63	6-B
San Pablo Tecalco	22	5-D
San Pablo Tepetlapa	110	6-B
San Pedro Atocpan	150	3-F
San Salvador Atenco	62	2-C
Santa Agueda	47	1-A
Santa Anita La Bolsa	29	4-A
Santa Isabel Tola	71	2-D
Santa María Aztahuacán	99	6-B
Santiago Norte	97	3-D
Tenorios	112	5-D
Tezoyuca	49	2-D
Tultepec	19	3-B
NEZAHUALCOYOTL 1A. CDA.		
Ajusco Huayamilpas	109	6-F
NEZAHUALCOYOTL 2 CJONES.		
Centro	84	5-B
NEZAHUALCOYOTL 2A. CDA.		
Ajusco Huayamilpas	109	6-F
INFONAVIT	63	6-C
San Juanito	63	6-C
NEZAHUALCOYOTL AV.		
Agua Azul	99	1-B
Ampl. Raúl Romero Fuentes	99	1-B
Atlacomulco	99	1-B
Chimalhuacán	87	6-F
Raúl Romero	99	1-B
Santa María Nativitas	101	1-B
Tamaulipas Oriente	99	1-B
Tamaulipas Oriente	86	6-C
Unidad Habitacional Anáhuac	100	4-F
NEZAHUALCOYOTL CDA.		
Barrio Tenantitla	139	6-A
Centro	84	5-C
Centro Poniente	63	6-B
Crédito Constructor	109	1-C
NEZAHUALCOYOTL CDAS.		
INFONAVIT	63	6-C
NEZAHUALCOYOTL CJON.		
Santa Cruz Acalpixca	137	3-C
NEZAHUALCOYOTL PROL.		
Barrio San Marcos	136	1-E
NEZAHUALCOYOTL SUR 41		
U. H. Jajalpa	47	3-A
NEZAHUALCOYOTL Y 2 CDAS.		
San Miguel Xochimanga	43	5-D
NEZAHUALCOYOTL Y CDA.		
La Noria	123	6-C
NEZAHUALPILLI		
Acozac	115	4-A
Adolfo Ruiz Cortines	122	1-F
Ajusco	122	1-E
Ciudad Cuauhtémoc	34	3-F
Ciudad Cuauhtémoc	34	2-F
El Arenal 1a. Sección	85	5-E
El Chamizalito	47	6-B
Estrella del Sur	110	2-F
La Palma	135	2-E
Nueva Guadalupe	87	6-B
Nueva Santa Anita	97	3-C
Tlaxpana	83	3-D
Xotepingo	110	6-B
NEZAHUALPILLI AV.		
Amipant	98	2-F
Juárez Pantitlán	98	2-F
Mi Retiro	98	2-F
Nueva Juárez Pantitlán	98	2-F
San Mateito	98	2-F
NEZAHUALPILLI CIRCUITO		
Las Tinajas	89	1-C
Lomas de Cristo	76	6-C
NEZAHUALPILLI Y 3 CDAS.		
San Miguel Xochimanga	43	5-D
NEZAHUALPILLI Y CDA.		
Ahuehuetes	76	1-B
NIBELUNGOS 2 RTS.		
Cuautitlán Izc. Ensueños	17	6-E
NICAPATLI		
Barrio Pescadores	87	4-E
Chimalhuacán	87	4-E
NICARAGUA		
Buenos Aires	96	2-F
Jardines de Cerro Gordo	60	1-C
México 68	68	4-D
México 68	68	3-D
San Miguel Teotongo	113	3-A
NICARAGÜENSES		
Granada	95	4-F
Isidro Fabela	95	4-F
La Joya	95	4-F
Las Butacas	95	4-F
Lomas de Becerra	95	4-F
NICARAGÜENSES Y CDA.		
La Joya	95	4-E
NIDO		
Las Alamedas	56	1-A
NIDO DE AGUILA		
Vista del Valle	56	2-C
NIDO DE AGUILAS		
Las Alamedas	56	2-A
NIDO DEL GORRION		
Las Alamedas	56	2-A
NIEBLA		
Ampliación Vista Hermosa	69	1-D
Guadalupe Coatzochico	46	5-F
Jardines de Morelos	47	2-F
Mirador	93	3-D
Profr. Cristóbal Higuera	43	6-B
NIEBLA Y CDA.		
Jardines del Pedregal	108	5-F
NIETO FAUSTO		
Nextitla	83	1-D
NIETO JOSE APOLINAR		
Tetlalmeya	122	3-F
NIETO JOSE APOLINAR RT.		
Bosques de Tetlalmeya	122	3-F
NIETO RAFAEL		
Ciudad Satélite	69	2-A
NIETZCHE		

Calle / Colonia	Plano	Coordenadas
Ejido de Santiago Tepalcapa	43	3-A
NIEVE		
Ampliación Vista Hermosa	69	1-D
Jardines de Morelos	47	2-F
Mirador	93	3-D
NIEVE CDA.		
Santa María Tulpetlac	46	5-F
NIEVE DE LA		
Ampl. La Mexicana	95	4-C
NIEVE Y CDA.		
Jardines del Pedregal	121	1-F
NIEVES DE LAS AV.		
San Lucas Tepango	37	2-C
NIEVES LAS AV.		
Emiliano Zapata	152	2-D
NIGERIA		
Chimali	123	3-B
NIGHTINGALE FLORENCIA		
U. H. Margarita M de Juárez	98	6-D
NIGROMANTE		
Francisco Zarco	97	5-A
NILO		
Clavería	70	6-B
NIMBOS		
Jardines de Morelos	48	1-A
NIMES		
Lomas Estrella 2a. Secc.	111	6-A
NINFA		
Santa María de Guadalupe	43	3-F
Santa María de Guadalupe	44	3-A
NINFAS		
Barrio Xaltocan	136	2-F
NINFAS 2 RTS.		
Cuautitlán Izc. Ensueños	17	6-E
NINIVE		
Los Encinos	121	5-D
NINIVE CDA.		
Los Encinos	121	5-D
NIÑA LA		
Buenavista	112	5-C
Chimalcóyotl	122	6-E
NIÑO ARTILLERO		
Barrio La Conchita	140	1-F
Barrio San Antonio	140	1-F
Barrio San Sebastián	140	1-F
Coatlinchán	89	2-C
Darío Martínez	113	6-F
Emiliano Zapata	127	1-C
La Nopalera	22	1-C
Libertad	31	6-E
Pueblo Coanalán	36	5-D
San Lucas Amalinalco	128	5-C
San Mateo Huitzilzingo	140	5-C
Santa María Ozumbilla	21	4-F
Yanhuitlán	24	2-C
NIÑO ARTILLERO CDA.		
Acolman de Nezahualcóyotl	36	2-D
San Juan Atlamica	17	5-E
NIÑO ARTILLERO CJON.		
Pueblo de Tepexpan	35	6-F
Tepexpan	35	6-F
NIÑO ARTILLERO PROL.		
Chalco	140	1-E
NIÑO ARTILLERO RT.		
Popular Ermita Zaragoza	112	1-F
NIÑO JESUS		
Barrio Niño Jesús	109	3-F
San Juan Ticomán	58	5-C
NIÑO JESUS CDA.		
La Joya	122	5-E
NIÑO JESUS DEL CJON.		
Del Carmen	109	3-C
NIÑO JESUS Y CDA.		
Barrio Niño Jesús	122	4-E
NIÑO PERDIDO		
Alamos	97	2-A
Algarín	97	2-A
Atenor Sala	97	2-A
Buenos Aires	97	2-A
Centro	84	6-A
Doctores	84	6-A
Francisco Zarco	97	2-A
Independencia	97	2-A
Letrán Valle	97	2-A
Miguel Alemán	97	2-A
Narvarte	97	2-A
Niños Héroes de Chapultepec	97	2-A
Obrera	84	6-A
Postal	97	2-A
San Francisco Tecoxpa	152	3-A
San Jerónimo Miacatlán	152	4-A
San Jerónimo Miacatlán	152	3-A
San Pedro Atlazalpa	153	1-E
San Simón Ticumac	97	2-A
Santa María Ozumbilla	21	4-F
Santiago Zapotitlán	125	2-B
Santiago Zula	141	6-A
Vertiz Narvarte	97	2-A
Xolalpa	50	4-D
NIÑO PERDIDO CDA.		
Santa Cecilia	138	6-F
NIÑO PERDIDO CDA. Y PRIV.		
San Lorenzo Tetlixtac	33	4-B
NIÑO PERDIDO CJON.		
Obrera	84	5-A
Santiago Atlaltongo	23	5-D
NIÑO PERDIDO DE 2A. CDA.		
San Lorenzo Tetlixtac	33	4-B
NIÑO PERDIDO Y AV.		
San Marcos Nepantla	23	5-A
NIÑOS DE LOS		
Valle de los Reyes	113	1-D
NIÑOS HEROES		
Ampl. Lomas de San Bernabé	120	2-E
Ampliación Emiliano Zapata	42	3-E
Arboledas de Cuautepec	58	1-C
Barrio Artesanos	87	4-F
Barrio La Asunción	97	4-D
Barrio La Conchita	141	1-A
Barrio La Lonja	122	4-C
Barrio Pescadores	87	3-F
Barrio San Agustín	151	4-E
Barrio San Marcos	152	6-B
Barrio San Sebastián	138	2-E
Barrio Santa Cruz	151	4-E
Benito Juárez	44	1-D
Benito Juárez	59	2-B
Cinco de Mayo	43	4-A
Coacalco de Berriozábal	32	4-E
Chalco	128	6-B
Chiconcuac	49	6-F
Chimalhuacán	87	3-F
Doctores	83	6-F
Ejido San Juan Tlihuaca	42	2-B
El Gallito	59	2-D
El Rosario	16	4-F
Emiliano Zapata	127	1-C
Guadalupe Victoria	33	5-D
Huitzico	113	5-B
Independencia	28	4-E
Jalalpa	95	5-D
Jardines de Acuitlapilco	88	4-B
Jorge Jiménez Cantú	28	3-F
Josefa Ortiz de Domínguez	60	2-C
La Candelaria Tlapala	141	3-E
La Joyita	98	2-F
La Magdalena Panohaya	62	3-D
Lomas de Chamapa	81	3-D
Lomas de Guadalupe	29	4-B
Lomas de San Pedro	21	4-E
Lomas de Santa Cruz	112	5-B
Lomas de Totolco	101	2-A
Lomas de Zaragoza	113	1-A
Lomas del Cadete	81	4-D
Los Reyes Acaquilpan	113	1-C
Mártires de Río Blanco	81	3-F
Miguel Hidalgo	122	4-C
Miguel Hidalgo	59	3-F
Miguel Hidalgo	59	4-F
Miravalle	113	4-A
Nexquipayac	49	4-B
Nueva San Isidro	127	4-F
Ocopulco	49	2-E
Palmitas	112	4-C
Papalotla	50	6-D
Primero de Septiembre	42	4-F
Progreso	82	3-A
Pueblo Tepepan	123	6-B
Punta La Zanja	87	3-F
San Agustín Ohtenco	151	4-E
San Agustín Ohtenco	151	4-F
San Andrés Riva Palacio	62	5-E
San Antonio Tecomitl	152	1-A
San Bartolomé Xicomulco	150	2-D
San Bartolomé Xicomulco	150	3-C
San Bernardino	76	4-A
San Felipe de Jesús	72	3-B
San Francisco Acuautla	115	3-E
San Francisco Tecoxpa	151	4-F
San Francisco Zacango	36	5-D
San Jerónimo Aculco	108	6-D
San Jerónimo Miacatlán	152	4-A
San José de los Leones	81	3-E
San Juan Ticomán	58	5-C
San Juan de Aragón	72	5-A
San Juanico Nextipac	97	6-E
San Lorenzo Tlacoyucan	151	6-E
San Lucas Tepetlacalco	56	6-C
San Luis Tlatilco	82	1-A
San Martín de las Pirámides	24	2-F
San Mateo Cuautepec	32	5-A
San Mateo Xalpa	136	5-D
San Miguel Xicalco	135	4-E
San Pablo Atlazalpa	140	6-E
San Pedro Atocpan	151	3-A
Santa Ana Tlacotenco	152	6-A
Santa Catarina Acolman	36	3-B
Santa Cruz Meyehualco	112	3-A
Santa María	44	5-B
Santa María Cuautepec	32	4-B
Santa María Ozumbilla	21	4-E
Santa María Tianguistengo	16	3-F
Santa Martha Acatitla	112	1-E
Santiago Cuautlalpan	88	4-E
Tepetates	100	4-F
Tepexpan	36	6-B
Tlalpexco	58	2-C
Tultepec	19	4-B
Unión de Guadalupe	127	4-E
Veinticinco de Julio	72	3-B
Villa Milpa Alta	151	4-E
Vista Hermosa	46	1-D
NIÑOS HEROES 2 CDAS.		
Barrio Fundidores	87	2-F
NIÑOS HEROES 2o. CJON.		
Pueblo Tepepan	123	6-B
NIÑOS HEROES 3 CDAS.		
Barrio Fundidores	87	3-F
Pueblo San Andrés Xicomulco	150	2-D
NIÑOS HEROES 3A. CDA.		
San Bartolomé Xicomulco	150	3-D
NIÑOS HEROES 4 CDAS. DE		
Ixtapaluca	115	6-A
NIÑOS HEROES 5 CJONES.		
San Pedro Atocpan	151	4-A
NIÑOS HEROES AV.		
Hidalgo	28	5-E
Nicolás Romero	28	5-E
San Isidro	30	6-F
San Juan Moyotepec	137	2-D
U.H. Infonavit Niños Héroes	30	6-F
NIÑOS HEROES CDA.		
Ampl. Torres del Potrero	108	5-B
Guadalupe Victoria	33	5-E
Hogar y Redención	95	6-E
Lázaro Cárdenas	35	6-B
Nexquipayac	49	4-A
Progreso Guadalupe Victoria	33	5-E
San Andrés Ahuayucan	136	6-F
San Francisco Acuautla	115	3-E
San Pablo Oztotepec	150	4-E
Tequisistlán	48	1-F
NIÑOS HEROES CDA. Y PRIV.		
El Arenal	136	5-D
NIÑOS HEROES CJON.		
Ixtapaluca	115	6-A
Pueblo Tepepan	123	5-B
NIÑOS HEROES DE 4 CDAS.		
Santa Clara	59	4-C
NIÑOS HEROES DE 4A. CDA.		
San Salvador Cuauhtenco	150	4-B
NIÑOS HEROES DE CHAP. AV.		
Josefa Ortiz de Domínguez	97	4-B
Niños Héroes de Chapultepec	97	4-B
NIÑOS HEROES DE CHAPULTEPEC		
Alfredo del Mazo	81	4-E
Naucalpan de Juárez	69	6-B
NIÑOS HEROES PRIV.		
Hogar y Redención	95	6-E
NIÑOS HEROES Y CDA.		
Guadalupe Victoria	33	5-D
Lázaro Cárdenas	35	6-B
San Bernardino	75	4-F
San Juan Atlamica	17	4-E
San Lorenzo Tetlixtac	33	3-B
Santa Clara	59	4-C
Santa María Cuautepec	32	4-B
Tlapacoya	127	1-E
NIÑOS HEROES Y CDA. Y PRIV.		
Pueblo Tepepan	123	6-B
San Pedro Mártir	135	1-E
San Salvador Cuauhtenco	150	4-B
NIÑOS HEROES Y PRIV.		
San Pablo Xalpa	70	1-B
NIO		
Lic. Carlos Zapata Vela	98	5-A
NIQUEL		
Chamacuero	43	3-D
El Tesoro	44	2-D
La Alborada I	20	3-B
Nueva San Isidro	127	4-E
Nueva San Isidro	127	4-F
Nuevo Milenio	20	3-B
San Vicente Chicoloapan	88	6-F
NIRES		
La Perla	99	4-F
NISPERO		
Ampliación Tres de Mayo	30	5-B
Avándaro	127	3-C
Crescencio Juárez Chavira	120	3-F
Ejido Santa Cruz Xochitepec	136	1-C
La Hera	68	3-D
La Palma	59	1-D
Las Huertas	68	6-D
Las Huertas	81	1-C
Las Peñas	111	4-F
Loma Colorada	68	6-D
Los Bordos	59	1-B
Pueblo Nuevo Alto	121	2-A
San José de los Cedros	107	1-B
San Martín Xico	140	2-B
San Rafael	57	1-B
Santa María La Ribera	83	2-E
NISPERO ANDADOR		
Las Cruces	107	6-F
NISPERO CDA.		
Jesús del Monte	94	6-B
NISPERO DE 1A. CDA.		
San José de los Cedros	107	1-B
NISPERO DE 2A. CDA.		
San José de los Cedros	107	1-B
NISPEROS		
Ampliación El Tesoro	44	3-E
Arboledas de Cuautepec	45	6-D
El Mirador	59	1-B
Hacienda Ojo de Agua	21	4-B
Ixtapaluca Izcalli	114	5-B
Jalalpa Tepito	95	6-B
NISPEROS DE LOS AV.		
Colinas	68	3-D
Lomas de San Mateo	68	3-D
Lomas de San Mateo	68	3-E
NISPEROS Y CDA.		
Lomas de San Miguel	43	3-B
Xalpa	112	3-D
NITLA		
Tlazintla	97	3-E
NIVEL		
El Parque	84	6-D
Lorenzo Boturini	84	6-D
NIZA		
Juárez	83	5-E
San Alvaro	83	1-B
NIZUC		
Ampliación López Portillo	134	1-D
Lomas de Padierna Sur	134	1-D
NO ME OLVIDES CDA.		
Barrio Santa Cruz	16	2-D
NOBEL ALFREDO		
Ind. Puente de Vigas	56	5-F
Lomas Tlalmex	56	5-F
Prados de la Loma	56	5-F
NOBELIO PRIV.		
Cuchilla Pantitlán	85	5-E
NOBLE FRANCISCO		
Santa Martha Acatitla	99	6-D
NOCTURNA		
San Jerónimo Lídice	108	5-E
NOCHE		
Estrella de Oriente	73	2-C
NOCHE DE LA AND.		
Ciudad Labor	44	1-D
NOCHE DE PAZ AV.		
Granjas Navidad	94	6-D
NOCHE TRISTE		
Popotla	83	2-C
NOCHE TRISTE DE LA		
San Pablo Tecalco	22	4-D
NOCHEBUENA		
Ampl. Minas Palacio	81	4-B
Ampliación El Chaparral	56	3-A
Ampliación El Tesoro	44	3-D
Ampliación Izcalli Ecatepec	46	2-F
Caballería de Sales	34	5-E
Ciudad Jardín	110	4-A
Chamacuero	43	3-D
Ejidal Ampl. San Marcos	44	4-D
El Molino	127	2-C
El Rosario	124	2-D
Garcimarrero	108	1-B
Guadalupe Victoria	33	4-C
Jardines de Atizapán	56	1-B
Jardines de Chalco	140	1-D
Jardines del Tepeyac	59	6-E
Jiménez Cantú	101	4-A
Joyas de Santa Ana	62	5-F
La Cantera	19	2-B
La Cañada	82	2-B
La Navidad	94	6-C
Las Conchitas	31	4-A
Las Flores	56	3-A
Las Huertas	68	6-D
Las Margaritas	56	4-D
Loma Encantada	113	3-D
Lomas de Altavista	114	1-A
Lomas de Chamontoya	107	6-E
Lomas de San Bernabé	120	2-E
Lomas de San Lorenzo	124	1-E
Lomas de Santa Cruz	112	4-B
Lomas de la Era	107	6-F
Los Angeles	111	3-E
Los Angeles Apanoaya	111	3-E
Los Bordos	46	6-B
Los Padres	108	6-A
Miraflores	42	2-F
Prados de Ecatepec	19	4-F
Progreso Guadalupe Victoria	33	4-C
Reacom. Belén de las Flores	95	3-E
Rinconada El Mirador	135	1-F
San Jerónimo	137	3-A
San José de las Palmas	101	6-B
San José del Jaral	43	2-D
San Miguel	127	5-F
San Miguel Teotongo	113	3-A
San Miguel Teotongo	113	3-B
San Pablo	112	4-F
San Pedro Mártir	135	1-D
Santa María Chimalhuacán	88	4-B
Santa María Chimalhuacán	88	4-A
Santa María de Guadalupe	44	3-A
Santa Rosa	101	1-E
Santa Rosa	101	2-D
Santa Rosa	48	3-D
Tenorios	112	5-D
Texcoco	76	1-A
Valle de Santa María	137	4-A
Valle de las Flores	30	5-D
Villa de los Capulines	100	3-C
Villas de las Palmas	42	2-F
NOCHEBUENA 1A. CDA.		
Santa Cruz Tepeyehuali	137	5-A
NOCHEBUENA AV. Y CDA.		
San Francisco Chilpan	44	1-C
NOCHEBUENA CDA.		
El Mirador	136	1-C
La Concepción	49	1-E
Reacom. Belén de las Flores	95	3-E
San Bartolo El Chico	123	5-C
Torres del Potrero	108	5-B
U. H. Belén de las Flores	108	2-C
NOCHEBUENA CJON.		
Barrio Caltongo	137	2-B
NOCHEBUENA PRIV.		
Jiménez Cantú	101	4-A
NOCHEBUENA Y 4 PRIVS.		
Villa de las Flores	32	1-F
NOCHEBUENA Y CDA.		
San Francisco Zacango	36	6-D
NOCHIPANGO		
Ampliación Santa Catarina	113	6-E
NOCHISTLAN		
Barrio Artesanos	87	4-F
San Esteban Huitzilacasco	81	3-F
NOCHITEPETL		
Acozac	114	3-F
NOE AV.		
Guadalupe Tepeyac	71	6-D
NOEMI ANTONIO CDA.		
Ampliación Memetla	107	2-C
NOEMI ANTONIO Y CDA.		
Ampliación Memetla	107	2-C
Tlaxcala	107	2-C
NOEMI PRIV.		
Santa Inés	70	3-A
NOGAL		
Acuitlapilco	88	4-A
Agrícola Oriental	98	4-E
Ampl. San Marcos	44	4-C
Ampliación San Lorenzo	100	1-C
Ampliación San Lucas	128	5-C
Barrio La Tabla	137	3-C
Bosques de San Lorenzo	76	1-B
Campestre El Potrero	113	5-C
Citlalli	112	3-C
Consejo Agrarista Mexicano	111	5-F
Chimalhuacán	87	6-E
División del Norte	59	5-F
Ejército de Agua Prieta	99	6-A
El Manto	111	2-B
El Mirador	59	2-A
El Molino Tezonco	124	3-D
El Zacatón	134	1-B
El Zapote	94	1-D
Granjas Valle de Guadalupe	59	5-F
Hacienda Santa Mónica	56	5-B
Hacienda de Santa Mónica	56	5-B
Hank González	59	1-C
Ixtlahuacan	112	3-F
Jardines de Atizapán	56	1-A
L. I. Campos de Jiménez	81	2-C
La Concepción	49	1-E
La Malinche	108	6-B
La Palma	59	1-D
La Palma	135	3-F
La Palma	43	6-E
Las Cruces	107	6-F
Las Huertas	81	1-C
Las Huertas	68	6-D
Las Peñitas	43	3-D
Loma Encantada	113	3-D
Lomas El Olivo	94	5-D
Lomas de Altavista	114	1-A
Lomas de San Bernabé	120	2-F
Lomas de la Era	107	5-F
Lomas del Bosque	43	1-B
Los Bordos	59	1-B
Los Cuartos III	81	2-C
Los Morales	18	4-B
Los Olivos	100	3-C
Los Pirules	94	2-C
Palmillas	113	5-C
Palmillas	113	5-B
Paraje de San Fco. Chilpa	44	1-C
Paraje del Caballito	120	1-E
Pedregal Santa Ursula Xitla	123	1-A
Pedregal de San Nicolás	121	6-B
Progreso Guadalupe Victoria	33	4-D
Pueblo Santa Ursula Coapa	123	1-A
Residencial del Parque	56	6-D
Rincón de la Bolsa	108	5-A
San Antonio	22	3-B
San Antonio Tecomitl	152	1-B
San Bartolomé Coatepec	93	3-E
San José	101	1-C
San José El Batán	108	5-D
San José de las Palmas	101	6-B
San José de las Palmas	101	6-A
San José de los Cedros	107	1-C
San José del Jaral	43	2-D
San Juan Xalpa	111	5-B
San Juan Xalpa	111	4-B
San Luis Tlatilco	82	1-A
San Martín	76	2-B
San Martín Xico	140	2-A
San Mateo Nopala	68	2-F
San Miguel Tehuizco	148	2-F
San Miguel Teotongo	113	3-B
San Pablo Tecalco	22	4-E
San Rafael	57	1-B
Santa Cruz de Guadalupe	136	6-D
Santa María Chimalhuacán	88	4-A
Santa María La Ribera	83	2-E
Tecamachalco	100	6-F
Tenorios	112	5-D
Tlatel Xochitenco	87	2-C
Tultitlán	31	4-D
U. H. Mirador del Conde	41	3-F
U. H. Valle de Luces	111	4-A
Valle Verde	127	1-D
Valle de los Pinos	56	4-D
Vergel	111	6-C
Vergel Coapa	123	2-C
Vista Hermosa	46	1-D
Viveros Xalostoc	59	5-B
Xolalpa	50	3-E
NOGAL 1A. Y 2 CDAS.		
Santa María La Ribera	83	3-E
NOGAL 2 CDAS.		
Lomas de San Bernabé	120	2-E
NOGAL 2A. Y 2 CDAS.		
Santa María La Ribera	83	3-E
NOGAL 3A. Y 2 CDAS		
Santa María La Ribera	83	3-E
NOGAL 5A. Y 2 CDAS.		
Santa María La Ribera	83	2-E
NOGAL 6A. Y CDA.		
Santa María La Ribera	83	2-E
NOGAL 7A. Y 4 CDAS.		
Santa María La Ribera	83	2-E
NOGAL 8A. Y CDA.		
Santa María La Ribera	83	2-E
NOGAL AND.		
Las Huertas	81	1-D
NOGAL CDA.		
Ampl. Potrerillo	120	2-F
San Miguel Topilejo	149	3-B
NOGAL CJON.		
San Miguel Topilejo	149	4-B
NOGAL DE 1A. CDA. DE LA 2A.		
Santa María La Ribera	83	3-E
NOGAL DE 2 CDAS.		
Las Huertas	81	1-C
NOGAL DE 3A. CDA. DE LA 1A.		
Santa María La Ribera	83	3-E
NOGAL DE CASTILLA		
Pueblo Nuevo Alto	121	2-A
NOGAL DE LA INDIA		
Pueblo Nuevo Alto	121	2-A
NOGAL DEL		
Los Reyes Ixtacala	57	5-A
NOGAL DEL PROL.		
Lomas Las Rosas	113	1-F
NOGAL MORADO		
Potrerillo	121	2-A
NOGAL NTE.		
Ejido Santa Cruz Xochitepec	136	1-C
NOGAL PROL.		
Atlampa	83	1-E
NOGAL PROL. CDA.		
Lomas de Atlicpan	113	1-F
NOGAL RETORNO		
Lomas de Atlicpan	113	1-F
NOGAL SILVESTRE Y CDA.		

Calle / Colonia	Plano	Coordenadas
Ñ		
ÑANDU		
Atizapán	43	6-B
Vergel de las Arboledas	43	6-B
ÑOO		
Arturo Gámez	108	2-A
O		
O		
C. H. Alianza Popular Rev.	123	1-D
Santa María Tlayacampa	44	5-B
Social Progresivo Sto Tomás	21	6-F
Vivienda del Taxista	47	1-D
O GENOVEVO DE LA		
Buenavista	44	1-D
Cuchilla Alfredo del Mazo	127	3-E
Nueva Ampl. Petrolera	69	5-F
O OCHOA R. DE LA		
INFONAVIT COCEM I	31	5-D
O OCHOA RODOLFO DE LA		
COCEM	31	5-D
O SANTIAGO DE LA		
La Mexicana	95	5-C
O' FARRIL (C. 19)		
U. Santa Cruz Meyehualco	112	3-B
O' FARRIL ROMULO SR.		
La Herradura	108	3-F
O' FARRIL SR. ROMULO AV.		
Pilares Aguilas	109	2-A
Tlacopac	109	2-A
O'DONOJU JUAN Y CDA.		
Lomas de Virreyes	82	6-F
O'FARRIL ROMULO AV.		
Flor de María	108	2-E
Pilares Aguilas	108	2-E
San Angel Inn	108	2-E
O'FARRIL ROMULO SR.		
Lomas de San Angel Inn	108	4-F
Olivar de los Padres	108	4-F
O'GORMAN CECIL		
Barrio San Antonio	124	2-D
O'GORMAN JUAN		
U. H. E. Zapata ISSSTE	76	3-D
U. Pedro Ojeda Paullada	73	3-B
OA		
Social Progresivo Sto Tomás	21	6-F
OAKLAND		
Lomas de Capistrano	56	3-A
OASIS		
Clavería	70	6-B
Parques del Pedregal	122	3-B
U. INFONAVIT Iztacalco	97	4-F
OAXACA		
Adolfo López Mateos	42	3-E
Aurorita	98	2-F
Benito Juárez	41	1-F
Benito Juárez	28	5-F
Chalma de Guadalupe	57	2-F
Chimalhuacán	87	6-E
Des. Urbano Alvaro Obregón	95	5-D
El Chamizal	72	2-E
El Mirador	59	1-B
Héroes de Padierna	121	1-D
Huisnáhuac	63	1-B
Ixtlahuacan	112	3-F
Jardines de Morelos	47	3-C
Josefa Ortiz de Domínguez	60	2-B
Juárez Pantitlán	98	1-E
La Joyita	98	2-F
Loma Bonita	21	5-D
Loma de la Palma	58	1-A
Los Reyes Ecatepec	60	2-B
Miguel Hidalgo	122	4-B
Miguel de la Madrid Hurtado	112	3-F
Miravalle	112	4-F
Nueva Juárez Pantitlán	98	2-F
Nueva Rufino Tamayo	46	5-D
Pedregal de Santo Domingo	109	6-D
Pueblo de Tepexpan	35	6-F
República Mexicana	32	5-E
Río de Luz	60	2-B
San Francisco Apolocalco	113	5-D
San Isidro La Paz	29	6-B
San Jerónimo Aculco	121	1-D
San José Tecamac	22	3-C
San Martín	22	3-C
San Mateo	98	2-F
Santa María Tulpetlac	46	6-F
Santiago Acahualtepec	112	2-F
Santiago Tepalcapa	30	5-F
Temamatla	154	2-D
Tenorios	112	5-D
Tezoyuca	49	4-C
U. José Ma. Morelos y Pavón	33	1-B
Valle Ceylán	57	4-C
Xalpa	112	4-D
OAXACA 1A CDA.		
San José Tecamac	22	3-D
OAXACA 1A. CDA.		
Adolfo López Mateos	42	3-D
OAXACA 3A. CDA.		
Miguel de la Madrid Hurtado	112	3-F
OAXACA AV.		
Ampl. San Francisco	115	2-F
Ampl. San Sebastián	100	5-D
Ampliación San Sebastián	100	5-D
Barrio Santa Cruz	151	3-E
Jacarandas	56	4-B
Jardines de San Agustín	100	5-D
Miramar	100	5-D
Roma	83	6-E
Tequesquináhuac	100	5-D
Villa Milpa Alta	151	3-E
OAXACA CDA.		
Benito Juárez	41	1-F
Jardines del Pedregal	121	1-E
Peña Alta	138	5-F
San Pablo de las Salinas	20	5-A
OAXACA DE 3RA. CDA.		
Pedregal de Santo Domingo	109	5-D
OAXACA PRIV.		
Benito Juárez	41	1-F
Héroes de Padierna	121	1-D
OAXACA Y 1a. Y 2a. PROL.		
Granjas Valle de Guadalupe	59	5-F
OAXACA Y 3 CDAS.		
Adolfo López Mateos	42	3-D
OAXACA Y CDA.		
San Sebastián Tecoloxtitla	112	1-D
OAXACA Y PRIV.		
El Risco	59	5-A
OAXTEPEC		
Barros Sierra	121	1-A
U. H. Emiliano Zapata	110	6-E
OBERON		
San Pedro Albarrada	98	5-D
OBISPO		
Guerrero	84	3-A
OBJETIVO		
Prensa Nacional	70	1-D
OBRAJE		
Guerrero	84	3-A
OBRAJES		
Progreso Guadalupe Victoria	33	3-C
OBRAS PUBLICAS		
Conjunto Hab. Las Veletas	34	6-D
OBRAS Y SERVICIOS		
Ampl. Granjas San Antonio	97	6-F
Granjas San Antonio	97	6-F
Pueblo Aculco	97	6-F
OBREGON		
Diez de Abril	69	4-D
Primero de Septiembre	42	3-F
San Pedro Tepetitlán	36	4-F
OBREGON A. CDA. Y 2A. CDA.		
San Juan de Aragón	72	6-B
OBREGON ALVARO		
Alfredo V. Bonfil	81	3-E
Alfredo del Mazo	127	1-E
Alfredo del Mazo	81	4-D
Ampl. Profr. C. Higuera	43	5-B
Ampl. San Sebastián	100	5-E
Barrio Artesanos	87	3-F
Barrio Barranca Seca	121	2-B
Barrio San Antonio	124	2-D
Barrio San Isidro	138	2-D
Benito Juárez	43	6-E
Benito Juárez	44	1-E
Concepción	139	4-A
Chalco	127	6-F
Chimalhuacán	87	4-F
Darío Martínez	126	1-F
El Olivo	72	5-B
El Pino	113	2-F
El Rosario	16	4-E
El Rosario	16	4-D
El Salado	59	6-C
El Tráfico	28	6-C
El Triunfo	127	3-D
Emiliano Zapata	42	1-F
Emiliano Zapata	60	5-A
Eva Sámano de López Mateos	111	2-D
Francisco Villa	30	4-E
Francisco Villa	30	5-E
Granjas Valle de Guadalupe	72	1-E
Hank González	59	1-C
Hipódromo	83	6-E
Huisnáhuac	63	1-A
Jardines de San Gabriel	59	5-E
La Conchita Zapotitlán	125	4-B
La Magdalena Contreras	121	2-B
La Magdalena Panohaya	62	3-D
La Malinche	108	6-B
La Presa Secc. Hornos	95	5-E
Lázaro Cárdenas	35	6-B
Lázaro Cárdenas	88	2-E
Lázaro Cárdenas	35	6-B
Leyes de Reforma	76	5-B
Loma Bonita	114	6-C
Lomas de Guadalupe	56	4-A
Lomas de Guadalupe	29	4-B
Lomas de Santa Cruz	112	4-B
Lomas de Totolco	101	2-A
Los Angeles	35	6-C
Los Reyes Acaquilpan	113	1-C
Luis Donaldo Colosio	33	3-E
Melchor Múzquiz	73	1-B
Miguel de la Madrid Hurtado	112	3-F
Nueva Santa Anita	97	2-C
Ojo de Agua	125	4-E
Panorámica	46	3-F
Paraje San Juan 3a. Ampl.	111	4-D
Presidentes	95	5-D
Progresista	111	2-D
Punta de Ceguayo	108	1-B
Río Hondo	44	1-E
Roma	83	6-E
San Bartolo	50	5-A
San Francisco Acuautla	115	3-E
San Juan de Aragón	72	5-B
San Lucas Amalinalco	128	5-D
San Lucas Patoni	57	4-E
San Lucas Patoni	57	3-F
San Mateo Huitzilzingo	140	5-C
San Mateo Xoloc	17	1-A
San Miguel Xochimanga	43	6-E
San Pedro Atzompa	21	4-C
San Pedro Xalostoc	59	4-B
Santa Anita	97	2-C
Santa María Chiconautla	34	4-E
Santa María Chiconautla	34	4-F
Santa María Tianguistengo	16	3-F
Santiago Yanhuitlalpan	94	5-A
Tepetongo	122	6-B
Tepetongo	94	6-B
Tequisistlán	49	2-A
Tequisistlán	48	1-F
Valle de Anáhuac Secc. A	60	5-A
Venustiano Carranza	101	1-C
Vicente Guerrero	59	6-E
Vicente Guerrero 2a. Secc.	41	1-F
Zapata Emiliano 2a. Secc.	72	1-E
OBREGON ALVARO 1A. CDA.		
Revolución	101	2-C
OBREGON ALVARO 2 CDAS.		
Barrio San Isidro	138	1-D
OBREGON ALVARO 2a. CDA.		
Santa Ursula Coapa	123	2-B
OBREGON ALVARO AV.		
La Esperanza	124	1-C
Santa Ana Tlacotenco	152	6-A
OBREGON ALVARO CDA.		
Ampl. Profr. C. Higuera	43	5-B
Barrio de San Juan	31	3-E
Benito Juárez	58	4-B
La Malinche	108	6-A
Leyes de Reforma	76	5-B
Santa Anita	97	2-D
Santa María Tianguistengo	16	3-F
Venustiano Carranza	70	1-E
OBREGON ALVARO CJON.		
Loma Bonita	114	6-D
Santiago Atlaltongo	23	5-D
OBREGON ALVARO DE 1A. CDA		
San Bernabé Ocotepec	120	1-F
OBREGON ALVARO DE 1A. CDA.		
San Pedro Xalostoc	59	4-B
OBREGON ALVARO DE 2A. CDA		
Tierra Colorada	120	1-F
OBREGON ALVARO DE 2A. CDA.		
San Pedro Xalostoc	59	4-B
OBREGON ALVARO DE 3A. CDA		
Tierra Colorada	120	1-F
OBREGON ALVARO GRAL.		
Ampliación Caracol	85	5-D
Héroes de la Revolución	82	5-A
La Conchita Zapotitlán	125	4-B
Lázaro Cárdenas	73	5-B
Presidentes de México	111	4-E
Tultitlán	31	3-D
OBREGON ALVARO PRIV.		
San José Zacatepec	136	4-D
San Pedro Xalostoc	59	3-B
OBREGON ALVARO PROL.		
Barrio San Antonio	124	2-C
Barrio de San Juan	31	3-E
San Francisco Acuautla	115	3-E
San Juan de Aragón	72	6-B
OBREGON ALVARO Y 2 CDAS.		
Pueblo San Bernabé Ocotepec	120	1-F
OBREGON ALVARO Y CDA.		
Ampliación Los Reyes	113	2-B
Santa Ursula Coapa	123	2-B
OBREGON MARIA DOLORES		
Tulyehualco	138	2-E
OBRERA		
La Providencia	43	4-E
OBRERA AV.		
San José Buenavista	17	5-B
OBRERA PRIV.		
Recursos Hidráulicos	31	6-C
OBRERISMO CDA.		
Tlatelco	87	6-B
OBRERISMO DEL AV.		
Almontila	87	3-D
Barrio Canteros	87	3-D
Barrio Curtidores	87	3-D
Barrio Ebanistas	87	3-D
Barrio Jicareros	87	3-D
Barrio La Rosita	87	3-D
Barrio Labradores	87	3-D
Barrio Orfebres	87	3-D
Barrio Plateros	87	3-D
Barrio Vidrieros	87	3-D
Nueva Guadalupe	87	3-D
Tlatelco	87	3-D
OBRERO		
Chiconcuac	62	1-F
OBRERO MUNDIAL		
Alamos	97	2-A
Atenor Sala	97	2-A
Del Valle	96	2-F
Narvarte	96	2-F
Piedad Narvarte	96	2-F
San Miguel Teotongo	113	3-A
OBRERO NACIONAL		
Ampl. Mártires Río Blanco	81	3-E
Cuauhtémoc	108	6-B
OBRERO NACIONAL CDA.		
Cuauhtémoc	108	6-B
OBRERO REVOLUCIONARIO AV.		
San Miguel Teotongo	113	3-A
OBRERO Y CJON.		
Chimalhuacán	100	1-C
OBREROS		
Morelos	84	3-C
OBREROS 1A.CDA.		
Xochiaca	87	6-C
OBREROS 2 CDAS.		
Ejidal Emiliano Zapata	33	6-E
OBREROS 2A.CDA.		
Xochiaca	87	6-C
OBREROS AV.		
Ejidal Emiliano Zapata	33	6-E
OBREROS DE LOS 1A. CDA.		
Xochiaca	100	1-C
OBREROS DE LOS 2A. CDA.		
Xochiaca	100	1-C
OBREROS DE LOS CDA.		
Xochiaca	87	6-C
Xochiaca	100	1-C
OBREROS Y 2 CDAS.		
Barrio del Carmen	18	2-D
OBSCURIDAD		
Estrella de Oriente	73	2-C
Quinto Sol	73	1-C
OBSERVADOR DEL CDA.		
El Divisadero	135	3-F
OBSERVATORIO		
La Estación	125	1-A
OBSERVATORIO 5 CDAS.		
Observatorio	96	2-A
OBSERVATORIO AV.		
América	95	2-F
Cove	96	2-B
Dieciseis de Septiembre	95	2-F
Hidalgo	95	2-F
Las Américas	95	2-F
Las Palmas	95	2-F
Observatorio	96	2-B
San Miguel Chapultepec	96	2-B
Tacubaya	96	2-B
OBSERVATORIO ORIENTE		
Escandón	96	2-C
OBSIDIANA		
Acatitla	24	2-C
Ampl. El Mirador	24	2-B
Ciudad Cuauhtémoc	34	2-F
Estrella	71	5-D
Jardines de Morelos	47	2-F
La Esmeralda	21	6-E
Lomas de Cantera	69	6-A
Nueva San Isidro	127	4-F
OCA		
Las Arboledas	56	1-D
OCA JUAN Y PRIV. DE		
Narvarte	97	4-A
OCAMPO		
Carlos Salinas de Gortari	34	6-F
Carlos Salinas de Gortari	34	6-E
Cuajimalpa	107	2-A
Cuatliquixco	22	3-A
El Arenal	136	5-D
San Antonio Zomeyucan	82	2-B
San Gregorio Cuautzingo	128	6-D
San Lorenzo Acopilco	106	5-D
OCAMPO 3 CDAS.		
San Lorenzo Acopilco	106	5-D
OCAMPO ALVAREZ J.		
INFONAVIT COCEM I	31	5-D
OCAMPO CDA.		
San Lorenzo Acopilco	106	5-D
OCAMPO CDA. PROL.		
San Lorenzo Acopilco	106	6-C
OCAMPO DE CDA.		
Puxtla	24	3-B
OCAMPO F.		
Gustavo A. Madero	71	4-D
OCAMPO JOSEFA		
Carmen Serdán	110	6-E
OCAMPO MELCHOR		
Ampl. La Peñita	137	4-B
Apatlaco	97	5-D
Barrio Calyequita	138	2-E
Barrio La Guadalupita	138	2-E
Barrio San Antonio	124	1-D
Barrio Santa Catarina	109	2-D
Barrio Xaltipac	139	6-A
Benito Juárez	41	1-F
Benito Juárez	97	4-D
Buenavista	44	1-E
Carlos Hank González	111	4-F
Ciudad Alegre	88	5-B
Ciudad Azteca	60	2-C
Coacalco de Berriozábal	32	5-F
Coacalco de Berriozábal	32	4-E
Cuautitlán Cebadales	18	5-C
Chimalcóyotl	122	6-E
Darío Martínez	114	6-A
Desarrollo U. Quetzalcóatl	112	4-A
Ecatepec de Morelos	46	2-F
Ecatepec de Morelos	46	1-F
El Hostol Zona Comunal	46	4-E
El Progreso	16	4-E
El Rosario	16	4-E
El Sordo	82	3-A
El Triunfo	97	5-D
Emiliano Zapata	81	2-C
Emiliano Zapata 2a. Secc.	72	1-E
Ermita	109	4-A
Estado de México	82	3-A
Huixquilucan de Degollado	106	1-A
Independencia	57	1-D
Jalalpa	95	5-D
Jardines de Acuitlapilco	88	5-B
La Peñita	137	4-B
La Sardaña	44	3-D
Las Huertas	81	1-E
Lázaro Cárdenas	18	5-C
Lázaro Cárdenas	18	4-C
Leyes de Reforma	76	5-B
Liberales de 1857	95	3-E
Lomas de Atizapán	55	2-E
Lomas de Chamapa	81	3-D
Lomas de Zaragoza	112	2-F
Los Angeles	57	1-D
Los Cerrillos	138	2-E
Los Sauces	60	6-C
Magdalena Mixhuca	97	1-D
Manuel Romero de Terreros	109	3-D
Mariano Escobedo	31	6-B
Melchor Múzquiz	73	1-B
Melchor Ocampo	18	1-F
Miguel de la Madrid Hurtado	112	3-F
Miguel de la Madrid Hurtado	112	3-E
Nativitas	138	2-E
Nueva San Isidro	127	4-F
Ocopulco	49	2-F
Paraje San Juan	111	4-D
Pueblo Santa Bárbara	70	3-C
Reforma Política	112	4-B
Río de Luz	60	2-C
San Andrés Riva Palacio	62	5-D
San Bartolo Tenayuca	57	4-E
San Francisco Tepojaco	29	2-F
San Jose Ejidal	32	4-E
San Lorenzo	123	4-E
San Martín Tepetlixpan	44	1-A
San Mateo Cuautepec	32	5-A
San Miguel Teotongo	113	2-A
San Miguel Xometla	37	2-B
San Pablo	87	4-E
San Pedro Atocpan	150	3-F
San Pedro Barrientos	43	4-F
Santa Clara	59	3-D
Santa Cruz Meyehualco	112	4-A
Santiago Zapotitlán	125	3-B
Santiago Zapotitlán	125	2-B
Tecuescongo	35	3-A
Tultepec	19	4-B
U. H. ISSFAM No. 1	122	6-E
U. H. San Pedro Mártir	122	6-E
Unidad Hab. Cristal	18	5-C
Veintiuno de Marzo	44	5-A
Villa Coyoacán	109	2-D
Villa San Lorenzo Chimalco	100	2-C
OCAMPO MELCHOR 1A. CDA.		
San Francisco Tepojaco	29	2-F
OCAMPO MELCHOR 2 CJONES.		
Barrio San Pablo	111	1-B
OCAMPO MELCHOR CALZ.		
Anzures	83	5-D
Cuauhtémoc	83	5-D
Nueva Anzures	83	5-D
San Rafael	83	5-D
Tlaxpana	83	5-D
Verónica Anzures	83	5-D
OCAMPO MELCHOR CDA.		
Los Cerrillos	138	2-E
San Andrés Riva Palacio	62	5-D
OCAMPO MELCHOR CDA. Y RT.		
Manuel Romero de Terreros	109	4-D
OCAMPO MELCHOR DE 2A. CDA.		
San Francisco Tepojaco	29	2-F
OCAMPO MELCHOR PROL Y 2 CDAS		
Los Cerrillos	138	2-D
OCAMPO MELCHOR PROL.		
Barrio Niño Jesús	109	4-E
Pedregal de San Francisco	109	4-E
OCAMPO MELCHOR Y 2 CDAS.		
San Antonio Zomeyucan	82	2-B
Santa Lucía	108	1-A
OCAMPO MELCHOR Y 2 RTS.		
Tlalnepantla	57	4-A
OCAMPO MELCHOR Y CDA.		
Ampliación Benito Juárez	58	4-B
Jacarandas	111	2-F
San Pablo de las Salinas	19	5-F
OCAMPO PRIV.		
Barrio San Pablo	111	1-B
Cuajimalpa	107	2-B
OCAMPO PROL.		
San Lorenzo Acopilco	106	5-C
OCARANZA FERNANDO		
Ciudad Satélite	56	6-C
OCARANZA MIGUEL		
Merced Gómez	109	1-B
OCASO		
Estrella de Oriente	73	2-C
Insurgentes Cuicuilco	122	2-C
OCCELI CECILIA		
La Palma	59	1-D
OCCIPACO 2A. CDA.		
Los Alamos	68	2-F
OCCIPACO CDA.		
Tierra Larga	68	3-F
OCEANIA		
Aquiles Serdán	85	3-A
El Rosedal	109	3-F
Miguel Hidalgo	84	4-F
Moctezuma 2a. Secc.	84	4-F
Pensador Mexicano	85	3-A
Revolución	84	4-F
Romero Rubio	85	3-A
Tex-Plus	62	6-F
U. H. San Juan de Aragón	85	3-A
OCEANO		
Granjas de San Cristóbal	33	5-A
Jardines del Pedregal	109	5-A
OCEANO ANTARTICO		
Lomas Lindas	43	5-A
Lomas Lindas	43	6-A
OCEANO ARTICO		
Lomas Lindas	42	5-F
OCEANO ATLANTICO		
Ampliación La Quebrada	43	2-F

Calle / Colonia	Plano	Coordenadas
Lomas Lindas	42	5-F
OCEANO ATLANTICO CDA.		
Lomas Lindas	42	4-F
OCEANO AV.		
Del Mar	124	4-E
OCEANO DE LAS TEMPESTADES		
Ampl. Selene	126	4-A
Selene	125	4-F
OCEANO INDICO		
Lomas Lindas	42	5-F
OCEANO PACIFICO		
Ampliación La Quebrada	43	2-F
El Puerto	57	3-E
Lomas Lindas	43	5-A
Lomas Lindas	42	5-F
OCEANO PACIFICO AV.		
Héroes de la Independencia	59	2-F
Prados de Santa Clara	59	2-F
OCEANO PACIFICO Y CDA.		
Lomas Lindas	42	4-F
OCEANOS DE LOS AV.		
Cuautitlán Izc. Atlanta	30	2-E
OCELOPAN		
Ampliación Estrella del Sur	110	3-F
OCELOTL		
Barrio Tejedores	87	4-C
Barrio Vidrieros	87	4-C
San Miguel Xochimanga	43	5-D
San Pablo Tepetlapa	110	5-B
OCOAPAN		
Pedregal de Santo Domingo	109	5-E
OCOCATL		
Barrio Mineros	87	4-E
Barrio Pescadores	87	4-E
OCOCENTL		
Chimalhuacán	87	4-F
OCORONI		
Lic. Carlos Zapata Vela	98	5-A
OCOSINGO		
Ixtlahuacan	112	3-F
Residencial Cafetales	123	1-E
OCOSINGO CDA.		
Pedregal de Santo Domingo	122	1-E
OCOTAL		
Avándaro	127	2-B
Lomas del Padre	106	3-F
OCOTAL EL		
La Carbonera	120	2-F
Lomas del Padre	106	4-F
OCOTAL Y CDA.		
Lomas del Padre	106	4-F
OCOTALES		
Villa de las Flores	32	2-F
OCOTE		
Agrícola Oriental	98	4-E
Ampl. Minas Palacio	81	4-B
Ampliación Miguel Hidalgo	121	6-F
Ampliación Tlacoyaque	107	6-E
Chimalhuacán	87	6-E
Chimilli	121	6-E
El Molino Tezonco	124	3-D
Huayatla	120	2-E
Jardines San Agustín 1a Sec	100	4-D
Jardines de Santa Mónica	56	4-D
Jesús del Monte	94	6-A
La Concepción	49	1-E
La Malinche	108	6-B
Las Peñitas	43	3-D
Lomas de Zaragoza	112	2-F
Paraje del Caballito	120	1-D
Pedregal de San Nicolás	121	6-B
Prados de Ecatepec	19	3-F
Primavera	135	1-A
San Bartolo Ameyalco	108	5-B
San Miguel Teotongo	113	3-A
Valle Verde	114	6-D
Vista Hermosa	46	1-D
Xalpa	112	3-E
OCOTE CDA.		
2a. Ampl. Stgo Acahualtepec	112	3-E
Crescencio Juárez Chavira	120	2-F
La Carbonera	120	3-F
OCOTE DE 3 CDAS.		
San Bartolo Ameyalco	108	5-B
OCOTE DEL CDA.		
San Miguel Xicalco	135	5-D
OCOTE PRIV.		
Residencial Ocote	94	6-B
Tepetongo	94	6-B
OCOTE PROL.		
San José de los Cedros	94	6-B
Tepetongo	94	6-B
OCOTE Y CDA.		
Jardines de San Agustín	100	4-D
OCOTE Y CDA. Y 2 PRIVS.		
La Retama	94	6-B
OCOTEPEC		
Lomas de San Bernabé	120	1-E
San Jerónimo Aculco	121	1-D
San Jerónimo Lídice	108	5-D
San Jerónimo Lídice	108	5-C
OCOTEPEC CDA.		
La Malinche	108	6-B
Pueblo San Bartolo Ameyalco	107	5-D
San Jerónimo Lídice	108	5-D
OCOTEPEC PRIV.		
San Jerónimo Lídice	108	5-C
San Jerónimo Lídice	108	6-C
OCOTEPEC Y 2a. CDA.		
Pueblo San Bernabé Ocotepec	120	1-F
OCOTEPEC Y PRIV.		
San Jerónimo Lídice	108	6-C
OCOTES		
Chitchitcáspatl	121	6-B
La Perla	99	4-F
Sector 17	121	6-B
U. INFONAVIT Iztacalco	97	4-F
OCOTES DE LOS		
Lomas de San Mateo	68	3-E
OCOTILLOS CDA.		
Ocotillos	108	4-B
OCOTITLA		
Rancho Memetla	107	1-C
OCOTITLA CJON.		
Pueblo Santa Ana Tlacotenco	152	6-A
OCOTL		
Barrio Saraperos	87	6-B
OCOTLA		
Pueblo San Miguel Ajusco	135	5-A
OCOTLAN		
Adolfo López Mateos	42	3-D
Barros Sierra	121	1-A
Roma	83	6-D
San Felipe de Jesús	72	3-B
OCOTLAN PRIV.		
Barrio Jugueteros	87	5-B
OCOTZOTL		
Barrio Alfareros	87	4-D
OCOXAL		
Pedregal de Santo Domingo	109	5-D
OCOYOACAC		
Altavilla	72	1-B
Cuautitlán Izc. Cumbria	30	2-D
OCOYOL		
Chimalhuacán	87	6-F
OCOZAL OTE.		
San Francisco Cascantitla	18	6-C
OCOZAL PTE.		
San Francisco Cascantitla	18	6-C
OCOZOLIN		
El Arenal 3a. Sección	85	5-E
OCOZOTL		
Barrio Ebanistas	87	4-C
OCPAL		
Las Peñitas	43	4-D
OCPATL		
Las Peñitas	43	4-D
OCTANO		
Barrio Santa Apolonia	70	5-B
OCTAVA AV.		
Zona Industrial Tultepec	19	4-D
OCUILAN		
Lomas Verdes	31	6-F
Lomas de Atizapán 1a. Secc.	55	2-F
OCULIN		
Pedregal de Santo Domingo	109	5-F
OCULISTAS		
El Sifón	97	6-D
OCHO COLUMNAS		
Prensa Nacional	70	1-D
OCHO DE ABRIL CDA.		
San Lorenzo Totolinga	68	6-E
OCHO DE AGOSTO		
Benito Juárez	59	2-C
Lázaro Cárdenas	18	5-D
Plan de Ayala	81	4-E
OCHO DE AGOSTO CDA.		
Ocho de Agosto	96	3-B
OCHO DE AGOSTO DE 1879		
Lázaro Cárdenas	18	5-C
OCHO DE DICIEMBRE		
La Navidad	94	6-C
OCHO DE FEBRERO		
Palo Solo	94	1-D
OCHO DE JUNIO		
Pueblo San Miguel Hila	41	2-D
OCHO DE MARZO		
Narciso Mendoza	123	4-C
OCHO DE MAYO		
Cuautitlán	31	1-B
Gral. Manuel Avila Camacho	82	4-C
La Aurorita	17	5-C
Palmitas	112	4-C
Planetario Lindavista	71	3-A
San Miguel Topilejo	149	4-A
Santa María Tonanitla	20	3-E
Tlacoyaque	107	6-E
OCHO DE MAYO DE 1753		
Santa María Ticomán	58	6-C
OCHO DE OCTUBRE		
Alfredo V. Bonfil	43	4-B
OCHO DE SEPTIEMBRE		
Daniel Garza	96	2-A
Gral. Manuel Avila Camacho	82	4-C
Jardines de los Baez	47	1-D
OCHO Y MEDIO		
Santa Fe	95	6-A
OCHOA DE MIRANDA		
Vallejo	71	6-C
OCHOA JUAN DE		
Fuego Nuevo	111	4-A
OCHOA RAFAEL (C. 35)		
U. Santa Cruz Meyehualco	112	3-A
OCHOLLI		
Tlatelco	87	6-B
OCHOTERENA ISAAC		
Tetlalmeya	122	3-F
OCHPANIZTLI		
Ciudad Cuauhtémoc	34	2-E
OCHUPANGO DE 1A. Y 2A.		
San Lorenzo Tlalmimilolpan	24	5-A
ODA		
Cuautitlán Izc. Ensueños	30	1-E
Jaime Torres Bodet	138	5-F
ODESA		
Portales	97	6-A
ODISEA LA		
Lomas de Axomiatla	108	3-A
ODONTOLOGIA		
Copilco Universidad	109	4-C
Lomas Anáhuac	94	3-E
Univ. Aut. Metropolitana	42	1-F
ODONTOLOGOS		
San José Aculco	98	5-A
OESTE		
Industrial Tlatilco	82	1-B
OFELIA		
Tizapán	108	4-F
OFICIOS DE LOS AV.		
Ampl. Venustiano Carranza	84	3-E
Tres Mosqueteros	84	3-E
Veinte de Noviembre	84	3-E
OFIUCO		
Prados de Coyoacán	110	6-C
OFNASDIM		
Lomas del Chamizal	94	4-F
OFTALMOLOGO		
San José Aculco	98	5-A
OGAZON		
Guerrero	84	3-B
OGAZON PEDRO LUIS		
San Angel	109	2-B
Vallejo	71	6-C
OHIO		
El Rosedal	110	3-A
Nápoles	96	3-D
OHTENCO 1A. CDA.		
Santiago Norte	97	3-C
OHTENCO 2A. CDA.		
Santiago Norte	97	3-C
OHTENCO 3A. CDA.		
Santiago Norte	97	3-C
OIDORES		
Santa Cecilia	57	2-C
OJAPAN		
El Cuernito	95	4-E
Zenón Delgado	95	4-E
OJEDA JOSE		
Ejército de Ote. Z. Peñón	99	6-C
OJINAGA		
Francisco Villa	101	3-B
OJITECOS		
Ampl. Tepeximilpa Servimet	122	6-B
OJITLAN		
Residencial Cafetales	123	2-F
OJITO CJON.		
Cuadrante de San Francisco	109	3-E
OJO DE AGUA		
Ampl. Gustavo Baz Prada	44	6-D
Club de Golf La Hacienda	43	6-C
Ejidal Los Acuales	33	4-A
Ejidos de San Pedro Mártir	122	6-F
Ejidos de San Pedro Mártir	135	1-F
Granjas de San Cristóbal	33	4-A
Guadalupe Tlaltenco	125	3-E
Juventud Unida	122	6-F
La Agüita	46	6-A
La Agüita	45	6-F
La Agüita	46	5-A
La Nopalera	122	6-F
Movimiento Organizado	135	1-F
Ojo de Agua	125	3-E
Pueblo San Bartolo Ameyalco	107	5-E
Pueblo San Bernabé Ocotepec	120	1-F
Pueblo Santa Rosa Xochiac	107	6-C
Sagitario I	73	2-D
Santa Cruz Acalpixca	137	3-D
Tezoyuca	49	2-C
Valle de Tepepan	122	6-F
OJO DE AGUA 3A. CDA.		
Lomas de San Bernabé	120	2-E
OJO DE AGUA 6A. CDA.		
Lomas de San Bernabé	120	2-E
OJO DE AGUA AV.		
Ampl. Lomas de San Bernabé	120	2-E
Huayatla	120	2-E
Lomas de San Bernabé	120	2-E
San Francisco Acuexcomac	49	6-C
OJO DE AGUA AV. Y CDA.		
Las Brisas	34	4-E
OJO DE AGUA BLVR.		
Hacienda Ojo de Agua	21	4-A
Hacienda Ojo de Agua	21	5-C
Hacienda Ojo de Agua	21	4-D
Villas Estrella	21	4-A
OJO DE AGUA CDA.		
Lomas de San Bernabé	120	1-F
San Francisco Acuexcomac	49	6-C
OJO DE AGUA CJON.		
Barrio Calyequita	138	2-E
OJO DE AGUA DE 3A. CDA.		
Ejidos San Pedro Mártir	135	1-F
OJO DE AGUA PRIV.		
Barrio Niño Jesús	122	4-F
Lomas de San Bernabé	120	1-F
OJO DE AGUA Y 2 CDAS.		
Lomas de San Bernabé	120	1-F
OJO DE AGUA Y CDA.		
Ojo de Agua	44	1-C
OJOCHES		
La Perla	99	4-F
OKLAHOMA		
Nápoles	96	3-C
OKLAHOMA Y PRIV.		
Vicente Guerrero 1a. Secc.	41	1-E
OLA		
Jardines de Morelos	48	2-A
U. Vallejo La Patera	70	2-F
OLA DE LA		
Zona Res. Acueducto de Gpe.	57	5-F
OLAC		
Las Palmas	121	1-A
OLACHEA AVILES AGUSTIN		
Adolfo López Mateos	85	6-C
OLAGUIBEL FRANCISCO		
Obrera	97	1-B
OLAGUIBEL FRANCISCO M. DE		
Ciudad Satélite	56	6-A
OLAGUIBEL FRANCISCO MODESTO		
Barrio Cesteros	87	4-D
Barrio Curtidores	87	4-D
Barrio Hojalateros	87	4-D
Barrio Talladores	87	4-D
OLARTE SERAFIN		
Independencia	96	5-F
OLCACATZAN		
Barrio Curtidores	87	3-D
Barrio Hojalateros	87	3-D
Barrio Hojalateros	87	4-D
OLEO		
Dr. Jorge Jiménez Cantú	30	4-C
OLEODUCTO		
Aguilera	70	5-F
Del Gas	70	5-F
OLID CRISTOBAL DE		
Rincón de Echegaray	69	3-D
OLIMPIA		
Emiliano Zapata	113	2-C
Las Rosas	56	4-D
Los Cedros	107	5-F
México 68	68	4-D
Olímpica Jajalpa	47	3-A
OLIMPIADA		
El Paraíso	99	5-B
OLIMPIADA 68		
La Olímpica	81	3-B
OLIMPICA		
San Mateo Tecoloapan	43	4-D
Santa Ana Tlacotenco	152	6-A
OLIMPICA AV.		
Las Peñitas	43	4-C
OLIMPICA CJON.		
Santa Ana Tlacotenco	152	6-A
OLIMPICA PRIV.		
Valle del Sur	110	3-E
OLIMPICA PROL.		
Santa Ana Tlacotenco	152	5-A
OLIMPICO 68		
México 86	43	3-A
OLIMPICOS AND.		
Las Peñitas	43	4-D
OLIMPO		
Cuautitlán Izc. Ensueños	30	1-E
OLIMPO DEL CALZ.		
Villa Olímpica M. Hidalgo	122	3-B
OLIN		
Ampl. Buenavista	44	3-D
OLIN CDA.		
Barros Sierra	121	1-A
OLIN Y CDA.		
Barros Sierra	121	1-A
OLINALA		
U. H. CTM Culhuacán Zona V	110	5-D
OLITE		
Cerro de la Estrella	111	6-C
OLIVA LEONARDO		
Tetlalmeya	122	3-F
OLIVA RAFAEL Y PRIV.		
Churubusco	110	2-A
OLIVAR AV.		
El Olivar	82	1-B
OLIVAR DE LOS PADRES 2A CDA.		
Olivar de los Padres	108	4-B
OLIVAR DE LOS PADRES CALZ.		
Olivar de los Padres	108	4-C
OLIVAR DEL 1A. PRIV.		
Olivar de los Padres	108	5-C
OLIVAR DEL CDA.		
Olivar de los Padres	108	4-C
OLIVAR Y CDA.		
Alfonso XIII	96	5-A
Progreso	108	4-F
OLIVARES E.		
Palmatitla	58	1-B
OLIVARES MIGUEL		
Rinconada San Marcos	44	4-B
OLIVARES ROMERO MIGUEL		
Presidentes Ejidales	110	5-C
OLIVARITO Y CDA.		
Olivar de los Padres	108	4-C
OLIVO		
Ahuehuetes	76	1-B
Ampl. Libertad 3a. Sección	29	3-B
Ampliación El Fresno	31	6-C
Ampliación San Marcos	44	4-C
Ampliación San Marcos Norte	123	6-E
Avándaro	127	3-C
Bosques de San Lorenzo	76	1-B
Consejo Agrarista Mexicano	111	6-E
Ecatepec de Morelos	46	1-D
Ejido Santa Cruz Xochitepec	136	2-C
Ejidos de San Cristóbal	33	5-F
El Arenal	70	6-F
El Olivo	137	4-A
Jardines de Ecatepec	47	3-B
La Candelaria	110	5-A
La Palma	59	1-D
Las Huertas	68	6-E
Las Huertas	68	6-D
Loma Linda	82	1-A
Lomas El Olivo	94	4-D
Lomas San Lorenzo	111	6-E
Paraíso	60	1-A
Patrimonio Familiar	70	6-F
Pedregal de Santo Domingo	109	5-E
Plaza de las Rosas	56	3-E
Prados de Ecatepec	20	3-A
Pueblo de Tetelpan	108	3-D
Recursos Hidráulicos	31	5-C
Residencial San Pedro	76	1-A
San Antonio Zomeyucan	82	2-B
San Francisco Chilpan	31	6-C
San José de los Cedros	94	6-C
San Juan Cerro	111	3-C
San Juan Tepeximilpa	122	6-B
San Luis Tlatilco	82	1-A
San Pedro	76	1-B
San Rafael	57	1-B
Tierra Blanca	138	4-F
Unidad Habitacional La Isla	20	4-A
Valle Verde	114	6-D
Vergel Coapa	123	2-C
Viveros Xalostoc	59	6-C
OLIVO AV.		
Recursos Hidráulicos	31	5-C
OLIVO CDA.		
Ampl. Tlacoyaque	107	6-E
El Manto	111	2-C
Florida	109	2-C
Tlapacoya	127	2-E
OLIVO CJON.		
Chimalhuacán	87	6-E
OLIVO CJON. Y CDA.		
La Palma	56	1-F
OLIVO DEL		
Los Morales	18	5-B
San Juan Totoltepec	68	6-F
OLIVO DEL CJON.		
Cocotitlán	141	4-C
OLIVO EL		
Lomas El Olivo	94	4-D
OLIVO EL CDA.		
Calacoaya	56	4-B
OLIVO SUR		
El Olivo	44	5-A
Isidro Fabela	44	5-A
OLIVO Y 2 CDAS. Y CJON.		
Florida	109	2-C
OLIVO Y CDA.		
San Luis Tlaxialtemalco	138	2-B
OLIVO Y PRIV.		
La Palma	56	1-E
OLIVOS		
Ampliación Tres de Mayo	30	6-B
Arboledas de Cuautepec	45	6-C
Atizapán Moderno	56	2-B
Bosques de Morelos	30	4-B
Campestre El Potrero	113	5-C
Campestre Liberación	42	3-C
Campestre Liberación	42	2-C
Copalera	100	3-F
Chimalhuacán	87	6-E
Chimalhuacán	87	6-F
El Mirador	59	1-B
Francisco Alvarez	114	6-B
Granjas de Guadalupe	42	1-C
Jalalpa El Grande	108	1-A
Jardines del Tepeyac	59	6-F
La Arboleda	57	4-E
La Cañada	82	2-B
La Floresta	100	6-B
La Vuelta de San Agustín	100	3-C
Las Peñitas	43	3-D
Loma Encantada	113	3-E
Lomas de Totolco	101	2-A
Los Cedros	107	6-F
Los Olivos	100	3-C
Olivar Santa María	138	4-E
Papalotla	50	6-D
Plutarco Elías Calles	114	4-F
San Jerónimo	124	2-E
Unión Popular	81	2-F
Villa de las Flores	32	2-F
Villa de los Capulines	100	3-C
Xocotlán	63	5-F
Xochiaca	87	6-C
OLIVOS 3 CDAS.		
El Olivo	137	5-A
OLIVOS AV.		
El Mirador	68	5-F
Hank González	59	1-B
Los Bordos	46	6-B
San Juan Totoltepec	68	5-F
OLIVOS CDA.		
Chimalhuacán	87	6-E
Los Bordos	59	1-B
Plutarco Elías Calles	114	5-F
Torres del Potrero	108	5-B
OLIVOS DE CDA.		
Xocotlán	63	5-F
OLIVOS DE LOS		
Jardines de San Mateo	68	3-F
Loma Encantada	113	3-E
San Juan Xalpa	111	5-B
OLIVOS DE LOS AND.		
Los Bordos	59	1-B
OLIVOS DE LOS AV.		
La Cañada	82	2-B
OLIVOS DE LOS CDA.		
Ampl. La Forestal	45	6-C
La Malinche	108	6-B
Los Bordos	59	1-B
Xochiaca	87	6-C
OLIVOS DE LOS CJON.		
Santa María Nativitas	101	1-B
OLIVOS DE LOS Y 2 CDAS.		
Vergel de las Arboledas	43	6-B
OLIVOS JUAN DE LOS		
Lomas del Carmen	81	1-D
OLIVOS LOS		
Bello Horizonte	31	5-E
Quirino Mendoza	136	4-E
Salitrería	76	2-A
Tlaltecahuacán	50	4-B
OLIVOS LOS AV.		
Bello Horizonte	31	5-E
La Cañada	81	2-D
OLIVOS LOS CDA.		
Xochiaca	87	6-C
OLIVOS LOS RT.		
Vergel de las Arboledas	56	1-B
OLIVOS Y 2 CDAS.		
La Malinche	108	6-B
San Juan Totoltepec	68	5-F
OLMECA		
Adolfo Ruiz Cortines	110	6-A
Degollado	112	6-A

Calle / Colonia	Plano	Coordenadas
Desarrollo U. Quetzalcóatl	112	6-A
Magdalena de los Reyes	100	6-D
Tlacuitlapa	108	2-B
OLMECAS		
Cuauhtémoc	57	1-D
Emiquia	19	1-C
Industrial Naucalpan	82	1-B
Parque Industrial Naucalpan	82	1-B
Tlapacoya	127	2-D
U. H. El Rosario	69	1-F
Zapotecas	59	3-E
Zapotecas	59	2-E
OLMECAS AND.		
Mixcoatl	112	5-A
OLMECAS CDA.		
Tlapacoya	127	2-D
OLMECAS DE LOS		
Santa Cruz Acatlán	69	4-B
OLMEDO ADELAIDO		
Profr. Cristóbal Higuera	43	6-B
OLMILLOS		
El Tejocote	88	3-E
OLMO		
Barrio Barranca Seca	121	2-C
Bosque del Pedregal	121	6-B
Garcimarrero	108	1-C
Jardines de San Agustín	100	4-D
Jards. San Agustín 1a. Secc	100	4-C
La Palma	59	1-D
Los Olivos	100	3-C
Los Pirules	94	2-D
Miguel de la Madrid Hurtado	112	3-E
Pedregal de San Nicolás	121	6-B
San Rafael	57	1-B
Valle de los Pinos	56	4-D
Vergel Coapa	123	2-C
OLMO CDA.		
Miguel de la Madrid Hurtado	112	3-E
OLMO DE CDA.		
Hank González	59	1-B
OLMO FRANCISCO DEL		
Barrio Tenantitla	139	6-A
San Pablo Oztotepec	150	5-D
OLMO MANUEL DEL RT.		
U. H. Atzacoalco CTM	71	1-F
OLMOS		
Ampl. San Marcos	44	4-C
Ampliación La Forestal	45	6-C
Ampliación San Marcos Norte	136	1-E
El Molinito	82	2-B
El Potrero	56	3-C
Las Peñitas	43	3-D
Las Peñitas	43	4-D
San José del Jaral	43	2-D
San Juan Tepeximilpa	122	6-B
San Nicolás II	134	1-C
Villa de las Flores	32	2-F
OLMOS CDA.		
La Estación	123	6-E
OLMOS JOSE MARIA		
Ejército de Ote. Z. Peñón	99	6-C
OLMOS V. CONTRERAS JESUS		
Periodista	82	3-D
OLMOS Y 2 RTS.		
Prados de San Mateo	68	3-F
OLMOS Y CDA.		
Ampliación San Marcos Norte	123	6-E
OLOTE		
San Pablo Xolalpa	50	4-D
OLVERA ABRAHAM		
Centro	84	5-D
México Nuevo	55	1-E
OLVERA DR.		
Doctores	83	6-F
OLVERA ISIDORO		
Presidentes Ejidales	110	5-D
OLVERA LUIS		
Guadalupe	57	5-E
Santiago Atepetlac	57	5-E
OLVERA PRIV.		
Pantitlán	85	6-E
OLVIDO		
Independencia	28	4-E
San Miguel Teotongo	113	2-A
OLVIDO DEL		
Cuatliquixco	22	3-A
OLVIDO DEL CDA.		
San Miguel Xicalco	135	5-D
OLVIDO DEL CJON.		
La Angostura	108	5-C
OLLA DE LA		
La Estadía	54	5-F
OLLACATZAN		
Barrio Curtidores	87	3-D
Barrio Hojalateros	87	3-D
OLLIN Y CDA.		
San Miguel Xochimanga	43	5-D
OLLOQUI JOSE MARIA		
Acacias	109	1-D
Del Valle	109	1-D
OMACINTLA		
Tlazintla	97	3-E
OMBUES		
La Perla	99	4-F
OME		
Ciudad Cuauhtémoc	34	3-F
OMECIHUATL		
Adolfo Ruiz Cortines	110	6-A
Ciudad Cuauhtémoc	34	3-F
Ciudad Cuauhtémoc	34	2-F
Dolores Tlali	136	4-A
La Pastora	58	5-B
OMEGA		
Atizapán 2000	43	3-A
Casa Blanca	111	5-D
Lomas de Becerra Granada	95	4-E
U. I. CTM Embotelladores	75	1-F
OMEGA CDA. Y RT.		
Manuel Romero de Terreros	109	4-D
OMEGA Y RT.		
Manuel Romero de Terreros	109	3-D
OMETECUHTLI		
Ampliación Flores Magón	110	2-F
Ciudad Cuauhtémoc	34	3-F
La Pastora	58	4-B
OMETUSCO		
Hipódromo	96	1-D
OMEYOACAN		
Dolores Tlali	136	4-A
OMEYUCAN		
El Ermitaño	120	2-E
OMICRON		
Lomas de Becerra Granada	95	4-E
ONCE DE ABRIL		
Ampl. Vista Hermosa	29	5-A
Emiliano Zapata	42	1-F
Escandón	96	2-B
Nápoles	96	2-B
Ocho de Agosto	96	2-B
San Lorenzo Totolinga	81	1-E
San Pedro de los Pinos	96	2-B
Tacubaya	96	2-B
ONCE DE ABRIL 2 PRIVS.		
Escandón	96	3-C
ONCE DE AGOSTO DE 1859		
Leyes de Reforma	98	5-D
ONCE DE ENERO DE 1861		
Leyes de Reforma	98	4-D
ONCE DE JULIO		
Mariano Escobedo	44	1-B
San Francisco Chilpan	31	6-C
ONCE DE JULIO Y CDA. Y PRIV.		
San Francisco Chilpan	31	6-B
ONCE DE NOVIEMBRE		
San Martín Tepetlixpan	44	1-A
San Martín de las Pirámides	24	1-F
ONCE DE SEPTIEMBRE		
Ampl. Altamira	81	2-F
Jardines de los Baez	34	6-D
ONCE MARTIRES		
Barrio La Fama	122	4-D
Tlalpan	122	3-D
ONCEAVA AV.		
Zona Industrial Tultepec	19	3-D
ONCOLOGOS		
San José Aculco	97	5-F
ONIMEX		
Fracc. Los Laureles	47	4-A
Las Palmas	47	4-A
ONIQUINA		
Sagitario IV	60	5-C
Tres Estrellas	71	6-E
ONIX		
Acatitla	24	2-C
Ciudad Cuauhtémoc	34	2-E
Estrella	71	5-D
La Esmeralda	21	6-D
Nueva San Isidro	127	4-F
Rancho del Carmen Infonavit	114	6-A
Santo Tomas Chiconautla	71	5-D
U. H. La Esmeralda	72	3-B
ONTARIO		
Valle Dorado	56	2-D
OÑATE JUAN DE		
Ciudad Satélite	69	1-C
OPALO		
Ciudad Cuauhtémoc	34	2-E
Estrella	71	5-D
Jardines de Morelos	47	2-F
Joya de Vargas	137	5-A
Joyas de San Mateo	63	5-B
Joyas del Pedregal	122	2-F
La Esmeralda	21	6-D
La Joya Ixtacala	57	5-C
La Poblanita	113	5-C
Molino de Santo Domingo	95	3-F
Nueva San Isidro	127	4-F
San Juan Ixtacala Ampl. Nte	57	5-C
Social Progresivo Sto Tomás	21	6-E
U. H. La Esmeralda	72	3-B
OPATAS		
Tezozómoc	70	4-A
OPERA		
Dr. Jorge Jiménez Cantú	30	4-C
Lomas Hidalgo	121	6-E
OPERA CDA.		
Dr. Jorge Jiménez Cantú	30	5-C
OPICHEN		
Lomas de Padierna	121	3-C
Z. U. E. El Pedregal	121	3-C
OPUS		
Dr. Jorge Jiménez Cantú	30	4-C
Lomas Hidalgo	121	6-E
ORADORES CIR.		
Ciudad Satélite	56	6-B
ORANO OTE.		
San Francisco Cascantitla	18	6-C
ORANO PTE.		
San Francisco Cascantitla	18	6-C
ORDAZ DIEGO DE		
Santa Fe	95	4-C
ORDOÑEZ DE BALANZARIO M.		
Lomas de Tonalco	137	3-A
ORDOÑEZ EZEQUIEL PRIV.		
Copilco El Alto	109	5-D
ORDORICA GUILLERMO		
Colonial Iztapalapa	111	3-F
OREGON		
Del Valle	96	4-D
ORELLANA CARLOS		
Parque del Metropolitano	45	5-B
ORELLANA FRANCISCO DE CDA.		
Pueblo San Diego	76	1-D
ORENSE		
Reynosa Tamaulipas	70	3-B
San Rafael	70	4-B
ORESTES		
Francisco Villa	111	4-E
ORFEBRERIA		
Ampl. Veinte de Noviembre	84	3-D
Ampliación Michoacana	84	3-D
Janitzio	84	3-D
Michoacana	84	3-D
ORFEBRES		
Tlatel Xochitenco	87	2-D
ORFEO		
Cuautitlán Izc. Ensueños	30	1-E
Las Rosas	56	4-E
ORGANILLERO EL		
Aurora	100	2-A
ORGANIZACION POPULAR		
Barrio Alfareros	87	4-C
Barrio Ebanistas	87	4-C
Barrio Hojalateros	87	4-C
Barrio Jicareros	87	4-C
Barrio Mineros	87	4-C
Barrio Talladores	87	4-C
Barrio Vidrieros	87	4-C
Chimalhuacán	87	4-C
Chimalhuacán	87	4-F
ORGANIZACION POPULAR DE 1A.		
Barrio Hojalateros	87	4-D
ORGANIZACION POPULAR DE 2A.		
Barrio Hojalateros	87	4-D
ORGANO		
Centro	84	3-B
Cuatliquixco	22	3-A
ORGANO 2 CDAS.		
San Andrés Tomatlán	110	5-F
ORGANO Y CJON.		
San Andrés Tomatlán	110	5-F
ORGANOS CDA.		
San José Huilango	17	3-A
ORIENTAL		
C. H. Alianza Popular Rev.	123	1-E
Los Cedros	123	1-E
ORIENTE		
AMSA	123	4-B
Alfonso XIII	96	6-A
Copalera	101	3-A
Chiconcuac	62	1-F
San José del Jaral	43	2-E
Valle de los Reyes	113	1-D
Vicente Suárez	19	2-E
ORIENTE 1A. CDA.		
San José del Jaral	43	2-E
ORIENTE CDA.		
Ecatepec de Morelos	46	1-F
ORIENTE DE 1A. CDA.		
Copalera	101	3-A
ORIENTE DE 2A. CDA.		
Copalera	101	3-A
ORINOCO		
María del Carmen	97	5-B
Zacahuitzco	97	5-B
ORIOLES		
Mayorazgos del Bosque	56	1-C
ORION		
Casa Blanca	111	5-D
Cerro de la Estrella	111	6-C
Cuautitlán Izc. Ensueños	30	1-E
Geo 2000	35	3-A
Jardines de Satélite	68	1-F
Los Sauces	60	6-D
Prado Churubusco	110	2-C
U. H. El Rosario	69	1-F
ORIZABA		
Ampl. Estado de Veracruz	111	2-B
Ampliación San Lorenzo	56	2-C
Ignacio López Rayón	56	3-B
Ixtlahuacan	112	3-F
Los Reyes Nopala	50	3-F
Roma	83	6-E
Roma Sur	83	6-E
San Agustín Ohtenco	151	3-C
San Agustín Ohtenco	151	3-F
San Jerónimo Aculco	108	6-D
San Miguel Teotongo	113	4-B
San Salvador Cuauhtenco	150	4-B
Santo Tomás	114	6-C
U. José Ma. Morelos y Pavón	33	2-B
Villa Milpa Alta	151	3-F
Villa Milpa Alta	151	3-C
ORIZABA 1A. DE		
Lindavista	114	6-C
ORIZABA CDA.		
Adolfo López Mateos	42	4-D
Francisco Villa	56	4-C
Roma Sur	96	1-F
ORIZABA DE 4A. CDA.		
Santo Tomás	114	6-C
ORIZABA DE CDA.		
San Felipe de Jesús	72	3-D
ORIZABA Y CDA.		
Lindavista	114	6-C
ORLEANS		
Lomas Estrella 2a. Secc.	111	6-A
ORO		
2a. Ampl. Stgo Acahualtepec	112	3-E
Industrial Morelos	59	4-C
Jardines de los Baez	47	1-C
Lázaro Cárdenas	60	6-D
Nueva San Isidro	127	4-E
Roma	83	6-E
San Juan Cerro	111	3-B
San Vicente Chicoloapan	88	6-F
Valle de Tules	44	4-D
ORO DE CDA.		
Cuchilla Pantitlán	85	5-D
ORO DEL		
El Tesoro	44	2-D
Fuentes de Satélite	55	6-E
Jards. San Agustín 2a. Secc	100	5-C
ORO DEL CDA.		
Tenorios	112	4-C
ORO EL		
Alfredo del Mazo	47	6-D
Altavilla	72	1-B
Barrio Orfebres	87	5-B
Estado de México	113	4-F
Lomas Tlalmex	56	5-F
Lomas de Atizapán	55	1-F
Lomas de San Carlos	46	4-F
Santa Bárbara	115	6-A
Valle de Ayotla	126	1-F
ORO EL CDA.		
La Sardaña	44	3-C
ORO EL CJON.		
San Francisco Acuautla	115	3-D
OROPEL		
El Tesoro	44	2-D
El Tesoro	44	2-E
OROPENDOLA		
Izcalli Jardines	47	1-B
Las Arboledas	56	1-C
Rinconada de Aragón	60	5-C
OROPEZA ARTURO		
Emiliano Zapata	42	1-E
OROYA		
Churubusco Tepeyac	71	3-B
Lindavista	71	3-B
Valle del Tepeyac	71	3-B
OROZCO		
Ahuehuetes	58	3-C
Lázaro Cárdenas	58	3-C
Santa Lilia	81	1-F
OROZCO AND.		
Nueva Teotihuacán	24	3-A
OROZCO FRANCISCO		
Acuilotla	108	1-B
OROZCO JOSE CLEMENTE		
Barrio Guadalupe	124	1-C
Barrio San Antonio	124	1-C
Campiña de Aragón	60	3-A
Ciudad Satélite	69	1-D
Ciudad de los Deportes	96	4-C
José López Portillo	124	1-C
La Esperanza	124	1-C
Rufino Tamayo	46	6-E
Ticomán	58	6-B
U. H. E. Zapata ISSSTE	76	3-D
U. Pedro Ojeda Paullada	73	3-B
Valle de San Lorenzo	124	1-C
OROZCO MANUEL CDA.		
Presidentes Ejidales	110	6-D
OROZCO OSORNO		
San Isidro Atlautenco	35	6-A
OROZCO PASCUAL		
Barrio La Asunción	97	3-D
Barrio Los Reyes	97	3-D
Barrio San Miguel	97	3-D
CEGOR	60	2-B
Ciudad Azteca	60	2-B
Covadonga	127	5-E
Dr. Ignacio Capetillo	28	6-D
Francisco Villa	101	2-A
Josefa Ortiz de Domínguez	60	2-B
Lázaro Cárdenas	18	4-D
Prados del Sur	123	5-D
San Juan Ixhuatepec	58	6-E
San Juan Joya	111	4-D
San Rafael Chamapa	81	2-D
Venustiano Carranza	101	1-C
OROZCO PASCUAL AND.		
San Rafael Chamapa	81	2-E
OROZCO PASCUAL GRAL.		
Revolución	84	3-F
OROZCO Y BERRA		
Buenavista	31	6-E
Santa María La Ribera	83	3-F
OROZCO Y BERRA CDA.		
Buenavista	83	3-F
ORQUIDEA		
Agrícola Oriental	98	4-E
Agua Azul	86	6-C
Altavista	101	6-A
Altavista	113	1-F
Ampl. Bosques de Ixtacala	43	2-A
Ampl. Malacates	45	5-B
Ampliación 19 de Septiembre	34	5-E
Ampliación El Tesoro	44	3-D
Ampliación Loma Linda	82	1-A
Ampliación Loma Linda	82	1-B
Barrio San Esteban	137	1-A
Cuauhtémoc	108	6-B
El Molino	127	2-C
El Potrero	56	3-B
El Toro	121	1-A
Hacienda de la Luz	43	2-C
ISSSEMYM Bosque Remedios	69	6-A
Jardines de Atizapán	56	1-B
Jardines de Chalco	140	1-D
Jardines de Morelos	47	1-E
Jardines del Molinito	82	1-B
Jardines del Tepeyac	59	6-F
Joyas de Santa Ana	62	5-F
La Malinche	108	6-B
Las Conchitas	31	4-A
Las Huertas	68	6-E
Las Palmas	121	1-A
Las Peñitas	43	4-D
Loma Encantada	113	3-D
Loma Linda	82	1-A
Lomas San Lorenzo	111	6-E
Lomas de Chamontoya	107	6-E
Lomas de San Miguel	43	3-C
Lomas de Santa Cruz	112	5-B
Lomas de la Era	107	6-F
Los Angeles	111	3-D
Mariano Matamoros	59	1-B
Miguel Hidalgo	125	4-A
Minas Palacio	81	4-C
Miraflores	42	2-F
Paraíso	60	1-A
Paraje San Juan	111	3-D
Prados de Ecatepec	19	4-F
San José Huilango	16	4-F
San José del Jaral	43	3-D
San Luis Tlatilco	82	1-A
San Miguel Teotongo	113	3-A
San Miguel Teotongo	113	3-B
San Miguel Teotongo	113	4-B
San Miguel Teotongo	113	4-A
San Pedro Mártir	135	1-C
Santa María de Guadalupe	44	3-A
Santa Rosa	101	1-E
Santa Rosa	48	2-D
Santa Rosa de Lima	30	1-D
Tamaulipas El Palmar	86	6-C
Tamaulipas Flores	86	6-C
Texalpa	46	6-E
Tlatilco	83	1-E
Tlazintla	97	3-E
Torres del Potrero	108	5-A
U. Adolfo López Mateos	56	5-E
Villa de las Palmas	42	2-F
Villa de los Capulines	100	3-C
Vista Hermosa	46	1-D
ORQUIDEA 2A. CDA.		
La Malinche	108	6-B
ORQUIDEA AND.		
Belén de las Flores	95	3-E
ORQUIDEA CDA.		
El Mirador	136	1-C
Potrero de San Bernardino	123	6-D
ORQUIDEA DE LA		
Los Reyes Ixtacala	57	6-B
ORQUIDEA PRIV.		
Ex Hda. San Juan de Dios	123	4-C
ORQUIDEA PROL.		
Quiahuatla	138	1-E
Villa de las Palmas	42	2-F
ORQUIDEA Y PROL.		
Quiahuatla	138	1-F
ORQUIDEAS		
Barrio Santa Cruz	16	2-E
Buenavista	112	5-C
Chimilli	121	6-E
Ejidal Ampl. San Marcos	44	4-C
Ejidos de San Cristóbal	33	6-D
El Capulín	63	5-C
Independencia	28	4-E
Jardines de Aragón	60	5-C
Jardines de Chalco	140	1-D
Lomas del Lago	42	1-D
Prados de San Mateo	68	3-E
Res. Jardines Provincial	94	6-D
San Francisco Chilpa	44	1-C
San Ildefonso	29	6-A
San Miguel Teotongo	113	3-B
Santiago	126	2-F
Tepetongo	122	6-B
Valle Hermoso	43	6-F
Valle de las Flores	30	5-D
Villa de las Flores	32	1-F
Vista Hermosa	29	5-A
ORQUIDEAS AV.		
Los Cedros	107	6-F
ORQUIDEAS CDA.		
Ejidos de San Cristóbal	33	5-E
ORQUIDEAS CJON.		
Jardines del Alba	30	3-F
ORQUIDEAS DE 1A. CDA.		
Ampl. Malacates	45	4-B
ORQUIDEAS DE 2A. CDA.		
Ampl. Malacates	45	4-B
ORQUIDEAS DE CDA.		
Las Flores	148	3-F
ORQUIDEAS RT.		
Izcalli Ecatepec	46	2-F
ORRACA J. B.		
Prados de Coyoacán	110	6-B
ORTA GUERRERO JESUS		
Chiconautla 3000	35	3-A
ORTEGA		
Chimalhuacán	87	5-E
Villa Coyoacán	109	3-E
ORTEGA ALVARADO AVELINO		
Presidentes Ejidales	110	6-D
ORTEGA ANICETO		
Colonia del Valle	96	5-E
Del Valle	96	4-E
Del Valle	96	3-E
Del Valle	96	6-D
ORTEGA ANICETO CDA.		
Del Valle	96	6-D
ORTEGA DE CJON.		
Xochitenco	87	5-D
ORTEGA GABRIEL CDA.		
Xalpa	112	4-E
ORTEGA JOSE CECILIO		
Las Peñas	111	4-F
ORTEGA LAURO		
San Rafael Chamapa	81	3-D
ORTEGA LEOPOLDO		
Lomas de Guadalupe	56	4-A
ORTEGA ROQUE		
Vista Hermosa	33	6-D
ORTEGA ROQUE Y CDA.		
Ecatepec de Morelos	33	6-D
ORTEGA TORIBIO		
San José de la Pradera	71	3-F
ORTIGOSA PEDRO DE		
Ciudad Satélite	56	6-B
ORTIZ B.		
Francisco Villa	111	4-F
ORTIZ BRUNO		
Francisco Villa	111	4-F
La Hera	111	4-F
ORTIZ CORTES FERNANDO		

Calle Colonia COORDENADAS PLANO

Granjas de San Cristóbal 33 5-A
ORTIZ DE CASTRO JOSE DAMIAN
Ampliación Miguel Hidalgo 122 5-A
Ciudad Satélite 69 1-B
ORTIZ DE DOMINGUEZ J 2 CJONS
Barrio La Santísima 137 1-A
ORTIZ DE DOMINGUEZ J 4 PRIVS
Barrio San Lorenzo 137 1-A
ORTIZ DE DOMINGUEZ J 5o CJON
Los Cerrillos 138 2-E
ORTIZ DE DOMINGUEZ J 6 CJONS
Barrio San Lorenzo 137 1-A
ORTIZ DE DOMINGUEZ J CDA.
Barrio La Santísima 137 1-A
ORTIZ DE DOMINGUEZ J. 1A CDA
San Bernardino 75 5-F
ORTIZ DE DOMINGUEZ J. AND.
Nueva Díaz Ordaz 110 5-A
ORTIZ DE DOMINGUEZ J. CDA.
Barrio San Juan 136 1-F
Barrio San Juan Xochitenco 87 5-E
Benito Juárez 59 2-B
San Pedro 63 6-A
Tultepec 19 3-C
ORTIZ DE DOMINGUEZ J. CJON.
San Juan y San P. Tezompa 152 2-E
ORTIZ DE DOMINGUEZ J. PROL.
San Pablo Oztotepec 150 4-D
ORTIZ DE DOMINGUEZ J. Y PRIV
Tizapán 108 4-F
ORTIZ DE DOMINGUEZ JOSEFA
2a. Ampl. Stgo Acahualtepec 112 3-E
Alfredo del Mazo 127 3-E
Ampl. Altamira 81 2-F
Ampl. Granjas Lomas de Gpe. 30 5-E
Ampliación Emiliano Zapata 42 2-E
Ampliación Miguel Hidalgo 122 5-A
Año de Juárez 111 6-D
Barrio Calyequita 138 2-E
Barrio Guadalupe 126 1-D
Barrio La Asunción 136 1-F
Barrio La Guadalupita 138 2-E
Barrio La Guadalupita 136 1-F
Barrio La Santísima 136 1-F
Barrio Los Reyes 139 5-D
Barrio Los Reyes 97 3-D
Barrio San Antonio 166 1-F
Barrio San Bartolo 139 5-D
Barrio San Diego 136 1-F
Barrio San Esteban 136 1-F
Barrio San Isidro 138 2-E
Barrio San Miguel 126 1-D
Barrio San Miguel 139 5-D
Barrio Texcatitla 139 6-A
Barrio de Capula 4 6-B
Benito Juárez 44 1-E
Benito Juárez 59 2-B
Campestre El Potrero 113 5-B
Cañada 113 5-C
Cinco de Febrero 28 6-F
Cinco de Febrero 28 5-F
Citlalli 112 3-C
Chalco 128 6-A
Darío Martínez 126 1-F
Dieciseis de Septiembre 60 6-C
Dr. Jorge Jiménez Cantú 30 5-D
Ecatepec de Morelos 33 6-D
Ej. Santa María Aztahuacán 112 3-C
El Rosario 16 4-F
Emiliano Zapata 113 3-C
Emiliano Zapata 81 2-C
Esperanza 82 2-A
Francisco I. Madero 41 2-F
Guadalupe Victoria 33 6-C
Independencia 28 5-E
Jalalpa 95 5-D
Jardines de San Gabriel 59 5-E
Jorge Jiménez Cantú 28 3-E
La Concepción Tlacopan 136 1-F
La Conchita 152 1-C
La Conchita Zapotitlán 125 3-B
La Joya 33 6-C
La Magdalena Atlicpan 100 5-F
La Magdalena Panohaya 62 4-D
Libertad 29 3-A
Loma Bonita 100 6-A
Lomas de Totolco 101 2-A
Los Arcos 20 5-A
Los Cerrillos 138 3-C
Malacates 45 5-B
Margarita Maza de Juárez 43 4-C
Margarita Maza de Juárez 43 3-C
Mártires de Río Blanco 81 3-F
Melchor Ocampo 18 2-F
Miguel Hidalgo 59 3-F
Nueva Aragón 73 1-C
Popular 59 5-E
Prado Ixtacala 57 5-D
Primero de Septiembre 42 3-F
Pueblo Santa Cruz Acalpixca 137 2-C
Radiofaro Totolcingo 35 6-D
Residencial Las Salinas 63 6-A
Residencial San Pedro 76 1-A
Ricardo Flores Magón 4 4-C
San Andrés Riva Palacio 62 5-E
San Bernardino 75 5-F
San Felipe Ixtacala 57 5-D
San Francisco Chilpan 31 6-C
San Gregorio Cuautzingo 141 1-E
San Juan Ixtacala 57 5-C
San Juan Ixtacala 57 5-D
San Juan de Aragón 72 5-A
San Lorenzo 123 4-D
San Lucas 57 3-E
San Lucas Patoni 57 4-E
San Martín de Porres 47 2-C
San Martín de las Pirámides 24 2-F
San Pablo Oztotepec 150 4-D
San Pablo de las Salinas 20 5-A
San Pedro 63 6-A
San Pedro Atlazalpa 153 1-E
San Pedro Atzompa 21 3-C
Santa María Ozumbilla 21 4-E
Santa María Xalostoc 59 5-D
Santa Rosa 57 5-D
Santiago Chimalpa 49 5-F
Santiago Chimalpa 49 6-F
Santo Tomás Ajusco 147 1-F
Tezoyuca 49 2-E
Tollotzin II 60 6-C
Tultepec 19 3-C
Unión de Guadalupe 127 4-E
Viveros de Coyoacán 109 2-D
Xochiaca 87 6-C
ORTIZ DE DOMINGUEZ JOSEFA AV
Jardines de Morelos 47 1-E
ORTIZ DE DOMINGUEZ Y 3 CDAS.
Independencia 28 5-E
ORTIZ ENCARNACION AV.
Del Gas 70 6-F
El Arenal 70 6-F
Liberación 70 6-F
Patrimonio Familiar 70 6-F
ORTIZ EULOGIO
San Felipe de Jesús 72 2-D
ORTIZ GABINO
Constitución de la Rep. 71 4-F
ORTIZ IGNACIO
La Conchita Zapotitlán 125 3-B
ORTIZ JACINTO
Candelaria 107 2-B
ORTIZ JOSE CECILIO
Las Peñas 111 4-F
ORTIZ MONASTERIO L.
El Toro 121 1-B
ORTIZ PEPE
San Lorenzo Tlaltenango 69 6-F
ORTIZ RUBIO PASCUAL
Ampliación La Mexicana 95 4-C
Benito Juárez 43 6-E
Benito Juárez 58 4-B
Darío Martínez 113 6-E
Marina Nacional 59 6-A
Presidentes 95 5-D
Presidentes de México 111 4-E
Texalpa 46 6-E
Unión de Guadalupe 127 4-E
Xaltipac 100 1-A
ORTIZ RUBIO PASCUAL ING.
Lázaro Cárdenas 73 5-B
San Simón Ticumac 97 5-A
ORTIZ TIRADO ALFONSO
Jorge Negrete 58 5-A
ORTO
U. H. Valle de Luces 110 4-F
ORTOGRAFIA
México 98 1-F
ORTOPEDISTAS
San José Aculco 98 5-A
ORUREÑOS
La Presa 95 5-E
ORURO
Lindavista 71 3-C
OSA DE MONTIEL
La Mancha 1a. Secc. 81 4-E
Plan de Ayala 81 4-E
OSA MAYOR
Jardines de Satélite 68 1-F
Prado Churubusco 110 2-C
OSA MAYOR 2A. CDA.
U. H. El Rosario 69 1-F
OSA MAYOR Y ANDS.
U. H. El Rosario 69 1-F
OSA MENOR
Prado Churubusco 110 2-C
San Pablo Los Gallos 17 5-A
OSA MENOR Y CDA.
Lomas de la Estancia 112 4-E
OSACAR JUAN JOSE DE
Tulyehualco 138 2-E
OSAKA
Guadalupe 123 4-A
OSAKA CDA.
Guadalupe 123 4-A
OSCAR
La Joyita 98 2-F
La Purísima 34 5-F
Pavón 98 2-F
OSLO
Bellavista 56 6-A
Juárez 83 5-E
Valle Dorado 56 2-E
OSO
Actipan 96 6-C
OSORIO DIEGO DE
Lomas de Virreyes 95 1-E
OSORIO DR.
Granjas Cabrera 124 3-E
OSORIO HERMINIA CDA.
El Molino 124 3-E
OSORNINOS
Francisco Villa 95 4-F
OSTION
Caracol 85 5-D
Del Mar 124 4-E
OSTRA
Caracol 85 5-D
Del Mar 124 3-F
OSTRERO
Ampliación Tepeaca 108 1-C
OSTUACAN
Residencial Cafetales 123 1-E
OSUNA
Cerro de la Estrella 111 5-C
OSUNA ANDRES CDA.
Copilco El Alto 109 5-D
OSUNA ANDRES PROFR.
Ampl. Gabriel Hernández 71 1-E
OSUNA CARLOS IGNACIO GRAL.
Héroes de la Revolución 82 5-A
OTAS M. ANDRES
México Nuevo 55 1-E
OTATLI
Barrio Curtidores 87 4-D
Barrio Hojalateros 87 4-D
OTAVALO AV.
Lindavista 71 3-B
Planetario Lindavista 71 3-B
OTAVALO AV. Y CDA.
San Bartolo Atepehuacán 71 3-A
OTEAPAN
Zenón Delgado 95 4-E
OTENCO
Pueblo San Bartolo Ameyalco 107 5-D
OTERO ANGEL
Granjas Independencia III 73 2-B
México Insurgente 73 2-B
OTHON JOSE MANUEL
Ciudad Satélite 56 6-A
OTHON MANUEL JOSE
Barrio San Pedro 97 3-C
Moderna 97 3-C
Obrera 84 6-A
Tultitlán 31 2-C
OTHON MANUEL JOSE CDA.
Barrio San Bartolo 31 1-C
OTHON MANUEL JOSE Y 2 CDAS.
Palmita 112 3-C
OTILIA
Guadalupe Tepeyac 71 6-D
OTIS ELISHA
Fuego Nuevo 111 5-A
OTLI
Barrio Artesanos 87 4-F
OTLI CDA.
Barrio Jicareros 87 4-B
Barrio Plateros 87 4-B
OTLICA
Santa Cruz Acalpixca 137 3-D
OTLICA Y 3 CDAS.
Santa Cruz Acalpixca 137 2-D
OTOMCOATL
U. H. Infonavit Xochináhuac 70 1-A
OTOMIES
Ajusco 109 6-F
Ajusco Huayamilpas 109 6-F
Ciudad Azteca 60 3-B
Cuauhtémoc 57 1-D
Culturas de México 127 6-E
Los Volcanes 122 6-D
Obrera 84 6-B
San Bartolo Tenayuca 57 4-E
OTOMIES DE LOS
Santa Cruz Acatlán 69 4-A
OTOMIES Y 2 CDAS.
Tlalcoligia 122 6-D
OTOMPAN
Lomas de Cristo 76 5-B
OTOÑO
Angel Zimbrón 70 6-B
Clavería 70 6-B
Coacalco de Berriozábal 32 4-F
Diecinueve de Mayo 108 1-A
La Candelaria Ticomán 58 5-B
La Cantera 81 1-F
La Casilda 58 1-C
La Garita 34 2-D
Lomas de Totolco 101 3-A
Los Alamos 60 5-B
Merced Gómez 109 1-B
OTOÑO 1
Los Alamos de Aragón 60 5-B
OTOÑO 2
Los Alamos de Aragón 60 5-C
OTOÑO 3 PRIVS.
Coacalco de Berriozábal 32 4-F
OTOÑO 7
Los Alamos 60 5-B
OTOÑO 8
Los Alamos 60 5-C
OTOÑO CDA.
Escandón 96 2-D
OTOÑO CINCO
Los Alamos 60 5-B
OTOÑO CUATRO
Los Alamos 60 5-C
OTOÑO DE CDA.
San José del Jaral 43 2-D
OTOÑO DEL RT.
Ciudad Labor 44 2-D
OTOÑO ESTERIL
Novela Mexicana II 60 6-C
OTOÑO SEIS
Los Alamos 60 5-C
OTOÑO TRES
Los Alamos 60 5-B
OTORRINOLARINGOLOGOS
Ampliación El Triunfo 97 5-D
OTRA BANDA LA
Barrio La Otra Banda 109 4-A
OTRIQUISCO
San Salvador Cuauhtenco 150 4-B
OTRIQUISCO CDA.
San Salvador Cuauhtenco 150 4-B
OTUMBA
Altavilla 72 1-B
Cuautitlán Izc. Cumbria 30 2-D
El CEGOR 60 3-B
Estado de México 82 3-A
Isidro Fabela 44 4-A
Loma Tlalmex 56 4-F
Lomas Verdes 31 6-F
Lomas de Atizapán 1a. Secc. 55 2-E
Rey Neza 100 2-B
San Felipe de Jesús 72 2-C
Santa Bárbara 115 6-A
OTUMBA CDA.
Lomas de San Carlos 46 4-F
OTZOLOAPAN
Miguel de la Madrid Hurtado 112 3-E
Miguel de la Madrid Hurtado 112 3-F
OVACIONES
Cuautitlán Izc. Atlanta 30 2-E
Prensa Nacional 70 1-D
OVIEDO
Josefa Ortiz de Domínguez 97 4-B
OWARI
Guadalupe 123 5-B
OXFORD
Juárez 83 5-D
OXIGENO
Ampliación Tulpetlac 46 5-E
U. H. El Rosario 69 1-F
OXKINTOK
San Juan Zapotla 100 1-E
OXO
Industrial 71 4-C
OXTOPULCO
Oxtopulco Universidad 109 3-C
OXTOPULCO CALZ.
Fortín Chimalistac 109 3-C
Oxtopulco Universidad 109 3-C
OYAMATLA
Vista Hermosa 121 1-A
OYAMEL
2a. Ampl. Stgo Acahualtepec 112 3-E
Ahuehuetes 58 2-C
Alfredo del Mazo 127 3-E
Ampl. Minas Palacio 81 4-B
Arboledas de Aragón 73 2-B
Atlampa 83 1-F
Avándaro 127 3-C
Bosques de San Lorenzo 76 1-B
Buenavista 112 6-C
Casas Reales 34 4-F
Citlalli 112 3-C
Copalera 100 3-F
Chimalhuacán 87 6-E
Ejidos de San Cristóbal 33 6-E
El Tranquero 21 3-A
El Zacatón 134 1-B
Garcimarrero 108 1-C
Ixtlahuacan 112 3-F
Jardines de Chalco 140 2-D
Jesús del Monte 94 5-B
La Palma 135 3-F
Lomas El Olivo 94 4-D
Lomas del Bosque 43 1-B
Pedregal de San Nicolás 121 5-B
Pueblo de Tetelpan 108 4-C
Rincón Verde 68 2-C
San Clemente 108 3-D
San José de los Cedros 94 6-C
San Miguel Teotongo 113 3-A
Santa María Insurgentes 83 1-F
Tabla Honda 57 2-B
U. H. Mirador del Conde 41 3-F
U. INFONAVIT Iztacalco 97 5-F
Valle Verde 127 1-D
Valle de Ecatepec 47 5-C
Valle de los Pinos 100 6-B
Vista Hermosa 46 1-D
OYAMEL 6A. CDA.
Ejidos de San Cristóbal 33 5-E
OYAMEL AV. Y 2 CDAS.
Ejidal Emiliano Zapata 33 5-E
OYAMEL AV. Y CDA.
Ejidal Emiliano Zapata 33 5-F
OYAMEL CDA.
Barrio San José 152 1-F
Chitchitcáspatl 121 6-B
Milpa del Cedro 107 2-F
OYAMEL DE 1A. CDA.
Chitchitcáspatl 121 5-B
OYAMEL DE 2A. CDA.
Chitchitcáspatl 121 5-B
OYAMEL DE 5 CDAS.
Ejidos de San Cristóbal 33 5-E
OYAMEL DEL 3A. CDA.
Huayatla 120 2-E
OYAMEL PROL.
Huayatla 120 2-F
OYAMEL PROL. CDA.
Huayatla 120 2-F
OYAMEL Y CDA.
El Molino Tezonco 124 3-D
OYAMEL Y PRIV.
Huayatla 120 2-E
OYAMELES
Ixtapaluca Izcalli 114 6-A
Jalalpa El Grande 108 1-A
La Perla 99 4-F
PROFOPEC Polígono 5 60 5-C
Pasteros 70 3-A
Plutarco Elías Calles 114 4-F
U. H. Solidaridad 99 6-E
Villa de las Flores 32 2-F
OYAMELES DE LOS
Lomas de San Mateo 68 4-E
OYAMELES LOS ORIENTE
Arcos del Alba 30 2-F
OYAMELES LOS PONIENTE
Arcos del Alba 30 2-F
OYAMETLA
Lomas de la Era 107 6-F
San Bernabé Ocotepec 120 1-F
OYAMEYO
U. H. Coyuya 97 2-E
OYAMEYOTL
Montañista 58 2-D
OZATLI
Ampliación Estrella del Sur 110 3-F
OZOLOAPAN
Barros Sierra 121 1-A
Lomas Verdes 31 6-F
Los Padres 121 1-A
OZOLOTEPEC
Residencial Cafetales 123 2-F
OZOMATLI
Ciudad Amanecer 73 1-C
Ciudad Cuauhtémoc 34 2-F
OZOMATLI PRIV.
Ciudad Cuauhtémoc 34 2-E
OZTOYAHUALCO
San Martín de las Pirámides 24 1-E
OZULUAMA
Hipódromo 96 1-D
OZULUAPAN
Almárcigo Sur 46 5-D
OZUMBA
Adolfo López Mateos 17 4-C
Altavilla 72 1-B
Cuautitlán Izc. Cumbria 30 2-D
El Conde 69 6-C
Granjas Independencia I 73 3-B
La Sardaña 44 2-D
Lomas Verdes 31 6-F
Sagitario VI 73 3-B
OZUMBA CDA.
San Antonio Zomeyucan 82 1-B

P

P
C. H. Alianza Popular Rev. 123 1-D
Social Progresivo Sto Tomás 21 6-F
Vivienda del Taxista 47 1-D
PABELLON
Felipe Angeles 84 2-E
La Hera 111 3-E
PABELLON TRICOLOR
Olivar Santa María 138 3-E
Olivar Santa María 138 4-E
PABELLON TRICOLOR CDA.
Santa María del Olivar 138 3-E
PABELLON TRICOLOR CJON.
Nativitas 138 3-E
PACIFICO
Barrio La Concepción 109 3-F
Ciudad Jardín 110 4-A
El Rosedal 109 3-F
La Candelaria 110 4-A
Pueblo Los Reyes 109 3-F
U. H. Pacífico 110 4-A
Unidad Rosedal 110 4-A
PACINOTTI ANTONIO
Fuego Nuevo 111 5-A
PACTO DE TORREON
Francisco Villa 101 2-A
PACTO DEL 24
Francisco Villa 101 2-A
PACHECO CARLOS
Ejército de Ote. Z. Peñón 99 6-C
PACHECO CJON.
Pueblo San Bernabé Ocotepec 120 1-F
PACHECO CRISTINA
Chiconautla 3000 35 2-A
PACHECO FRANCISCO
Emiliano Zapata 128 5-B
Santa Cruz Amalinalco 128 4-A
PACHECO FRANCISCO 1A. CDA.
Emiliano Zapata 128 5-B
PACHECO FRANCISCO 2A. CDA.
Emiliano Zapata 128 4-B
PACHECO JACINTO
La Pastoria 62 3-E
PACHICALCO PROL.
Iztapalapa 111 1-A
PACHICALCO Y 11 CJONES.
Barrio San Ignacio 111 1-A
PACHUCA
Adolfo López Mateos 42 3-E
Ampl. Buenavista 44 3-D
Buenavista 44 1-D
Jardines de Morelos 47 2-B
Luis Echeverría 31 5-A
Miguel Hidalgo 151 4-C
Pedregal II 121 2-D
San Antonio Zomeyucan 82 2-A
San Felipe de Jesús 72 3-B
San Jerónimo Aculco 108 6-D
San José Tecamac 22 2-B
Santa María Tulpetlac 59 1-F
Santa Teresa 121 2-D
Tlalpizahuac 113 6-F
Valle Ceylán 57 3-C
PACHUCA 2A. CDA.
División del Norte 59 5-F
PACHUCA AV.
Ampl. San Francisco 115 1-E
PACHUCA DE 1A. CDA.
Paseo de San Agustín 59 4-F
PACHUCA Y CDA.
Condesa 83 6-C
PACHUCA Y RT.
San Jerónimo Aculco 121 1-D
PACHUQUILLA

Calle / Colonia	Plano	Coordenadas
Narvarte	97	4-A
San Mateo Tlaltenango	107	3-C
PACHUQUILLA CDA.		
San Mateo Tlaltenango	107	3-C
PACHUQUILLA Y CDA.		
San Mateo Tlaltenango	107	3-C
PADILLA E.		
Ampliación La Mexicana	95	4-D
PADILLA PAFNUNCIO		
Ciudad Satélite	69	1-C
PADRE HIDALGO AV.		
Barrio Norte	95	5-F
Las Palmas	95	5-F
Olivar del Conde 1a. Secc.	95	5-F
PADRE HIDALGO Y PRIV.		
Barrio Norte	95	5-F
PADRES DE LOS AV.		
Santa Cruz	21	6-D
PADUA		
Izcalli Pirámide	57	3-C
PADUANOS		
Isidro Fabela	95	4-F
PAGANINI		
Vallejo	71	6-B
PAGARE EL		
Aurora	100	2-A
PAGAZA ARCADIO JOAQUIN		
Ciudad Satélite	69	2-B
PAGAZA J. A.		
Ciudad Satélite	69	2-B
PAGAZA PICHARDO		
Melchor Ocampo	19	2-A
PAGOLA JOSE		
Reforma Educativa	98	4-F
Tepalcates	98	4-F
PAILEROS		
Veinte de Noviembre	84	3-E
PAIS DEL AV. Y 2 CDAS.		
Santa María Ticomán	58	6-B
PAISAJISTAS		
Purísima Atlazolpa	97	5-E
PAJARERA		
Benito Juárez	99	1-D
PAJARES		
Progreso del Sur	110	2-E
PAJARITOS CJON.		
Tequisistlán	48	2-F
PAJARITOS DE LOS		
Chiconcuac	49	6-F
PAJARITOS DE LOS AV.		
Jardines de Santa Cecilia	57	2-C
Santa Cecilia	57	2-C
PAJARITOS DE LOS CJON.		
Rincón de la Charrería	56	4-B
San Mateo Chipiltepec	36	5-F
PAJARITOS PROL.		
San Mateo Chipiltepec	36	5-F
PAJARO AZUL		
Benito Juárez	99	1-D
Unidad Hab. Fauna Silvestre	87	5-F
PAJAROS DE LOS AV. Y 1 CDA.		
Granjas de Guadalupe	42	2-C
PAJUIL		
Ave Real	108	1-C
PAKISTAN		
Cumbres del Himalaya	68	4-D
PALACIO		
Barrio La Asunción	111	1-A
PALACIO 2A. CDA.		
Barrio La Asunción	111	1-A
PALACIO CDA.		
La Casilda	58	1-C
PALACIO CJON.		
Barrio San Ignacio	111	1-A
PALACIO DE GOBIERNO		
Benito Juárez	99	3-C
Evolución	99	3-C
Metropolitana 2a. Secc.	99	3-C
PALACIO DE ITURBIDE		
Benito Juárez	99	3-C
Evolución	99	3-C
Metropolitana 2a. Secc.	99	3-C
PALACIO DE VERSALLES		
Bosques de las Lomas	95	2-C
Lomas Reforma	95	2-C
PALACIO DEL ESCORIAL		
Lomas Reforma	95	2-C
PALACIO NACIONAL AV.		
Benito Juárez	99	3-C
Evolución	99	3-C
Metropolitana 2a. Secc.	99	3-C
PALACIO PRIV.		
San Andrés Totoltepec	135	2-D
PALACIOS JOSE C 1 2 Y 3		
U. H. Vicente Guerrero	111	2-E
PALACIOS JUAN		
Ermita	110	1-B
PALAFOX CDA.		
Paraje La Herradura	150	2-A
PALAFOX E.		
Paraje La Herradura	150	2-A
PALAFOX F.		
Paraje La Herradura	150	2-A
PALAFOX FRANCISCO AND.		
Las Peñas	111	4-F
PALAFOX MARCELO		
Educación	19	2-A
PALAFOX MARCELO PRIV.		
Educación	19	2-A
PALAFOX MARCELO Y CDA.		
Melchor Ocampo	19	2-A
PALANCA		
Barrio Norte	95	5-F
Olivar del Conde	95	5-F
PALANQUIN NORTE		
Minas de Cristo	96	5-A
PALANQUIN SUR		
Minas de Cristo	96	5-A
PALAS		
La Olimpiada 68	81	3-C
PALAVICINI FELIX E. ING.		
Constitución de 1917	111	2-E
PALAVICINI FELIX T.		
Ciudad Satélite	69	3-A
PALAVON		
Z. U. E. Héroes de Padierna	121	4-F
PALENQUE		
Ampl. Tlacoyaque	107	6-E
Atenor Sala	96	2-F
Letrán Valle	96	5-F
Letrán Valle	96	3-F
Narvarte	96	3-F
Tikal	30	5-D
Vértiz Narvarte	96	5-F
Vértiz Narvarte	96	3-F
PALERMO		
Américas Unidas	97	4-B
Izcalli Pirámide	57	3-C
Lomas Hipódromo	82	5-B
PALESTINA		
Clavería	70	6-C
Clavería	83	1-C
El Recreo	70	6-C
La Malinche	108	6-B
Lotería Nacional	70	6-C
PALISANDRO		
Tlaxopa	136	4-B
PALMA		
Ampliación San Marcos	44	5-C
Avándaro	127	2-C
Barrio Santa Eugenia	87	3-C
Campestre El Potrero	113	5-C
Centro	84	4-B
Consejo Agrarista Mexicano	111	6-E
Chalco	140	1-F
Ejidal Ampl. San Marcos	44	4-C
Ejidos de San Cristóbal	33	5-F
El Arbol	95	5-C
El Mirador	59	1-A
Gral. Felipe Berriozábal	58	1-C
ISSSEMYM Bosque Remedios	69	6-A
La Candelaria Ticomán	58	5-B
La Palma	43	6-E
La Palma	31	1-C
La Pastora	58	5-B
Las Palmas	42	3-F
Lomas Quebradas	121	1-B
Lomas San Lorenzo	111	6-E
Los Bordos	46	6-B
San Andrés Totoltepec	135	3-E
San Isidro	76	4-E
San Juan Ticomán	58	5-B
San Juan Zapotla	100	1-E
San Lorenzo Chimalpa	140	4-D
San Luis Huexotla	76	4-E
San Martín Xico Nuevo	140	4-D
San Mateo Huexotla	76	4-B
San Vicente Chicoloapan	88	6-E
Tlalpexco	58	2-C
Vista Hermosa	46	1-D
PALMA 1A. CDA. PROL.		
La Palma	135	3-E
PALMA 2A. CDA. PROL.		
La Palma	135	3-E
PALMA 3A. DE		
Chimalhuacán	87	6-F
PALMA CDA.		
Barrio Xaltocan	136	2-F
Cuautepec de Madero	58	2-A
La Candelaria Ticomán	58	5-B
Rincón de los Bosques	55	1-F
San Isidro	76	4-E
San José del Jaral	43	2-D
San Salvador Atenco	62	1-D
PALMA CJON.		
Barrio San Antonio	136	1-F
Copilco El Bajo	109	4-B
Santa María Aztahuacán	112	3-D
PALMA CRIOLLA		
Bosques de las Palmas	94	2-D
PALMA CRISTI		
Villa de las Flores	19	6-F
PALMA DATILERA		
Las Palmas	121	1-A
PALMA DE 1A. CDA.		
San Andrés Totoltepec	135	2-E
PALMA DE 2A. CDA.		
San Andrés Totoltepec	135	2-E
PALMA DE CDA.		
Viveros de Cuautetlán	135	3-F
PALMA DE LA		
Chiconcuac	62	1-F
San Lorenzo Tlalmimilolpan	24	5-B
PALMA DE LA 2 CDAS.		
San Luis Huexotla	76	4-D
PALMA DE LA AV. Y PRIV.		
Loma de la Palma	58	2-A
PALMA DE LA CDA.		
El Tianguillo	106	6-D
PALMA DE LA CDA. Y CJON.		
Tepexpan	36	6-A
PALMA DE LA CJON.		
Coanalán	36	6-C
Santiago Atlaltongo	23	5-D
PALMA DE LA CJON. Y CDA.		
Pueblo de Tepexpan	36	6-A
PALMA DE MALLORCA		
Bosques de las Palmas	94	2-D
PALMA DE PRIV.		
San Lorenzo Huipulco	123	4-A
PALMA LA		
Ampl. Minas Palacio	81	4-B
Arbol Solo	28	4-D
El Arenal	136	5-D
El Dorado	56	1-E
El Mirador	19	2-C
Emiliano Zapata	127	1-B
La Cañada	136	4-D
La Joya	122	5-E
San Andrés Totoltepec	135	3-D
San Francisco Mazapa	24	3-F
Tierra Nueva	136	1-D
Tlacoyaque	107	6-E
PALMA LA AV.		
Villa de las Lomas	94	3-D
PALMA LA CDA.		
Dos de Septiembre	19	2-D
Lomas Cuautetlán	135	3-F
San José Zacatepec	136	4-D
PALMA LA CJON.		
San Salvador Atenco	62	1-C
PALMA LA PROL.		
Lomas Cuautetlán	135	3-F
PALMA LA Y CDA.		
Cuautepec El Alto	58	1-B
PALMA MAURICIO		
Tlapacoya	127	2-E
PALMA NORTE		
Centro	84	3-B
Morelos	84	3-B
PALMA NTE.		
Centro	84	4-B
PALMA PRIV.		
Barrio Norte	55	1-F
San Andrés Totoltepec	135	3-E
San Luis Huexotla	76	4-D
PALMA PROL.		
Chiconcuac	62	1-F
La Palma	135	3-E
San Andrés Totoltepec	135	3-E
PALMA RT.		
U. Adolfo López Mateos	56	5-E
PALMA Y 2 CDAS.		
Barrio Norte	55	1-F
San Luis Huexotla	76	4-D
PALMA Y CDA.		
Purificación	24	3-C
PALMA Y CJON.		
San Salvador Atenco	62	1-C
PALMAR		
2a. Ampl. Stgo Acahualtepec	112	3-E
PALMAR EL		
Vista Hermosa	121	1-A
PALMAR EL RT.		
U. H. ISSSTE Norma	111	1-C
PALMAROLA		
San Andrés Tetepilco	97	6-B
PALMAS		
Alamos	46	6-B
Altavista	109	3-A
Ampliación La Candelaria	110	5-A
Ampliación Tlacoyaque	107	6-E
Barrio Norte	42	6-F
Bosques de Ixtacala	43	1-A
Bosques de Morelos	30	4-B
Bosques de San Lorenzo	76	1-B
Campestre El Potrero	113	5-C
Conjunto Oasis de Atizapán	42	6-F
Consejo Agrarista Mexicano	111	6-E
Dos de Septiembre	19	1-D
Dos de Septiembre	19	1-C
Ecatepec de Morelos	46	2-F
El Infiernillo	31	1-C
El Manto	111	2-C
El Rosal	121	2-A
El Rosal	121	1-A
El Toro	121	1-A
Emiliano Zapata	101	3-B
Granjas de Guadalupe	42	1-C
Jardines de Acuitlapilco	88	5-B
Jardines de Chalco	140	1-D
La Estación	125	1-A
La Floresta	100	6-A
Las Huertas	81	1-C
Las Palmas	121	1-A
Las Palmas	42	2-F
Loma de Chimalhuacán	100	1-F
Lomas San Lorenzo	111	6-E
Lomas de San Pablo	153	2-D
México Nuevo	55	1-F
Miravalle	113	4-A
Paraje de San Fco. Chilpa	44	1-B
Profr. Cristóbal Higuera	43	6-A
Rincón de los Bosque	55	1-F
San Antonio Tecomitl	152	1-A
San Gabriel	43	3-D
San José Ticomán	71	1-B
San José de las Palmas	101	6-B
San José del Jaral	43	2-E
San José del Jaral	43	2-D
San Luis Huexotla	76	4-B
San Miguel Xochimanga	43	6-E
Santa Catarina Ayotzingo	153	2-C
Tenorios	112	4-D
Tlacoyaque	107	6-E
Tlaixco	87	6-E
Unidad Habitacional Palma	55	1-F
Valle Verde	127	1-D
Villa de las Flores	32	2-F
Vista Hermosa	29	5-A
Xalpa	112	3-D
Xalpa	112	5-D
Xalpa	112	4-D
Xocotlán	63	5-F
PALMAS 2A. CDA.		
Tlacoyaque	107	6-E
PALMAS 3 CDAS.		
Las Huertas	81	1-C
PALMAS 3a. CDA.		
Del Bosque	58	3-A
PALMAS AV.		
Las Huertas	81	1-C
PALMAS CDA.		
Ampliación Tlacoyaque	107	6-E
Emiliano Zapata	101	3-B
Las Palmas	121	1-A
Palmitas	112	3-C
Santa Catarina Ayotzingo	153	2-C
Vista Hermosa	29	5-A
PALMAS CJON.		
Pueblo San Bartolo Ameyalco	107	6-E
Santa María Tomatlán	110	5-F
PALMAS DE 1A. CDA.		
Xalpa	112	4-D
PALMAS DE 2 CDAS.		
Xalpa	112	4-D
PALMAS DE 6A. CDA.		
Del Bosque	58	2-A
PALMAS DE LAS		
Ampl. Jards. de San Mateo	68	4-E
Lomas de Totolco	101	2-A
Tezompa	152	2-F
Tlacuitlapa	108	2-B
PALMAS DE LAS 1A. PRIV.		
Ecatepec de Morelos	46	2-F
PALMAS DE LAS 2 CDAS.		
Santa María Aztahuacán	112	3-C
PALMAS DE LAS 2A. PRIV.		
Ecatepec de Morelos	46	2-F
PALMAS DE LAS AV.		
San Mateo Chipiltepec	36	5-F
PALMAS DE LAS AV. Y PRIV.		
Jaime Torres Bodet	139	4-A
PALMAS LAS		
Alfredo del Mazo	127	2-E
Ampliación Emiliano Zapata	42	2-F
Granjas Cabrera	124	2-E
La Puntada	122	6-F
Las Palmas	42	2-F
Lomas de Chimalhuacán	87	6-F
Lomas de Vista Hermosa	94	5-D
Los Arcos	21	5-D
Los Bordos	46	6-B
Progreso Guadalupe Victoria	33	4-D
Residencial Atalaya	94	5-D
San Gregorio Cuautzingo	141	2-D
San José Ticomán	71	1-B
Santa Catarina Ayotzingo	153	1-C
Santa María Aztahuacán	112	2-C
PALMAS LAS CDA.		
La Escalera	71	1-B
La Palma	135	3-E
Santa María Aztahuacán	112	3-D
Santa María Aztahuacán	112	3-C
PALMAS LAS CJON.		
Citlalli	112	3-C
Santa María Aztahuacán	112	3-C
PALMAS LAS PRIV.		
Barrio La Lonja	122	4-C
PALMAS LAS PROL. CDA.		
San Andrés Totoltepec	135	3-E
PALMAS LAS PROL. Y PRIV.		
San Andrés Totoltepec	135	3-D
PALMAS LAS Y 4 CDAS.		
Chimalhuacán	87	6-F
PALMAS LAS Y PRIV.		
San Lorenzo Huipulco	123	3-A
PALMAS PROL.		
Ampl. Tlacoyaque	107	6-E
Ampliación Tlacoyaque	107	6-E
Tlacoyaque	107	5-E
Tlacoyaque	107	6-E
Xocotlán	63	5-F
PALMAS Y CDA.		
Ampliación Malacates	45	5-B
Del Bosque	58	3-A
PALMAS Y PRIV.		
Río Piedras	47	4-A
San Lorenzo Huipulco	122	3-F
PALMERA		
Juventud Unida	122	6-F
La Palma	135	3-F
Prados de Ecatepec	19	3-F
PALMERA DE AZUCAR		
Las Palmas	121	1-A
PALMERA ENANA		
Las Palmas	121	1-A
PALMERA TROPICAL		
Las Palmas	121	1-A
PALMERAL		
Las Palmas	121	1-A
PALMERAS		
El Molinito	82	1-C
Lomas de la Era	107	6-F
San Martín Xico	140	2-A
PALMERIN RICARDO		
Guadalupe Inn	109	2-B
PALMERIN RICARDO CJON.		
Cuautepec El Alto	58	1-B
San Miguel	58	1-B
PALMILLA CDA.		
Potrerillo	121	2-A
PALMILLA GARAY		
Consejo Agrarista Mexicano	111	5-E
PALMILLAS		
Consejo Agrarista Mexicano	111	5-F
Lomas San Lorenzo	111	6-E
Lomas San Lorenzo	111	5-F
Palmillas	113	5-B
Panorámica	46	3-F
PALMIRA		
Alamos	97	2-A
Alfredo del Mazo	127	1-E
Castillo Grande	58	3-B
Juan González Romero	72	1-A
Tenorios	112	5-D
U. H. Emiliano Zapata	123	1-E
PALMIRA CDA.		
Francisco Villa	56	4-C
PALMIRA CJON.		
San Andrés Atenco	56	3-D
PALMITAS		
Ampl. Buenavista	44	3-D
Citlalli	112	3-C
Fuego Nuevo	111	5-A
Palmitas	112	3-C
San Miguel Teotongo	113	3-A
Santa María Tomatlán	111	5-A
Xalpa	112	4-D
PALMITAS AV.		
Corralitos	112	4-C
Palmitas	112	4-C
Xalpa	112	4-C
PALMITAS CDAS.		
Palmitas	112	4-C
PALMITAS DE 2A. CDA.		
Fuego Nuevo	111	5-A
PALMITO PRIV.		
Bosques de las Palmas	94	2-C
PALMITOS		
Jardines de Chalco	140	2-D
PALO ALTO		
Palo Alto	94	5-F
PALO ALTO DE CDA.		
Palo Alto	94	5-F
PALO BOLERO		
Alfredo del Mazo	127	1-E
PALO DE MORA		
Plaza de las Rosas	56	3-E
PALO DE ROSA		
La Palma	59	1-D
Plaza de las Rosas	56	3-E
PALO DULCE		
Barrio de las Palomas	100	2-D
El Triángulo	111	6-F
San José Buenavista	100	3-D
San José Huilango	17	3-A
PALO SANTO		
Lomas Altas	95	3-D
PALO SOLO AV.		
Lomas del Carmen	94	1-D
Palo Solo	94	1-D
Rinconada de la Herradura	94	1-D
PALO SOLO CDA.		
Lomas del Carmen	94	1-E
PALOMA		
Barrio Las Palomas	100	2-D
Bellavista	96	2-A
Bellavista	96	3-A
Ciudad Cuauhtémoc	35	2-A
Granjas Pop. Gpe. Tulpetlac	60	1-B
Granjas de Guadalupe	42	2-C
Minas del Coyote	81	3-B
Prados de San Juan Ixtacala	43	2-B
San Fernando	94	5-C
San Jerónimo	124	3-E
San Miguel Teotongo	113	4-B
PALOMA AV.		
Rinconada de Aragón	60	5-B
PALOMA BLANCA		
Las Aguilas	43	5-A
PALOMA DOMESTICA		
El Rosal	121	1-A
PALOMA LA CDA.		
El Carmen	138	3-C
PALOMA NEGRA		
Benito Juárez	86	6-D
Villa San Lorenzo Chimalco	100	2-D
PALOMA ROQUIZA		
Vista Hermosa	121	1-A
PALOMA SILVESTRE		
Vista Hermosa	121	1-A
PALOMA TORCAZ		
Vista Hermosa	121	1-A
PALOMA ZURITA		
Vista Hermosa	121	1-A
PALOMAR		
El Palomar	23	3-E
Gral. Pedro María Anaya	109	1-E
PALOMAR EL Y CDA.		
El Tráfico	28	6-B
PALOMAR Y VIZCAYA		
México Nuevo	42	6-E
PALOMARES Y 1A. A 3A. CDA.		
Magisterial	123	3-E
PALOMAS		
Del Carmen	138	3-C
Granjas Modernas	71	5-F
Izcalli Jardines	47	1-B
Lago de Guadalupe	29	4-F
Las Cruces	121	1-A
Las Golondrinas	95	5-E
Los Padres	121	1-A
Mayorazgo del Bosque	43	6-C
San Cristóbal Texcalucan	93	2-C
San Lorenzo	81	2-D
Xochitenco	87	6-E
PALOMAS AV.		
Ampliación San Miguel	43	2-B
PALOMAS DE LAS		
Lomas del Río	41	2-A
PALOMAS DE LAS AV.		
Ampl. Llano de los Báez	34	6-C
Aquiles Serdán	47	1-D
Diecinueve de Septiembre	34	6-C
Izcalli Jardines	34	6-C
Jardines de los Báez	47	1-D
La Veleta Llano de los Báez	34	6-C
Llano de los Báez	47	1-D
Nueva Díaz Ordaz	47	1-D
Villas Ecatepec	47	1-D
PALOMAS DE LAS CJON.		
Santiago Atlaltongo	23	5-D
PALOMAS DE LAS CJON. CONT.		
Xochitenco	87	6-E
PALOMAS DE LAS PRIV.		
El Rosario	16	5-E
PALOMAS DE LAS Y 2 CDAS.		

Calle / Colonia	PLANO	COORDENADAS
Chimalhuacán	87	6-F
PALOMAS LAS		
Maquixco	23	3-F
Tlatel Xochitenco	87	2-E
PALOMAS LAS CJON.		
Chimalhuacán	87	5-E
PALOMEROS		
Alfredo del Mazo	127	1-E
PALOMOS LOS		
Fuentes de Satélite	55	6-E
PALTANA		
San Juan Xalpa	111	4-C
PALLARES J.		
Ciudad Satélite	56	6-B
PALLARES JACINTO		
Copilco El Alto	109	5-D
PALLARES Y PORTILLO E.		
Barrio San Lucas	109	3-F
Parque San Andrés	109	3-F
PAMES		
Tezozómoc	70	4-A
PAMES CDA.		
Tezozómoc	70	3-A
PAMPA		
Cuautitlán Izc. Atlanta	30	2-E
PAMPANO		
Del Mar	124	4-E
PROFOPEC Polígono 2	60	4-D
PAMPAS		
Moderna	97	3-C
PAMPLONA		
El Dorado	56	2-E
PANABA		
Pedregal Chitchitcáspatl	121	4-C
San Nicolás Totolapan	121	4-C
Z. U. E. El Pedregal	121	4-C
PANADEROS		
Emilio Carranza	84	3-D
Janitzio	84	3-D
Michoacana	84	3-D
Morelos	84	3-D
PANAL		
Las Arboledas	124	2-E
San Fernando	94	5-C
PANAL EL		
Las Palmas	95	5-E
PANALILLOS		
Villa de las Flores	19	6-F
PANAMA		
Bosques de Ixtacala	43	1-B
Jardines de Cerro Gordo	60	1-D
México 68	68	4-D
Portales	97	6-A
San Isidro Ixhuatepec	58	4-F
San José Ixhuatepec	58	4-F
PANAMA Y PRIV.		
Doctores	97	1-A
PANAMERICANA AV.		
Pedregal de Carrasco	122	2-C
Pedregal del Maurel	122	2-C
PANATZIN		
San Mateo Xoloc	17	1-A
PANCHITA LA		
Benito Juárez	99	2-F
PANCHO LOPEZ		
Benito Juárez	99	1-C
PANDA DE LA ROSA ANGEL		
La Guadalupana	138	2-C
PANDAL ANGEL GRAL.		
Olivar Santa María	138	4-E
PANDORA		
Cuautitlán Izc. Ensueños	30	1-E
PANI ALBERTO J.		
Ciudad Satélite	69	1-B
Ciudad Satélite	69	2-A
PANIAGUA AMADO		
Moctezuma 1a. Secc.	84	4-E
PANIAGUA CENOBIO		
Ciudad Satélite	69	2-D
PANOAYA		
Barrio Labradores	87	3-C
Barrio San Hipólito	87	3-C
PANORAMA		
El Tanque	108	6-A
PANORAMA DE CDA.		
Rincón de la Charrería	56	4-B
PANORAMAS		
Terrazas de Satélite	69	2-A
PANORAMICA		
San Mateo Xalpa	136	4-D
PANOTLA CDA.		
San Pablo Chimalpa	106	3-E
PANQUETZALLISTLI		
Ciudad Cuauhtémoc	34	2-F
PANT IGNACIO		
Z. U. E San Andrés Tomatlán	110	5-F
PANTANO		
Cuautitlán Izc. Atlanta	30	3-E
PANTECATL		
Ciudad Cuauhtémoc	34	2-E
PANTEON		
Ampliación La Candelaria	110	5-A
Coatlinchán	89	2-D
Cuatliquixco	22	3-A
La Candelaria	110	5-A
Luis Echeverría	31	6-A
Norchuca	22	3-A
San Juan Cerro	111	3-C
San Mateo Tecoloapan	43	4-C
San Pablo Xolalpa	50	4-D
PANTEON CDA.		
Xocoyahualco	69	1-D
PANTEON DE SANTA ROSA PRIV.		
Azoyapan	107	4-D
PANTEON DEL		
Ampl. San Isidro Atlautenco	35	4-A
Atenguillo	50	6-B
San Mateo Cuautepec	31	5-F
San Miguel Tocuila	62	5-E
San Pedro Tepetitlán	36	4-F
Santa María Ozumbilla	21	4-F
Santiago Tepalcatlalpan	136	3-C
Santiago Tepatlaxco	67	5-B
PANTEON DEL AV.		
Ampl. Los Caracoles	58	4-F
Ixtapaluca	115	5-A
Jorge Jiménez Cantú	59	4-A
San Francisco Mazapa	24	3-F
San Pablo Tecalco	22	4-D
Santa María Ozumbilla	21	4-F
PANTEON DEL CDA.		
Luis Echeverría	31	6-A
Pueblo Tepepan	123	6-B
Santiago Tepalcapa	31	6-A
PANTEON DEL CJON.		
Pueblo de Tepexpan	36	5-B
PANTEON DEL RT.		
Ecatepec de Morelos	46	3-F
PANTEON JARDIN 1A. CDA.		
Tequisistlán	48	2-F
PANTEON JARDIN 2A. CDA.		
Tequisistlán	48	2-F
PANTEON JARDIN 3A. CDA.		
Tequisistlán	48	2-F
PANTEON JARDIN AV. Y CDA.		
Tequisistlán	48	2-F
PANTEON NUEVO AV.		
Ecatepec de Morelos	47	2-A
PANTEON NUEVO DEL		
Santa Cruz de Guadalupe	136	6-C
PANTEON PROL. Y RT.		
Ampliación La Candelaria	109	5-F
PANTEON SAN JOSE		
Cuautitlán	18	6-C
PANTEON Y CDA.		
Santa Ursula Xitla	122	5-D
PANTEPEC		
Residencial Cafetales	123	1-E
PANTERA		
Cocoyotes	58	2-B
PANTERA CDA.		
Los Olivos	124	3-E
San Jerónimo	124	3-E
PANTERA CDAS.		
Cocoyotes	58	2-B
PANTICOSA		
Cerro de la Estrella	111	5-C
PANTITLAN		
Ciudad Azteca	60	3-C
La Florida de Ciudad Azteca	60	3-C
PANTITLAN AV.		
Ampl. Raúl Romero Fuentes	98	1-F
Ampl. Vicente Villada	99	4-F
Ampl. Vicente Villada Pte.	99	4-F
Ancón de los Reyes	100	5-B
Evolución	99	4-F
Evolución Poniente	99	4-F
La Perla	99	4-F
La Perla Reforma	100	5-B
Modelo	99	4-F
Nezahualcóyotl I	98	1-F
Nezahualcóyotl II	98	1-F
Nezahualcóyotl III	98	1-F
Porfirio Díaz	99	4-F
Porvenir	98	1-F
Reforma "A" Sección 1	100	5-B
Valle de los Reyes	100	5-B
Vicente Villada	99	4-F
PANTITLAN CDA.		
México	99	1-A
PANTLI		
Almontila	87	6-B
Barrio Alfareros	87	5-C
Barrio Canteros	87	5-C
Barrio Talabarteros	87	5-C
Barrio Tejedores	87	5-C
PANUCO		
Calacoaya	56	4-B
Ixtlahuacan	113	4-A
Ixtlahuacan	112	4-F
José de la Mora	127	1-D
Miravalle	113	4-A
San Lorenzo	56	3-B
PANZACOLA		
Hda. de Gpe. Chimalistac	109	2-C
Villa Coyoacán	109	3-C
PAPA		
Xalpa	112	4-D
PAPAGAYO		
Alfredo del Mazo	127	1-E
Lago de Guadalupe	30	5-A
Rinconada de Aragón	60	5-C
PAPAGAYOS		
Ampl. San Miguel	43	2-B
Valle de Tules	44	3-C
PAPALOAPAN		
José de la Mora	127	1-D
San Jerónimo Aculco	108	6-D
San Lorenzo	56	3-B
PAPALOAPAN CDA.		
Ex Hda. San Juan de Dios	123	4-C
PAPALOAPAN Y PRIV.		
Barrio San Andrés	70	3-C
PAPALOAQUE		
U. H. Coyuya	97	2-E
PAPALOTECA		
El Rosal	121	2-A
PAPALOTL		
Barrio Tejedores	87	4-C
Barrio Vidrieros	87	4-C
Pedregal de Santo Domingo	109	6-E
PAPALOTL AV.		
Pedregal de Santo Domingo	109	5-E
PAPALOTL CDA.		
Pedregal de Santo Domingo	109	4-E
PAPALOTLA		
Sagitario VI	73	3-B
PAPANOA		
Bosques de Tarango	108	3-A
Jardines de Casa Nueva	59	1-F
PAPANTLA		
San Jerónimo Aculco	121	1-C
San Lorenzo	56	3-B
PAPANTLA Y PRIV.		
Barrio San Andrés	70	3-C
PAPANTZIN		
Ejidos de San Pedro Mártir	122	6-F
PAPATZIN		
Ejidos de San Pedro Mártir	122	6-F
La Nopalera	122	6-F
Xolapan	122	6-F
PAPAYA		
Las Huertas	81	1-C
PAPAYAL		
El Mirador	59	1-A
PAPAYAN		
Barrio Labradores	87	3-D
PAPAYO		
El Arenal	70	6-F
PAPAYOS		
Bosques de Morelos	30	4-C
PAPAYOS LOS		
Lomas de San Mateo	68	3-E
PAPELERA NACIONAL S. A.		
Vista Hermosa	56	6-C
PAPIN DENIS		
Fuego Nuevo	111	5-A
PARACHO DE 1A. CDA.		
San Andrés Totoltepec	135	3-E
PARADA DEL GARAGE		
Huichapan	136	1-E
PARADERO		
Los Paseos de Churubusco	98	5-C
PARADISE CDA.		
Lomas del Carmen	94	1-E
PARAGUAY		
Jardines de Cerro Gordo	60	1-C
México 86	81	2-B
PARAISO		
Chiconcuac	49	6-F
El Molino Tezonco	124	3-D
La Cañada	82	2-B
Lomas de Santa María	101	1-A
Pradera de San Mateo	68	1-D
San Martín Xico	140	2-A
U. H. Valle de Luces	111	4-A
Valle Verde	44	3-C
Xalpa	112	3-D
Xicalhuaca	137	2-C
PARAISO 1A. CDA. DE		
Torres del Potrero	108	5-A
PARAISO AV.		
El Paraíso	95	4-E
Petroquímica Lomas Verdes	68	1-D
PARAISO CDA.		
La Providencia	108	2-B
PARAISO DEL		
U. H. Valle de Luces	111	4-A
PARAISO DEL 2A. CDA.		
La Forestal	45	6-C
PARAISO DEL AV.		
Torres del Potrero	107	5-F
PARAISO DEL CJON.		
San Sebastián	63	6-C
PARAISO DEL Y CDA.		
La Forestal	45	6-C
PARAISO EL CDA.		
Las Cruces	108	6-A
PARAISO EL PRIV.		
Santa María la Barranca	88	6-A
PARAISO PRIV.		
Ampl. Mirador	111	4-A
Chimalhuacán	88	6-A
Parque Industrial La Loma	56	4-F
PARAISO Y 2 CDAS.		
Torres del Potrero	108	5-A
Zona Escolar Oriente	58	3-A
PARAISOS DE LOS CJON.		
Lago de Guadalupe	30	4-A
PARAJE		
Lomas de Chamontoya	120	1-D
Lomas de la Estancia	112	4-F
PARAJE AV.		
Paraje del Caballito	120	1-E
PARAJE DEL AND.		
Ciudad Labor	44	1-D
PARAJE EL		
Jardines de la Hda. Sur	17	5-E
PARAJE EL JAGÜEY		
Tultepec	19	4-C
PARAJE EL Y CDA.		
Residencial Villa Coapa	123	4-D
PARAJE HUALQUILA		
Barrio San Ignacio	98	6-A
Barrio Santa Bárbara	97	6-F
PARAJE SAN JUAN PRIV.		
Paraje San Juan	111	4-C
PARAJE SAN PABLO		
Paraje San Pablo	19	5-D
PARAJE TLACATECO		
Barrio San Miguel	97	3-D
PARAJE XOCHIMILCO		
La Estación	125	1-A
PARAJE Y PRIV.		
Lomas de Chamontoya	120	1-E
PARAJES DE LOS AV.		
Los Parajes	44	6-A
Tlayapa	44	6-A
PARALELA 1		
San Fernando	94	4-C
PARALELA 2 Y 3		
San Fernando	94	4-C
PARAMARIBO		
San Pedro Zacatenco	71	2-D
PARAMO		
Hacienda de San Juan	123	4-A
PARANA		
Las Américas	69	5-B
PARANAGUA		
Residencial Zacatenco	71	1-C
San Pedro Zacatenco	71	1-C
PARAS JOSE MARIA		
Juan Escutia	99	3-A
PARAS JOSE MARIA 1A. A 5A.		
Voceadores	99	4-B
PARASITOLOGIA		
Profesores	76	3-A
PARASTITLA		
Santa Inés	70	2-B
PARCELA		
El Tanque	108	6-A
Lomas de San Bernabé	120	2-E
Novela Mexicana II	60	6-C
Tepotzotlán	4	6-C
PARCELA CDA.		
El Tanque	108	6-A
PARCELA DE LA		
Lomas de San Bernabé	120	1-E
PARCIALIDAD DE LA CDA.		
Morelos	84	2-B
PARDAVE JOAQUIN		
Ampliación Emiliano Zapata	113	3-C
Ciudad Satélite	69	1-A
Cuautepec El Alto	58	1-A
El Tepetatal	58	1-A
Hogar y Redención	95	6-E
Jorge Negrete	58	5-A
San Antonio	58	1-A
PARDAVE JUAN Y CDA.		
Magdalena Mixhuca	97	1-E
PARDILLO		
Rinconada de Aragón	60	4-C
PARDILLOS		
Izcalli Jardines	47	1-B
PARDINAS MARCUE		
Ciudad Satélite	56	6-B
PAREDES GABRIEL RT.		
Pantitlán	98	2-E
PAREDES MARIANO GRAL.		
Lázaro Cárdenas	73	6-A
PAREJA DE LA CDA.		
La Estadía	55	5-A
PARGO		
Del Mar	124	4-E
PARIAN		
Valle de los Reyes	113	1-D
PARIAN DEL		
Santa Cecilia	57	2-D
PARICUTIN		
Ampliación Benito Juárez	81	3-E
Cuautitlán Izcalli Norte	17	5-D
El Cerrito	16	3-D
La Florida de Ciudad Azteca	60	2-C
Loma Bonita	57	1-C
Lomas de Cuautepec	45	6-B
Lomas de Zaragoza	113	2-A
Lomas de la Estancia	112	4-F
Los Volcanes	98	1-F
Occipaco	68	4-E
Paraje San Juan 3a. Ampl.	111	4-D
Pilares Aguilas	108	2-F
Ricardo Flores Magón	82	4-A
Río de Luz	60	2-C
San Miguel Teotongo	113	2-A
Santa María Nativitas	101	1-B
PARIS		
Bellavista	56	5-A
El Carmen	109	2-E
Tabacalera	83	4-F
Valle Dorado	56	2-E
PARIS 1900		
U. H. Olímpica	122	2-D
PARIS AND.		
Centro Cuautitlán Izcalli	30	1-E
PARIS Y CDA.		
Cuautepec El Alto	58	1-B
PARMA		
Residencial Acoxpa	123	2-D
PARMESANOS		
Isidro Fabela	95	4-F
PAROTA		
Ampl. Minas Palacio	81	4-B
Prados de Ecatepec	19	3-F
PAROTAS		
La Perla	99	3-F
PARQUE		
Atlántida	110	4-A
Campestre	109	2-B
Chimilli	121	6-E
San Angel Inn	109	3-A
Tlalpan	122	3-C
PARQUE 1A. Y 2A. CDA.		
Gral. Pedro María Anaya	109	1-E
PARQUE BOSENCHEVE Y 2 RTS.		
Jardines del Alba	30	3-F
PARQUE CENTRAL OTE. Y PTE.		
U. Adolfo López Mateos	56	5-E
PARQUE CRISANTEMAS		
U. H. Solidaridad Social	20	6-B
PARQUE DE ANDALUCIA		
Parques de la Herradura	94	2-F
PARQUE DE ASTURIAS Y CDA.		
Parques de la Herradura	94	2-E
PARQUE DE BARCELONA		
Parques de la Herradura	94	2-E
PARQUE DE BOSENCHEVE		
El Parque	82	2-D
PARQUE DE CADIZ		
Parques de la Herradura	94	2-E
PARQUE DE CASTILLA		
Parques de la Herradura	94	2-E
PARQUE DE CORDOBA		
Parques de la Herradura	94	2-E
PARQUE DE CUPATITZIO		
El Parque	82	2-D
PARQUE DE CHAPULTEPEC		
Del Parque	46	5-D
PARQUE DE CHAPULTEPEC AV.		
El Parque	82	5-D
Lomas de Sotelo	82	5-D
PARQUE DE GRANADA		
Parques de la Herradura	94	2-D
PARQUE DE JEREZ		
Parques de la Herradura	94	2-E
PARQUE DE JUAN LUIS		
Parques de la Herradura	94	2-E
PARQUE DE LA COLINA		
Fuentes de Satélite	55	6-E
PARQUE DE LA CONDESA		
El Parque	123	1-C
PARQUE DE LA CORUÑA Y CDA.		
Parques de la Herradura	94	2-E
PARQUE DE LA DUQUESA		
El Parque	123	1-C
Jardines de Coyoacán	123	1-C
PARQUE DE LA ESTRELLA		
El Parque	82	2-D
PARQUE DE LA HERRADURA		
Bosque de Echegaray	69	4-D
PARQUE DE LA MALINCHE		
El Parque	82	2-D
PARQUE DE LA MARQUESA		
El Parque	123	1-C
PARQUE DE LA NOBLEZA		
El Parque	123	1-C
PARQUE DE LA PRIMAVERA		
Rinconada de los Parques	68	3-E
PARQUE DE LA PRINCESA		
El Parque	123	1-C
PARQUE DE LOS NIÑOS		
Las Arboledas	56	1-E
PARQUE DE LOS PAJAROS		
Las Arboledas	56	1-D
PARQUE DE LOS PAJAROS PROL.		
Benito Juárez	43	6-D
PARQUE DE LOS PIRINEOS		
Parques de la Herradura	94	2-E
PARQUE DE LOS PRINCIPES		
Lomas Altas	95	3-C
PARQUE DE LOS REMEDIOS		
El Parque	82	2-D
Jardines del Alba	30	3-F
PARQUE DE MADRID		
Parques de la Herradura	94	2-E
PARQUE DE MALAGA		
Parques de la Herradura	94	1-E
PARQUE DE MALLORCA		
Parques de la Herradura	94	2-E
PARQUE DE MOLINO DE FLORES		
El Parque	82	2-D
PARQUE DE MONTEBELLO		
El Parque	82	2-D
PARQUE DE MONTEBELLO CDA.		
El Parque	82	2-D
PARQUE DE MURCIA		
Parques de la Herradura	94	2-E
PARQUE DE NAVARRA		
Parques de la Herradura	94	2-E
PARQUE DE ORIZABA		
El Parque	82	2-D
PARQUE DE OVIEDO		
Parques de la Herradura	94	2-E
PARQUE DE PARIS		
Metropolitana 2a. Secc.	99	3-C
PARQUE DE RIO FRIO		
El Parque	82	2-D
PARQUE DE SANTANDER		
Parques de la Herradura	94	2-E
PARQUE DE SEVILLA CDA.		
Parques de la Herradura	94	2-E
PARQUE DE TOLEDO CDA.		
Parques de la Herradura	94	2-E
PARQUE DE VALENCIA		
Parques de la Herradura	94	2-E
PARQUE DE VALLADOLID		
Parques de la Herradura	94	2-E
PARQUE DE VANESSA		
Parques de la Herradura	94	1-E
PARQUE DE VIVIANA		
Parques de la Herradura	94	1-F
PARQUE DE ZEMPOALA Y 3 RTS.		
Jardines del Alba	30	4-F
PARQUE DE ZOQUIAPAN		
El Parque	82	2-D
PARQUE DEL		
Aragón Inguarán	71	6-E
Avante	110	5-B
Juventino Rosas	45	6-B
Naucalpan de Juárez	69	6-C
PARQUE DEL AJUSCO RT.		
Jardines del Alba	31	3-A
PARQUE DEL AJUSCO Y RT.		
Jardines del Alba	30	3-F
PARQUE DEL ALCAZAR		
Parques de la Herradura	94	2-E
PARQUE DEL AV.		
Avante	110	5-B
Cuchilla del Tesoro	85	2-E
La Quebrada	44	2-B
La Quebrada	44	3-B
Lago de Guadalupe	30	4-A
Las Huertas	68	6-E
Lomas de Coacalco	33	6-A
Lomas de Chamapa	81	3-D
Los Arcos	68	6-E
Los Clubes	43	5-C

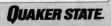

Calle / Colonia	Coordenadas Plano	
PAYSANDU		
San Bartolo Atepehuacán	71	3-A
Valle del Tepeyac	71	3-A
PAYTA		
Lindavista	71	3-B
Valle del Tepeyac	71	3-B
PAZ		
Mayorazgos La Concordia	56	1-D
PAZ ANGEL DE LA		
San Francisco Acuautla	115	2-D
PAZ DE LA		
Chiconcuac	62	1-F
Chimalhuacán	87	6-F
El Rosario	16	4-E
Francisco Villa	111	4-E
Laderas de Santa María	100	1-F
Lomas de Chimalhuacán	100	1-F
Lomas de Santa María	100	1-F
Lomas de la Era	120	1-E
Santa Anita	28	6-D
PAZ DE LA 2A. CDA.		
Chimalhuacán	87	6-F
PAZ DE LA 3A. CDA.		
Chimalhuacán	87	6-F
PAZ DE LA 4A. CDA.		
Chimalhuacán	87	6-F
PAZ DE LA AV.		
Copalera	100	3-F
PAZ DE LA CDA.		
Escandón	96	2-C
Villa de las Flores	32	3-F
PAZ DE LA CJON.		
Barrio Caltongo	137	1-A
Barrio San Ignacio	111	1-A
Chimalhuacán	87	6-F
PAZ DE LA Y CDA.		
Santa Anita	28	6-D
Tráfico	28	6-D
PAZ IRINEO		
San Juan	96	5-C
PAZ LA		
Ampl. Sn Agustín Parte Baja	100	3-C
Arboledas de Cuautepec	45	6-C
Corpus Christi	108	1-A
Chimalhuacán	87	6-F
Del Carmen	126	1-F
Huixquilucan de Degollado	106	1-B
Jardines de Morelos	47	3-B
Las Américas	69	5-B
Loma María Luisa	42	3-E
Lomas de Atizapán	55	2-F
Lomas de Chimalhuacán	87	6-F
Lomas de San Andrés Atenco	56	3-C
Lomas de San Carlos	46	4-F
Nexquipayac	49	4-B
Peñón de los Baños	85	4-B
San José Texopa	63	3-D
San Lorenzo Huipulco	123	3-A
San Martín de las Pirámides	24	1-E
San Pablo Chimalpa	106	2-E
Tecuezcomac	46	5-E
Valle Ceylán	57	2-B
Valle Dorado	56	2-E
PAZ LA AV.		
Barrio Calyequita	138	2-E
Barrio La Guadalupita	138	2-E
Del Carmen	109	3-B
San Angel	109	3-B
PAZ LA CDA.		
Chimalhuacán	88	6-A
Ecatepec de Morelos	47	1-A
Fuego Nuevo	110	4-F
Gustavo A. Madero	71	3-D
Los Reyes	113	1-C
PAZ LA CJON.		
Colinas de San Mateo	68	4-D
Nexquipayac	49	4-B
PAZ LA PRIV.		
San Pablo Chimalpa	106	3-E
PAZ LA Y CDA.		
Los Reyes	113	1-B
PAZ OCTAVIO		
Ciudad Alegre	88	4-B
Ixtlahuacan	112	3-F
Jardines de Acuitlapilco	88	4-B
Poesía Mexicana	60	6-C
Rufino Tamayo	46	6-E
Tierra Blanca	46	1-E
PAZ OCTAVIO PROL.		
U. H. Solidaridad	99	6-E
PAZ OCTAVIO Y CDA.		
Tenorios	112	4-C
PEDAGOGOS		
San José Aculco	98	5-A
PEDERNAL		
El Tenayo	57	2-E
Jardines del Pedregal	121	1-E
Lomas de Cantera	69	6-A
Lomas de la Cañada	82	2-B
Sagitario IV	60	5-C
Tres Estrellas	71	6-E
PEDIATRAS		
San José Aculco	98	5-A
PEDRAZA JOSE Y 2a. CDA.		
La Olímpica	81	3-B
PEDREGAL		
Ampl. San Lorenzo	56	1-C
Benito Juárez	59	2-C
Chiconcuac	62	1-F
Chimalhuacán	100	1-C
Izcalli San Pablo	20	6-C
Jardines del Pedregal	121	1-F
Lomas de Chapultepec	82	6-F
Lomas de Virreyes	82	6-F
Molino del Rey	82	6-F
Ricardo Flores Magón	4	4-C
San Lorenzo Huipulco	123	4-A
San Miguel Teotongo	113	3-A
San Miguel Teotongo	113	4-B
San Miguel Teotongo	113	2-A
Santa Cruz Chavarrieta	136	6-D
Xalpa	112	4-D
PEDREGAL CDA.		
Ampliación San Lorenzo	137	4-A
Buenavista	112	5-B
Santa Cruz Chavarrieta	136	6-D
Villa Coyoacán	109	3-D
PEDREGAL DEL		
Emiliano Zapata	152	2-D
San Pedro Zacatenco	71	1-C
PEDREGAL DEL AV.		
Lomas de Cantera	69	6-B
Tetlalmeya	122	3-F
Toriello Guerra	122	3-F
PEDREGOSO		
Cuadrante de San Francisco	109	3-E
PEDRELL		
Ex Hipódromo de Peralvillo	84	2-B
PEDRERA		
Ampliación Corpus Christi	108	1-B
Estado de Hidalgo	108	1-B
PEDRERA CDA.		
Ampliación Corpus Christi	108	1-B
PEDRO		
Fuentes de Tepepan	123	6-A
La Purísima	34	5-F
PEDRO PARAMO		
Novela Mexicana I	60	5-D
PEGASO		
Cuautitlán Izc. Ensueños	30	1-E
Geo 2000	35	3-B
Jardines de Satélite	68	1-F
Prado Churubusco	110	2-C
PEINADORAS		
U. Benito Juárez	111	6-B
PEJELAGARTO		
PROFOPEC Polígono 2	60	5-D
PEKIN		
Aquiles Serdán	85	2-A
Bellavista	56	6-B
Simón Bolívar	85	2-A
PELAXTITLA CJON.		
La Concepción Tlacopa	123	6-F
PELAYO CONRADO		
Barrio Santa Ana Zapotitlán	125	3-A
Miguel Hidalgo	125	3-A
PELICANO		
Ampl. San Juan de Aragón	71	5-F
Granjas Modernas	71	5-F
Granjas Pop. Gpe. Tulpetlac	60	1-C
La Cañada	56	3-A
Lago de Guadalupe	30	5-B
Las Aguilas	43	4-A
Las Alamedas	56	1-A
Los Pajaritos	34	2-E
Rinconada de Aragón	60	4-C
PELICANOS		
Lago de Guadalupe	30	4-A
Unidad Hab. Fauna Silvestre	87	4-F
Valle de Tules	44	3-C
PELO DE ANGEL		
Santa María Tomatlán	111	5-A
PELON OSUNA		
Tecolalco	95	5-C
PELONCUATITA PRIV.		
Barrio San Francisco	121	1-C
PELOPONESO		
Ampliación López Portillo	134	1-D
Lomas de Padierna Sur	134	1-D
PELUQUEROS		
Ampl. Veinte de Noviembre	84	3-D
Emilio Carranza	84	3-D
Janitzio	84	3-D
Michoacana	84	3-D
Morelos	84	3-D
PELLICER CARLOS		
Filiberto Gómez	100	2-B
Hda. de Gpe. Chimalistac	109	2-C
PELLICER JUAN		
Independencia	97	5-A
PELLICER PINA		
Parque del Metropolitano	45	6-B
PEMEX		
Industrial	71	5-C
Pemex	20	3-E
PEMEX AV.		
Los Laureles	47	3-A
Obrera Jajalpa	47	3-A
Olímpica Jajalpa	47	3-A
San José Jajalpa	47	3-A
San Lorenzo Tlalmimilolpan	24	5-B
U. H. Jajalpa	47	3-A
Venta de Carpio	34	5-D
PEMEX AV. Y CDA.		
Purificación	24	5-B
PENACHOS DE LOS AV.		
Ciudad Azteca	60	3-C
PENACHOS DE LOS CALZ.		
Ciudad Azteca	60	2-D
La Florida de Ciudad Azteca	60	2-D
PENALISTAS		
El Triunfo	97	5-D
San Juanico Nextipac	97	5-D
PENCA LA CJON.		
San Andrés Tomatlán	110	5-F
PENELOPE		
Cuautitlán Izc. Ensueños	30	1-D
Lomas de Axomiatla	107	3-F
PENGOS		
Cerro Prieto	84	1-F
PENINSULA		
2a. Ampl. Stgo Acahualtepec	112	3-E
Cuautitlán Izc. Atlanta	30	2-E
PENINSULA Y 2 RTS.		
U. CTM Alborada Jaltenco	20	6-C
PENIQUES		
Aquiles Serdán	85	2-A
Simón Bolívar	85	2-A
PENITENCIARIA		
Penitenciaría	84	4-D
PENJAMO		
Adolfo López Mateos	42	3-E
Granjas Valle de Guadalupe	59	5-F
PENNSYLVANIA		
Ampliación Nápoles	96	4-C
Barrio San Lucas	109	3-F
Ciudad de los Deportes	96	4-C
Nápoles	96	4-C
Parque San Andrés	109	3-F
PENSADOR MEXICANO		
Amado Nervo	19	2-D
Arbolitos	59	3-B
Ecatepec de Morelos	46	1-F
Guerrero	84	4-A
Hidalgo	28	6-E
Los Reyes Acaquilpan	113	1-C
Nicolás Romero Centro	28	6-E
San José Aculco	98	5-A
Tepotzotlán	4	6-C
PENSADORES		
San José Aculco	97	5-F
PENSADORES CIR.		
Ciudad Satélite	56	6-B
PENSAMIENTO		
Agua Azul	86	6-D
Ampl. La Quebrada	44	3-A
Ampliación El Tesoro	44	2-E
Ampliación Emiliano Zapata	127	2-C
Ampliación Loma Linda	82	1-A
Ciudad Jardín	110	4-A
Conj. San P. de las Salinas	20	5-A
Chamacuero	43	3-E
Ejidos de San Pedro Mártir	122	6-F
El Capulín	114	6-C
El Molino	127	2-C
Ermitaño	120	3-E
Granjas de San Pablo	20	5-A
Hacienda de la Luz	43	2-C
Huayatla	120	2-E
INFONAVIT Jard. de los C. V	20	5-A
Jardines de Chalco	140	1-D
Jardines de San Pablo II	20	5-A
Jardines de la Cañada	44	2-D
Jardines del Tepeyac	59	6-F
Juan González Romero	72	2-A
La Hera	111	3-E
La Quebrada	44	3-A
Las Huertas	68	6-E
Loma Linda	82	1-A
Lomas Quebradas	121	1-B
Lomas San Lorenzo	111	6-E
Lomas de San Miguel	43	3-B
Lomas de la Era	120	1-F
San Francisco Chilpan	31	6-C
San José del Jaral	43	3-D
San José del Jaral	43	2-D
San Luis Tlatilco	82	1-A
San Miguel Teotongo	113	4-B
San Pedro Xalostoc	59	3-C
Santa María Guadalupe	44	3-A
Santa María de Guadalupe	44	3-A
Santa Rosa	48	2-D
Santa Rosa	101	1-D
Tamaulipas El Palmar	86	6-D
Tamaulipas Flores	86	6-D
Techalotes	34	4-F
Tezoyuca	49	1-D
Torres del Potrero	108	5-A
Unidad Hab. Azul Cielo	20	5-A
Unidad Hab. Pensamiento	20	5-A
Unidad Hab. Verde Claro	20	5-A
Xalpa	112	4-D
PENSAMIENTO CDA.		
Ampliación Tepepan	136	1-B
Ermitaño	120	2-E
San Bartolo El Chico	123	5-C
Valle de Tepepan	122	6-F
PENSAMIENTO CJON.		
Barrio Caltongo	137	1-B
PENSAMIENTO REVOLUCIONARIO		
Gabriel Reyna Nava	41	3-F
PENSAMIENTOS		
Barrio Xaltocan	136	2-F
Villa de las Flores	19	6-F
PENSAMIENTOS CDA.		
Tepeaca	108	2-B
PENTATLON MEXICANO		
Ampl. San José Xalostoc	72	1-C
Villa de Guadalupe Xalostoc	72	1-C
PENTECOSTES AV.		
San Antonio	63	3-C
PEÑA		
La Cascada	96	6-A
Miravalle	112	4-F
PEÑA ALTA 4 CDAS.		
Tierra Blanca	138	4-F
PEÑA ALTA AV.		
Emiliano Zapata	138	4-F
Peña Alta	138	4-F
PEÑA ANTONIO		
Las Peñas	111	4-F
PEÑA AZUL		
Chalma de Guadalupe	57	2-E
PEÑA BLANCA		
Lomas de la Hacienda	43	5-B
PEÑA COLORADA		
Chalma de Guadalupe	57	2-E
PEÑA D. MAESTRO Y 2 CDAS.		
San Jerónimo	137	3-B
PEÑA DE LA IGUANA		
Vista del Valle	56	1-C
PEÑA DEL MAZO ENRIQUE		
San Martín	22	2-B
PEÑA DEL VALLE JOSE		
Santa Martha Acatitla	99	6-C
PEÑA GORDA 1A. CDA.		
Cuautepec de Madero	58	2-A
PEÑA GUSTAVO		
Ampl. La Olímpica	81	3-B
PEÑA HILARIO		
Ampl. San José Xalostoc	59	6-C
PEÑA JOAQUIN DE LA		
Lomas de Guadalupe	56	4-A
PEÑA M. A. DE LA ING.		
Oriente	136	4-F
PEÑA MANUEL DE LA		
Darío Martínez	126	1-F
PEÑA MANUEL DE LA GRAL.		
Tultitlán	31	2-D
PEÑA NEGRA		
Chalma de Guadalupe	57	2-E
PEÑA PALACIOS FELIPE		
Santa Cecilia	125	5-E
PEÑA PERDIDA		
Vista del Valle	56	2-C
PEÑA POBRE		
Toriello Guerra	122	3-E
PEÑA QUEBRADA		
Vista del Valle	56	2-C
PEÑA RAFAEL ANGEL DE LA		
Ciudad Satélite	56	6-B
Obrera	84	6-B
PEÑA RAFAEL ANGEL DE LA PROL		
Tránsito	84	6-C
PEÑA RAFAEL DE LA		
Barrio San Antonio	124	1-D
PEÑA RAMIRO DE LA LIC. PRIV.		
Pantitlán	98	1-D
PEÑA Y PEÑA		
Centro	84	3-C
PEÑA Y PEÑA MANUEL		
Presidentes de México	111	4-E
PEÑA Y PEÑA MANUEL DE LA		
Lázaro Cárdenas	73	6-A
Presidentes de México	111	4-E
PEÑA Y PEÑA MANUEL DE LA CDA		
Presidentes de México	111	4-E
PEÑA Y PEÑA Y CDA		
Norchuca	22	3-A
PEÑA Y PEÑA Y CDA.		
Cuatliquixco	22	3-A
PEÑA Y REYES ANTONIO AV.		
Jardín Balbuena	97	1-E
PEÑAFIEL GUADALUPE		
Obrera	84	6-B
PEÑAFLOR D.		
Colonial Iztapalapa	111	3-F
PEÑALOZA FRANCISCO		
Miguel Hidalgo	125	3-A
PEÑAROL		
Arboledas del Sur	123	3-B
PEÑAS		
Buenavista	112	5-C
Jardines del Pedregal	109	5-A
PEÑAS DE LAS 1A. CDA.		
Xalpa	112	3-E
PEÑAS DE LAS CJON.		
Cocotitlán	141	4-D
PEÑAS DE LAS PRIV.		
Alfredo del Mazo	127	3-D
PEÑAS LAS		
Citlalli	112	3-C
PEÑAS LAS Y 3 CDAS.		
Xalpa	112	3-E
PEÑAS NEGRAS		
Cuautepec El Alto	58	1-A
PEÑAS NEGRAS Y CDA.		
San Antonio	58	1-B
PEÑASCAL EL		
Los Pastores	69	4-D
PEÑASCO		
Hacienda Ojo de Agua	21	5-B
Hacienda de San Juan	123	4-B
Izcalli San Pablo	20	6-B
PEÑASCO DEL		
Los Fresnos	68	3-F
PEÑISCOLA		
Cerro de la Estrella	111	6-C
PEÑITAS		
San Lucas Patoni	57	3-E
San Lucas Patoni	57	4-E
PEÑITAS LAS		
Castillo Grande	58	3-B
PEÑOLES		
Valle Gómez	84	1-C
PEÑON		
Morelos	84	2-C
U. INFONAVIT Iztacalco	97	4-E
PEÑON AV.		
Azteca	84	4-E
Revolución	84	4-E
Venustiano Carranza	84	4-E
PEÑON CDA.		
Revolución	84	3-F
PEÑON COLORADO		
Balcones del Valle	56	2-C
PEÑON CHICO		
Balcones del Valle	56	2-C
PEÑON DE LOS EDECANES		
Ampliación San Lorenzo	56	2-C
PEÑON DEL 1A. CDA.		
Xochitenco	87	6-C
PEÑON DEL 2A. CDA.		
Xochitenco	87	6-C
PEÑON DEL 3A. CDA.		
Xochiaca	87	6-C
PEÑON DEL AV.		
Acuitlapilco	88	4-A
Almontila	87	6-B
Almontila	87	5-D
Barrio Alfareros	87	5-D
Barrio Canteros	87	5-C
Barrio Herreros	87	4-F
Barrio Hojalateros	87	5-D
Barrio Mineros	87	5-D
Barrio San Juan	87	5-C
Barrio Saraperos	87	5-C
Barrio Talabarteros	87	5-C
Barrio Talladores	87	5-D
Barrio Tejedores	87	5-C
Chimalhuacán	87	6-B
Moctezuma 2a. Secc.	85	3-A
Nueva Guadalupe	87	5-D
Pensador Mexicano	85	3-A
Tlatelco	87	6-B
Tlatelco	87	5-C
Xochiaca	87	5-C
PEÑON DEL CDA.		
Almontila	87	6-C
Xochitenco	87	5-D
PEÑON DEL RT.		
Lomas de Bellavista	55	6-F
PEÑON GRANDE		
Balcones del Valle	56	2-C
PEÑON RT.		
Jards. Pedregal de Sn Angel	122	2-B
PEÑUÑURI FRANCISCO		
El Carmen	109	2-F
Pueblo San Miguel Ajusco	148	1-A
PEON CONTRERAS JOSE		
Algarín	97	1-A
Obrera	97	1-A
PEON Y CONTRERAS JOSE		
Ciudad Satélite	56	6-A
PEONIA		
Xotepingo	110	5-B
PEPINO CDA.		
Las Huertas	81	1-D
PERA		
Ampliación El Tesoro	44	3-E
Ejidal Ampl. San Marcos	44	4-D
Granjas Independencia I	73	3-B
Jardines de Ecatepec	47	3-B
Las Huertas	33	5-F
Las Huertas	81	2-C
Lomas de San Miguel	43	3-B
Los Bordos	59	1-B
Miravalle	112	4-F
Revolución	43	2-A
San Gabriel	43	3-D
San Marcos Huixtoco	128	3-D
San Martín Xico	140	2-B
Teozoma	113	6-C
Xalpa	112	3-D
Xalpa	112	4-D
PERA AND.		
Las Huertas	81	1-D
PERA ANDADOR		
El Tanque	108	5-A
PERA DE 2A. PRIV.		
Paseos del Sur	123	6-D
PERA DE LA		
Las Granjas Acolman	36	4-B
PERA DE LA CDA.		
Ampliación López Portillo	125	2-D
Pedregal de San Nicolás	121	5-B
San Miguel Xochimanga	43	5-D
PERA LA CDA.		
Manzanastitla	94	6-A
PERAL		
Ampliación Tres de Mayo	30	5-C
El Mirador	59	1-A
Jalalpa Tepito	95	6-B
La Huertas	121	3-B
Las Huertas	81	1-C
Las Huertas	121	3-C
Las Huertas	81	1-C
San José Huilango	16	4-F
San Juan Xalpa	111	4-C
San Nicolás Tolentino	111	4-C
Santa María La Ribera	83	2-E
PERAL EL		
San Francisco Acuexcomac	49	6-D
PERALES		
Bosque del Pedregal	121	6-C
Bosques de Morelos	30	4-C
Granjas Coapa	123	3-F
Lomas Cuautetlán	135	3-F
México Nuevo	60	4-D
Sector Popular	76	4-C
PERALES CDA.		
Granjas Coapa	123	3-F
PERALES LOS ORIENTE		
Arcos del Alba	30	2-F
PERALES LOS PONIENTE		
Arcos del Alba	30	2-F
PERALTA		
Lomas de la Era	120	1-E
PERALTA ALBERTO (C. 9)		
U. Santa Cruz Meyehualco	112	3-B
PERALTA ANGELA		
Centro	84	4-A
PERALVILLO AV.		
B. Peralvillo	84	2-C
Morelos	84	2-C
PERAS		
Bello Horizonte	31	5-E
Canutillo	108	1-D
Ejidos de San Cristóbal	33	5-F
Hacienda Ojo de Agua	21	4-B
Las Huertas	33	5-F
Lomas El Manto	111	2-B
Potrerillo	121	2-A
San Juan Potreros	89	3-B
Santa María Maninalco	70	5-C
PERAS DE LAS		
Barrio Saraperos	87	6-B
Xochiaca	87	6-C
PERAS DE LAS 4 CDAS.		

Calle / Colonia	Plano	Coordenadas
Barrio Saraperos	87	6-B
PERAS DE LAS CDA.		
Xochiaca	87	6-C
PERAS DE LAS CJON.		
San Salvador Atenco	62	1-D
PERAS LAS		
Almontila	87	6-B
PERASTITLA PRIV.		
San Martín Xochináhuac	70	2-A
PERCHES PORRAS JOSE		
Santa Cecilia	125	5-E
PERDICES		
Granjas de Guadalupe	42	2-C
Las Alamedas	56	2-A
PERDICES 2a. Y 1a.		
PROFOPEC Polígono 3	60	6-D
PERDICES DE LOS		
Lomas del Río	41	2-B
PERDICES RT.		
Loma del Río	41	1-B
PERDIZ		
Ave Real	108	1-B
La Cañada	56	3-B
Lago de Guadalupe	29	4-F
Rinconada de Aragón	60	4-C
Villa San Lorenzo Chimalco	100	2-C
PERDIZ CDA.		
La Cañada	56	3-A
PERDIZ Y RT.		
Las Arboledas	56	1-C
PEREGRINOS		
Colina del Sur	95	6-D
PEREJIL		
Victoria de las Democracias	70	6-E
Villa de las Flores	19	6-F
PEREYRA CARLOS		
Ciudad Satélite	69	1-D
Viaducto Piedad	97	2-B
PEREYRA ORESTES		
Alvaro Obregón	99	6-A
PEREZ ANGEL C 1 2 Y 3		
U. H. Vicente Guerrero	111	1-E
PEREZ BALBUENA JUAN M. ING.		
El Potrero CTM 19	33	2-B
PEREZ BASILIO		
Constitución de la Rep.	71	4-F
PEREZ CANDELARIA		
U. H. O. CTM Culhuacán VIII	123	1-F
U. H. O.CTM Culhuacán VII A	123	1-F
U. O. H. CTM Culhuacán VI	123	1-F
PEREZ CARMELO		
Lomas de Sotelo	82	2-E
Residencial San Alberto	63	2-C
PEREZ CARMELO AV.		
Ampl. Vicente Villada Ote.	99	4-E
Aurora	99	4-E
Benito Juárez	99	4-E
La Perla	99	4-E
Vicente Villada	99	4-E
PEREZ CARMELO CDA.		
Residencial Arboleda	63	1-C
PEREZ CELESTINO		
Constitución de 1917	111	2-F
PEREZ CELESTINO CONSTTE.		
Cuajimalpa	107	2-C
Rancho Memetla	107	2-C
PEREZ CRISPIN OTE. AV.		
Melchor Ocampo	18	1-F
PEREZ CRISPIN PROFR.		
Melchor Ocampo	19	1-A
PEREZ DE LEON		
Niños Héroes de Chapultepec	97	4-B
PEREZ DE LEON RUPERTO		
La Conchita Zapotitlán	125	4-C
PEREZ DE MORENO R.		
Carmen Serdán	110	6-F
PEREZ DE PRIV.		
Melchor Ocampo	18	2-F
PEREZ DE SOTO MELCHOR		
Ampliación Miguel Hidalgo	122	5-A
PEREZ DE SOTO MELCHOR CDA.		
Ampliación Miguel Hidalgo	121	5-F
PEREZ DE SOTO MELCHOR CJON.		
Ampliación Miguel Hidalgo	121	5-F
PEREZ DE SOTO MELCHOR DE 1A.		
Ampliación Miguel Hidalgo	121	5-F
PEREZ FRANCISCO		
Héroe de Nacozari	71	6-A
Jardines del Molinito	82	1-B
PEREZ GALDOS BENITO		
Los Morales	82	4-F
PEREZ JOAQUIN A.		
San Miguel Chapultepec	96	1-B
PEREZ MARCELINO ABSALON		
Santa Martha Acatitla Nte.	99	4-C
PEREZ MARIO		
Ampl. La Olímpica	81	4-B
PEREZ MEZA LUIS		
Compositores Mexicanos	45	6-A
PEREZ MORENO RITA		
Nicolás Romero Centro	28	6-E
PEREZ OLAGARAY JAVIER LIC.		
La Providencia	43	4-E
PEREZ PEDRO		
Melchor Ocampo	19	2-A
PEREZ RAMIREZ JUAN		
Ciudad Satélite	56	6-A
PEREZ RIOS FRANCISCO AV.		
Jardines de San Gabriel	59	6-E
PEREZ ROMERO MANUEL		
Santa Martha Acatitla	99	5-D
PEREZ SILVERIO		
San Isidro La Paz	29	6-B
San Isidro La Paz	42	1-A
San José Texopa	63	2-D
San Miguel Teotongo	113	3-A
San Pedro	63	6-A
PEREZ SILVERIO CDA.		
San Isidro La Paz	42	1-B
PEREZ TOVAR		
C. H. Lote 48	20	5-B
PEREZ VALENZUELA G. ING.		
Barrio Santa Catarina	109	2-D
PERFECCIONADA LA		
Industrial	71	5-C
PERFORISTAS		
San José Aculco	98	5-A
PERGOLAS LAS AV.		
Jardines del Sur	136	2-E
PERGOLEROS Y RT.		
U. H. ISSFAM No. 1	122	5-E
PERICANTO		
Juventud Unida	123	6-A
PERICO		
Granjas Pop. Gpe. Tulpetlac	60	1-B
Vergel	111	6-C
PERICON		
San José del Jaral	43	3-D
PERICOS		
Las Aguilas	108	1-F
Lomas de Capula	95	5-E
Valle de Tules	44	4-B
Vicente Suárez	19	2-E
PERICOS 1a. Y 2a.		
PROFOPEC Polígono 3	60	6-D
PERICU		

Calle / Colonia	Plano	Coordenadas
Lic. Carlos Zapata Vela	98	5-A
PERIDOTO		
La Cascada	96	6-A
PERIFERICO DEL PANTEON		
Montañista	58	2-D
PERIMETRAL		
San Jerónimo Lídice	108	5-E
PERIODISTAS		
Prensa Nacional	70	1-D
PERIODISTAS CIR.		
Ciudad Satélite	69	3-A
PERIODISTAS LOS		
Novela Mexicana II	60	6-C
PERIQUILLO		
La Malinche	108	6-B
PERITA DE LA CJON.		
Pueblo Nuevo Bajo	121	2-B
PERITA LA		
Pueblo Nuevo Bajo	121	2-B
PERITAS		
Barrio Norte	95	5-F
PERITAS LAS CJON.		
Lomas Zaragoza	28	4-D
Independencia	28	4-D
PERJURA		
Aurora	100	2-A
PERLA		
Agrícola Metropolitana	124	4-F
Ampliación El Tesoro	44	3-D
Ampliación La Esmeralda	34	1-D
Benito Juárez	41	1-F
Caracol	85	5-D
Industrial	71	6-C
Joyas del Pedregal	122	2-F
La Joya Ixtacala	57	4-C
La Pobianita	113	5-C
Nueva San Isidro	127	4-F
Piedra Grande	59	3-B
PERLA CDA.		
Arenal II	88	6-F
Benito Juárez	41	1-F
PERLA LA		
Ampl. Buenavista	44	3-D
Ampl. El Tesoro	44	3-D
Dr. Jorge Jiménez Cantú	60	3-A
El Tesoro	44	2-D
La Joya	33	6-C
PERLA NEGRA		
La Joya	33	6-C
PERLA Y RT.		
Pantitlán	98	2-E
PERLILLAR		
Ampl. Progreso Nacional	57	6-E
Progreso Nacional	57	6-E
PERLILLAS Y 5 PRIVS.		
Villa de las Flores	19	6-F
PERLITAS		
Barrio Norte	95	5-F
La Esmeralda	34	1-D
La Esmeralda	21	6-D
PERNAMBUCO		
Lindavista	71	3-C
PERON		
El Mirador	59	2-B
El Mirador	59	1-B
Granjas Familiares Acolman	36	4-A
San Fernando	94	4-C
PERON CDA.		
Ejidal Emiliano Zapata	33	5-E
PERONES		
Loma Encantada	113	3-D
PEROTE		
2a. Ampl. Stgo Acahualtepec	112	3-E
Ampl. Estado de Veracruz	111	2-B
San Lorenzo	56	3-B
PEROTE PROL.		
Cuautepec de Madero	58	2-A
PERPETUA DE LA		
Lomas Verdes Sección V	55	6-D
PERPETUA Y CDA.		
San José Insurgentes	109	1-C
PERRUSQUIA ERNESTO		
Constitución de 1917	111	2-E
PERSEO		
Casa Blanca	111	5-D
Cuautitlán Izc. Ensueños	17	6-D
Prado Churubusco	110	2-C
U. H. El Rosario	56	6-F
PERSEVERANCIA Y 2 CDAS.		
Citlalli	112	3-C
PERSIA		
Pensador Mexicano	85	3-A
Romero Rubio	85	3-A
PERSIMOS LOS		
Xalpa	112	4-D
PERU		
Barrio Los Reyes	139	5-D
Barrio San Bartolo	139	5-D
Jardines de Cerro Gordo	60	1-C
México 68	68	4-D
San José Ixhuatepec	58	4-F
U. Industrias Tulpetlac	60	1-C
PERU CDA.		
Lomas de Chamapa	81	3-D
San Lorenzo	81	1-F
PERUANOS		
María G. de García Ruiz	95	4-E
PERUGINO		
Insurgentes Extremadura	96	5-C
PERUGINOS		
Victoria	95	4-F
Victoria	96	4-A
PERUSA		
Izcalli Pirámide	57	3-D
Lomas Estrella 2a. Secc.	111	6-A
PESADO		
Guerrero	84	2-A
PESADO JOAQUIN		
Ciudad Satélite	69	2-B
PESADO JOSE JOAQUIN		
Obrera	97	1-B
PESARINOS		
Isidro Fabela	95	4-F
PESCADITO AND.		
U. H. El Rosario	69	1-F
PESCADITO PRIV.		
Paraje del Caballito	120	1-E
PESCADITOS		
Centro	84	5-A
PESCADO		
Del Mar	124	4-E
PESCADOR DEL		
San Pedro Atzompa	21	3-D
PESCADOR FELIPE		
La Laguna	59	6-A
PESCADOR MARTIN		
Vergel de las Arboledas	43	6-B
PESCADORES		
Tlatel Xochitenco	87	2-C
U. H. El Rosario	69	1-F
PESCADORES CDA.		
San Pedro Atzompa	21	3-D
PESEBRE		
Colina del Sur	95	6-E
PESEBRES DE LOS		
Villas de la Hacienda	43	2-C

Calle / Colonia	Plano	Coordenadas
PESETA		
El Tesoro	44	2-E
PESETAS Y CDA.		
Cerro Prieto	84	2-F
PESOS		
Cerro Prieto	84	2-F
PESQUEIRA IGNACIO		
Constitución de 1917	111	2-E
PESTALOZZI JOSE ENRIQUE		
Del Valle	96	5-E
Narvarte	96	5-E
PETACALCO		
Pedregal de Santo Domingo	109	5-D
PETALO		
El Reloj	110	6-B
Independencia	28	4-E
PETAZOL		
Barrio San Fernando	122	3-D
PETEN		
Atenor Sala	96	3-F
Letrán Valle	96	3-F
Narvarte	96	3-F
San Lorenzo	81	2-D
Tikal	30	6-C
Vértiz Narvarte	96	3-F
PETEN PROL.		
Emperadores	96	6-F
PETENES		
Pedregal Santa Ursula Xitla	122	6-C
PETIRROJO		
La Cañada	56	3-B
Las Golondrinas	95	5-E
Mayorazgos del Bosque	56	1-C
Rinconada de Aragón	60	4-C
PETIRROJO DEL		
Las Alamedas	56	1-A
PETIRROJOS		
Granjas de Guadalupe	42	2-C
Izcalli Jardines	47	1-B
Parque Residencial Coacalco	33	5-B
Valle de Tules	44	3-C
PETLAPAN		
Barrio San Andrés	70	3-C
PETLAZULCO		
Pedregal de Santo Domingo	109	5-D
PETO		
López Portillo	121	6-D
PETRARCA FRANCISCO		
Chapultepec Morales	83	4-B
PETREL		
Vergel de las Arboledas	43	6-B
PETREL Y RT.		
Las Alamedas	56	2-A
PETRELES		
Lomas de las Aguilas	108	3-C
Puente Colorado	108	3-C
PETRIN		
Lomas de las Aguilas	108	3-C
Puente Colorado	108	3-C
PETROLEO		
Plenitud	70	5-A
PETROLEO DEL AV.		
Izcalli Chamapa	81	4-D
PETROLEOS AV.		
Santa María Chiconautla	34	3-F
PETROLEOS MEX. Y 3 CDAS.		
Ampliación Petrolera	70	4-A
PETROLEOS MEXICANOS		
Petrolera Taxqueña	110	4-C
PETROLEROS AV. Y 2 CDAS.		
San Juan Ixhuatepec	58	5-E
PETROLEROS CDA.		
Ejidal Emiliano Zapata	33	6-E
PETROQUIMICA		
Petroquímica Lomas Verdes	68	1-E
Viveros Xalostoc	59	6-C
PETUNIA		
El Molino	127	2-C
Jardines de Morelos	47	1-D
Lomas de San Miguel	43	2-B
Los Angeles	111	3-D
San Miguel Teotongo	113	4-A
Santa María de Guadalupe	44	3-A
PETUNIA CDA.		
San Miguel Teotongo	113	4-A
PETUNIAS		
Ejidal Ampl. San Marcos	44	4-C
Jardín de la Florida	69	2-D
Jardines de la Cañada	44	2-D
Santa Rosa	101	1-E
U. H. Solidaridad Social	20	6-A
Valle Hermoso	43	6-F
Villa de las Flores	19	6-F
PETUNIAS DE LAS RT.		
El Retiro	57	4-C
La Florida	69	2-C
PEYOTE		
U. INFONAVIT Iztacalco	97	4-E
PEZ		
U. Vallejo La Patera	70	1-F
PEZ ESPADA		
Del Mar	124	4-D
PROFOPEC Polígono 2	60	5-D
PEZ SIERRA		
Del Mar	124	4-F
PROFOPEC Polígono 2	60	5-D
PEZ TIGRE		
PROFOPEC Polígono 2	60	5-D
PEZ VELA		
PROFOPEC Polígono 2	60	5-D
PEZ VELA AV.		
Del Mar	124	4-E
PEZA JUAN DE DIOS		
Barrio Cesteros	87	3-E
Colonial Iztapalapa	111	3-F
La Hera	111	4-F
La Venta	128	1-B
Melchor Ocampo	18	2-F
México	99	2-A
Obrera	97	1-A
San Pablo Tecalco	22	4-E
Tenorios	112	4-C
Tultitlán	31	2-C
PEZA JUAN DE DIOS PRIV.		
La Hera	111	4-F
San Francisco Tetecala	70	5-B
PEZA JUAN DE DIOS Y CDA.		
Barrio Santa Ana Zapotitlán	125	2-A
PIALES		
El Cuquio	69	2-C
PIAMONTE		
Izcalli Pirámide	57	3-C
Residencial Acoxpa	123	2-D
PIASTRAS Y CDA.		
Cerro Prieto	84	2-F
PIAZTIC		
Las Palmas	121	1-A
PICACHO AJUSCO		
Cruz del Farol	121	6-E
Chimilli	121	6-E
PICACHO AJUSCO BLVR.		
Jardines en la Montaña	121	3-E
Lomas de Padierna	121	3-E
Z. U. E. Héroes de Padierna	121	3-E
PICACHO Y CDA.		
Jardines del Pedregal	121	1-E
PICAGREGOS DE LOS		

Calle / Colonia	Plano	Coordenadas
Lomas de las Aguilas	108	3-C
PICALOTL		
El Arenal 3a. Sección	85	5-E
PICASSO JOSE		
Ampliación Las Peñitas	43	3-D
PICASSO PABLO		
Rufino Tamayo	46	6-E
Universal	81	1-D
PICAZO JOSE		
Ampliación Las Peñitas	43	3-E
PICO		
Hacienda de San Juan	123	4-B
Jardines de Morelos	48	1-A
Valle de los Reyes	113	1-D
PICO DE CAMARMEÑA		
Jardines en la Montaña	122	3-A
PICO DE ORIZABA		
El Cerrito	16	3-D
El Mirador	135	1-D
Independencia	57	1-C
La Pradera	72	5-D
Loma Bonita	57	1-C
Lomas de Cuautepec	45	6-B
Los Volcanes	135	1-D
Paraje Tecoloxtitla	138	3-C
Rancho de las Nieves	101	1-B
Reforma Política	112	4-C
Ricardo Flores Magón	82	4-A
San Pedro Mártir	135	1-D
Zapotecas	59	2-E
PICO DE ORIZABA BLVR.		
Occipaco	68	4-F
PICO DE PEÑALARA		
Jardines en la Montaña	121	3-F
PICO DE SOMOSIERRA		
Jardines en la Montaña	122	3-A
PICO DE SORATA		
Jardines en la Montaña	121	2-F
PICO DE TOLIMA		
Jardines en la Montaña	122	2-A
PICO DE TURQUINO		
Jardines en la Montaña	121	3-F
PICO DE VERAPAZ		
Jardines en la Montaña	121	2-F
Jardines en la Montaña	122	3-A
PICO DEL AGUILA		
La Presa Lázaro Cárdenas	58	5-C
San Miguel Xochimanga	43	6-D
PICO NEVADO		
Jardines del Alba	30	3-F
PICHARDO CRUZ CARLOS		
El Pantano	33	2-A
Santa Ma. Mag. Huichachitla	33	2-A
Unidad Hab. Santa María	33	2-A
PICHARDO IGNACIO		
San Sebastián Chimalpa	100	5-E
PICHARDO PAGAZA IGNACIO		
Carlos Salinas de Gortari	34	6-E
La Palma	46	6-D
PICHARDO PAGAZA IGNACIO CDA.		
La Palma	46	6-D
PICHE		
Xochitenco	87	5-D
PICHILINGUE		
Jardines de Morelos	47	1-F
PICHIRILO		
Benito Juárez	99	1-C
PICHON		
Las Arboledas	56	1-D
PICHUCALCO		
Lomas de Padierna	121	4-E
Torres de Padierna	121	4-E
Z. U. E. Héroes de Padierna	121	4-E
PIE DE LA CUESTA		
Jardines de Morelos	47	1-F
Lomas de Bezares	95	3-A
PIE DE LA GLORIA		
Barrio La Asunción	97	3-D
PIEDAD AV.		
Campiña de Aragón	60	4-A
Nuevo Paseo de San Agustín	60	4-A
Valle de Santiago	60	4-A
PIEDAD DE LA CDA.		
San Bartolo El Chico	123	5-C
PIEDAD LA		
Acolman de Nezahualcóyotl	36	2-D
Michoacán	153	2-E
PIEDAD LA CDA.		
Villa San Agustín Atlapulco	100	4-E
PIEDAD LA Y PRIV.		
Loma de la Palma	58	2-A
PIEDRA		
Jardines del Pedregal	121	1-F
Los Padres	108	6-A
Paraje del Caballito	120	1-E
Prados de Ecatepec	20	4-A
San Lorenzo	56	3-C
PIEDRA ALUMBRE		
Isidro Fabela	122	2-C
PIEDRA AMAZONITA		
La Cascada	96	6-A
PIEDRA ARENOSA		
La Cascada	96	6-A
PIEDRA AZUL		
La Cascada	96	6-A
PIEDRA BOLA		
La Cascada	95	6-F
PIEDRA BONITA		
La Cascada	96	6-A
PIEDRA CALIZA		
Isidro Fabela	122	2-C
PIEDRA CARBON		
Isidro Fabela	122	2-C
PIEDRA DE COMAL		
Fuentes de Tepepan	123	6-A
Valle de Tepepan	123	6-A
PIEDRA DE LA		
Ampliación La Mexicana	95	4-D
PIEDRA DE ORO		
La Cascada	95	6-F
PIEDRA DEL COMAL DE LA CDA.		
Fuentes de Tepepan	123	6-A
PIEDRA DEL SOL		
Avante	110	5-C
U. INFONAVIT Iztacalco	97	4-E
PIEDRA FILOSOFAL AV.		
Isidro Fabela	122	3-C
PIEDRA FINA		
Isidro Fabela	122	2-C
PIEDRA FRANCA		
Isidro Fabela	122	2-D
PIEDRA GRANDE		
Piedra Grande	59	3-B
PIEDRA LA		
Santiago Ahuizotla	69	5-E
PIEDRA LABRADA		
La Cascada	96	6-A
PIEDRA LISA		
La Cascada	96	6-A
PIEDRA NEGRA Y CDA.		
Xochiaca	100	1-C
PIEDRA POMA		
El Olivar	100	1-C
PIEDRA POMEZ		
La Cascada	96	6-A
PIEDRA PRIETA		

Calle / Colonia	Coordenadas: Plano	
La Cascada	95	6-F
PIEDRA ROSA		
La Cascada	95	6-F
PIEDRA RUSTICA		
La Cascada	96	6-A
PIEDRA TRONADA		
Dos de Octubre	121	6-C
Z. U. E. El Pedregal	121	4-C
PIEDRA VERDE		
U. INFONAVIT Iztacalco	97	4-E
PIEDRAS GRANDES		
Texalpa	115	2-F
PIEDRAS NEGRAS		
Buenavista	112	4-B
Club de Golf La Hacienda	43	6-C
Piedras Negras	82	2-A
Reforma Política	112	4-B
Roma Sur	96	1-E
Santa María Aztahuacán	112	2-C
PIELAGO DEL		
Zona Res. Acueducto de Gpe.	57	5-F
PIERRE LEONEL		
Jardines de Satélite	68	1-F
PILANCON CDA.		
Huayatla	120	2-E
PILANCON CJON.		
Huayatla	120	2-E
PILANEDO		
Pueblo de Tetelpan	108	4-D
Segunda del Moral	108	4-D
PILAR J. DEL		
Los Volcanes	98	1-F
PILAR LEON JOSE DEL Y AV.		
Formado Hogar	98	2-F
Juárez Pantitlán	98	2-F
PILARES		
Del Valle	96	5-E
Letrán Valle	96	5-E
Ricardo Flores Magón	82	5-A
Tlacoquemécatl	96	5-E
PILASTRA		
Residencial Villa Coapa	123	3-D
PILATENCO		
Barrio San Lucas	109	3-F
PILETA LA Y CDA.		
Residencial Villa Coapa	123	4-D
PILITAS LAS		
Pueblo de Tepexpan	35	5-F
PILLALLI		
San Andrés Totoltepec	135	2-E
PIMA ALTO		
Lic. Carlos Zapata Vela	98	4-A
PIMA BAJO		
Lic. Carlos Zapata Vela	98	4-A
PIMAS		
Pedregal de las Aguilas	122	6-D
San Bartolo Tenayuca	57	5-E
Tezozómoc	70	4-A
Tezozómoc	70	3-A
PIMENTEL EDUARDO RT.		
Ampl. Gabriel Hernández	72	1-A
PIMENTEL FRANCISCO		
San Rafael	83	4-E
PIMENTEL VICTORIANO		
Ciudad Satélite	56	6-B
PIMENTEL Y PRIV.		
Chimalistac	109	3-B
PIMENTEROS DE LOS		
Lomas de San Mateo	68	3-E
PIMIENTA		
La Cañada	82	3-B
Las Huertas	81	1-B
Victoria de las Democracias	70	6-E
Villa de las Flores	19	6-F
PIMPINELA		
Santa María Guadalupe	44	3-A
PIMPINELAS DE LAS		
Lomas de San Mateo	68	3-E
PINABETE		
Las Huertas	81	1-D
PINABETES		
Ampliación San Marcos Norte	123	6-E
PINAHUIZATL		
Rancho Tejomulco	137	3-B
Santa Cruz Acalpixca	137	3-B
Santa Cruz Acalpixca	137	3-C
PINAHUIZATL 1A. PRIV.		
Santa Cruz Acalpixca	137	3-C
PINAHUIZATL CDA.		
Rancho Tejomulco	137	3-B
PINAL		
El Mirador	59	1-B
Las Huertas	81	1-C
PINAR DEL RIO		
San Pedro Zacatenco	71	1-C
PINARES		
Granjas Coapa	123	3-E
PINCEL CDA.		
Pedregal de Santo Domingo	109	4-D
Torres del Potrero	108	5-B
PINCELADA		
Dr. Jorge Jiménez Cantú	30	4-C
PINDARO		
Miguel Hidalgo	125	4-A
PINEDA ALFONSO		
Lomas de Capula	95	5-E
PINEDA CDA.		
San Lorenzo	81	1-F
PINEDA WOLSTANO RT.		
U. H. Atzacoalco CTM	71	1-F
PINEDO FERNANDO		
Prados de San Juan Ixtacala	43	2-A
PINGÜICA		
San José del Jaral	43	2-D
PINGÜINO		
Del Mar	124	4-E
Granjas Pop. Gpe. Tulpetlac	60	1-C
Loma de la Cruz	42	1-B
Lomas de Capula	95	5-E
Rinconada de Aragón	60	4-C
PINGÜINOS		
Ampl. San Miguel	43	2-B
Lago de Guadalupe	30	4-A
Las Arboledas	43	6-D
Valle de Tules	44	3-C
PINGÜINOS NORTE		
Lago de Guadalupe	30	4-A
PINITO CJON.		
Cuadrante de San Francisco	109	3-E
PINITOS		
Ampliación San Agustín	100	3-D
Angel Zimbrón	70	6-B
Guadalupe Victoria	33	5-D
San Lorenzo Totolinga	81	1-E
PINO		
Alfredo del Mazo	127	2-E
Alfredo del Mazo	127	3-E
Ampl. Buenavista	44	3-D
Ampliación Escalerilla	114	5-D
Ampliación San Agustín	100	3-D
Arboledas de Cuautepec	45	6-C
Atlampa	83	2-F
Avándaro	127	2-B
Barrio El Rosario	136	1-F
Barrio La Guadalupita	136	1-F
Barrio La Rosita	87	3-C
Barrio San Antonio	136	1-F
Barrio San Diego	136	1-F
Barrio San Esteban	136	1-F
Barrio San Esteban	137	1-A
Barrio San Juan	136	1-F
Barrio Santa Crucita	136	1-F
Barrio Texcatitla	139	6-A
Bosques de San Lorenzo	76	1-B
Buenavista	112	5-B
Campestre El Potrero	113	5-C
Casa Blanca	41	3-F
Casablanca	111	5-D
Casas Reales	34	4-F
Citlalli	112	3-C
Consejo Agrarista Mexicano	111	6-E
Consejo Agrarista Mexicano	111	5-F
Chimalhuacán	87	6-E
Del Gas	70	6-F
Dos de Octubre	121	6-C
Ecatepec de Morelos	46	1-E
Ejido Santa Cruz Xochitepec	136	2-C
El Arbolito	47	3-B
El Arenal	70	6-F
El Manto	111	2-C
El Mirador	59	2-A
El Molino Tezonco	124	3-D
El Rosal	121	2-A
El Tanque	108	6-A
El Tesoro	44	2-E
El Toro	121	2-A
El Tranquero	21	3-A
El Zacatón	134	1-B
El Zapote	94	1-D
Emiliano Zapata	101	3-B
Escalerilla	114	5-D
Garcimarrero	95	6-C
Hank González	59	1-C
Ixtlahuacan	112	2-F
Jardines San Agustín 1a Sec	100	4-D
Jards. San Agustín 1a. Secc	100	4-C
Juventud Unida	122	6-F
La Candelaria Ticomán	58	5-B
La Carbonera	120	2-F
La Carbonera	121	3-A
La Concepción	49	1-E
La Cruz	121	2-C
La Martinica	108	1-D
La Palma	46	6-D
Las Huertas	81	2-C
Las Peñitas	43	3-D
Liberación	70	6-F
Lomas El Olivo	94	4-D
Lomas Quebradas	121	1-C
Lomas de San Miguel	43	2-B
Lomas de Zaragoza	112	2-F
Los Olivos	125	1-A
Los Olivos	100	3-C
Los Pirules	94	2-D
Norchuca	22	3-A
Olivar Santa María	138	4-E
Palmillas	113	5-B
Paraje de San Fco. Chilpa	44	1-C
Plaza de las Rosas	56	3-E
Plutarco Elías Calles	114	4-F
Prados de Ecatepec	20	3-A
Prizo	73	2-D
Progreso	108	4-F
Residencial del Parque	56	6-D
Revolución	101	2-B
Rincón Verde	68	2-C
Sagitario I	73	2-D
Sagitario V	73	2-C
San Antonio Zomeyucan	82	2-B
San Ildefonso	29	6-A
San José	101	1-C
San José Buenavista	100	3-D
San José de las Palmas	101	6-B
San José de los Cedros	107	1-C
San José de los Cedros	94	6-C
San Juan Joya	111	4-D
San Martín Xico	140	2-A
San Miguel Teotongo	113	3-A
San Miguel Xochimanga	43	5-D
San Sebastián Xolalpa	24	4-E
Santa Cruz de Guadalupe	149	1-D
Santa Fe	95	4-C
Santa María Insurgentes	83	2-F
Santa María la Ribera	83	2-F
Santiago Acahualtepec	112	2-F
Santiago Acahualtepec	112	2-E
Tabla del Pozo	59	2-A
Tepetongo	122	6-C
Tequesquináhuac Parte Alta	56	1-E
Tlacoyaque	107	6-E
Tlaixco	87	6-E
Torres del Potrero	108	5-B
Tultitlán	31	4-D
U. H. Mirador del Conde	41	3-F
Unión Popular	81	2-F
Valle Verde	127	1-D
Vergel	111	6-C
Vergel Coapa	123	2-C
Villa Coyoacán	109	3-D
Viveros Xalostoc	59	5-B
Viveros de San Carlos	46	4-F
Xaltipac	100	1-B
Xicalhuaca	137	2-C
Xochitenco	87	5-D
PINO 1A. Y 2A. PRIV.		
El Arenal	70	6-F
PINO AMBROSIO DEL		
El Rosario	124	2-D
PINO AND.		
Campestre Liberación	42	3-C
PINO AV.		
Buenavista	112	6-B
La Presa	46	5-C
PINO AV. Y 2 CDAS.		
Buenavista	112	5-B
PINO CDA.		
Ampl. Buenavista	44	3-D
Barrio Fundidores	87	2-F
Barrio San José	152	1-F
Ejidos de San Pedro Mártir	122	6-F
El Potrero	56	2-B
Ixtlahuacan	112	3-F
La Agüita	46	6-A
La Palma	135	3-F
Las Huertas	81	1-D
San Andrés Tomatlán	110	5-F
San José	101	1-C
San José de los Cedros	94	6-C
Santa María Cuautepec	32	5-A
U. H. CHILPAN	31	4-D
Xalpa	112	4-E
PINO CJON.		
Barrio Caltongo	137	2-B
Del Carmen	109	3-C
Lindavista	114	6-B
Santa Cruz de Guadalupe	136	6-D
PINO DE CDA.		
Ampliación San Agustín	100	3-C
Milpa del Cedro	107	2-F
San Juan	138	2-B
PINO DE PRIV.		
San Bartolo Ameyalco	107	5-E
PINO DEL		
Emiliano Zapata	113	3-B
La Candelaria	110	5-A
Santa María Coatlán	24	4-F
Tlalpexco	58	2-C
PINO DEL AV.		
Los Reyes Acaquilpan	113	1-B
Valle de los Pinos	100	6-B
Valle de los Reyes	100	6-B
PINO DEL CDA.		
Ampliación La Cañada	95	5-D
Jesús del Monte	94	5-B
La Patera	56	2-D
PINO DEL CDA. Y PRIV.		
Xaltipac	100	1-C
PINO DEL CJON.		
Rincón de la Charrería	56	5-A
San Francisco Acuexcomac	49	6-D
PINO EL		
Benito Juárez	41	2-F
San Mateo Xoloc	16	1-F
PINO OYAMEL		
Huayatla	120	2-E
Hueyatla	120	2-E
PINO OYAMEL 1A. CDA.		
Huayatla	120	2-E
PINO OYAMEL 2A. CDA.		
Huayatla	120	2-E
PINO OYAMEL 3A. CDA.		
Huayatla	120	2-E
PINO OYAMEL 9A. CDA.		
Huayatla	120	2-E
PINO PRIV.		
Ampliación Potrerillo	120	2-F
San Ildefonso	29	6-A
PINO PROL.		
Potrero de San Bernardino	123	6-D
Santa Cruz de Guadalupe	149	1-D
PINO ROJO		
Plaza de las Rosas	56	3-E
PINO SECO		
Plaza de las Rosas	56	4-E
PINO SUAREZ		
Ampliación Los Reyes	113	2-B
Ampliación Miguel Hidalgo	122	4-A
Ampliación Prensa Nacional	70	1-E
Barrio San Antonio	124	1-D
Barrio Tenantitla	138	6-F
Barrio de Capula	17	1-B
Barrio de Capula	4	6-B
Benito Juárez	44	1-D
Centro	84	5-B
Cinco de Febrero	28	6-F
Colinas	68	4-C
Cuautitlán	18	5-B
Darío Martínez	113	6-F
Dos de Septiembre	19	1-C
Dr. Jiménez Cantú	18	1-F
Dr. Jorge Jiménez Cantú	18	3-F
El Ocote	107	3-C
Jardines de San Gabriel	59	5-E
La Estación	125	1-A
La Perla	30	1-C
La Raquelito	81	2-E
Lázaro Cárdenas	18	5-D
Los Angeles	35	6-B
Melchor Ocampo	18	1-F
Potrerillo	121	2-A
Primero de Septiembre	42	3-F
Progreso de la Unión	60	1-D
Revolucionaria	19	1-C
San Andrés Riva Palacio	62	5-E
San Felipe Ixtacala	57	5-D
San Juan y San P. Tezompa	152	2-E
San Lorenzo	81	2-E
San Lucas Patoni	57	3-E
San Miguel Teotongo	113	3-B
San Miguel Tocuila	62	5-F
San Pedro Xalostoc	59	3-B
Santa Clara	59	2-D
Santa María Ozumbilla	21	4-E
Santa María Tianguistengo	16	3-F
Santiago Yanhuitlalpan	94	5-A
Santiago Zapotitlán	125	2-B
Tepetates	100	4-F
Tequisistlán	49	2-A
Tequisistlán	48	2-F
Tezoyuca	49	2-E
Venustiano Carranza	101	2-C
PINO SUAREZ AV. Y CDA.		
San Lorenzo	81	2-D
PINO SUAREZ CDA.		
Chimalhuacán	88	6-A
El Bramadero	42	1-A
Mártires de Río Blanco	82	3-A
San Juan y San P. Tezompa	152	2-E
PINO SUAREZ DE 1A. CDA.		
San Pedro Xalostoc	59	4-B
PINO SUAREZ DE 2A. CDA.		
San Pedro Xalostoc	59	4-B
PINO SUAREZ DE 3A. CDA.		
San Pedro Xalostoc	59	4-B
PINO SUAREZ JOSE MA.		
Los Reyes Culhuacán	110	3-E
PINO SUAREZ JOSE MARIA		
Barrio Calyequita	138	2-E
Barrio La Guadalupita	138	2-E
Emiliano Zapata	60	5-A
Independencia	28	4-D
Lomas de Zaragoza	112	2-F
Marina Nacional	59	6-A
Nezahualcóyotl	75	2-E
Paraje Los Pinos	29	3-F
San Francisco Tepojaco	29	3-F
San Juan Ixhuatepec	58	6-F
San Pablo de las Salinas	19	6-F
Santiago Zacualuca	23	1-B
Valle de Anáhuac Secc. A	60	5-A
PINO SUAREZ PRIV.		
Villa Azcapotzalco	70	5-B
PINO SUAREZ PROL.		
B. San Antonio Culhuacán	110	3-E
Barrio de Capula	17	1-B
Santa Clara	59	3-D
PINO SUAREZ Y CDA		
Texalpa	46	6-E
PINO SUAREZ Y CDA.		
Dr. Ignacio Capetillo	28	6-D
PINO VERDE		
Valle de los Pinos	56	4-D
PINO Y 2 CDAS.		
Pueblo Nuevo	95	5-C
PINO Y CDA.		
Barrio La Tabla	137	3-C
Florida	109	1-C
Papalotla	50	6-E
Santa Cruz de Guadalupe	136	6-D
Vista Hermosa	46	1-D
PINO Y PRIV.		
Liberación	70	6-F
Lomas de San Bernabé	120	1-F
PINO Y PROL. Y PRIV.		
San Francisco Culhuacán	110	3-D
PINO Y RT.		
Valle de Ecatepec	47	5-C
PINOLLI		
Tlatelco	87	6-B
PINOS		
Agrícola Oriental	98	4-E
Ahuehuetes	57	4-C
Ahuehuetes	58	2-C
Ahuehuetes	57	4-D
Ampliación El Rosario	16	5-E
Arboledas de Cuautepec	45	6-C
Bellavista	56	6-E
Bosque del Pedregal	121	6-B
Bosques de Primavera	43	1-B
Bosques de los Pinos	29	3-E
Buenavista	31	6-E
Campestre Liberación	42	3-C
Cinco de Mayo	43	5-A
Ecatepec de Morelos	46	1-E
Ejidos de San Cristóbal	33	5-F
El Bosque	46	5-F
El Mirador	59	1-B
El Molinito	82	2-B
El Rosedal	110	4-A
El Toro	121	1-A
Hidalgo	28	6-E
Ixtapaluca Izcalli	114	6-B
Jalalpa El Grande	108	1-A
Jazmín de las Flores	153	1-E
La Casilda	58	1-C
La Floresta	100	6-A
La Perla	99	4-F
Las Cruces	108	6-A
Loma Encantada	113	3-D
Lomas de Chimalhuacán	87	6-F
Lomas de la Era	107	6-F
Los Arcos	21	5-D
Los Bordos	46	6-B
Milpa del Cedro	107	2-F
PROFOPEC Polígono 5	60	4-C
Pasteros	70	3-A
Pueblo de Tetelpan	108	4-C
San Bartolo Ameyalco	107	5-E
San Esteban Huitzilacasco	81	3-E
San Isidro La Paz	29	6-A
San José Huilango	17	4-A
San José de las Palmas	101	6-A
San Juan Zapotla	100	1-F
San Miguel	127	5-F
San Pedro de los Pinos	96	4-B
San Salvador Cuauhtenco	150	4-B
San Sebastián Xhala	18	3-C
Santa María Cuautepec	32	4-B
Tecuescomac	46	5-D
Tenorios	112	5-C
Tezcaltitlán	22	4-B
Tlacoyaque	107	6-E
Tlalpexco	58	2-C
Tlazala	100	5-F
U. H. Solidaridad	99	6-E
Unidad El Piru	95	5-E
Valle Verde	136	3-B
Valle de San Mateo	68	3-F
Villa de las Flores	32	2-F
Zoquiapan	115	6-E
PINOS 1R. CJON.		
Del Bosque	58	2-A
PINOS 2 CDAS.		
San José	101	1-C
PINOS 2R. CJON.		
Del Bosque	58	2-A
PINOS AV.		
San Clemente	108	3-D
PINOS CDA.		
Ampliación Potrerillo	120	2-F
Bello Horizonte	31	5-E
Buenavista	112	5-C
Consejo Agrarista Mexicano	111	5-E
San Pedro	87	5-F
Tlapacoya	127	1-D
Unidad Habitacional Los 40	33	6-F
Vicente Suárez	19	2-E
PINOS CJON.		
San Pedro	87	5-F
PINOS DE 1A. CDA.		
Ejidos de San Cristóbal	33	6-F
PINOS DE 2A. CDA.		
Ejidos de San Cristóbal	33	6-F
PINOS DE CDA.		
Valle Verde	136	3-B
PINOS DE LOS		
Bosques de San Martín	56	3-A
Diez de Junio	32	1-A
Independencia	28	4-D
Los Bordos	59	1-B
Pedregal de Santo Domingo	109	5-F
Pueblo Nativitas	137	3-A
San Juan Zapotla	100	1-F
PINOS DE LOS AV.		
Ampliación La Providencia	72	5-D
Ayotla	114	6-C
Bosques de Ixtacala	43	1-A
Buenos Aires	46	4-D
Carlos Hank González	101	6-A
El Hostol Zona Comunal	46	4-D
La Pradera	72	5-D
San Rafael	57	1-B
PINOS DE LOS CDA.		
Ampl. Granjas Lomas de Gpe.	30	5-E
La Aurora	17	5-B
San Clemente	108	3-D
San Juan Tepenáhuac	152	4-A
PINOS DE LOS CJON.		
Santa María Tomatlán	110	5-F
PINOS DE LOS PRIV.		
Lomas del Sol	94	4-D
Pueblo San Bartolo Ameyalco	107	5-E
Ricardo Flores Magón	4	5-C
PINOS DE LOS RT.		
Vergel de las Arboledas	43	6-B
PINOS DE LOS Y 5 CDAS.		
Ampl. Minas Palacio	81	4-B
PINOS LOS		
Ampl. La Peñita	137	4-B
Bello Horizonte	31	5-E
Copalera	100	3-F
Del Trabajo	88	3-F
Ejidos de San Cristóbal	33	6-F
El Hostol Zona Comunal	46	5-E
El Mirador	137	5-A
El Molino	127	3-D
Francisco I. Madero	42	2-A
Huisnáhuac	63	1-A
Jardines de Santa Cruz	19	2-B
Libertad	44	1-E
Lomas Cuautetlán	135	3-F
Lomas de Totolco	100	2-F
México	19	2-B
Minas del Coyote	81	3-B
Progreso Guadalupe Victoria	33	4-C
Río Hondo	44	1-E
Salitrería	75	2-F
Salitrería	75	1-F
San Lorenzo Río Tenco	18	1-A
Tepetongo	122	6-C
Texalpa	115	3-F
Texalpa	115	2-F
Tlazala	101	4-A
U. H. San José de la Palma	115	3-F
PINOS LOS 1A. CDA.		
Ayotla	114	6-C
PINOS LOS 4 CDAS. Y 3A PRIV.		
Vergel de las Arboledas	43	6-B
PINOS LOS AV.		
Ampl. Minas Palacio	81	4-B
PINOS LOS CDA.		
Ejidos de San Cristóbal	33	6-F
Las Palmas	121	1-A

Calle / Colonia	Plano	Coordenadas
Miguel Hidalgo	122	5-B
PINOS LOS CDA. Y PRIV.		
La Malinche	108	6-B
PINOS LOS CJON.		
Barrio San Esteban	137	1-A
PINOS LOS PRIV.		
Pueblo San Antonio Tecomitl	152	1-B
San Bartolo Ameyalco	107	5-E
Tequisistlán	49	2-A
PINOS PROL.		
Tlazala	100	4-F
Tlazala	101	4-A
PINOS Y 2 CDAS.		
Del Bosque	58	2-A
La Arboleda	57	4-E
PINOS Y CDA.		
Los Cedros	107	5-F
PINTA LA		
Buenavista	112	5-C
PINTADO ISMAEL (C. 51)		
U. Santa Cruz Meyehualco	112	3-A
PINTO FRANCISCO		
Ampliación Miguel Hidalgo	121	5-F
PINTOR GALAN ALBERTO		
Pantitlán	98	1-E
PINTORES		
Dr. Jorge Jiménez Cantú	30	4-C
Emilio Carranza	84	2-C
Janitzio	84	2-C
Morelos	84	2-C
PINTORES CDA.		
Dr. Jorge Jiménez Cantú	30	4-D
PINTORES CIR.		
Ciudad Satélite	69	1-D
PINTORES RT. 1o		
Ciudad Satélite	69	1-D
PINTURA		
Dr. Jorge Jiménez Cantú	30	4-C
U. H. El Rosario	69	1-F
PINZON		
Las Golondrinas	95	5-E
PINZON DEL		
Las Alamedas	56	2-B
PINZON HERMANOS		
Chimalcóyotl	122	6-E
PINZONES		
Granjas de Guadalupe	42	1-C
Izcalli Jardines	34	6-C
PIÑA		
Ahuehuetes	58	3-C
Ampl. Profr. C. Higuera	43	5-A
Ampliación El Tesoro	44	3-E
Benito Juárez	41	1-E
Boca Barranca	59	2-B
El Zapote	94	1-D
Jardines de Ecatepec	47	3-B
La Palma	46	6-D
Las Huertas	81	1-C
Nueva Santa María	70	6-D
San Gabriel	43	3-D
San Juan Xalpa	111	4-B
Santa Cruz Xochitepec	136	2-C
Tabla del Pozo	59	2-A
Xalpa	112	4-D
PIÑA 3 CDAS.		
Las Huertas	81	1-C
PIÑA ANONA		
Las Huertas	81	1-C
PIÑA DE LA		
Las Granjas Acolman	36	5-B
PIÑA DE LA CDA.		
Ampl. López Portillo	125	2-D
PIÑA DE LA RT.		
Las Granjas Acolman	36	5-A
PIÑA MIEL		
Xalpa	112	4-D
PIÑA SALOME		
Ciudad Satélite	69	1-D
San José Insurgentes	96	6-B
PIÑA Y 2 CDAS.		
Las Huertas	81	1-C
PIÑA Y PALACIOS		
Progreso	136	5-D
San Mateo Xalpa	136	5-D
PIÑANONA		
Ampliación Miguel Hidalgo	121	6-F
PIÑANONA DE 1A. CDA.		
Ampliación Miguel Hidalgo	121	6-F
PIÑANONA DE 2A. CDA.		
Ampliación Miguel Hidalgo	121	6-F
PIÑANONA DE 3A. CDA.		
Ampliación Miguel Hidalgo	121	6-F
PIÑAS		
México Nuevo	60	4-D
Miravalle	113	4-A
PIÑAS LAS AND.		
Segunda Ampliación Jalalpa	95	6-C
PIÑON		
Avándaro	127	2-B
Barrio San Bernabé	70	6-D
Chamacuero	43	3-E
Jardines de Ecatepec	47	3-B
Las Huertas	81	1-C
Lomas de Nuevo México	95	5-C
Nueva Santa María	70	6-D
Prados de Ecatepec	19	3-F
San José de los Cedros	94	6-C
San Luis Tlatilco	82	1-A
Tabla del Pozo	59	2-A
PIÑON AMPARO		
Ahuatenco	107	1-A
PIÑON DEL		
Ampl. Jards. de San Mateo	68	4-E
Laderas de San Mateo	68	4-E
Lomas de San Mateo	68	3-E
Lomas de San Mateo	68	2-E
PIÑON DEL CDA.		
San José de los Cedros	94	6-C
PIÑONERO		
Pueblo Nuevo Alto	121	2-A
PIÑONES		
Villa de las Flores	32	2-F
PIÑONES CDA.		
Rancho Los Colorines	123	4-B
PIOMBO SEBASTIAN DEL		
Nonoalco	96	5-B
PIONEROS DE ROCHDALE		
México Nuevo	42	6-D
PIONEROS DE ROCHEDALE		
México Nuevo	55	1-E
PIONEROS DEL COOPERATIVISMO		
México Nuevo	42	6-E
México Nuevo	55	2-D
PIONEROS LOS		
Ejidos de San Pedro Mártir	122	6-F
San Pedro Mártir	122	6-F
PIPER ERNEST J. AV.		
Paseo de las Lomas	94	6-E
PIPILA		
Barrio Concepción	126	1-D
Benito Juárez	44	1-D
Buenavista	31	6-D
Cocotitlán	141	4-D
Guadalupe del Moral	98	6-C
Hank González	59	1-C
Héroes de la Independencia	59	3-F
Ignacio Zaragoza	28	4-C
La Nopalera	22	1-C
La Tolva	81	3-F
Lomas de Chamapa	81	3-E
Lomas de Zaragoza	113	2-A
Manantiales	100	6-A
Miguel Hidalgo	59	3-F
Plan de Ayala	81	4-D
San Juan Ixhuatepec	58	5-F
San Lucas Patoni	57	4-E
San Miguel Teotongo	113	2-A
PIPILA BLVR. Y CDA.		
Gral. Manuel Avila Camacho	82	4-C
PIPILA CDA.		
Barrio San Rafael Ticoman	58	6-C
PIPILA CJON.		
Xochitenco	87	6-E
PIPILA DEL		
Tepotzotlán	4	6-C
PIPILA DEL AV.		
Darío Martínez	113	6-F
Darío Martínez	114	6-A
PIPILA DEL CDA.		
Libertad	28	4-F
PIPILA EL		
Cocotitlán	141	4-D
Loma Bonita	127	1-C
Lomas de la Estancia	112	4-E
Xochiaca	87	6-D
PIPILES PRIV.		
Pedregal Santa Ursula Xitla	122	6-C
PIPILOS		
Tlacuitlapa	108	2-B
PIPIXCAN		
El Arenal 3a. Sección	85	5-E
PIPIZAHUA		
Pedregal de Santo Domingo	109	5-E
PIRACANTO		
C. H. La Pradera I	72	5-D
Lomas de San Miguel	43	2-B
San José del Jaral	43	2-D
PIRACANTOS		
Jardines de Coyoacán	123	1-D
Unidad Hab. Auris II	101	1-E
PIRACANTOS CDA. Y 3 RTS.		
Unidad Hab. Independencia	108	4-E
PIRACANTOS DE LOS		
Jardín de la Florida	69	2-C
PIRAMIDE		
Industrial Naucalpan	69	6-D
Las Armas	69	6-D
Tecoentitla	147	2-E
PIRAMIDE 2 CDAS. Y PRIV.		
Tecoentitla	147	2-E
PIRAMIDE CDA.		
Las Armas	69	6-E
PIRAMIDE CIR.		
Izcalli Pirámide	57	4-D
PIRAMIDE DE COMALCALCO		
Pueblo Santa Cecilia	57	1-C
PIRAMIDE DE CHOLULA		
Pueblo Santa Cecilia	57	2-C
PIRAMIDE DE EGIPTO		
Los Cedros	123	1-E
PIRAMIDE DE HUEXOTLA		
Pueblo Santa Cecilia	57	2-D
PIRAMIDE DE LA LUNA		
Ampliación Los Angeles	57	1-D
Avante	110	5-C
Buenavista	112	5-C
Villas de Teotihuacán	24	3-B
PIRAMIDE DE MAYAPAN		
Pueblo Santa Cecilia	57	2-D
PIRAMIDE DE PALENQUE		
Pueblo Santa Cecilia	57	2-C
PIRAMIDE DE SANTA CECILIA		
Ampliación Los Angeles	57	1-C
Santa Cecilia	57	1-C
PIRAMIDE DE TAJIN		
Ampliación Los Angeles	57	1-D
Pueblo Santa Cecilia	57	1-D
PIRAMIDE DE TECPAN		
Tecoentitla	147	2-F
PIRAMIDE DE TENANGO		
Pueblo Santa Cecilia	57	1-C
PIRAMIDE DE TENANGO PRIV.		
Pueblo Santa Cecilia	57	1-C
PIRAMIDE DE TEOPANZOLCO		
Pueblo Santa Cecilia	57	1-C
PIRAMIDE DE TEOPANZOLCO CDA.		
Pueblo Santa Cecilia	57	1-C
PIRAMIDE DE TEOTIHUACAN		
Ampliación Los Angeles	57	1-D
Pueblo Santa Cecilia	57	1-D
PIRAMIDE DE TEPOZTLAN		
Ampliación Los Angeles	57	1-C
Santa Cecilia	57	1-C
PIRAMIDE DE TULA		
Izcalli La Cuchilla	57	2-C
Pueblo Santa Cecilia	57	2-C
PIRAMIDE DE UXMAL		
Pueblo Santa Cecilia	57	1-C
PIRAMIDE DE XOCHICALCO		
Pueblo Santa Cecilia	57	2-C
PIRAMIDE DEL SOL		
Ampliación Los Angeles	57	1-D
Buenavista	112	5-C
Los Cedros	123	1-E
Villas de Teotihuacán	24	3-B
PIRAMIDE DEL TEPOZTECO CJON.		
Pueblo Santa Cecilia	57	2-C
PIRAMIDE GRANDE LA CDA.		
San Bartolo Tenayuca	57	4-D
PIRAMIDE Y CDA.		
San Pedro de los Pinos	96	4-B
PIRAMIDES		
Ampliación San Mateo	68	2-D
Benito Juárez	59	2-C
Clavería	70	6-B
Clavería	70	6-C
Jardines de Santa Cruz	19	2-B
Purificación	24	3-C
San Juan Teotihuacán	24	3-C
San Martín de las Pirámides	24	2-D
San Martín de las Pirámides	24	2-F
Santa María Coatlán	24	4-E
PIRAMIDES AV.		
Izcalli Pirámide	57	4-D
PIRAMIDES DE EGIPTO		
Siete Maravillas	58	6-A
PIRAMIDES DE LAS AV.		
Purificación	24	3-C
San Juan Teotihuacán	24	3-C
PIRAMIDES DE LAS CDA. AV.		
Purificación	24	3-C
PIRAMIDES DE TEOTIHUACAN		
El Paraíso	99	5-B
PIRAMIDES PONIENTE		
Benito Juárez	59	2-C
PIRAÑA		
Del Mar	124	4-E
Ex Hda Sn Nicolás Tolentino	124	4-E
PIRINDAS		
Ampl. Tepeximilpa Servimet	122	6-B
PIRINDOS		
San Juan Tepeximilpa	122	6-B
PIRINEOS		
Cumbres del Himalaya	68	4-E
PIRINEOS AV.		
Banjidal	110	1-B
Miravalle	110	1-B
Portales	110	1-B
Santa Cruz Atoyac	110	1-B
PIRINEOS LOS		
Industrial	71	5-C
PIRITAS		
Ampliación Puerta Grande	108	2-C
Lomas de Puerta Grande	108	2-C
PIROTECNIA		
Azteca	84	4-E
PIRUL		
2a. Ampl. Stgo Acahualtepec	112	2-E
Ampliación San Marcos	44	5-C
Ampliación Titla	137	2-D
Ampliación Tlacoyaque	107	6-E
Bellavista	56	6-E
Bosque del Pedregal	121	6-B
Bosques del Pedregal	121	6-B
Buenavista	112	5-B
Campestre Liberación	42	3-D
Casas Reales	34	4-F
Copalera	100	3-F
Chitchitcáspatl	121	6-B
Ejidal Ampl. San Marcos	44	5-C
Ejidal Emiliano Zapata	33	5-F
El Arbolito	47	3-B
El Molino Tezonco	124	3-D
El Tráfico	28	6-C
Jardines de San Mateo	69	4-A
Juventud Unida	122	6-F
L. I. Campos de Jiménez	81	2-C
L. I. Campos de Jiménez C.	81	2-C
La Carbonera	121	2-A
La Hera	68	3-D
La Palma	46	6-D
Lomas de San Miguel	43	3-B
Lomas de Totolco	101	2-A
Lomas de la Estancia	112	4-E
Los Padres	108	6-A
Oriente	136	4-F
Pueblo San Bartolo Ameyalco	107	5-E
Ricardo Flores Magón	4	4-C
Rincón Verde	68	2-B
San Isidro	30	6-E
San Juan Cerro	111	3-B
San Juan Joya	111	4-D
San Luis Tlatilco	82	1-A
San Martín Calacoaya	56	3-A
San Martín Xico	140	2-A
San Martín Xico La Laguna	140	2-A
San Miguel Teotongo	113	3-A
Santa Cruz de Guadalupe	136	6-D
Santa María Insurgentes	84	1-A
Techachaltitla	101	6-A
Torres del Potrero	108	5-A
Tultitlán	31	4-C
U. INFONAVIT Iztacalco	97	4-E
Valle Verde	127	1-D
Valle del Sur	110	3-E
Victoria de las Democracias	70	6-E
Vista Hermosa	33	6-C
Vista Hermosa	33	6-D
Xalpa	112	4-E
Xalpa	112	5-D
PIRUL AND.		
Torres del Potrero	108	5-A
PIRUL AV.		
Los Reyes Ixtacala	57	5-A
PIRUL CDA.		
Ampl. Tlacoyaque	107	6-E
Arenitas	101	2-A
Oriente	136	4-F
Xalpa	112	4-E
PIRUL DEL		
Lomas El Olivo	94	4-D
PIRUL DEL AV.		
San Rafael Chamapa	81	2-E
PIRUL DEL CDA.		
San Isidro La Paz	42	1-B
PIRUL DEL CJON.		
Ampliación La Cruz	56	4-A
PIRUL DEL Y CDA.		
Emiliano Zapata	113	2-B
PIRUL PRIV.		
San Miguel Totolcingo	35	5-D
PIRUL Y CDA.		
Emiliano Zapata	113	2-C
PIRULES		
Acolman de Nezahualcóyotl	36	2-C
Ahuehuetes	58	3-C
Alamos	46	6-A
Alfredo del Mazo	127	2-E
Ampl San Lorenzo Los Olivos	137	4-A
Ampl. Buenavista	44	3-D
Ampl. La Forestal	45	5-C
Ampl. Malacates	45	4-C
Ampl. San José del Jaral	43	2-D
Ampliación San Agustín	100	3-D
Ampliación San Marcos Norte	123	6-E
Avándaro	127	1-B
Azolco	46	4-F
Barrio San Juan Evangelista	24	3-A
Barrio Santa Cruz	16	2-C
Bosques de Ixtacala	43	1-A
Bosques de Morelos	30	4-B
Bosques de los Pinos	29	3-E
Buenavista	112	5-B
Campestre Liberación	42	3-D
Carlos Hank González	101	5-A
Citlalli	112	3-D
Copalera	101	3-A
Copalera	100	3-F
Country Club	82	5-B
Chimalhuacán	87	6-E
Del Bosque	58	3-A
Dr. Jorge Jiménez Cantú	58	3-F
El Carmen	58	3-B
El Mirador	136	2-D
El Rosal	46	5-D
El Tanque	108	6-A
Escalerilla	114	5-D
Francisco Alvarez	114	6-B
Ixtapaluca Izcalli	114	5-B
Izcalli del Bosque	68	5-F
Jardines de Santa Cruz	19	1-B
Jardines del Pedregal	108	6-E
La Arboleda	57	4-E
La Candelaria Ticomán	58	5-B
La Mancha 1a. Secc.	81	4-D
La Palma	59	1-D
Las Huertas	81	1-C
Las Mesitas	138	3-E
Las Peñitas 3a. Secc.	43	3-D
Lindavista	114	6-C
Lomas Cuautetlán	135	3-F
Lomas de Chimalhuacán	100	1-F
Lomas de la Era	107	6-F
Los Arcos	21	5-D
Los Olivos	22	3-B
Los Pirules	94	2-D
Maravillas	100	4-D
Maravillas	85	6-F
Mirador	115	2-E
Ojo de Agua	44	1-C
Pilares	36	5-F
Plutarco Elías Calles	114	4-F
Progreso Guadalupe Victoria	33	4-D
San Bartolo Ameyalco	107	5-E
San Bartolo Ameyalco	108	5-A
San Bartolo Ameyalco	108	6-A
San Gregorio Atlapulco	137	3-E
San Isidro	30	6-E
San José	101	1-D
San José Huilango	16	3-F
San José del Jaral	43	2-D
San Lorenzo Totolinga	81	1-E
San Miguel Xochimanga	43	5-D
Tabla del Pozo	59	2-A
Tenorios	112	5-C
Tepeolulco	59	2-B
Tezcaltitlán	22	4-B
Tlazala	100	5-F
Tres de Mayo	125	3-F
U. H. Solidaridad	99	5-E
Valle de San Mateo	68	3-F
Vicente Guerrero 1a. Secc.	41	1-E
Villa San Lorenzo Chimalco	100	2-D
Villa de las Flores	32	2-F
Xalpa	112	4-E
Xochiaca	100	1-D
PIRULES 1 Y 2		
Alfredo del Mazo	127	2-E
PIRULES 1A. CDA.		
Lomas Cuautetlán	136	3-A
PIRULES 2A. CDA.		
Lomas Cuautetlán	135	4-F
PIRULES 5A. CDA.		
Venustiano Carranza	101	2-C
PIRULES AV.		
Agua Azul	99	1-B
Ampl. Minas Palacio	81	4-B
Ampl. Raúl Romero Fuentes	99	1-B
Emiliano Zapata	101	3-B
Las Huertas	68	6-D
Revolución	101	3-B
San Bartolo Ameyalco	108	5-A
Venustiano Carranza	101	3-B
PIRULES CDA.		
Ahuehuetes	58	3-C
Carlos Hank González	101	5-A
Consejo Agrarista Mexicano	111	5-E
Cuautepec El Alto	58	2-B
Cuautepec de Madero	58	2-B
San Bartolo Ameyalco	108	6-A
San Isidro La Paz	29	6-B
Santa María Cuautepec	32	5-A
Venustiano Carranza	101	2-C
Viveros de Cuernavaca	135	4-F
Xalpa	112	5-D
Xalpa	112	4-D
PIRULES DE 1A. CDA.		
Guadalupe Victoria	33	6-C
Venustiano Carranza	101	2-C
Xochiaca	100	1-D
PIRULES DE 2A. CDA.		
Ampl San Lorenzo Los Olivos	137	4-A
San Juan	138	2-C
Xochiaca	100	1-D
PIRULES DE 3A. CDA.		
Xochiaca	100	1-D
PIRULES DE 4A. CDA.		
Xochiaca	100	1-D
PIRULES DE CDA.		
Loma de Chimalhuacán	100	1-F
Viveros de Cuautetlán	135	3-F
PIRULES DE LOS AV.		
El Bosque	46	4-F
San Carlos	46	4-F
PIRULES DE LOS CALZ.		
La Estadía	54	5-F
PIRULES LOS		
Ampliación San Lorenzo	137	4-A
Bello Horizonte	31	5-E
Doce de Diciembre	110	5-F
Vicente Guerrero Zona Ej.	41	1-C
PIRULES LOS CDA.		
El Molino	127	3-D
San Vicente Chicoloapan	88	6-F
PIRULES LOS ORIENTE		
Arcos del Alba	30	2-F
PIRULES LOS PONIENTE		
Arcos del Alba	30	2-F
PIRULES PRIV.		
San José Buenavista	100	3-D
PIRULES RT.		
El Manto	111	2-C
El Manto	111	2-B
Rincón de la Charrería	56	4-B
PIRULES SUR		
San José Huilango	16	3-F
PIRULES Y 2 CDAS.		
Guadalupe Victoria	33	6-C
La Joya	33	6-C
PIRULES Y CDA.		
Arboledas de Cuautepec	45	6-C
Ixtlahuacan	112	3-F
Libertad	31	6-E
San Juan	138	2-C
PISA		
Izcalli Pirámide	57	3-C
PISAGUA		
Residencial Zacatenco	71	1-C
San Pedro Zacatenco	71	1-C
Valle del Tepeyac	71	4-A
PISANOS		
Isidro Fabela	95	4-F
PISCIS		
Jardines de Satélite	55	6-F
Josefa Ortiz de Domínguez	47	6-D
La Estrella	59	5-F
Prados de Ecatepec	19	3-F
Valle de la Hacienda	17	3-E
Xalpa	112	3-D
PISCIS AND. Y CDA.		
Lomas de Chamapa	81	3-D
PISCIS PRIV.		
Fracc. Ex Hda. San Isidro	113	3-F
PISCO		
Churubusco Tepeyac	71	3-B
Lindavista	71	3-B
Valle del Tepeyac	71	3-B
PISONES		
Pedregal Santa Ursula Xitla	122	6-D
PISTACHE		
Los Gamitos	95	5-B
Tabla del Pozo	59	2-A
PISTACHERO		
Pueblo Nuevo Alto	121	2-A
PISTACHES		
Ejido San Martín	30	4-C
PISTE		
Torres de Padierna	121	5-D
PISTILO		
El Reloj	110	6-A
PISTON		
Paraje Zacatepec	112	2-D
PITA		
Las Américas	95	3-F
PITAGORAS		
Del Valle	96	3-F
Letrán Valle	96	3-F
Narvarte	96	3-F
Piedad Narvarte	96	3-F
PITAHAYA		

Calle / Colonia	Plano	Coordenadas
El Mirador	59	1-B
Las Huertas	81	1-C
PITAHAYA CDA.		
Ampl. San Mateo	68	2-D
PITAHAYAS DE LAS CDA.		
Ampl. San Mateo	68	2-E
PIURA		
Lindavista	71	3-B
PIURANOS		
La Joya	95	4-E
Lomas de Becerra Granada	95	4-E
PIXOYAL		
Z. U. E. El Pedregal	121	3-C
PIZARRA		
Jardines del Pedregal	121	1-F
PIZARRO		
Pueblo Santa Cecilia	57	1-C
PIZARRO FRANCISCO		
Pueblo San Diego	76	1-D
PIZATONCO		
San Lucas Xochimanca	136	4-F
PLACER		
Pueblo San Miguel Ajusco	148	1-B
PLAN DE ACATEMPAN		
La Cebada	123	5-D
San Lorenzo	123	5-D
Ticomán	71	1-B
PLAN DE ACULCO		
México Independiente	73	1-B
PLAN DE AGUA PRIETA		
La Cebada	123	5-D
Plutarco Elías Calles	83	2-D
San Lorenzo	123	5-D
PLAN DE APATZINGAN		
Emiliano Zapata	128	4-A
La Cebada	123	5-D
San Lorenzo	123	5-D
San Lorenzo	123	4-D
PLAN DE ATOTONILCO		
Emiliano Zapata	128	4-A
La Cebada	123	5-D
San Lorenzo	123	5-D
PLAN DE AYALA		
Alfredo V. Bonfil	81	3-E
Alfredo del Mazo	81	4-D
Carlos Hank González	111	4-F
Cinco de Mayo	22	2-A
Cinco de Mayo	22	2-B
Chalpa	46	6-E
Ej. Santa María Aztahuacán	112	1-B
Ejército de Ote. Z. Peñón	99	6-C
Emiliano Zapata	127	1-C
Emiliano Zapata	36	3-A
Emiliano Zapata	128	4-A
Emiliano Zapata	81	2-D
Fuego Nuevo	111	4-A
La Cebada	123	5-D
La Conchita Zapotitlán	125	3-C
Lázaro Cárdenas	18	4-D
Leyes de Reforma	76	5-B
Luis Echeverría	30	5-F
México	73	1-C
México Revolucionario	73	1-C
Nueva Santa Anita	97	2-C
Plan de Ayala	81	4-D
Plutarco Elías Calles	83	2-D
Revolución	101	1-C
Revolución	101	2-B
San Juan Tlalpizahuac	114	6-A
San Lorenzo	123	5-D
San Martín de las Pirámides	24	1-F
Santa Clara	59	2-D
Santa María Tianguistengo	16	4-F
Santiago Teyahualco	19	6-B
Santo Tomás	83	2-D
Texalpa	46	6-E
Tezoyuca	49	2-D
Ticomán	58	6-B
Tierra y Libertad	94	1-D
U. H. Emiliano Zapata	110	6-E
Venustiano Carranza	101	1-C
PLAN DE AYALA 1A. CDA.		
Venustiano Carranza	101	2-C
PLAN DE AYALA 2 CDAS.		
Las Peñas	111	4-F
PLAN DE AYALA 2A. Y 3A. CDA.		
Carlos Hank González	111	4-F
PLAN DE AYALA CDA.		
Palmitas	112	4-C
Revolución	101	2-B
Santo Tomás	83	2-D
PLAN DE AYALA PRIV.		
Pantitlán	98	1-E
PLAN DE AYALA Y 1A. CDA.		
Carlos Hank González	111	4-F
PLAN DE AYUTLA		
Alfredo V. Bonfil	81	3-E
Carlos Hank González	112	4-A
La Cebada	123	5-D
Piedra Gorda	16	4-F
San Francisco Tlaltenco	125	3-D
San Lorenzo	123	5-D
San Lorenzo	123	4-D
Santa María Tianguistengo	16	4-F
PLAN DE AYUTLA PROL. Y CDA.		
Carlos Hank González	111	4-F
PLAN DE AYUTLA Y CDA.		
Ticomán	58	6-B
PLAN DE BARRANCAS Y 2 RTS.		
Lomas Altas	95	2-C
PLAN DE DOLORES		
La Cebada	123	5-D
San Lorenzo	123	5-D
PLAN DE GUADALUPE		
Alfredo V. Bonfil	81	3-E
Diez de Abril	69	3-D
Emiliano Zapata	128	4-A
La Cebada	123	5-D
Nextitla	83	2-D
Nextitla	83	2-C
Plan de Ayala	81	4-E
Plutarco Elías Calles	83	2-D
Plutarco Elías Calles	83	2-C
Popotla	83	2-D
San Lorenzo	123	5-D
San Martín de las Pirámides	24	1-F
Ticomán	58	6-B
Tierra Blanca	138	3-F
PLAN DE GUADALUPE Y 2 CDAS.		
Emiliano Zapata	42	1-E
PLAN DE IGUALA		
Emiliano Zapata	128	4-A
La Cebada	123	5-D
México Independiente	73	1-B
San Lorenzo	123	5-D
Ticomán	58	6-B
PLAN DE INDEPENDENCIA		
Barranca de Guadalupe	112	5-C
Carlos Hank González	112	5-A
PLAN DE LA MAQUINA		
San Nicolás II	134	1-C
PLAN DE LA NORIA		
Carlos Hank González	112	4-A
Desarrollo U. Quetzalcóatl	112	4-A
La Cebada	123	5-D
La Purísima Ticomán	58	6-B
San Lorenzo	123	5-D
PLAN DE ORO		
Nueva Ampl. Petrolera	69	4-F
PLAN DE SAN DIEGO		
Plan de Ayala	81	4-E
PLAN DE SAN LUIS		
Alfredo V. Bonfil	81	3-E
Carlos Hank González	112	4-A
Chalpa	46	6-E
Darío Martínez	127	1-A
Ej. Santa María Aztahuacán	112	2-B
El Rosario	16	4-F
Emiliano Zapata	128	4-A
Fuego Nuevo	111	4-A
Hogar y Seguridad	83	1-D
La Cebada	123	5-D
La Purísima Ticomán	58	6-B
Nueva Santa María	83	1-D
Plan de Ayala	136	4-A
San Lorenzo	123	5-D
San Martín de las Pirámides	24	1-E
Santo Tomás	83	2-D
Texalpa	46	6-E
Ticomán	58	6-B
Un Hogar para Nosotros	83	2-D
PLAN DE SAN LUIS CDA.		
La Purísima Ticomán	58	6-A
La Purísima Ticomán	58	6-B
PLAN DE SAN LUIS Y CDA.		
Benito Juárez	41	2-F
PLAN DE TUXTEPEC		
La Cebada	123	5-D
La Purísima Ticomán	58	6-B
San Lorenzo	123	5-D
PLAN DEL MUERTO		
Lomas de San Pablo	153	3-D
PLAN REGULADOR		
Arriaga	69	1-E
PLAN SAGITARIO		
Montañista	58	2-C
PLAN SEXENAL		
El Parque	82	1-D
La Cebada	123	5-D
Lázaro Cárdenas	82	1-D
San Lorenzo	123	5-D
PLAN SEXENAL CDA.		
Tierra Nueva	136	1-E
PLAN SEXENAL Y CDA.		
Huichapan	136	1-D
PLANAS MIGUEL		
Vallejo Poniente	71	6-A
PLANEACION METROPOLITANA		
Univ. Aut. Metropolitana	43	2-A
PLANETA		
Casablanca	111	4-D
PLANETA CDA.		
Lomas de la Estancia	112	4-E
PLANETARIO		
Planetario Lindavista	71	3-A
PLANETAS DE LOS AV.		
Arcos de la Hacienda	17	6-E
Rincón Colonial	17	6-E
PLANETAS Y CDA. Y 3 ANDS.		
U. H. El Rosario	69	1-F
PLANICIE		
Cuautitlán Izc. Atlanta	30	2-E
Parques del Pedregal	122	3-B
PLANICIE AV.		
Izcalli San Pablo	20	5-C
Plaza del Kiosko	20	5-C
PLANTA ALTAR		
Electra	56	4-E
PLANTA BOMBANA		
Electra	56	5-D
PLANTA COLOTLIPA		
Electra	56	5-E
PLANTA CUPATITZIO		
Electra	56	5-E
PLANTA EL ATEXCACO		
Electra	56	5-D
PLANTA EL DURAZNO		
Electra	56	5-D
PLANTA EL FUERTE		
Electra	56	5-D
PLANTA EL NOVILLO 3A CDA.		
Electra	56	4-E
PLANTA EL NOVILLO Y 2 CDAS.		
Electra	56	5-E
PLANTA EL SALTO		
Electra	56	5-E
PLANTA ENCANTO		
Electra	56	5-D
PLANTA EXCAME		
Electra	56	5-E
PLANTA FALCON		
Electra	56	4-E
PLANTA INFIERNILLO		
Electra	56	4-E
PLANTA IXTAPANTONGO		
Electra	56	4-E
PLANTA LA		
Santa Cruz Acalpixca	137	3-C
PLANTA LA CALERA		
Electra	56	5-D
PLANTA LAS CRUCES		
Electra	56	5-E
PLANTA MALPASO		
Electra	56	5-E
PLANTA MAZATEPEC		
Electra	56	5-E
PLANTA MOCUZARI		
Electra	56	4-E
PLANTA NACHICOCOM		
Electra	56	5-D
PLANTA OVIACHIC		
Electra	56	5-E
PLANTA PATHE		
Electra	56	5-D
PLANTA RETIRO		
Electra	56	5-D
PLANTA ROSARITO		
Electra	56	5-D
PLANTA SAN JERONIMO		
Electra	56	5-E
PLANTA SANTA ROSA		
Electra	56	4-E
PLANTA SEBASTOPOL		
Electra	56	5-D
PLANTA TECUALA		
Electra	56	5-D
PLANTA TEMAZCAL		
Electra	56	4-D
PLANTA TINGAMBATO		
Electra	56	5-D
PLANTA TUXTLAS		
Electra	56	5-D
PLANTA URES		
Electra	56	5-E
PLANTA VALLE DE MEXICO		
Electra	56	5-E
PLANTA VEINTISIETE DE SEP.		
Electra	56	5-D
PLANTA VEINTISIETE MAR. 1954		
Electra	56	4-E
PLANTA XALPA		
Electra	56	5-E
PLANTA XIA Y PRIV.		
Electra	56	4-E
PLANTA YECORA		
Electra	56	5-D
PLASCENCIA ALFREDO		
Filiberto Gómez	100	1-B
PLASTICOS		
Alce Blanco	69	6-D
Industrial Naucalpan	69	6-D
Las Armas	69	6-D
San Francisco Cuautlalpan	69	6-D
Santa María Xalostoc	59	4-E
Santa María Xalostoc	59	4-D
PLASTICOS S. A.		
Vista Hermosa	56	6-C
PLATA		
Citlalli	112	3-C
El Tesoro	44	2-D
Jardines de los Baez	47	1-C
La Alborada I	20	3-B
La Alborada Valle	20	3-B
Lázaro Cárdenas	60	6-D
Nueva San Isidro	127	4-E
Nuevo INFONAVIT	20	3-B
San Juan Cerro	111	3-C
San Vicente Chicoloapan	88	6-F
Santo Domingo	95	3-F
PLATA DE LA		
Citlalli	112	3-D
PLATA DE LA Y 2 CDAS.		
Corralitos	112	4-C
PLATA JULIO V. Y CDA.		
Héroe de Nacozari	71	6-A
PLATA LEOVIGILDO		
Cuautepec El Alto	58	1-A
PLATA MANUEL M. GRAL. Y CDA.		
Observatorio	96	2-A
PLATA MARTIN DE		
Fuego Nuevo	111	4-A
PLATA PRIV.		
Cuchilla Pantitlán	85	5-E
PLATA Y CDA.		
Ixtlahuacan	112	3-F
PLATAFORMA AND.		
U. H. Pantaco	70	4-D
PLATANAL		
La Palma	46	6-D
PLATANALES		
Arboledas de Cuautepec	45	6-C
Barrio San Bernabé	70	6-D
Nueva Santa María	70	6-D
PLATANILLO		
San José del Jaral	43	2-D
PLATANILLOS		
Villa de las Flores	19	6-F
PLATANO		
Ampl. Profr. C. Higuera	43	5-A
PLATANOS		
México Nuevo	60	4-D
PLATERIA		
Janitzio	84	2-D
PLATEROS		
Lomas de la Estancia	112	4-F
Metropolitana	99	3-B
Miguel de la Madrid Hurtado	112	4-F
Porfirio Díaz	99	3-B
San José Insurgentes	96	6-C
Xocotlán	63	5-F
PLATEROS CDA.		
Hacienda Ojo de Agua	21	4-E
PLATEROS DE		
Lomas Verdes Sección V	55	6-D
PLATINO		
Ampl. Olímpica	81	4-B
Barrio Santa Eugenia	87	3-C
El Tesoro	44	2-E
Felipe Angeles	84	1-C
Felipe Pescador	84	1-C
Jardines de los Baez	47	1-C
La Alborada I	20	3-B
La Sardaña	44	2-D
Maza	84	1-C
Nueva San Isidro	127	4-F
Popular Rastro	84	1-C
San Juan Cerro	111	3-C
San Norberto	87	3-C
San Vicente Chicoloapan	88	6-F
Valle Gómez	84	1-C
PLATINO AND.		
San Juan Cerro	111	3-B
PLATINO AV.		
Lázaro Cárdenas	60	6-D
PROFOPEC Polígono 3	60	6-D
PLATINO PRIV.		
Cuchilla Pantitlán	85	5-E
PLATON		
Ejido de Santiago Tepalcapa	43	3-A
Geo 2000	35	3-B
Los Morales Secc. Alameda	82	4-F
Palmas Polanco	82	4-F
Palmitas	82	4-F
U. José Ma. Morelos y Pavón	33	6-C
PLAYA		
U. Vallejo La Patera	70	2-F
PLAYA ABIERTA		
La Quebrada	44	2-A
PLAYA ABIERTA CDA.		
Ampliación La Quebrada	43	3-F
PLAYA ALMEJA		
Jardines de Morelos	47	1-F
PLAYA ALOHA		
Jardines de Morelos	47	1-F
PLAYA ANCON		
Jardines de Morelos	47	1-F
PLAYA ANGEL		
Jardines de Morelos	34	6-E
PLAYA AZUL		
Chalco	128	6-A
Jardines de Morelos	47	1-E
La Quebrada	44	1-B
Lomas de San Andrés Atenco	56	3-C
Lomas de la Cañada	82	3-B
Militar Marte	97	4-C
Polvorilla	111	6-F
San Antonio Tecomitl	152	1-A
Tierra Blanca	46	2-E
PLAYA AZUL CDA.		
Jorge Negrete	58	5-A
Xochitenco	87	6-C
PLAYA AZUL DE 3 RTS.		
Jardines de Morelos	47	1-F
PLAYA BLANCA		
Reforma Iztaccíhuatl Norte	97	3-C
PLAYA BOCA ANDREA		
Jardines de Morelos	47	1-E
PLAYA BONANZA		
U. Santiago	97	4-C
PLAYA BONITA		
Jardines de Morelos	47	1-E
Militar Marte	97	5-C
PLAYA BORREGO		
Reforma Iztaccíhuatl Norte	97	4-C
PLAYA BRUJA		
Jardines de Morelos	34	6-E
PLAYA BRUJA CDA.		
Ampliación La Quebrada	43	3-F
PLAYA CALETA		
Jardines de Morelos	47	1-E
La Quebrada	44	2-A
Militar Marte	97	5-C
Polvorilla	112	6-A
Reforma Iztaccíhuatl Sur	97	5-C
PLAYA CALETILLA		
Jardines de Morelos	47	1-E
La Quebrada	44	2-A
Reforma Iztaccíhuatl Norte	97	4-C
PLAYA CALIZ		
Jardines de Morelos	47	1-F
PLAYA CANCUN		
Jardines de Morelos	47	1-E
U. H. Santiago	97	4-C
PLAYA CARABALI		
Jardines de Morelos	47	1-E
Reforma Iztaccíhuatl Norte	97	4-D
U. Santiago	97	4-D
PLAYA CAREY		
Jardines de Morelos	47	1-F
PLAYA CARMELITA		
La Quebrada	44	2-A
PLAYA CARMEN		
Reforma Iztaccíhuatl Norte	97	4-C
PLAYA CATALINA		
La Quebrada	44	2-B
PLAYA CDA.		
Alfredo V. Bonfil	81	3-E
PLAYA CERRADA		
La Quebrada	44	2-B
PLAYA CLAVELITOS		
Jardines de Morelos	47	1-E
Reforma Iztaccíhuatl Sur	97	5-C
PLAYA COLORADA		
Reforma Iztaccíhuatl Norte	97	4-C
PLAYA CONDESA		
Jardines de Morelos	47	1-E
La Quebrada	44	2-A
Polvorilla	112	6-A
Reforma Iztaccíhuatl Sur	97	5-D
PLAYA COPACABANA		
Jardines de Morelos	34	6-E
Jardines de Morelos	47	1-E
Militar Marte	97	5-C
Polvorilla	112	6-A
Reforma Iztaccíhuatl Sur	97	5-C
PLAYA COROMUEL		
Jardines de Morelos	47	1-E
PLAYA CORTES		
Jardines de Morelos	47	1-E
Militar Marte	97	5-C
Reforma Iztaccíhuatl Sur	97	5-C
PLAYA COZUMEL		
Jardines de Morelos	47	1-E
PLAYA CUYUTLAN		
Santiago Norte y Sur	97	4-C
PLAYA CHACHALACAS		
Jardines de Morelos	47	1-F
PLAYA DE ACAPULCO		
Lomas de la Cañada	82	3-B
PLAYA DE ALTATA		
Jardines de Morelos	47	1-E
PLAYA DE CANNES		
Jardines de Morelos	47	1-E
PLAYA DE CUYUTLAN		
Jardines de Morelos	47	1-F
PLAYA DE GUAYABITOS		
Jardines de Morelos	47	1-E
PLAYA DE LA		
Industrial Morelos	59	4-C
Zona Res. Acueducto de Gpe.	57	5-F
PLAYA DE LA AGONIA		
Xochitenco	87	6-C
PLAYA DE LAS BURRAS		
Reforma Iztaccíhuatl Norte	97	4-C
PLAYA DE PICHILINGUE		
Jardines de Morelos	47	1-F
PLAYA DE PONCE		
Jardines de Morelos	47	1-E
PLAYA DE TOMATLAN		
Jardines de Morelos	47	1-E
PLAYA DEL ANGEL		
Jardines de Morelos	34	6-E
PLAYA DEL CARMEN		
Santiago Sur	97	4-C
PLAYA DEL MARTIRIO		
Xochitenco	87	6-C
PLAYA DEL SOL		
Reforma Iztaccíhuatl Norte	97	4-C
PLAYA ENCANTADA		
Jardines de Casa Nueva	60	1-A
Jardines de Morelos	47	1-F
La Quebrada	44	2-A
Polvorilla	112	6-A
Reforma Iztaccíhuatl Sur	97	5-D
San Antonio Tecomitl	151	1-F
PLAYA ERIZO		
Jardines de Morelos	47	1-F
PLAYA ERIZO Y PROL.		
Reforma Iztaccíhuatl Norte	97	4-C
PLAYA ESCONDIDA		
Ampliación La Quebrada	43	2-F
Jardines de Morelos	47	1-F
La Quebrada	44	2-A
PLAYA FLAMINGOS		
Jardines de Morelos	47	1-F
Militar Marte	97	5-C
PLAYA GARRAFON		
Jardines de Morelos	47	1-F
PLAYA GAVIOTAS		
Jardines de Morelos	47	1-F
Reforma Iztaccíhuatl Sur	97	5-C
PLAYA GRIS		
Lomas de la Cañada	82	3-B
PLAYA GUITARRON		
Militar Marte	97	5-C
Reforma Iztaccíhuatl Norte	97	5-C
Reforma Iztaccíhuatl Sur	97	5-C
PLAYA HERMOSA		
Jardines de Morelos	47	1-F
La Quebrada	44	2-A
Militar Marte	97	5-D
Reforma Iztaccíhuatl Sur	97	5-D
PLAYA HORNITOS		
Reforma Iztaccíhuatl Sur	97	5-C
PLAYA HORNOS		
Jardines de Morelos	47	1-F
La Quebrada	44	2-A
Militar Marte	97	5-C
Reforma Iztaccíhuatl Norte	97	5-C
Reforma Iztaccíhuatl Sur	97	5-C
PLAYA ICACOS		
Jardines de Morelos	47	1-F
La Quebrada	44	2-A
Reforma Iztaccíhuatl Norte	97	4-C
PLAYA KAURI		
Jardines de Morelos	47	1-F
PLAYA KON TIKI		
Jardines de Morelos	47	1-F
PLAYA LA COPALITA		
Jardines de Morelos	47	1-E
PLAYA LA PEÑA		
Jardines de Morelos	47	1-E
PLAYA LANGOSTA		
Jardines de Morelos	47	1-F
La Quebrada	44	2-A
Militar Marte	97	5-B
Reforma Iztaccíhuatl Norte	97	5-B
Reforma Iztaccíhuatl Sur	97	5-B

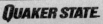

Calle / Colonia	Plano	Coordenadas
PLAYA LARGA		
Jardines de Morelos	47	1-F
La Quebrada	44	2-B
PLAYA LAS GATAS		
Reforma Iztaccíhuatl Norte	97	4-C
PLAYA LINDA		
Jardines de Morelos	47	1-F
Reforma Iztaccíhuatl Norte	97	4-C
PLAYA MANDINGA		
Jardines de Morelos	47	1-F
PLAYA MANDINGA 1R. RT.		
Jardines de Morelos	48	1-A
PLAYA MANZANILLO		
Jardines de Morelos	47	1-F
La Quebrada	44	2-A
Militar Marte	97	4-C
Reforma Iztaccíhuatl Norte	97	4-C
Reforma Iztaccíhuatl Sur	97	4-C
PLAYA MARQUELIA		
Jardines de Morelos	47	1-F
PLAYA MELAQUE		
Jardines de Morelos	34	6-F
PLAYA MEXIQUILLO PRIV.		
Santiago Norte	97	4-C
PLAYA MIRADOR		
Militar Marte	97	4-C
Reforma Iztaccíhuatl Norte	97	4-C
Reforma Iztaccíhuatl Sur	97	4-C
PLAYA MIRADOR PROL.		
Reforma Iztaccíhuatl Sur	97	5-C
PLAYA MIRAMAR		
Militar Marte	97	4-C
Polvorilla	112	6-A
Reforma Iztaccíhuatl Norte	97	4-C
Reforma Iztaccíhuatl Sur	97	4-C
PLAYA MOCAMBO		
Jardines de Morelos	47	1-F
Lomas de la Cañada	82	3-B
Militar Marte	97	5-C
Reforma Iztaccíhuatl Sur	97	5-C
PLAYA NIZUC		
Reforma Iztaccíhuatl Norte	97	4-C
PLAYA NORMANDIA		
Jardines de Morelos	47	1-E
PLAYA NORTE		
Militar Marte	97	5-C
PLAYA OJITOS		
Jardines de Morelos	48	1-A
PLAYA OLA VERDE		
Jardines de Morelos	47	1-F
Reforma Iztaccíhuatl Norte	97	4-C
PLAYA OLAS ALTAS		
Militar Marte	97	5-D
Reforma Iztaccíhuatl Sur	97	5-D
PLAYA PALMA DE MALLORCA		
Jardines de Morelos	47	1-F
PLAYA PESCADORES		
Reforma Iztaccíhuatl Sur	97	5-C
PLAYA PICHILINGUE		
Militar Marte	97	5-B
Reforma Iztaccíhuatl Sur	97	5-B
PLAYA PIE DE LA CUESTA		
Chilero II	97	5-C
El Retoño	97	5-C
Reforma Iztaccíhuatl Sur	97	5-C
San Andrés Tetepilco	97	5-C
PLAYA PORTO ALEGRE Y 1 CDA.		
San Andrés Tetepilco	97	5-C
PLAYA PUERTO MARQUES		
Jardines de Morelos	47	1-F
La Quebrada	44	2-A
PLAYA QUIETA		
San Antonio Tecomitl	151	1-F
PLAYA QUIETA CDA.		
Barrio Cruztitla	151	1-F
PLAYA REGATAS		
Jardines de Morelos	47	1-F
Militar Marte	97	4-C
Reforma Iztaccíhuatl Norte	97	4-C
Reforma Iztaccíhuatl Sur	97	4-C
PLAYA REVOLCADERO		
Jardines de Morelos	47	1-F
La Quebrada	44	2-A
Militar Marte	97	5-C
Reforma Iztaccíhuatl Norte	97	5-C
Reforma Iztaccíhuatl Sur	97	5-C
PLAYA RINCON		
Jardines de Morelos	47	1-F
Reforma Iztaccíhuatl Sur	97	5-C
PLAYA ROQUETA		
Jardines de Morelos	47	1-F
La Quebrada	44	2-A
Militar Marte	97	4-D
Polvorilla	112	6-A
Reforma Iztaccíhuatl Norte	97	4-D
U. Santiago	97	4-D
PLAYA ROSARITO		
Jardines de Morelos	47	1-F
Reforma Iztaccíhuatl Norte	97	4-C
Santiago Sur	97	4-C
PLAYA SALAGUA		
Chilero II	97	5-C
Jardines de Morelos	47	1-E
PLAYA SALMON		
Jardines de Morelos	48	1-A
PLAYA SAN BLAS		
Jardines de Morelos	47	1-F
PLAYA SOL		
Jardines de Morelos	47	1-F
PLAYA SUAVE		
La Quebrada	44	2-B
PLAYA SUR		
Militar Marte	97	5-C
PLAYA TABACHINES		
Jardines de Morelos	47	1-F
Militar Marte	97	5-C
PLAYA TAMARINDOS		
Jardines de Morelos	47	1-F
PLAYA TAMBUCO		
Jardines de Morelos	47	1-F
Militar Marte	97	5-B
Reforma Iztaccíhuatl Sur	97	5-B
PLAYA TAMPAMACHOCO		
Jardines de Morelos	47	1-E
PLAYA TAPAMA		
Jardines de Morelos	47	1-E
PLAYA TECOLUTLA		
Jardines de Morelos	47	1-F
Militar Marte	97	4-C
Reforma Iztaccíhuatl Norte	97	4-C
Reforma Iztaccíhuatl Sur	97	4-C
PLAYA TENACATITA		
Santiago Norte	97	4-C
PLAYA TIBURON		
Jardines de Morelos	47	1-F
PLAYA TORTUGAS		
Reforma Iztaccíhuatl Norte	97	4-C
PLAYA TULIPANES		
La Quebrada	44	2-A
PLAYA TULUM		
Jardines de Morelos	47	1-F
PLAYA VERACRUZ CJON.		
Lomas de la Cañada	82	3-B
PLAYA VILLA DEL MAR		
Jardines de Morelos	47	1-F
Militar Marte	97	5-C
PLAYA VILLAMAR PRIV.		
Reforma Iztaccíhuatl Norte	97	4-C
PLAYAS DE LAS CJON.		
Rnda. Las Playas INFONAVIT	122	1-D
PLAYAS DE TIJUANA		
Jardines de Morelos	47	1-F
PLAZA ALAMOS		
Las Arboledas	43	6-D
PLAZA ALONDRAS		
Izcalli Jardines	34	6-C
PLAZA ALLENDE		
Santo Tomás Chiconautla	34	3-E
PLAZA ANAHUAC		
Barrio Los Reyes	97	3-D
PLAZA ANTONIO		
Algarín	97	2-B
El Bramadero	42	1-A
La Cebada	95	5-D
Tenorios	112	4-C
Xalpa	112	4-C
PLAZA ANTONIO PRIV.		
Tultitlán	31	2-D
PLAZA AVIACION		
Moctezuma	84	5-F
PLAZA BAJA CALIFORNIA		
Del Valle	96	4-D
PLAZA BELEN CJON.		
Barrio Belén	136	2-F
PLAZA BENITO JUAREZ		
Gabriel Ramos Millán	98	3-A
Los Remedios	69	6-A
PLAZA BONAMPAK		
U. H. CTM Culhuacán Zona V	110	4-E
U. O. H. CTM Culhuacán	110	4-E
PLAZA CAJOMULCO CIR.		
Dr. Alfonso Ortiz Tirado	98	4-C
PLAZA CAMPOSANTO		
Gustavo A. Madero	71	4-E
PLAZA CANTARITOS		
Dr. Alfonso Ortiz Tirado	98	4-C
PLAZA CARLOS J. FINLAY		
Cuauhtémoc	83	4-E
PLAZA CARLOS PACHECO		
Centro	84	5-A
PLAZA CAST. DE CHAPULTEPEC		
Militar Valle de Cuaut.	30	3-F
PLAZA CASTILLA		
Lomas Verdes 3a. Sección	68	1-F
PLAZA CASTILLO CHAPULTEPEC		
Militar Valle de Cuaut.	31	3-A
PLAZA CENTENARIO		
San Francisco Tlaltenco	125	3-D
PLAZA CENTRAL AV. Y 12 PLAS.		
Plazas de Aragón	73	4-A
PLAZA CENZONTLES		
Izcalli Jardines	47	1-C
PLAZA CIBELES		
Lomas Verdes Sección III	55	6-F
PLAZA CIVICA		
San Miguel Teotongo	113	3-A
PLAZA COLISEO		
Lomas de Bulevares	43	6-E
PLAZA CONCEPCION		
Centro	84	4-B
PLAZA CONCORDE		
Lomas de Bulevares	43	6-E
PLAZA CHICHEN ITZA		
U. O. H. CTM Culhuacán	110	4-E
PLAZA DE ANDALUCIA 6 PLAS.		
Plazas de Aragón	73	4-B
PLAZA DE BARATILLO CIR.		
Dr. Alfonso Ortiz Tirado	98	4-C
PLAZA DE BUENAVISTA CIR.		
Dr. Alfonso Ortiz Tirado	98	4-C
PLAZA DE ESPAÑA		
Lomas de Bulevares	43	6-E
PLAZA DE GUADALUPE		
Tepotzotlán	4	6-C
PLAZA DE JESUS		
La Alteña I	69	1-A
PLAZA DE LA BASTILLA		
Mayorazgos La Concordia	56	1-E
PLAZA DE LA CONCEPCION		
Centro	84	4-B
La Concepción	121	3-C
Morelos	84	2-C
PLAZA DE LA CONCHITA		
Coyoacán	109	3-F
PLAZA DE LA CONSTITUCION		
Centro	84	4-B
Plazas de Aragón	73	5-A
Tezoyuca	49	2-D
PLAZA DE LA CONSTITUCION CIR		
Lomas de Bulevares	43	6-E
PLAZA DE LA CHARRERIA		
Rincón de la Charrería	56	4-B
PLAZA DE LA ESTRELLA		
Mayorazgos La Concordia	56	1-D
PLAZA DE LA FONTANA		
Lomas de Bulevares	43	5-E
PLAZA DE LA LIRA		
Mayorazgo de los Gigantes	43	5-D
PLAZA DE LA LUZ 2 PLAS.		
Plazas de Aragón	73	4-B
PLAZA DE LA MAGDALENA		
Las Villas	33	3-A
Mayorazgos La Concordia	56	1-E
PLAZA DE LA NAVONA		
Lomas Verdes Sección III	55	6-F
PLAZA DE LA OPERA		
Mayorazgos La Concordia	56	1-E
PLAZA DE LA PAJA CIR.		
Dr. Alfonso Ortiz Tirado	98	4-C
PLAZA DE LA PLAYA		
Izcalli San Pablo	20	6-C
PLAZA DE LA REP. Y 7 PLAS.		
Plazas de Aragón	73	4-B
PLAZA DE LA REPUBLICA		
Centro	83	4-F
Lomas de Bulevares	43	5-E
PLAZA DE LA SABANA		
Izcalli San Pablo	20	6-B
PLAZA DE LA SORBONA		
Mayorazgos La Concordia	56	1-E
PLAZA DE LAS 3 CULTURAS AV.		
Plazas de Aragón	73	5-A
PLAZA DE LAS ALABARDAS		
Izcalli La Cuchilla	57	2-D
PLAZA DE LAS ALONDRAS		
Las Alamedas	56	1-A
PLAZA DE LAS CALANDRIAS		
Lomas Verdes	68	2-D
PLAZA DE LAS CODORNICES		
Izcalli Jardines	47	1-B
PLAZA DE LAS CUCHILLAS		
Izcalli La Cuchilla	57	2-D
PLAZA DE LAS FUENTES		
Jardines del Sur	136	2-E
PLAZA DE LAS GOLONDRINAS		
Lomas Verdes	68	2-D
PLAZA DE LAS PEÑAS		
U. INFONAVIT Iztacalco	97	4-E
PLAZA DE LAS TORTOLAS		
Izcalli Jardines	47	1-B
PLAZA DE LAS TRES CULTURAS		
Plazas de Aragón	73	4-B
Unidad Nonoalco Tlatelolco	84	2-B
PLAZA DE LORETO		
Dr. Alfonso Ortiz Tirado	98	4-C
PLAZA DE LOS ANGELES		
Guerrero	84	2-A
PLAZA DE LOS AZORES		
Izcalli Jardines	47	1-C
PLAZA DE LOS BALCONES		
Jardines del Sur	136	1-E
PLAZA DE LOS FLORETES		
Izcalli La Cuchilla	57	2-D
PLAZA DE LOS MISTERIOS		
Lomas de la Herradura	94	1-E
PLAZA DE LOS PAPAGAYOS		
Las Alamedas	56	1-A
PLAZA DE LOS SABLES		
Izcalli La Cuchilla	57	2-D
PLAZA DE LOS SACERDOTES		
Ciudad Azteca	60	4-C
PLAZA DE ORLEANS		
Mayorazgos La Concordia	56	1-E
PLAZA DE SAN JACINTO		
San Angel	109	3-B
PLAZA DE SAN MARCOS		
Lomas Verdes Sección III	55	6-F
PLAZA DE SAN MARCOS Y 2 PLAS		
Plazas de Aragón	73	4-B
PLAZA DE SAN PEDRO		
Lomas Verdes Sección III	55	6-F
Plazas de Aragón	73	5-A
PLAZA DE SAN SALVADOR		
Obrera	84	5-B
PLAZA DE TENEXPA CIR.		
Dr. Alfonso Ortiz Tirado	98	4-C
PLAZA DE TEPOZAN		
Dr. Alfonso Ortiz Tirado	98	4-C
PLAZA DE TLAXCOAQUE Y 4 PLAS		
Plazas de Aragón	73	5-A
PLAZA DE TREVI		
Lomas Verdes Sección III	55	6-F
PLAZA DE VERSALLES		
Mayorazgos La Concordia	56	1-E
PLAZA DE VIZCAINAS CIR.		
Dr. Alfonso Ortiz Tirado	98	4-C
PLAZA DEL 5o. SOL 1A 2A Y 3A		
Ciudad Azteca	60	3-C
PLAZA DEL AGUILA CIR.		
Dr. Alfonso Ortiz Tirado	98	4-C
PLAZA DEL AMOR		
Lomas de Bulevares	43	6-E
PLAZA DEL ANGEL Y 5 PLAS.		
Plazas de Aragón	73	4-A
PLAZA DEL ARBOL		
Dr. Alfonso Ortiz Tirado	98	4-C
PLAZA DEL BOSQUE		
Izcalli San Pablo	20	5-C
PLAZA DEL CARMEN		
Villa Alvaro Obregón	109	3-B
PLAZA DEL CARMEN CIR.		
Dr. Alfonso Ortiz Tirado	98	4-C
PLAZA DEL CARMEN y 4 PLAS.		
Plazas de Aragón	73	3-A
PLAZA DEL CARRUSEL		
Mayorazgos La Concordia	56	1-D
PLAZA DEL CILINDRO		
La Estadía	54	5-F
PLAZA DEL EJECUTIVO		
Federal	85	6-B
PLAZA DEL ESTORNINO		
Mayorazgo de los Gigantes	43	5-C
PLAZA DEL ESTUDIANTE		
Centro	84	3-C
Morelos	84	3-C
Plazas de Aragón	73	4-A
PLAZA DEL ESTUDIANTE 2 PLAS.		
Plazas de Aragón	73	4-B
PLAZA DEL IBIS		
Mayorazgo de los Gigantes	43	5-D
PLAZA DEL PARTENON		
Lomas de Bulevares	43	5-E
PLAZA DEL QUINTO SOL 4A.		
Ciudad Azteca	60	3-D
PLAZA DEL RECREO		
Dr. Alfonso Ortiz Tirado	98	4-C
PLAZA DEL RUISEÑOR		
Las Alamedas	56	2-A
PLAZA DEL TUCAN		
Las Alamedas	56	1-A
Lomas Verdes	68	1-E
PLAZA DEL VIENTO		
Plaza del Kiosko	20	5-C
PLAZA DEL VOLADOR		
Dr. Alfonso Ortiz Tirado	98	4-C
PLAZA DIECISIETE DE JULIO		
Villa Obregón	109	3-B
PLAZA DOS DE ABRIL		
Guerrero	84	4-A
PLAZA DR. EUSEBIO DAVALOS		
Pueblo Santa Cecilia	57	2-C
PLAZA DUOMO		
Lomas de Bulevares	43	6-E
PLAZA ENRIQUE REBSAMEN		
Ciudad Satélite	56	6-B
PLAZA FAROLES		
Jardines del Sur	136	2-D
PLAZA FEDERICO GAMBOA		
Chimalistac	109	3-C
PLAZA FERROCARRILES NACIONAL		
San Rafael	83	4-F
PLAZA FLORIDA CIR.		
Dr. Alfonso Ortiz Tirado	98	4-C
PLAZA GARIBALDI		
Centro	84	3-B
PLAZA GENERAL ANAYA		
Centro	84	5-C
PLAZA GUACAMAYA		
Mayorazgo de los Gigantes	43	6-D
PLAZA GUARDIOLA CIR.		
Dr. Alfonso Ortiz Tirado	98	4-C
PLAZA GUERRERO		
San Lucas Amalinalco	128	6-D
PLAZA HIDALGO		
Santa Anita	97	2-D
Santa Anita	94	2-D
Santo Tomás Chiconautla	34	3-E
PLAZA HOJA DE ARBOL		
U. INFONAVIT Iztacalco	97	4-F
PLAZA JORGE WASHINGTON		
Juárez	83	5-E
PLAZA JUAN JOSE BAZ		
Centro	84	5-C
PLAZA JUAREZ		
Melchor Ocampo	18	1-F
San Juan Teotihuacán	24	3-B
San Pedro Xalostoc	59	3-C
Santa Clara	59	3-D
PLAZA JULIO CESAR		
Lomas Verdes Sección III	55	6-F
PLAZA LAGO DEL PASEO		
U. INFONAVIT Iztacalco	97	5-F
PLAZA LAS ALONDRAS		
Lomas Verdes	68	1-E
PLAZA LAS PALOMAS		
Lomas Verdes	68	1-E
PLAZA LE ETOILE		
Lomas de Bulevares	43	5-E
PLAZA LOS GORRIONES		
Lomas Verdes	68	1-E
PLAZA LUIS CABRERA		
Roma	83	6-E
PLAZA M. HIDALGO Y COSTILLA		
Tepotzotlán	4	6-C
PLAZA MACARENA		
Lomas Verdes Sección III	55	6-F
PLAZA MARIANO ARISTA		
Barrio San Juan Evangelista	24	3-B
San Juan Teotihuacán	24	3-B
PLAZA MAYOR		
Lomas Verdes Sección III	55	6-F
PLAZA MAYOR AV.		
Dr. Alfonso Ortiz Tirado	98	4-C
PLAZA MELCHOR OCAMPO		
San Juan Teotihuacán	24	3-C
PLAZA MIGUEL HIDALGO Y CJON.		
Pueblo San Bartolo Ameyalco	107	5-E
PLAZA MIRAVALLE Y 6 PLAS.		
Plazas de Aragón	73	4-B
PLAZA MITLA		
U. H. CTM Culhuacán Z. V	110	5-D
PLAZA MOCTEZUMA		
Izcalli Nezahualcóyotl	100	4-B
PLAZA MORELOS		
Barrio Zapotla	97	3-D
Papalotla	50	6-D
San Gregorio Cuautzingo	141	1-D
San Juan Teotihuacán	24	3-C
PLAZA NECAXA		
Cuauhtémoc	83	5-E
PLAZA OPERA		
Lomas de Bulevares	43	6-E
PLAZA PAJARO CARPINTERO		
Mayorazgo de los Gigantes	43	5-D
PLAZA PALOMA		
Mayorazgo de los Gigantes	43	5-D
PLAZA PARACUARO		
El Potrero CTM 19	33	2-B
U. José Ma. Morelos y Pavón	33	2-B
PLAZA PARQUE ESPAÑA		
Condesa	96	1-D
PLAZA PELICANO		
Mayorazgo de los Gigantes	43	5-D
PLAZA PENINSULA		
U. INFONAVIT Iztacalco	97	4-E
PLAZA PEQUEÑA		
Lomas de Bulevares	43	6-E
PLAZA PERDIZ		
Lomas Verdes	68	1-E
PLAZA PICAFLOR		
Mayorazgo de los Gigantes	43	5-D
PLAZA PRINCIPAL		
Coacalco de Berriozábal	32	4-E
PLAZA RAIZ DE AGUA		
U. INFONAVIT Iztacalco	97	4-F
PLAZA RICARDO FLORES MAGON		
San Juan Ixhuatepec	58	5-E
PLAZA RIO ALVARADO		
Paseos de Churubusco	98	4-A
PLAZA RIO AUREO		
Paseos de Churubusco	98	4-B
PLAZA RIO BOCA DE OVEJAS		
Paseos de Churubusco	98	4-B
PLAZA RIO DE JANEIRO		
Roma	83	6-E
PLAZA RIO SAN CARLOS		
Paseos de Churubusco	98	4-B
PLAZA RIO TAMIAHUA		
Paseos de Churubusco	98	4-B
PLAZA ROCIO		
U. H. Belén de las Flores	108	2-C
PLAZA RODRIGUEZ DE MALPICA		
De los Doctores	84	5-A
PLAZA SAN CRISTOBAL		
Barrio San Cristóbal	137	1-A
PLAZA SAN ESTEBAN		
Barrio San Esteban	137	1-A
PLAZA SAN FERNANDO		
Guerrero	84	4-A
PLAZA SAN JACINTO		
Plazas de Aragón	73	5-B
PLAZA SAN JACINTO Y PLAS.		
Plazas de Aragón	73	5-B
PLAZA SAN JORGE		
La Alteña II	69	2-A
PLAZA SAN JOSE		
San José Huilango	17	3-A
PLAZA SAN JUAN		
Centro	84	5-A
PLAZA SAN LAZARO		
Centro	84	5-A
PLAZA SAN MARCOS		
Lomas de Bulevares	43	5-E
PLAZA SAN PEDRO Y 2 PLAS.		
Plazas de Aragón	73	5-A
PLAZA SAN SALVADOR EL SECO		
Centro	84	5-B
PLAZA SAN SEBASTIAN		
Barrio Zapotla	97	3-D
PLAZA SAN SIMON		
San Simón	84	1-A
PLAZA SAN SIMON Y CDA.		
San Simón Tolnáhuac	84	1-A
PLAZA SANTA ANA		
Centro	84	3-B
PLAZA SANTA CATARINA		
Centro	84	3-B
Coyoacán	109	3-D
PLAZA SANTA CRUZ		
Santa Cruz del Monte	56	6-A
PLAZA SANTA CRUZ ACATLAN		
Tránsito	84	6-B
PLAZA SANTA TERESA		
Santa Teresa	121	1-D
PLAZA SANTISIMA		
Barrio La Santísima	137	1-A
PLAZA SANTOS DEGOLLADO		
Centro	84	4-A
PLAZA SESAMO Y 3 PLAS.		
Plazas de Aragón	73	5-A
PLAZA SIGLO XX		
Montañista	58	4-D
PLAZA SIRENAS		
U. INFONAVIT Iztacalco	97	4-E
PLAZA TAJIN		
U. H. CTM Culhuacán Z. V	110	5-E
PLAZA TEOTIHUACAN		
U. H. CTM Culhuacán Z. V	110	5-E
PLAZA TEPOZAN		
Dr. Alfonso Ortiz Tirado	98	3-C
PLAZA TETELA		
U. INFONAVIT Iztacalco	97	4-E
PLAZA TLACOQUEMECATL Y 5 PLA		
Plazas de Aragón	73	5-A
PLAZA TLAHUAC		
Izcalli Nezahualcóyotl	100	4-B
PLAZA TLAXCOAQUE		
Centro	84	5-B
PLAZA TUCAN		
Mayorazgo de los Gigantes	43	5-D
PLAZA TURIPAL		
Mayorazgo de los Gigantes	43	5-D
PLAZA TZINTZUNTZAN		
U. H. CTM Culhuacán Z. V	110	5-D
PLAZA URRACA		

Calle / Colonia — COORDENADAS / PLANO

Mayorazgo de los Gigantes 43 5-D
PLAZA V. DE MADRID Y 2 PLAS.
Plazas de Aragón 73 4-B
PLAZA VALENTIN GOMEZ FARIAS
Mixcoac 96 5-C
PLAZA VALVERDE
Guadalupe Inn 109 2-B
PLAZA VEINTE DE NOVIEMBRE
Centro 84 5-B
Santa María Tonanitla 20 3-E
PLAZA VEINTITRES DE MAYO
Centro 84 4-B
PLAZA VENDOME
Lomas de Bulevares 43 6-E
PLAZA VICTORIA
Villa de Cortés 97 4-B
PLAZA VILLA DE MADRID
Roma 83 6-E
PLAZA VIRREYNAL
Tepotzotlán 4 6-C
PLAZA VIZCAYA
Tlaxpana 83 4-D
PLAZAS DE ARAGON AV.
Plazas de Aragón 73 5-A
PLAZAS DE ARAGON Y 24 PLAS.
Plazas de Aragón 73 4-A
PLAZAS DE SAN MARCOS Y 3 PLA
Plazas de Aragón 73 4-B
PLAZUELA
Los Laureles 47 4-A
PLAZUELA "CRI CRI"
San Jerónimo Aculco 108 6-D
PLAZUELA DE LA ASUNCION
Barrio La Asunción 123 6-F
Barrio La Concepción 123 6-F
PLAZUELA DE LOS MISTERIOS
Lomas de la Herradura 94 1-E
PLAZUELA DE LOS PLATEROS
Lomas de la Herradura 94 1-E
PLAZUELA DE LOS REYES
Pueblo Los Reyes 109 4-F
PLAZUELA DE SAN ANTONIO
Xochimilco 136 1-F
PLAZUELA DE SAN CRISTOBAL
Xochimilco 137 1-A
PLAZUELA DE SAN JUAN
Xochimilco 136 1-F
PLAZUELA DE SANTIAGO
U. Santiago 97 4-C
PLAZUELA DE SANTO TOMAS
Santo Tomás 70 4-C
PLAZUELA DE TLACOAPA
Barrio Tlacoapa Xochimilco 123 6-F
PLAZUELA DEL MONTE ALEGRE
Lomas de la Herradura 94 1-E
PLAZUELA INDEPENDENCIA
Martín Carrera 71 3-E
PLAZUELA JUAREZ HIDALGO
Pueblo Santa Ursula Coapa 123 2-B
PLAZUELA SAN JUAN
Barrio San Juan 136 1-F
PLAZUELA SANTA TERESA
Santa Teresa 121 1-D
PLAZUELA SANTO TOMAS
Barrio de Santo Tomás 70 4-C
PLAZUELA ZEMPOALA
Jardines del Alba 30 4-F
PLEAMARES
Las Aguilas 109 2-A
Pilares Aguilas 109 2-A
PLEYADES
Jardines de Coyoacán 123 1-C
PLEYADES PONIENTE
Espartaco 110 6-B
Prados de Coyoacán 110 6-B
PLINIO
Los Morales Secc. Alameda 82 4-F
Palmas Polanco 82 4-F
PLOMEROS
Emilio Carranza 84 2-C
Janitzio 84 2-C
Michoacana 84 2-C
Morelos 84 2-C
PLOMEROS DE LOS
Ejército del Trabajo I 73 2-C
PLOMO
Chamacuero 43 3-D
Felipe Angeles 84 1-C
La Alborada Valle 20 3-B
Lázaro Cárdenas 60 6-D
Santo Domingo 95 3-F
Valle Gómez 84 1-C
PLOMO CDA.
Barrio Fundidores 87 2-E
PLOMO DEL
Esfuerzo Nacional 59 5-C
PLUMBAGO
El Recreo 70 6-B
PLUTON
El Mirador 110 4-F
Las Rosas 56 4-D
Lomas de la Estancia 112 4-E
Media Luna 73 2-D
Media Luna 122 2-E
San Pablo Los Gallos 17 5-A
PLUTON AV.
Emiliano Zapata 59 6-F
Jardines del Tepeyac 59 6-F
La Estrella 59 6-F
PLUTONIO
San Juan Cerro 111 3-C
PLUVIAL CDA.
El Hostol Zona Comunal 46 4-E
PLYMOUTH
Condado de Sayavedra 41 4-F
POBLANA
Dr. Jorge Jiménez Cantú 58 3-F
POBLANITA
Pradera de San Mateo 68 1-D
POBLANOCO CJON.
Santa Catarina Ayotzingo 153 2-B
POCAUTLA
Residencial Cafetales 123 2-F
POCITO
Popotla 83 1-C
Popotla 83 2-C
POCITOS
Ahuehuetes 58 3-C
Lomas de la Era 107 6-F
Los Cedros 107 6-F
Santo Tomás Chiconautla 34 2-D
POCITOS LOS
Santa Cruz Acalpixca 137 3-C
POCHOTES
Chimalhuacán 87 6-F
POCHTECA
Barrio Cesteros 87 4-E
Barrio Cesteros 87 3-E
Barrio Talladores 87 3-E
Barrio Talladores 87 4-E
Punta La Zanja 87 3-E
POCHTECAS
Los Paseos de Churubusco 98 5-B
POCHTECAS DE LOS BLVR.
Ciudad Azteca 60 4-D
POE EDGAR ALLAN

Calle / Colonia — COORDENADAS / PLANO

Nueva Anzures 83 5-C
Polanco Reforma 83 4-A
POEMA
Dr. Jorge Jiménez Cantú 30 4-D
POETAS CIR.
Ciudad Satélite 69 2-B
Ciudad Satélite 69 3-A
POETAS DE LOS CALZ.
Bosque de Chap. 1a. Secc. 83 6-B
POLA ANGEL
Periodista 82 3-D
POLACOS
El Paraíso 95 4-E
POLANCO
Ampliación Vicente Villada 99 4-D
Bosque de Chapultepec 83 5-B
Metropolitana 3a. Secc. 99 4-D
POLAR
Lomas de la Estancia 112 4-E
POLAR LA
Industrial 71 4-C
POLEN
El Reloj 110 6-B
POLEN CDA.
Santa Cruz Xochitepec 136 2-C
POLIDRON
Geo 2000 35 3-A
POLIDUCTO
Ampl. Buenavista 44 4-D
Ampl. El Tesoro 44 4-D
El Tesoro 44 2-E
El Tesoro 44 4-D
Sierra de Guadalupe 44 4-D
POLIENIOS Y 5 CDAS.
Villa de las Flores 19 6-F
POLIGLOTAS
San José Aculco 97 5-F
POLIGONO I AND.
Palmillas 113 4-C
POLIPODIO
San Juan Cerro 111 3-B
POLITECNICO AV.
El Paraíso 18 6-C
Federal Burocrática 81 6-E
U. H. El Paraíso FOVISSSTE 18 6-C
Unidad Hab. San Blas 18 6-D
POLKAS
Lomas Hidalgo 121 6-E
POLO
Atizapán 2000 43 2-A
POLO NORTE
Angel Zimbrón 70 6-B
Cuautitlán Izc. Atlanta 30 2-D
Sierra Nevada 68 6-F
POLO SUR
Cuautitlán Izc. Atlanta 30 3-D
Sierra Nevada 68 6-F
POLONI
Las Palmas 121 1-A
POLONIA
Barrio Transportistas 87 3-C
Jardines de Cerro Gordo 60 1-B
La Olímpica II 60 5-B
México 86 81 2-B
México 86 42 3-F
POLOTITLAN
2a. Ampl. Stgo Acahualtepec 112 2-E
Altavilla 72 1-B
Lomas de Atizapán 55 2-E
San Antonio Zomeyucan 82 2-A
POLOTLAN
Almárcigo Norte 46 4-D
POLUX
Prados de Coyoacán 110 6-B
POLVORA AV.
El Capulín 95 3-E
El Paraíso 95 3-E
Liberales de 1857 95 3-E
Molino de Santo Domingo 95 3-E
POLVORA CDA.
San Fernando 94 5-C
POLVORA Y CDA. Y PRIV.
Santa Fe 95 4-C
POLVORIN
Magdalena Mixhuca 97 1-E
POLYUC
Belvedere 134 1-D
POMA ROSA
Las Huertas 68 6-D
POMARROSA
Ampliación San Marcos Norte 136 1-E
Barrio San Bernabé 70 6-D
Nueva Santa María 70 6-D
Villa de las Flores 19 6-F
POMELES
Ampliación San Marcos Norte 136 1-E
POMEZ
Lomas de Cantera 69 6-A
POMONA
Roma 83 6-E
POMPEYA
Izcalli Pirámide 57 3-C
Los Encinos 121 5-D
POMUCH
Ampliación López Portillo 121 4-D
Lomas de Padierna 121 4-D
Los Encinos 121 4-D
Torres de Padierna 121 4-D
PONCE
Río Piedras 47 4-A
PONCE DE LEON
Rincón de Echegaray 69 3-D
PONCE MANUEL M.
Barrio Pescadores 87 3-E
Ciudad Satélite 69 2-D
Compositores Mexicanos 45 6-B
Guadalupe Inn 109 1-B
Punta La Zanja 87 3-F
U. Pedro Ojeda Paullada 73 3-A
PONCE MANUEL M. OTE.
Lomas de Chamapa 81 3-E
PONCE MANUEL M. Y CDA.
Lomas de Chamapa 81 3-D
PONIATOWSKA ELENA
Chiconautla 3000 35 2-A
PONIENTE
Molino de Rosas 96 6-A
PONPON
Santa Rosa 48 2-D
PONTEDERIA
Ampl. Santiago Acahualtepec 112 3-E
PONTO
Lomas Estrella 2a. Secc. 111 6-B
POPAYAN
San Pedro Zacatenco 71 1-D
POPLE
Santa María Insurgentes 84 1-A
POPO
Barrio San Miguel 139 6-D
Florida 109 1-C
POPO AV.
San Lorenzo Chimalpa 140 4-D
POPO CDA.
Tlapacoya 127 2-E
POPO EL AV.
Alfredo del Mazo 127 3-E
Tlapacoya 127 3-E

Calle / Colonia — COORDENADAS / PLANO

POPO PRIV.
Pantitlán 98 1-E
POPOCA
El Cardonal Xalostoc 59 5-D
POPOCANI
Las Palmas 121 1-A
POPOCATEPETL
Acozac 114 4-F
Adolfo Ruiz Cortines 110 6-A
Ampliación Estrella del Sur 110 3-F
Ampliación La Rivera 68 6-F
Caserío de Cortés 152 3-F
Ciudad Azteca 60 3-C
Cuautitlán Izcalli Norte 17 5-C
El Cerrito 16 4-D
El Chamizalito 47 6-B
Hipódromo 83 6-E
Hueyotencotl 22 1-B
La Nopalera 68 6-F
La Pastora 58 5-B
Loma Bonita 57 1-C
Lomas de Cuautepec 45 6-B
Mixcoatl 111 5-F
Niños Héroes 138 3-B
Occipaco 68 4-E
Paraje San Juan 3a. Ampl. 111 4-D
Pedregal de Santa Ursula 110 6-A
Ricardo Flores Magón 82 5-A
San Antonio 138 3-B
San Bartolo Tenayuca 57 4-D
San Gregorio Cuautzingo 141 1-D
San Javier 57 3-B
San Miguel Teotongo 113 2-A
San Miguel Xochimanga 43 6-E
San Pablo Oztotepec 150 4-E
Santa Agueda 47 1-A
Santa María Nativitas 101 1-B
Sierra Nevada 68 6-F
Tepetitla 136 4-B
Zapotecas 59 2-E
POPOCATEPETL 1A. Y 2A. PRIV.
Xoco 109 1-E
POPOCATEPETL AV.
Dr. Jorge Jiménez Cantú 59 3-A
Gral. Pedro María Anaya 109 1-F
Portales 109 1-F
Santa Cruz Atoyac 109 1-F
Xoco 109 1-F
POPOCATEPETL BLVR.
Balcones del Valle 56 1-C
Los Pirules 56 1-C
Vista del Valle 56 1-C
POPOLNAH
Lomas de Padierna 121 3-C
Z. U. E. El Pedregal 121 3-C
POPOLNAH CDA.
Z. U. E. El Pedregal 121 3-C
POPOLOCA
Lic. Carlos Zapata Vela 98 4-A
POPOTLA
Adolfo Ruiz Cortines 122 1-F
POPOTLA CDA.
Nextitla 83 2-C
POPOTLA DE 1A.
Jalalpa El Grande 108 1-A
POPOTLA DE 2A.
Jalalpa El Grande 108 1-A
POPOTLA DE 3A.
Jalalpa El Grande 108 1-A
POPOTLA OTE.
Ciudad Cuauhtémoc 35 3-A
POPOTLA Y 2 CDAS.
Tizapán 108 5-F
PORCELANITE CIR.
Jardines de los Baez 47 1-C
PORFIRIO DIAZ CDA.
El Gavillero 28 5-C
PORITRE
San Juan Cerro 111 3-B
PORTAL
Los Laureles 47 4-A
Santa Cecilia 57 2-C
PORTAL DE LAS FLORES
Los Paseos de Churubusco 98 4-C
PORTAL DEL
El Cortijo 57 4-A
Jardines del Sur 136 2-E
PORTAL EL
Jardines de la Hda. Sur 17 5-F
Los Pastores 69 4-D
Residencial Villa Coapa 123 4-E
PORTALES
Ampliación Vicente Villada 99 3-D
Metropolitana 99 3-D
Santa Cruz Atoyac 109 1-F
PORTALES DE MERCADERES
Atlacomulco 99 2-B
PORTEROS
PIPSA 57 5-D
PORTES GIL EMILIO
Albarrada 111 2-D
Ampliación Los Reyes 113 2-B
Benito Juárez 58 4-A
Benito Juárez 43 6-D
Buenavista 31 6-E
Darío Martínez 113 6-E
Diez de Abril 69 4-D
Emiliano Zapata 128 4-B
Emiliano Zapata 81 2-C
Estado de México 114 5-A
Eva Sámano de López Mateos 111 2-D
La Providencia 69 3-E
La Purísima 111 2-D
La Regadera 111 2-E
Lázaro Cárdenas 73 5-B
Malacates 45 5-B
Marina Nacional 59 6-A
PRI 111 2-D
Progresista 111 2-D
San Esteban Huitzilacasco 82 3-A
San Francisco Tepojaco 29 3-F
Santiago Tepalcapa 30 5-F
Tultitlán 31 3-D
Tultitlán 31 2-D
U. H. Plutarco Elías Calles 111 2-E
PORTES GIL EMILIO CDA.
Ampl. Presidentes 88 5-D
PORTES GIL EMILIO GRAL.
Insurgentes 111 4-F
Las Peñas 111 4-F
Presidentes de México 111 4-F
PORTILLA A. DE LA Y 4 RTS.
Jardín Balbuena 84 6-F
PORTILLO EL
Residencial Villa Coapa 123 4-D
PORTLAND
Corpus Christi 108 1-A
PORTO ALEGRE
Torres de Lindavista 71 1-A
PORTOCARRERO MELCHOR
Lomas de Virreyes 82 6-E
PORTON DE LA BARRANCA
Fracc. Lomas Country Club 94 2-C
PORTON DE LA CIMA
Fracc. Lomas Country Club 94 2-B
PORTON DE LAS FLORES
Fracc. Lomas Country Club 94 1-C
PORTON DE LOS ENCINOS

Calle / Colonia — COORDENADAS / PLANO

Fracc. Lomas Country Club 94 2-C
PORTON DE LOS PINOS
Fracc. Lomas Country Club 94 2-C
PORTON DEL
Colina del Sur 95 6-D
Jardines del Sur 136 1-D
Rinconada del Sur 136 1-D
U. H. FOVISSSTE 136 1-D
PORTON DEL ENSUEÑO
Fracc. Lomas Country Club 94 2-B
PORTON DEL PRADO
Fracc. Lomas Country Club 94 2-C
PORTON DEL SECRETO
Fracc. Lomas Country Club 94 2-B
PORTON DEL SILENCIO
Fracc. Lomas Country Club 94 2-B
PORTON LOMAS
Fracc. Lomas Country Club 94 1-C
PORTON VISTA DE GOLF
Fracc. Lomas Country Club 94 2-B
PORTONES LOS
Villas de la Hacienda 43 3-C
PORTUGAL
Barrio Transportistas 87 3-C
Coacalco de Berriozábal 32 4-F
Jardines de Cerro Gordo 47 6-B
México 86 81 2-C
México 86 42 3-F
PORTUGAL CDA.
Coacalco de Berriozábal 32 4-E
PORTUGAL LIC. Y CDA.
Siete de Noviembre 84 1-C
PORVENIR
Axotla 109 2-D
Barrio San Simón 70 4-B
Granjas Valle de Guadalupe 59 4-F
La Bomba 141 1-A
Miguel Hidalgo 59 4-F
Nuevo Paseo de San Agustín 59 4-F
Tepotzotlán 4 5-C
Tequisistlán 48 2-F
PORVENIR 1A. CDA.
Las Arboledas 124 2-F
PORVENIR 2A. CDA.
Las Arboledas 124 2-F
PORVENIR EL Y 2 CDAS.
Las Arboledas 124 2-F
PORVENIR Y AND.
El Cardonal Xalostoc 59 4-D
POSADA JOSE GUADALUPE
Ampliación Malacates 45 5-B
Ciudad Satélite 69 1-D
U.H. Emiliano Zapata ISSSTE 76 3-C
POSADA JOSE GUADALUPE AV.
Alfredo del Mazo 127 1-A
Ampl. Emiliano Zapata 127 1-A
Avándaro 127 1-A
Darío Martínez 126 1-E
Del Carmen 126 1-E
POSADAS
Granjas Navidad 94 6-C
POSEIDON
Crédito Constructor 109 1-C
Geo 2000 35 3-B
POSTA DE LA
Colina del Sur 108 1-C
Villas de la Hacienda 43 2-C
POSTES
Molino de Santo Domingo 95 4-F
POTAM
Alvaro Obregón 97 1-D
POTASIO
Popular Rastro 84 2-D
San Vicente Chicoloapan 88 6-F
POTONCHAN
Santa Isabel Tola 71 2-E
POTOSI
Las Tórtolas 123 5-A
Torres de Lindavista 71 1-A
POTOSI DEL CDA.
La Herradura 95 1-A
POTRERILLO
Ampliación Potrerillo 120 2-F
Huayatla 120 2-F
POTRERILLOS
Parque Ind. Nezahualcóyotl 100 3-B
POTRERO
Ampl. Buenavista 44 4-D
Barrio Calyequita 138 2-E
Barrio San Lorenzo 137 1-A
Pueblo Santa Isabel Ixtapan 48 3-F
San Jerónimo Aculco 108 6-D
San Pablo Xolalpa 50 4-D
Xalpa 112 4-E
Xolalpa 50 3-E
POTRERO AV.
El Potrero 33 2-C
POTRERO CDA.
Lomas de San Pedro 21 4-E
Pueblo Santa Isabel Ixtapan 48 3-F
POTRERO CJON.
Barrio San Andrés 70 3-C
POTRERO DE LAS CABRAS
Xalpa 112 5-D
POTRERO DE TEPITO
San Bartolo Ameyalco 107 4-E
POTRERO DEL
Colina del Sur 95 6-D
POTRERO DEL 3A. CDA.
San Bartolo Ameyalco 107 4-E
POTRERO DEL AV.
Acolman de Nezahualcóyotl 36 3-D
Jardines de la Hda. Sur 17 5-F
POTRERO DEL CAMINO
Pueblo Santa Cruz Acalpixca 137 3-D
POTRERO DEL CDA.
Cerrada del Potrero 108 4-C
POTRERO DEL LLANO
Lomas del Chamizal 94 4-E
Petrolera 70 4-A
POTRERO EL
Club de Golf La Hacienda 43 6-B
Emiliano Zapata 128 4-B
La Carbonera 120 3-F
Residencial Villa Coapa 123 4-D
POTRERO EL CDA.
San Lorenzo 56 3-D
POTRERO SAN JUAN
Barrio San Esteban 137 1-A
POTRERO Y CDA.
Xalpa 112 4-E
POTREROS
Hacienda Ojo de Agua 21 4-C
POUS SANTIAGO
Ejército de Ote. Z. Peñón 99 6-C
POUSSIN
Insurgentes Mixcoac 96 5-B
San Juan 96 5-B
POZA DE LA 2A. CDA.
San Juan Totoltepec 68 5-F
POZA DE LA CDA.
San Juan Totoltepec 68 5-F
POZA RICA
Petrolera 70 4-A
San Jerónimo Aculco 121 1-D
San Lorenzo 56 3-C
POZO

Calle / Colonia	Plano	Coordenadas
Fuentes de San Cristóbal	47	2-A
Los Reyes	113	1-C
POZO ARENOSO		
Desarrollo U. Quetzalcóatl	112	6-B
POZO BRASIL CJON.		
Reynosa Tamaulipas	70	3-B
POZO DE LA HUERTA EL		
San Juan Totoltepec	68	6-F
POZO DEL		
Pueblo San Miguel Ajusco	148	2-B
Santa María Nativitas	101	1-B
Xochitenco	87	5-D
POZO DEL AV.		
Independencia	31	5-C
POZO DEL CDA.		
Las Brisas	34	4-D
Pueblo de Tetelpan	108	4-C
San Pablo Los Gallos	17	4-A
POZO DEL CJON.		
San Lorenzo Totolinga	81	1-E
Santa María Ozumbilla	21	4-F
POZO EL AV.		
Jardines de la Hda. Sur	17	4-F
POZO PEDREGAL		
Reynosa Tamaulipas	70	3-B
POZO SECO		
Desarrollo U. Quetzalcóatl	112	6-B
POZO Y CDA.		
Hank González	59	1-C
POZONCO CDA.		
Año de Juárez	137	3-B
Santa Cruz Acalpixca	137	3-B
POZONTEPETL		
Acozac	115	4-A
Acozac	115	5-A
POZOS		
Buenavista	112	4-B
Lomas de Santa Cruz	112	5-B
Lomas de Santa Cruz	112	4-B
Reforma Política	112	3-B
Valle Gómez	84	1-D
POZOS CDA.		
Tlapacoya	127	2-E
POZOS CJON.		
Tlapacoya	127	2-D
POZOS DE LOS AV.		
Reforma Política	112	4-B
POZOS DOLORES		
Ampl. Gabriel Hernández	71	1-F
POZOS JUAN		
Lindavista	114	6-C
POZOS JUAN PRIV.		
Lindavista	114	6-C
POZOTENCO		
Pueblo de Tepexpan	35	5-F
POZOTENCO CJON.		
San Francisco Acuautla	115	2-D
PRADA CRISOFORO		
Calacoaya	56	4-B
PRADERA		
Ampliación Potrerillo	120	2-F
Centro	84	5-C
Chimalhuacán	87	6-F
Granjas Navidad	94	6-D
Jardines del Pedregal	121	2-F
Lomas de Bellavista	56	6-A
Lomas de Bellavista	55	6-F
Lomas de la Hacienda	43	5-C
Plaza de la Colina	56	6-C
Profr. Cristóbal Higuera	43	6-B
Profr. Cristóbal Higuera	43	6-A
San Lorenzo Chimalpa	140	4-D
PRADERA AND.		
Las Cruces	107	6-F
Las Cruces	108	6-A
PRADERA CDA.		
Las Cruces	107	6-F
PRADERA CJON.		
San Agustín Ohtenco	151	4-E
PRADERA DE LA		
Izcalli San Pablo	20	6-C
PRADERA DE LA AND.		
Ciudad Labor	44	2-D
PRADERA LA		
San Lorenzo	56	3-B
PRADERAS		
San Isidro	30	6-E
PRADERAS LAS		
Jards. Pedregal de Sn Angel	122	2-B
PRADERAS Y CDA.		
San Isidro	30	6-E
PRADITO		
Tepexpan	36	6-A
PRADO		
Barrio San Francisco	121	1-C
Hacienda de San Juan	123	4-A
Izcalli San Pablo	20	5-B
Juventud Unida	122	6-F
PRADO DEL CJON.		
Barrio San Francisco	121	1-C
PRADO DIAG.		
Prado Ixtacala	57	6-D
PRADO EL		
Los Pastores	69	4-D
PRADO FELIPE		
Tulyehualco	138	2-E
PRADO FRANCISCO GRAL.		
Francisco Villa	111	4-F
PRADO GRANDE		
Lomas de Bellavista	56	6-A
PRADO NORTE		
Lomas de Chapultepec	82	5-E
PRADO ORIENTE AV.		
San Francisco Cuautlalpan	82	1-D
PRADO SUR AV.		
Lomas de Chapultepec	82	6-E
PRADOS		
Ampl. Profr. C. Higuera	43	5-A
Tierra y Libertad	59	1-D
PRADOS DE ABEDUL		
Prados de Aragón	72	5-F
Prados de Aragón	73	5-A
PRADOS DE ACACIA		
Prados de Aragón	73	6-A
PRADOS DE AHUEHUETE		
Prados de Aragón	72	6-F
PRADOS DE ALAMO		
Prados de Aragón	72	5-F
PRADOS DE ARAGON BLVR.		
Prados de Aragón	72	5-F
Prados de Aragón	73	6-A
PRADOS DE CAOBA		
Prados de Aragón	72	6-F
PRADOS DE CEDRO		
Bosque de Aragón	72	5-F
Prados de Aragón	72	6-F
Prados de Aragón	73	6-A
PRADOS DE CEIBA		
Bosque de Aragón	72	5-F
PRADOS DE CIPRES		
Prados de Aragón	72	6-F
PRADOS DE ENCINO		
Prados de Aragón	72	5-F
PRADOS DE EUCALIPTO		
Prados de Aragón	73	6-A
PRADOS DE FRAMBOYAN		
Prados de Aragón	73	6-A
PRADOS DE FRESNO		
Prados de Aragón	73	6-A
PRADOS DE JACARANDA		
Prados de Aragón	73	6-A
PRADOS DE LAUREL		
Prados de Aragón	72	5-F
PRADOS DE PINO		
Prados de Aragón	73	5-A
PRADOS DE PIRULES		
Prados de Aragón	73	6-A
PRADOS DE PRIMAVERA		
Prados de Aragón	72	6-F
PRADOS DE ROBLE		
La Impulsora	73	5-A
Las Armas	73	5-A
Prados de Aragón	73	5-A
PRADOS DE SAUCE		
Prados de Aragón	72	5-F
PRADOS DE TABACHIN		
Prados de Aragón	73	6-A
PRADOS DE TRUENO		
Prados de Aragón	73	6-A
PRADOS DE TULE		
Prados de Aragón	73	6-A
PRADOS DEL BOSQUE AV.		
Prados de Aragón	73	5-A
PRADOS DEL CENTRO		
Prados de Ecatepec	19	3-F
PRADOS DEL NORTE AV.		
Conj. San P. de las Salinas	20	5-B
Conjunto Hab. El Rocío	20	5-B
Izcalli Rinconada	20	5-B
Izcalli San Pablo	20	5-B
Jardines de San Pablo	20	5-B
Jardines de San Pablo II	20	5-B
Las Granjas	20	5-B
Parque San Pablo	20	5-B
Prados Secc. A	20	5-B
Prados de Ecatepec	20	3-A
Unidad Habitacional Lote 93	20	5-B
Unidad Isidro Fabela	20	5-B
PRADOS DEL SUR AV.		
Conjunto San Pablo	20	4-A
Prados de Ecatepec	20	4-A
PRAGA		
Bellavista	56	6-A
Juárez	83	5-D
Valle Dorado	56	2-D
PRECIADO DE LA TORRE LUIS		
Moctezuma 1a. Secc.	84	5-F
PRECIAT EMILIO		
Ampliación Miguel Hidalgo	121	5-F
PRECIAT JOSE MARIA		
Ampliación Miguel Hidalgo	121	5-F
PRECIAT MIGUEL A. S. SGTO 2o		
Los Cipreses	110	6-C
PRECURSORES DE LA REVOLUCION		
Barrio San Felipe	36	6-C
Coanalán	36	6-C
Tezoyuca	49	2-C
PRECURSORES REVOLUCION 1A.		
Tezoyuca	49	2-C
PRECURSORES REVOLUCION 2A.		
Tezoyuca	49	2-C
PREGONERO CDA.		
Colinas del Sur	108	1-C
PREGONEROS		
Santa Cecilia	57	2-C
PREHISPANICA Y CDA.		
Bellas Artes	30	5-C
PREHISPANICAS		
Mixcoatl	111	5-F
PREICER		
Nueva Margarita	87	4-C
PRENSA LA		
Cuautitlán Izc. Atlanta	30	2-E
Prensa Nacional	70	1-D
PRENSA LIBRE REVOLUCIONARIA		
Cuautitlán Izc. Atlanta	30	2-E
PREPARATORIA		
Profesores	76	3-A
PREPARATORIA AV. Y CDA.		
Zona Escolar	58	3-A
Zona Escolar Oriente	58	3-A
PRESA		
Batán Viejo	109	4-A
Cuauhtémoc	108	6-B
La Malinche	108	6-B
Lago de Guadalupe	30	4-A
San Jerónimo Lídice	108	5-E
Tizapán	109	4-A
Unidad Hab. Independencia	108	5-E
PRESA 2 CDAS.		
Ampl. Lomas de San Bernabé	120	2-E
PRESA ANSALDO		
San Jerónimo Aculco	108	6-D
PRESA ARAIZA		
El Tejocote	68	4-B
PRESA BECERRA		
La Floresta	113	1-B
PRESA CDA.		
Barrio Norte	95	5-F
Tizapán	109	4-A
PRESA COINTZIO		
Irrigación	82	4-F
PRESA CONTADERO		
La Presa Secc. Hornos	95	5-E
PRESA DANXHO		
Irrigación	82	3-F
Recursos Hidráulicos	31	5-C
PRESA DE GUADALUPE		
Recursos Hidráulicos	31	5-C
PRESA DE GUADALUPE Y 2 CDAS.		
Ampl. Polvorilla	112	6-A
PRESA DE LA		
Benito Juárez	36	5-D
Lomas de Bellavista	55	6-F
Purificación	24	3-C
San Francisco Zacango	36	6-D
PRESA DE LA 1A. PRIV.		
Barros Sierra	108	6-B
PRESA DE LA AMISTAD		
Irrigación	82	3-E
Tata Lázaro	82	3-E
U. H. Pop. Loma Hermosa	82	3-E
PRESA DE LA ANGOSTURA		
Recursos Hidráulicos	31	5-C
PRESA DE LA AV.		
El Tejocote	68	4-C
PRESA DE LA CDA.		
Purificación	24	3-C
PRESA DE LA SOLEDAD AV.		
El Tejocote	68	3-C
La Presa	68	3-C
PRESA DE LARA CDA.		
Ejido San Juan Tlihuaca	42	3-B
PRESA DE LAS JULIANAS		
San Juan Totoltepec	68	6-F
PRESA DE LAS VIRGENES		
Irrigación	82	3-F
PRESA DE TULE		
El Tejocote	68	4-B
PRESA DEL CONSUELO		
Francisco I. Madero	42	2-A
PRESA DEL FUERTE		
Recursos Hidráulicos	31	5-C
PRESA DEL OLIVO		
Recursos Hidráulicos	31	5-C
PRESA DEL REY DE LA		
Benito Juárez	36	5-C
Pueblo Coanalán	36	5-C
PRESA DEL SORDO		
Fracc. La Floresta	100	6-B
U. H. La Floresta	100	6-B
PRESA DIAGONAL		
Guadalupe Ticomán	58	6-C
PRESA DON MARTIN		
Irrigación	82	4-E
PRESA DON MARTIN PROL.		
Irrigación	82	3-E
U. H. Pop. Loma Hermosa	82	3-E
PRESA EL AZUCAR		
Irrigación	82	4-E
PRESA EL SORDO		
San José Río Hondo	81	4-F
U. H. La Floresta	113	1-B
Valle de los Pinos	113	1-B
PRESA EL TORNILLO		
La Floresta	113	1-B
PRESA ENDHO		
Irrigación	82	3-E
PRESA ESCAME		
Irrigación	82	3-E
PRESA ESCOLTA Y CDA.		
San Jerónimo Lídice	108	5-D
PRESA FALCON		
Ampl. Granada	82	3-F
Irrigación	82	3-F
La Presa Secc. Hornos	95	5-E
Recursos Hidráulicos	31	5-C
PRESA FRANCISCO		
Pueblo Tulyehualco	138	2-E
PRESA HUAPANGO		
Recursos Hidráulicos	31	5-C
PRESA INFIERNILLO		
Ejido San Mateo Nopala	68	4-B
La Presa	68	3-C
PRESA JERONIMO		
La Presa Secc. Hornos	95	5-E
PRESA LA		
Ampl. Buenavista	44	3-D
Barrio Guadalupe Ticomán	58	6-C
El Contadero	107	3-B
El Tejocote	68	4-B
Garcimarrero	108	1-C
La Agüita	46	6-A
Res. Antigua San Jacinto	109	4-A
San Jerónimo Lídice	108	5-D
San Lorenzo Tlalmimilolpan	24	5-B
Santa María Cozotlan	24	1-C
PRESA LA ANGOSTURA		
Irrigación	82	3-F
PRESA LA AV.		
La Presa Lázaro Cárdenas	58	5-D
Zona Industrial La Presa	58	5-D
PRESA LA CDA.		
Barrio Loreto	109	4-A
PRESA LA CJON.		
Benito Juárez	81	4-F
PRESA LA ESCONDIDA		
Recursos Hidráulicos	31	5-C
PRESA LA MAGDALENA		
Recursos Hidráulicos	31	5-C
PRESA LA PROL.		
Radio	81	4-E
PRESA LA Y CDA.		
Balcones de Chamapa	81	2-F
Ricardo Flores Magón	4	4-C
PRESA LA Y CJON.		
San Mateo Tlaltenango	107	3-D
PRESA LAS PILAS		
Irrigación	82	3-F
PRESA LOS CUARTOS		
U. H. La Floresta	100	6-B
PRESA MADIN		
U. H. La Floresta	100	6-B
PRESA MARTE R. GOMEZ		
Recursos Hidráulicos	31	5-C
PRESA NECAXA		
El Tejocote	68	3-C
La Presa	68	3-C
La Presa Secc. Hornos	95	5-E
PRESA NEJAPA		
Irrigación	82	3-F
PRESA OVIACHIC		
Irrigación	82	3-F
PRESA PABELLON		
Irrigación	82	3-E
PRESA PAJARITOS		
Recursos Hidráulicos	31	5-C
PRESA PALMITO		
Irrigación	82	3-F
PRESA PEROTE		
La Presa	68	3-C
PRESA REVENTADA		
Lomas Quebradas	108	6-C
PRESA REVENTADA CDA.		
Lomas Quebradas	108	6-B
PRESA REVENTADA PRIV.		
La Malinche	108	6-B
Lomas Quebradas	108	6-B
PRESA RIO MAYO		
Recursos Hidráulicos	31	5-C
PRESA RODRIGUEZ		
Irrigación	82	3-E
PRESA SALINAS		
Recursos Hidráulicos	31	6-D
PRESA SALINILLAS		
Irrigación	82	3-E
U. H. Pop. Loma Hermosa	82	3-E
PRESA SAN JOAQUIN		
La Floresta	113	1-B
PRESA SAN LUCAS LA AV.		
San Lucas Xochimanca	136	3-E
PRESA SANALONA		
Irrigación	82	3-E
PRESA SANTA ROSA		
Irrigación	82	3-F
PRESA SANTA TERESA		
Irrigación	82	3-F
PRESA SOLIS		
El Tejocote	68	4-B
Irrigación	82	3-E
PRESA TACUBAYA		
U. H. La Floresta	100	6-B
U. H. La Floresta	113	1-B
PRESA TECAMACHALCO		
La Floresta	113	1-B
PRESA TENANTONGO		
San Juan Totoltepec	68	6-F
PRESA TEPUXTEPEC		
Irrigación	82	3-E
PRESA TESOYO		
Irrigación	82	3-F
PRESA TOTOLICA		
U. H. La Floresta	100	6-B
PRESA VALSEQUILLO		
Irrigación	82	3-E
PRESA VICTORIA		
Recursos Hidráulicos	31	5-C
PRESA VILLA VICTORIA		
Recursos Hidráulicos	31	5-C
PRESA VILLA VICTORIA CDA.		
Recursos Hidráulicos	31	5-C
PRESA Y CDA.		
Arboledas Cuaut. El Alto	58	1-B
PRESAS AV.		
Lomas de Capula	95	5-E
PRESAS DE LAS		
Tierra Larga	68	3-F
PRESAS DE LAS AV.		
La Presa	68	3-C
PRESIDENCIA		
Federal Burocrática	81	6-E
PRESIDENCIA AV. Y CDA.		
Z. U. E. Culhuacán	110	4-E
PRESIDENTE		
Ciudad Alegre	88	5-B
PRESIDENTES		
Tres de Mayo	126	3-A
PRESIDENTES AV.		
Ampliación Emiliano Zapata	113	2-B
Ampliación Los Reyes	113	2-B
Ampliación Presidentes	95	5-D
Banjidal	96	6-F
Emiliano Zapata	113	2-B
Emperadores	96	6-F
Portales	96	6-F
Portales Oriente	96	6-F
Presidentes	95	5-D
PRESIDENTES COACALCO AV.		
U. H. Santa María I y II	33	2-B
U. Potrero La Laguna	33	2-B
PRESIDENTES DE COACALCO		
San Lorenzo Tetlixtac	33	3-B
Unidad Hab. Santa María	33	3-B
PRESIDENTES DE LOS CDA.		
El Tanque	108	6-A
PRESILLA		
Barrio San Francisco	121	1-C
PRESILLA CDA.		
Lomas Quebradas	121	1-C
PRETAL		
Villa Charra del Pedregal	122	3-A
PREVISION SOCIAL		
Cuatro Arboles	85	6-B
Federal	85	6-B
México Nuevo	54	1-E
PREZA AVELINO M.		
San José	126	6-A
PREZA VELINO M.		
Ciudad Satélite	69	1-D
PRIAMO		
Geo 2000	35	3-A
PRIANI ALFONSO		
Guadalupe	121	2-C
Pedregal II	121	2-C
Santa Teresa	121	2-C
PRIDA ROMAN		
Jardín Balbuena	97	1-D
PRIEGOS		
San Juan Xalpa	111	4-C
PRIETA LINDA		
Ampliación Emiliano Zapata	113	4-B
San Miguel Teotongo	113	3-B
PRIETO ADOLFO		
Del Valle	96	6-D
Tlacoquemécatl	96	6-D
PRIETO ADOLFO CDA.		
Del Valle	96	5-D
PRIETO ADOLFO Y 2 CDAS.		
Del Valle	96	3-E
PRIETO ALEJANDRO		
Juan Escutia	98	3-F
PRIETO AZCUAGA JOSE ING.		
La Comunidad	57	4-B
PRIETO DEL CJON.		
Francisco I. Madero	42	2-A
PRIETO GUILLERMO		
1a. Ampl. Stgo Acahualtepec	112	2-E
Ampliación Benito Juárez	58	4-B
Barrio Santa Ana Zapotitlán	125	3-A
Barrio Xaltipac	139	6-A
Benito Juárez	97	4-E
Benito Juárez	97	4-D
Benito Juárez	41	1-E
Benito Juárez	41	1-F
Benito Juárez	58	4-B
Buenavista	44	1-D
Ciudad Cuauhtémoc	34	3-E
Ciudad Satélite	69	2-A
Cuauhtémoc	108	6-B
Darío Martínez	127	1-A
Ecatepec de Morelos	46	2-F
El Ocote	107	3-C
Emiliano Zapata	42	2-E
Emiliano Zapata	81	2-C
Filiberto Gómez	100	1-B
Jalalpa	95	5-D
Jesús María	115	4-C
Jorge Jiménez Cantú	28	3-F
La Conchita Zapotitlán	125	3-A
Lomas de Chamapa	81	2-E
Lomas de Santa Cruz	112	4-B
Melchor Ocampo	18	1-F
Miguel Hidalgo	125	3-A
Nicolás Romero	28	5-E
Papalotla	50	6-D
Pueblo San Bartolo Ameyalco	107	5-E
Reforma Política	112	4-B
San Juan Ixhuatepec	58	5-E
San Pablo de las Salinas	19	6-F
San Pedro Barrientos	44	4-A
San Rafael	83	4-E
Tultepec	19	3-C
PRIETO GUILLERMO 1A. CDA.		
La Malinche	108	6-B
PRIETO GUILLERMO 2 CDAS.		
Cuajimalpa	107	2-B
Jamaica	97	1-D
PRIETO GUILLERMO 2A. CDA.		
Barros Sierra	108	6-B
Cuajimalpa	107	2-B
PRIETO GUILLERMO CALZ.		
Jamaica	97	1-C
Magdalena Mixhuca	97	1-C
PRIETO GUILLERMO CDA.		
Barrio Santa Ana Zapotitlán	125	3-A
Barrio Xaltipac	139	6-B
Benito Juárez	58	4-B
El Gavillero	28	5-B
Jesús del Monte	94	6-B
San Rafael	83	4-D
PRIETO GUILLERMO GRAL.		
Liberales de 1857	95	3-F
PRIETO GUILLERMO PRIV.		
Pueblo Cuajimalpa	107	2-B
PRIETO GUILLERMO RT.		
Lomas Quebradas	121	1-B
PRIETO GUILLERMO Y 2 CDAS.		
Emiliano Zapata	42	2-E
PRIETO GUILLERMO Y CDA.		
Cuajimalpa	107	2-A
El Gavillero	28	5-C
La Manzanita	107	2-A
San Lucas Patoni	57	4-E
San Pedro	107	2-A
PRIETO GUILLERMO Y CDAS.		

Calle / Colonia	PLANO	COORDENADAS
Nicolás Romero	28	5-E
PRIETO JOSE N.		
Ejército de Ote. Z. Peñón	99	6-C
PRIETO MANUEL		
Colonial Iztapalapa	111	3-F
PRIETO SOTERO MAESTRO		
Guadalupe Insurgentes	71	5-C
PRIETO SOTERO MANUEL		
Ciudad Satélite	69	1-C
PRIM GRAL.		
Juárez	83	5-F
PRIMARIA		
Reforma Urbana Tlayacampa	44	5-B
PRIMAVERA		
2a. Ampl. Stgo Acahualtepec	112	2-D
Ampl. Profr. C. Higuera	43	5-A
Ampliación San Agustín	100	3-C
Ampliación San Miguel	43	2-B
Angel Zimbrón	83	1-B
Apolocalco	113	5-D
Ayotla	114	6-B
Barrio San Cristóbal	136	1-F
Benito Juárez	99	1-E
Benito Juárez	41	2-F
Coatepec	102	3-F
Chalco	128	6-A
Diecinueve de Mayo	108	1-A
Dos Ríos	93	6-B
El Mirto	114	5-C
El Molinito	82	2-B
El Molino	127	3-D
El Parque	84	6-D
El Tanque	107	6-F
El Tanque	108	6-A
Granjas de Guadalupe	42	1-B
Granjas de Guadalupe	42	2-C
La Candelaria Ticomán	58	5-B
La Garita	34	2-D
La Magdalena Petlacalco	135	5-C
La Palma	46	6-D
La Ponderosa	45	5-B
La Soledad	81	3-F
La Soledad	82	3-A
Las Aguilas	42	4-F
Las Cruces	107	6-F
Loma Linda	82	1-A
Lomas de Chamapa	81	3-D
Lomas de Totolco	101	2-A
Lomas del Bosque	43	1-B
Lomas del Carmen	94	1-E
Los Reyes Acaquilpan	113	1-C
Manzanastitla	94	6-A
Merced Gómez	109	1-B
Minas del Coyote	81	3-B
Paraíso	60	1-A
Prados de Ecatepec	20	3-A
Primavera	24	1-F
Pueblo Santa Rosa Xochiac	107	6-C
Rincón del Bosque	114	6-B
San Antonio	22	3-B
San Diego Ocoyoacac	83	1-B
San José de las Palmas	101	6-B
San José del Jaral	43	2-D
San Juan Tlalpizahuac	113	5-F
San Juan Zapotla	100	1-F
San Lorenzo	81	1-E
San Lorenzo	81	2-D
San Luis Tlatilco	82	1-A
San Martín de las Pirámides	24	1-E
San Mateo Chipiltepec	36	6-E
San Mateo Huitzilzingo	140	5-C
San Miguel Teotongo	113	4-A
Santa Fe	95	5-B
Santa María Aztahuacán	112	2-C
Santa María Nativitas	101	1-B
Santa María Ozumbilla	21	4-E
Tacuba	83	1-B
Tenorios	112	5-C
Tlalpexco	58	2-C
Valle Verde	44	3-C
Viveros Xalostoc	59	6-C
Viveros de Cuernavaca	135	4-F
PRIMAVERA 1A. CDA.		
La Magdalena Petlacalco	135	5-D
Primavera	24	1-F
Santa María Aztahuacán	112	2-D
Xalpa	112	3-E
PRIMAVERA 2A. CDA.		
La Magdalena Petlacalco	135	5-D
Primavera	24	1-F
PRIMAVERA 3 CDAS.		
Ampl. Santiago Acahualtepec	112	3-D
PRIMAVERA 3A. CDA.		
La Magdalena Petlacalco	135	5-D
Primavera	24	1-F
PRIMAVERA 4A. CDA.		
Primavera	24	1-E
PRIMAVERA 5A. CDA.		
Primavera	24	1-E
PRIMAVERA AV Y 2 CDAS Y PRIV		
Santa María Aztahuacán	112	2-D
PRIMAVERA AV.		
2a. Ampl. Stgo Acahualtepec	112	3-D
Actopa	135	2-B
Xalpa	112	3-D
PRIMAVERA CDA.		
Juventud Unida	122	6-F
Las Cruces	107	6-F
San Bartolomé Xicomulco	150	2-D
San Francisco Zacango	36	6-E
San José del Jaral	43	2-D
Santa María Aztahuacán	112	2-D
Vista Hermosa	121	1-A
PRIMAVERA CJON.		
Barrio San Pedro	111	1-B
San Bartolomé Xicomulco	150	2-D
PRIMAVERA DE LA		
Industrial Tlatilco	69	6-B
Naucalpan de Juárez	69	6-B
PRIMAVERA DE LA PRIV.		
Conjunto Las Primaveras	94	4-D
Residencial Atalaya	94	4-D
PRIMAVERA LA		
Industrial	71	5-C
PRIMAVERA PRIV.		
Naucalpan de Juárez	69	6-B
Xalpa	112	3-D
PRIMAVERA Y 3 CDAS.		
Tepalcates	98	3-F
PRIMAVERA Y CDA.		
Balcones de Chamapa	81	2-F
La Magdalena Petlacalco	135	5-D
Lomas de Tlaxcalatlaco	136	4-A
PRIMAVERAS		
El Molinito	82	2-C
Parque Residencial Coacalco	33	4-B
Villa de las Flores	19	6-F
PRIMER CONGRESO DE ANAHUAC		
San Pedro Xalostoc	59	3-C
PRIMER SOL		
Cuautitlán Izc. Parques	17	5-D
PRIMERA AV.		
Zona Industrial Tultepec	19	5-C
PRIMERA DE LA		
Barrio San Sebastián	138	2-F
PRIMERO DE ABRIL		
Lázaro Cárdenas	18	5-C
PRIMERO DE ABRIL Y CDA.		
Pueblo Santa Rosa Xochiac	107	5-B
PRIMERO DE AGOSTO		
Barrio de las Animas	4	4-E
San Bartolo Atepehuacán	71	3-A
PRIMERO DE DICIEMBRE		
Ixtlahuacan	112	3-F
PRIMERO DE ENERO		
Alfredo V. Bonfil	43	4-B
Balcones de Barrón	41	2-E
Buenavista	112	4-C
Comunidad R. Flores Magón	113	1-E
El Beato	69	6-A
San Andrés Riva Palacio	62	5-D
Santiago Cuautlalpan	16	4-C
PRIMERO DE ENERO 1A. CDA.		
Palmitas	112	4-C
PRIMERO DE ENERO 2A. CDA.		
Palmitas	112	4-C
PRIMERO DE ENERO 3A. CDA.		
Palmitas	112	4-C
PRIMERO DE ENERO CDA.		
Alfredo V. Bonfil	43	4-A
Vista Hermosa	4	4-B
PRIMERO DE FEBRERO AND.		
La Conchita	95	4-F
PRIMERO DE JULIO DE 1948		
Electra	56	5-E
Los Arcos Colonial	56	5-E
PRIMERO DE JUNIO		
Barrio Las Cruces	137	4-D
Santa María Tonanitla	20	3-E
PRIMERO DE JUNIO CDA.		
Barrio Las Cruces	137	4-D
PRIMERO DE MARZO		
Pueblo San Miguel Ajusco	148	2-A
PRIMERO DE MAYO		
Alfredo V. Bonfil	43	4-A
Altamira	82	2-A
Ampl. Juárez Barrón	41	2-E
Ampl. Mártires Río Blanco	81	3-F
Ampliación Vista Hermosa	29	5-A
Arriaga	69	1-E
Atlanta	30	1-E
Barrio de las Animas	4	4-E
Benito Juárez	41	2-F
Benito Juárez	59	2-C
Benito Juárez	44	1-E
Bosques de Ecatepec	47	2-B
Campo Uno Sec. Centro	30	1-E
Castillo Chico	58	3-B
Centro U Cuautitlán Izcalli	30	1-E
Cinco de Mayo	22	2-B
Ciudad Adolfo López Mateos	43	6-A
Coatlinchán	89	1-C
Colonial del Tepeyac	30	5-F
Corredor Urbano Comercial	30	1-E
Cuauhtémoc	108	6-B
Cuautitlán Izc. Parques	30	1-E
Cuautitlán Izcalli	30	1-E
Cumbria	30	1-E
Chiconcuac	49	6-E
De la Cruz	97	2-D
Del Obrero	72	2-A
Del Trabajo	88	3-F
Doce de Diciembre	110	5-F
Ej. Santa María Aztahuacán	112	1-C
Ejido San Juan Tlihuaca	42	3-C
Ensueños	30	1-E
Francisco Villa	30	5-F
Fuentes de Ecatepec	47	2-B
Galaxia	30	1-E
INFONAVIT Tepalcapa	30	1-E
Industrial San Lorenzo	56	3-F
Jardines de Morelos	47	2-B
Jardines de San Agustín	100	4-D
Jorge Jiménez Cantú	28	3-F
La Cruz	101	1-A
Loma de la Cruz	42	1-B
Loma de la Palma	58	2-A
Melchor Ocampo	18	1-F
Narciso Mendoza	123	4-C
Nativitas	97	4-B
Naucalpan de Juárez	69	5-C
Nueva San Isidro	127	4-F
Palo Solo	94	2-D
Panorámica	46	3-F
Pdte. A. Ruiz Cortines	47	2-B
Plan de Ayala	81	4-E
Pradera de San Mateo	68	2-E
Profr. Cristóbal Higuera	43	6-A
Pueblo San Miguel Hila	41	2-D
Reforma Política	112	4-C
Río Hondo	44	1-E
San Andrés Riva Palacio	62	4-D
San Antonio	22	4-D
San Felipe de Jesús	72	3-C
San Ildefonso	29	6-A
San Juan Ixtacala	57	6-C
San Juan Teotihuacán	24	3-C
San Juan Ticomán	58	5-B
San Lucas Patoni	57	4-E
San Lucas Tepetlacalco	56	5-C
San Martín de las Pirámides	24	2-F
San Miguel	127	6-F
San Miguel Teotongo	113	3-A
San Miguel Teotongo	113	3-B
San Miguel Xicalco	135	5-E
San Nicolás Totolapan	121	2-B
San Rafael Chamapa	81	2-E
Santa Anita	97	2-D
Santa María Cozotlan	24	1-C
Santa María Tonanitla	20	3-E
Santa María la Barranca	101	1-A
Santiago Cuautlalpan	16	4-B
Santiago Tepalcapa	30	2-E
Santiago Tepalcapa	30	5-F
Sutuar Ote.	100	2-D
Tezoyuca	49	1-C
Tlalpexco	58	2-C
Tlazala	101	4-A
Tultitlán	31	2-D
U. H. Atzacoalco CTM	71	1-F
U. H. Coyuya	97	2-D
Veinticinco de Julio	72	3-C
PRIMERO DE MAYO 1A. CDA.		
Profr. Cristóbal Higuera	43	6-A
PRIMERO DE MAYO AV.		
Cuautitlán	31	1-B
Hidalgo	28	6-E
Industrial Atoto	69	6-C
Industrial Naucalpan	69	6-C
Industrial Tlatilco	69	6-C
La Palma	31	1-B
Loma Bonita	31	1-B
Los Manantiales	28	6-E
Ocho de Agosto	96	3-B
San Andrés Atoto	69	6-C
San Francisco Cuautlalpan	69	6-C
San Pedro de los Pinos	96	3-B
Tacubaya	96	3-B
PRIMERO DE MAYO CDA.		
Ixtlahuacan	112	3-F
La Aurorita	17	5-C
La Piedad Oriente	17	6-C
Ocho de Agosto	96	3-B
San Andrés Riva Palacio	62	4-D
San Lorenzo	123	5-D
San Lorenzo Totolinga	81	1-E
PRIMERO DE MAYO PRIV.		
Obrera	97	1-B
Octava Ampl. San Miguel	111	2-C
Pantitlán	98	1-D
PRIMERO DE MAYO Y CDA.		
Izcalli Chamapa	81	3-C
La Hera	111	3-F
Montón Cuarteles	94	2-C
PRIMERO DE NOVIEMBRE		
La Conchita	95	4-F
PRIMERO DE OCTUBRE		
Tlazala	100	5-F
Tlazala	101	5-A
PRIMERO DE OCTUBRE AND.		
La Conchita	95	4-F
PRIMERO DE SEPT. 2A. CDA.		
San Simón Culhuacán	110	4-F
PRIMERO DE SEPTIEMBRE		
Acolman de Nezahualcóyotl	36	2-D
Constituyentes de 1917	94	1-D
Copalera	100	3-F
Diecinueve de Septiembre	47	1-D
La Aurorita	17	5-C
La Conchita	95	4-F
Libertad	31	6-E
Primero de Septiembre	42	4-F
Ricardo Flores Magón	4	4-C
PRIMERO DE SEPTIEMBRE CDA.		
Liberdad	44	1-E
San Simón Culhuacán	110	4-F
PRIMO DE VERDAD FRANCISCO		
Villa San Lorenzo Chimalco	100	2-C
PRIMO DE VERDAD FRANCISCO AV		
Jacarandas	111	3-F
PRIMO DE VERDAD LIC.		
La Nopalera	124	3-F
San Juan Ticomán	58	5-B
PRIMORDIAL		
El Pirul	95	5-B
PRINCESA DE LA		
El Dorado	56	1-E
PRINCESA TLALCAPA		
Quirino Mendoza	138	1-C
PRINCIPAL		
Altavista	113	1-F
Ampliación Tulpetlac	46	6-E
Buenavista	112	5-B
El Corralito	81	1-E
El Mirador	68	5-F
El Olivo	44	5-A
Guadalupe San Ildefonso	29	6-A
Herón Proal	108	2-C
Isidro Fabela	44	5-A
Jiménez Cantú	101	4-A
Ladera Chica	108	2-A
Lomas de Becerra Granada	95	4-E
Lomas de Santa Cruz	112	5-B
Lomas del Carmen	81	1-D
Los Angeles	35	6-C
Los Remedios	69	6-A
Petroquímica Lomas Verdes	68	1-D
Ponciano Arriaga	108	2-C
Principal	81	1-E
Puerta Grande	108	2-C
San Ildefonso	29	6-A
San Juan Totoltepec	68	5-F
San Lorenzo Totolinga	34	6-F
San Lucas Patoni	57	4-E
San Mateo Nopala	68	2-F
Santa Cruz Aviación	84	6-F
Universal	81	1-D
Veintiuno de Marzo	44	5-A
Vicente Guerrero 2a. Secc.	41	1-F
PRINCIPAL AND.		
Vista Hermosa	121	1-A
PRINCIPAL AV.		
Barrio La Luz	151	5-D
Carlos Hank González	101	5-A
Francisco Sarabia	42	2-C
Granjas de Guadalupe	42	2-C
Independencia	31	4-C
Las Golondrinas	95	5-E
Los Cuartos	81	2-D
Los Olivos	22	3-B
San José de las Palmas	101	6-B
San Martín	22	3-B
San Rafael Chamapa	81	2-D
Tultitlán	31	4-B
PRINCIPAL LA		
Los Arcos	68	6-F
PRINCIPAL Y CDA.		
Xalpa	112	3-D
PRINCIPE		
Ampl. San Mateo	68	2-E
Benito Juárez	58	4-B
PRINCIPE DEL		
Chimalcóyotl	122	6-E
PRINCIPE DEL 2A. CDA.		
Chimalcóyotl	122	6-E
PRINCIPE DEL AV.		
La Alteza	68	1-F
PRIOR ARTURO		
El Pirul	95	5-B
PRIOR JOSEFINA		
Chimalistac	109	3-B
PRIVADA		
Plan Sagitario	42	5-E
PROAL HERON		
Ampliación Simón Bolívar	84	3-F
Liberación Proletaria	95	5-C
Primero de Mayo	84	3-F
PROAÑO		
Valle Gómez	84	1-D
PROCUNA LUIS		
San Isidro La Paz	29	6-A
PROCURADORES		
Ampl. El Sifón	97	6-E
El Sifón	97	6-E
PROCURADURIA GENERAL DE J.		
Federal	85	6-A
PRODUCCION DE LA		
Cooperativa	76	3-B
PRODUCTOS DE A. LA NAL. S.A.		
Vista Hermosa	56	6-D
PRODUCTOS QUIMICOS DE MEXICO		
Vista Hermosa	56	6-D
PROFESA		
Metropolitana	99	3-B
PROFESA LA		
Valle de Santa Mónica	56	4-C
PROGRESO		
Alce Blanco	69	5-D
Ampl. Profr. C. Higuera	43	5-A
Ampl. Veinte de Noviembre	84	3-E
Aragón	71	5-D
Axotla	109	1-D
Barrio Pescadores	87	3-F
Barrio San Antonio	124	2-D
Barrio San Francisco	121	2-B
Barrio San Lucas	109	2-F
Chiconcuac	49	6-F
Chiconcuac	49	6-E
Damián Carmona	84	3-F
El Chamizal	72	2-D
Emiliano Zapata	127	1-B
Escandón	96	2-C
Gustavo A. Madero	71	4-E
Ind. Puente de Vigas	56	5-F
Industrial	71	6-C
Ixtapaluca	115	6-A
Jardines de Casa Nueva	59	2-F
Jorge Negrete	58	5-A
La Joya	33	6-C
Lomas San Lorenzo	111	6-D
Miguel Hidalgo	122	4-B
Naucalpan de Juárez	69	6-C
Punta La Zanja	87	3-F
Revolución	84	3-F
San Bartolo	23	6-E
San Bartolo El Chico	36	1-E
San Esteban Huitzilacasco	81	3-F
San Francisco Acuexcomac	49	6-D
San Francisco Chilpan	31	6-C
San Francisco Tlalnepantla	149	3-D
San Martín Xico Nuevo	140	4-D
San Miguel Topilejo	149	4-B
San Miguel Xometla	37	2-A
San Nicolás Totolapan	121	3-B
San Pablo Atlazalpa	140	6-E
San Pablo Chimalpa	106	2-E
Santa Cecilia Tepetlapa	150	1-A
Santa Fe	95	5-B
Santa María Chiconautla	34	4-F
Santa María Tomatlán	111	5-A
Tlachiultepec	150	2-A
U. H. Valle de Luces	110	4-F
Venta de Carpio	34	5-E
Vicente Villada	99	4-D
PROGRESO 1		
Loma Bonita	4	4-D
PROGRESO 2		
Loma Bonita	4	4-D
PROGRESO 2A. CDA.		
Santa María Tomatlán	111	5-A
Tetlatilco	136	6-E
PROGRESO 3 CDAS.		
Santa María Tomatlán	111	5-A
PROGRESO 6 CDAS.		
Guadalupe Victoria	33	6-C
PROGRESO AV.		
Acolman de Nezahualcóyotl	36	3-D
Santa María Chiconautla	34	3-F
PROGRESO AV. Y CDA.		
Barrio Santa Catarina	109	2-D
PROGRESO CDA.		
Barrio San Antonio	124	2-C
Pueblo Santa Rosa Xochiac	107	6-B
Santa María Chiconautla	34	4-F
Santa María Chiconautla	34	4-E
PROGRESO CJON.		
La Candelaria	110	5-A
Lomas de Totolco	101	2-A
San Salvador Cuauhtenco	150	4-B
PROGRESO DE 1A. CDA.		
Santa Cecilia Tepetlapa	150	1-A
Santo Tomás Chiconautla	34	2-E
PROGRESO DE 2A. CDA.		
Santo Tomás Chiconautla	34	2-E
PROGRESO DE 2DO. CJON.		
La Candelaria	110	4-A
PROGRESO DE AV. Y CDA.		
San Lucas Tepango	37	2-C
PROGRESO DE CDA.		
Rincón de los Bosques	55	1-F
PROGRESO DEL		
San Isidro	76	4-E
PROGRESO DEL CJON.		
San Pablo Chimalpa	106	3-E
PROGRESO MUNICIPAL		
Tultepec	19	4-A
PROGRESO MUNICIPAL CDA.		
Tultepec	19	4-B
PROGRESO NACIONAL		
Ampl. Vicente Villada Pte.	99	4-E
Progreso Nacional	57	6-E
Vicente Villada	99	4-E
PROGRESO PRIV.		
Centro Ind. Tlalnepantla	56	3-F
San Pablo Chimalpa	106	2-E
PROGRESO PROL.		
Pueblo Santa Rosa Xochiac	107	5-B
Pueblo Santa Rosa Xochiac	107	6-B
PROGRESO Y AV.		
Guadalupe Victoria	33	5-D
PROGRESO Y CDA.		
Conj. Colinas de Atizapán	42	6-F
Cuauhtémoc	108	6-B
Pueblo Santa Rosa Xochiac	107	5-E
Tlatilco	136	6-E
PROGRESO Y CDA. Y PRIV.		
Santo Tomás Chiconautla	34	2-E
PROGRESO Y CJON.		
Copilco El Bajo	109	4-B
San Pablo Oztotepec	150	5-E
PROLETARIADOS		
Emiliano Zapata	127	1-B
PROLETARIO INDUSTRIAL DEL		
San José Buenavista	100	2-D
Sutuar Ote.	100	2-D
PROMESAS		
Tepetitlán	50	4-C
PROMESAS LAS		
Tepetitlán	50	4-C
Tepetitlán	50	5-C
PROMOCION INDUSTRIAL		
Solidaridad Nacional	57	4-F
PROSA		
Jaime Torres Bodet	139	5-A
PROSPERIDAD		
Escandón	96	2-C
Estado de México	85	5-F
La Retama	94	5-C
PROSPERIDAD Y PRIV.		
Pantitlán	85	6-E
PROTON		
Atizapán 2000	43	3-A
Industrial Naucalpan 3a Sec	82	1-A
PROTON Y CDA.		
Industrial Naucalpan	82	1-A
PROVIDENCIA		
Axotla	109	2-D
Barrio Barranca Seca	121	2-B
Del Valle	96	5-D
Del Valle	96	4-D
Las Arboledas	124	2-E
Lomas de la Era	107	6-F
Pueblo San Lorenzo Tezonco	124	2-E
Santa Martha Acatitla	112	1-E
Tlacoquemécatl	96	5-D
PROVIDENCIA 3A. PRIV.		
Los Olivos	124	1-F
PROVIDENCIA CDA.		
Las Cruces	108	6-A
Los Cerrillos	138	2-D
San Jerónimo Lídice	108	5-D
PROVIDENCIA DE 1A. PRIV.		
Las Arboledas	124	1-F
PROVIDENCIA DE 2A. PRIV.		
Las Arboledas	124	1-F
PROVIDENCIA DE LA PRIV.		
Unidad Hab. Independencia	108	5-E
PROVIDENCIA Y CDA.		
San Miguel Amantla	69	5-F
PROVINCIAL		
Prensa Nacional	70	1-D
PROYECTILES Y MORTEROS		

Calle / Colonia	Plano	Coordenadas
Lomas del Chamizal	94	4-F
PROYECTISTAS		
El Sifón	97	6-D
PROYECTO		
Jardines de los Baez	47	1-C
PROYECTO ANILLO PERIFERICO		
Del Sol	85	4-F
PROYECTOS DE EXPLOTACION		
Solidaridad Nacional	57	4-F
PROYECTOS DE SERVICIOS IND.		
Solidaridad Nacional	57	4-F
PRUEBA LA		
Industrial	71	5-C
PRUNEDA ALFONSO		
Ampl. Gabriel Hernández	72	2-A
Copilco El Alto	109	5-D
PSI		
Manuel Romero de Terreros	109	3-D
PSICOLOGIA		
Lomas Anáhuac	94	3-E
México	98	1-F
México	99	1-A
PUBLICA		
San Miguel Teotongo	113	4-B
PUBLICISTAS Y PRIV.		
San José Aculco	97	5-F
PUCCINI		
Peralvillo	84	1-B
Vallejo	71	6-B
PUEBLA		
2a. Ampl. Stgo Acahualtepec	112	2-E
Adolfo López Mateos	42	3-E
Adolfo López Mateos	42	4-D
Amipant	98	2-F
Ampl. Buenavista	44	4-C
Ampl. Buenavista	44	4-D
Ampl. Estado de Hidalgo	108	1-B
Ampl. Río Hondo	81	4-D
Ampl. San Francisco	115	1-E
Ampl. San Marcos	44	4-D
Ampliación Loma Bonita	21	6-E
Apoloculco	113	4-D
Barrio Santa Cruz	151	3-D
Barrio Santa Martha	151	3-D
Benito Juárez	28	5-F
Buenavista	31	6-D
Buenavista	112	5-B
Buenos Aires	100	3-E
CROC Aragón	73	1-B
Campestre del Lago	29	6-E
Chalco	128	5-A
Chalma de Guadalupe	57	2-F
Chiconcuac	49	6-F
Des. Urbano Alvaro Obregón	95	5-D
El Chamizal	72	2-E
El Potrero	56	2-C
El Rosario	138	4-E
Emiliano Zapata	113	3-C
Emiliano Zapata	152	1-D
Guadalupe	101	1-C
Héroes de Padierna	121	1-C
Héroes de Padierna	121	1-D
Ixtlahuacan	112	3-F
Jacarandas	56	4-C
La Conchita	152	1-D
La Cruz	101	1-A
La Joyita	98	2-F
La Providencia	72	4-D
La Providencia	72	4-C
Las Cruces	108	6-A
Lomas de Becerra Granada	95	4-D
Lomas de San Pablo	153	2-D
Lomas de Santa Cruz	112	5-B
Los Reyes Ecatepec	60	2-B
Luis Echeverría	30	5-F
Magdalena de los Reyes	113	1-D
México Nuevo	55	1-E
Miramar	100	4-E
Nuevo Paseo de San Agustín	59	4-F
Parque Residencial Coacalco	72	4-C
Peña Alta	138	5-F
Peñón de los Baños	85	3-C
Progreso	109	4-A
Pueblo de Tepexpan	35	6-F
República Mexicana	32	5-E
Rinconada San Marcos	44	4-C
Rufino Tamayo	46	6-E
San Francisco	121	1-C
San Francisco Acuexcomac	49	6-D
San Francisco Chilpan	31	6-C
San Isidro La Paz	29	6-B
San José Tecamac	22	2-B
San Juan Atlamica	17	4-E
San Martín	22	3-C
San Mateo	98	2-F
San Miguel Teotongo	113	4-A
San Miguel Teotongo	113	4-B
San Pedro Tepetitlán	37	4-A
Santa María Ozumbilla	21	4-F
Santa María Tulpetlac	46	6-F
Tecuescomac	46	5-E
Temamatla	154	2-D
Tepeolulco	59	2-B
Tezoyuca	49	4-B
Tlalpizahuac	113	5-F
Valle Ceylán	57	4-C
Villa Milpa Alta	151	3-D
Villa Milpa Alta	151	3-C
Villa San Agustín Atlapulco	100	4-E
Xalpa	112	5-D
PUEBLA 2 CDAS.		
Los Reyes	113	1-C
PUEBLA AV.		
Ampl. San Sebastián	100	5-D
Ampliación San Sebastián	100	5-D
Jardines de San Agustín	100	5-D
Los Reyes	113	1-B
Los Reyes	113	1-D
Los Reyes Acaquilpan	113	1-D
PUEBLA AV. 2 PRIVS.		
Pantitlán	98	2-E
PUEBLA AV. PROL.		
Los Reyes Acaquilpan	113	2-E
PUEBLA AV. Y PRIV.		
Pantitlán	98	2-E
PUEBLA CDA.		
Los Reyes Acaquilpan	113	1-C
PUEBLA CDA. Y PRIV.		
Ignacio Zaragoza	28	4-D
PUEBLA DE 1A. CDA.		
Barrio Santa Martha	151	3-C
PUEBLA DE 3A. CDA.		
Ignacio Zaragoza	28	5-C
PUEBLA DE CDA.		
Tequesquináhuac	100	4-E
PUEBLA PRIV.		
Barrio Santa Martha	151	3-C
Tepeolulco	59	2-C
PUEBLA Y CDA.		
Cuajimalpa	107	2-A
Roma	83	6-E
Tultepec	19	3-A
PUEBLA Y CJON.		
Ignacio Zaragoza	28	5-D
Pueblo Santa Isabel Ixtapan	48	3-F
PUEBLO DE DOLORES		
Lomas de la Estancia	112	4-E
PUEBLO DEL AV.		
Federal Burocrática	94	1-D
PUEBLO NUEVO Y CDA.		
Emiliano Zapata	60	5-A
Pueblo Nuevo	95	5-B
PUEBLO Y GOBIERNO CDA.		
Las Puertas	125	3-D
PUENTE		
AMSA	123	4-B
Ampliación Miguel Hidalgo	121	6-F
Cruz del Farol	121	6-F
Ex Hda. San Juan de Dios	123	4-B
Los Laureles	47	3-A
Pueblo San Bartolo Ameyalco	107	5-E
Rancho Los Colorines	123	4-B
San Bartolo El Chico	123	4-B
PUENTE 2 CDAS.		
Paraje San Juan	111	3-D
PUENTE AVALOS		
Punta de Ceguayo	108	1-B
PUENTE BARBERENA		
Cuchilla G. Ramos Millán	98	4-A
PUENTE CARRETONES AND.		
Cuchilla G. Ramos Millán	98	4-A
PUENTE CARRIZO		
G. Ramos Millán Bramadero	98	4-A
PUENTE CORREO MAYOR		
Cuchilla G. Ramos Millán	98	4-A
PUENTE CUADRITOS		
Pueblo Sn Nicolás Totolapan	121	3-B
PUENTE CURTIDORES AND.		
Cuchilla G. Ramos Millán	98	4-A
PUENTE DE ALVARADO		
Buenavista	83	4-F
Centro	83	4-F
Chalco	128	5-A
Guerrero	83	4-F
Tabacalera	83	4-F
PUENTE DE CABRAS		
Xalpa	112	5-D
PUENTE DE CALDERON AV.		
San Bartolo Atepehuacán	71	2-A
PUENTE DE DIMAS		
Cuchilla G. Ramos Millán	98	4-A
PUENTE DE GARAY		
La Estación	125	1-A
PUENTE DE IXTLA		
Lomas de Becerra Granada	95	4-E
Puente Colorado	108	3-C
San Fernando	94	5-C
PUENTE DE LEÑA		
Cuchilla G. Ramos Millán	98	3-A
PUENTE DE PAJA		
Los Paseos de Churubusco	98	5-C
PUENTE DE PEREDO		
Centro	84	5-A
PUENTE DE PIEDRA		
Toriello Guerra	122	3-E
PUENTE DE TUBOS		
Jardines del Llano	139	5-B
PUENTE DE URRUTIA		
Xochimilco	137	2-C
PUENTE DE ZACATE		
Cuchilla G. Ramos Millán	98	4-A
PUENTE DEL		
Cumbres de San Mateo	68	2-E
Jardines del Sur	136	2-E
San Miguel Topilejo	149	4-A
Santa Cecilia	57	2-C
Xicalhuaca	137	2-C
PUENTE DEL 1A. Y 2A. PRIV.		
El Recreo	70	5-B
PUENTE DEL AV.		
Jardines del Molinito	82	1-B
Purificación	24	3-C
Puxtla	24	4-B
San Juan Teotihuacán	24	4-B
PUENTE DEL AV. Y CDA.		
San Francisco Mazapa	24	3-F
PUENTE DEL CJON.		
Rincón de la Charrería	56	4-B
San Marcos Huixtoco	128	2-D
PUENTE DEL CUERVO		
Cuchilla G. Ramos Millán	98	4-A
PUENTE DEL PROL.		
Xicalhuaca	137	2-C
PUENTE DEL ROSARIO AND.		
Cuchilla G. Ramos Millán	98	3-A
PUENTE EL Y 2o. CJON.		
Santa Cruz Acalpixca	137	3-C
PUENTE FIERRO		
Cuchilla G. Ramos Millán	98	4-A
PUENTE GUERRAS		
Cuchilla G. Ramos Millán	98	4-A
PUENTE JESUS MARIA		
Cuchilla G. Ramos Millán	98	4-A
PUENTE JUAN CARBONERO		
Cuchilla G. Ramos Millán	98	3-A
Ex Ejido Magdalena Mixhuca	98	3-A
PUENTE LA MORENA		
Escandón	96	3-C
San Pedro de los Pinos	96	3-C
Tacubaya	96	3-C
PUENTE LA MORENA 2A. CDA.		
Escandón	96	3-C
PUENTE METLAC		
Ampliación Puente Colorado	108	3-C
Puente Colorado	108	3-C
PUENTE NACIONAL		
Puente Colorado	108	3-C
PUENTE NACIONAL CDA.		
Puente Colorado	108	3-C
PUENTE PASO DE OVEJAS		
Puente Colorado	108	3-C
PUENTE QUEMADO		
Sideral	98	5-E
PUENTE RAMIREZ		
Paraje San Juan	111	4-D
Paraje San Juan 3a. Ampl.	111	4-D
San Juan Joya	111	4-D
PUENTE RAMIREZ 3 CDAS.		
Paraje San Juan 3a. Ampl.	111	4-D
PUENTE RAMIREZ CDA.		
Paraje San Juan 3a. Ampl.	111	4-D
PUENTE SAN FRANCISCO		
Cuadrante de San Francisco	109	3-E
Cuchilla G. Ramos Millán	98	4-A
PUENTE SAN LAZARO AND.		
Cuchilla G. Ramos Millán	98	4-A
PUENTE SANTO TOMAS		
Centro	84	5-C
PUENTE SOLANO AND.		
Cuchilla G. Ramos Millán	98	4-A
PUENTE TAMOS		
Puente Colorado	108	3-C
PUENTE XOCO		
Xoco	109	1-E
PUENTEROS		
Siete de Julio	84	4-E
PUENTETITLA		
Ampliación Flores Magón	110	2-F
Estrella del Sur	110	2-F
Ricardo Flores Magón	110	2-F
PUENTETITLA PROL.		
Ampliación El Santuario	111	2-A
PUERICULTORES CIR.		
Ciudad Satélite	69	1-C
PUERTA DE HIERRO		
Campestre del Lago	29	5-E
PUERTA DE LA CJON.		
Lomas de San Bernabé	120	1-F
PUERTA DE ORO		
Ampl. Polvorilla	112	6-A
PUERTA DORADA CDA.		
San Miguel Xochimanga	43	5-D
PUERTA ESCONDIDA		
Adolfo López Mateos	42	3-D
PUERTAS LAS		
Las Puertas	125	3-D
PUERTO		
Unidad Barrientos	44	5-A
PUERTO ACAPULCO		
Jardines de Casa Nueva	59	2-F
Piloto A. López Mateos	95	6-C
PUERTO AEREO		
Peñón de los Baños	85	4-B
PUERTO AEREO BLVR.		
Federal	85	5-A
Ignacio Zaragoza	85	5-A
Industrial Puerto Aéreo	85	5-A
Moctezuma 2a. Secc.	85	5-A
Santa Cruz Aviación	85	5-A
Valentín Gómez Farías	85	5-A
PUERTO ALEGRE		
Ecatepec de Morelos	46	1-D
PUERTO ALEJANDRIA		
Tierra Blanca	46	1-D
PUERTO ALEJANDRIA CDA.		
Vista Hermosa	46	1-D
PUERTO ANGEL		
Ampl. Jiménez Cantú	101	5-B
Casas Alemán	72	5-A
El Puerto	57	3-E
Tierra Blanca	46	1-D
PUERTO ANGEL CDA.		
Zentlápatl	106	2-F
PUERTO ANGEL DE 2A. CDA.		
Zentlápatl	106	2-F
PUERTO ANGEL Y PRIV.		
Ampl. Piloto López Mateos	95	6-C
PUERTO AQUILES SERDAN		
Ampl. Piloto López Mateos	95	6-C
PUERTO ARISTA		
Jardines de Casa Nueva	59	2-F
Piloto A. López Mateos	95	6-C
Polvorilla	112	6-A
PUERTO ARMUELLES		
Ampl. Piloto López Mateos	95	6-E
PUERTO ARTURO		
Aquiles Serdán	85	2-A
Romero Rubio	85	2-A
PUERTO BALANCAN		
Ampl. Piloto López Mateos	95	5-E
PUERTO BARACOA		
San Pedro Zacatenco	71	1-C
PUERTO BARRIOS		
Ampl. Piloto López Mateos	95	6-D
PUERTO BELEN		
San Pedro Zacatenco	71	1-C
PUERTO BOLIVAR		
Vista Hermosa	46	1-E
PUERTO BUENAVENTURA		
San Pedro Zacatenco	71	1-D
PUERTO CARIBE		
El Puerto	57	2-E
PUERTO CATANIA		
U. H. Ejidos Sn Juan Aragón	72	6-A
PUERTO CEIBA		
Ampl. Piloto López Mateos	95	6-D
PUERTO CELESTUN		
Ampl. Piloto López Mateos	95	5-E
PUERTO CORTES		
Jardines de Casa Nueva	60	1-A
PUERTO CORTES CDA.		
San Pedro Zacatenco	71	1-C
PUERTO COZUMEL		
Ampliación Jiménez Cantú	101	5-B
Vista Hermosa	46	1-D
PUERTO CHETUMAL		
Vista Hermosa	46	2-E
PUERTO DE ACAPULCO		
Ampl. Polvorilla	112	6-A
Casas Alemán	72	5-B
El Puerto	57	3-E
Loma de la Palma	58	1-A
Lomas de San Andrés Atenco	56	3-C
PUERTO DE ALTATA		
Jardines de Casa Nueva	60	1-A
PUERTO DE ALVARADO		
Casas Alemán	72	5-B
El Puerto	57	3-E
Zentlápatl	106	2-F
PUERTO DE BILBAO		
U. H. Ejidos Sn Juan Aragón	72	6-A
PUERTO DE CADIZ		
Héroes de Chapultepec	72	5-A
PUERTO DE CAMPECHE		
Casas Alemán	72	5-B
PUERTO DE CJON.		
Coatepec	102	3-F
PUERTO DE COATZACOALCOS		
Casas Alemán	72	5-A
PUERTO DE COZUMEL		
Casas Alemán	72	5-B
Héroes de Chapultepec	72	5-A
PUERTO DE ENSENADA		
Casas Alemán	72	5-B
PUERTO DE GUAYMAS		
Casas Alemán	72	5-B
El Puerto	57	3-E
PUERTO DE LA PAZ		
Casas Alemán	72	5-B
Loma de la Palma	58	1-A
PUERTO DE MANZANILLO		
Casas Alemán	72	5-B
El Puerto	57	3-E
Lomas de San Andrés Atenco	56	3-C
PUERTO DE MATAMOROS		
Casas Alemán	72	5-B
PUERTO DE MAZATLAN		
Casas Alemán	72	4-A
Chalco	128	5-A
El Puerto	57	3-E
Loma de la Palma	58	1-A
Lomas de San Andrés Atenco	56	3-C
Piloto A. López Mateos	95	6-C
PUERTO DE MAZATLAN AV.		
Jorge Negrete	58	5-A
La Pastora	58	5-A
PUERTO DE MAZATLAN CDA.		
La Pastora	58	5-A
PUERTO DE MAZATLAN Y CDA.		
Casas Alemán	72	5-B
PUERTO DE MIRAMAR		
El Puerto	57	3-E
PUERTO DE PALOS		
Ampl. Piloto López Mateos	95	6-D
Colón Echegaray	69	3-D
Vista Hermosa	46	1-E
PUERTO DE PALOS AV.		
U. H. Ejidos Sn Juan Aragón	72	6-A
PUERTO DE PAPANTLA		
Casas Alemán	72	5-B
PUERTO DE SAN BLAS		
Casas Alemán	72	5-B
PUERTO DE SAN JOSE DEL CABO		
Casas Alemán	72	5-B
PUERTO DE SANTA ROSALIA		
Héroes de Chapultepec	72	5-A
U. H. I. N. de la Vivienda	72	5-A
PUERTO DE SANTANDER		
Héroes de Chapultepec	72	5-A
PUERTO DE TAMPICO		
El Puerto	57	3-E
Lomas de San Andrés Atenco	56	3-C
PUERTO DE TAMPICO Y CDA.		
Casas Alemán	72	5-B
PUERTO DE TLACOTALPAN		
Casas Alemán	72	5-B
PUERTO DE TOPOLOBAMPO		
Casas Alemán	72	5-B
PUERTO DE TUXPAN		
Casas Alemán	72	5-B
El Puerto	57	3-E
PUERTO DE VERACRUZ		
Casas Alemán	72	5-A
Chalco	128	5-B
Emiliano Zapata	128	5-A
PUERTO DE VERACRUZ AV.		
El Puerto	57	3-E
San Lucas	57	3-E
PUERTO DE VERACUZ		
Piloto A. López Mateos	95	6-C
PUERTO DE ZIHUATANEJO		
Casas Alemán	72	5-B
PUERTO DEL		
Vicente Guerrero	28	6-F
Zona Res. Acueducto de Gpe.	57	5-F
PUERTO DEL 1A. CDA.		
Villa San Lorenzo Chimalco	100	1-C
PUERTO DEL 3 CDAS.		
El Olivar	100	1-C
PUERTO DEL 3A. CDA.		
Villa San Lorenzo Chimalco	100	1-C
PUERTO DEL AIRE		
Santo Tomás	114	6-C
PUERTO DEL AV.		
El Puerto	57	2-E
PUERTO DEL CDA.		
Ampliación San Lorenzo	100	1-C
El Olivar	100	1-C
PUERTO DEL GALLO		
Alamos	46	6-A
PUERTO DIMAS		
Jardines de Casa Nueva	60	1-A
PUERTO EL		
Ampliación San Lorenzo	100	1-C
Villa San Lorenzo Chimalco	100	1-C
PUERTO EMILIANO ZAPATA		
Ampl. Piloto López Mateos	95	6-C
PUERTO ESCONDIDO		
Ampl. Jiménez Cantú	101	5-B
Ampl. Piloto López Mateos	95	6-D
Chalco	128	5-B
Chalpa	46	6-E
Piloto A. López Mateos	95	6-C
Zentlápatl	106	2-F
PUERTO ESCONDIDO CDA.		
Del Parque	46	6-D
PUERTO FRANCISCO VILLA		
Ampl. Piloto López Mateos	95	6-C
PUERTO GUAYMAS		
Ampl. Piloto López Mateos	95	6-C
Piloto A. López Mateos	95	6-C
PUERTO HIDALGO		
Ampl. Piloto López Mateos	95	6-C
PUERTO HONG KONG		
U. H. Ejidos Sn Juan Aragón	72	6-A
PUERTO JONUTA		
Ampl. Piloto López Mateos	95	6-E
PUERTO JOSE MARIA MORELOS		
Ampl. Piloto López Mateos	95	6-C
PUERTO JUAREZ		
Ampl. Piloto López Mateos	95	6-C
Ampliación Jiménez Cantú	101	5-B
Jardines de Casa Nueva	59	2-F
PUERTO JUAREZ PROL.		
Ampl. Piloto López Mateos	95	6-C
PUERTO JUBOREBAMPO		
Garcimarrero	95	6-C
Piloto A. López Mateos	95	6-C
PUERTO KIEL AV.		
U. H. Ejidos Sn Juan Aragón	72	6-A
PUERTO KINO		
Jardines de Casa Nueva	60	1-A
Piloto A. López Mateos	95	6-C
PUERTO LA CRUZ		
Vista Hermosa	46	1-D
PUERTO LA PAZ		
Ampl. Piloto López Mateos	95	6-D
Vicente Guerrero	81	5-E
PUERTO LEON		
El Puerto	57	2-E
PUERTO LIBERTAD		
Jardines de Casa Nueva	60	1-A
PUERTO LIMON		
Ecatepec de Morelos	46	1-D
PUERTO LOBOS		
Jardines de Casa Nueva	60	2-A
Piloto A. López Mateos	95	6-C
PUERTO LORETO		
Jardines de Casa Nueva	59	2-F
PUERTO MADERO		
Ampliación Jiménez Cantú	101	5-B
Casas Alemán	72	5-C
Jardines de Casa Nueva	59	2-F
Tierra Blanca	46	1-D
PUERTO MADERO Y CDA.		
Ampl. Piloto López Mateos	95	6-C
PUERTO MANATI Y 1A. CDA.		
San Pedro Zacatenco	71	1-D
PUERTO MARFIL		
Cuautepec El Alto	58	1-A
Loma de la Palma	58	1-A
PUERTO MARFIL CDA. Y PRIV.		
Cuautepec El Alto	58	1-A
PUERTO MARQUES		
Ampl. Piloto López Mateos	95	6-D
Casas Alemán	72	5-B
Ecatepec de Morelos	46	1-D
Jardines de Casa Nueva	59	2-F
Polvorilla	111	6-F
Tierra Blanca	46	1-D
PUERTO MARQUES AV.		
Jardines de Casa Nueva	59	1-F
PUERTO MARQUES Y CDA.		
Zentlápatl	106	2-F
PUERTO MARQUES Y DIAG.		
El Puerto	57	2-E
PUERTO MAZATLAN CDA.		
Loma de la Palma	58	1-A
PUERTO MEXICO		
El Puerto	57	2-E
Piloto A. López Mateos	95	6-C
Roma Sur	96	2-C
Tierra Blanca	46	1-D
Villa San Agustín Atlapulco	100	4-D
PUERTO MEXICO 2A. CDA.		
Zentlápatl	106	3-F

Calle / Colonia — COORDENADAS / PLANO

PUERTO MEXICO 3A. CDA.
Lomas del Padre 106 3-F
PUERTO MEXICO AV.
San Pablo Chimalpa 106 3-E
Zentlápatl 106 2-F
PUERTO MEXICO DE 2 CDAS.
Villa San Agustín Atlapulco 100 4-D
PUERTO MORAZAN
Ecatepec de Morelos 46 1-D
PUERTO MORELOS
Ampliación Jiménez Cantú 101 5-B
Zona Ejidal Tepeolulco 58 2-F
PUERTO OAXACA
Tierra Blanca 46 1-D
PUERTO OBREGON
Ampl. Piloto López Mateos 95 6-D
PUERTO OBREGON PROL.
Ampl. Piloto López Mateos 95 6-D
PUERTO OPORTO
U. H. Ejidos Sn Juan Aragón 72 6-A
PUERTO OSLO
U. H. Ejidos Sn Juan Aragón 72 6-A
PUERTO OTARU
U. H. Ejidos Sn Juan Aragón 72 6-A
PUERTO PALMA
Ecatepec de Morelos 46 1-E
PUERTO PEÑASCO
El Puerto 57 2-E
Jardines de Casa Nueva 60 1-A
Piloto A. López Mateos 95 6-C
San Lorenzo Totolinga 81 1-E
PUERTO PINO SUAREZ
Ampl. Piloto López Mateos 95 6-D
PUERTO PIRULES
Tierra Blanca 46 1-D
PUERTO PRINCIPE
Ecatepec de Morelos 46 1-D
Ecatepec de Morelos 46 1-E
U. H. Ejidos Sn Juan Aragón 72 5-A
Valle Dorado 56 2-D
PUERTO PROGRESO
Ampl. Piloto López Mateos 95 6-D
Ampliación Jiménez Cantú 101 5-B
Casas Alemán 72 5-B
Vista Hermosa 46 1-D
PUERTO QUINTANA ROO
Ecatepec de Morelos 46 1-E
PUERTO REAL
Condesa 96 1-C
PUERTO RICO
Jardines de Cerro Gordo 60 1-C
La Quebrada 69 5-B
Loma Taurina 69 5-B
Parque San Andrés 110 3-A
Tierra Blanca 46 1-D
PUERTO SALINA CRUZ
Casas Alemán 72 4-B
Piloto A. López Mateos 95 6-C
PUERTO SALINA CRUZ Y CDA.
Ecatepec de Morelos 46 1-D
PUERTO SAN BLAS
Ampl. Piloto López Mateos 95 6-C
Jardines de Casa Nueva 59 2-F
Piloto A. López Mateos 95 6-C
PUERTO SAN CARLOS
Ampl. Piloto López Mateos 95 6-D
Jardines de Casa Nueva 60 2-A
Presidentes 95 6-D
PUERTO SAN GABRIEL
Jardines de Casa Nueva 60 2-A
PUERTO SAN J DEL CABO 2 CDAS
El Olivo 72 5-B
PUERTO SAN JOSE DEL CABO
Ampl. Piloto López Mateos 95 6-D
El Olivo 72 5-B
PUERTO SANTA MARIA
El Puerto 57 2-E
PUERTO SAVONA
U. H. Ejidos Sn Juan Aragón 72 6-A
PUERTO TAMPICO
Piloto A. López Mateos 95 6-C
PUERTO TECUALA
Piloto A. López Mateos 95 6-C
PUERTO TRES PALOS
Doce de Diciembre 111 5-A
PUERTO TUXPAN
Ampl. Piloto López Mateos 95 6-D
PUERTO VALPARAISO
Ecatepec de Morelos 46 1-E
PUERTO VALLARTA
Ampliación Jiménez Cantú 101 5-B
Casas Alemán 72 5-A
Chalco 128 5-B
El Puerto 57 3-E
Francisco Villa 56 3-C
Loma de la Palma 58 1-A
Lomas de San Andrés Atenco 56 3-C
Piloto A. López Mateos 95 6-C
Polvorilla 112 6-A
San Lorenzo 81 2-E
Tierra Blanca 46 2-E
Vista Hermosa 128 5-B
Zentlápatl 106 2-F
PUERTO VALLARTA AV.
Jardines de Casa Nueva 59 1-F
Jardines de Casa Nueva 59 2-F
PUERTO VALLARTA CDA.
La Pastora 58 5-A
PUERTO VENUSTIANO CARRANZA
Ampl. Piloto López Mateos 95 6-C
PUERTO VICTORIA
El Puerto 57 2-E
PUERTO VIEJO
Lindavista 71 2-B
PUERTO YUCALPETEN
Ampl. Piloto López Mateos 95 5-E
Ampl. Piloto López Mateos 95 6-D
PUERTO ZIHUATANEJO
Piloto A. López Mateos 95 6-C
Xalpa 112 5-D
PUERTOS DE LOS CJON.
Rnda. Las Playas INFONAVIT 122 1-D
PUERTOS MEXICANOS
Lomas de San Andrés Atenco 56 3-C
PUGIBET ERNESTO
San José Xalostoc 59 6-B
San Miguel Xalostoc 59 6-B
PUGIBET ERNESTO Y CDA.
Centro 84 5-A
PUJATO
Lindavista 71 2-C
PUJILI
Lindavista 71 2-C
PULACAYO
Lindavista 71 3-C
PULIDO MARCOS H.
Avante 110 4-B
Educación 110 4-B
PULPO
Caracol 85 5-D
Del Mar 124 4-F
PULLMAN JORE H.
Fuego Nuevo 111 4-A
PUMA
Cocoyotes 58 2-B
PUMA CDA.
San Jerónimo 124 3-E
PUMAS 1a. Y 2a.
PROFOPEC Polígono 3 60 6-D
PUNO
Lindavista 71 3-C
PUNTA AZUL
Vista del Valle 56 2-C
PUNTA CERRADA
Balcones de Valle Dorado 56 2-C
PUNTA DEL ESTE
Las Américas 69 5-B
Torres de Lindavista 71 1-A
PUNTA PEÑASCO
San José de la Pradera 71 3-F
PUNTO FIJO
Torres de Lindavista 71 1-A
PUQUES
Pedregal Santa Ursula Xitla 122 6-D
PUQUINAS
Tlacuitlapa 108 2-C
PUREPECHAS
Culturas de México 127 6-F
Chalma de Guadalupe 57 2-E
San Lucas 57 2-E
PUREPECHAS CDA.
Culturas de México 127 6-F
PUREPECHAS CJON.
Culturas de México 127 5-E
PUREPECHAS DE LOS
Santa Cruz Acatlán 69 4-B
PURIFICACION DE LA AV.
Purificación 24 3-C
PURISIMA
Apatlaco 97 5-D
Conj. U. Pop. Los Picos Izt 97 5-D
El Triunfo 97 5-D
Magdalena Atlazolpa 97 5-D
Nueva Rosita 97 5-D
Pueblo San Bartolo Ameyalco 107 5-D
Purísima Atlazolpa 97 5-D
Santa María Tomatlán 111 6-A
PURISIMA 2 CDAS.
La Purísima 111 1-D
PURISIMA DE LA
Pueblo San Juan Tepenáhuac 152 4-B
PURISIMA LA
La Purísima Ticomán 58 6-B
PURISIMA PRIV.
PRI 111 2-D

Q

Q
C. H. Alianza Popular Rev. 123 1-D
Vivienda del Taxista 47 1-D
QUANACATL
Barrio Jicareros 87 4-B
Barrio Talabarteros 87 4-B
QUEBRADA
La Quebrada 44 2-B
San Andrés Tomatlán 110 5-F
Santa Clara 59 2-D
U. H. Valle Esmeralda 44 2-B
QUEBRADA CDA.
La Quebrada 44 3-A
QUEBRADA DE LA AV.
La Quebrada 43 3-F
QUEBRADA DE LA CDA.
El Gavillero 28 6-C
QUEBRADA LA
Narvarte 97 2-A
Nueva San Isidro 127 5-F
QUEBRADA LA CJON.
Barrio Norte 95 5-F
QUEBRADA Y 2 CDAS.
Lomas de San Andrés Atenco 56 3-C
QUEBRADA Y AND.
U. CTM Alborada Jaltenco 20 6-C
QUEBRADERO
2a. Ampl. Stgo Acahualtepec 112 3-E
QUECHOLAC
Cantera Puente de Piedra 122 3-E
QUECHOLL
Pedregal de Santo Domingo 109 5-E
QUECHOLLI
Ciudad Cuauhtémoc 34 1-F
QUECHUAS
Tlacuitlapa 108 2-C
QUELITE EL
Ampliación Evolución 99 2-D
Benito Juárez 99 2-D
QUEMADA LA
Narvarte 97 3-A
Narvarte 97 2-A
Santa Cecilia 57 2-C
Vértiz Narvarte 97 3-A
QUERETANOS
Arturo Martínez 95 4-E
QUERETARO
Adolfo López Mateos 42 3-E
Ampl. Buenavista 44 4-C
Ampl. Estado de Hidalgo 108 1-B
Ampliación San Sebastián 100 4-D
Barrio La Concepción 151 4-D
Barrio Los Angeles 151 4-D
Barrio Santa Apolonia 70 5-B
Calacoaya 56 4-B
Cuauhtémoc 22 4-A
Chalma de Guadalupe 57 2-F
El Chamizal 72 2-E
Francisco Sarabia 42 3-D
Héroes de Padierna 121 1-D
Jardines de Morelos 47 3-B
La Esperanza 124 1-C
La Providencia 72 4-D
Lázaro Cárdenas 56 3-C
Libertad 44 1-E
Luis Echeverría 30 5-B
México Nuevo 55 1-E
Miguel Hidalgo 122 4-C
Nuevo Paseo de San Agustín 59 4-F
Polvorilla 111 5-F
Progreso 108 4-F
Roma 96 1-E
San José Jajalpa 47 3-A
San José Tecamac 22 2-C
San Martín 22 2-C
Santa María Tulpetlac 46 5-F
Temamatla 154 2-D
Valle Ceylán 57 3-C
Villa Milpa Alta 151 4-D
Villa San Agustín Atlapulco 100 3-D
QUERETARO AND.
Lomas de Puerta Grande 108 2-C
QUERETARO AV.
Ampl. San Francisco 115 2-E
Ampl. San Francisco 115 2-F
QUERETARO BLVR. C 2 4 6 Y 8
Viveros del Valle 56 5-D
QUERETARO PROL.
Ampl. San Francisco 115 2-E
QUERETARO Y CDA.
Lomas de San Andrés Atenco 56 3-C
Vergel de las Arboledas 43 6-B
QUERETARO Y PRIV.
República Mexicana 32 5-E
QUERETARO Y PROL.
Adolfo López Mateos 42 3-D
QUETZAL
Alvaro Obregón 99 5-B
Ampl. Ejidal San Isidro 30 6-E
Ampl. Granjas de Guadalupe 30 6-E
Ampliación Tres de Mayo 30 6-C
Ampliación Tres de Mayo 30 6-B
Barrio Labradores 87 3-C
Barrio San Hipólito 87 3-C
Barrio San Miguel 111 2-C
Ciudad Cuauhtémoc 35 2-A
Ejidal San Isidro 30 6-E
El Paraíso 99 5-B
El Rosedal 110 3-A
Granjas Pop. Gpe. Tulpetlac 60 1-C
Las Aguilas 108 1-F
Las Arboledas 56 1-C
Lomas Verdes 68 1-E
Lomas de Capula 95 5-E
Lomas de San Esteban 76 6-B
Lomas de San Esteban 89 1-B
Lomas del Bosque 30 6-C
San Lorenzo 123 4-D
Santa Rosa 30 6-C
QUETZAL AV.
Rinconada de Aragón 60 4-C
QUETZAL PRIV.
Ampliación San Lorenzo 100 1-C
QUETZAL PROL.
Barrio San Miguel 111 1-C
QUETZALCOATL
Acatitla 24 2-C
Ampliación Tepepan 136 1-C
Angel Veraza 98 2-F
Barrio La Asunción 97 3-D
Barrio Santa María 22 4-D
Barrio Vidrieros 87 4-C
Castillo Chico 58 3-B
Ciudad Cuauhtémoc 34 2-F
Cuauhtémoc 22 3-A
Cuautitlán Izcalli 30 1-E
El Arenal 1a. Sección 85 5-D
El Chamizalito 47 6-B
Estrella del Sur 110 3-F
Hueyotencotl 22 1-B
Jardines de Acuitlapilco 88 5-B
La Pastora 58 4-B
México Prehispánico II 73 1-D
Nueva Juárez Pantitlán III 98 2-F
Peñón de los Baños 85 4-B
Rincón de los Reyes 100 6-D
San Bartolo Tenayuca 57 4-D
San Mateo Xoloc 17 1-A
San Pedro Atocpan 151 3-A
Santa Agueda 47 1-A
Santa Ana Tlacotenco 152 6-A
Santa Isabel Tola 71 2-E
Santa Isabel Tola 71 3-D
Tlaxpana 83 4-D
U. H. Culhuacán 110 6-E
U. H. Popular Tepeaca 108 2-B
QUETZALCOATL 2 CDAS.
Fidel Velázquez INFONAVIT 30 4-E
QUETZALCOATL AV.
Atlanta 30 4-F
Campo 1a. Secc. Centro 30 4-F
Ciudad Cuauhtémoc 34 3-F
Corredor Urbano Comercial 30 4-F
Cuautitlán Izc. Cumbria 30 4-F
Cuautitlán Izc. Ensueños 17 6-E
Cuautitlán Izc. Parques 17 6-E
Cuautitlán Izcalli 17 6-E
Fidel Velázquez INFONAVIT 30 4-F
Fracc. Tepalcapa 30 4-F
Santiago Tepalcapa 30 4-F
QUETZALCOATL DE BLVR.
Ciudad Azteca 60 2-D
La Florida de Ciudad Azteca 60 2-D
QUETZALCOATL OTE.
Ciudad Cuauhtémoc 35 3-A
QUETZALCOATL SUR 39
U. H. Jajalpa 47 3-A
QUETZALCOATL Y CDA.
Tenorios 112 5-D
QUETZALES
Granjas de Guadalupe 42 2-C
Valle de Tules 44 4-C
QUETZALES 1A. CDA.
Valle de Tules 44 4-B
QUETZALES 2A. CDA. Y 3A CDA.
Valle de Tules 44 4-B
QUETZALES CDA.
Granjas de Guadalupe 42 2-C
QUETZALES DE LOS
Residencial Las Alamedas 55 2-F
QUETZALTEPETL
Acozac 114 4-F
Acozac 115 4-A
QUETZALLI
Barrio Plateros 87 5-B
Nueva Guadalupe 87 5-B
Santa Cruz Mixquic 139 6-F
QUEVEDO MIGUEL A. DE 2A CDA.
Parque San Andrés 110 3-A
QUEVEDO MIGUEL ANGEL DE
Atlántida 110 3-A
Barrio La Concepción 109 3-C
Barrio Niño Jesús 109 3-C
Barrio San Lucas 109 3-C
Cuadrante de San Francisco 109 3-C
Chimalistac 109 3-C
El Rosedal 109 3-C
Lomas de Virreyes 95 1-E
Manuel Romero de Terreros 109 3-C
Parque San Andrés 110 3-A
Pueblo Los Reyes 109 3-C
Santa Catarina Ayotzingo 153 2-C
Universal 81 1-D
Villa Coyoacán 109 3-C
QUEZADA BENITO
Francisco Sarabia 42 2-C
Tlalpexco 58 2-C
QUEZADA RAFAEL
Granjas Independencia III 73 1-B
QUEZALA Y 5 ANDS.
San Miguel Amantla 69 5-F
QUIAHUITL
Ciudad Amanecer 73 1-C
QUIANAHUITL
Ciudad Cuauhtémoc 34 2-F
QUICHES
La Raza 71 6-A
Pedregal Santa Ursula Xitla 122 6-D
San Bartolo Tenayuca 57 5-E
QUIJANO ALFONSO
La Mancha 81 5-D
QUIMICA
México 98 1-F
U. H. El Rosario 69 1-F
QUIMICA DE LA AV.
San José Xalostoc 72 1-B
QUIMICOS
El Sifón 97 6-D
San José Xalostoc 59 6-B
QUIMICOS CJON.
U. La Viga 97 6-D
QUIMICHIN
Barrio Mineros 87 4-E
Barrio Pescadores 87 3-E
Barrio Pescadores 87 4-E
QUIMITL
San Miguel Xochimanga 43 5-E
QUINANTZIN
Ampliación Tepepan 136 1-C
Rincón de los Reyes 100 6-D
QUINATZIN
Estrella del Sur 111 3-A
San Miguel Xochimanga 43 5-D
Xocotlán 63 5-F
QUINATZIN CDA.
San Miguel Xochimanga 43 5-D
QUINCE DE ABRIL 2 CDAS.
Xalpa 112 4-D
QUINCE DE DICIEMBRE
La Navidad 94 6-C
Solidaridad Nacional 57 4-F
Solidaridad Nacional 57 4-E
QUINCE DE ENERO
La Conchita 95 4-F
Sutuar Ote. 100 2-D
QUINCE DE JULIO
Ampl. Altamira 81 2-F
QUINCE DE JUNIO DE 1861
Leyes de Reforma 98 5-E
QUINCE DE MAYO
Ampl. El Arenal 100 4-F
Copalera 100 3-F
Planetario Lindavista 71 3-A
Reforma Política 112 4-C
Santiago Cuautlalpan 16 4-A
QUINCE DE SEPTIEMBRE
Ampl. Altamirano 82 2-A
Barrio San Juan 150 5-E
Barrio de las Animas 4 4-E
Barrón Centro 41 1-F
Carlos Hank González 112 5-A
Cerro del Tejolote 114 6-E
Cinco de Mayo 22 2-A
Cocotitlán 141 4-D
Constitución de 1857 100 6-A
Doce de Diciembre 111 5-A
El Arenal 100 4-F
Fuego Nuevo 111 5-A
Jardines de los Baez 34 6-D
La Colmena 42 1-B
La Conchita 95 3-F
La Magdalena Panohaya 62 2-D
Loma Bonita 100 6-A
Lomas de Zaragoza 112 2-F
Manantiales 100 6-A
Mártires de Río Blanco 81 3-F
Nueva San Isidro 127 4-F
Ricardo Flores Magón 4 4-C
San Rafael Chamapa 81 2-E
San Simón Culhuacán 110 4-F
Santa María Cozotlan 24 1-C
Santa María Cuautepec 32 5-B
Santa María Chimalhuacán 88 3-A
Santa María Chimalhuacán 88 4-A
Santa María Ticomán 58 6-B
Santa María Tomatlán 111 5-A
Santa María Tonanitla 20 2-E
Santa Martha 100 6-A
Santiago Cuautlalpan 16 5-A
Tlazala 101 4-A
Tultepec 19 4-B
Z. U. E. San Mateo Nopala 68 2-D
QUINCE DE SEPTIEMBRE CDA.
Barrio Norte 95 5-F
Desarrollo U. Quetzalcóatl 112 5-A
Héroes de la Independencia 59 3-F
Hidalgo 28 6-E
La Loma 138 3-F
San Francisco Tepojaco 29 2-F
QUINCE DE SEPTIEMBRE CJON.
San Rafael Chamapa 81 2-E
QUINCE DE SEPTIEMBRE Y CDA.
Palmitas 112 4-C
Pueblo Culhuacán 110 4-F
QUINCE DE SEPTIEMBRE Y PRIV.
Hidalgo 28 6-E
QUINCE LETRAS
Barrio San Marcos 136 1-E
QUINCE LETRAS DE LAS Y CDA.
Pueblo Nuevo Bajo 121 2-A
QUINCEO
Del Gas 70 6-E
QUINOS
Ampliación San Marcos Norte 123 6-E
QUINTA LA
Guadalupe Victoria 33 5-C
QUINTA LA GLORIA
Maquixco 23 3-F
QUINTA LA MARGARITA
Lomas de la Era 107 6-F
QUINTA RAQUELITO PRIV.
San Isidro La Paz 29 6-B
QUINTANA
Ciudad Satélite 56 6-B
QUINTANA MANUEL
Ciudad Satélite 69 1-B
QUINTANA MIGUEL GRAL.
Daniel Garza 96 2-A
QUINTANA ROO
Ampl. San Francisco 115 2-F
Apolocalco 113 5-D
Chalma de Guadalupe 57 2-F
Des. Urbano Alvaro Obregón 95 5-D
Guadalupe Tlaltenco 125 3-D
Hipódromo 96 2-E
Huixquilucan de Degollado 106 1-A
La Era 56 4-A
Loma Bonita 21 5-D
México Nuevo 55 1-E
Roma Sur 96 2-E
San Francisco Tlaltenco 125 3-D
San José Tecamac 22 2-B
San Sebastián Chimalpa 100 4-E
Temamatla 154 2-D
Tezoyuca 49 4-C
QUINTANA ROO ANDRES
Alfredo del Mazo 127 2-E
Darío Martínez 113 6-F
Fracc. Estepas 20 4-B
Izcalli San Pedro 20 4-B
Jardines de los Claustros 20 4-B
Jaripo 20 4-B
José María Morelos y Pavón 47 6-C
Lomas de Zaragoza 113 2-A
Los Tejados 20 4-B
San Pablo de la Castera 20 4-B
Sustitución Arista 20 4-B
U. H. Hogares de Castera 20 4-B
U. José Ma. Morelos y Pavón 20 4-B
Unidad Hab. Del Carmen 20 4-B
Vicente Guerrero 81 5-D
QUINTANA ROO DE CDA.

Calle / Colonia	PLANO	COORDENADAS
Ampliación Ozumbilla	21	5-E
Loma Bonita	21	5-E
QUINTANA ROO PROL.		
C. H. INFONAVIT Gustavo Baz	20	4-A
C. H. Lote 84	20	4-A
Casas Alfa	20	4-A
Conj. Las Casitas de San P.	20	4-A
Conjunto Hab. El Rocío	20	4-A
Conjunto San Pablo	20	4-A
La Alborada II	20	4-A
Residencial Morelos	20	4-A
U. H. San P. de las Salinas	20	4-A
U. José Ma. Morelos y Pavón	20	4-A
QUINTANA ROO Y CDA.		
Adolfo López Mateos	42	4-D
QUINTANA ROSITA Y CDA.		
El Carmen	138	3-C
QUINTANILLA		
Las Peñas	111	4-F
QUINTERO JOSE MARIA		
Paraje San Juan	111	3-D
QUINTERO LUIS AV.		
U. H. Atzacoalco CTM	71	1-F
QUINTERO RAFAEL C 1 2 Y 4		
U. H. Vicente Guerrero	111	1-F
QUINTO PODER		
Novela Mexicana II	60	6-C
QUINTO SOL		
Cuautitlán Izc. Parques	17	5-D
QUINTO SOL AV.		
El CEGOR	60	3-B
QUIOSCO		
Los Laureles	47	4-A
QUIOTE		
Dos de Octubre	121	6-C
QUIROGA HORACIO		
Tultitlán	31	2-C
QUIROGA PABLO GRAL.		
Héroes de la Revolución	82	5-A
QUIROGA VASCO DE		
Ampl. La Mexicana	95	5-C
Carlos A. Madrazo	95	5-A
Carlos A. Madrazo	95	5-C
Carlos A. Madrazo	95	5-A
Ciudad Satélite	69	1-A
El Chamizal	82	3-A
El Pirul	95	5-C
La Mexicana	95	5-C
La Palmita	95	5-C
Lomas de Nuevo México	95	5-C
Margarita Maza de Juárez	95	5-C
Pueblo Nuevo	95	5-C
Pueblo Santa Fe	95	5-C
San Juan Joya	111	4-E
Sección XVI	122	4-F
Tlapechico	95	5-C
Vasco de Quiroga	72	3-A
QUIROGA VASCO DE CDA.		
Vasco de Quiroga	72	2-A
QUIROGA VASCO DE Y 2 CDAS.		
Lomas de Santa Fe	95	4-B
QUIROZ FERNANDO		
Lomas del Carmen	94	1-E
QUIROZ G. F. DE DR. Y 2 CDAS		
Constituyentes de 1917	94	1-D
QUIROZ HERRERA P. CAP. 2o.		
Los Cipreses	110	6-C
QUIROZ RENE		
El Gallito	59	2-D
Santa Clara	59	3-D
QUITO		
Las Américas	69	5-B
Lindavista	71	3-B
Valle Dorado	56	2-E
QUITO CDA.		
Tultepec	19	3-B

R

Calle / Colonia	PLANO	COORDENADAS
RABANO		
Ixtlahuacan	112	3-F
Los Angeles	111	3-E
RABASA EMILIO		
Ciudad Satélite	69	1-A
San Miguel Teotongo	113	4-B
RABASA EMILIO RT.		
Barrio San Miguel	111	2-D
RABAUL		
Benito Juárez	70	5-D
Jardín Azpeitia	70	5-D
Santa María Maninalco	70	5-D
Sindicato Mex. de Elect.	70	5-C
Sindicato Mex. de Elect.	70	5-D
U. H. Hogares F.F.C.C.	70	5-D
Unidad Hab. Cuitláhuac	70	5-D
RACINE JUAN		
Los Morales	82	4-E
RACING		
Arboledas del Sur	123	3-B
RADA		
Ampliación Los Alpes	108	2-F
U. Vallejo La Patera	70	1-F
RADIO		
Nuevo INFONAVIT	20	3-B
Valle Gómez	84	1-C
RADIO, TELEVISION Y CINE		
Dos de Octubre	121	6-C
RADIOFARO AV.		
Radiofaro Totolcingo	35	6-D
RADIOLOGOS		
El Sifón	97	5-E
El Sifón	97	6-E
Magdalena Atlazolpa	97	5-E
RADIUM		
San Juan Cerro	111	3-C
RAFIAS DE LAS		
Lomas de San Mateo	68	3-E
RAIFFEISEN FEDERICO		
México Nuevo	42	6-E
RAIZ		
U. INFONAVIT Iztacalco	97	4-F
RAMA CDA.		
El Paraíso	18	6-C
RAMALES		
El Tejocote	88	3-E
RAMBAL ENRIQUE		
Ampliación Emiliano Zapata	113	4-B
RAMIO AND.		
Las Palmas	95	3-F
RAMIREZ		
Progreso	82	4-A
RAMIREZ 2A. CDA.		
Paraje San Juan	111	4-D
RAMIREZ ADRIAN		
Santo Tomás	114	6-C
RAMIREZ AGUSTIN		
Carmen Serdán	110	6-F
RAMIREZ ARCADIO		
San Isidro La Paz	42	1-A
RAMIREZ BENITO		
Constitución de 1917	111	3-E
Pueblo Los Reyes	109	4-F
RAMIREZ CARLOS		
Ejército de Ote. Z. Peñón	99	6-C
RAMIREZ CJON.		
Nezahualcóyotl	75	3-E
RAMIREZ DE CASTILLO P.		
Barrio San Pedro	136	2-F
RAMIREZ DEL CASTILLO		
La Concepción Tlacopa	123	6-F
RAMIREZ DEL CASTILLO P.		
Xochimilco	136	1-F
RAMIREZ DIEGO		
José María Morelos y Pavón	47	6-C
RAMIREZ ESPERANZA		
Santo Tomás	114	6-C
RAMIREZ EUGENIO		
Pantitlán	98	2-E
RAMIREZ F. CJON.		
Barrio Norte	95	5-F
RAMIREZ FERNANDO		
Obrera	97	1-A
RAMIREZ FRANCISCO GRAL.		
Ampliación Daniel Garza	96	1-B
RAMIREZ GPE Y 2 CJONES Y CDA		
San Luis Tlaxialtemalco	138	1-B
RAMIREZ GPE. I PROL Y 2 CDAS		
San Mateo Xalpa	136	4-E
RAMIREZ GPE. I. AV. Y 4 CDAS		
San Lucas Xochimanca	136	4-E
RAMIREZ GPE. I. DE 2 CDAS.		
San Lucas Xochimanca	136	4-E
RAMIREZ GUADALUPE		
Pueblo Santa Ana Tlacotenco	152	6-A
Santa Ana Tlacotenco	152	6-B
RAMIREZ GUADALUPE 1A. CDA.		
San Lucas Xochimanca	136	4-E
RAMIREZ GUADALUPE 2 CDAS.		
Pueblo Tepepan	123	6-C
RAMIREZ GUADALUPE 2o. CJON.		
Santa Ana Tlacotenco	152	6-A
RAMIREZ GUADALUPE AV.		
Santa Ana Tlacotenco	152	6-A
RAMIREZ GUADALUPE CJON.		
Pueblo Tepepan	123	6-C
Santa Ana Tlacotenco	152	6-A
RAMIREZ GUADALUPE I. AV.		
Aldama	123	5-B
Ampl. San Marcos Norte	136	1-D
Barrio El Rosario	136	1-D
Barrio San Antonio	136	1-D
Barrio San Juan	136	1-D
Barrio San Marcos	136	1-D
C. H. Bosque Res. del Sur	123	5-B
Huichapan	136	1-D
La Noria	136	1-D
Potrero de San Bernardino	123	5-B
Pueblo Tepepan	123	5-B
San Juan Tepepan	123	5-B
Tierra Nueva	136	1-D
RAMIREZ GUADALUPE I. CALZ.		
Ampliación San Marcos Norte	123	5-C
Barrio San Antonio	123	5-C
Barrio San Marcos	123	5-C
Barrio del Rosario	123	5-C
Huichapan	123	5-C
La Noria	123	5-C
Potrero de San Bernardino	123	5-C
Pueblo Tepepan	123	5-C
Tierra Nueva	123	5-C
RAMIREZ IGNACIO		
Ampl. Gabriel Hernández	71	2-F
Ampliación Miguel Hidalgo	121	5-F
Benito Juárez	97	4-E
Cuajimalpa	107	2-A
Chimalhuacán	87	6-F
Ecatepec de Morelos	46	1-F
El Calvario	46	1-F
Liberales de 1857	95	3-E
Lomas de Chimalhuacán	87	6-F
Nueva Santa María	18	6-C
Tabacalera	83	4-F
Tultepec	19	3-C
Veintiuno de Marzo	44	5-A
RAMIREZ IGNACIO 1A. CDA.		
Ecatepec de Morelos	46	1-F
RAMIREZ IGNACIO 2A. CDA.		
Ecatepec de Morelos	46	1-F
RAMIREZ IGNACIO 3A. CDA.		
Ecatepec de Morelos	46	1-F
RAMIREZ IGNACIO CDA.		
Tultepec	19	3-C
RAMIREZ IGNACIO LIC.		
San Juan Ixhuatepec	58	6-E
RAMIREZ IGNACIO PROL.		
México	19	2-C
RAMIREZ J. LUZ		
El Rosario	16	4-E
RAMIREZ JAVIER ING. RT.		
Pantitlán	98	1-D
RAMIREZ JESUS CDA.		
Ampliación Corpus Christi	108	1-B
RAMIREZ LLACA CARLOS		
Constitución de 1917	111	3-D
RAMIREZ MARIA TERESA		
La Olímpica	81	3-C
RAMIREZ MARIANO		
Pantitlán	98	1-D
RAMIREZ MATEO		
Ferrocarrilera Insurgentes	72	4-A
RAMIREZ ONCON		
Rómulo Sánchez Mireles	122	3-D
RAMIREZ R. ESTANISLAO		
Ampliación Selene	125	4-F
Selene	125	4-F
RAMIREZ RAFAEL		
Barrio de la Luz Bajo	16	3-C
Bellavista	56	6-B
Ciudad Satélite	56	6-B
RAMIREZ RAFAEL CDA.		
Zona Escolar Oriente	58	3-A
RAMIREZ RAFAEL P.		
Ampl. Gabriel Hernández	71	2-F
RAMIREZ RIOS E.		
Olivar del Conde 1a. Secc.	95	5-F
RAMIREZ VICENTE		
Pantitlán	98	1-E
RAMIREZ VILLARREAL FCO.		
Constitución de 1917	111	3-D
RAMIRIQUI		
Lindavista	71	2-C
Residencial Zacatenco	71	2-C
San Pedro Zacatenco	71	2-C
RAMON DE		
Lomas de San Mateo	68	4-E
RAMON Y CAJAL S.		
Barrio San Pedro	97	3-B
Moderna	97	3-B
RAMON Y CAJAL SANTIAGO		
Santiago Norte	97	3-C
RAMOS ARIZPE		
México Insurgente	73	2-C
RAMOS ARIZPE MIGUEL		
Tabacalera	83	4-F
RAMOS AURELIANO AV.		
Del Sol	86	4-A
RAMOS DELGADO		
Lomas de Becerra Granada	95	4-E
RAMOS GABRIEL		
Izcalli Chamapa	81	4-C
RAMOS GUILLERMO		
Santa Cecilia	125	5-F
RAMOS JOSE DR.		
Doctores	83	6-F
RAMOS JUAN		
Margarito F. Ayala	34	2-D
RAMOS MARIANO		
Miravalle	112	4-F
RAMOS MATIAS		
San Felipe de Jesús	72	2-D
RAMOS MATIAS GRAL.		
Héroes de la Revolución	82	5-A
RAMOS MILLAN		
Ampliación Miguel Hidalgo	121	5-F
Bosque de los Remedios	69	5-A
Izcalli Chamapa	81	3-C
Lic. Adolfo López Mateos	69	5-B
Naucalpan de Juárez	69	5-B
RAMOS MILLAN CDA.		
Tierra Blanca	138	4-F
RAMOS MILLAN GABRIEL		
Izcalli Chamapa	81	3-C
Melchor Ocampo	19	1-A
San Juan Ixtayopan	138	4-F
San Miguel Teotongo	113	2-A
Tierra Blanca	138	4-F
RAMOS PEDRAZA RAFAEL		
Liberación Proletaria	95	5-C
RAMOS PRASLOW I. CONSTTE.		
Cuajimalpa	107	2-C
Lomas de Memetla	107	2-C
RAMOS PRASLOW IGNACIO		
Constitución de 1917	111	3-E
RAMOS SAMUEL		
Ciudad Satélite	56	6-B
RAMOS SAMUEL DR.		
Del Valle	96	5-E
RAMOS SAMUEL P.		
Ampl. Gabriel Hernández	72	2-A
RAMPA		
El Tanque	108	6-A
RANCHERO DEL		
Colina del Sur	95	6-D
RANCHITO EL		
Tenorios	112	5-C
RANCHO		
Los Laureles	47	3-A
RANCHO ACHIMERO		
Los Sauces	123	2-D
RANCHO AGUAJE SECO		
Los Sauces	123	2-D
RANCHO AGÜITAS		
Los Sauces	123	2-D
RANCHO ALMOLOYA		
Fraccionamiento San Antonio	17	5-D
Prado Coapa 1a. Secc.	123	2-C
RANCHO ALTAMIRA		
Santa Cecilia	123	2-E
RANCHO ANZALDO		
Prados del Rosario	69	2-E
RANCHO ANZURES		
Prados del Rosario	69	2-E
RANCHO AZUL		
Santa Cecilia	123	2-E
RANCHO BLANCO		
Ampliación Presidentes	95	5-D
RANCHO CALICHAL		
Nueva Oriental Coapa	123	3-C
RANCHO CALICHAL PRIV.		
Nueva Oriental Coapa	123	3-C
RANCHO CAMICHINES		
Nueva Oriental Coapa	123	3-C
RANCHO CASTRO		
Lomas de Bellavista	55	5-F
RANCHO CDA.		
Miguel de la Madrid Hurtado	112	3-F
RANCHO COCUITE		
Campestre Coyoacán	123	2-E
RANCHO COLORADO		
Fraccionamiento San Antonio	17	5-D
Santa Cecilia	123	2-E
RANCHO COSOLAPA		
Campestre Coyoacán	123	2-D
RANCHO DE ENMEDIO		
Prados del Rosario	69	1-E
RANCHO DE LA CARIDAD		
Las Campanas	123	1-D
RANCHO DE LA CRUZ CDA.		
San Bartolo Atepehuacán	71	3-A
RANCHO DE LA ESTANCIA		
Santa Cecilia	123	2-E
RANCHO DE LA ESTRELLA		
Campestre Coyoacán	123	1-D
RANCHO DE LA HERRADURA		
Santa Cecilia	123	1-E
RANCHO DE LA JOYA		
Fraccionamiento San Antonio	17	5-C
RANCHO DE LA LAJA		
Campestre Coyoacán	123	1-D
Santa Cecilia	123	1-D
RANCHO DE LOS ARCOS		
Los Girasoles	123	2-D
RANCHO DE LOS ARCOS RT.		
Los Girasoles	123	2-D
RANCHO DE LOS COLORINES		
Fraccionamiento San Antonio	17	5-C
Rancho Los Colorines	123	4-B
RANCHO DE XOCO		
Prados del Rosario	69	2-E
RANCHO DEL ARENAL		
Los Girasoles	123	2-D
RANCHO DEL JACAL AV.		
Santa Rosa de Lima	30	1-D
RANCHO DEL RAYO		
Las Campanas	123	2-D
RANCHO DEL SOL		
Las Campanas	123	2-D
RANCHO EL AGUACATE		
Los Sauces	123	2-D
RANCHO EL CAPULIN		
Fraccionamiento San Antonio	17	5-C
Prado Coapa 1a. Secc.	123	2-C
RANCHO EL CIPRES		
Prado Coapa	123	3-C
RANCHO EL COLORIN		
Prado Coapa 1a. Secc.	123	2-C
RANCHO EL ENCANTO		
Fraccionamiento San Antonio	17	5-C
Santa Cecilia	123	2-E
RANCHO EL GALLEGO		
Prado Coapa 1a. Secc.	123	2-C
RANCHO EL GUARDA		
Prados del Rosario	69	2-E
RANCHO EL PALMAR		
Campestre Coyoacán	123	1-E
RANCHO EL RECOVECO		
Hacienda de Coyoacán	123	2-E
RANCHO EL SAUCE		
Fraccionamiento San Antonio	17	5-C
Prado Coapa 1a. Secc.	123	2-C
RANCHO EL TEJOCOTE		
Prado Coapa 1a. Secc.	123	2-C
RANCHO EL VERGEL		
Fraccionamiento San Antonio	17	6-C
RANCHO ESCONDIDO		
Las Campanas	123	2-D
RANCHO ESTOPILA		
Hacienda de Coyoacán	123	2-E
RANCHO GRANDE		
Benito Juárez	86	6-E
Cuautepec El Alto	58	1-B
Fraccionamiento San Antonio	17	6-C
Juventino Rosas	58	1-B
San Miguel	58	1-B
Santa Cecilia	123	2-E
RANCHO GRANDE Y 3 CDAS.		
La Casilda	58	1-C
RANCHO GUADALUPE		
Campestre Coyoacán	123	2-E
Los Girasoles	123	2-C
RANCHO IROLO		
Prado Coapa 1a. Secc.	123	2-C
RANCHO JACOBO		
Papalotla	50	6-E
RANCHO LA AGUJA		
Los Sauces	123	2-E
RANCHO LA CRUZ PRIV.		
Jamaica	97	2-C
RANCHO LA CUCHILLA		
Hacienda de Coyoacán	123	2-E
RANCHO LA ESCONDIDA		
Santa Cecilia	123	2-E
RANCHO LA ESTANZUELA		
El Mirador	123	2-E
Hacienda de Coyoacán	123	2-E
RANCHO LA HERRADURA		
Fraccionamiento San Antonio	17	6-C
RANCHO LA JOYA		
Santa Cecilia	123	2-E
RANCHO LA LAGUNA		
Fraccionamiento San Antonio	17	6-C
Santa Cecilia	123	2-E
RANCHO LA PATERA		
Prados del Rosario	69	2-E
RANCHO LA PRESA		
Fraccionamiento San Antonio	17	6-C
Prados del Rosario	69	2-F
RANCHO LA PRESA 3 CDAS.		
Fraccionamiento San Antonio	17	5-C
RANCHO LA VENTA		
Prados del Rosario	69	2-E
RANCHO LA VERONICA		
Campestre Coyoacán	123	2-D
RANCHO LANDERO		
Hacienda de Coyoacán	123	2-E
RANCHO LAS ABEJAS		
Los Sauces	123	2-D
RANCHO LAS AMAPOLAS		
Los Sauces	123	2-D
RANCHO LAS ANIMAS		
Los Sauces	123	2-E
RANCHO LAS NAVAJILLAS		
Fraccionamiento San Antonio	17	6-C
RANCHO LAS PAMPAS		
Fraccionamiento San Antonio	17	6-C
Santa Cecilia	123	2-E
RANCHO LOS ANGELES		
Los Sauces	123	2-D
RANCHO MANTE		
Los Girasoles	123	2-D
RANCHO MAZOLA		
Hacienda de Coyoacán	123	2-E
RANCHO MIMBRES		
Santa Cecilia	123	2-E
RANCHO MIRADORES		
Ex Hacienda Coapa	123	1-C
Los Girasoles	123	1-C
RANCHO MOTZORONGO		
Las Campanas	123	2-D
RANCHO NAVAJILLAS		
Prado Coapa 1a. Secc.	123	2-C
RANCHO NUEVO		
La Agüita	45	6-F
Santa Cecilia	123	2-E
RANCHO PALMAS		
Batán Viejo	109	3-A
RANCHO PANDA		
Santa Cecilia	123	2-E
RANCHO PIEDRAS NEGRAS		
Fraccionamiento San Antonio	17	6-C
Santa Cecilia	123	2-E
RANCHO PIOMO		
Nueva Oriental Coapa	123	3-C
RANCHO ROMERAL		
Hacienda de Coyoacán	123	2-E
RANCHO SAN ANTONIO		
Fraccionamiento San Antonio	17	5-C
RANCHO SAN IGNACIO		
Fraccionamiento San Antonio	17	5-C
Prados del Rosario	69	2-F
RANCHO SAN ISIDRO		
Campestre Coyoacán	123	2-E
Santa Cecilia	123	2-E
U. O. H. CTM Culhuacán X	123	2-E
RANCHO SAN JORGE		
Santa Cecilia	123	1-E
RANCHO SAN JOSE		
C. H. Villas de San José	32	4-B
Prados del Rosario	69	2-E
RANCHO SAN JUAN DE DIOS		
Fraccionamiento San Antonio	17	6-C
RANCHO SAN LORENZO		
Los Girasoles	123	1-D
RANCHO SAN MARTIN		
Santa Cecilia	123	1-E
RANCHO SAN MATEO		
Santa Cecilia	123	1-E
RANCHO SAN MIGUEL		
Fraccionamiento San Antonio	17	6-C
Santa Cecilia	123	1-E
RANCHO SANTA CECILIA		
Fraccionamiento San Antonio	17	5-C
RANCHO SANTA CRUZ		
Fraccionamiento San Antonio	17	6-C
Hacienda de Coyoacán	123	2-E
RANCHO SANTA ELENA		
Hacienda de Coyoacán	123	2-E
RANCHO SANTA MARIA		
C. H. Villas de San José	32	3-B
C. H. Villas de San José	32	4-B
RANCHO SANTA TERESA		
Fraccionamiento San Antonio	17	6-C
Santa Cecilia	123	2-E
RANCHO SANTO TOMAS		
Prados del Rosario	69	2-E
RANCHO SECO		
Bosque de Aragón	72	5-F
La Impulsora	72	5-F
Santa Cecilia	123	2-E
RANCHO TAMBOREO		
Nueva Oriental Coapa	123	3-C
RANCHO TARANGO		
Fraccionamiento San Antonio	17	6-C
La Aurorita	17	6-C
Prados del Rosario	69	2-E

Calle / Colonia	Coordenadas: Plano	
RANCHO TEZONAPA		
Campestre Coyoacán	123	2-D
Las Campanas	123	2-D
RANCHO TLAMAPA		
Nueva Oriental Coapa	123	3-C
RANCHO TOLLOCAN		
Los Girasoles	123	2-D
RANCHO TOMACOCO		
San Miguel Teotongo	113	3-B
RANCHO TOTOLQUEME		
Prado Coapa 1a. Secc.	123	2-C
RANCHO UPACUARO		
Hacienda de Coyoacán	123	2-E
RANCHO VERGEL		
Ex Hacienda Coapa	123	2-C
Prado Coapa 1a. Secc.	123	2-C
RANCHO VIEJO		
Ampliación Presidentes	95	5-C
El Zacatón	134	1-C
La Agüita	46	6-A
San Nicolás II	134	1-B
Vallescondido	54	1-F
RANCHO VIEJO CDA.		
El Rincón	108	2-B
La Agüita	46	6-A
RANCHO VIEJO PROL.		
Alamos	46	6-A
RANCHO VIRGEN PRIV.		
La Joya	122	5-E
RANCHO VISTA HERMOSA		
Campestre Coyoacán	123	2-D
El Mirador	123	2-D
Ex Ej. San Pablo Tepetlapa	123	2-D
Hacienda de Coyoacán	123	2-D
Las Campanas	123	2-D
Los Girasoles	123	2-D
Los Sauces	123	2-D
Santa Cecilia	123	2-D
U. O. H. CTM Culhuacán X	123	2-D
RANCHO XINTLE PRIV.		
Nueva Oriental Coapa	123	3-C
RANCHO YURITZIO		
Hacienda de Coyoacán	123	2-E
RANCHO ZINAMPA		
Hacienda de Coyoacán	123	2-E
RANGEL RAUL		
La Esperanza	124	1-C
RAQUEL		
Industrial	71	5-C
RASCARRABIAS		
Vértiz Narvarte	97	4-A
RASCON		
El Tejocote	88	3-D
RASTRILLO PRIV.		
Pantitlán	98	1-D
RASTRO		
Pueblo San Miguel Ajusco	135	5-A
RASTRO AV. DEL		
El Rosedal	110	4-A
Pueblo Los Reyes	110	4-A
RASTRO DEL CALZ.		
San Miguel Topilejo	149	3-B
RASTRO EL PRIV.		
Huichapan	136	1-E
RASTRO PRIV.		
Emiliano Zapata	113	2-D
Pueblo Los Reyes	110	4-A
RAUDAL		
Ampliación Los Alpes	108	2-F
RAVENA		
Izcalli Pirámide	57	3-C
Residencial Acoxpa	123	2-D
RAVENESES		
Isidro Fabela	95	4-F
RAY O VAC		
Ampl. Llano de Báez	34	6-D
Jardines de los Báez	47	1-C
La Veleta Llano de los Baéz	34	6-D
Nueva Díaz Ordaz	47	1-C
RAY O VAC PROL.		
Jardines de los Baez	34	6-D
RAYANDO EL SOL		
Benito Juárez	99	1-C
RAYAS		
Valle Gómez	84	1-D
RAYITO		
Barrio San Cristóbal	136	1-F
RAYITO DE SOL		
Aurora	100	2-A
Benito Juárez	100	2-A
Benito Juárez	86	6-D
Ixtlahuacan	112	3-F
RAYO		
Jardines de Morelos	47	2-F
Jardines del Pedregal	109	5-A
Prados de Ecatepec	20	4-A
U. H. Valle de Luces	110	4-F
RAYON		
Barrio de Capula	4	6-B
Bulevares Impala	47	2-A
Centro	84	3-B
Del Carmen	126	1-F
El Hostol Zona Comunal	46	4-E
Huisnáhuac	63	1-A
Jorge Jiménez Cantú	28	3-E
Lomas de Atizapán	55	2-D
Morelos	84	3-B
Ojito de Agua	112	3-C
Papalotla	50	6-D
Primero de Septiembre	42	3-F
Raúl Romero	99	2-A
San Andrés Chiautla	63	1-B
San Francisco Acuautla	115	2-D
San Lorenzo	57	3-A
Santiago Cuautlalpan	88	4-E
Santiago Yanhuitlalpan	94	4-A
Villa Azcapotzalco	70	4-B
RAYON 2A. PRIV.		
El Gallito	59	3-D
RAYON CJON.		
Centro	84	3-B
RAYON DE 1A. CDA.		
Santa Clara	59	3-D
RAYON DE 3A. PRIV.		
El Gallito	59	2-D
RAYON FRANCISCO		
Los Reyes	113	1-C
RAYON HERMANOS		
Pueblo San Miguel Ajusco	135	6-A
RAYON HERMANOS CDA.		
Pueblo San Miguel Ajusco	135	6-B
RAYON HERMANOS PRIV.		
Pueblo San Miguel Ajusco	135	6-A
RAYON LOPEZ		
Héroes de la Independencia	59	3-F
Miguel Hidalgo	59	3-F
RAYON Y CDA.		
Ejido San Juan Tlihuaca	42	2-B
Tultepec	19	3-A
RAYON Y PRIV.		
Residencial San Pedro	63	6-A
San Pedro	63	6-A
RAYON Y PRIV. Y CDA.		
Santa Clara	59	3-D
RAYOS		
Montañista	58	2-D
REA		
Hacienda de San Juan de T.	123	4-A
Sideral	98	5-D
REAL		
Ixtlahuacan	112	3-F
Lomas de Zaragoza	112	2-F
Rincón de la Charrería	56	5-A
San Miguel Teotongo	113	3-A
Xalpa	112	4-E
REAL DE ATIZAPAN		
Real de Atizapán	56	1-B
REAL DE CALACOAYA		
Calacoaya	56	4-B
Explanada de Calacoaya	56	4-B
Rincón de la Charrería	56	4-B
REAL DE DALIA		
Villa de las Palmas	42	2-F
REAL DE GUADALUPE		
Pueblo Santa Rosa Xochiac	107	6-C
REAL DE LA ARBOLEDA		
Real de Atizapán	56	1-B
REAL DE LA HACIENDA		
Real de Atizapán	56	1-B
REAL DE LA ROSA		
Villa de las Palmas	42	2-F
REAL DE LAS FUENTES		
Real de Atizapán	56	1-B
REAL DE LAS JACARANDAS		
Real de Atizapán	56	1-B
REAL DE LAS LOMAS		
Real de Atizapán	56	1-B
REAL DE LOS ABEDULES		
Real de Atizapán	56	1-B
REAL DE LOS CEDROS		
Real de Atizapán	56	1-B
REAL DE LOS ENCINOS		
Real de Atizapán	56	1-B
REAL DE LOS FRESNOS		
Real de Atizapán	56	1-B
REAL DE LOS OLIVOS		
Santa Inés	136	5-E
REAL DE LOS PINOS		
San Francisco Acuautla	115	3-E
REAL DE LOS REYES CDA.		
Pueblo Los Reyes	109	4-F
REAL DE LOS REYES CJON.		
Pueblo Los Reyes	109	4-F
REAL DE LOS REYES Y CDA.		
Pueblo Los Reyes	109	4-F
REAL DE LOS ROBLES		
Real de Atizapán	56	1-B
REAL DE PIRULES AV.		
Los Pirules	56	3-C
REAL DE ROMITA		
Roma	83	5-F
REAL DE SAN MARTIN 1A. PRIV.		
Pueblo Santa Bárbara	70	3-C
REAL DE SAN MARTIN CALZ.		
Barrio San Andrés	70	2-A
Pasteros	70	2-A
Pueblo Santa Bárbara	70	2-A
Reynosa Tamaulipas	70	2-A
San Martín Xochináhuac	70	2-A
Santa Inés	70	2-A
REAL DE SAN MARTIN CJON.		
Reynosa Tamaulipas	70	3-B
REAL DE SAN MARTIN PRIV.		
Reynosa Tamaulipas	70	3-B
REAL DE SN MARTIN CJON Y CDA		
Pueblo Santa Bárbara	70	3-C
REAL DEL		
Santa Cecilia	57	2-C
Xalpa	112	4-E
REAL DEL BOSQUE		
Real de Atizapán	56	1-B
REAL DEL MONTE		
Ampliación Los Angeles	57	1-C
Guadalupe Insurgentes	71	6-B
Gustavo Baz Prada	57	1-C
Industrial	71	6-B
Lomas de Tarango	108	1-E
Minas San Martín	81	4-B
Pueblo Santa Cecilia	57	1-C
Valle Gómez	84	1-D
REAL DEL MONTE 2 CDAS.		
El Rosal	57	1-C
Pueblo Santa Cecilia	57	1-C
REAL DEL MONTE CDA.		
Apatlaco	97	5-D
REAL DEL ORO		
Ampl. Almárcigo	46	4-C
Minas San Martín	81	4-B
REAL DEL PENSAMIENTO		
Villas de las Palmas	42	2-F
REAL DEL PUENTE		
Alfredo del Mazo	127	2-E
REAL DEL TEJOCOTE		
Las Palmas	42	2-F
REAL DEL TREBOL		
Villa de las Palmas	42	2-F
REAL MADRID		
Arboledas del Sur	123	4-B
REAL MAYORAZGO		
Xoco	109	1-D
REAL SAN MARTIN PRIV.		
Pueblo Santa Bárbara	70	3-C
REALIDAD		
Granjas de Guadalupe	42	1-C
REBECA		
2a. Ampl. Stgo Acahualtepec	112	3-D
Guadalupe Tepeyac	71	6-D
REBELION		
Xalpa	112	5-E
REBOLLAR RAFAEL GOB. Y CDA.		
San Miguel Chapultepec	96	1-B
REBOLLEDO EFREN		
Obrera	97	1-A
REBOZO EL		
Barrio Guadalupe	124	1-D
REBSAMEN ENRIQUE		
Ampl. Gabriel Hernández	71	1-F
Coacalco de Berriozábal	32	4-F
Del Valle	96	2-E
Narvarte	96	2-E
Piedad Narvarte	96	2-E
República Mexicana	32	4-F
San Martín Tepetlixpan	44	1-A
REBSAMEN ENRIQUE CDA.		
Villas El Gigante	32	4-F
REBULL SANTIAGO		
Ciudad Satélite	69	1-D
U. H. E. Zapata ISSSTE	76	3-D
U.H. Emiliano Zapata ISSSTE	76	3-C
REBULL SANTIAGO Y CDA.		
Mixcoac	96	6-B
RECEPCIONISTAS		
San José Aculco	97	5-F
RECIFE		
Churubusco Tepeyac	71	3-B
Las Américas	69	5-B
Lindavista	71	3-B
Valle del Tepeyac	71	3-B
RECINTO		
Ind. Nucalpan 2a. Secc.	69	6-A
Lomas del Carmen	81	1-D
San Lorenzo	81	1-F
RECIO ENRIQUE		
Ej. Santa María Aztahuacán	112	3-B
RECREO		
Barrio Los Reyes	97	3-E
Barrio Zapotla	97	3-E
G. Ramos Millán Bramadero	97	3-E
G. Ramos Millán Tlacotal	97	3-E
Gabriel Ramos Millan	97	3-E
Juventino Rosas	97	3-E
Los Picos de Iztacalco	97	3-E
Tlazintla	97	3-E
RECREO 2o. CJON.		
Santa Anita	97	2-D
RECREO 3A. PRIV.		
El Recreo	70	5-C
RECREO CDA.		
La Concepción	49	1-E
RECREO CJON.		
San Mateo Chipiltepec	36	6-F
RECREO DEL		
Pueblo San Diego	76	1-E
Tlapacoya	127	2-D
RECREO DEL CDA.		
Pueblo San Diego	76	1-D
RECREO DEL PROL.		
Pueblo San Diego	76	1-E
RECREO EL		
La Paz	63	6-D
Santa Cruz Aviación	85	6-A
Tezoyuca	49	2-E
RECREO Y 2 CJONES.		
Santa Anita	97	2-D
RECREO Y CDA.		
Actipan	96	6-C
RECTORIA GENERAL		
Univ. Aut. Metropolitana	42	1-F
RECUERDO DEL		
Barrio San Francisco	121	1-C
Nexquipayac	49	4-A
RECUERDO DEL CDA.		
El Encino	108	3-D
RECUERDOS		
El Molino Tezonco	124	3-D
RECURSOS DE GAS		
Chulavista	56	4-E
Electra	56	4-E
RECURSOS HIDRAULICOS		
Cuatro Arboles	85	6-B
Chulavista	56	4-E
Electra	56	4-E
Emiliano Zapata	81	2-D
Federal	85	6-B
Federal Burocrática	81	6-E
Hacienda Ojo de Agua	21	3-C
Los Cuartos II	81	2-D
San Isidro	30	6-E
San Juan y San P. Tezompa	152	1-E
San Pedro Atzompa	21	3-C
RECURSOS METALURGICOS		
Chulavista	56	4-E
Electra	56	4-E
RECURSOS PETROLEROS		
Chulavista	56	4-E
Electra	56	4-E
RED		
U. Vallejo La Patera	70	2-F
REDACTORES		
PIPSA	57	4-C
REDENCION		
Barrio San Marcos	136	2-E
Barrio San Pedro	136	2-E
Jardines del Sur	136	2-E
REDENCION CDA.		
San Jerónimo Lídice	108	5-E
REDES		
U. INFONAVIT Iztacalco	97	4-F
REDONDA LA		
Atenguillo	50	6-B
REED JOHN		
Ignacio Zaragoza	85	6-A
Valentín Gómez Farías	85	6-A
REEMBOLSOS		
Postal	97	3-B
REFINACION PETROQUIMICA		
Solidaridad Nacional	57	4-F
REFINERIA		
Azteca	84	4-E
REFINERIA AZCAPOTZALCO		
Petrolera Taxqueña	110	4-B
REFINERIA AZCAPOTZALCO AV.		
Barrio San Andrés	70	3-B
Pueblo San Andrés	70	3-B
Reynosa Tamaulipas	70	3-B
San Marcos	70	3-B
Santa Inés	70	3-B
Villa Azcapotzalco	70	3-B
REFINERIA CORONA		
Reynosa Tamaulipas	70	3-B
San Andrés	70	3-B
REFINERIA DE TULA		
Petrolera Taxqueña	110	4-C
REFINERIA MADERO		
Petrolera Taxqueña	110	4-B
REFINERIA MINATITLAN		
Petrolera Taxqueña	110	4-C
REFINERIA SALAMANCA		
Petrolera Taxqueña	110	4-C
REFINERIA SALAMANCA Y CDA.		
Reynosa Tamaulipas	70	3-B
REFORMA		
Ampl. Emiliano Zapata	42	2-E
Atlántida	110	4-A
Barrio San Francisco	121	1-C
Barrio Santiago	128	6-A
Barrio del Refugio	16	2-F
Benito Juárez	141	4-F
Cinco de Mayo	22	2-A
Chalco Centro	128	6-A
Chiconcuac	63	1-A
Ejidal	128	6-A
Esther Zuno de Echeverría	111	5-B
Granjas Estrella	111	5-B
Independencia	28	3-E
Jardines del Molinito	82	1-B
La Aurora	17	5-B
La Aurorita	17	5-B
La Bomba	128	6-A
La Conchita Zapotitlán	125	4-B
La Conchita Zapotitlán	125	3-B
La Huerta	69	4-C
Libertad	31	6-E
Lomas San Lorenzo	111	6-D
Lomas de San Lorenzo	111	6-E
Lomas del Parque	44	1-C
Maquixco	23	3-F
Potrerillo	121	2-A
Pueblo Sn Nicolás Totolapan	121	3-B
Pueblo Zapotlán	62	2-E
Reforma Urbana Tlayacampa	44	5-B
Rosa de Castilla	82	1-B
San Angel	109	3-B
San Francisco	121	1-C
San Francisco Mazapa	24	2-F
San Juan y San P. Tezompa	152	1-E
San Lucas Amalinalco	128	5-D
San Martín de las Pirámides	24	2-F
San Pablo Atlazalpa	140	6-E
San Pablo Chimalpa	106	3-E
San Pedro Xalostoc	59	3-C
San Sebastián Chimalpa	100	4-F
San Vicente Chicoloapan	88	6-E
Santa Catarina Ayotzingo	153	1-C
Santa Cruz de Arriba	63	5-C
Santa María Chimalhuacán	88	4-A
Santa María Nativitas	69	4-C
Tequisistlán	48	2-F
Tizapán	108	4-F
Tulantongo	63	4-B
Villa Azcapotzalco	70	5-B
REFORMA ADMINISTRATIVA		
Reforma Política	112	4-B
REFORMA ADUANAL		
Reforma Política	112	4-B
REFORMA AEREA		
Reforma Política	112	3-B
REFORMA AERONAUTICA		
Reforma Política	112	3-C
Sierra del Valle	112	3-C
REFORMA AERONAUTICA 2a. PRIV		
Reforma Política	112	3-C
REFORMA AGRARIA		
Alfredo V. Bonfil	81	3-E
Barrio La Asunción	125	5-E
Barrio San Mateo	125	5-E
Concepción	139	4-A
Emiliano Zapata	81	2-D
La Habana	126	6-A
La Piedad	17	6-A
Reforma Política	112	4-B
San José	126	6-A
San Juan Ixtayopan	139	4-A
San Juan Tlalpizahuac	113	5-F
San Juan Totoltepec	68	5-F
Santa Cecilia	125	5-E
U. H. Emiliano Zapata	110	6-E
U. H. ISSFAM No. 1	122	5-E
Villa Tlalpan	122	5-E
REFORMA AGRARIA CDA.		
San Juan Ixtayopan	139	4-A
REFORMA AGRARIA RT.		
San Juan Totoltepec	68	5-F
REFORMA AGRARIA Y 4 CDAS.		
Ejido San Agustín Atlapulco	100	4-B
REFORMA AGRICOLA		
Reforma Política	112	4-B
REFORMA AND.		
Las Cruces	108	6-A
REFORMA AV.		
Balcones de San Mateo	68	5-E
Ciudad Brisa	68	5-E
El Panorama	68	5-E
Lomas de San Pedro	21	4-D
San Juan Totoltepec	68	5-E
San Pedro Atzompa	21	4-D
San Sebastián Xolalpa	24	5-E
Santa María Ozumbilla	21	4-D
REFORMA BANCARIA		
Reforma Política	112	3-B
REFORMA BLVR.		
Leyes de Reforma	76	5-B
REFORMA BULEVAR		
Ciudad Labor	44	2-D
REFORMA CDA.		
Barrio San Francisco	121	1-C
Campestre	109	2-B
Coatlinchán	89	2-C
Lomas de San Pedro	21	4-E
Pueblo San Miguel Xicalco	135	4-E
Pueblo Santa Cruz de Arriba	63	5-C
San Andrés Totoltepec	135	2-D
San Juan y San P. Tezompa	152	1-E
San Miguel Xicalco	135	4-D
San Pablo Chimalpa	106	3-E
Santa Catarina Ayotzingo	153	2-C
Venustiano Carranza	101	2-C
REFORMA CIENTIFICA		
Reforma Política	112	4-B
REFORMA CIRCUITO		
Chalco	128	6-A
REFORMA CIVIL		
Reforma Política	112	4-C
REFORMA CJON.		
Coatlinchán	89	2-C
La Conchita Zapotitlán	125	3-B
San Francisco Tlalnepantla	149	4-D
San Juan Teotihuacán	24	3-C
San Juan y San P. Tezompa	152	2-E
San Vicente Chicoloapan	88	6-E
REFORMA COMERCIAL		
Reforma Política	112	4-B
REFORMA COMUNICATIVA		
Reforma Política	112	4-B
REFORMA CONST. MEXICANA		
Reforma Política	112	4-B
REFORMA CONSTITUCIONAL		
Reforma Política	112	3-B
Reforma Política	112	4-B
REFORMA DEMOCRATICA		
Reforma Política	112	4-B
REFORMA DEPORTIVA		
Reforma Política	112	3-B
Sierra del Valle	112	3-B
REFORMA DIAG.		
San Juan Totoltepec	68	5-F
REFORMA EDUCATIVA		
Reforma Política	112	3-C
Reforma Política	112	4-B
REFORMA EJECUTIVA		
Reforma Política	112	3-C
REFORMA ELECTORAL		
Reforma Política	112	4-C
REFORMA ESPACIAL		
Reforma Política	112	3-B
REFORMA ESTATAL		
Reforma Política	112	4-C
REFORMA FINANCIERA		
Reforma Política	112	3-B
REFORMA FISCAL		
Reforma Política	112	4-B
REFORMA FORESTAL		
Reforma Política	112	4-B
REFORMA GANADERA		
Reforma Política	112	4-B
REFORMA GEOGRAFICA		
Reforma Política	112	4-B
REFORMA INFORMATIVA		
Reforma Política	112	4-C
REFORMA JUDICIAL		
Reforma Política	112	4-C
REFORMA JUVENIL		
Reforma Política	112	3-B
REFORMA LABORAL		
Reforma Política	112	4-B
REFORMA LEGAL		
Reforma Política	112	4-B
REFORMA LEGISLATIVA		
Reforma Política	112	3-C
REFORMA LIBERAL		
Reforma Política	112	4-B
REFORMA MARITIMA		
Reforma Política	112	3-B
REFORMA MINERA		
Reforma Política	112	4-B
REFORMA MONETARIA		
Reforma Política	112	4-B
REFORMA PATRONAL		

Calle / Colonia	PLANO	COORDENADAS
La Venta	128	1-B
Torres del Potrero	108	5-A
Universal	81	1-E
Villas Copilco	109	4-C
REYES ALFONSO MAESTRO		
Cuautitlán	18	6-C
La Ciudadela	18	6-C
Necapa	18	6-C
Nueva Santa María	18	6-C
REYES ANGEL		
Lomas de Puerta Grande	108	2-C
REYES BERNARDO		
Diez de Abril	69	4-D
REYES BERNARDO GRAL.		
Tultitlán	31	2-D
Venustiano Carranza	101	1-C
REYES DE LOS 1A. CDA.		
San Gregorio Atlapulco	137	3-F
REYES DE LOS 2A. CDA.		
San Gregorio Atlapulco	137	3-F
REYES DE LOS AV.		
El Dorado	56	2-E
La Floresta	100	6-B
Los Reyes	100	6-B
Los Reyes Ixtacala	57	5-A
Reforma	100	6-B
Rincón de los Reyes	100	6-B
Valle de los Pinos	100	6-B
REYES DE LOS CALZ.		
Cuautitlán Izc. Parques	17	6-D
REYES DE LOS CDA.		
San Miguel Xochimanga	43	6-E
REYES DE LOS CJON.		
Los Reyes Acaquilpan	113	1-B
REYES DE LOS JUAN CDA.		
Juan Escutia	98	2-E
REYES EPIFANIO		
San José del Jaral	43	2-D
REYES ESPINDOLA RAFAEL LIC.		
Periodista	82	2-D
REYES GERARDO		
San Miguel Teotongo	113	4-B
REYES HEROLES JESUS		
Alfredo del Mazo	127	3-E
REYES JUAN DE LOS		
Juan Escutia	98	2-E
REYES LA PAZ LOS PROL.		
Lomas Verdes	31	5-F
REYES LOS		
Ampliación Flores Magón	110	2-F
Barrio Los Reyes	97	3-D
Barrio Los Reyes	138	1-F
Barrio Zapotla	97	3-D
Chalco	141	1-A
Esperanza	100	4-B
Granjas Navidad	94	6-C
Ind. Puente de Vigas	56	5-F
La Estación	125	1-A
La Perla Reforma	100	4-B
Maquixco	23	3-F
Pueblo de Tepexpan	36	6-A
San Juanico Acolman	23	5-E
Vista Hermosa	56	6-D
Zona Industrial Los Reyes	56	5-F
REYES LOS 1A. CDA.		
Barrio Los Reyes	97	3-D
REYES LOS 2 CDAS.		
Barrio Los Reyes	97	3-D
REYES LOS AV.		
Corredor Urbano Comercial	30	2-E
Cuautitlán Izcalli	30	2-E
El Dorado	56	1-E
La Palma	56	1-E
Tlaltecahuacán	50	4-B
REYES LOS CDA.		
Ampliación Tulpetlac	46	5-E
San Gregorio Atlapulco	137	3-F
REYES LOS DIAG.		
Ampliación Flores Magón	110	2-F
REYES LOS PRIV.		
Pueblo Aculco	97	6-F
REYES LOS Y 2 CDAS.		
Barrio San Lucas	110	1-F
Barrio Santa Bárbara	110	1-F
REYES LUCHA		
Ampliación Emiliano Zapata	113	4-C
Ampliación La Forestal	45	6-C
La Forestal	45	6-C
REYES LUCHA CDA.		
Ampl. La Forestal	45	6-C
REYES LUCHA PROL.		
Ampl. La Forestal	45	5-C
REYES MARTINEZ JOSE DE LOS		
San Francisco Chilpan	31	6-C
REYES MAXIMO		
México Nuevo	55	1-E
REYES R.		
Santa Martha Acatitla	112	1-F
REYES RAFAEL DE LOS		
Jacarandas	111	3-F
REYES REFORMA		
Nueva Margarita	87	4-C
REYES SALADO		
Ampl. San José Xalostoc	59	6-C
REYES SEVERIANO		
Coacalco de Berriozábal	32	4-E
Coacalco de Berriozábal	32	4-F
REYES SUSANA PRIV.		
Pantitlán	98	1-E
REYES TEXCOCO LOS		
Ejidal Emiliano Zapata	33	6-E
El Carmen	33	6-E
REYES V.		
San Juan Ixtayopan	139	4-A
REYES VALENTIN CDA.		
Pueblo San Miguel Ajusco	135	6-A
REYES VALENTIN Y 2 CDAS.		
Pueblo San Miguel Ajusco	135	5-A
REYES VERAMENDI MANUEL Y CDA		
San Miguel Chapultepec	96	2-B
REYNA CORNELIO		
Compositores Mexicanos	45	6-A
REYNA LA CDA.		
San Francisco Culhuacán	110	4-E
REYNA MATEO		
Barrio San Juan	150	5-E
REYNA SOFIA		
Cerro del Marqués	127	6-B
REYNACO		
Pueblo Nuevo Alto	121	2-A
REYNOLDS ALUMINIO S. A.		
Vista Hermosa	56	6-D
REYNOSA		
Hipódromo	96	2-C
REYNOSA JOSE J.		
Constitución de 1917	111	2-E
REYNOSA PRIV.		
Pueblo Aculco	97	6-F
REYNOSA TAMAULIPAS		
Reynosa Tamaulipas	70	3-B
RHODESIA		
Chimali	123	3-B
RIA DE LA		
Zona Res. Acueducto de Gpe.	57	5-F
RIACHUELO		
Club de Golf Bellavista	56	5-B
RIACHUELO SERPENTINO		
El Triángulo	125	5-E
San José	125	5-F
Santa Cecilia	125	5-F
Selene	125	5-F
Selene	125	5-E
RIBERA		
San Miguel Teotongo	113	3-A
RIBERA DE LA		
Zona Res. Acueducto de Gpe.	57	5-F
RIBERA DE SAN COSME		
San Rafael	83	3-E
Santa María La Ribera	83	3-E
RIBERA DEL RIO SAN NICOLAS		
San Juanico Acolman	23	6-E
RIBERA DEL RIO Y 2 RTS.		
Diez de Abril	69	3-D
RICALDE DOMINGO M.		
Santa Cecilia	125	5-F
RICARTE		
Churubusco Tepeyac	71	3-B
Industrial	71	3-B
Lindavista	71	3-B
Magdalena de las Salinas	71	3-B
San Bartolo Atepehuacán	71	3-B
Tepeyac Insurgentes	71	3-B
Valle del Tepeyac	71	3-B
RICO ALEJO C 1 2 3 Y 4		
U. H. Vicente Guerrero	111	1-E
RICO ANGEL C 1 2 Y 3		
Constitución de 1917	111	2-E
RICO JESUS		
Metropolitana	99	3-B
Modelo	99	3-B
San Lorenzo	99	3-B
RICO JOSE MARIA		
Actipan	96	6-D
Del Valle	96	6-D
Presidentes de México	111	4-E
RIEGO AV.		
Ex Hacienda Coapa	123	3-D
RIEL AND.		
U. H. Pantaco	70	4-D
RIELERA LA		
Benito Juárez	99	1-F
RIF		
Gral. Pedro María Anaya	109	1-F
Santa Cruz Atoyac	109	1-F
RIFLEROS DE SAN LUIS P 2 RTS		
U. H. Ejército de Oriente	99	4-B
RIFLEROS DE SAN LUIS P. RT.		
U. H. Ejército de Oriente	99	4-B
RIMA		
Jaime Torres Bodet	138	5-F
RIMINI		
Izcalli Pirámide	57	3-C
RINCON		
Lomas de Bellavista	55	6-F
RINCON CARLOS C 1 2 Y 3		
U. H. Vicente Guerrero	111	2-F
RINCON CARMINA		
Carmen Serdán	110	6-E
RINCON CLUB		
Rincón de la Charrería	56	4-B
RINCON DE GUANAJUATO		
Barrio Niño Jesús	109	4-E
U. H. Rincón de Guanajuato	109	4-E
RINCON DE JUPITER		
La Propiedad	47	2-A
RINCON DE LA HACIENDA		
Bosque Residencial del Sur	123	5-C
RINCON DE LA LAGUNA		
Bosque Residencial del Sur	123	5-C
RINCON DE LAS AZUCENAS		
San Bartolo El Chico	123	5-C
RINCON DE LAS BUGAMBILIAS		
San Bartolo El Chico	123	5-C
RINCON DE LAS DALIAS		
San Bartolo El Chico	123	5-C
RINCON DE LAS FLORES		
Bosque Residencial del Sur	123	5-C
Villa de las Flores	33	2-A
RINCON DE LAS FUENTES PRIV.		
Balcones de San Mateo	68	4-E
RINCON DE LAS LOMAS		
Bosque Residencial del Sur	123	5-C
Rincón de las Lomas	107	1-D
RINCON DE LAS ROSAS		
Bosque Residencial del Sur	123	5-C
San Bartolo El Chico	123	5-C
RINCON DE LOS ANGELES		
Bosque Residencial del Sur	123	5-C
RINCON DE LOS ARCOS		
Bosque Residencial del Sur	123	5-C
RINCON DE LOS CEDROS		
Bosque Residencial del Sur	123	5-C
RINCON DE LOS LEONES		
Bosque Residencial del Sur	123	5-C
RINCON DE LOS LIRIOS		
San Bartolo El Chico	123	5-C
RINCON DE LOS NARDOS		
San Bartolo El Chico	123	5-C
RINCON DE NEPTUNO		
La Propiedad	47	2-A
RINCON DE ROMOS CDA.		
Miguel Hidalgo	122	5-B
RINCON DE SATURNO		
La Propiedad	47	2-A
RINCON DE URANO		
La Propiedad	47	2-A
RINCON DEL		
Pedregal de Santo Domingo	122	1-D
Pueblo Sn Nicolás Totolapan	121	3-B
Tlalpuente	135	3-C
RINCON DEL AMOR		
Bosque Residencial del Sur	123	5-C
RINCON DEL BOSQUE		
Bosques del Valle	32	3-C
Rincón del Bosque	83	5-C
RINCON DEL CDA.		
Privada El Rincón	108	2-B
RINCON DEL CIELO		
Bosque Residencial del Sur	123	5-C
RINCON DEL CJON.		
Coanalán	36	6-C
RINCON DEL CONDE		
Chimalcóyotl	122	6-E
RINCON DEL CONVENTO		
Bosque Residencial del Sur	123	5-C
RINCON DEL JARDIN		
La Propiedad	47	2-A
RINCON DEL MOLINO		
Bosque Residencial del Sur	123	5-C
RINCON DEL PASEO		
Bosque Residencial del Sur	123	5-C
RINCON DEL POZO		
Bosque Residencial del Sur	123	5-C
RINCON DEL PUENTE		
Bosque Residencial del Sur	123	5-C
RINCON DEL RIO		
Bosque Residencial del Sur	123	5-D
RINCON DEL SUR		
Bosque Residencial del Sur	123	5-C
RINCON GALLARDO GRAL.		
Ampliación Daniel Garza	96	1-B
Daniel Garza	96	1-B
RINCON GRAL. Y CDA.		
Gral. Pedro María Anaya	109	1-F
RINCON MARIANO		
Santa Martha Acatitla	112	1-E
RINCON PIRULES		
Valle de Tepepan	122	6-F
RINCON SUR AV.		
Bosque Residencial del Sur	123	5-C
RINCON TLACOPAC		
Los Alpes	109	2-A
RINCONADA		
Chimalistac	109	3-C
Del Bosque	114	6-B
Jiménez Cantú	128	1-F
Lomas de Bellavista	55	6-F
RINCONADA ARBUSTO		
Las Hadas	123	3-D
RINCONADA AZUCENAS		
Barrio La Asunción	111	1-A
RINCONADA C. A SANTA TERESA		
Jardines en la Montaña	122	3-A
RINCONADA CANAUHTLI		
Pedregal de Santo Domingo	109	5-E
RINCONADA COAPA		
Granjas Coapa	123	3-E
Residencial Hacienda Coapa	123	3-E
RINCONADA COLONIAL		
Pedregal de Carrasco	122	2-E
U. H. Olímpica	122	2-E
RINCONADA DE JESUS		
Centro	84	5-B
Ciudad Satélite Poniente	68	1-F
Pueblo Santa Rosa Xochiac	107	5-C
RINCONADA DE LA FAUNA		
Pedregal de Carrasco	122	2-C
RINCONADA DE LA FLORA		
Pedregal de Carrasco	122	2-C
RINCONADA DE LAS DEIDADES		
Pedregal de Carrasco	122	2-D
RINCONADA DE LAS MONEDAS		
Pedregal de Carrasco	122	2-D
RINCONADA DE LAS TRIBUS		
Pedregal de Carrasco	122	2-D
RINCONADA DE LOS CANTOS		
Pedregal de Carrasco	122	2-D
RINCONADA DE LOS ESCRITORES		
Pedregal de Carrasco	122	2-D
RINCONADA DE LOS INSTRS.		
Pedregal de Carrasco	122	2-D
RINCONADA DE LOS JUEGOS		
Pedregal de Carrasco	122	1-D
RINCONADA DE LOS LAGOS		
Pedregal de Carrasco	122	2-E
U. H. Olímpica	122	2-E
RINCONADA DE LOS MUSICOS		
Pedregal de Carrasco	122	2-D
RINCONADA DE LOS PERSONAJES		
Pedregal de Carrasco	122	2-E
RINCONADA DE LOS PINTORES		
Pedregal de Carrasco	122	2-D
RINCONADA DE LOS POETAS		
Pedregal de Carrasco	122	2-E
RINCONADA DE LOS REYES CJON.		
Tránsito	84	6-C
RINCONADA DE LOS RIOS		
Rnda. Las Playas INFONAVIT	122	1-D
RINCONADA DE LOS RITMOS		
Pedregal de Carrasco	122	2-D
RINCONADA DE LOS TULES		
Paseos de Taxqueña	110	4-C
RINCONADA DE LOS VOLCANES		
Pedregal de Carrasco	122	2-C
RINCONADA DE TRUENO		
Esther Zuno de Echeverría	135	2-C
RINCONADA DEL CONTINENTE		
Pedregal de Carrasco	122	2-D
RINCONADA DEL TEOCA		
Santa Cecilia Tepetlapa	150	2-B
RINCONADA DEL VALLE		
Xoco	109	1-E
RINCONADA FRESALES		
Villa del Puente	123	3-F
RINCONADA IXCATEPEC		
Mesa de los Hornos	122	6-C
RINCONADA MACONDO		
Pedregal de Carrasco	122	2-E
RINCONADA MARQUEZ FRANCISCO		
Paraje Zacatepec	112	2-D
RINCONADA PASEO DE SAN JUAN		
San Andrés Totoltepec	135	2-D
RINCONADA PRECOLOMBINA		
Pedregal de Carrasco	122	2-E
U. H. Olímpica	122	2-E
RINCONADA SAN BUENAVENTURA		
Club de Golf México	122	5-F
RINCONADA SAN JOSE		
Buenavista	112	4-B
RINCONADA SAN MIGUEL		
Buenavista	112	5-B
RINCONADA TLAPACOYA Y PRIV.		
Atlamaya	108	3-F
RINCONADA ZOQUIPA		
Esperanza	84	6-C
RINCONES DEL BOSQUE PRIV.		
Rinconada del Bosque	81	5-F
RIO		
Ciudad Labor	44	2-D
Cuautitlán Izc. Atlanta	30	2-E
Desarrollo U. Quetzalcóatl	112	4-A
Lomas de Coacalco	32	5-F
Lomas de Chamontoya	120	1-E
Los Aguales	32	5-F
Nuevo Renacimiento Axalco	135	2-E
Periodistas de Loma Bonita	32	5-F
Prados de Ecatepec	20	4-A
RIO AAR		
El Socorro	18	3-B
RIO ACAPONETA CIR.		
Paseos de Churubusco	98	4-B
RIO ACAPONETA Y RT.		
Cuautitlán Izc. El Globo	30	3-C
RIO ACATLAN		
Cuautitlán Izc. El Globo	30	3-C
RIO ACTOPAN		
Cuautitlán Izc. El Globo	30	3-C
Paseos de Churubusco	98	4-A
RIO AGUANAVAL		
C. H. Real del Moral	98	4-B
Cuautitlán Izc. El Globo	30	3-C
El Salado	100	6-D
Prados de San Juan Ixtacala	43	2-B
RIO AHUTENCO		
La Presa	46	5-C
RIO ALAMO		
Argentina Poniente	82	1-E
RIO ALDAMA		
Desarrollo U. Quetzalcóatl	112	4-A
Puente Blanco	111	5-D
RIO ALFONSO DEL		
Tenorios	112	4-C
RIO AMACUZAC		
Cuautitlán Izc. El Globo	30	3-C
Izcalli del Río	57	2-B
RIO AMACUZAC CIR.		
Paseos de Churubusco	98	4-B
RIO AMARILLO		
El Rodeo	98	3-B
RIO AMAZONAS		
Ampl. Buenavista	44	4-D
Cuauhtémoc	83	5-E
Jardines de Morelos	47	2-F
La Presa	46	5-C
Valle de San Lorenzo	124	2-C
RIO AMECA		
Ampliación Puente Colorado	108	3-C
C. H. Real del Moral	98	4-B
Cuautitlán Izc. El Globo	30	3-C
Jardines del Llano	139	5-A
Santa Cruz Mixquic	139	5-F
Valle de San Lorenzo	124	2-C
Valle de los Pinos	100	6-B
RIO AMECAMECA		
Pueblo Tulyehualco	138	1-E
RIO AMECAMECA 2A. PRIV.		
Tulyehualco	138	2-E
RIO AMECAMECA 3A. PRIV.		
Tulyehualco	138	1-E
RIO AMOY		
Cuauhtémoc	83	4-D
RIO AMUR		
Cuauhtémoc	83	4-D
El Socorro	18	3-B
Jardines de Morelos	47	2-F
RIO ANDES		
Argentina Poniente	82	1-F
RIO ANTIGUO		
Santiago Tepalcatlalpan	136	2-C
Santiago Tepalcatlalpan	136	3-D
RIO ANTIGUO PROL.		
Santiago Tepalcatlalpan	136	4-C
RIO ARGELIA		
Valle de San Lorenzo	124	2-C
RIO ARMERIA		
C. H. Real del Moral	98	4-B
Cuautitlán Izc. El Globo	30	3-C
Prados de San Juan Ixtacala	43	2-A
RIO ATENCO		
Cuautitlán Izc. El Globo	30	3-C
RIO ATENGUILLO		
Cuautitlán Izc. El Globo	30	3-C
RIO ATOYAC		
Consejo Agrarista Mexicano	111	6-E
Cuauhtémoc	83	5-D
Cuautitlán Izc. El Globo	30	3-C
La Presa	46	5-C
Lomas San Lorenzo	111	6-E
Puente Blanco	111	5-D
Valle de San Lorenzo	124	3-C
RIO ATOYAC PRIV.		
Lomas San Lorenzo	111	6-E
RIO AV.		
Residencial Villa Coapa	123	3-D
RIO AYOTLA		
Ancón de los Reyes	100	5-D
RIO AZUL		
Profr. Cristóbal Higuera	43	6-A
Valle de San Lorenzo	124	3-C
Zacamolpan	46	5-E
RIO BACABACHI		
Cuautitlán Izc. El Globo	30	3-C
RIO BALSAS		
Ampl. Buenavista	44	4-D
Ampl. Lomas de San Bernabé	120	2-E
Ampliación Las Torres	44	1-E
Ampliación Puente Colorado	108	3-D
Ampliación Tulpetlac	46	5-E
Barrio Los Reyes	139	5-D
Cuauhtémoc	83	4-D
Cuautitlán Izc. El Globo	30	3-C
El Salado	100	6-E
Jardines de Morelos	47	2-F
La Presa	68	3-C
La Presa	46	5-C
La Presita	44	1-A
Mexicalco	46	5-C
México Nuevo	55	1-D
Miravalle	110	1-B
San Francisco Chilpan	31	6-C
San José Río Hondo	82	4-A
Valle de San Lorenzo	124	3-C
Valle de San Lorenzo	124	2-C
RIO BALUARTE		
El Salado	100	6-D
RIO BECERRA		
Ampliación La Cañada	95	4-D
RIO BECERRA AV.		
Carola	96	5-A
RIO BELICE		
Valle de San Lorenzo	124	2-C
RIO BLANCO		
Ampl. Buenavista	44	4-D
Ampliación Puente Colorado	108	3-C
Ampliación Vicente Villada	99	3-E
Barrio Barranca Seca	121	2-B
Blvres. de San Cristóbal	46	1-E
Carlos Hank González	101	6-B
Cuautitlán Izc. El Globo	30	3-C
Diecisiete de Marzo	100	4-E
Industrial	71	5-C
Jardines de Morelos	47	2-E
La Magdalena Contreras	121	2-B
La Presa	46	5-C
Prados de San Juan Ixtacala	43	2-A
San Jerónimo Aculco	121	1-D
San José Río Hondo	81	4-F
San José Tecamac	22	2-B
U. H. El Rosario	69	1-F
Vicente Villada	99	3-E
RIO BLANCO CDA.		
Ampliación San Agustín	100	3-D
RIO BLANCO CIR.		
Paseos de Churubusco	98	4-B
RIO BLANCO DE CDA.		
Prados de San Juan Ixtacala	43	2-A
RIO BRAVO		
Ampl. Buenavista	44	4-D
Ampl. Lomas de San Bernabé	120	2-E
Benito Juárez	44	1-E
Cuautitlán Izc. El Globo	30	3-C
Hidalgo	28	6-E
La Presa	46	5-C
La Presa	68	4-B
Las Torres	44	1-E
México Nuevo	55	1-D
Prados de San Juan Ixtacala	43	2-B
Prados de San Juan Ixtacala	43	2-A
Puente Blanco	111	5-D
Río Hondo	44	1-E
San Francisco Chilpan	31	6-C
San Francisco Chilpan	44	1-C
San Lorenzo Tetlixtac	33	4-B
U. Coacalco	33	4-B
Valle de San Lorenzo	124	3-C
Vicente Guerrero 1a. Secc.	28	6-E
Viveros del Río	56	3-E
Xolalpa	50	4-E
Zacamolpan	46	5-E
RIO BRAVO 2 CDAS.		
La Magdalena Atlicpan	100	6-E
RIO BRAVO AV.		
Nuevo Laredo	47	5-A
San José Río Hondo	82	4-A
RIO BRAVO CDA.		
Ampliación Puente Colorado	108	3-C

Calle / Colonia	Plano	Coordenadas
RIO BRAVO Y 2 CDAS.		
El Salado	100	6-E
La Magdalena Atlicpan	100	6-E
RIO BRAVO Y CDA.		
México 86	81	2-B
RIO BUENAVISTA Y PROL.		
La Presa	46	5-C
RIO CADENA		
C. H. Real del Moral	98	3-B
RIO CAHUACAN		
Cuautitlán Izc. El Globo	30	3-C
RIO CALACOAYA		
Prados de San Juan Ixtacala	43	2-B
RIO CAMARONES		
La Presa	46	5-C
RIO CAMARONES PROL.		
La Presa	46	5-C
RIO CANATLAN		
C. H. Real del Moral	98	3-C
RIO CANDELARIA		
Cuautitlán Izc. El Globo	30	3-C
El Salado	100	5-E
RIO CANDELARIA Y CDA.		
Valle San Lorenzo	124	2-C
RIO CARRIZAL		
Cuautitlán Izc. El Globo	30	3-C
El Salado	100	5-D
Paseos de Churubusco	98	4-B
San Francisco Chilpan	31	6-C
RIO CASAS GRANDES		
C. H. Real del Moral	98	3-B
Cuautitlán Izc. El Globo	30	3-C
Prados de San Juan Ixtacala	43	2-A
RIO CATAXTLA		
Paseos de Churubusco	98	4-A
RIO CAZONES		
Cuautitlán Izc. El Globo	30	3-C
La Presa	46	6-C
RIO CAZONES AV.		
Paseos de Churubusco	98	4-A
RIO CDA.		
Alfredo V. Bonfil	81	3-E
RIO CEIBA		
Valle de San Lorenzo	124	2-C
RIO CIHUATLAN		
Cuautitlán Izc. El Globo	30	3-C
RIO COAHUAYANA		
Cuautitlán Izc. El Globo	30	3-C
RIO COATAN		
Cuautitlán Izc. El Globo	30	4-C
RIO COATZACOALCOS		
Ampl. Buenavista	44	4-D
Ampliación Puente Colorado	108	3-C
Cuautitlán Izc. El Globo	30	4-C
El Salado	100	6-E
Jardines de Morelos	47	2-F
Paseos de Churubusco	98	4-B
Prados de San Juan Ixtacala	43	2-A
Puente Blanco	111	5-E
San Francisco Chilpan	44	1-C
Valle de San Lorenzo	124	2-C
RIO COATZACOALCOS CIR.		
Paseos de Churubusco	98	4-B
RIO COATZACOALCOS Y PRIV.		
La Presa	46	5-C
RIO COLORADO		
Ampliación Puente Colorado	108	3-C
Consejo Agrarista Mexicano	111	5-E
Cuautitlán Izc. El Globo	30	3-C
El Salado	100	5-D
La Presa	68	3-C
La Presa	46	5-C
México Nuevo	55	1-D
Prados de San Juan Ixtacala	43	2-B
Puente Blanco	111	5-D
Puente Blanco	111	5-E
San José Río Hondo	81	4-F
RIO COLORADO CIR.		
C. H. Real del Moral	98	3-B
RIO COLOTEPEC		
El Salado	100	5-E
RIO COLOTLAN		
Cuautitlán Izc. El Globo	30	3-C
RIO CONCEPCION		
Cuautitlán Izc. El Globo	30	3-C
La Presita	44	1-A
RIO CONCHOS		
Cuautitlán Izc. El Globo	30	3-C
RIO CONCHOS CIR.		
Paseos de Churubusco	98	3-B
Paseos de Churubusco	98	4-B
RIO CONGO		
Jardines de Morelos	47	2-E
Valle de San Lorenzo	124	2-C
RIO CONSULADO		
El Salado	100	5-D
Jardines de Morelos	47	2-F
La Presa	46	5-C
Puente Blanco	111	5-D
San José Río Hondo	81	4-F
Santa María Coatlán	24	4-F
RIO CORDOBA		
Ejido San Mateo Ixtacalco	18	5-B
San Juan Atlamica	17	4-E
RIO COXCACOAC		
La Magdalena Panohaya	62	4-D
RIO CUAUTITLAN		
Cuautitlán Izc. El Globo	30	3-C
RIO CUENCAME		
Paseos de Churubusco	98	4-B
RIO CUPATITZIO		
Puente Blanco	111	5-D
RIO CHACALA		
El Salado	100	5-E
El Salado	100	6-D
RIO CHAMPOTON		
Cuautitlán Izc. El Globo	30	3-C
RIO CHAMPOTON 1A. CDA.		
El Salado	100	6-E
RIO CHAMPOTON Y CDA.		
El Salado	100	6-E
RIO CHICO		
Alcanfores	69	4-A
Barrio Loreto	109	4-A
Batán Viejo	109	4-A
Chimalistac	109	3-B
El Mirador	68	5-F
Jardines de Morelos	47	2-F
Puente Colorado	108	3-C
San Angel	109	3-B
San Angel	109	4-A
San José El Batán	108	5-D
Tizapán	109	4-A
Unidad Hab. Independencia	108	5-E
RIO CHICO AV.		
Santa Catarina Acolman	36	3-B
RIO CHICO CDA.		
San Francisco	121	1-C
RIO CHICO PRIV.		
La Cruz	121	1-C
RIO CHIFLON		
La Presa	46	5-C
RIO CHINIPAS		
C. H. Real del Moral	98	4-C
RIO CHIQUITO		
Resurrección	63	3-B
San Simón	63	3-B
Tulantongo	63	3-B
RIO CHUBUT		
Jardines de Morelos	47	2-F
Nueva Argentina	82	2-E
RIO CHURUBUSCO		
Cuchilla Pantitlán	85	6-E
El Salado	100	6-D
Estado de México	85	5-F
Hermosillo	110	2-C
Jardines de Morelos	47	2-E
Pantitlán	98	1-C
Pantitlán	85	6-D
Puente Blanco	111	5-D
Valle de los Pinos	113	1-B
RIO CHURUBUSCO 2 CDAS.		
Pantitlán	98	1-C
Pantitlán	98	1-D
RIO CHURUBUSCO 3 RTS.		
Unidad Modelo	110	1-C
RIO CHURUBUSCO 6A. CDA.		
Pantitlán	85	6-D
RIO CHURUBUSCO AV.		
Adolfo López Mateos	85	5-D
Agrícola Oriental	98	3-B
Ampl. Adolfo López Mateos	85	5-D
Ampl. Aviación Civil	98	3-B
Ampl. Caracol	85	5-D
Ampl. Gabriel Ramos Millán	97	6-E
Ampl. Granjas San Antonio	97	6-E
Ampl. Sinatel	110	2-A
Campestre Churubusco	110	2-A
Caracol	85	5-D
Conjunto Hab. Gardenias	98	3-B
Cuchilla Agrícola Oriental	98	3-B
Cuchilla G. Ramos Millán	98	3-B
Cuchilla Pantitlán	85	5-D
Churubusco Country Club	110	2-A
El Arenal 1a. Sección	85	5-D
El Carmen	109	1-D
El Prado	110	2-A
El Retorno	97	6-E
El Rodeo	98	3-B
El Sifón	97	6-E
Ermita	110	2-A
Escuadrón	97	6-E
Ex Ejido Magdalena Mixhuca	98	3-B
G. Ramos Millán Bramadero	97	6-E
Gabriel Ramos Millán	97	6-E
Gral. Pedro María Anaya	109	1-D
Granjas México	98	3-B
Granjas San Antonio	97	6-E
Ignacio Zaragoza	98	3-B
Lic. Carlos Zapata Vela	98	3-B
Pantitlán	98	3-B
Paseos de Churubusco	98	3-B
Portales	110	2-A
Prado Churubusco	110	2-A
Pueblo Aculco	97	6-E
Pueblo de Xoco	109	1-D
SINATEL	110	2-A
San Diego Churubusco	110	2-A
San José Aculco	98	3-B
San Mateo	110	2-A
Sector Popular	97	6-E
U. H. Acoxpa	110	2-A
U. H. Fivipor	85	5-D
U. H. Los Picos	97	6-E
U. H. Viveros de Coyoacán	109	1-D
U. INFONAVIT Iztacalco	97	6-E
Unidad Ampliación Iztacalco	97	6-E
Unidad Modelo	110	2-A
RIO CHURUBUSCO CDA.		
Pueblo Aculco	97	6-F
RIO CHURUBUSCO PRIV.		
Pantitlán	98	1-C
Zapata Vela 1a. Sección	98	4-A
RIO CHURUBUSCO RT. 110		
Unidad Modelo	97	6-C
RIO CHURUBUSCO RT. 111		
Unidad Modelo	97	6-D
RIO CHUVISCAR CIR.		
Paseos de Churubusco	98	4-B
RIO DANUBIO		
Cuauhtémoc	83	4-D
Escalerilla	114	5-D
Jardines de Morelos	47	2-E
San José Río Hondo	81	4-F
Valle de San Lorenzo	124	3-C
RIO DE GUADALUPE		
D. M. Nacional	71	5-F
Héroes de Chapultepec	71	5-F
San Juan de Aragón	71	5-F
San Pedro El Chico	71	5-F
U. H. I. N. de la Vivienda	71	5-F
RIO DE GUADALUPE 2A. CDA.		
San Juan de Aragón	72	6-B
RIO DE GUADALUPE 3A. PRIV.		
San Juan de Aragón	72	6-A
RIO DE JANEIRO		
Jardines de Morelos	47	2-F
La Presa	46	5-C
Las Américas	69	5-B
San Pablo Oztotepec	150	5-E
Valle Dorado	56	2-E
Valle de San Lorenzo	124	3-C
RIO DE JANEIRO CDA.		
Roma	83	6-E
RIO DE LA ANTIGUA AV.		
Paseos de Churubusco	98	4-B
U. H. Real del Moral	98	4-B
RIO DE LA COMPAÑIA		
San Lucas Amalinalco	128	5-D
RIO DE LA LAJA		
Ampliación Puente Colorado	108	3-C
C. H. Real del Moral	98	3-C
Chalma de Guadalupe	57	2-E
El Salado	100	5-E
San Lucas	57	2-E
RIO DE LA LANA		
Cuautitlán Izc. El Globo	30	3-C
El Salado	100	6-D
RIO DE LA LOZA		
Chalma de Guadalupe	57	2-F
San Lucas	57	2-F
San Miguel Chalma	57	2-F
RIO DE LA LOZA LEOPOLDO		
Ciudad Satélite	69	1-C
RIO DE LA LOZA LEOPOLDO DR.		
Doctores	84	5-A
RIO DE LA MAGDALENA		
Barrio La Otra Banda	109	4-A
Barrio Loreto	109	4-A
Tizapán	109	4-A
RIO DE LA PIEDAD		
Ojo de Agua	44	1-D
RIO DE LA PIEDAD VIADUCTO		
Agrícola Oriental	98	1-B
Asturias	97	2-B
Cuchilla Agrícola Oriental	98	1-B
De la Cruz	97	2-B
Granjas México	98	1-B
Ignacio Zaragoza	98	1-B
Jamaica	97	2-B
Jardín Balbuena	97	2-B
Magdalena Mixhuca	97	2-B
Puebla	98	1-D
Puebla	98	1-B
Santa Anita	97	2-B
U. Morelos	97	2-B
Viaducto Piedad	97	2-B
RIO DE LA PLATA		
Argentina Poniente	82	1-F
Cuauhtémoc	83	5-D
Escalerilla	114	5-D
Jardines de Morelos	47	2-F
RIO DE LAS AMERICAS		
La Presa	46	5-C
RIO DE LAS AVENIDAS		
La Floresta	100	6-B
U. H. La Floresta	100	6-B
RIO DE LAS FLORES		
Ojo de Agua	44	1-C
RIO DE LAS PAMPAS		
Argentina Poniente	82	1-E
RIO DE LOS ELECTRICISTAS		
Ampl. San Sebastián	100	6-D
Ampl. Tecamachalco	100	6-D
Ancón de los Reyes	100	6-D
El Pino	113	2-E
El Salado	100	6-D
Filiberto Gómez	100	6-D
Fracc. San Lorenzo	100	6-D
Israel	100	6-D
Jardines de San Agustín	100	6-D
La Joyita	100	6-D
La Vuelta de San Agustín	100	6-D
Los Olivos	100	6-D
Progreso de Oriente	100	6-D
Tecamachalco	113	2-E
Xaltipac	100	6-D
RIO DE LOS REMEDIOS		
Diez de Abril	69	4-D
El Tejocote	68	4-B
Izcalli del Río	57	2-B
La Glorieta	73	3-C
Prados de San Juan Ixtacala	43	2-B
Rivera de Echegaray	69	4-D
Valle de los Pinos	113	1-B
RIO DE LOS REMEDIOS 2 CDAS.		
San Juan Ixhuatepec	58	6-E
RIO DE LOS REMEDIOS AV.		
Altavilla	72	1-B
Altavilla	72	2-c
Ampl. Progreso Nacional	57	6-E
Arenal	58	6-E
B. La Candelaria Ticomán	58	6-E
Barrio Guadalupe Ticomán	58	6-E
Barrio La Purísima Ticomán	58	6-E
Barrio San Juan Ticomán	58	6-E
El Conde	69	6-C
El Chamizal	72	2-c
Granjas Valle de Guadalupe	72	2-c
Guadalupe Proletaria	57	6-E
Industrial Atoto	69	6-C
Industrial Tlatilco	69	6-C
Juan González Romero	72	1-B
La Laguna	72	2-c
La Laguna	72	1-B
Las Vegas Xalostoc	72	2-c
Lomas San Juan Ixhuatepec	58	6-E
Naucalpan de Juárez	69	6-C
Nueva Atzacoalco	72	1-B
Progreso Nacional	57	6-E
San Felipe de Jesús	72	1-B
San Juan Ixhuatepec	58	6-E
San Juan Ixhuatepec	58	5-F
Santa María Ticomán	58	6-E
U. H. El Risco	72	1-B
Zona Industrial La Presa	58	5-F
RIO DE LOS REMEDIOS BLVR.		
Los Reyes Ixtacala	57	6-B
U. H. El Rosario	57	6-B
Valle de Aragón	72	3-E
RIO DE RAMOS		
Cuautitlán Izc. El Globo	30	4-C
RIO DE TACUBAYA AV. Y CJON.		
Bellavista	96	3-A
Cove	96	3-A
Tacubaya	96	3-A
RIO DEL		
Alce Blanco	69	6-D
Ampl. La Olímpica	81	4-B
Barrio Santa Catarina	109	3-C
Benito Juárez	81	4-F
Cantera Puente de Piedra	122	3-E
Club de Golf Bellavista	55	5-F
Colinas de San Mateo	68	3-D
Consejo Agrarista Mexicano	111	5-F
El Zapote	81	6-D
La Estadía	55	5-A
Progreso	108	4-F
Pueblo San Diego	76	2-D
San Lorenzo	81	2-D
Santiago Acahualtepec	112	2-F
Toriello Guerra	122	3-E
RIO DEL 1A.		
Pueblo San Diego	76	2-C
RIO DEL 1A. CDA.		
Ampl. Lomas de San Bernabé	120	1-E
RIO DEL 2 CDAS.		
La Angostura	108	5-C
RIO DEL AV.		
Bello Horizonte	31	5-E
Benito Juárez	59	2-B
Boca Barranca	59	2-B
Casa Blanca	41	3-E
Colinas de San Mateo	68	3-D
El Mirador	43	2-B
La Hera	68	3-D
San Lorenzo	56	4-C
Santiago Cuautlalpan	16	4-C
Tepeolulco	59	2-B
RIO DEL CARMEN		
C. H. Real del Moral	98	3-B
RIO DEL CDA.		
Benito Juárez	81	4-F
El Gavillero	28	5-C
La Estadía	54	6-F
RIO DEL CJON.		
Barrio San Marcos	136	1-E
Colinas de San Mateo	68	3-D
Pueblo San Diego	76	2-D
RIO DEL CONSULADO AV.		
Ampl. Del Gas	83	1-E
Ampl. Simón Bolívar	84	1-C
Aquiles Serdán	85	3-B
Atlampa	83	1-E
Cerro Prieto	84	1-C
El Arenal	71	6-C
Felipe Angeles	84	1-C
Fernando Casas Alemán	85	3-B
La Joya	84	1-C
La Raza	71	6-C
Malinche	84	1-C
Pensador Mexicano	85	3-B
Peñón de los Baños	85	3-B
Peralvillo	84	1-C
Santa María Insurgentes	84	1-C
Siete de Noviembre	84	1-C
Simón Bolívar	85	3-B
Tlatilco	83	1-E
U. H. San Juan de Aragón	85	3-B
Valle Gómez	84	1-C
Vallejo	71	6-C
Vallejo Poniente	71	6-C
Veinte de Nov. 2o. Tramo	84	1-C
RIO DEL NORTE AV.		
Las Arboledas	43	6-D
RIO DEL ORO CIR.		
C. H. Real del Monte	98	4-B
RIO DEL PRIV.		
Pueblo San Diego	76	2-D
RIO DEL PROL.		
Comuneros de Santa Ursula	122	3-E
RIO DEL SUR AV.		
Las Arboledas	43	6-D
RIO DOLORES DEL		
Ampliación Emiliano Zapata	113	3-C
Olivar del Conde 2a. Secc.	95	6-E
RIO DON		
Valle de San Lorenzo	124	3-C
RIO DUERO		
Cuauhtémoc	83	5-D
RIO EBRO		
Cuauhtémoc	83	5-D
Valle de San Lorenzo	124	3-C
RIO ELBA		
Cuauhtémoc	83	5-D
Escalerilla	114	5-D
Valle de San Lorenzo	124	3-C
RIO ESCONDIDO		
Río Escondido	82	6-B
Valle de San Lorenzo	124	3-C
Valle de San Lorenzo	124	2-C
Zacamolpan	46	5-E
RIO ESTANZUELA		
Cuautitlán Izc. El Globo	30	3-C
RIO EUFRATES		
Cuauhtémoc	83	4-E
RIO FLORIDO CIR.		
Paseos de Churubusco	98	4-B
RIO FRIO		
Ampliación Tulpetlac	46	5-E
Blvres. de San Cristóbal	46	1-E
La Presa	46	5-C
Prados de San Juan Ixtacala	43	2-B
Valle de San Lorenzo	124	3-C
RIO FRIO Y CJON.		
Magdalena Mixhuca	97	1-D
RIO FUERTE		
Cuautitlán Izc. El Globo	30	3-C
La Presa Secc. Hornos	95	5-E
La Presita	44	1-A
Valle de San Lorenzo	124	3-C
RIO FUERTE CIR.		
C. H. Real del Monte	98	4-C
RIO GANGES		
Cuauhtémoc	83	5-D
Valle de San Lorenzo	124	3-C
RIO GILA		
Barrio San Antonio	124	2-C
Valle de San Lorenzo	124	2-C
RIO GRANDE		
Cuautitlán Izc. El Globo	30	3-C
El Salado	100	6-D
Francisco Villa	101	2-A
Jards. San Agustín 1a. Secc	100	4-D
La Presa	68	4-B
Miramar	100	4-E
Paseos de Churubusco	98	4-B
Purificación	24	4-C
San Esteban Huitzilacasco	81	3-E
San Felipe de Jesús	72	3-B
RIO GRANDE AV.		
Santiago Atlaltongo	23	5-E
RIO GRANDE DE 2A. CDA.		
Vista Hermosa	46	1-D
RIO GRANDE DE CDA.		
Vista Hermosa	46	1-D
RIO GRANDE RT.		
Vista Hermosa	46	1-D
RIO GRANDE Y CDA.		
Ecatepec de Morelos	46	1-D
Vista Hermosa	46	1-D
RIO GRIJALVA		
Ampliación Las Torres	44	1-E
Ampliación Puente Colorado	108	3-D
Cuauhtémoc	83	4-D
El Salado	100	5-E
La Magdalena Atlicpan	100	5-E
La Presa	68	3-C
La Presa	46	6-C
Prados de San Juan Ixtacala	43	2-A
San Francisco Chilpan	44	1-C
RIO GUADALQUIVIR		
Ampl. Buenavista	44	4-D
Cuauhtémoc	83	5-D
Jardines de Morelos	47	1-E
RIO GUADALUPE		
Ampliación Puente Colorado	108	3-D
El Salado	100	5-E
San Clemente	108	3-D
RIO GUADIANA		
Cuauhtémoc	83	5-E
Jardines de Morelos	47	1-E
RIO HONDITO		
Viveros del Río	56	4-E
RIO HONDO		
Cuautitlán Izc. El Globo	30	3-C
El Molinito	82	2-B
El Salado	100	6-D
El Tejocote	68	4-C
Izcalli del Río	57	2-B
La Presa	46	5-C
Paseos de Churubusco	98	4-B
Prados de San Juan Ixtacala	43	2-A
Progreso	109	3-A
Puente Blanco	111	5-D
San Antonio Zomeyucan	82	2-B
Villa Obregón	109	3-A
RIO HONDO CALZ.		
El Molinito	82	2-B
La Cañada	82	2-B
San Antonio Zomeyucan	82	2-B
RIO HONDO CJON. Y CDA.		
El Molinito	82	2-B
RIO HONDO PRIV.		
Puente Blanco	111	5-E
RIO HUANG HO		
Jardines de Morelos	47	2-E
RIO HUAYAPANGO		
San Sebastián Xhala	18	3-B
RIO HUDSON		
Cuauhtémoc	83	5-D
Jardines de Morelos	47	2-E
RIO HUIXTLA		
El Salado	100	6-E
RIO IRAPUATO CIR.		
Paseos de Churubusco	98	4-B
RIO ISRAEL		
Valle de San Lorenzo	124	3-C
RIO IXTAPAN		
Izcalli del Río	57	2-B
Paseos de Churubusco	98	4-B
RIO JALOAPAN		
La Presa	46	6-C
RIO JAMAPA		
Paseos de Churubusco	98	4-B
RIO JORDAN		
Ampl. Buenavista	44	4-D
Ampliación Puente Colorado	108	3-D
Ampliación Tulpetlac	46	5-E
La Presa	46	5-C
San Andrés Chiautla	63	1-B

Calle / Colonia	Plano	Coordenadas
Valle de San Lorenzo	124	3-C
RIO JOSE DEL		
Santa Martha Acatitla	99	6-D
RIO JOSE MARIA DEL		
Ferrocarrilera Insurgentes	72	4-A
RIO JUCHIPILA		
Valle de San Lorenzo	124	3-C
RIO JUCHITAN		
Cuautitlán Izc. El Globo	30	3-C
RIO JURUA Y PRIV.		
Argentina Poniente	82	1-F
RIO LACANJAH		
Cuautitlán Izc. El Globo	30	3-C
RIO LACANTUN		
Cuautitlán Izc. El Globo	30	3-C
RIO LANCASTER		
Condado de Sayavedra	41	5-D
RIO LENA		
Valle de San Lorenzo	124	3-C
RIO LERMA		
Ampl. Lomas de San Bernabé	120	2-E
Ampl. Raúl Romero Fuentes	99	1-B
Ampliación Las Torres	44	1-E
Ampliación Puente Colorado	108	3-D
Blvres. de San Cristóbal	46	1-E
Centro Ind. Tlalnepantla	56	2-F
Cuauhtémoc	83	5-D
Cuautitlán Izc. El Globo	30	3-C
El Salado	100	6-E
Ind. San Nicolas Tlaxcolpan	56	2-F
Izcalli del Río	57	2-B
Jardines de Acuitlapilco	88	4-B
Jardines de Morelos	47	2-F
La Presa	46	5-C
La Presa	68	3-C
La Romana	57	3-A
Lomas de Zaragoza	113	2-A
Mexicalco	46	5-E
Ojo de Agua	44	1-C
Prados de San Juan Ixtacala	43	2-A
Puente Blanco	111	5-D
San Bartolomé Coatepec	93	3-F
San Javier	57	3-A
San Miguel Teotongo	113	2-A
Santa Bárbara	115	6-A
Vicente Guerrero 1a. Secc.	41	1-E
RIO LERMA 3A. CDA.		
Ampl. Lomas de San Bernabé	120	2-E
RIO LERMA AV.		
San José Río Hondo	81	4-F
RIO LERMA DE 2A. CDA.		
Ampl. Lomas de San Bernabé	120	2-E
RIO LINARES		
Paseos de Churubusco	98	4-B
RIO LIVERPOOL		
Condado de Sayavedra	41	5-D
RIO LOS CUARTOS		
Tabiqueras	81	3-D
RIO MACUSPANA		
Cuautitlán Izc. El Globo	30	3-C
RIO MACUSPANA CIR.		
Paseos de Churubusco	98	4-B
RIO MADEIRA		
Argentina Poniente	82	1-E
RIO MAGDALENA		
Guadalupe	121	2-C
La Concepción	121	2-C
RIO MAGDALENA AV.		
Copilco El Bajo	109	3-C
Chimalistac	109	3-C
Del Carmen	109	3-C
Fortín Chimalistac	109	3-C
Oxtopulco Universidad	109	3-C
RIO MAGDALENA CJON.		
Santa Teresa	121	1-D
RIO MANILA		
San Antonio Zomeyucan	82	1-B
RIO MAPILCO		
Paseos de Churubusco	98	4-B
RIO MARNE		
Cuauhtémoc	83	5-E
RIO MAYO		
Cuautitlán Izc. El Globo	30	3-C
Prados de San Juan Ixtacala	43	2-B
RIO MAYO AV.		
C. H. Real del Moral	98	4-C
Dr. Alfonso Ortiz Tirado	98	4-C
RIO MERCADELCO		
Argentina Poniente	82	1-F
RIO MEZCALAPA		
Cuautitlán Izc. El Globo	30	3-C
El Salado	100	6-E
Paseos de Churubusco	98	4-B
RIO MICHIGAN		
Valle de San Lorenzo	124	3-C
RIO MIÑO		
Jardines de Morelos	47	2-E
RIO MIRAFLORES		
Tlalpizahuac	113	5-F
RIO MIRAMONTES		
Puente Blanco	111	5-D
RIO MISANTLA		
Cuautitlán Izc. El Globo	30	3-C
RIO MISSISSIPPI		
Ampl. Buenavista	44	4-D
Cuauhtémoc	83	5-D
Jardines de Morelos	47	2-F
La Presa	46	5-C
Ojo de Agua	44	1-C
Puente Blanco	111	5-D
San José Río Hondo	82	4-A
Valle de San Lorenzo	124	3-C
RIO MISSOURI		
Barrio San Antonio	124	2-C
Jardines de Morelos	47	2-F
Valle de San Lorenzo	124	2-C
RIO MIXCOAC		
Acuilotla	108	1-B
Canutillo	108	1-C
RIO MIXCOAC AV.		
Acacias	109	1-D
Actipan	96	6-C
Axotla	109	1-D
Crédito Constructor	109	1-D
Florida	109	1-D
Insurgentes Mixcoac	96	6-C
San José Insurgentes	96	6-C
RIO MIXTECO		
C. H. Real del Moral	98	4-B
Cuautitlán Izc. El Globo	30	3-C
El Salado	100	5-E
La Presa	68	3-C
RIO MOCORITO		
Cuautitlán Izc. El Globo	30	3-C
RIO MOCTEZUMA		
Cuautitlán Izc. El Globo	30	3-C
El Salado	100	6-E
La Magdalena Atlicpan	100	6-E
RIO MORENO		
Cuautitlán Izc. El Globo	30	3-C
RIO MORITA		
Ampl. Cristóbal Higuera	43	5-A
RIO NACOZARI		
San José Río Hondo	81	4-F
RIO NAPO		
Argentina Poniente	82	1-E
RIO NAUTLA		
Blvres. de San Cristóbal	46	1-E
Cuautitlán Izc. El Globo	30	3-C
Paseos de Churubusco	98	4-B
RIO NAZAS		
Cuauhtémoc	83	4-D
Cuautitlán Izc. El Globo	30	3-C
El Salado	100	5-D
Jardines de Morelos	47	2-E
La Presa	68	3-C
México Nuevo	55	1-D
Prados de San Juan Ixtacala	43	2-B
Puente Blanco	111	5-E
Puente Colorado	108	3-C
Valle de San Lorenzo	124	2-C
RIO NAZAS DE 2A. CDA.		
Ampl. Tulpetlac	46	5-E
Mexicalco	46	5-E
RIO NECAXA		
Paseos de Churubusco	98	4-B
RIO NEGRO		
Texalpa	46	6-E
RIO NEVA		
Cuauhtémoc	83	4-E
Cuauhtémoc	83	5-E
Escalerilla	114	5-D
RIO NEXAPA		
C. H. Real del Moral	98	4-B
RIO NIAGARA		
Cuauhtémoc	83	5-D
RIO NILO		
Ampl. Buenavista	44	4-C
Ampl. Buenavista	44	4-D
Cuauhtémoc	83	5-D
Jardines de Morelos	47	2-F
La Presa	46	6-C
Puente Blanco	111	5-E
Puente Blanco	111	5-D
San José Río Hondo	81	4-F
Valle de San Lorenzo	124	2-C
Valle de San Lorenzo	124	3-C
RIO OMETEPEC		
Cuautitlán Izc. El Globo	30	3-C
El Salado	100	6-D
RIO OMETEPEC CIR.		
Paseos de Churubusco	98	4-B
RIO ORIENTE		
Santa María Ozumbilla	21	4-F
RIO ORO		
Ancón de los Reyes	100	5-D
Cuautitlán Izc. El Globo	30	3-C
RIO OSTUTA		
Cuautitlán Izc. El Globo	30	3-C
RIO OTEROS		
Cuautitlán Izc. El Globo	30	3-B
RIO PAMPAS		
Jardines de Morelos	47	2-E
RIO PANUCO		
Ampl. Buenavista	44	4-C
Ampl. Lomas de San Bernabé	120	2-E
Ampliación Las Torres	44	1-E
Blvres. de San Cristóbal	46	1-E
Cuauhtémoc	83	5-D
El Salado	100	5-D
Jardines de Morelos	47	2-E
La Presa	46	5-C
La Presa	68	3-C
Ojo de Agua	44	1-C
Puente Blanco	111	5-E
Rufino Tamayo	46	6-E
Zacamolpan	46	5-E
RIO PANUCO CDA.		
Ampl. Lomas de San Bernabé	120	2-E
RIO PAPAGAYO		
Blvres. de San Cristóbal	46	1-E
Cuautitlán Izc. El Globo	30	3-C
Prados de San Juan Ixtacala	43	2-A
San Francisco Chilpan	44	1-C
Valle de San Lorenzo	124	2-C
RIO PAPAGAYO CIR.		
Paseos de Churubusco	98	4-B
RIO PAPALOAPAN		
Ampl. Lomas de San Bernabé	120	2-E
Ampliación Puente Colorado	108	3-C
Ampliación Tulpetlac	46	5-E
Cuauhtémoc	83	5-E
Cuautitlán Izc. El Globo	30	3-C
Del Parque	46	5-E
El Salado	100	5-E
Jardines de Morelos	47	2-E
La Presa	46	5-C
México Nuevo	55	1-D
Nueva Rufino Tamayo	46	5-E
Prados de San Juan Ixtacala	43	2-B
San José Río Hondo	81	4-F
Valle de San Lorenzo	124	3-C
RIO PAPALOAPAN 2A. CDA.		
Ampl. Lomas de San Bernabé	120	1-E
RIO PAPALOAPAN 3A. CDA.		
Ampl. Lomas de San Bernabé	120	1-E
RIO PAPIGOCHIC		
Cuautitlán Izc. El Globo	30	4-C
RIO PARANA		
Jardines de Morelos	47	2-F
RIO PARANA Y CDA.		
Argentina Poniente	82	1-F
RIO PARRAL CIR.		
Paseos de Churubusco	98	4-B
RIO PESQUERIA CIR.		
Paseos de Churubusco	98	4-B
RIO PIAXTLA		
Ancón de los Reyes	100	5-D
El Salado	100	5-D
RIO PIAXTLA CIR.		
C. H. Real del Moral	98	4-B
RIO PICHUCALCO		
Paseos de Churubusco	98	4-B
RIO PIEDRAS		
Río Piedras	47	4-A
RIO PILCOMAYO		
Argentina Poniente	82	1-E
RIO PINTO		
Cañada	95	5-D
RIO PO		
Ampl. Buenavista	44	4-C
Cuauhtémoc	83	4-D
Jardines de Morelos	47	2-F
RIO POTOSI CIR.		
Paseos de Churubusco	98	4-B
RIO PRESAS CIR.		
Paseos de Churubusco	98	4-B
RIO PRESIDIO		
Ancón de los Reyes	100	5-D
Cuautitlán Izc. El Globo	30	4-C
RIO PURIFICACION		
Cuautitlán Izc. El Globo	30	4-B
RIO REAL DEL ORO		
Barrio San Antonio	124	2-C
RIO RHIN		
Cuauhtémoc	83	5-E
Ejidal San Isidro	30	6-E
Jardines de Morelos	47	2-F
La Presa	46	6-C
Valle de San Lorenzo	124	3-C
RIO RITA		
Viveros del Río	56	4-E
RIO RODANO		
Cuauhtémoc	83	5-C
RIO SABINAS CIR.		
Paseos de Churubusco	98	4-B
RIO SALADO		
Ampliación Puente Colorado	108	3-C
Paseos de Churubusco	98	3-B
Río Colorado	108	3-C
RIO SALINAS CIR.		
Paseos de Churubusco	98	4-B
RIO SAN ANGEL		
Guadalupe Inn	109	2-B
San Angel	109	2-B
RIO SAN ANGEL PROL.		
Atlamaya	108	3-F
RIO SAN BLAS		
La Presita	44	1-A
RIO SAN BUENAVENTURA		
Ejidos de San Pedro Mártir	135	1-F
San Lorenzo	123	4-D
RIO SAN BUENAVENTURA 1A CDA.		
San Lorenzo	123	4-D
RIO SAN BUENAVENTURA 1A PRIV		
Ejidos San Pedro Mártir	135	1-F
RIO SAN BUENAVENTURA 2A CDA		
Ejidos San Pedro Mártir	135	1-F
RIO SAN BUENAVENTURA 2A CDA.		
San Lorenzo	123	4-D
RIO SAN BUENAVENTURA Y CDA.		
El Arenal Tepepan	123	5-A
RIO SAN JAVIER		
El Salado	100	6-D
Izcalli del Río	57	2-B
Jorge Negrete	58	5-A
U. H. CTM El Arbolillo	57	5-F
U.H. CTM El Arbolito	58	5-A
Viveros del Río	56	4-E
RIO SAN JAVIER RT.		
Jorge Negrete	58	5-A
RIO SAN JOAQUIN		
Ampliación San Sebastián	100	5-E
El Salado	100	5-E
RIO SAN JOAQUIN AV.		
Ampl. Granada	82	3-E
Ampl. Popo	83	4-B
Anáhuac	83	4-B
Diez de Abril	82	3-E
Francisco I. Madero	82	3-E
Granada	83	4-B
Irrigación	82	3-E
Pensil Sur	83	4-B
Popo	83	4-B
Tata Lázaro	82	3-E
U. H. Loma Hermosa	82	3-E
U. H. Lomas de Sotelo	82	3-E
Unidad Legaria	82	3-E
RIO SAN JOAQUIN CALZ.		
México Nuevo	82	2-F
San Joaquín	82	2-F
RIO SAN JOAQUIN CDA. Y PRIV.		
San Joaquín	82	2-F
RIO SAN JOAQUIN Y PRIV.		
La Presa	46	5-C
RIO SAN JOAQUIN Y RT.		
U. H. CTM El Arbolillo	57	4-F
RIO SAN JUAN		
Ampl. Lomas de San Bernabé	120	2-E
RIO SAN JUAN DEL RIO		
Izcalli del Río	57	2-B
RIO SAN LORENZO		
Cuautitlán Izc. El Globo	30	4-C
RIO SAN LORENZO 1A. CDA.		
Lomas San Lorenzo	111	6-D
RIO SAN LUCAS		
Barrio Xaltocan	136	2-F
Oriente	136	4-F
San Lucas Xochimanca	136	4-F
RIO SAN PEDRO CIR.		
C. H. Real del Moral	98	3-B
RIO SAN PEDRO Y RT.		
U. H. CTM El Arbolillo	58	4-A
RIO SAN SALVADOR		
Santiago Atlaltongo	23	5-D
RIO SANTA CLARA		
San Francisco Chilpan	31	6-C
RIO SANTA COLETA		
Puente Blanco	111	5-D
RIO SANTA FE		
Ampliación La Cebada	95	5-C
RIO SANTA MARIA		
C. H. Real del Moral	98	3-B
RIO SANTA MARIA Y RT.		
U. H. CTM El Arbolillo	58	4-A
RIO SANTA TERESA CDA.		
Santa Teresa	121	1-D
RIO SANTIAGO		
La Presa	68	4-C
Santiago Tepalcatlalpan	136	3-D
RIO SANTIAGO AV.		
La Presita	44	1-A
RIO SATEVO CIR.		
Paseos de Churubusco	98	4-B
RIO SECO		
Cuautitlán Izc. El Globo	30	4-C
Chitchitcáspatl	121	6-B
El Salado	100	6-D
La Magdalena Petlacalco	135	5-C
La Presa	68	3-C
San Andrés Totoltepec	135	3-D
RIO SENA		
Cuauhtémoc	83	4-D
Jardines de Morelos	47	2-F
La Presa	46	5-C
Valle de San Lorenzo	124	2-C
RIO SINALOA		
Cuautitlán Izc. El Globo	30	4-C
Prados de San Juan Ixtacala	43	2-B
RIO SONORA		
Cuautitlán Izc. El Globo	30	4-C
La Presita	44	1-A
RIO SONORA CIR.		
C. H. Real del Moral	98	3-B
RIO SONOYTA		
Cuautitlán Izc. El Globo	30	4-C
El Salado	100	5-E
RIO SORDO		
Cuautitlán Izc. El Globo	30	4-C
RIO SOTO LA MARINA		
Cuautitlán Izc. El Globo	30	4-C
El Salado	100	5-E
La Magdalena Atlicpan	100	5-E
Valle de San Lorenzo	124	2-C
RIO SOTO LA MARINA AV.		
C. H. Real del Moral	98	4-B
Paseos de Churubusco	98	4-B
U. H. Real del Moral	98	4-B
RIO SUCHIATE		
Cuautitlán Izc. El Globo	30	4-C
El Salado	100	6-E
El Salado	100	5-E
Jardines de Morelos	47	2-F
Prados de San Juan Ixtacala	43	2-B
RIO TACAMBARO CIR.		
Paseos de Churubusco	98	4-B
RIO TAMAZULA CIR.		
C. H. Real del Moral	98	3-B
RIO TAMESI		
Cuautitlán Izc. El Globo	30	4-C
El Tejocote	68	4-B
RIO TAMESI CIR.		
Paseos de Churubusco	98	4-B
RIO TAMESIS		
Cuauhtémoc	83	5-E
La Presa	46	5-C
Prados de San Juan Ixtacala	43	2-A
RIO TAMUIN		
Cuautitlán Izc. El Globo	30	4-C
RIO TECOLUTLA		
Cuautitlán Izc. El Globo	30	3-C
Prados de San Juan Ixtacala	43	2-B
RIO TECOLUTLA AV.		
C. H. Real del Moral	98	4-B
Paseos de Churubusco	98	4-B
U. H. Real del Moral	98	4-B
RIO TEHUANTEPEC		
Ampl. Lomas de San Bernabé	120	2-E
Prados de San Juan Ixtacala	43	2-B
RIO TEMPOAL		
Cuautitlán Izc. El Globo	30	4-C
RIO TEPOTZOTLAN		
Cuautitlán Izc. El Globo	30	3-C
RIO TEQUIXQUIAC CIR.		
Paseos de Churubusco	98	4-A
RIO TIBER		
Ampl. Buenavista	44	4-D
Cuauhtémoc	83	5-D
Escalerilla	114	5-D
Jardines de Morelos	47	2-F
La Presa	46	6-C
RIO TIGRIS		
Cuauhtémoc	83	4-D
Jardines de Morelos	47	2-E
RIO TITLA PTE. 2A. PRIV.		
Rinconada San Pablo	136	2-D
RIO TLACOTALPAN		
Paseos de Churubusco	98	4-B
RIO TLACOTALPAN Y CDA.		
Argentina Poniente	82	1-E
RIO TLALNEPANTLA		
Jardines de Morelos	47	2-F
San Andrés Atenco	56	3-D
RIO TLALNEPANTLA AV.		
Izcalli del Río	57	2-B
RIO TLAPANECO		
C. H. Real del Moral	98	4-B
RIO TOLIMAN		
Cuautitlán Izc. El Globo	30	3-C
RIO TOMELLIN CIR.		
Paseos de Churubusco	98	4-A
RIO TONALA		
Blvres. de San Cristóbal	46	1-E
Cuautitlán Izc. El Globo	30	3-C
RIO TONALA CIR.		
Paseos de Churubusco	98	4-B
RIO TOTOLICA		
Naucalpan de Juárez	69	6-B
Parque Industrial Naucalpan	69	6-B
RIO TOTOLINCA		
Parque Industrial Naucalpan	69	6-B
RIO TOTOLINGA		
Los Cuartos II	81	2-C
Minas del Coyote	81	3-B
RIO TULA		
Blvres. de San Cristóbal	46	1-E
Cuautitlán Izc. El Globo	30	3-C
Izcalli del Río	57	2-B
La Presa	46	5-C
Nueva San Rafael	81	2-F
RIO TURBIO		
Valle de San Lorenzo	124	3-C
RIO TUXPAN		
Blvres. de San Cristóbal	46	1-E
Prados de San Juan Ixtacala	43	2-B
Valle de San Lorenzo	124	2-C
Valle de San Lorenzo	124	3-C
RIO TUXPAN AV.		
Paseos de Churubusco	98	4-B
RIO URIQUE		
C. H. Real del Moral	98	4-B
RIO URUGUAY		
Argentina Poniente	82	1-F
RIO USSURI		
Cuauhtémoc	83	4-D
RIO USUMACINTA		
Ampl. Buenavista	44	4-D
Ampl. Lomas de San Bernabé	120	2-D
Ampl. Lomas de San Bernabé	120	2-E
Ampliación Las Torres	44	1-E
Cuauhtémoc	83	5-E
El Salado	100	6-D
Jardines de Morelos	47	2-F
Puente Blanco	111	5-E
Revolución	101	2-C
Valle de San Lorenzo	124	2-C
RIO USUMACINTA AND.		
El Salado	100	6-E
RIO UXPANAPA		
El Salado	100	6-E
RIO VALLES		
El Salado	100	5-E
RIO VERDE		
Ampl. Tulpetlac	46	6-E
Ampliación Tulpetlac	46	5-E
El Salado	100	5-E
Jardines del Molinito	82	1-B
Lomas de Bellavista	55	6-F
Luis Echeverría	31	5-A
Prados de San Juan Ixtacala	43	2-A
Valle de San Lorenzo	124	2-C
Viveros del Río	56	4-E
RIO VERDE CIR.		
C. H. Real del Moral	98	4-B
RIO VIEJO AV. Y CDA.		
San Juan de Aragón	72	6-B
RIO VILLA ALTA		
Paseos de Churubusco	98	4-A
RIO VINASCO		
La Presa	46	6-C
RIO VOLGA		
Ampliación Puente Colorado	108	3-D
Cuauhtémoc	83	5-D
Jardines de Morelos	47	2-E
RIO XALAPANGO		
Los Reyes San Salvador	63	2-D
RIO XALAPANGO CDA.		
San José Texopa	63	2-C
RIO YANG TSE		
Cuauhtémoc	83	4-D
RIO YAPURA		
Argentina Poniente	82	1-E
RIO YAQUI		
El Salado	100	5-E
La Presita	31	6-A
La Presita	44	1-A
Prados de San Juan Ixtacala	43	2-B
Valle de San Lorenzo	124	2-C
RIO YAUTEPEC		
Viveros del Río	56	4-E
RIO ZAPE		
Paseos de Churubusco	98	4-B
RIO ZITACUARO		
C. H. Real del Moral	98	4-B
RIO ZULA CIR.		
C. H. Real del Moral	98	4-B
RIOBAMBA		
Lindavista	71	3-C

Calle / Colonia	Plano	Coordenadas
Magdalena de las Salinas	71	3-C
U. Revolución IMSS	71	3-C
RIOJA		
Residencial Zacatenco	71	1-C
San Pedro Zacatenco	71	1-C
RIOJAS DE COLOSIO DIANA L.		
Luis Donaldo Colosio	33	3-D
RIOJAS VDA. DE COLOSIO CDA.		
Cerro del Marqués	127	6-B
RIOS CAMILO		
Ejército de Ote. Z. Peñón	99	6-C
RIOS DOMINGO C 1 2 3 Y 4		
U. H. Vicente Guerrero	111	1-E
RIOS ELIZONDO ROBERTO		
Olivar de los Padres	108	4-C
RIOS GRAL.		
Paraje San Juan	111	4-D
RIOS MIGUEL C 1 2 Y 3		
U. H. Vicente Guerrero	111	1-E
RIOTITLA PRIV.		
La Concha	136	3-E
RIOTITLA Y 2 CDAS.		
La Concha	136	2-D
RIPOLL		
Pueblo Los Reyes	109	4-F
RIQUELME GRAL. Y CDA.		
Siete de Noviembre	84	1-C
RISCO		
Ampliación La Cañada	95	4-D
Ampliación Vista Hermosa	56	6-C
Juan González Romero	72	1-A
La Cascada	96	6-A
RISCO ALTO		
Balcones del Valle	56	2-C
RISCO BAJO		
Balcones del Valle	56	2-C
RISCO DEL		
Estado de Hidalgo	108	1-B
Jardines del Pedregal	109	6-A
Pedregal Santa Ursula Xitla	122	6-D
RISCO DEL AV.		
Cuauhtémoc	59	5-A
El Risco	59	5-A
Marina Nacional	59	5-A
RISCO DEL Y CDA.		
Jardines del Pedregal	108	6-F
RISCO EL		
Lomas de Bellavista	56	6-A
RISCO EL MIRADOR		
Balcones del Valle	56	2-C
RISCOS		
Izcalli San Pablo	20	6-B
RISCOS DE LOS		
Zona Res. Acueducto de Gpe.	57	5-E
RITA PRIV.		
Churubusco	110	2-A
RIVA PALACIO		
Filiberto Gómez	100	1-B
Guerrero	84	3-B
Progreso de Oriente	100	1-B
San Lorenzo	57	4-A
Tlalnepantla	57	4-A
RIVA PALACIO C. CRNEL. GOB.		
Granjas Valle de Guadalupe	72	1-E
RIVA PALACIO CARLOS GOB.		
Las Armas	69	6-E
RIVA PALACIO MANUEL		
Barrio Alfareros	87	4-C
Barrio Vidrieros	87	4-C
RIVA PALACIO MARIANO		
Barrio Tejedores	87	4-C
Barrio Vidrieros	87	4-C
Ejército del Trabajo	101	2-B
Manuel Romero de Terreros	109	3-D
RIVA PALACIO VICENTE		
Agua Azul	86	5-A
Aurorita	98	2-F
Ciudad Satélite	69	2-A
Del Sol	86	5-A
Estado de México	86	5-A
Juárez Pantitlán	98	2-F
Maravillas	86	5-A
Maravillas Secc. Central	86	5-A
México II	98	2-F
México III	98	2-F
México Nuevo	55	1-E
Nueva Juárez Pantitlán	98	2-F
Nueva Juárez Pantitlán II	98	2-F
Nueva Juárez Pantitlán III	98	2-F
Pavón	98	2-F
Pavón Secc. Silvia	98	2-F
San Andrés Totoltepec	135	3-D
RIVAPALACIO V.		
Ampliación Benito Juárez	58	4-B
RIVAS DE CDA.		
Acolman de Nezahualcóyotl	36	3-C
RIVAS FRANCISCO		
Obrera	84	6-A
RIVAS GENOVEVO		
San Felipe de Jesús	72	2-D
RIVAS GUILLEN GENOVEVO		
Héroes de la Revolución	82	5-B
RIVAS JORGE A. Y PRIV.		
Cacama	110	1-D
RIVAS MARTINEZ PABLO L.		
Escuadrón 201	110	1-E
RIVELINO		
Tepetitlán	50	4-C
RIVER PLATE		
Arboledas del Sur	123	3-B
RIVERA		
Ampliación Los Alpes	108	2-F
Ermita	108	4-F
Jards. Pedregal de Sn Angel	122	2-B
Paraje La Herradura	150	2-A
San Lorenzo Totolinga	81	1-E
Tizapán	108	4-F
RIVERA ANTONIO		
Tultitlán	31	2-C
RIVERA ANTONIO MANUEL		
Centro Ind. Tlalnepantla	56	3-F
RIVERA AURELIANO		
San Angel	109	3-B
San Angel Inn	109	3-B
Santo Tomás Ajusco	147	1-E
Villa Obregón	109	3-B
RIVERA AURELIANO CDA.		
Santo Tomás Ajusco	147	1-E
RIVERA AURELIANO DE 2A. CDA.		
Santo Tomás Ajusco	147	2-E
RIVERA AURELIO		
Chilpa	44	1-B
Mariano Escobedo	44	1-B
RIVERA C. JOSE		
Moctezuma 1a. Secc.	84	5-F
RIVERA CAMBAS M ING Y 5 RTS		
Jardín Balbuena	84	5-E
RIVERA CAMBAS MANUEL		
Ciudad Satélite	69	2-A
RIVERA CDA.		
San Lorenzo Totolinga	81	1-E
Valle del Sur	110	2-D
RIVERA CURRO		
San Isidro La Paz	42	1-A
RIVERA DE CUPIA		
Lomas Reforma	95	3-B
Real de las Lomas	95	3-B
RIVERA DE ECHEGARAY CIR.		
Rivera de Echegaray	69	4-D
RIVERA DE LA		
Lomas de Bellavista	55	5-F
RIVERA DE LOS PINOS		
Escalerilla	114	6-D
RIVERA DEL RIO		
San Pablo Xalpa	70	1-B
RIVERA DIEGO		
Buenavista	112	5-B
Campiña de Aragón	60	4-A
Ciudad Satélite	69	1-D
Ej. Santa María Aztahuacán	112	1-A
El Reloj	110	6-A
El Reloj	110	6-B
La Conchita Zapotitlán	125	3-B
Pantitlán	98	1-D
Rufino Tamayo	46	6-E
San Angel Inn	109	3-A
San Angel Inn	109	2-A
San Miguel Teotongo	113	2-A
San Santiago Tepetlapa	110	6-A
Tlacopac	109	2-A
U. H. E. Zapata ISSSTE	76	3-C
U. Pedro Ojeda Paullada	73	3-B
Universal	81	1-E
RIVERA DIEGO 2 CDAS.		
San Pablo Tepetlapa	110	6-A
RIVERA DIEGO CDA.		
Tultepec	19	3-B
RIVERA DIEGO PRIV.		
La Conchita Zapotitlán	125	4-B
RIVERA F.		
Carmen Serdán	110	6-F
RIVERA FERNANDEZ RAMON		
Presidentes Ejidales	110	6-C
U. H. San Fco. Culhuacán	110	6-C
RIVERA LA		
Altavista	113	1-F
RIVERA LA CJON.		
Lomas de Atlicpan	100	6-F
RIVERA LIBRADO		
Santa Martha Acatitla Sur	112	1-C
Santiago Teyahualco	32	1-C
RIVERA MARIN RUTH 3 CDAS.		
Ampliación Miguel Hidalgo	121	6-F
RIVERA MIRANDA ALFONSO		
Presidentes Ejidales	110	5-C
RIVERA VELADOR ADOLFO		
Santa Cecilia	125	5-E
RIVERA VIRGINIA		
San Luis Tlaxialtemalco	138	2-B
RIVERA Y CJON. Y CDA.		
San Francisco Tlalnepantla	149	4-D
RIVERO		
La Magdalena Petlacalco	135	5-C
Morelos	84	2-C
RIVERO 2 CDAS.		
Morelos	84	3-C
RIVERO AURELIO 2 CDAS. Y 2RT		
Santa María Chiconautla	34	4-E
RIVERO AURELIO PROL.		
Santa María Chiconautla	34	4-E
RIVERO CDA.		
La Magdalena Petlacalco	135	5-C
ROA BARCENAS		
Magdalena Mixhuca	97	1-D
ROA BARCENAS JOSE		
Ciudad Satélite	69	2-B
ROA BARCENAS JOSE MARIA		
Obrera	97	1-A
Vista Alegre	97	1-A
ROA BARCENAS PROL. Y 2 CDAS.		
Artes Gráficas	97	1-C
ROANOVA VARGAS ANTONIO		
Zona Escolar	57	3-F
ROBALO		
PROFOPEC Polígono 2	60	5-D
ROBELO CECILIO		
Jardín Balbuena	84	5-D
Merced Balbuena	84	5-D
ROBELO CECILIO 3 RTS.		
Jardín Balbuena	84	6-E
ROBELO CECILIO DE 5 RT.		
Jardín Balbuena	84	5-E
ROBELO CECILIO DE 7 RT.		
Jardín Balbuena	84	5-E
ROBELO CECILIO RTS. 1 A 28		
Jardín Balbuena	84	5-E
ROBERTS NICOLAS LUIS		
Fuego Nuevo	111	4-A
ROBIN RICHARD O.		
Granjas de San Cristóbal	33	5-A
ROBINSON		
La Conchita Zapotitlán	125	3-C
ROBINSON TOMAS Y CJON.		
La Conchita Zapotitlán	125	4-C
ROBLE		
Ampl. Alfredo V. Bonfil	43	5-B
Ampl. El Chaparral	56	3-A
Ampl. Tlacoyaque	107	6-E
Ampliación El Chaparral	56	3-A
Ampliación San Agustín	100	3-C
Arboledas de Aragón	73	3-B
Avándaro	127	1-B
Barranca de Guadalupe	112	5-C
Barrio Fundidores	87	2-E
Barrio La Tabla	137	3-C
Bosque del Pedregal	121	6-B
Bosque del Pedregal	134	1-B
Bosques de Primavera	43	1-B
Bosques de San Lorenzo	76	1-B
Bosques de la Magdalena	113	1-F
Campestre Liberación	42	3-D
Consejo Agrarista Mexicano	111	5-F
Cuauhtémoc	108	6-B
Del Bosque	58	2-A
Ejidos de San Cristóbal	33	5-E
Ejidos de San Cristóbal	33	6-E
El Manto	111	2-B
Fracc. San Andrés	63	2-B
Garcimarrero	95	6-C
Hank González	59	1-C
Jardines de Ecatepec	47	3-B
Jardines de Santa Cruz	19	2-B
L. I. Campos de Jiménez	81	2-C
La Concepción	49	1-E
La Palma	59	1-D
La Palma	56	1-F
Las Huertas	81	1-D
Las Peñitas	43	3-D
Loma Linda	82	1-A
Lomas El Olivo	94	4-D
Lomas de Cuilotepec	121	6-C
Lomas de Cuilotepec	121	6-B
Lomas de San Bernabé	120	1-F
Los Bordos	46	6-A
Los Olivos	100	3-C
Mirador	93	3-D
Palmillas	113	5-B
Plutarco Elías Calles	114	5-F
Primavera	135	1-A
San Antonio	22	3-B
San José de los Cedros	94	6-B
San José del Jaral	43	1-D
San Juan	138	2-B
San Juan Xalpa	111	5-B
San Luis Tlatilco	82	1-A
San Miguel Teotongo	113	4-A
Santa María La Ribera	83	3-F
Tabla Honda	57	2-C
Tlatel Xochitenco	87	2-C
Torres del Potrero	108	5-A
Tultitlán	31	4-D
U. H. Mirador del Conde	41	3-F
Valle Verde	114	6-D
Valle de los Pinos	56	4-D
Valle de los Pinos	100	6-B
Vergel Coapa	123	2-C
Vista Hermosa	46	1-D
Xochimilco	137	2-C
ROBLE AND.		
Loma Cebada	94	2-D
ROBLE CDA.		
La Palma	135	3-F
ROBLE DE 2A. CDA.		
La Palma	135	3-F
ROBLE DEL		
Los Morales	18	4-B
ROBLE DEL CDA.		
El Molino	127	2-D
Valle del Sur	110	2-E
ROBLE EL		
Acolman de Nezahualcóyotl	36	2-D
ROBLE Y CDA.		
El Manto	111	2-C
ROBLEDAL DEL		
Lomas de San Mateo	68	4-E
ROBLEDO JUAN DE DIOS (C. 33)		
U. Santa Cruz Meyehualco	112	3-A
ROBLEDO TERESA		
Benito Juárez	59	3-B
ROBLES		
Ampl. Bosques de Ixtacala	43	1-B
Bosques de Ixtacala	43	1-A
Bosques de Morelos	30	4-B
El Bosque	46	5-F
Ixtapaluca Izcalli	114	6-B
Ixtapaluca Izcalli	114	6-A
Ixtlahuacan	112	3-F
Jalalpa El Grande	108	1-A
La Arboleda	57	4-E
La Floresta	113	1-B
PROFOPEC Polígono 5	60	5-C
San José de las Palmas	101	6-B
San Miguel	127	5-F
Techachaltitla	101	6-A
Unidad El Piru	95	5-E
Villa de las Flores	32	3-F
ROBLES ANTONIO DE		
Ciudad Satélite	69	1-A
ROBLES BENJAMIN		
Revolución	63	5-A
San Mateo	63	5-A
ROBLES CDA.		
Ejidos de San Cristóbal	33	5-F
ROBLES DE LOS		
Jardines de San Mateo	68	4-F
ROBLES DE LOS AV.		
Prados de Ecatepec	20	3-A
U. H. INFONAVIT La Isla	20	3-A
ROBLES DOMINGUEZ ALFREDO AV.		
Guadalupe Insurgentes	71	6-C
Industrial	71	6-C
Vallejo	71	6-C
ROBLES GRAL.		
Lázaro Cárdenas	73	6-A
ROBLES LOS		
Palmatitla	58	2-C
Vergel de las Arboledas	56	1-B
ROBLES MAURILIO		
Paraje Zacatepec	112	1-C
ROCA		
Cerro del Judío	107	6-F
El Tanque	107	5-F
El Tenayo	57	2-E
Ixtlahuacan	112	3-F
Jardines de Morelos	47	2-F
La Cascada	96	6-A
Prados de Ecatepec	20	4-A
ROCA DE LA AND.		
Ciudad Labor	44	2-D
ROCA LA		
Tejomulco	137	4-B
ROCABRUNA JOSE		
Copilco El Alto	109	5-D
ROCALLOSAS DE LAS RT.		
Parque Residencial Coacalco	33	6-A
ROCAS		
Jardines del Pedregal	109	6-A
ROCAS DE LAS AV.		
Lomas de Cantera	69	6-B
Parque Industrial Naucalpan	69	6-B
ROCINANTE		
La Mancha 1a. Secc.	81	5-E
ROCIO		
Ampliación Vista Hermosa	69	1-D
Granjas Valle de Guadalupe	59	5-F
Jardines de Morelos	47	2-F
Jardines del Pedregal	108	6-F
Mirador	93	3-D
ROCIO CDA.		
La Hera	111	3-E
ROCIO DE RT.		
Jardines de Morelos	48	2-A
ROCIO DEL AND.		
Ciudad Labor	44	2-D
ROCIO EL		
Los Pastores	69	4-D
ROCIOS Y 4 PRIVS.		
Villa de las Flores	32	2-F
ROCOSAN "E"		
C. H. Jesús Sánchez y Cía	47	4-A
ROCHA FORTINO		
San José Puente de Vigas	56	6-F
ROCHA GENERAL		
San Francisco Acuautla	115	3-F
ROCHA JESUS		
Olivar del Conde 2a. Secc.	95	6-E
ROCHA JOAQUIN		
Ampl. La Olímpica	81	3-C
La Olímpica	81	3-C
ROCHA LUNA ANTONIO		
Reynosa Tamaulipas	70	3-B
ROCHA SOSTENES		
Los Rosales	44	4-A
Mariano Escobedo	31	6-B
ROCHA SOSTENES GRAL.		
Cove	96	2-A
Daniel Garza	96	2-A
Magdalena Mixhuca	97	1-D
Santiago Zapotitlán	125	3-B
ROCHE TOMAS		
Pantitlán	85	6-E
ROCHESTER		
Nápoles	96	3-C
RODEA ERASMO		
San Andrés Totoltepec	135	3-D
RODEO		
Miguel de la Madrid Hurtado	112	4-F
Miravalle	112	4-F
RODIN AUGUSTO		
Ampliación Nápoles	96	4-C
Ciudad Satélite	69	1-D
Ciudad de los Deportes	96	4-C
Insurgentes Extremadura	96	4-C
Insurgentes Mixcoac	96	4-C
Nochebuena	96	4-C
San Juan	96	4-C
RODIN AUGUSTO 1A. CDA.		
San Juan	96	5-C
RODIN AUGUSTO Y CDA.		
Insurgentes Mixcoac	96	6-C
RODO ENRIQUE		
Universal	81	1-E
RODO JOSE ENRIQUE		
Moderna	97	3-B
RODODENDROS		
Ampliación San Marcos Norte	136	1-E
RODRIGUEZ A. L. GRAL. CJON.		
La Conchita Zapotitlán	125	4-B
RODRIGUEZ A. M. ING.		
Cuautitlán Izc. Atlanta	30	3-E
RODRIGUEZ ABELARDO		
Ampliación Los Reyes	113	2-B
Ampliación Malacates	45	4-B
Benito Juárez	43	6-E
Darío Martínez	113	6-E
El Jardín	88	3-D
Emiliano Zapata	60	5-A
La Conchita Zapotitlán	125	4-B
Santiago Cuautlalpan	88	4-E
Santiago Cuautlalpan	88	4-D
Vicente Guerrero 1a. Secc.	41	1-E
RODRIGUEZ ABELARDO 1A. CDA.		
Ampliación Miguel Hidalgo	122	6-A
RODRIGUEZ ABELARDO CDA.		
Santiago Cuautlalpan	88	3-E
RODRIGUEZ ABELARDO GRAL.		
Lázaro Cárdenas	73	5-B
RODRIGUEZ ABELARDO L.		
Ampliación Vicente Villada	99	3-E
La Conchita Zapotitlán	125	4-B
Pensil	82	3-F
Presidentes	95	5-D
San Juan Ixtayopan	139	4-A
Vicente Villada	99	3-E
RODRIGUEZ ABELARDO L. CDA.		
La Conchita Zapotitlán	125	4-C
Presidentes de México	111	5-E
RODRIGUEZ ABELARDO L. GRAL.		
Presidentes de México	111	4-E
RODRIGUEZ ABELARDO L. PDTE.		
Albarrada	111	1-D
Eva Sámano de López Mateos	111	1-D
Progresista	111	1-D
RODRIGUEZ AGUSTIN		
Ciudad Satélite	69	1-A
RODRIGUEZ ARENA CAPITAN		
Pantitlán	85	6-D
RODRIGUEZ CANO CDA.		
San Mateo Tlaltenango	107	4-C
RODRIGUEZ CASTAÑEDA FCO.		
Granjas San Antonio	110	1-E
RODRIGUEZ CIRO		
Filiberto Gómez	100	1-B
RODRIGUEZ DEL TORO LAZARIN M		
Centro	84	4-B
RODRIGUEZ ELIAS		
Pantitlán	98	1-E
RODRIGUEZ FRANCISCO POLO		
El Rosario	124	2-E
RODRIGUEZ GONZALEZ JOSE		
Jacarandas	111	2-F
RODRIGUEZ HILARIO		
Héroes de la Revolución	82	5-A
RODRIGUEZ J MA GRAL Y 2 CDAS		
Constitución de 1917	111	2-E
RODRIGUEZ J. M. C 1 2 3 Y 4		
U. H. Vicente Guerrero	111	2-E
RODRIGUEZ JESUS C 1 2 Y 3		
U. H. Vicente Guerrero	111	2-E
RODRIGUEZ JOSE		
Ejército de Ote. Z. Peñón	99	6-C
RODRIGUEZ JUAN		
El Potrero CTM 19	33	2-B
RODRIGUEZ JUAREZ J.		
Tepotzotlán	4	5-C
RODRIGUEZ JUAREZ JUAN		
Tepotzotlán	4	5-C
RODRIGUEZ LEYVA ANGEL AV.		
El Capulín	114	6-C
Loma Bonita	114	6-C
Santo Tomás	114	6-C
RODRIGUEZ LORENZO		
Ciudad Satélite	69	1-B
San José Insurgentes	96	6-C
RODRIGUEZ LOS		
San Andrés de la Cañada	46	5-A
RODRIGUEZ LOZANO MANUEL		
U.H. Emiliano Zapata ISSSTE	76	3-C
RODRIGUEZ LUIS C 1		
U. H. Vicente Guerrero	111	1-D
RODRIGUEZ LUIS C 2		
U. H. Vicente Guerrero	111	1-D
RODRIGUEZ MARCOS		
Presidentes Ejidales	110	5-C
RODRIGUEZ MARIANA		
Carmen Serdán	110	6-F
RODRIGUEZ MATIAS		
Constitución de 1917	111	2-D
RODRIGUEZ MORENO		
Ampl. Estado de Hidalgo	108	1-B
RODRIGUEZ PASCACIO Y CDA.		
La Palma	135	3-E
RODRIGUEZ PUEBLA		
Centro	84	4-C
RODRIGUEZ R.		
Ampl. La Olímpica	81	4-B
RODRIGUEZ RAFAEL ING.		
Residencial San Antonio	63	2-C
RODRIGUEZ RICARDO PROL.		
Ampl. La Olímpica	81	4-B
Veinte de Noviembre	81	4-B
RODRIGUEZ ROBERTO		
U. H. Vicente Guerrero	111	1-D
RODRIGUEZ ROBERTO C 1 2 Y 3		
U. H. Vicente Guerrero	111	2-F
RODRIGUEZ SABINO		
Unidad Hab. Independencia	108	4-E
RODRIGUEZ SARO		
Acacias	109	1-D
Del Valle	109	1-D
RODRIGUEZ VICENTE		
Lindavista	114	6-C
ROEDER RALPH		
Iztaccíhuatl	97	3-B
ROJAS GONZALEZ FRANCISCO		
Ermita	110	1-B
Vista Alegre	97	1-C
ROJAS LUIS MANUEL AV.		
Constitución de 1917	111	2-E
ROJAS M.		
Independencia	97	5-A
San Simón Ticumac	97	5-A
ROJAS MANUEL LUIS		
Constituyentes de 1917	94	1-D
ROJAS MAXIMO		
Plutarco Elías Calles	83	2-D
ROJAS SIMON		
Emiliano Zapata	127	1-B

Calle / Colonia	Plano	Coordenadas
ROJAS Y 2 CDAS.		
San Simón Tolnáhuac	84	1-A
ROJO AND.		
Ampl. La Olímpica	81	4-B
ROJO GOMEZ		
Granjas Cabrera	124	3-E
San Andrés Atenco	56	3-D
San Isidro La Paz	29	6-B
Santiago Atepetlac	57	5-E
ROJO GOMEZ 2 RTS.		
Agrícola Oriental	98	2-D
ROJO GOMEZ CDA.		
San Andrés Atenco	56	4-D
ROJO GOMEZ J. LIC. 2DA. CDA.		
Barrio San Miguel	111	1-B
ROJO GOMEZ JAVIER		
Agrícola Oriental	98	4-C
Barrio San Miguel	111	1-B
Barrio San Pablo	111	1-B
Barrio San Pedro	111	1-B
Dr. Alfonso Ortiz Tirado	98	4-C
Ejido San Agustín Atlapulco	100	4-C
Guadalupe del Moral	98	4-C
Jorge Jiménez Cantú	28	3-F
Leyes de Reforma	98	4-C
Paraje Tecorrales	98	4-C
Plan de Ayala	81	4-E
San Pablo Oztotepec	150	5-D
U. H. Cuchilla del Moral II	98	4-C
Z. Res Paseos de Churubusco	98	4-C
ROJO GOMEZ JAVIER AV. PROL.		
El Molino	111	2-B
ROJO GOMEZ JAVIER LIC. CDA.		
Agrícola Oriental	98	4-C
ROJO MARIA ANTONIETA		
Campestre El Potrero	113	5-C
ROLDAN		
Centro	84	5-C
ROLDAN ANTONIO		
La Olímpica	81	3-C
ROLDAN ANTONIO PROL.		
La Olímpica	81	3-B
ROLDAN BULMARO		
Ahuehuetes	56	1-C
ROLDAN PILAR		
La Olímpica	81	3-B
ROLDAN PIOQUINTO C 1 2 Y 3		
U. H. Vicente Guerrero	111	1-F
ROLON JOSE		
El Tepetatal	45	6-B
ROMA		
Ampliación Vicente Villada	99	3-D
Bellavista	56	5-A
Francisco Villa	56	3-C
Izcalli Pirámide	57	3-C
Juárez	83	5-E
Metropolitana 3a. Secc.	99	3-D
San Sebastián Xolalpa	24	4-E
Valle Dorado	56	2-D
ROMA 1960		
U. H. Olímpica	122	2-E
ROMAN JUAN		
Tultitlán	31	2-C
ROMAN M. CORNELIO		
Benito Juárez	97	4-E
ROMANA		
El Olivo II	44	5-A
ROMANO LEOPOLDO 1A. CDA.		
Manzanastitla	107	1-B
ROMANO LEOPOLDO 2A. CDA.		
Manzanastitla	107	1-A
ROMANOS		
Victoria	96	4-A
ROMERO		
Dr. Ignacio Capetillo	28	6-D
Niños Héroes de Chapultepec	97	4-B
San José del Jaral	43	2-D
ROMERO ALBERTO		
Ampl. Alfredo V. Bonfil	43	5-B
ROMERO ALFONSO		
La Colmena	42	1-B
ROMERO DE CDA.		
Ampl. La Forestal	45	5-C
ROMERO DE TERREROS P. 2 CDAS		
Del Valle	96	3-E
ROMERO DE TERREROS PEDRO		
Del Valle	96	3-D
Narvarte	96	3-D
San Lorenzo Huipulco	123	3-A
ROMERO DE VALLE EMILIA		
Lorenzo Boturini	84	6-D
Merced Balbuena	84	6-D
ROMERO EPIFANIO ING.		
Campestre El Potrero	113	5-C
ROMERO FAUSTO		
Aragón	71	5-E
ROMERO FELIX		
Constitución de la Rep.	72	4-A
ROMERO FLORES J. 4 CDAS.		
U. H. LI Legislatura	72	4-A
ROMERO FLORES J. Y 4 CDAS.		
Constitución de 1917	111	3-E
ROMERO FLORES J. Y PRIV.		
U. H. LI Legislatura	72	4-A
ROMERO FLORES JESUS		
Constituyentes de 1917	94	1-D
ROMERO FLORES JESUS Y CDA.		
Barrio El Molino	107	1-C
ROMERO IBAÑEZ AGUSTIN		
Presidentes Ejidales	110	5-C
ROMERO JESUS C.		
Héroe de Nacozari	71	6-A
ROMERO JOSE RUBEN		
Ciudad Satélite	69	2-B
La Mexicana	95	5-C
ROMERO M.		
Barrio San Antonio	124	2-C
ROMERO MAGDALENA		
San Luis Tlaxialtemalco	138	1-B
ROMERO MAGDALENA CDA.		
Villa San Lorenzo Chimalco	100	1-C
ROMERO MARIANO		
U. H. El Risco CTM	72	1-A
ROMERO MATIAS		
Ciudad Satélite	69	1-A
Del Valle	96	5-E
Jalalpa	95	5-D
Letrán Valle	96	5-E
San Vicente Chicoloapan	88	5-C
Santa María Maninalco	70	5-B
Vértiz Narvarte	96	5-E
ROMERO MATIAS CDA.		
Del Valle	96	5-D
ROMERO MATIAS PRIV.		
Santa María Maninalco	70	5-C
ROMERO MIGUEL ANGEL		
Constitución de 1917	111	2-D
ROMERO NICOLAS		
Ampl. Francisco Sarabia	42	2-B
Arco Iris	42	2-B
Barrio de Capula	4	6-C
Barrón Centro	42	2-B
Benito Juárez	42	2-B
Cinco de Febrero	28	6-F
Condominio Maye	63	6-B
El Retiro	63	6-B
Francisco I. Madero	42	2-B
Francisco Sarabia	42	2-B
Granjas de Guadalupe	42	2-B
Guadalupe San Ildefonso	28	6-F
La Conchita	63	6-B
Loma de la Cruz	42	2-B
Los Manantiales	28	6-F
Magdalena Mixhuca	97	1-D
San Ildefonso	29	6-A
San Isidro La Paz	29	6-A
San Juan de Dios	63	6-B
San Juanito	63	6-B
Tejavanes	57	4-A
Vicente Guerrero 1a. Secc.	41	1-E
Vicente Guerrero 2a. Secc.	28	6-F
ROMERO NICOLAS 1A. CDA.		
Tepotzotlán	4	6-C
ROMERO NICOLAS CDA.		
Ampliación Emiliano Zapata	42	2-E
ROMERO NICOLAS PRIV.		
Cinco de Febrero	28	6-E
ROMERO RUBIO		
Ampl. Vicente Villada Ote.	99	4-E
Ampl. Vicente Villada Pte.	99	4-E
Vicente Villada	99	4-E
ROMITA		
Ampliación San Esteban	100	5-D
ROMITA CJON. Y 1R. CJON.		
Roma	83	5-F
ROMO ADALBERTO		
Ej. Santa María Aztahuacán	112	1-B
ROMO ANGUIANO BASILIO ING.		
Guadalupe Insurgentes	71	5-B
ROMO JOAQUIN 1A. PRIV.		
Hidalgo	122	4-C
ROMO JOAQUIN CDA.		
Cuevitas de Curamaguey	122	3-C
ROMO JOAQUIN Y 2 PRIVS.		
Barrio La Lonja	122	4-C
Cuevitas de Curamaguey	122	4-C
Miguel Hidalgo	122	4-C
ROMPEOLAS		
U. H. San Juan de Aragón	72	5-B
ROMPEOLAS DE LOS		
Zona Res. Acueducto de Gpe.	57	5-E
RONCHAMP AV.		
Los Cedros	123	1-E
RONDA DE LA		
Chiconcuac	62	1-F
RONDA DE LA CALZ.		
Ex Hipódromo de Peralvillo	84	1-B
RONDA DE SEGOVIA		
El Dorado	56	1-E
RONDALLA		
Colina del Sur	95	6-D
RONDALLA LA		
San José	125	5-F
ROOSEVELT		
Ejidos de Santiago Tepalcapa043A6		3-A
ROQUE ANSELMO		
U. José Ma. Morelos y Pavón	20	4-B
ROQUETA		
Lomas de Bezares	95	3-B
Lomas de Bezares	95	4-A
ROSA		
2a. Ampl. Stgo Acahualtepec	112	3-D
Ampl. Bosques de Ixtacala	43	2-A
Ampliación 19 de Septiembre	34	5-F
Ampliación El Chaparral	56	3-A
Ampliación El Tesoro	44	2-D
Ampliación Emiliano Zapata	127	2-C
Barrio Hojalateros	87	4-E
Caballería de Sales	34	5-F
Ejido Santa Cruz Xochitepec	136	2-C
El Capulín	114	6-C
Francisco Villa	138	3-F
Jardines de Morelos	47	1-E
La Magdalena Atlicpan	100	5-E
Las Huertas	81	1-C
Loma Encantada	113	3-D
Los Angeles	111	3-D
Los Bordos	46	6-B
San Angel Inn	109	3-A
San José del Jaral	43	3-D
San Lorenzo Xicoténcatl	99	4-C
San Miguel Teotongo	113	3-A
San Miguel Teotongo	113	4-B
Santa María Aztahuacán	112	2-C
Santa María de Guadalupe	44	3-A
Santa Rosa	101	1-E
Santa Rosa	101	2-E
Tamaulipas El Palmar	86	6-C
Tamaulipas Flores	86	6-C
Tenorios	112	5-D
ROSA AMARILLA		
Alfalfar	96	6-A
Molino de Rosas	96	6-A
Santa Rosa	30	6-C
ROSA ANGELES		
Santa Rosa	30	5-C
ROSA BLANCA		
Molino de Rosas	96	6-A
San Juan Zapotla	100	1-F
Santa Rosa	30	5-C
Santa Rosa de Lima	17	6-D
Tenorios	112	4-D
ROSA BLANCA CDA.		
Lomas de la Era	120	1-E
ROSA BLANCA PRIV.		
Lago	97	5-B
Pantitlán	98	1-E
ROSA BLANCA PROL.		
Nicanor Arvide	96	5-A
U. H. Lomas de Becerra	96	5-A
ROSA BLANCA Y CDA.		
1a. Ampl. Stgo Acahualtepec	112	2-E
ROSA BOLA		
Santa Rosa	30	5-C
Santa Rosa	30	6-C
ROSA CARMESI		
Molino de Rosas	95	6-F
Santa Rosa	30	5-C
ROSA COBRE		
Santa Rosa	30	5-C
ROSA CRISPIN DE LA CRNEL.		
Pueblo El Contadero	107	3-A
ROSA CHECA		
Ampl. Estado de Hidalgo	108	1-B
ROSA CHINA		
Molino de Rosas	96	6-A
Santa Rosa	30	6-C
ROSA DE ALEJANDRIA		
U. H. La Alborada	60	6-B
ROSA DE ATLAMICA AV.		
Santa Rosa	48	2-D
ROSA DE BENGALA		
U. H. La Alborada	60	6-B
ROSA DE BENGALA Y 2 CDAS.		
Ampliación Molino de Rosas	96	6-A
ROSA DE BORBON		
U. H. La Alborada	60	6-B
ROSA DE CASTILLA		
Alfalfar	96	6-A
Alfonso XIII	96	6-A
Lomas de Totolco	100	2-F
Lomas de la Era	107	6-F
Molino de Rosas	96	6-A
Santa Rosa	48	3-D
Santa Rosa	30	6-C
Santa Rosa	101	1-E
U. H. La Alborada	60	6-B
ROSA DE CASTILLA 2o. CJON.		
Lomas de la Era	107	6-F
ROSA DE CASTILLA CDA.		
Las Huertas	68	6-D
ROSA DE DAMASCO		
Molino de Rosas	96	6-A
U. H. La Alborada	60	6-B
ROSA DE FRANCIA		
Ampliación La Esmeralda	34	1-D
La Esmeralda	34	1-E
ROSA DE FUEGO		
Molino de Rosas	96	6-A
Santa Rosa	30	6-C
ROSA DE LA		
Barrio Las Cruces	137	4-C
Buenavista	112	6-C
Hacienda de la Luz	43	2-C
La Malinche	108	6-B
Las Peñas	111	4-F
Lindavista	114	6-C
Los Reyes Ixtacala	57	6-B
Reforma Política	112	4-C
San Mateo Huitzilzingo	140	5-C
Tierra Blanca	46	2-E
Venustiano Carranza	101	1-C
Xicalhuaca	137	2-B
ROSA DE LA 1A. CDA.		
Vicente Guerrero Zona Ej.	41	1-B
ROSA DE LA 2A. CDA.		
Vicente Guerrero Zona Ej.	41	1-B
ROSA DE LA CAPITAN		
Chalco	140	1-F
ROSA DE LA CDA.		
Cerro del Marqués	127	5-B
Cuajimalpa	107	1-C
Pedregal de Santo Domingo	109	4-E
Peña Alta	138	5-F
ROSA DE LA CJON.		
Barrio Caltongo	137	1-A
Campestre	109	2-A
Ecatepec de Morelos	46	1-E
ROSA DE LA INDIA		
U. H. La Alborada	60	6-B
ROSA DE LIMA		
Cuautepec El Alto	58	2-B
ROSA DE LOS ALPES		
U. H. La Alborada	60	6-B
ROSA DE LOS ANGELES		
Molino de Rosas	96	6-A
ROSA DE ORO		
Los Angeles Apanoaya	111	3-E
Molino de Rosas	96	6-A
Puerta Grande	108	2-C
Santa Rosa	30	5-C
ROSA DE SANTA ISABEL AV.		
Santa Rosa	48	3-D
ROSA DE SIRIA		
U. H. La Alborada	60	6-B
ROSA DEL MONTE		
U. H. La Alborada	60	6-B
ROSA ESMERALDA		
Molino de Rosas	96	6-A
Santa Rosa	30	5-C
ROSA ESTRELLA		
Molino de Rosas	96	6-A
Santa Rosa	30	6-C
ROSA FUEGO		
Santa Rosa	30	6-C
ROSA JAZMIN		
Campestre El Potrero	113	5-C
ROSA JESUS DE LA Y CDA.		
Los Cerrillos	138	3-D
ROSA LA		
Axotla	109	2-C
Florida	109	2-C
La Joya	122	5-E
Lomas Quebradas	108	6-C
Los Bordos	59	1-B
San Juan Zapotla	100	1-E
Tlalpan	122	5-E
Tlaltecahuacán	50	4-A
Xocotlán	63	5-E
ROSA LA CDA.		
Del Carmen	138	2-C
Ejidos de San Pedro Mártir	135	1-E
La Malinche	108	6-B
ROSA LA CJON. Y CDA.		
Las Peñitas	43	4-D
ROSA LA PROL.		
B. Santa Cruz Acayucan	70	5-A
ROSA LINDA		
Ampl. Santiago Acahualtepec	112	3-E
ROSA LUIS DE LA		
Constitución de la Rep.	71	4-F
Jardín Balbuena	97	1-F
Presidentes Ejidales	110	5-D
ROSA LUIS DE LA CDA.		
Presidentes Ejidales	110	5-D
ROSA MARIA		
Pantitlán	98	1-E
Santa María Tulpetlac	46	6-F
ROSA MIGUEL DE LA		
Francisco I. Madero	41	2-F
México Nuevo	42	6-E
ROSA MINIATURA		
Molino de Rosas	96	6-A
ROSA MISTICA Y CDA.		
Santa Rosa de Lima	17	6-D
ROSA MORADA		
1a. Ampl. Stgo Acahualtepec	112	2-E
ROSA MOSQUETA		
U. H. La Alborada	60	6-B
ROSA NAUTICA		
Ampliación Molino de Rosas	96	6-A
ROSA NEGRA		
Alfalfar	96	6-A
Molino de Rosas	96	6-A
Santa Rosa	30	5-C
ROSA NOISET		
U. H. La Alborada	60	6-B
ROSA NORTE Y SUR		
La Malinche	108	6-B
ROSA PERLA		
Molino de Rosas	96	6-A
Santa Cruz Xochitepec	136	2-C
Santa Rosa	30	6-C
ROSA PITIMINI		
U. H. La Alborada	73	1-B
ROSA PITIMINO		
U. H. Alborada	73	1-B
ROSA PROL.		
2a. Ampl. Stgo Acahualtepec	112	2-D
ROSA REINA		
Molino de Rosas	96	6-A
ROSA REYNA		
Santa Rosa	30	6-C
ROSA ROJA		
1a. Ampl. Stgo Acahualtepec	112	2-E
Alfalfar	96	6-A
Molino de Rosas	96	6-A
Santa Rosa	30	5-C
ROSA RUSTICA		
Santa Rosa	30	5-C
ROSA SILVESTRE		
U. H. La Alborada	60	6-B
ROSA TARTARA		
Ampliación Molino de Rosas	96	6-A
Molino de Rosas	96	6-A
ROSA TE		
Molino de Rosas	96	6-A
Santa Rosa	30	5-C
ROSA TREPADORA		
Ampliación Molino de Rosas	96	6-A
Molino de Rosas	96	6-A
U. H. La Alborada	60	6-B
ROSA VENUS		
Alfalfar	96	6-A
Molino de Rosas	96	6-A
Santa Rosa	30	5-C
ROSA VERDE Y CDA.		
Molino de Rosas	96	6-A
ROSA VIOLETA		
Santa Rosa	30	6-C
ROSA VIOLETA Y CDA.		
Molino de Rosas	95	6-F
ROSA VULCANO AV.		
Molino de Rosas	96	6-A
U. H. Batallón San Patricio	96	6-A
U. Preconcreto	96	6-A
ROSAL		
2a. Ampl. Stgo Acahualtepec	112	2-D
2o. Reac. de Tlacuitlapa	108	2-C
Almarcigo Sur	46	5-D
Ampl. Buenavista	44	4-D
Ampl. Minas Palacio	81	5-B
Campestre El Potrero	113	5-C
Casas Reales	34	4-F
Del Carmen	138	3-C
El Mirador	59	1-A
El Rosal	46	5-D
Escalerilla	114	6-D
Jesús del Monte	107	1-B
La Cañada	82	2-B
La Peñita	108	3-C
Las Huertas	68	6-D
Lomas de San Miguel	43	3-B
Los Bordos	46	6-A
Miraflores	42	2-F
Pueblo Nuevo Bajo	121	2-A
Santa María Guadalupe	44	3-A
Villas de las Palmas	42	2-F
Vista Hermosa	46	1-D
ROSAL AND.		
San Bartolomé Coatepec	93	3-F
ROSAL CDA.		
Escalerilla	114	6-D
La Carbonera	120	3-F
San Pedro Mártir	135	2-D
ROSAL DEL		
Ahuehuetes	58	2-B
Ampliación Tlacoyaque	107	6-E
Bellavista	17	5-C
Bosques de Xhala	18	4-B
Cumbres de San Mateo	68	2-E
Chimalcóyotl	122	6-E
El Molino	127	2-C
El Pedregal	46	6-D
ISSSEMYM Bosque Remedios	69	6-A
Jesús del M. Huixquilucan	94	5-B
La Candelaria Ticomán	58	5-B
La Palma	135	3-F
Lomas de San Rafael	81	2-E
Lomas de la Era	120	1-E
Nueva Rosita	97	5-F
Padre Figueroa	69	6-A
Pueblo Los Reyes	109	5-F
Pueblo San Pedro Mártir	135	1-D
Reacom. Belén de las Flores	95	3-E
San Juan Zapotla	100	1-F
San Lorenzo Tlalmimilolpan	24	5-A
San Lucas Amalinalco	128	5-D
San Martín Xico	140	2-A
Santa María Chimalhuacán	88	4-B
Tecorral	135	1-D
Tepeaca	108	2-B
Tlacoyaque	107	6-E
ROSAL DEL 2 CDAS.		
Reforma Política	112	4-C
ROSAL DEL 2A. CDA.		
Jardines de San Agustín	100	4-C
ROSAL DEL 4 CDAS.		
San Pedro Mártir	122	6-E
ROSAL DEL AV.		
Campestre El Potrero	113	5-C
Las Cruces	113	5-C
Loma Linda	82	1-A
Lomas de San Agustín	81	1-F
Los Angeles	111	3-D
Molino de Rosas	95	6-F
Olivar del Conde 1a. Secc.	95	6-F
Reacomodo Olivar del Conde	95	6-F
San Francisco Apolocalco	113	5-C
San Luis Tlatilco	82	1-A
U. H. Batallón San Patricio	95	6-F
U. H. El Paraíso FOVISSSTE	18	6-C
Unidad Hab. San Blas	18	6-D
ROSAL DEL CDA.		
Ampl. Profr. C. Higuera	43	5-A
El Molino	127	3-D
Huixquilucan de Degollado	94	5-B
Jesús del Monte	94	5-B
Lomas de San Bernabé	120	1-E
Manzanastitla	107	1-B
Minas Palacio	81	4-C
San Andrés Totoltepec	135	3-F
San Luis Tlaxialtemalco	138	1-B
San Mateo Tlaltenango	107	4-D
Santa María Tulpetlac	47	4-A
Tepeaca	108	2-B
ROSAL DEL CJON.		
San Lorenzo Tlalmimilolpan	24	5-B
ROSAL DEL PRIV. Y CDA.		
San Pedro Mártir	135	1-E
ROSAL DEL Y PRIV.		
Ex Hda. San Juan de Dios	123	4-C
ROSAL EL		
Ampliación Malacates	45	4-B
Guadalupe Victoria	33	5-C
Magdalena Atlazolpa	97	5-E
Nueva Rosita	97	5-E
Vista Hermosa	33	6-D
Vista Hermosa	4	4-B
ROSAL EL CJON.		
San Rafael Chamapa	81	2-E
ROSAL I		
San Gabriel	43	3-D
ROSAL II		
San Gabriel	43	3-D
ROSAL Y CDA.		
Nuevo Renacimiento Axalco	135	2-E
ROSALEDA		
Lomas Altas	95	3-C
ROSALEDA CDA. Y PRIV.		
Lomas Altas	95	3-D
ROSALES		
Ampl. Bosques de Ixtacala	43	1-B
Ampl. Sn Agustín Parte Baja	100	3-D
Centro	83	4-F
El Capulín	114	6-C
El Mirador	19	2-C
El Pirul	95	5-B
El Tanque	108	6-A

Calle / Colonia	Plano	Coordenadas
Guadalupe	89	3-A
La Cruz	101	1-A
Las Huertas	68	6-E
Lomas de Santa Cruz	112	5-B
Los Bordos	46	6-B
Miravalle	112	4-F
Olivar Santa María	138	3-E
Prados Iztapalapa	112	5-A
Progreso Guadalupe Victoria	33	4-C
Pueblo Los Reyes	109	4-F
San Ildefonso	29	6-B
San Isidro La Paz	29	6-B
San José de las Palmas	101	6-A
San Miguel Teotongo	113	3-A
Santa Rosa	101	1-D
Tabacalera	83	4-F
Tierra y Libertad	59	1-D
Tlazintla	97	3-E
Villa San Lorenzo Chimalco	100	1-C
Xalpa	112	4-C
ROSALES ANTONIO		
Veintiuno de Marzo	44	5-A
ROSALES ANTONIO GRAL.		
Tlapechico	95	5-B
ROSALES AV.		
San Juan Ixtacala	57	5-C
ROSALES CDA.		
Los Padres	108	6-A
Miravalle	112	4-F
San José de las Palmas	101	6-B
Santa Ursula Coapa	123	2-B
ROSALES CJON.		
Barrio San Lorenzo	137	1-A
ROSALES DE LOS AV.		
El Retiro	57	4-C
San Isidro	17	6-E
ROSALES DE LOS Y CDA.		
Bello Horizonte	31	5-E
ROSALES J.		
Cove	96	2-A
ROSALES LOS		
Del Parque	46	5-D
Las Flores	56	3-A
Villa San Lorenzo Chimalco	100	1-C
ROSALES LOS PRIV.		
Barrio La Santísima	137	1-A
ROSALES MIGUEL		
Ej. Santa María Aztahuacán	112	3-B
ROSALES NATIVIDAD		
San Lucas Patoni	57	3-E
ROSALES VICTOR		
Santa Ursula Coapa	123	2-B
ROSALES VICTOR 1A. CDA.		
Santa Ursula Coapa	123	2-A
ROSALIA		
San Felipe de Jesús	138	2-D
ROSALIA CJON.		
Tulyehualco	138	2-E
ROSARINOS		
Francisco Villa	95	4-F
Reacomodo El Cuernito	95	4-F
ROSARIO		
Artes Gráficas	84	6-C
Artes Gráficas	97	1-C
Benito Juárez	59	3-B
Boca Barranca	59	1-B
Centro	84	5-D
Francisco I. Madero	41	3-F
Jards. San Agustín 2a. Secc	100	5-C
La Joya	33	6-C
Lomas de la Estancia	112	4-F
Lorenzo Boturini	84	6-C
San Martín Xico	140	2-A
San Pedro Zacatenco	71	1-C
Santa Bárbara	70	2-B
Santo Tomás Chiconautla	34	2-D
Unidad Barrientos	44	5-A
Valle Dorado	56	2-E
Xalpa	112	5-D
Xochiaca	87	6-C
ROSARIO 1A. CDA.		
Cuautepec de Madero	58	2-A
ROSARIO 2 CDAS. Y PRIV.		
Tierra Nueva	69	2-E
ROSARIO 2A. CDA.		
Cuautepec de Madero	58	2-A
ROSARIO AV.		
San Martín Xochináhuac	70	2-A
Tierra Nueva	69	2-F
U. H. El Rosario	69	2-F
ROSARIO CDA.		
Centro	84	5-C
Cuautepec de Madero	58	2-A
ROSARIO CJON.		
San Francisco Tecoxpa	151	3-F
ROSARIO DEL		
Coatepec	102	4-F
Cuautepec de Madero	58	2-A
El Rosario	124	2-E
Francisco I. Madero	42	3-A
Santiago Cuautlalpan	16	4-C
Tabla del Pozo	59	2-A
ROSARIO DEL 1A. CDA.		
Santo Tomás	114	6-C
ROSARIO DEL 2A. CDA.		
Santo Tomás	114	6-C
ROSARIO DEL AV.		
Santa Cruz	21	6-D
Tequisistlán	49	2-A
ROSARIO DEL CDA.		
San Bartolomé Xicomulco	150	2-D
ROSARIO DEL PRIV.		
Coatepec	102	4-E
Santo Tomás Chiconautla	34	2-D
ROSARIO DEL PRIV. 1		
San Martín Xochináhuac	70	2-A
ROSARIO EL		
Club de Golf La Hacienda	43	6-C
Ex Hda Sn Nicolás Tolentino	124	3-E
Lindavista	114	6-C
Nexquipayac	49	3-B
ROSARIO EL 2 CDAS. Y CJON.		
Pueblo Santa Bárbara	70	2-C
ROSARIO EL PRIV.		
San Martín Xochináhuac	70	2-A
Tierra Nueva	69	2-F
ROSARIO EL Y CDA.		
El Rosario	138	4-F
ROSARIO Y 9 CDAS.		
Valle de Madero	58	2-A
ROSARITO		
Jardines de San Gabriel	59	6-E
ROSAS		
Ampliación Loma Linda	82	1-B
Bellavista	76	3-D
Copalera	101	3-A
Dos de Marzo	88	5-A
Ecatepec de Morelos	33	6-D
Ejidal Ampl. San Marcos	44	4-C
El Capulín	63	5-C
El Mirador	19	2-D
El Molino	127	2-C
Granjas Valle de Guadalupe	59	5-F
Hacienda Ojo de Agua	21	3-A
Hueytlalli	108	1-D
Izcalli Ecatepec	46	2-F
La Floresta	100	6-A
Las Flores	148	3-F
Loma Encantada	113	3-D
Loma de la Cruz	42	1-B
Lomas de San Bernabé	120	1-E
Lomas de San Mateo	68	3-E
Paraíso	60	1-A
San Francisco Zacango	49	1-D
San Miguel Teotongo	113	4-B
Santa Cruz Xochitepec	136	2-C
Tenorios	112	4-C
Tepetongo	122	6-B
Tlacopac	109	2-A
Villa San Agustín Atlapulco	100	3-D
Villa de las Palmas	42	3-F
Vista Hermosa	33	6-D
Xalpa	112	5-E
ROSAS 1A. CDA.		
San Francisco Culhuacán	110	3-D
ROSAS 2A. CDA.		
San Francisco Culhuacán	110	3-D
ROSAS 3A. CDA.		
San Francisco Culhuacán	110	3-E
ROSAS 4A. CDA.		
San Francisco Culhuacán	110	3-D
ROSAS AMARILLAS		
Ampl. Buenavista	44	3-D
ROSAS AV.		
Jardines de Chalco	140	1-D
ROSAS CDA.		
La Herradura	94	1-F
San Lorenzo	81	1-E
ROSAS CJON.		
Jardines del Alba	30	3-F
La Candelaria	110	5-A
ROSAS DE		
Buenos Aires	49	1-D
ROSAS DE 2 CDAS.		
Copalera	101	3-A
ROSAS DE 2A.		
Loma Encantada	113	3-D
ROSAS DE 3A. CDA.		
Copalera	100	3-F
ROSAS DE 4A. CDA.		
Copalera	100	3-F
ROSAS DE BELEN		
Belén de las Flores	95	3-E
ROSAS DE LA ROSA EUSEBIO		
Avante	110	5-C
Presidentes Ejidales	110	5-C
ROSAS DE LAS		
Acuitlapilco	88	4-A
Casas Reales	34	5-F
El Gavillero	28	5-B
Francisco I. Madero	41	3-F
Francisco I. Madero	42	2-A
Independencia	28	4-E
Izcalli Ecatepec	46	2-F
La Florida	69	3-B
La Florida Occipaco	69	3-B
La Teja	46	6-D
Los Bordos	46	6-B
San Rafael Chamapa	81	2-E
San Rafael Chamapa	81	3-C
Tlalmille	135	2-B
Torres del Potrero	108	5-A
Z. U. E. San Mateo Nopala	68	2-C
ROSAS DE LAS 1A. CDA.		
San Miguel Topilejo	149	4-B
ROSAS DE LAS 2 CDAS.		
Horizonte Petrolero	68	2-E
Vicente Guerrero 1a. Secc.	28	6-E
ROSAS DE LAS AND.		
Torres del Potrero	108	5-A
ROSAS DE LAS AV.		
Belén de las Flores	95	3-E
Ciudad Jardín	110	4-A
Country Club	82	5-B
Granjas de Guadalupe	42	1-C
Santa Cruz	21	6-D
Santa Rosa	30	5-C
Torres del Potrero	108	5-A
Valle Verde	136	3-B
Xalpa	112	4-D
ROSAS DE LAS AV. Y CDA.		
Ejército del Trabajo III	73	3-B
ROSAS DE LAS BLVD.		
Villa de las Flores	32	2-F
ROSAS DE LAS BLVR.		
Las Delias	33	2-A
Las Delicias	33	2-A
Villa de las Flores	33	2-A
ROSAS DE LAS CDA.		
Benito Juárez	41	1-F
Carlos Hank González	111	5-F
Guadalupe San Ildefonso	28	6-F
Las Flores	148	3-F
Papalotla	50	6-E
San Francisco Chilpan	44	1-C
Torres del Potrero	108	5-A
ROSAS DE LAS CJON.		
Barrio Xaltocan	137	2-A
San Jerónimo Miacatlán	152	4-A
Tlazintla	97	3-E
ROSAS DE LAS PRIV.		
San Francisco Culhuacán	110	4-D
Vicente Guerrero 1a. Secc.	41	1-E
ROSAS DE LAS Y 4 CDAS.		
Vicente Guerrero	28	6-E
ROSAS DE LAS Y CDA.		
El Rosario	124	3-E
San Miguel Topilejo	149	4-B
ROSAS DE LAS Y PRIV.		
San Miguel Topilejo	149	4-B
ROSAS DE MAYO		
Ampliación Evolución	99	2-E
Benito Juárez	99	2-E
San José Buenavista	100	2-D
ROSAS DE NAVIDAD		
Barrio San Marcos	136	2-E
ROSAS DE PRIMAVERA		
Ampl. Santiago Acahualtepec	112	3-D
ROSAS EMILIO C 1 2 Y 3		
U. H. Vicente Guerrero	111	2-E
ROSAS JOSE DE LA LUZ		
Constitución de la Rep.	71	4-F
ROSAS JUAN 3 CJONES.		
Barrio Chapultepec	136	6-F
ROSAS JUVENTINO		
Ampl. Progreso Nacional	57	6-E
Barrio San Martín	4	6-D
Dr. Jorge Jiménez Cantú	18	2-F
Ex Hipódromo de Peralvillo	84	1-C
Guadalupe Inn	109	2-B
La Nopalera	22	1-C
Lomas de Chamapa	81	3-D
Lomas de Chamapa	81	3-E
Peralvillo	84	1-C
Profr. Cristóbal Higuera	43	6-A
Progreso Nacional	57	6-E
Rufino Tamayo	46	6-E
San Isidro La Paz	29	6-A
San José	126	5-A
San Rafael Chamapa	81	2-D
Santiago Atepetlac	57	6-E
Tepotzotlán	4	3-C
Tultepec	19	3-B
Universal	81	1-D
Villa Azcapotzalco	70	5-B
ROSAS JUVENTINO 1A CDA.		
Cuautepec El Alto	58	1-B
ROSAS JUVENTINO DE 2A. CDA.		
Cuautepec El Alto	58	1-B
ROSAS JUVENTINO Y PRIV.		
Independencia	57	1-C
ROSAS LAS		
Altavista	113	1-F
Ampliación San Mateo	68	2-E
Apatlaco	97	5-E
Barrio La Rosa	67	4-C
Barrio Las Cruces	137	4-C
Barrio San Miguel	139	6-D
Ecatepec de Morelos	33	6-D
El Mirador	16	5-C
El Mirador	136	1-C
Francisco I. Madero	41	3-F
Las Margaritas	148	3-F
Loma de Chimalhuacán	100	1-F
Lomas de San Lorenzo	124	1-E
Palmitas	112	4-C
San Francisco Chilpan	44	1-C
San Isidro La Paz	29	6-A
San Rafael Chamapa	81	2-C
Vista Hermosa	29	5-A
Vista Hermosa	33	6-D
ROSAS LAS 2A. PRIV.		
San Francisco Culhuacán	110	3-D
ROSAS LAS 5A. CDA.		
San Francisco Culhuacán	110	3-D
ROSAS LAS CDA.		
Buenavista	112	4-B
Libertad	31	6-E
San Francisco Culhuacán	110	3-D
San Juan Moyotepec	137	2-D
Vicente Guerrero 1a. Secc.	41	1-E
ROSAS LAS CJON.		
San Francisco Culhuacán	110	3-D
ROSAS LAS Y PRIV.		
San Francisco Culhuacán	110	3-D
ROSAS MORENO		
Dr. Jorge Jiménez Cantú	18	2-F
Pueblo Santa Bárbara	70	3-C
San Rafael	83	4-E
ROSAS MORENO JOSE		
Ciudad Satélite	56	6-A
ROSAS MORENO PRIV.		
Dr. Jorge Jiménez Cantú	18	2-F
ROSAS MORENO Y 2a. PRIV.		
Santiago Ahuizotla	69	5-E
ROSAS ORIENTE		
Del Obrero	72	2-A
ROSAS PROL.		
San Francisco Culhuacán	110	3-D
ROSAS SIMON		
Emiliano Zapata	127	2-C
ROSAS Y PRIV. Y CDA.		
Barrio San Marcos	136	1-E
ROSAS Y PROL.		
Quiahuatla	138	1-F
ROSEDAL		
Tlalpuente	135	3-C
ROSEDAL Y CDA.		
Lomas Barrilaco Vertientes	82	5-E
ROSELINA		
Potrero de San Bernardino	123	6-D
ROSENBLUETH ARTURO AV.		
Lomas de Plateros	96	6-A
ROSENDO		
Los Alamos	68	2-F
ROSETE LUIS OSCAR PROFR.		
Paraje San Juan	111	3-D
ROSITA		
U. Los Picos	97	5-F
ROSITA ALVIREZ		
Benito Juárez	99	1-F
Benito Juárez	99	2-E
Xalpa	112	3-D
ROSS RAMON		
Constitución de 1917	111	2-E
ROSSAINS JUAN NEPOMUCENO		
Buenavista	83	2-F
Guerrero	83	2-F
ROSSEAU		
Anzures	83	4-C
Casablanca	83	4-C
Ejido de Santiago Tepalcapa	43	4-B
ROSSEVELT DELANO FRANKLIN		
Ampliación Presidentes	95	5-D
ROSSINI		
Ex Hipódromo de Peralvillo	84	1-B
ROSTAND EUGENIO		
México Nuevo	42	6-E
ROTATIVAS "D"		
C. H. Jesús Sánchez y Cía	47	4-A
ROTOGRABADO "F"		
C. H. Jesús Sánchez y Cía	47	4-A
ROTOGRABADOS		
20 de Noviembre 2o. Tramo	84	3-E
Veinte de Noviembre	84	3-E
Venustiano Carranza	84	3-F
ROUAIX PASTOR ING.		
Constitución de 1917	111	2-E
Juan Escutia	99	3-A
ROVIROSA		
Ampliación San Esteban	82	1-C
Industrial Atoto	82	1-C
San Lucas Amalinalco	128	6-D
Santiago Tepalcatlalpan	136	3-D
ROVIROSA CARLOS		
San Juan Ixtacala	57	5-C
ROVIROSA JOSE N.		
Ciudad Satélite	69	1-C
ROVIROSA PROL.		
La Cañada	136	3-D
Santiago Tepalcatlalpan	136	3-D
ROVIROSA S.		
Cerro del Marqués	127	6-A
RUAN		
Lomas Estrella 2a. Secc.	111	6-A
RUBELLON		
Tierra Nueva	136	1-D
RUBEN		
Israel	100	4-C
RUBEN DARIO		
Bosque de Chapultepec	83	5-B
Ixtlahuacan	112	3-F
Jardines de Acuitlapilco	88	4-B
Moderna	97	3-B
Montañista	58	3-C
Rincón del Bosque	83	5-B
Tenorios	112	4-C
Tultitlán	31	2-E
U. Pedro Ojeda Paullada	73	3-B
Villas Copilco	109	4-C
Zona Escolar	58	3-A
RUBEN DARIO 3A. CDA.		
Amado Nervo	19	2-D
RUBEN DARIO Y 2 CDAS.		
Amado Nervo	19	2-D
RUBEN V. O.		
Coacalco de Berriozábal	32	4-F
RUBENS		
San Juan	96	5-B
RUBI		
Ciudad Cuauhtémoc	34	3-F
Cuautitlán Izc. Parques	17	6-D
Diamante	122	6-B
El Tesoro	44	2-D
Estrella	71	5-D
Joya de Vargas	137	5-A
Joyas de San Mateo	63	5-B
Joyas del Pedregal	122	2-F
La Esmeralda	21	6-E
La Joya Ixtacala	57	5-C
La Joyita	30	5-D
La Poblanita	113	5-B
Lomas de Totolco	101	2-A
Piedra Grande	59	3-B
San Bartolo	23	6-E
San Isidro	30	6-F
San Norberto	87	3-C
San Vicente Chicoloapan	88	6-F
U. H. La Esmeralda	72	3-B
Vallescondido	123	5-B
RUBI AV.		
Pedregal de Atizapán	42	5-F
RUBI Y 2 CDAS.		
Maravillas	100	4-D
RUBIALES FRANCISCO		
Lomas de Cuautepec	45	5-B
RUBINSTEIN		
Vallejo	71	6-B
RUBIO ANTONIO DR.		
Barrio Texcacoa	4	6-D
RUBLO		
El Tesoro	44	2-E
RUBLOS		
Cerro Prieto	84	2-F
RUDA		
Victoria de las Democracias	70	6-E
RUEDA CLEMENTE		
San Fernando	94	4-C
RUEDA DEL PASTOR		
Octava Ampl. San Miguel	111	3-C
RUEDA JULIO		
U.H. Emiliano Zapata ISSSTE	76	3-C
RUEDA MAURICIO		
Presidentes Ejidales	110	5-C
RUEDA QUIJANO ALFREDO GRAL.		
Revolución	84	4-F
RUEDO		
Villas de la Hacienda	43	1-C
RUELAS JULIO		
San José Insurgentes	96	6-B
RUFINA		
Tacubaya	96	2-B
RUISEÑOR		
Bellavista	96	3-A
Benito Juárez	41	1-E
Casas Reales	34	5-F
Colina del Sur	95	6-D
El Mirador II	121	6-D
El Rosedal	110	3-A
La Cañada	56	3-B
La Cuevita	69	6-A
Las Aguilas	43	4-A
Las Arboledas	56	1-E
Las Golondrinas	95	5-E
Lomas Verdes	68	2-E
Lomas de Capula	95	5-E
Lomas de Padierna Sur	121	6-D
Lomas de San Esteban	89	1-B
Mayorazgos del Bosque	56	1-C
Minas del Coyote	81	3-B
Rinconada de Aragón	60	4-C
Sierra Nevada	69	6-A
Sierra de Guadalupe	44	2-E
RUISEÑOR RT.		
Mayorazgos del Bosque	56	1-C
RUISEÑORES		
Granjas de Guadalupe	42	1-C
Izcalli Jardines	34	6-C
Parque Residencial Coacalco	33	5-B
RUISEÑORES 1a. Y 2a.		
PROFOPEC Polígono 3	60	6-D
RUIZ ANTONIO		
U.H. Emiliano Zapata ISSSTE	76	3-C
RUIZ CABRERA		
Prados de San Juan Ixtacala	43	2-A
RUIZ CASTAÑEDA FCO. CDA.		
Vista Hermosa	4	5-B
RUIZ CASTAÑEDA FRANCISCO		
Vista Hermosa	4	5-B
RUIZ CESAR A.		
Magisterial Vista Bella	56	5-B
RUIZ CESAR P.		
Ampl. Gabriel Hernández	72	1-A
RUIZ CORTINES		
Jalalpa	95	5-D
La Condesa	56	1-A
Lomas de Guadalupe	56	4-A
Presidentes de México	111	5-E
Residencial Las Alamedas	56	1-A
San Vicente Chicoloapan	88	6-D
Tulpetlac	46	6-E
RUIZ CORTINES 3 CDAS.		
Santa María Chiconautla	34	3-E
RUIZ CORTINES A Y CDA Y PRIV		
La Conchita Zapotitlán	125	4-B
RUIZ CORTINES A. Y 1A. PRIV.		
Benito Juárez	58	4-B
RUIZ CORTINES ADOLFO		
Albarrada	111	1-D
Ampliación La Mexicana	95	4-D
Ampliación Miguel Hidalgo	121	4-F
Barrio San Antonio	124	2-C
Barrio San Miguel	111	1-D
Bellas Artes	30	5-C
Benito Juárez	59	2-C
Benito Juárez	43	6-E
Cnel. José Antonio Torres	60	1-D
Constitución de 1857	99	5-F
Ecatepec de Morelos	33	6-D
Emiliano Zapata	60	5-A
Escolar Oriente	58	3-A
Eva Sámano de López Mateos	111	1-D
Filiberto Gómez	100	1-B
Guadalupana	127	5-C
Independencia	28	3-D
Independencia	28	4-E
La Conchita	63	6-C
Las Palmas	95	5-E
Lomas de Totolco	101	2-A
Los Cerrillos	138	3-D
Los Cuartos	81	3-C
Marina Nacional	59	6-A
Miguel de la Madrid Hurtado	113	5-C
Nueva Aragón	73	1-C
PRI	111	1-D
Piedra Grande	59	3-B
Presidentes	95	5-D
Presidentes de México	111	4-E
Prizo	73	1-C
Progresista	111	1-D
Progreso de Oriente	100	1-B
Pueblo Santa Bárbara	70	3-C
Pueblo de Tepexpan	35	6-E
San Antonio Zomeyucan	82	3-A
San Juan Ticomán	58	5-B
San Miguel Totolcingo	35	6-E
Santa Ursula Coapa	123	2-B
Texcoco	63	6-C
Unión de Guadalupe	127	4-C
Valle de Anáhuac Secc. A	60	5-A
Vicente Guerrero	28	6-F

Calle / Colonia	PLANO	COORDENADAS
Xaltipac	100	1-B
Zona Escolar	58	3-A
RUIZ CORTINES ADOLFO 2A CDA		
Barrio San Antonio	124	2-C
RUIZ CORTINES ADOLFO BLVR.		
AMSA	123	4-D
Arenal de Guadalupe	123	4-D
Bosques de Tetlalmeya	122	2-E
Caracol	122	2-E
Comuneros de Santa Ursula	122	2-E
Conj. INFONAVIT Cuemanco	123	4-D
Conj. Urbano Coapa	123	4-D
El Arenal Tepepan	123	4-D
Granjas Coapa	123	4-D
Guadalupe	123	4-D
INFONAVIT Dr. I. Chávez	123	4-D
Insurgentes Cuicuilco	122	2-E
Isidro Fabela	122	2-E
Jardines del Pedregal	108	6-E
Jardines en la Montaña	121	2-F
Jards. Pedregal de Sn Angel	122	2-E
Magisterial	123	4-D
Narciso Mendoza	123	4-D
Parques del Pedregal	122	2-E
Pedregal de Carrasco	122	2-E
Pueblo Quieto	122	2-E
Pueblo Tepepan	123	4-D
Residencial Villa Coapa	123	4-D
Rincón del Pedregal	121	2-F
Rinconada Coapa 1a. Secc.	123	4-D
San Bartolo El Chico	123	4-D
San Jerónimo Aculco	108	6-E
San Lorenzo	123	4-D
San Lorenzo Huipulco	123	4-D
Sección XVI	122	2-E
Toriello Guerra	122	2-E
U. H. Hueso Periférico	123	4-D
U. H. N.Mendoza Villa Coapa	123	4-D
U. H. Olímpica	122	2-E
U. H. PEMEX Picacho	121	2-F
Villa Cuemanco	123	4-D
Villa Olímpica M. Hidalgo	122	2-E
Villa del Puente	123	4-D
RUIZ CORTINES ADOLFO LIC.		
Lázaro Cárdenas	73	5-B
San Francisco Tepojaco	30	2-A
RUIZ CORTINES ADOLFO PRIV.		
Ciudad Adolfo López Mateos	56	1-A
RUIZ CORTINES ADOLFO Y CDA.		
Cinco de Mayo	43	4-A
La Conchita Zapotitlán	125	4-B
Tultitlán	31	2-D
RUIZ CORTINES AV.		
La Perla	30	1-C
RUIZ CORTINES CDA.		
La Sardaña	44	3-C
Pueblo San Diego	76	1-C
Santa María Chiconautla	34	3-E
RUIZ CORTINES PRIV.		
La Conchita Zapotitlán	125	4-C
RUIZ CORTINES Y CDA.		
Santa María Chiconautla	34	3-E
RUIZ CORTINEZ AV.		
Cond. Residencial Alamedas	55	2-D
La Condesa	56	1-A
Lomas de Atizapán	55	2-D
Paraíso Avícola	55	2-D
Residencial Las Alamedas	55	2-D
Veintisiete de Septiembre	55	2-D
RUIZ DANIEL DR.		
Doctores	84	5-A
RUIZ DE ALARCON JUAN		
Barrio Pescadores	87	3-E
Centro	84	4-A
Ciudad Satélite	56	6-A
Poesía Mexicana	60	6-C
Universal	81	1-E
RUIZ GABRIEL		
Compositores Mexicanos	45	6-A
RUIZ GALICIA ANTONIO		
Punta de Ceguayo	108	1-B
RUIZ GALINDO ANTONIO		
San Pedro El Chico	71	5-F
RUIZ GOMEZ JUAN JOSE		
U. H. San Rafael Coacalco	33	1-C
RUIZ HORACIO		
Aviación Civil	85	6-C
RUIZ LEOPOLDO		
U. Santa Cruz Meyehualco	112	2-A
RUIZ LUIS ARQ.		
Tacubaya	96	2-B
RUIZ MANUEL CDA.		
Veintiuno de Marzo	44	5-A
RUIZ MARIANO GRAL.		
Santiago Cuautlalpan	88	4-E
RUIZ MARIANO GRAL. 1A. CDA.		
Santiago Cuautlalpan	88	3-E
RUIZ MARIANO GRAL. 1A. PRIV.		
Santiago Cuautlalpan	88	4-E
RUIZ MONZON		
Ampl. Gabriel Hernández	72	1-A
RUIZ REYES JORGE SGTO. 2o.		
Los Cipreses	110	6-C
RUIZ Y AGUILAR RAFAEL		
Santa Cecilia	125	5-F
RULETEROS		
U. H. Sitio 217	42	1-D
RULFO JUAN		
Barrio de Capula	17	1-B
Chiconautla 3000	35	3-B
RUMANA		
Dr. Jorge Jiménez Cantú	30	4-C
RUMANIA		
Jardines de Cerro Gordo	60	1-B
La Olímpica I	60	5-A
La Olímpica II	60	5-A
Portales	97	6-A
RUMBO		
Prensa Nacional	70	1-D
RUMBO DEL ESTADO DE MEXICO		
Cuautitlán Izc. Atlanta	30	2-E
RUPIAS		
Simón Bolívar	85	2-A
RUSIA		
Jardines de Acuitlapilco	88	5-B
Jardines de Cerro Gordo	60	1-C
La Olímpica II	60	5-A
RUTA DE LA AMISTAD		
AMSA	123	4-A
Arenal de Guadalupe	123	4-A
Bosques de Tetlalmeya	122	2-D
Caracol	122	2-D
Comuneros de Santa Ursula	122	2-D
Conj. INFONAVIT Cuemanco	123	4-A
Conj. Urbano Coapa	123	4-A
El Arenal Tepepan	123	4-A
Granjas Coapa	123	4-A
Guadalupe	123	4-A
Héroes de Padierna	121	2-E
INFONAVIT Dr. I. Chávez	123	4-A
Insurgentes Cuicuilco	122	2-D
Isidro Fabela	122	2-D
Jardines del Pedregal	121	2-E
Jardines en la Montaña	121	2-E
Jards. Pedregal de Sn Angel	122	2-D
Narciso Mendoza	123	4-A
Parques del Pedregal	122	2-D
Pedregal de Carrasco	122	2-D
Pueblo Quieto	122	2-D
Pueblo Tepepan	123	4-A
Res. Faroles del Pedregal	122	2-D
Res. Pedregal Picacho	121	2-E
Res. Puerta Tepepan	123	4-A
Residencial Esmeralda	123	4-A
Residencial Villa Coapa	123	4-A
Rincón del Pedregal	121	2-E
Rinconada Coapa	123	4-A
San Bartolo El Chico	123	4-A
San Jerónimo Aculco	108	6-D
San Lorenzo Huipulco	123	4-A
Sección XVI	122	2-D
Toriello Guerra	122	2-D
U. H. Hueso Periférico	123	4-A
U. H. N.Mendoza Villa Coapa	123	4-A
U. H. Olímpica	122	2-D
U. H. PEMEX Picacho	121	2-E
Villa Cuemanco	123	4-A
Villa Olímpica M. Hidalgo	122	2-D
Villa del Puente	123	4-A
RUTENIO		
San Juan Cerro	111	3-C
RUYSDAEL JACOBO		
Alfonso XIII	96	6-A

S

Calle / Colonia	PLANO	COORDENADAS
S.A.R.H.		
Paraje San Pablo	19	5-D
SAA		
Arturo Gámez	108	2-A
SAABI		
Arturo Gámez	108	2-A
SAAVEDRA DEL RAZO J. TTE. 2O		
Los Cipreses	110	6-D
SABADELL		
Benito Juárez	111	5-C
Esther Zuno de Echeverría	111	5-C
San Juan Estrella	111	5-C
San Juan Xalpa	111	5-C
San Nicolás Tolentino	111	5-C
U. Bellavista	111	5-C
SABADELL Y 2 RTS.		
U. Bellavista	111	5-D
SABADINO JAIME C 1 2 3 Y 4		
U. H. Vicente Guerrero	111	1-E
SABADOÑAS DE LAS		
Lomas Verdes Sección V	55	6-D
SABAIDOS		
Caracol	122	2-E
SABALO		
Del Mar	124	4-E
SABANA		
Cuautitlán Izc. Atlanta	30	2-E
Hacienda de San Juan	123	4-B
Izcalli San Pablo	20	6-B
SABIDURIA		
México	98	1-F
Nezahualcóyotl	98	1-F
SABINAL		
Las Tórtolas	123	5-A
U. H. Parque Nacional	44	2-C
SABINAS		
Valle Gómez	84	1-D
SABINES JAIME		
Chiconautla 3000	35	3-B
SABINO		
Ampliación Del Gas	70	6-F
Atlampa	83	2-E
Avándaro	127	3-C
Bosque del Pedregal	121	6-C
Bosques de Ixtacala	43	1-A
Del Bosque	58	3-A
El Manto	111	2-B
Los Olivos	22	3-B
Los Reyes Tultitlán	31	4-D
Pueblo Santa Cruz Acalpixca	137	2-C
San Isidro La Paz	29	6-B
San José	101	1-C
San Luis Tlatilco	82	1-A
Santa María La Ribera	83	2-E
Techachaltitla	101	6-A
Valle Verde	127	1-D
Xalpa	112	4-E
SABINO CDA.		
Atlampa	83	1-E
San Isidro La Paz	42	1-B
SABINO CJON.		
Barrio San Fernando	122	3-D
SABINO DEL		
Los Reyes Ixtacala	57	5-A
SABINO DEL AV.		
Tultitlán	31	1-D
SABINO DEL BLVR.		
HOMEX	47	3-B
Jardines de Ecatepec	47	3-B
SABINO DEL LLANO DOMINGO		
Arboledas del Sur	123	4-A
Hacienda de San Juan	123	4-A
Hacienda de San Juan de T.	123	4-A
Rincón de San Juan	123	4-A
SABINO EL		
Ejido San Mateo Ixtacalco	18	4-A
La Hacienda	43	5-B
Lomas de Santiago Tepalcapa	43	3-A
Los Olivos	94	4-D
SABINO PROL.		
Del Gas	70	6-F
SABINO Y PROL.		
Barrio San Juan	136	1-F
SABINOS		
La Nopalera	35	3-B
Las Huertas	68	6-C
Rincón Verde	68	2-B
U. INFONAVIT Iztacalco	97	4-F
SABINOS DE LOS Y CDA.		
Jardines de San Mateo	68	4-F
SABINOS Y CDA.		
Santa Anita	97	2-D
SABULON		
Israel	100	4-C
SACALUM		
Lomas de Padierna	121	4-D
Los Encinos	121	4-D
Torres de Padierna	121	4-D
SACALUM PROL.		
Ampliación López Portillo	121	6-D
SACAPULAS CJON.		
Pedregal Santa Ursula Xitla	122	6-C
SACERDOTES		
Ciudad Azteca	60	3-B
SACOPINGA		
Pedregal de Santo Domingo	109	6-E
SACRAMENTO		
Ampliación Tulpetlac	46	5-E
Corpus Christi	108	1-A
Insurgentes San Borja	96	4-D
Lomas de Capistrano	56	3-B
SACRIFICIO		
Castillo Grande	58	4-A
El Arbolito	58	4-A
SADA CONCEPCION 1A. CDA.		
Barrio Santa Ana Zapotitlán	125	2-A
SADA CONCEPCION 2A. CDA.		
Barrio Santa Ana Zapotitlán	125	2-A
SADA LUIS G.		
Industrial Xalostoc	59	6-B
Viveros Xalostoc	59	6-B
SADA MOGUERZA ENRIQUE		
Ciudad Satélite	69	1-B
SAENZ AARON		
El Molino de las Flores	63	6-E
SAENZ MANUELA		
Presidentes Ejidales	110	6-D
SAENZ MANUELA Y 2 RTS.		
U. O. H. CTM Zona VI	110	6-E
SAENZ MOISES		
Ampl. Gabriel Hernández	71	2-F
El Prado	110	1-B
Ermita	110	1-B
SAGITARIO		
Ampl. Emiliano Zapata	113	4-B
Ejército del Trabajo I	73	2-C
El Chaparral	56	4-A
Estrella de Oriente	73	2-C
Fracc. Ex Hda. San Isidro	113	3-F
Granjas Independencia II	73	2-C
Jardines de Satélite	68	1-F
La Estrella	59	6-F
Las Colonias	81	2-F
Prado Churubusco	110	2-D
Prados de Ecatepec	19	4-F
U. Izcalli Santa Clara	73	2-C
Valle de la Hacienda	17	3-E
SAGITARIO AV.		
El Chaparral	56	4-A
El Chicatín	56	4-A
La Barranquita	56	4-A
SAGITARIO Y CDA.		
U. H. El Rosario	69	1-F
SAGRADA COMPAÑIA DE JESUS		
Santa Cruz	21	6-D
SAGRADO CORAZON		
Pantitlán	85	6-D
Pantitlán	98	1-E
SAGREDO		
San José Insurgentes	96	6-B
SAGU		
Granjas Esmeralda	110	2-D
SAHAGUN BERNARDINO DE		
Ciudad Satélite	69	1-C
SAHUACOLCINGO		
Pedregal de Santo Domingo	109	6-E
SAHUARIPA		
Alvaro Obregón	97	1-D
SAHUAYO		
Janitzio	84	3-D
SAHUAYO PRIV.		
Popular Rastro	84	2-D
SAIGON		
Central Rosario	70	2-B
SAIN ALTO		
Campestre Palo Alto	94	5-F
SAINT SAENS		
Vallejo	71	6-B
SAINZ DE BARANDA ALCALDE		
El Dorado	56	1-E
SAINZ DE BARANDA P. CAP.		
Los Cipreses	110	6-D
SAINZ MANUELA RT.		
U. O. H. CTM Zona VI	110	6-D
SALA ATENOR		
Atenor Sala	97	2-A
SALADO ALVAREZ VICTORIANO		
Ciudad Satélite	69	2-B
Obrera	84	6-B
SALAGUA		
San Felipe de Jesús	72	2-C
SALAMA		
Valle del Tepeyac	71	3-A
SALAMANCA		
Corazón de la Herradura	81	6-E
Granjas Valle de Guadalupe	59	5-F
Parque del Metropolitano	45	5-B
SALAMANCA MARGARITA		
Presidentes Ejidales	110	5-D
SALAMANCA Y CDA.		
Roma	83	6-D
SALAMANDRA		
Nuevo San Lucas Patoni	45	6-A
San Lucas Patoni	45	6-A
SALAMINA		
Lindavista	71	2-C
SALANGANA		
Ampliación Tepeaca	108	1-C
SALANUEVA ANTONIO		
Guadalupe Tlaltenco	125	3-E
SALAS IGNACIO		
Xocotlán	63	5-F
SALAS MARIANO		
Presidentes de México	111	5-E
SALAS MARIANO GRAL.		
Estanzuela	71	3-E
Lázaro Cárdenas	73	6-A
Martín Carrera	71	3-E
SALAS MARIANO RINCONADA		
Estanzuela	71	3-D
SALAVARRIA		
Ampl. Mirador	111	4-A
SALAVERRY		
Lindavista	71	3-B
SALAVERRY PROL.		
San Pedro Zacatenco	71	1-C
SALAZAR AMADO		
San Nicolás Tetelco	152	1-C
SALAZAR AMADOR		
Santa Martha Acatitla	112	1-E
SALAZAR AMADOR CNEL.		
La Esperanza	46	5-A
SALAZAR BEJARANO G. SGTO. 2o		
Los Cipreses	110	6-C
SALAZAR CARLOS GRAL.		
Quince de Agosto	71	4-E
SALAZAR F. DE		
Ciudad Satélite	56	6-B
SALAZAR FRANCISCO XAVIER		
Barrio Guadalupe	124	1-D
SALAZAR JUAN		
Ampl. Gabriel Hernández	71	1-E
SALAZAR LEOPOLDO		
Copilco El Alto	109	5-D
SALAZAR M.		
Hacienda del Rosario	69	3-F
La Providencia	69	3-F
San Juan Tlihuaca	69	3-F
U. H. Francisco Villa	69	3-F
SALAZAR MANUEL		
Ejército de Ote. Z. Peñón	99	6-C
SALAZAR PEDRO		
Emiliano Zapata	127	2-C
SALAZAR PEDRO CDA.		
La Esperanza	46	5-B
SALAZAR PEDRO CNEL.		
La Esperanza	46	6-A
SALAZAR ROSENDO C 1 2 Y 3		
U. H. Vicente Guerrero	111	1-F
SALDAÑA RAFAEL		
Ejército de Ote. Z. Peñón	99	6-B
SALDAÑA SALVADOR		
Del Carmen	138	2-C
SALDAÑA SIMON		
Del Carmen	138	2-C
SALDIVAR VICENTE		
Ampl. La Olímpica	81	4-B
SALERNITANOS		
Isidro Fabela	95	4-F
SALERNO		
Izcalli Pirámide	57	3-C
SALGADO		
Guerrero	83	3-F
SALGADO JOSE TRINIDAD GRAL.		
Juan Escutia	98	3-F
SALGADO TRANQUILINO		
Romita	18	5-C
U. H. San Rafael Coacalco	33	1-B
SALIDO BARTOLOME R.		
Vértiz Narvarte	97	5-A
SALIDO GRIJALVA C. SUBTTE.		
Escuadrón 201	97	6-E
SALINA CRUZ		
Pueblo de Tepexpan	35	5-E
Roma Sur	96	2-E
SALINAS		
Buenavista	112	5-C
Hank González	59	1-C
San José de las Palmas	101	6-B
Santa María Nativitas	101	1-B
Villa de las Flores	32	3-E
SALINAS 3 CDAS.		
Residencial Las Salinas	63	6-A
SALINAS ALBERTO		
Aviación Civil	98	1-C
SALINAS ALBERTO 1A Y 2A CDA.		
Ampliación Aviación Civil	98	1-C
SALINAS BONIFACIO GRAL.		
Revolución	84	4-F
SALINAS DE GORTARI		
Chalco	128	6-A
Hank González	59	1-C
La Palma	59	1-D
Nueva San Isidro	127	4-F
Presidentes	88	5-D
San Vicente Chicoloapan	88	6-D
SALINAS DE GORTARI 2 CDAS.		
Presidentes	88	6-E
SALINAS DE GORTARI CARLOS		
Covadonga	127	5-E
Francisco Villa	30	5-E
La Palma	46	6-D
San Sebastián Chimalpa	100	5-E
Solidaridad	134	1-D
Valle de Tules	44	3-C
SALINAS EMILIO		
Venustiano Carranza	101	1-C
SALINAS GENARO		
Barrio Carpinteros	87	3-F
Punta La Zanja	87	3-F
SALINAS LAS		
Ampliación La Mexicana	95	5-C
SALINAS LEON		
El Molino de las Flores	63	6-E
SALINAS RAUL		
Adolfo López Mateos	85	6-C
SALITRE		
Barrio San Cristóbal	136	1-F
SALITRERA		
Guadalupe Victoria	33	6-D
SALITRERA 3 CDAS.		
Guadalupe Victoria	33	6-C
SALITRERA LA		
Guadalupe Victoria	33	6-C
SALITRERIA		
Chalco	140	1-F
SALK E.		
Granjas de San Cristóbal	33	5-A
SALK JONAS F.		
U. IMPI Iztacalco	97	4-F
SALMON		
Del Mar	124	4-E
PROFOPEC Polígono 2	60	5-D
SALMONES DE LOS RT.		
Bosques de la Hacienda	17	4-D
SALOME		
Molino de Santo Domingo	95	3-F
SALOMON		
Benito Juárez	70	5-C
Libertad	70	5-C
Sindicato Mex. de Elect.	70	5-C
SALOMONIS E.		
Miguel Hidalgo	125	4-A
SALONICA		
El Recreo	70	6-C
Jardín Azpeitia	70	6-C
Lotería Nacional	70	6-C
Santa María Maninalco	70	6-C
Sección Naval	70	6-C
Un Hogar para cada Trab.	70	6-C
Unidad Hab. Cuitláhuac	70	6-C
SALSIFI		
Los Angeles	111	3-E
SALSIPUEDES		
Tlalpuente	135	3-B
SALSIPUEDES CJON.		
Barrio Coltongo	70	4-F
Cinco de Mayo	22	2-A
SALTILLO		
Ampl. Buenavista	44	3-C
Barrio San Mateo	151	4-C
Hipódromo	96	1-D
Jardines de Morelos	47	2-C
Jards. San Agustín 1a. Secc	100	4-D
La Cantera	19	2-B
Miguel Hidalgo	151	4-C
Tecuezcomac	46	5-E
Tultepec	19	2-B
Valle Ceylán	57	3-B
Vergel de Guadalupe	72	5-E
Villa Milpa Alta	151	4-C
SALTILLO CDA.		
Lomas de Becerra Granada	95	5-E
SALTILLO DE CJON.		
Colinas de San Mateo	68	3-D
SALTO DE SAN ANTON		
Héroes de la Revolución	82	5-B
SALTO DEL		
Los Fresnos	68	3-F
SALTO DEL AGUA		
Benito Juárez	99	3-B
Cocotitlán	141	4-D
Evolución	99	3-B
Los Olivos	125	1-A
Metropolitana 2a. Secc.	99	3-B
San Lucas Huitzinhuacán	50	3-A
San Marcos Nepantla	23	5-A
Santa María Ozumbilla	21	4-E
SALTO DEL AGUA 2o. CJON.		
San Francisco Mazapa	24	3-F
SALTO DEL AGUA 3 CDAS.		
Ejército del Trabajo	101	2-B

Calle / Colonia	Plano	Coordenadas
San Francisco Tetecala	70	5-A
San Francisco Tlaltenco	125	3-D
San Francisco Xalostoc	59	5-E
San Jerónimo Aculco	121	2-B
San José Texopa	63	3-D
San José del Olivar	108	4-D
San Lorenzo Totolinga	81	1-E
San Luis Huexotla	76	4-C
San Sebastián Xolalpa	24	4-E
Santa Cruz	34	1-D
Santa Inés	70	3-B
Santa María Coatlán	24	4-F
Santa María Chiconautla	34	3-F
Santiago Cuautlalpan	16	3-C
Tlalpexco	58	2-C
Valle Dorado	56	2-E
Villa San Lorenzo Chimalco	100	3-C
Villas del Sol	121	2-B
Vista Hermosa Ozumbilla	22	4-A
Xochiaca	100	1-C
Xochitenco	87	5-D
SAN FRANCISCO 1A. CDA.		
Pueblo San Lorenzo Tezonco	124	1-D
SAN FRANCISCO 2 CJONES.		
Pueblo Nuevo Bajo	121	2-B
SAN FRANCISCO 2A. CDA.		
Pueblo San Lorenzo Tezonco	124	1-D
SAN FRANCISCO 5 CJONES.		
San Francisco Tlaltenco	125	3-D
SAN FRANCISCO AND.		
Tlalpexco	58	2-C
SAN FRANCISCO AV.		
Ampl. San Francisco	115	2-F
Barrio San Francisco	121	1-C
Los Reyes	113	1-B
Los Reyes Acaquilpan	113	1-B
Pueblo Nuevo Bajo	121	1-C
SAN FRANCISCO CDA.		
Coatlinchán	89	2-B
El Barco	85	6-F
Pueblo Nuevo Bajo	121	2-B
Rinconada San Marcos	44	4-B
San Francisco Culhuacán	110	4-E
San Francisco Tlaltenco	125	3-D
SAN FRANCISCO CJON.		
San Francisco Tetecala	70	5-A
San Francisco Tlaltenco	125	3-E
SAN FRANCISCO DE 1A. CDA.		
Coatlinchán	89	1-B
Coatlinchán	89	2-B
San Francisco Xicaltongo	97	3-C
SAN FRANCISCO DE 2A. CDA.		
Coatlinchán	89	2-B
SAN FRANCISCO DE ASIS		
Ampliación San Esteban	82	1-C
Granjas Estrella	111	6-B
Las Alamedas	56	2-B
San Francisco Acuautla	115	2-F
San Isidro Ixhuatepec	58	4-F
SAN FRANCISCO DE ASIS CDA.		
Jardines de San José	33	2-A
SAN FRANCISCO DE ASIS PROL.		
Texalpa	115	2-F
SAN FRANCISCO DE CDA.		
Ampl. San Lorenzo	100	1-C
SAN FRANCISCO JAVIER		
Barrio de Capula	4	6-C
Tepotzotlán	4	6-C
SAN FRANCISCO PRIV.		
Barrio San Francisco	121	1-C
San Luis Huexotla	76	4-C
SAN FRANCISCO PRIV. Y CDA.		
San Francisco Cuautlalpan	82	1-D
SAN FRANCISCO PROL.		
Ampl. Selene	126	3-A
Tezontitla	125	3-E
Tres de Mayo	126	3-A
Zompantle	125	3-F
SAN FRANCISCO RNDA.		
San Francisco Xicaltongo	97	3-C
SAN FRANCISCO TULTENCO		
Paulino Navarro	97	1-C
SAN FRANCISCO Y 2 CDAS.		
San Francisco Xicaltongo	97	3-C
SAN FRANCISCO Y CDA.		
Chalco	140	1-E
SAN FRANCISCO Y CDA. Y PRIV.		
San Francisco Culhuacán	110	4-D
SAN FRANCISCO Y CDA. Y PROL.		
Corpus Christi	108	1-A
SAN FRANCISCO Y CJON.		
San Lorenzo Huipulco	123	3-A
SAN FRANCISCO Y PRIV.		
Villa Coyoacán	109	3-E
SAN GABINO		
Pedregal de Santa Ursula	122	1-E
SAN GABRIEL		
Pedregal de Santa Ursula	122	1-F
SAN GABRIEL ARCANGEL		
Molino de Santo Domingo	95	3-F
SAN GABRIEL CDA.		
Coatlinchán	89	2-B
SAN GASTON		
San José de la Palma	128	1-B
SAN GONZALO		
Pedregal Santa Ursula Xitla	123	1-A
SAN GREGORIO		
Santa Cruz	21	6-D
Santa Cruz	34	1-D
Villa Coyoacán	109	3-E
SAN GREGORIO ATLAPULCO		
San Gregorio Atlapulco	137	3-E
SAN GREGORIO DE 1A. CDA.		
La Colmena	42	1-B
SAN GREGORIO DE 2A. CDA.		
La Colmena	42	1-B
SAN GREGORIO DE 3A. CDA.		
La Colmena	42	1-B
SAN GUILLERMO		
Ajusco	122	1-E
Pedregal de Santa Ursula	122	1-E
U. H. San José de la Palma	115	6-B
SAN HERMILO		
Pedregal de Santa Ursula	122	1-F
SAN HIPOLITO		
Barrio San Hipólito	87	3-C
Nueva San Antonio	128	5-A
Valle de Santa Mónica	56	4-C
SAN HIPOLITO CJON.		
Barrio San Sebastián	70	5-D
SAN IGNACIO		
Lomas de San Agustín	81	1-F
Nueva San Isidro	127	4-F
San José del Olivar	108	4-D
SAN IGNACIO 1R. CJON.		
Barrio Santa Bárbara	97	6-F
SAN IGNACIO 2o. CJON.		
Barrio San Ignacio	97	6-F
SAN IGNACIO AV.		
Los Reyes Ixtacala	57	5-B
SAN IGNACIO B AND.		
Barrio San Ignacio	97	6-F
SAN IGNACIO CDA.		
Barrio San Ignacio	98	6-A
SAN IGNACIO CJON.		
Centro	84	5-A
Villa Lázaro Cárdenas	123	3-B
SAN IGNACIO DE LOYOLA		
San Andrés Atenco	56	3-D
San Francisco Xalostoc	59	5-E
San Isidro Ixhuatepec	58	4-F
SAN IGNACIO PRIV.		
Barrio San Ignacio	98	6-A
SAN IGNACIO Y CDA.		
Lomas de Zaragoza	112	2-F
SAN IGNACIO Y CJON.		
Barrio San Ignacio	111	1-A
SAN ILDEFONSO		
Centro	84	4-C
Chiconcuac	62	1-F
SAN INOCENCIO		
San Isidro Ixhuatepec	58	4-F
SAN ISAAC		
San Isidro Ixhuatepec	58	4-F
SAN ISAURO		
Pedregal de Santa Ursula	122	1-F
SAN ISIDRO		
Barrio San Miguel	97	3-D
Bellavista	17	4-C
Complejo Ind. Cuamatla	17	6-E
Corpus Christi	108	1-A
Chalco	141	2-A
Chimalhuacán	87	6-E
Ejidal Emiliano Zapata	33	6-E
Guadalupe Victoria	33	5-D
Ixtapaluca	115	6-C
Las Peñitas	43	4-D
Libertad	28	3-F
Libertad	29	3-A
Lomas San Lorenzo	111	6-E
Lomas de San Agustín	81	1-F
Los Cuartos	81	3-C
Maquixco	23	3-F
Nueva San Isidro	127	5-F
Pedregal Santa Ursula Xitla	123	1-A
Petrolera	70	4-A
Reacomodo Corpus Christi	108	2-A
Rincón Colonial	17	6-E
San Esteban Huitzilacasco	81	3-F
San Isidro	17	6-E
San Isidro	30	6-E
San Isidro La Paz	29	6-B
Santa Lucía	107	2-F
SAN ISIDRO 1A. CDA.		
Reforma Social	82	5-E
SAN ISIDRO AV.		
San Isidro	30	6-F
San Isidro Ixhuatepec	58	4-F
Villa San Isidro	149	3-F
SAN ISIDRO CDA.		
Ampliación Petrolera	70	4-A
Chimalhuacán	87	6-E
Chimalhuacán	87	5-E
Libertad	28	3-F
Nueva Ampl. Petrolera	70	4-A
San Francisco	57	1-A
San Isidro Ixhuatepec	58	4-F
SAN ISIDRO CJON.		
San Isidro	76	4-E
SAN ISIDRO LABRADOR		
San Francisco Xalostoc	59	5-E
SAN ISIDRO PRIV.		
Arboledas del Sur	123	3-B
Reforma Social	82	4-E
SAN ISIDRO PROL.		
Lomas de San Lorenzo	124	1-F
Pueblo San Lorenzo Tezonco	124	1-F
SAN ISIDRO TECPAN		
San Francisco Tetecala	70	5-B
Villa Azcapotzalco	70	5-B
SAN ISIDRO TECPATL CALZ.		
Ampl. Petrolera	70	4-A
Ampl. San Antonio	69	4-F
Petrolera	69	4-F
San Francisco Tetecala	70	4-A
San Juan Tlihuaca	69	4-F
San Pedro Xalpa	69	4-F
Santa Lucía	70	4-A
U. H. Campo Encantado	70	4-A
U. H. Las Armas	69	4-F
U. Miguel Lerdo de Tejada	70	4-A
U. Renacimiento	69	4-F
SAN ISIDRO Y CDA.		
Vicente Guerrero 1a. Secc.	41	1-D
SAN JACINTO		
Un Hogar para Nosotros	83	2-D
SAN JACINTO CDA.		
Ampliación Tlacoyaque	107	6-E
SAN JACINTO PRIV.		
Residencial San Javier	46	1-F
SAN JACOBO		
U. H. San José de la Palma	115	6-B
SAN JAVIER		
El Olivo II	44	5-A
Independencia	28	4-D
San José de la Palma	128	1-B
Santa María del Monte	111	2-B
SAN JAVIER RINC.		
Las Arboledas	43	6-D
SAN JERONIMO		
Ampliación Potrerillo	120	2-F
Ampliación Vicente Villada	99	3-E
Buenavista	112	5-C
Centro	84	5-B
El Mirador	19	2-C
Huayatla	120	2-F
Jardines de San Gabriel	59	6-E
La Carbonera	120	2-F
Pueblo Nuevo Alto	120	2-F
Pueblo San Bernabé Ocotepec	120	2-F
Rancho Pachita	120	2-F
San Jerónimo	137	3-B
San Jerónimo Aculco	108	6-D
San José del Batán	108	5-D
Santiago Cuautlalpan	16	3-A
Xochipilli	137	3-B
SAN JERONIMO 3A. PRIV.		
San Jerónimo Lídice	108	6-C
SAN JERONIMO AV.		
El Rosal	121	1-B
El Toro	121	1-B
Jardines del Pedregal	108	5-E
Lomas Quebradas	121	1-B
Potrerillo	121	1-B
Pueblo Nuevo Alto	121	1-B
Puente Sierra	108	5-E
Res. Puertas del Pedregal	109	4-A
San Jerónimo Lídice	108	5-E
Tizapán	108	5-E
Unidad Independencia	108	5-E
SAN JERONIMO CDA.		
San Jerónimo Lídice	108	6-D
SAN JERONIMO CJON.		
San Jerónimo	137	3-B
SAN JERONIMO DE 2A. CDA.		
Lomas Quebradas	121	1-B
SAN JERONIMO PRIV.		
Residencial San Javier	46	1-F
SAN JERONIMO TEPETLACALCO AV		
El Mirador	56	6-D
SAN JERONIMO Y CDA.		
Valle de Santa Mónica	56	4-C
SAN JOAQUIN		
Cuatliquixco	21	3-F
Emiliano Zapata	113	2-C
Maquixco	23	3-F
Residencial Santa Cruz	68	2-F
SAN JOAQUIN CDA.		
La Joya	33	6-C
SAN JOAQUIN CJON.		
San Francisco Culhuacán	110	3-D
SAN JORGE		
Nueva San Antonio	128	5-A
Pedregal de Santa Ursula	122	2-F
Residencial Santa Cruz	68	2-F
San José de la Palma	128	1-B
Santa María del Monte	111	2-B
SAN JORGE CDA.		
Los Pastores	69	4-D
SAN JOSE		
Buenavista	112	4-B
Ciudad Alegre	88	5-B
Del Carmen	138	3-C
El Mirador	19	2-C
Granjas Cabrera	124	3-E
Huisnáhuac	63	1-A
Jardines de Acuitlapilco	88	5-B
Jardines de San José	33	3-A
La Joya	33	6-C
La Tolva	81	3-F
Lomas de Capula	95	5-E
Los Cerrillos	138	4-D
Magdalena Atlazolpa	97	5-E
Molino de Santo Domingo	95	3-F
Nueva San Isidro	127	4-F
Palmatitla	58	2-B
Pueblo San Juan Tepenáhuac	152	4-B
Pueblo Santa Rosa Xochiac	107	5-C
Pueblo Santa Rosa Xochiac	107	6-C
Residencial Santa Cruz	68	2-F
Rinconada San Marcos	44	4-C
Rústica Xalostoc	59	5-B
San Antonio Zomeyucan	82	2-A
San Esteban Huitzilacasco	81	3-F
San José	138	2-B
San José Ixhuatepec	58	5-F
San José Jajalpa	47	3-A
San José Texopa	63	2-C
San José Texopa	63	3-D
San Lorenzo Tlalmimilolpan	24	5-B
San Mateo Tlaltenango	107	4-C
San Mateo Xoloc	17	1-A
Santiago Ahuizotla	69	4-E
U. H. San José de la Palma	115	6-B
Valle Dorado	56	2-E
SAN JOSE 1A. CDA.		
Santiaguito	138	3-C
SAN JOSE 2A. CDA.		
Santiaguito	138	3-C
SAN JOSE 3A. CDA.		
Santiaguito	138	3-C
SAN JOSE 3R. CJON.		
Barrio San José	98	6-B
SAN JOSE ACULCO		
San José Aculco	97	5-F
SAN JOSE AND.		
San Lorenzo	81	2-D
SAN JOSE AV.		
Club de Golf	58	5-D
Jardines de San José	33	2-A
San Pedro Tepetitlán	36	4-F
Santa Cruz	21	6-D
Zona Industrial La Presa	58	5-D
Zona Industrial La Presa	58	5-F
SAN JOSE BUENAVISTA		
Santa Ursula Xitla	122	5-C
SAN JOSE CAPULA		
Las Golondrinas	95	5-E
SAN JOSE CDA.		
Corpus Christi	108	1-A
El Mirador	19	2-D
Jardines de San José	33	1-A
San José Ixhuatepec	58	5-F
San Lorenzo Totolinga	81	1-E
San Mateo Xoloc	17	2-A
San Miguel Xochimanga	43	6-D
SAN JOSE CJON.		
San Martín Xochináhuac	70	2-A
SAN JOSE DE CALZ.		
San Marcos Nepantla	23	5-B
SAN JOSE DE LOS CEDROS		
Jesús del Monte	94	6-B
Jesús del Monte	107	1-C
San José de los Cedros	94	6-B
San José de los Cedros	107	1-C
Tepetongo	94	6-B
SAN JOSE DE LOS CEDROS CDA.		
San José de los Cedros	94	6-B
SAN JOSE DE LOS LEONES		
Industrial Atoto	82	1-D
San Francisco Cuautlalpan	82	1-D
San José de los Leones	81	3-E
SAN JOSE DEL JARAL AV.		
San José del Jaral	43	2-D
SAN JOSE DEL REAL		
Lomas Verdes Sección V	55	6-D
SAN JOSE OBRERO		
Barrio Las Cruces	137	4-D
SAN JOSE PRIV.		
Barrio Jagüey	70	4-D
Barrio San José	98	6-B
Los Alamos	68	2-F
Pantitlán	85	6-E
San Martín Xochináhuac	70	2-A
SAN JOSE RIO HONDO AV.		
Benito Juárez	81	4-F
Buenavista	81	4-F
El Chamizal	82	3-A
Estado de México	82	3-A
Independencia	82	3-A
Mártires de Río Blanco	82	3-A
Progreso	81	4-F
Rincones del Bosque	82	3-A
San José Río Hondo	81	4-F
SAN JOSE TICOMAN		
San José Ticomán	71	1-B
SAN JOSE Y 3 CDAS.		
Cerrada San José	108	4-B
SAN JOSE Y CDA.		
San Martín Xochináhuac	70	2-A
Santiago Cuautlalpan	16	3-B
Torres del Potrero	108	5-B
SAN JOS DEL CABO		
Zona Ejidal Tepeolulco	58	2-F
SAN JUAN		
Amanecer Bellavista	111	4-B
Apatlaco Magdalena	97	5-E
Barrio San Juan	125	6-E
Bellavista	17	4-D
Buenavista	112	5-C
Ciudad de los Niños	69	6-A
Coanalán	36	6-C
Coatepec	102	4-F
Corpus Christi	108	2-A
Cuatliquixco	21	3-F
Cuatliquixco	22	3-A
Chalco	128	6-B
Ejidos de San Cristóbal	33	6-E
El Santuario	111	2-A
La Agüita	46	6-A
La Blanca	44	6-A
La Colmena	42	1-B
Las Mesitas	138	3-E
Lomas de Capistrano	56	3-B
Lomas de Santiago Tepalcapa	43	3-B
Los Cuartillos	30	6-E
Magdalena Atlazolpa	97	5-E
Nueva San Isidro	127	5-F
Paraje Zacatepec	112	1-D
Pueblo San Lorenzo Tezonco	124	1-D
San Isidro	30	6-E
San José de la Palma	128	1-B
San José del Olivar	108	4-D
San Juan Joya	111	4-E
San Juan Ticomán	58	6-C
San Juan Tlalpizahuac	113	5-F
San Juanico Acolman	23	6-E
San Lorenzo	81	1-E
Santa Cruz	21	6-D
Santa María Chiconautla	34	3-F
Santa María Chimalhuacán	88	4-A
Santa María del Monte	111	2-B
Santiago Cuautlalpan	16	3-B
Valle Dorado	56	2-E
Villa San Isidro	149	3-F
Xochitenco	87	5-D
Xolalpa	50	3-E
SAN JUAN 2 CDAS.		
Apatlaco Magdalena	97	5-E
Chimalhuacán	87	5-F
SAN JUAN 2 PRIVS.		
Ricardo Flores Magón	111	2-A
SAN JUAN 2A. CDA.		
Ricardo Flores Magón	111	2-A
San Miguel Xochimanga	43	5-D
SAN JUAN ATLAMICA AV.		
Bellavista	17	4-C
SAN JUAN AV.		
Nuevo Paseo de San Agustín	60	4-A
San Marcos Nepantla	23	5-B
Xochitenco	87	5-D
SAN JUAN BOSCO PADRE		
Salvador Díaz Mirón	72	3-A
Vasco de Quiroga	72	3-A
SAN JUAN BOSCO Y CDA.		
San Lorenzo Huipulco	123	3-A
SAN JUAN CDA.		
El Arenal	88	3-F
El Mirador	19	2-C
La Presa Lázaro Cárdenas	58	4-D
Nueva San Isidro	127	5-F
San Francisco Culhuacán	110	4-D
San José del Jaral	43	2-D
San Juan Xalpa	111	4-B
San Miguel Xochimanga	43	5-D
San Vicente Chicoloapan	88	5-E
Zona Industrial La Presa	58	4-D
SAN JUAN CIRCUITO		
Chalco	128	6-B
SAN JUAN CJON.		
Apatlaco	97	5-D
Barrio San Juan	125	6-E
Santa Catarina Ayotzingo	153	2-C
Xochitenco	87	6-E
SAN JUAN DE 1A. CDA.		
Villa San Isidro	149	3-F
SAN JUAN DE 2A. CDA.		
Villa San Isidro	149	3-F
SAN JUAN DE ARAGON		
Vicente Villada	99	4-E
SAN JUAN DE ARAGON CALZ.		
Ampl. San Juan de Aragón	71	5-F
Casas Alemán	72	5-A
Conjunto Aragón IDECO	72	5-A
Constitución de la Rep.	71	4-E
D. M. Nacional	72	5-A
El Olivo	72	5-A
Granjas Modernas	71	5-F
Granjas Modernas	71	4-E
Gustavo A. Madero	71	4-E
Héroes de Chapultepec	72	5-A
Quince de Agosto	71	4-E
San Juan de Aragón	72	5-A
Santa Coleta	71	5-F
U. FOVISSSTE Río de Gpe.	72	5-A
U.H. José María Morelos II	72	5-A
Unidad La Cuchilla	72	5-A
SAN JUAN DE ARAGON CDA.		
Constitución de la Rep.	71	4-F
SAN JUAN DE CDA.		
San Juan Atlamica	17	4-E
SAN JUAN DE CJON.		
Chimalhuacán	87	5-E
SAN JUAN DE DIOS		
Arboledas del Sur	123	3-A
Prado Coapa 2a. Secc.	123	3-A
San Lorenzo Huipulco	123	3-A
Toriello Guerra	122	3-F
Villa Lázaro Cárdenas	123	3-A
SAN JUAN DE DIOS 3 CJONES.		
Guerrero	84	4-A
SAN JUAN DE DIOS 3R. RT.		
Villa Lázaro Cárdenas	123	3-B
SAN JUAN DE DIOS AV.		
San Francisco Xalostoc	59	5-E
SAN JUAN DE DIOS CDA.		
San Lorenzo Huipulco	123	3-A
SAN JUAN DE DIOS Y 2 CDAS.		
San Lorenzo Huipulco	123	3-A
SAN JUAN DE FANDILLA AND.		
Barrio San Martín	4	6-D
SAN JUAN DE LA CRUZ		
San Isidro Ixhuatepec	58	4-F
SAN JUAN DE LETRAN		
Centro	84	5-A
Pueblo Coanalán	36	6-C
SAN JUAN DE LOS LAGOS		
San Felipe de Jesús	72	3-D
SAN JUAN DE PUERTO RICO		
Residencial Zacatenco	71	1-C
San Pedro Zacatenco	71	1-C
SAN JUAN DE ULUA		
Guadalupe Tlaltenco	125	3-E
SAN JUAN DEL RIO		
El Risco	59	5-A
Miguel Hidalgo	122	4-B
San Fernando	94	5-C
San Mateo Tlaltenango	107	4-C
San Mateo Tlaltenango	107	3-C
SAN JUAN DEL RIO 2 CDAS.		
Miguel Hidalgo	122	5-B
SAN JUAN DEL RIO CDA.		
San Mateo Tlaltenango	107	4-C
SAN JUAN MINAS		
San Juan Minas	137	2-D
Santa Cruz Acalpixca	137	2-D
SAN JUAN MINAS CDA.		
Barrio San Juan Minas	137	3-D
SAN JUAN NICOLAS		
Del Valle	96	3-E
Narvarte	96	3-E
Piedad Narvarte	96	3-E
SAN JUAN NICOLAS CDA.		
Del Valle	96	4-E
SAN JUAN NICOLAS PRIV.		
Del Valle	96	3-E
SAN JUAN PRIV.		
Pantitlán	85	6-E
SAN JUAN PROL.		
Pueblo San Lorenzo Tezonco	124	1-D

Calle / Colonia	Plano	Coordenadas
San Juan Ticomán	58	5-C
SAN JUAN TEOTIHUACAN		
Santiago Atlaltongo	23	5-E
SAN JUAN TLIHUACA		
San Juan Tlihuaca	69	3-F
SAN JUAN TOTOLTEPEC AV.		
Bosques de Moctezuma	68	5-F
Izcalli del Bosque	68	5-F
San Juan Totoltepec	68	5-F
SAN JUAN Y 2 CDAS.		
San Miguel Xochimanga	43	5-D
SAN JUAN Y CDA.		
Chimalhuacán	87	5-F
SAN JUAN Y CDA. Y CJON.		
Palmatitla	58	2-C
SAN JUAN Y CDA. Y PRIV.		
Ejido San Agustín Atlapulco	100	4-B
SAN JUANICO AV.		
Ampl. Gabriel Hernández	71	1-F
SAN JUANICO CALZ.		
El Sifón	97	5-D
San Juanico Nextipac	97	5-D
SAN JUANICO CJON.		
Pensil Norte	83	2-B
SAN JUANICO PRIV.		
Ahuehuetes	83	2-B
Anáhuac	83	2-B
SAN JUDAS CDA.		
Nueva San Isidro	127	5-F
SAN JUDAS TADEO		
El Bramadero	42	1-B
Nueva San Antonio	128	5-A
Nueva San Isidro	127	5-F
Santa María Chiconautla	34	3-F
SAN JULIO		
Pedregal Santa Ursula Xitla	123	1-A
SAN LAZARO		
Centro	84	4-D
La Estación	125	1-A
SAN LEON		
Pedregal Santa Ursula Xitla	123	1-A
SAN LORENZO		
Aldama	123	5-C
Ampliación La Candelaria	110	5-A
Barrio Guadalupe	124	1-D
Barrio San Antonio	124	1-D
Bosque Residencial del Sur	123	5-C
Bosques del Sur	123	5-C
Del Valle	96	6-D
Ejidos de Tepepan	123	5-C
El Rosario	124	3-D
Fracc. San Lorenzo	100	2-B
La Cebada	123	5-D
Lomas de San Agustín	81	1-F
Miguel de la Madrid Hurtado	112	3-F
Potreros de la Noria	123	5-C
Pueblo San Lorenzo Tezonco	124	1-D
San Isidro	30	6-E
San Juan Tepepan	123	5-C
San Lorenzo	81	1-E
San Lorenzo	81	1-F
San Lorenzo	123	5-D
San Lorenzo Huipulco	123	3-A
Santa Cruz Atoyac	96	6-D
Tlacoquemécatl	96	6-D
Vicente Guerrero 2a. Secc.	28	6-F
Xochitenco	87	5-D
SAN LORENZO 2 CDAS.		
San Lorenzo	81	1-F
SAN LORENZO A RETORNO		
San Lorenzo Tlacoyucan	151	5-C
SAN LORENZO AV.		
Ejido San Agustín Atlapulco	100	4-B
Esperanza	100	4-B
La Perla Reforma	100	4-B
SAN LORENZO CALZ.		
El Rodeo	111	4-C
Esther Zuno de Echeverría	111	4-C
Los Angeles	111	4-C
Paraje San Juan	111	4-C
Paraje San Juan Ampl.	111	4-C
San Juan Cerro	111	4-C
San Juan Estrella	111	4-C
U. Bellavista	111	4-C
SAN LORENZO CDA.		
Aldama	123	5-C
San Juan Cerro	111	3-C
SAN LORENZO CJON.		
Barrio Caltongo	137	1-B
Tepeyac Insurgentes	71	4-D
SAN LORENZO DE ALMAGRO Y CDA		
Arboledas del Sur	123	4-B
SAN LORENZO PRIV.		
San Juan Tepepan	123	6-C
SAN LORENZO TLALTENANGO		
Las Armas	69	6-E
San Lorenzo Tlaltenango	69	6-E
SAN LORENZO Y CDA.		
Cuautepec El Alto	58	1-B
SAN LUCAS		
El Recreo	70	6-C
Lotería Nacional	70	6-C
Malacates	45	5-B
San Francisco Xalostoc	59	5-E
San Lucas Tepetlacalco	56	5-C
San Lucas Xochimanca	136	3-F
Santiago Atlaltongo	23	5-D
SAN LUCAS CDA.		
Tecuezcomac	46	5-E
SAN LUCAS CJON.		
Centro	84	5-B
SAN LUCAS PATONI		
San Lucas Patoni	57	4-E
SAN LUCAS Y PRIV.		
Barrio San Lucas	109	3-F
SAN LUIS		
Ampliación Corpus Christi	108	1-B
Corpus Christi	108	1-A
El Progreso	16	5-E
Granjas Estrella	111	6-B
Granjas Estrella	111	5-B
Nueva San Isidro	127	5-F
Residencial Santa Cruz	68	2-F
San Esteban Huitzilacasco	81	3-F
San Juan Zapotla	100	1-E
San Lorenzo Totolinga	81	1-E
San Miguel Teotongo	113	4-B
Santa Cruz	21	6-D
SAN LUIS AV.		
Piedras Negras	82	1-A
San Luis Tlatilco	82	1-A
SAN LUIS CJON.		
Pueblo Santa Lucía	108	2-A
San Lorenzo Totolinga	81	1-E
SAN LUIS DE 2A. CDA.		
Netzahualcóyotl	75	2-E
San Olegario	75	2-E
SAN LUIS DE LA PAZ		
Granjas Valle de Guadalupe	59	5-F
Miguel Hidalgo	122	4-B
SAN LUIS POTOSI		
Adolfo López Mateos	42	4-E
Ampl. Buenavista	44	4-C
Ampl. San Juan Tlalpizahuac	113	6-F
Ampliación San Agustín	100	3-D
Batán Viejo	109	3-A
Constitución de 1917	59	4-B
Chalma de Guadalupe	57	1-F
El Chamizal	72	2-E
El Mirador	59	1-B
El Mirador Las Torres	42	3-F
Jardines de Morelos	47	3-C
La Providencia	72	4-D
Loma Bonita	21	5-E
Lomas de San Andrés Atenco	56	3-C
Luis Echeverría	30	5-F
México Nuevo	55	1-D
Miguel Hidalgo	122	4-B
República Mexicana	32	5-F
Roma Norte	96	1-E
San José Jajalpa	47	3-A
San Juan Totoltepec	68	6-E
Santiago Tepalcapa	31	6-E
Temamatla	154	2-D
Tlalpizahuac	113	6-F
Villa Obregón	109	3-A
SAN LUIS POTOSI 2A. CDA.		
Villa San Agustín Atlapulco	100	3-D
SAN LUIS POTOSI 3A. CDA.		
Villa San Agustín Atlapulco	100	3-D
SAN LUIS POTOSI AV.		
Ampl. San Francisco	115	1-E
Villa Milpa Alta	151	4-D
SAN LUIS POTOSI CDA.		
Ampliación San Agustín	100	3-D
Luis Echeverría	31	5-A
SAN LUIS POTOSI DE 1A. CDA.		
Ampliación San Agustín	100	3-D
SAN LUIS POTOSI PONIENTE		
Santa María Tulpetlac	46	5-F
SAN LUIS PRIV.		
Pantitlán	85	6-E
Santa Ma. Mag. Huichachitla	33	3-A
SAN LUIS TLATILCO AV. Y CDA.		
Industrial Naucalpan	69	6-B
Naucalpan de Juárez	69	6-B
SAN LUIS TLATILCO CDA.		
Naucalpan de Juárez	69	6-B
SAN LUIS Y CDA.		
Piedras Negras	82	2-A
SAN MACARIO		
Pedregal de Santa Ursula	122	1-F
SAN MARCOS		
Ampliación El Santuario	111	2-A
Bellavista	17	4-C
Casa Blanca	81	2-E
Centro	84	4-C
Ciudad Alegre	88	5-B
Cuatliquixco	21	3-F
De los Deportes	24	6-B
El Corralito	81	1-E
El Molino	111	2-B
Estado de Veracruz	111	2-B
Hacienda de Aragón	73	1-B
La Candelaria Ticomán	58	6-B
Mexicaltzingo	110	1-D
Molino de Santo Domingo	95	3-F
Parques de Aragón	73	1-B
Pedregal II	121	2-C
San Lorenzo Totolinga	81	1-E
San Rafael Chamapa	81	2-D
Santa Lucía	108	2-A
Santa María del Monte	111	2-B
Santa Teresa	121	2-C
SAN MARCOS 1A. CDA.		
Rinconada San Marcos	44	4-B
SAN MARCOS 2A. CDA.		
Rinconada San Marcos	44	4-B
SAN MARCOS 2A. PRIV.		
Barrio San Andrés	70	3-C
SAN MARCOS 3A. CDA.		
Rinconada San Marcos	44	4-B
SAN MARCOS 4A. CDA.		
Rinconada San Marcos	44	4-B
SAN MARCOS AV.		
Rinconada San Marcos	44	4-B
SAN MARCOS AV. Y CDA.		
Malacates	45	5-B
SAN MARCOS CDA.		
Estado de Veracruz	111	2-B
San Antonio Zomeyucan	82	2-A
Tepeaca	108	2-C
SAN MARCOS CJON.		
La Preciosa	70	4-A
Lomas de Becerra	95	4-D
Unidad Belén	95	4-D
SAN MARCOS PRIV. Y CDA.		
Tlalpan	122	5-D
SAN MARCOS PRIV. Y CJON.		
Mexicaltzingo	110	2-D
SAN MARCOS Y 2 CJONES.		
Barrio San Marcos	70	4-B
SAN MARCOS Y CDA.		
Los Cerrillos	138	3-D
SAN MARCOS Y CJON.		
Tlalpan	122	5-D
SAN MARINO		
Izcalli Pirámide	57	3-C
Villa de las Flores	33	1-A
SAN MARINO CDA.		
Jardines de San José	33	1-A
SAN MARTIN		
Ciudad de los Niños	69	6-A
Doctores	97	1-A
Loma de la Cruz	42	1-B
Los Faroles	20	4-B
Minas San Martín	81	4-B
Montañista	58	2-D
Nueva San Isidro	127	5-F
Rinconada San Marcos	44	4-B
San Isidro La Paz	29	6-B
San Rafael Chamapa	81	2-D
Santa María del Monte	111	2-B
SAN MARTIN AV.		
San Martín Calacoaya	56	3-A
SAN MARTIN CDA.		
Doctores	96	1-F
El Mirador	19	2-C
La Olimpiada	81	1-E
SAN MARTIN CUAUTLALPAN		
Municipio de Chalco	128	6-F
SAN MARTIN DE PORRES		
San Isidro Ixhuatepec	58	4-F
Santa Cruz	21	6-D
SAN MARTIN JOSE DE		
Vicente Guerrero	81	5-D
SAN MARTIN PRIV.		
Pueblo Santa Bárbara	70	3-C
SAN MARTIN Y CDA.		
Nueva San Isidro	127	5-F
SAN MATEO		
Ampliación Vicente Villada	99	2-D
Barrio San Mateo	70	4-A
Barrio Santo Domingo	70	4-A
Cuatliquixco	22	3-A
La Preciosa	70	4-A
Lomas de Sotelo	82	2-E
Margarita Maza de Juárez	43	3-C
Nueva San Antonio	128	5-A
San Isidro	30	6-E
San Miguel	69	5-B
Santa María Nativitas	69	5-B
Villa Azcapotzalco	70	4-A
SAN MATEO 2 PRIVS.		
Profr. Cristóbal Higuera	43	6-B
SAN MATEO 4A. CDA.		
Vergel de las Arboledas	43	6-B
SAN MATEO ATIZAPAN CALZ.		
Ampl. Profr. C. Higuera	43	6-B
Ciudad Adolfo López Mateos	43	6-B
Club de Golf La Hacienda	43	6-B
Profr. Cristóbal Higuera	43	6-B
Vergel de las Arboledas	43	6-B
SAN MATEO AV.		
Barrio del Refugio	16	1-F
San Mateo Xoloc	16	1-F
San Mateo Xoloc	17	1-A
SAN MATEO BLVR.		
Bulevares	69	3-A
SAN MATEO CALZ. A		
San Mateo Ixtacalco	18	2-C
San Sebastián Xhala	18	2-C
SAN MATEO CALZ. Y 2 PRIVS.		
Ciudad Adolfo López Mateos	43	6-B
Vergel de las Arboledas	43	6-B
SAN MATEO CDA.		
Progreso	136	5-D
San Mateo Tecoloapan	43	4-C
SAN MATEO CJON.		
La Preciosa	70	4-A
SAN MATEO COATEPEC		
Lomas Verdes	31	5-F
SAN MATEO IZCALLI		
Izcalli San Mateo	68	3-F
SAN MATEO NAUCALPAN CALZ.		
Bulevares	69	4-A
Jardines de San Mateo	69	4-A
SAN MATEO NOPALA AV.		
Ampl. San Mateo	68	2-D
Rincón Verde	68	3-B
Z. U. E. San Mateo Nopala	68	2-D
SAN MATEO PRIV.		
La Preciosa	70	4-A
SAN MATIAS		
Barrio La Asunción	97	3-D
Pedregal de Santa Ursula	122	1-F
SAN MIGUEL		
Amipant	98	2-F
Ampliación Corpus Christi	108	1-B
Ampliación La Candelaria	110	5-A
Angel Veraza	98	2-F
Barrio La Asunción	97	3-D
Benito Juárez	59	3-B
Cuautepec El Alto	58	1-B
Cuautepec de Madero	58	2-A
El Santuario	111	2-A
El Tepetatal	45	6-B
El Tepetatal	45	5-B
Jesús del Monte	107	1-B
Juárez Pantitlán	98	2-F
Juventino Rosas	45	6-B
La Forestal	45	6-B
La Joyita	98	2-F
Lomas de Cuautepec	45	5-B
Lomas de San Agustín	81	1-F
Los Clubes	43	5-C
Los Faroles	20	4-B
Mi Retiro	98	2-F
Milagrosa	108	2-B
Nueva Margarita	87	4-B
Nueva San Isidro	127	5-F
Rinconada San Marcos	44	4-B
Rinconada San Marcos	44	5-B
San Antonio	58	1-B
San Esteban Huitzilacasco	81	3-F
San Gregorio Atlapulco	137	3-F
San Isidro Ixhuatepec	58	4-F
San José de la Palma	128	1-B
San Mateito	98	2-F
San Miguel Cuaut. El Alto	58	1-B
San Miguel Topilejo	149	4-A
San Miguel Totolcingo	35	5-D
San Miguel Xochimanga	43	5-D
San Miguel Xometla	37	2-A
San Rafael Chamapa	81	2-D
San Vicente Chicoloapan	88	5-F
Santa Catarina Ayotzingo	153	1-B
Santa Catarina Yecahuizotl	113	6-D
Santa María Aztahuacán	112	2-C
Santa María del Monte	111	2-B
Xalpa	106	6-C
SAN MIGUEL 10A. a 12A. CDAS.		
Lomas de Cuautepec	45	6-B
SAN MIGUEL 1A. CDA.		
Buenavista	112	4-B
SAN MIGUEL 2 CDAS.		
Cuautepec El Alto	58	1-B
SAN MIGUEL 2 PRIVS.		
El Tepetatal	45	6-B
SAN MIGUEL 2A. CDA.		
Buenavista	112	4-B
Santa María Aztahuacán	112	2-D
SAN MIGUEL 3 CDAS. Y CJON.		
El Tepetatal	45	6-B
SAN MIGUEL 3A. CDA.		
Buenavista	112	4-B
SAN MIGUEL 4A. CDA.		
Santa María Aztahuacán	112	3-D
SAN MIGUEL 6A. CDA.		
Lomas de Cuautepec	45	6-B
SAN MIGUEL ANENECUILCO		
Plan de Ayala	81	4-D
Plan de Ayala	81	4-E
SAN MIGUEL ARCANGEL		
Molino de Santo Domingo	95	3-F
SAN MIGUEL ATENCO		
La Conchita Zapotitlán	125	3-B
Santiago Zapotitlán	125	3-B
Santiago Zapotitlán	125	2-B
SAN MIGUEL AV.		
Malacates	45	5-C
San Miguel Hila	41	2-D
SAN MIGUEL CDA.		
Buenavista	112	5-B
Buenavista	112	5-C
Centro	84	5-B
Paraje Hostoc	19	3-B
Rinconada A. López Mateos	42	3-D
San Miguel Hila	41	3-D
San Miguel Xochimanga	43	4-E
Tepeaca	108	2-B
Unidad Hab. Auris	101	1-D
SAN MIGUEL CJON.		
Barrio San Lucas	109	2-F
Centro	84	5-C
San Francisco Tlaltenco	125	3-D
SAN MIGUEL CHALMA		
Chalma de Guadalupe	57	2-F
SAN MIGUEL CHALMA CALZ.		
Jorge Negrete	58	4-A
Solidaridad Nacional	57	3-F
U. H. El Arbolillo	57	3-F
U. H. El Arbolillo II CROC	57	3-F
Zona Escolar	57	3-F
SAN MIGUEL DE 3A. CDA.		
San Miguel Hila	41	3-C
SAN MIGUEL DE ALLENDE		
Granjas Valle de Guadalupe	59	5-F
San Fernando	94	4-C
SAN MIGUEL DE CDA.		
Cuautepec de Madero	58	2-A
SAN MIGUEL EL ALTO		
San Felipe de Jesús	72	2-C
SAN MIGUEL EL GRANDE		
Maravillas	100	4-D
Miramar	100	4-D
Miramar	100	4-E
SAN MIGUEL MALACATES		
Ampliación Malacates	45	4-B
SAN MIGUEL NEPANTLA		
U. San Esteban	82	1-C
SAN MIGUEL OTLICA		
La Cantera	19	2-B
Paraje Hostoc	19	2-B
SAN MIGUEL PRIV.		
Alcantarilla	108	4-C
Churubusco	110	2-A
Residencial San Javier	46	1-F
SAN MIGUEL PRIVS.		
Ampl. Malacates	45	4-B
SAN MIGUEL PROL.		
San Miguel Hila	41	4-C
SAN MIGUEL REGLA		
La Hacienda	43	5-B
SAN MIGUEL Y CDA.		
San Esteban Huitzilacasco	82	3-A
San Felipe de Jesús	72	2-C
Santa María Aztahuacán	112	2-D
SAN MIGUEL Y CDA. Y CJON.		
Barrio San Lucas	109	3-F
SAN MIGUEL Y PRIV.		
Reforma Iztaccíhuatl Norte	97	4-C
SAN MIGUELITO		
Pueblo San Miguel Ajusco	134	6-F
SAN MIGUELITO 1A. CDA.		
Pueblo San Miguel Ajusco	135	5-A
SAN MIGUELITO 2A. CDA.		
Pueblo San Miguel Ajusco	135	6-A
SAN MIGUELITO 3A. CDA.		
Pueblo San Miguel Ajusco	135	5-A
SAN MIGUELITO CJON.		
San Juan de Aragón	72	6-B
SAN MIGUELITO DE 1A. CDA.		
Pueblo San Miguel Ajusco	135	5-A
SAN NICOLAS		
Eva Sámano de López Mateos	111	1-D
Ind. San Nicolás Tlaxcolpan	56	2-F
Independencia	28	4-D
Merced Balbuena	84	6-C
Nueva San Isidro	127	4-F
San Esteban Huitzilacasco	82	3-A
San Nicolás II	134	1-B
Santiago Atlaltongo	23	5-D
SAN NICOLAS 2 CJONES.		
Barrio Santa Bárbara	110	2-F
SAN PABLITO CDA.		
Paraje San Pablo	19	6-C
SAN PABLO		
Centro	84	5-C
Cuatliquixco	22	3-A
Cuautliquixco	21	4-F
El Santuario	111	2-A
La Estación	125	1-A
Malacates	45	5-B
Melchor Ocampo	59	4-E
Miravalle	113	4-A
Nueva Ampl. El Rosario	70	2-B
Nueva San Isidro	127	5-F
Pedregal de Santa Ursula	122	1-F
Pueblo Coanalán	36	5-C
Pueblo San Lorenzo Tezonco	124	1-D
Pueblo Santa Bárbara	70	2-B
Rinconada San Marcos	44	5-B
San Francisco Culhuacán	110	4-E
San Isidro La Paz	29	6-B
San José del Olivar	108	4-D
Santa María Ozumbilla	21	4-F
Santiago Ahuizotla	69	4-E
U. H. San Pablo Xalpa	70	2-B
Villa de las Flores	70	2-B
Xochitenco	87	5-D
SAN PABLO AV.		
San Francisco Xalostoc	59	5-E
SAN PABLO AV. PROL.		
San Pablo Xalpa	70	1-C
SAN PABLO AV. Y CDA.		
San Pablo de las Salinas	20	6-A
SAN PABLO CDA.		
Barrio San Juan Xochitenco	87	5-E
Lomas de San Bernabé	120	1-F
Nueva San Isidro	127	5-F
San Francisco Xalostoc	59	5-E
San Lucas Xochimanca	136	3-E
SAN PABLO CIR.		
U. San Pablo CTM	32	1-E
Unidad San Pablo CTM	19	6-E
SAN PABLO DE CJON.		
Ignacio Zaragoza	63	5-B
SAN PABLO DE LA CRUZ		
Chimalhuacán	87	5-E
SAN PABLO GUELATAO		
Tequesquináhuac	100	4-E
SAN PABLO PRIV.		
Pantitlán	98	1-E
SAN PABLO TEMAMATLA CARR		
San Pablo Atlazalpa	140	6-F
Santiago Zula	141	6-A
SAN PABLO Y 2 CDAS.		
San Miguel Xochimanga	43	5-D
SAN PABLO Y 4 CDAS.		
Las Peñitas	43	5-E
SAN PABLO Y CDA.		
Ejido San Agustín Atlapulco	100	4-B
El Mirador	19	2-C
SAN PABLO Y PROL.		
Pueblo San Bernabé Ocotepec	120	1-F
SAN PASCASIO		
Pedregal de Santa Ursula	122	1-F
SAN PASCUAL		
Xochitenco	87	5-D
SAN PEDRO		
Barrio San Miguel	98	6-C
Club de Golf México	122	5-E
Corpus Christi	108	1-A
Ejido San Agustín Atlapulco	100	4-B
El Carmen	109	2-F
El Salado	59	6-C
El Santuario	111	2-A
Guadalupe del Moral	98	6-C
La Condesa	56	1-A
La Joya	122	5-E
Las Mesitas	138	3-E
Las Tinajas	81	1-F
Las Tinajas	107	2-C
Loma de la Cruz	42	1-B
Lomas de San Agustín	82	1-A
Melchor Ocampo	59	4-E
Miravalle	113	4-A
Pedregal de Santa Ursula	122	1-F
Pueblo San Lorenzo Tezonco	124	1-D
Rinconada San Marcos	44	5-B
San Esteban Huitzilacasco	81	3-F
San Francisco Xalostoc	59	4-E
San Francisco Xalostoc	59	5-E
San Isidro Ixhuatepec	58	4-F
San Isidro Ixhuatepec	58	4-F
San Isidro Ixhuatepec	58	4-F
San Isidro La Paz	29	6-B
San José del Olivar	108	4-D
San Lorenzo	81	1-F
San Luis Huexotla	76	3-C

Calle / Colonia	PLANO	COORDENADAS
San Miguel Xochimanga	43	5-D
San Pedro Atlazalpa	153	1-D
San Rafael Chamapa	81	3-D
San Vicente Chicoloapan	88	5-F
Santa Lilia	81	1-F
Santa María Chiconautla	34	3-F
Santa María del Monte	111	2-B
U. H. ISSFAM No. 1	122	5-E
Xochitenco	87	5-D
SAN PEDRO 2A. CDA.		
Paraje Zacatepec	112	2-D
Santa María Aztahuacán	112	2-C
SAN PEDRO AND.		
Tlalpexco	58	2-C
SAN PEDRO APOSTOL		
Barrio San Fernando	122	3-D
SAN PEDRO AV.		
Nuevo Paseo de San Agustín	60	4-A
San Pedro Barrientos	43	4-F
Santa Cruz	21	6-D
SAN PEDRO CDA.		
Barrio Norte	42	6-F
Estado de Veracruz	111	2-B
Monte Albán	112	2-D
San Miguel Xochimanga	43	6-D
SAN PEDRO CJON.		
San Luis Huexotla	76	4-D
San Pedro Xalpa	69	4-E
SAN PEDRO DE 1A. CDA.		
San Isidro Ixhuatepec	58	4-F
SAN PEDRO DE 2A. CDA.		
San Isidro Ixhuatepec	58	4-E
SAN PEDRO DE 3 CDAS.		
Fracc. San Pedro	28	4-D
SAN PEDRO DE LAS JOYAS		
Ampliación Tepepan	136	1-B
SAN PEDRO DE LOS PINOS		
San Luis Huexotla	76	4-C
SAN PEDRO MARTIR CDA.		
Pueblo San Miguel Ajusco	134	6-F
SAN PEDRO PRIV.		
Pantitlán	85	6-E
Pensil Norte	83	2-A
Santa María Aztahuacán	112	2-C
Tlaxala	107	2-C
SAN PEDRO PROL.		
Paraje Zacatepec	112	2-D
SAN PEDRO TEPOJACO		
Bosques de los Pinos	29	3-E
SAN PEDRO TLAHUAC CARR. A		
Barrio San Sebastián	140	3-C
Culturas de México	140	3-C
Jardines de Chalco	140	3-C
Municipio de Chalco	139	2-F
San Martín Xico La Laguna	140	3-C
SAN PEDRO Y 1A. CDA.		
Malacates	45	5-B
SAN PEDRO Y CDA.		
El Mirador	19	2-C
SAN PERFECTO		
Pedregal Santa Ursula Xitla	123	1-A
SAN RAFAEL		
Ampliación Vicente Villada	99	3-E
Lomas de la Estancia	112	4-F
Pueblo Nuevo Bajo	121	2-B
San Rafael Chamapa	81	1-F
U. H. San José de la Palma	115	6-B
Vicente Villada	99	3-E
SAN RAFAEL 2 CDAS.		
Pueblo Nuevo Bajo	121	2-B
SAN RAFAEL 2 CJONES.		
Pueblo Nuevo Bajo	121	2-A
SAN RAFAEL 2A. CDA.		
Benito Juárez	41	2-E
SAN RAFAEL ATLIXCO		
C. H. Real del Moral	98	3-B
Dr. Alfonso Ortiz Tirado	98	3-B
El Rodeo	98	3-B
Tlalnepantla	125	2-D
Z. U. E. Iztapalapa	98	3-B
SAN RAFAEL ATLIXCO CDA.		
Barrio San Miguel	111	1-D
SAN RAFAEL AV.		
Ferrocarrilera	57	1-B
San Rafael	57	1-B
SAN RAFAEL CDA.		
Esther Zuno de Echeverría	135	2-C
SAN RAFAEL CJON.		
Santa Lilia	81	1-F
SAN RAFAEL DE 6 CJONES.		
Pueblo Nuevo Bajo	121	2-B
SAN RAFAEL PRIV.		
Pantitlán	98	1-E
Residencial San Javier	46	1-F
SAN RAMON		
Del Valle	96	4-D
Unidad Hab. Independencia	108	5-E
SAN RAMON CDA.		
Pantitlán	85	6-E
SAN RAMON PRIV.		
Las Brisas	34	4-E
SAN RAUL		
Pedregal Santa Ursula Xitla	123	1-A
SAN RAYMUNDO CJON.		
San Francisco Culhuacán	110	3-D
SAN REMO		
Izcalli Pirámide	57	3-C
Residencial Acoxpa	123	3-C
SAN RICARDO		
Pedregal de Santa Ursula	122	1-F
Residencial Santa Cruz	68	2-F
San José de la Palma	128	1-B
SAN RIGOBERTO		
Rinconada San Marcos	44	5-B
SAN ROBERTO		
U. H. San José de la Palma	115	6-B
SAN SALVADOR		
Esperanza	100	4-B
La Colmena	42	1-B
La Perla Reforma	100	4-B
Las Américas	69	5-B
Loma de la Cruz	42	1-B
San Esteban Huitzilacasco	81	3-F
San José Buenavista	17	5-B
San José Ixhuatepec	58	5-F
U. H. San José de la Palma	115	6-B
Valle Dorado	56	2-D
SAN SALVADOR CDA.		
Pueblo San Lorenzo Tezonco	124	1-D
SAN SALVADOR EL VERDE		
Centro	84	5-B
SAN SAMUEL		
Pedregal Santa Ursula Xitla	123	1-A
Pueblo Santa Ursula Coapa	123	1-A
SAN SANTIAGO		
Nueva San Antonio	128	5-A
San José de la Palma	128	1-B
SAN SEBASTIAN		
Barrio San Sebastián	70	5-C
Chalco	140	1-F
Del Carmen	109	3-C
Del Maestro	70	5-C
Esperanza	100	4-B
La Perla Reforma	100	4-B
Libertad	70	5-C
Lomas de San Pablo	153	3-D
San Sebastián Xoalpa	24	5-E
Santa María Maninalco	70	5-C
SAN SEBASTIAN AV.		
San Sebastián Xhala	18	3-B
SAN SEBASTIAN CDA.		
San Luis Tlaxialtemalco	138	2-A
SAN SEBASTIAN CJON.		
Barrio San Sebastián	70	5-C
SAN SEBASTIAN DE APARICIO		
Atzacoalco	72	3-A
Vasco de Quiroga	72	3-A
SAN SEBASTIAN PRIV.		
Barrio San Sebastián	70	4-C
Del Maestro	70	4-C
SAN SEBASTIAN PROL. Y PRIV.		
Barrio San Sebastián	70	5-D
SAN SERGIO		
San José de la Palma	128	1-B
SAN SIMON		
Barrio Los Reyes	70	4-B
Barrio San Marcos	70	4-B
Centro	84	4-C
Rinconada San Marcos	44	4-B
San Ildefonso	29	6-A
SAN SIMON 1 RT.		
Los Pastores	69	4-D
SAN SIMON AV.		
San Simón	63	3-C
SAN SIMON CALZ.		
Atlampa	83	1-F
San Simón Ticumac	97	5-A
San Simón Tolnáhuac	83	1-F
Santa María Insurgentes	83	1-F
SAN SIMON PROL.		
Barrio San Marcos	70	4-B
San Rafael	70	4-B
SAN VALDEMAR		
San José de la Palma	128	1-B
SAN VALENTIN		
Lomas de San Agustín	82	1-A
Pedregal de Santa Ursula	122	1-E
SAN VICENTE		
San Isidro Ixhuatepec	58	4-F
San José	89	3-A
U. H. Trece de Octubre	113	3-F
Universal	81	1-E
SAN VICENTE 1A. CDA.		
San Miguel Xochimanga	43	5-D
SAN VICENTE CJON.		
Santa Cruz Acalpixca	137	3-D
SAN VICENTE DE CALZ.		
La Magdalena Atlicpan	100	5-F
Tlazala	101	4-A
SAN VICENTE Y CDA.		
San Miguel Xochimanga	43	5-E
SAN VICTORIO		
Pedregal de Santa Ursula	122	1-F
SANCTORUM		
San Joaquín	82	2-E
SANCTORUM CALZ.		
Argentina Poniente	82	1-F
SANCTORUM PROL.		
Lomas de Sotelo	82	2-E
SANCHEZ ABRAHAM		
Ampliación San Pedro Xalpa	69	5-E
Santiago Ahuizotla	69	5-E
SANCHEZ ALLENDE CARLOS		
Margarito F. Ayala Z. B.	34	2-C
SANCHEZ AZCONA		
Del Valle	96	5-E
Piedad Narvarte	96	5-E
SANCHEZ AZCONA CDA.		
Del Valle	96	6-E
SANCHEZ AZCONA JUAN		
Ciudad Satélite	69	1-A
SANCHEZ AZCONA PRIV.		
Del Valle	96	4-E
SANCHEZ B.		
San Francisco Xalostoc	59	5-E
SANCHEZ CARDENAS RAMIRO		
Ampl. Libertad	29	3-A
Ejido Axotlan	29	3-A
SANCHEZ CARMEN		
Ej. Santa María Aztahuacán	112	2-C
SANCHEZ COLIN		
Lomas de Coacalco	32	5-F
SANCHEZ COLIN GOB.		
Las Armas	69	6-E
San Lorenzo Tlaltenango	69	6-E
SANCHEZ COLIN ING. GOB. AV.		
Villa de Guadalupe Xalostoc	72	1-C
SANCHEZ COLIN S. ING. GOB.		
Emiliano Zapata 2a. Secc.	72	1-D
Granjas Valle de Guadalupe	72	1-D
SANCHEZ COLIN SALVADOR		
Evangelista	24	2-A
La Providencia	69	3-E
SANCHEZ COLIN SALVADOR CJON.		
Tultitlán	31	2-C
Tultitlán	31	2-D
SANCHEZ COLIN SALVADOR ING.		
Ejidal Los Acuales	33	4-A
Granjas de San Cristóbal	33	4-A
INFONAVIT COCEM I	31	5-D
Villa Las Manzanas	33	4-A
SANCHEZ CUCO		
Ampliación Emiliano Zapata	113	3-C
Compositores Mexicanos	45	6-A
SANCHEZ DE LA HOZ J.		
Buenos Aires	96	1-F
SANCHEZ DE TAGLE MANUEL		
Ciudad Satélite	69	2-B
SANCHEZ DIAZ FRANCISCO		
Santiago Ahuizotla	69	5-E
SANCHEZ EPITACIO		
San Martín de las Pirámides	24	2-F
SANCHEZ FRANCISCO		
Ejido San Agustín Atlapulco	100	5-C
Reforma	100	5-C
SANCHEZ G. GRAL. Y CDA.		
San Juan Tlihuaca	69	3-F
SANCHEZ GERTRUDIS GRAL.		
Damián Carmona	84	3-F
Primero de Mayo	84	3-F
SANCHEZ GRACIANO		
Ejido San Agustín Atlapulco	100	4-C
Presidentes Ejidales	110	5-D
Santa Martha Acatitla	99	5-E
SANCHEZ H. A. JESUS		
C. H. Jesús Sánchez y Cía	47	4-A
SANCHEZ HORMIGUERO CESAR		
U. H. Atzacoalco CTM	58	6-F
SANCHEZ IGNACIO		
Nuevo San Lucas Patoni	45	6-A
SANCHEZ JESUS CNEL.		
La Esperanza	46	6-A
SANCHEZ JOSE		
Ciudad Satélite	69	2-A
SANCHEZ MANUEL		
Ejército de Ote. Z. Peñón	99	6-C
SANCHEZ MARIQUITA 2 RTS.		
U. H. CTM Culhuacán Z. V	110	5-E
SANCHEZ MARIQUITA 3 PRIVS.		
U. O. H. CTM Zona VI	110	5-E
SANCHEZ MARIQUITA 3 RTS.		
U. O. H. CTM Zona VI	110	5-E
SANCHEZ MEJORADA		
Ciudad Satélite	69	1-A
SANCHEZ MIGUEL		
San Pablo de las Salinas	20	5-A
SANCHEZ MOLINA A. MAESTRO		
Zona Escolar	58	4-A
SANCHEZ MTZ. F. C 1 2 3 Y 4		
U. H. Vicente Guerrero	111	1-E
SANCHEZ PABLO		
Guadalupe Victoria	71	6-A
SANCHEZ PILAR R.		
Héroes de la Revolución	81	6-F
SANCHEZ PLATON		
Magdalena Mixhuca	97	1-E
SANCHEZ PRISCILIANO		
Juan Escutia	98	3-F
SANCHEZ PRIV.		
San Andrés Tetepilco	97	6-C
SANCHEZ RAFAEL		
Emiliano Zapata	127	2-B
SANCHEZ SALVADOR		
Ejército del Trabajo	101	2-B
SANCHEZ SANTOS TRINIDAD		
Ciudad Satélite	69	3-A
SANCHEZ TAPIA RAFAEL		
La Conchita Zapotitlán	125	3-A
SANCHEZ TIBURCIO		
Merced Gómez	109	1-B
SANCHEZ TRINIDAD		
México Nuevo	55	1-F
SANCHEZ TRUJILLO CDA. Y PRIV		
San Alvaro	83	1-B
SANCHEZ TRUJILLO J. PRIV.		
San Alvaro	83	1-C
SANCHO PANZA		
La Mancha 1a. Secc.	81	5-E
SANDALO		
Bosques de la Magdalena	113	1-F
Los Cuartos II	81	2-C
Prados de Ecatepec	19	3-F
Santa María Insurgentes	84	1-A
Tlaxopa 2a. Secc.	136	4-B
SANDIA		
Ampl. Profr. C. Higuera	43	5-A
El Mirador	59	1-A
Granjas Independencia	73	2-B
Las Huertas	81	2-C
Santa Cruz Xochitepec	136	2-C
SANDIA CDA.		
Xalpa	112	4-D
SANDIA DE LA		
Las Granjas Acolman	36	5-B
SANDIA DE LA RT.		
Las Granjas Acolman	36	5-A
SANDIA RT.		
U. Adolfo López Mateos	56	5-E
SANDIAS		
PROFOPEC Polígono 1	60	4-D
SANDINO AUGUSTO CESAR		
Universal	81	1-E
SANDOMES		
Ampliación Potrerillo	120	2-F
SANDOVAL JESUS		
Margarito F. Ayala	34	2-C
SANDOVAL LUIS		
México Prehispánico II	73	1-C
SANDOVAL MARIA ELENA		
Ampliación Emiliano Zapata	113	3-B
SANDOVAL RAUL		
Ciudad Satélite	56	6-C
SANDOVAL RAUL ING.		
Cuautitlán Izc. Atlanta	30	3-E
SANDUNGA		
Monte Albán	112	2-C
Santa María Aztahuacán	112	2-C
SANMARQUEÑA		
Aurora	100	3-A
SANSON CARRASCO		
La Mancha 2a. Secc.	81	5-D
SANSORES PEREZ CARLOS LIC.		
Jesús Vela	111	2-B
SANSORES ROSARIO		
Barrio de los Reyes	31	3-C
SANTA		
Del Carmen	109	3-C
Montañista	58	2-D
SANTA ADRIANA		
San Lorenzo	81	2-D
SANTA ALICIA		
Jardines de San José	33	3-A
SANTA ANA		
Ampl. San Fco. Culhuacán	110	4-C
Avante	110	5-D
Cuautitlán	18	4-D
La Blanca	44	6-A
La Purísima	34	5-F
Lomas de Capistrano	56	3-A
Panorámica	46	3-F
Pueblo Santa Rosa Xochiac	107	5-B
San Mateo Tlaltenango	107	5-C
SANTA ANA AV.		
Ampl. San Fco. Culhuacán	110	5-D
Avante	110	5-D
Ex Ej. San Pablo Tepetlapa	110	5-D
Presidentes Ejidales	110	5-D
San Jerónimo Miacatlán	152	4-A
U. H. CTM Culhuacán Z. V	110	5-D
U. H. San Fco. Culhuacán	110	5-D
U. O. H. CTM Zona VI	110	5-D
SANTA ANA CDA.		
Balcones de Santa Ana	41	2-F
Barrio Santa Ana Zapotitlán	124	2-F
San Mateo Tlaltenango	107	4-C
SANTA ANA CJON.		
Benito Juárez	42	1-A
SANTA ANA DE 2 CDAS.		
Benito Juárez	41	1-F
SANTA ANA NORTE CALZ.		
Torres de Lindavista	71	1-A
SANTA ANA PRIV.		
Pantitlán	98	1-E
SANTA ANA SUR		
Torres de Lindavista	71	1-A
SANTA ANA Y 2 CDAS. Y PRIV.		
San Francisco Culhuacán	110	4-D
SANTA ANITA		
1a. Ampl. Stgo Acahualtepec	112	2-E
Corpus Christi	108	1-A
Evolución	99	3-D
Metropolitana 3a. Secc.	99	3-D
San Francisco Culhuacán	110	4-D
SANTA ANITA AV.		
Lomas Hipódromo	82	5-C
SANTA ANITA CALZ.		
Moderna	97	2-C
Nueva Santa Anita	97	2-C
Viaducto Piedad	97	2-C
SANTA ANITA CDA.		
Santa Anita	28	6-D
SANTA ANITA CJON.		
La Concepción	50	4-E
SANTA ANNA		
Alfredo V. Bonfil	81	4-E
SANTA APOLONIA		
Barrio Nextengo	70	5-B
Barrio Santa Apolonia	70	5-B
San Francisco Tetecala	70	5-B
Villa Azcapotzalco	70	5-B
SANTA BALBINA		
Molino de Santo Domingo	95	3-F
SANTA BARBARA		
Club de Golf La Hacienda	43	6-D
Del Valle	96	3-D
Desarrollo U. Quetzalcóatl	111	5-F
Jardines de San Gabriel	59	5-E
Loma Bonita	44	6-C
Molino de Santo Domingo	95	3-F
Rinconada San Marcos	44	5-C
San Bartolo Atepehuacán	71	3-A
SANTA CATALINA		
Insurgentes San Borja	96	4-D
SANTA CATARINA		
Barrio Guadalupe	126	1-D
Barrio San Miguel	126	1-D
La Estación	125	1-A
Rinconada San Marcos	44	4-C
SANTA CATARINA AV.		
Santa Cecilia Tepetlapa	150	1-C
Santiago Atlaltongo	23	5-E
SANTA CATARINA CALZ.		
Altavista	109	3-A
San Angel Inn	109	3-A
SANTA CATARINA CDA.		
San Angel Inn	109	2-A
SANTA CATARINA T. CDA.		
Barrio San Andrés	70	3-C
SANTA CATARINA TLALTEMPAN		
Lomas San Lorenzo	111	6-D
SANTA CECILIA		
Ampl. El Tesoro	44	2-E
Barrio del Refugio	16	1-E
El Olivo II	44	5-A
El Tesoro	44	2-E
Hogar y Redención	95	6-E
Molino de Santo Domingo	95	3-F
Rinconada San Marcos	44	5-B
San Andrés Totoltepec	135	3-D
San Ildefonso	29	5-A
Santa Cecilia	57	2-C
Sierra de Guadalupe	44	2-E
Tlayapa	44	6-A
Tres Marías	127	5-E
Vista Hermosa	29	5-A
SANTA CECILIA AV.		
Chalma La Unión	57	2-D
El Puerto	57	2-D
El Retiro	57	4-D
El Tenayo	57	2-D
Izcalli Pirámide	57	4-D
La Barranca	57	2-D
La Cantera	57	4-D
La Sideral	57	4-D
La Soledad	57	4-D
La Urbana	57	4-D
Poder de Dios	57	4-D
San Bartolo Tenayuca	57	4-D
San Lucas	57	2-D
San Lucas Patoni	57	2-D
Tabla Honda	57	4-D
U. El Tenayo INFONAVIT	57	2-D
U. H. El Tenayo	57	2-D
SANTA CECILIA CALZ.		
Residencial Cafetales	123	1-F
U. H. O. CTM Culhuacán X	123	1-F
SANTA CECILIA CIR.		
Izcalli La Cuchilla	57	2-D
SANTA CECILIA CIRCUITO		
Hugo Cervantes del Río	57	2-D
SANTA CLARA		
Molino de Santo Domingo	95	3-F
Ocopulco	49	2-F
Rinconada San Marcos	44	4-C
San Francisco Chilpan	31	6-C
San Ildefonso	29	6-A
SANTA CLARA AV.		
Ampl. Coanalco	59	1-C
Jardines de Casa Nueva	59	2-F
San Francisco Chilpan	31	6-C
Unidad Cerro Gordo	59	2-F
SANTA CLARA CDA.		
San Ildefonso	29	6-A
SANTA CLARA CENTRAL AV.		
Jardines de Santa Clara	60	2-A
SANTA CLARA DIAGONAL		
Santa Clara	59	3-D
SANTA CONCEPCION		
Desarrollo U. Quetzalcóatl	111	5-F
Insurgentes	111	5-F
SANTA CRUZ		
1a. Ampl. Stgo Acahualtepec	112	2-E
Ampl. San Francisco	115	1-F
Barrio La Asunción	97	4-D
Barrio La Conchita	141	2-A
Barrio Santa Ana Zapotitlán	124	2-F
Barrio Santa Cruz	16	2-E
Del Valle	96	4-E
Desarrollo U. Quetzalcóatl	111	5-F
Guadalupita	123	4-B
Huayamilpas	110	5-A
Insurgentes	111	5-F
Jardines de Santa Cruz	33	3-A
La Candelaria	110	5-A
La Nopalera	124	2-F
La Turba	124	2-F
Las Arboledas	124	2-F
Loma de la Cruz	42	1-B
Lomas San Lorenzo	111	6-D
Los Angeles	111	3-C
Los Olivos	124	2-F
Miguel Hidalgo	122	4-B
Mixcoatl	111	5-F
Molino de Santo Domingo	95	3-F
Paraje San Juan	111	3-C
San Antonio Tecomitl	152	1-B
San Isidro Ixhuatepec	58	4-F
San Juan Ticomán	58	6-C
San Lorenzo Tlalmimilolpan	24	5-B
San Miguel Topilejo	149	4-B
San Miguel Topilejo	149	4-A
Santa Cruz Amalinalco	128	4-B
Tres Marías	127	5-E
Xaxalco	149	4-A
SANTA CRUZ 2 CDAS.		
Barrio Santa Ana Zapotitlán	124	2-F
SANTA CRUZ 2A. CDA.		
Las Arboledas	124	2-F
SANTA CRUZ 3A. CDA.		
Barrio Santa Ana Zapotitlán	124	1-F
SANTA CRUZ 4A. CDA.		
Los Olivos	124	1-F
SANTA CRUZ 5A. CDA.		
Los Olivos	125	1-A
SANTA CRUZ ACATLAN		
Tránsito	84	6-B
SANTA CRUZ ACAYUCAN		
Barrio Santa Apolonia	70	5-A
Plenitud	70	5-A
Santa Cruz Acayucan	70	5-A
SANTA CRUZ ATENCO		
San Alvaro	83	1-B
SANTA CRUZ AV.		
Barrio La Conchita	140	2-F
Barrio La Luz	151	5-D
Barrio Los Angeles	151	5-D
Barrio San Antonio	140	2-F

Calle / Colonia	PLANO	COORDENADAS
Barrio San Marcos	151	5-D
Barrio San Sebastián	140	2-F
Presidentes de México	111	5-E
Puente Blanco	111	5-E
San Lorenzo Tlacoyucan	151	5-D
San Mateo Chipiltepec	36	5-F
Santa Cruz	21	6-D
Santa María Cuautepec	32	5-A
SANTA CRUZ AYOTUSCO AV.		
Dos Ríos	93	6-B
SANTA CRUZ BLVR.		
Bulevares	69	3-B
Bulevares	69	4-A
Santa Cruz Acatlán	69	3-B
Santa Cruz Acatlán	69	4-A
SANTA CRUZ CALZ.		
Portales	97	6-A
San Simón Ticumac	97	6-A
SANTA CRUZ CDA.		
Capultitlán	71	5-B
Xaxalco	149	4-B
SANTA CRUZ CJON.		
La Candelaria	110	5-A
Palmatitla	58	2-B
Santa Clara	59	3-D
SANTA CRUZ COACALCO CALZ.		
México Nuevo	82	2-F
San Joaquín	82	2-F
SANTA CRUZ DE CRISTO		
Santa Cruz del Monte	69	1-A
SANTA CRUZ DE CRISTO CDA.		
Residencial Bugambilias	69	1-A
SANTA CRUZ DE LA		
Barrio Tlacateco	4	5-D
Tepotzotlán	4	5-D
SANTA CRUZ DE LA LOMA		
Santa Cruz del Monte	55	6-F
SANTA CRUZ DEL CAMPO SANTO		
Santa Cruz del Monte	69	1-A
SANTA CRUZ DEL MONTE		
Santa Cruz del Monte	56	6-A
SANTA CRUZ L. TEODORO		
Ampl. Gabriél Hernández	71	1-E
SANTA CRUZ MEYEHUALCO AV.		
Ej. Santa María Aztahuacán	112	2-B
U. H. Vicente Guerrero	112	2-B
U. Santa Cruz Meyehualco	112	2-B
SANTA CRUZ NORTE Y SUR		
Del Valle	96	3-E
SANTA CRUZ PRIV.		
Los Angeles	111	2-C
Pantitlán	85	6-E
San Mateo Cuautepec	32	5-A
San Simón Ticumac	97	6-A
SANTA CRUZ RT.		
La Alteña I	69	1-A
SANTA CRUZ TEODORO L.		
Ampl. Gabriel Hernández	71	1-E
SANTA CRUZ TETETLA		
Chimalhuacán	87	6-E
SANTA CRUZ Y CDA.		
El Mirador	19	2-C
Panorámica	46	3-F
Tenorios	112	5-D
SANTA CRUZ Y PRIV.		
Xalpa	112	4-E
SANTA ELENA		
Desarrollo U. Quetzalcóatl	111	5-F
Insurgentes	111	5-F
La Raquelito	81	2-E
Santa Cruz	21	6-D
SANTA ELENA CDA.		
San Lorenzo	81	2-D
Santa Lilia	81	1-F
SANTA ELENA Y CDA.		
Corralitos	112	5-C
San Lorenzo Totolinga	81	1-E
SANTA ESCUELA		
Centro	84	5-C
SANTA EUGENIA		
Villa de las Flores	33	1-A
SANTA EUGENIA CDA.		
Jardines de San José	33	2-A
SANTA FE		
Campestre del Lago	29	5-E
Corpus Christi	108	1-A
Las Huertas	68	6-D
Lomas de Capistrano	56	3-B
SANTA FRANCISCA		
Panorámica	46	3-F
SANTA GERTRUDIS		
Industrial	71	5-C
SANTA HELENA CDA.		
Jardines de San José	33	3-A
SANTA HIPOLITA		
Fuentes de Satélite	55	6-F
Lomas Verdes Sección VI	55	6-F
SANTA INES		
El Mirador	19	2-C
Panorámica	46	3-F
Rinconada San Marcos	44	5-C
Rinconada San Marcos	44	4-B
Santa Inés	70	3-B
SANTA INQUISICION		
San José de la Pradera	71	3-F
SANTA INQUISICION CJON.		
San José de la Pradera	71	3-F
SANTA ISABEL		
Ampl. Vicente Villada Ote.	99	5-E
Ampliación La Mexicana	95	4-D
Carlos Hank González	111	5-F
Las Aguilas	99	5-E
Molino de Santo Domingo	95	3-F
San Pedro Zacatenco	71	2-D
SANTA ISABEL TOLA		
Ampliación Benito Juárez	58	4-A
Benito Juárez	58	4-A
SANTA ISABEL TOLA PRIV.		
Benito Juárez	58	4-A
SANTA JUANA DE ARCO		
Ricardo Flores Magón	4	5-C
SANTA JULIA		
Ampliación Vicente Villada	99	3-E
Jardines de San José	33	2-A
Vicente Villada	99	3-E
SANTA JULIA CDA.		
Jardines de San José	33	2-A
SANTA LAURA		
Desarrollo U. Quetzalcóatl	111	5-F
SANTA LIDIA		
Las Peñas	111	4-F
SANTA LILIA		
Santa Lilia	81	1-F
SANTA LUCIA		
Carlos Hank González	112	4-A
La Blanca	44	6-A
Molino de Santo Domingo	95	3-F
Morelos	84	2-C
Panorámica	46	3-F
Pueblo Santa Lucía	108	2-A
Rinconada San Marcos	44	5-B
Rinconada San Marcos	44	4-C
San Miguel Amantla	69	6-F
Santa Cruz Acatlán	69	4-B
Santa Rosa de Lima	17	6-D
SANTA LUCIA 3 CDAS.		
Buenavista	112	5-C
SANTA LUCIA AND.		
Venta de Carpio	34	5-D
SANTA LUCIA AV.		
Alfalfar	96	5-A
Alfonso XIII	96	5-A
Ampl. Piloto Lopez Mateos	95	6-C
Batallón de San Patricio	95	6-C
Colinas del Sur	95	6-C
Galeana	95	6-C
Garcimarrero	95	6-C
Hogar y Redención	95	6-C
Minas de Cristo	96	5-A
Olivar del COnde 3a. Secc.	95	6-C
Olivar del Conde 1a. Secc.	95	6-C
Olivar del Conde 2a. Secc.	95	6-C
Piloto A. López Mateos	95	6-C
Reacomodo Olivar del Conde	95	6-C
Sacramento	96	5-A
Santa María Nonoalco	96	5-A
Unidad Preconcreto	95	6-C
SANTA LUCIA CDA.		
Carlos Hank González	111	5-F
El Mirador	136	1-C
Los Morales	136	1-B
SANTA LUCIA CJON.		
Magdalena Atlazolpa	97	5-E
SANTA LUCIA PRIV.		
Pantitlán	98	1-E
SANTA LUCIA PROL.		
Buenavista	112	5-C
SANTA LUCIA RT.		
Santa Lucía	107	2-F
SANTA MAGDALENA		
Jardines de San José	33	3-A
SANTA MARGARITA		
Del Valle	96	4-D
Santa Rosa de Lima	17	6-D
SANTA MARIA		
Ampl. Profr. C. Higuera	43	5-A
Apatlaco	97	5-E
Del Maestro	70	5-C
Magdalena Atlazolpa	97	5-E
Molino de Santo Domingo	95	3-F
Nezahualcóyotl	97	5-E
Nueva Santa María	31	6-A
Paraje Zacatepec	112	2-D
Pueblo Magdalena Atlazolpa	97	5-E
Purísima Atlazolpa	97	5-E
Rinconada San Marcos	44	4-C
San Francisco Mazapa	24	4-E
San Isidro Ixhuatepec	58	4-F
San Lorenzo Tlalmimilolpan	24	5-B
Santa Cruz Acatlán	69	4-B
Santa María Coatlán	24	4-E
Santa María Maninalco	70	5-B
Santiago Acahualtepec	112	2-F
Xochitenco	87	5-D
SANTA MARIA 2 PRIVS.		
Apatlaco	97	5-E
SANTA MARIA 3 CDAS.		
Apatlaco	97	5-E
SANTA MARIA AV.		
Villas de Cuautitlán	18	5-D
SANTA MARIA AV. Y CDA.		
Libertad	29	3-A
SANTA MARIA CDA.		
Ampliación Presidentes	95	6-D
Ampliación Tulpetlac	46	5-E
Insurgentes	111	5-F
Nueva Santa María	31	6-A
Paraje Zacatepec	112	2-D
SANTA MARIA CJON. Y PRIV.		
Magdalena Atlazolpa	97	5-E
SANTA MARIA DE GUADALUPE		
San Rafael Chamapa	81	3-D
Xalpa	112	4-C
SANTA MARIA DE JESUS		
Corralitos	112	4-C
SANTA MARIA DE LA RABIDA		
Colón Echegaray	69	3-D
SANTA MARIA DEL MONTE		
El Molino	111	2-B
Santa María del Monte	111	2-B
SANTA MARIA GUADALUPE		
Santa María del Monte	111	2-B
SANTA MARIA LA		
Buenavista	112	5-C
Chimalcóyotl	122	6-E
SANTA MARIA LA REDONDA		
Guerrero	84	3-B
SANTA MARIA LA RIBERA		
Santa María La Ribera	83	3-F
SANTA MARIA MAGDALENA CJON.		
San Francisco Culhuacán	110	3-D
SANTA MARIA PRIV.		
Nueva Santa María	31	6-A
Pueblo Santa Rosa Xochiac	107	5-C
San Mateo Cuautepec	32	5-B
SANTA MARIA TULANTONGO CDA.		
Emiliano Zapata	63	4-A
SANTA MARIA Y 5 CDAS.		
Ejido San Agustín Atlapulco	100	4-B
SANTA MARIA Y CDA.		
San Lorenzo	81	1-F
SANTA MARTHA		
Molino de Santo Domingo	95	3-F
Rinconada San Marcos	44	4-C
SANTA MARTHA AV.		
La Floresta	100	6-B
Reforma	100	6-B
SANTA MONICA		
Ampliación Vicente Villada	99	3-E
Carlos Hank González	111	5-F
Corpus Christi	108	1-A
Corralitos	112	5-C
Del Valle	96	4-D
Ejido San Agustín Atlapulco	100	4-B
El Molino	111	2-B
El Olivo II	44	5-A
Esperanza	100	4-B
La Hacienda	43	4-B
La Perla Reforma	100	4-B
Rinconada San Marcos	44	5-C
Santa María del Monte	111	2-B
Vicente Villada	99	3-E
SANTA MONICA ANDADOR		
Los Reyes Acaquilpan	113	1-B
SANTA MONICA PRIV.		
San Agustín	108	3-D
SANTA PATRICIA		
San Lorenzo	81	2-D
SANTA PAULA		
Jardines de San José	33	3-A
SANTA PAULA 2A. CDA.		
Los Pastores	69	4-D
SANTA PLAYA 2 CDAS.		
Tierra Blanca	46	2-D
SANTA PRISCA AV.		
Nuevo Paseo de San Agustín	60	4-A
SANTA PRISCA NORTE		
Nuevo Paseo de San Agustín	60	4-A
SANTA REFUGIO		
Maquixco	23	3-F
SANTA RITA		
Jardines de Santa Cruz	19	2-C
Lomas del Padre	106	4-F
Molino de Santo Domingo	95	3-F
Rinconada San Marcos	44	4-C
Santa Rosa de Lima	17	6-D
SANTA RITA AV.		
Campiña de Aragón	60	3-A
Nuevo Paseo de San Agustín	60	3-A
Plazas de Santa Clara	60	3-A
Valle de Santiago	60	3-A
SANTA RITA DE 1A. CDA.		
Lomas del Padre	106	4-F
SANTA RITA PRIV.		
Vergel de las Arboledas	43	6-B
SANTA RITA PRIV. Y CDA.		
Plaza de Santa Clara	60	3-A
SANTA RITA Y CDA.		
Lomas del Padre	106	3-F
SANTA ROSA		
Ampl. Vicente Villada Ote.	99	5-E
Bellavista	17	5-C
Carmen Serdán	110	6-E
Cuautitlán Izcalli Norte	17	5-C
Industrial	71	5-C
Molino de Santo Domingo	95	3-F
Panorámica	46	3-F
Rinconada San Marcos	44	4-B
San Bartolo Atepehuacán	71	3-A
San Mateo Tlaltenango	107	4-C
Santa Inés	70	3-A
Santiago Tepalcatlalpan	136	3-D
SANTA ROSA AV.		
Ejido Santa Ursula Coapa	123	1-B
Santa Rosa	101	1-E
Santa Rosa	101	2-E
Santa Rosa de Lima	17	6-D
SANTA ROSA DEL PILAR		
Ejido Santa Ursula Coapa	123	1-C
SANTA ROSA PRIV.		
Pueblo Santa Rosa Xochiac	107	5-B
Pueblo Santa Rosa Xochiac	107	6-C
SANTA ROSA PROL.		
Buenavista	112	5-C
SANTA ROSA Y 2 CDAS.		
Buenavista	112	5-C
SANTA ROSA Y 3 ANDS.		
La Raquelito	81	2-D
SANTA ROSA Y CDA.		
Valle Gómez	84	1-D
SANTA ROSALIA		
Del Valle	96	5-D
Molino de Santo Domingo	95	3-F
SANTA SOFIA CDA.		
Jardines de San José	33	2-A
SANTA TECLA		
Pedregal de Santo Domingo	109	4-F
SANTA TECLA PROL.		
Pueblo Los Reyes	109	5-F
Rda. de los Reyes Infonavit	109	5-F
SANTA TERESA		
Ahuehuetes	58	2-B
Bellavista	17	4-D
Bellavista	17	4-C
Carlos Hank González	111	5-F
Jardines de Acuitlapilco	88	5-B
La Condesa	56	1-A
Milagrosa	108	2-B
Rinconada San Marcos	44	4-B
Rinconada San Marcos	44	4-C
San Lorenzo	81	1-E
SANTA TERESA AV.		
Granjas Valle de Guadalupe	59	5-F
Nuevo Paseo de San Agustín	59	5-F
Viveros	59	5-F
SANTA TERESA CALZ.		
Benito Juárez	58	5-A
El Arbolillo	58	5-A
U. H. El Arbolillo II CROC	58	5-A
SANTA TERESA CDA.		
Emiliano Zapata	60	4-D
Jorge Negrete	58	5-A
Santa Rosa de Lima	17	6-D
SANTA TERESA CJON.		
Pueblo Santa Rosa Xochiac	107	5-C
SANTA TERESA PRIV.		
San José Jajalpa	47	3-A
SANTA TERESA Y CDA.		
Tepalcates	98	3-F
SANTA TERESITA		
Jardines de San José	33	3-A
Molino de Santo Domingo	95	3-F
SANTA URSULA		
La Raquelito	81	2-E
Pedregal Santa Ursula	123	2-A
Pedregal de Santa Ursula	122	1-E
San Lorenzo	81	1-F
San Lorenzo	81	1-E
Santa Ursula Xitla	122	5-D
SANTA URSULA CDA.		
Pedregal de Santa Ursula	122	1-F
San Lorenzo	81	1-E
SANTA URSULA CJON.		
Libertad	70	5-C
SANTA URSULA PRIV.		
Los Arcos	81	1-E
SANTA URSULA XITLA CDA.		
Tlalpan	122	5-D
SANTA VERACRUZ		
Guerrero	84	4-A
SANTACILIA PEDRO		
Iztaccíhuatl	97	4-B
Villa de Cortés	97	4-B
SANTANA		
San Miguel Tecamachalco	82	5-C
SANTANA 2 CDAS.		
U. O. H. CTM Zona VI	110	5-E
SANTANA CARLOS		
Moctezuma 1a. Secc.	84	5-E
SANTANDER		
Insurgentes Mixcoac	96	6-C
SANTANDER CDA.		
Las Peñas	111	4-F
SANTANDER FAUSTO V.		
Cristo Rey	96	4-A
SANTANDER Y PRIV.		
San Rafael	70	4-B
SANTIAGO		
Barrio La Conchita	141	1-A
Chalco	141	1-A
Ignacio Zaragoza	63	5-B
Nueva San Isidro	127	4-F
Santa Martha Acatitla	112	1-F
Tepeyac Insurgentes	71	4-D
Valle Dorado	56	2-D
SANTIAGO 1A. CDA.		
Ignacio Zaragoza	63	5-B
SANTIAGO 1A. PRIV.		
Ejido Santa Cruz Xochitepec	136	2-C
SANTIAGO 2A. CDA.		
Ignacio Zaragoza	63	5-B
SANTIAGO 2A. PRIV.		
Ejido Santa Cruz Xochitepec	136	2-C
SANTIAGO AHUIZOTLA 1A. CDA.		
Santiago Ahuizotla	69	5-E
SANTIAGO AHUIZOTLA CALZ.		
Industrial Naucalpan	82	1-E
San Lorenzo Tlaltenango	82	1-E
SANTIAGO APOSTOL		
La Guadalupana	138	2-C
SANTIAGO APOSTOL AV.		
San Jerónimo Lídice	108	5-D
SANTIAGO ATEPETLAC		
Guadalupe	57	5-F
Guadalupe Proletaria	57	5-F
SANTIAGO AV.		
Barrio San Pedro	97	3-C
Iztaccíhuatl	97	3-C
Lomas de Zaragoza	112	2-F
Moderna	97	3-C
Reforma Iztaccíhuatl Norte	97	3-C
Santiago Acahualtepec	112	2-F
Santiago Norte y Sur	97	3-C
SANTIAGO CDA.		
Barrio San Pedro	97	3-C
La Conchita Zapotitlán	125	3-B
Lomas de Zaragoza	112	2-F
Santiago Acahualtepec	112	2-F
SANTIAGO CJON.		
Santa Catarina Ayotzingo	153	2-C
SANTIAGO DE CHILE		
Las Américas	69	5-A
San Pedro Zacatenco	71	1-C
SANTIAGO JUAN CDA.		
Presidentes Ejidales	110	5-D
SANTIAGO OCCIPACO AV.		
Ampliación Los Fresnos	68	3-F
Los Fresnos	68	3-F
SANTIAGO PRIV.		
Santiago Sur	97	4-D
SANTIAGO PROL.		
Ampl. Guadalupe Proletaria	57	6-F
SANTIAGO TIANGUISTENGO		
Estado de México	82	3-A
Lomas de Atizapán 1a. Secc.	55	2-E
Residencial del Bosque	56	1-A
SANTIAGO XICOTENCATL		
Santo Tomás Ajusco	147	1-F
SANTIAGO Y 1A. CDA.		
San Jerónimo Lídice	108	6-C
SANTIAGO Y CDAS.		
Lomas Quebradas	121	1-B
SANTIAGO Y CJON.		
Pueblo Los Reyes	109	4-F
SANTIAGUITO		
Del Carmen	138	2-C
El Carmen	138	3-C
El Carmen	138	2-C
Los Cerrillos	138	3-C
U. H. CFE Cervantes del Río	57	2-D
SANTIAGUITO DE 1A. CDA.		
Los Cerrillos	138	3-C
SANTIAGUITO DE 2A. CDA.		
El Carmen	138	3-C
SANTILLAN MANUEL GOB.		
La Esperanza	124	1-C
SANTIN		
Las Arboledas	43	6-C
Las Arboledas	56	1-D
SANTISIMA		
Centro	84	4-C
SANTISIMA CJON.		
Santa Cruz Atoyac	96	6-E
SANTISIMA DE LA		
Lomas Verdes Sección V	55	6-D
SANTISIMA LA Y CDA.		
San Angel	109	3-B
SANTISIMA TRINIDAD		
Arenal	149	2-B
SANTISIMA Y PRIV.		
El Santuario	111	2-A
SANTISIMO PRIV.		
Pueblo Santa Bárbara	70	3-B
SANTO DE LA ROSA CJON.		
Barrio La Asunción	97	4-D
SANTO DESIERTO CDA.		
Tizampámpano	108	4-D
SANTO DOMINGO		
Ampliación Petrolera	70	4-A
Barrio San Mateo	70	4-A
Barrio Santo Domingo	70	4-A
Bellavista	96	2-A
Industrial San Antonio	70	4-A
La Preciosa	70	4-A
Las Américas	69	5-B
Nueva San Isidro	127	5-F
Observatorio	96	2-A
Pedregal de Santo Domingo	109	4-E
San Francisco Tetecala	70	4-A
San Pedro Atzompa	21	3-C
San Vicente Chicoloapan	88	5-F
Santiago Cuautlalpan	16	3-B
SANTO DOMINGO CDA.		
La Preciosa	70	4-A
San Miguel Chalma	57	2-F
SANTO DOMINGO CIRCUITO		
San Miguel Chalma	57	2-F
SANTO DOMINGO RT.		
La Alteña I	69	1-A
SANTO DOMINGO Y 2 CDAS.		
La Conchita Zapotitlán	125	3-B
SANTO DOMINGO Y PROL.		
San Lorenzo	81	1-F
SANTO ENTIERRO		
Pueblo de Tepexpan	36	5-A
SANTO TOMAS		
Ampliación Tulpetlac	46	5-E
Centro	84	5-C
Corpus Christi	108	1-A
Jardines de San José	33	2-A
Las Misiones	69	3-A
Lomas de Atizapán	55	1-E
Nueva Guadalupe	87	5-B
Nueva San Antonio	128	5-A
Pedregal de Santa Ursula	122	1-F
Santa María del Monte	111	2-B
SANTO TOMAS 3a. PRIV. Y CJON		
Barrio de Santo Tomás	70	4-C
SANTO TOMAS AND.		
U. H. Pantaco	70	4-D
SANTO TOMAS CALZ.		
Barrio San Sebastián	70	4-C
Barrio de Santo Tomás	70	4-C
SANTO TOMAS CJON.		
Barrio de Santo Tomás	70	4-C
Estado de México	82	3-A
SANTO TOMAS DE LOS PLATANOS		
Lomas Verdes	31	6-F
SANTOS		
Arboledas del Sur	123	3-B
SANTOS CHOCANO		
Balcones de Ceguayo	108	2-B
SANTOS CHOCANO JOSE		
Tultitlán	31	2-C
Villas Copilco	109	4-C
SANTOS DE LOS CDA.		
Emiliano Zapata	42	1-F
Emiliano Zapata	138	4-F
SANTOS DEGOLLADO		
Veintiuno de Marzo	44	5-A
SANTOS DUMONT ALBERTO		
Aviación Civil	85	6-C
SANTOS GASTON		
San Miguel Teotongo	113	3-B
SANTOS JOSE E. GRAL.		
Héroes de la Revolución	82	5-A
SANTOS PEDRO A. DE LOS GRAL.		
San Miguel Chapultepec	96	1-C

Calle / Colonia	Plano	Coordenadas
SANTOS PEREGRINOS 2 CDAS.		
Granjas Navidad	94	6-C
SANTOS QUIROZ BENJAMIN		
Santa Cecilia	125	5-F
SANTOS RAMON DE LOS		
Mariano Escobedo	20	4-B
SANTOYO PATRICIO		
Cuautepec El Alto	58	2-B
Palmatitla	58	2-B
SANTOYO PATRICIO PRIV.		
Palmatitla	58	2-B
SANTUARIO		
Benito Juárez	59	2-B
Santa Cruz	21	6-D
SANTUARIO EL AV.		
San Pedro Atocpan	151	3-A
SANTUARIO Y CDA.		
San Lorenzo	81	1-E
SANTURCE		
Residencial Zacatenco	71	2-C
Río Piedras	47	4-A
SANZ PATRICIO		
Del Valle	96	4-D
Tlacoquemécatl	96	4-D
SAO PAULO		
San Pedro Zacatenco	71	1-C
Valle Dorado	56	2-D
SAPO DEL CJON.		
Centro	84	4-A
San Lucas Patoni	57	4-E
San Pedro Xalpa	69	4-E
SAPO EL		
San Juan Teotihuacán	24	3-A
SAPPORO		
Guadalupe	123	5-B
SAPRISSA		
Arboledas del Sur	123	4-B
SARA		
Guadalupe Tepeyac	71	6-D
SARABIA		
Guadalupe Victoria	33	5-D
San Miguel Teotongo	113	2-B
SARABIA FRANCISCO		
Ahuehuetes	56	1-C
Ampliación San Esteban	82	1-C
Benito Juárez	44	1-E
Buenavista	81	4-F
Cuautepec El Alto	58	1-A
Chiconcuac	49	6-D
Chiconcuac	49	6-F
Dos de Septiembre	19	1-D
Ejido de Atlautenco	35	6-A
El Capulín	63	6-C
El Molino	111	2-B
Emiliano Zapata	42	1-E
Francisco I. Madero	42	2-A
Francisco Sarabia	42	3-C
Guadalupe	121	2-C
INFONAVIT	63	6-C
ISSSEMYM	63	6-C
La Conchita	63	6-C
La Trinidad	76	1-C
Libertad	29	3-A
Lomas de Totolco	101	2-A
Nexquipayac	49	3-B
Plan de Iguala	111	2-B
Pueblo Santa Ana Tlacotenco	152	6-A
San Gregorio Cuautzingo	141	1-E
San Juan Ixtacala	57	5-C
San Juan Teotihuacán	24	3-B
San Juan Tlihuaca	69	4-F
San Juanito	63	6-C
San Lucas Amalinalco	128	5-D
San Martín Xico La Laguna	139	2-F
San Martín de las Pirámides	24	2-F
San Mateo Huitzilzingo	140	5-C
San Mateo Ixtacalco	18	2-B
San Miguel Chalma	81	2-D
San Miguel Teotongo	113	3-A
San Miguel Totolcingo	35	5-D
Santa María Nativitas	69	4-C
Santa María Ozumbilla	21	4-E
Santa María del Monte	111	2-B
Santa Martha Acatitla	112	1-E
Santa Teresa	121	2-C
Santiago Chimalpa	49	5-F
Santiago Teyahualco	32	1-C
Santiago Zula	141	6-A
Tlalnepantla	57	3-A
Tultepec	19	3-C
SARABIA FRANCISCO 1A. CDA.		
Barrio San Francisco	121	1-C
San Juanito	63	6-C
San Luis Huexotla	76	3-C
SARABIA FRANCISCO 2A. CDA.		
San Juanito	63	6-C
SARABIA FRANCISCO AV.		
San Gregorio Cuautzingo	128	6-D
San Lorenzo Totolinga	81	1-F
SARABIA FRANCISCO CDA.		
Cerro del Marqués	127	6-A
Plan de Iguala	111	2-B
San Juanito	63	6-C
San Lorenzo Totolinga	81	1-F
Tultepec	19	2-D
SARABIA FRANCISCO CJON.		
San Salvador Atenco	62	1-D
SARABIA FRANCISCO PRIV.		
Cuautepec El Alto	58	1-A
Dos de Septiembre	19	1-C
La Alfalfa	47	2-A
Santa Cruz Aviación	85	6-A
SARABIA FRANCISCO PROL.		
El Mirador	19	2-D
La Providencia	69	3-E
San Andrés Ahuayucan	136	6-F
SARABIA FRANCISCO SUR		
Ecatepec de Morelos	46	2-F
SARABIA FRANCISCO Y 3A. CDA.		
La Cruz	121	1-C
SARABIA FRANCISCO Y CDA.		
Santa Cecilia Tepetlapa	150	1-A
Santa Marta Acatitla	112	1-E
Santa Martha Acatitla	112	1-F
Santiago Teyahualco	19	6-C
SARABIA J.		
Melchor Ocampo	18	1-F
Plutarco Elías Calles	83	1-D
SARABIA JUAN		
Hogar y Seguridad	70	6-D
Nueva Santa María	70	6-D
San Juan Ixhuatepec	58	6-F
Santa Martha Acatitla Sur	112	1-C
SARABIA PRIV.		
Lomas de Totolco	101	2-A
SARAPEROS		
Almontila	87	6-B
Tlatel Xochitenco	87	2-D
SARATOGA		
Portales	96	6-F
SARATOGA AV.		
Lomas Hipódromo	82	5-B
SARATOGA PRIV.		
Lomas Hipódromo	82	5-C
SARAVIA ATANASIO		
Héroes de Churubusco	110	1-C
SARAZATE Y PRIV.		
Peralvillo	84	1-B
SARDINA		
Del Mar	124	4-E
PROFOPEC Polígono 2	60	5-D
SARDONICA		
Ciudad Cuauhtémoc	34	2-F
Estrella	71	5-E
SARDOS		
Isidro Fabela	95	4-F
SARGAZO		
El Rosario	110	5-A
SARTO ANDREA DEL		
Nonoalco	96	5-B
San Juan	96	5-B
SASANINAS		
Río Piedras	47	4-A
SASASTRAS AV. Y 2 CDAS.		
Ixtlahuacan	112	3-F
Miguel de la Madrid Hurtado	112	3-F
SASSARI		
Lomas Estrella 2a. Secc.	111	6-A
SASSOFERRATO GIOVANNI		
Alfonso XIII	96	5-B
SASTRE PEDRO		
Las Peñas	111	4-F
SASTRERIA		
Penitenciaría	84	4-D
SASTRERIA PROL.		
Diez de Mayo	84	4-D
SATELITE		
Casablanca	111	4-D
Lomas de la Estancia	112	4-E
Potrero de la Luna	112	5-E
San Antonio Zomeyucan	82	3-A
San Mateo Chipiltepec	36	6-F
SATELITE AV.		
Ampliación Vista Hermosa	56	6-C
Ciudad Satélite	56	6-C
Plaza de la Colina	56	6-C
Residencial del Parque	56	6-C
Vista Hermosa	56	6-C
SATELITES		
Sideral	98	6-D
SATISFACCION		
Campestre Aragón	72	4-B
SATISFACCION "A"		
Campestre Aragón	72	4-B
SATURNO		
Ampl. Emiliano Zapata	113	4-C
Atizapán 2000	43	3-A
Cuautitlán Izc. Ensueños	30	1-D
El Mirador	110	4-F
Guerrero	84	2-A
Hacienda de San Juan de T.	123	4-B
La Olimpiada 68	81	3-C
Las Rosas	56	4-D
Lomas de Chamapa	81	2-E
Lomas de Totolco	101	2-A
Lomas de la Estancia	112	4-E
Los Sauces	60	6-D
Media Luna	122	1-E
Media Luna	73	2-D
Nueva Industrial Vallejo	70	1-F
Reacomodo El Cuernito	95	5-F
SATURNO AV.		
División del Norte	59	5-F
Granjas Valle de Guadalupe	59	5-F
La Estrella	59	5-F
SATURNO Y CDA.		
San Antonio Zomeyucan	82	2-A
SAUCE		
2a. Ampl. Stgo Acahualtepec	112	3-E
Agrícola Oriental	98	4-E
Avándaro	127	2-B
Bosque del Pedregal	121	6-B
Bosque del Pedregal	134	1-B
Bosques de Ixtacala	43	1-A
Buenavista	112	6-B
Carlos Hank González	101	5-A
Cinco de Mayo	43	5-A
Consejo Agrarista Mexicano	111	6-E
Copalera	100	3-F
Dos de Octubre	134	1-D
Ejidal Ampl. San Marcos	44	5-C
El Mirador	59	1-A
El Molino Tezonco	124	3-D
El Sauzalito	68	1-F
Emiliano Zapata	81	2-D
Escalerilla	114	5-D
Garcimarrero	108	1-B
Jardines de Acuitlapilco	88	5-B
Lomas de Zaragoza	112	2-F
Los Olivos	100	3-C
Los Pirules	94	2-D
Los Reyes Tultitlán	31	4-D
Palmillas	113	5-B
Pedregal de San Nicolás	121	6-B
Prados de Ecatepec	20	3-A
Residencial San Andrés	63	2-B
San José	101	1-D
San José de los Cedros	94	6-C
San Miguel Teotongo	113	3-A
San Pablo	87	4-E
San Pedro Atlazalpa	153	1-E
San Rafael	57	1-B
Santa María La Ribera	83	2-E
Tabla Honda	57	2-C
Tequesquináhuac Parte Alta	56	1-E
Tierra Blanca	138	4-F
Tlatel Xochitenco	87	2-F
Unidad Habitacional La Isla	20	4-A
Valle Verde	114	6-D
Valle de Ecatepec	47	5-B
Valle de Tepepan	122	6-F
Xalpa	112	4-E
SAUCE CDA.		
San Miguel	88	6-B
Tlalpexco	58	2-C
SAUCE CJON.		
Tejomulco	137	4-B
SAUCE DE AGUA		
U. INFONAVIT Iztacalco	97	4-F
SAUCE DEL		
Ampl. Minas Palacio	81	4-B
Los Reyes Ixtacala	57	5-A
SAUCE PRIV.		
San Lorenzo	123	5-D
SAUCE Y PROL. Y CDA.		
Tenorios	112	5-C
SAUCEDO ANDRES GRAL.		
Héroes de la Revolución	82	5-A
SAUCEDO FLORENTINO		
U. H. San Rafael Coacalco	33	1-B
SAUCEDO MIGUEL		
Fuego Nuevo	110	5-F
SAUCEDO NICOLAS		
Las Peñas	111	4-F
SAUCERA AV.		
Tultepec	19	1-E
SAUCES		
Ahuehuetes	58	2-C
Ampliación Nexquipayac	49	3-B
Atizapán Moderno	56	2-B
Bosques de Morelos	30	4-B
Bosques de Xhala	18	4-B
Chimalhuacán	87	6-F
Ixtapaluca Izcalli	114	6-B
Ixtlahuacan	112	3-F
Jazmín de las Flores	153	1-E
La Candelaria Ticomán	58	5-B
La Floresta	100	6-A
La Perla	99	4-F
Las Peñitas	43	4-D
Montañista	58	3-B
Rincón Verde	68	2-B
San José del Jaral	43	2-D
Santa María La Barranca	88	6-B
Tenorios	112	5-D
Tierra y Libertad	59	1-D
Valle Verde	136	3-A
SAUCES 2 CDAS.		
Santa Cecilia	57	2-C
SAUCES AV.		
Pasteros	70	3-A
SAUCES CDA.		
Ciudad Alegre	88	6-B
Consejo Agrarista Mexicano	111	5-E
Los Fresnos	68	3-F
San José de las Palmas	101	6-B
SAUCES CJON.		
El Molinito	82	1-B
SAUCES DE LOS		
Ampl. Jards. de San Mateo	68	4-E
Lomas de San Mateo	68	2-E
SAUCES DE LOS AV.		
Bosques de Ixtacala	43	1-A
Los Morales	18	4-C
SAUCES LOS		
Ampl. Guadalupe Victoria	33	4-D
Bello Horizonte	31	5-E
Ejido San Mateo Cuautepec	31	5-E
San Francisco	107	5-E
San Mateo Ixtacalco	18	2-C
SAUCES LOS CDA.		
Malacates	45	5-B
SAUCES LOS RT.		
Vergel de las Arboledas	56	1-B
SAUCES LOS Y CDA.		
San Mateo Huexotla	76	4-B
SAUCES ORIENTE LOS		
Arcos del Alba	30	2-F
SAUCES PONIENTE LOS		
Arcos del Alba	30	2-F
SAUCES PRIV.		
San José	138	2-B
Valle del Sur	110	3-E
SAUCES PROL.		
Jardines de Acuitlapilco	88	6-B
SAUCES Y CDA.		
San Lorenzo Huipulco	123	3-A
SAUCO		
Barrio San Marcos	136	1-E
El Rosario	110	5-A
San Bartolo Ameyalco	107	5-E
SAUL		
Guadalupe Tepeyac	71	6-D
SAUZ		
Ejidos de San Cristóbal	33	5-D
SAUZ DEL PRIV.		
Guadalupe Victoria	33	5-D
SAUZ EL		
El Gavillero	28	5-C
Las Huertas	81	1-D
Tierra Nueva	136	1-D
U. H. Villa Xochimilco	136	1-D
SAUZ PROL.		
Las Huertas	68	6-D
SAUZALES AV.		
Granjas Coapa	123	3-E
Magisterial	123	3-E
Rinconada Coapa 2a. Secc.	123	3-E
Villa Cuemanco	123	3-E
SAVIÑON LUZ		
Del Valle	96	3-F
Narvarte	96	3-F
SAVONA		
Real del Sur	123	3-D
SAYAVEDRA 2 PRIVS.		
Condado de Sayavedra	41	5-F
SAYIL RT.		
U. H. ISSSTE Norma	111	1-C
SAYULA CDA.		
La Carbonera	120	3-F
SAYULTECA		
Lic. Carlos Zapata Vela	98	4-A
SCOTT DAVID R.		
Tlalcoligia	122	6-E
SCHILLER		
Bosque de Chapultepec	83	4-B
Chapultepec Morales	83	4-B
SCHILLER FANNY		
Cuautepec El Alto	45	6-B
Juventino Rosas	45	6-B
La Forestal	45	6-B
SCHOPENHAUER		
Ejido de Santiago Tepalcapa	43	3-B
SCHUBERT		
Peralvillo	84	1-B
SCHULTZ DELITSCH HERMAN		
México Nuevo	42	6-E
SCHULTZ MIGUEL E.		
San Rafael	83	4-E
SCHUMAN ROBERT		
Universal	81	1-E
SCHUMANN		
Vallejo	71	6-C
SECCION A		
San Francisco Xalostoc	59	5-E
SECCION B		
San Francisco Xalostoc	59	5-E
SECCION C		
San Francisco Xalostoc	59	5-E
SECOYAS		
Villa de las Flores	32	3-F
SECOYAS DE LAS		
Lomas de San Mateo	68	3-E
SECRETARIA		
Campestre Aragón	72	4-B
SECRETARIA "A"		
Campestre Aragón	72	4-B
SECRETARIA 3o. Y 5o. CJON.		
Campestre Aragón	72	4-B
SECRETARIA AL SERV DEL PUEB		
Federal Burocrática	81	6-E
SECRETARIA DE AGRICULTURA		
Federal Burocrática	81	6-D
SECRETARIA DE COMUNICACIONES		
Federal Burocrática	81	6-E
SECRETARIA DE DES. U. Y ECO.		
Federal Burocrática	94	1-D
SECRETARIA DE ECONOMIA		
Federal Burocrática	81	6-E
SECRETARIA DE GOBERNACION		
Federal Burocrática	81	6-D
SECRETARIA DE LA DEFENSA NAL		
Federal Burocrática	81	6-D
SECRETARIA DE MARINA		
Federal Burocrática	94	1-D
SECRETARIA DE MARINA AV.		
Lomas del Chamizal	94	4-E
SECRETARIA DE MARINA CDA.		
Federal Burocrática	94	1-D
SECRETARIA DE PATRIMONIO		
Federal Burocrática	81	6-D
SECRETARIA DE RELS. EXTS.		
Federal Burocrática	81	6-D
SECRETARIA DEL ESTADO		
Federal Burocrática	81	6-E
SECRETARIA DEL TRABAJO		
Cuatro Arboles	85	6-B
Federal	85	6-B
SECRETARIA MARINA 4 RTS.		
Lomas del Chamizal 2a. Secc	94	3-E
SECRETARIAS LAS		
San José Aculco	97	5-F
SECRETO		
Chimalistac	109	3-C
SECRETO DEL		
Lomas de la Herradura	94	1-E
SECRETO DEL CDA.		
Lomas de la Herradura	82	6-B
SEDANO MARCELINO		
Constitución de 1917	111	2-E
SEDUES VICENTE		
San Isidro La Paz	42	1-B
SEGOVIA		
Alamos	97	2-A
SEGUNDA AV.		
Zona Industrial Tultepec	19	5-C
SEGUNDO SOL		
Cuautitlán Izc. Parques	17	5-E
SEGURA VICENTE		
Lomas de Sotelo	82	2-D
SEGURA VICENTE GRAL.		
Héroes de la Revolución	82	5-A
SEGURO DEL AV.		
U. H. Valle Esmeralda	44	2-B
SEGURO SOCIAL		
Federal	85	6-B
SEGURO SOCIAL NORTE		
Unidad 2 IMSS Tlalnepantla	56	1-F
SEGUROS POSTALES		
Josefa Ortiz de Domínguez	97	4-B
Postal	97	4-B
SEIS DE ABRIL DE 1943		
Electra	56	4-E
SEIS DE DICIEMBRE		
Himno Nacional	28	5-D
Nicolás Romero	28	5-D
Plan de Ayala	81	4-E
SEIS DE ENERO		
Ampliación Vista Hermosa	29	5-A
Gral. Manuel Avila Camacho	82	4-C
Granjas Navidad	94	6-C
La Navidad	94	6-C
Loma Cebada	94	2-D
Lomas de Chamapa	81	3-D
Ricardo Flores Magón	4	4-C
San José Buenavista	100	2-D
San Juan Tlalpizahuac	113	6-F
Santiago Cuautlalpan	16	4-C
Tecacalanco	137	4-D
SEIS DE ENERO CDA.		
La Navidad	94	5-C
San Juan Tlalpizahuac	113	5-F
Tetacalanco	137	4-D
SEIS DE JULIO		
El Charco	47	5-A
SEIS DE JUNIO		
Cerro del Tejolote	114	6-D
SEIS DE MARZO		
Revolución	84	4-F
SEIS DE MAYO		
Melchor Ocampo	18	1-F
SEIS DE NOVIEMBRE		
Los Jacalones	128	6-A
Santa María Tonanitla	20	3-E
SEIS DE OCTUBRE		
Planetario Lindavista	71	3-A
San Bartolo Atepehuacán	71	3-A
SEIS DE SEPTIEMBRE		
Jardines de los Baez	47	1-D
SELENE		
Cuautitlán Izc. Ensueños	30	1-D
Las Rosas	56	4-E
SELVA		
Barrio San Pedro	136	2-F
Cuautitlán Izc. Atlanta	30	2-E
Insurgentes Cuicuilco	122	2-C
SEMINARIO		
Centro	84	4-C
San Andrés Chiautla	63	1-A
San José de la Pradera	71	3-F
San Juan Tlalpizahuac	113	4-F
SEMINARIO 2 CDAS.		
Olivar de los Padres	108	4-E
SEMINARIO AV.		
Los Parajes	57	1-A
SEMINARIO CJON.		
Lomas de la Cruz	89	1-B
Santa Ursula Xitla	122	5-D
SEMINARIO DEL		
Lomas de la Herradura	94	1-E
SENDAI Y CDA.		
Guadalupe	123	4-A
SENDERO		
Ex Hacienda Coapa	123	3-D
Jardines del Pedregal	108	6-F
SENDERO CERRO DEL FRAILE		
Ejido de Espíritu Santo	54	3-E
SENDERO DE LA ALAMEDA		
Ejido de Espíritu Santo	54	3-E
SENDERO DE LOS PELILLOS		
Ejido de Espíritu Santo	54	3-E
SENDERO DE LLANO GRANDE		
Ejido de Espíritu Santo	54	3-E
SENDERO DEL ESCORIAL		
Ejido de Espíritu Santo	54	3-E
SENDERO DEL JAGUEY		
Ejido de Espíritu Santo	54	2-E
SENDERO DEL MANANTIAL		
Mpio. Atizapán de Zaragoza	54	3-F
SENECA		
Ejido de Santiago Tepalcapa	43	3-A
Los Morales Secc. Alameda	82	5-F
Palmas Polanco	82	5-F
Palmitas	82	5-F
SENEGAL		
Jardines de Cerro Gordo	60	1-B
SENTIES G. OCTAVIO		
1a. Ampl. Stgo Acahualtepec	112	2-E
2a. Ampl. Stgo Acahualtepec	112	2-E
SENTIES GOMEZ OCTAVIO LIC.		
Cooperativa Palo Alto	95	4-A
SENTIES OCTAVIO		
Ampliación Benito Juárez	58	4-A
Consejo Agrarista Mexicano	111	5-E
SENTIES OCTAVIO LIC.		
Año de Juárez	111	6-D
SENTIMIENTO		
Ixtlahuacan	112	3-F
SENTIMIENTOS DE LA NACION		
Cuchilla Cerro del Marqués	127	6-C
Popular Ermita Zaragoza	99	6-F
SENUTA		
Miguel Hidalgo	124	4-F
Miguel Hidalgo	125	4-A
SEÑA DE LA		
Santa Cecilia	57	2-D
SEPTIEN CARLOS		
Ciudad Satélite	69	3-A

Calle / Colonia	Plano	Coordenadas
SEPTIMA AV.		
Zona Industrial Tultepec	19	4-D
SEPTIMO SOL DEL CALZ.		
Cuautitlán Izc. Parques	17	6-D
SEPULVEDA JUAN BAUTISTA		
Quince de Agosto	71	4-E
SEQUEIRA ROSA MARIA 2A PRIV.		
U. O. H. CTM Zona VI	110	6-D
SEQUEIRA ROXANA 1R. RT.		
U. H. CTM Z. VI	110	5-D
SEQUEIRA ROXANA Y 2 PRIVS.		
U. O. H. CTM Zona VI	110	5-D
SERBALES		
Villa de las Flores	32	3-F
SERDAN A. 2 CDAS.		
Malacates	45	5-B
SERDAN A. PROL. 2 CJONES.		
Santiago Tepalcatlalpan	136	3-D
SERDAN AQUILES		
Ampl. Ozumbilla	21	5-E
Ampliación Emiliano Zapata	42	2-E
Ampliación Los Reyes	113	2-B
Ampliación Miguel Hidalgo	121	5-F
Ampliación San Lorenzo	56	2-C
Angel Zimbrón	70	4-B
Aragón	71	4-D
Azolco	46	4-F
Barrio La Magdalena	125	6-F
Barrio Nextengo	70	4-B
Barrio San Mateo	125	6-F
Barrio San Miguel	125	6-F
Barrio San Simón	70	4-B
Benito Juárez	59	2-B
Benito Juárez	59	2-C
Centro	84	4-A
Cuautitlán	18	5-B
Educación	19	1-A
Ej. Santa María Aztahuacán	112	1-B
Emiliano Zapata	113	3-C
Emiliano Zapata	42	2-E
Guadalupe	121	2-C
Guerrero	84	4-A
Héroes de la Independencia	59	3-F
Héroes de la Revolución	82	5-A
Jardines de San Gabriel	59	5-E
La Preciosa	70	4-B
Loma Bonita	114	6-C
Los Angeles	35	6-B
Luis Donaldo Colosio	33	3-E
Melchor Ocampo	19	1-A
Miguel Hidalgo	59	3-F
Miguel Hidalgo	59	4-E
Mirador 3a. Secc.	122	6-B
Pasteros	70	4-B
Popular	59	5-E
Presidente Madero	69	1-F
Primero de Septiembre	42	3-F
San Antonio Tecomitl	151	1-F
San Diego Ocoyoacan	70	4-B
San Juan Ixhuatepec	58	5-E
San Lorenzo Río Tenco	17	1-F
San Lucas Patoni	57	4-E
San Pedro Atocpan	150	3-F
San Rafael	70	4-B
Santa María Nativitas	69	4-C
Santa María Tianguistengo	16	3-F
Santa María Xalostoc	59	5-D
Santa Rosa	101	1-E
Santiago Chimalpa	49	5-F
Santiago Tepalcatlalpan	136	3-D
Santo Domingo	70	4-B
Tacuba	70	4-B
Tacuba	83	1-B
Tepotzotlán	4	5-C
Tezozómoc	70	4-B
Tierra Nueva	69	1-F
Tultitlán	31	2-E
U. H. El Rosario	69	1-F
U. H. Francisco Villa	69	1-F
U. H. Villas Azcapotzalco	70	4-B
U. Miguel Hidalgo	70	4-B
Unidad Las Trancas	70	4-B
Unidad Pémex	69	1-F
Venustiano Carranza	70	1-E
Venustiano Carranza	101	1-C
Villa Azcapotzalco	70	4-B
Z. U. E. Ozumbilla	21	5-E
SERDAN AQUILES 2A. PROL.		
Santiago Tepalcatlalpan	136	3-E
SERDAN AQUILES 3 PRIVS.		
Santo Domingo	70	4-B
SERDAN AQUILES AV.		
Barrio Calyequita	138	2-C
Barrio La Guadalupita	138	2-C
Barrio San Isidro	138	2-C
Barrio San Sebastián	138	2-C
Cinco de Mayo	127	6-F
Ejidal	127	6-F
Emiliano Zapata	128	5-A
Jacalones	127	6-F
Los Jacalones	128	5-A
Quirino Mendoza	138	2-C
SERDAN AQUILES CALZ. Y CDA.		
Margarita Maza de Juárez	43	3-C
SERDAN AQUILES CDA.		
Barrio Guadalupita	138	2-D
Barrio San Isidro	138	2-D
SERDAN AQUILES CJON. PROL.		
Santiago Tepalcatlalpan	136	3-D
SERDAN AQUILES DIAG.		
Barrio Calyequita	138	2-E
Barrio San Isidro	138	2-E
SERDAN AQUILES PRIV.		
Santa María Tianguistengo	16	3-F
Santo Domingo	70	4-A
SERDAN AQUILES PROL.		
Barrio Los Reyes	138	1-F
San Andrés	138	1-F
SERDAN AQUILES PROL. 2A. CDA		
Santiago Tepalcatlalpan	136	3-D
SERDAN AQUILES PROL. 3A. CDA		
Santiago Tepalcatlalpan	136	3-D
SERDAN AQUILES PROL. 4A. CDA		
Santiago Tepalcatlalpan	136	3-D
SERDAN AQUILES Y 2 CDAS.		
Santa Clara	59	2-D
SERDAN AQUILES Y CDA.		
San Pedro Atzompa	21	4-C
SERDAN AQUILES Y CJON.		
Santiago Zapotitlán	125	3-B
SERDAN AQUILES Y PRIV.		
Citlalli	112	3-D
SERDAN CARLOS		
Alfredo del Mazo	127	1-A
Darío Martínez	127	1-A
SERDAN CARMEN		
2a. Ampl. Stgo Acahualtepec	112	3-D
Ampliación Emiliano Zapata	42	2-D
Aquiles Serdán	47	1-C
Barrio Texcatitla	139	5-A
Carlos Hank González	111	5-F
El Pino	113	2-F
Malacates	45	5-B
Quirino Mendoza	138	1-D
Ricardo Flores Magón	4	4-C
San Andrés Riva Palacio	62	5-F
San Lucas Patoni	57	4-E
SERDAN CARMEN AV.		
Carmen Serdán	110	6-F
U. H. Emiliano Zapata	110	6-F
SERDAN CARMEN CDA.		
San Pablo de las Salinas	20	5-A
SERDAN CARMEN PRIV.		
Pantitlán	98	1-D
SERDAN CARMEN Y CDA.		
Ampliación Emiliano Zapata	42	2-D
SERDAN HERMANOS		
Acueducto	46	6-D
Revolución	63	5-A
Santiago Teyahualco	32	1-B
SERDAN HERMANOS 2A. CDA.		
Santiago Teyahualco	32	1-C
SERDAN HERMANOS 4A. CDA.		
Santiago Teyahualco	32	1-C
SERDAN MANUEL		
Ampliación Emiliano Zapata	42	2-E
SERDAN NATALIA		
Carmen Serdán	110	6-F
SERENATA		
Villas de la Hacienda	43	2-C
SERENATA DE LA		
Colina del Sur	95	6-D
SERENO DEL		
Colina del Sur	95	6-D
SERGIO		
Pavón	99	2-A
SERICULTURA		
20 de Noviembre 2o. Tramo	84	3-E
Veinte de Noviembre	84	3-E
Venustiano Carranza	84	3-E
SERIS		
Culturas de México	127	6-E
La Raza	71	6-A
Tlalcoligia	122	5-D
U. O. H. CTM Zona V	110	5-D
SERNA CIRILO		
Santa Ana Tlacotenco	152	6-A
SERPENTINA		
Ampl. La Esmeralda	34	1-D
SERPIENTE		
Santa Fe	95	4-C
SERRANIA		
Ampliación Las Aguilas	108	2-E
Jards. Pedregal de Sn Angel	122	2-A
SERRANIA LA		
Los Pastores	69	4-D
SERRANO ENRIQUE		
La Presita	31	6-A
La Presita	44	1-A
La Presita	31	6-A
San Martín Tepetlixpan	31	6-A
SERRANO FRANCISCO		
La Conchita Zapotitlán	125	3-B
Miguel Hidalgo	84	4-F
San Felipe de Jesús	72	2-D
SERRANO FRANCISCO CDA.		
La Conchita Zapotitlán	125	4-B
SERRANO FRANCISCO CJON.		
Damián Carmona	84	3-F
La Conchita Zapotitlán	125	4-B
SERRANO FRANCISCO GRAL.		
Ampliación Caracol	85	5-D
Damián Carmona	84	3-F
La Conchita Zapotitlán	125	4-B
SERRANO FRANCISCO PRIV.		
La Conchita Zapotitlán	125	4-B
SERRANO MARTIN Y 6 RTS.		
Ciudad Satélite	69	1-D
SERRANO MIGUEL		
Independencia	28	3-D
SERRANO MIGUEL PROFR.		
Del Valle	96	5-E
SERRANO PEREZ HUMBERTO		
Consejo Agrarista Mexicano	111	5-E
SERRATOS BENIGNO GRAL.		
Damián Carmona	84	3-F
SERVICIOS ADMINISTRATIVOS		
Solidaridad Nacional	57	4-F
SERVICIOS TECNICOS		
Solidaridad Nacional	57	4-F
SERVIDUMBRE		
Pueblo San Miguel Ajusco	135	6-B
SERVIDUMBRE DEL PASO		
El Rodeo	111	4-D
SERVIDUMBRE PRIV.		
Pantitlán	98	1-D
SESMA RAMON		
Las Peñas	111	4-F
SESTEO DEL CDA.		
Lomas de las Aguilas	108	3-C
SESTO JULIO		
Aculiotla	108	1-B
Punta de Ceguayo	108	1-B
SEVERO AMADOR		
Obrera	97	1-B
SEVILLA		
Juárez	83	5-D
Portales	96	6-F
Progreso Guadalupe Victoria	33	5-E
San Rafael	70	4-B
SEYBAPLAYA		
Z. U. E. El Pedregal	121	3-C
SEYE		
Lomas de Padierna	121	4-D
Los Encinos	121	4-D
Torres de Padierna	121	4-D
SEYE PROL.		
Ampliación López Portillo	121	6-D
SHAKESPEARE		
Anzures	83	5-C
Nueva Anzures	83	5-C
SHAW BERNARD		
Palmitas	82	5-F
SHEFFIELD CIR.		
Condado de Sayavedra	54	1-D
SHEFFIELD PRIV.		
Condado de Sayavedra	54	1-D
SHETLAND		
Ampliación Cosmopolita	70	5-E
Cosmopolita	70	5-E
SHITO CDA.		
Los Alamos	68	2-F
SIBERIA		
Ampl. Mártires Río Blanco	81	3-F
Jardines de Acuitlapilco	88	5-B
Pensador Mexicano	85	3-A
Primero de Mayo	85	3-A
Romero Rubio	85	3-A
SICILIA		
Los Encinos	121	6-D
Residencial Acoxpa	123	2-D
Rosario Ceylán	70	1-C
SICILIANOS		
Abraham González	96	4-A
Francisco Villa	96	4-A
Reacomodo Primera Victoria	96	4-A
U. H. Lomas de Becerra	96	4-A
SICOMORO		
Ampliación Del Gas	70	6-E
Avándaro	127	2-C
SICOMOROS		
La Perla	99	3-F
SIDAR P. L.		
Cerro del Marqués	127	6-A
SIDAR PABLO		
San Juan Ixtacala	57	6-C
SIDAR PABLO L.		
Moctezuma 2a. Secc.	85	3-A
SIDAR Y ROVIROSA		
La Romana	57	3-A
Merced Balbuena	84	5-D
San Mateo Ixtacalco	18	2-B
Tlalnepantla	57	3-A
SIDERURGIA		
Altavilla	72	1-B
Industrial Xalostoc	59	6-B
San Miguel Xalostoc	72	1-B
SIDERURGIA DE LA		
San Miguel Xalostoc	72	1-B
SIDRA		
Las Huertas	81	1-C
SIDRAL PRIV.		
Santa María La Ribera	83	2-F
SIEMBRA		
Z. U. E. Culhuacán	110	4-E
SIEMPRE		
Cuautitlán Izc. Atlanta	30	2-E
Prensa Nacional	70	1-D
SIEMPREVIVA		
Los Angeles Apanoaya	111	3-E
San José del Jaral	43	2-D
San José del Jaral	43	1-D
Santa Cruz Tepeyehuali	137	5-A
Xotepingo	110	5-B
SIEMPREVIVA Y 3 CDAS.		
Lomas San Lorenzo	111	5-F
SIENA		
Izcalli Pirámide	57	3-C
Residencial Acoxpa	123	3-D
SIERRA		
Hacienda de San Juan	123	4-A
San Juan Totoltepec	68	5-F
Villa San Agustín Atlapulco	100	3-E
SIERRA ALFONSO		
Ejido San Agustín Atlapulco	100	5-C
SIERRA AMATEPEC		
Lomas Barrilaco Vertientes	82	6-C
SIERRA ANDINA		
Francisco I. Madero	41	2-F
SIERRA ANTONIO CDA.		
La Conchita Zapotitlán	125	4-B
SIERRA BELLA		
Benito Juárez	81	4-F
SIERRA BLANCA		
Benito Juárez	81	4-F
SIERRA BONITA		
Fuentes de Satélite	55	6-E
SIERRA BREÑA		
Parque Residencial Coacalco	33	5-A
SIERRA CALIENTE		
Benito Juárez	82	3-A
SIERRA CAMERUN CDA.		
Lomas Barrilaco Vertientes	82	4-F
SIERRA CANDELA Y CDA.		
Lomas Barrilaco Vertientes	82	4-E
SIERRA COLORADA		
Rancho de las Nieves	101	2-A
SIERRA COTOPAXI		
Lomas Reforma	95	1-D
SIERRA CRUZ		
Benito Juárez	81	4-F
SIERRA CHAPANECA		
Francisco I. Madero	41	2-F
SIERRA DE APANECA		
Jardines en la Montaña	121	3-F
SIERRA DE CAYAMBE		
Jardines en la Montaña	121	3-F
SIERRA DE CONCHAGUA		
Jardines en la Montaña	121	3-F
SIERRA DE GREDOS		
Jardines en la Montaña	121	3-F
SIERRA DE GUADALUPE		
Benito Juárez	81	4-F
Guadalupe Victoria	33	6-D
Lomas de Coacalco	32	5-F
Rancho de las Nieves	101	1-A
SIERRA DE GUADARRAMA		
Lomas Barrilaco Vertientes	82	6-D
SIERRA DE HIDALGO Y PROL.		
Benito Juárez	81	4-F
SIERRA DE IXTLAN		
Parque Residencial Coacalco	33	6-A
SIERRA DE JUAREZ		
Radio	81	4-E
SIERRA DE LA		
Acueducto de Guadalupe	57	5-F
SIERRA DE LA BREÑA		
Lomas Altas	95	2-C
SIERRA DE LA PLATA		
Parque Residencial Coacalco	33	6-A
SIERRA DE LAS CRUCES		
Esther Zuno de Echeverría	135	2-C
SIERRA DE LAS VERTIENTES		
Lomas Barrilaco Vertientes	82	6-D
SIERRA DE LEON		
La Mancha 2a. Secc.	81	5-D
SIERRA DE LEON PROL.		
La Mancha	81	5-F
SIERRA DE LOBOS		
La Estación	125	1-B
SIERRA DE LOS MIMBRES		
Real de las Lomas	95	3-B
SIERRA DE MARABIOS		
Jardines en la Montaña	121	3-F
SIERRA DE PINOS		
San Felipe de Jesús	72	2-D
SIERRA DE RORAIMA		
Jardines en la Montaña	121	3-F
SIERRA DE SASLAYA		
Jardines en la Montaña	121	3-F
SIERRA DE TAXCO		
Benito Juárez	81	4-F
SIERRA DE TEIDE		
Jardines en la Montaña	121	3-F
SIERRA DE TLAXCALA		
Alfredo V. Bonfil	81	4-E
Benito Juárez	81	4-E
Radio	81	4-E
SIERRA DE ZACATECAS		
Benito Juárez	81	4-F
SIERRA DEL BACATETE		
Lomas de Chapultepec	95	1-E
SIERRA DEL CAPULIN		
Benito Juárez	81	4-F
SIERRA DEL ORO		
Parque Residencial Coacalco	33	6-A
SIERRA DEL PEÑON		
La Estación	125	1-B
SIERRA DEL PICACHO		
Lomas Barrilaco Vertientes	82	4-E
SIERRA DIAMANTINA		
Bosques de las Lomas	95	2-B
Lomas Reforma	95	2-B
Real de las Lomas	95	2-B
SIERRA DORADA		
Parque Residencial Coacalco	33	5-A
SIERRA ENCANTADA Y CJON.		
Benito Juárez	82	3-A
SIERRA FLACA		
Parque Residencial Coacalco	33	6-A
SIERRA FRIA		
Benito Juárez	81	4-F
Lomas Reforma	82	6-D
Lomas de Chapultepec	82	6-D
Parque Residencial Coacalco	33	6-A
SIERRA GAMON		
Lomas Barrilaco Vertientes	82	5-E
Lomas de Chapultepec	82	5-E
Parque Residencial Coacalco	33	5-A
SIERRA GORDA		
Lomas Barrilaco	82	6-C
Lomas de Chapultepec	95	1-C
Parque Residencial Coacalco	33	5-A
SIERRA GRANDE		
Lomas Reforma	95	2-C
SIERRA HERMOSA		
Ampliación Benito Juárez	81	4-F
Ciudad Cuauhtémoc	34	3-E
San Felipe de Jesús	72	3-D
SIERRA HIDALGO		
Montañista	58	2-D
SIERRA HIDALGO CDA.		
Mártires de Río Blanco	81	3-F
SIERRA IGNACIO		
Constitución de la Rep.	71	4-F
SIERRA ITAMBE		
Real de las Lomas	95	3-B
SIERRA ITAMBE Y CDA Y 3 RTS		
Real de las Lomas	95	3-B
SIERRA IXTLAN		
Lomas Reforma	95	2-D
SIERRA JIUTEPEC		
Lomas Barrilaco Vertientes	82	6-C
SIERRA JUSTO		
Acapultitlán	112	4-B
Arbolitos	59	3-B
Barrio San Marcos	136	2-E
Barrio San Pedro	136	2-E
Centro	84	4-C
Ciudad Azteca	60	2-C
Ciudad Satélite	56	6-B
Darío Martínez	127	1-A
Desarrollo U. Quetzalcóatl	112	4-B
Ej. Santa María Aztahuacán	112	3-C
El Carmen	138	2-C
El Ocote	107	3-C
Estado de México	114	5-A
Francisco I. Madero	42	2-A
Jalalpa	95	5-D
Josefa Ortiz de Domínguez	60	2-C
Libertad	28	3-F
Lomas San Juan Ixhuatepec	58	6-E
Lomas de Santa Cruz	112	4-B
Lomas del Ocote	107	3-C
Mirador 3a. Secc.	122	6-B
Paraje San Juan	111	3-D
Pueblo Santa Bárbara	70	3-C
Pueblo Zapotlán	62	2-E
Reforma Política	112	4-B
San Francisco Tepojaco	29	2-F
San José Zacatepec	136	4-D
San Martín de las Pirámides	24	1-F
San Pablo de las Salinas	19	6-F
San Pedro Atocpan	150	3-F
San Pedro Xalostoc	59	3-B
San Pedro Xalpa	69	4-E
San Rafael Chamapa	81	3-E
Santa Ana Tlacotenco	152	6-A
Santa Clara	59	4-C
Santa Cruz Meyehualco	112	4-B
Santa María Coatlán	24	4-F
Santiago Teyahualco	19	6-C
Santiago Yanhuitlalpan	94	5-A
Zona Escolar	57	3-F
SIERRA JUSTO 1A. Y 2A. CDA.		
Reforma Política	112	4-B
SIERRA JUSTO 2 CDAS.		
Santa Cruz Meyehualco	112	3-B
SIERRA JUSTO CDA.		
Arbolitos	59	3-B
Barrio San Juan Evangelista	24	3-A
El Ocote	107	3-C
San Francisco Tepojaco	29	2-F
San Miguel Xochimanga	43	6-E
San Pedro Xalostoc	59	3-B
Vicente Guerrero 1a. Secc.	41	1-D
SIERRA JUSTO DE 2 CDAS.		
San Francisco Tepojaco	30	2-A
SIERRA JUSTO MAESTRO Y CDA.		
Zona Escolar	58	3-A
Zona Escolar Oriente	58	3-A
SIERRA JUSTO PRIV.		
San Pablo de las Salinas	19	6-F
San Pablo de las Salinas	20	6-A
SIERRA JUSTO PROFR.		
Ampl. Gabriel Hernández	71	1-F
SIERRA JUSTO PROL.		
San Pedro Atocpan	150	3-F
SIERRA JUSTO Y 2 CDAS.		
Ampliación Emiliano Zapata	42	2-D
Calacoaya	56	4-B
SIERRA JUSTO Y 3 CDAS.		
Santo Tomás Chiconautla	34	3-E
SIERRA LEONA		
Arboledas Xalostoc	46	6-A
Lomas de Chapultepec	82	6-D
Parque Residencial Coacalco	33	5-A
SIERRA LOBA		
Parque Residencial Coacalco	33	5-A
SIERRA MADRE		
Balcones de la Herradura	94	1-E
Parque Residencial Coacalco	33	6-A
SIERRA MADRE AV.		
Lomas de Chapultepec	82	6-E
SIERRA MADRE DEL NORTE PROL.		
Alfredo V. Bonfil	81	4-E
SIERRA MADRE DEL NTE 2 CDAS		
Benito Juárez	81	4-F
SIERRA MADRE DEL SUR		
Benito Juárez	81	4-F
SIERRA MADRE OCCIDENTAL		
Lomas de Totolco	101	2-A
Rancho de las Nieves	101	2-A
SIERRA MADRE ORIENTAL		
Ayotla	114	6-C
Benito Juárez	81	4-F
La Pradera	72	5-D
Lindavista	114	6-C
Rancho de las Nieves	101	1-A
Santa María Nativitas	101	1-B
SIERRA MADRE Y PRIV.		
Lomas Verdes Sección IV	55	6-E
SIERRA MARIA TERESA G.		
C. H. Jesús Sánchez y Cía	46	4-F
SIERRA MAZAPIL		
Lomas Reforma	95	1-D
SIERRA MAZAPIL Y PRIV.		
Parque Residencial Coacalco	33	5-A
SIERRA MENDEZ JUSTO		
Educación	19	2-B
SIERRA MESTEÑAS		
Lomas Reforma	95	2-C
SIERRA MIXE		
Radio	81	4-E
SIERRA MIXTECA		
Xalpa	112	3-D
SIERRA MOHINORA		

Calle / Colonia	COORDENADAS PLANO

Calle / Colonia — COORDENADAS / PLANO

SONORA
Adolfo López Mateos 42 4-E
Ampl. Buenavista 44 3-D
Ampliación Loma Bonita 21 6-E
Ampliación San Agustín 100 3-C
Barrio Los Angeles 151 4-D
Barrio Santa Cruz 151 4-D
Barrio Santa Martha 151 4-D
Constitución de 1917 59 4-B
Chalma de Guadalupe 57 1-F
Des. Urbano Alvaro Obregón 95 5-D
División del Norte 59 5-F
El Chamizal 72 2-E
El Mirador Las Torres 42 3-F
Ermita 108 4-F
Granjas Valle de Guadalupe 59 5-F
Héroes de Padierna 121 1-D
Ixtlahuacan 112 4-F
Ixtlahuacan 112 3-F
La Providencia 72 3-C
Lázaro Cárdenas 56 2-C
Los Reyes Ecatepec 60 2-B
Los Reyes Tulpetlac 46 6-F
Luis Echeverría 30 5-F
México Nuevo 55 2-E
Nonoalco 63 1-C
Norchuca 22 3-A
Peñón de los Baños 85 3-C
Piedra Grande 59 3-A
Progreso 108 4-F
Pueblo Aculco 97 5-F
Rinconada A. López Mateos 42 3-D
San José Tecamac 22 2-B
Santa María Tulpetlac 46 6-F
Temamatla 154 2-D
Tlacoxpa 46 6-F
Tlalpizahuac 113 6-F
Tulantongo 63 4-B
Villa Milpa Alta 151 4-D
Villa San Lorenzo Chimalpa 100 3-C
SONORA 2A. CDA.
Ixtlahuacan 112 4-F
SONORA AV.
Ampl. San Francisco 115 2-F
Condesa 83 6-D
Hipódromo 96 1-D
Roma Norte 83 6-D
SONORA CDA.
Luis Echeverría 30 5-F
Tulantongo 63 4-B
SONORA CDA. Y CJON.
Ampliación Tulpetlac 46 6-E
SONORA DE
Jacarandas 56 4-B
SONORA NORTE
Barrio Santa Cruz 151 3-D
Barrio Santa Martha 151 3-D
Villa Milpa Alta 151 3-D
SONORA PROL.
Santa María Tulpetlac 60 1-A
SONORA SUR
Barrio Los Angeles 151 4-D
Villa Milpa Alta 151 4-D
SONORA Y 2 CDAS.
Buenavista 112 5-B
SONORA Y CDA.
Tequisistlán 49 2-A
SOPENA RAMON Y 3 CDAS.
Zona Escolar 57 3-F
SOR JUANA I DE LA C. 2 PRIVS
Tierra Blanca 46 2-E
SOR JUANA I. DE LA C. 1A CDA
La Peñita 137 4-B
SOR JUANA I. DE LA C. 1A.CDA
Cuautepec de Madero 58 2-A
SOR JUANA I. DE LA C. 2A CDA
La Peñita 137 4-B
SOR JUANA I. DE LA C. 4A CDA
Lomas de Nativitas 137 4-B
SOR JUANA I. DE LA C. Y PRIV
Ricardo Flores Magón 4 4-C
SOR JUANA I. DE LA CRUZ CDA.
Ricardo Flores Magón 4 4-C
SOR JUANA I. DE LA CRUZ PROL
Guadalupe Victoria 33 6-D
Pueblo Nativitas 137 4-B
Tejomulco 137 4-B
SOR JUANA INES 3A. CDA
Alcanfores 137 4-B
SOR JUANA INES DE LA C. CDA.
Barrio Texcatitla 139 6-A
Ecatepec de Morelos 46 1-E
La Cañada 2a. Secc. 95 5-D
Palmitas 112 4-C
Santa María La Ribera 83 3-F
SOR JUANA INES DE LA C. CJON
San Pablo Oztotepec 150 5-D
SOR JUANA INES DE LA CRUZ
1a. Ampl. Stgo Acahualtepec 112 2-E
Agricultura 83 4-D
Amado Nervo 19 2-D
Ampl San Lorenzo Los Olivos 137 4-B
Ampl. Altamira 81 2-F
Ampl. Emiliano Zapata 42 2-F
Ampl. La Peñita 137 4-B
Ampliación Evolución 86 6-E
Ampliación San Mateo 68 2-E
Aurora 86 6-E
Barrio San Miguel 139 6-D
Barrio Texcatitla 139 6-A
Bejero 95 5-B
Benito Juárez 86 6-E
Ciudad Alegre 88 4-B
Ciudad Satélite 56 6-A
Cuautepec de Madero 58 2-A
Cuautitlán 18 6-B
Chiconcuac 62 1-E
Ecatepec de Morelos 46 1-E
El Capulín 114 6-C
El Rosario 16 4-F
El Triunfo 127 3-D
Electra 56 5-D
Evolución 86 6-E
Ex Hda. San Juan de Dios 123 4-C
Guadalupe Victoria 33 6-D
Huixquilucan de Degollado 106 1-B
Ind. San Nicolás Tlaxcolpan 56 3-F
Industrias San Lorenzo 56 3-F
Ixtapaluca 128 1-B
Jardines de Acuitlapilco 88 4-B
La Ciudadela 18 6-B
La Magdalena Panohaya 62 4-E
La Peñita 137 4-B
Libertad 29 2-A
Libertad 29 3-A
Lomas de Chamapa 81 3-D
Lomas de Nativitas 137 4-B
Los Cuartos 81 3-C
Luis Donaldo Colosio 33 2-E
Maquixco 23 3-F
Melchor Ocampo 19 2-A
Metropolitana 2a. Secc. 86 6-E
Metropolitana 3a. Secc. 86 6-E
Miguel Hidalgo 122 4-C
Narciso Mendoza 123 4-C
Poesía Mexicana 60 6-C
Pueblo Nativitas 137 4-B
San Lorenzo Tetlixtac 33 3-B
San Lorenzo Tlalmimilolpan 24 5-B
San Lucas 57 3-E
San Miguel Xometla 37 2-A
San Rafael Chamapa 81 3-C
Santa María La Ribera 83 3-E
Santiago Teyahualco 32 1-C
Tierra Blanca 46 1-E
Tultitlán 31 2-C
Valle de Anáhuac 60 6-A
Villa de las Palmas 42 2-F
Viveros de la Loma 56 5-D
Xalpa 112 4-C
Zona Centro 57 3-A
SORA CDA.
Tepeaca 108 1-C
SORIA
Alamos 97 3-A
El Jardín 88 3-D
El Tejocote 88 3-D
Loma Linda 81 1-F
Nueva San Rafael 81 1-F
San Rafael Chamapa 81 1-F
SORIA PRIV.
San Francisco Xocotitla 71 6-A
SORONDO JAVIER
Iztaccíhuatl 97 4-B
Nativitas 97 4-B
Villa de Cortés 97 4-B
SORPRESA
Felipe Angeles 84 2-E
SOSA DR. Y PRIV.
Santa Martha Acatitla 112 1-E
SOSA FRANCISCO AV.
Barrio Santa Catarina 109 3-C
Villa Coyoacán 109 3-C
SOSA FRANCISCO CDA. Y CJON.
Villa Coyoacán 109 3-D
SOSA GRAL.
Paraje San Juan 111 4-D
SOSA GREGORIO
Consejo Agrarista Mexicano 111 5-E
SOSA LAUREANO
Tlalpexco 58 2-C
SOSA LEOPOLDO Y CDA.
Ampliación La Cruz 56 4-A
Calacoaya 56 4-A
SOSA PORFIRIO
Colonial Iztapalapa 111 3-F
SOSTENES ROCHA GRAL. Y PRIV.
Ampliación Daniel Garza 96 1-B
Daniel Garza 96 1-B
Observatorio 96 1-B
SOTO
Guerrero 84 2-A
Guerrero 84 3-A
San Lorenzo Chimalpa 140 4-D
SOTO CDA.
Guerrero 84 2-A
SOTO HERNANDO DE
Lomas de Capula 95 5-E
SOTO MANUEL FERNANDO
Constitución de la Rep. 71 4-F
SOTO RANGEL ARTURO
Jorge Negrete 58 5-A
SOTO ROBERTO
Jorge Negrete 58 4-A
SOTO Y GAMA
Ej. Santa María Aztahuacán 112 2-B
Plan de Ayala 81 4-E
U. H. Emiliano Zapata 110 6-E
Unidad Vicente Guerrero 111 1-E
SOTO Y GAMA AV.
Alfredo del Mazo 127 1-A
Avándaro 127 1-A
Del Carmen 126 1-F
SOTUTA
Pedregal de Chichicaspa 121 4-C
San Nicolás Totolapan 121 4-C
Z. U. E. El Pedregal 121 4-C
SOYA LA CDA.
Vicente Guerrero 1a. Secc. 28 6-E
SOYACAL Y AND.
San Miguel Amantla 69 5-F
SOYAL
Ahuehuetes 58 2-C
SOYANIQUILPAN
Lomas Verdes 31 6-F
SPENCER
Bosque de Chapultepec 83 5-C
Chapultepec Morales 83 5-C
SPINOZA
Ejido de Santiago Tepalcapa 43 3-A
SPORTING CRISTAL
Arboledas del Sur 123 3-B
SPOTA LUIS
Chiconautla 3000 35 2-A
San Simón Ticumac 97 5-A
SPUTNIK
Z. U. E. San Mateo Nopala 68 2-D
STALIN JOSE
Ampliación Simón Bolívar 84 3-F
Primero de Mayo 84 3-F
STAMPA MANUEL CDA.
Nueva Industrial Vallejo 71 2-A
San Bartolo Atepehuacán 71 2-A
STAMPA ORTIGOZA MARIA LUISA
La Escalera 71 1-A
STAND DE TIRO
El Parque 84 5-D
Merced Balbuena 84 5-D
STEEL Y CELANESE PRIV.
Santa María Tulpetlac 47 6-A
STIM
Lomas del Chamizal 4a. Secc 94 4-E
STIM AV.
Lomas del Chamizal 1a. Secc 94 3-F
STIM DE 1R. RT.
Lomas del Chamizal 1a. Secc 94 3-F
STIM DE 2DO. RT.
Lomas del Chamizal 1a. Secc 94 3-F
STRAUSS
Vallejo 71 6-B
SU-UKUMM
Arturo Gámez 108 2-A
SUAPIL
Ricardo Flores Magón 111 2-A
SUAREZ CABALLERO
Nueva Margarita 87 4-B
SUAREZ DE PRIV.
Pueblo Los Reyes 109 4-F
SUAREZ ENRIQUE
Jacarandas 111 3-F
SUAREZ FRAGOSO GABRIEL
U. H. San Rafael Coacalco 33 1-C
SUAREZ LUZ PRIV.
Pantitlán 98 1-E
SUAREZ OCAÑA RAFAEL
Adolfo López Mateos 85 5-D
SUAREZ PABLO PRIV.
Pueblo Los Reyes 109 4-F
SUAREZ VICENTE
Alfredo del Mazo 127 3-F
Ampl. Buenavista 44 4-D
Ampl. Ozumbilla 21 5-E
Ampl. San Miguel Xalostoc 72 1-C
Ampliación Emiliano Zapata 42 2-E
Ampliación San Lorenzo 56 2-C
Ampliación San Lorenzo 100 2-C
Carlos Hank González 111 4-F
Ciudad Adolfo López Mateos 56 1-A
Ciudad Satélite 69 2-C
Condesa 96 1-C
Desarrollo U. Quetzalcóatl 88 6-A
Emiliano Zapata 42 1-E
Guadalupe del Moral 98 6-C
Guadalupita Tlaxialtemalco 138 3-B
Hank González 59 1-D
Hipódromo 96 1-C
Las Peñas 111 4-F
Las Salinas 62 6-F
Lomas de Chamapa 81 3-D
Lomas del Cadete 81 5-D
Los Cerrillos 138 4-D
Miguel de la Madrid Hurtado 112 3-F
Militar Valle de Cuaut. 31 3-A
Niños Héroes 138 3-B
Paraje Zacatepec 112 2-D
Progreso 82 3-A
Progreso de Oriente 100 1-B
San Francisco Acuautla 115 3-E
San Francisco Tepojaco 29 3-F
San Gregorio Atlapulco 137 2-F
San Juan Tlalpizahuac 114 4-A
San Miguel 88 5-A
San Miguel 88 6-A
San Pablo Xalpa 70 1-B
San Salvador Cuauhtenco 150 4-B
Santa María Cuautepec 32 5-E
Santo Tomás Ajusco 148 1-A
Tecuescongo 35 3-A
Tultepec 19 3-A
Villa San Lorenzo Chimalco 100 2-D
Z. U. E. Ozumbilla 21 5-E
SUAREZ VICENTE CDA.
Niños Héroes 138 3-B
San Antonio Xahuento 19 2-D
Santa María Cuautepec 32 5-B
SUAREZ VICENTE PRIV.
San Miguel 88 5-A
SUAREZ VICENTE Y 2 CDAS.
San Mateo Cuautepec 32 5-B
SUBCOMANDANTE MARCOS
Xalpa 112 5-E
SUBDIRECTORES TECNICOS Y M.
Lomas Estrella 2a. Secc. 124 1-B
U. Benito Juárez 124 1-B
SUBIDA AL PANTEON
San Bartolomé Coatepec 93 3-F
SUBIDA DE LAS PEÑITAS
San Lucas Patoni 57 4-E
SUBIDA DE MISIONEROS
San José de la Pradera 71 3-F
SUBIDA DEL PARAISO
San Lucas Patoni 57 4-E
SUBIDA SAN BERNABE
El Rosal 121 1-A
SUCESOS NACIONALES
Prensa Nacional 70 1-D
SUCOPO
Pedregal de San Nicolás 121 5-B
SUCRE
Moderna 97 3-C
SUCRE NORTE
Torres de Lindavista 71 1-A
SUCRE SUR
Torres de Lindavista 71 1-A
SUCRES
Aquiles Serdán 85 2-A
Simón Bolívar 85 2-A
SUCHIL
El Rosario 110 5-A
SUDAMERICA AV.
Las Américas 69 5-B
SUDAN
Chimalí 123 4-B
SUDERMANN
Bosque de Chapultepec 83 4-B
Chapultepec Morales 83 4-B
SUDZAL
Pedregal Chitchitcáspatl 121 4-C
San Nicolás Totolapan 121 4-C
Z. U. E. El Pedregal 121 4-C
SUE EUGENIO AV.
Polanco Chapultepec 83 4-A
Polanco Reforma 83 4-A
SUECIA
Lomas de Bulevares 43 6-E
México 68 68 4-D
SUELOS
Profesores 76 3-B
SUEÑO AV.
Quinto Sol 73 1-D
SUFRAGIO EFECTIVO
San Miguel Amantla 69 5-F
SUFRAGIO EFECTIVO NO REELEC.
Granjas Independencia III 73 1-C
México Independiente 73 1-C
México Revolucionario 73 1-C
SUFRIMIENTO
Vista Hermosa 46 1-D
SUIZA
Jardines de Cerro Gordo 60 1-B
México 68 68 4-D
Portales Oriente 97 6-B
SUIZA DE PRIV.
Residencial La Luz 17 2-E
SUIZA NORTE Y SUR
Lomas de Bulevares 43 6-E
SULTANA DEL SUR CDA.
Vista Hermosa 33 6-D
SULTEPEC
Alfredo del Mazo 47 6-D
Almárcigo Sur 46 5-D
Altavilla 72 1-B
Ampl. Raúl Romero Fuentes 99 1-A
Cuautitlán 30 3-F
Hipódromo 96 2-D
Isidro Fabela 44 5-A
Lomas Tlalmex 56 5-F
Lomas Verdes 32 6-A
Lomas de Totolco 101 2-A
Maravillas 85 6-F
México 99 1-A
SULTEPEC Y CDA.
Jardines de Santa Cruz 19 2-C
SULLANA
Lindavista 71 3-B
SULLIVAN JAMES
San Rafael 83 4-E
SUMA
Pedregal de San Nicolás 121 5-B
SUMIDERO
U. H. Parque Nacional 44 2-C
SUNSUN
Bellavista 96 2-B
SUPER LA AV.
Cuautitlán Izcalli 30 1-E
SUPERACION
Ejército del Trabajo II 73 2-C
SUPREMA CORTE DE JUSTICIA
Federal 85 6-B
SUR
Atlántida 110 4-A
San José de la Palma 128 1-B
Santa María Aztahuacán 112 2-D
SUR 1
Ampliación San Mateo 68 2-E
SUR 2 AND.
Ampliación San Mateo 68 2-E
SUR 2 AV.
Fraccionamiento Tepalcapa 30 4-F
SUR 3
Carlos Hank González 101 5-A
SUR 4 AV.
Fraccionamiento Tepalcapa 30 4-F
SUR AND.
Ampl. San Mateo 68 2-E
SUR CDA.
Barrio San Antonio 124 1-D
SUR CJON.
Lomas Tlalmex 56 4-F
SUR DEL COMERCIO
Barrio Tenantitla 139 5-A
Barrio Texcatitla 139 5-A
Barrio Xaltipac 139 5-A
Jaime Torres Bodet 139 5-A
San Juan Ixtayopan 139 5-A
U. H. Villa Tlatempa 139 5-A
SUR DEL COMERCIO 1A. CDA.
Barrio La Soledad 139 4-A
SUR DEL COMERCIO CDA.
San Juan Ixtayopan 139 4-A
SUR RT.
Villa Lázaro Cárdenas 123 3-B
SURCO LARGO
Pueblo San Miguel Ajusco 135 6-A
SURRUTUZA ALFONSO
Minas de Cristo 96 5-A
SUSPIRO
Los Remedios 68 6-F
SUSPIRO DEL CJON.
Fuentes de Satélite 55 6-F
SUTERM AV.
Río de Luz 60 1-B
Río de Luz 60 2-C

T

T
Vivienda del Taxista 47 1-D
TABACOS
Villa de las Flores 32 2-F
TABACOS DE LOS
Lomas de San Mateo 68 3-E
TABACOS PRIV.
Jaime Torres Bodet 138 5-F
TABACHIN
El Arenal 83 1-F
Loma Linda 82 1-A
TABACHINES
Ampl. Buenavista 44 4-C
Ampl. Campestre Liberación 42 2-C
El Manto 111 2-C
Huayatla 120 2-E
Jardines de Chalco 140 1-D
La Floresta 113 1-A
Pilares 37 5-A
Prados de Ecatepec 20 3-A
U. H. E. Zapata ISSSTE 76 3-D
U. H. Morelos Ecatepec 47 2-B
Villa de las Flores 32 2-F
TABACHINES AV.
Ampliación San Marcos Norte 136 1-E
TABACHINES CDA.
Ampliación San Marcos Norte 136 1-E
TABACHINES DE LOS
Bosques de Morelos 30 5-B
Jardines de San Mateo 68 3-F
TABACHINES DE LOS AV.
Jardines de Atizapán 56 1-B
TABACHINES Y 2 CDAS.
Ampliación San Marcos Norte 123 6-E
TABACHINES Y CDA.
Campestre del Lago 29 6-E
TABAQUEROS
Centro 84 5-C
Pueblo Sn Nicolás Totolapan 121 3-A
TABAQUILLO
San José del Jaral 43 2-D
Victoria de las Democracias 70 6-E
TABAQUILLO CDA.
San José del Jaral 43 2-D
TABARE
Adolfo Ruiz Cortines 109 6-F
TABASCO
Adolfo López Mateos 42 4-D
Apolocalco 113 5-D
Chalma de Guadalupe 57 1-F
Chimalhuacán 87 6-F
Chimalhuacán 87 6-E
Des. Urbano Alvaro Obregón 95 5-E
El Chamizal 72 2-E
La Providencia 72 4-D
Lázaro Cárdenas 56 2-B
Loma Bonita 21 5-D
México Nuevo 55 1-E
Paraje Zacatepec 112 1-D
Pueblo de Tepexpan 35 5-F
Roma 83 6-D
San José Tecamac 22 2-B
San Lorenzo Tetlixtac 33 4-A
San Sebastián Tecoloxtitla 112 1-D
Santa Ma. Mag. Huichachitla 33 4-A
Tezoyuca 49 4-C
Villa San Agustín Atlapulco 100 4-E
TABASCO AV.
Barrio Santa Cruz 151 4-D
Barrio Santa Martha 151 4-D
Villa Milpa Alta 151 4-D
TABASCO ORIENTE Y PONIENTE
Santa María Tulpetlac 46 6-F
TABASQUEÑOS
Bonanza 95 4-E
TABIQUERA
La Hera 68 2-D
TABIQUERA LA
San José de los Cedros 107 1-C
TABIQUEROS
Ampl. Veinte de Noviembre 84 3-E
TABLADA JOSE JUAN
Tierra Blanca 46 1-E
TABLADA JUAN JOSE
Filiberto Gómez 100 1-B
TACALA
Garcimarrero 95 6-C
Piloto A. López Mateos 95 6-C
TACAMA
La Pastora 58 5-B
TACAMBARO
Hipódromo de la Condesa 96 1-C

Calle / Colonia	PLANO	COORDENADAS
Lomas Estrella 2a. Secc.	111	6-B
TECNOLOGIA		
Zona Ind. Cuaut. Izcalli	31	2-A
TECNOLOGIA DE EXPLORACION		
Solidaridad	57	4-F
TECNOLOGIA DE EXPLOTACION		
Solidaridad Nacional	57	4-F
TECNOLOGIA DE MATERIALES		
Solidaridad Nacional	57	4-F
TECNOLOGICA AV.		
Jaime Torres Bodet	138	5-F
TECNOLOGICO AL CALZ.		
San Pablo Chimalpa	106	3-E
TECNOLOGICO AV. Y 1A. CDA.		
Zona Escolar	57	3-F
TECNOLOGICO CDA.		
Del Bosque	58	2-A
TECOAC CDA.		
Pedregal de Santo Domingo	109	4-D
TECOH		
Pedregal de Chichicaspa	121	4-C
San Nicolás Totolapan	121	4-C
Z. U. E. El Pedregal	121	4-C
TECOL CDA.		
Pedregal de Santo Domingo	109	4-E
TECOLALCO		
El Pirul	95	5-B
La Huerta	95	5-B
TECOLCOTLA Y CJON.		
Tlacuitlapa	108	2-B
TECOLOAPA PRIV.		
Pueblo Tepepan	123	6-B
TECOLOAPAN		
Ampl. Gustavo Baz Prada	44	6-D
TECOLOAPAN 4A. CDA.		
San José del Jaral	43	2-D
TECOLOAPAN AV.		
Chamacuero	43	3-D
San José del Jaral	43	3-D
San José del Jaral	43	2-D
TECOLOAPAN CDA.		
San José del Jaral	43	3-D
TECOLOAPAN CJON.		
San José del Jaral	43	1-D
TECOLOAPAN DE 1A. CDA.		
San José del Jaral	43	1-D
TECOLOAPAN DE 3 CDAS.		
San José del Jaral	43	2-D
TECOLOCALCO		
Vista Hermosa	121	1-A
TECOLOSTITLA		
Guadalupe	151	5-F
TECOLOTE		
El Mirador II	121	6-D
El Tanque	108	6-A
Granjas Pop. Gpe. Tulpetlac	60	1-C
Las Aguilas	43	4-A
San Juan Xalpa	111	4-B
TECOLOTE DEL		
Las Alamedas	56	1-A
TECOLOTE DEL CJON.		
San Juan Totoltepec	68	5-F
TECOLOTES		
Lomas Lindavista El Copal	58	5-E
Lomas de Guadalupe	108	4-A
TECOLOTES CDA.		
San Juan Totoltepec	68	5-F
TECOLUTLA		
Barrio San Francisco	121	1-C
Piloto A. López Mateos	95	5-C
San Jerónimo Aculco	121	1-C
TECONTITLA CJON.		
Barrio Texcatitla	139	6-A
TECONTITLAN		
Buenavista	112	6-C
TECOPANTZIN		
Rey Neza	100	2-B
TECOPILCO		
Estado de México	114	4-A
TECORIPA CDA.		
Pedregal Santa Ursula Xitla	122	6-C
TECORRAL		
Paraje La Joyita	135	2-E
Tecorral	135	2-E
Villa San Lorenzo Chimalco	100	2-C
TECORRAL CDA.		
Villa San Lorenzo Chimalco	100	2-C
TECORRAL Y CDA.		
San Buenaventura	122	5-F
TECORRALES		
Villa San Lorenzo Chimalco	100	2-C
TECORRALES CDA.		
Barrio San Pedro	111	1-B
TECORRALITO		
Comuneros de Santa Ursula	122	3-E
TECOXPA		
San Francisco Tecoxpa	151	2-F
TECOYOTITLA		
Florida	109	2-C
TECPAN		
Ex Hda. San Juan de Dios	123	4-C
TECPAN DE GALEANA		
San Felipe de Jesús	72	3-C
TECPATL		
Las Peñitas	43	4-D
TECTIPAC PRIV.		
La Magdalena Petlacalco	135	4-D
TECUALIPAN Y CDA.		
Cuadrante de San Francisco	109	3-E
TECUALTITLAN		
Tenorios	112	4-C
Xalpa	112	4-C
TECUANIPAN		
Lomas de Cristo	76	6-B
TECUANTITLA		
Fuentes de Tepepan	123	6-A
TECUATL		
El Paraíso	99	5-B
TECUIXES		
Caracol	122	2-E
TECHALITITLAN		
2a. Ampl. Stgo Acahualtepec	112	3-E
TECHCATL		
Ciudad Cuauhtémoc	35	3-A
TECHICHICASTITLA CDA.		
Santa Ursula Xitla	122	5-C
TECHOLALA		
Acozac	114	4-F
TEGUCIGALPA		
Las Américas	69	5-B
Valle Dorado	56	2-D
TEGUCIGALPA DE PRIV.		
Las Américas	69	4-B
TEHUACAN		
San Felipe de Jesús	72	2-C
U. José Ma. Morelos y Pavón	33	1-B
TEHUAJOLOCO Y CDA.		
San Andrés Totoltepec	135	2-E
TEHUALTLI		
Ampl. Polvorilla	112	6-A
TEHUANTEPEC		
Hipódromo	96	2-E
Lomas de Becerra Granada	95	4-E
Roma Sur	96	2-E
Tecuezcomac	46	5-E
TEHUEHUETITLA		
Emiliano Zapata	113	2-C
TEHUEJOLOCO		
San Andrés Totoltepec	135	2-E
TEHUELCHES		
Tlacuitlapa Ampliación II	108	2-C
TEHUEZTITLA		
Ampliación Santa Catarina	113	6-E
Emiliano Zapata	113	3-B
TEHUISTATL PRIV.		
Tecorral	135	1-E
TEHUIXCO DE CJON.		
San Bartolomé Xicomulco	150	3-D
TEHUIXTLA		
Blvres. de San Cristóbal	46	1-E
Ecatepec de Morelos	46	1-E
U. H. Emiliano Zapata	123	1-F
TEHUIZTITL 1A. CDA.		
Pedregal de Santo Domingo	109	5-F
Pueblo Los Reyes	109	5-F
TEHUIZTITL CDA.		
Pedregal de Santo Domingo	109	4-F
TEHUIZTITLAN		
Lomas de Tenopalco	19	2-D
TEHUIZTLE CDA.		
Vallescondido	123	5-A
TEJA		
Jardines del Sur	136	2-E
Villa Coapa	123	3-D
TEJA LA		
Pueblo Nuevo Bajo	121	2-A
TEJADA		
Consejo Agrarista Mexicano	111	5-E
San Miguel Teotongo	113	2-A
TEJADA ADALBERTO		
La Nopalera	124	3-E
TEJADA CARLOS		
Ejército del Trabajo	101	2-B
TEJADA LERDO DE		
Ej. Santa María Aztahuacán	112	2-C
TEJAMANIL		
Pedregal de Santo Domingo	109	5-E
TEJAVANES CIR.		
Tejavanes	57	4-A
TEJEDA ADALBERTO		
Los Olivos	124	3-E
TEJEDA FELIPE		
Emiliano Zapata	127	2-B
TEJEDA G. CARLOS GRAL. GOB.		
Granjas Valle de Guadalupe	59	6-D
TEJEDORES		
Tlatel Xochitenco	87	2-D
U. H. El Rosario	69	1-F
TEJO		
El Tesoro	44	2-E
TEJOCOTE		
Acatitla	24	2-C
Ampl. Minas Palacio	81	5-B
Ampl. Tlacoyaque	107	6-E
Barrio Santa Cruz	16	2-D
Benito Juárez	41	2-F
Bosques de Ixtacala	43	1-A
Capulines	43	2-A
Ejidal Ampl. San Marcos	44	4-D
El Contadero	107	3-A
El Zapote	94	1-D
Granjas Familiares Acolman	36	4-B
Jardines de Ecatepec	47	3-B
La Cañada	81	2-D
La Hera	68	3-D
Las Huertas	81	1-C
Las Huertas	121	3-B
Las Huertas	81	1-D
Loma Encantada	113	3-D
Los Bordos	59	1-B
Revolución	43	2-A
Ricardo Flores Magón	4	4-C
San José Huilango	17	3-A
San José del Jaral	43	2-D
San Juan Potreros	89	3-B
San Juan y San P. Tezompa	152	1-E
San Martín	76	1-B
Santa María Maninalco	70	5-C
Tabla del Pozo	59	2-A
TEJOCOTE AND.		
El Zapote	94	1-D
TEJOCOTE CDA.		
Bosques de Ixtacala	43	1-B
TEJOCOTE DEL CJON.		
El Pirul	95	5-B
San Salvador Atenco	62	1-C
TEJOCOTE EL CDA.		
Barrio Cruztitla	151	1-F
TEJOCOTE Y CDA.		
El Pirul	95	5-B
Xalpa	112	3-D
TEJOCOTES		
Actipan	96	5-D
Ampliación San Marcos Norte	123	6-E
Bosques de Morelos	30	4-C
El Gavillero	28	6-C
La Estancia	18	5-D
Pasteros	70	3-A
San Andrés Totoltepec	135	3-F
San Francisco Acuautla	115	2-F
San José Huilango	17	4-A
San Miguel Topilejo	149	3-A
Santa Inés	136	5-E
Tlacoquemécatl	96	5-D
Tlalpuente	135	3-C
Villas de Cuautitlán	18	5-D
TEJOCOTES CDA.		
El Triángulo	111	6-F
Francisco Sarabia	42	2-C
Lomas de San Bernabé	120	1-F
TEJONES		
Lomas Lindavista El Copal	58	4-E
Nativitas	138	3-E
TEJOQUIMES		
Caracol	122	2-E
TEJUPILCO		
Alfredo del Mazo	47	6-D
Almárcigo Sur	46	5-D
Ciudad Alegre	88	4-B
Cuautitlán Izc. Cumbria	30	2-D
Fuego Nuevo	111	5-A
Independencia	57	1-C
La Sardaña	44	3-C
Lomas Verdes Solidaridad	44	1-F
Lomas de Atizapán	55	2-E
TEJUPILCO PROL.		
Progresista	111	2-E
TEKAL		
San Nicolás Totolapan	121	5-C
Torres de Padierna	121	5-D
Z. U. E. Héroes de Padierna	121	5-D
TEKAX		
Ampliación López Portillo	121	3-D
Lomas de Padierna Sur	121	3-D
López Portillo	121	3-D
Los Encinos	121	3-D
Torres de Padierna	121	3-D
TEKIT		
Lomas de Padierna	121	3-D
Lomas de Padierna Sur	121	3-D
López Portillo	121	3-D
Popular Santa Teresa	121	3-D
Torres de Padierna	121	3-D
TELCHAC		
Piloto A. López Mateos	95	5-C
Torres de Padierna	121	4-E
Z. U. E. Héroes de Padierna	121	4-E
TELE GUIA		
Prensa Nacional	70	1-D
TELECOMUNICACIONES		
U. H. Cabeza de Juárez	98	5-E
TELECOMUNICACIONES AV.		
U. H. Ejército Const.	98	4-F
TELEGRAFOS DE GUADALAJARA		
Las Palmas	95	6-E
TELPOCHCALLI		
Ciudad Cuauhtémoc	34	2-F
TELURIO		
Valle Gómez	84	1-C
TELLEZ VARGAS HERMANOS		
U. H. Atzacoalco CTM	71	1-E
TELLO CARLOS		
Chiconautla 3000	35	2-B
TELLO GREGORIO A.		
Colonial Iztapalapa	111	3-E
Constitución de 1917	111	3-E
TELLO MANUEL J.		
Adolfo López Mateos	85	6-D
TEMACA		
Aragón Inguarán	71	5-E
TEMAJAC		
Pedregal de Santo Domingo	109	5-E
TEMALACA		
Oriente	136	4-F
San Lorenzo Atemoaya	136	4-F
TEMAMATLA		
Barrio de Belem	31	3-C
Lomas Tlalmex	56	4-F
Lomas Verdes Solidaridad	31	6-F
Lomas de Atizapán	55	2-E
TEMAMATLA A SAN PABLO CARR.		
Los Reyes Acatlizhuayan	154	2-C
Santiago Zula	141	6-B
Temamatla	154	2-C
TEMASCAL		
Fracc. Tecorrales	98	6-B
Jalalpa El Grande	95	6-B
TEMASCALAPA		
La Sardaña	44	2-D
Lomas Verdes Solidaridad	31	6-F
Tultitlán	31	2-B
TEMASCALCINGO		
Almárcigo Norte	46	4-D
Lomas Verdes Solidaridad	44	1-F
Sagitario VI	73	3-B
San José Tecamac	22	1-B
Tultitlán	31	3-C
TEMASCALILLO CDA.		
Cruz del Farol	134	1-F
TEMASCALTEPEC		
Almárcigo Sur	46	5-A
Altavilla	72	1-A
Ampl. Santiago Acahualtepec	112	3-E
Ciudad Alegre	88	4-B
Ciudad Alegre	88	5-B
Isidro Fabela	44	5-A
Jardines de San Gabriel	59	6-E
La Sardaña	44	3-C
Lomas de Atizapán	55	2-E
Tultitlán	31	2-B
TEMASCALTEPEC Y RT.		
Cuautitlán Izc. Cumbria	30	2-D
TEMASCALLI		
Barrio Jicareros	87	5-B
Barrio Talabarteros	87	5-B
TEMAX		
Popular Santa Teresa	121	2-D
TEMAXCALIPA CDA.		
Chiconcuac	49	6-D
TEMAXULCO		
Barrio Cruztitla	151	1-F
Barrio Cruztitla	152	1-A
TEMAZCAL		
El Temazcal	69	6-A
Parque Industrial La Loma	56	4-F
San Pablo I	112	4-F
Sierra Nevada	68	6-F
TEMAZCATIO		
San Miguel Teotongo	113	3-B
TEMEMETL PROL.		
Oriente	136	4-F
TEMIOSCA Y CDA.		
Los Cerrillos	138	3-E
TEMIS		
Hacienda de San Juan de T.	123	4-B
TEMISTOCLES		
Polanco Chapultepec	83	4-B
Polanco Reforma	83	4-B
TEMIXCO		
Alfredo del Mazo	127	2-E
Barrio San Marcos	152	6-B
Castillos de Aragón	73	1-B
Club de Golf La Hacienda	43	6-C
Hacienda de Aragón	73	1-B
Jardines de la Hda. Sur	17	5-F
Parques de Aragón	73	1-B
U. H. Emiliano Zapata	123	1-F
U. O. CTM Culhuacán VIII A	123	1-F
TEMIXCO CDA.		
Pedregal de Santo Domingo	109	4-D
TEMOAYA		
Alfredo del Mazo	47	6-D
Ampliación Santa Catarina	113	6-E
Centro Cuautitlán Izcalli	30	1-E
El Hostol Zona Comunal	46	4-D
Galaxia	30	1-E
Independencia	57	1-C
La Sardaña	44	2-D
Lomas Tlalmex	56	4-F
Lomas de Atizapán	55	1-F
Sagitario VI	73	3-B
San Pedro Atocpan	150	4-F
Tultitlán	31	3-B
TEMOC		
Adolfo Ruiz Cortines	110	6-A
TEMOLUCO DEL 1 AL 9		
Zona Res. Acueducto de Gpe.	58	5-A
TEMOLUCO DEL 10 AL 15		
Zona Res. Acueducto de Gpe.	58	5-A
TEMOLUCO DEL 16 A 32 PARES		
Acueducto de Guadalupe	57	5-F
TEMOLUCO DEL 17 A 31 NONES		
Acueducto de Guadalupe	57	5-F
TEMOLUCO DEL 33 A 51		
Acueducto de Guadalupe	57	5-F
TEMOLUCO DEL 39 AL 44		
Acueducto de Guadalupe	57	5-F
TEMOLUCO DEL BLVR.		
Acueducto de Guadalupe	57	5-F
Zona Res. Acueducto de Gpe.	57	5-F
TEMOMOSCO		
Ampliación Santa Catarina	113	6-E
TEMORIS		
Lic. Carlos Zapata Vela	98	4-A
TEMOZCATLI		
Chimalhuacán	87	4-F
TEMOZOCHIL		
Tepotzotlán	4	5-C
TEMOZOCHIL CDA.		
Tepotzotlán	4	5-C
TEMOZON		
Pedregal de San Nicolás	121	5-B
TEMPANO		
Cuautitlán Izc. Atlanta	30	2-D
TEMPESTAD		
Ampliación Vista Hermosa	56	6-C
Jardines de Morelos	48	2-A
TEMPLO DE DIANA		
Siete Maravillas	58	6-A
TEMPLO MAS ALTO DEL CALZ.		
Cuautitlán Izc. Parques	17	6-D
TEMPOAL		
Calacoaya	56	4-B
Jalalpa	95	5-D
TENA FELIPE DE JESUS		
Ciudad Satélite	56	6-A
TENA VENTURA G.		
Ampliación Asturias	97	2-C
Asturias	97	2-C
TENABO		
Z. U. E. El Pedregal	121	3-C
TENACATITA		
Jardines de Casa Nueva	59	2-F
Prados de Santa Clara	59	2-F
TENACATITA Y PRIV.		
Piloto A. López Mateos	95	6-C
TENACAZTA		
Barrio Labradores	87	3-D
TENAHUACHE		
Huisnáhuac	63	1-A
TENAMITL		
Barrio Labradores	87	3-D
TENANCALCO CDA.		
Miguel Hidalgo	122	4-C
TENANCALCO PRIV.		
Miguel Hidalgo	122	3-C
TENANCINGO		
Alfredo del Mazo	47	6-D
Altavilla	72	1-B
Ancón de los Reyes	100	6-C
Apantenco	100	6-C
Condesa	96	1-D
Cuautitlán Izc. Cumbria	30	2-D
El Conde	69	6-C
Isidro Fabela	44	5-A
La Sardaña	44	2-C
Lomas Tlalmex	56	5-F
Lomas Verdes Solidaridad	31	6-F
Lomas de Atizapán	55	2-E
Los Reyes	100	6-C
Magdalena de los Reyes	113	1-D
Ricardo Flores Magón	82	5-A
Tultitlán	31	3-B
Valle de los Reyes	100	6-C
Veintiuno de Marzo	44	5-A
TENANGO		
Altavilla	72	1-B
El CEGOR	60	3-A
El Hostol Zona Comunal	46	4-E
Isidro Fabela	44	5-A
Lomas Tlalmex	56	5-F
Lomas de Atizapán	55	2-E
Lomas de Cristo	76	6-B
Roma Sur	96	2-E
Sagitario VI	73	3-B
TENANGO AV.		
Vergel Tlalpan	123	2-B
TENANGO CDA.		
Ampl. Lomas de San Bernabé	120	2-E
El Rosal	57	1-C
TENANGO DEL AIRE		
Lomas Verdes Solidaridad	44	1-F
TENANGO DEL AIRE CAMINO A		
Los Reyes Acatlizhuayan	154	3-C
San Pablo Atlazalpa	153	1-F
Temamatla	154	3-C
TENANGO DEL VALLE		
Alfredo del Mazo	47	6-D
Lomas Verdes Solidaridad	31	6-F
Santa Bárbara	115	6-A
TENANGO DEL VALLE AV.		
Cuautitlán Izc. Atlanta	30	4-D
Santa María Gpe. Las Torres	30	4-D
TENANGO Y 2 CDAS.		
Ampl. Lomas de San Bernabé	120	2-E
TENANTITLA		
Cuadrante de San Francisco	109	3-E
TENANTITLA CDA.		
Barrio Cruztitla	152	1-A
San Antonio Tecomitl	151	1-F
TENANTONGO		
Vista del Valle	68	6-E
TENASTITLA		
1a. Ampl. Stgo Acahualtepec	112	2-E
TENATITLA Y CDA.		
Ampliación Potrerillo	120	2-F
TENAYO		
Tepeyac Insurgentes	71	4-D
TENAYUCA		
Centro Ind. Tlalnepantla	56	3-F
Gustavo Baz Prada	57	1-C
Ind. San Nicolás Tlaxcolpan	56	3-F
Independencia	57	1-C
Industrial San Lorenzo	56	3-F
Letrán Valle	96	5-E
Parque Industrial La Loma	56	3-F
Santa Cruz Atoyac	96	5-E
Santa Cruz Atoyac	109	1-E
Vértiz Narvarte	96	5-E
TENAYUCA AV.		
El Olivo II	44	5-A
Isidro Fabela	44	5-A
TENAYUCA CHALMITA Y RT.		
U. H. CTM El Arbolillo	58	4-A
TENAYUCA Y RT.		
U. H. CTM El Arbolito	57	4-E
TENC		
Lic. Carlos Zapata Vela	98	5-A
TENCO		
Barrio San Miguel	111	1-C
TENEPAL		
Ciudad Cuauhtémoc	34	1-F
TENERIA		
INFONAVIT	63	6-C
ISSSEMYM	63	6-C
La Conchita	63	6-C
La Paz	63	6-C
Progresista	84	4-E
San Nicolás Totolapan	121	3-B
TENEXPA		
Pueblo Aculco	97	5-F
San Martín de las Pirámides	24	2-F
TENEXPAN		
Purísima Atlazolpa	97	5-E
TENIS		
Churubusco Country Club	110	2-A
TENIS AND.		
Las Peñitas	43	4-D
TENIS CDA.		
Bosque de Tarango	108	3-A
TENNESSEE		
Ampliación Nápoles	96	4-C
TENNYSON		
Polanco Chapultepec	83	4-A
Polanco Reforma	83	4-A
TENOCH		
Ciudad Azteca	60	3-B

Calle / Colonia	Plano	Coordenadas
La Urbana	57	2-D
TENOCHTITLAN		
Ampliación Estrella del Sur	110	3-F
Barrio Norte	95	5-F
Castillo Chico	58	3-B
Ciudad Azteca	60	3-B
Ciudad Cuauhtémoc	34	2-F
El Arenal 1a. Sección	85	5-E
El Carmen	58	3-B
El Chamizalito	47	6-B
La Urbana	57	3-D
Maravillas	85	6-F
México Prehispánico II	73	1-D
Morelos	84	3-C
Morelos	84	2-C
Rey Neza	100	2-B
Rincón de los Reyes	100	6-D
San Juan Ixhuatepec	58	6-E
Tlacuitlapa	108	2-B
TENOCHTITLAN 2 CDAS.		
Santa Clara	59	4-C
TENOCHTITLAN 3 PRIVS.		
El Carmen	58	3-B
TENOCHTITLAN 4A. CDA.		
El Carmen	58	3-B
TENOCHTITLAN AV.		
Año de Juárez	137	3-B
Rancho Tejomulco	137	3-B
Santa Cruz Acalpixca	137	3-B
TENOCHTITLAN CDA.		
Lomas San Juan Ixhuatepec	58	6-E
TENOCHTITLAN DE CJON.		
Morelos	84	3-C
TENOCHTITLAN PRIV.		
Santa Cruz Acalpixca	137	3-C
TENOCHTITLAN PROL.		
La Urbana	57	2-D
TENOCHTITLAN Y CDA.		
San Pedro Xalostoc	59	4-C
Santa Isabel Tola	71	2-D
TENOCHTLI		
Ciudad Cuauhtémoc	34	3-F
TENORIO		
El Capulín	114	6-C
Tenorios	112	5-D
TENORIO ANGEL		
Loma Bonita	114	6-C
TENORIO CDA.		
Ampl. Lomas de San Bernabé	120	1-F
TENORIO JOSE		
Santo Tomás	114	6-C
TENORIOS 2 CDAS.		
Granjas Coapa	123	3-E
TENORIOS LOS		
Tenorios	112	5-C
TENORIOS Y CALZ.		
Condominio Tres Fuentes	123	2-D
Ex Hacienda Coapa	123	2-D
Granjas Coapa	123	2-D
Las Hadas	123	2-D
Residencial G. Ramos Millán	123	2-D
Residencial Villa Coapa	123	2-D
U. H. Tenorios FOVISSSTE	123	2-D
U. Lotería Nacional	123	2-D
U. Tenorios II	123	2-D
Villa del Sur	123	2-D
TENOSIQUE		
Lomas de Padierna	121	4-D
Pedregal Chitchitcáspatl	121	4-D
Z. U. E. El Pedregal	121	4-D
Z. U. E. Héroes de Padierna	121	4-D
TENOXTAPA PRIV.		
Cuautepec de Madero	58	2-B
TENTEL		
Pedregal de Santo Domingo	109	6-E
TENYOA Y CDA.		
La Concepción Tlacopa	123	6-F
TEOATL		
Barrio Cesteros	87	3-E
Barrio Talladores	87	3-E
Barrio Talladores	87	4-E
TEOCALLI		
Adolfo Ruiz Cortines	122	1-F
Izcalli la Cuchilla	57	2-D
México Prehispánico II	73	1-D
Santa Teresa	121	2-D
TEOCALLIS DE LOS BLVR.		
Ciudad Azteca	60	2-B
TEOCELO		
Roma Sur	96	2-E
San Jerónimo Aculco	121	1-D
TEODORITA		
Los Remedios	69	6-A
TEOLOLCO		
Jardines del Pedregal	109	5-A
TEOLOLE		
Adolfo Ruiz Cortines	110	6-A
TEOLOYUCAN		
La Sardaña	44	3-D
La Sardaña	44	2-D
Lomas Verdes Solidaridad	31	6-F
Rey Neza	100	2-B
San Felipe de Jesús	72	2-D
Tultitlán	31	3-B
TEOPACANTITLA		
Melchor Ocampo	19	1-A
TEOPANGATITLA		
Mexicaltzingo	110	2-D
TEOPANICHPA		
Fracc. Tecorrales	98	6-B
TEOTENANGO		
La Sardaña	44	3-D
TEOTEPEC		
Residencial Cafetales	123	2-F
TEOTIHUACAN		
Adolfo López Mateos	17	3-C
Altavilla	72	1-B
Benito Juárez	59	2-C
Ciudad Azteca	60	3-B
Ciudad Cuauhtémoc	34	2-F
Corredor Urbano Comercial	30	2-E
Cuautitlán Izcalli	30	2-E
Hipódromo	96	1-D
Hueyotencotl	22	1-B
La Cantera	57	4-D
La Romana	57	2-A
Las Peñitas	43	4-D
Lomas de Atizapán	55	2-E
México Prehispánico II	73	1-D
Mixcoatl	112	5-A
Rincón de los Reyes	100	6-D
San Bartolo El Chico	36	1-E
Santa María Coatlán	24	4-F
Tlacuitlapa	108	2-B
Tultitlán	31	2-C
Valle de Santiago	60	3-B
Xalpa	112	4-D
TEOTIHUACAN AV.		
San Juanico Acolman	23	6-E
Venta de Carpio	34	5-D
TEOTIHUACAN Y 2 CDAS.		
Las Peñitas	43	4-D
TEOTIHUACANOS		
Cuauhtémoc	57	1-D
Culturas de México	127	6-E
Emiquia	19	1-C
TEOTONGO		
Pueblo Santa Ursula Coapa	123	2-A
TEOZINTLE CDA.		
Pedregal de Monserrat	110	6-A
TEOZINTLI		
Adolfo Ruiz Cortines	109	6-F
TEOZOMA		
Ampliación Santa Catarina	113	6-E
TEPAKAN		
López Portillo	121	6-D
TEPALCATES		
Punta La Zanja	87	2-F
TEPALCATES AV.		
Tepalcates	98	3-E
U. H. Ejército Const.	98	3-E
TEPALCATITLA		
Barrio La Concepción	109	3-F
TEPALCATITLAN		
Industrial	71	5-C
TEPALCATLALPAN		
Pueblo Culhuacán	110	4-F
TEPALCATZIN		
Adolfo Ruiz Cortines	109	6-F
Santa Isabel Tola	71	2-D
Santa Isabel Tola	71	2-D
TEPALTIPAC 2 CDAS.		
Emiliano Zapata	113	2-C
TEPANECAS		
Barrio Xaltocan	136	2-F
Ciudad Azteca	60	3-B
Rincón de los Reyes	100	6-C
TEPANECAS CJON.		
Santa María Maninalco	70	4-C
TEPANECOS		
Libertad	70	5-C
Villa Azcapotzalco	70	4-B
TEPANECOS CJON.		
Santa María Maninalco	70	5-B
TEPANECOS PROL.		
Barrio San Sebastián	70	5-D
TEPANGO Y PRIV.		
Barrio San Lucas	109	3-F
TEPANOAYA		
Pedregal de Santo Domingo	109	4-E
TEPANTIAGUA		
Pueblo Santa Catarina	70	3-C
TEPANTITLAMILCO		
San Nicolás Tetelco	139	6-D
TEPANTITLAMILCO DE 1A. CDA.		
Tepantitlamilco	139	6-C
TEPANTITLAMILCO DE 2A. CDA.		
Tepantitlamilco	139	6-C
TEPANTONGO		
Reynosa Tamaulipas	70	3-B
San Andrés	70	3-B
San Marcos	70	3-B
TEPANYECA CJON.		
San Luis Huexotla	76	4-D
TEPAPATLACO Y 3 CDAS.		
Pueblo San Miguel Ajusco	135	5-A
TEPATITLA		
Villas de Teotihuacán	24	2-B
TEPATITLAN		
San Felipe de Jesús	72	2-C
TEPATL		
Barrio Fundidores	87	2-F
TEPATL CDA.		
Barrio Fundidores	87	3-F
TEPATLACO		
Pueblo San Miguel Ajusco	135	5-A
TEPAYECA CJON.		
San Luis Huexotla	76	4-D
TEPAYO PRIV.		
San Rafael Ticomán	71	1-C
TEPAZALCHICHILPA		
Tultepec	19	4-B
TEPAZONTITLA		
Acolman de Nezahualcóyotl	36	3-D
TEPAZTITLA		
Acolocalco	113	5-D
TEPEACA		
San Felipe de Jesús	72	3-C
Santísima Trinidad	122	6-C
Tepeaca	108	2-B
TEPEACA CDA.		
San Jerónimo Lídice	108	6-E
TEPEAPULCO		
Lomas de Cristo	76	6-B
TEPEAPULCO CJON. Y CDA.		
San Andrés Tetepilco	97	6-C
TEPEAQUILLO		
San Pedro Zacatenco	71	2-D
TEPECINTLE		
Santísima Trinidad	122	6-C
TEPECUETEX		
San Salvador Cuauhtenco	150	4-A
TEPECUILCO		
Santísima Trinidad	122	6-C
TEPECHPAN		
Lomas de Cristo	76	5-B
TEPEGUAJE		
Vista Hermosa	58	2-C
TEPEHUA		
Lic. Carlos Zapata Vela	97	5-F
Pedregal de San Nicolás	121	5-B
TEPEHUAJE		
Barrio de las Palomas	100	2-D
TEPEHUANES		
U. H. Culhuacán	110	6-E
TEPEHUANOS		
Tlalcoligia	122	6-D
TEPEHUANOS CDA.		
Tlalcoligia	122	6-D
TEPEHUAS		
Ampl. Tepeximilpa Servimet	122	6-B
San Juan Tepeximilpa	122	6-B
TEPEHUITL		
La Presa	58	3-D
TEPEILHUITL		
Ciudad Cuauhtémoc	34	1-E
Ciudad Cuauhtémoc	34	1-F
TEPEJI		
Roma Sur	96	1-E
TEPENEPANTLA		
Copalera	100	3-F
TEPEOJUMA		
Lomas de Becerra Granada	95	4-E
TEPEOLULCO		
Benito Juárez	59	2-C
TEPEPACLE 1A. Y 2A. CDA.		
Santísima Trinidad	122	6-C
TEPEPAN		
Toriello Guerra	122	3-F
TEPEPETLA		
Acoca	136	3-C
TEPEPULCO		
Rey Neza	100	2-B
TEPETATE		
Lomas de Cantera	69	6-A
U. INFONAVIT Iztacalco	97	4-E
TEPETATE EL		
Ciudad Cuauhtémoc	34	2-F
TEPETATERA LA		
Margarito F. Ayala	34	2-D
TEPETATES		
Benito Juárez	59	2-B
Xochiaca	87	6-C
Xochiaca	100	1-C
TEPETATES AND.		
La Joyita	108	4-C
Pueblo de Tetelpan	108	4-C
TEPETATES PRIV.		
San Nicolás Totolapan	121	3-B
TEPETATES Y CDA.		
Barrio Tepetates	71	3-D
TEPETENCO		
Villa San Lorenzo Chimalco	100	2-D
TEPETENCHI		
Barrio Xaltocan	136	2-F
TEPETIPAC		
San Antonio Tecomitl	152	1-A
TEPETIPAC CDA.		
Pueblo San Antonio Tecomitl	152	1-A
TEPETITLA PRIV.		
San Bartolo Ameyalco	107	5-E
TEPETIXTLA		
Corredor Urbano Comercial	17	6-E
TEPETL		
Mesa de los Hornos	122	6-C
TEPETL AND. 1		
Mesa de los Hornos	122	6-C
TEPETL AND. 2		
Mesa de los Hornos	122	6-C
TEPETLACALCO		
Loma Bonita	44	6-C
Nueva San Juan Ixtacala	57	6-D
Prado Ixtacala	57	6-D
San Felipe Ixtacala	57	6-D
TEPETLAN		
Las Peñitas	43	4-D
TEPETLAOXTOC		
Lomas Verdes Solidaridad	31	6-F
TEPETLAOZTOC		
Lomas de Cristo	76	5-B
TEPETLAPA		
Adolfo Ruiz Cortines	110	6-A
Adolfo Ruiz Cortines	109	6-F
Barrio San Andrés	70	3-C
C. H. Alianza Popular Rev.	110	6-D
Residencial Cafetales	123	1-E
U. H. Emiliano Zapata	123	1-E
TEPETLAPA 2o. CJON.		
Pueblo San Andrés	70	3-C
TEPETLAPA CJON.		
Barrio San Andrés	70	3-C
TEPETLAPA SUR		
Villa Milpa Alta	151	4-F
TEPETLAPA Y 2 CDAS.		
2a. Ampl. Stgo Acahualtepec	112	3-D
TEPETLI Y 2 CDAS.		
Barrio Labradores	87	3-D
Barrio Santa Eugenia	87	3-D
TEPETLIXPA		
La Sardaña	44	2-C
TEPETLIXPAN		
Barrio de Belem	31	3-C
Lomas Verdes Solidaridad	31	6-F
TEPETONGO		
La Magdalena Petlacalco	135	5-C
Lomas de Zaragoza	112	2-F
TEPETONGO AV.		
Melchor Ocampo	18	1-F
TEPETZINTLA		
Oriente	136	4-F
TEPEXICASCO		
Hank González	59	1-C
TEPEXPAN		
Barrio Niño Jesús	109	3-E
La Candelaria	110	5-A
Las Palmas	121	1-A
TEPEXPAN AV.		
Las Granjas Acolman	36	4-B
TEPEYAC		
Ampliación Santa Catarina	113	6-E
Ampliación Vicente Villada	99	3-E
Cocotitlán	141	4-C
Industrial	71	5-D
Las Tórtolas	122	5-F
Los Reyes Tulpetlac	46	6-F
Nueva Guadalupe	87	5-B
Pueblo Nativitas	137	3-B
San Ildefonso	29	6-A
San Martín de las Pirámides	24	2-F
Santa María Aztahuacán	112	2-C
Villa San Lorenzo Chimalco	100	2-C
Villa San Lorenzo Chimalco	100	1-D
TEPEYAC CDA.		
San Gregorio Atlapulco	137	3-F
TEPEYAC DEL AV.		
Industrial	71	6-C
La Turba	124	3-E
TEPEYAC Y CDA.		
Guadalupe San Ildefonso	28	6-F
TEPEYAUCLE		
Pedregal de Santo Domingo	109	4-D
TEPEYAUCLE CDA.		
Pedregal de Santo Domingo	109	5-D
TEPEYOACLE		
Santísima Trinidad	122	6-C
TEPEYOLLOTLI		
Ciudad Cuauhtémoc	34	1-E
TEPEZALA		
Pedregal de Santo Domingo	109	5-D
Popular Rastro	84	2-D
TEPEZCOHUITE		
Rinconada El Mirador	136	1-A
TEPEZCUINTLE		
Cumbres de Tepetongo	122	6-B
Santísima Trinidad	122	6-C
TEPIC		
Ampl. Buenavista	44	4-C
Constitución de 1917	59	4-B
Ermita	108	4-F
Ixtlahuacan	112	3-F
Jardines de Morelos	47	2-B
Miguel Hidalgo	151	4-C
Progreso	108	4-F
Roma Sur	96	2-E
San Juan Atlamica	17	4-E
San Pedro Xalostoc	59	4-B
Tecuezcomac	46	5-E
Valle Ceylán	57	3-B
Vergel de Guadalupe	72	5-E
TEPOCATL		
Pedregal de Santo Domingo	109	5-E
Pedregal de Santo Domingo	109	6-E
TEPOCATL Y CDA.		
Pedregal de Santo Domingo	109	4-E
TEPOCHCALLI		
Adolfo Ruiz Cortines	109	6-F
Ciudad Cuauhtémoc	34	3-F
TEPOJACO Y CDA.		
San Francisco Tepojaco	30	1-A
TEPONAXTLE		
Las Peñitas	43	4-D
TEPONAXTLE 4A. CDA.		
Las Peñitas	43	4-D
TEPONAXTLI		
Adolfo Ruiz Cortines	109	6-F
Aragón Inguarán	71	6-E
TEPONAXTLIS DE LOS CALZ.		
La Florida de Ciudad Azteca	60	2-D
TEPOPA GABRIEL		
Santa Martha Acatitla	99	6-E
TEPOTE		
Xolalpa	50	4-D
TEPOTZOTLAN		
Adolfo López Mateos	17	3-C
Altavilla	72	1-B
Ampl. Gustavo Baz Prada	57	1-C
Barrio Jugueteros	87	5-B
El CEGOR	60	3-A
El Hostol Zona Comunal	46	5-D
El Sordo	82	3-A
Estado de México	82	3-A
Independencia	57	1-C
La Sardaña	44	2-C
Lomas Tlalmex	56	5-F
Lomas Verdes Solidaridad	31	6-F
Lomas de Atizapán	55	1-F
Sagitario VI	73	3-B
San Felipe de Jesús	72	2-C
Santa Anita La Bolsa	29	4-A
Tultitlán	31	3-B
Vergel del Sur	123	2-B
TEPOTZOTLAN AV.		
Cuautitlán Izc. Cumbria	30	2-D
San José Buenavista	17	5-B
TEPOZAL		
Pedregal de Chichicaspa	121	4-C
San Nicolás Totolapan	121	4-C
Z. U. E. El Pedregal	121	4-C
TEPOZAN		
Bosque del Pedregal	134	1-B
Ejidos San Pedro Mártir	135	1-F
Ejidos de San Cristóbal	33	5-F
Ejidos de San Pedro Mártir	135	1-F
Ejidos de San Pedro Mártir	122	6-F
El Carmen	138	2-C
La Carbonera	120	3-F
Los Reyes Tultitlán	31	4-D
San José del Jaral	43	2-D
San Martín Xico La Laguna	139	2-F
Vista Hermosa	46	1-D
TEPOZAN AV.		
Las Peñitas	43	3-D
San Gabriel	43	3-D
TEPOZAN CDA.		
La Carbonera	120	3-F
Las Peñitas	43	3-D
TEPOZAN CJON.		
Barrio Caltongo	137	1-A
TEPOZAN DE		
Valle de los Pinos	56	3-D
TEPOZAN PROL.		
Rinconada El Mirador	135	1-F
TEPOZANCO Y 3 CDAS.		
Cuajimalpa	107	1-A
TEPOZANES		
Ampliación Tepepan	136	1-B
Chitchitcáspatl	121	6-B
El Mirador	137	5-A
Pedregal de San Nicolás	121	5-B
Plutarco Elías Calles	114	4-F
Rincón del Bosque	114	5-B
Tierra y Libertad	59	1-D
TEPOZANES AND.		
Ampliación San Marcos Norte	123	6-E
TEPOZANES AV.		
Esperanza	100	4-A
La Perla Reforma	100	4-A
Sevillones	106	2-C
TEPOZANES CDA.		
Ampliación San Marcos Norte	123	6-E
TEPOZANES PROL.		
Dr. Jorge Jiménez Cantú	58	4-F
Loma Plutarco Elías Calles	114	4-F
TEPOZANES Y 2 CDAS		
Ampliación San Marcos Norte	123	6-E
TEPOZOTENCO		
Tepexpan	36	5-A
TEPOZTECO		
Ciudad Azteca	60	2-D
Colinas del Bosque	123	5-A
La Florida de Ciudad Azteca	60	2-D
Loma Bonita	57	1-C
Narvarte	97	3-A
TEPOZTLI		
El Chamizalito	47	6-B
TEPTL		
Barrio Parque del Tepeyac	71	3-E
TEQUESQUINAHUAC		
La Joya Ixtacala	57	5-C
Loma Bonita	57	1-C
PIPSA	57	5-C
San Juan Ixtacala Ampl. Nte	57	5-C
Santa Rosa	57	5-C
TEQUESQUITE		
U. INFONAVIT Iztacalco	97	4-E
TEQUESQUITE CJON.		
La Concepción Tlacopan	136	1-F
Xochimilco	136	1-F
TEQUESQUITENGO		
Alfredo del Mazo	127	1-E
TEQUEXQUIPAN		
Independencia	57	1-C
TEQUIHUAC CDA.		
Estrella del Sur	110	2-F
TEQUILA		
Pedregal de Santo Domingo	109	5-E
TEQUILASCO		
Atlamaya	108	3-F
TEQUIMILA PRIV.		
Pueblo San Miguel Xicalco	135	5-E
TEQUISQUIAC		
La Sardaña	44	2-C
Lomas de Atizapán	55	2-E
TEQUISQUIAPAN		
Ampliación Santa Catarina	113	6-E
Campestre del Lago	42	1-D
La Concepción Tlacopan	136	1-F
TEQUIXQUIAC		
Almárcigo Norte	46	4-D
Lomas Verdes Solidaridad	31	6-F
TERAN		
Ixtlahuacan	112	4-F
TERAN JESUS		
Ciudad Satélite	69	1-A
Tabacalera	83	4-F
TERBIO AND.		
El Manto	111	3-C
TERBIO PRIV.		
Cuchilla Pantitlán	85	5-D
TERCER SOL		
Cuautitlán Izc. Parques	17	5-E
TERCERA AV.		
Zona Industrial Tultepec	19	5-D
TERESA		
Industrial	71	5-C
TERESA JOSE MARIA DE		
Campestre	109	2-B
San Angel	109	2-B
TERESHKOVA VALENTINA		
U. H. Margarita M de Juárez	98	6-D
TERESITA		
Miguel Hidalgo	125	3-A
TERMINACION 24 DE JUNIO		
San Gregorio Atlapulco	137	3-D
TERMINAL Y CDA.		
San Esteban Huitzilacasco	81	3-F
TERO		

Calle / Colonia	Plano	Coordenadas
Rinconada de Aragón	60	4-C
TERPILOYA		
Pedregal de Santo Domingo	109	5-D
TERRACERIA		
El Ermitaño	120	2-E
Los Olivos	22	3-B
TERRACERIA CDA.		
El Ermitaño	120	2-E
TERRANOVA		
Las Américas	69	5-B
Rosario Ceylán	70	1-C
TERRAPLEN		
Acolocalco	113	5-D
Ampliación Santa Catarina	113	6-D
Hacienda de San Juan	123	4-B
Rincón de San Juan	123	4-B
Santa Catarina Yecahuízotl	126	1-D
TERRAPLEN DEL RIO FRIO		
De la Cruz	97	2-D
TERRAPLEN FC A SAN RAFAEL AV		
La Hera	111	3-E
Los Angeles Apanoaya	111	3-E
TERRAZA		
Nueva San Isidro	127	4-F
TERRAZA CDA.		
Santa María Gpe. Las Torres	30	4-E
TERRAZAS		
San Andrés Totoltepec	135	3-E
TERRAZAS FRANCISCO DE		
Ciudad Satélite	69	2-B
TERRAZAS GRAL.		
Marina Nacional	59	6-A
TERRAZAS Y CDA.		
San Andrés Totoltepec	135	4-E
TERREMOTE		
Bellavista	17	5-C
TERREROS A.		
Presidentes Ejidales	110	5-C
TERREROS MENESES ALBINO		
Presidentes Ejidales	110	5-C
TERRES J. DR.		
Doctores	84	6-A
TERRES MANUEL		
Ciudad Satélite	69	1-C
TERRESTRE		
Francisco Alvarez	114	6-C
TERRONES ALBERTO		
Constitución de 1917	111	2-E
TERRONES BENITEZ CDA.		
Barrio El Molinito	107	2-C
TERUEL M. P.		
Carmen Serdán	110	6-E
TESMIOCA CDA.		
Las Mesitas	138	3-E
Los Cerrillos	138	3-D
TESNENE		
Pedregal de Santo Domingo	109	6-E
TESORERO EL		
Club de Golf La Hacienda	43	6-C
TESOREROS CIR.		
Toriello Guerra	122	3-E
TESORO		
El Carmen	58	3-B
Las Arboledas	124	2-F
Las Lomas	33	6-C
TESORO AV.		
Estrella	71	5-D
TESORO DEL AV.		
El Tesoro	44	2-E
TESORO DEL PRIV.		
El Tesoro	44	2-D
TETECONTLA		
Arboledas Cuaut. El Alto	58	1-B
TETECONTLA Y 2 PRIVS.		
Arboledas Cuaut. El Alto	58	1-C
TETECHICO		
El Manto	111	2-C
TETEKILO		
San Miguel Topilejo	149	3-A
TETELA DEL ORO		
Valle Gómez	84	1-D
TETELCO		
La Estación	125	1-A
Villas de Teotihuacán	24	2-B
TETENCO PRIV.		
San Miguel Topilejo	149	4-A
San Miguel Topilejo	149	4-B
TETEQUILOTLA		
San Andrés Totoltepec	135	3-E
TETEQUIOTLA 2A. CDA.		
San Andrés Totoltepec	135	3-E
TETETLAHUCA		
Emiliano Zapata	113	2-C
TETETLAN		
Ciudad Cuauhtémoc	34	3-F
TETIPAC		
La Magdalena Petlacalco	135	5-D
San Buenaventura	122	5-F
TETIS		
Hacienda de San Juan de T.	123	4-A
TETITLA		
Barrio San Fernando	122	3-D
Coatepec	102	3-F
Purificación	24	3-D
Toriello Guerra	122	3-D
TETITLA 2 CDAS.		
Barrio San Fernando	122	3-D
TETITLA CDA.		
Coatepec	102	3-F
TETITLA PRIV.		
Barrio San Fernando	122	3-D
TETIZ		
Pedregal de Chichicaspa	121	4-C
San Nicolás Totolapan	121	4-C
Z. U. E. El Pedregal	121	4-C
TETL		
Acozac	115	4-B
TETLA		
Adolfo Ruiz Cortines	110	6-A
Molino del Rey	82	6-F
San Pablo Tepetlapa	110	6-A
TETLALI		
El Carmen	138	2-B
San José	138	2-B
TETLALI 2 CDAS.		
San José	138	2-B
TETLALI PRIV.		
San José	138	2-B
TETLALPA		
2a. Ampl. Stgo Acahualtepec	112	2-D
TETLALPA 2 CDAS.		
2a. Ampl. Stgo Acahualtepec	112	2-D
TETLEPANQUETZAL		
Ampliación Estrella del Sur	110	3-F
TETLEPANQUETZIN SUR 43		
U. H. Jajalpa	47	3-A
TETRAZZINI		
Ex Hipódromo de Peralvillo	84	1-B
Peralvillo	84	1-B
Vallejo	71	6-B
TETZICOTLA PRIV.		
Santa Cecilia Tepetlapa	137	6-A
TEUHTLI		
Olivar Santa María	138	3-E
San Pedro Atocpan	150	3-F
TEUHTLI AV.		
El Rosario	138	4-F
Tierra Blanca	138	4-F
TEUIZTLI		
Barrio Labradores	87	3-D
TEUL EL		
El Rodeo	111	4-D
TEULES		
Ciudad Cuauhtémoc	34	1-F
Ciudad Cuauhtémoc	34	2-F
TEUTLACHTLI		
Adolfo Ruiz Cortines	109	6-F
TEXALPA CDA.		
Pedregal de Santo Domingo	109	4-D
TEXANITA LA		
Benito Juárez	99	1-F
TEXANO		
Copalera	100	3-F
TEXAS		
Nápoles	96	3-C
San Mateo Huexotla	76	4-B
TEXAS CDA.		
San Luis Huexotla	76	4-C
TEXAS DE 2A. CDA.		
San Mateo Huexotla	76	4-B
TEXAS DE CDA.		
Profr. Cristóbal Higuera	43	6-A
TEXAS PRIV.		
San Mateo Huexotla	76	4-B
TEXAS PRIV. Y CDA.		
San Luis Huexotla	76	4-C
TEXCAL		
Pueblo San Lorenzo Tezonco	124	1-D
U. INFONAVIT Iztacalco	97	4-E
TEXCALATLACO		
San Andrés Totoltepec	135	3-E
TEXCALATLACO 2A. CDA.		
San Andrés Totoltepec	135	3-E
TEXCALATLACO DE 2A. CDA.		
San Andrés Totoltepec	135	3-E
TEXCALATLACO DE 3A. CDA.		
San Andrés Totoltepec	135	3-E
TEXCALATLACO PRIV.		
San Andrés Totoltepec	135	3-E
TEXCALCO		
San Miguel Tecamachalco	82	5-C
TEXCALCO PRIV.		
San Gregorio Atlapulco	137	3-F
TEXCALES Y CJON.		
Lomas San Lorenzo	111	6-D
TEXCALITLAN		
Tultitlán	31	3-B
TEXCALPA CJON.		
Pueblo Tepepan	123	5-B
TEXCALTEPEC		
Almárcigo Sur	46	4-C
TEXCALTITLAN		
Lomas Verdes Solidaridad	44	1-F
TEXCATENCA		
Cumbres de Tepetongo	122	6-C
TEXCO CDA.		
Francisco Zarco	97	5-A
TEXCOCALCO CJON.		
Barrio La Santísima	137	1-A
TEXCOCO		
Ancón de los Reyes	113	1-D
Ciudad Alegre	88	4-B
Ciudad Azteca	60	3-B
Ciudad Cuauhtémoc	34	2-F
Clavería	70	6-C
El Conde	69	6-C
Gustavo Baz Prada	57	1-C
Jardines de Acuitlapilco	88	4-B
La Cruz	46	5-E
La Romana	57	2-B
La Sardaña	44	3-C
Lomas Tlalmex	56	5-F
Lomas Verdes Solidaridad	44	1-F
Lomas de San Carlos	46	4-F
Lomas de Tenopalco	19	1-D
Los Reyes	113	1-D
Lotería Nacional	70	6-C
Magdalena de los Reyes	113	1-D
Santa Bárbara	115	6-A
Tultitlán	31	2-C
Valle de Santiago	60	3-B
Valle de los Reyes	113	1-D
Zona Comunal de San Carlos	46	5-E
TEXCOCO AV.		
Ampl. Ciudad Lago	85	2-E
Ampl. Las Aguilas	99	5-E
Ampl. U. H. CTM Aragón	85	2-E
Ampl. U. H. CTM Aragón	85	2-A
Ampl. Vicente Villada Ote.	99	5-E
Ampl. Vicente Villada Pte.	99	5-E
Ampliación Ciudad Lago	85	2-A
Atlacomulco	99	5-E
Ciudad Lago	85	2-A
Ciudad Lago	85	2-E
Coatlinchán	89	1-C
Constitución	100	6-A
Cuautitlán Izc. Cumbria	30	1-E
Cuchilla del Tesoro	85	2-E
Cuchilla del Tesoro	85	2-A
El Tejocote	88	3-E
Formado Hogar	98	2-F
Fracc. Floresta	100	6-A
Juan Escutia	98	2-F
Juárez Pantitlán	98	2-F
Las Aguilas	99	5-E
Las Tijeras	89	1-C
Loma Bonita	100	6-A
Lomas de San Carlos	46	4-F
Lomas de la Cruz	89	1-C
Manantiales	99	5-E
Metropolitana	99	5-E
Metropolitana 1a. Secc.	99	5-E
Metropolitana 2a. Secc.	99	5-E
Metropolitana 3a. Secc.	99	5-E
México	99	5-E
Mi Retiro	98	2-F
Nueva Juárez Pantitlán	98	2-F
Pantitlán	85	6-D
Pavón	98	2-F
Pensador Mexicano	85	3-C
Peñón de los Baños	85	3-C
Popular Ermita Zaragoza	100	6-A
Raúl Romero	99	5-E
San Lorenzo	99	5-E
San Lorenzo Xicoténcatl	99	5-E
Santa Martha	99	5-E
Santa Martha Acatitla Nte.	99	5-E
U. H. CTM Aragón	85	2-A
U. H. CTM Aragón	85	2-E
U. H. La Valenciana	99	5-E
U. H. San Juan de Aragón	85	2-A
U. H. San Juan de Aragón	85	2-E
U. H. Solidaridad	99	5-E
Unidad Hab. Tepozanes	100	6-A
Vicente Villada	99	5-E
Voceadores	99	5-E
TEXCOCO CAMINO A		
Chiconcuac	62	1-F
TEXCOCO CDA.		
Coatlinchán	89	1-C
Del Periodista	97	4-A
La Loma	31	6-D
TEXCOCO PRIV.		
Pantitlán	85	6-E
TEXCOCO Y AV.		
Isidro Fabela	44	4-A
TEXCOCO Y CDA.		
Estado de México	82	3-A
TEXCOCOAC PRIV.		
Xochipilli	137	3-B
TEXCOCUAC		
San Martín de las Pirámides	24	2-F
TEXIMULCO PROL.		
San Miguel Topilejo	149	4-A
TEXMELUCAN		
U. José Ma. Morelos y Pavón	33	1-B
TEXOCOPA CJON.		
Altavista	109	3-A
TEXOTLA CJON.		
Barrio Chapultepec	136	6-F
TEXQUI		
Cumbres de Tepetongo	122	6-B
TEXTILES		
Barrio San José	31	1-D
TEXTITLAN		
Pedregal Santa Ursula Xitla	123	1-A
Pueblo Santa Ursula Coapa	123	1-A
Santa Ursula Xitla	122	5-C
TEXTITLAN CJON.		
Pueblo Santa Ursula Coapa	123	1-A
TEXTITLAN Y CJON.		
Pueblo Santa Ursula Coapa	123	1-B
TEYA		
Barrio Labradores	87	3-D
Torres de Padierna	121	4-E
Z. U. E. Héroes de Padierna	121	4-E
TEYAHUALCO AV.		
Villas de Cuautitlán	18	5-E
TEYECA		
2a. Ampl. Stgo Acahualtepec	112	2-D
TEYOLQUIMA		
Barrio Carpinteros	87	3-F
Barrio Cesteros	87	3-F
Barrio Fundidores	87	3-F
Barrio Pescadores	87	3-F
Barrio Pescadores	87	3-E
TEYOTL		
Aragón Inguarán	71	5-E
TEZCATLIPOCA		
Barrio Parque del Tepeyac	71	3-E
Ciudad Cuauhtémoc	34	3-F
Culturas de México	127	6-E
Dolores Tlali	136	4-A
El Mirador	24	2-B
La Pastora	58	4-B
Rincón de los Reyes	100	6-D
San Miguel Xochimanga	43	5-D
TEZCATLIPOCA 1A. CDA.		
Cerro Grande	43	4-E
TEZCATLIPOCA Y 5 CDAS.		
Cerro Grande	43	4-D
TEZCUTZINCO		
Rey Neza	100	2-B
TEZICOTLAN		
Santa Cecilia Tepetlapa	137	6-A
TEZIUTLAN		
Barrio San Lucas	109	3-F
TEZOMPA AYOTZINGO AV.		
Santa Catarina Ayotzingo	153	2-A
TEZONAPA		
Santa María Maninalco	70	5-C
TEZONAPA PRIV.		
Santa María Maninalco	70	5-C
TEZONCHICHILCO		
Buenavista	112	5-C
TEZONES		
Almontila	87	6-B
Tlatelco	87	6-B
TEZONTITLA		
Barrio La Asunción	111	1-A
Barrio San José	111	1-A
Fracc. Tecorrales	98	6-B
San Andrés Totoltepec	135	4-E
TEZONTITLA Y CJON.		
Barrio San José	111	1-B
TEZONTLAL		
Buenavista	112	5-B
TEZONTLE		
Acatitla	24	2-C
Ampliación San Mateo	68	2-E
Barrio La Asunción	97	4-D
Ixtapaluca	115	5-B
La Candelaria Ticomán	58	5-B
Lomas de Cantera	69	6-B
Lomas de la Estancia	112	4-F
Minas del Coyote	81	3-B
San Miguel Tociac	148	2-F
Xochiaca	100	1-C
TEZONTLE Y CDA.		
Barrio La Asunción	97	4-D
TEZOQUIPA		
La Joya	122	5-E
San Buenaventura	122	5-E
Tlalpan	122	5-E
U. H. ISSFAM No. 1	122	5-E
TEZOQUIPA CJON.		
Tlalpan	122	5-E
TEZOYUCA		
El Hostol Zona Comunal	46	4-D
Lomas Verdes Solidaridad	31	6-F
Lomas de Atizapán	55	2-E
Tultitlán	31	2-B
TEZOYUCAN		
La Sardaña	44	2-C
TEZOZOMOC		
Adolfo Ruiz Cortines	110	6-A
Ampl. Buenavista	44	4-D
Ampliación Estrella del Sur	110	3-F
Ciudad Azteca	60	2-A
El Chamizalito	47	6-B
Emiliano Zapata	110	6-B
Estrella del Sur	111	3-A
Estrella del Sur	110	3-F
Hueyotencotl	22	1-B
México Prehispánico II	60	6-D
Mixcoatl	111	5-F
Pantitlán	98	1-C
Porvenir	100	2-F
Prados de Coyoacán	110	6-B
Rincón de los Reyes	100	6-D
San Bartolo Tenayuca	57	4-D
San Francisco Chilpa	31	6-C
Santa Clara	59	4-C
Santa Isabel Tola	71	2-D
TEZOZOMOC 1a. Y 2a. CDAS.		
San Miguel Amantla	69	5-F
TEZOZOMOC AV.		
Alfredo Baranda	126	5-E
Ampl. Petrolera	70	4-A
Ampl. San Antonio	69	5-F
Barrio San Mateo	70	4-A
Cerro del Marqués	127	6-C
Cuchilla Cerro del Marqués	127	6-C
Guadalupana	127	6-C
Jardín	127	5-A
La Preciosa	70	4-A
Niños Héroes	126	5-E
Petrolera	70	4-A
Pueblo San Miguel Amatla	69	5-F
Santa Lucía	70	4-A
Tezozómoc	70	4-A
Xico	126	5-E
TEZOZOMOC SUR 45		
U. H. Jajalpa	47	3-A
TEZTAL PRIV.		
Pedregal de Santo Domingo	109	4-D
THIERS		
Anzures	83	5-C
Casablanca	83	5-C
TIAN		
Lic. Carlos Zapata Vela	98	4-A
TIANGUILLO		
Gustavo Baz Prada	57	1-C
Loma Bonita	57	1-C
TIANGUIS		
San Miguel Amantla	69	5-F
Valle de los Reyes	113	1-D
TIANGUISCOAPA CDA.		
San Francisco	107	5-D
TIANGUISTENCO		
Sagitario VI	73	3-B
TIANGUISTENGO		
La Sardaña	44	3-C
Tultitlán	31	3-B
TIANGUISTENGO AV.		
Cuautitlán Izc. Cumbria	30	1-E
TIBERIADES		
Lomas Estrella 2a. Secc.	111	6-A
TIBET		
Cumbres del Himalaya	68	4-E
TIBURON		
Caracol	85	5-D
Del Mar	124	4-E
Parque Ind. Cuautitlán	18	6-B
TIBURON CDA.		
Ampliación La Quebrada	43	3-F
TICOMAC		
Barrio Santa Bárbara	98	6-A
TICOMAN		
Ampl. Gustavo Baz Prada	44	6-D
El Arbolillo	58	4-A
Tepeyac Insurgentes	71	4-D
TICOMAN 3R. CJON.		
Barrio San Ignacio	111	1-A
TICOMAN CALZ.		
B. La Candelaria Ticomán	58	6-B
Barrio San Juan Ticomán	58	6-B
Lindavista	71	3-D
Residencial Zacatenco	71	3-D
San José Ticomán	71	3-D
San Pedro Zacatenco	71	3-D
Santa Isabel Tola	71	3-D
Santa María Ticomán	58	6-B
Tepeyac Insurgentes	71	3-D
Ticomán	58	6-B
U. H. Juan de Dios Bátiz	71	3-D
TICOMAN CDA.		
Reynosa Tamaulipas	70	3-B
TICOMAN PROL.		
Pueblo San Andrés	70	3-C
TICOMAN Y CDA.		
Barrio San Ignacio	111	1-A
San Andrés	70	3-B
TICUL		
Z. U. E. Héroes de Padierna	121	4-F
TICUL RT.		
U. H. ISSSTE Norma	111	1-C
TICUMAN		
Lago	97	5-B
TIEMPO		
Prensa Nacional	70	1-D
TIEPOLO		
Ciudad de los Deportes	96	5-C
TIERRA		
Estrella de Oriente	73	2-C
Granjas Independencia II	73	2-C
Media Luna	73	3-D
Media Luna	122	2-F
U. INFONAVIT Iztacalco	97	4-E
TIERRA ARBOLADA		
Cuautitlán Izc. Parques	17	6-D
TIERRA ARENOSA		
Tierra Nueva	70	2-A
TIERRA BLANCA		
San Jerónimo Aculco	121	1-D
San Juan Ixtayopan	138	4-F
San Miguel Teotongo	113	2-A
Tierra Blanca	138	4-F
Tierra Nueva	70	2-A
Tultepec	19	4-A
TIERRA BLANCA 2 CDAS.		
San Juan Ixtayopan	138	4-F
TIERRA CALIENTE		
Tierra Nueva	69	2-F
TIERRA COLORADA		
San Pedro Zacatenco	71	2-D
Tierra Nueva	69	2-F
TIERRA COLORADA CDA.		
Comuneros de Santa Ursula	122	3-E
TIERRA FERTIL		
Cuautitlán Izc. Parques	17	6-D
TIERRA FLORIDA		
Cuautitlán Izc. Parques	17	6-D
TIERRA FLORIDA PROL.		
Cuautitlán Izc. Parques	17	6-D
TIERRA FRIA		
Tierra Nueva	69	2-F
TIERRA GRIS		
Tierra Nueva	70	2-A
TIERRA INDOMITA		
Tierra Nueva	70	2-A
TIERRA LARGA Y CDA.		
Rancho San Francisco	107	5-F
TIERRA MITICA		
Cuautitlán Izc. Parques	17	6-D
TIERRA MITICA PROL.		
Cuautitlán Izc. Parques	17	6-D
TIERRA NEGRA		
Tierra Nueva	70	2-A
TIERRA NEGRA DE CDA.		
Joaquín López Negrete	18	1-C
TIERRA NUEVA CDA. Y 2 PRIVS.		
Tierra Nueva	70	2-A
TIERRA PRODIGA		
Novela Mexicana II	60	6-C
TIERRA SANTA		
Ampl. San Sebastián	100	5-D
Jardines de San Agustín	100	5-D
TIERRA Y LIBERTAD		
Acuitlapilco	88	3-B
Cantera Puente de Piedra	122	3-E
Celco	94	2-D
Emiliano Zapata	128	4-A
Emiliano Zapata	101	2-B
La Cebada	123	5-D
Lázaro Cárdenas	18	5-C
Plan de Ayala	81	4-B
Punta La Zanja	87	2-F
Revolución	101	2-B
San Isidro La Paz	29	6-B
Santa Cruz Amalinalco	128	4-A
U. H. Emiliano Zapata	123	1-E
Veintiuno de Marzo	127	5-D
TIERRA Y LIBERTAD AV.		
La Esperanza	46	6-B
La Teja	46	6-B
San José	125	5-F
Santa Cecilia	125	5-F

Calle / Colonia	PLANO	COORDENADAS
Postal	97	3-B
Prados de Coyoacán	110	1-A
Pueblo Santa Ursula Coapa	123	1-B
San Lorenzo Huipulco	123	1-B
San Mateo	110	1-A
San Simón Ticumac	97	3-B
Santa Ursula Coapa	123	1-B
Tlalpan	122	3-F
Toriello Guerra	122	3-F
U. H. Tlalpan	110	1-A
Viaducto Piedad	97	3-B
Villa de Cortés	97	3-B
Xotepingo	110	1-A
Zacahuitzco	97	3-B
TLALPINCALLA		
Santo Tomás Ajusco	135	6-A
TLALPUENTE Y PRIV.		
Esther Zuno de Echeverría	135	2-C
TLALTELLI		
San Gregorio Atlapulco	138	2-A
TLALTENANGO		
La Magdalena Petlacalco	135	4-D
La Magdalena Petlacalco	135	4-C
San Lorenzo Tlaltenango	69	6-E
TLALTENCO		
Ampl. Polvorilla	112	6-A
La Estación	125	1-A
Tenorios	112	5-D
TLALTENCO AV.		
Mixcoatl	111	5-F
Polvorilla	111	5-F
TLALTENGO		
Ampl. San Fco. Culhuacán	110	4-C
TLALTEPAN		
U. H. Cristal	18	5-C
Villas de Cuautitlán	18	5-D
TLALTEQUITE		
El Mirador	19	2-C
TLALTIZAPAN		
El CEGOR	60	3-A
TLALTLCATZIN		
Ampliación Estrella del Sur	110	3-F
TLALTONGO CDA.		
Pedregal de Santo Domingo	109	4-E
TLAMA		
Pedregal de Santo Domingo	109	5-D
TLAMACAS		
San Gregorio Cuautzingo	141	1-D
TLAMAHUACALA DE 1A. CDA.		
Pedregal de San Nicolás	121	4-B
TLAMAHUACALA DE 2A. CDA.		
Pedregal de San Nicolás	121	4-B
TLAMATECA		
Pedregal de Santo Domingo	109	5-D
TLAMULCO		
San Antonio Zomeyucan	82	2-B
TLANESPA		
Los Cerrillos	138	2-D
TLAOLA		
Miguel de la Madrid Hurtado	112	3-F
TLAPA		
Miguel de la Madrid Hurtado	112	3-F
TLAPACOAYA CJON.		
Atlamaya	108	3-F
TLAPACOYA		
Pueblo Santa Ursula Coapa	123	1-B
TLAPALA		
Lomas de Cristo	76	6-B
TLAPALA PROL.		
Lomas de Cristo	76	6-B
TLAPALAN		
Guadalupe	151	5-F
TLAPALPA		
Jalalpa El Grande	108	1-A
TLAPALLI Y CDA.		
San Andrés Totoltepec	135	2-E
TLAPANAHUAYAN		
Rey Neza	100	2-B
TLAPANCALCO		
Barrio Santa Catarina	109	3-D
TLAPANECAS		
Culturas de México	127	6-E
TLAPANECOS		
Ampl. Tepeximilpa Servimet	122	6-B
San Juan Tepeximilpa	122	6-B
TLAPATONGO CJON.		
Pueblo San Lorenzo Tezonco	124	1-D
TLAPECHICO		
Tlapechico	95	5-B
TLAPECHICO CJON. Y PRIV.		
Tlapechico	95	5-B
TLAPEXCO		
Lomas de Vista Hermosa	94	5-E
Palo Alto	94	5-F
TLAPEXCO Y CDA.		
Pueblo San Miguel Ajusco	135	5-A
TLAQUEXPA		
San Andrés Totoltepec	135	3-D
TLAQUEXPA DE 1A. CDA.		
San Andrés Totoltepec	135	3-D
TLAQUEXPA DE 2A. CDA.		
San Andrés Totoltepec	135	3-D
TLAQUEXPA DE 3A. CDA.		
San Andrés Totoltepec	135	3-D
TLAQUILCA		
Pedregal de Santo Domingo	109	6-E
TLAQUILPA		
1a. Ampl. Stgo Acahualtepec	112	2-E
Fracc. Tecorrales	98	6-B
Miguel de la Madrid Hurtado	112	3-F
San Gregorio Atlapulco	137	2-F
TLATECATL		
U. H. Infonavit Xochináhuac	70	1-A
TLATEL		
Chiconcuac	49	6-E
TLATELCO		
Tlatelco	87	6-B
TLATELCO CDA.		
Pueblo Santa Catarina	70	3-C
Xochiaca	87	6-C
TLATELCO DE CDA.		
Xaltipac	100	1-B
TLATELOLCO		
Barrio San Mateo Xoloc	17	1-A
Ciudad Azteca	60	2-B
Ciudad Cuauhtémoc	34	2-F
Ciudad Cuauhtémoc	34	1-F
El CEGOR	60	3-B
Francisco Villa	101	2-B
San Mateo Xoloc	4	6-A
Vista Hermosa	29	6-A
TLATELOLCO Y 3 CDAS.		
San Lorenzo Totolinga	81	1-E
TLATELOLCO Y CDA.		
San Juan Ixhuatepec	58	6-E
TLATELPAN		
Barrio San Andrés	70	3-C
TLATELTIPAC		
Purificación	24	3-C
TLATELTITLA PRIV.		
La Magdalena Atlicpan	100	5-F
TLATELLI		
Barrio Jicareros	87	4-B
Barrio Talabarteros	87	4-B
TLATEMALOYA		
Barrio Labradores	87	3-D
TLATEMPA		
San Andrés Totoltepec	135	3-D
Santa Cruz Acalpixca	137	3-C
TLATEMPA CJON.		
Cuadrante de San Francisco	109	3-E
TLATENCO PRIV.		
Pueblo Santa Catarina	70	3-C
TLATENPA PRIV.		
Pueblo San Bartolo Ameyalco	107	5-D
TLATETILPA Y PRIV.		
Barrio San Lucas	109	2-F
TLATIL		
La Concepción Tlacopa	123	6-F
Xochimilco	137	2-B
TLATILCO		
Ampliación Santa Catarina	113	6-D
TLATILCO AV.		
Tlatilco	83	1-E
TLATILCO CALZ.		
Ignacio Allende	83	1-E
Nueva Santa María	83	1-E
Tlatilco	83	1-E
U. Tlatilco	83	1-E
TLATILCO CDA.		
Jardines del Molinito	82	1-B
TLATILCO CIR.		
Ciudad Azteca	60	3-D
TLATILPA		
Barrio Xochitepec	152	1-A
Pueblo San Antonio Tecomitl	152	1-A
San Salvador Cuauhtenco	150	4-B
TLATILPAN		
Barrio San Juan	136	1-F
TLATLAYA		
Ampl. Santiago Acahualtepec	112	3-E
Corredor Urbano Comercial	17	6-E
La Sardaña	44	3-D
Lomas de Atizapán	55	2-D
TLATOANI		
Unidad Habitacional Anáhuac	100	4-F
TLATOSCA CDA.		
Villa San Lorenzo Chimalco	100	2-C
TLAUSSELL JOAQUIN		
Santa Martha Acatitla Sur	99	6-D
TLAXCALA		
Acolocalco	113	5-D
Ampl. Buenavista	44	4-C
Ampl. Estado de Hidalgo	108	1-B
Ampl. San Francisco	115	2-E
Ampliación Loma Bonita	21	6-E
Ampliación Tulpetlac	46	5-E
Barrio San Francisco	121	1-C
Barrio San Mateo	151	4-D
Barrio Santa Martha	151	4-D
Buenavista	112	5-B
Buenavista	31	6-D
Chalma de Guadalupe	57	1-F
Ermita	109	4-A
Hipódromo	96	1-E
Jacarandas	56	4-C
Jardines de Morelos	47	2-C
La Joya	19	5-B
La Malinche	108	6-B
Lázaro Cárdenas	56	2-C
Loma María Luisa	42	3-E
Los Reyes Ecatepec	60	2-B
Luis Echeverría	30	5-F
México Nuevo	55	1-E
Polvorilla	111	5-F
Pueblo Coanalán	36	5-C
Roma Sur	96	1-E
San Jerónimo Aculco	121	1-C
San José Tecamac	22	3-C
San Martín	22	3-C
San Miguel Teotongo	113	4-B
San Sebastián Xolalpa	24	4-E
Santa María Tulpetlac	46	6-F
Temamatla	154	2-D
Tezoyuca	49	4-B
Valle Ceylán	57	3-C
Villa Milpa Alta	151	4-D
TLAXCALA AND.		
Lomas de Puerta Grande	108	2-C
TLAXCALA AV.		
Barrio San Mateo	151	4-C
Barrio Santa Martha	151	3-C
La Providencia	72	4-C
Villa Milpa Alta	151	4-C
TLAXCALA CDA.		
Las Tinajas	107	2-C
Roma Sur	96	2-E
San José Tecamac	22	3-C
Villa Milpa Alta	151	4-D
TLAXCALA PRIV.		
Pantitlán	98	2-D
TLAXCALA Y 2 CDAS. Y PRIV.		
La Loma	31	6-D
TLAXCALTECAS		
Arturo Martínez	95	4-E
Bonanza	95	4-E
Ciudad Azteca	60	3-B
Cuauhtémoc	57	1-D
Culturas de México	127	6-F
La Raza	71	6-A
Zapotecas	59	2-E
TLAXCALTONGO DE CJON.		
Churubusco Country Club	110	3-A
TLAXCANTITLA		
San Miguel Tecamachalco	82	5-C
TLAXCO		
Ciudad Azteca	60	3-D
TLAXCOAQUE		
Centro	84	5-B
TLAXCONCAHUACAN		
La Pastora	58	5-A
TLAXIACO		
Ampliación San Agustín	100	3-D
TLAXIOPAN 1 Y 2		
Tlaxiopan	136	4-A
TLAXOCHIMACO		
Ciudad Cuauhtémoc	34	2-E
TLAXOMULCO		
San Antonio Xahuento	19	3-D
U. H. Infonavit Xochináhuac	70	1-A
TLAXOPA 1		
Tlaxopa 1a. Secc.	136	4-A
TLAXOPA 2		
Tlaxopa 1a. Secc.	136	4-A
TLAXPANA		
Ampl. Vicente Villada Ote.	99	4-E
Ampl. Vicente Villada Pte.	99	4-E
Santa Cecilia	57	2-C
Vicente Villada	99	4-E
TLAXTONGO		
Tenorios	112	5-C
TLAXTONGO PRIV.		
2a. Ampl. Stgo Acahualtepec	112	3-D
TLAYACAPA AV.		
U. H. Tlayacapa	107	2-F
TLAYECA 1 AV. Y CDA.		
San Bernardino	75	5-F
TLAYECA 2		
San Bernardino	75	5-F
TLAYECA 2 AV. Y CDA.		
San Bernardino	75	5-F
TLAYECA 2 CDAS.		
Villa San Lorenzo Chimalpa	100	2-C
TLAYECAS		
San Lorenzo	100	2-C
TLAYECAS DE 1A. CDA.		
San Lorenzo	100	2-B
TLAYECAS DE 2A. CDA.		
San Lorenzo	100	2-B
TLAYECATL		
Oriente	136	4-F
TLAYELPA		
Jazmín	137	4-B
Rancho Tejomulco	137	4-B
San Lucas Tepango	37	2-D
TLAZCANES		
Ricardo Flores Magón	111	2-A
TLAZCANES PROL.		
El Santuario	111	2-A
TLAZINTLA		
Tlazintla	97	3-E
TLAZOPILLI		
San Andrés Totoltepec	135	2-E
TLEXOCHTLI		
Xochipilli	137	3-B
TLILAN AV.		
Pueblo San Miguel Hila	41	1-D
Vicente Guerrero 1a. Secc.	41	1-D
TLILAN DE 1A. CDA.		
Vicente Guerrero 1a. Secc.	41	1-D
TLILAN DE 2A. CDA.		
Vicente Guerrero 1a. Secc.	41	1-D
TLILXOCHITL 2 ANDS.		
Ampliación San Marcos Norte	123	6-E
TLILXOCHITL 2 CDAS.		
Ampliación San Marcos Norte	123	6-E
TLILXOCHITL Y CJON.		
Ampliación San Marcos Norte	123	6-E
TLOHTZIN		
Adolfo Ruiz Cortines	110	6-A
TOCOS AV.		
México Colonial II	60	6-D
PROFOPEC Polígono 3	60	6-D
TOCUIL		
Pedregal de Santo Domingo	109	6-E
TOCHAPA CDA.		
Pedregal de Santo Domingo	109	4-E
TOCHCALLI		
Almontila	87	6-B
TOCHIHUEHUE		
Rancho Pachita	120	3-F
TOCHIHUITL		
Miguel Hidalgo	122	5-B
TOCHIHUITZIN		
Filiberto Gómez	100	2-B
Fracc. San Lorenzo	100	2-B
TOCHIHUITZIN 1A. CDA.		
Filiberto Gómez	100	2-B
TOCHIHUITZIN 2A. CDA.		
Filiberto Gómez	100	2-B
TOCHTEPEC		
Ciudad Azteca	60	4-D
TOCHTLI		
Barrio Pescadores	87	3-F
Ciudad Cuauhtémoc	35	2-A
Industrial San Antonio	70	5-A
Ixtlahuacan	112	3-F
Pedregal de Santo Domingo	109	5-F
Pedregal de Santo Domingo	109	5-E
Punta La Zanja	87	3-F
San Miguel Xochimanga	43	5-D
TODOS LOS SANTOS		
Xochiaca	87	6-C
TODOS SANTOS		
Xochiaca	87	6-C
TODOS SANTOS CJON.		
Xochiaca	87	6-C
TODOS SANTOS DE 2A. CDA.		
Xochiaca	87	6-C
TOKIO		
Bellavista	56	6-B
Juárez	83	6-D
Lomas de Zaragoza	112	2-F
TOKIO 1964		
U. H. Olímpica	122	2-E
TOKIO AV.		
Ampliación Malacates	45	4-B
Lomas de Cuautepec	45	4-B
Malacates	45	4-B
Malacates	45	5-B
TOKIO DE 1A. CDA.		
Malacates	45	5-B
TOLA LUIS GRAL.		
América	96	2-A
Daniel Garza	96	2-A
TOLEDO		
Alamos	97	3-A
Juárez	83	6-D
La Mancha 1a. Secc.	81	4-E
TOLIMECA		
Lic. Carlos Zapata Vela	98	4-A
TOLNAHUAC Y PRIV.		
San Simón Tolnáhuac	84	1-A
TOLNEPANTLA CDA.		
Pedregal de Santo Domingo	109	4-D
TOLOSA Y RT.		
Villa Verdún	108	4-A
TOLSA		
Centro	83	5-F
TOLSA JUAN DE		
Ciudad Satélite	69	1-C
TOLSA MANUEL		
Ciudad Satélite	69	1-B
TOLSTOI		
Nueva Anzures	83	5-C
U. José Ma. Morelos y Pavón	33	6-B
TOLTECA LA		
Industrial	71	5-C
TOLTECAS		
Ajusco	109	6-E
Ampliación Santa Catarina	113	6-E
Barrio San Antonio	124	2-D
Barrio San Lorenzo	124	2-D
Ciudad Azteca	60	3-B
Cuauhtémoc	57	2-D
Culturas de México	127	6-E
El Molino Tezonco	124	2-D
Emiquia	19	1-C
Ind. San Nicolás Tlaxcolpan	57	1-A
Jards. San Lorezno Tezonco	124	2-D
La Romana	57	1-A
Mixcoatl	111	5-F
Morelos	84	3-C
Pedregal de Santo Domingo	109	6-E
Rincón de los Reyes	100	6-D
San Bartolo Tenayuca	57	5-E
San Francisco	57	1-A
San Javier Tlalnepantla	57	1-A
San Pedro de los Pinos	96	4-B
U. H. El Rosario	69	1-F
Unidad 2 IMSS Tlalnepantla	57	1-A
TOLTECAS 2A. CDA.		
Santa Clara	59	3-D
TOLTECAS 7A. PRIV.		
Santa Clara	59	3-E
TOLTECAS AV.		
Ind. San Nicolás Tlaxcolpan	56	1-F
La Romana	57	1-A
San Javier	57	1-A
Unidad 2 IMSS Tlalnepantla	56	1-F
TOLTECAS AV. Y CDA. Y CJON.		
Barrio Santa Bárbara	110	1-F
TOLTECAS CDA.		
San Lorenzo Totolinga	81	1-E
Santa Clara	59	3-D
TOLTECAS CJON.		
Nexquipayac	49	3-B
TOLTECAS PRIV.		
Santa Clara	59	3-D
Santa Clara	59	3-E
TOLTECAS PROL.		
Morelos	84	2-C
TOLTECAS Y 2 PRIVS.		
Santa Clara	59	3-D
TOLTECAS Y CDA.		
Lomas de Totolco	101	2-A
TOLTECAS Y PRIV.		
Santa Clara	59	3-E
TOLTEPEC		
Lomas de San Agustín	82	1-A
TOLUCA		
Alfredo del Mazo	47	6-D
Ampl. Buenavista	44	3-C
Barrio La Concepción	151	5-E
Barrio La Concepción	151	4-E
Barrio Orfebres	87	5-B
Barrio San Agustín	151	4-E
Barrio de Capula	4	6-B
Buenavista	44	1-D
Buenavista	112	5-C
Cond. Residencial Alamedas	55	2-E
Corrales	113	4-A
Chiconcuac	49	6-F
El Chamizal	72	2-D
Estado de México	114	4-A
Izcalli del Río	57	3-C
Lomas Tlalmex	56	5-F
Lomas Verdes Solidaridad	31	6-F
Lomas de Atizapán	55	2-E
Lomas de San Andrés Atenco	56	3-C
Lomas de San Pablo	153	3-D
México Nuevo	55	1-E
Miravalle	113	4-A
Peña Alta	138	5-E
Peña Alta	138	5-F
Ricardo Flores Magón	82	5-A
Roma Sur	96	2-F
San Miguel Teotongo	113	2-A
Santa Anita La Bolsa	29	4-A
Santa Bárbara	115	6-A
Santa Teresa	121	2-D
Santiago Teyahualco	19	6-C
Tabla Honda	57	3-C
Tultitlán	31	3-C
Valle Ceylán	57	3-C
Villa Milpa Alta	151	4-E
Villa San Agustín Atlapulco	100	4-E
TOLUCA AV.		
Almárcigo Norte	46	4-D
Ampl. San Francisco	115	1-F
Ampliación El Tesoro	44	3-C
Cuautitlán Izc. Cumbria	30	1-E
Darío Martínez	113	6-E
Del Carmen	126	1-E
El Hostol Zona Comunal	46	3-F
El Hostol Zona Comunal	46	4-D
La Sardaña	44	3-C
Lomas de Atizapán	55	2-E
Lomas de Virreyes	82	6-F
Nicolás Bravo	73	3-B
Olivar de los Padres	108	4-F
Progreso	108	4-F
Sagitario IV	73	3-B
Sagitario VI	73	3-B
San José del Olivar	108	4-F
Valle de Ayotla	126	1-E
TOLUCA AV. Y CDA.		
Isidro Fabela	44	4-A
TOLUCA BLVR.		
El Conde	69	6-D
Industrial Atoto	69	6-D
Industrial Naucalpan	69	6-D
Jardines de Morelos	47	2-B
San Francisco Cuautlalpan	69	6-D
TOLUCA CDA.		
2a. Ampl. Stgo Acahualtepec	112	3-E
Diecisiete de Marzo	100	3-E
Olivar de los Padres	108	4-E
TOLUCA DE 1A. CDA.		
Peña Alta	138	5-F
TOLUCA Y 1A. CDA.		
División del Norte	59	5-F
TOLUCA Y CDA.		
San Juan Atlamica	17	4-E
TOLUCA Y PRIV.		
San José Jajalpa	47	3-A
TOLVA AND.		
U. H. Pantaco	70	4-D
TOLVA DE LA		
San Esteban Huitzilacasco	81	3-F
Unión Popular	81	3-F
TOLVA DE LA 2a. CDA.		
El Capulín	81	2-F
TOLVA DE LA AV.		
El Capulín	81	2-F
San Antonio Zomeyucan	82	2-A
TOLVA DE LA CDA.		
La Soledad	82	2-A
TOLVANERA		
U. INFONAVIT Iztacalco	97	4-F
TOLLAN		
La Raza	71	6-A
TOLLIN		
Tlatelco	87	6-B
Vista Hermosa	121	1-A
TOLLOCAN		
Ciudad Azteca	60	2-D
La Florida de Ciudad Azteca	60	2-D
TOMA DE ZACATECAS		
Francisco Villa	101	2-B
TOMA DE ZACATECAS CDA.		
Francisco Villa	101	2-B
TOMALPOHUALLI		
Ciudad Cuauhtémoc	34	3-F
TOMAS ELENA		
Tulyehualco	138	1-E
TOMAS S. H. GRAL. DE DIV.		
Cuautitlán Izc. Atlanta	30	3-E
TOMATLAN CDA.		
Diez de Mayo	84	4-D
TOMELLOSO		
La Mancha 1a. Secc.	81	4-E
TOMILLO		
Lomas del Carmen	94	1-E
Victoria de las Democracias	70	6-E
TONACATECUATL		
Adolfo Ruiz Cortines	110	6-A
San Pablo Tepetlapa	110	6-A
TONACATECUHTLI		
Ciudad Cuauhtémoc	34	3-F
TONACATL		
Adolfo Ruiz Cortines	109	6-F
TONALA		
Apolocalco	113	5-D
Conj. U. Benito Juárez	96	2-E
Luis Echeverría	30	5-F
Radio	81	4-E
Roma Norte	83	6-E

Calle / Colonia	PLANO	COORDENADAS
Rosa de Castilla	82	1-B
Rufino Tamayo	46	6-E
San Andrés Atenco	56	3-C
San Isidro Atlautenco	35	5-A
San Juan Totoltepec	68	5-E
San Lorenzo Acopilco	106	5-D
San Miguel Teotongo	113	3-B
San Miguel Xochimanga	43	5-E
San Rafael Chamapa	81	2-E
Santa Clara	59	1-D
Santa Clara	59	3-C
Santa Clara	59	2-C
Santa Isabel Tola	71	2-D
Santa María Chiconautla	34	4-F
Santa María Gpe. Las Torres	30	4-D
Santiago Acahualtepec	112	2-E
Santo Tomás Chiconautla	34	2-D
Texalpa	46	6-E
Torres de Ixtacala	43	1-B
Torres del Potrero	108	5-A
U. INFONAVIT Iztacalco	97	4-E
Vergel de Guadalupe	72	4-E
Villa San Lorenzo Chimalpa	100	3-C
TORRES DE LAS AV. RT. 1		
U. H. Pop. Lomas de Sotelo	82	2-E
TORRES DE LAS CDA.		
Ampliación Loma Linda	82	1-B
Buenavista	112	5-C
Emiliano Zapata	113	3-C
Lomas de Santa Catarina	36	4-B
Los Corrales	123	6-A
Nueva Rufino Tamayo	46	5-D
Ojo de Agua	44	1-C
Santiago Tepalcapa	31	5-A
TORRES DE LAS CDA. AV.		
Barrio Texcacoa	4	6-E
TORRES DE LAS CJON.		
La Magdalena Contreras	121	3-A
TORRES DE LAS DIAG.		
San Juan Totoltepec	68	5-F
TORRES DE NUEVA YORK		
Buenavista	112	5-B
TORRES DE SATELITE		
Santa María Gpe. Las Torres	30	4-D
Santa María Gpe. Las Torres	30	5-D
TORRES DE TEPITO CDA.		
San Francisco	107	5-E
TORRES DE TEPITO DE 1A.		
San Bartolo Ameyalco	107	4-E
TORRES DE TEPITO Y CDA.		
Pueblo San Bartolo Ameyalco	107	5-E
TORRES DEL BOSQUE		
Santa María Gpe. Las Torres	30	4-E
TORRES DEL LLANO Y 2 CDAS.		
Santa María Gpe. Las Torres	30	5-E
TORRES DEL VATICANO		
Santa María Gpe. Las Torres	30	5-D
TORRES INFONAVIT AV.		
Santa María Gpe. Las Torres	30	4-D
TORRES IZCALLI AV.		
Santa María Gpe. Las Torres	30	4-E
TORRES JORGE		
Margarita Maza de Juárez	46	5-D
TORRES JOSE ANTONIO		
Ampliación Asturias	97	2-B
Asturias	97	2-B
Paulino Navarro	97	2-B
Viaducto Piedad	97	2-B
Vista Alegre	97	2-B
TORRES JOSE MARIA TTE.		
Militar Valle de Cuaut.	30	3-F
TORRES JUAN MANUEL		
Presidente Madero	69	3-F
TORRES LAS		
Ampliación Santa Catarina	113	6-D
Ampliación Tepepan	136	1-B
Bellavista	17	5-C
Bello Horizonte	31	5-E
Carlos Hank González	101	6-A
Diamante	122	6-B
Ejidal Ampl. San Marcos	44	4-D
Emiliano Zapata	113	3-C
Industrial Atoto	82	1-C
Jardines de Chalco	140	1-D
Jardines de Chalco	140	1-E
José López Portillo	124	2-C
Lomas de San Agustín	81	1-F
Lomas del Padre	106	3-F
Los Bordos	46	6-B
Los Reyes Acaquilpan	113	2-E
Luis Echeverría	30	6-F
Magdalena de los Reyes	100	6-D
Maquixco	23	2-F
Pueblo Tepepan	123	6-B
Reforma Política	112	4-B
Rincón Verde	68	2-C
Rincón de los Reyes	100	6-D
San Bartolo Ameyalco	108	5-A
San Francisco Cuautlalpan	82	1-C
San Francisco Tepojaco	29	2-A
San Isidro La Paz	29	6-B
Santiago Tepalcapa	31	6-A
Torres del Potrero	108	5-B
Xalpa	112	4-C
Zacatenco	125	3-C
TORRES LAS AV.		
Acueducto	95	3-F
Acueducto	95	3-E
Acueducto	95	3-E
Almarcigo Norte	46	5-D
Almarcigo Sur	46	5-D
Ampl. Buenavista	44	3-D
Ampl. La Noria	136	1-C
Ampl. Tepepan	136	1-C
Ampliación Tepepan	123	6-C
Arboledas del Sur	123	4-B
Belén de las Flores	95	3-E
Campestre El Potrero	113	5-C
Carlos Hank González	101	6-A
Del Parque	46	5-D
El Carmen	138	3-B
El Mirador Las Torres	42	3-F
El Tanque	108	6-A
Hacienda de San Juan	123	4-B
José María Pino Suárez	95	3-E
La Cañada	81	2-E
La Noria	123	6-C
Las Flores	148	3-F
Las Palmas	95	3-E
Libertad	31	6-E
Lomas de Altavista	101	6-A
Lomas de Santo Domingo	95	3-E
Los Angeles	35	6-C
Los Angeles	111	3-E
Los Angeles Apanoaya	111	3-E
Los Padres	108	6-A
Nueva Rufino Tamayo	46	5-D
Pueblo Tepepan	123	6-C
Puente Blanco	111	5-E
Rancho Los Colorines	123	4-B
Reacomodo Pino Suárez	95	3-E
Reacomodo Pino Suárez	95	3-F
Real del Monte	95	3-E
Real del Monte	95	3-F
Rincón de San Juan	123	4-B
San Isidro La Paz	29	6-B
San José	138	3-B
Santiaguito	138	3-B
Tecuescomac	46	5-D
Texalpa	46	5-D
Tlaljuyaca	46	5-D
TORRES LAS AV. Y CDA.		
La Raquelito	81	2-E
Lázaro Cárdenas	58	3-C
TORRES LAS CDA.		
1a. Ampl. Stgo Acahualtepec	112	2-E
Hank González	59	1-B
Ixtlahuacan	112	2-F
La Malinche	108	6-B
Lomas San Juan Ixhuatepec	71	1-E
Lomas del Padre	106	3-F
Los Morales	136	1-B
Los Padres	108	6-A
TORRES LAS CJON.		
San Andrés Totoltepec	135	1-D
San Andrés Totoltepec	135	2-D
TORRES LAS PRIV.		
Ampl. Tepeximilpa Servimet	122	6-B
Pueblo San Miguel Ajusco	148	1-A
San Bartolo Ameyalco	107	5-E
TORRES LAS PROL.		
La Malinche	108	6-B
TORRES LAS Y 4 CDAS.		
Buenavista	112	6-C
TORRES MENDOZA		
Santiago Ahuizotla	69	5-E
TORRES NEVADAS		
Santa María Gpe. Las Torres	30	4-E
TORRES NEVADAS CDA.		
Santa María Gpe. Las Torres	30	5-E
TORRES POLITECNICO		
Santa María Gpe. Las Torres	30	3-E
TORRES QUEVEDO L.		
Fuego Nuevo	111	4-A
TORRES QUINTERO		
Ampl. Gabriel Hernández	71	1-F
Barrio San Miguel	111	1-C
Centro	84	3-C
TORRES QUINTERO GREGORIO		
Zona Escolar	58	3-A
TORRES RAMON		
Barrio San Antonio	124	1-D
TORRES RICARDO		
Lomas de Sotelo	82	2-E
TORRES SAN ANTONIO		
Santa María Gpe. Las Torres	30	5-D
TORRES SUR AV.		
Santa María Tulpetlac	46	6-F
TORRES TORIJA JOSE		
Ciudad Satélite	69	1-C
TORRES VICTOR		
Hidalgo	56	5-E
TORRES VIRGILIO		
Ahuatenco	107	1-A
TORRESCO		
Barrio Santa Catarina	109	2-D
TORRESQUI		
Barrio Santa Catarina	109	2-D
TORRICELLI EVANGELISTA		
Fuego Nuevo	111	5-A
TORROELLA GRAL.		
Ampliación Daniel Garza	96	1-B
TORRUCO MIGUEL		
Jorge Negrete	58	5-A
TORTOLA		
Rinconada de Aragón	60	4-C
TORTOLA CDA.		
El Carmen	138	3-C
TORTOLA DE 1A. CDA.		
Los Cerrillos	138	3-C
TORTOLA DE 2A. CDA.		
Los Cerrillos	138	3-C
TORTOLA LA		
Los Cerrillos	138	3-C
TORTOLAS		
Fracc. Estepas	20	4-B
Granjas de Guadalupe	42	1-C
Las Arboledas	43	6-D
Las Tórtolas	20	4-B
Lomas Verdes	68	1-D
TORTOLAS 1A. CDA.		
Santiaguito	138	3-C
TORTOLAS 2a. Y 1a.		
PROFOPEC Polígono 3	60	6-D
TORTOLAS DE LAS		
Las Alamedas	56	2-A
Lomas del Río	41	2-A
TORTOLAS Y 3 CDAS. Y AND.		
Las Tórtolas	20	4-C
TORTUGA		
Caracol	85	5-D
TORTUGA DE LA		
Tortugas	136	1-A
TORTUGAS CDA.		
Pueblo Tepepan	123	6-B
TOSCANO RICARDO		
Ciudad Satélite	69	2-B
TOSCANO RICARDO ING.		
Cuautitlán Izc. Atlanta	30	3-E
Tacubaya	96	2-B
TOSCANOS		
Isidro Fabela	95	4-F
TOSEPAN		
Unidad Habitacional Anáhuac	100	4-F
TOSHIBA CIR.		
Jardines de los Baez	47	1-C
TOTA		
El Chamizalito	47	6-B
TOTIQUIHUATZIN		
Xicalhuaca	137	2-C
TOTIZMATL		
Adolfo Ruiz Cortines	109	6-F
TOTOCALLI		
Chimalhuacán	87	4-F
TOTOL		
Santa María Chimalhuacán	88	4-A
TOTOLA		
Pedregal de Santo Domingo	109	5-D
TOTOLAPAN		
Bosque del Pedregal	134	1-B
Bosque del Pedregal	121	6-C
Lomas de Cuilotepec	121	6-C
Vistas del Pedregal	121	6-C
TOTOLIN		
Pedregal de Santo Domingo	109	5-E
TOTOLINGA DE CDA.		
San Lorenzo	81	1-F
TOTOLTEPEC		
La Cantera	19	2-B
Rey Neza	100	2-B
TOTOLTEPEC BULEVAR		
Dos de Septiembre	19	1-D
Emiquia	19	1-D
Lomas de Tenopalco	19	1-D
Revolucionaria	19	1-D
TOTOLTEPEC CDA.		
San Andrés Totoltepec	135	3-E
TOTOMOSCO		
Santa María Maninalco	70	5-B
TOTOMULCO		
San Felipe de Jesús	72	3-D
TOTONACAS		
Ajusco	109	6-F
Ajusco	122	1-E
Cuauhtémoc	57	1-D
Culturas de México	127	6-E
Morelos	84	2-C
San Bartolo Tenayuca	57	4-E
Tezozómoc	70	3-A
Tlalcoligia	122	5-D
TOTONACAS CDA.		
Tlalcoligia	122	6-D
TOTONACOS		
Zapotecas	59	2-E
TOTOQUIHUATZIN		
Ampliación Tepepan	136	1-C
TOTUTLA Y RT.		
Barrio San Francisco	121	1-B
TOUSSAINT MANUEL		
Barrio Niño Jesús	109	3-F
TOVAR "RIGO"		
Ampliación Emiliano Zapata	113	4-B
TOVAR JUAN DE		
Residencial San Pedro	76	1-A
TOVAR PEREZ SERGIO DIP.		
C. H. Lote 84	20	5-B
C. H. Lote 92	20	5-B
Conjunto Hab. El Rocío	20	5-B
Jards. de los Claustros IV	20	5-B
La Alborada II	20	5-B
La Llanura Verde	20	5-B
Unidad Habitacional Lote 93	20	5-B
TOXCATL		
Ciudad Cuauhtémoc	34	2-F
TOXTLI		
Bosques de Moctezuma	69	5-A
TOZOZTONTLI		
Ciudad Cuauhtémoc	34	2-F
TRA AND.		
San Martín Xochináhuac	70	2-B
TRABAJ. SOCIALES DE PRIV.		
Ampliación El Sifón	97	5-E
TRABAJADORAS SOCIALES Y CDA.		
Ampliación El Triunfo	97	5-E
El Sifón	97	5-E
Jardines de Churubusco	97	5-E
Magdalena Atlazolpa	97	5-E
Pueblo Aculco	97	5-E
TRABAJADORES DE LOS AV.		
U. Coacalco	33	4-B
TRABAJADORES SOCIALES		
Central de Abastos	98	6-A
TRABAJADORES SOCIALES PRIV.		
Pueblo Aculco	97	6-F
TRABAJO		
La Magdalena Petlacalco	135	5-C
Melchor Ocampo	18	1-F
San Miguel Totolcingo	35	5-C
Tlalnepantla	57	3-A
Z. U. E. Culhuacán	110	5-F
TRABAJO DEL		
Arriaga	69	1-E
Cooperativa	76	3-B
Ejército del Trabajo II	73	2-C
Lomas de la Era	107	6-F
Miguel de la Madrid Hurtado	112	2-F
Pueblo de Tepexpan	36	6-A
San Lorenzo	81	1-E
San Pablo Tecalco	22	5-E
TRABAJO DEL 1A. CDA.		
La Magdalena Panohaya	62	4-D
TRABAJO DEL 2A. CDA.		
La Magdalena Panohaya	62	3-D
TRABAJO DEL AV.		
Ahuehuetes	58	2-B
Alfredo V. Bonfil	81	3-F
Altavista	100	6-F
Barrio Texcacoa	4	6-C
Carlos Hank González	101	6-A
Centro	84	2-C
Cocoyotes	58	2-B
Chiconcuac	49	6-F
Ecatepec de Morelos	46	1-E
Ejidal Emiliano Zapata	33	6-F
Ejidos de San Cristóbal	33	6-F
El Carmen	33	6-E
La Magdalena Panohaya	62	3-D
La Magdalena Petlacalco	135	5-C
Lomas de San Andrés Atenco	56	3-D
Los Parajes	57	1-A
Los Reyes Acaquilpan	113	1-C
Mártires de Río Blanco	81	3-F
Morelos	84	2-C
Papalotla	50	6-D
San Andrés Atenco	56	3-D
San Andrés Chiautla	63	2-A
San Bartolo El Chico	36	1-E
San Bernardino	75	4-F
San Francisco Tecoxpa	151	3-F
San José Buenavista	17	5-B
San Juan Ticomán	58	5-C
San Lucas Tepango	37	2-C
San Lucas Tepango	37	1-C
San Mateo Huitzilzingo	140	5-C
San Miguel Tocuila	62	6-D
San Miguel Xometla	37	2-A
San Nicolás Tetelco	152	1-C
San Pedro Tepetitlán	36	3-F
Santa Clara	59	3-D
Santa María Coatlán	24	4-F
Santa María Ozumbilla	21	4-F
Santa María Ozumbilla	21	3-E
Santiago Tepalcatlalpan	136	3-D
Santiago Teyahualco	19	6-B
Santiago Zapotitlán	125	2-C
Tepotzotlán	4	6-C
Tequisistlán	49	1-A
Tezoyuca	49	1-C
TRABAJO DEL AV. PROL.		
San Nicolás Tetelco	139	6-C
TRABAJO DEL AV. Y CDA.		
Los Reyes	57	5-A
Tezoyuca	49	3-D
Zona Industrial Los Reyes	57	5-A
TRABAJO DEL AV. Y PRIV.		
San Miguel Xicalco	135	5-E
TRABAJO DEL CDA.		
Emilio Carranza	84	3-D
Santa María Ozumbilla	21	3-E
Tepexpan	36	5-A
TRABAJO DEL CJON. Y PRIV.		
San Andrés Atenco	56	3-D
TRABAJO DEL PRIV.		
Ahuehuetes	58	2-B
La Magdalena Petlacalco	135	5-C
San Andrés Atenco	56	3-D
TRABAJO DEL Y 4 CDAS.		
Barrio La Fama	122	4-D
TRABAJO Y PREVISION SOCIAL		
Cooperativa	76	3-B
Federal	85	6-B
TRACIA		
Lomas Estrella 2a. Secc.	111	6-A
TRACTOLINA		
Plenitud	70	5-A
TRAGACANTOS		
Villa de las Flores	32	2-F
TRAJINERAS		
Barrio Xaltocan	137	2-A
TRAMONTE EL		
Los Pastores	69	4-D
TRAMOYISTAS		
Lomas Estrella 2a. Secc.	111	6-B
TRANCAS		
Villa Coapa	123	3-D
TRANCAS LAS		
San Mateo Cuautepec	32	4-A
TRANCAZO DEL CJON.		
Vallejo	71	6-C
TRANCHETES		
San Andrés de la Cañada	45	5-F
San Andrés de la Cañada	46	5-A
TRANQUILIDAD DE LA		
El Sifón	97	6-D
TRANQUILIDAD DE LA CDA.		
Hogares de Atizapán	42	3-E
TRANSFORMACION		
Parque Ind. Cuamatla	31	1-A
Zona Ind. Cuaut. Izcalli	31	1-A
TRANSFORMACION INDUSTRIAL		
Solidaridad Nacional	57	4-F
TRANSITO		
Tacubaya	96	3-B
TRANSMETROPOLITANA AV.		
Santa María Gpe. Las Torres	30	5-D
TRANSMISIONES		
AMSA	123	4-B
Hacienda de San Juan	123	4-B
Lomas de San Angel Inn	108	3-F
Olivar de los Padres	108	3-F
Rancho Los Colorines	123	4-B
Rincón de San Juan	123	4-B
TRANSMISIONES CDA.		
Olivar de los Padres	108	4-F
TRANSMISIONES DE 1A. CDA.		
La Angostura	108	5-C
TRANSMISIONES DE 2A. CDA.		
La Angostura	108	5-C
TRANSMISIONES MILITARES		
Lomas de Sotelo	82	1-E
TRANSPORTES Y CDA.		
Postal	97	3-B
TRANSPORTISTAS		
Tlatel Xochitenco	87	2-E
TRANSVAAL		
Ampliación Simón Bolívar	85	3-A
Aquiles Serdán	85	3-A
Pensador Mexicano	85	3-A
Primero de Mayo	85	3-A
Romero Rubio	85	3-A
Simón Bolívar	85	3-A
TRANSVERSAL AND.		
Unidad Miguel Hidalgo	70	3-A
TRAS EL RANCHO		
La Joyita	108	3-C
La Peñita	108	3-C
TRAVEN BRUNO		
Gral. Pedro María Anaya	109	1-E
TRAVIATA		
Lomas Hidalgo	121	6-E
Miguel Hidalgo	125	4-A
TRAZO DE FERROCARRIL 4A. C.		
Francisco Villa	101	2-B
TREBOL		
Barrio Los Reyes	70	4-C
Barrio San Marcos	70	4-C
Bellavista	59	2-D
Citlalli	112	3-C
Dr. Jorge Jiménez Cantú	18	2-F
La Cañada	82	2-B
La Estación	125	1-A
Las Huertas	68	6-E
Las Peñitas	43	4-D
Santa María La Ribera	83	2-F
Santa María de Guadalupe	44	3-A
Villa de las Flores	32	2-F
TREBOL CDA.		
Xalpa	112	3-D
TREBOL PRIV.		
Barrio San Marcos	70	4-C
TREBOL Y RT.		
C. H. La Pradera I	72	5-D
TREBUESTO VICENTE		
Manuel Romero de Terreros	109	3-D
TRECE DE ENERO		
La Colmena	42	1-B
Santa María Ozumbilla	21	4-F
TRECE DE JULIO		
Tultitlán	31	2-E
TRECE DE JUNIO		
Barrio de las Animas	4	4-F
TRECE DE MARZO		
La Providencia	43	4-A
La Providencia	43	4-E
Loma de la Palma	58	2-A
TRECE DE MAYO CDA.		
Ocho de Agosto	96	3-B
TRECE DE SEPTIEMBRE		
Alfredo V. Bonfil	43	4-B
Arriaga	69	1-E
Barrio de las Animas	4	3-E
Cocotitlán	141	4-D
Cuautitlán	31	1-C
Jardines de los Baez	34	6-D
La Aurorita	17	5-C
La Piedad Oriente	17	6-B
Las Torres	31	6-E
Miguel Hidalgo	59	4-F
San Gregorio Atlapulco	137	2-E
San Miguel Chapultepec	83	6-C
Santa María Ticomán	58	6-C
Santiago Cuautlalpan	16	5-A
Tultitlán	31	2-D
Z. U. E. San Mateo Nopala	68	2-D
TRECE DE SEPTIEMBRE AND.		
La Conchita	95	4-F
TRECE DE SEPTIEMBRE Y 3 CDAS		
Santa María Ozumbilla	21	4-F
TRECE DE SEPTIEMBRE Y CDA.		
Escandón	96	3-C
TREINTA DE ABRIL		
Cinco de Mayo	22	2-B
El Mirador	137	4-A
Palo Solo	94	2-D
Tlazala	101	4-A
Tres Marías	127	5-E
TREINTA DE ENERO		
Benito Juárez	97	4-E
Montón Cuarteles	94	2-C
TREINTA DE JULIO		
Santa María Tonanitla	20	3-E
TREINTA DE JUNIO		
La Aurorita	17	5-C
TREINTA DE MARZO		
Comunidad R. Flores Magón	113	1-E
El Mirador	137	4-A
TREINTA DE MAYO		
Ixtlahuacan	112	3-F
Tierra y Libertad	94	1-C
TREINTA DE NOVIEMBRE		
San Andrés Atenco	56	3-D
San Andrés Totoltepec	135	3-D
TREINTA DE NOVIEMBRE CDA.		
San Andrés Totoltepec	135	3-E
TREINTA DE OCTUBRE		
Santa María Tonanitla	20	3-E
TREINTA DE OCTUBRE AND.		
La Conchita	95	4-F
TREINTA DE SEPTIEMBRE		
La Aurorita	17	5-C

Calle / Colonia	Plano	Coordenadas
Santa Agueda	47	1-A
U. José Ma. Morelos y Pavón	20	4-B
TREINTA DE SEPTIEMBRE 3 CDAS		
Santa Agueda	47	1-A
TREINTA Y UNO DE DICIEMBRE		
PEMEX	20	3-E
Santa María Tonanitla	20	3-E
TREINTA Y UNO DE JULIO 1859		
Leyes de Reforma	98	5-C
TREJO A.		
Tlalpexco	58	2-C
TREJO ENRIQUE		
Tepotzotlán	4	6-C
TREJO MARIA DOLORES Y CDA.		
Ricardo Flores Magón	4	5-C
Tepotzotlán	4	5-C
TREN DE TRANSPORTE		
Lomas del Chamizal	94	4-F
TRENCILLA CDA.		
Huayatla	120	2-E
TRES ANEGAS		
Nueva Industrial Vallejo	57	6-E
Nueva Industrial Vallejo	57	6-F
Siete Maravillas	58	6-A
TRES CARABELAS		
Doce de Diciembre	111	5-A
TRES CRUCES		
Cuadrante de San Francisco	109	3-E
Villa Coyoacán	109	3-E
Xalpa	112	5-E
TRES CRUCES CJON.		
Los Padres	108	6-A
TRES CRUCES Y PRIV.		
Tlalpuente	135	2-C
TRES CULTURAS		
Tultepec	19	4-B
TRES DE ABRIL		
Z. U. E. San Mateo Nopala	68	2-C
TRES DE ENERO		
Casco de San Juan	128	6-B
Vista Hermosa	4	4-B
TRES DE FEBRERO		
San Lorenzo Totolinga	81	1-E
TRES DE JUNIO DE 1861		
Leyes de Reforma	98	5-E
TRES DE MARZO		
Alfredo V. Bonfil	43	4-B
Lázaro Cárdenas	18	5-D
Maquixco	23	3-F
TRES DE MARZO CDA.		
Ampl. Alfredo V. Bonfil	43	5-B
TRES DE MAYO		
Ampl. El Arenal	100	4-F
Ampliación San Agustín	100	2-D
Barrio Las Cruces	137	4-C
Barrio de las Animas	4	3-F
Chalco	140	2-F
Jardines de Santa Cruz	19	2-C
Lomas de Becerra Granada	95	4-E
Lomas de Chamapa	81	2-E
San Juan Xalpa	111	4-C
Santa Cruz de Arriba	63	5-C
Santa María Chiconautla	34	5-E
Santiago Cuautlalpan	16	4-B
Tecacalanco	137	4-D
Tecacalanco	137	3-D
TRES DE MAYO AND.		
Cuajimalpa	107	2-A
TRES DE MAYO AV.		
San Miguel Hila	41	2-C
TRES DE MAYO CDA.		
La Cruz	101	1-A
Lomas de la Cruz	89	1-B
TRES DE MAYO CJON.		
Santa Cruz de las Salinas	70	4-F
Tepetitla	136	4-A
TRES DE NOVIEMBRE		
El Charco	47	5-A
Melchor Ocampo	114	5-D
TRES DE OCTUBRE Y CDA.		
Santiago Teyahualco	19	6-B
TRES DE SEPTIEMBRE		
Jardines de los Baez	47	1-D
TRES ESTRELLAS		
Xochitenco	87	5-D
TRES ESTRELLAS PRIV.		
Tránsito	84	6-B
TRES MARIAS		
Ampliación Los Caracoles	58	4-F
Dr. Jorge Jiménez Cantú	58	4-F
Los Cerrillos	138	4-D
TRES PICOS		
Bosque de Chapultepec	83	5-B
TRES REYES		
La Navidad	94	6-C
TRES VALLES		
Segunda Ampliación Jalalpa	95	6-C
TRES ZAPOTES		
Letrán Valle	96	5-F
Portales	96	5-F
TRESGUERRAS		
Centro	83	5-F
TRESGUERRAS EDUARDO FCO.		
Ciudad Satélite	69	1-B
TREVERIS		
Lomas Estrella 2a. Secc.	124	1-A
TREVIÑO FRANCISCO		
Paraje San Juan	111	4-D
TREVIÑO JERONIMO		
Chilpa	44	1-B
Mariano Escobedo	44	1-B
TREVIÑO JOSE		
Ampliación Emiliano Zapata	42	2-E
TRIANA RODRIGO DE		
Rincón de Echegaray	69	3-D
TRIANGULO		
Prado Churubusco	110	2-D
TRIANGULO DEL CDA.		
Buenos Aires	49	1-D
TRIAS ANGEL		
Juan Escutia	99	3-B
TRIBUS DE EXPLORADORES MEX.		
La Presa Lázaro Cárdenas	58	4-D
TRIGAL EL RT.		
Jardines de la Hda. Sur	17	5-F
TRIGALES		
Bosques de Ixtacala	43	1-A
Ex Hacienda Coapa	123	3-D
Gabriel Ramos Millán	123	3-D
TRIGALES CDA.		
Granjas Coapa	123	3-E
TRIGALES DE LOS		
Villas de la Hacienda	43	2-C
TRIGO		
Ejido de Atlautenco	34	6-F
Ex Ejido Magdalena Mixhuca	98	3-B
Granjas Esmeralda	110	2-E
Tenorios	112	5-D
Xalpa	112	2-D
TRIGO CDA.		
Xalpa	112	3-D
TRIGO GUADALUPE		
Compositores Mexicanos	45	5-A
San José	125	5-F
TRIGO PROL.		
Tenorios	112	5-C
Valle del Sur	110	3-E

Calle / Colonia	Plano	Coordenadas
TRIGO Y 2 CDAS.		
Ampliación San Agustín	100	3-D
TRIGONOMETRIA		
México	98	1-F
TRINI PRIV.		
San Jerónimo Lídice	108	5-D
TRINIDAD		
Insurgentes San Borja	96	4-D
Loma Taurina	69	5-B
San Lorenzo Xicoténcatl	99	4-C
Valle de los Reyes	113	1-D
TRINIDAD PRIV.		
Pantitlán	98	1-E
TRINIDAD Y TOBAGO AND.		
Lomas de Chamapa	81	4-D
TRINO DEL		
Las Alamedas	56	1-A
TRIOMAS Y 4 PRIVS.		
Villa de las Flores	32	2-F
TRIPOLI		
Pedro María Anaya	96	6-F
Portales	96	6-F
TRIQUIS		
Radio	81	4-E
TRIQUIS Y PRIV.		
Santo Domingo	70	3-A
Tezozómoc	70	3-A
TRITON		
Cuautitlán Izc. Ensueños	17	6-E
Media Luna	73	3-D
San Pedro Albarrada	98	5-E
TRIUNFO		
Acueducto	46	6-D
Centro	84	5-B
TRIUNFO CJON.		
Santiago Tepalcatlalpan	136	3-D
TRIUNFO DE LA LIBERTAD		
Tlalpan	122	4-E
TRIUNFO DEL		
San Lorenzo Tlalmimilolpan	24	5-B
Zacatenco	125	3-C
TRIUNFO DEL CDA.		
Campestre Aragón	72	4-B
TRIUNFO DEL CJON.		
Chiconcuac	62	1-F
Santa Catarina Ayotzingo	153	2-B
TRIUNFO EL AV.		
Nueva San Isidro	127	4-F
TRIUNFO EL CDA Y CJON Y PROL		
San Juan Ticomán	58	6-C
TRIUNFO EL CDA.		
Lomas de Chimalhuacán	100	1-F
TRIUNFO PRIV.		
San Lorenzo Tlalmimilolpan	24	5-B
TRIUNFO Y CDA.		
Zacatenco	125	3-C
TROJE		
Los Laureles	47	3-A
TROJE LA		
Villa Coapa	123	3-D
TROJE LA AV.		
Villa Coapa	123	4-D
TROJE LA RT.		
Jardines de la Hda. Sur	17	4-F
TROJE LA Y PROL.		
Esther Zuno de Echeverría	135	2-C
TROJES		
Minerva	110	2-E
TROJES DE LAS CDA.		
Ampl. Alfredo V. Bonfil	43	5-B
TROJES LAS		
Hermosillo	110	3-C
TROJES LAS PRIV.		
Ampl. Profr. C. Higuera	43	5-B
TROMPILLO		
Felipe Angeles	84	2-E
TRONCOSO AND.		
San Martín Xochináhuac	70	2-B
TROPELEROS		
Villa de las Flores	32	2-F
TROPICAL		
Xochitenco	87	6-D
TROPICOS DE LOS AV.		
Cuautitlán Izc. Atlanta	30	3-E
TROTSKI LEON		
Ampliación Simón Bolívar	84	3-F
Primero de Mayo	84	3-F
TROVADOR		
Colina del Sur	95	6-C
TROVADOR DEL		
Colina del Sur	108	1-C
TROYA		
Belvedere de Eslava	121	6-D
Lomas de Axomiatla	107	3-F
Lomas de Padierna Sur	121	6-D
TRUCHA		
Del Mar	124	4-E
TRUCHAS		
Caracol	85	5-D
TRUCHAS DE LAS RT.		
Bosques de la Hacienda	17	3-D
TRUCHUELO JOSE MARIA		
Constitución de 1917	111	2-D
TRUCHUELO JOSE MARIA LIC.		
Constituyentes de 1917	94	1-D
TRUENITOS		
Villa Coyoacán	109	3-E
TRUENO		
Ampliación San Marcos	44	5-C
Avándaro	127	2-B
Bosque del Pedregal	121	6-B
Chitchitcáspatl	121	6-B
Ejidal Ampl. San Marcos	44	5-C
El Arbol	95	5-C
Hueyatla	120	2-F
Jardines de Morelos	47	2-F
L. I. Campos de Jiménez	81	2-C
Mirador	93	3-D
Pedregal de San Nicolás	121	6-B
Prados de Ecatepec	20	3-A
Revolución	101	2-B
San José	101	1-C
San José Huilango	16	3-F
San José del Jaral	43	2-D
San Miguel Teotongo	113	3-A
Sector 17	121	6-B
Tabla Honda	57	2-C
Valle Verde	127	1-D
Valle de Ecatepec	47	5-C
TRUENO Y 2 CDAS.		
Cuajimalpa	107	2-A
TRUENO Y CDA.		
Norchuca	22	3-A
TRUENOS		
Bosques de Ixtacala	43	1-A
Bosques de Morelos	30	4-B
Country Club	82	5-B
Jardines de Atizapán	56	1-B
Maquixco	23	3-F
TRUENOS LOS		
Maquixco	23	3-F
TRUJANO VALERIO		
Buenavista	44	1-E
Francisco I. Madero	41	3-F
Guerrero	84	4-A
Las Tórtolas	20	4-B
Lomas de Chamapa	81	3-D

Calle / Colonia	Plano	Coordenadas
Los Faroles	20	4-B
U. José Ma. Morelos y Pavón	20	4-B
TRUJILLO		
Lindavista	71	3-B
Valle del Tepeyac	71	3-B
TRUJILLO CARRILLO JULIAN		
La Conchita Zapotitlán	125	4-B
TRUJILLO JULIAN CDA.		
La Conchita Zapotitlán	125	4-B
TRUJILLO P.		
Tenorios	112	5-C
TRUJILLO RENE CDA.		
Compositores Mexicanos	45	6-A
TRUMAN H. S.		
Ampl. Presidentes	95	5-D
TRUPIAL		
Rinconada de Aragón	60	4-C
TUCAN		
Ampl. San Miguel	43	2-B
Ciudad Cuauhtémoc	35	1-A
El Chaparral	56	3-A
La Cañada	56	3-A
Las Alamedas	56	2-A
TUCANES		
Granjas de Guadalupe	42	2-C
TUCANES 1a. Y 2a.		
PROFOPEC Polígono 3	60	6-D
TUCUMAN		
Valle Dorado	56	2-D
TUDELA B. DE		
Lomas de Capula	95	5-E
TUERO EMILIO		
San Miguel Cuautepec	45	6-B
TUKAI ACATL		
U. H. Popular Tepeaca	108	2-B
TUKURUTAI ACATL		
U. H. Popular Tepeaca	108	2-B
TULA		
Barrio Tula	110	4-E
Condesa	96	1-C
Estado de Hidalgo	95	2-F
Pueblo Culhuacán	110	4-E
Tlatempa	59	1-E
TULA 1A. 2A. Y 3A. PRIV.		
Santa María Maninalco	70	5-C
TULA 2 CDAS.		
Adolfo López Mateos	42	3-D
TULA 3 CDAS.		
Barrio Tula	110	4-E
TULA DE 2 CDAS.		
Pueblo Las Salinas	70	4-E
TULA DE CDA.		
Adolfo López Mateos	42	3-D
TULANCINGO		
Estado de Hidalgo	95	3-F
Tlatempa	59	1-E
TULANCINGO AV.		
Ampl. San Francisco	115	1-E
TULE		
Ampliación San Sebastián	100	5-D
Avándaro	127	1-B
Bellavista	56	6-E
Carlos Hank González	112	4-A
El Calvario	46	1-E
L. I. Campos de Jiménez	81	2-C
San Miguel Teotongo	113	3-A
Tezoyuca	49	1-D
U. INFONAVIT Iztacalco	97	4-F
Valle Verde	127	1-D
TULE DE CDA.		
Lomas Hidalgo	121	6-F
TULE DEL		
Ampl. Jards. de San Mateo	68	4-F
Barrio Las Palomas	100	2-D
Lomas de Tenopalco	19	2-D
TULE Y PIEDRA		
Vicente Suárez	19	2-E
TULES		
Villa de las Flores	32	3-F
TULIA AV.		
San José	101	1-D
TULIAS DE LAS		
Lomas de San Mateo	68	3-E
TULIPAN		
Almárcigo Sur	46	5-D
Altavista	114	1-A
Ampl. Buenavista	44	4-D
Ampl. San Miguel	43	2-A
Ampliación 19 de Septiembre	34	5-F
Ampliación El Tesoro	44	3-D
Ampliación Titla	137	2-C
Barrio La Rosita	87	4-C
Barrio Los Reyes	138	1-F
Caballería de Sales	34	5-F
Cinco de Mayo	127	5-F
Ciudad Jardín	110	4-A
Ciudad Jardín	110	4-B
Cooperativa Ceguayo	108	2-B
Del Carmen	138	3-C
Ejidal Ampl. San Marcos	44	4-C
El Capulín	114	6-C
El Manto	111	3-B
El Manto	111	2-B
El Molino	127	3-C
El Pirul	95	5-B
El Rosal	121	1-A
El Toro	121	1-A
Granjas de Guadalupe	42	1-C
Hacienda de la Luz	43	2-C
Jardines de Atizapán	56	1-B
Jardines de Chalco	140	1-D
Jardines de Morelos	47	1-D
Jardines del Tepeyac	59	6-F
Joyas de Nieve	58	1-D
La Cebada	123	5-D
Las Conchitas	31	4-A
Las Peñitas	43	4-D
Loma Encantada	113	3-D
Loma Linda	82	1-A
Lomas San Lorenzo	111	6-E
Lomas de San Miguel	43	3-B
Los Bordos	59	1-B
Miraflores	57	4-C
Palmillas	113	5-B
Peña Alta	138	5-F
Prados Iztapalapa	112	6-A
Rinconada El Mirador	135	1-F
San Andrés	138	1-F
San Felipe de Jesús	72	3-D
San Francisco Chilpan	31	6-C
San Francisco Chilpan	44	1-C
San Francisco Zacango	36	6-D
San José Buenavista	100	2-D
San José del Jaral	43	3-D
San Juan Cerro	111	2-B
San Luis Tlatilco	82	1-A
San Miguel Teotongo	113	4-B
San Miguel Teotongo	113	4-A
San Miguel Teotongo	113	3-A
San Pablo	112	4-F
San Pablo II	112	4-E
San Pedro Mártir	135	1-D
Santa María Chimalhuacán	88	4-A
Santa María La Ribera	83	2-E
Santa María de Guadalupe	44	3-A
Santa Rosa	48	3-D
Santa Rosa	101	1-E
Santiago Acahualtepec	112	2-E

Calle / Colonia	Plano	Coordenadas
Torres del Potrero	108	5-A
Villas de las Palmas	42	2-F
Vista Hermosa	33	6-D
TULIPAN 3 CDAS.		
Las Peñitas	43	4-D
TULIPAN 3A. CDA.		
Miguel Hidalgo	122	5-B
TULIPAN AV.		
Agua Azul	86	6-D
Tamaulipas El Palmar	86	6-D
Tamaulipas Flores	86	6-D
TULIPAN BLVR.		
Valle Dorado	56	2-E
TULIPAN CDA.		
Cumbres de San Mateo	68	2-E
La Hera	111	3-E
Las Huertas	81	1-D
Nuevo Valle de Aragón	73	2-B
TULIPAN CJON.		
Barrio Caltongo	137	2-A
TULIPAN DE RT.		
La Florida	69	2-C
TULIPAN Y 2 CDAS.		
San Luis Tlaxialtemalco	138	2-B
TULIPAN Y 3 CDAS.		
Minas Palacio	81	4-C
TULIPAN Y 4 CDAS.		
Miguel Hidalgo	122	5-B
TULIPAN Y CDA.		
Rincón de la Bolsa	108	5-A
TULIPANES		
Alamos	46	6-A
Ampl. Vista Hermosa	29	5-A
Ampliación Malacates	45	4-B
Bellavista	59	2-E
Dos de Marzo	88	4-A
Ejidos de San Cristóbal	33	5-E
El Capulín	63	5-C
El Rosario	124	2-D
Escalerilla	114	6-D
Ixtapaluca Izcalli	114	6-B
Jardines de Aragón	60	5-C
Jardines de San Mateo	68	3-F
Jardines de la Cañada	44	2-C
Jazmín de las Flores	153	1-D
Jiménez Cantú	101	4-A
Joyas de Santa Ana	62	5-F
La Magdalena Atlicpan	100	5-E
Las Huertas	68	6-D
Las Margaritas	56	4-D
Lomas de la Era	107	6-F
Lomas del Lago	42	1-D
Los Cuyos	100	3-D
Pilares	36	5-F
Prados de San Mateo	68	3-F
Progreso Guadalupe Victoria	33	4-E
Pueblo Santa Cruz Acalpixca	137	3-D
San Isidro La Paz	29	6-A
San Rafael Chamapa	81	3-C
Santa Rosa	101	1-E
U. H. El Paraíso FOVISSSTE	18	6-C
Valle Hermoso	43	6-F
Valle de las Flores	30	5-D
Villa de las Flores	32	2-F
Vista Hermosa	46	1-D
TULIPANES AND.		
San Ildefonso	29	6-A
TULIPANES CJON.		
Jardines del Alba	30	4-F
TULIPANES RT.		
Izcalli Ecatepec	46	3-E
TULPETLAC		
Nuevo Laredo	46	5-F
Viveros de San Carlos	46	4-F
TULSA		
Corpus Christi	108	1-A
TULTENANGO		
Lomas Tlalmex	56	5-F
TULTEPEC		
Adolfo López Mateos	17	3-C
Almárcigo Norte	46	4-D
Altavilla	72	1-C
Barrio Jugueteros	87	6-B
El CEGOR	60	3-A
El Charco	60	1-C
El Hostol Zona Comunal	46	3-F
La Sardaña	44	3-C
Lomas Verdes Solidaridad	44	1-F
Lomas de Atizapán	55	2-E
San Andrés Tetepilco	97	6-B
San Felipe de Jesús	72	3-B
TULTITLAN		
Adolfo López Mateos	17	3-D
Barrio Jugueteros	87	6-B
El Hostol Zona Comunal	46	3-F
Independencia	57	1-C
Lomas Verdes	31	6-F
San Felipe de Jesús	72	3-C
Vergel del Sur	123	2-B
TULTITLAN NORTE Y SUR		
Lomas de Atizapán	55	2-E
TULTITLAN ORIENTE		
Tultitlán	31	3-D
TULTITLAN OTE.		
Tultitlán	31	2-D
TULTITLAN PONIENTE		
Los Reyes Tultitlán	31	3-D
Santo Entierro	31	3-D
Tultitlán	31	3-D
TULUM		
Lomas de Padierna	121	4-D
Piloto A. López Mateos	95	6-C
Tikal	30	5-D
Torres de Padierna	121	4-D
TULUM PROL.		
Ampliación López Portillo	121	6-D
TULUNQUIES		
Pedregal Santa Ursula Xitla	122	6-D
TULYEHUALCO CDA.		
Santa Cruz Acalpixca	137	3-B
TULYEHUALCO RT.		
Lomas Estrella 1a. Secc.	111	6-A
TULLA		
C. H. La Pradera I	72	5-D
TUMMA ACATL		
U. H. Popular Tepeaca	108	1-B
TUNA		
El Mirador	59	2-A
El Mirador	59	2-B
Las Huertas	81	1-C
Las Huertas	81	1-D
TUNA CDA. Y RT.		
La Huerta	69	4-C
TUNA DE CDA.		
Las Huertas	81	1-C
TUNA Y CDA.		
Xalpa	112	3-D
TUNAL		
Buenavista	112	5-B
El Mirador	59	1-B
Tabla del Pozo	44	1-B
TUNAS		
U. INFONAVIT Iztacalco	97	4-F
TUNDRA		
El Tesoro	44	2-D
Izcalli San Pablo	20	6-C
Rincón de San Juan	123	4-B

Calle / Colonia — COORDENADAS PLANO

TUNG
Miguel de la Madrid Hurtado 112 3-F
TUNGSTENO Y 2 CDAS.
San Juan Cerro 111 3-C
TUNKAS
Los Encinos 121 5-D
Popular Santa Teresa 121 3-D
TURACOS 1a. Y 2a.
PROFOPEC Polígono 3 60 6-D
TURBA LA AV.
Agrícola Metropolitana 125 4-A
Miguel Hidalgo 125 4-A
TURBA LA PROL.
El Molino 124 3-E
El Molino Tezonco 124 3-E
El Rosario 124 3-E
TURBIA
La Agüita 46 6-A
TURCA
Dr. Jorge Jiménez Cantú 30 4-D
TURCOS
Dr. Jorge Jiménez Cantú 30 5-C
TURIN
Juárez 83 5-F
Valle Dorado 56 2-D
TURIN AV.
Izcalli Pirámide 57 3-C
TURINESES
Abraham González 95 4-F
TURITZIO
Corralitos 112 4-C
Tenorios 112 4-C
TURMALINA
Ciudad Cuauhtémoc 34 3-F
Estrella 71 5-D
La Joya Ixtacala 57 5-C
Pedregal de Atizapán 42 5-F
San Vicente Chicoloapan 88 6-F
TURQUESA
Ampl. La Esmeralda 34 1-D
Arenal II 88 6-F
Ciudad Cuauhtémoc 34 3-F
Estrella 71 5-D
Joyas del Pedregal 122 2-F
La Joya Ixtacala 57 5-C
Nueva San Isidro 127 5-F
Pedregal de Atizapán 42 5-F
Piedra Grande 59 3-B
U. H. La Esmeralda 72 3-B
Vallescondido 123 5-B
TURQUIA
Jardines de Cerro Gordo 47 6-B
Laderas del Peñón 60 5-B
México 68 68 4-D
TUTAI ACATL
U. H. Popular Tepeaca 108 1-B
TUTU
Los Olivos 124 2-E
TUXPAN
Cuautepec de Madero 58 2-A
Roma Sur 96 2-E
San Jerónimo Aculco 108 6-D
San Lorenzo 56 3-B
Zona Ejidal Tepeolulco 58 2-F
TUXPAN AV.
San Martín de las Pirámides 24 1-F
TUXPAN Y PRIV.
Tierra Blanca 46 2-D
TUXPANGO
Industrial 71 6-C
TUXTILLA
Ampliación Jalalpa 95 5-C
TUXTLA
Loma Bonita 21 5-D
Lomas de Tenopalco 19 1-D
Valle Ceylán 57 4-C
TUXTLA GUTIERREZ
Adolfo López Mateos 42 3-D
Vergel de Guadalupe 72 5-E
TUXTLAHUACA
Radio 81 4-E
TUY
Miguel Alemán 97 4-A
Niños Héroes de Chapultepec 97 4-A
Postal 97 4-A
TUZAMAPAN
La Presa Lázaro Cárdenas 58 3-C
TUZANTLAPA
Emiliano Zapata 113 2-C
TYLER JOHN
Ampliación Presidentes 95 5-D
TZELTALES
Pedregal Santa Ursula Xitla 122 6-D
TZENTAL
Lic. Carlos Zapata Vela 98 5-A
TZETZALES
San Juan Tepeximilpa 122 6-B
TZINAL
Héroes de Padierna 121 4-E
TZINNIAS DE AV.
Jardines de Coyoacán 123 1-C
TZOL KIN
La Presa Lázaro Cárdenas 58 5-C
TZOMPOL
Club Monte Sur 149 2-D
TZOTZILES
Pedregal Santa Ursula Xitla 122 6-D
TZUCACAB
Pedregal de San Nicolás 121 5-B
TZUCACAB 2 CDAS.
Pedregal de San Nicolás 121 5-B

U

U
C. H. Alianza Popular Rev. 123 1-E
UACTLI
Tlatelco 87 6-B
UAM
Jaime Torres Bodet 138 5-F
UCCELLO P. RT.
Ciudad de los Deportes 96 5-C
UCELLO PABLO
Ciudad de los Deportes 96 4-C
UGARTE GERSAYN
Constitución de 1917 111 2-E
ULISES
Cuautitlán Izc. Ensueños 30 1-D
Lomas de Axomiatla 108 4-A
ULTIMAS NOTICIAS
Prensa Nacional 70 1-D
UMAN
Los Encinos 121 5-D
UMBELLA
Olivar del Conde 95 5-F
UN NUEVO DIA
Prensa Nacional 70 1-D
UNA AV.
Mexicanos Unidos 34 6-F
UNICA
Fuentes de Ecatepec 47 2-B
P. San Agustín Atlapulco 100 3-C
Villa San Lorenzo Chimalco 100 3-C
UNICORNIO
Cuautitlán Izc. Ensueños 17 6-E
Prado Churubusco 110 2-C
UNIDAD
El Chamizal 72 2-D
UNIDAD "E"
Agrícola Oriental 98 4-E
UNIDAD AZCAPOTZALCO
Univ. Aut. Metropolitana 43 2-A
UNIDAD DE LA Y CDA.
San Lorenzo Huipulco 123 4-A
UNIDAD DEPORTIVA 1A. CDA.
Ricardo Flores Magón 4 4-D
UNIDAD DEPORTIVA 2A. CDA.
Ricardo Flores Magón 4 4-D
UNIDAD IZTAPALAPA
Univ. Aut. Metropolitana 42 2-F
UNIDAD MODELO AV.
Unidad Modelo 110 1-C
UNIDAD MODELO RT CENTRAL OTE
Unidad Modelo 110 1-D
UNIDAD MODELO RT CENTRAL PTE
Unidad Modelo 110 1-C
UNIDAD NACIONAL
La Esperanza 124 1-C
UNIDAD XOCHIMILCO
Univ. Aut. Metropolitana 42 1-F
UNIFICACION
Tlazala 101 4-A
UNION
Barrio La Fama 122 4-C
Centro 84 5-D
Cerro del Tejolote 114 5-D
Chalco 128 6-A
Ejército del Trabajo II 73 2-C
El Tanque 108 6-A
Escandón 96 2-D
Francisco Sarabia 42 2-C
Industrial 71 4-D
Jardines de Acuitlapilco 88 5-B
Jardines de Acuitlapilco 88 4-B
Lomas de Totolco 101 1-A
Lomas de la Era 120 1-F
Los Reyes Acatlizhuayan 154 1-B
Pantitlán 85 6-E
Pantitlán 85 6-D
San Lorenzo Chimalpa 140 4-D
San Pablo Chimalpa 106 2-E
Santa María Cuautepec 32 5-A
Santiago Zula 141 6-A
Tepeyac Insurgentes 71 4-D
Tlatilco 83 1-E
UNION "A" AV.
Campestre Aragón 72 4-C
UNION 1
Progreso de la Unión 60 1-D
UNION 10
Progreso de la Unión 60 1-D
UNION 2
Progreso de la Unión 60 1-D
UNION 3
Progreso de la Unión 60 1-D
UNION 3 PRIVS.
Pantitlán 85 6-E
UNION 4
Progreso de la Unión 60 1-D
UNION 5
Progreso de la Unión 60 1-D
UNION 6
Progreso de la Unión 60 1-D
UNION 7
Progreso de la Unión 60 1-D
UNION 8
Progreso de la Unión 60 1-D
UNION 9
Progreso de la Unión 60 1-D
UNION AV.
La Quebrada 44 2-B
UNION CALZ.
Complejo Ind. Cuamatla 17 5-F
UNION CAMPESINA
Jiménez Cantú 128 1-E
UNION CDA.
El Molino 124 3-E
El Rosario 16 4-E
El Tanque 108 6-A
Santa Cecilia Tepetlapa 150 1-A
Unión Popular 81 2-F
Xalpa 112 4-D
UNION CJON.
San Francisco Acuexcomac 49 6-D
San Pablo Chimalpa 106 2-E
UNION DE ANAHUAC
San Jerónimo Lídice 108 5-E
UNION DE CAMPESINOS
Jiménez Cantú 128 1-E
UNION DE COLONOS
San Miguel Teotongo 113 2-A
UNION DE LA Y 2 PRIVS.
Ampliación San Lorenzo 100 1-C
UNION DEL CANAL PRIV.
Barrio San Bartolo 31 2-D
UNION LA
Prensa Nacional 70 1-D
San Esteban Huitzilacasco 81 3-F
UNION LA Y CDA.
San Francisco Mazapa 24 3-F
UNION MONTAÑISTA FFCC
La Presa Lázaro Cárdenas 58 4-C
UNION POSTAL
Barrio San Bartolo 31 2-C
Postal 97 3-B
UNION PRIV.
Pantitlán 85 6-D
Pantitlán 85 6-E
UNION Y 2 CDAS.
Santa Cecilia Tepetlapa 150 1-A
UNION Y CDA.
De la Cruz 97 2-E
UNION Y LIBERTAD
San Isidro La Paz 29 6-B
UNION Y PROL.
Cerro del Tejolote 114 6-D
UNION Y TRABAJO
Santa Cruz Acalpixca 137 4-B
UNIVERSAL
Lomas del Carmen 81 1-D
Universal 81 1-D
UNIVERSAL EL
Cuautitlán Izc. Atlanta 30 2-E
Prensa Nacional 70 1-D
UNIVERSAL PRIV.
Clavería 70 6-B
UNIVERSIDAD
La Regadera 111 2-E
Los Reyes Acaquilpan 113 1-C
Progresista 111 2-E
U. H. Plutarco Elías Calles 111 2-E
UNIVERSIDAD 3 CDAS.
Santa María Gpe. Las Torres 30 4-C
UNIVERSIDAD ANAHUAC AV.
Lomas Anáhuac 94 2-F
UNIVERSIDAD AV.
Acacias 109 4-C
Axotla 109 4-C
C. H. ISSSTE Universidad 109 4-C
Condo. Empleados Federales 109 4-C
Conj. Res. Ins. San Angel 109 4-C
Copilco Universidad 109 4-C
Del Valle 96 6-E
Dr. Jorge Jiménez Cantú 30 4-D
El Carmen 109 4-C
Florida 109 4-C
Fortín Chimalistac 109 4-C
Industrial Naucalpan 69 6-B
Letrán Valle 96 6-E
Manuel Romero de Terreros 109 4-C
Narvarte 96 6-E
Naucalpan de Juárez 69 6-B
Reforma Educativa 98 4-E
Santa Catarina 109 4-C
Santa Cruz Atoyac 96 6-E
Santa María Gpe. Las Torres 30 4-D
U. H. Altillo Universidad 109 4-C
U. H. Ejército Const. 98 4-E
U. H. Int. Latinoamericana 109 4-C
Vértiz Narvarte 96 6-E
Villa Coyoacán 109 4-C
Villas Copilco 109 4-C
Viveros de Coyoacán 109 4-C
Xoco 109 4-C
UNIVERSIDAD AV. 2 CDAS.
Industrial Naucalpan 69 6-B
UNIVERSIDAD DEL AIRE AV.
Los Volcanes 122 6-D
Tlalcoligia 122 6-D
UNIVERSIDAD HISPANOAMERICANA
Guadalupe Victoria 33 5-B
UNIVERSIDAD NACIONAL
Federal 85 6-A
UNIVERSO
Atizapán 2000 43 3-A
Francisco Alvarez 114 5-C
Lomas de la Estancia 112 4-E
UNO AV.
Ampl. Cristóbal Higuera 43 5-A
Cristóbal Higuera 43 5-A
Las Aguilas 42 4-F
Lomas Lindas 42 4-F
UNO MAS UNO
Cuautitlán Izc. Atlanta 30 2-E
URABO DE 1A. CDA.
Ixtapaluca 115 6-A
URANGA EMILIO
El Tepetatal 45 6-B
URANIO
El Tesoro 44 2-D
La Esmeralda 21 6-E
Lázaro Cárdenas 60 6-D
Nueva Industrial Vallejo 57 6-F
San Juan Cerro 111 3-C
U. H. El Rosario 70 1-A
URANIO Y 1A. CDA.
San Antonio Zomeyucan 82 2-A
URANO
La Olimpiada 68 81 3-C
Las Rosas 56 4-D
Lomas de Totolco 101 2-A
Lomas de la Estancia 112 4-E
Media Luna 122 2-F
Media Luna 73 3-D
Reacomodo El Cuemito 95 5-F
San Pablo Los Gallos 17 4-A
San Rafael Chamapa 81 2-E
San Simón Tolnáhuac 84 1-A
URANO AV.
La Estrella 60 5-A
URANO DE
Sauces 73 1-C
URANO Y CDA.
Las Huertas 81 1-D
URBANISTAS
Reforma Urbana Tlayacampa 44 5-B
URBANO FONSECA JOSE LIC.
Capultitlán 71 4-B
Maximino Avila Camacho 71 4-B
URBINA AV.
Naucalpan de Juárez 69 6-B
Parque Industrial Naucalpan 69 6-B
URBINA GRAL.
Marina Nacional 59 6-A
URBINA LUIS G.
Agrícola Metropolitana 124 3-F
Barrio de los Reyes 31 3-C
Del Mar 124 3-F
Filiberto Gómez 100 1-B
Jardines de Acuitlapilco 88 4-B
La Cebada 95 5-D
La Nopalera 124 3-F
La Venta 128 1-B
Miguel Hidalgo 124 3-F
Polanco Chapultepec 83 5-A
Tultitlán 31 3-C
URBINA PRIV.
Parque Industrial Naucalpan 69 6-A
URBINA TOMAS
Lomas de Guadalupe 56 4-A
San Felipe de Jesús 72 2-D
San Francisco Acuautla 115 3-E
URBINA TOMAS GRAL.
Francisco Villa 111 4-E
Fuego Nuevo 111 5-A
URDANETA ANDRES DE
Ciudad Satélite 69 2-C
URDANETA ANDRES DE CDA.
Rincón de Echegaray 69 3-D
URDIÑOLA FRANCISCO DE
Ciudad Satélite 69 1-C
URES
Roma Sur 96 2-F
URESTI GOMEZ FELIX
Cove 96 2-A
URESTI GOMEZ FELIX GRAL.
Héroes de la Revolución 82 5-B
Primero de Mayo 84 3-F
URIBE MARIA DE LA LUZ
Magisterial Vista Bella 56 5-C
URIBE VIRGILIO
Niños Héroes de Chapultepec 97 4-A
Z. U. E. Ozumbilla 21 5-E
URIBE VIRGILIO CDA.
Américas Unidas 97 4-A
URIOSTEGUI PAULINO
Cerro del Tejolote 114 6-D
Escalerilla 114 6-D
Francisco Sarabia 42 2-C
Tlalpexco 58 2-C
UROBORO
Cuautitlán Izc. Ensueños 17 6-E
UROLOGOS
El Triunfo 97 5-D
URQUIAGA JESUS ARQ.
Del Valle 96 3-D
URQUIZA CONCHITA
U. O. H. CTM Culhuacán IX 123 1-F
U. O. H. CTM Culhuacán VIII 123 1-F
URQUIZA FRANCISCO
San Felipe de Jesús 72 2-D
URQUIZO FRANCISCO L. GRAL.
Ampliación Caracol 85 5-C
Caracol 85 5-C
Héroes de la Revolución 82 5-A
URRACA
Ave Real 108 1-B
Granjas Pop. Gpe. Tulpetlac 60 1-C
URRACA DE LA
Las Alamedas 55 1-F
URRAZA ANGEL
Del Valle 96 5-F
Narvarte 96 5-F
Vértiz Narvarte 96 5-F
URREA TERESA
Narciso Mendoza 123 4-C
URSUS
Lomas de Axomiatla 108 4-A
URUAPAN
Adolfo López Mateos 42 3-C
Constitución de 1917 59 4-B
La Providencia 72 5-E
Miguel Hidalgo 151 4-C
Miguel Hidalgo 122 4-B
Roma 83 6-E
Tlacoyaque 120 1-E
U. José Ma. Morelos y Pavón 33 2-B
URUAPAN CDA.
Lomas de Chamontoya 120 1-E
URUCHURTU ERNESTO P.
Adolfo López Mateos 85 5-C
Ampl. Gabriel Hernández 71 2-F
URUCHURTU ERNESTO P. BLVR.
El Rodeo 98 3-B
URUCHURTU ERNESTO P. Y CDA.
Olivar del Conde 2a. Secc. 95 6-E
URUES
Granjas de Guadalupe 42 2-C
Tlacuitlapa 108 2-B
URUES 3A. CDA. DE
Granjas de Guadalupe 42 1-B
URUES DE 2A. CDA.
Granjas de Guadalupe 42 1-C
URUES NORTE
Granjas de Guadalupe 42 1-C
URUES SUR
Granjas de Guadalupe 42 2-C
URUETA JESUS
Ciudad Satélite 56 6-A
Moderna 97 3-B
Prados del Sur 123 5-D
San Francisco Xicaltongo 97 3-C
URUGUAY
Bosques de Ixtacala 43 1-B
Buenos Aires 96 2-F
Jardines de Cerro Gordo 60 1-C
México 68 68 4-E
México 86 43 3-A
San José Ixhuatepec 58 5-F
San Juan Ixhuatepec 58 5-F
URUGUAY PRIV.
Centro 84 5-C
URUGUAYOS
María G. de García Ruiz 95 4-E
URUYEN
Torres de Lindavista 71 1-A
USIGLI RODOLFO
Escuadrón 201 110 1-E
Héroes de Churubusco 110 1-E
Sector Popular 110 1-E
USUMACINTA
José de la Mora 127 1-D
La Presita 43 1-F
Tlapacoya 127 1-D
UTILEROS
U. Benito Juárez 111 6-B
UVA
Avándaro 127 3-C
Granjas Independencia 73 3-B
Jardines de Ecatepec 47 3-B
Las Huertas 81 1-C
Miravalle 112 4-F
San Gabriel 43 3-D
Tabla del Pozo 59 2-A
Xalpa 112 4-D
Xicalhuaca 137 2-C
UVA Y 2 CDAS.
Ampliación López Portillo 125 2-D
UVA Y 3 CDAS.
Xalpa 112 4-D
UVAS
Del Valle 96 5-D
Hacienda Ojo de Agua 21 4-B
PROFOPEC Polígono 1 60 4-D
Villa de las Flores 32 2-F
UXMAL
Izcalli Nezahualcóyotl 100 4-C
Letrán Valle 96 3-F
Loma de Chimalhuacán 100 1-F
Narvarte 96 3-F
San Juan Zapotla 100 1-F
San Lorenzo 81 2-D
Santa Cruz Atoyac 96 3-F
Tikal 30 5-D
Vértiz Narvarte 96 3-F
UXMAL CDA.
Narvarte 96 2-F
UXMAL PROL.
Gral. Pedro María Anaya 109 1-E
UXPANAPA
San Mateo Xoloc 16 1-F

V

VACA GUILLERMO
El Edén 99 6-E
Santa Martha Acatitla 99 6-E
Santa Martha Acatitla Sur 99 6-E
VADILLO BASILIO
Centro 84 4-A
Tabacalera 84 4-A
VAINILLA
Ex Ejido Magdalena Mixhuca 98 3-B
Granjas México 97 2-F
La Palma 46 6-E
Santa María de Guadalupe 44 4-A
VAINILLA PRIV.
Granjas México 98 3-A
VALDES FRAGA
Vallejo 71 6-C
VALDES FRAGA PEDRO
Guadalupe Inn 109 2-B
VALDES RODRIGO
Ejército de Ote. Z. Peñón 99 6-C
VALDEZ CDA.
Jalalpa 95 5-D
VALDEZ GERMAN

Calle / Colonia	Plano	Coordenadas
Jorge Negrete	58	5-A
San Miguel Teotongo	113	4-B
VALDEZ JIMENEZ		
La Conchita Zapotitlán	125	3-A
VALDEZ JOSE		
Piedra Grande	59	3-B
VALDEZ MACEDONIO		
Las Peñas	111	4-F
VALDEZ NARCISO C 1 2 Y 3		
U. H. Vicente Guerrero	111	1-F
VALDEZ ROMERO ROMULO		
Presidentes Ejidales	110	5-C
VALDIVIA		
María del Carmen	97	5-B
Pueblo San Miguel Ajusco	135	6-A
Sabinoco	134	5-E
San Andrés Zacahuitzco	97	5-B
VALDIVIA DE 1A. CDA.		
Pueblo San Miguel Ajusco	134	5-F
VALDIVIA DE 2A. CDA.		
Pueblo San Miguel Ajusco	135	5-A
VALDIVIA IGNACIO		
Las Peñas	111	4-F
VALDIVIA JAVIER		
Ampl. La Olímpica	81	3-B
VALDIVIA PRIV.		
Pueblo San Miguel Ajusco	134	5-F
Sabinoco	134	5-F
VALDOVINOS RAFAEL		
Reforma Educativa	98	4-F
San Lorenzo Tetlixtac	33	3-B
VALE RAUL		
Compositores Mexicanos	45	6-A
Compositores Mexicanos	58	1-A
VALENCIA		
Barrio Transportistas	87	3-B
Insurgentes Mixcoac	96	6-C
VALENCIA AVELINO		
Santa Ursula Xitla	122	5-C
VALENCIA CDA.		
Las Peñas	111	4-F
VALENCIA FRANCISCO		
Jacarandas	111	4-F
VALENCIA RODRIGO		
Lomas de Santa Cruz	112	5-B
VALENCIA VICENTE AV. Y CDA.		
Tezoyuca	49	2-D
VALENCIA Y 2o. CJON.		
San Andrés Tetepilco	97	5-B
VALENCIANA		
Valle Gómez	84	2-D
VALENTIN GOMEZ FARIAS		
Tenorios	112	4-C
VALENTINA LA		
Ampliación Emiliano Zapata	42	2-E
Carmen Serdán	110	6-F
VALENTINOS		
El Arbol	95	5-C
Margarita Maza de Juárez	95	5-C
VALENZUELA DR.		
Doctores	84	5-A
VALENZUELA G. LIC. Y CDA.		
Jacarandas	111	3-F
VALENZUELA JOSE ANTONIO		
Paraje San Juan	111	3-D
VALERIANA		
Ampl. Tepepan	136	1-C
El Mirador	136	1-C
Olivar del Conde 1a. Secc.	95	5-F
VALERIANO ANTONIO		
Ciudad Satélite	69	2-A
VALERIANO ANTONIO AV.		
Aldana	70	6-F
Ampl. del Gas	70	6-F
Del Gas	70	6-F
El Arenal	70	6-F
La Raza	71	6-A
Liberación	70	6-F
Patrimonio Familiar	70	6-F
San Francisco Xocotitla	71	6-A
VALERIO JUAN		
Carlos Hank González	111	4-F
VALGAÑON DANIEL		
Presidentes Ejidales	110	5-C
VALIENTES		
Chalco	140	1-E
VALPARAISO		
Tepeyac Insurgentes	71	4-D
Valle Dorado	56	1-E
VALS		
Lomas Hidalgo	121	6-E
VALSEQUILLO AV.		
Amipant	98	2-E
Formado Hogar	98	2-E
Juárez Pantitlán	98	2-E
VALTIERRA VICENTE M. (C. 61)		
U. Santa Cruz Meyehualco	112	3-A
VALVERDE FRANCISCO Y CDA.		
San Miguel Teotongo	113	2-A
VALVERDE SANTIAGO		
Presidentes Ejidales	110	5-D
VALVERDE SANTIAGO CDA.		
Presidentes Ejidales	110	5-D
VALVERDE VALDEZ AURELIANO		
Presidentes Ejidales	110	5-C
VALVOLINE DE CDA.		
Santa María Xalostoc	59	4-D
VALLADOLID		
Adolfo López Mateos	42	3-D
Ampliación López Portillo	125	2-D
Roma	83	6-D
Tequesquináhuac	100	4-E
U. José Ma. Morelos y Pavón	33	2-B
VALLADOLID AND.		
San Martín Xochináhuac	70	2-B
VALLADOLID AV.		
San Jerónimo Miacatlán	152	4-A
VALLADOLID CDA.		
Adolfo López Mateos	42	3-D
VALLADOLID Y CDA.		
Santa Catarina Acolman	36	3-B
VALLARINO JUAN		
Esperanza	84	6-C
VALLARTA		
Barrio La Concepción	109	3-F
Lomas de Chamapa	81	3-E
Miramar	100	4-D
San Lorenzo	57	3-A
San Pedro Barrientos	44	4-A
Tlalnepantla	57	3-A
Villa Coyoacán	109	3-F
VALLARTA IGNACIO L.		
Ciudad Satélite	56	6-B
VALLARTA IGNACIO L. Y CDA.		
Tabacalera	83	4-F
VALLARTA IGNACIO LIC.		
Jacarandas	111	3-F
VALLARTA L.		
Benito Juárez	97	4-D
VALLE		
Cuautitlán Izc. Atlanta	30	3-D
Jardines del Pedregal	121	1-F
VALLE ALEJANDRO		
Alfredo del Mazo	127	1-E
VALLE ALFONSO DEL PROFR PROL		
Barrio San José	152	1-E
VALLE ALFONSO DEL PROFR.		
San Juan y San P. Tezompa	152	2-E
VALLE ALHELI		
Izcalli del Valle	44	4-B
VALLE ALPINO		
Selene	125	4-F
VALLE ALTO		
Lomas de Bellavista	55	6-F
VALLE ALTO AV.		
San Felipe de Jesús	72	3-D
Valle de Aragón	72	3-D
VALLE ANGEL		
Valle del Sol	56	4-E
VALLE ARBOLEDA		
Valle del Sol	56	4-E
VALLE ARIZPE ARTEMIO DEL		
Ciudad Satélite	69	2-A
Del Valle	96	3-D
VALLE AZUL		
Valle del Paraíso	56	4-E
VALLE AZUL CDA. Y PRIV.		
Loma de Vallescondido	55	1-A
VALLE AZUL CIR. Y CDA.		
Loma de Vallescondido	55	1-A
VALLE CABUERNIGA		
Valle de Aragón	72	2-E
VALLE CASIMIRO DEL C 1 A 7		
U. H. Vicente Guerrero	111	2-F
VALLE CEREZO		
Valle de Aragón	72	3-E
VALLE CHACALA		
Valle de Aragón	72	3-E
VALLE DE ACROPOLIS		
Valle de Aragón	73	2-B
VALLE DE ALMANZOR		
Lic. Pedro Ojeda Paullada	73	3-A
Nicolás Bravo	73	3-A
Renacimiento de Aragón	73	3-A
Sagitario IX	73	3-A
U. Pedro Ojeda Paullada	73	3-A
Unidad CROC Central	73	3-A
Valle de Aragón	73	3-A
VALLE DE ALMANZORA AV.		
Ampl. P. Ojeda Paullada	73	3-B
Nicolás Bravo	73	3-B
VALLE DE ALLENDE		
Valle de Aragón	72	3-D
VALLE DE AMECA		
Valle de Aragón	72	3-D
VALLE DE ARRIBA		
Valle de Aragón	72	2-D
Valle de Aragón	72	3-D
VALLE DE ATENAS		
Ampliación Valle de Aragón	73	2-B
VALLE DE BALDEBEZANA		
Valle de Aragón	72	3-D
VALLE DE BANDERAS		
Valle de Aragón	72	3-D
VALLE DE BARDAGI		
Valle de Aragón	72	3-D
VALLE DE BAVISPE		
San Felipe de Jesús	72	2-D
VALLE DE BRAVO		
Alfredo del Mazo	47	6-D
Atlacomulco	99	2-B
El Barco	85	6-F
El Hostol Zona Comunal	46	4-E
El Mirador	69	5-B
Estado de México	114	4-A
Estado de México	82	3-A
La Romana	57	3-B
La Sardaña	44	3-D
Loma de Vallescondido	54	1-F
Lomas Tlalmex	56	5-F
Lomas de Atizapán	55	2-E
Maravillas	85	6-F
Parque Ind. Nezahualcóyotl	100	3-B
Porfirio Díaz	99	2-B
Santiago Occipaco	68	4-E
U. San Esteban	82	1-C
Vergel de Coyoacán	123	2-B
VALLE DE BRAVO Y 2 RTS.		
Cuautitlán Izc. Cumbria	30	2-D
VALLE DE CACERES		
Valle de Aragón	72	3-D
VALLE DE CALIFORNIA		
Valle de Aragón	72	2-E
VALLE DE CARVAJAL		
Valle de Aragón	72	2-E
VALLE DE CASAS GRANDES		
Valle de Aragón	72	2-E
VALLE DE CASTELLBO		
Valle de Aragón	72	2-E
VALLE DE CEMPOALA		
Aragón de las Fuentes	60	6-B
VALLE DE CERRATO AV.		
Valle de Aragón	72	2-E
VALLE DE CEYLAN		
Valle de Aragón	72	2-E
VALLE DE CORZOS		
Valle de Aragón	72	2-E
VALLE DE CUITZEO		
Aragón de las Fuentes	60	6-B
VALLE DE CURUEÑO		
Valle de Aragón	72	3-E
VALLE DE CHICHEN ITZA		
Aragón de las Fuentes	60	6-B
VALLE DE DUPAR		
Valle de Aragón	72	3-E
VALLE DE EJUTLA		
Santiago Occipaco	68	4-E
Valle de Aragón	72	3-E
VALLE DE FINALLEDO		
Valle de Aragón	72	3-E
VALLE DE GINAMAR		
Valle de Aragón	72	3-E
VALLE DE GUADALQUIVIR RT.		
Valle de Aragón CTM XIV	73	3-C
VALLE DE GUADALUPE		
Miravalle	112	4-F
Valle de Guadalupe	72	3-E
VALLE DE GUERRA		
Valle de Aragón	72	3-E
VALLE DE HOZ DE ARREBA		
Valle de Aragón	72	3-E
VALLE DE HUALLAGA		
Valle de Aragón	72	3-E
VALLE DE IRRAWADI		
Valle de Aragón	72	3-E
VALLE DE IXTLAN		
Santiago Occipaco	68	4-E
VALLE DE JANITZIO		
Aragón de las Fuentes	60	6-B
VALLE DE JILOTEPEC Y 2 CDAS.		
El Mirador	69	5-B
VALLE DE JIMENEZ		
Valle de Aragón	72	3-E
VALLE DE JUAREZ		
Valle de Aragón	72	3-F
VALLE DE LA FERTILIDAD		
Valle de Aragón	73	2-A
VALLE DE LA MOTA		
Valle de Aragón	72	3-F
VALLE DE LA RUMOROSA Y CDA.		
Valle del Paraíso	56	4-E
VALLE DE LABORES		
Valle de Aragón	72	3-F
VALLE DE LAS ALAMEDAS		
Izcalli del Valle	44	4-B
VALLE DE LAS ALAMEDAS AV.		
Izcalli del Valle	44	3-B
VALLE DE LAS ANIMAS		
Valle de Aragón	72	3-D
VALLE DE LAS AZUCENAS		
Izcalli del Valle	44	4-B
VALLE DE LAS BUGAMBILIAS		
Izcalli del Valle	44	4-B
VALLE DE LAS CASAS		
Valle de Aragón	72	3-D
VALLE DE LAS FLORES		
Izcalli del Valle	44	3-B
Loma de Vallescondido	54	2-F
VALLE DE LAS GAVIOTAS		
Nueva Valle de Aragón	73	2-B
VALLE DE LAS JACARANDAS		
Izcalli del Valle	44	3-B
VALLE DE LAS MARGARITAS		
Izcalli del Valle	44	3-B
VALLE DE LAS MARIPOSAS		
Izcalli del Valle	44	3-B
VALLE DE LAS MONJAS		
Loma de Vallescondido	55	1-A
San Mateo Tlaltenango	107	4-C
VALLE DE LAS PERAS		
Vallescondido	54	1-F
VALLE DE LAS ROSAS		
Izcalli del Valle	44	3-B
VALLE DE LAS SALINAS		
Valle de Aragón	73	4-A
VALLE DE LAS VIOLETAS		
Izcalli del Valle	44	4-B
Santa María de Guadalupe	44	3-B
VALLE DE LAS ZAPATAS AV.		
Campestre Guadalupana	72	3-D
Valle de Aragón	72	3-D
VALLE DE LERMA		
El Mirador	69	5-C
Loma de Vallescondido	54	2-E
Valle de Aragón	72	3-E
VALLE DE LIERP		
Valle de Aragón	72	3-F
VALLE DE LOMELINA		
Valle de Aragón	72	3-E
VALLE DE LOS ANGELES		
Valle de Aragón	72	3-D
VALLE DE LOS ANGELES CIR.		
Loma de Vallescondido	55	2-A
VALLE DE LOS AZTECAS		
Aragón de las Fuentes	60	6-B
VALLE DE LOS CIPRESES		
Izcalli del Valle	44	3-B
VALLE DE LOS COLIBRIES 3 CDA		
Izcalli del Valle	44	4-B
VALLE DE LOS DIEZ MIL HUMOS		
Valle de Aragón	72	3-E
VALLE DE LOS EUCALIPTOS		
Izcalli del Valle	44	4-B
VALLE DE LOS FARAONES		
Valle de Aragón	72	3-E
VALLE DE LOS FRESNOS		
Izcalli del Valle	44	3-B
VALLE DE LOS GALANES		
Valle de Aragón	72	3-E
VALLE DE LOS JAZMINES		
Izcalli del Valle	44	4-B
VALLE DE LOS MAPLES		
Vallescondido	42	6-A
VALLE DE LOS MAYAS		
Aragón de las Fuentes	60	6-B
VALLE DE LOS OLIVOS		
Izcalli del Valle	44	3-B
Valle del Paraíso	56	4-E
VALLE DE LOS OLMECAS		
Aragón de las Fuentes	60	6-B
Valle de Anáhuac	60	5-B
VALLE DE LOS OLMOS		
Izcalli del Valle	44	3-B
Loma de Vallescondido	54	2-F
VALLE DE LOS PAJAROS		
Vallescondido	41	6-F
VALLE DE LOS PINOS		
Valle del Paraíso	56	4-E
VALLE DE LOS PIRACANTOS		
Izcalli del Valle	44	4-B
VALLE DE LOS PIRULES		
Izcalli del Valle	44	3-B
VALLE DE LOS ROSALES		
Nuevo Valle de Aragón	73	2-A
VALLE DE LOS SAUCES		
Izcalli del Valle	44	3-B
VALLE DE LOS TABACHINES		
Izcalli del Valle	44	3-B
VALLE DE LOS TOLTECAS		
Aragón de las Fuentes	60	6-B
VALLE DE LUCES		
Valle de Aragón	72	3-F
VALLE DE MADERO		
Valle de Madero	58	2-B
VALLE DE MADERO 1A. CDA.		
Valle de Madero	58	2-B
VALLE DE MADERO 2A. CDA.		
Valle de Madero	58	2-B
VALLE DE MAGDALENA		
Valle de Aragón Norte	72	1-F
VALLE DE MANSILLA		
Valle de Aragón	72	3-F
VALLE DE MANZANARES		
Valle de Aragón Norte	72	1-F
VALLE DE MATAMOROS		
Valle de Aragón	72	3-F
VALLE DE MENA		
Valle de Aragón	72	3-F
VALLE DE MEXICO		
Ampliación Valle de Aragón	73	2-B
Aragón de las Fuentes	60	5-B
Loma de Vallescondido	54	2-F
Miravalle	112	4-F
Quirino Mendoza	136	4-E
Santiago Occipaco	68	4-E
Valle de Aragón	72	3-F
VALLE DE MEXICO AV.		
Cuautitlán Izc. Cumbria	30	2-E
El Mirador	69	5-C
VALLE DE MEXICO CDA.		
Miravalle	112	4-F
VALLE DE MEXICO RT.		
Ampliación Valle de Aragón	73	2-A
VALLE DE MITLA		
Aragón de las Fuentes	60	5-B
VALLE DE MOCTEZUMA		
Valle de Anáhuac	60	5-B
VALLE DE MORELOS		
El Mirador	69	5-C
VALLE DE NARDOS "A" Y "B"		
Izcalli del Valle	44	4-B
VALLE DE NAUTLA		
Aragón de las Fuentes	60	5-B
VALLE DE OAXACA		
Santiago Occipaco	68	4-E
Valle de Aragón	72	4-F
VALLE DE ODISEA		
Unidad CROC Central	73	3-A
Valle de Aragón	73	3-A
VALLE DE OLAF		
Unidad CROC Central	73	3-A
Valle de Aragón	73	3-A
VALLE DE ORFEO		
Unidad CROC Central	73	3-A
Valle de Aragón	73	3-A
VALLE DE ORION		
Unidad CROC Central	73	3-A
Valle de Aragón	73	3-A
VALLE DE ORMUZ		
Unidad CROC Central	73	3-A
Valle de Aragón	73	3-A
VALLE DE ORO		
Estado de México	114	4-A
VALLE DE OSIRIS		
Unidad CROC Central	73	3-A
Valle de Aragón	73	3-A
VALLE DE PALO ALTO		
Valle de Aragón	72	4-F
VALLE DE PAPANTLA		
Aragón de las Fuentes	60	6-B
Valle de Anáhuac	60	5-B
VALLE DE PUEBLA		
Valle de Aragón	73	4-A
VALLE DE PURISIMA		
Valle de Aragón	73	4-A
VALLE DE QUETZALCOATL		
Aragón de las Fuentes	60	6-B
VALLE DE RIERO		
Valle de Aragón	73	4-A
VALLE DE RIVAS		
Valle de Aragón	73	4-A
VALLE DE SAGITARIO		
Aragón de las Fuentes	60	5-B
Jardines de Aragón	60	5-B
VALLE DE SAMANZAS		
Valle de Aragón	72	3-E
VALLE DE SAN FERNANDO		
Valle de Aragón Norte	73	1-A
VALLE DE SAN FRANCISCO		
Valle de Aragón	73	4-A
VALLE DE SAN JOSE		
Valle de Aragón	73	4-A
VALLE DE SAN JUAN		
Valle de Aragón	73	4-A
VALLE DE SAN JUAN DEL RIO		
Santiago Occipaco	68	4-E
Valle de Aragón	73	4-A
VALLE DE SAN LORENZO AV.		
Plazas de Aragón	73	4-A
Valle de Aragón	73	4-A
VALLE DE SANTA MARIA		
Ampl. San Martín Calacoaya	56	4-A
Valle de Aragón	72	3-F
VALLE DE SANTIAGO AV.		
Valle de Aragón	72	3-E
VALLE DE SEGURA		
Valle de Aragón	72	3-F
VALLE DE SOLIS		
El Mirador	69	5-C
VALLE DE TABARES		
Valle de Aragón Norte	73	1-A
VALLE DE TEHUACAN		
Santiago Occipaco	68	4-E
Valle de Aragón	73	1-A
VALLE DE TENANCINGO		
El Mirador	69	5-C
VALLE DE TEOTIHUACAN		
Aragón de las Fuentes	60	6-B
VALLE DE TLACOLULA		
Santiago Occipaco	68	4-E
Valle de Aragón	73	1-A
VALLE DE TOLUCA		
Santiago Occipaco	68	4-E
Valle de Aragón	73	1-A
VALLE DE TOLUCA AV.		
El Mirador	69	5-B
VALLE DE TULA		
Aragón de las Fuentes	60	6-B
VALLE DE TULES		
Valle de Tules	44	4-B
VALLE DE TULUM		
Aragón de las Fuentes	60	6-B
VALLE DE UMAN		
Unidad CROC Central	73	3-A
VALLE DE XOCHICALCO		
Aragón de las Fuentes	60	6-B
VALLE DE YURIRIA		
Aragón de las Fuentes	60	6-B
VALLE DE ZUMPANGO		
El Mirador	69	5-B
VALLE DEL		
Ampl. Vicente Villada Pte.	99	5-E
Ampliación San Lorenzo	137	4-A
La Estadía	55	4-A
Los Angeles	111	3-D
Pueblo San Nicolás Tetelco	152	2-E
Vicente Villada	99	5-E
VALLE DEL 2A. CDA.		
Monte Las Cruces	106	6-D
VALLE DEL AGUA		
Izcalli del Valle	44	4-B
VALLE DEL AHUEHUETE		
Izcalli del Valle	44	3-B
VALLE DEL AMAZONAS		
Valle de Aragón	72	3-D
Valle de Aragón CTM XIV	73	3-C
VALLE DEL AMUR		
Unidad CROC Central	73	3-A
Valle de Aragón	73	3-A
VALLE DEL AND.		
Ciudad Labor	44	1-C
VALLE DEL ARNO		
Valle de Aragón Norte	72	2-F
VALLE DEL ATRATO		
Valle de Aragón	72	2-D
Valle de Aragón	72	3-D
VALLE DEL BALSAS		
Valle de Aragón	72	3-D
VALLE DEL BARON		
Valle del Sol	56	4-E
VALLE DEL BRAVO		
Valle de Aragón	72	3-D
Valle de Aragón CTM XIV	73	3-C
VALLE DEL CARMEN		
Valle de Aragón	72	3-D
VALLE DEL CARMEN CIR.		
Loma de Vallescondido	55	2-A
VALLE DEL CARRIZAL DE LOS A.		
Valle de Aragón	72	3-E
VALLE DEL CAUCA		
Ampliación Valle de Aragón	73	2-A
Valle de Aragón	72	3-D
VALLE DEL CAZONES		
Valle de Aragón	73	3-A
VALLE DEL CEDRO		
Izcalli del Valle	44	4-B
VALLE DEL CJON.		
Pueblo San Nicolás Tetelco	152	2-D
VALLE DEL COLORADO		
Valle de Aragón	72	3-E
Valle de Aragón CTM XIV	73	3-D
VALLE DEL CONCHOS		
Ampliación Valle de Aragón	73	2-A
Valle de Aragón II	72	2-F

Calle / Colonia	Plano	Coordenadas
Valle de Aragón Norte	72	2-F
VALLE DEL CONGO		
Valle de Aragón	72	3-F
VALLE DEL DANUBIO		
Valle de Aragón	72	3-E
VALLE DEL DELAWARE		
Valle de Aragón CTM XIV	73	3-C
VALLE DEL DNIEPER		
Valle de Aragón	72	3-E
VALLE DEL DON AV.		
Ejército del Trabajo III	73	3-C
Granjas Independencia I	73	3-C
La Glorieta	73	3-C
Nueva Valle de Aragón	73	3-C
Sagitario IV	73	3-C
Sagitario VI	73	3-C
Unidad Croc Central	73	3-C
Valle de Aragón CTM XIV	73	3-C
Valle de Aragón Norte II	73	3-C
VALLE DEL DRAVE		
Valle de Aragón Norte	72	2-F
VALLE DEL DUERO		
Valle de Aragón	73	2-A
VALLE DEL EBRO		
Valle de Aragón Norte	72	2-F
VALLE DEL ELBA		
Valle de Aragón Norte	72	2-F
VALLE DEL EUFRATES		
Valle de Aragón	73	2-A
Valle de Aragón CTM XIV	73	3-C
VALLE DEL FUERTE		
Valle de Aragón Norte	72	2-F
VALLE DEL GANGES		
Valle de Aragón	72	3-E
VALLE DEL GARONA		
Valle de Aragón	73	2-A
VALLE DEL GRIJALVA		
Valle de Aragón	73	2-A
Valle de Aragón Norte	72	2-F
VALLE DEL GUADALQUIVIR		
Impulsora Industrial	73	3-D
Media Luna	73	3-D
Mendocino I	73	3-D
Sagitario V	73	3-D
Valle de Aragón	73	3-D
Valle de Aragón	73	2-A
VALLE DEL GUADIANA		
Impulsora Industrial	73	2-A
Media Luna	73	2-A
Mendocino I	73	2-A
Sagitario II	73	2-A
Sagitario III	73	2-A
Valle de Aragón	73	2-A
Valle de Aragón Norte	72	2-F
VALLE DEL GUADIANA PROL.		
Arboledas de Aragón	73	2-B
Granjas Independencia I	73	2-B
Granjas Independencia II	73	2-B
VALLE DEL HENARES		
Valle de Aragón	73	2-A
VALLE DEL HOANG HO		
Valle de Aragón Norte	72	1-F
VALLE DEL HUDSON		
Valle de Aragón	73	2-A
Valle de Aragón CTM XIV	73	3-C
VALLE DEL INDO		
Valle de Aragón	72	3-E
VALLE DEL IRTICH		
Valle de Aragón	73	1-A
VALLE DEL JAMAPA		
Valle de Aragón	73	1-A
VALLE DEL JAPURA		
Valle de Aragón	73	1-A
VALLE DEL JORDAN		
Valle de Aragón	72	3-F
VALLE DEL JUCAR AV.		
Melchor Múzquiz	73	1-A
Valle de Aragón	73	1-A
VALLE DEL LIMPOPO		
Valle de Aragón	73	1-A
VALLE DEL LOIRA		
Valle de Aragón	72	3-F
VALLE DEL MACKENZIE		
Valle de Aragón	72	3-F
VALLE DEL MAIZ		
Valle de Aragón	72	3-F
VALLE DEL MANZANEDO		
Valle de Aragón	72	3-F
VALLE DEL MARAÑON		
Valle de Aragón	72	3-F
VALLE DEL MARNE		
Valle de Aragón Norte	72	2-F
VALLE DEL MAYO		
Jardines del Tepeyac	73	1-A
Valle de Aragón	73	1-A
VALLE DEL MEKONG		
Valle de Aragón	72	3-F
VALLE DEL MENDERES		
Valle de Aragón Norte	72	2-F
VALLE DEL MEZCALAPA		
Valle de Aragón Norte	72	2-F
VALLE DEL MEZEN		
Valle de Aragón Norte	72	1-F
VALLE DEL MEZQUITAL		
Loma de Vallescondido	54	2-F
Valle de Aragón	72	3-F
VALLE DEL MIÑO		
Valle de Aragón Norte	72	1-F
VALLE DEL MISISIPI		
Valle de Aragón	72	3-F
Valle de Aragón CTM XIV	73	3-C
VALLE DEL MISSOURI		
Valle de Aragón Norte	72	1-F
VALLE DEL MIXTECO		
Valle de Aragón	72	3-F
VALLE DEL MORAVA		
Valle de Aragón	72	2-F
VALLE DEL MORO		
Valle de Aragón	72	3-F
VALLE DEL MOSA		
Valle de Aragón	72	2-F
VALLE DEL MOSELA		
Valle de Aragón	72	2-F
VALLE DEL NAKTONG		
Valle de Aragón Norte	72	2-F
VALLE DEL NAVIA		
Valle de Aragón Norte	72	1-F
VALLE DEL NAZAS		
Valle de Aragón	72	2-F
VALLE DEL NIEMEN		
Valle de Aragón Norte	72	2-F
VALLE DEL NIGER		
Valle de Aragón	72	4-F
VALLE DEL NILO		
Valle de Aragón	72	4-F
VALLE DEL OBI		
Valle de Aragón Norte	72	1-F
VALLE DEL ODER		
Valle de Aragón	72	2-F
VALLE DEL OKA		
Valle de Aragón Norte	72	2-F
VALLE DEL ORANGE		
Valle de Aragón Norte	72	1-F
VALLE DEL ORINOCO		
Valle de Aragón	72	4-F
Valle de Aragón CTM XIV	73	3-C
VALLE DEL ORO		
Izcalli del Valle	44	4-B
Valle de Aragón	72	4-F
VALLE DEL OTTAWA		
Valle de Aragón Norte	72	3-F
VALLE DEL PAPAGAYO		
Valle de Aragón	72	3-F
VALLE DEL PAPALOAPAN		
Valle de Aragón Norte	72	2-F
VALLE DEL PARAGUAY		
Valle de Aragón Norte	72	1-F
VALLE DEL PARAISO		
U. H. Valle de Luces	111	4-A
VALLE DEL PARAISO PROL.		
Ampl. Mirador	111	4-A
VALLE DEL PARANA		
Valle de Aragón	73	4-A
VALLE DEL PECHORA		
Valle de Aragón	72	3-F
VALLE DEL PILCOMAYO		
Valle de Aragón	72	3-F
VALLE DEL PINO		
Izcalli del Valle	44	3-B
VALLE DEL PO		
Valle de Aragón Norte	72	1-F
VALLE DEL PRIV.		
Pantitlán	98	2-E
VALLE DEL PROL.		
Ampl San Lorenzo Los Olivos	137	4-A
VALLE DEL PRUT		
Valle de Aragón Norte	72	2-F
VALLE DEL RHIN		
Valle de Aragón	73	4-A
VALLE DEL RODANO		
Valle de Aragón 2a. Secc.	73	4-A
Valle de Aragón 3a. Secc.	72	3-F
VALLE DEL SALVIN		
Valle de Aragón	73	4-A
VALLE DEL SEGRE		
Valle de Aragón Norte	72	2-F
VALLE DEL SELENGA		
Valle de Aragón	73	1-A
VALLE DEL SENA		
Valle de Aragón Norte	72	2-F
VALLE DEL SENEGAL		
Valle de Aragón	73	1-A
VALLE DEL SIKIANG		
Valle de Aragón	72	3-F
VALLE DEL SILENCIO		
Izcalli del Valle	44	4-B
Valle del Paraíso	56	4-E
VALLE DEL SILENCIO CIR.		
Loma de Vallescondido	55	2-A
VALLE DEL SINALOA		
Valle de Aragón	73	1-A
VALLE DEL SIRET		
Valle de Aragón Norte	72	2-F
VALLE DEL SOL		
Nuevo Valle de Aragón	73	2-A
VALLE DEL SOLIMOES		
Valle de Aragón	73	1-A
VALLE DEL SONORA		
Valle de Aragón Norte	72	2-F
VALLE DEL SUNGARI		
Valle de Aragón	73	1-A
VALLE DEL SZAMOS		
Valle de Aragón Norte	72	2-F
VALLE DEL TAJO		
Valle de Aragón	73	2-A
VALLE DEL TAMESI		
Valle de Aragón Norte	72	2-F
VALLE DEL TAPAJOZ		
Valle de Aragón	73	1-A
VALLE DEL TARIM		
Valle de Aragón	73	1-A
VALLE DEL TIGRIS		
Valle de Aragón	73	1-A
VALLE DEL TORMES		
Valle de Aragón	73	1-A
VALLE DEL TULANCINGO		
Ampliación Valle de Aragón	73	1-B
Valle de Aragón	73	1-B
VALLE DEL UBANGUI		
Valle de Aragón	73	2-A
VALLE DEL URAL		
Valle de Aragón	73	2-A
VALLE DEL URUGUAY		
Valle de Aragón	73	2-B
VALLE DEL USUMACINTA		
Valle de Aragón	73	2-B
VALLE DEL VARDAR		
Valle de Aragón	73	2-B
VALLE DEL VISTULA		
Valle de Aragón	73	3-A
VALLE DEL VOLGA AV.		
Valle de Aragón	72	3-E
VALLE DEL WESER		
Valle de Aragón	73	2-B
VALLE DEL XINGU		
Valle de Aragón	73	2-B
VALLE DEL YANG TSE AV.		
Valle de Aragón	72	3-E
VALLE DEL YAQUI		
Valle de Aragón	72	3-F
VALLE DEL YENISEY		
Valle de Aragón	72	3-D
VALLE DEL YUKON		
Valle de Aragón CTM XIV	73	3-C
VALLE DEL YUKON AV.		
Valle de Aragón	72	3-D
VALLE DEL ZAMBEZI AV.		
Campestre Guadalupana	72	4-D
Valle de Aragón	72	4-D
VALLE DEL ZANCARA		
Valle de Aragón	73	2-B
VALLE DORADO		
El Olivo	44	5-A
Loma de Vallescondido	54	2-E
Nuevo Valle de Aragón	73	2-A
Unidad Barrientos	44	5-A
Valle Dorado	56	2-E
VALLE DURAZNO RT.		
U. Adolfo López Mateos	56	5-E
VALLE EL		
Los Pastores	69	4-D
VALLE ESCONDIDO		
Club de Golf Bellavista	56	5-A
Valle del Sol	56	4-E
VALLE ESCONDIDO CIR.		
Loma de Vallescondido	55	1-A
VALLE ESMERALDA		
U. H. Valle Esmeralda	44	2-B
VALLE FERTIL		
Valle de Aragón	72	3-E
VALLE FLORIDO		
Valle de Aragón	72	3-E
VALLE FRIO		
Valle del Paraíso	56	4-E
VALLE GOMEZ		
Barrio Concepción	126	1-D
Guadalupe Victoria	33	5-D
VALLE GRANDE		
Ampliación Valle de Aragón	73	2-A
Valle de Aragón	72	3-E
VALLE HERMOSO		
Valle de Aragón	72	3-E
Valle del Sol	56	4-E
VALLE HERMOSO CIR.		
Loma de Vallescondido	54	1-F
VALLE HONDO		
Valle del Paraíso	56	4-E
VALLE HUNDIDO		
Valle de Aragón	72	3-E
VALLE JUAN		
San Antonio Zomeyucan	82	2-B
VALLE LEANDRO		
Altavista	109	3-A
Ampliación Benito Juárez	58	4-B
Ampliación Emiliano Zapata	42	2-D
Benito Juárez	41	1-E
Centro	84	4-B
Coacalco de Berriozábal	32	4-E
Del Mar	124	4-D
Héroes de la Revolución	82	5-B
Liberales de 1857	95	3-E
Papalotla	50	6-E
Revolución	63	5-A
San Angel	109	3-A
San Luis Tlatilco	82	1-B
Veintiuno de Marzo	44	5-A
Villa Obregón	109	3-A
VALLE LEANDRO 2 CDAS.		
San Lorenzo Acopilco	106	6-D
VALLE LEANDRO 2A. CDA.		
Barrio Norte	42	6-F
Ciudad Adolfo López Mateos	42	6-F
VALLE LEANDRO AV.		
Cruz Blanca	106	6-D
San Lorenzo Acopilco	106	5-D
VALLE LEANDRO CDA.		
Ciudad Adolfo López Mateos	42	6-E
Monte de las Cruces	106	6-C
San Angel Inn	109	3-A
San Lorenzo Acopilco	106	5-D
VALLE LEANDRO DE 1A.		
Alfredo del Mazo	127	1-E
VALLE LEANDRO DE 3A. CDA.		
San Lorenzo Acopilco	106	5-D
VALLE LEANDRO Y CDAS.		
Ciudad Adolfo López Mateos	42	6-F
Oasis de Atizapán	42	6-F
VALLE LEONARDO		
San Pablo de las Salinas	19	5-F
VALLE LOMITA		
La Casilda	58	1-C
VALLE NACIONAL		
Santiago Occipaco	68	4-E
Valle de Aragón	72	4-F
VALLE NACIONAL 2 CDAS.		
Miravalle	112	4-F
VALLE NEVADO		
Izcalli del Valle	44	4-B
VALLE NUEVO		
Valle de Aragón	72	4-F
VALLE OLIVOS		
Loma de Vallescondido	54	2-E
VALLE ORO		
Valle del Sol	56	4-E
VALLE PASOS		
Valle de Aragón	73	4-A
VALLE PEDREGAL		
Miravalle	112	4-F
VALLE PERDIDO		
Loma de Vallescondido	54	2-F
Valle de Aragón 2a. Secc.	73	4-A
Valle de Aragón 3a. Secc.	72	2-F
VALLE RAFAEL HELIODORO		
Lorenzo Boturini	84	6-D
Merced Balbuena	84	6-D
VALLE REAL		
Valle del Sol	56	4-E
VALLE RINCONADA		
Electra	56	5-E
Los Arcos Colonial	56	5-E
VALLE RIO		
Nuevo Valle de Aragón	73	2-A
VALLE TRANQUILO		
Izcalli del Valle	44	4-B
VALLE TROPICAL		
Izcalli del Valle	44	4-B
VALLE VERDE		
Club de Golf Bellavista	56	5-A
Izcalli del Valle	44	4-B
La Casilda	58	1-C
Nuevo Valle de Aragón	73	2-A
VALLE VERDE AV.		
Bella Vista	56	5-B
Club de Golf Bellavista	56	5-B
Magisterial Vista Bella	56	5-B
VALLE VERDE CIR.		
Condado de Sayavedra	54	1-F
Loma de Vallescondido	54	1-F
VALLEJO		
Ampliación Vicente Villada	99	3-F
VALLEJO 100 METROS PROL.		
Valle del Tenayo	57	3-D
VALLEJO CALZ.		
Ampl. Progreso Nacional	57	5-D
Barrio Coltongo	70	2-F
Defensores de la República	71	6-A
El Porvenir	71	6-A
Ex Hipódromo Peralvillo	84	1-B
Guadalupe Victoria	71	6-A
Héroe de Nacozari	71	6-A
Industrial Vallejo	70	2-F
La Raza	71	6-A
Magdalena de las Salinas	70	2-F
Nueva Industrial Vallejo	70	2-F
Nueva Vallejo	70	2-F
Peralvillo	84	1-B
Prado Vallejo	70	2-F
Pro Hogar	70	2-F
Progreso Nacional	57	5-D
San Andrés de las Salinas	70	2-F
San Francisco Xocotitla	71	6-A
San José de la Escalera	57	5-D
San Simón Tolnáhuac	84	1-B
Santa Cruz de las Salinas	70	2-F
Santa Rosa	57	5-D
Trabajadores del Hierro	70	2-F
U. H. Vallejo S.C.T.	70	2-F
U. Lindavista Vallejo	70	2-F
U. Vallejo La Patera	70	2-F
Vallejo Poniente	71	6-A
Venustiano Carranza	70	2-F
Zona Ind. San Pablo Xalpa	57	5-D
VALLEJO JOSE MARIA		
Barrio Guadalupe	124	1-D
VALLES DE LOS AV.		
Cuautitlán Izc. Atlanta	30	3-E
VAMPIRO		
Granjas de Guadalupe	42	1-C
VAN DICK ANTONIO		
Nonoalco	96	5-B
Santa María Nonoalco	96	5-B
VAN OSTADE		
Alfonso XIII	96	5-A
VANADIO		
U. H. El Rosario	69	1-F
Valle Gómez	84	1-D
VANEGAS CDA.		
Santiago Zapotitlán	125	3-B
VAPOR DEL		
San Miguel Xalostoc	72	1-B
VAQUERILLOS		
Villa Charra del Pedregal	122	3-A
VAQUEROS Y CDA.		
Santa Isabel Industrial	110	2-F
VAQUILLAS DE LAS		
Villas de la Hacienda	43	2-C
VAQUITA LA		
Arenitas	101	3-A
VAQUITA LA CJON.		
Centro	84	3-B
VARELA SEBASTIAN C 1 2 Y 3		
U. H. Vicente Guerrero	111	1-E
VARESE		
Izcalli Pirámide	57	3-C
VARGAS ALARCON G. Y CDA.		
San Pablo de las Salinas	19	6-E
VARGAS DE CDA.		
Vicente Guerrero 1a. Secc.	41	1-D
VARGAS ELVIRA Y 1R. RT.		
U. O. H. CTM Culhuacán IX	123	1-F
VARGAS LUIS PROFR.		
Ampl. Gabriel Hernández	71	2-F
VARGAS PEDRO		
Ampliación Emiliano Zapata	113	4-C
VARITA DE SAN JOSE		
Santa Rosa	101	1-E
VARO REMEDIOS		
Ciudad Satélite	69	1-D
VAROGIOS		
Ampl. Tepeximilpa Servimet	122	6-B
VAROHIO		
Lic. Carlos Zapata Vela	98	4-A
VARON DE SAN JOSE		
Loma Encantada	113	3-D
VARSOVIA		
Bellavista	56	5-B
Valle Dorado	56	2-D
VARSOVIA Y PRIV.		
Juárez	83	5-D
VASCO DA GAMA		
Arboledas del Sur	123	3-B
VASCO DE QUIROGA		
Emiliano Zapata	42	1-E
VASCO DE QUIROGA DE 1A. CDA.		
Lomas de Santa Fe	95	4-B
VASCO DE QUIROGA DE 2A. CDA.		
Lomas de Santa Fe	95	4-B
VASCO DE QUIROGA PROL.		
Paseo de las Lomas	107	1-D
VASCONCELOS B. DE 2A. CDA.		
Palmatitla	58	2-B
VASCONCELOS EDUARDO LIC.		
Colonial Iztapalapa	111	2-F
Jacarandas	111	2-F
VASCONCELOS JOSE		
Ampliación Emiliano Zapata	42	3-E
Ciudad Satélite	56	6-B
Condesa	96	1-C
Cumbres de Tepetongo	122	6-B
Darío Martínez	113	6-F
Hipódromo de la Condesa	96	1-C
Industrial San Lorenzo	56	4-F
San Antonio Tecomitl	151	1-F
San Lorenzo	123	4-D
San Miguel Chapultepec	96	1-C
Tierra Blanca	46	2-E
Tlalnepantla	56	4-F
VASCONCELOS JOSE CDA.		
Ampl. Gabriel Hernández	71	1-E
Barrio Cruztitla	151	1-F
VASCONCELOS JOSE LIC.		
Zona Escolar	58	4-A
VASCONCELOS JOSE MARIA		
Hank González	59	2-C
VASCONCELOS JOSE PROFR.		
Ampl. Gabriel Hernández	71	1-E
VASCONCELOS JOSE PROL.		
Barrio Cruztitla	151	1-F
San Antonio Tecomitl	151	1-F
VATICANO		
Izcalli Pirámide	57	3-C
VAZQUEZ ALBERTO		
Ampliación Emiliano Zapata	113	4-B
VAZQUEZ DE MELLA JUAN		
Los Morales	82	4-F
VAZQUEZ EDUARDO		
El Rosario	124	2-E
VAZQUEZ G.		
San Miguel Teotongo	113	3-A
VAZQUEZ GENARO		
Barrio Pescadores	87	3-F
Benito Juárez	97	4-E
La Palma	135	2-E
Punta La Zanja	87	3-F
VAZQUEZ GENARO CDA.		
San Andrés Totoltepec	135	3-E
VAZQUEZ ILDEFONSO GRAL.		
Residencial Militar	82	4-E
VAZQUEZ JIMENEZ FELIX		
Ampl. La Conchita	139	4-A
Emiliano Zapata	138	4-F
VAZQUEZ MARTINEZ JOSE RT.		
U. H. El Risco CTM	72	1-A
VAZQUEZ MIGUEL		
U. H. Monte de Piedad	109	3-D
VAZQUEZ OCAÑA FELIX ING.		
Villa de Reyes	33	3-C
VAZQUEZ TOMAS		
Barrio San Pedro	97	3-C
VECINAL		
Huayatla	120	2-E
VECINOS ASOCIADOS		
San Antonio	138	3-B
VEGA		
Prados de Coyoacán	110	6-B
VEGA JOSE JOAQUIN DE LA		
El Rosario	124	2-E
VEGA JOSE MANUEL		
Los Angeles	111	3-D
VEGA SANCHEZ RAFAEL (C. 49)		
U. Santa Cruz Meyehualco	112	3-A
VEGA SANTANDER FAUSTO TTE.		
Escuadrón 201	110	1-E
VEGA SANTIAGO DE LA		
Santa Martha Acatitla	99	6-C
VEGAS LAS		
Loma del Río	41	2-B
VEINTE DE AGOSTO		
Churubusco	110	2-A
Himno Nacional	28	5-D
Pueblo Culhuacán	110	4-E
San Francisco Culhuacán	110	3-D
VEINTE DE AGOSTO PRIV.		
San Francisco Culhuacán	110	3-D
VEINTE DE AGOSTO Y CJON.		
San Francisco Culhuacán	110	3-D
VEINTE DE DICIEMBRE		
La Navidad	94	6-C
VEINTE DE MARZO		
Benito Juárez	41	2-F
La Cruz	101	1-A
VEINTE DE NOV. 1A 2A 3A PRIV		
Barrio de Santo Tomás	70	4-C
VEINTE DE NOV. 4A. PRIV.		
Barrio de Santo Tomás	70	4-C

Calle / Colonia	Plano	Coordenadas
VEINTE DE NOV. AV. Y 3 CDAS.		
Bosques de Xhala	18	3-C
San Sebastián Xhala	18	3-C
VEINTE DE NOV. Y 4 PRIVS.		
Santa Cruz Acalpixca	137	3-C
VEINTE DE NOV. Y CDA Y CJON		
Cuautepec El Alto	58	1-B
VEINTE DE NOVIEMBRE		
Acuitlapilco	88	4-A
Ahuehuetes	56	1-C
Alfredo V. Bonfil	43	4-B
Alfredo del Mazo	127	3-E
Altamira	82	2-A
Altamira	81	2-F
Ampl. Alfredo V. Bonfil	43	5-B
Ampl. Alfredo V. Bonfil	43	4-B
Ampl. El Arenal	100	4-F
Ampl. Guadalupe Victoria	33	5-E
Ampl. Juárez Barrón	41	2-E
Ampliación Los Reyes	113	2-B
Aurora	17	5-B
Barrio San Bartolo	139	6-D
Barrio San Juan	150	4-E
Barrio San Mateo	125	6-F
Barrio San Miguel	125	6-F
Barrio San Miguel	139	6-D
Barrio de Santo Tomás	70	4-C
Barrio de las Animas	4	4-F
Benito Juárez	141	3-F
Bosques de Xhala	18	4-B
Carlos Hank González	112	5-A
Castillo Chico	58	3-B
Centro	84	5-B
Cerro del Tejolote	114	6-E
Cinco de Mayo	22	2-A
Coacalco de Berriozábal	32	4-E
Coanalán	36	6-D
Cocotitlán	141	4-D
Corralitos	112	4-C
Ecatepec de Morelos	33	6-D
Ej. Santa María Aztahuacán	112	1-B
Ejido San Juan Tlihuaca	42	3-C
Ejido San Mateo Ixtacalco	18	4-B
El Capulín	137	6-A
El Socorro	18	4-B
Emiliano Zapata	152	1-D
Francisco Villa	46	3-F
Himno Nacional	28	5-D
Horizonte Petrolero	68	1-E
Izcalli Chamapa	81	3-C
La Aurorita	17	5-C
La Conchita	152	1-D
La Hera	68	3-D
La Magdalena Panohaya	62	3-D
La Perla	30	1-C
Libertad	31	6-E
Loma Bonita	99	5-F
Loma de la Cruz	42	1-B
Loma de la Palma	58	2-A
Lomas de Chamapa	81	2-E
Los Morales	18	4-B
Magdalena Mixhuca	97	1-E
Manantiales	99	5-F
Mártires de Río Blanco	81	3-F
Melchor Ocampo	18	1-F
Miguel de la Madrid Hurtado	112	3-F
Molino de Santo Domingo	95	3-F
Montón Cuarteles	94	2-C
Nicolás Romero	28	5-D
Palo Solo	94	2-D
Plan de Ayala	81	4-E
Pradera de San Mateo	68	2-C
Progreso Guadalupe Victoria	33	5-E
Pueblo Nativitas	137	4-A
Pueblo San Antonio Tecomitl	152	1-B
Pueblo Santa Isabel Ixtapan	48	3-F
Revolucionaria	19	1-C
Ricardo Flores Magón	4	4-B
San Andrés Riva Palacio	62	4-D
San Bartolo	50	5-A
San Felipe	75	1-F
San Francisco Tepojaco	30	1-A
San Francisco Zacango	36	6-E
San Jerónimo Miacatlán	152	4-A
San Juan Teotihuacán	24	2-D
San Lucas Tepetlacalco	56	5-C
San Marcos Huixtoco	128	2-E
San Martín de las Pirámides	24	2-F
San Mateo Nopala	68	1-E
San Miguel	127	6-F
San Miguel Chalma	57	2-F
San Miguel Teotongo	113	3-A
San Miguel Tocuila	62	6-D
San Miguel Xochimanga	43	5-D
San Nicolás Tetelco	152	1-D
San Pedro Atzompa	21	3-C
San Pedro Tepetitlán	36	4-F
San Rafael Chamapa	81	1-F
San Sebastián Xhala	18	4-B
San Vicente Chicoloapan	88	6-E
Santa Catarina Ayotzingo	153	2-C
Santa Clara	59	4-C
Santa Lilia	81	1-F
Santa María Aztahuacán	112	2-D
Santa María Cozotlan	24	2-C
Santa María Ozumbilla	21	4-E
Santa Martha	99	5-F
Santiago Cuautlalpan	16	4-A
Santiago Yanhuitlalpan	94	4-A
Tepetitlán	50	5-C
Tepotzotlán	4	6-D
Tlalpexco	58	2-C
Tolteca	50	6-E
Tulantongo	63	4-B
Tultitlán	31	2-D
U. H. Atzacoalco CTM	71	1-F
Veinticinco de Julio	72	3-B
Venustiano Carranza	101	1-C
Zona Industrial Xhala	18	4-B
VEINTE DE NOVIEMBRE 1A. CDA		
Coanalán	36	6-D
VEINTE DE NOVIEMBRE 1A. CDA.		
Progreso Guadalupe Victoria	33	4-E
Pueblo Sta. Martha Acatitla	112	5-C
San Francisco Tepojaco	30	2-A
VEINTE DE NOVIEMBRE 2 PRIVS.		
Santa Cruz Acalpixca	137	3-D
VEINTE DE NOVIEMBRE 2A. CDA.		
Progreso Guadalupe Victoria	33	4-E
Pueblo Coanalán	36	6-D
Santa Martha Acatitla	112	1-E
VEINTE DE NOVIEMBRE 3A. CDA.		
San Sebastián Xhala	18	3-C
San Vicente Chicoloapan	88	6-E
VEINTE DE NOVIEMBRE 4A. CDA.		
San Francisco Tepojaco	30	2-A
VEINTE DE NOVIEMBRE 5A. CDA.		
San Francisco Tepojaco	30	2-A
VEINTE DE NOVIEMBRE AV.		
Aldama	123	6-C
Barrio San Marcos	136	1-E
Huichapan	136	1-E
La Concepción	20	3-F
La Noria	136	1-E
Pueblo Tepepan	123	6-C
San Francisco Tepojaco	30	2-A
San Juan Tepepan	123	6-C
Santa María Tonanitla	20	3-F
Tierra Nueva	136	1-E
U. H. Villa Xochimilco	136	1-E
VEINTE DE NOVIEMBRE CDA.		
Barrio San Mateo	125	6-F
La Cañada	56	3-B
San Nicolás Tetelco	152	1-D
San Pedro Atzompa	21	4-C
San Vicente Chicoloapan	88	6-E
Venustiano Carranza	101	1-C
VEINTE DE NOVIEMBRE DIAG.		
Obrera	84	6-A
VEINTE DE NOVIEMBRE PRIV.		
San Nicolás Tetelco	152	1-D
San Sebastián Xhala	18	3-C
VEINTE DE NOVIEMBRE PROL CDA		
Barrio La Magdalena	138	1-F
VEINTE DE NOVIEMBRE PROL.		
Barrio La Magdalena	138	1-F
San Andrés	138	1-F
Tres Marías	127	5-E
VEINTE DE NOVIEMBRE Y 2 CDAS		
San Juan Ixhuatepec	58	6-E
VEINTE DE NOVIEMBRE Y CDA.		
Loma de la Palma	58	1-A
Naucalpan de Juárez	69	6-B
San Mateo Tecalco	22	4-C
Tezoyuca	49	2-C
VEINTE DE NOVIEMBRE Y PRIV.		
San Juan Ixtayopan	139	4-A
VEINTE DE OCTUBRE		
Ampl. Vista Hermosa	29	5-A
VEINTE DE SEPTIEMBRE		
Jardines de los Baez	34	6-D
VEINTICINCO DE DIC. AMPL.		
Ampliación San Fernando	94	5-C
La Navidad	94	5-C
VEINTICINCO DE DIC. PRIV.		
La Navidad	94	5-C
VEINTICINCO DE DIC. PROL.		
La Navidad	94	5-C
VEINTICINCO DE DIC. Y 2 CDAS		
Ampl. Profr. C. Higuera	43	5-B
VEINTICINCO DE DICIEMBRE		
Ampl. Alfredo V. Bonfil	43	5-B
Buenavista	112	4-C
Granjas Navidad	94	6-C
La Navidad	94	6-C
Los Jacalones	128	5-A
VEINTICINCO DE DICIEMBRE 3A.		
Ampl. Alfredo V. Bonfil	43	5-B
VEINTICINCO DE DICIEMBRE 4A.		
Ampl. Alfredo V. Bonfil	43	5-B
VEINTICINCO DE DICIEMBRE 5A.		
Ampl. Alfredo V. Bonfil	43	5-B
VEINTICINCO DE DICIEMBRE CDA		
Alfredo V. Bonfil	43	4-B
La Navidad	94	6-C
VEINTICINCO DE ENERO		
Benito Juárez	97	4-E
VEINTICINCO DE FEB. DE 1860		
Leyes de Reforma	98	4-D
VEINTICINCO DE MARZO		
Tráfico	28	6-C
VEINTICINCO DE SEP. DE 1873		
Leyes de Reforma	98	5-E
VEINTICINCO DE SEPTIEMBRE		
Sutuar Ote.	100	2-D
VEINTICINCO REGIMIENTO CJON		
San Juan Teotihuacán	24	3-B
VEINTICUATRO DE ABRIL		
Ampl. Veinte de Noviembre	84	3-E
VEINTICUATRO DE ABRIL 1860		
Leyes de Reforma	98	5-D
VEINTICUATRO DE DIC. CDA.		
Santa María Cozotlan	24	1-C
VEINTICUATRO DE DICIEMBRE		
La Mesa	94	4-A
Montón Cuarteles	94	2-C
Palo Solo	94	2-D
San Mateo Tecoloapan	43	5-C
VEINTICUATRO DE FEBRERO		
Alfredo V. Bonfil	43	4-A
Altamira	82	2-A
Altamira	81	2-F
Ampliación Las Torres	44	1-E
Balcones de Barrón	41	2-E
Barrio de las Animas	4	4-F
Benito Juárez	44	1-D
Ceylan Ixtacala	57	6-C
Cinco de Mayo	22	2-A
Doce de Diciembre	110	5-F
Ejido San Juan Tlihuaca	42	2-B
Ejido San Juan Tlihuaca	42	3-C
Jorge Jiménez Cantú	28	3-F
La Aurorita	17	5-C
Lomas del Chamizal 1a. Secc	94	3-F
Molino de Santo Domingo	95	3-F
Nueva San Isidro	127	4-F
Nueva San Juan Ixtacala	57	6-C
Palo Solo	94	2-D
Piedra Gorda	16	4-F
Pradera de San Mateo	68	2-C
Ricardo Flores Magón	4	5-C
Santa María Cozotlan	24	1-C
Santiago Cuautlalpan	16	4-B
Tezoyuca	49	1-C
Tlazala	101	4-A
Z. U. E. Ozumbilla	21	5-F
VEINTICUATRO DE FEBRERO CDA.		
Tultitlán	31	2-D
VEINTICUATRO DE JUNIO		
Altamira	82	2-A
Barrio de las Animas	4	3-F
El Charco	47	5-A
Emiliano Zapata	42	1-F
San Francisco Culhuacán	110	4-D
San Gregorio Atlapulco	137	2-E
VEINTICUATRO DE JUNIO PROL.		
San Gregorio Atlapulco	137	2-E
VEINTICUATRO DE MARZO 1867		
U. H. Solidaridad	99	5-E
VEINTICUATRO DE MAYO		
Molino de Santo Domingo	95	3-F
VEINTICUATRO DE OCTUBRE		
Santa María Tonanitla	20	3-E
VEINTICUATRO DE SEPT. AND.		
La Conchita	95	4-F
VEINTIDOS DE ABRIL		
La Mancha 2a. Secc.	81	5-D
VEINTIDOS DE AGOSTO		
San Bartolo Atepehuacán	71	3-B
Valle del Tepeyac	71	3-B
VEINTIDOS DE DIC. DE 1860		
Leyes de Reforma	98	4-D
VEINTIDOS DE DICIEMBRE		
Fracc. Estepas	20	4-B
Gral. Manuel Avila Camacho	82	4-C
Santa María Tonanitla	20	3-E
U. José Ma. Morelos y Pavón	20	4-B
VEINTIDOS DE FEBRERO		
Barrio Los Reyes	70	4-B
Barrio San Marcos	70	4-B
Del Maestro	70	4-B
La Concepción	20	3-F
Profesores	76	3-B
Santa María Maninalco	70	4-B
Veintidos de Febrero	28	6-A
Villa Azcapotzalco	70	4-B
VEINTIDOS DE NOVIEMBRE		
Santa Cecilia Tepetlapa	150	1-A
VEINTIDOS DE OCTUBRE		
El Mirador	137	4-A
VEINTIDOS DE S. DE 1914 CALZ		
San Juan Tlihuaca	69	4-F
VEINTIDOS DE SEPTIEMBRE		
Jardines de los Baez	34	6-E
Jardines de los Baez	34	6-D
La Aurorita	17	5-C
VEINTINUEVE DE AGOSTO		
Barrio de las Animas	4	3-E
Cocotitlán	141	5-E
VEINTINUEVE DE DIC. CDA.		
Santa María Tonanitla	20	3-E
VEINTINUEVE DE DICIEMBRE		
La Paz	63	6-D
Santa María Tonanitla	20	3-E
VEINTINUEVE DE DICIEMBRE CDA		
Lomas de la Era	120	1-E
VEINTINUEVE DE FEBRERO		
La Concepción	20	3-F
VEINTINUEVE DE JULIO CDA.		
San Miguel Teotongo	113	2-A
VEINTINUEVE DE JUNIO		
Barrio de las Animas	4	3-F
VEINTINUEVE DE JUNIO CDA.		
Barrio de las Animas	4	4-F
VEINTINUEVE DE OCTUBRE		
Lomas de la Era	107	5-F
Lomas de la Era	120	1-E
Paraje del Caballito	120	1-E
VEINTINUEVE DE OCTUBRE AV.		
Lomas de la Era	107	6-F
VEINTINUEVE DE SEPTIEMBRE		
La Mancha 2a. Secc.	81	5-E
Santa Catarina Ayotzingo	153	2-B
VEINTIOCHO DE AGOSTO		
Escandón	96	3-C
VEINTIOCHO DE DICIEMBRE		
Emiliano Zapata	110	6-B
Montón Cuarteles	94	2-C
VEINTIOCHO DE FEBRERO		
La Concepción	20	3-F
VEINTIOCHO DE JULIO		
Plan de Guadalupe Victoria	30	5-D
VEINTIOCHO DE MAYO		
Margarita Maza de Juárez	43	3-C
VEINTIOCHO DE NOVIEMBRE		
Quiahuatla	138	1-E
VEINTISEIS DE ABRIL		
U. H. Atzacoalco CTM	71	1-F
VEINTISEIS DE ENERO DE 1857		
Leyes de Reforma	98	5-C
VEINTISEIS DE MARZO		
Acuitlapilco	88	4-A
Gral. Manuel Avila Camacho	82	4-C
Santa María Tonanitla	20	2-E
VEINTISEIS DE NOVIEMBRE CDA.		
San Antonio Xahuento	19	2-E
VEINTISEIS DE SEP. PRIV.		
San Francisco Chilpan	31	6-C
VEINTISIETE DE ABRIL Y PRIV.		
Gral. Manuel Avila Camacho	82	4-C
VEINTISIETE DE AGOSTO		
Altamira	81	2-F
VEINTISIETE DE JULIO		
Altamira	81	2-F
VEINTISIETE DE JUNIO		
Alfredo V. Bonfil	43	4-B
VEINTISIETE DE MARZO		
Ampl. Altamira	81	2-F
Cerro del Tejolote	114	6-E
VEINTISIETE DE MAYO		
Amado Nervo	19	2-D
VEINTISIETE DE SEP. CDA.		
San Salvador Atenco	62	1-C
VEINTISIETE DE SEPT. CDA.		
San Francisco Acuexcomac	62	1-C
VEINTISIETE DE SEPT. CJON.		
San Francisco Chilpan	31	6-C
VEINTISIETE DE SEPT. PRIV.		
San Salvador Atenco	62	1-C
VEINTISIETE DE SEPTIEMBRE		
Ampl. Buenavista	44	4-D
Electra	56	5-E
San Francisco Acuexcomac	49	6-C
San Martín de las Pirámides	24	2-F
San Salvador Atenco	62	2-C
Santa María Ticomán	58	6-B
VEINTITRES DE ABRIL		
Ampliación San Pedro Xalpa	69	4-E
VEINTITRES DE JULIO DE 1859		
Leyes de Reforma	98	5-C
VEINTITRES DE MARZO		
Ricardo Flores Magón	4	4-C
VEINTITRES DE MAYO		
Emiliano Zapata	42	1-F
VEINTITRES DE NOVIEMBRE		
San Juan Totoltepec	68	5-F
VEINTITRES DE SEPTIEMBRE		
Jardines de los Baez	34	6-E
Lomas del Chamizal	94	3-F
Lomas del Chamizal 1a. Secc	94	3-F
VEINTIUNO DE AGOSTO		
Copilco El Bajo	109	4-B
VEINTIUNO DE DICIEMBRE		
San José de los Leones	81	3-E
VEINTIUNO DE ENERO		
San Esteban Huitzilacasco	81	3-F
VEINTIUNO DE MARZO		
Alfredo V. Bonfil	43	4-A
Ampl. Altamira	82	2-A
Ampliación San Lorenzo	100	1-C
Balcones de Barrón	41	2-E
Benito Juárez	141	4-F
Benito Juárez	44	1-D
Benito Juárez	28	5-E
Benito Juárez	59	2-C
Benito Juárez	59	2-B
Benito Juárez	41	2-F
Benito Juárez	41	1-F
Cocotitlán	141	4-D
Corralitos	112	4-C
Cuajimalpa	107	2-A
Ixtapaluca	115	6-B
Jorge Jiménez Cantú	28	3-E
La Aurorita	17	5-C
La Concepción	20	3-F
La Perla	30	1-C
Libertad	31	6-E
Loma de la Cruz	42	1-B
Loma de la Palma	58	2-A
Molino de Santo Domingo	95	3-F
Montón Cuarteles	94	2-C
Nueva San Isidro	127	4-F
Ocho de Agosto	96	3-B
Palmitas	112	4-C
Palo Solo	94	2-D
Reforma Política	112	4-D
San Antonio Zomeyucan	82	2-A
San Gregorio Atlapulco	137	2-F
San José de la Palma	128	1-B
San Miguel	127	6-F
Santa María Cozotlan	24	1-C
Santa María Ticomán	58	6-B
Santa María Tlayacampa	44	6-B
Santa María Tonanitla	20	3-F
Santa María la Barranca	101	1-A
Santiago Cuautlalpan	16	4-A
Santiago Yanhuitlalpan	94	4-A
Tezoyuca	49	1-C
Tlalpexco	58	2-C
Tlazala	101	4-A
Universal	81	1-D
Veintiuno de Marzo	127	5-D
VEINTIUNO DE MARZO CDA.		
Ampliación Juárez Barrón	41	2-F
Xochiaca	100	1-C
Xochiaca	100	1-D
VEINTIUNO DE MARZO DE 1806		
U. H. Guelatao de Juárez	99	4-A
VEINTIUNO DE MARZO Y AND.		
Tezoyuca	49	2-E
VEINTIUNO DE MARZO Y CDA.		
Ampl. Alfredo V. Bonfil	43	5-B
Cuautitlán	31	1-B
Santa María Cuautepec	32	5-A
VEINTIUNO DE MARZO Y PROL.		
San Miguel Teotongo	113	2-A
VEINTIUNO DE MAYO		
Santa María Tonanitla	20	2-E
VEINTIUNO DE OCTUBRE		
Comuneros de Santa Ursula	122	3-E
VEINTIUNO DE SEPTIEMBRE		
Jardines de los Baez	34	6-D
Lomas de Chamapa	81	3-E
VELA		
San Pedro	87	5-F
U. Vallejo La Patera	70	2-F
VELA NERI		
Vista Hermosa	18	2-B
VELADERO EL		
U. José Ma. Morelos y Pavón	33	1-B
VELASCO CERON ROQUE AV.		
Cristo Rey	95	4-F
U. H. Santa Fe	95	4-F
Victoria	95	4-F
VELASCO J. DR.		
Doctores	83	6-F
VELASCO JOSE MARIA		
Avándaro	127	1-A
Bosque de Chapultepec	95	2-E
Ciudad Satélite	69	1-D
Darío Martínez	127	1-A
Lomas de Virreyes	95	1-E
San José Insurgentes	109	1-B
U. Pedro Ojeda Paullada	73	3-B
U.H. Emiliano Zapata ISSSTE	76	3-C
Universal	81	1-D
VELASCO LUIS DE		
Lomas de Virreyes	82	6-E
VELASCO MARIANO		
El Arenal	136	5-D
VELATI RICARDO		
México Nuevo	42	6-E
VELAZQUEZ CONSUELITO		
Compositores Mexicanos	45	6-A
VELAZQUEZ DE LEON JOAQUIN		
San Rafael	83	4-E
VELAZQUEZ EMILIANO		
Tolteca	50	6-E
VELAZQUEZ FIDEL		
Himno Nacional	28	5-D
Ricardo Flores Magón	4	5-C
VELAZQUEZ I.		
Tolteca	50	6-E
VELAZQUEZ ISABEL		
Tolteca	50	6-E
VELAZQUEZ M. MIGUEL		
Diez de Abril	69	3-E
VELAZQUEZ MANCILLA MIGUEL		
La Providencia	69	3-E
VELAZQUEZ MARTINEZ A.		
Periodista	82	2-D
VELAZQUEZ MIGUEL		
Ricardo Flores Magón	4	4-C
VELAZQUEZ PEDRO AV.		
México Nuevo	55	1-D
VELAZQUEZ URIARTE JUAN		
Ciudad Satélite	69	1-C
VELAZQUEZ VENTURA		
Loma Bonita	114	6-D
VELEZ DR.		
Doctores	97	1-A
VELEZ LIC.		
Lázaro Cárdenas	73	6-A
VELEZ PEDRO		
Ciudad Satélite	69	1-A
Consejo Agrarista Mexicano	111	5-E
Presidentes de México	111	5-E
VELEZ PEDRO LIC.		
Insurgentes	111	5-E
Presidentes de México	111	5-E
VELIZ VICENTE		
Francisco Sarabia	42	2-C
VELLOCINO		
Cuautitlán Izc. Ensueños	17	6-D
VENACHO		
U. H. Coyuya	97	2-E
VENADO		
Los Olivos	124	2-E
VENADO DEL CJON.		
Zoquiapan	115	6-E
VENADOS		
Cocoyotes	58	2-B
VENADOS 1a.		
PROFOPEC Polígono 3	60	5-C
VENADOS 2a. Y 3a.		
PROFOPEC Polígono 3	60	5-D
VENADOS AV.		
Lomas Lindavista El Copal	58	4-E
VENADOS DE LOS CDA.		
Del Parque	46	5-D
VENADOS DE LOS RT.		
Bosques de la Hacienda	17	4-E
VENCEDORA LA		
Industrial	71	5-C
VENDOME		
Condominio Trianón	94	3-F
VENECIA		
Izcalli Pirámide	57	3-C
Juárez	83	5-E
San Alvaro	83	1-C
San Miguel Teotongo	113	4-A
Tepeyac Insurgentes	71	4-D
Valle Dorado	56	2-E
VENECIA PRIV.		
San José Insurgentes	109	1-B
VENECIANOS		
Abraham González	95	4-F
Victoria	95	4-F
VENEGAS		
Emiliano Zapata	101	3-B
VENEGAS ARROYO		
Centro	84	5-D
VENEGAS CJON.		
La Estación	125	3-A
VENEGAS FRANCISCO		
El Molino de las Flores	63	5-F
VENEZUELA		
Doctores	97	1-A
Jardines de Cerro Gordo	60	1-C

Calle / Colonia	Plano	Coordenadas
San José Ixhuatepec	58	5-F
VENITAS AV.		
Tierra Blanca	46	1-E
VENITAS LAS		
Tierra Blanca	46	2-D
VENTA DE CARPIO AV.		
Venta de Carpio	34	5-E
VENTA DE LA		
Jardines de San Gabriel	59	5-E
VENTA LA		
La Venta	148	1-C
VENTA LA 1A. CDA.		
La Venta	106	5-F
VENTA LA 2A. CDA.		
La Venta	106	5-F
VENTA LA CALZ.		
Complejo Ind. Cuamatla	17	6-F
VENTA LA CDA.		
Barrio San Lucas	111	2-A
VENTA LA Y 1A. CDA.		
La Cruz	121	2-C
VENTANALES		
Villas de la Hacienda	43	2-C
VENTISCA		
Plaza del Kiosko	20	5-C
VENTISCA DE LA AV.		
San Bartolo Tenayuca	57	5-F
Zona Res. Acueducto de Gpe.	57	5-F
VENTIUNO DE MARZO		
Ricardo Flores Magón	4	4-C
VENTURA EMILIO		
Santa Cruz Amalinalco	128	5-B
VENTURINA		
Ciudad Cuauhtémoc	34	2-E
Estrella	71	5-D
La Joya Ixtacala	57	5-C
VENUS		
Arboledas Cuaut. El Alto	58	1-C
Atizapán 2000	42	3-F
Cuautitlán Izc. Ensueños	17	6-D
El Mirador	110	4-F
Francisco Alvarez	114	6-C
Granjas de Guadalupe	42	1-C
Izcalli Rinconada	20	6-B
La Estrella	59	5-F
Las Rosas	56	4-E
Media Luna	73	3-D
Nueva Industrial Vallejo	70	2-F
Reacomodo El Cuernito	95	4-F
Rinconada Coacalco	33	3-B
San Antonio Zomeyucan	82	2-A
San Antonio Zomeyucan	82	3-A
San Pablo Los Gallos	17	4-A
San Simón Tolnáhuac	84	1-A
VENUS PRIV.		
Xalpa	112	4-E
VENUS Y CDA.		
Lomas de la Estancia	112	4-E
VENUSIA		
Ampliación López Portillo	121	6-D
VENUSTIANO CARRANZA		
Acolman de Nezahualcóyotl	36	3-C
Chimalhuacán	88	6-A
VERA LUZ		
Ampl. Gabriel Hernández	72	2-A
VERA PAZ J.		
Jalalpa	95	5-D
VERA PEDRO DR.		
Las Alamedas	56	2-B
VERA TERESA		
U. O. H. CTM Culhuacán VIII	123	1-F
VERACRUZ		
Adolfo López Mateos	42	4-E
Ampl. Buenavista	44	4-C
Ampl. San Francisco	115	2-E
Apolocalco	113	5-D
Barrio La Concepción	151	4-D
Barrio La Concepción	151	5-E
Barrio Santa Cruz	151	4-D
Benito Juárez	28	5-F
Buenavista	112	5-B
CROC Aragón	73	1-B
Chalma de Guadalupe	57	1-F
Chalma de Guadalupe	57	2-E
Chiconcuac	49	6-F
Chimalhuacán	87	6-E
Des. Urbano Alvaro Obregón	95	5-D
El Chamizal	72	2-D
El Mirador	19	2-D
El Progreso	16	5-F
Granjas Valle de Guadalupe	59	5-F
Héroes de Padierna	121	1-D
Ixtlahuacan	112	3-F
Jardines de Morelos	47	2-C
Jards. San Agustín 2a. Secc	100	5-D
Jesús del Monte	94	6-A
Jorge Jiménez Cantú	28	3-E
Josefa Ortiz de Domínguez	60	2-B
La Providencia	72	4-D
Lázaro Cárdenas	56	2-B
Lomas San Andrés Atenco	56	3-C
Lomas San Lorenzo	111	6-D
Lomas de San Andrés Atenco	56	3-C
Lomas de San Angel Inn	108	4-F
Lomas de San Pablo	153	2-D
Los Reyes Acaquilpan	113	1-C
México Nuevo	55	1-E
Miguel Hidalgo	122	4-B
Miguel de la Madrid Hurtado	112	3-F
Nueva Rufino Tamayo	46	5-D
Polvorilla	111	5-F
Progreso	108	4-F
Pueblo Coanalán	36	5-D
Pueblo de Tepexpan	35	6-F
Revolucionaria	19	1-C
Roma	83	6-D
San Antonio Zomeyucan	82	2-A
San Jerónimo Aculco	108	6-D
San Jerónimo Aculco	121	1-D
San José Tecamac	22	2-B
San José Tecamac	22	3-C
San Lucas Tepango	37	1-D
San Lucas Tepango	37	2-C
San Miguel Teotongo	113	4-A
San Miguel Teotongo	113	4-B
San Nicolás Tetelco	152	2-D
San Pablo de las Salinas	20	5-A
San Pedro Tepetitlán	37	4-A
Santa Catarina Acolman	36	2-B
Santa María Coatlán	24	4-F
Temamatla	154	2-D
Tezoyuca	49	4-C
Tierra Blanca	46	2-E
Tlalpizahuac	113	6-F
Valle de Santa Mónica	56	4-C
Venta de Carpio	34	5-E
Villa Milpa Alta	151	4-D
Villa de las Palmas	42	2-F
VERACRUZ 1A. PRIV.		
Santa María Chiconautla	34	4-F
VERACRUZ 2 CDAS.		
Cuajimalpa	107	3-A
VERACRUZ 2A. PRIV.		
Santa María Chiconautla	34	4-F
VERACRUZ 3A. PRIV.		
Santa María Chiconautla	34	4-F
VERACRUZ AV.		
Casas Reales	34	5-E
Cuajimalpa	107	3-A
El Contadero	107	3-A
El Puente	107	3-A
Loma de la Papa	107	3-A
San Francisco Zacango	36	6-E
San Simón	63	3-C
Santa María Chiconautla	34	5-E
VERACRUZ CDA.		
Chimalhuacán	87	6-E
Jesús del Monte	94	6-A
Lázaro Cárdenas	56	2-C
Los Cuyos	100	3-D
Manzanastitla	107	1-A
San Antonio	63	3-C
San Simón	63	3-C
VERACRUZ CDA. Y PRIV.		
San Francisco Zacango	36	6-E
VERACRUZ DE 3A. CDA.		
Jesús del Monte	94	6-A
VERACRUZ DE CDA.		
San Francisco Zacango	36	6-E
VERACRUZ NORTE		
Barrio Santa Cruz	151	3-D
Villa Milpa Alta	151	3-D
VERACRUZ ORIENTE		
Santa María Tulpetlac	46	6-F
VERACRUZ PROL.		
Ampl. San Francisco	115	2-F
Barrio La Concepción	151	4-D
Jesús del Monte	94	6-A
Lázaro Cárdenas	56	1-C
Manzanastitla	94	6-A
Tierra Blanca	46	1-E
VERACRUZ Y CDA.		
Luis Echeverría	30	5-F
Pueblo Aculco	97	5-F
República Mexicana	32	5-E
VERACRUZ Y PRIV.		
El Contadero	107	3-A
VERACRUZANOS		
Arturo Martínez	95	4-E
VERANO		
2a. Ampl. Stgo Acahualtepec	112	3-D
Ampl. Profr. C. Higuera	43	5-A
Chalco	128	6-B
Diecinueve de Mayo	108	1-A
Ixtlahuaca	107	4-E
La Casilda	58	1-C
La Garita	34	2-D
La Soledad	82	2-A
Lomas de Totolco	101	2-A
Paraíso	60	1-A
San Lorenzo	81	1-F
San Rafael Chamapa	81	3-D
VERANO PRIV.		
Chalco	128	6-B
VERANO Y CDA.		
La Candelaria Ticomán	58	5-B
San José del Jaral	43	2-D
VERASTEGUI JOSE AV.		
Ej. Santa María Aztahuacán	112	2-B
Santa María Aztahuacán	112	2-B
VERBENA		
Tlatilco	83	1-E
VERBENA PRIV.		
Tlatilco	83	1-E
VERBENA Y 3 CDAS.		
Los Angeles	111	3-D
VERDAD LIC.		
Centro	84	4-C
VERDE AND.		
Ampl. La Olímpica	81	4-B
VERDERON DEL		
Las Alamedas	56	2-A
VERDERONES		
Granjas de Guadalupe	42	1-C
Izcalli Jardines	47	1-C
VERDI GIUSEPPE		
Peralvillo	84	1-C
VERDIN		
La Cañada	56	3-B
Los Clubes	43	5-C
VERDIN CAMPOS ARIEL		
Francisco Sarabia	42	2-C
VERDINES		
Parque Residencial Coacalco	33	5-B
VERDOLAGA LA		
Ampliación Evolución	99	2-D
Benito Juárez	99	2-D
VERDUZCO JOSE SIXTO		
Buenavista	44	1-D
Reforma Educativa	98	4-F
U. José Ma. Morelos y Pavón	20	4-B
VEREDA		
Ciudad Satélite	56	6-A
Hacienda Ojo de Agua	21	5-B
Jardines del Pedregal	121	1-F
VEREDA 1		
Izcalli Chamapa	81	3-C
VEREDA 10		
Izcalli Chamapa	81	4-C
VEREDA 11		
Izcalli Chamapa	81	4-C
VEREDA 12		
Izcalli Chamapa	81	4-C
VEREDA 13		
Izcalli Chamapa	81	4-C
Izcalli Chamapa	81	4-D
VEREDA 15		
Izcalli Chamapa	81	4-C
VEREDA 17		
Izcalli Chamapa	81	4-D
VEREDA 19		
Izcalli Chamapa	81	4-C
VEREDA 2		
Izcalli Chamapa	81	3-C
VEREDA 21		
Izcalli Chamapa	81	4-C
VEREDA 22		
Izcalli Chamapa	81	4-C
VEREDA 23		
Izcalli Chamapa	81	4-C
Izcalli Chamapa	81	4-D
VEREDA 25		
Izcalli Chamapa	81	4-C
VEREDA 3		
Izcalli Chamapa	81	3-C
VEREDA 4		
Izcalli Chamapa	81	3-C
VEREDA 4, 6 Y 7		
Izcalli Chamapa	81	3-D
VEREDA 5		
Izcalli Chamapa	81	3-C
VEREDA 6		
Izcalli Chamapa	81	3-C
VEREDA 75		
Tenorios	112	4-D
Tenorios	112	5-D
VEREDA 8		
Izcalli Chamapa	81	3-C
VEREDA 9		
Izcalli Chamapa	81	4-C
Izcalli Chamapa	81	4-D
VEREDA A SANTIAGO		
Palo Alto	94	5-F
VEREDA CATORCE		
Izcalli Chamapa	81	4-C
VEREDA CINCO		
Izcalli Chamapa	81	3-C
VEREDA DEL COLIBRI		
Viveros de Cuernavaca	135	4-F
VEREDA DEL COLIBRI Y PRIV.		
San Andrés Totoltepec	135	4-F
VEREDA DIECISEIS		
Izcalli Chamapa	81	4-C
VEREDA DIEZ		
Izcalli Chamapa	81	4-C
VEREDA LA		
Jardines de la Hda. Sur	17	5-F
VEREDA LA AV.		
Villa Coapa	123	4-D
VEREDA QUINCE		
Izcalli Chamapa	81	4-C
VEREDA SANTA FE		
Lomas de Santa Fe	95	4-B
VEREDA SEIS		
Izcalli Chamapa	81	3-C
VEREDA TROPICAL		
El Rosario	16	4-E
VEREDA TROPICAL CDA.		
Xochiaca	87	6-C
VEREDA VEINTE		
Izcalli Chamapa	81	4-C
VEREDAS		
U. INFONAVIT Iztacalco	97	4-E
VEREN ARIEL		
Tlalpexco	58	2-C
VERGARA BARTOLO ING.		
Guadalupe Insurgentes	71	5-B
VERGARA MANUEL		
Emiliano Zapata	127	1-C
VERGEL		
Lomas de Santiago Tepalcapa	43	3-A
VERGEL CALZ.		
Francisco Villa	111	4-F
La Era	111	4-F
Las Peñas	111	4-F
Presidentes de México	111	4-F
VERGEL CDA. DEL		
Las Peñas	111	4-F
VERGEL DE LA VIRGEN EL		
Barrio Parque del Tepeyac	71	3-E
VERGEL DEL 2 CDAS.		
Presidentes de México	111	4-E
VERGEL PRIV.		
Agrícola Oriental	98	3-C
VERGEL Y CDA.		
Lomas de San Angel Inn	108	3-F
VERGELITO EL		
Ampliación Evolución	99	2-E
Benito Juárez	99	2-E
VERIN		
Cerro de la Estrella	111	5-C
VERMONT		
Nápoles	96	3-D
VERNE JULIO		
Polanco Chapultepec	83	5-A
VERONA		
Izcalli Pirámide	57	3-C
Los Encinos	121	5-D
VERONES		
Victoria	95	4-F
VERONES PABLO		
Alfonso XIII	96	5-A
VERONICA		
Santa Cecilia	57	2-C
Santa María de Guadalupe	44	3-B
VERSALLES		
Juárez	83	5-F
San Martín de las Pirámides	24	1-F
Villa Verdún	107	4-F
VERSALLES CDA.		
Los Alpes	109	2-A
VERSO		
Jaime Torres Bodet	139	4-A
VERTIZ		
Ciudad Satélite	56	6-B
VERTIZ CAPITAN Y CDA.		
La Malinche	108	6-C
VERTIZ JOSE MARIA DR. AV.		
Buenos Aires	96	5-F
Doctores	84	6-A
Independencia	96	5-F
Letran Valle	96	5-F
Narvarte	96	5-F
Portales	96	5-F
Vértiz Narvarte	96	5-F
VESPUCIO AMERICO		
Lomas de Capula	95	5-E
VESTA		
Guerrero	84	2-A
Rinconada Coacalco	33	3-B
VESUBIO		
Ampliación Benito Juárez	81	4-E
Los Alpes	109	1-B
Los Volcanes	122	6-D
VETA GRANDE		
Valle Gómez	84	2-D
VETERINARIA		
Univ. Aut. Metropolitana	42	1-F
VETERINARIOS		
El Sifón	97	6-D
VIA ABETOS		
El Bosque	122	4-B
VIA ACACIA		
Villa Florence	94	5-B
VIA ALEJANDRINA		
Joyas del Pedregal	122	2-F
VIA ALHELI		
Villa Florence	94	4-C
VIA ARIESTIS		
San Bartolo Atepehuacán	71	3-A
VIA AZAHAR		
Villa Florence	94	4-B
VIA CICLAMEN		
Villa Florence	94	4-B
VIA CIRCON		
Joyas del Pedregal	122	2-F
VIA CORAL		
Joyas del Pedregal	122	2-F
VIA CORTA A MORELIA		
Ejido de Santiago Tepalcapa	43	3-A
Flores Magón	42	1-C
Granjas de Guadalupe	42	1-C
Ignacio Zaragoza	28	4-B
Ignacio Zaragoza	28	4-C
Independencia	28	4-B
Independencia	28	4-C
La "Y"	28	4-C
La "Y"	28	4-B
Libertad	28	4-C
Libertad	28	4-B
Loma de la Cruz	42	1-C
Lomas de Santiago Tepalcapa	43	3-A
México 86	43	3-A
Morelos	28	4-C
Morelos	28	4-B
Primero de Septiembre	42	1-C
San Isidro La Paz	29	6-B
San Isidro La Paz	29	4-A
San Juan Ixtacala	43	3-A
Santa Anita la Bolsa	29	4-A
Villa de las Palmas	42	1-C
Villa de las Torres	42	1-C
VIA DE DEIMOS		
Arcos de la Hacienda	17	5-E
VIA DE FOBOS		
Arcos de la Hacienda	17	6-E
VIA DE JUPITER		
Arcos de la Hacienda	17	5-E
VIA DE LA CJON.		
Las Tinajas	107	3-C
VIA DE LA LUNA		
Arcos de la Hacienda	17	6-E
VIA DE LA TIERRA		
Arcos de la Hacienda	17	6-E
VIA DE MARTE		
Arcos de la Hacienda	17	5-E
VIA DE MERCURIO		
Arcos de la Hacienda	17	6-E
VIA DE NEPTUNO		
Arcos de la Hacienda	17	6-E
VIA DE PLUTON		
Arcos de la Hacienda	17	5-E
VIA DE SATURNO		
Arcos de la Hacienda	17	5-E
VIA DE URANO		
Arcos de la Hacienda	17	5-E
VIA DE VENUS		
Arcos de la Hacienda	17	6-E
VIA ENCINOS		
El Bosque	122	4-B
VIA EXPRESS TAPO		
Delegación V. Carranza	85	3-F
VIA FERROCARRIL A HIDALGO		
Ej. Santo Tomás Chiconautla	34	3-D
Ignacio Pichardo Pagaza	34	3-D
Santo Tomás Chiconautla	34	3-D
VIA FERROCARRIL HIDALGO CDA.		
Santo Tomás Chiconautla	34	3-D
VIA FLORENCE		
Villa Florence	94	4-B
VIA FRAGANTE		
Tlalpuente	135	3-B
VIA GRANATE		
Joyas del Pedregal	122	2-F
VIA INDUSTRIAL 1A Y 2A PRIV.		
San Francisco Xocotitla	70	6-F
VIA LA		
Tráfico	28	6-B
VIA LA VENTA		
Arturo Martínez	95	4-E
Bonanza	95	4-E
Isidro Fabela	95	4-E
La Joya	95	4-E
Lomas de Becerra Granada	95	4-E
María G. de García Ruiz	95	4-E
Unidad Belén	95	4-E
VIA LACTEA		
Jardines de Satélite	55	6-F
Jardines de Satélite	68	1-F
Las Rosas	56	4-E
Prado Churubusco	110	2-C
VIA LAGO 1A. CDA.		
San Felipe	75	1-F
VIA LAGO 2A. CDA.		
San Felipe	75	1-F
VIA LAGO Y 2 CDAS.		
Pueblo San Felipe	75	1-F
VIA LIBRE		
La Purísima	34	5-F
VIA MAGNA		
Villa de las Lomas	94	2-D
VIA MARGARITA		
Villa Florence	94	4-C
VIA MORELOS		
C. H. Jesús Sánchez y Cía	47	3-A
Constitución de 1917	59	4-B
Cuauhtémoc	59	4-B
Ecatepec de Morelos	47	3-A
El Charco	47	3-A
FOVISSSTE Morelos	47	3-A
Frac San Cristóbal Ecatepec	47	3-A
Industrial Cerro Gordo	59	4-B
Jardines de Casa Nueva	59	4-B
La Alfalfa	47	3-A
La Propiedad	47	3-A
Las Ftes. de San Cristóbal	47	3-A
Nuevo Laredo	47	3-A
P. Santa María Tulpetlac	46	6-F
Renovación	47	3-A
Rústica Xalostoc	59	4-B
San José Jajalpa	47	3-A
San Pedro Xalostoc	59	4-B
Santa Clara	59	4-B
Santa María Tulpetlac	46	6-F
Santa María Xalostoc	59	4-B
Tepejomulco	59	4-B
Unidad Cerro Gordo	59	4-B
VIA MORELOS PRIV.		
Santa María Xalostoc	59	3-D
VIA OCOTES		
El Bosque	122	4-B
VIA OLMOS		
El Bosque	122	4-B
VIA ORQUIDEA		
Villa Florence	94	4-C
VIA SAN FERNANDO CJON.		
Barrio San Fernando	122	3-D
VIA SATELITE		
Arcos de la Hacienda	17	6-E
Cuautitlán Izcalli	17	6-E
VIA ZAFIRO		
Joyas del Pedregal	122	2-F
VIADUCTO		
La Estación	125	1-A
VIADUCTO RIO BECERRA		
Ampliación Nápoles	96	4-C
Escandón	96	4-C
Nápoles	96	4-C
San Pedro de los Pinos	96	4-C
VIADUCTO TLALPAN		
Barrio Niño Jesús	122	4-F
Club de Golf México	122	4-F
Chimalcóyotl	122	4-F
El Arenal Tepepan	123	2-A
La Joya	122	4-F
San Buenaventura	122	4-F
San Lorenzo Huipulco	123	2-A
Santa Ursula Coapa	123	2-A
Sección XVI	122	4-F
U. H. ISSFAM No. 1	122	4-F
Villa Tlalpan	122	4-F
VIAJERO 1a.		
PROFOPEC Polígono 3	60	5-C
VIALIDAD 1		
U. H. Infonavit Xochináhuac	70	1-A
VIALIDAD 2		
U. H. Infonavit Xochináhuac	70	1-A
VIALIDAD ORIENTE		
Dos de Octubre	121	6-C
VIAS FERREAS DEL SUR		
Los Reyes Acaquilpan	113	2-D
VICAM		
Alvaro Obregón	97	1-D
VICARIO		
2a. Ampl. Stgo Acahualtepec	112	3-E
VICARIO LEONA		
Barrio San Juan	136	1-F
Barrio Tenantitla	139	6-A
Barrio Texcatitla	139	6-A

Calle / Colonia	Plano	Coordenadas
Bejero	95	5-B
Centro	84	4-C
Darío Martínez	113	6-F
Darío Martínez	114	6-A
Ej. Santa María Aztahuacán	112	3-C
El Pino	113	2-F
Emiliano Zapata	113	3-B
Gustavo A. Madero	71	4-D
Huixquilucan de Degollado	106	1-B
Jiménez Cantú	128	1-F
Josefa Ortiz de Domínguez	60	2-B
Lomas de la Estancia	112	3-E
Malacates	45	5-B
Miguel Hidalgo	122	4-C
Nicolás Bravo	73	3-B
Paraje Zacatepec	112	2-D
Radiofaro Totolcingo	35	6-D
Ricardo Flores Magón	4	5-C
San Martín Tepetlixpan	31	6-A
San Martín de las Pirámides	24	2-F
San Miguel Tocuila	62	5-D
San Pedro Atzompa	21	3-D
San Vicente Chicoloapan	88	6-E
Santa Clara	59	2-D
Santo Tomás Ajusco	148	1-A
Tezoyuca	49	2-D
Tizapán	108	4-F
Tultepec	19	3-C
Valle de Anáhuac Secc. C	60	6-A
Vista Hermosa	18	2-B
VICARIO LEONA 2 CDAS.		
Emiliano Zapata	42	2-E
VICARIO LEONA AV.		
Concepción	127	3-B
Independencia	127	3-B
San Isidro	127	3-B
Santiago	127	3-B
Santiago	126	2-F
VICARIO LEONA CDA.		
Ampliación Emiliano Zapata	42	2-E
Barrio La Lonja	122	4-C
Emiliano Zapata	113	2-C
San Vicente Chicoloapan	88	6-E
VICARIO LEONA CJON.		
Miguel Hidalgo	122	4-C
VICARIO LEONA DE CDA.		
Tultitlán	31	2-E
VICARIO LEONA PROL.		
Ampl. Emiliano Zapata	42	2-E
VICARIO LEONA Y CDA.		
El Rosario	16	4-F
Emiliano Zapata	113	2-C
VICENTE GUERRERO		
El Carmen	58	3-B
VICENTE GUERRERO AV.		
Chalco	141	1-A
VICENTE GUERRERO CJON.		
La Magdalena Atlicpan	100	6-E
VICENTECO		
Industrial Naucalpan	69	6-B
VICO		
Ejido de Santiago Tepalcapa	43	4-B
VICTOR		
Pavón	98	2-F
VICTOR AV.		
Del Sol	86	4-B
Estado de México	86	5-B
VICTOR HUGO		
La Nopalera	124	3-F
Moderna	97	2-B
Nueva Anzures	83	5-C
VICTOR HUGO AV.		
Albert	96	6-F
Portales	96	6-F
Portales Oriente	96	6-F
VICTOR HUGO Y CDA.		
Niños Héroes de Chapultepec	97	4-A
VICTORIA		
Ampl. Alfredo V. Bonfil	43	5-B
Asoc. de Ob.y S.de la R.M.	47	2-A
Barrio Santo Domingo	70	4-B
Bondojito	71	5-C
Centro	84	4-A
Chiconcuac	62	1-F
El Edén	112	1-D
Estrella	71	5-C
Guadalupe Insurgentes	71	5-C
Huayatla	120	1-F
Industrial	71	5-C
Loma de la Palma	58	2-A
Modelo	69	4-C
Papalotla	50	6-D
Pueblo San Lorenzo Tezonco	124	1-D
San Antonio	138	3-B
San Lorenzo Acopilco	106	5-D
San Lorenzo Totolinga	81	1-E
San Marcos Huixtoco	128	3-D
San Miguel Amantla	69	5-F
Santa Catarina Ayotzingo	153	2-C
Tres Estrellas	71	5-C
Zacatenco	125	3-C
VICTORIA 2A. CDA.		
San Lorenzo Acopilco	106	5-D
VICTORIA 3A. CDA.		
San Lorenzo Acopilco	106	5-D
VICTORIA AV.		
San Andrés Chiautla	63	2-A
VICTORIA AV. Y PRIV.		
Copilco El Bajo	109	4-B
VICTORIA CDA.		
El Molino	124	3-E
Los Reyes Culhuacán	110	3-E
VICTORIA CJON.		
El Carmen	58	3-B
VICTORIA CJON. Y CDA.		
Barrio San Lucas	111	1-A
Iztapalapa	111	1-A
VICTORIA DE LA		
Alce Blanco	69	5-D
VICTORIA GPE. CDA. Y PRIV		
Tepalcates	98	3-F
VICTORIA GPE. CONTINUACION		
Santo Tomás Ajusco	134	6-F
VICTORIA GPE. DE 4A. CDA.		
Sabinoco	134	5-E
VICTORIA GPE. PDTE. Y CDA.		
Guadalupana	18	5-B
VICTORIA GUADALUPE		
Adolfo López Mateos	100	4-E
Alfredo del Mazo	127	1-E
Ampl. Buenavista	44	4-D
Ampl. Buenavista	44	3-D
Ampl. San Miguel Xalostoc	72	1-C
Ampliación Emiliano Zapata	42	2-E
Ampliación Emiliano Zapata	127	2-C
Ampliación Jalalpa	95	5-C
Ampliación Miguel Hidalgo	122	4-A
Barrio Cruztitla	152	1-A
Barrio La Asunción	125	5-E
Barrio La Conchita	140	1-F
Barrio San Antonio	140	1-F
Barrio San Sebastián	140	1-F
Barrio Tenantitla	139	6-A
Barrio Texcacoa	4	6-D
Benito Juárez	41	1-F
Benito Juárez	43	6-E
Benito Juárez	44	1-E
Cerro del Marqués	127	5-B
Cinco de Mayo	43	4-A
Cuauhtémoc	59	5-A
Cuautepec de Madero	58	3-B
Chimalhuacán	87	4-F
Desarrollo Fernando de Alba	73	2-B
Dieciseis de Septiembre	60	6-C
División del Norte	59	5-F
Ej. Santa María Aztahuacán	112	2-C
El Chamizal	82	3-A
El Salado	59	6-C
Emiliano Zapata	113	3-C
Emiliano Zapata	127	2-C
Emiliano Zapata	128	4-A
Emiliano Zapata	60	5-A
Formado Hogar	98	2-E
Guadalupe Tlaltenco	125	3-E
Guadalupe Victoria	58	3-B
Guadalupe del Moral	98	6-C
Guadalupe del Moral	98	6-D
Hidalgo	28	5-E
Himno Nacional	28	5-D
Independencia	57	1-C
Independencia	28	4-E
Independencia	28	4-D
Independencia	28	3-E
Juárez Pantitlán	98	2-E
La Conchita Zapotitlán	125	3-B
La Nopalera	124	3-F
Loma Bonita	100	6-A
Lomas San Lorenzo	111	6-D
Lomas de Chamapa	81	3-E
Lomas de Guadalupe	56	4-A
Los Reyes	113	1-B
Margarita Maza de Juárez	43	3-C
Melchor Ocampo	18	1-F
México Insurgente	73	2-C
Mi Retiro	98	2-E
Miguel Hidalgo	59	4-E
Miguel Hidalgo	59	4-F
Minas Palacio	81	4-C
Nicolás Romero	28	5-E
Nueva Juárez Pantitlán	98	2-E
Paraje Los Pinos	29	3-F
Pedregal de Monserrat	110	6-A
Presidentes	95	5-D
Primero de Septiembre	42	3-F
Pueblo Santa Cruz Acalpixca	137	3-C
Pueblo Tepepan	123	5-C
Pueblo de Tepexpan	35	5-E
Puxtla	24	3-B
San Francisco Acuautla	115	2-D
San Francisco Tepojaco	29	3-F
San Francisco Tepojaco	29	2-F
San Gregorio Cuautzingo	141	1-D
San José Xalostoc	72	1-C
San Juan Teotihuacán	24	3-B
San Lorenzo Totolinga	81	1-E
San Lucas Patoni	57	3-E
San Lucas Patoni	57	4-E
San Martín Tepetlixpan	44	1-A
San Martín Xico Nuevo	140	4-D
San Mateo Tecoloapan	43	4-C
San Miguel Teotongo	113	4-B
San Miguel Teotongo	113	3-B
San Miguel Tocuila	62	6-E
San Miguel Totolcingo	35	5-E
San Miguel Xometla	37	2-B
San Pablo Atlazalpa	140	6-F
San Pedro Atzompa	21	3-D
San Rafael Chamapa	81	2-D
San Sebastián Xhala	18	3-B
Santa Ana Tlacotenco	152	6-A
Santa María Tianguistengo	16	3-E
Santa María Tlayacampa	44	6-B
Santiago Acahualtepec	112	2-F
Santiago Atlaltongo	23	5-E
Santiago Cuautlalpan	16	4-C
Santiago Zacualuca	23	1-B
Santo Tomás Ajusco	134	6-F
Santo Tomás Ajusco	147	1-F
Tepalcates	98	4-F
Torres del Potrero	108	5-B
U. H. Tepalcates	98	4-F
U. José Ma. Morelos y Pavón	20	4-B
Valle de Anáhuac Secc. A	60	5-A
Veinticinco de Julio	72	2-B
Vicente Guerrero	81	5-D
Villa San Lorenzo Chimalco	100	1-C
Z. U. E. Ozumbilla	21	4-E
VICTORIA GUADALUPE 2 CDAS.		
Lomas de Zaragoza	112	2-F
Santo Tomás Ajusco	134	6-F
VICTORIA GUADALUPE 3A. CDA.		
Libertad	28	4-F
VICTORIA GUADALUPE 5A. CDA.		
San Gregorio Atlapulco	137	3-F
VICTORIA GUADALUPE AND.		
Cuautepec El Alto	58	2-B
VICTORIA GUADALUPE AV.		
Ampl. Granjas Lomas de Gpe.	30	5-E
VICTORIA GUADALUPE CDA.		
Ampl. Tlacoyaque	107	6-E
Francisco Villa	56	3-C
Guadalupe Victoria	33	5-C
Guadalupe Victoria	58	3-B
Independencia	28	4-E
Lomas de Totolco	101	2-A
Margarita Maza de Juárez	43	3-C
San Luis Tlatilco	82	2-A
Tlacoyaque	107	6-E
Villa San Agustín Atlapulco	100	4-E
VICTORIA GUADALUPE CJON.		
Barrio San Sebastián	138	2-E
VICTORIA GUADALUPE CONT.		
Santo Tomás Ajusco	134	6-F
VICTORIA GUADALUPE DE CDA.		
Santiago Cuautlalpan	16	4-B
VICTORIA GUADALUPE GRAL PRIV		
Tlalpan	122	4-D
VICTORIA GUADALUPE GRAL.		
Ampliación Caracol	85	5-D
Estanzuela	71	4-E
Héroes de la Revolución	82	5-A
Lázaro Cárdenas	73	6-A
Martín Carrera	71	4-E
Presidentes de México	111	4-E
Quince de Agosto	71	4-E
Tlalpan	122	4-D
Triunfo de la República	71	4-E
VICTORIA GUADALUPE PRIV.		
Barrio San José	152	5-A
Independencia	28	4-E
San Sebastián Chimalpa	100	4-E
Santo Tomás Ajusco	134	6-F
VICTORIA GUADALUPE PROL.		
Desarrollo U. Quetzalcóatl	112	4-A
Pueblo Santa Lucía	107	2-F
San Pedro Atocpan	150	3-F
Santo Tomás Ajusco	134	6-F
VICTORIA GUADALUPE Y 1A CDA.		
Hank González	59	1-C
VICTORIA GUADALUPE Y 2 CDAS.		
Libertad	28	3-F
Nueva San Rafael	82	2-A
Pueblo San Diego	76	1-C
VICTORIA GUADALUPE Y CDA.		
Barrio San Miguel	111	2-C
San Miguel Totolcingo	35	5-D
Santa Lucía	108	2-A
VICTORIA GUADALUPE Y PROL.		
San Gregorio Atlapulco	137	3-F
VICTORIA H. CDA.		
Granjas Navidad	94	6-C
VICTORIA HECTOR		
San José de los Cedros	107	1-B
Santa María Aztahuacán	112	3-C
VICTORIA HECTOR CONSTTE.		
Granjas Navidad	94	6-C
La Navidad	94	6-C
San José de los Cedros	94	6-C
VICTORIA JOSE C 1 2 Y 3		
U. H. Vicente Guerrero	111	2-F
VICTORIA ORIENTE		
Aragón Inguarán	71	6-E
Bondojito	71	6-E
Estrella	71	6-E
Faja de Oro	71	6-E
Gertrudis Sánchez 2a. Secc.	71	6-E
Guadalupe Tepeyac	71	6-E
Tres Estrellas	71	6-E
VICTORIA PRIV.		
San Juan Joya	111	4-D
San Lorenzo Acopilco	106	5-D
VICTORIA SOTO WENCESLAO		
Francisco Sarabia	42	2-C
Tlalpexco	58	2-C
VICTORIA Y CDA.		
Guadalupe	101	1-B
Paraje San Juan 3a. Ampl.	111	4-D
VICTORIA Y CJON.		
Santa Catarina Ayotzingo	153	2-C
VICUÑA		
Residencial Zacatenco	71	2-C
VICHOW RODOLFO		
U. IMPI Iztacalco	97	4-F
VID		
Hogar y Seguridad	83	1-D
Nueva Santa María	83	1-D
VID DE LA CDA.		
San Miguel Xochimanga	43	6-D
VIDAL A. ING.		
Sección XVI	122	3-F
VIDAL ALMICAR CONSTITUYENTE		
Ampliación Memetla	107	2-B
VIDAL AMILCAR		
Constitución de 1917	111	2-E
VIDAL AMILCAR CONSTTE.		
Ampliación Memetla	107	2-C
El Yaqui	107	2-C
Lomas de Memetla	107	2-C
VIDAL CARLOS A.		
Guadalupe Tlaltenco	125	3-E
San Francisco Tlaltenco	125	3-E
Selene	125	3-E
VIDAURRI		
Venustiano Carranza	101	1-C
VIDRIERIA		
Azteca	84	4-E
VIDRIEROS		
Tlatel Xochitenco	87	2-E
VIDRIO		
Santa María Xalostoc	59	4-E
VIDRIO DEL		
U. H. Tlayacapa	107	2-F
VIDRIO DEL 1A. CDA.		
U. H. Tlayacapa	107	2-F
VIDRIO EL AV.		
Fraccionamiento Tepalcapa	30	3-F
VIDRIO PLANO		
Guadalupe Ticomán	58	6-C
Lomas San Juan Ixhuatepec	58	6-C
San Juan Ixhuatepec	58	6-C
San Rafael Ticomán	58	6-C
VIDRIO PLANO AV. Y 2 CDAS.		
Lomas San Juan Ixhuatepec	58	6-D
VIEJO VERGEL		
Ciudad Alegre	88	5-B
VIELLA		
Cerro de la Estrella	111	6-C
Paraje Zacatepec	112	2-D
VIENA		
Bellavista	56	6-A
El Carmen	109	2-E
Juárez	83	5-F
Valle Dorado	56	2-D
VIENTO		
Jardines de Morelos	48	2-A
VIENTO AZUL		
U. INFONAVIT Iztacalco	97	5-F
VIEYRA EPIGMENIO		
U. H. Monte de Piedad	109	3-D
VIEYRA LUIS G. GOB.		
San Miguel Chapultepec	96	2-B
VIGA CALZ. PROL.		
Valle del Sur	110	2-D
VIGA DE LA CALZ.		
Ampl. Asturias	97	2-C
Ampl. Ftes. de Sn Cristóbal	47	3-A
Apatlaco	97	2-C
Artes Gráficas	97	2-C
Asturias	97	2-C
Barrio La Asunción	97	2-C
Barrio La Cruz	97	2-C
Barrio Santiago Nte. y Sur	97	2-C
Barrio Zapotla	97	2-C
Benito Juárez	97	2-C
Cacama	110	1-D
El Arbolito	47	3-A
El Retoño	97	2-C
El Sifón	97	2-C
El Triunfo	97	2-C
Esperanza	84	6-C
Fuentes de San Cristóbal	47	3-A
Granjas Esmeralda	110	1-D
Héroes de Churubusco	110	1-D
Jamaica	84	6-C
Lorenzo Boturini	84	6-C
Merced Balbuena	84	6-C
Mexicaltzingo	110	1-D
Militar Marte	97	2-C
Nueva Santa Anita	97	2-C
Paulino Navarro	97	2-C
Prados Churubusco	110	1-D
Reforma Iztaccíhuatl Sur	97	2-C
Renovación	47	3-A
San Francisco Xicaltongo	97	2-C
San Juanico Nextipac	97	2-C
Santa Anita	97	2-C
Sector Popular	97	2-C
Tránsito	84	6-C
U. H. Jajalpa	47	3-A
U. H. La Viga	97	2-C
U. Santiago	97	2-C
Unidad Modelo	110	1-D
Viaducto Piedad	97	2-C
VIGA DE LA CALZ. 3 RTS.		
Unidad Modelo	110	1-D
VIGA DE LA CALZ. CDA.		
Asturias	97	2-C
VIGA DE LA CALZ. RT. 101		
Unidad Modelo	97	6-D
VIGA DE LA CALZ. RT. 509		
Cacama	110	1-D
VIGA DE LA CALZ. Y PROL.		
Santa María Tulpetlac	47	4-B
VIGA LA CALZ.		
Ampl. Ftes. de Sn Cristóbal	47	3-B
El Arbolito	47	3-B
Fuentes de San Cristóbal	47	3-B
Renovación	47	3-B
U. H. Jalalpa	47	3-B
VIGA LA CDA.		
Esperanza	84	6-C
VIGIL JOSE MARIA		
Barrio La Cruz	97	4-D
Ciudad Satélite	69	2-A
VIGIL JOSE MARIA CDA.		
Tacubaya	96	2-B
VIGIL JOSE MARIA Y CDA.		
Escandón	96	2-C
Tacubaya	96	2-C
VIGILANCIA DE LA		
Cooperativa	76	3-B
VIGO		
Cerro de la Estrella	111	6-C
VIGUERAS		
San Nicolás Tetelco	152	1-C
VIGUERAS M. GRAL.		
San Nicolás Tetelco	139	6-D
VIGUERAS SAMUEL		
San Nicolás Tetelco	152	1-D
VIKERS		
Campestre Liberación	42	3-C
VILAKAN		
Z. U. E. Héroes de Padierna	121	4-F
VILCHIS B. ANTONIO DR. GOB.		
Granjas Valle de Guadalupe	72	1-E
VILCHIS LEONARDO		
Las Peñas	111	4-F
VILCHIS PRIV.		
San Miguel Xicalco	135	5-F
VILCHIS REFUGIO GRAL. GOB.		
Granjas Valle de Guadalupe	72	1-C
VILLA		
Ixtlahuacan	113	3-A
San Miguel Teotongo	113	2-A
San Miguel Teotongo	113	3-A
VILLA ACAPULCO		
Villas de Cuautitlán	18	5-D
VILLA ADRIANA		
Lomas de Santa Cruz	112	5-B
VILLA ALBA		
Villa de las Torres	43	2-A
VILLA ALEGRE		
Villa de las Torres	42	2-F
VILLA ALEMANA		
Lomas de Santa Cruz	112	5-B
VILLA ALHAMBRA		
Paseo de las Palmas	94	3-D
Villa de las Lomas	94	3-D
VILLA ALTA		
Desarrollo U. Quetzalcóatl	111	5-F
Villa de las Torres	42	2-F
VILLA ALVARO		
Tepetonco	94	6-B
VILLA ALVERDE		
Desarrollo U. Quetzalcóatl	112	4-B
VILLA ALLENDE		
Ampl. Raúl Romero Fuentes	99	3-A
Atlacomulco	99	3-A
Desarrollo U. Quetzalcóatl	112	4-B
VILLA AMELIA		
Desarrollo U. Quetzalcóatl	112	4-B
VILLA ANA		
Santa Cruz Meyehualco	112	4-A
VILLA ANAHUAC		
Bosque de Aragón	72	6-E
VILLA ANGEL		
Desarrollo U. Quetzalcóatl	112	5-A
VILLA ANGELA		
Desarrollo U. Quetzalcóatl	112	4-A
Desarrollo U. Quetzalcóatl	112	5-A
VILLA AÑEJA		
Desarrollo U. Quetzalcóatl	112	4-A
VILLA ARRIAGA		
Desarrollo U. Quetzalcóatl	112	4-A
VILLA ATEMISQUI		
Lomas de Santa Cruz	112	5-B
VILLA ATUEL		
Desarrollo U. Quetzalcóatl	112	4-B
VILLA AZCASUBI		
Desarrollo U. Quetzalcóatl	112	4-A
VILLA BA		
Desarrollo U. Quetzalcóatl	112	5-B
VILLA BALLESTER		
Desarrollo U. Quetzalcóatl	112	4-A
VILLA BARTOLOME		
Desarrollo U. Quetzalcóatl	112	4-A
VILLA BELGRANO		
Desarrollo U. Quetzalcóatl	112	5-A
VILLA BELLACO		
Desarrollo U. Quetzalcóatl	112	5-A
VILLA BERTETH		
Desarrollo U. Quetzalcóatl	112	4-A
Desarrollo U. Quetzalcóatl	112	4-B
VILLA BEST		
Desarrollo U. Quetzalcóatl	112	5-A
VILLA BLANCO		
Carlos Hank González	112	4-A
VILLA BONA		
Desarrollo U. Quetzalcóatl	112	5-A
VILLA BOSQUE		
Villa de Aragón	72	6-E
VILLA BRANA		
Desarrollo U. Quetzalcóatl	112	4-A
Desarrollo U. Quetzalcóatl	112	4-B
VILLA BRAZ		
Desarrollo U. Quetzalcóatl	112	5-A
VILLA BRAZ 2A. CDA.		
Lomas de Santa Cruz	112	4-A
VILLA BRAZARO		
Desarrollo U. Quetzalcóatl	112	5-A
VILLA BRUZUAL		
Desarrollo U. Quetzalcóatl	112	4-A
Desarrollo U. Quetzalcóatl	112	4-B
VILLA BUENA DE ALAVA		
Desarrollo U. Quetzalcóatl	112	5-A
Santa Cruz Meyehualco	112	4-A
VILLA CADIMA		
Lomas de Santa Cruz	112	4-A
VILLA CAFERATA		
Desarrollo U. Quetzalcóatl	112	4-B
VILLA CAFERETA		
Desarrollo U. Quetzalcóatl	112	4-A
VILLA CAMPA		
Desarrollo U. Quetzalcóatl	112	6-A
VILLA CAMPA Y CDA.		
Desarrollo U. Quetzalcóatl	112	5-A
VILLA CAMPOS		
Villa de las Torres	43	2-A
VILLA CANCUN		
Villas de Cuautitlán	18	5-D
VILLA CANNES		
Desarrollo U. Quetzalcóatl	112	4-A
VILLA CANNES Y CDA.		
Desarrollo U. Quetzalcóatl	112	5-A
VILLA CAÑAS		
Carlos Hank González	112	4-A
VILLA CARLOS		
Desarrollo U. Quetzalcóatl	112	5-A
Lomas de Santa Cruz	112	4-A
VILLA CARRILLO		

Calle / Colonia	PLANO	COORDENADAS
Desarrollo U. Quetzalcóatl	112	5-A
Villa de las Torres	43	2-A
VILLA CASTELLY		
Desarrollo U. Quetzalcóatl	112	5-B
VILLA CASTILLA		
Desarrollo U. Quetzalcóatl	112	5-A
VILLA CASTIN		
Desarrollo U. Quetzalcóatl	112	4-A
Desarrollo U. Quetzalcóatl	112	5-A
VILLA CE		
Desarrollo U. Quetzalcóatl	112	5-A
VILLA CECILIA		
Margarito F. Ayala	34	2-D
VILLA CID		
Desarrollo U. Quetzalcóatl	112	6-A
VILLA CID Y PRIV.		
Desarrollo U. Quetzalcóatl	112	5-A
VILLA CIDRO		
Desarrollo U. Quetzalcóatl	112	5-A
VILLA CIERVO		
Paseo de las Palmas	94	3-D
Villa de las Lomas	94	3-D
VILLA CIERVOS		
Desarrollo U. Quetzalcóatl	112	4-A
VILLA COAPA		
Villa de las Torres	42	2-F
VILLA CONANCIO		
Desarrollo U. Quetzalcóatl	112	5-A
VILLA CONCORD		
Villa de las Lomas	94	3-D
VILLA CONEJOS		
Desarrollo U. Quetzalcóatl	112	5-A
VILLA CONSISTORIOS		
Desarrollo U. Quetzalcóatl	112	5-A
VILLA CORRALON		
Desarrollo U. Quetzalcóatl	112	5-A
VILLA CORTES		
Villa de Aragón	72	6-D
VILLA COZUMEL		
Villas de Cuautitlán	18	5-D
VILLA CUAUHTEMOC		
Villa de Aragón	72	6-E
VILLA CUITLAHUAC		
Villa de Aragón	72	6-E
VILLA CHIRRIS		
Lomas de Santa Cruz	112	5-B
VILLA DE ALLENDE		
El Hostol Zona Comunal	46	3-F
Lomas de Atizapán	55	2-D
Nueva Guadalupe	87	5-B
VILLA DE ARAGON		
Villa de Aragón	72	6-E
VILLA DE AYALA		
Alfredo del Mazo	127	1-E
VILLA DE AYALA AV.		
La Providencia	72	3-C
San Felipe de Jesús	72	3-C
VILLA DE AYALA Y PRIV.		
La Cebada	123	5-D
VILLA DE CORTES		
Villa de las Torres	42	3-F
VILLA DE GUADALUPE		
El Hostol Zona Comunal	46	3-F
El Hostol Zona Comunal	46	4-E
VILLA DE GUERRERO		
Ampl. Raúl Romero Fuentes	99	3-A
Atlacomulco	99	3-A
VILLA DE JUAREZ CDA.		
San Jerónimo Aculco	108	6-D
VILLA DE LA ESTRELLA		
Paseo de las Palmas	94	3-D
Villa de las Lomas	94	3-D
VILLA DE LAS BUGAMBILIAS		
Paseos del Bosque	68	5-D
VILLA DE LAS FLORES		
Ampliación San Sebastián	100	5-D
VILLA DE LAS LOMAS		
Paseo de las Palmas	94	3-D
Villa de las Lomas	94	3-D
VILLA DE LAS MAGNOLIAS		
Paseos del Bosque	68	5-D
VILLA DE LAS TORRES		
Villa de las Torres	42	3-F
Villa de las Torres	43	2-A
VILLA DE LOS DURAZNOS		
Paseos del Bosque	68	5-C
VILLA DE LOS ENCINOS		
Paseos del Bosque	68	5-C
VILLA DE LOS FRESNOS		
Paseos del Bosque	68	5-D
VILLA DE LOS NARANJOS		
Paseos del Bosque	68	5-C
VILLA DE LOS OLMOS		
Paseos del Bosque	68	5-D
VILLA DE LOS ROSALES		
Paseos del Bosque	68	6-D
VILLA DE LOS SABINOS		
Paseos del Bosque	68	5-D
VILLA DE LOS TULIPANES		
Paseos del Bosque	68	6-D
VILLA DE MAYO		
Lomas de Santa Cruz	112	5-B
VILLA DE RAMBOUILLET		
Paseos del Bosque	68	5-D
VILLA DE REYES		
Lomas de Santa Cruz	112	5-B
VILLA DEL CARBON		
Capulines	43	2-A
El Hostol Zona Comunal	46	4-E
El Hostol Zona Comunal	46	3-F
Lomas de Atizapán	55	2-D
Nueva Guadalupe	87	5-B
San Miguel	69	4-B
Santa Anita La Bolsa	29	4-A
Tejavanes	57	4-A
Vergel de Coyoacán	123	2-B
VILLA DEL CARBON AV.		
La Aurora	17	5-B
San José Buenavista	17	5-B
VILLA DEL CARBON CDA.		
La Aurora	17	5-B
VILLA DEL CARBON Y 2 RTS.		
Cuautitlán Izc. Cumbria	30	2-D
VILLA DEL FUERTE		
Desarrollo U. Quetzalcóatl	112	5-B
VILLA DEL MAR		
Barrio San Antonio	124	2-D
Barrio San Lorenzo	124	2-D
Hidalgo	82	3-A
Villas de Cuautitlán	18	5-D
VILLA DEL REY		
Desarrollo U. Quetzalcóatl	112	5-B
VILLA DEL RIO		
Villa de las Torres	42	3-F
VILLA DEL SOL		
Lomas de Santa Cruz	112	5-B
Paseo de las Palmas	94	3-D
Villa de las Lomas	94	3-D
VILLA DEMOR		
Desarrollo U. Quetzalcóatl	112	4-A
VILLA DIEGO		
Desarrollo U. Quetzalcóatl	112	5-A
VILLA DIEZMA		
Desarrollo U. Quetzalcóatl	112	4-B
VILLA DIEZMO		
Desarrollo U. Quetzalcóatl	112	5-B
Desarrollo U. Quetzalcóatl	112	6-A
VILLA DOMINICO		
Desarrollo U. Quetzalcóatl	112	5-A
VILLA DORADA		
Villas de Cuautitlán	18	5-D
VILLA ELISA		
Desarrollo U. Quetzalcóatl	112	5-A
VILLA ELISEO		
Paseo de las Palmas	94	3-D
Villa de las Lomas	94	3-D
VILLA ELVIRA CDA.		
Barrio San Francisco	121	1-C
VILLA EMILIANO		
Tlalpexco	58	2-C
VILLA ENCARNACION		
Carlos Hank González	111	5-F
Desarrollo U. Quetzalcóatl	112	5-A
VILLA ESCONDIDA		
Villas de Cuautitlán	18	5-D
VILLA ESCORIAL		
Paseo de las Palmas	94	3-D
Villa de las Lomas	94	3-D
VILLA ESPAÑA		
Carlos Hank González	111	5-F
Desarrollo U. Quetzalcóatl	112	5-A
Villa de las Torres	42	2-F
VILLA FALICHE		
Carlos Hank González	111	5-F
Desarrollo U. Quetzalcóatl	111	5-F
VILLA FEDERAL		
Desarrollo U. Quetzalcóatl	112	5-A
VILLA FELICHE		
Desarrollo U. Quetzalcóatl	112	5-A
VILLA FIGUEROA		
Carlos Hank González	111	5-F
Desarrollo U. Quetzalcóatl	112	5-A
VILLA FLOR		
Desarrollo U. Quetzalcóatl	112	5-A
VILLA FLOR AV.		
Desarrollo U. Quetzalcóatl	111	5-F
VILLA FLORES		
Miguel de la Madrid Hurtado	112	3-F
Villa de las Torres	42	3-F
VILLA FLORIDA		
Desarrollo U. Quetzalcóatl	112	5-A
VILLA FRANCA		
Desarrollo U. Quetzalcóatl	112	5-A
VILLA FRANCISCO		
1a. Ampl. Stgo Acahualtepec	112	2-E
Acueducto	46	6-D
Adolfo López Mateos	100	4-E
Ahuehuetes	56	1-B
Alfredo del Mazo	127	1-E
Ampl. Altamira	81	2-F
Ampl. Buenavista	44	3-D
Ampl. Guadalupe Victoria	33	4-C
Ampl. San José Xalostoc	72	1-C
Ampl. Tlacoyaque	107	6-E
Ampliación Cadena Maquixco	23	3-E
Ampliación El Triunfo	97	5-E
Ampliación Emiliano Zapata	113	4-C
Ampliación Los Reyes	113	2-B
Ampliación Miguel Hidalgo	121	6-F
Ampliación San Pedro Xalpa	69	5-D
Año de Juárez	111	6-D
Apatlaco	97	5-E
Aquiles Serdán	47	2-C
Arboledas de Xalostoc	46	6-A
Barrio Los Reyes	138	1-E
Barrio San Agustín	139	6-D
Barrio San Antonio	124	2-D
Barrio San Sebastián	138	1-E
Barrio de la Luz Bajo	16	2-B
Benito Juárez	44	1-D
Benito Juárez	59	2-B
Boca Barranca	59	1-B
Buenavista	28	5-F
Cantera Puente de Piedra	122	3-E
Cerro del Tejolote	114	6-D
Cinco de Mayo	22	2-B
Cinco de Mayo	22	2-A
Cinco de Mayo	43	4-A
Ciudad Azteca	60	2-C
Covadonga	127	5-E
Cuauhtémoc	59	5-A
Cuautepec El Alto	58	1-B
Cuautepec de Madero	58	2-B
Cuchilla Alfredo del Mazo	127	3-E
Chalco	128	6-B
Chalpa	46	6-D
Desarrollo U. Quetzalcóatl	112	5-A
Diez de Abril	69	3-D
División del Norte	59	5-F
Dos de Septiembre	19	1-D
Dr. Jorge Jiménez Cantú	59	2-A
Ecatepec de Morelos	47	2-A
Ej. Santa María Aztahuacán	112	2-B
Ejido Axotlan	29	3-A
Ejido La Laguna	18	2-E
Ejido San Agustín Atlapulco	100	4-C
Ejido San Juan Tlihuaca	42	3-B
Ejidos de San Cristóbal	33	6-F
El Pino	113	2-F
Emiliano Zapata	36	3-A
Emiliano Zapata	113	3-B
Emiliano Zapata	127	1-C
Emiliano Zapata	128	5-A
Emiliano Zapata	81	2-C
Emiliano Zapata	60	5-A
Emiliano Zapata 2a. Secc.	72	1-D
Francisco I. Madero	42	2-A
Francisco Sarabia	42	2-C
Fuego Nuevo	111	5-A
Guadalupe	121	2-C
Guadalupe Tlaltenco	125	3-E
Guadalupe Victoria	33	4-C
Guadalupe Victoria	33	5-D
Héroes de la Independencia	59	3-F
Ixtapaluca	115	6-B
Ixtlahuacan	112	3-F
Jiménez Cantú	128	1-F
La Candelaria Tlapala	141	3-F
La Cebada	95	5-D
La Lupita	139	3-A
La Pastoria	62	3-D
La Piedad Oriente	17	6-B
Las Alamedas	100	5-E
Lázaro Cárdenas	35	6-B
Lázaro Cárdenas	18	4-C
Libertad	29	3-A
Loma Bonita	114	6-C
Loma Bonita	31	2-B
Loma de la Cruz	42	1-B
Loma de la Palma	58	1-B
Lomas de Azolco	46	3-E
Lomas de Chamapa	81	3-E
Lomas de Guadalupe	56	4-A
Lomas de Zaragoza	112	1-F
Los Angeles	35	6-B
Los Cerrillos	138	3-D
Los Reyes Ixtacala	57	4-A
Luis Donaldo Colosio	33	3-D
Magdalena Atlazolpa	97	5-E
Mariano Escobedo	31	6-B
Marina Nacional	59	5-A
Mártires de Río Blanco	81	3-F
Melchor Múzquiz	73	1-A
Miguel Hidalgo	122	4-B
Miguel de la Madrid Hurtado	112	3-F
Miravalle	113	4-A
Narciso Mendoza	123	4-C
Nezahualcóyotl	97	5-E
Nicanor Arvide	95	5-F
Nueva Aragón	73	1-D
PROFOPEC Polígono 2	60	5-C
Pantitlán	98	1-E
Paraje Zacatepec	112	2-D
Plan de Ayala	81	4-D
Plan de Ayala	81	4-E
Presidentes	95	5-D
Pro Revolucionaria	60	1-C
Pueblo San Miguel Ajusco	135	6-A
Pueblo San Miguel Ajusco	135	5-A
Pueblo Santa Ana Tlacotenco	152	6-B
Pueblo Tepepan	123	6-C
Pueblo Tulyehualco	138	1-E
Pueblo de Tepexpan	35	5-E
Punta de Ceguayo	108	1-B
Quiahuatla	138	1-E
Reforma Política	112	4-C
Revolución	84	4-F
Revolución	63	5-A
Revolución	101	2-C
Rinconada de Aragón	60	5-C
Rómulo Sánchez Mireles	122	3-D
Sagitario 4	60	5-C
San Andrés Riva Palacio	62	5-E
San Bernardino	75	5-F
San Esteban Huitzilacasco	81	3-E
San Felipe de Jesús	72	2-D
San Francisco Acuautla	115	2-E
San Francisco Tecoxpa	151	3-F
San Francisco Xalostoc	59	5-E
San Gabriel	43	3-D
San Gregorio Cuautzingo	141	1-E
San José Aculco	98	5-A
San Juan Ixtacala	43	2-A
San Juan Ixtayopan	138	3-F
San Juan Tepepan	123	6-C
San Juan Tlalpizahuac	113	5-F
San Lucas Amalinalco	128	5-D
San Lucas Patoni	57	3-E
San Lucas Patoni	57	4-E
San Lucas Tepetlacalco	56	5-C
San Lucas Xochimanca	136	4-E
San Marcos Huixtoco	128	3-D
San Martín	22	3-B
San Martín Xico Nuevo	140	3-D
San Martín de las Pirámides	24	2-F
San Mateo Cuautepec	32	5-A
San Mateo Tecalco	22	3-C
San Mateo Xalpa	136	4-E
San Mateo Xoloc	4	6-A
San Miguel Chalma	81	2-D
San Miguel Teotongo	113	3-A
San Miguel Teotongo	113	2-A
San Miguel Teotongo	113	4-B
San Miguel Tocuila	62	5-E
San Miguel Xometla	37	3-A
San Miguel Xometla	37	2-B
San Pablito	62	1-E
San Pablo Atlazalpa	153	1-E
San Pablo de las Salinas	20	6-A
San Pedro Atlazalpa	153	1-D
San Pedro Atocpan	150	3-F
San Pedro Xalostoc	59	4-B
San Pedro Xalpa	69	4-E
San Rafael Chamapa	81	3-D
Santa Ana Tlacotenco	152	6-B
Santa Ana Tlacotenco	152	6-A
Santa Anita	28	6-D
Santa Cruz Amalinalco	128	4-B
Santa María Chimalhuacán	88	3-B
Santa María Chimalhuacán	88	3-A
Santa María Ozumbilla	21	4-F
Santa María Tlayacampa	44	6-B
Santa Ursula Coapa	123	2-B
Santiago Acahualtepec	112	2-F
Santiago Ahuizotla	69	5-D
Santiago Atlaltongo	23	5-D
Santiago Zacualuca	23	1-B
Santiago Zapotitlán	125	3-A
Santiaguito	63	4-C
Temamatla	154	1-D
Tepetongo	94	6-B
Tepexpan	36	5-A
Texalpa	46	6-E
Tezoyuca	49	3-D
Tlacoyaque	107	6-E
Tlacoyaque	120	1-E
Tlachiultepec	150	2-A
Tlalpexco	58	2-C
Torres del Potrero	108	5-A
Tulantongo	63	4-B
Universal	81	1-E
Valle de Anáhuac Secc. A	60	5-A
Valle de Madero	58	1-B
Venustiano Carranza	101	1-C
Venustiano Carranza	70	1-E
Vicente Guerrero	59	6-E
Villa de Guadalupe Xalostoc	59	5-E
Xalpa	112	5-D
Xaltipac	87	6-B
Xico	139	1-F
Z. U. E. San Mateo Nopala	68	2-D
VILLA FRANCISCO 1A. CDA.		
Quiahuatla	138	1-F
San Miguel Teotongo	113	4-B
Tlacoyaque	107	6-E
VILLA FRANCISCO 1A. PRIV.		
Santo Tomás Chiconautla	34	3-D
VILLA FRANCISCO 1R. CJON.		
San Mateo Xalpa	136	4-D
VILLA FRANCISCO 2A. CDA.		
La Malinche	108	6-B
Quiahuatla	138	1-F
San Bartolo Ameyalco	108	6-B
San Miguel Teotongo	113	4-B
Tlacoyaque	107	6-E
VILLA FRANCISCO 2A. PRIV.		
Santo Tomás Chiconautla	34	3-D
VILLA FRANCISCO 2a. CDA.		
Cuautepec El Alto	58	2-B
VILLA FRANCISCO 3A. CDA.		
Quiahuatla	138	1-F
Tlacoyaque	107	6-E
VILLA FRANCISCO 3A. PRIV.		
Santo Tomás Chiconautla	34	3-D
VILLA FRANCISCO 4A. CDA.		
Tlacoyaque	107	6-E
VILLA FRANCISCO AND.		
La Joyita	30	5-D
VILLA FRANCISCO AV.		
Ampl. San Sebastián	100	5-D
Independencia	127	2-B
México Colonial I	60	5-D
San Isidro	127	2-B
San Juan Moyotepec	137	2-D
Santiago	126	2-F
Santiago	127	2-B
VILLA FRANCISCO CDA.		
Aldama	123	5-C
Barrio San Isidro	138	1-D
Barrio San Juan Evangelista	24	3-B
Barrio Texcatitla	139	6-A
Cuautepec El Alto	58	1-B
Cuautepec de Madero	58	3-B
Guadalupe Victoria	33	6-E
Libertad	29	4-A
Pueblo San Miguel Ajusco	135	6-A
Quiahuatla	138	1-E
San Andrés Atenco	56	3-D
San Bartolo Ameyalco	107	5-E
San José	101	1-C
San José Zacatepec	136	4-D
Santo Tomás Chiconautla	34	3-D
Venustiano Carranza	101	1-C
VILLA FRANCISCO CJON.		
Apatlaco	97	5-E
Quiahuatla	138	1-E
Santa Ana Tlacotenco	152	6-B
VILLA FRANCISCO DE 1A. CDA.		
Cuautepec El Alto	58	1-B
VILLA FRANCISCO DE 2A. CDA.		
Cuautepec El Alto	58	1-B
VILLA FRANCISCO DE 3A. CDA.		
Barrio Xochitepec	152	1-A
VILLA FRANCISCO DE CDA.		
Pueblo San Mateo Xalpa	136	4-E
VILLA FRANCISCO GRAL 1A CDA.		
Lázaro Cárdenas	88	2-E
VILLA FRANCISCO GRAL 2A CDA.		
Lázaro Cárdenas	88	2-E
VILLA FRANCISCO GRAL.		
Ampliación Caracol	85	5-D
Azolco	46	4-F
La Colmena	42	1-B
Lázaro Cárdenas	88	2-E
Paraje San Juan	111	4-D
San Carlos	46	4-F
San Juan Tlihuaca	69	3-F
Tultitlán	31	3-D
VILLA FRANCISCO GRAL. AV.		
Santa Martha Acatitla	99	5-D
VILLA FRANCISCO OTE.		
Santa Ana Tlacotenco	152	6-B
VILLA FRANCISCO PRIV.		
Cuautepec El Alto	58	1-B
San Francisco Xalostoc	59	5-D
San Juan Ixtayopan	139	3-A
VILLA FRANCISCO PROL.		
Santa Ana Tlacotenco	152	6-B
VILLA FRANCISCO Y 2 CDAS.		
Chalco	140	1-E
VILLA FRANCISCO Y CDA.		
Emiliano Zapata	42	1-F
La Malinche	108	6-B
Tlalpexco	58	2-C
Zona Escolar	57	3-F
VILLA FRANCISCO Y PRIV.		
El Rosal	121	2-A
Santo Tomás Chiconautla	34	3-D
VILLA FRANQUEZA AV.		
Desarrollo U. Quetzalcóatl	112	5-A
VILLA FRANQUEZA CDA.		
Desarrollo U. Quetzalcóatl	112	5-B
VILLA FRATE Y 2 CDAS.		
Lomas de Santa Cruz	112	4-B
VILLA FRATI		
Desarrollo U. Quetzalcóatl	112	5-B
VILLA FRECHOS		
Desarrollo U. Quetzalcóatl	112	6-A
VILLA FRIA		
Desarrollo U. Quetzalcóatl	112	5-B
Desarrollo U. Quetzalcóatl	112	6-A
VILLA FRONTERA		
Desarrollo U. Quetzalcóatl	112	5-A
VILLA FRUELA		
Desarrollo U. Quetzalcóatl	112	6-A
Desarrollo U. Quetzalcóatl	112	5-B
Lomas de Santa Cruz	112	5-B
VILLA FUENTES JOSE M. GOB.		
Las Armas	69	6-E
VILLA GARCIA		
Ixtlahuacan	113	4-A
Villa de las Torres	42	3-F
VILLA GATON		
Desarrollo U. Quetzalcóatl	112	5-B
VILLA GENERAL HAYES "C"		
Desarrollo U. Quetzalcóatl	112	6-A
VILLA GENERAL MITRE		
Desarrollo U. Quetzalcóatl	112	5-A
VILLA GENERAL ROCA		
Desarrollo U. Quetzalcóatl	112	5-A
VILLA GERIZ		
Desarrollo U. Quetzalcóatl	112	5-B
Desarrollo U. Quetzalcóatl	112	6-B
VILLA GIRALDA		
Villa de las Lomas	94	3-C
VILLA GONZALO		
Desarrollo U. Quetzalcóatl	112	5-B
VILLA GRAZ		
Desarrollo U. Quetzalcóatl	112	6-A
VILLA GUERRERO		
Almárcigo Norte	46	4-D
Cuautitlán Izc. Cumbria	30	2-E
El Hostol Zona Comunal	46	3-F
Lomas de Atizapán	55	2-D
Nueva Guadalupe	87	5-B
Vergel de Coyoacán	123	2-B
Villa de las Torres	42	2-F
VILLA GUERRERO ALVARO		
La Retama	94	6-B
VILLA GUILLERMINA		
Desarrollo U. Quetzalcóatl	112	6-A
VILLA GUILLERMINA CDA.		
Desarrollo U. Quetzalcóatl	112	6-B
VILLA HERMOSA		
Adolfo López Mateos	42	4-D
Desarrollo U. Quetzalcóatl	112	5-B
El Hostol Zona Comunal	46	4-E
Jards. San Agustín 2a. Secc	100	4-C
Miravalle	112	4-F
Villa de las Torres	42	3-F
VILLA HERREROS		
Desarrollo U. Quetzalcóatl	111	5-F
VILLA HIPOLITO		
Francisco Villa	111	4-F
VILLA HUATULCO		
Villas de Cuautitlán	18	5-D
VILLA IBAÑEZ		
Desarrollo U. Quetzalcóatl	112	5-A
VILLA ICATINI		
Desarrollo U. Quetzalcóatl	112	6-A
Desarrollo U. Quetzalcóatl	112	6-B
VILLA ICATINI CDA.		
Desarrollo U. Quetzalcóatl	112	6-B
VILLA INFERIOR		
Desarrollo U. Quetzalcóatl	112	6-A
Desarrollo U. Quetzalcóatl	112	6-B
VILLA INFERIOR CDA.		
Desarrollo U. Quetzalcóatl	112	6-B
VILLA IRIS		
Desarrollo U. Quetzalcóatl	112	6-A
VILLA IXTAPA		
Villas de Cuautitlán	18	5-D
VILLA JIMENA		
Desarrollo U. Quetzalcóatl	111	5-F
VILLA JOYOSA		
Desarrollo U. Quetzalcóatl	111	5-F
VILLA LA		
Jardines de San Gabriel	59	6-E
VILLA LA RICA		
Villas de Cuautitlán	18	5-D
VILLA LAZAN		

Calle / Colonia — COORDENADAS PLANO

Desarrollo U. Quetzalcóatl 112 6-A
VILLA LOS ARCOS
Villas de Cuautitlán 18 5-D
VILLA LUCHA
Barrio Fundidores 87 2-F
La Loba 87 2-E
VILLA LUIS 2A. PRIV.
U. H. Solidaridad Social 20 6-A
VILLA LUIS 3A. PRIV.
U. H. Solidaridad Social 20 6-A
VILLA MAR
Villa de las Torres 42 2-F
Villa de las Torres 42 3-F
VILLA MARIA
Villa de las Torres 43 2-A
VILLA MAZATLAN
Villas de Cuautitlán 18 5-D
VILLA MOCTEZUMA
Villa de Aragón 72 6-E
VILLA MOLAY
Desarrollo U. Quetzalcóatl 112 6-A
VILLA MOTOLINIA
Villa de Aragón 72 6-E
VILLA NAVONE
Paseo de las Palmas 94 3-D
Villa de las Lomas 94 3-D
VILLA NEZAHUALCOYOTL
Villa de Aragón 72 6-E
VILLA NICOLAS ROMERO
El Hostol Zona Comunal 46 4-D
El Rosario 16 5-E
Estado de México 82 3-A
San Miguel 69 4-B
VILLA NICOLAS ROMERO Y 2 RTS
Cuautitlán Izc. Cumbria 30 2-D
VILLA NUEVA
Desarrollo U. Quetzalcóatl 112 5-A
Villa de las Torres 43 2-A
VILLA NUEVA DE CARAZO
Desarrollo U. Quetzalcóatl 112 5-B
VILLA OBREGON
Ampliación Vicente Villada 99 4-D
Metropolitana 99 4-D
VILLA OLIMPICA
Villa de las Torres 42 2-F
VILLA OSO
Desarrollo U. Quetzalcóatl 112 5-A
VILLA OVIEDO PROL.
Desarrollo U. Quetzalcóatl 112 5-A
VILLA OZ
Desarrollo U. Quetzalcóatl 111 5-F
VILLA PANCHO
Santa María Cozotlan 24 1-D
VILLA PAPOLO
Paseo de las Palmas 94 3-D
Villa de las Lomas 94 3-D
VILLA PICADILLY
Paseo de las Palmas 94 3-D
Villa de las Lomas 94 3-D
VILLA PIGALLE
Paseo de las Palmas 94 3-D
Villa de las Lomas 94 3-D
VILLA POZONCO CJON.
San Jerónimo 137 3-A
VILLA POZOS
Desarrollo U. Quetzalcóatl 112 5-A
Lomas de Santa Cruz 112 5-B
VILLA PRADO
Desarrollo U. Quetzalcóatl 112 5-A
VILLA PUENTE
Desarrollo U. Quetzalcóatl 112 5-A
VILLA PUERTO
Villa de las Torres 42 2-F
VILLA QUETZALCOATL
Villa de Aragón 72 6-E
VILLA REAL
Miraflores 42 2-F
Villa de las Torres 42 2-F
VILLA REYES
Desarrollo U. Quetzalcóatl 112 5-A
VILLA RICA
San Pedro Zacatenco 71 1-C
Villa de las Torres 43 2-A
VILLA ROBERTO ESPERON
Desarrollo U. Quetzalcóatl 112 4-B
VILLA ROYALE
Paseo de las Palmas 94 3-D
Villa de las Lomas 94 3-D
VILLA SAHAGUN
Villa de Aragón 72 6-E
VILLA SAN ANTONIO
Desarrollo U. Quetzalcóatl 112 4-A
VILLA SAN MARCOS
Paseo de las Palmas 94 3-D
Villa de las Lomas 94 3-D
VILLA SAN PABLO
Desarrollo U. Quetzalcóatl 112 6-A
VILLA SAN PEDRO
Desarrollo U. Quetzalcóatl 112 5-A
VILLA SEDRO
Desarrollo U. Quetzalcóatl 112 6-A
VILLA SIDALER
Desarrollo U. Quetzalcóatl 112 5-A
Desarrollo U. Quetzalcóatl 112 6-A
VILLA SIS
Carlos Hank González 112 4-A
VILLA TENOCHTITLAN
Villa de Aragón 72 6-E
VILLA TEZOZOMOC
Villa de Aragón 72 6-E
VILLA TLALOC
Villa de Aragón 72 6-E
VILLA TRAFALGAR
Paseo de las Palmas 94 3-D
Villa de las Lomas 94 3-D
VILLA TULLERIAS
Paseo de las Palmas 94 3-D
Villa de las Lomas 94 3-D
VILLA TURIN
Paseo de las Palmas 94 3-D
Villa de las Lomas 94 3-D
VILLA UNION
Villa de las Torres 43 2-A
VILLA VALERIA
Desarrollo U. Quetzalcóatl 112 4-A
VILLA VAÑEZ Y PRIV.
Carlos Hank González 112 4-A
VILLA VENDOME
Paseo de las Palmas 94 3-D
Villa de las Lomas 94 3-D
VILLA VENECIA
Paseo de las Palmas 94 3-D
Villa de las Lomas 94 3-D
VILLA VERDE
Desarrollo U. Quetzalcóatl 112 4-A
Villa de las Torres 42 3-F
VILLA VERSALLES
Paseo de las Palmas 94 3-D
Villa de las Lomas 94 3-D
VILLA VICTORIA
Ampl. Raúl Romero Fuentes 99 3-A
Atlacomulco 99 3-A
Desarrollo U. Quetzalcóatl 112 4-A
El Hostol Zona Comunal 46 3-F
Estado de México 82 3-A
Lomas Verdes Solidaridad 44 1-F
Lomas de Atizapán 55 2-E
Nueva Guadalupe 87 5-B
Sagitario VI 73 3-B
Villa de las Torres 43 2-A
VILLA VICTORIA Y 2 RTS.
Cuautitlán Izc. Cumbria 30 2-D
VILLA ZON
Desarrollo U. Quetzalcóatl 112 4-A
VILLA ZUMARRAGA
Villa de Aragón 72 6-E
VILLADA
Benito Juárez 59 2-C
VILLADA EDUARDO GOB. LIC.
Villa de Guadalupe Xalostoc 59 6-A
VILLADA EDUARDO LIC. GOB.
Granjas Valle de Guadalupe 59 6-E
VILLADA GRAL.
Aragón 71 4-E
Gustavo A. Madero 71 4-E
VILLADA JOSE V. GRAL. GOB.
Granjas Valle de Guadalupe 72 1-F
VILLADA JOSE VICENTE
San Lorenzo 57 3-A
San Marcos Nepantla 23 5-A
VILLADA JOSE VICENTE GOB.
Las Armas 69 6-E
VILLADA MANUEL DR.
Doctores 83 6-F
VILLADA VICENTE
Acolman de Nezahualcóyotl 36 2-D
Ecatepec de Morelos 46 2-F
Ejército del Trabajo 101 2-B
VILLADA VICENTE CDA.
U. H. Valle de Luces 111 4-A
VILLADA VICENTE DE 2A. CDA.
Ecatepec de Morelos 46 2-F
VILLADA VICENTE GRAL.
Alfredo del Mazo 127 2-E
Ampl. Vicente Villada 99 1-F
Ampl. Vicente Villada Pte. 99 1-F
Benito Juárez 99 1-F
Metropolitana 99 1-F
Valle de Anáhuac Secc. A 60 6-A
VILLADA VICENTE PRIV.
Ejército del Trabajo 101 2-B
VILLADA VICENTE PROL.
Ecatepec de Morelos 46 1-E
VILLAGOMEZ Y CDA.
San Bartolomé Coatepec 93 3-E
VILLAHERMOSA
Emiliano Zapata 128 5-A
Hipódromo 96 2-D
Peñón de los Baños 85 3-C
San Jerónimo Aculco 121 1-D
Tecuezcomac 46 5-E
Valle Ceylán 57 4-C
Xalpa 112 5-D
VILLAHERMOSA AV.
Ampl. San Francisco 115 1-F
VILLAHERMOSA CDA.
Villa San Agustín Atlapulco 100 3-D
VILLAHERMOSA PROL.
Villa Milpa Alta 151 3-C
VILLALBA SANTIAGO
Margarito F. Ayala 34 2-D
VILLALOBOS CDA.
Miguel de la Madrid Hurtado 112 3-F
VILLALONGIN MANUEL
Cuauhtémoc 83 4-E
VILLALPANDO
Lomas de San Andrés Atenco 56 3-C
VILLALPANDO CRISTOBAL DE
Tepotzotlán 4 5-C
VILLALPANDO FERNANDO
Guadalupe Inn 109 2-B
VILLAMAR ELIGIO
San Diego Churubusco 109 2-F
VILLAMIL PRIV.
Barrio La Santísima 137 1-A
VILLANUEVA
Los Reyes 113 1-C
VILLANUEVA ATILANO
Margarito F. Ayala 34 2-C
VILLANUEVA CDA.
Palmitas 112 4-C
VILLANUEVA FELIPE
Ciudad Satélite 69 2-D
Guadalupe Inn 109 1-B
La Nopalera 122 2-C
Palmitas 112 4-C
Tultepec 19 3-A
VILLANUEVA FELIPE AV.
Peralvillo 84 1-B
VILLANUEVA FELIPE CDA.
Palmitas 112 3-C
VILLANUEVA JOSE
Margarito F. Ayala 34 2-C
VILLANUEVA MARCOS
Margarito F. Ayala Z. B. 34 2-C
VILLANUEVA QUINTIN CDA.
San Antonio Tecomitl 138 6-F
VILLANUEVA QUINTIN PROFR.
Barrio Texcatitla 139 6-A
VILLAR LAURO
La Providencia 69 3-E
VILLAR LAURO DEL
Francisco Villa 111 4-E
VILLAR LAURO GRAL.
Observatorio 96 2-A
VILLARREAL ANTONIO I. GRAL.
Ampliación Caracol 85 5-C
Caracol 85 5-C
VILLARREAL CELEDONIO
Héroes de la Revolución 81 5-F
VILLARREAL CONCHA DE
San Simón Ticumac 97 5-A
VILLARREAL FCO. CDA. GRAL.
Barrio El Molino 107 1-C
VILLARREAL FCO. GRAL. CDA.
Barrio El Molino 107 1-C
VILLARREAL FRANCISCO GRAL.
Barrio El Molino 107 1-C
VILLARREAL MAXIMO
U. H. El Risco CTM 72 1-A
VILLARREAL SANTIAGO
Tulyehualco 138 1-E
VILLAS
Villas de la Hacienda 43 2-C
VILLAS DEL OCOTAL
Paseos del Bosque 68 5-C
VILLAS LAS CDA.
Unidad La Habana 139 1-A
VILLASANA J. MA.
San Simón Ticumac 97 6-A
VILLASANA JUAN GUILLERMO
Aviación Civil 85 6-C
VILLASECA ALONSO DE
San Simón Ticumac 97 5-A
VILLASECA JOSE MA. PRIV.
Santa María Nativitas 101 1-B
VILLASECA JOSE MARIA
Lomas de Totolco 101 1-B
Santa María Nativitas 101 1-B
VILLASECA P. PROFR. CDA.
Acolman de Nezahualcóyotl 36 3-D
VILLASECA PETRONILO PROFR.
Acolman de Nezahualcóyotl 36 3-D
VILLASEÑOR A.
Constitución de 1917 111 2-F
VILLASEÑOR AGUSTIN ALEJANDRO
Ampliación Miguel Hidalgo 122 5-A
VILLASEÑOR ALDEGUNDO (C. 17)
U. Santa Cruz Meyehualco 112 3-B
VILLASEÑOR CARLOS (C. 29)
U. Santa Cruz Meyehualco 112 3-B
VILLASEÑOR JORGE (C. 29)
U. Santa Cruz Meyehualco 112 3-B
VILLASEÑOR LOMELI J. (C 59)
U. Santa Cruz Meyehualco 112 3-A
VILLASEÑOR M. ENRIQUE PROFR.
La Comunidad 57 5-B
VILLASEÑOR Y SANCHEZ J. A.
Ciudad Satélite 69 2-B
VILLAURRUTIA XAVIER
Lomas de Bellavista 56 6-A
Paulino Navarro 97 1-C
VILLEGAS FERNANDO DR.
San Miguel Teotongo 113 2-A
VILLEGAS JUAN GRAL.
Daniel Garza 96 1-A
VILLEGAS SAMUEL
Lomas San Juan Ixhuatepec 58 6-D
VILLEGAS SAMUEL PRIV.
Lomas San Juan Ixhuatepec 58 6-E
VINCA
C. H. La Pradera I 72 5-D
VINICIO FELIPE
José María Morelos y Pavón 47 6-D
VIÑA DEL MAR
San Pedro Zacatenco 71 1-C
VIÑEDOS CDA.
Lomas de Totolco 101 2-A
VIOLANTE
San Simón Tolnáhuac 84 1-A
VIOLETA
2o. Reac. de Tlacuitlapa 108 2-C
Agrícola Oriental 98 4-E
Agua Azul 86 6-D
Altavista 113 1-F
Altavista 114 1-A
Ampl. Bosques de Ixtacala 43 1-B
Ampl. Libertad 3a. Sección 29 3-B
Ampliación El Tesoro 44 3-D
Ampliación San Miguel 43 2-B
Barrio Belén 136 2-F
Barrio La Crucita 136 2-F
Barrio La Guadalupita 136 2-F
Barrio La Rosita 87 3-C
Barrio Las Cruces 137 4-D
Barrio Los Reyes 97 3-E
Barrio San Diego 136 2-F
Barrio Xaltocan 136 2-F
Barrio Xochitenco 87 5-E
Belén de las Flores 95 3-E
Celco 94 1-D
Consejo Agrarista Mexicano 111 5-F
Copilco El Bajo 109 4-B
Del Carmen 109 3-C
Desarrollo U. Quetzalcóatl 112 4-A
Ejidal Ampl. San Marcos 44 4-D
Ejidal Ampl. San Marcos 44 4-C
El Molino 127 3-D
El Rosario 124 2-D
El Toro 121 1-B
Escalerilla 114 6-D
Guerrero 83 3-F
Jardines de Chalco 140 1-D
Jardines de la Cañada 44 2-D
Jardines del Llano 139 5-A
Jardines del Tepeyac 59 6-F
Jesús del Monte 107 1-B
La Candelaria Ticomán 58 5-B
La Cañada 82 2-B
La Cruz 101 1-A
Las Flores 56 3-A
Las Huertas 68 6-E
Las Peñitas 43 3-D
Loma Encantada 113 3-D
Loma Linda 82 1-A
Loma de la Cruz 42 1-B
Lomas San Lorenzo 111 6-D
Lomas de Santa Cruz 112 4-B
Los Angeles 111 3-E
Miraflores 42 2-F
Nezahualcóyotl 48 4-F
Palmillas 113 5-B
Potrero de San Bernardino 123 6-D
Pueblo San Diego 76 1-B
San Francisco Chilpan 31 6-C
San Francisco Zacango 49 1-D
San José del Jaral 43 3-D
San Lorenzo 81 1-E
San Miguel 127 5-F
San Miguel Teotongo 113 4-A
San Pablo Oztotepec 150 5-E
San Pedro Mártir 122 6-E
Santa Cruz Xochitepec 136 2-C
Santa Fe 95 5-B
Santa Rosa 48 3-D
Santiago 126 2-F
Tamaulipas El Palmar 86 6-D
Tamaulipas Flores 86 6-D
Tezoyuca 49 1-D
Tlachiultepec 150 3-A
U. Adolfo López Mateos 56 5-E
U. H. Morelos Ecatepec 47 2-B
Valle de las Flores 30 5-D
Verano 135 1-A
Villa de las Torres 42 2-F
Xalpa 112 4-D
Xalpa 112 3-D
Xicalhuaca 137 2-C
Z. U. E. San Mateo Nopala 68 2-D
VIOLETA 2 PRIVS.
Barrio Belén 136 2-F
VIOLETA AND.
Ampl. Minas Palacio 81 4-C
VIOLETA CDA.
Barrio Xaltocan 136 2-F
Caballería de Sales 34 5-F
Lomas de Chamontoya 120 1-E
San Miguel Teotongo 113 3-B
Tlachiultepec 150 3-A
VIOLETA CJON.
Miguel Hidalgo 125 3-A
San Salvador Atenco 62 1-D
VIOLETA DE
Los Morales 18 4-C
VIOLETA DE CDA.
Tlacoyaque 107 6-E
VIOLETA NTE.
San Pedro Mártir 135 1-E
VIOLETA PRIV.
Torres del Potrero 107 5-F
Torres del Potrero 108 5-A
Torres del Potrero 108 5-B
VIOLETA Y 2 CJONES.
Barrio Santa Crucita 136 1-F
VIOLETA Y 3 RTS.
Jardines de Morelos 47 1-D
VIOLETA Y CDA.
Las Conchitas 31 3-A
Tlachiultepec 150 3-A
VIOLETA Y PROL.
Quiahuatla 138 1-F
VIOLETAS
Boca Barranca 59 1-B
Hacienda Ojo de Agua 21 3-A
Jardines de Aragón 60 5-C
Joyas de Santa Ana 62 5-F
Miraflores 57 4-C
Res. Jardines Provincial 94 6-D
San Isidro 17 6-E
San José de las Palmas 101 6-B
U. H. El Paraíso FOVISSSTE 18 6-C
U. H. Solidaridad Social 20 6-B
Villa de las Flores 33 1-A
VIOLETAS CDA.
Ejidos de San Ctistóbal 33 6-D
San Miguel Topilejo 149 4-B
VIOLETAS DE LAS
La Florida 69 3-C
VIOLETAS DE LAS CDA.
Mirador del Valle 135 2-B
VIOLETAS RT.
Izcalli Ecatepec 46 2-F
VIPERITA PRIV. Y CDA.
San Juan Cerro 111 3-C
VIRGEN DE FATIMA
Tamaulipas Oriente 86 6-B
Tamaulipas Virgencitas 86 6-B
VIRGEN DE GUADALUPE
Tamaulipas Oriente 86 6-B
Tamaulipas Virgencitas 86 6-B
VIRGEN DE LA
San Martín Xico La Laguna 139 1-F
VIRGEN DE LA 1A. CDA.
Barrio Texcatitla 139 5-A
VIRGEN DE LA 2A. CDA.
Barrio Texcatitla 139 6-A
VIRGEN DE LA CALZ.
Avante 110 5-B
Carmen Serdán 110 5-B
Ejido San Pablo Tepetlapa 110 5-B
Ex Ej. San Pablo Tepetlapa 110 5-B
Maquixco 23 3-F
Presidentes Ejidales 110 5-B
Puxtla 23 3-F
U. H. Culhuacán Piloto 110 5-B
U. H. Emiliano Zapata 110 5-B
U. H. San Fco. Culhuacán 110 5-B
U. O. H. CTM Culhuacán 110 5-B
U. O. H. CTM Culhuacán XIII 110 5-B
VIRGEN DE LA CARIDAD DEL C.
Tamaulipas Oriente 86 5-B
Tamaulipas Virgencitas 86 5-B
VIRGEN DE LA CDA.
San Francisco Apolocalco 113 4-D
VIRGEN DE LA DOLOROSA
Tamaulipas Oriente 86 6-C
VIRGEN DE LA LUZ
Tamaulipas Oriente 86 6-C
Tamaulipas Virgencitas 86 6-C
VIRGEN DE LA MACARENA
Tamaulipas Oriente 86 6-C
VIRGEN DE LA PAZ
Tamaulipas Virgencitas 86 5-B
VIRGEN DE LA PURISIMA C.
Agua Azul 86 6-B
Tamaulipas Virgencitas 86 6-B
VIRGEN DE LOS ANGELES
Agua Azul 86 6-B
Tamaulipas Virgencitas 86 6-B
VIRGEN DE LOS DOLORES
Agua Azul 86 6-B
Tamaulipas Virgencitas 86 6-B
VIRGEN DE LOS REMEDIOS
Agua Azul 86 6-B
Tamaulipas Virgencitas 86 6-B
VIRGEN DE LOURDES
Tamaulipas Virgencitas 86 6-B
VIRGEN DE SAN JUAN DE LOS L.
Agua Azul 86 6-B
Tamaulipas Virgencitas 86 6-B
VIRGEN DE ZAPOPAN
Tamaulipas Oriente 86 5-B
Tamaulipas Virgencitas 86 5-B
VIRGEN DEL CAMINO
Agua Azul 86 6-B
Tamaulipas Virgencitas 86 6-B
VIRGEN DEL CARMEN
Agua Azul 86 6-B
Tamaulipas Virgencitas 86 6-B
VIRGEN DEL PERPETUO SOCORRO
Agua Azul 86 6-B
Tamaulipas Virgencitas 86 6-B
VIRGEN DEL SAGRADO CORAZON
Agua Azul 86 6-B
Tamaulipas Virgencitas 86 6-B
VIRGEN LA
Ampliación Miguel Hidalgo 121 6-E
Cruz del Farol 121 6-E
VIRGEN LA PRIV.
Tlachiultepec 150 3-A
VIRGEN MARIA
Tamaulipas Virgencitas 86 6-B
VIRGEN ROSA DE LIMA
Tamaulipas Oriente 86 6-C
Tamaulipas Virgencitas 86 6-C
VIRGENCITAS
Xochitenco 87 6-E
VIRGILIO
Polanco Chapultepec 83 5-A
VIRGINIA
Nativitas 97 5-B
Parque San Andrés 110 3-A
Pavón 99 2-A
VIRGINIA RT.
Pantitlán 98 2-E
VIRGO
Ampl. Emiliano Zapata 113 4-C
Ejército del Trabajo II 73 2-C
Jardines de Satélite 55 6-F
Josefa Ortiz de Domínguez 47 6-D
La Estrella 59 5-F
Prados de Ecatepec 19 4-F
Prizo 73 2-C
U. Izcalli Santa Clara 73 2-C
Valle de la Hacienda 17 3-E
VIRIDIANA CDA.
Xalpa 112 2-D
VIRREINAL PRIV.
Tepotzotlán 4 6-C
VIRREY
Santa Cruz del Monte 55 6-F
VIRREYES
Jorge Jiménez Cantú 28 3-F
Libertad 28 3-F
VIRREYES AV. Y CDA.
Fracc. Club Virreyes 28 1-F
VIRREYES DE LOS BLVR.
Lomas Altas 95 2-D
Lomas Reforma 95 2-D
Lomas de Chapultepec 82 6-E
Lomas de Virreyes 95 2-D
Lomas de Virreyes 82 6-E
VIRREYES NORTE AV.
Fracc. Club Virreyes 28 2-F
VISION GRAFICA
Prensa Nacional 70 1-D
VISTA ALEGRE

Calle / Colonia	Plano	Coordenadas
Ampliación La Cañada	95	4-D
El Mirador	136	1-C
VISTA BELLA		
Independencia	28	4-E
Villa San Lorenzo Chimalco	100	2-D
VISTA BONITA		
El Mirador	136	1-C
VISTA DEL MONTE		
Lomas de Bellavista	56	6-A
VISTA DEL PEDREGAL		
Bosque del Pedregal	121	6-C
VISTA DEL RIO		
Vista Hermosa	29	5-A
VISTA DEL VALLE		
Buenavista	28	5-F
Las Huertas	68	6-D
Vista Hermosa	28	5-F
VISTA DEL VALLE CDA.		
Vista Hermosa	29	5-A
VISTA HERMOSA		
Ampliación La Cañada	95	5-D
Coacalco de Berriozábal	32	4-F
El Mirador	136	1-C
Gral. Felipe Berriozábal	58	1-C
Jardines de la Hda. Sur	17	5-F
Lomas San Lorenzo	111	6-D
México	19	2-C
Montañista	58	2-C
Nueva Rufino Tamayo	46	5-D
Paraje Zacatepec	112	2-D
Portales	110	1-A
Pueblo Santa Rosa Xochiac	107	5-C
San Mateo Ixtacalco	18	2-A
San Miguel Xicalco	135	4-F
Santa María Aztahuacán	112	2-C
Texalpa	115	2-F
Vista Hermosa	29	5-A
VISTA HERMOSA 1A. CDA.		
Vista Hermosa	4	4-B
VISTA HERMOSA 2A. CDA.		
Vista Hermosa	4	4-B
VISTA HERMOSA 3 CDAS.		
Ampliación El Santuario	111	2-A
VISTA HERMOSA AND.		
El Tanque	108	6-A
VISTA HERMOSA AV.		
Ampliación Vista Hermosa	56	6-C
Vista Hermosa	56	6-C
Vista Hermosa	4	4-B
VISTA HERMOSA CDA.		
Gral. Pedro María Anaya	109	1-F
VISTA HERMOSA DE CDA.		
Dr. Jorge Jiménez Cantú	58	2-F
VISTA HERMOSA PRIV.		
Pueblo Santa Rosa Xochiac	107	5-C
VISTA HERMOSA PROL.		
Santa María Aztahuacán	112	2-C
VISTA HERMOSA RT.		
Monte Albán	112	2-D
VISTA HERMOSA Y CDA.		
El Tanque	108	6-A
VISTAS DE CUILOTEPEC		
Bosque del Pedregal	121	6-C
Vistas del Pedregal	121	6-C
VITRALES		
Jardines del Sur	136	1-D
Rinconada del Sur	136	1-D
U. H. FOVISSSTE	136	1-D
VIVALDI HERMANOS		
Lomas de Capula	95	5-E
VIVANCO		
Tlalpan	122	4-D
VIVEROS		
Lomas Estrella 2a. Secc.	111	6-A
Santa María Tomatlán	111	6-A
VIVEROS AND.		
Loma Cebada	94	2-D
VIVEROS DE ANAHUAC		
Viveros del Valle	56	5-D
VIVEROS DE ASIS		
Viveros de la Loma	56	6-D
VIVEROS DE ATIZAPAN		
Viveros de la Loma	56	6-D
VIVEROS DE CAMPECHE		
Viveros de la Loma	56	6-D
VIVEROS DE COCOYOC		
Viveros de la Loma	56	6-D
VIVEROS DE COLIMA		
Viveros de la Loma	56	5-D
VIVEROS DE COYOACAN		
Viveros de la Loma	56	5-D
VIVEROS DE CHAPULTEPEC Y CDA		
Viveros de la Loma	56	6-D
VIVEROS DE HOCTUN Y C 2 Y 4		
Viveros del Valle	56	4-D
VIVEROS DE LA AURORA		
Viveros de la Loma	56	5-D
VIVEROS DE LA CAÑADA		
Viveros de la Loma	56	5-D
VIVEROS DE LA CASCADA		
U. Adolfo López Mateos	56	5-D
Viveros de la Loma	56	5-D
VIVEROS DE LA COLINA		
Viveros de la Loma	56	6-E
VIVEROS DE LA FLORESTA		
Viveros de la Loma	56	5-D
Viveros de la Loma	56	6-D
VIVEROS DE LA HACIENDA		
Viveros de la Loma	56	5-D
Viveros del Valle	56	4-D
VIVEROS DE LA PARROQUIA		
Viveros de la Loma	56	6-E
VIVEROS DE LA PAZ		
Ampl. Arboledas de Cuaut.	45	6-C
Ampliación La Forestal	45	6-C
VIVEROS DE LA PAZ 2A. CDA.		
Arboledas de Cuautepec	45	6-C
VIVEROS DE LA PAZ PRIV.		
Ampl. La Forestal	45	6-C
VIVEROS DE LA PLAYA		
Viveros de la Loma	56	6-D
VIVEROS DE LA QUEBRADA		
Viveros de la Loma	56	5-C
VIVEROS DE LA RIVERA		
Viveros de la Loma	56	6-E
VIVEROS DE LAS FUENTES		
Viveros de la Loma	56	5-C
VIVEROS DE LINDAVISTA		
Viveros de la Loma	56	5-D
VIVEROS DE MICHOACAN		
Viveros de la Loma	56	5-D
VIVEROS DE OAXACA		
Viveros de la Loma	56	6-D
VIVEROS DE PETEN Y C 2 4 6		
Viveros del Valle	56	4-D
VIVEROS DE PETEN Y C. 1 3 5		
Viveros del Valle	56	4-D
VIVEROS DE TECOYOTITLA		
Viveros de la Loma	56	6-D
VIVEROS DE TEPEXPAN		
Viveros del Valle	56	5-D
VIVEROS DE TLALNEPANTLA		
Viveros de la Loma	56	5-D
VIVEROS DE UMAN		
Electra	56	4-E
Viveros del Valle	56	4-E
VIVEROS DE XOCHIMILCO		
Viveros de la Loma	56	6-D
VIVEROS DE YUCATAN		
Viveros de la Loma	56	6-D
VIVEROS DEL ALAMO		
Viveros de la Loma	56	5-D
VIVEROS DEL ALTIPLANO		
Viveros de la Loma	56	6-D
VIVEROS DEL ARROYO		
Viveros de la Loma	56	5-D
VIVEROS DEL BAJIO		
Viveros de la Loma	56	6-D
VIVEROS DEL JAZMIN		
Viveros de la Loma	56	6-E
VIVEROS DEL LAGO		
Viveros de la Loma	56	5-D
VIVEROS DEL NORTE CIR.		
Hidalgo	56	5-E
U. Adolfo López Mateos	56	5-E
VIVEROS DEL OLIVAR DEL CONDE		
Viveros de la Loma	56	6-E
VIVEROS DEL OLMO		
Viveros de la Loma	56	6-D
VIVEROS DEL PALMAR		
Viveros de la Loma	56	6-D
VIVEROS DEL PETEN C.8		
Viveros del Valle	56	4-E
VIVEROS DEL PIRUL		
Viveros de la Loma	56	5-D
VIVEROS DEL PONIENTE		
Electra	56	5-E
U. Adolfo López Mateos	56	5-E
VIVEROS DEL PRADO		
Viveros de la Loma	56	5-D
VIVEROS DEL RETIRO		
Viveros de la Loma	56	6-E
VIVEROS DEL REY		
Viveros de la Loma	56	6-E
VIVEROS DEL RIO		
Viveros de la Loma	56	6-D
VIVEROS DEL ROCIO		
Viveros de la Loma	56	6-D
VIVEROS DEL ROSEDAL		
Viveros de la Loma	56	6-E
VIVEROS DEL SUR CIR.		
U. Adolfo López Mateos	56	5-E
VIVEROS DEL TROPICO		
Viveros de la Loma	56	6-D
VIVEROS DEL VALLE		
Viveros de la Loma	56	5-E
VIVEROS PUEBLA		
Viveros de la Loma	56	5-D
VIVES LUIS		
Los Morales	82	4-E
VIZCAINAS		
Centro	84	5-B
VIZCAINAS DE LAS		
Lomas Verdes Sección V	55	6-D
Santa Cruz del Monte	55	6-F
VIZCAINOCO		
Del Carmen	109	3-C
VIZCAL ROSENDO		
México Nuevo	55	1-E
VIZCAYA		
Insurgentes Extremadura	96	5-C
VOGA		
Las Huertas	81	1-C
VOLADOR DEL		
Lomas Verdes Sección V	55	6-D
VOLADOR DEL CJON.		
San Juan de Dios	63	6-B
VOLADORES		
Metropolitana	99	3-B
VOLCAN		
Benito Juárez	59	2-B
Jardines del Pedregal	108	5-F
VOLCAN ACATENANGO		
Ampliación La Providencia	72	4-D
VOLCAN AGUA		
El Mirador	122	6-C
Tepetongo	122	6-C
VOLCAN AJUSCO		
La Pradera	72	5-D
Los Volcanes	122	6-D
VOLCAN ASO		
El Mirador	122	6-C
VOLCAN ATITLAN		
Ampliación La Providencia	72	5-C
El Mirador	122	6-C
VOLCAN AV.		
Lomas de Chapultepec	82	5-F
VOLCAN BARAJAS		
C. H. La Pradera II	72	5-D
VOLCAN BATUR		
El Mirador	122	6-C
VOLCAN BROMO		
El Mirador	122	6-C
VOLCAN CALMININ		
C. H. La Pradera II	72	5-D
VOLCAN CAMALOTE		
Ampliación La Providencia	72	5-D
La Pradera	72	5-D
VOLCAN CANLAON		
El Mirador	122	6-D
VOLCAN CAULLE		
El Mirador	122	6-D
VOLCAN CAYAMBE		
Los Volcanes	122	6-D
VOLCAN CEBORUCO		
La Pradera	72	5-D
VOLCAN COFRE DE PEROTE		
Los Volcanes	122	6-D
VOLCAN COTOPAXI		
El Mirador	122	6-D
Los Volcanes	122	6-D
VOLCAN COTOPAXI CDA.		
Los Volcanes	122	6-D
VOLCAN CUAUTZIN		
C. H. La Pradera II	72	5-D
VOLCAN CHACAGUA		
C. H. La Pradera II	72	5-D
VOLCAN CHOKAI		
El Mirador	122	6-D
VOLCAN DE 2DO. RT.		
Jardines de Morelos	48	1-A
VOLCAN DE AGUA		
Ampliación La Providencia	72	5-C
VOLCAN DE COLIMA		
Dr. Jorge Jiménez Cantú	59	4-B
La Pradera	72	5-D
Los Volcanes	122	6-D
Rancho de las Nieves	101	1-A
Santa María Nativitas	101	1-A
VOLCAN DE JORULLO		
Jardines de Morelos	48	1-A
La Pradera	72	5-D
VOLCAN DE LANIN		
Ampliación La Providencia	72	5-C
VOLCAN DE PASTO		
La Pradera	72	4-D
VOLCAN DE QUETZALTENANGO		
Ampliación La Providencia	72	5-C
VOLCAN DE SAN MARTIN		
La Pradera	72	5-D
VOLCAN DE SAN PEDRO		
Ampliación La Providencia	72	4-D
VOLCAN DE SANTA MARIA		
Ampliación La Providencia	72	4-D
VOLCAN DE TACANA		
Ampliación La Providencia	72	4-C
VOLCAN DE ZUNIL		
Ampliación La Providencia	72	5-D
VOLCAN DEL FUEGO		
Ampliación La Providencia	72	5-C
VOLCAN DEMPO		
El Mirador	122	6-C
VOLCAN DOMUYO		
El Mirador	122	6-C
VOLCAN ELBRUZ		
El Mirador	122	6-D
Los Volcanes	122	6-D
VOLCAN ETNA		
Los Volcanes	122	6-C
VOLCAN FERNANDINA		
Tepetongo	122	6-C
VOLCAN FOGO		
El Mirador	122	6-D
VOLCAN FUJIYAMA		
El Mirador	122	6-D
El Mirador	122	6-C
Los Volcanes	122	6-D
Los Volcanes	122	6-C
VOLCAN GEDE		
Tepetongo	122	6-C
VOLCAN HIMALAYA		
Los Volcanes	122	6-C
VOLCAN IMPALA		
Ampliación La Providencia	72	4-C
VOLCAN IMPALA NORTE Y SUR		
Ampliación La Providencia	72	4-D
VOLCAN IZTACCIHUATL		
El Mirador	122	6-C
Los Volcanes	122	6-C
Los Volcanes	122	6-D
Pedregal Santa Ursula Xitla	122	6-C
Pedregal de las Aguilas	122	6-D
Pedregal de las Aguilas	122	6-C
VOLCAN IZTACCIHUATL AV.		
La Pradera	72	5-D
VOLCAN KARTALA		
Los Volcanes	122	6-D
VOLCAN KIRISHIMA		
Tepetongo	122	6-C
VOLCAN KISKA		
Tepetongo	122	6-C
VOLCAN KRAKATOA Y CDA.		
Los Volcanes	122	6-D
VOLCAN LA MALINCHE		
Rancho de las Nieves	101	1-B
VOLCAN MALACATEPEC		
C. H. La Pradera II	72	6-D
VOLCAN MALINCHE		
La Pradera	72	5-D
VOLCAN MASAYA		
La Pradera	72	4-D
VOLCAN MAYON		
Los Volcanes	122	6-C
VOLCAN MERAPI		
Tepetongo	122	6-C
VOLCAN MEZONTEPEC		
C. H. La Pradera II	72	6-D
VOLCAN MONTE ALEGRE		
Los Volcanes	122	6-C
VOLCAN ONTAKE		
Tepetongo	122	6-C
VOLCAN OSAYAMA		
Tepetongo	122	6-C
VOLCAN PARICUTIN		
La Pradera	72	5-D
Los Volcanes	122	6-D
VOLCAN PICO DE ORIZABA		
Los Volcanes	122	6-D
VOLCAN PINACATE		
C. H. La Pradera II	72	6-D
VOLCAN POCHUTLA		
Bosque de Aragón	72	6-D
VOLCAN POPOCATEPETL		
Los Volcanes	122	6-C
VOLCAN POPOCATEPETL AV.		
Ampliación La Providencia	72	5-D
C. H. La Pradera I	72	5-D
C. H. La Pradera II	72	5-D
La Pradera	72	5-D
VOLCAN PURACE		
Tepetongo	122	6-C
VOLCAN REAL DEL MONTE		
Bosque de Aragón	72	6-D
VOLCAN SAKURAJIMA		
Tepetongo	122	6-C
VOLCAN SAN ANDRES TUXTLA		
Ampliación La Providencia	72	5-C
VOLCAN SANGANGUEY		
C. H. La Pradera II	72	5-D
VOLCAN TACANA		
C. H. La Pradera II	72	5-D
La Pradera	72	5-D
Rancho de las Nieves	101	1-A
VOLCAN TAJUMULCO		
Ampliación La Providencia	72	5-C
VOLCAN TEIDE		
Tepetongo	122	6-B
VOLCAN TELICA		
Tepetongo	122	6-C
VOLCAN TONGARIRO		
Tepetongo	122	6-C
VOLCAN TRES VIRGENES		
C. H. La Pradera II	72	5-D
La Pradera	72	5-D
VOLCAN VIBORILLAS		
Bosque de Aragón	72	6-D
VOLCAN XITLE		
La Pradera	72	5-D
Pedregal de Santo Domingo	122	1-D
Sierra del Valle	112	3-C
Tlaxiopan	136	4-A
VOLCAN Y RT.		
Jardines de Morelos	48	2-A
VOLCANES		
Lomas de Bellavista	56	6-A
Paseo de las Lomas	94	6-E
San Miguel Xochimanga	43	6-E
VOLCANES DE LOS AV.		
La Presa Lázaro Cárdenas	58	4-D
VOLCANES LOS		
Fuentes de Satélite	55	6-E
Lomas de San Pablo	153	2-D
VOLKSWAGEN		
Sierra del Valle	112	3-B
VOLTA ALEJANDRO		
Parque Ind. Cuamatla	18	6-A
Paseo de las Lomas	107	1-E
VOLTA ALESSANDRO		
Fuego Nuevo	111	4-A
VOLTAIRE		
Ejido de Santiago Tepalcapa	43	3-B
VOLUNTAD CDA.		
La Retama	94	5-C
VOLUNTAD DE LA		
La Retama	94	6-B
VOLUNTAD DE LA CDA.		
La Retama	94	6-B
VOSGOS		
Lomas Verdes Sección IV	55	6-E
Lomas de Chapultepec	82	6-F
Lomas de Virreyes	82	6-F
VOZ		
Prensa Nacional	70	1-D
VOZ LA		
Prensa Nacional	70	1-D
VUELTA DEL AGUA		
Emiliano Zapata	36	3-A
VUELTAS		
Iztaccihuatl	97	4-B
Villa de Cortés	97	4-B
VULCANIZACION		
Veinte de Nov. 2o. Tramo	84	2-E
Veinte de Noviembre	84	2-E
Venustiano Carranza	84	2-E
VULCANO		
Cuautitlán Izc. Ensueños	30	1-D
Rinconada Coacalco	33	3-B
VULCANO SUR		
La Olimpiada 68	81	3-C

W

Calle / Colonia	Plano	Coordenadas
W		
C. H. Alianza Popular Rev.	123	1-D
WAGNER		
Ex Hipódromo de Peralvillo	84	1-C
Peralvillo	84	1-C
Vallejo	71	6-C
WAKE		
Libertad	70	5-C
WALKER J.		
Fuego Nuevo	111	5-A
WALKIRIAS		
Miguel Hidalgo	125	4-A
WALTON FEDERICO		
Fuego Nuevo	111	5-A
WALLON ENRIQUE		
Bosque de Chapultepec	83	5-C
WASHINGTON		
Las Américas	69	5-B
Las Vegas Xalostoc	72	1-C
Moderna	97	3-B
San Juan Ticomán	58	5-C
WASHINGTON JORGE		
Ampliación Presidentes	95	6-D
WATSON TOMAS A.		
San Andrés Tetepilco	97	6-C
Unidad Modelo	97	6-C
WATT JACOBO		
Ampl. Mirador	110	4-E
Fuego Nuevo	110	4-E
Pueblo Culhuacán	110	4-E
San Simón Culhuacán	110	4-E
Z. U. E. Culhuacán	110	4-E
WATT JACOBO CDA.		
Fuego Nuevo	110	4-F
WATT JAMES		
Parque Ind. Cuamatla	31	1-A
WATTEAU		
San Juan	96	5-B
WELLMAN RAFAEL		
Ejido San Juan Tlihuaca	42	3-B
WICHITA		
Tepopotla	108	1-A
WILDE OSCAR		
Polanco Chapultepec	83	5-A
WILSON TOMAS		
Ampliación Presidentes	95	5-D
WISCONSIN		
Ampliación Nápoles	96	4-C
Ciudad de los Deportes	96	4-C
WRIGHT HERMANOS		
Fuego Nuevo	110	4-F

X

Calle / Colonia	Plano	Coordenadas
X		
C. H. Alianza Popular Rev.	123	1-D
XACANTITLA		
Santiago Tepalcatlalpan	136	3-C
XAHUENCO EL		
San Antonio	57	4-A
XALALPA		
Chiconcuac	49	6-D
XALAPA		
Acolcalco	113	5-D
San Lorenzo	56	3-B
XALAPA CJON.		
Santiago Ahuizotla	69	5-E
XALITEMI		
San Pablo Chimalpa	106	0-
XALMIMILULCO		
El Arenal 4a. Sección	85	4-E
XALOSTOC		
Benito Juárez	59	2-B
El Arenal 3a. Sección	85	5-E
Nueva San Juan Ixtacala	57	6-C
XALOSTOC AV.		
Benito Juárez	59	2-B
Tabla del Pozo	59	2-B
Tepeolulco	59	2-B
XALOSTOC PRIV.		
Benito Juárez	59	2-B
XALPA		
El Olivo II	44	5-B
La Magdalena Petlacalco	135	4-C
Tenorios	112	4-D
XALPA AV.		
Nueva San Juan Ixtacala	57	6-C
Prado Ixtacala	57	6-C
San Felipe Ixtacala	57	6-C
XALPA CJON.		
Chiconcuac	49	6-E
Libertad	70	5-C
XALPA PRIV.		
Barrio Santa Ana Zapotitlán	125	2-B
Barrio Santa Apolonia	70	5-A
XALTENCO		
Emiliano Zapata	113	2-C
Emiliano Zapata	113	3-C
XALTOCAN		
Barrio Xaltocan	136	2-F
El Arenal 2a. Sección	85	5-E
El Arenal 3a. Sección	85	5-E

Calle / Colonia — COORDENADAS PLANO

Lomas de Cristo 76 5-B
Rey Neza 100 2-B
XALTOCAN CDA.
Coatlinchán 89 1-C
Pedregal de San Nicolás 121 4-B
XALTOCAN CJON.
Lomas de la Cruz 89 1-C
XALTOCAN Y PRIV.
El Arenal 3a. Sección 85 5-F
XALLI
Guadalupita Tlaxialtemalco 138 2-B
San José 138 2-B
Xicalhuaca 137 2-C
XALLI 2 CDAS.
Guadalupita Tlaxialtemalco 138 2-B
XAMETE
El Arenal 4a. Sección 85 4-E
XAMILTEPEC AND.
Mesa de los Hornos 122 6-C
XAMILTEPEC AND. 1
Mesa de los Hornos 122 6-C
XAMILTEPEC AND. 2
Mesa de los Hornos 122 6-C
XAMILTEPEC AND. 3
Mesa de los Hornos 122 6-C
XAMILTEPEC AND. 4
Mesa de los Hornos 122 5-C
XANAGUIA
El Arenal 3a. Sección 85 4-E
XANAMBRES
Tezozómoc 70 4-A
XANATH
El Mirador 136 1-C
XANCANTITLA
Santiago Tepalcatlalpan 136 3-C
XANES
El Arenal 4a. Sección 85 4-E
XANICHO
El Arenal 3a. Sección 85 4-E
XANIXA
El Arenal 3a. Sección 85 5-E
XANIXA PRIV.
El Arenal 3a. Sección 85 5-F
XANO
El Arenal 4a. Sección 85 4-E
XANTEN
El Arenal 4a. Sección 85 4-E
XANTICAS
El Arenal 4a. Sección 85 4-E
XAXALCO
Xaxalco 149 4-A
Xaxalco 149 5-A
Xaxalipa 149 5-A
XAXALPA 2A. CDA.
Pueblo San Bartolo Ameyalco 107 5-E
XAXALPA 2A. CDA. DE PRIV.
San Bartolo Ameyalco 107 5-F
XAXALPA 3A. CDA.
Pueblo San Bartolo Ameyalco 107 5-E
XAXALPA 3A. CDA. DE PRIV.
San Bartolo Ameyalco 107 5-F
XAXALPA 4A. CDA. DE PRIV.
San Bartolo Ameyalco 107 5-F
XAXALPA 5A. CDA. DE PRIV.
San Bartolo Ameyalco 107 5-F
XAXALPA Y PRIV. Y CDA.
Pueblo San Bartolo Ameyalco 107 5-E
XEL HA
Z. U. E. Héroes de Padierna 121 4-F
XICALCO
El Arenal 3a. Sección 85 5-F
Pedregal de Santo Domingo 109 5-E
XICALCO DE 2A. CDA.
San Andrés Totoltepec 135 3-E
XICALCO PRIV.
La Palma 135 3-E
XICALHUACAN
San Francisco Xicaltongo 97 3-C
Xicalhuaca 137 2-C
XICALTONGO
San Francisco Xicaltongo 97 3-D
XICALTONGO CDA. Y PRIV.
U. H. Santiago 97 4-D
XICALTONGO CJON. Y CDA.
San Francisco Xicaltongo 97 3-D
XICO
El Arenal 3a. Sección 85 4-E
XICO AV.
Ayotla 127 1-B
Emiliano Zapata 127 1-B
XICO CDA.
Santa Cruz Mixquic 139 5-F
XICO CJON.
San Pablo Tecalco 22 5-E
XICO Y PRIV.
San Lorenzo 56 3-B
XICOPINCA
El Potrero 34 4-E
XICOTENCATL
Ampl. Profr. C. Higuera 43 5-A
Ampliación Miguel Hidalgo 121 6-F
Ampliación Tepepan 136 1-C
Barrio Los Reyes 97 3-D
Barrio Norte 95 5-F
Castillo Chico 58 3-B
Centro 84 4-B
Ciudad Azteca 60 3-A
Ciudad Cuauhtémoc 34 2-F
Ej. Santa María Aztahuacán 112 1-A
El Arenal 1a. Sección 85 5-E
El Cardonal Xalostoc 59 4-D
El Carmen 109 2-E
El Mirador 136 1-C
El Tenayo 57 2-E
Emiliano Zapata 42 1-E
Hueyotencotl 22 1-B
Industrial Morelos 59 4-C
Izcalli Nezahualcóyotl 100 4-B
Jorge Negrete 58 5-A
La Venta 148 1-C
Lomas del Cadete 81 4-D
Pantitlán 98 1-D
Reynosa Tamaulipas 70 3-B
Rincón de los Reyes 100 6-D
San Francisco Cascantitla 18 6-C
San Juan Joya 111 4-E
San Miguel Tocuila 62 5-E
San Miguel Xochimanga 43 5-D
San Pedro Atocpan 151 3-A
Santa Cruz Mixquic 139 6-F
Santa Isabel Tola 71 2-E
Santa María Aztahuacán 99 6-A
XICOTENCATL AV.
Jardín 127 5-B
Niños Héroes 126 5-F
XICOTENCATL CDA.
El Cardonal Xalostoc 59 5-D
Tultepec 19 3-C
XICOTENCATL F.SANTIAGO CNEL.
U. H. José María Morelos 30 2-F
XICOTENCATL FELIPE SANTIAGO
Ciudad Satélite 69 2-C
XICOTENCATL PRIV.
Castillo Chico 58 3-B
XICOTENCATL PROL.
Churubusco 110 2-A
XICOTENCATL SUR 37
U. H. Jajalpa 47 3-A
XICOTENCATL Y CDA.
Tultepec 19 3-C
XICHU Y PRIV.
El Arenal 3a. Sección 85 5-E
XIJUTLA
Ampliación Tulpetlac 46 5-E
XILANCAS
Tezozómoc 70 4-A
XILITLA
El Arenal 3a. Sección 85 5-E
XILOMATZIN
Ej. Santa María Aztahuacán 112 1-B
XILONEN
Ciudad Cuauhtémoc 35 3-A
XIMAY
Lomas Verdes 31 5-F
XIMILPA
Ampl. Torreblanca 82 2-F
Argentina Antigua 82 2-F
México Nuevo 82 2-F
Pensil Norte 83 2-A
Tlalpan 122 5-D
Unidad Legaria 82 2-F
XIMILPA CDA.
Pensil Norte 83 2-A
XIMILPA PRIV.
Argentina Antigua 82 2-F
México Nuevo 82 2-F
XINALCO
San Francisco Xocotitla 70 6-F
XINANTECATL
El Arenal 3a. Sección 85 5-E
México 98 1-F
Xochitenco 98 1-F
XIPETOTEC
U. H. Emiliano Zapata 110 6-E
XITLA AV.
El Arenal 3a. Sección 85 5-F
XITLE
Ciudad Azteca 60 3-C
Esther Zuno de Echeverría 135 2-C
Jardines del Pedregal 109 6-A
La Magdalena Petlacalco 135 4-C
Las Cruces 108 6-A
Loma Bonita 57 1-C
Lomas de Padierna 121 6-D
XITLE 1A. PRIV.
María Esther Zuno de E. 135 2-C
XIUHTECUHTLI
Ciudad Cuauhtémoc 34 1-E
XIUTETELCO Y PRIV.
El Arenal 3a. Sección 85 5-E
XIVIONI Y 2 CDAS.
San Lorenzo Acopilco 106 5-D
XIXIMES CDA.
Caracol 122 2-E
XLAPAC RT.
U. H. ISSSTE Norma 111 1-C
XOCCHEL
Los Encinos 121 5-D
XOCO
Narvarte 97 4-A
XOCONGO
Tránsito 97 1-B
XOCONOXTLE
U. INFONAVIT Iztacalco 97 4-F
XOCOTENGO
La Candelaria 110 5-A
XOCOTITLA
Del Gas 70 6-F
San Francisco Culhuacán 110 4-D
Santa Cruz del Monte 69 1-A
Tiziclipa 137 6-B
XOCOTITLA CJON.
Santiago Zula 141 6-A
Xoco 109 1-E
XOCOTITLAN
Aragón Inguarán 71 5-E
Izcalli Nezahualcóyotl 100 4-B
XOCOTLA
Tlalpan 122 4-E
XOCOTLHUETZI
Ciudad Cuauhtémoc 34 2-E
XOCOTZIN CDA.
Pueblo de Axotlan 17 2-B
XOCOYAHUALCO
Nueva San Juan Ixtacala 57 6-D
Prado Ixtacala 57 6-D
San Felipe Ixtacala 57 6-D
Unidad Barrientos 44 5-A
XOCOYOACAN CDA.
Pedregal de Santo Domingo 109 4-E
XOCOYOTE
El Arenal 3a. Sección 85 4-E
XOCOYOTL
Barrio Mineros 87 4-E
U. H. Infonavit Xochináhuac 70 1-A
XOCOYOTZIN
Ciudad Cuauhtémoc 34 3-F
Estrella del Sur 111 3-A
Fidel Velázquez Sánchez 30 4-E
XOCOYOTZIN Y CDA.
Cerro Grande 43 4-D
XOCTLI
Barrio Mineros 87 4-E
Barrio Pescadores 87 4-E
XOCUILCO
San Pablo 87 4-E
XOCHIACA
Barrio Cesteros 87 3-E
XOCHIACA AV.
Benito Juárez 86 5-C
Del Sol 86 5-C
El Arenal 4a. Sección 85 5-F
Estado de México 86 5-C
Tamaulipas El Palmar 86 5-C
Tamaulipas Flores 86 5-C
Tamaulipas Oriente 86 5-C
Tamaulipas Virgencitas 86 5-C
Tlatelco 87 6-A
Xaltipac 87 6-A
XOCHIACA AV. Y 2 CDAS.
Ejido San Agustín Atlapulco 100 4-B
XOCHIACA CDA.
Xaltipac 100 1-C
XOCHIAPA CDA.
San Jerónimo Lídice 108 5-D
XOCHIAPAN
Pedregal de Santo Domingo 109 6-E
San Miguel Xochimanga 43 5-D
XOCHIATIPAN
El Arenal 3a. Sección 85 5-E
XOCHIATL
Ricardo Flores Magón 111 2-A
XOCHICALCO
Atenor Sala 96 3-F
Ciudad Cuauhtémoc 34 2-F
Ciudad Cuauhtémoc 34 1-F
Las Peñitas 43 4-D
Letrán Valle 96 3-F
Narvarte 96 3-F
San Lorenzo 81 2-D
Vértiz Narvarte 96 3-F
XOCHICALCO CDA.
Ejido San Agustín Atlapulco 100 4-B
XOCHICALCO CIR.
Cnel. José Antonio Torres 60 1-D
La Florida 60 2-D
La Florida de Ciudad Azteca 60 1-D
XOCHICALCO PROL.
Santa Cruz Atoyac 96 6-F
XOCHICALTITLA
Villa Coyoacán 109 3-E
XOCHICOATLAN
El Arenal 3a. Sección 85 5-E
El Arenal 4a. Sección 85 5-E
XOCHICOATLAN PRIV.
El Arenal 3a. Sección 85 5-E
XOCHIMANCA
Ampl. San Fco. Culhuacán 110 4-C
XOCHIMANCAS CDA.
Pedregal de Santo Domingo 109 4-E
XOCHIMANGA 2 CDAS.
San Miguel Xochimanga 43 5-D
XOCHIMANGA AV.
San Miguel Xochimanga 43 4-D
XOCHIMILCA
Mixcoatl 111 6-F
XOCHIMILCAS
Tezozómoc 70 4-A
XOCHIMILCO
Ciudad Azteca 60 3-B
El CEGOR 60 3-B
El Mirador 19 2-C
Melchor Ocampo 18 2-F
Merced Gómez 108 1-F
Nueva Rufino Tamayo 46 5-D
Pueblo Zapotlán 62 2-E
Tultepec 19 2-C
Xalpa 112 5-D
Zona Industrial Tultepec 19 4-D
XOCHIMILCO BLVD.
Chiconcuac 62 1-F
XOCHIMILCO DE 1A. PRIV.
Ejido Santa Cruz Xochitepec 136 2-C
XOCHIMILCO DE 2A. PRIV.
Santa Cruz Xochitepec 136 2-C
XOCHIMILCO TOPILEJO CARR.
San Miguel Topilejo 149 2-C
Santa Cruz Chavarrieta 136 6-D
Santa Cruz de Guadalupe 136 6-D
XOCHIMILCO TULYEHUALCO CALZ.
Barrio Xaltocan 137 3-A
Pueblo Nativitas 137 3-A
XOCHIMILCO TULYEHUALCO CARR.
San Gregorio Atlapulco 138 2-A
San Luis Tlaxialtemalco 138 2-A
XOCHIMILCO Y PRIV.
Pantitlán 98 1-E
XOCHIO
Barrio Fundidores 87 2-E
Barrio Mineros 87 2-E
Barrio Pescadores 87 2-E
Barrio Pescadores 87 3-E
XOCHIPILE Y CDA.
San Mateo Xoloc 16 1-F
XOCHIPILLI
Cerro Grande 43 4-D
Ciudad Cuauhtémoc 34 2-F
Ciudad Cuauhtémoc 34 1-F
El Arenal 3a. Sección 85 5-E
El Mirador 19 2-C
Estrella del Sur 110 2-F
Hueyotencotl 22 1-B
La Palma 135 2-E
U. H. Culhuacán 110 6-E
XOCHIPILLI Y CJON.
Lomas de Tonalco 137 3-A
XOCHIQUETZAL
Ampliación Estrella del Sur 110 3-F
Ciudad Cuauhtémoc 34 3-F
Culturas de México 127 6-E
Estrella del Sur 110 2-F
XOCHISTLAHUACA
El Arenal 3a. Sección 85 5-E
XOCHITENCO
Hank González 59 1-B
Los Bordos 59 1-B
México 98 1-F
Tlatel Xochitenco 87 2-E
Xochitenco 98 1-F
XOCHITENCO 1a. Y 2a. CDA.
Mariano Matamoros 59 1-B
XOCHITENCO AV.
Ejido San Agustín Atlapulco 100 4-B
XOCHITENCO CDA.
Boca Barranca 59 1-B
Hank González 59 1-B
XOCHITENCO PROL.
Independencia 87 5-D
XOCHITEPANCO Y 2 CDAS Y CJON
Santa Cruz Acalpixca 137 3-D
XOCHITEPANGO Y CDA.
Xalpa 112 4-C
XOCHITEPEC
Altavilla 72 1-B
Cocotitlán 141 4-D
El Arenal 3a. Sección 85 5-E
San Pedro Mártir 122 6-E
XOCHITEPEC 1A. CDA.
San José 138 2-B
XOCHITEPEC AV. DE 1A. CDA.
Ejido Santa Cruz Xochitepec 136 2-D
XOCHITEPETL 2A. CDA.
Del Carmen 138 2-B
XOCHITEPETL CDA.
Del Carmen 138 2-B
XOCHITEPETL Y 2 CDAS.
Del Carmen 138 2-B
XOCHITITLA CDA.
San Andrés Tetepilco 97 6-C
XOCHITITLA CJON.
Oriente 136 4-F
XOCHITL
Ahuehuetes 56 1-B
Amipant 98 2-F
Ampl. Buenavista 44 3-D
Ampl. Profr. C. Higuera 43 5-A
Barrio Ebanistas 87 4-C
Ciudad Cuauhtémoc 35 2-A
El Cardonal Xalostoc 59 4-D
El Mirador 19 2-C
El Panorama 68 4-F
El Paraíso 99 5-B
Estrella del Sur 110 3-F
Hueyotencotl 22 1-B
Hueyotencotl 22 2-B
La Magueyera 136 3-A
La Pastora 58 5-B
Lomas de Santiago Tepalcapa 43 3-B
Lomas de Totolco 101 3-A
Lomas de Totolco 101 2-A
Los Sauces 73 1-D
México Prehispánico II 73 1-D
Mixcoatl 111 6-F
Nueva Juárez Pantitlán 98 2-F
Nuevo Amanecer 73 1-C
Pantitlán 98 1-C
Pueblo Santa Ursula Coapa 123 1-A
San Andrés Totoltepec 135 2-D
San Bartolo Tenayuca 57 4-D
San Luis Tlaxialtemalco 138 2-A
San Mateito 98 2-F
Santa Clara 59 3-C
Tultepec 19 2-C
Vista Hermosa 121 1-A
XOCHITL CDA.
Ampliación Tepepan 136 1-C
Caserío de Cortés 152 3-F
La Noria 123 6-C
San Andrés Tomatlán 110 5-F
San Andrés Totoltepec 135 3-F
San Miguel Teotongo 113 3-B
San Pedro Mártir 122 6-E
XOCHITL PRIV.
Ex Hda. San Juan de Dios 123 4-C
XOCHITL Y 3 CDAS.
Las Peñitas 43 4-D
XOCHITL Y CDA.
Miguel Hidalgo 122 4-C
Ricardo Flores Magón 4 4-C
San Gregorio Atlapulco 137 2-F
San Pablo Tepetlapa 110 6-B
Santiago Acahualtepec 112 2-E
XOCHITL Y CJON.
Oriente 136 4-F
XOCHITLA
Ampliación San Agustín 100 3-D
Castillo Chico 58 3-B
XOCHITLA 2 CDAS.
Pueblo San Bartolo Ameyalco 107 5-D
XOCHITLA Y 2 CDAS. Y PRIV.
El Carmen 58 3-B
XOCHITLA Y CDA.
Joyas de Guadalupe 136 6-E
San Andrés Totoltepec 135 2-D
XOCHITLALLI
La Palma 135 3-F
XOCHITLALLI DE 1A. CDA.
La Palma 135 3-E
XOCHITLAN NORTE Y SUR
El Arenal 3a. Sección 85 5-E
XOLA
Alamos 96 3-E
Del Valle 96 3-E
Narvarte 96 3-E
XOLA PRIV.
Del Valle 96 3-D
XOLALPA
Villas de Teotihuacán 24 2-B
XOLALTENCO
Chiconcuac 49 6-D
XOLOC
Adolfo Ruiz Cortines 110 6-A
XOLOC AV.
Barrio Santa Cruz 16 2-F
Barrio del Refugio 16 2-F
CARDENAS LAZARO 16 2-F
San Mateo Xoloc 16 2-F
Santiago Cuautlalpan 16 2-F
XOLOC CDA.
San Mateo Xoloc 16 1-F
XOLOCO CDA.
La Herradura 82 6-A
XOLOTL
Almontila 87 6-B
Apatlaco 97 5-E
Barrio Alfareros 87 4-D
Barrio Ebanistas 87 4-D
Ciudad Cuauhtémoc 35 2-A
El Arenal 1a. Sección 85 5-E
Estrella del Sur 110 3-F
Lomas de Cristo 76 5-B
Rincón de los Reyes 100 6-D
San Bartolo Tenayuca 57 4-D
San Francisco Cascantitla 18 6-C
San Pedro Atocpan 150 3-F
Tlaxpana 83 3-D
XOLOTL CIRCUITO
Lomas de Cristo 76 5-B
XOLOTL DE 3A. CDA.
Barrio Ocotitla 150 4-F
XOMALI CALZ.
Ex Ejido de Huipulco 123 4-A
Hacienda de San Juan 123 4-A
San Lorenzo Huipulco 123 4-A
XOMECATL
El Pirul 108 1-B
XOMETITLA
San Mateo Tlaltenango 107 3-D
XOMETITLA CDA.
San Mateo Tlaltenango 107 3-D
San Mateo Tlaltenango 107 4-D
XOMULCO
Fracc. Tecorrales 98 6-B
XOMULCO PRIV.
Lomas de Santa Cruz 112 5-B
XONACATLAN
Almárcigo Norte 46 4-D
El Arenal 3a. Sección 85 5-E
Lomas Verdes Solidaridad 44 1-F
Lomas de Atizapán 55 2-E
Lomas de Atizapán 1a. Secc. 55 2-F
San Antonio Zomeyucan 82 2-A
XONTALPA
Apolocalco 113 5-D
XONTEPEC
Toriello Guerra 122 3-E
XOSCO
Pueblo San Bernabé Ocotepec 120 1-F
XOSCO 1A. CDA.
Lomas de San Bernabé 120 1-F
XOSCO 2A. CDA.
Pueblo San Bernabé Ocotepec 120 1-F
XOTE
El Arenal 4a. Sección 85 4-E
XOTEPINGO
Ciudad Jardín 110 4-A
XOTEPINGO AV.
Emiliano Zapata 110 5-B
XOTITLA
Tlalpuente 135 3-C
XOTL
Tlatelco 87 6-B
XOWITLES
Granjas de Guadalupe 42 2-C
XOXOTEPEC
Villa San Lorenzo Chimalco 100 1-C
XOXOTLA CDA.
Oriente 136 4-F
XUCHITLA
Pueblo San Bartolo Ameyalco 107 5-D

Y

Y
C. H. Alianza Popular Rev. 123 1-D
Pueblo Tepepan 123 6-C
Y DE RIO FRIO

Calle / Colonia	Plano	Coordenadas
Ampl. Emiliano Zapata	113	4-C
Ampl. Granjas Lomas de Gpe.	30	5-D
Ampl. Ozumbilla	21	5-E
Ampliación 19 de Septiembre	34	6-E
Ampliación Cadena Maquixco	23	3-E
Ampliación Emiliano Zapata	42	3-E
Ampliación La Magdalena	100	6-D
Ampliación La Rivera	68	6-F
Ampliación Los Reyes	113	2-B
Ampliación Malacates	45	4-C
Ampliación Miguel Hidalgo	121	6-F
Ampliación Potrerillo	120	2-F
Ampliación San Lucas	128	5-C
Ampliación Simón Bolívar	84	3-F
Año de Juárez	111	6-D
Avándaro	127	2-B
Barrio Concepción	113	6-D
Barrio La Asunción	136	1-F
Barrio La Guadalupita	138	2-D
Barrio La Magdalena	138	1-F
Barrio Labradores	87	3-C
Barrio Los Reyes	138	1-F
Barrio San Hipólito	87	3-C
Barrio San Juan	136	1-F
Barrio San Juan Evangelista	24	3-A
Barrio San Juan Evangelista	24	3-B
Barrio San Miguel	113	6-D
Barrio San Miguel	138	1-F
Barrio San Miguel	126	1-D
Barrio Santa Cruz	151	2-F
Barrio Santa Eugenia	87	3-C
Barrio Xochitepec	152	1-A
Barrio de la Luz Bajo	16	2-B
Barrio del Carmen	18	2-D
Bellavista	56	6-F
Bellavista	17	5-C
Benito Juárez	59	3-B
Benito Juárez	44	1-D
Benito Juárez	97	4-E
Bosque de los Remedios	69	5-A
Bosques de Ixtacala	43	1-A
Bosques del Sur	123	5-D
Buenavista	112	5-C
Buenavista	44	1-D
Central Michoacana	60	5-C
Centro	84	4-D
Cerro Prieto	84	2-F
Cerro del Tejolote	114	6-D
Cinco de Mayo	43	2-A
Cinco de Mayo	22	2-A
Ciudad Azteca	60	2-C
Coacalco de Berriozábal	32	4-E
Coatepec	102	3-F
Cocotitlán	141	4-D
Cocotitlán	141	5-E
Concepción	139	3-A
Consejo Agrarista Mexicano	111	5-E
Cooperativa Palo Alto	95	4-A
Copalera	101	3-A
Covadonga	127	5-E
Cuautepec de Madero	58	3-A
Chalco	128	6-B
Chalco	127	6-F
Chiconcuac	62	1-F
Chiconcuac	49	6-F
Chiconcuac	49	6-E
Damián Carmona	84	3-F
Desarrollo U. Quetzalcóatl	112	5-B
Diez de Abril	69	3-D
Diez de Junio	32	1-A
Doce de Diciembre	110	5-F
Dr. Jorge Jiménez Cantú	30	5-C
Dr. Jorge Jiménez Cantú	59	4-A
Ej. Santa María Aztahuacán	112	1-A
Ejido Axotlan	29	3-A
Ejidos de San Pedro Mártir	122	6-E
El Infiernillo	31	1-C
El Mirador	59	1-B
El Mirador I	121	6-D
El Mirador II	121	6-D
El Molino	124	4-D
El Olivar	82	1-B
El Pino	113	2-E
El Pino	113	2-F
El Rosal	57	1-C
El Rosario	16	4-E
Emiliano Zapata	76	1-A
Emiliano Zapata	42	2-F
Emiliano Zapata	128	5-A
Emiliano Zapata	81	2-C
Emiliano Zapata	113	3-C
Emiliano Zapata	36	3-A
Emiliano Zapata	41	1-E
Emiliano Zapata	60	5-B
Escolar Oriente	58	3-A
Esfuerzo Nacional	59	4-C
Ferrería	70	2-C
Francisco I. Madero	42	2-A
Fuentes de Ecatepec	47	2-B
Granjas de Guadalupe	42	2-B
Guadalupe	121	2-C
Guadalupe San Marcos	128	2-D
Guadalupe Tlaltenco	125	3-E
Guadalupe Victoria	58	3-A
Hacienda Santa Mónica	56	5-C
Huisnáhuac	63	1-A
Huitzico	113	5-B
Huixquilucan de Degollado	106	1-B
Independencia	28	3-E
Independencia	57	1-C
Industrial Morelos	59	4-C
Ixtlahuacan	112	3-F
Izcalli Chamapa	81	4-C
Jalalpa	95	5-D
Jardines de Acuitlapilco	88	5-B
Jardines de Atizapán	56	1-B
Jesús del Monte	94	6-B
Jiménez Cantú	128	1-F
Jorge Jiménez Cantú	28	3-E
La "Y"	28	4-B
La Candelaria	110	5-A
La Candelaria Tlapala	141	3-F
La Cebada	123	5-D
La Concepción Tlacopan	136	1-F
La Conchita Zapotitlán	125	3-B
La Huerta	69	4-C
La Joyita	98	2-F
La Lupita	139	3-A
La Magdalena Petlacalco	135	5-C
La Nopalera	124	3-F
La Piedad Oriente	17	6-B
La Providencia	69	3-E
La Rivera	68	6-F
Las Alamedas	100	5-E
Las Huertas	81	1-C
Lázaro Cárdenas	56	1-B
Lázaro Cárdenas	18	5-C
Lázaro Cárdenas	88	2-E
Lázaro Cárdenas	35	6-B
Lázaro Cárdenas	82	1-C
Libertad	29	3-A
Loma Bonita	127	1-C
Loma Bonita	31	2-B
Loma Cebada	94	2-D
Loma de la Palma	58	2-A
Lomas San Lorenzo	111	6-D
Lomas de Azolco	46	3-E
Lomas de Chamapa	81	2-E
Lomas de Chamontoya	120	1-E
Lomas de Guadalupe	29	4-B
Lomas de Nuevo México	95	5-C
Lomas de Padierna	121	6-D
Lomas de Padierna Sur	121	6-D
Lomas de Santa Cruz	112	5-B
Lomas de Totolco	101	2-A
Lomas de Zaragoza	112	1-F
Lomas de la Estancia	112	4-F
Los Angeles	35	6-C
Los Cuartos	81	3-D
Los Olivos	22	3-C
Los Reyes Acaquilpan	113	1-B
Los Reyes Ixtacala	57	4-A
Los Reyes San Salvador	63	2-D
Los Sauces Coalición	60	6-C
Luis Donaldo Colosio	33	3-D
Magdalena de los Reyes	100	6-D
Marina Nacional	59	6-A
Mártires de Río Blanco	82	3-A
Melchor Múzquiz	73	1-A
México Revolucionario	73	1-C
Narciso Mendoza	123	4-C
Netzahualcóyotl	75	3-F
Nicolás Romero	28	6-C
Nonoalco	63	1-C
Novela Mexicana II	60	6-C
Nueva San Isidro	127	4-F
Nueva San Rafael	81	2-F
Nueva Santa Anita	97	2-C
Ocopulco	49	2-F
Paraje San Juan	111	3-D
Paraje San Pablo	19	5-D
Paseo de México	56	1-B
Pedregal de Topilejo	149	3-C
Pentecostés	63	2-D
Piedras Negras	82	1-A
Plan de Ayala	81	4-D
Prados de San Juan Ixtacala	43	2-A
Prados del Sur	123	5-D
Primero de Mayo	84	3-F
Primero de Septiembre	42	3-F
Primero de Septiembre	42	1-E
Pro Revolucionaria	60	1-C
Progreso Guadalupe Victoria	33	4-D
Progreso de la Unión	60	1-D
Pueblo Nativitas	137	4-B
Pueblo Quieto	122	3-F
Pueblo San Bernabé Ocotepec	120	1-F
Pueblo San Juan Tepenáhuac	152	4-B
Pueblo San Mateo Xalpa	136	5-D
Pueblo San Pedro Mártir	135	1-E
Pueblo de Tepexpan	35	5-E
Punta de Ceguayo	108	1-B
Residencial San Pedro	76	1-A
Revolución	84	3-F
Ricardo Flores Magón	4	4-C
Rústica Xalostoc	59	4-C
San Andrés Riva Palacio	62	5-E
San Andrés Totoltepec	135	2-E
San Antonio Tecomitl	152	1-B
San Bartolo	36	1-E
San Bartolo	50	5-A
San Esteban Huitzilacasco	81	3-E
San Felipe de Jesús	72	2-D
San Francisco Acuautla	115	2-E
San Francisco Acuexcomac	49	6-C
San Francisco Cuautlalpan	82	1-D
San Francisco Mazapa	24	3-F
San Gregorio Cuautzingo	141	1-E
San Isidro La Paz	29	6-B
San Jerónimo Aculco	108	6-D
San Jerónimo Tepetlacalco	56	6-F
San José	88	6-C
San José	101	1-D
San José Buenavista	17	5-C
San José Texopa	63	3-C
San Juan Ixhuatepec	58	6-F
San Juan Moyotepec	137	2-E
San Juan Tlalpizahuac	113	5-F
San Juan de Aragón	72	6-B
San Juan y San P. Tezompa	152	2-E
San Lorenzo	123	5-D
San Lorenzo Chimalpa	140	4-D
San Lorenzo Totolinga	81	1-E
San Lucas Patoni	57	3-E
San Lucas Patoni	57	4-E
San Luis Huexotla	76	3-D
San Luis Tlatilco	82	1-A
San Martín	22	3-C
San Mateo Cuautepec	32	4-A
San Mateo Huitzilzingo	140	5-E
San Mateo Tecalco	22	4-C
San Mateo Tecalco	22	3-C
San Mateo Tlaltenango	107	4-D
San Miguel Teotongo	113	2-B
San Miguel Tocuila	62	5-E
San Miguel Topilejo	149	3-A
San Miguel Totolcingo	35	6-D
San Miguel Xochimanga	43	5-D
San Miguel Xochimanga	43	6-D
San Miguel Xometla	37	3-A
San Nicolás Tetelco	139	6-C
San Pablo Oztotepec	150	4-D
San Pablo Tecalco	22	4-E
San Pablo de las Salinas	19	5-F
San Pedro Atlazalpa	153	1-E
San Pedro Atocpan	151	3-A
San Pedro Atzompa	21	3-C
San Pedro Tepetitlán	36	4-F
San Pedro Xalpa	69	4-E
San Rafael Chamapa	81	3-D
San Salvador Atenco	62	1-C
San Salvador Cuauhtenco	150	4-B
San Simón	63	3-C
Santa Ana Tlacotenco	152	6-B
Santa Anita	97	2-C
Santa Anita	28	6-C
Santa Anita	97	2-D
Santa Anita	28	6-D
Santa Catarina Ayotzingo	153	1-C
Santa Catarina Yecahuizotl	113	6-D
Santa Clara	59	2-C
Santa Cruz Amalinalco	128	4-B
Santa Cruz Meyehualco	112	3-B
Santa María Nativitas	69	4-C
Santa María Tomatlán	110	5-F
Santa María Xalostoc	59	5-D
Santa Martha Acatitla	112	1-E
Santiago Ahuizotla	69	5-E
Santiago Atlaltongo	23	5-D
Santiago Cuautlalpan	16	4-C
Santiago Cuautlalpan	88	4-E
Santiago Tepalcapa	30	5-F
Santiago Yanhuitlalpan	94	4-A
Santiago Zacualuca	23	1-B
Santiago Zapotitlán	125	3-B
Santiago Zula	141	6-A
Santiaguito	63	4-C
Tepejomulco	59	2-E
Tepetitlán	37	4-A
Tepetongo	122	6-B
Tepetongo	94	6-B
Tequexquináhuac	56	1-F
Texalpa	46	6-E
Tlacoyaque	107	6-E
Tlachiultepec	150	3-A
Tlatelco	87	6-B
Torres del Potrero	108	5-B
Tráfico	28	6-C
Tulantongo	63	4-B
U. H. Emiliano Zapata	110	6-E
U. H. Emiliano Zapata	76	3-D
U. San Esteban	82	1-C
Unidad Hab. Auris II	101	1-D
Valle de Anáhuac Secc. B	60	5-B
Valle de Tules	44	3-C
Venustiano Carranza	70	1-E
Vicente Guerrero	59	6-E
Vicente Guerrero	28	6-D
Vicente Guerrero 1a. Secc.	41	1-E
Villa Lázaro Cárdenas	123	3-B
Villa Milpa Alta	151	4-D
Villa San Lorenzo Chimalco	100	2-C
Vista Hermosa	46	1-D
Xalpa	112	4-C
Xalpa	112	4-E
Z. U. E. Ozumbilla	21	5-E
ZAPATA EMILIANO 1A A 4A PRIV		
La Asunción	136	1-F
ZAPATA EMILIANO 1A. CDA.		
Ejidos de Tepepan	123	5-D
Ixtapaluca	115	5-B
Lomas de la Hera	107	6-E
Pueblo San Mateo Xalpa	136	4-E
Rancho de las Nieves	101	1-A
San Francisco Tepojaco	30	3-A
San Francisco Tepojaco	30	2-A
San Luis Huexotla	76	3-D
ZAPATA EMILIANO 1A. PRIV.		
Lomas de la Hera	107	6-E
ZAPATA EMILIANO 2 CDAS.		
San Bernabé Ocotepec	120	1-F
San Juan Ixhuatepec	58	6-C
San Lucas Xochimanca	136	4-D
ZAPATA EMILIANO 2 CJONS.		
Barrio Los Reyes	138	1-F
ZAPATA EMILIANO 2 PRIVS.		
Emiliano Zapata	42	1-F
ZAPATA EMILIANO 2A. CDA.		
Ejidos de Tepepan	123	5-D
Lomas de la Hera	107	6-E
Rancho de las Nieves	101	1-A
Santa María Tomatlán	111	5-A
ZAPATA EMILIANO 2A. PRIV.		
San Luis Huexotla	76	3-D
ZAPATA EMILIANO 3 CDAS.		
San Francisco Tepojaco	30	3-A
ZAPATA EMILIANO 3A. CDA.		
Lomas de la Hera	107	6-E
ZAPATA EMILIANO 3A. PRIV.		
Emiliano Zapata	76	1-A
ZAPATA EMILIANO 4A. CDA.		
Lomas de la Hera	107	6-E
ZAPATA EMILIANO 5A. CDA.		
Lomas de la Hera	107	6-E
Quiahuatla	138	1-F
ZAPATA EMILIANO 6 CDAS. DE		
San Lorenzo Río Tenco	17	1-F
ZAPATA EMILIANO AV.		
Alfredo V. Bonfil	81	4-E
Ampl. Emiliano Zapata	42	2-E
Ampl. Tlacoyaque	107	6-E
Ampliación San Sebastián	100	5-E
Azolco	46	4-F
Barrio Los Reyes	139	6-D
Barrio San Agustín	139	6-D
Barrio San Antonio	124	1-D
Bosques de Ixtacala	43	1-A
Ejido San Juan Tlihuaca	42	3-B
El Cuquio	69	2-C
Emiliano Zapata	42	2-E
Independencia	127	3-B
Jards. San Lorenzo Tezonco	124	1-D
Lomas de Chamontoya	107	6-E
Lomas de Montemaría	42	2-E
Lomas de la Hera	107	6-E
Plan de Ayala	81	4-E
San Bartolo Ixquitlán	50	5-B
San Felipe de Jesús	72	3-B
San Felipe de Jesús	72	2-C
San Isidro	127	3-B
Santa Cruz	127	3-B
Univ. Aut. Metropolitana	42	2-E
Valle de San Lorenzo	124	1-D
Veinticinco de Julio	72	3-B
Veinticinco de Julio	72	2-C
ZAPATA EMILIANO CALZ.		
Guadalupe Tlaltenco	125	3-D
Ojo de Agua	44	3-B
San Francisco Tlaltenco	125	3-D
ZAPATA EMILIANO CDA.		
Ampliación San Esteban	82	1-B
Atzacoalco	72	2-A
Barrio La Guadalupita	138	2-D
Bellavista	17	4-C
Benito Juárez	41	1-F
Cerro del Marqués	127	6-C
Cuautepec El Alto	58	2-B
El Tráfico	28	6-C
Ixtapaluca	115	5-B
La Concepción Tlacopan	136	1-F
Libertad	29	3-A
Los Cerrillos	138	2-C
Los Reyes Acaquilpan	113	2-C
Ocopulco	49	3-F
Pedregal de Topilejo	149	3-C
Profr. Cristóbal Higuera	43	6-A
Rancho de las Nieves	101	1-A
San Andrés Totoltepec	135	2-E
San Felipe de Jesús	72	3-B
San Francisco Culhuacán	110	4-E
San Juan Moyotepec	137	2-D
San Juan Tepepan	123	6-C
San Lucas Xochimanca	136	4-E
San Luis Huexotla	76	3-D
San Mateo Tecalco	22	3-C
San Miguel Tocuila	62	5-E
San Salvador Atenco	62	2-C
Santa María Tomatlán	110	5-F
ZAPATA EMILIANO CJON.		
Tezoyuca	49	2-C
ZAPATA EMILIANO CJON. Y CDA.		
Quiahuatla	138	1-F
ZAPATA EMILIANO DE 1A. CDA.		
Miguel Hidalgo	59	4-F
ZAPATA EMILIANO DE 2o. CJON.		
Barrio La Magdalena	125	6-F
ZAPATA EMILIANO DE 3 CDAS.		
San Pedro Atzompa	21	3-D
ZAPATA EMILIANO DE 3A. CDA.		
Ejido San Agustín Atlapulco	100	4-B
ZAPATA EMILIANO DE CDA.		
Ejido San Agustín Atlapulco	100	4-B
ZAPATA EMILIANO GRAL.		
Ampliación Caracol	85	5-D
Barrio de Belem	31	3-C
Emiliano Zapata	127	1-C
Héroes de la Revolución	82	5-A
Pueblo San Miguel Ajusco	135	6-A
Santo Tomás Ajusco	135	6-A
ZAPATA EMILIANO GRAL. AV.		
Emperadores	96	6-F
Izcalli Chamapa	81	4-C
Izcalli Chamapa	81	3-C
Miravalle	110	1-A
Portales	110	1-A
Portales Oriente	110	1-A
Santa Cruz Atoyac	96	6-F
ZAPATA EMILIANO PRIV.		
Los Cerrillos	138	3-D
Pantitlán	98	1-E
Pantitlán	85	6-E
San Andrés Totoltepec	135	2-E
San Luis Tlatilco	82	1-A
San Mateo Tlaltenango	107	4-D
San Nicolás Tetelco	139	6-C
Santa Anita	28	5-D
Santa Catarina Yecahuizotl	113	6-D
Santa Ursula Coapa	123	3-A
Vista Hermosa	121	1-A
ZAPATA EMILIANO PRIV. Y CDA.		
Acapultitlán	112	4-A
Ampliación Emiliano Zapata	42	2-E
ZAPATA EMILIANO PROL Y 4 RTS		
Unidad Modelo	110	1-D
ZAPATA EMILIANO PROL.		
Ampl. Tlacoyaque	107	6-E
Barrio Los Reyes	138	1-E
Ejido San Juan Tlihuaca	42	2-B
Lomas de la Hera	107	6-E
Quiahuatla	138	1-E
San Francisco Tlaltenco	125	3-E
San Juan Tepepan	123	5-C
San Juan Tepepan	123	6-C
Santa Cruz de Arriba	63	5-D
Santiago Tepalcatlalpan	136	3-D
Texalpa	115	3-E
Vicente Guerrero 1a. Secc.	41	1-D
ZAPATA EMILIANO PROL. CDA.		
Coacalco de Berriozábal	32	5-F
ZAPATA EMILIANO PROL. Y CDA.		
Ampliación Emiliano Zapata	42	1-E
ZAPATA EMILIANO RT.		
Unidad San Esteban	82	1-C
ZAPATA EMILIANO RT. 506		
Cacama	110	1-C
ZAPATA EMILIANO RT. 507		
Cacama	110	1-D
ZAPATA EMILIANO RT. 508		
Cacama	110	1-D
ZAPATA EMILIANO SUR		
Ecatepec de Morelos	46	2-F
ZAPATA EMILIANO Y 2 CDAS.		
Miguel Hidalgo	59	4-E
San Bartolo	23	6-D
San Francisco Culhuacán	110	4-E
Santa María Tlayacampa	44	6-B
Santiago Atepetlac	57	5-E
ZAPATA EMILIANO Y 3 CDAS.		
Ejido San Agustín Atlapulco	100	4-B
San Francisco Tepojaco	30	2-A
ZAPATA EMILIANO Y AND.		
Santa María Tlayacampa	44	6-B
ZAPATA EMILIANO Y CDA.		
Acolman de Nezahualcóyotl	36	2-D
Barros Sierra	121	1-B
El Arenal Tepepan	123	5-A
La Malinche	108	6-B
Los Reyes Acaquilpan	113	2-D
Miguel Hidalgo	122	4-B
Pensador Mexicano	85	3-B
San Mateo Xalpa	136	4-D
San Miguel Xicalco	135	4-E
San Pablo Tepetlapa	110	6-B
Santiago Tepalcatlalpan	136	3-D
Tultepec	19	4-A
ZAPATA EMILIANO Y CJON.		
Ixtapaluca	115	6-B
Pueblo Nativitas	137	3-A
San Juan Tepepan	123	6-C
ZAPATA EMILIANO Y DIAG.		
San Lucas Tepetlacalco	56	6-C
ZAPATA EMILIANO Y PRIV.		
Acapultitlán	112	4-B
ZAPATA EUFEMIO GRAL.		
EL Jagüey	46	6-A
ZAPATA GABRIEL		
Plan de Ayala	81	4-E
ZAPATA PRIV.		
Ampl. Tlacoyaque	107	6-E
ZAPATA ROSAURA		
Belisario Domínguez	123	2-C
Magisterial Vista Bella	56	5-B
ZAPATA ROSAURA PROFRA.		
Ampl. Gabriel Hernández	71	1-F
ZAPATA SALAZAR EMILIANO GRAL		
La Esperanza	46	6-B
ZAPATA Y 2 CDAS.		
Plan de Ayala	81	4-E
ZAPATA Y CDA.		
Ampliación San Lorenzo	56	3-D
San Andrés Atenco	56	3-D
ZAPATERIA		
Ampl. Veinte de Noviembre	84	3-E
ZAPATEROS DE LOS		
U. H. El Rosario	57	6-A
ZAPATISTA CDA.		
Monte Albán	112	2-D
ZAPO AND.		
Santa María Aztahuacán	112	3-C
ZAPOCO Y PRIV.		
Santa Cruz Xochitepec	136	2-C
ZAPOPAN		
Ixtlahuacan	112	3-F
ZAPOTE		
[illegible]o San Fernando	122	3-C
Copalera	101	3-A
El Calvario	46	1-E
Gral. Felipe Berriozábal	58	1-C
Guadalupe Victoria	33	6-D
Isidro Fabela	122	3-C
Isidro Fabela	122	2-C
La Cruz	101	1-A
La Rivera	68	6-F
Las Huertas	81	1-C
Los Cerrillos	138	3-D
Miravalle	112	4-F
Nueva Rufino Tamayo	46	5-D
Pueblo Nuevo Alto	120	2-F
San Lucas Patoni	57	4-E
Santa María Chimalhuacán	88	3-B
Santa María Chimalhuacán	88	3-A
Tabla del Pozo	59	2-B
Tenorios	112	5-D
Tepeolulco	59	2-B
Xalpa	112	4-D
ZAPOTE CDA.		
San José Huilango	16	3-F
Sierra Nevada	68	6-F
ZAPOTE CJON.		
Explanada de Calacoaya	56	4-B
Las Huertas	68	6-D
ZAPOTE DEL		
Ampl. Ozumbilla	21	5-E
Del Zapote	69	6-A
ZAPOTE DEL CJON.		
San Joaquín	82	2-F
ZAPOTE EL		
Ampl. Minas Palacio	81	5-B
El Chaparral	56	4-A
Francisco I. Madero	41	2-F
ZAPOTE NEGRO		
Pueblo Nuevo Alto	120	2-F
ZAPOTE Y CDA.		
Ecatepec de Morelos	46	1-E
ZAPOTECAS		

Calle / Colonia	COORDENADAS / PLANO

INDICE DE CALLES NUMERADAS
En Orden Progresivo

Calle / Colonia — PLANO — COORDENADAS

Pdte. A. Ruiz Cortines 47 1-B
Providencia 127 4-C
San Isidro 127 4-B
Santa Cruz 127 4-B

2 NORTE AV.
Fraccionamiento Tepalcapa 30 3-F

2 NORTE PRIV.
La Perla Reforma 100 4-B

2 NTE.
La Preciosa 34 2-D

2 No. CDA.
Ampl. San José Xalostoc 59 6-C

2 ORIENTE
Cuchilla del Tesoro 85 2-E
El Globo 29 5-A
Isidro Fabela 122 3-D
La Piedad 17 6-B
Loma Bonita 100 5-B
Maravillas 99 1-A
Pdte. A. Ruiz Cortines 47 1-B
Reforma 100 5-B
San Carlos 46 4-E
San José 126 5-A

2 OTE.
Avándaro 127 1-A
Independencia 127 2-A
Jardín 127 2-A
Lomas de Altavista 101 6-A
Santa Cruz 127 2-A
Xico 127 6-A

2 P
José María Pino Suárez 96 3-A

2 PONIENTE
AMSA 123 4-B
Alfredo del Mazo 127 2-A
Concepción 127 2-A
Cuchilla del Tesoro 85 2-E
El Globo 29 5-A
Isidro Fabela 122 3-D
La Piedad 17 6-A
Niños Héroes 127 2-A
Reforma 100 5-B
Santiago 127 2-A
Xico 127 6-A

2 PONIENTE AV.
Fraccionamiento Tepalcapa 30 4-F
Renovación 98 6-F

2 PRIV.
Espartaco 110 6-B
Pantitlán 85 6-D
Tolotzin 47 6-B

2 PROL.
Campestre El Potrero 113 5-C
Tolteca 96 3-A

2 PTE.
El Globo 29 5-A
Primero de Septiembre 42 3-F

2 RT.
Atlanta 30 3-D
Avante 110 4-B
Colinas del Bosque 123 5-A
Jardín Balbuena 84 6-E
Jiménez Cantú 128 1-F
Lomas Altas 95 2-C
Unidad 2 IMSS Tlalnepantla 56 1-F
Unidad Urbana Zaragoza 55 1-F

2 RTS. DE 4
Pantitlán 98 1-E

2 SECC.
Río de Luz 60 1-A

2 SUR
Agrícola Oriental 98 2-C
Ampliación San Mateo 68 2-E
Barrio Guadalupe 124 1-D
Carlos Hank González 101 5-A
Guadalupana 127 5-C
HOMEX 47 2-A
Loma Bonita 100 5-B
Manantiales 100 5-B
Niños Héroes 126 4-F
Nuevo Laredo 46 5-F
Nuevo Paseo de San Agustín 59 4-F
Paseo de San Agustín 59 4-F
Reforma 100 5-B
San Isidro 127 4-B
Santa Cruz 127 4-B
Zona Ejidal Tepeolulco 59 2-A

2 VEREDA
Olímpica Radio 81 3-C

2 Y 1R. RT.
Pantitlán 98 1-D

2 Y PRIV.
Unidad San Pablo CTM 32 1-D

2A. CDA.
Las Lomas 33 6-C
San Miguel 19 3-A

2A. SUR CDA. 2
Independencia 31 4-C

2a. AV.
Del Sol 85 4-F
Estado de México 85 5-F

2a. CDA.
Colinas de San Mateo 68 4-D

2o. AND.
Independencia 31 4-C
Olivar del Conde 2a. Secc. 95 6-E

2o. RT.
Unidad Modelo 110 1-D

3
Acacias 109 1-D
Alce Blanco 69 6-D
Ampl. Guadalupe Proletaria 57 5-F
Ampl. Santiago Acahualtepec 112 2-E
Ampliación Coanalco 46 6-C
Ampliación Emiliano Zapata 113 4-C
Ampliación Miguel Hidalgo 121 5-F
Ampliación Prensa Nacional 70 1-D
Ampliación Puerta Grande 108 2-C
Ampliación San Marcos 44 4-C
Barrio San Juan 87 5-C
Barrio San Miguel 126 1-C
Bosques de Ecatepec 47 2-B
Buenavista 112 5-C
Buenavista 112 6-C
C. H. La Veleta 34 6-D
Campestre Guadalupana 72 3-D
Castillo Grande 58 4-B
Conjunto Hab. Las Veletas 34 6-D
Cuautitlán 31 1-C
Cuchilla Alfredo del Mazo 127 3-E
Cuchilla Pantitlán 86 6-D
Cuchilla Pantitlán 85 6-D
Chimalhuacán 87 6-F
Chimalhuacán 88 6-A
Del Maestro 70 4-C
Del Sol 85 4-F
Des. Urbano Alvaro Obregón 95 5-E
Ejido San Andrés 33 5-E
Ejido de Santiago Tepalcapa 43 3-A
Ejidos de San Isidro 31 3-B
El Beato 69 6-A
El Carmen 109 2-E
El Mirador 136 1-C
El Porvenir 71 6-A
El Tejocote 33 6-B
El Triángulo 57 2-B
Emiliano Zapata 59 6-F
Emiliano Zapata 113 2-C
Espartaco 110 6-B
Esperanza 100 3-A
Estado de México 85 5-F
Estado de México 85 6-E
Ferrocarrilera 57 2-B
Fracc. Casa de Campo 108 5-D
Francisco I. Madero 82 3-E
Granjas Ecatepec 33 2-E
Hank González 59 2-C
Herón Proal 108 2-C
Ignacio Zaragoza 85 6-A
Independencia 82 4-A
Isidro Fabela 44 5-A
Jajalpa 2a. Ampl. 95 6-C
Jiménez Cantú 115 6-F
Jiménez Cantú 101 4-A
José López Portillo 124 2-B
José María Morelos y Pavón 20 4-B
José María Pino Suárez 60 1-A
Juárez Pantitlán 85 6-E
La Candelaria Ticomán 58 5-B
La Magdalena 114 5-F
La Martinica 108 2-D
La Mesa Santa Catarina 113 6-D
La Urbana 57 3-E
Las Aguilas 99 5-E
Las Lomas 33 6-B
Las Palmas 42 2-F
Las Villas 33 3-A
Liberación 70 6-F
Lomas de Atlicpan 113 1-F
Lomas de Atlicpan 100 6-F
Lomas de la Estancia 112 4-E
Lomas de los Angeles de T 108 3-E
Los Reyes 100 6-B
Merced Gómez 108 1-F
Minas El Caracol 81 3-C
Nuevo Madín 55 5-D
Obrera Jajalpa 47 3-A
Olivar del Conde 95 6-F
PRI 111 2-D
Pantitlán 85 6-D
Pantitlán 98 1-D
Paraje San Juan 111 3-C
Ponciano Arriaga 108 2-C
Pradera de San Mateo 68 1-D
Profr. Cristóbal Higuera 43 6-A
Progreso Guadalupe Victoria 33 5-E
Progreso Nacional 57 5-E
Purísima 98 6-F
Reacomodo Pino Suárez 95 3-F
Reforma Social 82 5-E
Renovación 98 6-F
San José de la Escalera 57 5-E
San Juan Ticomán 58 6-C
San Juan Xalpa 111 4-B
San Juan la Joya 111 4-D
San Lorenzo 57 4-A
San Lorenzo 100 2-B
San Mateo Xalpa 136 5-E
San Miguel Chalma 57 3-F
San Pedro de los Pinos 96 3-C
San Rafael 57 1-A
Santa Cruz Acayucan 70 5-A
Sección XVI 122 3-F
Sierra Nevada 69 6-A
Social Progresivo Sto Tomás 21 6-F
Tecolalco 95 5-C
Tlalpizahuac 113 5-F
U. O. H. CTM Zona VI 110 6-D
U. Santa Cruz Meyehualco 112 3-B
Unidad Hab. El Paraíso 18 6-D
Unidad Legaria 82 3-E
Unidad Urbana Zaragoza 56 1-A
Valentín Gómez Farías 85 6-A
Victoria 96 4-A
Villa de Guadalupe Xalostoc 59 5-E
Villas de Aragón 60 5-B
Vista Hermosa 49 1-E
Xalpa 112 3-E
Xalpa 112 4-D
Zapotitlán 125 1-B

3 A
Cuchilla Pantitlán 85 6-E

3 A AV.
Santa Rosa 57 6-E

3 A NORTE
Ampliación Panamericana 71 5-A
Defensores de la República 71 5-A
Panamericana 71 5-A

3 A PONIENTE
Xico 126 6-F

3 A PTE.
Alfredo del Mazo 127 2-A

3 A SUR
Guadalupana 127 4-C

3 A SUR Y CDA.
Independencia 31 4-C

3 A. AV.
Zona Industrial Tultepec 19 5-D

3 AND.
Ampliación Las Aguilas 108 2-E
El Mirador 59 1-A
Granjas México 98 3-A
Jajalpa 2a. Ampl. 95 6-C
La Cañada 81 2-D
La Hera 68 3-D
La Huerta 95 5-B
Ladera Chica 107 2-F
Lomas de Becerra Granada 95 4-E
Lomas de Chamontoya 107 6-E
Los Picos de Iztacalco 97 3-F
Olímpica Radio 81 3-B
Petrolera 59 3-A
Puente Quemado 98 5-E
Rincones del Bosque 82 5-A
Tierra Unida 120 2-E
Triunfo de la República 71 3-E
U. Miguel Hidalgo 70 3-A

3 AV.
Campestre Guadalupana 72 4-E
Educación 110 4-B
Lomas San Lorenzo 111 6-E
Parque Industrial Tultitlán 31 1-F
Renovación 98 6-F
San José Ejidal 32 5-E
San Pedro de los Pinos 96 3-C
Zona Ejidal Tepeolulco 59 2-A

3 B AV.
Campestre Guadalupana 72 4-E

3 CDA.
Ampl. Santiago Acahualtepec 112 2-E
Presidentes Ejidales 110 6-D

3 CJON.
Ampliación San Marcos Norte 136 1-E

3 EJE
Lomas de Cartagena 44 2-C

3 M
Potrero Chico 47 4-C

3 NORTE
Carlos Hank González 101 5-A
Damián Carmona 84 3-F
Defensores de la República 71 5-A
Federal 85 5-A
HOMEX 47 2-B
Industrial Puerto Aéreo 85 5-A
Jalalpa El Grande 95 6-B
La Perla Reforma 100 4-A
La Piedad 17 6-B
Maravillas 99 1-A
María Isabel 126 3-E
Moctezuma 84 5-F
Niños Héroes 126 3-E
Panamericana 71 5-A
Pdte. A. Ruiz Cortines 47 1-B
San Carlos 46 4-F
San Isidro 127 4-B
Santa Cruz 127 4-B
Santa Cruz Aviación 85 5-A

3 NTE.
La Piedad 17 5-C
La Preciosa 34 2-D

3 ORIENTE
Carlos Hank González 101 5-A
Cuchilla del Tesoro 85 2-E
El Globo 29 5-A
Independencia 127 2-B
Isidro Fabela 122 3-D
Jardín 127 2-B
La Piedad 17 6-B
Maravillas 86 6-A
Pdte. A. Ruiz Cortines 47 1-B
Reforma 100 5-B
Santa Cruz 127 2-B
Xico 127 6-A

3 P
José María Pino Suárez 96 3-A

3 PONIENTE
AMSA 123 4-B
Alfredo del Mazo 127 2-A
Concepción 127 2-A
Cuchilla del Tesoro 85 2-E
El Globo 29 5-A
Isidro Fabela 122 3-D
La Piedad 17 6-A
Niños Héroes 127 2-A
Nuevo Laredo 46 5-F
Reforma 100 5-B
Santiago 127 2-A
Xico 127 6-A

3 PONIENTE AV.
Renovación 98 6-F

3 PRIV.
Espartaco 110 6-B
Tolotzin 47 6-B

3 PROL.
Tierra Larga 57 3-F

3 PTE.
El Globo 29 5-A
Primero de Septiembre 42 3-F

3 RT.
Atlanta 30 3-D
Avante 110 4-B
Colinas del Bosque 123 5-A
Hogar Obrero 44 5-A
Jiménez Cantú 128 1-F
Unidad 2 IMSS Tlalnepantla 56 1-F
Unidad Urbana Zaragoza 55 1-F

3 SECC.
Río de Luz 60 1-A

3 SUR
Guadalupana 127 5-C
HOMEX 47 2-B
Loma Bonita 100 6-B
Niños Héroes 126 4-F
Nuevo Laredo 46 5-F
Reforma 100 6-B
San Isidro 127 4-B
Santa Cruz 127 4-B

3 SUR AV.
Fraccionamiento Tepalcapa 30 4-F

3 VEREDA
Izcalli Chamapa 81 3-C

3 Y 3a. PRIV.
Pantitlán 98 1-D

3A. CDA
Las Lomas 33 6-B

3A. CDA.
El Tanque 108 5-A

3A. SUR CDA.
Pueblo San Bartolo Ameyalco 107 6-F

3R. AND.
Olivar del Conde 2a. Secc. 95 6-E

3a. AV.
Del Sol 85 4-F
Estado de México 85 5-F
Evolución 99 2-C

3r. RT.
Unidad Modelo 110 1-D

4
Ampl. Guadalupe Proletaria 57 5-F
Ampl. Santiago Acahualtepec 112 2-E
Ampliación Coanalco 46 6-C
Ampliación Emiliano Zapata 113 4-C
Ampliación Miguel Hidalgo 121 6-E
Ampliación Prensa Nacional 70 1-D
Ampliación Puerta Grande 108 2-C
Ampliación San Marcos 44 4-C
Barrio San Juan 87 5-C
Bosques de Ecatepec 47 2-B
Buenavista 112 5-C
Buenavista 112 6-C
C. H. La Veleta 34 6-D
Campestre Guadalupana 72 4-D
Club de Golf México 122 5-F
Conjunto Hab. Las Veletas 34 6-D
Cruz del Farol 121 6-E
Cuchilla Alfredo del Mazo 127 3-E
Chimalhuacán 88 6-B
Chimalhuacán 87 6-F
Del Carmen 126 1-D
Del Sol 85 4-F
Ejido San Andrés 33 5-E
Ejido de Santiago Tepalcapa 43 3-A
El Arenal 70 6-F
El Rodeo 98 3-B
El Tejocote 33 6-B
El Temazcal 69 6-A
El Triángulo 57 2-B
Emiliano Zapata 59 6-F
Espartaco 110 6-B
Esperanza 100 3-A
Estado de México 85 5-F
Ferrocarrilera 57 2-B
Fracc. Casa de Campo 108 5-D
Granjas Ecatepec 33 2-E
Hank González 59 2-C
Hank González 59 1-C
Independencia 82 4-A
Jardines de Santa Clara 60 2-A
Jiménez Cantú 101 4-A
Jiménez Cantú 115 6-F
Jiménez Cantú 101 4-A
José López Portillo 124 2-B
Juárez Pantitlán 85 6-E
La Candelaria Ticomán 58 5-A
La Cuevita 69 6-A
La Magdalena 114 5-E
La Martinica 108 2-D
La Mesa Santa Catarina 113 6-D
La Purísima 111 1-D
Las Lomas 33 6-B
Las Palmas 42 2-F
Las Tórtolas 20 4-B
Las Villas 33 3-A
Lomas Lindas 43 4-A
Lomas de la Estancia 112 4-E
Lomas de los Angeles de T 108 3-E
Los Reyes 100 6-B
Maravillas 85 6-E
Merced Gómez 108 1-F
Miguel Hidalgo 121 5-F
Minas El Caracol 81 3-C
Nuevo Madín 55 5-D
Obrera Jajalpa 47 3-A
Olivar del Conde 95 6-C
Olivar del Conde 1a. Secc. 95 6-F
PRI 111 2-D
Pantitlán 85 6-E
Pantitlán 98 2-E
Paraje San Juan 111 3-C
Ponciano Arriaga 108 2-C
Pradera de San Mateo 68 1-D
Profr. Cristóbal Higuera 43 5-A
Progreso Guadalupe Victoria 33 5-F
Progreso Nacional 57 5-E
Purísima 98 6-F
Reacomodo Pino Suárez 95 3-F
Reforma Social 82 5-E
Renovación 98 6-F
Rústica Xalostoc 59 5-C
San José Ejidal 32 4-D
San José de la Escalera 57 5-E
San Juan Ticomán 58 6-B
San Lorenzo 100 2-B
San Martín 22 3-C
San Miguel Chalma 57 3-F
San Pedro de los Pinos 96 3-B
San Rafael Chamapa 81 2-E
Sección XVI 122 4-F
Social Progresivo Sto Tomás 21 6-F
Tlalpizahuac 113 5-F
U. H. Los Sauces 60 6-C
Unidad Hab. San Blas I 18 6-E
Unidad San Pablo CTM 32 1-E
Unidad Urbana Zaragoza 56 1-A
Victoria 96 4-A
Villa de Guadalupe Xalostoc 59 5-E
Villas de Aragón 60 5-B
Vista Hermosa 49 1-E
Xalpa 112 3-E
Xalpa 112 4-D
Z. U. E. Iztapalapa 98 5-C

4 (IV)
Social Progresivo Sto Tomás 21 6-E

4 A
Jardines de Santa Clara 60 3-A
Santa Rosa 57 6-E

4 A SUR
Agrícola Oriental 98 2-D
Guadalupana 127 4-B
Independencia 31 4-C

4 A. AV.
Zona Industrial Tultepec 19 4-D

4 AND.
Ampliación Las Aguilas 108 2-E
El Mirador 59 1-A
Jajalpa 2a. Ampl. 95 6-C
La Cañada 81 2-D
Ladera Chica 108 2-A
Los Morales 18 4-C
Los Picos de Iztacalco 97 3-F
Olímpica Radio 81 3-B
Puente Quemado 98 5-E
Rincones del Bosque 82 5-A
Tierra Unida 120 2-E
Triunfo de la República 71 3-E
U. Miguel Hidalgo 70 3-A

4 AV.
Alce Blanco 69 6-D
Ampl. Vicente Villada Ote. 99 5-F
Ampliación Las Aguilas 99 5-F
Constitución del 57 99 5-F
Educación 110 4-C
Ignacio Zaragoza 98 1-B
Industrial Naucalpan 69 6-D
Las Aguilas 99 5-F
Lomas de San Lorenzo 124 1-E
Parque Industrial Tultitlán 31 1-E
Puebla 98 1-B
Renovación 98 6-F
Valentín Gómez Farías 98 1-B

4 B PONIENTE
Xico 126 6-F

4 B SUR
Agrícola Oriental 98 2-D

4 B SUR DE 1R. RT.
Agrícola Oriental 98 2-D

4 B SUR DE 2o. RT.
Agrícola Oriental 98 2-D

4 B SUR Y RT.
Agrícola Oriental 98 2-D

4 C PONIENTE
Xico 126 6-F

4 C SUR
Agrícola Oriental 98 2-D

4 CDA.
Presidentes Ejidales 110 5-D

4 CJON.
Ampliación San Marcos Norte 136 1-E
Santa Ana Tlacotenco 152 6-A

4 D SUR
Agrícola Oriental 98 2-D

4 EJE
Lomas de Cartagena 44 2-C

4 M
Potrero Chico 47 4-C

4 NORTE
Carlos Hank González 101 5-A
HOMEX 47 2-B
Jalalpa El Grande 95 6-B
La Piedad 17 6-B
Maravillas 99 1-A
María Isabel 126 3-E
María Isabel 127 4-B
Niños Héroes 127 4-B
Niños Héroes 126 3-E
Nuevo Laredo 46 4-F
Pdte. A. Ruiz Cortines 47 1-B
Popo 82 3-F
Providencia 127 4-D
San Isidro 127 4-B
Santa Cruz 127 4-B

4 ORIENTE
Carlos Hank González 101 5-B
Cuchilla del Tesoro 85 2-E
El Globo 29 5-A
Independencia 127 2-B
Isidro Fabela 122 3-D
Jardín 127 2-B
La Piedad 17 6-B
Lomas de San Cristóbal 33 5-A
Maravillas Secc. Central 86 6-A
Nuevo Laredo 47 4-A
Pdte. A. Ruiz Cortines 47 1-B
Reforma 100 5-B
San José 126 5-A
Santa Cruz 127 2-B
Xico 127 6-A

4 P
José María Pino Suárez 96 3-A

4 PONIENTE
Alfredo del Mazo 127 4-A
Alfredo del Mazo 127 3-A
Concepción 127 3-A
Concepción 127 4-A
Cuchilla del Tesoro 85 2-E

Calle / Colonia	Plano	Coordenadas
El Globo	29	5-A
La Perla Reforma	100	5-B
La Piedad	17	6-A
Niños Héroes	127	4-A
Niños Héroes	127	3-A
Reforma	100	5-B
Renovación	98	6-F
Santiago	127	3-A
Santiago	127	4-A
Xico	126	6-F
Zona Ejidal Tepeolulco	59	2-A
4 PONIENTE Y CDA.		
Isidro Fabela	122	3-D
4 PRIV.		
Espartaco	110	6-B
Hank González	59	2-C
Pantitlán	98	2-D
Tolotzin	47	6-B
4 PROL.		
Los Reyes Acaquilpan	113	1-B
Tierra Larga	57	3-F
Toltecas	96	4-A
4 PTE.		
El Globo	29	5-A
Zona Ejidal Tepeolulco	59	2-A
4 RT.		
Atlanta	30	3-D
Avante	110	4-B
Colinas del Bosque	123	5-A
Hogar Obrero	44	5-A
Unidad Urbana Zaragoza	55	1-F
4 SECC.		
Río de Luz	60	1-A
4 SUR		
Agrícola Oriental	98	2-C
Carlos Hank González	101	5-A
Cuchilla Agrícola Oriental	98	2-C
Guadalupana	127	4-C
HOMEX	47	2-B
Niños Héroes	126	4-F
Nuevo Laredo	46	5-F
Nuevo Paseo de San Agustín	59	4-F
Paseo de San Agustín	59	4-F
San Isidro	127	4-B
Santa Cruz	127	4-B
Zona Ejidal Tepeolulco	59	2-A
4 SUR AV.		
Fraccionamiento Tepalcapa	30	4-F
4 SUR DE 1r. RT.		
Agrícola Oriental	98	2-D
4 VEREDA		
Izcalli Chamapa	81	3-C
4 Y 2 CDAS.		
Granjas San Antonio	110	1-F
4-B PONIENTE		
Xico	126	6-F
4-C PONIENTE		
Xico	126	6-F
4-D PONIENTE		
Xico	126	6-F
4-E PONIENTE		
Xico	126	6-F
4A. CDA		
Las Lomas	33	6-B
4A. SUR CDA.		
Pueblo San Bartolo Ameyalco	107	6-F
4a. AV.		
Agua Azul	99	1-B
Ampliación Vicente Villada	99	1-B
Estado de México	85	5-F
Evolución	99	1-B
San Lorenzo	100	2-A
4a. CDA.		
Colinas de San Mateo	68	4-D
4o. RT.		
Unidad Modelo	110	1-C
5		
Alce Blanco	69	6-D
Aldana	70	6-E
Ampl. Guadalupe Proletaria	57	6-F
Ampl. Santiago Acahualtepec	112	2-E
Ampliación Coanalco	46	6-C
Ampliación Emiliano Zapata	113	4-C
Ampliación Jalalpa	95	5-C
Ampliación Miguel Hidalgo	121	5-F
Ampliación Prensa Nacional	70	1-D
Ampliación San Marcos	44	4-C
Ampliación Tepepan	136	1-C
Barrientos	44	5-A
Barrio San Juan	87	5-C
Barrio San Miguel	126	1-C
Bosques de Ecatepec	47	2-B
C. H. La Veleta	34	6-D
Campestre Guadalupana	72	4-D
Club de Golf México	122	5-F
Conjunto Hab. Las Veletas	34	6-D
Cuchilla Pantitlán	86	6-D
Del Gas	70	6-E
Del Sol	85	4-F
Ejido de Santiago Tepalcapa	43	3-A
El Olivo	44	5-A
El Porvenir	71	6-A
El Tejocote	33	6-B
El Triángulo	57	2-B
Emiliano Zapata	113	2-C
Emiliano Zapata	59	6-F
Espartaco	110	6-B
Esperanza	100	3-A
Estado de México	85	5-F
Fracc. Casa de Campo	108	5-D
Granjas Ecatepec	33	3-E
Hank González	59	2-C
Ignacio Zaragoza	85	6-A
Independencia	82	4-A
Jiménez Cantú	101	4-A
José López Portillo	124	2-B
José María Pino Suárez	60	1-A
Juárez Pantitlán	85	6-F
La Magdalena	114	5-F
La Martinica	108	2-D
La Mesa Santa Catarina	113	6-D
La Palma	31	1-C
La Quebrada	44	3-A
Las Aguilas	99	5-E
Las Villas	33	3-A
Liberación	70	6-E
Lomas de la Estancia	112	4-E
Lomas de los Angeles de T	108	3-F
Los Reyes	100	6-B
Maravillas	85	6-F
Merced Gómez	109	1-A
Mirador	136	1-C
Nuevo Madín	55	5-D
Obrera Jajalpa	47	3-A
Olivar del Conde	95	5-F
Pantitlán	85	6-E
Pantitlán	98	1-D
Ponciano Arriaga	108	2-C
Pradera de San Mateo	68	1-D
Profr. Cristóbal Higuera	43	5-A
Progreso Nacional	57	5-E
Purísima	98	6-F
Reacomodo Pino Suárez	95	3-F
Renovación	98	6-F
San Lorenzo	100	2-B
San Martín	22	3-C
San Miguel Chalma	57	3-F
San Miguel Xochináhuac	70	2-A
San Pedro de los Pinos	96	3-C
Sección XVI	122	4-F
Social Progresivo Sto Tomás	21	6-F
Tlalpizahuac	113	5-F
U. H. Los Sauces	60	6-C
U. Santa Cruz Meyehualco	112	3-B
Unidad Hab. El Paraíso	18	6-D
Unidad Urbana Zaragoza	56	1-A
Valentín Gómez Farías	85	6-A
Victoria	96	4-A
Villa de Guadalupe Xalostoc	59	5-E
Villas de Aragón	60	5-B
Xalpa	112	3-E
Xalpa	112	2-E
Xalpa	112	4-D
Xochitenco	87	5-C
5 (V)		
Social Progresivo Sto Tomás	21	6-E
5 1A. PRIV.		
Juárez Pantitlán	98	2-E
5 2a. PRIV.		
Ignacio Zaragoza	85	6-E
Valentín Gómez Farías	85	6-E
5 4ta. PRIV. DE		
Benito Juárez	59	5-D
5 A AV.		
Santa Rosa	57	5-D
5 A NORTE		
Defensores de la República	71	5-A
Panamericana	71	5-A
5 A OTE.		
Xico	127	6-A
5 A PONIENTE		
Santa Catarina	126	4-F
Xico	126	6-F
5 A SUR		
Independencia	31	4-C
5 A. SUR CDA.		
Independencia	31	5-C
5 AND.		
AMSA	123	4-B
Ampliación Las Aguilas	108	2-E
Bosques de la Magdalena	113	1-F
Chilero I	97	6-C
Jajalpa 2a. Ampl.	95	6-C
La Cañada	81	2-D
La Hera	68	2-D
Los Morales	18	4-C
Olímpica Radio	81	3-B
Puente Quemado	98	5-E
Rincones del Bosque	82	5-A
Tierra Unida	120	2-E
Triunfo de la República	71	3-E
U. Miguel Hidalgo	70	3-A
5 AV.		
Campestre Guadalupana	72	4-E
Escuadrón 201	110	1-E
G. Ramos Millán Tlacotal	97	3-F
Granjas San Antonio	110	1-E
Industrial Naucalpan	69	6-D
Moctezuma	84	4-E
Parque Industrial Tultitlán	31	1-F
Renovación	98	6-F
San José Ejidal	32	5-D
San Pedro de los Pinos	96	3-C
Tabla del Pozo	59	2-A
Zona Ejidal Tepeolulco	58	2-F
5 AV. 2 CDAS.		
Granjas San Antonio	110	1-E
5 B AV.		
Campestre Guadalupana	72	4-E
5 B NORTE CDA.		
La Piedad	17	6-B
5 CDA.		
Jiménez Cantú	101	5-A
Lomas de la Hera	107	6-F
Presidentes Ejidales	110	5-D
5 CJON.		
Santa Ana Tlacotenco	152	6-A
5 EJE		
La Quebrada	44	3-A
Lomas de Cartagena	44	2-C
5 M		
Potrero Chico	47	4-C
5 NORTE		
Carlos Hank González	101	5-A
Concepción	127	4-B
Defensores de la República	71	5-A
HOMEX	47	2-B
Jalalpa El Grande	95	6-B
La Concepción	126	3-F
La Piedad	17	6-B
María Isabel	126	3-F
María Isabel	126	3-E
María Isabel	127	4-B
Moctezuma	84	5-F
Niños Héroes	126	3-E
Nuevo Laredo	47	4-A
Panamericana	71	5-A
Pdte. A. Ruiz Cortines	47	1-B
Providencia	127	4-D
San Isidro	127	4-B
Santa Cruz	127	4-B
5 ORIENTE		
Carlos Hank González	101	5-A
Cuchilla del Tesoro	85	2-E
El Globo	29	5-A
Isidro Fabela	122	3-D
La Piedad	17	6-B
Pdte. A. Ruiz Cortines	47	1-B
Reforma	100	5-B
5 ORIENTE PROL.		
La Piedad	17	6-B
5 OTE.		
Xico	127	6-A
5 P		
José María Pino Suárez	96	3-A
5 PONIENTE		
Alfredo del Mazo	127	4-A
Concepción	127	4-A
Cuchilla del Tesoro	85	2-E
El Globo	29	5-A
Isidro Fabela	122	3-D
La Perla Reforma	100	5-B
La Piedad	17	6-B
Niños Héroes	127	4-A
Santiago	127	4-A
Xico	126	6-F
5 PONIENTE AV.		
Renovación	98	6-F
5 PONIENTE PROL.		
La Piedad	17	6-A
5 PRIV.		
Pantitlán	85	6-E
Tolotzin	47	6-B
5 PROL.		
Tierra Larga	57	3-F
5 PTE.		
El Globo	29	5-A
5 RT.		
Atlanta	30	3-D
Avante	110	4-B
Colinas del Bosque	123	5-A
5 SECC.		
Río de Luz	60	1-A
5 SUR		
Carlos Hank González	101	5-A
Guadalupana	127	5-C
HOMEX	47	2-B
Niños Héroes	126	4-F
Nuevo Laredo	47	5-A
Nuevo Laredo	46	5-F
Santa Cruz	127	4-B
5 VEREDA		
Izcalli Chamapa	81	3-C
5 Y PRIV.		
Reforma Social	82	5-E
Rústica Xalostoc	59	5-C
5A. CDA		
Las Lomas	33	6-B
5A. SUR 1A. CDA.		
Independencia	31	4-C
5A. SUR 2A. CDA.		
Independencia	31	4-C
5A. SUR PRIV.		
Independencia	31	4-C
5a. AV.		
Del Sol	86	4-A
Estado de México	85	5-F
6		
Ampl. Guadalupe Proletaria	57	6-F
Ampl. Santiago Acahualtepec	112	2-E
Ampliación Coanalco	46	6-C
Ampliación Emiliano Zapata	113	4-C
Ampliación Miguel Hidalgo	121	6-F
Ampliación Prensa Nacional	70	1-C
Ampliación San Marcos	44	4-C
Barrio San Miguel	126	1-C
Bosques de Ecatepec	47	2-B
C. H. La Veleta	34	6-C
Campestre Guadalupana	72	4-D
Club de Golf México	122	5-F
Conjunto Hab. Las Veletas	34	6-D
Cuchilla Pantitlán	86	6-D
Cuchilla Pantitlán	85	6-E
Del Sol	85	4-F
Ejido San Andrés	33	5-F
Ejido de Santiago Tepalcapa	43	3-A
El Arenal	70	6-F
El Charco	47	5-A
El Rodeo	98	3-B
El Sifón	28	5-B
El Tejocote	33	6-B
El Triángulo	57	2-B
Emiliano Zapata	59	6-F
Espartaco	110	6-B
Esperanza	100	3-A
Estado de México	85	5-F
Francisco I. Madero	82	3-F
Granjas Ecatepec	33	3-E
Granjas San Antonio	110	1-E
Hank González	59	2-C
Independencia	82	4-A
Jardines de Santa Clara	60	2-A
Jiménez Cantú	101	4-B
José López Portillo	124	2-B
Juárez Pantitlán	85	6-F
La Magdalena	114	5-E
La Purísima	111	1-D
La Quebrada	44	3-A
Las Lomas	33	6-B
Las Tórtolas	20	4-C
Las Villas	33	3-A
Libertad	28	4-F
Lomas de Bellavista	112	5-C
Lomas de Cartagena	44	2-C
Lomas de los Angeles de T	108	3-E
Los Morales	136	1-B
Los Reyes	100	6-B
Maravillas	85	6-F
Merced Gómez	109	1-A
Obrera Jajalpa	47	3-A
Olivar del Conde	95	5-F
Pantitlán	85	6-E
Pantitlán	98	1-D
Ponciano Arriaga	108	2-C
Pradera de San Mateo	68	1-D
Profr. Cristóbal Higuera	43	5-A
Progreso Guadalupe Victoria	33	5-F
Progreso Nacional	57	5-E
Purísima	98	6-F
Reacomodo Pino Suárez	95	3-F
Renovación	98	6-F
Rústica Xalostoc	59	5-C
San José Ejidal	32	5-D
San Lorenzo	100	1-B
San Miguel Xochináhuac	70	2-A
San Pedro de los Pinos	96	4-B
San Rafael Chamapa	81	2-D
Social Progresivo Sto Tomás	21	6-F
Tlalpizahuac	113	5-F
U. H. Los Sauces	60	6-C
Unidad 2 IMSS Tlalnepantla	56	1-F
Unidad Hab. San Blas I	18	6-D
Unidad San Pablo CTM	32	1-E
Unidad Urbana Zaragoza	56	1-A
Victoria	96	4-A
Villas de Aragón	60	5-B
Xalpa	112	4-D
Z. U. E. Santa Martha A Sur	112	1-C
6 (VI)		
Social Progresivo Sto Tomás	21	6-E
6 A		
Jardines de Santa Clara	60	3-A
Santa Rosa	57	6-E
6 A ORIENTE		
Independencia	127	2-B
Xico	127	6-A
6 A PONIENTE		
Santa Catarina	126	5-F
Xico	126	5-F
6 A SUR		
Guadalupana	127	6-C
Independencia	31	4-C
6 AND.		
Ampliación Las Aguilas	108	2-E
Chilero I	97	6-C
La Cañada	81	2-D
La Hera	68	2-D
Los Morales	18	4-C
Los Picos de Iztacalco	97	3-F
Olímpica Radio	81	3-B
Puente Quemado	98	5-E
Rincones del Bosque	82	5-A
Tierra Unida	120	2-E
Triunfo de la República	71	3-E
U. Miguel Hidalgo	70	3-A
6 AV.		
Ampl. Vicente Villada Ote.	99	5-F
Ampliación Las Aguilas	99	5-F
Campestre Guadalupana	72	5-B
Constitución del 57	99	5-F
Ignacio Zaragoza	98	1-B
Las Aguilas	99	5-F
Parque Industrial Cartagena	31	1-F
Parque Industrial Tultitlán	31	1-E
Puebla	98	1-B
Renovación	98	6-F
Santa Martha	99	5-F
Unidad Hab. San Blas	18	6-D
Valentín Gómez Farías	98	1-B
6 CDA.		
Jiménez Cantú	101	5-A
Pantitlán	85	6-E
Presidentes Ejidales	110	5-D
Tecuentitla	147	2-E
6 EJE		
Lomas de Cartagena	44	2-C
6 M		
Potrero Chico	47	4-C
6 NORTE		
Carlos Hank González	101	5-A
Concepción	127	4-B
HOMEX	47	2-B
La Piedad	17	6-B
María Isabel	126	3-E
María Isabel	127	4-B
Niños Héroes	126	3-E
Nuevo Laredo	46	4-F
Pdte. A. Ruiz Cortines	47	1-B
Providencia	127	4-D
San Isidro	127	4-B
Santa Cruz	127	4-B
6 ORIENTE		
Avándaro	127	3-B
Cuchilla del Tesoro	85	2-E
El Globo	29	5-A
Independencia	127	3-B
Isidro Fabela	122	3-D
Jardín	127	3-B
La Aurora	17	5-B
La Piedad	17	6-B
Pdte. A. Ruiz Cortines	47	1-B
Reforma	100	5-B
San José	126	5-A
Santa Cruz	127	3-B
Xico	127	6-A
6 P		
José María Pino Suárez	96	3-A
6 PONIENTE		
Alfredo del Mazo	127	3-A
Concepción	127	3-A
Cuchilla del Tesoro	85	2-E
El Globo	29	5-A
La Perla Reforma	100	5-B
Niños Héroes	127	3-A
Santa Catarina	126	4-E
Santiago	127	3-A
Xico	126	6-F
Zona Ejidal Tepeolulco	59	2-A
6 PONIENTE AV.		
Renovación	98	6-F
6 PRIV.		
Los Reyes	113	1-B
Tolotzin	47	6-B
6 PTE.		
El Globo	29	5-A
6 RT.		
Atlanta	30	3-D
Avante	110	5-B
Colinas del Bosque	123	5-A
Jardín Balbuena	84	6-E
6 SECC.		
Río de Luz	60	1-A
6 SUR		
Agrícola Oriental	98	2-C
Agrícola Oriental	98	2-B
Carlos Hank González	101	5-A
Cuchilla Agrícola Oriental	98	2-B
Guadalupana	127	5-C
Guadalupana	127	5-B
HOMEX	47	2-B
Independencia	31	4-C
Niños Héroes	126	4-F
Nuevo Laredo	46	5-F
Nuevo Paseo de San Agustín	59	4-F
Paseo de San Agustín	59	4-F
Santa Cruz	127	4-B
Zona Ejidal Tepeolulco	59	2-A
6 SUR EJE CONT.		
Ampl. Granjas San Antonio	97	6-F
6 VEREDA		
Izcalli Chamapa	81	4-C
6 Y PRIV.		
Reforma Social	82	5-E
6A. CDA		
Las Lomas	33	6-B
6a. AV.		
Del Sol	85	4-F
Estado de México	85	5-F
Evolución	99	2-B
Modelo	99	2-B
Porfirio Díaz	99	2-B
7		
Aguilera	70	5-E
Alce Blanco	69	5-D
Aldana	70	5-E
Ampl. Guadalupe Proletaria	57	6-F
Ampl. Santiago Acahualtepec	112	2-E
Ampliación Coanalco	46	6-C
Ampliación Emiliano Zapata	113	4-C
Ampliación Miguel Hidalgo	121	6-F
Ampliación Prensa Nacional	70	1-C
Ampliación San Marcos	44	4-C
Barrio Orfebres	87	5-B
Barrio San Miguel	126	1-C
Bosques de Ecatepec	47	2-B
C. H. La Veleta	34	6-C
Campestre Guadalupana	72	4-D
Cuchilla Pantitlán	85	6-E
Del Gas	70	5-E
Del Sol	85	4-F
El Barco	85	6-E
El Charco	47	5-A
El Porvenir	71	6-A
Emiliano Zapata	59	6-F
Emiliano Zapata	113	2-C
Espartaco	110	6-B
Esperanza	100	3-A
Estado de México	85	5-F
Granjas Ecatepec	33	3-E
Hank González	59	2-C
Independencia	82	4-A
Jardines de Santa Clara	60	2-A
Jiménez Cantú	101	5-B
José López Portillo	124	2-B
Juan Escutía	98	2-E
Juárez Pantitlán	85	6-F
Juárez Pantitlán	85	6-E
La Magdalena	114	5-F
La Quebrada	44	3-A
Las Aguilas	99	5-E
Las Lomas	33	6-B
Las Villas	33	3-A
Liberación	70	5-E
Lomas de los Angeles de T	108	3-E
Los Morales	136	1-B
Los Reyes	113	1-B
Maravillas	85	6-E
Maravillas	85	6-F
Maravillas	98	1-E
Merced Gómez	109	1-A
Nezahualcóyotl	85	6-E
Obrera Jajalpa	47	3-A
Olivar del Conde	95	5-F
Pantitlán	85	6-E
Peterete	98	1-E
Ponciano Arriaga	108	2-C
Porvenir	98	2-E
Pradera de San Mateo	68	1-D
Profr. Cristóbal Higuera	43	5-A
Progreso Guadalupe Victoria	33	5-F
Progreso Nacional	57	5-E
Purísima	98	6-F
Reforma Social	82	5-D
Renovación	98	6-F
San Mateo Nopala	68	2-E

Calle / Colonia	Plano	Coordenadas
San Miguel Xochináhuac	70	2-A
San Pedro de los Pinos	96	3-C
Sección XVI	122	4-F
Social Progresivo Sto Tomás	21	6-F
Tlalpizahuac	113	5-F
U. H. Lomas de Sotelo	82	2-E
U. H. Los Sauces	60	6-C
U. Santa Cruz Meyehualco	112	3-B
Unidad 2 IMSS Tlalnepantla	56	1-F
Unidad Hab. El Paraíso	18	6-D
Villa de Guadalupe Xalostoc	59	5-E
Villas de Aragón	60	5-B
Xalpa	112	4-E
Xalpa	112	4-D
7 A AV.		
Santa Rosa	57	5-D
7 A NORTE		
Defensores de la República	71	5-A
La Piedad	17	6-A
Panamericana	71	5-A
7 A PONIENTE		
Santa Catarina	126	5-F
Santiago	126	3-F
7 A. AV.		
Zona Industrial Tultepec	19	4-D
7 AND.		
Ampliación Las Aguilas	108	2-D
Chilero I	97	6-C
La Cañada	81	2-D
La Olímpica Radio	81	3-B
Los Morales	18	4-C
Los Picos de Iztacalco	97	3-F
Puente Quemado	98	5-E
Tierra Unida	120	2-E
Triunfo de la República	71	3-E
7 AV.		
Educación	110	4-B
El Centinela	110	4-B
Renovación	98	6-F
San José Ejidal	32	5-D
Zona Ejidal Tepeolulco	59	1-A
7 EJE		
Lomas de Cartagena	44	2-C
7 M		
Potrero Chico	47	5-C
7 NORTE		
Defensores de la República	71	5-A
HOMEX	47	2-B
La Concepción	126	3-F
La Piedad	17	6-A
María Isabel	126	3-E
María Isabel	126	3-F
Niños Héroes	126	3-E
Panamericana	71	5-A
Pdte. A. Ruiz Cortines	47	1-B
San Isidro	127	3-B
Santa Cruz	127	3-B
7 NORTE PROL.		
La Piedad	17	6-A
7 ORIENTE		
Avándaro	127	3-B
Cuchilla del Tesoro	85	2-E
El Globo	29	5-A
Independencia	127	3-B
Isidro Fabela	122	3-D
Jardín	127	3-B
Reforma	100	5-B
Santa Cruz	127	3-B
7 P		
Santo Domingo	95	3-F
7 PONIENTE		
Concepción	127	2-A
Cuchilla del Tesoro	85	2-F
El Globo	29	5-A
La Concepción	126	3-F
La Perla Reforma	100	5-B
Santa Catarina	126	4-F
Santiago	127	2-A
Xico	126	6-F
7 PRIV.		
Pantitlán	85	6-E
Tolotzin	47	6-B
7 PROL.		
Los Reyes Acaquilpan	113	1-B
7 PTE.		
El Globo	29	5-A
7 RT.		
Atlanta	30	3-D
Avante	110	5-B
Club de Golf México	123	5-A
7 SUR		
Carlos Hank González	101	6-A
Guadalupana	127	5-B
Guadalupana	127	5-C
HOMEX	47	2-B
Independencia	31	4-C
Niños Héroes	126	4-F
San José	126	6-A
Santa Cruz	127	4-B
7 VEREDA		
Izcalli Chamapa	81	4-C
7 Y 1r. RT.		
U. H. Lomas de Sotelo	82	2-E
7 Y CDA.		
Rústica Xalostoc	59	5-C
7A. CDA		
Las Lomas	33	6-B
7a. AV		
Estado de México	85	5-F
7a. AV.		
Del Sol	85	4-F
8		
Aguilera	70	6-E
Alce Blanco	69	4-C
Ampl. Guadalupe Proletaria	57	6-F
Ampl. Santiago Acahualtepec	112	2-E
Ampliación Emiliano Zapata	113	4-C
Ampliación Jalalpa	95	5-C
Ampliación Miguel Hidalgo	121	6-E
Ampliación Prensa Nacional	70	1-C
Ampliación San Marcos	44	4-C
Barrio Concepción	126	1-D
Barrio Guadalupe	126	1-D
Barrio San Miguel	126	1-C
Barrio San Miguel	126	1-D
Bosques de Ecatepec	47	2-B
Campestre Guadalupana	72	4-D
Club de Golf México	122	5-F
Del Carmen	126	1-D
Del Gas	70	6-E
Del Sol	85	4-F
Ejido San Andrés	33	5-F
Ejido San Andrés	33	4-F
Ejido de Santiago Tepalcapa	43	3-A
El Arenal	70	6-F
El Charco	47	5-A
El Rodeo	98	3-B
Emiliano Zapata	59	6-F
Espartaco	110	6-B
Esperanza	100	3-A
Estado de México	85	5-F
Fraccionamiento Estepas	20	4-B
Independencia	82	4-A
Jardines de Santa Clara	60	2-A
Jiménez Cantú	101	5-B
José López Portillo	124	2-B
José María Morelos y Pavón	20	4-B
La Magdalena	114	5-F
La Palma	31	1-C
La Purísima	111	1-D
La Quebrada	44	3-A
Las Lomas	33	6-B
Las Tórtolas	20	4-C
Las Villas	33	3-A
Lomas de Bellavista	112	6-C
Lomas de los Angeles de T	108	3-E
Los Reyes	113	1-B
Maravillas	98	1-E
Maravillas	85	6-F
Merced Gómez	108	1-F
Obrera Jajalpa	47	3-A
Olivar del Conde	95	5-F
Peterete	98	1-E
Ponciano Arriaga	108	2-C
Porvenir	98	1-E
Pro Hogar	70	6-E
Profr. Cristóbal Higuera	43	5-A
Progreso Nacional	57	5-E
Reforma Social	82	5-D
Renovación	98	6-F
Rústica Xalostoc	59	5-C
San José Ejidal	32	5-D
San Lorenzo	100	2-B
San Miguel Xochináhuac	70	2-A
San Pedro de los Pinos	96	4-B
Social Progresivo Sto Tomás	21	6-F
Tlalpizahuac	113	5-F
Trabajadores del Hierro	70	6-F
Unidad Hab. San Blas II	18	6-D
Unidad San Pablo CTM	32	1-E
8 (VIII)		
Social Progresivo Sto Tomás	21	6-E
8 A		
Jardines de Santa Clara	60	3-A
Santa Rosa	57	6-E
8 A PONIENTE		
Santa Catarina	126	4-F
Santiago	126	2-F
8 A SUR		
Agrícola Oriental	98	2-C
Guadalupana	127	5-B
8 A. AV.		
Zona Industrial Tultepec	19	4-D
8 AND.		
Ampliación Las Aguilas	108	2-D
Chilero I	97	6-C
La Cañada	81	2-D
La Olímpica Radio	81	3-B
Los Morales	18	4-C
Los Picos de Iztacalco	97	3-F
Tierra Unida	120	2-E
8 AV.		
Ampl. Vicente Villada Ote.	99	4-F
Ampliación Las Aguilas	99	4-F
Educación	110	4-B
Ignacio Zaragoza	98	1-B
Las Aguilas	99	4-F
Puebla	98	1-B
Renovación	98	6-F
U. H. Tlalpan	110	4-B
Valentín Gómez Farías	98	1-B
8 AV. SUR		
Agrícola Oriental	98	2-D
8 B SUR		
Agrícola Oriental	98	2-B
8 C SUR		
Agrícola Oriental	98	2-C
8 D SUR		
Agrícola Oriental	98	2-D
8 EJE		
Lomas de Cartagena	44	2-C
U. H. San Rafael Coacalco	33	1-B
8 M		
Potrero Chico	47	5-C
8 NORTE		
Carlos Hank González	101	5-A
HOMEX	47	2-B
La Piedad	17	6-A
María Isabel	126	3-E
Niños Héroes	126	3-E
Pdte. A. Ruiz Cortines	47	1-B
Providencia	127	4-D
San Isidro	127	3-B
Santa Cruz	127	3-B
8 ORIENTE		
Carlos Hank González	101	5-B
Cuchilla del Tesoro	85	2-F
El Globo	29	5-A
Isidro Fabela	122	3-D
Reforma	100	5-B
San Carlos	46	4-E
San José	126	5-A
8 PONIENTE		
Concepción	127	2-A
Cuchilla del Tesoro	85	2-E
El Globo	29	5-A
La Concepción	126	3-F
La Perla Reforma	100	5-B
Santa Catarina	126	4-F
Santiago	126	3-F
Santiago	127	2-A
Xico	126	5-F
8 PRIV.		
Tolotzin	47	6-B
8 PROL.		
El Tejocote	33	6-B
Las Lomas	33	6-B
8 PTE.		
El Globo	29	5-A
8 RT.		
Atlanta	30	3-D
Avante	110	5-B
Colinas del Bosque	123	5-A
Jardín Balbuena	84	6-E
8 SECC.		
Río de Luz	60	1-A
8 SUR		
Agrícola Oriental	98	2-B
Carlos Hank González	101	6-A
Cuchilla Agrícola Oriental	98	2-B
Guadalupana	127	6-C
Guadalupana	127	5-B
Niños Héroes	126	4-F
Nuevo Paseo de San Agustín	59	4-F
Paseo de San Agustín	59	4-F
Santa Cruz	127	4-B
Zona Ejidal Tepeolulco	59	2-A
8 VEREDA		
Izcalli Chamapa	81	4-C
8 Y 2 CDAS.		
Escuadrón 201	97	6-F
Granjas San Antonio	97	6-F
Sector Popular	97	6-F
8A. CDA		
Las Lomas	33	6-B
9		
Aguilera	70	5-E
Alce Blanco	69	4-C
Aldana	70	5-E
Ampl. Progreso Nacional	57	6-E
Ampl. Santiago Acahualtepec	112	2-E
Ampliación Emiliano Zapata	113	4-C
Ampliación Miguel Hidalgo	121	6-F
Ampliación Prensa Nacional	70	1-C
Barrio San Bartolo	31	1-C
Barrio San Miguel	126	1-C
Bosques de Ecatepec	47	2-B
Bosques de Ixtacala	43	1-B
Campestre Guadalupana	72	4-D
Club de Golf México	122	5-E
Del Sol	85	4-F
Ejido de Santiago Tepalcapa	43	3-A
El Charco	47	5-A
El Porvenir	71	6-A
El Tejocote	33	6-B
Emiliano Zapata	59	6-F
Espartaco	110	6-B
Esperanza	100	3-A
Estado de México	85	5-F
Fraccionamiento Estepas	20	4-B
Ignacio Zaragoza	85	6-A
Independencia	82	4-A
Jardines de Santa Clara	60	2-A
Jiménez Cantú	101	5-B
José López Portillo	124	2-B
José María Morelos y Pavón	20	4-B
Juárez Pantitlán	85	6-F
La Palma	31	1-C
La Quebrada	44	3-A
Las Aguilas	99	5-E
Las Tórtolas	20	4-C
Las Villas	33	3-A
Liberación	70	5-E
Lomas de Bellavista	112	6-C
Lomas de los Angeles de T	108	4-E
Los Reyes	113	1-C
Los Reyes	100	6-C
Maravillas	98	1-E
Obrera Jajalpa	47	3-A
Olivar del Conde	95	5-F
Peterete	98	1-E
Ponciano Arriaga	108	2-C
Porvenir	98	1-E
Pro Hogar	70	5-E
Profr. Cristóbal Higuera	43	5-A
Reforma Social	82	5-D
Renovación	98	6-F
San Miguel Xochináhuac	70	2-A
San Pedro de los Pinos	96	3-C
San Rafael Chamapa	81	2-D
Santiago Atepetlac	57	5-E
Sección XVI	122	4-F
Social Progresivo Sto Tomás	21	6-F
Tlalpizahuac	113	5-F
U. Santa Cruz Meyehualco	112	3-B
Unidad 2 IMSS Tlalnepantla	56	1-F
Unidad Hab. San Blas	18	6-D
Valentín Gómez Farías	85	6-A
Valle de Aragón CTM XIV	73	3-B
Vergel de Guadalupe	72	4-D
Villa de Guadalupe Xalostoc	59	5-E
Xalpa	112	4-E
9 (IX)		
Social Progresivo Sto Tomás	21	6-F
9 A NORTE		
Defensores de la República	71	5-A
Magdalena de las Salinas	71	5-A
9 A. AV.		
Zona Industrial Tultepec	19	3-D
9 AND.		
Ampliación Las Aguilas	108	2-D
Chilero I	97	6-C
Los Picos de Iztacalco	97	3-F
San Rafael Chamapa	81	2-D
Tierra Unida	120	2-E
Triunfo de la República	71	3-F
9 AV.		
Zona Ejidal Tepeolulco	59	1-A
9 CDA.		
Ampl. Profr. C. Higuera	43	5-A
9 DIAGONAL		
Valle de Aragón CTM XIV	73	3-B
9 EJE		
Lomas de Cartagena	44	2-C
9 M		
Potrero Chico	47	5-C
9 NORTE		
Defensores de la República	71	5-A
HOMEX	47	2-B
La Piedad	17	6-A
Magdalena de las Salinas	71	5-A
María Isabel	126	3-E
Moctezuma	84	5-F
Niños Héroes	126	3-E
Panamericana	71	5-A
Pdte. A. Ruiz Cortines	47	1-B
San Carlos	46	4-F
San Isidro	127	3-C
Santa Cruz	127	3-C
Unión de Guadalupe	127	5-E
9 ORIENTE		
Cuchilla del Tesoro	85	2-F
El Globo	29	5-A
Isidro Fabela	122	3-D
Reforma	100	5-B
San Carlos	46	4-E
9 PONIENTE		
Cuchilla del Tesoro	85	2-E
El Globo	29	5-A
La Concepción	126	3-F
La Perla Reforma	100	4-B
Santiago	126	3-F
Xico	126	6-F
9 PRIV.		
Tolotzin	47	6-B
9 PTE.		
Concepción	127	2-A
El Globo	29	5-A
Niños Héroes	126	4-F
Santiago	127	2-A
9 RT.		
Atlanta	30	3-D
Avante	110	5-B
9 SECC.		
Federal	85	6-B
Río de Luz	60	1-A
9 SUR		
Carlos Hank González	101	6-A
Guadalupana	127	5-B
Jardín	127	4-A
Niños Héroes	126	4-F
San Martín	22	3-C
9 VEREDA		
Izcalli Chamapa	81	4-B
9 Y CDA.		
Rústica Xalostoc	59	5-C
10		
Aguilera	70	5-F
Ampl. Granjas San Antonio	97	6-F
Ampl. Polvorilla	112	6-A
Ampl. Progreso Nacional	57	5-E
Ampliación Emiliano Zapata	113	4-C
Ampliación Río Hondo	81	4-D
Bosques de Ecatepec	47	1-B
Bosques de la Colmena	42	1-C
Campestre Guadalupana	72	4-D
Club de Golf México	122	5-F
Del Gas	70	5-F
Ejido de Santiago Tepalcapa	43	3-A
El Charco	47	5-A
El Porvenir	71	6-A
El Rodeo	98	3-B
Emiliano Zapata	59	6-F
Espartaco	123	1-B
Esperanza	100	3-B
Estado de México	85	5-F
Fraccionamiento Estepas	20	4-B
Granjas San Antonio	97	6-F
Guadalupe	57	5-E
Independencia	82	4-A
Jardines de Santa Clara	60	2-A
José López Portillo	124	2-B
La Magdalena	114	5-F
La Purísima	111	1-D
La Quebrada	44	3-A
Los Reyes	100	6-C
Los Reyes	113	1-C
Maravillas	85	6-F
Obrera Jajalpa	47	3-A
Olivar del Conde	95	5-F
Peterete	98	1-E
Porvenir	98	1-E
Pro Hogar	70	5-F
Progreso Nacional	57	5-E
Renovación	98	6-F
Rústica Xalostoc	59	5-C
San José Ejidal	32	5-D
San Lorenzo	100	2-B
San Pedro de los Pinos	96	4-B
San Rafael Chamapa	81	2-D
Social Progresivo Sto Tomás	21	6-F
Tlalpizahuac	113	5-F
Trabajadores del Hierro	70	5-F
U. H. Los Sauces	60	6-C
Unidad Hab. San Blas I	18	6-D
Unidad San Pablo CTM	19	6-E
Villa de Guadalupe Xalostoc	59	5-E
10 (X)		
Social Progresivo Sto Tomás	21	6-E
10 A		
Ampl. Progreso Nacional	57	6-E
Jardines de Santa Clara	60	3-A
Santa Rosa	57	5-D
10 A. AV.		
Zona Industrial Tultepec	19	3-D
10 AND.		
Ampliación Las Aguilas	108	2-D
Chilero I	97	6-C
La Cañada	81	2-D
Tierra Unida	120	2-E
10 AV.		
Ampl. Vicente Villada Ote.	99	4-F
Ampliación Las Aguilas	99	4-F
Ignacio Zaragoza	98	1-B
Las Aguilas	99	4-F
Puebla	98	1-B
10 C		
Letrán Valle	96	6-F
10 CDA.		
Coacalco de Berriozábal	32	4-F
Lomas de Cuautepec	45	6-B
10 M		
Potrero Chico	47	5-C
10 NORTE		
Carlos Hank González	101	5-A
Del Sol	85	5-F
HOMEX	47	2-B
La Concepción	126	3-E
La Piedad	17	6-A
María Isabel	126	3-E
Niños Héroes	126	3-E
Pdte. A. Ruiz Cortines	47	1-B
San Carlos	46	4-F
San Isidro	127	3-C
Santa Cruz	127	3-C
Unión Guadalupe	127	5-E
Unión de Guadalupe	127	5-E
10 ORIENTE		
Carlos Hank González	101	6-B
Cuchilla del Tesoro	85	2-F
El Globo	29	5-A
Isidro Fabela	122	3-E
Reforma	100	5-B
San Carlos	46	4-E
San José	126	5-A
10 PONIENTE		
Cuchilla del Tesoro	85	2-E
El Globo	29	5-A
Emiliano Zapata	139	1-F
La Concepción	126	3-F
La Perla Reforma	100	4-A
Niños Héroes	126	4-F
Santa Catarina	126	5-F
Santiago	126	2-F
Xico Viejo	126	5-F
10 PRIV.		
Doña Juana	107	5-B
Tolotzin	47	6-B
10 PTE.		
El Globo	29	5-A
10 RT.		
Atlanta	30	3-D
Avante	110	5-B
10 SECC.		
Río de Luz	60	1-B
10 SUR		
Agrícola Oriental	98	2-E
Carlos Hank González	101	6-A
Guadalupana	127	5-B
Guadalupana	127	6-C
Jardín	127	5-A
Niños Héroes	126	4-F
Nuevo Paseo de San Agustín	59	4-F
Paseo de San Agustín	59	4-F
Zona Ejidal Tepeolulco	58	2-F
10 SUR 1r. RT. DE		
Agrícola Oriental	98	2-E
10 SUR 2o. RT. DE		
Agrícola Oriental	98	2-E
10 VEREDA		
Izcalli Chamapa	81	4-C
10 Y 4 CDAS.		
Ampl. Granjas San Antonio	97	6-F
10 Y PRIV.		
Reforma Social	82	5-D
11		
Ampl. Progreso Nacional	57	6-E
Ampliación Emiliano Zapata	113	4-C
Bosques de Ecatepec	47	1-B
Bosques de la Colmena	42	1-C
Campestre Guadalupana	72	4-D
Club de Golf México	122	5-F
Del Sol	86	5-A
El Charco	47	5-A
Espartaco	110	6-B
Estado de México	85	5-F
Granjas Ecatepec 2a. Secc.	33	3-E
Independencia	82	4-A
Jardines de Santa Clara	60	2-A
José López Portillo	124	2-B
Juárez Pantitlán	98	2-E
La Quebrada	44	2-A
Las Aguilas	99	5-E
Los Reyes	100	6-C
Los Reyes	113	1-C
Maravillas	85	6-F
Moctezuma	84	5-F
Obrera Jajalpa	47	3-A
Olivar del Conde	95	6-F
Peterete	98	2-E
Porvenir	98	2-E
Pro Hogar	70	5-E
Profr. Cristóbal Higuera	43	5-A
Progreso Nacional	57	6-E

Calle / Colonia — COORDENADAS: PLANO

Reforma Social 82 5-D
Renovación 98 6-F
San Pedro de los Pinos 96 4-C
Sección XVI 122 4-F
Social Progresivo Sto Tomás 21 6-F
U. H. San Rafael Coacalco 20 6-B
Unidad 2 IMSS Tlalnepantla 56 1-F
Unidad Hab. San Blas 18 6-D
Villa de Guadalupe Xalostoc 59 5-E

11 (XI)
Social Progresivo Sto Tomás 21 6-E

11 1a. CDA.
Pedregal de San Nicolás 121 5-B

11 2a. CDA.
Pedregal de San Nicolás 121 5-B

11 A AV.
Zona Industrial Tultepec 19 3-D

11 A NORTE
Magdalena de las Salinas 71 4-A
Nueva Vallejo 71 4-A
Unión de Guadalupe 127 4-E

11 AND.
Ampliación Las Aguilas 108 2-D

11 AV.
Benito Juárez 111 4-C
Esperanza 100 4-B
Esther Zuno de Echeverría 111 4-C
Granjas Estrella 111 4-C
La Perla Reforma 100 4-B
San Juan Xalpa 111 4-C
San Simón Ticumac 97 5-A
U. Benito Juárez 111 4-C
Vergel 111 4-C
Zona Ejidal Tepeolulco 58 1-F
Zona Ejidal Tepeolulco 59 1-A

11 CDA.
Coacalco de Berriozábal 32 4-F
Lomas de Cuautepec 45 6-B

11 M
Potrero Chico 47 5-C

11 NORTE
Carlos Hank González 101 5-A
HOMEX 47 2-B
La Concepción 126 3-E
La Piedad 17 6-A
María Isabel 126 3-E
San Carlos 46 4-F
San Isidro 127 3-C
San José 126 5-A
Santa Cruz 127 3-C
Unión de Guadalupe 127 4-E

11 ORIENTE
Cuchilla del Tesoro 85 2-F
El Globo 29 5-A
Isidro Fabela 122 3-E
Reforma 100 5-B
San Carlos 46 4-E

11 PONIENTE
Cuchilla del Tesoro 85 2-E
El Globo 29 5-A
La Concepción 126 3-F
La Perla Reforma 100 4-A
Xico 126 6-F

11 PRIV.
Tolotzin 47 6-B

11 PTE.
El Globo 29 5-A

11 RT.
Atlanta 30 3-D
Avante 110 5-B

11 SECC.
Río de Luz 60 1-B

11 SUR
Alfredo Baranda 126 4-F
Carlos Hank González 101 6-A
Guadalupana 127 5-B
Guadalupana 127 6-C
HOMEX 47 2-B
Jardín 127 5-A
Niños Héroes 126 4-F
San José 126 6-E

11 VEREDA
Izcalli Chamapa 81 4-C

12
Aguilera 70 5-F
Ampl. Progreso Nacional 57 6-E
Ampliación Río Hondo 81 4-D
Bosques de Ecatepec 47 1-B
Bosques de Ixtacala 43 1-B
Bosques de la Colmena 42 1-C
Campestre Guadalupana 72 4-D
Club de Golf México 122 5-F
Del Sol 86 5-A
El Charco 47 5-A
El Rodeo 98 3-B
Espartaco 123 1-B
Esperanza 100 4-B
Esperanza 100 3-B
Estado de México 85 5-F
Granjas Ecatepec 2a. Secc. 33 3-E
Independencia 82 4-A
Jardines de Santa Clara 60 2-A
José López Portillo 124 2-C
Juárez Pantitlán 98 2-E
La Magdalena 114 5-F
La Purísima 111 1-D
La Quebrada 44 3-A
Los Reyes 113 1-C
Los Reyes 100 6-C
Maravillas 85 6-F
Moctezuma 82 5-D
Moctezuma 84 5-F
Obrera Jajalpa 47 4-A
Olivar del Conde 95 6-F
Patrimonio Familiar 70 6-F
Peterete 98 2-E
Porvenir 98 2-E
Pro Hogar 70 5-F
Progreso Nacional 57 6-E
Renovación 98 6-F
Rústica Xalostoc 59 5-C
San José Ejidal 32 5-D
San Lorenzo 57 3-A
San Lorenzo 100 2-B
San Pedro de los Pinos 96 4-B
Social Progresivo Sto Tomás 21 6-F
Tlalpizahuac 113 5-F
Trabajadores del Hierro 70 5-F
Unidad San Pablo CTM 19 6-E
Villa de Guadalupe Xalostoc 59 5-E
Villas Ecatepec 47 1-B

12 (XII)
Social Progresivo Sto Tomás 21 6-E

12 A
Jardines de Santa Clara 60 3-A
Santa Rosa 57 5-D

12 A OTE.
San Isidro 127 4-B

12 A SUR
Agrícola Oriental 98 2-B

12 AND.
Las Aguilas Ampl. 3er. Pque 108 2-D
Tierra Unida 120 3-E
Triunfo de la República 71 3-F

12 AV.
Ampl. Vicente Villada Ote. 99 4-F
Ampliación Las Aguilas 99 4-F
Ignacio Zaragoza 98 1-A
Jacarandas 111 2-F
Las Aguilas 99 4-F
Puebla 98 1-A
U. Santa Cruz Meyehualco 112 2-A
Unidad Vicente Guerrero 111 2-F

12 B SUR Y 4 RTS.
Agrícola Oriental 98 3-C

12 C SUR DE 3r. RT.
Agrícola Oriental 98 3-E

12 C SUR DE 4o. RT.
Agrícola Oriental 98 3-E

12 CDA.
Lomas de Cuautepec 45 6-B

12 M
Potrero Chico 47 5-C

12 NORTE
Guadalupe Victoria 71 6-B
HOMEX 47 2-B
La Concepción 126 3-E
La Piedad 17 6-A
María Isabel 126 3-E
San Carlos 46 4-F
San Isidro 127 3-C
Santa Cruz 127 3-C
Unión de Guadalupe 127 4-E
Villas Ecatepec 47 1-C

12 ORIENTE
Carlos Hank González 101 6-A
Cuchilla del Tesoro 85 2-F
El Globo 29 5-A
Isidro Fabela 122 3-E
Reforma 100 5-B
San Carlos 46 4-E
San José 126 5-A

12 PONIENTE
Cuchilla del Tesoro 85 2-D
El Globo 29 5-A
La Perla Reforma 100 4-A
María Isabel 126 3-F
Xico 126 5-F

12 PRIV.
Tolotzin 47 6-B

12 PTE.
El Globo 29 5-A

12 RT.
Atlanta 30 3-D
Avante 110 5-B

12 SECC.
Río de Luz 60 1-B

12 SUR
Agrícola Oriental 98 2-C
Carlos Hank González 101 6-A
Cuchilla Agrícola Oriental 98 2-C
Guadalupana 127 6-C
Guadalupana 127 5-B
HOMEX 47 2-B
Jardín 127 5-A
Niños Héroes 126 4-F
Nuevo Paseo de San Agustín 59 4-F
Paseo de San Agustín 59 4-F
Zona Ejidal Tepeolulco 58 2-F

12 SUR A CDA.
Agrícola Oriental 98 3-B

12 VEREDA
Izcalli Chamapa 81 4-C

12 Y 2 CDAS.
Granjas San Antonio 97 6-F

12 Y 4 CDAS.
Granjas San Antonio 97 6-F

13
Ampl. Progreso Nacional 57 6-E
Barrio San Miguel 126 1-C
Bosques de Ecatepec 47 1-B
Bosques de la Colmena 42 1-C
Campestre Guadalupana 72 4-D
Club de Golf México 122 6-F
Defensores de la República 71 5-A
Del Sol 86 5-A
El Charco 47 5-A
Emiliano Zapata 59 6-F
Espartaco 110 6-C
Esperanza 100 3-B
Estado de México 85 5-F
Granjas Ecatepec 2a. Secc. 33 3-E
Ignacio Zaragoza 85 6-A
Independencia 82 4-A
Jardines de Santa Clara 60 2-A
José López Portillo 124 2-C
Juárez Pantitlán 98 2-E
La Quebrada 44 2-A
Las Aguilas 99 5-E
Los Reyes 113 1-C
Los Reyes 100 6-C
Magdalena de las Salinas 71 5-A
Maravillas 85 6-F
Moctezuma 84 5-F
Olivar del Conde 95 6-F
Pedregal de San Nicolás 121 6-B
Peterete 98 2-E
Porvenir 98 2-E
Pro Hogar 70 5-E
Progreso Nacional 57 6-E
Reforma Social 82 5-D
San Nicolás Totolapan 121 6-B
San Pedro de los Pinos 96 4-C
Sección XVI 122 4-F
Social Progresivo Sto Tomás 21 6-F
Unidad 2 IMSS Tlalnepantla 56 1-F
Unidad Hab. San Blas 18 6-D
Valentín Gómez Farías 85 6-A
Villa de Guadalupe Xalostoc 59 5-D

13 A
Ampl. Progreso Nacional 57 6-E

13 A NORTE
Magdalena de las Salinas 71 4-A
Nueva Vallejo 71 4-A

13 A ORIENTE
San Isidro 127 4-B

13 AND.
Las Aguilas Ampl. 3er. Pque 108 2-D
Tierra Unida 120 3-E

13 AV.
San Simón Ticumac 97 5-A

13 CDA.
Lomas San Juan Ixhuatepec 58 6-E

13 NORTE
Carlos Hank González 101 5-A
HOMEX 47 2-B
La Concepción 126 3-E
Magdalena de las Salinas 71 4-A
María Isabel 126 3-E
Moctezuma 84 5-F
Nueva Vallejo 71 4-A
San Carlos 46 4-F
San Isidro 127 3-B
Santa Cruz 127 3-B
Unión de Guadalupe 127 4-E
Unión de Guadalupe 127 4-D

13 ORIENTE
Cantera Puente de Piedra 122 3-E
Comuneros de Santa Ursula 122 3-E
Cuchilla del Tesoro 85 2-F
Isidro Fabela 122 3-E
Reforma 100 5-B

13 OTE.
El Globo 29 5-A

13 PONIENTE
Cuchilla del Tesoro 85 2-D
El Globo 29 5-A
La Perla Reforma 100 4-A
María Isabel 126 3-F
Xico 126 5-F

13 PONIENTE CDA.
Defensores de la República 71 5-A
Magdalena de las Salinas 71 5-A

13 PRIV.
Tolotzin 47 6-B

13 RT.
Atlanta 30 3-D
Avante 110 5-B

13 SECC.
Río de Luz 60 1-B

13 SUR
Alfredo Baranda 126 5-F
Carlos Hank González 101 6-A
Guadalupana 127 5-B
HOMEX 47 2-B
Jardín 127 5-A
Niños Héroes 126 5-F

13 VEREDA
Izcalli Chamapa 81 4-C

14
Ampl. Progreso Nacional 57 6-E
Bosques de la Colmena 42 1-C
Campestre Guadalupana 72 4-E
Club de Golf México 122 6-F
Del Sol 86 5-A
El Charco 47 5-A
El Rodeo 98 3-B
Esperanza 100 3-B
Estado de México 86 5-A
Granjas Ecatepec 2a. Secc. 33 3-E
Independencia 82 4-A
Jardines de Santa Clara 60 2-A
José López Portillo 124 2-C
Laurel Pantitlán 98 2-E
Los Reyes 100 6-C
Los Reyes 113 1-C
Maravillas 85 6-F
Moctezuma 84 5-F
Olivar del Conde 95 6-F
Peterete 98 2-E
Porvenir 98 2-F
Pro Hogar 70 5-F
Progreso Nacional 57 6-E
Reforma Social 82 5-D
Rústica Xalostoc 59 5-C
San José Ejidal 32 5-D
San Lorenzo 100 2-B
San Nicolás Totolapan 121 6-B
San Pedro de los Pinos 96 4-B
Social Progresivo Sto Tomás 21 6-F
Vicentina 98 6-D
Villa de Guadalupe Xalostoc 59 5-D

14 (XIV)
Social Progresivo Sto Tomás 21 6-E

14 A
Jardines de Santa Clara 60 3-A
Santa Rosa 57 5-D

14 A OTE.
San Isidro 127 4-C

14 AND.
Tierra Unida 120 2-E

14 AV.
Ignacio Zaragoza 98 1-A

14 B SUR
Agrícola Oriental 98 3-E

14 BIS
Reforma Social 82 5-D

14 C SUR
Agrícola Oriental 98 3-E

14 D SUR
Agrícola Oriental 98 3-E

14 NORTE
Carlos Hank González 101 5-A
HOMEX 47 2-B
La Concepción 126 3-E
María Isabel 126 3-E
San Carlos 46 4-F
San Isidro 127 3-B
Santa Cruz 127 3-B
Unión de Guadalupe 127 4-E
Unión de Guadalupe 127 4-D
Zona Ejidal Tepeolulco 58 1-F

14 ORIENTE
Carlos Hank González 101 6-A
Cuchilla del Tesoro 85 2-F
El Globo 29 5-A
Reforma 100 5-B
San Isidro 127 3-B

14 PONIENTE
Cuchilla del Tesoro 85 2-D
El Globo 29 5-A
La Perla Reforma 100 4-A
María Isabel 126 3-F
Xico 126 6-E

14 RT.
Atlanta 30 3-D
Avante 110 5-B

14 SECC.
Río de Luz 60 1-B

14 SUR
Agrícola Oriental 98 3-B
Carlos Hank González 101 6-A
Guadalupana 127 5-B
HOMEX 47 2-B
Jardín 127 5-A
Niños Héroes 126 5-F
Nuevo Paseo de San Agustín 59 4-F
Paseo de San Agustín 59 4-F
Zona Ejidal Tepeolulco 58 2-F

14 VEREDA
Izcalli Chamapa 81 4-C

15
Aldana 70 5-E
Ampl. Progreso Nacional 57 6-E
Barrio San Miguel 126 1-C
Bosques de la Colmena 42 1-C
Campestre Guadalupana 72 4-E
Club de Golf México 122 6-F
Del Sol 86 5-A
El Charco 47 6-B
El Charco 47 5-A
El Porvenir 70 5-E
Espartaco 110 6-C
Esperanza 100 4-B
Estado de México 86 5-A
Granjas Ecatepec 2a. Secc. 33 3-E
Independencia 82 4-A
Jardines de Santa Clara 60 2-A
José López Portillo 124 2-C
Juárez Pantitlán 98 2-E
La Quebrada 44 2-A
Las Aguilas 99 5-E
Las Lomas 33 6-B
Los Reyes 100 6-C
Los Reyes 113 1-C
Maravillas 85 6-F
Moctezuma 84 5-F
Olivar del Conde 95 6-F
Pro Hogar 70 5-E
Progreso Nacional 57 6-E
Reforma Social 82 5-D
San Pedro de los Pinos 96 4-C
Unidad Hab. San Blas 18 6-D
Villa de Guadalupe Xalostoc 59 6-D

15 (XV)
Social Progresivo Sto Tomás 21 6-E

15 A NORTE
Nueva Vallejo 71 4-A

15 AND.
Ampliación Las Aguilas 108 2-D
Tierra Unida 120 2-E

15 CDA.
San Andrés Totoltepec 135 2-D

15 NORTE
Azolco 46 4-F
Carlos Hank González 101 5-A
Defensores de la República 71 4-A
HOMEX 47 2-B
La Concepción 126 3-E
Magdalena de las Salinas 71 4-A
María Isabel 126 3-E
Nueva Vallejo 71 4-A
San Carlos 46 4-F
San Isidro 127 3-B
Santa Cruz 127 3-B
Unión de Guadalupe 127 4-E

15 NTE.
San Carlos 46 5-F
Unión de Guadalupe 127 4-E

15 ORIENTE
Cuchilla del Tesoro 85 2-F
Reforma 100 5-B
San Isidro 127 3-C

15 ORIENTE CDA.
Carlos Hank González 101 6-A

15 PONIENTE
Cuchilla del Tesoro 85 2-D
La Perla Reforma 100 4-A
María Isabel 126 3-F
Xico 126 5-E

15 RT.
Atlanta 30 3-D
Avante 110 5-B

15 SECC.
Río de Luz 60 1-B

15 SUR
Carlos Hank González 101 6-A
Guadalupana 127 5-B
HOMEX 47 2-B
Jardín 127 5-A
Niños Héroes 126 5-F

15 VEREDA
Izcalli Chamapa 81 4-C

15-A NTE.
Unión de Guadalupe 127 4-E

16
Aguilera 70 5-F
Ampl. Progreso Nacional 57 6-E
Ampliación Río Hondo 81 4-D
Barrio Guadalupe 126 1-D
Barrio Pescadores 87 3-E
Bosques de la Colmena 42 1-C
Campestre Guadalupana 72 4-E
Club de Golf México 122 6-F
Del Sol 86 5-A
El Charco 47 5-A
El Rodeo 98 3-B
Esperanza 100 4-B
Estado de México 86 5-A
Granjas Ecatepec 2a. Secc. 33 3-E
Independencia 82 5-A
Jardines de Santa Clara 60 2-B
Juárez Pantitlán 98 2-F
La Quebrada 57 6-D
Liberación 70 5-F
Lomas San Isidro 82 5-D
Los Reyes 100 6-C
Los Reyes 113 1-C
Maravillas 85 6-F
Moctezuma 84 5-F
Olivar del Conde 95 6-F
Pro Hogar 70 5-F
Progreso Nacional 57 6-E
Rústica Xalostoc 59 5-C
San José Ejidal 32 5-D
San Lorenzo 100 2-B
San Pedro de los Pinos 96 4-B
Unidad Hab. San Blas I 18 6-D
Vicentina 98 6-D
Villa de Guadalupe Xalostoc 59 6-D
Xaltipac 100 2-B
Zona Ind. San Pablo Xalpa 57 6-D

16 (XVI)
Social Progresivo Sto Tomás 21 6-E

16 A
Santa Rosa 57 5-D

16 A SUR
Agrícola Oriental 98 3-C
Guadalupana 127 5-B

16 AND.
Tierra Unida 120 2-E

16 AV.
Ignacio Zaragoza 98 1-A

16 B SUR
Agrícola Oriental 98 3-C
Guadalupana 127 5-B

16 CJON.
Santa Cruz de las Salinas 70 4-F

16 NORTE
Capultitlán 71 5-B
Carlos Hank González 101 5-A
HOMEX 47 2-B
La Concepción 126 3-E
María Isabel 126 3-E
San Carlos 46 4-F
San Isidro 127 3-B
Santa Cruz 127 3-B
Unión de Guadalupe 127 4-E

16 NTE.
Unión de Guadalupe 127 4-E

16 ORIENTE
Reforma 100 5-C
San Isidro 127 3-C

16 PONIENTE
Cuchilla del Tesoro 85 2-D
La Perla Reforma 100 4-A
María Isabel 126 3-F

16 PRIV.
San Pedro de los Pinos 96 3-B

16 RT.
Atlanta 30 3-D
Avante 110 5-B

16 SECC.
Río de Luz 60 1-B

16 SUR
Carlos Hank González 101 6-A
Guadalupana 127 5-B
HOMEX 47 2-B
Jardín 127 5-A
Niños Héroes 126 5-F
Nuevo Paseo de San Agustín 59 4-F
Paseo de San Agustín 59 4-F
Plazas de Santa Clara 60 3-A
Zona Ejidal Tepeolulco 58 2-F

16 SUR CDA.
Carlos Hank González 100 6-F
Carlos Hank González 101 6-A

16 SUR DE LA 4 CDAS.
Paseo de San Agustín 59 4-F

16 SUR Y 5 RTS.
Agrícola Oriental 98 3-D

16 SUR Y PRIV.

Calle / Colonia — COORDENADAS PLANO

Agrícola Oriental 98 3-B
16 VEREDA
Izcalli Chamapa 81 4-C
17
Ampl. Progreso Nacional 57 6-E
Ampliación Río Hondo 81 4-D
Barrio San Miguel 126 1-D
Bosques de la Colmena 42 1-C
Campestre Guadalupana 72 4-E
Club de Golf México 122 6-F
Del Sol 86 5-A
El Charco 47 6-A
Esperanza 100 4-B
Estado de México 86 5-A
Granjas Ecatepec 33 4-E
Granjas Ecatepec 2a. Secc. 33 3-E
Independencia 82 5-A
Jardines de Santa Clara 60 2-A
José López Portillo 124 1-C
Juárez Pantitlán 98 2-F
La Quebrada 44 2-A
Las Aguilas 99 5-F
Lomas San Isidro 82 5-D
Los Reyes 113 1-C
Los Reyes 100 6-C
Maravillas 85 6-F
Moctezuma 84 5-F
Olivar del Conde 95 6-E
Olivar del Conde 95 5-F
Pro Hogar 70 5-E
Progreso Nacional 57 6-E
San Pedro de los Pinos 96 4-C
Unidad Hab. San Blas 18 6-D
Villa de Guadalupe Xalostoc 59 5-D
17 (XVII)
Social Progresivo Sto Tomás 21 6-E
17 A NORTE
Magdalena de las Salinas 71 4-A
Nueva Vallejo 71 4-A
17 AND.
Tierra Unida 120 2-E
17 AV.
San Simón Ticumac 97 5-A
17 CDA.
San Gregorio Atlapulco 137 2-F
17 EJE
U. H. San Rafael Coacalco 20 6-B
Villa de las Flores 20 6-B
17 NORTE
Carlos Hank González 101 5-A
Concepción 127 3-B
HOMEX 47 2-B
Independencia 127 3-B
Magdalena de las Salinas 71 4-A
Nueva Vallejo 71 4-A
San Carlos 46 4-F
San Isidro 127 3-B
Santiago 126 3-F
17 ORIENTE
Reforma 100 5-C
San Isidro 127 3-C
17 PONIENTE
La Perla Reforma 100 4-A
María Isabel 126 3-E
Xico 126 5-E
17 RT.
Atlanta 30 3-D
Avante 110 5-B
Unidad Hab. San Blas 18 6-D
17 SECC.
Río de Luz 60 1-B
17 SUR
Carlos Hank González 101 6-A
Xico 127 5-A
Xico 126 5-F
17 VEREDA
Izcalli Chamapa 81 4-D
18
Ampl. Progreso Nacional 57 6-E
Ampliación Río Hondo 81 4-D
Angel Veraza 98 1-F
Benito Juárez 59 5-D
Campestre Guadalupana 72 4-E
Club de Golf México 122 6-F
Del Sol 86 5-A
El Charco 47 6-A
El Rodeo 98 3-B
Esperanza 100 4-B
Estado de México 86 5-A
Granjas Ecatepec 33 4-E
Granjas Ecatepec 2a. Secc. 33 3-E
José López Portillo 124 1-C
Juárez Pantitlán 98 1-F
Juárez Pantitlán 98 2-F
Lomas San Isidro 82 5-D
Maravillas 85 6-F
Martínez del Llano 98 1-F
Moctezuma 84 5-F
Olivar del Conde 95 5-F
Pro Hogar 70 5-F
Progreso Nacional 57 6-E
Rincones del Bosque 82 5-A
Rústica Xalostoc 59 5-D
San Lorenzo 100 2-B
San Pedro de los Pinos 96 4-B
Valle de los Reyes 113 1-C
Vicentina 98 6-D
Villa de Guadalupe Xalostoc 59 5-D
18 (XVIII)
Social Progresivo Sto Tomás 21 6-E
18 A
Santa Rosa 57 5-D
18 A PONIENTE
Xico 126 5-E
18 A SUR
Agrícola Oriental 98 3-D
Agrícola Oriental 98 3-E
18 B SUR
Agrícola Oriental 98 3-D
Agrícola Oriental 98 3-E
18 NORTE
Capultitlán 71 5-B
Carlos Hank González 101 5-A
Concepción 127 3-B
HOMEX 47 2-B
Independencia 127 3-B
San Carlos 46 4-F
San Isidro 127 3-B
Santiago 126 3-F
Unión de Guadalupe 127 4-E
18 ORIENTE
Reforma 100 5-C
San Isidro 127 3-C
18 PONIENTE
La Perla Reforma 100 4-A
María Isabel 126 3-E
Xico 126 6-E
18 RT.
Avante 110 5-B
18 SECC.
Petroquímica Ecatepec 73 1-B
Río de Luz 60 1-B
18 SUR
Agrícola Oriental 98 3-C
Carlos Hank González 101 6-A
Nuevo Paseo de San Agustín 59 4-F
Paseo de San Agustín 59 4-F
Plazas de Santa Clara 60 3-A

Xico 127 5-A
Xico 126 5-E
Zona Ejidal Tepeolulco 58 2-F
19
Ampl. Progreso Nacional 57 6-E
Ampliación Río Hondo 81 4-D
Angel Veraza 98 1-F
Barrio San Miguel 126 1-D
Campestre Guadalupana 72 4-E
Club de Golf México 122 6-F
Del Sol 86 5-A
Desarrollo U. Quetzalcóatl 112 4-A
Esperanza 100 4-B
Estado de México 86 5-A
Granjas Ecatepec 33 4-E
Granjas Ecatepec 2a. Secc. 33 3-E
Independencia 82 5-A
Izcalli Chamapa 81 4-C
Jardines de Santa Clara 60 2-A
José López Portillo 124 2-C
Juárez Pantitlán 98 1-F
La Quebrada 44 2-A
Las Aguilas 99 5-F
Lomas San Isidro 82 5-D
Maravillas 85 6-F
Martínez del Llano 98 1-F
Moctezuma 84 5-F
Olivar del Conde 95 5-F
Pro Hogar 70 5-E
Progreso Nacional 57 6-E
San Pedro de los Pinos 96 4-C
Unidad Hab. San Blas 18 6-D
Valle de los Reyes 113 1-C
Villa de Guadalupe Xalostoc 59 5-D
19 A NORTE
Nueva Vallejo 71 4-A
19 A SUR
Agrícola Oriental 98 4-E
Xico 127 6-A
19 BIS
Moctezuma 84 5-F
19 NORTE
Carlos Hank González 101 5-A
HOMEX 47 2-B
Nueva Vallejo 71 4-A
San Carlos 46 4-E
Santiago 126 2-F
19 NTE.
Concepción 127 3-B
Independencia 127 3-B
San Isidro 127 3-B
Unión de Guadalupe 127 4-E
19 ORIENTE
Reforma 100 5-C
19 OTE.
San Isidro 127 3-C
19 PONIENTE
La Perla Reforma 100 4-A
María Isabel 126 3-E
Xico 126 6-E
19 RT.
Avante 110 5-B
19 SECC.
Río de Luz 60 1-B
19 SUR
Agrícola Oriental 98 3-E
Estación Xico 127 6-A
Xico 126 5-E
Xico 127 6-A
20
Ampl. Progreso Nacional 57 6-F
Angel Veraza 98 1-F
Benito Juárez 59 5-D
Campestre Guadalupana 72 4-E
Club de Golf México 122 6-F
Del Sol 86 5-A
Estado de México 86 5-A
Independencia 82 5-A
José López Portillo 124 2-C
Juárez Pantitlán 98 1-F
Maravillas 85 6-F
Martínez del Llano 98 1-F
Moctezuma 84 5-F
Olivar del Conde 95 6-F
Progreso Nacional 57 6-F
Rústica Xalostoc 59 5-D
San Lorenzo 100 2-B
San Pedro de los Pinos 96 4-B
U. H. El Risco 72 1-A
Valle de los Reyes 113 1-C
Vicentina 98 6-D
Villa de Guadalupe Xalostoc 59 5-D
20 A
Santa Rosa 57 5-D
20 A SUR
Agrícola Oriental 98 4-E
20 B SUR
Agrícola Oriental 98 4-D
20 NORTE
Capultitlán 71 5-B
Carlos Hank González 101 5-A
Concepción 127 3-B
Independencia 127 3-B
San Isidro 127 3-B
Santiago 126 2-F
20 ORIENTE
Reforma 100 5-C
San Isidro 127 3-C
20 PONIENTE
La Perla Reforma 100 4-A
María Isabel 126 3-E
Xico 126 6-E
20 PRIV.
Lomas San Isidro 82 5-D
20 PTE.
Del Carmen 126 1-E
20 RT.
Avante 110 5-B
Bosques del Lago 20 6-F
20 SECC.
Río de Luz 60 1-B
20 SUR
Agrícola Oriental 98 3-B
El Rodeo 98 3-B
Nuevo Paseo de San Agustín 59 4-F
Paseo de San Agustín 59 4-F
Plazas de Santa Clara 60 3-A
Xico 126 6-E
Xico 127 6-A
Zona Ejidal Tepeolulco 58 2-F
20 SUR 1a. CDA.
Agrícola Oriental 98 3-C
20 SUR RT.
Agrícola Oriental 98 4-D
20 SUR Y 2 RTS.
Agrícola Oriental 98 3-C
20 SUR Y 4 RTS.
Agrícola Oriental 98 3-D
20 VEREDA
Izcalli Chamapa 81 4-C
21
Angel Veraza 98 1-F
Barrio San Miguel 126 1-D
Campestre Guadalupana 72 4-E
Club de Golf México 122 6-F
Del Sol 86 5-A
Estado de México 86 5-A
Guadalupe Proletaria 57 6-F

Independencia 82 5-A
Jardines de Santa Clara 60 2-A
Jardines de Santa Clara 60 3-A
José López Portillo 124 2-C
Juárez Pantitlán 98 1-F
La Purísima 111 1-D
La Quebrada 44 2-A
Las Aguilas 99 5-F
Maravillas 85 6-F
México III 98 1-F
Moctezuma 85 5-A
Olivar del Conde 95 6-F
Pro Hogar 70 5-E
Progreso Nacional 57 6-F
San Pedro de los Pinos 96 4-B
Unidad Hab. San Blas 18 6-D
Valle de los Reyes 113 1-C
Villa de Guadalupe Xalostoc 59 5-D
21 A NORTE
Nueva Vallejo 70 4-F
21 A SUR
Xico 127 6-A
21 B SUR
Xico 127 6-A
21 C SUR
Xico 127 6-A
21 NORTE
Moctezuma 85 4-A
Moctezuma 84 4-F
Nueva Vallejo 70 4-F
Santiago 126 2-F
21 NTE.
Independencia 127 2-A
San Isidro 127 2-A
Santiago 127 2-A
21 ORIENTE
Reforma 100 6-C
21 OTE.
Guadalupana 127 4-C
San Isidro 127 3-C
21 PONIENTE
La Perla Reforma 100 4-A
María Isabel 126 3-E
Xico 126 6-E
21 PRIV.
Pantitlán 85 6-E
21 RT.
Avante 110 5-B
21 SECC.
Río de Luz 60 1-B
21 SUR
Vicentina 98 6-D
Xico 126 6-E
21 VEREDA
Olímpica Radio 81 4-C
22
Aldana 70 6-F
Ampliación Río Hondo 81 4-D
Angel Veraza 98 1-F
Campestre Guadalupana 72 4-E
Club de Golf México 122 6-F
Del Sol 86 5-A
El Rodeo 98 3-B
Estado de México 86 5-A
Guadalupe Proletaria 57 6-F
Independencia 82 5-A
José López Portillo 124 2-B
Juárez Pantitlán 98 1-F
Maravillas 85 6-F
México III 98 1-F
Olivar del Conde 95 6-E
Patrimonio Familiar 70 6-F
Pro Hogar 70 6-F
Progreso Nacional 57 6-F
San Lorenzo 100 2-B
San Pedro de los Pinos 96 4-B
Valle de los Reyes 100 6-D
Villa de Guadalupe Xalostoc 59 6-D
22 1A. CDA.
Olivar del Conde 1a. Secc. 95 6-F
22 A
Santa Rosa 57 5-D
22 AND.
U. H. El Risco 72 1-A
22 NORTE
Capultitlán 71 5-B
Santiago 126 2-F
22 NTE.
Independencia 127 2-A
San Isidro 127 2-A
Santiago 127 2-A
22 ORIENTE
Reforma 100 6-C
22 OTE.
San Isidro 127 4-C
22 PONIENTE
La Perla Reforma 100 4-A
María Isabel 126 3-E
Xico 126 6-E
22 PRIV.
Pantitlán 85 6-E
22 RT.
Avante 110 5-B
22 SECC.
Río de Luz 60 1-B
22 SUR
Agrícola Oriental 98 4-D
La Purísima 111 1-D
Nuevo Paseo de San Agustín 60 4-A
Nuevo Paseo de San Agustín 59 4-F
Paseo de San Agustín 59 4-F
Paseo de San Agustín 60 4-A
Plazas de Santa Clara 60 3-A
Xico 126 6-E
Zona Ejidal Tepeolulco 58 2-F
22 VEREDA
Izcalli Chamapa 81 4-C
22 Y 2 CDAS.
Olivar del Conde 95 6-F
22 Y PRIV.
Benito Juárez 59 5-D
Rústica Xalostoc 59 5-D
23
Ampliación Las Aguilas 99 5-F
Angel Veraza 98 1-F
Barrio San Miguel 126 1-D
Campestre Guadalupana 72 4-E
Club de Golf México 122 5-F
Del Sol 86 5-A
Estado de México 86 5-A
Guadalupe Proletaria 57 6-F
Independencia 82 5-A
Jardines de Santa Clara 60 2-A
Jardines de Santa Clara 60 3-A
José López Portillo 124 2-B
Juárez Pantitlán 98 1-F
Maravillas 85 6-F
México III 98 1-F
Moctezuma 85 5-A
Olivar del Conde 95 6-E
Pro Hogar 70 5-E
Progreso Nacional 57 6-F
San Pedro de los Pinos 96 4-B
Santa Cruz Aviación 85 6-A
Unidad 2 IMSS Tlalnepantla 56 1-F
Unidad Hab. San Blas 18 6-D
Valle de los Reyes 100 6-D
23 A

Guadalupe Proletaria 57 6-F
23 A NORTE
Nueva Vallejo 70 3-F
U. Lindavista Vallejo 70 3-F
23 B
Guadalupe Proletaria 57 6-F
23 NORTE
Santiago 126 2-F
23 NTE.
Independencia 127 2-A
San Isidro 127 2-A
Santiago 127 2-A
23 ORIENTE
Reforma 100 6-C
23 OTE.
San Isidro 127 4-C
23 PONIENTE
La Perla Reforma 100 4-A
Xico 126 6-E
23 RT.
Avante 110 5-B
23 SECC.
Río de Luz 60 2-B
23 SUR
La Purísima 111 1-D
Vicentina 98 6-D
Xico 139 1-F
23 VEREDA
Izcalli Chamapa 81 4-C
24
Aldana 70 6-F
Ampliación Río Hondo 81 4-D
Angel Veraza 98 1-F
Campestre Guadalupana 72 4-E
Club de Golf México 122 5-F
Del Sol 86 5-A
El Rodeo 98 3-B
Estado de México 86 5-A
Guadalupe Proletaria 57 6-F
Independencia 82 5-A
José López Portillo 124 2-B
Maravillas 86 6-A
México III 98 1-F
Olivar del Conde 95 6-E
Patrimonio Familiar 70 6-F
Pro Hogar 70 6-F
Progreso Nacional 57 6-F
San Francisco 70 6-F
San Lorenzo 100 2-B
San Pedro de los Pinos 96 4-B
Trabajadores del Hierro 70 6-F
U. H. El Risco 72 1-A
Valle de los Reyes 100 6-D
Villa de Guadalupe Xalostoc 59 6-D
Xocotitla 70 6-F
24 A
Santa Rosa 57 5-D
24 A NORTE
Industrial 71 6-C
24 A SUR
Agrícola Oriental 98 4-D
24 NORTE
Capultitlán 71 5-B
Industrial 71 6-C
Santiago 126 2-F
24 NTE.
Independencia 127 2-A
San Isidro 127 2-B
Santiago 127 2-A
24 ORIENTE
Reforma 100 5-C
24 OTE.
San Isidro 127 4-C
24 PONIENTE
La Perla Reforma 100 4-A
24 RT.
Avante 110 5-C
24 SECC.
Petroquímica Ecatepec 73 1-B
Río de Luz 60 2-B
24 SUR
Agrícola Oriental 98 4-C
Nuevo Paseo de San Agustín 60 4-A
Paseo de San Agustín 59 5-F
Paseo de San Agustín 60 4-A
Plazas de Santa Clara 60 3-A
Zona Ejidal Tepeolulco 58 2-F
24 VEREDA
Izcalli Chamapa 81 5-C
25
Ampliación Las Aguilas 99 5-F
Barrio Guadalupe 126 1-D
C. H. La Veleta 34 6-D
Campestre Guadalupana 72 4-E
Club de Golf México 122 5-F
Del Sol 86 5-A
Estado de México 86 5-A
Euzkadi 70 5-E
Guadalupe Proletaria 57 6-F
Independencia 82 5-A
Jardines de Santa Clara 60 2-A
Jardines de Santa Clara 60 3-A
Maravillas 86 6-A
Moctezuma 85 5-A
Olivar del Conde 95 6-E
Pro Hogar 70 5-F
Progreso Nacional 57 6-F
San Pedro de los Pinos 96 4-B
Unidad 2 IMSS Tlalnepantla 56 1-F
Unidad Hab. San Blas 18 6-D
Valle de los Reyes 113 1-D
Villa de Guadalupe Xalostoc 59 6-D
25 A PONIENTE
Del Gas 70 6-F
25 NORTE
Moctezuma 84 4-F
Nueva Vallejo 70 3-F
Santiago 126 2-F
25 NTE.
Avándaro 127 2-A
Independencia 127 2-A
Santiago 127 2-A
25 ORIENTE
Reforma 100 5-C
25 OTE.
San Isidro 127 4-D
25 PONIENTE
La Perla Reforma 100 4-A
25 RT.
Avante 110 5-C
25 SECC.
Río de Luz 60 2-B
25 SUR
La Purísima 111 1-D
Vicentina 98 6-D
25 VEREDA
Izcalli Chamapa 81 4-C
26
Aldana 70 6-F
C. H. La Veleta 34 6-D
Campestre Guadalupana 72 4-E
Del Sol 86 5-A
El Rodeo 98 3-B
Estado de México 86 5-A
Guadalupe Proletaria 57 6-F
Independencia 82 5-A
Las Tórtolas 123 5-A
Miravalle 86 6-A

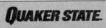

Calle / Colonia	Plano	Coordenadas
Olivar del Conde	95	6-E
Progreso Nacional	57	6-F
San Lorenzo	100	2-B
Valle de los Reyes	113	1-D
Villa de Guadalupe Xalostoc	59	6-D
26 A		
Santa Rosa	57	5-D
26 AND.		
U. H. El Risco	72	1-A
26 NORTE		
Industrial	71	6-C
Santiago	126	2-F
26 NTE.		
Avándaro	127	2-A
Independencia	127	2-A
Santiago	127	2-A
26 ORIENTE		
Aeronáutica Militar	84	6-D
Reforma	100	5-C
26 OTE.		
San Isidro	127	4-D
26 PONIENTE		
La Perla Reforma	100	4-A
26 RT.		
Avante	110	5-C
26 SECC.		
Río de Luz	60	2-C
26 SUR		
Nuevo Paseo de San Agustín	60	4-A
Paseo de San Agustín	59	5-F
Paseo de San Agustín	60	4-A
Plazas de Santa Clara	60	3-A
San Lorenzo	100	2-B
27		
Ampliación Las Aguilas	99	5-F
Barrio Concepción	126	1-D
Barrio Guadalupe	126	1-D
C. H. La Veleta	34	6-D
Campestre Guadalupana	72	4-E
Del Sol	86	5-A
Estado de México	86	5-A
Guadalupe Proletaria	57	6-F
Independencia	82	5-A
Jardines de Santa Clara	60	3-A
Jardines de Santa Clara	60	2-A
Miravalle	86	6-A
Olivar del Conde	95	6-E
Pro Hogar	70	5-F
Progreso Nacional	57	6-F
San Pedro de los Pinos	94	4-B
Unidad Hab. San Blas	18	6-D
Valle de los Reyes	113	1-D
Villa de Guadalupe Xalostoc	59	6-D
27 A NORTE		
Nueva Vallejo	70	3-F
27 A PONIENTE		
Del Gas	70	6-F
27 CDA.		
Colinas del Sur	95	6-E
27 NORTE		
Nueva Vallejo	70	3-F
Santiago	126	2-F
27 NTE.		
Independencia	127	2-A
Santiago	127	2-A
27 ORIENTE		
Reforma	100	5-C
27 OTE.		
San Isidro	127	4-D
27 PONIENTE		
Aguilera	70	6-F
Del Gas	70	6-F
La Perla Reforma	100	4-A
27 RT.		
Avante	110	5-C
27 SECC.		
Río de Luz	60	2-C
27 SUR		
Agrícola Oriental	98	4-E
La Purísima	111	1-D
Vicentina	98	6-D
28		
C. H. La Veleta	34	6-D
C. H. La Veleta	34	6-C
Campestre Guadalupana	72	4-E
Del Sol	86	5-B
El Porvenir	71	6-A
El Rodeo	98	3-B
Estado de México	86	5-B
Federal	85	5-A
Guadalupe	57	5-E
Guadalupe Proletaria	57	5-E
Independencia	82	5-A
Maravillas	86	6-A
Olivar del Conde	95	6-E
Progreso Nacional	57	5-E
Santiago Atepetlac	57	5-E
U. H. El Risco	72	1-A
Valle de los Reyes	113	1-D
Villa de Guadalupe Xalostoc	59	6-D
28 A		
Santa Rosa	57	5-D
28 A CDA.		
Santiago Atepetlac	57	5-E
28 A SUR		
Agrícola Oriental	98	4-E
28 A Y 2 CDAS.		
San José de la Escalera	57	5-D
28 B		
San José de la Escalera	57	5-E
28 B CDA.		
San José de la Escalera	57	5-D
Santiago Atepetlac	57	5-E
28 C		
San José de la Escalera	57	5-E
28 EJE		
U. H. San Rafael Coacalco	33	2-B
28 NORTE		
Santiago	126	2-F
28 NTE.		
Avándaro	127	2-A
Independencia	127	2-A
San Isidro	127	2-B
Santiago	127	2-A
28 ORIENTE		
Merced Balbuena	84	6-D
Reforma	100	5-C
28 OTE.		
Reforma "A" Sección 1	100	5-C
San Isidro	127	4-D
28 PONIENTE		
La Perla Reforma	100	4-A
28 RT.		
Avante	110	5-C
28 SECC.		
Río de Luz	60	2-C
28 SUR		
Nuevo Paseo de San Agustín	60	4-A
Paseo de San Agustín	60	4-A
Plazas de Santa Clara	60	3-A
28 SUR 1er. RT.		
Agrícola Oriental	98	4-D
Miguel Hidalgo	98	4-D
28 SUR 3 CDAS.		
Paseo de San Agustín	59	5-F
28-A OTE.		
Providencia	127	4-D
29		
Ampliación Las Aguilas	99	5-F
C. H. La Veleta	34	6-C
C. H. La Veleta	34	6-D
Campestre Guadalupana	72	4-E
Del Carmen	126	1-D
Del Sol	86	5-B
Estado de México	86	5-B
Guadalupe Proletaria	57	6-F
Independencia	82	5-A
Jardines de Santa Clara	60	3-A
Jardines de Santa Clara	60	2-B
Maravillas	86	6-A
Olivar del Conde	95	6-E
Pro Hogar	70	5-F
Unidad Hab. San Blas	18	6-D
Valle de los Reyes	113	1-D
Villa de Guadalupe Xalostoc	59	6-D
29 A		
Del Gas	70	6-F
29 A OTE.		
Guadalupana	127	5-B
29 NORTE		
Moctezuma	84	4-F
Moctezuma	85	4-A
Santiago	126	2-F
29 NTE.		
Independencia	127	2-A
Santiago	127	2-A
29 ORIENTE		
Reforma	100	5-C
29 OTE.		
Guadalupana	127	4-C
Providencia	127	4-C
Reforma "A" Sección 1	100	5-C
29 PONIENTE		
La Perla Reforma	100	4-A
29 RT.		
Avante	110	5-C
29 SECC.		
Río de Luz	60	2-C
29 SUR		
Vicentina	98	6-D
30		
Benito Juárez	59	2-B
C. H. La Veleta	34	6-C
C. H. La Veleta	34	6-D
Campestre Guadalupana	72	4-F
Del Sol	86	5-B
Desarrollo Fernando de Alba	73	2-B
El Porvenir	71	5-A
El Rodeo	98	3-B
Estado de México	86	5-B
Guadalupe Proletaria	57	6-F
Independencia	82	5-A
Maravillas	86	6-A
Olivar del Conde	95	6-E
U. H. El Risco	72	1-A
Valle de los Reyes	113	1-D
Villa de Guadalupe Xalostoc	59	6-D
30 A		
Santa Rosa	57	5-D
30 NORTE		
Santiago	126	2-F
30 NTE.		
Independencia	127	2-A
Santiago	127	2-A
30 ORIENTE		
Merced Balbuena	84	6-D
Reforma	100	5-C
30 OTE.		
Guadalupana	127	4-C
Guadalupana	127	4-D
Providencia	127	4-D
Unión de Guadalupe	127	4-D
30 RT.		
Avante	110	5-C
30 SECC.		
Petroquímica Ecatepec	73	1-B
Río de Luz	60	2-C
30 SUR		
Agrícola Oriental	98	4-E
Nuevo Paseo de San Agustín	60	4-A
Paseo de San Agustín	60	4-A
Plazas de Santa Clara	60	3-A
31		
Ampliación Las Aguilas	99	5-F
C. H. La Veleta	34	6-C
C. H. La Veleta	34	6-D
Campestre Guadalupana	72	4-F
Del Carmen	126	1-D
Del Sol	86	5-B
Desarrollo Fernando de Alba	73	2-B
Estado de México	86	5-B
Guadalupe Proletaria	57	6-F
Héroes de la Revolución	82	5-A
Jardines de Santa Clara	60	2-B
Jardines de Santa Clara	60	3-A
Maravillas	86	6-A
Olivar del Conde	95	6-D
U. H. San Rafael Coacalco	20	6-A
Unidad Hab. San Blas I	18	6-D
Villa de Guadalupe Xalostoc	59	6-D
31 A NORTE		
Industrial Vallejo	70	3-F
U. Lindavista Vallejo	70	3-F
31 NORTE		
Santiago	126	2-F
31 NTE.		
Independencia	127	2-A
Santiago	127	2-A
31 ORIENTE		
Reforma	100	5-C
31 OTE.		
Guadalupana	127	4-C
Providencia	127	4-C
Unión de Guadalupe	127	4-D
31 RT.		
Avante	110	5-C
31 SECC.		
Río de Luz	60	2-C
32		
C. H. La Veleta	34	6-D
Campestre Guadalupana	72	4-F
Del Sol	86	5-B
Desarrollo Fernando de Alba	73	2-B
El Porvenir	71	6-A
El Rodeo	98	3-B
Estado de México	86	5-B
Guadalupe Proletaria	57	6-F
Independencia	82	5-A
Maravillas	86	6-A
Olivar del Conde	95	6-D
San Francisco Xocotitla	71	6-A
Villa de Guadalupe Xalostoc	59	6-D
32 A		
Santa Rosa	57	5-D
32 A OTE.		
Guadalupana	127	4-C
Providencia	127	4-C
32 B OTE.		
Guadalupana	127	4-C
32 NORTE		
Santiago	126	2-F
32 NTE.		
Independencia	127	2-A
Santiago	127	2-A
32 ORIENTE		
Merced Balbuena	84	6-D
Reforma	100	5-C
32 OTE.		
Guadalupana	127	4-C
Providencia	127	4-C
Unión de Guadalupe	127	4-D
32 RT.		
Avante	110	5-C
32 SECC.		
Río de Luz	60	2-C
32 SUR		
Nuevo Paseo de San Agustín	60	4-A
Paseo de San Agustín	60	4-A
Plazas de Santa Clara	60	3-A
33		
Ampliación Las Aguilas	99	5-F
Bosques de Ixtacala	43	1-B
C. H. La Veleta	34	6-D
Campestre Guadalupana	72	4-F
Del Sol	86	5-B
Desarrollo Fernando de Alba	73	2-B
Estado de México	86	5-B
Guadalupe Proletaria	57	6-F
Ignacio Zaragoza	98	1-A
Independencia	82	5-A
Jardines de Santa Clara	60	2-B
Jardines de Santa Clara	60	3-A
Maravillas	86	6-A
Olivar del Conde	95	6-D
Valentín Gómez Farías	98	1-A
Villa de Guadalupe Xalostoc	59	6-D
33 EJE		
U. H. San Rafael Coacalco	33	2-B
33 NORTE		
Moctezuma	85	4-A
33 ORIENTE		
Moctezuma	85	4-A
Reforma	100	5-C
33 OTE.		
Providencia	127	4-C
Unión de Guadalupe	127	4-E
33 RT.		
Avante	110	5-C
Unidad Hab. San Blas I	18	6-D
33 SECC.		
Río de Luz	60	2-C
34		
C. H. La Veleta	34	6-D
Campestre Guadalupana	72	4-F
Del Sol	86	5-B
Desarrollo Fernando de Alba	73	2-B
El Rodeo	98	3-B
Estado de México	86	5-B
Maravillas	86	6-A
Olivar del Conde	95	6-D
Rincones del Bosque	82	5-A
Santa Rosa	57	6-F
Vergel de Guadalupe	72	4-F
Villa de Guadalupe Xalostoc	59	6-D
34 A		
Santa Rosa	57	5-D
34 NORTE		
Del Carmen	126	1-F
34 ORIENTE		
Reforma	100	5-C
34 OTE.		
Guadalupana	127	4-E
Providencia	127	4-D
Unión de Guadalupe	127	4-E
34 RT.		
Avante	110	5-C
34 SECC.		
Río de Luz	60	2-C
34 SUR		
Nuevo Paseo de San Agustín	60	4-A
Paseo de San Agustín	60	4-A
Plazas de Santa Clara	60	3-A
34 SUR CDA.		
Paseo de San Agustín	60	4-B
35		
Ampliación Las Aguilas	99	5-F
C. H. La Veleta	34	6-D
Del Sol	86	5-B
Desarrollo Fernando de Alba	73	2-B
Ignacio Zaragoza	98	1-A
Jardines de Santa Clara	60	2-B
Jardines de Santa Clara	60	3-A
Olivar del Conde	95	6-D
Rincones del Bosque	82	5-A
Unidad 2 IMSS Tlalnepantla	56	1-F
Valentín Gómez Farías	98	1-A
Villa de Guadalupe Xalostoc	59	6-D
35 AND.		
U. H. El Risco	72	1-A
35 AV.		
Dos de Octubre	121	6-C
35 NORTE		
Del Carmen	126	1-F
Industrial Vallejo	70	4-F
Moctezuma	85	4-A
Monte Alto	70	4-F
U. Lindavista Vallejo	70	4-F
35 NORTE CDA.		
Santa Cruz de las Salinas	70	4-F
35 ORIENTE		
Moctezuma	85	4-A
Reforma	100	5-C
35 OTE.		
Guadalupana	127	4-D
Providencia	127	4-D
Unión de Guadalupe	127	4-E
35 PROL. AV.		
Lomas de Cuilotepec	134	1-C
35 RT.		
Avante	110	5-C
35 SECC.		
Río de Luz	60	2-C
36		
C. H. La Veleta	34	6-D
Del Sol	86	5-B
Desarrollo Fernando de Alba	73	2-B
El Rodeo	98	3-B
Olivar del Conde	95	6-D
Rincones del Bosque	82	5-A
Unidad Hab. San Blas I	18	6-D
36 A		
Santa Rosa	57	5-D
36 A OTE.		
Guadalupana	127	4-D
Providencia	127	4-D
36 NORTE		
Del Carmen	126	1-F
36 ORIENTE		
Reforma	100	5-D
36 OTE.		
Guadalupana	127	4-D
Providencia	127	4-D
Unión de Guadalupe	127	4-E
36 SECC.		
Río de Luz	60	2-C
36 SUR		
Nuevo Paseo de San Agustín	60	4-A
Paseo de San Agustín	60	4-A
37		
C. H. La Veleta	34	6-D
Del Sol	86	5-B
Desarrollo Fernando de Alba	73	2-B
Guadalupe Proletaria	58	6-A
Ignacio Zaragoza	98	1-A
Jardines de Santa Clara	60	3-A
Jardines de Santa Clara	60	2-B
U. H. El Risco	72	1-A
Valentín Gómez Farías	98	1-A
Villa de Guadalupe Xalostoc	59	6-D
37 A OTE.		
Guadalupana	127	5-C
37 NORTE		
Del Carmen	126	1-F
Moctezuma	85	4-A
37 ORIENTE		
Moctezuma	85	4-B
Reforma	100	5-D
37 OTE.		
Guadalupana	127	4-D
Providencia	127	4-D
Unión de Guadalupe	127	4-E
37 RT.		
Avante	110	5-C
Unidad Hab. San Blas I	18	6-D
37 SECC.		
Río de Luz	60	2-C
38		
C. H. La Veleta	34	6-D
Del Sol	86	4-B
Desarrollo Fernando de Alba	73	2-B
Guadalupe Proletaria	58	6-A
Villa de Guadalupe Xalostoc	59	6-D
38 A		
Santa Rosa	57	5-D
38 A OTE.		
Guadalupana	127	5-C
38 NTE.		
Alfredo del Mazo	127	1-A
38 ORIENTE		
Reforma	100	5-D
38 OTE.		
Guadalupana	127	4-D
Providencia	127	4-D
Unión de Guadalupe	127	4-E
38 RT.		
Avante	110	5-C
38 SECC.		
Río de Luz	60	2-C
38 SUR		
Nuevo Paseo de San Agustín	60	4-A
Paseo de San Agustín	60	4-A
39		
Del Sol	86	4-C
Desarrollo Fernando de Alba	73	2-B
Guadalupe Proletaria	58	6-A
Ignacio Zaragoza	98	1-A
Jardines de Santa Clara	60	2-B
U. Santa Cruz Meyehualco	112	3-A
Valentín Gómez Farías	98	1-A
Villa de Guadalupe Xalostoc	59	6-D
39 AND.		
U. H. El Risco	72	1-A
39 NORTE		
Rivera del Bosque	56	1-F
39 NTE.		
Alfredo del Mazo	127	1-A
Valle de Ayotla	127	1-A
39 ORIENTE		
Reforma	100	5-D
39 OTE.		
Guadalupana	127	5-C
Providencia	127	5-C
Unión de Guadalupe	127	4-E
39 RT.		
Avante	110	5-C
Unidad Hab. San Blas I	18	6-D
39 SECC.		
Río de Luz	60	2-C
40		
Benito Juárez	59	2-B
Del Sol	86	4-C
Guadalupe Proletaria	58	6-A
Villa de Guadalupe Xalostoc	59	6-D
40 A		
Santa Rosa	57	5-D
40 A NORTE		
Siete de Noviembre	84	1-C
40 A OTE.		
Guadalupana	127	5-C
Providencia	127	5-C
Unión de Guadalupe	127	4-E
40 NORTE		
Siete de Noviembre	84	1-C
40 NTE.		
Alfredo del Mazo	127	1-A
40 ORIENTE		
Reforma	100	5-D
40 OTE.		
Guadalupana	127	5-C
Providencia	127	5-C
Unión de Guadalupe	127	4-E
40 RT.		
Avante	110	5-B
40 SECC.		
Río de Luz	60	2-C
40 SUR		
Nuevo Paseo de San Agustín	60	4-A
Paseo de San Agustín	60	4-A
40 SUR CDA.		
Paseo de San Agustín	60	4-B
40-A OTE.		
Unión de Guadalupe	127	4-E
41		
Desarrollo Fernando de Alba	73	2-B
Ignacio Zaragoza	98	1-A
U. H. San Rafael Coacalco	20	6-B
Unidad Hab. San Blas I	18	6-D
Villa de Guadalupe Xalostoc	59	6-D
41 A OTE.		
Guadalupana	127	5-C
41 AND		
U. H. El Risco	72	1-A
41 ORIENTE		
Reforma	100	5-D
41 OTE.		
Guadalupana	127	5-C
Providencia	127	5-C
Unión de Guadalupe	127	4-E
41 RT.		
Avante	110	5-B
41 SECC.		
Río de Luz	60	2-C
42		
Ampliación Río Hondo	81	4-D
Desarrollo Fernando de Alba	73	2-B
Villa de Guadalupe Xalostoc	59	6-D
42 A		
Santa Rosa	57	5-D
42 A NORTE		
Siete de Noviembre	84	1-D
42 A PONIENTE		
San Salvador Xochimanca	83	1-D
42 NORTE		
Siete de Noviembre	84	1-D
42 NTE.		
Avándaro	127	1-B
42 ORIENTE		
El Parque	84	6-D
Veinticuatro de Abril	84	6-D

Calle / Colonia — PLANO — COORDENADAS

42 OTE.
- Guadalupana 127 5-C
- Providencia 127 5-C
- Unión de Guadalupe 127 4-E

42 RT.
- Avante 110 5-B

42 SECC.
- Río de Luz 60 2-C

42 SUR
- Nuevo Paseo de San Agustín 60 4-A
- Paseo de San Agustín 60 4-A

43
- Desarrollo Fernando de Alba 73 2-B
- Ignacio Zaragoza 98 1-A
- Villa de Guadalupe Xalostoc 59 6-D

43 OTE.
- Guadalupana 127 5-C
- Providencia 127 5-C
- Unión de Guadalupe 127 4-E

43 RT.
- Avante 110 5-B
- Unidad Hab. San Blas I 18 6-D

43 SECC.
- Río de Luz 60 2-C

44
- Ampliación Río Hondo 81 4-D
- Desarrollo Fernando de Alba 73 2-B
- Villa de Guadalupe Xalostoc 59 6-D

44 A
- Santa Rosa 57 5-D

44 A OTE.
- Guadalupana 127 5-C
- Providencia 127 5-C

44 B OTE.
- Guadalupana 127 6-C

44 C OTE.
- Guadalupana 127 6-C

44 D OTE.
- Guadalupana 127 6-C

44 NORTE
- Siete de Noviembre 84 1-D

44 NTE.
- Avándaro 127 1-B

44 OTE.
- Guadalupana 127 5-C
- Providencia 127 5-C
- Unión de Guadalupe 127 4-E

44 PONIENTE
- Obrero Popular 83 1-C
- San Salvador Xochimanca 83 1-C

44 PONIENTE 1A. CDA.
- San Salvador Xochimanca 83 1-D

44 RT.
- Avante 110 5-B

44 SECC.
- Río de Luz 60 2-C

44 SUR
- Nuevo Paseo de San Agustín 60 4-A
- Paseo de San Agustín 60 4-A

45
- Desarrollo Fernando de Alba 73 2-B
- Ignacio Zaragoza 98 1-A
- Villa de Guadalupe Xalostoc 59 6-D

45 NORTE
- Industrial Vallejo 70 3-E

45 OTE.
- Unión de Guadalupe 127 4-E

45 RT.
- Avante 110 5-C
- Unidad Hab. San Blas I 18 6-D

45 SECC.
- Petroquímica Ecatepec 73 1-B
- Río de Luz 60 2-C

46
- Ampliación Río Hondo 81 4-D
- Desarrollo Fernando de Alba 73 2-B
- Villa de Guadalupe Xalostoc 59 6-D

46 A NORTE
- Emiliano Zapata 84 1-D

46 NORTE
- Siete de Noviembre 84 1-D

46 OTE.
- Unión de Guadalupe 127 4-E

46 PONIENTE
- Obrero Popular 83 1-D

46 RT.
- Avante 110 5-C

46 SUR
- Nuevo Paseo de San Agustín 60 4-A
- Paseo de San Agustín 60 4-A

47
- Ampliación Río Hondo 81 4-D
- Desarrollo Fernando de Alba 73 2-B
- Ignacio Zaragoza 98 1-B
- Unidad Hab. San Blas I 18 6-E
- Villa de Guadalupe Xalostoc 59 6-D

47 OTE.
- Unión de Guadalupe 127 4-E

47 RT.
- Avante 110 5-C

48
- Desarrollo Fernando de Alba 73 2-B
- Villa de Guadalupe Xalostoc 59 6-D

48 A NORTE
- Emiliano Zapata 84 1-D
- La Joyita 71 6-D
- Siete de Noviembre 84 1-D

48 NORTE
- Emiliano Zapata 84 1-D
- La Joyita 71 6-D
- Siete de Noviembre 84 1-D

48 OTE.
- Unión de Guadalupe 127 4-E

48 RT.
- Avante 110 5-C

48 SUR
- Nuevo Paseo de San Agustín 60 4-A
- Paseo de San Agustín 60 4-A

48 SUR CDA.
- Paseo de San Agustín 60 5-A

49
- Ampliación Río Hondo 81 4-D
- Desarrollo Fernando de Alba 73 2-B
- Ignacio Zaragoza 98 1-B
- Villa de Guadalupe Xalostoc 59 6-D
- Villa de Guadalupe Xalostoc 72 1-D

49 ORIENTE
- Villa de Cortés 97 4-B

49 OTE.
- Unión de Guadalupe 127 4-E

49 RT.
- Avante 110 5-B
- Unidad Hab. San Blas I 18 6-E

50
- Benito Juárez 59 2-B
- Del Obrero 72 1-D
- Desarrollo Fernando de Alba 73 2-B
- Villa de Guadalupe Xalostoc 59 6-D

50 A NORTE
- Emiliano Zapata 84 1-D
- Siete de Noviembre 84 1-D

50 NORTE
- Emiliano Zapata 84 1-D
- La Joyita 71 6-D
- Siete de Noviembre 84 1-D

50 OTE.
- Unión de Guadalupe 127 4-E

50 RT.
- Avante 110 5-B

50 SUR
- Nuevo Paseo de San Agustín 60 4-A
- Paseo de San Agustín 60 4-A

51
- Ignacio Zaragoza 98 1-B
- U. H. San Rafael Coacalco 20 6-B

51 ORIENTE
- Iztaccíhuatl 97 4-B
- Unión de Guadalupe 127 4-E

51 OTE.
- Unión de Guadalupe 127 4-E

51 RT.
- Avante 110 5-B
- Unidad Hab. San Blas I 18 6-E

52
- Villa de Guadalupe Xalostoc 59 6-D

52 NORTE
- Emiliano Zapata 84 1-D
- Siete de Noviembre 84 1-D

52 ORIENTE
- Unión de Guadalupe 127 4-E

52 OTE.
- Unión de Guadalupe 127 5-E

52 RT.
- Avante 110 5-B

52 SUR
- Nuevo Paseo de San Agustín 60 4-A
- Paseo de San Agustín 60 4-A

53
- Ignacio Zaragoza 98 1-B
- Unidad Hab. San Blas I 18 6-E
- Villa de Guadalupe Xalostoc 59 6-D

53 A NORTE
- Obrero Popular 83 1-D

53 NORTE
- Obrero Popular 83 1-D

53 ORIENTE
- Iztaccíhuatl 97 4-B
- Unión de Guadalupe 127 4-E

53 OTE.
- Unión de Guadalupe 127 5-E

53 RT.
- Avante 110 6-B

54
- Villa de Guadalupe Xalostoc 59 6-D

54 A NORTE
- Emiliano Zapata 84 1-D
- Tablas de San Agustín 71 6-D

54 B NORTE
- Tablas de San Agustín 71 6-D

54 NORTE
- Emiliano Zapata 84 1-D
- La Joyita 84 1-D
- Tablas de San Agustín 71 6-D

54 OTE.
- Unión de Guadalupe 127 5-E

54 PONIENTE
- Obrero Popular 83 1-C

54 RT.
- Avante 110 5-C

54 SUR
- Nuevo Paseo de San Agustín 60 4-A
- Paseo de San Agustín 60 4-A

54 SUR CDA.
- Paseo de San Agustín 60 5-A

55
- Ignacio Zaragoza 98 1-B
- Villa de Guadalupe Xalostoc 59 6-D

55 A ORIENTE
- Villa de Cortés 97 4-B

55 NORTE
- Obrero Popular 83 1-D

55 ORIENTE
- Iztaccíhuatl 97 4-B

55 OTE.
- Unión de Guadalupe 127 5-E

55 RT.
- Avante 110 5-C

56
- Villa de Guadalupe Xalostoc 59 6-D

56 A NORTE
- Emiliano Zapata 84 1-D
- Mártires de Río Blanco 84 1-D
- Tablas de San Agustín 71 6-D

56 NORTE
- Emiliano Zapata 84 1-D
- Tablas de San Agustín 71 6-D

56 ORIENTE
- Unión de Guadalupe 127 5-E

56 RT.
- Avante 110 5-C

56 SUR
- Nuevo Paseo de San Agustín 60 4-A
- Paseo de San Agustín 60 4-A

57
- Puebla 98 1-B
- Villa de Guadalupe Xalostoc 59 6-D

57 DEL CJON.
- Santa Catarina Ayotzingo 153 2-B

57 NORTE
- Obrero Popular 83 1-D

57 ORIENTE
- Iztaccíhuatl 97 4-B
- Unión de Guadalupe 127 5-E

57 RT.
- Avante 110 6-C

57 SUR
- Tránsito 84 6-C

58 A NORTE
- Mártires de Río Blanco 84 1-D
- Siete de Noviembre 84 1-D
- Tablas de San Agustín 71 6-D

58 B NORTE
- Tablas de San Agustín 71 6-E

58 NORTE
- Emiliano Zapata 84 1-D
- Mártires de Río Blanco 84 1-D
- Siete de Noviembre 84 1-D
- Tablas de San Agustín 71 6-D

58 ORIENTE
- Unión de Guadalupe 127 5-E

58 PONIENTE
- Obrero Popular 70 6-C

58 RT.
- Avante 110 6-C

58 SUR
- Nuevo Paseo de San Agustín 60 4-A
- Paseo de San Agustín 60 4-A

59
- Puebla 98 1-B
- Villa de Guadalupe Xalostoc 72 1-D

59 NORTE
- Industrial Vallejo 70 3-D

59 NORTE CDA.
- Las Salinas 70 3-D

59 ORIENTE
- Unión de Guadalupe 127 5-E

59 RT.
- Avante 110 6-C

60
- Villa de Guadalupe Xalostoc 72 1-D

60 A NORTE
- Mártires de Río Blanco 84 1-E
- Siete de Noviembre 84 1-E
- Tablas de San Agustín 71 6-E

60 NORTE
- Mártires de Río Blanco 84 1-E
- Siete de Noviembre 84 1-E
- Tablas de San Agustín 71 6-E

60 ORIENTE
- Unión de Guadalupe 127 5-F

60 RT.
- Avante 110 6-C

60 SUR
- Nuevo Paseo de San Agustín 60 4-A
- Paseo de San Agustín 60 4-A

61
- Puebla 98 1-B
- U. H. San Rafael Coacalco 20 6-C
- Villa de Guadalupe Xalostoc 72 1-D

61 OTE.
- Unión de Guadalupe 127 5-F

61 RT.
- Avante 110 6-C

62
- Villa de Guadalupe Xalostoc 72 1-D

62 A NORTE
- Belisario Domínguez 84 1-E
- Mártires de Río Blanco 84 1-E
- Siete de Noviembre 84 1-E
- Tablas de San Agustín 71 6-E

62 NORTE
- Salvador Díaz Mirón 71 4-E

62 PONIENTE
- Obrero Popular 70 6-C

62 RT.
- Avante 110 6-C

62 SUR
- Nuevo Paseo de San Agustín 60 4-A
- Paseo de San Agustín 60 4-A

63
- Puebla 98 1-B
- Villa de Guadalupe Xalostoc 72 1-D

63 RT.
- Avante 110 6-C

64
- Villa de Guadalupe Xalostoc 72 1-C

64 A NORTE
- Belisario Domínguez 84 1-E
- Mártires de Río Blanco 84 1-E
- Salvador Díaz Mirón 71 4-F
- Siete de Noviembre 84 1-E
- Tablas de San Agustín 71 6-E

64 NORTE
- Belisario Domínguez 84 1-E
- Mártires de Río Blanco 84 1-E
- Salvador Díaz Mirón 71 4-F
- Siete de Noviembre 84 1-E
- Tablas de San Agustín 71 6-E

64 RT.
- Avante 110 6-C

64 SUR
- Nuevo Paseo de San Agustín 60 4-A
- Paseo de San Agustín 60 4-A

65
- Puebla 98 1-B
- Villa de Guadalupe Xalostoc 72 1-C

65 A ORIENTE
- Ampliación Asturias 97 2-C

65 A SUR
- Asturias 97 2-C
- Viaducto Piedad 97 2-C

65 NORTE
- Industrial Vallejo 70 2-D

65 RT.
- Avante 110 6-C

66
- Villa de Guadalupe Xalostoc 72 1-C

66 A NORTE
- Belisario Domínguez 84 1-E
- La Joya 84 1-E
- Mártires de Río Blanco 84 1-E
- Salvador Díaz Mirón 71 4-F
- Tablas de San Agustín 71 6-E

66 NORTE
- Belisario Domínguez 84 1-E
- La Joya 84 1-E
- Mártires de Río Blanco 84 1-E
- Salvador Díaz Mirón 71 4-F
- Tablas de San Agustín 71 6-E

66 RT.
- Avante 110 6-C

66 SUR
- Nuevo Paseo de San Agustín 60 4-B

67
- Puebla 98 1-B
- Villa de Guadalupe Xalostoc 72 1-D

67 A SUR
- Asturias 97 2-C
- Viaducto Piedad 97 2-C

67 NORTE
- Obrero Popular 83 1-D

67 ORIENTE
- Ampliación Asturias 97 2-C

67 PRIV.
- Santa María La Ribera 83 3-F

67 RT.
- Avante 110 6-C

67 SUR
- Asturias 97 2-C
- Viaducto Piedad 97 2-C

68
- Villa de Guadalupe Xalostoc 72 1-C

68 NORTE
- Belisario Domínguez 84 1-E
- Bondojito 71 6-E
- La Joya 84 1-E
- Mártires de Río Blanco 84 1-E
- Salvador Díaz Mirón 71 4-F
- Tablas de San Agustín 71 6-E
- Villahermosa 72 2-A

68 RT.
- Emiliano Zapata 110 6-B

68 SUR
- Nuevo Paseo de San Agustín 60 4-B

69
- Puebla 98 1-B
- Villa de Guadalupe Xalostoc 72 1-C

69 A ORIENTE
- Ampliación Asturias 97 2-C

69 A SUR
- Asturias 97 2-C
- Banjidal 110 1-B
- Viaducto Piedad 97 2-C

69 B SUR
- El Prado 110 1-B

69 NORTE
- Obrero Popular 83 1-D

69 ORIENTE
- Ampliación Asturias 97 2-C

69 RT.
- Emiliano Zapata 110 5-B

69 SUR
- Banjidal 110 1-B
- El Prado 110 1-B
- Viaducto Piedad 97 2-C

69 SUR PROL.
- San Andrés Tetepilco 97 6-B

70
- Villa de Guadalupe Xalostoc 72 1-C

70 A NORTE
- Aragón Inguarán 71 6-F
- Bondojito 71 6-F
- Gertrudis Sánchez 1a. Secc. 71 6-F
- Juan González Romero 72 2-A
- La Joya 84 1-E
- Villahermosa 72 2-A

70 NORTE
- Aragón Inguarán 71 6-E
- Belisario Domínguez 84 1-E
- Bondojito 71 6-E
- Gertrudis Sánchez 1a. Secc. 71 6-E
- Salvador Díaz Mirón 71 4-F
- Tablas de San Agustín 71 6-E

70 SUR
- Nuevo Paseo de San Agustín 60 4-B

71
- Puebla 98 1-B
- U. H. San Rafael Coacalco 20 6-C
- U. Santa Cruz Meyehualco 112 3-A
- Villa de Guadalupe Xalostoc 72 1-C

71 A SUR
- Banjidal 110 1-B
- El Prado 110 1-B
- Justo Sierra 110 1-B

71 B SUR
- El Prado 110 1-B
- Justo Sierra 110 1-B

71 NORTE
- Jardín Azpeitia 70 5-D
- Obrero Popular 83 1-C
- San Salvador Xochimanca 83 1-C
- U. H. Cuitláhuac 70 5-D

71 SUR
- Banjidal 110 1-B
- El Prado 110 1-B

72
- Villa de Guadalupe Xalostoc 72 1-C

72 A NORTE
- Ampl. Emiliano Zapata 71 6-F
- Ampl. Mártires Río Blanco 84 1-E
- Aragón Inguarán 71 6-F
- Bondojito 71 6-F
- Del Obrero 72 2-A
- Faja de Oro 71 6-F
- Gertrudis Sánchez 1a. Secc. 71 6-F
- La Joya 84 1-E
- Salvador Díaz Mirón 71 3-F
- Villahermosa 72 2-A

72 A NORTE PRIV.
- Ampl. Mártires Río Blanco 71 6-F
- Ampliación Emiliano Zapata 71 6-F
- Faja de Oro 71 6-F
- Gertrudis Sánchez 71 6-F

72 B NORTE
- Ampl. Mártires Río Blanco 71 6-F
- Ampliación Emiliano Zapata 71 6-F
- Aragón Inguarán 71 6-F
- Del Obrero 72 2-A
- Faja de Oro 71 6-F
- Gertrudis Sánchez 71 6-F
- Juan González Romero 72 2-A
- La Joya 71 6-F
- Salvador Díaz Mirón 72 4-A
- Villahermosa 72 2-A

72 C NORTE
- Del Obrero 72 2-A
- Villahermosa 72 2-A

72 NORTE
- Ampl. Emiliano Zapata 71 6-F
- Aragón Inguarán 71 6-F
- Bondojito 71 6-F
- Del Obrero 72 2-A
- Gertrudis Sánchez 1a. Secc. 71 6-F
- La Joya 84 1-E
- Salvador Díaz Mirón 71 3-F
- Villahermosa 72 2-A

72 SUR
- Nuevo Paseo de San Agustín 60 4-B

73
- Puebla 98 1-B
- Villa de Guadalupe Xalostoc 72 1-C

73 A PONIENTE
- Dieciseis de Septiembre 95 2-F
- Las Américas 95 2-F

73 A SUR
- Ampl. Sinatel 110 1-B
- El Prado 110 1-B
- SINATEL 110 1-B

73 B SUR
- Ampl. Sinatel 110 1-C
- SINATEL 110 1-C

73 CDA. PTE.
- Dieciseis de Septiembre 95 2-F

73 NORTE
- Jardín Azpeitia 70 5-D
- Obrero Popular 83 1-C

73 PONIENTE
- Dieciseis de Septiembre 95 2-F
- Las Américas 95 2-F

73 PONIENTE CDA.
- Las Américas 95 2-F

73 SUR
- Ampliación Asturias 97 2-C
- Asturias 97 2-C
- El Prado 110 1-B
- Justo Sierra 110 1-B
- Nueva Santa Anita 97 2-C
- SINATEL 110 1-B
- Viaducto Piedad 97 2-C

74
- Villa de Guadalupe Xalostoc 72 1-C

74 A NORTE
- Ampl. Emiliano Zapata 71 6-F
- Ampl. Mártires Río Blanco 84 1-E
- Ampliación Villahermosa 72 2-A
- Aragón Inguarán 71 6-F
- Faja de Oro 71 6-F
- Gertrudis Sánchez 1a. Secc. 71 6-F
- La Joya 84 1-E
- Salvador Díaz Mirón 72 4-A

74 B NTE.
- Ampliación Villahermosa 72 2-A
- Del Obrero 72 2-A

74 C NTE.
- Ampliación Villahermosa 72 2-A
- Del Obrero 72 2-A

74 NORTE
- Ampl. Emiliano Zapata 71 6-F
- Ampl. Mártires Río Blanco 84 1-E
- Ampliación Villahermosa 72 2-A
- Aragón Inguarán 71 6-F
- Bondojito 71 6-F
- Del Obrero 72 2-A
- Faja de Oro 71 6-F
- Gertrudis Sánchez 1a. Secc. 71 6-F
- La Joya 84 1-E
- Salvador Díaz Mirón 72 4-A

74 PONIENTE
- Plenitud 70 6-A
- Santa Apolonia 70 6-A

74 SUR
- Nuevo Paseo de San Agustín 60 4-B

75
- Puebla 98 1-C
- Villa de Guadalupe Xalostoc 72 1-C

75 A PTE.
- Dieciseis de Septiembre 95 2-F

75 A SUR

Calle / Colonia	Plano	Coordenadas
Ampl. Sinatel	110	1-C
Artes Gráficas	97	1-C
SINATEL	110	1-C
Viaducto Piedad	97	2-C
75 B PONIENTE		
Dieciseis de Septiembre	95	2-F
Las Américas	95	2-F
75 NORTE		
Jardín Azpeitia	70	5-C
Obrero Popular	83	1-C
San Salvador Xochimanca	83	1-C
75 PONIENTE		
Dieciseis de Septiembre	95	2-F
Las Américas	95	2-F
75 PTE. Y CDA.		
Dieciseis de Septiembre	95	2-F
75 SUR		
Ampliación Asturias	97	2-C
Asturias	97	2-C
Lorenzo Boturini	84	6-C
Nueva Santa Anita	97	2-C
Viaducto Piedad	97	2-C
75-A PTE.		
Dieciseis de Septiembre	95	2-F
76		
Villa de Guadalupe Xalostoc	72	1-C
76 A NORTE		
Ampl. Emiliano Zapata	71	6-F
Ampl. Mártires Río Blanco	84	1-E
Aragón Inguarán	71	6-F
Faja de Oro	71	6-F
Gertrudis Sánchez	71	6-F
La Joya	84	1-E
76 NORTE		
Ampl. Emiliano Zapata	71	6-F
Ampl. Mártires Río Blanco	84	1-E
Aragón Inguarán	71	6-F
Faja de Oro	71	6-F
Gertrudis Sánchez 1a. Secc.	71	6-F
La Joya	84	1-E
Salvador Díaz Mirón	72	4-A
76 SUR		
Nuevo Paseo de San Agustín	60	4-B
77		
Puebla	98	1-C
Villa de Guadalupe Xalostoc	72	1-C
77 A SUR		
Ampl. Sinatel	110	1-C
SINATEL	110	1-C
77 NORTE		
Obrero Popular	83	1-C
77 SUR		
Ampl. Sinatel	110	1-C
SINATEL	110	1-C
77 SUR Y 2 CDAS.		
Nueva Santa Anita	97	2-C
Viaducto Piedad	97	2-C
78		
Villa de Guadalupe Xalostoc	72	1-C
78 A NORTE		
Gertrudis Sánchez	84	1-F
Nueva Tenochtitlán	84	1-F
78 PONIENTE		
Plenitud	70	5-A
78 SUR		
Nuevo Paseo de San Agustín	60	4-B
79		
Puebla	98	1-C
79 A NORTE		
Benito Juárez	70	6-C
Clavería	70	6-C
Lotería Nacional	70	6-C
Sindicato Mex. de Elect.	70	6-C
Un Hogar para cada Trab.	70	6-C
79 A SUR		
Ampl. Sinatel	110	1-C
SINATEL	110	1-C
79 B NORTE		
Benito Juárez	70	6-C
Libertad	70	6-C
Sección Naval	70	6-C
Un Hogar para cada Trab.	70	6-C
79 NORTE		
Un Hogar para cada Trab.	70	6-C
79 PONIENTE		
Cove	95	2-F
Las Américas	95	2-F
79 SUR		
Asturias	97	2-C
Merced Balbuena	84	6-D
Viaducto Piedad	97	2-C
80 A NORTE		
Gertrudis Sánchez	84	1-F
La Malinche	84	1-F
Nueva Tenochtitlán	84	1-F
San Pedro El Chico	71	6-F
80 NORTE		
Gertrudis Sánchez	84	1-F
Malinche	84	1-F
Nueva Tenochtitlán	84	1-F
80 ORIENTE		
Ampliación Asturias	97	1-C
80 SUR		
Nuevo Paseo de San Agustín	60	4-B
81		
Puebla	98	1-C
U. H. San Rafael Coacalco	20	6-C
81 A NORTE		
Libertad	70	6-C
Santa María Maninalco	70	6-C
Sindicato Mex. de Elect.	70	6-C
81 A SUR		
Cacama	110	1-C
81 NORTE		
Benito Juárez	70	6-C
Clavería	70	6-C
Libertad	70	6-C
Lotería Nacional	70	6-C
Sección Naval	70	6-C
Un Hogar para cada Trab.	70	6-C
81 NORTE CDA.		
Benito Juárez	70	5-C
81 ORIENTE		
Malinche	84	2-F
81 PONIENTE		
Cove	96	2-A
Observatorio	96	2-A
81 SUR		
Cacama	110	1-C
Lorenzo Boturini	84	6-D
Merced Balbuena	84	6-D
82 A NORTE		
Gertrudis Sánchez	84	1-F
Nueva Tenochtitlán	84	1-F
San Pedro El Chico	71	5-F
82 ENTRADA		
U. H. Gustavo Baz Prada	57	5-B
82 NORTE		
Gertrudis Sánchez	84	1-F
Malinche	84	1-F
Nueva Tenochtitlán	84	1-F
San Pedro El Chico	71	6-F
82 ORIENTE		
Ampliación Asturias	97	1-C
82 SUR		
Nuevo Paseo de San Agustín	60	4-B
83		
Puebla	98	1-C
83 A NORTE		
Libertad	70	5-C
83 B SUR		
Cacama	110	1-C
83 ENTRADA		
U. H. Gustavo Baz Prada	57	5-B
83 NORTE		
Libertad	70	6-C
Sindicato Mex. de Elect.	70	6-C
Un Hogar para cada Trab.	70	6-C
83 ORIENTE		
Cuchilla de la Joya	84	2-F
La Joya	84	2-F
Malinche	84	2-F
Nueva Tenochtitlán	84	2-F
Siete de Noviembre	84	2-F
83 PONIENTE		
Cove	96	2-A
83 SUR		
Cacama	110	1-C
84 A NORTE		
Gertrudis Sánchez	84	1-F
Nueva Tenochtitlán	84	1-F
San Pedro El Chico	71	5-A
84 NORTE		
Gertrudis Sánchez	84	1-F
Malinche	84	1-F
Nueva Tenochtitlán	84	1-F
San Pedro El Chico	71	5-F
84 SUR		
Nuevo Paseo de San Agustín	60	4-B
85		
Puebla	98	1-C
85 A SUR		
Cacama	110	1-C
85 ENTRADA		
U. H. Gustavo Baz Prada	57	5-B
85 NORTE		
Libertad	70	5-C
Sindicato Mex. de Elect.	70	6-C
Un Hogar para cada Trab.	70	6-C
85 NORTE CDA.		
Sindicato Mex. de Elect.	70	5-C
85 ORIENTE		
Cuchilla de la Joya	84	1-D
Emiliano Zapata	84	1-D
La Joya	84	1-D
Mártires de Río Blanco	84	1-D
Nueva Tenochtitlán	84	1-D
85 PONIENTE		
Cove	96	2-A
86 A NORTE		
Gertrudis Sánchez	84	1-F
Malinche	84	1-F
Nueva Tenochtitlán	84	1-F
San Pedro El Chico	71	6-F
86 NORTE		
Gertrudis Sánchez	84	1-F
Malinche	84	1-F
Nueva Tenochtitlán	84	1-F
86 SUR		
Nuevo Paseo de San Agustín	60	4-B
87		
Puebla	98	1-C
87 A NORTE		
Clavería	70	6-C
Libertad	70	5-C
Lotería Nacional	70	6-C
87 A SUR		
Cacama	110	1-C
87 B NORTE		
Clavería	70	6-C
El Imparcial	70	6-C
Lotería Nacional	70	6-C
87 NORTE		
Santa María Maninalco	70	5-C
Sindicato Mex. de Elect.	70	5-C
87 ORIENTE		
Cuchilla de la Joya	84	1-E
Emiliano Zapata	84	1-E
La Joya	84	1-E
Mártires de Río Blanco	84	1-E
Nueva Tenochtitlán	84	1-E
Siete de Noviembre	84	1-E
87 SUR		
Cacama	110	1-C
88 A SUR		
San Pedro de los Pinos	96	4-B
88 NORTE		
Gertrudis Sánchez	84	1-F
La Malinche	84	1-F
Nueva Tenochtitlán	84	1-F
San Pedro El Chico	72	6-A
88 SUR		
Nuevo Paseo de San Agustín	60	4-B
89 A NORTE		
Clavería	70	6-C
Santa María Maninalco	70	5-C
89 B NORTE		
Libertad	70	5-C
Santa María Maninalco	70	5-C
Sindicato Mex. de Elect.	70	5-C
89 ENTRADA		
U. H. Gustavo Baz Prada	57	6-B
89 NORTE		
Santa María Maninalco	70	5-C
89 SUR		
Cacama	110	1-C
El Parque	84	6-D
90 NORTE		
Gertrudis Sánchez	84	1-F
Malinche	84	1-F
Nueva Tenochtitlán	84	1-F
San Pedro El Chico	72	6-A
90 SUR		
Nuevo Paseo de San Agustín	60	4-B
91		
U. H. San Rafael Coacalco	20	6-C
91 ENTRADA		
U. H. Gustavo Baz Prada	57	6-B
91 NORTE		
Clavería	70	6-B
91 ORIENTE		
Cuchilla de la Joya	84	1-D
Emiliano Zapata	84	1-D
La Joya	84	1-D
Mártires de Río Blanco	84	1-D
Nueva Tenochtitlán	84	1-D
91 SUR		
El Parque	84	6-D
92 A NORTE		
La Esmeralda	72	4-B
92 B NORTE		
La Esmeralda	72	4-B
92 CJON.		
Tlalpan	122	4-D
92 NORTE		
Gertrudis Sánchez	84	1-F
Malinche	84	1-F
Nueva Tenochtitlán	84	1-F
San Pedro El Chico	72	6-A
92 SUR		
Nuevo Paseo de San Agustín	60	4-B
93 ENTRADA		
U. H. Gustavo Baz Prada	57	6-B
93 SUR		
El Parque	84	6-D
94 A NORTE		
La Esmeralda	72	4-B
94 A PONIENTE		
San Francisco Xocotitla	71	6-A
94 B PONIENTE		
San Francisco Xocotitla	71	6-A
94 NORTE		
Gertrudis Sánchez	84	1-F
La Esmeralda	72	4-B
Malinche	84	1-F
Nueva Tenochtitlán	84	1-F
San Pedro El Chico	72	6-A
94 SUR		
Nuevo Paseo de San Agustín	60	4-B
95 B SUR		
Sector Popular	97	6-D
95 ENTRADA		
U. H. Gustavo Baz Prada	57	6-B
95 ORIENTE		
Ampl. Mártires Río Blanco	84	1-F
Belisario Domínguez	84	1-F
Bondojito	71	6-D
Emiliano Zapata	84	1-F
Gertrudis Sánchez	84	1-F
La Joya	84	1-F
La Joyita	71	6-D
Mártires de Río Blanco	84	1-F
Nueva Tenochtitlán	84	1-F
Tablas de San Agustín	71	6-D
95 SUR		
El Parque	84	6-D
Merced Balbuena	84	6-D
96 CJON.		
Tlalpan	122	4-D
96 SUR		
Nuevo Paseo de San Agustín	60	4-B
97 A SUR		
Sector Popular	97	6-D
97 ENTRADA		
U. H. Gustavo Baz Prada	57	6-B
97 ORIENTE		
Ampl. Mártires Río Blanco	71	6-E
Ampliación Emiliano Zapata	71	6-E
Aragón Inguarán	71	6-E
Bondojito	71	6-E
Faja de Oro	71	6-E
Gertrudis Sánchez	71	6-E
La Joya	71	6-E
97 SUR		
El Parque	84	6-D
Sector Popular	97	6-D
98 ORIENTE		
G. Ramos Millán Bramadero	98	3-A
98 SUR		
Nuevo Paseo de San Agustín	60	4-B
99 A SUR		
Héroes de Churubusco	110	1-D
Sector Popular	97	6-D
99 ENTRADA		
U. H. Gustavo Baz Prada	57	6-B
99 SUR		
El Parque	84	6-D
100 A ORIENTE		
G. Ramos Millán Bramadero	97	3-E
G. Ramos Millán Tlacotal	97	3-E
Gabriel Ramos Millán	97	3-E
Ricardo Flores Magón	97	3-E
100 ORIENTE		
G. Ramos Millán Tlacotal	97	3-F
Gabriel Ramos Millán	97	3-F
100 RT.		
Unidad Barrientos	44	5-A
101 A SUR		
Héroes de Churubusco	110	1-D
Mexicaltzingo	110	1-D
Sector Popular	97	6-D
101 B SUR		
Héroes de Churubusco	110	1-D
Mexicaltzingo	110	1-D
Sector Popular	97	6-D
101 ENTRADA		
U. H. Gustavo Baz Prada	57	6-B
101 SUR		
Barrio San Miguel	97	3-E
Héroes de Churubusco	110	1-D
Juventino Rosas	97	3-E
Merced Balbuena	84	6-D
Sector Popular	97	6-D
102		
Benito Juárez	59	2-C
102 ORIENTE		
G. Ramos Millán Bramadero	97	3-E
G. Ramos Millán Bramadero	98	3-A
G. Ramos Millán Tlacotal	97	3-E
Gabriel Ramos Millán	97	3-E
Ricardo Flores Magón	97	3-E
102 RT.		
Unidad Modelo	111	1-D
103 A SUR		
Héroes de Churubusco	110	1-D
Sector Popular	97	6-D
103 ENTRADA		
U. H. Gustavo Baz Prada	57	6-B
103 ORIENTE		
Ampl. Mártires Río Blanco	84	1-F
Ampliación Emiliano Zapata	84	1-F
Bondojito	84	1-F
Gertrudis Sánchez	84	1-F
Tablas de San Agustín	84	1-F
103 OTE.		
Tablas de San Agustín	71	6-E
103 SUR		
Héroes de Churubusco	110	1-D
Merced Balbuena	84	6-D
Sector Popular	97	6-D
104		
Hank González	59	2-C
105		
Benito Juárez	59	2-C
105 A SUR		
Héroes de Churubusco	110	1-D
Juventino Rosas	97	3-E
Sector Popular	97	6-D
105 ENTRADA		
U. H. Gustavo Baz Prada	57	6-B
105 SUR		
Aeronáutica Militar	84	6-D
Héroes de Churubusco	110	1-D
Juventino Rosas	97	3-E
Mexicaltzingo	110	1-D
Sector Popular	97	6-D
Veinticuatro de Abril	84	6-D
106		
Benito Juárez	59	2-C
106 ORIENTE		
G. Ramos Millán Bramadero	97	3-F
G. Ramos Millán Bramadero	98	3-A
Los Picos de Iztacalco	97	3-F
106 PONIENTE		
Defensores de la República	71	5-A
Guadalupe Victoria	71	5-A
107		
Benito Juárez	59	2-C
107 A SUR		
Héroes de Churubusco	110	1-D
Juventino Rosas	97	3-E
Mexicaltzingo	110	1-D
Sector Popular	97	6-D
107 ENTRADA		
U. H. Gustavo Baz Prada	57	6-B
107 ORIENTE		
Ampliación Emiliano Zapata	84	1-F
Gertrudis Sánchez	84	1-F
La Joyita	84	1-F
Mártires de Río Blanco	84	1-F
Tablas de San Agustín	84	1-F
107 SUR		
Aeronáutica Militar	84	6-D
Héroes de Churubusco	110	1-D
Juventino Rosas	97	3-E
Ricardo Flores Magón	97	3-E
Sector Popular	97	6-D
Veinticuatro de Abril	84	6-D
108 ORIENTE		
Cuchilla G. Ramos Millán	98	3-A
G. Ramos Millán Bramadero	97	3-F
G. Ramos Millán Bramadero	98	3-A
Gabriel Ramos Millán	97	3-F
Juventino Rosas	97	3-F
108 PONIENTE		
Defensores de la República	71	5-A
109		
Benito Juárez	59	2-C
109 A SUR		
G. Ramos Millán Tlacotal	97	3-E
Héroes de Churubusco	110	1-E
Juventino Rosas	97	3-E
Sector Popular	97	6-E
109 ENTRADA		
U. H. Gustavo Baz Prada	57	6-B
109 SUR		
Aeronáutica Militar	84	6-D
Héroes de Churubusco	110	1-E
Juventino Rosas	97	3-E
Mexicaltzingo	110	1-E
Sector Popular	97	6-E
Veinticuatro de Abril	84	6-D
110 ORIENTE		
Cuchilla G. Ramos Millán	98	3-A
G. Ramos Millán Bramadero	98	3-A
Juventino Rosas	97	3-F
Los Picos de Iztacalco	97	3-F
110 PONIENTE		
Ampliación Panamericana	71	5-A
Defensores de la República	71	5-A
Magdalena de las Salinas	71	5-A
110 SUR		
Cove	96	2-A
Tolteca	96	3-A
111		
Hank González	59	2-C
111 A SUR		
G. Ramos Millán Tlacotal	97	3-E
Héroes de Churubusco	110	1-E
Juventino Rosas	97	3-E
Sector Popular	97	6-E
111 B SUR		
G. Ramos Millán Tlacotal	97	3-E
111 ENTRADA		
U. H. Gustavo Baz Prada	57	6-B
111 PONIENTE		
Ampliación Popo	83	3-A
111 SUR		
Aeronáutica Militar	84	6-D
G. Ramos Millán Tlacotal	97	3-E
Héroes de Churubusco	110	1-E
Juventino Rosas	97	3-E
Sector Popular	97	6-E
Veinticuatro de Abril	84	6-D
112 A ORIENTE		
Juventino Rosas	97	3-E
112 A SUR		
Cove	96	2-A
112 ORIENTE		
Cuchilla G. Ramos Millán	98	3-A
G. Ramos Millán Bramadero	98	3-A
Gabriel Ramos Millán	97	3-F
Los Picos de Iztacalco	97	3-F
112 PONIENTE		
Ampliación Panamericana	71	5-A
Capultitlán	71	5-A
Magdalena de las Salinas	71	5-A
Maximino Avila Camacho	71	5-A
Panamericana	71	5-A
Tlacamaca	71	5-A
112 SUR		
Cove	96	2-A
Tolteca	96	3-A
113		
Hank González	59	2-C
113 A PONIENTE		
Popo	83	3-A
113 A SUR		
G. Ramos Millán Tlacotal	97	3-E
Héroes de Churubusco	110	1-E
Juventino Rosas	97	3-E
Sector Popular	97	6-E
113 B SUR		
Escuadrón 201	97	6-E
G. Ramos Millán Tlacotal	97	3-E
Juventino Rosas	97	3-E
Sector Popular	97	6-E
113 ENTRADA		
U. H. Gustavo Baz Prada	57	6-B
113 SUR		
G. Ramos Millán Tlacotal	97	3-E
Héroes de Churubusco	110	1-E
Juventino Rosas	97	3-E
Sector Popular	97	6-E
114 A SUR		
Cove	96	2-A
114 B ORIENTE		
Juventino Rosas	97	3-E
114 ORIENTE		
Cuchilla G. Ramos Millán	98	4-A
G. Ramos Millán Bramadero	98	4-A
Gabriel Ramos Millán	97	3-F
114 PONIENTE		
Magdalena de las Salinas	71	5-A
Panamericana	71	5-A
114 SUR		
Cove	96	2-A
Tolteca	96	3-A
115		
Hank González	59	2-C
115 A PONIENTE		
Popo	83	3-A
115 A SUR		
Escuadrón 201	97	6-E
Juventino Rosas	97	3-E
Panamericana	97	6-E
115 B SUR		
G. Ramos Millán Tlacotal	97	3-F
115 ORIENTE		
Gertrudis Sánchez	71	6-F
115 PONIENTE		
Popo	83	3-A
115 SUR		
Escuadrón 201	97	6-E
G. Ramos Millán Tlacotal	97	3-E
Juventino Rosas	97	3-E
116 ORIENTE		
Ampl. Gabriel Ramos Millán	97	4-F

Calle / Colonia	Plano	Coordenadas
El Mosco	97	4-F
G. Ramos Millán Bramadero	97	4-F
Juventino Rosas	97	4-F
Los Picos de Iztacalco	97	4-F
U. IMPI Iztacalco	97	4-F
116 PONIENTE		
Ampliación Panamericana	71	5-A
Capultitlán	71	5-A
Coltongo	70	4-F
Industrial Vallejo	70	4-F
Las Salinas	70	4-F
Magdalena de las Salinas	71	5-A
Monte Alto	70	4-F
Panamericana	71	5-A
116 SUR		
Cove	96	2-A
Tolteca	96	3-A
117 A PONIENTE		
Popo	83	3-A
117 A SUR		
Escuadrón 201	97	6-E
Héroes de Churubusco	97	6-E
Juventino Rosas	97	3-F
Sector Popular	97	6-E
117 ORIENTE		
Gertrudis Sánchez	71	6-F
Malinche	71	6-F
Nueva Tenochtitlán	71	6-F
117 PONIENTE		
Popo	83	3-A
117 SUR		
Ampl. Granjas San Antonio	97	6-E
Escuadrón 201	97	6-E
G. Ramos Millán Tlacotal	97	3-F
Juventino Rosas	97	3-F
118 ORIENTE		
Ampl. Gabriel Ramos Millán	98	4-A
Cuchilla G. Ramos Millán	98	4-A
118 PONIENTE		
Barrio Coltongo	71	4-A
Huautla de las Salinas	71	4-A
Monte Alto	71	4-A
Nueva Vallejo	71	4-A
Pueblo Las Salinas	71	4-A
Santa Cruz de las Salinas	71	4-A
118 SUR		
Tolteca	96	3-A
119 A SUR		
Escuadrón 201	97	6-E
Héroes de Churubusco	97	6-E
Juventino Rosas	97	3-F
Sector Popular	97	6-E
119 ORIENTE		
Aragón Inguarán	71	6-F
Gertrudis Sánchez	71	6-F
119 PONIENTE		
Popo	83	3-A
119 SUR		
Escuadrón 201	97	6-E
G. Ramos Millán Tlacotal	97	3-F
Héroes de Churubusco	97	6-E
Juventino Rosas	97	3-F
Mexicaltzingo	97	6-E
Sector Popular	97	6-E
120 A SUR		
Cove	96	2-A
120 ORIENTE		
Ampl. Gabriel Ramos Millán	98	4-A
Cuchilla G. Ramos Millán	98	4-A
120 PONIENTE		
Magdalena de las Salinas	71	4-A
Panamericana	71	4-A
121 A SUR		
Escuadrón 201	97	6-E
Ignacio Zaragoza	97	6-E
121 ORIENTE		
Gertrudis Sánchez	71	6-F
121 SUR		
Escuadrón 201	97	6-E
G. Ramos Millán Tlacotal	97	3-F
Héroes de Churubusco	97	6-E
Juventino Rosas	97	3-F
Sector Popular	97	6-E
122 PONIENTE		
Barrio Coltongo	70	4-F
Huautla de las Salinas	70	4-F
Industrial Vallejo	70	4-F
Las Salinas	70	4-F
Monte Alto	70	4-F
Nueva Vallejo	71	4-A
Santa Cruz de las Salinas	70	4-F
122 SUR		
Acueducto	96	2-A
Bellavista	96	2-A
Cove	96	2-A
123 SUR		
Gabriel Ramos Millán	97	3-F
124 PONIENTE		
Nueva Vallejo	70	4-F
124 SUR		
Cove	96	2-A
125 A PONIENTE		
Nonoalco	96	4-B
125 A SUR		
Los Cipreses	110	2-E
125 ORIENTE		
Gertrudis Sánchez	71	6-F
125 SUR		
Gabriel Ramos Millán	97	3-F
Los Cipreses	110	2-E
Los Reyes Culhuacán	110	2-E
Minerva	110	2-E
126 A PONIENTE		
Nueva Vallejo	70	4-F
126 A SUR		
Cove	96	2-A
Las Américas	96	2-A
126 PONIENTE		
Nueva Vallejo	70	4-F
126 SUR		
Cove	96	2-A
127 A ORIENTE		
San Pedro El Chico	71	6-F
127 SUR		
Gabriel Ramos Millán	97	3-F
Los Cipreses	110	2-E
Los Reyes Culhuacán	110	2-E
Santa Isabel Industrial	110	2-E
128 PONIENTE		
Huautla de las Salinas	70	3-E
Industrial Vallejo	70	3-E
Nueva Vallejo	70	3-E
San Andrés de las Salinas	70	3-E
Santa Cruz de las Salinas	70	3-E
128 PONIENTE CDA.		
San Andrés de las Salinas	70	3-F
128 PONIENTE PRIV.		
Industrial Vallejo	70	3-D
128 SUR		
América	95	2-F
Dieciseis de Septiembre	95	2-F
129 ORIENTE		
San Pedro El Chico	71	6-F
129 SUR		
Gabriel Ramos Millán	97	3-F
Los Reyes Culhuacán	110	2-F
Santa Isabel Industrial	110	2-F
130 SUR		
Dieciseis de Septiembre	95	2-F
131 SUR		
Gabriel Ramos Millán	97	3-F
132 SUR		
Dieciseis de Septiembre	95	2-F
Las Américas	95	2-F
133 ORIENTE		
San Pedro El Chico	71	5-F
133 SUR		
Gabriel Ramos Millán	97	3-F
134 ORIENTE		
Moctezuma	84	4-F
134 PONIENTE		
Industrial Vallejo	70	3-E
Nueva Vallejo	70	3-E
U. Lindavista Vallejo	70	3-E
134 SUR		
Dieciseis de Septiembre	95	2-F
135 A NORTE		
Plenitud	70	5-A
Santa Cruz Acayucan	70	5-A
135 NORTE		
Plenitud	70	5-A
135 SUR		
Gabriel Ramos Millán	97	3-F
136 ORIENTE		
Moctezuma	84	4-F
136 SUR		
Dieciseis de Septiembre	95	2-F
Las Américas	95	2-F
137 NORTE		
Plenitud	70	5-A
137 SUR		
Gabriel Ramos Millán	97	3-F
138 ORIENTE		
Moctezuma	84	4-F
138 SUR		
Dieciseis de Septiembre	95	2-F
139 A NORTE		
Santa Lucía	70	5-A
139 A PONIENTE		
México Nuevo	82	2-F
139 SUR		
Ampl. Gabriel Ramos Millán	97	3-F
G. Ramos Millán Bramadero	97	3-F
140 A ORIENTE		
Moctezuma	84	4-F
140 ORIENTE		
Moctezuma	84	4-F
140 PONIENTE		
Industrial Vallejo	70	2-E
Nueva Vallejo	70	2-E
U. Lindavista Vallejo	70	2-E
140 SUR		
Dieciseis de Septiembre	95	2-F
141 NORTE		
Plenitud	70	5-A
Santa Lucía	70	5-A
141 PONIENTE		
México Nuevo	82	2-F
141 SUR		
Ampl. Gabriel Ramos Millán	97	3-F
G. Ramos Millán Bramadero	97	3-F
142 ORIENTE		
Moctezuma	84	4-F
143 A NORTE		
Santa Lucía	70	5-A
143 NORTE		
Santa Lucía	70	5-A
143 PONIENTE		
México Nuevo	82	2-F
143 SUR		
Ampl. Gabriel Ramos Millán	98	3-A
G. Ramos Millán Bramadero	98	3-A
144 ORIENTE		
Moctezuma	84	4-F
144 SUR		
Dieciseis de Septiembre	95	2-F
145 A PONIENTE		
México Nuevo	82	2-F
145 PONIENTE		
México Nuevo	82	2-F
145 SUR		
Ampl. Gabriel Ramos Millán	98	3-A
G. Ramos Millán Bramadero	98	3-A
146		
Atlanta	30	3-E
146 ORIENTE		
Moctezuma	84	4-F
146 PONIENTE		
Industrial Vallejo	70	2-E
146 SUR		
Dieciseis de Septiembre	95	2-F
147		
Atlanta	30	3-E
147 A PONIENTE		
México Nuevo	82	2-F
147 PONIENTE		
México Nuevo	82	2-F
147 SUR		
Ampl. Gabriel Ramos Millán	98	3-A
G. Ramos Millán Bramadero	98	3-A
148		
Atlanta	30	3-E
148 ORIENTE		
Moctezuma	84	4-F
148 PONIENTE		
Industrial Vallejo	70	1-D
U. Lindavista Vallejo	70	1-D
149 A PONIENTE		
México Nuevo	82	2-F
149 PONIENTE		
México Nuevo	82	2-F
149 SUR		
G. Ramos Millán Bramadero	98	3-A
150 ORIENTE		
Moctezuma	84	4-F
150 PONIENTE		
Industrial Vallejo	70	1-D
151 PONIENTE		
México Nuevo	82	2-F
151 SUR		
Ampl. Gabriel Ramos Millán	98	3-A
G. Ramos Millán Bramadero	98	3-A
Lic. Carlos Zapata Vela	98	3-A
152 ORIENTE		
Moctezuma	84	4-F
152 PONIENTE		
Industrial Vallejo	70	1-D
153 A NORTE		
Salvador Díaz Mirón	71	4-F
153 ORIENTE		
Salvador Díaz Mirón	71	4-F
153 SUR		
Ampl. Gabriel Ramos Millán	98	3-A
G. Ramos Millán Bramadero	98	3-A
154 ORIENTE		
Escuadrón 201	97	6-E
Moctezuma	84	5-F
155 ORIENTE		
Salvador Díaz Mirón	72	4-A
155 A ORIENTE		
Defensores de la República	71	4-F
Panamericana	71	4-F
155 B ORIENTE CDA.		
Salvador Díaz Mirón	71	3-F
155 SUR		
Ampl. Gabriel Ramos Millán	98	3-A
G. Ramos Millán Bramadero	98	3-A
156 ORIENTE		
Moctezuma	84	5-F
157 ORIENTE		
Residencial Plaza Oriente	72	4-A
Salvador Díaz Mirón	71	3-F
157 SUR		
Ampl. Gabriel Ramos Millán	98	3-A
G. Ramos Millán Bramadero	98	3-A
158 ORIENTE		
Moctezuma	84	5-F
159 ORIENTE		
Salvador Díaz Mirón	72	3-A
159 SUR		
Ampl. Gabriel Ramos Millán	98	3-A
G. Ramos Millán Bramadero	98	3-A
160 ORIENTE		
Moctezuma	84	5-F
Unidad Modelo	110	1-E
160 ORIENTE RT. 104		
Unidad Modelo	110	1-D
160 ORIENTE RT. 105		
Unidad Modelo	110	1-D
160 ORIENTE RT. 106		
Unidad Modelo	110	1-D
160 ORIENTE RT. 201		
Unidad Modelo	110	1-C
160 ORIENTE RT. 202		
Unidad Modelo	110	1-C
160 ORIENTE RT. 303		
Unidad Modelo	110	1-D
160 ORIENTE RT. 304		
Unidad Modelo	110	1-D
161 SUR		
Ampl. Gabriel Ramos Millán	98	3-A
G. Ramos Millán Bramadero	98	3-A
162 NORTE		
Pensador Mexicano	85	3-A
162 ORIENTE		
Moctezuma	84	5-F
163		
Atlanta	30	3-D
163 ORIENTE		
La Esmeralda	72	4-B
163 SUR		
Ampl. Gabriel Ramos Millán	98	3-A
G. Ramos Millán Bramadero	98	3-A
164		
Atlanta	30	3-D
164 NORTE		
Pensador Mexicano	85	3-A
164 ORIENTE		
Moctezuma	84	5-F
165 ORIENTE		
La Esmeralda	72	4-B
165 SUR		
Ampl. Gabriel Ramos Millán	98	3-A
G. Ramos Millán Bramadero	98	3-A
166 NORTE		
Pensador Mexicano	85	3-A
166 ORIENTE		
Banjidal	110	1-B
Justo Sierra	110	1-B
Moctezuma	84	5-F
167 ORIENTE		
La Esmeralda	72	4-B
167 SUR		
Ampl. Gabriel Ramos Millán	98	3-A
G. Ramos Millán Bramadero	98	3-A
Zapata Vela 1a. Sección	98	3-A
168 NORTE		
Pensador Mexicano	85	3-A
168 ORIENTE Y 3 CDAS.		
Moctezuma	85	5-A
169 ORIENTE		
La Esmeralda	72	4-B
169 SUR		
Ampl. Gabriel Ramos Millán	98	3-A
G. Ramos Millán Bramadero	98	3-A
170 NORTE		
Pensador Mexicano	85	3-A
170 ORIENTE		
Moctezuma	85	5-A
Moctezuma	84	5-F
171 ORIENTE		
Ampl. San Juan de Aragón	71	5-F
La Esmeralda	72	3-B
171 SUR		
Ampl. Gabriel Ramos Millán	98	3-A
G. Ramos Millán Bramadero	98	3-A
172 NORTE		
Pensador Mexicano	85	3-B
172 ORIENTE		
Banjidal	110	1-B
Justo Sierra	110	1-B
Moctezuma	85	5-A
Moctezuma	84	5-F
SINATEL	110	1-B
173 SUR		
Cuchilla G. Ramos Millán	98	3-A
G. Ramos Millán Bramadero	98	3-A
174 ORIENTE		
Moctezuma	85	5-A
174 NORTE		
Pensador Mexicano	85	3-B
174 ORIENTE		
Moctezuma	84	5-F
175 SUR		
G. Ramos Millán Bramadero	98	3-A
176 NORTE		
Moctezuma	85	4-B
Pensador Mexicano	85	3-B
176 ORIENTE		
Moctezuma	85	5-A
177 SUR		
G. Ramos Millán Bramadero	98	3-A
178 A ORIENTE		
Cacama	110	1-C
Unidad Modelo	110	1-C
178 A ORIENTE RT. 408		
Unidad Modelo	110	1-C
178 NORTE		
Pensador Mexicano	85	3-B
178 ORIENTE		
Banjidal	110	1-B
Cacama	110	1-C
Justo Sierra	110	1-B
Moctezuma	85	5-A
179		
Atlanta	30	3-D
179 SUR		
G. Ramos Millán Bramadero	98	3-A
180		
Atlanta	30	3-D
180 A ORIENTE		
Ermita	110	1-A
180 NORTE		
Moctezuma	85	4-B
Pensador Mexicano	85	3-B
180 ORIENTE		
Moctezuma	85	5-A
181		
Atlanta	30	3-D
181 SUR		
G. Ramos Millán Bramadero	98	3-A
182		
Atlanta	30	3-D
182 NORTE		
Pensador Mexicano	85	3-B
182 ORIENTE		
El Prado	110	1-B
Moctezuma	85	5-A
183		
Atlanta	30	3-D
183 ORIENTE		
Del Obrero	72	2-A
Villahermosa	72	2-A
183 SUR		
G. Ramos Millán Bramadero	98	3-A
184		
Atlanta	30	3-D
184 NORTE		
Benito Juárez	99	2-C
Evolución	99	2-C
Pensador Mexicano	85	3-B
184 ORIENTE		
Moctezuma	85	5-A
185		
Atlanta	30	3-D
185 ORIENTE		
Del Obrero	72	2-A
Juan González Romero	72	2-A
Villahermosa	72	2-A
185 SUR		
G. Ramos Millán Bramadero	98	3-A
186 NORTE		
Pensador Mexicano	85	3-B
187 NORTE		
Evolución	99	2-E
187 SUR		
G. Ramos Millán Bramadero	98	3-A
188 NORTE		
Pensador Mexicano	85	3-B
190 NORTE		
Pensador Mexicano	85	3-B
192 NORTE		
Pensador Mexicano	85	3-B
194 NORTE		
Pensador Mexicano	85	3-B
196 NORTE		
Pensador Mexicano	85	3-C
198 NORTE		
Pensador Mexicano	85	3-C
200 NORTE		
Pensador Mexicano	85	3-C
200 RT.		
Unidad Barrientos	44	5-A
202 NORTE		
Pensador Mexicano	85	3-C
203 RT.		
Unidad Modelo	110	1-C
204 RT.		
Unidad Modelo	110	1-C
209 PRIV.		
Pantitlán	98	1-E
213 PRIV.		
Pantitlán	98	1-E
217 A ORIENTE		
Cuchilla Agrícola Oriental	98	2-C
217 B ORIENTE		
Cuchilla Agrícola Oriental	98	2-C
217 ORIENTE		
Agrícola Oriental	98	3-B
C. H. Real del Moral	98	3-B
Cuchilla Agrícola Oriental	98	2-B
El Rodeo	98	3-B
217 ORIENTE 1a. CDA.		
Agrícola Oriental	98	3-B
219 ORIENTE		
Agrícola Oriental	98	3-B
221 ORIENTE		
Agrícola Oriental	98	3-B
223 ORIENTE		
Agrícola Oriental	98	3-B
225 ORIENTE		
Agrícola Oriental	98	2-C
Agrícola Oriental	98	3-B
225 OTE.		
Agrícola Oriental	98	2-C
227 ORIENTE		
Agrícola Oriental	98	2-C
228 PRIV.		
Pantitlán	98	1-E
229 A ORIENTE		
Agrícola Oriental	98	3-C
229 A OTE.		
Agrícola Oriental	98	3-C
229 B ORIENTE		
Agrícola Oriental	98	3-C
229 ORIENTE		
Agrícola Oriental	98	2-C
229 ORIENTE 1a. Y 2a. CDA.		
Agrícola Oriental	98	3-C
231 ORIENTE		
Agrícola Oriental	98	2-C
233 A		
Agrícola Oriental	98	3-C
233 A ORIENTE		
Agrícola Oriental	98	2-C
233 B ORIENTE		
Agrícola Oriental	98	2-C
233 C		
Agrícola Oriental	98	3-C
233 ORIENTE		
Agrícola Oriental	98	2-C
233 ORIENTE 4 CDAS.		
Agrícola Oriental	98	3-C
235 A ORIENTE.		
Agrícola Oriental	98	3-C
235 B ORIENTE		
Agrícola Oriental	98	3-C
235 C ORIENTE		
Agrícola Oriental	98	2-C
Agrícola Oriental	98	3-C
235 C OTE.		
Agrícola Oriental	98	3-C
235 ORIENTE		
Agrícola Oriental	98	3-C
237 A ORIENTE		
Agrícola Oriental	98	2-C
237 B ORIENTE		
Agrícola Oriental	98	2-C
237 C ORIENTE		
Agrícola Oriental	98	2-D
237 ORIENTE		
Agrícola Oriental	98	3-C
239 A ORIENTE		
Agrícola Oriental	98	3-C
239 B ORIENTE		
Agrícola Oriental	98	3-C
239 C ORIENTE		
Agrícola Oriental	98	3-C
239 D ORIENTE		
Agrícola Oriental	98	2-D
239 ORIENTE		
Agrícola Oriental	98	3-C
Agrícola Oriental	98	2-D
241 A ORIENTE		
Agrícola Oriental	98	3-D

Calle / Colonia — COORDENADAS / PLANO

241 B ORIENTE
Agrícola Oriental 98 3-D
241 D ORIENTE
Agrícola Oriental 98 4-C
241 ORIENTE
Agrícola Oriental 98 4-C
243 A ORIENTE
Agrícola Oriental 98 3-D
Agrícola Oriental 98 4-C
243 B ORIENTE
Agrícola Oriental 98 3-D
243 C ORIENTE
Agrícola Oriental 98 3-D
243 ORIENTE
Agrícola Oriental 98 3-D
245 A ORIENTE
Agrícola Oriental 98 3-D
Agrícola Oriental 98 4-D
245 B ORIENTE
Agrícola Oriental 98 4-D
Agrícola Oriental 98 3-D
245 C ORIENTE
Agrícola Oriental 98 3-D
245 D ORIENTE
Agrícola Oriental 98 3-D
245 ORIENTE
Agrícola Oriental 98 3-D
245 ORIENTE 4 CDAS.
Agrícola Oriental 98 3-D
245 ORIENTE 4A. CDA.
Agrícola Oriental 98 3-D
245 ORIENTE DE 1r. RT.
Agrícola Oriental 98 2-D
245 ORIENTE DE 2o. RT.
Agrícola Oriental 98 2-D
245 ORIENTE DE 3r. RT.
Agrícola Oriental 98 2-D
247 A AND.
Agrícola Oriental 98 3-D
247 A ORIENTE
Agrícola Oriental 98 4-D
247 B ORIENTE
Agrícola Oriental 98 4-D
247 C ORIENTE
Agrícola Oriental 98 4-D
247 ORIENTE
Agrícola Oriental 98 2-D
249 1a. PRIV.
Agrícola Oriental 98 2-D
249 A ORIENTE
Agrícola Oriental 98 3-D
249 B ORIENTE
Agrícola Oriental 98 3-D
Agrícola Oriental 98 2-D
Agrícola Oriental 98 4-D
249 C ORIENTE
Agrícola Oriental 98 3-D
Agrícola Oriental 98 4-D
249 D ORIENTE
Agrícola Oriental 98 4-D
249 ORIENTE
Agrícola Oriental 98 3-D
249 ORIENTE 1a. CDA.
Agrícola Oriental 98 2-D
249 ORIENTE 2a. PRIV.
Agrícola Oriental 98 2-D
251 A ORIENTE
Agrícola Oriental 98 3-D
251 B ORIENTE
Agrícola Oriental 98 3-D
Agrícola Oriental 98 2-D
251 ORIENTE
Agrícola Oriental 98 2-D
253 A ORIENTE
Agrícola Oriental 98 2-E
253 B ORIENTE
Agrícola Oriental 98 2-E
253 ORIENTE
Agrícola Oriental 98 3-D
255 A ORIENTE
Agrícola Oriental 98 2-E
Agrícola Oriental 98 4-D
255 B ORIENTE
Agrícola Oriental 98 4-E
255 C ORIENTE
Agrícola Oriental 98 4-E
255 D ORIENTE
Agrícola Oriental 98 4-E
255 ORIENTE
Agrícola Oriental 98 2-E
Agrícola Oriental 98 4-D
257 A ORIENTE
Agrícola Oriental 98 2-E
257 ORIENTE 3 RTS.
Agrícola Oriental 98 3-E
259 ORIENTE
Agrícola Oriental 98 2-E
259 ORIENTE 1a. Y 2a. CDA.
Agrícola Oriental 98 3-E
259 ORIENTE 2 RTS.
Agrícola Oriental 98 3-E
259 ORIENTE PRIV.
Agrícola Oriental 98 3-E
296 A
U. H. El Coyol 72 4-A
298
U. H. El Coyol 72 4-A
298 A AV.
La Esmeralda 72 4-A
300
U. H. El Coyol 72 3-A
300 A
U. H. El Coyol 72 3-A
300 RT.
Unidad Barrientos 44 5-A
301
Nueva Atzacoalco 72 3-A
U. H. El Coyol 72 3-A
302
Nueva Atzacoalco 72 3-A
San Bartolo Atepehuacán 71 3-A
U. H. El Coyol 72 3-A
302 A
Nueva Atzacoalco 72 3-A
303
Nueva Atzacoalco 72 2-A
U. H. El Coyol 72 3-A
303 A
U. H. El Coyol 72 3-A
304
Nueva Atzacoalco 72 3-A
305
Nueva Atzacoalco 72 1-B
U. H. El Coyol 72 3-A
305 A
U. H. El Coyol 72 3-A
306
Nueva Atzacoalco 72 3-A
307
Nueva Atzacoalco 72 1-B
U. H. El Coyol 72 4-A
308
Nueva Atzacoalco 72 3-B
309
Nueva Atzacoalco 72 2-B
U. H. El Coyol 72 4-A
309 A
U. H. El Coyol 72 4-A
310
Nueva Atzacoalco 72 2-B
311
Nueva Atzacoalco 72 2-B
U. H. El Coyol 72 4-A
312
Nueva Atzacoalco 72 2-B
313
Nueva Atzacoalco 72 2-B
U. H. El Coyol 72 4-A
313 A
U. H. El Coyol 72 4-A
314
U. H. El Coyol 72 2-B
315
Nueva Atzacoalco 72 2-B
U. H. El Coyol 72 4-A
315 A
U. H. El Coyol 72 4-A
316
Nueva Atzacoalco 72 2-B
317
Nueva Atzacoalco 72 2-B
U. H. El Coyol 72 4-A
317 A
U. H. El Coyol 72 4-A
318
Nueva Atzacoalco 72 1-B
318 CDA.
Ricardo Flores Magón 97 3-E
319
Nueva Atzacoalco 72 2-B
U. H. El Coyol 72 2-B
321
Nueva Atzacoalco 72 2-B
U. H. El Coyol 72 4-A
323
Nueva Atzacoalco 72 2-B
325
Nueva Atzacoalco 72 2-B
327
Nueva Atzacoalco 72 2-B
327 A
Nueva Atzacoalco 72 2-B
327 B
Nueva Atzacoalco 72 2-B
329
Nueva Atzacoalco 72 2-B
331
Nueva Atzacoalco 72 2-B
336 PRIV.
Pantitlán 85 6-E
407 RT.
Unidad Modelo 110 1-C
412 A AV.
U. H. San Juan de Aragón 72 6-D
412 AV.
Ejido San Juan de Aragón 72 6-E
Ejido San Juan de Aragón 72 6-C
U. H. San Juan de A. 4a. S. 85 1-E
U. H. San Juan de A. 5a. S. 85 1-E
U. H. San Juan de A. 6a. S. 72 6-C
U. H. San Juan de A. 7a. S. 72 6-C
U. H. San Juan de Aragón 85 1-E
Villa de Aragón 72 6-C
414 A AV.
U. H. San Juan de Aragón 72 6-D
U. H. San Juan de Aragón 72 6-C
414 AV.
U. H. San Juan de Aragón 72 6-C
416 AV.
U. H. San Juan de Aragón 72 5-C
469 AV.
U. H. San Juan de Aragón 72 6-C
471 AV.
U. H. San Juan de Aragón 72 6-C
473 AV.
U. H. San Juan de Aragón 72 6-C
475 AV.
U. H. San Juan de Aragón 72 6-C
477 AV.
U. H. San Juan de Aragón 72 6-C
479 AV.
U. H. San Juan de Aragón 72 6-C
481 AV.
U. H. San Juan de Aragón 72 6-C
482 AV. Y 2 RTS.
Ejido San Juan de Aragón 72 6-C
483 AV.
U. H. San Juan de Aragón 72 6-C
485 AV.
U. H. San Juan de Aragón 72 6-C
487 AV.
U. H. San Juan de Aragón 72 6-C
489 AV.
U. H. San Juan de Aragón 72 6-C
491 AV.
U. H. San Juan de Aragón 72 6-C
493 AV.
U. H. San Juan de Aragón 72 6-C
495 AV.
U. H. San Juan de Aragón 72 6-C
497
San Jerónimo Lídice 108 5-D
497 AV.
U. H. San Juan de Aragón 72 6-C
499 AV.
U. H. San Juan de Aragón 72 6-C
503
Gertrudis Sánchez 72 6-A
U. H. San Juan de Aragón 72 6-A
503 1a.
U. H. San Juan de Aragón 85 1-A
503 2a. a 4a.
U. H. San Juan de Aragón 85 1-A
503 5a.
U. H. San Juan de Aragón 72 6-A
503 6a.
U. H. San Juan de Aragón 72 6-A
503 AV.
U. H. San Juan de Aragón 85 2-A
504
U. H. San Juan de Aragón 85 2-B
504 RT.
Unidad Modelo 110 1-C
505
U. H. San Juan de Aragón 85 1-A
505 RT.
Unidad Modelo 110 1-C
506 AV.
U. H. San Juan de Aragón 85 2-B
507
U. H. San Juan de Aragón 85 1-A
507 1a.
U. H. San Juan de Aragón 85 1-A
507 2a. a 4a.
U. H. San Juan de Aragón 85 1-A
507 5a.
U. H. San Juan de Aragón 72 6-A
508 AV.
U. H. San Juan de Aragón 85 1-A
509
U. H. San Juan de Aragón 85 1-A
510 AV.
Ejido San Juan de Aragón 72 6-B
San Juan de Aragón 72 6-B
U. H. San Juan de Aragón 72 6-B
511
U. H. San Juan de Aragón 85 1-A
511 1a. y 2a.
U. H. San Juan de Aragón 85 1-A
511 3a. a 5a. CDA.
U. H. San Juan de Aragón 85 1-A
511 6a.
U. H. San Juan de Aragón 72 6-A
511 7a.
U. H. San Juan de Aragón 72 6-A
513
U. H. San Juan de Aragón 85 1-A
515
U. H. San Juan de Aragón 85 1-A
515 1a.
U. H. San Juan de Aragón 85 2-A
515 2a.
U. H. San Juan de Aragón 85 1-A
515 3a.
U. H. San Juan de Aragón 85 1-A
515 4a.
U. H. San Juan de Aragón 85 1-A
515 5a.
U. H. San Juan de Aragón 85 1-A
515 6a.
U. H. San Juan de Aragón 72 6-A
515 7a.
U. H. San Juan de Aragón 72 6-A
515 RT.
San Jerónimo Lídice 108 5-D
517
U. H. San Juan de Aragón 85 1-A
517 1a. y 2a.
U. H. San Juan de Aragón 85 1-A
519
U. H. San Juan de Aragón 85 1-A
521
U. H. San Juan de Aragón 85 1-A
521 4a. a 7a.
U. H. San Juan de Aragón 85 1-A
521 8a.
U. H. San Juan de Aragón 72 6-A
523
U. H. San Juan de Aragón 85 1-A
523 1a. y 2a.
U. H. San Juan de Aragón 85 2-A
523 y 3a.
U. H. San Juan de Aragón 85 1-A
525 3a.
U. H. San Juan de Aragón 85 2-A
525 4a. a 6a.
U. H. San Juan de Aragón 85 1-A
525 7a.
U. H. San Juan de Aragón 85 1-B
525 8A.
U. H. San Juan de Aragón 72 6-B
527
U. H. San Juan de Aragón 85 1-A
527 1a. y 2a.
U. H. San Juan de Aragón 85 2-A
529
U. H. San Juan de Aragón 85 1-A
529 3A.
U. H. San Juan de Aragón 85 1-A
529 4A.
U. H. San Juan de Aragón 85 1-A
529 5a. a 7a.
U. H. San Juan de Aragón 85 1-B
529 8A.
U. H. San Juan de Aragón 72 6-B
531
U. H. San Juan de Aragón 85 1-A
531 1a. y 2a.
U. H. San Juan de Aragón 85 2-A
533
U. H. San Juan de Aragón 85 1-A
533 4a. a 6a.
U. H. San Juan de Aragón 85 1-B
533 y 1a. a 3a.
U. H. San Juan de Aragón 85 2-A
535 1a. a 3a.
U. H. San Juan de Aragón 85 2-A
535 4a. y 5a.
U. H. San Juan de Aragón 85 1-B
535 AV.
U. H. San Juan de Aragón 85 1-B
537
U. H. San Juan de Aragón 85 1-B
539
U. H. San Juan de Aragón 85 2-B
539 1a.
U. H. San Juan de Aragón 85 2-A
539 2a. y 3a.
U. H. San Juan de Aragón 85 2-B
539 4a. a 6a.
U. H. San Juan de Aragón 85 1-B
541
U. H. San Juan de Aragón 85 2-B
543
U. H. San Juan de Aragón 85 2-B
543 1a. a 3a.
U. H. San Juan de Aragón 85 2-B
543 4a. a 6a.
U. H. San Juan de Aragón 85 1-B
545
U. H. San Juan de Aragón 85 2-B
547
U. H. San Juan de Aragón 85 2-B
547 1a. a 4a.
U. H. San Juan de Aragón 85 2-B
547 5a. a 7a.
U. H. San Juan de Aragón 85 1-B
549
U. H. San Juan de Aragón 85 2-B
551
U. H. San Juan de Aragón 85 1-B
553
U. H. San Juan de Aragón 85 2-B
553 5a. a 7a.
Izcalli Chamapa 85 1-B
553 Y 2a. a 4a.
U. H. San Juan de Aragón 85 2-B
555
U. H. San Juan de Aragón 85 2-B
557 4a. a 6a.
U. H. San Juan de Aragón 85 1-B
557 Y 1a. a 3a.
U. H. San Juan de Aragón 85 2-B
559
U. H. San Juan de Aragón 85 2-B
559 ORIENTE 1a. PRIV.
Agrícola Oriental 98 3-E
561
U. H. San Juan de Aragón 85 2-B
561 3a.
U. H. San Juan de Aragón 85 1-B
561 y 1a. y 2a.
U. H. San Juan de Aragón 85 2-B
563
U. H. San Juan de Aragón 85 2-B
565 5a.
U. H. San Juan de Aragón 85 1-B
565 y 1a. a 4a.
U. H. San Juan de Aragón 85 2-B
566
San Jerónimo Lídice 108 5-D
571
U. H. San Juan de Aragón 85 2-C
573
U. H. San Juan de Aragón 85 2-C
575 y 1a.
U. H. San Juan de Aragón 85 2-C
577
U. H. San Juan de Aragón 85 2-C
577 1a.
U. H. San Juan de Aragón 85 2-C
579 y 1a.
U. H. San Juan de Aragón 85 2-C
581
U. H. San Juan de Aragón 85 2-C
581 1a.
U. H. San Juan de Aragón 85 2-C
583
U. H. San Juan de Aragón 85 2-C
583 1a.
U. H. San Juan de Aragón 85 2-C
585
U. H. San Juan de Aragón 85 2-C
585 1a.
U. H. San Juan de Aragón 85 2-C
587
U. H. San Juan de Aragón 85 2-C
587 1a.
U. H. San Juan de Aragón 85 2-C
589 y 1a. a 3a.
U. H. San Juan de Aragón 85 2-C
591
U. H. San Juan de Aragón 85 2-C
591 1a. y 2a.
U. H. San Juan de Aragón 85 2-C
593
U. H. San Juan de Aragón 85 2-C
593 1a. y 2a.
U. H. San Juan de Aragón 85 2-C
593 2A.
U. H. San Juan de Aragón 85 1-C
595
U. H. San Juan de Aragón 85 2-C
597
U. H. San Juan de Aragón 85 2-C
597 1a.
U. H. San Juan de Aragón 85 2-D
597 2a.
U. H. San Juan de Aragón 85 1-C
599
U. H. San Juan de Aragón 85 2-D
599 1a. y 2a.
U. H. San Juan de Aragón 85 2-D
601 1a. a 3a.
U. H. San Juan de Aragón 85 2-D
601 4a.
U. H. San Juan de Aragón 85 1-D
602
U. H. San Juan de Aragón 85 2-C
602 A
U. H. San Juan de Aragón 85 2-E
602 AV.
Cuchilla del Tesoro 85 2-C
U. H. CTM Aragón 85 2-C
U. H. San Juan de Aragón 85 2-C
602 B AV.
U. H. San Juan de Aragón 85 2-E
603 y 1a. a 3a.
U. H. San Juan de Aragón 85 2-D
604
U. H. San Juan de Aragón 85 2-D
604 A AV.
U. H. San Juan de Aragón 85 1-D
604 B AV.
U. H. San Juan de Aragón 85 2-D
605
U. H. San Juan de Aragón 85 2-D
605 1a. y 2a.
U. H. San Juan de Aragón 85 2-D
606
U. H. San Juan de Aragón 85 1-D
606 A AV.
U. H. San Juan de Aragón 85 1-D
607 y 1a.
U. H. San Juan de Aragón 85 2-D
607 y 3A.
U. H. San Juan de Aragón 85 1-D
608 AV.
U. H. San Juan de Aragón 85 1-D
609 3a.
U. H. San Juan de Aragón 85 1-D
609 1a. y 2a.
U. H. San Juan de Aragón 85 2-D
611 3a.
U. H. San Juan de Aragón 85 1-D
611 y 1a. y 2a.
U. H. San Juan de Aragón 85 2-D
613
U. H. San Juan de Aragón 85 2-D
613 1a. y 2a.
U. H. San Juan de Aragón 85 2-D
615
U. H. San Juan de Aragón 85 1-D
615 1a.
U. H. San Juan de Aragón 85 2-D
617 y 1a.
U. H. San Juan de Aragón 85 2-D
619 2a.
U. H. San Juan de Aragón 85 1-D
619 y 1a.
U. H. San Juan de Aragón 85 2-D
621
U. H. San Juan de Aragón 85 2-D
623
U. H. San Juan de Aragón 85 1-D
623 y 1a.
U. H. San Juan de Aragón 85 2-D
625
U. H. San Juan de Aragón 85 1-D
625 1a.
U. H. San Juan de Aragón 85 1-D
625 2a.
U. H. San Juan de Aragón 85 1-D
625 y 2a.
U. H. San Juan de Aragón 85 2-D
627 y 1a.
U. H. San Juan de Aragón 85 2-D
629 y 1a.
U. H. San Juan de Aragón 85 2-D
631
U. H. San Juan de Aragón 85 1-D
631 1a.
U. H. San Juan de Aragón 85 2-D
633
U. H. San Juan de Aragón 85 1-D
633 1a.
U. H. San Juan de Aragón 85 2-D
633 2a.
U. H. San Juan de Aragón 85 1-D
635
U. H. San Juan de Aragón 85 2-D
637

Calle / Colonia	Coordenadas	Plano
U. H. San Juan de Aragón	85	2-E
U. H. San Juan de Aragón	85	1-D
637 CDA.		
U. H. San Juan de Aragón	85	2-D
639		
U. H. San Juan de Aragón	85	2-E
641		
San Jerónimo Lídice	108	5-C
U. H. San Juan de Aragón	85	1-D
641 1a.		
U. H. San Juan de Aragón	85	1-D
643		
U. H. San Juan de Aragón	85	1-D
643 AND.		
U. H. San Juan de Aragón	85	2-E
643 y 1a.		
U. H. San Juan de Aragón	85	1-D
645		
U. H. San Juan de Aragón	85	2-E
645 AND.		
U. H. San Juan de Aragón	85	2-E
647		
U. H. San Juan de Aragón	85	1-D
647 1a.		
U. H. San Juan de Aragón	85	1-D
647 AND.		
U. H. San Juan de Aragón	85	2-E
649		
U. H. San Juan de Aragón	85	2-E
651		
U. H. San Juan de Aragón	85	1-D
651 1a.		
Ampl. U. H. CTM Aragón	85	1-D
651 AND.		
U. H. San Juan de Aragón	85	2-E
652		
San Jerónimo Lídice	108	5-D
653		
U. H. San Juan de Aragón	85	1-D
653 1a.		
U. H. San Juan de Aragón	85	1-E
655		
U. H. San Juan de Aragón	85	1-E
655 AND.		
U. H. San Juan de Aragón	85	2-E
657		
U. H. San Juan de Aragón	85	2-E
657 AND.		
U. H. San Juan de Aragón	85	2-E
659		
U. H. San Juan de Aragón	85	2-E
659 AND.		
U. H. San Juan de Aragón	85	2-E
661 AV. y 1a.		
U. H. San Juan de Aragón	85	2-E
662 B AND.		
U. H. San Juan de Aragón	85	2-D
663		
U. H. CTM Aragón	85	2-E
663 AND.		
U. H. San Juan de Aragón	85	2-E
665		
U. H. CTM Aragón	85	2-E
665 AND.		
U. H. San Juan de Aragón	85	2-E
667		
U. H. CTM Aragón	85	2-E
669		
U. H. CTM Aragón	85	2-E
671		
U. H. CTM Aragón	85	2-E
673		
U. H. CTM Aragón	85	2-E
675		
U. H. CTM Aragón	85	2-E
677		
U. H. CTM Aragón	85	2-E
679		
U. H. CTM Aragón	85	2-E
679 A		
U. H. CTM Aragón	85	2-E
681 AND.		
U. H. CTM Aragón	85	2-E
683		
U. H. CTM Aragón	85	2-E
685		
U. H. CTM Aragón	85	2-E
685 y 2a.		
U. H. CTM Aragón	85	2-E
687		
U. H. CTM Aragón	85	2-E
U. H. San Juan de Aragón	85	1-E
689		
U. H. CTM Aragón	85	2-E
U. H. San Juan de Aragón	85	1-E
691		
U. H. CTM Aragón	85	1-E
U. H. San Juan de Aragón	85	2-F
691 A		
Ampl. U. H. CTM Aragón	85	1-E
U. H. CTM Aragón	85	1-E
U. H. CTM Aragón	85	2-E
693		
U. H. CTM Aragón	85	2-E
693 AND.		
Ampl. U. H. CTM Aragón	85	1-E
695		
U. H. CTM Aragón	85	2-E
695 AND.		
U. H. CTM Aragón	85	1-E
697		
U. H. CTM Aragón	85	2-E
699 AV.		
U. H. San Juan de Aragón	85	1-F
701 AV.		
Ampl. U. H. CTM Aragón	85	1-F
U. H. CTM Aragón	85	1-F
U. H. Narciso Bassols	85	1-F
701 RT.		
El Centinela	110	4-B
703 RT.		
El Centinela	110	4-B
704 RT.		
El Centinela	110	4-B
705 RT.		
El Centinela	110	4-B
706 RT.		
El Centinela	110	4-B
707 RT.		
El Centinela	110	4-B
801 RT.		
El Centinela	110	4-B
802 RT.		
El Centinela	110	4-B
803 RT.		
El Centinela	110	4-B
804 RT.		
El Centinela	110	4-B
805 RT.		
El Centinela	110	4-B
806 RT.		
El Centinela	110	4-B
807 RT.		
El Centinela	110	4-B
808 RT.		
El Centinela	110	4-B
809 RT.		
El Centinela	110	4-B
810 RT.		
El Centinela	110	4-B
811 RT.		
El Centinela	110	4-B
812 RT.		
El Centinela	110	4-B
813 RT.		
El Centinela	110	4-B
814 RT.		
El Centinela	110	4-B
815 RT.		
El Centinela	110	4-B
816 RT.		
El Centinela	110	4-B
836		
San Jerónimo Lídice	108	6-C
1325		
El Parque	84	6-D
1492		
El Parque	84	6-D
1501		
U. H. San Juan de Aragón	72	6-D
1503		
U. H. San Juan de Aragón	72	6-D
1505		
U. H. San Juan de Aragón	72	6-D
1507		
U. H. San Juan de Aragón	72	6-D
1509		
U. H. San Juan de Aragón	72	6-D
1511		
U. H. San Juan de Aragón	72	6-D
1513		
U. H. San Juan de Aragón	72	6-D
1515		
U. H. San Juan de Aragón	72	6-D
1517		
U. H. San Juan de Aragón	72	6-D
1519		
U. H. San Juan de Aragón	72	6-D
1521		
El Parque	84	6-D
U. H. San Juan de Aragón	72	6-D
1523		
U. H. San Juan de Aragón	72	6-D
1525		
U. H. San Juan de Aragón	72	6-D
1527		
U. H. San Juan de Aragón	72	6-D
1529		
U. H. San Juan de Aragón	72	6-D
1531		
U. H. San Juan de Aragón	72	6-D
1533		
U. H. San Juan de Aragón	72	6-D
1535		
U. H. San Juan de Aragón	72	6-D
1537		
U. H. San Juan de Aragón	72	6-D
1539		
U. H. San Juan de Aragón	72	6-D
1541		
U. H. San Juan de Aragón	72	6-D
1543		
U. H. San Juan de Aragón	72	6-D
1545		
U. H. San Juan de Aragón	72	6-D
1547		
U. H. San Juan de Aragón	72	6-E
1549		
U. H. San Juan de Aragón	72	6-E
1551		
U. H. San Juan de Aragón	72	6-E
1553		
U. H. San Juan de Aragón	72	6-E
1555		
U. H. San Juan de Aragón	72	6-E
1557		
U. H. San Juan de Aragón	72	6-E
1559		
U. H. San Juan de Aragón	72	6-E
1561		
U. H. San Juan de Aragón	72	6-E
1810		
El Parque	84	6-D
1812		
El Parque	84	6-D
1821		
El Parque	84	6-D
1847		
El Parque	84	6-D
1857		
El Parque	84	6-D
1862		
El Parque	84	6-D
1906		
El Parque	84	6-D
1910		
El Parque	84	6-D
1914		
El Parque	84	6-D
1917		
El Parque	84	6-D
San Martín de las Pirámides	24	1-E

ACACIAS 174 *Guía Roji*

INDICE DE COLONIAS

En Orden Alfabético

A

COLONIA	COORDENADAS PLANO	DELEGACION O MUNICIPIO	CP
ACACIAS	109 1-D	Benito Juárez	03240
ACACIAS LAS	56 2-B	Atizapán de Zaragoza	52978
ACASULCO UNIDAD HAB.	109 4-C	Coyoacán	04350
ACATITLA	24 2-C	Teotihuacán	55813
ACOCA	136 3-C	Xochimilco	
ACOLMAN DE NEZAHUALCOYOTL	36 2-D	Acolman	55870
ACOXPA RESIDENCIAL	123 2-C	Tlalpan	14300
ACOZAC	115 3-B	Ixtapaluca	56585
ACTIPAN	96 6-C	Benito Juárez	03230
ACTOPA	135 2-B	Tlalpan	
ACUALES LOS	33 5-A	Coacalco	
ACUEDUCTO	95 3-F	Alvaro Obregón	01120
ACUEDUCTO	46 6-D	Ecatepec	55413
ACUEDUCTO DE GUADALUPE CONJ. HAB.	57 5-F	Gustavo A. Madero	07270
ACUEDUCTO DE GUADALUPE ZONA RES.	57 5-F	Gustavo A. Madero	07279
ACUEDUCTO DE TICOMAN 1044 U. HAB.	58 6-C	Gustavo A. Madero	07349
ACUEDUCTO RESIDENCIAL	94 2-C	Huixquilucan	
ACUEDUCTO TENAYUCA	57 5-E	Tlalnepantla	54150
ACUILOTLA	108 2-A	Alvaro Obregón	01539
ACUITLAPILCO	88 4-B	Chimalhuacán	51700
ACULCO PUEBLO	97 6-F	Iztapalapa	
AERONAUTICA MILITAR	84 6-D	Venustiano Carranza	15970
AGRICOLA METROPOLITANA	124 4-F	Tláhuac	13280
AGRICOLA ORIENTAL	98 2-C	Iztacalco	08500
AGRICULTURA	83 2-D	Miguel Hidalgo	11360
AGUA AZUL	99 1-C	Nezahualcóyotl	57500
AGUA AZUL SECC. A	99 1-B	Nezahualcóyotl	57500
AGUA AZUL SECC. PIRULES	99 1-C	Nezahualcóyotl	57510
AGUASCALIENTES UNIDAD HAB.	98 1-C	Iztacalco	08160
AGUILA REAL CONJ. RESIDENCIAL	108 2-E	Alvaro Obregón	
AGUILAS LAS	108 1-F	Alvaro Obregón	01710
AGUILAS LAS	42 4-F	Atizapán de Zaragoza	52949
AGUILAS LAS	99 4-F	Nezahualcóyotl	57900
AGUILAS LAS AMPL.	108 2-D	Alvaro Obregón	01759
AGUILAS LAS AMPL.	99 5-F	Nezahualcóyotl	57950
AGUILAS LAS AMPLIACION 2o. PARQUE	108 2-E	Alvaro Obregón	01750
AGUILAS LAS AMPLIACION 3r. PARQUE	108 2-D	Alvaro Obregón	01750
AGUILAS LAS RESIDENCIAL	108 3-C	Alvaro Obregón	
AGUILAS LAS UNIDAD HAB.	109 2-A	Alvaro Obregón	01048
AGUILERA	70 5-F	Azcapotzalco	02900
AGÜITA LA	46 6-A	Ecatepec	55518
AHUATENCO	107 1-A	Cuajimalpa	05039
AHUEHUETES	56 1-C	Atizapán de Zaragoza	52953
AHUEHUETES	58 2-B	Gustavo A. Madero	07189
AHUEHUETES	76 1-B	Texcoco	56160
AHUEHUETES	57 4-C	Tlalnepantla	54150
AHUEHUETES ANAHUAC	83 2-B	Miguel Hidalgo	11450
AHUIZOTLA	69 6-E	Naucalpan	53378
AILES DOS	122 3-B	Tlalpan	14266
AJUSCO	109 6-F	Coyoacán	04300
AJUSCO HUAYAMILPAS	110 6-A	Coyoacán	04390
AJUSCO MONSERRAT	109 6-F	Coyoacán	04307
ALAMEDAS LAS	56 2-A	Atizapán de Zaragoza	52970
ALAMEDAS LAS	100 5-E	La Paz	56526
ALAMEDAS LAS CONDOMINIO RES.	55 2-E	Atizapán de Zaragoza	52977
ALAMOS	97 3-A	Benito Juárez	03400
ALAMOS	46 6-A	Ecatepec	55040
ALAMOS DE ARAGON LOS	60 5-C	Ecatepec	
ALAMOS LOS	60 5-B	Ecatepec	55147
ALAMOS LOS	68 2-F	Naucalpan	53230
ALAMOS LOS RESIDENCIAL	4 6-C	Tepotzotlán	
ALBA FERNANDO DE DESARROLLO	73 2-B	Ecatepec	
ALBARRADA	111 1-D	Iztapalapa	09350
ALBARRADA UNIDAD HABITACIONAL	111 2-D	Iztapalapa	
ALBERT	97 6-B	Benito Juárez	03560
ALBORADA	56 2-B	Atizapán de Zaragoza	52979
ALBORADA DE ARAGON	60 5-B	Ecatepec	
ALBORADA II LA	20 5-B	Tultitlán	54935
ALBORADA JALTENCO UNIDAD C.T.M.	20 6-C	Jaltenco	54922
ALBORADA LA	20 5-B	Tultitlán	54934
ALBORADA UNIDAD HAB.	60 6-B	Ecatepec	55240
ALBORADA UNIDAD HAB.	111 1-C	Iztapalapa	09369
ALBORADA VALLAS LA	20 3-B	Tultitlán	54929
ALCANFOR	126 6-E	Chalco	56626
ALCANFORES	137 4-B	Xochimilco	16450
ALCANFORES LOS	69 4-A	Naucalpan	53240
ALCANFORES UNIDAD HAB.	111 4-D	Iztapalapa	09839
ALCANTARILLA	108 4-B	Alvaro Obregón	01729
ALCATRACES LOS	122 6-B	Tlalpan	
ALCE BLANCO	69 5-C	Naucalpan	53370
ALDAMA	123 5-C	Xochimilco	16010
ALDANA	70 6-F	Azcapotzalco	02910
ALDEAS DE ARAGON	60 1-D	Ecatepec	55125
ALEMAN MIGUEL	97 4-A	Benito Juárez	03420
ALEMAN MIGUEL PRESIDENTE	96 6-D	Benito Juárez	03220
ALFALFA LA	47 2-A	Ecatepec	55044
ALFALFAR	96 5-A	Alvaro Obregón	01470
ALFAREROS BARRIO	87 4-D	Chimalhuacán	56359
ALFONSO XIII	96 5-A	Alvaro Obregón	01460
ALGARIN	97 2-B	Cuauhtémoc	06880
ALIANZA POP. REVOLUCIONARIA C HAB	123 1-D	Coyoacán	04800
ALMARCIGO AMPLIACION	46 4-C	Ecatepec	55415
ALMARCIGO NORTE	46 4-D	Ecatepec	55415
ALMARCIGO SUR	46 5-D	Ecatepec	55390
ALMONTILA	87 6-B	Chimalhuacán	56355
ALPES LOS	109 1-B	Alvaro Obregón	01010
ALPES LOS AMPL.	108 2-F	Alvaro Obregón	01710
ALQUICIRAS	136 3-A	Xochimilco	16195
ALTAMIRA	81 2-F	Naucalpan	53700
ALTAMIRA AMPL.	81 2-F	Naucalpan	53700
ALTAMIRANO IGNACIO MANUEL	83 1-A	Miguel Hidalgo	11240
ALTAVILLA	72 1-B	Ecatepec	55390
ALTAVISTA	109 3-A	Alvaro Obregón	01060
ALTAVISTA	113 1-F	La Paz	56514
ALTEÑA I LA	69 1-A	Naucalpan	53127
ALTEÑA II LA	68 2-F	Naucalpan	53127
ALTEÑA III LA	68 1-F	Naucalpan	53127
ALTEZA LA	69 1-A	Naucalpan	53116
ALTILLO UNIVERSIDAD UNIDAD HAB.	109 4-C	Coyoacán	04350
ALTOS LOS CONJUNTO HABITACIONAL	94 6-A	Cuajimalpa	
ALVAREZ FERMIN	114 5-C	Ixtapaluca	
ALLENDE	70 6-E	Azcapotzalco	02810
ALLENDE IGNACIO	60 4-B	Ecatepec	55149
ALLEPETLALLI UNIDAD HABITACIONAL	124 4-D	Tláhuac	
AMAJAC	63 1-B	Chiautla	
AMAJAC	50 6-B	Chiautla	
AMANECER BELLAVISTA	111 4-B	Iztapalapa	
AMERICA STA. CLARA CONJ.EJECUTIVO	60 1-A	Ecatepec	55459
AMERICAS LAS	95 2-F	Alvaro Obregón	01120
AMERICAS LAS	69 5-B	Naucalpan	53040
AMERICAS LAS	63 5-A	Texcoco	
AMERICAS LAS RESIDENCIAL	111 1-E	Iztapalapa	
AMERICAS UNIDAS	97 4-A	Benito Juárez	03610
AMIPANT	98 2-F	Nezahualcóyotl	57460
AMSA	123 4-B	Tlalpan	14380
ANAHUAC	83 3-D	Miguel Hidalgo	11320
ANAHUAC 1a. SECC.	35 5-F	Acolman	55885
ANAHUAC 2a. SECC.	35 6-E	Acolman	55885
ANAHUAC UNIDAD HABITACIONAL	100 4-F	La Paz	
ANAYA PEDRO MARIA GRAL.	109 1-F	Benito Juárez	03340
ANCON DE LOS REYES	100 6-D	La Paz	
ANGELES APANOAYA LOS	111 3-E	Iztapalapa	09710
ANGELES FELIPE	84 2-E	Venustiano Carranza	15310
ANGELES LOS	35 6-C	Acolman	
ANGELES LOS	88 5-F	Chicoloapan	
ANGELES LOS	111 3-D	Iztapalapa	09830
ANGELES LOS	57 1-D	Tlalnepantla	54130
ANGELES LOS AMPLIACION	35 6-B	Acolman	
ANGELES LOS BARRIO	151 4-D	Milpa Alta	12000
ANGELES LOS PROLONGACION	148 2-F	Tlalpan	
ANGOSTURA LA	108 5-C	Alvaro Obregón	01770
ANIMAS DE LAS BARRIO	4 4-E	Tepotzotlán	54616
ANIMAS LAS	67 6-F	Naucalpan	
ANIMAS LAS	138 2-D	Xochimilco	16749
ANIMAS LAS BARRIO	21 3-F	Tecámac	
ANIMAS OZUMBILLA LAS	21 3-F	Tecámac	55760
ANTENAS LAS	73 4-A	Nezahualcóyotl	
ANTIGUA	107 1-E	Alvaro Obregón	
ANTIGUA SAN JACINTO RESIDENCIAL	109 4-A	Alvaro Obregón	
ANZURES	83 5-C	Miguel Hidalgo	11590
ANZURES VERONICA	83 4-D	Miguel Hidalgo	11300
AÑO DE JUAREZ	111 6-C	Iztapalapa	09780
AÑO DE JUAREZ	137 3-B	Xochimilco	16440
APANTECO	100 6-D	La Paz	
APATLACO	97 5-D	Iztapalapa	09430
APOLOCALCO	113 5-D	Tláhuac	13129
ARAGON	71 5-D	Gustavo A. Madero	07000
ARAGON CROC	73 1-B	Ecatepec	55247
ARAGON FOVISSSTE CONJ.	72 5-A	Gustavo A. Madero	07959
ARAGON INGUARAN	71 6-E	Gustavo A. Madero	07820
ARAÑA LA	108 1-B	Alvaro Obregón	01510
ARBOL EL	95 5-C	Alvaro Obregón	01250
ARBOL EL	33 5-C	Ecatepec	55027
ARBOL EL UNIDAD HABITACIONAL	111 6-E	Iztapalapa	
ARBOL SOLO	28 4-D	Nicolás Romero	
ARBOLEDA CONJUNTO	4 4-E	Tepotzotlán	
ARBOLEDA IXTAPALUCA	114 6-F	Ixtapaluca	
ARBOLEDA LA	89 1-A	Texcoco	56265
ARBOLEDA LA	57 4-E	Tlalnepantla	
ARBOLEDA RESIDENCIAL	63 1-C	Chiautla	
ARBOLEDA SAN ALBERTO RES.	63 1-C	Chiautla	
ARBOLEDAS	124 1-F	Tláhuac	
ARBOLEDAS DE ARAGON	73 2-B	Ecatepec	55290
ARBOLEDAS DE COACALCO	33 5-B	Coacalco	
ARBOLEDAS DE CUAUT. EL ALTO AMPL.	45 6-C	Gustavo A. Madero	07140
ARBOLEDAS DE CUAUTEPEC EL ALTO	45 6-C	Gustavo A. Madero	07140
ARBOLEDAS DE SAN JERONIMO C. RES.	108 5-E	Magdalena Contreras	
ARBOLEDAS DEL SUR	123 3-B	Tlalpan	14376
ARBOLEDAS LAS	56 1-E	Atizapán de Zaragoza	52950
ARBOLEDAS LAS	56 1-E	Tlalnepantla	54026
ARBOLEDAS LAS	124 2-F	Tláhuac	13219
ARBOLEDAS XALOSTOC	46 6-A	Ecatepec	
ARBOLES DE LOS BARRIO	57 5-B	Tlalnepantla	54070
ARBOLILLO EL	58 4-A	Gustavo A. Madero	07240
ARBOLILLO EL U. HAB. CROC II	58 4-A	Gustavo A. Madero	07269
ARBOLILLO EL U. HAB. CTM	58 4-A	Gustavo A. Madero	07269
ARBOLITO EL	47 3-B	Ecatepec	55090
ARBOLITOS	59 3-B	Ecatepec	55316
ARBOLITOS LOS	47 1-D	Ecatepec	55054
ARCO IRIS	42 2-B	Nicolás Romero	54467
ARCOS DE LA HACIENDA	17 6-E	Cuautitlán Izcalli	54730
ARCOS DE LA MAGDALENA	108 5-E	Magdalena Contreras	
ARCOS DEL ALBA	30 2-F	Cuautitlán Izcalli	54750
ARCOS DEL CENTENARIO	108 1-D	Alvaro Obregón	01568
ARCOS DEL SUR	123 6-D	Xochimilco	16010
ARCOS I LOS	20 5-A	Tultitlán	
ARCOS LOS	46 1-F	Ecatepec	
ARCOS LOS	68 6-F	Naucalpan	
ARCOS LOS	68 6-E	Naucalpan	53430
ARCOS LOS	81 1-E	Naucalpan	53430
ARCOS LOS	21 5-D	Tecámac	
ARCOS LOS RESIDENCIAL	94 2-C	Huixquilucan	
AREA SANTA CRUZ	59 2-D	Ecatepec	55549
ARENAL	71 6-A	Azcapotzalco	02980
ARENAL	88 6-F	Chicoloapan	
ARENAL	149 2-B	Tlalpan	14500
ARENAL DE GUADALUPE	123 4-A	Tlalpan	14389
ARENAL EL	70 6-F	Azcapotzalco	02980
ARENAL EL	94 1-B	Huixquilucan	
ARENAL EL	100 4-F	La Paz	56527
ARENAL EL	88 3-F	Texcoco	
ARENAL EL	57 5-E	Tlalnepantla	54150
ARENAL EL	136 5-D	Xochimilco	16808
ARENAL EL 1a. SECC.	85 5-E	Venustiano Carranza	15600
ARENAL EL 2a. SECC.	85 5-E	Venustiano Carranza	15680
ARENAL EL 3a. SECC.	85 5-E	Venustiano Carranza	15660
ARENAL EL 4a. SECC.	85 4-E	Venustiano Carranza	15640
ARENAL EL AMPLIACION	100 4-F	La Paz	
ARENAL EL COND. HORIZONTAL	123 5-A	Tlalpan	
ARENAL TEPEPAN EL	123 4-A	Tlalpan	14610
ARENILLAS BARRIO	80 4-C	Naucalpan	
ARENITAS	101 2-A	Chimalhuacán	
ARGENTINA ANTIGUA	82 2-F	Miguel Hidalgo	11270
ARGENTINA PONIENTE	82 1-E	Miguel Hidalgo	11230
ARMAS LAS	69 6-E	Naucalpan	53379
ARMAS LAS	73 6-A	Nezahualcóyotl	57178
ARMAS LAS UNIDAD HAB.	69 4-E	Azcapotzalco	02718
ARRIAGA	69 1-D	Tlalnepantla	54089
ARRIAGA PONCIANO	108 2-D	Alvaro Obregón	01645
ARROYO DE GUADALUPE CONJ. HAB.	71 1-B	Gustavo A. Madero	07326
ARTE Y PUBLICIDAD FRACC.	32 4-F	Coacalco	
ARTES GRAFICAS	97 1-C	Venustiano Carranza	15830
ARTESANOS BARRIO	87 4-F	Chimalhuacán	56367
ARVIDE NICANOR	95 5-F	Alvaro Obregón	01280
ASTURIAS	97 2-C	Cuauhtémoc	06850
ASTURIAS AMPL.	97 1-C	Cuauhtémoc	06890
ASUNCION LA	20 2-D	Jaltenco	
ASUNCION LA	139 3-A	Tláhuac	
ASUNCION LA BARRIO	97 3-D	Iztacalco	08600
ASUNCION LA BARRIO	111 1-A	Iztapalapa	09000
ASUNCION LA BARRIO	125 6-F	Tláhuac	13000
ASUNCION LA BARRIO	136 1-F	Xochimilco	16040
ATACASCO	120 1-F	Magdalena Contreras	10378
ATACAXCO	121 1-A	Magdalena Contreras	10378
ATALAYA RESIDENCIAL	94 4-E	Cuajimalpa	
ATENCO	100 5-E	La Paz	
ATENCO	69 5-D	Naucalpan	53350
ATENEA RESIDENCIAL	94 6-B	Cuajimalpa	
ATENGUILLO	50 6-B	Chiautla	56036
ATIZAPAN BARRIO DE	43 6-B	Atizapán de Zaragoza	52945
ATIZAPAN CENTRO URBANO	56 2-C	Atizapán de Zaragoza	52900
ATIZAPAN MODERNO	56 2-B	Atizapán de Zaragoza	52976
ATLACOMULCO	99 2-B	Nezahualcóyotl	57720
ATLAMAYA	108 3-F	Alvaro Obregón	01760
ATLAMPA	83 1-F	Cuauhtémoc	06450
ATLANTA	30 2-E	Cuautitlán Izcalli	54740
ATLANTIDA	110 4-A	Coyoacán	04370

COLONIA	PLANO	COORDENADAS	DELEGACION O MUNICIPIO	CP
ATLAUTENCO DE EJIDO	34	6-F	Ecatepec	
ATLAUTLENCO	22	3-A	Tecámac	
ATLAXCO	121	1-A	Magdalena Contreras	10378
ATZACOALCO	72	2-A	Gustavo A. Madero	07040
ATZACOALCO CTM UNIDAD HAB.	71	1-F	Gustavo A. Madero	07090
AURIS I UNIDAD HABITACIONAL	101	1-D	Chicoloapan	
AURIS II UNIDAD HABITACIONAL	101	1-D	Chicoloapan	56370
AURIS II UNIDAD HABITACIONAL	101	1-E	Chicoloapan	
AURORA I	86	6-D	Nezahualcóyotl	57000
AURORA II	99	1-E	Nezahualcóyotl	57000
AURORITA	98	2-F	Nezahualcóyotl	57460
AURORITA I LA	17	5-C	Cuautitlán Izcalli	54725
AURORITA II LA	17	5-B	Cuautitlán Izcalli	54725
AURORITA UNIDAD HAB.	125	2-B	Tláhuac	13317
AUTOGESTION MEXIQUENSE	34	6-F	Ecatepec	
AVANDARO	127	2-B	Chalco	56618
AVANTE	110	5-B	Coyoacán	04460
AVE REAL	108	1-B	Alvaro Obregón	01560
AVIACION CIVIL	98	1-C	Venustiano Carranza	15740
AVIACION CIVIL	85	6-C	Venustiano Carranza	15740
AVIACION CIVIL AMPL.	98	1-C	Venustiano Carranza	15750
AVILA CAMACHO MANUEL GRAL.	82	4-C	Naucalpan	53910
AVILA CAMACHO MAXIMINO	71	4-B	Gustavo A. Madero	07380
AXOTLA PUEBLO	109	1-D	Alvaro Obregón	01030
AXOTLAN EJIDO	29	3-A	Nicolás Romero	54417
AXOTLAN PUEBLO DE	17	2-C	Cuautitlán Izcalli	54719
AYALA F. MARGARITO	34	2-C	Tecámac	55764
AYALA F. MARGARITO AMPLIACION	34	2-E	Ecatepec	
AYALA F. MARGARITO ZONA BAJA	34	2-C	Tecámac	55764
AYOTLA	114	6-B	Ixtapaluca	56560
AYOTLA RESIDENCIAL	114	6-B	Ixtapaluca	56555
AZCAPOTZALCO UNIDAD	70	5-B	Azcapotzalco	02070
AZOLCO	46	4-F	Ecatepec	55080
AZOYAPAN	107	5-C	Cuajimalpa	05629
AZTECA	84	4-E	Venustiano Carranza	15320
AZUL CIELO UNIDAD HAB.	20	6-B	Tultepec	

B

COLONIA	PLANO	COORDENADAS	DELEGACION O MUNICIPIO	CP
BACARDI UNIDAD CIVICA	31	6-A	Cuautitlán Izcalli	54763
BAHIA COPAL	58	5-F	Tlalnepantla	54196
BALCONES DE CEGUAYO	108	2-B	Alvaro Obregón	01540
BALCONES DE CHAMAPA	81	2-F	Naucalpan	53708
BALCONES DE JUAREZ BARRON	41	2-E	Nicolás Romero	
BALCONES DE LA HERRADURA	94	1-E	Huixquilucan	52785
BALCONES DE SAN MATEO	68	5-F	Naucalpan	53200
BALCONES DE SANTA ANA	41	2-F	Nicolás Romero	
BALCONES DEL VALLE	56	2-D	Tlalnepantla	54049
BALCONES SAN AGUSTIN	100	3-E	Chimalhuacán	
BANJIDAL	110	1-B	Iztapalapa	09450
BARANDA ALFREDO	126	4-F	Valle de Chalco	
BARCO I EL	85	6-E	Nezahualcóyotl	57400
BARCO II EL	85	6-E	Nezahualcóyotl	57400
BARCO III EL	85	6-E	Nezahualcóyotl	57400
BARRANCA DE GUADALUPE	112	5-C	Iztapalapa	
BARRANCA DE LAS PAPAS UNIDAD	68	5-E	Naucalpan	
BARRANCA LA	57	3-F	Tlalnepantla	
BARRANCA SECA BARRIO	121	2-B	Magdalena Contreras	10580
BARRANCAS TETECON	112	5-D	Iztapalapa	
BARRANQUITA LA	56	4-A	Atizapán de Zaragoza	52990
BARRIENTOS DE ZONA INDUSTRIAL	44	6-A	Tlalnepantla	54015
BARRIENTOS UNIDAD	44	5-A	Tlalnepantla	54110
BARRIENTOS ZONA IND. DE	43	5-F	Tlalnepantla	54015
BARRIO 18	123	4-E	Xochimilco	
BARRON PUEBLO	42	1-A	Nicolás Romero	54400
BARROS SIERRA	121	1-A	Magdalena Contreras	10380
BASSOLS NARCISO UNIDAD HAB.	85	1-E	Gustavo A. Madero	07980
BATALLON DE SAN PATRICIO U. HAB.	95	6-F	Alvaro Obregón	01450
BATIZ JUAN DE DIOS U. HAB.	71	2-C	Gustavo A. Madero	07360
BAZ GUSTAVO	47	2-B	Ecatepec	
BAZ GUSTAVO CONJ. HAB. INFONAVIT	20	5-B	Tultitlán	54934
BAZ PRADA GUSTAVO	44	6-D	Tlalnepantla	
BAZ PRADA GUSTAVO U. HAB.	57	6-C	Tlalnepantla	54098
BEATO EL	69	6-A	Naucalpan	53410
BEJERO	95	5-B	Alvaro Obregón	01340
BELEM BARRIO	31	2-D	Tultitlán	54900
BELEN	50	5-E	Papalotla	56050
BELEN BARRIO	136	2-F	Xochimilco	16070
BELEN DE LAS FLORES	95	3-E	Alvaro Obregón	01110
BELEN DE LAS FLORES UNIDAD HAB.	108	2-C	Alvaro Obregón	01110
BELEN UNIDAD	95	4-D	Alvaro Obregón	01209
BELVEDERE	121	6-D	Tlalpan	
BELVEDERE DE ESLAVA	121	6-D	Tlalpan	14720
BELLA VISTA UNIDAD	111	5-C	Iztapalapa	09860
BELLAVISTA	96	3-A	Alvaro Obregón	01140
BELLAVISTA	17	4-C	Cuautitlán Izcalli	54710
BELLAVISTA	59	2-E	Ecatepec	55429
BELLAVISTA	76	3-D	Texcoco	56220
BELLAVISTA	56	6-E	Tlalnepantla	54080
BELLAVISTA SATELITE	56	5-C	Tlalnepantla	54054
BELLO HORIZONTE	31	5-E	Tultitlán	54948
BERNABE PEDRO R. DR.	109	3-E	Coyoacán	04320
BERRIOZABAL FELIPE GRAL.	58	1-B	Gustavo A. Madero	07180
BIATLON CONJUNTO HABITACIONAL	99	6-B	Iztapalapa	
BILBAO UNIDAD HABITACIONAL	111	5-B	Iztapalapa	
BLANCA LA	44	6-A	Tlalnepantla	54110
BOCA BARRANCA	59	1-B	Ecatepec	55516
BOHITO DE BARRIO	80	4-B	Naucalpan	
BOLIVAR SIMON	85	2-A	Venustiano Carranza	15410
BOLIVAR SIMON AMPL.	84	2-F	Venustiano Carranza	15420
BOMBA LA	128	6-A	Chalco	56600
BONANZA	95	4-E	Alvaro Obregón	01220
BONDOJITO	71	6-E	Gustavo A. Madero	07850
BONFIL V. ALFREDO	43	4-A	Atizapán de Zaragoza	52940
BONFIL V. ALFREDO	81	4-E	Naucalpan	53718
BONFIL V. ALFREDO AMPL.	43	5-B	Atizapán de Zaragoza	52940
BORDOS LOS	46	6-B	Ecatepec	55515
BOSQUE ALTO	68	1-D	Naucalpan	53124
BOSQUE DE ARAGON	72	6-F	Nezahualcóyotl	57170
BOSQUE DE CIDROS RESIDENCIAL	94	5-D	Huixquilucan	
BOSQUE DE CHAPULTEPEC	83	5-B	Miguel Hidalgo	11580
BOSQUE DE CHAPULTEPEC 1a. SECC.	83	6-B	Miguel Hidalgo	11100
BOSQUE DE CHAPULTEPEC 2a. SECC.	83	6-A	Miguel Hidalgo	11100
BOSQUE DE CHAPULTEPEC 3a. SECC.	95	2-E	Miguel Hidalgo	11100
BOSQUE DE ECHEGARAY	69	4-C	Naucalpan	53310
BOSQUE DE LOS REMEDIOS	69	5-A	Naucalpan	53030
BOSQUE DE LOS REMEDIOS ISSEMYM 48	69	6-A	Naucalpan	53458
BOSQUE DE SAN JUAN DE ARAGON	85	1-C	Gustavo A. Madero	
BOSQUE DE TARANGO	108	3-A	Alvaro Obregón	01580
BOSQUE DEL	58	3-A	Gustavo A. Madero	07207
BOSQUE DEL	82	4-F	Miguel Hidalgo	11510
BOSQUE DEL RESIDENCIAL	55	1-F	Atizapán de Zaragoza	52967
BOSQUE EL	46	5-F	Ecatepec	55080
BOSQUE RESIDENCIAL DEL SUR C. H.	123	5-B	Xochimilco	16010
BOSQUE RESIDENCIAL DEL SUR FRACC.	123	5-C	Xochimilco	16010
BOSQUES DE CIPRES	123	5-C	Xochimilco	
BOSQUES DE CHALCO CONJUNTO HAB.	141	2-A	Chalco	
BOSQUES DE ECATEPEC	47	1-B	Ecatepec	55050
BOSQUES DE IXTACALA	43	1-A	Atizapán de Zaragoza	52919
BOSQUES DE IXTACALA AMPLIACION	43	1-B	Atizapán de Zaragoza	52919
BOSQUES DE LA COLMENA	42	1-C	Nicolás Romero	
BOSQUES DE LA HACIENDA	17	3-D	Cuautitlán Izcalli	54715
BOSQUES DE LA HERRADURA	81	6-E	Huixquilucan	52783
BOSQUES DE LA MAGDALENA	113	1-F	La Paz	
BOSQUES DE LA MAGDALENA COND.	108	6-E	Magdalena Contreras	
BOSQUES DE LA REFORMA PROL.	94	5-E	Cuajimalpa	05127
BOSQUES DE LAS LOMAS	85	2-A	Cuajimalpa	05120
BOSQUES DE LAS LOMAS	95	2-A	Huixquilucan	11700
BOSQUES DE LAS LOMAS	95	4-A	Miguel Hidalgo	
BOSQUES DE LAS LOMAS	95	2-A	Miguel Hidalgo	11700
BOSQUES DE LAS PALMAS	94	2-D	Huixquilucan	52787
BOSQUES DE LOS PINOS	29	3-E	Cuautitlán Izcalli	
BOSQUES DE MEXICO	56	4-C	Tlalnepantla	54050
BOSQUES DE MOCTEZUMA	68	5-F	Naucalpan	53279
BOSQUES DE MORELOS	30	4-B	Cuautitlán Izcalli	54760
BOSQUES DE PRIMAVERA	43	1-B	Atizapán de Zaragoza	
BOSQUES DE REFORMA	94	4-E	Cuajimalpa	05127
BOSQUES DE SAN JAVIER CONJ. HAB.	46	1-F	Ecatepec	
BOSQUES DE SAN LORENZO	76	1-B	Texcoco	
BOSQUES DE TETLALMEYA	122	3-F	Coyoacán	
BOSQUES DE XHALA	18	4-B	Cuautitlán Izcalli	54712
BOSQUES DEL ALBA II	31	4-A	Cuautitlán Izcalli	
BOSQUES DEL ALBA U. H. INFONAVIT	30	4-F	Cuautitlán Izcalli	
BOSQUES DEL LAGO	29	6-F	Cuautitlán Izcalli	54766
BOSQUES DEL LAGO	30	6-A	Cuautitlán Izcalli	54766
BOSQUES DEL PEDREGAL	121	6-B	Tlalpan	14738
BOSQUES DEL SOL U. HAB.	108	1-B	Alvaro Obregón	01529
BOSQUES DEL VALLE 1a. SECC.	32	3-C	Coacalco	55717
BOSQUES DEL VALLE 2a. SECC.	32	2-D	Coacalco	55717
BOSQUES PLAN DE GUADALUPE RES.	30	5-B	Cuautitlán Izcalli	
BOSQUES SECC.	96	4-A	Alvaro Obregón	01160
BOTURINI LORENZO	84	6-C	Venustiano Carranza	15820
BRACERASCO RESIDENCIAL	136	4-E	Xochimilco	16350
BRAVO NICOLAS	73	3-B	Ecatepec	55296
BRAVO NICOLAS	84	2-C	Venustiano Carranza	15220
BRILLANTES FUENTES DEL VALLE	32	4-B	Tultitlán	
BRISAS LAS	34	4-E	Ecatepec	55066
BRISAS LAS	19	1-E	Tultepec	
BUENAVISTA	83	3-F	Cuauhtémoc	06350
BUENAVISTA	59	1-D	Ecatepec	
BUENAVISTA	112	4-B	Iztapalapa	09700
BUENAVISTA	81	4-F	Naucalpan	53800
BUENAVISTA	28	5-F	Nicolás Romero	54414
BUENAVISTA	76	3-F	Texcoco	56226
BUENAVISTA	31	6-D	Tultitlán	54944
BUENAVISTA AMPL.	44	3-D	Tultitlán	54955
BUENOS AIRES	100	3-E	Chimalhuacán	
BUENOS AIRES	97	2-A	Cuauhtémoc	06780
BUENOS AIRES	46	4-D	Ecatepec	
BUENOS AIRES	29	6-A	Nicolás Romero	
BUENOS AIRES	49	1-D	Tezoyuca	
BUGAMBILIAS ARAGON CONJ. HAB.	73	1-B	Ecatepec	55289
BUGAMBILIAS RESIDENCIAL	69	1-A	Naucalpan	
BULEVARES	69	3-A	Naucalpan	53140
BULEVARES DE ATIZAPAN	42	5-F	Atizapán de Zaragoza	
BULEVARES DE SAN CRISTOBAL	46	1-E	Ecatepec	55020
BULEVARES IMPALA	47	2-A	Ecatepec	55040
BUTACAS LAS	95	4-F	Alvaro Obregón	01280

C

COLONIA	PLANO	COORDENADAS	DELEGACION O MUNICIPIO	CP
C.N.A.	73	4-B	Nezahualcóyotl	
CABEZA DE JUAREZ 5 UNIDAD HAB.	99	6-B	Iztapalapa	09579
CABEZA DE JUAREZ UNIDAD	99	4-A	Iztapalapa	09227
CACALOTE	107	1-B	Cuajimalpa	05270
CACALOTE	94	6-B	Huixquilucan	
CACAMA	110	1-C	Iztapalapa	09080
CADENA MAQUIXCO AMPLIACION	23	3-F	Teotihuacán	55843
CAFETALES RESIDENCIAL	123	1-E	Coyoacán	04918
CAJON EL	150	3-A	Xochimilco	
CALACOAYA	56	4-B	Atizapán de Zaragoza	52990
CALACOAYA UNIDAD HAB.	56	4-B	Atizapán de Zaragoza	
CALIFORNIA	29	5-A	Nicolás Romero	
CALIFORNIA RESIDENCIAL	63	2-B	Chiautla	56030
CALTONGO BARRIO	137	1-A	Xochimilco	16090
CALVARIO EL	55	5-F	Atizapán de Zaragoza	52997
CALVARIO EL	46	1-E	Ecatepec	55020
CALVARIO EL PARAJE	93	1-E	Chimalhuacán	
CALYEQUITA BARRIO	138	2-E	Xochimilco	16750
CALLEJON EL	46	6-E	Ecatepec	
CALLES LAS BARRIO	121	2-C	Magdalena Contreras	10840
CAMINO REAL DE TETELPAN	108	3-E	Alvaro Obregón	01799
CAMISETAS BARRIO	122	4-C	Tlalpan	14410
CAMPANAS LAS	123	1-D	Coyoacán	04929
CAMPESTRE	109	2-B	Alvaro Obregón	01040
CAMPESTRE ARAGON	72	4-B	Gustavo A. Madero	07530
CAMPESTRE COYOACAN	123	1-E	Coyoacán	04938
CAMPESTRE CHURUBUSCO	110	3-C	Coyoacán	04200
CAMPESTRE DEL LAGO	29	6-D	Cuautitlán Izcalli	54766
CAMPESTRE EL POTRERO	113	5-C	Iztapalapa	09637
CAMPESTRE GUADALUPANA	72	4-E	Nezahualcóyotl	57120
CAMPESTRE LIBERACION	42	3-C	Atizapán de Zaragoza	52916
CAMPESTRE LIBERACION	42	2-D	Nicolás Romero	
CAMPESTRE LIBERACION AMPL.	42	2-C	Nicolás Romero	54473
CAMPESTRE PALO ALTO	94	5-F	Cuajimalpa	05119
CAMPIÑA DE ARAGON	60	3-B	Ecatepec	55139
CAMPIÑA LA	107	1-D	Cuajimalpa	
CAMPO DE TIRO	95	5-B	Alvaro Obregón	01230
CAMPO ENCANTADO UNIDAD HAB.	70	4-A	Azcapotzalco	02729
CAMPO UNO SECC. CENTRO	30	3-E	Cuautitlán Izcalli	54760
CAMPOS DE JIMENEZ CANTU LUISA I.	81	2-C	Naucalpan	53663
CANAL DE SALES	73	5-B	Nezahualcóyotl	
CANANEA UNIDAD HAB.	124	3-D	Iztapalapa	
CANASTEROS BARRIO	87	3-F	Chimalhuacán	56367
CANASTEROS BARRIO	88	3-A	Chimalhuacán	
CANDELAPA	76	5-C	Texcoco	56267
CANDELARIA DE LOS PATOS UNIDAD	84	5-D	Venustiano Carranza	15120
CANDELARIA LA	110	5-A	Coyoacán	04380
CANDELARIA LA	107	2-B	Cuajimalpa	05008
CANDELARIA LA	50	3-E	Tepetlaoxtoc	56070
CANDELARIA LA AMPL.	109	5-F	Coyoacán	04389
CANDELARIA LA BARRIO	138	2-A	Xochimilco	16609
CANDELARIA TICOMAN LA BARRIO	58	6-A	Gustavo A. Madero	07310
CANDELARIA TLAPALA LA	141	3-F	Chalco	56641
CANOA LA	47	2-A	Ecatepec	55039
CANOA LA BARRIO	80	6-C	Huixquilucan	
CANTAROS LOS UNIDAD HABITACIONAL	136	1-C	Xochimilco	
CANTERA	122	5-C	Tlalpan	14428
CANTERA LA	81	1-F	Naucalpan	53666
CANTERA LA	57	4-E	Tlalnepantla	54140
CANTERA LA	19	2-B	Tultepec	
CANTERA LA INFONAVIT UNIDAD HAB.	109	4-D	Coyoacán	
CANTERA PUENTE DE PIEDRA	122	3-E	Tlalpan	14040
CANTERAS LAS	81	5-E	Huixquilucan	52783
CANTERAS LAS	28	4-D	Nicolás Romero	
CANTEROS BARRIO	87	5-B	Chimalhuacán	56357
CANTIL EL	135	5-F	Tlalpan	14477
CANUTILLO	108	1-C	Alvaro Obregón	01560
CAÑADA	113	5-C	Tláhuac	13110
CAÑADA LA	56	4-B	Atizapán de Zaragoza	52987
CAÑADA LA	107	4-C	Cuajimalpa	05620
CAÑADA LA	114	6-B	Ixtapaluca	
CAÑADA LA	81	2-D	Naucalpan	53660
CAÑADA LA	82	2-B	Naucalpan	53570
CAÑADA LA	37	1-C	Teotihuacán	
CAÑADA LA	136	4-D	Xochimilco	16310
CAÑADA LA 1a. SECC.	95	4-D	Alvaro Obregón	01269
CAÑADA LA 2a. SECC.	95	5-D	Alvaro Obregón	01269

COLONIA	COORDENADAS PLANO	DELEGACION O MUNICIPIO	CP
CAÑADA LA AMPLIACION	95 4-D	Alvaro Obregón	01269
CAPETILLO IGNACIO DR.	28 6-D	Nicolás Romero	54434
CAPILLA CONJUNTO HABITACIONAL	115 5-B	Ixtapaluca	
CAPULA DE BARRIO	4 6-B	Tepotzotlán	54600
CAPULA DE BARRIO	17 1-B	Tepotzotlán	54600
CAPULIN EL	95 3-F	Alvaro Obregón	01110
CAPULIN EL	56 3-B	Atizapán de Zaragoza	52987
CAPULIN EL	114 5-C	Ixtapaluca	56568
CAPULIN EL	81 2-F	Naucalpan	53720
CAPULIN EL	28 4-E	Nicolás Romero	54405
CAPULIN EL	76 2-B	Texcoco	56126
CAPULIN EL	137 5-A	Xochimilco	
CAPULIN EL BARRIO	122 5-B	Tlalpan	
CAPULIN EL EJIDO	128 2-B	Ixtapaluca	
CAPULIN EL SECC.	28 3-D	Nicolás Romero	54409
CAPULINES	43 2-A	Atizapán de Zaragoza	52915
CAPULINES LOS	108 6-C	Magdalena Contreras	
CAPULTITLA	153 1-E	Chalco	
CAPULTITLAN	71 5-B	Gustavo A. Madero	07370
CARACOL	122 2-E	Coyoacán	04739
CARACOL	85 5-D	Venustiano Carranza	15630
CARACOL AMPL.	85 4-D	Venustiano Carranza	15650
CARACOLES LOS AMPL.	58 4-F	Tlalnepantla	54190
CARBONERA LA	120 3-F	Magdalena Contreras	10640
CARBONERA LA	121 3-A	Magdalena Contreras	10640
CARDENAS LAZARO	35 6-B	Acolman	
CARDENAS LAZARO	56 2-C	Atizapán de Zaragoza	52979
CARDENAS LAZARO	18 4-C	Cuautitlán	54870
CARDENAS LAZARO	60 6-D	Ecatepec	55190
CARDENAS LAZARO	82 1-C	Naucalpan	53560
CARDENAS LAZARO	73 5-B	Nezahualcóyotl	
CARDENAS LAZARO	88 2-E	Texcoco	56239
CARDENAS LAZARO	62 6-C	Texcoco	
CARDENAS LAZARO	31 3-E	Tultitlán	54870
CARDENAS LAZARO UNIDAD HAB.	70 4-A	Azcapotzalco	02479
CARDONAL XALOSTOC EL	59 4-D	Ecatepec	55320
CARMEN DEL	126 1-F	Chalco	56638
CARMEN DEL	33 6-F	Ecatepec	
CARMEN DEL	126 1-D	Tláhuac	13100
CARMEN DEL AMPLIACION	109 2-D	Coyoacán	04100
CARMEN DEL BARRIO	18 2-B	Cuautitlán	54840
CARMEN DEL UNIDAD HABITACIONAL	20 4-C	Tultitlán	
CARMEN EL	109 2-E	Coyoacán	04100
CARMEN EL	33 6-F	Ecatepec	
CARMEN EL	58 3-C	Gustavo A. Madero	07199
CARMEN EL	63 6-B	Texcoco	
CARMEN EL	138 2-C	Xochimilco	16770
CARMEN EL AMPLIACION	33 6-F	Ecatepec	
CARMONA DAMIAN	84 3-F	Venustiano Carranza	15450
CAROLA	96 4-A	Alvaro Obregón	01180
CAROLINAS UNIDAD	111 4-B	Iztapalapa	09850
CARPINTEROS BARRIO	87 3-F	Chimalhuacán	
CARRANZA EMILIO	84 2-D	Venustiano Carranza	15230
CARRANZA VENUSTIANO	70 1-E	Tlalnepantla	54170
CARRANZA VENUSTIANO	84 3-E	Venustiano Carranza	15340
CARRANZA VENUSTIANO AMPL.	84 3-F	Venustiano Carranza	15339
CARRERA MARTIN	71 4-E	Gustavo A. Madero	07070
CARRIL No.3	111 4-B	Iztapalapa	
CARRILLO FLORES ANTONIO U. HAB.	108 1-A	Alvaro Obregón	01379
CASA BLANCA	111 5-D	Iztapalapa	09860
CASA BLANCA	83 4-C	Miguel Hidalgo	11590
CASA BLANCA	81 1-E	Naucalpan	
CASA BLANCA	41 3-F	Nicolás Romero	
CASA BLANCA AMPLIACION	111 4-D	Iztapalapa	
CASA BLANCA CONDOMINIO	108 2-B	Alvaro Obregón	
CASA BLANCA RESIDENCIAL	56 1-B	Atizapán de Zaragoza	
CASA DE CAMPO FRACCIONAMIENTO	108 4-D	Alvaro Obregón	
CASAS ALEMAN	72 5-B	Gustavo A. Madero	07960
CASAS ALFA	20 4-A	Tultitlán	54935
CASAS REALES	34 4-F	Ecatepec	55066
CASAS VIEJAS	68 3-D	Naucalpan	
CASCADA LA	96 6-A	Alvaro Obregón	01490
CASCO DE SAN JUAN	128 6-A	Chalco	56600
CASERIO DE CORTES	152 3-F	Chalco	
CASERIO DEL BOSQUE	107 1-C	Cuajimalpa	
CASILDA LA	58 1-C	Gustavo A. Madero	07150
CASITAS DE SAN PABLO LAS CONJUNTO	20 4-A	Tultitlán	54935
CASTILLO CHICO	58 3-B	Gustavo A. Madero	07220
CASTILLO EL	81 4-A	Naucalpan	
CASTILLO GRANDE	58 3-B	Gustavo A. Madero	07220
CASTILLOS DE ARAGON	73 1-B	Ecatepec	
CASTORENA JOSE MARIA UNIDAD HAB.	107 1-C	Cuajimalpa	05060
CATORCE DE DICIEMBRE UNIDAD	55 2-E	Atizapán de Zaragoza	52977
CATORCE DE DICIEMBRE UNIDAD HAB.	98 1-D	Iztacalco	
CEBADA LA	95 4-D	Alvaro Obregón	01260
CEBADA LA	40 4-C	Huixquilucan	
CEBADA LA	123 5-D	Xochimilco	16034
CEBADA LA AMPL.	95 5-C	Alvaro Obregón	01259
CEDRAL EL	149 1-D	Xochimilco	16870
CEDRO CHICO	107 2-F	Alvaro Obregón	
CEDROS LOS	107 5-F	Alvaro obregón	01870
CEDROS LOS	123 1-E	Coyoacán	04800
CEDROS UNIDAD	111 4-B	Iztapalapa	09850
CEIBA LA UNIDAD HABITACIONAL	111 4-B	Iztapalapa	
CELCO	94 2-D	Huixquilucan	52776
CELOALLIOTLI CONJ. HAB.	124 3-D	Iztapalapa	09960
CENTINELA EL	110 4-B	Coyoacán	04450
CENTRAL CROC UNIDAD	73 3-B	Ecatepec	55294
CENTRAL MICHOACANA	60 5-C	Ecatepec	55170
CENTRO	84 4-B	Cuauhtémoc	06010
CENTRO BARRIO	150 4-E	Milpa Alta	12400
CENTRO ORIENTE	63 6-A	Texcoco	56100
CENTRO PONIENTE	63 6-B	Texcoco	56100
CENTRO URBANO	30 1-E	Cuautitlán Izcalli	54750
CEREZO EL CONJUNTO	56 2-B	Atizapán de Zaragoza	
CERRADA DEL POTRERO	108 4-C	Alvaro Obregón	01709
CERRADA SAN JOSE	108 4-B	Alvaro Obregón	01779
CERRILLOS LOS	138 3-D	Xochimilco	16780
CERRITO EL	16 3-E	Cuautitlán Izcalli	
CERRITO EL	106 2-B	Huixquilucan	52760
CERRITO EL	55 5-F	Naucalpan	52927
CERRO DE LA ESTRELLA	111 5-C	Iztapalapa	09860
CERRO DEL CHIQUIHUITE	58 4-B	Gustavo A. Madero	07258
CERRO DEL JUDIO	108 6-A	Magdalena Contreras	10310
CERRO DEL JUDIO RESERVA	107 6-F	Magdalena Contreras	10310
CERRO DEL MARQUES	127 6-B	Chalco	56614
CERRO DEL TEJOLOTE	114 6-E	Ixtapaluca	
CERRO GORDO UNIDAD	59 1-F	Ecatepec	55425
CERRO GRANDE	43 4-E	Tlalnepantla	54014
CERRO PRIETO	84 2-F	Gustavo A. Madero	07960
CERRO PRIETO	85 2-A	Gustavo A. Madero	07960
CERROS UNIDAD HABITACIONAL	47 2-E	Ecatepec	55070
CERVECERIA MODELO	69 4-C	Naucalpan	53330
CESTEROS BARRIO	87 3-E	Chimalhuacán	56367
CEYLAN IXTACALA	57 6-C	Tlalnepantla	54162
CEYLAN UNIDAD	70 1-C	Tlalnepantla	54174
CFE CERVANTES DEL RIO HUGO U.HAB	57 2-C	Tlalnepantla	54149
CIMA LA RESIDENCIAL	32 4-D	Coacalco	
CINCO DE DICIEMBRE UNIDAD HAB.	97 3-D	Iztacalco	08619
CINCO DE FEBRERO	28 6-F	Nicolás Romero	54413
CINCO DE MAYO	43 4-A	Atizapán de Zaragoza	52997
CINCO DE MAYO	127 6-F	Chalco	56604
CINCO DE MAYO	82 3-F	Miguel Hidalgo	11470
CINCO DE MAYO	22 2-A	Tecámac	55749
CIPRESES LOS	110 6-D	Coyoacán	04830
CIPRESES LOS	110 2-E	Iztapalapa	09810
CIRUELOS LOS	110 6-C	Coyoacán	04830
CIRUELOS LOS CONJUNTO	108 6-C	Magdalena Contreras	
CITLALMINA	114 5-A	Ixtapaluca	
CITLALMINA FRACCIONAMIENTO	114 5-A	Ixtapaluca	
CITLALLI	112 3-C	Iztapalapa	09660

COLONIA	COORDENADAS PLANO	DELEGACION O MUNICIPIO	CP
CITLAMINA	114 5-A	Ixtapaluca	56566
CIUDAD ADOLFO LOPEZ MATEOS	43 6-A	Atizapán de Zaragoza	52900
CIUDAD ALEGRE	88 4-B	Chimalhuacán	56364
CIUDAD AMANECER	73 1-C	Ecatepec	55267
CIUDAD AZTECA	60 3-B	Ecatepec	55120
CIUDAD BRISA	68 5-E	Naucalpan	53280
CIUDAD CUAUHTEMOC	35 2-B	Ecatepec	55067
CIUDAD DE LOS DEPORTES	96 4-C	Benito Juárez	03710
CIUDAD DE LOS NIÑOS	69 6-A	Naucalpan	53450
CIUDAD DE LOS NIÑOS AMPL.	69 6-A	Naucalpan	53459
CIUDAD JARDIN	110 4-A	Coyoacán	04370
CIUDAD LABOR	44 2-D	Tultitlán	54943
CIUDAD LAGO	85 1-F	Nezahualcóyotl	57180
CIUDAD LAGO AMPL.	85 2-F	Nezahualcóyotl	57185
CIUDAD ORIENTE	60 6-B	Ecatepec	55247
CIUDAD SATELITE	69 1-B	Naucalpan	53100
CIUDADELA LA	18 6-B	Cuautitlán	
CLAJINGA	24 6-D	Teotihuacán	
CLAVERIA	70 6-B	Azcapotzalco	02080
CLUB DE GOLF BELLAVISTA	56 5-A	Atizapán de Zaragoza	52995
CLUB DE GOLF BELLAVISTA	56 5-A	Tlalnepantla	54053
CLUB DE GOLF LA HACIENDA	43 6-C	Atizapán de Zaragoza	52959
CLUB DE GOLF MEXICO	122 5-F	Tlalpan	14620
CLUB DE GOLF PALMAS RES.	94 3-C	Huixquilucan	
CLUB MONTE SUR	149 2-C	Xochimilco	16909
CLUB RANCHO AEREO	20 4-F	Tecámac	55770
CLUB VIRREYES FRACC.	28 2-F	Tepotzotlán	54652
CLUBES LOS	43 5-C	Atizapán de Zaragoza	52958
COACALCO DE BERRIOZABAL	32 4-D	Coacalco	55700
COACALCO RESIDENCIAL	32 3-F	Coacalco	
COACALCO UNIDAD	33 4-B	Coacalco	55713
COALICION LOS SAUCES	60 6-C	Ecatepec	55268
COANALAN PUEBLO	36 5-C	Acolman	55885
COANALCO AMPL.	46 6-C	Ecatepec	55508
COAPA CONJ. URBANO	123 3-F	Tlalpan	14337
COATEPEC	102 4-F	Ixtapaluca	56580
COATLINCHAN	89 2-C	Texcoco	56250
COCEM I INFONAVIT	31 5-D	Tultitlán	54913
COCILA LA	31 4-B	Cuautitlán Izcalli	
COCOTITLAN	141 4-D	Cocotitlán	56680
COCOYOTES	58 2-B	Gustavo A. Madero	07180
COCOYOTL	76 3-E	Texcoco	
CODICE MENDOCINO I	73 3-C	Ecatepec	55236
CODICE MENDOCINO II	73 3-D	Ecatepec	55236
COHUATLAN UNIDAD	84 2-A	Cuauhtémoc	
COLATITLA	24 2-C	Teotihuacán	55814
COLIBRI EL	44 3-B	Cuautitlán Izcalli	54769
COLINA DEL FAISAN	68 1-F	Naucalpan	
COLINAS	68 3-D	Naucalpan	53218
COLINAS DE ATIZAPAN CONJUNTO	42 6-F	Atizapán de Zaragoza	
COLINAS DE ECATEPEC	46 1-E	Ecatepec	
COLINAS DE ECATEPEC	46 3-E	Ecatepec	
COLINAS DE SAN MATEO	68 3-D	Naucalpan	53218
COLINAS DE TARANGO	108 1-D	Alvaro Obregón	01610
COLINAS DE TARANGO AMPLIACION	108 1-E	Alvaro Obregón	01610
COLINAS DEL BOSQUE	123 5-A	Tlalpan	14608
COLINAS DEL LAGO	30 3-C	Cuautitlán Izcalli	54744
COLINAS DEL SUR	108 1-C	Alvaro Obregón	01430
COLMENA LA UNIDAD HAB.	99 6-F	Iztapalapa	09170
COLON ECHEGARAY	69 3-D	Naucalpan	53300
COLONIAL DEL TEPEYAC	30 5-F	Cuautitlán Izcalli	
COLONIAL ECATEPEC	47 1-D	Ecatepec	
COLONIAL IZTAPALAPA	111 3-F	Iztapalapa	09270
COLONIAL LOS ARCOS	56 4-E	Tlalnepantla	54060
COLONIAL MIXCOATL IZTAPALAPA	112 6-A	Iztapalapa	
COLONIAL TEPOTZOTLAN	17 1-D	Tepotzotlán	
COLONIAS LAS	56 1-B	Atizapán de Zaragoza	52953
COLONIAS LAS	81 2-F	Naucalpan	53709
COLOSIO LUIS DONALDO	33 3-D	Ecatepec	
COLOSIO MURRIETA LUIS DONALDO	45 6-A	Gustavo A. Madero	
COLTONGO BARRIO	70 4-F	Azcapotzalco	02630
COMISION FED DE ELECTRICIDAD C H	123 6-B	Xochimilco	16028
COMPOSITORES MEXICANOS	45 6-A	Gustavo A. Madero	07130
COMUNAL LOMAS DE TEMEMECA	134 4-B	Tlalpan	
COMUNIDAD LA	57 4-B	Tlalnepantla	54070
CONCEPCION BARRIO	126 1-D	Tláhuac	13150
CONCEPCION DE LA BARRIO	16 3-A	Tepotzotlán	54657
CONCEPCION DE LA BARRIO	31 3-B	Tultitlán	54900
CONCEPCION LA	49 1-E	Chiautla	
CONCEPCION LA	121 3-B	Magdalena Contreras	10830
CONCEPCION LA	20 3-E	Tecámac	
CONCEPCION LA	24 6-D	Teotihuacán	
CONCEPCION LA	50 4-E	Tepetlaoxtoc	56070
CONCEPCION LA	75 2-F	Texcoco	56233
CONCEPCION LA	127 3-A	Valle de Chalco	
CONCEPCION LA BARRIO	109 3-F	Coyoacán	04020
CONCEPCION LA BARRIO	151 4-E	Milpa Alta	12000
CONCEPCION LA BARRIO	49 2-E	Tezoyuca	56000
CONCEPCION TLACOPA LA BARRIO	123 6-F	Xochimilco	16000
CONCHA LA	136 2-D	Xochimilco	16210
CONCHITA LA	95 4-F	Alvaro Obregón	01109
CONCHITA LA	63 6-C	Texcoco	56170
CONCHITA LA AMPLIACION	138 4-F	Tláhuac	
CONCHITA LA BARRIO	140 1-F	Chalco	56600
CONCHITA LA BARRIO	50 3-F	Tepetlaoxtoc	
CONCHITA LA BARRIO	139 4-A	Tláhuac	13600
CONCHITA ZAPOTITLAN LA	125 4-B	Tláhuac	
CONCHITAS LAS	31 4-A	Cuautitlán Izcalli	54757
CONDADO DE SAYAVEDRA	41 5-E	Atizapán de Zaragoza	52938
CONDESA	96 1-C	Cuauhtémoc	06140
CONDESA LA	56 1-A	Atizapán de Zaragoza	52965
CONDOMINIO DEL BOSQUE FRACC.	122 4-B	Tlalpan	
CONDOMINIO MAYE	76 1-B	Texcoco	
CONDOMINIO SOL DE TULTITLAN	31 5-D	Tultitlán	
CONDOMINIOS LA TERRA	94 2-C	Huixquilucan	
CONDOMINIOS PLACET	94 3-C	Huixquilucan	
CONDOPLAZAS CHILUCA	55 2-A	Atizapán de Zaragoza	52930
CONEJO	134 5-F	Tlalpan	
CONGRESO DE LA UNION	60 1-D	Ecatepec	
CONGRESO EL	33 4-E	Ecatepec	
CONGRESO GUADALUPE VICTORIA	33 5-E	Ecatepec	55010
CONSEJO AGRARISTA MEXICANO	111 5-F	Iztapalapa	09760
CONSTITUCION DE 1857	99 5-F	Nezahualcóyotl	57910
CONSTITUCION DE 1917	111 2-E	Iztapalapa	09260
CONSTITUCION DE 1917	59 4-B	Tlalnepantla	54190
CONSTITUCION DE 1917 UNIDAD HAB.	111 2-E	Iztapalapa	
CONSTITUCION DE LA REPUBLICA	71 4-F	Gustavo A. Madero	07469
CONSTITUYENTES DE 1917	94 1-D	Huixquilucan	52775
CONSUELO EL	63 4-A	Texcoco	56204
CONTADERO	37 3-D	Tepetlaoxtoc	
CONTADERO EL PUEBLO	107 3-A	Cuajimalpa	05500
CONVENTO EL	122 6-C	Tlalpan	14438
COOPERATIVA	76 3-B	Texcoco	56225
COOPERATIVA CEGUAYO	108 2-B	Alvaro Obregón	
COOPERATIVA DE TRAB SECTOR PESCA	111 5-B	Iztapalapa	09880
COOPERATIVA OSCOVI	124 3-D	Iztapalapa	09960
COOPERATIVA PALO ALTO	95 4-A	Cuajimalpa	05110
COPALERA	100 3-F	Chimalhuacán	
COPALERA	101 3-A	Chimalhuacán	
COPILCO EL ALTO	109 5-D	Coyoacán	04360
COPILCO EL BAJO	109 4-B	Coyoacán	04340
COPILCO UNIDAD HAB.	109 4-C	Coyoacán	04350
COPILCO UNIVERSIDAD	109 4-C	Coyoacán	04360
COPILCO UNIVERSIDAD UNIDAD HAB.	109 4-C	Coyoacán	04340
COPORO	55 1-E	Atizapán de Zaragoza	52967
CORAZON DE LA HERRADURA	81 6-E	Huixquilucan	
CORAZON EL	108 2-A	Alvaro Obregón	
CORDELES LOS	34 6-F	Ecatepec	
CORDILLERA LA RESIDENCIAL	94 5-B	Cuajimalpa	
CORDOBA	67 4-D	Naucalpan	
CORDOVA REYES LUIS	87 3-F	Chimalhuacán	

COLONIA	COORDENADAS PLANO	DELEGACION O MUNICIPIO	CP
CORONELA LA	111 5-D	Iztapalapa	
CORPUS CHRISTI	108 1-A	Alvaro Obregón	01530
CORPUS CHRISTI AMPL.	108 1-B	Alvaro Obregón	01539
CORRALES	113 4-A	Iztapalapa	09697
CORRALES	113 5-A	Iztapalapa	
CORRALES LOS	123 6-B	Xochimilco	16015
CORRALITO EL	81 1-D	Naucalpan	53667
CORRALITOS	112 5-C	Iztapalapa	09649
CORRALON EL	59 6-B	Ecatepec	55346
CORREDOR URBANO COMERCIAL	30 2-E	Cuautitlán Izcalli	
CORTIJO EL	57 4-A	Tlalnepantla	54070
COSMOPOLITA	70 5-E	Azcapotzalco	02670
COSMOPOLITA AMPL.	70 6-E	Azcapotzalco	02920
COSS VICENTE	60 4-B	Ecatepec	
COSTAS DEL MEDITERRANEO	71 1-A	Gustavo A. Madero	
COUNTRY CLUB	82 5-B	Naucalpan	53930
COVADONGA	127 5-E	Chalco	56615
COVE	96 2-A	Alvaro Obregón	01120
COVE (MATERIALES DE GUERRA)	96 2-A	Alvaro Obregón	01120
COXTITLAN	102 1-A	Chicoloapan	
COYOL EL UNIDAD HAB.	72 3-A	Gustavo A. Madero	17420
COYOLI MARTINEZ U. HABITACIONAL	20 5-C	Tultitlán	
COYUYA UNIDAD HAB.	97 2-E	Iztacalco	08320
CREDITO CONSTRUCTOR	109 1-C	Benito Juárez	03940
CRISTO REY	96 4-A	Alvaro Obregón	01150
CROC UNIDAD	57 4-F	Tlalnepantla	
CRUCES LAS	113 5-C	Iztapalapa	
CRUCES LAS	108 6-A	Magdalena Contreras	10330
CRUCES LAS BARRIO	137 4-C	Xochimilco	16530
CRUZ BLANCA	106 6-D	Cuajimalpa	05700
CRUZ DE LA	97 2-D	Iztacalco	08310
CRUZ DEL FAROL	121 6-F	Tlalpan	14248
CRUZ LA	56 4-A	Atizapán de Zaragoza	52985
CRUZ LA	101 1-A	Chimalhuacán	
CRUZ LA	46 4-E	Ecatepec	55087
CRUZ LA	46 5-E	Ecatepec	55087
CRUZ LA	71 3-F	Gustavo A. Madero	07070
CRUZ LA	121 2-C	Magdalena Contreras	10800
CRUZ LA AMPL.	56 4-A	Atizapán de Zaragoza	52985
CRUZ LA BARRIO	97 4-D	Iztacalco	08310
CRUZ MANCA UNIDAD HABITACIONAL	107 3-D	Cuajimalpa	
CRUZTITLA BARRIO	152 1-A	Milpa Alta	12100
CUADRANTE DE SAN FRANCISCO BARRIO	109 3-E	Coyoacán	04320
CUAIHAMA BARRIO	137 3-D	Xochimilco	
CUAMATLA COMPLEJO INDUSTRIAL	17 6-F	Cuautitlán Izcalli	54730
CUARTOS II LOS	81 2-D	Naucalpan	53664
CUARTOS III LOS	81 2-D	Naucalpan	53664
CUARTOS LOS	81 3-C	Naucalpan	53670
CUATRO ARBOLES	85 6-B	Venustiano Carranza	15730
CUAUHTEMOC	83 5-D	Cuauhtémoc	06500
CUAUHTEMOC	59 5-B	Ecatepec	55310
CUAUHTEMOC	108 6-B	Magdalena Contreras	10020
CUAUHTEMOC	22 4-A	Tecámac	55768
CUAUHTEMOC	57 1-D	Tlalnepantla	54124
CUAUHTEMOC PENSIL	83 3-A	Miguel Hidalgo	11490
CUAUTEPEC DE MADERO	58 2-B	Gustavo A. Madero	07200
CUAUTEPEC EL ALTO	58 1-B	Gustavo A. Madero	07100
CUAUTITLAN	18 6-C	Cuautitlán	54800
CUAUTITLAN CEBADALES	18 5-D	Cuautitlán	54858
CUAUTITLAN CONJUNTO INDUSTRIAL	31 2-B	Cuautitlán	
CUAUTITLAN IZCALLI CENTRO	30 1-E	Cuautitlán Izcalli	54700
CUAUTITLAN IZCALLI CORREDOR IND.	17 3-F	Cuautitlán Izcalli	
CUAUTITLAN IZCALLI NTE. INFONAVIT	17 5-D	Cuautitlán Izcalli	54720
CUAUTITLAN IZCALLI Z SUR U CIVICA	30 6-F	Cuautitlán Izcalli	54763
CUAUTITLAN IZCALLI ZONA IND.	31 1-A	Cuautitlán Izcalli	54758
CUAUTLIQUIXCO	21 3-F	Tecámac	55760
CUBA	29 5-A	Nicolás Romero	
CUCHILLA AGRICOLA ORIENTAL	98 2-C	Iztacalco	08420
CUCHILLA ALFREDO DEL MAZO	127 3-F	Ixtapaluca	56579
CUCHILLA DE PADIERNA AMPLIACION	121 6-E	Tlalpan	14240
CUCHILLA DEL MORAL I UNIDAD HAB.	98 4-D	Iztapalapa	09319
CUCHILLA DEL MORAL II UNIDAD HAB.	98 4-D	Iztapalapa	09319
CUCHILLA DEL TESORO	85 2-E	Gustavo A. Madero	07900
CUCHILLA GABRIEL RAMOS MILLAN	98 4-A	Iztacalco	08030
CUCHILLA LA	57 5-E	Tlalnepantla	
CUCHILLA LA UNIDAD	72 5-B	Gustavo A. Madero	07958
CUCHILLA PADIERNA	121 6-E	Tlalpan	14220
CUCHILLA PANTITLAN	85 5-D	Venustiano Carranza	15610
CUCHILLA RAMOS MILLAN GABRIEL	98 4-A	Iztacalco	08030
CUEMANCO CONJUNTO INFONAVIT	123 3-F	Tlalpan	14336
CUERNITO EL	95 4-E	Alvaro Obregón	01220
CUERNO EL	23 1-A	Teotihuacán	
CUERVO EL	108 1-A	Alvaro Obregón	01538
CUESTA DE BARRIO	67 3-C	Naucalpan	
CUEVITA LA	69 6-A	Naucalpan	53465
CUEVITAS	95 4-D	Alvaro Obregón	01220
CUEVITAS DE CURAMAGUEY BARRIO	122 4-C	Tlalpan	14267
CUICALLI	69 1-A	Naucalpan	
CUITLAHUAC CONJUNTO HABITACIONAL	111 1-A	Iztapalapa	09836
CUITLAHUAC UNIDAD HAB.	122 3-D	Tlalpan	14039
CUITLAHUAC UNIDAD HABITACIONAL	70 5-D	Azcapotzalco	02500
CULHUACAN C.T.M. U. HAB. ZONA V	110 5-D	Coyoacán	04440
CULHUACAN C.T.M. U. HAB. ZONA VII	110 5-E	Coyoacán	04489
CULHUACAN C.T.M. U.OBRERA ZONA VI	110 5-E	Coyoacán	04480
CULHUACAN CTM U OBRERO H ZONA 13	110 6-F	Coyoacán	
CULHUACAN CTM U OBRERO HAB. VII-A	110 6-F	Coyoacán	04489
CULHUACAN PUEBLO	110 4-E	Iztapalapa	09800
CULHUACAN U. OBRERO HAB. CTM IX	123 1-F	Coyoacán	04939
CULHUACAN U. OBRERO HAB. CTM X	123 1-E	Coyoacán	04939
CULHUACAN UNIDAD HAB.	110 6-E	Coyoacán	04490
CULHUACAN ZONA URBANA EJIDAL	110 4-F	Iztapalapa	09800
CULTURA MAYA	121 6-D	Tlalpan	
CULTURAS DE MEXICO	140 1-E	Chalco	
CULTURAS DE MEXICO	127 6-E	Chalco	56613
CUMBRES DE SAN FRANCISCO	108 4-C	Alvaro Obregón	
CUMBRES DE SAN MATEO	68 2-D	Naucalpan	53210
CUMBRES DE TEPETONGO	122 6-C	Tlalpan	14420
CUMBRES DEL HIMALAYA	68 4-D	Naucalpan	53298
CUMBRES REFORMA	94 4-E	Cuajimalpa	
CUMBRIA	30 1-E	Cuautitlán Izcalli	54740
CURIELA LA	46 2-E	Ecatepec	55039
CURTIDORES BARRIO	87 3-D	Chimalhuacán	56360
CUYOS LOS	100 3-D	Nezahualcóyotl	

CH

COLONIA	COORDENADAS PLANO	DELEGACION O MUNICIPIO	CP
CHACONA LA	81 1-B	Naucalpan	53428
CHALCO	128 6-B	Chalco	56600
CHALCO ZONA INDUSTRIAL	141 2-B	Chalco	
CHALMA	57 3-E	Tlalnepantla	54143
CHALMA DE BARRIO	137 4-F	Xochimilco	
CHALMA DE GUADALUPE	57 1-F	Gustavo A. Madero	07210
CHALPA	46 6-D	Ecatepec	55413
CHAMACUERO	43 3-D	Atizapán de Zaragoza	52924
CHAMIZAL EL	72 2-E	Ecatepec	55270
CHAMIZAL EL	82 3-A	Naucalpan	53770
CHAMIZALITO EL	47 6-C	Ecatepec	
CHAPARRAL EL	56 4-A	Atizapán de Zaragoza	52990
CHAPARRAL EL AMPL.	56 3-A	Atizapán de Zaragoza	52990
CHAPULTEPEC BARRIO	136 6-F	Xochimilco	16850
CHAPULTEPEC MORALES	83 4-B	Miguel Hidalgo	11570
CHARCO EL	47 5-A	Ecatepec	55404
CHARCO EL	47 6-B	Ecatepec	
CHARCO EL	60 1-C	Ecatepec	55404
CHARCO EL	134 5-E	Tlalpan	14780
CHAVEZ IGNACIO DR. INFONAVIT	123 3-F	Tlalpan	14339
CHICAGO	29 5-A	Nicolás Romero	
CHICATIN EL	56 4-B	Atizapán de Zaragoza	52987
CHICONCUAC	49 6-E	Chiconcuac	56270
CHICHILECO	49 4-A	Atenco	
CHICHILENCO	49 4-A	Atenco	
CHILERO I	97 6-C	Iztapalapa	09449
CHILERO II	97 5-C	Iztapalapa	09449
CHILPA	44 1-B	Tultitlán	54946
CHILPAN UNIDAD HABITACIONAL	31 4-D	Tultitlán	
CHILUCA RESIDENCIAL	54 3-F	Atizapán de Zaragoza	52930
CHIMALCOYOTL	122 6-E	Tlalpan	14630
CHIMALHUACAN	87 6-F	Chimalhuacán	56806
CHIMALI	123 3-A	Tlalpan	14370
CHIMALISTAC	109 3-B	Alvaro Obregón	01070
CHIMILLI	121 6-E	Tlalpan	14749
CHINAMPAC DE JUAREZ UNIDAD HABIT.	98 6-F	Iztapalapa	09208
CHINAMPAS LAS	20 2-E	Jaltenco	
CHITCHITCASPATL	121 5-B	Tlalpan	14108
CHOMULCO	147 1-C	Tlalpan	14829
CHOPO UNIDAD HABITACINAL	111 4-C	Iztapalapa	
CHUCHITO BARRIO	80 4-B	Naucalpan	
CHULAVISTA	56 4-E	Tlalnepantla	54066
CHURUBUSCO	110 2-A	Coyoacán	04120
CHURUBUSCO COUNTRY CLUB	110 2-B	Coyoacán	04210
CHURUBUSCO TEPEYAC	71 4-B	Gustavo A. Madero	07730

D

COLONIA	COORDENADAS PLANO	DELEGACION O MUNICIPIO	CP
D M NACIONAL	72 4-A	Gustavo A. Madero	07450
DALIAS LAS	33 2-A	Coacalco	
DEFENSORES DE LA REPUBLICA	71 5-A	Gustavo A. Madero	07780
DEGOLLADO	112 6-A	Iztapalapa	09704
DELGADO ZENON	95 4-E	Alvaro Obregón	01220
DELICIAS LAS	33 2-A	Coacalco	
DEPARTAMENTO DEL DISTRITO DE U.H.	111 5-C	Iztapalapa	
DEPORTES DE LOS	24 5-B	Teotihuacán	55847
DESARROLLO URBANO QUETZALCOATL	112 4-A	Iztapalapa	09700
DIAMANTE	122 6-B	Tlalpan	
DIAZ MIRON SALVADOR	72 3-A	Gustavo A. Madero	07400
DIAZ ORDAZ	59 5-F	Ecatepec	
DIAZ PORFIRIO	99 2-B	Nezahualcóyotl	57520
DIECINUEVE DE MAYO	108 1-A	Alvaro Obregón	01388
DIECINUEVE DE SEP. 1A. SECC. AMPL	34 5-F	Ecatepec	55060
DIECINUEVE DE SEPTIEMBRE	34 6-E	Ecatepec	
DIECINUEVE DE SEPTIEMBRE	47 1-D	Ecatepec	
DIECINUEVE DE SEPTIEMBRE AMPL.	34 5-F	Ecatepec	
DIECINUEVE DE SEPTIEMBRE AMPL.	34 6-E	Ecatepec	
DIECISEIS DE SEPTIEMBRE	60 6-B	Ecatepec	55170
DIECISEIS DE SEPTIEMBRE	95 2-F	Miguel Hidalgo	11810
DIECISIETE DE MARZO	100 3-E	Chimalhuacán	
DIEZ DE ABRIL	82 2-E	Miguel Hidalgo	11250
DIEZ DE ABRIL	69 3-D	Naucalpan	53320
DIEZ DE JUNIO	32 1-A	Tultepec	54980
DIEZ DE MAYO	84 4-D	Venustiano Carranza	15290
DINAMITA LA	71 3-F	Gustavo A. Madero	07070
DIQUE EL	47 5-C	Ecatepec	
DIVISADERO EL	135 2-F	Tlalpan	14406
DIVISION DEL NORTE	59 5-E	Ecatepec	55200
DIVISION DEL NORTE	59 5-A	Tlalnepantla	
DIVISION DEL NORTE INFONAVIT	123 6-E	Xochimilco	16030
DOCE DE DICIEMBRE	46 2-F	Ecatepec	55030
DOCE DE DICIEMBRE UNIDAD HAB.	111 5-A	Iztapalapa	09870
DOCTORES	84 6-A	Cuauhtémoc	06720
DOLORES TLALI	136 4-A	Tlalpan	
DOMINGUEZ BELISARIO	122 4-F	Tlalpan	14310
DOMINGUEZ BELISARIO	123 2-B	Tlalpan	14310
DOMINGUEZ BELISARIO INFONAVIT	98 2-D	Iztacalco	08188
DONGU DE BARRIO	80 4-B	Naucalpan	
DORADO EL	56 1-E	Tlalnepantla	54020
DORADO EL RESIDENCIAL	56 1-E	Tlalnepantla	54020
DOS DE MARZO	88 5-E	Chicoloapan	
DOS DE MARZO	88 5-A	Chimalhuacán	
DOS DE OCTUBRE	121 6-C	Tlalpan	14739
DOS DE SEPTIEMBRE	19 1-D	Nextlalpan	
DOS LAGOS	83 3-B	Miguel Hidalgo	11460
DOS RIOS	108 2-A	Alvaro Obregón	01549
DOS RIOS	93 6-B	Chimalhuacán	01549

E

COLONIA	COORDENADAS PLANO	DELEGACION O MUNICIPIO	CP
EBANISTAS BARRIO	87 4-D	Chimalhuacán	56360
EBANO EL	94 6-C	Cuajimalpa	05220
ECATEPEC 2000	33 6-C	Ecatepec	
ECATEPEC DE MORELOS	46 1-F	Ecatepec	55000
ECUANIL	147 1-D	Tlalpan	14820
ECHEVERRIA LUIS	30 6-F	Cuautitlán Izcalli	54760
ECHEVERRIA LUIS	31 5-A	Cuautitlán Izcalli	54760
EDEN EL	99 6-D	Iztapalapa	09520
EDUCACION	110 4-C	Coyoacán	04400
EDUCACION	19 1-B	Tultepec	05488
EJERCITO CONSTITUCIONALISTA U HAB	98 4-F	Iztapalapa	09220
EJERCITO DE AGUA PRIETA	99 6-A	Iztapalapa	09478
EJERCITO DE OTE ZONA PEÑON U HAB	99 6-C	Iztapalapa	09239
EJERCITO DE OTE. II ISSSTE U. HAB	99 5-A	Iztapalapa	09230
EJERCITO DEL TRABAJO	101 2-B	Chicoloapan	
EJERCITO DEL TRABAJO I	73 2-B	Ecatepec	55299
EJERCITO DEL TRABAJO II	73 2-C	Ecatepec	55238
EJERCITO DEL TRABAJO III	73 3-B	Ecatepec	55298
EJIDAL	127 6-F	Chalco	
EJIDAL LOS ACUALES	33 4-A	Coacalco	55739
EJIDO AXOTLAN AMPLIACION	29 4-B	Nicolás Romero	
ELECTRA	56 5-D	Tlalnepantla	54060
ELECTRICISTAS	70 5-C	Azcapotzalco	02060
ELECTRICISTAS UNIDAD HAB.	31 4-C	Tultitlán	54900
ELIAS CALLES P. (CHOCOLINES)	114 4-F	Ixtapaluca	56585
ELIAS CALLES PLUTARCO UNIDAD HAB.	111 2-E	Iztapalapa	09250
ELIAS PLUTARCO CALLES	83 2-D	Miguel Hidalgo	11350
EMANCIPACION DEL PUEBLO	108 2-C	Alvaro Obregón	01550
EMBAJADA LA SECC.	34 3-F	Ecatepec	55067
EMBOTELLADORES C.T.M. U INFONAVIT	75 2-F	Texcoco	
EMIQUIA	19 1-C	Tultepec	
EMPERADORES	96 6-F	Benito Juárez	03320
EMPLEADOS FEDERALES CONDOMINIOS	109 4-C	Coyoacán	04359
ENCANTO EL RESIDENCIAL	136 1-C	Xochimilco	
ENCINAL EL	107 4-A	Cuajimalpa	05509
ENCINO EL	108 3-D	Alvaro Obregón	01708
ENCINOS DEL PEDREGAL	149 3-C	Tlalpan	
ENCINOS LOS	121 5-D	Tlalpan	14239
ENSUEÑOS	17 6-E	Cuautitlán Izcalli	54740
ERMITA	109 4-B	Alvaro Obregón	01070
ERMITA	109 4-A	Alvaro Obregón	01070
ERMITA	110 1-B	Benito Juárez	03590
ERMITA CHURUBUSCO UNIDAD HAB.	110 2-D	Coyoacán	04239
ERMITA IZTAPALAPA	111 1-B	Iztapalapa	09360
ERMITA RESIDENCIAL	111 3-E	Iztapalapa	09710

COLONIA	COORDENADAS PLANO	DELEGACION O MUNICIPIO	CP
ERMITA ZARAGOZA C. H. POPULAR	99 6-F	Iztapalapa	09180
ERMITAÑO EL	120 3-E	Magdalena Contreras	10660
ESCALERA LA	71 1-B	Gustavo A. Madero	07320
ESCALERA LA CONJ. HAB.	71 1-B	Gustavo A. Madero	07320
ESCALERILLA	114 5-D	Ixtapaluca	56567
ESCALERILLA AMPLIACION	114 5-D	Ixtapaluca	56567
ESCANDON	96 2-D	Miguel Hidalgo	11800
ESCOBEDO MARIANO	83 3-C	Miguel Hidalgo	11310
ESCOBEDO MARIANO	20 4-B	Tultitlán	54927
ESCOBEDO MARIANO	44 1-B	Tultitlán	54946
ESCONDIDA LA RESIDENCIAL	123 5-A	Tlalpan	
ESCUADRON 201	110 1-E	Iztapalapa	09060
ESCUADRON 201 INFONAVIT U. HAB.	58 6-A	Gustavo A. Madero	07328
ESCUELA DE TIRO	84 5-E	Venustiano Carranza	15380
ESCUELA LA	56 6-E	Tlalnepantla	54090
ESCUTIA JUAN	99 3-A	Iztapalapa	09100
ESFUERZO NACIONAL	59 4-C	Ecatepec	55320
ESMERALDA LA	72 4-B	Gustavo A. Madero	07540
ESMERALDA LA	21 6-E	Tecámac	55765
ESMERALDA LA AMPL.	34 1-D	Tecámac	55765
ESMERALDA LA UNIDAD HAB.	72 3-B	Gustavo A. Madero	07549
ESMERALDA RESIDENCIAL	123 5-B	Xochimilco	
ESPAÑA RESIDENCIAL	111 5-B	Iztapalapa	
ESPAÑA UNIDAD HAB.	111 5-D	Iztapalapa	09860
ESPARTACO	110 6-B	Coyoacán	04870
ESPERANZA	84 6-C	Cuauhtémoc	06840
ESPERANZA	100 3-B	Nezahualcóyotl	57800
ESPERANZA LA	46 5-B	Ecatepec	55090
ESPERANZA LA	124 1-C	Iztapalapa	09910
ESPERANZA LA	82 1-A	Naucalpan	53600
ESPERANZA LA BARRIO	30 2-A	Cuautitlán Izcalli	
ESPERANZA UNIDAD	96 2-F	Benito Juárez	03020
ESPIRITU SANTO EJIDO	54 3-E	Atizapán de Zaragoza	
ESTACION AJUSCO	148 2-B	Tlalpan	14529
ESTACION CAJIGA	20 2-A	Tultepec	54978
ESTACION LA	125 1-A	Tláhuac	13319
ESTACION PANTACO	70 5-D	Azcapotzalco	02520
ESTACION XICO	126 6-E	Chalco	56626
ESTADIA LA	55 5-A	Atizapán de Zaragoza	52936
ESTADO DE ANAHUAC U. HAB.	111 6-B	Iztapalapa	09850
ESTADO DE HIDALGO	108 1-B	Alvaro Obregón	01520
ESTADO DE HIDALGO AMPL.	108 1-B	Alvaro Obregón	01520
ESTADO DE MEXICO	113 4-F	Ixtapaluca	56576
ESTADO DE MEXICO	114 4-A	Ixtapaluca	56576
ESTADO DE MEXICO	82 3-B	Naucalpan	53598
ESTADO DE MEXICO	86 5-A	Nezahualcóyotl	57210
ESTADO DE VERACRUZ	111 2-B	Iztapalapa	09856
ESTANCIA LA	18 5-D	Cuautitlán	
ESTANZUELA	71 3-E	Gustavo A. Madero	07060
ESTEPAS FRACCIONAMIENTO	20 4-B	Tultitlán	54926
ESTRELLA	71 5-D	Gustavo A. Madero	07810
ESTRELLA CULHUACAN	110 5-F	Iztapalapa	09800
ESTRELLA DE ORIENTE	73 2-C	Ecatepec	55237
ESTRELLA DEL SUR	110 2-F	Iztapalapa	09820
ESTRELLA DEL SUR AMPL.	110 3-F	Iztapalapa	09820
ESTRELLA LA	59 5-F	Ecatepec	55210
ESTRELLA MORA	148 4-F	Tlalpan	14550
ESTRELLA UNIDAD HABITACIONAL	84 2-A	Cuauhtémoc	
ESTRELLA UNIDAD HABITACIONAL	111 4-B	Iztapalapa	
EUROMEX FRACCIONAMIENTO	50 5-D	Papalotla	
EUZKADI	70 5-E	Azcapotzalco	02660
EVANGELISTA	24 2-A	Teotihuacán	55816
EVOLUCION	99 2-D	Nezahualcóyotl	57700
EVOLUCION AMPL.	99 2-D	Nezahualcóyotl	57709
EVOLUCION PONIENTE	99 2-C	Nezahualcóyotl	57708
EX HACIENDA COAPA	123 2-C	Tlalpan	
EX HACIENDA DE ENMEDIO	70 1-D	Tlalnepantla	54172
EX HACIENDA DE LECHERIA	44 1-B	Tultitlán	
EX HACIENDA DEL PEDREGAL	42 3-C	Atizapán de Zaragoza	
EX HACIENDA SAN ISIDRO FRACC.	113 3-F	La Paz	
EX HACIENDA SAN JUAN DE DIOS	123 4-C	Tlalpan	14387
EX HACIENDA SAN MIGUEL FRACC.	17 3-E	Cuautitlán Izcalli	
EX HACIENDA TARANGO	108 1-D	Alvaro Obregón	
EX HIPODROMO DE PERALVILLO	84 1-B	Cuauhtémoc	06250
EXITO TRIUNFO Y ENSEÑANZA	72 4-C	Gustavo A. Madero	07530
EXPLANADA DE LAS FUENTES	82 5-B	Naucalpan	
EXTREMADURA INSURGENTES	96 5-C	Benito Juárez	03740

F

COLONIA	COORDENADAS PLANO	DELEGACION O MUNICIPIO	CP
FABELA ISIDRO	95 4-F	Alvaro Obregón	01160
FABELA ISIDRO	44 4-A	Tlalnepantla	54110
FABELA ISIDRO	122 2-D	Tlalpan	14030
FABELA ISIDRO SECC. CANTIL	122 3-D	Tlalpan	14039
FABELA ISIDRO UNIDAD	20 6-B	Tultitlán	54932
FAJA DE ORO	71 6-F	Gustavo A. Madero	07850
FAMA LA BARRIO	122 4-D	Tlalpan	14269
FAROLES DEL PEDREGAL RESIDENCIAL	122 3-A	Tlalpan	
FAROLES LOS	20 4-C	Tultitlán	54927
FASE II UNIDAD HAB.	111 5-E	Iztapalapa	09779
FAUNA SILVESTRE UNIDAD HAB.	87 5-F	Chimalhuacán	
FEDERACION ECATEPEC	60 6-C	Ecatepec	55249
FEDERAL	85 6-B	Venustiano Carranza	15700
FEDERAL BUROCRATICA	81 6-D	Huixquilucan	52777
FERRERIA	70 2-C	Azcapotzalco	
FERROCARRILERA	57 1-A	Tlalnepantla	
FERROCARRILERA INFONAVIT	17 5-E	Cuautitlán Izcalli	
FERROCARRILERA INSURGENTES	72 4-A	Gustavo A. Madero	07455
FERROCARRILERA SAN RAFAEL	57 1-B	Tlalnepantla	54127
FERROCARRILES	57 4-D	Tlalnepantla	
FIVIPOR UNIDAD HAB.	85 5-E	Venustiano Carranza	
FLOR DE MARIA	108 2-F	Alvaro Obregón	01760
FLORES DE LAS BARRIO	57 6-B	Tlalnepantla	54090
FLORES LAS	56 3-A	Atizapán de Zaragoza	
FLORES LAS	148 3-F	Tlalpan	
FLORES MAGON	42 1-C	Nicolás Romero	
FLORES MAGON RICARDO	97 2-E	Iztacalco	08640
FLORES MAGON RICARDO	111 2-A	Iztapalapa	09820
FLORES MAGON RICARDO	82 4-A	Naucalpan	53820
FLORES MAGON RICARDO	4 4-B	Tepotzotlán	54607
FLORES MAGON RICARDO AMPL.	110 2-F	Iztapalapa	09828
FLORES MAGON RICARDO HERMANOS	113 2-D	La Paz	
FLORES MAGON UNIDAD HAB.	98 1-D	Iztacalco	08189
FLORESTA	113 1-B	La Paz	
FLORESTA LA	100 6-B	La Paz	56420
FLORESTA UNIDAD HABITACIONAL	94 6-B	Cuajimalpa	
FLORESTA UNIDAD HABITACIONAL	100 6-B	La Paz	
FLORIDA	109 2-C	Alvaro Obregón	01030
FLORIDA CIUDAD AZTECA LA	60 2-D	Ecatepec	55129
FLORIDA LA	60 6-B	Ecatepec	55240
FLORIDA LA	69 2-B	Naucalpan	53160
FORESTAL LA	45 6-B	Gustavo A. Madero	07140
FORESTAL LA AMPL.	45 6-C	Gustavo A. Madero	07140
FORMADO HOGAR	98 2-F	Nezahualcóyotl	57460
FORTIN CHIMALISTAC	109 4-C	Coyoacán	04319
FOVISSA U. HAB.	30 5-F	Cuautitlán Izcalli	54760
FOVISSSTE UNIDAD HAB.	56 1-B	Atizapán de Zaragoza	
FRAMBOYANES LOS	121 2-D	Tlalpan	14150
FRENTE 10 UNIDAD HABITACIONAL	98 5-F	Iztapalapa	
FRENTES CHINAMPAC DE JUAREZ	98 5-E	Iztapalapa	
FRESNO DEL	31 6-D	Tultitlán	54940
FRESNO EL AMPLIACION	31 6-D	Tultitlán	
FRESNOS ECHEGARAY	69 3-D	Naucalpan	53300
FRESNOS LOS	68 3-F	Naucalpan	53237
FRESNOS LOS	19 2-E	Tultepec	
FRESNOS LOS AMPLIACION	68 3-F	Naucalpan	53250
FRESNOS LOS UNIDAD HAB.	107 1-B	Cuajimalpa	05268
FRONDOSO CONDOMINIO	94 3-E	Huixquilucan	52788
FUEGO NUEVO	110 4-F	Iztapalapa	09800
FUENTES BROTANTES	122 4-D	Tlalpan	14410
FUENTES BROTANTES CONJ. FOVISSSTE	122 5-B	Tlalpan	14410
FUENTES DE ARAGON LAS	60 6-B	Ecatepec	
FUENTES DE CANTERA RESIDENCIAL	122 6-B	Tlalpan	
FUENTES DE ECATEPEC	47 2-B	Ecatepec	55050
FUENTES DE SAN CRISTOBAL	47 2-A	Ecatepec	55040
FUENTES DE SAN CRISTOBAL AMPL.	47 3-A	Ecatepec	55040
FUENTES DE SAN FRANCISCO	32 4-F	Coacalco	
FUENTES DE SAN JERONIMO	108 6-C	Magdalena Contreras	
FUENTES DE SATELITE	55 6-E	Naucalpan	52998
FUENTES DE TEPEPAN	123 6-A	Tlalpan	14648
FUENTES DE ZARAGOZA	99 6-E	Iztapalapa	
FUENTES DEL BOSQUE	30 4-F	Cuautitlán Izcalli	
FUENTES DEL PEDREGAL	121 2-D	Tlalpan	14140
FUENTES DEL SOL	55 5-E	Naucalpan	52998
FUENTES DEL VALLE	32 4-A	Tultitlán	54910
FUENTES LAS	112 6-A	Iztapalapa	
FUNDIDORES BARRIO	87 2-E	Chimalhuacán	

G

COLONIA	COORDENADAS PLANO	DELEGACION O MUNICIPIO	CP
GALARDON CONJUNTO	94 2-E	Huixquilucan	52785
GALAXIA	30 2-E	Cuautitlán Izcalli	
GALEANA	95 6-D	Alvaro Obregón	01407
GALLITO EL	59 2-D	Ecatepec	55530
GAMA GAVILAN UNIDAD HAB.	111 1-C	Iztapalapa	09369
GAMITOS LOS	95 5-B	Alvaro Obregón	01230
GAMIZ ARTURO	107 2-F	Alvaro Obregón	
GAONA ARMENTA MIGUEL	108 2-A	Alvaro Obregón	
GARCIA RUIZ MARIA G. DE	95 4-F	Alvaro Obregón	01160
GARCIA SOTO ABDIAS	107 3-B	Cuajimalpa	05530
GARCIMARRERO	108 1-B	Alvaro Obregón	01510
GARDEN PLACID	121 1-E	Alvaro Obregón	01950
GARDENIAS CONJUNTO HABITACIONAL	98 1-B	Iztapalapa	
GARGOLAS LAS	136 1-E	Xochimilco	16059
GARITA LA	128 6-D	Chalco	
GARITA LA	34 2-D	Ecatepec	
GARITA LA	58 6-F	Tlalnepantla	54185
GARZA DANIEL	96 1-A	Miguel Hidalgo	11830
GARZA DANIEL AMPL.	96 1-B	Miguel Hidalgo	11840
GAS AMPL. DEL	70 6-E	Azcapotzalco	02970
GAS DEL	70 6-E	Azcapotzalco	02950
GASERA UNIDAD	70 1-B	Tlalnepantla	54093
GAVIA LA	107 1-D	Cuajimalpa	
GAVILAN EL UNIDAD HAB.	111 1-C	Iztapalapa	09369
GAVILLERO EL	28 5-C	Nicolás Romero	54459
GEO 2000	35 3-B	Ecatepec	
GEO INFONAVIT UNIDAD HAB.	44 2-C	Tultitlán	
GEOVILLAS LA ASUNCION CONJUNTO	113 5-E	Valle de Chalco	
GERANIOS LOS	136 2-E	Xochimilco	16098
GIRALDA	107 1-D	Cuajimalpa	
GIRASOLES LOS	123 2-D	Coyoacán	04920
GIRASOLES UNIDAD HAB.	124 1-C	Iztapalapa	09910
GLOBO EL	29 5-A	Nicolás Romero	54410
GLOBO EL SECC.	30 3-C	Cuautitlán Izcalli	54743
GLORIETA LA	73 3-C	Ecatepec	55234
GOLONDRINAS LAS	95 5-E	Alvaro Obregón	01270
GOLONDRINAS LAS AMPL.	95 5-E	Alvaro Obregón	01270
GOMEZ FARIAS VALENTIN	108 2-C	Alvaro Obregón	01329
GOMEZ FARIAS VALENTIN	85 6-A	Venustiano Carranza	15010
GOMEZ FILIBERTO	100 1-B	Chimalhuacán	56349
GOMEZ MERCED	108 1-F	Alvaro Obregón	01600
GONZALEZ ABRAHAM	95 4-F	Alvaro Obregón	01170
GONZALEZ ROMERO JUAN	72 1-A	Gustavo A. Madero	07410
GORA BARRIO	80 4-C	Naucalpan	
GRANADA	83 4-A	Miguel Hidalgo	11520
GRANADA AMPL.	83 3-A	Miguel Hidalgo	11529
GRANERO EL	33 4-A	Coacalco	
GRANJA LA UNIDAD HAB.	20 6-A	Tultepec	
GRANJAS ACOLMAN LAS	36 4-B	Acolman	
GRANJAS CABRERA	124 3-E	Tláhuac	13230
GRANJAS COAPA	123 3-E	Tlalpan	14330
GRANJAS CHALCO	141 1-B	Chalco	
GRANJAS DE GUADALUPE	42 1-C	Nicolás Romero	54474
GRANJAS DE GUADALUPE 3A.SEC. AMPL	42 1-D	Nicolás Romero	
GRANJAS DE PALO ALTO	95 5-A	Cuajimalpa	05118
GRANJAS DE SAN CRISTOBAL	33 5-A	Coacalco	55726
GRANJAS DE SAN PABLO	20 6-A	Tultitlán	54930
GRANJAS ECATEPEC 1a. SECC.	33 2-E	Ecatepec	55029
GRANJAS ECATEPEC 2a. SECC.	33 3-F	Ecatepec	55029
GRANJAS ESMERALDA	110 2-D	Iztapalapa	09810
GRANJAS ESTRELLA	111 6-B	Iztapalapa	09880
GRANJAS ESTRELLA UNIDAD HAB.	111 5-B	Iztapalapa	
GRANJAS FAMILIARES ACOLMAN	36 4-B	Acolman	
GRANJAS INDEPENDENCIA	73 3-B	Ecatepec	55290
GRANJAS INDEPENDENCIA I	73 2-B	Ecatepec	55290
GRANJAS INDEPENDENCIA II	73 2-B	Ecatepec	55290
GRANJAS INDEPENDENCIA III	73 1-B	Ecatepec	55290
GRANJAS INFONAVIT	33 4-B	Coacalco	
GRANJAS LAS	20 6-B	Tultitlán	
GRANJAS LOMAS DE GUADALUPE	30 5-C	Cuautitlán Izcalli	54767
GRANJAS LOMAS DE GUADALUPE AMPL.	30 5-D	Cuautitlán Izcalli	54760
GRANJAS MEXICO	97 2-F	Iztacalco	08400
GRANJAS MODERNAS	71 5-F	Gustavo A. Madero	07460
GRANJAS POP. GPE. TULPETLAC	60 1-B	Ecatepec	55100
GRANJAS PRINCESS CONDOMINIO	98 3-A	Iztacalco	08400
GRANJAS SAN ANTONIO	110 1-F	Iztapalapa	09070
GRANJAS SAN ANTONIO AMPL.	97 6-F	Iztapalapa	09070
GRANJAS SAN JERONIMO	124 3-E	Tláhuac	13240
GRANJAS TEPOTZOTLAN	14 6-E	Tepotzotlán	54613
GRANJAS UNIDAS	30 5-C	Cuautitlán Izcalli	54767
GRANJAS VALLE DE GPE. SECC. B	59 5-F	Ecatepec	55200
GRANJAS VALLE DE GUADALUPE	72 1-D	Ecatepec	
GRANJAS VALLE DE GUADALUPE	59 6-E	Ecatepec	55270
GUADALUPANA	18 5-B	Cuautitlán	54805
GUADALUPANA	127 5-C	Valle de Chalco	56616
GUADALUPANA BARRIO	138 3-B	Xochimilco	16629
GUADALUPANA LA	138 2-D	Xochimilco	16725
GUADALUPE	101 1-C	Chimalhuacán	56330
GUADALUPE	121 2-C	Magdalena Contreras	10820
GUADALUPE	151 6-F	Milpa Alta	
GUADALUPE	29 6-A	Nicolás Romero	54413
GUADALUPE	89 2-B	Texcoco	56255
GUADALUPE	123 4-B	Tlalpan	14388
GUADALUPE BARRIO	124 1-D	Iztapalapa	09900
GUADALUPE BARRIO	126 1-D	Tláhuac	13100
GUADALUPE BARRIO	125 6-E	Tláhuac	13060
GUADALUPE COATZOCHICO	46 5-F	Ecatepec	55417
GUADALUPE DE BARRIO	16 6-A	Tepotzotlán	
GUADALUPE DEL MORAL	98 6-C	Iztapalapa	09300
GUADALUPE FRACC.	57 5-E	Gustavo A. Madero	07660
GUADALUPE INN	109 2-B	Alvaro Obregón	01020
GUADALUPE INSURGENTES	71 5-B	Gustavo A. Madero	07870
GUADALUPE PROLETARIA	57 6-F	Gustavo A. Madero	07670
GUADALUPE PROLETARIA AMPL.	57 5-F	Gustavo A. Madero	07680
GUADALUPE SAN ILDEFONSO	28 6-F	Nicolás Romero	
GUADALUPE SAN MARCOS	128 2-E	Chalco	56643
GUADALUPE TEPEYAC	71 6-D	Gustavo A. Madero	07840
GUADALUPE TICOMAN BARRIO	58 6-C	Gustavo A. Madero	07350

COLONIA	PLANO	COORDENADAS	DELEGACION O MUNICIPIO	CP
GUADALUPE TLALTENCO	125	3-E	Tláhuac	13450
GUADALUPITA BARRIO	152	6-B	Milpa Alta	
GUADALUPITA BARRIO	138	2-D	Xochimilco	16740
GUADALUPITA LA BARRIO	136	1-F	Xochimilco	16070
GUADALUPITA TLAXIALTEMALCO LA	138	2-B	Xochimilco	16629
GUELATAO DE JUAREZ UNIDAD HAB.	99	4-A	Iztapalapa	09229
GUERRERO	84	3-A	Cuauhtémoc	06300
GUERRERO VICENTE	59	6-E	Ecatepec	55220
GUERRERO VICENTE	81	5-D	Naucalpan	53713
GUERRERO VICENTE	28	6-F	Nicolás Romero	54400
GUERRERO VICENTE 1A. SECC.	28	6-E	Nicolás Romero	54400
GUERRERO VICENTE 1A. SECC.	41	1-E	Nicolás Romero	54425
GUERRERO VICENTE 2A. SECC.	28	6-F	Nicolás Romero	54400
GUERRERO VICENTE 2A. SECC.	41	1-F	Nicolás Romero	54424
GUERRERO VICENTE UNIDAD	111	1-F	Iztapalapa	09200
GUERRERO VICENTE ZONA EJIDAL	41	1-C	Nicolás Romero	54426
GUTIERREZ NAJERA MANUEL U. HAB.	125	2-A	Tláhuac	13316

H

COLONIA	PLANO	COORDENADAS	DELEGACION O MUNICIPIO	CP
HABANA LA	126	6-A	Tláhuac	13050
HABANA LA UNIDAD	126	6-A	Tláhuac	13050
HABANA LA UNIDAD	139	1-A	Tláhuac	
HACIENDA COAPA RESIDENCIAL	123	2-D	Tlalpan	14330
HACIENDA DE ARAGON	73	1-B	Ecatepec	55243
HACIENDA DE COYOACAN	123	2-E	Coyoacán	04970
HACIENDA DE CRISTO	69	2-D	Naucalpan	53138
HACIENDA DE CRUZTITLAN	32	4-D	Coacalco	
HACIENDA DE ECHEGARAY	69	3-C	Naucalpan	53300
HACIENDA DE GUADALUPE CHIMALISTAC	109	3-C	Alvaro Obregón	01050
HACIENDA DE LA LUZ	43	2-C	Atizapán de Zaragoza	52929
HACIENDA DE LAS PALMAS FRACC.	94	4-B	Huixquilucan	
HACIENDA DE SAN JUAN	123	4-B	Tlalpan	14377
HACIENDA DE SN JUAN DE TLALPAN II	123	4-B	Tlalpan	14370
HACIENDA DE VALLE ESCONDIDO	41	6-E	Atizapán de Zaragoza	52937
HACIENDA DEL PARQUE	44	1-A	Cuautitlán Izcalli	54769
HACIENDA DEL ROSARIO	69	2-E	Azcapotzalco	02420
HACIENDA OJO DE AGUA	21	4-B	Tecámac	55770
HACIENDA REAL DE TULTEPEC	19	6-D	Tultepec	54987
HACIENDA SAN JOSE	56	5-C	Tlalnepantla	
HACIENDA SANTA MONICA	56	5-B	Tlalnepantla	54050
HACIENDAS LAS	108	4-A	Alvaro Obregón	
HADAS LAS	123	3-D	Tlalpan	14390
HALCON ORIENTE	30	4-A	Cuautitlán Izcalli	54760
HANK GONZALEZ	59	1-B	Ecatepec	55520
HANK GONZALEZ CARLOS	112	4-A	Iztapalapa	09700
HANK GONZALEZ CARLOS	101	5-A	La Paz	56510
HERA LA	111	3-F	Iztapalapa	09720
HERA LA	68	3-D	Naucalpan	53215
HERMANOS BLANCAS	98	3-D	Iztacalco	08520
HERMOSILLO	110	3-C	Coyoacán	04240
HERNANDEZ GABRIEL	71	2-F	Gustavo A. Madero	07080
HERNANDEZ GABRIEL AMPL.	71	1-E	Gustavo A. Madero	07089
HEROE DE NACOZARI	71	5-A	Gustavo A. Madero	07780
HEROES DE 1910	134	4-C	Tlalpan	14760
HEROES DE CHAPULTEPEC	72	5-A	Gustavo A. Madero	07939
HEROES DE CHURUBUSCO	110	1-D	Iztapalapa	09090
HEROES DE LA INDEPENDENCIA	59	3-F	Ecatepec	55498
HEROES DE LA REFORMA CONJUNTO	125	6-E	Tláhuac	
HEROES DE LA REVOLUCION	82	5-A	Naucalpan	53840
HEROES DE PADIERNA	121	1-D	Magdalena Contreras	10700
HEROES DE PADIERNA CONJ. RES.	108	6-D	Magdalena Contreras	
HEROES LOS FRACCIONAMIENTO	115	5-C	Ixtapaluca	
HERRADURA LA	108	3-F	Alvaro Obregón	01760
HERRADURA LA	82	6-A	Naucalpan	53920
HERRADURA LA 1a. SECC.	81	6-F	Huixquilucan	52784
HERRADURA LA 2a. SECC.	94	1-F	Huixquilucan	52784
HERRADURA LA AMPLIACION	108	3-E	Alvaro Obregón	01760
HERRADURA LA UNIDAD HAB.	125	2-A	Tláhuac	13318
HERRADURA PARAJE LA	150	2-A	Xochimilco	
HERREROS BARRIO	88	4-A	Chimalhuacán	
HIDALGO	95	3-F	Alvaro Obregón	
HIDALGO	82	3-B	Naucalpan	53580
HIDALGO	28	6-E	Nicolás Romero	54434
HIDALGO	56	5-E	Tlalnepantla	54060
HIDALGO AMPLIACION	82	4-A	Naucalpan	
HIDALGO EJIDO	87	1-E	Chimalhuacán	56369
HIDALGO MIGUEL	108	4-E	Alvaro Obregón	01789
HIDALGO MIGUEL	59	4-E	Ecatepec	
HIDALGO MIGUEL	59	3-F	Ecatepec	55490
HIDALGO MIGUEL	151	4-C	Milpa Alta	
HIDALGO MIGUEL	122	4-B	Tlalpan	14260
HIDALGO MIGUEL	125	3-A	Tláhuac	13200
HIDALGO MIGUEL	84	4-E	Venustiano Carranza	15470
HIDALGO MIGUEL AMPL.	122	5-A	Tlalpan	14250
HIDALGO MIGUEL AMPL. 2a. SECC.	121	6-F	Tlalpan	14250
HIDALGO MIGUEL AMPLIACION	121	4-F	Tlalpan	14250
HIDALGO MIGUEL UNIDAD	70	3-A	Azcapotzalco	02450
HIDALGO Y MINA UNIDAD HAB.	111	1-B	Iztapalapa	09360
HIEDRAS LAS	32	4-F	Coacalco	
HIGUERA CRISTOBAL PROFR.	43	6-A	Atizapán de Zaragoza	52940
HIGUERA CRISTOBAL PROFR. AMPL.	43	5-A	Atizapán de Zaragoza	52940
HIMNO NACIONAL	28	5-D	Nicolás Romero	54435
HIPODROMO DE LA CONDESA	96	1-C	Cuauhtémoc	06170
HOGAR OBRERO	44	5-A	Tlalnepantla	54110
HOGAR Y REDENCION	95	6-E	Alvaro Obregón	01450
HOGAR Y SEGURIDAD	70	6-D	Azcapotzalco	02820
HOGARES	46	1-F	Ecatepec	
HOGARES DE ATIZAPAN	42	3-E	Atizapán de Zaragoza	52910
HOGARES DE CASTERA UNIDAD HAB.	20	5-C	Tultitlán	
HOGARES FERROCARRILEROS U. HAB.	70	5-E	Azcapotzalco	02540
HOJALATEROS BARRIO	87	4-D	Chimalhuacán	56360
HOLANDESES LOS	134	6-E	Tlalpan	
HOMEX	47	2-B	Ecatepec	55043
HORIZONTE PETROLERO	68	2-E	Naucalpan	53225
HORNOS SANTA BARBARA	114	6-E	Ixtapaluca	56570
HOSTOC PARAJE	19	2-A	Tultepec	
HOSTOL EL ZONA COMUNAL	46	4-E	Ecatepec	55087
HOYO EL	57	1-A	Tlalnepantla	
HUASTECA	83	3-C	Miguel Hidalgo	11300
HUAUTLA DE LAS SALINAS BARRIO	70	3-E	Azcapotzalco	02330
HUAYAMILPAS	110	5-A	Coyoacán	04390
HUAYATLA	120	2-F	Magdalena Contreras	10360
HUERTA LA	95	5-B	Alvaro Obregón	01239
HUERTA LA	114	5-F	Ixtapaluca	
HUERTA LA	69	4-C	Naucalpan	53338
HUERTA LA UNIDAD HABITACIONAL	33	5-C	Ecatepec	
HUERTAS LAS	121	3-C	Magdalena Contreras	10920
HUERTAS LAS	81	1-C	Naucalpan	53427
HUERTAS LAS 1a. SECC.	68	6-D	Naucalpan	53427
HUERTO EL BARRIO	18	5-C	Cuautitlán	54807
HUESO EL UNIDAD HAB.	123	2-B	Coyoacán	04859
HUESO PERIFERICO UNIDAD HAB.	123	3-F	Tlalpan	14338
HUEYOTENCOTL	22	1-B	Tecámac	
HUEYTLALLI	108	1-D	Alvaro Obregón	01567
HUICHAPAN	83	1-A	Miguel Hidalgo	11290
HUICHAPAN	136	1-D	Xochimilco	16030
HUIPULCO EX EJIDO DE	123	4-A	Tlalpan	14380
HUISNAHUAC	63	1-A	Chiautla	
HUITZICO	113	5-B	Iztapalapa	09699
HUIXQUILUCAN DE DEGOLLADO	106	1-B	Huixquilucan	52760
HUIZACHE	46	6-E	Ecatepec	55405

I

COLONIA	PLANO	COORDENADAS	DELEGACION O MUNICIPIO	CP
IMPERIAL DE BELLAVISTA	56	1-A	Atizapán de Zaragoza	
IMPULSORA INDUSTRIAL	73	3-C	Ecatepec	55236
IMPULSORA LA	72	4-F	Nezahualcóyotl	57130
INDEPENDENCIA	97	5-A	Benito Juárez	03630
INDEPENDENCIA	127	2-B	Chalco	56617
INDEPENDENCIA	140	4-D	Chalco	56619
INDEPENDENCIA	81	4-F	Naucalpan	53830
INDEPENDENCIA	57	1-D	Tlalnepantla	54130
INDEPENDENCIA	31	4-C	Tultitlán	54914
INDEPENDENCIA 1a. SECC.	28	3-E	Nicolás Romero	54409
INDEPENDENCIA 2a. SECC.	28	4-E	Nicolás Romero	54409
INDEPENDENCIA AMPL.	57	1-C	Tlalnepantla	54130
INDEPENDENCIA UNIDAD HAB.	108	4-F	Alvaro Obregón	10100
INDIA BONITA	29	6-A	Nicolás Romero	
INDUSTRIA MILITAR Y COVE	94	5-C	Huixquilucan	52765
INDUSTRIAL	71	5-C	Gustavo A. Madero	07800
INDUSTRIAL ATOTO	69	6-C	Naucalpan	53519
INDUSTRIAL CERRO GORDO	59	1-E	Ecatepec	55420
INDUSTRIAL EL PEDREGAL FRACC.	42	6-F	Atizapán de Zaragoza	
INDUSTRIAL IZTAPALAPA	98	6-B	Iztapalapa	09367
INDUSTRIAL LA PERLA	69	5-D	Naucalpan	53348
INDUSTRIAL LAS ARMAS	69	1-E	Tlalnepantla	54080
INDUSTRIAL MORELOS	59	4-C	Ecatepec	55329
INDUSTRIAL NAUCALPAN 3a. SECC.	82	1-A	Naucalpan	53370
INDUSTRIAL PUENTE DE VIGAS	56	5-F	Tlalnepantla	54070
INDUSTRIAL SAN LORENZO	56	3-F	Tlalnepantla	54033
INDUSTRIAL SANTA ISABEL	110	2-F	Iztapalapa	09820
INDUSTRIAL TLALNEPANTLA CENTRO	56	3-F	Tlalnepantla	54030
INDUSTRIAL TLATILCO	69	6-B	Naucalpan	53529
INDUSTRIAL TREBOL DE TEPOTZOTLAN	4	5-E	Tepotzotlán	54610
INDUSTRIAL TULPETLAC UNIDAD	47	6-C	Ecatepec	55107
INDUSTRIAL VALLEJO	70	3-E	Azcapotzalco	02300
INDUSTRIAL VALLEJO	70	3-E	Gustavo A. Madero	07729
INDUSTRIAL XALOSTOC	59	6-B	Ecatepec	55348
INDUSTRIAS ECATEPEC	60	1-B	Ecatepec	55104
INDUSTRIAS TULPETLAC	60	1-C	Ecatepec	55107
INFIERNILLO	31	1-C	Cuautitlán	54878
INFONAVIT	63	6-C	Texcoco	56121
INFONAVIT NORTE C.T.M. CONJ.	17	4-D	Cuautitlán Izcalli	54720
INFONAVIT NUEVO	20	3-B	Tultitlán	54929
INFONAVIT UNIDAD HAB.	111	2-B	Iztapalapa	09360
INSURGENTES	111	5-F	Iztapalapa	09750
INSURGENTES CUICUILCO	122	2-C	Coyoacán	04530
INSURGENTES MIXCOAC	96	6-C	Benito Juárez	03920
INSURGENTES SAN ANGEL CONJ. RES.	109	4-C	Coyoacán	04340
INSURGENTES SAN BORJA	96	4-D	Benito Juárez	03100
INSURGENTES SUR U.HAB RESIDENCIAL	122	5-D	Tlalpan	14430
INTEGRACION LATINOAMERICANA U. H.	109	4-C	Coyoacán	04350
IRRIGACION	82	3-F	Miguel Hidalgo	11500
ISEMYM	63	6-C	Texcoco	56177
ISLA LA UNIDAD HABITACIONAL	20	3-A	Tultitlán	
ISRAEL	100	3-C	Chimalhuacán	
ISSFAM U. H.	69	4-B	Naucalpan	
ISSSFAM No. 1 U. HAB.	122	5-F	Tlalpan	14620
IXCHALCO	127	5-A	Chalco	56636
IXTACALA LA JOYA	57	5-C	Tlalnepantla	54160
IXTAPALUCA	115	6-B	Ixtapaluca	56530
IXTAPALUCA IZCALLI	114	5-B	Ixtapaluca	56566
IXTLAHUACA	107	4-D	Cuajimalpa	
IXTLAHUACAN	112	3-F	Iztapalapa	09690
IXTLAHUATONGO	121	5-B	Tlalpan	
IZCALLI CHAMAPA	81	4-C	Naucalpan	53689
IZCALLI DEL BOSQUE	68	5-F	Naucalpan	53278
IZCALLI DEL RIO	57	2-B	Tlalnepantla	54130
IZCALLI DEL VALLE	44	4-B	Tultitlán	54945
IZCALLI ECATEPEC	46	3-F	Ecatepec	55030
IZCALLI ECATEPEC AMPL.	46	2-E	Ecatepec	55030
IZCALLI EL CAMPANARIO	43	3-B	Atizapán de Zaragoza	52928
IZCALLI JARDINES	34	6-B	Ecatepec	55050
IZCALLI JARDINES	47	1-B	Ecatepec	
IZCALLI LA CUCHILLA	57	2-D	Tlalnepantla	54146
IZCALLI NEZAHUALCOYOTL	100	4-B	Nezahualcóyotl	57810
IZCALLI PIRAMIDE	57	3-C	Tlalnepantla	54140
IZCALLI PIRAMIDE II U. HAB.	57	4-D	Tlalnepantla	54140
IZCALLI RINCONADA	20	6-B	Tultitlán	54930
IZCALLI SAN MATEO	68	2-F	Naucalpan	53227
IZCALLI SAN PABLO	20	6-C	Tultitlán	54933
IZCALLI SAN PEDRO	20	5-C	Tultitlán	54920
IZCALLI SANTA CLARA UNIDAD	73	2-C	Ecatepec	55265
IZTACALCO INFONAVIT UNIDAD	97	4-F	Iztacalco	08900
IZTACALCO UNIDAD AMPL.	97	4-F	Iztacalco	08900
IZTACCIHUATL	97	3-B	Benito Juárez	03520
IZTAPALAPA	111	1-A	Iztapalapa	09000
IZTAPALAPA INDUSTRIAL	98	6-B	Iztapalapa	09367

J

COLONIA	PLANO	COORDENADAS	DELEGACION O MUNICIPIO	CP
JACALONES	127	5-F	Chalco	56604
JACALONES LOS	128	5-A	Chalco	56608
JACARANDAS	56	4-B	Tlalnepantla	54050
JACARANDAS UNIDAD HAB.	124	1-B	Iztapalapa	09880
JAGUEY BARRIO	70	3-D	Azcapotzalco	02519
JAGÜEY EL	23	1-B	Teotihuacán	55825
JAJALPA OLIMPICA RESIDENCIAL	47	3-B	Ecatepec	55090
JAJALPA UNIDAD HABITACIONAL	47	3-B	Ecatepec	55090
JALALPA	95	5-C	Alvaro Obregón	01297
JALALPA	108	1-A	Alvaro Obregón	
JALALPA 2a. AMPL.	95	6-C	Alvaro Obregón	01296
JALALPA AMPL.	95	5-C	Alvaro Obregón	01296
JALALPA TEPITO	95	6-B	Alvaro Obregón	01296
JAMAICA	97	2-C	Venustiano Carranza	15800
JANITZIO	84	2-D	Venustiano Carranza	15200
JARDIN	76	3-B	Texcoco	56230
JARDIN	127	5-A	Valle de Chalco	56600
JARDIN AZPEITIA	70	6-D	Azcapotzalco	02530
JARDIN BALBUENA	84	6-E	Venustiano Carranza	15900
JARDIN DE LA FLORIDA	69	2-D	Naucalpan	53130
JARDIN EL	88	3-D	Texcoco	56250
JARDIN TERRAZA CONJUNTO HAB.	94	6-B	Cuajimalpa	
JARDINES DE ARAGON	60	5-B	Ecatepec	55140
JARDINES DE ATIZAPAN	56	1-B	Atizapán de Zaragoza	52978
JARDINES DE BELLAVISTA	56	6-A	Tlalnepantla	54054
JARDINES DE CASA NUEVA	60	2-A	Ecatepec	55430
JARDINES DE CERRO GORDO	60	1-C	Ecatepec	55100
JARDINES DE CEYLAN UNIDAD HAB.	70	4-E	Azcapotzalco	02350
JARDINES DE COYOACAN	123	1-C	Coyoacán	04890
JARDINES DE CHALCO	140	1-D	Chalco	56613
JARDINES DE CHURUBUSCO	97	5-F	Iztapalapa	09410
JARDINES DE ECATEPEC	47	2-B	Ecatepec	55040
JARDINES DE GUADALUPE	72	4-E	Nezahualcóyotl	57140
JARDINES DE LA CAÑADA	44	2-D	Tultitlán	
JARDINES DE LA HACIENDA NORTE	17	4-F	Cuautitlán Izcalli	54729
JARDINES DE LA HACIENDA SUR	17	5-F	Cuautitlán Izcalli	

COLONIA	COORDENADAS PLANO		DELEGACION O MUNICIPIO	CP
JARDINES DE LA HERRADURA	94	1-E	Huixquilucan	
JARDINES DE LA PALMA	94	6-D	Cuajimalpa	05249
JARDINES DE LOS BAEZ 2A. SECC.	34	6-D	Ecatepec	55055
JARDINES DE LOS BAEZ 3a. SECC.	47	1-D	Ecatepec	55055
JARDINES DE LOS CLAUSTROS	20	4-A	Tultepec	
JARDINES DE LOS CLAUSTROS III U.	20	5-C	Tultitlán	
JARDINES DE LOS CLAUSTROS IV	20	5-A	Tultitlán	54930
JARDINES DE LOS CLAUSTROS V	20	5-A	Tultitlán	54930
JARDINES DE LOS CLAUSTROS VI	20	3-B	Tultitlán	
JARDINES DE LOS REYES	57	5-A	Tlalnepantla	54070
JARDINES DE MONTERREY	43	3-C	Atizapán de Zaragoza	52926
JARDINES DE MORELOS	47	3-D	Ecatepec	55070
JARDINES DE MORELOS 5a. SECC.	47	2-C	Ecatepec	55075
JARDINES DE SAN AGUSTIN 1a. SECC.	100	4-D	Chimalhuacán	56345
JARDINES DE SAN AGUSTIN 2a. SECC.	100	5-C	Nezahualcóyotl	
JARDINES DE SAN GABRIEL	59	6-E	Ecatepec	55220
JARDINES DE SAN JOSE	33	2-A	Coacalco	55716
JARDINES DE SAN LORENZO TEZONCO	124	3-C	Iztapalapa	09940
JARDINES DE SAN MATEO	68	4-F	Naucalpan	53240
JARDINES DE SAN MATEO AMPL.	68	4-E	Naucalpan	53240
JARDINES DE SAN PABLO	20	6-B	Tultitlán	54933
JARDINES DE SAN PABLO II	20	5-B	Tultitlán	54930
JARDINES DE SANTA CECILIA	57	3-C	Tlalnepantla	54134
JARDINES DE SANTA CLARA	60	2-A	Ecatepec	55450
JARDINES DE SANTA CRUZ	19	1-B	Tultepec	54969
JARDINES DE SANTA MONICA	56	4-C	Tlalnepantla	54050
JARDINES DE SATELITE	68	1-F	Naucalpan	53129
JARDINES DE XALOSTOC	59	5-D	Ecatepec	
JARDINES DE XITLE	135	1-B	Tlalpan	14450
JARDINES DEL ALBA	30	3-F	Cuautitlán Izcalli	54750
JARDINES DEL LLANO	139	5-B	Tláhuac	13550
JARDINES DEL MOLINITO	82	1-B	Naucalpan	53530
JARDINES DEL PEDREGAL	108	6-F	Alvaro Obregón	01900
JARDINES DEL PEDREGAL	109	6-A	Alvaro Obregón	
JARDINES DEL PEDREGAL DE SN ANGEL	122	2-A	Coyoacán	04500
JARDINES DEL SUR	136	2-E	Xochimilco	16050
JARDINES DEL TEPEYAC	59	6-F	Ecatepec	55220
JARDINES EN LA MONTAÑA	121	3-F	Tlalpan	14210
JARDINES RESIDENCIAL	94	6-D	Cuajimalpa	05100
JARDINES TECMA	97	4-D	Iztacalco	08920
JARIPO	20	4-C	Tultitlán	
JAZMIN	137	4-B	Xochimilco	16428
JAZMIN DE LAS FLORES	153	1-D	Chalco	56620
JESUS DEL MONTE	107	1-B	Cuajimalpa	05260
JESUS DEL MONTE	94	6-B	Cuajimalpa	05260
JESUS DEL MONTE	94	5-B	Huixquilucan	52764
JESUS MARIA	115	4-D	Ixtapaluca	56800
JIMENEZ CANTU	115	6-F	Ixtapaluca	
JIMENEZ CANTU	128	1-F	Ixtapaluca	56589
JIMENEZ CANTU	101	4-A	La Paz	56515
JIMENEZ CANTU AMPL.	101	5-B	La Paz	56515
JIMENEZ CANTU DR	18	2-F	Cuautitlán	54865
JIMENEZ CANTU JORGE	28	3-F	Nicolás Romero	54408
JIMENEZ CANTU JORGE DR.	30	4-C	Cuautitlán Izcalli	54767
JIMENEZ CANTU JORGE DR.	59	3-A	Tlalnepantla	54190
JONGITUD BARRIOS CARLOS U. HAB.	124	1-A	Iztapalapa	09897
JOYA DE VARGAS	137	5-B	Xochimilco	
JOYA IZTACALA LA	57	5-C	Tlalnepantla	54160
JOYA LA	95	4-E	Alvaro Obregón	01280
JOYA LA	94	5-E	Cuajimalpa	
JOYA LA	33	6-C	Ecatepec	55016
JOYA LA	84	1-E	Gustavo A. Madero	07890
JOYA LA	56	2-D	Tlalnepantla	54020
JOYA LA	122	5-E	Tlalpan	14090
JOYA LA	19	5-B	Tultepec	
JOYA LA	31	6-D	Tultitlán	54944
JOYA LA CONDOMINIO HORIZONTAL	108	3-A	Alvaro Obregón	
JOYAS DE GUADALUPE	136	6-E	Xochimilco	
JOYAS DE NIEVE	58	1-D	Gustavo A. Madero	
JOYAS DE SAN MATEO	63	5-B	Texcoco	56111
JOYAS DE SANTA ANA	62	5-F	Texcoco	56119
JOYAS DEL ALBA	30	4-F	Cuautitlán Izcalli	
JOYAS DEL PEDREGAL	122	2-E	Coyoacán	04660
JOYAS LAS EJIDO	50	6-A	Chiconcuac	
JOYITA LA	108	3-C	Alvaro Obregón	01700
JOYITA LA	100	2-C	Chimalhuacán	
JOYITA LA	30	5-D	Cuautitlán Izcalli	54767
JOYITA LA	71	6-D	Gustavo A. Madero	07860
JOYITA LA	98	2-F	Nezahualcóyotl	57460
JOYITA LA PARAJE	135	2-E	Tlalpan	14405
JUAREZ	83	5-E	Cuauhtémoc	06600
JUAREZ	63	6-B	Texcoco	56160
JUAREZ BARRON AMPLIACION	41	2-E	Nicolás Romero	54423
JUAREZ BENITO	36	5-D	Acolman	
JUAREZ BENITO	43	6-E	Atizapán de Zaragoza	52956
JUAREZ BENITO	70	5-C	Azcapotzalco	02060
JUAREZ BENITO	141	4-F	Chalco	
JUAREZ BENITO	59	5-D	Ecatepec	55340
JUAREZ BENITO	59	2-B	Ecatepec	55308
JUAREZ BENITO	58	4-B	Gustavo A. Madero	07250
JUAREZ BENITO	97	4-E	Iztacalco	08930
JUAREZ BENITO	111	5-C	Iztapalapa	09859
JUAREZ BENITO	81	4-F	Naucalpan	53790
JUAREZ BENITO	99	2-F	Nezahualcóyotl	57000
JUAREZ BENITO	41	1-F	Nicolás Romero	54469
JUAREZ BENITO	28	5-F	Nicolás Romero	54405
JUAREZ BENITO	44	1-D	Tultitlán	54942
JUAREZ BENITO AMPL.	58	4-B	Gustavo A. Madero	07259
JUAREZ BENITO AMPL.	81	4-E	Naucalpan	53799
JUAREZ BENITO CENTRO URBANO	96	1-F	Cuauhtémoc	06740
JUAREZ BENITO UNIDAD	111	6-B	Iztapalapa	09898
JUAREZ CHAVIRA CRESCENCIO	120	3-F	Magdalena Contreras	10630
JUAREZ PANTITLAN	98	2-F	Nezahualcóyotl	57460
JUGUETEROS	87	6-A	Chimalhuacán	
JUNIPERO	89	3-C	Texcoco	56257
JUVENTUD UNIDA	123	6-F	Tlalpan	
JUVENTUD UNIDA	122	6-F	Tlalpan	14648

K

COLONIA	COORDENADAS PLANO		DELEGACION O MUNICIPIO	CP
KENNEDY UNIDAD	84	6-E	Venustiano Carranza	15950

L

COLONIA	COORDENADAS PLANO		DELEGACION O MUNICIPIO	CP
LA SALLE UNIDAD	58	6-A	Gustavo A. Madero	07709
LABRADORES BARRIO	87	3-D	Chimalhuacán	56368
LADERA CHICA	107	2-F	Alvaro Obregón	01508
LADERAS DE SAN JAVIER	43	6-E	Tlalnepantla	
LADERAS DE SAN MATEO	68	4-E	Naucalpan	53248
LADERAS DE SANTA MARIA	100	1-F	Chimalhuacán	
LADERAS DEL PEÑON	60	4-B	Ecatepec	55135
LAGO DE GUADALUPE	30	4-A	Cuautitlán Izcalli	54760
LAGO DEL	97	5-B	Benito Juárez	03640
LAGO NORTE	83	3-C	Miguel Hidalgo	11460
LAGO SUR	83	3-B	Miguel Hidalgo	11460
LAGUNA LA	58	6-F	Tlalnepantla	54190
LAGUNA LA EJIDO	18	2-E	Cuautitlán	
LAGUNA LA PARAJE	44	3-C	Tultitlán	
LAGUNA TICOMAN LA	71	1-B	Gustavo A. Madero	07340
LAUREL EL	32	4-F	Coacalco	
LAURELES LOS FRACCIONAMIENTO	47	4-A	Ecatepec	
LECHERIA	31	6-B	Tultitlán	54940
LEGARIA	83	2-A	Miguel Hidalgo	11410
LEGARIA IMSS UNIDAD	82	2-F	Miguel Hidalgo	11479
LEGISLATURA LI UNIDAD HAB.	72	4-A	Gustavo A. Madero	07456
LERDO DE TEJADA MIGUEL U. HAB.	70	4-A	Azcapotzalco	02739
LETRAN VALLE	96	5-F	Benito Juárez	03650
LEYES DE REFORMA	98	5-D	Iztapalapa	09310
LEYES DE REFORMA	76	5-B	Texcoco	
LIBERACION	70	6-F	Azcapotzalco	02930
LIBERACION PROLETARIA	95	5-C	Alvaro Obregón	01260
LIBERALES DE 1857	95	3-E	Alvaro Obregón	01110
LIBERTAD	70	5-C	Azcapotzalco	02050
LIBERTAD	28	3-F	Nicolás Romero	54407
LIBERTAD	31	6-E	Tultitlán	54942
LIBERTAD	44	1-E	Tultitlán	
LIBERTAD 1a. SECC.	28	4-E	Nicolás Romero	54407
LIBERTAD 3A. SECCION AMPL.	29	3-B	Nicolás Romero	
LIBERTAD AMPLIACION	29	3-A	Nicolás Romero	
LINDAVISTA	71	3-C	Gustavo A. Madero	07300
LINDAVISTA	114	6-C	Ixtapaluca	56565
LINDAVISTA VALLEJO UNIDAD	70	2-F	Gustavo A. Madero	07720
LIRIOS LOS RESIDENCIAL	30	2-C	Cuautitlán Izcalli	
LOCAXCO	107	2-B	Cuajimalpa	05360
LOMA AZUL	56	2-D	Tlalnepantla	54021
LOMA BONITA	108	2-F	Alvaro Obregón	01760
LOMA BONITA	32	4-F	Coacalco	
LOMA BONITA	31	2-B	Cuautitlán	54879
LOMA BONITA	114	6-D	Ixtapaluca	56563
LOMA BONITA	127	1-C	Ixtapaluca	
LOMA BONITA	100	5-A	Nezahualcóyotl	57940
LOMA BONITA	21	5-E	Tecámac	55765
LOMA BONITA	4	4-D	Tepotzotlán	
LOMA BONITA	36	6-D	Tezoyuca	
LOMA BONITA	57	1-C	Tlalnepantla	54120
LOMA BONITA AMPL.	21	6-E	Tecámac	55765
LOMA CEBADA	94	2-D	Huixquilucan	52779
LOMA COLORADA	81	1-D	Naucalpan	53420
LOMA COLORADA	68	6-D	Naucalpan	53420
LOMA DE CHIMALHUACAN	100	1-F	Chimalhuacán	56333
LOMA DE LA CRUZ	42	1-B	Nicolás Romero	54475
LOMA DE LA CRUZ AMPLIACION	42	1-C	Nicolás Romero	
LOMA DE LA MAJADA	28	6-A	Nicolás Romero	
LOMA DE LA PALMA	58	1-A	Gustavo A. Madero	07160
LOMA DE LA PAPA	107	3-A	Cuajimalpa	05088
LOMA DE SAN JOSE	28	3-C	Nicolás Romero	54400
LOMA DE SAN PEDRO	107	2-B	Cuajimalpa	05379
LOMA DE SANTA CRUZ	87	4-B	Chimalhuacán	
LOMA DE TEXCALATLACO	136	4-A	Tlalpan	
LOMA DE VALLE ESCONDIDO	54	2-F	Atizapán de Zaragoza	52930
LOMA DEL PEDREGAL LA	24	2-B	Teotihuacán	
LOMA DEL RIO	41	2-A	Nicolás Romero	54463
LOMA ENCANTADA	113	3-E	La Paz	56495
LOMA HERMOSA U. HAB. POPULAR	82	3-E	Miguel Hidalgo	11200
LOMA LA	95	3-B	Miguel Hidalgo	11710
LOMA LA	56	4-F	Tlalnepantla	54060
LOMA LA	138	2-F	Tláhuac	13529
LOMA LA	31	6-D	Tultitlán	54944
LOMA LA UNIDAD HABITACIONAL	111	5-B	Iztapalapa	
LOMA LARGA	113	4-B	Iztapalapa	
LOMA LARGA	28	5-A	Nicolás Romero	
LOMA LINDA	82	1-A	Naucalpan	53618
LOMA LINDA AMPL.	82	1-A	Naucalpan	53619
LOMA MARIA LUISA	42	3-E	Atizapán de Zaragoza	52916
LOMA PLUTARCO ELIAS CALLES	114	4-F	Ixtapaluca	
LOMA TAURINA	69	5-B	Naucalpan	53060
LOMA TLALMEX	56	4-F	Tlalnepantla	54070
LOMAS ALTAS	95	3-C	Miguel Hidalgo	11950
LOMAS ALTAS DE PADIERNA SUR	121	6-D	Tlalpan	
LOMAS ANAHUAC	94	2-F	Huixquilucan	52786
LOMAS BARRILACO SECC. VERTIENTES	82	6-C	Miguel Hidalgo	11010
LOMAS CENTURY	82	6-D	Miguel Hidalgo	
LOMAS COUNTRY CLUB FRACC.	94	2-B	Huixquilucan	
LOMAS CHRISTI	68	1-F	Naucalpan	53170
LOMAS DE ALTAVISTA	101	6-A	La Paz	56500
LOMAS DE ALTAVISTA	100	6-F	La Paz	
LOMAS DE ATIZAPAN	55	1-E	Atizapán de Zaragoza	52977
LOMAS DE AXOMIATLA	108	4-A	Alvaro Obregón	01820
LOMAS DE AZOLCO	46	3-F	Ecatepec	55086
LOMAS DE BECERRA	95	4-D	Alvaro Obregón	01280
LOMAS DE BECERRA "GRANADA"	95	4-E	Alvaro Obregón	01279
LOMAS DE BECERRA UNIDAD HAB.	96	4-A	Alvaro Obregón	01280
LOMAS DE BELLAVISTA	55	6-F	Atizapán de Zaragoza	52994
LOMAS DE BELLAVISTA	112	5-C	Iztapalapa	09685
LOMAS DE BEZARES	95	4-B	Miguel Hidalgo	11910
LOMAS DE BULEVARES	43	5-E	Tlalnepantla	54020
LOMAS DE CANTERA	69	6-B	Naucalpan	53470
LOMAS DE CAPISTRANO	56	3-B	Atizapán de Zaragoza	52987
LOMAS DE CAPULA	95	5-E	Alvaro Obregón	01270
LOMAS DE CARTAGENA	44	2-C	Tultitlán	54958
LOMAS DE CENTENARIO	108	2-C	Alvaro Obregón	
LOMAS DE COACALCO	32	5-F	Coacalco	55736
LOMAS DE CRISTO	76	5-B	Texcoco	56253
LOMAS DE CUAUTEPEC	45	5-B	Gustavo A. Madero	07110
LOMAS DE CUILOTEPEC	121	6-C	Tlalpan	14730
LOMAS DE CHAMAPA	81	3-D	Naucalpan	53680
LOMAS DE CHAMONTOYA	120	1-E	Alvaro Obregón	01857
LOMAS DE CHAMONTOYA	107	6-E	Alvaro Obregón	
LOMAS DE CHAPULTEPEC	82	6-E	Miguel Hidalgo	11000
LOMAS DE CHAPULTEPEC PALMAS SECC.	82	5-D	Miguel Hidalgo	11000
LOMAS DE CHIMALHUACAN	87	6-F	Chimalhuacán	56330
LOMAS DE ECATEPEC	47	3-A	Ecatepec	
LOMAS DE GUADALUPE	108	3-B	Alvaro Obregón	01720
LOMAS DE GUADALUPE	56	4-A	Atizapán de Zaragoza	52985
LOMAS DE GUADALUPE	29	4-B	Nicolás Romero	
LOMAS DE LA CAÑADA	82	3-B	Naucalpan	53570
LOMAS DE LA CRUZ	89	1-B	Texcoco	56256
LOMAS DE LA ERA	107	6-F	Alvaro Obregón	01860
LOMAS DE LA ESTANCIA	112	3-E	Iztapalapa	09640
LOMAS DE LA HACIENDA	43	4-B	Atizapán de Zaragoza	52925
LOMAS DE LA HERRADURA	94	1-E	Huixquilucan	52785
LOMAS DE LAS AGUILAS	108	3-C	Alvaro Obregón	01730
LOMAS DE LAS FUENTES	68	1-F	Naucalpan	53115
LOMAS DE LAS PALMAS	94	3-E	Huixquilucan	52788
LOMAS DE LAS TORRES	34	3-E	Ecatepec	55067
LOMAS DE LOS ANGELES DE TETELPAN	108	3-E	Alvaro Obregón	01790
LOMAS DE LOS CEDROS	107	6-F	Alvaro Obregón	01870
LOMAS DE MEMETLA	107	2-C	Cuajimalpa	05330
LOMAS DE MEXICO NUEVO	95	5-C	Alvaro Obregón	01250
LOMAS DE MONTEMARIA	42	2-E	Atizapán de Zaragoza	
LOMAS DE NATIVITAS	137	4-B	Xochimilco	
LOMAS DE NAUCALPAN	69	6-B	Naucalpan	
LOMAS DE OCCIPACO	68	4-E	Naucalpan	53247
LOMAS DE PADIERNA	121	3-E	Tlalpan	14240
LOMAS DE PLATEROS UNIDAD HAB.	96	6-A	Alvaro Obregón	01480
LOMAS DE PUERTA GRANDE	108	2-C	Alvaro Obregón	01630
LOMAS DE REFORMA	95	2-C	Miguel Hidalgo	11930
LOMAS DE SAN AGUSTIN	81	1-E	Naucalpan	53490
LOMAS DE SAN ANDRES ATENCO	56	3-C	Tlalnepantla	54040
LOMAS DE SAN ANDRES ATENCO AMPL.	56	3-B	Tlalnepantla	
LOMAS DE SAN ANGEL INN	108	3-F	Alvaro Obregón	01790
LOMAS DE SAN BERNABE	120	1-E	Magdalena Contreras	10350
LOMAS DE SAN BERNABE AMPL.	120	2-E	Magdalena Contreras	10369
LOMAS DE SAN CARLOS	46	4-E	Ecatepec	55089
LOMAS DE SAN CRISTOBAL	33	5-A	Coacalco	55727
LOMAS DE SAN ESTEBAN	89	1-B	Texcoco	56260
LOMAS DE SAN JUAN IXHUATEPEC	58	6-E	Tlalnepantla	54180
LOMAS DE SAN LORENZO	56	2-C	Atizapán de Zaragoza	52975

COLONIA	PLANO	COORDENADAS	DELEGACION O MUNICIPIO	CP
LOMAS DE SAN LORENZO	124	1-E	Iztapalapa	09780
LOMAS DE SAN MATEO	68	3-E	Naucalpan	53200
LOMAS DE SAN MIGUEL	43	3-B	Atizapán de Zaragoza	52928
LOMAS DE SAN MIGUEL 3A. SECCION	43	1-B	Atizapán de Zaragoza	52928
LOMAS DE SAN PABLO	153	2-D	Chalco	
LOMAS DE SAN PEDRO	21	4-E	Tecámac	55776
LOMAS DE SANTA CATARINA	36	3-B	Acolman	
LOMAS DE SANTA CRUZ	112	4-B	Iztapalapa	09709
LOMAS DE SANTA CRUZ	69	1-A	Naucalpan	
LOMAS DE SANTA FE	95	4-B	Alvaro Obregón	01219
LOMAS DE SANTA FE	94	5-F	Cuajimalpa	
LOMAS DE SANTA MARIA	101	1-A	Chimalhuacán	
LOMAS DE SANTIAGO TEPALCAPA	43	3-B	Atizapán de Zaragoza	52928
LOMAS DE SANTO DOMINGO	95	3-F	Alvaro Obregón	01100
LOMAS DE SATELITE	31	3-A	Cuautitlán Izcalli	54756
LOMAS DE SOTELO	82	2-D	Naucalpan	53390
LOMAS DE SOTELO U. H.	82	2-D	Miguel Hidalgo	11200
LOMAS DE TARANGO	108	1-E	Alvaro Obregón	01620
LOMAS DE TECAMACHALCO	95	1-A	Naucalpan	53950
LOMAS DE TECAMACHALCO SEC CUMBRES	94	2-F	Huixquilucan	52780
LOMAS DE TECAMACHALCO SEC FUENTES	82	6-C	Naucalpan	53950
LOMAS DE TENOPALCO	19	1-D	Tultepec	
LOMAS DE TONALCO	137	3-A	Xochimilco	16410
LOMAS DE TOTOLCO	101	2-A	Chimalhuacán	56336
LOMAS DE VALLE DORADO	56	1-D	Tlalnepantla	54023
LOMAS DE VISTA HERMOSA	94	6-D	Cuajimalpa	05100
LOMAS DE ZARAGOZA	112	1-F	Iztapalapa	09620
LOMAS DEL BOSQUE	30	6-C	Cuautitlán Izcalli	54765
LOMAS DEL CADETE	81	5-C	Naucalpan	53719
LOMAS DEL CARMEN	94	1-F	Huixquilucan	52776
LOMAS DEL CARMEN	81	1-D	Naucalpan	
LOMAS DEL CHAMIZAL 1a. SECC.	94	3-F	Cuajimalpa	05129
LOMAS DEL CHAMIZAL 2a. SECC.	94	4-F	Cuajimalpa	05129
LOMAS DEL CHAMIZAL 3a. SECC.	94	4-F	Cuajimalpa	05129
LOMAS DEL CHAMIZAL 4a. SECC.	94	4-E	Cuajimalpa	05129
LOMAS DEL LAGO	42	1-D	Nicolás Romero	54476
LOMAS DEL LIMBO	107	6-E	Alvaro Obregón	01850
LOMAS DEL OCOTE	107	3-B	Cuajimalpa	05370
LOMAS DEL PADRE	106	3-F	Cuajimalpa	05020
LOMAS DEL PARQUE	44	1-C	Tultitlán	54958
LOMAS DEL SOL	32	3-D	Coacalco	
LOMAS DEL SOL	94	4-D	Huixquilucan	52789
LOMAS EL MANTO	111	2-B	Iztapalapa	09830
LOMAS EL OLIVO	94	4-D	Huixquilucan	52788
LOMAS ESTRELLA 1a. SECC.	111	5-A	Iztapalapa	09880
LOMAS ESTRELLA 2a. SECC.	111	6-A	Iztapalapa	09890
LOMAS ESTRELLA UNIDAD HAB.	111	5-A	Iztapalapa	09899
LOMAS HIDALGO	121	6-F	Tlalpan	14240
LOMAS HIPODROMO	82	5-C	Naucalpan	53900
LOMAS LA TRINIDAD CONJUNTO	63	6-C	Texcoco	
LOMAS LAS	33	6-B	Ecatepec	55015
LOMAS LAS ROSAS	113	1-F	La Paz	
LOMAS LINDAS	42	5-F	Atizapán de Zaragoza	52947
LOMAS LINDAVISTA EL COPAL	58	4-E	Tlalnepantla	54198
LOMAS QUEBRADAS	121	1-B	Magdalena Contreras	10000
LOMAS SAN ISIDRO	113	3-F	La Paz	
LOMAS SAN ISIDRO	82	5-D	Naucalpan	53960
LOMAS VERDES	31	6-F	Tultitlán	
LOMAS VERDES 1a. SECC.	68	1-E	Naucalpan	53120
LOMAS VERDES 2a. SECC.	68	1-E	Naucalpan	53120
LOMAS VERDES 3a. SECC.	55	6-E	Naucalpan	53125
LOMAS VERDES 4a. SECC.	55	6-E	Naucalpan	53125
LOMAS VERDES 5a. SECC.	55	6-D	Naucalpan	53126
LOMAS VERDES SOLIDARIDAD	31	6-F	Tultitlán	
LOMAS VERDES ZONA COMERCIAL	68	1-E	Naucalpan	
LOMAS VIRREYES	82	6-F	Miguel Hidalgo	11000
LOMITA LA	46	6-A	Ecatepec	
LONJA LA BARRIO	122	4-C	Tlalpan	14268
LOPEZ MANUEL M. UNIDAD HAB.	125	2-A	Tláhuac	
LOPEZ MATEOS ADOLFO	42	4-D	Atizapán de Zaragoza	52910
LOPEZ MATEOS ADOLFO	100	4-E	Chimalhuacán	
LOPEZ MATEOS ADOLFO	107	1-B	Cuajimalpa	05280
LOPEZ MATEOS ADOLFO	100	4-E	La Paz	56500
LOPEZ MATEOS ADOLFO	85	5-C	Venustiano Carranza	15670
LOPEZ MATEOS ADOLFO AMPL.	85	6-C	Venustiano Carranza	15690
LOPEZ MATEOS ADOLFO FRACC.	17	3-C	Cuautitlán Izcalli	54715
LOPEZ MATEOS ADOLFO LIC.	69	5-A	Naucalpan	53070
LOPEZ MATEOS ADOLFO PILOTO	95	6-C	Alvaro Obregón	01290
LOPEZ MATEOS ADOLFO PILOTO AMPL.	95	6-C	Alvaro Obregón	01298
LOPEZ MATEOS ADOLFO UNIDAD	56	5-E	Tlalnepantla	54070
LOPEZ NEGRETE JOAQUIN	18	1-C	Cuautitlán	54845
LOPEZ PORTILLO JOSE	124	2-C	Iztapalapa	09920
LOPEZ PORTILLO JOSE	125	2-D	Tláhuac	13410
LOPEZ PORTILLO JOSE AMPL.	125	2-D	Tláhuac	13419
LOPEZ RAYON IGNACIO	56	3-C	Tlalnepantla	54500
LORETO BARRIO	109	4-B	Alvaro Obregón	01090
LORETO FABELA JOSE INFONAVIT U.	72	6-B	Gustavo A. Madero	
LORETO Y PEÑA POBRE UNIDAD HAB.	136	3-E	Xochimilco	16330
LOS 40 UNIDAD HABITACIONAL	33	6-F	Ecatepec	
LOTE 12 CONJUNTO HABITACIONAL	20	3-B	Tultitlán	
LOTE 15 UNIDAD HABITACIONAL	20	6-B	Tultitlán	
LOTE 49 UNIDAD FOVISSSTE	20	4-A	Tultitlán	
LOTE 82 INFONAVIT	20	5-A	Tultitlán	
LOTE 84 CONJUNTO HABITACIONAL	20	5-A	Tultitlán	
LOTE 92 INFONAVIT	20	5-A	Tultitlán	
LOTE 93 UNIDAD HABITACIONAL	20	5-B	Tultitlán	
LOTERIA NACIONAL	70	6-C	Azcapotzalco	02080
LOTERIA NACIONAL UNIDAD HAB.	123	3-E	Tlalpan	14328
LUNA LA BARRIO	80	3-A	Naucalpan	
LUPITA	139	3-A	Tláhuac	13510
LUZ ALTO DE LA BARRIO	16	2-B	Tepotzotlán	54655
LUZ BAJO DE LA BARRIO	16	3-B	Tepotzotlán	54655
LUZ DE LA BARRIO	16	3-C	Tepotzotlán	54655
LUZ LA BARRIO	151	4-D	Milpa Alta	12000
LUZ LA BARRIO	151	5-C	Milpa Alta	
LUZ LA RESIDENCIAL	17	2-E	Cuautitlán Izcalli	54716

LL

COLONIA	PLANO	COORDENADAS	DELEGACION O MUNICIPIO	CP
LLANO DE LAS CRUCES	113	5-C	Tláhuac	
LLANO DE LAS FLORES	80	4-E	Naucalpan	
LLANO DE LOS BAEZ	47	1-C	Ecatepec	55055
LLANO DE LOS BAEZ AMPLIACION	34	6-E	Ecatepec	55055
LLANO DE LOS BAEZ AMPLIACION	34	6-E	Ecatepec	
LLANO REDONDO	108	2-B	Alvaro Obregón	01540
LLANURA VERDE LA	20	5-B	Tultitlán	54930
LLANURAS LAS	20	5-C	Tultitlán	54925

M

COLONIA	PLANO	COORDENADAS	DELEGACION O MUNICIPIO	CP
MADEIRA FRACCIONAMIENTO	107	1-C	Cuajimalpa	
MADERO	84	4-E	Venustiano Carranza	15360
MADERO A. GUSTAVO	71	4-D	Gustavo A. Madero	07050
MADERO FRANCISCO I.	62	4-A	Atenco	
MADERO FRANCISCO I.	60	1-B	Ecatepec	55109
MADERO FRANCISCO I.	82	3-F	Miguel Hidalgo	11480
MADERO FRANCISCO I.	41	3-F	Nicolás Romero	54469
MADERO FRANCISCO I.	42	2-A	Nicolás Romero	54467
MADERO PRESIDENTE UNIDAD HAB.	69	3-F	Azcapotzalco	02430
MADRAZO CARLOS A.	95	5-A	Alvaro Obregón	01320
MADRID HURTADO MIGUEL DE LA	112	3-F	Iztapalapa	09698
MADRID MIGUEL DE LA	113	5-C	Iztapalapa	09698
MAESTRO DEL	70	4-C	Azcapotzalco	02040
MAESTRO EL	108	4-E	Alvaro Obregón	10130
MAGDALENA APATLACO	97	5-E	Iztapalapa	09410
MAGDALENA ATLAZOLPA PUEBLO	97	5-E	Iztapalapa	09410
MAGDALENA ATLICPAN LA	100	6-F	La Paz	56525
MAGDALENA CONTRERAS PUEBLO	121	2-A	Magdalena Contreras	10910
MAGDALENA CHICHICASPA LA	80	6-D	Huixquilucan	
MAGDALENA DE LAS SALINAS	71	4-A	Gustavo A. Madero	07760
MAGDALENA DE LOS REYES	113	1-D	La Paz	56440
MAGDALENA LA	114	5-E	Ixtapaluca	56539
MAGDALENA LA BARRIO	138	1-F	Tláhuac	13070
MAGDALENA MIXHUCA	97	1-D	Venustiano Carranza	15850
MAGDALENA MIXHUCA EX EJIDO	98	3-B	Iztacalco	08010
MAGDALENA MIXHUCA PUEBLO	97	2-D	Venustiano Carranza	15860
MAGDALENA PANOHAYA LA	62	3-D	Texcoco	56200
MAGDALENA PETLACALCO LA AMPL.	135	5-D	Tlalpan	
MAGDALENA PETLACALCO LA PUEBLO	135	4-C	Tlalpan	14480
MAGISTERIAL	76	3-B	Texcoco	
MAGISTERIAL	123	3-E	Tlalpan	14360
MAGISTERIAL TEOCALLI UNIDAD HAB.	88	5-E	Chicoloapan	
MAGISTERIAL UNIDAD	24	5-B	Teotihuacán	
MAGISTERIAL VISTA BELLA	56	5-B	Tlalnepantla	54050
MAGISTERIO EL UNIDAD HABITACIONAL	114	6-C	Ixtapaluca	
MAGNOLIA LA	80	4-D	Naucalpan	
MAGNOLIAS 2000	20	6-C	Tultitlán	54932
MAGNOLIAS CONJUNTO RESIDENCIAL	20	6-C	Tultitlán	
MAGNOLIAS UNIDAD HABITACIONAL	20	6-C	Tultitlán	
MAGUEYERA LA	56	1-C	Atizapán de Zaragoza	52953
MAGUEYERA LA	112	6-A	Iztapalapa	
MAGUEYERA LA	42	2-C	Nicolás Romero	
MAGUEYERA LA	136	3-A	Tlalpan	
MAGUEYERA LA UNIDAD INFONAVIT	112	6-A	Iztapalapa	
MAJEIRA	107	1-C	Cuajimalpa	
MALACATES	45	5-B	Gustavo A. Madero	07119
MALACATES AMPL.	45	5-B	Gustavo A. Madero	07119
MALINCHE	84	2-F	Gustavo A. Madero	07899
MALINCHE LA	108	6-B	Magdalena Contreras	10010
MAMUT EL	62	1-E	Chiconcuac	
MANANTIALES	100	5-A	Nezahualcóyotl	57930
MANANTIALES	28	6-F	Nicolás Romero	54420
MANCHA LA 1a. SECC.	81	5-E	Naucalpan	53717
MANCHA LA 2a. SECC.	81	5-D	Naucalpan	53717
MANCHA LA 3a. SECC.	81	4-C	Naucalpan	53717
MANTO EL	111	2-C	Iztapalapa	09830
MANZANAS LAS	30	2-A	Cuautitlán Izcalli	
MANZANAS LAS	20	5-C	Tultitlán	54925
MANZANASTITLA	107	1-A	Cuajimalpa	05270
MANZANITA LA	107	2-A	Cuajimalpa	05040
MANZANOS LOS	83	3-C	Miguel Hidalgo	11460
MAQUINAS LAS PARAJE	80	6-D	Huixquilucan	
MAQUIXCO	23	3-F	Teotihuacán	55843
MAR DE LA TRANQUILIDAD RES.	123	1-B	Coyoacán	
MAR DEL	124	4-E	Tláhuac	13270
MARAVILLAS	100	4-D	Chimalhuacán	56345
MARAVILLAS	85	6-F	Nezahualcóyotl	57410
MARAVILLAS	86	6-A	Nezahualcóyotl	57410
MARAVILLAS CEYLAN UNIDAD	70	1-C	Tlalnepantla	54173
MARAVILLAS RESIDENCIAL	69	6-D	Naucalpan	53377
MARAVILLAS SECC. CENTRAL	99	1-A	Nezahualcóyotl	57410
MARGARITA CONJUNTO HABITACIONAL	123	6-B	Tlalpan	
MARGARITAS LAS	56	4-D	Tlalnepantla	54050
MARGARITAS LAS	149	3-A	Tlalpan	14545
MARGARITAS LAS	148	3-F	Tlalpan	14545
MARIA DEL CARMEN	97	5-B	Benito Juárez	03540
MARIA ISABEL	126	3-E	Chalco	56630
MARIANA CONJUNTO HAB.	109	4-F	Coyoacán	04338
MARINA NACIONAL	59	6-A	Tlalnepantla	54190
MAROMAS LAS	106	6-C	Cuajimalpa	05710
MARTINEZ ARTURO	95	4-E	Alvaro Obregón	01200
MARTINEZ DARIO	113	6-F	Chalco	56639
MARTINEZ DARIO	126	1-F	Valle de Chalco	
MARTINEZ DEL LLANO	98	1-F	Nezahualcóyotl	57460
MARTINICA LA	108	1-D	Alvaro Obregón	01619
MARTIRES DE RIO BLANCO	84	1-E	Gustavo A. Madero	07880
MARTIRES DE RIO BLANCO	82	3-A	Naucalpan	53780
MARTIRES DE RIO BLANCO AMPL.	71	6-E	Gustavo A. Madero	07859
MARTIRES DE RIO BLANCO AMPL.	81	3-E	Naucalpan	53787
MATHZI	33	4-E	Ecatepec	
MAYORAZGO DE LOS GIGANTES	43	5-D	Atizapán de Zaragoza	52957
MAYORAZGOS DE LA CONCORDIA	56	1-D	Atizapán de Zaragoza	52957
MAYORAZGOS DEL BOSQUE	56	1-C	Atizapán de Zaragoza	52957
MAZA	84	1-C	Cuauhtémoc	06270
MAZA DE JUAREZ MARGARITA	95	5-C	Alvaro Obregón	01250
MAZA DE JUAREZ MARGARITA	43	3-C	Atizapán de Zaragoza	52926
MAZA DE JUAREZ MARGARITA	46	5-D	Ecatepec	
MAZA DE JUAREZ MARGARITA U. HAB.	98	6-D	Iztapalapa	09330
MAZATLA	50	6-C	Papalotla	56050
MAZO ALFREDO DEL	126	1-F	Chalco	56638
MAZO ALFREDO DEL	47	6-D	Ecatepec	55118
MAZO ALFREDO DEL	127	2-E	Ixtapaluca	56577
MAZO ALFREDO DEL	81	3-E	Naucalpan	53716
MEDIA LUNA	122	2-F	Coyoacán	04737
MEDIA LUNA	73	3-D	Ecatepec	55230
MEDITERRANEO CONJUNTO	42	6-E	Atizapán de Zaragoza	
MEMETLA	107	1-C	Cuajimalpa	
MEMETLA AMPLIACION	107	2-C	Cuajimalpa	05330
MENDOZA QUIRINO	136	5-E	Xochimilco	16710
MENDOZA QUIRINO	138	1-C	Xochimilco	
MERCADOS I UNIDAD HAB.	97	2-D	Iztacalco	08620
MERCADOS II UNIDAD HAB.	97	3-D	Iztacalco	08620
MERCED BALBUENA	84	6-D	Venustiano Carranza	15810
MESA DE LOS HORNOS	122	6-C	Tlalpan	
MESA DE LOS LEONES	33	6-B	Ecatepec	
MESA LA	94	1-A	Huixquilucan	
MESA LA	94	4-A	Huixquilucan	
MESA LA	122	5-C	Tlalpan	14420
MESA SANTA CATARINA LA	113	6-D	Tláhuac	
MESITAS LAS	138	3-E	Xochimilco	16799
METRO EL	122	5-B	Tlalpan	14265
METROPOLITANA 1a. SECC.	99	3-B	Nezahualcóyotl	57730
METROPOLITANA 2a. SECC.	99	3-C	Nezahualcóyotl	57740
METROPOLITANA 3a. SECC.	99	4-D	Nezahualcóyotl	57750
MEXICALCO	46	5-E	Ecatepec	55418
MEXICALTZINGO	110	1-D	Iztapalapa	09099
MEXICANA LA	95	5-C	Alvaro Obregón	01260
MEXICANA LA AMPL.	95	5-D	Alvaro Obregón	01260
MEXICANOS UNIDOS	34	6-F	Ecatepec	
MEXICO	19	2-C	Tultepec	54965
MEXICO 68	68	4-D	Naucalpan	53260
MEXICO 86	42	3-F	Atizapán de Zaragoza	52915
MEXICO 86	81	2-B	Naucalpan	
MEXICO COLONIAL I	60	5-D	Ecatepec	55188
MEXICO COLONIAL II	60	6-D	Ecatepec	55180
MEXICO I	99	2-A	Nezahualcóyotl	57620
MEXICO II	99	1-A	Nezahualcóyotl	57620
MEXICO III	98	1-F	Nezahualcóyotl	57620
MEXICO INDEPENDIENTE	73	1-B	Ecatepec	55245
MEXICO INSURGENTE	73	2-C	Ecatepec	55266
MEXICO NUEVO	42	6-E	Atizapán de Zaragoza	
MEXICO NUEVO	55	1-E	Atizapán de Zaragoza	52966
MEXICO NUEVO	82	2-F	Miguel Hidalgo	11260
MEXICO NUEVO UNIDAD HABITACIONAL	42	6-F	Atizapán de Zaragoza	52966
MEXICO PREHISPANICO I	73	1-D	Ecatepec	55269
MEXICO PREHISPANICO II	73	1-D	Ecatepec	55269
MEXICO REVOLUCIONARIO	73	1-C	Ecatepec	55266
MEXICO TACUBA UNIDAD	82	1-F	Miguel Hidalgo	11239

COLONIA	COORDENADAS PLANO		DELEGACION O MUNICIPIO	CP
MI RETIRO	98	2-F	Nezahualcóyotl	57610
MICHOACAN	153	2-E	Chalco	
MICHOACANA	84	3-E	Venustiano Carranza	15240
MICHOACANA AMPL.	84	2-E	Venustiano Carranza	15250
MILAGRO EL UNIDAD HAB.	72	4-B	Gustavo A. Madero	07548
MILAGROSA	108	2-B	Alvaro Obregón	01650
MILITAR 5o. REGIMIENTO U. HAB.	24	3-B	Teotihuacán	
MILITAR MARTE	97	4-C	Iztacalco	08830
MILITAR No. 2 FAVE SEDENA U. HAB.	124	1-B	Iztapalapa	
MILITAR RESIDENCIAL	82	4-E	Miguel Hidalgo	11600
MILITAR SEDENA UNIDAD HAB.	124	1-B	Iztapalapa	09885
MILPA DEL CEDRO	107	2-F	Alvaro Obregón	
MILPAS LAS	17	2-B	Cuautitlán Izcalli	
MINA LA	34	3-E	Ecatepec	
MINA VIEJA	106	5-E	Cuajimalpa	05480
MINAS DE ARENA UNIDAD HAB.	124	2-F	Tláhuac	
MINAS DE CRISTO	96	5-A	Alvaro Obregón	01419
MINAS DEL COYOTE	81	3-B	Naucalpan	53694
MINAS EL CARACOL	81	3-C	Naucalpan	53698
MINAS LAS INFONAVIT	112	4-C	Iztapalapa	
MINAS PALACIOS	81	4-B	Naucalpan	53696
MINAS PALACIOS AMPL.	81	4-C	Naucalpan	53696
MINAS SAN MARTIN	81	4-B	Naucalpan	53695
MINEROS BARRIO	87	4-E	Chimalhuacán	56365
MINERVA	110	2-E	Iztapalapa	09810
MIRADOR	93	3-D	Chimalhuacán	
MIRADOR	115	2-E	Ixtapaluca	56587
MIRADOR AMPLIACION	111	4-A	Iztapalapa	09830
MIRADOR DE SANTA ROSA	30	5-C	Cuautitlán Izcalli	54765
MIRADOR DEL CONDE U. HAB.	41	3-F	Nicolás Romero	
MIRADOR DEL VALLE	135	2-C	Tlalpan	14658
MIRADOR EL	108	3-D	Alvaro Obregón	01708
MIRADOR EL	123	2-F	Coyoacán	04950
MIRADOR EL	59	1-A	Ecatepec	55517
MIRADOR EL	114	5-D	Ixtapaluca	56564
MIRADOR EL	110	4-F	Iztapalapa	09800
MIRADOR EL	68	5-F	Naucalpan	53276
MIRADOR EL	69	5-C	Naucalpan	53050
MIRADOR EL	24	2-B	Teotihuacán	
MIRADOR EL	16	5-C	Tepotzotlán	54653
MIRADOR EL	56	6-E	Tlalnepantla	54080
MIRADOR EL	135	1-C	Tlalpan	14449
MIRADOR EL	19	2-C	Tultepec	54967
MIRADOR EL	138	2-D	Xochimilco	
MIRADOR EL	136	5-E	Xochimilco	
MIRADOR EL 2a. SECC.	121	6-D	Tlalpan	14449
MIRADOR EL 3a. SECC.	122	6-B	Tlalpan	14449
MIRADOR EL AMPLIACION	24	2-B	Teotihuacán	
MIRADOR EL ATEMOAYA	137	5-A	Xochimilco	16550
MIRADOR EL BARRIO	136	1-C	Xochimilco	16060
MIRADOR EL Ia. SECC.	121	6-E	Tlalpan	14449
MIRADOR LAS TORRES EL	42	3-F	Atizapán de Zaragoza	
MIRADOR SAN ILDEFONSO EL	29	6-A	Nicolás Romero	54470
MIRAFLORES	42	2-F	Atizapán de Zaragoza	52918
MIRAFLORES	57	4-B	Tlalnepantla	54160
MIRAMAR	100	4-E	La Paz	56500
MIRAMONTES RESIDENCIAL	123	2-D	Tlalpan	14300
MIRASOL	46	3-F	Ecatepec	
MIRAVALLE	110	1-B	Benito Juárez	03580
MIRAVALLE	112	4-F	Iztapalapa	09696
MIRAVALLE	113	4-A	Iztapalapa	09696
MIRTO EL	114	5-C	Ixtapaluca	
MISIONES DE LA NORIA	123	6-D	Xochimilco	16010
MISIONES DE TARANGO	108	3-A	Alvaro Obregón	01587
MISIONES LAS	69	3-A	Naucalpan	53140
MISIONES LAS AMPL.	68	3-F	Naucalpan	53140
MISIONES TLALPAN	123	3-B	Tlalpan	14376
MIXCOAC	96	6-B	Alvaro Obregón	01460
MIXCOAC	96	6-B	Benito Juárez	03910
MIXCOATL	111	5-F	Iztapalapa	09708
MOCTEZUMA 1a. SECC.	84	5-E	Venustiano Carranza	15500
MOCTEZUMA 2a. SECC.	85	4-A	Venustiano Carranza	15530
MOCTEZUMA 2a. SECCION	84	4-F	Venustiano Carranza	15530
MODELO	69	4-C	Naucalpan	53330
MODELO	99	2-B	Nezahualcóyotl	57530
MODELO PENSIL	83	3-B	Miguel Hidalgo	11450
MODELO UNIDAD	110	1-D	Iztapalapa	09089
MODERNA	97	3-B	Benito Juárez	03510
MOLINA EDUARDO UNIDAD HAB.	72	4-A	Gustavo A. Madero	07458
MOLINITO EL	82	2-C	Naucalpan	53530
MOLINITO EL BARRIO	107	2-C	Cuajimalpa	05310
MOLINO DE LAS FLORES EL	63	6-F	Texcoco	56249
MOLINO DE ROSAS	96	6-A	Alvaro Obregón	01470
MOLINO DE ROSAS AMPL.	96	6-A	Alvaro Obregón	01470
MOLINO DE SANTO DOMINGO	95	3-F	Alvaro Obregón	01130
MOLINO DE SANTO DOMINGO UNIDAD	95	4-F	Alvaro Obregón	01130
MOLINO DEL REY	82	5-F	Miguel Hidalgo	11040
MOLINO EL	127	2-C	Ixtapaluca	56553
MOLINO EL	111	2-B	Iztapalapa	09830
MOLINO EL	124	4-D	Tláhuac	09960
MOLINO EL BARRIO	107	1-C	Cuajimalpa	05240
MOLINO EL RESIDENCIAL	87	5-F	Chimalhuacán	
MOLINO TEZONCO EL	124	2-D	Iztapalapa	09960
MONERA LA	81	1-E	Naucalpan	53666
MONI DE BARRIO	80	4-A	Naucalpan	53626
MONSERRAT UNIDAD	109	4-F	Coyoacán	04337
MONTE ALBAN	112	2-C	Iztapalapa	09550
MONTE ALTO	70	4-E	Azcapotzalco	02640
MONTE DE LAS CRUCES	106	6-D	Cuajimalpa	05719
MONTE DE LAS CRUCES RANCHO	106	6-D	Cuajimalpa	
MONTE DE PIEDAD	109	3-D	Coyoacán	04310
MONTE DE PIEDAD UNIDAD HAB.	109	3-C	Coyoacán	04310
MONTE VERDE	30	4-F	Cuautitlán Izcalli	
MONTECILLO	88	1-D	Texcoco	56230
MONTON CUARTELES	94	2-C	Huixquilucan	52779
MORA JOSE DE LA	127	1-D	Ixtapaluca	56556
MORA LA	46	2-F	Ecatepec	55030
MORA LA	81	3-D	Naucalpan	
MORA LA	56	6-F	Tlalnepantla	54090
MORA LA UNIDAD HAB.	111	1-B	Iztapalapa	09820
MORAL SEGUNDA DEL	108	4-D	Alvaro Obregón	01700
MORALES LOS	18	4-B	Cuautitlán	54800
MORALES LOS	82	4-E	Miguel Hidalgo	11510
MORALES LOS	136	1-B	Xochimilco	16060
MORALES LOS SECC. ALAMEDA	82	4-F	Miguel Hidalgo	11530
MORALES LOS SECC. PALMAS	82	4-F	Miguel Hidalgo	11540
MORAS PRIMAVERA UNIDAD HAB.	98	3-F	Iztapalapa	09210
MORELOS	56	4-A	Atizapán de Zaragoza	52999
MORELOS	84	2-C	Cuauhtémoc	06200
MORELOS	28	4-C	Nicolás Romero	54455
MORELOS	152	2-D	Tláhuac	13720
MORELOS	84	2-C	Venustiano Carranza	15270
MORELOS ECATEPEC UNIDAD HAB.	47	2-B	Ecatepec	55040
MORELOS FOVISSSTE	46	5-F	Ecatepec	55406
MORELOS II UNIDAD HAB.	112	4-A	Iztapalapa	09700
MORELOS JOSE MARIA	99	5-C	Iztapalapa	09830
MORELOS JOSE MARIA U. HAB.	33	6-C	Ecatepec	55018
MORELOS JOSE MARIA UNIDAD HAB.	72	4-A	Gustavo A. Madero	
MORELOS RESIDENCIAL	20	5-B	Tultepec	
MORELOS UNIDAD	69	6-B	Naucalpan	
MORELOS UNIDAD	97	1-E	Venustiano Carranza	15940
MORELOS Y PAVON J. MA. 1a. SECC.U	33	1-C	Coacalco	55718
MORELOS Y PAVON J. MA. GRAL. U.H.	31	2-A	Cuautitlán Izcalli	
MORELOS Y PAVON JOSE MARIA	31	5-A	Cuautitlán Izcalli	54768
MORELOS Y PAVON JOSE MARIA	47	6-C	Ecatepec	55118
MORELOS Y PAVON JOSE MARIA UNIDAD	20	4-B	Tultitlán	54930
MORENO MARIO CONDOMINIO	98	3-A	Iztacalco	08400
MOSCO EL	97	4-F	Iztacalco	08740
MOSQUETA UNIDAD	84	3-A	Cuauhtémoc	06300
MUJERES ILUSTRES UNIDAD HAB.	97	4-F	Iztacalco	08029
MUZQUIZ MELCHOR	73	1-B	Ecatepec	55240

N

COLONIA	COORDENADAS PLANO		DELEGACION O MUNICIPIO	CP
NACIONAL LA	33	6-E	Ecatepec	55020
NAPOLES	96	3-C	Benito Juárez	03810
NAPOLES AMPL.	96	4-C	Benito Juárez	03840
NARANJA LA UNIDAD HABITACIONAL	69	6-E	Azcapotzalco	
NARANJOS UNIDAD	111	4-B	Iztapalapa	09850
NARDO EL	59	4-C	Ecatepec	55320
NARVARTE	96	3-F	Benito Juárez	03020
NARVARTE PIEDAD	96	2-F	Benito Juárez	03000
NATIVITAS	97	4-B	Benito Juárez	03500
NATIVITAS	138	3-E	Xochimilco	16797
NATIVITAS AMPL.	137	4-A	Xochimilco	16459
NATIVITAS DE BARRIO	31	1-D	Tultitlán	54900
NATIVITAS INFONAVIT CONJ.	136	3-F	Xochimilco	16099
NATIVITAS LA JOYA AMPL.	137	4-B	Xochimilco	16540
NATIVITAS PUEBLO	137	3-A	Xochimilco	16450
NAUCALPAN DE JUAREZ	69	6-B	Naucalpan	53000
NAUCALPAN INDUSTRIAL	69	6-D	Naucalpan	53370
NAUCALPAN INDUSTRIAL 2a. SECC.	69	6-B	Naucalpan	53370
NAUCALPAN UNIDAD RESIDENCIAL	69	6-C	Naucalpan	53509
NAUTLA UNIDAD HAB.	111	4-B	Iztapalapa	09850
NAVARRO PAULINO	97	1-B	Cuauhtémoc	06870
NAVIDAD LA	94	6-C	Cuajimalpa	05210
NECAPA	18	6-B	Cuautitlán	
NEGRETE JORGE	58	5-A	Gustavo A. Madero	07280
NERVO AMADO	107	1-B	Cuajimalpa	05269
NERVO AMADO	19	2-D	Tultepec	54975
NETZAHUALCOYOTL	75	2-E	Texcoco	56234
NEXQUIPAYAC	49	4-B	Atenco	
NEXQUIPAYAC AMPLIACION	49	3-B	Atenco	
NEXQUIPAYAC ZONA URBANA EJIDAL	49	3-B	Atenco	
NEXTENGO BARRIO	70	5-B	Azcapotzalco	02070
NEXTITLA	83	2-D	Miguel Hidalgo	11420
NEZAHUALCOYOTL	48	4-F	Atenco	
NEZAHUALCOYOTL	98	1-F	Nezahualcóyotl	57420
NEZAHUALCOYOTL EJIDO	48	4-F	Atenco	
NEZAHUALPILLI	73	2-B	Ecatepec	55288
NIÑO JESUS	112	6-B	Iztapalapa	
NIÑO JESUS BARRIO	109	4-E	Coyoacán	04330
NIÑO JESUS BARRIO	122	4-E	Tlalpan	14080
NIÑOS HEROES	126	4-F	Chalco	56636
NIÑOS HEROES	63	6-A	Texcoco	56108
NIÑOS HEROES	127	4-A	Valle de Chalco	56636
NIÑOS HEROES	138	3-B	Xochimilco	16629
NIÑOS HEROES DE CHAPULTEPEC	97	4-A	Benito Juárez	03440
NIÑOS HEROES U. HAB. INFONAVIT	30	6-F	Cuautitlán Izcalli	54763
NIZA CONJUNTO RESIDENCIAL	97	5-C	Iztacalco	
NOCHE BUENA	96	5-C	Benito Juárez	03720
NOCHEBUENA UNIDAD HABITACIONAL	94	5-B	Cuajimalpa	
NONOALCO	96	5-B	Benito Juárez	03700
NONOALCO	63	1-C	Chiautla	
NONOALCO TLATELOLCO U. HAB.	84	2-A	Cuauhtémoc	06900
NOPAL EL	89	1-A	Texcoco	56263
NOPALERA BARRIO	67	6-B	Naucalpan	
NOPALERA LA	94	1-A	Huixquilucan	
NOPALERA LA	81	2-F	Naucalpan	53729
NOPALERA LA	22	1-C	Tecámac	55740
NOPALERA LA	35	3-B	Tecámac	
NOPALERA LA	122	6-F	Tlalpan	14645
NOPALERA LA	124	3-F	Tláhuac	13220
NOPALITO EL	18	5-B	Cuautitlán	54810
NORCHUCA	22	3-A	Tecámac	55769
NORIA LA	136	1-D	Xochimilco	
NORIA LA	123	6-C	Xochimilco	16030
NORMA ISSSTE UNIDAD HAB.	111	1-C	Iztapalapa	09366
NORTE BARRIO	95	5-F	Alvaro Obregón	01410
NOVEDADES IMPACTO U. ECOLOGICA	70	1-B	Azcapotzalco	02110
NOVELA MEXICANA I	60	5-D	Ecatepec	55189
NOVELA MEXICANA II	60	6-C	Ecatepec	55268
NOXCALCO	152	1-B	Milpa Alta	
NUCHTLA BARRIO	151	3-A	Milpa Alta	12200
NUEVA ANZURES	83	5-C	Miguel Hidalgo	11590
NUEVA ARAGON	73	1-D	Ecatepec	55260
NUEVA ATZACOALCO	72	2-B	Gustavo A. Madero	07420
NUEVA DIAZ ORDAZ	110	5-A	Coyoacán	04390
NUEVA DIAZ ORDAZ	47	5-C	Ecatepec	55050
NUEVA EL ROSARIO AMPL.	70	2-B	Azcapotzalco	02128
NUEVA INDUSTRIAL VALLEJO	70	1-F	Gustavo A. Madero	07700
NUEVA INDUSTRIAL VALLEJO	57	6-F	Gustavo A. Madero	07700
NUEVA JUAREZ PANTITLAN	98	2-F	Nezahualcóyotl	57460
NUEVA JUAREZ PANTITLAN III	98	2-F	Nezahualcóyotl	57460
NUEVA MARGARITA	87	4-B	Chimalhuacán	
NUEVA ORIENTAL COAPA	123	3-C	Tlalpan	14300
NUEVA ROSITA	97	5-F	Iztapalapa	09420
NUEVA ROSITA UNIDAD HAB.	107	1-B	Cuajimalpa	05238
NUEVA RUFINO TAMAYO	46	5-D	Ecatepec	55414
NUEVA SAN ANTONIO	128	3-A	Chalco	
NUEVA SAN ISIDRO	127	5-F	Chalco	56605
NUEVA SAN ISIDRO II	127	4-F	Chalco	56605
NUEVA SAN JUAN IXTACALA	57	6-D	Tlalnepantla	54160
NUEVA SAN RAFAEL	82	2-A	Naucalpan	53640
NUEVA SANTA ANITA	97	2-C	Iztacalco	08210
NUEVA SANTA MARIA	70	6-D	Azcapotzalco	02800
NUEVA SANTA MARIA	31	6-A	Cuautitlán Izcalli	
NUEVA SANTA MARIA	22	1-C	Tecámac	55740
NUEVA TENOCHTITLAN	84	1-F	Gustavo A. Madero	07890
NUEVA TENOCHTITLAN	137	2-C	Xochimilco	
NUEVA TEOTIHUACAN	24	3-A	Teotihuacán	
NUEVA VALLEJO	71	4-A	Gustavo A. Madero	07750
NUEVO LAREDO	46	4-F	Ecatepec	55080
NUEVO MADIN	55	5-D	Naucalpan	52989
NUEVO MEXICO	35	4-A	Ecatepec	
NUEVO PASEO DE SAN AGUSTIN	60	4-A	Ecatepec	55130
NUEVO PQUE. INDUSTRIAL IXTAPALUCA	128	3-A	Ixtapaluca	
NUEVO RENACIMIENTO DE AXALCO	135	2-E	Tlalpan	14408
NUEVO TULTITLAN BARRIO	33	4-C	Ecatepec	
NUNO JAIME UNIDAD HABITACIONAL	111	4-E	Iztapalapa	

O

COLONIA	COORDENADAS PLANO		DELEGACION O MUNICIPIO	CP
OASIS DE ATIZAPAN	42	6-F	Atizapán de Zaragoza	52967
OASIS DE SAN BERNABE EL	120	1-F	Magdalena Contreras	10309
OBRAJE EL	93	5-C	Chimalhuacán	
OBREGON	97	1-D	Venustiano Carranza	15990
OBREGON ALVARO	62	4-E	Atenco	
OBREGON ALVARO	99	5-A	Iztapalapa	09230
OBREGON ALVARO DESARROLLO URBANO	95	5-E	Alvaro Obregón	01278
OBRERA	84	6-A	Cuauhtémoc	06800
OBRERA JAJALPA	47	4-A	Ecatepec	55090
OBRERO DEL	72	2-A	Gustavo A. Madero	07430
OBRERO POPULAR	83	1-C	Azcapotzalco	02840
OBSERVATORIO	96	2-B	Miguel Hidalgo	11860
OCAMPO MELCHOR	59	4-E	Ecatepec	55338
OCAMPO MELCHOR	114	5-E	Ixtapaluca	

COLONIA	COORDENADAS PLANO	DELEGACION O MUNICIPIO	CP
OCAMPO MELCHOR	18 1-F	Melchor Ocampo	54880
OCCIPACO	68 4-E	Naucalpan	53249
OCOPULCO	49 2-E	Chiautla	56031
OCOTE EL	107 3-B	Cuajimalpa	05370
OCOTE EL	82 2-A	Naucalpan	
OCOTE EL RESIDENCIAL	94 6-B	Cuajimalpa	
OCOTILLOS	108 4-B	Alvaro Obregón	01700
OCOTITLA BARRIO	150 3-F	Milpa Alta	12200
OCHO DE AGOSTO	96 3-B	Alvaro Obregón	01180
OCHO DE AGOSTO	96 3-B	Benito Juárez	03820
OJEDA PAULLADA PEDRO AMPL.	73 3-B	Ecatepec	55295
OJEDA PAULLADA PEDRO UNIDAD	73 3-B	Ecatepec	55295
OJITO DE AGUA	112 3-C	Iztapalapa	09500
OJO DE AGUA	125 4-E	Tláhuac	13450
OJO DE AGUA	44 1-D	Tultitlán	54943
OLIMPIADA 68 LA	81 3-C	Naucalpan	53690
OLIMPIADA LA	81 1-D	Naucalpan	53669
OLIMPICA I LA	60 5-A	Ecatepec	55130
OLIMPICA II LA	60 5-B	Ecatepec	55130
OLIMPICA LA	81 3-B	Naucalpan	53690
OLIMPICA LA AMPL.	81 3-B	Naucalpan	53690
OLIMPICA RADIO	81 3-B	Naucalpan	53698
OLIMPICA UNIDAD HAB.	122 2-E	Coyoacán	04710
OLIVAR DE LOS PADRES	108 4-D	Alvaro Obregón	01780
OLIVAR DEL CONDE 1a. SECC.	95 6-F	Alvaro Obregón	01400
OLIVAR DEL CONDE 2a. SECC.	95 6-E	Alvaro Obregón	01408
OLIVAR DEL CONDE 3a. SECC.	95 6-D	Alvaro Obregón	01409
OLIVAR EL	100 1-C	Chimalhuacán	
OLIVAR EL	82 1-B	Naucalpan	53520
OLIVAR SANTA MARIA	138 3-E	Xochimilco	
OLIVARITO EL CONJ. HABITACIONAL	108 4-C	Alvaro Obregón	
OLIVO EL	72 5-B	Gustavo A. Madero	07920
OLIVO EL	44 5-A	Tlalnepantla	54110
OLIVO EL	137 4-A	Xochimilco	
OLIVO EL AMPL.	94 4-D	Huixquilucan	52789
OLIVO II EL	44 5-B	Tlalnepantla	54119
OLIVOS LOS	123 1-C	Coyoacán	04890
OLIVOS LOS	94 4-D	Huixquilucan	52789
OLIVOS LOS	100 3-C	Nezahualcóyotl	57818
OLIVOS LOS	22 3-B	Tecámac	
OLIVOS LOS	89 1-A	Texcoco	56264
OLIVOS LOS	124 1-F	Tláhuac	13210
OLIVOS LOS	137 5-A	Xochimilco	
OLIVOS LOS FRACCIONAMIENTO	18 5-C	Cuautitlán	
OLIVOS LOS UNIDAD	124 1-F	Tláhuac	
OMEGA CONJUNTO HAB.	108 4-E	Alvaro Obregón	
ORFEBRES BARRIO	87 5-A	Chimalhuacán	56356
ORFEBRES BARRIO	87 5-B	Chimalhuacán	56356
ORIENTE	136 4-F	Xochimilco	16320
ORTIZ DE DOMINGUEZ JOSEFA	97 4-A	Benito Juárez	03430
ORTIZ DE DOMINGUEZ JOSEFA	47 6-D	Ecatepec	
ORTIZ DE DOMINGUEZ JOSEFA	60 2-C	Ecatepec	55117
ORTIZ TIRADO ALFONSO DR.	98 4-C	Iztapalapa	09020
OTRA BANDA LA BARRIO	109 4-A	Alvaro Obregón	01090
OXTOPULCO UNIVERSIDAD BARRIO	109 3-C	Coyoacán	04318
OYAMEYO EL	148 5-C	Tlalpan	
OZUMBILLA	21 4-F	Tecámac	55766
OZUMBILLA AMPL.	21 5-E	Tecámac	55766
OZUMBILLA ZONA URBANA EJIDAL	21 4-F	Tecámac	57766

P

COLONIA	COORDENADAS PLANO	DELEGACION O MUNICIPIO	CP
PACIFICO UNIDAD HAB.	110 4-A	Coyoacán	04330
PADRE FIGUEROA	69 6-A	Naucalpan	53410
PADRES LOS	108 6-A	Magdalena Contreras	10340
PAJARITOS LOS	34 2-E	Ecatepec	
PAJAROS LOS	30 6-E	Cuautitlán Izcalli	
PALMA I LA	46 2-E	Ecatepec	
PALMA LA	46 6-D	Ecatepec	55507
PALMA LA	56 1-E	Tlalnepantla	54029
PALMA LA	135 3-F	Tlalpan	14476
PALMA LA	31 1-C	Tultitlán	54800
PALMA LA 1a SECC.	31 1-D	Cuautitlán	54879
PALMA RESIDENCIAL LA	121 2-B	Magdalena Contreras	
PALMA UNIDAD HAB.	55 1-F	Atizapán de Zaragoza	
PALMAS AXOTITLA	108 2-C	Alvaro Obregón	01650
PALMAS II LAS	46 2-E	Ecatepec	55039
PALMAS LAS	95 3-E	Alvaro Obregón	
PALMAS LAS	95 5-E	Alvaro Obregón	01110
PALMAS LAS	42 2-F	Atizapán de Zaragoza	52918
PALMAS LAS	47 4-A	Ecatepec	
PALMAS LAS	121 1-A	Magdalena Contreras	10370
PALMAS POLANCO	82 4-F	Miguel Hidalgo	11560
PALMATITLA	58 1-B	Gustavo A. Madero	07170
PALMILLAS	113 5-B	Iztapalapa	
PALMITA LA	95 4-D	Alvaro Obregón	01260
PALMITAS	112 4-C	Iztapalapa	09670
PALMITAS	82 5-F	Miguel Hidalgo	11560
PALMITAS INFONAVIT	112 3-C	Iztapalapa	
PALO ALTO	94 5-F	Cuajimalpa	05110
PALO SOLO	94 1-D	Huixquilucan	52778
PALOMAR EL	23 3-E	Teotihuacán	55800
PALOMAS DE LAS BARRIO	100 2-D	Chimalhuacán	56340
PALOMAS LAS	57 4-E	Tlalnepantla	54100
PANAMERICANA	71 5-A	Gustavo A. Madero	07770
PANAMERICANA AMPL.	71 5-A	Gustavo A. Madero	07770
PANCHIMALCO BARRIO	151 3-A	Milpa Alta	12200
PANORAMA EL	68 4-F	Naucalpan	53277
PANORAMICA	46 3-F	Ecatepec	55036
PANTACO UNIDAD HAB.	70 4-D	Azcapotzalco	02510
PANTANO EL	33 3-A	Coacalco	
PANTEONES	94 5-D	Huixquilucan	
PANTHE DE BARRIO	80 4-B	Naucalpan	
PANTITLAN	98 1-D	Iztacalco	08100
PAONI THIANI DE	68 5-D	Naucalpan	
PAPALOTLA	50 6-D	Papalotla	56050
PARAISO	60 1-A	Ecatepec	55105
PARAISO AVICOLA	56 1-A	Atizapán de Zaragoza	52965
PARAISO CONJUNTO RESIDENCIAL	32 4-D	Coacalco	
PARAISO EL	95 4-E	Alvaro Obregón	01130
PARAISO EL	99 5-B	Iztapalapa	09230
PARAISO EL FOVISSSTE UNIDAD HAB.	18 6-C	Cuautitlán	54877
PARAJE 38	134 1-F	Tlalpan	14275
PARAJES LOS	57 1-A	Tlalnepantla	54120
PARK CONJUNTO HABITACIONAL	114 5-A	Ixtapaluca	
PARQUE DEL	46 5-D	Ecatepec	55414
PARQUE DEL METROPOLITANO	45 6-B	Gustavo A. Madero	07149
PARQUE DEL PEDREGAL	122 3-B	Tlalpan	14010
PARQUE DEL RESIDENCIAL	56 6-C	Tlalnepantla	54080
PARQUE DEL TEPEYAC	71 2-E	Gustavo A. Madero	07010
PARQUE EL	123 1-C	Coyoacán	04899
PARQUE EL	82 1-C	Naucalpan	53398
PARQUE EL	84 5-D	Venustiano Carranza	15960
PARQUE INDUSTRIAL CARTAGENA	31 2-E	Tultitlán	54918
PARQUE INDUSTRIAL CUAMATLA	18 6-A	Cuautitlán Izcalli	54730
PARQUE INDUSTRIAL CUAUTITLAN	18 6-A	Cuautitlán Izcalli	54730
PARQUE INDUSTRIAL LA LOMA	56 4-F	Tlalnepantla	54060
PARQUE INDUSTRIAL LA LUZ	17 2-F	Cuautitlán Izcalli	54716
PARQUE INDUSTRIAL NAUCALPAN	69 6-B	Naucalpan	53489
PARQUE INDUSTRIAL NEZAHUALCOYOTL	100 3-C	Nezahualcóyotl	57819
PARQUE INDUSTRIAL SAN NICOLAS	56 2-F	Tlalnepantla	54030
PARQUE INDUSTRIAL TULTITLAN	31 1-E	Tultitlán	54919
PARQUE LAS AGUILAS	108 1-E	Alvaro Obregón	01750
PARQUE NACIONAL U. HABITACIONAL	44 2-D	Tultitlán	

COLONIA	COORDENADAS PLANO	DELEGACION O MUNICIPIO	CP
PARQUE RES. COACALCO 1a. SECC.	33 5-B	Coacalco	55720
PARQUE RES. COACALCO 2a. SECC.	33 5-B	Coacalco	55720
PARQUE RES. COACALCO 3a. SECC.	33 6-A	Coacalco	55720
PARQUE RESIDENCIAL COACALCO	33 5-C	Coacalco	
PARQUE RESIDENCIAL COACALCO	33 5-B	Coacalco	55720
PARQUE RESIDENCIAL COACALCO	33 5-B	Ecatepec	55019
PARQUE SAN ANDRES	110 3-A	Coyoacán	04040
PARQUE SAN PABLO	20 6-B	Tultitlán	54933
PARQUES DE ARAGON	73 1-B	Ecatepec	55244
PARQUES DE LA HERRADURA	94 2-E	Huixquilucan	52786
PARQUES LOS	17 5-D	Cuautitlán Izcalli	54720
PARQUES LOS RESIDENCIAL	68 2-F	Naucalpan	
PASEO DE CARRETAS	56 5-C	Tlalnepantla	54058
PASEO DE LAS LOMAS	94 6-E	Alvaro Obregón	01330
PASEO DE LAS LOMAS	107 1-E	Alvaro Obregón	
PASEO DE MEXICO	56 2-B	Atizapán de Zaragoza	52979
PASEO DE SANTA MARIA	18 6-C	Cuautitlán	54800
PASEO DEL FERROCARRIL	57 6-B	Tlalnepantla	54099
PASEOS DE ARAGON	73 1-B	Ecatepec	
PASEOS DE CHURUBUSCO	98 4-B	Iztapalapa	09030
PASEOS DE CHURUBUSCO LOS	98 5-C	Iztapalapa	09030
PASEOS DE CHURUBUSCO ZONA RES.	98 4-A	Iztapalapa	09030
PASEOS DE MENDOZA	122 3-D	Tlalpan	14070
PASEOS DE TAXQUEÑA	110 3-D	Coyoacán	04250
PASEOS DEL ALBA	31 5-A	Cuautitlán Izcalli	
PASEOS DEL BOSQUE	68 6-D	Naucalpan	53297
PASEOS DEL SUR	123 6-D	Xochimilco	16010
PASEOS DEL VIRREY CONJ. HAB.	4 6-B	Tepotzotlán	54600
PASTEROS	70 3-A	Azcapotzalco	02150
PASTORA LA	58 5-B	Gustavo A. Madero	07290
PASTORES LOS	69 4-D	Naucalpan	53340
PASTORIA LA	62 3-D	Atenco	
PATERA LA	56 2-D	Tlalnepantla	54022
PATRIMONIO FAMILIAR	70 6-F	Azcapotzalco	
PAVON	98 2-F	Nezahualcóyotl	57610
PAZ LA	63 6-C	Texcoco	56176
PAZ LA CONJUNTO	108 6-C	Magdalena Contreras	
PEDREGAL AMILCO	149 3-C	Tlalpan	14500
PEDREGAL DE ATIZAPAN	42 5-F	Atizapán de Zaragoza	52948
PEDREGAL DE CARRASCO	122 2-D	Coyoacán	04700
PEDREGAL DE COYOACAN	109 4-E	Coyoacán	
PEDREGAL DE LA ZORRA	122 1-E	Coyoacán	
PEDREGAL DE LAS AGUILAS	122 6-D	Tlalpan	14439
PEDREGAL DE MONSERRAT	110 6-A	Coyoacán	04309
PEDREGAL DE PEÑACOTITLA	149 3-C	Xochimilco	
PEDREGAL DE SAN FRANCISCO	109 4-E	Coyoacán	04320
PEDREGAL DE SAN FRANCISCO	149 3-D	Xochimilco	16910
PEDREGAL DE SAN JERONIMO	108 5-E	Magdalena Contreras	
PEDREGAL DE SAN NICOLAS	121 4-C	Tlalpan	14109
PEDREGAL DE SANTA URSULA	122 1-F	Coyoacán	04600
PEDREGAL DE SANTA URSULA XITLA	122 6-D	Tlalpan	14438
PEDREGAL DE SANTO DOMINGO	109 6-E	Coyoacán	04369
PEDREGAL DE TEPEPAN	123 6-A	Tlalpan	
PEDREGAL DE TEZOMPA	152 2-E	Tláhuac	13730
PEDREGAL DEL LAGO UNIDAD HAB.	121 2-D	Tlalpan	14110
PEDREGAL DEL MAUREL	122 2-D	Coyoacán	04720
PEDREGAL DEL SUR	122 2-D	Coyoacán	04719
PEDREGAL EL	42 2-D	Atizapán de Zaragoza	52947
PEDREGAL EL	42 4-E	Atizapán de Zaragoza	
PEDREGAL EL	46 5-D	Ecatepec	55414
PEDREGAL EL	81 6-D	Huixquilucan	
PEDREGAL EL	69 1-D	Tlalnepantla	
PEDREGAL II UNIDAD HABITACIONAL	121 2-D	Magdalena Contreras	10720
PEDREGAL PICACHO RESIDENCIAL	121 2-E	Tlalpan	14129
PEDREGAL RESIDENCIAL	121 2-F	Alvaro Obregón	01990
PEDRERA LA	16 2-A	Tepotzotlán	
PEMEX	20 3-E	Jaltenco	
PEMEX PICACHO UNIDAD HAB.	121 2-E	Tlalpan	14130
PEMEX UNIDAD	69 2-F	Azcapotzalco	02419
PENITENCIARIA	84 4-D	Venustiano Carranza	15280
PENITENCIARIA AMPL.	84 4-E	Venustiano Carranza	15350
PENSADOR MEXICANO	85 3-B	Venustiano Carranza	15510
PENSAMIENTO UNIDAD HABITACIONAL	20 5-B	Tultitlán	54930
PENSIL NORTE	83 2-A	Miguel Hidalgo	11430
PENSIL SUR	83 3-A	Miguel Hidalgo	11490
PENTECOSTES	63 1-D	Texcoco	56200
PENY DE BARRIO	80 4-B	Naucalpan	
PEÑA ALTA	138 5-F	Tláhuac	13549
PEÑA POBRE	122 3-C	Tlalpan	14060
PEÑAS LAS	111 4-F	Iztapalapa	09750
PEÑITA LA	108 4-C	Alvaro Obregón	01740
PEÑITA LA	137 4-B	Xochimilco	
PEÑITA LA AMPLIACION	137 4-B	Xochimilco	
PEÑITAS LAS	43 4-D	Atizapán de Zaragoza	52920
PEÑITAS LAS 3a. SECCION	43 3-E	Atizapán de Zaragoza	52920
PEÑITAS LAS AMPL.	43 3-E	Atizapán de Zaragoza	52920
PEÑON DE LOS BAÑOS	85 3-B	Venustiano Carranza	15520
PEOTILCOS	108 4-B	Alvaro Obregón	01739
PERALITOS	83 2-B	Miguel Hidalgo	11450
PERALVILLO	84 1-B	Cuauhtémoc	06220
PEREZ DE ALBA VENTURA	83 2-A	Miguel Hidalgo	11430
PEREZ LUPITA UNIDAD HABITACIONAL	122 5-B	Tlalpan	
PERIODISTA	33 5-A	Coacalco	55725
PERIODISTA	82 2-D	Miguel Hidalgo	11220
PERIODISTAS DE LOMA BONITA	32 5-F	Coacalco	
PERIODISTAS REVOLUCIONARIOS LOS	32 3-D	Coacalco	55717
PERITAS LAS	123 6-D	Xochimilco	54740
PERLA LA	30 1-C	Cuautitlán Izcalli	52740
PERLA LA	69 5-D	Naucalpan	53340
PERLA LA	99 3-F	Nezahualcóyotl	57820
PERLA REFORMA LA	100 4-A	Nezahualcóyotl	57830
PESCADOR FELIPE	[illegible] 2-C	Cuauhtémoc	06280
PESCADORES BARRIO	[illegible] 3-E	Chimalhuacán	56367
PETERETE	98 1-F	Nezahualcóyotl	57425
PETROLERA	69 4-F	Azcapotzalco	02480
PETROLERA	59 3-A	Ecatepec	
PETROLERA AMPL.	70 4-A	Azcapotzalco	02470
PETROLERA TAXQUEÑA	110 4-B	Coyoacán	04410
PETROQUIMICA ECATEPEC	73 1-B	Ecatepec	55246
PETROQUIMICA LOMAS VERDES	68 1-D	Naucalpan	53124
PEZA JUAN DE DIOS UNIDAD HAB.	125 2-A	Tláhuac	13316
PICOS DE IZTACALCO CONJ.URB.POP.	97 4-E	Iztacalco	08750
PICOS DE IZTACALCO LOS	97 3-F	Iztacalco	08770
PICOS LOS 6-B UNIDAD HAB.	97 5-F	Iztapalapa	09420
PICHARDO PAGAZA IGNACIO	34 3-D	Ecatepec	
PIEDAD LA	17 6-B	Cuautitlán Izcalli	54720
PIEDAD LA ORIENTE	17 6-B	Cuautitlán Izcalli	
PIEDRA GORDA	16 4-F	Cuautitlán Izcalli	54710
PIEDRA GRANDE	59 3-B	Ecatepec	55300
PIEDRAS NEGRAS	82 2-A	Naucalpan	53610
PILARES	36 5-F	Acolman	
PILARES AGUILAS	108 2-F	Alvaro Obregón	01710
PINARES CONJ. RESIDENCIAL	123 3-E	Coyoacán	
PINO EL	113 2-F	La Paz	56507
PINO SUAREZ JOSE MARIA	96 3-A	Alvaro Obregón	01140
PINO SUAREZ JOSE MARIA	60 1-A	Ecatepec	55430
PINOS LOS	89 1-B	Texcoco	56264
PINOS LOS PARAJE	29 3-F	Cuautitlán Izcalli	54740
PINOS LOS RESIDENCIAL CONJUNTO	135 1-D	Tlalpan	
PINOS LOS UNIDAD HABITACIONAL	36 3-C	Acolman	
PIPSA	57 4-D	Tlalnepantla	54160
PIRU EL	95 5-E	Alvaro Obregón	01520
PIRUL EL	95 5-B	Alvaro Obregón	01230
PIRUL EL	108 1-B	Alvaro Obregón	
PIRUL SANTA LUCIA	108 1-B	Alvaro Obregón	01520
PIRULES DE BAYISCO	34 4-F	Ecatepec	55059
PIRULES LOS	94 2-C	Huixquilucan	52779
PIRULES LOS	56 3-D	Tlalnepantla	54040
PIRULES LOS	81 4-E	Naucalpan	53710
PLAN DE AYALA	136 4-A	Tlalpan	14400
PLAN DE GUADALUPE VICTORIA	30 6-D	Cuautitlán Izcalli	54760

COLONIA	PLANO	COORDENADAS	DELEGACION O MUNICIPIO	CP
PLAN DE IGUALA	111	2-B	Iztapalapa	09838
PLAN MAESTRO SECC. NOROESTE	30	3-E	Cuautitlán Izcalli	54760
PLAN SAGITARIO	42	4-E	Atizapán de Zaragoza	52949
PLAN TEPITO UNIDAD HAB.	84	2-C	Cuauhtémoc	06200
PLANA LA RESIDENCIAL	46	2-E	Ecatepec	
PLANETARIO LINDAVISTA	71	2-A	Gustavo A. Madero	07739
PLANTA LA	124	3-E	Iztapalapa	
PLANTA LA BARRIO	137	3-C	Xochimilco	
PLATEROS BARRIO	87	5-B	Chimalhuacán	56358
PLAYA SAN JUAN AMPLIACION	34	6-F	Ecatepec	
PLAZA COAPA	123	3-C	Tlalpan	
PLAZA DE LA COLINA	56	6-C	Tlalnepantla	54080
PLAZA DE LAS ROSAS	56	3-E	Tlalnepantla	54069
PLAZA DEL CONDADO	55	1-A	Atizapán de Zaragoza	
PLAZA DEL KIOSKO	20	5-C	Tultitlán	54924
PLAZA DORADA	30	3-E	Cuautitlán Izcalli	54760
PLAZA ESTRELLA I UNIDAD HAB.	111	5-D	Iztapalapa	09868
PLAZA ESTRELLA II UNIDAD HAB.	111	5-D	Iztapalapa	09869
PLAZA GALIA	94	1-E	Huixquilucan	
PLAZA HACIENDA	43	1-C	Atizapán de Zaragoza	
PLAZA ORIENTE RESIDENCIAL	72	4-A	Gustavo A. Madero	
PLAZAS DE ARAGON	73	5-A	Nezahualcóyotl	57139
PLAZAS DE ECHEGARAY	69	4-C	Naucalpan	53337
PLAZAS DE SAN JERONIMO CONJ. RES.	108	5-E	Magdalena Contreras	
PLAZAS DE SANTA CLARA	60	3-A	Ecatepec	55130
PLAZUELA DEL PEDREGAL BARRIO	121	2-C	Magdalena Contreras	10840
PLENITUD	70	6-A	Azcapotzalco	02780
POBLANITA LA	113	5-C	Tláhuac	13119
POCITO DEL BARRIO	67	5-A	Naucalpan	
PODER DE DIOS	57	4-D	Tlalnepantla	54158
POESIA MEXICANA	60	6-C	Ecatepec	55249
POLANCO CHAPULTEPEC	83	5-A	Miguel Hidalgo	11560
POLANCO REFORMA	83	4-A	Miguel Hidalgo	11550
POLITECNICO UNIDAD HAB.	71	2-B	Gustavo A. Madero	07348
POLVORA	95	4-F	Alvaro Obregón	01100
POLVORILLA AMPLIACION	112	6-A	Iztapalapa	09750
POLVORILLA LA	111	6-F	Iztapalapa	09750
POLVORILLA LA UNIDAD HABITACIONAL	112	6-A	Iztapalapa	
PONDEROSA LA	45	5-B	Gustavo A. Madero	07110
POPO	83	3-A	Miguel Hidalgo	11480
POPO AMPL.	83	3-A	Miguel Hidalgo	11489
POPOCATEPETL UNIDAD HABITACIONAL	125	2-A	Tláhuac	
POPOTLA	83	2-C	Miguel Hidalgo	11400
POPULAR	59	5-E	Ecatepec	55210
POPULAR ORIENTE	111	4-C	Iztapalapa	
POPULAR RASTRO	84	2-D	Venustiano Carranza	15220
PORTAL DE SAN PEDRO	28	3-E	Nicolás Romero	
PORTALES	96	6-F	Benito Juárez	03300
PORTALES	32	1-C	Tultepec	54983
PORTALES LOS UNIDAD HABITACIONAL	32	2-D	Coacalco	
PORTALES ORIENTE	110	1-B	Benito Juárez	03570
PORVENIR	98	1-E	Nezahualcóyotl	57430
PORVENIR EL	71	6-A	Azcapotzalco	02940
PORVENIR EL CONJ. HAB. FOVISSSTE	124	1-F	Tláhuac	
POSTAL	97	3-B	Benito Juárez	03410
POTRERILLO	121	2-A	Magdalena Contreras	10620
POTRERILLO AMPL.	120	2-F	Magdalena Contreras	10368
POTRERO ATIZAPAN EL	56	3-C	Atizapán de Zaragoza	52975
POTRERO ATIZAPAN EL	56	3-C	Tlalnepantla	54030
POTRERO CHICO	47	4-C	Ecatepec	55119
POTRERO DE LA LUNA	112	5-F	Iztapalapa	09648
POTRERO DEL LLANO	70	5-E	Azcapotzalco	02680
POTRERO EL	34	4-E	Ecatepec	
POTRERO EL	56	2-B	Tlalnepantla	
POTRERO EL FRACCIONAMIENTO	47	4-A	Ecatepec	
POTRERO EL UNIDAD HABITACIONAL	33	2-C	Coacalco	55718
POTRERO LA LAGUNA	33	3-E	Ecatepec	
POTRERO LA LAGUNA UNIDAD	33	2-B	Coacalco	
POTRERO SAN BERNARDINO	123	6-D	Xochimilco	16030
POTREROS DE LA NORIA	123	6-D	Xochimilco	16019
POTROS LOS	4	3-A	Tepotzotlán	
POZO EL	23	1-A	Teotihuacán	
PRADERA DE SAN MATEO	68	1-C	Naucalpan	53228
PRADERA LA	72	5-D	Gustavo A. Madero	07500
PRADERA LA 1a. SECC. CONJ. HAB.	72	5-D	Gustavo A. Madero	07509
PRADERA LA 2a. SECC. CONJ. HAB.	72	5-E	Gustavo A. Madero	07509
PRADERA LA RESIDENCIAL	47	2-B	Ecatepec	
PRADO CHURUBUSCO	110	2-C	Coyoacán	04230
PRADO EL	110	1-B	Iztapalapa	09480
PRADO IXTACALA	57	6-D	Tlalnepantla	54160
PRADO VALLEJO	70	1-E	Tlalnepantla	54170
PRADOS COAPA 1a. SECC.	123	2-C	Tlalpan	14350
PRADOS COAPA 2a. SECC.	123	2-C	Tlalpan	14357
PRADOS COAPA 3a. SECC.	123	3-C	Tlalpan	14357
PRADOS DE ARAGON	73	5-A	Nezahualcóyotl	57179
PRADOS DE COYOACAN	110	6-B	Coyoacán	04810
PRADOS DE CUAUTITLAN	17	4-C	Cuautitlán Izcalli	
PRADOS DE ECATEPEC	20	3-A	Tultitlán	54935
PRADOS DE LA LOMA	56	5-F	Tlalnepantla	54070
PRADOS DE LA MONTAÑA CLUB DE GOLF	107	2-E	Alvaro Obregón	05619
PRADOS DE SAN JUAN IXTACALA	43	2-A	Atizapán de Zaragoza	52928
PRADOS DE SAN MATEO	68	3-E	Naucalpan	53240
PRADOS DE SANTA CLARA	59	2-F	Ecatepec	55450
PRADOS DEL ROSARIO	69	2-E	Azcapotzalco	02410
PRADOS DEL SUR	123	5-D	Xochimilco	16010
PRADOS IZTAPALAPA	112	5-A	Iztapalapa	09700
PRADOS SECC. "A"	20	5-B	Tultitlán	
PRADOS SECC. "B"	20	5-B	Tultitlán	54934
PRECIOSA LA	70	4-A	Azcapotzalco	02460
PRECIOSA LA	34	2-D	Ecatepec	55069
PRECONCRETO UNIDAD	95	6-F	Alvaro Obregón	01400
PRENSA NACIONAL	70	1-D	Tlalnepantla	54170
PRENSA NACIONAL AMPLIACION	70	1-D	Tlalnepantla	
PRESA	95	4-E	Alvaro Obregón	
PRESA LA	95	5-F	Alvaro Obregón	01270
PRESA LA	46	5-C	Ecatepec	55509
PRESA LA	68	3-C	Naucalpan	53217
PRESA LA	89	3-C	Texcoco	56257
PRESA LA ZONA INDUSTRIAL	58	5-D	Tlalnepantla	54187
PRESA LAZARO CARDENAS LA	58	4-C	Tlalnepantla	54189
PRESIDENTES	95	5-D	Alvaro Obregón	01290
PRESIDENTES	88	5-D	Chicoloapan	
PRESIDENTES AMPL.	95	5-D	Alvaro Obregón	01299
PRESIDENTES AMPLIACION	88	5-D	Chicoloapan	
PRESIDENTES DE MEXICO	111	5-E	Iztapalapa	09740
PRESIDENTES DE MEXICO INFONAVIT	111	5-E	Iztapalapa	
PRESIDENTES EJIDALES	110	5-C	Coyoacán	04470
PRESIDENTES Y PZA DE LA CONST U H	111	6-F	Iztapalapa	09760
PRESILLA LA	121	1-B	Magdalena Contreras	
PRESITA LA	31	6-A	Cuautitlán Izcalli	54763
PRI	111	2-D	Iztapalapa	09368
PRIMAVERA	24	1-E	San Martín de las P.	
PRIMAVERA	135	1-A	Tlalpan	14270
PRIMAVERAS LAS CONJUNTO	94	4-D	Cuajimalpa	
PRIMERO DE MAYO	84	3-F	Venustiano Carranza	15440
PRIMERO DE SEPTIEMBRE	42	3-E	Atizapán de Zaragoza	52910
PRIVADA CENTENARIO	108	1-C	Alvaro Obregón	01568
PRIVADA DE LA ARBOLEDA	56	4-B	Atizapán de Zaragoza	52996
PRIVADA DE LAS HUERTAS	56	4-B	Atizapán de Zaragoza	52996
PRIVADA DEL BOSQUE	108	4-C	Alvaro Obregón	
PRIVADA EL RINCON	108	2-A	Alvaro Obregón	01590
PRIZO	73	2-D	Ecatepec	55264
PRO HOGAR	70	5-F	Azcapotzalco	02600
PRO REVOLUCIONARIA	60	1-C	Ecatepec	
PROAL HERON	108	2-C	Alvaro Obregón	01640
PROFESORES	76	3-B	Texcoco	56230
PROFOPEC 7 UNIDAD HAB.	47	2-E	Ecatepec	
PROFOPEC POLIGONO 1 FRACC.	60	4-D	Ecatepec	55126
PROFOPEC POLIGONO 2 FRACC.	60	5-D	Ecatepec	55158
PROFOPEC POLIGONO 3 FRACC.	60	6-D	Ecatepec	55187
PROFOPEC POLIGONO 4	60	3-A	Ecatepec	

COLONIA	PLANO	COORDENADAS	DELEGACION O MUNICIPIO	CP
PROFOPEC POLIGONO 5 FRACC.	60	4-C	Ecatepec	55176
PROGRESISTA	111	1-E	Iztapalapa	09240
PROGRESISTA	84	4-E	Venustiano Carranza	15370
PROGRESO	108	4-F	Alvaro Obregón	01080
PROGRESO	82	4-A	Naucalpan	53819
PROGRESO	136	4-D	Xochimilco	16820
PROGRESO DE GPE. VICTORIA EL	33	3-D	Ecatepec	55010
PROGRESO DE ORIENTE	100	1-B	Chimalhuacán	56349
PROGRESO DEL SUR	110	2-E	Iztapalapa	09810
PROGRESO EL	50	3-D	Tepetlaoxtoc	
PROGRESO INDUSTRIAL UNIDAD. HAB.	42	5-F	Atizapán de Zaragoza	
PROGRESO NACIONAL	57	6-F	Gustavo A. Madero	07600
PROGRESO NACIONAL AMPL.	57	6-E	Gustavo A. Madero	07650
PROPIEDAD LA	47	2-A	Ecatepec	55040
PROVIDENCIA	127	4-D	Chalco	56616
PROVIDENCIA LA	108	2-B	Alvaro Obregón	
PROVIDENCIA LA	69	3-E	Azcapotzalco	02440
PROVIDENCIA LA	72	4-C	Gustavo A. Madero	07550
PROVIDENCIA LA	43	4-F	Tlalnepantla	54010
PROVIDENCIA LA	147	3-E	Tlalpan	14839
PROVIDENCIA LA AMPL.	72	5-D	Gustavo A. Madero	07560
PROVINCIAL VISTA HERMOSA	94	6-D	Cuajimalpa	
PUEBLA	98	1-B	Venustiano Carranza	15020
PUEBLO NUEVO	95	5-B	Alvaro Obregón	01240
PUEBLO NUEVO	63	2-C	Chiautla	
PUEBLO NUEVO ALTO	121	2-A	Magdalena Contreras	10640
PUEBLO NUEVO BAJO	121	2-B	Magdalena Contreras	10640
PUEBLO QUIETO	122	3-E	Tlalpan	14040
PUEBLO VIEJO	42	1-D	Nicolás Romero	
PUENTE BLANCO	111	5-E	Iztapalapa	09770
PUENTE COLORADO	108	3-C	Alvaro Obregón	01730
PUENTE COLORADO AMPL.	108	3-C	Alvaro Obregón	01730
PUENTE DE VIGAS	69	1-E	Tlalnepantla	54090
PUENTE EL	107	2-A	Cuajimalpa	05080
PUENTE EL FRACCIONAMIENTO	68	2-E	Naucalpan	53223
PUENTE QUEMADO	98	5-E	Iztapalapa	
PUENTE SIERRA BARRIO	108	5-E	Magdalena Contreras	10110
PUERTA DEL PEDREGAL RESIDENCIAL	109	4-A	Alvaro Obregón	01090
PUERTA GRANDE	108	2-C	Alvaro Obregón	01630
PUERTA GRANDE AMPL.	108	2-C	Alvaro Obregón	01630
PUERTAS LAS	125	3-D	Tláhuac	13440
PUERTO	57	3-E	Tlalnepantla	54140
PUERTO AEREO INDUSTRIAL	85	5-A	Venustiano Carranza	15710
PUERTO DE CEGUAYO	108	1-B	Alvaro Obregón	01540
PUNTA LA	81	3-E	Naucalpan	
PUNTADA LA	94	4-E	Cuajimalpa	
PURICTAC	108	2-B	Alvaro Obregón	01559
PURIFICACION	24	3-C	Teotihuacán	55812
PURISIMA	98	6-F	Iztapalapa	09209
PURISIMA ATLAZOLPA	97	5-F	Iztapalapa	09429
PURISIMA LA	49	3-B	Atenco	
PURISIMA LA	34	5-F	Ecatepec	
PURISIMA LA	111	1-D	Iztapalapa	09340
PURISIMA TICOMAN LA BARRIO	58	6-A	Gustavo A. Madero	07320
PUXTLA	24	3-B	Teotihuacán	55842

Q

COLONIA	PLANO	COORDENADAS	DELEGACION O MUNICIPIO	CP
QUEBRADA LA	44	2-A	Cuautitlán Izcalli	54769
QUEBRADA LA AMPL.	43	2-F	Cuautitlán Izcalli	54769
QUETZALCOATL	110	4-C	Coyoacán	04270
QUETZALCOATL SECC.	34	3-F	Ecatepec	55067
QUIAHUATLA	138	1-F	Tláhuac	13090
QUINCE DE AGOSTO	71	4-E	Gustavo A. Madero	07058
QUINTA EL ANGEL	31	5-D	Tultitlán	
QUINTA LA	148	2-C	Tlalpan	14520
QUINTAS DEL VALLE	88	4-F	Texcoco	56259
QUINTAS DEL YAQUI	107	1-C	Cuajimalpa	
QUINTO SOL	73	1-C	Ecatepec	55267

R

COLONIA	PLANO	COORDENADAS	DELEGACION O MUNICIPIO	CP
RADIO	81	4-E	Naucalpan	53798
RADIOFARO TOTOLCINGO	35	6-D	Acolman	
RAMOS MILLAN G. SECC. BRAMADERO	98	3-A	Iztacalco	08000
RAMOS MILLAN G. SECC. TLACOTAL	97	3-E	Iztacalco	08720
RAMOS MILLAN GABRIEL	97	3-F	Iztacalco	08730
RAMOS MILLAN GABRIEL	123	3-D	Tlalpan	14324
RAMOS MILLAN GABRIEL AMPL.	98	4-A	Iztacalco	08020
RANCHO ALMARAZ	18	2-A	Cuautitlán Izcalli	
RANCHO ANZALDO Y CONTRERAS	121	1-D	Alvaro Obregón	01940
RANCHO CASA BLANCA	108	3-B	Alvaro Obregón	01590
RANCHO CASTRO	55	5-F	Tlalnepantla	
RANCHO DE LAS NIEVES	101	1-A	Chimalhuacán	
RANCHO DEL CARMEN U. H.	114	5-A	Iztapalapa	
RANCHO EL	46	5-F	Ecatepec	55084
RANCHO LA PALMA	32	2-C	Coacalco	
RANCHO LOS COLORINES	123	4-B	Tlalpan	14386
RANCHO PACHITA	120	2-F	Magdalena Contreras	10650
RANCHO SAN FELIPE	32	3-D	Coacalco	
RANCHO SAN FRANCISCO	107	5-F	Alvaro Obregón	01807
RANCHO SAN MIGUEL AYOTZINGO	153	2-A	Chalco	56623
RANCHO TEJOMULCO	137	3-B	Xochimilco	16429
RANCHO VIEJO	134	2-B	Tlalpan	14750
RAQUELITO LA	81	2-E	Naucalpan	53660
RAZA LA	71	6-A	Azcapotzalco	02990
REACOMODO 2o. CRUZ DE PALO	108	1-A	Alvaro Obregón	01378
REACOMODO 2o. DE TLACUITLAPA	108	2-C	Alvaro Obregón	01650
REACOMODO BELEN DE LAS FLORES	95	3-E	Alvaro Obregón	
REACOMODO CORPUS CHRISTI	108	1-A	Alvaro Obregón	01539
REACOMODO EL CUERNITO	95	4-F	Alvaro Obregón	01289
REACOMODO JALALPA EL GRANDE	95	6-B	Alvaro Obregón	01377
REACOMODO LOMAS DE TARANGO	108	3-A	Alvaro Obregón	01589
REACOMODO OLIVAR DEL CONDE	95	6-F	Alvaro Obregón	01400
REACOMODO PINO SUAREZ	95	3-F	Alvaro Obregón	01139
REACOMODO PRIMERA VICTORIA	96	4-A	Alvaro Obregón	01160
REACOMODO PUERTA GRANDE	108	2-C	Alvaro Obregón	01630
REACOMODO SANTA LUCIA	107	2-F	Alvaro Obregón	01509
REAL DE ATIZAPAN	56	1-B	Atizapán de Zaragoza	52945
REAL DE LA NORIA CONDOMINIO	123	6-C	Xochimilco	
REAL DE LAS LOMAS	95	3-B	Miguel Hidalgo	11920
REAL DE SAN FRANCISCO	42	6-F	Atizapán de Zaragoza	
REAL DE TARANGO	108	3-A	Alvaro Obregón	01586
REAL DEL BOSQUE CONJUNTO HAB.	95	4-D	Alvaro Obregón	
REAL DEL MONTE	96	3-A	Alvaro Obregón	01130
REAL DEL MORAL CONJ. HAB.	98	3-C	Iztapalapa	09010
REAL DEL MORAL UNIDAD HAB.	98	4-B	Iztapalapa	
REAL DEL PARQUE FRACCIONAMIENTO	30	1-F	Cuautitlán Izcalli	
REAL DEL SUR	123	3-D	Tlalpan	14308
REBECA INFONAVIT	112	3-D	Iztapalapa	
RECREO EL	70	6-C	Azcapotzalco	02070
RECURSOS HIDRAULICOS	31	5-C	Tultitlán	54913
REFORMA	100	5-B	Nezahualcóyotl	57840
REFORMA "A" SECCION 1	100	5-B	Nezahualcóyotl	57849
REFORMA "A" SECCION 2	100	5-B	Nezahualcóyotl	57848
REFORMA EDUCATIVA	98	4-F	Iztapalapa	09219
REFORMA GARAY UNIDAD HAB.	111	6-D	Iztapalapa	09860

COLONIA	PLANO	COORDENADAS	DELEGACION O MUNICIPIO	CP
REFORMA IZTACCIHUATL NORTE	97	4-C	Iztacalco	08810
REFORMA IZTACCIHUATL SUR	97	5-C	Iztacalco	08840
REFORMA POLITICA	112	4-B	Iztapalapa	09730
REFORMA SAN LUIS	82	3-A	Naucalpan	53580
REFORMA SOCIAL	82	5-D	Miguel Hidalgo	11650
REFORMA URBANA TLAYACAMPA	44	5-B	Tlalnepantla	54110
REFUGIO DEL BARRIO	16	1-F	Tepotzotlán	
REGADERA LA	111	2-E	Iztapalapa	09250
RELOJ EL	110	6-B	Coyoacán	04640
REMEDIOS LOS	69	6-A	Naucalpan	53400
REMEDIOS LOS ISSEMYM U. HAB.	69	5-A	Naucalpan	53049
RENACIMIENTO DE ARAGON EL	73	3-A	Ecatepec	55280
RENACIMIENTO UNIDAD	69	4-F	Azcapotzalco	
RENOVACION	47	3-A	Ecatepec	55040
RENOVACION	98	6-F	Iztapalapa	09209
REPUBLICA MEXICANA	32	5-E	Coacalco	55705
RESERVA ECOLOGICA UNIDAD HAB.	44	2-C	Tultitlán	
RESIDENCIAS DEL CAMPO MILITAR 1	82	2-C	Naucalpan	53538
RESURRECCION	63	3-D	Texcoco	56200
RETAMA LA CONJUNTO HABITACIONAL	95	3-B	Miguel Hidalgo	
RETIRO EL	63	4-A	Texcoco	
RETIRO EL	63	6-B	Texcoco	56125
RETIRO EL	57	4-C	Tlalnepantla	54157
RETOÑO EL	97	6-C	Iztapalapa	09440
RETORNO DE BEZARES	95	4-B	Miguel Hidalgo	11900
RETORNO JULIETA	95	3-B	Miguel Hidalgo	11940
RETORNOS DEL PEDREGAL	121	2-D	Tlalpan	14148
REVOLUCION	43	2-A	Atizapán de Zaragoza	52919
REVOLUCION	101	2-B	Chicoloapan	
REVOLUCION	63	5-A	Texcoco	56117
REVOLUCION IMSS UNIDAD	71	4-B	Gustavo A. Madero	07309
REVOLUCIONARIA	19	1-C	Tultepec	
REY NEZA	100	2-A	Nezahualcóyotl	57809
REY NEZA	100	2-B	Nezahualcóyotl	57809
REYES ACAQUILPAN LOS	113	1-C	La Paz	56400
REYES ACATLIZHUAYAN LOS	154	1-B	Temamatla	56650
REYES CULHUACAN LOS	110	3-E	Iztapalapa	09840
REYES DE LOS BARRIO	97	3-D	Iztacalco	08620
REYES DE LOS BARRIO	31	3-D	Tultitlán	54900
REYES DE LOS EJIDO	57	6-C	Tlalnepantla	
REYES DE LOS PUEBLO	57	5-A	Tlalnepantla	54075
REYES ECATEPEC LOS	60	2-B	Ecatepec	55100
REYES IXTACALA LOS	57	6-B	Tlalnepantla	54090
REYES LOS	30	2-E	Cuautitlán Izcalli	54740
REYES LOS	100	6-C	La Paz	56400
REYES LOS AMPL.	110	3-F	Iztapalapa	09849
REYES LOS AMPL.	113	2-B	Iztapalapa	09639
REYES LOS BARRIO	70	4-B	Azcapotzalco	02010
REYES LOS BARRIO	138	1-E	Tláhuac	13080
REYES LOS BARRIO	139	5-D	Tláhuac	13610
REYES LOS PUEBLO	109	4-F	Coyoacán	04330
REYES LOS ZONA INDUSTRIAL	57	5-A	Tlalnepantla	54073
REYES NOPALA LOS	50	4-F	Tepetlaoxtoc	
REYES SAN SALVADOR LOS	63	2-D	Texcoco	56200
REYES TULPETLAC	46	6-F	Ecatepec	
REYES TULPETLAC 1 LOS	46	6-F	Ecatepec	55405
REYES TULPETLAC 2 LOS	46	6-F	Ecatepec	55405
REYES TULPETLAC 3	46	6-F	Ecatepec	
REYES TULTITLAN LOS	31	4-D	Tultitlán	54915
REYNA NAVA GABRIEL	41	3-F	Nicolás Romero	
REYNOSA TAMAULIPAS	70	3-B	Azcapotzalco	02200
RINCON COAHUILENSE FRACC.	33	3-B	Coacalco	
RINCON COLONIAL	56	4-A	Atizapán de Zaragoza	
RINCON COLONIAL	17	6-E	Cuautitlán Izcalli	54730
RINCON DE CENTENARIO	108	2-A	Alvaro Obregón	
RINCON DE ECHEGARAY	69	3-D	Naucalpan	53309
RINCON DE GUANAJUATO UNIDAD HAB.	109	3-E	Coyoacán	04327
RINCON DE LA BOLSA	108	5-A	Alvaro Obregón	01849
RINCON DE LAS FUENTES	33	4-B	Coacalco	
RINCON DE LAS LOMAS	107	1-D	Cuajimalpa	05130
RINCON DE LOS BOSQUES	55	1-F	Atizapán de Zaragoza	52967
RINCON DE SAN JUAN	123	4-B	Tlalpan	14378
RINCON DEL BOSQUE	114	5-B	Ixtapaluca	
RINCON DEL BOSQUE	83	5-C	Miguel Hidalgo	11580
RINCON DEL BOSQUE	69	4-C	Naucalpan	53339
RINCON DEL PEDREGAL	121	1-D	Tlalpan	14120
RINCON DEL VALLE	56	3-D	Tlalnepantla	54040
RINCON EL	108	2-A	Alvaro Obregón	01590
RINCON VERDE	68	2-B	Naucalpan	53219
RINCONADA A. LOPEZ MATEOS	42	3-D	Atizapán de Zaragoza	
RINCONADA COACALCO	33	3-C	Coacalco	55713
RINCONADA COAPA 1a. SECC.	123	3-E	Tlalpan	14330
RINCONADA COAPA 2a. SECC.	123	3-E	Tlalpan	14325
RINCONADA COYOACAN	109	4-F	Coyoacán	
RINCONADA DE ARAGON	60	5-C	Ecatepec	55140
RINCONADA DE LA HERRADURA	94	1-E	Huixquilucan	52777
RINCONADA DE LAS ARBOLEDAS	56	1-A	Atizapán de Zaragoza	52945
RINCONADA DE LOS PARQUES	68	3-E	Naucalpan	
RINCONADA DE LOS REYES INFONAVIT	109	5-F	Coyoacán	
RINCONADA DE SAN FERNANDO	136	1-A	Tlalpan	
RINCONADA DE TARANGO	108	1-D	Alvaro Obregón	01619
RINCONADA DEL BOSQUE	81	5-F	Naucalpan	53849
RINCONADA DEL PARAISO	56	4-E	Tlalnepantla	54063
RINCONADA DEL SUR U HAB FOVISSSTE	136	1-D	Xochimilco	16059
RINCONADA DILIGENCIAS	68	1-F	Naucalpan	
RINCONADA EL MIRADOR	135	1-F	Tlalpan	
RINCONADA ESTRELLA FOVISSSTE	111	6-C	Iztapalapa	09889
RINCONADA LAS PLAYAS INFONAVIT	122	1-D	Coyoacán	04729
RINCONADA SAN LORENZO	33	3-B	Coacalco	
RINCONADA SAN MARCOS	44	4-C	Tultitlán	54954
RINCONADA SAN PABLO	136	2-D	Xochimilco	16105
RINCONADA SANTA CLARA	59	3-D	Ecatepec	
RINCONADA SANTA CRUZ LA	137	4-D	Xochimilco	
RINCONES DEL BOSQUE	82	4-A	Naucalpan	53839
RIO DE GUADALUPE FOVISSSTE UNIDAD	72	5-B	Gustavo A. Madero	07959
RIO DE LUZ	60	1-B	Ecatepec	55100
RIO ESCONDIDO	82	6-B	Naucalpan	53940
RIO HONDO	81	5-F	Naucalpan	
RIO HONDO	44	1-E	Tultitlán	54942
RIO HONDO AMPL.	81	4-D	Naucalpan	53715
RIO PIEDRAS	47	4-A	Ecatepec	55090
RISCO EL	59	5-A	Tlalnepantla	54190
RISCO EL CTM UNIDAD HAB.	72	1-A	Gustavo A. Madero	07090
RIVERA ANAYA M. CROC 1 CONJ. URB.	70	1-A	Azcapotzalco	02109
RIVERA DE ECHEGARAY	69	4-D	Naucalpan	53329
RIVERA DEL BOSQUE	56	1-F	Tlalnepantla	54038
RIVERA LA	68	6-F	Naucalpan	53460
RIVERA LA AMPL.	68	6-F	Naucalpan	53460
ROBLE VIEJO	107	1-C	Cuajimalpa	
ROBLES LOS	110	6-C	Coyoacán	
ROCIO EL CONJUNTO HAB.	20	5-B	Tultepec	
ROCIO EL CONJUNTO HABITACIONAL	20	4-A	Tultitlán	54934
RODEO EL	98	3-B	Iztacalco	08510
RODEO EL	111	4-D	Iztapalapa	09860
RODEO EL AMPLIACION	111	4-D	Iztapalapa	
ROMA	83	6-E	Cuauhtémoc	06700
ROMA SUR	96	1-E	Cuauhtémoc	06760
ROMANA LA	57	2-A	Tlalnepantla	54030
ROMERO DE TERREROS MANUEL	109	3-D	Coyoacán	04310
ROMERO FUENTES RAUL AMPL.	99	2-B	Nezahualcóyotl	57630
ROMERO NICOLAS	28	5-E	Nicolás Romero	54400
ROMERO NICOLAS CENTRO	28	5-E	Nicolás Romero	
ROMERO RAUL	99	3-A	Nezahualcóyotl	57630
ROMERO RUBIO	85	3-A	Venustiano Carranza	15400
ROMERO RUBIO	84	3-F	Venustiano Carranza	15400
ROMITA	18	5-C	Cuautitlán	
ROSA LA	98	1-D	Iztacalco	08170
ROSA LA BARRIO	67	4-D	Naucalpan	
ROSA LA UNIDAD HABITACIONAL	81	2-F	Naucalpan	
ROSAL EL	46	5-D	Ecatepec	
ROSAL EL	121	2-A	Magdalena Contreras	10600
ROSAL EL	57	1-C	Tlalnepantla	54130
ROSALES LOS	44	4-A	Tlalnepantla	
ROSARIO CEYLAN	70	1-C	Tlalnepantla	54092
ROSARIO EL	69	2-F	Azcapotzalco	02100
ROSARIO EL	110	5-A	Coyoacán	04380
ROSARIO EL	16	4-E	Cuautitlán Izcalli	54710
ROSARIO EL	124	2-D	Iztapalapa	09930
ROSARIO EL	138	4-F	Tláhuac	13540
ROSARIO EL AMPL.	16	5-E	Cuautitlán Izcalli	
ROSARIO EL BARRIO	136	1-F	Xochimilco	16070
ROSARIO EL EJIDO	70	1-A	Azcapotzalco	02120
ROSARIO EL II UNIDAD	70	1-B	Tlalnepantla	54094
ROSARIO EL U. HABITACIONAL	69	1-F	Azcapotzalco	
ROSARIO EL UNIDAD HAB.	57	6-A	Azcapotzalco	02100
ROSARIO TLALI	137	5-A	Xochimilco	
ROSAS DEL TEPEYAC	71	3-E	Gustavo A. Madero	07010
ROSAS JUVENTINO	45	6-B	Gustavo A. Madero	07140
ROSAS JUVENTINO	97	3-E	Iztacalco	08700
ROSAS LAS	56	4-E	Tlalnepantla	54069
ROSAS LAS UNIDAD HABITACIONAL	99	6-B	Iztapalapa	
ROSEDAL EL	109	3-F	Coyoacán	04330
ROSEDAL UNIDAD	110	4-A	Coyoacán	
ROSITA LA	107	2-D	Cuajimalpa	05340
ROSITA LA BARRIO	87	3-B	Chimalhuacán	56366
ROTARIA UNIDAD HABITACIONAL	99	4-A	Iztapalapa	
ROYAL REFORMA	94	4-E	Cuajimalpa	
RUIZ CORTINES ADOLFO	110	6-A	Coyoacán	04630
RUIZ CORTINES ADOLFO PRESIDENTE	47	1-B	Ecatepec	55050
RUSTICA XALOSTOC	59	5-C	Ecatepec	55340

S

COLONIA	PLANO	COORDENADAS	DELEGACION O MUNICIPIO	CP
SABADELL BELLAVISTA UNIDAD HAB.	111	5-D	Iztapalapa	09860
SABINOCO	134	5-F	Tlalpan	
SABINOS LOS	33	4-B	Coacalco	
SACRAMENTO	96	5-A	Alvaro Obregón	01420
SAGITARIO AMPLIACION	47	6-D	Ecatepec	
SAGITARIO AMPLIACION	60	1-D	Ecatepec	55117
SAGITARIO I	42	4-F	Atizapán de Zaragoza	52949
SAGITARIO I	73	2-D	Ecatepec	55239
SAGITARIO II	73	3-D	Ecatepec	55239
SAGITARIO III	73	2-C	Ecatepec	55239
SAGITARIO IV	60	5-C	Ecatepec	55170
SAGITARIO IX	73	3-B	Ecatepec	55296
SAGITARIO V	73	3-B	Ecatepec	55236
SALA ATENOR	97	2-A	Benito Juárez	03010
SALADO EL	47	1-C	Ecatepec	55360
SALADO EL	59	6-C	Ecatepec	
SALADO EL	100	6-E	La Paz	56524
SALAMANCA CONJUNTO	32	4-D	Coacalco	
SALINAS DE BARRIO	80	4-B	Naucalpan	
SALINAS DE GORTARI	101	1-A	Chimalhuacán	
SALINAS DE GORTARI CARLOS	34	6-E	Ecatepec	
SALINAS LAS	62	6-F	Texcoco	56152
SALINAS LAS	63	6-A	Texcoco	56109
SALINAS LAS PUEBLO	70	4-D	Azcapotzalco	02360
SALINAS LAS RESIDENCIAL	63	6-A	Texcoco	56153
SALITRERIA	76	2-A	Texcoco	
SAMANO DE LOPEZ MATEOS EVA	111	2-D	Iztapalapa	09359
SAN AGUSTIN	108	3-D	Alvaro Obregón	01700
SAN AGUSTIN ATLAPULCO EJIDO	100	4-C	Nezahualcóyotl	57850
SAN AGUSTIN BARRIO	151	4-E	Milpa Alta	12070
SAN AGUSTIN BARRIO	139	6-D	Tláhuac	13508
SAN AGUSTIN BARRIO	138	3-F	Tláhuac	
SAN AGUSTIN OHTENCO PUEBLO	151	3-F	Milpa Alta	12080
SAN AGUSTIN PARTE BAJA AMPL.	100	3-D	Chimalhuacán	56346
SAN ALBERTO RESIDENCIAL	63	1-C	Chiautla	
SAN ALVARO	83	1-C	Azcapotzalco	02090
SAN ANDRES	33	4-E	Ecatepec	
SAN ANDRES	75	4-E	Texcoco	
SAN ANDRES	138	1-F	Tláhuac	13099
SAN ANDRES AHUAYUCAN PUEBLO	136	6-F	Xochimilco	16810
SAN ANDRES ATENCO	56	3-D	Tlalnepantla	54040
SAN ANDRES ATENCO AMPL.	56	3-D	Tlalnepantla	54040
SAN ANDRES ATOTO	69	6-C	Naucalpan	53500
SAN ANDRES BARRIO	70	3-C	Azcapotzalco	02240
SAN ANDRES CHIAUTLA	63	1-B	Chiautla	56030
SAN ANDRES DE LA CAÑADA	46	5-A	Ecatepec	55519
SAN ANDRES DE LAS SALINAS BARRIO	70	3-F	Azcapotzalco	02320
SAN ANDRES EJIDO	33	4-E	Ecatepec	
SAN ANDRES FRACCIONAMIENTO	63	2-B	Chiautla	
SAN ANDRES MIXQUIC PUEBLO	139	5-D	Tláhuac	13600
SAN ANDRES PUEBLO	70	3-B	Azcapotzalco	02240
SAN ANDRES RIVA PALACIO	62	5-D	Texcoco	56232
SAN ANDRES TETEPILCO	97	5-C	Iztapalapa	09440
SAN ANDRES TOTOLTEPEC	135	2-D	Tlalpan	14400
SAN ANDRES UNIDAD HAB.	56	3-D	Tlalnepantla	54040
SAN ANGEL	109	3-B	Alvaro Obregón	01000
SAN ANGEL INN	109	2-A	Alvaro Obregón	01060
SAN ANTONIO	70	5-A	Azcapotzalco	02760
SAN ANTONIO	22	4-D	Tecámac	55768
SAN ANTONIO	22	3-A	Tecámac	
SAN ANTONIO	63	3-B	Texcoco	
SAN ANTONIO	57	4-A	Tlalnepantla	54070
SAN ANTONIO AMPL.	69	4-E	Azcapotzalco	02720
SAN ANTONIO AMPLIACION	69	4-F	Azcapotzalco	
SAN ANTONIO BARRIO	140	1-F	Chalco	
SAN ANTONIO BARRIO	88	5-F	Chicoloapan	
SAN ANTONIO BARRIO	124	2-D	Iztapalapa	09900
SAN ANTONIO BARRIO	49	2-C	Tezoyuca	
SAN ANTONIO BARRIO	136	1-F	Xochimilco	16000
SAN ANTONIO BARRIO	138	3-B	Xochimilco	
SAN ANTONIO CULHUACAN BARRIO	110	3-E	Iztapalapa	09800
SAN ANTONIO CULHUACAN UNIDAD HAB.	110	4-E	Iztapalapa	09800
SAN ANTONIO FRACC.	17	5-C	Cuautitlán Izcalli	54725
SAN ANTONIO PREDIO	112	6-B	Iztapalapa	
SAN ANTONIO RESIDENCIAL	63	2-C	Chiautla	
SAN ANTONIO TECOMITL PUEBLO	139	6-A	Milpa Alta	12100
SAN ANTONIO XAHUENTO	19	2-E	Tultepec	54976
SAN ANTONIO ZOMEYUCAN	82	2-A	Naucalpan	53750
SAN BARTOLITO	70	4-A	Azcapotzalco	02480
SAN BARTOLITO	93	4-D	Huixquilucan	
SAN BARTOLO	23	6-D	Acolman	55880
SAN BARTOLO	50	5-A	Chiautla	
SAN BARTOLO AMEYALCO	108	5-B	Magdalena Contreras	10010
SAN BARTOLO AMEYALCO PUEBLO	107	5-E	Alvaro Obregón	01800
SAN BARTOLO ATEPEHUACAN	71	3-A	Gustavo A. Madero	07730
SAN BARTOLO BARRIO	139	5-E	Tláhuac	13600
SAN BARTOLO BARRIO	31	2-C	Tultitlán	54900
SAN BARTOLO CACAHUALTONGO	69	5-F	Azcapotzalco	02720
SAN BARTOLO COATEPEC EJIDO	81	5-D	Huixquilucan	52770
SAN BARTOLO CHICO	36	1-E	Teotihuacán	
SAN BARTOLO EL CHICO	123	5-B	Tlalpan	14380
SAN BARTOLO EL CHICO LA CUCHILLA	123	4-B	Xochimilco	
SAN BARTOLO IXQUITLAN	50	4-B	Chiautla	
SAN BARTOLO NAUCALPAN	69	6-C	Naucalpan	
SAN BARTOLO TENAYUCA	57	4-D	Tlalnepantla	54150
SAN BARTOLOME COATEPEC	93	3-F	Chimalhuacán	
SAN BARTOLOME XICOMULCO PUEBLO	150	2-D	Milpa Alta	12250
SAN BENJAMIN	46	1-F	Ecatepec	
SAN BENJAMIN FRACCIONAMIENTO	47	1-A	Ecatepec	
SAN BERNABE BARRIO	70	6-D	Azcapotzalco	02830
SAN BERNABE OCOTEPEC PUEBLO	120	1-F	Magdalena Contreras	10300
SAN BERNARDINO	75	5-F	Texcoco	56238

COLONIA	PLANO	COORDENADAS	DELEGACION O MUNICIPIO	CP
SAN BLAS I UNIDAD HABITACIONAL	18	6-D	Cuautitlán	54870
SAN BLAS II UNIDAD HABITACIONAL	18	6-D	Cuautitlán	54870
SAN BORJA	75	3-E	Texcoco	56234
SAN BUENAVENTURA	122	5-E	Tlalpan	14629
SAN BUENAVENTURA	135	3-C	Tlalpan	
SAN BUENAVENTURA U.H.	57	2-B	Tlalnepantla	54136
SAN CARLOS	46	4-F	Ecatepec	55080
SAN CARLOS RESIDENCIAL	121	2-B	Magdalena Contreras	10509
SAN CLEMENTE	108	3-D	Alvaro Obregón	01740
SAN CRISTOBAL BARRIO	137	2-A	Xochimilco	16080
SAN CRISTOBAL DE EJIDOS	33	6-F	Ecatepec	
SAN CRISTOBAL RESIDENCIAL	46	1-E	Ecatepec	55025
SAN CRISTOBAL SECC. LOMAS	33	5-A	Coacalco	55728
SAN CRISTOBAL TEXCALUCAN	93	2-D	Chimalhuacán	
SAN CRISTOBAL TEXCALUCAN EJIDO	81	4-C	Naucalpan	
SAN DIEGO BARRIO	137	1-A	Xochimilco	16080
SAN DIEGO CHURUBUSCO	110	2-A	Coyoacán	04120
SAN DIEGO OCOYOACAC	83	1-A	Miguel Hidalgo	11290
SAN DIEGO PUEBLO	76	1-D	Texcoco	56200
SAN DIEGO RESIDENCIAL	106	2-B	Huixquilucan	
SAN ESTEBAN AMPL.	82	1-C	Naucalpan	53550
SAN ESTEBAN BARRIO	137	1-A	Xochimilco	16080
SAN ESTEBAN HUITZILACASCO	81	3-F	Naucalpan	53768
SAN ESTEBAN HUITZILACASCO PUEBLO	82	1-C	Naucalpan	53550
SAN ESTEBAN UNIDAD	82	1-C	Naucalpan	53550
SAN FELIPE	32	3-D	Coacalco	55717
SAN FELIPE	75	1-F	Texcoco	56140
SAN FELIPE BARRIO	49	1-D	Tezoyuca	
SAN FELIPE DE JESUS	72	3-C	Gustavo A. Madero	07510
SAN FELIPE DE JESUS	138	2-D	Xochimilco	16770
SAN FELIPE IXTACALA	57	5-D	Tlalnepantla	54160
SAN FELIPE PUEBLO	62	6-F	Texcoco	56140
SAN FERNANDO	94	4-C	Huixquilucan	52765
SAN FERNANDO AMPL.	94	5-C	Cuajimalpa	52765
SAN FERNANDO BARRIO	122	3-D	Tlalpan	14070
SAN FRANCISCO	121	1-C	Magdalena Contreras	10810
SAN FRANCISCO	57	2-A	Tlalnepantla	54035
SAN FRANCISCO ACUAUTLA	115	3-D	Ixtapaluca	56580
SAN FRANCISCO ACUEXCOMAC	49	6-D	Atenco	56300
SAN FRANCISCO AMPLIACION	115	1-E	Ixtapaluca	
SAN FRANCISCO APOLOCALCO	113	5-D	Tláhuac	13129
SAN FRANCISCO BARRIO	121	1-C	Magdalena Contreras	10500
SAN FRANCISCO CASCANTITLA	18	6-C	Cuautitlán	
SAN FRANCISCO CUAUTLALPAN	82	1-D	Naucalpan	53569
SAN FRANCISCO CULHUACAN	110	4-D	Coyoacán	04260
SAN FRANCISCO CULHUACAN AMPL.	110	5-C	Coyoacán	04470
SAN FRANCISCO CULHUACAN U. HAB.	110	5-E	Coyoacán	04430
SAN FRANCISCO CULHUACAN U. HAB.	110	6-D	Coyoacán	04430
SAN FRANCISCO CHAMAPA EJIDO	81	1-B	Naucalpan	53650
SAN FRANCISCO CHILPA DE PARAJE	44	1-C	Tultitlán	54940
SAN FRANCISCO CHILPAN	31	6-C	Tultitlán	54940
SAN FRANCISCO CHIMALPA	80	3-C	Naucalpan	53650
SAN FRANCISCO CHIMALPA EJIDO	81	1-B	Naucalpan	
SAN FRANCISCO DE VILLAS	31	6-C	Tultitlán	
SAN FRANCISCO INFONAVIT U. HAB.	111	3-C	Iztapalapa	09857
SAN FRANCISCO MAZAPA	24	3-F	Teotihuacán	55830
SAN FRANCISCO TECOXPA PUEBLO	151	3-F	Milpa Alta	12700
SAN FRANCISCO TEPOJACO	30	2-A	Cuautitlán Izcalli	54745
SAN FRANCISCO TEPOJACO EJIDO	29	3-A	Nicolás Romero	54417
SAN FRANCISCO TETECALA	70	4-B	Azcapotzalco	02730
SAN FRANCISCO TETECALA BARRIO	70	5-A	Azcapotzalco	02730
SAN FRANCISCO TLALNEPANTLA PUEBLO	149	3-D	Xochimilco	16900
SAN FRANCISCO TLALTENCO	125	2-E	Tláhuac	13400
SAN FRANCISCO XALOSTOC	59	4-E	Ecatepec	55330
SAN FRANCISCO XICALTONGO	97	3-C	Iztacalco	08230
SAN FRANCISCO XOCOTITLA	71	6-A	Azcapotzalco	02960
SAN FRANCISCO ZACANGO	36	6-E	Acolman	55899
SAN GABRIEL	94	5-F	Alvaro Obregón	01310
SAN GABRIEL	95	5-A	Alvaro Obregón	01310
SAN GABRIEL	43	3-D	Atizapán de Zaragoza	52924
SAN GREGORIO ATLAPULCO PUEBLO	137	3-E	Xochimilco	16600
SAN GREGORIO CUAUTZINGO	141	1-D	Chalco	56640
SAN HIPOLITO BARRIO	87	3-C	Chimalhuacán	56366
SAN IGNACIO BARRIO	111	1-A	Iztapalapa	09000
SAN IGNACIO Y LA LOMA	17	2-D	Cuautitlán Izcalli	54715
SAN ILDEFONSO	29	6-A	Nicolás Romero	54400
SAN ISIDRO	127	4-C	Chalco	56610
SAN ISIDRO	87	6-E	Chimalhuacán	56335
SAN ISIDRO	17	6-E	Cuautitlán Izcalli	54730
SAN ISIDRO	31	4-A	Cuautitlán Izcalli	
SAN ISIDRO	19	1-A	Melchor Ocampo	
SAN ISIDRO	76	4-E	Texcoco	
SAN ISIDRO	149	3-F	Xochimilco	
SAN ISIDRO 3A. SECCION	29	5-B	Nicolás Romero	
SAN ISIDRO ATLAUTENCO	35	5-A	Ecatepec	55064
SAN ISIDRO ATLAUTENCO AMPL.	35	4-A	Ecatepec	55064
SAN ISIDRO AYOTLA	113	4-F	La Paz	56505
SAN ISIDRO BARRIO	138	2-D	Xochimilco	16739
SAN ISIDRO CITLALCOATL	22	6-F	Tecámac	
SAN ISIDRO DE EJIDOS	31	3-B	Cuautitlán Izcalli	
SAN ISIDRO EJIDAL	30	6-E	Cuautitlán Izcalli	
SAN ISIDRO EJIDAL AMPLIACION	30	6-F	Cuautitlán Izcalli	
SAN ISIDRO IXHUATEPEC	58	4-F	Tlalnepantla	54197
SAN ISIDRO LA PAZ	29	6-B	Nicolás Romero	
SAN ISIDRO LA PAZ	42	1-B	Nicolás Romero	54477
SAN ISIDRO RESIDENCIAL	136	1-C	Xochimilco	
SAN JACINTO	106	1-D	Cuajimalpa	52766
SAN JAVIER	57	4-B	Tlalnepantla	54030
SAN JERONIMO	128	2-F	Ixtapaluca	
SAN JERONIMO	124	2-E	Tláhuac	13240
SAN JERONIMO	137	3-B	Xochimilco	16420
SAN JERONIMO ACULCO	108	6-D	Magdalena Contreras	10400
SAN JERONIMO LIDICE	108	6-D	Magdalena Contreras	10200
SAN JERONIMO MIACATLAN PUEBLO	152	4-A	Milpa Alta	12600
SAN JERONIMO TEPETLACALCO	56	6-F	Tlalnepantla	54090
SAN JOAQUIN	82	2-E	Miguel Hidalgo	11260
SAN JORGE	134	6-D	Tlalpan	14790
SAN JOSE	101	1-C	Chicoloapan	
SAN JOSE	89	3-A	Texcoco	
SAN JOSE	126	5-A	Tláhuac	13020
SAN JOSE	125	5-F	Tláhuac	13020
SAN JOSE	138	2-B	Xochimilco	16620
SAN JOSE ACULCO	97	5-F	Iztapalapa	09410
SAN JOSE BARRIO	152	2-F	Chalco	
SAN JOSE BARRIO	152	1-F	Chalco	
SAN JOSE BARRIO	111	1-B	Iztapalapa	09000
SAN JOSE BARRIO	152	6-A	Milpa Alta	
SAN JOSE BARRIO	16	3-B	Tepotzotlán	54650
SAN JOSE BUENAVISTA	100	3-D	Chimalhuacán	
SAN JOSE BUENAVISTA	17	4-B	Cuautitlán Izcalli	
SAN JOSE BUENAVISTA	17	5-C	Cuautitlán Izcalli	54728
SAN JOSE BUENAVISTA	112	5-B	Iztapalapa	09706
SAN JOSE DE LA ESCALERA	57	5-E	Gustavo A. Madero	07630
SAN JOSE DE LA PALMA U. HAB.	115	6-B	Ixtapaluca	
SAN JOSE DE LA PRADERA BARRIO	71	3-F	Gustavo A. Madero	07049
SAN JOSE DE LAS PALMAS	101	6-B	La Paz	56512
SAN JOSE DE LOS CEDROS	94	6-C	Cuajimalpa	05200
SAN JOSE DE LOS LEONES	81	3-F	Chimalhuacán	53760
SAN JOSE DE LOS LEONES	82	3-A	Naucalpan	53760
SAN JOSE DEL JARAL	43	1-D	Atizapán de Zaragoza	52924
SAN JOSE DEL JARAL AMPL.	43	3-D	Atizapán de Zaragoza	52924
SAN JOSE DEL OLIVAR	108	4-D	Alvaro Obregón	01770
SAN JOSE EJIDAL	32	5-E	Coacalco	55706
SAN JOSE EL BATAN	108	5-E	Magdalena Contreras	
SAN JOSE HUILANGO	17	3-A	Cuautitlán Izcalli	54710
SAN JOSE INSURGENTES	96	6-C	Benito Juárez	03900
SAN JOSE IXHUATEPEC	58	5-F	Tlalnepantla	54180
SAN JOSE JAJALPA	47	3-A	Ecatepec	55090
SAN JOSE OBREROS	137	5-D	Xochimilco	
SAN JOSE POZA HONDA	81	2-B	Naucalpan	53699
SAN JOSE PUENTE DE VIGAS	56	6-E	Tlalnepantla	54090
SAN JOSE RIO HONDO PUEBLO	81	4-F	Naucalpan	53810
SAN JOSE TECAMAC	22	2-B	Tecámac	55748
SAN JOSE TEXOPA	63	3-D	Texcoco	56200
SAN JOSE TICOMAN	71	1-B	Gustavo A. Madero	07340
SAN JOSE XALOSTOC	72	1-B	Ecatepec	55360
SAN JOSE XALOSTOC AMPL.	72	1-C	Ecatepec	55347
SAN JOSE ZACATEPEC	136	4-D	Xochimilco	16220
SAN JUAN	35	2-C	Acolman	
SAN JUAN	96	5-B	Benito Juárez	03730
SAN JUAN	63	2-A	Chiautla	
SAN JUAN	87	5-D	Chimalhuacán	56350
SAN JUAN	18	5-B	Cuautitlán	
SAN JUAN	29	6-A	Nicolás Romero	54413
SAN JUAN	138	2-C	Xochimilco	16000
SAN JUAN ACAHUACAN	47	1-A	Ecatepec	
SAN JUAN AMPL. PARAJE	111	4-D	Iztapalapa	09839
SAN JUAN ATLAMICA	17	4-E	Cuautitlán Izcalli	54729
SAN JUAN BARRIO	150	4-E	Milpa Alta	12400
SAN JUAN BARRIO	125	6-E	Tláhuac	13030
SAN JUAN BARRIO	123	6-F	Xochimilco	16000
SAN JUAN BARRIO	136	1-F	Xochimilco	
SAN JUAN BARRIO DE	19	3-B	Tultepec	54960
SAN JUAN BARRIO DE	31	3-E	Tultitlán	54900
SAN JUAN BAUTISTA	147	3-F	Tlalpan	
SAN JUAN CERRO	111	3-C	Iztapalapa	09858
SAN JUAN CHIMALPA VIEJO BARRIO	80	3-B	Naucalpan	
SAN JUAN DE ARAGON	72	6-B	Gustavo A. Madero	07950
SAN JUAN DE ARAGON 3a. SECC U H	85	2-D	Gustavo A. Madero	07970
SAN JUAN DE ARAGON 6a SECC U HAB	72	6-D	Gustavo A. Madero	07918
SAN JUAN DE ARAGON 7a SECC U HAB	72	6-C	Gustavo A. Madero	07910
SAN JUAN DE ARAGON AMPL.	71	5-F	Gustavo A. Madero	07470
SAN JUAN DE ARAGON CTM U H AMPL	85	1-F	Gustavo A. Madero	07999
SAN JUAN DE ARAGON CTM U. HAB.	85	2-F	Gustavo A. Madero	07990
SAN JUAN DE ARAGON SECC.1 U.H.EJ.	72	6-A	Gustavo A. Madero	07940
SAN JUAN DE ARAGON SECC.2.U.H.EJ.	72	6-C	Gustavo A. Madero	07919
SAN JUAN DE ARAGON UNIDAD HAB.	85	2-A	Gustavo A. Madero	07920
SAN JUAN DE DIOS	63	6-B	Texcoco	56169
SAN JUAN DE LOS LAGOS	149	1-E	Xochimilco	16869
SAN JUAN ESTRELLA	111	5-D	Iztapalapa	09868
SAN JUAN EVANGELISTA BARRIO	24	3-B	Teotihuacán	
SAN JUAN FOVISSSTE UNIDAD HAB.	111	4-D	Iztapalapa	09839
SAN JUAN IXHUATEPEC	58	6-F	Tlalnepantla	54180
SAN JUAN IXTACALA	43	3-A	Atizapán de Zaragoza	52928
SAN JUAN IXTACALA	57	5-C	Tlalnepantla	54160
SAN JUAN IXTACALA AMPL. NORTE	57	5-C	Tlalnepantla	54168
SAN JUAN IXTACALA EJIDO	57	6-C	Tlalnepantla	
SAN JUAN IXTAYOPAN PUEBLO	139	4-A	Tláhuac	13500
SAN JUAN JOYA	111	4-E	Iztapalapa	09839
SAN JUAN MINAS BARRIO	137	2-E	Xochimilco	16640
SAN JUAN MOYOTEPEC	137	2-D	Xochimilco	16630
SAN JUAN PARAJE	111	3-D	Iztapalapa	09830
SAN JUAN POTREROS	89	3-B	Texcoco	
SAN JUAN TEOTIHUACAN	24	3-B	Teotihuacán	55800
SAN JUAN TEPENAHUAC PUEBLO	152	4-B	Milpa Alta	12800
SAN JUAN TEPEPAN	123	6-C	Xochimilco	16020
SAN JUAN TEPEXIMILPA	122	6-B	Tlalpan	14427
SAN JUAN TICOMAN BARRIO	58	5-C	Gustavo A. Madero	07350
SAN JUAN TLALPIZAHUAC AMPL.	113	6-F	Ixtapaluca	
SAN JUAN TLALPIZAHUAC PUEBLO	113	5-F	Ixtapaluca	56578
SAN JUAN TLIHUACA	69	3-F	Azcapotzalco	02400
SAN JUAN TLIHUACA EJIDO	42	3-B	Nicolás Romero	54466
SAN JUAN TOTOLTEPEC	68	5-E	Naucalpan	53270
SAN JUAN XALPA	111	4-B	Iztapalapa	09850
SAN JUAN XALPA UNIDAD HAB.	111	4-C	Iztapalapa	09850
SAN JUAN Y SAN PEDRO TEZOMPA	152	1-E	Chalco	56624
SAN JUAN YAUTEPEC	106	3-B	Huixquilucan	52768
SAN JUAN ZACAZONTLA BARRIO	20	3-E	Jaltenco	
SAN JUAN ZAPOTLA	100	1-E	Chimalhuacán	56630
SAN JUANICO ACOLMAN	23	6-E	Acolman	55879
SAN JUANICO NEXTIPAC	97	5-D	Iztapalapa	09400
SAN JUANITO	63	6-C	Texcoco	56121
SAN LORENZO	81	1-E	Naucalpan	53668
SAN LORENZO	57	3-A	Tlalnepantla	54030
SAN LORENZO	123	5-D	Xochimilco	16035
SAN LORENZO ACOPILCO	106	5-D	Cuajimalpa	05410
SAN LORENZO AMPL.	100	1-C	Chimalhuacán	56340
SAN LORENZO AMPL.	56	2-C	Tlalnepantla	54047
SAN LORENZO AMPL.	137	4-A	Xochimilco	16480
SAN LORENZO ATEMOAYA PUEBLO	137	3-A	Xochimilco	16400
SAN LORENZO BARRIO	124	2-D	Iztapalapa	09900
SAN LORENZO BARRIO	137	1-A	Xochimilco	16040
SAN LORENZO CHIMALPA	140	4-D	Chalco	56619
SAN LORENZO FRACC.	100	2-B	Chimalhuacán	56340
SAN LORENZO FRACCIONAMIENTO	76	1-A	Texcoco	
SAN LORENZO HUIPULCO	123	3-A	Tlalpan	14370
SAN LORENZO RIO TENCO	17	1-F	Cuautitlán Izcalli	54713
SAN LORENZO TETLIXTAC	33	3-B	Coacalco	55714
SAN LORENZO TEZONCO	124	1-E	Iztapalapa	09790
SAN LORENZO TEZONCO U. H.	111	4-D	Iztapalapa	
SAN LORENZO TLACOYUCAN	151	6-C	Milpa Alta	12500
SAN LORENZO TLALMIMILOLPAN	24	5-B	Teotihuacán	55847
SAN LORENZO TLALTENANGO	69	6-F	Miguel Hidalgo	11210
SAN LORENZO TOTOLINGA	81	1-E	Naucalpan	53426
SAN LORENZO UNIDAD HAB.	111	4-E	Iztapalapa	09857
SAN LORENZO XICOTENCATL	99	4-C	Iztapalapa	09130
SAN LUCAS	70	6-B	Azcapotzalco	02070
SAN LUCAS	57	2-E	Tlalnepantla	
SAN LUCAS AMALINALCO	128	6-D	Chalco	56642
SAN LUCAS AMPLIACION	128	5-C	Chalco	
SAN LUCAS BARRIO	109	3-F	Coyoacán	04030
SAN LUCAS BARRIO	111	1-A	Iztapalapa	09000
SAN LUCAS HUITZINHUACAN	50	3-A	Chiautla	56030
SAN LUCAS PATONI	57	3-E	Tlalnepantla	54100
SAN LUCAS TEPANGO	37	2-C	Acolman	55895
SAN LUCAS TEPETLACALCO	56	6-E	Tlalnepantla	54055
SAN LUCAS XOCHIMANCA PUEBLO	136	3-E	Xochimilco	16300
SAN LUIS HUEXOTLA	76	4-D	Texcoco	56251
SAN LUIS TLATILCO	82	1-A	Naucalpan	53630
SAN LUIS TLAXIALTEMALCO PUEBLO	138	1-B	Xochimilco	16610
SAN MARCOS AMPLIACION	44	4-D	Tultitlán	
SAN MARCOS BARRIO	70	4-C	Azcapotzalco	02020
SAN MARCOS BARRIO	152	6-B	Milpa Alta	12000
SAN MARCOS BARRIO	136	1-E	Xochimilco	16050
SAN MARCOS CONJ. RESIDENCIAL	123	6-D	Xochimilco	16039
SAN MARCOS EJIDAL AMPL.	44	4-D	Tultitlán	
SAN MARCOS HUIXTOCO	128	3-D	Chalco	56643
SAN MARCOS NEPANTLA	23	4-A	Acolman	55880
SAN MARCOS NORTE AMPLIACION	136	1-E	Xochimilco	16038
SAN MARCOS NORTE AMPLIACION	123	6-E	Xochimilco	
SAN MARCOS RESIDENCIAL	28	4-D	Nicolás Romero	
SAN MARCOS UNIDAD HABITACIONAL	110	4-F	Iztapalapa	
SAN MARINO UNIDAD HAB.	107	3-B	Cuajimalpa	05509
SAN MARON CONJUNTO HABITACIONAL	94	6-B	Huixquilucan	
SAN MARTIN	22	3-B	Tecámac	55748
SAN MARTIN	76	1-B	Texcoco	56199
SAN MARTIN BARRIO	4	6-D	Tepotzotlán	54605
SAN MARTIN BARRIO	19	4-B	Tultepec	
SAN MARTIN CALACOAYA	56	3-A	Atizapán de Zaragoza	52980
SAN MARTIN CALACOAYA AMPL.	56	4-A	Atizapán de Zaragoza	52980
SAN MARTIN DE LAS PIRAMIDES	24	1-E	San Martín de las P.	55850
SAN MARTIN DE PORRES	47	2-C	Ecatepec	55050
SAN MARTIN EJIDO	30	4-C	Cuautitlán Izcalli	54767
SAN MARTIN TEPETLIXPAN	44	1-A	Cuautitlán Izcalli	54763
SAN MARTIN TEPETLIXPAN	31	6-A	Cuautitlán Izcalli	
SAN MARTIN XICO	140	2-B	Chalco	56628
SAN MARTIN XICO LA LAGUNA	139	2-F	Valle de Chalco	56628
SAN MARTIN XICO NUEVO	140	4-D	Chalco	56619
SAN MARTIN XOCHINAHUAC	70	2-B	Azcapotzalco	02120
SAN MATEITO	98	2-F	Nezahualcóyotl	57460
SAN MATEO	70	4-B	Azcapotzalco	02490
SAN MATEO	110	2-A	Coyoacán	04120

COLONIA	COORDENADAS PLANO		DELEGACION O MUNICIPIO	CP
SAN MATEO	63	5-A	Texcoco	56110
SAN MATEO AMPL.	68	2-E	Naucalpan	
SAN MATEO BARRIO	151	4-D	Milpa Alta	12000
SAN MATEO BARRIO	16	1-F	Tepotzotlán	54602
SAN MATEO BARRIO	125	6-F	Tláhuac	13040
SAN MATEO CUAUTEPEC	32	5-A	Tultitlán	54948
SAN MATEO CUAUTEPEC EJIDO	31	5-F	Tultitlán	54948
SAN MATEO CHIPILTEPEC	36	5-F	Acolman	55890
SAN MATEO HUEXOTLA	76	4-B	Texcoco	56236
SAN MATEO HUITZILZINGO	140	5-C	Chalco	56625
SAN MATEO IXTACALCO	18	2-C	Cuautitlán Izcalli	54713
SAN MATEO IXTACALCO EJIDO	18	4-A	Cuautitlán Izcalli	
SAN MATEO NOPALA	68	2-F	Naucalpan	53220
SAN MATEO NOPALA Z. URBANA EJIDAL	68	2-C	Naucalpan	53226
SAN MATEO NOPALA ZONA SUR	68	2-E	Naucalpan	53227
SAN MATEO TECALCO	22	4-C	Tecámac	56800
SAN MATEO TECOLOAPAN	43	4-C	Atizapán de Zaragoza	52920
SAN MATEO TLALTENANGO PUEBLO	107	4-C	Cuajimalpa	05600
SAN MATEO XALPA PUEBLO	136	5-D	Xochimilco	16800
SAN MATEO XOLOC	17	1-A	Tepotzotlán	54600
SAN MIGUEL	127	5-F	Chalco	56604
SAN MIGUEL	88	5-A	Chimalhuacán	
SAN MIGUEL	69	4-B	Naucalpan	53010
SAN MIGUEL	80	3-B	Naucalpan	
SAN MIGUEL	19	6-B	Tultepec	
SAN MIGUEL 8a. AMPL.	111	2-C	Iztapalapa	09837
SAN MIGUEL AJUSCO PUEBLO	135	6-B	Tlalpan	14700
SAN MIGUEL AMANTLA PUEBLO	69	5-F	Azcapotzalco	02700
SAN MIGUEL AMPL.	43	2-B	Atizapán de Zaragoza	52956
SAN MIGUEL AMPL.	111	2-D	Iztapalapa	09360
SAN MIGUEL BARRIO	97	3-E	Iztacalco	08650
SAN MIGUEL BARRIO	111	2-C	Iztapalapa	09360
SAN MIGUEL BARRIO	152	6-A	Milpa Alta	12400
SAN MIGUEL BARRIO	150	4-D	Milpa Alta	12400
SAN MIGUEL BARRIO	126	1-D	Tláhuac	13180
SAN MIGUEL BARRIO	139	6-E	Tláhuac	13640
SAN MIGUEL BARRIO	125	6-F	Tláhuac	13070
SAN MIGUEL CONJUNTO	69	4-B	Naucalpan	
SAN MIGUEL CUAUTEPEC EL ALTO	45	6-B	Gustavo A. Madero	07100
SAN MIGUEL CHALMA	57	3-F	Tlalnepantla	54140
SAN MIGUEL CHAPULTEPEC	96	1-B	Miguel Hidalgo	11850
SAN MIGUEL DE BARRIO	137	3-F	Xochimilco	
SAN MIGUEL DORANY BARRIO	80	3-B	Naucalpan	
SAN MIGUEL HILA PUEBLO	41	2-D	Nicolás Romero	54400
SAN MIGUEL TECAMACHALCO	82	5-C	Naucalpan	53970
SAN MIGUEL TEHUIZCO	148	2-F	Tlalpan	
SAN MIGUEL TEOTONGO	113	3-A	Iztapalapa	09630
SAN MIGUEL TOCIAC	148	2-F	Tlalpan	
SAN MIGUEL TOCUILA	62	6-E	Texcoco	56208
SAN MIGUEL TOPILEJO	149	3-B	Tlalpan	14500
SAN MIGUEL TOTOLCINGO	35	5-D	Acolman	55885
SAN MIGUEL XALOSTOC	72	1-B	Ecatepec	55390
SAN MIGUEL XALOSTOC AMPL.	72	1-C	Ecatepec	55369
SAN MIGUEL XICALCO PUEBLO	135	5-E	Tlalpan	14490
SAN MIGUEL XICO	126	6-E	Chalco	56626
SAN MIGUEL XOCHIMANGA	43	5-D	Atizapán de Zaragoza	52927
SAN MIGUEL XOMETLA	36	2-F	Acolman	
SAN MIGUEL XOMETLA	37	2-B	Acolman	55895
SAN NICOLAS	50	2-E	Tepetlaoxtoc	
SAN NICOLAS FRACC.	111	5-B	Iztapalapa	
SAN NICOLAS II	134	1-C	Tlalpan	04210
SAN NICOLAS INDUSTRIAL TLAXCOLPAN	56	2-F	Tlalnepantla	54030
SAN NICOLAS TETELCO PUEBLO	139	6-C	Tláhuac	13700
SAN NICOLAS TOLENTINO	111	5-C	Iztapalapa	09850
SAN NICOLAS TOTOLAPAN PUEBLO	121	3-B	Magdalena Contreras	10900
SAN NORBERTO	87	2-C	Chimalhuacán	56368
SAN OLEGARIO	75	2-E	Texcoco	56234
SAN PABLITO	62	1-D	Chiconcuac	
SAN PABLO	87	5-E	Chimalhuacán	56330
SAN PABLO	17	4-A	Cuautitlán Izcalli	54710
SAN PABLO	63	5-B	Texcoco	56116
SAN PABLO AMPLIACION	20	5-A	Tultitlán	
SAN PABLO ATLAZALPA	140	6-E	Chalco	56620
SAN PABLO BARRIO	111	1-B	Iztapalapa	09000
SAN PABLO C.T.M. AMPL.	32	1-E	Tultepec	54985
SAN PABLO C.T.M. UNIDAD	19	6-D	Tultepec	
SAN PABLO C.T.M. UNIDAD	32	1-E	Tultepec	54985
SAN PABLO CONJUNTO	20	5-B	Tultitlán	54930
SAN PABLO CHIMALPA	106	2-E	Cuajimalpa	05050
SAN PABLO DE LA CASTERA	20	5-C	Tultitlán	54920
SAN PABLO DE LAS SALINAS PUEBLO	19	5-F	Tultitlán	54930
SAN PABLO DE LAS SALINAS U. HAB.	20	4-B	Tultitlán	54932
SAN PABLO I	112	4-F	Iztapalapa	09648
SAN PABLO II	112	4-F	Iztapalapa	09648
SAN PABLO OZTOTEPEC PUEBLO	150	4-D	Milpa Alta	12400
SAN PABLO PARAJE	19	5-D	Tultitlán	
SAN PABLO TECALCO	22	5-D	Tecámac	55760
SAN PABLO TEPETLAPA	110	6-B	Coyoacán	04620
SAN PABLO TEPETLAPA EX EJIDO	123	2-D	Coyoacán	04900
SAN PABLO TEPETLAPA EX EJIDO	110	6-D	Coyoacán	04840
SAN PABLO XALPA	70	1-B	Tlalnepantla	54090
SAN PABLO XALPA UNIDAD	70	1-B	Azcapotzalco	02110
SAN PABLO XALPA ZONA INDUSTRIAL	57	6-D	Tlalnepantla	54170
SAN PABLO XOLALPA	50	4-D	Tepetlaoxtoc	56070
SAN PEDRO	87	5-F	Chimalhuacán	56630
SAN PEDRO	107	1-A	Cuajimalpa	05030
SAN PEDRO	28	4-D	Nicolás Romero	54400
SAN PEDRO	63	6-A	Texcoco	56150
SAN PEDRO ATLAZALPA	153	1-E	Chalco	56623
SAN PEDRO ATOCPAN PUEBLO	151	3-A	Milpa Alta	12200
SAN PEDRO ATZOMPA	21	3-D	Tecámac	55771
SAN PEDRO BARRIENTOS	43	4-F	Tlalnepantla	54010
SAN PEDRO BARRIO	97	3-C	Iztacalco	08220
SAN PEDRO BARRIO	98	6-B	Iztapalapa	09000
SAN PEDRO BARRIO	111	1-B	Iztapalapa	
SAN PEDRO BARRIO	136	2-F	Xochimilco	16090
SAN PEDRO DE LOS PINOS	96	4-B	Alvaro Obregón	01180
SAN PEDRO DE LOS PINOS	96	4-B	Benito Juárez	03800
SAN PEDRO EL CHICO	72	5-A	Gustavo A. Madero	07480
SAN PEDRO MARTIR	135	1-E	Tlalpan	14650
SAN PEDRO MARTIR EJIDOS DE	122	6-F	Tlalpan	14640
SAN PEDRO MARTIR U HAB FOVISSSTE	122	6-E	Tlalpan	14639
SAN PEDRO RESIDENCIAL	76	1-A	Texcoco	56189
SAN PEDRO TEPETITLAN	36	4-F	Acolman	55894
SAN PEDRO XALOSTOC	59	3-B	Ecatepec	55310
SAN PEDRO XALPA AMPL.	69	5-D	Azcapotzalco	02719
SAN PEDRO ZACATENCO	71	1-C	Gustavo A. Madero	07360
SAN RAFAEL	70	4-B	Azcapotzalco	02010
SAN RAFAEL	83	4-E	Cuauhtémoc	06470
SAN RAFAEL	57	1-B	Tlalnepantla	54120
SAN RAFAEL COACALCO U. HAB.	33	1-B	Coacalco	55719
SAN RAFAEL CONDOMINIO	57	1-B	Tlalnepantla	54128
SAN RAFAEL CHAMAPA	81	2-D	Naucalpan	53660
SAN RAFAEL PUEBLO	57	1-A	Tlalnepantla	54120
SAN RAFAEL TICOMAN BARRIO	58	6-D	Gustavo A. Madero	07359
SAN RAFAEL UNIDAD HABITACIONAL	57	1-A	Tlalnepantla	
SAN SALVADOR ATENCO	62	1-C	Atenco	56300
SAN SALVADOR CUAUHTENCO PUEBLO	150	4-C	Milpa Alta	12300
SAN SALVADOR XOCHIMANCA	83	1-C	Azcapotzalco	02870
SAN SEBASTIAN	70	4-C	Azcapotzalco	02040
SAN SEBASTIAN	63	2-B	Chiautla	
SAN SEBASTIAN	4	1-E	Teoloyucan	
SAN SEBASTIAN	63	6-C	Texcoco	56170
SAN SEBASTIAN AMPL.	100	5-D	Chimalhuacán	56345
SAN SEBASTIAN BARRIO	140	1-E	Chalco	56600
SAN SEBASTIAN BARRIO	138	2-E	Xochimilco	16730
SAN SEBASTIAN CHIMALPA DE PUEBLO	100	4-E	La Paz	56520
SAN SEBASTIAN TECOLOXTITLA PUEBLO	112	1-D	Iztapalapa	09520
SAN SEBASTIAN XHALA	18	3-B	Cuautitlán Izcalli	54714
SAN SEBASTIAN XOLALPA	24	4-E	Teotihuacán	55840
SAN SIMON	63	3-C	Texcoco	56200

COLONIA	COORDENADAS PLANO		DELEGACION O MUNICIPIO	CP
SAN SIMON BARRIO	70	4-B	Azcapotzalco	02009
SAN SIMON CULHUACAN	110	4-F	Iztapalapa	09800
SAN SIMON TICUMAC	97	5-A	Benito Juárez	03660
SAN SIMON TOLNAHUAC	84	1-A	Cuauhtémoc	06920
SAN VICENTE CHICOLOAPAN	88	6-D	Chicoloapan	56370
SANCHEZ GERTRUDIS	71	6-F	Gustavo A. Madero	07830
SANCHEZ GERTRUDIS 2A. SECCION	71	6-F	Gustavo A. Madero	07839
SANCHEZ JESUS Y CIA. CONJ HAB.	47	4-A	Ecatepec	55080
SANCHEZ MIRELES ROMULO	122	3-C	Tlalpan	14070
SANTA AGUEDA	47	1-A	Ecatepec	55025
SANTA ANA BARRIO	125	6-E	Tláhuac	13060
SANTA ANA TLACOTENCO PUEBLO	152	6-B	Milpa Alta	12900
SANTA ANA ZAPOTITLAN BARRIO	125	2-A	Tláhuac	13300
SANTA ANITA	97	2-D	Iztacalco	08300
SANTA ANITA	28	6-D	Nicolás Romero	
SANTA ANITA LA BOLSA	29	4-A	Nicolás Romero	54416
SANTA APOLONIA BARRIO	70	6-A	Azcapotzalco	02790
SANTA BARBARA	115	6-A	Ixtapaluca	56566
SANTA BARBARA	28	3-D	Nicolás Romero	54406
SANTA BARBARA AMPLIACION	114	6-F	Ixtapaluca	56538
SANTA BARBARA BARRIO	110	1-F	Iztapalapa	09000
SANTA BARBARA PUEBLO	70	2-C	Azcapotzalco	02230
SANTA CATARINA	62	2-F	Chiautla	56030
SANTA CATARINA	63	2-A	Chiautla	
SANTA CATARINA	150	1-C	Xochimilco	
SANTA CATARINA ACOLMAN	36	2-B	Acolman	55875
SANTA CATARINA AYOTZINGO	153	1-C	Chalco	56623
SANTA CATARINA BARRIO	109	2-D	Coyoacán	04010
SANTA CATARINA YECAHUIZOTL	113	6-E	Tláhuac	
SANTA CATARINA YECAHUIZOTL PUEBLO	126	1-D	Tláhuac	13100
SANTA CATARINA YECAHUIZOTL Z U E	126	1-E	Tláhuac	13100
SANTA CECILIA	123	1-E	Coyoacán	04930
SANTA CECILIA	29	6-A	Nicolás Romero	54400
SANTA CECILIA	125	5-F	Tláhuac	13010
SANTA CECILIA FRACC.	57	2-C	Tlalnepantla	54130
SANTA CECILIA PUEBLO	57	1-C	Tlalnepantla	54130
SANTA CECILIA TEPETLAPA PUEBLO	150	1-A	Xochimilco	16880
SANTA CLARA	59	3-D	Ecatepec	55540
SANTA CLARA	29	6-A	Nicolás Romero	54400
SANTA COLETA	71	5-E	Gustavo A. Madero	07490
SANTA CRUCITA BARRIO	136	1-F	Xochimilco	16070
SANTA CRUZ	35	5-D	Acolman	
SANTA CRUZ	34	4-F	Ecatepec	55065
SANTA CRUZ	21	6-D	Tecámac	55767
SANTA CRUZ	127	4-B	Valle de Chalco	56617
SANTA CRUZ ACALPIXCA PUEBLO	137	3-D	Xochimilco	16500
SANTA CRUZ ACATLAN	69	4-B	Naucalpan	53150
SANTA CRUZ ACAYUCAN BARRIO	70	5-A	Azcapotzalco	02770
SANTA CRUZ AMALINALCO	128	5-B	Chalco	56609
SANTA CRUZ ATOYAC	96	6-E	Benito Juárez	03310
SANTA CRUZ AVIACION	85	6-A	Venustiano Carranza	15540
SANTA CRUZ BARRIO	151	4-E	Milpa Alta	12000
SANTA CRUZ BARRIO	16	2-E	Tepotzotlán	54604
SANTA CRUZ CHAVARRIETA	136	6-D	Xochimilco	16840
SANTA CRUZ DE ABAJO	75	1-E	Texcoco	56151
SANTA CRUZ DE ABAJO	62	6-E	Texcoco	56151
SANTA CRUZ DE ARRIBA PUEBLO	63	6-C	Texcoco	56130
SANTA CRUZ DE GUADALUPE	136	6-D	Xochimilco	16866
SANTA CRUZ DE LAS SALINAS BARRIO	70	4-F	Azcapotzalco	02340
SANTA CRUZ DEL MONTE	69	1-A	Naucalpan	53110
SANTA CRUZ MEYEHUALCO	112	3-A	Iztapalapa	09700
SANTA CRUZ MEYEHUALCO UNIDAD	112	3-A	Iztapalapa	09290
SANTA CRUZ MIXQUIC	139	6-F	Tláhuac	13650
SANTA CRUZ RESIDENCIAL	140	2-E	Chalco	
SANTA CRUZ RESIDENCIAL	69	2-A	Naucalpan	53128
SANTA CRUZ TEPEYEHUALI	137	5-A	Xochimilco	
SANTA CRUZ TLAPACOYA	127	1-E	Ixtapaluca	
SANTA CRUZ VENTA DE CARPIO	34	5-F	Ecatepec	55065
SANTA CRUZ XOCHITEPEC EJIDO	136	2-C	Xochimilco	16109
SANTA CRUZ XOCHITEPEC PUEBLO	136	2-C	Xochimilco	16100
SANTA EUGENIA BARRIO	87	3-C	Chimalhuacán	56368
SANTA FE PUEBLO	95	5-B	Alvaro Obregón	01210
SANTA FE UNIDAD HAB.	95	4-F	Alvaro Obregón	01170
SANTA INES	70	3-B	Azcapotzalco	02140
SANTA INES	136	5-E	Xochimilco	16810
SANTA IRENE	75	3-D	Texcoco	56232
SANTA ISABEL IXTAPAN PUEBLO	48	3-F	Atenco	56301
SANTA ISABEL TOLA	71	2-E	Gustavo A. Madero	07010
SANTA LILIA	81	1-F	Naucalpan	53620
SANTA LUCIA	70	5-A	Azcapotzalco	02760
SANTA LUCIA	89	3-A	Texcoco	56255
SANTA LUCIA PUEBLO	108	2-A	Alvaro Obregón	01500
SANTA MA DE GPE LAS TORRES 1a SEC	30	4-D	Cuautitlán Izcalli	54760
SANTA MA DE GPE LAS TORRES 2a SEC	30	5-E	Cuautitlán Izcalli	54760
SANTA MARIA	36	1-F	Teotihuacán	
SANTA MARIA ATOYAC PARQUE IND.	141	3-D	Chalco	
SANTA MARIA AZTAHUACAN	112	2-C	Iztapalapa	09500
SANTA MARIA AZTAHUACAN EJIDAL	112	2-B	Iztapalapa	09570
SANTA MARIA BARRIO	49	6-F	Chiconcuac	
SANTA MARIA BARRIO	22	4-D	Tecámac	
SANTA MARIA COATLAN	24	4-F	Teotihuacán	55835
SANTA MARIA COZOTLAN	24	2-C	Teotihuacán	55810
SANTA MARIA CUAUTEPEC	32	4-B	Tultitlán	54949
SANTA MARIA CHICONAUTLA	34	4-E	Ecatepec	55066
SANTA MARIA CHIMALHUACAN	88	4-A	Chimalhuacán	56330
SANTA MARIA DE GUADALUPE	36	5-C	Acolman	
SANTA MARIA DE GUADALUPE	44	3-A	Cuautitlán Izcalli	54764
SANTA MARIA DEL MONTE	111	2-B	Iztapalapa	09850
SANTA MARIA DEL OLIVAR	138	3-E	Xochimilco	
SANTA MARIA I U. HABITACIONAL	33	2-C	Coacalco	
SANTA MARIA II	33	3-B	Coacalco	
SANTA MARIA II U. HABITACIONAL	33	1-C	Coacalco	
SANTA MARIA INSURGENTES	83	1-F	Cuauhtémoc	06430
SANTA MARIA LA BARRANCA	101	1-A	Chimalhuacán	56333
SANTA MARIA LA RIBERA	83	2-F	Cuauhtémoc	06400
SANTA MARIA MAGD. HUICHACHITLA	33	3-A	Coacalco	55715
SANTA MARIA MANINALCO	70	5-C	Azcapotzalco	02050
SANTA MARIA NATIVITAS	101	1-B	Chimalhuacán	56330
SANTA MARIA NATIVITAS	69	4-C	Naucalpan	53020
SANTA MARIA NATIVITAS	76	2-F	Texcoco	56200
SANTA MARIA NONOALCO	96	5-A	Alvaro Obregón	01420
SANTA MARIA OZUMBILLA	21	4-F	Tecámac	55760
SANTA MARIA TIANGUISTENGO	16	3-F	Cuautitlán Izcalli	54710
SANTA MARIA TICOMAN	58	6-B	Gustavo A. Madero	07330
SANTA MARIA TLAYACAMPA	44	6-B	Tlalnepantla	54110
SANTA MARIA TOMATLAN	111	5-A	Iztapalapa	09870
SANTA MARIA TOMATLAN PUEBLO	110	5-F	Iztapalapa	09870
SANTA MARIA TONANITLA	20	3-E	Jaltenco	55789
SANTA MARIA TULPETLAC	46	6-F	Ecatepec	55400
SANTA MARIA UNIDAD HABITACIONAL	33	1-B	Coacalco	
SANTA MARIA XALOSTOC	59	5-D	Ecatepec	55320
SANTA MARTHA	99	5-F	Nezahualcóyotl	57920
SANTA MARTHA ACATITLA NORTE Z U E	99	5-D	Iztapalapa	09140
SANTA MARTHA ACATITLA PUEBLO	112	1-E	Iztapalapa	09510
SANTA MARTHA ACATITLA SUR Z.U.E.	99	6-D	Iztapalapa	09530
SANTA MARTHA BARRIO	151	3-D	Milpa Alta	12000
SANTA ROSA	48	2-D	Atenco	56020
SANTA ROSA	101	1-E	Chicoloapan	
SANTA ROSA	17	6-D	Cuautitlán Izcalli	54748
SANTA ROSA	57	5-D	Gustavo A. Madero	07620
SANTA ROSA AMPLIACION	101	1-E	Chicoloapan	
SANTA ROSA DE LIMA	17	6-D	Cuautitlán Izcalli	54748
SANTA ROSA XOCHIAC PUEBLO	107	6-C	Alvaro Obregón	01830
SANTA TERESA POPULAR	121	3-D	Tlalpan	
SANTA TERESA UNIDAD	121	1-D	Magdalena Contreras	10730
SANTA TERESA UNIDAD RES.	121	2-D	Magdalena Contreras	10730
SANTA URSULA	76	1-A	Texcoco	
SANTA URSULA COAPA	123	2-B	Coyoacán	04850
SANTA URSULA COAPA EJIDOS	123	1-B	Coyoacán	04850
SANTA URSULA COAPA PUEBLO	123	2-A	Coyoacán	04650
SANTA URSULA COMUNEROS DE	122	2-E	Tlalpan	14049

COLONIA	PLANO	COORDENADAS	DELEGACION O MUNICIPIO	CP
SANTA URSULA RESIDENCIAL	122	5-C	Tlalpan	
SANTA URSULA XITLA	122	5-D	Tlalpan	14420
SANTA VERONICA UNIDAD HAB.	125	2-B	Tláhuac	
SANTIAGO	126	2-F	Chalco	
SANTIAGO	127	2-A	Valle de Chalco	56638
SANTIAGO ACAHUALTEPEC 1a. AMPL.	112	2-E	Iztapalapa	09608
SANTIAGO ACAHUALTEPEC 2a. AMPL.	112	3-E	Iztapalapa	09609
SANTIAGO ACAHUALTEPEC PUEBLO	112	2-E	Iztapalapa	09600
SANTIAGO AHUIZOTLA	69	5-E	Azcapotzalco	02750
SANTIAGO ATEPETLAC	57	5-E	Gustavo A. Madero	07640
SANTIAGO ATEPETLAC U. HAB.	58	6-A	Gustavo A. Madero	
SANTIAGO ATLALTONGO	23	4-D	Teotihuacán	55820
SANTIAGO ATLALTONGO	23	5-E	Teotihuacán	55820
SANTIAGO BARRIO	128	6-A	Chalco	
SANTIAGO CUAUTLALPAN	16	4-B	Tepotzotlán	54650
SANTIAGO CUAUTLALPAN	88	4-E	Texcoco	56259
SANTIAGO CUAUTLALPAN EJIDO	88	4-D	Texcoco	
SANTIAGO CHIMALPA	49	5-F	Chiautla	56035
SANTIAGO EL BAJO BARRIO	16	4-C	Tepotzotlán	54650
SANTIAGO NORTE	97	3-C	Iztacalco	08240
SANTIAGO OCCIPACO	68	4-E	Naucalpan	53250
SANTIAGO SUR	97	4-C	Iztacalco	08800
SANTIAGO TEPALCAPA	30	5-F	Cuautitlán Izcalli	54768
SANTIAGO TEPALCAPA EJIDO DE	43	3-A	Atizapán de Zaragoza	52928
SANTIAGO TEPALCATLALPAN PUEBLO	136	3-C	Xochimilco	16200
SANTIAGO TEPATLAXCO	67	5-B	Naucalpan	53210
SANTIAGO TEYAHUALCO	19	6-C	Tultepec	54980
SANTIAGO UNIDAD	97	4-D	Iztacalco	08820
SANTIAGO YANHUITLALPAN	94	5-A	Huixquilucan	52766
SANTIAGO ZACUALUCA	23	1-B	Teotihuacán	55825
SANTIAGO ZAPOTITLAN	125	2-B	Tláhuac	13300
SANTIAGO ZULA	141	6-A	Temamatla	56650
SANTIAGUITO	63	5-C	Texcoco	56120
SANTIAGUITO	138	2-D	Xochimilco	16776
SANTIAGUITO BARRIO DE	31	2-D	Tultitlán	54900
SANTISIMA LA BARRIO	137	1-B	Xochimilco	16080
SANTISIMA TRINIDAD	122	6-C	Tlalpan	14429
SANTO DOMINGO	95	3-F	Alvaro Obregón	
SANTO DOMINGO	70	4-B	Azcapotzalco	02160
SANTO DOMINGO BARRIO	70	4-B	Azcapotzalco	02160
SANTO ENTIERRO	57	5-E	Tlalnepantla	
SANTO TOMAS	114	6-C	Ixtapaluca	56565
SANTO TOMAS	83	2-D	Miguel Hidalgo	11340
SANTO TOMAS	63	4-B	Texcoco	56206
SANTO TOMAS AJUSCO PUEBLO	134	6-F	Tlalpan	
SANTO TOMAS BARRIO	70	4-C	Azcapotzalco	02020
SANTO TOMAS CHICONAUTLA	34	2-E	Ecatepec	55069
SANTO TOMAS CHICONAUTLA EJIDO	34	4-D	Ecatepec	55068
SANTUARIO EL	111	2-B	Iztapalapa	09820
SANTUARIO EL AMPL.	111	2-A	Iztapalapa	09829
SARABIA FRANCISCO	42	3-C	Nicolás Romero	54473
SARABIA FRANCISCO AMPLIACION	42	3-C	Nicolás Romero	
SARAPEROS BARRIO	87	6-B	Chimalhuacán	
SARDAÑA LA	44	2-D	Tultitlán	54950
SAUCES	73	1-C	Ecatepec	
SAUCES LOS	123	2-E	Coyoacán	04940
SAUCES LOS	60	6-D	Ecatepec	55269
SAUCES LOS	47	1-A	Ecatepec	
SAUCES LOS	75	2-C	Texcoco	
SAUCES LOS	62	6-F	Texcoco	
SAUSALITO EL	68	1-F	Naucalpan	53117
SAUZALES CEBADALES U. HAB.	123	3-E	Tlalpan	14334
SAYAVEDRA CONJUNTO HABITACIONAL	41	3-F	Nicolás Romero	
SEARS ROEBUCK UNIDAD HAB.	96	2-A	Alvaro Obregón	01120
SECCION DIECISEIS	122	4-F	Tlalpan	14080
SECTOR 17	121	6-B	Tlalpan	
SECTOR MARINA	110	6-E	Coyoacán	04849
SECTOR NAVAL	70	6-C	Azcapotzalco	02080
SECTOR POPULAR	97	6-D	Iztapalapa	09060
SECTOR POPULAR	76	4-C	Texcoco	56269
SECUOYAS CONDOMINIOS	94	5-E	Cuajimalpa	
SEDESOL	95	3-D		
SELENE	125	4-E	Tláhuac	13420
SELENE AMPL.	126	4-A	Tláhuac	13430
SERDAN AQUILES	47	2-C	Ecatepec	55050
SERDAN AQUILES	85	3-A	Venustiano Carranza	15430
SERDAN CARMEN	110	6-F	Coyoacán	04910
SERDAN CARMEN UNIDAD HAB.	124	3-C	Iztapalapa	
SEVILLA	97	1-D	Venustiano Carranza	15840
SEVILLONES	106	3-C	Huixquilucan	
SIDERAL	98	5-D	Iztapalapa	09320
SIDERAL	57	4-E	Tlalnepantla	54108
SIERRA DE GUADALUPE	44	3-E	Tultitlán	
SIERRA DE GUADALUPE	32	5-B	Tultitlán	
SIERRA DEL VALLE	112	3-C	Iztapalapa	09730
SIERRA JUSTO	110	1-B	Iztapalapa	09460
SIERRA NEVADA	68	6-F	Naucalpan	53440
SIETE DE JULIO	84	4-E	Venustiano Carranza	15390
SIETE DE NOVIEMBRE	84	1-D	Gustavo A. Madero	07840
SIETE MARAVILLAS	58	6-A	Gustavo A. Madero	07707
SIFON EL	97	6-D	Iztapalapa	09400
SIFON EL	28	5-B	Nicolás Romero	
SIFON EL AMPL.	97	6-E	Iztapalapa	09400
SILVERADO CONJUNTO	107	2-A	Cuajimalpa	
SINATEL	110	1-C	Iztapalapa	09470
SINATEL AMPL.	110	1-C	Iztapalapa	09479
SINDICATO MEX. DE ELECTRICISTAS	70	5-C	Azcapotzalco	02060
SITATYR	33	4-A	Coacalco	55729
SITATYR UNIDAD	108	1-A	Alvaro Obregón	
SITIO 217 U. HABITACIONAL	42	1-D	Nicolás Romero	54476
SOCIAL PROGRESIVO SANTO TOMAS	21	6-F	Tecámac	
SOCORRO EL	18	3-B	Cuautitlán	54714
SOL DEL	86	4-A	Nezahualcóyotl	57200
SOLACHE	63	5-A	Texcoco	56207
SOLACHE EL FRACCIONAMIENTO	63	5-A	Texcoco	
SOLEDAD LA	68	2-F	Naucalpan	53178
SOLEDAD LA	81	2-F	Naucalpan	53730
SOLEDAD LA	58	6-D	Tlalnepantla	54186
SOLEDAD LA	57	4-D	Tlalnepantla	54150
SOLEDAD LA BARRIO	139	4-A	Tláhuac	
SOLIDARIDAD	134	1-C	Tlalpan	
SOLIDARIDAD 90	73	2-B	Ecatepec	
SOLIDARIDAD NACIONAL	57	4-F	Gustavo A. Madero	07268
SOLIDARIDAD SOCIAL U. HAB.	20	6-A	Tultepec	
SOLIDARIDAD U. HAB.	99	5-E	Iztapalapa	09160
SPAZZIO RESIDENCIAL	94	3-D	Huixquilucan	
STUNAM ACOLMAN UNIDAD HAB.	36	5-B	Acolman	
SUAREZ VICENTE	19	2-D	Tultepec	54970
SUIZA LA	56	4-D	Tlalnepantla	
SUR 12 "C" FOVISSSTE	98	3-E	Iztacalco	08560
SUR 20 INFONAVIT UNIDAD HAB.	98	3-D	Iztacalco	08580
SUSTITUCION ARISTA	20	5-B	Tultitlán	54926
SUTIC VALLEJO UNIDAD HAB.	58	6-B	Gustavo A. Madero	07327
SUTUAR OTE. 2A. SECCION	100	2-D	Chimalhuacán	

T

COLONIA	PLANO	COORDENADAS	DELEGACION O MUNICIPIO	CP
TABACALERA	83	4-F	Cuauhtémoc	06030
TABIQUERAS	81	2-E	Naucalpan	53687
TABLA DEL POZO	59	2-A	Ecatepec	55510
TABLA HONDA	57	2-C	Tlalnepantla	54126
TABLA HONDA UNIDAD HAB.	57	3-D	Tlalnepantla	54145
TABLA LA BARRIO	137	3-C	Xochimilco	
TABLAS DE SAN AGUSTIN	71	6-E	Gustavo A. Madero	07860
TABLAS DE SAN LORENZO	136	3-F	Xochimilco	16090
TACUBA	83	1-B	Miguel Hidalgo	11410
TACUBAYA	96	3-B	Benito Juárez	03830
TACUBAYA	96	3-B	Miguel Hidalgo	11870
TALABARTEROS BARRIO	87	5-C	Chimalhuacán	56357
TALLADORES BARRIO	87	4-E	Chimalhuacán	56365
TAMAULIPAS ORIENTE	86	6-C	Nezahualcóyotl	57300
TAMAULIPAS SECC. EL PALMAR	86	6-C	Nezahualcóyotl	57300
TAMAULIPAS SECC. FLORES	86	6-D	Nezahualcóyotl	57300
TAMAULIPAS SECC. VIRGENCITAS	86	6-B	Nezahualcóyotl	57300
TAMAYO RUFINO	46	6-E	Ecatepec	55418
TANQUE EL	108	6-A	Magdalena Contreras	10320
TAPATIO EL FRACC.	122	4-C	Tlalpan	
TARANGO DE RESIDENCIAL	108	2-A	Alvaro Obregón	01588
TATA FELIX	46	2-E	Ecatepec	55030
TATA FELIX UNIDAD HABITACIONAL	46	2-E	Ecatepec	55038
TATA LAZARO	82	3-E	Miguel Hidalgo	11259
TAXQUEÑA UNIDAD HAB.	110	4-D	Coyoacán	04280
TECACALANCO	137	4-D	Xochimilco	16510
TECALCAPA	108	3-D	Alvaro Obregón	01700
TECAMAC	22	1-B	Tecámac	
TECAMACHALCO	113	1-E	La Paz	56500
TECAMACHALCO AMPL.	100	6-E	La Paz	56500
TECAXTITLA BARRIO	139	6-A	Milpa Alta	12100
TECNOLOGICA	57	4-B	Tlalnepantla	54079
TECOENTITLA	147	2-E	Tlalpan	14830
TECOLALCO	95	5-B	Alvaro Obregón	01250
TECOLOTES CONJUNTO	108	6-C	Magdalena Contreras	
TECOLOXTITLA PARAJE	134	3-C	Xochimilco	
TECORRAL	135	1-E	Tlalpan	14409
TECORRALES FRACCIONAMIENTO	98	6-B	Iztapalapa	
TECUAC	18	5-B	Cuautitlán	54804
TECUESCOMAC	46	5-E	Ecatepec	55410
TECUESCONGO	35	4-A	Ecatepec	
TECHACHALTITLA	101	6-A	La Paz	
TECHAHCHAE	34	2-E	Ecatepec	
TECHALOTES	34	4-F	Ecatepec	
TEJA LA	46	6-B	Ecatepec	55319
TEJADOS LOS	20	4-C	Tultitlán	
TEJAVANES	57	4-A	Tlalnepantla	54076
TEJEDORES BARRIO	87	5-C	Chimalhuacán	56350
TEJOCOTE EL	95	4-E	Alvaro Obregón	
TEJOCOTE EL	33	6-B	Ecatepec	55017
TEJOCOTE EL	68	3-B	Naucalpan	53217
TEJOCOTE EL	88	3-D	Texcoco	56239
TEJOCOTE INFONAVIT UNIDAD HAB.	112	5-A	Iztapalapa	09704
TEJOMULCO	137	4-B	Xochimilco	16429
TEJOMULCO EL ALTO	137	4-C	Xochimilco	
TEMAMATLA	154	2-D	Temamatla	56650
TEMAZCAL	68	6-F	Naucalpan	53467
TEMIXCO FRACCIONAMIENTO	73	1-B	Ecatepec	
TENANTITLA BARRIO	139	6-A	Milpa Alta	12100
TENAYO EL	57	3-F	Tlalnepantla	
TENAYO EL CONJUNTO HAB.	57	2-D	Tlalnepantla	54140
TENAYO EL INFONAVIT UNIDAD	57	2-D	Tlalnepantla	54148
TENAYO XII EL UNIDAD HAB.	57	1-D	Tlalnepantla	
TENAYUCA	57	5-D	Tlalnepantla	54150
TENOPALCO	19	1-D	Nextlalpan	54890
TENORIOS	112	5-C	Iztapalapa	09680
TENORIOS FOVISSSTE UNIDAD HAB.	123	3-E	Tlalpan	14329
TENORIOS I UNIDAD	123	3-E	Tlalpan	14326
TENORIOS II UNIDAD	123	3-E	Tlalpan	14327
TEOZOMA	113	6-D	Tláhuac	
TEPALCAPA FRACC.	30	4-F	Cuautitlán Izcalli	54707
TEPALCATES	88	3-A	Chimalhuacán	
TEPALCATES	98	3-F	Iztapalapa	09210
TEPALCATES UNIDAD HAB.	98	3-F	Iztapalapa	09210
TEPALTONGO UNIDAD HAB.	70	2-B	Azcapotzalco	
TEPANTITLAMILCO	139	6-C	Tláhuac	
TEPEACA	108	2-C	Alvaro Obregón	01550
TEPEACA AMPL.	108	1-C	Alvaro Obregón	01550
TEPEACA U. H. P.	108	1-B	Alvaro Obregón	01550
TEPEACA U. HAB. POPULAR	108	2-B	Alvaro Obregón	
TEPEJOMULCO	59	2-E	Ecatepec	55546
TEPEOLULCO	59	2-B	Ecatepec	55510
TEPEOLULCO ZONA EJIDAL	58	2-F	Tlalnepantla	
TEPEPAN AMPL.	136	1-B	Xochimilco	16029
TEPEPAN CONJ. RESIDENCIAL	123	6-A	Tlalpan	14646
TEPEPAN PUEBLO	123	5-B	Xochimilco	16020
TEPETATAL EL	45	6-B	Gustavo A. Madero	07130
TEPETATES	100	4-F	La Paz	56528
TEPETATES BARRIO	71	3-D	Gustavo A. Madero	07010
TEPETITLA	136	4-A	Tlalpan	16246
TEPETITLAN	50	5-C	Chiautla	56030
TEPETITLAN	89	3-C	Texcoco	56258
TEPETLATENCO	46	5-E	Ecatepec	
TEPETONCO	94	6-B	Cuajimalpa	05220
TEPETONGO	122	6-B	Tlalpan	14420
TEPEXIMILPA SERVIMET AMPLIACION	122	6-A	Tlalpan	14440
TEPEXPAN DE PUEBLO	36	6-A	Acolman	55885
TEPEXPAN PUEBLO	35	6-F	Acolman	55885
TEPEYAC INSURGENTES	71	4-C	Gustavo A. Madero	07020
TEPOPOTLA	108	1-A	Alvaro Obregón	01538
TEPOTZOTLAN	4	5-B	Tepotzotlán	54600
TEPOTZOTLAN RESIDENCIAL	4	6-C	Tepotzotlán	
TEPOZANES UNIDAD HABITACIONAL	113	1-A	La Paz	
TEPOZTLACO	35	3-A	Ecatepec	
TEQUESQUINAHUAC PARTE ALTA	56	1-E	Tlalnepantla	
TEQUEXQUINAHUAC	56	1-F	Tlalnepantla	54020
TEQUISISTLAN	48	2-F	Tezoyuca	56020
TERCER MUNDO	69	5-A	Naucalpan	
TERRAZAS DE SATELITE	69	2-A	Naucalpan	
TERRAZAS DEL BOSQUE	94	3-E	Cuajimalpa	
TESMIC	136	4-F	Xochimilco	16340
TESORO EL	44	2-D	Tultitlán	54957
TESORO EL AMPL.	44	3-D	Tultitlán	54957
TESORO EL INFONAVIT	111	6-E	Iztapalapa	
TETECALA	70	5-A	Azcapotzalco	
TETECALA	135	5-F	Tlalpan	
TETECON PARAJE	112	6-C	Iztapalapa	09707
TETELPAN PUEBLO DE	108	4-C	Alvaro Obregón	01700
TETENCO PARAJE	135	1-C	Tlalpan	
TETLALMEYA	122	3-F	Coyoacán	04730
TETLALPAN	107	2-F	Alvaro Obregón	01507
TETLATILCO	136	6-E	Xochimilco	16819
TEX PLUS	62	6-F	Texcoco	
TEXALPA	46	6-E	Ecatepec	55416
TEXALPA	115	3-F	Ixtapaluca	56588
TEXALPA I	46	5-D	Ecatepec	55414
TEXCACOA BARRIO	4	6-D	Tepotzotlán	54605
TEXCOCO	63	6-B	Texcoco	56100
TEYAHUALCO EJIDO	31	3-F	Tultepec	54990
TEZCALTITLAN	22	4-B	Tecámac	
TEZOYUCA	49	2-D	Tezoyuca	56000
TEZOZOMOC	70	3-A	Azcapotzalco	02459
TIA JOAQUINA UNIDAD HABITACIONAL	33	5-C	Ecatepec	
TIANGUILLO EL	106	6-D	Cuajimalpa	05400
TICOMAN	58	6-B	Gustavo A. Madero	07330
TICOMAN UNIDAD HABITACIONAL	58	5-A	Gustavo A. Madero	
TIERRA BLANCA	46	2-D	Ecatepec	55020
TIERRA BLANCA	138	4-F	Tláhuac	13540
TIERRA COLORADA	121	6-A	Magdalena Contreras	
TIERRA COLORADA	120	1-F	Magdalena Contreras	10300
TIERRA LARGA	57	3-F	Gustavo A. Madero	07219
TIERRA LARGA	68	3-F	Naucalpan	53238
TIERRA NUEVA	69	2-F	Azcapotzalco	02130
TIERRA NUEVA	136	1-D	Xochimilco	16050
TIERRA UNIDA	120	2-E	Magdalena Contreras	
TIERRA Y LIBERTAD	94	1-C	Huixquilucan	52775
TIERRA Y LIBERTAD	81	2-F	Naucalpan	
TIJERAS LAS	89	1-C	Texcoco	

COLONIA	PLANO	COORDENADAS	DELEGACION O MUNICIPIO	CP
TIKAL	30	6-D	Cuautitlán Izcalli	54765
TINAJAS LAS	107	3-C	Cuajimalpa	05370
TINAJAS LAS	81	1-F	Naucalpan	53665
TIO MARIN UNIDAD HABITACIONAL	33	5-C	Ecatepec	
TIRO AL PICHON RESIDENCIAL	95	3-B	Miguel Hidalgo	
TITINI BARRIO DE	16	3-A	Tepotzotlán	54657
TITLA AMPLIACION	137	3-C	Xochimilco	
TIZAMPAMPANO	108	4-D	Alvaro Obregón	01780
TIZAPAN	109	4-A	Alvaro Obregón	01090
TIZICLIPA	137	6-B	Xochimilco	
TLACAELEL	58	1-A	Gustavo A. Madero	
TLACAELEL	114	4-A	Ixtapaluca	
TLACAMACA	71	5-B	Gustavo A. Madero	07380
TLACATECO BARRIO	4	5-D	Tepotzotlán	54605
TLACOPAC	109	2-A	Alvaro Obregón	01049
TLACOQUEMECATL DEL VALLE	96	5-D	Benito Juárez	03200
TLACOTEPITO	19	1-B	Melchor Ocampo	
TLACOYAQUE	107	6-E	Alvaro Obregón	01859
TLACOYAQUE AMPLIACION	107	5-E	Alvaro Obregón	01858
TLACOYAQUE AMPLIACION	120	1-E	Alvaro Obregón	01858
TLACPAC BARRIO	150	5-D	Milpa Alta	12400
TLACUITLAPA	108	2-B	Alvaro Obregón	01650
TLACUITLAPA I AMPL.	108	2-B	Alvaro Obregón	01650
TLACUITLAPA II AMPL.	108	2-C	Alvaro Obregón	01650
TLACHIULTEPEC	150	3-A	Xochimilco	
TLACHIULTEPEC	150	2-A	Xochimilco	
TLAHUAC	125	6-F	Tláhuac	13000
TLAHUAC UNIDAD HABITACIONAL	125	2-A	Tláhuac	
TLAIXCO	87	6-E	Chimalhuacán	
TLALCALLI	56	4-F	Tlalnepantla	54067
TLALCOLIGIA	122	6-D	Tlalpan	14430
TLALJUYUCA	46	6-D	Ecatepec	
TLALMILLE	135	2-C	Tlalpan	14657
TLALMIMILOLPAN	89	5-B	Chicoloapan	
TLALNEPANTLA	57	3-A	Tlalnepantla	54000
TLALNEPANTLA	125	3-D	Tláhuac	13410
TLALNEPANTLA CENTRO IND.	56	3-F	Tlalnepantla	54030
TLALPAN	122	4-E	Tlalpan	14000
TLALPAN UNIDAD HAB.	110	4-B	Coyoacán	04410
TLALPEXCO	58	2-C	Gustavo A. Madero	07188
TLALPIZAHUAC	113	5-F	Ixtapaluca	56576
TLALPUENTE	135	3-B	Tlalpan	14460
TLALTECAHUACAN	50	4-B	Chiautla	55034
TLALTEPAN CONJUNTOS	18	5-D	Cuautitlán	54800
TLAPACOYA	127	2-D	Ixtapaluca	56570
TLAPALITA BARRIO	19	3-A	Cuautitlán	54960
TLAPECHICO	95	5-B	Alvaro Obregón	01230
TLATEL BARRIO	88	6-D	Chicoloapan	
TLATEL XOCHITENCO	87	2-C	Chimalhuacán	
TLATELCO	87	6-B	Nezahualcóyotl	
TLATEMPA	46	6-E	Ecatepec	55419
TLATILCO	83	1-E	Azcapotzalco	02860
TLATILCO UNIDAD HABITACIONAL	83	1-E	Azcapotzalco	02810
TLAXCOSPA	46	6-E	Ecatepec	55405
TLAXIOPAN	136	4-A	Xochimilco	16240
TLAXOPA	136	4-B	Xochimilco	
TLAXOPA 1a. SECCION	136	4-A	Xochimilco	16240
TLAXOPA 2a. SECCION	136	4-B	Xochimilco	16240
TLAXPANA	83	3-D	Miguel Hidalgo	11370
TLAYACAMPA	44	5-B	Tlalnepantla	54113
TLAYACAPA UNIDAD HAB.	107	1-F	Alvaro Obregón	01389
TLAYAPA	44	6-B	Tlalnepantla	54120
TLAYEHUALE	114	5-F	Ixtapaluca	
TLAZALA	100	4-F	La Paz	56500
TLAZALA	101	4-A	La Paz	
TLAZINTLA	97	3-E	Iztacalco	08710
TOLIMPA	76	4-A	Texcoco	56268
TOLOTZIN 5	59	5-E	Ecatepec	
TOLOTZIN I	47	6-B	Ecatepec	55114
TOLTECA	96	3-A	Alvaro Obregón	01150
TOLTECA	50	6-E	Papalotla	
TOLVA LA	81	3-F	Naucalpan	53788
TOLLOTZIN II	60	6-C	Ecatepec	55146
TORIELLO GUERRA	122	3-E	Tlalpan	14050
TORITO EL	69	6-A	Naucalpan	53460
TORO EL	121	1-B	Magdalena Contreras	10610
TORREBLANCA	83	1-A	Miguel Hidalgo	11280
TORREBLANCA AMPL.	83	2-A	Miguel Hidalgo	11289
TORRES BODET JAIME	138	5-F	Tláhuac	13530
TORRES BODET JAIME	139	5-A	Tláhuac	13530
TORRES DE LINDAVISTA	71	1-A	Gustavo A. Madero	07708
TORRES DE MAUREL	122	2-C	Coyoacán	04535
TORRES DE PADIERNA	121	5-D	Tlalpan	14209
TORRES DE TLALPAN FOVISSSTE C HAB	122	5-E	Tlalpan	14098
TORRES DEL POTRERO	108	5-A	Alvaro Obregón	01840
TORRES DEL POTRERO AMPLIACION	108	5-B	Alvaro Obregón	01848
TORRES JOSE ANTONIO CNEL.	60	1-D	Ecatepec	55128
TORRES LAS AMPL.	44	1-E	Tultitlán	54942
TORRES LAS UNIDAD HAB.	111	5-F	Iztapalapa	09759
TORRES PLACET	94	3-C	Huixquilucan	
TORTOLAS LAS	123	5-A	Tlalpan	14609
TORTOLAS LAS	20	4-C	Tultitlán	54927
TORTUGAS	136	1-A	Tlalpan	14649
TOTOLCO	101	1-A	Chimalhuacán	
TOTOLTEPEC ZONA URBANA	68	5-F	Naucalpan	53270
TRABAJADORES DEL HIERRO	70	5-F	Azcapotzalco	02650
TRABAJO DEL	88	3-F	Texcoco	
TRAFICO	28	6-B	Nicolás Romero	
TRAFICO EL	28	5-C	Nicolás Romero	54435
TRANCAS LAS	70	3-A	Azcapotzalco	02450
TRANQUERO EL	21	3-A	Tecámac	55711
TRANSITO	84	6-C	Cuauhtémoc	06820
TRANSMISIONES	82	1-E	Naucalpan	
TRANSPORTISTAS BARRIO	87	3-C	Chimalhuacán	
TREBOL EL	4	5-F	Tepotzotlán	54614
TRECE DE OCTUBRE UNIDAD HAB.	113	3-F	La Paz	56506
TREJO	93	2-E	Huixquilucan	
TRES DE MAYO	136	4-A	Tlalpan	
TRES DE MAYO	125	3-F	Tláhuac	13429
TRES DE MAYO AMPL.	30	5-B	Cuautitlán Izcalli	54765
TRES ESTRELLAS	71	5-E	Gustavo A. Madero	07820
TRES FUENTES CONDOMINIO	123	3-D	Tlalpan	14309
TRES MARIAS	127	5-E	Chalco	56604
TRES MOSQUETEROS	84	3-E	Venustiano Carranza	15330
TRIANGULO DE LAS AGUJAS U. HAB.	124	1-B	Iztapalapa	
TRIANGULO EL	111	6-F	Iztapalapa	09769
TRIANGULO EL	57	2-B	Tlalnepantla	
TRIANGULO EL	125	4-E	Tláhuac	13460
TRINIDAD LA	76	1-C	Texcoco	56178
TRIUNFO DE LA REPUBLICA	71	3-E	Gustavo A. Madero	07069
TRIUNFO EL	127	3-D	Chalco	56606
TRIUNFO EL	97	5-D	Iztapalapa	09430
TRIUNFO EL AMPL.	97	5-D	Iztapalapa	09438
TRUENITO EL BARRIO	122	5-E	Tlalpan	14430
TULA BARRIO	110	4-E	Iztapalapa	09800
TULA BARRIO	150	3-F	Milpa Alta	12200
TULANTONGO	63	4-B	Texcoco	56200
TULE EL	111	4-B	Iztapalapa	
TULIPANES LOS	76	3-C	Texcoco	
TULIPANES LOS	122	5-B	Tlalpan	
TULPETLAC	46	6-F	Ecatepec	55400
TULPETLAC AMPL.	46	6-E	Ecatepec	55418
TULPETLAC CONJUNTO HABITACIONAL	60	1-B	Ecatepec	55108
TULPETLAC EJIDO	47	6-C	Ecatepec	
TULTEPEC	19	3-B	Tultepec	54960
TULTEPEC ZONA INDUSTRIAL	19	4-D	Tultepec	54973
TULTITLAN DE MARIANO ESCOBEDO	31	2-C	Tultitlán	54900
TULTITLAN EJIDO DE	30	3-D	Cuautitlán Izcalli	54740
TULTITLAN FRACC. INDUSTRIAL	31	1-D	Tultitlán	
TULYEHUALCO	138	1-E	Xochimilco	16700
TULYEHUALCO UNIDAD HAB.	111	6-B	Iztapalapa	09919
TURBA LA	124	3-E	Tláhuac	13250

U

COLONIA	PLANO	COORDENADAS	DELEGACION O MUNICIPIO	CP
U.S.O.V.I. UNIDAD HAB.	109	4-F	Coyoacán	
UN HOGAR PARA CADA TRABAJADOR	70	6-C	Azcapotzalco	02060
UN HOGAR PARA NOSOTROS	83	2-D	Miguel Hidalgo	11330
UNIDAD No. 2 IMSS TLALNEPANTLA	56	1-F	Tlalnepantla	54030
UNIDOS AVANZAMOS	47	2-C	Ecatepec	
UNION ANTORCHISTA	114	5-D	Ixtapaluca	
UNION CHALMA LA	57	3-F	Tlalnepantla	54142
UNION DE GUADALUPE	127	4-E	Chalco	56606
UNIVERSAL	81	1-D	Naucalpan	53425
UNIVERSAL UNIDAD HAB.	108	1-A	Alvaro Obregón	01537
UNIVERSIDAD AUT. METROPOLITANA	43	2-A	Atizapán de Zaragoza	52919
UNIVERSIDAD ISSSTE CONJ. HAB.	109	3-C	Coyoacán	04317
URBANA LA	57	3-E	Tlalnepantla	54190

V

COLONIA	PLANO	COORDENADAS	DELEGACION O MUNICIPIO	CP
VALENCIANA LA UNIDAD HAB.	99	3-A	Iztapalapa	09110
VALLE CEYLAN	57	4-C	Tlalnepantla	54150
VALLE CEYLAN AMPLIACION	57	4-C	Tlalnepantla	
VALLE DE ANAHUAC SECC. A	60	6-A	Ecatepec	55210
VALLE DE ARAGON	73	3-A	Nezahualcóyotl	57100
VALLE DE ARAGON 1a. SECC.	72	3-E	Ecatepec	55235
VALLE DE ARAGON 2a. SECC.	72	3-F	Ecatepec	55280
VALLE DE ARAGON 3a. SECC.	73	2-A	Ecatepec	55280
VALLE DE ARAGON CTM XIV	73	3-C	Ecatepec	55235
VALLE DE ARAGON NORTE	72	2-F	Ecatepec	55280
VALLE DE ARAGON NUEVO	73	2-A	Ecatepec	55280
VALLE DE CHALCO	127	3-C	Chalco	56610
VALLE DE ECATEPEC	47	5-C	Ecatepec	55119
VALLE DE GUADALUPE	19	2-C	Tultepec	54966
VALLE DE LA HACIENDA	17	3-E	Cuautitlán Izcalli	54715
VALLE DE LAS FLORES	30	5-D	Cuautitlán Izcalli	54767
VALLE DE LAS PALMAS	94	3-C	Huixquilucan	
VALLE DE LOS PINOS	100	6-B	La Paz	
VALLE DE LOS PINOS	113	1-B	La Paz	56420
VALLE DE LOS PINOS	56	4-D	Tlalnepantla	54040
VALLE DE LOS REYES	113	1-C	La Paz	
VALLE DE LOS REYES	100	6-D	La Paz	56430
VALLE DE LUCES	110	4-F	Iztapalapa	09800
VALLE DE LUCES UNIDAD HAB.	110	3-F	Iztapalapa	
VALLE DE MADERO	58	2-B	Gustavo A. Madero	07190
VALLE DE SAN LORENZO	124	3-C	Iztapalapa	09970
VALLE DE SAN MATEO	68	3-F	Naucalpan	53240
VALLE DE SANTA MARIA	137	4-A	Xochimilco	16450
VALLE DE SANTA MONICA	56	4-C	Tlalnepantla	54057
VALLE DE SANTIAGO	60	4-B	Ecatepec	55138
VALLE DE SANTIAGO	63	5-C	Texcoco	
VALLE DE SATELITE	56	6-D	Tlalnepantla	
VALLE DE TEPEPAN	123	6-A	Tlalpan	14646
VALLE DE TULES	44	4-D	Tultitlán	
VALLE DEL	96	3-D	Benito Juárez	03100
VALLE DEL	24	5-C	Teotihuacán	
VALLE DEL CENTRO	96	4-E	Benito Juárez	03100
VALLE DEL CONJUNTO	32	2-D	Coacalco	
VALLE DEL PARAISO	56	4-E	Tlalnepantla	54060
VALLE DEL RESIDENCIAL U. H.	111	5-E	Iztapalapa	
VALLE DEL SUR	96	6-E	Benito Juárez	03100
VALLE DEL TENAYO	57	3-D	Tlalnepantla	54147
VALLE DEL TEPEYAC	71	4-A	Gustavo A. Madero	07740
VALLE DORADO	56	2-E	Tlalnepantla	54020
VALLE ESCONDIDO	123	5-A	Tlalpan	14600
VALLE ESMERALDA	44	2-B	Tultitlán	54945
VALLE FLORIDO	33	4-A	Coacalco	
VALLE GOMEZ	84	1-D	Cuauhtémoc	06240
VALLE GOMEZ	84	1-D	Venustiano Carranza	15210
VALLE HERMOSO	43	6-F	Tlalnepantla	54010
VALLE LEANDRO	56	4-C	Tlalnepantla	
VALLE NUEVO	56	1-B	Atizapán de Zaragoza	52945
VALLE SOL	56	4-E	Tlalnepantla	54064
VALLE VERDE	127	1-D	Ixtapaluca	56577
VALLE VERDE	114	6-D	Ixtapaluca	
VALLE VERDE	69	1-A	Naucalpan	53114
VALLE VERDE	56	4-D	Tlalnepantla	54040
VALLE VERDE	136	3-A	Tlalpan	14655
VALLE VERDE	44	3-C	Tultitlán	
VALLEJO	71	6-C	Gustavo A. Madero	07870
VALLEJO LA PATERA UNIDAD	70	1-F	Gustavo A. Madero	07710
VALLEJO PONIENTE	71	6-A	Gustavo A. Madero	07790
VALLEJO S.C.T UNIDAD HABITACIONAL	70	1-E	Gustavo A. Madero	
VALLESCONDIDO	54	1-F	Atizapán de Zaragoza	52937
VASCO DE QUIROGA	72	3-A	Gustavo A. Madero	07440
VASO DE CRISTO	69	1-E	Tlalnepantla	54080
VEGAS CONJ. HABITACIONAL LAS	76	1-A	Texcoco	56180
VEGAS LAS UNIDAD HABITACIONAL	76	1-A	Texcoco	56180
VEGAS XALOSTOC LAS	72	1-C	Ecatepec	55330
VEINTE DE NOVIEMBRE	81	4-B	Naucalpan	53695
VEINTE DE NOVIEMBRE	84	3-E	Venustiano Carranza	15300
VEINTE DE NOVIEMBRE 2o. TRAMO	84	2-E	Venustiano Carranza	15309
VEINTE DE NOVIEMBRE AMPL.	84	3-D	Venustiano Carranza	15260
VEINTE DE SEPTIEMBRE	20	3-B	Tultitlán	
VEINTICINCO DE JULIO	72	2-B	Gustavo A. Madero	07520
VEINTICUATRO DE ABRIL	84	6-D	Venustiano Carranza	15980
VEINTICUATRO DE ABRIL	97	1-D	Venustiano Carranza	15980
VEINTIDOS CTM UNIDAD HAB.	124	1-B	Iztapalapa	09880
VEINTIDOS DE FEBRERO	28	6-A	Nicolás Romero	
VEINTISIETE DE SEPTIEMBRE U. HAB.	55	2-D	Atizapán de Zaragoza	52966
VEINTISIETE DE SEPTIEMBRE U. HAB.	110	1-F	Iztapalapa	09079
VEINTIUNO DE MARZO	127	5-D	Chalco	
VEINTIUNO DE MARZO	43	5-F	Tlalnepantla	54010
VEINTIUNO DE MARZO	44	5-A	Tlalnepantla	
VELA JESUS	111	2-B	Iztapalapa	09830
VELASCO JOSE MARIA UNIDAD	43	4-F	Tlalnepantla	
VELAZQUEZ SANCHEZ FIDEL INFONAVIT	30	4-E	Cuautitlán Izcalli	54760
VELETA LA CONJUNTO HAB.	34	6-C	Ecatepec	
VENECIA RESIDENCIAL	124	1-A	Iztapalapa	
VENTA DE CARPIO	34	5-D	Ecatepec	55060
VENTA LA	106	5-F	Cuajimalpa	05520
VENTA LA	128	1-A	Ixtapaluca	56530
VENTA LA	148	1-C	Tlalpan	05520
VENUSTIANO CARRANZA	101	2-C	Chicoloapan	
VERACRUZANA AMPL.	111	2-A	Iztapalapa	09856
VERANO	135	1-A	Tlalpan	14276
VERAZA ANGEL	98	1-F	Nezahualcóyotl	57450
VERDE CLARO UNIDAD HAB.	20	6-B	Tultitlán	54933
VEREDA LA	107	2-B	Cuajimalpa	
VERGEL	111	6-C	Iztapalapa	09880
VERGEL COAPA	123	2-C	Tlalpan	14320
VERGEL DE COYOACAN	123	2-B	Tlalpan	14340
VERGEL DE GUADALUPE	72	5-E	Nezahualcóyotl	57150
VERGEL DE LAS ARBOLEDAS	43	6-B	Atizapán de Zaragoza	52945
VERGEL DE TLALPAN	123	2-B	Tlalpan	14310
VERGEL DEL SUR	123	3-B	Tlalpan	14340
VERTIZ NARVARTE	96	5-F	Benito Juárez	03600

COLONIA	COORDENADAS PLANO	DELEGACION O MUNICIPIO	CP
VIA LACTEA LA	76 3-B	Texcoco	56227
VIADUCTO PIEDAD	97 2-C	Iztacalco	08200
VICENTINA	98 6-D	Iztapalapa	09340
VICTORIA DE LAS DEMOCRACIAS	70 6-D	Azcapotzalco	02810
VICTORIA GUADALUPE	33 5-D	Ecatepec	55010
VICTORIA GUADALUPE	58 3-A	Gustavo A. Madero	07209
VICTORIA GUADALUPE	71 6-B	Gustavo A. Madero	07790
VICTORIA GUADALUPE AMPLIACION	33 4-C	Ecatepec	
VICTORIA LA EJIDO	31 4-B	Cuautitlán Izcalli	
VIDRIEROS BARRIO	87 4-C	Chimalhuacán	56359
VIGA LA UNIDAD	97 6-D	Iztapalapa	09400
VIKINGOS SAN ANTONIO U. HAB.	111 4-C	Iztapalapa	09857
VILLA ALTA RESIDENCIAL	94 6-B	Cuajimalpa	
VILLA AZCAPOTZALCO	70 5-B	Azcapotzalco	02000
VILLA CENTROAMERICANA Y CARIBE	124 5-F	Tláhuac	13278
VILLA COAPA	123 4-C	Tlalpan	14390
VILLA COAPA RESIDENCIAL	123 4-D	Tlalpan	14390
VILLA COYOACAN	109 2-E	Coyoacán	04000
VILLA CUEMANCO	123 3-F	Tlalpan	14360
VILLA CHARRA DEL PEDREGAL	122 3-B	Tlalpan	14010
VILLA DE ARAGON	72 6-D	Gustavo A. Madero	07570
VILLA DE CORTES	97 4-B	Benito Juárez	03530
VILLA DE GUADALUPE	100 4-E	La Paz	
VILLA DE GUADALUPE XALOSTOC	59 6-D	Ecatepec	55339
VILLA DE LAS FLORES	32 1-F	Coacalco	55710
VILLA DE LAS FLORES 1a. SECC.	33 1-A	Coacalco	55710
VILLA DE LAS FLORES 2a. SECC.	32 3-F	Coacalco	55710
VILLA DE LAS LOMAS	94 3-D	Huixquilucan	52787
VILLA DE LAS PALMAS	42 2-F	Atizapán de Zaragoza	52918
VILLA DE LAS TORRES	43 3-A	Atizapán de Zaragoza	52915
VILLA DE LOS COLORINES	100 3-C	Nezahualcóyotl	
VILLA DE REYES	33 3-C	Coacalco	55713
VILLA DEL PUENTE	123 3-F	Tlalpan	14335
VILLA DEL SUR	123 3-D	Tlalpan	14307
VILLA ECATEPEC DE MORELOS	46 1-E	Ecatepec	55000
VILLA FLORENCE	94 4-B	Huixquilucan	52780
VILLA FLORIDA RESIDENCIAL	33 4-A	Coacalco	55730
VILLA FRANCISCO	95 5-F	Alvaro Obregón	01280
VILLA FRANCISCO	95 4-F	Alvaro Obregón	
VILLA FRANCISCO	101 2-B	Chicoloapan	
VILLA FRANCISCO	30 5-E	Cuautitlán Izcalli	54760
VILLA FRANCISCO	46 3-F	Ecatepec	55080
VILLA FRANCISCO	97 5-E	Iztapalapa	09720
VILLA FRANCISCO	111 4-E	Iztapalapa	09720
VILLA FRANCISCO	56 4-C	Tlalnepantla	54059
VILLA FRANCISCO	138 3-F	Tláhuac	13520
VILLA FRANCISCO U. HAB.	69 3-F	Azcapotzalco	02420
VILLA JARDIN	43 3-D	Atizapán de Zaragoza	52978
VILLA JARDIN	31 1-B	Cuautitlán	
VILLA JARDIN	31 5-D	Tultitlán	
VILLA LA ESPERANZA	32 3-B	Tultitlán	
VILLA LAS MANZANAS	33 4-A	Coacalco	55730
VILLA LAZARO CARDENAS	123 3-B	Tlalpan	14370
VILLA MADENA CONJ.	108 3-D	Alvaro Obregón	01707
VILLA MILPA ALTA	151 4-D	Milpa Alta	12000
VILLA OLIMPICA MIGUEL HIDALGO	122 3-B	Tlalpan	14020
VILLA PANAMERICANA UNIDAD HAB.	122 2-C	Coyoacán	04700
VILLA PANORAMICA UNIDAD HAB.	122 2-C	Coyoacán	04710
VILLA PRADOS COAPA CONJ. RES.	123 4-C	Tlalpan	14358
VILLA PRIMERO DE AGOSTO	60 2-C	Ecatepec	
VILLA PROGRESISTA	108 2-B	Alvaro Obregón	
VILLA QUIETUD	123 2-F	Coyoacán	04960
VILLA ROYALE	123 3-D	Tlalpan	14399
VILLA SAN AGUSTIN ATLAPULCO	100 3-E	Chimalhuacán	56330
VILLA SAN FRANCISCO	109 3-E	Coyoacán	04330
VILLA SAN ISIDRO	149 3-F	Xochimilco	
VILLA SAN LORENZO CHIMALCO	100 2-C	Chimalhuacán	56340
VILLA TEPEPAN	123 6-B	Xochimilco	
VILLA TLALPAN	122 5-E	Tlalpan	14630
VILLA TLATEMPA UNIDAD HAB.	139 5-A	Tláhuac	13559
VILLA VERDUN	107 4-F	Alvaro Obregón	01810
VILLADA VICENTE	99 4-E	Nezahualcóyotl	57710
VILLADA VICENTE AMPL.	99 3-C	Nezahualcóyotl	57760
VILLADA VICENTE ORIENTE AMPL.	99 4-E	Nezahualcóyotl	
VILLADA VICENTE PONIENTE AMPL.	99 4-D	Nezahualcóyotl	57719
VILLAHERMOSA	72 2-A	Gustavo A. Madero	07410
VILLAHERMOSA AMPL.	72 2-A	Gustavo A. Madero	07410
VILLAS ARBOLEDAS	43 4-C	Atizapán de Zaragoza	
VILLAS AZCAPOTZALCO FOVISSSTE	70 3-A	Azcapotzalco	02169
VILLAS COPILCO	109 4-C	Coyoacán	04350
VILLAS COSMOS	73 1-B	Ecatepec	
VILLAS DE ARAGON	60 5-B	Ecatepec	55148
VILLAS DE AYOTLA CONJUNTO	114 6-A	Ixtapaluca	
VILLAS DE CUAJIMALPA UNIDAD HAB.	107 1-B	Cuajimalpa	05268
VILLAS DE CUAUTITLAN	18 5-D	Cuautitlán	54857
VILLAS DE JAJALPA	47 2-A	Ecatepec	
VILLAS DE LA HACIENDA	43 2-C	Atizapán de Zaragoza	52929
VILLAS DE LA MAGDALENA	108 6-E	Magdalena Contreras	
VILLAS DE PERINORTE	44 1-A	Cuautitlán Izcalli	
VILLAS DE SAN ANDRES ATENCO	56 3-D	Tlalnepantla	54040
VILLAS DE SAN JOSE	43 3-C	Atizapán de Zaragoza	
VILLAS DE SAN JOSE CONJUNTO HAB.	32 4-B	Tultitlán	
VILLAS DE SAN MATEO	69 4-A	Naucalpan	
VILLAS DE SATELITE	69 1-D	Naucalpan	
VILLAS DE TEOTIHUACAN	24 3-B	Teotihuacán	55815
VILLAS DE TOLIMPA	76 5-B	Texcoco	56268
VILLAS DEL CONVENTO	4 6-D	Tepotzotlán	
VILLAS DEL LAUREL	141 1-B	Chalco	
VILLAS DEL SOL	114 1-C	Magdalena Contreras	
VILLAS ECATEPEC	47 1-C	Ecatepec	55056
VILLAS EL GIGANTE	32 5-F	Coacalco	
VILLAS ESTRELLA	21 4-C	Tecámac	
VILLAS ESTRELLA UNIDAD HAB.	111 6-B	Iztapalapa	09898
VILLAS LAS	33 3-A	Coacalco	55716
VILLAS PLAZA	94 6-A	Huixquilucan	
VILLAS SAN DIEGO	111 2-A	Iztapalapa	09829
VILLAS SAN PEDRO	28 5-E	Nicolás Romero	
VIRGEN LA	31 3-B	Cuautitlán Izcalli	54860
VISTA ALEGRE	97 1-B	Cuauhtémoc	06860
VISTA DE LA CASCADA CONJUNTO HAB.	127 2-D	Ixtapaluca	
VISTA DEL VALLE	68 6-E	Naucalpan	53296
VISTA DEL VALLE	56 1-D	Tlalnepantla	54048
VISTA HERMOSA	36 6-F	Acolman	
VISTA HERMOSA	107 1-D	Cuajimalpa	05109
VISTA HERMOSA	18 2-B	Cuautitlán Izcalli	
VISTA HERMOSA	33 6-D	Ecatepec	55028
VISTA HERMOSA	58 2-C	Gustavo A. Madero	07187
VISTA HERMOSA	29 5-A	Nicolás Romero	54414
VISTA HERMOSA	28 5-F	Nicolás Romero	54414
VISTA HERMOSA	4 4-B	Tepotzotlán	
VISTA HERMOSA	56 6-D	Tlalnepantla	54080
VISTA HERMOSA AMPL.	29 5-A	Nicolás Romero	54400
VISTA HERMOSA AMPL.	56 6-C	Tlalnepantla	54080
VISTA HERMOSA OZUMBILLA	22 4-A	Tecámac	
VISTA LA RESIDENCIAL	94 2-C	Huixquilucan	
VISTA LOMAS DE MIXCOAC CONJ. HAB.	108 2-B	Alvaro Obregón	
VISTA VERDE	94 5-B	Cuajimalpa	
VISTAHERMOSA	121 1-A	Magdalena Contreras	10379
VISTAS DEL MAUREL	122 2-D	Coyoacán	04718
VISTAS DEL PEDREGAL	121 6-C	Tlalpan	14737
VIVEROS CUAUTETLAN	135 3-F	Tlalpan	
VIVEROS DE COYOACAN UNIDAD HAB.	109 2-D	Coyoacán	04110
VIVEROS DE CUERNAVACA	135 3-F	Tlalpan	14400
VIVEROS DE CUERNAVACA	136 3-A	Tlalpan	14400
VIVEROS DE LA LOMA	56 5-D	Tlalnepantla	54080
VIVEROS DE SAN CARLOS	46 4-F	Ecatepec	55085
VIVEROS DEL RIO	56 4-E	Tlalnepantla	54060
VIVEROS DEL VALLE	56 4-D	Tlalnepantla	54060
VIVEROS XALOSTOC	59 6-B	Ecatepec	55340
VIVIENDA DEL TAXISTA	47 1-C	Ecatepec	55080
VOCEADORES	99 4-B	Iztapalapa	09120

COLONIA	COORDENADAS PLANO	DELEGACION O MUNICIPIO	CP
VOLCANES LOS	98 1-F	Nezahualcóyotl	57450
VOLCANES LOS	122 6-C	Tlalpan	14440
VUELTA DE SAN AGUSTIN LA	100 3-C	Nezahualcóyotl	
VYCO CONJUNTO HABITACIONAL	108 4-C	Alvaro Obregón	

X

COLONIA	COORDENADAS PLANO	DELEGACION O MUNICIPIO	CP
XACOPINGA	57 5-C	Tlalnepantla	54165
XALPA	106 6-C	Cuajimalpa	05730
XALTIPAC	100 1-B	Chimalhuacán	56349
XALTIPAC BARRIO	139 6-A	Milpa Alta	12100
XALTOCAN BARRIO	136 2-F	Xochimilco	
XALTOCAN BARRIO	137 3-A	Xochimilco	16090
XAXALCO	149 4-A	Tlalpan	
XAXALIPA	149 5-A	Tlalpan	
XHALA ZONA INDUSTRIAL	18 3-A	Cuautitlán Izcalli	54714
XICALHUACA	137 3-C	Xochimilco	
XICO	126 5-F	Chalco	56626
XICO	139 1-E	Valle de Chalco	
XICO NUEVO	126 6-E	Chalco	56626
XICO VIEJO	126 6-F	Chalco	56626
XIDO DE BARRIO	80 4-B	Naucalpan	
XOCO PUEBLO DE	109 1-E	Benito Juárez	03330
XOCOTLAN	63 5-F	Texcoco	56200
XOCOYAHUALCO	69 1-D	Tlalnepantla	54080
XOCHIACA	100 1-C	Chimalhuacán	
XOCHIACA	87 6-C	Chimalhuacán	56330
XOCHIMILCO	136 1-F	Xochimilco	16000
XOCHIMILCO CORPORACION UNIDAD HAB	136 2-E	Xochimilco	16057
XOCHIMILCO RESIDENCIAL	136 2-E	Xochimilco	16058
XOCHINAHUAC U. HAB. INFONAVIT	70 1-A	Azcapotzalco	02125
XOCHIPILLI	137 3-B	Xochimilco	16430
XOCHITENCO	87 6-D	Chimalhuacán	56334
XOCHITENCO	98 1-F	Nezahualcóyotl	57460
XOCHITEPEC BARRIO	152 1-A	Milpa Alta	12100
XOLALPA	50 4-E	Tepetlaoxtoc	56070
XOLALPA	136 1-A	Tlalpan	14649
XOPA UNIDAD HAB.	110 1-C	Iztapalapa	09080
XOTEPINGO	110 5-B	Coyoacán	04610
XOYU DE BARRIO	80 4-B	Naucalpan	

Y

COLONIA	COORDENADAS PLANO	DELEGACION O MUNICIPIO	CP
Y LA	28 5-B	Nicolás Romero	
YANHUITLAN	24 2-C	Teotihuacán	
YAQUI EL PUEBLO	107 2-C	Cuajimalpa	05320
YAQUI FRACCIONAMIENTO	94 6-B	Cuajimalpa	
YOCUA DE BARRIO	80 4-C	Naucalpan	
YONGUA BARRIO	80 4-A	Naucalpan	

Z

COLONIA	COORDENADAS PLANO	DELEGACION O MUNICIPIO	CP
ZACAHUITZCO	97 6-B	Benito Juárez	03550
ZACAMOLPAN	46 5-E	Ecatepec	55410
ZACAMULPA	106 2-D	Cuajimalpa	52766
ZACATENCO	125 3-C	Tláhuac	13440
ZACATENCO LINDAVISTA U. PROFNAL.	71 2-B	Gustavo A. Madero	07738
ZACATENCO RESIDENCIAL	71 2-D	Gustavo A. Madero	07369
ZACATENCO UNIDAD HAB.	125 3-C	Tláhuac	
ZACATEPEC PARAJE	112 1-D	Iztapalapa	09560
ZACATON EL	134 1-B	Tlalpan	14734
ZACUAUTITLAN	32 4-F	Coacalco	
ZAFIRO UNIDAD HAB.	112 6-A	Iztapalapa	09704
ZANJA LA	107 3-D	Cuajimalpa	
ZAPATA EMILIANO	36 3-A	Acolman	
ZAPATA EMILIANO	42 1-E	Atizapán de Zaragoza	52918
ZAPATA EMILIANO	128 4-A	Chalco	
ZAPATA EMILIANO	139 1-E	Chalco	
ZAPATA EMILIANO	101 3-B	Chicoloapan	
ZAPATA EMILIANO	110 6-B	Coyoacán	04815
ZAPATA EMILIANO	84 1-D	Gustavo A. Madero	07889
ZAPATA EMILIANO	127 1-B	Ixtapaluca	56550
ZAPATA EMILIANO	113 2-C	Iztapalapa	09639
ZAPATA EMILIANO	113 2-C	Los Reyes	
ZAPATA EMILIANO	81 2-C	Naucalpan	53660
ZAPATA EMILIANO	63 4-A	Texcoco	56188
ZAPATA EMILIANO 1A. SECCION	152 1-D	Tláhuac	
ZAPATA EMILIANO 1a. SECC.	59 6-F	Ecatepec	55200
ZAPATA EMILIANO 1a. SECC.	60 5-A	Ecatepec	
ZAPATA EMILIANO 2A. SECCION	152 2-D	Tláhuac	
ZAPATA EMILIANO 2a. SECC.	72 1-E	Ecatepec	55270
ZAPATA EMILIANO AMPL.	42 2-E	Atizapán de Zaragoza	52918
ZAPATA EMILIANO AMPL.	71 6-E	Gustavo A. Madero	07858
ZAPATA EMILIANO AMPL.	113 4-C	Iztapalapa	09638
ZAPATA EMILIANO AMPLIACION	127 1-A	Chalco	56639
ZAPATA EMILIANO AMPLIACION	127 2-C	Ixtapaluca	
ZAPATA EMILIANO ISSSTE U. H.	76 3-D	Texcoco	56228
ZAPATA EMILIANO UNIDAD HAB.	110 6-E	Coyoacán	04919
ZAPATA EMILIANO UNIDAD HAB.	84 4-D	Venustiano Carranza	15299
ZAPATA UNIDAD HAB.	109 4-F	Coyoacán	04336
ZAPATA VELA CARLOS LIC. 1a. SECC.	97 4-F	Iztacalco	08040
ZAPATA VELA CARLOS LIC. 2a. SECC.	97 4-F	Iztacalco	08040
ZAPOTE EL	94 1-D	Huixquilucan	52775
ZAPOTE EL UNIDAD HAB.	68 6-F	Naucalpan	53469
ZAPOTE EL UNIDAD HABITACIONAL	122 3-C	Tlalpan	
ZAPOTECAS	59 2-E	Ecatepec	55548
ZAPOTITLA	125 2-B	Tláhuac	13310
ZAPOTITLAN UNIDAD HAB.	125 3-A	Tláhuac	13209
ZAPOTLA BARRIO	97 3-D	Iztacalco	08610
ZAPOTLAN PUEBLO	62 2-E	Atenco	56300
ZARAGOZA IGNACIO	28 4-C	Nicolás Romero	54457
ZARAGOZA IGNACIO	63 5-B	Texcoco	56120
ZARAGOZA IGNACIO	98 1-A	Venustiano Carranza	15000
ZARAGOZA IGNACIO RESIDENCIAL	98 2-D	Iztacalco	08180
ZARAGOZA UNIDAD	85 6-B	Venustiano Carranza	15720
ZARAGOZA UNIDAD URBANA	56 1-A	Atizapán de Zaragoza	52965
ZARCO FRANCISCO	97 5-A	Benito Juárez	03620
ZENTLAPATL	106 2-F	Cuajimalpa	05010
ZIMBRON ANGEL	70 6-B	Azcapotzalco	02099
ZOMPANTLE	125 3-F	Tláhuac	
ZONA EJIDOS DE PADIERNA	121 4-E	Tlalpan	
ZONA ESCOLAR	57 3-F	Gustavo A. Madero	07230
ZONA ESCOLAR ORIENTE	58 3-A	Gustavo A. Madero	07239
ZOQUIAPAN	115 6-E	Ixtapaluca	
ZUNO DE ECHEVERRIA MARIA ESTHER	135 2-C	Tlalpan	14659

LINEAS DEL METRO

GUIA ROJI

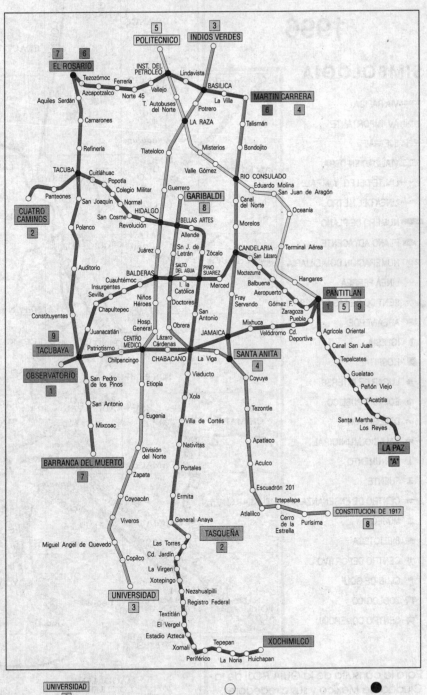

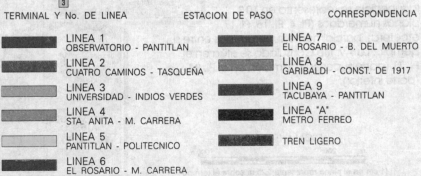

UNIVERSIDAD 3	◯	●
TERMINAL Y No. DE LINEA	ESTACION DE PASO	CORRESPONDENCIA

LINEA 1
OBSERVATORIO - PANTITLAN

LINEA 2
CUATRO CAMINOS - TASQUEÑA

LINEA 3
UNIVERSIDAD - INDIOS VERDES

LINEA 4
STA. ANITA - M. CARRERA

LINEA 5
PANTITLAN - POLITECNICO

LINEA 6
EL ROSARIO - M. CARRERA

LINEA 7
EL ROSARIO - B. DEL MUERTO

LINEA 8
GARIBALDI - CONST. DE 1917

LINEA 9
TACUBAYA - PANTITLAN

LINEA "A"
METRO FERREO

TREN LIGERO

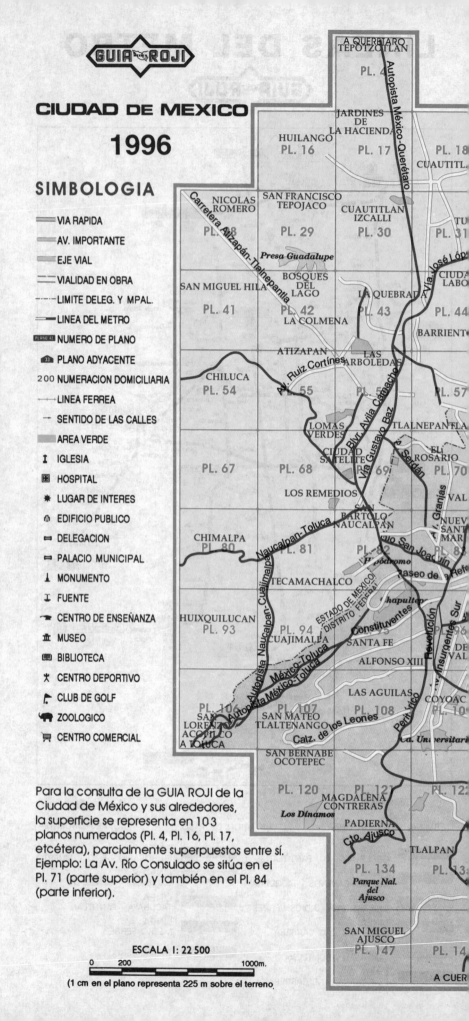

GUIA ROJI

CIUDAD DE MEXICO
1996

SIMBOLOGIA

- VIA RAPIDA
- AV. IMPORTANTE
- EJE VIAL
- VIALIDAD EN OBRA
- LIMITE DELEG. Y MPAL.
- LINEA DEL METRO
- PLANO 42 NUMERO DE PLANO
- 33 PLANO ADYACENTE
- 200 NUMERACION DOMICILIARIA
- LINEA FERREA
- SENTIDO DE LAS CALLES
- AREA VERDE
- ✝ IGLESIA
- ⊞ HOSPITAL
- ✳ LUGAR DE INTERES
- ⚙ EDIFICIO PUBLICO
- ⊨ DELEGACION
- ⊨ PALACIO MUNICIPAL
- ⊥ MONUMENTO
- ⊥ FUENTE
- ➤ CENTRO DE ENSEÑANZA
- ⛫ MUSEO
- ⊞ BIBLIOTECA
- ✶ CENTRO DEPORTIVO
- ⏺ CLUB DE GOLF
- 🐖 ZOOLOGICO
- 🛒 CENTRO COMERCIAL

Para la consulta de la GUIA ROJI de la
Ciudad de México y sus alrededores,
la superficie se representa en 103
planos numerados (Pl. 4, Pl. 16, Pl. 17,
etcétera), parcialmente superpuestos entre sí.
Ejemplo: La Av. Río Consulado se sitúa en el
Pl. 71 (parte superior) y también en el Pl. 84
(parte inferior).

ESCALA 1: 22 500

0   200   1000m.

(1 cm en el plano representa 225 m sobre el terreno

A QUERETARO
TEPOTZOTLAN
PL. 4
Autopista México-Querétaro

JARDINES DE LA HACIENDA
HUILANGO
PL. 16
PL. 17
PL. 18
CUAUTITLA

NICOLAS ROMERO
SAN FRANCISCO TEPOJACO
CUAUTITLAN IZCALLI
PL. 28
PL. 29
PL. 30
PL. 31
TU

Carretera Atizapán-Tlalnepantla
Presa Guadalupe

SAN MIGUEL HILA
BOSQUES DEL LAGO
LA QUEBRADA
CIUDA LABO
PL. 41
PL. 42
PL. 43
PL. 44
LA COLMENA
BARRIENT

Vía José López

ATIZAPAN
LAS ARBOLEDAS
Av. Ruiz Cortines
CHILUCA
PL. 54
PL. 55
PL. 5
PL. 57

Blvd. Ávila Camacho

LOMAS VERDES
TLALNEPANTLA
CIUDAD SATELITE
EL ROSARIO
PL. 67
PL. 68
PL. 69
PL. 70
Vía Gustavo Baz
Serdán

LOS REMEDIOS
VAL

SAN BARTOLO NAUCALPAN
CHIMALPA
PL. 80
PL. 81
PL. 82
PL. 87
NUEV SANT MAR
Naucalpan-Toluca
Hipódromo
Circuito San Joaquín
Paseo de la Refo

TECAMACHALCO
ESTADO DE MEXICO DISTRITO FEDERAL
Chapultep

HUIXQUILUCAN
PL. 93
PL. 94
PL. 95
Constituyentes
DE VAL
CUAJIMALPA
SANTA FE
ALFONSO XIII
Reforma
Insurgentes Sur
Revolución

LAS AGUILAS
COYOAC
PL. 106
PL. 107
PL. 108
PL. 10
SAN LORENZO ACOPILCO
A TOLUCA
SAN MATEO TLALTENANGO
Av. de los Leones
Calz. de los Leones
Cda. Universitaria
Periférico

SAN BERNABE OCOTEPEC
PL. 120
PL. 121
PL. 122
MAGDALENA CONTRERAS
Los Dínamos
PADIERNA
Cto. Ajusco
TLALPAN
PL. 134
PL. 13
Parque Nal. del Ajusco

SAN MIGUEL AJUSCO
PL. 147
PL. 14
A CUER

PLANO LLAVE

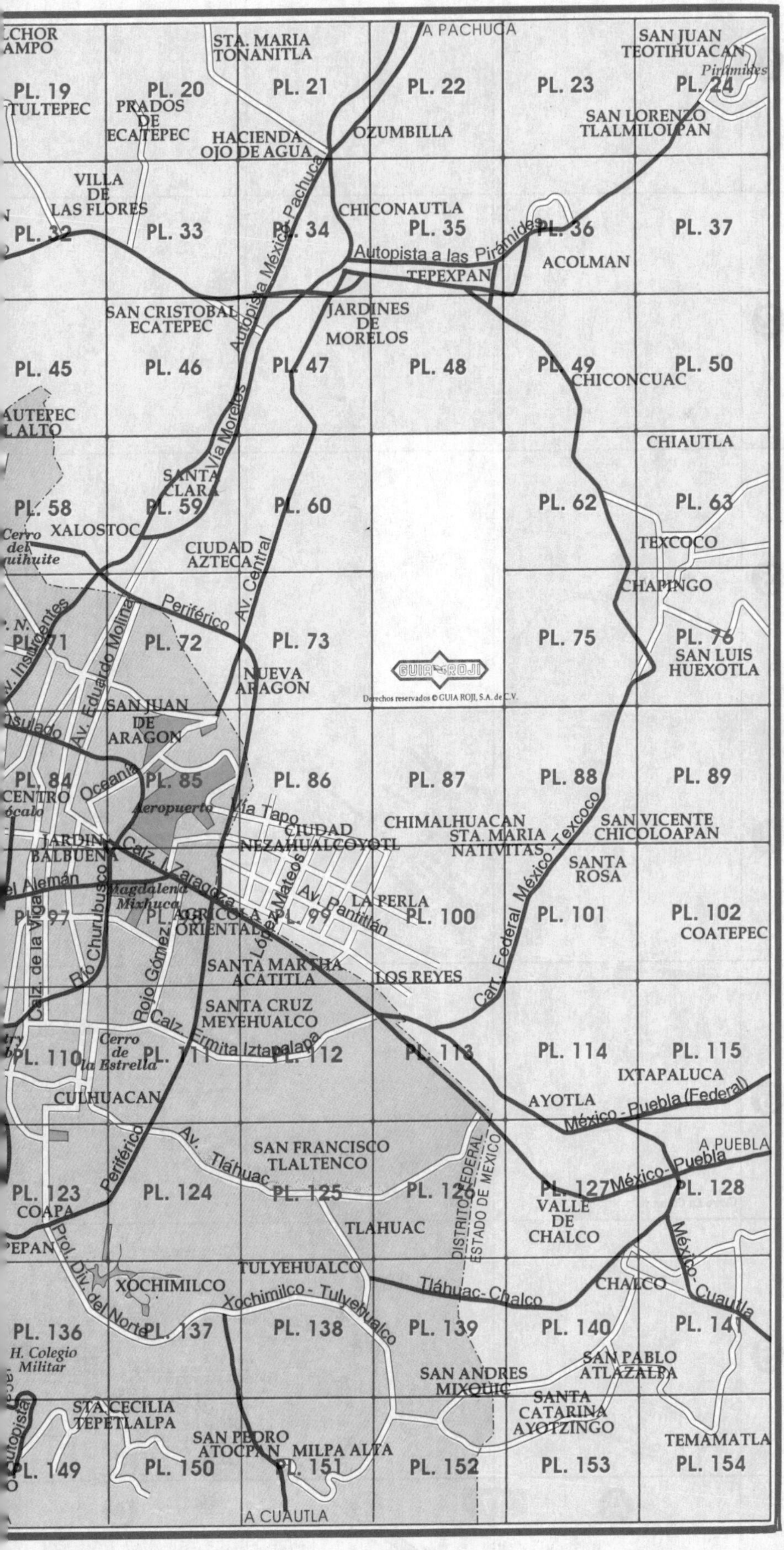

A PACHUCA

		STA. MARIA TONANITLA			SAN JUAN TEOTIHUACAN
LCHOR AMPO PL. 19 TULTEPEC	PL. 20 PRADOS DE ECATEPEC	PL. 21	PL. 22 OZUMBILLA	PL. 23	PL. 24 Pirámides SAN LORENZO TLALMILOLPAN

HACIENDA OJO DE AGUA

VILLA DE LAS FLORES N PL. 32	PL. 33	PL. 34	PL. 35 CHICONAUTLA	PL. 36	PL. 37

Autopista a las Pirámides
TEPEXPAN
ACOLMAN

	SAN CRISTOBAL ECATEPEC	JARDINES DE MORELOS			CHICONCUAC
PL. 45	PL. 46	PL. 47	PL. 48	PL. 49	PL. 50

CHIAUTLA

AUTEPEC ALTO Cerro del quihuite PL. 58 XALOSTOC	SANTA CLARA PL. 59	PL. 60 CIUDAD AZTECA		PL. 62	PL. 63 TEXCOCO

CHAPINGO

P. N. antes PL. 71	PL. 72	PL. 73 NUEVA ARAGON		PL. 75	PL. 76 SAN LUIS HUEXOTLA

Periférico
SAN JUAN DE ARAGON

GUIA ROJI
Derechos reservados © GUIA ROJI, S.A. de C.V.

PL. 84 CENTRO ócalo	PL. 85 Aeropuerto	PL. 86 CIUDAD NEZAHUALCOYOTL	PL. 87 CHIMALHUACAN STA. MARIA NATIVITAS	PL. 88	PL. 89 SAN VICENTE CHICOLOAPAN

JARDIN BALBUENA
el Alemán
Magdalena Mixhuca
SANTA ROSA

PL. 97	PL. AGRICOLA ORIENTAL	PL. 99 LA PERLA	PL. 100	PL. 101	PL. 102 COATEPEC

SANTA MARTHA ACATITLA
LOS REYES
SANTA CRUZ MEYEHUALCO

try PL. 110	Cerro de la Estrella PL. 111	PL. 112	PL. 113	PL. 114	PL. 115 IXTAPALUCA

CULHUACAN
AYOTLA
México - Puebla (Federal)

	Periférico Av. Tláhuac	SAN FRANCISCO TLALTENCO		PL. 127 México-Puebla VALLE DE CHALCO	A PUEBLA
PL. 123 COAPA EPAN	PL. 124	PL. 125	PL. 126 TLAHUAC		PL. 128

TULYEHUALCO
XOCHIMILCO
Xochimilco - Tulyehualco
Tláhuac - Chalco
CHALCO

PL. 136 H. Colegio Militar	PL. 137	PL. 138	PL. 139	PL. 140	PL. 141

SAN ANDRES MIXQUIC
SAN PABLO ATLAZALPA

STA. CECILIA TEPETLALPA PL. 149	SAN PEDRO ATOCPAN PL. 150	MILPA ALTA PL. 151	PL. 152	SANTA CATARINA AYOTZINGO PL. 153	TEMAMATLA PL. 154

A CUAUTLA

1

2

3

LOS POTROS

LA TEJA

Camino a Coyotepec

4

Flor de Amapola
Alcatraz
El Rosal
Huejuco

VISTA HERMOSA

3 de Enero
Cda. Jacarandas
2 de Enero
1o. de Enero
Av. Vista Hermosa
El Mirador
Rt. Julio Jaramillo
Av. Julio Jaramillo
Tierra Blanca
Cda. de la Flor
Bella Vista
Guerrero
Magnolia

La Presa

Josefa Ortiz de Domínguez
Rosario Castellanos
Emiliano Zapata

RICARDO FLORES
MAGON 1o. de Septiembre
20 de Noviembre

La Presa

1o. de Septiembre
Pedregal
Tejocota
Naranjo
Margarita
Xóchitl
Azucena

4 de Abril
9 de Mayo
8 de Abril
10 de Octubre
5 de Marzo
Maza de Juárez

Independencia
Gabriela Mistral
Indosarios Castellanos

Del Arroyo
Sor Juana Inés de la Cruz
de la Revolución

Francisco Ruiz Castañeda

Norte
Benito Juárez
Acequia
Josefa Ortiz de Domínguez
Profra. María Dolores

Gerardo Carrasco
De la Columna

La Era
De la Era
Zamora

Dr. Felipe Fernández Encarnación
3a. Cda. Rosario Castellanos

5

TEPOTZOTLAN

José Antonio Alzate
Del Calvario

Cerro La Columna

Hombres Ilustres

J. Rodríguez Juárez 1a. Cda.
José Antonio Alzate
Juan de la Barrera
Eva Rodríguez

Francisco Javier Clavijero

Av. Vicente Guerrero
Cda. Vicente Guerrero
Josefa Ortiz de Domínguez
Reyton
Pino Suárez
Toluca

José Antonio Alzate
Hernán Gómez

Zaragoza
Pensador Mexicano

6

Chilar
Francisco Villa Cuauhtémoc
Tlatelolco
Álvaro Obregón
Cda. Cuauhtémoc

Cda. Francisco I. Madero
Prof. Hidalgo

Hernán Gómez
Camino a Capula

PLAZA VIRREY

BARRIO
DE CAPULA

CONJUNTO HABITACIONAL
PASEOS DEL VIRREY

CAPULA

Hidalgo
Hidalgo
Morelos
Zaragoza

PASEO DE LAS BUGAMBILIAS

Ignacio Allende

RESIDENCIAL
TEPOTZOTLAN

Lienzo Charro
de Tepotzotlán

RESIDENCIAL
LOS ÁLAMOS

Ignacio Aldam

PLANO 4

| D | E | F |

A QUERETARO 215 KM.
A LEON 388 KM.
A SAN LUIS POTOSI 417 KM.
A GUADALAJARA 579 KM.
A MONTERREY 956 KM.

SAN SEBASTIAN

Benito Juárez

Salas

Cda. Morelia

Del Pino

Mérida

Palma

Av. Morelia

Cda. del Cedro

Colima

Del Cedro

Cda. Magnolia

1

BARRIO
CUAXOXOCA

Las Palomas

Insurgentes

Magnolia

Buenos Aires

Los Pinos

Del Puente

MUNICIPIO DE COYOTEPEC
MUNICIPIO DE TEOLOYUCAN

Tláloc

Chapultepec

Del Puente

Reforma

Cda. Chapultepec

MUNICIPIO DE TEOLOYUCAN
MUNICIPIO DE TEPOTZOTLAN

Av. Chapultepec

Cda.

Cda.

2

Cda. Chapultepec

GUIA ROJI

erechos reservados © GUIA ROJI, S.A. de C.V.

Camino del Ejido a Teoloyuca

MUNICIPIO DE CUAUTITLAN
MUNICIPIO DE TEPOTZOTLAN

3

6 de Enero

12 de Octubre

13 de Septiembre

29 de Agosto

29 de Junio

3 de Mayo

2 de Marzo

15 de Septiembre

BARRIO
DE
LAS ANIMAS

MEXICO 57

16 de Julio

16 de Junio

21 de Junio

1o. de Mayo

20 de Junio

13 de Junio

1o. de Agosto

24 de Febrero

LOMA BONITA

Progreso 1

Progreso 2

12 de Diciembre

1a. Cda.

2a. Cda.

24 de Junio

Unidad Deportiva

Revolución

Av. La Luz

Antiguo Camino a Las Animas

CONJUNTO
ARBOLEDA

Convento

Camino del Río de las Animas

Camino a Coyotepec o de las Animas

4

Hostería
Parroquia
EL TREBOL

aderas del Arroyo

2 de Marzo

Cda.

Antiguo Camino a Las Animas

Mariano Galván Rivera

Mariano Abasolo

BARRIO
TLACATECO

FRACC.
INDUSTRIAL
TREBOL DE TEPOTZOTLAN

Museo

Río Chico de Tepotzotlán

Río Cuautitlán

5

AUTOPISTA MEXICO-QUERETARO

ante Guerrero

n Gómez

De la Santa Cruz

Cda. Mariano Galván Rivera

Mariano Matamoros

Jaime Nuño

Juventino Rosas

BARRIO
SAN MARTIN

Miguel Cabrera

Lic. Benito Juárez

VILLAS
DEL CONVENTO

Av. de las Torres

Caseta de Cuota

Av. de la Industria

Manuel Acuña

Del Frale

Dr. A. Rubio

INSURGENTES

CIRCUNVALACION

6

Río Cuautitlán

Guadalupe Victoria

Cristóbal Colón

Abasolo

Francisco Javier Alegre

BARRIO
TEXCACOA

Del Cerrito

1a. Cda. del Cerrito

2a. Cda. del Cerrito

Cda. Av. de las Torres

Cda. del Cerrito Cumbres

Cda. El Barril

| D | E | **17** | F |

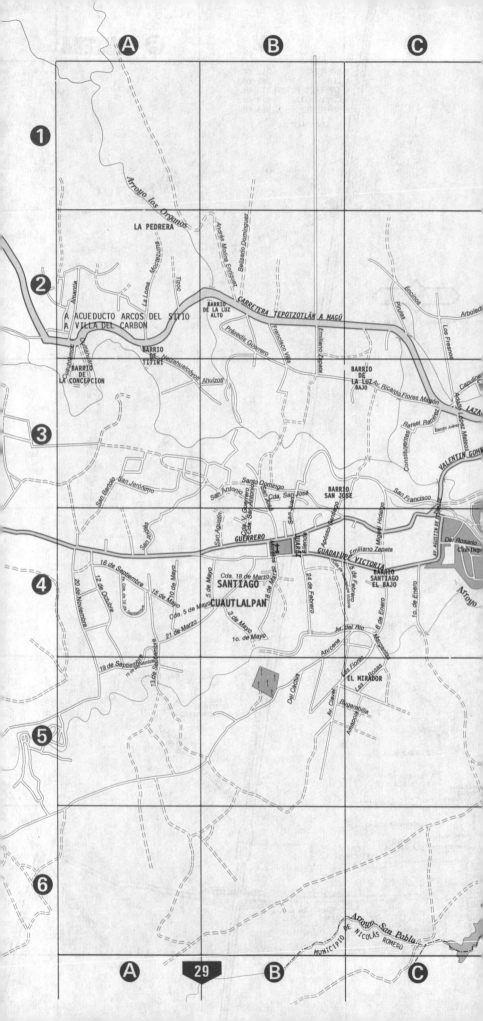

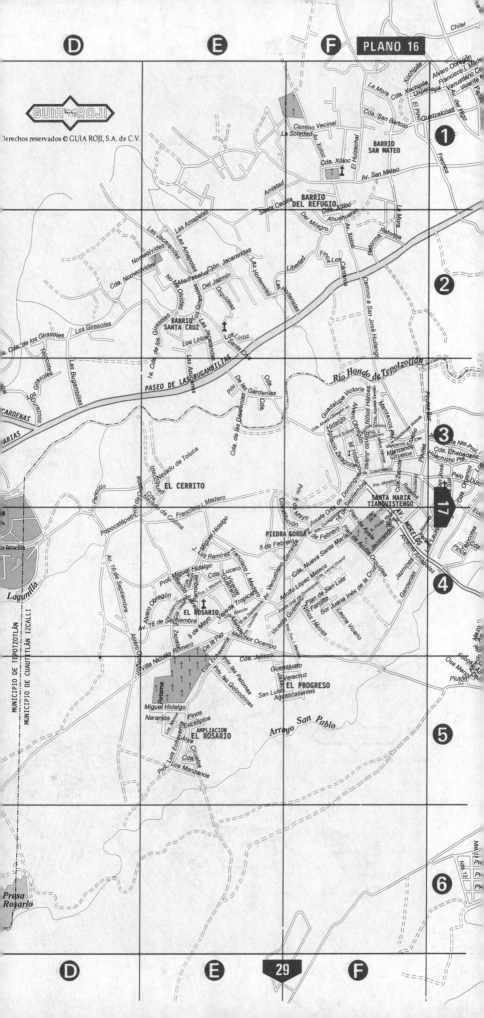

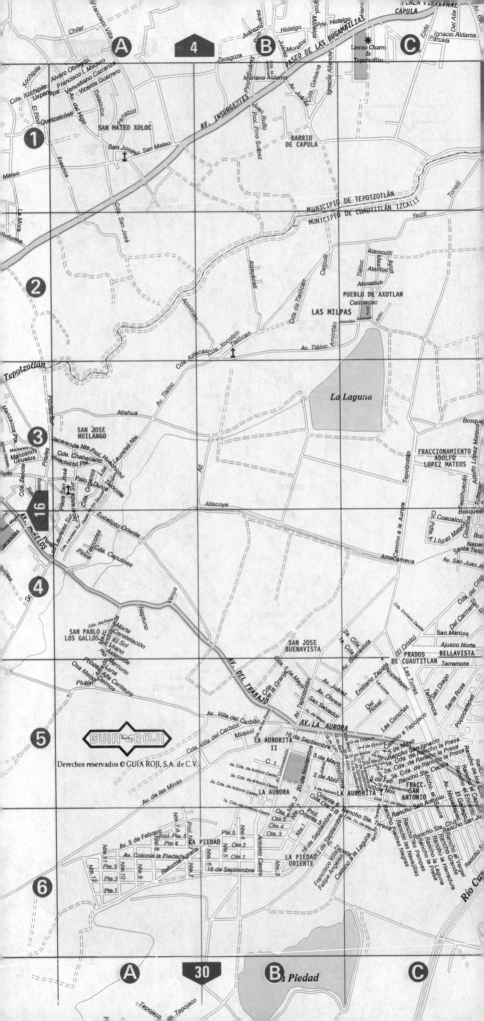

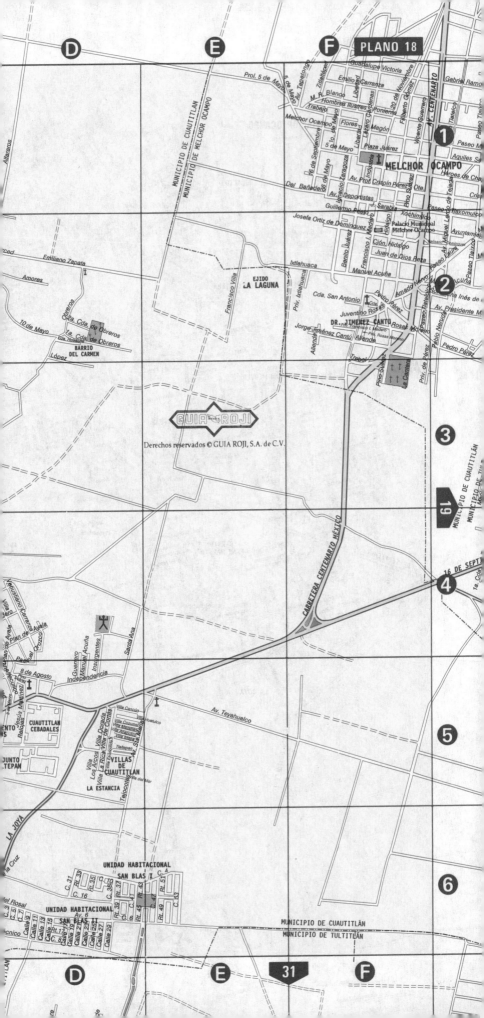

PLANO 18

MELCHOR OCAMPO

GUIA ROJI
Derechos reservados © GUIA ROJI, S.A. de C.V.

MUNICIPIO DE CUAUTITLÁN
MUNICIPIO DE TULTITLÁN

19

31

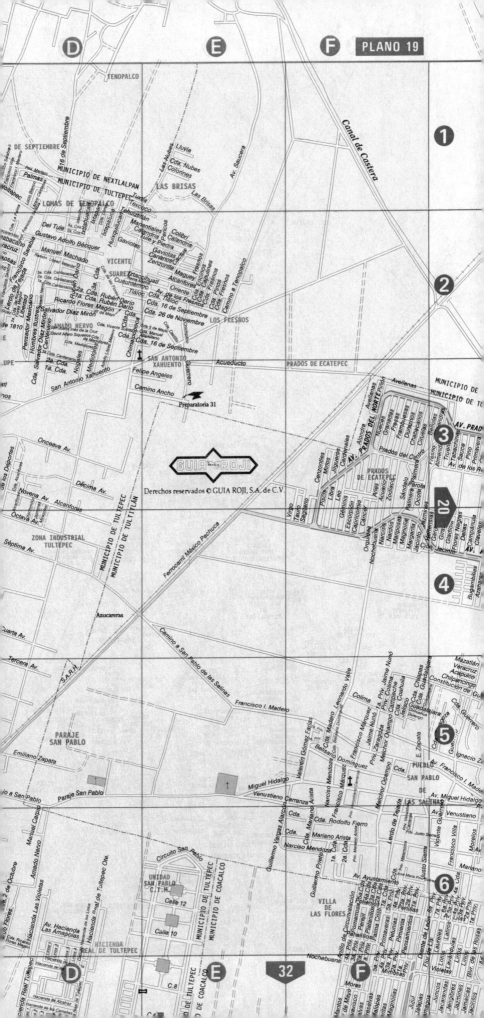

① ② ③ ④ ⑤ ⑥

Canal de Castera

TENOPALCO

MUNICIPIO DE NEXTLALPAN
MUNICIPIO DE TULTEPEC

LAS BRISAS

2 DE SEPTIEMBRE

LOMAS DE TENOPALCO

Del Tule
Gustavo Adolfo Bécquer
Manuel Machado

VICENTE
SUAREZ
Rubén Darío
Salvador Díaz Mirón
Ricardo Flores Magón
AMADO NERVO
Hombres Ilustres
David Alfaro Siqueiros

SAN ANTONIO
XAHUENTO

Felipe Ángeles
San Antonio Xahuento

Camino Ancho
Preparatoria 31

LOS FRESNOS

Acueducto
PRADOS DE ECATEPEC

MUNICIPIO DE
MUNICIPIO DE TU

Onceava Av.
Décima Av.
Novena Av. Alcanfores
Octava Av.
ZONA INDUSTRIAL
TULTEPEC
Séptima Av.

MUNICIPIO DE TULTEPEC
MUNICIPIO DE TULTITLÁN

Ferrocarril México Pachuca

AV. PRAD
PRADOS
DE
ECATEPEC

20

AV.

GUIA ROJI
Derechos reservados © GUIA ROJI, S.A. de C.V.

Cuarta Av.
S.A.R.H.
Azucareras

Camino a San Pablo de las Salinas

Tercera Av.

Francisco I. Madero

Colima

Mazatlán
Veracruz
Acapulco
Chilpancingo
Constitución de Gu

PARAJE
SAN PABLO

Emiliano Zapata

Paraje San Pablo

Belisario Domínguez

Miguel Hidalgo
Venustiano Carranza

PUEBLO
SAN PABLO
DE
LAS SALINAS

Av. Miguel Hidalgo

VILLA
DE
LAS FLORES

UNIDAD
SAN PABLO
C.T.H.

Calle 12

MUNICIPIO DE TULTEPEC
MUNICIPIO DE COACALCO

Circuito San Pablo

Calle 10

HACIENDA
REAL DE TULTEPEC

Nochebuena

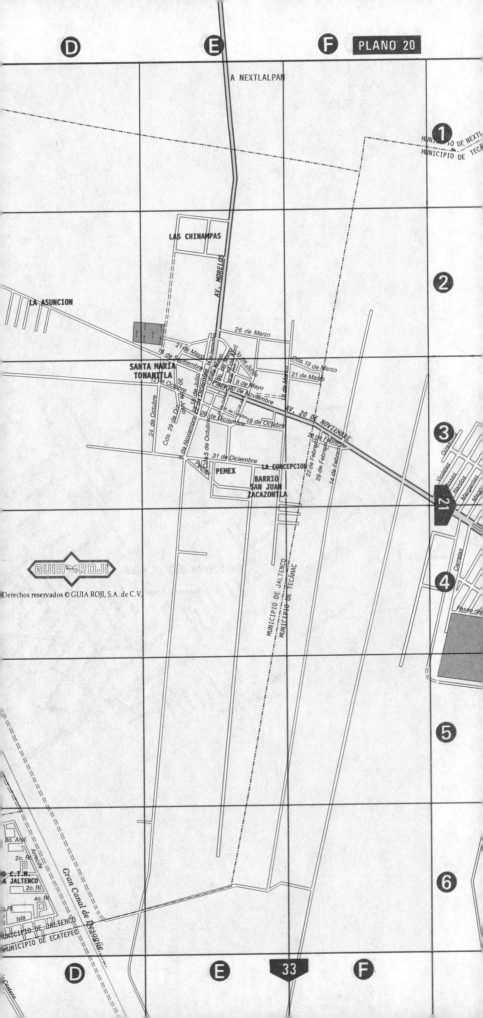

A NEXTLALPAN

MUNICIPIO DE NEXT...
MUNICIPIO DE TEC...

LAS CHINAMPAS

AV. MORELOS

LA ASUNCION

26 de Marzo

21 de Mayo
18 de Septiembre
21 de Octubre

SANTA MARIA
TONANITLA

24 de Octubre

Cda. 29 de Noviembre

29 de Octubre

Cda. 18 de Marzo
21 de Marzo

8 de Mayo
PASEO 20 de Noviembre

18 de Octubre

Av. 20 DE NOVIEMBRE

31 de Diciembre

5 de Octubre

18 de Diciembre

PEMEX

LA CONCEPCION

BARRIO
SAN JUAN
ZACAZONTLA

22 de Febrero
29 de Febrero
14 de Febrero

Giras...

Violetas

Rosas

Nardos

Margaritas

Ma...

21

Canales

Paseo de...

MUNICIPIO DE JALTENCO
MUNICIPIO DE TECAMAC

8o. And.

2o. Rt

C.T.M.
JALTENCO
2o. Rt

Arecife

4o. Rt

Isla

Gran Canal de Desagüe

MUNICIPIO DE JALTENCO
MUNICIPIO DE ECATEPEC

33

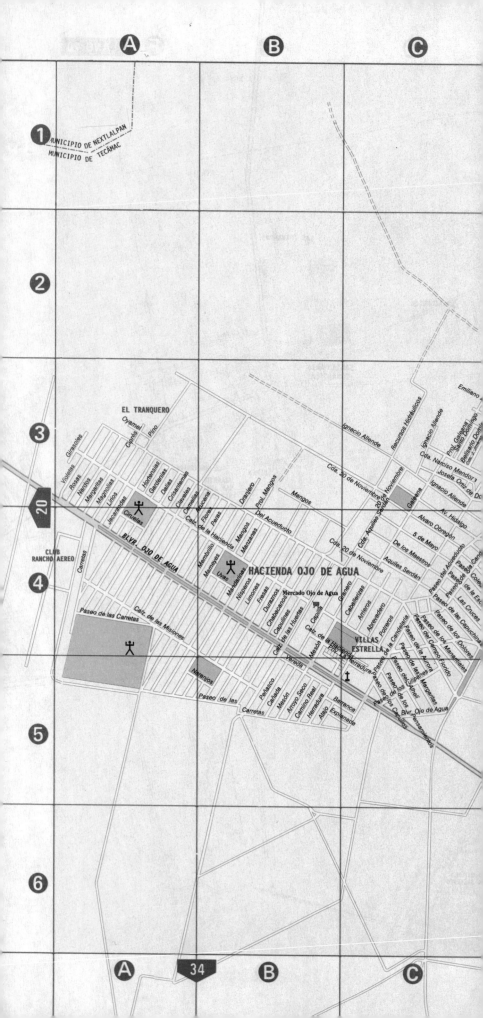

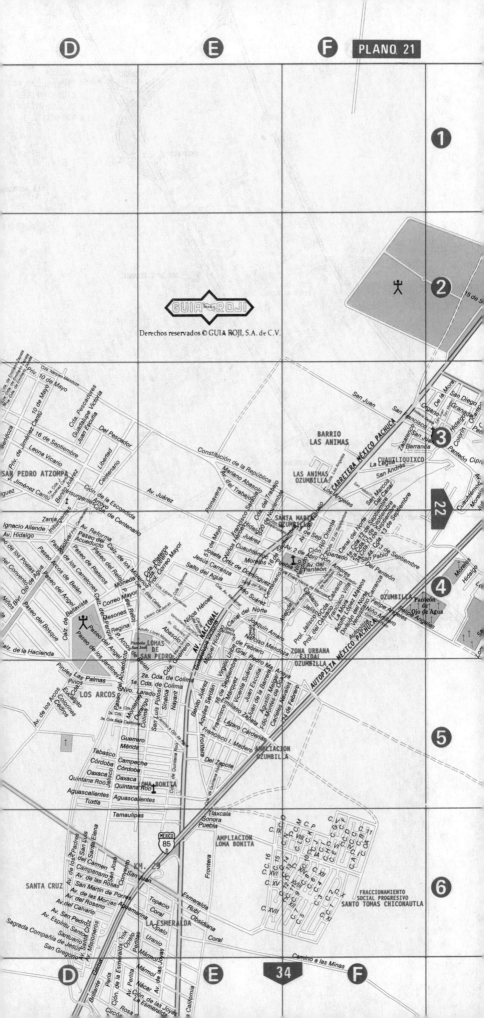

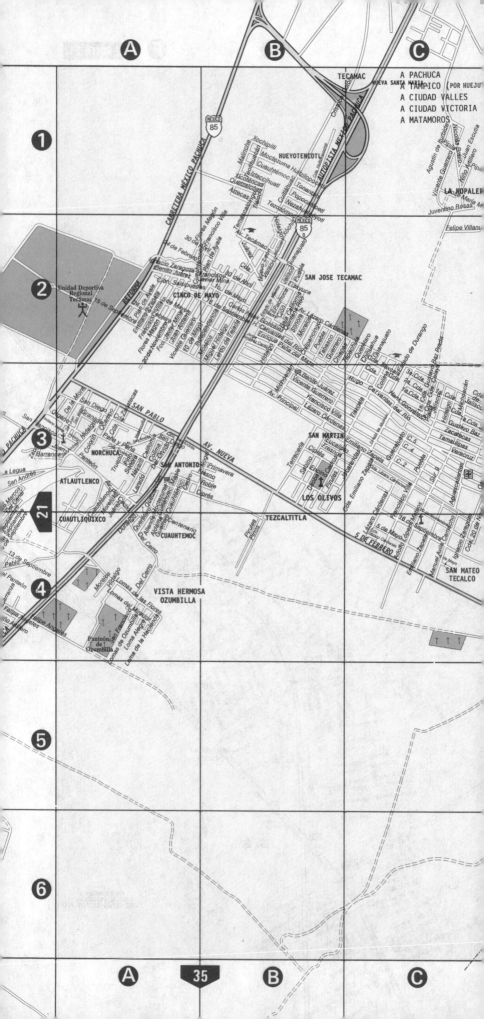

A B C

TECAMAC
NUEVA SANTA MARIA

A PACHUCA
A TAMPICO (POR HUEJU...)
A CIUDAD VALLES
A CIUDAD VICTORIA
A MATAMOROS

1

Xochipilli
Malinche Moctezuma Huitzilopo...
Ixtaccihuatl
Xochiquetzal Cuauhtémoc Huitzilopo...
Xicotencatl
Quetzalcoatl Nezahualcóyotl
Aztecas Popocatépetl
Tezozómoc Ixtliyoll

HUEYOTENCOTL

CARRETERA MEXICO PACHUCA
AUTOPISTA MEXICO PACHUCA

MEXICO 85

Av. Tecámac

SAN JOSE TECAMAC

2

Unidad Deportiva
Regional
Tecámac

REFORMA

30 de Mayo
4 de Febrero
cio Zaragoza San Plan de Ayala
Benito Juárez Francisco
ción Salaipueblas
CINCO DE MAYO
Av. Lázaro Cárdenas

Querétaro
Guanajuato
Durango

3

SAN PABLO

NORCHUCA
SAN ANTONIO

AV. NUEVA

SAN MARTIN

ATLAUTLENCO

Pachuca
San Andrés

21

CUAUTLIQUIXCO
CUAUHTEMOC

TEZCALTITLA

LOS OLIVOS

5 DE FEBRERO

SAN MATEO
TECALCO

4

VISTA HERMOSA
OZUMBILLA

Panteón de
Ozumbilla

5

6

A 35 B C

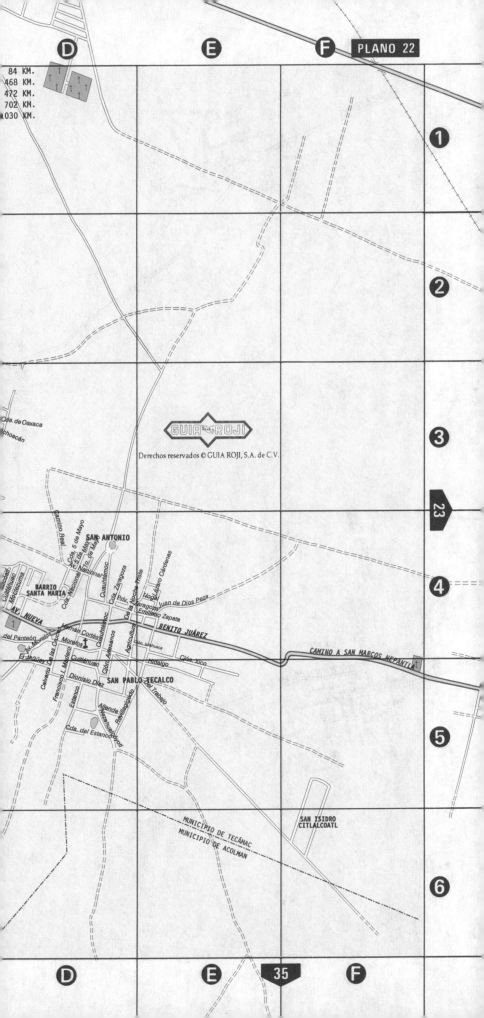

84 KM.
468 KM.
472 KM.
702 KM.
1030 KM.

1

2

GUIA ROJI

Derechos reservados © GUIA ROJI, S.A. de C.V.

3

23

Cda. de Oaxaca
choacán

Camino Real

Cda. 5 de Mayo
5 5 de Mayo
Nacional
Nal. de Mar.
SAN ANTONIO
Cuauhtémoc
Cda. Zaragoza
Priv. Noche Triste
Hogar
Lázaro Cárdenas
Juan de Dios Peza
Emiliano Zapata

BARRIO SANTA MARIA
Cda. Nacional
Cuitláhuac
Cuauhtémoc
de la Victoria
Agricultura

4

AV. NUEVA
del Panteón
Hernán Cortés
Morelos
Cjón. Adesanos
Cjón. Nahuaca

BENITO JUÁREZ

Cjón. Xico

CAMINO A SAN MARCOS NEPANTLA

Av. Morelos
El Jaguey
Calvario
Cda. de las Chocas
Francisco I. Madero
Dionisio Díez
Cuitláhuac
Hidalgo
del Trabajo
Estanco
SAN PABLO TECALCO
Allende
Revillagigedo
Netzahualcóyotl

Cda. del Estanco

5

MUNICIPIO DE TECÁMAC
MUNICIPIO DE ACOLMAN

SAN ISIDRO CITLALCOATL

6

D   **E**   **35**   **F**

CAMINO A TECAMAC

MUNICIPIO DE TECAMAC
MUNICIPIO DE TEOTIHUACAN

EL POZO
Mina
Aldama
Emiliano Zapata
Guerrero
Madero
Apasolo
Guadalupe Victoria
Matamoros
SANTIAGO ZACUALUCA
EL CUERNO
Francisco Villa
Aldama
Francisco Villa
Morelos
José María Pino Suárez
Alberto Hidalgo
EL JAGUEY
16 de Septiembre

MUNICIPIO DE TEOTIHUACAN
MUNICIPIO DE ACOLMAN

MUNICIPIO DE TECAMAC
MUNICIPIO DE ACOLMAN

22

SAN MARCOS
NEPANTLA

Cuitláhuac
AV. NIÑO PERDIDO
AV. SAN JUAN
FRANCISCO I. MADERO
Prol. 16 de Septiembre
José Vicente Villada
Durazno
Salto del Agua
Fresno
5 de Febrero
16 de Septiembre
Independencia
Bolívar
Calz. de Guadalupe
Cedro
Mina
Libertad
Aldama
Calz. de San José
Niño Perdido

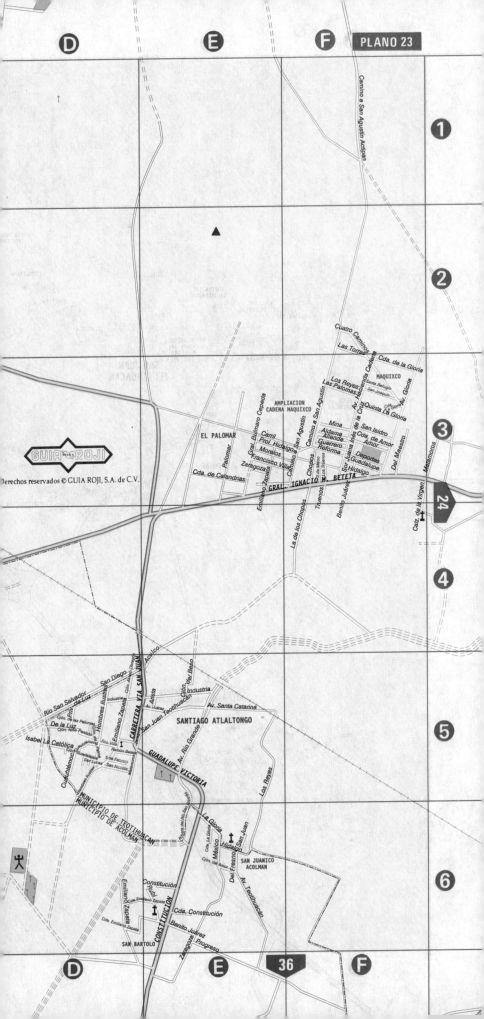

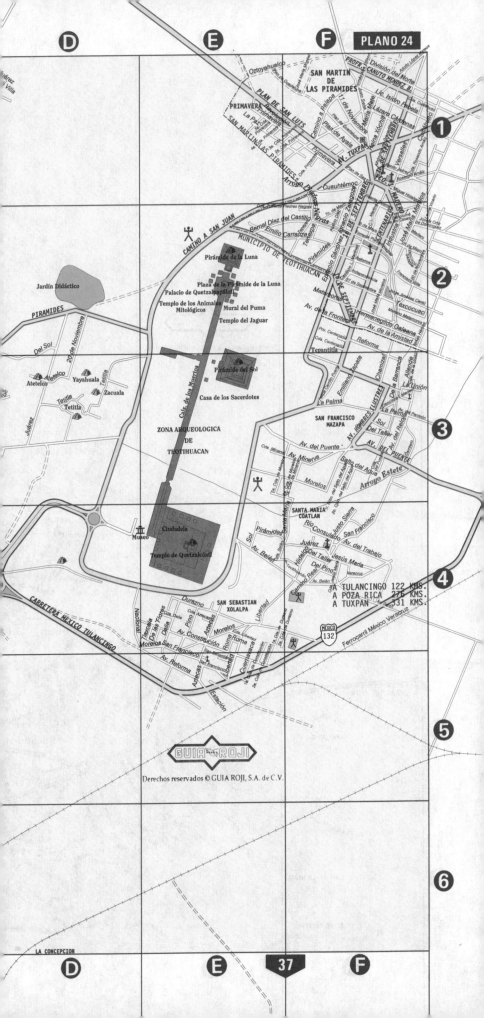

SAN MARTIN
DE
LAS PIRAMIDES

1

PLAN DE SAN LUIS
PRIMAVERA
SAN MARTIN LAS PIRAMIDES
AV. TUXPAN

Cuauhtémoc
Arroyo

CAMINO A SAN JUAN
Bernal Díaz del Castillo
Emilio Carranza
MUNICIPIO DE TEOTIHUACAN

Pirámide de la Luna

Jardín Didáctico

Plaza de la Pirámide de la Luna
Palacio de Quetzalpapálotl
Templo de los Animales Mitológicos
Mural del Puma
Templo del Jaguar

2

PIRAMIDES
Del Sol
20 de Noviembre

AV. de la Frontera
AV. de la Amistad
Reforma

Tepantitla

Atetelco
Atetelco Yayahuala Tetitla
Zacuala
Tetitla
Tetitla

Pirámide del Sol

Casa de los Sacerdotes

Calz. de los Muertos

La Palma

SAN FRANCISCO
MAZAPA

AV. del Puente
AV. del Puente

3

ZONA ARQUEOLOGICA
DE
TEOTIHUACAN

AV. Minerva
Morelos
Salto del Agua
Arroyo Estete

SANTA MARIA
COATLAN
Río Consulado
Justo Sierra
San Francisco
AV. del Trabajo

Pirámides
Juárez Jesús María
Hidalgo Del Pino
Del Pino

Museo
Ciudadela

Templo de Quetzalcóatl

4

A TULANCINGO 122 KMS.
A POZA RICA 275 KMS.
A TUXPAN 331 KMS.

Durazno
SAN SEBASTIAN
XOLALPA
Libertad

Nacional
AV. Construcción Morelos
Roma Roma

MEXICO
132

CARRETERA MEXICO TULANCINGO

Morelos San Francisco
AV. Reforma
Aztecas

Ferrocarril México Veracruz

5

GUIA ROJI

Derechos reservados © GUIA ROJI, S.A. de C.V.

6

LA CONCEPCION

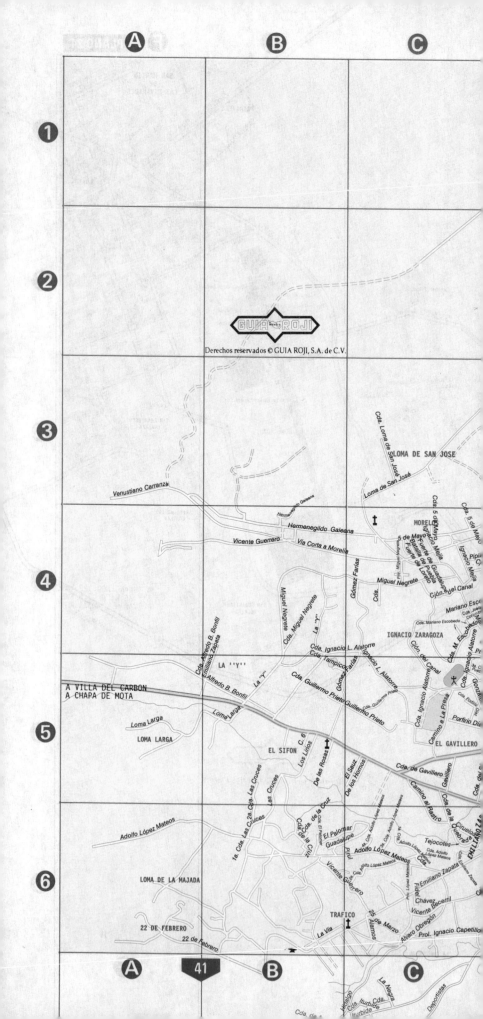

GUIA ROJI

Cda. Loma de San José

LOMA DE SAN JOSE

Loma de San José

Venustiano Carranza

Hermenegildo Galeana

MORELO

Cda. 5 de Mayo

5 de Mayo

Ignacio Mejía

5 de Mayo

Hermenegildo Galeana

Vicente Guerrero   Vía Corta a Morelia

Ignacio Mejía

Pípila

Pi

C.V.

Fuente de Guadalupe

Batalla de Puebla

Fuente de Loreto

Gómez Farías

Miguel Negrete

Cda.

Cjón. del Canal

Miguel Negrete

Cda. Miguel Negrete

La "Y"

Cda. Ignacio L. Alatorre

Ignacio L. Alatorre

Mariano Escc

Cda. Joaquín

Columba

Cda. Mariano Escobedo

IGNACIO ZARAGOZA

Cda. M. Escobedo

Cda. Alfredo B. Bonfil

Emiliano Zapata

LA "Y"

La "y"

Cda. Tampicolaria

Cda. Ignacio L. Alatorre

Gómez Farías

Cjón. del Canal

Cda. Ignacio Alatorre

Pr

A VILLA DEL CARBON

A CHAPA DE MOTA

El Alfredo B. Bonfil

Loma Larga

Cda. Guillermo Prieto

Guillermo Prieto

Cda. Guillermo Prieto

Cda. Ignacio Alatorre

Camino a La Presa

Cda. Postlan

Gonzal

Porfirio Die

Loma Larga

LOMA LARGA

Loma Larga

EL SIFON

Los Lirios

C. 6

De las Rosas

El Sauz

De los Hornos

Cda. de Gavillero

Camino al Rastro

EL GAVILLERO

Gavillero

Cda. de la Q

Las Cruces

Cda. de la Cruz

El Palomar

Guadalupe

Cda. El Palomar

Cda. Adolfo López Mateos

Adolfo López Mateos

Cda. Adolfo

Tejocotes

Ciruelos

EMILIANO ZAP

Adolfo López Mateos

1a. Cda. Las Cruces

2a. Cda. Las Cruces

Cda. Cda. de la Cruz

Adolfo López Mateos

Piul

Cda.

Adolfo López Mateos

Cda. Adolfo López Mateos

Camino al Rastro

LOMA DE LA MAJADA

Vicente Guerrero

Emiliano Zapata

Fidel

Chávez Becerril

Vicente Obregón

25 de Marzo

25 Álamos

22 DE FEBRERO

TRAFICO

La Vía

Álvaro Obregón

Prol. Ignacio Capetillo

22 de Febrero

La Negra

Hidalgo

Iturbide

Cda.

Cda. de

Deportistas

Iturbide

1

FRACCIONAMIENTO
CLUB VIRREYES

Arroyo

2

Arroyo las Víboras

Arroyo las Víboras

MUNICIPIO DE TEPOTZOTLAN
MUNICIPIO DE NICOLAS ROMERO

SECCION
EL CAPULIN
INDEPENDENCIA
1A. SECCION

JORGE JIMENEZ CANTU

3

LIBERTAD
Morelos

SANTA BARBARA

PORTAL
DE SAN PEDRO

29

LAS
CANTERAS
Los Pinos
ARBOL
SOLO

INDEPENDENCIA
2A. SECCION

LIBERTAD
1A. SECCION

RES. SAN
MARCOS

4

SAN
PEDRO

EL CAPULIN

Puebla
Allende
Ignacio Allende

NICOLAS ROMERO

VISTA HERMOSA

AV. 16 DE SEPTIEMBRE

CENTRO

Av. de las Flores

BENITO JUAREZ

5

VILLAS
SAN PEDRO

BUENAVISTA

SANTA
ANITA

HIDALGO
AV. 1a. DE MAYO
AV. HIDALGO
AV. 1a. DE MAYO

SAN ILDEFONSO

CAPETILLO

17 de Junio

NICOLAS ROMERO
2a. Cda. de Nicolás Bravo
2a. Cda. de
Monte Alto
Monte Alto

RAMANTIALES
NICOLAS ROMERO
GUERRERO
2a. SECC.

6

DR. IGNACIO CAPETILLO

Panteón
Municipal
de
San Pablo

VICENTE
GUERRERO
2A. SECCION

Av. Adolfo López Mateos

I.M.S.S.

GUIA ROJI

Derechos reservados © GUIA ROJI, S.A. de C.V.

SAN FRANCISCO
TEPOJACO

San Pedro Tepojaco

BOSQUES DE LOS PINOS

PARAJE LOS PINOS
Electricista

Universidad Mexicana

Presa Guadalupe

San Andrés
Monterrey
Boca Ratón
Las Carretas
La Costa

Puerta de Hierro

Chapultepec
Chapela
Cocoyoc
Chilca

Jurica

Bella Vista

Santa Fe

CAMPESTRE DEL LAGO

Arroyo El Muerto
La Mansión

Bosques de Bohemia

BOSQUES DEL LAGO

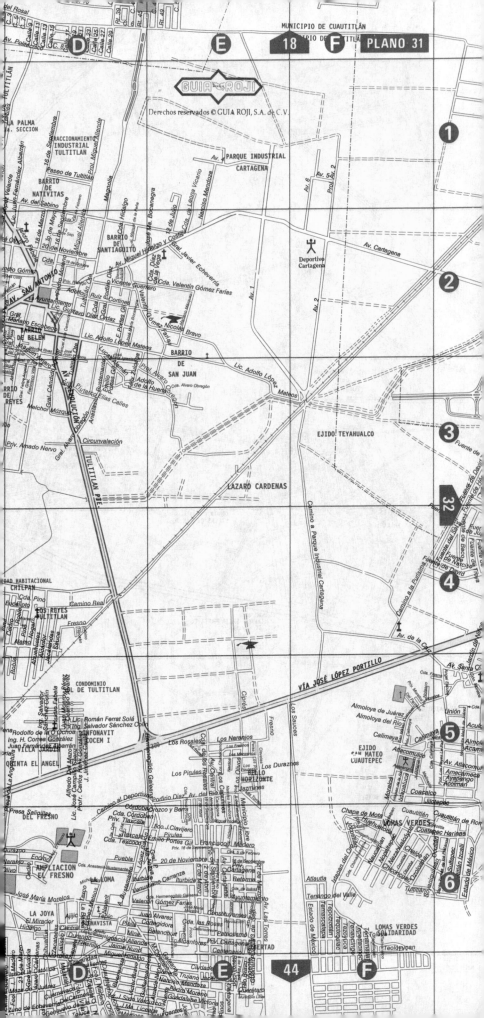

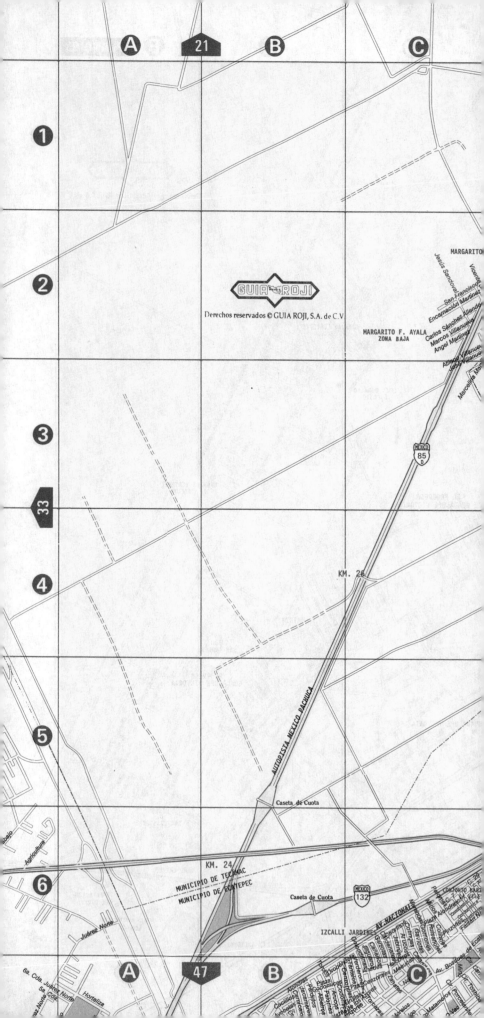

A **21** **B** **C**

1

2

GUIA ROJI

Derechos reservados © GUIA ROJI, S.A. de C.V

MARGARITO

Jesús Sandoval
San Francisco
Encarnación Martínez
Vicente

Carlos Sánchez Allende
Marcos Villanueva
Ángel Martínez

MARGARITO F. AYALA
ZONA BAJA

Atlante Villanueva
José Villanueva
Marcelino Mon

3

MEXICO
85

33

KM. 26

4

AUTOPISTA MEXICO-PACHUCA

5

Caseta de Cuota

KM. 24
MUNICIPIO DE TECAMAC
MUNICIPIO DE ECATEPEC

6

Caseta de Cuota

MEXICO
132

Agricultura

Juárez Norte

IZCALLI JARDIN AV. NACIONAL

CONJUNTO

6a. Cda. Juárez Norte
5a. Cda.
Hortaliza

A **47** **B** **C**

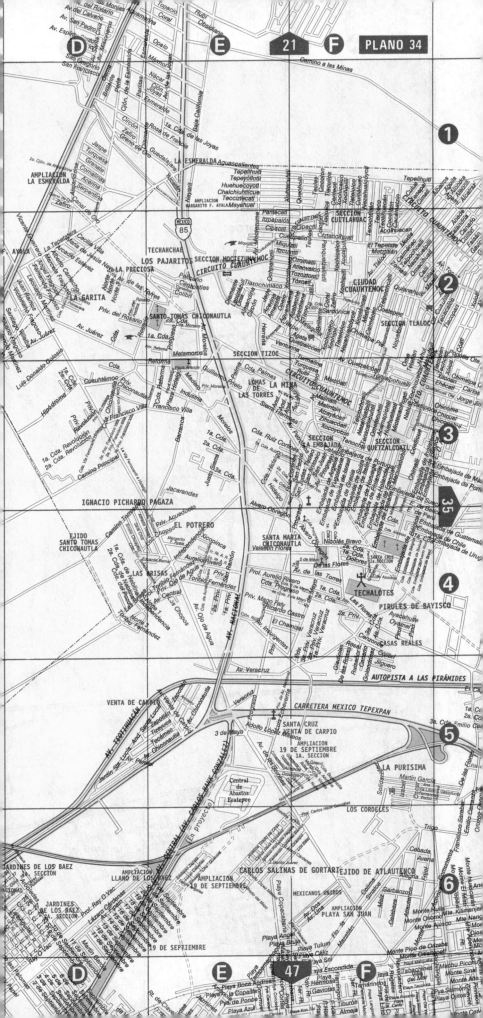

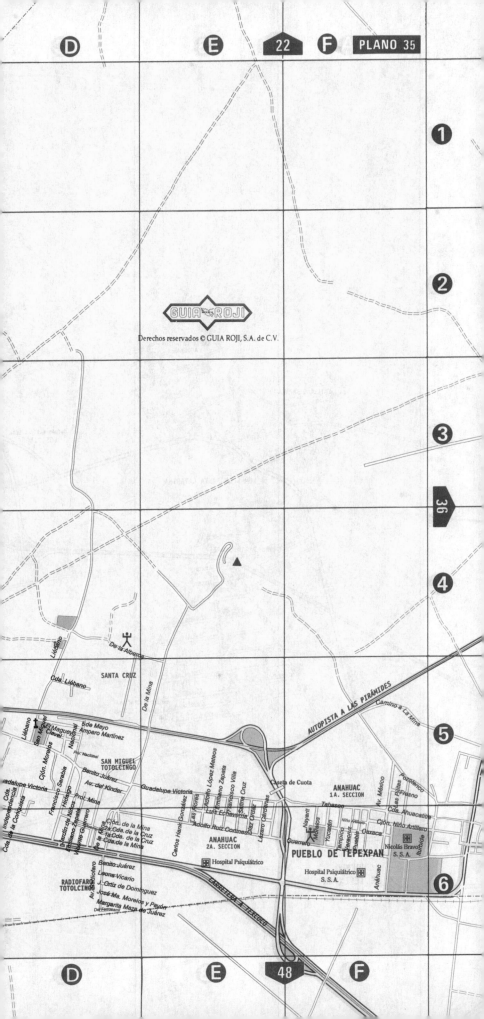

GUIA ROJI

1

2

3

36

4

AUTOPISTA A LAS PIRÁMIDES

Camino a La Mina

Liébano

De la Alberca

5

SANTA CRUZ

Cda. Liébano

De la Mina

Liébano

San Miguel

El Maguey

Clavel

5 de Mayo

Amparo Martínez

Nacional

Caseta de Cuota

ANAHUAC
1A. SECCION

Av. México

Las Palmas

Cda. Ahuacatitla

Cjón. Morelos

Prol. Nacional

SAN MIGUEL
TOTOLCINGO

Benito Juárez

Av. del Kinder

Guadalupe Victoria

Adolfo López Mateos

Emiliano Zapata

Francisco Villa

Sitma Cruz

Díaz Ortiz

Lázaro Cárdenas

Nayarit

Morelos

Yucatán

Guerrero

Tabasco

Niño Artillero

Tampico

Veracruz

Puebla

Oaxaca

Cjón. Niño Artillero

Politécnico

Las Fresno

Cda. Ahuacatitla

Nicolás Bravo
S. S. A.

Anahuac

Instituto

Guadalupe Victoria

Cda.
Independencia

Cda. de la Conquista

Francisco Sambla

Desdén de Niños

Hidalgo

Prol. Mina

Emiliano Zapata

Vicente Guerrero

Carlos Hanki González

Luis Rivera

Luis Echeverría

Adolfo Ruiz Cortines

Cjón. de la Mina

2a. Cda. de la Cruz

1a Cda. de la Cruz

2a Cda. de la Mina

ANAHUAC
2A. SECCION

Hospital Psiquiátrico

PUEBLO DE TEPEXPAN

Hospital Psiquiátrico
S. S. A.

6

Liébano

Benito Juárez

Leona Vicario

J. Ortiz de Dominguez

José Ma. Morelos y Pavón

Margarita Maza de Juárez

RADIOFARO
TOTOLCINGO

Av. del Ferrocarril

Del Ferrocarril

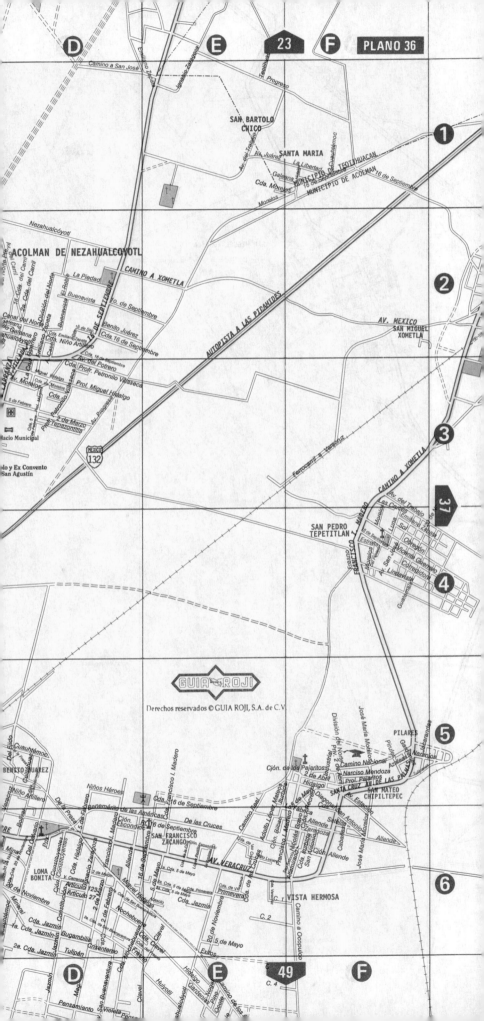

Camino a San José

Progreso

Ignacio Zaragoza

Emiliano Zapata

Teotihuacan

SAN BARTOLO CHICO

SANTA MARIA

1

Av. Juárez   La Libertad
Av. del Trabajo
Galeana   Cuauhtémoc
MUNICIPIO DE TEOTIHUACAN
Cda. Morelos
MUNICIPIO DE ACOLMAN
16 de Septiembre
Morelos

Nezahualcóyotl

ACOLMAN DE NEZAHUALCOYOTL

CAMINO A XOMETLA

La Piedad
2a. Cda. del Carril
Cda. del Carril
El Roble
Buenavista

Canal del Norte
2o. Galeana
Cda. Galeana
Nezahualcóyotl
8 de Febrero

2

7o. de Septiembre
Benito Juárez
16 de Sep.
Cda. Emiliano Zapata
Cda. Niño Artillero
Cda. 16 de Septiembre

AUTOPISTA A LAS PIRAMIDES

Av. MEXICO
SAN MIGUEL
XOMETLA

Av. del Potrero
Prof. Petronilo Villaseca

Av. Miguel Hidalgo
Av. Morelos
Morelos
Cda.
Prof. Miguel Hidalgo

Cda. 5
2 de Marzo
Prof. Tepazontitla

3

Ferrocarril a Veracruz

CAMINO A XOMETLA

MEXICO
132

Palacio Municipal

Templo y Ex Convento
San Agustín

SAN PEDRO
TEPETITLAN

Av. del Trabajo
Emiliano Zapata
Las Cruces
Primero

37

Luna
Sol
Estrella
Obregón
Av. Vicente Guerrero
Corregidora

Morelos
Av. San Pedro
Av. San Luis
Lindavista

4

Guanajuato

GUIA ROJI

Derechos reservados © GUIA ROJI, S.A. de C.V.

José María Morelos

División del Norte 2

PILARES

Piru
Galeana
Azahares
Naranjos
Jacarandas

5

Camino Nacional
Cjón. de los Pajaritos
Prol. Pajaritos
Narciso Mendoza
Hidalgo
2 de Abril

SAN MATEO
CHIPILTEPEC
SANTA CRUZ
Av. DE LAS PALMAS
San Antonio
Satélite
Allende
Allende

BENITO JUAREZ
Del Ejido
Cuauhtémoc

Niño Artillero

Niños Héroes
Benemérito de las Américas
16 de Septiembre
De las Cruces
Cjón. Escondido
Cjón. Escondido
Camino Real

SAN FRANCISCO
ZACANGO

Adolfo López Mateos
Francisco I. Madero
Nicolás Bravo
Diego
Fábrica
Villamil
Cda. de Mayo
San Antonio
San Rafael
Cda. Allende
Caballero
José María Velasco

AV. VERACRUZ

LOMA
BONITA

Artículo 123
Artículo 27
Cda. Hidalgo
Miguel Hidalgo
5 de Mayo
16 de Septiembre
Francisco Zaragoza
Constituyentes
Constitución
20 de Noviembre

VISTA HERMOSA

Primavera
Cda. Primavera
Cda. Jazmín
C. 1
C. 2

Nochebuena
Bugambilia
Crisantemo
Tulipán
Clavel
Éxitos
20 de Noviembre
5 de Mayo
Hidalgo
Camino a Ocopulco

2a. Cda. Jazmín
Cda. Jazmín
Pensamiento
Buenaventura
Hulyotli
Gardenia
C. 4

LA CONCEPCION

1

E TEOTIHUACAN
DE ACOLMAN

Veracruz
Díaz Ordaz
Antonio López Mateos
Trayecto
Trayecto
Gn. de Linares

2

MUNICIPIO DE TECTIHUACAN
MUNICIPIO DE TEPETLAOXTOC　Cerro Patlachico

3

CONTADERO

4

GUIA ROJI

Derechos reservados © GUIA ROJI, S.A. de C.V

5

6

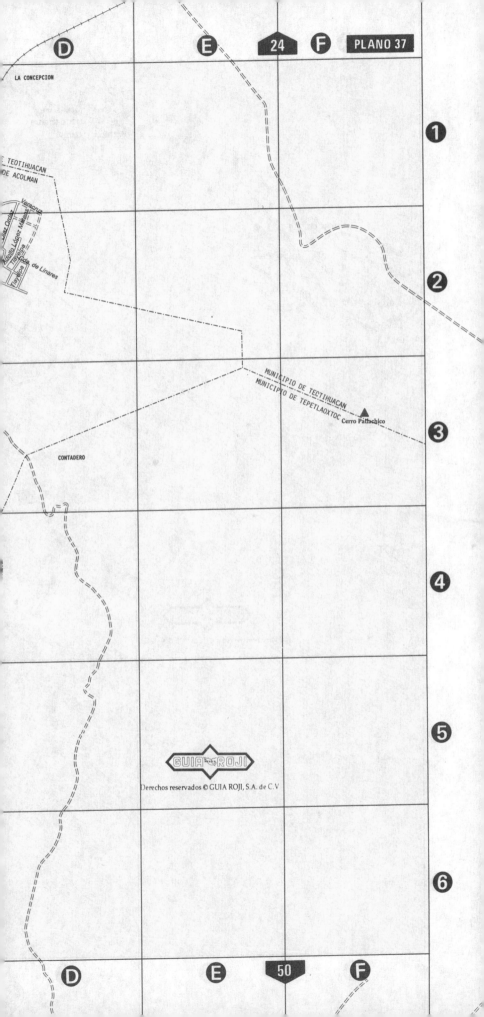

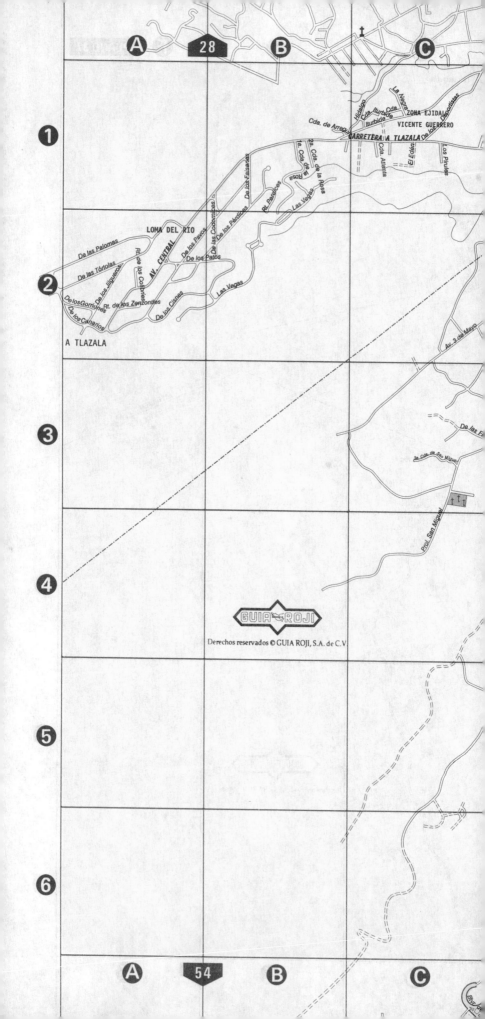

A | 28 | **B** | **C**

1

Hidalgo
La Negra
Cda. de Iturbide
Cda. Iturbide
ZONA EJIDAL
VICENTE GUERRERO
Cda. de Arreo
CARRETERA A TLAZALA
Cda. Atlanta
El Edén
Los Pirules
Los Candelas
Cda. de la Rosa
2a. Cda. de la Rosa
De los Faisanes
Rt. Perdices
La Rosa
Las Vegas

LOMA DEL RIO
De los Pérdices
De las Colorines
De los Pavos
AV. CENTRAL
De los Patos

2
De las Palomas
De las Tórtolas
Rt. de los Colibries
De los Jilgueros
Rt. de los Zenzontles
De los Cisnes
Las Vegas
De los Gorriones
De los Canarios

A TLAZALA

Av. 3 de Mayo

3
De las Fr
3a. Cda. de San Miguel

Prol. San Miguel

4

GUIA ROJI

5

6

A | 54 | **B** | **C**

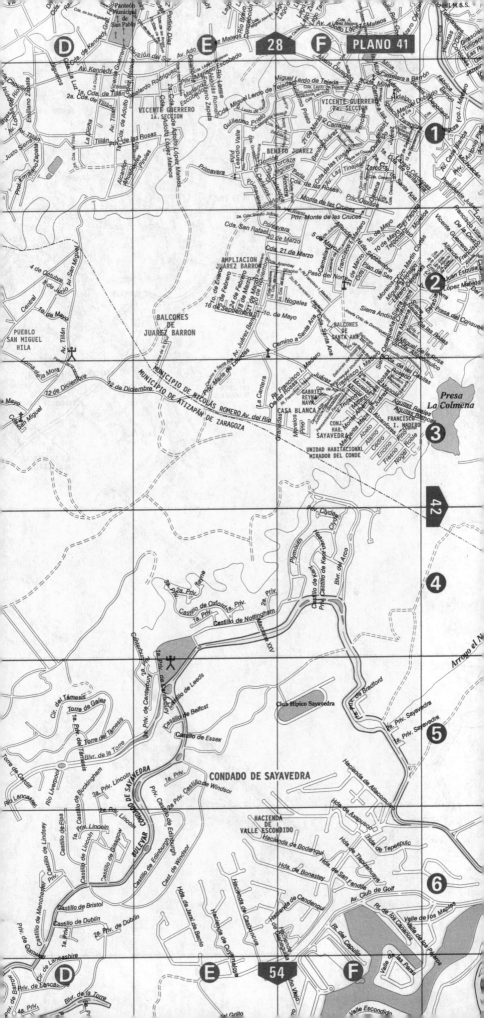

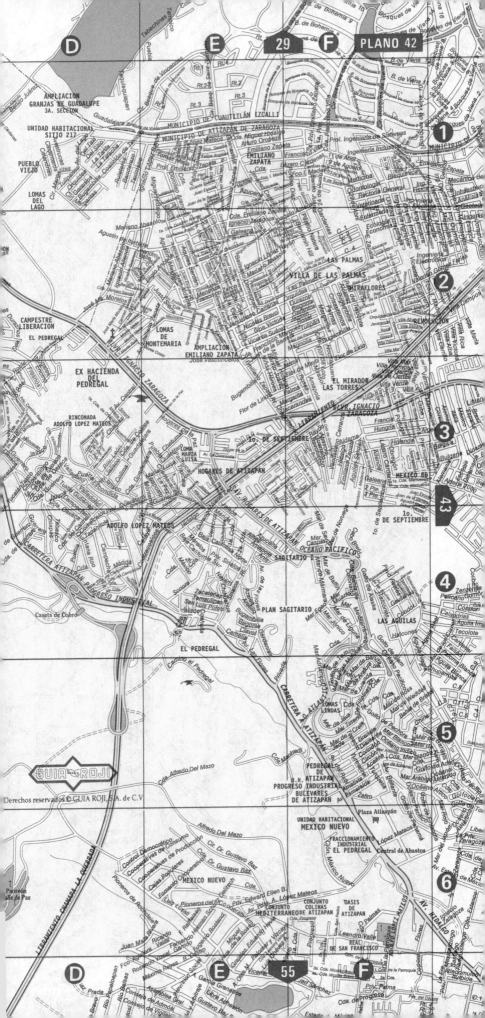

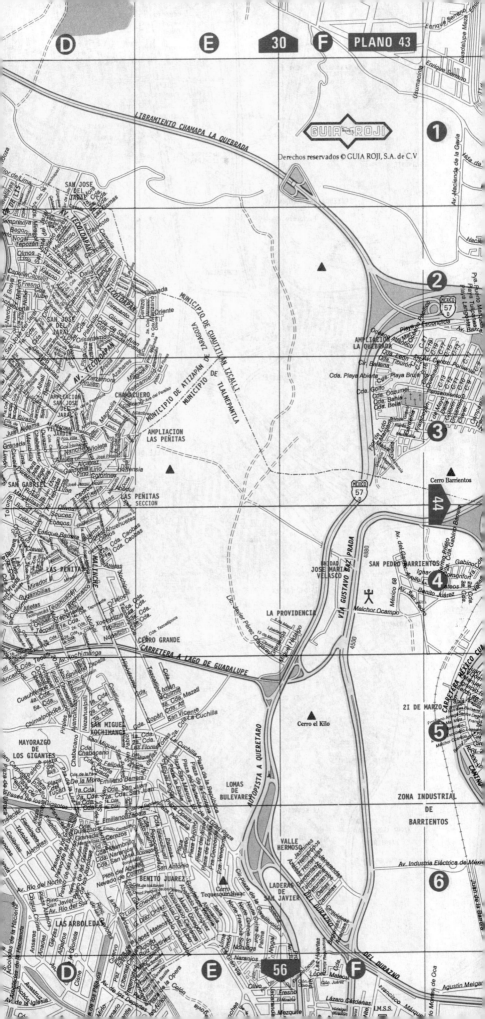

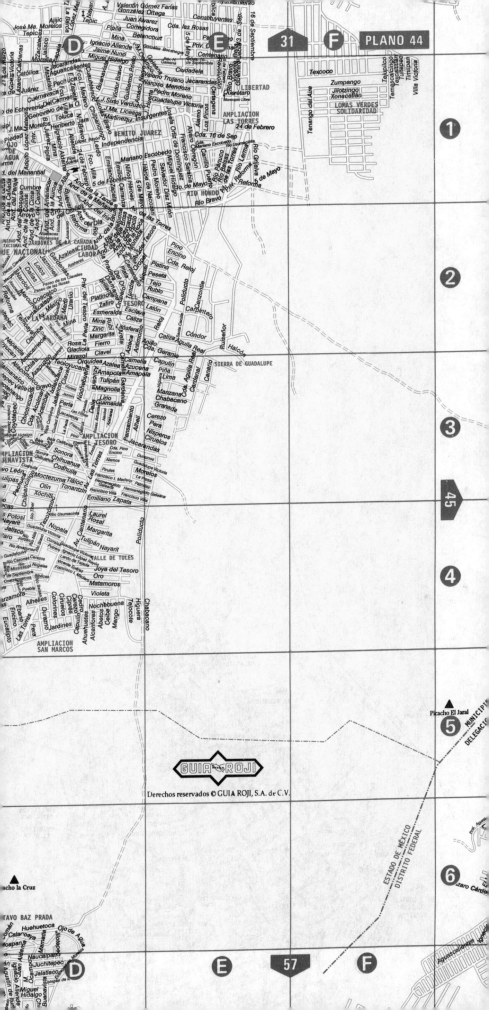

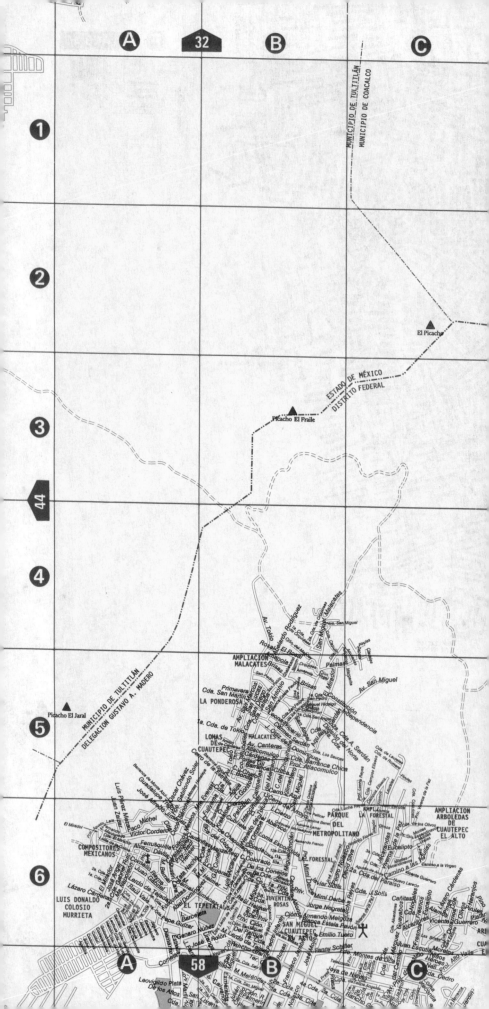

A **32** B C

1

2

El Picacho ▲

ESTADO DE MÉXICO
DISTRITO FEDERAL

Picacho El Fraile ▲

3

44

4

MUNICIPIO DE TULTITLÁN
MUNICIPIO DE COACALCO

Av. Tokio

AMPLIACION
MALACATES

Av. San Miguel

Cda. San Martín
LA PONDEROSA

Picacho El Jaral ▲

MUNICIPIO DE TULTITLÁN
DELEGACION GUSTAVO A. MADERO

LOMAS
DE
CUAUTEPEC

MALACATES

5

Av. Canteras
Atiacomulco

AMPLIACION
ARBOLEDAS
DE
CUAUTEPEC
EL ALTO

PARQUE
DEL
METROPOLITANO

AMPLIACION
LA FORESTAL

COMPOSITORES
MEXICANOS

El Mirador

FORESTAL

6

LUIS DONALDO
COLOSIO
MURRIETA

EL TEPETATAL

JUVENTINO
ROSAS

SAN MIGUEL
CUAUTEPEC
EL ALTO

A **58** B C

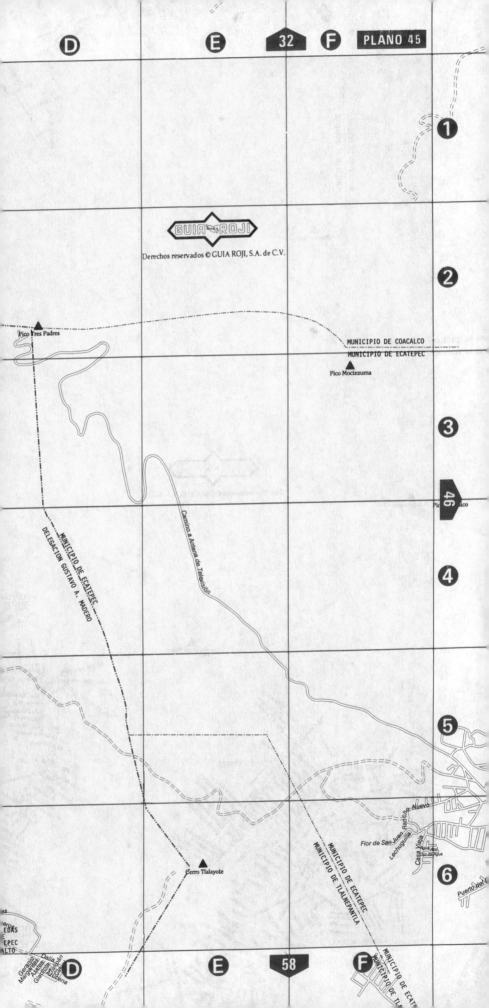

1

GUIA ROJI

2

▲
Pico Tres Padres

MUNICIPIO DE COACALCO
MUNICIPIO DE ECATEPEC

▲
Pico Moctezuma

3

46

Pico ...ico

Camino a Antena de Televisión

MUNICIPIO DE ECATEPEC

DELEGACIÓN GUSTAVO A. MADERO

4

5

Rancho Nuevo

Flor de San Juan

Lechuguilla

Casa Vieja

6

MUNICIPIO DE ECATEPEC
MUNICIPIO DE TLALNEPANTLA

▲
Cerro Tlalayote

Puerto del V

Geranio
Margaritas
Azalea
Gladiola
Dalia
Zumpán
Azucena

EC.RS
EPEC
ALTO

MUNICIPIO DE ECAT.
MUNICIPIO DE TLA.

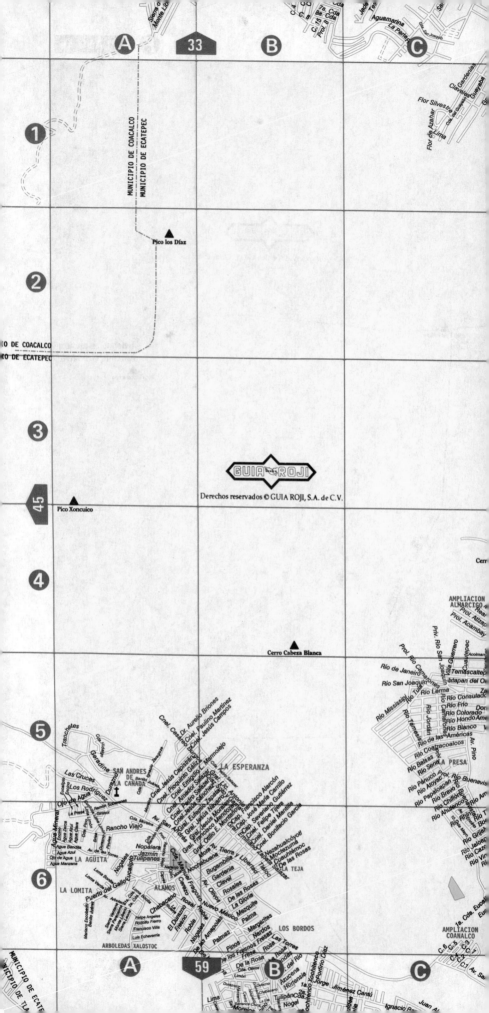

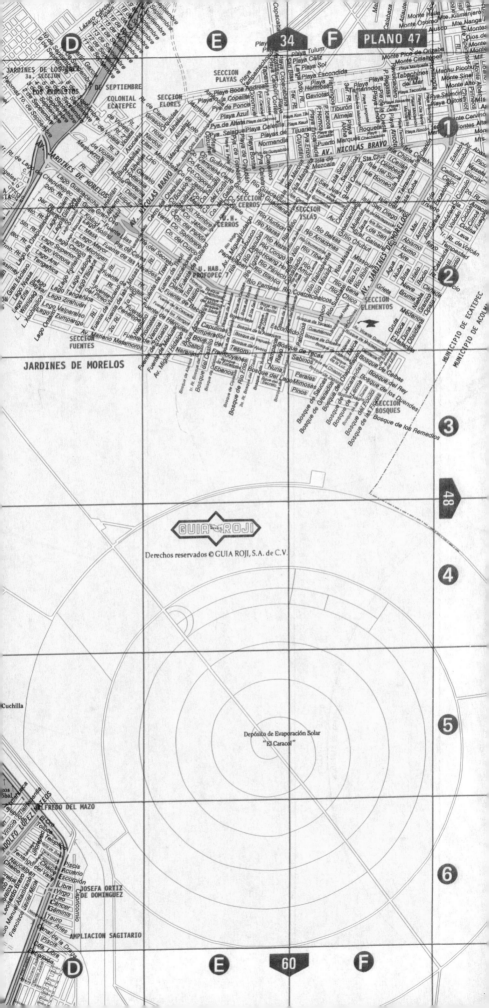

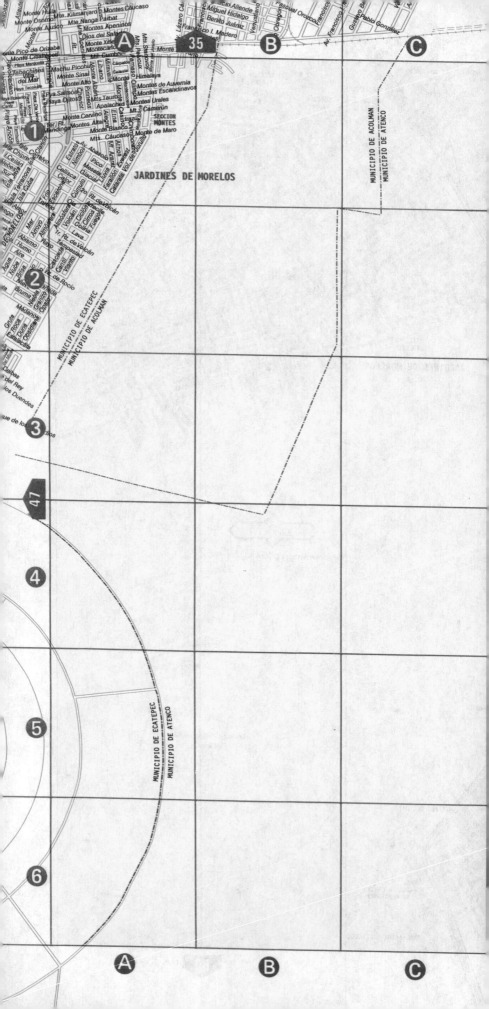

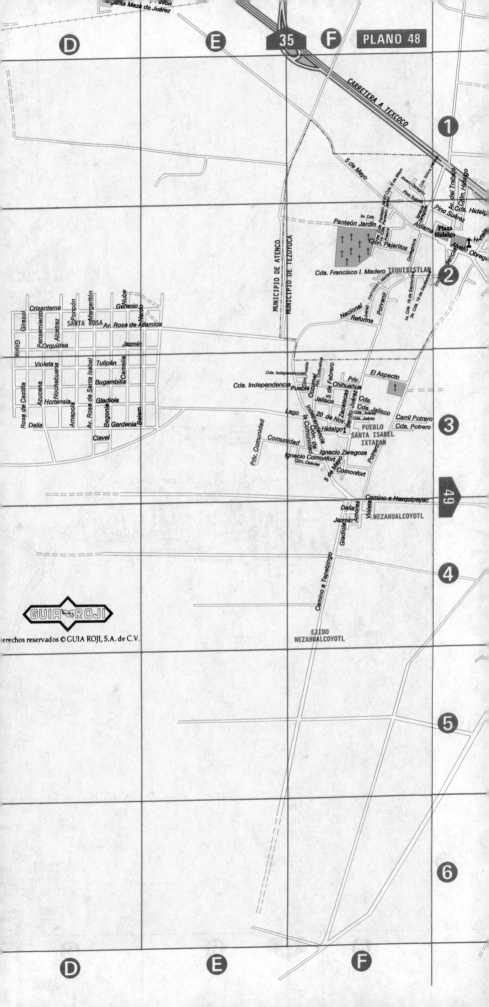

35

F

CARRETERA A TEXCOCO

1

5 de Mayo

Panteón Jardín

3a. Cda.

Cjon. Pejaritos

Cda. Francisco I. Madero   TEQUISISTLAN

2

MUNICIPIO DE ATENCO
MUNICIPIO DE TEZOYUCA

Plaza Hidalgo

Av. del Trabajo

Pino Suárez

Av. Cda. Hidalgo

Alvaro Obregón

Nacional

Reforma

Porvenir

Crisantema

Pensamiento

Girasol

Gloria

Orquidea

Polhón

Margaritón

Nube

Geranio

Nardo

SANTA ROSA   Av. Rosa de Atlamica

Jazmín

El Aspecto

Violeta

Azucena

Nochebuena

Hortensia

Amapola

Av. Rosa de Santa Isabel

Tulipán

Bugambilia

Gladiola

Begonia

Camelia

Belem

Gardenia

Clavel

Rosa de Castilla

Dalia

Cda. Independencia

Cda. Independencia   Puebla

Lago

20 de Nov.

Priv. Comunidad

Comunidad

Priv. Chihuahua

Cozumel

5 de Febrero

Jalisco

Zacatecas

Hidalgo

Independencia

Cjon. Cda. la Comunidad

Benito Juárez

Ignacio Comonfort

Cjon. Delicias

Ignacio Zaragoza

5 de Mayo

Comonfort

Priv.
Chihuahua

Cda.
Jalisco

Cda. Jalisco

Cda. Juárez

PUEBLO
SANTA ISABEL
IXTAPAN

Potrero

Carril Potrero

Cda. Potrero

3

Camino a Nexquipayac

Dalia

Jazmín

Gladiola

Amores

Violeta

NEZAHUALCOYOTL

49

4

Camino a Tepetzingo

GUIA ROJI

EJIDO
NEZAHUALCOYOTL

5

6

D   **E**   **F**

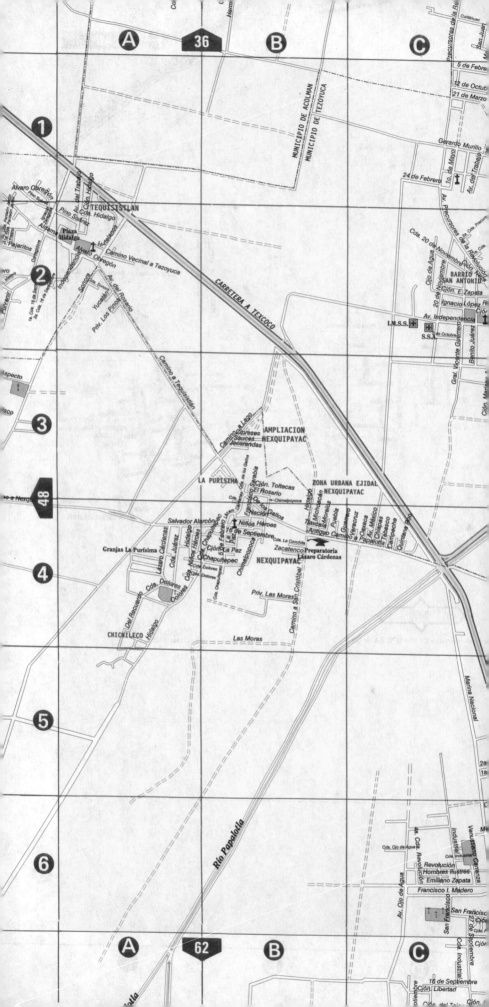

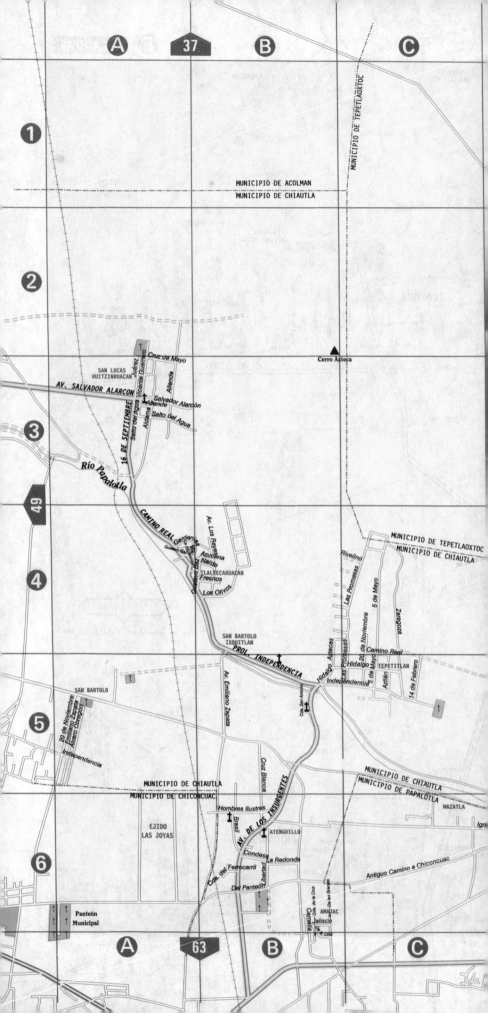

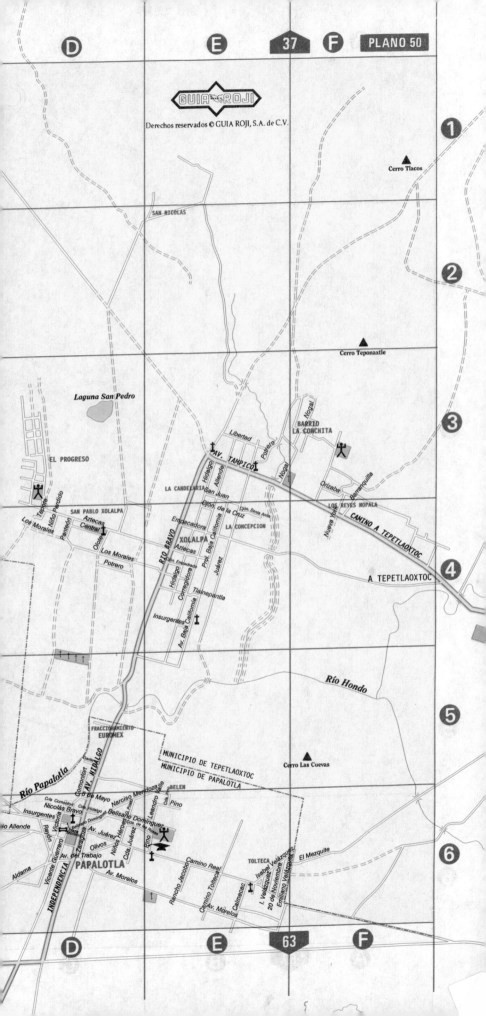

GUIA ROJI

Derechos reservados © GUIA ROJI, S.A. de C.V.

1

Cerro Tlacos

2

SAN NICOLAS

Cerro Teponaxtle

3

Laguna San Pedro

BARRIO
LA CONCHITA

Libertad

AV. TANPICO

EL PROGRESO

LA CANDELARIA

San Juan

Cjón. de la Cruz

Cjón. Santa Anita

Orizaba

Barranquilla

LOS REYES NOPALA

San Pablo Xolalpa

Los Morales

Aztecas
Central

Empacadora

LA CONCEPCION

Nueve York

CAMINO A TEPETLAOXTOC

Niño Perdido

Los Morales

XOLALPA

Prol. Baja California

Juárez

4

RÍO BRAVO

Aztecas

A TEPETLAOXTOC

Potrero

Hidalgo

Tlalnepantla

Insurgentes

Av. Baja California

Río Hondo

5

FRACCIONAMIENTO
EUROMEX

MUNICIPIO DE TEPETLAOXTOC

Cerro Las Cuevas

MUNICIPIO DE PAPALOTLA

Río Papalotla

AV. HIDALGO

BELEN

Pino

5 de Mayo

Narciso Mendoza

Nicolás Bravo

Belisano Domínguez

Insurgentes

Río Allende

Victoria

Av. Juárez

Rancho Jacobo

Camino Real

TOLTECA

El Mezquite

6

Av. del Trabajo

PAPALOTLA

Av. Morelos

Camino Toltepa

Av. Morelos

Calmecac

20 de Noviembre

Aldama

INDEPENDENCIA

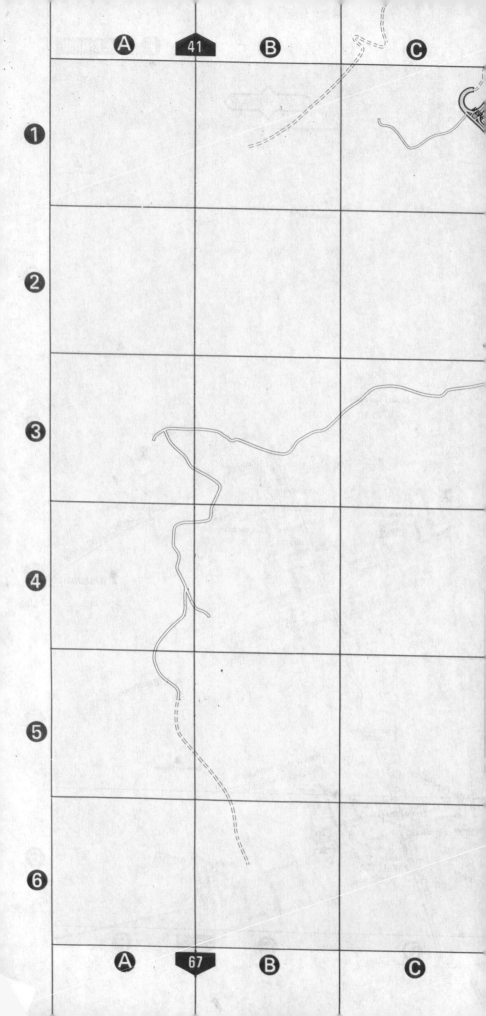

A
42
B
C

1

Valle de los Maples
Valle de los Canarios
Valle de los Peneros
Valle de las Peras
ondido

PLAZA DEL CONDADO

Priv. Valle Azul
Cda. Valle Azul
Valle de las Monjas
Valle del Carmen
Cir. Valle del Carmen
Valle Escondido

VÍA DR. JORGE JIMÉNEZ CANTÚ

Cir. Valle Gr.
Cir. Valle de México
Valle Verde Gr.
Valle Hermoso
rdidos
Perdido

Cir. Valle de los Angeles
Cir. Valle del Silencio

CONDOPLAZAS CHILUCA

Condoplaza VIII
Condoplaza VII
Condoplaza VI
Condoplaza V
Condoplaza IV
Condoplaza III
Condoplaza II

Av. Residencial Chiluca

2

Islas Bahamas
Rt.
Islas Revillagigedo

Islas Baleares
de Barlovento
Islas Carolinas
Islas Malvinas
Islas Vírgenes
Islas Antillanas
Islas Bermudas
Islas Marianas
la Frisia
Islas Filipinas
Islas Marquesas

3

Islas del Norte
Isla Borneo
Palau
Islas Solomon
Islas Sotavento
Islas del Sur
Islas Orcadas
Islas Comandas
Islas Hawai
Islas Caldas
Islas Moluces

54

Av. Residencial Chiluca

4

Del Eslabón
Lloranes
Calz. de los Grillets
Cda. del Huerto
Cda. del Valle
Cda. de las Rejas
Cda. de la Pareja
Cda. de la Lengua
Calz. de los Caballos

De la Olla
De la C
Cda.
LA ESTADIA
Calz. del Bosque

5

Calz. del Mirador
Plaza de los Pirules
Plaza del Cilindro
Cda. de los Pirules
Calz. del Bosque
Del Río
La Escondida
Cda.

MUNICIPIO DE ATIZAPÁN DE ZARAGOZA
MUNICIPIO DE NAUCALPAN

6

LIBRAMIENTO CHAMAPA LA QUEBRADA

Arroyo San Juan

A
68
B
C

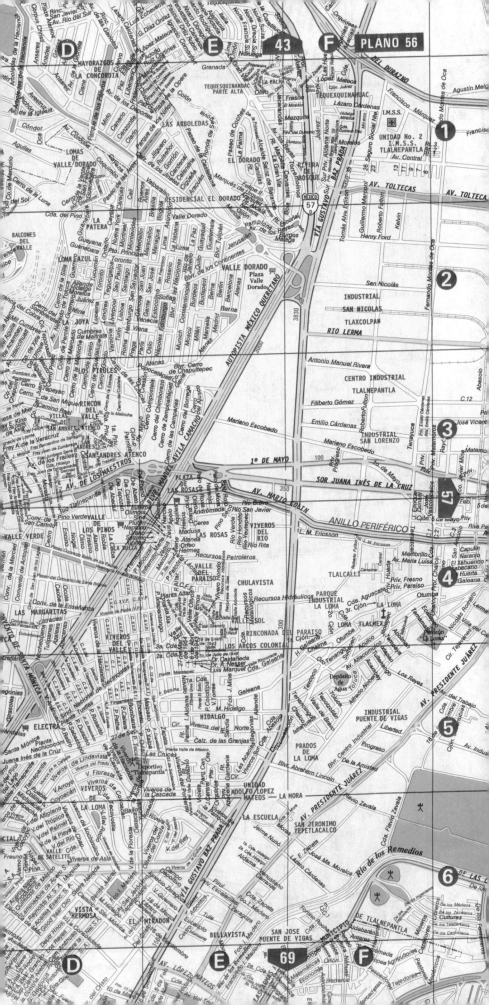

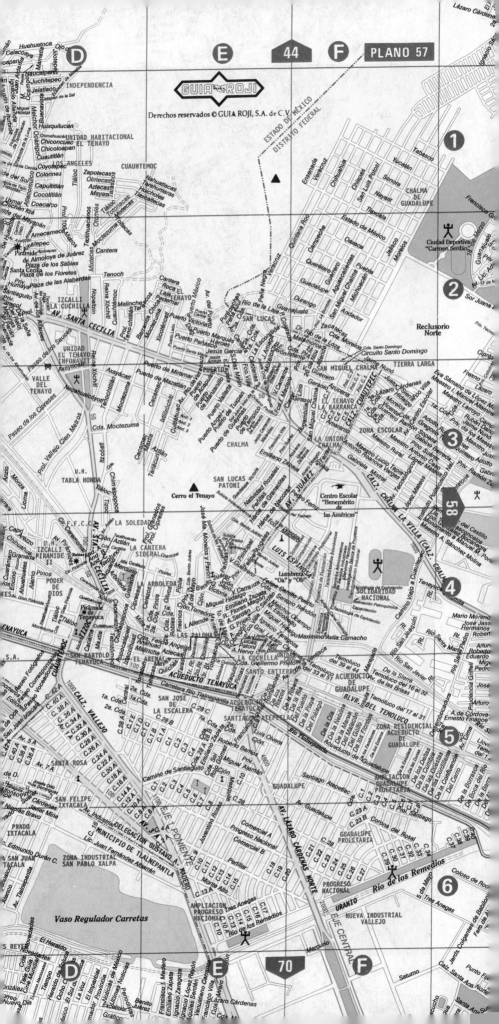

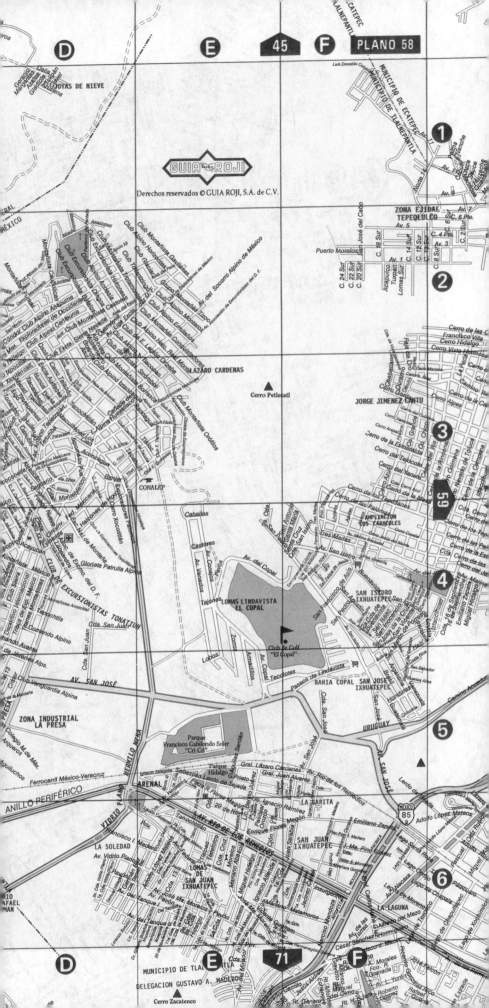

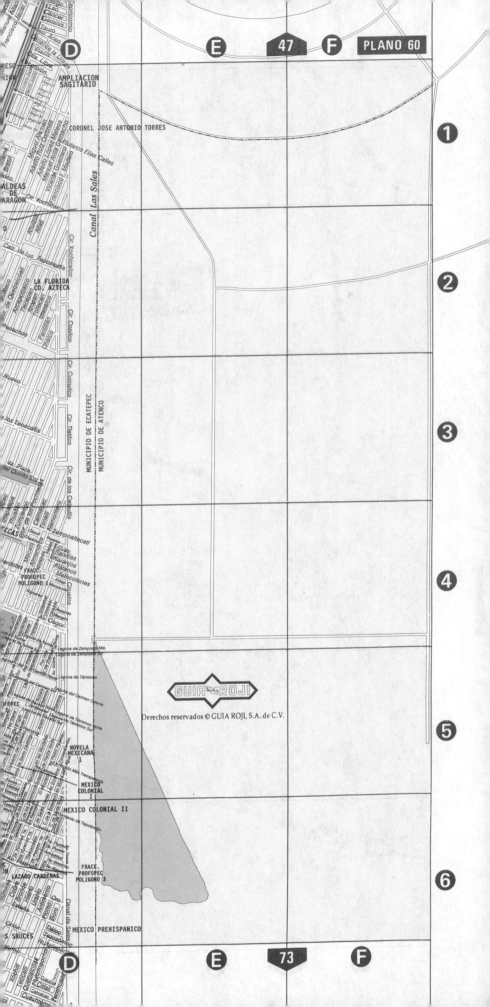

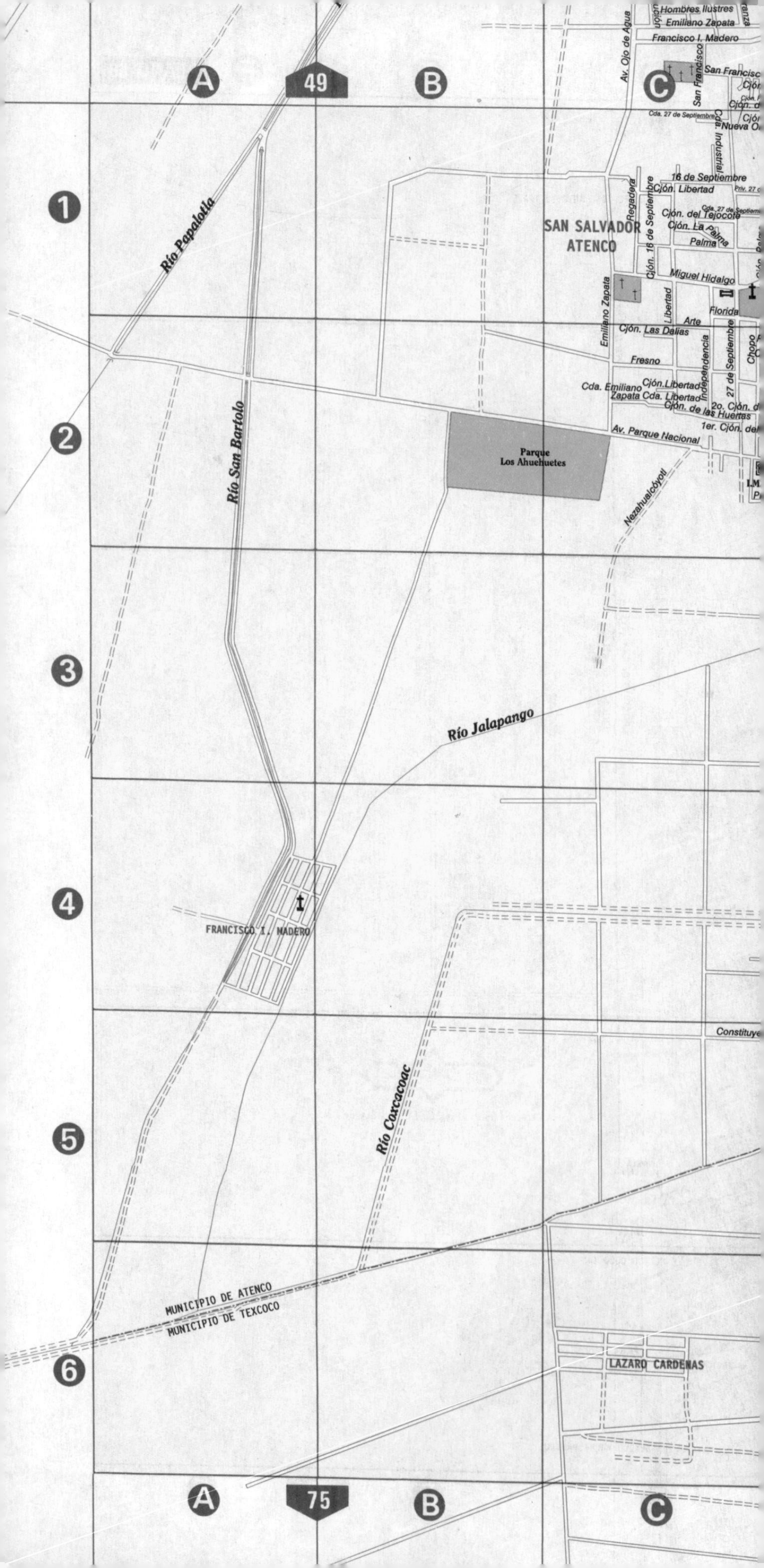

1

Río Papalotla

SAN SALVADOR ATENCO

Hombres Ilustres
Emiliano Zapata
Francisco I. Madero
Av. Ojo de Agua

San Francisco
Cda. 27 de Septiembre
Nueva O

16 de Septiembre
Cjón. Libertad
Cda. 27 de Septiemb
Cjón. del Tejocote
Cjón. La Palma
Palma

Cjón. 16 de Septiembre

Miguel Hidalgo

Emiliano Zapata

Libertad

Florida
Arte

Cjón. Las Dalias

Fresno

27 de Septiembre

Independencia

Chopo

2

Río San Bartolo

Cda. Emiliano Zapata
Cjón. Libertad
Cda. Libertad
Cjón. de las Huertas
2o. Cjón. d
1er. Cjón. del

Av. Parque Nacional

Parque
Los Ahuehuetes

Nezahualcóyotl

LM
P

3

Río Jalapango

4

FRANCISCO I. MADERO

Río Coxcacoac

Constituye

5

6

MUNICIPIO DE ATENCO
MUNICIPIO DE TEXCOCO

LAZARO CARDENAS

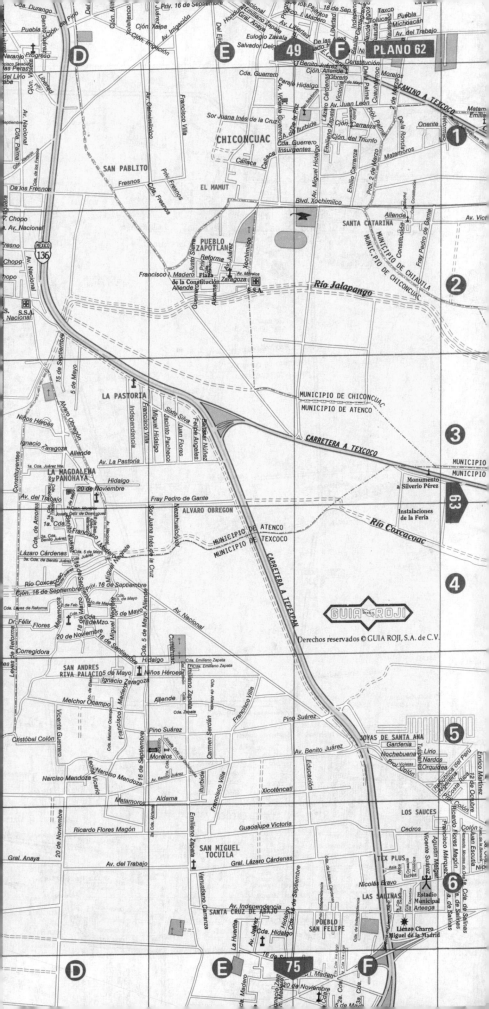

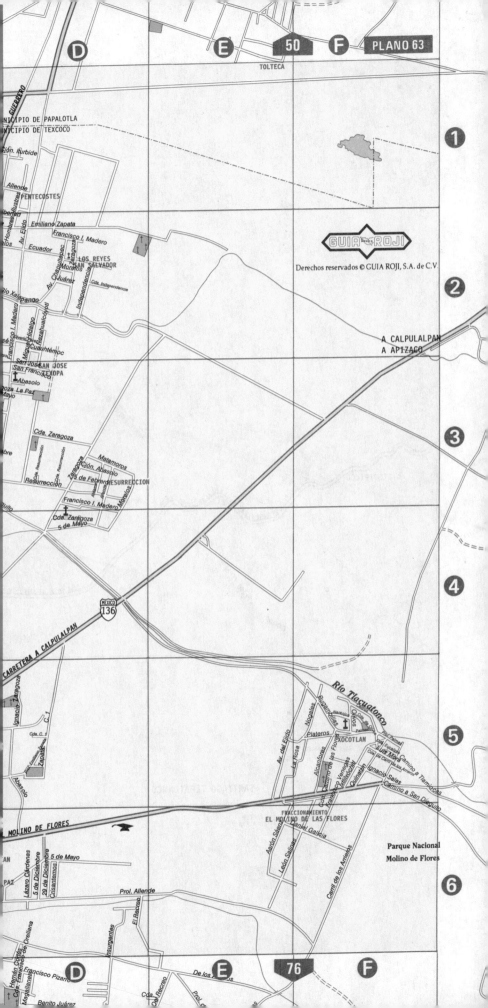

TOLTECA

GUERRERO

NICIPIO DE PAPALOTLA
NICIPIO DE TEXCOCO

ón. Iturbide

1

Allende
PENTECOSTES

Emiliano Zapata
Av. Eldo
Francisco I. Madero
Ecuador
LOS REYES
SAN SALVADOR
Morelos
J. Juárez
Independencia
Cda. Independencia

GUIA ROJI

Derechos reservados © GUIA ROJI, S.A. de C.V.

2

A CALPULALPAN
A APIZACO

Cda. Zaragoza

Matamoros
ción. Abasolo
Zaragoza
5 de Febrero
RESURRECCION
Resurreccion
Francisco I. Medero
Morelos

3

Cda. Zaragoza
5 de Mayo

MEXICO
136

4

CARRETERA A CALPULALPAN

Río Tlacualtonca

C. 1
Cda. C. 1
Zapata

Nogales
Plateros
XOCOTLAN

5

Av. del Ejido
La Rosa
Alcanfores
Ignacio Salas
Camino a San Dieguito

Abasolo

FRACCIONAMIENTO
EL MOLINO DE LAS FLORES

MOLINO DE FLORES

Lázaro Cárdenas
5 de Mayo
5 de Diciembre
28 de Diciembre
Crisantemos

Aarón Sáenz
Manuel Gallcia
León Salinas
Camil de los Arretolis

Parque Nacional
Molino de Flores

6

Prol. Allende

El Recreo

Insurgentes

De los

Hernán Cortés
Cda. Francisco Pizarro
Magallanes
Francisco de Orellana

Benito Juárez

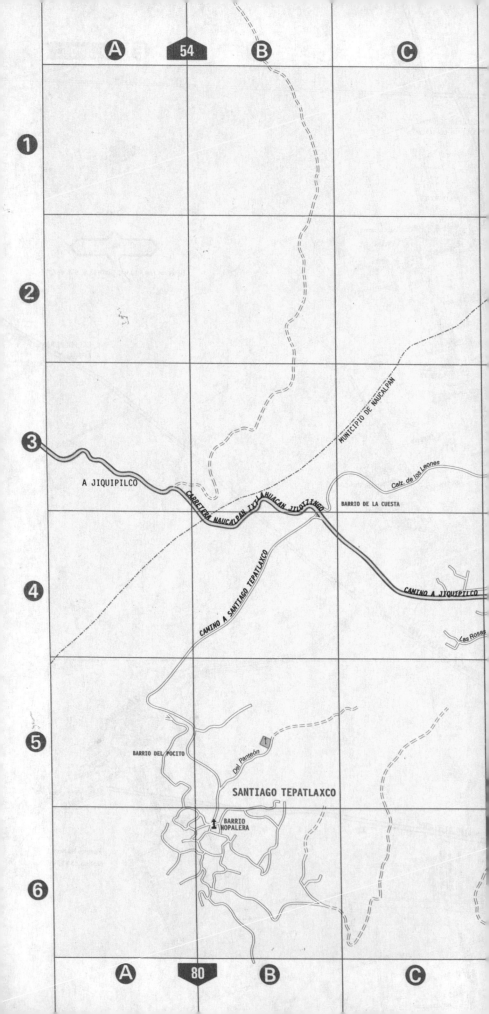

1

2

3 A JIQUIPILCO

CARRETERA NAUCALPAN IXTLAHUACAN JILOTZINGO

MUNICIPIO DE NAUCALPAN

Calz. de los Leones

BARRIO DE LA CUESTA

4 CAMINO A SANTIAGO TEPATLAXCO

CAMINO A JIQUIPILCO

Las Rosas

5 BARRIO DEL POCITO

Del Panteón

SANTIAGO TEPATLAXCO

BARRIO NOPALERA

6

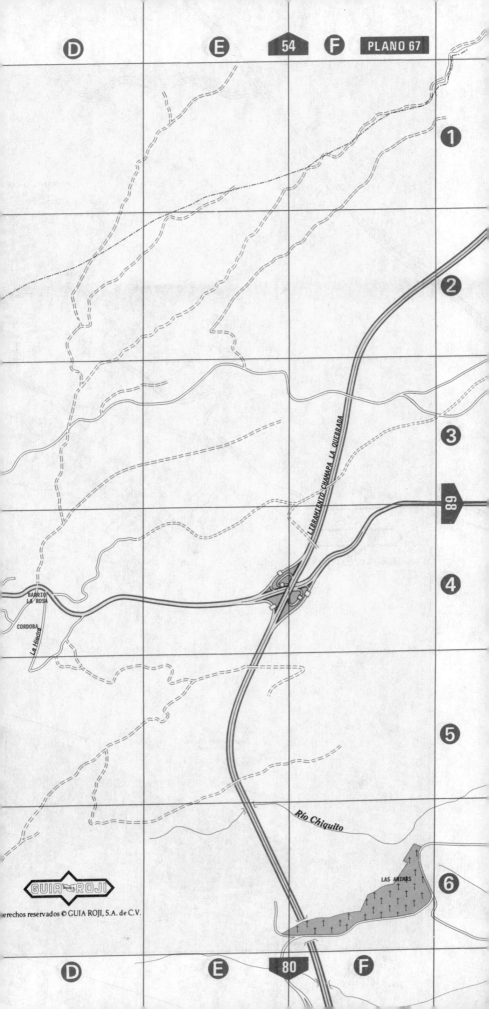

LIBRAMIENTO CUAMAPA LA QUEBRADA

BARRIO LA ROSA

CORDOBA

La Hiedra

Río Chiquito

LAS ANIMAS

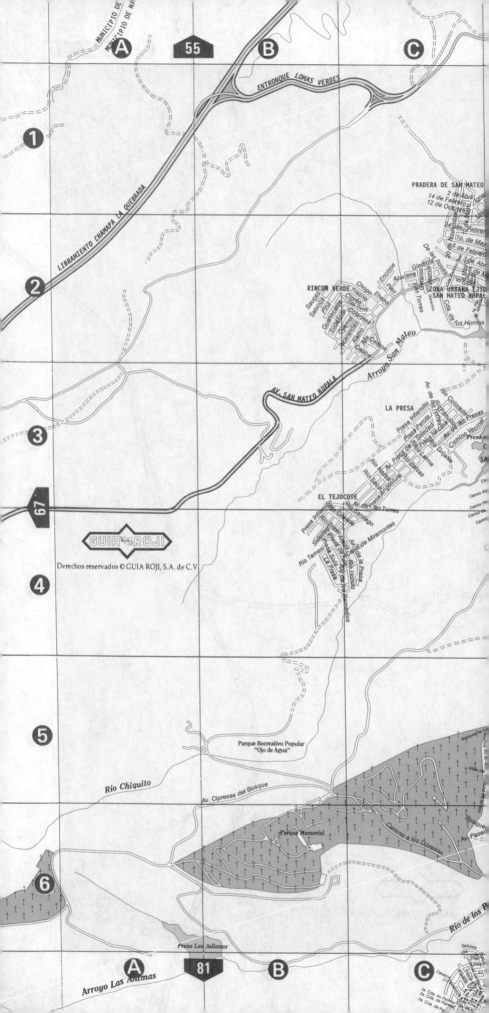

A 〔55〕 **B** **C**

ENTRONQUE LOMAS VERDES

1

PRADERA DE SAN MATEO
2 de Abril
14 de Febrero
12 de Octubre
21 de Febrero
1o. de Mayo
5 de Febrero
3 de Abril

LIBRAMIENTO CHAMAPA LA QUEBRADA

MUNICIPIO DE
MUNICIPIO DE NA

2

ZONA URBANA EJIDO
SAN MATEO NOPAL

RINCON VERDE

Encino
Pino
Azucena
Gladiola
Durazno
Las Torres
Cta. de
los Hornos

Sauces
Sabinos
Pirul
Guisache
Eucalipto
Olmo
Jacarandas
Alamo
Ceiba
Ne Cedros
Ole Cedros

Arroyo San Mateo

AV. SAN MATEO NOPALA

3

LA PRESA

Presa Infiernillo
Presa Perota
Presa de la Soledad
Presa Nochea
Presa Lerma
Presa
Gristela
Presa de las Presas
Camino Vecinal
Presa el

Río Colorado
Río
Río Presa
Av.

Río Naras
Río Salco
Río Angostura
Río Balsas

〔67〕

EL TEJOCOTE

Av. de las Torres
Presa Santiago

Presa Infiernillo
Av.
Galeana
Río Grijalba
Soledad
Presa Aura
Río Pánuco
Presa Soledad
La Presa
Av. de la Presa
Av. de la Presa de Miramontes
Río Hondo
Río de los Remedios

Río Tamesi

GUIA ROJI
Derechos reservados © GUIA ROJI, S.A. de C.V.

4

5

Parque Recreativo Popular
"Ojo de Agua"

Río Chiquito

Av. Cipreses del Bosque

Parque Memorial

Bosque de los
Camino a los Cipreses
Bosque
Av. Pase

6

Presa Las Julianas

Arroyo Las Ánimas

A 〔81〕 **B** **C**

Río de los P

Sabinos
1a. Cda. de Palmas
2a. Cda. de Palmas
3a. Cda. de P

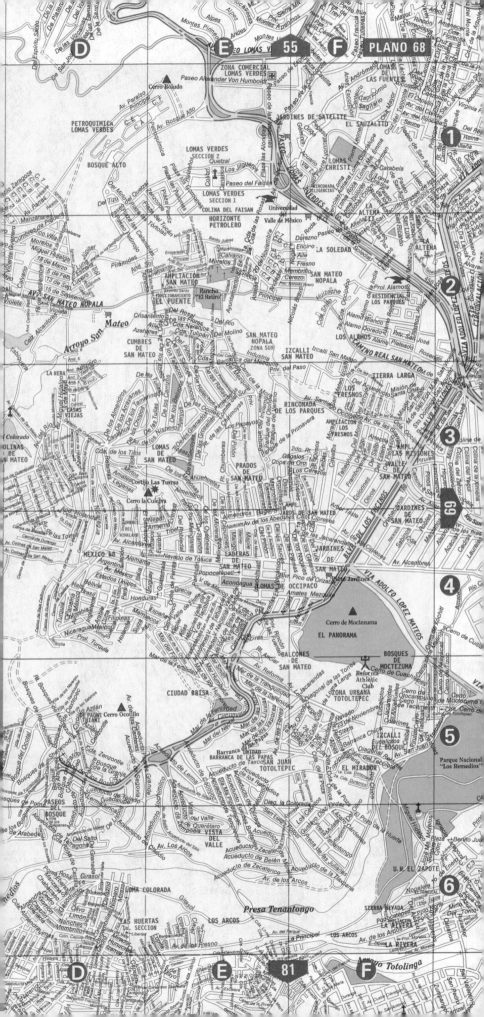

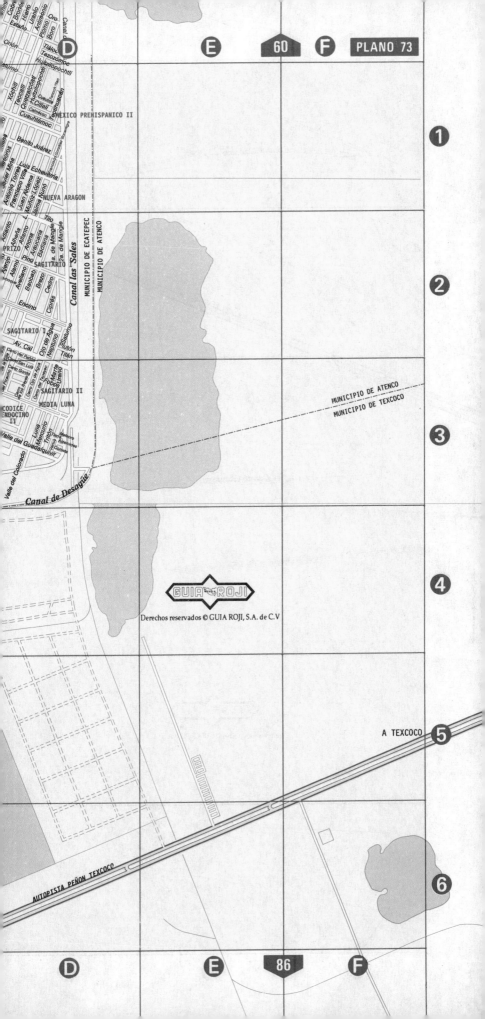

1

2

3

4

A TEXCOCO 5

6

MEXICO PREHISPANICO II

NUEVA ARAGON

MUNICIPIO DE ECATEPEC
MUNICIPIO DE ATENCO

Canal las Sales

PRIZO
SAGITARIO

SAGITARIO I
Av. Cal

SAGITARIO II
MEDIA LUNA
CODICE
MENDOCINO II

Valle del Guadalquivir

Valle del Colorado

Canal de Desagüe

MUNICIPIO DE ATENCO
MUNICIPIO DE TEXCOCO

GUIA ROJI

Derechos reservados © GUIA ROJI, S.A. de C.V

AUTOPISTA PEÑON TEXCOCO

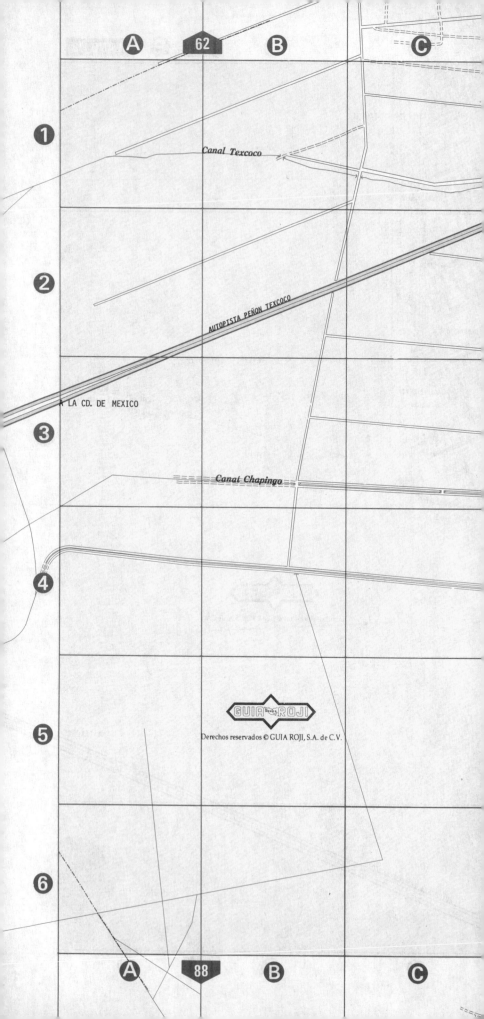

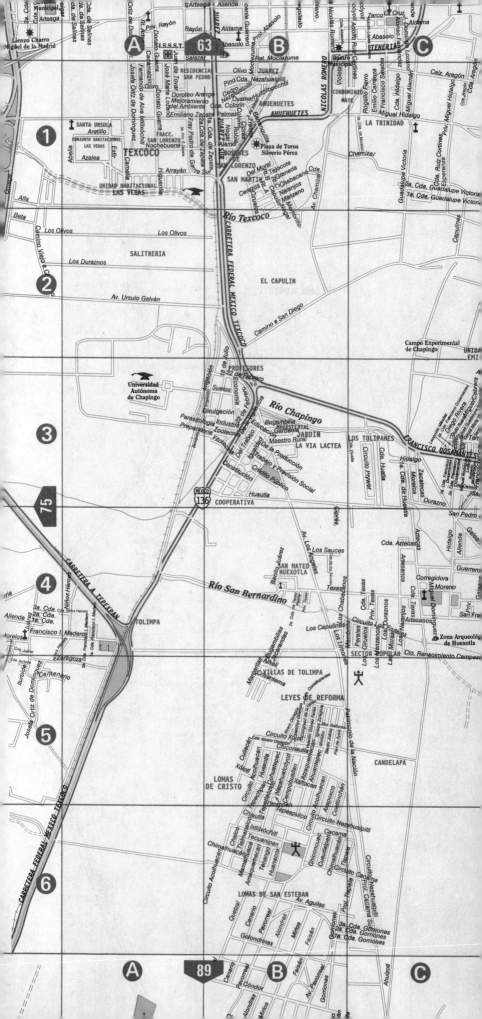

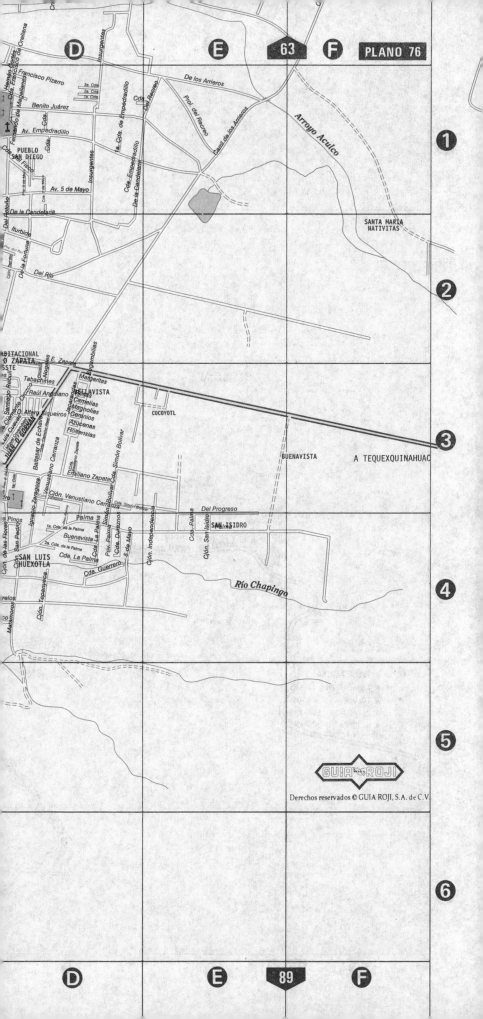

Hernán Cortés
Cfla. Francisco de Orellana
Francisco Pizarro
Fernando de Magallanes
3a. Cda.
7a. Cda.
7a. Cda.
De los Arrieros

Benito Juárez
Cda. de Empedradillo
Cda. del Recreo
Prol. del Recreo
Arroyo Aculco

Av. Empedradillo
1a. Cda. de Empedradillo

PUEBLO
SAN DIEGO

Insurgentes

Insurgentes

SANTA MARIA
NATIVITAS

Av. 5 de Mayo

Cda. Empedradillo
De la Candelaria

De la Candelaria

Iturbide

Del Río

HABITACIONAL
O ZAPATA
STE

Margaritas

Tabachines

Raúl Anguiano

BELLAVISTA

Camelias

Magnolias

COCOYOTL

Gemnios

Azucenas

Hortensias

BUENAVISTA

A TEQUEXQUINAHUAC

Ignacio Zaragoza

Venustiano Carranza

Emiliano Zapata Cda. Simón Bolívar

Cjón. Venustiano Carranza

Cda. Simón Bolívar

Del Progreso

Palma

SAN ISIDRO

Palma

Buenavista

1a. Cda. de la Palma

2a. Cda. de la Palma

Cda. La Palma

SAN LUIS
HUEXOTLA

Cda. Guerrero

Río Chapingo

Matamoros

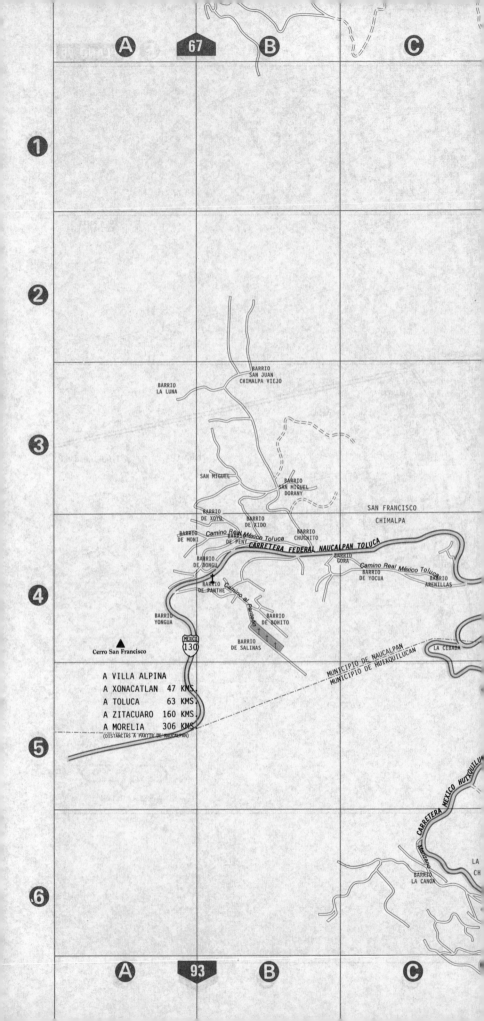

Ⓐ Ⓑ Ⓒ

1

2

3

BARRIO
LA LUNA

BARRIO
SAN JUAN
CHIMALPA VIEJO

SAN MIGUEL

BARRIO
SAN MIGUEL
DORANY

SAN FRANCISCO

BARRIO
DE XOYU

BARRIO
DE XIDO

CHIMALPA

BARRIO
DE MONI

Camino Real México Toluca

BARRIO
DE PENY

BARRIO
CHUCNITO

CARRETERA FEDERAL NAUCALPAN TOLUCA

BARRIO
GORA

BARRIO
DE DONGU

Camino Real México Toluca

BARRIO
DE YOCUA

BARRIO
ARENILLAS

4

BARRIO
DE PANTHE

Camino al Panteón

BARRIO
YONGUA

BARRIO
DE BOHITO

▲
Cerro San Francisco

MEXICO
130

BARRIO
DE SALINAS

MUNICIPIO DE NAUCALPAN
MUNICIPIO DE HUIXQUILUCAN

LA CEBADA

A VILLA ALPINA
A XONACATLAN   47 KMS.
A TOLUCA   63 KMS.
A ZITACUARO   160 KMS.
A MORELIA   306 KMS.
(DISTANCIAS A PARTIR DE NAUCALPAN)

5

CARRETERA MEXICO HUIXQUILUC

BARRIO
LA CANOA

LA
CH

6

D E F

67 PLANO 80

1

GUIA ROJI
Derechos reservados © GUIA ROJI, S.A. de C.V.

2

3

81

Cañada La Palma

Cerro Magnolia

LA MAGNOLIA

MEXICO 130

4

CARRETERA NAUCALPAN TOLUCA

LLANO DE LAS FLORES

5

MAGDALENA CHICASPA

6

PARAJE LAS MAQUINAS

D E F

93

LIBRAMIENTO CHAMAPA LA QUEBRADA

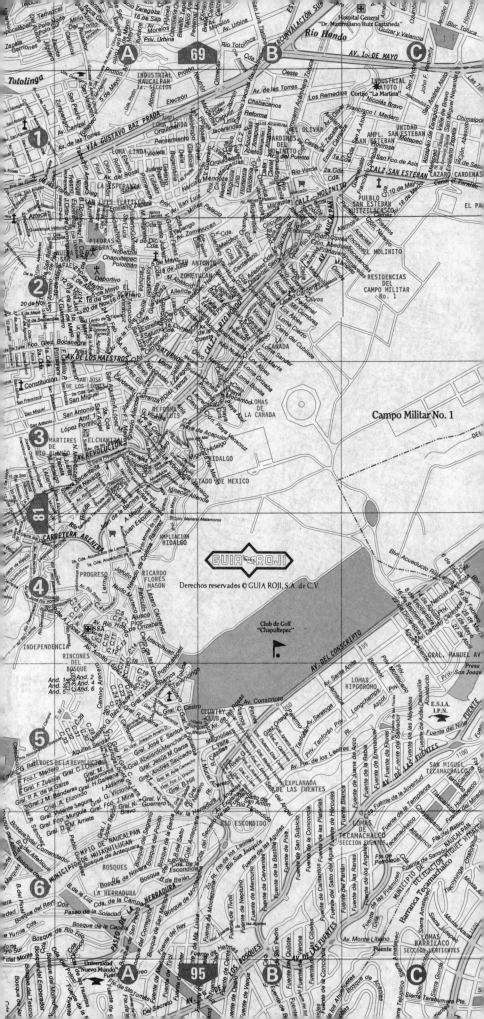

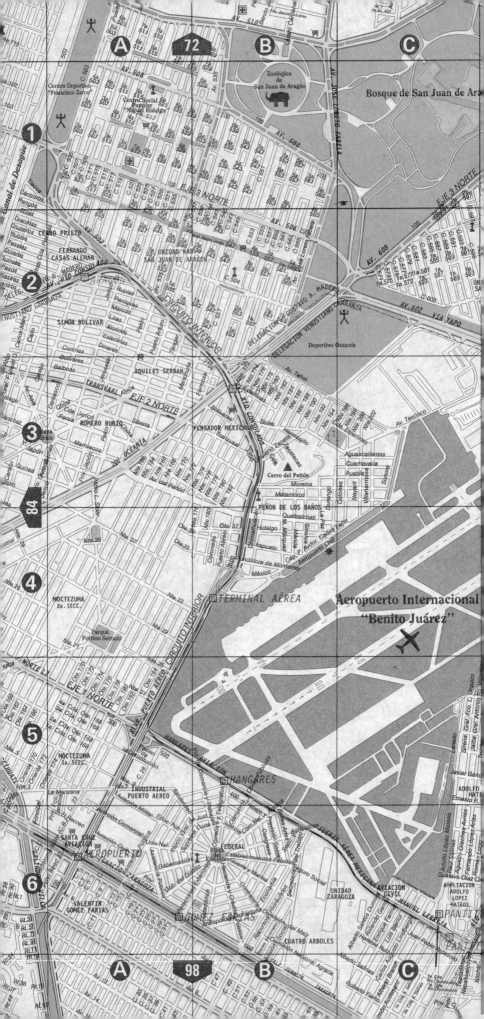

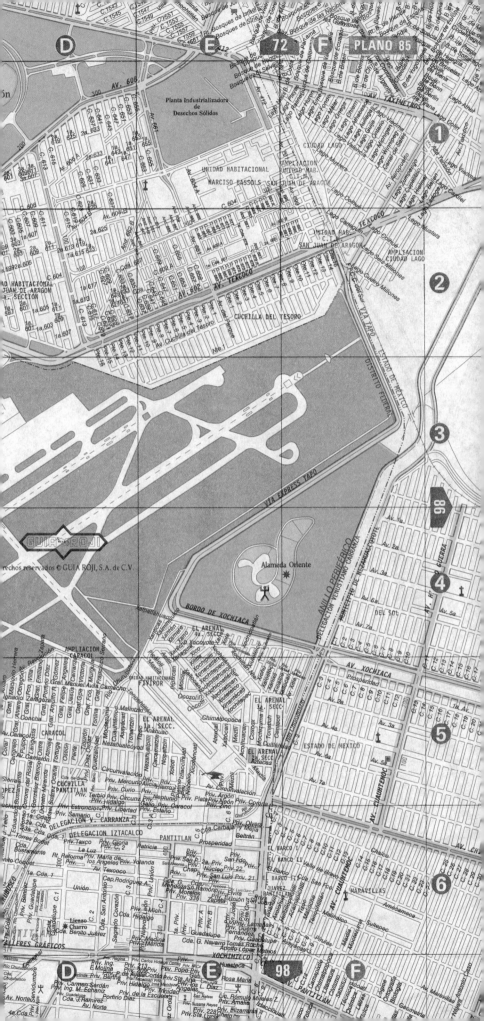

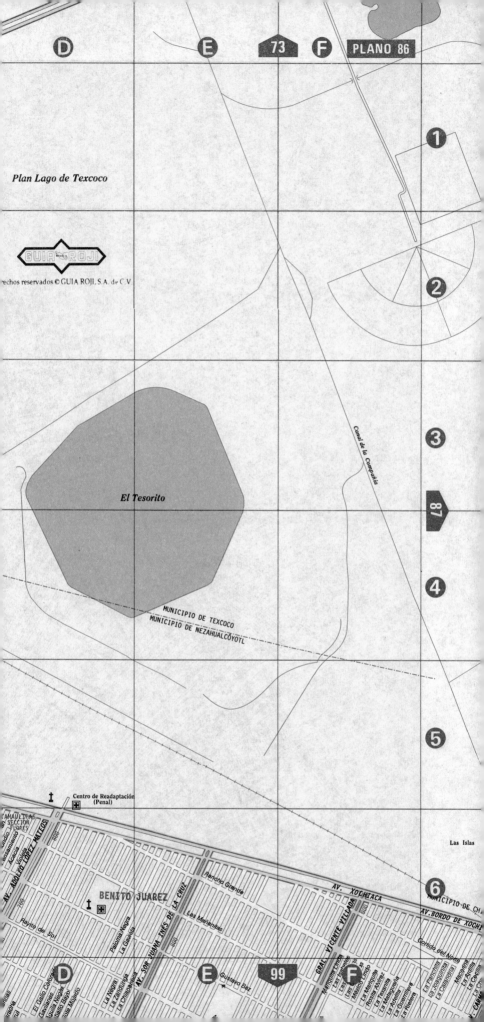

Plan Lago de Texcoco

1

2

El Tesorito

Canal de la Compañía

3

87

4

MUNICIPIO DE TEXCOCO
MUNICIPIO DE NEZAHUALCÓYOTL

5

Centro de Readaptación
(Penal)

Las Islas

6

BENITO JUAREZ

AV. ADOLFO LOPEZ MATEOS

AV. SOR JUANA INES DE LA CRUZ

GRAL. VICENTE VILLADA

AV. XOCHIACA

AV. BORDO DE XOCHI

MUNICIPIO DE CH.

Rancho Grande

Las Mañanitas

Gustavo Baz

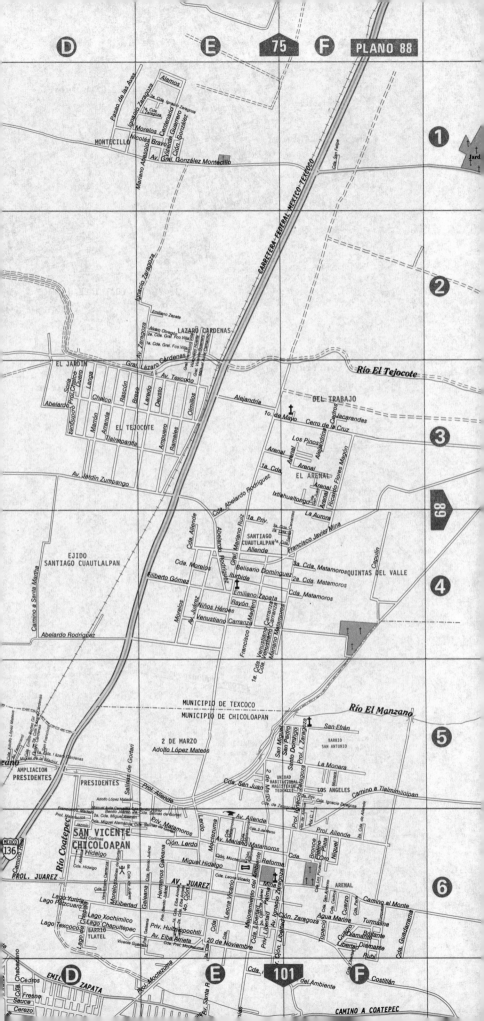

A **76** **B** **C**

Cr

Av. Aguilas

Zacama Sur

hualpilli

Quetzal
Canario
Pavorreal
varias
Miños
Faisán
Prol.
Golondrina
Cda. Gorriones
Cda. Cda. Gorriones

LA ARBOLEDA

Codorniz
LOMAS
DE SAN ESTEBAN
Faisán
Av. Pavorreal
Gorriones

1
PANTEÓN JARDINES DE ORIENTE
LOS OLIVOS
LOS PINOS
Clarines
Alondras
Miños
Jilguero
Jilgueros
Av. San Esteban
Centenario
Av. Pavorreal
Colibrí
Ruiseñor
Cardenal

Cjón. Seminario
San Esteban
Cda. Loma Bonita
Loma Bonita
De la Cruz
Cjón. Xaltocan
Cda. Patrocinio
Actiban

LAS TIJERAS

Ahuizotl
Av. Texcoco
Huexotla

LOMAS DE LA CRUZ

EL NOPAL
AV. MANUEL GONZÁLEZ
1a. Cda. de San Francisco

o. de Mayo
Independencia

5 de Mayo
Av. Centenario
Indi
16 de Febrero
Allende
Lerdo de Tejada

2
1a. Cda.
3a. Cda.
2a. Cda.
1a. Cda.
Prol. Buenos Aires
Cda. Mtz. de San Francisco
Av. Morelos
Juárez
Insurgentes
Niño
Guerrero
16 Septiembre
Antillero
Carregidora
Cda. Reforma
Cda. 16 de Febrero
Reforma

Cda. San Gabriel
Cda. Buenos Aires
Buenos Aires
COATLINCHAN
Río Coa

1a. Cda. 2a.
1a. Cda. Re

Av. Buenos Aires
Cda. Morelos

GUADALUPE
Av. Buenos Aires
Av. Morelos
Chetecano

SANTA LUCÍA
Rosales
Bronda
SAN JUAN POTREROS
Tejocote
Peras
Prol. Durazno
Ciruelo
LA PRESA
JUNIPER

3
De la Cruz
Camino a San Vicente
SAN JOSE
San Vicente

TEPETITL

88

4
MUNICIPIO DE TEXCOCO
MUNICIPIO DE CHICOLOAPAN

Arroyo El Manzano

5
TLALMIMILOLPAN

6

A **102** **B** **C**

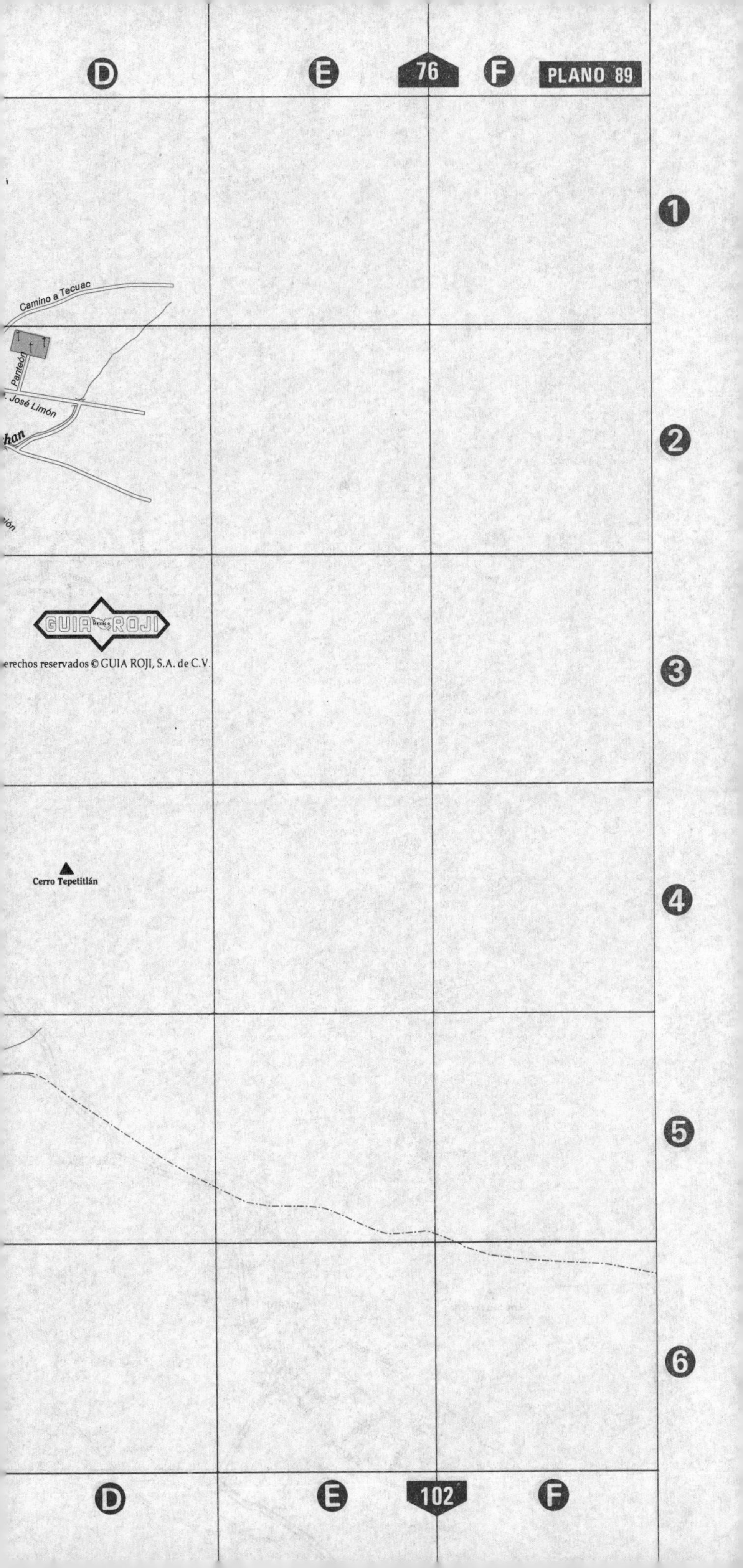
D
E
76
F
PLANO 89
1
2
3
4
5
6
Camino a Tecuac
Panteón
José Limón
han
ión
GUIA ROJI
erechos reservados © GUIA ROJI, S.A. de C.V.
Cerro Tepetitlán
D
E
102
F

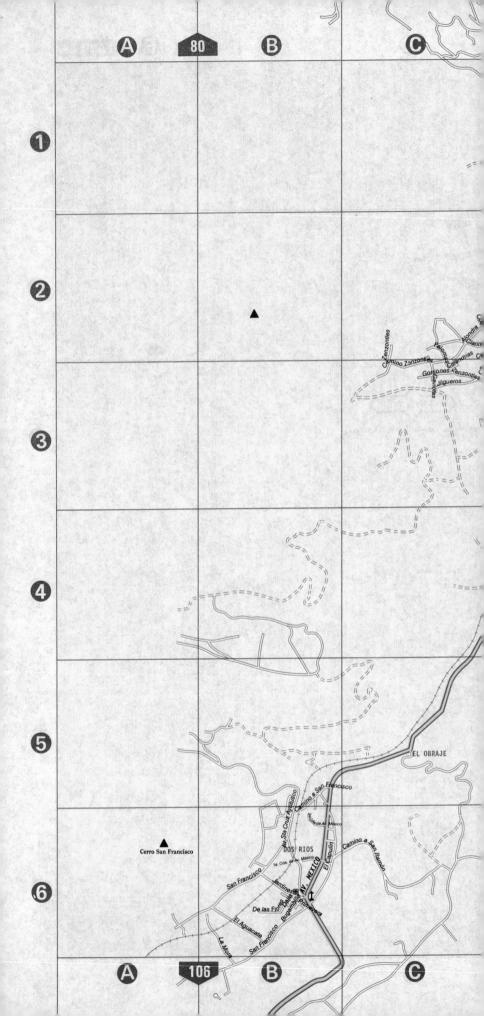

A **80** **B** **C**

1

2

DOS RIOS

C. Zenzontles
Camino Zenzontles
Palomas
Calandrias
Alondra
Clarín
Gorriones
Zenzontles
Jilgueros

3

4

El OBRAJE

5

Camino a San Francisco
Av. Sta Cruz Ayhualco
Cda. de Av. México
Camino a San Ramón

Cerro San Francisco ▲

DOS RIOS
1a. Cda. de Av. México
El Capulín

.6

San Francisco
Jardines
AV. MEXICO
De las Flores
Bugambilia
Primavera
El Aguacate
San Francisco
La Mora

A **106** **B** **C**

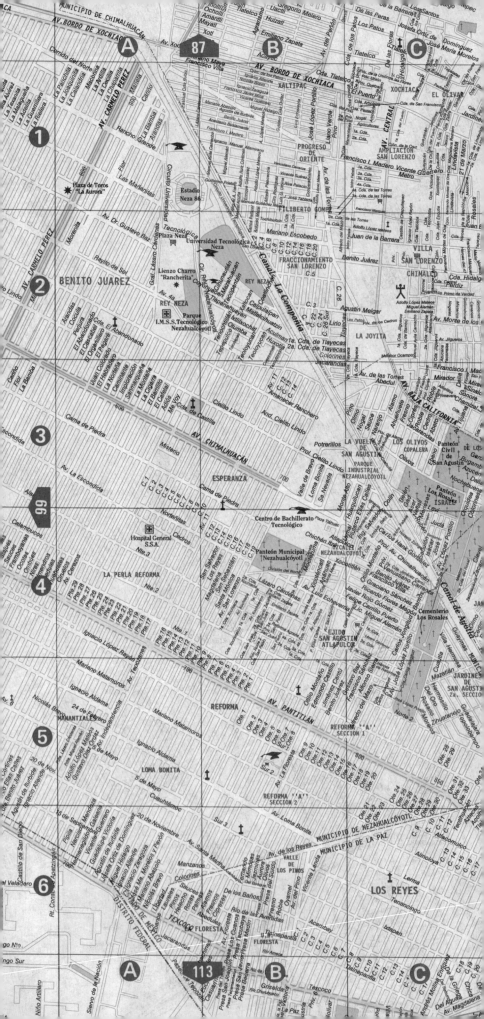

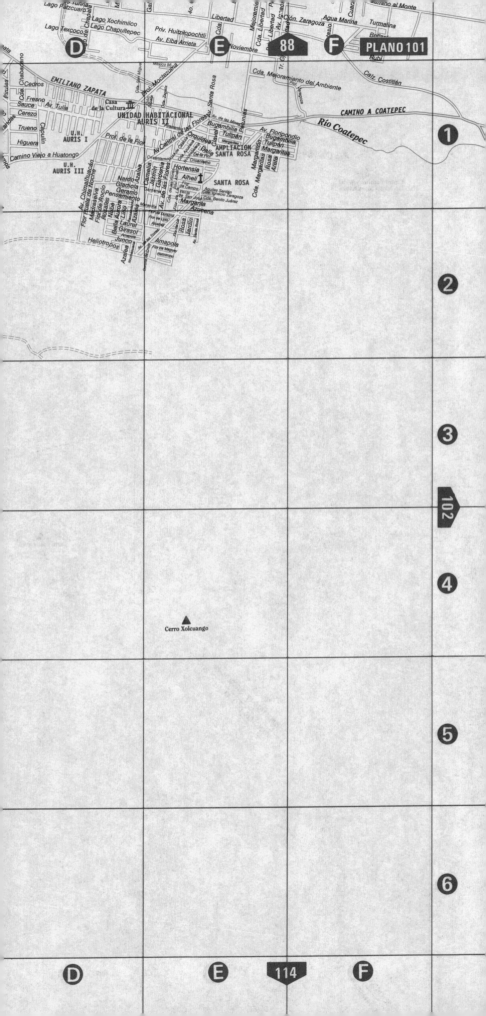

Lago Pázcuaro
Lago Xochimilco
Lago Chapultepec
Lago Texcoco de
Lago Chapala

Priv. Huitzilopochtli
Av. Elba Arrieta

Libertad
Cda.
Noviembre

Mejoramiento
Cda. Libertad

Cda. Zaragoza
Agua Marina
Camino al Monte
Turmalina

Ción. Zaragoza

88

D
E
F

Brillante
Hubi

EMILIANO ZAPATA
Camino Viejo a Huatongo

Cedros
Fresno
Sauce
Cerezo
Trueno
Higuera

Av. Tulia

Casa
de la Cultura

UNIDAD HABITACIONAL
AURIS II

U.H.
AURIS I

Prof. de la Flor

Pról. Moctezuma

México 90

CAMINO A COATEPEC

Cda. Mejoramiento del Ambiente
Calz. Costitlán

Río Coatepec

1

Av. de las Flores
Santa Rosa

Bugambilia
Tulipán

AMPLIACION
SANTA ROSA

Av. Floripondio
Bugambilia
Tulipán
Margaritas

U.H.
AURIS III

Camelia
Jazmín
Gardenia

Av. de las Flores

Nardo
Gladiola
Geranio
Pensamiento

Bella
Laurel
Girasol
Junco

Dalia
Av. de la Flor
Crisantemo

Hortensia

Alhelí

SANTA ROSA

Azucena
Margarita

Rosa
Jardín

Amapola
Heliotropos
Azalea

Flor de Magnolia

Margaritas
Rosa
Areta

Ignacio Zaragoza
Cda. Benito Juárez

2

Cerro Xolcuango

3

102

4

5

6

D
E

114

F

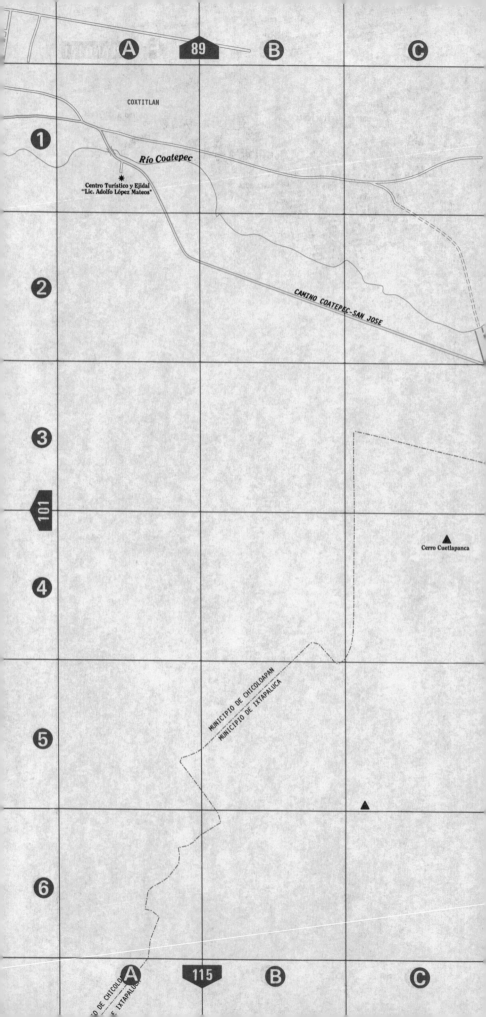

COXTITLAN

1

Río Coatepec

✳
Centro Turístico y Ejidal
"Lic. Adolfo López Mateos"

2

CAMINO COATEPEC-SAN JOSE

3

◀101

▲
Cerro Cuetlapanca

4

MUNICIPIO DE CHICOLOAPAN
MUNICIPIO DE IXTAPALUCA

5

▲

6

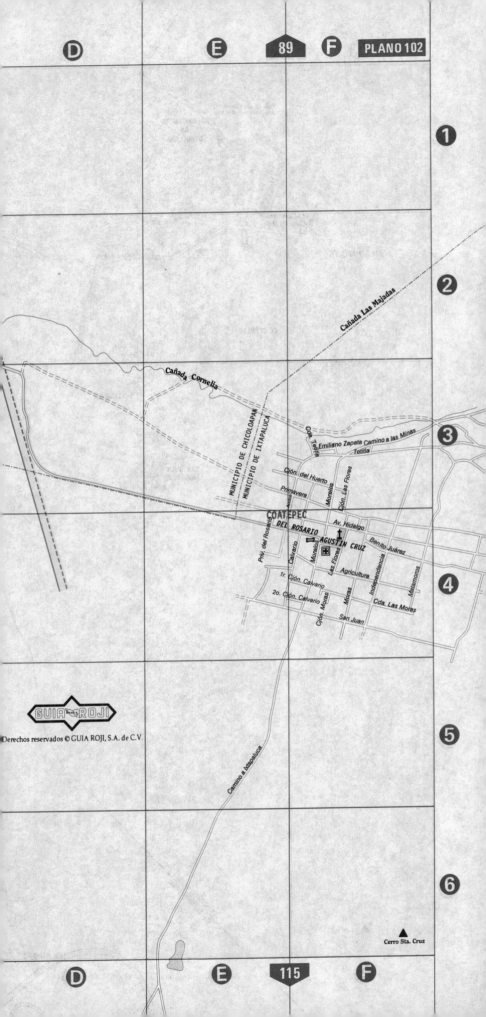

Cañada Las Majadas

Cañada Cornelia

MUNICIPIO DE CHICOLOAPAN

MUNICIPIO DE IXTAPALUCA

Cda. Tetitla

Emiliano Zapata   Camino a las Minas

Tetitla

❸

Cjón. del Huerto

Morelos

Cjón. Las Flores

Primavera

COATEPEC

DEL ROSARIO

Av. Hidalgo

AGUSTIN CRUZ

Benito Juárez

Priv. del Rosario

Calvario

Morelos

Las Flores

Agricultura

Independencia

Matamoros

1r. Cjón. Calvario

2o. Cjón. Calvario

Cda. Las Moras

Cjón. Moras

Moras

San Juan

❹

GUIA ROJI

Derechos reservados © GUIA ROJI, S.A. de C.V.

Camino a Ixtapaluca

❺

❻

Cerro Sta. Cruz

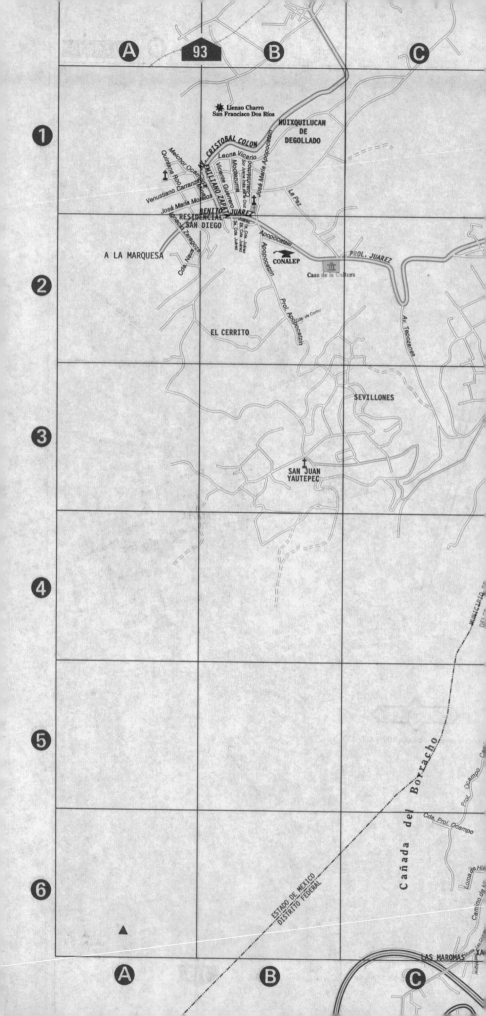

A **93** **B** **C**

1

✴ Lienzo Charro
San Francisco Dos Ríos

HUIXQUILUCAN
DE
DEGOLLADO

CRISTOBAL COLON

Leona Vicario

Vicente Guerrero

Moctezuma

EMILIANO ZAPATA

Melchor Ocampo

Quintana Roo

Venustiano Carranza

José María Morelos

Ignacio Zaragoza

BENITO JUAREZ

RESIDENCIAL
SAN DIEGO

La Paz

Apopocatzin

2

A LA MARQUESA

Cda. Nva.

Apopocatzin

Apopocatzin

CONALEP

PROL. JUAREZ

Casa de la Cultura

Av. Tepozanes

EL CERRITO

Prol. Apopocatzin

Cda. de Cortez

SEVILLONES

3

SAN JUAN
YAUTEPEC

4

5

Prol. Ocampo

Cda. Prol. Ocampo

Cañada del Borracho

6

ESTADO DE MEXICO
DISTRITO FEDERAL

▲

LAS MAROMAS

A **B** **C**

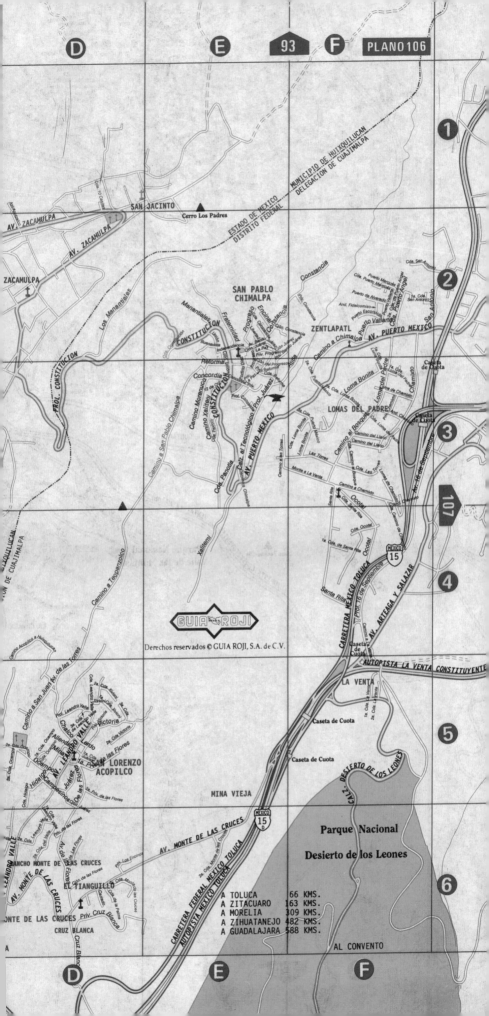

① ② ③ ④ ⑤ ⑥

107

MUNICIPIO DE HUIXQUILUCAN
DELEGACION DE CUAJIMALPA

ESTADO DE MEXICO
DISTRITO FEDERAL

San Jacinto
Cerro Los Padres

AV. ZACAMULPA
AV. ZACAMULPA
ZACAMULPA

Los Manantiales

SAN PABLO
CHIMALPA

Constancia

Cda. San Antonio

Cda. Puerto Marqués
Puerto Marqués
Puerto de Alvarado
And. Fidelcomiso
Puerto Escondido

1a. Cda.
San Antonio

Puerto Angel

Puerto Vallarta

ZENTLAPATL   AV. PUERTO MEXICO

San Antonio

Manantiales
CONSTITUCION
Fraternidad
Progreso
Encinal
Coanstancia

Camino a Chimalpa
Chamixto

Caseta
de Cuota

Reforma

Concordia

Camino Morenco
Camino Xalilleni
CONSTITUCION
12 de

Camino a San Pablo Chimalpa

Cda. Panola

Cda. al Tecnologico Prol. Juárez

AV. PUERTO MEXICO

Loma Bonita
Lomas del Padre
LOMAS DEL PADRE

Caseta
de Cuota

Camino al Bosque
Camino del Llano
Camino del Llano

Las Torres
Monte a La Venta

Cda. Las Torres

Av. de Centenario

Camino a Chamixto

Camino de las Torres

Santa Rita
Ocotal
Cda. Ocotal

Av. ARTEAGA Y SALAZAR

MEXICO
15

Xalilleni

Camino a Teopanzolco

Camino Acopilco a Huixquilucan

GUIA ROJI

Derechos reservados © GUIA ROJI, S.A. de C.V.

CARRETERA MEXICO-TOLUCA

Santa Rita

Prol. 16 de Septiembre

Caseta de
Cuota

AUTOPISTA LA VENTA CONSTITUYENTE

LA VENTA

Camino a San Juan Av. de las Torres

LEANDRO VALLE
Chalco
Allendo
Victoria
2a. Cda. Victoria

Juárez

SAN LORENZO
ACOPILCO

Caseta de Cuota

Caseta de Cuota

MINA VIEJA

Av. de las Flores

RANCHO MONTE DE LAS CRUCES
AV. MONTE DE LAS CRUCES
EL TIANGUILLO

MONTE DE LAS CRUCES

CRUZ BLANCA

Priv. Cruz Blanca

Cruz Blanca

AV. MONTE DE LAS CRUCES

MEXICO
15
D

CARRETERA FEDERAL MEXICO TOLUCA

AUTOPISTA MEXICO TOLUCA

CALZ. DESIERTO DE LOS LEONES

Parque Nacional

Desierto de los Leones

A TOLUCA	66 KMS.
A ZITACUARO	163 KMS.
A MORELIA	309 KMS.
A ZIHUATANEJO	482 KMS.
A GUADALAJARA	588 KMS.

AL CONVENTO

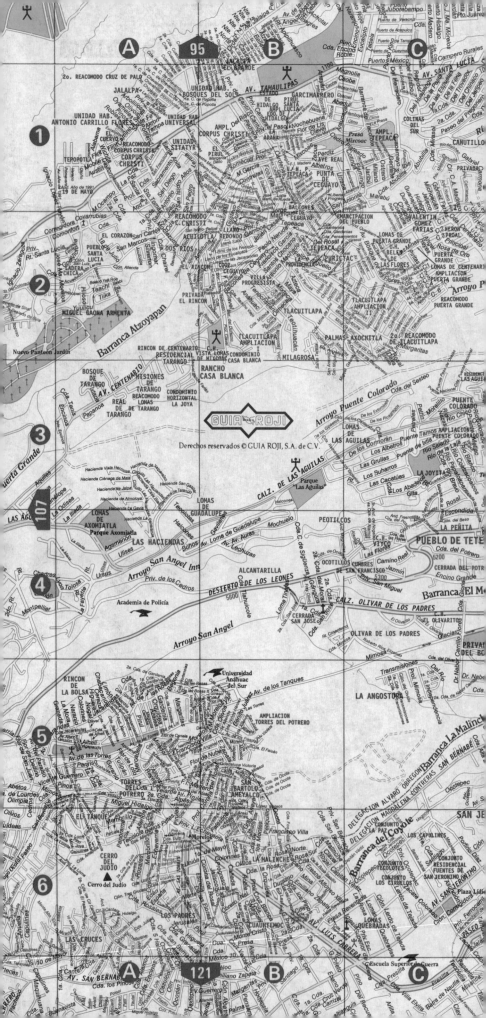

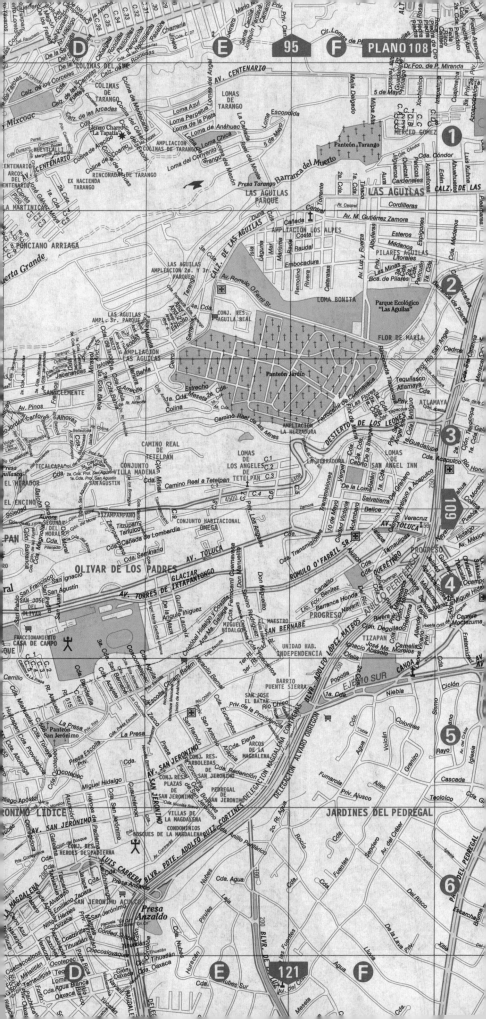

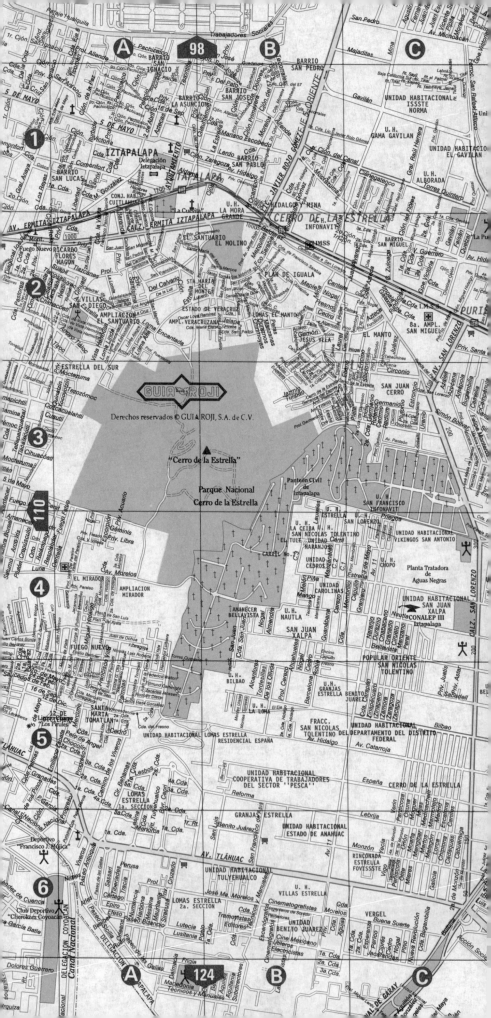

1

MUNICIPIO DE CHICOLOAPAN
MUNICIPIO DE IXTAPALUCA

MUNICIPIO DE CHICOLOAPAN
MUNICIPIO DE LA PAZ

▲ Cerro Tejocote Grande

2

▲ Cerro Tejocote Chico

▲ Cerro El Pino

Nochitépetl
Iztapachuatl
Acamapichtli
Huitzilihuitl
Itzcóatl
Axayácatl
Tizoc

3

GUIA ROJI

Derechos reservados © GUIA ROJI, S.A. de C.V.

ACOZAC

115

LOMA PLUTARCO ELIAS CALLES

Popocatépetl
Techoraia

Quetzaltépetl

4

Tamarindo
Capulín
Chabacano
Pirules
Cedro
Pino
Olivos
Abedules
Oyameles
Colorines
Tepozanes
Camino Real
Pirules
Olivos
Moctezuma

PLUTARCO ELIAS CALLES
(CHOCOLINES)

Av. Tláloc Sur

Pozonte

Limón
Jazmines
Limón
Eucaliptos
Fresnos
Ceiba

UNION ANTORCHISTA

Monte Albán
Monte Elbrus
Monte Olivo
Monte Alegre
Monte Everest
Monte Miravalle

Duraznos
Mora
Ceiba
Bambú
Caoba
Roble

Encino
Alcanfores
Chichimeca

AMPLIACION
ESCALERILLA

EL MIRADOR

MELCHOR OCAMPO

Diamante
Pino
Laureles
Pirules
Sauce
Cedro
Río Elba
Río Tíber
Río Neva
Río Danubio

LA HUERTA

Cihuatltampa

TLAYEHUALE

5

Cihuatltampa
Acoatelana
Cenyaotl
Axolotua

Acatlan
Acoatelana
Anahuacalli
Enocac
Huitzilan

Melitzin
Acozac

Unión
Lázaro
Cárdenas
5 de Mayo

C. 1
C. 2
C. 3
C. 4
C. 5
C. 10
C. 6
C. 7

Geranio
Laureles
Río Elba
Girasol
Gladiola

ESCALERILLA

LA MAGDALENA

Ciprés
Tulipanes
Rosal
Azucena

Cuauhtémoc
Igualdad
Libertad
Fraternidad

Edgardo
Clara Córdoba
Emiliano Zapata
Paulino Urióstegui
Francisco Villa

Prol. Unión

5o. Carril

4o. Carril

Progreso

6

CERRO DEL TEJOLOTE

3o. Carril

Moctezuma
Chalco

Tenango del Val

LOMA BONITA

6 de Julio

HORNOS
SANTA BARBARA
2o. Carril

ARBOLEDA
IXTAPALUCA

AMPLIACION
SANTA BARBARA

Lienzo Charro
El Contador

VALLE VERDE

1o. Carril

Francisco I. Madero
Av. F.F.C.C.
Francisco Villa

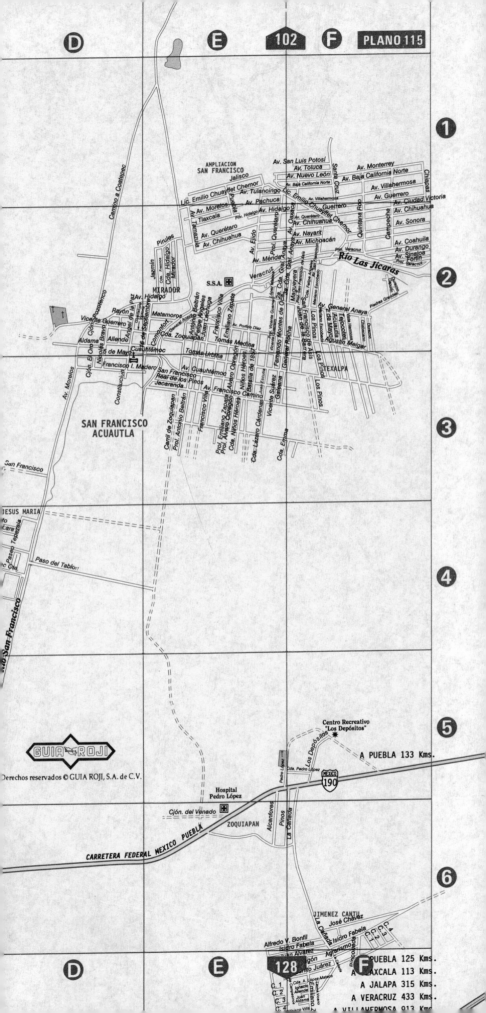

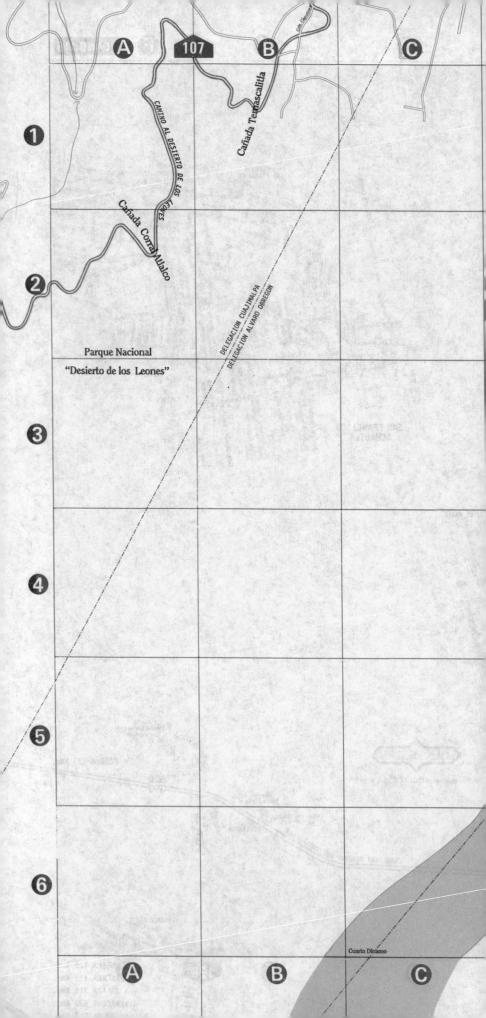

A 107 **B** **C**

1

CAMINO AL DESIERTO DE LOS LEONES

Cañada Temascalitla

Cda. Chichicaspa

2

Cañada Corral Atlalco

Parque Nacional

"Desierto de los Leones"

DELEGACION CUAJIMALPA
DELEGACION ALVARO OBREGON

3

SAN FERNANDO
ACHAHUIA

4

5

6

Cuarto Dínamo

A **B** **C**

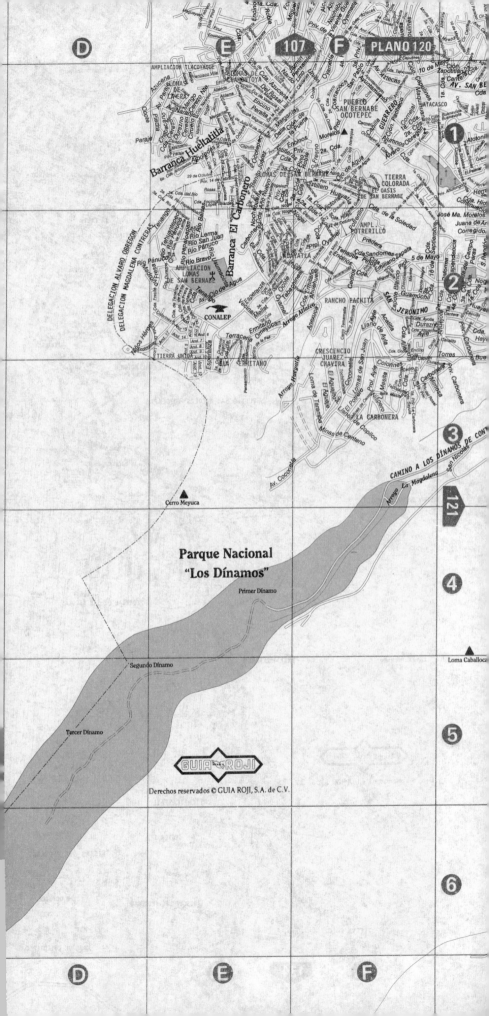

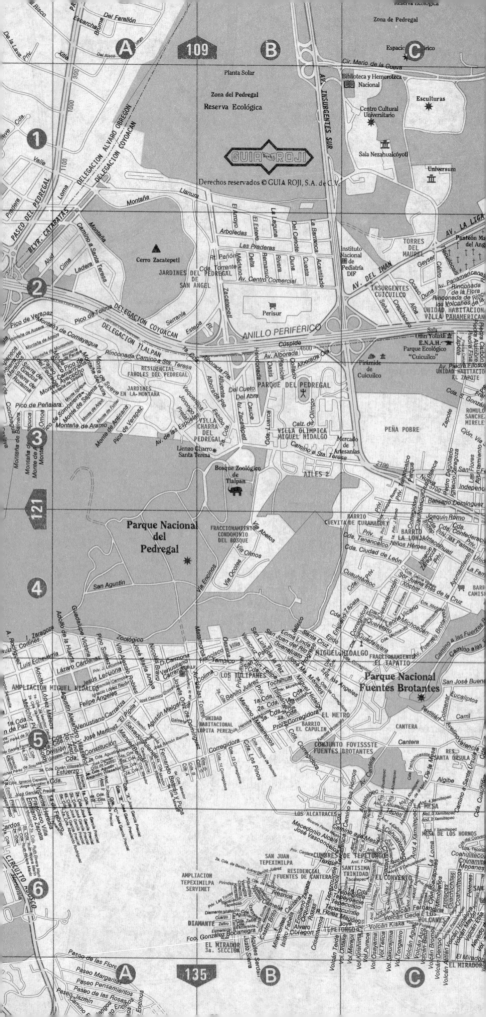

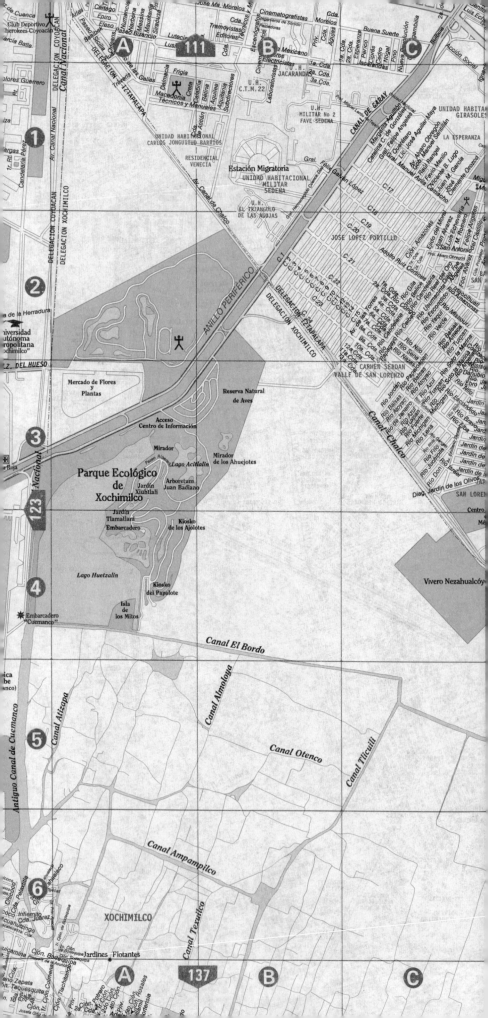

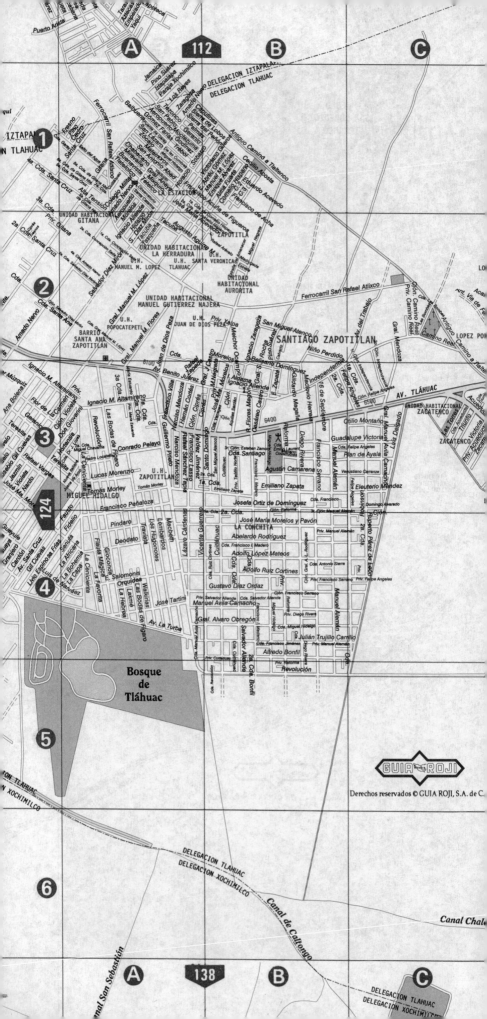

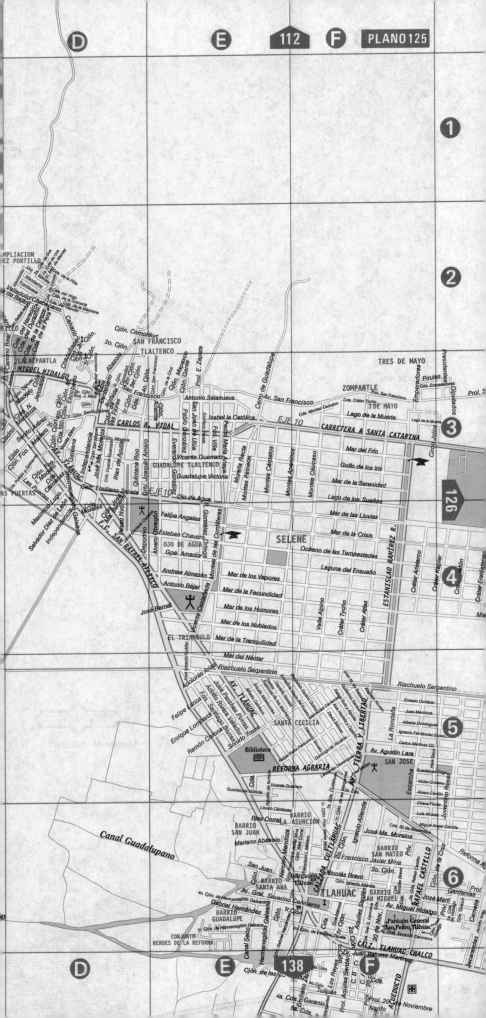

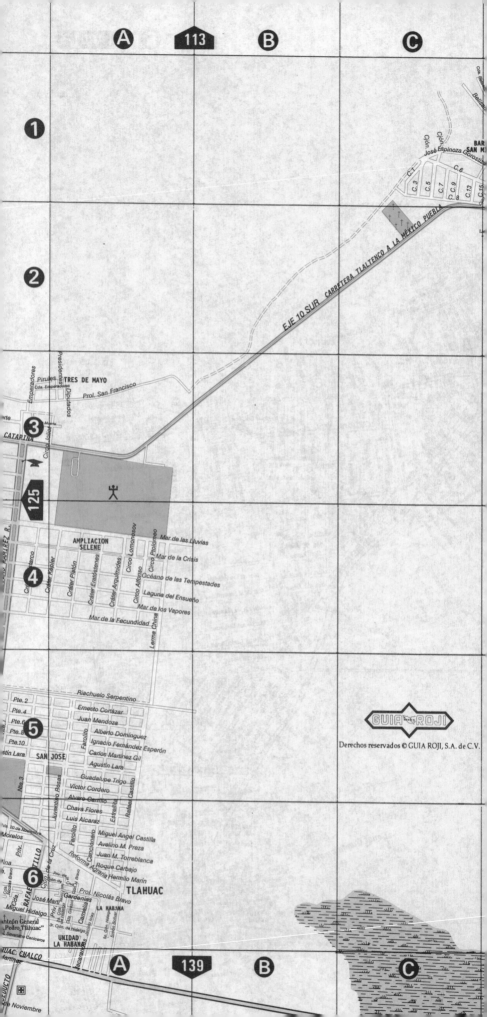

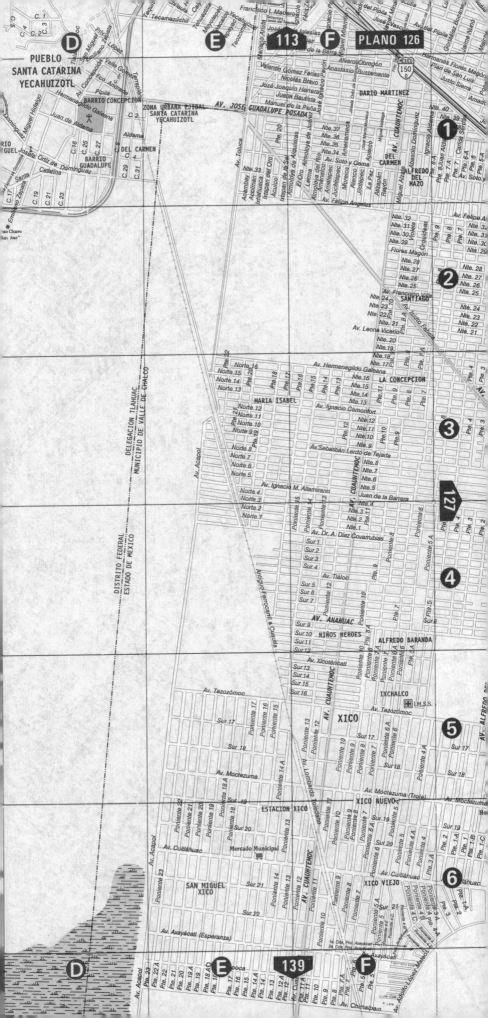

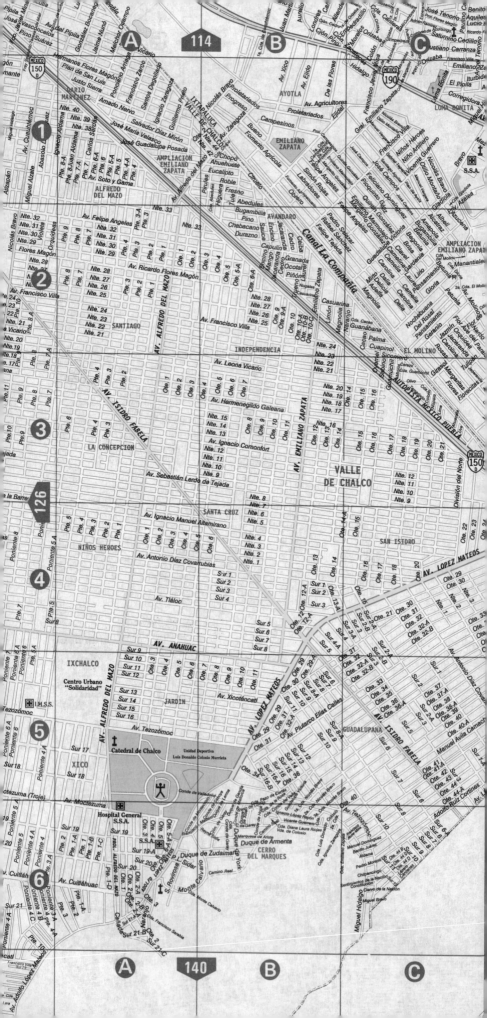

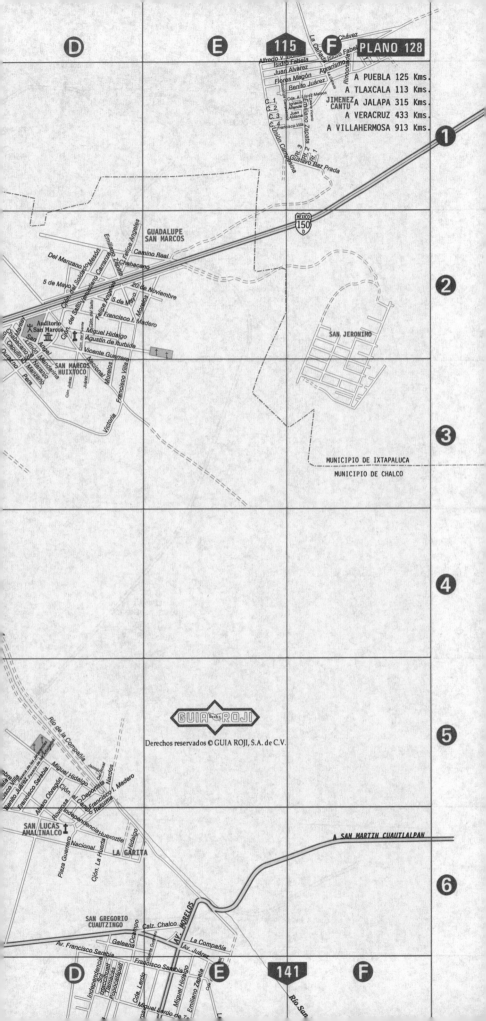

D E **115** F **PLANO 128**

Chávez

Alfredo V. Bon...
Isidro Fabela
Juan Alvarez
Flores Magón
Benito Juárez

C. 1
C. 2
C. 3
C. 4
Unión Campesina

Camino Real
Chabacano

GUADALUPE SAN MARCOS

Del Manzano
5 de Mayo
20 de Noviembre
5 de Mayo
Francisco I. Madero
Miguel Hidalgo
Agustín de Iturbide
Vicente Guerrero

Anditorio San Marcos

SAN MARCOS HUIXTOCO

Victoria

A PUEBLA 125 Kms.
A TLAXCALA 113 Kms.
JIMENEZ CANTU A JALAPA 315 Kms.
A VERACRUZ 433 Kms.
A VILLAHERMOSA 913 Kms.

1

MEXICO **150**

SAN JERONIMO

2

3

MUNICIPIO DE IXTAPALUCA
MUNICIPIO DE CHALCO

4

Río de la Compañía

GUIA ROJI

Derechos reservados © GUIA ROJI, S.A. de C.V.

5

Miguel Hidalgo
Benito Juárez
Francisco Juárez
Alvaro Obregón
Independencia
Reforma
Francisco I. Madero
Deportivo
Nardos

SAN LUCAS AMALINALCO

Plaza Guerrero
Nacional
Cjón. La Huerta
Hidalgo
Huexoztle

LA GARITA

A SAN MARTIN CUAUTLALPAN

6

SAN GREGORIO CUAUTZINGO

Calz. Chalco
La Compañía
Av. Juárez

Ocampo
Galeana
Av. Francisco Sarabia
Francisco Sarabia

AV. MORELOS

Miguel Hidalgo
Miguel Lerdo de T...
Emiliano Zapata

Cda. Lerdo

Río San...

D E **141** F

A ⬡121⬡ B C

1

Arroyo El Agua Escu...
Fresnus
...olitana
...aranda
Bosque
Pinos...
Robl...
Sauce
Cedra
Robles
Choclos
Robl...
Camino Real Chichicaspa
Camino al Zacatón
Cipres
Colorinas
Oyamel
Cupino
Cuijotepec
Encina
Nogal
EL ZACATON
Regaderas
Capulin
Campana de Tlalpan
San Nicolás
Rancho Viejo
Plan de la...
La Escondida
Cerro Las Palomas
Cerro de las Palmas
Cofre
Camino Real
Liquidamar
Olmo
Abedul
Caoba
Sauce
Sabino
Bellavista
Perales
Membril
Mirador
Roble
Pino
...edra Tromba...
Fresal
Pino
Totolapan
Cuauhtémoc
San Nicolás II
SAN NICOLÁS II
Rancho Viejo
Cerro de los Gallanes
SOLIDARI
Carlos S...

2

DELEGACION MAGDALENA CONTRERAS
DELEGACION TLALPAN
RANCHO VIEJO
CARRETERA AJUSCO PICACHO

3

4

COMUNAL LOMAS DE TEMEMECA
CARRETERA AJUSC...

5

6

A ⬡147⬡ B C

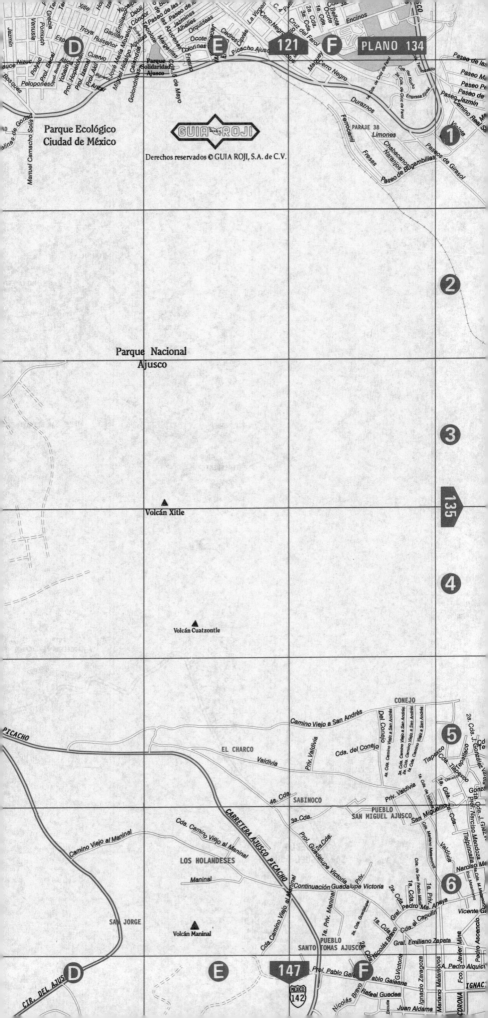

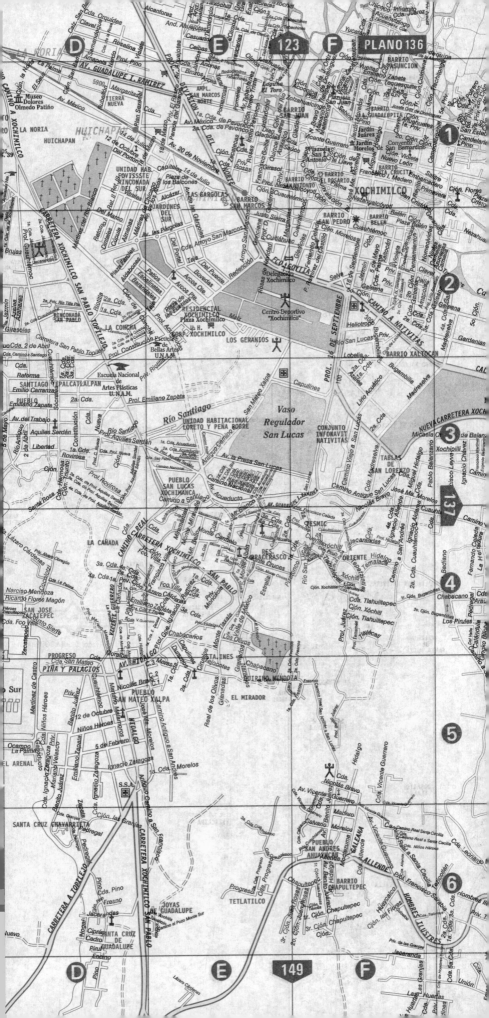

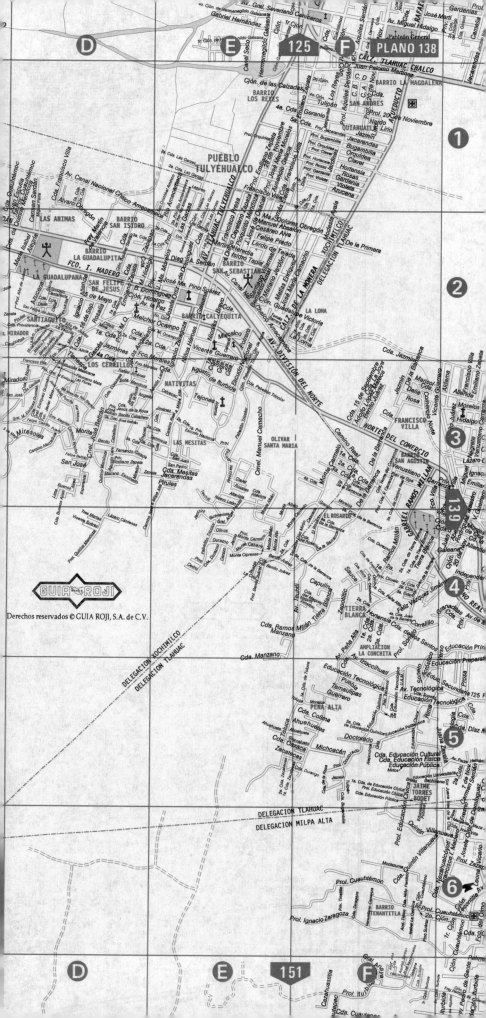

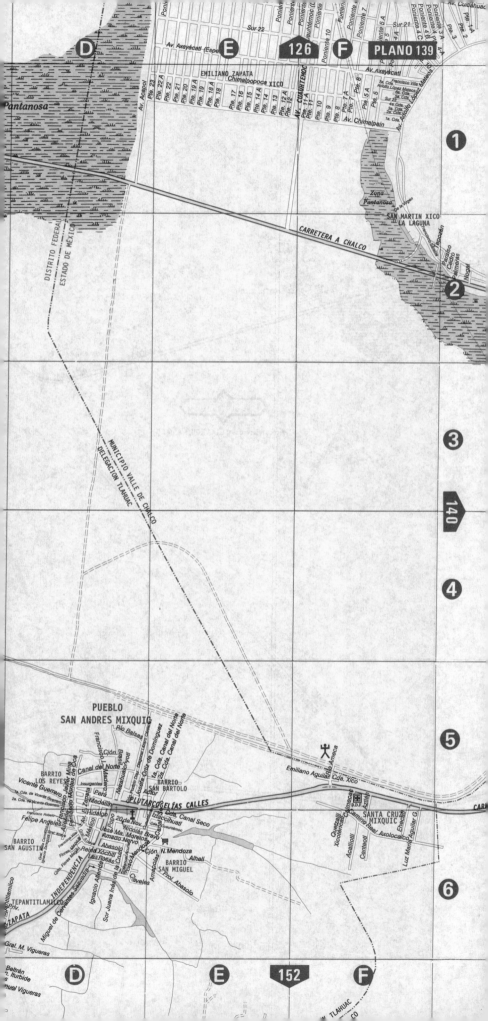

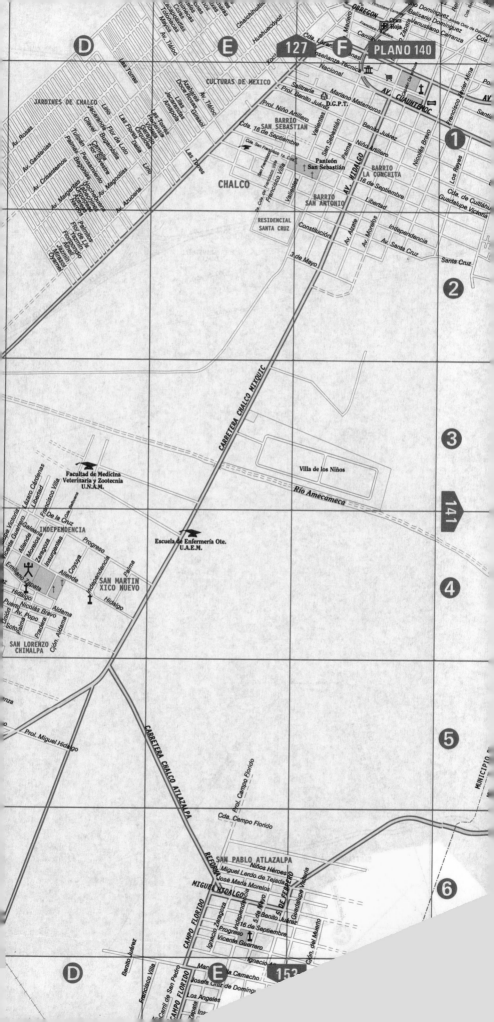

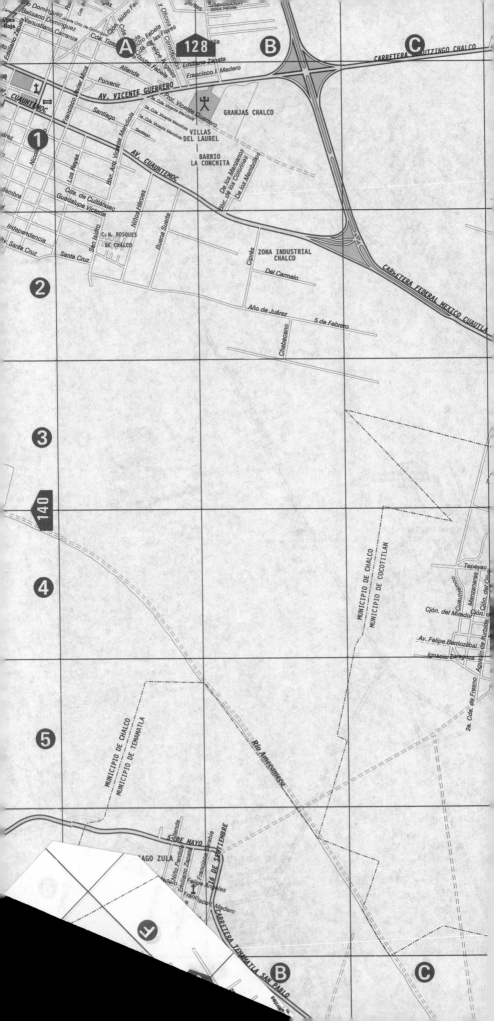

SAN GREGORIO CUAUTZINGO

Río San Rafael

PARQUE INDUSTRIAL
SANTA MARIA ATOYAC

Niños Héroes
Benito Juárez
Av. Hidalgo Pte.
El Bordo
Cda. Morelos
Morelos Adolfo López Mateos
16 de Septiembre
20 de Noviembre
Av. 5 de Mayo
Reforma

MEXICO
115

LA CANDELARIA
TLAPALA

Av. Hidalgo Ote.

BENITO JUAREZ

A TLALMANALCO
A AMECAMECA
A CUAUTLA

COCOTITLAN

15 de Septiembre
Buenos Aires
21 de Marzo
México
Abasolo
Emiliano Zapata
2 de Abril
manos Galeana
amiento Nacional
Nicolás Bravo
Del Fresno
Cda. del Fresno

CAMINO A COCOTITLAN

MUNICIPIO DE CHALCO
MUNICIPIO DE COCOTITLAN

GUIA ROJI
Derechos reservados © GUIA ROJI, S.A. de C.V.

MUNICIPIO DE COCOTITLAN
MUNICIPIO DE TEMAMATLA

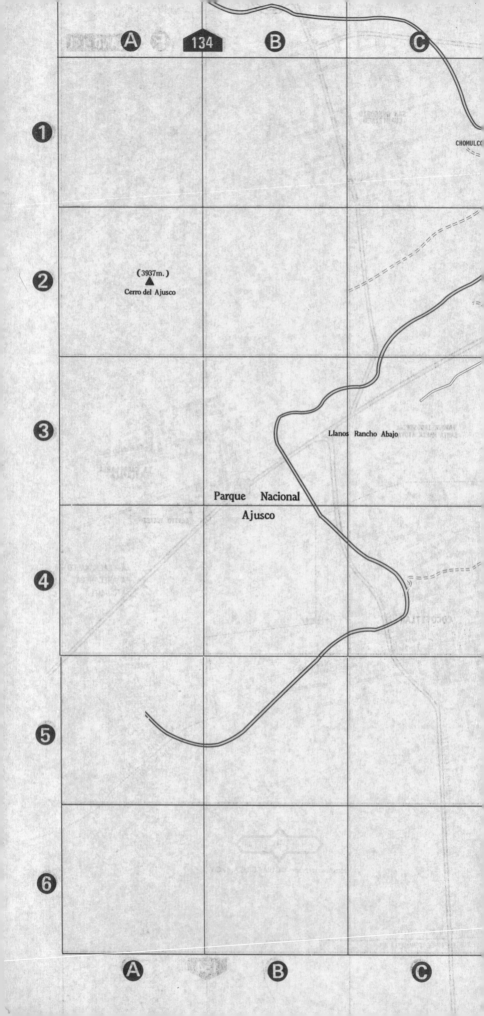

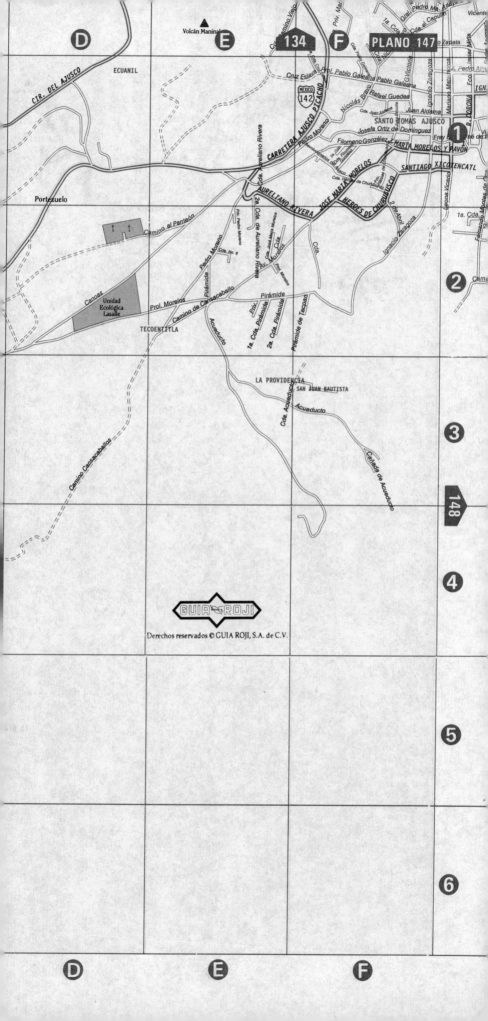

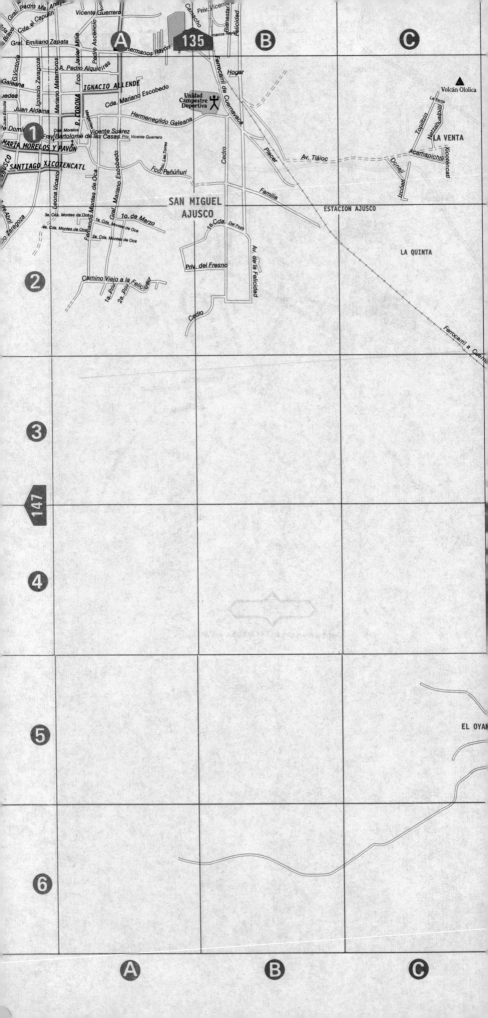

GUIA ROJI

Derechos reservados © GUIA ROJI, S.A. de C.V.

PROLONGACION
LOS ANGELES

Prol. Los Angeles

4a. Cda. Prol. Los Angeles

AV. CRUZ BLANCA

El Capulín

Cipselo Manuel Barrera

El Capulín

SAN MIGUEL TEHUIZCO

MEXICO 95

MIGUEL TOCTA
Chapultepec

Miguel Hidalgo

Vicente Guerrero

Ahuacatitla

Av. El Cantil

Ixtlahuaca Mirador C

Las Rosas

Las Flores

LAS MARGARITAS

Jacaranda

Las Margaritas

AV. CRUZ BLANCA

SAN MIGUEL TOPILEJO

CARRETERA FEDERAL A CUERNAVACA

Camino Antiguo a Ajusco

ESTRELLA MORA

Coyamel   Pastores

AUTOPISTA MÉXICO CUERNAVACA

149

MEXICO 95

Camino Real al Oyameyo

Lateral Los Tordillos

EYO

A CUERNAVACA   85 Kms.
A CUAUTLA   112 Kms.
A CHILPANCINGO   282 Kms.
A ACAPULCO   415 Kms.
A ZIHUATANEJO   554 Kms.

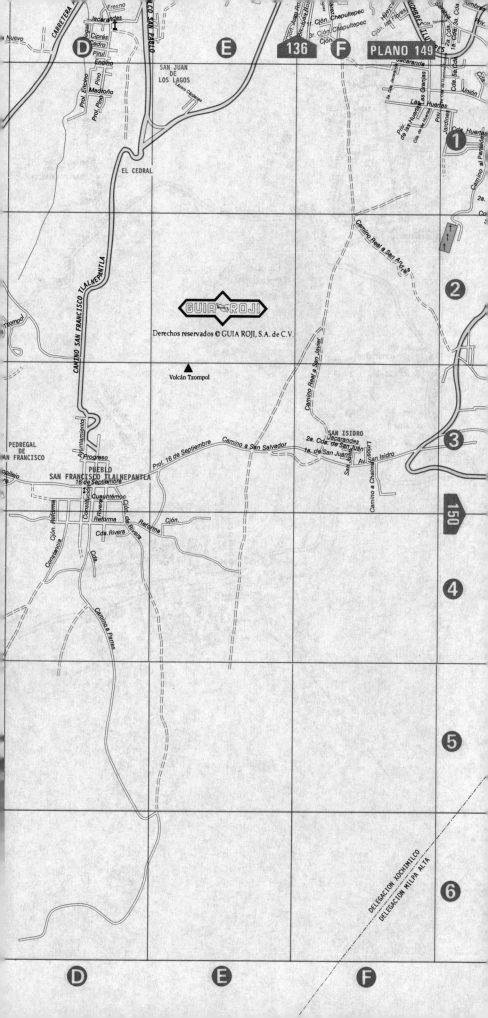

D
E
136
F
PLANO 149

CARRETERA

Fresno
Jacarandas
Cedro
Ciprés
Pedro
Pirul
Encino
Nogal

Prof. Encino
Madroño
Prof. Pirul

SAN JUAN
DE
LOS LAGOS

1r. Cjón. Chapultepec
3r. Cjón. Chapultepec
Cjón.

Jacaranda

Las Las Granjas
Huertas
Jardines

Priv.
de las Huertas
Cda. Huertas

Camino al Panteón

Camino al Panteón

1

Camino Real a San Andrés

2

EL CEDRAL

CAMINO SAN FRANCISCO TLALNEPANTLA

Tzompol

Camino Real a San Javier

▲
Volcán Tzompol

SAN ISIDRO
Jacarandas
2a. Cda. de San Juan
1a. de San Juan

Camino a San Salvador

Av. San Isidro

Camino a Chalma

3

PEDREGAL
DE
SAN FRANCISCO

Ayuntamiento

Progreso

Prol. 16 de Septiembre

150

Copilejo

PUEBLO
SAN FRANCISCO TLALNEPANTLA

16 de Septiembre

Cuauhtémoc

Reforma
Reforma

Constitución

Cjón.
Reforma

Cjón. de Rivera

Cjón.

Nuevo

Constancia

Cda.

Cda. Rivera

Camino a Parres

4

5

6

DELEGACION XOCHIMILCO
DELEGACION MILPA ALTA

D
E
F

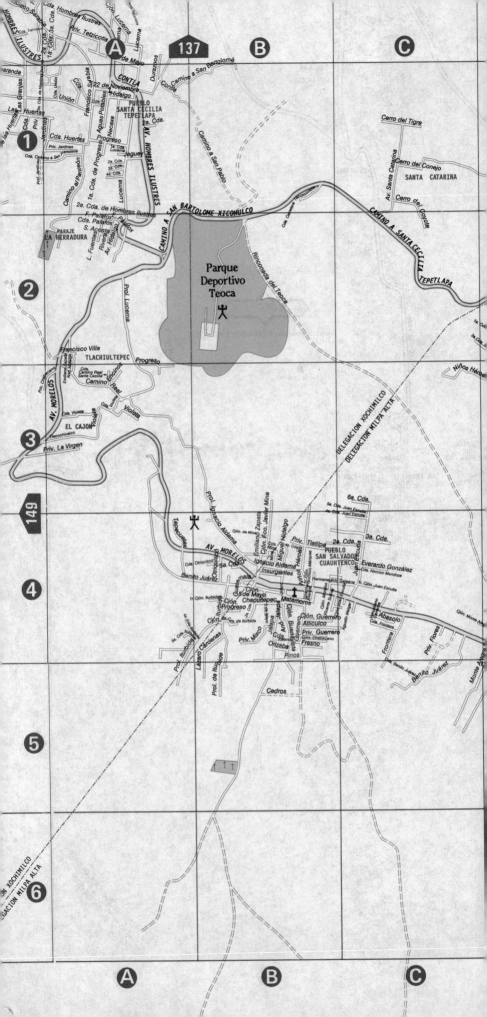

CARRETERA SAN PEDRO SAN BARTOLOME

FRANCISCO I. MADERO

Tlicatelpa
Cda. Hidalgo
Prol. Francisco I. Madero

Independencia
2a. Cda. Independencia
La Joya
Cda. Cuauhtémoc

PUEBLO
SAN BARTOLOME XICOMULCO

5 DE MAYO
Juárez
Hidalgo
Zapata
Iturbide
Av. Juárez
Acatepec
Vicente Guazalpco
Vicente Guerrero

4a. Cda. Niños Héroes
2a. Cda. Niños Héroes
Primavera
Prol. 5 de Mayo

Héroes
3a. Cda. Niños Héroes
Cjón. Aldama
Xaxalpantongo
Cjón. de Tehuixco
4a. Cruz Niños Héroes
5 de Mayo Ote.

Camino
Deportivo

Camino a San Pablo

Camino a San Pablo

PUEBLO
SAN PEDRO ATOCPAN

Prol. Guadalupe Victoria
Francisco Villa
Zaragoza

Fray Bartolomé de las Casas

Cuauhtémoc
Cuitláhuac

Guadalupe Victoria
Independencia
los

BARRIO TULA
Venustiano Carranza
Madero
Justo Sierra
Aquiles Serdán
Prol. Justo Sierra
BARRIO OCOTITLA
Gral. Anaya

Xolotl
Nezahualcóyotl
Melchor Ocampo
La Barra
Ignacio Manuel Altamirano
Cuauhtémoc

Xicoténcatl
Mariano Es
Emilia
Tlalte

1a. Cda. de Xolotl
2a. Cda. de Xolotl
3a. Cda. de Xolotl
Temazaya
Xolotl
Prol. Ayaydcatl
Prol. Moctezuma
2o. Cjón.
3r. Cjón.
Cuauhtémoc
4o. Cjón. Niños Héroes

PUEBLO
SAN PABLO OZTOTEPEC

Prol. Monte Alegre
Prol. Josefa Ortiz de Domínguez
Cuauhtzi

Prol. Matamoros
Morelos
Cda. Morelos
BARRIO
SAN MIGUEL
Emiliano Zapata
Prol. Bajo Gutiérrez
Javier Bajo Gutiérrez

BARRIO
CENTRO
Zaragora
20 de Noviembre
Popocatépetl
Guerrero
Camino a San Pedro Atocpan
Heroes

BARRIO
SAN JUAN
Cda. Ndachicpac
Cda. Maguey Blanco
Cda. Angel Zimbrón

AV. FABIAN FLORES
Cjón. Hidalgo
Nicolás Bravo
Abasolo
Camino a la Escuela
Lunal
Av. Hidalgo
Matamoros
Arroyo
Río de Janeiro
Benito Juárez
Mateo Reyna
Zaragoza

C O N A L E P
Milpa Alta

Cjón. Sor Juana Inés de la C
Cjón. Abasolo
Allende
Cda. Gólgota
Gólgota
Cda. Allende
Gallo

Progreso
Prol. Angel
Cjón. Fabián
Centenario
Prol. Cjón. Fabián Flores
Zaragoza
Prol. Zaragoza

BARRIO
TLACPAC
Francisco del Olmo
Comunicación Allende
Cjón. Fabián Flores
Libertad
Violeta
Progreso
15 de Septiembre

Prol. Nicolás Bravo
Emiliano Zapata
Prol. Allende
Galeana Sur

1
SAN ANTONIO TECOMITL

Gral. Anaya
Cda.
Prof. Iturbide
Cuautepec
Cazahuastilla
Cda. Cuautepec
Playa Azul
Playa Quieta
18 de Septiembre de Aquino
Lázaro Cárdenas
Temixco

2
Emiliano Zapata
Belisario Domínguez
CAMINO A TECOMITL
Deportivo Tecoxpa
Tecoxpa
Prol. Hidalgo
Francisco Villa

Cda. Jalapa
Jalapa
2a. Cda. Ruperto Lara
2a. Cda. José López Portillo
Ra. Cda. José López Portillo
Cda. Miguel Hidalgo
Av. del Trabajo
Gimnasio
San Francisco
Tecoxpa

3
1a. Cda. Nuevo León
Córdoba
Orizaba
PUEBLO
SAN FRANCISCO TECOXPA
Benito Juárez
Benito Juárez
Cjón. Rosario
Independencia
Industria
Cjón. la Cruz
Matamoros
Cjón.
de las Flores
CAMINO A MEXICO

Av. México Norte
Aguascalientes Norte
Av. Nuevo León
Sinaloa Norte
Nayarit Norte
Yucatán Norte
Veracruz Norte
Durango
Durango Oriente
Puebla
BARRIO SANTA MARTHA
Cda.
Tlaxcala
BARRIO SANTA CRUZ
PUEBLO
SAN AGUSTIN OHTENCO
Cjón. Granaditas
Niños Héroes
Matamoros

152
Zaragoza

VILLA MILPA ALTA
México
Sonora
Tamaulipas
Puebla
NIÑOS HEROES
I.S.S.S.T.E.
BARRIO SAN AGUSTIN
Pradera
Granaditas
Colonia
MIACATLAN

Michoacán
Av. Aguascalientes
Av. Chiapas
Yucatán
Querétaro
Av. Jalisco
Delegación
Milpa Alta
Av. Constitución
Av. Toluca
Morelos
Av. Jalisco Oriente
Guanajuato Oriente
AV. ESPAÑA
Camino Viejo

4
Camino al Tanque

BARRIO SAN MATEO
Colima Pte.
Sonora Sur
Tamaulipas Sur
Veracruz
Oaxaca
BARRIO LOS ANGELES
Av. Colima Oriente
Av. Hidalgo
Quintana Roo
Tepalapa Sur

Buenavista
Av. San Luis Potosí
Sinaloa
Emiliano Zapata
Chihuahua
BARRIO LA CONCEPCION
Prol. Hidalgo
Guerrero
Morelos
Iguala
Av. Baja California
Taxco
CARRETERA A SANTA ANA TLACOTENCO

5
Camino a Tlacotenco
Camino Viejo
Prol. Tamaulipas
Yucatán Sur
Tamaulipas
Yucatán
Chipancingo
Prol. Morelos
Tecolostlita
Tlapan
Tlapalan
BARRIO
SAN JOSE
CASAS ALEMAN

SANTA CRUZ
San Lorenzo
LA LUZ
GUADALUPE
Francisco Villa

6
NUEVA CARRETERA A OAXTEPEC
5 de Mayo
Cjón.
Olímpica

A OAXTEPEC

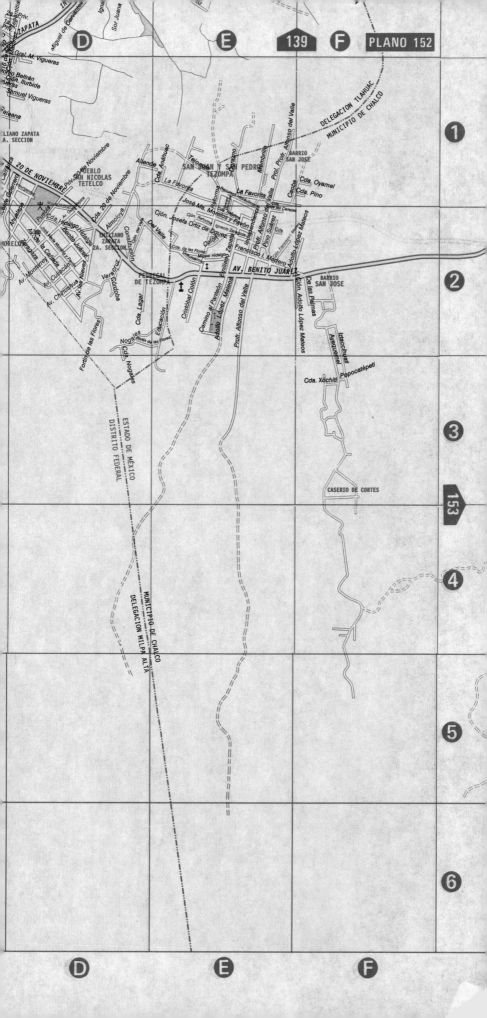

DELEGACION TLAHUAC
MUNICIPIO DE CHALCO

1

SAN JUAN Y SAN PEDRO
TEZOMPA

BARRIO
SAN JOSE

Cda. Anáhuac
Allende
Cda. La Favorita
La Favorita
Membrillo
Prof. Alfonso del Valle

Cda. Oyamel
Ceiba
Cda. Pino

30 de Noviembre
Priv. San Nicolas
SAN NICOLAS
TETELCO
20 DE NOVIEMBRE
Cda. 20 de Noviembre
Almoloya
José Ma. Morelos y Pavón

Pueblo
Cda. Hidalgo
Benito Juárez
Constitución
Del Valle
Cjón. Josefa Ortiz de Boguea
Colón
Cda. de las Flores

Av. de la Cañada
Veracruz
Córdoba

PEDREGAL
DE TEZOMPA

Miguel Hidalgo
Francisco I. Madero
Adolfo López Mateos
Prof. Alfonso del Valle

Av. Chihuahua Nueva
Av. las Nieves
Av. Culiacán
Av. Monterrey

Cda. Lagar
Educación
Cristóbal Colón

AV. BENITO JUAREZ

BARRIO SAN JOSE
De las Palmas
Cjón. Adolfo López Mateos

2

Nogales
Cda. Nogales
Fortín de las Flores

Camino al Panteón
Adolfo López Mateos
Colón
Emiliano Zapata
Prof. Alfonso del Valle

Iztaccíhuatl
Ayaquemel
Popocatépetl
Cda. Xóchitl

3

ESTADO DE MEXICO
DISTRITO FEDERAL

CASERIO DE CORTES

153

4

MUNICIPIO DE CHALCO
DELEGACION MILPA ALTA

5

6

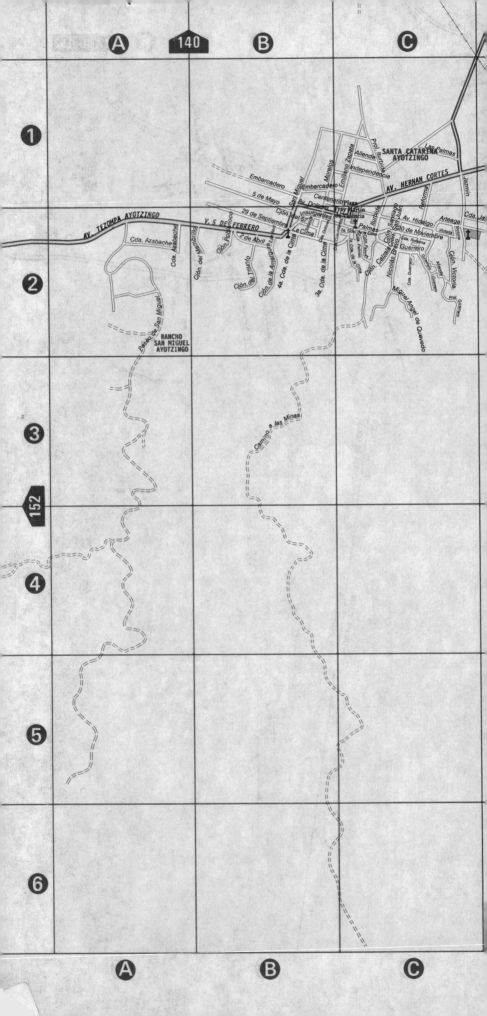

A 140 **B** **C**

1

SANTA CATARINA
AYOTZINGO

Las Palmas

Prol. Iturbide
Allende
Emiliano Zapata
Morelos
Independencia

Embarcadero
San Miguel
Embarcadero
5 de Mayo
Av. Dolores
Centenario Plaza
Fray Martín
de Valencia
Insurgentes

AV. HERNAN CORTES

Jazmín

Reforma

Av. Hidalgo
Arteaga
Cda. Ja

Cda. Victoria

AV. TEZOMPA AYOTZINGO

Y. 5 DE FEBRERO

29 de Septiembre
La Cima

Palmas

20 de Noviembre

Cda. Azabache

Cda. Azabache

Cjón. del Membrillo

Cjón. de Piedra

Cjón. del Triunfo

2 de Abril

Cjón. del

Cjón. de la Amargura

4a. Cda. de la Cima

3a. Cda. de la Cima

Nicolás Bravo

Guerrero

Guerrero

Allende

Guerrero

Prol. Guerrero

Cjón. Victoria

2

Paseo de San Miguel

Miguel Ángel de Quevedo

RANCHO
SAN MIGUEL
AYOTZINGO

3

Camino a las Minas

152

4

5

6

A **B** **C**

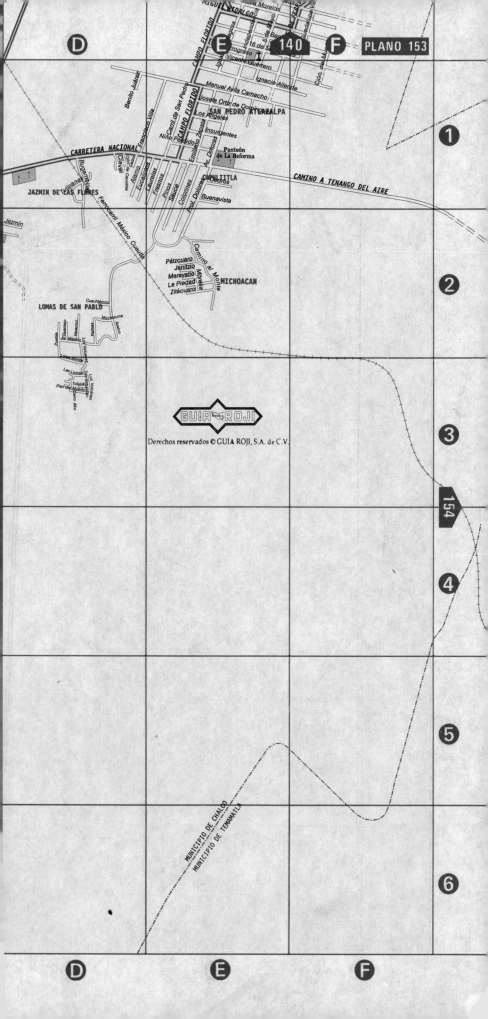

PLANO 153

140

154

D **E** **F**

① ② ③ ④ ⑤ ⑥

MIGUEL HIDALGO

CAMPO FLORIDO

SAN PEDRO ATZCAPALA

Manuel Avila Camacho
Josefa Ortiz de Domínguez
Los Angeles
Insurgentes

Benito Juárez

Ignacio Allende
Vicente Guerrero

CARRETERA NACIONAL

Panteón
de La Reforma

CAMINO A TENANGO DEL AIRE

Clavel
Colibri
Alamo
Eucalipto
Laureles
Fresnos
Pinos
Sauce
Colorines

Emiliano Zapata
Niño Perdido
Otreros

Av. Dolores

ONOLTITLA

Buenavista

JAZMIN DE LAS FLORES

Bugambilias
Tulipanes

Ferrocarril México Cuautla

Jazmín

Pátzcuaro
Janitzio
Maravatio
La Piedad
Zitácuaro

Camino al Monte

Morelia

MICHOACAN

LOMAS DE SAN PABLO

Cuauhtémoc

Moctezuma

Ailito

Puebla
Guerrero
Veracruz
México
Los Volcanes
Oaxaca
Loma Bonita
Las Lomas
Sierra
Los Volcanes
Toluca
Plan de Guerra Alto
Plan de los Muertos

MUNICIPIO DE CHALCO
MUNICIPIO DE TEMAMATLA

CAMPO FLORIDO

CAMPO FLORIDO

Camino de San Pedro

Francisco Villa

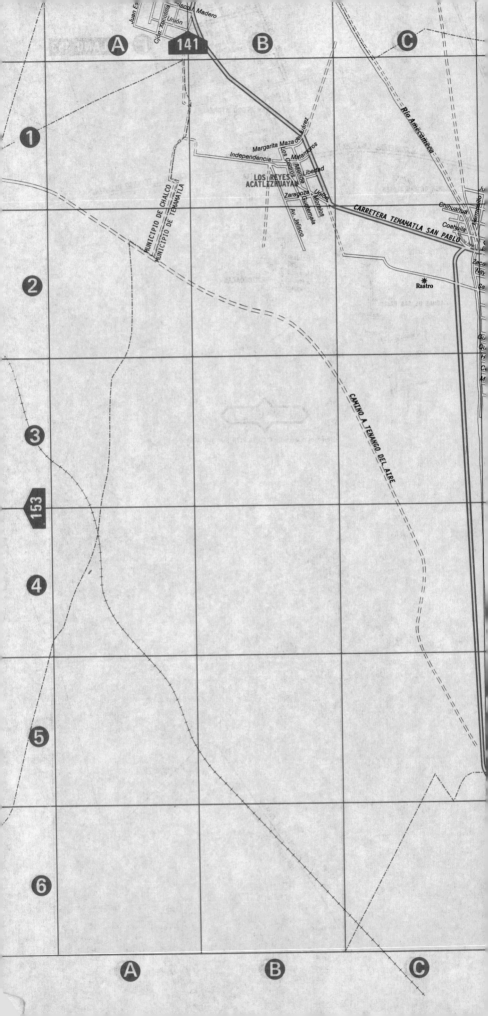

A **141** **B** **C**

1

Juan Es...
Cjón Zacatilla
...sco I. Madero
Unión

Margarita Maza ...uárez
Independencia
Los Carros
Atenco
Morelos
Libertad
Unidad
Zaragoza
Av. Jalisco
Guatemala

**LOS REYES
ACATLIXHUAYAN**

CARRETERA TEMANATLA SAN PABLO

Río Amecameca

Chihuahua
Coahuila

Zaca...
Nay...
Sa...

MUNICIPIO DE CHALCO
MUNICIPIO DE TENANATLA

2

✳ Rastro

Gu...
Gu...
Ti...
Cu...
M...

3

153

CAMINO A TENANGO DEL AIRE

4

5

6

A **B** **C**

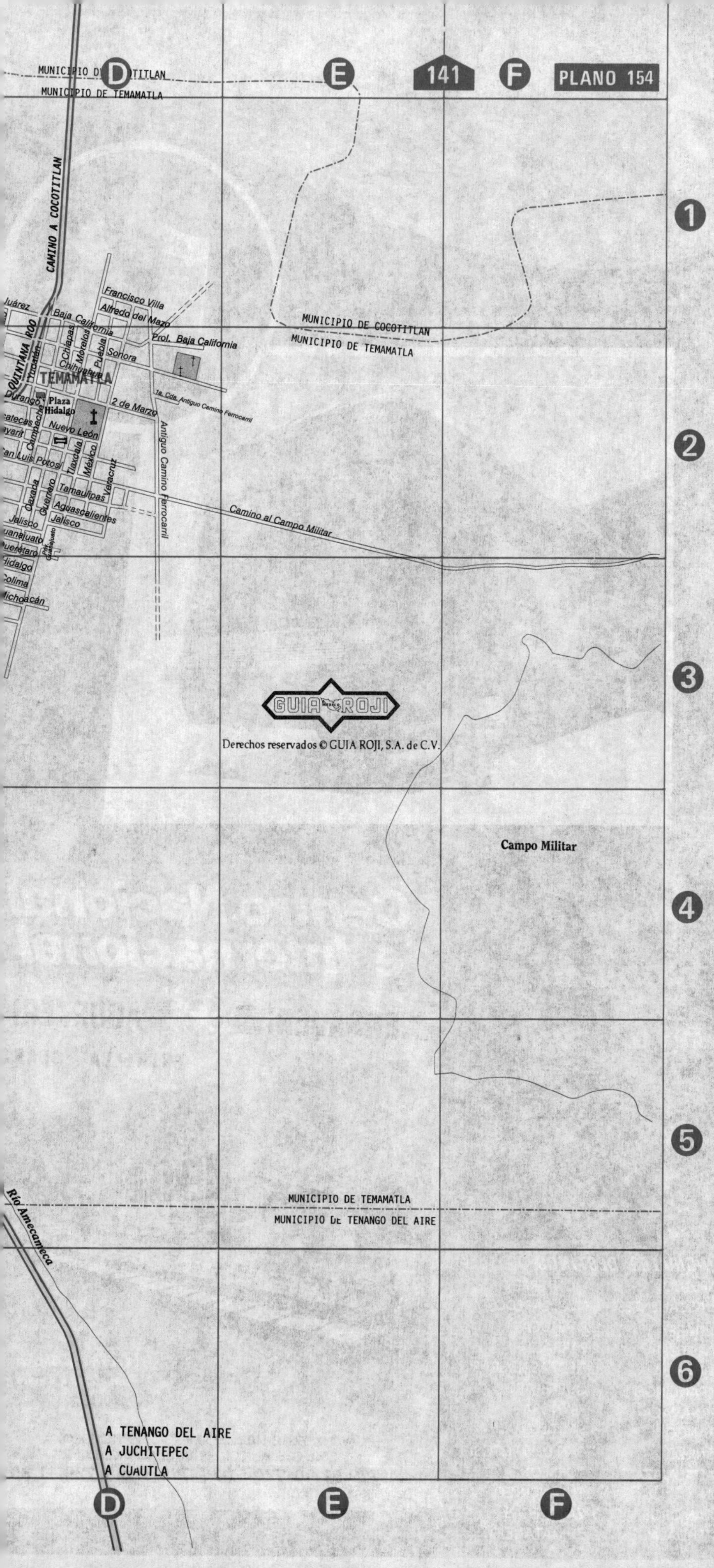

1

CAMINO A COCOTITLAN

Francisco Villa

Juárez
Baja California
Alfredo del Mazo

QUINTANA ROO
C. Chiapas
Morelos
Prol. Baja California

Tlaxcala
Puebla
Sonora

TEMAMATLA

Durango
Plaza
Hidalgo
2 de Marzo

Zacatecas
Querétaro
Nuevo León

Nayarit
Oaxaca

San Luis Potosí
Tlaxcala
México

Oaxaca
Tamaulipas
Veracruz

Guerrero
Aguascalientes

Jalisco
Jalisco

Guanajuato

Querétaro

Hidalgo

Colima

Michoacán

MUNICIPIO DE COCOTITLAN
MUNICIPIO DE TEMAMATLA

1a. Cda. Antiguo Camino Ferrocarril

Antiguo Camino Ferrocarril

Camino al Campo Militar

2

GUIA ROJI
Derechos reservados © GUIA ROJI, S.A. de C.V.

3

Campo Militar

4

5

MUNICIPIO DE TEMAMATLA
MUNICIPIO DE TENANGO DEL AIRE

Río Amecameca

6

A TENANGO DEL AIRE
A JUCHITEPEC
A CUAUTLA

D **E** **F**

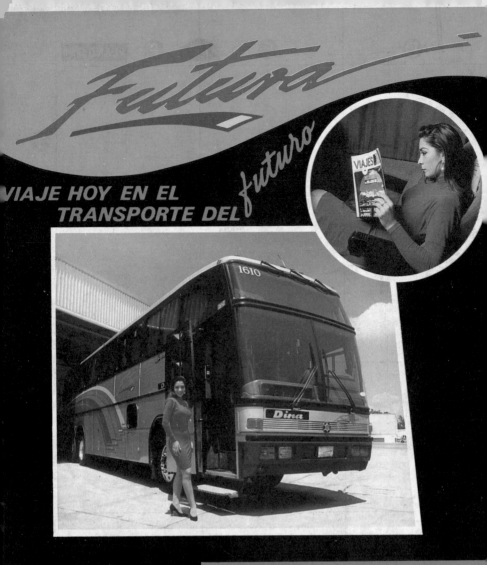

Futura

VIAJE HOY EN EL TRANSPORTE DEL *futuro*

TRANQUILIDAD

COMODIDAD

PUNTUALIDAD

Central Norte
tel. **729 07 25**

Central Sur
tel. **628 57 38** al **40**

PRINCIPALES DESTINOS

ACAPULCO	MONTERREY
AGUASCALIENTES	NVO. LAREDO
CD. JUAREZ	PACHUCA
CD. VICTORIA	PARRAL
CHIHUAHUA	PIEDRAS NEGRAS
CHILPANCINGO	QUERETARO
CUERNAVACA	REYNOSA
DURANGO	SALTILLO
FRESNILLO	SAN LUIS POTOSI
GUADALAJARA	TORREON
LEON	TULANCINGO
MATAMOROS	ZACATECAS
MATEHUALA	ZIHUATANEJO

Centro Nacional e Internacional

⬛MENSAJERI⬛ ⭐ ⬛PAQUETERI

ESTRELLA BLANC

⭐ **Estrella Blanca**
Paquetería y Envíos

AV. PONIENTE 140 No. 859 (PROL. MONTEVIDEO)
ESQ. CEYLAN COL. INDUSTRIAL VALLEJO
INF. **729-51-00 729-51-27 729-51-28 729-51-30**